4ª EDIÇÃO

TUDO em UM

COORDENADORES
WANDER GARCIA
ANA PAULA GARCIA
RENAN FLUMIAN

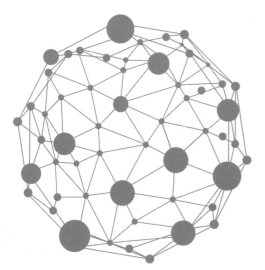

PARA CONCURSOS
POLICIAIS
FEDERAL E CIVIL

2018 © Editora Foco

Coordenadores: Wander Garcia, Ana Paula Garcia e Renan Flumian

Autores: Alessandra Elaine Matuda, Arthur Trigueiros, Bruna Vieira, Eduardo Dompieri, Elson Garcia, Enildo Garcia, Fábio Tavares Sobreira, Fernando Leal Neto, Flávia Barros, Helder Satin, Henrique Subi, Leni Mouzinho Soares, Licínia Rossi, Márcio Rodrigues, Renan Flumian, Renan Gomes De Pieri, Rodrigo Santamaria Saber, Savio Chalita, Sebastião Edilson Gomes, Tatiana Subi, Tony Chalita, Vanessa Tonolli Trigueiros, Vivian Calderoni e Wander Garcia

Diretor Acadêmico: Leonardo Pereira
Editor: Roberta Densa
Assistente Editorial: Paula Morishita
Revisora Sênior: Georgia Renata Dias
Capa Criação: Leonardo Hermano
Diagramação: Ladislau Lima
Impressão miolo e capa: GRÁFICA EDELBRA

Dados Internacionais de Catalogação na Publicação (CIP) de acordo com ISBD

M445t

Matuda, Alessandra Elaine

Tudo em um para concursos policiais / Alessandra Elaine Matuda...[et al.] ; organizado por Wander Garcia... [et al.]. - 4. ed. - Indaiatuba, SP : Editora Foco, 2018.

688 p. ; 21cm x 28cm.

Inclui bibliografia e índice.

ISBN: 978-85-8242-303-5

1. Metodologia de estudo. 2. Concursos Públicos. 3. Polícia. I. Trigueiros, Arthur. II. Vieira, Bruna. III. Dompieri, Eduardo. IV. Garcia, Elson. V. Garcia, Enildo. VI. Sobreira, Fábio Tavares. VII. Barros, Flávia. VIII. Satin, Helder. IX. Subi, Henrique. X. Soares, Leni Mouzinho. XI. Rossi, Licínia. XII. Rodrigues, Márcio. XIII. Leal Neto, Fernando. XIV. Saber, Rodrigo Santamaria. XV. Flumian, Renan. XVI. De Pieri, Renan Gomes. XVII. Chalita, Savio. XVIII. Gomes, Sebastião Edilson. XIX. Subi, Tatiana. XX. Chalita, Tony. XXI. Trigueiros, Vanessa Tonolli. XXII. Calderoni, Vivian. XXIII. Garcia, Wander. XXIV. Garcia, Ana Paula. XXV. Título.

2018-628   CDD 001.4   CDU 001.8

Elaborado por Odilio Hilario Moreira Junior - CRB-8/9949

Índices para Catálogo Sistemático:

1. Metodologia de estudo 001.4   2. Metodologia de estudo 001.8

DIREITOS AUTORAIS: É proibida a reprodução parcial ou total desta publicação, por qualquer forma ou meio, sem a prévia autorização da Editora FOCO, com exceção do teor das questões de concursos públicos que, por serem atos oficiais, não são protegidas como Direitos Autorais, na forma do Artigo 8º, IV, da Lei 9.610/1998. Referida vedação se estende às características gráficas da obra e sua editoração. A punição para a violação dos Direitos Autorais é crime previsto no Artigo 184 do Código Penal e as sanções civis às violações dos Direitos Autorais estão previstas nos Artigos 101 a 110 da Lei 9.610/1998. Os comentários das questões são de responsabilidade dos autores.

NOTAS DA EDITORA:

Atualizações e erratas: A presente obra é vendida como está, atualizada até a data do seu fechamento, informação que consta na página II do livro. Havendo a publicação de legislação de suma relevância, a editora, de forma discricionária, se empenhará em disponibilizar atualização futura.

Bônus ou Capítulo On-line: Excepcionalmente, algumas obras da editora trazem conteúdo no *on-line*, que é parte integrante do livro, cujo acesso será disponibilizado durante a vigência da edição da obra.

Erratas: A Editora se compromete a disponibilizar no site www.editorafoco.com.br, na seção Atualizações, eventuais erratas por razões de erros técnicos ou de conteúdo. Solicitamos, outrossim, que o leitor faça a gentileza de colaborar com a perfeição da obra, comunicando eventual erro encontrado por meio de mensagem para contato@ editorafoco.com.br. O acesso será disponibilizado durante a vigência da edição da obra.

Impresso no Brasil (06.2018) – Data de Fechamento (05.2018)

2018
Todos os direitos reservados à
Editora Foco Jurídico Ltda.
Al. Júpiter 542 – American Park Distrito Industrial
CEP 13347-653 – Indaiatuba – SP
E-mail: contato@editorafoco.com.br
www.editorafoco.com.br

Acesse JÁ os conteúdos ON-LINE

SHORT VIDEOS
Vídeos de dicas de
TEMAS SELECIONADOS

Acesse o link:
www.editorafoco.com.br/short-videos

ATUALIZAÇÃO em PDF ou VÍDEO
para complementar seus estudos*

Acesse o link:
www.editorafoco.com.br/atualizacao

CAPÍTULOS ON-LINE

Acesse o link:
www.editorafoco.com.br/atualizacao

* As atualizações em PDF e Vídeo serão disponibilizadas sempre que houver necessidade, em caso de nova lei ou decisão jurisprudencial relevante, durante o ano da edição do livro.
* Acesso disponível durante a vigência desta edição.

COORDENADORES E AUTORES

SOBRE OS COORDENADORES

Wander Garcia – @wander_garcia

Doutor e Mestre em Direito pela PUC/SP. Professor e coordenador do IEDI. Procurador do Município de São Paulo

Ana Paula Garcia

Pós-graduada em Direito. Procuradora do Estado de São Paulo. Autora de diversos livros para Concurso e OAB.

Renan Flumian – @renanflumian

Professor e Coordenador Acadêmico do IEDI. Mestre em Filosofia do Direito pela *Universidad de Alicante*, cursou a *Session Annuelle D'enseignement* do *Institut International des Droits de L'Homme*, a Escola de Governo da USP e a Escola de Formação da Sociedade Brasileira de Direito Público. Autor e coordenador de diversas obras de preparação para Concursos Públicos e o Exame de Ordem. Advogado.(Twitter: @RenanFlumian)

SOBRE OS AUTORES

Alessandra Elaine Matuda

Graduada em Direito pelo Instituto Luterano de Ensino Superior de Ji-Paraná (2001), e em pedagogia pela Universidade Federal de Rondônia (1997), exerceu a função de Conciliadora no 1º Juizado Especial Cível de Porto Velho, foi aluna especial no Mestrado em Educação pela UNIR e foi Assessora de Defensor na Defensoria Pública do Estado de Rondônia. Atualmente é doutoranda em Ciências Jurídicas Sociais pela UMSA, Assessora de Desembargador no Tribunal de Justiça de Rondônia e Coordenadora de Atividades do Curso de Direito, Professora na área Cível e de Direito do Consumidor.

Arthur Trigueiros

Pós-graduado em Direito. Procurador do Estado de São Paulo. Professor da Rede LFG e do IEDI. Autor de diversas obras de preparação para Concursos Públicos e Exame de Ordem.

Bruna Vieira

Pós-graduada em Direito. Professora do IEDI, PROORDEM, LEGALE, ROBORTELLA e ÊXITO. Professora de Pós-graduação em Instituições de Ensino Superior. Palestrante. Autora de diversas obras de preparação para Concursos Públicos e Exame de Ordem, por diversas editoras. Advogada.

Eduardo Dompieri

Pós-graduado em Direito. Professor do IEDI. Autor de diversas obras de preparação para Concursos Públicos e Exame de Ordem.

Elson Garcia

Professor e Engenheiro graduado pela Universidade Federal do Rio de Janeiro – UFRJ.

Enildo Garcia

Especialista em Matemática pura e aplicada (UFSJ). Professor tutor de Pós-graduação em Matemática (UFJS – UAB). Analista de sistemas (PUCRJ).

Fábio Tavares Sobreira

Advogado atuante nas áreas de Direito Público. Professor Exclusivo de Direito Constitucional, Educacional e da Saúde da Rede de Ensino LFG, do Grupo Anhanguera Educacional Participações S.A. e do Atualidades do Direito. Pós-Graduado em Direito Público. Especialista em Direito Constitucional, Administrativo, Penal e Processual Civil. Palestrante e Conferencista. Autor de obras jurídicas.

Fernando Leal Neto

Advogado. Mestrando em Segurança Pública, Justiça e Cidadania pela Universidade Federal da Bahia (UFBA). Coordenador de Extensão da Faculdade Baiana de Direito e Gestão (Salvador - BA).

Flávia Barros

Procuradora do Município de São Paulo. Doutora em Direito do Estado pela Universidade de São Paulo. Mestre em Direito Administrativo pela PUC-SP. Especialista em Direito Administrativo pela PUC-SP/COGEAE. Especialista em Direitos Difusos e Coletivos pela ESMPSP. Coach de Alta Performance pela FEBRACIS. Practioneer e Master em Programação Neurolinguística - PNL. Analista de Perfil Comportamental - DISC Assessment. Professora de Direito Administrativo

Helder Satin

Graduado em Ciências da Computação, com MBA em Gestão de TI. Professor do IEDI. Professor de Cursos de Pós-graduação. Desenvolvedor de sistemas Web e gerente de projetos.

Henrique Subi

Agente da Fiscalização Financeira do Tribunal de Contas do Estado de São Paulo. Mestrando em Direito Político e Econômico pela Universidade Presbiteriana Mackenzie. Especialista em Direito Empresarial pela Fundação Getúlio Vargas e em Direito Tributário pela UNISUL. Professor de cursos preparatórios para concursos desde 2006. Coautor de mais de 20 obras voltadas para concursos, todas pela Editora Foco.

Leni Mouzinho Soares

Assistente Jurídico do Tribunal de Justiça do Estado de São Paulo.

Licínia Rossi

Mestre em Direito Constitucional pela PUC/SP. Especialista em Direito Constitucional pela Escola Superior de Direito Constitucional. Professora exclusiva de Direito Administrativo e Constitucional na Rede Luiz Flávio Gomes de Ensino. Professora de Direito na UNICAMP. Advogada.

Márcio Rodrigues

Advogado. Mestre pela UFBA. Professor assistente da Universidade Federal do Ceará – UFC, foi professor de Processo Penal da UCSAL-BA da Faculdade 2 de Julho – BA, do IEDI e da Rede LFG. Ex-professor do curso Juspodivm. Autor e Coautor de livros pela Editora Foco e outras Editoras.

Renan Flumian

Mestre em Filosofia do Direito pela Universidad de Alicante. Cursou a Session Annuelle D'enseignement do Institut International des Droits de L'Homme, a Escola de Governo da USP e a Escola de Formação da Sociedade Brasileira de Direito Público. Professor e Coordenador Acadêmico do IEDI. Autor e coordenador de diversas obras de preparação para Concursos Públicos e o Exame de Ordem. Advogado.

Renan Gomes De Pieri

Doutor em Economia pela Fundação Getúlio Vargas de São Paulo e Pós Doutor em Economia pelo Insper. É especialista em avaliação de políticas públicas e projetos sociais. Trabalhou como consultor em projetos do Banco Mundial e diversas instituições públicas e privadas. Atualmente leciona em cursos do Insper, FGV e Unifesp.

Rodrigo Santamaria Saber

Advogado graduado em Direito pela PUC/SP especialista em Direito Processual Civil pela UNESP de Franca. Aprovado nos concursos para Defensor Público do Estado de Santa Catarina e do Distrito Federal.

Savio Chalita

Advogado. Mestre em Direitos Sociais, Difusos e Coletivos. Professor do CPJUR (Centro Preparatório Jurídico), Autor de obras para Exame de Ordem e Concursos Públicos. Professor Universitário. Editor do blog www.comopassarnaoab.com.

Sebastião Edilson Gomes

Mestre em Direito Público. Especialista em Direito Civil. Professor Universitário das disciplinas de Direito Administrativo e Direito Civil. Coautor do Livro Lei de Responsabilidade Fiscal comentada e anotada.

Tatiana Subi

Mestre em Direito Público. Especialista em Direito Civil. Professor Universitário das disciplinas de Direito Administrativo e Direito Civil. Coautor do Livro Lei de Responsabilidade Fiscal comentada e anotada.

Tony Chalita

Advogado. Mestrando em Direito. Professor Assistente PUC/SP. Autor da Editora Foco.

Vanessa Tonolli Trigueiros

Analista de Promotoria. Assistente Jurídico do Ministério Público do Estado de São Paulo. Graduação em Direto pela PUC-Campinas. Pós-graduada em Direito Processual Civil pela UNISUL. Pós-graduada em Direito Processual Civil e Civil pela UCDB.

Vivian Calderoni

Mestre em Direito Penal e Criminologia pela USP. Autora de artigos e livros. Palestrante e professora de cursos preparatórios para concursos jurídicos. Atualmente, trabalha como advogada na ONG "Conectas Direitos Humanos", onde atua em temas relacionados ao sistema prisional e ao sistema de justiça.

Wander Garcia

Doutor e Mestre em Direito pela PUC/SP. Professor e coordenador do IEDI. Procurador do Município de São Paulo.

Como Usar o Livro

Para que você consiga um ótimo aproveitamento deste livro, atente para as seguintes orientações:

1º Tenha em mãos um *vade mecum* ou **um computador** no qual você possa acessar os textos de lei citados.

Neste ponto, recomendamos o *Vade Mecum* **de Legislação FOCO 2016 – 3ª edição**, que é o *Vade Mecum* com o melhor conteúdo impresso do mercado – confira em www.editorafoco.com.br.

2º Se você estiver estudando a teoria (fazendo um curso preparatório ou lendo resumos, livros ou apostilas), faça as questões correspondentes deste livro na medida em que for avançando no estudo da parte teórica.

3º Se você já avançou bem no estudo da teoria, leia cada capítulo deste livro até o final, e só passe para o novo capítulo quando acabar o anterior; vai mais uma dica: alterne capítulos de acordo com suas preferências; leia um capítulo de uma disciplina que você gosta e, depois, de uma que você não gosta ou não sabe muito, e assim sucessivamente.

4º Iniciada a resolução das questões, tome o cuidado de ler cada uma delas **sem olhar para o gabarito e para os comentários**; se a curiosidade for muito grande e você não conseguir controlar os olhos, tampe os comentários e os gabaritos com uma régua ou um papel; na primeira tentativa, é fundamental que resolva a questão sozinho; só assim você vai identificar suas deficiências e "pegar o jeito" de resolver as questões; marque com um lápis a resposta que entender correta, e só depois olhe o gabarito e os comentários.

5º **Leia com muita atenção o enunciado das questões**. Ele deve ser lido, no mínimo, duas vezes. Da segunda leitura em diante, começam a aparecer os detalhes, os pontos que não percebemos na primeira leitura.

6º **Grife as palavras-chave, as afirmações e a pergunta formulada.** Ao grifar as palavras importantes e as afirmações você fixará mais os pontos-chave e não se perderá no enunciado como um todo. Tenha atenção especial com as palavras "correto", "incorreto", "certo", "errado", "prescindível" e "imprescindível".

7º Leia os comentários e **leia também cada dispositivo legal** neles mencionados; não tenha preguiça; abra o *Vade Mecum* e leia os textos de leis citados, tanto os que explicam as alternativas corretas, como os que explicam o porquê de ser incorreta dada alternativa; você tem que conhecer bem a letra da lei, já que mais de 90% das respostas estão nela; mesmo que você já tenha entendido determinada questão, reforce sua memória e leia o texto legal indicado nos comentários.

8º Leia também os **textos legais que estão em volta** do dispositivo; por exemplo, se aparecer, em Direito Penal, uma questão cujo comentário remeta ao dispositivo que trata da falsidade ideológica, aproveite para ler também os dispositivos que tratam dos outros crimes de falsidade; outro exemplo: se aparecer uma questão, em Direito Constitucional, que trate da composição do Conselho Nacional de Justiça, leia também as outras regras que regulamentam esse conselho.

9º Depois de resolver sozinho a questão e de ler cada comentário, você deve fazer uma **anotação ao lado da questão**, deixando claro o motivo de eventual erro que você tenha cometido; conheça os motivos mais comuns de erros na resolução das questões:

DL – "desconhecimento da lei"; quando a questão puder ser resolvida apenas com o conhecimento do texto de lei;

DD – "desconhecimento da doutrina"; quando a questão só puder ser resolvida com o conhecimento da doutrina;

DJ – "desconhecimento da jurisprudência"; quando a questão só puder ser resolvida com o conhecimento da jurisprudência;

FA – "falta de atenção"; quando você tiver errado a questão por não ter lido com cuidado o enunciado e as alternativas;

NUT – "não uso das técnicas"; quando você tiver se esquecido de usar as técnicas de resolução de questões objetivas, tais como as da **repetição de elementos** ("quanto mais elementos repetidos existirem, maior a chance de a alternativa ser correta"), das **afirmações generalizantes** ("afirmações generalizantes tendem a ser incorretas" – reconhece-se afirmações generalizantes pelas palavras *sempre, nunca, qualquer, absolutamente,* *apenas, só, somente exclusivamente* etc.), dos **conceitos compridos** ("os conceitos de maior extensão tendem a ser corretos"), entre outras.

10º Confie no **bom-senso**. Normalmente, a resposta correta é a que tem mais a ver com o bom-senso e com a ética. Não ache que todas as perguntas contêm uma pegadinha. Se aparecer um instituto que você não conhece, repare bem no seu nome e tente imaginar o seu significado.

11º Faça um levantamento do **percentual de acertos de cada disciplina** e dos **principais motivos que levaram aos erros cometidos**; de posse da primeira informação, verifique quais disciplinas merecem um reforço no estudo; e de posse da segunda informação, fique atento aos erros que você mais comete, para que eles não se repitam.

12º Uma semana antes da prova, faça uma **leitura dinâmica** de todas as anotações que você fez e leia de novo os dispositivos legais (e seu entorno) das questões em que você marcar "DL", ou seja, desconhecimento da lei.

13º Para que você consiga ler o livro inteiro, faça um bom **planejamento**. Por exemplo, se você tiver 90 dias para ler a obra, divida o número de páginas do livro pelo número de dias que você tem, e cumpra, diariamente, o número de páginas necessárias para chegar até o fim. Se tiver sono ou preguiça, levante um pouco, beba água, masque chiclete ou leia em voz alta por algum tempo.

14º Desejo a você, também, muita **energia**, **disposição**, **foco**, **organização**, **disciplina**, **perseverança**, **amor** e **ética**!

Wander Garcia

SUMÁRIO

COORDENADORES E AUTORES	V
COMO USAR O LIVRO	VII
APRESENTAÇÃO	IX

DOUTRINA COMPLETA

1. DIREITO PENAL	3

PARTE GERAL **3**

1. CONSIDERAÇÕES INICIAIS SOBRE O DIREITO PENAL 3
2. DIREITO PENAL E SUA CLASSIFICAÇÃO. PRINCÍPIOS 7
3. FONTES DO DIREITO PENAL 9
4. INTERPRETAÇÃO DO DIREITO PENAL 10
5. APLICAÇÃO DA LEI PENAL 11
6. TEORIA GERAL DO CRIME 16
7. DAS PENAS 27
8. CONCURSO DE CRIMES 35
9. SUSPENSÃO CONDICIONAL DA PENA (*SURSIS*) 36
10. LIVRAMENTO CONDICIONAL 37
11. EFEITOS DA CONDENAÇÃO E REABILITAÇÃO 38
12. MEDIDAS DE SEGURANÇA 39
13. PUNIBILIDADE E SUAS CAUSAS EXTINTIVAS 41

PARTE ESPECIAL **44**

1. CLASSIFICAÇÃO DOUTRINÁRIA DOS CRIMES. INTRODUÇÃO À PARTE ESPECIAL DO CP 44
2. CRIMES CONTRA A VIDA 46
3. LESÃO CORPORAL 53
4. CRIMES DE PERIGO INDIVIDUAL 56
5. CRIMES CONTRA A HONRA 62
6. CRIMES CONTRA A LIBERDADE PESSOAL 67
7. CRIMES CONTRA O PATRIMÔNIO 71
8. CRIMES CONTRA A DIGNIDADE SEXUAL 84
9. CRIMES CONTRA A ORGANIZAÇÃO DO TRABALHO 87
10. CRIMES CONTRA A FÉ PÚBLICA 89
11. CRIMES CONTRA A ADMINISTRAÇÃO PÚBLICA 91

LEGISLAÇÃO PENAL ESPECIAL **95**

1. CRIMES HEDIONDOS (LEI 8.072/1990) 95
2. LEI DE TORTURA (LEI 9.455/1997) 97
3. LEI DE DROGAS (LEI 11.343/2006) 99
4. ESTATUTO DO DESARMAMENTO (LEI 10.826/2003) 103

TUDO EM UM POLICIAIS – 2ª EDIÇÃO

5. CRIMES DE TRÂNSITO – LEI 9.503/1997 – PRINCIPAIS ASPECTOS 106

6. ABUSO DE AUTORIDADE – LEI 4.898/1965 114

7. CRIMES CONTRA O CONSUMIDOR – LEI 8.078/1990 120

8. CRIMES FALIMENTARES – LEI 11.101/2005 126

9. CRIMES AMBIENTAIS – LEI 9.605/1998 130

2. DIREITO PROCESSUAL PENAL — 139

1. LINHAS INTRODUTÓRIAS 139

2. FONTES DO DIREITO PROCESSUAL PENAL 139

3. INTERPRETAÇÃO DA LEI PROCESSUAL 140

4. LEI PROCESSUAL NO ESPAÇO, NO TEMPO E EM RELAÇÃO ÀS PESSOAS 141

5. SISTEMAS (OU TIPOS) PROCESSUAIS PENAIS 143

6. PRINCÍPIOS CONSTITUCIONAIS E PROCESSUAIS PENAIS 143

7. INQUÉRITO POLICIAL (IP) 149

8. AÇÃO PENAL 161

9. AÇÃO CIVIL *EX DELICTO* 172

10. JURISDIÇÃO E COMPETÊNCIA 174

11. QUESTÕES E PROCESSOS INCIDENTES 185

12. PROVA 190

13. SUJEITOS PROCESSUAIS 205

14. PRISÃO, MEDIDAS CAUTELARES E LIBERDADE PROVISÓRIA (DE ACORDO COM A LEI 12.403/2011) ... 209

15. CITAÇÕES E INTIMAÇÕES 227

16. SENTENÇA PENAL 229

17. PROCEDIMENTOS PENAIS 232

18. NULIDADES 241

19. RECURSOS 243

20. AÇÕES AUTÔNOMAS DE IMPUGNAÇÃO 258

21. EXECUÇÃO PENAL 263

22. LEIS ESPECIAIS 285

3. CRIMINOLOGIA — 291

1. CONCEITO 291

2. MÉTODO 291

3. FUNÇÕES 291

4. OBJETO: CRIME, CRIMINOSO, VÍTIMA E CONTROLE SOCIAL 292

5. CRIMINOLOGIA *VS.* DIREITO PENAL 295

6. NASCIMENTO DA CRIMINOLOGIA: ESCOLAS CLÁSSICA E POSITIVISTA 295

7. ESCOLA SOCIOLÓGICA DO CONSENSO *VS.* ESCOLA SOCIOLÓGICA DO CONFLITO 297

8. ESCOLA DE CHICAGO (ECOLÓGICA, ARQUITETURA CRIMINAL, DESORGANIZAÇÃO SOCIAL) 298

9. TEORIA DA ASSOCIAÇÃO DIFERENCIAL 300

10. TEORIA DA ANOMIA 302

11. TEORIA DA SUBCULTURA DELINQUENTE 304

12. TEORIA DO *LABELLING APPROACH* (REAÇÃO SOCIAL, ETIQUETAMENTO, ROTULAÇÃO SOCIAL, INTERACIONISMO SIMBÓLICO) 305

13. TEORIA CRÍTICA (RADICAL, NOVA CRIMINOLOGIA) 308

14. VITIMOLOGIA 311

15. CRIMINOLOGIA E POLÍTICA CRIMINAL 312

16. PREVENÇÃO DA INFRAÇÃO PENAL (PREVENÇÃO CRIMINAL OU PREVENÇÃO DA INFRAÇÃO DELITIVA) 312

17. MODELOS DE REAÇÃO AO CRIME 313

SUMÁRIO XI

4. MEDICINA LEGAL — 315

1. INTRODUÇÃO 315
2. POLÍCIA CIENTÍFICA EM SÃO PAULO 316
3. DOCUMENTOS MÉDICO-LEGAIS 316
4. ANTROPOLOGIA FORENSE 316
5. TRAUMATOLOGIA FORENSE 319
6. PSICOPATOLOGIA FORENSE 323
7. TOXICOLOGIA FORENSE 323
8. TANATOLOGIA 324
9. BALÍSTICA 326
10. SEXOLOGIA 327

5. DIREITO CONSTITUCIONAL — 329

1. INTRODUÇÃO 329
2. HISTÓRICO DAS CONSTITUIÇÕES BRASILEIRAS 329
3. CONSIDERAÇÕES PRELIMINARES 331
4. ELEMENTOS DA CONSTITUIÇÃO 335
5. CLASSIFICAÇÃO DAS CONSTITUIÇÕES 335
6. FENÔMENOS QUE OCORREM COM A ENTRADA EM VIGOR DE UMA NOVA CONSTITUIÇÃO 337
7. EFICÁCIA JURÍDICA DAS NORMAS CONSTITUCIONAIS E HERMENÊUTICA CONSTITUCIONAL 338
8. PODER CONSTITUINTE 340
9. DIREITOS E GARANTIAS FUNDAMENTAIS – ASPECTOS GERAIS 342
10. CONTROLE DE CONSTITUCIONALIDADE 368
11. ORGANIZAÇÃO DO ESTADO 374
12. ORGANIZAÇÃO DOS PODERES 380
13. FUNÇÕES ESSENCIAIS À JUSTIÇA 399
14. ESTADOS DE EXCEÇÃO 402
15. ORDEM ECONÔMICA 405
16. ORDEM SOCIAL 407
17. SISTEMA TRIBUTÁRIO NACIONAL 410
18. DISPOSIÇÕES CONSTITUCIONAIS GERAIS 412
19. REFLEXOS DO NOVO CÓDIGO DE PROCESSO CIVIL 413

QUESTÕES COMENTADAS

1. DIREITO PENAL — 417

1. CONCEITO, FONTES E PRINCÍPIOS 417
2. APLICAÇÃO DA LEI NO TEMPO 417
3. APLICAÇÃO DA LEI NO ESPAÇO 419
4. CONCEITO, CLASSIFICAÇÃO DOS CRIMES E SUJEITOS DO CRIME 420
5. FATO TÍPICO E TIPO PENAL 420
6. CRIMES DOLOSOS, CULPOSOS E PRETERDOLOSOS 421
7. ERRO DE TIPO, DE PROIBIÇÃO E DEMAIS ERROS 422
8. TENTATIVA, CONSUMAÇÃO, DESISTÊNCIA VOLUNTÁRIA, ARREPENDIMENTO EFICAZ E CRIME IMPOSSÍVEL 422
9. ANTIJURIDICIDADE E CAUSAS EXCLUDENTES 423

XII TUDO EM UM POLICIAIS – 2ª EDIÇÃO

2. DIREITO PROCESSUAL PENAL — 439

1. FONTES, PRINCÍPIOS GERAIS E INTERPRETAÇÃO 439
2. INQUÉRITO POLICIAL E OUTRAS FORMAS DE INVESTIGAÇÃO CRIMINAL 440
3. AÇÃO PENAL, SUSPENSÃO CONDICIONAL DO PROCESSO E AÇÃO CIVIL 446
4. JURISDIÇÃO E COMPETÊNCIA; CONEXÃO E CONTINÊNCIA 449
5. QUESTÕES E PROCESSOS INCIDENTES 450
6. PROVA 450
7. PRISÃO, MEDIDAS CAUTELARES E LIBERDADE PROVISÓRIA 456
8. SUJEITOS PROCESSUAIS, CITAÇÃO, INTIMAÇÃO E PRAZOS 463
9. *HABEAS CORPUS*, MANDADO DE SEGURANÇA E REVISÃO CRIMINAL 463
10. EXECUÇÃO PENAL 464
11. ORGANIZAÇÃO CRIMINOSA 465
12. JUIZADOS ESPECIAIS 465
13. VIOLÊNCIA DOMÉSTICA 466

3. LEGISLAÇÃO EXTRAVAGANTE — 467

1. TRÁFICO DE DROGAS 467
2. TORTURA 468
3. CRIMES HEDIONDOS 470
4. ESTATUTO DA CRIANÇA E DO ADOLESCENTE 471
5. CRIMES CONTRA O SISTEMA FINANCEIRO 471
6. CRIMES CONTRA A ORDEM TRIBUTÁRIA E AS RELAÇÕES DE CONSUMO 471
7. ESTATUTO DO DESARMAMENTO 472
8. CRIMES AMBIENTAIS 472
9. RACISMO 473
10. ABUSO DE AUTORIDADE 474
11. INTERCEPTAÇÃO TELEFÔNICA 475
13. CÓDIGO DE TRÂNSITO BRASILEIRO 476
14. LEI MARIA DA PENHA 477
15. "LAVAGEM" DE DINHEIRO 479
16. LEI DE EXECUÇÃO PENAL 479
17. ESTATUTO DO IDOSO 480
18. ESTATUTO DO ESTRANGEIRO 481
19. CRIME ORGANIZADO 481
20. SEGURANÇA DE ESTABELECIMENTOS FINANCEIROS 481
21. QUESTÕES COMBINADAS E OUTROS TEMAS 482

4. CRIMINOLOGIA — 485

5. DIREITO CONSTITUCIONAL — 491

1. PODER CONSTITUINTE 491
2. TEORIA DA CONSTITUIÇÃO E PRINCÍPIOS FUNDAMENTAIS 491
3. HERMENÊUTICA CONSTITUCIONAL E EFICÁCIA DAS NORMAS CONSTITUCIONAIS 492
4. CONTROLE DE CONSTITUCIONALIDADE 492
5. DIREITOS E DEVERES INDIVIDUAIS E COLETIVOS 493
6. DIREITOS SOCIAIS 498
7. NACIONALIDADE 498
8. DIREITOS POLÍTICOS 499

SUMÁRIO — XIII

9. ORGANIZAÇÃO DO ESTADO 500
10. PODER LEGISLATIVO 503
11. PODER EXECUTIVO 506
12. PODER JUDICIÁRIO 507
13. DEFESA DO ESTADO 509
14. ORDEM SOCIAL 510
15. TEMAS COMBINADOS 510

6. DIREITOS HUMANOS — 513

1. TEORIA GERAL E DOCUMENTOS HISTÓRICOS 513
2. GERAÇÕES OU GESTAÇÕES DE DIREITOS HUMANOS 515
3. CLASSIFICAÇÃO DOS DIREITOS HUMANOS 516
4. SISTEMA GLOBAL DE PROTEÇÃO GERAL DOS DIREITOS HUMANOS 516
5. SISTEMA GLOBAL DE PROTEÇÃO ESPECÍFICA DOS DIREITOS HUMANOS 520
6. SISTEMA REGIONAL DE PROTEÇÃO DOS DIREITOS HUMANOS – SISTEMA INTERAMERICANO 521
7. DIREITOS HUMANOS NO BRASIL 522

7. DIREITO DA CRIANÇA E DO ADOLESCENTE — 529

1. DIREITOS FUNDAMENTAIS 529
2. MEDIDAS DE PROTEÇÃO 529
3. PREVENÇÃO 529
4. PRÁTICA DE ATO INFRACIONAL 529
5. MEDIDAS SOCIEDUCATIVAS 530
6. CRIMES 531
7. TEMAS COMBINADOS 531

8. DIREITO ADMINISTRATIVO — 533

1. PRINCÍPIOS ADMINISTRATIVOS 533
2. PODERES ADMINISTRATIVOS 535
3. ATO ADMINISTRATIVO 538
4. ORGANIZAÇÃO DA ADMINISTRAÇÃO PÚBLICA 542
5. SERVIDORES PÚBLICOS 547
6. LEI 8.112/1990 – ESTATUTO DOS SERVIDORES PÚBLICOS 555
7. IMPROBIDADE ADMINISTRATIVA 556
8. BENS PÚBLICOS 559
9. RESPONSABILIDADE DO ESTADO 559
10. LICITAÇÕES E CONTRATOS 562
11. SERVIÇO PÚBLICO, CONCESSÃO E PPP 564
12. CONTROLE DA ADMINISTRAÇÃO 566

9. DIREITO CIVIL — 569

1. PARTE GERAL 569
2. RESPONSABILIDADE CIVIL 569
3. DIREITO DAS COISAS 570
4. DIREITO DE FAMÍLIA 570
5. CONSUMIDOR – RESPONSABILIDADE CIVIL 570

10. MEDICINA LEGAL — 571

1. TANATOLOGIA 571

XIV TUDO EM UM POLICIAIS – 2ª EDIÇÃO

2. DACTILOSCOPIA...........572

3. EMBRIAGUEZ E ALCOOLISMO...........572

4. SEXOLOGIA...........572

5. TRAUMATOLOGIA...........573

6. PSICOPATOLOGIA FORENSE...........576

7. ANTROPOLOGIA...........577

8. PERÍCIAS MÉDICO-LEGAIS E PROCEDIMENTO NO INQUÉRITO POLICIAL...........577

9. BALÍSTICA...........579

10. TOXICOLOGIA...........580

11. ÉTICA NA ADMINISTRAÇÃO PÚBLICA — 581

12. LÍNGUA PORTUGUESA — 583

1. REDAÇÃO...........583

2. SEMÂNTICA / ORTOGRAFIA / ACENTUAÇÃO GRÁFICA...........591

3. MORFOLOGIA...........596

4. PRONOME E COLOCAÇÃO PRONOMINAL...........599

5. VERBO...........602

6. REGÊNCIA...........604

7. OCORRÊNCIA DA CRASE...........606

8. CONJUNÇÃO...........607

9. ORAÇÃO SUBORDINADA...........611

10. CONCORDÂNCIA VERBAL E CONCORDÂNCIA NOMINAL...........611

11. ANÁLISE SINTÁTICA...........613

12. PONTUAÇÃO...........616

13. LITERATURA E FIGURAS...........618

14. QUESTÕES COMBINADAS E OUTROS TEMAS...........619

13. MATEMÁTICA E RACIOCÍNIO LÓGICO — 621

14. INFORMÁTICA — 637

1. APRESENTAÇÕES...........637

2. BANCOS DE DADOS...........637

3. EDITORES DE TEXTO...........638

4. FERRAMENTAS DE CORREIO ELETRÔNICO...........640

5. HARDWARE...........641

6. PLANILHAS ELETRÔNICAS...........642

7. REDE E INTERNET...........643

8. SISTEMAS OPERACIONAIS...........647

9. SEGURANÇA DA INFORMAÇÃO...........651

15. ARQUIVOLOGIA — 653

16. FÍSICA — 655

17. REGIMENTO INTERNO E LEGISLAÇÃO LOCAL — 659

18. BIOLOGIA — 663

19. QUÍMICA — 665

Sumário On-line

DOUTRINA COMPLETA — 1

1. DIREITO ADMINISTRATIVO — 3

1. REGIME JURÍDICO-ADMINISTRATIVO ... 3
2. PRINCÍPIOS DO DIREITO ADMINISTRATIVO ... 5
3. PODERES DA ADMINISTRAÇÃO PÚBLICA ... 12
4. ATOS ADMINISTRATIVOS ... 16
5. ORGANIZAÇÃO DA ADMINISTRAÇÃO PÚBLICA ... 29
6. AGENTES PÚBLICOS ... 41
7. IMPROBIDADE ADMINISTRATIVA ... 62
8. BENS PÚBLICOS ... 68
9. INTERVENÇÃO DO ESTADO NA ORDEM ECONÔMICA E NO DIREITO DE PROPRIEDADE ... 72
10. RESPONSABILIDADE CIVIL DO ESTADO ... 82
11. LICITAÇÃO PÚBLICA ... 89
12. CONTRATOS ADMINISTRATIVOS ... 111
13. SERVIÇO PÚBLICO ... 116
14. CONCESSÕES DE SERVIÇO PÚBLICO ... 118

2. DIREITOS HUMANOS — 125

1. INTRODUÇÃO ... 125
2. PRINCIPAIS DOCUMENTOS NORMATIVOS DO MARCO ANTIGO DOS DIREITOS HUMANOS ... 127
3. DIREITOS HUMANOS SOB A ÓTICA GERACIONAL ... 129
4. CARACTERÍSTICAS DOS DIREITOS HUMANOS ... 130
5. CLASSIFICAÇÃO ... 132
6. RESPONSABILIDADE INTERNACIONAL E MITIGAÇÃO DA SOBERANIA ... 133
7. DIREITO HUMANITÁRIO ... 135
8. DIREITO DOS REFUGIADOS ... 137
9. SISTEMA GLOBAL DE PROTEÇÃO ... 139
10. SISTEMA GLOBAL DE PROTEÇÃO ESPECÍFICA ... 146
11. SISTEMA REGIONAL DE PROTEÇÃO ... 151
12. SISTEMA AMERICANO DE PROTEÇÃO ESPECÍFICA ... 183
13. INTERPRETAÇÃO E APLICAÇÃO ... 188
14. DIREITOS HUMANOS NO BRASIL ... 190

3. LÍNGUA PORTUGUESA — 199

PARTE I – INTERPRETAÇÃO DE TEXTOS ... **199**

1. INTERPRETAÇÃO DE TEXTOS E CONCURSOS PÚBLICOS ... 199
2. POSTURA INTERPRETATIVA ... 200
3. TIPOS DE TEXTO ... 201
4. INSTRUMENTOS DE INTERPRETAÇÃO ... 206
5. FIGURAS DE LINGUAGEM ... 210
6. DICAS FINAIS DE INTERPRETAÇÃO DE TEXTOS ... 215

TUDO EM UM POLICIAIS – 2ª EDIÇÃO

PARTE II – GRAMÁTICA **215**

1. FONÉTICA 215
2. ORTOGRAFIA 216
3. PONTUAÇÃO 223
4. MORFOLOGIA 227
5. COLOCAÇÃO PRONOMINAL 240
6. CONCORDÂNCIA 242
7. REGÊNCIA 247
8. ANÁLISE SINTÁTICA 249

PARTE III – REDAÇÃO **263**

1. OS DESAFIOS DA REDAÇÃO 263
2. A ESTRUTURA DO TEXTO DISSERTATIVO 265
3. RASCUNHO *X* VERSÃO FINAL 266
4. INTEGRIDADE DO TEXTO 267
5. ERROS MAIS COMUNS 268

4. INFORMÁTICA — 271

1. *HARDWARE* 271
2. SISTEMAS OPERACIONAIS 272
3. BANCOS DE DADOS 277
4. SEGURANÇA DA INFORMAÇÃO 279
5. REDES DE COMPUTADORES 280
6. INTERNET 282
7. OFFICE 287

5. MATEMÁTICA BÁSICA — 299

1. INTRODUÇÃO 299
2. GEOMETRIA BÁSICA 299
3. TRIGONOMETRIA 302
4. FRAÇÕES E NÚMEROS DECIMAIS 303
5. REGRA DE TRÊS E PORCENTAGENS 304
6. POTENCIAÇÃO E RADICIAÇÃO 305
7. SEQUÊNCIAS, PROGRESSÕES ARITMÉTICAS E GEOMÉTRICAS 306
8. EQUAÇÕES E INEQUAÇÕES 307
9. FUNÇÕES EXPONENCIAIS E LOGARÍTMICAS 308
10. SISTEMAS LINEARES E MATRIZES 309

DOUTRINA COMPLETA

1. DIREITO PENAL

Arthur Trigueiros

Parte Geral

1. CONSIDERAÇÕES INICIAIS SOBRE O DIREITO PENAL

1.1. Introdução ao Direito Penal

1.1.1. Considerações iniciais

Desde os primórdios da vida em sociedade, o homem passou a encontrar dificuldades de relacionamento, seja entre dois indivíduos, seja entre um indivíduo e um grupo, seja entre grupos distintos.

Por esse motivo, a criação do direito tornou-se um imperativo de sobrevivência harmônica, sem o qual o respeito ao próximo e as limitações dos direitos individuais constituiriam barreira intransponível ao regular desenvolvimento do corpo social.

Os conflitos, é certo, sempre existiram, em maior ou menor intensidade. Sem sombra de dúvida, a forma de litígio mais grave sempre foi aquela que envolveu bens jurídicos protegidos pelo **Direito Penal**. Em outras palavras, das formas de ilícito, **o mais grave deles é o penal**, já que ofende os direitos e os interesses mais caros à sociedade, tais como: a vida, a honra, a liberdade, o patrimônio etc.

Daí o motivo de surgir o Direito Penal: para a proteção da sociedade contra os ilícitos de índole criminal.

1.1.2. Denominação

Inúmeras denominações surgiram para designar o ramo do direito responsável pelo estudo criminal, a saber: Direito Criminal, Direito Repressivo, Direito Punitivo, Direito Sancionador, Direito Protetor dos Criminosos, dentre outros.

Todavia, é de reconhecimento comum que o designativo mais aceito pelos doutrinadores é o Direito Penal. Tanto é assim que temos um Código Penal, um Código de Processo Penal, as Leis Penais Especiais...

Porém, na prática forense, deparamo-nos com as Varas Criminais, com as Varas de Execuções Criminais (VECs), destoando, portanto, da designação amplamente acolhida pelos juristas.

1.1.3. Definição/conceito

O *conceito* de Direito Penal é trazido, de maneira peculiar, por cada doutrinador que almeja traduzir da melhor forma esse ramo do direito.

Assim, Basileu Garcia já o definiu como o "conjunto de normas jurídicas que o Estado estabelece para combater o crime, através das penas e das medidas de segurança" (**Instituições de Direito Penal**).

Segundo Edgard Magalhães Noronha, "direito penal é o conjunto de normas jurídicas que regulam o poder punitivo do Estado, tendo em vista os fatos de natureza criminal e as medidas aplicáveis a quem os pratica" (**Direito Penal**, vol. 1).

Por fim, a magistral lição de José Frederico Marques, para quem o Direito Penal é o "conjunto de normas que ligam ao crime, como fato, a pena como consequência, e disciplinam também as relações jurídicas daí derivadas, para estabelecer a aplicabilidade das medidas de segurança e a tutela do direito e liberdade em face do poder de punir do Estado" (**Curso de Direito Penal**, vol. 1).

Em suma, o Direito Penal é o ramo do *direito público* cujo objeto corresponde às *infrações penais* e às *respectivas sanções*, aplicáveis aos infratores da lei penal.

1.1.4. Objetos de estudo do Direito Penal

Como já dissemos, são dois:

a) infrações penais; e

b) sanções penais.

Em matéria de infrações penais, o Brasil adotou o *critério dicotômico*, dividindo-as em *crimes ou delitos e contravenções penais*, definidos no art. 1º da Lei de Introdução ao Código Penal (LICP).

Em breves e singelas distinções, o crime (ou delito) é espécie de infração penal mais grave do que a contravenção penal (denominada, por tal motivo, de crime-anão por Nelson Hungria), punida pelo Estado, portanto, com menor rigor.

Não há, no Brasil, diferença entre os termos "crime" e "delito", considerados como sinônimos, o que não ocorria na antiguidade.

No tocante ao segundo objeto do Direito Penal, temos que as sanções penais são gênero do qual são espécies:

a) penas;

b) medidas de segurança.

No momento oportuno, estudaremos cada uma das espécies referidas. Por ora, é suficiente saber que as medidas de segurança somente são aplicadas àquelas pessoas que possuem algum problema mental, ao passo que as penas são exclusivas das pessoas dotadas de discernimento (total ou parcial), desde que maiores de 18 anos.

Aos menores de 18 anos (denominados pela lei de *inimputáveis*), não se pode aplicar pena, mas sim as regras específicas do Estatuto da Criança e do Adolescente (ECA – Lei 8.069/1990).

1.1.5. Diplomas normativos aplicáveis ao Direito Penal

Ao Direito Penal aplicam-se inúmeros diplomas normativos, a saber:

a) a Constituição Federal (especialmente a parte dos direitos e garantias fundamentais);

b) o Código de Processo Penal (ex.: regras aplicáveis à ação penal);

c) o Código Civil (ex.: conceitos como casamento e morte);

d) a Legislação de Direito Comercial (ex.: títulos de crédito, falência...);

e) a Legislação de Direito Tributário (ex.: crimes contra a ordem tributária);

f) as regras de Direito Internacional (tratados que versam sobre Direito Penal);

g) a Lei de Execuções Penais (especialmente no tocante às formas de cumprimento de pena) etc.

É importante registrar que o Direito Penal não se esgota num Código Penal, mas se serve de inúmeros outros diplomas normativos que o completam.

1.1.6. Ciências correlatas ao Direito Penal

Iremos mencionar apenas algumas ciências auxiliares ao Direito Penal:

a) medicina legal: conhecimentos médicos aplicáveis à solução e demonstração da ocorrência de crimes e suas causas (ex.: exames de corpo de delito);

b) psiquiatria forense: tem por objetivo aferir se o criminoso (agente), no momento do crime, tinha capacidade de entender o que estava fazendo;

c) polícia técnica ou científica: reunindo conhecimento de várias ciências, contribui para a descoberta de crimes e seus autores (ex.: engenharia química, genética...);

d) sociologia: analisa o crime como fenômeno social;

e) criminologia: busca estudar os processos de gênese da criminalidade e do criminoso.

1.1.7. Estrutura do Código Penal

O diploma legal básico do Direito Penal é exatamente o Código Penal.

Fundamentalmente, vem estruturado em 2 partes: a) **Parte Geral (arts. 1º a 120);** e b) **Parte Especial (arts. 121 a 361)**.

A Parte Geral do Código Penal, como o nome diz, contém as *regras* sobre Direito Penal, aplicáveis de modo geral a todo crime (salvo se houver regra expressa em outras leis). Não existem, na parte geral do CP, *crimes*.

Já a Parte Especial do Código Penal contém, basicamente, *artigos que definem crimes e cominam penas*. Todavia, nem todo artigo desta parte específica diz respeito a crimes (existem, portanto, normas de índole não criminal, denominadas não incriminadoras).

1.1.8. O Direito Penal e as Leis Especiais

Com a evolução social e o surgimento de novos problemas e conflitos, torna-se impossível que um só diploma normativo regule todos os temas de interesse penal.

É verdade que o Código Penal é a "lei básica" do Direito Penal, mas podemos assegurar que se trata de uma pequena parte desse ramo do direito, já que existem centenas de leis que tratam do mesmo assunto, definindo crimes e cominando penas.

Apenas para exemplificar, podemos encontrar regras de Direito Penal nas seguintes leis:

a) Decreto-Lei 3.688/1941 – Lei das Contravenções Penais;

b) Lei 8.072/1990 – Lei dos Crimes Hediondos;

c) Lei 8.069/1990 – Estatuto da Criança e do Adolescente;

d) Lei 8.078/1990 – Código de Defesa do Consumidor;

e) Lei 9.503/1997 – Código de Trânsito Brasileiro;

f) Lei 9.605/1998 – Lei dos Crimes Ambientais;

g) Lei 8.137/1990 – Crimes tributários e contra as relações de consumo;

h) Lei 4.898/1965 – Lei do Abuso de Autoridade;

i) Lei 11.343/2006 – Lei de Drogas.

Embora existam, como já dissemos, centenas de leis de índole penal, o Código Penal aplica-se aos casos em que não houver disposição expressa em contrário (art. 12 do CP).

1.1.9. As escolas penais

Para os fins da presente obra, traremos algumas breves considerações sobre as Escolas Penais. Vamos aos estudos!

1.1.9.1. Escola Clássica

Nasceu no final do século XVIII, em reação ao totalitarismo do Estado Absolutista, durante o período do Iluminismo.

A Escola Clássica pautou-se nos estudos de *Beccaria*, sendo um de seus principais expoentes *Francesco Carrara*.

Utilizava-se o método racionalista e dedutivo (lógico).

Em regra, os pensadores desta escola eram jusnaturalistas.

Os pontos marcantes são: a) crime era visto como sendo um conceito meramente jurídico; b) predominava o livre-arbítrio; c) a função da pena era retributiva.

"Foi sob a influência dos pensamentos de Kant e Hegel que a concepção retribucionista do Direito Penal se desenvolveu. Ou seja, a única finalidade da pena consistia na aplicação de um mal ao infrator da lei penal. A sanção penal era, na verdade, um castigo necessário para o restabelecimento do Direito e da Justiça. (...) Em decorrência do ideal iluminista, prevaleceu a tendência de eliminar as penas corporais e os suplícios (...)" (MASSON, Cleber. **Direito Penal Esquematizado** – Parte Geral. Editora Método, 2ª edição).

1.1.9.2. Escola Positiva

A preocupação com o combate do fenômeno da criminalidade dentro dos parâmetros cientificistas dos séculos XVIII e XIX foi a responsável pelo surgimento do denominado Positivismo Criminológico.

Um dos principais expoentes da Escola Positiva, juntamente com Enrico Ferri e Rafael Garofalo, foi *Cesare Lombroso*, "por sua construção do 'criminoso nato', indivíduo essencialmente voltado à delinquência e passível de identificação anatômica" (CUNHA, Rogério Sanches. **Manual de Direito Penal**. Parte Geral. Editora JusPodivm).

Inicia-se a fase antropológica, com a aplicação do método experimental no estudo da criminalidade.

Para *Lombroso*, o homem não era livre em sua vontade, já que sua conduta era predeterminada por forças inatas e por características antropológicas. Inicia-se, assim, a fase antropológica, com a aplicação do método experimental no estudo da criminalidade.

Não há livre-arbítrio, já que o criminoso é um ser anormal, sob as óticas biológica e psicológica.

Por sua vez, na fase sociológica, *Ferri* passou a levar em conta fatores físicos, naturais e sociais, juntamente com características antropológicas do criminoso.

Por fim, na fase jurídica da Escola Positiva, *Garofalo* utilizou a expressão "Criminologia", conferindo aspectos estritamente jurídicos.

1.1.9.3. *Correcionalismo penal*

Para a Escola Correcionalista, preconizada por *Karl David August Röeder*, o crime não é um fato natural, mas uma criação da sociedade, onde o criminoso possui uma vontade reprovável.

A pena busca a ressocialização do criminoso, pois é instrumento de correção de sua vontade.

Desse modo, a sanção penal deve ser indeterminada, até que cesse a sua necessidade.

A finalidade da pena é a prevenção especial, já que se busca corrigir o criminoso.

"A Escola Correcionalista sustenta que o direito de reprimir os delitos deve ser utilizado pela sociedade com fim terapêutico, isto é, reprimir curando. Não se deve pretender castigar, punir, infligir o mal, mas apenas regenerar o criminoso". (...) "Modernamente, pode-se dizer que o correcionalismo idealizado por Röeder, transfundido e divulgado nas obras de Dorado Montero e Concépcion Arenal, teve em Luis Jiménez de Asúa seu maior entusiasta e o mais eficiente dos expositores, ao defender a ressocialização como finalidade precípua da sanção penal" (MASSON, Cleber. **Direito Penal Esquematizado** – Parte Geral. Editora Método, 2ª edição).

1.1.9.4. *Tecnicismo jurídico-penal*

Aproxima-se da Escola Clássica.

Utilizou-se o método positivo, pois o Direito Penal estava restrito às leis vigentes, com conteúdo dogmático, sem qualquer caráter antropológico ou filosófico.

O Tecnicismo jurídico-penal caracterizava-se por se utilizar da exegese (para buscar o alcance e a vontade da lei), da dogmática (para a integração do Direito Penal, por meio da sistematização dos princípios) e da crítica (para propostas de reforma, como ocorre na política criminal).

1.1.9.5. *A defesa social*

Para a Escola da Nova Defesa Social, o crime desestabiliza a ordem social, motivo pelo qual o criminoso precisa cumprir uma pena, a fim de que seja adaptado socialmente.

Tal doutrina busca proteger a sociedade contra o crime. Tem caráter humanista.

"O Estado não deve punir, pois sua função é melhorar o indivíduo. A causa da antissocialidade está na organização social. Contra ela o Estado deve operar preventivamente e não somente pela repressão. Os cárceres são inúteis e prejudiciais, devendo ser abolidos. As penas devem ser substituídas por medidas educativas e curativas. O violador da lei não perigoso pode ser perdoado, não necessitando sanção. A pena, como medida de defesa social, deve ser fixa ou dosada, não na base do dano, mas segundo a personalidade do agente" (MASSON, Cleber. **Direito Penal Esquematizado** – Parte Geral. Editora Método, 2ª edição).

1.2. A EVOLUÇÃO HISTÓRICA DO DIREITO PENAL

1.2.1. *Povos primitivos. Vingança divina*

Na sociedade primitiva, a conduta do homem regulava-se pelo temor religioso ou mágico. Baseava-se nos *totens*, divindades que influenciavam o comportamento das pessoas, em razão da crença da premiação ou do castigo, assumindo variadas formas (animal, vegetal ou fenômeno natural). Tais sociedades eram chamadas de totêmicas.

"Pelo fato de que para esses povos a lei tinha origem divina e, como tal, sua violação consistia numa ofensa aos deuses, punia-se o infrator para desagravar a divindade, bem como para purgar o seu grupo das impurezas trazidas pelo crime. Uma das reações contra o criminoso era a expulsão do grupo (desterro), medida que se destinava, além de eliminar aquele que se tornara um inimigo da comunidade e dos seus deuses e forças mágicas, a evitar que a classe social fosse contagiada pela mácula que impregnava o agente, bem como as reações vingativas dos seres sobrenaturais a que o grupo estava submetido" (MASSON, Cleber. **Direito Penal Esquematizado** – Parte Geral. Editora Método, 2ª edição).

1.2.2. *Vingança privada*

A infração era vista como uma ofensa ao próprio grupo ao qual o ofensor pertencia. Assim, o ofendido ou qualquer pessoa do grupo – e não mais a divindade – voltava-se contra o ofensor, fazendo "justiça pelas próprias mãos", disseminando o ódio e provocando guerras, inexistindo qualquer proporção entre o delito praticado e a pena imposta.

Neste contexto, surge a Lei do Talião, adotado pelo Código de Hamurabi (Babilônia), pelo Êxodo (hebreus) e pela Lei das XII Tábuas (romanos).

1.2.3. *Vingança pública*

Nessa fase há um fortalecimento do Estado, tendo em vista que as autoridades competentes passam a ter legitimidade para intervir nos conflitos sociais. A pena assume um caráter público, tendo por finalidade a proteção do Estado Soberano. Um dos principais crimes era o da lesa-majestade, bem como aqueles que atingissem a ordem pública e os bens religiosos.

"Cabia a uma terceira pessoa, no caso o Estado – representante da coletividade e em tese sem interesse no conflito existente –, decidir impessoalmente a questão posta à sua análise, ainda que de maneira arbitrária. Nessa época, as penas ainda eram largamente intimidatórias e cruéis, destacando-se o esquartejamento, a roda, a fogueira, a decapitação, a forca, os castigos corporais e amputações, entre outras" (MASSON, Cleber. **Direito Penal Esquematizado** – Parte Geral. Editora Método, 2ª edição).

1.2.4. Idade Antiga

1.2.4.1. Direito Penal grego

Conforme explicitado por Rogério Sanches Cunha, "na Grécia não existem escritos a propiciar análise aprofundada da legislação penal então existente, senão algumas passagens em obras filosóficas. Por meio dessas obras, pôde-se notar que o direito penal grego evoluiu da vingança privada, da vingança religiosa para um período político, assentado sobre uma base moral e civil" (**Manual de Direito Penal**. Parte Geral. Editora JusPodivm). Assim, passou-se a discutir o fundamento do direito de punir e a finalidade da pena.

1.2.4.2. Direito Penal romano

O Direito Penal era exclusivo do cidadão romano, excluindo-se as mulheres, os escravos e os estrangeiros. As decisões passaram a ser fundamentadas, gerando maior segurança jurídica, muito embora não existisse o princípio da reserva legal.

Passou-se a dividir os delitos em públicos – aqueles que envolviam a traição ou a conspiração política contra o Estado e o assassinato – e em privados – os demais. "O julgamento dos crimes públicos era atribuição do Estado, por meio de um magistrado, e realizado por tribunais especiais. A sanção aplicada era a pena capital. Já o julgamento dos crimes privados era confiado ao particular ofendido, interferindo o Estado apenas para regular o seu exercício" (MASSON, Cleber. **Direito Penal Esquematizado** – Parte Geral. Editora Método, 2ª edição).

1.2.5. Idade Média

1.2.5.1. Direito Penal germânico

Neste período não havia leis escritas, sendo que o Direito Penal se pautava no direito consuetudinário. Posteriormente, adotou-se a Lei do Talião e o sistema da composição pecuniária, em que predominava a responsabilidade penal objetiva.

Isso porque, "o delinquente, quando sua infração ofendia os interesses da comunidade, perdia seu direito fundamental à vida, podendo qualquer cidadão matá-lo. Quando a infração atingia apenas uma pessoa ou família, o direito penal germânico fomentava o restabelecimento da paz social por via da reparação, admitindo também a vingança de sangue" (CUNHA, Rogério Sanches. **Manual de Direito Penal**. Parte Geral. Editora JusPodivm).

Adotou-se, ainda, o sistema de prova das ordálias ou juízos de deus, cuja prova da inocência se baseava em superstições e atos cruéis (ex.: caminhar sofre o fogo ou mergulhar em água fervente sem suportar ferimentos para que fosse provada a inocência do réu), o que gerava punições injustas.

1.2.5.2. Direito Penal canônico

É o Ordenamento Jurídico da Igreja Católica Apostólica Romana. Aplicava-se a religiosos e leigos, desde que os fatos tivessem conotação religiosa.

Importante ressaltar que o Direito Penal Canônico serviu para o procedimento de inquisição, no qual filósofos, cientistas e pensadores que divergissem do pensamento católico eram condenados a sanções cruéis.

A pena se destinava à cura do delinquente, buscando o seu arrependimento perante a divindade. "O cárcere, como instrumento espiritual de castigo, foi desenvolvido pelo Direito Canônico, uma vez que, pelo sofrimento e pela solidão, a alma do homem se depura e purga o pecado. A penitência visava aproximar o criminoso de Deus" (MASSON, Cleber. **Direito Penal Esquematizado** – Parte Geral. Editora Método, 2ª edição).

1.2.6. Idade Moderna

Desenvolveu-se o período humanitário, durante o Iluminismo, no século XVIII, tendo como principal expoente o marquês de Beccaria, o qual escreveu a clássica obra "Dos delitos e das penas". Pugnava pela abolição da pena de morte, antecipando as ideias consagradas na Declaração Universal dos Direitos do Homem e do Cidadão.

Baseia seu pensamento no "contrato social" de Rousseau, sendo o criminoso reputado como violador do pacto social.

Preconiza que a pena deve ser legalmente prevista, já que o indivíduo tem o livre-arbítrio de praticar ou não um crime, estando consciente de seus atos e suas consequências.

Ainda, a pena deve ser proporcional, sendo as leis certas, claras e precisas.

"Finalmente, para que cada pena não seja uma violência de um ou de muitos contra um cidadão privado, deve ser essencialmente pública, rápida, necessária, a mínima possível nas circunstâncias dadas, proporcional aos delitos e ditadas pelas leis" (MASSON, Cleber. **Direito Penal Esquematizado** – Parte Geral. Editora Método, 2ª edição).

Após o período Iluminista, surgiram as Escolas Penais (vide item 1.1.9 supra).

1.3. Histórico do Direito penal brasileiro

Com o descobrimento do Brasil, a partir de 1500, passou a vigorar o Direito Lusitano.

Inicialmente, vigoravam as Ordenações Afonsinas (promulgadas em 1446 por D. Afonso V), as quais foram revogadas pelas Ordenações Manuelinas (promulgadas em 1514 por D. Manuel). Em ambas predominava a arbitrariedade do juiz, já que tais ordenações não definiam a quantidade da pena. Assim, esse período foi marcado pela crueldade das penas, bem como pela ausência dos princípios da legalidade e da ampla defesa.

Posteriormente surgiu o Código Sebastiânico, em razão da compilação de leis esparsas realizada por D. Duarte Nunes Leão.

Em substituição, surgiram as Ordenações Filipinas (promulgadas em 1603 pelo Rei Filipe II), as quais eram fundadas em preceitos religiosos, sendo que as penas continuavam a ser cruéis e desumanas, com arbitrariedade do juiz e ausência dos princípios da legalidade e da ampla defesa.

Com a Proclamação da Independência e com a Constituição de 1824, surgiu o Código Criminal do Império de 1830, de cunho penal protetivo e humanitário, com a primeira manifestação do princípio da personalidade da pena no Brasil.

Com a Proclamação da República, surgiu o Código Criminal da República de 1890.

Em 1932, com o escopo de compilar leis penais extravagantes, surge a Consolidação das Leis Penais – Consolidação de Piragibe (Dec. 22.213/1932).

Por fim, em 1942, surge o atual Código Penal (Decreto-lei 2.848/1940), o qual passou por uma reforma em sua parte geral, com o advento da Lei 7.209/1984.

2. DIREITO PENAL E SUA CLASSIFICAÇÃO. PRINCÍPIOS

2.1. Classificação do Direito Penal

2.1.1. Direito Penal objetivo e Direito Penal subjetivo

Segundo Guilherme de Souza Nucci (**Manual de Direito Penal**, 3ª ed., Editora RT, pág. 53-54), *direito penal objetivo* "é o corpo de normas jurídicas destinado ao combate à criminalidade, garantindo a defesa da sociedade".

Já *direito penal subjetivo* corresponde ao "direito de punir" do Estado, ante a violação do direito penal objetivo. Em outras palavras, praticada uma infração penal, surgiria o *jus puniendi* (direito de punir) estatal.

Essa segunda classificação é criticada por Aníbal Bruno, para quem a denominação de "direito penal subjetivo" desnatura a ideia de poder soberano do Estado em punir. Na realidade, não se trata de um simples "direito" de punir, mas sim *poder-dever* de punir, eis que é sua função coibir a criminalidade.

2.2. Princípios do Direito Penal

A palavra "princípio" é designativa de "origem", "fonte", "causa".

Assim, em matéria penal, temos que os princípios são regras explícitas ou implícitas inspiradoras da criação de regras jurídicas positivas e da aplicação do Direito Penal ao caso concreto.

Alguns princípios estão expressamente previstos na CF e em legislação infraconstitucional, ao passo que outros são implícitos, decorrem do sistema jurídico como um todo.

Vejamos alguns dos mais importantes:

a) Princípio da legalidade: previsto no art. 5º, inc. XXXIX, da CF/1988, traduz a regra segundo a qual nenhum crime ou pena podem ser criados senão em virtude de lei. Vem repetido no art. 1º do CP, sob a rubrica "anterioridade penal";

b) Princípio da anterioridade: corolário do princípio da legalidade, expressa a garantia de que o cidadão não poderá ser criminalmente responsabilizado se a sua conduta não estiver expressa em lei anterior à prática do fato (não há crime sem *lei anterior* que o defina – art. 5º, XXXIX, da CF/1988);

c) Princípio da retroatividade penal benéfica: em regra aplicam-se ao fato as leis vigentes à época de sua ocorrência (*tempus regit actum*). Ocorre que, em matéria penal, é possível que o agente seja beneficiado por leis anteriores ou posteriores ao fato criminoso que tenha praticado (art. 5º, XL, da CF/1988). Impõe-se, aqui, o estudo da atividade da lei penal, que será posteriormente por nós analisada;

d) Princípio da personalidade ou da responsabilidade pessoal: previsto no art. 5º, XLV, da CF/1988, expressa que a punição criminal jamais poderá passar da pessoa do condenado, afetando, por exemplo, seus parentes. Isso não significa que terceiros que não o próprio criminoso não devam arcar com a responsabilidade *civil* decorrente do ilícito;

e) Princípio da individualização da pena: não se pode criar uma "tabela fixa" de punição às pessoas que tenham praticado a mesma conduta criminosa. Deve-se garantir que cada um responda na exata medida de sua culpabilidade, conforme preconiza o art. 5º, XLVI, da CF/1988. Foi com base nesse princípio que o STF, no julgamento do HC 82.959-SP, declarou inconstitucional o art. 2º, § 1º, da Lei 8.072/1990 (Lei dos Crimes Hediondos), que previa o regime integralmente fechado de cumprimento de pena;

f) Princípio da humanidade: embora criminosos, os agentes delitivos devem ser tratados de maneira digna, e não como seres inanimados (coisas). Embora tenham errado e devam responder por seus atos, devem ser tratados com um mínimo de humanidade. Daí porque a CF, em seu art. 5º, XLVII, veda as penas de morte (salvo em caso de guerra declarada), de caráter perpétuo, de trabalhos forçados, de banimento e as cruéis (castigos físicos, por exemplo);

g) Princípio da intervenção mínima: o Direito Penal deve intervir minimamente na esfera do indivíduo, já que a CF garante o direito à liberdade como uma regra a ser observada. Em maior ou menor grau, o Direito Penal é sinônimo de violência, embora institucionalizada. Daí porque esse ramo do direito deve ser encarado como de *ultima ratio*, e não de *prima ratio*. Em outras palavras, o legislador somente deve criar leis de índole penal quando não houver solução mais branda para proteger direitos. Se outros ramos do direito forem suficientes para coibir a violação às regras da sociedade, o direito penal não deverá intervir. Entra em cena, como decorrência da intervenção mínima, o princípio da subsidiariedade, segundo o qual as normas e institutos de índole jurídico-penal somente deverão ser utilizados, como dito, apenas se os demais ramos do direito revelarem uma insuficiência protetiva dos bens jurídicos;

h) Princípio da fragmentariedade: como consequência da intervenção mínima, a fragmentariedade do Direito Penal significa que esse ramo do direito é apenas uma parcela, um fragmento do ordenamento jurídico, que somente deve se ocupar das situações mais graves que aflijam a sociedade. Em razão da força negativa que o Direito Penal pode tomar para aqueles que a ele se submeterem, deverá intervir minimamente. É o caso das infrações de trânsito, que não precisam ser sempre punidas pelo Direito Penal, sendo suficiente para disciplinar a conduta dos motoristas o Direito Administrativo (ex.: multas);

i) Princípio da insignificância ou bagatela: se o Direito Penal somente deve intervir em casos importantes/relevantes, não é admitido que atue diante de fatos insignificantes, de somenos importância. Se a conduta do agente lesar ou expuser a perigo de lesão infimamente bens jurídicos de terceiros, não deverá o Direito Penal ser aplicado ao caso concreto, sob pena de transformá-lo em conjunto de regras de *prima ratio*, e não de *ultima ratio*. Temos como exemplo o furto de um botão de camisa, ou de uma moeda de cinquenta centavos, ou de um arranhão no braço de um adulto. Se as lesões forem muito pequenas, não chegando, de fato, a atingir o bem jurídico protegido pela norma penal, não poderá o juiz condenar o agente, mas sim absolvê-lo. De acordo com a doutrina e jurisprudência majoritárias, o princípio da insignificância atua como causa de exclusão da tipicidade penal (tipicidade material). Para o STF, a aplicação do princípio em comento exige a conjugação dos seguintes *vetores: a) mínima ofensividade da conduta; b) nenhuma periculosidade social da ação; c) reduzido grau de reprovabilidade do comportamento; e d) inexpressividade da lesão jurídica provocada* (STF, HC 98.152-MG, 2ª T., rel. Min. Celso de Mello, 19.05.2009). Questão interessante para provas/exames é aquela que diz respeito à possibilidade – ou não – de aplicação da insignificância penal para réus reincidentes. Confiram-se os excertos a seguir:

Contrabando: princípio da insignificância e reincidência

"A 1ª Turma denegou *habeas corpus* em que se requeria a incidência do princípio da insignificância. Na situação dos autos, a paciente, supostamente, internalizara maços de cigarro sem comprovar sua regular importação. De início, assinalou-se que não se aplicaria o aludido princípio quando se tratasse de parte reincidente, porquanto não haveria que se falar em reduzido grau de reprovabilidade do comportamento lesivo. Enfatizou-se que estariam em curso 4 processos-crime por delitos de mesma natureza, tendo sido condenada em outra ação penal por fatos análogos. Acrescentou-se que houvera lesão, além de ao erário e à atividade arrecadatória do Estado, a outros interesses públicos, como à saúde e à atividade industrial interna. Em seguida, asseverou-se que a conduta configuraria contrabando e que, conquanto houvesse sonegação de tributos com o ingresso de cigarros, tratar-se-ia de mercadoria sob a qual incidiria proibição relativa, presentes as restrições de órgão de saúde nacional. Por fim, reputou-se que não se aplicaria, à hipótese, o postulado da insignificância – em razão do valor do tributo sonegado ser inferior a R$ 10.000,00 – por não se cuidar de delito puramente fiscal. O Min. Marco Aurélio apontou que, no tocante ao débito fiscal, o legislador teria sinalizado que estampa a insignificância, ao revelar que executivos de valor até R$ 100,00 seriam extintos." HC 100367/RS, rel. Min. Luiz Fux, 09.08.2011. (HC-100367) (Inform. STF 635)

Reincidência e princípio da insignificância

"Ante o empate na votação, a 2ª Turma deferiu *habeas corpus* impetrado em favor de condenado à pena de 10 meses de reclusão, em regime semiaberto, pela prática do crime de furto tentado de bem avaliado em R$ 70,00. Reputou-se, ante a ausência de tipicidade material, que a conduta realizada pelo paciente não configuraria crime. Aduziu-se que, muito embora ele já tivesse sido condenado pela prática de delitos congêneres, tal fato não poderia afastar a aplicabilidade do referido postulado, inclusive porque estaria pendente de análise, pelo Plenário, a própria constitucionalidade do princípio da reincidência, tendo em vista a possibilidade de configurar dupla punição ao agente. Vencidos os Ministros Joaquim Barbosa, relator, e Ayres Britto, que indeferiam o *writ*, mas concediam a ordem, de ofício, a fim de alterar, para o aberto, o regime de cumprimento de pena." HC 106510/MG, rel. orig. Min. Joaquim Barbosa, red. p/o acórdão Min. Celso de Mello, 22.03.2011. (HC-106510) (Inform. STF 620).

Outra questão relevante diz respeito à possibilidade – ou não – de aplicação do princípio da insignificância quando se está diante de crime perpetrado em detrimento da Administração Pública. Confira-se:

PRINCÍPIO. INSIGNIFICÂNCIA. ADMINISTRAÇÃO PÚBLICA.

"Na impetração, foi requerida a alteração da capitulação legal atribuída na denúncia, o que é inviável no *habeas corpus*, uma vez que exige o revolvimento do conjunto fático-probatório. No caso, a acusação descreve fato criminoso com todas as circunstâncias, satisfazendo os requisitos do art. 77 do CPPM. De acordo com a peça acusatória, os fatos revelam indícios suficientes para justificar apuração mais aprofundada do caso. Mesmo que a capitulação esteja equivocada, como alegam os impetrantes, o que somente será verificado na instrução criminal, a defesa deve combater os fatos indicados na denúncia e não a estrita capitulação legal, não havendo assim qualquer prejuízo ao exercício da ampla defesa e do contraditório. Quanto ao princípio da insignificância, a Turma entendeu não ser possível sua aplicação aos crimes praticados contra a Administração, pois se deve resguardar a moral administrativa. Embora o crime seja militar, em última análise, foi praticado contra a Administração Pública." Precedentes citados: HC 154.433-MG, *DJe* 20.09.2010, e HC 167.915-MT, *DJe* 13.09.2010. HC 147.542-GO, Rel. Min. Gilson Dipp, julgado em 17.05.2011. (Inform. STJ 473).

O STJ, em sua **Súmula 599**, assentou o entendimento de que o **princípio da insignificância é inaplicável aos crimes contra a Administração Pública**.

Ainda, releva trazer à baila entendimento do STF acerca da inaplicabilidade do princípio da insignificância para o crime de moeda falsa, tendo em vista o bem jurídico tutelado (fé pública). Vale a transcrição da ementa veiculada no Informativo 622 de referida Corte:

Princípio da insignificância e moeda falsa

"A 2ª Turma indeferiu *habeas corpus* no qual pretendida a aplicação do princípio da insignificância em favor de condenado por introduzir duas notas falsas de R$ 10,00 em circulação (CP, art. 289, § 1º). Na espécie, a defesa sustentava atipicidade da conduta em virtude do reduzido grau de reprovabilidade da ação, bem como da inexpressiva lesão jurídica provocada. Afastou-se, inicialmente, a hipótese de falsificação grosseira e considerou-se que as referidas cédulas seriam capazes de induzir a erro o homem médio. Aduziu-se, em seguida, que o valor nominal derivado da falsificação de moeda não seria critério de análise de relevância da conduta, porque o objeto de proteção da norma seria supraindividual, a englobar a credibilidade do sistema monetário e a expressão da própria soberania nacional." HC 97220/MG, rel. Min. Ayres Britto, 05.04.2011. (HC-97220) (Inform. STF 622).

Por derradeiro, muito interessante o entendimento do STJ acerca da inexistência de um critério quantitativo fixo para o reconhecimento da insignificância penal:

INSIGNIFICÂNCIA. VALOR MÁXIMO. AFASTAMENTO.

"A Turma afastou o critério adotado pela jurisprudência que considerava o valor de R$ 100,00 como limite para a aplicação do princípio da insignificância e deu provimento ao recurso especial para absolver o réu condenado pela tentativa de furto de duas garrafas de bebida alcoólica (avaliadas em R$ 108,00) em um supermercado. Segundo o Min. Relator, a simples adoção de um critério objetivo para fins de incidência do referido princípio pode levar a conclusões iníquas quando dissociada da análise do contexto fático em que o delito foi praticado – importância do objeto subtraído, condição econômica da vítima, circunstâncias e resultado do crime – e das características pessoais do agente. No caso, ressaltou não ter ocorrido repercussão social ou econômica com a tentativa de subtração, tendo em vista a importância reduzida do bem e a sua devolução à vítima (pessoa jurídica)." Precedentes citados: REsp 778.795-RS, *DJ* 05.06.2006; HC 170.260-SP, *DJe* 20.09.2010, e HC 153.673-MG, *DJe* 08.03.2010. REsp 1.218.765-MG, Rel. Min. Gilson Dipp, julgado em 01.03.2011. (Inform. STJ 465)

Por fim, importante trazer à baila o entendimento do STF (RHC 133043/MT, julgado pela 2ª Turma, DJe de 20.05.2016) e do STJ (HC 333.195/MS, 5ª Turma, DJe de 26.04.2016) acerca da **inaplicabilidade do princípio da insignificância** no tocante às infrações penais praticadas em contexto de *violência doméstica e familiar contra a mulher*. A questão, agora, está pacificada com o advento da **Súmula 589 do STJ**: *É inaplicável o princípio da insignificância nos crimes ou contravenções penais praticados contra a mulher no âmbito das relações domésticas.*

j) Princípio da culpabilidade ou da responsabilidade subjetiva: não é possível que alguém seja punido se não houver atuado com dolo ou culpa. Em outras palavras, não se admite, como regra, em Direito Penal, a responsabilidade objetiva;

l) Princípio da taxatividade: não se admite, em Direito Penal, que as leis que criem crimes sejam muito genéricas (pouco detalhadas). Deve o legislador editar leis que veiculem crimes bem definidos, sem que se possam gerar dúvidas quanto à sua aplicação e alcance. Em suma: as leis penais devem ser claras e precisas. Trata-se de princípio dirigido especificamente ao legislador. É uma decorrência lógica do princípio da legalidade. Afinal, cabe à lei definir os crimes. Definir indica pormenorizar, detalhar;

m) Princípio da proporcionalidade: a sanção penal deve ser proporcional ao gravame causado pelo agente. Assim, deve existir uma proporcionalidade entre a conduta do agente e a resposta estatal que lhe será imposta. Para um crime de furto simples, atentaria contra a proporcionalidade a condenação de 15 anos de reclusão. O mesmo ocorreria se, para um estupro, o legislador fixasse pena de 2 meses de detenção, ou multa;

n) Princípio da vedação da dupla punição (*ne bis in idem*): constituiria abuso por parte do Estado se pudesse punir alguém, pelo mesmo fato, duas ou mais vezes. Assim, veda-se que alguém seja duplamente apenado (ou processado) pela mesma infração penal. Se "A" foi absolvido de um estupro, não poderá ser novamente processado caso sejam descobertas novas provas que o incriminam.

3. FONTES DO DIREITO PENAL

3.1. Fontes do Direito Penal

A origem de um ramo do direito, ou de normas jurídicas, corresponde ao conceito de *fonte*, que vem do latim *fons, fontanus* e *fontis*. Significa, portanto, etimologicamente, nascente, nascedouro ou manancial.

As fontes podem ser analisadas sob dois aspectos ou enfoques: a) origem legislativa das normas; b) conteúdos ou formas de manifestação das normas jurídicas.

Esses dois aspectos dão margem à criação da classificação das fontes em espécies:

a) fontes materiais, substanciais ou de produção; e

b) fontes formais, de cognição ou de revelação.

3.2. Espécies de fontes

3.2.1. *Fontes materiais, de produção ou substanciais*

Para essa espécie de fonte, leva-se em conta a *entidade criadora das normas jurídicas penais*. Assim, compete à *União* legislar sobre Direito Penal (art. 22, I, da CF/1988). Todavia, o parágrafo único do referido dispositivo constitucional permite que a União, mediante lei complementar, autorize os Estados a legislar em qualquer matéria nele prevista, inclusive direito penal. Porém, não se tem notícia de situação como esta.

Assim, as normas penais decorrem da atividade legislativa federal (União), em regra pela edição de leis ordinárias, que devem ser aprovadas pela Câmara dos Deputados e Senado Federal.

3.2.2. *Fontes formais, de cognição ou de revelação*

Para essa espécie de fonte, levam-se em conta os *meios de exteriorização das normas jurídicas*, ou seja, a forma pela qual surgem no ordenamento jurídico.

As fontes formais podem ser subdivididas em:

a) fonte formal direta ou imediata = é a *lei* (aqui entendida em sua forma mais ampla, ou seja, como atividade legislativa do Poder Público). Temos como exemplos de fontes formais diretas do direito penal: a) Código Penal; b) Leis extravagantes em matéria penal (são as denominadas Leis Penais Especiais, tais como a Lei de Drogas, a Lei dos Crimes Hediondos, a Lei dos Crimes Ambientais etc.); c) Constituição Federal.

b) fonte formal indireta ou mediata = *costumes*; *princípios gerais de direito*; *e atos administrativos*.

Os *costumes* constituem um conjunto de normas comportamentais, obedecidas pelas pessoas como se fossem obrigatórias. Podem influenciar diretamente o direito penal, como, por exemplo: conceito de *repouso noturno* como majorante no crime de furto.

Os *princípios gerais de direito* são regras éticas que inspiram a criação das normas e sua aplicação ao caso concreto. Esses princípios, evidentemente, não estão expressos no ordenamento jurídico.

Segundo Guilherme de Souza Nucci, um princípio geral de direito é o de que *ninguém pode beneficiar-se da própria torpeza ou má-fé*. Assim, se o juiz verificar que o réu está arrolando testemunhas em outros Estados apenas para que atinja a prescrição do crime, poderá fixar um prazo para o retorno de seus depoimentos (cartas precatórias). Se não retornarem, poderá julgar o acusado ainda assim, se perceber que sua finalidade era apenas aquela (arrolar testemunhas fora da comarca para que, em razão da demora, fosse reconhecida a prescrição).

Também compete à União (Presidente da República) celebrar *tratados e convenções internacionais* que eventualmente poderão dispor sobre Direito Penal. Temos como exemplo a Convenção Americana dos Direitos Humanos (Pacto de São José da Costa Rica – Decreto 678/1992), que, após referendado pelo Congresso Nacional, criou algumas garantias em matéria processual penal, dentre elas: a) direito de julgamento do réu por um juiz ou tribunal imparcial; b) vedação de mais de um processo pelo mesmo fato (*ne bis in idem*). O próprio Código de Processo Penal, em seu art. 1º, I, admite a aplicação de regras processuais oriundas de tratados e convenções internacionais.

Por fim, os *atos administrativos* constituem, no mais das vezes, o complemento das chamadas *normas penais em branco*, assim denominadas aquelas cujos preceitos primários são incompletos. É o caso do art. 33 da Lei 11.343/2006 (Lei de Drogas), que traz o tipo penal de tráfico de drogas, sem, contudo, explicitar o que vem a ser "droga". Esta expressão, por não constar na lei, exige que o intérprete-aplicador do direito se socorra da Portaria 344/1998 da SVS/MS, que é, em suma, um ato administrativo.

3.2.3. A súmula vinculante e o Direito Penal

A Constituição Federal, em seu art. 103-A (inserido pela EC 45/2004), prevê a denominada *súmula vinculante*.

O STF poderá "de ofício ou por provocação, mediante decisão de dois terços dos seus membros, após reiteradas decisões sobre matéria constitucional, aprovar súmula que, a partir de sua publicação na imprensa oficial, terá efeito vinculante em relação aos demais órgãos do Poder Judiciário e à administração pública direta e indireta, nas esferas federal, estadual e municipal".

A súmula vinculante veio a ser regulamentada pela Lei 11.417, de 19.12.2006.

Assim, poderá o STF, de acordo com o texto constitucional, editar súmulas em matéria penal com o intuito de uniformizar o entendimento sobre certos temas, dando maior celeridade à prestação jurisdicional.

São, sem sombra de dúvida, fontes formais do Direito Penal. Temos, como exemplo de Súmulas vinculantes em matéria penal, a de número 24, que trata da necessidade de exaurimento da esfera administrativa para a configuração dos crimes materiais contra a ordem tributária, bem como a de número 26, que permite a realização de exame criminológico em condenados por crimes hediondos, desde que as circunstâncias do caso indiquem a necessidade da medida.

Serão elas, sem sombra de dúvida, fontes formais do Direito Penal.

4. INTERPRETAÇÃO DO DIREITO PENAL

4.1. Interpretação. Conceito

Segundo Mirabete, a interpretação "é o processo lógico que procura estabelecer a vontade da lei, que não é, necessariamente, a vontade do legislador".

Prossegue dizendo que "na interpretação da lei, deve-se atender aos fins sociais a que ela se dirige e às exigências do bem comum", nos termos do art. 5º da LINDB. Compreende-se nos imperativos do bem comum a tutela da liberdade individual. Deve-se lembrar que o art. 1º da LEP preconiza

que o fim da pena é promover a integração social do condenado.

A ciência que se ocupa da interpretação da lei chama-se *hermenêutica*.

Em suma, interpretar é *buscar a finalidade e o alcance das leis*. Antecede, portanto, à aplicação da norma jurídica. Afinal, sem interpretá-la, impossível aplicá-la.

O brocardo latino *in claris cessat interpretatio* não tem razão, uma vez que, por mais simples que possa parecer uma norma jurídica, ela será objeto de interpretação.

4.2. Finalidades da interpretação

Segundo Edílson Mougenot Bonfim (**Curso de Processo Penal** – editora Saraiva), dois são os aspectos que conduzem o estudo da finalidade da interpretação. São eles:

a) Teoria subjetivista ou da vontade: para os que adotam essa teoria, o intérprete deverá buscar o conteúdo da vontade do *legislador*. Em outras palavras, ao interpretar a norma jurídica, deve-se tentar buscar a vontade do legislador, reconstruindo suas intenções (é a chamada *mens legislatoris*); **b) Teoria objetivista:** deve o intérprete buscar não a vontade do legislador, mas a *vontade da própria norma*. Em razão do dinamismo social, por vezes a vontade do legislador, ao criar a lei, afasta-se de seu conteúdo com o passar do tempo. Em suma, a lei ganha "vida própria" com o decurso do tempo. Deve-se buscar, portanto, a *mens legis* (vontade da lei).

4.3. Espécies de interpretação

4.3.1. Sujeito

Quanto ao **sujeito** que realiza a interpretação, ela pode ser:

a) autêntica;

b) jurisprudencial;

c) doutrinária.

Considera-se *interpretação autêntica* aquela cuja origem é a mesma da norma interpretada (lei), portanto tem força vinculante. Afinal, se a interpretação (busca do alcance da lei) decorre da mesma fonte, obviamente deverá ser observada. Temos como exemplo o conceito de "casa", previsto no art. 150, § 4º, do CP.

Considera-se *interpretação jurisprudencial* (ou judicial) aquela que decorre do entendimento dos tribunais acerca do alcance e finalidade de determinadas normas jurídicas. Lembre-se que jurisprudência corresponde a decisões reiteradas dos tribunais acerca de determinado tema, pacificando o entendimento. Deve-se ressaltar que tal forma interpretativa *não tem força vinculante*, ou seja, os juízes e tribunais não são obrigados a julgar de acordo com a jurisprudência. Porém, em se tratando de *súmula vinculante*, já dissemos que, como fonte do direito, será obrigatoriamente observada (*vide* art. 103-A da CF/1988 e a EC 45/2004).

Considera-se *interpretação doutrinária* aquela proveniente do entendimento conferido por juristas às normas jurídicas. É a denominada *communis opinio doctorum*. Obviamente não tem força vinculante.

4.3.2. Meio empregado

Quanto ao **meio empregado**, a interpretação pode ser:

a) gramatical (literal);

b) teleológica.

Considera-se *interpretação gramatical* aquela decorrente da análise da "letra da lei", ou seja, de seu sentido no léxico. Em outras palavras, a lei é interpretada tal como decorre do vernáculo (conjunto de palavras componentes de uma língua). É o caso do termo "autoridade", previsto no art. 10, §§ 1º, 2º e 3º, do CPP, que indica para "autoridade policial". Igualmente, o termo "queixa", previsto no art. 41 do CPP, deve ser interpretado não em seu sentido literal, mas como petição inicial nos crimes de ação penal privada.

Considera-se *interpretação teleológica* aquela que se vale da lógica para que se busque o alcance e finalidade das leis. Assim, deve-se buscar não apenas a literalidade da norma, mas sua *finalidade*.

4.3.3. Resultados

Quanto aos **resultados** decorrentes da interpretação, temos:

a) declarativa;

b) restritiva;

c) extensiva.

Considera-se *interpretação declarativa* aquela que não exige do intérprete ir além ou aquém do texto legal fornecido. É o caso de interpretar a expressão *"casa habitada"*, no art. 248 do CPP, entendendo-se como tal todo compartimento em que viva uma ou mais pessoas.

Considera-se *interpretação restritiva* aquela que exigirá do intérprete uma restrição ou redução ao alcance da lei, buscando sua real vontade.

Considera-se *interpretação extensiva* aquela em que o intérprete deve ampliar o alcance da norma jurídica, que disse menos do que deveria ter dito. É o caso, por exemplo, da interpretação a ser conferida ao delito de bigamia – art. 235 do CP (que, por óbvio, também pune o agente por poligamia) ou mesmo ao delito de outras fraudes – art. 176 do CP (que pune, também, a conduta daquela pessoa que toma refeição sem dispor de recursos para efetuar o pagamento não apenas em restaurantes, conforme enuncia a lei, mas em pensões, bares, boates...).

4.3.4. Outras classificações

Temos, ainda, a *interpretação progressiva*, que se verifica em razão da evolução da sociedade e do próprio Direito. Assim, algumas expressões constantes na lei devem ser interpretadas de acordo com a atualidade, como é o caso do chamado "Tribunal de Apelação", que hoje é o Tribunal de Justiça, ou o "Chefe de Polícia", atualmente interpretado como Secretário de Segurança Pública.

Fala-se, também, em *interpretação analógica*, que se verifica quando a lei, após uma enumeração casuística, fornece uma cláusula genérica, que, por similitude às anteriores, será extraída por analogia. É o caso do art. 6º, IX, do CPP.

Por fim, Edílson Mougenot Bonfim (obra citada) trata da *interpretação conforme* (à Constituição). Trata-se da regra básica de que o texto constitucional é hierarquicamente superior às demais espécies normativas, razão pela qual estas devem ser interpretadas em harmonia (conforme, portanto) com a Carta Magna. Segundo Canotilho, jurista português, trata-se do *princípio da conformidade,* que determina ao intérprete que, ao ler um dispositivo legal, se forem possíveis duas ou mais interpretações, deverá adotar aquela que guarde compatibilidade com a Constituição Federal.

4.4. Analogia

Não se pode dizer que a analogia é uma forma de interpretação da lei penal, mas sim de autointegração do sistema. Em outras palavras, não havendo norma específica para regular um caso concreto, aplica-se uma norma incidente a outro caso, porém semelhante (análogo).

Consiste a analogia, portanto, em "criar uma norma penal onde, originalmente, não existe" (Guilherme de Souza Nucci – **Manual de Direito Penal** – ed. RT, pág. 82).

A doutrina majoritária defende a impossibilidade de se adotar a analogia em prejuízo do réu (denominada de analogia *in malam partem*), mas apenas para beneficiá-lo. Ademais, não se pode olvidar que o direito penal é fortemente regido pelo princípio da legalidade (*não há crime sem lei que o defina*), motivo pelo qual não se pode utilizar da analogia para criar situações não previstas em lei, de modo a prejudicar o agente delitivo.

Já o emprego da analogia em benefício do réu é largamente aceito pela doutrina e jurisprudência, mas apenas em casos excepcionais, também por força do princípio da legalidade. Nesse caso, denomina-se de analogia *in bonam partem* a situação em que é possível a criação de norma não prevista expressamente, com o escopo de beneficiar e até mesmo absolver o réu.

5. APLICAÇÃO DA LEI PENAL

5.1. Aplicação da lei penal

5.1.1. Considerações iniciais

Para o estudo da aplicação da lei penal, impõe-se o conhecimento de um princípio basilar do Direito Penal: o princípio da *legalidade*.

Expresso pelo brocardo latino *nullum crimen nulla poena sine praevia lege*, da lavra de Feurbach, a doutrina mais moderna costuma dividi-lo em dois subprincípios, a saber: **a) reserva legal**; **b) anterioridade**.

Antes de ingressarmos na análise do princípio da legalidade e seus desdobramentos, é importante ressaltar que referido princípio vem definido *no art. 5º, XXXIX, da CF/1988*, com a seguinte redação: "não há crime sem lei anterior que o defina, nem pena sem prévia cominação legal".

O *Código Penal*, em seu *art. 1º*, basicamente repete, *ipsis literis*, a redação do dispositivo constitucional mencionado, sob a rubrica "Anterioridade da lei".

Discordamos do *nomen juris* conferido ao disposto no art. 1º, do aludido diploma legal, na medida em que reflete apenas uma parcela do princípio da legalidade.

Com efeito, reza a Constituição Federal que "nenhum crime ou pena podem ser criados sem a existência de lei anterior que os defina e comine". Em outras palavras, a criação de crimes (infrações penais) e penas (espécie de sanção penal) depende da existência de *lei*. É aqui que encontramos o *princípio da reserva legal*: não há crime nem cominação de pena sem *lei*.

Todavia, não basta a existência de *lei* criando um crime e cominando uma pena. É indispensável que essa *lei* seja *anterior* ao fato praticado pelo agente. Aqui estudamos o princípio da anterioridade da lei penal: *crime somente é a conduta descrita em lei anterior ao seu cometimento*.

5.1.2. Características específicas da lei penal decorrentes do princípio da legalidade

O princípio da legalidade preleciona que o *crime* deve ser *definido* por lei. A palavra "definição" revela muito mais do que um simples "conjunto de palavras" previstos em uma lei.

Definir, no sentido ora estudado, significa delinear os contornos da conduta criminosa, pormenorizando-a ou, ao menos, conferindo todas as circunstâncias essenciais à caracterização do crime. Daí resultam algumas características peculiares da lei penal, a saber: a) a lei penal deve ser *certa*; b) a lei penal deve ser *minuciosa*.

Diz-se que a lei penal deve ser certa para que não crie situações em que seja difícil constatar o que quis dizer o legislador, tornando insegura a aplicação do diploma legal.

5.1.3. O tipo penal

Chama-se de *tipo penal* o "modelo legal de conduta" descrita em lei como proibida (imperativos de proibição) ou como necessária (imperativos de comando).

Assim, todos os crimes previstos, por exemplo, no Código Penal (arts. 121 e seguintes), vêm definidos em **tipos penais** (ex.: art. 121: "matar alguém"; art. 155: "subtrair, para si ou para outrem, coisa alheia móvel"; art. 317: "solicitar ou receber, para si ou para outrem, direta ou indiretamente, ainda que fora da função ou antes de assumi-la, mas em razão dela, vantagem indevida, ou aceitar promessa de tal vantagem").

5.1.4. O que se entende por "lei"?

Dissemos que é o princípio da legalidade que rege o Direito Penal, sendo que a criação de crimes e cominação de penas dependem da existência de lei.

Deve-se, aqui, entender por lei a *atividade que decorre do Poder Legislativo Federal* (afinal, a fonte material do Direito Penal é a União – art. 22, I, Constituição Federal).

Assim, podem criar crimes e cominar penas as seguintes espécies normativas:

a) Lei Complementar;
b) Lei Ordinária.

Lei Delegada, Medida Provisória, Decreto legislativo e Resoluções *não podem criar crimes e cominar penas!*

5.1.5. O princípio da retroatividade benéfica (ou irretroatividade prejudicial)

5.1.5.1. Lei penal no tempo

Nos termos da CF/1988, art. 5º, XL, a **lei penal não retroagirá, salvo para beneficiar o réu**. Assim, a regra é a

de que a lei penal é *irretroativa*, segundo o princípio *tempus regit actum*, ou seja, aplica-se a lei do momento do fato (o tempo rege o ato).

Todavia, a CF manda que a lei benéfica retroaja em benefício do réu. Nesse compasso, é possível a ocorrência do chamado *conflito intertemporal de leis*, ou *conflito de leis penais no tempo*.

Em outras palavras, poderá o juiz deparar-se com situações em que a lei vigente à época do crime fosse uma, e, no momento de sentenciar, outra estivesse em vigor. Que lei deverá aplicar? Para tal questionamento, estuda-se o já mencionado *conflito de leis penais no tempo*, existindo quatro regras que o resolverão.

Quatro são as hipóteses, portanto, de conflitos:

A) *abolitio criminis*: também chamada *de lei posterior supressiva de incriminação*. Pressupõe a edição de lei posterior que deixa de considerar o fato como crime (art. 2º do CP), por isso *retroagirá* em favor do réu, seja na fase de processo (ação penal) ou da execução penal, e mesmo após o trânsito em julgado;

B) *novatio legis in mellius*: é a *lei posterior mais benéfica*, mantendo-se, no entanto, a incriminação. Poderá *retroagir* em benefício do réu em qualquer fase, mesmo após o trânsito em julgado (parágrafo único, art. 2º do CP);

C) *novatio legis in pejus*: é a lei posterior que, embora mantenha a incriminação, é *prejudicial* ao réu. Por isso, é *irretroativa*, aplicando-se a lei anterior mais benéfica, que terá a característica da *ultratividade*.

D) *novatio legis incriminadora*: é a lei que passa a considerar um fato criminoso. Por óbvio, não retroagirá, até porque a prática do fato, até então, não tem amparo legal.

Obs.: CUIDADO – as leis processuais, conforme art. 2º do CPP, aplicam-se desde logo, ficando preservados os atos processuais praticados até então. Pouco importa se são benéficas ou prejudiciais ao réu. Em relação a elas, vigora o *tempus regit actum*. Situação diversa ocorre no Direito Penal. Lembre-se que se uma lei penal posterior ao fato for benéfica ao réu, haverá retroatividade dela; caso contrário, será irretroativa.

5.1.6. Leis excepcionais e temporárias

São leis com *vigência temporária*, também chamadas de leis intermitentes. São autorrevogáveis, sem necessidade de que lei posterior as revogue. Vêm descritas no art. 3º do CP.

A *lei excepcional* é aquela que *vigora durante um período de exceção*, como, por exemplo, em período de guerra, calamidades etc. Quando cessar o período de exceção, as leis excepcionais serão revogadas automaticamente.

A *lei temporária* é aquela que contém, em seu próprio texto, o *período de vigência*. São leis "marcadas para morrer", com contagem regressiva de "vida" (vigência). Atingindo o termo final, cessará sua vigência. Claro exemplo de materialização de referida espécie de lei se verificou com a edição da Lei 12.663, de 05.06.2012, denominada de "Lei Geral da Copa" (em razão da Copa do Mundo de 2014, realizada no Brasil). Os tipos penais previstos em referido diploma legal, nos termos do seu art. 36, tiveram vigência até o dia 31.12.2014.

Em ambas as leis, aplica-se a *ultratividade*, ou seja, ainda que revogadas, atingirão os agentes delitivos em momento ulterior à revogação.

5.2. Conflito aparente de leis penais (ou conflito aparente de normas)

É possível que, apenas no *plano da aparência*, duas ou mais leis penais incidam sobre um mesmo fato. Na realidade, apenas uma delas deverá reger o ato praticado pelo agente. É o que se denomina *conflito aparente de leis ou conflito aparente de normas*.

Para a resolução desse conflito, quatro princípios serão utilizados:

a) princípio da especialidade: a lei especial prevalece sobre a geral. Será especial a lei que contiver todos os elementos da geral e mais alguns denominados especializantes. Ex.: homicídio (lei geral) e infanticídio (lei especial);

b) princípio da subsidiariedade: a lei primária prevalece sobre a subsidiária. Lei subsidiária é aquela que descreve um grau menor de violação de um mesmo bem jurídico integrante da descrição típica de outro delito mais grave. Ex.: lesão corporal (lei primária) e periclitação da vida ou saúde de outrem (lei subsidiária);

c) princípio da consunção ou absorção: o crime mais grave absorve outro menos grave quando este integrar a descrição típica daquele (quando for meio de execução de outro mais grave). É verificado em 3 hipóteses:

c.1) crime progressivo: dá-se quando o agente pretende, desde o início, produzir resultado mais grave, praticando sucessivas violações ao mesmo bem jurídico. Ex.: querendo matar, o agente dá golpes de taco de beisebol em todo o corpo da vítima até matá-la. Pratica, portanto, lesões corporais até chegar ao resultado morte;

c.2) crime complexo: é aquele composto de vários tipos penais autônomos. Prevalece o fato complexo sobre os autônomos. Ex.: para roubar, o agente furta o bem e emprega violência ou grave ameaça. Não responderá por furto, lesões corporais e/ou ameaça, mas só pelo roubo;

c.3) progressão criminosa: o agente, de início, pretende produzir resultado menos grave. Contudo, no decorrer da conduta, decide por produzir resultado mais grave. Ex.: primeiro o agente pretendia lesionar e conseguiu seu intento. Contudo, após a prática das lesões corporais, decide matar a vítima, o que efetivamente faz. Nesse caso, o resultado final (mais grave) absorve o resultado inicial (menos grave).

Atenta a doutrina, ainda, para o *princípio da alternatividade*, que, em verdade, não soluciona conflito aparente de normas, mas um *conflito interno* de normas. É o que ocorre nos *crimes de ação múltipla, de tipo alternativo misto ou de conteúdo variado*, que são aqueles formados por várias condutas típicas possíveis (vários verbos), tais como o art. 33 da Nova Lei de Drogas (tráfico de drogas), ou o art. 180, do CP (receptação). Se o agente praticar dois ou mais verbos do mesmo tipo penal, responderá por um único crime (ex.: Se "A" importar dez quilos de cocaína e vendê-los a "B", não responderá por dois tráficos de drogas, mas por um só crime de tráfico).

5.3. Aplicação da lei penal no tempo

O estudo da aplicação da lei penal no tempo responde às seguintes indagações: *Qual o momento do crime? Quando é que se considera praticado um crime?*

O art. 4º do CP trata exatamente da aplicação da lei penal no tempo, ao prescrever: "Considera-se praticado o crime no **momento** da ação ou omissão, ainda que outro seja o **momento** do resultado".

Grifamos a palavra "momento" para demonstrar que referido dispositivo legal trata da aplicação da lei penal no *tempo*.

Acerca disso, a doutrina nos traz três teorias, a saber:

a) teoria da atividade: considera-se praticado o crime no momento da ação ou da omissão, pouco importando o momento do resultado;

b) teoria do resultado: considera-se praticado o crime no momento em que se verifica o resultado, independentemente do momento da ação ou omissão;

c) teoria mista ou da ubiquidade: considera-se praticado o crime tanto no momento da ação ou omissão, quanto no momento do resultado.

O Código Penal, em seu art. 4º, adotou a **teoria da atividade**, querendo o legislador, com isso, definir que o **tempo do crime** é o da *atividade do agente* (ação ou omissão), independentemente do momento em que o resultado ilícito se verificar.

Temos como exemplo o seguinte: "*A, em 10.03.2015, efetuou três disparos de arma de fogo contra B, que faleceu apenas em 17.03.2015, após uma semana na UTI*".

No exemplo citado, verificam-se <u>dois momentos distintos</u>: o dos disparos (atividade) e o da morte (resultado). Considera-se, de acordo com o art. 4º do CP, praticado o homicídio (art. 121) no momento dos disparos (10.03.2016 – ação), e não no momento da morte da vítima (17.03.2016 – resultado).

A análise do tempo do crime é relevante para a aferição da **imputabilidade penal** (capacidade pessoal do agente para entender o caráter ilícito do fato – ex.: menoridade penal), bem como para a análise de **qual lei é mais ou menos benéfica para o agente** (princípio da irretroatividade prejudicial).

5.4. Aplicação da lei penal no espaço

5.4.1. Considerações iniciais

O estudo da **aplicação da lei penal no espaço** é relevante para que seja possível a **resolução de conflitos de soberania** entre dois ou mais países, especialmente quando um crime violar interesses deles, seja porque a conduta criminosa teve início no nosso território nacional e o resultado ocorreu em outro país, seja pelo fato de o início da execução do crime ter ocorrido no exterior e o resultado em nosso território nacional.

5.4.2. Princípios relacionados com a aplicação da lei penal no espaço

A doutrina nos traz cinco princípios relativos à aplicação da lei penal no espaço, apresentando, assim, a solução para possíveis conflitos entre dois ou mais países em matéria criminal. São eles:

a) **princípio da territorialidade**: versa que a lei nacional será aplicada aos fatos (crimes ou contravenções penais) praticados em território nacional (art. 5º do CP);

b) **princípio da nacionalidade**: também denominado de princípio da personalidade, define que a lei penal de um país será aplicada ao seu cidadão, ainda que fora do território nacional;

c) **princípio da defesa**: também conhecido como princípio real ou princípio da proteção, dita que será aplicada a lei do país do bem jurídico lesado ou ameaçado de lesão, independentemente da nacionalidade do agente ou do local da infração penal;

d) **princípio da justiça penal universal**: também denominado de princípio universal, princípio da universalidade da justiça, ou princípio da justiça cosmopolita, designa que o sujeito que tenha praticado uma infração penal deverá ser punido pela justiça do local onde se encontre, ainda que tenha outra nacionalidade ou o interesse do bem jurídico lesionado seja de outro território;

e) **princípio da representação**: também conhecido como princípio da bandeira (lei da bandeira) ou do pavilhão, reza que o agente deverá ser punido por infração praticada no estrangeiro pelo país de origem de embarcações e aeronaves privadas, quando praticadas em seu interior, e desde que não tenha sido punido no país em que tenha praticado a infração penal.

O Brasil adotou, como regra, o **princípio da territorialidade**, ao prescrever: "Aplica-se a lei brasileira, sem prejuízo de convenções, tratados e regras de direito internacional, ao crime cometido no território nacional". Porém, também albergou os demais princípios, de maneira excepcional, no art. 7º do CP, que trata da extraterritorialidade da lei penal (aplicação da lei penal brasileira a crimes praticados no estrangeiro).

5.4.3. A territorialidade temperada e o art. 5º do CP

Como já dissemos anteriormente, o CP adotou, em seu art. 5º, o princípio da territorialidade, segundo o qual a lei brasileira será aplicada aos crimes cometidos em território nacional. Todavia, referido dispositivo legal não traduz uma territorialidade absoluta, mas relativa, ou *temperada*, como enuncia a doutrina. Quer-se dizer que, como regra, aos crimes praticados em território nacional, aplicar-se-á a lei local, ressalvadas as **convenções, tratados e regras de direito internacional**.

5.4.4. Conceito de território

O art. 5º do CP faz menção ao "território" nacional. E o que vem a ser **território**? Tal deve ser entendido em seu **sentido jurídico** como todo o *espaço terrestre, marítimo, aéreo e fluvial*, base esta na qual a **soberania nacional** será amplamente exercida (salvo nos casos de tratados, convenções e regras de direito internacional!).

Entende-se por **espaço terrestre** toda a extensão até as fronteiras territoriais, abarcando, nesse conceito, o **solo** e o **subsolo**.

Já o **espaço aéreo** é aquele correspondente à **coluna atmosférica acima do espaço terrestre**, nos termos do disposto no Código Brasileiro de Aeronáutica (Lei 7.565/1966, art. 11).

Por **espaço marítimo** deve-se entender a *extensão do mar territorial*, que corresponde a uma faixa de **12 (doze) milhas marítimas**, conforme art. 1º, *caput*, da Lei 8.617/1993.

Por derradeiro, entende-se por **espaço fluvial** todo o conjunto de **rios** pertencentes ao território nacional.

5.4.5. Conceito de território por equiparação (ou território ficto)

Os §§ 1º e 2º, ambos do art. 5º do CP, ampliando o conceito de território, prescrevem que, para efeitos penais, consideram-se como **extensão** do território nacional as **embarcações** e **aeronaves brasileiras**, de natureza **pública** ou a **serviço do governo brasileiro** onde quer que se encontrem, bem como as **aeronaves** e as **embarcações brasileiras**, **mercantes** ou de **propriedade privada**, que se achem, respectivamente, no **espaço aéreo correspondente** ou em **alto-mar**.

Ainda, as **aeronaves** ou **embarcações estrangeiras de propriedade privada**, mas que se achem aquelas em **pouso no território nacional** ou em **voo** no **espaço aéreo correspondente**, e estas em **porto** ou **mar territorial** brasileiros, serão consideradas, para efeitos penais, ***território nacional***.

Em suma:

(i) embarcações e aeronaves brasileiras públicas ou a serviço do governo brasileiro = *território nacional*;

(ii) embarcações e aeronaves brasileiras mercantes ou de propriedade privada em espaço aéreo correspondente ou em alto-mar = *território nacional*;

(iii) embarcações e aeronaves estrangeiras de propriedade privada, pousadas ou em voo no espaço aéreo nacional, ou em porto ou mar territorial = *território nacional*.

5.4.6. Lugar do crime (art. 6º do CP)

Estudado o conceito de território nacional, o art. 6º do CP define o "lugar do crime", vale dizer, **onde** foi praticada a infração penal.

Impõe-se o alerta de que referido dispositivo não cuida de definir o **foro competente** para o julgamento do agente delitivo, questão tratada no estudo da **competência no processo penal** (arts. 69 e seguintes do CPP). Aqui, estudamos o **território** ou o **país** com soberania para aplicar sua legislação penal.

Assim, o art. 6º do CP somente é aplicado na hipótese de uma infração penal **ter início em nosso território nacional,** e o **resultado ocorrer em outro** (exterior), ou vice-versa. Tal situação é denominada pela doutrina como **crime à distância** ou de **espaço máximo,** que é aquele cuja execução se inicia em um país, mas o resultado é verificado em outro.

Voltando ao lugar do crime, a legislação pátria o definiu com base na **teoria mista** ou da **ubiquidade**, segundo a qual se considera como lugar do crime tanto o da ação ou omissão quanto aquele em que se verificar o resultado. Ex.: "A" ministra veneno na xícara de café que "B" ingeriu em um trem, que partiu do Brasil rumo à Bolívia. Se "B" morrer na Bolívia, ainda assim o Brasil poderá aplicar a lei penal a "A". Se o contrário ocorresse ("A" tivesse envenenado "B" na Bolívia e o resultado morte se verificasse no Brasil), ainda assim nossa legislação poderia ser aplicada.

5.4.7. Extraterritorialidade (art. 7º do CP)

Por vezes, ainda que uma infração penal seja praticada fora do território nacional, a lei penal brasileira poderá ser aplicada ao agente que a tiver realizado, por força da denominada **extraterritorialidade**.

O art. 7º do CP distingue duas formas de extraterritorialidade: a incondicionada e a condicionada.

O **inciso I**, de referido dispositivo legal, cristaliza a **extraterritorialidade incondicionada**, segundo a qual a mera prática do delito em outro país que não o Brasil já é suficiente para provocar a aplicação da lei penal brasileira, independentemente de qualquer requisito. Assim, será o caso de ser aplicada a lei nacional, embora o crime tenha sido praticado no estrangeiro, ainda que o agente seja absolvido ou condenado no estrangeiro, aos crimes contra:

a) a vida ou a liberdade do Presidente da República;

b) o patrimônio ou a fé pública da União, do DF, de Estado, Território, Município, de empresa pública, sociedade de economia mista, autarquia ou fundação instituída pelo Poder Público;

c) a administração pública, por quem está a seu serviço;

d) de genocídio, quando o agente for brasileiro ou domiciliado no Brasil.

Já o inciso II do mesmo artigo traz-nos as hipóteses de **extraterritorialidade condicionada**, que, como o próprio nome diz, somente admitirá a aplicação da lei penal brasileira se satisfeitas algumas condições (definidas no § 2º do art. 7º do CP). São os seguintes casos:

a) crimes que, por tratado ou convenção, o Brasil se obrigou a reprimir;

b) crimes praticados por brasileiro;

c) crimes praticados em aeronaves ou embarcações brasileiras, mercantes ou de propriedade privada, quando em território estrangeiro e aí não sejam julgados.

As **condições** para a aplicação da lei penal nos casos acima mencionados são:

a) entrar o agente no território nacional;

b) ser o fato punível também no país em que foi praticado;

c) estar o crime incluído entre aqueles pelos quais a lei brasileira autoriza a extradição;

d) não ter sido o agente absolvido no estrangeiro ou não ter aí cumprido a pena;

e) não ter sido o agente perdoado no estrangeiro ou, por outro motivo, não estar extinta a punibilidade, segundo a lei mais favorável.

Por fim, o § 3º, complementando o rol de condições para a aplicação da lei penal se o crime foi praticado fora do Brasil, determina que **nossa lei seja aplicada ao estrangeiro que tenha praticado crime contra brasileiro** no exterior, se:

a) não foi pedida ou negada a extradição;

b) houve requisição do Ministro da Justiça.

5.5. Aplicação da lei penal com relação às pessoas (imunidades)

Em decorrência do disposto nos arts. 5º e 7º do CP, combinados com o art. 1º do CPP, em princípio, todas as regras de processo penal deverão ser aplicadas a qualquer pessoa que deva se submeter à jurisdição brasileira. Entretanto, a Constituição Federal e o art. 1º, II, do CPP arrolam as pessoas que, excepcionalmente, terão regras próprias para a verificação da sua culpabilidade. Tais regras são denominadas imunidades.

A imunidade é uma prerrogativa conferida a certas pessoas em virtude das atividades por elas desempenhadas como forma de garantir, assim, o livre exercício de suas funções. A imunidade pode ser *diplomática* ou *parlamentar*.

5.5.1. Imunidade diplomática

A imunidade diplomática é aplicada a qualquer delito praticado por agente diplomático (embaixador, secretários da embaixada, pessoal técnico e administrativo das representações), estendendo-se à sua família, a funcionários de organismos internacionais em serviço (exemplos: ONU, OEA) e quando em visita oficial. Trata-se de uma imunidade irrenunciável. Os chefes de Estados estrangeiros e os membros de sua comitiva também estão acobertados pela imunidade diplomática.

O agente diplomático não é obrigado a prestar depoimento como testemunha, salvo se o depoimento estiver relacionado com o exercício de suas funções.

5.5.2. Imunidade parlamentar

Essa espécie de imunidade garante ao parlamentar (deputado federal e senador) a ampla liberdade de palavra no exercício de suas funções (denominada imunidade material – art. 53, *caput*, da CF/1988), bem como a garantia de que não possam ser presos, exceto em flagrante por delito inafiançável (art. 53, § 2º, 1ª parte, da CF/1988 – é a denominada imunidade formal). Por decorrerem da função exercida e não da figura (pessoa) do parlamentar, não se admite a sua renúncia (é, portanto, irrenunciável).

Estende-se também (a imunidade material) aos vereadores se o crime foi praticado no exercício do mandato e na circunscrição do Município. Porém, referidos membros do Poder Legislativo não gozam de imunidade formal (também denominada processual ou relativa).

Resumindo:

✓ **Imunidade parlamentar (gênero)**:

a) *imunidade material* (absoluta) = deputados (federais e estaduais), senadores e vereadores (só nos limites do município);

b) *imunidade formal* (relativa ou processual) = deputados (federais e estaduais) e senadores (vereadores não a têm).

6. TEORIA GERAL DO CRIME

6.1. Teoria do Crime

6.1.1. Considerações iniciais

O estudo da denominada **Teoria do Crime** tem por objetivo destacar os aspectos jurídicos acerca deste fenômeno social que, infelizmente, assola a sociedade.

Para tanto, iniciaremos com as seguintes noções, a partir de agora enfrentadas.

6.1.2. Critério dicotômico

O Brasil, em matéria de **infração penal**, adotou o critério denominado pela doutrina de **dicotômico,** eis que aquela é gênero que comporta **duas espécies**, a saber:

a) crimes (ou delitos – são sinônimos); e

b) contravenções penais.

Em um primeiro momento, basta saber que, intrinsecamente, crimes e contravenções penais não guardam diferenças entre si. Não é demais lembrar que ambos dependem de **lei** para sua criação (princípio da legalidade – art. 5º, XXXIX, da CF).

Aqui, o legislador, ao criar uma infração penal, deverá sopesar os bens jurídicos protegidos por ela e escolher se prefere criar um crime ou uma contravenção penal. De qualquer forma, importa destacar que esta é mais branda do que aquele, vale dizer, a resposta estatal pela prática do primeiro é mais rígida do que pela segunda.

6.1.3. Conceitos de crime

Melhor ingressando no estudo da teoria do crime, faz-se necessária a colação de três conceitos ou concepções de crime definidas pela doutrina. São elas:

a) conceito material: crime é todo comportamento humano que **lesa** ou **expõe a perigo de lesão** bens jurídicos tutelados pelo Direito Penal. Trata-se de conceito que busca traduzir a essência de crime, ou seja, busca responder à seguinte indagação: o que é um crime?

b) conceito formal: crime corresponde à **violação da lei penal**. Em outras palavras, corresponde à relação de subsunção ou de concreção entre o fato e a norma penal incriminadora (ex.: Se "A" matar "B", terá violado a norma penal inserida no art. 121 do CP);

c) conceito analítico: se se adotar a **concepção bipartida** (defendida por Damásio de Jesus, Julio Mirabete e Fernando Capez, por exemplo), crime é **fato típico e antijurídico.** Já se for adotada a concepção tripartida (defendida pela doutrina majoritária), **crime é fato típico, antijurídico e culpável**.

Partindo-se do pressuposto que crime é fato típico e antijurídico, a culpabilidade será elemento estranho à sua caracterização, sendo imprescindível sua análise apenas para que seja possível, verificada a reprovação da conduta praticada pelo agente, a aplicação de sanção penal ao infrator.

6.2. Fato típico

O fato típico é o primeiro requisito do crime. Portanto, podemos afirmar que não existe crime se não houver um **fato típico**. E o que vem a ser isso?

Pode-se afirmar que fato típico é o **fato material** descrito em lei como **crime**.

A **estrutura** do fato típico é a seguinte:

a) conduta;

b) resultado;

c) nexo causal (ou de causalidade, ou, ainda, relação de causalidade);

d) tipicidade.

Conduta, resultado, nexo causal e tipicidade são os **elementos** do fato típico. Os três primeiros correspondem ao que denominamos de **fato material.** Já o último será o responsável pela **descrição** deste fato material em **lei.**

Em verdade, estudar o fato típico nada mais é do que estudar seus elementos constitutivos. Vamos a eles.

6.2.1. Conduta

Tem como clássica definição ser **todo comportamento humano, positivo ou negativo, consciente e voluntário, dirigido a uma finalidade específica**.

Evidentemente, não é possível imaginarmos crime sem conduta (*nullum crimen sine conducta*). É ela a responsável pelo "atuar" do homem, causador de uma lesão ou perigo de lesão ao bem jurídico tutelado pela norma penal incriminadora.

Diz-se que a conduta é um **comportamento humano** na medida em que somente o homem, ser racional que é, pode agir ou deixar de agir, causando com isso uma lesão ou ameaça de lesão ao bem da vida que o legislador tencionou proteger.

O que muito se discute é a possibilidade da prática de **crimes por pessoas jurídicas**, que são entes fictícios criados pela lei com o objetivo maior de separar o patrimônio dos sócios que as compõem com o da sociedade. Discussões à parte, a doutrina majoritária entende que pessoa jurídica somente pode praticar crimes ambientais, por força do art. 225, § 3º, da CF, regulamentado pela Lei 9.605/1998 (Lei dos Crimes Ambientais).

Retornando ao conceito de conduta, a par de ser um comportamento humano, é certo que sua expressão no mundo fenomênico poderá decorrer de uma **ação** (daí o comportamento ser positivo, gerador dos **crimes comissivos**) ou de uma **omissão** (comportamento negativo, gerador dos crimes **omissivos**). Boa parte dos crimes é praticada mediante ação (que corresponde a um fazer, a um atuar positivamente). Excepcionalmente, quando o legislador expressamente previr, será possível que um crime seja praticado por uma inação, uma conduta negativa, uma omissão (ex.: omissão de socorro – art. 135 do CP). Isso porque, como regra, uma inação, um não fazer, não gera qualquer efeito ("do nada, nada vem").

No tocante à **omissão**, esta pode ser de **duas espécies**:

a) omissão própria (*crimes omissivos próprios ou puros*) – vem descrita na lei. O dever de agir deriva da própria norma. Frise-se que os crimes omissivos próprios não admitem tentativa, visto que basta a omissão para o crime se consumar. Ex.: omissão de socorro (art. 135, CP);

b) omissão imprópria (*crimes omissivos impróprios, impuros, espúrios ou comissivos por omissão*) – o agente tem o dever jurídico de agir para evitar um resultado. Não o fazendo, responderá por sua omissão (art. 13, § 2º, CP). O agente somente responderá por crime omissivo impróprio se tiver o **dever de agir e puder** agir. Na *omissão imprópria*, o **dever jurídico de agir** do agente decorrerá de uma das seguintes situações:

i. quando tenha por **lei** obrigação de cuidado, proteção ou vigilância (ex.: dever dos pais de zelar pela integridade dos filhos, decorrente do poder familiar, expresso no Código Civil);

ii. quando, de **outra forma**, assumiu a responsabilidade de impedir o resultado, assumindo a posição de *garante* ou *garantidor* (ex.: enfermeira contratada para cuidar de pessoa idosa, tendo por incumbência ministrar-lhe medicamentos);

iii. quando, com o seu **comportamento anterior**, criou o risco da ocorrência do resultado. Trata-se do que a doutrina denomina de *dever de agir por ingerência na norma* (ex.: veteranos arremessam calouro em piscina, não sabendo este nadar. Terão o dever de salvá-lo, sob pena de responderem pelo resultado que não evitaram).

Em prosseguimento aos elementos da conduta, esta deve corresponder a um comportamento humano **consciente e voluntário**, ou seja, o indivíduo deve saber o que está fazendo, bem como ter liberdade locomotora para agir (ou deixar de agir). Portanto, excluirá a conduta (e, via de consequência, inexistirá fato típico) as seguintes situações mencionadas pela doutrina:

a) atos reflexos;

b) sonambulismo e hipnose;

c) coação física irresistível;

d) caso fortuito; e

e) força maior.

Por fim, à luz da teoria finalista da ação, adotada por boa parte da doutrina, **não há conduta que não tenha uma finalidade**. O agir humano é sempre voltado à realização de algo, lícito ou ilícito.

6.2.2. Resultado

A consequência ou decorrência natural da conduta humana é o **resultado**. A doutrina costuma classificá-lo de duas formas: a) resultado naturalístico e; b) resultado normativo (ou jurídico).

Segundo Damásio E. de Jesus, **resultado naturalístico** é a modificação do mundo exterior provocada pela conduta. Em outras palavras, é a percepção dos efeitos do crime pelos sentidos humanos (ex.: morte, redução patrimonial, destruição de coisa alheia etc.). Todavia, nem todo crime acarreta um resultado naturalístico, como é o caso da violação de domicílio ou do ato obsceno, que não geram qualquer resultado perceptível pelos sentidos humanos. Daí a doutrina, considerando-se o resultado naturalístico, distinguir os crimes em três espécies:

a) crimes materiais (ou de resultado) – são os que exigem resultado (ex.: homicídio, furto, roubo);

b) crimes formais (ou de consumação antecipada) – são os que, embora possam ter um resultado, restarão caracterizados mesmo sem sua verificação (ex.: extorsão mediante sequestro – basta o arrebatamento da vítima para a consumação do crime, ainda que o resgate não seja pago pelos familiares);

c) crimes de mera conduta (ou de simples atividade) – como o próprio nome diz, são aqueles que não têm resultado naturalístico, que é impossível de acontecer (ex.: violação de domicílio e ato obsceno).

6.2.3. Nexo de causalidade

O nexo causal (ou de causalidade) corresponde ao terceiro elemento do fato típico.

Nada mais é do que o **elo entre a conduta praticada pelo indivíduo e o resultado dela decorrente**.

O art. 13, primeira parte, do CP determina que "o resultado, de que depende a existência do crime, somente é imputável a quem lhe deu causa". Em outras palavras, somente é possível imputar (atribuir) a uma pessoa um resultado se este for **causado** por ela.

Considerando o conceito de **resultado naturalístico** (e o art. 13 do CP somente pode ser aplicável aos crimes materiais!), este somente pode ser atribuído a alguém se for o seu causador.

6.2.3.1. Causas

Para o Direito Penal, não existe diferença entre causa ou condição. Enfim, tudo o que concorrer para a existência de um resultado será considerado causa. Daí a segunda parte do referido dispositivo legal salientar: "considera-se causa toda a ação ou omissão sem a qual o resultado não teria ocorrido".

Em matéria de nexo causal, o Código Penal adotou a chamada teoria da *conditio sine qua non*, ou **teoria da equivalência dos antecedentes**.

Todavia, embora tudo o que concorrer para o crime possa, em princípio, ser considerado causa, se esta for **superveniente** (à conduta do agente) e, **por si só, produzir o resultado**, este não poderá ser atribuído ao indivíduo, uma vez que a situação estará fora da linha de desdobramento normal da conduta. É caso de "A" que, querendo matar "B", atira em sua direção produzindo-lhe lesões corporais graves. Este é socorrido por uma ambulância que, em alta velocidade, colide com um caminhão, o que foi o efetivo motivo da morte de "B". Portanto, embora "B" tenha morrido somente pelo fato de estar em uma ambulância que o socorreu por força de disparo de arma de fogo desferido por "A", o que configuraria a causa de sua morte, o fato é que este evento acidental não pode ser atribuído ao atirador. Portanto, a solução dada pelo Código Penal é a de que o sujeito responderá apenas pelos atos até então praticados (tentativa de homicídio, no caso).

No caso de verificação de causa superveniente (art. 13, § 1º, do CP), a doutrina aponta que o Código Penal adotou a **teoria da causalidade adequada**, e não da equivalência dos antecedentes.

Apenas para reforçar, nos crimes formais e de mera conduta, nos quais não se exige a ocorrência de resultado (naturalístico), não haverá que se falar em nexo causal, já que este é o elo entre a conduta e o **resultado.** Se referidos tipos de crimes não exigem resultado, evidentemente não existirá nexo causal.

Em resumo:

I. Causas dependentes: São aquelas que decorrem (dependem) diretamente da *conduta* do agente. Ex.: "A" atira em "B", que morre em razão da perfuração. A causa do resultado dependeu da conduta do agente;

II. Causas independentes: São aquelas que produzem o resultado, guardando alguma ou nenhuma relação com a *conduta* do agente. Subdividem-se em:

a) Absolutas (ou absolutamente independentes) = são aquelas que por si sós produzem o resultado, independentemente da conduta do agente. A consequência é que o agente não responderá pelo resultado. Ex.: "A" quer matar "B" envenenado. Para tanto, coloca veneno em sua comida. No entanto, antes de "B" comer, morre por ataque cardíaco. O agente, no máximo, responderá por tentativa de homicídio, desde que tenha iniciado a execução do crime;

b) Relativas (ou relativamente independentes) = são aquelas que por si só não produzem o resultado, sendo a conduta do agente decisiva para a sua produção. A consequência é que o agente responderá, em regra, pelo resultado. Ex.: "A", sabendo que "B" é portador de hemofilia (concausa), neste provoca uma lesão corporal, da qual advém a morte em razão de uma hemorragia. "A" responderá por homicídio, visto que sua conduta (lesão corporal), aliada à concausa (hemofilia), foi decisiva para o resultado naturalístico.

Exceção: **causas supervenientes relativamente independentes** que por si só produzem o resultado. O agente *não responderá pelo resultado*, mas, apenas, pelo que efetivamente causou (art. 13, § 1º, CP). Ex.: "A" atira em "B", querendo matá-lo. No entanto, "B", socorrido por uma ambulância, morre em virtude da explosão desta, envolvida em um acidente automobilístico. Se o acidente tiver sido a causa efetiva da morte de "B", este resultado não será imputado a "A", que somente responderá por tentativa de homicídio. Não se aplica, aqui, a teoria da *conditio sine qua non*, mas, sim, a **teoria da causalidade adequada,** segundo a qual causa é tudo aquilo apto e suficiente à produção de um resultado.

6.2.4. Tipicidade

Finalmente, o último elemento do fato típico é a **tipicidade,** que nada mais é do que a subsunção (adequação) entre o fato concreto e a norma penal incriminadora.

Em outras palavras, haverá **tipicidade penal** quando a ação ou omissão praticada pelo indivíduo tiver **previsão legal** (ex.: Se "A" mata "B", realizou o fato descrito no art. 121 do CP; se "A" subtrair (furtar) o carro de "B", terá realizado o fato descrito no art. 155 do CP). Aqui, fala-se em **tipicidade formal**. Contudo, necessária, também, para o reconhecimento da tipicidade penal, a chamada **tipicidade material**, vale dizer, a lesão ou perigo de lesão provocados ao bem jurídico pelo comportamento praticado pelo agente.

Quando houver a descrição de uma conduta proibida em lei, estaremos diante do chamado **tipo penal,** que é um **modelo legal e abstrato** daquela conduta que deve ou não ser realizada pelo agente.

É importante salientar que toda conduta realizada pelo homem deverá ser preenchida por um elemento subjetivo, qual seja o **dolo** ou a **culpa.**

Portanto, se um crime for doloso, significa que a conduta praticada pelo agente terá sido dolosa. Já se o crime for culposo, a conduta terá sido culposa.

Passaremos, mais adiante, ao estudo do dolo e da culpa. Porém, antes disso, é mister trazermos algumas explicações sobre as espécies de tipos penais e seus elementos.

6.2.4.1. Categorias de tipos penais

Os tipos penais são divididos em duas grandes categorias:

a) Tipos penais incriminadores (ou legais) = são aqueles que descrevem a figura criminosa ou contravencional, cominando as respectivas penas;

b) Tipos penais permissivos (ou justificadores, ou justificantes) = são aqueles que descrevem a forma pela qual a conduta humana será considerada lícita. Traduzem-se nas causas excludentes da ilicitude ou antijuridicidade (ex.: legítima defesa – art. 25, CP; estado de necessidade – art. 24, CP).

6.2.4.2. Elementos dos tipos penais incriminadores

Os tipos penais incriminadores ou legais podem conter os seguintes elementos:

a) Objetivos = também chamados de descritivos, são aqueles que traduzem as circunstâncias em que a conduta criminosa ou contravencional é praticada. São elementos que podem ser compreendidos de forma bastante simples, sem que se necessite de qualquer juízo de valor. Ex.: no homicídio, temos o verbo "matar", seguido da expressão "alguém". Esta é considerada elemento objetivo do tipo, visto que de fácil assimilação e compreensão;

b) Subjetivos = são aqueles que dizem respeito à intenção do agente. Nem todo tipo penal contém elementos subjetivos. Ainda que impropriamente, a doutrina diz que o elemento subjetivo do tipo é o "dolo específico", ou, ainda, o "especial fim de agir do agente". Ex.: no crime de furto, não basta ao agente agir com dolo na subtração da coisa alheia móvel, sendo imprescindível que atue com *animus rem sibi habendi*, ou seja, com a intenção de assenhorear-se definitivamente da coisa furtada;

c) Normativos = são aqueles que não conseguirão ser compreendidos sem a emissão de um juízo de valor. Os elementos normativos podem exigir uma compreensão puramente *jurídica* (**elementos normativos jurídicos**), traduzindo-se em expressão que são explicadas pelo direito (ex.: conceito de documento para fins de caracterização do crime de falsificação de documento), ou, ainda, extrajurídica (moral, cultural), redundando nos **elementos normativos extrajurídicos**. É o que ocorre, por exemplo, com o crime de ato obsceno. A expressão "obsceno" exige, para sua compreensão, um juízo de valor moral (extrajurídico).

Os tipos penais que somente contiverem elementos objetivos serão denominados de **tipos normais**. Já aqueles que contiverem elementos subjetivos e/ou normativos são chamados de **tipos anormais**.

6.2.4.3. Crime doloso

O conceito de dolo é bastante simples: corresponde à **vontade livre e consciente do sujeito ativo (agente) em realizar os elementos do tipo.**

O CP, art. 18, I, adotou, quanto ao dolo, a **teoria da vontade** e a **teoria do assentimento**. Diz-se o crime doloso quando o agente **quis** produzir o resultado (dolo direto) ou **assumiu o risco** de produzi-lo (dolo eventual).

Apenas para frisar, o dolo pode ser **direto**, quando o agente tem a vontade livre e consciente de produzir o resultado, ou **indireto**, que se subdivide em **eventual** (o agente assume o risco de produzir o resultado, não se importando que ele ocorra) e **alternativo** (o agente não se importa em produzir um ou outro resultado). O CP não tratou do dolo alternativo, mas, apenas, do eventual.

6.2.4.4. Crime culposo

O CP, art. 18, II, considera culposo o crime quando o agente dá causa ao resultado por **imprudência, negligência ou imperícia**. Essas são as **modalidades** de culpa.

Assim, um crime será considerado culposo quando o agente, *mediante uma conduta inicial voluntária, produzir um resultado ilícito involuntário, previsto ou não, decorrente da violação de um dever objetivo de cuidado.*

A **imprudência,** primeira modalidade de culpa, corresponde a um **agir perigosamente** (portanto, uma ação). A **negligência**, que corresponde à segunda modalidade de culpa, estará verificada quando o sujeito **deixar de fazer algo que deveria ter feito** (portanto, uma omissão). Por fim, a **imperícia** somente se verifica quando o sujeito realiza algo **sem aptidão técnica para tanto**. É a denominada **culpa profissional**.

O crime culposo apresenta os seguintes **elementos**:

a) conduta inicial voluntária (o agente age sem ser forçado);

b) quebra do dever objetivo de cuidado (o agente rompe o dever de cuidado ao agir com imprudência, negligência ou imperícia);

c) resultado involuntário (sobrevém da quebra do dever objetivo de cuidado em relação a um resultado não querido pelo agente);

d) nexo de causalidade (entre a conduta voluntária e o resultado involuntário deve existir relação de causalidade);

e) tipicidade (a forma culposa do delito deve estar expressamente prevista em lei – art. 18, parágrafo único, CP);

f) previsibilidade objetiva (terceira pessoa, que não o agente, dotada de prudência e discernimento medianos, conseguiria prever o resultado);

g) ausência de previsão (apenas na culpa inconsciente).

Ainda quanto à culpa, destacamos duas **espécies** ou **tipos**:

a) culpa consciente: é aquela em que o agente acredita sinceramente que o resultado não se produzirá, embora o preveja. É a exceção. Difere do **dolo eventual**, visto que neste o agente não só prevê o resultado, mas *pouco se importa com sua produção*, ou seja, consente com o resultado. Já na culpa consciente, ainda que o agente preveja o resultado, *acredita sinceramente que este não ocorrerá*;

b) culpa inconsciente: é aquela em que o agente não prevê o resultado, embora seja previsível. É a regra.

Por fim, no Direito Penal não existe **compensação de culpas**, critério que se verifica no Direito Civil. É possível, todavia, a **concorrência de culpas**, ou seja, duas ou mais pessoas concorrerem culposamente para a produção de um resultado naturalístico. Neste caso, todos responderão na medida de suas culpabilidades.

Impõe referir que os **crimes culposos não admitem tentativa**, visto que esta somente é compatível com os crimes dolosos. Afinal, nestes, o resultado decorre da vontade livre e consciente do agente, que o quer ou assume o risco de produzi-lo, o que não se verifica nos crimes culposos.

6.2.4.5. Crime preterdoloso (ou preterintencional)

É um misto de dolo e culpa. Há dolo na **conduta antecedente** e culpa no **resultado consequente**. Trata-se de uma das espécies de crimes qualificados pelo resultado (art. 19 do CP).

O crime preterdoloso também é chamado de **preterintencional**.

Pelo fato de o **crime preterdoloso** ser formado por um resultado culposo agravador (culpa no consequente), é **inadmissível a tentativa**. Se esta não é cabível para os crimes culposos, pela mesma razão é incompatível com os crimes preterdolosos, que necessariamente são materiais (exige-se o resultado naturalístico para sua produção).

6.3. Iter criminis

Todo crime passa (ou pode passar) por pelo menos **quatro fases**. Em latim, diz-se que o caminho percorrido pelo crime é o **iter criminis**, composto das seguintes etapas:

a) cogitação (fase interna);

b) preparação (fase externa);

c) execução (fase externa);

d) consumação (fase externa).

A **cogitação**, por ter relação direta com o aspecto volitivo (vontade) do agente, é impunível, correspondendo à **fase interna** do *iter criminis*. Em outras palavras, não se pode punir o simples **pensamento**, ainda que corresponda a um crime (ex.: "A" cogita matar "B", seu desafeto).

A **preparação**, primeira etapa da **fase externa** do *iter criminis*, corresponde, como o nome diz, à tomada de providências pelo agente para ser possível a realização do crime. Portanto, prepara todas as circunstâncias que antecedem à prática criminosa. Em regra, a mera preparação de um crime é impunível, na medida em que a infração penal toma corpo a partir do momento em que se inicia sua execução, saindo os atos da esfera do agente e ingressando na esfera da vítima. Por vezes o Código Penal, aparentemente, incrimina típicos atos preparatórios, como o crime de quadrilha ou bando (art. 288), cuja denominação, a partir do advento da "Nova Lei do Crime Organizado" (Lei 12.850/2013), passou a ser o de *associação criminosa*.

A **execução** se verifica quando da prática do **primeiro ato idôneo e inequívoco**, hábil a consumar o crime. Trata-se, evidentemente, de **fase externa** do delito.

Por fim, a **consumação** é a última etapa do *iter criminis*, verificando-se de acordo com cada crime (material, formal, mera conduta...). Também pertence à **fase externa** do ilícito penal.

E como saber a diferenciação entre atos preparatórios e executórios?

Pois bem. O *iter criminis* somente passa a ter relevância penal quando o agente sai da etapa preparatória e inicia a executória. Mas quando é que se inicia a execução do crime? Três são os critérios trazidos pela doutrina:

a) critério material: quando iniciada a lesão ou perigo ao bem jurídico;

b) critério formal: quando iniciada a execução do verbo (ação nuclear) do tipo. É o que prevalece;

c) critério objetivo-individual: atos imediatamente anteriores à execução da conduta típica, mas voltados à realização do plano criminoso do agente.

6.3.1. Crime consumado

Nos termos do art. 14, I, CP, diz-se que o crime foi consumado quando **nele se reunirem todos os elementos de sua definição legal (tipo penal)**.

Ter-se-á por consumado o crime quando o fato concreto se amoldar ao tipo abstratamente previsto pela lei penal.

Os crimes materiais consumam-se no momento em que se verificar o resultado naturalístico. Já os crimes formais, ou de consumação antecipada, consumam-se independentemente de o agente delitivo alcançar seu intento. Finalmente, os crimes de mera conduta, como o próprio nome sugere, consumam-se com a simples atividade.

6.3.2. Crime tentado (conatus)

Nos termos do art. 14, II, CP, diz-se que o crime é tentado quando, iniciada sua execução, não se consumar por **circunstâncias alheias à vontade do agente**. Portanto, embora o sujeito ativo do crime a este dê início, revelando sua intenção (dolo), não conseguirá prosseguir em seu intento por circunstâncias estranhas à sua vontade (ex.: a vítima foge; a polícia impede a consumação do crime; populares não permitem o prosseguimento da infração penal).

O agente será punido com a mesma pena do crime consumado, mas reduzida de 1/3 a 2/3, adotando-se como critério para o *quantum* de diminuição a *"proximidade da consumação"* (quanto mais próximo o crime tiver chegado da consumação, menor será a redução).

Acolheu o Código Penal, em matéria de tentativa, a denominada **teoria objetiva,** segundo a qual não se pode punir o agente com o mesmo rigor (pena) em caso de consumação da infração. Contrapõe-se à **teoria subjetiva**, que preconizava que a punição pela tentativa deveria ser a mesma correspondente à do crime consumado.

Excepcionalmente, o crime tentado será punido com o mesmo rigor do consumado, tal como ocorre no art. 352 do CP (evasão de preso). É o que se denomina de *crime de atentado*.

Quanto ao *iter criminis* percorrido, a doutrina divide a tentativa nas seguintes espécies:

a) tentativa imperfeita (ou inacabada): é aquela em que o agente é interrompido na execução do crime enquanto ainda o praticava, por circunstâncias alheias a sua vontade, não conseguindo esgotar todo o seu potencial ofensivo;

b) tentativa perfeita (ou acabada, ou crime falho): é aquela em que o agente esgota toda sua potencialidade ofensiva, indo até o fim com os atos executórios. Contudo, o crime não se consuma por circunstâncias alheias à vontade do agente.

Quanto ao grau de lesividade, a tentativa subdivide-se em:

c) tentativa branca (ou incruenta): é aquela em que o objeto material (pessoa ou coisa sobre a qual recai a conduta) não é atingido;

d) tentativa vermelha (ou cruenta): é aquela em que o objeto material é atingido, mas mesmo assim o crime não se consuma.

Algumas infrações penais **não admitem tentativa**:

a) crimes culposos;

b) crimes preterdolosos;

c) contravenções penais (art. 4º da LCP);

d) crimes omissivos próprios;

e) crimes unissubsistentes;

f) crimes habituais;

g) crimes condicionados, em que a lei exige a ocorrência de um resultado (ex.: art. 122, CP);

h) crimes de atentado ou de empreendimento, cuja figura tentada recebe a mesma pena do crime consumado (ex.: art. 352, CP).

6.3.3. Desistência voluntária e arrependimento eficaz

São espécies da chamada **tentativa abandonada**. Vêm previstos no artigo 15 do CP.

Aquele que, **voluntariamente**, desiste de prosseguir na execução do crime só responderá pelos atos **anteriormente praticados**. É a denominada **desistência voluntária**. O agente inicia a execução do crime, mas não o leva à consumação porque desiste voluntariamente de prosseguir no intento criminoso. Nesse caso, só são puníveis os atos até então praticados, sendo **atípica a tentativa do crime inicialmente visado**.

Já o agente que, **esgotando os atos executórios**, toma atitude e **impede** a consumação do crime, não responde pela tentativa do crime inicialmente visado, mas apenas pelos atos já praticados. Aqui há o **arrependimento eficaz**. Caso o agente se arrependa, tentando impedir o resultado decorrente de sua conduta, mas este é verificado, o arrependimento terá sido **ineficaz**. A consequência é a mesma da desistência voluntária: a tentativa do crime inicialmente visado pelo agente é atípica, remanescendo apenas os atos que efetivamente haja praticado.

Em resumo:

I. Desistência voluntária:

a) início de execução do crime;

b) não consumação do crime;

c) ato voluntário do agente que abandona a execução

I.I. Consequência: **não responde pela tentativa** do crime inicialmente executado, mas, apenas, pelos **atos efetivamente praticados** (Ex.: "A", querendo matar "B", inicia a execução de um homicídio. Tendo efetuado um disparo, podendo efetuar outros, desiste de prosseguir em seu intento criminoso, abandonando o local. Se "B" não morrer, "A" responderá apenas por lesões corporais);

II. Arrependimento eficaz:

a) início de execução do crime;

b) não consumação do crime;

c) ato voluntário do agente que impede a consumação;

II.I. Consequência: não responde pela tentativa do crime inicialmente executado, mas, apenas, pelos **atos efetivamente praticados** (Ex.: "A", querendo matar "B", inicia a execução de um homicídio. Tendo efetuado todos os disparos, arrepende-se e socorre a vítima, levando-a ao hospital. Se "B" não morrer, "A" responderá apenas por lesões corporais).

6.3.3.1. Diferença entre desistência voluntária e arrependimento eficaz

Na **desistência voluntária**, o agente **não esgota todos os atos executórios** tendentes à consumação do crime. Já no **arrependimento eficaz**, o agente **pratica todos os atos executórios** aptos à consumação. No entanto, arrependido, pratica conduta suficiente a impedir a consumação.

Seja na desistência voluntária ou no arrependimento eficaz, caso a consumação ocorra, o agente responderá pelo crime em sua forma consumada. Nesse caso, de nada teria adiantado a desistência ou o arrependimento. Ambos devem ser **eficazes**.

6.3.4. Arrependimento posterior

Vem previsto no art. 16 do CP. Pressupõe os seguintes **requisitos:**

a) crime cometido sem violência ou grave ameaça à pessoa;

b) reparação integral do dano ou restituição da coisa;

c) conduta voluntária – não se exige espontaneidade;

d) reparação do dano ou restituição da coisa até o recebimento da denúncia ou queixa – se for feito posteriormente, incidirá uma atenuante genérica, prevista no art. 65, III, do CP.

Trata-se de causa genérica de **diminuição de pena**. A intenção do legislador foi "premiar" o agente que, embora tenha cometido um crime, arrepende-se e procure minorar os efeitos do ilícito praticado.

Todavia, não se admite a incidência do instituto em comento em qualquer crime, mas apenas naqueles cometidos **sem violência ou grave ameaça à pessoa** (ex.: roubo, extorsão, extorsão mediante sequestro).

Aponta a doutrina, ainda, que a **reparação do dano** não pode ser parcial, mas sim **integral**. Se "A" causou um prejuízo de mil reais a "B", deve restituí-lo integralmente das perdas. Pode-se, em determinadas hipóteses, restituir-se a própria coisa (ex.: no furto de um DVD, por exemplo, pode-se devolvê-lo *in specie* ao seu dono). Neste caso, não poderá estar danificado, sob pena de o agente não ver sua pena reduzida.

Por fim, tencionou o legislador "premiar" o sujeito que repara o dano até determinado lapso temporal expres-

samente definido no art. 16 do CP: até o **recebimento da denúncia ou queixa**. Se a reparação for **posterior** ao referido ato processual, o agente, quando da fixação de sua pena, terá direito apenas à incidência de uma **circunstância atenuante**, certamente **inferior à diminuição** prevista para o **arrependimento posterior** (se é que poderá incidir, já que, se a pena-base for fixada no piso legal, aponta a jurisprudência majoritária, bem como a doutrina, pela sua não aplicação, o que conduziria a pena aquém do mínimo legal).

Em determinados crimes, a reparação do dano poderá gerar efeitos outros que não a mera redução de pena. É o caso do peculato culposo (art. 312, § 3º, 1ª parte do CP), no qual a reparação do dano **antes da sentença irrecorrível** é **causa extintiva da punibilidade** e, **após referido ato decisório**, é causa de **diminuição da pena**, à base de 1/2 (art. 312, § 3º, 2ª parte, do CP).

6.3.5. Crime impossível

Vem previsto no art. 17 do CP. É também chamado de **tentativa impossível, tentativa inidônea, tentativa inadequada ou quase crime**.

É verificado quando a consumação do crime tornar-se impossível em virtude da **absoluta ineficácia do meio empregado** ou pela **impropriedade absoluta do objeto material do crime**.

Trata-se, segundo aponta a doutrina, de hipótese de **atipicidade da tentativa do crime inicialmente visado pelo agente**.

Como definiu o legislador, somente haverá crime impossível por força de duas circunstâncias:

a) ineficácia absoluta do meio: quando o agente valer-se de meio para a prática do crime que jamais poderia levar à sua consumação, estar-se-á diante de meio absolutamente ineficaz. É o caso de ser ministrada água, em um copo de suco, para matar a vítima, ou dose absolutamente inócua de substância apontada como veneno, que jamais causaria sua morte;

b) impropriedade absoluta do objeto: quando a ação criminosa recair sobre objeto que absolutamente não poderá sofrer lesão em face da conduta praticada pelo agente, estar-se-á diante de objeto absolutamente impróprio. É o caso de "A" que atira em "B", morto há duas horas, ou de uma mulher que pratica manobras abortivas (ex.: toma medicamento abortivo) não estando grávida.

Ressalva a doutrina, contudo, que, se a impropriedade for **relativa**, o agente responderá pela tentativa do crime que tiver iniciado, não havendo que se falar em crime impossível. É o caso de "A" que, querendo matar "B", coloca em sua comida quantidade de veneno insuficiente para a morte, mas cuja substância seria apta a provocá-la. Embora o meio para o homicídio tenha sido ineficaz, certo é que não o foi absoluta, mas sim relativamente impróprio, não se podendo afastar a tentativa (inocorrência da consumação por circunstâncias alheias à vontade do agente).

6.4. Erro de tipo

Entende-se por **erro** uma *falsa percepção da realidade*. Quando essa "falsa percepção" recair em algum elemento do tipo penal, estaremos diante do denominado **erro de tipo**.

O erro de tipo pode ser:

I. ESSENCIAL = é aquele que irá recair sobre *elementares* (dados essenciais do tipo) e *circunstâncias* (dados acessórios do tipo, que somente refletem na pena). O erro de tipo essencial se subdivide em:

a) incriminador: afasta o dolo e a culpa, se invencível; afasta o dolo se vencível, remanescendo a culpa, se admissível for;

b) permissivo: afasta o dolo, remanescendo a culpa se o erro for vencível – é a chamada *culpa imprópria*. Recai sobre os pressupostos fáticos de uma causa excludente da ilicitude – ex.: legítima defesa e estado de necessidade, dando azo ao surgimento das descriminantes putativas por erro de tipo.

Obs.: o erro de tipo essencial afastará sempre o dolo, remanescendo a culpa se houver previsão legal da modalidade culposa da infração penal. Se o agente incidir em erro de tipo essencial, poderá ser afastada completamente a possibilidade de ser criminalmente responsabilizado;

II. ACIDENTAL = é aquele que recai sobre dados acidentais, vale dizer, irrelevantes para a caracterização do crime ou contravenção. Subdividem-se em:

a) *aberratio ictus* – erro na execução (o agente, por falha de pontaria, por exemplo, atinge uma pessoa diversa da pretendida, respondendo como se houvesse atingido a vítima visada);

b) *aberratio criminis* – resultado diverso do pretendido (o agente, por erro na execução, atinge bem jurídico diverso do inicialmente pretendido, motivo pelo qual responderá pela forma culposa, se existir, do resultado efetivamente provocado por sua conduta);

c) *aberratio causae* – erro quanto ao nexo causal (o agente acredita, com sua conduta, haver causado o resultado quando, em verdade, outra foi a causa efetiva do resultado);

d) *error in persona* – erro quanto a pessoa (o agente, por equívoco, acredita que a vítima seja "A" quando, em verdade, a "vítima correta" seria "B", motivo pelo qual responderá como se houvesse praticado o crime contra a vítima visada – "A", no caso);

e) *error in objecto* – erro quanto ao objeto (o agente acredita que o objeto do crime seja um, quando, em verdade, é outro – ex: "A" furta 1kg de sal acreditando tratar-se de açúcar).

OBS.: o erro de tipo acidental, como o nome diz, é meramente acidental, remanescendo a responsabilidade penal do agente.

6.5. Antijuridicidade

6.5.1. Conceito

Corresponde a ilicitude a relação de **contradição entre a conduta praticada pelo agente e o ordenamento jurídico**. Assim, ilicitude (ou antijuridicidade) é a contrariedade entre o comportamento praticado pelo agente e aquilo que o ordenamento jurídico prescreve (proíbe ou fomenta).

É importante recordar que, pela concepção bipartida, crime é **fato típico e antijurídico**. Portanto, ausente a antijuridicidade, não há que se falar em crime.

6.5.2. Caráter indiciário da ilicitude

Diz a doutrina que a tipicidade é um indício de antijuridicidade. Em outras palavras, em princípio, todo fato típico é antijurídico (contrário ao direito). A isso se dá o nome de **caráter indiciário da ilicitude**.

Podemos dizer, portanto, que todo fato típico é, em regra, antijurídico. Somente não o será se estiver presente uma das causas excludentes da antijuridicidade, previstas no art. 23 do CP.

Estudar a antijuridicidade é, portanto, estudar as causas que a excluem. Verificada qualquer delas, embora possa existir fato típico, não se cogitará da ocorrência de crime, que exige a presença de referido elemento.

6.5.3. Causas excludentes da antijuridicidade (ou ilicitude)

O art. 23 do CP é bastante claro ao definir que "não há crime" se o fato for praticado em estado de necessidade, legítima defesa, estrito cumprimento de dever legal ou em exercício regular de um direito.

Portanto, inegavelmente a antijuridicidade é requisito indispensável à caracterização do crime. Tanto é verdade que, presente uma causa que a exclua, o próprio legislador apontou a inexistência de crime ("não há crime..." – art. 23, Código Penal).

Conforme já referimos, são causas de exclusão da ilicitude as hipóteses previstas em referido dispositivo legal, também chamadas de **causas justificantes ou excludentes da criminalidade**:

a) legítima defesa;

b) estado de necessidade;

c) estrito cumprimento do dever legal;

d) exercício regular de um direito.

6.5.3.1. Estado de necessidade (EN)

Traduz a ideia de um conflito de interesses penalmente protegidos. Contudo, diante de uma **situação de perigo**, permite-se o sacrifício de um bem jurídico para a proteção de outro, desde que haja **razoabilidade**.

Não sendo razoável exigir-se o sacrifício do bem efetivamente lesado (bem ameaçado é de valor inferior ao bem lesado), não se pode falar em **estado de necessidade**. Contudo, o **art. 24, § 2º**, do CP, prevê a possibilidade de **redução de pena** de 1/3 a 2/3.

Assim, para que se possa validamente invocar o EN, são necessários os seguintes requisitos:

a) **subjetivo**: o agente que invoca o EN deve saber que sua conduta é voltada à proteção de um bem jurídico próprio ou alheio;

b) **objetivos**: são aqueles previstos no art. 24 do CP

b.1) perigo atual (parte da doutrina entende que o perigo iminente também pode ensejar o EN). Este perigo pode derivar de conduta humana, ato animal ou eventos da natureza;

b.2) existência de ameaça a bem jurídico próprio (EN próprio) ou de **terceiro** (EN de terceiro);

b.3) perigo não causado pela vontade de quem invoca o EN – a doutrina admite que o perigo culposamente provocado por alguém não afasta a possibilidade de invocar o EN;

b.4) inexigibilidade de sacrifício do direito ameaçado – o bem jurídico que se pretende salvar do perigo deve ser de igual ou maior relevância do que aquele que será sacrificado;

b.5) inexistência do dever legal de enfrentar o perigo – não pode invocar o EN aquela pessoa que, por força de lei, tiver o dever de enfrentar a situação de perigo (ex.: bombeiros e policiais).

6.5.3.1.1. EN próprio e de terceiro; EN real e putativo; EN defensivo e agressivo

Fala-se em **EN próprio** quando quem invocar a excludente da ilicitude em tela agir para salvaguardar direito próprio. Já se a excludente for invocada por pessoa que atuar para a salvaguarda de direito alheio, estaremos diante do **EN de terceiro**.

Diz-se que o **EN é real** quando os requisitos objetivos da causa excludente estão presentes no caso concreto. No entanto, será **putativo** se quem o invocar acreditar que se encontra amparado pela excludente (art. 20, § 1º, CP).

Finalmente, o **EN defensivo** dá-se quando o bem jurídico lesado pertence ao causador da situação de perigo. Será **agressivo** quando o bem jurídico lesado pertencer à pessoa diversa da causadora da situação de perigo.

6.5.3.1.2. Excesso no EN

Havendo excesso na excludente analisada, o agente responderá pelo resultado a título de dolo ou culpa.

6.5.3.2. Legítima defesa (LD)

A ideia da legítima defesa é vinculada à de *agressão injusta*. Assim, a pessoa que a invocar, para fazer cessar a agressão injusta, ataca bem jurídico alheio, repelindo o ataque a bem jurídico próprio ou de terceiro.

Contudo, primordial é que a pessoa que invocar a legítima defesa utilize moderadamente dos meios necessários, suficiente à cessação da agressão injusta a direito próprio ou de terceiro.

São necessárias duas ordens de requisitos:

a) subjetivo: ciência da situação de agressão injusta e a atuação voltada a repelir tal situação;

b) objetivos: são aqueles descritos no art. 25 do CP, a saber:

✓ **agressão injusta atual ou iminente** – a agressão sempre deriva de conduta humana, jamais de animal ou evento natural;

✓ **direito próprio ou alheio agredido ou próximo de sê-lo** – admite-se a legítima defesa própria ou de terceiro;

✓ **uso dos meios necessários** – para repelir a agressão injusta, atual ou iminente, a pessoa deverá valer-se dos meios indispensáveis à cessação da agressão;

✓ **moderação no uso dos meios necessários** – ao escolher o meio (havendo mais de um deve-se optar pelo menos lesivo), a pessoa que invocar a legítima defesa

deve ser moderada na sua utilização, atuando com razoabilidade.

6.5.3.2.1. LD própria ou de terceiro; LD real ou putativa; LD recíproca; LD sucessiva

Chama-se de **LD própria** aquela em que a pessoa que a invoca repele agressão injusta a direito ou bem jurídico próprio, ao passo que a **LD de terceiro** pressupõe que haja agressão a bem jurídico alheio e a pessoa rechace a agressão, defendendo, pois, um terceiro.

A **LD será real** quando, de fato, estiverem presentes os requisitos do art. 25 do CP, ao passo que será **putativa** se o agente, pelas circunstâncias de fato, acreditar que se encontra amparado pela legítima defesa (**art. 20, § 1º, CP**).

Quanto à **LD recíproca**, tal é **inviável em nosso ordenamento**, tendo em vista que é impossível que, ao mesmo tempo, uma pessoa esteja agredindo a outra injustamente e vice-versa. Ou uma está sendo agredida, e poderá invocar a LD, ou a outra estará sofrendo agressão, quando, então, poderá agir amparada pela excludente em apreço.

Finalmente, **LD sucessiva**, perfeitamente admissível, ocorre em caso de **excesso**. Assim, inicialmente, alguém é vítima de agressão injusta. Para tanto, passa a atacar o agressor. No entanto, utiliza-se imoderamente dos meios necessários, excedendo-se no revide, deixando de ser agredido e passando a ser agressor.

6.5.3.3. Estrito cumprimento de um dever legal (ECDL) e exercício regular de direito (ERD)

As causas excludentes acima referidas não estão detalhadas no Código Penal. A explicação sobre seus conteúdos decorre de ensinamentos da doutrina e jurisprudência.

No tocante ao ECDL, geralmente esta é causa excludente da ilicitude invocada por **agentes públicos**, cujas condutas, muitas vezes, estão pautadas (e determinadas) por lei. É o caso, por exemplo, do policial, que tem o dever de prender quem se encontre em flagrante delito (art. 301 do CPP). Em caso de resistência, o uso da força poderá ocorrer, desde que nos limites do razoável. Nesse caso, terá atuado em ECDL para que efetive a prisão.

Já quanto ao ERD, temos a regra de que **podemos fazer tudo o que a lei permite ou não proíbe**. Assim, se agirmos de forma regular no exercício de um direito, ainda que isto seja tipificado em lei (fato típico), não será contrário ao direito (antijurídico).

É o caso, por exemplo, das **intervenções cirúrgicas** e das **práticas desportivas**.

6.5.4. Descriminantes putativas

É possível que alguém, pela análise das circunstâncias concretas, acredite que se encontra amparado por alguma das causas excludentes da ilicitude já vistas. Se, supondo sua existência por uma falsa percepção da realidade (erro), o agente viole bem jurídico alheio, ainda assim não responderá criminalmente pelo fato, desde que o erro seja plenamente justificado.

É o que vem previsto no art. 20, § 1º, do CP.

Temos como clássico exemplo a **legítima defesa putativa** verificada por "A", inimigo de "B", quando este, prometendo-lhe a morte, enfiou, de repente, a mão em sua blusa, fazendo crer que iria sacar um revólver. Ato seguinte, "A", acreditando estar diante de uma agressão injusta iminente, saca uma arma e atira em "B", que, em verdade, iria tirar do bolso uma carta com pedido de desculpas.

Se o erro em que incorreu "A" for plenamente justificável pelas circunstâncias, terá incidido em erro de tipo permissivo (no caso, legítima defesa putativa), respondendo apenas por **homicídio culposo**.

Embora discutível a **natureza jurídica das descriminantes putativas**, prevalece o seguinte entendimento:

a) se o erro recair sobre os pressupostos fáticos de uma causa excludente da ilicitude, estaremos diante de um erro de tipo (permissivo). É o caso do agente que, acreditando piamente ser vítima de uma agressão injusta atual ou iminente, mata seu suposto agressor. Nesse caso, terá incidido em um erro de tipo permissivo, que irá recair sobre o pressuposto fático da excludente (no caso, a agressão injusta, indispensável ao reconhecimento da legítima defesa);

b) se o erro recair sobre a existência de uma causa excludente da ilicitude, configurar-se-á o erro de proibição. É o que se verifica quando o agente, crendo que sua conduta é permitida pelo direito (portanto, uma conduta que não seja antijurídica), pratica um fato típico. Nesse caso, faltará ao agente a potencial consciência da ilicitude, pelo que será afastada a culpabilidade; e

c) se o erro recair sobre os limites de uma causa excludente da ilicitude, igualmente restará configurado o erro de proibição. Ocorrerá nos casos em que o agente incidir em excesso (por exemplo, na legítima defesa, quando, após cessada a agressão injusta, o agente prosseguir no contra-ataque ao agressor original acreditando que ainda está agindo em LD).

As conclusões acima decorrem da adoção, pelo Código Penal, da teoria limitada da culpabilidade.

6.6. Culpabilidade

Trata-se de **pressuposto de aplicação da pena**. Se adotada a **concepção bipartida** (crime enquanto fato típico e antijurídico), não integra o conceito de crime, estando **fora de sua estrutura básica**.

Contudo, não sendo o agente culpável, é absolutamente inviável a inflição de pena. No entanto, mesmo ao **inculpável**, admissível será a aplicação de **medida de segurança** (ex.: ao inimputável por doença mental não se aplica pena, mas medida de segurança).

6.6.1. Elementos/requisitos que integram a culpabilidade

A culpabilidade é formada pelos seguintes elementos/requisitos:

a) imputabilidade;

b) potencial consciência da ilicitude;

c) exigibilidade de conduta diversa.

Os elementos acima são **cumulativos**. Em outras palavras, se algum deles "falhar" (leia-se: estiver ausente), ao agente não se poderá impor pena.

As situações em que os elementos da culpabilidade serão afetados (causas excludentes da culpabilidade) estão logo a seguir.

6.6.1.1. Causas excludentes da imputabilidade (primeiro elemento da culpabilidade)

São as seguintes:

a) inimputabilidade por doença mental ou desenvolvimento mental incompleto ou retardado – art. 26 do CP. Adotou-se o **critério biopsicológico**. Não basta a doença mental (**critério biológico**), sendo indispensável que, em razão dela, o agente no momento da ação ou omissão seja inteiramente incapaz de **entender** o caráter ilícito do fato ou de **determinar-se de acordo com esse entendimento** (**critério psicológico**);

b) menoridade – o menor de 18 anos é penalmente inimputável. Trata-se de presunção absoluta. Aqui, o legislador adotou o **critério biológico** (não se leva em conta se o adolescente entendia o caráter ilícito do fato). O adolescente que praticar crime ou contravenção terá cometido ato infracional, de acordo com o art. 103 do ECA, apurado pela Vara da Infância e Juventude;

c) embriaguez completa, decorrente de caso fortuito ou força maior – art. 28, § 1º, CP. Apenas a embriaguez involuntária e completa retira a capacidade do agente de querer e entender, tornando-o inimputável. Se a embriaguez for incompleta e involuntária, o agente será penalmente responsabilizado, porém com possibilidade de pena reduzida. Acerca da embriaguez, o CP adotou a teoria da *actio libera in causa*. Se o agente deliberadamente (voluntariamente) ingeriu álcool ou substância com efeitos análogos, ainda que no momento da prática da infração não tenha capacidade de entendimento e autodeterminação, ainda assim será responsabilizado (art. 28, II, CP). Apenas se a embriaguez for involuntária, e desde que completa, ficará o agente isento de pena.

Pela relevância do item "b" acima, sem nos olvidarmos à finalidade precípua da presente obra, que é a de trabalharmos com os principais aspectos abordados pela banca examinadora, faremos algumas breves considerações acerca do ato infracional.

Primeiramente, o **ato infracional** corresponde à conduta prevista como **crime** ou **contravenção**, praticada por criança ou adolescente, nos termos do art. 103 do ECA. Caso o ato infracional seja praticado por **criança**, ser-lhe-á aplicada **medida de proteção**, pouco importando a gravidade da infração. Por outro lado, caso o ato infracional seja praticado por **adolescente**, a ele serão aplicadas **medidas socioeducativas**.

São **pressupostos** da aplicação da medida socioeducativa:

i) existência do fato;

ii) certeza da autoria;

iii) inescusabilidade da conduta.

Ainda, alguns **princípios** devem ser analisados pelo juiz para aplicação das medidas socioeducativas, a saber:

i) estrita legalidade

ii) princípio da proporcionalidade (art. 112, § 1º, do ECA)

iii) princípio da impossibilidade das medidas infamantes (art. 112, § 2º, do ECA)

iv) critério da cumulatividade (art. 113 do ECA)

v) princípio da substitutividade (art. 113 do ECA)

vi) Prescrição

As medidas socioeducativas podem ser:

a) de meio aberto; e

b) restritiva da liberdade.

Vejamos.

a) Medidas socioeducativas de meio aberto:

i) *prestação de serviços à comunidade* – nos termos do art. 117 do ECA, a prestação de serviços à comunidade consiste na realização de tarefas gratuitas de interesse geral, por período não excedente a seis meses, junto a entidades assistenciais, hospitais, escolas e outros estabelecimentos congêneres, bem como em programas comunitários ou governamentais. Importante ressaltar que as tarefas serão atribuídas conforme as aptidões do adolescente, devendo ser cumpridas durante jornada máxima de oito horas semanais, aos sábados, domingos e feriados ou em dias úteis, de modo a não prejudicar a frequência à escola ou à jornada normal de trabalho.

ii) *liberdade assistida* – a liberdade assistida pauta-se fundamentalmente na figura do orientador, cujo papel é o de promover o adolescente socialmente, conduzindo-o para a prática de boas condutas pessoais. A liberdade assistida não tem prazo determinado, mas deve ser aplicada por no mínimo 6 meses.

iii) *obrigação de reparar o dano* – a obrigação de reparar o dano tem como finalidade o ressarcimento da vítima ou, em não sendo possível, a compensação do dano.

b) Medidas socioeducativas restritivas de liberdade:

i) *regime de semiliberdade* – o regime de semiliberdade insere o adolescente em entidade que desenvolva o programa, com permissão para sua saída apenas nas hipóteses de trabalho ou estudo. A medida de semiliberdade pode ser aplicada desde o início ou como forma de transição para medidas socioeducativas em meio aberto.

ii) *internação* – internação significa a "reclusão" do adolescente em estabelecimento adequado e que desenvolva o programa. Há cerceamento total de sua liberdade de ir e vir. Nos termos do art. 227, § 3º, V, da CF os princípios que regem a medida socioeducativa de internação são: brevidade, excepcionalidade e respeito à condição peculiar.

Importa registrar que o advento da maioridade não extingue eventual medida socioeducativa aplicada anteriormente. Confira-se a Súmula 605 do STJ: "*A superveniência da maioridade penal não interfere na apuração de ato infracional nem na aplicabilidade de medida socioeducativa em curso, inclusive na liberdade assistida, enquanto não atingida a idade de 21 anos*".

6.6.1.2. Causa excludente da potencial consciência da ilicitude (segundo elemento da culpabilidade)

Apenas o **erro de proibição** (art. 21 do CP) é causa excludente da potencial consciência da ilicitude.

Um agente somente poderá sofrer pena se puder saber que sua conduta é profana, contrária ao direito, ainda que não saiba que se trata de crime ou contravenção penal. Afinal, ninguém pode escusar-se de cumprir a lei alegando ignorância (art. 3º da LINDB).

Assim, a depender das condições socioculturais do agente, poderá ele, de fato, desconhecer que sua conduta é errada, profana, contrária às regras usuais da sociedade. Nesse caso, se faltar potencial consciência da ilicitude, o agente ficará isento de pena.

Temos duas modalidades de erro de proibição:

a) **invencível, inevitável ou escusável**: aqui, é impossível que o agente pudesse superar o erro sobre a ilicitude do fato. Neste caso, ficará **isento de pena;**

b) **vencível, evitável ou inescusável**: nesse caso, se o agente tivesse sido um pouco mais diligente, poderia superar o erro. Responderá criminalmente, porém com **pena reduzida de 1/6 a 1/3.**

6.6.1.3. Causas excludentes da exigibilidade de conduta diversa (terceiro elemento da culpabilidade)

Somente será culpável a pessoa da qual se puder exigir uma conduta diversa da praticada, vale dizer, seu comportamento poderia ter sido de acordo com o direito, mas não foi.

Todavia, há duas situações em que é *inexigível conduta diversa* da praticada pelo agente, a saber:

a) **coação moral irresistível** – art. 22 do CP – aqui, o agente (ou familiares ou pessoas muito próximas) é vítima de coação irresistível (não física, que afastaria a conduta, mas moral), não lhe sendo exigível conduta diversa da praticada. É o caso do gerente de banco cujos familiares são sequestrados. A libertação apenas ocorrerá se subtrair dinheiro do cofre do banco em que trabalha. Sabendo da senha, subtrai o montante e entrega aos sequestradores. Nesse caso, o gerente de banco ficará isento de pena, respondendo pelo crime os coatores (sequestradores);

b) **obediência hierárquica a ordem não manifestamente ilegal** – art. 22 do CP – nesse caso, será imprescindível a existência de uma relação de direito público entre superior hierárquico e subordinado. Este, por força da hierarquia, tem o dever de cumprir as ordens de seus superiores, sob pena de incorrer em falta disciplinar. Assim, se o subordinado receber ordem do superior hierárquico e cumpri-la, ficará isento de pena caso sua execução redunde na prática de um crime. Contudo, somente se a ordem não for *manifestamente ilegal* é que poderá socorrer-se da causa excludente da culpabilidade. Caso contrário, se cumprir ordem ilegal, responderá por sua ação ou omissão.

6.7. Concurso de pessoas

6.7.1. Conceito

Concurso de pessoas, ou concurso de agentes, codelinquência ou concurso de delinquentes, consiste na *reunião consciente e voluntária, de duas ou mais pessoas, para a prática de infrações penais.*

Tem como requisitos (**PRIL**):

a) **P**luralidade de agentes (cada pessoa tem comportamento próprio);

b) **R**elevância causal de cada uma das ações;

c) **I**dentidade de fato (ou identidade de crime); e

d) Liame subjetivo ou vínculo psicológico entre os agentes (todos devem visar a um mesmo objetivo, um aderindo à conduta dos outros – não se exige, contudo, o ajuste prévio, ou seja, o acordo de vontades anterior à prática do crime).

A *falta do liame subjetivo* acarreta o que a doutrina chama de *autoria colateral*. Nesta, duas ou mais pessoas, desconhecendo a existência da(s) outra(s), praticam atos executórios com o mesmo objetivo. Nesse caso, não haverá concurso de agentes, sendo que cada um responderá pelos atos que cometeu. Havendo dúvida acerca de qual dos agentes deu causa ao resultado, mas sendo constatada a prática de atos executórios, cada qual responderá pela tentativa (ex.: homicídio). É a denominada *autoria incerta*.

6.7.2. Classificação dos crimes quanto ao concurso de pessoas

De acordo com o número de pessoas que concorram de qualquer modo para o crime, este pode receber os seguintes rótulos:

a) crimes unissubjetivos (ou monossubjetivos, ou de concurso eventual): são aqueles que podem ser perpetrados por um ou mais agentes, não fazendo o tipo penal qualquer distinção. Ex.: roubo, furto, estelionato, homicídio;

b) crimes plurissubjetivos (ou crimes coletivos, ou de concurso necessário): são aqueles que, para sua própria tipificação, exigem a presença de dois ou mais agentes delitivos. Ex.: associação criminosa (denominado de quadrilha ou bando antes do advento da Lei 12.850/2013), que exige, pelo menos, três pessoas (art. 288 do CP); rixa, que também exige um mínimo de três pessoas (art. 137 do CP); associação para o tráfico, a exigir, pelo menos, duas pessoas (art. 35 da Lei 11.343/2006).

6.7.3. Autoria

Existem três teorias acerca da autoria, a saber:

a) teoria material-objetiva (ou extensiva): autor é aquele que concorre com qualquer causa para o implemento de um resultado, e não só o que realiza o verbo-núcleo do tipo penal incriminador. Assim, não há distinção entre autor, coautor e partícipe;

b) teoria formal-objetiva (ou restritiva): autor é somente aquela pessoa que pratica a conduta típica descrita em lei (matar, subtrair, constranger...), executando o verbo-núcleo do tipo. Toda ação que não for propriamente a correspondente ao verbo do tipo será acessória. Contudo, se, de qualquer modo, concorrer para a prática do crime, a pessoa será considerada partícipe. **Esta é a teoria adotada pelo CP, mas com algumas críticas, por não abranger a autoria mediata;**

c) teoria normativa-objetiva (ou do domínio do fato): autor é aquele que tem o controle final do fato, ou seja, domina finalisticamente a empreitada criminosa. Enfim, é o "chefe", que determina cada passo do crime. Será partícipe aquele que colaborar com o autor, mas sem ter o domínio final do fato.

A teoria do domínio do fato consegue explicar a autoria mediata, motivo pelo qual deve ser agregada à teoria restritiva.

6.7.3.1. Autoria mediata

De acordo com a teoria do domínio do fato, **autor mediato** (ou indireto) é aquele que *"usa" alguém, por exemplo, desprovido de imputabilidade ou que atue sem dolo, para a execução de determinado comportamento criminoso. Em outras palavras, o autor mediato se vale de um executor material (autor imediato) como instrumento para o cometimento do ilícito penal.* Exemplo: uma pessoa, querendo matar outra, pede a um louco que a esfaqueie, o que é por este cumprido. O louco (executor material) não responderá pelo homicídio, mas apenas seu mandante.

A autoria mediata pode resultar das seguintes hipóteses:

a) *ausência de capacidade mental* da pessoa utilizada como instrumento (inimputável);

b) *coação moral irresistível*;

c) *provocação de erro de tipo escusável* (ex.: médico que quer matar paciente e determina que a enfermeira aplique uma injeção de "medicamento", mas que, na realidade, é veneno);

d) *obediência hierárquica* a ordem não manifestamente ilegal.

Em qualquer caso, responderá pelo crime não o executor deste (autor imediato ou direto), mas o autor mediato (ou indireto).

6.7.4. Formas do concurso de agentes

A participação, em sentido amplo, é assim dividida:

a) coautoria: será coautor aquele que, juntamente com o autor do crime, com ele colaborar diretamente, de forma consciente e voluntária, para a realização do verbo-núcleo do tipo. A coautoria pode ser *parcial*, quando cada um dos agentes realizar atos executórios diversos, mas que, somados, redundem na consumação do crime (ex.: enquanto "A" segura a vítima, com uma faca em sua barriga, "B" subtrai seus pertences. Ambos respondem por roubo, em coautoria), ou a coautoria pode ser *direta*, quando todos os agentes praticarem a mesma conduta típica (ex.: "A" e "B", cada um com um revólver, atiram na vítima "C". Serão coautores no homicídio);

b) participação: será partícipe aquele que não realizar o verbo-núcleo do tipo, mas, de qualquer modo, concorrer para o crime. A participação pode ser:

(i) moral: corresponde ao induzimento ou instigação do autor à prática de um crime;

(ii) material: corresponde ao auxílio.

Quanto à participação, adotou-se a **teoria da acessoriedade limitada**. Só será partícipe aquele que realizar conduta acessória (não realização do verbo-núcleo do tipo) a do autor e desde que esse pratique conduta típica e ilícita.

6.7.5. Teorias acerca do concurso de pessoas

São três:

a) teoria unitária (monista ou monística): ainda que duas ou mais pessoas realizem condutas diversas e autônomas, considera-se praticado um só crime (o mesmo, para todas). Contudo, o art. 29, § 1º, do CP, prevê a figura da *participação de menor importância*, que acarreta na diminuição da pena do agente. Já o art. 29, § 2º, também do CP, traz a figura da *cooperação dolosamente distinta*, segundo a qual o agente que se desviar do "plano original" e praticar crime diverso, por este responderá, enquanto que o coautor ou partícipe responderá pelo crime "originalmente combinado", sendo que sua pena poderá ser aumentada de metade caso o resultado mais grave fosse previsível. Pela relevância do tema, confira-se:

Concurso de Pessoas: Teoria Monista e Fixação de Reprimenda mais Grave a um dos Corréus

"Por reputar não observada a teoria monista adotada pelo ordenamento pátrio (CP, art. 29) – segundo a qual, havendo pluralidade de agentes e convergência de vontades para a prática da mesma infração penal, todos aqueles que contribuem para o crime incidem nas penas a ele cominadas, ressalvadas as exceções legais –, a Turma deferiu *habeas corpus* cassar decisão do STJ que condenara o paciente pela prática de roubo consumado. No caso, tanto a sentença condenatória quanto o acórdão proferido pelo tribunal local condenaram o paciente e o corréu por roubo em sua forma tentada (CP, art. 157, § 2º, I e II, c/c o art. 14, II). Contra esta decisão, o Ministério Público interpusera recurso especial, apenas contra o paciente, tendo transitado em julgado o acórdão da Corte estadual relativamente ao corréu. Assentou-se que o acórdão impugnado, ao prover o recurso especial, para reconhecer que o paciente cometera o crime de roubo consumado, provocara a inadmissível situação consistente no fato de se condenar, em modalidades delitivas distintas quanto à consumação, os corréus que perpetraram a mesma infração penal. Destarte, considerando que os corréus atuaram em acordo de vontades, com unidade de desígnios e suas condutas possuíram relevância causal para a produção do resultado decorrente da prática do delito perpetrado, observou-se ser imperioso o reconhecimento uniforme da forma do delito cometido. Assim, restabeleceu-se a reprimenda anteriormente fixada para o paciente pelo tribunal local." **HC 97652/RS, rel. Min. Joaquim Barbosa, 4.8.2009.** (HC-97652) (**Inform. STF** 554).

b) teoria pluralística: para esta teoria, cada agente responde por um crime, independentemente do outro. Excepcionalmente, o Código Penal adota exceções pluralísticas ao princípio monístico. É o caso do binômio corrupção ativa/corrupção passiva e aborto com o consentimento da gestante e o terceiro que o provocou;

c) teoria dualística: para esta teoria, há um crime para os autores e outro crime para os partícipes. Não foi adotada pelo CP.

Apenas para não haver dúvidas, o CP adotou a *teoria unitária* ou *monista*.

6.7.6. Comunicabilidade e incomunicabilidade de elementares e circunstâncias

Considerando que o CP adotou, como regra, a **teoria unitária** de concurso de pessoas, nada mais "justo" do que todos os agentes que concorrerem para o mesmo fato responderem pela mesma infração penal.

No entanto, em algumas situações, a imputação de um mesmo crime a duas ou mais pessoas pode soar estranho. É o caso de "A", em estado puerperal, durante o parto, auxiliada por "B", matar o próprio filho. Não há dúvidas de que "A" deverá responder por infanticídio (art. 123 do CP). E quanto a "B", responderá por qual delito? Também por infanticídio!

O mesmo ocorre quando "A", funcionário público, valendo-se dessa condição, apropria-se de um computador do Estado, por ele utilizado em seu dia a dia na repartição pública em que trabalha, cometendo, assim, o crime de peculato (art. 312 do CP). Se "B", particular (leia-se: não funcionário), auxiliar "A" em seu intento criminoso, responderá por qual delito? Também por peculato!

Assim, a regra do art. 30 do CP é a de que as **condições de caráter pessoal, somente quando elementares do tipo** (leia-se: dados essenciais à caracterização do crime), **comunicam-se aos coautores ou partícipes**.

Temos, pois, **três regras**, extraídas, ainda que implicitamente, do já citado dispositivo legal:

a) as elementares comunicam-se aos demais agentes (coautores ou partícipes), desde que conhecidas por estes;

b) as circunstâncias objetivas (reais ou materiais) comunicam-se aos demais agentes (coautores ou partícipes), desde que, é claro, delas tenham conhecimento;

c) as circunstâncias subjetivas (de caráter pessoal) jamais se comunicam aos demais agentes (coautores ou partícipes) quando não forem elementares.

7. DAS PENAS

7.1. Penas

7.1.1. Conceito

Pena é a *consequência jurídica do crime*. A prática de qualquer ato ilícito, em nosso ordenamento jurídico, deve gerar uma sanção, sob pena de nenhuma pessoa ser desestimulada a delinquir. Na seara penal, não poderia ser diferente.

Importa lembrar que **pena** é *espécie de sanção penal*, ao lado das **medidas de segurança**.

7.1.2. Finalidades das penas

São três:

a) retributiva: é a retribuição do mal pelo mal;

b) preventiva: a cominação abstrata de uma pena impõe à coletividade um temor (prevenção geral) e sua efetiva aplicação ao agente delitivo tem por escopo impedir que venha a praticar novos delitos (prevenção especial);

c) ressocializadora: a imposição de pena tem por escopo a readaptação do criminoso à vida em sociedade.

7.1.3. Classificação ou espécies de penas

De acordo com o art. 32 do CP, as penas podem ser:

a) privativas de liberdade (PPL): restringem a plena liberdade de locomoção do condenado. São de 3 espécies: *reclusão, detenção e prisão simples*;

b) restritivas de direitos (PRD): são sanções *autônomas* que substituem as penas privativas de liberdade. Não são, como regra, cominadas abstratamente em um tipo penal incriminador;

c) multa: consiste no pagamento ao FUNPEN de quantia fixada na sentença e calculada em dias-multa (art. 49 do CP).

7.2. As penas privativas de liberdade (PPLs)

As PPLs se subdividem em:

a) reclusão (apenas para os crimes);

b) detenção (apenas para os crimes);

c) prisão simples (apenas para as contravenções penais).

Quem comete crime punido com **reclusão** poderá iniciar o cumprimento da pena em **regime fechado, semiaberto** ou, desde logo, **aberto**. Assim, não pode o leitor-examinando se equivocar e imaginar que o agente que comete crime punido com reclusão iniciará o cumprimento da pena, obrigatoriamente, em regime fechado. Trata-se de uma falsa impressão decorrente do próprio nome da PPL: reclusão. Ao falarmos em reclusão, vem à nossa mente a ideia do regime fechado. No entanto, reafirma-se, um delito punido com reclusão pode impor que o condenado inicie, desde logo, o cumprimento da pena em regime semiaberto ou até aberto.

Já para os crimes punidos com **detenção**, os regimes iniciais de cumprimento de pena podem ser o **semiaberto** ou o **aberto**. Assim, não se pode impor ao condenado por crime punido com detenção o regime inicial fechado.

Por fim, a **prisão simples**, espécie de PPL cabível **apenas** para as **contravenções penais**, será cumprida em regime **semiaberto** ou **aberto**, sem rigor penitenciário (art. 6º, *caput*, e § 1º, da LCP). Não há, pois, regime fechado para essa espécie de pena.

Em suma:

a) Reclusão = regime *fechado, semiaberto ou aberto;*

b) Detenção = regime *semiaberto ou aberto;*

c) Prisão Simples = regime *semiaberto ou aberto* (apenas para as contravenções penais).

Para melhor compreensão das diferenças entre as espécies de PPLs, mister que se entenda, primeiramente, que cada uma delas traz regras próprias quanto aos regimes penitenciários, o que já se viu no presente item. No entanto, para o aprofundamento do assunto, precisamos passar ao estudo dos regimes de cumprimento de pena, bem assim dos estabelecimentos penais em que eles serão cumpridos.

7.2.1. Regimes de cumprimento de pena (ou regimes penitenciários)

São três, a saber:

a) Fechado: somente pode ser o regime inicial fixado quando a pena privativa de liberdade cominada for de **reclusão**. Contudo, ainda que se trate de detenção, será possível o regime fechado a título de regressão de regime (o que será visto mais à frente). Será o regime inicial fechado indicado ao agente condenado a **pena superior a 8 (oito anos)**, *reincidente ou não*. Também será este o regime quando a pena aplicada for de reclusão, **superior a 4 (quatro) e inferior a 8 (oito anos) anos**, mas sendo o condenado *reincidente* (art. 33, § 2º, *b*, CP). O regime fechado deve ser cumprido em **estabelecimentos penais de segurança máxima ou média** (art. 33, § 1º, *a*, CP). De acordo com o art. 2º, § 1º, da Lei 8.072/1990 (Lei dos Crimes Hediondos), será o regime inicial fechado obrigatório a todos aqueles que cometerem crimes hediondos ou equiparados. Contudo, o **STF**, no julgamento do **HC 111.840**, em 2012,

declarou incidentalmente a inconstitucionalidade do referido dispositivo legal, reconhecendo que até mesmo o regime inicialmente fechado não pode ser obrigatório, sob pena de ofensa ao princípio da individualização da pena (art. 5º, XLVI, CF). Em suma, até aos condenados por crimes hediondos ou equiparados admitir-se-ão os regimes semiaberto e aberto, desde que satisfeitos os requisitos legais;

b) Semiaberto: é o regime inicial mais gravoso dos crimes punidos com **detenção**. Também poderá ser imposto, desde logo, aos condenados punidos com delito apenado com **reclusão**. Será também escolhido quando a pena aplicada ao condenado for **superior a 4 (quatro) e inferior a 8 (oito) anos**, desde que *não seja reincidente* (art. 33, § 2º, "b", CP). Será cumprido em **colônia penal agrícola, industrial ou estabelecimento similar** (art. 33, § 1º, "b", CP);

c) Aberto: poderá ser imposto esse regime, desde logo, aos agentes condenados por crimes punidos com **reclusão** ou **detenção**, desde que a pena seja **igual ou inferior a 4 (quatro) anos** e que o condenado *não seja reincidente* (art. 33, § 2º, "c", CP). Será cumprido em Casa do Albergado ou estabelecimento adequado (art. 33, § 1º, "c", CP).

Perceba você que a **reincidência**, *independentemente da quantidade de pena*, imporá ao condenado, em princípio, o cumprimento da pena em regime inicial mais gravoso.

Em resumo:

I. Regime Fechado

a) cumprido em estabelecimento penal de segurança máxima ou média;

b) regime penitenciário mais gravoso para os crimes punidos com reclusão;

c) regime inicial obrigatório para os condenados por crimes hediondos ou equiparados (lembre-se, porém, do HC 111.840, julgado pelo STF em 2012, reconhecendo-se a inconstitucionalidade do regime inicialmente fechado obrigatório!);

d) será imposto quando a PPL for superior a 8 (oito) anos;

II. Regime Semiaberto

a) cumprido em colônia agrícola, industrial ou estabelecimento similar;

b) regime penitenciário mais gravoso para os crimes punidos com detenção;

c) será imposto quando a PPL for superior a 4 (quatro) e não exceder a 8 (oito), desde que o condenado não seja reincidente;

III. Regime Aberto

a) cumprido em Casa do Albergado ou estabelecimento adequado;

b) regime penitenciário mais benigno, cabível desde logo tanto para os crimes punidos com reclusão ou detenção;

c) somente será fixado se o condenado tiver sido punido com PPL igual ou inferior a quatro anos e desde que não seja reincidente.

As regras acima devem ser adotadas como um **padrão**. No entanto, algumas circunstâncias poderão intervir no momento da fixação do regime inicial de cumprimento de pena, quais sejam:

a) Análise do art. 59 do CP (circunstâncias judiciais) = independentemente da quantidade de pena imposta, respeitadas, porém, as espécies de PPL (reclusão, detenção ou prisão simples), a culpabilidade, os antecedentes, a conduta social e a personalidade do agente, bem como os motivos, circunstâncias e consequências do crime e o comportamento da vítima, poderão ser levados em consideração pelo magistrado para a escolha do regime inicial de cumprimento de pena. A título de exemplo, ainda que "A" tenha praticado o crime de roubo com emprego de arma de fogo, que, em tese, poderia redundar em uma pena de reclusão de 5 (cinco) anos e 4 (quatro) meses, a depender do grau de reprovabilidade da conduta, o juiz poderá impor-lhe regime inicial fechado, ainda que, em princípio, a PPL superior a 4 (quatro) e inferior a 8 (oito) anos devesse gerar a imposição de regime semiaberto. Confira-se, por oportuno, o entendimento jurisprudencial:

FIXAÇÃO. PENA-BASE. SUPERIOR. MÍNIMO. CABIMENTO.

"A Turma reiterou o entendimento de que, conforme o grau de reprovabilidade da conduta e a existência de circunstâncias desfavoráveis, é cabível a fixação de regime mais severo aos condenados à pena inferior a oito anos desde que devidamente fundamentada a decisão. E considera-se devidamente fundamentada a sentença que estabeleceu regime fechado para o cumprimento de pena com base no nível de organização do bando criminoso, na quantidade de drogas e armamentos apreendidos, na nítida desproporção entre uma tentativa de homicídio realizada por meios de explosivos em estabelecimento jornalístico e sua motivação (veiculação de reportagem cujo conteúdo desagradou a um dos membros do grupo criminoso), no *modus operandis* do delito e na especial reprovação da vingança privada devido à tentativa de cerceamento da imprensa. Com esse entendimento, a Turma denegou a ordem." HC 196.485-SP, Rel. Min. Gilson Dipp, julgado em 01.09.2011. (Inform. STJ 482)

b) Súmulas 269 e 440 do STJ

✓ Súm. 269: "é admissível a adoção do regime prisional semiaberto aos reincidentes condenados a pena igual ou inferior a quatro anos se favoráveis as circunstâncias judiciais".

✓ Súm. 440: "fixada a pena-base no mínimo legal, é vedado o estabelecimento de regime prisional mais gravoso do que o cabível em razão da sanção imposta, com base apenas na gravidade abstrata do delito".

c) Súmulas 718 e 719 do STF

✓ Súm. 718: "a opinião do julgador sobre a gravidade em abstrato do crime não constitui motivação idônea para a imposição de regime mais severo do que o permitido segundo a pena aplicada".

✓ Súm. 719: "a imposição do regime de cumprimento mais severo do que a pena aplicada permitir exige motivação idônea".

Confira-se o excerto abaixo:

CIRCUNSTÂNCIAS JUDICIAIS DESFAVORÁVEIS. REGIME FECHADO.

"A Turma denegou a ordem de *habeas corpus* e reafirmou que as circunstâncias judiciais desfavoráveis – *in casu*, cul-

pabilidade, circunstâncias do crime e maus antecedentes (duas condenações transitadas em julgado) – autorizam a adoção do regime inicial fechado para o cumprimento da reprimenda, ainda que o paciente tenha sido condenado à pena de cinco anos e oito meses de reclusão (homicídio tentado). Precedente citado: HC 126.311-SP, *DJe* 15.06.2009. HC 193.146-MG, Rel. Min. Napoleão Nunes Maia Filho, julgado em 24.05.2011". (Inform. STJ 474)

Por fim, cabe trazermos algumas regras sobre cada um dos regimes penitenciários:

a) Regras específicas do regime fechado

Conforme reza o art. 34 do CP, o condenado a cumprir pena em regime fechado será submetido inicialmente a exame criminológico a fim de que seja possível a classificação e individualização da pena.

Um dos deveres do preso no regime fechado é o trabalho durante o dia, recolhendo-se à noite a cela individual. Portanto, a ideia do legislador foi a de submeter o preso a um isolamento mais rigoroso.

Contudo, durante o dia trabalhará com os demais detentos em lugar comum. É admissível o trabalho externo do preso durante o cumprimento da pena em regime fechado em serviços ou obras públicas.

b) Regras do regime semiaberto

São semelhantes às regras do regime fechado, submetendo-se o condenado a trabalho em comum durante o dia em colônias penais agrícolas, industriais ou similares. É admissível o trabalho externo e também que os condenados frequentem cursos profissionalizantes. Durante a noite os condenados serão recolhidos às celas coletivas.

c) Regras do regime aberto

A ideia central deste regime é a de testar a autodisciplina do condenado e seu senso de responsabilidade. Será dever do condenado exercer trabalho, frequentar curso ou outras atividades autorizadas durante o dia, recolhendo-se à noite e nos dias de folga às casas do albergado.

7.2.2. *Progressão de regime penitenciário*

A legislação penal brasileira adota, atualmente, o sistema progressivo de penas, materializado no art. 112 da LEP e art. 33, § 2º, do CP. Assim, a pessoa condenada a cumprir sua pena em determinado regime, desde que preenchidos alguns requisitos, poderá migrar para o mais benigno, até que, com o cumprimento total da pena, esta restará extinta.

Para que se admita a progressão de regime penitenciário, é necessária a satisfação de dois requisitos:

a) Objetivo = cumprimento de parte da pena privativa de liberdade;

b) Subjetivo = mérito do condenado.

O **requisito objetivo**, a depender da natureza do crime praticado, poderá variar. Assim, temos a seguinte situação:

i) para os **crimes "comuns"**, o condenado deverá cumprir **1/6 (um sexto)** da pena para poder migrar para o regime mais benigno;

ii) para os **crimes hediondos** (assim definidos no art. 1º da Lei 8.072/1990) e **equiparados** (tráfico de drogas, tortura e terrorismo), o condenado deverá cumprir **2/5 (dois quintos)** da pena, se **primário**, ou **3/5 (três) quintos** da pena, se **reincidente**.

Ao lado disso, é indispensável que o condenado satisfaça o **requisito subjetivo**, qual seja, o **bom comportamento carcerário**, assim consignado em atestado emitido pela autoridade administrativa competente (diretor do estabelecimento penal).

A questão que se coloca é: *exige-se, para a progressão de regime, que o condenado obtenha parecer favorável em exame criminológico?*

Desde a edição da Lei 10.792/2003, o exame criminológico, mencionado no art. 112 da LEP, deixou de ser requisito indispensável à progressão de regime. Assim, em uma leitura mais apressada do dispositivo legal, poder-se-ia concluir que jamais se poderia exigir aludido exame (perícia multidisciplinar) para a admissão do benefício.

Contudo, o STF, após editar a **Súmula vinculante 26**, passou a admitir a exigência de exame criminológico àqueles condenados por crimes hediondos, desde que as peculiaridades do caso indiquem que a medida é necessária. O mesmo se deu no âmbito do STJ, que editou a **Súmula 439**, que, em suma, prevê ser admissível o exame criminológico, desde que as peculiaridades do caso indiquem que seja necessário e desde que haja decisão motivada nesse sentido.

Portanto, podemos assim concluir: **como regra, não se exigirá o exame criminológico** como condição para a progressão de regime, **salvo se as peculiaridades do caso indicarem que sua realização seja necessária**, desde que haja **motivação idônea em decisão judicial**.

Com relação aos **crimes cometidos contra a administração pública** (ex.: peculato, art. 312 do CP), a progressão de regime, consoante determina o art. 33, § 4º, do CP, somente será admissível após o condenado haver **reparado o dano causado** ao erário ou devolvido o produto do ilícito cometido, com os devidos acréscimos legais.

No tocante aos **crimes hediondos e equiparados**, após o advento da Lei 11.464/2007, inspirada no julgamento, pelo STF, do HC 82.959-SP, no qual se declarou incidentalmente a inconstitucionalidade do regime integralmente fechado previsto, àquela ocasião, no art. 2º, § 1º, da Lei 8.072/1990, não mais se pode falar em vedação à progressão de regime. Apenas se imporá ao condenado o **regime inicialmente fechado**, admitindo-se a progressão após o cumprimento de 2/5 ou 3/5 da pena, a depender, respectivamente, de ser primário ou reincidente. Ressalte-se, porém, que o STF, ao julgar, em 2012, o **HC 111.840**, impetrado pela Defensoria Pública do Espírito Santo em favor de paciente condenado por tráfico de drogas, declarou, incidentalmente, a **inconstitucionalidade do regime inicial fechado obrigatório** aos condenados por crimes hediondos ou equiparados. Assim, a despeito da existência de norma impositiva do regime inicialmente fechado obrigatório (art. 2º, § 1º, da Lei 8.072/1990 – Lei dos Crimes Hediondos), pode-se sustentar, como visto, sua inconstitucionalidade, motivo pelo qual se poderá admitir regime inicial semiaberto ou até aberto aos condenados por crimes hediondos e equiparados.

A doutrina majoritária, bem assim a jurisprudência, objetam a ideia de uma **"progressão por salto"**, vale dizer, o condenado que cumpre pena no regime fechado migrar, diretamente, para o regime aberto, sem passar pelo semiaberto. É o que restou estampado, inclusive, na **Súmula 491 do STJ**: "é inadmissível a chamada progressão *per saltum* de regime prisional".

No entanto, em situações excepcionais, poderá ser admitido, na prática, o "salto" ao regime mais brando. É o que ocorre, por exemplo, com um condenado em regime fechado que já tenha satisfeito os requisitos para a progressão ao semiaberto e neste não haja vagas. A ineficiência estatal não pode ser um óbice à progressão de regime. Destarte, o condenado será transferido do regime fechado ao aberto, até que surja uma vaga no semiaberto, oportunidade em que será "realocado" à condição juridicamente correta.

A esse respeito, o STF editou a Súmula vinculante 56: "A falta de estabelecimento penal adequado não autoriza a manutenção do condenado em regime prisional mais gravoso, devendo-se observar, nessa hipótese, os parâmetros fixados no RE 641.320/RS" (STF. Plenário. Aprovada em 29.06.2016), Em resumo, podemos aduzir o seguinte[1]:

a) A falta de estabelecimento penal adequado não autoriza a manutenção do condenado em regime prisional mais gravoso;

b) Os juízes da execução penal podem avaliar os estabelecimentos destinados aos regimes semiaberto e aberto, para qualificação como adequados a tais regimes. São aceitáveis estabelecimentos que não se qualifiquem como "colônia agrícola, industrial" (regime semiaberto) ou "casa de albergado ou estabelecimento adequado" (regime aberto) (art. 33, § 1º, "b" e "c", do CP). No entanto, não deverá haver alojamento conjunto de presos dos regimes semiaberto e aberto com presos do regime fechado.

c) Havendo déficit de vagas, deverá determinar-se: (i) a saída antecipada de sentenciado no regime com falta de vagas; (ii) a liberdade eletronicamente monitorada ao sentenciado que sai antecipadamente ou é posto em prisão domiciliar por falta de vagas; (iii) o cumprimento de penas restritivas de direito e/ou estudo ao sentenciado que progride ao regime aberto.

d) Até que sejam estruturadas as medidas alternativas propostas, poderá ser deferida a prisão domiciliar ao sentenciado. STF. Plenário. RE 641320/RS, Rel. Min. Gilmar Mendes, julgado em 11.05.2016 (repercussão geral) (Info 825).

Importa registrar que o STJ, em sua **Súmula 534**, editada em 2015, consolidou o entendimento de que: "A prática de falta grave interrompe a contagem do prazo para a progressão de regime de cumprimento de pena, o qual se reinicia a partir do cometimento dessa infração" (**REsp 1364192**).

Por fim, de acordo com a **Súmula 493 do STJ**, é inadmissível a fixação de pena substitutiva (art. 44, CP) como condição especial ao regime aberto, medida muito utilizada por juízes da execução penal. Ora, não se pode admitir que um condenado, para progredir de regime prisional, seja submetido a mais uma pena, ainda que alternativa à prisão!

---

1. Resumo extraído do sítio eletrônico Dizer o Direito (https://dizerodireitodotnet.files.wordpress.com/2016/08/sv-56.pdf).

7.2.3. Regressão de regime penitenciário, remição e detração

A **regressão** de regime penitenciário é o oposto da **progressão**. Nosso sistema penitenciário é o progressivo. Contudo, o condenado poderá ser transferido de regime mais benigno para outro mais gravoso quando (art. 118 da LEP):

a) cometer crime doloso ou falta grave. Importante anotar o teor das Súmulas 526 e 533 do STJ, ambas editadas em 2015, respectivamente: "O reconhecimento de falta grave decorrente do cometimento de fato definido como crime doloso no cumprimento da pena prescinde do trânsito em julgado de sentença penal condenatória no processo penal instaurado para apuração do fato" e "Para o reconhecimento da prática de falta disciplinar no âmbito da execução penal, é imprescindível a instauração de procedimento administrativo pelo diretor do estabelecimento prisional, assegurado o direito de defesa, a ser realizado por advogado constituído ou defensor público nomeado" (**REsp 1.378.557**);

b) sofrer condenação por crime anterior, cuja pena, somada àquela que está sendo executada, supere o teto permitido para aquele regime em que estiver o condenado;

c) o condenado frustrar os fins da execução ou não pagar, podendo, a multa cumulativamente imposta;

d) o condenado submetido à vigilância indireta eletrônica (monitoração eletrônica) deixar de adotar os cuidados necessários com o equipamento, bem como não observar os deveres que lhe são inerentes (art. 146-C, parágrafo único, I, da LEP).

Admite-se a regressão do regime aberto, por exemplo, para o fechado, diretamente, o que não ocorre na progressão de regime, que não pode ser "por salto". Em outras palavras, admite-se a "regressão por salto", o que, como regra, não se pode admitir na progressão.

Ressalte-se que o condenado que esteja cumprindo pena por crime punido com **detenção**, muito embora esta espécie de PPL não admita, como regra, a imposição de regime inicial fechado, poderá regredir a este regime. Assim não fosse, quem cumprisse pena de detenção, caso cometesse, por exemplo, falta grave em regime semiaberto, não sofreria qualquer penalidade, o que serviria até de estímulo ao cometimento de transgressões disciplinares.

A **remição** é benefício a que o condenado faz jus, desde que esteja cumprindo a pena em *regime fechado* ou *semiaberto*, reduzindo-se sua pena em razão do trabalho ou do estudo. De acordo com o art. 126, § 1º, da LEP, alterado pela Lei 12.433, de 29.06.2011, com vigência a partir de sua publicação no dia seguinte, a contagem do prazo, para fins de remição, será feito da seguinte maneira:

a) 1 (um) dia de pena a cada 12 (doze) horas de frequência escolar – atividade de ensino fundamental, médio, inclusive profissionalizante, ou superior, ou ainda de requalificação profissional – divididas, no mínimo, em 3 (três) dias;

b) 1 (um) dia de pena a cada 3 (três) dias de trabalho.

O estudo, nos termos do art. 126, § 2º, da LEP, já com as alterações promovidas pelo diploma legal acima referido, poderá ser desenvolvido de forma presencial ou por metodologia de ensino a distância, sendo de rigor a certificação pelas autoridades educacionais competentes dos cursos frequentados.

Será perfeitamente possível a cumulação do trabalho e do estudo do preso para fins de remição (ex.: trabalho na parte da manhã e estudo à noite). Nesse caso, a cada 3 dias de estudo e trabalho, será recompensado com o abatimento de dois dias de pena.

Ainda, deve-se registrar que o preso impossibilitado, por acidente, de prosseguir no trabalho ou nos estudos, continuará a beneficiar-se com a remição (art. 126, § 4º, LEP).

Ao preso que, durante o cumprimento da pena, concluir o ensino fundamental, médio ou superior, desde que haja certificado expedido pelo órgão competente, terá acrescido 1/3 (um terço) às horas de estudo que serão utilizadas para a remição (art. 126, § 5º, LEP).

Em caso de falta grave, o juiz poderá revogar até 1/3 (um terço) do tempo remido, recomeçando a contagem a partir da data da infração disciplinar (art. 127, LEP). Assim, a Súmula Vinculante 9 do STF, que afirmava que o condenado perderia, em razão da falta grave, todos os dias remidos, está tacitamente revogada pela Lei 12.433/2011, que alterou a redação do art. 127 da LEP.

Por oportuno, e tratando-se de inovação, deve-se destacar que a remição, até o advento da já citada Lei 12.433/2011, somente era admissível aos condenados que cumprissem pena em regime fechado ou semiaberto, visto que o trabalho era requisito indispensável à progressão ao regime aberto. No entanto, acrescentado o estudo do preso como fator de remição, mesmo o condenado que cumpra pena em regime aberto ou semiaberto, bem assim o que usufrui do livramento condicional, poderá beneficiar-se da remição pela frequência a curso de ensino regular ou de educação profissional (a cada 12 horas de estudo, divididas em no mínimo três dias, verá descontado 1 dia de sua pena, ou, ainda, 1 dia do período de prova do livramento condicional).

Para que se implemente os novos comandos da LEP, a Lei 12.245/2010 determinou a **instalação de salas de aula** nos estabelecimentos penais, destinadas a **cursos do ensino básico e profissionalizante**.

A **detração, por sua vez,** é o cômputo (ou desconto, ou abatimento), na pena privativa de liberdade ou na medida de segurança, do tempo de prisão provisória ou de internação, cumprida no Brasil ou no estrangeiro (art. 42, CP). Assim, aquele tempo em que o agente ficou preso ou internado cautelarmente será descontado, abatido do tempo definitivo de pena privativa de liberdade ou, no caso de medida de segurança, em seu tempo mínimo de duração. Importante registrar que, nos termos do art. 387, § 2º, do CPP, o tempo de prisão provisória será computado para fins de fixação do regime inicial de cumprimento de pena.

Questão bastante relevante é a que diz respeito à possibilidade – ou não – de uma prisão cautelar decretada ou mantida em determinado processo-crime ser utilizada como "abatimento" em outro processo-crime. Confira-se a posição consolidada da doutrina e jurisprudência estampada nos excertos a seguir:

DETRAÇÃO. CUSTÓDIA CAUTELAR.

"A Turma denegou a ordem de *habeas corpus* e reafirmou ser inviável aplicar o instituto da detração penal nos processos relativos a crimes cometidos após a custódia cautelar". Precedentes citados do STF: HC 93.979-RS, *DJe* 19.06.2008; do STJ: REsp 1.180.018-RS, *DJe* 04.10.2010; HC 157.913-RS, *DJe* 18.10.2010, e REsp 650.405-RS, *DJ* 29.08.2005. HC 178.129-RS, Rel. Min. Og Fernandes, julgado em 07.06.2011. (**Inform. STJ** 476)

DETRAÇÃO PENAL. CRIME POSTERIOR. PRISÃO CAUTELAR.

"A Turma denegou a ordem de *habeas corpus*, reafirmando a jurisprudência deste Superior Tribunal de ser inviável a aplicação da detração penal em relação aos crimes cometidos posteriormente à custódia cautelar. No *writ*, a Defensoria sustentava constrangimento ilegal na decisão de não concessão da detração ao paciente que permaneceu preso cautelarmente em outro feito criminal no período de 27/9/2006 a 7/9/2007 e buscava a detração da pena pela prática de crime perpetrado em 27.11.2007". Precedentes citados do STF: HC 93.979-RS, *DJe* 19.06.2008; do STJ: REsp 650.405-RS, *DJ* 29.08.2005; HC 157.913-RS, *DJe* 18.10.2010, e REsp 1.180.018-RS, *DJe* 04.10.2010. HC 197.112-RS, Rel. Min. Og Fernandes, julgado em 19.05.2011. (Inform. STJ 473)

7.2.4. Fixação das PPLs (dosimetria da pena)

Nosso CP, em seu art. 68, consagrou o denominado sistema trifásico de fixação de pena, idealizado pelo grande mestre penalista Nelson Hungria.

Como o próprio nome sugere, o magistrado, no momento em que for aplicar a pena ao agente, deverá fazê-lo em três etapas:

a) **Primeira fase**: análise das **circunstâncias judiciais** do art. 59 do CP. Aqui, o juiz irá verificar a *culpabilidade, os antecedentes, a conduta social, a personalidade do agente, os motivos, as circunstâncias e as consequências do crime*, bem como o *comportamento da vítima*, a fim de que se fixe a **pena-base**. Quanto aos maus antecedentes, é mister ressaltar que o STJ, ao editar a **Súmula 444**, assentou ser **vedada a utilização de inquéritos policiais e ações penais em curso para agravar a pena-base**. Isso, é certo, decorre do princípio constitucional da presunção de inocência (ou de não culpabilidade);

b) **Segunda fase**: análise das **circunstâncias atenuantes e agravantes genéricas** (previstas na Parte Geral do CP), que vêm indicadas, respectivamente, nos arts. 65, 66, 61 e 62, todos do CP.

As **circunstâncias atenuantes** previstas no art. 65 do CP são as seguintes:

I – ser o agente menor de 21 (vinte e um), na data do fato, ou maior de 70 (setenta) anos, na data da sentença;

II – o desconhecimento da lei;

III – ter o agente:

a) cometido o crime por motivo de relevante valor social ou moral;

b) procurado, por sua espontânea vontade e com eficiência, logo após o crime, evitar-lhe ou minorar-lhe as consequências, ou ter, antes do julgamento, reparado o dano;

c) cometido o crime sob coação a que podia resistir, ou em cumprimento de ordem de autoridade superior, ou sob a

influência de violenta emoção, provocada por ato injusto da vítima;

d) confessado espontaneamente, perante a autoridade, a autoria do crime;

e) cometido o crime sob a influência de multidão em tumulto, se não o provocou.

O **art. 66 do CP** trata das atenuantes inominadas:

A pena poderá ser ainda atenuada em razão de circunstância relevante, anterior ou posterior ao crime, embora não prevista expressamente em lei.

As **circunstâncias agravantes** do art. 61 do CP são:

I – a reincidência;

II – ter o agente cometido o crime:

a) por motivo fútil ou torpe;

b) para facilitar ou assegurar a execução, a ocultação, a impunidade ou vantagem de outro crime;

c) à traição, de emboscada, ou mediante dissimulação, ou outro recurso que dificultou ou tornou impossível a defesa do ofendido;

d) com emprego de veneno, fogo, explosivo, tortura ou outro meio insidioso ou cruel, ou de que podia resultar perigo comum;

e) contra ascendente, descendente, irmão ou cônjuge;

f) com abuso de autoridade ou prevalecendo-se de relações domésticas, de coabitação ou de hospitalidade, ou com violência contra a mulher na forma da lei específica;

g) com abuso de poder ou violação de dever inerente a cargo, ofício, ministério ou profissão;

h) contra criança, maior de 60 (sessenta) anos, enfermo ou mulher grávida;

i) quando o ofendido estava sob a imediata proteção da autoridade;

j) em ocasião de incêndio, naufrágio, inundação ou qualquer calamidade pública, ou de desgraça particular do ofendido;

l) em estado de embriaguez preordenada.

O art. 62 do CP trata de **circunstâncias agravantes** que somente se aplicam em caso de concurso de pessoas. Vejamos:

I – promove, ou organiza a cooperação no crime ou dirige a atividade dos demais agentes;

II – coage ou induz outrem à execução material do crime;

III – instiga ou determina a cometer o crime alguém sujeito à sua autoridade ou não punível em virtude de condição ou qualidade pessoal;

IV – executa o crime, ou nele participa, mediante paga ou promessa de recompensa.

Havendo o concurso de circunstâncias atenuantes e agravantes, caberá ao juiz impor a pena que se aproxime do limite indicado pelas **circunstâncias preponderantes**, entendendo-se como tais as que resultam dos motivos determinantes do crime, da personalidade do agente e da reincidência (art. 67, CP). Há precedentes do STJ no sentido de que a **menoridade relativa** (agente maior de dezoito anos, mas menor de vinte e um) prevalece sobre as demais, inclusive sobre a reincidência.

Finalmente, de acordo com a **Súmula 231 do STJ**, a incidência de circunstância atenuante não pode conduzir à redução da pena abaixo do mínimo legal. Por evidente, o mesmo se aplica às agravantes, que não podem conduzir ao aumento da pena acima do máximo legal.

c) Terceira fase: análise das causas de diminuição (minorantes) e aumento (majorantes) de pena. Podem ser genéricas, quando previstas na Parte Geral do CP, ou específicas, quando na Parte Especial ou legislação extravagante. São representadas por *frações* (1/6, 1/3, 1/2, 2/3 ...).

Diversamente do que ocorre com as atenuantes e agravantes, as causas de diminuição e aumento de pena podem, respectivamente, conduzir à fixação de reprimenda **abaixo do mínimo ou acima do máximo** previsto em lei.

7.3. As penas restritivas de direitos (PRDs)

7.3.1. *Características*

Também conhecidas como *penas alternativas*, visto que são uma alternativa à pena de prisão, as PRDs são **autônomas**, eis que têm regras e princípios próprios, não podendo coexistir com as PPLs, bem como **substitutivas**, ou seja, substituem as PPLs impostas em sentença.

Cabe mencionar que o crime de porte de drogas para consumo pessoal, tipificado no art. 28 da Lei de Drogas (Lei 11.343/2006), prevê, já abstratamente, penas alternativas à prisão (advertência, prestação de serviços a comunidade e comparecimento a programa ou curso educativo), tratando-se de uma exceção à regra que dita que as PRDs têm caráter substitutivo.

7.3.2. *Requisitos para a substituição da PPL por PRD*

A PRD somente poderá substituir uma PPL imposta em sentença se preenchidos os seguintes **requisitos**, de **forma cumulativa**, previstos no art. 44, I a III, do CP:

A) Requisitos objetivos:

a.1) crime cometido sem violência ou grave ameaça à pessoa. Importante anotar o disposto na Súmula 588 do STJ: *A prática de crime ou contravenção penal contra a mulher com violência ou grave ameaça no ambiente doméstico impossibilita a substituição de pena privativa de liberdade por restritiva de direitos;*

a.2) que a PPL a ser substituída seja de até 4 (quatro) anos, e, quanto aos crimes culposos, qualquer que seja a quantidade de pena imposta;

B) Requisitos subjetivos:

b.1) *réu não reincidente em crime doloso* (não se tratando de **reincidência específica**, ou seja, não tendo o agente sido condenado em virtude da prática do mesmo crime, até **será possível a substituição** da PPL por PRD, desde que a **medida seja socialmente recomendável** – art. 44, § 3º, CP);

b.2) *a culpabilidade, os antecedentes, a conduta social, a personalidade do agente, bem como os motivos e as circunstâncias do crime indiquem que a substituição é suficiente.* É o que se convencionou chamar de **princípio da suficiência**.

7.3.3. *Espécies de PRDs*

As PRDs estão previstas, em rol taxativo, no **art. 43 do CP**, a saber:

I – Prestação pecuniária (art. 45, § 1º, CP);

II – Perda de bens e valores (art. 45, § 3º, CP);

III – Prestação de serviços à comunidade ou a entidades públicas (art. 46, CP);

IV – Interdição temporária de direitos (art. 47, CP); e

V – Limitação de fim de semana (art. 48).

7.3.3.1. *Prestação pecuniária*

Consiste no **pagamento em dinheiro** à *vítima, a seus dependentes ou a entidade pública ou privada com destinação social*, de importância fixada pelo juiz, não inferior a **1 (um) salário mínimo**, nem superior a **360 (trezentos e sessenta) salários mínimos**. O valor será deduzido do montante de eventual ação de reparação civil, desde que coincidentes os beneficiários. A prestação pecuniária poderá ser substituída por prestação de outra natureza desde que haja aceitação, nesse sentido, do beneficiário (art. 45, § 2º, CP).

Diversamente do que ocorre com a pena de multa, que é considerada dívida de valor (art. 51 do CP), se o condenado não cumprir a prestação pecuniária imposta, esta será convertida em PPL, conforme se depreende da regra geral imposta no art. 44, § 4º, do CP.

7.3.3.2. *Perda de bens e valores*

Consiste no "confisco" (retirada compulsória) de bens e valores que componham o **patrimônio lícito** do condenado, em favor do FUNPEN (Fundo Penitenciário Nacional), ressalvada a legislação especial. Será correspondente, ao que for maior, ao **montante do prejuízo** causado ou ao **proveito** obtido pelo agente com a **prática do crime** (art. 45, § 3º, CP).

7.3.3.3. *Prestação de serviços à comunidade ou a entidades públicas*

Trata-se de PRD que impõe ao condenado o cumprimento de **tarefas gratuitas** em *entidades assistenciais, hospitais, escolas, orfanatos e outros estabelecimentos congêneres, em programas comunitários e estatais* (art. 46, *caput*, e §§ 1º e 2º, CP).

Somente é aplicável essa espécie de pena restritiva às **condenações que superarem 6 (seis) meses de PPL**.

As tarefas não poderão atrapalhar a jornada de trabalho normal do condenado, motivo pelo qual corresponderão a **1 (uma) hora de tarefa por dia de condenação** (art. 46, § 3º, CP). Em caso de a PPL substituída **superar 1 (um) ano**, o condenado poderá cumprir a prestação de serviços à comunidade ou entidades públicas em **tempo menor**, respeitado, é bom que se diga, período jamais **inferior à metade** da pena privativa de liberdade substituída (art. 46, § 4º, CP).

7.3.3.4. *Interdição temporária de direitos*

Esta espécie de PRD somente será imposta quando o crime **violar deveres inerentes a cargo, atividade, ofício ou função pública**.

São elas:

I. proibição para o exercício de cargo, função ou atividade pública, bem como mandato eletivo;

II. proibição do exercício de profissão, atividade ou ofício que dependam de habilitação especial, de licença ou autorização do poder público;

III. suspensão de CNH (somente para os crimes culposos de trânsito);

IV. proibição de frequentar determinados lugares (art. 47, CP); e

V. proibição de inscrever-se em concurso, avaliação ou exames públicos (inovação trazida pela Lei 12.550/2011).

7.3.3.5. Limitação de fim de semana

Consiste na obrigação de o condenado permanecer, por **5 (cinco) horas diárias**, aos **sábados e domingos**, em Casa do Albergado, para que ouça palestras ou realize atividades educativas e participe de cursos (art. 48, parágrafo único, CP).

7.3.4. Descumprimento das PRDs

Conforme enuncia o art. 44, § 4º, do CP, a pena restritiva de direitos **converte-se** em privativa de liberdade quando ocorrer o **descumprimento injustificado** da restrição imposta. Trata-se da conversão ou reconversão da PRD pela PPL.

É claro que antes da decretação da conversão/reconversão é mister a prévia oitiva do condenado, em respeito ao contraditório e ampla defesa.

Em caso de condenação a PPL por outro crime, o juiz da execução penal decidirá sobre a conversão, podendo deixar de aplicá-la se for possível ao condenado cumprir a pena substitutiva anterior. Trata-se de **conversão ou reconversão facultativa**, visto que, se for possível ao condenado prosseguir no cumprimento da PRD anterior e cumprir, concomitantemente, a nova PRD imposta pela prática de outro crime, não haverá razões para a conversão da primeira.

7.4. A pena de multa

A pena de multa é de cunho eminentemente **pecuniário**. Consiste no **pagamento de um certo montante** ao Fundo Penitenciário Nacional (FUNPEN) ou fundos estaduais (para os crimes de competência da Justiça Estadual), fixado em sentença e calculado em **dias-multa**.

7.4.1. Sistema de aplicação da multa

Conforme a doutrina nos ensina, a multa segue um **sistema bifásico**, visto que, primeiramente, será estabelecido o **número de dias-multa**, seguindo-se ao cálculo de seu **valor unitário**.

Assim, na primeira fase, o juiz fixará a quantidade da multa entre **10 (dez)** e **360 (trezentos e sessenta) dias-multa.** Em ato seguinte, fixará o valor de cada dia--multa, que não poderá ser inferior a **1/30 (um trigésimo)** do salário mínimo, nem superior a **5 (cinco)** vezes esse valor, levando-se em conta a **capacidade econômica do réu** (arts. 49 e 60, ambos do CP).

Se o magistrado entender que o poder econômico do réu poderá revelar **ineficácia** da sanção penal, o valor da multa poderá ser elevado até o **triplo** (art. 60, § 1º, CP).

7.4.2. Natureza jurídica e execução da multa

Conforme preconiza o art. 51 do CP, transitada em julgado a sentença condenatória, a **multa** será considerada **dívida de valor**, aplicando-se-lhe as normas da legislação relativa à **dívida ativa da Fazenda Pública**, inclusive no que concerne às causas interruptivas e suspensivas da prescrição.

Em outras palavras, caso o condenado não pague a pena de multa imposta, esta não poderá ser convertida em PPL, visto que o CP a considera mera dívida de valor.

Prevalece o entendimento doutrinário e jurisprudencial de que **a execução da pena de multa**, caso não ocorra o pagamento voluntário no prazo de 10 (dez) dias após o trânsito em julgado da sentença condenatória (art. 50, CP), deve ser promovida pela **Fazenda Pública** federal ou estadual, a depender da competência jurisdicional (crimes federais ou estaduais), nas **Varas das Execuções Fiscais**. Nesse sentido, a *Súmula 521* do STJ: *"A legitimidade para execução fiscal de multa pendente de pagamento imposta em sentença condenatória é exclusiva da Procuradoria da Fazenda Pública".*

Portanto, ainda que o titular da ação penal seja o Ministério Público (em casos de crimes de ação penal pública), a execução da multa penal, dada sua natureza (dívida de valor), ficará a cargo da Procuradoria da Fazenda Pública (federal ou estadual, a depender da competência jurisdicional).

Caso sobrevenha ao condenado doença mental, suspende-se a execução da pena de multa, conforme determina o art. 52 do CP.

8. CONCURSO DE CRIMES

8.1. Conceito

Concurso de crimes ocorre quando o(s) agente(s), mediante a prática de **uma ou várias condutas**, pratica(m) **dois ou mais crimes**. Pressupõe, portanto, **pluralidade de fatos**.

8.2. Espécies de concurso de crimes

Os arts. 69, 70 e 71 do CP trazem, respectivamente, o **concurso material**, o **concurso formal** e o **crime continuado**.

8.2.1. Concurso material (ou real)

Previsto no art. 69 do CP, resta caracterizado quando o agente, mediante **mais de uma ação ou omissão**, pratica **dois ou mais crimes, idênticos ou não**. Como consequência, serão aplicadas, cumulativamente, as penas privativas de liberdade em que haja incorrido.

Assim, são **requisitos do concurso material:** *pluralidade de condutas e pluralidade de crimes.*

Reconhecida essa espécie de concurso, o juiz, na sentença, fixará as penas de cada uma das infrações penais separadamente para, somente então, somá-las. Isso é importante para fins de análise de prazo prescricional, que corre separadamente para cada crime (art. 119, CP).

Aplica-se no concurso material o **sistema do cúmulo material** (soma das penas).

Caso o agente tenha praticado diversos crimes em concurso material ou real, e havendo penas privativas de liberdade distintas (reclusão e detenção, por exemplo), a execução ocorrerá primeiramente da mais grave (reclusão, *in casu*).

8.2.2. Concurso formal (ou ideal)

Previsto no art. 70 do CP, resta caracterizado quando o agente, mediante **uma só ação ou omissão**, pratica **dois ou mais crimes, idênticos ou não**, aplicando-se a pena mais grave, se distintas, ou, se idênticas, qualquer uma delas, mas, em qualquer caso, aumentada de 1/6 (um sexto) até 1/2 (metade).

São **requisitos**, portanto, **do concurso formal**: *unidade de conduta e pluralidade de crimes*.

A depender dos crimes cometidos, existem 2 (duas) espécies de concurso formal:

a) concurso formal homogêneo: verifica-se quando os crimes cometidos forem **idênticos** (ex.: dois homicídios culposos de trânsito, praticados mediante uma só ação imprudente do condutor do veículo automotor);

b) concurso formal heterogêneo: verifica-se na hipótese de o agente, mediante uma só ação ou omissão, praticar dois ou mais **crimes distintos** (ex.: dirigindo imprudentemente, o condutor do veículo mata um pedestre e provoca lesões corporais em outro).

Ainda, quanto ao desígnio do agente para o cometimento dos crimes, classifica-se o concurso formal em:

a) concurso formal perfeito (ou próprio – é a regra): dá-se quando o agente, mediante uma só ação ou omissão, pratica dois ou mais crimes, idênticos ou não, mas com **unidade de desígnio**. É o caso do atropelamento culposo de 3 (três) pessoas;

b) concurso formal imperfeito (ou impróprio): dá-se quando o agente, mediante uma só ação ou omissão, pratica dois ou mais crimes, mas com **pluralidade de desígnios** (mais de uma vontade). É o caso do homem que efetua um só disparo, matando cinco pessoas enfileiradas.

No primeiro caso (concurso formal perfeito), a pena será acrescida de 1/6 a 1/2, aplicando-se o chamado **critério ou sistema da exasperação**. O critério que se adotará para o quantum de aumento de pena é o do número de crimes cometidos pelo agente, e da seguinte forma: (i) dois crimes = +1/6; (ii) três crimes = +1/5; (iii) quatro crimes = +1/4; (iv) cinco crimes = +1/3. (v) seis ou mais crimes = +1/2.

Se da **exasperação da pena** (1/6 a 1/2) decorrer pena **superior** àquela que seria verificada com a soma das penas, aplicar-se-á a regra do **cúmulo material benéfico**, ou seja, as penas serão somadas (art. 70, parágrafo único, CP). Afinal, a regra do concurso formal objetivo, em última análise, beneficia o réu: em vez de sofrer condenação por cada um dos crimes, responderá, na prática, pela pena de um deles, acrescida de 1/6 a 1/2. No entanto, se referida regra se afigurar prejudicial, as penas dos crimes serão somadas.

8.2.3. Crime continuado (ou continuidade delitiva)

Previsto no art. 71 do CP, resta configurado quando o agente, mediante **mais de uma ação ou omissão**, pratica **dois ou mais crimes da mesma espécie,** em que, pelas *circunstâncias de tempo, lugar, maneira de execução e outras semelhantes, devem os subsequentes ser havidos como continuação do primeiro*, hipótese em que será aplicada a pena de um só dos crimes, se idênticas, ou a mais grave, se diversas, aumentadas, em qualquer caso, de 1/6 (um sexto) a 2/3 (dois terços). Aplica-se, aqui, o **critério ou sistema da exasperação**.

O *quantum* de aumento de pena, à semelhança do concurso formal perfeito, variará de acordo com o número de crimes cometidos, a saber: (i) dois crimes = +1/6; (ii) três crimes = +1/5; (iii) quatro crimes = +1/4; (iv) cinco crimes = +1/3; (v) seis crimes = +1/2; (vi) sete ou mais crimes = +2/3.

O art. 71, parágrafo único, do CP traz a regra do **crime continuado qualificado ou específico**, pela qual o juiz poderá aumentar a pena até o **triplo** na hipótese de terem sido cometidos **crimes dolosos com violência ou grave ameaça à pessoa, contra vítimas diferentes**. Todavia, deve-se observar, em qualquer caso, o cúmulo material benéfico (se a exasperação revelar-se prejudicial, as penas deverão ser somadas).

Como se vê da redação do art. 71, *caput*, do CP, a continuidade delitiva depende do reconhecimento de uma **tríplice semelhança** entre os crimes praticados, qual seja:

a) circunstâncias de tempo semelhantes: de acordo com a doutrina e jurisprudência majoritárias, entre um crime e outro não pode transcorrer lapso superior a 30 (trinta) dias;

b) circunstâncias de lugar semelhantes: os crimes devem ser perpetrados na mesma cidade ou cidades vizinhas (contíguas); e

c) modo de execução semelhante: os crimes devem ser praticados com um mesmo padrão (*modus operandi*).

Se não houver o preenchimento das três condicionantes acima, todas de **caráter objetivo**, não será possível o reconhecimento da continuidade delitiva.

Além disso, a jurisprudência do STJ está consolidada no sentido de que a configuração do crime continuado exige um **requisito subjetivo**, qual seja, um nexo de continuidade entre os delitos (*unidade de desígnios*). Confira-se a ementa a seguir:

> *Habeas corpus. Penal. Pleito de unificação de penas aplicadas em crimes de roubo e de unificação de penas pela prática de crimes de estupro indeferido pelas instâncias ordinárias. Reconhecimento de reiteração criminosa em ambas as condutas delituosas. Inexistência dos requisitos necessários para o reconhecimento da continuidade delitiva. Decisão fundamentada do juízo das execuções e do tribunal de origem. Impropriedade da via eleita para reexame de provas. Precedentes. Ordem de habeas corpus denegada. 1. Para o reconhecimento da continuidade delitiva, exige-se, além da comprovação dos requisitos objetivos, a unidade de desígnios, ou seja, o liame volitivo entre os delitos, a demonstrar que os atos criminosos se apresentam entrelaçados. Ou seja, a conduta posterior deve constituir um desdobramento da anterior. 2. Se as instâncias ordinárias reconheceram que existe, de fato, a reiteração de delitos e a habitualidade na prática criminosa, mostra-se irrepreensível a conclusão de refutar a aplicação do art. 71 do Código Penal. Entender diversamente, outrossim, implicaria acurada avaliação probatória, o que, na angusta via do habeas corpus, não se admite. 3. Habeas Corpus denegado (HC 245.029/SP, Rel. Ministra Laurita Vaz, 5ª Turma, DJe 25.04.2013).*

8.3. Pena de multa em caso de concurso de crimes

De acordo com o art. 72 do CP, no concurso de crimes (material, formal ou continuado), as penas de multa serão aplicadas distinta e integralmente. Em outras palavras, independentemente do critério a ser adotado (exasperação ou cúmulo material), a pena de multa eventualmente fixada subsistirá para cada um dos crimes de forma integral.

8.4. Limite das penas (art. 75 do CP)

Nos termos do art. 5º, XLVII, "b", da CF, nenhuma pena terá caráter perpétuo, submetendo-se ao lapso temporal máximo de **30 (trinta) anos**.

No entanto, na sentença condenatória, em virtude do concurso de crimes, o juiz poderá condenar o réu a uma pena superior aos referidos 30 (trinta) anos. Imaginemos um *serial killer* condenado por 10 (dez) homicídios dolosos qualificados em concurso material. Ainda que tenha sido condenado à pena mínima (doze anos de reclusão) por cada um deles, a soma delas resultará em 120 (cento e vinte) anos de reclusão.

A condenação é perfeitamente possível no caso acima relatado. Contudo, em sede de execução penal, a pena deverá ser **unificada**, a fim de que se respeite o lapso temporal máximo de 30 (trinta) anos, consoante determina o art. 75, *caput* e § 1º, CP.

Nas contravenções penais, o tempo máximo de prisão simples é de **5 (cinco) anos** (art. 10 da LCP).

Para evitar impunidade, o STF editou a Súmula 715, que determina que para a concessão de benefícios legais (livramento condicional e progressão de regimes), será levada em conta não a pena unificada na execução, mas a pena aplicada na decisão condenatória. Apenas para ilustrar: se o já mencionado *serial killer* foi condenado a cento e vinte anos, somente poderá obter a progressão de regime após o cumprimento de 2/5 de 120 (cento e vinte) anos, se primário, ou 3/5 de 120 (cento e vinte) anos, se reincidente. Não se levará em conta a pena unificada para atingir o limite máximo de execução (30 anos), mas sim a pena aplicada (120 anos).

9. SUSPENSÃO CONDICIONAL DA PENA *(SURSIS)*

9.1. Conceito de *sursis*

Sursis, do francês *surseoir*, consiste na suspensão da execução da pena privativa de liberdade imposta ao condenado mediante o cumprimento de certas **condições**. Daí ser chamado de **suspensão condicional da pena**.

9.2. Sistemas

São dois os sistemas de *sursis* mais conhecidos no mundo:

a) *probation system* (**sistema angloamericano**): o juiz reconhece a culpabilidade do réu, mas não profere sentença condenatória, suspendendo o processo;

b) *franco-belga* (**ou belga-francês, ou europeu continental**): o juiz não só reconhece a culpabilidade como condena o réu. Todavia, preenchidas as condições impostas por lei, suspende a execução da pena. **É o sistema adotado pelo nosso CP.**

9.3. Concessão e audiência admonitória

O *sursis* é concedido pelo juiz na própria sentença. Haverá a condenação do réu a uma PPL, mas o juiz, no mesmo ato, desde que presentes os requisitos legais, concede a suspensão condicional da pena ao réu. Para tanto, será de rigor que, na hipótese, **não seja cabível a substituição da PPL por PRD ou por multa** (art. 77, III, do CP).

Transitada em julgado a sentença que impôs o *sursis*, o condenado será intimado a comparecer a uma audiência de advertência (também chamada de **admonitória**), oportunidade em que será avisado das condições impostas e alertado das consequências de seu descumprimento. Se o condenado não comparecer à audiência admonitória, o *sursis* será **cassado**, impondo-lhe, portanto, o cumprimento da PPL que lhe fora imposta.

9.4. Requisitos para o *sursis* (art. 77, CP)

São de duas ordens:

a) objetivos:

a.1) condenação a PPL não superior a 2 (dois) anos (em regra);

a.2) impossibilidade de substituição da PPL por PRD.

b) subjetivos:

b.1) não ser reincidente em crime doloso (exceto se a condenação anterior foi exclusivamente à pena de multa – art. 77, § 1º, CP e Súmula 499 do STF);

b.2) circunstâncias judiciais favoráveis (culpabilidade, antecedentes, conduta social e personalidade do agente, assim como os motivos e as circunstâncias do crime autorizarem a concessão do *sursis*).

9.5. Espécies de *sursis*

São 4 (quatro):

a) *sursis* **simples ou comum** (art. 77, CP): aplicável aos condenados, não reincidentes, a PPL não superior a 2 (dois) anos. Será cabível quando o condenado não houver reparado o dano, salvo se tiver comprovado a impossibilidade de fazê-lo e/ou as circunstâncias judiciais previstas no art. 59 do CP não lhe forem completamente favoráveis. É a regra. O período de prova, que será explicado mais à frente, será de 2 (dois) a 4 (quatro) anos;

b) *sursis* **especial** (art. 78, § 2º, CP): aplicável aos condenados, não reincidentes, a PPL não superior a 2 (dois) anos, desde que as circunstâncias judiciais do art. 59 do CP lhe sejam completamente favoráveis, bem como se houver reparado o dano, salvo impossibilidade justificada. Seus requisitos são mais rígidos do que para o *sursis* simples, mas as condições são mais brandas. O período de prova será de 2 (dois) a 4 (quatro) anos;

c) *sursis* **etário** (art. 77, § 2º, CP): aplicável aos condenados que contarem com mais de **70 (setenta) anos** de idade na data da sentença, cuja PPL imposta não seja superior a 4 (quatro) anos. Contudo, o período de prova será de 4 (quatro) a 6 (seis) anos;

d) *sursis* **humanitário** (art. 77, § 2º, CP): aplicável aos condenados a PPL não superior a 4 (quatro) anos, desde que o estado de saúde justifique a suspensão da pena (pacientes terminais). O período de prova será de 4 (quatro) a 6 (seis) anos.

9.5.1. Condições para o *sursis*

Para o *sursis* **simples**, impõem-se as seguintes **condições**:

a) prestação de serviços à comunidade <u>ou</u> limitação de fim de semana (primeiro ano do período de prova – art. 78, § 1º, CP).

Para o *sursis* **especial**, impõem-se as seguintes **condições**, cumulativamente:

a) proibição de frequentar determinados lugares;

b) proibição de se ausentar da comarca sem a autorização do juiz; e

c) comparecimento pessoal mensalmente para justificar as atividades exercidas.

Essas são as chamadas **condições legais**, ou seja, impostas pela lei. Há, ainda, as **condições judiciais**, nos termos do art. 79 do CP, que poderão ser impostas pelo juiz, além daquelas que a lei determinar.

Por fim, há as **condições legais indiretas**, que são aquelas causas ensejadoras da revogação do *sursis* (art. 81, CP), conforme veremos mais à frente.

9.5.2. Período de prova

É o lapso temporal dentro do qual o condenado beneficiado pelo *sursis* deverá **cumprir as condições impostas**, bem como demonstrar **bom comportamento**. É também denominado de **período depurador**.

Como já foi dito, o período de prova será de **2 (dois) a 4 (quatro) anos** nos *sursis* simples e especial, e de **4 (quatro) a 6 (seis) anos** nos *sursis* etário e humanitário.

9.5.3. Revogação do sursis

Poderá ser obrigatória (art. 81, I a III, CP) ou facultativa (art. 81, § 1º, CP).

Será **obrigatória a revogação** do *sursis* se:

a) o beneficiário vier a ser condenado irrecorrivelmente por crime doloso;

b) o agente frustra, embora solvente, a execução de pena de multa, ou não repara o dano, salvo motivo justificado;

c) descumprir as condições do *sursis* simples.

Será **facultativa a revogação** do *sursis* se:

a) o beneficiário vier a ser condenado irrecorrivelmente por contravenção ou crime culposo, salvo se imposta pena de multa;

b) descumprir as condições do *sursis* especial;

c) descumprir as condições judiciais.

9.5.4. Prorrogação do período de prova

Conforme reza o art. 81, § 2º, do CP, se o beneficiário estiver sendo processado por outro crime ou contravenção, considerar-se-á prorrogado o prazo da suspensão até o julgamento definitivo.

Ainda, o § 3º do precitado dispositivo legal aduz que, quando facultativa a revogação, o juiz pode, em vez de decretá-la, prorrogar o período de prova até o máximo, se este não foi o fixado.

9.5.5. Extinção da punibilidade

Com a expiração do prazo (período de prova) sem que tenha havido revogação, considerar-se-á extinta a pena privativa de liberdade suspensa (art. 82, CP).

10. LIVRAMENTO CONDICIONAL

10.1. Conceito

É a **libertação antecipada do condenado**, mediante o cumprimento de certas condições, pelo prazo restante da pena que deveria cumprir. Trata-se, segundo a doutrina, de **direito público subjetivo do condenado**, ou seja, não pode ser negado por mera discricionariedade do magistrado. Preenchidos os requisitos, deverá ser concedido.

A competência para a concessão do livramento condicional (LC), ao contrário do *sursis* (em regra), é do **juiz da execução penal**.

10.2. Requisitos para a concessão do LC

São de 2 ordens:

a) Objetivos:

a.1) condenação a PPL igual ou superior a 2 (dois) anos (art. 83, CP);

a.2) reparação do dano, salvo impossibilidade de fazê-lo (art. 83, IV, CP);

a.3) cumprimento de parte da pena (art. 83, I e II, CP):

i) mais de 1/3, para condenado de bons antecedentes e primário;

ii) mais de 1/2, se o condenado for reincidente em crime doloso;

iii) entre 1/3 e 1/2, se o condenado não for reincidente em crime doloso, mas tiver maus antecedentes;

iv) mais de 2/3, nos casos de condenação por crime hediondo, prática de tortura, tráfico ilícito de entorpecentes e drogas afins, tráfico de pessoas e terrorismo, se o apenado não for reincidente específico em crimes dessa natureza.

b) Subjetivos:

b.1) comportamento satisfatório durante a execução da pena;

b.2) bom desempenho no trabalho;

b.3) aptidão para prover a própria subsistência mediante trabalho honesto;

b.4) prova da cessação de periculosidade para os condenados por crime doloso cometido com violência ou grave ameaça.

10.2.1. Condições para o LC

Podem ser:

a) Obrigatórias

a.1) obter o condenado ocupação lícita;

a.2) comunicar periodicamente ao juiz sua ocupação;

a.3) não mudar da comarca da execução sem prévia autorização;

b) Facultativas (ou Judiciais)

b.1) não mudar de residência sem comunicar o juízo;

b.2) recolher-se à habitação em hora fixada;

b.3) não frequentar determinados lugares;

c) Legais indiretas – ausências das causas geradoras de revogação do benefício.

10.2.2. Revogação do LC

Pode ser:

a) Obrigatória: condenação irrecorrível a PPL pela prática de crime havido **antes** ou **durante o benefício** (art. 86, I e II, CP);

b) Facultativa: condenação irrecorrível, por crime ou contravenção, à pena não privativa de liberdade ou se houver descumprimento das condições impostas (art. 87, CP).

10.2.3. Período de prova no LC

É o período em que o condenado observará as condições impostas, pelo prazo restante da PPL que havia para cumprir. Findo este período **sem revogação** do LC, o juiz **julgará extinta a punibilidade** do agente (art. 90, CP).

10.2.4. Prorrogação do período de prova

Se durante o período de prova o liberado (condenado) responder a ação penal por **crime** (e não contravenção penal!) **havido durante a vigência** do livramento condicional, deverá o juiz da execução penal prorrogar o período de prova até o trânsito em julgado, não podendo declarar extinta a punibilidade enquanto isso (art. 89, CP).

A prorrogação ora tratada **não é automática**, consoante doutrina e jurisprudência majoritárias, exigindo-se, pois, **decisão judicial** nesse sentido.

11. EFEITOS DA CONDENAÇÃO E REABILITAÇÃO

11.1. Conceito

Diz-se que são efeitos da condenação todas as consequências advindas de uma sentença penal condenatória transitada em julgado.

11.1.1. Efeitos da condenação

De forma bastante didática, a doutrina divide os efeitos da condenação em dois grandes grupos, a saber: **efeitos principais** e **efeitos secundários**.

11.1.2. Efeitos principais

Decorrem, como dito, de sentença penal condenatória transitada em julgado, resumindo-se à **imposição das penas**, sejam elas privativas de liberdade, restritivas de direitos ou multa.

Mister mencionar que os efeitos ora tratados são impostos aos **imputáveis** e **semi-imputáveis** que revelarem periculosidade, os quais serão condenados a uma pena reduzida (art. 26, parágrafo único, do CP), substituída por medida de segurança. Aos inimputáveis (art. 26, *caput*, do CP), aplicam-se as medidas de segurança, fruto de **sentença absolutória imprópria**.

Em suma, apenas a sentença condenatória gera, evidentemente, os efeitos da condenação, os quais não ocorrem na sentença absolutória.

11.1.3. Efeitos secundários

Os efeitos secundários podem ser de **natureza penal** ou **extrapenal**.

a) Efeitos secundários de natureza penal:

✓ reincidência;

✓ impede a concessão do *sursis*;

✓ revoga o *sursis* se o crime for doloso;

✓ revoga o LC se o crime redundar em PPL;

✓ aumenta o prazo da prescrição da pretensão executória etc.;

b) Efeitos secundários de natureza extrapenal:

b1. Genéricos – são automáticos, sem necessidade de constar da sentença (art. 91, CP):

i. torna certa a obrigação de reparar o dano, sendo que a sentença penal condenatória trânsita é título executivo no cível;

ii. confisco, pela União, dos instrumentos ilícitos e produtos do crime;

iii. suspensão dos direitos políticos (art. 15, III, CF);

b2. Específicos – não automáticos, devendo constar da sentença (art. 92, CP):

i. perda do cargo, função pública ou mandato eletivo em virtude da prática de crimes funcionais (pena igual ou superior a 1 ano) ou em crimes de qualquer natureza se a pena for superior a 4 anos;

ii. incapacidade para o exercício do poder familiar (antigo pátrio poder), tutela ou curatela se o agente praticar o crime contra filho, tutelado ou curatelado;

iii. inabilitação para dirigir veículo desde que o crime seja doloso e que o veículo tenha sido usado como instrumento do crime (difere da suspensão de CNH, nos delitos culposos de trânsito).

Importante destacar que o STF, no julgamento do HC 126.292/SP, modificando sua anterior orientação acerca da impossibilidade de execução provisória da pena, passou a admitir, por maioria de votos, o início do cumprimento da pena com o julgamento de segunda instância, razão por que se pode concluir que os efeitos da condenação, sejam o principal, sejam os secundários (de natureza penal e extrapenal), poderão se materializar mesmo que pendentes recursos de estrito direito (especial e extraordinário).

11.2. Reabilitação

É o instituto pelo qual o condenado terá **restabelecida parte dos direitos atingidos pela condenação**, assegurando **sigilo dos registros** sobre seu processo (arts. 93 a 95, CP).

Especificamente quanto ao sigilo, é verdade que o art. 202 da LEP (Lei 7.210/1984) assegura, de forma automática, o sigilo quanto à "folha de antecedentes" do condenado. Contudo, trata-se de efeito mais amplo, visto que qualquer autoridade judiciária, membro do Ministério Público ou autoridade policial terá acesso àquele antecedente. Já com a reabilitação, o sigilo será mais restrito, somente podendo ser "quebrado" por juiz criminal, mediante requisição.

11.2.1. Requisitos para a reabilitação

São **quatro** os requisitos para que o condenado obtenha sua reabilitação:

a) Decurso de dois anos do dia em que tiver sido extinta, de qualquer modo, a pena ou terminar sua execução;

b) Ter tido domicílio no país no prazo acima mencionado;

c) Demonstrar efetivamente constante bom comportamento público e privado; e

d) Ter ressarcido o dano, ou demonstrado a impossibilidade de fazê-lo, até o dia do pedido, ou que exiba documento comprobatório de que a vítima renunciou ao direito de ser indenizada ou que tenha havido novação da dívida.

11.2.2. Juízo competente para conceder a reabilitação

Compete ao juízo de 1º grau, e não ao da execução penal, como se poderia imaginar, a apreciação do pedido de reabilitação.

11.2.3. Revogação da reabilitação

A reabilitação poderá ser revogada se o reabilitado vier a ser condenado irrecorrivelmente, como reincidente, a pena que não seja de multa (art. 95, CP).

11.2.4. Possibilidade de novo pedido de reabilitação

Conforme preleciona o art. 94, parágrafo único, do CP, negada a reabilitação, poderá ela ser requerida novamente, a qualquer tempo, desde que o pedido seja instruído com novos elementos dos requisitos necessários.

Significa dizer que o indeferimento de um pedido de reabilitação não faz coisa julgada material, admitindo-se a renovação do pedido, desde que, desta feita, seja instruído com as provas necessárias à sua concessão.

12. MEDIDAS DE SEGURANÇA

12.1. Conceito

É **espécie de sanção penal** imposta pelo Estado a um **inimputável** ou **semi-imputável** com reconhecida periculosidade, desde que se tenha praticado um fato típico e antijurídico.

12.2. Natureza jurídica e objetivo

Como se viu no item anterior, a medida de segurança é **espécie do gênero sanção penal**. Não se trata de pena, que também é modalidade de sanção penal, visto que aquela pressupõe culpabilidade; já esta pressupõe periculosidade (prognóstico de que a pessoa portadora de um déficit mental poderá voltar a delinquir).

Diversamente das penas, que apresentam forte caráter retributivo, as medidas de segurança objetivam a **cura** do inimputável ou semi-imputável. Trata-se aqui de forte **aspecto preventivo**.

12.3. Sistema vicariante

Após a reforma da Parte geral do CP, que ocorreu com o advento da Lei 7.209/1984, adotou-se o **sistema vicariante**, pelo qual se aplica aos semi-imputáveis **pena reduzida** *ou* **medida de segurança**, desde que, neste último caso, verifique-se a periculosidade real mediante perícia. Antes de referida legislação, admitia-se a imposição de pena e medida de segurança àquelas pessoas que revelassem periculosidade. Era o **sistema do duplo binário**, substituído pelo vicariante.

12.4. Natureza jurídica da sentença que impõe medida de segurança

A sentença que impõe medida de segurança, com fundamento no art. 26, *caput*, do CP, é denominada pela doutrina de **absolutória imprópria** (art. 386, VI, CPP). É **absolutória,** pois a inimputabilidade é **causa que isenta o réu de pena; imprópria,** pois a sentença, embora absolva o réu, impõe-lhe **sanção penal** (medida de segurança).

Já se estivermos falando de réu **semi-imputável** (art. 26, parágrafo único, do CP), o juiz proferirá **sentença condenatória**, seja para aplicar-lhe pena reduzida de um a dois terços, seja para substituí-la por medida de segurança.

12.5. Espécies de medidas de segurança

São duas:

a) detentiva: será imposta em caso de o crime cometido ser apenado com **reclusão** (crimes mais graves). Consiste na **internação** do inimputável ou semi-imputável em **hospital de custódia e tratamento psiquiátrico** ou em outro estabelecimento adequado;

b) restritiva: será imposta em caso de o crime cometido ser apenado com detenção, consistindo na sujeição do inimputável ou semi-imputável a **tratamento ambulatorial**. Todavia, adverte a doutrina que, no caso de pena de detenção, a escolha entre as medidas de segurança detentiva e restritiva deve ser guiada pelo grau de periculosidade do réu.

12.5.1. Prazo de duração da medida de segurança

As medidas de segurança apresentam dois prazos de duração:

a) mínimo: variável de **1 (um) a 3 (três) anos**, conforme art. 97, § 1º, parte final, do CP. Ao término desse prazo, que deverá expressamente constar na sentença, o agente deverá ser submetido a exame de cessação de periculosidade;

b) máximo: pelo texto legal (art. 97, § 1º, CP), a medida de segurança poderia ser eterna, visto que seu prazo seria **indeterminado**. No entanto, o STF, à luz da regra constitucional que veda as **penas de caráter perpétuo**, convencionou que o prazo máximo de duração é de **30 (trinta) anos**. Já o STJ decidiu, com base no princípio da proporcionalidade e isonomia, que a duração da medida de segurança **não pode superar o limite máximo de PPL**. Nesse sentido, a **Súmula 527** de referida Corte: "O tempo de duração da medida de segurança não deve ultrapassar o limite máximo da pena abstratamente cominada ao delito praticado."

A fim de complementarmos o tema em discussão, confira-se:

Medida de segurança e hospital psiquiátrico

"A 1ª Turma deferiu parcialmente *habeas corpus* em favor de denunciado por homicídio qualificado, perpetrado contra o seu próprio pai em 1985. No caso, após a realização de incidente de insanidade mental, constatara-se que o paciente sofria de esquizofrenia paranoide, o que o impedia de entender o caráter ilícito de sua conduta, motivo pelo qual fora internado em manicômio judicial. Inicialmente, afastou-se a alegada prescrição e a consequente extinção da punibilidade. Reafirmou-se a jurisprudência desta Corte no sentido de que o prazo máximo de duração de medida de segurança é de 30 anos, nos termos do art. 75 do CP. Ressaltou-se que o referido prazo não fora alcançado por haver interrupção do lapso prescricional em face de sua internação, que perdura há 26 anos. No entanto, com base em posterior laudo que atestara a periculosidade do paciente, agora em grau atenuado, concedeu-se a ordem a fim de determinar sua internação em hospital psiquiátrico próprio para tratamento ambulatorial". HC 107.432/RS, rel. Min. Ricardo Lewandowski, 24.05.2011. (HC-107432) (Inform. STF 628)

MEDIDA. SEGURANÇA. DURAÇÃO.

"A Turma concedeu a ordem de *habeas corpus* para limitar a duração da medida de segurança à pena máxima abstratamente cominada ao delito praticado pelo paciente, independentemente da cessação da periculosidade, não podendo ainda ser superior a 30 anos, conforme o art. 75 do CP". Precedentes citados: HC 135.504-RS, *DJe* 25/10/2010; HC 113.993-RS, *DJe* 04.10.2010; REsp 1.103.071-RS, *DJe* 29.03.2010, e HC 121.877-RS, *DJe* 08.09.2009. HC 147.343-MG, Rel. Min. Laurita Vaz, julgado em 05.04.2011. (Inform. STJ 468)

12.5.2. Cessação de periculosidade

Ao término do prazo mínimo de duração da medida de segurança, deverá ser aferida a **cessação da periculosidade** do agente. Em outras palavras, deverá ser submetido a um **exame** a fim de que se constate se houve sua cessação. Em caso positivo, o juiz deverá determinar a **suspensão da execução da medida de segurança e** a desinternação (medida de segurança detentiva) ou liberação (medida de segurança restritiva) do indivíduo. Em caso negativo, a medida de segurança persistirá. Após essa primeira, anualmente novas perícias (exames de cessação de periculosidade) deverão ser realizadas.

Importa ressaltar que as referidas desinternação e liberação são **condicionais**, tal como ocorre com o livramento condicional, devendo o agente atentar às mesmas condições daquele benefício, nos termos do art. 178 da LEP.

12.5.3. Revogação da desinternação ou liberação

Considerando que a desinternação ou a liberação do agente serão condicionadas, é certo que, se antes do decurso de **1 (um) ano ele praticar fato indicativo de que a periculosidade persiste**, deverá retornar ao *status quo ante*, ou seja, a medida de segurança será **restabelecida**.

12.5.4. Desinternação progressiva

Embora não exista expressa previsão legal, a **desinternação progressiva** vem sendo admitida pela doutrina mais moderna e pela jurisprudência. Em síntese, consiste na **transferência** do agente do regime de internação em hospital de custódia e tratamento psiquiátrico para o **tratamento ambulatorial**, especialmente quando aquela espécie de medida de segurança se revelar desnecessária.

Assemelha-se a desinternação progressiva à progressão de regime penitenciário.

12.5.5. Possibilidade de conversão de PPL em medida de segurança

Se durante a execução da PPL sobrevier ao condenado **doença ou perturbação mental permanente**, o art. 183 da LEP determina que o juiz da execução penal, de ofício ou a requerimento do Ministério Público, da Defensoria Pública ou autoridade administrativa, **substitua a pena por medida de segurança,** persistindo pelo restante da pena que deveria ser cumprida.

Se estivermos diante de **doença ou perturbação mental transitória ou temporária**, aplicar-se-á o art. 41 do CP, que determina que seja o condenado recolhido a hospital de custódia e tratamento psiquiátrico ou estabelecimento adequado pelo prazo máximo de 30 (trinta) anos (posição do STF) ou pelo máximo da PPL cominada (posição do STJ), ou, ainda, por prazo indeterminado (art. 97, § 1º, parte final, CP).

13. PUNIBILIDADE E SUAS CAUSAS EXTINTIVAS

13.1. Conceito de punibilidade

É a possibilidade jurídica de se impor a um agente culpável uma pena. Não integra a punibilidade o conceito de crime, que, analiticamente, é fato típico e antijurídico (concepção bipartida). Importa ressaltar que, para a maioria dos doutrinadores, a punibilidade é mera consequência jurídica da prática de uma infração penal (crimes e contravenções penais).

13.2. Surgimento da punibilidade

A punibilidade existe em estado latente, ou seja, abstratamente, até que um agente pratique um crime ou uma contravenção penal. A partir deste momento, a punibilidade se transmuda para um direito de punir concreto (*jus puniendi* estatal), tendo por objetivo a imposição da pena.

13.3. Causas extintivas da punibilidade

Nem sempre após a prática de um fato típico e antijurídico, verificada a culpabilidade, o Estado poderá, automaticamente, impor a respectiva pena ao agente delitivo. Por vezes, ainda que o direito de punir em concreto surja, falecerá ao Estado a possibilidade de imposição ou de execução da pena.

É nesse momento que o exercício do direito de punir sofre restrições, dentre elas as causas extintivas da punibilidade, previstas, exemplificativamente, no art. 107 do CP.

13.3.1. Estudo das causas extintivas da punibilidade em espécie

Conforme dito alhures, as causas extintivas da punibilidade não se esgotam no art. 107 do CP, embora seja este dispositivo legal aquele que agrega as mais importantes delas. Vamos estudá-las!

13.3.1.1. Morte do agente (art. 107, I, CP)

Por evidente, com a morte do acusado no processo penal, a ação penal perderá seu objeto, qual seja, a pessoa do agente. Se todo o processo tem por escopo a aplicação de uma pena ao agente delitivo, com a morte deste, a persecução penal resta prejudicada.

Ademais, reza o art. 5º, XLV, da CF, que nenhuma pena passará da pessoa do condenado. Quer isso dizer que, diferentemente do processo civil, em que, proposta uma ação, se seu autor falecer, poderão os parentes sucedê-lo, salvo se se tratar de lide personalíssima, no processo penal isso não será possível. Em outras palavras, morto o acusado, não poderão seus parentes sofrer os efeitos de uma pena criminal. Todavia, a obrigação de reparar o dano e o perdimento de bens poderão se estender aos sucessores nos limites das forças da herança.

Assim, a morte do agente extingue a punibilidade. A prova da morte faz-se por certidão de óbito a ser juntada nos autos.

13.3.1.2. Anistia, graça ou indulto (art. 107, II, CP)

A **anistia** consiste na edição, pelo Congresso Nacional, de uma lei, de âmbito federal, capaz de promover a exclusão do crime imputado ao agente delitivo, atingindo todos os efeitos penais da condenação, subsistindo, contudo, os extrapenais (genéricos e específicos – arts. 91 e 92 do CP).

A anistia pode atingir crimes políticos (denominada *anistia especial*) ou crimes não políticos (*anistia comum*). Outrossim, poderá ser concedida antes (*anistia própria*) ou após o trânsito em julgado da sentença condenatória (*anistia imprópria*). Pode, por fim, ser *condicionada* (quando a lei anistiadora impuser algum encargo ao agente) ou *incondicionada* (quando nada exigir do criminoso para produzir efeitos).

A **graça** (denominada pela LEP de indulto individual) consiste no benefício por meio do qual o agente terá excluído o efeito principal da condenação, qual seja, a pena, remanescendo os efeitos penais e extrapenais (lembre-se de que, na anistia, subsistem apenas os extrapenais). Dependerá a graça de pedido do condenado, do MP, Conselho Penitenciário ou da autoridade administrativa (art. 187 da LEP) e será concedida mediante despacho do Presidente da República, que poderá delegar tal mister a Ministros de Estado (geralmente Ministro da Justiça), Procurador-Geral da República (PGR) e Advogado-Geral da União (AGU).

O **indulto**, diferentemente da graça, tem caráter coletivo, sendo concedido mediante decreto presidencial. Atingirá, também, os efeitos principais da condenação (penas), subsistindo os efeitos secundários de natureza penal e extrapenal.

Graça e indulto devem ser concedidos somente após o trânsito em julgado da sentença condenatória, diferentemente da anistia, que poderá ser concedida antes ou após tal marco processual.

Insta registrar, por fim, o teor da Súmula 535 do STJ, editada em 2015: "A prática de falta grave não interrompe o prazo para fim de comutação de pena ou indulto" (**REsp 1364192**).

13.3.1.3. Abolitio criminis (art. 107, III, CP)

É a **lei posterior ao fato que deixa de considerá-lo como criminoso**. É também denominada de **lei supressiva de incriminação**, gerando, por ser **benéfica**, efeitos retroativos (*ex tunc*).

Com a *abolitio criminis*, que pode ocorrer durante a ação penal ou mesmo no curso da execução, será declarada extinta a punibilidade do agente, fazendo desaparecer todos os efeitos penais da condenação (inclusive a pena – efeito principal),

remanescendo apenas os efeitos civis (ex.: obrigação de reparar o dano).

Ainda é mister ressaltar que somente haverá *abolitio criminis* se houver uma dupla revogação do crime: a) revogação do tipo penal (revogação formal); e b) revogação da figura típica (revogação material). Não basta, portanto, a simples revogação do tipo penal, sendo imprescindível que a figura criminosa tenha "desaparecido" do mundo jurídico. Tal não ocorreu, por exemplo, com o crime de atentado violento ao pudor. Embora a Lei 12.015/2009 tenha revogado o art. 214 do CP, a figura criminosa "constranger alguém, mediante violência ou grave ameaça, a praticar ou permitir que com ele se pratiquem atos libidinosos diversos de conjunção carnal" migrou para o art. 213 do CP (crime de estupro). Não houve, portanto, *abolitio criminis* no caso relatado.

13.3.1.4. Decadência, perempção e prescrição (art. 107, IV, CP)

A **decadência** consiste na perda do direito de intentar a queixa ou oferecer a representação pelo decurso do prazo. Em regra, esse lapso temporal é de **6 (seis) meses**, contados do **conhecimento da autoria delitiva** pelo ofendido, seu representante legal, ou CADI (cônjuge, ascendente, descendente ou irmão – art. 38, CPP e 103, CP). No caso de ação penal privada subsidiária da pública (art. 29, CPP), a fluência do prazo decadencial tem início a partir da data em que o Ministério Público deveria ter se manifestado. Frise-se, porém, que, neste caso, o Estado não perderá a possibilidade de iniciar a persecução penal em juízo, haja vista que o titular da ação (Ministério Público), respeitado o prazo de prescrição da pretensão punitiva, poderá ofertar denúncia.

A decadência é, portanto, instituto que se verifica somente nos crimes de ação penal privada ou pública condicionada à representação.

Importa ressaltar que o **prazo decadencial** tem **natureza penal**, vale dizer, é contado nos termos do art. 10 do CP (inclui-se o dia do começo e exclui-se o dia do vencimento). Trata-se, ainda, de prazo fatal, ou seja, é improrrogável, não se suspende ou se interrompe.

A **perempção** é a perda do direito de prosseguir com a ação penal em virtude de negligência ou desídia processual. Somente será cabível na ação penal privada propriamente dita (ou exclusivamente privada), já que, na ação privada subsidiária da pública, a perempção não acarretará a extinção da punibilidade em favor do querelado, mas a retomada da titularidade da ação pelo Ministério Público.

As causas de perempção vêm previstas no art. 60 do CPP, a saber:

i) abandono processual (mais de 30 dias sem andamento da ação pelo querelante);

ii) inocorrência de sucessão processual (no caso de falecimento do querelante, ou sobrevindo sua incapacidade, não se habilitarem no processo, em 60 dias, o CADI – cônjuge, ascendente, descendente ou irmão);

iii) falta de comparecimento injustificado a qualquer ato do processo em que a presença do querelante seja necessária;

iv) inexistência de pedido de condenação em alegações finais (a falta de apresentação delas também redunda em perempção); e

v) sendo o querelante pessoa jurídica, esta se extinguir sem deixar sucessor.

Com relação à **prescrição**, temos que esta consiste na **perda do direito de punir** (*jus puniendi*) ou **de executar a pena** (*jus punitionis*) do Estado **pelo decurso de determinado lapso de tempo previsto em lei**.

A prescrição, portanto, deve ser contada, salvo disposição especial em contrário, de acordo com a "tabela" do art. 109 do CP, que fixa o prazo prescricional mínimo de **3 (três) anos**, consoante nova redação dada ao inciso VI pela Lei 12.234/2010, e máximo de **20 (vinte anos) anos**, de acordo com a pena prevista para o crime. Insta ressaltar que o prazo prescricional tem **natureza penal**, motivo pelo qual conta-se nos termos do art. 10 do CP (inclui o dia do começo e exclui o do vencimento).

A prescrição comporta duas grandes espécies, quais sejam: **prescrição da pretensão punitiva (PPP)** e **prescrição da pretensão executória (PPE)**.

Com relação à PPP, temos três possibilidades:

a) Prescrição da pretensão punitiva propriamente dita (ou pura) = rege-se nos termos do precitado art. 109 do CP. É calculada levando-se em conta o máximo da pena privativa de liberdade abstratamente cominada ao crime. Ex.: para o homicídio simples, cuja pena é de 6 a 20 anos, calcular-se-á a prescrição tomando por base a pena máxima cominada ao delito, qual seja, 20 anos. Comparando aquela quantidade de pena (20 anos) com a "tabela" do art. 109 do CP, verifica-se que a prescrição ocorrerá em 20 anos. É importante frisar que a prescrição pura deverá ser verificada enquanto não houver pena aplicada, ou seja, até momento anterior à sentença penal condenatória;

b) Prescrição da pretensão punitiva intercorrente (ou superveniente) = ocorre somente após a publicação da sentença penal condenatória, em que haverá uma pena fixada (pena em concreto, e não mais em abstrato, como na prescrição pura). Assim, se entre a publicação da sentença condenatória e o trânsito em julgado para a acusação decorrer lapso de tempo superior ao previsto no art. 109 do CP (aqui, frise-se, levamos em conta a pena aplicada!), ocorrerá a prescrição superveniente, rescindindo os efeitos da condenação. A previsão legal da prescrição intercorrente (ou superveniente) consta do art. 110, § 1º, do CP;

c) Prescrição da pretensão punitiva retroativa = pressupõe, sempre, a fixação de uma pena em concreto (sentença penal condenatória), tendo por pressuposto o trânsito em julgado para a acusação. Também aqui temos como parâmetro a tabela do art. 109 do CP. Importa ressaltar que, ao contrário da prescrição intercorrente, que se verifica após a sentença condenatória, a prescrição retroativa deve ser verificada em momento **anterior** à publicação da sentença, mas analisada, no máximo, até a denúncia ou queixa, consoante nova redação dada ao art. 110, § 1º, do CP. Daí ser chamada de **retroativa**. Frise-se que o STJ, ao editar a **Súmula 438**, pacificou o entendimento segundo o qual não se admite a extinção da punibilidade pela prescrição da pretensão punitiva com fundamento em pena hipotética, independentemente da existência ou sorte do processo penal. O que tratou, aqui, aludida Corte, foi de objetar a denominada "prescrição virtual", que levava em

consideração uma condenação eventual do réu, com base em pena hipotética.

Temos, ainda, a **prescrição da pretensão executória (PPE)**, segunda espécie de prescrição, que não se confunde com a prescrição da pretensão punitiva. Enquanto esta é verificada *antes do trânsito em julgado* da condenação (conhecida por prescrição da ação), aquela somente pode ocorrer *após o trânsito em julgado*. Daí ser chamada de prescrição da pena.

Também na prescrição executória leva-se em conta a tabela do art. 109 do CP e a pena aplicada em concreto. Contudo, começará a fluir não do trânsito em julgado para ambas as partes processuais (acusação e defesa), mas a partir do trânsito em julgado para a acusação. Este é seu marco inicial. Se do trânsito em julgado para a parte acusatória e o efetivo trânsito em julgado para ambas as partes (defesa, portanto) transcorrer lapso de tempo superior ao correspondente à pena aplicada, opera-se a prescrição executória, não podendo mais o Estado executar a pena imposta ao agente delitivo na sentença.

Impõe ressaltar que o prazo prescricional admite situações em que será interrompido, ou seja, recomeçará sua contagem (art. 117, CP), bem como circunstâncias em que ficará suspenso (art. 116, CP).

No tocante às causas interruptivas da prescrição, vale citar quais são as hipóteses legais: I – pelo recebimento da denúncia ou da queixa; II – pela pronúncia; III – pela decisão confirmatória da pronúncia; IV – pela publicação da sentença ou acórdão condenatórios recorríveis; V – pelo início ou continuação do cumprimento da pena; VI – pela reincidência.

Interessante anotar a posição jurisprudencial (STF) acerca da interrupção da prescrição pelo recebimento da denúncia, ainda que o despacho que tenha recebido a prefacial acusatória tenha sido exarado por autoridade judiciária incompetente. Confira-se:

Prescrição: recebimento da denúncia e autoridade incompetente

"O recebimento da denúncia por magistrado absolutamente incompetente não interrompe a prescrição penal (CP, art. 117, I). Esse o entendimento da 2ª Turma ao denegar *habeas corpus* no qual a defesa alegava a consumação do lapso prescricional intercorrente, que teria acontecido entre o recebimento da denúncia, ainda que por juiz incompetente, e o decreto de condenação do réu. Na espécie, reputou-se que a prescrição em virtude do interregno entre os aludidos marcos interruptivos não teria ocorrido, porquanto apenas o posterior acolhimento da peça acusatória pelo órgão judiciário competente deteria o condão de interrompê-la". HC 104907/PE, rel. Min. Celso de Mello, 10.05.2011. (HC-104907) (Inform. STF 626)

Há, também, as situações previstas no art. 111, CP, que dizem respeito ao termo inicial de contagem da prescrição da pretensão punitiva, a saber: I – do dia em que o crime se consumou; II – no caso de tentativa, do dia em que cessou a atividade criminosa; III – nos crimes permanentes, do dia em que cessou a permanência; IV – nos de bigamia e nos de falsificação ou alteração de assentamento do registro civil, da data em que o fato se tornou conhecido; V – nos crimes contra a dignidade sexual de crianças e adolescentes, previstos no Código Penal ou em legislação especial, da data em que a vítima completar 18 (dezoito) anos, salvo se a esse tempo já houver sido proposta a ação penal.

O inciso V do art. 111 foi inserido pela Lei 12.650/2012, que inovou nosso ordenamento jurídico ao prever que não começará a correr a prescrição nos crimes contra a dignidade sexual de crianças e adolescentes antes de a vítima completar a maioridade penal, salvo se a ação penal já houver sido proposta. Assim, como exemplo, se uma criança de seis anos for estuprada, a prescrição somente começará a fluir a partir do dia em que completar dezoito anos (salvo, repita-se, se a ação penal já houver sido proposta antes disso, caso em que a prescrição começará a fluir, segundo entendemos, a partir do recebimento da denúncia).

Finalmente, importa destacar que o art. 115 do CP trata de situações em que o prazo prescricional será reduzido pela metade: **a)** se o agente, à época do fato, contar com mais de dezoito anos, porém, menos de vinte e um anos; **b)** se o agente, à época da sentença, for maior de setenta anos.

Pela relevância do tema, confira-se:

Prescrição e art. 115 do CP

"A causa de redução do prazo prescricional constante do art. 115 do CP ('*São reduzidos de metade os prazos de prescrição quando o criminoso era, ao tempo do crime, menor de vinte e um anos, ou, na data da sentença, maior de setenta anos*') deve ser aferida no momento da sentença penal condenatória. Com base nesse entendimento, a 2ª Turma indeferiu *habeas corpus* em que se pleiteava o reconhecimento da prescrição da pretensão punitiva em favor de condenado que completara 70 anos entre a data da prolação da sentença penal condenatória e a do acórdão que a confirmara em sede de apelação". HC 107398/RJ, rel. Min. Gilmar Mendes, 10.05.2011. (HC-107398) (Inform. STF 626)

No tocante à prescrição da pena de multa, destaque-se o teor do art. 114 do CP:
a) em 2 (dois) anos, quando a multa for a única cominada ou aplicada (art. 114, I, CP);
b) no mesmo prazo estabelecido para a prescrição da pena privativa de liberdade, quando a multa for alternativa ou cumulativamente cominada ou cumulativamente aplicada.

Assim, se a pena de multa for a única abstratamente prevista no tipo penal (isso pode ocorrer com as contravenções penais), a prescrição irá operar-se em um biênio. O mesmo ocorrerá se a multa, ainda que cominada alternativamente no preceito secundário do tipo penal, for a única aplicada.

Já se a multa for alternativa ou cumulativamente cominada, ou, ainda, cumulativamente aplicada, a prescrição irá operar no mesmo prazo estabelecido para a prescrição da pena privativa de liberdade.

Quanto às penas restritivas de direitos, nos termos do art. 109, parágrafo único, CP, temos que se aplicam os mesmos prazos prescricionais previstos para as penas privativas de liberdade. Extrai-se, portanto, da lei, que a prescrição de qualquer das penas previstas no art. 43, CP, por serem substitutivas à pena de prisão, seguirá a mesma sorte da prescrição das penas privativas de liberdade (reclusão, detenção e prisão simples).

13.3.1.5. Renúncia do direito de queixa e perdão aceito (art. 107, V, CP)

Dá-se a **renúncia do direito de queixa** quando o ofendido, em **crime de ação penal privada**, toma determinada atitude incompatível com a vontade de ver o agente delitivo processado.

A renúncia poderá decorrer de **ato expresso** (ex.: mediante petição escrita e assinada) ou **tácito** (ex.: o ofendido passa a andar diariamente com seu ofensor).

É importante ressaltar que se a renúncia é o **ato unilateral** pelo qual o ofendido (ou seu representante legal, ou procurador com poderes especiais) dispõe do direito de oferecer a queixa-crime, tal só poderá ocorrer **antes do oferecimento da ação**. No curso desta terá vez o perdão do ofendido, que, frise-se, é ato bilateral.

No JECRIM (Juizado Especial Criminal), o recebimento de indenização (composição civil) em crimes de menor potencial ofensivo, de ação penal privada, importa em **renúncia tácita ao direito de queixa**, conforme art. 74 da Lei 9.099/1995, situação que já não se verifica com relação aos crimes "comuns" (leia-se: os que não são considerados infrações de menor potencial ofensivo), consoante prescreve o art. 104, parágrafo único, parte final, CP.

A renúncia ao direito de queixa quanto a um dos autores do crime, a todos os demais (se existirem) se estenderá, vendo todos eles extintas suas punibilidades (art. 49, CPP). Portanto, pode-se dizer ser a renúncia **indivisível**.

O **perdão do ofendido**, que somente pode ser admitido nos crimes de ação penal privada, diversamente da renúncia, é **ato bilateral**, visto que somente produz efeitos se for aceito. Será possível apenas após o início da ação penal, mas desde que antes do trânsito em julgado (art. 106, § 2º, CP). Consoante prevê o art. 51 do CPP, o perdão concedido a um dos querelados irá estender-se aos demais. Contudo, somente produzirá efeitos (leia-se: extinguirá a punibilidade) com relação àqueles que o aceitarem.

O perdão deve ser aceito pelo querelado no prazo de 3 (três) dias após ser cientificado (art. 58, *caput*, CPP). Se ficar silente no tríduo legal, a inércia implicará aceitação. Findo o prazo sem manifestação, ou tendo havido a aceitação do perdão, o juiz decretará extinta a punibilidade (art. 58, parágrafo único, CPP).

13.3.1.6. Retratação do agente nos casos em que a lei admite (art. 107, VI, CP)

Retratar-se é o mesmo que **desdizer**, ou, pedindo escusas pelo pleonasmo, "**voltar atrás**". Assim, em determinados crimes, a retratação do agente irá causar a extinção de sua punibilidade. É o que ocorre, por exemplo, com os crimes de calúnia e difamação (art. 143, CP), bem como com o falso testemunho (art. 342, § 2º, CP).

Indispensável que haja **expressa previsão legal** da admissibilidade da retratação.

13.3.1.7. Perdão judicial nos casos previstos em lei

O perdão judicial é causa extintiva da punibilidade aplicável apenas por magistrados (daí o nome perdão judicial). No entanto, não se trata de medida discricionária da autoridade judiciária, exigindo **expressa previsão legal** para sua aplicabilidade.

Em geral, identificamos o perdão judicial pela previsão, em lei, da seguinte expressão: "**o juiz poderá deixar de aplicar a pena**". É o que se vê, por exemplo, no art. 121, § 5º, do CP, que admite o perdão judicial em caso de homicídio culposo, situação em que o juiz poderá deixar de aplicar a pena se as consequências do crime atingirem o agente de forma tão grave que a imposição daquela se afigure desnecessária.

Conforme o entendimento do STJ, consagrado na Súmula 18, a sentença concessiva do perdão judicial tem natureza **declaratória** de extinção da punibilidade. Tanto é verdade que o art. 120 do CP prevê que o perdão judicial não será considerado para efeitos de reincidência.

Parte Especial

1. CLASSIFICAÇÃO DOUTRINÁRIA DOS CRIMES. INTRODUÇÃO À PARTE ESPECIAL DO CP

1.1. Introdução aos crimes em espécie

Antes de ingressarmos no estudo propriamente dito dos crimes (Parte Especial do CP), entendemos ser necessário trazer à baila algumas classificações doutrinárias, bem como fazermos o resgate de alguns conceitos analisados no início do presente trabalho.

1.2. Classificação geral dos crimes

1.2.1. Com relação ao sujeito ativo

a) crime comum: é aquele que pode ser praticado por qualquer pessoa, não se exigindo nenhuma qualidade especial do agente delitivo (sujeito ativo). Ex.: homicídio (art. 121, CP);

b) crime próprio: é aquele que não pode ser praticado por qualquer pessoa, mas somente por aquelas que apresentem algumas qualidades específicas determinadas pela lei. O crime próprio admite coautoria e participação, desde que o terceiro tenha conhecimento da condição especial do agente (ex.: funcionário público). Ex.: peculato (art. 312, CP);

c) crime de mão própria: é aquele que, além de exigir qualidades especiais do sujeito ativo, demandam uma atuação pessoal, sendo incabível a coautoria. Trata-se de crime de atuação personalíssima, não podendo o agente ser substituído por terceiro. No entanto, é admissível a participação. Ex.: autoaborto (art. 124, CP).

1.2.2. Com relação aos vestígios do crime

a) crime transeunte: é aquele que, uma vez praticado, não deixa vestígios materiais. Ex.: injúria praticada verbalmente (art. 140, CP);

b) crime não transeunte: é aquele cuja prática deixa vestígios materiais. Ex.: homicídio praticado mediante disparo de arma de fogo (art. 121, CP).

1.2.3. Com relação ao momento consumativo

a) crime instantâneo: é aquele em que a consumação ocorre em um determinado momento, sem continuidade no tempo. Ex.: injúria verbal (art. 140, CP);

b) crime permanente: é aquele cuja consumação se prolonga no tempo por vontade do agente delitivo. Ex.: extorsão mediante sequestro (art. 159, CP);

c) crime instantâneo de efeitos permanentes: é aquele que se consuma num dado instante, mas seus resultados são irreversíveis. Ex.: homicídio (art. 121, CP).

1.2.4. Com relação à quantidade de atos

a) crime unissubsistente: é aquele cuja conduta dá-se por um só ato. Ex.: injúria verbal (art. 140, CP);

b) crime plurissubsistente: é aquele cuja conduta dá-se por dois ou mais atos executórios. Ex.: homicídio em que a vítima é diversas vezes esfaqueada (art. 121, CP).

1.2.5. Com relação à exposição de lesão ao bem jurídico

a) crime de dano: é aquele que, para atingir a consumação, exige um dano efetivo ao bem jurídico. Ex.: homicídio (art. 121, CP);

b) crime de perigo: é aquele que, para ser consumado, exige a mera probabilidade da ocorrência de dano. Pode ser crime de **perigo concreto** (presunção relativa), que exige a **demonstração efetiva** do perigo de lesão, ou **crime de perigo abstrato** (presunção absoluta), que não exige a demonstração da situação de perigo, que é presumida. Ex.: periclitação da vida ou saúde (art. 132, CP).

1.2.6. Com relação ao tipo de conduta

a) crime comissivo: é aquele praticado mediante um comportamento positivo, vale dizer, por ação. Ex.: roubo (art. 157, CP);

b) crime omissivo: é aquele praticado mediante um comportamento negativo, vale dizer, por omissão. Pode ser **omissivo próprio**, quando a própria lei prever o comportamento negativo (ex.: omissão de socorro – art. 135, CP), ou **omissivo impróprio**, quando o crime for cometido por alguém que tenha o dever jurídico de agir para impedir o resultado (art. 13, § 2º, CP). Ex.: a mãe que deixa de amamentar o filho recém-nascido responderá por homicídio – art. 121, c.c. art. 13, § 2º, "a", CP.

1.2.7. Outras classificações

a) crime vago: é aquele cujo sujeito passivo é um ente desprovido de personalidade jurídica. Ex.: tráfico de drogas (art. 33, Lei 11.343/2006);

b) crime habitual: é aquele que exige uma reiteração de atos que, reunidos, traduzem um modo de vida do sujeito ativo. Ex.: manter casa de prostituição (art. 229, CP);

c) crime material: também chamado de *crime causal*, é aquele que se caracteriza pela exigência de um resultado naturalístico (modificação do mundo exterior provocada pela conduta do agente) para a sua consumação. Assim, por exemplo, o homicídio (art. 121 do CP) somente se consuma com a morte da vítima; a sonegação fiscal prevista no art. 1º da Lei dos Crimes contra a Ordem Tributária (Lei 8.137/1990) somente se consumam quando o agente, empregando fraude, suprimir ou reduzir tributo ou contribuição social;

d) crime formal: também chamado de crime de consumação antecipada, é aquele que, para a sua caracterização (e consumação), não exige a ocorrência de um resultado naturalístico, ainda que este seja possível. É o que se verifica, por exemplo, com o crime de concussão (art. 316 do CP), que se consumará no momento em que o funcionário público exigir da vítima, em razão de sua função, uma vantagem indevida;

e) crime de mera conduta: também chamado de crime de simples atividade, se consumará, como o próprio nome sugere, com a prática do comportamento ilícito descrito no tipo penal, sendo impossível a ocorrência de um resultado naturalístico. É o que se verifica, por exemplo, com o crime de violação de domicílio (art. 150 do CP), bastando, para sua caracterização, que o agente delitivo ingresse ou permaneça em casa alheia sem o consentimento do morador.

1.3. Introdução à Parte Especial do Código Penal

O CP é dividido em dois Livros. O Livro I trata da Parte Geral, enquanto o Livro II traz a Parte Especial.

Na Parte Especial, a maior parte das normas tem natureza *incriminadora*, vale dizer, encerram descrições de **condutas típicas e as respectivas penas**. Todavia existem também, na mesma Parte Especial *normas penais permissivas*, que são aquelas que autorizam alguém a realizar uma conduta típica, mas sem incriminá-lo posteriormente. É o caso do art. 128 do CP (aborto legal).

Por fim, a Parte Especial traz, ainda, *normas penais explicativas*, que são aquelas que **esclarecem outras normas ou limitam o âmbito de sua aplicação**. É o caso do art. 327 do CP, que encerra o conceito de funcionário público para fins de tipificação dos delitos previstos nos arts. 312 a 326.

Por essas considerações, verificamos que a Parte Especial não traz apenas crimes, mas também contém outras espécies de normas penais.

1.3.1. Normas penais incriminadoras

As normas penais incriminadoras são dotadas de duas partes, denominadas **preceitos**. O **preceito primário** da norma penal incriminadora diz respeito à *conduta descrita pelo legislador como criminosa* (ex.: art. 121: *matar alguém*). Já o **preceito secundário** traz a respectiva *pena cominada abstratamente ao delito* (ex.: Pena – *reclusão, de 6 a 20 anos*).

O preceito primário, quando for incompleto e depender de outra norma para ser completado, trará à cena a *norma penal em branco*. Já o preceito secundário jamais poderá ser incompleto. Afinal, não há crime sem pena!

1.3.2. Conceitos básicos para o estudo dos crimes

É importante para o estudo da Parte Especial o conhecimento de alguns conceitos básicos, a saber:

a) Objetos do crime

Dois podem ser os objetos de um crime:

✓ **objeto material** = *é a pessoa ou coisa sobre a qual recai a conduta típica*. Ex.: no furto (art. 155 do CP), é o bem subtraído; no homicídio (art. 121 do CP), é a vítima, a pessoa;

✓ **objeto jurídico** = *é o bem jurídico tutelado pela lei penal*. Ex.: no furto (art. 155 do CP), é o patrimônio móvel alheio; no homicídio (art. 121 do CP), é a vida humana extrauterina;

b) Sujeitos do crime

✓ **sujeito ativo** = *é aquele que direta ou indiretamente pratica a conduta típica ou concorre para sua prática*. Ex.: "A" desfere um tiro em "B", praticando, pois, a conduta típica prevista no art. 121 do CP (matar alguém). Logo, "A" foi sujeito ativo do crime de homicídio, já que ele realizou a conduta descrita no tipo penal;

✓ **sujeito passivo** = *é aquele titular do bem jurídico lesado ou exposto a perigo de lesão*. Ex.: no exemplo acima, enquanto "A" foi sujeito ativo, "B" é o sujeito passivo do homicídio, já que é o titular do bem jurídico lesado, qual seja, a própria vida.

Quando o tipo penal incriminador não exigir nenhuma qualidade especial do sujeito ativo do crime, estaremos diante de um **crime comum**, ou seja, *aquele que pode ser praticado por qualquer pessoa*. Já se o tipo penal trouxer alguma qualidade específica do sujeito ativo do crime, sem a qual a conduta será atípica, estaremos diante de um **crime próprio** ou de **mão própria**. Essas duas classificações não se confundem. Enquanto o crime próprio pode ser praticado por duas ou mais pessoas ao mesmo tempo, em coautoria ou participação (ex.: peculato doloso – art. 312 do CP), o crime de mão própria admite apenas a participação, jamais a coautoria, já que se trata de crime de atuação pessoal (ex.: falso testemunho – art. 342 do CP);

c) Tipo objetivo

O tipo objetivo corresponde à descrição dos **elementos objetivos do tipo**;

d) Tipo subjetivo

Corresponde à descrição do **elemento subjetivo do crime**, qual seja, o dolo (crimes dolosos) ou a culpa (crimes culposos). O tipo subjetivo não se confunde com o **elemento subjetivo do tipo**, ou, como dizem alguns, "dolo específico". Nem todo tipo penal tem elemento subjetivo, visto ser este um "especial fim de agir do agente", tal como ocorre com o crime de furto (não basta o dolo na subtração da coisa alheia móvel, sendo necessário, ainda, um "especial fim de agir do agente", qual seja, o de subtrair a coisa "para si ou para outrem");

e) Consumação e tentativa

A consumação de um crime nem sempre é igual em todos os casos. Se o **crime for material**, *a consumação somente restará configurada com a ocorrência do resultado naturalístico*. Já se o **crime for formal** ou de **mera conduta**, *bastará a conduta do agente delitivo* (prática da ação ou omissão prevista em lei) para que se atinja o momento consumativo.

De outra borda, veremos mais à frente que nem todo crime admite tentativa, especialmente os culposos e os preterdolosos, ou, ainda, aqueles que somente se consumarem após a verificação de determinado resultado.

2. CRIMES CONTRA A VIDA

2.1. Homicídio (art. 121, CP)

2.1.1. Considerações iniciais

Trata-se do mais grave crime previsto no Código Penal, não necessariamente na pena que lhe é cominada, mas no bem jurídico atacado pelo agente: **a vida humana**.

Corresponde, portanto, à conduta do agente de exterminar a vida humana extrauterina, agindo com vontade livre e consciente (no caso do homicídio doloso) de eliminá-la, embora seja possível a prática de tal delito por negligência, imprudência ou imperícia, situações configuradoras do homicídio culposo.

Vem o homicídio previsto no art. 121 do CP, embora, especificamente em matéria de trânsito, o homicídio também venha previsto no Código de Trânsito Brasileiro (Lei 9.503/1997), desde que praticado culposamente. Isso porque a morte de alguém causada pelo agente, na condução de veículo automotor, querendo tal resultado, não configura delito de trânsito, aplicando-se, pois, o Código Penal.

2.1.2. Espécies de homicídio

O CP prevê seis **hipóteses/espécies de homicídio**, a saber:

a) homicídio doloso simples (previsto no *caput* do art. 121 do CP);

b) homicídio doloso privilegiado (previsto no § 1º);

c) homicídio doloso qualificado (previsto nos §§ 2º e 2º-A);

d) homicídio culposo (previsto no § 3º);

e) homicídio culposo majorado (previsto no § 4º, 1ª parte);

f) homicídio doloso majorado (previsto no § 4º, 2ª parte e §§ 6º e 7º).

2.1.2.1. Homicídio doloso simples (art. 121, caput, CP)

Corresponde à forma básica do crime, vale dizer, ao tipo fundamental. É punido o agente que o praticar com a pena de 6 a 20 anos de reclusão.

O **sujeito ativo** do crime pode ser qualquer pessoa. Trata-se, portanto, de **crime comum** (pode, frise-se, ser praticado por qualquer pessoa).

Já o **sujeito passivo** do homicídio é o ser humano vivo, com **vida extrauterina**. Inicia-se a vida extrauterina quando tem início o parto, ou seja, com a ruptura do saco amniótico em que se encontrava o feto.

O **tipo objetivo**, ou seja, a **conduta típica**, consiste no verbo "matar", que significa eliminar, exterminar a vida humana da vítima cujo parto já teve início. Pouco importa se teria horas ou minutos de sobrevida. Caracteriza-se como homicídio a simples aceleração ou antecipação de uma morte futura, ainda que iminente.

Se a tentativa de eliminação recair sobre um cadáver, ocorrerá exemplo típico de **crime impossível**, dada a absoluta impropriedade do objeto, nos termos do art. 17 do CP.

A morte da vítima pode ser realizada por qualquer maneira, seja mediante uma ação (ex.: disparos de arma de fogo) ou omissão (ex.: mãe que deixa de alimentar o filho recém-nascido). Trata-se, portanto, de **crime de ação livre**. Dependendo da forma utilizada pelo agente para a prática do delito em tela, poderemos verificar hipóteses da modalidade qualificada (ex.: homicídio por meio de veneno, fogo, explosivo...). É possível matar até por meio de violência psíquica, como palavras de terror, susto etc.

O **tipo subjetivo** é o dolo, ou seja, o agente age, de forma livre e consciente, querendo a morte do agente (é o denominado *animus necandi*).

Consuma-se o crime com a morte do agente, pelo que o homicídio é doutrinariamente reconhecido como **material** (exige-se o resultado, portanto).

A **tentativa** é plenamente possível, já que o *iter criminis* é fracionável, tratando-se, pois, de delito plurissubsistente.

Frise-se que será considerado **hediondo** o homicídio doloso simples, desde que **praticado em atividade típica de grupo de extermínio**, ainda que por uma só pessoa (art. 1º, I, da Lei 8.072/1990 – Lei dos Crimes Hediondos). Trata-se do denominado **homicídio condicionado** (na modalidade simples, somente será considerado hediondo se preenchida a condição citada, qual seja, ter sido praticado em atividade típica de grupo de extermínio).

2.1.2.2. Homicídio doloso privilegiado (art. 121, § 1º, CP)

Previsto no § 1º, do art. 121, do CP, trata-se de crime cuja pena será reduzida de 1/6 a 1/3, por situações ligadas à motivação do crime.

Assim, considera-se privilegiado o homicídio praticado por:

a) relevante valor social – é o motivo relacionado com os interesses de uma coletividade (daí ser mencionado o "valor social");

b) relevante valor moral – é o motivo relacionado com os interesses individuais do criminoso, tais como o ódio, misericórdia, compaixão. É o caso da eutanásia, que é punida no Brasil;

c) domínio de violenta emoção, logo em seguida a injusta provocação da vítima – trata-se de homicídio praticado pelo agente que se encontra com estado anímico bastante abalado (a emoção deve ser violenta, e não simplesmente passageira). No caso de violenta emoção, o agente atua em verdadeiro "choque emocional". O CP exige que a reação seja imediata à provocação da vítima, vale dizer, sem um interstício longo. Assim não fosse, o Direito Penal estaria privilegiando a vingança (a reação efetivada muito tempo após a provocação da vítima configura vingança, pensada e planejada).

No caso de concurso de agentes, as "privilegiadoras" previstas no dispositivo legal analisado são incomunicáveis aos coautores e partícipes por se tratarem de circunstâncias de caráter pessoal não elementares do crime de homicídio.

Por fim, a natureza jurídica do privilégio é de causa especial/específica de diminuição de pena, incidente na terceira fase do esquema trifásico de sua aplicação.

2.1.2.3. Homicídio qualificado (art. 121, §§ 2º e 2º-A, CP)

Vem previsto no art. 121, §§ 2º e 2º-A, do CP, sendo punido o agente com pena que varia entre **12 e 30 anos de reclusão**. Cumpre ressaltar, desde logo, que todas as qualificadoras do homicídio tornam-no **crime hediondo** (art. 1º, I, da Lei 8.072/1990).

São 7 as hipóteses de homicídio qualificado, a saber:

I. *mediante paga ou promessa de recompensa, ou por outro motivo torpe* – trata-se de qualificadora considerada de **caráter subjetivo**, já que ligada à motivação do agente para a prática do crime. Enquanto a "paga" pressupõe o prévio acertamento do agente com o executor da morte (ex.: entrega de dinheiro, bens suscetíveis de apreciação econômica ou mesmo vantagens econômicas, como promoções no emprego), a promessa de recompensa traduz a ideia de pagamento futuro, ainda que não se verifique de fato. Em matéria de concurso de agentes, fica evidente que a qualificadora em comento exige a intervenção de duas pessoas, pelo que configurada a situação de concurso necessário (delito plurissubjetivo, portanto): um mandante e um executor. Pela doutrina majoritária, ambos responderão com a mesma pena (inclusive o mandante, que não executa a morte), por força do art. 30 do CP. Por fim, o motivo torpe significa um motivo vil, abjeto, repugnante, revelador da personalidade distorcida do agente. Tem-se, como exemplo, o caso de um homicídio praticado para recebimento de herança;

II. por motivo fútil – trata-se, também, de qualificadora de **caráter subjetivo**, já que vinculada à motivação do delito. É a morte provocada por um motivo de somenos importância, ínfimo, desproporcional, desarrazoado. É necessário que se demonstre a existência de um motivo "pequeno" para a morte, sob pena de, não sendo encontrado qualquer motivo para o crime, não restar configurada a qualificadora em comento. É exemplo de motivo fútil aquele causado por uma brincadeira da vítima, por um "tapinha nas costas", por uma refeição ruim servida ao agente;

III. com emprego de veneno, fogo, explosivo, asfixia, tortura ou outro meio insidioso ou cruel, ou de que possa resultar perigo comum – trata-se de qualificadora considerada de **caráter objetivo**, uma vez que não está vinculada à motivação do crime, mas sim ao modo/meio de execução de que se vale o agente para a sua prática. Considera-se "meio insidioso" aquele disfarçado, utilizado pelo criminoso "às escondidas", camuflando o futuro fato (ex.: remoção das pastilhas dos freios de um veículo);

IV. à traição, de emboscada, ou mediante dissimulação ou outro recurso que dificulte ou torne impossível a defesa do ofendido – trata-se de qualificadora de caráter objetivo, já que, igualmente ao inciso anterior, não está ligada aos motivos do crime, mas à forma como será praticado. Nas circunstâncias previstas nessa qualificadora, o agente se prevalece de situações que dificultam a defesa da vítima, como no caso da traição (o agente e a vítima já guardam alguma relação de confiança, o que possibilita a ação daquele – ex.: matar a namorada enquanto dorme). Já na emboscada, o agente age sem que a vítima o perceba, eis que se encontra escondido (tocaia). Por fim, a dissimulação consiste em ser utilizado algum recurso pelo agente que engane a vítima (ex.: uso de uma fantasia/disfarce; agenciador de modelos – foi o caso do "maníaco do parque");

V. para assegurar a execução, a ocultação, a impunidade ou vantagem de outro crime – trata-se de qualificadora de **caráter subjetivo**, uma vez que também está relacionada com a motivação do crime. *In casu*, o agente pratica o homicídio como forma de assegurar a **execução** de outro crime (conexão teleológica – ex.: para estuprar uma mulher famosa, o agente mata, antes de ingressar em seu quarto, o segurança da residência), ou ainda para a garantia da **ocultação, impunidade ou vantagem** de outro crime. Nesses três casos (ocultação, impunidade e vantagem), existe a denominada conexão consequencial, já

que o agente primeiramente pratica outro crime para, somente então, cometer o homicídio. É hipótese de ocultação de crime antecedente a situação do funcionário público corrupto que, após receber vantagem indevida em razão da função pública que ocupa, mata o cinegrafista que filmou o momento do "suborno". Terá o agente matado alguém para ocultar delito antecedente. Verifica-se a situação da impunidade quando o agente não quer ocultar o crime, mas garantir que fique impune, como no caso de matar uma mulher após estuprá-la. Por fim, configura homicídio qualificado quando o agente pratica um homicídio como forma de assegurar a vantagem (os proveitos) de outro crime, como no caso de um roubador matar o comparsa para ficar com todo o produto do dinheiro subtraído de um banco;

VI. contra a mulher por razões da condição de sexo feminino – trata-se da nova modalidade qualificada de homicídio, denominada de **feminicídio**, incluída no CP pela Lei 13.104/2015. Estamos diante, importante registrar, de qualificadora de **caráter subjetivo**, nada obstante exista divergência jurisprudencial a esse respeito, havendo precedentes do STJ no sentido de se tratar de qualificadora de caráter **objetivo**, sendo compatível sua coexistência com a qualificadora do motivo torpe, de natureza subjetiva (HC 430.222/MG, julgado em 15/03/2018; REsp 1.707.113/MG, de Relatoria do Ministro Felix Fischer, publicado no dia 7.12.2017). Nos termos do novel § 2º-A, do art. 121, considera-se que *há razões de condição de sexo feminino* quando o crime envolve *violência doméstica e familiar* ou *menosprezo ou discriminação à condição de mulher*. Trata-se de qualificadora que, para sua configuração, exige uma violência baseada no gênero, ou seja, a violência perpetrada contra a vítima deverá ter por motivação a *opressão à mulher*. Importante registrar que o feminicídio também integra o rol dos crimes hediondos, ao lado das demais modalidades qualificadas de homicídio e modalidade simples (desde que praticada em atividade típica de grupo de extermínio, ainda que por uma só pessoa);

VII. contra autoridade ou agente descrito nos arts. 142 e 144 da Constituição Federal, integrantes do sistema prisional e da Força Nacional de Segurança Pública, no exercício da função ou em decorrência dela, ou contra seu cônjuge, companheiro ou parente consanguíneo até terceiro grau, em razão dessa condição – trata-se de mais uma qualificadora do homicídio, inserida no CP pela Lei 13.142/2015. Podemos denominar a novel situação de "**homicídio funcional**", visto que a circunstância em comento, para sua incidência, exigirá que o agente delitivo esteja ciente da condição especial da vítima ou de seus parentes, cônjuges ou companheiros. Estamos, aqui, diante de um crime próprio quanto ao sujeito passivo. Trata-se de qualificadora de natureza subjetiva, vinculada, portanto, à motivação delitiva. Tencionou o legislador punir mais gravemente o agente que elimina a vida de pessoas que, de forma geral, se dedicam ao combate à criminalidade.

Cabe consignar, ainda, que é possível a prática de **homicídio qualificado privilegiado (ou homicídio híbrido)**, situação compatível apenas com as **qualificadoras de caráter objetivo** (ex.: eutanásia praticada com emprego de veneno). Não se admitiria, até pela absoluta incompatibilidade, a coexistência de uma das "privilegiadoras", todas de caráter subjetivo, com as qualificadoras de igual roupagem (ex.: homicídio praticado por relevante valor moral qualificado pelo motivo fútil). Registre-se que o homicídio híbrido **não será considerado hediondo**.

Interessante, por fim, anotar a posição do então Min. Joaquim Barbosa (STF) acerca da incompatibilidade do dolo eventual com as qualificadoras relativas ao modo de execução do homicídio. Segue a notícia:

HC N. 95.136-PR – RELATOR: MIN. JOAQUIM BARBOSA

"Habeas Corpus. Homicídio qualificado pelo modo de execução e dolo eventual. Incompatibilidade. Ordem concedida.

O dolo eventual não se compatibiliza com a qualificadora do art. 121, § 2º, IV, do CP ('traição, emboscada, ou mediante dissimulação ou outro recurso que dificulte ou torne impossível a defesa do ofendido'). Precedentes. Ordem concedida". (Inform. STF 621) – noticiado no Informativo 618.

Dolo eventual e qualificadora: incompatibilidade

"São incompatíveis o dolo eventual e a qualificadora prevista no inc. IV do § 2º do art. 121 do CP ('§ 2º Se o homicídio é cometido: ... IV – à traição, de emboscada ou mediante dissimulação ou outro recurso que dificulte ou torne impossível a defesa do ofendido'). Com base nesse entendimento, a 2ª Turma deferiu *habeas corpus* impetrado em favor de condenado à pena de reclusão em regime integralmente fechado pela prática de homicídio qualificado descrito no artigo referido. Na espécie, o paciente fora pronunciado por dirigir veículo, em alta velocidade, e, ao avançar sobre a calçada, atropelara casal de transeuntes, evadindo-se sem prestar socorro às vítimas. Concluiu-se pela ausência do dolo específico, imprescindível à configuração da citada qualificadora e, em consequência, determinou-se sua exclusão da sentença condenatória". Precedente citado: HC 86163/SP (DJU de 3.2.2006). HC 95136/PR, rel. Min. Joaquim Barbosa, 01.03.2011. (HC-95136) (Inform. STF 618)

2.1.2.4. *Homicídio culposo (art. 121, § 3º, CP)*

Previsto no art. 121, § 3º, do CP, é punido com detenção de 1 a 3 anos. Será verificado quando o agente não querendo ou não assumindo o risco, produzir a morte de alguém **por imprudência, negligência ou imperícia**.

2.1.2.5. *Homicídio majorado (se culposo – art. 121, § 4º, CP)*

Vem prevista no art. 121, § 4º, do CP, em sua 1ª parte, a situação de, no **homicídio culposo**, o *agente não observar regra técnica de profissão, arte ou ofício*, ou se o agente *deixa de prestar imediato socorro à vítima, não procura diminuir as consequências do seu ato, ou foge para evitar prisão em flagrante*.

Nesses casos, sua **pena será aumentada** em **1/3**. Verifique que a situação acima transcrita somente incidirá se o homicídio for *culposo*.

Ex.: "A", limpando um revólver, não verificou se estava municiado, ocasião em que, acionando o gatilho por engano, efetuou um disparo e acertou pessoa que passava próximo ao local. Em vez de socorrê-la imediatamente, foge do local temendo sua prisão.

2.1.2.6. *Homicídio majorado (se doloso – art. 121, §§ 4º, 6º e 7º, CP)*

No mesmo § 4º do art. 121 do CP, vem prevista a situação de o **homicídio doloso** ser praticado contra *pessoa menor de 14 ou maior de 60 anos*.

Nesses casos, a pena será aumentada também em 1/3, seja o homicídio simples, privilegiado ou qualificado.

Porém, **deverá o agente saber que a vítima conta com menos de 14 ou mais de 60 anos**, sob pena de ser punido objetivamente, vale dizer, sem a exata consciência da condição do sujeito passivo.

Ainda, o § 6º do art. 121 do CP, inserido pela Lei 12.720/2012, passou a prever aumento de pena de 1/3 até a 1/2 se o homicídio for praticado por milícia privada, sob o pretexto de prestação de serviço de segurança, ou por grupo de extermínio. Entende-se por "**milícia privada**" o grupo de pessoas que se instala, geralmente, em comunidades carentes, com o suposto objetivo de restaurar a "paz" e a "tranquilidade" no local, criando, com isso, verdadeiro "grupo paralelo de segurança pública". Já por "**grupo de extermínio**" entende-se a reunião de pessoas popularmente chamadas de "justiceiros", cujo objetivo é a eliminação de pessoas identificadas supostamente como "perigosas" ao corpo social.

Finalmente, no tocante ao **feminicídio** (art. 121, §2º, VI, CP), a pena será aumentada de um 1/3 até a 1/2, conforme determina o art. 121, § 7º, do CP, nos seguintes casos: i) se praticado durante a gestação ou nos três meses posteriores ao parto; ii) contra pessoa menor de 14 ou maior de 60 anos ou com deficiência; e iii) na presença de descendente ou ascendente da vítima.

2.1.3. *Perdão judicial*

Trata-se de **causa extintiva da punibilidade**, conforme art. 107, IX, do CP.

Irá incidir quando as **consequências da infração atingirem o próprio agente de forma tão grave que a sanção penal se torne desnecessária**.

Assim verificando, o **juiz poderá (deverá) deixar de aplicar a pena**.

É o caso de um pai atingir o próprio filho por um disparo acidental de arma de fogo. As consequências para ele são tão gravosas que a maior pena é a perda do ente querido. O mesmo se diga se um pai, por imprudência, atropela o próprio filho, ao sair de sua garagem.

A **Súmula 18 do STJ**, tratando do perdão judicial, prescreve que "a sentença concessiva do perdão judicial é declaratória da extinção da punibilidade, não subsistindo qualquer efeito condenatório". Assim, a sentença do juiz, em caso de perdão judicial, **não tem natureza condenatória**, mas **declaratória**, pelo que não pode remanescer qualquer dos efeitos da condenação (ex.: obrigação de reparar o dano, reincidência, lançamento do nome do réu no rol dos culpados etc.).

2.2. Induzimento, instigação ou auxílio a suicídio (art. 122 do CP)

2.2.1. *Considerações iniciais*

O Direito Penal não pune aquela pessoa que quer dar cabo de sua própria vida, mas sim o agente que induz, instiga ou auxilia alguém a praticar suicídio (também denominado de autocídio ou autoquíria). Em outras palavras, a atividade do suicida é atípica, já que, em regra, não se pode punir a destruição de um bem próprio, somente alheio (princípio da alteridade). Daí explicar-se que a autolesão é impunível, já que o agente pode fazer o que bem quiser de seu corpo (desde que não o faça para recebimento de seguro contra acidentes pessoais, o que configuraria fraude).

Embora o *nomen juris* do crime ora analisado seja de "induzimento, instigação ou auxílio" a suicídio (art. 122 do CP), não se trata de situação semelhante à participação, espécie de concurso de pessoas. Isso porque o partícipe é aquele que tem conduta acessória para a prática de um crime realizado por um executor do verbo do tipo (autor).

No caso em tela, **a participação do agente consiste na atuação principal**, e não acessória, como no caso do concurso de pessoas. Quem induzir, instigar ou auxiliar alguém a tirar sua própria vida será **autor** do crime e **não partícipe**.

Trata-se de crime contra a vida.

2.2.2. Tipo objetivo

O CP prevê, em seu art. 122, o delito de "induzimento, instigação ou auxílio a suicídio", com a seguinte redação: "induzir ou instigar alguém a suicidar-se ou prestar-lhe auxílio para que o faça. Pena: reclusão, de dois a seis anos, se o suicídio se consuma; ou reclusão de um a três anos, se da tentativa de suicídio resulta lesão corporal de natureza grave".

Verifica-se, portanto, que o crime em tela pode ser cometido por três maneiras, que correspondem às condutas típicas (verbos do tipo):

a) induzir – nesse caso, o agente faz nascer na mente da vítima a ideia de praticar suicídio;

b) instigar – aqui, o agente apenas reforça a ideia, que já existia no espírito da vítima, de realizar o suicídio;

c) auxiliar – trata-se da ajuda material para a concretização do suicídio pela vítima. É o caso de fornecimento dos instrumentos para que a vítima ceife sua própria vida (ex.: faca, revólver). Esse "auxílio" deve ter uma **relação acessória** com o suicídio e não positiva nos atos de execução, sob pena de o agente responder por homicídio (ex.: "A" empresta a "B" um revólver, e a seu pedido de "auxilia", apertando o gatilho. Terá, então, matado "B", situação configuradora do crime de homicídio).

O crime poderá ser praticado por ação ou mesmo por omissão (neste último caso, desde que o sujeito ativo tenha o dever jurídico de agir, o que configura a omissão imprópria).

2.2.3. Tipo subjetivo

É o dolo, ou seja, a vontade livre e consciente do agente em induzir, instigar ou auxiliar alguém a suicidar-se.

Admite-se, inclusive, a forma eventual (dolo eventual), ou seja, o agente pode praticar o crime em tela, embora não querendo que a vítima se suicide, assumindo o risco de que o faça. É o caso do pai que, sabendo das tendências suicidas da filha, a expulsa de casa, fazendo com que ela, desamparada, dê cabo de sua própria vida.

2.2.4. Sujeito passivo

É considerada vítima do crime a pessoa com um mínimo de discernimento e poder de resistência. Assim não sendo, estaremos diante de homicídio (ex.: o pai induz o filho de 4 anos de idade a pular da janela, eis que, com a capa do Super-Homem, conseguirá voar).

2.2.5. Consumação e tentativa

Parte da doutrina diz que não se admite a tentativa do crime previsto no art. 122 do CP, o que se extrai do preceito secundário do tipo: se o suicídio efetivamente ocorre, a pena do sujeito ativo será de 2 a 6 anos de reclusão; já se resultar lesão corporal grave, será de 1 a 3 anos de reclusão.

Em outras palavras, o crime estaria consumado com a efetiva morte da vítima ou no caso de sofrer lesão corporal de natureza grave.

Já outros doutrinadores, como Cezar Bittencourt, admitem a punição do crime a título de tentativa, mas que já foi prevista no próprio tipo penal (pena de 1 a 3 anos de reclusão). Trata-se, segundo ele, de uma "tentativa qualificada", já que o agente do crime deve ser punido com menor rigor quando a vítima não conseguir tirar sua própria vida, mas sofrer, em decorrência da tentativa, lesões corporais de natureza grave.

De qualquer forma, se a vítima tentar se matar, mas sofrer apenas lesões leves, o fato será atípico (ou a vítima consegue suicidar-se, configurando a modalidade consumada, ou sofre lesões corporais graves, com o que o delito será tentado).

2.2.6. Causas de aumento de pena

Se o crime for cometido por motivo egoístico, a pena será duplicada.

Esse aumento também será verificado se a vítima for menor (maior de 14 e menor de 18 anos, segundo Guilherme Nucci, pois, nesse caso, se sequer pode consentir para um ato sexual, com muito mais razão não poderá decidir sobre sua vida, sendo o caso de homicídio).

Por fim, a pena será igualmente duplicada quando a vítima tiver reduzida, por qualquer motivo, a capacidade de resistência. É o caso de alguém embriagado, ou com algum déficit mental (não completo, pois, nesse caso, haverá homicídio), ou no caso de senilidade (idade avançada).

2.3. Infanticídio (art. 123 do CP)

2.3.1. Considerações iniciais

Trata-se de crime doloso contra a vida.

Corresponde à eliminação, pela própria mãe, durante ou logo após o parto, do próprio filho, estando ela sob influência do estado puerperal.

Intrinsecamente, não há diferença entre o infanticídio e o homicídio. Afinal, ocorre a morte de alguém. Porém, esse "alguém" não é qualquer pessoa, mas o próprio filho da genitora, que é quem realiza os elementos do tipo penal.

2.3.2. Tipo objetivo

A conduta nuclear (verbo do tipo) é a mesma do homicídio, qual seja, **matar.** Ocorre, portanto, a eliminação da vida humana extrauterina. Indispensável é, portanto, que o nascente esteja vivo no momento da ação ou omissão da genitora.

Difere o infanticídio do homicídio por uma situação anímica em que se encontra o agente, vale dizer, a mãe: o estado puerperal.

Segundo Guilherme de Souza Nucci, "estado puerperal é aquele que envolve a parturiente durante a expulsão da criança do ventre materno. Há profundas alterações psíquicas e físicas, que chegam a transformar a mãe, deixando-a sem plenas condições de entender o que está fazendo. (...) O puerpério é o período que se estende do início do parto até a volta da mulher às condições de pré-gravidez" (**Manual de Direito Penal** – 3ª edição – editora RT – pág. 621).

O tipo penal exige que a mãe esteja sob "influência" do estado puerperal. Que toda mãe passa pelo puerpério, isto é fato incontroverso. Porém, deve-se demonstrar que tal estado anímico tirou-lhe a plena capacidade de entendimento, levando-a a cometer o homicídio do próprio filho.

Ademais, o elemento cronológico do tipo ("durante o parto ou logo após") é algo a ser analisado, revelando que o legislador impõe reprimenda mais branda à mãe que matar o próprio filho quase que numa "imediatidade" ao parto (simultaneamente a este, ou logo após). Todavia, é possível que a acusação comprove que, mesmo transcorrido um lapso considerável de tempo, a mãe estivesse, ainda, sob influência do estado puerperal, o que não descaracterizaria o delito.

Porém, quanto mais tempo passar do parto, menor é a chance de que a mãe sofra com as alterações que o puerpério lhe acomete. Daí haver uma "inversão" do ônus da prova, no sentido de que caberá à defesa demonstrar, transcorrido tempo razoável do parto, que a mãe ainda se encontrava influenciada pela alteração anímica.

2.3.3. Tipo subjetivo

É o dolo, não sendo punida a modalidade culposa do infanticídio. Se tal situação ocorrer, poderá ser verificado o homicídio culposo, ainda que a mãe esteja sob influência do estado puerperal (é o posicionamento de Cezar Roberto Bittencourt).

Já Damásio de Jesus entende que a mulher, influenciada pelo estado puerperal, não tem a diligência normal que a todos se impõe, razão pela qual sequer por homicídio culposo poderia responder, caso viesse a matar o próprio filho por imprudência ou negligência. É que, explica o doutrinador, nesse caso, seria inviável a demonstração da ausência de prudência normal na mulher que, pelo momento peculiar de sua vida, padece de certo desequilíbrio psíquico.

2.3.4. Sujeitos do crime

O **sujeito ativo** do crime é a mãe (parturiente), que, influenciada pelo estado puerperal, mata o próprio filho. Trata-se, pois, de **crime próprio**.

Já o **sujeito passivo** é o recém-nascido (neonato) ou aquele que ainda está nascendo (nascente). Isso é extraído do próprio tipo penal: "durante o parto (nascente) ou logo após (neonato)".

Embora o estado puerperal seja algo típico da mulher que está em trabalho de parto ou que há pouco tempo a ele se submeteu, tal situação configura uma **circunstância pessoal**, que, por ser elementar, comunica-se aos coautores ou partícipes, nos termos do art. 30 do CP.

Se a mãe, por engano, influenciada pelo estado puerperal, dirige-se até o berçário do hospital e mata um bebê que não o seu filho, ainda assim responderá por infanticídio, já que presente um erro de tipo acidental (erro quanto à pessoa – art. 20, § 3º, do CP).

2.3.5. Consumação e tentativa

O crime de infanticídio exige, para sua consumação, a morte do neonato ou do nascente (crime material). Caso isso não ocorra, estaremos diante da tentativa.

2.4. Aborto (arts. 124 a 128 do CP)

2.4.1. Considerações iniciais

Por primeiro, cabe ressaltar que o termo "aborto" não corresponde à ação de se eliminar a vida de um feto, mas sim o resultado da ação criminosa. A lei trocou, conforme explica Rogério Sanches Cunha, *a ação pelo seu produto* (**Direito Penal** – Parte Especial – ed. RT, pág. 52). Melhor seria falar-se em "abortamento".

Assim, o "aborto" corresponde à eliminação do produto da concepção, tutelando a lei a **vida humana intrauterina**.

A lei trata de **5 (cinco) espécies** de aborto:

a) autoaborto (art. 124, 1ª parte, do CP);

b) aborto consentido (art. 124, 2ª parte, do CP);

c) aborto provocado por terceiro com o consentimento da gestante (art. 126 do CP);

d) aborto provocado por terceiro sem o consentimento da gestante (art. 125 do CP);

e) aborto qualificado (art. 127 do CP).

2.4.2. Autoaborto

Vem definido no art. 124, 1ª parte, do CP: "provocar aborto em si mesma...".

Trata-se de **crime de mão própria** (segundo Cezar Roberto Bittencourt, por exemplo), já que é a própria mãe quem irá realizar o abortamento, efetivando ela própria as manobras abortivas (ex.: ingestão de medicamentos abortivos; inserção, no útero, de agulhas ou curetas etc.). Admite-se, portanto, apenas a **participação** (conduta acessória), jamais a coautoria.

Se terceiro realiza manobras abortivas junto com a gestante, ela responderá por autoaborto e ele pelo crime do art. 126 do CP (aborto provocado por terceiro com o consentimento da gestante).

O **sujeito passivo** do crime é o feto (produto da concepção), ainda que, para a lei civil, não tenha personalidade jurídica (que se adquire com o nascimento com vida). Por esse motivo, alguns doutrinadores chegam a declarar que a vítima é a sociedade, já que o feto não é considerado "pessoa".

Consuma-se o crime com a morte do feto ou a destruição do produto da concepção, ainda que não seja expelido pelo corpo da mulher. Mesmo que o feto nasça com vida após as manobras abortivas, mas venha a morrer em decorrência de uma "aceleração do parto", a mãe responderá por autoaborto.

Admite-se a **tentativa**, já que se trata de crime material e plurissubsistente (vários atos).

2.4.3. Aborto consentido

Corresponde à 2ª parte do art. 124, do CP: "... ou consentir que outrem lho provoque".

Trata-se de conduta omissiva (a gestante permite que terceira pessoa pratique manobras abortivas, provocando a morte do feto ou do produto da concepção).

Também, aqui, o crime é de mão própria, cujo sujeito ativo é apenas a gestante. O terceiro responderá pelo crime do art. 126 do CP.

2.4.4. Aborto provocado por terceiro sem o consentimento da gestante (art. 125 do CP)

O crime, descrito no art. 125 do CP, consiste na ação de "provocar aborto" (tipo objetivo), havendo **dissenso real** (violência física) ou **presumido** (quando a gestante não é maior de 14 anos, ou é alienada ou débil mental, ou se o consentimento é obtido mediante fraude, grave ameaça ou violência – art. 126, parágrafo único, do CP).

Trata-se da forma mais grave de aborto, punida com 3 a 10 anos de reclusão.

O **sujeito ativo** pode ser qualquer pessoa (crime comum). Já o **sujeito passivo** é o feto ou produto da concepção e a gestante (dupla subjetividade passiva).

O crime é **material**, consumando-se com a morte do feto ou produto da concepção.

2.4.5. Aborto provocado por terceiro com o consentimento da gestante (art. 126 do CP)

O crime em tela vem descrito no art. 126 do CP, configurando nítida **exceção pluralística à teoria unitária**, eis que o agente responderá por crime diverso da gestante que consentiu com o aborto (art. 124, 2ª parte, do CP).

Em outras palavras, o provocador do aborto responderá pelo crime do art. 126, ao passo que a gestante que consentiu com tal ação responderá por aborto consentido (art. 124, 2ª parte, do CP).

Trata-se de **crime comum**, ou seja, pode ser praticado por qualquer pessoa.

O crime em tela somente estará configurado se houver **consentimento válido** da gestante, ou seja, se ausente qualquer das hipóteses do **parágrafo único do art. 126 do CP**. Se assim não ocorrer, responderá o agente pelo crime do art. 125 do CP (aborto sem consentimento da gestante), enquanto que a gestante ficará isenta de pena (se alienada ou débil mental, ou não maior de 14 anos, presumindo-se a invalidade de seu consentimento nesses casos).

Consuma-se o crime com a morte do feto/produto da concepção (crime material), admitindo-se a **tentativa**.

2.4.6. Aborto qualificado (art. 127 do CP)

A pena será aumentada em 1/3 caso a gestante sofra lesão corporal de natureza grave, resultando dos meios empregados para o aborto ou como sua consequência.

No caso de morte da gestante, as penas serão duplicadas.

O art. 127 do CP somente pode ser aplicado aos crimes previstos nos arts. 125 e 126, já que o art. 124 é próprio da gestante, não podendo ela ser mais gravemente punida se sofrer lesão corporal grave (a lei não pune a autolesão) ou morte (hipótese em que haverá extinção da punibilidade – art. 107, I, do CP).

A ocorrência de lesão corporal leve não acarreta a exacerbação da pena, eis que implicitamente vem prevista no tipo penal. Afinal, abortamento sem um mínimo de lesão é quase impossível.

Em qualquer hipótese (lesão corporal grave ou morte da gestante), o delito será preterdoloso, ou seja, o resultado agravador terá sido praticado pelo agente a título de culpa. Por se tratar de delito preterdoloso, não se admite tentativa, respondendo o agente, segundo Fernando Capez, pela forma consumada do crime, ainda que não ocorra o aborto, mas a gestante morra ou sofra lesão corporal grave.

Se quiser a morte ou lesão corporal grave na gestante, além do aborto, responderá o agente em concurso de crimes.

2.4.7. Aborto legal (art. 128 do CP)

O CP admite, em duas situações, a prática do aborto:

a) se a gravidez gerar risco de vida à gestante;

b) se a gravidez resultou de estupro, desde que a gestante consinta com o abortamento, ou, se incapaz, haja autorização do representante legal.

A primeira hipótese é denominada **aborto terapêutico ou necessário**, já que praticado para que não se sacrifique a vida da gestante, em risco por conta da gravidez.

Já a segunda hipótese é chamada de **aborto humanitário, sentimental ou ético,** eis que a lei admite que a mulher estuprada não leve a cabo uma gravidez cujo produto resulta de ato violento contra sua liberdade sexual.

Em qualquer caso, somente poderá realizar o abortamento o *médico*, conforme reza o art. 128, *caput*, do CP ("não se pune o aborto praticado por médico").

Se terceira pessoa, que não médico, realizar o aborto na primeira hipótese, poderá ser excluído o crime se a gestante correr perigo de vida atual, caracterizador do **estado de necessidade**.

No caso do **aborto humanitário**, é imprescindível que haja **autorização da gestante para sua prática, ou de seu representante legal**, caso incapaz. A lei não exige que o estuprador tenha sido irrecorrivelmente condenado, nem mesmo autorização judicial para que seja efetivado.

Todavia, na prática, é bom que o médico se cerque de alguns cuidados, como a exigência de boletim de ocorrência, declarações de testemunhas etc.

2.4.8. O aborto eugênico (feto anencefálico)

Não vem definida no CP a possibilidade de realizar o aborto se o feto possuir má formação ou mesmo anencefalia (ausência de tronco cerebral).

O STF, na ADPF 54 (Arguição de Descumprimento de Preceito Fundamental), decidiu pela possibilidade de realização do aborto do anencéfalo, desde que haja laudo médico dando conta da situação do feto.

Entendeu-se que a vedação ao aborto, nesse caso, atenta contra a dignidade humana, impondo à gestante um sofrimento desnecessário e cruel, visto que a anencefalia culminará, necessariamente, com a morte do feto. Pode-se, aqui, argumentar, que a vida se encerra com a cessação da atividade encefálica, nos termos do art. 3º da Lei 9.434/1997, razão pela qual o fato (aborto de feto anencefálico) é atípico.

Interessante anotar que a ANADEP – Associação Nacional dos Defensores Públicos levou ao STF, por meio de ADI e ADPF propostas perante o STF, postulou a possibilidade de interrupção de gravidez em caso de feto acometido por microcefalia, haja vista a verdadeira epidemia de casos supostamente decorrentes da contaminação da gestante pelo vírus *zika*. A questão é tormentosa, havendo quem sustente ser inadmissível o aborto nesse caso, eis que não se trata de feto com vida inviável (a despeito das inúmeras complicações de saúde que poderão atingi-lo). Porém, importante registrar, a posição adotada pelo MPF foi no sentido da possibilidade da interrupção da gravidez, em contraposição ao parecer da AGU, que entende que o aborto, em caso de microcefalia, afronta o direito à vida.

Até o fechamento dessa edição não havia decisão do STF. Aguardemos!

2.4.9. A (des)criminalização do aborto até o terceiro mês de gestação

A 1ª Turma do STF, em polêmica decisão tomada no julgamento do HC 124306, em 29 de novembro de 2016, no qual se analisava a questão da prisão cautelar (preventiva) decretada em desfavor dos dois pacientes, denunciados pela prática dos crimes de aborto com o consentimento da gestante e associação criminosa (arts. 126 e 288 do CP), decidiu pela revogação do encarceramento dos acusados ante a ausência dos requisitos autorizadores da medida processual restritiva da liberdade, bem como em razão de a *criminalização do aborto ser incompatível com diversos direitos fundamentais, entre eles os direitos sexuais e reprodutivos e a autonomia da mulher, a integridade física e psíquica da gestante e o princípio da igualdade.*

Em voto-visto, o Min. Luís Roberto Barroso, seguido pela Min. Rosa Weber e Edson Fachin, sustentou: *"No caso aqui analisado, está em discussão a tipificação penal do crime de aborto voluntário nos artigos 124 e 126 do Código Penal, que punem tanto o aborto provocado pela gestante quanto por terceiros com o consentimento da gestante".* E prosseguiu dizendo que se deve dar interpretação conforme à Constituição aos arts. 124 e 126 do Código Penal para o fim de afastar a interrupção voluntária da gestação até o fim do primeiro trimestre de gravidez. Em verdade, por se tratar de norma anterior à CF, concluiu o Ministro que, *"como consequência, em razão da não incidência do tipo penal imputado aos pacientes e corréus à interrupção voluntária da gestação realizada nos três primeiros meses, há dúvida fundada sobre a própria existência do crime, o que afasta a presença de pressuposto indispensável à decretação da prisão preventiva".*

Os principais fundamentos invocados pela maioria da 1ª Turma do STF foram: (i) a criminalização do aborto antes de concluído o primeiro trimestre de gestação viola diversos direitos fundamentais da mulher (autonomia, o direito à integridade física e psíquica, os direitos sexuais e reprodutivos e a igualdade de gênero); (ii) a criminalização do aborto não observa, de forma suficiente, o princípio da proporcionalidade; (iii) a criminalização do aborto acarreta discriminação social e impacto desproporcional, especialmente às mulheres pobres.

Sustentou o Min. Barroso, ainda, que *"o aborto é uma prática que se deve procurar evitar, pelas complexidades físicas, psíquicas e morais que envolve. Por isso mesmo, é papel do Estado e da sociedade atuar nesse sentido, mediante oferta de educação sexual, distribuição de meios contraceptivos e amparo à mulher que deseje ter o filho e se encontre em circunstâncias adversas".*

Importante frisar que não se trata de decisão com efeitos vinculantes, até porque tomada em controle difuso de constitucionalidade. Também não reflete, necessariamente, o pensamento de toda a Corte, eis que tomada por órgão fracionário (1ª Turma). Porém, relevante nosso leitor ter conhecimento desse importante – e, repita-se, polêmico – precedente de nossa Excelsa Corte.

3. LESÃO CORPORAL

3.1. Lesão corporal (art. 129 do CP)

3.1.1. Considerações iniciais

Embora o crime de lesões corporais atente contra a pessoa, não se trata de infração que ofenda a vida, mas a integridade física ou a saúde corporal.

Para que se verifique o crime em tela, é imprescindível que a vítima sofra uma efetiva alteração de seu corpo ou saúde, de modo a causar-lhe um dano. É importante mencionar que a causação de dor, por si só, é insuficiente à configuração de lesões corporais. É possível, inclusive, praticar este crime sem que se cause dor no ofendido (ex.: corte, contra a vontade da vítima, de seus cabelos).

3.1.2. Espécies de lesão corporal

A lesão corporal, vale frisar de início, pode ser praticada nas formas dolosa ou culposa, podendo ser classificada da seguinte forma:

a) leve (*caput*)
b) grave (§ 1º);
c) gravíssima (§ 2º);
d) seguida de morte (§ 3º);
e) privilegiada (§ 4º)
f) culposa (§ 6º)
g) majorada (§§ 7º, 10, 11 e 12)
h) qualificada pela violência doméstica (§ 9º)

3.1.3. Tipo objetivo

O CP prevê, em seu art. 129, o delito de "lesão corporal", com a seguinte redação: "ofender a integridade corporal ou a saúde de outrem".

Verifica-se, portanto, que o verbo do tipo (conduta típica) é *ofender*, que pressupõe causação de dano ao corpo (integridade corporal) ou à saúde (segundo Bento de Faria, "dano à saúde é a desordem causada às atividades psíquicas ou ao funcionamento regular do organismo" – **Código Penal Brasileiro Comentado** – Parte Especial – v. 4, p. 67-68).

Embora um dano à integridade física ou à saúde alheia venha, de regra, acompanhado de dor, tal circunstância não consta como elementar do tipo penal em estudo, pelo que se torna dispensável no caso concreto.

Como já dissemos, a depender da intenção do agente, é possível que o corte de cabelo da vítima configure lesão corporal, o que, por certo, não causa dor.

A pluralidade de ofensas à integridade física ou à saúde de terceiro caracteriza *crime único* e não vários crimes (ex.: 1 ou 10 facadas na vítima, com a intenção de lesionar, caracteriza o mesmo delito – lesões corporais – e não dez crimes idênticos). Todavia, o magistrado, ao fixar a pena do agente, irá levar em conta a pluralidade de lesões provocadas na vítima (o art. 59 do CP, que trata da fixação da pena-base, determina ao magistrado, dentre outras circunstâncias, que analise a personalidade do agente, bem como as consequências do crime).

A ofensa à integridade corporal é de fácil entendimento: provocação de hematomas, equimoses, perfurações, quebradura de ossos etc.

Um pouco mais difícil de se avaliar é a ofensa à saúde, que, conforme já mencionamos, consiste no conjunto de atividades psíquicas ou o funcionamento regular dos órgãos. Assim, configurada estará uma lesão corporal se o agente provocar falta de ar na vítima (ex.: deitar-se em seu tórax; atirar um gás que cause irritação nasal) ou mesmo se redundar em vômitos (regular funcionamento do sistema digestivo – ex.: dar comida estragada ao ofendido).

Questão que se coloca na doutrina é a respeito do grau de disponibilidade do bem jurídico protegido pelo crime de lesão corporal: a integridade física ou a saúde. Seria ele disponível ou indisponível?

Para um entendimento mais ultrapassado, a integridade física e a saúde são indisponíveis, não cabendo qualquer consentimento da vítima como forma de exclusão do crime. Já para o entendimento mais moderno, encampado, inclusive, por Cezar Roberto Bittencourt (**Tratado de Direito Penal** – vol. 2, ed. Saraiva), trata-se de bem relativamente disponível, vale dizer, o consentimento da vítima na produção de lesões é válida, desde que não contrarie os bons costumes e não se caracterize como algo extremamente grave.

Em outras palavras, a provocação de pequenas lesões, desde que contem com o consentimento do ofendido, não caracteriza crime de lesão corporal. É o caso de colocação de brincos e *piercings*. Quem o faz não comete crime!

E o médico que pratica cirurgia plástica, quebrando cartilagens (nariz, por exemplo), ou retirando ossos e tecidos, comete lesão corporal? Entende-se que não, visto que não tem o dolo de causar um *dano* à vítima, mas, ao contrário, de melhorar seu corpo ou saúde.

3.1.4. Tipo subjetivo

A lesão corporal pode ser punida por três formas: dolo, culpa e preterdolo.

A lesão corporal culposa vem prevista no art. 129, § 6º, do CP, ao passo que a preterdolosa típica é a lesão corporal seguida de morte (art. 129, § 3º, do CP), mas também admitida tal modalidade nas formas grave e gravíssima, conforme veremos a seguir.

De qualquer forma, na lesão dolosa, o agente tem a intenção (dolo direto) ou assume o risco de produzir um dano à integridade física ou à saúde de outrem. Age, portanto, com o chamado *animus laedendi*.

Se "A" atinge "B" com uma pedra, com a intenção de matá-lo (*animus necandi*), mas a morte não se verifica, responderá por tentativa de homicídio e não por lesão corporal dolosa consumada. Afinal, deve-se verificar a intenção do agente.

3.1.5. Sujeitos do crime

O sujeito ativo da lesão corporal pode ser qualquer pessoa (salvo no caso de violência doméstica, o que veremos mais à frente). Trata-se, em regra, de crime comum.

Adverte Rogério Sanches Cunha (**Direito Penal** – Parte Especial – ed. RT) que, se o agressor for policial militar, caberá à Justiça Militar processá-lo pelas lesões corporais, sem prejuízo do delito de abuso de autoridade, que será de competência da Justiça Comum.

O Direito Penal não pune a autolesão, ou seja, se o agente ofender sua própria integridade física ou saúde, não poderá referido ramo do Direito intervir para puni-lo.

Porém, se alguém se vale de um inimputável (menor de idade), ou de alguém que tenha a capacidade de discernimento reduzida ou suprimida (doente mental, ébrio), determinando-lhe a causar em si próprio uma lesão, haverá situação de autoria mediata. Assim, quem induzir ou instigar a pessoa a praticar autolesão responderá pelas ofensas que se verificarem na vítima (ex.: "A" induz "B", embriagado, a cravar uma faca na própria mão, o que é feito. "A" é autor mediato da lesão corporal provocada por "B" em si mesmo).

Por fim, em algumas situações, o sujeito passivo do crime em estudo será especial, como é o caso da lesão corporal que causa aceleração do parto (lesão grave) ou aborto (lesão gravíssima), tendo por vítima a mulher grávida. O mesmo se pode dizer com relação ao § 7º do art. 129 do CP, que prevê causa de aumento de pena quando a vítima for menor de 14 ou maior de 60 anos.

3.1.6. Consumação e tentativa

A lesão corporal é crime material, vale dizer, somente se consuma com a efetiva ofensa à integridade corporal ou à saúde de outrem. Logo, é perfeitamente possível a tentativa quando se tratar de lesões dolosas, embora seja de difícil comprovação na prática (como condenar alguém por tentativa de lesões corporais graves ou gravíssimas?).

3.1.7. Lesão corporal dolosa leve

Vem prevista no art. 129, *caput*, do CP.

Estará caracterizada quando não se verificar qualquer das outras espécies de lesão corporal (grave, gravíssima, seguida de morte).

A pena é de detenção de 3 meses a 1 ano.

O art. 88 da Lei 9.099/1995 determina que a vítima represente (condição de procedibilidade da ação penal) quando se tratar de lesão corporal leve, sob pena de decadência, o que implicará a impossibilidade de o Ministério Público oferecer denúncia e a consequente extinção da punibilidade em favor do agente (art. 107, IV, do CP). Frise-se que se se tratar de lesão corporal praticada contra mulher, em **violência doméstica e familiar**, a teor do art. 41 da Lei 11.340/2006, a jurisprudência pacificou o entendimento de que não será aplicado o referido art. 88 da Lei do JECRIM, tratando-se, pois, de crime de **ação penal pública incondicionada**. Nessa esteira, o STJ, em junho de 2015, editou a Súmula 536, segundo a qual "a suspensão condicional do processo e a transação penal não se aplicam na hipótese de delitos sujeitos ao rito da Lei Maria da Penha".

O caráter residual da lesão corporal leve (tudo o que não configurar lesão grave, gravíssima ou seguida de morte) não comporta reconhecimento de adequação típica quando a ofensa à integridade corporal for levíssima (ex.: um microfuro provocado por "A" em "B", por meio de uma agulha; um arranhão de unha produzido por "A" em "B"). Aqui, é de ser aplicado o princípio da insignificância penal.

3.1.8. Lesão corporal grave

A pena para as situações previstas no § 1º do art. 129, do CP, varia de 1 a 5 anos de reclusão.

Será verificada tal espécie de lesão corporal quando:

a) resultar incapacidade para as ocupações habituais, por mais de 30 (trinta) dias: aqui, tal incapacidade pode ser física ou mental. Pressupõe que a vítima, em razão da ofensa à sua integridade corporal ou à sua saúde, não consiga, por lapso superior a 30 dias, realizar as tarefas do dia a dia, não necessariamente relacionadas com o trabalho (ex.: tomar banho, vestir-se sozinha, erguer peso, andar normalmente).

Deve-se ressaltar que a vergonha da vítima em realizar as suas ocupações habituais, em razão das lesões, não configura a qualificadora em análise. É o que ensina Damásio E. de Jesus. Exemplifica a situação da vítima que, ferida no rosto, tem vergonha de realizar suas ocupações habituais (trabalho) por mais de 30 dias.

Por fim, a comprovação da qualificadora em comento depende de um exame pericial complementar, a ser realizado no trigésimo dia subsequente ao dia do crime (art. 168, § 2º, do CPP):

b) resultar perigo de vida: tal qualificadora exige que, em razão da lesão causada à vítima, experimente ela um efetivo perigo de morte, com probabilidade concreta de ocorrência. Tal situação deve ser constatada em exame de corpo de delito, devendo o médico legista apontar qual foi o perigo causado ao ofendido, não bastando mencionar que as lesões causaram perigo de morte. Trata-se de qualificadora atribuída ao agente a título de preterdolo, eis que, quisesse ele o risco de morte da vítima, deveria responder por tentativa de homicídio;

c) resultar debilidade permanente de membro, sentido ou função: entende-se por membro todos os apêndices ligados ao corpo humano (braços, pernas, mãos, pés), responsável pelos movimentos. Já o sentido pode ser definido como tudo o quanto permita ao homem ter sensações (visão, audição, paladar, tato e olfato). Por fim, função é todo o complexo de órgãos responsáveis por atividades específicas em nosso organismo (sistema respiratório, circulatório, digestivo, reprodutivo).

A qualificadora estará presente se das lesões sofridas pela vida resultar a diminuição ou o enfraquecimento de membros, sentidos ou funções. Entende-se por debilidade não uma situação que se perdura para sempre, mas que seja de difícil ou incerta recuperação.

Pergunta-se: um soco na boca da vítima, do qual resulte a perda de 3 dentes, pode ser considerada lesão corporal grave? Resposta: depende do laudo pericial. A função mastigatória pode ser seriamente abalada pela perda de determinados dentes, mas de outros, não (ex.: queda do último dente molar);

d) se resultar aceleração de parto: se em decorrência das lesões, o agente provoca, em mulher grávida, a aceleração do parto (nascimento adiantado do feto), sem que disso haja a morte da criança, configurada estará a qualificadora em tela.

Indispensável que o agente, no momento de praticar as lesões na mulher, saiba do seu estado gravídico, sob pena de ser verificada responsabilidade objetiva, vedada no Direito Penal. Caso desconheça a gravidez da vítima, responderá por lesões corporais leves (desde que não se configure qualquer outra qualificadora).

3.1.9. Lesão corporal gravíssima

Vem prevista no § 2º do art. 129 do CP, cuja pena varia de 2 a 8 anos de reclusão.

Temos as seguintes qualificadoras caracterizadoras dessa espécie de lesão corporal:

a) incapacidade permanente para o trabalho: diferentemente da lesão corporal grave da qual resulta incapacidade para as ocupações habituais por mais de trinta dias, aqui a vítima, em razão das lesões, ficará incapacitada (recuperação impossível ou sem previsão de cessação) para o trabalho.

A doutrina majoritária defende que a incapacidade deve ser para qualquer tipo de trabalho e não necessariamente para o desempenhado pela vítima antes de sofrer as lesões. Já para a doutrina minoritária, basta a incapacidade para o trabalho até então desempenhado para que se configure a qualificadora em comento;

b) enfermidade incurável: verifica-se essa qualificadora quando a vítima, em razão das lesões à sua saúde, adquire doença para a qual não exista cura. A transmissão da patologia, nesse caso, deve ser intencional (o agente deve querer que a vítima adquira enfermidade incurável).

Não importa se, anos após a transmissão da doença, a medicina tenha a cura. O que importa é que, no momento do crime, não havia tratamento para a enfermidade.

A doutrina entende, ainda, que a enfermidade que somente possa ser extirpada por intervenção cirúrgica configura a qualificadora, já que não se pode obrigar a vítima a se submeter a tais procedimentos difíceis ou a tratamentos incertos, ainda não implantados e testados exaustivamente pela medicina;

c) perda ou inutilização de membro, sentido ou função: perda de membro, sentido ou função pressupõe a amputação ou mutilação de um deles, ao passo que a inutilização corresponde à perda da sua capacidade, ainda que ligado ao corpo.

Assim, furar os 2 olhos da vítima configura a inutilização de um sentido (visão). Arrancar uma perna do ofendido, amputando-a, também configura a perda de um membro. Também configura a qualificadora em análise a amputação total ou parcial do pênis do homem (perda da função reprodutora).

No tocante aos órgãos duplos (olhos, rins, orelhas, pulmões), a supressão ou inutilização de apenas um deles acarreta debilidade permanente de membro, sentido ou função, que configura lesão corporal grave e não gravíssima (perda ou inutilização de membro, sentido, ou função);

d) deformidade permanente: trata-se de qualificadora ligada ao dano estético permanente, provocado pelas lesões corporais causadas pelo agente à vítima. Não é qualquer dano, ainda que perene, que se enquadrará na circunstância em análise. Deve ser um dano sério, capaz de gerar constrangimento à vítima e a quem a cerca.

Há quem sustente que a deformidade permanente deva ser analisada no caso concreto, diferenciando-se vítima a vítima (ex.: uma marca permanente no rosto de uma jovem Miss Universo ou no rosto de um indigente idoso desprovido de beleza);

e) aborto: se as lesões corporais provocarem a morte do feto, a título de preterdolo, configurada estará a qualificadora. Exige-se, por evidente, que o agente tenha conhecimento do estado gravídico da vítima e que não queria ou assumiu o risco de provocar-lhe o abortamento. Assim não sendo, responderá por aborto (art. 125 do CP).

Nos termos da Lei 13.142/2015, se qualquer das hipóteses de lesão corporal gravíssima forem cometidas contra autoridade ou agente descrito nos arts. 142 e 144 da Constituição Federal, integrantes do sistema prisional e da Força Nacional de Segurança Pública, no exercício da função ou em decorrência dela, ou contra seu cônjuge, companheiro ou parente consanguíneo até terceiro grau, em razão dessa condição, estaremos diante de crime hediondo (art. 1º, I-A, da Lei 8.072/1990).

3.1.10. Lesão corporal seguida de morte

Prevista no § 3º do art. 129 do CP, pressupõe que o agente atue com dolo na causação das lesões corporais e com culpa na produção do resultado agravador (morte).

O próprio tipo penal já exclui tal crime se o agente atuar querendo a morte da vítima ou assumindo o risco de produzi-la. Trata-se, portanto, de típico exemplo de crime preterdoloso.

Se o evento antecedente à morte não for lesão corporal, mas qualquer outra conduta (ex.: ameaça, vias de fato), não se verificará a lesão corporal seguida de morte, mas sim o homicídio culposo.

Impossível a modalidade tentada do crime em tela, eis que o resultado agravador, produzido a título de culpa, impede tal figura (afinal, a culpa é incompatível com a tentativa).

Nos termos da Lei 13.142/2015, se a lesão corporal seguida de morte for praticada contra **autoridade ou agente descrito nos arts. 142 e 144 da Constituição Federal, integrantes do sistema prisional e da Força Nacional de Segurança Pública**, no exercício da função ou em decorrência dela, ou contra seu cônjuge, companheiro ou parente consanguíneo até terceiro grau, em razão dessa condição, estaremos diante de crime hediondo (art. 1º, I-A, da Lei 8.072/1990). Trata-se da denominada **lesão corporal funcional**.

3.1.11. Lesão corporal privilegiada

Nos mesmos termos já estudados no tocante ao homicídio, se o agente age por motivo de relevante valor moral ou social, ou sob o domínio de violenta emoção, logo em seguida a injusta provocação da vítima, o magistrado poderá reduzir a pena de um sexto a um terço.

3.1.12. Substituição da pena

Nos casos de lesão corporal privilegiada, poderá o juiz, não sendo grave, substituir a pena de detenção pela de multa. Também poderá fazê-lo quando houver lesões recíprocas.

3.1.13. Lesão corporal culposa

O art. 129, § 6º, do CP trata da lesão corporal culposa, punida com 2 meses a 1 ano de detenção.

Qualquer situação em que o agente atue com imprudência, negligência ou imperícia, causando ofensa à integridade corporal ou à saúde de outrem, será caracterizadora do crime em tela.

Por se tratar de crime culposo, inadmissível a tentativa.

Se a lesão corporal culposa for praticada na direção de veículo automotor, não será aplicado o CP, mas sim o CTB (Lei 9.503/1997, art. 303).

3.1.14. Lesão corporal majorada e perdão judicial

O art. 129, § 7º, do CP, bem assim o § 8º, recebem a mesma disciplina do homicídio culposo e doloso majorados e perdão judicial.

No tocante à majoração da pena em 1/3 (um terço) do crime em estudo, remetemos o leitor aos itens 2.1.2.5 e 2.1.2.6, *supra*.

3.1.15. Lesão corporal e violência doméstica

A Lei 10.886/2004 introduziu ao art. 129 o §§ 9º e 10, que receberam o nome de "violência doméstica".

Ocorre que a Lei 11.340/2006 (Lei Maria da Penha) alterou a pena da lesão corporal quando praticada com violência doméstica, que passou a ser de 3 meses a 3 anos de detenção (e não mais 6 meses a 1 ano de detenção!).

Assim, quando a lesão corporal for praticada contra ascendente (pais, avós), descendente (filhos, netos, bisnetos), irmão (colateral em segundo grau), cônjuge (pressupõe casamento), companheiro (união estável), ou com quem o agente conviva ou tenha convivido, ou prevalecendo-se ele das relações domésticas, de coabitação ou de hospitalidade, responderá pelo crime denominado "violência doméstica".

Saliente-se, por oportuno, que a figura típica ora analisada incidirá não apenas se a vítima for mulher, mas também para os homens. Afinal, os §§ 9º e 10 do art. 129 não fizeram distinção de gênero, tal como se tem na Lei Maria da Penha.

Nos termos da **Súmula 588 do STJ**, a prática de crime ou contravenção penal contra mulher com violência ou grave ameaça no ambiente doméstico impossibilita a substituição da pena privativa de liberdade por restritiva de direitos.

3.1.16. Causa de aumento de pena

A Lei Maria da Penha inseriu mais um parágrafo ao art. 129, o de número 11, prevendo aumento da pena em um terço se, no caso de violência doméstica (§ 9º), for a vítima deficiente (física ou mental). Também, aqui, pouco importa se a vítima for homem ou mulher!

3.1.17. Lesão corporal praticada contra autoridade ou agente de segurança pública

A Lei 13.142/2015 acrescentou o § 12 ao art. 129 do CP, que passou a dispor que a pena da lesão corporal (dolosa, nas modalidades leve, grave, gravíssima ou seguida de morte) será majorada de um a dois terços quanto praticada contra autoridade ou agente descrito nos arts. 142 e 144 da Constituição Federal, integrantes do sistema prisional e da Força Nacional de Segurança Pública, no exercício da função ou em decorrência dela, ou contra seu cônjuge, companheiro ou parente consanguíneo até terceiro grau, em razão dessa condição. Fala-se, aqui, em **lesão corporal funcional**.

Repise-se que se a lesão corporal de natureza gravíssima (art. 129, § 2º, CP) e a seguida de morte (art. 129, § 3º, CP) forem perpetradas contra as pessoas acima referidas, estaremos diante de **crimes hediondos** (art. 1º, I-A, da Lei 8.072/1990).

4. CRIMES DE PERIGO INDIVIDUAL

4.1. Crimes de perigo. Considerações iniciais

O Código Penal, a partir do art. 130, passa a tratar dos denominados "crimes de perigo", nos quais o agente atua não com a intenção de causar um efetivo dano ao bem jurídico protegido pela norma penal incriminadora, mas apenas com **"dolo de perigo"**, vale dizer, pratica a conduta querendo causar um risco ao objeto jurídico do crime.

Dentre os chamados "crimes de perigo", a doutrina distingue os de:

a) **perigo abstrato**: a lei presume, de maneira absoluta, o perigo provocado pela conduta do agente, não se exigindo demonstração efetiva do risco causado pela conduta típica;

b) **perigo concreto**: a lei exige que se comprove, concretamente, o perigo provocado pela conduta do agente, sem o que o fato será atípico.

A doutrina penal mais comprometida com os postulados constitucionais chega a defender a inadmissibilidade dos crimes de perigo abstrato, na medida em que todo crime deve provocar uma lesão ou probabilidade efetiva de lesão ao bem jurídico protegido pelo tipo incriminador. Sustenta-se o adágio *nullum crimen sine injuria*, ou seja, não há crime sem lesão.

Infelizmente, trata-se de corrente minoritária na doutrina e jurisprudência, embora o STF já tenha decidido que o crime de porte ilegal de arma (crime de perigo) não se configura se não estiver municiado referido artefato ou se o agente não dispuser de projéteis ao seu alcance para rápido municiamento. Entendeu o Pretório Excelso que a ausência de potencialidade lesiva faz tornar atípica a conduta de portar arma sem a respectiva munição.

4.2. Perigo para a vida ou saúde de outrem (art. 132 do CP)

4.2.1. Considerações iniciais

O art. 132 do CP pune a conduta do agente que simplesmente expõe a perigo direto e iminente a vida ou a saúde de outrem, tratando-se, pois de **crime de perigo concreto**.

Tenciona o legislador, portanto, proteger a vida ou saúde alheia não contra um risco efetivo, mas meramente potencial.

4.2.2. Tipo objetivo

A conduta típica corresponde ao verbo "expor", vale dizer, deve o agente, para praticar o crime em comento, colocar em risco/perigo efetivo, direto, a vida ou a saúde de outrem. Entende a doutrina que se deve colocar em perigo a vida ou saúde de pessoa ou pessoas **certas e determinadas**, não de uma coletividade.

Admite-se, inclusive, a prática do crime por conduta omissiva (ex.: o patrão que, explorando uma atividade de risco, não fornece aos empregados equipamentos para o trabalho, ficando os obreiros expostos a perigo de vida ou saúde direto e iminente).

É em razão de o tipo penal, em seu preceito secundário, expressamente estabelecer que a pena é de 3 meses a 1 ano de detenção, desde que o fato não constitua crime mais grave, que a doutrina denomina o crime em análise de **subsidiário**. Ou seja, somente restará configurado o crime de perigo para a vida ou saúde de outrem se não constituir meio de execução de infração mais gravosa (ex.: tentativa de homicídio; tentativa de lesão corporal).

Por esse motivo, ensina a doutrina que é **inadmissível o concurso de crimes** (ao menos entre o crime principal e o subsidiário – ex.: art. 132 e art. 121 c.c. art. 14, II, todos do CP), salvo se várias forem as vítimas do crime de perigo em tela (mediante mais de uma ação, o agente expõe a vida de várias pessoas determinadas a risco direto e iminente – *vide* art. 70 do CP).

4.2.3. Tipo subjetivo

O crime do art. 132 do CP é doloso. Lembre-se que, *in casu*, o dolo é de perigo, já que o agente não quer causar uma lesão efetiva à vida ou saúde de outrem, mas apenas colocá-las em risco direto e iminente (dolo de perigo e não dolo de dano!).

Não se admite a modalidade culposa do crime em estudo.

4.2.4. Sujeitos do crime

Qualquer pessoa pode ser autora do crime de perigo para a vida ou saúde de outrem, o mesmo valendo para a vítima.

Porém, ensina a doutrina que o sujeito passivo do delito deve ser pessoa certa e determinada e não uma coletividade (sob pena de restar configurado crime de perigo comum, previsto entre os arts. 250 a 259 do CP).

4.2.5. Consumação e tentativa

O crime atinge a consumação quando, com a conduta do agente, a vida ou a saúde da vítima é efetivamente posta em perigo direto e iminente.

Somente se admite a tentativa na forma comissiva do crime (ex.: "A", quando esticava o braço para atirar uma pedra na direção de "B", querendo apenas provocar um perigo à integridade corporal deste, é impedido por um transeunte).

Na modalidade omissiva, é inadmissível a tentativa.

4.2.6. Crime majorado

Nos termos do parágrafo único do art. 132 do CP, a pena é aumentada de 1/6 a 1/3 se a exposição da vida ou da saúde de outrem a perigo decorre do transporte de pessoas para a prestação de serviços em estabelecimentos de qualquer natureza, em desacordo com as normas legais.

Segundo Julio F. Mirabete, o espírito da lei foi o de proteger os boias-frias, que transitam em transportes sem o mínimo de segurança, em direta violação ao Código de Trânsito Brasileiro (arts. 26 a 67 e 96 a 113 – Lei 9.503/1997).

Todavia, não basta a mera violação de regras de segurança no transporte, sendo imprescindível que, em razão disso, os passageiros corram um risco efetivo de vida ou à saúde.

4.3. Abandono de incapaz (art. 133 do CP)

4.3.1. Considerações iniciais

Pretendeu o legislador, na edição do art. 133 do CP, proteger a integridade física e psíquica de determinadas pessoas, que, conforme o próprio *nomen juris* demonstra, são incapazes de, sozinhas, manterem íntegras a própria vida ou saúde.

4.3.2. Tipo objetivo

O verbo do tipo é "abandonar", ou seja, deixar ao desamparo, sem assistência. Assim, pratica o crime em tela o agente que abandona determinadas pessoas, incapazes de defender-se dos riscos resultantes de tal ato.

O crime pode ser praticado de maneira comissiva (mediante ação, portanto) ou omissiva (obviamente por omissão).

A questão que se coloca é o "tempo" do abandono. Por qual espaço de tempo o agente deve abandonar a vítima para que o crime esteja caracterizado? Responde a doutrina que deve ser por período "juridicamente relevante", ou seja, pelo tempo suficiente para que o sujeito passivo da conduta corra um risco efetivo de sua integridade física ou psíquica.

Por se tratar de crime de perigo concreto, deve-se comprovar o risco efetivo à vítima abandonada. Daí porque não configura o crime de abandono de incapaz a conduta daquela pessoa que abandona, por exemplo, a vítima, sendo que o local é rodeado de pessoas que podem prestar-lhe assistência (ex.: o filho abandona o pai, idoso e doente, ao lado de um hospital movimentado). Também não configura o crime se o agente abandona a vítima e aguarda que seja socorrida por terceiros.

4.3.3. Tipo subjetivo

O crime em tela é doloso, agindo o agente com a intenção de colocar a vítima em perigo, abandonando-a (dolo de perigo).

Se tiver o autor do delito a intenção de, mediante o abandono, provocar efetivo dano à integridade física ou à saúde da vítima, poderá responder por tentativa de homicídio, de lesão corporal, de infanticídio etc.

4.3.4. Sujeitos do crime

O *caput* do art. 133 do CP revela que o sujeito ativo do crime não pode ser qualquer pessoa, mas sim aquela que guarda alguma relação com a vítima: a) cuidado; b) guarda; c) vigilância; e d) autoridade.

Verifica-se que essas "qualidades" do sujeito ativo denotam uma obrigação que ele tem para com a vítima (deve dela cuidar, ser guardião, vigiar ou estar em posição de autoridade). Trata-se de verdadeiro "garantidor" do sujeito passivo, sendo o crime denominado **próprio.**

Já a vítima deve ser a pessoa que está sob os cuidados, a guarda, a vigilância ou a autoridade do sujeito ativo, de tal modo que dependa dela. Se do abandono sofrer riscos para a saúde ou integridade física, caracterizado estará o crime em comento.

4.3.5. Consumação e tentativa

O delito se consuma com o abandono da pessoa que deve estar sob o resguardo do sujeito ativo, independentemente de resultado naturalístico. Adverte-se que, se do abandono não advier um perigo concreto à vida ou saúde do sujeito passivo, não se configura o crime.

Admissível a tentativa se o crime for praticado por ação.

4.3.6. Formas qualificadas

O § 1º do art. 133 do CP traduz a forma qualificada do crime, punido com reclusão de 1 a 5 anos se, em razão do abandono, a vítima sofrer lesão corporal de natureza grave. O resultado agravador, nesse caso, é atribuído ao agente a título de culpa (trata-se de crime preterdoloso). Impossível que iniciasse o agente um crime com dolo de perigo e o encerrasse com dolo de dano (querendo as lesões corporais).

Se, em razão do abandono, a vítima morrer, a pena do agente será de 4 a 12 anos (§ 2º do art. 133 do CP). Aqui, igualmente, o resultado agravador não pode ser imputado ao autor do crime a título de dolo, mas sim de culpa (crime preterdoloso).

4.3.7. Formas majoradas

As penas serão aumentadas em 1/3 se:

a) o abandono ocorre em lugar ermo: se o lugar em que o agente abandonar a vítima for pouco frequentado ou desabitado no momento do abandono, aumenta-se a pena, eis que a chance de o perigo se concretizar é mais elevado. Todavia, se o lugar for absolutamente inóspito (ex.: lugar com forte nevasca ou deserto), muito provavelmente a intenção do agente será de causar risco efetivo (e não meramente potencial) à vida ou saúde de pessoa sob seu resguardo;

b) se o agente é ascendente ou descendente, cônjuge, irmão, tutor ou curador da vítima: trata-se de pessoas que têm um maior dever de vigilância para com as vítimas (pai em relação ao filho, filho em relação ao pai, marido e mulher, irmãos, tutor para com o tutelado e o curador para com o curatelado). Não se admite analogia (ex.: agente que abandona mulher doente, vivendo com ela em união estável);

c) se a vítima é maior de 60 anos (majorante acrescentada pelo *Estatuto do Idoso – Lei 10.741/2003*): tal majorante tem plena razão para existir, eis que as pessoas com idade mais avançada têm maior dificuldade na sua própria defesa se abandonadas.

4.4. Omissão de socorro (art. 135)

4.4.1. Considerações iniciais

No delito que será objeto de comentário a partir de agora, tencionou o legislador punir a conduta daquela pessoa que demonstra insensibilidade perante terceiros que se vejam em situação de perigo, desde que possam agir sem risco à própria vida ou integridade corporal.

A todos existe um dever geral de solidariedade humana, conforme as palavras de Magalhães Noronha. Não se trata de conduta que a lei proíbe (em regra os crimes se traduzem em condutas proibidas – ex.: matar, furtar, estuprar, roubar), mas que impõe um "fazer" (imperativo de comando).

Não se incrimina apenas a conduta daquela pessoa que, podendo agir, deixa de prestar assistência a determinadas pessoas, mas também aquela que, não podendo fazê-lo sem risco pessoal, deixa de pedir o necessário socorro à autoridade pública.

4.4.2. Sujeitos do crime

No tocante ao sujeito ativo, o crime é considerado **comum**, eis que qualquer pessoa pode praticar a conduta descrita no *caput* do art. 135 do CP.

Já as pessoas que deveriam ser assistidas pelo sujeito ativo, mas que não o foram, são:

a) criança abandonada ou extraviada;

b) pessoa inválida ou o ferido desamparado;

c) pessoa que se encontre em grave e iminente perigo.

Considera-se *criança abandonada*, segundo Rogério Sanches Cunha (**Direito Penal** – *Crimes contra a pessoa* – ed. RT, pág. 115), a que foi deixada sem os cuidados de que necessitava para a sua subsistência. Já *criança extraviada* é a que se perdeu, sem saber retornar à sua residência.

Pessoa inválida, ao desamparo, é aquela, segundo o mesmo autor, sem vigor físico, ou adoentada. Por fim, *pessoa que se encontre em grave e iminente perigo* é aquela que se vê diante de algum mal sério, de grandes proporções, prestes a se verificar.

4.4.3. Tipo objetivo

O crime em tela se verifica quando o agente "deixar de prestar assistência". Trata-se de *crime omissivo puro*, ou seja, o sujeito ativo responde por "nada fazer", sendo que a lei, como já dissemos anteriormente, impõe a todos um dever de solidariedade diante daquelas pessoas descritas no tipo penal (criança abandonada ou extraviada; pessoa inválida ou ferida ao desamparo; pessoa que se encontre em grave e iminente perigo).

A omissão caracterizadora do crime em comento pode ser praticada de duas formas:

1ª – o agente, podendo auxiliar as pessoas descritas no *caput* do art. 135 do CP, não o faz;

2ª – o agente, não podendo ajudá-las sem que sofra um risco pessoal, não solicita socorro à autoridade pública.

4.4.4. Tipo subjetivo

Trata-se de crime doloso, ou seja, o agente, agindo de forma livre e consciente, deixa de prestar socorro a determinadas pessoas em situações periclitantes, ou, não podendo fazê-lo, deixa de solicitar socorro à autoridade pública competente.

Segundo a doutrina, o dolo pode ser **direto** ou **eventual**.

Inexiste a modalidade culposa da omissão de socorro, situação que, se verificada no caso concreto, tornaria a conduta atípica (princípio da excepcionalidade do crime culposo).

4.4.5. Consumação e tentativa

Consuma-se o delito, esgotando-se o *iter criminis*, quando o agente efetivamente deixa de prestar assistência a quem a precisa ou não comunica a autoridade pública competente. Enfim, *consuma-se o crime com a omissão do sujeito ativo*.

Por se tratar de crime omissivo próprio (ou puro), *inadmissível a tentativa*, por se tratar de *crime unissubsistente* (o *iter criminis* não é fracionável).

4.4.6. Forma majorada de omissão de socorro

O parágrafo único do art. 135 do CP pune mais gravosamente o agente que, em razão da omissão, provocar **lesão corporal de natureza grave** na vítima (aumenta-se de **metade** a reprimenda).

Já se resultar a **morte** do ofendido, a pena é **triplicada**.

Em ambas as hipóteses, o crime será **preterdoloso** (dolo na omissão e culpa no tocante ao resultado agravador – lesão corporal grave ou morte).

4.5. Condicionamento de atendimento médico hospitalar emergencial (art. 135-A do CP)

4.5.1. Considerações iniciais

Trata-se de nova figura típica inserida no CP pela Lei 12.653/2012, muito semelhante, em verdade, ao crime estudado anteriormente. Estamos, na prática, diante de uma nova modalidade de omissão de socorro, mas com elementares e características próprias. Vamos aos estudos!

4.5.2. Sujeitos do crime

O crime em tela, embora não haja expressa previsão na redação típica, será cometido por administradores ou funcionários do hospital, visto que a conduta será de "*exigir* cheque-caução, nota promissória ou qualquer garantia, bem como o preenchimento prévio de formulários administrativos, como condição para o atendimento médico hospitalar emergencial".

Ora, emerge nítido que a exigência de "burocracias" e/ou de garantia antecipada de pagamento dos serviços hospitalares somente poderá ser feita por funcionários ou administradores do hospital, motivo pelo qual entendemos que se trata de um crime próprio, visto ser necessária uma qualidade especial do agente (ser funcionário ou administrador da entidade hospitalar).

4.5.3. Tipo objetivo

O crime em comento restará caracterizado quando o agente delitivo *condicionar* o atendimento médico hospitalar emergencial ao próprio paciente ou seus familiares, em caso de impossibilidade daquele, exigindo:

✓ *cheque-caução* – trata-se de um título de crédito (ordem de pagamento à vista) emitido como garantia do pagamento dos serviços médicos e hospitalares prestados;

✓ *nota promissória* – trata-se, também, de um título de crédito (promessa futura de pagamento), dado como garantia do pagamento dos serviços médicos e hospitalares prestados;

✓ *qualquer garantia* – aqui, o legislador, em exercício de interpretação analógica, após enumeração casuística (cheque-caução e nota promissória), inseriu uma "cláusula genérica", a fim de garantir que haverá tipicidade penal se, por exemplo, o agente delitivo exigir, como condição do atendimento ao paciente, qualquer outra garantia, tais como endosso de uma duplicata ou letra de câmbio (Rogério Sanches Cunha – **Curso de Direito Penal**, vol. 2 – pág. 156 – Ed. JusPodivm).

Repare que a "omissão de socorro" por parte do agente delitivo fica nítida: caso a exigência não seja atendida (cheque-caução, nota promissória ou qualquer outra garantia), não haverá a prestação do serviço médico hospitalar de emergência!

Frise-se que a simples exigência de garantia do pagamento dos serviços hospitalares e médicos de emergência será fato atípico quando não houver o condicionamento prévio ao atendimento do paciente.

4.5.4. Tipo subjetivo

O crime em comento é doloso, vale dizer, impõe que o agente delitivo, de forma livre e consciente, condicione ao paciente ou aos familiares deste o atendimento médico hospitalar emergencial à emissão de um cheque-caução, ou a assinatura de uma nota promissória ou qualquer outra garantia.

4.5.5. Consumação e tentativa

Haverá consumação do crime ora estudado no exato momento em que o agente fizer ao paciente, ou aos seus familiares, a exigência, condicionando o atendimento emergencial à entrega de um cheque-caução, ou à assinatura de uma nota promissória ou qualquer outra forma de garantia do pagamento dos serviços médicos hospitalares de emergência.

4.5.6. Formas majoradas

A pena, que é de 3 meses a 1 ano, e multa, será aumentada até o dobro se, em razão da omissão (negativa de atendimento médico hospitalar de emergência), resultar **lesão corporal grave** à vítima-paciente. Porém, se da negativa advier a **morte** do ofendido, a pena será aumentada até o triplo. Estamos, aqui, diante de figuras preterdolosas (dolo na negativa de atendimento e culpa na lesão corporal grave ou morte).

4.6. Maus-tratos (art. 136 do CP)

4.6.1. Considerações iniciais

Trata-se de crime que atenta contra a incolumidade física de determinadas pessoas descritas no tipo penal. Apenas a título de curiosidade, foi o Código de Menores, de 1927, que pela primeira vez tratou do delito de maus-tratos contra menores de 18 anos.

4.6.2. Sujeitos do crime

Conforme enuncia o tipo penal, o crime de maus-tratos não pode ser praticado por qualquer pessoa, mas apenas por aquelas que tenham alguma relação (de subordinação, diga-se de passagem) com a vítima.

Logo, pode-se afirmar que se trata de **crime próprio**, já que será praticado:

a) por quem exercer autoridade sobre alguém;

b) pelo guardião de alguém;

c) por quem exercer vigilância sobre alguém.

Ressalte-se que a relação existente entre sujeito ativo e passivo pode ser de direito público ou privado (ex.: o diretor do presídio e o detento; a mãe em relação ao filho).

Salienta-se que o crime é bipróprio, já que tanto do autor quanto da vítima são exigidas qualidades especiais (a vítima deve estar sob a autoridade, guarda ou vigilância de alguém).

4.6.3. Tipo objetivo

A conduta típica é a de "expor a perigo a vida ou a saúde" de determinadas pessoas (pessoa que esteja sob a guarda, autoridade ou vigilância do sujeito ativo do crime).

Portanto, exige-se que o agente inflija maus-tratos à vítima, mediante os seguintes meios executórios (o que transforma a figura ora estudada em crime de ação vinculada):

a) privação de alimentação (conduta omissiva);

b) privação de cuidados indispensáveis (conduta omissiva);

c) sujeição a trabalho excessivo (conduta comissiva);

d) sujeição a trabalho inadequado (conduta comissiva);

e) abuso dos meios de correção (conduta comissiva);

f) abuso dos meios de disciplina (conduta comissiva).

Enfim, o agente exporá a risco a vida ou a saúde da vítima, realizando umas das ações acima mencionadas, seja por omissão (letras "a" e "b"), seja por ação (letras "c" a "f").

Especialmente quanto ao abuso dos meios de correção e disciplina, adverte-se que o "guardião" (pai, mãe e família substituta) tem o direito de corrigir e impor disciplina ao que está sob sua guarda. O que pune a lei é o excesso nos meios de correção e disciplina, expondo, em razão disso, a vida ou a saúde da vítima a perigo de dano.

Importante registrar que o ECA (Lei 8.069/1990), alterado pela denominada "Lei da Palmada", recebeu, dentre outros, novo dispositivo (art. 18-A), assim redigido:

> **Art. 18-A.** A criança e o adolescente têm o direito de ser educados e cuidados sem o uso de castigo físico ou de tratamento cruel ou degradante, como formas de correção, disciplina, educação ou qualquer outro pretexto, pelos pais, pelos integrantes da família ampliada, pelos responsáveis, pelos agentes públicos executores de medidas socioeducativas ou por qualquer pessoa encarregada de cuidar deles, tratá-los, educá-los ou protegê-los. (Incluído pela Lei 13.010, de 2014)
>
> **Parágrafo único.** Para os fins desta Lei, considera-se: (Incluído pela Lei 13.010, de 2014)
>
> I – castigo físico: ação de natureza disciplinar ou punitiva aplicada com o uso da força física sobre a criança ou o adolescente que resulte em: (Incluído pela Lei 13.010, de 2014)
>
> a) sofrimento físico; ou (Incluído pela Lei 13.010, de 2014)
>
> b) lesão; (Incluído pela Lei 13.010, de 2014)
>
> II – tratamento cruel ou degradante: conduta ou forma cruel de tratamento em relação à criança ou ao adolescente que: (Incluído pela Lei 13.010, de 2014)
>
> a) humilhe; ou (Incluído pela Lei 13.010, de 2014)
>
> b) ameace gravemente; ou (Incluído pela Lei 13.010, de 2014)
>
> c) ridicularize. (Incluído pela Lei 13.010, de 2014)

O dispositivo acima transcrito, cremos, ainda causará muita discussão acerca dos limites do poder familiar e da condução da educação das crianças e adolescentes. Nada obstante, trata-se de uma boa "fonte" para que os operadores do Direito busquem aquilo que poderá ser considerado excessivo na disciplina e correção de menores de dezoito anos.

Atua o agente, no crime em comento (art. 136, CP), não com dolo de dano, mas com dolo de perigo ao abusar desses meios.

Frise-se que, quando os maus-tratos se devem à correção, por exemplo, do próprio filho, excedendo-se os pais em tal situação, não responderão por lesões corporais se tiverem agido com *animus corrigendi*. Todavia, se a intenção for a de lesionar, responderão pelo referido delito.

Por fim, o abuso nos meios de correção deve ser apto a causar um perigo de dano à vida ou saúde da vítima, não restando configurado se causar apenas simples "vergonha" (ex.: a mãe, querendo "emendar" a filha, raspa-lhe os cabelos, em razão de ser "menina fácil").

4.6.4. Tipo subjetivo

O crime é doloso, exigindo-se do agente que atue com a consciência de que sua conduta expõe a risco a vida ou saúde da vítima, excedendo-se da normalidade.

Não se pune a forma culposa do crime.

4.6.5. Consumação e tentativa

Consuma-se o crime quando a vítima efetivamente sofrer um risco à sua integridade física (vida ou saúde).

As modalidades comissivas admitem tentativa, ao passo que as omissivas, não.

4.6.6. Formas qualificadas e majorada

Os §§ 1º e 2º do art. 136 do CP punem mais gravosamente o agente que, em razão dos maus-tratos, causa na vítima lesão corporal de natureza grave (1 a 4 anos de reclusão) ou morte (4 a 12 anos de reclusão).

Evidentemente que qualquer das qualificadoras aponta para a ocorrência de crime preterdoloso, atribuindo-se o resultado agravador (lesão corporal grave ou morte) ao agente a título de culpa. Assim não fosse, responderia por lesão corporal consumada ou homicídio.

Por fim, o § 3º do precitado artigo determina o aumento da pena em 1/3 se o crime for praticado contra menor de 14 anos (dispositivo acrescentado pelo ECA).

Se o crime for praticado contra idoso (mais de 60 anos), o crime não é o de maus-tratos do CP, mas o do Estatuto do Idoso (art. 99 da Lei 10.741/2003).

4.7. Rixa (art. 137 do CP)

4.7.1. Considerações iniciais

Considera-se rixa a briga ou a contenda travada entre mais de duas pessoas (no mínimo, portanto, três!), **sem que se possa identificar, de maneira individualizada, agressor e agredido**.

Embora possa parecer contraditório, na rixa o **sujeito ativo e o sujeito passivo se confundem** (agressor pode ser agredido e vice-versa).

Trata-se de crime que protege, a um só tempo, a **incolumidade física** dos próprios contendores, bem assim a **incolumidade pública**, que pode ser posta em xeque em uma briga generalizada.

4.7.2. Sujeitos do crime

Qualquer pessoa pode ser sujeito ativo do delito em questão.

Pela particularidade de exigir, no mínimo, três pessoas para que a conduta seja típica, temos um crime de **concurso necessário** (ou **plurissubjetivo**).

O sujeito passivo do crime pode ser o próprio participante da rixa, bem como terceiras pessoas que venham a se ferir com o tumulto.

4.7.3. Tipo objetivo

O crime de rixa, previsto no art. 137 do CP, prevê como conduta típica "participar da rixa", ou seja, **tomar parte** na contenda travada entre, pelo menos, três pessoas.

Pune-se o delito, em sua forma simples, com detenção de 2 meses a 1 ano, ou multa (trata-se de **infração penal de menor potencial ofensivo – art. 61 da Lei 9.099/1995**).

O delito que ora se comenta somente restará caracterizado se houver um tumulto generalizado, sem que se possa identificar/individualizar agressores e agredidos. Se houver tal possibilidade (constatação individual de cada contendor e agredido), tratar-se-á de lesões corporais recíprocas, não rixa.

Pode-se tomar parte na rixa diretamente (ou seja, sendo um dos rixosos), ou mediante participação moral (partícipe da rixa – art. 29 do CP), induzindo ou instigando os contendores a tomarem parte na briga generalizada.

A doutrina faz menção a dois tipos de rixa:

a) *ex proposito* – é a rixa preordenada, na qual dois ou mais grupos de contendores, de maneira prévia, ajustam a "briga" generalizada. Nesse caso, sendo possível a identificação de cada um, não se poderia falar em crime de rixa, mas de lesões corporais qualificadas;

b) *ex improviso* – é a rixa que ocorre sem um prévio ajuste, de inopino, subitamente. Para alguns doutrinadores, essa é a típica rixa.

4.7.4. Tipo subjetivo

O delito de rixa é doloso, mas não agem os rixosos com dolo de lesionar (dolo de dano), mas sim de causar perigo à integridade física de terceiros (**dolo de perigo**).

Trata-se, portanto, de mais um **crime de perigo**, segundo a doutrina, abstrato (presume-se o perigo, não se exigindo sua comprovação em concreto).

O terceiro que apenas ingressa na contenda para "separar" os rixosos, por falta de dolo, não responderá pelo crime, exceto se, durante sua intervenção, passar a agredir os partícipes do tumulto.

4.7.5. Consumação e tentativa

Consuma-se o crime com a efetiva participação do agente na contenda generalizada, trocando agressões com os demais partícipes do evento.

Segundo a doutrina majoritária, inadmissível a tentativa, já que o delito se consuma com o ingresso do contendor no tumulto, exaurindo-se a infração simultaneamente com o início da execução (delito unissubsistente e instantâneo).

Para outros, admite-se a tentativa apenas na rixa *ex proposito* (preordenada).

Ademais, se o tumulto sequer tivesse início, não ocorreria a forma tentada do delito, mas sim meros atos preparatórios.

4.7.6. Rixa qualificada

Conforme o parágrafo único do art. 137 do CP, se ocorrer morte ou lesão corporal de natureza grave, a pena será de 6 meses a 2 anos de detenção.

Trata-se de dispositivo que pune objetivamente (independente de comprovação de dolo ou culpa) o participante da rixa se do tumulto decorrer resultado mais grave do que simples vias de fato ou lesões corporais leves.

Em suma, ainda que o rixoso não tenha diretamente provocado a lesão corporal grave ou a morte de outro contendor, o só fato de participar do tumulto já será suficiente para receber reprimenda mais gravosa. Aqui, identifica-se um resquício da responsabilização penal objetiva.

Se um dos contendores for o que sofrer a lesão corporal grave, ele próprio responderá por rixa qualificada.

5. CRIMES CONTRA A HONRA

5.1. Crimes contra a honra (arts. 138 a 145, CP). Considerações iniciais

A honra é bem jurídico constitucionalmente protegido, conforme se infere do art. 5º, X, da CF: "são invioláveis a intimidade, a vida privada, a honra e a imagem das pessoas, assegurado o direito a indenização pelo dano material e moral decorrente de sua violação".

A doutrina costuma dividir a honra sob dois aspectos: um objetivo e outro subjetivo.

Sob o enfoque objetivo, que dá ensejo à denominada **honra objetiva**, diz-se que se trata daquilo que terceiros pensam do sujeito. Em outras palavras, a honra objetiva condiz com o conceito que a pessoa goza de seu meio social (reputação).

Já no tocante ao aspecto subjetivo, do qual se origina a **honra subjetiva**, diz-se que se trata daquilo que a pessoa pensa de si própria, um sentimento sobre a própria dignidade.

Embora a doutrina costume diferenciar honra objetiva de subjetiva, é certo que não se pode tratá-las de forma estanque, eis que, por vezes, segundo adverte Rogério Greco, "uma palavra que pode ofender a honra subjetiva do agente também pode atingi-lo perante a sociedade da qual faz parte. Chamar alguém de mau-caráter, por exemplo, além de atingir a dignidade do agente, macula sua imagem no meio social" (**Curso de Direito Penal** – vol. 2 – Parte Especial – ed. Impetus).

A distinção a que ora fazemos referência guarda importância apenas para a distinção dos três tipos penais incriminadores que serão doravante estudados (bem como os momentos consumativos): a **injúria** (que ofende a *honra subjetiva* da vítima), a **calúnia** e a **difamação** (ambas ofendendo a *honra objetiva* do sujeito passivo das condutas ilícitas).

5.2. Calúnia (art. 138 do CP)

5.2.1. Considerações iniciais

O art. 138 do CP prevê o crime de calúnia, que, como já dito anteriormente, ofende a **honra objetiva** da vítima, vale dizer, sua reputação e fama perante terceiros.

5.2.2. Tipo objetivo

A conduta típica é *caluniar*, ou seja, fazer uma falsa acusação, tendo o agente, com tal conduta, a intenção de afetar a reputação da vítima perante a sociedade.

O tipo penal em comento enuncia: "caluniar alguém, imputando-lhe falsamente fato definido como crime".

Guilherme de Souza Nucci (**Manual de Direito Penal** – Parte Geral e Parte Especial – 3ª ed., editora RT, pág. 657), criticando a redação do art. 138 do CP, faz a seguinte ressalva: "portanto, a redação feita no art. 138 foi propositadamente repetitiva (fala duas vezes em *'atribuir'*: caluniar significa *atribuir* e imputar também significa *atribuir)*. Melhor seria ter nomeado o crime como sendo 'calúnia', descrevendo o modelo legal de conduta da seguinte forma: *Atribuir a alguém, falsamente, fato definido como crime. Isto é caluniar*".

Em suma, o crime de calúnia fica caracterizado quando o agente atribui, imputa a alguém, *falsamente*, fato definido como crime.

Deve o agente delitivo, portanto, imputar um **fato determinado**, e não genérico, sob pena de restar descaracterizada a calúnia, tipificando, eventualmente, a conduta prevista no art. 140 do CP (injúria). Exemplo de fato determinado: "João foi quem ingressou no Banco Real, na semana passada, e comandou o roubo à agência". Nesse caso, verifica-se a atribuição de um fato determinado (no espaço e no tempo), que somente configura o crime em comento se for falso.

Considera-se falso o fato atribuído à vítima se ele sequer ocorreu ou, tendo ocorrido, não teve como autor, coautor ou partícipe, o ofendido.

Se o agente atribuir à vítima fato definido como contravenção penal (ex.: "João é o dono da banca do jogo do bicho do bairro X, tendo recebido, somente na semana passada, mais de 300 apostas em sua banca"), não se configura o crime de calúnia, que pressupõe a falsa imputação de fato *criminoso*. No exemplo dado, poderíamos estar diante de uma difamação (art. 139 do CP).

5.2.3. Tipo subjetivo

O elemento subjetivo da conduta é o dolo, ou seja, a vontade livre e consciente do agente de atribuir a alguém, sabendo ser falso, um fato definido como crime.

Exige-se, ainda, o elemento subjetivo do tipo específico (dolo específico), qual seja, o *animus diffamandi*, a intenção de ofender a honra da vítima.

5.2.4. Sujeitos do crime

O **sujeito ativo** do crime pode ser qualquer pessoa, razão pela qual a calúnia é doutrinariamente qualificada como **crime comum**.

O **sujeito passivo** também pode ser **qualquer pessoa**.

Diverge a doutrina acerca da possibilidade de **pessoa jurídica** ser vítima de calúnia. Entende-se que sim, apenas em se tratando de **crimes ambientais**, nos quais a pessoa jurídica pode ser autora da conduta típica (*vide* Lei 9.605/1998).

Se a vítima for o Presidente da República e o crime tiver conotação política o fato será regulado pela Lei de Segurança Nacional (art. 26 da Lei 7.170/1983).

Antes do julgamento, pelo STF, da ADPF 130, no mês de abril de 2009, se o meio de dispersão da calúnia à sociedade fosse a imprensa (escrita ou falada), o delito seria aquele previsto na Lei de Imprensa (Lei 5.250/1967). Frise-se que referido diploma legal foi declarado não recepcionado pela nova ordem constitucional. Nesse sentido, confira-se parte da ementa do julgado:

> Arguição de descumprimento de preceito fundamental (ADPF). Lei de imprensa. Adequação da ação. Regime constitucional da "liberdade de informação jornalística", expressão sinônima de liberdade de imprensa. A "plena" liberdade de imprensa como categoria jurídica proibitiva de qualquer tipo de censura prévia.
>
> (...)
>
> 10. Não recepção em bloco da Lei 5.250 pela nova ordem constitucional
>
> (...)
>
> 12. Procedência da ação. Total procedência da ADPF, para o efeito de declarar como não recepcionado pela Constituição de 1988 todo o conjunto de dispositivos da Lei federal 5.250, de 09.02.1967.

Atualmente (leia-se: desde o julgamento da já citada ADPF 130), se o crime de calúnia for perpetrado por meio da imprensa, aplicar-se-ão as regras "comuns" do Código Penal.

5.2.5. Consumação e tentativa

Consuma-se o crime de calúnia no momento em que a falsa atribuição de fato criminoso **chegar ao conhecimento de terceiros** (ainda que a só uma pessoa), independentemente de a circunstância macular a honra da vítima.

Assim, ainda que, de fato, a reputação do ofendido não seja abalada, entende-se consumado o delito (trata-se, pois, de **crime formal**).

É **possível a tentativa** se, por exemplo, os atos executórios ocorrerem por escrito e os papéis caluniadores não chegarem ao conhecimento de terceiros.

5.2.6. Propalar ou divulgar a calúnia

O § 1º do art. 138 do CP também pune a conduta daquele que simplesmente propala ou divulga a falsa imputação de fato definido como crime, desde que saiba ser falsa.

Nesse caso, aquele que simplesmente repassar a calúnia estará, por óbvio, caluniando a vítima, eis que a ele estará atribuindo fato definido como crime, sabendo-o falso.

5.2.7. Calúnia contra os mortos

O § 2º do art. 138 do CP também pune a **calúnia contra os mortos**. Nesse caso, como as pessoas já morreram, as vítimas não serão propriamente elas, que já sequer contam com personalidade jurídica (que se encerra, para as pessoas naturais, com a morte), mas seus **familiares**.

5.2.8. Calúnia contra inimputáveis. É possível?

Aos adeptos da teoria tripartida de crime (**fato típico, antijurídico e culpável**), o inimputável por doença mental, desenvolvimento mental incompleto ou desenvolvimento mental retardado (art. 26 do CP), embora pratique os dois primeiros elementos do crime, é isento de pena, pelo que a culpabilidade estaria afastada. Em outras palavras, o "louco" não praticaria *crime*.

O mesmo se pode dizer com relação aos inimputáveis por idade (menores de dezoito anos), que não se submetem ao Código Penal, mas apenas à legislação específica (ECA).

Entende a maioria, entretanto, que contra os inimputáveis é possível a prática de calúnia, embora não possam *praticar crime*.

É que o legislador utilizou os termos "fato definido como crime", e não "prática de crime". Dessa forma, é possível que se atribua a um "louco", ou a um menor de idade, um *fato* definido em lei como crime (ex.: homicídio, aborto, roubo, furto etc.).

Concluindo, percebe-se que é possível, portanto, que inimputáveis, embora não pratiquem crime (em seu sentido técnico-jurídico), possam ser vítima de calúnia.

5.2.9. Exceção da verdade

O § 3º do art. 138 do CP prevê o instituto da "exceção da verdade". Trata-se de um incidente processual, que deve ser obrigatoriamente enfrentado pelo magistrado antes da sentença final, visto que pode conduzir à absolvição do suposto agente delitivo.

A lei penal admite que a pessoa que atribui a terceiro fato definido como crime comprove a *veracidade* da imputação. Logo, se o crime de calúnia pressupõe a atribuição falsa de um fato definido como crime, a exceção (defesa) da verdade pode tornar a conduta atípica.

Assim, pode o autor da suposta calúnia provar que a pretensa vítima realmente praticou o fato definido como crime, razão pela qual a imputação seria verdadeira e não falsa.

Todavia, a lei previu algumas situações em que **a exceção da verdade é vedada**:

a) inciso I – se, constituindo o fato imputado crime de ação privada, o ofendido não foi condenado por sentença irrecorrível: aqui, se o crime for de ação privada e a vítima sequer intentou a competente queixa-crime, torna-se impossível que um terceiro, que não a própria vítima, queira provar a ocorrência de um crime que o diretamente interessado não julgou oportuno investigá-lo e processar seu autor. Outra situação ocorre se o autor da calúnia atribui a alguém um fato definido como crime de ação privada e ainda não houve a condenação definitiva (irrecorrível);

b) inciso II – se o fato é imputado a qualquer das pessoas indicadas no n. I do art. 141: referido dispositivo faz alusão ao Presidente da República e a chefe de governo estrangeiro. Nesse caso, ainda que referidas pessoas houvessem praticado crime, o CP não admite sua comprovação. Há quem sustente que essa vedação à exceção da verdade viola o princípio constitucional da ampla defesa, entendimento que também comungamos;

c) inciso III – se do crime imputado, embora de ação pública, o ofendido foi absolvido por sentença irrecorrível: no caso em tela, se a Justiça já absolveu, de maneira irrecorrível, a vítima do crime de calúnia, não poderá o agente querer provar algo sobre o qual não mais cabe discussão (coisa julgada).

5.3. Difamação (art. 139 do CP)

5.3.1. Considerações iniciais

Trata-se de crime que atenta contra a **honra objetiva** da vítima, vale dizer, sua reputação e fama no meio social. É esse, portanto, o **objeto jurídico** do crime em comento.

5.3.2. Tipo objetivo

A conduta típica corresponde ao verbo do tipo **difamar**, que significa desacreditar uma pessoa, maculando sua reputação no meio social. Parecida com a calúnia, a difamação pressupõe que haja imputação de um **fato** (não definido como crime, mas que tenha a possibilidade de ofender a reputação da vítima).

O tipo penal, segundo Guilherme de Souza Nucci (op. cit., pág. 659), também foi repetitivo, já que difamar significa exatamente imputar um fato "desairoso", silenciando a respeito da veracidade ou falsidade dele.

Em suma, difamar a vítima significa imputar-lhe fatos maculadores de sua fama (honra objetiva), ainda que verídicos (ex.: "João, todas as sextas-feiras, é visto defronte a um bordel, consumindo drogas e bebida alcóolica, na esquina do viaduto da Rua 'X'").

5.3.3. Tipo subjetivo

É o dolo, ou seja, a vontade livre e consciente do agente em atribuir a alguém (ainda que verdadeiramente) fato ofensivo à reputação. Além disso, exige-se o elemento subjetivo do tipo (dolo específico), qual seja, o *animus diffamandi*.

5.3.4. Sujeitos do crime

A difamação pode ser praticada por qualquer pessoa, tratando-se, pois, de crime comum. A vítima também pode ser qualquer pessoa.

Antes do julgamento, pelo STF, da ADPF 130, no mês de abril de 2009, se o meio de dispersão da difamação à sociedade fosse a imprensa (escrita ou falada), o delito seria aquele previsto na Lei de Imprensa (Lei 5.250/1967). Frise-se que referido diploma legal foi declarado não recepcionado pela nova ordem constitucional. Nesse sentido, confira-se parte da ementa do julgado:

> Arguição de Descumprimento De Preceito Fundamental (ADPF). Lei de imprensa. Adequação da ação. Regime constitucional da "liberdade de informação jornalística", expressão sinônima de liberdade de imprensa. A "plena" liberdade de imprensa como categoria jurídica proibitiva de qualquer tipo de censura prévia.
>
> (...)
>
> 10. Não recepção em bloco da Lei 5.250 pela nova ordem constitucional.
>
> (...)
>
> 12. Procedência da ação. Total procedência da ADPF, para o efeito de declarar como não recepcionado pela Constituição de 1988 todo o conjunto de dispositivos da Lei federal 5.250, de 09.02.1967.

Atualmente (leia-se: desde o julgamento da já citada ADPF 130), se o crime de difamação for perpetrado por meio da imprensa, aplicar-se-ão as regras "comuns" do Código Penal.

Questiona-se se a **pessoa jurídica pode ser vítima de difamação**. Entende-se, majoritariamente, que **sim**, eis que as empresas gozam de reputação no mercado. Em suma, as pessoas jurídicas têm uma imagem a ser preservada, pelo que sua "honra objetiva" pode ser maculada (ex.: "a empresa 'Y' trata muito grosseiramente seus empregados, especialmente o Joaquim, que foi escorraçado de seu posto de trabalho na semana passada").

Interessante, ainda, que se conheça a posição do STF acerca de **difamação perpetrada por advogado**, que, de acordo com o art. 7º, § 2º, do Estatuto da OAB (Lei 8.906/1994) é imune por suas manifestações em juízo ou fora dele, desde que no exercício da profissão, a referido crime.

Confira-se:

Difamação e imunidade profissional de advogado

"A 1ª Turma, por maioria, denegou *habeas corpus* em que se pleiteava o trancamento da ação penal. Na espécie, a paciente – condenada pelo crime de difamação – teria ofendido a reputação de magistrada, desmerecendo a sua capacitação funcional, diante dos serventuários e demais pessoas presentes no cartório da vara judicial. De início, aduziu-se que as alegações de atipicidade da conduta e de inexistência de dolo não poderiam ser apreciadas nesta via, uma vez que, para chegar a conclusão contrária à adotada pelas instâncias ordinárias, seria necessário o reexame do conjunto fático-probatório, não admissível nesta sede. Em seguida, ponderou-se estar diante de fato, em tese, típico, ilícito e culpável, revestido de considerável grau de reprovabilidade. Ressaltou-se que o comportamento da paciente amoldar-se-ia, em princípio, perfeitamente à descrição legal da conduta que a norma visaria coibir (CP, art. 139). Desse modo, afirmou-se que não haveria falar em atipicidade da conduta. Ante as circunstâncias dos autos, reputou-se, também, que não se poderia reconhecer, de plano, a ausência do *animus diffamandi*, identificado na sentença condenatória e no acórdão que a confirmara. No tocante à alegação de que teria agido acobertada pela imunidade conferida aos advogados, asseverou-se que seria inaplicável à espécie a excludente de crime (CP, art. 142), haja vista que a ofensa não teria sido irrogada em juízo, na discussão da causa. Acrescentou-se que a mencionada excludente não abrangeria o magistrado, que não poderia ser considerado parte na relação processual, para os fins da norma. Frisou-se, também, que a jurisprudência e a doutrina seriam pacíficas nesse sentido, na hipótese de ofensa a magistrado. O Min. Luiz Fux enfatizou que a frase proferida pela advogada encerraria uma lesão penal bifronte. Vencidos os Ministros Marco Aurélio, relator, e Dias Toffoli, que concediam a ordem. Aquele, para assentar a atipicidade da conduta da paciente sob o ângulo penal; este, porquanto afirmava que a difamação estaria expressamente imunizada pelo § 2º do art. 7º do Estatuto da Advocacia". HC 104385/SP, rel. orig. Min. Marco Aurélio, red. p/ o acórdão Min. Ricardo Lewandowski, 28.6.2011. (HC-104385) (Inform. STF 633).

5.3.5. Consumação e tentativa

Consuma-se o crime de difamação quando a ofensa à reputação da vítima chega ao conhecimento de terceiros (ainda que a uma só pessoa), independentemente de haver um resultado lesivo à sua fama. Trata-se, portanto, de crime formal, que independe de resultado naturalístico.

Admissível a tentativa, por exemplo, se a difamação for feita por escrito e não chegar ao conhecimento de terceiros por extravio dos papéis.

5.3.6. Exceção da verdade (parágrafo único)

Somente é admitida a exceção (defesa) da verdade se o agente tentar comprovar que o fato ofensivo à reputação de funcionário público foi efetivamente praticado se tiver relação direta com o exercício de suas funções.

Diz-se que a Administração Pública admite a exceção da verdade nesses casos pelo fato de que tem entre seus princípios informadores o da moralidade e o da eficiência.

Imagine que "A" imputa a "B", juiz de direito, o seguinte fato: "o Dr. 'B', juiz da vara criminal da cidade 'X', ao invés de presidir a audiência do dia 20.03.2015, na qual eu era advogado do autor, ficou bebendo no bar da esquina".

Se o juiz ingressasse com queixa-crime contra o advogado, dizendo-se vítima de difamação, poderia ele demonstrar a verdade do fato atribuído ao magistrado.

Como dissemos, a lei tem o interesse de provar um fato desonroso atribuído a um funcionário público que o tenha praticado no exercício de suas funções. Quer-se, com isso, proteger a própria imagem da Administração Pública, que pode ser maculada por um funcionário que aja de maneira vexatória, já que sua imagem, querendo ou não, acaba sendo vinculada ao Poder Público.

5.4. Injúria (art. 140 do CP)

5.4.1. Considerações iniciais

Trata-se de crime que ofende a **honra subjetiva** da vítima, vale dizer, sua dignidade ou seu decoro ("autoimagem da pessoa, isto é, a avaliação que cada um tem de si mesmo" – Guilherme de Souza Nucci – op. cit., pág. 661).

Portanto, o objeto jurídico do crime em estudo é a honra subjetiva, e não a objetiva, protegida pelos delitos de calúnia e difamação.

5.4.2. Tipo objetivo

Enquanto nos delitos de calúnia e difamação o agente imputa um fato (definido como crime, na primeira, ou ofensivo à reputação, na segunda), na injúria este não se verifica.

No crime previsto no art. 140 do CP, o agente ofende a vítima atribuindo-lhe uma **qualidade negativa**, infamante àquilo que ela pensa de si mesma, ofendendo sua autoestima.

5.4.3. Tipo subjetivo

Além do dolo (vontade livre e consciente de ofender a honra subjetiva da vítima), exige-se o elemento subjetivo do tipo, ou seja, o *animus injuriandi*, a intenção de, com sua fala, gesto ou escrito, lesar a autoestima do ofendido.

5.4.4. Sujeitos do crime

O sujeito ativo da injúria pode ser qualquer pessoa, tratando-se, pois, de crime comum.

Em tese, o sujeito passivo também pode ser qualquer pessoa. Dizemos "em tese" pelo fato de o crime em análise depender da ofensa à dignidade ou decoro da vítima. Em algumas circunstâncias, torna-se impossível que o ofendido entenda que sua autoestima foi ferida (ex.: crianças de tenra idade; doentes mentais sem capacidade de discernimento).

Lembremos que o crime pressupõe que a vítima se veja (e entenda) lesada em sua autoimagem, o que nem sempre é possível.

Não se admite crime de injúria contra pessoa jurídica, já que a honra subjetiva é própria de pessoas naturais e não de uma ficção legal.

Até mesmo aos "desonrados" é possível a configuração de injúria. Diz-se que sempre há uma gota de dignidade ou decoro a se resguardar, por mais "desonrada" que seja a pessoa (ex.: pode-se injuriar uma prostituta, ainda que se tente ofender sua autoimagem no que tange à atividade sexual).

5.4.5. Consumação e tentativa

Consuma-se o crime no momento em que a imputação de qualidades negativas **chega ao conhecimento da própria vítima**, e não de terceiros, como na calúnia e difamação.

Não se exige que a pessoa se sinta, de fato, ofendida, bastando a potencialidade lesiva da conduta, chamando-se o delito em estudo de **formal** (ex.: chamar alguém de verme fétido e imundo tem potencialidade de causar um dano à autoestima, ainda que, no caso concreto, não se verifique).

Admite-se a forma **tentada**, por exemplo, se a injúria for **por escrito** e o papel não chegar às mãos da vítima por extravio.

5.4.6. Exceção da verdade

Obviamente não é admitida. Seria absurdo, por exemplo, imaginar-se a prova de que a vítima é, de fato, um *verme fétido e imundo*.

Como no crime de injúria não se atribuem fatos, mas qualidades, torna-se impossível querer prová-las verdadeiras, diferentemente da calúnia e difamação (nelas se atribuem fatos, os quais podem não ter ocorrido).

5.4.7. Perdão judicial

Poderá o juiz deixar de aplicar a pena (perdão judicial – causa extintiva da punibilidade – v. art. 107, IX, do CP) nas seguintes hipóteses, previstas no § 1º do art. 140:

a) quando o ofendido, de forma reprovável, provocou diretamente a injúria (inc. I);

b) quando houver retorsão imediata, que consista em outra injúria (inc. II).

No primeiro caso, a vítima, dadas as provocações, cria no espírito do agente a raiva, combustível para que o injurie.

Na segunda hipótese, embora o agente injurie a vítima, esta revida imediatamente (logo após a injúria), de tal forma que também atribua ao seu "agressor inicial" um fato ofensivo à dignidade ou decoro. Com a devida vênia, aqui se aplica perfeitamente a famosa frase: "chumbo trocado não dói". Nesse caso, ninguém responderá por injúria, dada a incidência do perdão judicial, causa extintiva da punibilidade.

5.4.8. Injúria qualificada

5.4.8.1. Injúria real

Vem prevista no § 2º do art. 140 do CP. Ocorre quando o agente, valendo-se de lesões corporais ou vias de fato, tenciona não diretamente atingir a integridade corporal ou a saúde da vítima, mas atingir-lhe a dignidade ou o decoro.

Opta o agente, em vez de injuriar a vítima com palavras ou escritos, produzir-lhe um insulto de maneira mais agressiva (ex.: tapa no rosto; cusparada na face; empurrão diante de várias pessoas). Contudo, de tal situação, deve-se vislumbrar que a intenção do agente foi a de ofender a autoestima da vítima. Daí a palavra "aviltante" prevista na qualificadora ora analisada.

De qualquer modo, o legislador irá punir o agente pela violência de maneira autônoma (ex.: se do tapa, a boca da vítima fica machucada e sangra, além da injúria qualificada, irá responder o agente por lesão corporal leve). No tocante às vias de fato, a doutrina defende que serão absorvidas pelo crime contra a honra.

5.4.8.2. Injúria qualificada pelo preconceito de raça ou cor (ou injúria racial)

Prevista na primeira parte do § 3º do art. 140 do CP, restará configurada quando o agente, para injuriar a vítima, utilizar-se de elementos referentes à **raça**, **cor**, **etnia**, **religião** ou **origem.**

Assim, estaremos diante da qualificadora em comento se o agente, por exemplo, injuriar um judeu dizendo que "todo judeu é corrupto e mão de vaca", ou um negro dizendo que "todo negro é ladrão e desonesto".

5.4.8.3. Injúria qualificada contra idoso ou deficiente

Quando, para cometer a injúria, o agente ofender a vítima em razão de ser **pessoa idosa ou portadora de deficiência,** a pena será de 1 a 3 anos de reclusão, a mesma prevista para a injúria racial.

Tal proteção no CP foi inserida pelo Estatuto do Idoso.

Guilherme Nucci cita, como exemplo de injúria qualificada contra idoso ou deficiente, as seguintes situações: "não atendemos múmias neste estabelecimento" ou "aleijado só dá trabalho" (op. cit., pág. 663).

5.5. Disposições gerais dos crimes contra a honra (arts. 141 a 145 do CP)

5.5.1. Formas majoradas

As penas são aumentadas de 1/3 se os crimes já estudados (calúnia, difamação ou injúria) forem praticados:

a) contra Presidente da República ou chefe de governo estrangeiro (inc. I, art. 141);

b) contra funcionário público, em razão de suas funções (inc. II, art. 141);

c) na presença de várias pessoas, ou por meio que facilite a divulgação da calúnia, da difamação ou da injúria (inc. III, art. 141);

d) contra pessoa maior de 60 (sessenta) anos ou portadora de deficiência, exceto no caso de injúria (inc. IV, art. 141).

Na última hipótese *supra*, excetuou-se a injúria pelo fato de o art. 140, § 3º, do CP, punir mais gravosamente a injúria contra pessoa idosa ou deficiente. Assim não fosse, estaríamos diante de inegável *bis in idem*. Prevalece, contudo, para os crimes de calúnia e difamação.

Por fim, o parágrafo único do art. 141 do CP menciona a aplicação de pena em dobro se o crime é cometido mediante paga ou promessa de recompensa. Trata-se de situação mais duramente punida pela lei, tendo em vista a torpeza do crime, demonstrada no fato de que o agente, por dinheiro ou sua mera expectativa, ofende a honra de terceiros.

5.5.2. Exclusão do crime

O art. 142 do CP traz algumas causas específicas de exclusão do crime (excludentes de ilicitude), apenas no tocante à **difamação e à injúria**, a saber:

a) a ofensa irrogada (atribuída, praticada) em juízo, na discussão da causa (limite material da excludente), pela parte ou por seu procurador (advogado);

b) a opinião desfavorável da crítica literária, artística ou científica, salvo quando inequívoca a intenção de injuriar ou difamar;

c) o conceito desfavorável emitido por funcionário público, em apreciação ou informação que preste no cumprimento do dever de ofício (ex.: certidão assinada por um escrivão, dando conta da existência dos maus antecedentes do réu).

Nos casos das letras "a" e "c", pune-se o terceiro que dá publicidade aos fatos ocorridos (parágrafo único do art. 142 do CP).

5.5.3. Retratação (art. 143 do CP)

Extingue-se a punibilidade daquela pessoa que atribuiu a alguém um falso fato definido como crime (calúnia) ou desonroso (difamação) se, até a sentença de 1º grau, retratar-se do que fez, vale dizer, "voltar atrás", desmentir-se.

Se o faz até a prestação jurisdicional ser efetivada em 1ª instância, o querelado (réu na ação penal privada) ficará isento de pena. Tal instituto tem por objetivo restabelecer a **honra objetiva** da vítima, que se vê, com a atitude do réu, "livre" da má reputação conferida pelo agente.

Antes do julgamento, pelo STF, da ADPF 130, no mês de abril de 2009, se o meio de dispersão da injúria à sociedade fosse a imprensa (escrita ou falada), o delito seria aquele previsto na Lei de Imprensa (Lei 5.250/1967). Frise-se que referido diploma legal foi declarado não recepcionado pela nova ordem constitucional. Nesse sentido, confira-se parte da ementa do julgado:

> Arguição de Descumprimento de Preceito Fundamental (ADPF). Lei de imprensa. Adequação da ação. Regime constitucional da "liberdade de informação jornalística", expressão sinônima de liberdade de imprensa. A "plena" liberdade de imprensa como categoria jurídica proibitiva de qualquer tipo de censura prévia.
>
> (...)
>
> 10. Não recepção em bloco da Lei 5.250 pela nova ordem constitucional
>
> (...)
>
> 12. Procedência da ação. Total procedência da ADPF, para o efeito de declarar como não recepcionado pela Constituição de 1988 todo o conjunto de dispositivos da Lei federal 5.250, de 09.02.1967.

Atualmente (leia-se: desde o julgamento da já citada ADPF 130), se o crime de injúria for perpetrado por meio da imprensa, aplicar-se-ão as regras "comuns" do Código Penal. Logo, não mais se pode admitir que a injúria praticada pela imprensa admita a retratação, o que era possível pelo art. 26 da Lei 5.250/1967, a qual, como se sabe, foi declarada não recepcionada pelo STF.

Atualmente (leia-se: desde o julgamento da já citada ADPF 130), se o crime de injúria for perpetrado por meio da imprensa, aplicar-se-ão as regras "comuns" do Código Penal. Logo, não mais se pode admitir que a injúria praticada pela imprensa admita a retratação, o que era possível pelo art. 26 da Lei 5.250/1967, a qual, como se sabe, foi declarada não recepcionada pelo STF. Contudo, no tocante à difamação e

a calúnia, aplicável o disposto no art. 143, parágrafo único, do CP, acrescentado pela Lei 13.188/2015, que assim dispõe: "Nos casos em que o querelado tenha praticado a calúnia ou a difamação utilizando-se de meios de comunicação, a retratação dar-se-á, se assim desejar o ofendido, pelos mesmos meios em que se praticou a ofensa."

5.5.4. Pedido de explicações (art. 144 do CP)

Não havendo certeza da intenção do agente ao proferir impropérios contra alguém, poderá o suposto ofendido pedir explicações em juízo ao suposto ofensor, a fim de que se tenha certeza ou probabilidade de que tenha havido injúria, calúnia ou difamação.

Se o suposto ofensor não comparecer em juízo para prestar esclarecimentos, ou, a critério do juiz, não der as explicações de maneira satisfatória, poderá vir a ser criminalmente processado.

Exemplo seria dizer a uma mulher "extravagante", em uma roda de pessoas: "Fulana, você é uma mulher cara". Ora, essa frase poderia tanto significar que a mulher "cobra caro" em seus serviços, ou é uma pessoa dileta, querida. Havendo dúvidas, poderá a mulher formular pedido de explicações ao suposto agressor de sua honra.

5.5.5. Ação penal

Em regra, os crimes contra a honra (calúnia, difamação e injúria) exigem atuação da vítima, que deverá, no prazo legal, oferecer a competente queixa-crime. Trata-se, portanto, de crimes de **ação penal privada**.

Todavia, poderá a **ação ser pública** no caso de injúria real (praticada com violência ou vias de fato).

Já se o crime for praticado contra o Presidente da República ou chefe de governo estrangeiro, a ação será **pública condicionada à requisição do Ministro da Justiça.**

Em se tratando de crime contra a honra de funcionário público em razão de suas funções, a ação será **pública condicionada à representação**. Todavia, o STF, ao editar a Súmula 714, permite a legitimidade concorrente do ofendido, mediante queixa, e do Ministério Público, mediante denúncia, desde que haja representação, quando o crime for contra a honra de servidor público em razão do exercício de suas funções. Trata-se de entendimento jurisprudencial consolidado na mais alta corte de nosso país, embora seja nitidamente *contra legem*.

Por fim, a **injúria racial** (art. 140, § 3º, CP), igualmente, é crime de **ação penal pública condicionada à representação**.

6. CRIMES CONTRA A LIBERDADE PESSOAL

6.1. Constrangimento ilegal (art. 146 do CP)

6.1.1. Considerações iniciais

O art. 146 do CP vem inserido no capítulo dos **crimes contra a liberdade pessoal**.

Segundo Rogério Sanches Cunha, "liberdade significa, em síntese, **ausência de coação**. Com esse conceito amplo, protege-se, neste capítulo, **a faculdade do homem de agir ou não agir, querer ou não querer, fazer ou não fazer aquilo que** decidir, sem constrangimento, prevalecendo a sua autodeterminação" (**Direito Penal** – Parte Especial – ed. RT, pág. 167).

No tocante ao crime de constrangimento ilegal, tencionou o legislador proteger o **livre-arbítrio** do ser humano, que não pode ser compelido a fazer ou deixar de fazer alguma coisa senão em virtude de lei (v. art. 5º, II, da CF/1988).

6.1.2. Objeto jurídico

O art. 146 do CP protege a liberdade individual da pessoa, que, como já dissemos, não pode ser obrigada a fazer ou deixar de fazer algo senão de acordo com sua própria vontade ou quando a lei dispuser em tal ou qual sentido.

6.1.3. Sujeitos do crime

O constrangimento ilegal é crime que pode ser praticado por qualquer pessoa. Logo, trata-se de **crime comum**.

Com relação ao **sujeito passivo**, diz-se que deve ser pessoa que possua capacidade de autodeterminação, ou seja, com capacidade de "decidir sobre os seus atos" (Rogério Sanches Cunha, op. cit., pág. 169).

Assim, não podem ser vítimas as pessoas de pouca idade, os loucos, os embriagados, já que não têm capacidade de "vontade natural".

6.1.4. Tipo objetivo

Estará configurado o crime de constrangimento ilegal quando o sujeito ativo "constranger" a vítima a fazer algo ou a não fazer algo, mediante violência, grave ameaça ou qualquer outro meio que reduza a capacidade de resistência.

Portanto, a conduta típica é "constranger", vale dizer, *obrigar, forçar, coagir*.

O legislador trouxe três hipóteses (meios executórios) de o crime em estudo ser praticado:

a) **mediante violência**: lesões corporais, vias de fato (é a denominada *vis corporalis* ou *vis absoluta*);

b) **mediante grave ameaça**: corresponde à violência moral (*vis compulsiva*), ou seja, à promessa de um mal injusto e grave;

c) **mediante qualquer outro meio que reduza a capacidade de resistência da vítima**: é o que se denomina de *violência imprópria*. Trata-se de meio executório subsidiário, que importa em uma redução da capacidade de autodeterminação ou resistência do ofendido. Exemplo disso é o uso da hipnose, de álcool ou substância de efeitos análogos, situações estas que excluiriam a maior chance de a vítima resistir à vontade do agente.

Salienta a doutrina que, se o constrangimento tiver por objetivo uma **pretensão legítima** do sujeito ativo, não se poderá falar em constrangimento ilegal, mas sim em **exercício arbitrário das próprias razões**, nos termos do art. 345 do CP (ex.: "A", empregado de "B", demitido sem justa causa, ao ver que seu patrão não iria pagar seus direitos trabalhistas, mediante emprego de socos e pontapés, obriga-o a assinar um cheque com o exato valor das verbas rescisórias).

O sujeito ativo irá constranger, portanto, a vítima, mediante violência, grave ameaça ou qualquer outro meio que reduza sua resistência a:

a) **fazer algo**: pressupõe uma atuação não querida pelo ofendido, que é levado a realizar alguma coisa contra sua vontade. Ex.: viagem, dirigir veículo, escrever uma carta;

b) **não fazer algo**: pressupõe que o agente constranja a vítima a não fazer alguma coisa, ou a tolerar que o próprio sujeito ativo faça algo.

6.1.5. Tipo subjetivo

O elemento subjetivo da conduta é o dolo. Em outras palavras, o crime de constrangimento ilegal é doloso, não admitindo a modalidade culposa.

Age o agente sabendo que aquilo que constrange a vítima a fazer ou deixar de fazer é ilegítimo.

6.1.6. Consumação e tentativa

Consuma-se o crime em análise no instante em que a vítima faz ou deixa de fazer algo, atuando, portanto, contra a sua vontade, em observância ao imposto pelo agente.

Admissível a tentativa se a vítima, coagida a fazer ou deixar de fazer algo, desatende à determinação do sujeito ativo.

6.1.7. Constrangimento ilegal e concurso com outros crimes

Se o sujeito ativo coage a vítima, mediante violência ou grave ameaça, a fazer algo considerado pela lei como crime, responderá pelo crime de constrangimento ilegal (art. 146 do CP) em concurso com o outro delito praticado por aquela.

A depender da violência ou ameaça impingidas à vítima, poderá ficar caracterizada a **tortura**, prevista no art. 1º, I, "b", da Lei 9.455/1997.

Já se a coação à vítima for para que ela pratique contravenção penal, estaremos diante de concurso material entre o delito de constrangimento ilegal e a infração penal por ela praticada.

6.1.8. Aumento de pena

O § 1º do art. 146 do CP prevê duas situações em que a pena será aplicada cumulativamente e em dobro:

a) **se para a execução do crime se reúnem mais de três pessoas**: nesse caso, se pelo menos quatro pessoas se reúnem para o cometimento do crime de constrangimento ilegal, dificultando ainda mais a possibilidade de resistência da vítima, o legislador entendeu por bem exacerbar a resposta penal, o que fez com acerto;

b) **se para a execução do crime há emprego de armas**: parte da doutrina exige que haja o efetivo emprego (uso) da arma para o cometimento do crime, não bastando o mero porte da arma. Deve-se entender por "arma" todo artefato, bélico ou não, com potencialidade lesiva (ex.: armas de fogo, facas, foices, machado, canivete etc.). Não se pode considerar como "arma" o simulacro de arma de fogo, ou seja, a réplica de brinquedo do artefato bélico, mormente com o cancelamento da Súmula 174 do STJ.

No caso do § 2º do art. 146 do CP, diz-se que, além da pena do constrangimento ilegal, **serão aplicadas as correspondentes à violência** (leia-se: lesões corporais). Assim, será o caso de concurso material entre o art. 146 e o art. 129, ambos do CP, somando-se, pois, as penas.

6.1.9. Causas de exclusão do crime

O § 3º do art. 146 do CP traz duas situações em que não ficará configurado o crime de constrangimento ilegal. Entende-se majoritariamente que são duas as causas excludentes da antijuridicidade, a saber:

a) intervenção médica ou cirúrgica, sem o consentimento do paciente ou de seu representante legal, se justificada por iminente perigo de vida;

b) se a coação é exercida para impedir suicídio.

6.2. Ameaça (art. 147 do CP)

6.2.1. Considerações iniciais

O crime de ameaça ofende, assim como o constrangimento ilegal, a liberdade pessoal da vítima, que, *in casu*, vê-se abalada com o prenúncio de um mal injusto e grave que lhe foi atribuído pelo sujeito ativo.

Pretendeu o legislador, portanto, punir a conduta que perturba a tranquilidade e a sensação de segurança da vítima, que deixa de ter sua autodeterminação (ir e vir, fazer ou não fazer) intocada.

6.2.2. Sujeitos do crime

Pode ser autor do delito em tela qualquer pessoa, tratando-se, pois, de **crime comum**.

Já a vítima deve ser pessoa certa e determinada com a capacidade de atinar para o mal injusto e grave que lhe tenha sido prometido. Quer-se dizer que somente pode ser sujeito passivo de ameaça a pessoa que possa reconhecer o caráter intimidatório do mal injusto e grave prenunciado pelo agente.

Não se admite, portanto, que se considere vítima de ameaça uma criança de tenra idade, sem a menor possibilidade de compreender a violência moral, bem como os doentes mentais, os ébrios ou pessoas indeterminadas. Ressalte-se que a lei prescreve "ameaçar *alguém*", do que se infere que somente pode ser pessoa certa e determinada.

6.2.3. Tipo objetivo

O verbo do tipo é "ameaçar", que significa intimidar, prometer um malefício.

O art. 147 do CP descreve, como meios executórios do mal prometido, os seguintes:

a) palavra: pode-se ameaçar alguém por meio de palavras, faladas ou escritas;

b) escrito: são palavras graficamente materializadas;

c) gesto: são sinais feitos com movimentos corporais ou com o emprego de objetos;

d) qualquer outro meio simbólico: trata-se de hipótese residual, não abarcada pelas três situações anteriores.

Vê-se, portanto, que o crime em análise pode ser praticado por diversas formas, desde que aptas a amedrontar a vítima. Trata-se, pois, de crime de **ação livre**.

O mal prometido à vítima, segundo exige a lei, deve ser *injusto e grave*.

Não basta, portanto, a injustiça do malefício prometido, devendo ser grave. Também, não basta a gravidade do mal prometido, devendo ser injusto (ex.: prometer ao furtador de sua carteira que irá requerer instauração de inquérito policial).

A doutrina ensina, ainda, que o mal prometido deve ser iminente (prestes a ocorrer) e verossímil (crível). Não configuraria o crime de ameaça, por exemplo, prometer que irá pedir ao *diabo* que mate a vítima, ou que irá despejar toda a água dos oceanos em sua casa, para que morra afogada.

Deve a promessa de mal injusto e grave ser, repita-se, crível e apta a intimidar, ainda que a vítima, de fato, não se sinta intimidada. Nesse particular, estamos diante de **crime formal**.

6.2.4. Tipo subjetivo

É o dolo, ou seja, a vontade livre e consciente do agente em ameaçar a vítima, prometendo-lhe, mediante palavra, escrito, gesto ou qualquer outro meio, mal injusto e grave.

Ainda que o sujeito profira a ameaça, sabendo que não irá cumpri-la, caracterizado estará o crime em análise.

Inadmissível a modalidade culposa de ameaça.

Alerta a doutrina que o crime de ameaça exige seriedade de quem a profere, não se coadunando em momentos de cólera, raiva, ódio, enfim, desequilíbrio emocional.

Há quem sustente que a embriaguez do sujeito ativo retira a plena seriedade do mal injusto e grave prometido. Todavia, o art. 28, II, do CP, prescreve que não exclui a imputabilidade a embriaguez. Portanto, o crime remanesceria, mesmo que o agente esteja embriagado.

6.2.5. Consumação e tentativa

A ameaça é crime que se consuma quando a vítima toma conhecimento do mal injusto e grave prometido pelo agente, ainda que com ele não se intimide. Trata-se, pois, de **crime formal**.

É possível a forma **tentada** do crime se praticado por **meio escrito**. Por palavras ou gestos, o delito é unissubsistente, não admitindo fracionamento no *iter criminis*.

6.2.6. Ação penal

O parágrafo único do art. 147 do CP exige a representação da vítima para a instauração da *persecutio criminis in judicio*. Assim, sem a manifestação de vontade da vítima, no sentido de ver o agente processado, não poderá o Ministério Público dar início à ação penal.

Trata-se, portanto, de crime de **ação penal pública condicionada**.

6.3. Sequestro e cárcere privado (art. 148 do CP)

6.3.1. Considerações iniciais

Tutela o art. 148 do CP a **liberdade de locomoção** do ser humano, vale dizer, seu livre-arbítrio, sua vontade de ir, vir ou permanecer onde bem entender, sem intromissão de quem quer que seja. Daí o crime em análise estar inserido no capítulo dos crimes contra a liberdade pessoal.

6.3.2. Sujeitos do crime

Pode ser **sujeito ativo** do crime **qualquer pessoa** (crime comum).

Já o sujeito passivo, segundo parte da doutrina, somente pode ser aquela pessoa que tenha a capacidade de ir e vir livremente, não se incluindo, em tese, os paralíticos, os portadores de doenças graves, ou aqueles que não tenham a compreensão do que vem a ser a privação de sua liberdade.

Todavia, Magalhães Noronha já advertiu que "a liberdade de movimento não deixa de existir quando se exerce à custa de aparelhos ou com o auxílio de outrem. Por outro lado, não é menos certo que o incapaz, na vida em sociedade, goza dessa liberdade corpórea, tutelada pela lei incondicional e objetivamente" (citação feita por Rogério Sanches Cunha, op. cit., pág. 178).

Se o sujeito ativo do crime for **funcionário público**, no exercício de suas funções, poderá praticar **abuso de autoridade**, não sequestro (v. art. 4º, "a", da Lei 4.898/1965).

6.3.3. Tipo objetivo

A conduta típica corresponde ao verbo "**privar**", ou seja, reduzir à total ou parcial impossibilidade a liberdade de locomoção da vítima, que se vê, em maior ou menor grau, impedida de seu direito de ir e vir, não conseguindo se "desvencilhar do sequestrador sem que corra perigo pessoal" (Fernando Capez. **Curso de Direito Penal**, vol. 3, pág. 305, ed. Saraiva).

A privação da liberdade da vítima, segundo o art. 148 do CP, far-se-á mediante **sequestro** ou **cárcere privado**.

Na prática, sequestro e cárcere privado não ostentam diferenças relevantes, já que o agente responderá pelo crime em análise. Todavia, a doutrina cuidou de diferenciar ambas as formas de privação da liberdade da vítima.

Entende-se por **sequestro** a privação de liberdade que **não implica confinamento** da vítima (ex.: manter a pessoa em um apartamento, em uma casa, em uma chácara, sem que consiga se desvencilhar normalmente do sequestrador).

Já **cárcere privado** traduz a ideia de privação da liberdade da vítima em local fechado, havendo, portanto, **confinamento** (ex.: manter a vítima em um quarto, em uma solitária, em uma cela, em um buraco).

Podemos dizer, seja no tocante ao sequestro ou ao cárcere privado, que ambas as formas de privação da liberdade de locomoção da vítima implicam a existência de violência. A só privação da liberdade já configura forma de **violência**.

O **tempo de privação da liberdade** da vítima não vem previsto em lei como elementar do tipo. Porém, doutrina e jurisprudência divergem a respeito, entendendo-se que a curta privação já é suficiente à caracterização do crime, ou que, nesse caso, não se pode falar no tipo penal em comento.

6.3.4. Tipo subjetivo

Trata-se de crime doloso. Se a finalidade do agente na privação da vítima for o recebimento de alguma vantagem (dinheiro, por exemplo), estaremos diante do crime de extorsão mediante sequestro (art. 159 do CP).

6.3.5. Consumação e tentativa

Consuma-se o crime no momento em que a vítima é privada de sua liberdade de locomoção, total ou parcialmente.

Trata-se de **crime permanente**, ou seja, somente tem fim quando cessar a privação da liberdade. Logo, admite-se a prisão em flagrante do sequestrador enquanto mantiver a vítima sequestrada ou em cárcere privado.

Admite-se a **tentativa**, já que o *iter criminis* é fracionável.

No caso de sobrevir **legislação mais rígida** a respeito do sequestro ou cárcere privado, impondo, por exemplo, pena mais gravosa ao agente que o cometer, será aplicada mesmo em prejuízo do réu. Isso porque estamos diante, como já dissemos, de **crime permanente**, que se protrai no tempo pela vontade do próprio agente.

Tal é o entendimento da Súmula 711 do STF: "a lei penal mais grave aplica-se ao crime continuado ou ao crime permanente, se a sua vigência é anterior à cessação da continuidade ou da permanência".

Pelo fato de o sequestro ou cárcere privado ser considerado **crime permanente** (repita-se: aquele cuja consumação se protrai no tempo por vontade do agente), nada mais justo do que o agente ser mais gravosamente punido por legislação superveniente ao momento em que a vítima foi arrebatada, se, ainda assim, a mantiver com sua liberdade restringida.

6.3.6. Formas qualificadas

O § 1º do art. 148 do CP traz formas qualificadas do crime de sequestro ou cárcere privado, nas seguintes hipóteses:

a) se a vítima é ascendente, descendente, cônjuge do agente ou maior de 60 anos;
b) se o crime é praticado mediante internação da vítima em casa de saúde ou hospital;
c) se a privação da liberdade dura mais de 15 dias;
d) se o crime é praticado contra menor de 18 anos;
e) se o crime é praticado com fins libidinosos (inovação da Lei 11.106/2005).

Nos cinco casos acima, a pena será de 2 a 5 anos de reclusão.

Já na situação prevista no § 2º do mesmo artigo, a pena variará de 2 a 8 anos de reclusão se, em razão dos maus-tratos ou da natureza da detenção, a vítima experimentar **grave sofrimento físico ou moral**. A depender da intenção do agente, poderá ficar configurado o crime de tortura (Lei 9.455/1997).

6.4. Violação de domicílio (art. 150 do CP)

6.4.1. Considerações iniciais

Tencionou o legislador proteger a **inviolabilidade do domicílio**, constitucionalmente garantido no art. 5º,

XI, da Carta Magna. A objetividade jurídica do crime em tela não é a proteção da posse ou da propriedade, mas da tranquilidade e da liberdade doméstica, punindo-se aquele que a perturbar.

6.4.2. Sujeitos do crime

O **sujeito ativo** do crime pode ser qualquer pessoa. Alerta a doutrina que o proprietário do bem imóvel também pode ser autor do crime de violação de domicílio se ingressar na casa habitada pelo inquilino sem o seu consentimento (protege-se, portanto, a tranquilidade doméstica e não a propriedade).

Sujeito passivo é o **morador**, a pessoa que ocupa o bem imóvel, não necessariamente o proprietário.

No caso de habitações coletivas, prevalece a vontade de quem proibiu o ingresso ou permanência de determinada pessoa no local (ex.: república de estudantes).

No caso de residências familiares, prevalece a vontade do dono (*dominus*) do imóvel. Em relação aos demais moradores, suas vontades valem nos limites de seus aposentos.

6.4.3. Tipo objetivo

Duas são as condutas típicas (verbos) caracterizadoras do crime de violação de domicílio:

a) entrar; ou

b) permanecer.

No **primeiro caso** (letra "a"), o agente **invade**, ingressa em casa alheia, seja em sua totalidade, seja em determinadas dependências. Já no **segundo caso** (letra "b"), o agente já se encontrava em casa alheia, mas, cessada a autorização para lá estar, **permanece contra a vontade da vítima**, deixando de se deslocar para fora do imóvel.

A entrada ou permanência do agente em casa alheia deve dar-se:

a) clandestinamente: o agente ingressa na casa da vítima sem que ela saiba ou perceba sua presença;

b) astuciosamente: o agente emprega alguma fraude (ex.: o agente ingressa ou permanece em casa alheia disfarçado de funcionário dos correios ou de companhia telefônica);

c) contra a vontade expressa de quem de direito: manifestação induvidosa, clara, do morador, que dissente com a entrada ou permanência do agente em sua casa;

d) contra a vontade tácita de quem de direito: manifestação implícita do morador de dissentir o ingresso ou permanência do agente em sua casa, o que se pode deduzir das circunstâncias.

Proíbe a lei, portanto, a perturbação doméstica, que pode se dar pelo ingresso ou permanência de alguém em casa alheia ou em suas dependências.

6.4.4. Tipo subjetivo

O crime que ora se estuda é doloso, não admitindo, portanto, a modalidade culposa.

6.4.5. Consumação e tentativa

A violação de domicílio é considerada pela doutrina como **crime de mera conduta**, do qual não se pode extrair um resultado naturalístico (modificação do mundo exterior provocada pelo ato). **Consuma-se**, portanto, no momento em que o agente entra completamente (e não apenas com parte do corpo) em casa alheia ou nela permanece contra a vontade de quem de direito. Nesse último caso, estaremos diante de um **crime permanente**.

Por se tratar de crime de mera conduta, inadmissível a tentativa, até mesmo pelo fato de o delito não permitir a ocorrência de resultado: ou se entra ou permanece em casa alheia ou, assim não sendo, não se pode falar em crime, sequer tentado.

6.4.6. Caráter subsidiário do crime de violação de domicílio

Se a violação de domicílio for meio de execução para a prática de crime mais grave, por este ficará absorvida (ex.: violação de domicílio para o furto de bens que guarnecem o imóvel).

6.4.7. Formas qualificadas

A violação de domicílio será punida de 6 meses a 2 anos de detenção, sem prejuízo da pena correspondente à violência, quando:

I. for praticada durante a noite: a palavra "noite" designa a inexistência de luz solar. Assim, pune-se com maior rigor o agente nessa hipótese, eis que a probabilidade de se consumar seu intento criminoso será maior, dada a menor vigilância sobre a casa nesse período;

II. for praticada em lugar ermo: se a violação de domicílio ocorre em local despovoado, a pena será maior, eis que a probabilidade de lesão ao bem jurídico é incrementada pelo fato de o local contar com poucos habitantes;

III. se houver emprego de violência: aqui, tanto física (empregada contra pessoa) quanto contra a própria coisa;

IV. se houver o emprego de arma: entende-se por "arma" tanto aquela previamente construída para o ataque (revólver, por exemplo) quanto o artefato que ostente potencialidade lesiva (faca, machado, facão, por exemplo);

V. se o crime for praticado por duas ou mais pessoas.

6.4.8. Causa de aumento de pena

O § 2º do art. 150 do CP traz que a pena será aumentada em um terço se o crime for praticado por funcionário público, fora dos casos previstos em lei, ou com abuso de poder.

Fernando Capez entende que tal circunstância foi revogada pela Lei de Abuso de Autoridade (Lei 4.898/1965), por força do princípio da especialidade.

6.4.9. Exclusão do crime

Não se configura a violação de domicílio nas hipóteses previstas no § 3º do art. 150 do CP, excluindo-se, portanto, a ilicitude da conduta praticada pelo agente.

São as hipóteses:

I. durante o dia, com observância das formalidades legais, para efetuar prisão ou outra diligência;

II. a qualquer hora do dia ou da noite, quando algum crime está sendo ali praticado, ou na iminência de o ser.

Além dessas hipóteses, **outras podem ser invocadas como forma de exclusão do crime em tela**: a legítima defesa, o estado de necessidade, o estrito cumprimento do dever legal, o exercício regular de direito (todas previstas no **art. 23 do CP**), em caso de desastre ou para prestar socorro (estas duas últimas hipóteses vêm consagradas na Constituição Federal – **art. 5º, XI**).

6.4.10. Conceito de casa

Os §§ 4º e 5º do art. 150 do CP, em típico exemplo de normas penais não incriminadoras explicativas, definem o conceito (positivo e negativo) de "casa" para fins de caracterização do crime de violação de domicílio.

7. CRIMES CONTRA O PATRIMÔNIO

7.1. Crime de furto (art. 155, CP). Considerações iniciais

O crime de **furto**, previsto no art. 155 do CP, é a primeira figura inserida no Capítulo dos **crimes contra o patrimônio**, que se encerra com o art. 184 do mesmo diploma legal.

Trata-se de infração penal cuja **objetividade jurídica é a proteção do patrimônio alheio**, mais especificamente dos bens móveis alheios.

7.1.1. Tipo objetivo

O verbo do tipo (conduta típica) é **"subtrair"**, que corresponde à ação do agente de tirar alguma coisa da vítima, desapossá-la, apoderando-se dos bens a ela pertencentes.

A subtração exige, portanto, a **inexistência de consentimento da vítima**, já que o patrimônio é **bem jurídico disponível**, podendo ser suprimido por sua própria vontade.

Ainda, ressalta a doutrina que a subtração tem implícita em si a intenção do agente em se apoderar dos bens, seja para si, seja para outrem, de modo **definitivo**.

Atentam os doutrinadores, também, que a **subtração** abarca não só a retirada do bem da vítima sem o seu consentimento, mas a situação em que é entregue ao agente pelo ofendido, espontaneamente, e ele, sem permissão, retira-o da **esfera de vigilância** da vítima (ex.: "A", em uma loja, solicita um produto para manuseio, o que é feito por "B", vendedora. No entanto, sem o consentimento dela, "A" foge do local em poder do produto).

Ademais, não se exige, para a caracterização do furto, que a vítima esteja presente no momento da subtração. Em outras palavras, presenciando ou não a subtração, haverá o crime de furto.

Também configura elementar do tipo que a **coisa** subtraída seja **alheia** e **móvel**. Entende-se por "coisa" todos os bens suscetíveis de **apreciação econômica** (afinal, o furto protege o **patrimônio** alheio).

Outrossim, não basta que o agente subtraia um bem, devendo este pertencer, obviamente, a **terceira pessoa** (não se poderia cogitar de furto de coisa própria!).

Por fim, somente **bens móveis** podem ser objeto do crime em estudo, conforme determina a lei penal. Ainda que

assim não estivesse previsto, se o furto pressupõe a retirada do bem da esfera de vigilância da vítima, somente os passíveis de mobilização é que podem ser literalmente "removidos", "retirados" de um local para outro. **Impossível, portanto, furto de bem imóvel**.

Se eventualmente a lei civil considera, por ficção, um bem móvel como imóvel (ex.: navios e aeronaves), ainda assim poderão ser objeto material do crime em comento. Basta que possam ser transportados de um lugar a outro.

Até mesmo os animais (semoventes) podem ser objeto de furto, desde que tenham um proprietário (ex.: gados, cachorros etc.). Especificamente quanto ao furto de gado e outros semoventes, a doutrina o denomina de **abigeato**, previsto, atualmente, como modalidade qualificada do crime em comento (art. 155, § 6º, do CP).

Coisas de uso comum não podem ser objeto de furto (ex.: água de rios, mares, ar), salvo se destacados de seu meio natural e exploradas por alguém (ex.: água encanada; gás).

Também não podem ser furtadas as **coisas que não têm ou nunca tiveram dono** (é a chamada *res nullius*). Igualmente ocorre com as **coisas abandonadas** (*res derelicta*), que nos termos da lei civil serão de propriedade de quem as encontrar (ex.: embora com alto valor econômico, se um cachorro *pit bull* for abandonado, não poderá ser objeto de furto se alguém o encontrar e o levar para sua casa).

O § 3º do art. 155 do CP **equipara** a **"coisa alheia"** a energia elétrica, bem assim outras formas de energia, o que veremos mais a frente.

E o cadáver, pode ser objeto de furto? Segundo aponta a doutrina, se ele pertencer a uma universidade, ou a um laboratório, por exemplo, terá apreciação econômica, podendo ser considerado objeto material do crime em análise. Em qualquer outra hipótese, a subtração de cadáver configurará o crime previsto no art. 211 do CP.

A **subtração de órgão humanos**, para fins de transplante, configura crime específico definido na **Lei 9.434/1997** (Lei de remoção de órgãos e tecidos).

7.1.2. Tipo subjetivo

Além do **dolo** (vontade livre e consciente do agente em subtrair coisa alheia móvel), exige-se o **elemento subjetivo do tipo** (**dolo específico**), vale dizer, o sujeito ativo deve ter a intenção de apoderar-se definitivamente do bem subtraído, ou de fazê-lo para que terceira pessoa dele se apodere em caráter definitivo.

O elemento subjetivo do tipo, no crime de furto, é denominado *de animus rem sibi habendi*. Em outras palavras, o agente deve subtrair o bem com o fim de **assenhoreamento definitivo**.

A exigência do "dolo específico" pode vir a desnaturar o crime de furto se o agente **subtrai o bem temporariamente, sem a intenção de ficar com ele indefinidamente**.

Assim, se o furtador subtrai um carro, por exemplo, com a simples intenção de utilizá-lo e posteriormente restituí-lo ao seu legítimo proprietário, estaremos diante de fato atípico, dada a inexistência do *animus rem sibi habendi* (ânimo de assenhoreamento definitivo). Tal figura é denominada pela doutrina de **furto de uso**.

Para a configuração do furto de uso, há a necessidade de existirem dois requisitos:

a) **subjetivo:** intenção, *ab initio*, de utilizar temporariamente o bem subtraído, sem a intenção, portanto, de permanecer indefinidamente com ele;

b) **objetivo:** deve-se restituir a coisa subtraída com um intervalo temporal não muito longo (cláusula aberta), bem como em sua integralidade e sem danos.

Se a subtração de uma coisa alheia ocorrer para a superação de uma **situação de perigo**, nem mesmo podemos aventar furto de uso, mas sim de estado de necessidade, que afasta a criminalidade da conduta (**causa excludente da antijuridicidade**).

7.1.3. Sujeitos do crime

O **sujeito ativo** do crime de furto pode ser qualquer pessoa, desde que não seja o proprietário ou possuidor da coisa subtraída (o tipo penal exige que a coisa subtraída seja **alheia**).

Se se tratar o furtador de **funcionário público**, no exercício das funções ou em razão delas, poderá praticar o crime de peculato (art. 312 do CP).

Já o **sujeito passivo** do crime de furto é o proprietário, possuidor ou detentor do bem subtraído. Poderá ser pessoa natural ou pessoa jurídica.

7.1.4. Consumação e tentativa

Predomina na jurisprudência, quanto ao momento consumativo do furto, a denominada **teoria da *amotio* (apprehensio)**. Assim, para referida teoria, a consumação exige, além do contato, a apreensão da coisa alheia, independentemente do seu deslocamento, desde que a vítima não possa mais exercer o poder de livre disposição da coisa.

Segundo parte da doutrina, consuma-se o furto com a **inversão da posse do bem subtraído**. Não basta, portanto, a mera subtração da coisa alheia móvel, exigindo-se que o objeto seja, de fato, retirado da esfera de vigilância (ou de disponibilidade) da vítima, ainda que por breve espaço de tempo. Não se exige a posse mansa e pacífica da coisa furtada. É a posição, inclusive, do STJ e STF.

Logo, ocorrerá **tentativa** se o bem for subtraído da vítima e esta iniciar perseguição ao furtador, conseguindo reaver seu bem. A **inexistência de retirada do bem da esfera de disponibilidade da vítima** enseja o reconhecimento, pois, da tentativa de furto.

Doutrinariamente, o furto é denominado crime material já que para sua consumação é exigido o resultado naturalístico (retirada do bem da vítima e consequente redução patrimonial).

7.1.5. Crime impossível

Se a vítima não carregar nenhum objeto de valor consigo e o agente der início à execução do crime, abrindo, por exemplo, sua bolsa, sem nada encontrar, estaremos diante de **crime impossível (art. 17 do CP)**. Essa é a concepção de Celso Delmanto e Damásio de Jesus.

Já para Nelson Hungria e Heleno Fragoso, a inexistência de objeto material no momento do furto é questão *acidental* (circunstâncias alheias à vontade do agente), configurando-se a **tentativa**.

7.1.6. Forma majorada (repouso noturno)

O § 1º do art. 155 do CP pune mais gravosamente o furto praticado durante o **repouso noturno**.

Segundo a doutrina majoritária, somente se aplica a causa de aumento de pena em comento ao furto simples (*caput*), não incidindo nas demais modalidades.

Entende-se por repouso noturno o período de descanso das pessoas, o que deve ser interpretado de região a região. Há quem entenda que o período noturno vai das 18hs às 6hs, o que não deve ser o melhor conceito, eis que o conceito de "noite" melhor coaduna com ausência de luz solar.

Todavia, tencionou o legislador punir mais gravosamente o furto cometido durante o período de descanso/repouso das pessoas. Tal situação deve ser interpretada no caso concreto, levando em conta as peculiaridades de cada região do Brasil (ex.: no meio rural, certamente o repouso noturno é bem mais cedo do que no meio urbano).

Não se deve confundir **repouso noturno** com **noite**, eis que, como já se disse, o crime deve ser cometido durante o *repouso* noturno, ou seja, nos momentos de menor vigília por parte das pessoas.

Na jurisprudência, bem assim para boa parte da doutrina, prevalece o entendimento de que a causa de aumento de pena em análise incide não somente se o furto for praticado em **casa ou suas dependências, mas, também, estabelecimentos comerciais ou mesmo em locais desabitados**. O que importa para a incidência da majorante é o **período** em que o delito é praticado e não as condições do local (se habitado, desabitado, se residencial ou comercial).

7.1.7. Forma privilegiada (furto privilegiado)

O § 2º do art. 155 do CP, cuja natureza jurídica é de **causa especial de diminuição de pena**, é denominado pela doutrina de **furto privilegiado**.

Incidirá quando o agente for **primário** (ausência de reincidência – art. 64, I, CP – **aspecto subjetivo**) e a coisa furtada for de pequeno valor (**aspecto objetivo**). Entende a doutrina e jurisprudência majoritárias como de **pequeno valor** o bem que não ultrapasse **um salário mínimo** no momento do crime.

Verificados os dois requisitos (primariedade e pequeno valor da coisa), o juiz poderá (em realidade, *deverá* – trata-se de direito subjetivo do acusado) **substituir a pena de reclusão pela de detenção, diminuí-la de um a dois terços ou aplicar somente a pena de multa**.

Dentre as opções grifadas, sem dúvida **a mais benéfica é a aplicação da *pena de multa***, eis que o seu descumprimento não poderá ensejar a restrição da liberdade do agente, mas ser cobrada como dívida de valor (*vide* art. 51 do CP).

Se o bem subtraído for de *ínfimo valor* (e não apenas de pequeno valor), pode-se sustentar a **insignificância penal**, por ausência de lesividade ao bem jurídico protegido pelo crime (ex.: furto de um botão de camisa ou de uma agulha em uma loja).

Frise-se que há diversas decisões dos Tribunais Superiores admitindo a incidência do privilégio mesmo para o furto qualificado, conforme será melhor visto no item a seguir.

7.1.8. Formas qualificadas

O § 4º do art. 155 do CP pune o crime de furto de 2 a 8 anos de reclusão nas seguintes hipóteses:

a) inciso I – se o furto for cometido com **destruição ou rompimento de obstáculo** à subtração da coisa: deve haver, nessa hipótese, efetiva destruição daquilo que pode ser considerado como obstáculo à subtração do bem efetivamente visado (ex.: a janela de um carro; as portas de uma residência). Não configura a qualificadora em comento se a destruição ou o rompimento ocorre na própria coisa para a sua subtração (ex.: quebrar o vidro do carro para, posteriormente, subtraí-lo). Acerca da imprescindibilidade de perícia para a configuração da qualificadora em comento, confira o entendimento do STJ:

FURTO. ROMPIMENTO. OBSTÁCULO. PERÍCIA.

"A Turma reiterou que, tratando-se de furto qualificado pelo rompimento de obstáculo, de delito que deixa vestígio, torna-se indispensável a realização de perícia para a sua comprovação, a qual somente pode ser suprida por prova testemunhal quando desaparecerem os vestígios de seu cometimento ou esses não puderem ser constatados pelos peritos (arts. 158 e 167 do CPP). No caso, cuidou-se de furto qualificado pelo arrombamento de porta e janela da residência, porém, como o rompimento de obstáculo não foi comprovado por perícia técnica, consignou-se pela exclusão do acréscimo da referida majorante". Precedentes citados: HC 136.455-MS, *DJe* 22.02.2010; HC 104.672-MG, *DJe* 06.04.2009; HC 85.901-MS, *DJ* 29.10.2007, e HC 126.107-MG, *DJe* 03.11.2009. HC 207.588-DF, Rel. Min. Og Fernandes, julgado em 23.08.2011. (Inform. STJ 481);

b) inciso II – se o furto for cometido com **abuso de confiança**, ou mediante **fraude, escalada ou destreza**: no primeiro caso (abuso de confiança), a vítima deve ter uma ligação com o agente delitivo (amizade, parentesco, relações profissionais), sob pena de não ficar caracterizada a qualificadora. O mero vínculo empregatício não a configura, exigindo-se do empregado *confiança* para o desempenho de determinada função, diminuindo, consequentemente, a vigilância do bem por parte do patrão.

O furto mediante fraude (segunda hipótese) exige que o agente se valha de um meio enganoso, de um artifício, capaz de reduzir a vigilância da vítima sobre o bem, o que permitirá sua subtração com menores dificuldades (o bem é subtraído da vítima sem que ela perceba). É o caso do falso funcionário de concessionárias de energia elétrica ou de empresa telefônica, que, sob o argumento de serem funcionários das citadas empresas, ingressam em casa alheia e subtraem bens que as guarneçam.

Por fim, a terceira hipótese é a do furto mediante escalada (utilização de via anormal para o ingresso em determinado lugar, exigindo um esforço incomum do agente – ex.: escalar muro de 5m e ingressar em casa alheia, subtraindo bens de seu interior) ou mediante destreza (é a habilidade que permite ao agente subtrair bens sem que a vítima perceba – ex.: punguista);

c) inciso III – se o furto for cometido com **emprego de chave falsa**. Entende-se como "chave falsa" a imitação da verdadeira (cópia executada sem autorização de seu dono) ou qualquer instrumento que faça as vezes da chave, mas que não seja ela, capaz de abrir fechaduras sem arrombamento (ex.: chave "mixa"). Se for utilizada a chave verdadeira, anteriormente subtraída do dono, não estaremos diante dessa qualificadora, mas, eventualmente, daquela em que se emprega fraude;

d) inciso IV – se o furto for cometido em **concurso de duas ou mais pessoas**. Nessa situação, basta que duas ou mais pessoas (ainda que uma ou mais sejam inimputáveis – ex.: doença mental ou menoridade) concorram para a subtração. O STJ já chegou a entender que, se um maior de dezoito anos e um menor de idade, juntos, cometerem um furto, não se configura a qualificadora, em razão da inimputabilidade deste último. Não concordamos, pois a lei exige a concorrência de *pessoas* e não de *imputáveis*.

Questão interessante diz respeito à possibilidade – ou não – da conjugação do furto qualificado (art. 155, § 4º, CP) com a figura do privilégio (art. 155, § 2º, CP), o denominado **furto híbrido**. A despeito da disposição topográfica (para parte da doutrina, seria inviável o furto ser, concomitantemente, qualificado e privilegiado, visto que referido privilégio vem previsto no § 2º do art. 155, ao passo que as qualificadoras vêm dispostas mais "abaixo", vale dizer, no § 4º), a jurisprudência dos Tribunais Superiores admite a conjugação dos dispositivos em comento. Confira-se:

FURTO QUALIFICADO. PRIVILÉGIO. PRIMARIEDADE. PEQUENO VALOR. RES FURTIVA.

"A Seção, pacificando o tema, julgou procedente os embargos de divergência, adotando orientação de que o privilégio estatuído no § 2º do art. 155 do CP mostra-se compatível com as qualificadoras do delito de furto, desde que as qualificadoras sejam de ordem objetiva e que o fato delituoso não seja de maior gravidade. Sendo o recorrido primário e de pequeno valor a *res furtiva*, verificando-se que a qualificadora do delito é de natureza objetiva – concurso de agentes – e que o fato criminoso não se revestiu de maior gravidade, torna-se devida a incidência do benefício legal do furto privilegiado, pois presente a excepcionalidade devida para o seu reconhecimento na espécie". Precedentes citados do STF: HC 96.843-MS, *DJe* 23/4/2009; HC 100.307-MG, *DJe* 03.06.2011; do STJ: AgRg no HC 170.722-MG, *DJe* 17.12.2010; HC 171.035-MG, *DJe* 01.08.2011, e HC 157.684-SP, *DJe* 04.04.2011. EREsp 842.425-RS, Rel. Min. Og Fernandes, julgados em 24.08.2011. (Inform. STJ 481)

Importa anotar o teor da **Súmula 511 do STJ**, aprovada pela Corte em junho de 2014: "É possível o reconhecimento do privilégio previsto no § 2º do art. 155 do CP nos casos de crime de furto qualificado, se estiverem presentes a primariedade do agente, o pequeno valor da coisa e a qualificadora for de ordem objetiva".

O § 5º do art. 155 do CP comina pena de 3 a 8 anos se a subtração for **de veículo automotor que venha a ser transportado para outro Estado ou para o exterior**. Trata-se de qualificadora que leva em conta não o meio de execução do crime (como as definidas no § 4º), mas sim o resultado obtido com o furto.

Com o advento da Lei 13.330/2016, incluiu-se ao precitado art. 155 do CP mais uma qualificadora, qual seja, a do § 6º, que cuida do **abigeato**. Com efeito, será punido com reclusão de 2 a 5 anos o agente que subtrair *semovente domesticável de produção* (ex.: gado, porcos, galinhas, carneiros, ovelhas), ainda que abatido ou dividido em partes no local da subtração. Tencionou o legislador reprimir com mais severidade essa espécie de crime patrimonial, bastante comum em municípios onde predominam as práticas rurais.

Para a melhor compreensão dessa nova qualificadora, reputam-se bens semoventes aqueles que possuem movimento próprio, tais como os animais. Estes, por sua vez, serão domesticáveis de produção quando forem utilizados como rebanho e/ou produção, gerando algum retorno de índole econômica ao criador. Logo, não serão considerados objetos materiais do abigeato que ora tratamos os animais selvagens (ex.: ursos, leopardos, macacos etc.) e os animais domésticos não voltados à produção (ex.: o cachorro ou o gato de determinada pessoa).

7.1.8.1. Novas qualificadoras do furto (art. 155, §§ 4-A e 7º, CP)

Cuidou o legislador, com a edição da Lei 13.654, de 23 de abril de 2018, de incluir ao CP, mais precisamente no seu art. 155, novas **formas qualificadas** de furto, a saber:

§ 4º-A A pena é de reclusão de 4 (quatro) a 10 (dez) anos e multa, se houver emprego de explosivo ou de artefato análogo que cause perigo comum.

Nesse caso, a pena será a mesma cominada ao roubo simples (art. 157, *caput*, do CP) se o agente, para furtar coisa alheia móvel, **empregar explosivo ou qualquer outro artefato semelhante** que cause perigo comum (ou seja, a uma coletividade). É o que se vê, usualmente, com furto de dinheiro em caixas eletrônicos, nos quais os criminosos se utilizam de explosivos (dinamites, por exemplo) para que consigam romper seus cofres e, então, subtrair as quantias lá existentes. Tal tipo de comportamento, além de causar alarma, coloca em risco não somente o patrimônio de instituições financeiras, mas, também, de proprietários ou possuidores de prédios vizinhos, bem como a incolumidade física das pessoas que se encontrem nas imediações no momento da explosão.

Interessante registrar que **antes** do advento dessa nova qualificadora, era possível a imputação de **dois crimes** aos agentes que praticassem comportamentos como os descritos acima, quais sejam, **furto qualificado pelo rompimento de obstáculo** (art. 155, §4º, I, do CP) e **explosão** (art. 251, §2º, do CP), ambos em concurso formal impróprio. Porém, com a alteração legislativa e a inclusão da qualificadora em comento, inviável se torna a imputação de dois crimes, aplicando-se uma única figura qualificada (no caso, art. 155, §4º-A, do CP).

Houve, também, a inclusão de mais uma qualificadora ao furto, que se deu com o novel § 7º do art. 155 do CP. Confira-se:

§ 7º A pena é de reclusão de 4 (quatro) a 10 (dez) anos e multa, se a subtração for de substâncias explosivas ou de acessórios que, conjunta ou isoladamente, possibilitem sua fabricação, montagem ou emprego.

Trata-se, aqui, da subtração do próprio explosivo ou de acessórios que possibilitem a fa-bricação, montagem ou

emprego de engenhos explosivos, pouco importando sua efetiva utili-zação para outros fins.

Referidos comportamentos merecem forte repressão estatal, eis que, por evidente, ali-mentam o comércio clandestino de explosivos, viabilizando a prática de outros crimes, espe-cialmente aquele descrito no precitado §4º-A, do art. 155 do CP.

7.1.9. Equiparação de coisa alheia móvel

O § 3º do art. 155 do CP equipara a coisa alheia móvel, para fins de caracterização do crime de furto, a energia elétrica ou qualquer outra que tenha valor econômico.

Assim, a energia elétrica, ainda que impalpável, imaterial, é considerada "coisa alheia móvel", podendo, pois, ser objeto material do crime de furto. O mesmo se pode dizer com relação à energia solar, radioativa, genética (de animais reprodutores) etc., desde que tenham valor econômico.

Interessante o entendimento do STF acerca do "furto" de sinal de TV a cabo. Veja-se:

> **Furto e ligação clandestina de TV a cabo**
>
> "A 2ª Turma concedeu *habeas corpus* para declarar a atipicidade da conduta de condenado pela prática do crime descrito no art. 155, § 3º, do CP (*"Art. 155 – Subtrair, para si ou para outrem, coisa alheia móvel: ... § 3º – Equipara-se à coisa móvel a energia elétrica ou qualquer outra que tenha valor econômico."*), por efetuar ligação clandestina de sinal de TV a cabo. Reputou-se que o objeto do aludido crime não seria 'energia' e ressaltou-se a inadmissibilidade da analogia *in malam partem* em Direito Penal, razão pela qual a conduta não poderia ser considerada penalmente típica". HC 97261/RS, rel. Min. Joaquim Barbosa, 12.04.2011. (HC-97261) (**Inform. STF** 623)

7.2. Roubo (art. 157, CP). Considerações iniciais

O crime de **roubo**, previsto no art. 157 do CP, é um dos mais violentos ilícitos contra o patrimônio, já que, conforme veremos mais à frente, tem como elementares a violência ou a grave ameaça contra a vítima, que se vê acuada diante do roubador.

Trata-se de infração penal cuja **objetividade jurídica imediata** é a **proteção do patrimônio alheio**, mais especificamente dos bens móveis alheios. Todavia, também tutela, a um só tempo, a **liberdade individual** e a **integridade corporal**.

Por proteger, portanto, dois bens jurídicos (patrimônio e liberdade individual/integridade pessoal), a doutrina denomina o roubo de **crime pluriofensivo** (ofende mais de um bem).

A doutrina também aponta o roubo como um **crime complexo,** já que sua conformação típica pressupõe a existência de duas figuras que, isoladas, configuram crimes autônomos: **furto + violência** (vias de fato – contravenção penal; lesões corporais – crime) ou **furto + grave ameaça**.

7.2.1. Tipo objetivo

O verbo do tipo (conduta típica) é o mesmo do furto, qual seja, "subtrair", que corresponde à ação do agente de tirar alguma coisa da vítima, desapossá-la, apoderando-se dos bens a ela pertencentes.

A subtração exige, portanto, a **inexistência de consentimento da vítima**, já que o patrimônio é **bem jurídico disponível**, podendo ser suprimido pela sua própria vontade.

Ainda ressalta a doutrina que a subtração tem implícita em si a intenção do agente em se apoderar dos bens, seja para si, seja para outrem, de modo **definitivo**.

Três podem ser os meios de execução do roubo, tendentes à **subtração** de coisa alheia móvel:

a) grave ameaça – corresponde à **violência moral**, ou seja, a promessa, à vítima, de um mal injusto e grave;

b) violência – corresponde ao emprego de **força física** contra a vítima, seja por meio de vias de fato, seja mediante lesões corporais (leves, graves ou gravíssimas). A jurisprudência admite que mesmo fortes empurrões, efetuados com a finalidade de subtrair bens da vítima, são aptos a caracterizar o roubo. Porém, as "trombadas" leves, que somente objetivam um desvio de atenção da vítima, caracterizariam, se tanto, o delito de furto;

c) qualquer meio que reduza ou impossibilite a resistência da vítima – trata-se do emprego da **interpretação analógica** no tipo incriminador, cuja intenção é a de conferir maior proteção à vítima, **ampliando o espectro de incidência da norma penal**. São exemplos típicos o emprego de **narcóticos** ou **anestésicos** contra a vítima, tornando-a "presa fácil", já que, sob o efeito de referidas substâncias, sua capacidade de resistência à ação alheia fica bastante diminuída (ou até mesmo eliminada). Aqui, tem-se a denominada **violência imprópria**.

Também configura elementar do tipo que a **coisa** subtraída seja **alheia** e **móvel**. Entende-se por "coisa" todos os bens suscetíveis de **apreciação econômica** (afinal, o roubo, assim como o furto, protege o **patrimônio** alheio).

Outrossim, não basta que o agente subtraia um bem, devendo este pertencer, obviamente, a **terceira pessoa** (não se poderia cogitar de roubo de coisa própria!).

Por fim, somente **bens móveis** podem ser objeto do crime em estudo, conforme determina a lei penal. Ainda que assim não estivesse previsto, se o roubo pressupõe a retirada do bem da esfera de disponibilidade da vítima, somente os passíveis de mobilização é que podem ser literalmente "removidos", "retirados" de um local para outro. **Impossível, portanto, roubo de bem imóvel**.

Se eventualmente a lei civil considera, por ficção, um bem móvel como imóvel (ex.: navios e aeronaves), ainda assim poderão ser objeto material do crime em comento. Basta que possam ser transportados de um lugar a outro.

Até mesmo os animais (semoventes) podem ser objeto de roubo, desde que tenham um proprietário (ex.: gados, cachorros etc.).

7.2.2. Tipo subjetivo

Além do **dolo** (vontade livre e consciente do agente em subtrair coisa alheia móvel), exige-se o **elemento subjetivo do tipo** (**dolo específico**), vale dizer, o sujeito ativo deve ter a intenção de apoderar-se definitivamente do bem subtraído, ou de fazê-lo para que terceira pessoa dele se apodere em caráter definitivo.

O elemento subjetivo do tipo, no crime de roubo, é denominado de *animus rem sibi habendi*. Em outras palavras, o agente deve subtrair o bem com o fim de **assenhoreamento definitivo**.

A exigência do "dolo específico" pode vir a desnaturar o crime de roubo se o agente **subtrai o bem temporariamente, sem a intenção de ficar com ele indefinidamente**.

Assim, se o roubador subtrai um carro, por exemplo, com a simples intenção de utilizá-lo e posteriormente restituí-lo ao seu legítimo proprietário, estaremos diante de fato atípico, dada a inexistência do *animus rem sibi habendi*. Tal figura é denominada pela doutrina de **roubo de uso,** à semelhança do furto de uso. Contudo, trata-se de entendimento minoritário, seja na doutrina, seja na jurisprudência, pelo fato de se tratar de crime complexo, que ofende a integridade física ou a liberdade individual da vítima.

Se a subtração de uma coisa alheia ocorrer para a superação de uma **situação de perigo**, podemos invocar o estado de necessidade, que afasta a criminalidade da conduta (**causa excludente da antijuridicidade**), ainda que contra a vítima seja empregada violência ou grave ameaça. Nessa situação, embora típica, a conduta não será antijurídica.

7.2.3. Sujeitos do crime

O **sujeito ativo** do crime de roubo pode ser qualquer pessoa, desde que não seja o proprietário ou possuidor da coisa subtraída (o tipo penal exige que a coisa subtraída seja **alheia**).

Já o **sujeito passivo** do crime em tela é o proprietário, possuidor ou detentor do bem subtraído. Poderá ser pessoa natural ou pessoa jurídica. Admite-se, ainda, que **existam duas ou mais vítimas e a ocorrência de um só roubo**, na hipótese em que terceiros sejam atingidos pela violência ou grave ameaça, ainda que não sejam os donos do bem subtraído. Ex.: João aluga seu veículo a José, que, em determinado semáforo da cidade, é abordado e, mediante grave ameaça e violência física, vê o veículo ser subtraído pelos roubadores. No caso, João foi vítima do crime em razão do desfalque patrimonial sofrido e José por ter suportado a ação delituosa (meios executórios).

7.2.4. Consumação e tentativa

Apontam a doutrina e jurisprudência, basicamente, **duas** situações caracterizadoras da **consumação do roubo (próprio)**:

a) retirada do bem da esfera de vigilância da vítima, existindo a inversão da posse da *res*, à semelhança do que ocorre com o furto;

b) com o apoderamento do bem subtraído, logo após empregar a violência ou a grave ameaça para consegui-lo. Nesse caso, não se exige a posse tranquila, havendo a consumação ainda que a polícia chegue ao local em seguida ao apoderamento da *res*. Trata-se da posição adotada pelo STF.

O **STJ** editou a **Súmula 582**, pacificando a adoção da segunda corrente, que, em suma, retrata a teoria da amotio ou da **apprehensio**. Confira-se: "Consuma-se o crime de roubo com a inversão da posse do bem mediante emprego de violência ou grave ameaça, ainda que por breve tempo e em seguida à perseguição imediata ao agente e recuperação da coisa roubada, sendo prescindível a posse mansa e pacífica ou desvigiada."

Admissível, evidentemente, a **tentativa** do crime de roubo, seja pelo fato de o agente não ter obtido a posse tranquila do bem (primeira corrente), seja porque não conseguiu apoderar-se do bem da vítima, ainda que haja empregado violência ou grave ameaça.

Confira-se a posição do STF que segue abaixo acerca do acompanhamento da ação delituosa por policiais, caso em que restará caracterizada a tentativa:

Roubo e momento consumativo

"A 1ª Turma, por maioria, deferiu *habeas corpus* para desclassificar o crime de roubo na modalidade consumada para a tentada. Na espécie, os pacientes, mediante violência física, subtraíram da vítima quantia de R$ 20,00. Ato contínuo, foram perseguidos e presos em flagrante por policiais que estavam no local do ato delituoso. Inicialmente, aludiu-se à pacífica jurisprudência da Corte no sentido da desnecessidade de inversão de posse mansa e pacífica do bem para haver a consumação do crime em comento. Entretanto, consignou-se que essa tese seria inaplicável às hipóteses em que a conduta fosse, o tempo todo, monitorada por policiais que se encontrassem no cenário do crime. Isso porque, no caso, ao obstar a possibilidade de fuga dos imputados, a ação da polícia teria frustrado a consumação do delito por circunstâncias alheias à vontade dos agentes ("*Art. 14. Diz-se o crime: ... II – tentado, quando, iniciada a execução, não se consuma por circunstâncias alheias à vontade do agente*"). Vencida a Min. Cármen Lúcia, por reputar que, de toda sorte, os réus teriam obtido a posse do bem, o que seria suficiente para consumação do crime". Precedente citado: HC 88259/ SP *(DJU* de 26.05.2006). <u>HC 104593/MG, rel. Min. Luiz Fux, 08.11.2011</u>. (HC-104593) (Inform. STF 647).

Doutrinariamente, é bom que se diga, o roubo é denominado crime material, já que para sua consumação é exigido o resultado naturalístico (retirada do bem da vítima e consequente redução patrimonial).

Quanto ao momento consumativo do roubo impróprio, veremos no item próprio dessa modalidade.

7.2.5. Espécies de roubo

A doutrina aponta duas espécies ou tipos de roubo:

a) roubo próprio – é o previsto no art. 157, *caput*, do CP;

b) roubo impróprio – é o estabelecido no § 1º do mesmo dispositivo legal. Trata-se de crime que, inicialmente, assemelha-se ao furto (subtração de coisa alheia móvel). Todavia, para a consumação, visando o agente a **assegurar a impunidade ou a garantia da subtração** da coisa, **emprega violência ou grave ameaça contra a vítima**.

No caso de roubo impróprio, há o entendimento de que se **consuma** com o efetivo **emprego da violência ou grave ameaça**, **não se admitindo a tentativa (Damásio de Jesus, por exemplo)**. Porém, há quem sustente ser admissível, sim,

a tentativa de roubo impróprio, desde que o agente, após o apoderamento da coisa, não consiga, por circunstâncias alheias à sua vontade, empregar a grave ameaça ou a violência física. No mais, todas as características do roubo próprio são aplicáveis ao impróprio (sujeitos do crime, objeto jurídico, tipo objetivo, tipo subjetivo). Frise-se, porém, que, para o cometimento do roubo impróprio, é inadmissível o emprego de violência imprópria, admitida apenas no *caput* do art. 157 do CP, mas não em seu § 1º.

7.2.6. Formas majoradas (causas de aumento de pena – art. 157, § 2º, do CP)

O § 2º do art. 157 do CP pune mais gravosamente (exacerbação de **um terço à metade da pena**) o roubo nas hipóteses previstas em seus cinco incisos, a saber:

a) inciso I – se a violência ou ameaça é exercida com emprego de arma: neste caso, pune-se mais severamente o agente que se vale do emprego de um artefato que garanta maior facilidade para a subtração, reduzindo-se ainda mais as chances de a vítima resistir à agressão ao seu patrimônio. Deve-se entender por arma tanto os artefatos previamente confeccionados para o ataque ou defesa (**arma própria** – ex.: revólver, espingarda, pistola, metralhadora etc.) quanto qualquer objeto que tenha potencialidade lesiva (**arma imprópria** – ex.: faca, machado, cutelo, foice, punhal etc.). No caso do emprego de arma de brinquedo, embora tenha esta chance de causar maior temor à vítima, não resultará em reconhecimento da circunstância ora estudada. Tanto é verdade que o STJ cancelou a antiga **Súmula 174**, pacificando-se o entendimento de que quis o legislador agravar a reprimenda do agente que se vale de uma *arma*, com **maior potencialidade ofensiva à vítima** (**aspecto objetivo**), pouco importando o aspecto intimidativo (**aspecto subjetivo**). A exibição de arma de brinquedo em um roubo caracterizará, tão somente, a modalidade simples (art. 157, *caput*, do CP), já que sua exibição perfaz a elementar "grave ameaça". Acerca da (des)necessidade de apreensão da arma para a configuração da majorante em comento, confira-se a posição do STF e, na sequência, a do STJ:

HC N. 105.263-MG – RELATOR: MIN. DIAS TOFFOLI

Habeas corpus. Penal. Sentença penal condenatória. Crime do art. 157, § 2º, inciso I, do CP. Incidência da majorante em razão do emprego da arma. Precedentes.

1. Firmado nesta Corte Suprema o entendimento de que a incidência da majorante do inciso I do § 2º do art. 157 do CP prescinde da apreensão da arma, se comprovado, por outros meios, o seu emprego. 2. *Habeas corpus* denegado. (**Inform. STF** 619);

ARMA. FOGO. INIDONEIDADE. PERÍCIA. OUTROS MEIOS. PROVA.

"A Turma, entre outras questões, reiterou o entendimento adotado pela Terceira Seção, com ressalva da Min. Relatora, de que é prescindível a apreensão e perícia de arma de fogo para a aplicação da causa de aumento de pena prevista no art. 157, § 2º, I, do CP, impondo-se a verificação, caso a caso, da existência de outras provas que atestem a utilização do mencionado instrumento. No caso, o magistrado de primeiro grau e a corte estadual assentaram a existência de prova pericial suficiente a demonstrar a inidoneidade da arma de fogo utilizada pelo réu, dada sua ineficácia para a realização dos disparos. Assim, a Turma concedeu a ordem a fim de afastar a causa de aumento prevista no art. 157, § 2º, I, do CP e reduziu a pena para cinco anos e quatros meses de reclusão a ser cumprida inicialmente no regime semiaberto, mais 13 dias-multa". HC 199.570-SP, Rel. Min. Maria Thereza de Assis Moura, julgado em 21.06.2011. (**Inform. STJ** 478);

Importante registrar que a **Lei 13.654/2018**, que também alterou o crime de furto, a ele incluindo novas qualificadoras, promoveu a **revogação** da causa de aumento de pena em análise, ou seja, de agora em diante, se o agente, para roubar, empregar uma **arma imprópria** (ex.: faca, martelo, machado, enxada, etc), não mais res-ponderá por roubo majorado (art. 157, §2º, I, CP), mas, sim, por **roubo simples** (art. 157, *caput*, CP). Tal modi-ficação, evidentemente, é benéfica ao réu, razão pela qual terá efeitos retroativos, atingindo roubos praticados antes do início da vigência de referida lei.

Somente o roubo com emprego de **arma de fogo (arma própria)** terá a pena aumentada em **2/3 (dois terços)**, conforme art. 157, §2º-A, do CP, incluído pela já citada Lei 13.654/2018.

b) inciso II – se há o concurso de duas ou mais pessoas: andou bem o legislador ao punir com maior rigor o roubo praticado por duas ou mais pessoas em concurso. Isto porque a vítima, diante de uma pluralidade de pessoas, terá menores chances de resistir à ação criminosa, ficando mais despro-tegida. Pouco importa se, no "grupo", existirem pessoas maiores (imputáveis) ou menores de idade (inimputáveis). Tratou a lei de prever o concurso de duas ou mais **pessoas e não dois ou mais imputáveis.** Todavia, o STJ já proferiu entendimento no sentido de que o concurso de um maior de idade e um adolescente desnatura a causa de aumento de pena em estudo, eis que o Código Penal é um diploma normativo aplicado apenas aos imputáveis. Trata-se de posição isolada;

c) inciso III – se a vítima está em serviço de transporte de valores e o agente conhece tal circunstância: trata-se de causa de aumento de pena que nitidamente visa a proteger as pessoas que se dedicam ao transporte de valores (bancos e joalherias, p.ex.). Exige-se, *in casu*, que o agente saiba que a vítima labora na área de transporte de valores (dolo direto), não se admitindo o dolo eventual (assunção do risco);

d) inciso IV – se a subtração for de veículo automotor que venha a ser transportado para outro Estado ou para o exterior: neste caso, é imprescindível que o veículo, de fato, saia dos limites de um Estado e ingresse em outro, ou saia do país e ingresse no exterior, transpondo as fronteiras;

e) inciso V – se o agente mantém a vítima em seu poder, restringindo sua liberdade: inserido pela Lei 9.426/1996, colocou-se um fim à celeuma que envolvia o roubo e a restri-ção de liberdade da vítima. Prevalece, hoje, o entendimento de que incide a causa de aumento de pena ora analisada se o agente, para a subtração dos bens, mantém a vítima privada de sua liberdade pelo espaço de tempo suficiente à consu-mação do roubo ou para evitar a ação policial. Todavia, se desnecessária a privação de liberdade do sujeito passivo, já tendo se consumado o roubo, é possível o concurso entre o roubo e o sequestro ou cárcere privado (art. 148 do CP).

f) inciso VI - se a subtração for de substâncias explosivas ou de acessórios que, conjunta ou isoladamente, possi-bilitem sua fabricação, montagem ou emprego: trata-se de nova causa de aumento de pena incluída ao art. 157, §2º pela Lei 13.654/2018. Trata-se, aqui, da subtração do próprio explosivo ou de acessórios que possibilitem a fabricação, mon-tagem ou emprego de engenhos explosivos, pouco importando sua efetiva utilização para ou-tros fins. Referidos comportamentos merecem forte repressão estatal, eis que, por evidente, alimentam o comércio clandestino de explosi-vos, viabilizando a prática de outros crimes, es-pecialmente os patrimoniais.

7.2.6.1. Novas formas majoradas (causas de aumento de pena – art. 157, § 2º-A, do CP)

A **Lei 13.654/2018**, além das alterações promovidas no crime de furto (inclusão dos §§4º-A e 7º, no art. 155 do CP) e roubo (revogação do inciso I, do §2º, do art. 157 do CP), acrescentou a este último mais um pará-grafo. Vale a pena a transcrição:

> § 2º-A A pena aumenta-se de 2/3 (dois terços):
>
> I – se a violência ou ameaça é exercida com emprego de arma de fogo;
>
> II – se há destruição ou rompimento de obstáculo mediante o emprego de ex-plosivo ou de artefato análogo que cause perigo comum.

No tocante ao inciso I, tal como já alertamos no item 7.2.6. *supra*, de agora em diante o roubo só terá a pena aumentada se praticado com emprego de arma própria, ou seja, **arma de fogo.** Haverá, aqui, majoração da pena em 2/3 (dois ter-ços), tratando-se de alteração prejudicial se comparado ao cenário anterior à Lei 13.654/2018.

É que, antes da revogação do art. 157, §2º, I, do CP, se o agente empregasse, para o roubo, qualquer tipo de arma (própria ou imprópria), sua pena seria au-mentada de **1/3 (um terço)** a **1/2 (metade).**

Com o acréscimo ao art. 157 do §2º-A ora estudado, o emprego de arma de fogo, como visto, ensejará o aumento da pena em **2/3 (dois terços),** motivo pelo qual a modificação ora comentada é irretroativa, não alcançando fatos pratica-dos antes de sua vigência.

Quanto ao inciso II, tal como analisado no tocante à nova qualificadora do furto (art. 155, §4º-A, CP), tencionou o legislador punir mais gravosamente o agente que, para roubar, promover a destruição ou rompimento de obstáculo mediante o emprego de **explosivo** ou **artefato análogo** que cause perigo comum. Assim, por exemplo, se para conseguir subtrair dinheiro do interior de um caixa eletrônico, o agente render o segurança da instituição financeira e utilizar uma dinamite para a explosão do equipamento, terá sua pena aumentada de 2/3 (dois terços).

7.2.7. Formas qualificadas (roubo qualificado)

O § 3º do art. 157 do CP elenca situações cuja natureza jurídica não são de **causas especiais de aumento de pena**, mas sim de **qualificadoras.**

Verificamos, pois, as seguintes hipóteses, já com as alterações promovidas pela **Lei 13.654/2018**:

a) Se da violência resulta lesão corporal de natureza grave (inciso I) – pena de reclusão de 7 a 18 anos, além da multa: neste caso, pune o legislador com maior rigor a intensificação, por parte do agente, de sofrimento físico à vítima da subtração, que suporta lesões corporais graves para ser despojada de seus bens. As **lesões corporais leves** serão absorvidas pelo roubo simples (art. 157, *caput*, do CP), não configurando a qualificadora em comento. As lesões corporais graves poderão ser causadas na vítima a título de dolo ou culpa (neste último caso, a figura será preterdolosa);

b) Se resulta morte – reclusão de 20 a 30 anos, sem prejuízo da multa (inciso II): trata-se do denominado **latrocínio,** considerado **crime hediondo** pela Lei 8.072/1990, daí advindo efeitos penais mais severos ao agente (insusceptibilidade de anistia, graça, indulto, progressão de regime mais demorada, livramento condicional mais demorado). A **morte da vítima** poderá ser **dolosa** ou **culposa** (neste caso, o resultado agravador configurará hipótese preterdolosa de latrocínio). No tocante à **tentativa de latrocínio**, podemos verificar **quatro situações**: 1ª) roubo e morte consumados – evidentemente haverá latrocínio consumado; 2ª) roubo e morte tentados – latrocínio tentado; 3ª) roubo tentado e morte consumada – latrocínio consumado (Súmula 610 do STF); 4ª) roubo consumado e morte tentada – latrocínio tentado (entendimento do STF). Se o agente, por erro na execução (*aberratio ictus*), mata o comparsa no roubo, tendo mirado a vítima, responderá por latrocínio. Por fim, ainda que a morte causada à vítima seja dolosa, o crime de latrocínio **não será julgado pelo Tribunal do Júri**, mas sim por juízo criminal comum, exatamente por se tratar de crime contra o patrimônio e **não contra a vida**. Por fim, confira-se a posição do STJ acerca da imputação a coautor de roubo seguido de morte da vítima, ainda que não tenha efetuado os disparos:

> **ROUBO ARMADO. DISPAROS. COAUTORIA.**
>
> "A Turma entendeu, entre outras questões, que o paciente condenado por roubo armado seguido de morte responde como coautor, ainda que não tenha sido o responsável pelos disparos que resultaram no óbito da vítima. Na espécie, ficou demonstrado que houve prévio ajuste entre o paciente e os outros agentes, assumindo aquele o risco do evento morte". Precedentes citados: REsp 622.741-RO, *DJ* 18.10.2004; REsp 418.183-DF, *DJ* 04.08.2003, e REsp 2.395-SP, *DJ* 21.05.1990. HC 185.167-SP, Rel. Min. Og Fernandes, julgado em 15.03.2011. (**Inform. STJ** 466)

7.3. Extorsão (art. 158, CP)

7.3.1. Considerações iniciais

O crime de **extorsão**, previsto no art. 158 do CP, consiste em **constranger alguém**, mediante **violência** ou **grave ameaça**, e com o **intuito de obter** para si ou para outrem **indevida vantagem econômica**, a fazer, deixar de fazer ou tolerar que se faça algo.

Trata-se de infração penal cuja **objetividade jurídica imediata** é a **proteção do patrimônio alheio**, mais especificamente dos bens móveis alheios. Todavia, também tutela,

a um só tempo, a **liberdade individual** e a **integridade corporal**.

Por proteger, portanto, dois bens jurídicos (patrimônio e liberdade individual/integridade pessoal), a doutrina denomina a extorsão de **crime pluriofensivo** (ofende mais de um bem jurídico), assim como ocorre com o roubo.

A doutrina também aponta a extorsão como um **crime complexo,** já que sua conformação típica pressupõe a existência de duas figuras que, isoladas, configuram crimes autônomos: **constrangimento ilegal + violência** (vias de fato – contravenção penal; ou lesões corporais – crime) ou **constrangimento ilegal + grave ameaça**.

7.3.2. Tipo objetivo

O verbo do tipo (conduta típica) é o mesmo do constrangimento ilegal, qual seja, "constranger", **coagir, obrigar** a vítima a fazer, deixar de fazer ou tolerar que se faça algo mediante violência ou grave ameaça. Todavia, enquanto no constrangimento ilegal busca-se a restrição da liberdade, na extorsão a finalidade é o locupletamento ilícito.

O constrangimento exige, portanto, a **inexistência de consentimento da vítima,** a qual é obrigada a fazer alguma coisa (ex.: entregar dinheiro, efetuar depósito bancário etc.), deixar de fazer algo (ex.: devedor que ameaça o credor para que ele não promova a execução) ou tolerar que se faça algo (ex.: tolerar o uso de um imóvel que lhe pertence sem cobrar aluguel).

Assim, a vítima pode ter uma conduta **comissiva** (fazer) ou **omissiva** (deixar de fazer ou tolerar), enquanto que o autor do crime de extorsão sempre realiza uma **ação** (constranger, mediante violência ou grave ameaça).

Dois podem ser os meios de execução da extorsão, para obtenção da indevida vantagem econômica, após o constrangimento da vítima:

a) grave ameaça – corresponde à **violência moral**, ou seja, a promessa, à vítima, de um mal injusto e grave;

b) violência – corresponde ao emprego de **força física** contra a vítima, seja por meio de vias de fato, seja mediante lesões corporais (leves, graves ou gravíssimas).

É oportuno frisar que, se a indevida vantagem econômica for obtida mediante **fraude, artifício ou ardil,** poderá restar configurado o crime de estelionato.

Também configura elementar do tipo que a obtenção da **indevida vantagem econômica** seja para **si** ou para **outrem**. Entende-se por "indevida vantagem econômica" toda vantagem suscetível de **apreciação econômica** (afinal, a extorsão, assim como o furto e o roubo, protege o **patrimônio** alheio).

7.3.3. Tipo subjetivo

Além do **dolo** (vontade livre e consciente do agente em constranger a vítima), exige-se o **elemento subjetivo do tipo** (**dolo específico**), vale dizer, o sujeito ativo deve ter a intenção de obter para si ou para outrem **indevida vantagem econômica**.

A exigência do "dolo específico" (**especial fim de agir**) pode vir a desnaturar o crime de extorsão. Se a intenção for a de obter vantagem econômica devida, o crime será o exercício arbitrário das próprias razões. Por outro lado, se a vantagem não for econômica, mas moral, o crime será o constrangimento ilegal; se sexual, poderá caracterizar crime contra a liberdade sexual (estupro, por exemplo).

7.3.4. Sujeitos do crime

O **sujeito ativo** do crime de extorsão pode ser qualquer pessoa, não se exigindo nenhuma qualidade especial (crime comum). Já o **sujeito passivo** do crime em tela é aquele que suporta diretamente a violência ou a grave ameaça, bem como o titular do patrimônio visado.

7.3.5. Consumação e tentativa

O crime de extorsão **consuma-se** no momento em que a **vítima faz, deixa de fazer ou tolera** que se faça algo. Ou seja, não basta o mero constrangimento da vítima, sendo imprescindível que haja uma ação ou omissão.

Entretanto, para a consumação do delito se dispensa a obtenção da indevida vantagem econômica (**Súmula 96, STJ**). A obtenção do enriquecimento ilícito constitui **exaurimento do crime**. Portanto, doutrinariamente, a extorsão é denominada **crime formal (ou de consumação antecipada)**, já que para sua consumação não é exigido o resultado naturalístico (obtenção da indevida vantagem econômica).

Há **tentativa** do crime de extorsão quando, apesar da exigência realizada pelo autor do delito, mediante o emprego de violência ou grave ameaça, a vítima não realiza a conduta que lhe fora exigida, por circunstâncias alheias à sua vontade.

Em suma, quando houver mera exigência, o crime será tentado. Mas se a vítima realizar o que lhe fora exigido, haverá crime consumado. E, por fim, se o agente obtiver a indevida vantagem econômica, haverá exaurimento do crime.

7.3.6. Espécies de extorsão

A extorsão pode ser:

a) simples: art. 158, *caput,* CP;

b) majorada: quando presente uma das causas de aumento de pena – art. 158, § 1º, do CP;

c) qualificada: art. 158, §§ 2º e 3º, do CP.

7.3.7. Formas majoradas (causas de aumento de pena – art. 158, § 1º, do CP)

O § 1º do art. 158 do CP pune mais gravosamente (exacerbação de **um terço à metade da pena**) a extorsão:

a) se cometida por duas ou mais pessoas: aplica-se aqui o que já fora explicitado no crime de roubo;

b) se cometida mediante o emprego de arma: de igual modo aplica-se o que já fora explicitado no crime de roubo, quanto ao conceito de arma.

7.3.8. Extorsão qualificada (art. 158, § 2º, CP)

Há duas espécies de extorsão qualificada previstas no artigo 158, § 2º do CP:

a) extorsão qualificada pela lesão corporal de natureza grave;

b) extorsão qualificada pelo resultado morte. Neste caso, estaremos diante de **crime hediondo**.

Tudo o que foi dito a respeito do roubo qualificado pela lesão grave ou morte (art. 157, § 3º, I e II, CP) aplica-se ao crime de extorsão qualificada. Frisa-se que as formas qualificadas de extorsão configuram **crimes preterdolosos**.

Como se verá mais adiante, há, ainda, outras formas qualificadas de extorsão, previstas no § 3º também do art. 158 do CP, que prevê que a pena será de reclusão de 6 a 12 anos, além da multa, se o crime é cometido com restrição da liberdade da vítima e essa condição é necessária para a obtenção da vantagem econômica (sequestro-relâmpago). Se resultar, porém, lesão corporal grave ou morte, as penas serão aquelas cominadas aos §§ 2º e 3º, respectivamente, do art. 159 do CP.

7.3.9. Diferença entre extorsão e roubo

Para a doutrina amplamente majoritária, a diferença havida entre os crimes acima referidos é que no roubo **o bem é retirado da vítima** enquanto que na extorsão ela própria é quem o **entrega ao agente**.

Assim, a principal distinção entre o crime de extorsão e o de roubo se faz pela colaboração da vítima. Se for **imprescindível a colaboração** para o agente obter a vantagem econômica, tem-se o **crime de extorsão**. No entanto, se for **dispensável a colaboração** da vítima, ou seja, mesmo que a vítima não entregue o bem o agente iria subtraí-lo, aí há o **crime de roubo**.

Há crime de roubo, portanto, quando o próprio agente subtraiu o bem ou quando o agente poderia ter subtraído, mas determinou que a vítima lhe entregasse o bem após empregar violência ou grave ameaça.

7.3.10. "Sequestro relâmpago" (art. 158, § 3º, CP)

Essa distinção entre extorsão e roubo tinha relevância na doutrina quando se discutia sobre o denominado "sequestro relâmpago". Mas, com a Lei 11.923/2009, o legislador colocou fim à discussão, com a tipificação do art. 158, § 3º, CP.

Em verdade, o "sequestro relâmpago" é uma modalidade de crime de extorsão cometido mediante a **restrição da liberdade** da vítima (e não a privação total), necessária para a obtenção da vantagem econômica.

A **colaboração** da vítima se torna **imprescindível** para que ocorra a vantagem, como, por exemplo, no caso típico em que o agente aborda a vítima, restringindo-lhe a liberdade e a conduzindo até um caixa eletrônico para que efetue o saque de dinheiro, que somente será realizado com a utilização da senha do cartão bancário. A colaboração da vítima é indispensável, pois o agente não poderia adivinhar a senha do cartão, sem a qual não seria possível a realização do saque.

Outrossim, cumpre ressaltar a discussão a respeito de ser ou não crime hediondo o "sequestro relâmpago" qualificado pela lesão corporal grave ou morte. Para uma corrente, não há que se falar em hediondez, na medida em que o critério adotado pelo legislador foi o legal e, no caso, não se incluiu a extorsão qualificada (art. 158, § 3º, CP) no rol taxativo do art. 1º da Lei 8.072/1990. Todavia, para outra corrente seria possível sustentar o tratamento mais rigoroso dos crimes hediondos, na medida em que o § 3º do art. 158, CP faz alusão ao art. 159, §§ 2º e 3º, do CP, o qual foi expressamente previsto na Lei dos Crimes Hediondos.

7.4. Extorsão mediante sequestro (art. 159, CP)

7.4.1. Considerações iniciais

Trata-se de crime previsto no art. 159, CP, modalidade de extorsão, qualificada, porém, pelo sequestro, consistente na **privação da liberdade** da vítima para o **fim de obter, para si ou para outrem, qualquer vantagem, como condição ou preço do resgate**.

Trata-se de **crime pluriofensivo**, em que são tutelados vários bens jurídicos: liberdade de locomoção, integridade física e patrimônio.

7.4.2. Tipo objetivo

O núcleo do tipo é **sequestrar**, o que significa privar a liberdade de **alguém** por tempo juridicamente relevante.

Muito embora o tipo penal faça alusão a "qualquer vantagem", prevalece o entendimento doutrinário no sentido de que a vantagem deve ser **econômica**, haja vista se tratar de crime contra o patrimônio. Caso a natureza da vantagem seja outra, poderá restar caracterizado o crime de sequestro (art. 148, CP).

Ainda, a jurisprudência exige que a vantagem, além de econômica, deve ser **indevida**, apesar da omissão do legislador. Isso porque, se a vantagem visada pelo sequestrador for devida, poderá configurar o exercício arbitrário das próprias razões (art. 345, CP), em concurso formal com o crime de sequestro (art. 148, CP).

7.4.3. Tipo subjetivo

Além do **dolo** (vontade livre e consciente de sequestrar a vítima), exige-se o **elemento subjetivo do tipo** (**dolo específico**), vale dizer, o sujeito ativo deve ter a intenção de obter para si ou para outrem **indevida vantagem econômica**, como condição ou preço do resgate.

7.4.4. Sujeitos do crime

O **sujeito ativo** pode ser qualquer pessoa (**crime comum**). De igual modo, o sujeito passivo pode ser qualquer pessoa, mas necessariamente deve ser **pessoa**. Ou seja, se houver o sequestro de um animal para o fim de se exigir resgate, não se caracterizará o crime de extorsão mediante sequestro, mas simplesmente o crime de extorsão (art. 158, CP). Será **sujeito passivo** tanto a pessoa que teve a sua liberdade de locomoção tolhida como aquela que sofreu a lesão patrimonial.

7.4.5. Consumação e tentativa

O crime se **consuma** com a **privação da liberdade**, ou seja, no momento em que há a captura da vítima, sendo que o **pagamento do resgate** (obtenção da indevida vantagem econômica) é mero **exaurimento** do crime. Daí dizer-se que se trata de **crime formal** (ou de consumação antecipada).

Ainda, trata-se de **crime permanente**, visto que, enquanto a vítima é privada de sua liberdade, a infração se consuma a cada instante, motivo pelo qual é admitida a **prisão em flagrante** a qualquer tempo (art. 303, CPP).

A **tentativa** é **admissível**, desde que o agente já tenha iniciado os atos executórios do crime (privação da liberdade da vítima), o qual somente não se consumou por circunstâncias alheias à sua vontade.

7.4.6. Espécies de extorsão mediante sequestro

São **espécies** de extorsão mediante sequestro:

a) **simples**: art. 159, *caput*, CP;

b) **qualificada**:

    b.1) art. 159, § 1º, CP:

    b.1.1) se o sequestro dura mais de 24 horas;

    b.1.2) se o sequestrado é menor de 18 anos ou maior de 60 anos;

    b.1.3) se o crime é cometido por bando ou quadrilha, denominado, desde o advento da Lei 12.850/2013 de "associação criminosa";

    b.2) art. 159, § 2º, CP: se do fato resulta **lesão corporal de natureza grave**, dolosa ou culposa;

    b.3) art. 159, § 3º, CP: se resulta **morte**, dolosa ou culposa.

Quanto às qualificadoras relativas à lesão corporal grave e à morte, cumpre salientar que somente serão aplicadas quando tais resultados ocorrerem na própria pessoa sequestrada. Se outra pessoa for atingida, haverá crime autônomo.

Como o legislador não restringiu, tais qualificadoras ocorrem tanto no caso de lesão corporal/morte dolosa como culposa, assim como ocorre com o latrocínio.

Ainda, se no caso concreto a conduta dos sequestradores se enquadrar em todos os parágrafos das qualificadoras mencionadas acima, a subsunção será feita no § 3º, cuja pena é maior e mais grave, sendo que as demais qualificadoras serão consideradas como circunstâncias judiciais, quando da fixação da pena-base pelo juiz.

Todas as espécies de extorsão mediante sequestro são consideradas **hediondas** (simples ou qualificadas).

7.4.7. Delação premiada na extorsão mediante sequestro

Se o crime é cometido em **concurso**, o concorrente que o **denunciar** à autoridade, **facilitando a liberação da vítima**, terá sua pena diminuída de **1/3 a 2/3** – art. 159, § 4º, CP. Portanto, trata-se de **causa especial de diminuição da pena**, sendo que o critério para a redução é a colaboração para a soltura da vítima, ou seja, a pena será diminuída proporcionalmente ao auxílio prestado pelo delator.

7.4.8. Diferença entre sequestro relâmpago e extorsão mediante sequestro

O "sequestro relâmpago", como já mencionado, é uma modalidade de crime de extorsão cometido mediante a restrição da liberdade da vítima (e não a privação total), necessária para a obtenção da indevida vantagem econômica.

Isso não se confunde com a também restrição da liberdade, que pode ser causa de aumento de pena do crime de **roubo** (art. 157, § 2º, V, CP), mas desde que realizada pelo tempo necessário para a abordagem da vítima e para que esta não delate o agente (e não como condição necessária para a obtenção da vantagem almejada pelo roubador).

Por sua vez, há que se distinguir da **extorsão mediante sequestro**, a qual se caracteriza pela **privação total da liberdade de locomoção** da vítima, a qual é capturada pelo agente, com o fim de obter, para si ou para outrem, qualquer vantagem (econômica e indevida) como condição ou preço do resgate.

7.5. Apropriação indébita (art. 168 do CP). Considerações iniciais.

O crime de **apropriação indébita**, previsto no art. 168 do CP, evidentemente é crime contra o patrimônio, já que inserido exatamente neste título do referido diploma legal.

Portanto, o **bem jurídico** tutelado pelo crime em comento é o direito de propriedade (patrimônio).

7.5.1. Tipo objetivo

O verbo do tipo (conduta típica) é "apropriar", indicando que o agente irá apoderar-se, assenhorear-se, fazer sua a coisa de outrem. Enfim, o sujeito ativo passa a portar-se como se fosse dono da coisa.

Diz-se que a **apropriação indébita** é crime que se aperfeiçoa por conta da quebra ou violação de uma **confiança**, já que a vítima entrega a coisa ao agente por livre e espontânea vontade. Ocorre que, em momento posterior ao recebimento da coisa, o agente **inverte seu ânimo sobre o bem**, passando a comportar-se com *animus domini*.

Assim, são requisitos para a configuração da apropriação indébita:

1º) entrega livre do bem pela vítima ao agente;
2º) a posse ou detenção do bem deve ser desvigiada;
3º) ao entrar na posse ou detenção do bem, o agente não deve, desde logo, querer dele apoderar-se ou deixar de restituí-lo ao dono.

Vê-se, pois, que na apropriação indébita a primeira atitude do agente não é banhada de má-fé, eis que recebe o bem sem a intenção inicial de tê-lo para si. Porém, ato seguinte à posse ou detenção, modifica seu ânimo sobre a coisa, passando a comportar-se como se dono fosse.

A doutrina aponta duas formas de execução da apropriação indébita:

a) comportamento do agente como se dono fosse: ato seguinte ao recebimento da coisa, o agente passa a ter atitude típica de dono, dispondo da coisa ou dela se utilizando como se lhe pertencesse. Trata-se da denominada **apropriação indébita propriamente dita**;

b) negativa ou recusa na restituição da coisa: quando o legítimo proprietário da coisa a pede de volta, o agente nega-se a restituí-la, caracterizando a chamada **negativa de restituição**.

7.5.2. Tipo subjetivo

Trata-se do dolo, ou seja, a vontade livre e consciente do sujeito de apoderar-se de bem (coisa) alheio, passando a comportar-se como se fosse dono.

Diz-se que o **dolo** somente deve ser **posterior** ao recebimento da coisa. Assim não sendo, estaremos diante de possível estelionato (ex.: "A" recebe dinheiro de "B" querendo, desde logo, obter o montante para si). A doutrina, neste caso, denomina *dolo subsequens*, ou seja, a intenção de apropriar-se da coisa deve ser subsequente/posterior ao seu recebimento.

Exige-se, ainda, o *animus rem sibi habendi*, configurador do elemento subjetivo do tipo (especial fim de agir do agente).

7.5.3. Sujeitos do crime

Quanto ao **sujeito ativo**, poderá sê-lo **qualquer pessoa** que tenha a posse ou a detenção do bem, recebido de maneira **lícita** (entregue voluntariamente pela vítima).

Já o **sujeito passivo** é quem sofre a **perda patrimonial** (proprietário, possuidor etc.).

7.5.4. Consumação e tentativa

Consuma-se a apropriação indébita com a **efetiva inversão do ânimo do agente sobre a coisa** entregue pela vítima. Trata-se de aspecto de difícil aferição por se tratar de intenção. Porém, estará consumada a infração, no caso de apropriação propriamente dita, quando o agente começar a portar-se como se dono da coisa fosse (ex.: venda do bem, locação, utilização etc.). Já na negativa de restituição, estará caracterizado o momento consumativo exatamente quando o agente negar-se a devolver o bem da vítima.

Admissível a **tentativa** na apropriação indébita **propriamente dita**, não sendo possível na **negativa de restituição**.

7.5.5. Causas majoradas

A pena será aumentada em 1/3 (um terço) quando:

a) o agente receber a coisa em depósito necessário (vide arts. 647 e 649 do CC);
b) o agente receber a coisa na qualidade de tutor, curador, síndico, liquidatário, inventariante, testamenteiro ou depositário judicial;
c) o agente receber a coisa em razão de ofício, emprego ou profissão.

7.6. Estelionato (art. 171 do CP). Considerações iniciais

Trata-se de crime contra o **patrimônio**, cuja objetividade jurídica é a proteção do patrimônio alheio.

Caracteriza-se o estelionato pela existência de uma **fraude**, pela qual o agente, valendo-se de artimanhas, ludibria o ofendido a entregar-lhe uma coisa, daí obtendo vantagem ilícita.

7.6.1. Tipo objetivo

No estelionato, o agente **obtém uma vantagem**. Assim, com o emprego de **fraude**, o sujeito ativo consegue alcançar uma vantagem ilícita.

O *caput* do art. 171 do CP descreve em que pode consistir referida fraude. Poderá, portanto, o agente, para obter vantagem ilícita para si ou para outrem empregar:

a) artifício: é o uso, pelo agente, de objetos aptos a enganar a vítima (ex.: documentos falsos, roupas ou disfarces);

b) ardil: corresponde ao "bom de papo". É a conversa enganosa;

c) qualquer outro meio fraudulento: tudo o quanto puder ludibriar a vítima. Utilizou-se o legislador da interpretação analógica a fim de que outras condutas não escapem da tipicidade penal.

O agente, valendo-se do artifício, ardil ou qualquer outro meio fraudulento, induzirá a vítima ou irá mantê-la em erro, obtendo, com isso, vantagem ilícita.

Não haverá, aqui, **subtração** da coisa. Ao contrário, será ela entregue pela vítima ao agente mediante algum expediente fraudulento (artifício, ardil ou outra fraude), tendo ele, desde logo, a intenção de locupletar-se à custa alheia. Esta é a diferença maior entre o estelionato e a apropriação indébita.

Diz a doutrina que o estelionato é **crime material**, exigindo, portanto, que o agente obtenha vantagem ilícita, provocando um prejuízo material à vítima.

Apontam os juristas, ainda, que não se exige que o engodo seja crível pelo **homem médio**. Assim não fosse, as pessoas mais simples estariam desassistidas pela lei penal. Basta, portanto, que o artifício ou o ardil tenham sido suficientes a enganar a vítima.

7.6.2. Tipo subjetivo

É o **dolo**. Atua o agente, portanto, com a intenção, desde logo, de locupletar-se à custa da vítima, induzindo-a ou mantendo-a em erro.

7.6.3. Sujeitos do crime

O **sujeito ativo** é tanto o que emprega a fraude quanto o que aufere a vantagem ilícita.

Sujeito passivo será a pessoa que sofrer o prejuízo, ou ainda aquela que for enganada. Em se tratando de vítima idosa, importante destacar que a pena será aplicada em dobro. Estamos diante do denominado "Estelionato contra idoso", inserido ao Código Penal, em seu art. 171, § 4º, pela Lei 13.228/2015.

A vítima deve ser pessoa determinada. No caso de a conduta visar a vítimas indeterminadas, poderemos estar diante de crime contra a economia popular, definido na Lei 1.521/1951 (ex.: correntes, pirâmides, adulteração de combustíveis, de balanças etc.).

Se o sujeito passivo do estelionato for **pessoa idosa**, a pena será aumentada, consoante dispõe o art. 171, §4º, do CP, incluído pela Lei 13.228/2015.

7.6.4. Consumação e tentativa

Como já afirmado, o crime de estelionato é **material**, exigindo-se a verificação do resultado (obtenção da vantagem ilícita e prejuízo patrimonial à vítima).

Admissível a **tentativa** se a vítima não é enganada, de fato, pelo agente, ou, ainda que enganada, não sofre prejuízo patrimonial.

Diz-se que se o meio utilizado pelo agente for absolutamente inidôneo, não se pode cogitar de tentativa, mas sim **crime impossível** pela **ineficácia absoluta do meio**.

7.6.5. Concurso de crimes

Se o sujeito ativo, para empregar a fraude, falsifica títulos de crédito ou documentos, visando à obtenção de vantagem ilícita, poderá ser responsabilizado da seguinte maneira:

a) estelionato e falsificação, por violarem bens jurídicos distintos (patrimônio e fé pública), terão suas penas somadas (concurso material);

b) estelionato e falsificação serão atribuídos ao agente a título de concurso formal (mediante uma só ação, o sujeito praticou dois crimes);

c) a falsificação de documento, por ser crime mais grave, absorve o estelionato, de menor pena;

d) o estelionato, por ser crime-fim, absorve a falsificação (crime-meio), por conta do princípio da consunção. Este é o posicionamento do STJ, ao editar a Súmula 17: "quando o falso se exaure no estelionato, sem mais potencialidade lesiva, é por este absorvido".

7.6.6. Estelionato privilegiado

Previsto no § 1º do art. 171, terá o mesmo tratamento do furto privilegiado (pequeno valor e primariedade).

7.6.7. Formas assemelhadas

O § 2º do mesmo dispositivo legal traz outras seis hipóteses de estelionato, porém com algumas especificidades:

a) quem vende, permuta, dá em pagamento, em locação ou em garantia coisa alheia como própria;

b) quem vende, permuta, dá em pagamento ou em garantia coisa própria inalienável, gravada de ônus ou litigiosa, ou imóvel que prometeu vender a terceiro, mediante pagamento em prestações, silenciando sobre qualquer dessas circunstâncias;

c) quem defrauda, mediante alienação não consentida pelo credor ou por outro modo, a garantia pignoratícia, quando tem a posse do objeto empenhado;

d) quem defrauda substância, qualidade ou quantidade de coisa que deve entregar a alguém;

e) quem destrói, total ou parcialmente, ou oculta coisa própria, ou lesa o próprio corpo ou saúde, ou agrava as consequências da lesão ou doença, com o intuito de haver indenização ou valor de seguro;

f) quem emite cheque sem suficiente provisão de fundos em poder do sacado ou lhe frustra o pagamento (ver Súmula 554 do STF).

7.6.8. Formas majoradas

A primeira forma majorada de estelionato, prevista no § 3º do art. 171 do CP, que acarreta majoração da pena em 1/3 (um terço), se caracteriza pelo fato de o crime ser cometido em detrimento de entidade de direito público ou de instituto de economia popular, assistência social ou beneficência.

A segunda forma majorada, impondo pena em dobro ao agente, consta no novel § 4º do precitado art. 171, incluído pela Lei 13.228/2015, que trata do "**Estelionato contra idoso**". Assim, se a vítima do delito patrimonial em comento for idosa, a reprimenda do estelionatário será, como dito, dobrada.

7.7. Receptação (art. 180, CP)

7.7.1. Tipo objetivo

O tipo previsto no art. 180 do CP é dividido em receptação própria (1ª parte) e imprópria (2ª parte).

Na receptação própria, o verbo do tipo (conduta típica) é "**adquirir, receber, transportar, conduzir ou ocultar**" em proveito próprio ou alheio, coisa que **sabe ser produto de crime**.

Já na receptação imprópria, o verbo do tipo (conduta típica) é "**influir**" para que terceiro, de boa-fé adquira, receba ou oculte coisa que sabe ser produto de crime. Assim, é possível dizer que o agente não é o receptador, mas o intermediário da atividade criminosa.

Caso o agente influa para que terceiro de boa-fé transporte ou conduza coisa que seja produto de crime, o fato será atípico, diante da omissão legislativa.

Tanto na receptação própria como na imprópria deve existir um crime antecedente, cujo objeto material coincidirá com o produto receptado.

Oportuno ressaltar que a receptação é punível, ainda que desconhecido ou isento de pena o autor do crime de que proveio a coisa, nos termos do art. 180, § 4º, do CP.

Interessante trazer à baila a posição do STJ acerca da receptação de folhas de cheque. Confira-se:

FOLHAS DE CHEQUE E OBJETO MATERIAL DO CRIME.
"A Turma, ao reconhecer a atipicidade da conduta praticada pelo paciente, concedeu a ordem para absolvê-lo do crime de receptação qualificada de folhas de cheque. Reafirmou-se a jurisprudência do Superior Tribunal de Justiça no sentido de que o talonário de cheque não possui valor econômico intrínseco, logo não pode ser objeto material do crime de receptação". HC 154.336-DF, Rel. Min. Laurita Vaz, julgado em 20.10.2011. (Inform. STJ 485)

7.7.2. Tipo subjetivo

Trata-se do dolo direto, ou seja, a vontade livre e consciente do sujeito de "adquirir, receber, transportar, conduzir ou ocultar", em proveito próprio ou alheio (elemento subjetivo do tipo), coisa que sabe ser produto de crime, ou "influir" para que terceiro, de boa-fé, adquira, receba ou oculte.

Caso o agente não soubesse ser a coisa produto de crime, muito embora pudesse saber ou tivesse dúvida a respeito, poderá configurar o crime previsto no art. 180, § 3º, do CP (receptação culposa).

7.7.3. Sujeitos do crime

Quanto ao **sujeito ativo**, poderá sê-lo qualquer pessoa, exceto o coautor ou partícipe do crime antecedente. Trata-se, portanto, de **crime comum**.

Já o **sujeito passivo** é o mesmo do delito antecedente.

7.7.4. Consumação e tentativa

O delito se consuma no momento em que a coisa sai da esfera de disponibilidade da vítima (crime material) ou quando o agente influi para que terceiro de boa-fé adquira, receba ou oculte coisa produto de crime (crime formal).

É admissível a **tentativa**.

7.7.5. Receptação qualificada

§ 1º – Adquirir, receber, transportar, conduzir, ocultar, ter em depósito, desmontar, montar, remontar, vender, expor à venda, ou de qualquer forma utilizar, em proveito próprio ou alheio, no exercício de atividade comercial ou industrial, coisa que deve saber ser produto de crime: (Redação dada pela Lei 9.426/1996)

Pena – reclusão, de três a oito anos, e multa. (Redação dada pela Lei 9.426/1996)

§ 2º – Equipara-se à atividade comercial, para efeito do parágrafo anterior, qualquer forma de comércio irregular ou clandestino, inclusive o exercício em residência. (Redação dada pela Lei 9.426/1996)

Tal modalidade de receptação configura espécie de crime próprio, já que somente poderá ser praticado por aquele que exerce atividade comercial, inclusive clandestina.

Importante ressaltar que a forma qualificada traz outras condutas típicas distintas do *caput*, tais como ter em depósito, desmontar, montar, remontar, vender, expor à venda, ou de qualquer forma utilizar, em proveito próprio ou alheio.

Ainda, o § 1º do art. 180 do CP utiliza a expressão "deve saber", ao invés de "sabe", o que gerou grande discussão doutrinária e jurisprudencial.

Para alguns, somente abarcaria o dolo eventual, razão pela qual o agente que atua com dolo direto deve responder por crime menos grave (art. 180, *caput*, CP).

Em contrapartida, para outros, tal solução seria incongruente, motivo pelo qual o § 1º englobaria tanto o dolo direto como o eventual.

7.7.6. Receptação culposa

§ 3º – Adquirir ou receber coisa que, por sua natureza ou pela desproporção entre o valor e o preço, ou pela condição de quem a oferece, deve presumir-se obtida por meio criminoso: (Redação dada pela Lei 9.426/1996).

Pena – detenção, de um mês a um ano, ou multa, ou ambas as penas. (Redação dada pela Lei 9.426/1996).

São requisitos configuradores da receptação culposa: a) adquirir ou receber coisa; b) que por sua natureza ou pela manifesta desproporção entre o valor e o preço ou pela condição de quem a oferece; c) deva presumir ser obtida por meio criminoso.

7.7.7. Perdão judicial e privilégio

§ 5º – Na hipótese do § 3º, se o criminoso é primário, pode o juiz, tendo em consideração as circunstâncias, deixar de aplicar a pena. Na receptação dolosa aplica-se o disposto no § 2º do art. 155. (Incluído pela Lei 9.426/1996).

O perdão judicial é aplicável somente no caso de receptação culposa. Já no caso do privilégio, aplica-se o mesmo instituto previsto para o delito de furto, mas somente à receptação dolosa.

O § 2º do art. 155 do CP, cuja natureza jurídica é de **causa especial de diminuição de pena**, é denominado pela doutrina de **furto privilegiado**.

Incidirá quando o agente for **primário** (ausência de reincidência – art. 64, I, CP – **aspecto subjetivo**) e a coisa for de pequeno valor (**aspecto objetivo**). Entende a doutrina e jurisprudência majoritárias como de **pequeno valor** o bem que não ultrapasse **um salário mínimo** no momento do crime.

Verificados os dois requisitos (primariedade e pequeno valor da coisa), o juiz poderá (em realidade, DEVERÁ – trata-se de direito subjetivo do acusado) **substituir a pena de reclusão pela de detenção, diminuí-la de um a dois terços ou aplicar somente a pena de multa**.

Dentre as opções grifadas, sem dúvida **a mais benéfica é a aplicação da PENA DE MULTA**, eis que o seu descumprimento não poderá ensejar a restrição da liberdade do agente, mas ser cobrada como dívida de valor (*vide* art. 51 do CP).

Se o bem receptado for de **ÍNFIMO VALOR** (e não apenas de pequeno valor), pode-se sustentar a **insignificância penal**, por ausência de lesividade ao bem jurídico protegido pelo crime.

7.7.8. Causas de aumento de pena

Nos termos do art. 180, § 6º, do CP, com a redação que lhe foi dada pela Lei 13.531, de 7 de dezembro de 2017, tratando-se de bens e instalações do patrimônio da **União, Estado, Distrito Federal, Município ou autarquia, fundação pública, empresa pública, sociedade de economia mista ou empresa concessionária de serviços públicos**, a pena prevista no *caput* deste artigo aplica-se em dobro.

7.7.9. Ação penal

A ação penal é pública incondicionada, em regra.

7.7.10. Receptação de semovente domesticável de produção

Com o advento da Lei 13.330/2016, que incluiu ao art. 155 do CP mais uma qualificadora (§ 6º), optou o legislador por dispor, em tipo penal autônomo, acerca do crime de **receptação de semovente domesticável de produção** (art. 180-A, CP).

Assim, responderá pelo crime em comento aquele que adquirir, receber, transportar, conduzir, ocultar, tiver em depósito ou vender, com a finalidade de produção ou de comercialização, semovente domesticável de produção, ainda que abatido ou dividido em partes, que deve saber ser produto de crime.

Trata-se, evidentemente, de crime doloso. Diante da redação prevista no tipo penal ("... que deve saber ser produto de crime"), conclui-se que o agente poderá agir com dolo direto ou eventual.

A pena para essa modalidade de receptação é a mesma prevista para o furto de semovente domesticável de produção, qual seja, de 2 a 5 anos de reclusão.

7.8. Escusas absolutórias (arts. 181 a 183, CP)

7.8.1. Conceito

As escusas absolutórias previstas nos arts. 181 e 182, CP são **imunidades penais** instituídas por razões **de política criminal**. A fim de que o Estado não interfira sobremaneira nas relações familiares, prevê o CP, em alguns casos, a **isenção de pena** àqueles que cometerem certos crimes contra o patrimônio (arts. 155 a 180, CP) em face de determinadas pessoas próximas.

Nas situações previstas no precitado art. 181, analisado a seguir, sequer inquérito policial deverá ser instaurado, visto que a persecução penal, inclusive a extrajudicial, fica comprometida pela inviabilidade de futura punição. Todavia, caso a autoridade policial somente constate a ocorrência de qualquer das imunidades absolutas previstas no item abaixo no curso das investigações, deverá relatar o IP e remetê-lo ao Poder Judiciário, cabendo ao Ministério Público requerer o arquivamento dos autos.

Vejamos.

7.8.2. Imunidades penais absolutas (art. 181, CP)

Haverá a **isenção** de pena do agente nos seguintes casos:

a) Crime cometido em prejuízo de **cônjuge**, na **constância da sociedade conjugal** (estende-se ao companheiro, por isonomia);

b) Crime cometido contra **ascendente** ou **descendente**, qualquer que seja o grau.

7.8.3. Imunidades penais relativas (art. 182, CP)

As imunidades penais relativas, ou processuais, **não isentam de pena** o agente. Contudo, será de rigor a necessidade de **representação do ofendido** nos seguintes casos:

a) Crime cometido em prejuízo de **ex-cônjuge** (estende-se, por analogia *in bonam partem*, ao ex-companheiro);

b) Crime praticado entre irmãos; e

c) Crime cometido contra tio ou sobrinho, desde que exista coabitação.

Nos casos acima, a autoridade policial somente poderá instaurar inquérito policial se houver a representação do ofendido ou de seu representante legal. Se não verificada a condição de procedibilidade, inviável a persecução penal extrajudicial.

7.8.4. Exceção às imunidades penais (art. 183, CP)

Não haverá incidência dos arts. 181 e 182, CP (imunidades penais absoluta e relativas) nos seguintes casos:

a) Se o crime for cometido com violência ou grave ameaça à pessoa;

b) Com relação ao terceiro que participa/concorre para o crime;

c) Se a vítima for idosa (idade igual ou superior a sessenta anos).

8. CRIMES CONTRA A DIGNIDADE SEXUAL

8.1. Nova nomenclatura (Lei 12.015/2009)

Com o advento da Lei 12.015/2009, o crime contra os costumes passou a se denominar **crime contra a dignidade sexual**.

Antes se falava em crime **contra os costumes**, pois era o comportamento sexual da sociedade que preocupava, ou seja, dizia respeito a uma ética sexual (comportamento mediano esperado pela sociedade quanto à atividade sexual). Com a alteração, passou-se a tutelar a **dignidade sexual** como um reflexo da pessoa humana e não somente da mulher. Isso porque a **dignidade humana** também gera um reflexo sexual.

8.2. Estupro (art. 213 do CP)

8.2.1. Considerações iniciais

Trata-se de crime que atenta contra a **liberdade sexual**. Desse modo, o bem jurídico tutelado é o direito fundamental de todo ser humano (e não apenas a mulher) de **escolher** o seu parceiro sexual e o **momento** em que com ele vai praticar a relação sexual.

8.2.2. Tipo objetivo

O verbo do tipo (conduta típica) é "constranger", que transmite a ideia de forçar ou compelir (fazer algo contra a sua vontade). É, em verdade, um constrangimento ilegal com uma finalidade específica, qual seja, a prática de um ato sexual.

Após a Lei 12.015/2009, o agente constrange alguém, mediante violência ou grave ameaça, a ter conjunção carnal ou a praticar ou a permitir que com ele se pratique outro ato libidinoso.

Assim, o agente constrange a vítima (homem ou mulher) à prática de **conjunção carnal**. Entende-se esta como a relação sexual "natural" entre homem e mulher. Diz-se, portanto, que o estupro exige, para sua configuração, que o homem introduza seu pênis na cavidade vaginal da mulher, total ou parcialmente.

Também será crime de estupro o **constrangimento** de alguém à prática de **ato libidinoso diverso da conjunção carnal**, ou ainda, que haja o constrangimento da vítima a **consentir que com ela seja praticada referida espécie de ato (antigo crime de atentado violento ao pudor)**.

Diz-se que o **ato libidinoso** é todo aquele que decorre da **concupiscência humana**. O ato diverso **da conjunção carnal** é, por exemplo, o coito anal, sexo oral, masturbação etc.

Todo estupro pressupõe o **dissenso da vítima**, ou seja, sua não concordância com o ato sexual.

A discordância decorre da prática de **violência (emprego de força física contra vítima) ou grave ameaça (promessa de um mal injusto e grave, passível de realização)** pelo agente. São estes os dois **meios executórios** do estupro.

Após a alteração, não há mais a violência presumida, antes prevista no art. 224, CP, o qual foi revogado expressamente pela Lei 12.015/2009. De igual modo foi revogado tacitamente o art. 9º da Lei dos Crimes Hediondos, o qual fazia alusão ao art. 224, CP.

Segundo parte da doutrina, o **uso de instrumentos mecânicos ou artificiais**, desde que acoplados ao pênis do estuprador, não desnaturam o delito em comento.

8.2.3. Tipo subjetivo

Trata-se do **dolo**, ou seja, a vontade livre e consciente do sujeito de constranger alguém a manter relacionamento sexual contra sua vontade.

A lei não exige o elemento subjetivo específico de satisfação da própria lascívia. Assim, também restaria configurado o crime de estupro por qualquer outro motivo (ex.: por vingança, para humilhar etc.).

8.2.4. Sujeitos do crime

Quanto ao **sujeito ativo**, antes da alteração somente era o homem, visto que exigia a conjunção carnal, que pressupõe a introdução total ou parcial do pênis (órgão sexual masculino) na vagina (órgão sexual feminino).

Já o **sujeito passivo, por consequência,** somente poderia ser a **mulher**. Era absolutamente errada a afirmação de que homem poderia ser estuprado.

Agora, os sujeitos ativo e passivo podem ser qualquer pessoa, tanto o homem quanto a mulher (crime bicomum e não mais bipróprio).

8.2.5. Consumação e tentativa

Consuma-se o estupro com a introdução ou penetração (ainda que parcial) do pênis na cavidade vaginal da vítima. Ainda, em relação a outros atos diversos da conjunção carnal, consumam-se quando da sua realização.

Desse modo, classifica-se o estupro como sendo um crime material, cujo tipo penal prevê uma conduta (constranger alguém, mediante violência ou grave ameaça) e um resultado naturalístico (prática de conjunção carnal ou outro ato libidinoso diverso).

Admissível a **tentativa** se o agente não conseguir introduzir o membro viril na genitália feminina ou não consegue realizar qualquer outro ato sexual, por circunstâncias alheias à sua vontade.

8.2.6. Espécies de estupro

Há três espécies de estupro:

a) **simples**: art. 213, *caput*, CP;

b) **qualificado**:

    b.1) art. 213, § 1º, CP:

b.1.1.) se da conduta resulta lesão corporal de natureza grave (culposa);

b1.2) se a vítima é menor de 18 anos ou maior de 14 anos;

    b.2) art. 213, § 2º, CP: se da conduta resulta morte (culposa).

No caso das qualificadoras relativas à lesão corporal grave e morte, ambas são figuras **preterdolosas,** de acordo com entendimento majoritário na doutrina e jurisprudência. O estupro é doloso, mas o resultado agravador é culposo. Corrente minoritária entende que pode haver dolo ou culpa no resultado agravador;

c) **majorado**: art. 226 e art. 234-A, CP, tratam das causas de aumento de pena para o estupro:

    c.1) aumenta-se de 1/4, quando o crime é cometido com concurso de duas ou mais pessoas;

c.2) aumenta-se de 1/2, se o agente é ascendente, padrasto ou madrasta, tio, irmão, cônjuge, companheiro, tutor, curador, preceptor ou empregador da vítima ou por qualquer outro título tem autoridade sobre ela;

c.3) aumenta-se de 1/2, se do crime resulta gravidez;

c.4) aumenta-se de 1/6 até 1/2, se o agente transmite à vítima doença sexualmente transmissível de que sabe ou deveria saber ser portador.

Outrossim, cumpre ressaltar que o estupro, em todas as suas modalidades, é **hediondo** (simples, qualificado e de vulnerável).

8.2.7. Do antigo atentado violento ao pudor (art. 214 do CP)

O artigo 214, CP, foi formalmente revogado, tendo a sua conduta sido absorvida pelo art. 213, CP.

Como já ressaltado acima, o novo art. 213 é uma soma do antigo estupro mais o revogado crime de atentado violento ao pudor.

Assim, não há que falar em *abolitio criminis* da conduta prevista no revogado crime de atentado violento ao pudor, na medida em que somente houve a revogação formal do tipo penal, mas não material, continuando o fato a ser típico, porém em outro tipo penal, qual seja, o de estupro, previsto no art. 213, CP (princípio da continuidade típico-normativa).

8.3. Estupro de vulnerável (art. 217-A, CP)

8.3.1. Tipo objetivo

Aplica-se aqui tudo o que já fora explicitado ao delito de estupro.

8.3.2. Tipo subjetivo

De igual modo, aplica-se o que já fora explicitado ao delito de estupro.

8.3.3. Sujeitos do crime

Há importante ressalva a ser feita quanto ao sujeito passivo, qual seja, a de que somente as **pessoas vulneráveis** podem ser vítimas do crime de estupro de vulnerável. Entende-se por pessoa vulnerável: a pessoa menor de 14 anos (art. 217-A, *caput*, CP), enferma ou doente mental que não tenha o necessário discernimento para o ato sexual ou que, por qualquer outra causa, não possa oferecer resistência (art. 217-A, § 1º, CP).

Quanto à vítima menor de 14 (quatorze) anos, o **STJ**, por meio da **Súmula 593**, pacificou o entendimento segundo o qual o consentimento do ofendido para a prática do ato sexual é absolutamente indiferente para a caracterização do crime em comento, bem como a prévia experiência sexual. Confira-se: *"O crime de estupro de vulnerável configura com a conjunção carnal ou prática de ato libidinoso com menor de 14 anos, sendo irrelevante o eventual consentimento da vítima para a prática do ato, experiência sexual anterior ou existência de relacionamento amoroso com o agente."*

8.3.4. Consumação e tentativa

Aplica-se o que já foi dito ao estupro.

8.3.5. Espécies de estupro de vulnerável

Há três espécies de estupro de vulnerável:

a) simples: art. 217-A, *caput*, CP;

b) qualificado:

b.1) art. 217-A, § 3º, CP: se da conduta resulta lesão corporal de natureza grave (culposa);

b.2) art. 217-A, § 4º, CP: se da conduta resulta morte (culposa).

No caso das qualificadoras relativas à lesão corporal grave e morte, ambas são figuras **preterdolosas,** de acordo com entendimento majoritário na doutrina e jurisprudência. O estupro é doloso, mas o resultado agravador é culposo. Corrente minoritária entende que pode haver dolo ou culpa no resultado agravador;

c) majorado: art. 226 e art. 234-A, CP, tratam das causas de aumento de pena para o estupro de vulnerável:

c.1) aumenta-se de 1/4, quando o crime é cometido com concurso de duas ou mais pessoas;

c.2) aumenta-se de 1/2, se o agente é ascendente, padrasto ou madrasta, tio, irmão, cônjuge, companheiro, tutor, curador, preceptor ou empregador da vítima ou por qualquer outro título tem autoridade sobre ela;

c.3) aumenta-se de 1/2, se do crime resulta gravidez;

c.4) aumenta-se de 1/6 até 1/2, se o agente transmite à vítima doença sexualmente transmissível de que sabe ou deveria saber ser portador.

Outrossim, cumpre ressaltar que o estupro, em todas as suas modalidades, é **hediondo** (simples, qualificado e de vulnerável).

8.3.6. Questões polêmicas

8.3.6.1. Concurso de crimes

Um dos grandes reflexos da alteração pela Lei 12.015/2009 nos crimes sexuais foi a caracterização do concurso de crimes.

Era pacífico na doutrina que, em havendo um ato de conjunção carnal e outro ato libidinoso diverso de conjunção carnal, no mesmo contexto fático, haveria concurso material entre as infrações.

Segundo o STF, pelo fato de o estupro e de o atentado violento ao pudor não pertencerem ao mesmo tipo penal, não eram considerados crimes da mesma espécie e, por conseguinte, não restaria caracterizada a continuidade delitiva entre eles, mas o concurso material de crimes. No mesmo sentido era o entendimento da 5ª Turma do STJ.

Outro era o entendimento da 6ª Turma do STJ, no sentido de que estupro e atentado violento ao pudor eram crimes da mesma espécie, pois ofendiam ao mesmo bem jurídico (liberdade sexual), o que ensejava a caracterização do crime continuado.

Todavia, com a junção das condutas em um tipo penal não seria mais cabível, em tese, sustentar a aplicação do concurso material, quando houvesse vários atos libidinosos em um mesmo contexto fático. Afastou também a discussão de ser impossível a continuidade delitiva.

Daí ter surgido outra discussão: se o art. 213, CP, é um tipo misto alternativo ou cumulativo.

Vem-se defendendo, tanto na doutrina quanto na jurisprudência, que se trata de um tipo misto alternativo. Consequentemente, aquele que constrange alguém a conjunção carnal e também a outro ato diverso da conjunção carnal, no mesmo contexto fático, responderá por um crime apenas. Somente haverá concurso material no caso de haver vítimas diversas ou contextos fáticos diversos, desde que não preenchidos os requisitos da continuidade delitiva.

Por outro lado, há quem sustente que se trata de um tipo misto cumulativo, ou seja, se houve atos libidinosos diversos, será aplicável o concurso material. Esse entendimento é corroborado pela 5ª Turma do STJ.

Tal discussão ainda não foi pacificada na jurisprudência.

8.3.6.2. Aniversário de 14 anos

Outra questão polêmica que surgiu com o advento da Lei 12.015/2009 foi o enquadramento típico quando a vítima for estuprada no dia do seu aniversário de 14 anos.

Isso porque, segundo o art. 213, § 1º, CP, o crime de estupro será qualificado se a vítima for menor de 18 anos ou *maior* de 14 anos.

Já o art. 217-A, CP, preleciona que será estupro de vulnerável o fato de ter conjunção carnal ou praticar outro ato libidinoso com *menor* de 14 anos.

Pela mera interpretação literal, se a vítima for estuprada no dia do seu 14º aniversário, seria estupro simples.

Assim, a melhor interpretação, para se evitar injustiças por falha do legislador, é afastar a hipótese de estupro simples, pois no dia seguinte ao 14º aniversário já seria estupro qualificado, crime mais grave, gerando um contrassenso.

Portanto, deve-se considerar como sendo estupro qualificado ou estupro de vulnerável. Como se trata de analogia, a melhor opção é a primeira, cuja pena é menor e mais benéfica ao réu.

8.3.6.3. Ação penal

Consoante se depreende do art. 225, CP, a ação será, em regra, **pública condicionada à representação** da vítima.

Excepcionalmente, a ação penal será **pública incondicionada**, quando a *vítima for menor de 18 anos ou quando a pessoa for vulnerável*.

Com a alteração trazida pela Lei 12.015/2009, não há mais ação penal privada nos crimes sexuais. O legislador quis retirar o ônus da vítima de ter que contratar um advogado, conquanto ainda seja necessária sua autorização para o início da persecução penal. Andou bem o legislador em não prever como regra a ação penal pública incondicionada, a fim de se evitar a ingerência do Estado na vida privada da vítima.

Uma discussão trazida pela alteração foi a respeito da ação penal no estupro qualificado pela lesão corporal grave e pela morte. Pelo art. 101, CP, que trata da ação penal em crime complexo, a ação seria pública incondicionada.

Em razão da omissão legislativa, o PGR ajuizou uma ADI contra o art. 225, CP, para reconhecer a ofensa ao princípio da proporcionalidade, pela proteção insuficiente ao bem jurídico. Ou seja, a ação penal pública condicionada no crime sexual de estupro qualificado protege o bem jurídico de forma insuficiente e, em muitos casos, gerando até a impunidade.

Ainda não há decisão do STF a respeito da mencionada ADI.

Por fim, há quem sustente que ainda continua em vigor a Súmula 608 do STF, segundo a qual no estupro praticado com violência real, a ação penal é pública incondicionada. Embora exista controvérsia acerca do assunto, especialmente pelo fato de o CP, em seu art. 225, ser claro ao dispor sobre a regra (ação penal pública condicionada à representação) e as exceções (ação penal pública incondicionada quando a vítima for menor de dezoito anos ou se for pessoa vulnerável), o STJ já decidiu pela aplicabilidade do enunciado da Excelsa Corte mesmo após o advento da Lei 12.015/2009. Confira-se: "Não bastasse isso, sendo o crime praticado com violência e grave ameaça consistente na utilização de arma de fogo, mesmo com o advento da Lei n. 12.015/2009, aplica-se à espécie a Súmula 608 do Supremo Tribunal Federal: "no crime de estupro, praticado mediante violência real, a ação penal é publica incondicionada". Precedente" (HC 161.663/ SP, Quinta Turma, Rel. Min. Gurgel de Faria, DJe 02.12.2015. No mesmo sentido: REsp 1485352/DF, Sexta Turma, Rogério Schietti Cruz, DJe 16.12.2014).

8.3.7. Sigilo processual

O art. 234-B, CP prevê expressamente que deverá haver segredo de justiça em todos os processos relativos aos crimes sexuais.

9. CRIMES CONTRA A ORGANIZAÇÃO DO TRABALHO

9.1. Crimes contra a organização do trabalho (arts. 197 a 207, CP). Objeto jurídico

O CP, implementando e materializando a proteção aos direitos sociais (especialmente os previstos nos arts. 6º a 8º da CF/1988), criminalizou condutas atentatórias à organização e normal desenvolvimento das atividades laborativas do trabalhador. Aqui reside o bem jurídico (ou objetividade jurídica) dos crimes que passaremos a analisar.

9.2. Competência para julgamento dos crimes contra a organização do trabalho

De acordo com as jurisprudências do STJ e STF, caberá à Justiça Estadual o conhecimento e julgamento das ações penais que identifiquem a lesão a interesse individual do trabalhador, ao passo que será da Justiça Federal a competência para analisar processos criminais que envolvam lesões a interesses coletivos dos obreiros.

9.3. Análise dos principais crimes contra a organização do trabalho

9.3.1. Atentado contra a liberdade de contrato de trabalho e boicotagem violenta (art. 198, CP)

9.3.1.1. Considerações iniciais

Trata-se de crime que objetiva proteger a liberdade do trabalhador na escolha do trabalho que pretender executar, bem como a de manter a normalidade nas relações laborais.

Temos, em verdade, duas situações (fatos típicos) distintas:

a) atentado contra a liberdade de contrato de trabalho; e
b) boicotagem violenta.

9.3.1.2. Conduta típica

Consiste em *constranger* alguém, mediante *violência* ou *grave ameaça*, a *celebrar contrato de trabalho*. Aqui estamos diante do *atentado contra a liberdade de contrato de trabalho*.

Ainda, estaremos diante da *boicotagem violenta* quando o agente constranger alguém, mediante violência ou grave ameaça, a não fornecer a outrem ou não adquirir de outrem matéria-prima ou produto industrial ou agrícola.

9.3.1.3. Elemento subjetivo do crime

É o dolo.

9.3.1.4. Consumação e tentativa

No caso da primeira figura (*atentado contra a liberdade de contrato*), estará consumada a infração quando ocorrer a **celebração do contrato** (seja de forma escrita ou oral).

Em se tratando de *boicotagem violenta*, haverá consumação no momento em que a **vítima deixar de fornecer ou adquirir o produto ou matéria-prima** da pessoa boicotada.

Cabível a tentativa nas duas figuras típicas.

9.3.2. Atentado contra a liberdade de associação (art. 199, CP)

9.3.2.1. Considerações iniciais

Trata-se de crime que objetiva proteger a liberdade do trabalhador em *associar-se ou sindicalizar-se* (arts. 5º, XVII, e 8º, V, ambos da CF/1988).

9.3.2.2. Conduta típica

Consiste em *constranger alguém, mediante violência ou grave ameaça, a participar ou deixar de participar de determinado sindicato ou associação profissional*.

Assim, a vítima será compelida, mediante desforço físico ou grave ameaça, a associar-se ou deixar de associar-se a determinada associação profissional, ou, ainda, a participar, ou não, de determinado sindicato.

9.3.2.3. Elemento subjetivo do crime

É o dolo.

9.3.2.4. Consumação e tentativa

O crime em tela estará consumado no momento em que a vítima for impedida de participar de associação profissional ou de sindicato, ou, ainda, quando ela aderir a uma das duas entidades, filiando-se.

Cabível a tentativa.

9.3.3. Paralisação de trabalho, seguida de violência ou perturbação da ordem (art. 200, CP)

9.3.3.1. Considerações iniciais

O crime que ora se analisa protege a liberdade de trabalho, que se vê violada em caso de suspensão do trabalho (*lockout*) ou abandono coletivo (greve ou parede).

Importante frisar que o art. 9º, *caput*, da CF/1988 dispõe ser "(...) assegurado o direito de greve, competindo aos trabalhadores decidir sobre a oportunidade de exercê-lo e sobre os interesses que devam por meio dele defender".

Assim, a greve configura um exercício regular de direito. Contudo, a lei penal não permite que o exercício desse direito se faça de forma violenta contra pessoas ou coisas. Aqui haverá crime.

9.3.3.2. Conduta típica

Consiste em *participar de suspensão ou abandono coletivo de trabalho, praticando violência contra a pessoa ou contra coisa*.

Aqui, temos duas situações distintas:

✓ **participar de suspensão**, praticando violência contra a pessoa ou contra coisa: o sujeito ativo é o empregador, que é quem determina o *lockout;*

✓ **participar de abandono coletivo de trabalho**, praticando violência contra a pessoa ou contra coisa: o sujeito ativo é o trabalhador, que participa de movimento grevista e, para tanto, pratica violência. Nesse caso, exige-se que pelo menos 3 empregados estejam reunidos. Estamos diante de um crime *plurissubjetivo* (parágrafo único, art. 200).

Seja a greve legítima ou não, haverá crime (o legislador não diferenciou).

O legislador previu como único meio executório para o crime a prática de violência contra pessoa ou coisa. Se o agente delitivo valer-se da *grave ameaça, não estaremos diante do crime em tela, mas sim do art. 147 do CP.*

9.3.3.3. Elemento subjetivo do crime

É o dolo.

9.3.3.4. Consumação e tentativa

O crime em tela estará consumado no momento em que houver o emprego de violência durante o *lockout* ou a greve. Cabível a tentativa.

9.3.4. Paralisação de trabalho de interesse coletivo (art. 201, CP)

9.3.4.1. Considerações iniciais

Trata-se de crime que não protege propriamente a organização do trabalho, mas sim o interesse coletivo voltado às obras públicas ou serviços públicos.

Há quem considere ter sido o crime do art. 201 do CP revogado pela Lei 7.783/1989, conhecida como "Lei de Greve", já que esta permite a greve mesmo de trabalhadores que atuem na prestação de serviços essenciais. Além disso, a CF, em seu art. 9º, não excepcionou o exercício do direito de greve nessas situações.

Todavia, para outra parte da doutrina, o crime permanece íntegro. Contudo, somente restará configurado quando a obra ou serviço de interesse público sejam essenciais para a preservação do interesse público.

9.3.4.2. Conduta típica

Consiste em *participar de suspensão ou abandono coletivo de trabalho, provocando a interrupção de obra pública ou serviço de interesse coletivo*.

Aqui, temos duas situações distintas:

✓ **participar de suspensão (***lockout***)**, provocando, com isso, a interrupção de obra pública ou serviço de interesse coletivo;

✓ **participar de abandono coletivo de trabalho (greve)**, provocando, igualmente, a interrupção de obra pública ou serviço de interesse coletivo.

9.3.4.3. Elemento subjetivo do crime

É o dolo.

9.3.4.4. Consumação e tentativa

O crime em tela estará consumado quando houver a efetiva interrupção da obra ou serviço de interesse público. Cabível a tentativa.

9.3.5. Frustração de lei sobre nacionalização do trabalho (art. 204, CP)

9.3.5.1. Breves considerações

A doutrina mais abalizada entende que o art. 204 do CP *não foi recepcionado pela CF/1988*, na medida em que esta não faz diferenciação/discriminação entre brasileiros e estrangeiros para fim de preenchimento de postos de trabalho.

Todavia, à época em que o CP foi editado (1940), vigorava a CF/1937, que previa regra que *vedava a contratação de mais estrangeiros do que brasileiros nas empresas nacionais, o que foi repetido pela EC 1/1969.*

Porém, com a CF/1988, consagrou-se a *liberdade do exercício profissional* (art. 5º, XIII, CF). Assim, é inviável qualquer forma de discriminação, salvo quando a Lei Maior admitir.

Muito embora a CLT, em seus arts. 352 a 370, traga regras no sentido de ser garantido percentual de vagas para brasileiros, entende-se que não foram recepcionados pela Ordem Constitucional vigente.

9.3.6. Aliciamento para o fim de emigração (art. 206, CP)

9.3.6.1. Considerações iniciais

Trata-se de crime cujo bem jurídico tutelado é o interesse do Estado em que permaneça no Brasil mão de obra, que, se levada para fora, poderá trazer danos à economia nacional.

9.3.6.2. Conduta típica

Consiste em *recrutar trabalhadores, mediante fraude, com o fim de levá-los para território estrangeiro*. Trata-se, pois, de conduta do agente que visa a atrair trabalhadores, com emprego de *fraude* (engodo/meios ardilosos), objetivando levá-los para fora do país.

Questões interessantes que se colocam são as seguintes:

1ª) quantos trabalhadores devem ser aliciados para que o crime reste configurado? R.: para Mirabete são exigidos pelo menos 3 trabalhadores. Já para Celso Delmanto, bastam 2 trabalhadores, tendo em vista que o tipo penal fala em "trabalhadores", no plural.

2ª) qual o sentido da expressão "trabalhadores"? R.: entende José Henrique Pierangelli que a expressão abrange não só os empregados, mas todos aqueles que desenvolvem *trabalhos lícitos*. Assim, se houver aliciamento de trabalhadores avulsos ou autônomos, estará configurado o crime.

9.3.6.3. Elemento subjetivo do crime

É o dolo. No entanto, exige-se um especial fim de agir, decorrente da expressão "com o fim de levá-los para território estrangeiro". Portanto, o crime estará configurado quando o agente agir com essa específica intenção. Caso contrário, o fato será atípico, por falta do elemento subjetivo do injusto ("dolo específico").

9.3.6.4. Consumação e tentativa

O crime em tela estará consumado quando houver o recrutamento fraudulento dos trabalhadores, ainda que, de fato, não saiam do território nacional. Estamos diante de um crime formal (não se exige o resultado).

Cabível a tentativa.

10. CRIMES CONTRA A FÉ PÚBLICA

10.1. Considerações gerais

O Capítulo III do Título X da Parte Especial do CP prevê os delitos de falsidade documental como espécies dos crimes contra a fé pública.

São chamados de *crimes de falso*, divididos em 2 categorias:

a) Falso material;

b) Falso moral (ou falsidade ideológica).

Em qualquer caso, o que se tutela é a fé pública, ou seja, a crença das pessoas na legitimidade dos documentos (públicos ou particulares).

10.2. Principais crimes contra a fé pública

10.2.1. Falsificação de documento público (art. 297, CP)

10.2.1.1. Conduta típica

Consiste em *falsificar, no todo ou em parte, documento público, ou alterar documento público verdadeiro*.

Aqui, o legislador tutela a crença das pessoas quanto à legitimidade dos documentos públicos.

Duas são as condutas típicas possíveis:

a) falsificar, no todo ou em parte, documento público (contrafação);

b) alterar documento público verdadeiro (no todo ou em parte).

A primeira conduta típica pressupõe a formação total ou parcial de um documento público (contrafação). Assim, ou o agente cria um documento por inteiro, ou acresce dizeres, letras, símbolos ou números ao documento verdadeiro.

A segunda conduta típica pressupõe a existência prévia de um documento público verdadeiro, emanado de funcionário público competente. Contudo, o agente altera, modifica o conteúdo desse documento verdadeiro.

A título de exemplo:

i) (falsificar = contrafação): Gaio adquire uma máquina de xerox colorido de alta definição e passa a falsificar (criar, reproduzir enganosamente) carteiras de identidade (RG). Nesse caso, o RG é um documento público e a confecção deste configura o crime de falsificação de documento público, na modalidade "falsificar";

ii) (alterar = modificar): Gaio retira a fotografia de Tício de uma cédula de identidade (RG) e insere a sua. Nesse caso, ele modificou um documento público verdadeiro preexistente à sua conduta.

10.2.1.2. Conceito de documento público

Segundo a doutrina, *documento é toda peça escrita que condensa graficamente o pensamento de alguém, podendo provar um fato ou a realização de algum ato dotado de significação ou relevância jurídica.*

Para ser considerado "público", este documento deverá ser elaborado por um *funcionário público.*

Para configurar o crime de falsificação de documento público, a contrafação ou alteração deverá ser apta a iludir o homem médio. Se for grosseira, não há crime.

Se documento é uma "peça escrita", não configuram documento: escritos a lápis, pichação em muro, escritos em porta de ônibus, quadros ou pinturas, fotocópia não autenticada. É possível que uma tela seja documento, desde que haja algo escrito em vernáculo.

Os escritos apócrifos (anônimos) não são considerados documentos, por inexistir autoria certa.

10.2.1.3. Consumação e tentativa

Para que se atinja a consumação do crime em estudo, basta a mera falsificação ou alteração do documento público. Pouco importa se o documento falsificado ou alterado vem a ser utilizado.

Trata-se, pois, de *crime de perigo abstrato e formal.*

É possível a tentativa, tal como se vê, por exemplo, no caso de o agente ser surpreendido no momento em que começava a impressão de cédulas de identidade.

10.2.1.4. Materialidade delitiva

A comprovação do crime de falsificação de documento público, por deixar vestígios, exige a realização de exame de corpo de delito (art. 158 do CPP). Chama-se **exame documentoscópico.**

10.2.1.5. Tipo subjetivo

É o dolo.

10.2.2. Falsificação de documento particular (art. 298, CP)

10.2.2.1. Conduta típica

Consiste em *falsificar, no todo ou em parte, documento particular ou alterar documento particular verdadeiro.*

Em que difere documento público do particular? R.: o documento particular é aquele que não é público ou equiparado a público. Em síntese, diferem um do outro pelo fato de o público emanar de funcionário público, enquanto que o particular, não.

São exemplos de documentos particulares: contrato de compra e venda por instrumento particular, nota fiscal, recibo de prestação de serviços etc.

Por desnecessidade de repetição, ficam reiteradas as demais considerações feitas no tocante ao crime anterior, com a diferença de o objeto material do presente delito ser, como dito, documento particular.

Lembre-se de que a falsificação, se grosseira, desnatura o crime, que pressupõe aptidão ilusória. Afinal, trata-se de crime contra a fé pública, que somente será posta em xeque se o documento falsificado for apto a enganar terceiros.

10.2.2.2. Consumação e tentativa

Idem quanto à falsificação de documento público.

10.2.2.3. Materialidade delitiva

Idem quanto à falsificação de documento público.

10.2.2.4. Tipo subjetivo

É o dolo.

10.2.3. Falsidade ideológica (art. 299, CP)

10.2.3.1. Conduta típica

Consiste em *omitir, em documento público ou particular, declaração que dele devia constar, ou nele inserir ou fazer inserir declaração falsa ou diversa da que devia ser escrita, com o fim de prejudicar direito, criar obrigação ou alterar a verdade sobre fato juridicamente relevante.*

Na falsidade ideológica, como se vê acima, o documento (público ou particular) é materialmente verdadeiro, mas seu conteúdo é falso. Daí ser chamado de falsidade intelectual, falsidade moral ou ideal.

Quais são as condutas típicas?

a) *Omitir declaração que devia constar*: aqui, a conduta é omissiva. O agente deixa de inserir informação que devia constar no documento;

b) *Inserir declaração falsa ou diversa da que devia constar*: aqui, a conduta é comissiva;

c) *Fazer inserir declaração falsa ou diversa da que devia constar*: aqui, o agente vale-se de 3ª pessoa para incluir no documento informação falsa ou diversa da que devia constar.

Em qualquer caso, a falsidade deve ser idônea, capaz de enganar.

10.2.3.2. Tipo subjetivo

O crime é doloso. Contudo, o legislador disse: "...com o fim de prejudicar direito, criar obrigação ou alterar a verdade sobre fato juridicamente relevante". Trata-se de elemento subjetivo do tipo (dolo específico). Assim, não bastará o dolo, sendo indispensável a verificação do especial fim de agir do agente.

10.2.3.3. Consumação e tentativa

Consuma-se o crime com a simples omissão ou inserção direta (inserir) ou indireta (fazer inserir) da declaração falsa ou diversa da que devia constar, seja em documento público, seja em particular.

É possível tentativa nas modalidades inserir ou fazer inserir, visto que, na modalidade omitir, estaremos diante de crime omissivo próprio.

10.2.4. Uso de documento falso (art. 304, CP)

10.2.4.1. Conduta típica

Consiste em *fazer uso de qualquer dos papéis falsificados ou alterados, a que se referem os arts. 297 a 302*. Aqui, o verbo-núcleo do tipo é "*fazer uso*", que significa usar, empregar, utilizar, aplicar.

Será objeto material do crime em análise qualquer dos papéis falsificados ou alterados previstos nos arts. 297 a 302 do CP.

São exemplos de prática do crime em comento:

a) uso de CNH falsa (documento público – art. 297);

b) uso de um instrumento particular de compra e venda falso (documento particular – art. 298);

c) uso de uma escritura pública que contenha uma declaração falsa (documento público com falsidade ideológica – art. 299);

d) uso de um atestado médico falso (falsidade de atestado médico – art. 302).

O tipo penal previsto no art. 304 do CP é chamado de *tipo remetido*. Isso porque o preceito primário da norma penal incriminadora será compreendido pela análise de outros tipos penais ("...fazer uso de qualquer dos papéis dos *arts. 297 a 302...*").

O crime de uso de documento falso é comum, ou seja, qualquer pessoa pode praticá-lo.

10.2.4.2. Tipo subjetivo

É o dolo.

10.2.4.3. Consumação e tentativa

Estará consumado no momento do efetivo uso. Há quem admita que o *iter criminis* possa ser fracionado, pelo que seria possível a tentativa.

Ressalte-se que o crime é formal, ou seja, basta a realização da conduta típica, independentemente da produção de um resultado naturalístico (prejuízo para o Estado ou para terceiros).

10.2.4.4. Uso de documento falso e autodefesa

Questão muito discutida diz respeito à possibilidade – ou não – de o agente valer-se de um documento falso para ocultar seu passado criminoso, ou, então, para tentar "despistar" autoridades policiais acerca de mandados de prisão. Parcela da doutrina e jurisprudência argumenta que referido expediente usado por agentes delitivos é fato atípico, visto que tal conduta estaria circunscrita à autodefesa (não se poderia compelir o agente a exibir o documento verdadeiro e ser preso).

Porém, essa não é a posição mais atual da jurisprudência. Confira:

USO. DOCUMENTO FALSO. AUTODEFESA. IMPOSSIBILIDADE.

"A Turma, após recente modificação de seu entendimento, reiterou que a apresentação de documento de identidade falso no momento da prisão em flagrante caracteriza a conduta descrita no art. 304 do CP (uso de documento falso) e não constitui um mero exercício do direito de autodefesa". Precedentes citados STF: HC 103.314-MS, *DJe* 08.06.2011; HC 92.763-MS, *DJe* 25.04.2008; do STJ: HC 205.666-SP, *DJe* 08.09.2011. REsp 1.091.510-RS, Rel. Min. Maria Thereza de Assis Moura, julgado em 08.11.2011. (Inform. STJ 487)

Mutatis mutandis, aplicável a Súmula 522 do STJ: "a conduta de atribuir-se falsa identidade perante autoridade policial é típica, ainda que em situação de alegada autodefesa".

11. CRIMES CONTRA A ADMINISTRAÇÃO PÚBLICA

11.1. Considerações iniciais

O Capítulo I do Título XI da Parte Especial do CP regula os crimes praticados por funcionário público contra a administração em geral. Assim, será sujeito ativo de qualquer dos crimes previstos nos arts. 312 a 326 do CP o *funcionário público*.

Importante anotar que a doutrina cuidou de classificá-los em dois grupos:

a) crimes funcionais próprios (ou puros, ou propriamente ditos) – são aqueles em que, eliminada a condição de funcionário público do agente delitivo, inexistirá crime (atipicidade penal absoluta). É o que se verifica, por exemplo, com o crime de prevaricação (art. 319 do CP);

b) crimes funcionais impróprios (ou impuros, ou impropriamente ditos) – são aqueles que, eliminada a condição de funcionário público do agente delitivo, este responderá por outro crime (atipicidade penal relativa). É o que ocorre, por exemplo, com o crime de peculato (art. 312 do CP). Se o agente não for funcionário público e se apropriar de coisa alheia móvel particular que estiver em sua posse, responderá por apropriação indébita (art. 168 do CP) e, não, peculato (art. 312 do CP).

11.2. Conceito de funcionário público (art. 327, CP)

De acordo com o art. 327 do CP, "considera-se funcionário público, para os efeitos penais, quem, embora transitoriamente ou sem remuneração, exerce cargo, emprego ou função pública".

Assim, de acordo com o *caput* do precitado dispositivo legal, é funcionário público aquele que exerce, embora transitoriamente ou sem remuneração:

a) Cargo público: é aquele criado por lei, em número determinado, com especificação certa, pago pelos cofres públicos (ex.: juiz, promotor, oficial de justiça, delegado de polícia...);

b) Emprego público: pressupõe vínculo celetista (CLT) com a Administração Pública (ex.: guarda patrimonial de repartições públicas);

c) Função pública: conjunto de atribuições que a Administração Pública confere a cada categoria profissional (ex.: jurados, mesários eleitorais...).

11.2.1. Conceito de funcionário público por equiparação

Preconiza o art. 327, § 1º, do CP: "equipara-se a funcionário público quem exerce cargo, emprego ou função em entidade paraestatal, e quem trabalha para empresa prestadora de serviço contratada ou conveniada para a execução de atividade típica da Administração Pública".

Equipara-se, pois, a funcionário público:

a) Quem exerce cargo, emprego ou função em **entidade paraestatal** (empresas públicas, sociedades de economia mista, fundações e os serviços autônomos – pessoas jurídicas de direito privado);

b) Quem trabalha para empresa **prestadora de serviço contratada ou conveniada** para a execução de **atividade típica da Administração Pública** (ex.: empresas de telefonia, transporte público, saúde, iluminação pública...).

Será que médico conveniado pelo SUS, ainda que em hospital particular, é considerado funcionário público? Confira-se:

Médico conveniado pelo SUS e equiparação a funcionário público

"Considera-se funcionário público, para fins penais, o médico particular em atendimento pelo Sistema Único de Saúde – SUS, antes mesmo da alteração normativa que explicitamente fizera tal equiparação por exercer atividade típica da Administração Pública (CP, art. 327, § 1º, introduzido pela Lei 9.983/2000). Essa a orientação da 2ª Turma ao, por maioria, negar provimento a recurso ordinário em *habeas corpus* interposto por profissional de saúde condenado pela prática do delito de concussão (CP, art. 316). Na espécie, o recorrente, em período anterior à vigência da Lei 9.983/2000, exigira, para si, vantagem pessoal a fim de que a vítima não aguardasse procedimento de urgência na fila do SUS. A defesa postulava a atipicidade da conduta. Prevaleceu o voto do Min. Ayres Britto, relator, que propusera novo equacionamento para solução do caso, não só a partir do conceito de funcionário público constante do art. 327, *caput*, do CP, como também do entendimento de que os serviços de saúde, conquanto prestados pela iniciativa privada, consubstanciar-se-iam em atividade de relevância pública (CF, arts. 6º, 197 e 198). Asseverou que o hospital ou profissional particular que, mediante convênio, realizasse atendimento pelo SUS, equiparar-se-ia a funcionário público, cujo conceito, para fins penais, seria alargado. Reputou, dessa forma, não importar a época do crime em comento. Vencido o Min. Celso de Mello, que provia o recurso, ao fundamento da irretroatividade da *lex gravior*, porquanto a tipificação do mencionado crime, para aqueles em exercício de função delegada da Administração, somente teria ocorrido a partir da Lei 9.983/2000." RHC 90523/ES, rel. Min. Ayres Britto, 19.04.2011. (RHC-90523) (Inform. STF 624)

11.3. Principais crimes contra a Administração Pública

11.3.1. Peculato (art. 312, CP)

11.3.1.1. Conduta típica

Consiste em *apropriar-se o funcionário público de dinheiro, valor ou qualquer outro bem móvel, público ou particular, de que tem a posse em razão do cargo, ou desviá-lo, em proveito próprio ou alheio.*

11.3.1.2. Espécies de peculato (art. 312, caput e §§ 1º e 2º, CP)

✓ **Peculato-apropriação**: "*apropriar-se* o funcionário público...";

✓ **Peculato-desvio**: "... ou *desviá-lo*, em proveito próprio ou alheio...";

✓ **Peculato-furto**: "subtrair ou concorrer para que terceiro subtraia...";

✓ **Peculato culposo**: "se o funcionário concorre culposamente para o crime de outrem".

As duas primeiras espécies são denominadas de **peculato próprio**. Já o peculato-furto é chamado de **peculato impróprio**.

Apropriar-se significa "fazer sua a coisa de outra pessoa", invertendo o ânimo sobre o objeto. Nessa espécie de peculato próprio, o funcionário público tem a **posse** (ou mera detenção) do bem. Porém, passa a agir como se a coisa fosse sua (*animus domini*). Trata-se de verdadeira apropriação indébita, porém cometida por um funcionário público.

A referida posse deve ser em **razão do cargo**, obtida de forma lícita. Ex.: *apreensão de produtos objeto de contrabando. O policial condutor das mercadorias tem a detenção lícita destas, já que as apreendeu legalmente. Se, em dado momento, apropriar-se de um rádio, por exemplo, invertendo o ânimo sobre a coisa, pratica o crime de peculato-apropriação.*

Desviar significa empregar a coisa de forma diversa à sua destinação original. Assim, o funcionário, embora sem o ânimo de ter a coisa como sua (*animus domini*), emprega-a em destino diverso àquele que se propõe.

O art. 312, § 1º, CP, que trata do denominado **peculato-furto**, também denominado de **peculato impróprio,** assim prevê: "aplica-se a mesma pena, se o funcionário público, embora não tendo a posse do dinheiro, valor ou bem, o subtrai, ou concorre para que seja subtraído, em proveito próprio ou alheio, valendo-se de facilidade que lhe proporciona a qualidade de funcionário".

Aqui, o funcionário não tem sequer a posse ou detenção do dinheiro, valor ou bem móvel público ou particular. Deverá, porém, valer-se de alguma facilidade em virtude do cargo.

Duas são as condutas típicas com relação ao peculato-furto:

a) subtrair; ou

b) concorrer para que terceiro subtraia. Nesse caso, exige-se um *concurso necessário de pessoas.*

Por fim, no tocante ao peculato culposo, previsto no art. 312, § 2º, do CP, temos o seguinte: "se o funcionário concorre culposamente para o crime de outrem".

Assim, pressupõe o crime em questão:

a) Conduta culposa do funcionário público (imprudência, negligência ou imperícia);

b) Que terceiro pratique um crime doloso aproveitando-se da facilidade culposamente provocada pelo funcionário público.

11.3.1.3. Objeto material das espécies de peculato doloso (art. 312, caput e § 1º, CP)

a) dinheiro: é o papel-moeda ou a moeda metálica de curso legal no país;

b) valor: é o título representativo de dinheiro ou mercadoria (ações, letras...);

c) ou qualquer outro bem móvel, público ou particular: nesse caso, a lei tutela não só os bens móveis públicos, mas também aqueles pertencentes aos particulares, mas que estejam sob a custódia da Administração (ex.: veículo furtado apreendido em uma Delegacia de Polícia).

11.3.1.4. Reparação do dano no peculato culposo (art. 312, § 3º, CP)

No caso do peculato culposo, a reparação do dano, se **precede à sentença irrecorrível**, **extingue a punibilidade**; se lhe é **posterior**, **reduz de metade a pena** imposta.

Haverá, portanto, reparação do dano quando o agente que praticou peculato culposo devolver o bem ou ressarcir integralmente o prejuízo suportado pela Administração Pública.

Inaplicável essa benesse a qualquer das espécies de peculato doloso (apropriação, desvio ou furto). No entanto, cabível será o arrependimento posterior, desde que preenchidos os requisitos do art. 16 do CP.

11.3.2. Emprego irregular de verbas ou rendas públicas (art. 315, CP)

11.3.2.1. Conduta típica

Consiste em *dar às verbas ou rendas públicas aplicação diversa da estabelecida em lei*. Trata-se, portanto, de norma penal em branco (em sentido homogêneo), visto que, para a tipificação do delito, é indispensável que se verifique o conteúdo da lei (orçamentária ou especial). Assim, basta o emprego irregular das verbas ou rendas públicas, o que implica a alteração do destino preestabelecido na lei orçamentária ou qualquer outra lei especial.

O **objeto material** do crime em comento poderá ser:

a) Verba pública: fundos com destinação específica detalhada em lei orçamentária para atendimento de obras e/ou serviços públicos ou de utilidade pública;

b) Renda pública: receitas obtidas pela Fazenda Pública, independentemente da sua origem.

11.3.2.2. Tipo subjetivo

Aqui, é suficiente o *dolo*, ou seja, a vontade livre e consciente do agente (funcionário público) de dar destino diverso do prescrito em lei às verbas ou rendas públicas.

11.3.2.3. Consumação e tentativa

Consuma-se o crime no momento em que as verbas ou rendas públicas receberem destinação diversa daquela estabelecida em lei. Admissível, em tese, a tentativa, caso o agente não consiga empregá-las de forma diversa da determinada em lei.

11.3.3. Concussão (art. 316, CP)

11.3.3.1. Conduta típica

Consiste em *exigir, para si ou para outrem, direta ou indiretamente, ainda que fora da função ou antes de assumi-la, mas em razão dela, vantagem indevida*.

Assim, a conduta nuclear é *exigir*, que significa ordenar, impor como obrigação. O funcionário público *ordena, para si*

ou para outrem, de maneira *direta* (sem rodeios, face a face) ou *indireta* (disfarçadamente ou por interposta pessoa), que lhe seja entregue *vantagem indevida* (qualquer lucro, ganho, privilégio contrário ao direito).

Ao que se vê da descrição típica, essa vantagem pode ser exigida **fora da função**, ou mesmo **antes de assumi-la**, mas, sempre, **em razão dela** (o funcionário se prevalece da função).

A exigência não precisa, necessariamente, ser feita mediante ameaça. Basta que o sujeito passivo sinta-se atemorizado em virtude da própria função pública exercida pela autoridade (sujeito ativo), temendo represálias. É o que a doutrina chama de *metus publicae potestatis* (medo do poder exercido pelo funcionário público).

A mera insinuação do funcionário público em obter a vantagem indevida pode descaracterizar o crime, desde que a exigência não se faça de forma implícita.

Ainda, de acordo com a redação do *caput* do art. 316, a exigência pelo sujeito ativo poderá ocorrer mesmo que não esteja no exercício da função (ex.: férias, licença-prêmio, afastamento...). Porém, é imprescindível que a exigência seja feita em razão da função exercida pela autoridade.

11.3.3.2. Tipo subjetivo

É o dolo.

11.3.3.3. Consumação e tentativa

O crime de concussão estará consumado no momento em que a **exigência é feita**. É certo que a vítima deverá tomar conhecimento da exigência, seja por escrito, oralmente ou qualquer meio de comunicação. Se por escrito, caberá tentativa, caso ela não chegue ao destinatário por circunstâncias alheias à vontade do agente (se unissubsistente, será impossível o *conatus*).

Com isso, não é necessário que a vantagem exigida seja efetivamente recebida pelo funcionário público. Porém, se ocorrer, ter-se-á exaurido a concussão.

Trata-se, portanto, de **crime formal** ou de consumação antecipada.

11.3.3.4. Excesso de exação (art. 316, § 1º, CP)

11.3.3.4.1. Conduta típica

Verificar-se-á quando *o funcionário público exigir tributo ou contribuição social que sabe ou deveria saber indevido, ou, quando devido, empregar na cobrança meio vexatório ou gravoso, que a lei não autoriza*.

A conduta nuclear é a mesma da concussão: *exigir*. Todavia, aqui, a lei pune o funcionário que se **exceder na cobrança de uma exação** (dívida ou imposto). A norma penal fala em "tributo", abarcando os impostos, taxas e contribuição de melhoria, bem como a contribuição social e os empréstimos compulsórios (arts. 148 e 149 da CF/1988).

Duas são as formas de cometimento do crime em questão:

a) Exigir tributo ou contribuição indevida – nesse caso, o sujeito passivo não está obrigado a recolhê-los, seja porque já pagou, ou porque a lei não exige, ou o valor cobrado é superior ao devido;

b) Emprego de meio vexatório ou gravoso na cobrança de tributo ou contribuição – nesse caso, o tributo ou contribuição são devidos. Contudo, o funcionário se vale de meios humilhantes ou muito onerosos para a cobrança da exação. É o que se chama de **exação fiscal vexatória.**

11.3.3.4.2. Tipo subjetivo

Em qualquer caso, exige-se o **dolo** (direto ou eventual), decorrente da expressão "que sabe ou deveria saber indevido...".

11.3.3.4.3. Consumação e tentativa

Idem à concussão.

11.3.4. Corrupção passiva (art. 317, CP)

11.3.4.1. Conduta típica

Consiste em *solicitar ou receber, para si ou para outrem, direta ou indiretamente, ainda que fora da função ou antes de assumi-la, mas em razão dela, vantagem indevida, ou aceitar promessa de tal vantagem.*

Três são, portanto, as ações nucleares:

a) *solicitar* = pedir, explícita ou implicitamente, requerer;

b) *receber* = obter, aceitar em pagamento;

c) *aceitar* = anuir, consentir em receber dádiva futura.

O **objeto material** da corrupção passiva é a **vantagem indevida** ou a **promessa** de *vantagem indevida*, que corresponde ao elemento normativo do tipo. Assim, o agente (funcionário público) *solicita, recebe* ou *aceita a promessa* de uma *vantagem indevida*, que pode ter *natureza econômica, patrimonial* ou até *moral*, desde que seja, repita-se, indevida, vale dizer, contrária ao direito ou mesmo aos bons costumes.

O funcionário público corrupto irá solicitar, receber ou aceitar a promessa de vantagem indevida para **praticar, deixar de praticar ou retardar um ato de ofício** contrariamente à lei. Literalmente, irá "vender" sua atuação, seja esta devida ou indevida.

Quando do julgamento da AP 470 pelo STF, conhecida como "**ação penal do mensalão**", referida Corte decidiu que o Ministério Público não precisará demonstrar ou identificar exatamente qual o "**ato de ofício**" (*assim considerado aquele que é de competência ou atribuição do funcionário público*) que seria omitido, retardado ou praticado irregularmente pelo acusado, bastando a demonstração de que, valendo-se da condição de funcionário, solicitou, recebeu ou aceitou promessa de vantagem indevida.

Só se fala em corrupção passiva se o funcionário público supostamente corrupto puder realizar determinado ato que seja de sua **competência**. Assim, a título de exemplo, se o diretor de presídio solicita dinheiro a um detento para conceder-lhe graça (indulto individual), ou anistia, e efetivamente recebe o montante, pratica corrupção? R.: não, visto que a concessão da graça é de competência do Presidente da República e a anistia depende da edição de lei federal. O diretor, no caso, não responderia por corrupção passiva, mas, certamente, por improbidade administrativa (Lei 8.429/1992).

Dependendo do momento em que a vantagem for entregue ao funcionário público, será considerada **antecedente** ou **subsequente**. Assim, se o funcionário público *receber a vantagem antes da ação ou omissão funcional*, teremos a *corrupção antecedente*. Já se o *recebimento da vantagem for após o ato funcional*, haverá a *corrupção subsequente*.

11.3.4.2. Tipo subjetivo

É o dolo.

11.3.4.3. Consumação e tentativa

O crime em estudo é **formal**, consumando-se quando a solicitação chega ao conhecimento de terceira pessoa ou quando há o recebimento ou a aceitação de promessa de uma vantagem indevida.

Destarte, não se exige que o agente, de fato, pratique, deixe de praticar ou retarde a prática de ato de ofício, sendo bastante, por exemplo, a mera solicitação da vantagem, já restando consumado o ilícito.

11.3.4.4. Corrupção passiva agravada (art. 317, § 1º, do CP)

A pena é aumentada de **um terço** se, em consequência da vantagem ou promessa, o funcionário retarda ou deixa de praticar qualquer ato de ofício ou o pratica infringindo dever funcional.

Em se tratando de crime formal, pouco importa, a princípio, que o agente, após receber a vantagem indevida ou a promessa de seu recebimento, pratique ou deixe de praticar ato funcional concernente a suas funções. Contudo, o legislador, aqui, pune mais severamente o *exaurimento da corrupção*.

11.3.4.5. Corrupção passiva privilegiada (art. 317, § 2º, CP)

Restará configurada se o funcionário praticar, deixar de praticar ou retardar ato de ofício, com infração de dever funcional, **cedendo a pedido ou influência de outrem**.

Aqui, o agente não "vende" um ato funcional, não recebendo vantagem indevida. Na verdade, simplesmente atende a pedido de terceira pessoa.

11.3.5. Prevaricação (art. 319, CP)

11.3.5.1. Conduta típica

Consiste em *retardar ou deixar de praticar, indevidamente, ato de ofício, ou praticá-lo contra disposição expressa de lei, para satisfazer interesse ou sentimento pessoal.*

Assim, as condutas típicas possíveis são:

a) retardar: o funcionário não realiza o ato inerente a sua função no prazo legalmente estabelecido, ou deixa fluir prazo relevante para fazê-lo;

b) deixar de praticar: é a inércia do funcionário em praticar ato de ofício;

c) praticar ato de ofício contra disposição expressa de lei: aqui o agente pratica ato de ofício, porém, em sentido contrário àquilo que a lei prescreve.

O retardamento ou a não prática do ato funcional deverão ser **indevidos**, ou seja, não permitidos por lei. O crime em tela também poderá ocorrer quando o agente, embora não retarde e não deixe de praticar ato de ofício, faça-o *contra disposição expressa de lei*. Ou seja, o funcionário praticará um ato contrário aos seus deveres funcionais, em discordância com a lei.

11.3.5.2. Tipo subjetivo

O tipo exige, além do dolo, o elemento subjetivo do tipo (ou do injusto), qual seja, "para satisfazer interesse ou sentimento pessoal". Em qualquer das ações nucleares, o agente atua não para auferir uma vantagem indevida, mas por razões íntimas. É a chamada *autocorrupção*.

11.3.5.3. Consumação e tentativa

O crime se consuma no momento em que o funcionário público retardar, deixar de praticar ou praticar o ato de ofício contra disposição expressa da lei. Pouco importa se o agente alcança o que pretende, vale dizer, a satisfação de seu interesse ou sentimento pessoal.

Admissível a tentativa na forma comissiva (ação) do crime, correspondente à conduta de praticar ato de ofício contra disposição expressa da lei. Nas demais modalidades (retardar e deixar de praticar), que se traduzem em omissão, impossível o *conatus*.

11.3.5.4. Distinção com a corrupção passiva privilegiada

Embora a prevaricação (art. 319, CP) seja bastante semelhante à corrupção passiva privilegiada (art. 317, § 2º, CP), ambas não se confundem. Naquela, o agente pretende alcançar um interesse ou um sentimento pessoal (ex.: por amizade, o funcionário público deixa de praticar um ato de ofício); nesta, o agente simplesmente cede a influência ou pedido de outrem (ex: um Delegado de Polícia deixa de lavrar auto de prisão em flagrante contra o filho de um Promotor de Justiça após receber telefonema deste, que lhe pede que não prenda o rapaz, que ainda tem "futuro" pela frente. De fato, são situações (tipos penais) semelhantes, mas, frise-se, na prevaricação, o agente pratica, deixa de praticar ou retarda a prática de um ato de ofício em razão de amizade, raiva ou pena, por exemplo, ao passo que na corrupção passiva privilegiada, independentemente de qualquer interesse ou sentimento pessoal, simplesmente cede à influência ou ao pedido de outrem, demonstrando ser um "fraco" (além de corrupto, claro!).

11.3.6. Causa de aumento de pena

Para os crimes contra a Administração Pública praticados por funcionários públicos, a pena será aumentada da **terça parte** quando os autores forem ocupantes de **cargos em comissão** ou de função de **direção ou assessoramento** de órgão da administração direta, sociedade de economia mista, empresa pública ou fundação instituída pelo poder público (art. 327, § 2º, CP).

11.4. Princípio da insignificância nos crimes contra a Administração Pública

De acordo com a **Súmula 599 do STJ**, "o princípio da insignificância é inaplicável aos crimes contra a Administração Pública".

Tal entendimento repousa nas seguintes razões: os referidos crimes objetivam resguardar não apenas o patrimônio público, mas, também, a moralidade administrativa, cuja ofensa é imensurável.

Importa registrar, porém, que o STF tem precedentes em que admitiu a aplicação da insignificância penal em crimes funcionais. Nesse sentido: HC 107370, Rel. Min. Gilmar Mendes, julgado em 26/04/2011 e HC 112388, Rel. p/ Acórdão Min. Cezar Peluso, julgado em 21/08/2012.

Legislação Penal Especial

1. CRIMES HEDIONDOS (LEI 8.072/1990)

1.1. Questões constitucionais

Conforme enuncia o art. 5º, XLIII, da CF/1988, "a lei considerará crimes inafiançáveis e insuscetíveis de graça ou anistia a prática da tortura, o tráfico ilícito de entorpecentes e drogas afins, o terrorismo e os definidos como crimes hediondos, por eles respondendo os mandantes, os executores e os que, podendo evitá-los, se omitirem".

Trata-se de verdadeiro **mandado de criminalização,** visto que o legislador constituinte determinou a edição de uma lei penal, qual seja, a Lei dos Crimes Hediondos, até então inexistente.

Conforme se extrai do texto constitucional, aos crimes hediondos incidem as seguintes **vedações**:

a) Fiança;

b) Anistia; e

c) Graça.

1.2. Critério adotado sobre crimes hediondos

Existem, basicamente, dois critérios sobre crimes hediondos: **legal** ou **judicial**.

✓ **Critério legal**: os crimes são enumerados na lei.

✓ **Critério judicial**: caberia ao juiz, no caso concreto, afirmar se o crime é ou não hediondo.

O Brasil adotou o critério legal para crimes hediondos, porque o legislador incumbiu-se de dizer quais são esses crimes.

Temos, pois, uma Lei dos Crimes Hediondos (Lei 8.072/1990).

1.3. Crimes hediondos em espécie

O **rol taxativo** dos crimes considerados hediondos consta no **art. 1º da Lei 8.072/1990**, a saber:

I. homicídio (art. 121), quando praticado em atividade típica de grupo de extermínio, ainda que cometido por um só agente, e homicídio qualificado (art. 121, § 2º, I, II, III, IV, V, VI e VII);

I-A. lesão corporal dolosa de natureza gravíssima (art. 129, § 2º) e lesão corporal seguida de morte (art. 129, § 3º), quando praticadas contra autoridade ou agente descrito nos arts. 142 e 144 da Constituição Federal, integrantes do sistema prisional e da Força Nacional de Segurança Pública, no exercício da função ou em decorrência dela, ou contra seu cônjuge, companheiro ou parente consanguíneo até terceiro grau, em razão dessa condição (incluído pela Lei 13.142/2015);

II. latrocínio (art. 157, § 3º, *in fine*);

III. extorsão qualificada pela morte (art. 158, § 2º);

IV. extorsão mediante sequestro e na forma qualificada (art. 159, *caput*, e §§ 1º, 2º e 3º);

V. estupro (art. 213, *caput*, e §§ 1º e 2º);

VI. estupro de vulnerável (art. 217-A, *caput*, e §§ 1º, 2º, 3º e 4º);

VII. epidemia com resultado morte (art. 267, § 1º);

VII-B. falsificação, corrupção, adulteração ou alteração de produto destinado a fins terapêuticos ou medicinais (art. 273, *caput*, e § 1º, § 1º-A e § 1º-B, com a redação dada pela Lei 9.677/1998);

VIII. favorecimento da prostituição ou de outra forma de exploração sexual de criança ou adolescente ou de vulnerável (art. 218-B, *caput*, e §§ 1º e 2º). (Incluído pela Lei 12.978/2014).

Parágrafo único. Consideram-se também hediondos o crime de genocídio previsto nos arts. 1º, 2º e 3º da Lei 2.889, de 1º de outubro de 1956, e o de posse ou porte ilegal de arma de fogo de uso restrito, previsto no art. 16 da Lei 10.826, de 22 de dezembro de 2003, todos tentados ou consumados. (Redação dada pela Lei 13.497, de 2017).

1.4. Vedações penais e processuais aos crimes hediondos e outras particularidades

Art. 5º, XLIII, CF e art. 2º, da Lei 8.072/1990: são inafiançáveis e insuscetíveis de graça e anistia os crimes hediondos e os crimes equiparados a hediondos (tráfico de drogas, tortura e terrorismo – TTT). De acordo com a doutrina, embora não haja expressa previsão na CF, o indulto também é incabível;

Art. 2º, § 1º, da Lei 8.072/1990: os crimes hediondos e equiparados submetem-se, obrigatoriamente, à imposição de regime inicial fechado. No entanto, o STF, em 2012, reconheceu, incidentalmente, a inconstitucionalidade de referido dispositivo legal, no julgamento do HC 111.840. Logo, de acordo com referida decisão, o regime inicial fechado não pode ser o único cabível aos condenados por crimes hediondos ou equiparados. Assim, por exemplo, se alguém for condenado por tráfico de drogas (art. 33, *caput*, da Lei 11.343/2006) à pena mínima de 5 anos de reclusão, desde que primário, poderá iniciar o cumprimento da pena em regime semiaberto;

Art. 2º, § 2º, da Lei 8.072/1990: os crimes hediondos admitem progressão de regime, o que era vedado antes da edição da Lei 11.464/2007 e do julgamento do HC 82.959-SP pelo STF. Assim, atualmente, a progressão de regime a esses crimes será admissível após o cumprimento de 2/5 da pena, se o condenado for primário, ou 3/5 da pena, se reincidente. Aos condenados por crimes hediondos e equiparados em data anterior à Lei 11.464/2007, a progressão de regime deverá ser alcançada após o cumprimento de 1/6, nos termos do art. 112 da LEP;

Art. 83, CP – Livramento condicional: para os crimes hediondos e equiparados, admite-se a concessão de livramento condicional desde que o condenado tenha cumprido mais de 2/3 da pena e desde que não seja reincidente específico (condenação irrecorrível por crime hediondo ou equiparado e, posteriormente, prática de outro crime hediondo ou equiparado. É importante frisar que os crimes não precisam ser idênticos);

Prisão temporária – Lei 7.960/1989: prazo diferenciado para crime hediondo ou equiparado, qual seja, de 30 (trinta) dias, podendo ser prorrogado por mais 30 dias, em caso de comprovada e extrema necessidade (art. 2º, § 4º, da Lei 8.072/1990).

Crimes equiparados a hediondos: **T**ráfico de drogas, **T**ortura e **T**errorismo ("**TTT**"). São chamados de equiparados ou assemelhados, pois possuem o mesmo *status* constitucional, sendo todos tratados no art. 5º, XLIII, CF.

1.5. Estabelecimento penal para crimes hediondos ou equiparados

O art. 3º da Lei 8.072/1990 diz que caberá à **União** manter estabelecimentos penais de **segurança máxima**, destinados aos condenados com alta periculosidade, quando incorrer em risco à ordem pública a permanência deles em estabelecimentos comuns.

1.6. Crime de associação criminosa especial (art. 8º, Lei 8.072/1990)

Não se trata de crime hediondo, embora estabelecido nesta lei, e a prova disso é o rol taxativo do art. 1º da Lei 8.072/1990. O art. 8º faz alusão ao crime de quadrilha (cujo *nomen juris* passou a ser o de *associação criminosa* com o advento da Lei 12.850/2013) previsto no art. 288, CP. É um crime contra a paz pública. No entanto, diversamente do CP, a Lei dos Crimes Hediondos prevê pena mais elevada se a quadrilha for formada para a prática de crimes dessa natureza (hediondos ou equiparados).

Em suma:

Associação criminosa especial art. 8º, Lei 8.072/1990	Associação criminosa art. 288, CP
Pena de 3 a 6 anos	Pena de 1 a 3 anos
Não cabe substituição por pena restritiva de direitos se a pena privativa de liberdade superar 4 anos	Cabe substituição de pena privativa de liberdade por restritiva de direito, desde que preenchidos os requisitos legais
Não cabe *sursis processual*	Cabe *sursis processual*

1.6.1. Delação premiada ou traição benéfica no crime de associação criminosa especial

O parágrafo único art. 8º da Lei dos Crimes Hediondos consagra uma causa especial de diminuição de pena que será concedida ao condenado que delatar os demais comparsas (membros da associação) à autoridade pública. A pena será reduzida, pois, de um terço a dois terços se preenchidos os seguintes requisitos:

a) Delação de um ou mais dos componentes da associação para a autoridade pública (Delegado, Juiz, Ministério Público);

b) A delação deverá ser voluntária (o sujeito não poderá ser forçado a delatar), mas não precisa ser espontânea;

c) É necessária, em virtude da delação, a apuração da autoria dos demais integrantes e o desmantelamento da associação. Portanto, a delação deverá ser eficaz.

A redução da pena incide quanto ao ***crime de quadrilha*** em comento (art. 8º da Lei 8.072/1990) e não com relação aos *crimes cometidos pela quadrilha*.

1.7. Causas de aumento de pena quando houver violência presumida

O art. 9º da Lei 8.072/1990 previa que, se a vítima se encontrasse em situação de **violência presumida** (art. 224, CP – revogado), a pena seria aumentada da **metade** nos seguintes casos:

a) latrocínio (art. 157, § 3º, final, CP);

b) extorsão com morte (art. 158, § 2º, CP);

c) extorsão mediante sequestro (art. 159, CP);

d) estupro (art. 213, CP); e

d) atentado violento ao pudor (art. 214, CP – foi revogado).

Tendo em vista o **art. 224, CP** (violência presumida) ter sido **revogado** pela Lei 12.015/2009 (Lei dos Crimes contra a Dignidade Sexual), tacitamente está revogado o art. 9º da Lei 8.072/1990.

O que antes se chamava de violência presumida hoje equivale à vulnerabilidade do art. 217-A, *caput* e parágrafos, CP. A doutrina majoritária e o STJ entendem que o art. 9º está **revogado tacitamente** pela já citada Lei 12.015/2009.

2. LEI DE TORTURA (LEI 9.455/1997)

2.1. Aspectos constitucionais

O art. 5º, XLIII, da CF/1988, ao fazer menção à tortura, crime que sequer era tipificado em lei, materializou-se em verdadeiro **mandado da criminalização**, visto que, repita-se, não havia regulamentação no Brasil, em 1988, de aludido crime.

Em suma, a CF diz que a lei considerará inafiançáveis e insuscetíveis de graça ou de anistia a prática de **tortura**, tráfico de drogas, terrorismo e os crimes hediondos.

O crime de tortura é considerado **equiparado** ou **assemelhado** a **hediondo**.

2.2. Previsão legal

A tipificação penal da tortura foi criada no Brasil com a edição da **Lei 9.455/1997**. No entanto, já tínhamos a previsão da tortura como crime no art. 233 do ECA, que cuidava apenas da prática de referida conduta contra crianças e adolescentes. Contudo, referido dispositivo foi revogado expressamente pela precitada Lei 9.455/1997, que passou a regulamentar por completo o tema.

2.3. Espécies de tortura

Vêm previstas no art. 1º da Lei 9.455/1997, a saber:

a) Tortura-prova: também chamada de persecutória;

b) Tortura-crime;

c) Tortura-racismo: também chamada de discriminatória;

d) Tortura-maus-tratos: também chamada de *tortura corrigendi*;

e) Tortura do preso ou de pessoa sujeita a medida de segurança;

f) Tortura imprópria;

g) Tortura qualificada;

h) Tortura majorada.

2.3.1. Regra

De forma geral, todas as espécies de tortura irão gravitar em torno de duas ideias: **sofrimento físico ou mental**.

A tortura pressupõe o núcleo do tipo *constranger*, o que será feito com o emprego de violência ou grave ameaça, causando sofrimento físico ou mental.

2.3.1.1. Tortura – prova

Também chamada de persecutória, vem prevista no art. 1º, I, "a", da Lei 9.455/1997. Neste caso, o torturador constrangerá a vítima, com emprego de violência ou grave ameaça, causando-lhe sofrimento físico ou mental, para o fim de que ela lhe preste **informação**, **declaração** ou **confissão**.

O **sujeito ativo** será qualquer pessoa, tratando-se de crime comum.

Dá-se a **consumação** com o sofrimento físico ou mental suportado pela vítima.

A tentativa é possível teoricamente, por ser a tortura um crime plurissubsistente, vale dizer, praticado mediante vários atos.

2.3.1.2. Tortura – crime

Vem prevista no art. 1º, I, "b", da Lei 9.455/1997. Neste caso, o torturador constrangerá a vítima, com emprego de violência ou grave ameaça, causando-lhe sofrimento físico ou mental, para que ela **pratique ação ou omissão de natureza criminosa**.

Vê-se, à evidência, que o crime praticado pela vítima somente o foi por **coação moral irresistível**. Neste caso, a vítima torturada ficará isenta de pena pelo crime praticado, respondendo o torturador (autor mediato) pelo crime por ela cometido (art. 22, CP). Assim, o agente (torturador) responderá pela tortura-crime, além do crime cometido pela vítima, em concurso material (art. 69, CP).

O **sujeito ativo** poderá ser qualquer pessoa, tratando-se, pois, de crime comum.

Alcança-se a **consumação** com o sofrimento físico ou mental suportado pela vítima.

2.3.1.3. Tortura – racismo

Também chamada de **tortura discriminatória**, vem prevista no art. 1º, I, "c", da Lei 9.455/1997. Aqui, o torturador constrangerá a vítima, com emprego de violência ou grave ameaça, causando-lhe sofrimento físico ou mental, **em razão de discriminação racial ou religiosa**.

Assim, duas são as hipóteses de discriminação tratadas no tipo penal: racial ou religiosa. Não se confunde essa espécie de tortura com os crimes de racismo previstos na Lei 7.716/1989. Confira-se:

Racismo – Lei 7.716/1989	Tortura racismo – Lei 9.455/1997
Praticado em razão de raça, cor, etnia, religião ou procedência nacional.	Praticada somente em razão de raça ou religião.
A vítima é privada de alguns direitos básicos em razão de raça, cor, etnia, religião ou procedência nacional.	A vítima é constrangida pelo torturador, sofrendo física ou mentalmente, em razão de discriminação racial ou religiosa.

Não se enquadra na tortura racismo o preconceito com relação à orientação sexual, visto que o tipo penal somente fala em "raça" ou "religião".

O **sujeito ativo** pode ser qualquer pessoa, tratando-se de crime comum.

Dá-se a **consumação** quando a vítima suporta o sofrimento físico ou mental.

2.3.1.4. Tortura – maus-tratos ou tortura corrigendi

Vem definida no art. 1º, II, da Lei 9.455/1997, consistindo em submeter alguém sob sua **guarda, poder ou autoridade**, com emprego de violência ou grave ameaça, a intenso sofrimento físico ou mental, como forma de aplicar **castigo pessoal** ou **medida de caráter preventivo**.

O sujeito passivo, nesse caso, será obrigatoriamente alguém que esteja sob a guarda, poder ou autoridade do torturador. Assim, estamos diante de crime próprio, visto que se exige uma qualidade especial do agente, qual seja, a de alguma "ascendência" sobre a vítima (guarda, poder ou autoridade).

Nessa modalidade de tortura, o objetivo do torturador é o de aplicar um **castigo pessoal** ou **medida de caráter preventivo**.

A **consumação** dá-se quando a vítima sofrer intensamente em seu aspecto físico ou mental. Trata-se de crime de dano, visto que deve haver efetiva lesão ao bem jurídico.

Difere essa espécie de tortura do crime de **maus-tratos**, previsto no art. 136, CP, visto ser este um crime de perigo, bastando a mera exposição a risco do bem jurídico. Já na tortura maus-tratos ocorre efetiva lesão ao bem jurídico (integridade física/psíquica da vítima).

2.3.1.5. Tortura do preso ou de pessoa sujeita a medida de segurança

Vem prevista no art. 1º, § 1º, da Lei 9.455/1997. Consiste em **submeter pessoa presa ou sujeita a medida de segurança** a um sofrimento físico ou mental, por meio da **prática de ato não previsto** ou **não autorizado por lei**.

Assim, os atos praticados pelo torturador devem estar em *desacordo* com a lei.

O **sujeito ativo**, segundo predomina, deve ser agente público que tenha contato com o preso ou com a pessoa que está cumprindo medida de segurança, tratando-se, pois, de **crime próprio**.

O **sujeito passivo** será:

✓ **Preso**: provisório ou definitivo;

✓ **Pessoa submetida à medida de segurança**: inimputáveis ou semi-imputáveis com periculosidade.

2.3.1.6. Tortura imprópria

Vem prevista no art. 1º, § 2º, da Lei 9.455/1997. Consiste no ato daquele que se **omite** em face destas condutas (todas as espécies de tortura descritas), desde que tenha o **dever de evitá-las** ou de **apurá-las**.

O agente, tecnicamente, não praticou uma conduta típica de tortura, apenas se omitiu diante de seu dever de apurar ou de evitar referido crime, tendo este sido praticada por outrem.

Diversamente das demais espécies de tortura, a ora estudada é punida com detenção de um a quatro anos, motivo pelo qual sequer o regime inicial fechado será imposto ao agente. Por essa razão, entende-se, também, que o crime em questão **não é equiparado a hediondo**.

O **sujeito ativo** é aquele que tiver o **dever de evitar** ou o **dever de apurar** a tortura. Assim, será, em regra, o **funcionário público**.

Como estamos diante de um **crime omissivo,** não se admite tentativa.

2.3.1.7. Tortura qualificada

Vem prevista no art. 1º, § 3º, da Lei 9.455/1997.

A tortura será **qualificada**:

a) pela lesão corporal grave/gravíssima (art. 129, § 1º e § 2º, CP); ou

b) pela morte.

Em ambas as situações, estaremos diante de um **crime preterdoloso** (dolo na prática da tortura e culpa quanto ao resultado agravador – lesão corporal grave, gravíssima ou morte).

Não se confunde a tortura qualificada pela morte com o homicídio qualificado pela tortura, sendo esta um meio de execução utilizado para matar a vítima. Vejamos:

Homicídio qualificado pela tortura	Tortura qualificada pela morte
Pena de 12 a 30 anos	Pena de 8 a 16 anos.
Dolo de matar, ou seja, ânimo homicida.	Dolo de torturar, ou seja, causar sofrimento físico ou mental.
Resultado morte decorre de dolo.	Resultado morte decorre de culpa.
Tortura é um meio de execução.	A tortura é um fim em si mesma.

	Se o agente tortura e mata com dolo, ele responderá pelos dois crimes.
Julgado pelo Tribunal do Júri.	Julgado pela Justiça Comum.

2.3.1.8. Tortura majorada

Vem prevista no art. 1º, § 4º, da Lei 9.455/1997. Trata-se de causa obrigatória de aumento de pena (1/6 a 1/3), incidente nas seguintes situações:

a) Se o torturador for agente público;

b) Se a vítima for criança, adolescente, idoso, gestante ou deficiente físico/mental;

c) Se a tortura for praticada mediante sequestro. O sequestro não será crime autônomo, ele será enquadrado como majorante da pena.

2.3.2. Efeitos da condenação

Conforme reza o art. 1º, § 5º, da Lei 9.455/1997, a condenação pelo crime de tortura imporá ao agente a perda do cargo, função ou emprego público, bem como a interdição para seu exercício pelo dobro do prazo da pena aplicada.

Trata-se, é bom que se diga, de efeito obrigatório da condenação, que se subdivide em:

a) Direto: perda do cargo, emprego ou função;

b) Indireto: interdição de direitos, ou seja, a impossibilidade de ocupação de cargo, emprego, função, pelo dobro do prazo da pena aplicada.

Este efeito é automático, também chamado pela doutrina de não específico, não exigindo, pois, fundamentação específica em sentença.

2.3.3. Aspectos penais e processuais penais

De acordo com o art. 1º, § 6º, da Lei 9.455/1997, são inadmissíveis para os crimes de tortura a concessão de **fiança**, **graça** e **anistia**. Trata-se de mera repetição do quanto consta no art. 5º, XLIII, CF.

Muito embora a lei não vede o **indulto**, a concessão deste não é permitida de acordo com a jurisprudência majoritária.

Embora não se admita a concessão de liberdade provisória com fiança (crimes inafiançáveis), admissível pensar-se em deferimento de **liberdade provisória sem fiança**, desde que ausentes os requisitos autorizadores da prisão preventiva. Afinal, não se pode admitir prisão cautelar obrigatória no Brasil, sob pena de ofensa ao princípio constitucional da presunção de inocência (ou não culpabilidade).

Quanto ao **regime inicial de cumprimento de pena**, este será o fechado, exceto para a tortura imprópria. Admite-se, pois, progressão de regime penitenciário, desde que preenchidos os requisitos legais, seguindo-se, para tanto, as mesmas regras aplicáveis aos crimes hediondos (lembre-se: a tortura é crime equiparado a hediondo!).

Considerando que a tortura é crime equiparado a hediondo, entendemos, de todo, aplicável a decisão do STF acerca da **inconstitucionalidade do regime inicial fechado obrigatório (HC 111.840)**. Logo, mesmo para um torturador, será cabível, desde que preenchidos os requisitos legais, regime inicial semiaberto ou até aberto, a depender da quantidade de pena imposta.

No tocante ao **livramento condicional**, seguiremos o mesmo regramento para os crimes hediondos, vale dizer, admite-se a concessão do benefício em comento, desde que cumpridos mais de 2/3 da pena e desde que o réu não seja reincidente específico.

3. LEI DE DROGAS (LEI 11.343/2006)

3.1. Previsão legal

Os crimes envolvendo drogas vêm previstos na Lei 11.343/2006, que revogou expressamente a antiga "Lei de Tóxicos" (Lei 6.368/1976).

3.2. Questão terminológica

Embora a expressão possa parecer "chula", o adequado é que se fale em *droga*, e não mais *substâncias entorpecentes*, tal como previsto na legislação revogada.

3.2.1. Conceito de drogas

Droga é toda **substância capaz de causar dependência**, assim reconhecida em **lei ou listas atualizadas** pelo Executivo Federal (art. 1º, parágrafo único, Lei 11.343/2006).

Hoje, para buscarmos quais são as substâncias consideradas "drogas", devemos analisar o quanto se contém na **Portaria 344/1998 da SVS/MS** (Superintendência de Vigilância Sanitária do Ministério da Saúde). Esta portaria traz uma lista de substâncias entorpecentes, o que equivale às drogas. Trata-se de um ato infralegal, motivo pelo qual, toda vez que a lei mencionar a expressão "drogas", estaremos diante de uma **norma penal em branco em sentido estrito ou heterogêneo**, visto que o ato complementar (portaria) é de hierarquia diversa da norma complementada (lei ordinária federal).

3.3. Principais crimes da Lei de Drogas

3.3.1. Art. 28 – posse ilegal de droga para consumo pessoal

Primeiramente, é bom que se diga que o **uso** de droga é **fato atípico**, visto que o art. 28 não contempla a conduta de "usar ou fazer uso". Ainda que assim não fosse, a não criminalização do uso de drogas decorre do **princípio da alteridade**, segundo o qual o direito penal somente pode proteger condutas direcionadas à lesão de direitos alheios, no caso, à saúde pública (o crime em estudo viola a **saúde pública**).

Destarte, quem usa droga, trazendo-a consigo, não responderá propriamente pelo uso, mas sim pelo **porte**.

3.3.1.1. Condutas típicas

São as seguintes:

a) adquirir;

b) guardar;

c) ter em depósito;

d) transportar; ou

e) trazer consigo.

Estamos diante de um **tipo misto alternativo** ou, ainda, um **crime de ação múltipla**.

3.3.1.2. Objeto material do crime

É a **droga**, assim considerada com base na **Portaria 344/1998** da SVS/MS.

3.3.1.3. Penas

Diversamente do que acontece com todos os demais crimes, o delito de porte de drogas para consumo pessoal, fugindo à regra, estabelece **penas não privativas de liberdade**, já de forma abstrata, motivo pelo qual, em um primeiro momento, chegou-se a discutir sobre a eventual descriminalização das condutas típicas estudadas.

Temos, portanto, as **seguintes penas** cominadas ao art. 28:

a) Advertência sobre os efeitos da droga;

b) Prestação de serviços à comunidade; e

c) Medida educativa de comparecimento a programa ou curso educativo.

As penas poderão ser **alternativa** ou **cumulativamente** impostas. Poderá, pois, o juiz, aplicar as três penalidades cumulativamente, de acordo com o caso concreto.

Pacificou-se na jurisprudência o entendimento de que o crime em questão sofreu apenas uma **despenalização** ou **descarcerização** (redução da resposta penal diante da prática da infração). Não há que se falar, portanto, em descriminalização.

3.3.1.4. Tipo subjetivo

É o **dolo**, sem prejuízo do **especial fim de agir do agente** ("dolo específico"), qual seja, praticar uma das condutas típicas "para consumo pessoal".

3.3.1.5. Figura equiparada (art. 28, § 1º)

Equipara-se ao art. 28, *caput*, submetendo-se às mesmas penas, aquela pessoa que **semear**, **cultivar** ou **colher** plantas destinadas ao preparo de **pequena quantidade de drogas** para consumo pessoal.

A expressão "pequena quantidade de drogas" é o **elemento normativo** do tipo, exigindo-se uma valoração diante do caso concreto.

3.3.1.6. Prazo de duração das medidas coercitivas

No caso de imposição de pena alternativa de prestação de serviços à comunidade ou determinação de comparecimento a programas educativos, o período máximo de duração será de **até 5 meses**.

Impõe salientar que **não caberá privação de liberdade** pelo descumprimento das penas restritivas de direitos impostas pelo juiz na sentença. Em caso de descumprimento, duas são as medidas coercitivas:

a) Admoestação verbal;

b) Multa destinada ao Fundo Nacional Antidrogas.

Se o agente não comparecer em juízo para se submeter à admoestação verbal, será aplicada a multa, sucessivamente.

3.3.1.7. Reincidência no art. 28

Em caso de o réu ser reincidente específico (condenações pelo crime de porte de drogas para consumo pessoal), as penas restritivas de direitos poderão ser impostas pelo prazo de **até 10 meses** (art. 28, § 4º).

3.3.1.8. Prisão em flagrante

Não se imporá a prisão em flagrante do usuário para o crime do art. 28, consoante determina o art. 48, § 2º, da Lei 11.343/2006. A Lei de Drogas veda a chamada **prisão-lavratura**, que é a materialização de uma prisão em flagrante no respectivo auto. No entanto, a denominada prisão-captura é perfeitamente cabível, a fim de que o agente delitivo seja conduzido coercitivamente à Delegacia de Polícia, fazendo, com isso, cessar a atividade criminosa.

Aplicar-se-á ao art. 28 da Lei de Drogas o disposto na Lei 9.099/1995 (Lei dos Juizados Especiais Criminais), motivo pelo qual o crime em questão é considerado de **menor potencial ofensivo**.

3.3.1.9. Prescrição do crime do art. 28

Consoante reza o art. 30 da Lei 11.343/2006, o Estado perderá o direito de punir ou de executar a pena após o decurso de **2 (dois) anos**. Trata-se de regra especial, que prevalece sobre o art. 109 do CP (tabela do prazo prescricional).

3.3.2. Art. 33 – Tráfico de drogas

3.3.2.1. Condutas típicas

O art. 33, *caput*, da Lei 11.343/2006, consubstancia-se em tipo misto alternativo ou crime de ação múltipla, visto que formado por 18 (dezoito) verbos, a saber: *importar, exportar, remeter, preparar, produzir, fabricar, adquirir, vender, expor à venda, oferecer, ter em depósito, transportar, trazer consigo, guardar, prescrever, ministrar, entregar a consumo ou fornecer.*

Importante anotar o teor da **Súmula 528 do STJ**, editada em 2015: "Compete ao juiz federal do local da apreensão da droga remetida do exterior pela via postal processar e julgar o crime de tráfico internacional".

3.3.2.2. Objeto material do crime

O objeto material é a droga, assim definida pela Portaria 344/1998 da SVS/MS.

Será que a quantidade de droga apreendida influencia na dosimetria da pena? Confira-se a posição do STF:

> **Dosimetria e quantidade de droga apreendida**
>
> "A 2ª Turma, em julgamento conjunto de habeas corpus e recurso ordinário em habeas corpus, reafirmou orientação no sentido de que a quantidade de substância ilegal entorpecente apreendida deve ser sopesada na primeira fase de individualização da pena, nos termos do art. 42 da Lei 11.343/2006, sendo impróprio invocá-la por ocasião da escolha do fator de redução previsto no § 4º do art. 33 da mesma lei, sob pena de bis in idem. Com base nesse entendimento, determinou-se a devolução dos autos para que as instâncias de origem procedam a nova

individualização da pena, atentando-se para a adequada motivação do fator reducional oriundo da causa especial de diminuição". HC 108513/RS, rel. Min. Gilmar Mendes, 23.8.2011. (HC-108513) RHC 107857/DF, rel. Min. Gilmar Mendes, 23.8.2011. (RHC-107857) (**Inform**. STF 637)

3.3.2.3. Tipo subjetivo

É o **dolo**. Contudo, é necessário que a intenção do traficante seja a de **"entregar" a droga a consumo de terceiros**, diversamente do que ocorre com o art. 28 da Lei 11.343/2006, em que a intenção do agente é a de consumir a droga.

3.3.2.4. Consumação e tentativa

Pelo fato de o art. 33 trazer dezoito verbos no tipo, alguns deles são considerados **crimes instantâneos**, consumando-se com a só prática da conduta (ex.: importar, exportar, adquirir...). Já outras modalidades de tráfico são consideradas **permanentes**, motivo pelo qual a consumação se protrairá no tempo (ex.: expor à venda, ter em depósito, trazer consigo, guardar...).

Em tese, é admissível a **tentativa**, embora esta seja difícil, visto que, pelo fato de o crime ser de ação múltipla, provavelmente a infração já estará consumada.

3.3.2.5. Art. 33, § 3º – Cedente eventual

A doutrina vem chamando de **cedente eventual** a pessoa que oferecer droga eventualmente, sem objetivo de lucro, a pessoa de seu relacionamento, para juntos a consumirem. Trata-se de um tráfico privilegiado, visto que a pena é bastante menor do que a cominada para o tráfico previsto no *caput* do art. 33.

São **requisitos** para configuração do crime em questão:

✓ oferecer droga;

✓ caráter eventual;

✓ sem objetivo de lucro;

✓ a pessoa de seu relacionamento;

✓ para juntos a consumirem.

Neste caso, a pena será de 6 (seis) meses a 1 (um) ano de detenção, sem prejuízo das penas do art. 28.

Por ser punido com detenção, o crime é afiançável.

Trata-se, finalmente, de crime de **menor potencial ofensivo**. Em virtude de a pena máxima ser de (um) 1 ano, aplica-se a Lei 9.099/1995.

3.3.2.6. Art. 33, § 4º – Causa de diminuição de pena

Se preenchidos os requisitos abaixo, de forma cumulativa, o agente terá a pena reduzida de 1/6 (um sexto) a 2/3 (dois terços):

✓ primariedade;

✓ bons antecedentes;

✓ não integrar facção criminosa; e

✓ não se dedicar a atividades criminosas.

Trata-se do "traficante de primeira viagem".

A causa de diminuição de pena em comento não era prevista na antiga Lei de Tóxicos. Daí ser considerada *lex mitior* ou *novatio legis in mellius* – lei nova benéfica.

Por ser benéfica, deve ter **efeitos retroativos**. Assim, se o sujeito já estiver cumprindo pena, advindo lei nova benéfica, deverá esta retroagir para beneficiá-lo.

A **questão** que se coloca, contudo, é a seguinte:

✓ **Lei antiga:** a pena do tráfico de drogas variava de 3 (três) a 15 (quinze) anos. Não havia causa de diminuição de pena;

✓ **Lei nova**: a pena do tráfico varia de 5 (cinco) a 15 (quinze) anos. Há causa de diminuição de pena (art. 33, § 4º);

Questão: esta causa de diminuição de pena (1/6 a 2/3) deverá retroagir e incidir sobre qual pena, caso o agente tenha praticado tráfico de drogas sob a égide da lei anterior? De 3 a 15 anos (pena antiga) ou de 5 a 15 anos (pena nova)?

R.: existem **dois posicionamentos**. São eles:

a) Primeira posição: a diminuição deverá incidir sobre a pena antiga, já que o traficante respondeu sob a égide da lei anterior. Esta posição adota aquilo que o STF, historicamente, sempre repudiou, qual seja, a combinação de leis penais no tempo;

b) Segunda posição: a diminuição incidirá sobre a pena nova. De acordo com esta posição, não é possível combinação de leis penais, pois violaria a tripartição de Poderes (o Judiciário estaria legislando).

Tanto o STF, quanto o STJ, proferiram decisões nos dois sentidos.

Em notícia extraída do sítio eletrônico desta última Corte, vê-se que a sua 3ª Seção pôs fim à celeuma instaurada desde a edição da Lei 11.343/2006 no que tange à possibilidade – ou não – de combinação de leis no tempo. Confira-se:

"No STJ, a Sexta Turma entendia ser possível a combinação de leis a fim de beneficiar o réu, como ocorreu no julgamento do HC 102.544. Ao unificar o entendimento das duas Turmas penais, entretanto, prevaleceu na Terceira Seção o juízo de que não podem ser mesclados dispositivos mais favoráveis da lei nova com os da lei antiga, pois ao fazer isso o julgador estaria formando uma terceira norma.

A tese consolidada é de que a lei pode retroagir, mas apenas se puder ser aplicada na íntegra. Dessa forma, explicou o Ministro Napoleão Nunes Maia Filho no HC 86.797, caberá ao "magistrado singular, ao juiz da vara de execuções criminais ou ao tribunal estadual decidir, diante do caso concreto, aquilo que for melhor ao acusado ou sentenciado, sem a possibilidade, todavia, de combinação de normas".

O projeto de súmula foi encaminhado pela Min. Laurita Vaz e a redação oficial do dispositivo ficou com o seguinte teor: "É cabível a aplicação retroativa da Lei 11.343, desde que o resultado da incidência das suas disposições, na íntegra, seja mais favorável ao réu do que o advindo da aplicação da Lei n. 6.368, sendo vedada a combinação de leis". (http://www.stj.jus.br/portal_stj/publicacao/engine.wsp?tmp.area=398&tmp.texto=111943 – acesso em 06.11.2013).

Destarte, com a edição da **Súmula 501 do STJ**, consolidou-se o entendimento segundo o qual é inadmissível a combinação de leis penais no tempo: *"É cabível a aplicação retroativa da Lei 11.343, desde que o resultado da incidência das suas disposições, na íntegra, seja mais favorável ao réu do que o advindo da aplicação da Lei 6.368, sendo vedada a combinação de leis"*.

Por fim, importantíssimo registrar que era entendimento do STJ que a verificação, em caso concreto, da causa de diminuição de pena em comento (art. 33, § 4º, da Lei de Drogas), não afastava a hediondez do crime em testilha (tráfico privilegiado). Nesse sentido, a **Súmula 512 do STJ**, aprovada em junho de 2014: "*A aplicação da causa de diminuição de pena prevista no art. 33, § 4º, da Lei 11.343/2006 não afasta a hediondez do crime de tráfico de drogas*".

Contudo, referida Corte, por meio de sua 3ª Seção, ao julgar a Pet 11.796, alinhando-se ao entendimento do STF, decidiu **cancelar a Súmula 512**. Em outras palavras, STJ e STF comungam do mesmo entendimento, vale dizer, de que o tráfico de drogas privilegiado **não é crime equiparado a hediondo**.

3.3.2.7. Vedações penais e processuais ao tráfico

De acordo com o art. 44 da Lei 11.343/2006, os crimes previstos nos arts. 33, *caput* e § 1º, 34 a 37, são:

a) Inafiançáveis;
b) Insuscetíveis de *sursis*, graça, indulto e anistia;
c) Insuscetível de liberdade provisória;
d) Impassíveis de conversão das penas privativas de liberdade por restritivas de direitos.

Tanto com relação à liberdade provisória, quanto com relação à impossibilidade de conversão de PPL por PRD para tráfico de drogas, o STF, em controle difuso (HC 97.256), reconheceu a inconstitucionalidade das vedações. Não se trata de posicionamento pacífico, mas, pelo menos, existe um norte de nossa mais alta Corte: a vedação abstrata de benefícios penais e processuais afronta a presunção de inocência e a razoabilidade.

Acerca da vedação à conversão de pena privativa de liberdade em restritiva de direitos, confira-se abaixo a posição da Suprema Corte:

Tráfico de drogas: "sursis" e substituição de pena por restritiva de direitos

"A 1ª Turma julgou prejudicado *habeas corpus* em que condenado à reprimenda de 1 ano e 8 meses de reclusão em regime fechado e 166 dias-multa, pela prática do crime de tráfico ilícito de entorpecentes (Lei 11.343/2006, art. 33), pleiteava a suspensão condicional da pena nos termos em que concedida pelo Tribunal de Justiça estadual. Em seguida, deferiu, de ofício, a ordem para reconhecer a possibilidade de o juiz competente substituir a pena privativa de liberdade por restritiva de direitos, desde que preenchidos os requisitos objetivos e subjetivos previstos na lei. A impetração questionava acórdão que, em 09.03.2010, ao dar provimento a recurso especial do *parquet*, não admitira o *sursis*, em virtude de expressa vedação legal. Consignou-se que, ao julgar o HC 97256/RS (*DJe* de 16.12.2010), o Supremo concluíra, em 01.09.2010, pela inconstitucionalidade dos arts. 33, § 4º; e 44, *caput*, da Lei 11.343/2006, ambos na parte em que vedavam a substituição da pena privativa de liberdade por restritiva de direitos em condenação pelo delito em apreço. Asseverou-se, portanto, estar superado este impedimento. Salientou-se que a convolação da reprimenda por restritiva de direitos seria mais favorável ao paciente. Ademais, observou-se que o art. 77, III, do CP estabelece a aplicabilidade de suspensão condicional da pena quando não indicada ou cabível a sua substituição por restritiva de direitos (CP, art. 44)". HC 104361/RJ, rel. Min. Cármen Lúcia, 30.05.2011. (HC-104361) (Inform. STF 625).

Quanto à vedação de *sursis*, contraditoriamente, a 1ª Turma do STF, que, como visto acima, reconheceu a inconstitucionalidade da vedação abstrata à conversão de pena privativa de liberdade por restritivas de direitos, negou a possibilidade, por maioria de votos, de concessão de referido benefício. Veja a seguir:

Tráfico ilícito de entorpecentes e suspensão condicional da pena

"A 1ª Turma iniciou julgamento de *habeas corpus* em que se pleiteia a suspensão condicional da pena a condenado pela prática do crime de tráfico ilícito de entorpecentes (Lei 11.343/2006, art. 33). O Min. Marco Aurélio, relator, denegou a ordem. Reputou não se poder cogitar do benefício devido à vedação expressa contida no art. 44 do referido diploma ('*Os crimes previstos nos arts. 33, caput e § 1º, e 34 a 37 desta Lei são inafiançáveis e insuscetíveis de sursis, graça, indulto, anistia e liberdade provisória, vedada a conversão de suas penas em restritivas de direitos*'), que estaria em harmonia com a Lei 8.072/1990 e com a Constituição, em seu art. 5º, XLIII ("*a lei considerará crimes inafiançáveis e insuscetíveis de graça ou anistia a prática da tortura, o tráfico ilícito de entorpecentes e drogas afins, o terrorismo e os definidos como crimes hediondos, por eles respondendo os mandantes, os executores e os que, podendo evitá-los, se omitirem*"). Após, pediu vista o Min. Dias Toffoli". HC 101919/MG, rel. Min. Marco Aurélio, 26.04.2011. (HC-101919) (Inform. STF 624)

Tráfico ilícito de entorpecentes e suspensão condicional da pena – 2

"Em conclusão de julgamento, a 1ª Turma denegou, por maioria, *habeas corpus* em que se pleiteava a suspensão condicional da pena a condenado pela prática do crime de tráfico ilícito de entorpecentes (Lei 11.343/2006, art. 33) – v. Informativo 624. Reputou-se não se poder cogitar do benefício devido à vedação expressa contida no art. 44 do referido diploma ("*Os crimes previstos nos arts. 33, caput e § 1º, e 34 a 37 desta Lei são inafiançáveis e insuscetíveis de sursis, graça, indulto, anistia e liberdade provisória, vedada a conversão de suas penas em restritivas de direitos*"), que estaria em harmonia com a Lei 8.072/1990 e com a Constituição, em seu art. 5º, XLIII ("*a lei considerará crimes inafiançáveis e insuscetíveis de graça ou anistia a prática da tortura, o tráfico ilícito de entorpecentes e drogas afins, o terrorismo e os definidos como crimes hediondos, por eles respondendo os mandantes, os executores e os que, podendo evitá-los, se omitirem*"). Vencido o Min. Dias Toffoli, que deferia a ordem ao aplicar o mesmo entendimento fixado pelo Plenário, que declarara incidentalmente a inconstitucionalidade do óbice da substituição da pena privativa de liberdade por restritiva de direito em crime de tráfico ilícito de droga". HC 101919/MG, rel. Min. Marco Aurélio, 06.09.2011. (HC-101919) (Inform. STF 639)

Por fim, importantíssimo registrar que a 3ª Seção do STJ, acompanhando a posição do STF, para o qual o tráfico privilegiado não pode ser considerado hediondo, sob pena de ofensa à proporcionalidade (HC 118.533/MS, Rel. Min. Cármen Lúcia, j. 23.06.2016), revisou seu anterior entendimento e cancelou a Súmula 512, aprovada em junho de 2014, que trazia a seguinte redação: "A aplicação da causa de diminuição de pena prevista no art. 33, § 4º, da Lei 11.343/2006 não afasta a hediondez do crime de tráfico de drogas".

4. ESTATUTO DO DESARMAMENTO (LEI 10.826/2003)

4.1. Evolução legislativa

Inicialmente, o porte ilegal de arma era considerado contravenção penal, prevista no art. 19 da Lei de Contravenções Penais (Decreto-lei 3.688/1941). Com o tempo, o porte ilegal de arma passou a ser considerado crime, após a edição da Lei 9.437/1997. Hoje, o porte ilegal de armas continua sendo crime, regido, porém, pelo Estatuto do Desarmamento (Lei 10.826/2003).

4.2. Objetos materiais do Estatuto do Desarmamento

Os tipos penais previstos no Estatuto do Desarmamento (arts. 12 a 18) trazem, basicamente, os seguintes objetos materiais:

a) arma de fogo;

b) munição; e

c) acessórios.

Os **Decretos Federais 3.665/2000 e 5.123/2004** auxiliam-nos para o estudo dos conceitos sobre arma de fogo, munição e acessórios, motivo pelo qual os crimes do Estatuto do Desarmamento podem ser considerados **normas penais em branco**.

Para os fins do presente trabalho, precisamos saber o quanto segue:

a) Armas de fogo, munições ou acessórios de **uso permitido**: são controlados pelo **SINARM (Sistema Nacional de Armas)**, gerido pela Polícia Federal;

b) Armas de fogo, munições e acessórios de uso **restrito**: são controlados pelo **Comando do Exército**.

4.3. Crimes em espécie (arts. 12 a 18)

✓ Art. 12 – posse irregular de arma de fogo, munição e acessório de uso permitido;

✓ Art. 13 – omissão de cautela;

✓ Art. 14 – porte ilegal de arma de fogo, munição e acessório de uso permitido;

✓ Art. 15 – disparo de arma de fogo;

✓ Art. 16 – posse ou porte ilegal de arma de fogo, munição e acessório de uso restrito ou proibido;

✓ Art. 17 – comércio ilegal de arma de fogo, munição e acessório;

✓ Art. 18 – tráfico internacional de arma de fogo, munição e acessório.

4.3.1. Art. 12: posse irregular de arma de fogo, munição e acessório de uso permitido

✓ **Conduta típica:** *possuir* ou *manter* sob sua guarda;

✓ **Objetos materiais**: arma de fogo, munição e acessório de uso permitido;

✓ **Elemento normativo do tipo**: *sem autorização ou em desacordo com determinação legal ou regulamentar;*

✓ **Elementos modais**: *interior da residência ou dependências ou no local do trabalho;*

✓ **Sujeito ativo**: se a arma de fogo, munição e acessório for encontrado na **residência**, o sujeito ativo será o legítimo possuidor ou proprietário. Se a arma de fogo, munição e acessório for localizado no **local de trabalho**, é necessário que o sujeito ativo seja o responsável legal ou titular do estabelecimento. Estranhos que estejam na residência ou no local do trabalho responderão por crime mais grave, e não pelo art. 12. O Estatuto do Desarmamento autoriza que pessoas possuam armas de **uso permitido** ou em sua residência ou em seu local de trabalho, desde que preenchidos alguns requisitos (art. 4º).

No tocante a alguém poder possuir a arma de fogo, munição ou acessório de uso permitido no local de trabalho, somente poderá ter autorização o responsável legal ou titular da empresa.

O certificado do registro permite a posse e não o porte da arma de fogo, munição e acessório.

A posse se torna ilegal quando estiver dentro da casa ou local do trabalho arma de fogo, munição e acessório sem autorização.

Importante registrar a posição jurisprudencial acerca da posse de munição de uso permitido e de uso proibido em um mesmo contexto fático (STJ):

> **CRIME ÚNICO. GUARDA. MUNIÇÃO.**
>
> "O crime de manter sob a guarda munição de uso permitido e de uso proibido caracteriza-se como crime único, quando houver unicidade de contexto, porque há uma única ação, com lesão de um único bem jurídico, a segurança coletiva, e não concurso formal, como entendeu o tribunal estadual". Precedente citado: HC 106.233-SP, *DJe* 03.08.2009. HC 148.349-SP, Rel. Min. Maria Thereza de Assis Moura, julgado em 22.11.2011. (Inform. STJ 488)

Entendemos que, no caso acima, deverá o agente ser condenado pela posse de munição de uso restrito, considerado crime mais grave.

4.3.2. Art. 13 – omissão de cautela

✓ **Conduta típica:** deixar de observar as cautelas necessárias para impedir que menores de dezoito anos ou pessoas portadoras de deficiência mental se apoderem de arma de fogo;

✓ **Crime omissivo próprio**: trata-se de crime omissivo, que se aperfeiçoa pela prática de uma conduta negativa (deixar de observar...). Não se admite tentativa;

✓ **Crime culposo**: de acordo com a doutrina, trata-se de crime culposo, visto que a expressão "deixar de observar as **cautelas necessárias**" denota negligência, que é modalidade de culpa. Inadmissível a tentativa por estarmos diante de crime culposo;

✓ **Consumação**: no momento que houver o efetivo apoderamento da arma de fogo;

✓ **Objeto material:** somente arma de fogo. O tipo penal não menciona os acessórios e as munições. Qualquer que seja a arma de fogo o crime estará configurado, tendo em vista a omissão do legislador em dizer se a arma seria de uso permitido, restrito ou proibido.

4.3.2.1. Figura equiparada à omissão de cautela – art. 13, parágrafo único

Caso o dono ou responsável legal por empresa de segurança de transporte de valores tome conhecimento da perda, furto, roubo ou, de maneira geral, extravio de arma de fogo, munição e acessório, deverá registrar a ocorrência e comunicar à Polícia Federal.

Se aludidas providências não forem tomadas no prazo de 24 horas, o dono ou responsável legal por empresa de segurança e transporte de valores responderá pelas mesmas penas do *caput* do art. 13.

Em suma:

✓ **Sujeito ativo**: dono ou responsável legal por empresa de segurança e transporte de valores. Trata-se de crime próprio;

✓ **Crime omissivo próprio**: a conduta típica decorre de uma omissão do agente em comunicar o fato à Polícia Federal e registrar a ocorrência;

✓ **Objeto material**: arma de fogo, munição e acessório de uso permitido, restrito ou proibido;

✓ **Consumação**: após 24 horas da ciência do fato pelo dono ou responsável legal por empresa de segurança e transporte de valores. É doutrinariamente chamado de crime a prazo.

4.3.3. Art. 14 – porte ilegal de arma de fogo, munição e acessório de uso permitido

✓ **Condutas típicas**: portar, deter, adquirir, fornecer, receber, ter em depósito, transportar, ceder, ainda que gratuitamente, emprestar, remeter, empregar, manter sob guarda ou ocultar arma de fogo, acessório ou munição, de uso permitido, sem autorização e em desacordo com determinação legal ou regulamentar. Trata-se de crime de ação múltipla ou tipo misto alternativo.

✓ Não se confunde com o crime do art. 12 do Estatuto do Desarmamento, pois naquele caso o agente possui ou mantém em sua residência ou local de trabalho (intramuros), irregularmente, arma de fogo, acessório ou munição de uso permitido. No crime ora estudado, referidos objetos encontram-se fora da residência ou local de trabalho (extramuros);

✓ **Objetos materiais**: arma de fogo, acessório ou munição, todos de uso permitido;

✓ **Sujeito ativo**: é crime comum, qualquer pessoa pode cometer;

✓ **Sujeito passivo**: é a coletividade, a Segurança Pública.

Acerca da discussão se o porte de arma desmuniciada constitui ou não o crime em comento, predomina no STF o posicionamento de que estamos diante de **crime de mera conduta** e de **perigo abstrato**, pouco importando se arma está sem munição.

No entanto, trazemos abaixo a posição contrária:

ARMA DESMUNICIADA. USO PERMITDO. ATIPICIDADE.

"Conforme o juízo de primeiro grau, a paciente foi presa em flagrante quando trazia consigo uma arma de fogo calibre 22 desmuniciada que, periciada, demonstrou estar apta a realizar disparos. Assim, a Turma, ao prosseguir o julgamento, por maioria, concedeu a ordem com base no art. 386, III, do CPP e absolveu a paciente em relação à acusação que lhe é dirigida por porte ilegal de arma de fogo de uso permitido, por entender que o fato de a arma de fogo estar desmuniciada afasta a tipicidade da conduta, conforme reiterada jurisprudência da Sexta Turma". Precedentes citados do STF: RHC 81.057-SP, *DJ* 29.04.2005; HC 99.449-MG, *DJe* 11.02.2010; do STJ: HC 76.998-MS, *DJe* 22.02.2010, e HC 70.544-RJ, *DJe* 03.08.2009. HC 124.907-MG, Rel. Min. Og Fernandes, julgado em 06.09.2011. (Inform. STJ 482)

4.3.3.1. Art. 14, parágrafo único – inafiançabilidade

De acordo com o dispositivo legal em comento, o crime previsto no *caput* é **inafiançável**, salvo se a arma estiver registrada em nome do agente. Todavia, no julgamento da ADI 3.112, o STF declarou a inconstitucionalidade do dispositivo. Portanto, o crime em questão **admite a concessão de fiança**.

4.3.4. Art. 15 – disparo de arma de fogo

✓ **Condutas típicas**: *disparar* arma de fogo ou *acionar* munição (não necessita da arma de fogo);

✓ **Objeto material**: não se faz distinção se a arma ou munição são de uso permitido, restrito e proibido;

✓ **Locais do disparo ou acionamento da munição**: lugar habitado ou em suas adjacências, em via pública ou em direção a ela. São chamados de *elementos modais do tipo* estes locais.

Assim, se o disparo ocorrer em local ermo, não se configura o crime do art. 15;

✓ **Crime subsidiário expresso**: somente se configura este crime se o disparo ou acionamento da munição não forem efetuados com a finalidade da prática de outro crime;

✓ **Concurso de crimes**: vários disparos no mesmo contexto = crime único, com a diferença de que a pena poderá ser aumentada. Vários disparos em contextos distintos haverá concurso de crimes.

4.3.4.1. Art. 15, parágrafo único – inafiançabilidade

De acordo com o dispositivo legal em comento, o crime previsto no *caput* é inafiançável. Todavia, no julgamento da ADI 3.112, o STF declarou a inconstitucionalidade do dispositivo. Portanto, o crime em questão **admite a concessão de fiança**.

4.3.5. Art. 16 – posse ou porte ilegal de arma de fogo, munição e acessório de uso restrito

✓ **Condutas típicas**: possuir, deter, portar, adquirir, fornecer, receber, ter em depósito, transportar, ceder, ainda que gratuitamente, emprestar, remeter, empregar, manter sob sua guarda ou ocultar arma de fogo, acessório ou munição de uso proibido ou restrito, sem autorização e em desacordo com determinação legal ou regulamentar;

✓ **Objetos materiais**: arma de fogo, munição e acessórios de uso restrito ou proibido;

✓ **Elementos normativos**: as condutas devem ser praticadas *sem autorização e em desacordo com determinação legal ou regulamentar* (registro/porte);

✓ Quem controla as armas de uso restrito e proibido?

R.: é o Comando do Exército.

4.3.5.1. Figuras equiparadas – art. 16, parágrafo único, IV

✓ **Condutas típicas**: portar, possuir, adquirir, transportar ou fornecer arma de fogo com *numeração, marca ou qualquer outro sinal de identificação raspado, suprimido ou adulterado;*

✓ **Questões polêmicas a respeito deste crime:**

1. Arma de uso permitido obliterada (adulterada), estando *no interior de residência ou local de trabalho,* configura o crime do art. 16, parágrafo único, IV. Importa saber apenas que a arma está obliterada;

2. Portar arma de uso permitido obliterada configura o crime do art. 16. Não importa se a arma for de uso permitido, o que prevalece é a obliteração.

Importante ressaltar, a respeito do crime em comento, entendimento jurisprudencial do STJ que se consolidou acerca da data para considerar como crime a posse de arma de uso permitido com identificação raspada. Com efeito, quando da edição do Estatuto de Desarmamento, fixou-se o prazo de 180 dias, a partir da publicação da lei, para registro dessas armas "irregulares". Porém, os prazos foram prorrogados diversas vezes por leis posteriores. Assim, a 3ª Seção do STJ, após muita discussão em referida Corte, e nos Tribunais Estaduais, estabeleceu qual o prazo final da abolição criminal temporária (*abolitio criminis temporalis*) para o crime de posse de armas sem identificação e sem registro.

Em julgamento de recurso especial repetitivo, a referida Seção decidiu que é crime a posse de arma de fogo de uso permitido com numeração, marca ou qualquer outro sinal de identificação raspado, suprimido ou adulterado, praticada **após 23.10.2005**. Segundo a decisão, foi nesta data que a *abolitio criminis* temporária cessou, pois foi exatamente o termo final (*dies ad quem*) da prorrogação dos prazos previstos na redação original dos arts. 30 e 32 da Lei 10.826/2003.

O entendimento sob análise recebeu o seguinte enunciado: "Súmula 513: A *abolitio criminis* temporária prevista na Lei 10.826/2003 aplica-se ao crime de posse de arma de fogo de uso permitido com numeração, marca ou qualquer outro sinal de identificação raspado, suprimido ou adulterado, praticado somente até 23.10.2005".

4.3.5.2. Crime hediondo

A posse ou o porte ilegal de arma de fogo de uso restrito, com o advento da Lei 13.497/2017, foi incluído ao rol dos **crimes hediondos**, mais especificamente no art. 1º, parágrafo único, da Lei 8.072/1990.

4.3.6. Art. 17 – comércio ilegal de arma de fogo, munição e acessório

✓ **Condutas típicas**: adquirir, alugar, receber, transportar, conduzir, ocultar, ter em depósito, desmontar, montar, remontar, adulterar, vender, expor à venda, ou de qualquer forma utilizar, em proveito próprio ou alheio, no exercício de atividade comercial ou industrial, arma de fogo, acessório ou munição, sem autorização ou em desacordo com determinação legal ou regulamentar. Trata-se de crime de ação múltipla ou tipo misto alternativo. A prática de mais de 1 verbo configura crime único;

✓ **Objetos materiais**: arma de fogo, munição e acessório de qualquer tipo, seja de uso permitido, restrito ou proibido;

✓ **Sujeito ativo**: pessoa que exerce atividade comercial ou industrial (envolvendo arma de fogo, munição e acessório).

4.3.6.1. Equiparação a atividade comercial – art. 17, parágrafo único

Equipara-se a atividade comercial *qualquer forma de prestação de serviços, inclusive o serviço exercido dentro de residência.* É uma norma de extensão.

✓ **Sujeito ativo**: qualquer pessoa pode praticar este crime se prestar o serviço de forma profissional ou não tão profissional.

4.3.7. Art. 18 – tráfico internacional de arma de fogo, munição e acessório

✓ **Condutas típicas**: importar, exportar, favorecer a entrada ou saída do território nacional, a qualquer título, de arma de fogo, acessório ou munição, sem autorização da autoridade competente;

✓ **Objeto material**: arma de fogo, acessório ou munição de uso permitido, restrito ou proibido;

✓ **Elementos normativos do tipo**: sem autorização ou em desacordo com determinação legal ou regulamentar;

✓ **Competência de julgamento**: é da Justiça Federal, pois envolve fronteiras. Logo, a atribuição de investigação é da Polícia Federal;

✓ **Sujeito ativo**: nas modalidades importar e exportar, este crime pode ser cometido por qualquer pessoa, pois é crime comum. Nas modalidades favorecer a entrada ou saída, é crime próprio de funcionários públicos que tenham o dever de fiscalização em aduana.

4.3.8. Art. 21 – vedação de liberdade provisória

Os crimes de porte ou posse ilegal, comércio ilegal e tráfico internacional de arma de fogo, munição e acessórios (art. 16, 17 e 18 do Estatuto) são **inafiançáveis e insuscetíveis de liberdade provisória**, consoante prevê o art. 21 do Estatuto do Desarmamento.

Todavia, a ADI 3.112, julgada pelo STF, reconheceu a **inconstitucionalidade** do precitado dispositivo legal. Portanto, desde que preenchidos os requisitos do CPP, admitir-se-á, em tese, a concessão de liberdade provisória aos crimes acima mencionados.

5. CRIMES DE TRÂNSITO – LEI 9.503/1997 – PRINCIPAIS ASPECTOS

5.1. Abrangência da Lei 9.503/1997

O Código de Trânsito Brasileiro (CTB) cuidou de tratar não apenas das infrações administrativas relativas às regras de circulação, mas também da parte criminal, que, doravante, será abordada em seus principais aspectos (arts. 291 a 312).

5.2. Aplicação subsidiária do Código Penal, Código de Processo Penal e Lei 9.099/1995

Confira-se a redação do art. 291 do CTB:

Art. 291. Aos crimes cometidos na direção de veículos automotores, previstos neste Código, aplicam-se as normas gerais do Código Penal e do Código de Processo Penal, se este Capítulo não dispuser de modo diverso, bem como a Lei 9.099, de 26 de setembro de 1995, no que couber.

§ 1º Aplica-se aos crimes de trânsito de lesão corporal culposa o disposto nos arts. 74, 76 e 88 da Lei 9.099, de 26 de setembro de 1995, exceto se o agente estiver:

I – sob a influência de álcool ou qualquer outra substância psicoativa que determine dependência;

II – participando, em via pública, de corrida, disputa ou competição automobilística, de exibição ou demonstração de perícia em manobra de veículo automotor, não autorizada pela autoridade competente;

III – transitando em velocidade superior à máxima permitida para a via em 50 km/h (cinquenta quilômetros por hora).

§ 2º Nas hipóteses previstas no § 1º deste artigo, deverá ser instaurado inquérito policial para a investigação da infração penal.

Vê-se que o legislador determinou a aplicação subsidiária dos Códigos Penal e Processo Penal aos crimes de trânsito sempre que o CTB não dispuser de modo diverso. Trata-se, evidentemente, da materialização do princípio da especialidade, vale dizer, aplicar-se-á a legislação "geral" (CP, CPP e Lei 9.099/1995) se nada for estipulado de modo diverso na legislação "especial" (*in casu*, a Lei 9.503/1997).

Especificamente no tocante ao crime de lesão corporal culposa na direção de veículo automotor (art. 303 do CTB), que é considerado de *menor potencial ofensivo* quando praticada pelo agente a conduta descrita no tipo básico ou fundamental, determinou-se a incidência dos institutos despenalizadores da Lei 9.099/1995 (arts. 74, 76 e 88 – composição civil, transação penal e necessidade de representação), exceto se presentes algumas das situações previstas no art. 291, § 1º, do CTB, quais sejam:

a) se o agente estiver sob a influência de álcool ou qualquer outra substância psicoativa que determine dependência;

b) se o agente estiver participando, em via pública, de corrida, disputa ou competição automobilística ("racha"), de exibição ou demonstração de perícia em manobra de veículo automotor, não autorizada pela autoridade competente; e

c) se o agente estiver transitando em velocidade superior à máxima permitida para a via em 50 km/h (cinquenta quilômetros por hora).

Destarte, nas situações adrede destacadas, a despeito de o agente haver praticado crime de menor potencial ofensivo (art. 303, *caput*, do CTB), não lhe será dado beneficiar-se dos institutos despenalizadores da Lei 9.099/1995, sendo o caso, inclusive, de instauração de inquérito policial, conforme determina o art. 291, § 2º, da lei em comento.

Por fim, de acordo com o art. 291, § 4º, do CTB, incluído pela Lei 13.546, de 19 de dezembro de 2017, com *vacatio*

legis de 120 (cento e vinte) dias, o juiz fixará a pena-base segundo as diretrizes previstas no art. 59 do Decreto-Lei no 2.848, de 7 de dezembro de 1940 (Código Penal), dando especial atenção à culpabilidade do agente e às circunstâncias e consequências do crime.

5.3. A medida cautelar do art. 294 do CTB

Reza o dispositivo que:

Art. 294. Em qualquer fase da investigação ou da ação penal, havendo necessidade para a garantia da ordem pública, poderá o juiz, como medida cautelar, de ofício, ou a requerimento do Ministério Público ou ainda mediante representação da autoridade policial, decretar, em decisão motivada, a suspensão da permissão ou da habilitação para dirigir veículo automotor, ou a proibição de sua obtenção.

Parágrafo único. Da decisão que decretar a suspensão ou a medida cautelar, ou da que indeferir o requerimento do Ministério Público, caberá recurso em sentido estrito, sem efeito suspensivo.

Trata-se de medica cautelar de suspensão ou proibição da permissão ou da habilitação para a condução de veículo automotor, que, por óbvio, exigirá o binômio *fumus boni iuris* e *periculum in mora*.

Nas palavras de Cláudia Barros Portocarrero, que endossamos, "entendemos que a aplicação da medida cautelar em estudo somente é possível nas hipóteses em que o legislador comina a suspensão ou proibição como pena, ou seja, nas hipóteses de estar o agente respondendo pelos crimes descritos nos arts. 302, 303 e 308" (**Leis Penais Especiais para Concursos** – 2010, Ed. Impetus, p. 243).

Frise-se que da decisão que houver decretado a medida em questão será cabível o manejo de recurso em sentido escrito (art. 581 do CPP), mas sem efeito suspensivo. Se for gritante o desacerto na decretação da medida cautelar, que é gravosa, visto que trará consequências gravosas aos condutores de veículos automotores, cremos viável a impetração de mandado de segurança para a atribuição de efeito suspensivo ao recurso.

Uma vez decretada a suspensão para dirigir veículo automotor ou a proibição de se obter a permissão ou a habilitação, deverá ser comunicada pela autoridade judiciária ao CONTRAN e ao órgão de trânsito estadual em que o indiciado ou réu for domiciliado ou residente (art. 295 do CTB). Trata-se de providência necessária à garantia da eficácia da medida, que seria inócua caso não houvesse a formal comunicação dos órgãos de trânsito.

5.4. Inadmissibilidade de prisão em flagrante e exigência de fiança

Nos termos do art. 301 do CTB, ao condutor de veículo, nos casos de acidentes de trânsito de que resulte vítima, não se imporá a prisão em flagrante, nem se exigirá fiança, se prestar pronto e integral socorro àquela.

Trata-se de regra extremamente salutar, visto que estimula a prestação de socorro às vítimas de acidentes automobilísticos, trazendo ao agente delitivo certa "tranquilidade" em permanecer no local do crime (ex.: lesão corporal culposa) prestando socorro. Porém, caso não o faça, impor-se-á, em tese, a prisão em flagrante.

5.5. Os principais crimes do CTB

Para os fins a que se destina esta obra, que garante ao candidato-leitor uma "super-revisão" da matéria, traremos comentários aos principais – e mais relevantes – crimes previstos no Código de Trânsito Brasileiro.

Vamos a eles!

5.5.1. Homicídio culposo (art. 302 do CTB)

Art. 302. Praticar homicídio culposo na direção de veículo automotor:

Penas – detenção, de dois a quatro anos, e suspensão ou proibição de se obter a permissão ou a habilitação para dirigir veículo automotor.

5.5.1.1. Diferença com o homicídio culposo previsto no art. 121, § 3º, CP

O art. 302 em comento trata do homicídio culposo, figura que muito se assemelha àquela descrita no art. 121, § 3º, do CP. No entanto, embora ambos os tipos penais tratem de "homicídio culposo", não se confundem, a despeito de o evento "morte" estar presente nos dois casos.

É que na legislação especial – *in casu*, no CTB –, o agente mata a vítima "na direção de veículo automotor", ou seja, em situação especial se comparada ao Código Penal. Neste, o agente, por imprudência, negligência ou imperícia, mata alguém. Naquele, também por imprudência, negligência ou imperícia, o agente mata alguém, mas, como dito, "na direção de veículo automotor" (elemento especializante).

Embora tal diferenciação pareça inútil, visto que, em ambos os casos, o agente responderá por homicídio culposo, o fato é que o crime definido no CTB é punido com maior rigor (detenção, de *dois a quatro anos*, e suspensão ou proibição de se obter a permissão ou a habilitação para dirigir veículo automotor) do que aquele previsto no CP (detenção, de *um a três anos*).

Em síntese: a) se o agente matar alguém na condução de veículo automotor, responderá por homicídio culposo de trânsito (art. 302 do CTB); b) se a morte culposamente provocada pelo agente ocorrer em outras situações – que não na direção de veículo automotor –, aplicar-se-á o art. 121, § 3º, do CP.

5.5.1.2. Desnecessidade de a morte ocorrer em via pública

A despeito de o crime do art. 302 do CTB ser conhecido como "homicídio culposo de trânsito", transmitindo a ideia de que a conduta culposa perpetrada pelo agente deva ocorrer em via pública, o fato é que o tipo penal em testilha não exige tal condição.

Assim, exemplificando, responderá pelo crime em análise o agente que, imprudentemente, imprimindo velocidade excessiva em garagem de um prédio, atropelar e matar uma criança em referido local. Perceba que o comportamento delituoso não foi praticado em via pública, elementar inexistente no art. 302 do CTB. Contudo, a conduta foi perpetrada enquanto o agente se encontrava "na direção de veículo automotor".

Frise-se, ainda, que se um atropelamento ocorrer em via pública, mas estando o agente a conduzir um veículo de tração animal (ex: charrete), responderá pelo crime de homicídio culposo "comum", ou seja, aquele tipificado no art. 121, § 3º, do CP. Isto porque o comportamento ilícito não teria ocorrido "na direção de veículo automotor".

Em suma: pouco importa o local em que o crime de homicídio culposo tenha sido praticado. Imprescindível, para a incidência do CTB, é que a morte tenha sido provocada por imprudência, negligência ou imperícia do agente – modalidades de culpa – *na direção de veículo automotor*.

5.5.1.3. Tipo penal aberto

O crime de homicídio culposo (art. 302 do CTB) é aberto, ou seja, não há expressa previsão do comportamento do agente, bastando que pratique o crime *culposamente* na direção de veículo automotor.

Assim, caberá ao intérprete-aplicador do Direito, na análise do caso concreto, verificar se a conduta perpetrada pelo condutor do veículo violou o dever objetivo de cuidado (elemento do crime culposo), seja por imprudência, negligência ou imperícia.

5.5.1.4. A culpa consciente e o dolo eventual no homicídio praticado no trânsito

Questão tormentosa é aquela que diz respeito à tipificação do homicídio praticado no trânsito como doloso ou culposo. E, aqui, a diferenciação não é apenas relevante do ponto de vista teórico, mas, é claro, decisiva para uma adequada imputação criminal. Se se tratar de dolo – direto ou eventual –, o crime será grave e julgado pelo Tribunal do Júri. Já se culposo, a competência será do juízo singular, com consequências jurídico-penais muito mais reduzidas.

Não há dúvida de que se o agente se valer de um veículo automotor como instrumento para a prática de homicídio, responderá pela forma dolosa, aplicando-se o Código Penal. No entanto, a questão deixa de ser simples quando o homicídio praticado no trânsito ocorre quando o agente conduz o veículo automotor com excesso de velocidade. E, aqui, surge a questão: homicídio doloso ou culposo?

É sabido e ressabido que *dolo eventual* e *culpa consciente* têm um ponto de contato: em ambos, o resultado é previsível e previsto pelo agente. Porém, no primeiro caso, o agente não apenas prevê o resultado, mas, mais do que isso, assume o risco de produzi-lo, pouco se importando com sua ocorrência. Já no segundo caso, a despeito de o resultado ilícito ser previsível e previsto pelo agente, este, talvez por excesso de confiança, acredita sinceramente em sua inocorrência, não o aceitando. Aqui reside a distinção!

Especificamente no tocante ao homicídio praticado na direção de veículo automotor quando o motorista estiver embriagado, o STJ, por sua 6ª Turma, desclassificou para crime culposo a conduta de uma motorista que foi mandada ao Tribunal do Júri após acidente de trânsito que resultou morte. Segundo a Corte, no caso analisado, o ministro relator Rogério Schietti destacou que, apesar de a primeira instância e o TJSC apontarem, em tese, para o dolo eventual, devido ao possível estado de embriaguez da recorrente, não é admissível a presunção – quando não existem outros elementos delineados nos autos – de que ela estivesse dirigindo de forma a assumir o risco de provocar acidente sem se importar com eventual resultado fatal de seu comportamento.

Segundo o relator, as instâncias ordinárias partiram da premissa de que a embriaguez ao volante, por si só, já justificaria considerar a existência de dolo eventual. "Equivale isso a admitir que todo e qualquer indivíduo que venha a conduzir veículo automotor em via pública com a capacidade psicomotora alterada em razão da influência de álcool responderá por homicídio doloso ao causar, por violação a regra de trânsito, a morte de alguém", disse o ministro. Ainda, afirmou que "é possível identificar hipóteses em que as circunstâncias do caso analisado permitem concluir pela ocorrência de dolo eventual em delitos viários. Entretanto, não se há de aceitar a matematização do direito penal, sugerindo a presença de excepcional elemento subjetivo do tipo pela simples verificação de um fato isolado, qual seja, a embriaguez do agente causador do resultado." Tal entendimento foi materializado no julgamento do REsp 1689173.

5.5.1.5. Sujeitos do crime

O crime em comento poderá ser praticado por qualquer pessoa, tratando-se, pois, de crime comum ou geral.

O sujeito passivo direto será a vítima da conduta culposa perpetrada pelo agente. Já o sujeito passivo indireto será a coletividade, posta em risco em razão do comportamento perigoso do agente.

5.5.1.6. Objeto jurídico

Ora, tratando-se de homicídio culposo, o bem jurídico tutelado pelo legislador é a vida humana.

5.5.1.7. Consumação e tentativa

O crime em comento atingirá a consumação com a morte da vítima. Trata-se, pois, de crime material ou de resultado.

Considerando que o elemento subjetivo da conduta é a culpa, inviável o reconhecimento da tentativa.

5.5.1.8. Causas de aumento de pena e qualificadora

Nos termos do art. 302, § 1º, do CTB, a pena será majorada de um terço à metade nas seguintes situações:

I. *se o agente não possuir Permissão para Dirigir ou Carteira de Habilitação*: aqui, tencionou o legislador punir mais gravosamente aquele que não possui sequer a habilitação para a condução do veículo automotor. Entende-se caracterizada a causa de aumento, também, quando o condutor, embora habilitado para determinado tipo de veículo (ex.: veículo de passeio), esteja a conduzir outro (ex.: motocicleta), ocasião em que pratica o homicídio culposo;

II. *praticá-lo em faixa de pedestres ou na calçada*: haverá aumento da reprimenda apenas se for possível identificar o início e o fim da faixa de pedestres ou da calçada. É que, muitas vezes, em razão de omissão dos órgãos competentes, a faixa de pedestres, simplesmente, "deixa de existir", ficando absolutamente "apagada". O mesmo se pode dizer no tocante às calçadas, que, pela falta de manutenção, podem, na prática, simplesmente "desaparecer", dando a impressão de que se trata de "via pública". Ademais, não incidirá a majorante em comento se, em razão de acidente automobilístico, o veículo, por força de colisão, houver sido projetado para a calçada e, ali, ocorrer atropelamento fatal;

III. *deixar de prestar socorro, quando possível fazê-lo sem risco pessoal, à vítima do acidente*: aqui, a majorante somente incidirá se o condutor, em razão de seu comportamento imprudente, negligente ou imperito, der causa ao acidente, deixando de prestar socorro, caso possa fazê-lo, à vítima. No entanto, se se tratar de condutor que se envolver em acidente automobilístico, mas desde que não tenha sido o causador, responderá por crime autônomo (art. 304 do CTB), e não pelo homicídio majorado. Por fim, caso seja possível constatar que houve morte instantânea da vítima (ex.: em razão do atropelamento, a cabeça da vítima foi totalmente decepada do corpo), entendemos que a majorante não poderá incidir, pois o objetivo da lei – e do legislador – não poderia ser alcançado, qual seja, o de tentar preservar a vida da vítima;

IV. *no exercício de sua profissão ou atividade, estiver conduzindo veículo de transporte de passageiros*: repare que a majorante incidirá apenas se o agente for "condutor profissional", ou seja, que no momento do acidente esteja no desempenho de sua profissão ou atividade, e desde que se trate de veículo de transporte de passageiros. Assim, por exemplo, o motorista "familiar" (empregado doméstico), que, por excesso de velocidade, perde o controle da condução do veículo e colide com um poste, matando os passageiros (seus empregadores), não responderá por homicídio culposo majorado. Afinal, não estava conduzindo "veículo de transporte de passageiros", tal como exigido pela lei.

Também, criou-se com o advento da precitada Lei 12.971/2014, **forma qualificada** de homicídio culposo de trânsito (art. 302, § 2º, do CTB). Confira-se: "*§ 2º Se o agente conduz veículo automotor com capacidade psicomotora alterada em razão da influência de álcool ou de outra substância psicoativa que determine dependência ou participa, em via, de corrida, disputa ou competição automobilística ou ainda de exibição ou demonstração de perícia em manobra de veículo automotor, não autorizada pela autoridade competente: Penas – reclusão, de 2 (dois) a 4 (quatro) anos, e suspensão ou proibição de se obter a permissão ou a habilitação para dirigir veículo automotor.*" Importante registrar, de início, que, em razão de vacatio legis expressamente prevista na lei citada, apenas a partir de 01.11.2014 a novel disposição gravosa poderia incidir diante de caso concreto. Ainda, o dispositivo em comento difere do *caput* não no tocante à quantidade de pena, mas, sim, na espécie de pena privativa de liberdade. Isto porque o homicídio culposo simples (art. 302, caput, do CTB) é punido com **detenção** de 2 a 4 anos, ao passo que a forma qualificada em estudo era punida com **reclusão** de 2 a 4 anos.

Ocorre que com o advento da **Lei 13.281/2016**, com início de vigência em novembro de 2016, operou-se a expressa revogação do § 2º do art. 302 em comento, razão por que extraímos, naquela ocasião, duas consequências: (i) se o agente estivesse na condução de veículo automotor sob efeito de álcool ou outra substância psicoativa que causasse dependência, daí advindo alteração em sua capacidade psicomotora, e, nessa condição, praticasse homicídio culposo de trânsito, responderia, em concurso, com o crime do art. 306 do CTB; (ii) se o agente estivesse participando de "racha" e causasse a morte de alguém, responderia pelo crime do art. 308, § 2º, do CTB.

Em razão de toda a polêmica causada pela revogação do precitado § 2º do art. 302, o legislador entendeu por bem reincluir a "antiga qualificadora", mas nos seguintes termos: § 3º *Se o agente conduz veículo automotor sob a influência de álcool ou de qualquer outra substância psicoativa que determine dependência: Penas - reclusão, de cinco a oito anos, e suspensão ou proibição do direito de se obter a permissão ou a habilitação para dirigir veículo automotor.*

Referido dispositivo foi incluído ao CTB pela **Lei 13.546**, de 19 de dezembro de 2017, com *vacatio legis* de 120 (cento e vinte) dias.

Perceba o leitor que com a novel qualificadora, não mais se cogita de concurso de crimes (homicídio culposo de trânsito e embriaguez ao volante).

5.5.1.9. Perdão judicial no homicídio culposo de trânsito

Considerando que o art. 291 do CTB autoriza a aplicação subsidiária do Código Penal aos crimes que define, será perfeitamente possível a aplicação do art. 121, § 5º, deste último *Codex*, caso, por exemplo, um pai, sem atentar aos espelhos retrovisores, atropele e mate o próprio filho, que brincava atrás do veículo.

Tratando-se de perdão judicial, a punibilidade será extinta, nos moldes do art. 107, IX, do CP.

5.6. Lesão corporal culposa (art. 303 do CTB)

Art. 303. Praticar lesão corporal culposa na direção de veículo automotor:

Penas – detenção, de seis meses a dois anos e suspensão ou proibição de se obter a permissão ou a habilitação para dirigir veículo automotor.

5.6.1. Diferença com o crime de lesão corporal culposa previsto no art. 129, § 6º, do CP

Tal como visto com relação ao homicídio culposo, a diferença da lesão corporal culposa definida no art. 303 do CTB e aquela tipificada pelo art. 129, § 6º, do CP é a de que, neste caso, o agente, por imprudência, negligência ou imperícia, produz lesões na vítima. Porém, caso o faça "na direção de veículo automotor", responderá de acordo com a legislação especial (*in casu*, o CTB).

Frise-se, também, que é desnecessário que o fato ocorra "em via pública", já que se trata de elementar não prevista no tipo penal em comento. Bastará, repita-se, que o agente provoque lesões corporais na vítima estando na condução de veículo automotor.

O crime tipificado no CTB é punido com detenção, de *seis meses a dois anos*, sem prejuízo da *suspensão ou proibição*

de se obter a permissão ou a habilitação para dirigir veículo automotor, ao passo que a lesão culposa prevista no CP tem cominada a pena de detenção, de *dois meses a um ano*.

5.6.2. Tipo penal aberto

Igualmente ao homicídio culposo de trânsito, o crime de lesão corporal culposa (art. 303 do CTB) expressa-se por meio de tipo penal aberto, ou seja, não há expressa previsão do comportamento do agente, bastando que pratique o crime *culposamente* na direção de veículo automotor.

Assim, caberá ao intérprete-aplicador do Direito, na análise do caso concreto, verificar se a conduta perpetrada pelo condutor do veículo violou o dever objetivo de cuidado (elemento do crime culposo), seja por imprudência, negligência ou imperícia, daí produzindo lesões corporais à vítima.

5.6.3. A intensidade das lesões corporais: consequências jurídico-penais

Tratando-se de crime culposo, pouco importava se a conduta perpetrada pelo agente provocasse à vítima lesões corporais de natureza leve, grave ou gravíssima. Não haveria, aqui, alteração na tipificação, tal como ocorreria se se tratassem de lesões corporais dolosas.

No entanto, com o advento da **Lei 13.541,** de 19 de dezembro de 2017, com *vacatio legis* de 120 (cento e vinte) dias, inseriu-se figura qualificada à lesão corporal culposa de trânsito, que se configurará no seguinte caso (art. 303, § 3º): *A pena privativa de liberdade é de reclusão de dois a cinco anos, sem prejuízo das outras penas previstas neste artigo, se o agente conduz o veículo com capacidade psicomotora alterada em razão da influência de álcool ou de outra substância psicoativa que determine dependência, e se do crime resultar lesão corporal de natureza grave ou gravíssima.*

Não se pode deslembrar que, por se tratar de crime culposo, desde que preenchidos os requisitos legais, será cabível a substituição da pena privativa de liberdade por restritiva de direitos (art. 44 do CP), independentemente da quantidade de pena aplicada.

5.6.4. Causas de aumento de pena

Nos termos do art. 303, parágrafo único, do CTB, as majorantes incidentes sobre o homicídio culposo (art. 302, § 1º) são aplicáveis à lesão corporal culposa. Assim, remetemos o leitor aos comentários feitos no item 5.5.1.8 *supra*.

5.6.5. Consumação e tentativa

Tal como o homicídio culposo de trânsito, a lesão corporal culposa (art. 303 do CTB), por ser crime material ou de resultado, somente atingirá o momento consumativo quando a vítima, efetivamente, suportar os efeitos do comportamento do agente, vale dizer, quando da produção das lesões (resultado naturalístico).

Por se tratar de crime culposo, inadmissível o *conatus* (tentativa).

5.7. Omissão de socorro (art. 304 do CTB)

Art. 304. Deixar o condutor do veículo, na ocasião do acidente, de prestar imediato socorro à vítima, ou, não podendo fazê-lo diretamente, por justa causa, deixar de solicitar auxílio da autoridade pública:

Penas – detenção, de seis meses a um ano, ou multa, se o fato não constituir elemento de crime mais grave.

Parágrafo único. *Incide nas penas previstas neste artigo o condutor do veículo, ainda que a sua omissão seja suprida por terceiros ou que se trate de vítima com morte instantânea ou com ferimentos leves.*

5.7.1. Crime omissivo próprio

Semelhante ao crime de omissão de socorro tipificado no CP (art. 135), o CTB nos trouxe um crime omissivo próprio ou puro, tendo o legislador expressamente previsto um comportamento negativo do agente (*deixar de prestar imediato socorro à vítima*).

5.7.2. Possibilidade de agir: elementar típica

Da simples leitura do tipo penal, percebe-se que o crime em comento somente restará caracterizado se o agente, na ocasião do acidente, deixar de prestar imediato socorro à vítima, desde que possa fazê-lo. Em outras palavras, não haverá tipicidade penal na conduta do agente que, envolvido em acidente automobilístico, deixar de prestar imediato socorro à vítima por ter, também, ficado ferido em razão do infortúnio.

Perceba que a "possibilidade de agir" é essencial à caracterização do crime de omissão de socorro (art. 304 do CTB). E tal (im)possibilidade de atuação poderá ser verificada em dois casos:

a) se o agente envolvido no acidente deixar de prestar, *diretamente*, o socorro à vítima; ou

b) se o agente envolvido no acidente, embora não preste socorro imediato, *deixe de solicitar auxílio à autoridade pública*.

Logo, percebe-se que a prestação de socorro poderá ser imediata (atuação direta do agente, que socorrerá "pessoalmente" a vítima) ou mediata (atuação indireta do agente, que solicitará ajuda da autoridade pública para socorrer o ofendido).

5.7.3. Elemento subjetivo da conduta

O crime em tela é doloso, inexistindo possibilidade de punição a título de culpa em razão da ausência de expressa previsão legal.

5.7.4. Sujeitos do crime

A omissão de socorro é crime que tem como sujeito passivo a vítima do acidente de trânsito.

Já o sujeito ativo será o condutor que, envolvido em acidente automobilístico, não tiver sido o responsável pela sua ocorrência. Em outras palavras, autor do delito em tela é aquele que se envolveu diretamente com o acidente de trânsito, mas sem que o tenha provocado. Caso contrário, ou seja, se tiver sido o agente causador do acidente, responderá, em caso de morte, pelo crime do art. 302 do CTB, com a pena majorada pela omissão de socorro (art. 302, § 1º, III), ou, em caso de lesões corporais, pelo crime do art. 303,

parágrafo único (aumento da reprimenda pela omissão na prestação do socorro).

Por fim, se uma pessoa que não tiver se envolvido no acidente deixar de prestar socorro às vítimas, responderá pelo crime do art. 135 do CP.

5.7.5. Se terceiros prestarem socorro à vítima?

Caso a omissão do agente na prestação de socorro à vítima seja suprida por terceiros, ainda assim restará caracterizado o crime ora analisado, consoante dispõe o art. 304, parágrafo único, do CTB.

5.7.6. Consumação e tentativa

A omissão de socorro restará consumada no instante em que o agente, podendo agir (prestar socorro mediato ou imediato), deixar de fazê-lo deliberadamente.

Por se tratar de crime omissivo próprio ou puro, inadmissível o reconhecimento da tentativa.

5.7.7. Caracterização do crime em caso de morte instantânea

Nos termos do art. 304, parágrafo único, do CTB, a omissão de socorro restará configurada ainda que se trate de vítima com morte instantânea.

Há quem sustente que se trata de verdadeiro crime impossível (absoluta impropriedade do objeto material). De que adiantaria socorrer um cadáver?

Todavia, importante registrar que há entendimento jurisprudencial, inclusive do STF, no sentido da criminalidade do comportamento daquele que deixa de prestar socorro, mesmo em caso de morte instantânea. A explicação para tanto é a de que deve existir um "dever de solidariedade" no trânsito, desrespeitado em caso de omissão de socorro.

5.8. Embriaguez ao volante (art. 306 do CTB)

Art. 306. Conduzir veículo automotor com capacidade psicomotora alterada em razão da influência de álcool ou de outra substância psicoativa que determine dependência: (Redação dada pela Lei 12.760/2012)

Penas – detenção, de seis meses a três anos, multa e suspensão ou proibição de se obter a permissão ou a habilitação para dirigir veículo automotor.

5.8.1. Redação anterior e caracterização da embriaguez

Antes do advento da Lei 12.760/2012, a redação do art. 306 do CTB era a seguinte:

Conduzir veículo automotor, na via pública, estando com concentração de álcool por litro de sangue igual ou superior a 6 (seis) decigramas, ou sob a influência de qualquer outra substância psicoativa que determine dependência.

Tal redação permitia a conclusão – correta, diga-se de passagem – de que, em razão de elemento "numérico" do tipo, qual seja, *seis decigramas* de álcool por litro de sangue, a tipificação da conduta dependeria de prova pericial capaz de atestar a embriaguez.

O parágrafo único do art. 306 do CTB preconizava que o Poder Executivo federal estipularia a equivalência entre distintos testes de alcoolemia, para efeito de caracterização do crime em comento. E tal ocorreu com o advento do Decreto 6.488/2008, que, em seu art. 2º, admitia como teste de alcoolemia aquele elaborado em aparelho de ar alveolar pulmonar (etilômetro, ou, vulgarmente, bafômetro), considerando como equivalente ao "elemento numérico do tipo" a concentração de álcool igual ou superior a *três décimos de miligrama por litro de ar expelido dos pulmões.*

Ora, se a embriaguez decorria da condução de veículo automotor com concentração de álcool por litro de sangue igual ou superior a seis decigramas, ou três décimos de miligrama por litro de ar alveolar, a única forma de o crime restar caracterizado seria a prova pericial, sem possibilidade de substituição. Afinal, frise-se, era elementar típica a concentração de álcool por litro de sangue do condutor do veículo automotor ou teste equivalente em etilômetro.

Como é sabido, ninguém poderá ser compelido a produzir prova contra si mesmo (*nemo tenetur se detegere*). Sob tal dogma, decorrente implicitamente das garantias fundamentais previstas no texto constitucional, a embriaguez ao volante tornou-se "crime natimorto".

5.8.2. Redação atual e caracterização da embriaguez ao volante

Com a redação dada ao art. 306 do CTB pela Lei 12.760/2012, aparentemente, a configuração do crime deixou de exigir a constatação de quantidade predeterminada de álcool por litro de sangue, tal como se verificava na redação anterior do tipo penal.

Atualmente, haverá crime, ao menos por uma análise apressada do tipo incriminador, sempre que o agente estiver conduzindo o veículo automotor, em via pública, com a capacidade psicomotora alterada em razão da influência de álcool ou outra substância psicoativa que determine dependência.

Confira, porém, os parágrafos acrescentados ao precitado dispositivo legal:

> § 1º As condutas previstas no *caput* serão constatadas por: (Incluído pela Lei 12.760/2012)
>
> I – concentração igual ou superior a 6 decigramas de álcool por litro de sangue ou igual ou superior a 0,3 miligrama de álcool por litro de ar alveolar; ou (Incluído pela Lei 12.760/2012)
>
> II – sinais que indiquem, na forma disciplinada pelo Contran, alteração da capacidade psicomotora. (Incluído pela Lei 12.760/2012)
>
> § 2º A verificação do disposto neste artigo poderá ser obtida mediante teste de alcoolemia *ou toxicológico,* exame clínico, perícia, vídeo, prova testemunhal ou outros meios de prova em direito admitidos, observado o direito à contraprova. *(Incluído pela Lei 12.760, de 2012, e alterado pela Lei 12.971/2014)*
>
> § 3º O Contran disporá sobre a equivalência entre os distintos testes de alcoolemia ou toxicológicos para efeito de caracterização do crime tipificado neste artigo *(Incluído pela Lei 12.760/2012, e alterado pela Lei 12.971/2014)*

Assim, da análise do art. 306, § 1º, do CTB, verifica-se que a embriaguez ao volante restará configurada nas seguintes situações:

a) se o agente conduzir veículo automotor, em via pública, com concentração igual ou superior a seis decigramas de álcool por litro de sangue ou igual ou superior a três décimos de miligrama de álcool por litro de ar alveolar. Nesta primeira hipótese, entendemos que o teste de alcoolemia será imprescindível para que se afirme a ocorrência do crime, tendo em vista que as "elementares numéricas" persistem no tipo penal; ou

b) se o agente dirigir veículo automotor, em via pública, com alteração de sua capacidade psicomotora. Assim, estando o agente sob o efeito de drogas, por exemplo, responderá por embriaguez ao volante.

5.8.3. Regulamentação pelo CONTRAN

De acordo com a Resolução 432/2013 do CONTRAN, o crime de embriaguez ao volante poderá ser demonstrado nos seguintes casos, conforme dispõe seu art. 7º:

> O crime previsto no artigo 306 do CTB será caracterizado por qualquer um dos procedimentos abaixo:
>
> I – exame de sangue que apresente resultado igual ou superior a 6 (seis) decigramas de álcool por litro de sangue (6 dg/L);
>
> II – teste de etilômetro com medição realizada igual ou superior a 0,34 miligrama de álcool por litro de ar alveolar expirado (0,34 mg/L), descontado o erro máximo admissível nos termos da "Tabela de Valores Referenciais para Etilômetro" constante no Anexo I;
>
> III – exames realizados por laboratórios especializados, indicados pelo órgão ou entidade de trânsito competente ou pela Polícia Judiciária, em caso de consumo de outras substâncias psicoativas que determinem dependência;
>
> IV – sinais de alteração da capacidade psicomotora obtido na forma do artigo 5º.
>
> § 1º A ocorrência do crime de que trata o *caput* não elide a aplicação do disposto no artigo 165 do CTB.
>
> § 2º Configurado o crime de que trata este artigo, o condutor e testemunhas, se houver, serão encaminhados à Polícia Judiciária, devendo ser acompanhados dos elementos probatórios.

Verifica-se, pois, que o crime em comento ficará caracterizado se a concentração de álcool por litro de sangue do condutor for igual ou superior a seis decigramas, ou igual ou superior a trinta e quatro decigramas por litro de ar alveolar, donde se conclui que, sem os testes de alcoolemia (exame de sangue ou etilômetro), inviável a aferição da embriaguez.

No entanto, tal como permite o art. 306, § 1º, II, do CTB, também haverá crime se o agente conduzir veículo automotor, em via pública, sob a influência de qualquer outra substância psicoativa que cause dependência, desde que presentes sinais de alteração da capacidade psicomotora.

Para este caso, dispõe o art. 5º da Resolução 432/2013 do CONTRAN:

> Os sinais de alteração da capacidade psicomotora poderão ser verificados por:

I – exame clínico com laudo conclusivo e firmado por médico perito; ou

II – constatação, pelo agente da Autoridade de Trânsito, dos sinais de alteração da capacidade psicomotora nos termos do Anexo II.

§ 1º Para confirmação da alteração da capacidade psicomotora pelo agente da Autoridade de Trânsito, deverá ser considerado não somente um sinal, mas um conjunto de sinais que comprovem a situação do condutor.

§ 2º Os sinais de alteração da capacidade psicomotora de que trata o inciso II deverão ser descritos no auto de infração ou em termo específico que contenha as informações mínimas indicadas no Anexo II, o qual deverá acompanhar o auto de infração.

5.8.4. Uma análise crítica do art. 306 do CTB

Podemos sustentar que a embriaguez ao volante é crime de **perigo abstrato de perigosidade real**, nas palavras de Luiz Flávio Gomes (http://www.conjur.com.br/2013-fev-01/luiz-flavio-gomes-lei-seca-nao-sendo-interpretada-literal-mente), não podendo ser interpretado com as amarras dos "elementos numéricos" ou "matemáticos" do tipo.

Parece-nos adequado afirmar que somente haverá crime, a despeito da quantidade de álcool por litro de sangue ser igual ou superior a seis decigramas, ou trinta e quatro decigramas por litro de ar alveolar, se o agente conduzir o veículo de maneira anormal, causando perigo à incolumidade pública.

O próprio tipo penal (art. 306, *caput*, do CTB) exige que, em razão do álcool ou substâncias psicoativas que causem dependência, o agente esteja com sua *capacidade psicomotora alterada*. Assim, caso esteja conduzindo o veículo, por exemplo, com concentração de álcool por litro de ar alveolar correspondente a quarenta decigramas, mas a direção esteja "normal", sem produzir qualquer perigo, não nos parece adequado concluir pela criminalidade do comportamento.

E, novamente, nos socorrendo dos ensinamentos de Luiz Flávio Gomes, destacamos: "Os operadores jurídicos, destacando-se os advogados, não podem se conformar com a interpretação automática e midiática do novo artigo 306. Se o legislador mudou de critério, modificando a redação da lei, não se pode interpretar o novo com os mesmos critérios procustianos da lei antiga. O poder punitivo estatal, aliado à propaganda midiática, está ignorando a nova redação da lei. Para ele, mudou-se a lei para ficar tudo como era antes dela, para que ela fique como era. Trata-se de uma postura malandra do poder punitivo estatal e da criminologia midiática (Zaffaroni: 2012a, p. 10 e ss.), que os intérpretes e operadores jurídicos não podem aceitar." (http://www.conjur.com.br/2013-fev-01/luiz-flavio-gomes-lei-seca-nao--sendo-interpretada-literalmente).

5.8.5. Consumação e tentativa

O crime em comento se consuma no momento em que o agente, em via pública, conduz veículo automotor na forma descrita no art. 306, *caput*, e § 1º, do CTB.

Tratando-se de crime plurissubsistente, a tentativa é admissível (ex.: o agente, após entrar totalmente embriagado em seu veículo, é impedido de sair do local por terceiros, que lhe tomam as chaves em razão da nítida alteração da capacidade psicomotora).

5.8.6. Concurso de crimes

Se o agente estiver na condução de veículo automotor sob efeito de álcool ou outra substância psicoativa que cause dependência, daí advindo alteração em sua capacidade psicomotora, e, nessa condição, praticar homicídio culposo de trânsito, responderá, em concurso, com o crime do art. 306 do CTB. Já se estivermos diante das lesões corporais culposas (art. 303 do CTB), por se tratar de crime menos grave, com pena menor do que a cominada para a embriaguez ao volante (art. 306), não haverá absorção, respondendo o agente pelo crime mais grave.

5.9. Participação em competição não autorizada. "Racha" (art. 308 do CTB)

Art. 308. *Participar, na direção de veículo automotor, em via pública, de corrida, disputa ou competição automobilística não autorizada pela autoridade competente, gerando situação de risco à incolumidade pública ou privada*: (nova redação dada pela Lei 12.971/2014)

Penas – detenção, de 6 (seis) meses a 3 (três) anos, multa e suspensão ou proibição de se obter a permissão ou a habilitação para dirigir veículo automotor. (nova redação dada pela Lei 12.971/2014).

Com o advento da Lei 13.546, de 19 de dezembro de 2017, com vacatio legis de 120 (cento e vinte) dias, nova redação foi dada ao tipo penal. Confira-se:

Art. 308. Participar, na direção de veículo automotor, em via pública, de corrida, disputa ou competição automobilística ou **ainda de exibição ou demonstração de perícia em manobra de veículo automotor**, não autorizada pela autoridade competente, gerando situação de risco à incolumidade pública ou privada.

5.9.1. Tipo objetivo

Estamos, aqui, diante de crime amplamente conhecido como "racha". O agente participará de competições automobilísticas, corridas ou disputas, sem autorização da autoridade competente, em via pública, causando, com isso, *risco à incolumidade pública ou privada*. Na redação anterior às mudanças implementadas ao CTB pela Lei 12.971/2014, o tipo penal mencionava "*dano potencial à incolumidade pública ou privada*". Aqui, a intenção do legislador foi de tornar evidente que o crime em tela é de **perigo abstrato**.

Percebe-se que o crime em comento somente restará caracterizado se ocorrer em "via pública". Assim, caso o "pega" ou o "racha" ocorra em lugares fechados, ou em propriedades privadas ou estradas particulares (ex.: estrada de terra que ligue a porteira da fazenda até a casa-sede), ausente estará a elementar típica.

Ainda, com o advento da Lei 13.546, de 19 de dezembro de 2017, mais uma situação, até então configuradora de infração administrativa (art. 174 do CTB), foi inserida ao tipo penal em comento, qual seja, a de o agente **exibir ou demonstrar perícia** em manobra de veículo automotor (art. 308), quando não autorizado pela autoridade competente, gerando situação de risco à incolumidade pública ou privada. Assim, cometerá o crime o motorista que der os denominados "cavalos-de-pau", ou, no caso de motocicletas, "empinando-as" e trafegando com uma só roda, desde que, repita-se, o façam em via pública e, desse comportamento, gerem situação de risco à incolumidade pública ou privada.

5.9.2. Crime de perigo concreto x crime de perigo abstrato

Extraía-se da redação típica original que o crime em testilha era de perigo concreto, visto ser necessária, até então, a efetiva demonstração de que a conduta perpetrada pelo agente expunha pessoas a situação de perigo.

Tal conclusão, como dito, decorria da própria leitura do tipo penal (art. 308 do CTB), que, em sua parte final, enunciava: "desde que resulte dano potencial à incolumidade pública ou privada".

Todavia, como dito no item antecedente, a alteração da redação do tipo penal pela Lei 12.971/2014 demonstrou a franca e clara intenção do legislador de "endurecer" o ordenamento jurídico-penal, reforçando a tutela criminal em matéria de trânsito. Destarte, pode-se sustentar, doravante, que a participação em "racha" é crime de **perigo abstrato**, bastando que a conduta praticada pelo agente seja capaz de gerar situação de risco à incolumidade pública ou privada (e não mais a causação de dano potencial).

5.9.3. Crime de médio potencial ofensivo

Antes da Lei 12.971/2014, considerando que a pena cominada variava de seis meses a dois anos de detenção, aplicáveis eram os ditames da Lei 9.099/1995, inclusive a transação penal (instituto despenalizador previsto no art. 76 de referido diploma legal).

Porém, com o advento de referido diploma legal alterador do CTB, aumentou-se a pena máxima cominada ao crime em testilha, tornando-o de **médio potencial ofensivo**.

5.9.4. Formas qualificadas

Com o advento da Lei 12.971/2014, dois parágrafos foram acrescentados ao art. 308 do CTB, in verbis:

§ 1º Se da prática do crime previsto no caput resultar lesão corporal de natureza grave, e as circunstâncias demonstrarem que o agente não quis o resultado nem assumiu o risco de produzi-lo, a pena privativa de liberdade é de reclusão, de 3 (três) a 6 (seis) anos, sem prejuízo das outras penas previstas neste artigo.

§ 2º Se da prática do crime previsto no caput resultar morte, e as circunstâncias demonstrarem que o agente não quis o resultado nem assumiu o risco de produzi-lo, a pena privativa de liberdade é de reclusão de 5 (cinco) a 10 (dez) anos, sem prejuízo das outras penas previstas neste artigo.

Em virtude da redação de referidos dispositivos, percebe-se claramente que o legislador previu formas preterdolosas do crime, ou seja, os resultados agravadores (lesão corporal grave – § 1º e morte – § 2º) decorrem de culpa do agente.

5.9.5. Penas restritivas de direitos e crimes do CTB

A Lei 13.281/2016 inseriu ao Código de Trânsito Brasileiro o art. 312-A, que dispõe sobre as penas restritivas de direitos aplicadas aos condenados por crimes tipificados em referido diploma legal. Confira-se:

Art. 312-A. Para os crimes relacionados nos arts. 302 a 312 deste Código, nas situações em que o juiz aplicar a substituição de pena privativa de liberdade por pena restritiva de direitos, esta deverá ser de prestação de serviço à comunidade ou a entidades públicas, em uma das seguintes atividades:

I – trabalho, aos fins de semana, em equipes de resgate dos corpos de bombeiros e em outras unidades móveis especializadas no atendimento a vítimas de trânsito;

II – trabalho em unidades de pronto-socorro de hospitais da rede pública que recebem vítimas de acidente de trânsito e politraumatizados;

III – trabalho em clínicas ou instituições especializadas na recuperação de acidentados de trânsito;

IV – outras atividades relacionadas ao resgate, atendimento e recuperação de vítimas de acidentes de trânsito.

Pela redação do caput do dispositivo legal em comento, infere-se que, preenchidos os requisitos do art. 44 do CP, ao juiz somente será dado substituir a pena privativa de liberdade por restritiva de direitos consistente em prestação de serviços à comunidade ou a entidades públicas, mas nas atividades expressamente delineadas nos incisos acima transcritos.

6. ABUSO DE AUTORIDADE – LEI 4.898/1965

6.1. Considerações gerais

A Lei de Abuso de Autoridade (Lei 4.898, de 09.12.1965) foi criada em um momento histórico conturbado no Brasil (ditadura militar). Trata-se de verdadeiro diploma populista, na medida em que criado apenas para mostrar que o Legislativo se importava com eventuais arbitrariedades praticadas pelos militares. Todavia, criou-se uma lei extremamente branda no que tange às penas criminais, que atingem o máximo de 6 (seis) meses de detenção.

Logo, à luz do art. 109, VI, do CP, em 3 (três) anos, a partir da consumação do fato, qualquer ato caracterizador de abuso de autoridade estará prescrito, impossibilitando-se o desfecho de eventual ação penal.

Por fim, importante ressaltar que referido diploma legal *regula o direito de representação e o processo por responsabilidade administrativa, civil e penal de agentes que praticarem atos considerados abusivos.* Para os fins do presente trabalho, iremos nos ater à parte criminal da Lei de Abuso de Autoridade.

6.2. Direito de representação na Lei de Abuso de Autoridade (art. 1º)

Art. 1º. O direito de representação e o processo de responsabilidade administrativa, civil e penal, contra as autoridades que, no exercício de suas funções, cometerem abusos, são reguladas pela presente Lei.

O direito de representação ora previsto não se confunde com a condição de procedibilidade, denominada representação, exigida nos crimes de ação penal pública condicionada.

Trata-se, aqui, de uma consequência ou desdobramento do direito de petição, previsto no art. 5º, XXXIV, alínea "a", da CF/1988, que garante a todos o direito de *petição* aos poderes públicos, em defesa de direito ou contra ilegalidade ou *abuso de poder*.

Assim, qualquer do povo que quiser garantir um direito seu ou de se proteger ou reagir contra arbitrariedades, poderá se valer do direito de representação.

6.2.1. Natureza jurídica do direito de representação (art. 2º)

Art. 2º. O direito de representação será exercido por meio de petição:

a) dirigida à autoridade superior que tiver competência legal para aplicar, à autoridade civil ou militar culpada, a respectiva sanção;

b) dirigida ao órgão do Ministério Público que tiver competência para iniciar processo-crime contra a autoridade culpada.

A alínea "a" do art. 2º tem por objetivo a representação na *esfera administrativa* da autoridade, civil ou militar, que exorbitou de seu poder, o que acarretará sanção disciplinar.

Já a alínea "b" do mesmo artigo tem por escopo a *apuração penal* do abuso de poder por parte de autoridade civil ou militar.

Ressalte-se que essa "representação" é uma decorrência do direito constitucional de petição, como dito anteriormente. No caso de processo-crime, *não há falar em "representação do ofendido"* para que o Ministério Público possa oferecer denúncia. Os crimes de abuso de autoridade são de *ação penal pública incondicionada*.

Nos termos do art. 1º da Lei 5.249/1967, "a falta de representação do ofendido, nos casos de abusos previstos na Lei 4.898, de 09.12.1965, não obsta a iniciativa ou o curso da ação penal". Daí, conclui-se que a persecução penal independerá de manifestação de vontade do ofendido ou de seu representante legal. Nesse sentido manifestou-se o STJ, no julgamento do HC 59.591/RN (Min. Felix Fischer, DJ 04.09.2006).

Assim, pode-se afirmar que a "representação" referida nos arts. 1º e 2º da Lei de Abuso de Autoridade não passa de uma "*notitia criminis*".

6.3. Objetividade jurídica

Os crimes previstos na Lei de Abuso de Autoridade tutelam os direitos e garantias fundamentais do homem, bem como o normal exercício dos poderes pelos seus detentores.

6.4. Sujeito ativo

O art. 1º da Lei 4.898/1965 diz expressamente que o direito de representação será exercido contra "autoridades" que, no exercício de suas funções, cometerem abusos.

Logo, os crimes nela previstos são *próprios*, já que exigem uma qualidade especial do sujeito ativo, qual seja, *ser autoridade*.

E o que é "autoridade" para a Lei em comento?

Para os efeitos da Lei 4.898/1965, considera-se autoridade quem exerce cargo, emprego ou função pública, de natureza civil, ou militar, ainda que transitoriamente e sem remuneração (art. 5º).

Trata-se de tipo penal descritivo, na medida em que a própria lei fornece um conceito de autoridade.

Referido conceito é muito semelhante à norma prevista no art. 327 do CP, que descreve funcionário público para fins penais.

Pergunta-se: *uma pessoa que não seja "autoridade" para os fins da lei pode ser sujeito ativo de um crime de abuso de autoridade?*

a) *A título de autoria: NÃO*

b) *A título de coautoria ou participação? SIM*

Vejamos as razões do quanto afirmado acima.

Quem, de qualquer modo, concorre para o crime, incide nas penas a este cominadas, na medida de sua culpabilidade, nos termos do art. 29 do CP, considerado norma de extensão típica pessoal.

Ainda, as condições ou circunstância de caráter pessoal não se comunicam, salvo se elementares do crime (art. 30 do CP), em caso de concurso de pessoas.

Assim, aquele que, sozinho, não sendo autoridade (art. 5º), realizar qualquer das condutas descritas nos arts. 3º e 4º da Lei 4.898/1965, *não cometerá os crimes nela previstos*, salvo se houver aderido ao comportamento de uma "autoridade".

Em outras palavras, só é admissível a responsabilização penal de uma "não autoridade" se realizar qualquer conduta em companhia de uma autoridade (regra do art. 30 do CP), a título de coautoria ou participação.

Algumas questões relevantes acerca do sujeito ativo dos crimes definidos na lei em comento:

a) *Agente público durante o gozo de férias ou licença pode praticar abuso de autoridade?* R: Sim, desde que se utilize de sua condição de "autoridade" para o cometimento da conduta típica prevista nos arts. 3º ou 4º da Lei 4.898/1965;

b) *Agente público demitido ou inativo (aposentado) pode praticar abuso de autoridade?* R: Não, visto não mais existir vínculo com o Estado. Assim, por exemplo, Delegado de Polícia aposentado não mais exerce cargo, emprego ou função pública, não podendo, portanto, abusar de sua condição;

c) *Pessoas que exerçam múnus público podem praticar abuso de autoridade?* R: Não, pois, a despeito de realizarem atividades que envolvam interesse público (ex.: tutor, curador, inventariante, administrador judicial etc.), estas são de natureza privada, não se enquadrando, pois, no conceito de autoridade previsto no art. 5º da Lei de Abuso de Autoridade.

6.5. Sujeito passivo

Nos crimes previstos na lei em tela, há dupla subjetividade passiva:

1. DIREITO PENAL

a) *Sujeito passivo direto ou imediato:* é a pessoa que sofre a ação da autoridade (vítima do abuso);

b) *Sujeito passivo indireto ou mediato:* é o Estado, responsável pela garantia das liberdades públicas (tutela os interesses e direitos fundamentais do cidadão).

6.6. Elemento subjetivo do crime

Todos os crimes previstos na Lei de Abuso de Autoridade *são dolosos.* Vale dizer: o agente (autoridade) deve ter a vontade livre e consciente de exorbitar de seus poderes. Se a autoridade atuar acreditando estar agindo em estrito cumprimento de dever legal, não estará caracterizado o crime (por falta de dolo – fato atípico).

6.7. Consumação e tentativa

Nos crimes previstos no art. 3º da Lei de Abuso de Autoridade, tanto consumação quanto tentativa são punidos com o mesmo rigor. Daí serem denominados "crimes de atentado".

Já nas condutas previstas no art. 4º, será admissível a tentativa.

6.8. Crimes de menor potencial ofensivo

Considerando que a pena abstratamente cominada aos crimes de abuso de autoridade não supera dois anos, nos termos do art. 6º, § 3º, "b", da Lei 4.898/1965, aplicáveis os ditames da Lei 9.099/1995, tratando-se, pois, de crimes de menor potencial ofensivo.

Inclusive, os institutos despenalizadores cabíveis no âmbito do JECRIM deverão, se preenchidos os requisitos legais, ser aplicados, com especial destaque à transação penal (art. 76 da Lei 9.099/1995).

6.9. Competência para o processo e julgamento

De regra, caberá à Justiça Comum (federal ou estadual) processar e julgar os crimes de abuso de autoridade.

Considerando o disposto no art. 109, IV, da CF/1988, será competente a Justiça Federal quando o crime violar bens, interesses ou serviços da União, suas entidades autárquicas ou empresas públicas. Assim, exemplificando, se o abuso de autoridade envolver servidores públicos federais, ou do INSS (que é autarquia federal), a competência, como dito, será da Justiça Federal.

Em se tratando de militar que tenha cometido abuso de autoridade, a competência continuará a ser da Justiça Comum (federal ou estadual), visto tratar-se de crime comum (e, não, militar). Nesse sentido, a Súmula 172 do STJ: "Compete à justiça comum processar e julgar militar por crime de abuso de autoridade, ainda que praticado em serviço".

Caso um militar pratique abuso de autoridade previsto no Código Penal Militar, aí sim responderá perante a Justiça Militar, não se tratando, pois, dos crimes definidos na Lei 4.898/1965. É o que se verifica, por exemplo, em caso de cometimento do crime previsto no art. 176 do Código Penal Militar (CPM): "Ofender inferior, mediante ato de violência que, por sua natureza ou meio empregado, se considere aviltante".

Havendo conexão entre crime militar e abuso de autoridade, deverá haver cisão de processos, vale dizer, aquele será julgado pela Justiça Militar e, este, pela Justiça Comum. Confira-se a Súmula 90 do STJ: "Compete a justiça estadual militar processar e julgar o policial militar pela prática do crime militar, e a comum pela prática do crime comum simultâneo àquele".

Por fim, se crime doloso contra a vida for conexo a crime de abuso de autoridade, ambos serão julgados pelo Tribunal do Júri, nos termos do art. 78, I, do CPP, que trata das regras de conexão e, portanto, de alteração da competência.

6.10. Crimes em espécie

Doravante, iremos analisar os crimes dos arts. 3º e 4º da Lei de Abuso de Autoridade.

6.10.1. *Críticas aos crimes do art. 3º*

A doutrina mais garantista acabou por tecer diversas críticas aos crimes previstos no art. 3º da lei em comento. Basta a leitura do *caput:* "*Constitui abuso de autoridade qualquer atentado*".

Verifica-se que a redação do tipo penal é bastante vaga (... "qualquer atentado"). Logo, alguns doutrinadores acabaram por entender que, à luz da CF/1988, o tipo penal em análise é inconstitucional, na medida em que sua vagueza conduz a incertezas na tipificação, o que não se coaduna com o princípio da legalidade.

O *princípio da legalidade* vem previsto no art. 5º, XXXIX, da CF/1988, prescrevendo que "não há crime sem lei anterior que o defina, nem pena sem prévia cominação legal". Desse preceito decorre o *princípio da taxatividade*, segundo o qual os tipos penais devem ser claros e precisos, sob pena de se obstacularizar a ampla defesa e a certeza jurídica daquilo que se considera crime.

Nada obstante, a jurisprudência vem, largamente, admitindo a incidência dos crimes tipificados nas alíneas do art. 3º da Lei de Abuso de Autoridade.

6.10.1.1. *Crimes de atentado*

Os crimes do art. 3º têm característica especial, qual seja, a de serem classificados como "crimes de atentado", assim denominados aqueles em que "tentativa" já é "consumação". Em outras palavras, a tentativa já é abstratamente prevista no tipo penal, que cominará as mesmas penas para as formas tentada ou consumada. Logo, inadmissível o reconhecimento da tentativa.

A própria redação do *caput* do referido dispositivo legal não deixa dúvidas para a classificação em comento: "Constitui abuso de autoridade qualquer <u>atentado</u>".

6.10.1.2. *Crime do art. 3º, alínea "a"*

Art. 3º. Constitui abuso de autoridade qualquer atentado:
a) à liberdade de locomoção;

Aqui, o legislador tutela o direito à liberdade de locomoção, que abrange o acesso e ingresso no território nacional, o direito de sair do país, de permanecer em um local ou de deslocamento.

Tal direito se estende aos estrangeiros, residentes ou não em nosso território, bastando que aqui tenha adentrado legalmente. Trata-se de verdadeira liberdade pública constitucional.

O art. 5º, XV, da CF/1988 assegura que "é livre a locomoção, no território nacional, em tempo de paz, podendo qualquer pessoa, nos termos da lei, nele entrar, permanecer ou dele sair com seus bens". A norma em comento é de eficácia contida.

Lembre-se que na vigência de estado de sítio (art. 139 da CF/1988), poderá haver restrição ao exercício das "liberdades", sem que tal configure abuso de autoridade. Afinal, trata-se de permissivo constitucional.

6.10.1.3. Crime do art. 3º, alínea "b"

Art. 3º. Constitui abuso de autoridade qualquer atentado:
b) à inviolabilidade do domicílio;

"A casa é asilo inviolável do indivíduo, ninguém nela podendo penetrar sem consentimento do morador, salvo em caso de flagrante delito ou desastre, ou para prestar socorro, ou, durante o dia, por determinação judicial" (art. 5º, XI, CF).

O conceito de "casa" previsto no Código Penal (art. 150, § 4º) é mais restrito que o previsto na CF, que considera domicílio todo lugar ocupado com exclusividade e que expresse a vida privada do seu titular. À luz, ainda, do art. 150 do CP, mas, agora, em seu § 5º, não se compreende no conceito de domicílio a hospedaria, estalagem ou qualquer outra habitação coletiva, enquanto aberta, salvo o aposento ocupado de habitação coletiva, bem como a taverna, casa de jogo ou outras do mesmo gênero.

Ressalvadas as hipóteses constitucionais (consentimento do morador, flagrante, desastre, socorro e ordem judicial – só durante o dia), quem violar o domicílio, desde que seja autoridade, responderá pelo crime em questão e não pelo previsto no art. 150, § 2º, do CP, em respeito ao princípio da especialidade.

Na vigência de estado de sítio, a inviolabilidade do domicílio poderá ser amplamente relativizada, inexistindo, pois, abuso de autoridade (art. 139, V, CF).

6.10.1.4. Crime do art. 3º, alínea "c"

Art. 3º. Constitui abuso de autoridade qualquer atentado:
c) ao sigilo de correspondência;

O art. 5º, XII, da CF/1988, assegura que é inviolável o sigilo da correspondência, bem como das comunicações telegráficas, de dados, e das comunicações telefônicas, ressalvado, nesse último caso, a possibilidade de interceptação para fins de instrução criminal ou processual penal, desde que exista ordem judicial para tanto.

Como regra, as cartas são invioláveis, na medida em que se tutela a intimidade, a vida privada. Porém, como

toda garantia fundamental não é absoluta, é admitida pela doutrina e jurisprudência a violação de correspondência quando a intimidade puder ser utilizada como desculpa para a prática de condutas ilícitas. Daí admitir-se, em caráter excepcional, e desde que exista motivação idônea para tanto, a abertura de cartas do preso (art. 41, parágrafo único, da LEP – Lei 7.210/1984), bem como do falido (art. 22, III, "d", da Lei de Falências – Lei 11.101/2005), desde que se faça em favor do interesse público.

Na vigência de estado de sítio, poderá, sim, haver a relativização do sigilo das correspondências, nos termos dos arts. 136, § 1º, I, "b" e 139, III, ambos da CF/1988. Inexistirá, aqui, crime de abuso de autoridade.

6.10.1.5. Crime do art. 3º, alíneas "d" e "e"

Art. 3º. Constitui abuso de autoridade qualquer atentado:
d) à liberdade de consciência e de crença;
e) ao livre exercício do culto religioso;

A CF garante a inviolabilidade da liberdade de consciência e de crença, sendo assegurado o livre exercício dos cultos religiosos e garantida, na forma da lei, a proteção dos locais de culto e a suas liturgias (art. 5º, VI, CF), bem como assegura que ninguém será privado de direitos por motivo de crença religiosa ou convicção filosófica ou política, salvo se as invocar para eximir-se de obrigação legal a todos imposta e recusar-se a cumprir prestação alternativa, fixada em lei (art. 5º, VIII, CF).

Pois bem. É certo que qualquer pessoa tem liberdade para optar por uma religião ou de frequentar os locais onde existam cultos religiosos. Porém, será lícita a intervenção estatal quando se verificar incompatibilidade desses "cultos" com a moral, a ordem pública (paz social, bons costumes e tranquilidade) e a lei.

6.10.1.6. Crime do art. 3º, alíneas "f" e "h"

Art. 3º. Constitui abuso de autoridade qualquer atentado:
f) à liberdade de associação;
h) ao direito de reunião;

O art. 5º, XVII, da CF/1988, assegura a liberdade de associação para fins lícitos, vedada a de caráter paramilitar. No inciso seguinte (XVIII, art. 5º) fica dito que a criação de associações e, na forma da lei, a de cooperativas, independem de autorização, sendo vedada a interferência estatal em seu funcionamento. Por fim, o inciso XX, do mesmo artigo, prescreve que ninguém será compelido a associar-se ou a permanecer associado.

Vigora, pois, a liberdade de associação, ou seja, livre de ingerência do poder público, sob pena de caracterização do crime em tela.

Também vem garantida pela CF, em seu art. 5º, XVI, a liberdade de reunião, afirmando-se que todos podem reunir-se pacificamente, sem armas, em locais abertos ao público, independentemente de autorização, desde que não frustrem outra reunião anteriormente convocada para o mesmo local, exigindo-se apenas prévio aviso à autoridade competente.

Em períodos de grande mobilização nacional, como, por exemplo, a que levou centenas de milhares de crianças, jovens, homens e mulheres às ruas, protestando contra os descalabros nas instituições públicas e as iniquidades sociais (a partir de junho de 2013), viu-se uma série de violações, por parte de autoridades, à liberdade de reunião. Todavia, é certo que não se trata de direito absoluto. Logo, se protestos em vias públicas se transmudam para "baderna generalizada", com ataque ao patrimônio público (prédios de repartições públicas, monumentos artísticos etc.) ou privado (lojas, instituições financeiras privadas etc.), a intervenção estatal será necessária, desde que não haja excessos, não constituindo, assim, abuso de autoridade.

Frise-se que a imposição de "aviso prévio da reunião" à autoridade competente não configura ingerência estatal, mas sim, mecanismo apto a impedir que os direitos de terceiros sejam prejudicados.

6.10.1.7. Crime do art. 3º, alínea "g"

Art. 3º. Constitui abuso de autoridade qualquer atentado:
g) aos direitos e garantias legais assegurados ao exercício do voto;

O direito de votar constitui expressão dos valores democráticos que informam nossa sociedade. Tanto é que um dos fundamentos da República Federativa do Brasil é o pluralismo político e a cidadania (direito de votar e de ser votado).

O voto é obrigatório, personalíssimo, sigiloso e periódico. O art. 14 da CF/1988 preconiza que "a soberania popular será exercida pelo sufrágio universal e pelo voto direto e secreto, com valor igual para todos". Qualquer atentado a essas características do voto caracteriza crime de abuso de autoridade, sem prejuízo de eventual crime eleitoral.

6.10.1.8. Crime do art. 3º, alínea "i"

Art. 3º. Constitui abuso de autoridade qualquer atentado:
i) à incolumidade física do indivíduo

A CF garante, em seu art. 5º, III, que ninguém será submetido a tortura nem a tratamento desumano ou degradante. Também, o mesmo art. 5º, mas em seu inciso XLIX, assegura aos presos o respeito a sua integridade física e moral. A norma penal incriminadora tutela, aqui, a integridade física da pessoa.

Entende a doutrina majoritária que o delito em tela estará configurado ainda que o atentado à incolumidade física não resulte lesão corporal, vias de fato ou morte. Porém, em ocorrendo referidos resultados, estar-se-á diante de concurso material de crimes (art. 69 do CP), vale dizer, deverá haver a imputação do abuso de autoridade e da infração penal causadora de lesões corporais ou vias de fato.

A garantia à incolumidade física do indivíduo não é "cláusula absoluta". É possível, pois, que, por meio de ação legítima de autoridade, seja empregada violência física contra a pessoa, tal como acontece em caso de resistência à prisão (art. 292 do CPP), mas desde que inexistam excessos.

6.10.1.9. Crime do art. 3º, alínea "j"

Art. 3º. Constitui abuso de autoridade qualquer atentado:
j) aos direitos e garantias legais assegurados ao exercício profissional.

Dispõe o art. 5º, XIII, da CF/1988, que é livre o exercício de qualquer trabalho, ofício ou profissão, atendidas as qualificações profissionais que a lei estabelecer. Trata-se de norma constitucional de eficácia contida, embora de aplicação imediata.

É o caso do advogado, que dispõe de prerrogativas previstas no art. 7º do Estatuto da OAB. Se houver tolhimento delas, sem justa causa, a autoridade que o fizer terá praticado o crime em tela. O mesmo se diga, por exemplo, de um Delegado de Polícia ou Diretor que impede um magistrado de fazer visita (correições) em cadeias públicas, ou de um Defensor Público visitar os estabelecimentos penais (art. 81-B, V, da LEP – Lei 7.210/1984).

6.10.2. Crimes do art. 4º

Diferentemente dos crimes do art. 3º, considerados de "atentado", os crimes do art. 4º da Lei de Abuso de Autoridade admitem tentativa. Vamos a eles!

6.10.2.1. Crime do art. 4º, alínea "a"

Art. 4º. Constitui também abuso de autoridade:
a) ordenar ou executar medida privativa de liberdade individual, sem as formalidades legais ou com abuso de poder;

Nos termos do art. 5º, XV, da CF/1988, "é livre a locomoção no território nacional em tempo de paz, podendo qualquer pessoa, nos termos da lei, nele entrar, permanecer ou dele sair com seus bens". Ainda, o mesmo dispositivo legal, mas, agora, em seu inciso LXI, determina que "ninguém será preso senão em flagrante delito ou por ordem escrita e fundamentada da autoridade judiciária competente, salvo nos casos de transgressão militar ou crime propriamente militar". Também é direito de qualquer pessoa *não ser privada de sua liberdade ou de seus bens sem o devido processo legal* (art. 5º, LIV, CF).

Assim, o tipo penal em comento objetiva assegurar ao cidadão algumas garantias que lhe são fundamentais, especialmente as de livre circulação no território nacional, de não ser preso fora dos casos expressamente admitidos pela nossa legislação, bem como de ser respeitado o devido processo legal.

Haverá abuso de autoridade se o agente determinar ou cumprir ordem que imponha à vítima medida privativa de liberdade (qualquer forma de prisão) que não atente às formalidades legais. É o caso, por exemplo, de prender em "flagrante" quem assim não se encontre (art. 302 do CPP), ou realizar a prisão civil do depositário infiel (de acordo com a Súmula vinculante 25, *é ilícita a prisão do depositário infiel, qualquer que seja a modalidade de depósito*).

Na vigência de estado de sítio, o direito pleno à liberdade poderá sofrer restrições, nos termos do art. 139, I, da CF/1988.

Ressalte-se que o uso indevido de algemas poderá vir a caracterizar o crime em comento. Confira-se a Súmula vinculante 11: "Só é lícito o uso de algemas em caso de resistência e de fundado receio de fuga ou de perigo à integridade física própria ou alheia, por parte do preso ou de terceiros, justificada a excepcionalidade por escrito, sob pena de responsabilidade disciplinar, civil e penal do agente ou da autoridade e de nulidade da prisão ou do ato processual a que se refere, sem prejuízo da responsabilidade civil do estado".

Por fim, registre-se que, em respeito ao princípio da especialidade, se a autoridade *privar criança ou adolescente de sua liberdade, procedendo à sua apreensão sem estar em flagrante de ato infracional ou inexistindo ordem escrita da autoridade judiciária competente*, caracterizado estará o crime do art. 230 do ECA, e não, o de abuso de autoridade ora analisado.

O crime atingirá a consumação no momento em que for ordenada ou executada a medida privativa de liberdade contra a vítima.

6.10.2.2. Crime do art. 4º, alínea "b"

Art. 4º. Constitui também abuso de autoridade:
b) submeter pessoa sob sua guarda ou custódia a vexame ou a constrangimento não autorizado em lei;

Nos termos do art. 1º, III, da CF/1988, é fundamento da República Federativa do Brasil o respeito à dignidade da pessoa humana. Ainda, o art. 5º, III, do Texto Maior, assegura que "ninguém será submetido a tortura nem a tratamento desumano ou degradante", bem como o inciso XLIX determina que a integridade física e moral dos presos sejam respeitadas.

Assim, o tipo penal em comento tutela direitos fundamentais do cidadão. Logo, se alguma autoridade sujeitar pessoa que esteja sob sua vigilância permanente (guarda) ou sob sua custódia a constrangimento que não tenha base legal, terá cometido abuso de autoridade. Exemplificamos com a conduta do diretor de estabelecimento prisional que não permite ao preso que se alimente por três dias, ao arrepio do art. 41, I, da LEP (Lei 7.210/1984), que prevê como direito aquele ter alimentação suficiente. Outro bom exemplo é o da indevida inclusão do preso em Regime Disciplinar Diferenciado (RDD), fora das hipóteses previstas no art. 52 da LEP.

Em se tratando de criança ou adolescente expostas a vexame ou constrangimento, caracterizado estará o crime do art. 232 do ECA.

Estará consumado o crime no momento em que o ofendido for submetido ao vexame ou constrangimento não autorizado pela lei.

6.10.2.3. Crime do art. 4º, alínea "c"

Art. 4º. Constitui também abuso de autoridade:
c) deixar de comunicar, imediatamente, ao juiz competente a prisão ou detenção de qualquer pessoa;

Nos termos do art. 5º, LXII, "a prisão de qualquer pessoa e o local onde se encontre serão comunicados imediatamente ao juiz competente e à família do preso ou à pessoa por ele indicada".

Tratando-se de norma constitucional que objetiva cientificar o juízo das razões fáticas e jurídicas que levaram a pessoa ao cárcere, permitindo, com isso, o controle sobre a licitude da detenção, haverá crime se a autoridade deixar de comunicar, imediatamente, a prisão ou detenção de alguém.

Estamos, aqui, diante de um crime omissivo (*deixar de comunicar*), consumando-se, pois, com a omissão do agente. Por estarmos diante de omissão própria, inadmissível a tentativa.

No caso da prisão em flagrante, deve-se entender por "imediatamente" o prazo de 24 (vinte e quatro) horas após a prisão em flagrante, tendo em vista o disposto no art. 306, § 1º, do CPP. Saliente-se ser imposição legal que a Defensoria Pública receba cópia integral do auto de prisão caso o autuado não informe o nome de seu advogado, sob pena, entendemos, de relaxamento da prisão, por ilegalidade (descumprimento de determinação legal).

Saliente-se que mesmo em momentos de crise institucional (estado de defesa), a prisão deverá ser comunicada ao juiz competente (art. 136, § 3º, I, CF).

Finalmente, se a vítima for criança ou adolescente, a autoridade policial que deixar de fazer a imediata comunicação de sua apreensão à autoridade judiciária competente e à família do apreendido ou pessoa por ele indicada, incorrerá nas penas do art. 231 do ECA.

6.10.2.4. Crime do art. 4º, alínea "d"

Art. 4º. Constitui também abuso de autoridade:
d) deixar o juiz de ordenar o relaxamento da prisão ou detenção ilegal que lhe seja comunicada;

Nos moldes preconizados pelo art. 5º, LXV, da CF/1988, "a prisão ilegal será imediatamente relaxada pela autoridade judiciária". Logo, cometerá crime o magistrado que, ciente da ilegalidade da prisão ou detenção que lhe seja comunicada, deixar de relaxá-la.

Tratando-se de crime omissivo próprio ("*deixar de ordenar*"), inadmissível a tentativa, consumando-se com a simples omissão da autoridade.

Caso se trate de apreensão ilegal de criança ou adolescente, a autoridade competente que deixar, sem justa causa, de ordenar a imediata liberação, incidirá no disposto no art. 234 do ECA.

6.10.2.5. Crime do art. 4º, alínea "e"

Art. 4º. Constitui também abuso de autoridade:
e) levar à prisão e nela deter quem quer que se proponha a prestar fiança, permitida em lei.

O art. 5º, LXVI, da CF/1988, assegura que "ninguém será levado à prisão ou nela mantido, quando a lei admitir a liberdade provisória, com ou sem fiança".

Assim, cometerá abuso de autoridade, por exemplo, a autoridade policial que levar à prisão o agente preso em flagrante delito, nada obstante cabível a prestação de fiança e seu arbitramento diretamente por ela (art. 322, caput, do CPP), ou, então, o magistrado que mantiver a prisão quando cabível o arbitramento de fiança (art. 322, parágrafo único, do CPP).

Na modalidade "levar à prisão", por se tratar de conduta comissiva (praticada por ação), será cabível a tentativa. Já na modalidade "nela deter", por estarmos diante de crime omissivo próprio, impossível o *conatus*.

Lembre-se que, por força constitucional, alguns crimes são inafiançáveis, tais como os hediondos e equiparados (art. 5º, XLIII) e os de racismo (art. 5º, XLII), razão pela qual o não arbitramento de fiança, por evidente, não constituirá abuso de autoridade. Nada obstante, a despeito da inafiançabilidade, desde que preenchidos os requisitos legais, será cabível, em tese, a liberdade provisória sem fiança.

6.10.2.6. Crime do art. 4º, alíneas "f" e "g"

Art. 4º. Constitui também abuso de autoridade:

f) cobrar o carcereiro ou agente de autoridade policial carceragem, custas, emolumentos ou qualquer outra despesa, desde que a cobrança não tenha apoio em lei, quer quanto à espécie, quer quanto ao seu valor;

g) recusar o carcereiro ou agente de autoridade policial recibo de importância recebida a título de carceragem, custas, emolumentos ou de qualquer outra despesa;

De acordo com a doutrina, as alíneas acima destacadas são inaplicáveis, visto que não há, atualmente, no sistema carcerário nacional, qualquer pagamento de custas ou emolumentos ou despesas que devam ser pagas pelo preso.

Porém, caso haja exigência de quaisquer valores, poderão restar caracterizados outros crimes, tais como concussão (art. 316 do CP), extorsão (art. 158 do CP) ou corrupção passiva (art. 317 do CP).

6.10.2.7. Crime do art. 4º, alínea "h"

Art. 4º. Constitui também abuso de autoridade:

h) o ato lesivo da honra ou do patrimônio de pessoa natural ou jurídica, quando praticado com abuso ou desvio de poder ou sem competência legal;

Nos termos do art. 5º, *caput*, da CF/1988, todos são iguais perante a lei, garantindo-se o respeito, dentre outros, à *propriedade*. Também, o mesmo dispositivo, em seu inciso X, afirma serem invioláveis a intimidade, a vida privada, a honra e a imagem das pessoas, assegurado o direito a indenização pelo dano material ou moral decorrente de sua violação.

Assim, cometerá o crime em comento a autoridade que, no momento da prática de ato englobado em seu dever funcional, aja com abuso, expondo a pessoa a ridículo (ato lesivo a honra), ou, então, que, no exercício de seu poder de polícia, agindo com abuso, apreenda de um comerciante, por exemplo, todos os produtos de sua loja, ainda que lícitos.

O crime restará consumado no momento da prática do ato abusivo ou com desvio de poder. Admissível a tentativa.

6.10.2.8. Crime do art. 4º, alínea "i"

Art. 4º. Constitui também abuso de autoridade:

i) prolongar a execução de prisão temporária, de pena ou de medida de segurança, deixando de expedir em tempo oportuno ou de cumprir imediatamente ordem de liberdade.

Nos termos do art. 5º, LIV, da CF/1988, "ninguém será privado de sua liberdade ou de seus bens sem o devido processo legal". Também, o mesmo art. 5º, mas em seu inciso LXXV, assegura que o Estado indenizará o preso por erro judiciário, bem como a manutenção da prisão para além do tempo fixado na sentença.

Logo, cometerá abuso de autoridade aquele que prolongar o prazo de *prisão temporária* (espécie de prisão cautelar prevista na Lei 7.960/1989, cuja duração, em regra, será de 5 dias, prorrogáveis por igual período em caso de extrema e comprovada necessidade, ou, em caso de crimes hediondos ou equiparados, por 30 dias, prorrogáveis por igual período em caso de extrema e comprovada necessidade), *pena* (definitivamente imposta por sentença transitada em julgado, que fixará o prazo de duração) ou *medida de segurança* (sanção penal aplicável aos inimputáveis ou semi-imputáveis dotados de periculosidade).

Se se tratar de adolescente privado da liberdade, o indevido prolongamento acarretará o reconhecimento do crime do art. 235 do ECA.

Tratando-se de crime omissivo próprio ("deixando de expedir ou de cumprir ordem de liberdade"), inviável a tentativa. A consumação se verifica no momento em que o agente se omitir.

6.10.3. Sanções penais aplicáveis em caso de crime de abuso de autoridade

Nos termos do art. 6º, § 3º, da Lei 4.898/1965, três são as espécies de sanções penais:

a) *Multa de cem a cinco mil cruzeiros* – nos termos dos arts. 49 e seguintes do CP, a multa, considerada dívida de valor (art. 51), é fixada em salários mínimos, razão pela qual é inaplicável tal disposição da lei especial;

b) *Detenção por dez dias a seis meses* – trata-se da pena privativa de liberdade;

c) *Perda do cargo e a inabilitação para o exercício de qualquer outra função pública por prazo até três anos* – trata-se de pena de natureza principal, que não se confunde com o art. 92, I, do CP, que trata como "efeito da condenação" a perda do cargo ou função pública do agente delitivo. No tocante à "perda do cargo", esta diz respeito àquele posto ocupado pela autoridade à época do crime. Quanto à "inabilitação", esta se refere à impossibilidade de o agente ocupar outras funções públicas por até um triênio.

Se o abuso de autoridade for praticado por autoridade policial, poderá ser cominada, ainda, a pena de não poder exercer suas funções de natureza policial no município da culpa, por prazo de um a cinco anos (art. 6º, § 5º, da Lei 4.898/1965).

7. CRIMES CONTRA O CONSUMIDOR – LEI 8.078/1990

7.1. Crimes contra as relações de consumo

7.1.1. Breves considerações. Relação entre o CDC e a CF

O CDC, Lei 8.078/1990, constitui importante diploma legal criado para a defesa/proteção do consumidor, encontrando fundamento constitucional para sua existência: o art.

5º, XXXII ("O Estado promoverá, na forma da lei, a defesa do consumidor") e art. 170, V, ambos da CF/1988 ("A ordem econômica, fundada na valorização do trabalho humano e na livre iniciativa, tem por fim assegurar a todos existência digna, conforme os ditames da justiça social, observados os seguintes princípios: (...) V – defesa do consumidor").

Destarte, cuidou o legislador infraconstitucional de implementar os ditames constitucionais, criando mecanismos legais para a facilitação da defesa do consumidor, não se podendo olvidar da característica de hipossuficiência que o torna digno de todo um sistema protetivo.

7.1.2. Conceitos básicos para a compreensão do Direito Penal do Consumidor

Para que se compreenda na integralidade o sistema penal protetivo do consumidor, mister que se conheça alguns conceitos e aspectos basilares a respeito do tema, a saber:

✓ Consumidor: é toda pessoa física ou jurídica que adquire ou utiliza produto ou serviço como destinatário final. Também é possível equiparar-se a consumidor a coletividade de pessoas, ainda que indetermináveis, que haja intervindo nas relações de consumo (art. 2º e parágrafo único do CDC);

✓ Fornecedor: é toda pessoa física ou jurídica, pública ou privada, nacional ou estrangeira, bem como os entes despersonalizados, que desenvolvem atividade de produção, montagem, criação, construção, transformação, importação, exportação, distribuição ou comercialização de produtos ou prestação de serviços (art. 3º do CDC).

No tocante ao fornecedor, importa registrar que somente assim será considerado se desempenhar atividade mercantil ou civil de forma habitual, sob pena de restar descaracterizada a figura em apreço. Assim, a pessoa física ou jurídica que ocasionalmente fornece produto ou serviço, não fazendo desta atividade sua fonte de renda, não se insere no conceito de fornecedor, afastando-se, pois, a relação de consumo.

✓ Produto: é qualquer bem, móvel ou imóvel, material ou imaterial (art. 3º, § 1º, do CDC);

✓ Serviço: é qualquer atividade fornecida no mercado de consumo, mediante remuneração, inclusive as de natureza bancária, financeira, de crédito e securitária, salvo as decorrentes das relações de caráter trabalhista (art. 3º, § 2º, do CDC).

7.1.3. Características gerais dos crimes contra o consumidor definidos no CDC

Como regra, as infrações penais definidas no CDC trazem características comuns, quais sejam:

a) *sujeito ativo*: fornecedor;

b) *sujeito passivo*: a coletividade (sujeito passivo principal) e o consumidor (sujeito passivo secundário);

c) *objeto material*: produto ou serviço;

d) *objeto jurídico*: as relações de consumo (conotação coletiva);

e) *elemento subjetivo da conduta*: dolo (regra) ou culpa (poucos casos).

Importa destacar que os crimes contra as relações de consumo não se esgotam no CDC, podendo ser encontrados em outros diplomas normativos, como a Lei 8.137/1990 (Lei dos crimes contra a ordem tributária, econômica e relações de consumo). Isso, por vezes, gera conflito aparente de normas, geralmente resolvido pela aplicação do princípio da especialidade.

No momento, analisaremos os crimes contra as relações de consumo definidos especificamente no CDC.

7.2. Crimes no CDC

Ao todo, o Código de Defesa do Consumidor nos traz 12 (doze) tipos penais incriminadores, sem esgotar, é verdade, a proteção jurídico-penal, presente em outros diplomas legais (CP, Lei dos crimes contra a economia popular, Lei de Sonegação Fiscal etc.).

Prova disso é o que dispõe o art. 61 do CDC: "Constituem crimes contra as relações de consumo previstas neste Código, sem prejuízo do disposto no Código Penal e leis especiais, as condutas tipificadas nos artigos seguintes".

7.3. Crimes em espécie

7.3.1. Substância avariada (art. 62)

Embora esta figura típica originalmente viesse no art. 62 do CDC, foi este vetado pelo Presidente da República. Todavia, o que nele estava disposto foi basicamente repetido no art. 7º, IX, da Lei 8.137/1990, *verbis*: "Vender, ter em depósito para vender ou expor à venda ou, de qualquer forma, entregar matéria-prima ou mercadoria, em condições impróprias ao consumo".

O CDC, em seu art. 18, § 6º, define o que se entende por produtos impróprios para o consumo: I – os produtos cujos prazos de validade estejam vencidos; II – os produtos deteriorados, alterados, adulterados, avariados, falsificados, corrompidos, fraudados, nocivos à vida ou à saúde, perigosos ou, ainda, aqueles em desacordo com as normas regulamentares de fabricação, distribuição ou apresentação; III – os produtos que, por qualquer motivo, se revelem inadequados ao fim a que se destinam.

Passemos, pois, à análise do tipo penal em comento:

a) Sujeito ativo: fornecedor.

b) Sujeito passivo: coletividade (sujeito passivo imediato ou principal) e o próprio consumidor (sujeito passivo mediato ou secundário), caso o crime afete pessoa certa e determinada.

c) Condutas típicas: vender, ter em depósito para vender, expor à venda ou, de qualquer forma, entregar.

d) Objeto material: matéria-prima ou mercadoria em condições impróprias ao consumo. Aqui, trata-se de norma penal em branco, já que o conceito de "produtos impróprios para o consumo" vem previsto no art. 18, § 6º, do CDC, anteriormente reproduzido.

e) Elemento subjetivo da conduta: dolo e culpa (admite-se a modalidade culposa, de acordo com o art. 7º, parágrafo único, da Lei 8.137/1990, que pune o agente com pena reduzida de 1/3 ou de multa, igualmente reduzida, à quinta parte).

f) Classificação doutrinária: crime de mera conduta.

g) Consumação e tentativa: consuma-se o crime com a mera atividade, pouco importando a ocorrência de resultado lesivo. Logo, inadmissível a tentativa, por ser esta modalidade incompatível com os crimes de mera conduta.

Peculiaridade do crime: **parcela d**a doutrina dispensa a realização de perícia nos produtos apreendidos e ditos como impróprios para o consumo, pois se trata de crime de perigo abstrato, presumindo-se, pois, a ofensa ao bem jurídico tutelado (relações de consumo), existindo, inclusive, precedentes nesse sentido (STJ: REsp 221.561/PR e REsp 472.038/PR; STF: RT 781/516. No entanto, no próprio STJ já se decidiu o seguinte, revelando-se a divergência jurisprudencial que ainda existe sobre a questão: "Penal. Crime contra as relações de consumo. Art. 7, inciso IX, da Lei 8.137/1990. Produto impróprio para consumo. Pericia. Necessidade para constatação da nocividade do produto apreendido. Recurso especial desprovido. 1. *Esta Corte Superior de Justiça pacificou o entendimento no sentido de que, para caracterizar o crime previsto no artigo 7, inciso IX, da Lei 8.137/1990, é **imprescindível a realização de perícia** a fim de atestar se as mercadorias apreendidas estavam em condições impróprias para o consumo.* 2. Recurso especial desprovido. (REsp 1184240/TO, Rel. Ministro Haroldo Rodrigues (Desembargador convocado do TJ/CE), 6ª Turma, *DJe* 20.06.2011)".

7.3.2. Omissão de dizeres ou sinais ostensivos sobre a nocividade ou periculosidade de produtos (art. 63)

Reza o *caput* do art. 63 do CDC: "Omitir dizeres ou sinais ostensivos sobre a nocividade ou periculosidade de produtos, nas embalagens, nos invólucros, recipientes ou publicidade". A pena é de detenção, de *6 meses a 2 anos e multa.*

Referido dispositivo decorre de regra inserida no CDC acerca da proteção à saúde e segurança dos consumidores, prevista especificamente no art. 9º: "O fornecedor de produtos e serviços potencialmente nocivos ou perigosos à saúde ou segurança deverá informar, de maneira ostensiva e adequada, a respeito da sua nocividade ou periculosidade, sem prejuízo da adoção de outras medidas cabíveis em cada caso concreto".

Vejamos cada item atinente ao tipo penal incriminador em comento:

a) Sujeito ativo: fornecedor.

b) Sujeito passivo: coletividade (sujeito passivo imediato ou principal) e o consumidor (sujeito passivo mediato ou secundário).

c) Conduta típica: omitir (clara sinalização de que o crime é OMISSIVO, mais precisamente, omissivo próprio ou puro).

d) Elementos normativos do tipo: nocividade e periculosidade. Trata-se de conceitos que devem ser valorados pelo magistrado, a fim de que afira se há adequação típica. Considera-se nocivo o produto que possa causar algum malefício ao consumidor, ao passo que a periculosidade do produto indica um conjunto de circunstâncias que se traduzem em um mal ou dano provável para alguém ou alguma coisa.

e) Elemento subjetivo: dolo (regra) e culpa (§ 2º – pena de 1 a 6 meses de detenção ou multa).

f) Consumação e tentativa: por se tratar de crime omissivo, bastará, é claro, a inatividade do agente para que se repute

consumado. Por ser o crime em tela omissivo próprio, inadmissível a tentativa, por absoluta incompatibilidade.

7.3.3. Omissão na comunicação de nocividade ou periculosidade de produtos (art. 64)

Prescreve o art. 64 do CDC: "Deixar de comunicar à autoridade competente e aos consumidores a nocividade ou periculosidade de produtos cujo conhecimento seja posterior à sua colocação no mercado". A pena é de *detenção de 6 meses a 2 anos e multa.*

O art. 10 do CDC, bem assim seus parágrafos, tratam da vedação ao fornecedor de "colocar no mercado de consumo produto ou serviço que sabe ou deveria saber apresentar alto grau de nocividade ou periculosidade à saúde ou segurança". Tão logo tenha conhecimento da periculosidade que apresentem, "o fornecedor de produtos e serviços que, posteriormente à sua introdução no mercado de consumo" dela souber, "deverá comunicar o fato imediatamente às autoridades competentes e aos consumidores, mediante anúncios publicitários".

Vejamos o tipo penal em comento:

a) Sujeito ativo: fornecedor.

b) Sujeito passivo: coletividade (sujeito passivo imediato ou principal) e o consumidor (sujeito passivo mediato ou secundário).

c) Conduta típica: deixar de comunicar. Trata-se, é evidente, de crime omissivo próprio, dada a inatividade do sujeito ativo frente às autoridades competentes e consumidores acerca da informação de periculosidade e nocividade de produtos inseridos no mercado de consumo.

d) Elementos normativos do tipo: nocividade e periculosidade.

e) Elemento subjetivo da conduta: dolo (não há modalidade culposa).

f) Consumação e tentativa: por se tratar de crime omissivo próprio, bastará a mera inatividade do agente para restar caracterizado. Pelo fato de se tratar de conduta omissiva ("deixar de..."), impossível a tentativa.

7.3.4. Execução de serviço de alto grau de periculosidade (art. 65)

Preconiza o art. 65 do CDC: "Executar serviço de alto grau de periculosidade, contrariando determinação de autoridade competente". A pena é de *detenção de 6 meses a 2 anos e multa.*

Relevante é saber o que se entende por serviço de "alta periculosidade". Parte da doutrina entende que se trata de norma penal em branco, tendo em vista que não cuidou o tipo penal de especificar o que é serviço de alta periculosidade. Assim, aqueles assim reconhecidos por autoridades competentes (as sanitárias, em regra), se executados em contrariedade ao disposto por referidas autoridades, configurarão o crime em tela. É o caso, por exemplo, de dedetização, que envolve o uso de produtos tóxicos. Tal tarefa é possível, desde que se observem as prescrições legais a respeito, tais como as previstas no Código Sanitário dos estados.

Vejamos o tipo penal incriminador de modo fracionado:

a) Sujeito ativo: fornecedor.

b) Sujeito passivo: coletividade (sujeito passivo imediato ou principal) e o consumidor (sujeito passivo mediato ou secundário).

c) Conduta típica: executar. Pela análise do verbo, é possível que se conclua que se trata de crime comissivo, vale dizer, deve o agente realizar uma ação, com as características descritas no tipo.

d) Elemento subjetivo da conduta: é o dolo (não há previsão de modalidade culposa).

e) Consumação e tentativa: não se exige, para sua configuração, resultado lesivo. Portanto, pode ser classificado como crime de mera conduta, sendo absolutamente desnecessário (quiçá impossível) o implemento de resultado naturalístico. Por ser crime comissivo, é, em tese, cabível a tentativa, muito embora seja de improvável verificação.

7.3.5. Afirmação falsa ou enganosa (art. 66)

O *caput* do art. 66 do CDC assim prescreve: "Fazer afirmação falsa ou enganosa, ou omitir informação relevante sobre a natureza, característica, qualidade, quantidade, segurança, desempenho, durabilidade, preço ou garantia de produtos ou serviços". A pena é de *detenção de 3 meses a 1 ano e multa.*

O crime em tela tenciona proteger as corretas informações que devem ser prestadas ao consumidor, nos moldes preconizados pelo art. 31 do CDC: "A oferta e apresentação de produtos ou serviços devem assegurar informações corretas, claras, precisas, ostensivas e em língua portuguesa sobre suas características, qualidades, quantidade, composição, preço, garantia, prazos de validade e origem, entre outros dados, bem como sobre os riscos que apresentam à saúde e segurança dos consumidores".

Ademais, o art. 6º, do mesmo diploma legal, que traz um rol dos direitos basilares do consumidor, afirma, em seu inciso III, que cabe ao fornecedor "a informação adequada e clara sobre os diferentes produtos e serviços, com especificação correta de quantidade, características, composição, qualidade, tributos incidentes e preço, bem como sobre os riscos que apresentem".

Vejamos o tipo penal em tela:

a) Sujeito ativo: fornecedor (*caput*) ou o patrocinador (§ 1º).

b) Sujeito passivo: coletividade (sujeito passivo imediato ou principal) e o consumidor (sujeito passivo mediato ou secundário).

c) Condutas típicas: fazer afirmação falsa ou enganosa ou omitir informação relevante. Na primeira conduta, verifica-se seu caráter comissivo, ao passo que, na segunda figura, identifica-se o caráter omissivo do crime em análise. Assim, seja por ação, fazendo afirmação falsa ou enganosa sobre produtos ou serviços, seja por omissão de informação relevante sobre estes, o agente incorrerá na figura penal estudada. Nas mesmas penas do *caput* incorrerá quem *patrocinar* a oferta.

d) Elemento subjetivo da conduta: dolo (*caput* e § 1º) ou culpa (§. 2º). Neste último caso, a pena será de detenção de *1 a 6 meses ou multa.*

e) Consumação e tentativa: na modalidade comissiva, admissível a tentativa, enquanto que na omissiva, por óbvio, não se a admite.

Peculiaridades do crime: a infração penal ora analisada, embora muito se assemelhe ao crime de estelionato, definido no art. 171 do CP, com este não se confunde. É que, para a configuração deste último, exige-se resultado lesivo ao patrimônio da vítima, enquanto que no código consumerista, basta a informação falsa ou enganosa, ou a mera omissão de informações relevantes sobre o produto ou serviço. Entende-se que, em caso de propaganda falsa ou enganosa, se a vítima experimentar prejuízo, haverá concurso material com estelionato, nos moldes do art. 69 do CP. Todavia, possível entender que a propaganda enganosa pode ser o meio empregado pelo agente para perpetrar o delito patrimonial, ficando por este absorvido, por força do princípio da consunção.

7.3.6. Publicidade enganosa (art. 67)

O art. 67 do CDC assim dispõe: "Fazer ou promover publicidade que sabe ou deveria saber ser enganosa ou abusiva". A pena é de *detenção de 3 meses a 1 ano e multa.*

Inegavelmente, o crime em tela protege o direito básico do consumidor de não receber ou ter acesso a "publicidade enganosa e abusiva, métodos comerciais coercitivos ou desleais", bem como "práticas e cláusulas abusivas ou impostas no fornecimento de produtos e serviços", de acordo com o prescrito no art. 6º, IV, do CDC.

Analisemos o tipo penal incriminador em comento:

a) Sujeito ativo: é o publicitário, profissional cuja atividade é regida pela Lei 4.680/1965 e Decreto 57.690/1966.

b) Sujeito passivo: coletividade (sujeito passivo imediato ou principal) e o consumidor (sujeito passivo secundário ou mediato).

c) Condutas típicas: fazer ou promover. Ambas são formas comissivas de se perpetrar o crime, que pressupõe, portanto, uma ação no sentido de criar ou executar publicidade enganosa ou abusiva. Considera-se <u>enganosa</u>, nos termos do art. 37, § 1º, do CDC, "qualquer modalidade de informação ou comunicação de caráter publicitário, inteira ou parcialmente falsa, ou, por qualquer outro modo, mesmo por omissão, capaz de induzir em erro o consumidor a respeito da natureza, características, qualidade, quantidade, propriedades, origem, preço e quaisquer outros dados sobre produtos e serviços". Diz-se, ainda, abusiva, "a publicidade discriminatória de qualquer natureza, a que incite à violência, explore o medo ou a superstição, se aproveite da deficiência de julgamento e experiência da criança, desrespeita valores ambientais, ou que seja capaz de induzir o consumidor a se comportar de forma prejudicial ou perigosa à sua saúde ou segurança" (art. 37, § 2º).

d) Elemento subjetivo da conduta: é o dolo, tanto na forma direta (fazer ou promover publicidade que <u>sabe</u>), quanto na eventual (<u>ou deveria saber</u>). Não se admite, por falta de previsão legal, a modalidade culposa. Não se pode, ainda, interpretar que o "deveria saber" se enquadra em qualquer modalidade de culpa (imprudência, negligência ou imperícia), já que seria absurdo o legislador punir a conduta dolosa ou culposa com a mesma intensidade, já que ao *caput* aplica-se a pena de 3 meses a 1 ano de detenção, e multa.

7.3.7. Publicidade capaz de induzir o consumidor (art. 68)

Reza o art. 68: "Fazer ou promover publicidade que sabe ou deveria saber ser capaz de induzir o consumidor a se comportar de forma prejudicial ou perigosa a sua saúde ou segurança". A pena cominada varia de *6 meses a 2 anos de detenção e multa*.

Trata-se de norma penal em branco, já que a tipicidade dependerá da análise do art. 37, § 2º, do CDC, que trata da publicidade abusiva ("... *capaz de induzir o consumidor a se comportar de forma prejudicial ou perigosa à sua saúde ou segurança*").

O tipo penal em estudo tem a seguinte estrutura:

a) Sujeito ativo: é o profissional ligado à publicidade, que a promove de maneira enganosa ou abusiva. Trata-se, pois, de crime próprio.

b) Sujeito passivo: coletividade (sujeito passivo imediato ou principal) e o consumidor (sujeito passivo secundário ou mediato).

c) Condutas típicas: fazer ou promover (publicidade apta a induzir o consumidor a portar-se de forma prejudicial à saúde ou segurança).

d) Elemento normativo do tipo: publicidade apta a determinar que o consumidor passe a se portar de maneira perigosa à saúde ou segurança.

e) Elemento subjetivo da conduta: é o dolo, tanto na forma direta (sabe) quanto eventual (ou deveria saber).

f) Consumação e tentativa: consuma-se o crime em tela com a veiculação da publicidade enganosa ou abusiva que possa redundar em comportamento do consumidor perigoso à saúde ou segurança. A tentativa é admissível por ser tratar de crime plurissubsistente (composto de vários atos).

7.3.8. Omissão na organização de dados que dão base à publicidade (art. 69)

O art. 69 do CDC assim preleciona: "Deixar de organizar dados fáticos, técnicos e científicos que dão base à publicidade". A pena é de *detenção de 1 a 6 meses ou multa*.

Trata-se de crime que tutela a veracidade das informações que se destinam aos consumidores.

Assim, temos que:

a) Sujeito ativo: fornecedor ou publicitário.

b) Sujeito passivo: consumidor (diretamente/indiretamente) e a coletividade (direta/indiretamente).

c) Conduta típica: deixar de organizar. Trata-se de crime omissivo próprio.

d) Elemento subjetivo da conduta: é o dolo.

e) Consumação e tentativa: consuma-se o crime com a simples omissão (crime instantâneo). Impossível a tentativa, tendo em vista que os crimes omissivos não a admitem.

7.3.9. Emprego de peças ou componentes de reposição usados (art. 70)

O art. 70 do CDC prescreve: "Empregar na reparação de produtos, peça ou componentes de reposição usados, sem autorização do consumidor". A pena é de *detenção de 3 meses a 1 ano e multa*.

Trata-se de infração penal que tutela o direito do consumidor de ver seus pertences reparados com peças originais e novas, salvo se anuir que assim não sejam, de acordo com o art. 21 do CDC.

Destarte, verifiquemos os seguintes itens:

a) Sujeito ativo: fornecedor.

b) Sujeito passivo: consumidor e coletividade.

c) Conduta típica: empregar, ou seja, usar, utilizar, aplicar. O fato será atípico se o consumidor autorizar que peças ou componentes usados sejam utilizados na reparação de produtos danificados. Portanto, o consentimento do ofendido, na espécie, torna atípica a conduta. Entende-se que a anuência provoca a exclusão da antijuridicidade, por se tratar de causa supralegal que torna lícita a conduta.

d) Elemento subjetivo da conduta: é o dolo. Não se admite a forma culposa. Portanto, se o fornecedor, por descuido (negligência), empregar no conserto de produto peças usadas, não praticará o crime em tela.

e) Consumação e tentativa: há quem sustente que o crime é de mera atividade, vale dizer, não se exige que o consumidor experimente prejuízo. Há quem diga que o crime em comento é de perigo abstrato, cujo prejuízo é presumido. Todavia, possível entender-se que o crime exige prejuízo ao consumidor, sob pena de estarmos diante de mero ilícito civil. Se se entender que o crime é material, admite-se a tentativa.

7.3.10. Cobrança vexatória (art. 71)

O art. 71 do CDC assim prevê: "Utilizar, na cobrança de dívidas, de ameaça, coação, constrangimento físico ou moral, afirmações falsas, incorretas ou enganosas ou de qualquer outro procedimento que exponha o consumidor, injustificadamente, a ridículo ou interfira com seu trabalho, descanso ou lazer". A pena cominada varia de *3 meses a 1 ano de detenção e multa*.

Trata-se de crime que vem a reforçar o direito do consumidor de não ser exposto a ridículo, nem submetido a qualquer tipo de constrangimento ou ameaça, *ex vi* do art. 42 do CDC.

Vejamos os elementos do tipo e sujeitos do crime:

a) Sujeito ativo: é o fornecedor (credor) ou quem, a seu mando, efetue a cobrança ao consumidor.

b) Sujeito passivo: coletividade e consumidor (devedor).

c) Conduta típica: utilizar (empregar, usar). Assim, verifica-se o crime quando o credor ou terceira pessoa, a seu mando, emprega meios vexatórios para a cobrança de dívida, tais como: ameaça, coação, constrangimento físico ou moral. Referidos meios são meramente exemplificativos, tendo em vista que o tipo penal admite uso da interpretação analógica (ou qualquer outro procedimento que exponha o consumidor a ridículo, ou interfira em seu trabalho, descanso ou lazer).

d) Elemento normativo do tipo: o meio utilizado para a cobrança deve ser indevido ou injustificado.

e) Elemento subjetivo da conduta: é o dolo. Não se admite a modalidade culposa, por ausência de previsão legal.

f) Consumação e tentativa: consuma-se o crime com a cobrança vexatória da dívida, de maneira injustificada. Diz-se que o crime é de mera conduta. Admissível a tentativa (ex.: cobrança por escrito, mas extraviada).

7.3.11. Impedimento de acesso às informações do consumidor (art. 72)

Reza o art. 72 do CDC: "Impedir ou dificultar o acesso do consumidor às informações que sobre ele constem em cadastros, banco de dados, fichas e registros". A pena é de *detenção de 6 meses a 1 ano ou multa.*

Trata-se de crime que vem a inserir no campo penal o disposto no art. 43 do mesmo código, que assim dispõe: "O consumidor, sem prejuízo do disposto no art. 86, terá acesso às informações existentes em cadastros, fichas, registros e dados pessoais e de consumo arquivados sobre ele, bem como sobre as suas respectivas fontes".

Vejamos o tipo penal em detalhes:

a) Sujeito ativo: qualquer pessoa responsável pelo controle das informações sobre o consumidor.

b) Sujeito passivo: coletividade e consumidor.

c) Condutas típicas: impedir (oferecer obstáculo) ou dificultar (estorvar, complicar).

d) Elemento subjetivo da conduta: é o dolo. Não se admite a modalidade culposa, por ausência de previsão legal.

e) Consumação e tentativa: consuma-se o crime com o impedimento ou dificuldade criada pelo agente ao acesso, pelo consumidor, de informações suas que constem em cadastros, bancos de dados, fichas e registros. Não se pode admitir a tentativa tendo em vista que a conduta "dificultar", por si só, basta à consumação do delito.

7.3.12. Omissão na correção de informações com inexatidões (art. 73)

O crime em tela vem previsto no art. 73 do CDC, *in verbis*: "Deixar de corrigir imediatamente informação sobre consumidor constante de cadastro, banco de dados, fichas ou registros que sabe ou deveria saber ser inexata". A pena varia de *1 a 6 meses de detenção ou multa.*

A infração em comento tutela, a um só tempo, a honra e o crédito do consumidor, nos termos do art. 43, § 3º, do CDC: "O consumidor, sempre que encontrar inexatidão nos seus dados e cadastros, poderá exigir sua imediata correção, devendo o arquivista, no prazo de cinco dias úteis, comunicar a alteração aos eventuais destinatários das informações incorretas".

Vejamos os elementos do tipo e sujeitos:

a) Sujeito ativo: pessoa que deixa de corrigir a informação, desde que responsável para tanto.

b) Sujeito passivo: consumidor cuja informação deixou de ser corrigida.

c) Conduta típica: deixar de corrigir. Trata-se, por evidente, de crime omissivo próprio.

d) Elemento subjetivo da conduta: dolo direto ("sabe") ou eventual ("deveria saber").

e) Elemento normativo do tipo: a expressão imediatamente, prevista no tipo em tela, deve ser interpretada como passível de realização em até 5 dias (art. 43, §3º, CDC).

f) Consumação e tentativa: com a mera omissão o crime estará consumado. Por se tratar de crime omissivo, inadmissível a tentativa.

7.3.13. Omissão na entrega de termo de garantia (art. 74)

O art. 74 do CDC assim prescreve: "Deixar de entregar ao consumidor o termo de garantia adequadamente preenchido e com especificação clara de seu conteúdo". A pena varia de *1 a 6 meses de detenção ou multa.*

O crime em comento protege a relação contratual havida entre consumidor e fornecedor, nos termos do art. 50, *caput,* e parágrafo único, do CDC: "A garantia contratual é complementar à legal e será conferida mediante termo escrito. Parágrafo único. O termo de garantia ou equivalente deve ser padronizado e esclarecer, de maneira adequada, em que consiste a mesma garantia, bem como a forma, o prazo e o lugar em que pode ser exercitada e os ônus a cargo do consumidor, devendo ser-lhe entregue, devidamente preenchido pelo fornecedor, no ato do fornecimento, acompanhado de manual de instrução, de instalação e uso do produto em linguagem didática, com ilustrações".

Vejamos os sujeitos do crime e elementos do tipo:

a) Sujeito ativo: fornecedor.

b) Sujeito passivo: consumidor e coletividade.

c) Conduta típica: deixar de entregar. Trata-se de crime omissivo próprio, que se configura pela falta de entrega ao consumidor do termo de garantia (contratual) devidamente preenchido e com especificações claras de seu conteúdo.

d) Elemento subjetivo da conduta: é o dolo. Não há modalidade culposa prevista.

e) Consumação e tentativa: o delito em questão se consuma com a omissão na entrega do termo de garantia. Por ser crime omissivo, impossível a tentativa.

7.4. Concurso de pessoas (art. 75)

O art. 75 do CDC, de acordo com a doutrina, encontra-se revogado pelo art. 11 da Lei 8.137/1990 (crimes contra a ordem tributária, econômica e relações de consumo).

De qualquer forma, o dispositivo é absolutamente dispensável, já que seu conteúdo é semelhante ao art. 29 do CP.

7.5. Circunstâncias agravantes (art. 76)

A aplicação das circunstâncias alteradoras da reprimenda não impede que aquelas definidas no CP sejam aplicadas, desde que não configurem *bis in idem.*

7.6. Pena de multa (art. 77)

Por ser regra especial, aplica-se o CDC e não as prescrições acerca da pena de multa prevista no CP.

Por força do art. 77, "a pena pecuniária prevista nesta Seção será fixada em dias-multa, correspondente ao mínimo e ao máximo de dias de duração da pena privativa da liberdade cominada ao crime. Na individualização desta multa, o juiz observará o disposto no art. 60, § 1º, do Código Penal".

Referido dispositivo do CP permite ao juiz elevar a pena de multa até o triplo, se a capacidade econômica do réu for suficientemente boa a tal ponto de tornar ineficaz a pena pecuniária legalmente prevista.

7.7. Penas restritivas de direitos (art. 78)

Diferentemente do CP, as penas restritivas de direitos previstas no CDC não têm caráter substitutivo à privativa de liberdade, mas cumulativo (ou alternativo também).

Dado o princípio da especialidade, são penas restritivas de direitos aplicáveis aos crimes contra as relações de consumo: I – a interdição temporária de direitos; II – a publicação em órgãos de comunicação de grande circulação ou audiência, às expensas do condenado, de notícia sobre os fatos e a condenação; III – a prestação de serviços à comunidade.

Por ausência de previsão legal, as demais penas alternativas previstas no CP não se aplicam aos agentes que tenham praticado crimes previstos no CDC.

7.8. Fiança (art. 79)

De acordo com o art. 79 do CDC, o valor da fiança variará entre 100 a 200 mil vezes o valor do BTN. Porém, como este índice foi extinto em 01.02.1991, com valor então de CR$ 126,86, será utilizado como parâmetro, após atualizado, para pagamento da contracautela.

7.9. Assistente de acusação e ação penal subsidiária (art. 80)

Admite-se que intervenham como assistentes de acusação, nos crimes contra as relações de consumo, sem prejuízo das próprias vítimas diretas (consumidores), os legitimados previstos no art. 82, III e IV, do CDC, a saber:

"III – entidades e órgãos da administração pública, direta ou indireta, ainda que sem personalidade jurídica, especificamente destinados à defesa dos interesses e direitos protegidos por este código [CDC];

"IV – as associações legalmente constituídas há pelo menos um ano e que incluam entre seus fins institucionais a defesa dos interesses e direitos protegidos por este código [CDC] (...)."

Ademais, referidos legitimados também o serão para a propositura de ação penal privada subsidiária da pública, desde que haja inércia ministerial, nos termos do art. 5º, LIX, da CF/1988, e art. 29 do CPP.

8. CRIMES FALIMENTARES – LEI 11.101/2005

8.1. Previsão legal e considerações iniciais

A Lei 11.101, de 09.02.2005, com *vacatio legis* de 120 dias, substituiu, integralmente, a antiga "Lei de Falências" (Decreto 7.661/1945). Com a nova lei, não há mais falar-se apenas em falência, mas, também, em recuperação judicial e extrajudicial, deixando de existir a "antiga" concordata.

Acerca da origem histórica da falência, fala-se que dizia respeito ao adimplemento das dívidas e seus instrumentos de garantia. Antigamente, garantia-se o pagamento de dívidas com castigos físicos, apreensão de bens do devedor pelo próprio credor, que os alienava e "quitava" a dívida.

Com o desenvolvimento da economia e das relações comerciais, tornou-se imprescindível a criação de mecanismos de proteção do crédito e das relações cliente-mercado, do que se extraiu a edição da Lei dos Crimes Falimentares. Na atualidade, torna-se um pouco equivocada a menção a "Crimes Falimentares", visto que crimes há que dependem não da sentença que declara a falência, mas daquela que concede recuperação judicial ou que homologa a recuperação extrajudicial. Todavia, por tradição, prossegue-se dizendo "Crime Falimentar".

8.2. Direito intertemporal e a problemática do conflito de leis penais no tempo

A antiga Lei de Falências (Decreto 7.661/1945), em diversos pontos, frente à nova lei, é considerada mais benéfica (*lex mitior*), especialmente no tocante às penas. Portanto, em alguns casos, configurar-se-á a *novatio legis in pejus* (nova lei prejudicial), razão pela qual, nesse ponto, será irretroativa.

Todavia, houve situações em que a nova lei (Lei 11.101/2005) operou a descriminalização de certas condutas, extirpadas do cenário jurídico. Nesse caso, havendo *abolitio criminis*, certamente a lei nova é benéfica, operando efeitos imediatamente (extinção da punibilidade – art. 107, III, CP).

Ainda, a Lei 11.101/2005 introduziu no ordenamento jurídico penal novas figuras típicas, até então inexistentes. Logo, por se tratar, nesse ponto, de *novatio legis* incriminadora, somente poderá gerar efeitos a partir de sua edição. Assim não fosse, estar-se-ia violando, a um só tempo, o princípio da reserva legal e da anterioridade.

Assim, concluímos o seguinte:

a) para crimes falimentares praticados sob a égide do Decreto 7.661/1945, mas que a persecução penal não tenha sido iniciada, ou, se iniciada, não havia se encerrado, deve-se analisar se a "nova lei" (Lei 11.101/2005) foi mais benéfica – caso em que irá operar-se a retroatividade – ou prejudicial – caso em que haverá a ultratividade da lei revogada;

b) para figuras criminosas inexistentes à época da vigência do Decreto 7.661/1945, evidentemente a tipicidade penal somente existirá a partir da edição da Lei 11.101/2005.

8.3. Crimes de dano e de perigo na Lei de Falências

Em sua maioria, os crimes falimentares serão considerados "crimes de perigo", tendo em vista que a conduta praticada pelo agente não precisará, de fato, causar lesão a um bem ou interesse, bastando que os ameacem de lesão.

Todavia, certos crimes exigirão efetivo dano ao bem jurídico protegido, sem o que não estará configurada a infração penal, ou estar-se-á diante da tentativa.

8.4. Classificação dos crimes falimentares quanto ao sujeito ativo

Alguns dos crimes falimentares são considerados *próprios*, levando-se em conta certa característica ostentada pelo sujeito ativo. São os chamados *crimes falimentares próprios* (arts. 168, 171, 172, 176 e 178 – o sujeito ativo será o devedor; art. 177 – sujeitos ativos: juiz, promotor, administrador judicial, perito, avaliador, escrivão, oficial de justiça ou leiloeiro).

Em outros casos, os crimes falimentares serão *impróprios ou comuns*, tendo em vista que qualquer pessoa poderá ser sujeito ativo. É o caso dos arts. 169, 170, 173, 174 e 175.

8.5. Classificação dos crimes falimentares levando-se em consideração o momento de realização dos atos executórios

a) *Crimes antefalimentares* (ou *pré-falimentares*): são aqueles cuja consumação ocorre em momento anterior (prévio) à declaração judicial da falência (sentença declaratória da falência). Também são assim denominados, após a entrada em vigor da Lei de Falências (Lei 11.101/2005), os crimes cometidos antes da sentença concessiva de recuperação judicial e da que homologa o plano de recuperação extrajudicial. São crimes antefalimentares os descritos nos arts. 168, 169, 172 e 178 da lei em comento.

b) *Crimes pós-falimentares*: são aqueles cuja consumação é verificada após a decretação da falência, da recuperação judicial ou extrajudicial. São assim considerados os crimes previstos nos arts. 168, 170, 171, 172, 173, 174, 175, 176, 177 e 178 da lei em análise.

8.6. Crimes concursais e condição objetiva de punibilidade

Os crimes falimentares são definidos como *crimes concursais*, visto que, para sua configuração, dependem do concurso de alguma causa estranha ao próprio Direito Penal. Assim, somente se pode cogitar de crime falimentar se concorrer uma outra causa (fato/ato jurídico).

Com efeito, o art. 180 da Lei de Falências assim dispõe: "A sentença que decreta a falência, concede recuperação judicial ou concede a recuperação extrajudicial de que trata o art. 163 desta Lei é condição objetiva de punibilidade das infrações penais descritas nesta Lei".

Logo, todos os crimes falimentares dependem da existência de uma condição exterior à conceituação legal (tipicidade penal), sob pena de não se cogitar de sua prática. Daí dizer-se que o crime falimentar é concursal, já que depende do concurso de uma causa externa, estranha ao Direito Penal, que é a sentença que decreta a quebra, ou que concede a recuperação judicial ou extrajudicial.

8.7. Unidade ou universalidade

Segundo Manoel de Pedro Pimentel (**Legislação penal especial**, RT, 1972), "unidade ou universalidade é o que caracteriza o crime falimentar. Cada crime falimentar é, em si mesmo, uma ação delituosa e basta a existência de um só para justificar a punição". Ainda, o mesmo mestre ensinou que "se várias forem as ações delituosas, passarão a ser consideradas como atos e a unidade complexa se transforma em uma universalidade, punindo-se o todo e não as partes, com uma só pena".

Portanto, prevalece o entendimento doutrinário (e jurisprudencial), que, concorrendo diversos fatos descritos como delitos falimentares, dá-se uma só ação punível, e não pluralidade de ações, visto tratar-se de crime de estrutura complexa, em que o comportamento dos falidos (ou em recuperação judicial ou extrajudicial) deve ser unificado. Enfim, a "pluralidade de crimes" será considerado de maneira universal, como se se tratasse de um só crime, composto de uma pluralidade de atos.

8.8. Investigação criminal na Lei de Falências

De acordo com o Decreto 7.661/1945, a investigação pela prática de crime falimentar era realizada pelo juízo universal da falência, vale dizer, pelo magistrado responsável pela decretação da quebra do empresário ou empresa.

Todavia, a doutrina criticava a disposição legal que previa tal procedimento, na medida em que o art. 144 da CF/1988 atribui à Polícia Judiciária a tarefa de investigar e apurar as infrações penais no âmbito dos Estados.

Com a nova Lei de Falências (Lei 11.101/2005), pôs-se um fim a esse absurdo. Hoje, a investigação de crimes falimentares é feita pela Polícia Judiciária, conforme se infere da leitura dos arts. 187 e 188, respeitando-se, assim, a CF/1988 e a indispensável separação entre o órgão julgador e aquele que apura a infração penal.

8.9. Ação penal nos crimes falimentares

De acordo com o art. 184 da Lei 11.101/2005, os crimes falimentares são de ação penal pública incondicionada. Ainda, em seu parágrafo único, que entendemos desnecessário, tendo em vista o disposto no art. 5º, LIX, da CF/1988 e art. 29 do CPP, há previsão de cabimento de ação penal privada subsidiária da pública, caso o Ministério Público não ofereça denúncia no prazo legal.

8.10. Crimes em espécie

Os crimes falimentares estão definidos nos arts. 168 a 178 da Lei 11.101/2005. Para os fins da presente obra, traremos, de forma objetiva, os principais aspectos de cada um deles.

8.10.1. Fraude a credores (art. 168)

> **Art. 168.** Praticar, antes ou depois da sentença que decretar a falência, conceder a recuperação judicial ou homologar a recuperação extrajudicial, ato fraudulento de que resulte ou possa resultar prejuízo aos credores, com o fim de obter ou assegurar vantagem indevida para si ou para outrem.
>
> Pena – reclusão, de 3 (três) a 6 (seis) anos, e multa.

Este crime corresponde à antiga "falência fraudulenta" prevista no Decreto 7.661/1945.

a) Sujeito ativo: empresário, sócios, gerentes, administradores e conselheiros das sociedades empresárias.

b) Sujeito passivo: os credores.

c) Condutas típicas: corresponde à prática de ato fraudulento, cometido antes ou depois da falência, da recuperação judicial ou extrajudicial (trata-se, portanto, de crime antefalimentar e pós-falimentar). Assim, o autor do crime irá praticar qualquer ato contrário à lei (com fraude), visando, com sua conduta, lesionar os credores. O dano patrimonial, mesmo que não ocorra, não descaracteriza o crime.

d) Elemento subjetivo da conduta e do tipo: o crime é doloso. Exige-se um "especial fim de agir" (elemento subjetivo do tipo), decorrente da expressão "com o fim de...". Assim, o agente atua com a intenção de obter ou assegurar alguma vantagem indevida para si ou para terceira pessoa.

e) Causas de aumento de pena: nos termos do art. 168, § 1º, a pena aumenta-se de 1/6 (um sexto) a 1/3 (um terço), se o agente: I – elabora escrituração contábil ou balanço com dados inexatos; II – omite, na escrituração contábil ou no balanço, lançamento que deles deveria constar, ou altera escrituração ou balanço verdadeiros; III – destrói, apaga ou corrompe dados contábeis ou negociais armazenados em computador ou sistema informatizado; IV – simula a composição do capital social; V – destrói, oculta ou inutiliza, total ou parcialmente, os documentos de escrituração contábil obrigatórios. A pena será majorada de 1/3 (um terço) até metade em caso de "contabilidade paralela", ou seja, se o devedor manteve ou movimentou recursos ou valores paralelamente à contabilidade exigida pela legislação.

f) Concurso de pessoas: nos termos do art. 168, § 3º nas mesmas penas incidem os contadores, técnicos contábeis, auditores e outros profissionais que, de qualquer modo, concorrerem para as condutas criminosas descritas neste artigo, na medida de sua culpabilidade.

g) Causa de diminuição ou de substituição de pena: tratando-se de falência de microempresa ou de empresa de pequeno porte, e não se constatando prática habitual de condutas fraudulentas por parte do falido, poderá o juiz reduzir a pena de reclusão de 1/3 (um terço) a 2/3 (dois terços) ou substituí-la pelas penas restritivas de direitos, pelas de perda de bens e valores ou pelas de prestação de serviços à comunidade ou a entidades públicas (art. 168, § 4º).

8.10.2. Violação de sigilo empresarial (art. 169)

Art. 169. Violar, explorar ou divulgar, sem justa causa, sigilo empresarial ou dados confidenciais sobre operações ou serviços, contribuindo para a condução do devedor a estado de inviabilidade econômica ou financeira.

Pena – reclusão, de 2 (dois) a 4 (quatro) anos, e multa.

Trata-se de *novatio legis* incriminadora. Ou seja, a figura típica em análise inexistia no Decreto 7.661/1945.

a) Sujeito ativo: qualquer pessoa (crime comum).

b) Sujeito passivo: o empresário (devedor).

c) Condutas típicas: Decorre da prática de um dos verbos – violar, explorar ou divulgar. Assim, comete o crime aquela pessoa que viola, explora ou divulga sigilo empresarial ou dados confidenciais referentes a operações e serviços. Com isso, o agente, se contribuir para a bancarrota do devedor, terá cometido o crime.

d) Elemento subjetivo da conduta: o crime é doloso.

8.10.3. Divulgação de informações falsas (art. 170)

Art. 170. Divulgar ou propalar, por qualquer meio, informação falsa sobre devedor em recuperação judicial, com o fim de levá-lo à falência ou de obter vantagem.

Pena – reclusão, de 2 (dois) a 4 (quatro) anos, e multa.

Trata-se de *novatio legis* incriminadora, ou seja, a figura típica ora analisada inexistia na antiga legislação falimentar (Decreto 7.661/1945).

a) Sujeito ativo: qualquer pessoa (crime comum).

b) Sujeito passivo: o empresário (devedor) em recuperação judicial.

c) Condutas típicas: Decorre da prática de um dos verbos – divulgar ou propalar. Assim, comete o crime aquela pessoa que divulga ou retransmite informações inverídicas (falsas) sobre o empresário que esteja em recuperação concedida judicialmente. Com isso, o agente tenciona obter alguma vantagem ou levar o devedor à falência.

d) Elemento subjetivo da conduta: o crime é doloso. Exige-se, ainda, dolo específico (elemento subjetivo do tipo), consistente no especial fim do agente de levar o sujeito passivo à falência.

8.10.4. Induzimento a erro (art. 171)

Art. 171. Sonegar ou omitir informações ou prestar informações falsas no processo de falência, de recuperação judicial ou de recuperação extrajudicial, com o fim de induzir a erro o juiz, o Ministério Público, os credores, a assembleia geral de credores, o Comitê ou o administrador judicial.

Pena – reclusão, de 2 (dois) a 4 (quatro) anos, e multa.

Trata-se de *crime de mera conduta.*

a) Sujeito ativo: qualquer pessoa (crime comum).

b) Sujeito passivo: o empresário (devedor) em recuperação judicial, extrajudicial ou o falido.

c) Condutas típicas: Decorre da prática de um dos verbos – sonegar ou omitir; prestar informações. Trata-se, portanto, de crime omissivo nas condutas sonegar ou omitir, e comissivo, na conduta de prestar informações falsas. Assim, comete o crime aquela pessoa que sonega (esconde) ou omite informações, bem como a que prestar falsas informações, no curso de um processo falimentar, tencionando induzir a erro o juiz, especialmente no tocante às informações relativas à "saúde financeira" do réu da ação.

d) Elemento subjetivo da conduta: o crime é doloso. Exige-se, ainda, dolo específico (elemento subjetivo do tipo), consistente no especial fim do agente de levar o juiz, o membro do Ministério Público, os credores, a Assembleia Geral de credores, o comitê e o administrador judicial a erro.

8.10.5. Favorecimento de credores (art. 172)

Art. 172. Praticar, antes ou depois da sentença que decretar a falência, conceder a recuperação judicial ou homologar plano de recuperação extrajudicial, ato de disposição ou oneração patrimonial ou gerador de obrigação, destinado a favorecer um ou mais credores em prejuízo dos demais.

Pena – reclusão, de 2 (dois) a 5 (cinco) anos, e multa.

Trata-se de *crime pré-falimentar ou pós-falimentar.*

a) Sujeito ativo: o devedor (crime próprio). Porém, nos termos do art. 172, parágrafo único, da lei ora analisada, nas mesmas penas incorrerá o credor que, em conluio, possa beneficiar-se de ato previsto no *caput* do mesmo artigo.

b) Sujeito passivo: os credores.

c) Conduta típica: Decorre da prática de um ato de disposição ou oneração patrimonial. Trata-se, portanto, de crime pelo qual o agente (devedor), em detrimento da universalidade dos credores (*par conditio*), desvia bens que integrem a massa falida diretamente a certos credores, violando a ordem de recebimento. O que faz o devedor é privilegiar um ou mais credores, em detrimento dos outros.

d) Elemento subjetivo da conduta: o crime é doloso.

8.10.6. Desvio, recebimento ou uso ilegal de bens (art. 173)

Art. 173. Apropriar-se, desviar ou ocultar bens pertencentes ao devedor sob recuperação judicial ou à massa falida, inclusive por meio da aquisição por interposta pessoa.

Pena – reclusão, de 2 (dois) a 4 (quatro) anos, e multa.

a) Sujeito ativo: qualquer pessoa (crime comum), inclusive o devedor ou mesmo um credor.

b) Sujeito passivo: os credores lesados pela conduta.

c) Conduta típica: Decorre da prática de um dos verbos – apropriar, desviar ou ocultar. Assim, o agente que se apropriar (tomar para si), desviar (dar destinação diversa) ou ocultar (esconder) bens da massa falida, cometerá o crime em tela. Com uma das condutas, o agente irá causar prejuízo aos demais credores, por retirar do devedor ou da massa falida bens que eventualmente seriam reduzidos a dinheiro e distribuídos aos credores, de acordo com a classificação de seus créditos.

d) Elemento subjetivo da conduta: o crime é doloso.

8.10.7. Aquisição, recebimento ou uso ilegal de bens

Art. 174. Adquirir, receber, usar, ilicitamente, bem que sabe pertencer à massa falida ou influir para que terceiro, de boa-fé, o adquira, receba ou use.

Pena – reclusão, de 2 (dois) a 4 (quatro) anos, e multa.

Trata-se de figura penal muito semelhante à receptação (art. 180 do CP). Alguns denominam o crime em tela de "receptação falimentar".

a) Sujeito ativo: qualquer pessoa (crime comum), inclusive o devedor ou mesmo um credor.

b) Sujeito passivo: os credores.

c) Conduta típica: Decorre da prática de um dos verbos – adquirir, receber, usar ou influir. Assim, o agente que praticar uma das condutas típicas cometerá o crime, já que o fez em desconformidade com as regras legais. A aquisição, recebimento e uso de bens pertencentes a uma massa falida exigem autorização judicial. Ainda, se o autor do crime

influir terceiro de boa-fé a adquirir, receber ou usar bem da massa falida, também cometerá a infração em testilha.

d) Elemento subjetivo da conduta: o crime é doloso. Ou seja, exige-se que o agente tenha conhecimento da origem do bem (pertencente a uma massa falida).

8.10.8. Habilitação ilegal de crédito (art. 175)

Art. 175. Apresentar, em falência, recuperação judicial ou recuperação extrajudicial, relação de créditos, habilitação de créditos ou reclamação falsas, ou juntar a elas título falso ou simulado.

Pena – reclusão, de 2 (dois) a 4 (quatro) anos, e multa.

Trata-se de figura penal que se assemelha a uma falsidade ideológica ou material (documental).

a) Sujeito ativo: qualquer pessoa (crime comum).

b) Sujeito passivo: os credores, o devedor e a administração pública.

c) Conduta típica: Decorre da apresentação de créditos ou habilitações falsas.

d) Elemento subjetivo da conduta: o crime é doloso. Consuma-se o crime mesmo se não houver prejuízo a qualquer pessoa. Trata-se, pois, de crime formal.

8.10.9. Exercício ilegal de atividade (art. 176)

Art. 176. Exercer atividade para a qual foi inabilitado ou incapacitado por decisão judicial, nos termos desta Lei.

Pena – reclusão, de 1 (um) a 4 (quatro) anos, e multa.

Trata-se de figura penal que se assemelha a uma desobediência.

a) Sujeito ativo: devedor (crime próprio). É efeito da condenação por crime falimentar a inabilitação para o exercício de atividade empresarial, ou para cargos ou funções no conselho de administração, diretoria ou gerência de sociedades empresárias. Por isso, apenas o réu na ação falimentar que haja decretado a quebra é que poderá cometer o crime em tela.

b) Sujeito passivo: a coletividade (em especial a Administração Pública, já que sua decisão – inabilitação para ser empresário ou exercer certos cargos – está sendo desrespeitada).

c) Conduta típica: Decorre do exercício de atividade para o qual o agente foi inabilitado ou incapacitado por decisão judicial. Daí tratar-se de verdadeira desobediência à decisão judicial.

d) Elemento subjetivo da conduta: o crime é doloso.

8.10.10. Violação de impedimento (art. 177)

Art. 177. Adquirir o juiz, o representante do Ministério Público, o administrador judicial, o gestor judicial, o perito, o avaliador, o escrivão, o oficial de justiça ou o leiloeiro, por si ou por interposta pessoa, bens de massa falida ou de devedor em recuperação judicial, ou, em relação a estes, entrar em alguma especulação de lucro, quando tenham atuado nos respectivos processos.

Pena – reclusão, de 2 (dois) a 4 (quatro) anos, e multa.

a) Sujeito ativo: cometerá o crime em comento o juiz, o representante do Ministério Público, o administrador judicial, o gestor judicial, o perito, o avaliador, o escrivão, o oficial de justiça ou o leiloeiro. Trata-se, portanto, de crime próprio.

b) Sujeito passivo: a coletividade (Estado).

c) Conduta típica: Decorre da aquisição de bens da massa falida ou de devedor em recuperação judicial, por qualquer das pessoas previstas no tipo penal, desde que, é claro, tenham exercido alguma função ou múnus público no processo. Assim, inexistirá crime, por exemplo, de um juiz federal da Justiça do Trabalho que tenha adquirido um bem da massa falida apurada em processo falimentar em trâmite na Justiça Estadual comum.

d) Elemento subjetivo da conduta: o crime é doloso.

8.10.11. *Omissão dos documentos contábeis obrigatórios (art. 178)*

> **Art. 178.** Deixar de elaborar, escriturar ou autenticar, antes ou depois da sentença que decretar a falência, conceder a recuperação judicial ou homologar o plano de recuperação extrajudicial, os documentos de escrituração contábil obrigatórios.
>
> Pena – detenção, de 1 (um) a 2 (dois) anos, e multa, se o fato não constitui crime mais grave.

a) Sujeito ativo: é o devedor.

b) Sujeito passivo: será o credor (sujeito passivo imediato) e a coletividade (sujeito passivo mediato).

c) Conduta típica: consiste no fato de o agente deixar de elaborar, escriturar ou autenticar, antes (crime pré-falimentar) ou depois da sentença que decretar a falência, conceder a recuperação judicial ou homologar plano de recuperação extrajudicial (crime pós-falimentar) os documentos de escrituração contábil obrigatórios. Trata-se, por evidente, de conduta omissiva. Logo, estamos diante de crime omissivo próprio ou puro, razão pela qual a tentativa é inadmissível.

d) Elemento subjetivo: é o dolo.

8.11. Efeitos da condenação por crimes falimentares

Nos termos do art. 181 da Lei 11.101/2005, temos que são efeitos da condenação:

> I – a inabilitação para o exercício de atividade empresarial;
>
> II – o impedimento para o exercício de cargo ou função em conselho de administração, diretoria ou gerência das sociedades sujeitas a esta Lei;
>
> III – a impossibilidade de gerir empresa por mandato ou por gestão de negócio.

Referidos efeitos da condenação não são automáticos (portanto, estamos diante de *efeitos específicos*), devendo ser motivadamente declarados na sentença, e perdurarão até 5 (cinco) anos após a extinção da punibilidade, podendo, contudo, cessar antes pela reabilitação penal (art. 181, § 1º).

Nos termos do art. 181, § 2º, transitada em julgado a sentença penal condenatória, será notificado o Registro Público de Empresas para que tome as medidas necessárias para impedir novo registro em nome dos inabilitados.

8.12. Prescrição dos crimes falimentares

Nos termos do art. 182 da Lei 11.101/2005, a prescrição dos crimes falimentares reger-se-á pelas disposições do Decreto-Lei 2.848, de 07.12.1940 – Código Penal, começando a correr do dia da decretação da falência, da concessão da recuperação judicial ou da homologação do plano de recuperação extrajudicial. Portanto, o termo inicial do prazo prescricional é o implemento da condição objetiva de punibilidade, qual seja, a decretação da falência, da recuperação judicial ou extrajudicial. Porém, referido termo a quo do prazo prescricional só terá cabimento para os crimes pré-falimentares, visto que para os pós-falimentares, cometidos em momento posterior à sentença que tenha decretado a falência ou concedido a recuperação judicial ou homologado o plano de recuperação extrajudicial, não será possível o início de fluência do prazo a partir de um daqueles citados marcos processuais. É que, se assim fosse, a prescrição teria início antes mesmo do cometimento do crime (ex.: falência decretada em 01/01/2016 => crime pós-falimentar praticado em 01/01/2017 => início da prescrição= 01/01/2017).

Frise-se que a decretação da falência do devedor interrompe a prescrição cuja contagem tenha iniciado com a concessão da recuperação judicial ou com a homologação do plano de recuperação extrajudicial (art. 182, parágrafo único).

9. CRIMES AMBIENTAIS – LEI 9.605/1998

9.1. Aspectos constitucionais e legais

De início, cabe a transcrição do art. 225, *caput*, da CF/1988:

> Todos têm direito ao meio ambiente ecologicamente equilibrado, bem de uso comum do povo e essencial à sadia qualidade de vida, impondo-se ao Poder Público e à coletividade o dever de defendê-lo e preservá-lo para as presentes e futuras gerações.

No § 3º do sobredito dispositivo constitucional, lê-se que "as condutas e atividades consideradas lesivas ao meio ambiente sujeitarão os infratores, pessoas físicas ou jurídicas, a sanções penais e administrativas, independentemente da obrigação de reparar os danos causados".

Destarte, identifica-se na Lei Maior verdadeiro mandamento de criminalização. Ou seja, o legislador constituinte, em verdadeira "ordem" ao infraconstitucional, determinou que as condutas lesivas à qualidade ambiental sujeitarão os infratores a um tríplice sistema sancionatório: administrativo, civil e criminal.

Anos mais tarde, com o advento da Lei 9.605/1998, foram tipificadas condutas lesivas ao meio ambiente, dando-lhes conotação – e proteção – penal.

9.2. Breves linhas acerca das discussões doutrinárias sobre a responsabilidade penal das pessoas jurídicas por crimes ambientais

Considerando que o objetivo da presente obra é trazer ao leitor um "resumo" sobre os principais assuntos da matéria, traremos, brevemente, os pontos fulcrais acerca da responsabilização penal das pessoas jurídicas por danos causados ao meio ambiente.

Pois bem. As divergências doutrinárias cingem-se, basicamente, a duas linhas:

a) admissibilidade da responsabilidade penal da pessoa jurídica; e

b) inadmissibilidade da responsabilidade penal da pessoa jurídica.

O principal argumento para a *primeira corrente* é o de que a própria CF, em seu art. 225, § 3º, previu expressamente a responsabilidade penal da pessoa jurídica.

Já para a *segunda corrente*, as bases fundamentais da sistemática penal (responsabilidade subjetiva – condutas dolosas ou culposas; imposição de penas privativas de liberdade; vedação da responsabilidade objetiva; princípio da culpabilidade e personalização das penas) impossibilitam o reconhecimento de condutas criminosas perpetradas por pessoas jurídicas.

A tendência moderna é a da *aceitação* da responsabilização penal das pessoas jurídicas por crimes ambientais, afirmando-se que a moderna criminalidade exige mecanismos eficientes – e atualizados – de combate aos comportamentos lesivos aos direitos transindividuais, sendo necessário que o intérprete-aplicador do Direito se distancie de alguns "dogmas" criados na seara criminal, especialmente o de que apenas o "ser humano" pode cometer infrações penais. Ainda, sustenta-se que a pessoa jurídica deve, sim, responder por seus atos, sendo necessária uma adaptação da culpabilidade às suas características.

Nada obstante, doutrinadores de renome defendem a irresponsabilidade penal das pessoas jurídicas pela prática de crimes, dentre eles Luiz Regis Prado, Miguel Reale Junior, José Henrique Pierangelli e Claus Roxin (Alemanha). Sustenta-se que desde o Direito Romano já se afirmava que a sociedade não pode delinquir (*societas delinquere non potest*), bem como que a pessoa jurídica não tem "vontade", motivo pelo qual não pode ter um "comportamento delituoso". Também se afirma que a pessoa jurídica não tem a indispensável consciência, elemento constitutivo da conduta penalmente relevante, bem como que não é possível que se lhe impute um fato ilícito em razão de sua ausência de capacidade de entendimento e autodeterminação (imputabilidade). Por fim, diz-se que é inviável a imposição de penas privativas de liberdade às pessoas jurídicas. Para a corrente que admite a responsabilização criminal, afirma-se que o Direito Penal não se resume à aplicação de penas de prisão, sendo perfeitamente possível que se imponham aos entes morais penas restritivas de direitos e pecuniárias.

Assim, seguindo a corrente que reconhece a possibilidade de punição das pessoas jurídicas por crimes ambientais, foi editada a Lei 9.605/1998, que, em seu art. 3º, *caput*, e parágrafo único, prescreve que as pessoas jurídicas serão responsabilizadas administrativa, civil e penalmente conforme o disposto nesta Lei, nos casos em que a infração seja cometida por decisão de seu representante legal ou contratual, ou de seu órgão colegiado, no interesse ou benefício da sua entidade.

Determina, ainda, que a responsabilidade das pessoas jurídicas não exclui a das pessoas físicas, autoras, coautoras ou partícipes do mesmo fato.

Para o STJ, "admite-se a responsabilidade penal da pessoa jurídica em crimes ambientais desde que haja a imputação simultânea do ente moral e da pessoa física que atua em seu nome ou em seu benefício, uma vez que não se pode compreender a responsabilização do ente moral dissociada da atuação de uma pessoa física, que age com elemento subjetivo próprio" (REsp 889.528/SC, rel. Min. Felix Fischer, j. 17.04.2007).

O entendimento acima sedimenta o sistema paralelo de imputação, também conhecido como teoria da dupla imputação. Para que o Ministério Público ofereça denúncia contra pessoa jurídica pela prática de crime ambiental, será indispensável que haja, também, a imputação de conduta a uma pessoa física que atue em seu nome ou em seu benefício.

Nada obstante, a 1ª Turma do STF, em análise de Agravo Regimental interposto pelo Ministério Público Federal nos autos do Recurso Extraordinário 548.181/PR, por maioria de votos, reconheceu a desnecessidade da dupla imputação para o reconhecimento da responsabilidade penal das pessoas jurídicas por crimes ambientais. Confira-se:

""Recurso extraordinário. Direito penal. Crime ambiental. Responsabilidade penal da pessoa jurídica. Condicionamento da ação penal à identificação e à persecução concomitante da pessoa física que não encontra amparo na constituição da república. 1. O art. 225, § 3º, da Constituição Federal não condiciona a responsabilização penal da pessoa jurídica por crimes ambientais à simultânea persecução penal da pessoa física em tese responsável no âmbito da empresa. A norma constitucional não impõe a necessária dupla imputação. 2. As organizações corporativas complexas da atualidade se caracterizam pela descentralização e distribuição de atribuições e responsabilidades, sendo inerentes, a esta realidade, as dificuldades para imputar o fato ilícito a uma pessoa concreta. 3. Condicionar a aplicação do art. 225, § 3º, da Carta Política a uma concreta imputação também a pessoa física implica indevida restrição da norma constitucional, expressa a intenção do constituinte originário não apenas de ampliar o alcance das sanções penais, mas também de evitar a impunidade pelos crimes ambientais frente às imensas dificuldades de individualização dos responsáveis internamente às corporações, além de reforçar a tutela do bem jurídico ambiental. 4. A identificação dos setores e agentes internos da empresa determinantes da produção do fato ilícito tem relevância e deve ser buscada no caso concreto como forma de esclarecer se esses indivíduos ou órgãos atuaram ou deliberaram no exercício regular de suas atribuições internas à sociedade, e ainda para verificar se a atuação se deu no interesse ou em benefício da entidade coletiva. Tal esclarecimento, relevante para fins de imputar determinado delito à pessoa jurídica, não se confunde, todavia, com subordinar a responsabilização da pessoa jurídica à responsabilização conjunta e cumulativa das pessoas físicas envolvidas. Em não raras oportunidades, as responsabilidades internas pelo fato estarão diluídas ou parcializadas de tal modo que não permitirão a imputação de responsabilidade penal individual. 5. Recurso Extraordinário parcialmente conhecido e, na parte conhecida, provido."

Embora não seja uma decisão que tenha sido tomada pelo Plenário da Excelsa Corte, trata-se de entendimento que poderá influenciar a jurisprudência pátria, alterando-se o que já anteriormente estava pacificado acerca do sistema da dupla imputação.

9.3. Considerações gerais sobre os crimes ambientais

Para os fins da presente obra, iremos nos ater aos mais importantes aspectos dos principais crimes definidos na Lei 9.605/1998, que estão distribuídos da seguinte forma:

a) Crimes contra a fauna (arts. 29 a 37);

b) Crimes contra a flora (arts. 38 a 53);

c) Crimes de poluição e outros crimes ambientais (arts. 54 a 61);

d) Crimes contra o ordenamento urbano e o patrimônio cultural (arts. 62 a 65);

e) Crimes contra a administração ambiental (arts. 66 a 69-A).

Como dito, não esgotaremos todos os crimes ambientais. Porém, iremos abordar os principais e mais relevantes pontos da lei em comento.

9.3.1. Dos crimes contra a fauna (arts. 29 a 37)

Todos os crimes previstos neste capítulo têm por objetividade jurídica a *fauna*, vale dizer, o conjunto de animais de qualquer espécie que viva naturalmente fora do cativeiro.

9.3.1.1. Crime do art. 29

Art. 29. Matar, perseguir, caçar, apanhar, utilizar espécimes da fauna silvestre, nativos ou em rota migratória, sem a devida permissão, licença ou autorização da autoridade competente, ou em desacordo com a obtida:

Pena – detenção, de seis meses a um ano, e multa.

a) Conduta típica: são os verbos-núcleos do tipo *matar, perseguir, caçar, apanhar* ou *utilizar*.

b) Objeto material: espécimes de fauna silvestre, nativos ou em rota migratória.

Entende-se por fauna o conjunto de animais próprios de uma região ou de um período geológico. *Espécimes nativas* são aquelas nascidas naturalmente em uma região. Já as *espécimes migratórias* são aquelas que mudam periodicamente de região (ex.: aves).

c) Elementos normativos do tipo: sem a devida permissão, licença ou autorização da autoridade competente, ou em desacordo com a obtida.

d) Consumação e tentativa: este crime estará *consumado* com a morte, perseguição, atos de caça, a captura ou a utilização dos espécimes, de forma indevida. É admissível a *tentativa* nas condutas de *matar e apanhar*, que exigem resultado (material). Já nos verbos *perseguir e caçar*, o crime será de mera conduta, não sendo possível a tentativa. Por fim, o verbo *utilizar* pressupõe a perseguição ou o ato de apanhar as espécimes, também não admitindo tentativa.

Será admissível o perdão judicial, que é causa extintiva da punibilidade (art. 107, IX, do CP), caso presente a hipótese descrita no art. 29, § 2º, da lei em comento. Assim, tratando-se de guarda doméstica da espécie silvestre, desde que não ameaçada de extinção (nos termos de ato normativo específico editado pela autoridade competente), a punibilidade do agente poderá ser extinta.

O art. 29, § 4º, I a VI, e § 5º, retrata causas de aumento de pena quando o crime for cometido: § 4º: I – contra espécie rara ou considerada ameaçada de extinção, ainda que somente no local da infração; II – em período proibido à caça; III – durante a noite; IV – com abuso de licença; V – em unidade de conservação; VI – com emprego de métodos ou instrumentos capazes de provocar destruição em massa; § 5º: se o crime decorre do exercício de caça profissional.

9.3.1.2. Crime do art. 30

Art. 30. Exportar para o exterior peles e couros de anfíbios e répteis em bruto, sem a autorização da autoridade ambiental competente:

Pena – reclusão, de um a três anos, e multa.

a) Conduta típica: tem base no verbo-núcleo do tipo, qual seja, *exportar*, que significa remeter para fora do país.

b) Objeto material: o objeto material do crime pode ser: *pele* (é o tecido menos espesso, que constitui o revestimento externo do corpo de animais) e *couro* (é a pele mais espessa, que reveste exteriormente o corpo de animais – ex.: couro de jacaré).

A pele ou o couro devem ser de anfíbios (vivem na terra e na água – ex.: rã, salamandras etc.) ou répteis (que se arrastam ao andar – ex.: cobras e crocodilos).

c) Consumação e tentativa: Para o crime em comento restar consumado, basta a remessa para o exterior das peles ou couros. Todavia, em razão de o *iter criminis* ser fracionável, admite-se a tentativa.

d) Competência: Tratando-se de delito transnacional (exportação para o exterior), a competência será da Justiça Federal.

9.3.1.3. Crime do art. 31

Art. 31. Introduzir espécime animal no País, sem parecer técnico oficial favorável e licença expedida por autoridade competente:

Pena – detenção, de três meses a um ano, e multa.

a) Conduta típica: introduzir, que significa fazer entrar ou penetrar.

b) Objeto material: o objeto material deste crime é animal "exótico", no sentido de estrangeiro, não nativo, proveniente ou oriundo de outro país.

c) Elemento subjetivo: o crime é doloso, pressupondo a vontade livre e consciente do agente em introduzir no Brasil espécime animal estrangeiro sem parecer técnico oficial e licença expedida por autoridade competente.

d) Consumação e tentativa: consuma-se com a introdução da espécie animal no país, desde que sem parecer técnico oficial favorável e licença expedida por autoridade competente. Admite-se a tentativa, desde que o último ato de execução seja praticado no estrangeiro, uma vez que, entrando em nossas fronteiras, o crime estará consumado.

9.3.1.4. Crime do art. 32

Art. 32. Praticar ato de abuso, maus-tratos, ferir ou mutilar animais silvestres, domésticos ou domesticados, nativos ou exóticos:

Pena – detenção, de três meses a um ano, e multa.

a) Condutas típicas: praticar (realizar, efetuar); abuso (uso errado, excessivo); maus-tratos (tratar com violência); ferir (provocar ferimentos); mutilar (cortar, decepar membros ou partes do corpo).

b) Objeto material: este crime pode ser praticado contra: animais silvestres (pertencentes à fauna silvestre); animais domésticos (vivem ou são criados em casa – ambiente humano); animais domesticados (animal silvestre que foi amansado – ex.: cavalos, gado etc.).

O crime em análise também pode ser praticado pelo agente que optar por realizar *experiência dolorosa ou cruel em animal vivo, ainda que para fins didáticos ou científicos, quando existirem recursos alternativos* (art. 32, § 1º). Neste caso, não basta o dolo, mas o tipo exige um fim especial de agir, qual seja, para "fins didáticos ou científicos". O tipo, neste caso, somente se perfaz quando, existindo "recursos alternativos" (elemento normativo do tipo), o agente preferir por realizar as experiências dolorosas ou cruéis em animais vivos. E com relação aos animais criados para abate: há crime? Entendemos que não, desde que o processo de morte seja indolor (ex.: gado de corte, galinhas, frangos, perus etc.). Nesse caso, a morte dos animais é socialmente aceita, sendo atípica.

O crime em tela será de dano nas modalidades *ferir e mutilar*, sendo de perigo nas modalidades *abuso e maus- -tratos*.

9.3.1.5. Crime do art. 33

Art. 33. Provocar, pela emissão de efluentes ou carreamento de materiais, o perecimento de espécimes da fauna aquática existentes em rios, lagos, açudes, lagoas, baías ou águas jurisdicionais brasileiras:

Pena – detenção, de um a três anos, ou multa, ou ambas cumulativamente.

a) Conduta típica: *provocar*, que significa *causar, ocasionar, produzir*. Assim, o agente produz, pela emissão de efluentes (líquidos ou fluidos que emanam de um corpo, processo, dispositivo, equipamento ou instalação), o perecimento (morte) de espécimes aquáticas (ex.: peixes, crustáceos, moluscos, algas etc.).

O parágrafo único, do art. 33, traz, ainda, os seguintes crimes:

1) Causar degradação em viveiros, açudes ou estações de aquicultura de domínio público;

2) Exploração de campos naturais de invertebrados aquáticos e algas, sem licença, permissão ou autorização da autoridade competente;

3) Fundear (ancorar) embarcações ou lançar detritos de qualquer natureza sobre bancos de moluscos ou corais devidamente demarcados em carta náutica.

9.3.1.6. Crime do art. 34

Art. 34. Pescar em período no qual a pesca seja proibida ou em lugares interditados por órgão competente.

Pena – detenção, de um a três anos, ou multa, ou ambas cumulativamente.

a) Conduta típica: *pescar*, que significa retirar peixes da água. Porém, para efeitos da Lei dos Crimes Ambientais, *considera-se pesca todo ato tendente a retirar, extrair, coletar, apanhar, apreender ou capturar espécimes dos grupos dos peixes, crustáceos, moluscos e vegetais hidróbios, suscetíveis ou não de aproveitamento econômico, ressalvadas as espécies ameaçadas de extinção, constantes nas listas oficiais da fauna e da flora (art. 36).*

A pesca comercial, desportiva ou científica é, como regra, permitida (Lei 11.959/2009). O que é vedado é a pesca em período ou local proibidos por autoridade competente, ou, ainda, em certas quantidades ou por métodos considerados muito lesivos ao meio ambiente (IBAMA).

9.3.1.7. Crime do art. 35

Art. 35. Pescar mediante a utilização de:

I – explosivos ou substâncias que, em contato com a água, produzam efeito semelhante;

II – substâncias tóxicas, ou outro meio proibido pela autoridade competente:

Pena – reclusão, de um a cinco anos.

a) Conduta típica: *pescar*, aqui se entendendo a acepção constante do art. 36 da Lei 9.605/1998. Porém, a pesca será considerada criminosa se:

I. forem utilizados explosivos ou substâncias que produzam efeitos análogos aos de uma explosão;

II. substâncias tóxicas (são aquelas capazes de provocar envenenamento ou intoxicação – ex.: venenos e agrotóxicos).

9.3.1.8. Causas especiais de exclusão da ilicitude (art. 37)

Art. 37. Não é crime o abate de animal, quando realizado:

I – em estado de necessidade, para saciar a fome do agente ou de sua família;

II – para proteger lavouras, pomares e rebanhos da ação predatória ou destruidora de animais, desde que legal e expressamente autorizado pela autoridade competente;

III – (Vetado.);

IV – por ser nocivo o animal, desde que assim caracterizado pelo órgão competente.

Esse dispositivo nos traz causas específicas de exclusão da antijuridicidade. Portanto, o abate de animal, quando realizado na forma prevista no tipo penal permissivo em análise, não caracterizará crime ambiental.

9.3.2. Dos crimes contra a flora (arts. 38 a 53)

Doravante, passaremos a tratar dos principais crimes contra a flora.

9.3.2.1. Crime do art. 38

> **Art. 38.** Destruir ou danificar floresta considerada de preservação permanente, mesmo que em formação, ou utilizá-la com infringência das normas de proteção:
>
> Pena – detenção, de um a três anos, ou multa, ou ambas as penas cumulativamente.

a) Conduta típica: se evidencia por três verbos nucleares do tipo, a saber: *destruir* (significa eliminar, por completo, devastar, desintegrar, arruinar totalmente); *danificar* (causar dano ou estrago parcial); *utilizar* (empregar, fazer uso) com infringência das normas de proteção. Aqui, o agente faz uso de floresta de preservação permanente com infração a normas de preservação. Trata-se de norma penal em branco, pois exige complemento, qual seja, exatamente as normas de preservação.

b) Objeto material: "floresta de preservação permanente", ainda que em formação. Entende-se por *floresta* uma formação vegetal geralmente densa, em que predominam as árvores ou espécies lenhosas de grande porte. À época em que editada a Lei 9.605/1998, eram considerados "florestas" (atualmente denominadas de áreas) de *preservação permanente* todas as florestas e demais formas de vegetação natural relacionadas nos arts. 2º e 3º do "antigo" Código Florestal (Lei 4.771/1965), revogado pela Lei 12.651/2012, que tratou das áreas de preservação permanente (APP´s) nos arts. 4º e 6º.

c) Elemento subjetivo: o crime em tela é doloso. Todavia, nos termos do art. 38, parágrafo único, da lei em testilha, previu-se a possibilidade de o crime ser praticado culposamente, hipótese em que a pena será reduzida pela metade.

9.3.2.2. Crime do art. 39

> **Art. 39.** Cortar árvores em floresta considerada de preservação permanente, sem permissão da autoridade competente:
> Pena – detenção, de um a três anos, ou multa, ou ambas as penas cumulativamente.

a) Conduta típica: *cortar*, ou seja, derrubar pelo corte. Embora o tipo penal fale em cortar árvores (no plural), basta o corte de uma só, em floresta (leia-se: área) considerada de preservação permanente, para o crime em tela estar consumado.

b) Objeto material: corresponde às árvores em florestas consideradas de preservação permanente (em verdade, áreas de preservação permanente, assim definidas, atualmente, nos arts. 4º e 6º do "novo" Código Florestal – Lei 12.651/2012).

Árvore é toda planta lenhosa, cujo caule ou tronco, fixado no solo com raízes, é despido na base e carregado de galhos e folhas na parte superior. Para a botânica, somente se considera árvore a planta que tiver altura superior a sete metros. Abaixo disto, estaremos diante de arbustos.

c) Elemento normativo do tipo: consubstanciado na expressão "sem permissão da autoridade competente". Portanto, somente haverá crime se o corte de árvores em APP ocorrer sem permissão da autoridade competente.

9.3.2.3. Crime do art. 41

> **Art. 41.** Provocar incêndio em mata ou floresta:
> Pena – reclusão, de dois a quatro anos, e multa.

a) Conduta típica: corresponde ao fato de o agente *provocar incêndio*, ou seja, causar, ocasionar fogo de grandes proporções. Entende-se, aqui, que o fogo deve atingir um grande número de árvores, mas não se exige que o incêndio queime toda a mata ou floresta; deverá atingir proporção relevante (análise do caso concreto – perícia).

b) Objeto material: pode ser a *mata* (formação vegetal constituída por árvores de pequeno e médio portes) ou a *floresta* (formação vegetal geralmente densa, em que predominam as árvores ou espécies lenhosas de grande porte).

c) Elemento subjetivo: o crime em tela é doloso. Todavia, admite-se a modalidade culposa (art. 41, parágrafo único – pena de detenção de seis meses a um ano, e multa), caso em que a tentativa será inadmissível.

9.3.2.4. Crime do art. 42

> **Art. 42.** Fabricar, vender, transportar ou soltar balões que possam provocar incêndios nas florestas e demais formas de vegetação, em áreas urbanas ou qualquer tipo de assentamento humano:
> Pena – detenção, de um a três anos, ou multa, ou ambas as penas cumulativamente.

a) Condutas típicas: são quatro: *fabricar* (manufaturar, produzir em fábrica); *vender* (alienar onerosamente); *transportar* (levar de um para outro lugar); *soltar* (deixar sair vagueando pelos ares).

Assim, *fabrica-se, vende-se, transporta-se* ou *solta-se balão* (invólucro de papel que, aquecido, sobe por força da expansão do ar, tendo fogo em sua base), provocando, com isso, risco potencial de incêndio em florestas e demais formas de vegetação, pouco importando se se trata de área urbana ou rural.

b) Objeto material: florestas e demais formas de vegetação integrantes da flora brasileira.

c) Elemento subjetivo: esse crime apresenta *dolo de perigo*, ou seja, o agente age de forma livre e consciente, não com a finalidade de causar efetivo resultado, mas apenas de colocar em perigo o bem jurídico tutelado pela norma penal incriminadora. Porém, exige-se a provocação de um *perigo concreto*, não bastando que o agente solte um balão. Deve-se demonstrar que, com referida conduta, alguma floresta ou outra forma de vegetação foi exposta a risco de incêndio. Trata-se, pois, de *crime de perigo concreto*.

9.3.2.5. Crime do art. 44

Art. 44. Extrair de florestas de domínio público ou consideradas de preservação permanente, sem prévia autorização, pedra, areia, cal ou qualquer espécie de minerais:

Pena – detenção, de seis meses a um ano, e multa.

a) Conduta típica: corresponde à realização do verbo *extrair*, que significa tirar, retirar, sem prévia autorização (elemento normativo do tipo).

b) Objeto material: florestas de domínio público (são aquelas componentes do patrimônio de um dos entes federativos – União, Estados, Municípios e DF); florestas consideradas de preservação permanente (em verdade, aqui, o objeto material será qualquer área de preservação permanente – APP, assim identificada nos termos dos arts. 4º e 6º do Código Florestal – Lei 12.651/2012); pedra, areia e cal, ou qualquer espécie de minerais (interpretação analógica).

c) Consumação e tentativa: consuma-se o crime com a prática do verbo-núcleo do tipo, vale dizer, no momento em que o agente extrair pedra, areia, cal ou qualquer espécie de minerais, de florestas de domínio público ou de preservação permanente, sem prévia autorização. Por ser crime material, admite-se a tentativa.

9.3.2.6. Crime do art. 49

Art. 49. Destruir, danificar, lesar ou maltratar, por qualquer modo ou meio, plantas de ornamentação de logradouros públicos ou em propriedade privada alheia:

Pena – detenção, de três meses a um ano, ou multa, ou ambas as penas cumulativamente.

a) Condutas típicas: as ações nucleares, adiante analisadas, devem ser perpetradas em *logradouros públicos* (são os bens públicos de uso comum do povo, como, por exemplo, as ruas, praças, jardins) ou mesmo em *propriedades privadas alheias* (são os bens imóveis pertencentes a terceiras pessoas que não o próprio agente delitivo).

As *condutas típicas* são *destruir* (eliminar por completo), *danificar* (causar estrago parcial), *lesar* (mutilar) ou *maltratar* (tratar de maneira inadequada). Assim, cometerá o crime o agente que mutilar uma orquídea!

Neste crime, a conduta típica pode dar-se por *ação ou omissão dolosas*.

b) Objeto material: corresponde às *plantas de ornamentação*, assim consideradas aquelas usadas em áreas internas ou externas, para a simples decoração (ex.: samambaias, azaleias, crisântemos etc.).

c) Elemento subjetivo: o crime sob análise é doloso. Porém, nos termos do art. 49, parágrafo único, admissível a modalidade culposa. Destarte, a destruição, dano, lesão ou "maus tratos" podem decorrer de imprudência, negligência ou imperícia por parte do agente delitivo. Entende-se que, nesse caso, a culpa deve derivar não de uma conduta comissiva (ação), mas sim de uma omissão. Exemplifiquemos: "A", jardineiro, por negligência, deixa de aguar plantar ornamentais de um jardim público, causando a morte das mesmas.

9.3.2.7. Crime do art. 51

Art. 51. Comercializar motosserra ou utilizá-la em florestas e nas demais formas de vegetação, sem licença ou registro da autoridade competente.

Pena – detenção, de três meses a um ano, e multa.

a) Conduta típica: *comercializar* (colocar no mercado), não sendo necessária a venda – crime de perigo; *utilizar* (fazer uso de), exigindo-se a efetiva utilização – crime de dano.

Assim, o agente comercializa ou utiliza motosserra, que é a serra dotada de motor elétrico ou a explosão, servindo para cortar ou serrar madeira. Somente haverá crime se a comercialização ou utilização ocorrer "sem licença ou registro da autoridade competente" (elemento normativo do tipo).

b) Objeto material: floresta e demais formas de vegetação.

Perceba que o legislador não exigiu que se tratem de "florestas de preservação permanente" (APP).

c) Consumação e tentativa: consuma-se o crime com a comercialização de motosserra ou sua simples utilização, sem licença ou registro da autoridade competente. Entende-se admissível a tentativa.

9.3.2.8. Crime do art. 52

Art. 52. Penetrar em Unidades de Conservação conduzindo substâncias ou instrumentos próprios para caça ou para exploração de produtos ou subprodutos florestais, sem licença da autoridade competente.

Pena – detenção, de seis meses a um ano, e multa.

a) Conduta típica: o tipo objetivo perfaz-se com as seguintes condutas: *penetrar* (entrar, adentrar) e *conduzir* (carregar, transportar).

Assim, o agente entra ou transporta, em unidades de conservação, substâncias químicas ou carrega instrumentos adequados para a caça de animais silvestres, ou para a exploração de produto florestal (é todo bem que uma floresta produz) ou subproduto florestal (ex.: lenha), *sem licença da autoridade competente* (trata-se de elemento normativo do tipo).

b) Objeto material: será qualquer Unidade de Conservação (UC), assim consideradas aquelas previstas nos arts. 40, § 1º, e 40-A, § 1º, ambos da Lei 9.605/1998. Portanto, o tipo penal em comento abarca qualquer espécie de UC, vale dizer, as de proteção integral e as de uso sustentável, na forma estabelecida na Lei 9.985/2000 (Lei do SNUC).

9.3.3. Dos crimes contra o ordenamento urbano e o patrimônio cultural (arts. 62 a 65)

Doravante, trataremos de alguns crimes contra o ordenamento urbano e o patrimônio cultural, destacando suas principais características.

9.3.3.1. Crime do art. 62

Art. 62. Destruir, inutilizar ou deteriorar:

I – bem especialmente protegido por lei, ato administrativo ou decisão judicial;

II – arquivo, registro, museu, biblioteca, pinacoteca, instalação científica ou similar protegido por lei, ato administrativo ou decisão judicial;

Pena – reclusão, de um a três anos, e multa.

a) Sujeito ativo: pode ser qualquer pessoa (crime comum), inclusive o proprietário do bem especialmente protegido.

b) Conduta típica: *destruir* (eliminar, arruinar por inteiro, totalmente); *inutilizar* (tornar algo inútil, inadequado aos fins a que se destina); *deteriorar* (é o mesmo que causar danos parciais).

c) Objeto material: são os seguintes:

1. *Bem especialmente protegido por lei, ato administrativo ou decisão judicial*: trata-se de qualquer objeto palpável, corpóreo, que conte com especial proteção legal, infralegal ou mesmo judicial (aqui, não se exige o trânsito em julgado, já que a lei nada disse) – inc. I;

2. *Arquivo*: é o conjunto de documentos;

3. *Registro*: é o livro ou repartição em que se faz o assentamento oficial de certos atos ou dados;

4. *Museu*: é o lugar que tem por escopo "eternizar" obras de arte, bens culturais, históricos, científicos ou técnicos;

5. *Biblioteca*: coleção de livros;

6 *Pinacoteca*: coleção de pinturas;

7. *Instalação científica*: local destinado ao estudo e desenvolvimento de determinada área da ciência;

8. *ou similar protegido por lei, ato administrativo ou decisão judicial*: aqui, o legislador valeu-se da interpretação analógica. Portanto, também configurará crime qualquer conduta lesiva ao patrimônio cultural brasileiro.

d) Objeto jurídico: é a *preservação do meio ambiente cultural* (patrimônio cultural brasileiro). Dispõe o art. 216 da CF/1988 que "*constituem o patrimônio cultural brasileiro os bens de natureza material e imaterial, tomados individualmente ou em conjunto, portadores de referência à identidade, à ação, à memória dos diferentes grupos formadores da sociedade brasileira, nos quais se incluem (...)*". No § 4º, do referido dispositivo, lê-se que "*os danos e ameaças ao patrimônio cultural serão punidos, na forma da lei*".

e) Elemento normativo: o tipo penal em testilha traz alguns *elementos normativos*, quais sejam, "especialmente protegido por lei, ato administrativo ou decisão judicial" e "ou similar protegido por lei, ato administrativo ou decisão judicial". Assim, haverá crime apenas se o agente destruir, deteriorar ou inutilizar, por exemplo, bens ou arquivos protegidos por lei, ato administrativo ou decisão judicial.

f) Elemento subjetivo: de regra, o crime em análise é doloso. Porém, admite-se a modalidade *culposa*, nos termos do art. 62, parágrafo único, da Lei 9.605/1998.

9.3.3.2. Crime do art. 63

Art. 63. Alterar o aspecto ou estrutura de edificação ou local especialmente protegido por lei, ato administrativo ou decisão judicial, em razão de seu valor paisagístico, ecológico, turístico, artístico, histórico, cultural, religioso, arqueológico, etnográfico ou monumental, sem autorização da autoridade competente ou em desacordo com a concedida:

Pena – reclusão, de um a três anos, e multa.

a) Conduta típica: consiste no fato de o agente *alterar*, ou seja, mudar, modificar, dar outra forma ao *aspecto ou estrutura de edificação ou local* protegido por lei, ato administrativo ou decisão judicial, sem autorização da autoridade competente, ou em desacordo com a obtida (elementos normativos do tipo).

Entende-se por *edificação* qualquer construção ou edifício e por *local* um determinado ponto ou lugar, desde que especialmente protegido por lei, ato administrativo ou decisão judicial. Todavia, não bastará isso para que se caracterize o crime em comento. Para a completa tipificação do crime, impõe-se que o edifício ou local alterado pelo agente tenha *valor paisagístico* (refere-se a uma vista, uma beleza natural), *ecológico* (refere-se ao meio ambiente), *turístico* (refere-se ao turismo e a atividade dos turistas de visitarem locais que despertem o interesse), *artístico* (refere-se às belas artes), *histórico* (refere-se a todo objeto de interesse da História), *cultural* (refere-se à cultura, a tudo aquilo que a criatividade humana produz), *arqueológico* (refere-se às antigas civilizações), *etnográfico* (refere-se às atividades de grupos humanos – etnografia) e *monumental* (refere-se a monumentos – obras grandiosas).

Os valores acima referidos são taxativos, não se admitindo interpretação analógica.

9.3.3.3. Crime do art. 64

Art. 64. Promover construção em solo não edificável, ou no seu entorno, assim considerado em razão de seu valor paisagístico, ecológico, artístico, turístico, histórico, cultural, religioso, arqueológico, etnográfico ou monumental, sem autorização da autoridade competente ou em desacordo com a concedida:

Pena – detenção, de seis meses a um ano, e multa.

a) Conduta típica: é *promover*, ou seja, pôr em prática, executar. Assim, cometerá crime o agente que promover *construção* (toda obra ou elemento material que tenha por objeto a edificação de uma casa, um prédio etc.), pouco importando se a obra for ou não finalizada. Basta a construção dos alicerces para o crime estar consumado. Lembre-se que somente haverá crime se referida construção for empreendida em solo não edificável ou no seu entorno, desde que tenha valor paisagístico, ecológico, artístico, turístico, histórico, cultural, religioso, arqueológico, etnográfico ou monumental, e desde que se o faça "*sem autorização da autoridade competente ou em desacordo com a concedida*" (elementos normativos do tipo).

b) Objeto material: é o *solo não edificável*, vale dizer, a porção de terra em que é vedada qualquer edificação (construção, edifício), bem como em seu *entorno* (região que cerca o solo não edificável).

9.3.3.4. Crime do art. 65

Art. 65. Pichar ou por outro meio conspurcar edificação ou monumento urbano:

Pena – detenção, de 3 (três) meses a 1 (um) ano, e multa.

a) Condutas típicas: são expressas pelos seguintes verbos: *pichar* (é o mesmo que escrever palavras ou desenhos com tinta ou *spray* em paredes, muros ou monumentos urbanos); ou *conspurcar* (é o mesmo que sujar, manchar, por qualquer outro meio – ex.: atirar óleo enegrecido em paredes ou monumentos).

b) Objeto material: *edificação* (toda obra ou atividade de uma construção, ainda que inacabada); *monumento urbano* (uma obra grandiosa, que tenha por finalidade imortalizar a memória de uma pessoa ou fato relevante, em uma cidade).

Incorrerá na forma qualificada do crime em tela o agente que praticar qualquer das condutas típicas em monumento ou coisa tombada em virtude do seu valor artístico, arqueológico ou histórico, cominando-se a pena é de 6 (seis) meses a 1 (um) ano de detenção e multa (art. 65, § 1º).

Nos termos do § 2º do tipo penal em comento, não constitui crime a prática de grafite realizada com o objetivo de valorizar o patrimônio público ou privado mediante manifestação artística, desde que consentida pelo proprietário e, quando couber, pelo locatário ou arrendatário do bem privado e, no caso de bem público, com a autorização do órgão competente e a observância das posturas municipais e das normas editadas pelos órgãos governamentais responsáveis pela preservação e conservação do patrimônio histórico e artístico nacional.

Portanto, as "grafitagens", que são tão comuns nos centros urbanos, constituirão crime ambiental se inexistir consentimento do proprietário, locatário ou arrendatário, quando se tratar de bem privado, ou da autoridade competente, em se tratando de patrimônio público.

9.4. Da aplicação da pena nos crimes ambientais

O art. 6º da Lei dos Crimes Ambientais preconiza que, para imposição e gradação da penalidade, a autoridade competente observará:

I. a gravidade do fato, tendo em vista os motivos da infração e suas consequências para a saúde pública e para o meio ambiente;

II. os antecedentes do infrator quanto ao cumprimento da legislação de interesse ambiental;

III. a situação econômica do infrator, no caso de multa.

9.5. Penas restritivas de direitos

Conforme determina o art. 7º da Lei 9.605/1998, as penas restritivas de direitos são autônomas e substituem as privativas de liberdade quando:

I. tratar-se de crime culposo ou for aplicada a pena privativa de liberdade inferior a quatro anos;

II. a culpabilidade, os antecedentes, a conduta social e a personalidade do condenado, bem como os motivos e as circunstâncias do crime indicarem que a substituição seja suficiente para efeitos de reprovação e prevenção do crime.

Adverte o parágrafo único, do precitado dispositivo legal, que as penas restritivas de direitos a que se refere esse artigo terão a mesma duração da pena privativa de liberdade substituída.

9.5.1. Espécies de penas restritivas de direitos

A Lei dos Crimes Ambientais prevê cinco espécies de penas restritivas de direitos, a saber (art. 8º):

I. *prestação de serviços à comunidade*: nos termos do art. 9º, consistirá na atribuição ao condenado de tarefas gratuitas junto a parques e jardins públicos e unidades de conservação, e, no caso de dano da coisa particular, pública ou tombada, na restauração desta, se possível.

II. *interdição temporária de direitos*: conforme determina o art. 10, são a proibição de o condenado contratar com o Poder Público, de receber incentivos fiscais ou quaisquer outros benefícios, bem como de participar de licitações, pelo prazo de cinco anos, no caso de crimes dolosos, e de três anos, no de crimes culposos.

III. *suspensão parcial ou total de atividades*: somente será aplicada quando estas não estiverem obedecendo às prescrições legais (art. 11);

IV. *prestação pecuniária*: consiste no pagamento em dinheiro à vítima ou à entidade pública ou privada com fim social, de importância, fixada pelo juiz, não inferior a um salário mínimo nem superior a trezentos e sessenta salários mínimos. O valor pago será deduzido do montante de eventual reparação civil a que for condenado o infrator (art. 12);

V. *recolhimento domiciliar*: baseia-se na autodisciplina e senso de responsabilidade do condenado, que deverá, sem vigilância, trabalhar, frequentar curso ou exercer atividade autorizada, permanecendo recolhido nos dias e horários de folga em residência ou em qualquer local destinado a sua moradia habitual, conforme estabelecido na sentença condenatória (art. 13).

9.5.2. Penas aplicáveis às pessoas jurídicas

Nos termos do art. 21 da Lei 9.605/1998, as penas aplicáveis isolada, cumulativa ou alternativamente às pessoas jurídicas, de acordo com o disposto no art. 3º, são:

I. multa;

II. restritivas de direitos;

III. prestação de serviços à comunidade.

Nos termos do art. 18 da lei sob análise, a *multa* será calculada segundo os critérios do Código Penal; se revelar-se ineficaz, ainda que aplicada no valor máximo, poderá ser aumentada até três vezes, tendo em vista o valor da vantagem econômica auferida.

Se admitida a responsabilização penal das pessoas jurídicas por crimes ambientais, aceita majoritariamente pela jurisprudência atual, impor-se-ão as seguintes *penas restritivas de direitos* (art. 22):

I. s*uspensão parcial ou total de atividades*: art. 22, § 1º – será aplicada quando estas não estiverem obedecendo às disposições legais ou regulamentares, relativas à proteção do meio ambiente.

II. i*nterdição temporária de estabelecimento, obra ou atividade*: art. 22, § 2º – será aplicada quando o estabelecimento, obra ou atividade estiver funcionando sem a devida autorização, ou em desacordo com a concedida, ou com violação de disposição legal ou regulamentar;

III. proibição de contratar com o Poder Público, bem como dele obter subsídios, subvenções ou doações: art. 22, § 3º – não poderá exceder o prazo de dez anos.

A prestação de serviços à comunidade imposta às pessoas jurídicas consistirá em (art. 23):

I. custeio de programas e de projetos ambientais;

II. execução de obras de recuperação de áreas degradadas;

III. manutenção de espaços públicos;

IV. contribuições a entidades ambientais ou culturais públicas.

Finalmente, se a pessoa jurídica constituída ou utilizada, preponderantemente, com o fim de permitir, facilitar ou ocultar a prática de crime definido nesta Lei terá decretada sua liquidação forçada, seu patrimônio será considerado instrumento do crime e como tal perdido em favor do Fundo Penitenciário Nacional (art. 24).

9.5.3. Circunstâncias atenuantes e agravantes dos crimes ambientais (arts. 14 e 15)

Nos termos do art. 14 da Lei 9.605/1998, são circunstâncias que atenuam a pena:

I. baixo grau de instrução ou escolaridade do agente;

II. arrependimento do infrator, manifestado pela espontânea reparação do dano, ou limitação significativa da degradação ambiental causada;

III. comunicação prévia pelo agente do perigo iminente de degradação ambiental;

IV. colaboração com os agentes encarregados da vigilância e do controle ambiental.

Já o art. 15, do mesmo diploma legal, elenca as circunstâncias que agravam a pena, quando não constituem ou qualificam o crime:

I. reincidência nos crimes de natureza ambiental;

II. ter o agente cometido a infração:

a) para obter vantagem pecuniária;

b) coagindo outrem para a execução material da infração;

c) afetando ou expondo a perigo, de maneira grave, a saúde pública ou o meio ambiente;

d) concorrendo para danos à propriedade alheia;

e) atingindo áreas de unidades de conservação ou áreas sujeitas, por ato do Poder Público, a regime especial de uso;

f) atingindo áreas urbanas ou quaisquer assentamentos humanos;

g) em período de defeso à fauna;

h) em domingos ou feriados;

i) à noite;

j) em épocas de seca ou inundações;

l) no interior do espaço territorial especialmente protegido;

m) com o emprego de métodos cruéis para abate ou captura de animais;

n) mediante fraude ou abuso de confiança;

o) mediante abuso do direito de licença, permissão ou autorização ambiental;

p) no interesse de pessoa jurídica mantida, total ou parcialmente, por verbas públicas ou beneficiada por incentivos fiscais;

q) atingindo espécies ameaçadas, listadas em relatórios oficiais das autoridades competentes;

r) facilitada por funcionário público no exercício de suas funções.

9.5.4. O sursis na Lei dos Crimes Ambientais

A suspensão condicional da pena (*sursis*) recebeu tratamento com algumas peculiaridades na Lei 9.605/1998. Confira-se:

> **Art. 16.** Nos crimes previstos nesta Lei, a suspensão condicional da pena pode ser aplicada nos casos de condenação a pena privativa de liberdade não superior a três anos.

Lembre-se que no CP, o *sursis*, como regra, será cabível quando a pena privativa de liberdade for não superior a 2 (dois) anos, nos termos de seu art. 77, *caput*.

A verificação da reparação a que se refere o § 2º do art. 78 do CP (condição para o *sursis* especial) será feita mediante *laudo de reparação do dano ambiental*, e as condições a serem impostas pelo juiz deverão relacionar-se com a proteção ao meio ambiente (art. 17 da Lei 9.605/1998).

9.5.5. Da ação e do processo penal na Lei dos Crimes Ambientais (arts. 26 a 28)

Nos termos do art. 26 da Lei 9.605/1998, todos os crimes ambientais são de *ação penal pública incondicionada*.

Nos crimes ambientais de menor potencial ofensivo, a proposta de aplicação imediata de pena restritiva de direitos ou multa, prevista no art. 76 da <u>Lei 9.099, de 26.09.1995</u> (transação penal), somente poderá ser formulada desde que tenha havido a prévia composição do dano ambiental, de que trata o art. 74 da mesma lei, salvo em caso de comprovada impossibilidade (art. 27).

Finalmente, de acordo com o art. 28, as disposições do art. 89 da Lei 9.099, de 26.09.1995, aplicam-se aos crimes de menor potencial ofensivo definidos nesta Lei (leia-se: na Lei dos Crimes Ambientais), com as seguintes modificações:

I. a declaração de extinção de punibilidade, de que trata o § 5º do artigo referido no *caput*, dependerá de laudo de constatação de reparação do dano ambiental, ressalvada a impossibilidade prevista no inciso I do § 1º do mesmo artigo;

II. na hipótese de o laudo de constatação comprovar não ter sido completa a reparação, o prazo de suspensão do processo será prorrogado, até o período máximo previsto no artigo referido no *caput*, acrescido de mais um ano, com suspensão do prazo da prescrição;

III. no período de prorrogação, não se aplicarão as condições dos incisos II, III e IV do § 1° do artigo mencionado no *caput*;

IV. findo o prazo de prorrogação, proceder-se-á à lavratura de novo laudo de constatação de reparação do dano ambiental, podendo, conforme seu resultado, ser novamente prorrogado o período de suspensão, até o máximo previsto no inciso II deste artigo, observado o disposto no inciso III;

V. esgotado o prazo máximo de prorrogação, a declaração de extinção de punibilidade dependerá de laudo de constatação que comprove ter o acusado tomado as providências necessárias à reparação integral do dano.

2. DIREITO PROCESSUAL PENAL

Márcio Rodrigues e Fernando Leal Neto

1. LINHAS INTRODUTÓRIAS

Em termos jurídicos, a expressão Processo Penal apresenta, basicamente, dois significados: Processo Penal *como instrumento legitimador do direito de punir do Estado*; e Processo Penal (ou Direito Processual Penal) *como ramo da ciência jurídica*. Investiguemos melhor esses dois sentidos.

1.1. Processo Penal como instrumento legitimador do direito de punir do Estado

Praticada uma infração penal, surge para o Estado o direito de punir (*jus puniendi*) o infrator. Esse direito, no entanto, *não se efetiva de maneira imediata*, pois o Estado, para aplicar uma pena ao indivíduo, deve, *necessariamente*, valer-se de um *processo* disciplinado por princípios, garantias e normas previamente estabelecidas. O Processo Penal configura-se, assim, um instrumento legitimador do direito de punir do Estado, um instrumento que funciona como verdadeira garantia a todo acusado/investigado frente ao poder estatal.

1.2. Processo Penal como ramo da ciência jurídica

Como ramo da ciência do direito, pode-se fornecer, com Marques (2003, p. 16), o seguinte conceito de **Direito Processual Penal**: "*conjunto de princípios e normas que regulam a aplicação jurisdicional do direito penal, bem como as atividades persecutórias da Polícia Judiciária, e a estruturação dos órgãos da função jurisdicional e respectivos auxiliares*".

2. FONTES DO DIREITO PROCESSUAL PENAL

Por fontes do direito, entenda-se *tudo aquilo que contribui para o surgimento das normas jurídicas*. São tradicionalmente classificadas em:

2.1. Fontes materiais (substanciais ou de produção)

Trata-se aqui de verificar quem tem competência para produzir a norma jurídica. No caso do Direito Processual Penal, compete principalmente à *União* a produção das normas jurídicas. Porém, essa competência *não é exclusiva*, pois, em certos casos específicos, os *Estados Federados* e o *Distrito Federal* também poderão elaborar normas relacionadas ao Direito Processual Penal (*vide* arts. 22, I, e parágrafo único; e 24, XI, CF).

2.2. Fontes formais (de cognição ou de revelação)

São aquelas que *revelam a norma criada*. Classificam-se em:

a) Fontes formais imediatas, diretas ou primárias: compreendem as *leis* (CF, leis ordinárias, tratados e convenções etc.);

b) Fontes formais mediatas, indiretas, secundárias ou supletivas: compreendem *os princípios gerais do direito, a doutrina, o direito comparado, os costumes, a jurisprudência e a analogia*. Analisemos cada uma dessas fontes formais mediatas.

b1) Princípios gerais do direito (art. 3º, CPP): *são postulados éticos que, embora não venham escritos no bojo do ordenamento jurídico, inspiram-no*. Ex.: "a ninguém é lícito alegar a sua própria torpeza";

b2) Doutrina: *compreende a opinião dos doutos sobre os mais variados temas*. Tem significativa influência no processo legislativo, no ato de julgamento e no processo de *revelação* da norma;

b3) Direito comparado: as *normas e os princípios jurídicos de outros países* podem, por vezes, fornecer subsídios importantes para a revelação da norma nacional também. Basta lembrar a influência que tem, por exemplo, o Direito europeu-continental em nosso Direito;

b4) Costumes (art. 4º, LINDB): são *condutas praticadas de forma reiterada, em relação às quais se adere uma consciência de obrigatoriedade*. Fala-se em costume *secundum legem* (*de acordo com a lei*), *praeter legem* (*supre lacunas legais*) e *contra legem* (*contrário à lei*). Esta última espécie de costume é, em regra, *proibida* pelo Direito;

b5) Jurisprudência: trata-se do *entendimento judicial reiterado sobre determinado assunto*. É uma importante fonte de *revelação* do direito. *Questão polêmica* é saber se as *súmulas vinculantes* (*vide* art. 103-A, CF, e Lei 11.417/2006) seriam fontes formais *imediatas* (equiparadas às *leis*, portanto) ou se seriam fontes formais apenas *mediatas* (equiparadas à doutrina, por exemplo). *Predomina* esta última posição (fonte formal mediata), sob o principal argumento de que a súmula vinculante não emana do Poder Legislativo, não podendo, portanto, ser equiparada à lei;

b6) Analogia (art. 4º, LINDB): "*é uma forma de autointegração da lei*" (MIRABETE, 2002, p. 54). **Consiste** *em utilizar determinada norma (aplicável a um caso previsto pelo legislador) a uma outra situação semelhante que não foi prevista pelo legislador*. É a aplicação do brocardo "onde existe a mesma razão, deve-se aplicar o mesmo direito" (*ubi eadem ratio, ubi idem ius*). É admitida no Processo Penal (ver art. 3º, CPP), onde é possível, inclusive, *in malam partem* (em desfavor do réu). Cuidado para não confundir com o que ocorre no **Direito Penal** em sede de analogia. Lá (no Direito Penal), por conta do *princípio da reserva legal*, é *impossível* a analogia para prejudicar o réu;

c) Atenção para não confundir:

c1) Analogia e interpretação extensiva: na **analogia**, *não há* norma reguladora do caso concreto, sendo, portanto, aplicada uma norma que rege caso semelhante. Ex.: ao oferecer a denúncia, caso o MP não formule a proposta de suspensão condicional do processo (art. 89, Lei 9.099/1995), pode o juiz, por analogia, invocar o art. 28, CPP (remessa ao Procurador--Geral de Justiça – PGJ). Na **interpretação extensiva**, *existe*, de fato, uma norma regulando o caso, porém, o alcance dessa norma é *limitado*, sendo necessária, portanto, a sua *extensão*. Ex.: cabe recurso em sentido estrito (RESE) da decisão que não recebe a denúncia (art. 581, I, CPP) e, por interpretação extensiva, também cabe RESE da decisão que não recebe o aditamento (acréscimo) à denúncia;

c2) Analogia e interpretação analógica: como dissemos, na **analogia** não há norma reguladora do caso concreto, sendo, portanto, aplicada uma norma que rege caso semelhante. Na **interpretação analógica**, *existe sim* norma reguladora do caso concreto. O que ocorre aqui é que a lei, após realizar uma enumeração *casuística* de situações, parte para uma formulação *genérica*, no desejo de que outras hipóteses similares sejam abrangidas. Ex.: art. 121, § 2º, IV, CP – "à traição, de emboscada, ou mediante dissimulação [enumeração casuística] *ou outro recurso que dificulte ou torne impossível a defesa do ofendido* [fórmula genérica]". (Incluímos e destacamos);

c3) Interpretação analógica e aplicação analógica: aquela, conforme vimos, é forma de *interpretação* da lei e ocorre quando esta, após realizar uma enumeração *casuística* de situações, parte para uma formulação *genérica*, no desejo de que outras hipóteses similares sejam abrangidas. Por outro lado, a **aplicação analógica** consiste no emprego da analogia (conforme conceituada anteriormente) e é forma de *autointegração* da lei.

3. INTERPRETAÇÃO DA LEI PROCESSUAL

Tradicionalmente, diz-se que a interpretação da lei consiste na *atividade de determinar o sentido e o alcance daquela* (*vide* arts. 5º, LINDB, e 3º, CPP). Porém, devemos nos afastar da ideia de que interpretar a lei é ato "mecânico", meramente formal ou neutro. Ao contrário, trata-se de atividade complexa, influenciada por uma sofisticada gama de fatores, cuja análise escaparia ao objetivo deste trabalho. Seja como for, pode-se adiantar que um dos aspectos que, sem dúvida, deve assumir proeminência na atividade interpretativa é a máxima efetividade dos direitos fundamentais, sobretudo no que tange à dignidade da pessoa humana.

Por outro lado, vale recordar com Mirabete (2001, p. 70), que a analogia, os costumes e os princípios gerais do direito *não se constituem* em interpretação (hermenêutica) da lei, mas, consoante vimos, em *fontes* desta. Em seguida, apresentaremos as espécies de interpretação da lei processual penal, conforme tradicionalmente trabalhada pela doutrina.

3.1. Quanto ao sujeito (ou a origem) que realiza a interpretação

3.1.1. Autêntica ou legislativa

É aquela *efetuada pelo próprio legislador*. Esta interpretação pode ser:

a) Contextual: quando *consta do próprio texto a ser interpretado*. Ex. n. 1: o próprio legislador do CP, após tratar dos crimes funcionais praticados por funcionário público (art. 312 a 326), fornece-nos, *no mesmo contexto*, o conceito de *funcionário público (art. 327 do CP)*. Ex. n. 2: o próprio legislador do CPP nos fornece o conceito de prisão em flagrante (art. 302);

b) Posterior à vigência da lei: quando a interpretação *também é realizada pelo legislador, mas em momento posterior à entrada da lei*. Ex.: a Lei 5.249/1967 conceituou, *posteriormente*, o significado da palavra representação contida na Lei 4.898/1965, que é anterior àquela.

Atenção: a **exposição de motivos** de um Código *não é considerada texto de lei*. Portanto, *não* se pode falar em interpretação *autêntica nesse caso*. Trata-se, assim, de interpretação *doutrinária* ou *científica* (veja o item logo abaixo).

3.1.2. Doutrinária ou científica

Trata-se de interpretação *dos dispositivos legais efetuada pelos estudiosos do Direito*.

3.1.3. Jurisprudencial ou judicial

É a interpretação que *juízes ou tribunais dão à norma*. Esse tipo de interpretação ganhou significativa importância com o advento das *súmulas vinculantes* (art. 103-A, CF).

3.2. Quanto aos meios (ou métodos) empregados na atividade de interpretação

3.2.1. Gramatical, literal ou sintática

Método interpretativo que *leva em conta o sentido literal das palavras contidas na lei* ("letra fria da lei"; interpretação "seca" da lei). Considerado um dos métodos mais *pobres/simples* de interpretação.

3.2.2. Teleológica

Busca-se a *finalidade, o "telos" da norma*.

3.2.3. Lógica

Quando o intérprete *se utiliza das regras gerais de raciocínio buscando compreender o "espírito" da lei e a intenção do legislador*.

3.2.4. Sistemática

A norma *não deve ser interpretada de forma isolada*. Ao revés, deve ser interpretada como *parte de um sistema jurídico* (BOBBIO, 1997, p. 19). A interpretação sistemática leva em conta, portanto, as relações entre a norma interpretada com o todo (*i. e.* com restante do ordenamento jurídico).

3.2.5. Histórica

Leva em conta o *contexto em que a norma foi elaborada*: os debates travados na época, as eventuais propostas de emenda, o projeto de lei etc.

3.3. Quanto aos resultados obtidos com a interpretação

3.3.1. Declarativa ou declaratória

Ocorre "*quando se conclui que a lei não pretendeu dizer nada além ou aquém do que está escrito*" (NICOLITT, 2010, p. 5). Nesse caso, o hermeneuta *apenas declara* o significado do texto.

3.3.2. Restritiva

Ocorre quando *a lei disse mais do que desejava*, devendo o intérprete *restringir* o seu alcance, a fim de conseguir atingir o seu real sentido.

3.3.3. Extensiva ou ampliativa

Aqui *a lei disse menos do que desejava*, devendo o intérprete *ampliar* o seu alcance (*vide* art. 3º, CPP).

3.3.4. Progressiva, adaptativa ou evolutiva

É aquela que, no decurso do tempo, *vai se adaptando aos novos contextos sociais, políticos, científicos, jurídicos e morais*, como forma de proporcionar uma maior *efetividade* aos dizeres do legislador.

4. LEI PROCESSUAL NO ESPAÇO, NO TEMPO E EM RELAÇÃO ÀS PESSOAS

4.1. Lei processual penal no espaço

Em regra, aplica-se a lei processual penal brasileira (CPP e legislação processual extravagante) às infrações penais praticadas em *território nacional* [1] *(locus regit actum)*. A isso se dá o nome de princípio da territorialidade da lei *processual penal* (art. 1º, CPP). *Porém*, há casos em que, mesmo que a infração tenha sido cometida *fora* do território nacional, se for hipótese de submissão à lei *penal* brasileira (*vide* art. 7º, CP), também, por via de consequência, será aplicada a lei *processual* penal pátria (MIRABETE, 2001, p. 59).

Por outro lado, o princípio da territorialidade *não é absoluto*, visto que, conforme revelam os próprios incisos do art. 1º, CPP, há situações em que a lei processual penal brasileira *não será* aplicada. Seguem casos *em que o CPP brasileiro não será aplicado*:

I – tratados, convenções e regras de direito internacional: a subscrição pelo Brasil de tratados, convenções e regras de direito internacional, com normas processuais próprias (específicas), afasta a jurisdição brasileira. Ex.: diplomata a serviço de seu país de origem que pratica crime no Brasil. Em razão de o Brasil ser signatário da Convenção de Viena sobre Relações Diplomáticas (*vide* Decreto 56.435/1965), não será aplicada ao caso a nossa legislação (material e processual);

II – prerrogativas constitucionais do Presidente da República, dos ministros de Estado, nos crimes conexos com os do Presidente da República, e dos ministros do Supremo Tribunal Federal, nos crimes de responsabilidade[2] **(Constituição, arts. 86, 89, § 2º, e 100**[3]**):** trata-se aqui da chamada **jurisdição política**, *i.e.*, *certas condutas praticadas por determinadas autoridades públicas (Presidente, Ministros etc.) não são apreciadas pelo Judiciário, mas pelo Legislativo*, seguindo-se, *não* o rito previsto no CPP, mas o disposto na Lei 1.079/1950, na CF, e no regimento interno do Senado (conferir o art. 52, I e II, CF);

III – os processos da competência da Justiça Militar: nesse caso, também *não se* aplica o CPP, mas o Código de Processo Penal *Militar* (DL 1.002/1969);

IV – os processos da competência do tribunal especial (Constituição, art. 122, n. 17): esse inciso encontra-se prejudicado, pois faz menção à Constituição de 1937, sendo que não há norma similar na CF/1988;

V – os processos por crimes de imprensa: também prejudicado este inciso, por dois motivos: a) a Lei de Imprensa (Lei 5.250/1967, art. 48) prevê a aplicação do *CPP*; b) o STF, em 2009 (ADPF 130-7 DF), declarou *não recepcionada* pela CF/1988 a Lei de Imprensa. Diante dessa decisão, aplica-se, atualmente, *o CP e o CPP* aos eventuais crimes contra a honra cometidos por meio da imprensa (e não mais a antiga Lei de Imprensa).

Há, ainda, conforme Nucci (2008, p. 130), outra exceção. Trata-se do Tribunal Penal Internacional (art. 5º, § 4º, CF). É que, embora cometido o crime no Brasil, havendo interesse do Tribunal Penal Internacional, o agente poderá ser entregue à *jurisdição estrangeira* (aplicando-se, também, a legislação processual penal estrangeira ao caso). Vale destacar que a jurisdição do TPI é subsidiária. Sendo assim, o "interesse" do TPI acontecerá quando o país não fizer valer a aplicação da lei penal interna, notadamente nos casos de crimes de guerra e contra a humanidade.

4.2. Lei processual penal no tempo

Para as *normas puramente processuais penais* (que *são aquelas que regulam aspectos ligados ao procedimento ou à forma dos atos processuais*, ex.: formas de intimação), aplica-se o princípio da aplicação imediata (*tempus regit actum* – art. 2º, CPP), *conservando-se*, no entanto, os atos processuais praticados sob a vigência da lei anterior. Em suma: aplica-se a norma imediatamente (inclusive aos processos em andamento), respeitando-se, porém, os atos que foram praticados sob a égide da lei anterior.

Agora, *que fazer* quando determinada lei – dita "processual" – possui aspectos processuais *e penais* (chamadas de leis processuais penais materiais, mistas ou híbridas)?

Neste caso, conforme entendimento de *majoritário* setor da comunidade jurídica,[4] *prevalece* o comando do art. 5º, XL, CF, sobre o princípio da aplicação imediata. Assim, o que determinará a aplicação imediata da lei híbrida é o seu conteúdo de direito material/substancial. Se o aspecto *penal* da lei híbrida for *benigno, retroagirá integralmente a lei*; já se for *maligno, não retroagirá*. Nos termos da Súmula 501, STJ, não é cabível a combinação das leis, fracionando as normas de natureza material e processual. Vamos a um exemplo.

---

1. Considera-se praticada em território nacional a infração cuja ação ou omissão, ou resultado, no todo ou em parte, ocorreu em território pátrio (art. 6º, CP). Adota-se aqui a chamada teoria da ubiquidade ou mista.

2. Não se deve confundir a expressão "crimes de responsabilidade" com a noção comum que temos de crime. Isto porque os crimes de responsabilidade são, na verdade, *infrações político-administrativas* cujas penalidades costumam ser a perda do cargo ou a inabilitação temporária para o exercício de cargo ou função. Desse modo, não há penalidade de prisão ou multa nesses casos.

3. Estes dispositivos referem-se à Constituição brasileira de 1937.

4. Vide STJ, Ag Int no REsp 1378862/SC, 5ª Turma, *DJ* 01.08.2016 e AgRg nos EDcl no AREsp 775.827/RJ, 6ª Turma, *DJ* 21.06.2016.

Determinada lei, além de tratar de novas formas de intimação das partes (aspecto processual – aplicação imediata, portanto), também criou, em seu bojo, uma nova causa de perempção da ação penal (art. 60, CPP). Ora, é inegável que este último ponto (perempção) possui *natureza penal*, uma vez que tem o condão de extinguir a punibilidade do acusado. Conclusão: nessa situação, devemos aplicar a regra do art. 5º, XL, CF, que prevê a retroatividade da lei mais benigna. Caso contrário, se o dispositivo penal fosse prejudicial ao acusado, nenhum aspecto da nova lei seria aplicável.

4.3. Lei processual penal em relação às pessoas

Em princípio, *a lei processual penal deverá ser aplicada a qualquer pessoa que venha a praticar uma infração em território nacional*. Porém, certas pessoas, em razão do *cargo* que ocupam, gozam, em determinadas situações, de imunidade penal e, por via de consequência, *processual penal também*. Vejamos.

4.3.1. Imunidades diplomáticas em sentido amplo

Chefes de Estado, representantes de governo estrangeiro, agentes diplomáticos[5] (embaixadores, secretários da embaixada, pessoal técnico e administrativo das respectivas representações, seus familiares e funcionários de organismos internacionais quando em serviço – ONU, OEA etc.)[6] estão, *em caráter absoluto, excluídos* da jurisdição penal dos países em que desempenham suas funções (*vide* Convenção de Viena sobre Relações Diplomáticas). Essas pessoas possuem, portanto, imunidade absoluta em relação à jurisdição penal, devendo ser processadas e julgadas pelo Estado que representam. Ademais, as *sedes diplomáticas* são *invioláveis*, não podendo "ser objeto de busca e apreensão, penhora e qualquer medida constritiva".[7]

Por outro lado, os *agentes consulares* (pessoas que não representam propriamente o Estado ao qual pertencem, mas atuam no âmbito dos interesses privados de seus compatriotas) possuem imunidade *apenas relativa* em relação à jurisdição criminal. É dizer: só *não* serão submetidos às autoridades brasileiras em relação aos atos praticados *no exercício das funções consulares*. Portanto, atos *estranhos* a esta função são, sim, apreciados pela jurisdição penal nacional (*vide* art. 43 da Convenção de Viena sobre Relações Consulares – Promulgada pelo Decreto 61.078/1967).

4.3.2. Imunidades parlamentares

Dividem-se em:

a) Imunidade material (*penal, absoluta ou, simplesmente, inviolabilidade*): abrange questões de *direito material* (penal e civil). Vem representada pelo art. 53, *caput*, da CF, que diz: "os Deputados e Senadores são invioláveis, civil e penalmente, por quaisquer de suas opiniões, palavras e votos";

b) Imunidade formal (*processual ou relativa*): abrange questões de ordem *processual penal*. São as seguintes as *imunidades formais* dos parlamentares federais:

b1) Prisão provisória: "desde a expedição do diploma, os membros do Congresso Nacional *não poderão* ser *presos, salvo* em flagrante de crime *inafiançável*. Nesse caso, os autos serão remetidos dentro de vinte e quatro horas à Casa respectiva, para que, pelo voto da maioria de seus membros, resolva sobre a prisão" (art. 53, § 2º, CF – destacou-se). Logo, o congressista *não pode* ser preso preventiva ou temporariamente. Só poderá ser preso em caso de flagrante por crime *inafiançável* ou por conta de sentença penal *transitada em julgado*;

b2) Possibilidade de sustação de processo criminal: "*recebida a denúncia* contra o Senador ou Deputado, por crime ocorrido após a diplomação, o Supremo Tribunal Federal dará ciência à *Casa respectiva*, que, por iniciativa de *partido político* nela representado e pelo *voto da maioria* de seus membros, poderá, até a decisão final, *sustar* o andamento da ação" (art. 53, § 3º, CF – destacou-se). Conferir também os §§ 4º e 5º deste mesmo artigo;

b3) Desobrigação de testemunhar: os parlamentares federais *não estão obrigados* a testemunhar sobre "informações recebidas ou prestadas em razão do exercício do mandato, nem sobre as pessoas que lhes confiaram ou deles receberam informações" (art. 53, § 6º, CF);

b4) Prerrogativa de foro: também chamada de **foro privilegiado**, significa que os parlamentares federais estão submetidos a *foro especial* (no caso, o STF – art. 53, § 1º, CF), em razão do cargo que exercem. Cabe ressaltar que o STF, em sede de medida cautelar na Rcl. 13286/2012, *DJ* 29.02.2012, aduziu não serem dotadas de natureza criminal as sanções tipificadas na LC 135/2010 e na LC 64/1990, deste modo, sendo descabida a prerrogativa de foro para parlamentares em tais casos. Ademais, entendeu a 1ª Turma do STF na AP 606 MG, *DJ* 18.09.2014, que a renúncia parlamentar, quando realizada após o final da instrução, não acarreta a perda de competência da referida Corte. No entanto, ocorrendo a renúncia anteriormente ao final da instrução, declina-se da competência para o juízo de primeiro grau. A despeito de tal entendimento jurisprudencial da 1ª Turma do STF, na hipótese de não reeleição do parlamentar, não se afigura ser o caso de aplicação do mesmo posicionamento, devendo ocorrer o declínio da competência para o juízo de primeiro grau, vide Inq. 3734/SP, 1ª Turma, *DJ* 10.02.2015.

Ainda acerca do "foro privilegiado", entendemos ser relevante apontar recente discussão no âmbito do STF sobre a possível restrição do alcance do foro por prerrogativa de função para os membros do Congresso Nacional. No julgamento da Questão de Ordem na Ação Penal nº 937, no dia 23 de novembro de 2017, seis ministros acompanharam integralmente o voto do relator, Min. Luís Roberto Barroso, que opinou pela aplicação do foro privilegiado somente aos crimes cometidos no exercício do cargo e em razão das funções a ele relacionadas. O ministro Alexandre de Moraes acompanhou o relator apenas no que se refere à restrição do foro aos crimes cometidos após a diplomação, mas divergiu quanto às infrações comuns, afirmando que a CF não trouxe

---

5. Em sentido estrito, diplomatas são "funcionários encarregados de tratar das relações entre o seu Estado e os países estrangeiros ou organismos internacionais" (AVENA, 2010, p. 74).

6. Op. cit. (2010, p. 76).

7. Op. cit. (2010, p. 76).

espaço para retirá-las da competência do STF. O julgamento encontra-se suspenso por conta do pedido de vista do ministro Dias Tóffoli, mas o resultado até então alcançado já indica possíveis mudanças no alcance do foro privilegiado. [8]

Observações finais: as imunidades *materiais e formais* vistas aplicam-se *inteiramente* aos deputados estaduais (art. 27, § 1º, CF). Por outro lado, aos vereadores são aplicáveis *apenas* as imunidades *materiais* (penal e civil – *vide* art. 29, VIII), mas *não* as formais (processuais). É importante destacar, contudo, que a imunidade parlamentar não se estende ao corréu sem essa prerrogativa (Súmula 245, STF).

5. SISTEMAS (OU TIPOS) PROCESSUAIS PENAIS

Ao longo da história, o Estado, para impor o seu direito de punir, utilizou-se de diferentes sistemas processuais penais, *que continham ora mais ora menos garantias em prol do indivíduo*. Nesse sentido, costuma-se apontar três espécies de sistemas (tipos históricos/ideais) processuais penais: acusatório, inquisitivo e misto.

5.1. Sistema acusatório

Tem como uma de suas principais características o fato de as *funções de acusar, julgar e defender estarem acometidas a órgãos distintos*. Além disso, essa espécie de sistema processual *contempla a ampla defesa, o contraditório, a presunção de inocência, a oralidade e a publicidade dos atos processuais, o tratamento isonômico das partes, a imparcialidade do julgador e a incumbência do ônus da prova às partes (e não ao juiz).* Ademais, no *tipo de processo penal acusatório,* o sistema de *apreciação das provas* é o do *livre convencimento motivado* (ou *persuasão racional do juiz), i. e.,* o magistrado é *livre* para julgar a causa, mas deverá fazê-lo de forma *fundamentada (art. 93, IX, da CF).* Há, por fim, *liberdade de prova,* ou seja, em regra, admitem-se todos os meios de prova, inexistindo um valor previamente fixado para cada uma delas. Inexiste, assim, hierarquia, *a priori,* entre as provas – todas têm, a princípio, o mesmo valor; sendo todas potencialmente capazes de influenciar, de igual modo, o convencimento do magistrado.

5.2. Sistema inquisitivo (ou inquisitório)

De forma antitética ao acusatório, uma das características mais marcantes do sistema inquisitivo é a de *concentrar num mesmo órgão as funções de acusar, julgar e defender.* Ou seja, o órgão que acusa será o mesmo que, posteriormente, defenderá e julgará o indivíduo. Além disso, é *marcado por um processo escrito e sigiloso, pela inexistência de contraditório e ampla defesa, pela produção probatória realizada pelo próprio juiz-inquisidor* (e não pelas partes). Nesse sistema, o réu, na realidade, não é tratado como um *sujeito de direitos,* mas como um verdadeiro *objeto* da persecução penal. No que tange ao sistema de *apreciação das provas,* vigora a *íntima convicção* do julgador (leia-se: a fundamentação da decisão

é desnecessária). Assim, o magistrado decide pautado num convencimento íntimo, sem oferecer quaisquer porquês, quaisquer razões para tanto. Por fim, no sistema inquisitivo, cada prova tem *valor previamente fixado* (chamado de *sistema da prova tarifada ou legal),* sendo que a *confissão* do acusado costuma ser considerada a *rainha das provas (i. e.,* prova máxima da culpabilidade do réu). Há, portanto, hierarquia entre as provas – cada uma delas possui seu valor previamente fixado pelo legislador.

5.3. Sistema misto (ou acusatório formal)

(Configura uma tentativa de *reunião dos dois sistemas anteriores.* Marcado por uma *instrução preliminar* (sigilosa, escrita e conduzida por um juiz que produz provas) e por uma *fase judicial* em que se assegura o contraditório, a ampla defesa, a publicidade etc.

Qual o sistema processual penal brasileiro? Apesar da polêmica que o tema encerra, *predomina* no âmbito da doutrina e jurisprudência (STF, ADI 5104MC/DF, *DJe* 30.10.2014 e **STF, ADI 4693MC/BA,** *DJe* **07.11.2017** *v. g.*) que, tendo em vista os seguintes dispositivos constitucionais – arts. 129, I, 93, IX, 5º, XXXVII, LIII, LIV, LV, LVII – o Brasil teria adotado o **sistema acusatório**. Diversos informativos jurisprudenciais do STJ acolhem tal posicionamento, vide: Inf. 0577, 5ª e 6ª Turmas, do período de 20.02.2016 a 02.03.2016, Inf. 0565, da Corte Especial, do período de 01.07.2015 a 07.08.2015 e Inf. 0558, de 19.03.2015 a 06.04.2016, da Corte Especial. Vale lembrar que, no Brasil, as funções de acusar, defender e julgar são desempenhadas por órgãos distintos e independentes entre si (Ministério Público; Defensoria; e Magistratura), haja vista que o sistema ora em comento impõe a separação orgânica das funções concernentes à persecução penal, vide entendimento esposado pela 2ª Turma do STF no HC 115015/SP, *DJ* 12.09.2013. Porém, como diz Rangel (2008, p. 54), o sistema acusatório brasileiro *não é "puro" (vide também* STJ, HC 196421/SP, *DJe* 26.02.2014). Isto porque há diversas passagens em nosso ordenamento jurídico que representam verdadeiros *resquícios de sistema inquisitivo,* como, por exemplo, as que tratam da produção probatória *de ofício* pelo magistrado (art. 156, CPP, *v. g.*). Ademais, para além de questões teóricas, é possível vislumbrar flagrante *autoritarismo* em diversas *práticas* "reais" do processo penal brasileiro, o que, também, inegavelmente, reforça a ideia de um sistema acusatório *impuro.*

6. PRINCÍPIOS CONSTITUCIONAIS E PROCESSUAIS PENAIS

6.1. Devido processo legal

Oriundo do direito anglo-americano (*due processo of law*), o princípio do devido processo legal vem expressamente previsto no art. 5º, LIV, CF com os seguintes dizeres: "*ninguém será privado da liberdade ou de seus bens sem o devido processo legal*". Perceba, desde já, leitor, que esse princípio deve ser encarado como uma espécie de fonte a partir da qual emanam diversas garantias e princípios processuais fundamentais. Assim, dizer que *ninguém será privado da liberdade ou de seus bens sem o devido processo legal* significa,

---

8. Note-se que até então o entendimento é de que nos casos em que a infração penal for praticada em data anterior à diplomação, o processo criminal deve ser remetido para o STF. É a chamada regra da atualidade do exercício do cargo. (TÁVORA, Nestor; ALENCAR, Rosmar Rodrigues, 2017, p. 431).

em última análise, afirmar a necessidade de um processo prévio, informado pelo contraditório; ampla defesa; juiz natural; motivação das decisões; publicidade; presunção de inocência; direito de audiência; direito de presença do réu; e duração razoável do processo (BADARÓ, 2008, p. 36). Assim, pode-se afirmar que o Estado, para poder fazer valer o seu *jus puniendi*, deve rigorosamente respeitar *as regras do jogo* – compreendendo-se por esta expressão não apenas o respeito a aspectos procedimentais, mas também a todas as garantias e direitos expostos anteriormente. Por fim, é necessário notar que, em suma, busca-se com o *due process of law* assegurar ao acusado um processo penal efetivamente justo e equilibrado.

6.2. Presunção de inocência (estado de inocência ou não culpabilidade)

Expressamente previsto no art. 5º, LVII, CF, que diz: *"ninguém será considerado culpado até o trânsito em julgado de sentença penal condenatória"*, esse princípio estabelece uma presunção de inocência (*jurídica* e *relativa*) do acusado que só cede diante de um decreto condenatório definitivo.

Mas não é só, pois o princípio do estado de inocência tem grande impacto em, pelo menos, mais dois campos: no **ônus da prova** e na **prisão provisória** (cautelar ou processual). Vejamos.

No campo do **ônus da prova**, o referido princípio faz recair sobre a acusação o ônus de provar a culpa *lato sensu* do acusado. Trata-se, inclusive, de comando presente no CPP (*vide* art. 156, primeira parte). Desse modo, não cabe ao réu demonstrar a sua inocência (até porque goza do

direito de permanecer calado – art. 5º, LXIII, CF), mas sim à acusação comprovar a culpa daquele. Caso a acusação não se desincumba desse ônus, *i.e.*, não logre êxito em provar cabalmente a culpa do réu, deverá ser aplicada a regra pragmática de julgamento do *in dubio pro reo*, absolvendo-se, por conseguinte, o acusado.

Ainda sobre o assunto, note o leitor que *prevalece* na comunidade jurídica o entendimento de que o ônus da prova se *reparte* entre a acusação e a defesa. À primeira (a acusação) incumbe provar a existência do fato e sua respectiva autoria, a tipicidade da conduta, o elemento subjetivo da infração (dolo ou culpa), bem como eventuais agravantes, causas de aumento e/ou qualificadoras alegadas. A defesa, por sua vez, tem o ônus de provar eventuais alegações que faça sobre excludentes de tipicidade, ilicitude e/ou culpabilidade, circunstâncias atenuantes e/ou causas de diminuição da pena.[10]

No campo da **prisão provisória**, o princípio do estado de inocência também desempenha um papel decisivo. Desde logo, advirta-se que o instituto da prisão provisória *não é incompatível* com o princípio do estado de inocência. Posto de outra forma: o princípio em questão não é absoluto. Atente-se que a própria Constituição previu a possibilidade de prisão provisória, por exemplo, no art. 5º, LXI – além do que, há na Magna Carta o princípio da segurança pública, que também torna possível falar em prisão decretada *antes do trânsito em julgado*.

Se não são incompatíveis, então como harmonizar esses institutos aparentemente antagônicos (prisão provisória e estado de inocência)? Na realidade, o princípio da presunção de inocência força-nos a assumir uma posição *contrária à banalização* da prisão provisória. Explica-se melhor. O referido princípio, ao propor que *"ninguém será considerado culpado até o trânsito em julgado de sentença penal condenatória"*, força-nos a encarar a prisão provisória como medida *extrema, excepcional*. É dizer: só se prende alguém antes do trânsito em julgado se for absolutamente necessário. Esse princípio institui entre nós a **regra da liberdade**, leia-se: *em regra, o indivíduo deve ser conservado em liberdade, apenas se "abusar" desta (da liberdade) poderá vir a ser encarcerado*. Essa ideia foi reforçada pela Lei 12.403/2011 que, em diversas passagens, estabelece a prisão provisória como *ultima ratio* – *entendimento também firmado pelo* STF, no **HC 127186/PR, Info 783**, bem como no Inq. 3842, Ag. Reg. no segundo Ag. Reg. no Inquérito, *DJ*, 17.03.2015. Ademais, não é outro o entendimento do STJ, vide HC 353.167/SP, 6ª Turma, *DJ* 21.06.2016 e HC 330.283/PR, 5ª Turma, *DJ* 10.12.2015. Veremos o tema de forma mais detalhada oportunamente.

Nessa senda, uma pergunta pode aflorar na mente do leitor. Dissemos anteriormente que *só se prende alguém antes do trânsito em julgado se for absolutamente necessário. Mas, como saberei quando é necessária a prisão de alguém?* A resposta está na **prisão preventiva**. Colocado de outra forma:

---

9. Sobre esta questão, o STF mudou a orientação jurisprudencial, contrariando a própria literalidade da CF/1988 (art. 5º, LVII, e art. 283, CPP). Por maioria, os Ministros entenderam o cabimento da execução provisória da pena quando há decisão condenatória de 2º grau. Assim, trata-se de mais uma hipótese de mitigação do estado de inocência. Nesse sentido, ver ADC 43 e 44, DJ 10.10.2016, e HC 126292/SP, DJe 16.05.2016. Entretanto, o comportamento dos ministros do Supremo indica possível mudança de entendimento da Corte, uma vez que, em julgados recentes, o ministro Gilmar Mendes demonstrou sua mudança de posicionamento no que se refere à execução provisória da pena. No bojo do julgamento do HC 126292/SP, acima citado, se juntando à maioria, votou pela restrição do princípio da presunção de inocência ao entender pela possibilidade de execução antecipada da pena. No entanto, em decisões atuais, o ministro revelou sua tendência em seguir o entendimento do ministro Dias Tóffoli, no sentido de que somente a pendência de recurso especial perante o STJ seria capaz de obstar a execução provisória da pena, não ocorrendo o mesmo no caso de recurso extraordinário no STF. Assim, no julgamento do HC142173 MC/SP, Dje 06.06.2017 e HC 146818 MC/ES, DJe 20.09.2017, concedeu medida cautelar suspendendo a execução provisória da pena até o julgamento do recurso especial pendente no STJ. Contudo, em julgado ainda mais recente, o ministro Gilmar Mendes asseverou que este entendimento não deve ser aplicado de forma indistinta, sobretudo quando se estiver diante de crimes graves. Nesse sentido, ao considerar a gravidade do crime praticado, o ministro confirmou a execução provisória da pena do réu acusado por homicídio, mesmo diante da pendência de recurso especial perante o STJ (STF, HC 147957/RS, DJe 27/11/2017). Desse modo, o ministro Marco Aurélio, relator das ADC's 43 e 44 informou sua pretensão de levar a julgamento do plenário o mérito dessas ações que poderá resultar em nova mudança de entendimento da Corte.

---

10. O pensamento, com a devida licença, é deveras equivocado. Sendo o crime um todo indivisível (fato típico, ilícito e culpável) é imperioso que a acusação prove cabalmente esse todo indivisível para que possa, assim, ver atendida a sua pretensão punitiva. Pensando dessa maneira estão, por exemplo: Afrânio Silva Jardim, Luiz Flávio Gomes, dentre outros.

a comunidade jurídica elegeu a *prisão preventiva* (arts. 311 e ss., CPP) como *pedra de toque* para a demonstração de *necessidade* de prisão provisória (TOURINHO FILHO, 2010). A escolha não se deu ao acaso, pois é a preventiva que possui, dentre as demais modalidades de prisão, os requisitos mais *rígidos* para a sua decretação. Assim, para que alguém seja (ou permaneça) preso durante a persecução penal, é fundamental que os requisitos da preventiva estejam presentes, sob pena de ilegalidade da medida e, concomitantemente, de violação ao estado de inocência.

Diante do que foi dito no parágrafo anterior, pode-se afirmar que não há no Brasil qualquer modalidade de *prisão automática*. Ou seja: a) inexiste prisão (automática) decorrente de sentença condenatória recorrível ou decorrente de decisão de pronúncia; b) não se pode condicionar a interposição de recurso defensivo à prisão do réu (nem mesmo em sede de RE e RESP); c) não vale a "regra" de que aquele que ficou preso durante a instrução deverá ser conservado nesta condição no momento da sentença condenatória recorrível (consoante § 1º, art. 387, CPP e STJ, 5ª Turma, HC 271757/SP, *DJ* 25.06.2015). Em suma: ou os requisitos da preventiva se mostram concretamente presentes (devendo o juiz expô-los *fundamentadamente* em uma decisão) ou, do contrário, o réu, por imperativo constitucional (estado de inocência), deverá ser conservado em liberdade (regra da liberdade), ainda que esta liberdade se dê com algumas restrições (medidas cautelares pessoais substitutivas da prisão – conforme dispõe a Lei 12.403/2011, a ser examinada em ocasião oportuna).

Uma consideração derradeira: na fixação da pena-base e do regime prisional, os tribunais superiores[11] entendem que há ofensa ao estado de inocência considerar *maus antecedentes* os eventuais registros criminais do acusado (processos em andamento, por exemplo)[12]. Tais registros não podem, pois, ser valorados para aumentar a pena-base ou para exasperar o regime de cumprimento da pena. Ademais, aduziu o STJ a possibilidade de desconsideração das condenações anteriores para fins de maus antecedentes em hipóteses específicas da Lei 11.343/2006 (Lei de Drogas), vide Informativo 0580, 02 a 13.04.2016, 6ª Turma. Ver também: Súmula 444 do STJ. Entretanto, há de se pontuar o entendimento do STJ no que se refere à possibilidade de utilização de inquéritos policias e ações penais em curso para afastar o benefício do tráfico privilegiado previsto no art. 33, § 4º, da Lei 11.343/2006 (STJ, EREsp 1431091/SP, DJ 14.12.2016), por possibilitar a formação da convicção de que o réu se dedica a atividades criminosas.

Atenção: O STF, no julgamento dos HC's 94620 e 94680, indicou possível mudança de orientação quanto à consideração de registros criminais como maus antecedentes. A sessão do Pleno gerou confusão quanto ao resultado, motivo pelo qual a Suprema Corte apreciará o tema novamente, em breve.[13]

6.3. Inexigibilidade de autoincriminação e direito ao silêncio

No Processo Penal, o indivíduo goza do *direito de não se autoincriminar*. O reconhecimento deste direito decorre de uma *interpretação extensiva* dada pela comunidade jurídica brasileira à primeira parte do inciso LXIII, do art. 5º, CF, que diz: "*o preso será informado de seus direitos, entre os quais o de permanecer calado*". Tal dispositivo consagra entre nós o *direito ao silêncio*, que significa que *toda a vez que a fala do indivíduo (preso ou solto) puder incriminá-lo, este poderá conservar-se em silêncio, sem que se possa extrair qualquer consequência jurídica negativa dessa conduta*. Isto é assim porque, sendo o silêncio um *direito* do indivíduo, aquele que o exercita, sob pena de total contrassenso, não poderá sofrer qualquer tipo de prejuízo jurídico.

Nesse sentido, o STJ firmou entendimento de que a informação do direito de permanecer calado, uma vez fornecido de forma irregular, será causa de nulidade relativa, desde que haja a comprovação de prejuízo (STJ, RHC 67.730/PE, DJe 04.05.2016).

Dois momentos bastante comuns de incidência do direito ao silêncio são o ato do interrogatório do acusado (art. 185 e ss., CPP) e a oitiva do indiciado pelo delegado de polícia (art. 6º, V, CPP) – embora, note-se bem, o direito ao silêncio não se limite a esses dois momentos. Costuma-se afirmar que o direito ao silêncio incide em sua plenitude durante o chamado "interrogatório de mérito" (momento em que o juiz indaga o réu sobre a veracidade da acusação que recai sobre a sua pessoa. Confira-se o art. 187, *caput*, e seu § 1º, CPP). Com efeito, a doutrina majoritária costuma rechaçar a existência do direito ao silêncio no ato de qualificação do acusado, ato que precede o chamado "interrogatório de mérito". Assim, de acordo com a majoritária doutrina, quando indagado sobre a sua qualificação (nome, estado civil, endereço etc.) não pode o réu permanecer em silêncio. Não haveria aqui um "direito ao silêncio". Segundo os autores, caso permaneça em silêncio durante a sua qualificação, o réu poderá vir a responder pela contravenção penal prevista no art. 68 da Lei das Contravenções Penais (DL 3.688/1941), que diz: "Recusar à autoridade, quando por esta, justificadamente solicitados ou exigidos, dados ou indicações concernentes à própria identidade, estado, profissão, domicílio e residência". Ver também: decisões do STF nos ARE 870572 AgR, 1ª Turma, *DJ* 06.08.2015 e RE 640139 RG/DF, *DJe* 14.10.2011.

Por outro lado, vale notar a comunidade jurídica não parou por aí (direito ao silêncio), pois, partindo do art. 5º, LXIII, CF, reconheceu que, na realidade, o direito ao silêncio seria apenas um aspecto (uma das facetas) de um direito muito mais abrangente: o da não autoincriminação. Por este direito (não autoincriminação), assegura-se ao sujeito o

---

11. STF, Pleno, Julgamento do mérito da repercussão geral no RE 591054, *DJ* 26.02.2015 e HC 104266/RJ, *DJe* 26.05.2015 e STJ, HC 234.438/PR, 5ª Turma, *DJ* 24.08.2016, HC 335.937/AC, 6ª Turma, *DJ* 29.06.2016 e HC 289895/SP, *DJe* 01.06.2015.

12. Necessário se faz ressaltar que o princípio da presunção de inocência não possui caráter absoluto, havendo hipóteses, aceitas pela jurisprudência, de abrandamento do referido princípio, a exemplo do posicionamento do STJ no sentido de que inquéritos e ações penais em curso poderiam demonstrar o risco de reiteração da conduta, de modo a fundamentar a decretação de prisão preventiva para garantia da ordem pública (STJ, RHC70698/MG, *DJe* 01.08.2016).

13. Disponível em: [http://jota.info/stf-muda-e-decide-que-inqueritos-em-curso-podem-ser-considerados-maus-antecedentes].

poder de negar-se a *colaborar* com qualquer tipo de produção probatória que dele dependa, sem que qualquer prejuízo possa ser extraído dessa inércia (*nemo tenetur se detegere*). Consequentemente, o indivíduo pode se negar a participar da reprodução simulada do crime (reconstituição do delito), como também se recusar a realizar qualquer exame cuja realização dependa do seu próprio corpo (bafômetro, grafotécnico, DNA, sangue etc. – as chamadas provas *invasivas*)[14].

Assim, pelo que vimos, numa eventual sentença, o juiz jamais poderá valorar negativamente a inércia do acusado, usando fórmulas como: "quem cala consente", "quem não deve, não teme" etc.

6.4. Contraditório (bilateralidade da audiência ou bilateralidade dos atos processuais)

Expresso na CF (art. 5º, LV), consiste esse princípio no binômio: *ciência + participação*, ou seja, trata-se do *direito que possuem as partes de serem cientificadas sobre os atos processuais (ciência), como também do direito que possuem de se manifestar, de interagir (participação) sobre esses mesmos atos*. Um exemplo: finda a instrução processual, o juiz profere sentença sobre o caso. Nesta hipótese, as partes serão cientificadas (intimadas) dessa decisão (ciência), bem como poderão participar recorrendo do *decisium* (participação).[15] Com efeito, entende-se que essa dialética das partes torna o julgamento do acusado mais justo.

Contraditório diferido, retardado ou postergado: em certos casos, diante do *perigo de perecimento* de determinada prova considerada relevante, deve-se produzi-la de plano, *relegando-se o contraditório para um momento posterior* (daí o nome *postergado*). Exemplo: perícia sobre lesão corporal. Não fosse o exame realizado imediatamente, os vestígios, a depender da lesão, poderiam terminar desaparecendo e comprometer a materialidade delitiva (art. 158, CPP). Nesse caso, realiza-se o exame e, em momento posterior (no curso do processo), assegura-se o contraditório às partes, podendo estas se manifestar sobre a perícia anteriormente realizada.

Por outro lado, há casos em que o contraditório pode ser antecipado. Isto ocorre também por conta da possibilidade de *perecimento da prova*. Ex.: testemunha em estado terminal de saúde que presenciou o crime. Procede-se então à *produção antecipada de prova* (art. 225, CPP), assegurando-se, *antecipadamente*, o contraditório às "partes".[16] Sobre este ponto consultar a parte final do art. 155, CPP.

Por fim, impende salientar que, segundo majoritária posição da comunidade jurídica, *em regra, não há contraditório em sede de procedimento investigatório* (inclua-se aí o inquérito policial). Exceções: procedimento instaurado pela Polícia Federal para expulsão de estrangeiro; e procedimento para apurar falta disciplinar do servidor público. Nesses casos, há contraditório.

6.5. Ampla defesa

Assim como o contraditório, a ampla defesa está igualmente prevista no art. 5º, LV, CF. Significa *que o réu tem o direito de defender-se de uma acusação da forma mais ampla possível, podendo empregar todos os recursos cabíveis para o cumprimento desta finalidade*. No processo penal, a defesa só é ampla quando presentes os seus dois aspectos: autodefesa e defesa técnica.

A **autodefesa** *é facultativa*, realizando-a, portanto, o acusado se assim entender conveniente. Isto é assim – facultatividade da autodefesa – por conta do *direito ao silêncio* que possui o réu. Como este tem o direito de permanecer calado, por óbvio, só exerce a sua própria defesa se assim o desejar.

A sua manifestação dar-se-á sob formas diversas, como o direito de audiência, o direito de presença ou o direito de postular pessoalmente. Exemplo do direito de audiência, momento dos mais marcantes, ocorre durante o interrogatório (art. 185, CPP). O direito de presença está materializado na possibilidade de comparecimento do acusado a todos os atos instrutórios. Por óbvio, não estamos falando em direito absoluto, uma vez que a presença do réu pode ser evitada em determinadas hipóteses, voluntariamente ou por ordem judicial, realizando o ato por videoconferência ou determinando a sua retirada. Por fim, o reconhecimento da capacidade postulatória do réu acontece de forma ampla, como a possibilidade de interposição de recursos (art. 577, *caput*, CPP), a impetração de *habeas corpus* (art. 654, *caput*, CPP) ou a propositura de ação de revisão criminal (art. 623, *caput*, CPP).

Já a **defesa técnica** *é absolutamente indispensável*. O réu deve, obrigatoriamente, contar com profissional habilitado atuando em juízo na defesa de seus interesses (seja ele defensor dativo, público ou constituído) – *vide* art. 261, CPP. Note o leitor que, se o acusado for **membro do Ministério Público**, não poderá promover a sua própria defesa técnica, pois esta é privativa do advogado regularmente inscrito na OAB (art. 28, II, Lei 8.906/1994). Vide ainda o HC 76671/ RJ, *DJ* 10.08.2000 (STF).

Consulte-se, por fim, a Súmula 523, STF, que diz: "no processo penal, a falta da defesa constitui nulidade absoluta, mas a sua deficiência só o anulará se houver prova de prejuízo para o réu".[17]

6.6. Verdade real (material ou substancial)

Tradicionalmente, diz-se que o citado princípio impõe *certa postura* do juiz diante do processo penal. É que, conforme sustentam alguns, dada a indisponibilidade do bem jurídico tratado pelo processo penal (liberdade ambulatorial), o magistrado deve se esforçar ao máximo em desvendar o que realmente ocorreu – e não apenas se contentar com as provas eventualmente colacionadas pelas partes. Desse modo, diante de eventual inércia das partes, deve o juiz produzir provas a fim de esclarecer a verdade dos fatos.

---

14. STF, HC 111567 AgR, 2ª Turma, *DJ* 30.10.2014 e HC 99289/RS, *DJ* 04.08.2011.STJ, AgRg no REsp 1497542/PB, 1ª Turma, *DJ* 24.02.2016.

15. Outro exemplo: art. 409, CPP.

16. Note o leitor que, como não há processo, não há que se falar propriamente em partes.

---

17. Importante destacar também a Súmula 708, STF: "É nulo o julgamento da apelação se, após a manifestação nos autos da renúncia do único defensor, o réu não foi previamente intimado para constituir outro."

Ademais, *ainda dentro dessa visão tradicional,* é bastante comum opor o princípio da verdade real ao da "verdade formal". Tal oposição tem por base os diferentes bens jurídicos em jogo nos processos penal e civil. Argumenta-se que, como no processo civil os bens jurídicos são geralmente disponíveis, não há que se falar em verdade real, mas sim em verdade formal (ou ficta), querendo isto significar que o juiz cível deve se contentar com as provas trazidas pelas partes.

Essa visão *tradicional* do princípio da verdade real encontra respaldo no CPP (*vide* arts. 156 e 209, § 1º); na atual jurisprudência dos tribunais superiores (STF, ARE 666424 AgR, 1ª Turma, *DJ* 01.04.2013 e STJ, REsp 1440165/DF, *DJe* 29.05.2015 e HC 282322/RS, *DJe* 01.07.2014 e REsp 1658481/SP, DJ 29.06.2017). Outrossim, há recente contemporização ao princípio da verdade real, conforme atualizações oriundas da prática do STJ: Inf. 0577, 6ª Turma, 20.02 a 02.03.2016 e Inf. 0569, 6ª Turma, 17.09 a 30.09.2015.

Porém, é preciso destacar que essa orientação "tradicional" do princípio da verdade real vem, cada vez mais, sendo criticada por significativo setor da doutrina.

Uma das principais críticas à verdade real é que, ao estimular o ativismo probatório por parte do juiz, termina-se violando a imparcialidade deste (deturpação da atividade judicante) e, no limite, afrontando o sistema acusatório pretendido pelo Constituinte de 1988.

Diante disso, melhor seria falar em *verdade processual (verdade apenas no processo), verdade jurídica,* ou, como quer Pacelli (2015, p. 333), numa "certeza" exclusivamente jurídica, representada pela tentativa de reconstrução histórica dos fatos por meio de parâmetros estabelecidos pela lei.

6.7. Juiz natural

Decorre do art. 5º, LIII, CF, que diz: *"ninguém será processado nem sentenciado senão pela autoridade competente".* Em suma, significa que *o indivíduo só pode ser privado de seus bens ou liberdade se processado por autoridade judicial imparcial e previamente conhecida por meio de regras objetivas de competência fixadas por lei anteriormente à prática da infração.* Exemplo de violação ao juiz natural: o sujeito pratica um crime da competência da justiça estadual e termina sendo julgado pela justiça federal. O juiz federal, neste caso, não é o natural para a causa em questão.

Decorre desse princípio o fato de *não ser possível a criação de juízo ou tribunal de exceção, i. e., não pode haver designação casuística de magistrado para julgar este ou aquele caso* (art. 5º, XXXVII, CF).

Ademais, no âmbito processual penal, não é possível às partes acordarem para subtrair ao juízo natural o conhecimento de determinada causa.

Note bem: *não configura violação ao princípio do juiz natural:* a) a convocação de juiz de 1ª instância para compor órgão julgador de 2ª instância (STJ HC 332.511/ES, 5ª, Turma, *DJ* 24.02.2016); b) a redistribuição da causa decorrente da criação de nova Vara – com a finalidade de igualar os acervos dos Juízos (STJ HC 322.632/BA, 6ª Turma, *DJ* 22.09.2015 e HC 283173/CE, *DJe* 09.04.2015); c) a atração por continência do processo do corréu ao foro especial do outro denunciado – ex.: prefeito e cidadão comum praticam furto em concurso (Súmula 704, STF). Nesta situação, ambos serão julgados pelo TJ sem que se possa falar em violação ao juiz natural – art. 78, III, CPP; e d) a fundamentação *per relationem,* que ocorre quando o magistrado utiliza como motivação da sentença ou acórdão as alegações de uma das partes ou texto de algum precedente ou decisão anterior do mesmo processo (STJ HC 353.742/RS, 6ª Turma, *DJ* 16.05.2016).

É a motivação por meio da qual se faz remissão ou referência às alegações de uma das partes, a precedente ou a decisão anterior nos autos do mesmo processo.

6.8. Identidade física do juiz

Significado: *o magistrado que acompanhar a instrução probatória – logo, que tiver tido contato direto com as provas produzidas ao longo do processo – deverá ser o mesmo a proferir sentença.*

Antes de 2008, tal princípio existia apenas no Processo Civil (art. 132, CPC), mas não no Processo Penal. Entretanto, hoje, após a reforma promovida pela Lei 11.719/2008, passou a ser expressamente adotado pelo Direito Processual Penal. Segue o teor do novo § 2º do art. 399, CPP: *"o juiz que presidiu a instrução deverá proferir a sentença".*

O princípio da identidade física do juiz *não é, porém, absoluto.* Há **exceções.** Desse modo, *não viola o referido princípio:* a) o interrogatório do réu por meio de carta precatória (STJ, RHC 47.729/SC, 5ª Turma, *DJ* 01.08.2016); b) casos de convocação, licença, afastamento, promoção ou aposentadoria do juiz que presidiu a instrução de provas (STJ HC 306.560/PR, 5ª Turma, *DJe* 01.09.2015, AgInt no AREsp 852.964/AL, 4ª Turma, *DJ* 23.08.2016 e Informativo 0494, 6ª Turma, período de 26.03 a 03.04.2012); c) o julgamento de embargos de declaração por outro juiz (STJ d 995.316 (2007/0237649-8). 4ª Turma, DJ 01.12.2010); e d) casos relacionados ao Estatuto da Criança e do Adolescente (STJ AgRg no AREsp 465.508/DF, 5ª Turma, *DJ* 26.02.2015 e HC 164369/DF, *DJe* 09.11.2011).

Ademais, conforme jurisprudência do STJ, se faz necessária a comprovação de prejuízo à parte, sobretudo no que tange aos princípios da ampla defesa e do contraditório, para que haja a nulidade do *decisum* prolatado por juiz diverso daquele que presidiu a instrução do feito (STJ, AgRg no AREsp306388/SC, *Dje* 01.06.2015).

6.9. Duplo grau de jurisdição

Significa que *as decisões judiciais são, em regra, passíveis de revisão por instâncias superiores através da interposição de recursos.* Além disso, o princípio estabelece a *impossibilidade de supressão de instância* (GRINOVER *et. al.,* 2001), ou seja, em caso de anulação da decisão recorrida, não pode o tribunal ingressar no mérito da causa, se este não foi apreciado pelo juízo *a quo* (pela instância inferior).

Tal princípio não vem expressamente previsto no texto da CF. Porém, trata-se de *garantia materialmente constitucional.* Isto porque a Convenção Americana de Direitos Humanos (CADH – Pacto de San José da Costa Rica) – ratificada pelo Brasil por meio do Decreto 678/1992 – prevê em seu texto o referido princípio (art. 8°, 2, "h"). Note-se que para a melhor doutrina os direitos e garantias contidos nesse Pacto possuem *status* normativo de *norma materialmente constitucional* (PIOVESAN, 2011). É que, segundo essa autora, por força do art. 5°, § 2°, CF, todos os tratados de direitos humanos, independentemente do *quorum* de sua aprovação, são normas materialmente constitucionais. O STF, por outro lado, entende atualmente (ADI 5240 / SP, Julgamento 20.08.2015) que tratados e convenções internacionais com conteúdo de direitos humanos (como é o caso do Pacto de San José), uma vez ratificados, possuem caráter supralegal. Supralegal significa neste contexto: inferior à Constituição Federal, mas superior à legislação interna. Assim, os atos estatais infraconstitucionais que estiverem em dissonância com a norma supralegal devem ser suprimidos.

Por outro lado, o duplo grau não é um princípio absoluto. *Dentre outras*, segue uma exceção: competência originária do STF (*vide* art. 102, I, CF).

Ademais, por óbvio, a garantia do duplo grau não afasta a necessidade de a parte observar corretamente os pressupostos recursais (ex.: prazo), sob pena de o recurso não ser conhecido.

6.10. Publicidade

Vem expresso na CF nas seguintes passagens: arts. 5°, LX; e 93, IX. Trata-se do *dever que tem o Judiciário de dar transparência aos seus atos*. A publicidade dos atos processuais é a *regra*. Porém, a própria CF autoriza a restrição da publicidade quando se mostrar necessária a *preservação da intimidade ou do interesse social*. *Exemplos de* restrição à publicidade: a) CF: arts. 93, IX, parte final, e art. 5°, LX; b) CPP: arts. 201, § 6°; 485, § 2°; 792, § 1°; c) CP: 234-B; e d) Lei 9.296/1996: art. 1°.

Um ponto relevante a ser tratado diz respeito ao posicionamento do STF quanto à aplicação da norma protetiva prevista no art. 234-B, CP, acima indicado, ao entender que o agente do fato delituoso não se constitui como destinatário da norma, mas somente a vítima (STF, ARE1074786/RJ, *Dje* 26.10.2017).

6.11. Iniciativa das partes, demanda ou ação *(ne procedat judex ex officio)*

Significa que *cabe à parte interessada o exercício do direito de ação, uma vez que a jurisdição é inerte*. A propositura da ação penal incumbe, assim, ao MP (no caso de ação penal pública) ou à vítima (no caso de ação penal privada), sendo vedado ao juiz proceder de ofício nessa seara.

Notemos que tal princípio tem total ligação com o *sistema acusatório* (pretendido pelo Constituinte de 1988 – art. 129, I), que tem por uma de suas principais características a separação das funções de acusar e julgar.

Desse modo, *não foi recepcionado* pela CF o art. 26, CPP, o qual prevê que, no caso de contravenção penal, a ação penal será iniciada por portaria expedida pelo delegado ou pelo juiz (chamado de procedimento *judicialiforme*).

Não se deve confundir o princípio da *iniciativa das partes* com o do *impulso oficial*. Enquanto o primeiro determina que

o exercício do direito de ação incumbe à parte interessada, o segundo (impulso oficial) estabelece que cabe ao juiz, de ofício, impulsionar o regular desenvolvimento do processo "até que a instância se finde" (MIRABETE, 2001, p. 49) – *vide* art. 251, CPP.

6.12. Igualdade processual (igualdade das partes ou paridade de armas)

As partes devem contar com tratamento igualitário e com oportunidades iguais. Decorre tal princípio do art. 5°, *caput*, CF (princípio da isonomia). Em certos casos, porém, quando justificável, admite-se o tratamento diferenciado da parte, a fim de ser promovida uma igualdade mais *substancial*. Trata-se aqui da antiga máxima: "tratar desigualmente os desiguais na medida de suas desigualdades". Seguem exemplos desse tratamento "desigual" à parte que objetivam uma igualdade mais *substancial* no âmbito do processo penal: *favor rei* (princípio segundo o qual os interesses da defesa prevalecem sobre os da acusação – art. 386, VII, CPP); a revisão criminal é ação exclusiva da defesa; a Defensoria Pública possui prazos mais longos, contados em dobro, por força do art. 128, I, LC 80/1994, e do art. 5°, § 5°, Lei 1.060/1950 (Ver STF, ADI 2144, Tribunal Pleno, *DJ* 14.06.2016 e HC 81.019/MG, Info. 247); admite-se a prova ilícita *pro reo*, mas não a *pro societate* etc.

6.13. Imparcialidade do juiz

O juiz deve ser pessoa neutra, estranha à causa e às partes. O magistrado eventualmente interessado no feito – suspeito (art. 254, CPP) ou impedido (art. 252, CPP) – deve ser afastado.

6.14. Duração razoável do processo

Expressamente previsto no art. 5°, LXXVIII, CF, que diz: "*a todos, no âmbito judicial e administrativo, são assegurados a razoável duração do processo e os meios que garantam a celeridade de sua tramitação*" e na CADH, art. 8°, 1, consiste no *direito que as partes possuem de exigir do Estado que preste a jurisdição em tempo razoável*. Assim, as dilações indevidas devem ser banidas.

Representa, na atualidade, um dos maiores problemas/desafios do Judiciário mundial (inclua-se aí o brasileiro): assegurar uma prestação jurisdicional célere e de qualidade sem atropelar direitos e garantias fundamentais das partes.

É por conta desse princípio que os tribunais superiores, em diversas oportunidades, têm reconhecido a *ilegalidade da prisão provisória do acusado quando o processo apresenta demora injustificada* (*v. g.*: STF, HC140.312/PR, *Dje* 04.05.2017, STJ, HC 359.508/PE, 6ª Turma, *DJ* 01.09.2016 e HC 281741/SP, *DJe* 24.06.2015).

A crítica que significativo setor da comunidade costuma fazer é que a falta de um prazo claro e determinado para o fim do processo, aliada à ausência de sanção em caso de expiração desse mesmo prazo, tem o poder de reduzir significativamente a efetividade do referido princípio.

Inspirado por esse princípio, o legislador ordinário criou os seguintes parâmetros de prazo, cujo desrespeito, como dissemos antes, não produz nenhuma sanção jurídica automática: a) no rito ordinário, a instrução deverá ser concluída em 60 dias (art. 400, CPP); b) no júri, 90 dias (art. 412, CPP); c) no caso de processo que apure crime cometido por organização criminosa (art. 22, parágrafo único, Lei 12.850/2013), 120 dias (se o réu estiver preso), "prorrogáveis em até igual período, por decisão fundamentada, devidamente motivada pela complexidade da causa ou por fato procrastinatório atribuível ao réu"; dentre outros.

Entretanto, é preciso dizer que os tribunais superiores, a exemplo do STF, posicionam-se no sentido de que o princípio em exame não poderia ser analisado de *maneira isolada e descontextualizada das peculiaridades do caso concreto*, de modo que seria também necessário considerar a sobrecarga de processos em trâmite nos tribunais. (STF, HC 143726/SP, *DJe* 22.05.2017).

6.15. Obrigatoriedade de motivação das decisões judiciais

Expressamente previsto na CF (art. 93, IX), trata-se de um dos pilares das democracias contemporâneas. Significa que *toda decisão judicial necessita ser fundamentada, sob pena de nulidade.* A exigência de fundamentação possibilita um controle das partes e de toda a sociedade das razões de decidir do magistrado. Assim, se, por exemplo, um juiz decretar a preventiva do acusado sem fundamentar (*i. e.*: sem explicar concretamente os porquês da prisão), será possível impetrar HC por conta da nulidade da decisão.

Nesta seara, o STF possui jurisprudência consolidada no sentido de admitir a denominada fundamentação *per relationem, já definida anteriormente.* Assim como o STJ, a Suprema Corte entende que tal prática não ofende o disposto no art. 93, IX, CF (RHC 120351 AgR/ES, *DJe*18.05.2015).

Atenção: Não confundir fundamentação *per relationem* com a mera indicação de parecer ministerial ou de decisão anterior no processo. Nessa hipótese será nula a decisão, haja vista a carência de motivação (STF HC 214049/SP, *DJe* 10.03.2015).

7. INQUÉRITO POLICIAL (IP)

7.1. Notas introdutórias

Para que a ação penal possa ser oferecida é indispensável que esteja previamente embasada em um mínimo de provas (aquilo que a doutrina costuma chamar de *justa causa* para a ação penal ou *suporte probatório mínimo*). Sem esses elementos mínimos, a inicial penal não deve ser oferecida e, se for, deverá ser rejeitada por parte do magistrado (art. 395, III, CPP).[18] Isto é assim porque se concebe o *processo penal* como algo notoriamente estigmatizante à pessoa. Dessa forma, os responsáveis pela acusação (MP e querelante)[19] devem necessariamente pautar suas ações penais em um mínimo de provas, procedendo com cautela nesse campo, evitando, assim, a formulação de acusações temerárias, infundadas.

Nesse contexto, o inquérito policial (IP) é uma das investigações preliminares (das mais "famosas", diga-se de passagem) que podem fornecer subsídios à acusação para o oferecimento de ação penal. Entretanto, embora o IP seja uma das peças investigativas mais conhecidas, não é a única, uma vez que a ação penal também pode se fundamentar em: CPI (art. 58, § 3º, CF); investigação direta pelo MP;[20] investigação efetuada pelo próprio particular; investigação levada a cabo por tribunais (em caso de foro por prerrogativa de função do indiciado[21]); inquérito policial militar (IPM – art. 8º, CPPM); dentre outras. Estes exemplos são chamados de **inquéritos extrapoliciais ou não policiais.** Há, ainda, a possibilidade de outros procedimentos de investigação criminal serem conduzidos pela autoridade policial, nos termos da Lei 12.830/2013, § 1º do art. 2º.

Com efeito, nas próximas linhas nos debruçaremos detalhadamente sobre uma das investigações preliminares mais "populares": o *inquérito policial*. Porém, antes, cabe um esclarecimento: a expressão **persecução penal** (ou *persecutio criminis*) significa a soma das atividades de perseguição ao crime (investigação preliminar + ação penal).

7.2. Polícia administrativa (preventiva, ostensiva ou de segurança) e polícia judiciária (repressiva ou investigativa) – arts. 4º, CPP, e 144, CF

A polícia administrativa visa a *impedir* a prática de infrações penais. Exemplos: polícia militar, polícia rodoviária federal e polícia federal.

A judiciária, atuando *após* a prática delituosa, visa a *apurar* as infrações penais e suas respectivas autorias, assim como tem o papel de *auxiliar o Poder Judiciário* (cumprindo mandados de prisão, por exemplo) no desenrolar da persecução penal. Exemplos: polícia civil e polícia federal.[22]

O art. 2º da Lei 12.830/2013 considera que: "as funções de polícia judiciária e a apuração de infrações penais exercidas pelo delegado de polícia são de natureza jurídica, essenciais e exclusivas de Estado".

7.3. Conceito de inquérito policial

Conjunto de diligências realizadas pela autoridade policial (delegado) que tem por finalidade a apuração de uma infração penal e sua respectiva autoria, de modo a fornecer subsídios ao titular da ação penal (MP ou querelante) – art. 4º, *caput*, CPP.

7.4. Natureza jurídica

O IP tem natureza de **procedimento administrativo** *e não de processo.* Assim, não se trata de ato de jurisdição, mas de procedimento administrativo que *visa a tão somente*

---

18. Ou, ainda, combatida por HC trancativo (art. 648, I, CPP).

19. Querelante é o nome que se dá à vítima (ou seu representante legal) quando promove a ação penal privada.

20. Conforme STJ, REsp 1525437/PR, 6ª Turma, *DJ* 10.03.2016 e **Informativo** 463, STJ (14 a 18 de fevereiro de 2011).

21. *Vide* STF: Inq 3983, Tribunal Pleno, *DJ* 12.05.2016 e Rcl 24138 AgR, Segunda Turma, *DJ* 14.09.2016, e **Informativo** 483, STF (8 a 11.10.2007).

22. Note o leitor que a polícia federal tanto pode desempenhar o papel de polícia administrativa (evitando a prática de crimes) como de judiciária (auxiliando a justiça federal).

informar (caráter informativo) o titular da ação penal (MP e querelante), fornecendo-lhe elementos para formar a sua opinião a respeito da infração penal e respectiva autoria.

7.5. "Competência" (art. 4º, parágrafo único, CPP)

A "competência" (tecnicamente, atribuição, já que competência é termo relacionado à jurisdição) para presidir o IP é do *delegado de carreira* (bacharel em direito aprovado em concurso público – art. 3º, Lei 12.830/2013). Em regra, o delegado que preside o IP é aquele que atua no *local* (**circunscrição**[23]) onde o crime se consumou (**critério territorial** – *ratione loci*). Porém, caso exista uma *delegacia especializada* na Comarca (delegacia de homicídios, por exemplo), prevalecerá o **critério material** (*ratione materiae*) sobre o critério territorial. Nenhum problema nisso. Na última década também vêm sendo implementadas delegacias especializadas pelo **critério pessoal** (*ratione personae*), em razão da pessoa ofendida, a exemplo das delegacias do idoso e da mulher.

Ademais, conforme diz o art. 22, CPP, nas comarcas onde houver mais de uma circunscrição policial, o delegado com exercício em uma delas (em uma das circunscrições) poderá diligenciar nas demais, *independentemente de precatórias ou requisições*. Dentro de sua comarca de atuação, o delegado tem, portanto, "livre trânsito" para diligenciar nas várias circunscrições policiais.

A Lei 12.830/2013 (cuja leitura recomendamos) reforçou a ideia de que o delegado é o presidente do IP, trazendo ainda outras disposições importantes, dentre elas a questão da possibilidade de avocação do IP (ou de outra modalidade de investigação criminal conduzida pelo delegado): "o inquérito policial ou outro procedimento previsto em lei em curso somente poderá ser avocado ou redistribuído por superior hierárquico, mediante despacho fundamentado, por motivo de interesse público ou nas hipóteses de inobservância dos procedimentos previstos em regulamento da corporação que prejudique a eficácia da investigação" (art. 2º, § 4º).

7.6. Características do IP

7.6.1. Inquisitivo

Tradicional setor da comunidade jurídica costuma justificar que o caráter inquisitivo do IP é fundamental para o "sucesso" desse tipo de procedimento. Segundo dizem, o caráter inquisitivo confere ao IP o "dinamismo" que este tipo de procedimento requer. Pensamos, pelo contrário, que a manutenção desse tipo de discurso (e, pior, de práticas inquisitivas) em sede de procedimento investigativo tem sido um dos grandes responsáveis pela substancial erosão de legitimidade e confiabilidade no IP. Vale dizer, a insistência em um modelo predominantemente inquisitivo de investigação contribui para uma injustificável fratura entre o IP e o sistema de direitos e garantias da CF.

Diz-se que o inquérito policial é inquisitivo em razão, principalmente, dos seguintes motivos: (1) não há clara separação de funções (acusação, defesa e julgamento) no IP. Pelo contrário, o delegado acumula, em grande medida, as funções de "acusação" e "julgamento" (exacerbada discricionariedade), não sendo sequer possível arguir suspeição contra ele (*vide* art. 107, CPP). (2) Não há contraditório e ampla defesa em sede inquérito policial. Sobre esta segunda afirmação é preciso fazer alguns comentários importantes.

Primeiro, há procedimentos investigativos *que, em razão de lei, possuem previsão expressa de contraditório e ampla defesa*. Exemplos: inquérito para a decretação da expulsão de estrangeiro e inquérito que apura falta disciplinar de servidor público.[24]

Segundo, a nova redação do art. 7º da Lei 8.906/1994 (EOAB), alterada pela Lei 13.245/2016, trouxe uma inovação importante nesse campo. De acordo com o inc. XXI desse artigo, é direito do advogado: "assistir a seus clientes investigados durante a apuração de infrações, sob pena de nulidade absoluta do respectivo interrogatório ou depoimento e, subsequentemente, de todos os elementos investigatórios e probatórios dele decorrentes ou derivados, direta ou indiretamente, podendo, inclusive, no curso da respectiva apuração: a) apresentar razões e quesitos". O dispositivo em questão passou prever que, sob pena de nulidade absoluta, o advogado tem direito de participar dos atos que investiguem seu cliente (interrogatório, depoimento, p. ex.), devendo também ser garantidos nessa situação o contraditório e a ampla defesa (formulação de quesitos pelo advogado, p. ex.).

O novo inc. XXI do art. 7º do EOAB (examinado acima) minimiza (mas não elimina) o forte caráter inquisitivo do IP (e das demais modalidades de investigação criminal). Dentre outras, uma questão que pode ser levantada aqui é se essa inovação do EOAB teria tornado obrigatórios, em todos os procedimentos investigativos (inquérito policial, inclusive): a presença de defensor (advogado ou defensor público); e a incidência dos princípios do contraditório e ampla defesa. Numa leitura literal (e pobre) do dispositivo, responderíamos que não, ou seja, o artigo não teria tornado obrigatórios, no âmbito de todos procedimentos investigativos, a presença de defensor e nem a incidência dos princípios do contraditório e ampla defesa. Esta, porém, como dissemos, seria uma interpretação pobre. Pensamos, pelo contrário, que o novo dispositivo torna obrigatórios, em todos os procedimentos investigativos: a presença de defensor (advogado ou defensor público); e a incidência de contraditório e ampla defesa. Acreditamos que esta última interpretação é a que mais se alinha com o sistema de direitos e garantias da CF. Acrescentamos que, em razão de o tema ser recente, não há ainda uma posição dos tribunais superiores a esse respeito. Ademais, os autores oscilam no que tange à interpretação do artigo em questão.

Vale acrescentar ainda o seguinte. Embora o IP continue sendo um procedimento inquisitivo, isto não significa que o investigado, sob nenhum pretexto, possa ser tratado como uma espécie de objeto da investigação policial. O investigado,

---

23. Circunscrição é o espaço territorial em que o delegado exerce suas atividades. Uma comarca pode estar dividida em várias circunscrições policiais.

24. A antiga Lei de Falências (DL 7.661/1945), que previa inquérito em contraditório e presidido por autoridade *judicial* (chamado de inquérito judicial), foi revogada pela Lei 11.101/2005. Hoje, não há mais contraditório em IP que investiga crime falimentar.

como qualquer outra pessoa, mantém sua condição de sujeito de direitos. Há direitos/garantias irrecusáveis ao investigado, como, p. ex., direito ao silêncio, possibilidade de impetrar de *habeas corpus* e mandado de segurança, etc.

7.6.2. Dispensável (arts. 27 e 46, § 1º, CPP)

Significa que *o IP não é um caminho necessário para o oferecimento da ação penal*. Segundo vimos anteriormente, esta (a ação) poderá se fundamentar em diversas outras investigações preliminares (CPI; investigação produzida por particular; peças de informação[25] etc.), que não o IP.

7.6.3. Sigiloso

Diferentemente do que ocorre no processo, no IP, consoante estabelece o art. 20, CPP, *não vige o princípio da publicidade*. Assim, *os atos do inquérito não são públicos* (não pode, por exemplo, uma pessoa do povo assistir à oitiva do indiciado na delegacia).

Esse sigilo, porém, *não alcança o MP, o juiz, o defensor público e o advogado do indiciado*.

No que tange ao defensor público, segundo a LC 80/1994, são prerrogativas dos membros da Defensoria Pública: "examinar, em qualquer repartição pública, autos de flagrantes, inquéritos e processos, assegurada a obtenção de cópias e podendo tomar apontamentos" (arts. 44, VIII; 89, VIII; e 128, VIII). Além disso, é uma das funções institucionais da Defensoria Pública: "acompanhar inquérito policial, inclusive com a comunicação imediata da prisão em flagrante pela autoridade policial, quando o preso não constituir advogado" (art. 4º, XIV).

No que tange ao advogado do investigado, estabelece o art. 7º, XIV, EOAB, alterado pela Lei 13.245/2016, que, dentre outros, é direito do patrono: "examinar, em qualquer instituição responsável por conduzir investigação, mesmo sem procuração, autos de flagrante e de investigações de qualquer natureza, findos ou em andamento, ainda que conclusos à autoridade, podendo copiar peças e tomar apontamentos, em meio físico ou digital". Este dispositivo, de forma bastante positiva, expandiu significativamente o direito de acesso do advogado aos autos de investigação, valendo notar os seguintes aspectos: (1) o dispositivo garantiu expressamente ao advogado o direito de acessar todo e qualquer procedimento investigativo (ex: procedimento investigativo realizado diretamente pelo MP, CPI etc.); e não apenas acesso ao IP. (2) Em regra, a apresentação de procuração por parte do advogado é desnecessária. Apenas nos procedimentos em que for decretado o sigilo (segredo de justiça), o acesso do advogado aos autos do procedimento investigativo dependerá de procuração emitida pelo investigado (*vide* art. 7º, XIV, § 10, EOAB). (3) Pode o advogado tomar apontamentos em meio físico ou digital, ou seja, agora é possível a utilização de recursos tecnológicos para efeito de registro do conteúdo das peças produzidas no procedimento investigativo, tais como telefone celular, *scanner* manual etc.

Acrescente-se que o desrespeito ao direito de acesso do advogado aos autos de investigação (art. 7º, XIV, EOAB), assim como "o fornecimento incompleto de autos ou o fornecimento de autos em que houve a retirada de peças já incluídas no caderno investigativo, implicará responsabilização criminal e funcional por abuso de autoridade do responsável que impedir o acesso do advogado com o intuito de prejudicar o exercício da defesa, sem prejuízo do direito subjetivo do advogado de requerer acesso aos autos ao juiz competente" (vide § 12 do mesmo artigo).

Com efeito, cabe a pergunta: o acesso do defensor público ou do advogado do indiciado ao IP é ilimitado? A resposta está na Súmula vinculante 14, STF: "é direito do defensor, no interesse do representado, ter acesso amplo aos elementos de prova que, já documentados em procedimento investigatório realizado por órgão com competência de polícia judiciária, digam respeito ao exercício do direito de defesa" (ver: STJ, REsp 1668815/PR, *DJe* 19.06.2017). Nessa mesma linha, o art. 7º, § 11, EOAB, diz: "a autoridade competente poderá delimitar o acesso do advogado aos elementos de prova relacionados a diligências em andamento e ainda não documentados nos autos, quando houver risco de comprometimento da eficiência, da eficácia ou da finalidade das diligências."

Note, portanto, que o acesso do defensor público ou advogado abrange aqueles elementos de prova (atos de investigação) já produzidos, já documentados – não abrangendo, portanto, aqueles elementos sigilosos pendentes de produção. Explica-se com um exemplo. Decretada a interceptação telefônica do indiciado no curso do IP, por óbvio, o defensor daquele não será intimado dessa decisão e, muito menos, poderá participar da produção da prova, sob pena de total inutilidade da diligência. Entretanto, concluída a produção dessa prova (*i.e.*, efetuada a transcrição da conversa telefônica), terá o defensor amplo acesso às informações eventualmente obtidas contra o indiciado.

Essas ideias também foram reproduzidas na Lei que trata do crime organizado (Lei 12.850/2013). Ao prever a ação controlada da polícia (consistente em retardar a prisão em flagrante relativa à ação praticada por organização criminosa para que o flagrante se concretize no momento mais eficaz à formação de provas e obtenção de informações), dispõe que: "até o encerramento da diligência, o acesso aos autos será restrito ao juiz, ao Ministério Público e ao delegado de polícia, como forma de garantir o êxito das investigações" (§ 3º do art. 8º).

Vale repetir aqui que, nos procedimentos em que for decretado o sigilo (segredo de justiça), o acesso do advogado aos autos do procedimento investigativo dependerá de procuração emitida pelo investigado (art. 7º, XIV, § 10, EOAB). Em geral, como vimos, a procuração é desnecessária. Porém, sendo decretado o sigilo da investigação, a apresentação da procuração pelo advogado passa a ser exigida.

Finalmente, ainda sobre o sigilo do IP, vale mencionar o novo parágrafo único, do art. 20, CPP, alterado pela Lei 12.681/2012, que diz: "nos atestados de antecedentes que lhe forem solicitados, a autoridade policial não poderá mencionar quaisquer anotações referentes à instauração de

---

25. As peças de informação podem ser definidas como *qualquer outra peça que não o IP que seja capaz de subsidiar elementos para o titular da ação penal*.

inquérito contra os requerentes". Ou seja, o sigilo aqui visa a proteger a pessoa do indiciado.

7.6.4. Indisponível

Ao delegado não é dado arquivar o IP (art. 17, CPP). Mesmo que a autoridade policial esteja convencida de que, por exemplo, o fato é atípico, deve, *necessariamente*, remeter os autos do IP ao titular da ação penal para que este possa decidir o que fazer com a investigação preliminar.

7.6.5. Discricionário

No âmbito do IP, *não há um procedimento rígido a ser seguido pela autoridade policial* (consoante se observa no processo). Ao contrário, o delegado, visando ao sucesso da investigação, tem *discricionariedade* para adotar as medidas e diligências que entender adequadas (*vide* arts. 6º e 7º, CPP; e o art. 2º, § 2º, Lei 12.830/2013). Prova dessa discricionariedade é o art. 14, CPP, que diz que o delegado pode ou não atender aos requerimentos de diligência solicitados pela vítima[26] e pelo indiciado. *Discricionariedade não significa, entretanto, arbitrariedade*. O delegado, obviamente, não é livre para agir como quiser. Trata-se, portanto, de uma discricionariedade dentro da legalidade (há que se respeitar as garantias e direitos fundamentais do indiciado e o ordenamento jurídico como um todo).

Ademais, embora não haja hierarquia entre magistrados, membros do MP e delegados, é oportuno recordar que as "solicitações" de diligências dos dois primeiros (juiz e MP) ao delegado, chamadas tecnicamente de requisição, têm, segundo a doutrina, conotação de *ordem*. Assim, não há aqui discricionariedade para o delegado, devendo, portanto, acatá-las (art. 13, II, CPP).

7.6.6. Escrito

O art. 9º, CPP, estabelece que todas as peças do IP serão reduzidas a escrito e rubricadas pela autoridade policial. Os atos realizados oralmente (oitiva do indiciado, por exemplo) deverão, igualmente, ser reduzidos a termo. Tudo isso visa a fornecer subsídios ao titular da ação penal. Embora consagrada a forma escrita do IP, lembre-se que a reforma de 2008 estabeleceu que, sempre que possível, deve-se lançar mão de outros mecanismos de apreensão das informações (audiovisual, por exemplo), como forma de conferir maior fidedignidade a esses atos (art. 405, § 1º, CPP).

7.6.7. Oficialidade

O IP é presidido e conduzido por órgão *oficial* do Estado (polícia judiciária) – *vide* art. 144, § 4º, CF.

7.6.8. Oficiosidade

Em caso de crime de ação penal pública incondicionada, deve o delegado agir de ofício, instaurando o IP (art. 5º, I, CPP). Ou seja, deve a autoridade policial atuar independen-

temente de provocação de quem quer que seja. Por outro lado, nos crimes de ação penal privada e condicionada à representação, não pode o delegado agir (instaurar o IP) sem ser provocado pela vítima (ou seu representante legal) – art. 5º, §§ 4º e 5º, CPP.

7.7. Instauração ou início do IP (art. 5º, CPP)

7.7.1. Se o crime for de ação penal pública incondicionada (ex.: roubo – art. 157, CP)

O IP será instaurado:

a) De ofício pelo delegado (art. 5º, I): tomando conhecimento da prática de crime de ação penal pública *incondicionada* por meio de suas atividades rotineiras, deve o delegado *agir de ofício*, instaurando o IP. O nome da peça inaugural do IP nesse caso é a **portaria**.[27] A doutrina costuma denominar essa hipótese de instauração do IP de **notitia criminis**[28] (notícia do crime) **espontânea** (*de cognição direta ou imediata*) exatamente por conta da descoberta do crime se dar *espontaneamente* pelo delegado;

b) Por requisição de membro do MP ou da magistratura[29] (art. 5º, II, primeira parte): igualmente, em se tratando de crime que se procede por meio de ação penal pública *incondicionada*, o IP poderá ser instaurado por meio de *requisição* de membro do MP ou da magistratura. Vale recordar que a *requisição* nesse contexto, conforme visto anteriormente, tem caráter de ordem para que o delegado instaure o IP. A doutrina costuma apelidar essa instauração do IP de **notitia criminis provocada** (*de cognição indireta ou mediata*). Isto porque o delegado toma conhecimento do crime por meio de *provocação* de membro do MP ou da magistratura. Nesse caso, a *peça inaugural* do IP será a própria requisição (MIRABETE, 2001, p. 84);

c) Por requerimento do ofendido (art. 5º, II, segunda parte):[30] a vítima de crime de ação penal pública *incondicionada* também poderá provocar a autoridade policial para fins de instauração de IP. Os autores também denominam essa hipótese de **notitia criminis provocada** (*de cognição indireta ou mediata*), visto que o delegado toma conhecimento do crime por meio de provocação do ofendido. Nessa situação, a peça inaugural do IP será o próprio *requerimento* (*op. cit.*, 2001, p. 84). No caso de *indeferimento* desse requerimento do ofendido, cabe *recurso administrativo* ao Chefe de Polícia (art. 5º, § 2º), que, hoje, é representado ou pelo Delegado-

---

26. Conforme doutrina, a *única* diligência que o delegado está obrigado a acatar é o exame de corpo de delito (art. 158, CPP). Deixando vestígio a infração e solicitando a vítima o respectivo exame, deve a autoridade policial acatar esse requerimento.

27. *"Peça singela, na qual a autoridade policial consigna haver tido ciência da prática do crime de ação penal pública incondicionada, declinando, se possível, o dia, lugar e hora em que foi cometido, o prenome e o nome do pretenso autor e o prenome e nome da vítima (...)"* (MIRABETE, 2001, p. 84).

28. *Notitia criminis* é o conhecimento por parte do delegado, espontâneo ou provocado, de um fato aparentemente delituoso.

29. Há quem critique a requisição de magistrado para instaurar o IP por vislumbrar burla ao sistema acusatório. O juiz não deve se envolver em atividade de persecução penal.

30. Tecnicamente, não se deve usar a expressão "dar uma queixa na delegacia". Isto porque "queixa", para o Processo Penal, é sinônimo de queixa-crime (ação penal privada). Assim, em sentido técnico, deve-se falar em "noticiar a prática de um crime" (notícia do crime).

-Geral de Polícia ou pelo Secretário de Segurança Pública, conforme a legislação de cada Estado Federado;

d) Por provocação de qualquer um do povo (art. 5º, § 3º): em caso de delito que se processe por via de ação penal pública *incondicionada, qualquer pessoa* pode provocar a autoridade policial para que instaure o IP. A doutrina nomeia essa hipótese de *delatio criminis* (delação do crime) **simples**. Nessa situação, a peça inaugural do IP será a *portaria (op. cit.*, 2001, p. 84);

e) Pela prisão em flagrante do agente: ocorrendo a prisão em flagrante do indivíduo que cometeu crime de ação penal pública incondicionada, instaura-se o IP, tendo este como peça inaugural o *auto de prisão em flagrante* (APF). Os autores costumam denominar essa hipótese de instauração do IP de *notitia criminis* de **cognição coercitiva**.

7.7.2. Se o crime for de ação penal pública condicionada à representação (ex.: ameaça – art. 147, CP) ou à requisição do Ministro da Justiça (ex.: crime contra a honra do Presidente da República – art. 145, parágrafo único, do CP)

O IP será instaurado por meio, respectivamente, da **representação** da vítima e da **requisição**[31] do Min. da Justiça. Sem as referidas autorizações (representação e requisição) não poderá o delegado instaurar o IP. A doutrina costuma apelidar essa situação de instauração do IP de *delatio criminis* **postulatória**.

7.7.3. Se o crime for de ação penal privada (ex. injúria simples – art. 140, caput, CP)

O IP só poderá ser instaurado por meio de **requerimento** da vítima (ou seu representante legal).

Observação final: no Brasil, a **denúncia anônima** (delação apócrifa ou *notitia criminis* inqualificada) é imprestável para, *isoladamente,* provocar a instauração de inquérito policial. A delação apócrifa (ex.: disque-denúncia) somente é admitida se for usada para *movimentar* os órgãos responsáveis pela persecução penal (apenas isto). Neste caso, tais órgãos deverão proceder com a máxima cautela (averiguações preliminares) e só instaurar inquérito policial caso descubram outros elementos de prova idôneos. Consultar os seguintes julgados do STF: HC 106152, Primeira Turma, *DJ* 24.05.2016 e HC 109598 AgR, Segunda Turma, *DJ* 27.04.2016.

Contudo, consoante Informativo nº 565, STF, de 26 a 30 de outubro de 2009, caso o escrito anônimo tenha sido produzido pelo acusado, ou quando constituírem, eles próprios, o corpo de delito, poderão ensejar na imediata instauração da *"persecutio criminis"* (como sucede com bilhetes de resgate no delito de extorsão mediante sequestro).

7.8. Vícios no IP

Tendo em vista que o IP possui natureza de procedimento *administrativo informativo* (e não de processo),

costuma a doutrina dizer que *eventuais vícios que ocorram durante a investigação não têm o condão de contaminar a futura ação penal*[32]. Possíveis vícios do IP têm, normalmente, força apenas para produzir a *ineficácia do próprio ato inquinado (viciado).* Exemplo: se, no curso do IP, o delegado prende ilegalmente o indiciado, a ação penal, ainda assim, poderá ser oferecida por seu titular. A prisão, entretanto, deverá ser declarada ilegal pelo Judiciário (ineficácia do ato prisional, no caso).

Entretanto, embora seja verdade que os eventuais vícios do IP não contaminam a ação penal, é também correto que a inicial acusatória *não pode estar amparada tão somente em elementos viciados.* Ocorrendo isto (ação penal só fundamentada em elementos viciados), é de se reconhecer a falta de justa causa (suporte probatório mínimo) para o oferecimento da inicial (art. 395, III, CPP).

7.9. Incomunicabilidade do indiciado preso

O art. 21, CPP, prevê que, a pedido do delegado ou do MP, o juiz poderá decretar a *incomunicabilidade* do indiciado preso.

Ficar incomunicável, nesse contexto, consiste na *limitação de comunicação do detido com outros presos e com o mundo exterior (familiares, por exemplo), podendo, tão somente, comunicar-se com o seu advogado, o magistrado, o MP, o delegado e demais funcionários responsáveis pela sua custódia.*

Com essa medida, busca-se, *v. g.,* evitar que o preso possa instruir terceiros a destruir material probatório.

Entretanto, segundo pensa a *majoritária* doutrina, o dispositivo em questão *não foi recepcionado pela CF*. Segue o porquê desse entendimento.

A Lei Maior, ao tratar do Estado de Defesa (situação em que diversas garantias individuais poderão ser suprimidas), estabelece expressamente que *o preso não poderá ficar incomunicável* (art. 136, § 3º, IV, CF). Ora, se é vedada a incomunicabilidade do preso num estado *alterado, anormal* (Estado de Defesa), com muito mais razão, também se deve vedá-la (a incomunicabilidade) num estado de absoluta normalidade (que é o tratado pelo art. 21, CPP).

7.10. Valor probatório do IP

Consoante vimos anteriormente, as provas produzidas no âmbito do IP objetivam, em regra, dar suporte à ação penal (caráter informativo do IP). Porém, cabe a pergunta: *pode o IP dar suporte também à sentença condenatória?* Em outros termos: *pode o juiz fundamentar um decreto condenatório em provas obtidas no IP?* Vejamos.

Conforme posicionamento firme da comunidade jurídica, as provas obtidas em sede de IP *não podem,* **de modo exclusivo**, fundamentar uma sentença penal condenatória.[33] Isso porque, como no IP não há contraditório, ampla defesa,

---

31. Atenção: a requisição aqui *não tem* conotação de ordem, mas de mera autorização para o MP agir.

32. Nesse sentido, *vide* também STF, ARE 868516 AgR/DF, *DJe* 23.06.2015.

33. Ver STF: RHC 122493 AgR, Segunda Turma, *DJ* 09.09.2015 e HC 119315/PE, *DJe* 13.11.2014.

bem como diversas outras garantias, uma condenação proferida nesses moldes (pautada *exclusivamente* em provas[34] obtidas na fase policial), configuraria violação frontal às garantias mais elementares do acusado. Aliás, não é o outro o comando da primeira parte do art. 155, CPP.

Com efeito, embora o IP não possa funcionar como suporte *único* de um decreto condenatório, majoritário setor da doutrina e jurisprudência admite que a peça investigativa possa ser valorada em caráter *supletivo* (*subsidiariamente*). Segundo dizem, quando as provas produzidas na fase policial forem renovadas ou confirmadas em juízo (em contraditório judicial, portanto) será sim possível valorar o IP para dar mais robustez à condenação.[35] Exemplo: o depoimento de uma testemunha prestado durante o IP e, posteriormente, renovado em juízo, atestando a autoria do acusado. Neste caso, poderá o magistrado, na sentença condenatória, valorar, além do testemunho prestado em juízo, o efetuado na polícia. Por conta disso, costuma-se dizer que o valor probatório do IP é *relativo* (depende de renovação/confirmação em juízo).

Mas não é só. Há certas provas que, mesmo sendo produzidas no curso do IP, dadas as suas peculiaridades, podem ser amplamente valoradas pelo juiz num decreto condenatório. Mirabete (2001, p. 79) afirma que tais provas possuem valor idêntico àquelas produzidas em juízo. São as chamadas **provas cautelares**, **não repetíveis** e **antecipadas**[36] (*vide* parte final do *caput* art. 155, CPP).

Prova cautelar *é aquela que necessita ser produzida em caráter de urgência para evitar o seu desaparecimento.* Exemplos: busca e apreensão e interceptação telefônica. Admite-se a valoração dessa prova em sentença condenatória, pois se entende que ela se submete ao chamado **contraditório diferido, retardado ou postergado**. Significa isto que, *apesar de produzida no curso do inquérito, a prova, ao integrar o processo, poderá ser combatida pelas partes.*

Prova não repetível *é aquela em que a renovação em juízo revela-se, praticamente, impossível.* Ex.: perícia sobre um crime de estupro. Caso esse exame não seja realizado de plano na fase policial, é quase certo que o vestígio da infração penal desaparecerá. Também vige aqui o chamado contraditório diferido.

Prova antecipada *é aquela que, por conta da ação do tempo, apresenta alta probabilidade de não poder ser mais realizada em juízo.* Ex.: o testemunho de uma pessoa bastante

idosa. Nesse caso, conforme sustentam, deve-se fazer uso do instituto da produção antecipada de prova (art. 225 do CPP) a fim de assegurar às futuras partes a garantia do contraditório. Procedida à produção antecipada de prova, torna-se possível valorá-la em uma eventual sentença penal condenatória.

7.11. Providências que podem ser tomadas no curso do IP

No curso do IP, uma série de diligências podem ser tomadas pelo delegado com a finalidade de elucidar a eventual prática de uma infração penal e sua respectiva autoria (art. 2º, § 2º, Lei 12.830/2013). Tais providências constam dos arts. 6º e 7º, CPP, que, note-se bem, não são dispositivos taxativos, mas meramente exemplificativos. Abaixo, examinaremos algumas dessas principais medidas.[37]

7.11.1. Oitiva do indiciado (art. 6º, V, CPP)

Ao longo do IP, o delegado deverá ouvir o indiciado observando, no que for aplicável, as regras do interrogatório judicial (art. 185 e ss., CPP). Note o leitor que não serão aplicadas *todas* as regras do interrogatório judicial à oitiva do indiciado efetuada na polícia, mas apenas aquelas que não colidirem com a natureza inquisitorial do IP. Desse modo, a presença de defensor no momento da ouvida do indiciado (exigida no interrogatório judicial – art. 185, § 5º) é considerada dispensável na fase policial. É dizer, com ou sem a presença de defensor, que a oitiva do indiciado será realizada pelo delegado. Por outro lado, o direito ao silêncio deve ser totalmente assegurado nessa etapa pela autoridade policial.

Observações finais: a) o art. 15, CPP, encontra-se revogado pelo atual Código Civil. Ou seja, dispensa-se o curador para o chamado indiciado "menor" (que possui entre 18 e 21 anos). É que o vigente CC tornou os maiores de 18 anos plenamente capazes para os atos da vida civil (nova maioridade civil), sendo que ser ouvido na condição de indiciado não deixa de ser um ato da vida civil; b) caso o indiciado não compareça ao ato de sua oitiva e não justifique a sua ausência, poderá ser conduzido coercitivamente à presença do delegado, desde que, conforme a melhor doutrina, a autoridade policial obtenha prévia autorização judicial para o cumprimento dessa finalidade. Porém, em uma decisão de 2011, o STF **(HC 107644/SP, *DJe* 18.10.2011),** com emprego de argumentação frágil, decidiu ser possível ao delegado determinar a condução coercitiva do indiciado *sem a necessidade de prévia autorização judicial*. Registre-se, aqui, que a decisão é temerária, pois é capaz de produzir uma série de consequências nocivas, cuja análise escapa ao objetivo deste trabalho. Afirmando o óbvio, há decisões em que a referida Corte entende não ser viável a condução coercitiva quando o procedimento investigativo estiver encerrado (HC 108671/TO, *DJe* 10.06.2013). Importante ressaltar que a matéria tem sido alvo de debates recentes, culminando no ajuizamento de duas ADPF's, nº 395 e 444, de titularidade do PT e da OAB, respectivamente, nas quais pugnam pelo reconhecimento do

---

34. Na realidade, alguns autores mencionam que, tecnicamente, sequer poderíamos dizer que, em sede de inquérito policial, há "provas". É que, faltando o contraditório, a ampla defesa, bem como um controle judicial sobre os elementos produzidos, não poderíamos falar em "provas", mas apenas em "atos de investigação", "atos de inquérito" ou "informações". Nesse sentido: Lopes Jr. (2003, p. 190).

35. Entretanto, há duras críticas a essa postura. Sobre o tema, consultar o nosso livro *Questões Polêmicas de Processo Penal*, Bauru: Edipro, 2011, tópico 2.4, oportunidade em que fizemos uma pesquisa minuciosa do assunto.

36. Os conceitos de prova cautelar, antecipada e não repetível, não são claros na doutrina, nem na lei (art. 155, CPP). Por isso, não se assuste o leitor se perceber certa inexatidão neles. O importante aqui é apreender os exemplos de cada um dos conceitos e entender quando o contraditório se antecipa e quando se posterga.

37. Para as provas de concurso, recomendamos a leitura *integral* desses dispositivos e não apenas os tratados aqui. Selecionamos neste tópico apenas as diligências mais relevantes.

STF de não recepção do instituto da condução coercitiva na fase investigativa pela Constituição Federal. O argumento é o de violação ao direito ao silêncio, imparcialidade, ampla defesa e o direito de não produzir provas contra si mesmo.

7.11.2. Realização do exame de corpo de delito (art. 6º, VII, CPP)

Quando a infração deixar vestígios (ex.: estupro, homicídio etc.), o delegado *não poderá* se negar a realizar o exame de corpo de delito, por ser este indispensável nessa situação (art. 158, CPP).

7.11.3. Identificação do indiciado pelo processo datiloscópico (art. 6º, VIII, primeira parte, CPP)

A CF, em seu art. 5º, LVIII, garante que "o civilmente identificado não será submetido à identificação criminal, salvo nas hipóteses previstas em lei".

Identificar-se civilmente é apresentar qualquer documento capaz de precisar a sua identidade (carteira de motorista, RG, carteira funcional etc. – *vide* o art. 1º, Lei 12.037/2009), quando solicitado a fazê-lo pelos órgãos responsáveis pela perseguição penal.

Assim, via de regra, de acordo com a CF, basta o fornecimento de identificação civil para satisfazer a eventual necessidade de esclarecimento da identidade de alguém.

Excepcionalmente, porém, será necessária a realização de identificação criminal. Identificar alguém criminalmente significa submeter o indivíduo à coleta de material datiloscópico, fotográfico, dentre outros.

Dessa forma, o art. 6º, VIII, primeira parte, CPP, que trata da "identificação do indiciado pelo processo datiloscópico", como uma das providências possíveis a serem tomadas pelo delegado no curso do IP, precisa ser lido à luz da CF. O delegado não pode, de modo automático, realizar a identificação do indiciado pelo processo datiloscópico (identificação criminal) – segundo se poderia pensar a partir de uma leitura simplista do art. 6º, VIII, CPP. Ao contrário, somente deve proceder à identificação criminal do indiciado se ocorrer alguma das hipóteses excepcionais previstas no art. 3º, Lei 12.037/2009. Vejamos quais essas hipóteses:

"**Art. 3º** Embora apresentado documento de identificação, poderá ocorrer identificação criminal quando:

I – o documento apresentar rasura ou tiver indício de falsificação;

II – o documento apresentado for insuficiente para identificar cabalmente o indiciado;

III – o indiciado portar documentos de identidade distintos, com informações conflitantes entre si;

IV – a identificação criminal for essencial às investigações policiais, segundo despacho da autoridade judiciária competente, que decidirá de ofício ou mediante representação da autoridade policial, do Ministério Público ou da defesa;

V – constar de registros policiais o uso de outros nomes ou diferentes qualificações;

VI – o estado de conservação ou a distância temporal ou da localidade da expedição do documento apresentado impossibilite a completa identificação dos caracteres essenciais."

Vale notar que a Lei 12.654/2012, alterando a Lei de Identificação Criminal, estabeleceu que, em relação ao inciso IV, destacado antes, será possível, para fins de identificação criminal, coletar material biológico do indivíduo para a obtenção do perfil genético (DNA) deste (parágrafo único do art. 5º da Lei de Identificação Criminal).

Sobre o tema, destaque-se o seguinte.

Na hipótese de a coleta de material biológico ser autorizada pelo juiz, as informações do perfil genético serão armazenadas em banco de dados próprio ("Biobanco"), **sigiloso**, a ser gerenciado por uma unidade oficial de perícia criminal (Ex: IML ou instituto de criminalística) – art. 5º-A, seu § 2º e art. 7º-B.

As informações genéticas **não** poderão revelar traços somáticos ou comportamentais, admitindo-se uma **exceção**, que é a determinação de gênero – art. 5º-A, § 1º. A medida visa a evitar que se façam futuras relações entre práticas criminosas e a estrutura genética de indivíduos, dando margem a possíveis estudos discriminatórios (da área da neurocriminologia, p. ex.) que relacionem o crime a determinada etnia, faixa etária etc.

Ademais, destaque-se que o perfil genético do indivíduo permanecerá no banco de dados pelo mesmo tempo previsto para a prescrição do delito em relação ao qual foi ou está sendo investigado/acusado – art. 7º-A.

Cabe, finalmente, destacar que o tema "coleta de material biológico para a obtenção de perfil genético" tem sido objeto de polêmica na doutrina. Dentre as diversas implicações de fundo ético que esse tipo de prática apresenta, um dos pontos criticados diz respeito à ofensa ao direito a não autoincriminação do indivíduo. Explica-se. Embora o material coletado tenha, *a priori*, a finalidade de promover a identificação criminal do indivíduo, é possível que esse material venha, futuramente, a ser utilizado contra o indivíduo como meio de prova. Os "Biobancos" passariam a servir como meios de prova, ultrapassando, portanto, a sua finalidade de mecanismo de identificação criminal. É por isso que vários autores afirmam que pode o acusado se negar a fornecer esse tipo de material, fazendo então valer o seu direito a não autoincriminação. O assunto ainda deverá ser bastante debatido, sendo que, certamente, chegará aos tribunais superiores. Esperemos.

7.11.4. Vida pregressa do indiciado (Art. 6º, IX, CPP)

São elementos que podem influir na fixação da pena em caso de condenação futura. Assim, poderão ser identificadas qualificadoras, causas de isenção de pena, privilégio ou circunstâncias por meio desta providência.

7.11.5. Informação sobre a existência de filhos (Art. 6º, X, CPP)

Trata-se de alteração introduzida pela Lei 13.257/2016, dentro das políticas públicas para crianças da primeira infância, que são aquelas até os 6 anos de idade (art. 2º, Lei 13.257/2016). Não obstante, as informações também dizem respeito a crianças de outras idades, adolescentes e dos filhos que possuam alguma necessidade especial.

Aqui é importante lembrar que há necessidade de uma rede integrada de acolhimento, com participação dos Conselhos Tutelares, MP, Polícia, Judiciário, Defensoria etc.

7.11.6. Reprodução simulada ou reconstituição do crime (art. 7º, CPP)

Busca verificar a possibilidade de o crime ter sido praticado de certo modo. Não pode contrariar a moralidade, nem a ordem pública (é ofensiva a reconstituição de um estupro, por exemplo). Destaque-se que o indiciado *não está* obrigado a colaborar com essa diligência, uma vez que goza do direito a não autoincriminação. Porém, segundo defende significativa parcela da doutrina, mesmo que não colabore com a diligência, tem o indiciado, ainda assim, o dever de comparecimento (*vide* art. 260, CPP).

7.11.7. Indiciamento

Outra medida que pode ser tomada pelo delegado no curso do IP é o indiciamento do investigado. Indiciar significa que há nos autos do IP elementos sérios, razoáveis de que determinada pessoa (ou pessoas) cometeu, aparentemente, uma infração penal (ou várias infrações).

Perceba-se que o delegado deve agir com cautela aqui, vez que o indiciamento já produz um estigma naquele sobre quem esse ato recai. Logo, não pode ser um ato temerário, é preciso que existam, de fato, elementos no IP (atos de investigação) que apontem para a autoria e materialidade delitiva.

Foi promulgada uma lei (Lei 12.830/2013) que, dentre outras coisas, trata do indiciamento. Vejamos uma passagem sobre o assunto: "art. 2º, (...) § 6º O indiciamento, privativo do delegado de polícia, dar-se-á por ato fundamentado, mediante análise técnico-jurídica do fato, que deverá indicar a autoria, materialidade e suas circunstâncias[38]".

Note-se que há autoridades com prerrogativa de função que não podem ser indiciadas pelo delegado, p. ex: magistrados (art. 33, parágrafo único, LC 35/1979); membros do MP (arts. 18, parágrafo único, LC 75/1993, e 41, parágrafo único, Lei 8.625/1993); parlamentares federais. No que tange aos parlamentares federais, oportuno destacar que o STF entende ser possível o seu indiciamento, desde que haja prévia autorização do Ministro Relator do IP, responsável pela supervisão do inquérito (a respeito, confira-se os seguintes julgados AP 933 QO, 2ª Turma, *DJ* 03.02.2016 e Pet 3825 QO, *DJ* 03.04.2008. Além do Informativo nº 825 STF, de 9 a 13 de maio de 2016.).

7.12. Prazo de conclusão do IP

7.12.1. Regra

Conforme o art. 10, CPP: se o indiciado estiver **preso**, 10 dias; se **solto**, 30 dias. Apenas o prazo do indiciado *solto* pode ser prorrogado (§ 3º do art. 10, CPP). Nesta última hipótese, necessário se faz que o caso seja de difícil elucidação e que

haja pedido do delegado ao juiz nesse sentido, fixando este último o prazo de prorrogação.

7.12.2. Prazos especiais de conclusão do IP

a) IP a cargo da polícia federal (art. 66, Lei 5.010/1966): se o indiciado estiver **preso**, 15 dias. Este prazo é prorrogável por mais 15 dias, desde que o delegado formule pedido fundamentado ao juiz, este o defira e que o preso seja apresentado ao magistrado. Se o indiciado estiver **solto**, 30 dias (também prorrogável na forma do § 3º do art. 10, CPP);

b) Lei de drogas (art. 51, Lei 11.343/2006): **preso**, 30 dias; **solto**, 90 dias. Ambos os prazos são duplicáveis por decisão judicial. Para que isso ocorra, é preciso que o delegado formule pedido fundamentado ao juiz e que o MP seja ouvido (art. 51, parágrafo único);

c) Crimes contra a economia popular (art. 10, § 1º, Lei 1.521/1951): indiciado **preso ou solto**, 10 dias. Prazo improrrogável em qualquer caso;

d) Inquérito militar (art. 20, *caput* e § 1º, CPPM): **preso**, 20 dias; **solto**, 40 dias. Este último podendo ser prorrogado por mais 20 dias pela autoridade militar superior.

7.13. Contagem do prazo de conclusão do IP

Embora não haja consenso na doutrina sobre o tema, *em relação aos inquéritos de investigado preso, prevalece* o entendimento de que o prazo de conclusão do IP possui *natureza processual*, devendo, portanto, ser contado na forma do art. 798, § 1º, CPP (exclui-se o dia do começo e inclui-se o dia final).[39] Exemplo: Fulano foi preso em flagrante no dia 06.04.2011 (quarta-feira). Como se trata de indiciado preso, pela regra do art. 10, CPP, o IP deverá ser concluído em 10 dias. Assim, seguindo a fórmula do art. 798, § 1º (prazo processual), a contagem dos 10 dias se iniciará no dia útil seguinte à prisão em flagrante (no caso, 7 de abril, quinta-feira). Por outro lado, o último dia do prazo *seria* 16 de abril (sábado). Como não há expediente forense no sábado, nem no domingo (e como o prazo é processual), haverá a prorrogação para o dia útil imediato (ou seja, 18 de abril, segunda-feira, se não for feriado). Conclusão: o último dia do prazo (*i. e.*, o último dia para que o delegado conclua o IP e o envie ao MP) será o dia 18 de abril (segunda-feira)[40].

7.14. Encerramento do IP

Ao encerrar o IP, a autoridade policial deverá elaborar minucioso relatório do que tiver sido apurado (arts. 10, §§ 1º e 2º, e 11, CPP).[41] Nesse contexto, vejamos algumas dis-

---

38. Ver: STJ, Informativo 552, período de 17.12.2014, 5ª Turma. O magistrado não pode requisitar o indiciamento em investigação criminal. Isso porque o indiciamento constitui atribuição exclusiva da autoridade policial.

39. Contudo, como dissemos, o assunto é polêmico. Há respeitáveis autores que defendem a natureza penal desse prazo (contando-o, portanto, na forma do art. 10, CP).

40. Em sentido contrário: Távora e Alencar (2016, p. 152); e Lima (2015, p. 150). Para os autores mencionados, em se tratando de investigado preso, conta-se o prazo nos termos do art. 10, CP, e não há que se falar em prorrogação do prazo para o primeiro dia útil, pois as delegacias funcionam de forma ininterrupta, em regime de plantão.

41. Em regra, não é necessário ao delegado tipificar a conduta do indiciado no relatório. Porém, na Lei de Drogas, o art. 52, I, exige que o delegado tipifique a conduta do agente no relatório.

tinções entre o encerramento de um IP que teve por objeto um crime de ação pública e o que teve por objeto um crime de ação privada.

7.14.1. Crime de ação penal pública

Em se tratando de crime de ação penal pública, concluído o IP, a depender das normas estaduais aplicáveis à Comarca, deverá ser encaminhado a juízo (oportunidade em que ficará à disposição do MP) ou deverá ser encaminhado diretamente ao MP. De um jeito ou de outro, este órgão (o MP), ao receber os autos do inquérito, deverá tomar uma das 3 medidas seguintes: a) oferecer denúncia; b) requisitar novas diligências; ou c) requerer o arquivamento. Examinemos estas opções *de per si.*

a) Oferecimento de denúncia: neste caso, significa que *o MP está satisfeito com a investigação realizada.* Ou seja, há suporte probatório mínimo (indício de autoria e de materialidade do crime) para o oferecimento da ação penal;

b) Requisição de novas diligências (art. 16, CPP): significa que *o MP não está satisfeito com o resultado da investigação, necessitando de ulteriores diligências.* Não é demais lembrar que a requisição do MP ao delegado tem caráter de ordem;

c) Requerimento (ou promoção) de arquivamento: como já dito, a autoridade policial não pode arquivar o IP (art. 17, CPP). O arquivamento, na realidade, só se dá por meio de dupla manifestação: pedido do MP + homologação do juiz (STF, **Pet 4979, 1ª Turma, *DJ* 17.09.2015 e HC 106124/PR, *DJe* 11.09.2013).** O requerimento de arquivamento formulado pelo MP pode amparar-se em diversos motivos. Exemplos: atipicidade da conduta do indiciado; desconhecimento da autoria do crime; inexistência de elementos mínimos de prova para denunciar o indiciado; ausência de representação (nos crimes que a exigem – *v.g.* ameaça, art. 147, CP); e mais recentemente o que o STF denomina ausência de base empírica idônea e de indicação plausível do fato delituoso a ser apurado (Inq 3847AgR/GO, *DJe* 08.06.2015). Trata-se da delação anônima sem qualquer elemento indiciário ou fático complementar ou uma notícia de internet sem que haja a devida descrição de um fato concreto.

Ainda a respeito das hipóteses de arquivamento do IP, note o leitor que o CPP não tratou expressamente do tema. Entretanto, esse Código, em seu art. 395, apresenta situações em que a denúncia será *rejeitada* pelo juiz. Ora, podemos concluir disso o seguinte: as hipóteses em que a denúncia deverá ser rejeitada pelo juiz (estabelecidas no art. 395) são exatamente os casos em que o MP não deverá oferecer denúncia, requerendo, ao revés, o arquivamento do IP. Trata-se de interpretação *a contrario sensu* do art. 395.

Pois bem, conforme mencionado, sendo hipótese de arquivamento, o MP deverá formular pedido fundamentado nesse sentido ao magistrado que, também de forma fundamentada (art. 93, IX, CF), decidirá sobre o caso.

A decisão do magistrado que determina o arquivamento do IP é, em regra, irrecorrível. Exceções: recurso de ofício da decisão que arquiva o IP em casos de crime contra a economia popular e contra a saúde pública (art. 7º, Lei 1.521/1951); e recurso em sentido estrito da decisão que arquiva o IP em casos de contravenção de jogo do bicho e de aposta de corrida de cavalos fora do hipódromo (art. 6º, Lei 1.508/1951 c/c arts. 58 e 60, DL 6.259/1944).

Ressalte-se que, arquivado o IP, nada impede que o delegado proceda a *novas diligências,* visando a encontrar elementos mais contundentes acerca da autoria e/ou materialidade do delito. É que, em regra, a decisão de arquivamento faz apenas coisa julgada formal[42] (incide aqui a chamada cláusula *rebus sic stantibus*[43]). Agora, para que o MP possa oferecer a denúncia (depois de consumado o arquivamento do IP), é imprescindível a existência de *provas substancialmente novas.* Em resumo, temos então o seguinte: em regra, arquivado o IP, nada impede que o delegado proceda a novas diligências. Porém, para que haja a deflagração de ação penal, é preciso que o MP possua *provas substancialmente novas.* É assim que devem ser lidos o art. 18, CPP, e a Súmula 524, STF.

A regra, portanto, é: arquivado o IP, pode o delegado realizar novas diligências (art. 18, CPP) e o MP oferecer denúncia (se conseguir provas substancialmente novas – Súmula 524, STF)[44]. Porém, há casos em que a decisão de arquivamento faz **coisa julgada formal e material** *também,* impedindo, portanto, a reabertura do caso. *Já decidiram os tribunais superiores que não pode haver reabertura do caso na seguinte situação* (coisa julgada material): **arquivamento que tenha por base a atipicidade ou a extinção da punibilidade (mesmo que a decisão tenha sido proferida por juiz absolutamente incompetente)** *– vide* STF, **HC 100161 AgR/RJ, *DJe* 16.09.2011.**[45] Demais disso, cumpre enunciar o seguinte julgado do STF, no qual o arquivamento de inquérito, a pedido do MP, em virtude da prática de conduta acobertada pela excludente de ilicitude do estrito cumprimento do dever legal (CPM, art. 42, III) não obstaria o desarquivamento diante de novas provas, deste modo, não haveria configuração de coisa julgada material (HC 125101, 2ª Turma, *DJ* 11.09.2015, HC 87395/PR, j. 23/03/2017)[46].

Impende registrar a divergência de entendimentos entre os tribunais superiores, uma vez que, o STJ, em decisão proferida no ano de 2014, entendeu que o arquivamento pela prática de ato acobertado por excludente de ilicitude formaria coisa julgada material apta a obstar o posterior desarquivamento (STJ, 6ª Turma, REsp791471, *DJe* 16.12.2014).

Por outro lado, discordando o juiz do pedido de arquivamento, deverá remeter o caso ao *Procurador-Geral de Justiça* (art. 28, CPP). Este (o PGJ), por sua vez, poderá: ou insistir no arquivamento do IP (hipótese em que o juiz

---

42. Sobre a distinção entre coisa julgada material e formal, aduz Gomes (2005, p. 330): "há duas espécies de coisa julgada: 1. Coisa julgada *formal:* impede que o juízo da causa reexamine a sentença [ou decisão]; 2. Coisa julgada *material:* impede que qualquer outro juízo ou tribunal examine a causa já decidida". (Incluiu-se).

43. Significa nesse contexto: arquive-se o IP *desde que perdurem as mesmas circunstâncias e condições.*

44. Por novas provas o STJ entende "aquelas já existentes, mas não trazidas à investigação ao tempo em que realizada, ou aquelas franqueadas ao investigador ou ao Ministério Público após o desfecho do inquérito policial". RHC 27449/SP, *DJe* 16.03.2012. Ver também o HC 239899/MG, *DJe* 13.05.2014.

45. Para uma leitura mais aprofundada, indicamos a obra *Questões Polêmicas de Processo Penal*, Bauru: Edipro, 2011 (tópico 2.2).

46. Ver Informativo nº 858, STF, de 20 a 24 de março de 2017.

estará obrigado a acolhê-lo); ou requisitar novas diligências; ou oferecer denúncia (ele mesmo ou por meio de outro membro do MP)[47].

Note o leitor que, em se tratando de crime da *competência da Justiça Federal*, no caso de o juiz federal discordar do pedido de arquivamento do membro do MPF, deverá remeter a questão não ao Procurador-Geral da República, mas à *Câmara de Coordenação e Revisão do Ministério Público Federal*, conforme prevê o art. 62, IV, LC 75/1993. No mais, as opções da Câmara são iguais às do PGJ, *i. e.*, insistência no arquivamento, requisição de novas diligências ou oferecimento de denúncia.

Importante destacar também que, no âmbito do STJ, se o membro do MPF que lá atua requerer o arquivamento do inquérito policial ou de quaisquer peças de informação que tramitem originariamente perante esse Tribunal Superior, mesmo considerando improcedentes as razões invocadas, o STJ deverá determinar o arquivamento solicitado, não se aplicando o art. 28 do CPP (Inq 967/DF, *DJe* 30.03.2015).

Ainda em relação ao tema arquivamento, há construções da doutrina e da jurisprudência que buscam conferir a natureza de arquivamento a certas situações práticas que veremos a seguir:

I – arquivamento implícito ou tácito: caracteriza-se quando o MP (ações penais públicas, portanto) "deixa de incluir na denúncia algum fato investigado ou algum dos indiciados, sem expressa manifestação ou justificação deste procedimento" e o juiz deixa de se manifestar (art. 28, CPP) em relação àquilo que foi omitido (JARDIM, 2001, p. 170).

Pressupõe, portanto, a dúplice omissão: do MP, que oferece a denúncia sem incluir algum dos fatos (objetivo) ou dos indiciados (subjetivo) sem justificar o porquê;[48] e do juiz, que não adota a providência do art. 28 e dá seguimento ao trâmite, recebendo a denúncia.

Ex.: imagine o leitor que 6 indivíduos são investigados acerca do delito de roubo. Concluído o inquérito e remetido ao MP, esse oferece a denúncia em face de 5 dos investigados sem fazer qualquer menção ao 6º deles. O juiz, ao analisar a denúncia, despacha pelo seu recebimento. Nesse caso, haveria de se reconhecer o arquivamento implícito em relação ao último indiciado.

Destaque-se, porém, que tal modalidade não tem sido acolhida pela jurisprudência[49] e pela maior parte da doutrina, especialmente pela ausência de previsão legal e por conside-

rar que o pedido de arquivamento deverá ser explícito, por força do princípio da obrigatoriedade da ação penal pública.

II – arquivamento indireto: trata-se de construção do STF[50] para resolver o conflito entre o juiz e o MP quando esse último recusa atribuição para o feito. O MP, ao invés de oferecer a denúncia, requerer outras providências ou o arquivamento ou novas diligências, recusa a própria atribuição por entender que o juízo perante o qual oficia é incompetente para processar e julgar a causa. O juiz, discordando, deve interpretar a situação como uma manifestação indireta de arquivamento e adotar a providência do art. 28, CPP, remetendo os autos ao órgão revisor do MP (PGJ ou Câmara de Coordenação e Revisão).

Ex.: promotor, ao receber os autos do IP, entende que o crime praticado ofendeu interesse da União e, portanto, a ação penal é atribuição do MPF (cujo membro é o Procurador da República). Nesse caso, requer ao juiz perante o qual oficia a remessa dos autos ao órgão competente. Se o juiz discordar, entenderá a manifestação como pedido indireto de arquivamento e remeterá os autos para o PGJ, seguindo o disposto no art. 28, CPP.

Perceba, portanto, que a questão gira em torno da divergência entre MP e juiz quanto à atribuição do órgão acusatório.

7.14.2. Crime de ação penal privada

Em se tratando de crime de ação penal privada, concluído o IP, deverá este ser encaminhado a juízo, oportunidade em que ficará à disposição da vítima – art. 19, CPP. Esta, tomando ciência da conclusão do IP, poderá adotar as seguintes medidas: a) oferecer a queixa-crime; b) requerer novas diligências; c) renunciar ao direito de ação; e d) permanecer inerte, deixando escoar o seu prazo de 6 meses para o oferecimento de queixa. Analisemos tais opções.

a) Oferecimento de queixa: significa que *a vítima deu-se por satisfeita com a investigação realizada, vislumbrando suporte probatório mínimo para o oferecimento de ação penal;*

b) Requerimento de novas diligências: ao contrário, *a vítima não se deu por satisfeita, necessitando de ulteriores diligências*. Note que incide aqui a *discricionariedade* do delegado, ou seja, pode este atender ou não as diligências solicitadas pela vítima (art. 14, CPP);

c) Renúncia ao direito de ação: o ofendido poderá renunciar ao seu direito de queixa, dando causa à extinção da punibilidade do agente (art. 107, V, CP). Note que se trata de ato unilateral da vítima (não depende da aceitação do indiciado para que possa concretizar seus efeitos);

d) Inércia: nesta situação, o ofendido deixa simplesmente escoar o seu prazo decadencial de 6 meses para o oferecimento de queixa (art. 38, CPP), resultando também na extinção da punibilidade do agente (art. 107, IV, CP).

Observação final: perceba o leitor que, tecnicamente, *não há* a figura do pedido de arquivamento em sede de ação penal privada (conforme vimos na ação penal pública). O

---

47. Há antiga polêmica na doutrina se o membro do MP designado pelo PGJ estaria ou não obrigado a oferecer denúncia. *Prevalece* o entendimento de que sim, *i. e.*, que o membro designado do MP atuaria como *longa manus* do PGJ, logo estaria obrigado a denunciar. Neste contexto, cabe enunciar o recente julgado do STF no qual restou consignado que "Cabe ao Procurador-Geral da República a apreciação de conflitos de atribuição entre órgãos do ministério público" (STF. Plenário. ACO 1567 QO/SP, rel. Min. Dias Toffoli, 17.08.2016).

48. Ver nossas anotações sobre obrigatoriedade e indivisibilidade da ação penal pública no próximo Capítulo.

49. STF, HC 127011 AgR/RJ, *DJe* 21.05.2015 e STJ, Info. 0569, período 17.09 a 30.09.2015, 5ª Turma e Info. 0540, período 28.05.2014, 6ª Turma e HC 197886/RS, *DJ* 25.04.2012.

50. STF, HC 88877, 1ª Turma, *DJ* 27.06.2008 e Pet 3528/BA, *DJ* 03.03.2006. Ver também, no STJ, o AgRg nos EDcl no REsp 1550432/SP, 6ª TURMA, DJ 29.02.2016 e o CAt 222/MG, *DJ* 16.05.2011.

ofendido não precisa requerer ao juiz o arquivamento do IP. Basta renunciar ao seu direito de ação ou mesmo deixar escoar o prazo de 6 meses para a queixa. De todo o modo, caso a vítima elabore um "pedido de arquivamento" ao magistrado, esse pedido será compreendido como renúncia expressa ao direito de ação.

7.15. Inquéritos extrapoliciais, não policiais ou investigações administrativas

Não obstante o disposto no art. 144, CF, que confere à polícia civil e à polícia federal a atribuição para investigar as infrações penais, a Carta Magna não o faz de modo a estabelecer exclusividade da função investigativa.

Desse modo, há autoridades não policiais que também possuem a prerrogativa de realizar investigação. Algumas dessas modalidades veremos a seguir.

7.15.1. Inquéritos parlamentares (art. 58, § 3º, CF; e Lei 1579/52, alterada pela Lei 13.367/2016)

As Comissões Parlamentares de Inquérito (CPI's) são criadas para *apuração de fato determinado e por prazo certo, sendo suas conclusões, se for o caso, encaminhadas ao Ministério Público para que promova a responsabilidade civil ou criminal dos infratores.*

Os parlamentares buscarão, por meio de sua atuação na CPI, colher elementos que permitam elucidar o fato determinado. Sendo assim, terão amplo espectro de atuação visando à coleta de documentos e dos depoimentos dos investigados e das testemunhas.

As CPIs possuem poderes inerentes às autoridades judiciais. Em razão disso, as pessoas convocadas a depor não podem, por exemplo, recusar o comparecimento e podem ser conduzidas coercitivamente.

As testemunhas deverão prestar o compromisso legal de dizer a verdade,[51] mas não estarão obrigadas a falar sobre fatos que a incriminem (direito ao silêncio – *nemo tenetur se detegere*).

Aos investigados, apesar da obrigatoriedade de comparecimento, são assegurados todos os direitos inerentes àqueles que são alvo de investigação. Alguns exemplos são o direito ao silêncio (evitando a autoincriminação); à assistência por advogado, com possibilidade de comunicação durante a inquirição; e a dispensa do compromisso legal de dizer a verdade. Para um aprofundamento em relação ao pensamento jurisprudencial sobre o tema, consultar o HC 119941/DF, *DJe* 29.04.2014 e MC HC 135286/DF, *DJe* 30.06.2016, ambos do STF..

Ao final do procedimento investigativo, os parlamentares deverão elaborar um relatório das investigações e, caso haja indícios dos fatos ilícitos, devem proceder à remessa ao MP, para que o *parquet* adote as providências cabíveis.

Exemplo do resultado de investigação realizada por CPI é a AP 470, STF, que julga diversos réus acusados de peculato, corrupção ativa, passiva, formação de quadrilha, entre outros, em fato divulgado pela mídia como "mensalão". As investigações foram realizadas pelos parlamentares e posteriormente remetidas ao MPF, que ofereceu a denúncia por meio do PGR.[52]

Por fim, vale ressaltar que o relatório da CPI, uma vez recebido, terá prioridade de trâmite sobre os demais atos, exceto em relação aos pedidos de *habeas corpus, habeas data* e mandado de segurança (art. 3º, Lei 10.001/2000).

7.15.2. Inquéritos por crimes praticados por magistrados ou membros do MP

Nos casos em que o investigado é magistrado ou membro do MP, a investigação será conduzida pelos órgãos da mais elevada hierarquia das respectivas carreiras.

Assim, quanto aos magistrados, a investigação caberá ao órgão especial competente para o julgamento (art. 33, parágrafo único, LC 35/1979 – LOMAN[53]).

Aqui, oportuna a crítica feita por Denilson Feitoza Pacheco (2009, p. 217) quanto à investigação realizada por órgão jurisdicional. Apesar de **não acolhida pela jurisprudência e também por respeitável parte da doutrina**, a tese defendida pelo autor é de que tal permissão revela-se incompatível com a separação dos poderes e o sistema acusatório.

Lembremos que a natureza do procedimento investigativo é administrativa e está dissociada da função jurisdicional, adstrita ao Poder Judiciário. Tal dissociação é característica da separação dos poderes, que divide as funções estatais entre os poderes da República: a) administrativa, para o Poder Executivo; b) legislativa, para o Poder Legislativo; e c) jurisdicional, para o Poder Judiciário. Portanto, a concentração de função inerente às autoridades policiais (investigação), de natureza administrativa, com a função jurisdicional ofenderia o princípio da separação de poderes.

De igual modo, reconhece a ofensa ao sistema acusatório em razão da investigação ser presidida pelo próprio órgão que a julgará.

Em relação aos crimes cometidos por membro do MP, estadual ou federal, também caberá à cúpula dos respectivos órgãos a presidência da investigação,[54] mas como não são titulares da função jurisdicional, e sim da administrativa, as críticas acima não são aplicáveis.

7.15.3. Inquérito por crimes praticados por autoridades com foro por prerrogativa de função

Diante da prática de crime por autoridade com foro por prerrogativa de função, não pode o delegado instaurar inquérito ou realizar o seu indiciamento, devendo remeter a investigação ao tribunal perante o qual a autoridade goza de foro privilegiado.

Ex.: deputado federal que é flagrado na prática de crime inafiançável pode ser preso em flagrante, mas a partir daí o STF deve ser comunicado, pois presidirá a investigação.

---

51. Veremos de forma detalhada quando tratarmos da prova testemunhal, mais à frente.

52. Procurador-Geral da República.

53. Lei Orgânica Nacional da Magistratura.

54. Art. 41, parágrafo único, Lei 8.625/1993 (MP estadual); e 18, parágrafo único, LC 75/1993 (MPF).

Caso o procedimento acima não seja observado, certamente será nulo o indiciamento ou o próprio inquérito. Ver STF, HC 117338 ED, 1ª Turma, *DJ* 21.06.2016 e Inq. 2411 QO, *DJe* 25.04.2008.

7.15.4. Investigação direta pelo MP (inquérito ministerial)

Falar em investigação direta pelo MP não significa dizer que o *parquet* presidirá o inquérito policial, pois estaria usurpando atribuição constitucional da polícia (art. 144, § 4º, CF).

Em verdade, os defensores dessa modalidade de investigação entendem que o MP pode realizar a colheita de provas reputadas essenciais para a deflagração da futura ação penal pública, da qual é titular exclusivo.

A investigação direta, portanto, *consiste na instauração de procedimento administrativo investigatório com o escopo de coletar elementos probatórios imprescindíveis para embasar uma eventual ação penal.* Trata-se de atividade complementar à da polícia.

Ex: uma testemunha procura o MP, diretamente, para revelar a sua versão acerca de determinado fato. Nesse caso, pode o MP instaurar o procedimento investigatório para colher o depoimento.

Em relação à sua admissibilidade, ainda há muita controvérsia.

Aqueles que defendem a possibilidade de investigação direta utilizam como principais argumentos:

a) À luz da teoria dos poderes implícitos,[55] se o MP detém o poder de promover exclusivamente a ação penal pública e de requisitar, em caráter irrecusável, a realização de diligências investigatórias ou a instauração de IP (art. 129, I e VIII, CF), não assiste razão à recusa de atribuição para atos investigativos. Em linguagem direta, significa dizer que "quem pode o mais, pode o menos";

b) O art. 144, CF, não estabeleceu exclusividade ou monopólio das investigações à polícia;

c) No direito comparado, a discussão atual diz respeito à titularidade da condução das investigações, se do promotor ou do juiz-instrutor, e não mais da exclusividade da polícia (BASTOS, Apud NICOLITT, 2010, p. 74);

d) Normas infraconstitucionais conduzem à possibilidade de atuação direta do MP, a exemplo do art. 26, Lei 8.625/1993.

Como síntese dos fundamentos acima, recomendamos a leitura do HC 195901/DF, *DJe* 17.09.2012, STJ.

No campo oposto, os fundamentos são os seguintes:

a) Ao MP cabe o controle externo da atividade policial e não a realização de investigação, que deve ser um poder/atribuição expresso no texto constitucional;

b) Ausência de previsão legal expressa;

c) A investigação sem previsão legal poderia acarretar arbitrariedades, a atuação direta na fase investigatória mitigaria a impessoalidade e afetaria o juízo crítico em relação ao oferecimento da denúncia.[56]

No âmbito jurisprudencial, o STJ possui posicionamento consolidado no sentido de reconhecer tal atribuição ao MP. Ver REsp 998249/RS, *DJ* 30.05.2012 e AgRg no REsp 1319736/MG, *DJe* 17.03.2015. O STF não possui posicionamento definitivo acerca do tema, pois o Plenário ainda não se manifestou. Entretanto, pelas decisões mais recentes da 1ª e 2ª turmas, o indicativo é também no sentido do reconhecimento do poder investigativo. Recomendamos a leitura dos seguintes julgados: **RHC 97926/GO, Info. 757 e AP 611/MG, *DJe* 10.12.2014.**

7.16. Infiltração de agentes (arts. 10 a 14, Lei 12.850/2013)

Trata-se da possibilidade de infiltração de agentes policiais (Polícia Civil ou Federal) em atividades de investigação relacionadas às organizações criminosas.

7.16.1. Autorização

Dependerá de autorização judicial (circunstanciada, motivada e sigilosa), mediante: a) prévia representação realizada pelo delegado de polícia, ouvido o MP, obrigatoriamente; ou b) requerimento formulado pelo MP, após manifestação técnica do delegado de polícia, quando solicitada no curso de inquérito policial – art. 10, *caput* e § 1º.

Tanto o requerimento do MP, quanto a representação do delegado para a infiltração de agentes conterá a demonstração da necessidade da medida, o alcance das tarefas dos agentes e, quando possível, os nomes ou apelidos das pessoas investigadas e o local da infiltração.

7.16.2. Cabimento

Admite-se a infiltração se houver indícios de atividades próprias de organização criminosa e se a prova não puder ser produzida por outros meios disponíveis. Verifica-se, portanto, a presença de 2 requisitos cumulativos: indício de atividade própria de organização criminosa e que NÃO haja outro meio para comprovar tal atuação – § 2º, art. 10.

7.16.3. Prazo

Nos termos do § 3º, art. 10, "a infiltração será autorizada pelo prazo de até seis meses, sem prejuízo de eventuais renovações, desde que comprovada sua necessidade". Verificamos, pela redação do dispositivo, que não há um limite de prazo para a infiltração, mas esta renovação ficará submetida à efetiva demonstração da sua necessidade.

7.16.4. Procedimento

O pedido de infiltração será distribuído ao juiz competente, mas de forma sigilosa, com o escopo de evitar qualquer

---

55. "A outorga de competência expressa a determinado órgão estatal importa em deferimento implícito, a esse mesmo órgão, dos meios necessários à integral realização dos fins que lhe foram atribuídos". Voto do Min. Celso de Mello na ADI 2797/DF, *DJ* 19.02.2006, STF.

56. Refutando tal concepção, a Súmula 234, STJ: "a participação de membro do Ministério Público na fase investigatória criminal não acarreta o seu impedimento ou suspeição para o oferecimento da denúncia".

informação acerca da operação ou da identificação do agente a infiltrar – art. 12, *caput.*

Recebido o pedido, o juiz "decidirá no prazo de 24 (vinte e quatro) horas, após manifestação do Ministério Público na hipótese de representação do delegado de polícia, devendo-se adotar as medidas necessárias para o êxito das investigações e a segurança do agente infiltrado" – § 1º, art. 12.

Findada a diligência, o resultado da infiltração será um relatório circunstanciado elaborado pelo agente e que acompanhará a denúncia do MP, se for o caso. A partir desse momento será permitido o acesso pleno à defesa, preservada, contudo, a identidade do agente – § 2º, art. 12.

Se houver indícios concretos de que a integridade do agente infiltrado corre risco, a ação será imediatamente sustada pelo MP ou pelo delegado, que deverá dar ciência ao MP e ao juiz que autorizou o ato – § 3º, art. 12.

7.16.5. Atuação do agente

A atuação do agente durante o período de infiltração é uma questão que desperta polêmica. Há um limite tênue com relação aos seus direitos e à prática de atos ilícitos, criminosos, para assegurar a sua inserção na organização criminosa.

Assim, dispõe o art. 13 que: "o agente que não guardar, em sua atuação, a devida proporcionalidade com a finalidade da investigação, responderá pelos excessos praticados". Ademais, em se tratando da prática de crime no âmbito da infiltração, será apurada a inexigibilidade de conduta diversa, ou seja, não será punido o agente se não havia alternativa a não ser praticar determinado delito em razão da infiltração – parágrafo único.

Já o art. 14 estatui os direitos específicos do agente, todos no sentido de preservar a sua integridade física e moral. São eles:

I – recusar ou fazer cessar a atuação infiltrada;

II – ter sua identidade alterada, aplicando-se, no que couber, o disposto no art. 9º da Lei 9.807, de 13.07.1999, bem como usufruir das medidas de proteção a testemunhas;

III – ter seu nome, sua qualificação, sua imagem, sua voz e demais informações pessoais preservadas durante a investigação e o processo criminal, salvo se houver decisão judicial em contrário;

IV – não ter sua identidade revelada, nem ser fotografado ou filmado pelos meios de comunicação, sem sua prévia autorização por escrito.

8. AÇÃO PENAL

8.1. Conceito

Direito público subjetivo de pedir ao Estado-juiz a aplicação do Direito Penal objetivo a um caso concreto.

Com efeito, para que o indivíduo possa exercer regularmente o seu direito de ação, é preciso que observe (preencha) certas condições. E são exatamente essas condições que estudaremos na sequência.

8.2. Condições genéricas da ação

Conforme dito, a presença de tais condições visa a proporcionar o regular exercício do direito de ação. Assim, tais condições funcionam como requisitos para que, legitimamente, seja possível exigir o provimento jurisdicional do Estado.

Segundo LIMA (2015, p. 193), a teoria eclética aduz a existência do direito independe da existência do direito material, dependendo, de outro lado, do preenchimento de requisitos formais – que são as condições da ação. Tais condições, por sua vez, são aferidas à luz da relação jurídica material discutida no processo, não se confundindo com o mérito. Em verdade, são analisadas em caráter preliminar e, quando ausentes, culminam em sentença terminativa de carência da ação (CPC/1973, art. 267, VI e art. 485, VI, CPC/2015). No entanto, neste caso não há a formação de coisa julgada material, o que permite, pelo menos em tese, a renovação futura da demanda, desde que haja a correção do vício que ensejou a sentença sem resolução de mérito (CPC/1973, at. 268 e art. 486, § 1º, CPC/2015).

A despeito das enunciações da citada teoria, LIMA (2015, p. 193) chama a atenção para o surgimento de nova teoria na doutrina processual civil que acaba refletindo no processo penal, a saber, a teoria da asserção, segundo a qual a presença das condições da ação deve ser analisada judicialmente com base em elementos fornecidos pelo próprio autor em sede de petição inicial, os quais devem ser tomados como verdadeiro, sem nenhum desenvolvimento cognitivo.

Ademais, ressalte-se que a presença dessas condições deve ser examinada pelo juiz no momento do recebimento da inicial acusatória. Caso uma (ou várias delas) esteja ausente, será hipótese de rejeição da inicial penal (*vide* art. 395, CPP). Neste contexto, explana LIMA (2015, p. 194) que, em não havendo tal análise das condições da ação no momento da admissibilidade da inicial acusatória, há possibilidade do reconhecimento de nulidade absoluta do processo, em qualquer instância, com fundamento no art. 564, II, CPP – sendo que o dispositivo apenas se refere à ilegitimidade de parte, mas, analogicamente, também pode ser aplicado às demais condições da ação penal. Ainda há quem entenda, diante de tal situação, a possibilidade de extinção do processo sem julgamento de mérito, aplicando analogicamente o art. 267, VI, CPC/1973/art. 485, VI, CPC/2015 c/c art. 485, § 3º, CPC/2015.

Examinemos, finalmente, as condições da ação penal.

8.2.1. Possibilidade jurídica do pedido

Primeiramente, é imprescindível que aquilo que está sendo pedido seja admitido pelo direito objetivo, ou seja, o pedido deve ter amparo na lei. Diante disso, podemos inferir que, se o fato narrado na inicial acusatória for notoriamente atípico, *i. e.*, não previsto na lei como infração penal, não será possível instaurar a ação penal por impossibilidade jurídica do pedido.

Cabe ressaltar, todavia, que a nova sistemática do novo diploma processual civil, que não mais referência à possibilidade jurídica do pedido como hipótese que gera decisão de inadmissibilidade do processo. Deste modo, vem se consolidando o entendimento praticamente majoritário até então de que o reconhecimento da impossibilidade jurídica do pedido opera como decisão de mérito, e não de inadmissibilidade. (LIMA, 2015, p. 195).

Há quem entenda, contudo, que de acordo com o CPC/2015, a despeito da extinção da possibilidade jurídica do pedido, não fez desaparecer as condições da ação. No entanto, tal categoria foi eliminada do nosso ordenamento jurídico, pois há apenas as possibilidades de serem as questões de mérito ou de admissibilidade, como informa LIMA (2015, p. 195).

8.2.2. Interesse de agir

Esse requisito implica verificação de que a pretensão formulada seja suficiente para satisfazer o interesse contido no direito subjetivo do titular (MIRABETE, 2006, p. 88). Esse interesse deve ser analisado sob 3 aspectos: necessidade; adequação; e utilidade.

a) **Interesse-necessidade:** tem por objetivo identificar se a lide pode ser solucionada extrajudicialmente, ou seja, se de fato é necessário o uso da via judicial para resolver o conflito. Na esfera penal, o interesse-necessidade é presumido, pois há vedação da solução extrajudicial dos conflitos penais (diferentemente do que ocorre no processo civil, por exemplo);

b) **Interesse-adequação:** aqui, deve-se fazer uma checagem se há adequação entre o pedido formulado e a proteção jurisdicional que se pretende alcançar. Será adequado o pedido quando, narrada uma conduta típica, o acusador requerer a condenação do réu, de acordo com os parâmetros do tipo incriminador, que estabelece a punição objetivamente adequada para cada delito (BONFIM, 2010, p. 181).

Porém, advirta-se que o *interesse-adequação* não possui capital importância no âmbito do processo penal, uma vez que o juiz pode se valer da *emendatio libelli* (art. 383, CPP) para corrigir eventual falha da acusação no tocante à classificação do crime e da pena a ser aplicada ao réu (PACELLI, 2015, p. 107-108);

c) **Interesse-utilidade:** só haverá utilidade quando for possível a realização do *jus puniendi* estatal (*i. e.*, quando for viável a aplicação da sanção penal). Se não é possível a punição, a ação será inútil. Ex.: ação penal por fato prescrito. De nada adiantará o exercício da ação penal se já estiver extinta a punibilidade do agente.

8.2.3. Legitimidade (ou legitimatio ad causam)

Diz respeito à pertinência subjetiva da ação. Os sujeitos devem ser legitimados para figurar na causa. Assim, a ação deve ser proposta somente pelo sujeito ativo pertinente e apenas contra aquele legitimado para figurar no polo passivo da causa.

No polo ativo da ação figura, em regra, o MP (art. 129, I, CF), já que a maioria das infrações penais tem a sua persecução por meio de ações penais públicas.

Nas ações privadas, o autor é o ofendido (a vítima), denominado querelante, que é pessoa física ou jurídica titular de um interesse.

Do lado oposto, no polo passivo, figura o réu (ações penais públicas) ou querelado (ações penais privadas).

Saliente-se que a CF prevê a possibilidade de responsabilização criminal da pessoa jurídica nas infrações penais praticadas em detrimento da economia popular, da ordem econômica e financeira (art. 173, § 5º, CF) e nas condutas lesivas ao meio ambiente (art. 225, § 3º, CF).

Importante dizer que a previsão no texto constitucional não conduz à automática inserção da pessoa jurídica no polo passivo, pois os dispositivos condicionam à previsão específica em lei ordinária. Nesse caso, o nosso ordenamento prevê a responsabilidade penal da pessoa jurídica apenas por danos ambientais (art. 3º, Lei 9.605/1998).

Ademais, nos tribunais superiores vinha sendo aplicada a teoria da dupla imputação, segundo a qual é imprescindível a imputação simultânea do ente moral (empresa) e da pessoa física responsável pela sua administração (STJ, RMS 37293/SP, *DJe* 09.05.2013). Sucede que há uma mudança no entendimento do STF, pois a Primeira Turma decidiu que "o art. 225, § 3º, CF não condiciona a responsabilização penal da pessoa jurídica por crimes ambientais à simultânea persecução penal da pessoa física em tese responsável no âmbito da empresa"[57]. Outrossim, também vem o STJ se afastando da tese da dupla imputação, vide AgRg no RMS 48.085/PA, 5ª Turma, *DJ* 20.11.2015 e AgRg no RMS 48.379/SP, 5ª, Turma, *DJe* 12.11.2015. Conclui, portanto, que inexiste imposição constitucional da dupla imputação (RE 548181/PR, *DJe* 06.08.2013).

8.2.4. Justa causa

Para o exercício da ação penal, não basta que o pedido seja juridicamente possível, que a ação seja necessária, adequada e útil, e proposta pelo legítimo titular em face do legítimo ofensor. A presença de todos esses requisitos será insuficiente se não existir lastro probatório mínimo quanto à autoria e prova da materialidade do fato. É o que estatui o art. 395, III, CPP.

A justa causa nada mais é do que o *fumus comissi delicti*,[58] ou seja, *a identificação de que há elementos probatórios concretos acerca da materialidade do fato delituoso*[59] *e indícios razoáveis de autoria*. É essencial a presença desses elementos para justificar a instauração da ação penal e a movimentação do aparato estatal.

---

57. Ver também o Informativo nº 714, STF, de 5 a 9 de agosto de 2013.

58. Há quem compreenda o seu conteúdo como a plausibilidade do direito de punir (LIMA, 2014, p. 196)

59. A título de exemplo, ver decisão do STJ determinando o trancamento de ação penal, ante a manifesta atipicidade do fato, no HC RHC 70.596/MS, 5ª Turma, *DJ* 09.09.2016 e HC 326.959/SP, 5ª Turma, *DJ* 06.09.2016.

Reflexos do Novo Código de Processo Civil

O NCPC suprimiu a expressão "condições da ação" para determinar a extinção do processo, sem resolução do mérito e tampouco faz referência à possibilidade jurídica do pedido. Art. 485, IV, NCPC.

Para Távora e Alencar (2015, p. 214), a supressão da expressão "condição da ação" não repercute na seara do Processo Penal porque o CPP prevê condições específicas para o exercício da ação penal, que torna os institutos distintos. Noutro sentido, a subtração da possibilidade jurídica do pedido terá reflexos na esfera processual penal. Vale ressaltar que, mesmo antes do NCPC, a delimitação da possibilidade jurídica do pedido no âmbito das ações penais já era controverso.

Ainda de acordo com a doutrina, no entendimento de Lima (2015, p. 197), a impossibilidade jurídica do pedido passará a ser considerada no exame do mérito e não mais no juízo de admissibilidade da ação. Para o referido Autor, apenas a legitimidade e o interesse de agir serão considerados como condições da ação penal.

8.3. Condições específicas da ação penal

Para além das condições genéricas anteriormente analisadas (comuns a todas as modalidades de ação penal), certas ações penais exigem também condições específicas para que sejam propostas ou tenham efeito.

Condições de procedibilidade: estas condicionam o exercício da ação penal. Possuem caráter essencialmente processual e dizem respeito à admissibilidade da persecução penal. A representação da vítima na ação penal pública condicionada à representação (crime de ameaça, *v. g.*), é uma condição de procedibilidade (condição específica desta ação penal). Sem ela, sequer é possível instaurar a ação penal.

Condições objetivas de punibilidade: *são aquelas condições estabelecidas em lei para que o fato seja concretamente punível* (GOMES, 2005, p. 87).

Podemos aqui citar dois exemplos de condições objetivas de punibilidade.

O primeiro é a sentença anulatória do casamento, que condiciona o exercício da ação penal no crime de induzimento a erro no matrimônio (art. 236, parágrafo único, CP).

Outro é a sentença que decreta a falência, a recuperação judicial ou extrajudicial nos crimes falimentares (art. 180, Lei 11.101/2005). Sem a decretação da falência ou da recuperação não será possível processar alguém por crime falimentar.

Importante destacar que o momento processual adequado para o juiz verificar o preenchimento de todas as condições da ação, genéricas ou específicas, é a fase de recebimento da denúncia ou da queixa (art. 395, II e III, CPP). Consiste o ato em um juízo sumário de admissibilidade da ação penal.

Atenção para não confundir as espécies anteriores com as **condições de prosseguibilidade**. Essas últimas, ao contrário, pressupõem a ação penal já instaurada, criando óbice à sua continuidade.

Exemplo ocorre nos casos em que o réu/querelado manifesta insanidade mental superveniente. Impõe-se a necessidade do agente recobrar a sanidade mental para que a ação penal tenha a sua regular continuidade. Enquanto não retomar a sanidade (condição de prosseguibilidade), o processo ficará paralisado e a prescrição correrá normalmente (art. 152, CPP).

8.4. Classificação da ação penal

A comunidade jurídica costuma classificar a ação penal tomando por base a legitimação ativa. Assim, a ação penal será pública quando a legitimação ativa pertencer ao MP e será privada quando a legitimação ativa pertencer à vítima. Façamos abaixo uma breve exposição sobre o tema para, na sequência, esmiuçarmos cada espécie de ação penal de per si.

a) Ação penal pública: é a encabeçada pelo MP. Pode ser:

I. **Incondicionada**: quando inexiste necessidade de autorização para que o MP possa agir (deflagrar a ação);

II. **Condicionada**: quando há necessidade de autorização (preenchimento de condição). Esta condição pode ser a representação da vítima (ex.: crime de ameaça) ou a requisição do Ministro da Justiça (ex.: calúnia contra o Presidente da República). Somente após o preenchimento da condição é que o MP estará autorizado a agir;

b) Ação penal privada: é a encabeçada pela própria vítima. Pode ser:

I – **Exclusivamente privada**: a característica fundamental aqui é que, no caso de incapacidade, morte ou ausência da vítima, o representante legal desta ou o CCADI,[60] conforme o caso, poderá ingressar com a ação penal. Ou seja, é possível que, em casos específicos, alguém, em lugar da vítima, ingresse com a ação penal. Ex.: imagine-se que uma vítima de injúria vem a falecer. Havendo prazo hábil, é possível que o CCADI venha a ingressar com a ação penal privada;

II – **Personalíssima:** a característica fundamental aqui é que, no caso de incapacidade, morte ou ausência da vítima, ninguém poderá ingressar/continuar com a ação penal. Assim, somente a vítima pode ingressar com a ação (personalíssima). Ex.: imagine-se que a vítima do crime previsto no art. 236, CP, vem a falecer. Nesse caso, ninguém poderá ingressar/prosseguir com a ação penal;

III – **Subsidiária da pública**: em caso de ação pública, quando o MP permanecer inerte nos prazos do art. 46, CPP, pode, excepcionalmente, a própria vítima do crime, ingressar com a ação penal. Ex.: num crime de roubo, pense-se que, nos prazos do art. 46, o MP permaneceu inerte. Diante dessa situação, pode a vítima do roubo ingressar com a ação penal privada subsidiária da pública.

Após essa sucinta apresentação das espécies de ação penal, aprofundemos cada uma delas, a começar pela ação penal pública, mais especificamente, pelos princípios que a regem.

---

60. Sigla para os seguintes legitimados, estatuídos pelo art. 31, CPP: Cônjuge/companheiro(a); ascendentes; descendentes; e irmãos. Vale ressaltar que a ordem de indicação deve ser observada no momento da atuação. É, pois, preferencial.

8.5. Princípios que regem a ação penal pública

8.5.1. Obrigatoriedade ou legalidade processual

Significa que, *presentes os requisitos legais, as condições da ação, o Ministério Público está obrigado a patrocinar a persecução criminal, oferecendo a denúncia.* Não cabe ao órgão ministerial qualquer juízo de conveniência ou oportunidade quanto ao oferecimento da denúncia. Só pode o MP requerer (promover) o arquivamento se ocorrer uma das hipóteses dos arts. 395 e 397, CPP. Do contrário, será caso de denúncia.

Por outro lado, a doutrina costuma apontar que, no âmbito do JECRIM,[61] o princípio da obrigatoriedade sofre *mitigação (abrandamento)* – ou exceção, conforme preferem uns. É que, em se tratando de IMPO,[62] presentes os requisitos estabelecidos no art. 76, Lei 9.099/1995, deve o MP, em *vez de denunciar* (como normalmente faria), propor transação penal ao autor do fato. Assim, dizem os autores que, em relação às IMPOs, vigora o princípio da obrigatoriedade mitigada ou discricionariedade regrada.

Outras exceções mais recentes ao princípio da obrigatoriedade são a colaboração premiada, que veremos mais detalhadamente adiante e o acordo de leniência (também denominado de acordo de brandura ou de doçura).

Está previsto nos arts. 86 e 87, Lei 12.529/2011, e consiste no acordo celebrado entre o Conselho Administrativo de Defesa Econômica (CADE) e pessoas físicas ou jurídicas visando à efetiva colaboração nas investigações nos crimes contra a ordem econômica (Lei 8.137/1990), nos demais crimes diretamente relacionados à prática de cartel (Lei 8.666/1993), além daqueles previstos no art. 288, CP.

Sucede que esta colaboração precisa ser efetiva, ou seja, é imprescindível que dela resultem frutos para a persecução penal. Nesse sentido, os incisos I e II do art. 86, Lei 12.529/2011 impõem os seguintes resultados: I – identificação dos demais envolvidos na infração; II – obtenção de informações e documentos que comprovem a infração noticiada ou sob investigação.

A celebração do acordo enseja a suspensão do curso do prazo prescricional e o impede o oferecimento da denúncia com relação ao agente beneficiário da leniência (art. 87, Lei 12.529/2011). Ademais, o parágrafo único do referido dispositivo prevê a automática extinção da punibilidade pelo cumprimento do acordo pelo agente.

8.5.2. Indisponibilidade

Decorre do princípio da obrigatoriedade, mas não se confunde com esta, já que pressupõe a ação em andamento. Desse modo, uma vez proposta a ação penal, não pode o Ministério Público dela dispor (art. 42, CPP), ou seja, é vedada a desistência, não podendo, inclusive, dispor de eventual recurso interposto (art. 576, CPP).

Entretanto, o fato de o MP não poder desistir da ação penal não implica necessário pedido de condenação em qualquer hipótese. Na realidade, é possível que o órgão de acusação peça a absolvição na fase de memoriais/alegações finais orais, impetre *habeas corpus* em favor do réu e, até mesmo, recorra em favor deste.

Segundo a doutrina, o princípio da indisponibilidade também sofre mitigação (exceção). Nas infrações que possuem pena mínima de até 1 ano, preenchidos os demais requisitos legais (art. 89, Lei 9.099/1995), deve o MP, juntamente com a denúncia, propor a suspensão condicional do processo. Aceita esta proposta pelo autor do fato e havendo homologação pelo magistrado, o processo ficará suspenso por um período de 2 a 4 anos. Aponta, portanto, a doutrina que essa situação configura caso de mitigação do princípio da indisponibilidade.

8.5.3. Oficialidade

A persecução penal em juízo está a cargo de um órgão oficial, que é o MP.

8.5.4. Intranscendência ou pessoalidade

A ação só pode ser proposta em face de quem se imputa a prática do delito, ou seja, só pode figurar no polo passivo da ação penal quem supostamente cometeu a infração penal (e não os pais, parentes etc. do suposto autor do fato).

8.5.5. Indivisibilidade

Atenção: os Tribunais Superiores *não reconhecem a* **indivisibilidade** *como princípio reitor da ação penal pública, mas apenas da privada (STJ, RHC 67.253/PE, 6ª Turma, DJ 18.04.2016, APn 613/SP, Corte Especial, DJ 28.10.2015 e Info. 0562, período de 18 a 28.05.2015, 5ª Turma e STF,* Inq 2915 ED, Tribunal Pleno, *DJ 11.12.2013, HC 117589, DJe 25.11.2013 e RHC 111211, 1ª Turma, DJ 20.11.2012).*

Antes de aprofundarmos o assunto, cabe alertar que **indivisibilidade** significa que, em caso de concurso de pessoas, *a acusação não pode fracionar (dividir) o polo passivo da ação penal, escolhendo quem irá processar.*

Porém, como dito, por mais estranho que possa soar, o STF entende que tal princípio não é aplicável à ação pública. Motivos que levam a Corte Suprema a assumir essa posição:

I – O art. 48, CPP, ao tratar da indivisibilidade, só se referiu à ação privada e não à pública;

II – O MP pode deixar de denunciar alguns indivíduos a fim de recolher mais elementos contra estes ao longo do processo e, assim, aditar a denúncia.

O argumento do STF parece partir de uma errônea compreensão do princípio em tela. Crê o STF que, como pode ocorrer aditamento posterior à denúncia, é possível sim dividir a ação penal pública, logo, não haveria que se falar em indivisibilidade.

Porém, esse conceito de indivisibilidade não é preciso. Indivisibilidade não significa impossibilidade de aditamento posterior (como sugere o STF). Não é este o ponto. Indivisibilidade significa que a acusação não pode excluir arbitrariamente agentes do polo passivo da ação (apenas isto). É lógico que, em caso de inexistência de elementos suficientes para o oferecimento da denúncia em relação a algum agente, o

---

61. Juizado Especial Criminal – Lei 9.099/1995.

62. Infração de menor potencial ofensivo – art. 61, Lei 9.099/1995.

MP deverá promover o arquivamento (explícito) em relação a este, sendo certo que, surgindo elementos ao longo do processo da participação de mais algum agente na infração penal, deverá promover o aditamento à denúncia.

Na realidade, a indivisibilidade da ação penal decorre do próprio princípio da obrigatoriedade. Preenchidos os requisitos legais todos os agentes deverão ser denunciados.

Apesar de nossos argumentos, não se esqueça da posição do STF assinalada anteriormente: incabível a *indivisibilidade na ação penal pública*.

8.6. Ação penal pública incondicionada

8.6.1. Conceito

Modalidade de ação penal que dispensa qualquer condicionamento para o seu exercício. É a regra em nosso ordenamento jurídico.

8.6.2. Titularidade

A CF/1988 estabeleceu o MP como o legitimado privativo para a acusação nas ações penais públicas (art. 129, I, CF). Diante disso, é importante lembrar a incompatibilidade do art. 26, CPP, com o referido dispositivo constitucional, que implica a não recepção do processo judicialiforme, também denominado ação penal *ex officio,* pelo nosso ordenamento constitucional.

8.7. Ação penal pública condicionada

8.7.1. Conceito

Modalidade de ação penal que exige certas condições para o seu exercício por parte do MP. Trata-se de opção de política criminal do Estado que, levando em conta a natureza do bem jurídico violado, deixa a cargo da vítima (ou do Min. da Justiça, conforme o caso) a autorização para que a ação penal possa ser instaurada pelo MP. Sem a autorização da vítima ou do Min. da Justiça, conforme o caso, o MP não pode deflagrar a ação penal.

Analisemos alguns importantes institutos da ação penal pública condicionada: representação da vítima e requisição do Ministro da Justiça.

8.7.2. Representação da vítima

Trata-se de autorização (anuência) dada pelo ofendido para que o MP possa deflagrar a ação penal. Conforme diz a doutrina, a representação configura uma *condição de procedibilidade* para instauração da persecução penal.

a) Características da representação

I – **Quem pode representar (legitimidade)?** Vítima (pessoalmente ou por procurador com poderes especiais) ou representante legal (caso a vítima seja menor de 18 ou doente mental – arts. 24 e 39, CPP). Acrescente-se ainda que o civilmente emancipado também necessita de representante legal no campo processual penal;

II – Havendo **discordância** entre a vítima menor de 18 (ou doente mental) e seu representante legal, haverá nomeação de curador especial –art. 33, CPP. Curador especial é qualquer pessoa maior de 18 anos e mentalmente sã que,

analisando o caso concreto, decidirá livremente pela representação ou pela não representação. É, pois, quem dará o "voto de Minerva" em caso de celeuma, entre a vítima e seu representante legal;

III – Vítima menor ou doente mental que **não possui representante legal**: também nessa situação entrará em cena a figura do curador especial que decidirá livremente pela representação ou pela não representação;

IV – No caso de **morte ou declaração de ausência da vítima,** poderão oferecer representação em lugar do ofendido, nesta ordem, o cônjuge (ou companheiro), o ascendente, o descendente e o irmão (CCADI) – art. 24, § 1º. Conforme a doutrina, trata-se de *substituição processual*, em que a pessoa (CCADI) atua em nome próprio, mas em defesa de interesse alheio (o do falecido ou ausente);

V – Em se tratando de **pessoa jurídica**, a representação deve ser feita por aquele que estiver designado no contrato ou estatuto social da empresa. Diante da inércia destes, os diretores ou sócios-gerentes também poderão representar (art. 37, CPP).

VI – **Prazo para a representação:** prazo decadencial de 6 meses *contados a partir do conhecimento da autoria da infração* (art. 38, CPP). Dizer que um prazo é decadencial significa que não se suspende, interrompe ou prorroga. A contagem desse prazo segue os parâmetros do art. 10, CP: inclui-se o dia do conhecimento da autoria e exclui-se o último dia.

Atenção que a contagem desse prazo se inicia a partir do conhecimento da autoria do crime (a partir do momento em que a vítima descobre quem é o autor do delito) e não da consumação da infração. Normalmente, o conhecimento da autoria se dá no mesmo instante da consumação do delito. Mas isto pode não ocorrer, já que, embora consumado hoje o crime, posso vir a descobrir apenas meses mais tarde quem foi o seu autor. Será, pois, a partir desta última data que se contará o prazo de 6 meses. Ex.: em 10.02.2010, Fulano foi vítima de ameaça (data da consumação do crime). Porém, Fulano teve conhecimento da autoria do crime que sofrera apenas em **02.02.2011.** Assim, Fulano terá até o dia **01.08.2011** para ingressar com a representação;

Observação final: No julgamento da ADPF 130/DF, o STF declarou a revogação do art. 41 da Lei de Imprensa (Lei nº 5.250/67) que previa o prazo de 3 (três) meses, contados da data da publicação ou transmissão da notícia para que o ofendido oferecesse a representação.

VII – **Ausência de rigor formal** (art. 39, CPP): não há formalismos no ato de representação. Esta pode ser realizada por escrito ou oralmente perante o delegado, o MP ou o juiz. Exemplo da informalidade que estamos tratando aqui: considera a jurisprudência que há representação no simples ato da vítima de comparecimento a uma delegacia para relatar a prática de um crime contra si.

Ademais, basta a vítima oferecer a representação uma única vez. Explica-se com um exemplo: após ter representado perante o delegado, não precisa a vítima, novamente, representar perante o MP para que esse possa agir;

VIII – Destinatários: delegado, MP ou juiz – art. 39, CPP.

IX – Retratação: é possível ao ofendido retratar-se ("voltar atrás") da representação ofertada anteriormente até o oferecimento da denúncia (*i. e.*, até o protocolo da denúncia em juízo) – art. 25, CPP, c/c o art. 102, CP. Após este prazo, não haverá mais como a vítima impedir a atuação do MP. No caso da Lei Maria da Penha (art. 16), é possível a retratação até o recebimento da denúncia[63];

X – Eficácia objetiva da representação: efetuada a representação contra um só agente, caso o MP vislumbre que outros indivíduos também contribuíram para a empreitada criminosa, poderá incluí-los na denúncia. É que a vítima, ao representar, está autorizando o MP a agir não só contra o agente objeto da representação, mas contra todos os outros possíveis participantes da prática delituosa. A representação incide sobre os fatos narrados pelo ofendido e não sobre os seus autores;

XI – Inexistência de vinculação do MP: a representação não vincula a *opinio delicti* do MP. Mesmo que a vítima represente (*i. e.*, autorize o MP a agir), o órgão acusador pode discordar do ofendido (oferecendo denúncia por crime diverso do contido na representação, por exemplo), ou, ainda, requerer o arquivamento da representação por não vislumbrar elementos acerca da materialidade e/ou da autoria delitiva no caso concreto;

XII – Alguns exemplos de crime que se procede por meio de ação penal pública condicionada à representação: ameaça (art. 147, CP); estupro, exceto nos casos de vítima menor de 18 anos ou pessoa vulnerável (Ver STJ, HC 301.717/PI, 6ª Turma, *DJ* 16.06.2016 e HC 276510, Info. 553).

8.7.3. Requisição do Ministro da Justiça (MJ)

Para que o MP possa agir, certos crimes exigem a necessidade de autorização por parte do MJ. A requisição nada mais é do que um *ato de conveniência política a respeito da persecução penal*. Nessa hipótese, a possibilidade de intervenção punitiva está submetida inicialmente à discricionariedade do MJ.

a) Características da requisição do MJ

I – Atenção: a palavra requisição nesse contexto não tem conotação de "ordem" (como ocorre no caso de requisição de diligência do MP ao delegado). Ao contrário, como visto, trata-se de mera autorização do MJ para que o MP possa atuar. Logo, a requisição do MJ não vincula o entendimento do MP. Este poderá discordar do MJ (oferecendo denúncia por crime diverso do contido na requisição, p. ex), ou, ainda, requerer o arquivamento da requisição por não vislumbrar elementos acerca da materialidade e/ou da autoria delitiva no caso concreto;

II – Quem pode requisitar (legitimidade)? Ministro da Justiça;

III – Destinatário da requisição: MP (é dirigida ao chefe da instituição);

IV – Prazo: não há previsão legal. A requisição é possível enquanto o crime não estiver prescrito;

V – Retratação: não há previsão legal. Predomina na doutrina a impossibilidade de retratação da requisição.

VI – Eficácia objetiva: idem à representação;

VII – Exemplo de crime que se procede por meio de ação penal pública condicionada à requisição: crime contra a honra do Presidente da República (art. 145, parágrafo único, CP).

8.8. Ação penal privada

8.8.1. Conceito

É aquela modalidade de ação penal em que o legislador, por questão de política criminal, atribuiu a titularidade à vítima (querelante). Entendeu por bem o legislador atribuir a titularidade da ação penal à vítima nesses casos por entender que a violação à esfera de intimidade da vítima é superior ao interesse público em jogo. Assim, *grosso modo*, cabe à vítima optar por ingressar com a ação penal, expondo a sua intimidade em juízo, ou permanecer inerte.

8.8.2. Princípios que regem a ação penal privada

a) Oportunidade ou conveniência: fica à conveniência da vítima ingressar ou não com a ação penal (questão de foro íntimo). Inexiste obrigatoriedade aqui. Vale lembrar que a vítima não tem o dever de peticionar pela renúncia do direito de ação. Caso não queira processar o agente, basta deixar escoar o seu prazo decadencial de 6 meses. Não há, portanto, necessidade de pedido de arquivamento do IP;

b) Disponibilidade: o querelante dispõe do conteúdo material do processo. Assim, poderá desistir da ação penal intentada. Pode dar causa, por exemplo, à perempção (consultar o art. 60, CPP);

c) Indivisibilidade (arts. 48 e 49, CPP): em caso de concurso de agentes, o querelante está obrigado a oferecer a ação penal contra todos aqueles que praticaram o fato delituoso contra si. Busca-se com isso evitar que a ação seja usada como mecanismo de vingança privada (processando-se uns e outros não)[64].

O Ministério Público desempenha fundamental papel de fiscalização da indivisibilidade da ação privada (art. 48, CPP). Em caso de exclusão indevida de agente(s) por parte do querelante, conforme sustenta a doutrina, não deve o MP aditar (ele próprio) a queixa.[65] Deve, no prazo previsto pelo § 2º do art. 46 do CPP, provocar a vítima para que promova o aditamento. Caso a vítima insista na exclusão dos agentes, deve o MP requerer ao magistrado a extinção da punibilidade de todos os acusados (em razão da ocorrência de renúncia tácita nessa situação);

d) Intranscendência ou pessoalidade: a ação penal só pode ser intentada contra quem é imputada a prática da infração

---

63. AgRg no AREsp 828.197/SC, 6ª Turma, *DJ* 30.06.2016 e PET no RHC 44.798/RJ, 6ª Turma, *DJ* 16.11.2015.

64. Ver Informativo 813, STF, de 1º a 5 de fevereiro de 2016 e STF, Inq 3526/DF, j. 02.02.2016.

65. Na ação privada, o MP só pode aditar se for para correções formais (indicação do procedimento adequado, dia, hora e local do crime etc.).

penal, ou seja, somente aquele que supostamente a praticou pode figurar como querelado.

8.8.3. Características da ação penal privada (mutatis mutandis, iguais as da representação)

I – **Quem pode ingressar com a ação penal privada (legitimidade)?** Em regra (art. 30), a vítima (pessoalmente ou por procurador com poderes especiais) ou o seu representante legal (no caso de vítima menor de 18 ou doente mental). Nota: o art. 34 está revogado pelo atual CC. Completados 18 anos (e estando na plenitude de suas faculdades mentais), apenas a vítima pode ingressar com a ação penal.

Ademais, a pessoa jurídica também pode ingressar com a ação penal privada. É o que diz o art. 37, CPP: "as fundações, associações ou sociedades legalmente constituídas poderão exercer a ação penal, devendo ser representadas por quem os respectivos contratos ou estatutos designarem ou, no silêncio destes, pelos seus diretores ou sócios-gerentes";

II – **Havendo discordância entre a vítima menor de 18 (ou doente mental) e seu representante legal:** haverá nomeação de curador especial – art. 33, CPP;

III – Vítima menor ou doente mental que **não possui representante legal**: também nessa situação entrará em cena a figura do curador especial que decidirá livremente pelo processo ou não processo;

IV – **No caso de morte ou declaração de ausência da vítima:** como já mencionado anteriormente, poderão suceder, nesta ordem, o cônjuge (ou companheiro), o ascendente, o descendente e o irmão (CCADI) – art. 31, CPP;

V – **Prazo:** 6 meses contados a partir do conhecimento da autoria da infração (art. 38, CPP).

8.8.4. Espécies de ação penal privada

O tema já foi apresentado anteriormente, porém agora iremos detalhá-lo um pouco mais.

a) Exclusivamente privada: é aquela em que a propositura/continuação da ação pode ser efetuada pela vítima ou, na impossibilidade desta (por morte, ausência ou doença mental), pelo representante legal/CCADI. Em suma, a ação penal exclusivamente privada admite o instituto da substituição processual (a pessoa atua em nome próprio, mas em defesa de interesse alheio), admite, pois, que, quando a vítima se encontrar impossibilitada de agir/prosseguir com a ação, outras pessoas especificadas por lei a substituam. Representa a esmagadora maioria dos crimes de ação penal privada. É, pois, a ação penal privada por excelência. Ex.: imagine-se que uma vítima de injúria vem a falecer. Havendo prazo hábil, é possível que o CCADI venha a ingressar com a ação penal privada;

b) Personalíssima: somente a vítima pode ingressar com a ação. Ninguém, em seu lugar, pode agir. Logo, descabe a substituição processual. Há um único exemplo em nosso ordenamento jurídico: induzimento a erro essencial e ocultação de impedimento ao casamento (art. 236, CP). No caso deste crime, se a vítima, por exemplo, vier a falecer, não poderá o CCADI atuar em seu lugar. Haverá a extinção da punibilidade do querelado;

c) Subsidiária da pública (*queixa subsidiária*) – art. 29, CPP: em caso de ação pública, quando o MP permanecer inerte nos prazos do art. 46, CPP, pode, excepcionalmente, a própria vítima do crime ingressar com a ação penal. Ex.: num crime de roubo, pense-se que, nos prazos do art. 46, o MP permaneceu inerte. Diante desta situação, pode a vítima do roubo ingressar com a ação penal privada subsidiária da pública (ou simplesmente queixa subsidiária). A finalidade principal dessa ação é fiscalizar a atuação do Ministério Público, buscando, assim, evitar a desídia do Estado-acusação.

Note que "permanecer inerte" significa que o MP não fez absolutamente nada, *i. e.*, nos prazos do art. 46, CPP, não ingressou com a denúncia, não requisitou diligências e nem requereu o arquivamento. Não é possível ingressar com a queixa subsidiária quando o MP pediu o arquivamento ou quando requisitou diligências. Repita-se: só cabe a queixa subsidiária em caso de inércia total do MP (**STF, ARE 859251 ED-segundos, Tribunal Pleno, *DJ* 09.11.2015**).

Prazo da queixa subsidiária: 6 meses contados a partir da consumação da inércia do MP. Atenção: são 6 meses a partir da consumação da inércia e não do conhecimento da autoria do crime.

Ademais, é oportuno frisar que a ação penal, apesar de assumida excepcionalmente pela vítima nesse caso, *não perde a sua* natureza pública. Isto significa que a ação penal permanece regida pelo princípio da indisponibilidade, motivo pelo qual o ofendido não poderá desistir da ação, dar causa à perempção (art. 60, CPP) ou mesmo perdoar o réu. Insista-se: apesar da mudança ocorrida no polo ativo da ação, esta permanece sob forte interesse público. Assim, a qualquer sinal de desídia/desistência por parte da vítima, retomará o MP a ação como parte principal. Aprofundemos o assunto a respeito dos poderes do MP na queixa subsidiária.

Na ação penal privada subsidiária da pública, o MP é verdadeiro interveniente adesivo obrigatório, pois será chamado a se manifestar em todos os termos do processo, sob pena de nulidade.

As suas **atribuições** estão enumeradas no art. 29, CPP, podendo o MP:

I – Aditar a queixa, acrescentando-lhe novos fatos/agentes;

II – Repudiar a queixa e oferecer denúncia substitutiva. Não pode o MP repudiar a queixa de forma arbitrária. Deve fundamentar porque o faz;

III – Intervir em todos os termos do processo;

IV – Fornecer elementos de prova;

V – Interpor recursos;

VI – A todo tempo, no caso de negligência do querelante, retomar a ação como parte principal.

8.8.5. Institutos da ação penal privada: renúncia, perdão e perempção

a) Renúncia ao direito de ação: é a *manifestação de vontade do querelante no sentido de não promover a ação penal.*

A renúncia somente é possível antes do ingresso da queixa. Trata-se de ato unilateral (não necessita da anuência do agente).

Pode se dar de forma expressa ou tácita (ex.: convívio íntimo entre vítima e seu ofensor).

É, ainda, ato irretratável e indivisível (no caso de existir pluralidade de querelados, por força do princípio da indivisibilidade, a renúncia em favor de um aproveitará os demais).

Gera a extinção da punibilidade do agente.

Por fim, admite-se qualquer meio de prova para atestá-la.

Consultar os arts. 49, 50 e 57, CPP;

b) Perdão do ofendido: somente possível após o ingresso da queixa, porém, antes do trânsito em julgado.

Trata-se de ato bilateral (para que produza efeitos depende da aceitação do querelado). É ato bilateral porque o querelado tem o direito de buscar a comprovação da sua inocência, objetivando a sentença absolutória e não a extintiva de punibilidade.

É importante dizer que o silêncio do querelado importa em anuência. Para ilustrar melhor a situação, há o exemplo de quando o querelante oferece o perdão nos autos e o querelado é notificado para dizer se concorda, no prazo de 03 dias. Decorrido o lapso temporal, o silêncio implicará concordância.

O perdão pode se dar de forma expressa ou tácita (idem à renúncia).

É irretratável e indivisível (no caso de existir pluralidade de querelados, por força do princípio da indivisibilidade, o perdão em favor de um aproveitará os demais).

Gera a extinção da punibilidade do agente.

Admite-se também qualquer meio de prova para atestá-la.

Consultar os arts. 51, 53 e 55 a 59, CPP;

c) Perempção: significa a desídia do querelante após a instauração do processo. O efeito desse desinteresse é a extinção da punibilidade, consoante estatuído pelo art. 107, IV, CP. Vejamos quando ela ocorre (análise do art. 60, CPP):

> **"Art. 60.** Nos casos em que somente se procede mediante queixa, considerar-se-á perempta a ação penal:
>
> I – quando, iniciada esta, o querelante deixar de promover o andamento do processo durante 30 dias seguidos[66];
>
> II – quando, falecendo o querelante, ou sobrevindo sua incapacidade, não comparecer em juízo, para prosseguir no processo, dentro do prazo de 60 (sessenta) dias, qualquer das pessoas a quem couber fazê-lo, ressalvado o disposto no art. 36;
>
> III – quando o querelante deixar de comparecer, sem motivo justificado, a qualquer ato do processo a que deva estar presente, ou deixar de formular o pedido de condenação nas alegações finais;
>
> IV – quando, sendo o querelante pessoa jurídica, esta se extinguir sem deixar sucessor."

8.9. Temas especiais em ação penal

Para além da classificação convencional das ações penais, que acabamos de trabalhar nos itens anteriores, há uma série de peculiaridades legais e de construções doutrinárias e jurisprudenciais que devem ser aqui abordadas pela sua crescente presença em provas de concursos, em especial nas fases subjetiva e oral.

8.9.1. Ação de prevenção penal

Trata-se de ação penal destinada a aplicar medida de segurança ao acusado. Explica-se: toda ação penal requer a imposição de sanção penal, seja pena (aos réus imputáveis) ou medida de segurança (aos inimputáveis), mas essa modalidade é destinada **apenas** à aplicação de medida de segurança aos absolutamente incapazes.[67]

A denúncia, portanto, é oferecida visando à aplicação de medida de segurança por tratar-se de acusado inimputável.

8.9.2. Ação penal pública subsidiária da pública

Tal denominação é oriunda de construção doutrinária e decorre do art. 2º, § 2º, Dec.-lei 201/1967 (crimes praticados por prefeitos e vereadores). O dispositivo prevê a atuação do PGR nos casos em que a autoridade policial ou o MP estadual não atendam às providências para instauração de inquérito policial ou ação penal.

Em outras palavras, da inércia do MP estadual ou da autoridade policial civil surge a atribuição do PGR, chefe do Ministério Público Federal (MPF), para atuar no polo ativo da persecução.

A crítica pertinente a essa modalidade é que tal dispositivo não está em harmonia com a CF, que estabelece a independência funcional do MP estadual. O *parquet* estadual possui autonomia e deve ser visto como um órgão independente. Não há qualquer relação hierárquica entre os MP's estaduais e o MPF. Desse modo, a ação aqui estudada não foi recepcionada pela CF/1988.

8.9.3. Ação penal popular

Construção doutrinária a partir do art. 14, Lei 1.079/1950,[68] que define os crimes de responsabilidade praticados pelo Presidente da República (PR), Ministros de Estado, do STF, PGR, Governadores e Secretários estaduais.

Para a fração minoritária da doutrina que a admite, a pessoa que denunciar o PR assume o polo ativo da ação, que depende de autorização da Câmara dos Deputados e tramitará perante o Senado Federal, configurando, assim, uma terceira modalidade de ação penal.

Sucede que a doutrina majoritária entende que o referido dispositivo legal diz respeito tão somente à *delatio criminis*

---

66. Em recente julgado, o STF reconheceu a ocorrência de perempção em razão da inércia do querelante no fornecimento do endereço de um dos querelados, o que culminou na extinção da punibilidade de todos os acusados. Nesse sentido, ver STF, Pet5230/AP, *Dje* 12.09.2017.

67. Assim compreendidos nos termos do art. 26, CP: "o agente que, por doença mental ou desenvolvimento mental incompleto ou retardado, era, ao tempo da ação ou da omissão, inteiramente incapaz de entender o caráter ilícito do fato ou de determinar-se de acordo com esse entendimento".

68. Art. 14. "É permitido a qualquer cidadão denunciar o Presidente da República ou Ministro de Estado, por crime de responsabilidade, perante a Câmara dos Deputados."

feita por qualquer do povo à Câmara dos Deputados, ou seja, ciente da prática de um crime de responsabilidade pelo PR, toda pessoa pode comunicar o fato formalmente à Casa Legislativa, que poderá, ou não, dar seguimento de acordo com a análise combinada dos arts. 51, I, e 86, CF.

Percebe-se, portanto, que o que a minoria entende ser uma modalidade de ação penal exercida por qualquer do povo na realidade é o reconhecimento de que todos podem denunciar à Câmara dos Deputados a prática de infração político-administrativa (crime de responsabilidade) pelas autoridades federais indicadas.

8.9.4. Ação penal adesiva

Acontece na hipótese em que houver conexão ou continência entre uma ação penal pública e uma ação penal privada. Essa situação implica dupla legitimação ativa na tutela de interesses conexos, quais sejam, do MP e do querelante, embora em ações penais distintas. A unificação das ações é facultativa, funcionando de modo similar ao litisconsórcio ativo facultativo do processo civil.

8.9.5. Ação penal secundária (legitimação secundária)

Acontece quando a lei estabelece um titular ou uma modalidade de ação penal para determinado crime, mas, mediante o surgimento de circunstâncias especiais, prevê, secundariamente, uma nova espécie de ação penal para aquela mesma infração.

Ex: crimes contra a honra são, em regra, de ação privada, mas, no caso de ofensa à honra do Presidente da República, a própria lei estabelece que a ação penal é condicionada à requisição do MJ (art. 145, parágrafo único, CP).

Diz-se legitimação secundária porque há uma alteração ou condicionamento do polo ativo da ação penal. A ação penal pública transforma-se em ação penal privada ou a ação penal pública incondicionada torna-se condicionada.

8.9.6. Ação penal nos crimes contra a honra de funcionário público

A discussão desse tema justifica-se pelo excepcional tratamento conferido ao polo ativo da ação penal.

Quando um funcionário público, em razão do exercício da sua função (*propter officium*), é ofendido em sua honra, a ação penal decorrente do fato é pública condicionada à representação. É o regramento da parte final do parágrafo único, art. 145, CP.

Sucede que o STF, buscando ampliar os mecanismos de defesa da honra do servidor público, construiu entendimento que resulta em legitimidade ativa concorrente. Nesse sentido, diz a Súmula 714: "é concorrente a legitimidade do ofendido, mediante queixa, e do Ministério Público, condicionada à representação do ofendido, para a ação penal nos crimes contra a honra de servidor público em razão do exercício de suas funções".

A opção do servidor ofendido, portanto, é dúplice, cabendo a ele escolher a modalidade de ação que entender mais efetiva.

O que acontece quando o ofendido opta pela representação e o MP manifesta-se pelo arquivamento? Ao contrário do que acontece na ação privada subsidiária, em que o ofendido nada pode fazer, aqui ele pode oferecer a queixa-crime, desde que não tenha decorrido o prazo decadencial.[69] Lembremos que o caso é de **legitimação concorrente** (simultânea) e **não** subsidiária (supletiva), que pressupõe a inércia do MP.

O STF vem entendendo que se o funcionário público ofendido optar pela representação ao MP, haverá preclusão em relação à ação penal privada. Caberá, contudo, a ação penal privada subsidiária da pública se o MP não oferecer denúncia dentro do prazo e não requerer o arquivamento do IP (Inq 3438, 1ª Turma, *DJ* 10.02.2015 e HC 84659/MS, *DJ* 19.08.2005).

8.10. Inicial acusatória

8.10.1. Conceito

Peça inaugural da ação penal, contendo a imputação formulada pelo órgão legitimado para a acusação. Nas ações penais públicas (incondicionada e condicionada), cuja legitimidade ativa pertence ao MP, a peça é denominada denúncia. Nas ações privadas, cuja legitimidade pertence, em regra, à vítima, chama-se queixa-crime ou, simplesmente, queixa.

8.10.2. Requisitos comuns à denúncia e à queixa (art. 41, CPP)

Para que possa ser recebida pelo juiz e para que a defesa possa se realizar adequadamente, a inicial penal precisa observar certos requisitos, a saber:

a) Exposição (descrição) do fato criminoso com todas as suas circunstâncias: narrativa de um acontecimento que se encaixe perfeitamente a um tipo penal (preenchimento de todos os elementos do tipo penal). Deve-se descrever a conduta delitiva, o elemento subjetivo (dolo ou culpa), instrumentos do crime, mal produzido, motivos do crime, bem como qualquer circunstância que influa na caracterização do delito (qualificadoras, majorantes, agravantes etc.).

A ausência ou deficiência da exposição do fato criminoso com todas as suas circunstâncias enseja a rejeição por inépcia da inicial penal – art. 395, I, CPP. Nessa hipótese, a inépcia deve ser arguida até o momento anterior à prolação da sentença (art. 569, CPP).

Finalmente, perceba o leitor que a correta exposição do fato criminoso com todas as suas circunstâncias é de suma importância para direito de defesa do réu. Isto porque uma inicial mal elaborada, lacônica, prejudica inegavelmente o direito de defesa (o réu termina não sabendo ao certo do que está sendo acusado). Não se deve esquecer que, no processo penal, o acusado defende-se não da classificação legal dada ao crime, mas dos fatos a ele imputados. A seguir, analisaremos algumas situações práticas que dizem respeito à relevância da descrição adequada dos fatos na exordial acusatória:

---

69. STF, Inq 2134, Tribunal Pleno, *DJ* 02.02.2007 e AgRInq 726/RJ, *DJ* 29.04.1994.

I – Denúncia genérica (imputação genérica)

Há hipóteses em que o concurso de infratores torna difícil a individualização das respectivas condutas, da participação de cada um deles na infração penal. Vimos acima que o réu defende-se dos fatos imputados na peça acusatória, motivo pelo qual a descrição da conduta de cada um deles é essencial para o pleno exercício da defesa, do contraditório. Se a conduta não está delimitada, o acusado não pode formular a sua tese defensiva, contrapondo argumentos que demonstrem comportamento distinto daquele descrito na denúncia/queixa.

Por essa razão, a denúncia formulada de modo genérico não tem sido admitida em nossos tribunais e também pela doutrina.

Há, contudo, duas **exceções** construídas pelos tribunais superiores.

Nos crimes de autoria coletiva, que são os crimes societários e os multitudinários (derivado de multidão), em que uma coletividade de pessoas pratica diversas infrações penais, a pormenorização das condutas no momento da elaboração da denúncia é mais difícil. Exemplo de crime multitudinário: uma multidão de torcedores promove a depredação em estádio de futebol e arredores.

Admite-se uma descrição que permita a individualização da conduta, mas sem os aspectos minuciosos que seriam naturalmente exigidos. Destaque-se que a instrução probatória deverá demonstrar esses aspectos que ficaram de fora da peça inicial. Ver STF, HC 128435, 1ª Turma, *DJ* 16.11.2015 e HC 118891, 1ª Turma, 20.10.2015.

Quanto aos crimes societários, a questão não é tão pacífica. No STF, por exemplo, há certa divisão entre duas turmas. Vejamos.

Diz a 2ª Turma, no Inq 3644/AC, *DJe* 13.10.2014: "para a aptidão da denúncia por crimes praticados por intermédio de sociedades empresárias, basta a indicação de ser a pessoa física e sócia responsável pela condução da empresa". A turma reconhece que a mera indicação do vínculo societário basta para tornar apta a peça exordial.

Divergindo em parte, a 1ª Turma, no HC 122450/MG, *DJe* 20.11.2014, decidiu que "a denúncia, na hipótese de crime societário, não precisa conter descrição minuciosa e pormenorizada da conduta de cada acusado, sendo suficiente que, demonstrando o vínculo dos indiciados com a sociedade comercial, narre as condutas delituosas de forma a possibilitar o exercício da ampla defesa", vide, também, o HC 128435, 1ª Turma, *DJ* 16.11.2015 e HC 149328/SP, 1ª Turma, *DJe* 25/10/2017. Há, portanto, a necessidade de demonstrar o vínculo com a empresa e descrever a conduta individualizada dos acusados, embora sem pormenorização.

Percebe-se a divergência entre as turmas do STF.

E qual a posição do STJ? A referida Corte mitiga a exigência de descrição pormenorizada da conduta, mas entende que é necessária a demonstração de relação entre o acusado e o delito a ele imputado (AgRg no REsp 1474419/RS, *DJe* 10.06.2015). No entanto, é importante destacar aqui recente entendimento da 6ª Turma do STJ no RHC 71.019/PA, *DJ* 26.08.2016, segundo o qual: "Tem esta Turma entendido que, não sendo o caso de grande pessoa jurídica, onde variados agentes poderiam praticar a conduta criminosa em favor da empresa, mas sim de pessoa jurídica de pequeno porte, onde as decisões são unificadas no gestor e vem o crime da pessoa jurídica em seu favor, pode então admitir-se o nexo causal entre o resultado da conduta constatado pela atividade da empresa e a responsabilidade pessoal, por culpa subjetiva, de seu gestor". No mesmo sentido: RHC 39.936/RS, 6ª Turma, *DJ* 28.06.2016, REsp 1579096, 6ª Turma, *DJe* 25/09/2017.

II – Denúncia alternativa (imputação alternativa)

Consiste na possibilidade de imputação de uma infração a várias pessoas ou de várias infrações a uma pessoa, sempre de modo alternativo.

Para melhor compreensão, é importante atentar para as espécies através dos exemplos abaixo.

Imputação alternativa subjetiva: acontece quando o órgão de acusação está em dúvida em relação à autoria (se "A" ou se "B" cometeu o crime) e oferece a denúncia/queixa contra um ou outro, alternativamente, acreditando que a instrução processual revelará quem, de fato, o cometeu. Incide, pois, sobre o sujeito ativo da infração penal (autor do fato).

Em síntese, na dúvida sobre o autor do crime, todos são incluídos na expectativa de que a instrução demonstre qual deles é o agente.

Imputação alternativa objetiva: nesse caso, a dúvida da acusação diz respeito à infração penal efetivamente cometida. Ex: se o MP não possuir elementos suficientes para concluir se um objeto foi subtraído com ou sem grave ameaça, oferecerá a denúncia por furto ou por roubo, alternativamente, considerando que a instrução processual certificará se houve violência ou grave ameaça à pessoa.

Do exposto sobre a imputação alternativa, podemos inferir que há clara impossibilidade de exercício da ampla defesa pelo acusado. Em uma hipótese, sequer há indícios consistentes sobre quem é o autor do fato. Na outra, não há ciência exata de qual fato está sendo imputado contra si. Ver STJ, HC 307842, *DJ* 27.11.2014 e REsp 399858/SP, *DJe* 24.03.2003;

b) Qualificação do acusado ou fornecimento de dados que permitam a sua identificação: deve a inicial penal trazer a qualificação do acusado (nome, estado civil, profissão etc.). Essa qualificação deve ser a mais completa possível a fim de se evitar o processo criminal em face de uma pessoa por outra.

Porém, caso não seja possível a obtenção da qualificação do acusado, será, ainda assim, viável o oferecimento da inicial penal, desde que se possa identificar fisicamente o réu. Nessa linha, confira-se o art. 259, CPP: "a impossibilidade de identificação do acusado com o seu verdadeiro nome ou outros qualificativos não retardará a ação penal, quando certa a identidade física. A qualquer tempo, no curso do processo, do julgamento ou da execução da sentença, se for descoberta a sua qualificação, far-se-á a retificação, por termo, nos autos, sem prejuízo da validade dos atos precedentes".

Assim, admite-se que a inicial penal seja oferecida com apenas características físicas marcantes do acusado, como: idade aproximada, altura aproximada, tatuagens, cicatrizes, marcas de nascença, cor de cabelo etc.;

c) Classificação do crime: após expor o fato criminoso com todas as suas circunstâncias, deve a inicial penal tipificar a conduta delituosa.

Lembre-se de que essa classificação dada pelo MP ou querelante não vinculará o juiz, que poderá, aplicando o art. 383, CPP (*emendatio libelli*), reconhecer definição jurídica diversa da narrada na inicial;

d) Rol de testemunhas: a indicação do rol de testemunhas é facultativa na inicial penal. Trata-se, portanto, de requisito facultativo. Porém, caso a acusação não o indique nessa ocasião, haverá a preclusão (*i. e.,* não poderá ser efetuado posteriormente).

Contudo, recente julgado do STJ permitiu que o Ministério Público emendasse a inicial acusatória, desde que antes da formação da relação processual, para incluir o rol de testemunhas, sob o argumento de que este seria um reflexo do princípio da cooperação processual e de que a posterior juntada não traria qualquer prejuízo à defesa (STJ, RHC 37587/SC, *DJe* 23.02.2016 e Informativo nº 577, STJ, de 20 de fevereiro a 2 de março de 2016);

e) Pedido de condenação: o pedido de condenação será, preferencialmente, expresso. Contudo, excepcionalmente, pode-se admiti-lo de modo implícito quando a sua dedução for possível a partir da leitura da imputação descrita na peça inicial;

f) Endereçamento: observando as regras de competência, a peça deverá indicar expressamente qual o órgão jurisdicional competente que conhecerá o caso;

g) Nome e assinatura do órgão acusador: ao final da peça, o órgão legitimado para a acusação deve identificar-se e assiná-la, sob pena de inexistência do ato. Entretanto, essa inexistência somente terá efeito se for impossível a identificação do autor no bojo da peça.

8.10.3. Requisito específico da queixa-crime (art. 44, CPP)

A queixa precisa vir acompanhada de procuração com poderes especiais. Esses "poderes especiais" (requisitos) consistem: no nome do querelado[70] e na menção do fato criminoso.[71] Tais poderes especiais têm a sua razão de ser, pois servem para "blindar" a pessoa do defensor. É dizer: em caso de denunciação caluniosa, quem responderá pelo crime será o querelante (que outorgou a procuração) e não o advogado.

8.11. Prazo para o oferecimento da denúncia

a) Regra (art. 46): estando o indiciado preso, tem o MP 5 dias para oferecer denúncia; estando solto, 15 dias;

b) Prazos especiais:

I – **Crime eleitoral:** indiciado preso ou solto, 10 dias (art. 357, CE);

II – **Tráfico de drogas:** indiciado preso ou solto, 10 dias (art. 54, III, Lei 11.343/2006);

III – **Abuso de autoridade:** indiciado preso ou solto, 48 horas (art. 13, Lei 4.898/1965);

IV – **Crimes contra a economia popular:** indiciado preso ou solto, 2 dias (art. 10, § 2º, Lei 1.521/1951);

c) Contagem do prazo para o oferecimento da denúncia: o tema não é pacífico, porém prevalece que se trata de prazo processual, devendo ser contado na forma do art. 798, § 1º, CPP; portanto, exclui-se o dia do começo, incluindo-se, porém, o do vencimento;

d) Consequências para o caso de descumprimento do prazo para oferecimento da denúncia:

I – Possibilidade de a vítima ingressar com a ação penal privada subsidiária da pública (art. 29, CPP);

II – Estando preso o indiciado, a prisão passará a ser ilegal, devendo ser imediatamente relaxada pelo juiz (art. 5º, LXV, CF);

III – Possibilidade de responsabilizar o MP por crime de prevaricação, se dolosa a conduta omissiva desse agente público (art. 319, CP).

8.12. Prazo para o oferecimento da queixa-crime

a) Regra: 6 meses (art. 38), contados a partir do conhecimento da autoria. Esse prazo possui natureza decadencial e, portanto, deve ser contado segundo o art. 10, CP, incluindo-se o dia do começo e excluindo-se o dia final. Justamente por se tratar de prazo decadencial, pode findar em feriado ou final de semana, não sendo prorrogado para o primeiro dia útil subsequente, tampouco sujeito a interrupção ou suspensão.

Atenção para os casos de **crime continuado** porque a contagem do prazo é feita isoladamente, considerando a ciência da autoria de cada uma das condutas cometidas.

b) Exemplos de prazo especial de queixa-crime:

I – **Crime de induzimento a erro essencial e ocultação de impedimento ao casamento** (art. 236, parágrafo único, CP): o prazo aqui também é decadencial e de 6 meses. Porém, a sua contagem se inicia com o trânsito em julgado da sentença de anulação do casamento;

II – **Crimes contra a propriedade imaterial que deixarem vestígios** (ex.: art. 184, CP): primeiro, é oportuno lembrar que, no caso de haver o crime contra a propriedade imaterial deixado vestígio, será imprescindível a inicial penal vir acompanhada de laudo pericial, sob pena de rejeição da peça acusatória (art. 525, CPP). Visto isso, vamos ao prazo da queixa.

Nessa espécie de delito, a vítima também conserva os 6 meses para ingressar com a queixa, contados a partir do conhecimento da autoria (até aqui nada de novo).

Porém, uma vez homologado o laudo pericial, terá a vítima apenas 30 dias para ingressar com a queixa, sob pena de decadência. Ex.: suponha-se que o conhecimento da autoria deu-se há 3 meses e o laudo pericial foi homologado na data de hoje. Pois bem, a partir de hoje terá a vítima 30 dias para ingressar com a queixa;

c) Consequência para a perda do prazo do oferecimento de queixa: extinção da punibilidade pela decadência (art. 107, IV, CP).

---

70. O art. 44, CPP, menciona nome do quere*lante*. Porém, a doutrina considera que houve erro de grafia quando da promulgação do CPP. Trata-se do nome do querelado.

71. Os tribunais superiores admitem, inclusive, que a menção ao fato criminoso pode ser resumida à indicação do dispositivo legal (STJ RHC 69.301/MG, 6ª Turma, *DJ* 09.08.2016).

9. AÇÃO CIVIL *EX DELICTO*

9.1. Noções gerais

A prática de um crime, além de gerar para o Estado o direito de punir o infrator, pode acarretar prejuízo de ordem patrimonial à vítima, fazendo surgir para esta o direito de ser indenizada. Nesse sentido, estabelece o art. 91, I, CP: *são efeitos da condenação: I – tornar certa a obrigação de indenizar o dano causado pelo crime.*

A vítima pode optar por ingressar, desde logo, com a ação civil, assim como pode aguardar a sentença condenatória penal definitiva para então executá-la no cível. No primeiro caso, teremos a ação civil *ex delicto* (em sentido estrito), com natureza de ação de conhecimento, e, no segundo, teremos a execução *ex delicto (em sentido amplo)*. Porém, advirta-se, desde já, que vasto setor da comunidade jurídica não efetua essa divisão, lançando mão da denominação ação civil *ex delicto* em ambos os casos.

Optando pela ação civil *ex delicto* antes do trânsito em julgado, a competência para processar e julgar tal ação será definida de acordo com os arts. 46 a 53 do NCPC.

Reflexos do Novo Código de Processo Civil

No art. 53, V, está mantida a possibilidade de escolha entre o domicílio da vítima e o local do fato para as ações de reparação de dano sofrido em razão de delito.

Já em relação à execução da sentença penal transitada em julgado, o art. 516, parágrafo único, estatui que a escolha se dará entre o juízo do atual domicílio do executado, pelo juízo do local onde se encontrem os bens sujeitos à execução ou pelo juízo do local onde deva ser executada a obrigação de fazer ou de não fazer.

9.2. Hipóteses que autorizam a propositura da ação civil

Conforme dito, para ingressar em juízo com o pedido de ressarcimento do dano não é necessário o trânsito em julgado da sentença penal condenatória, em que pese o teor do art. 63, CPP. Conforme estabelece o art. 64, CPP: *sem prejuízo do disposto no artigo anterior, a ação para ressarcimento do dano poderá ser proposta no juízo cível, contra o autor do crime e, se for o caso, contra o responsável civil.*

Assim, segundo mencionado, ficam evidenciadas duas hipóteses para a propositura da ação civil *ex delicto*:

I – execução da sentença penal condenatória transitada em julgado (título executivo judicial), que deve ser precedida de liquidação para quantificação da indenização (art. 63, parágrafo único, CPP, e art. 515, VI, NCPC);

II – ação civil indenizatória para reparação do dano (intentada com o processo penal ainda em curso ou, mesmo, durante o IP – *vide* art. 64, parágrafo único, CPP).

A ação *ex delicto* de execução pode ser feita com base no valor mínimo fixado pelo juiz na sentença penal condenatória (art. 387, IV, CPP); ou, também, pode ser feita com base naquele valor mínimo *acrescido do montante apurado em liquidação da sentença penal condenatória.*

Por outro lado, apesar do comando do art. 387, IV, CPP, nem sempre será possível ao juiz penal fixar um *quantum* indenizatório na sentença, dadas a complexidade do caso e as limitações inerentes à competência material do magistrado penal.

A ação civil indenizatória, noutro giro, será proposta como ação de conhecimento, havendo instrução de forma ampla, mas sofre limitação quanto à matéria a ser apreciada, como veremos logo adiante.

9.3. As hipóteses de absolvição do art. 386, CPP, e a ação civil *ex delicto*

Se é correto dizer que a sentença penal condenatória definitiva torna certa a obrigação de indenizar pelo dano causado (art. 91, I, CP), em caso de *absolvição do réu* há certos fundamentos da sentença que irão inviabilizar o pedido de indenização. Analisemos, pois, as hipóteses de absolvição do art. 386, CPP, a fim de descobrir quando caberá ou não a ação civil *ex delicto*.

O juiz absolverá o réu quando (art. 386, CPP):

I – **Estiver provada a inexistência do fato** (arts. 386, I, e 66): se o fato não existiu no campo penal (que exige uma carga probatória muito maior que a do campo civil), com muito mais razão, também não existiu na seara cível. Este fundamento da sentença absolutória obsta, portanto, a propositura de ação civil *ex delicto*;

II – **Não houver prova da existência do fato** (art. 386, II): este fundamento da sentença absolutória não fecha as portas do cível. Note-se que a prova não foi suficiente para o campo penal (debilidade probatória), mas poderá sê-lo para o campo civil;

III – **Não constituir o fato infração penal** (art. 386, III): também não fecha as portas do cível. O ilícito não foi penal, mas poderá ser civil (art. 67, III, CPP);

IV – **Estiver provado que o réu não concorreu para a infração penal** (art. 386, IV, CPP): fecha as portas do cível. Se restou provado no campo penal que o réu não praticou qualquer conduta lesiva, automaticamente estará excluído do polo passivo de qualquer ação indenizatória;

V – **Não existir prova de ter o réu concorrido para a infração penal** (art. 386, V, CPP): não fecha as portas do cível, pois a prova da autoria do réu não foi suficiente para o campo penal (debilidade probatória), mas poderá ser suficiente para o campo civil;

VI – **Existirem circunstâncias que excluam o crime ou isentem o réu de pena, ou mesmo se houver fundada dúvida sobre a existência dessas circunstâncias** (art. 386, VI, CPP): o reconhecimento de excludente de ilicitude (legítima defesa, por exemplo) fecha, em regra, as portas do cível (arts. 188, I, CC, e 65, CPP). Excepcionalmente, porém, será possível a ação civil *ex delicto*, quando ocorrer:

a) Estado de necessidade agressivo, que é aquele que importa em sacrifício de bem pertencente a terceiro inocente. Ex.: buscando fugir de um desafeto, Fulano termina destruindo o veículo de terceiro inocente. Nesse caso, o terceiro inocente poderá acionar civilmente o causador do dano, restando a este promover ação de regresso contra quem provocou a situação de perigo (arts. 929 e 930, CC);

b) Legítima defesa em que, por erro na execução, atinge-se 3º inocente. Ex.: o indivíduo, defendendo-se de agressão injusta, termina acidentalmente atingindo 3º inocente. Nesse caso, o terceiro inocente poderá acionar civilmente o causador do dano, restando a este promover ação de regresso contra quem provocou a situação de perigo (art. 930, parágrafo único, CC);

c) Legítima defesa putativa ou imaginária, que se configura quando *o agente, por erro, acredita que está sofrendo ou irá sofrer uma agressão e revida, causando dano a outrem* (GRECO, v. I, 2005, p. 384), já que esta, em essência, não constitui legítima defesa autêntica ou real e por esse motivo não exclui a ilicitude da conduta. (STJ, Info. 0314, 3ª Turma, período 19 a 23.03.2007);

VII. **Não existir prova suficiente para a condenação:** não fecha as portas do cível, pois a prova não foi suficiente para o campo penal (debilidade probatória), mas poderá ser suficiente para o campo civil.

Ademais, também não fecha as portas do cível (art. 67, CPP):

a) o despacho de arquivamento do inquérito ou das peças de informação;

b) a decisão que julgar extinta a punibilidade.

9.4. Legitimidade ativa

Cabe à vítima (se maior e capaz) ou ao seu representante legal (se o ofendido for incapaz) a legitimidade para propor a ação civil *ex delicto*.

Nos casos de morte ou ausência da vítima, os seus herdeiros poderão figurar no polo ativo (art. 63, parte final, CPP).

Sendo vítima pobre, nos termos do art. 68, CPP, esta deve requerer ao MP a execução da sentença penal condenatória ou a propositura de ação civil indenizatória. O MP atuará como substituto processual do ofendido. Entretanto, importante dizer que o STF reconheceu a inconstitucionalidade progressiva do referido dispositivo. Explica-se. A Suprema Corte entendeu que a função de advocacia pública dos interesses individuais das pessoas economicamente hipossuficientes cabe à Defensoria Pública. Sucede que a implementação da Defensoria nos Estados ainda não foi plenamente concluída no Brasil, muito menos interiorizada, motivo pelo qual o MP poderá, temporariamente, figurar como substituto processual nas comarcas onde a Defensoria Pública ainda não tiver sido instalada (STF, **RE 341717 SP, 2ª Turma, *DJ* 05.03.2010 e AI 549750 ED/SP, *DJe* 02.03.2007**).

9.5. Legitimidade passiva

A ação civil *ex delicto* deve ser proposta contra o autor do crime. Porém, em certos casos, é possível acionar solidariamente o responsável civil.

Exemplo de situação em que o responsável civil poderá ser instado a reparar o dano: imagine-se que Tício, na direção de um automóvel pertencente a Caio, causou o atropelamento de um transeunte. Pois bem, nesse caso, o motorista (Tício) responderá civil e penalmente, enquanto o proprietário do veículo (Caio) poderá ser incluído solidariamente no polo passivo da ação cível.

Entretanto, note-se que a inclusão no polo passivo do responsável civil *somente* acontecerá na ação indenizatória (ação civil *ex delicto* de conhecimento). Isto porque a execução da sentença penal condenatória só poderá ser efetuada contra a pessoa que sofreu a condenação (*i. e.,* contra o autor do crime).

9.6. Suspensão da ação civil *ex delicto*

À luz da concepção de unicidade da jurisdição, o objetivo da suspensão é evitar a proliferação de decisões contraditórias, haja vista a pendência de questão prejudicial na esfera penal. Sendo assim, as hipóteses de suspensão são as seguintes: a) quando a ação civil for proposta antes da ação penal; b) quando as ações civil e penal forem propostas simultaneamente perante os respectivos juízos.

No primeiro caso (quando a ação civil for proposta antes da ação penal), a suspensão poderá ser determinada pelo juiz até que seja proposta a ação penal. Entretanto, nos termos do art. 315, § 1º, NCPC, *"Se a ação penal não for proposta no prazo de 3 (três) meses, contado da intimação do ato de suspensão, cessará o efeito desse, incumbindo ao juiz cível examinar incidentemente a questão prévia"*. Em suma, após suspensa a ação indenizatória, a ação penal deve ser proposta em até 30 dias após a intimação do ato de suspensão. Caso isso não aconteça, o juízo cível decidirá a questão e a ação indenizatória prosseguirá normalmente.

> **Reflexos do Novo Código de Processo Civil**
>
> De acordo com o art. 315, § 1º, o prazo de suspensão da ação cível será majorado dos atuais 30 (trinta) dias para 3 (três) meses.
>
> Na segunda hipótese (ações, civil e penal, propostas simultaneamente perante os respectivos juízos), poderá haver sobrestamento pelo período máximo de 1 ano, consoante expressa previsão do art. 315, § 2º, NCPC: *"Proposta a ação penal, o processo ficará suspenso pelo prazo máximo de 1 (um) ano, ao final do qual aplicar-se-á o disposto na parte final do § 1º."*

Por fim, diga-se que a suspensão da ação civil *ex delicto* é facultativa, apesar de algumas posições em contrário na doutrina. Esse entendimento decorre principalmente da redação do art. 64, parágrafo único, CPP, que diz: *intentada a ação penal, o juiz da ação civil* **poderá** *suspender o curso desta, até o julgamento definitivo daquela.* O verbo "poderá" está empregado no sentido de faculdade do magistrado. Trata-se, como defende Pacelli de Oliveira (2015, p. 186), de poder discricionário conferido ao juiz da esfera cível, que fará a análise da conveniência e oportunidade da suspensão da ação civil. Nessa linha, STJ, REsp 1443634/SC, 3ª Turma, *DJ* 12.05.2014 e REsp 401720, *DJ* 04.08.2003.

9.7. Prazo

O prazo prescricional para ingressar com a ação de execução civil *ex delicto* é de 3 anos (art. 206, § 3º, V, CC), contados a partir do trânsito em julgado da sentença penal condenatória, por força do disposto no art. 200, CC (STJ, AgRg no AREsp 496307/RS, *DJe* 16.06.2014).

Percebe-se, portanto, que a vítima que deseja a reparação civil do dano pode ingressar em juízo simultaneamente ou, em último caso, até 3 anos após o trânsito em julgado da sentença penal condenatória.

9.8. Revisão criminal e ação rescisória

Se houver ação de revisão criminal em trâmite e essa for julgada procedente, o título judicial deixa de existir, pois a sentença condenatória será desconstituída. Isso implica a inexistência de coisa julgada em desfavor do réu na esfera criminal (art. 622, CPP).

Alguns efeitos decorrerão do julgamento da ação de revisão criminal e afetarão a execução:

a) se a execução civil não teve início, não poderá acontecer;
b) se a execução teve início, será extinta por força do novo título judicial;
c) se o pagamento ocorreu, caberá ação de restituição do valor pago.

Se a ação civil foi proposta simultaneamente à ação penal e nessa última houve absolvição com base nas causas que "fecham as portas" da ação civil *ex delicto* (art. 386, I, IV e VI, CPP, com as ressalvas já feitas), caberá a propositura de ação rescisória, nos termos do art. 975, NCPC.

10. JURISDIÇÃO E COMPETÊNCIA

10.1. Noções básicas de jurisdição

Superada a fase de autotutela dos conflitos penais (exceção aqui para alguns casos excepcionais permitidos pela lei como, por exemplo, a legítima defesa), o Estado, *por meio da atividade jurisdicional*, avocou para si a pacificação desses conflitos, substituindo, assim, a vontade das partes.

Pode-se conceituar a jurisdição como o *poder-dever do Estado, exercido precipuamente pelo Judiciário, de aplicar o direito ao caso concreto por meio de um processo.* Ou ainda, jurisdição, do latim, significa *juris dictio* (*dizer o direito*).

10.2. Princípios que norteiam a atividade jurisdicional

10.2.1. Investidura

Significa que a jurisdição só pode ser exercida por magistrado, ou seja, aquele que está investido na função jurisdicional, empossado no cargo de juiz.

10.2.2. Indelegabilidade

Não pode um órgão jurisdicional delegar a sua função a outro, ainda que este também seja um órgão jurisdicional. Tal princípio, contudo, comporta exceções, como no caso de expedição de carta precatória e de carta rogatória e também na hipótese de substituição de um juiz por outro em situação de férias, aposentadoria etc. Examinaremos o tema mais adiante.

10.2.3. Juiz natural

Manifesta-se através de dois incisos do art. 5º, CF: LIII (*ninguém será processado nem sentenciado senão pela autoridade competente*); e XXXVII (*não haverá juízo ou tribunal de exceção*). Significa que *o indivíduo só pode ser privado de seus bens ou liberdade se processado por autoridade judicial imparcial e previamente conhecida por meio de regras objetivas de competência fixadas anteriormente à prática da infração.*

10.2.4. Inafastabilidade ou indeclinabilidade

Está contido no art. 5º, XXXV, CF: *a lei não excluirá da apreciação do Poder Judiciário lesão ou ameaça a direito*. À luz do monopólio da função jurisdicional pelo Poder Judiciário, nem mesmo a lei pode excluir de sua apreciação a lesão ou a ameaça a um direito.

10.2.5. Inevitabilidade ou irrecusabilidade

A jurisdição não está sujeita à vontade das partes, aplica-se necessariamente para a solução do processo penal. É, pois, decorrência da natureza obrigatória da solução jurisdicional para os conflitos na esfera penal.

Lembre-se de que na esfera cível há "equivalentes jurisdicionais" como a mediação e a arbitragem, que serão utilizados a depender da vontade das partes, mas o mesmo não ocorre no âmbito da justiça criminal em que a atividade jurisdicional, como vimos, é irrecusável.

10.2.6. Improrrogabilidade ou aderência

O exercício da função jurisdicional pelo magistrado somente pode ocorrer dentro dos limites que lhe são traçados pela lei, seja na abrangência territorial, seja pela matéria a ser apreciada.

10.2.7. Correlação ou relatividade

Aplicável à sentença, consiste na vedação ao julgamento *extra*, *citra* ou *ultra petita*. Dessa forma, impõe-se a correspondência entre a sentença e o pedido formulado na inicial acusatória.

10.2.8. Devido processo legal

O art. 5º, LIV, CF, prevê: *ninguém será privado da liberdade ou de seus bens sem o devido processo legal*. Significa, em última análise, afirmar a necessidade de um processo prévio, informado pelo contraditório; ampla defesa; juiz natural; motivação das decisões; publicidade; presunção de inocência; direito de audiência; direito de presença do réu; e duração razoável do processo (BADARÓ, 2008, p. 36).

10.3. Características da jurisdição

O exercício da atividade jurisdicional é marcado pelas seguintes características:

10.3.1. Inércia

A atuação inicial dos órgãos jurisdicionais depende de provocação da parte. É totalmente vedado ao juiz dar início à ação penal. A inércia dos órgãos jurisdicionais decorre do princípio *ne procedat judex ex officio* como também do sistema acusatório pretendido pelo Constituinte de 1988 (art. 129, I, CF).

10.3.2. Substitutividade

Com o fim da autotutela, coube ao Estado monopolizar a função de solucionar eventuais conflitos de interesses entre as pessoas. O Estado, por meio da jurisdição, passou, portanto, a *substituir* a vontade das partes.

10.3.3. Atuação do Direito

A atividade jurisdicional tem por objetivo aplicar o direito ao caso concreto, buscando, assim, restabelecer a paz social.

10.3.4. Imutabilidade

Na verdade, a imutabilidade se relaciona ao efeito do provimento final da atividade jurisdicional (*i. e.*, ao efeito da sentença). Significa que, após o trânsito em julgado da sentença, tornar-se-á imutável aquilo que ficou decidido pelo órgão julgador. Entretanto, é preciso estar atento que, no processo penal, somente a sentença absolutória definitiva é imutável (não podendo, portanto, haver a reabertura do caso). A imutabilidade não se aplica às sentenças condenatórias definitivas, uma vez que é possível impugná-las por meio de ação de revisão criminal (*vide* art. 621 e ss., CPP). Estudaremos melhor esse tema quando tratarmos de revisão criminal.

10.4. Competência

10.4.1. Compreendendo o tema

Todos os juízes possuem jurisdição (poder-dever de dizer o direito aplicável ao caso concreto).

Porém, a atividade jurisdicional se tornaria inviável caso todas as ações penais fossem concentradas na pessoa de um só juiz.

É nesse contexto que se insere o instituto da competência – como forma de *racionalizar, de tornar viável a prestação jurisdicional*. Dessa forma, é certo que todos os juízes possuem jurisdição (conforme dissemos anteriormente), porém, é igualmente verdadeiro que esses mesmos juízes só podem dizer o direito objetivo aplicável ao caso concreto dentro dos limites de sua competência. Competência é, pois, *a medida da jurisdição*. Com Karam (2002, p. 16), podemos arrematar dizendo que enquanto abstratamente todos os órgãos do Poder Judiciário são investidos de jurisdição, as regras de competência é que concretamente atribuem a cada um desses órgãos o efetivo exercício da função jurisdicional.

10.4.2. Critérios de fixação da competência

Os critérios de fixação da competência são parâmetros estabelecidos pela CF e pela legislação ordinária que objetivam definir o âmbito de atuação de cada um dos órgãos jurisdicionais (*i. e.*, quem julga o quê). Note-se, desde já, que os critérios abaixo não estão dissociados. Pelo contrário, para se definir o órgão julgador competente, faz-se necessário exa-

minar tais critérios de modo integrado, já que, em diversas situações, um serve para complementar o outro.

A seguir, veremos sucintamente cada um desses critérios (apenas para que o nosso leitor se familiarize com o tema). Mais adiante, esse assunto será estudado com mais vagar.

a) Competência em razão da matéria (*ratione materiae*): este critério de fixação da competência leva em consideração a *natureza* (a matéria) da infração praticada. Ex. 1: a Justiça Eleitoral é competente, *em razão da matéria*, para processar e julgar os crimes eleitorais. Ex. 2: o Tribunal do Júri é competente, *em razão da matéria*, para processar e julgar os crimes dolosos contra a vida (homicídio, *v. g.*);

b) Competência em razão da pessoa (*ratione personae*): este critério de fixação da competência leva em consideração a *relevância do cargo* ocupado por determinadas pessoas para definir qual o órgão competente para o processamento da infração penal. É a chamada *competência por prerrogativa de função* ou, também, *foro privilegiado*. Ex.: nos termos do art. 102, I, "b", CF, o STF tem competência para processar e julgar, nos crimes comuns, os parlamentares federais (deputados federais e senadores). Posto de outra forma: esses parlamentares, em caso de prática de crime comum, possuem foro por prerrogativa de função (ou foro privilegiado) perante o STF;

c) Competência em razão do lugar (*ratione loci*): este critério de fixação da competência leva em consideração os seguintes aspectos: o *local onde ocorreu a consumação* do delito, bem como o *domicílio ou a residência do réu*. Ex.: tendo o crime de furto sido consumado na Comarca de Marília (SP), é lá que deverá ser processado e julgado – e não em Bauru (SP), *v. g.*;

d) Competência funcional: este critério de fixação da competência leva em consideração a *função* que cada um dos vários órgãos jurisdicionais pode vir a exercer num processo. Ex.: nas grandes comarcas, é comum que um juiz fique responsável pela fase de conhecimento do processo e outro pela fase de execução da pena.

A competência funcional, a seu turno, classifica-se em:

I – **Competência funcional por fase do processo:** implica repartição de competência a mais de um órgão julgador, cada qual atuando em determinada fase do processo. Em regra, um só juiz é que praticará os atos do processo. Porém, há situações em que os atos de um mesmo processo serão praticados por mais de um órgão julgador. Ex. (já dado anteriormente): nas grandes comarcas, é comum que um juiz fique responsável pela fase de conhecimento do processo e outro pela fase de execução da pena (*vide* arts. 65 e 66, LEP);

II – **Competência funcional por objeto do juízo:** cada órgão jurisdicional pode vir a exercer a competência sobre determinadas questões a serem decididas no processo. Ex.: a sentença no Tribunal do Júri. Na sentença no âmbito do Júri, os jurados são responsáveis pela absolvição ou condenação do acusado e o juiz-presidente é responsável pela aplicação (dosimetria) da pena (em caso de condenação, por óbvio). Há, assim, uma repartição de tarefas para cada órgão jurisdicional que leva em conta determinada questão específica a ser decidida no processo;

III – **Competência funcional por grau de jurisdição:** nesta modalidade de competência funcional, leva-se em conta a *hierarquia* (o escalonamento) jurisdicional determinada pela lei aos vários órgãos julgadores. Ex.: o TJ é o órgão julgador competente (competência funcional por grau de jurisdição) para conhecer e julgar eventual recurso de apelação interposto pela parte contra a sentença prolatada pela instância *a quo* (*i. e.*, pelo juiz de 1º grau).

10.4.3. Determinação do juízo competente

Atente o leitor que a determinação do juízo competente é tarefa das mais complexas. Conforme visto, são diversos os critérios que devem ser levados em consideração, podendo, inclusive, em certas situações, um preponderar sobre o outro (veremos esse ponto mais adiante).

Porém, ao longo do tempo, a doutrina buscou sistematizar melhor a questão da determinação do juízo competente, trilhando um raciocínio que parte de critérios mais genéricos para critérios mais específicos.

Dessa forma, para saber qual o juízo competente para processar e julgar determinado caso, deve-se, por exemplo, levar em conta:

I – Qual a justiça competente? É crime da competência da Justiça Comum (Federal ou Estadual) ou da Justiça Especial (Militar ou Eleitoral)?;

II – É o acusado possuidor de foro por prerrogativa de função? Ex.: sendo o réu parlamentar federal, deverá ser processado e julgado pelo STF (prerrogativa de função);

III – Não sendo detentor de foro por prerrogativa de função, passa-se ao exame da competência territorial (local em que foi consumado o crime; ou domicílio ou residência do réu);

IV – Por fim, passa-se ao exame da competência de juízo: qual é a vara, câmara ou turma competente? Há, por exemplo, vara especializada com competência para apreciar o caso?

Nas próximas linhas, examinaremos, de forma mais detalhada, os critérios de fixação da competência anteriormente expostos (competência em razão da matéria, por prerrogativa de função etc.).

10.4.4. Competência em razão da matéria (ratione materiae) ou em razão da natureza da infração penal

Conforme visto, este critério de fixação de competência leva em conta a natureza da infração penal praticada. A depender dessa (da matéria em jogo), será competente a Justiça Comum (Federal ou Estadual) ou a Justiça Especial[72] (Militar ou Eleitoral). Assim, temos que:

a) A Justiça Eleitoral (JE – arts. 118 a 121, CF, e Lei 4.737/1965) é competente em razão da matéria para julgar os crimes eleitorais. Ex.: calúnia cometida em período de campanha eleitoral será julgada pelo Tribunal Regional Eleitoral;

b) A Justiça Militar (JM – art. 124, CF) é competente *ratione materiae* para julgar os crimes militares definidos no art. 9º, CPM.

A competência da Justiça Militar comporta três exceções: o crime de abuso de autoridade (Lei 4.898/1965), conforme Súmula 172, STJ; o crime de tortura, por ausência de correspondência no Código Penal Militar (STJ, AgRg no CC 102.619/RS, Terceira Seção, *DJ* 30.04.2015, Info. 0436, 3ª Seção, período de 24 a 28.05.2010 e AgRg no AREsp 17.620/DF, 6ª Turma, *DJe* 06.06.2016; (STF, HC 117254, *DJ* 15.10.2014 e AI 769637 AgR-ED-ED/MG, *DJe* 16.10.2013); assim como os crimes dolosos praticados contra a vida de civil não são julgados pela JM[73] (art. 125, § 4º, CF).

Vale ressaltar, contudo, alteração introduzida pela Lei 12.432/2011, que modificou a redação do parágrafo único do art. 9º, CPM.[74] O referido dispositivo legal, em leitura combinada com o art. 303, CBA (Código Brasileiro de Aeronáutica),[75] introduz situação excepcional de manutenção da competência da Justiça Militar.

Trata-se das hipóteses de invasão irregular do espaço aéreo brasileiro e das medidas adotadas para a sua devida repressão. No caso mais extremo, após advertências e tentativas de pouso forçado, o piloto-militar está autorizado a destruir a aeronave, pois a prioridade é a preservação da segurança e da soberania nacionais.

Desse modo, se da conduta descrita resultar processo criminal em face do militar que efetuou o abate da aeronave, causando a morte dos seus ocupantes, **ainda que civis**, a **competência para processar e julgar será da Justiça Militar**.

Ademais, houve recente alteração na competência da Justiça Militar com a nova Lei nº 13.491, de 13 de outubro de 2017, que alterou o Código Penal Militar. A lei novel também teve como alvo o art. 9º do CPM, ao modificar o seu inciso II e acrescentar os §§ 1º e 2º. A inovação legislativa ampliou a competência da Justiça Militar ao prever

---

72. Para o estudo aqui empreendido, considera-se justiça especial aquela que tem competência criminal, mas cuja regulação ocorra por sistema legal próprio, autônomo, nos âmbitos material e processual.

73. No que se refere à última exceção, relevante se faz pontuar a existência do Projeto de Lei (PL) 44/2016, tramitando no Congresso Nacional e recentemente aprovado pelo Senado, em que se determina que crimes dolosos contra a vida de civis praticados por militares passem a ser julgados pela Justiça Militar, e não mais pelo Tribunal do Júri, desde que praticados em missões de garantia de lei e ordem.

74. "Os crimes de que trata este artigo quando dolosos contra a vida e cometidos contra civil serão da competência da justiça comum, **salvo quando praticados no contexto de ação militar realizada na forma do art. 303 da Lei 7.565, de 19.12.1986 – Código Brasileiro de Aeronáutica.**"

75. "Art. 303. A aeronave poderá ser detida por autoridades aeronáuticas, fazendárias ou da Polícia Federal, nos seguintes casos: I – se voar no espaço aéreo brasileiro com infração das convenções ou atos internacionais, ou das autorizações para tal fim; II – se, entrando no espaço aéreo brasileiro, desrespeitar a obrigatoriedade de pouso em aeroporto internacional; III – para exame dos certificados e outros documentos indispensáveis; IV – para verificação de sua carga no caso de restrição legal (art. 21) ou de porte proibido de equipamento (parágrafo único do art. 21); V – para averiguação de ilícito. (...) § 2º Esgotados os meios coercitivos legalmente previstos, a aeronave será classificada como hostil, ficando sujeita à medida de destruição, nos casos dos incisos do *caput* deste artigo e após autorização do Presidente da República ou autoridade por ele delegada."

que serão considerados crimes militares, em tempo de paz, *"os crimes previstos neste Código e os previstos na legislação penal, quando praticados"* conforme as alíneas, que não foram objeto de modificação. A redação anterior limitava a competência aos crimes tipificados no CPM. Nesse sentido, a ampliação da competência se torna clara ao vislumbrarmos que além dos crimes previstos no CPM, também estarão à cargo da JM os crimes comuns previstos na legislação penal comum e extravagante que sejam praticados nos moldes das alíneas do inciso II do art. 9º.

A JM encontra-se estruturada nos âmbitos Estadual e Federal:

I – **Justiça Militar Estadual** (art. 125, § 4º, CF): detém competência para processar e julgar os crimes militares praticados por policiais militares e bombeiros.

Por outro lado, a JM estadual não tem competência para julgar civil – mesmo que este cometa crime em concurso com um militar. Nesse sentido, consultar a Súmula 53, STJ.[76]

Ademais, nos termos da Súmula 75, STJ, em caso de crime de promoção ou facilitação da fuga de preso em estabelecimento prisional praticado por militar, a competência será da Justiça Comum Estadual e não da JM;

A competência territorial da Justiça Militar Estadual será a do local onde o policial estadual desempenha suas funções, mesmo que crime tenha se consumado em Estado diverso, conforme se depreende do enunciado da Súmula 78, STJ, nos seguintes termos: *"Compete à Justiça Militar processar e julgar policial de corporação estadual, ainda que o delito tenha sido praticado em outra unidade federativa"*.

II – **Justiça Militar da União**: detém a competência para julgar membros das Forças Armadas (Exército, Marinha e Aeronáutica) – art. 124, CF.

A JM da União pode, por sua vez, vir a processar e julgar civil quando este vier a praticar infração em concurso com membro das Forças Armadas.

Atenção: O STF editou a Súmula Vinculante 36 com o seguinte teor: *Compete à Justiça Federal comum processar e julgar civil denunciado pelos crimes de falsificação e de uso de documento falso quando se tratar de falsificação da Caderneta de Inscrição e Registro (CIR) ou de Carteira de Habilitação de Amador (CHA), ainda que expedidas pela Marinha do Brasil.*

A Suprema Corte entende que não se trata de crime militar por conta da natureza da atividade de arrais amador, que é civil. Nesse caso, há ofensa a serviço e interesse da União, motivo pelo qual a competência é da Justiça (Comum) Federal;

c) A Justiça (Comum) Estadual tem sua esfera de competência composta de forma residual. É determinada pela exclusão das demais (Justiça Comum Federal; Justiça Especial). Isto é, processa e julga o crime quando não se tratar de competência da Justiça Especial (Militar ou Eleitoral) nem da Justiça Comum Federal. Abarca a maioria das questões penais. Ex.: crime de incitação à discriminação cometido via internet, quando praticado contra pessoas determinadas e que não tenha ultra-

passado as fronteiras territoriais brasileiras será julgado pela Justiça Estadual (STF, HC 121283, Info. 744). Outro exemplo diz respeito ao crime de disponibilizar ou adquirir material pornográfico envolvendo crianças ou adolescentes, que será da competência da Justiça Estadual se a troca de informação for privada (Whatsapp, chat de Facebook). Caso a postagem tenha sido em ambiente virtual de livre acesso, a competência será da Justiça Federal (STJ, CC 150564/MG, DJe 02/05/2017 e Info. 603);

d) A Justiça (Comum) Federal tem sua competência expressamente fixada no art. 109, CF. Costuma-se sustentar que tais dispositivos não são meramente exemplificativos, mas taxativos. Vejamos. Compete à Justiça Federal processar e julgar:

d1) Os crimes políticos (art. 109, IV, primeira parte): a definição de crime político encontra-se na Lei 7.170/1983. É aquele dirigido contra o Estado como unidade orgânica das instituições políticas e sociais, além de atentar contra a soberania nacional e a estrutura política;

d2) As infrações penais praticadas em detrimento de bens, serviços ou interesses da União ou de suas entidades autárquicas e empresas públicas, excluídas as contravenções (art. 109, IV, parte final). Examinemos de forma detalhada o presente tópico.

Primeiro, note-se que a JF julga apenas *os crimes* praticados "em detrimento de bens, serviços ou interesses da União (...)". As contravenções[77] penais foram expressamente excluídas da competência da JF. Assim, ainda que uma contravenção seja praticada contra um bem da União, não será julgada pela JF, mas pela Justiça Estadual. **Atenção**, todavia, para o HC 127011 AgR, Segunda Turma, *DJ* 21.05.2015 do STF, o qual aduziu que a exploração de peças eletrônicas utilizadas na confecção das máquinas "caça-níqueis", denominadas "noteiros", de procedência estrangeira e introduzidas clandestinamente no território nacional, atraem a competência da Justiça Federal.

Além disso, é oportuno fornecer ao nosso leitor uma noção mais precisa de bens, serviços ou interesses da União:

I – Bens: representam o patrimônio de um ente federal e a sua descrição está positivada no art. 20, I a XI, CF (bens da União);

II – Serviços: consistem na própria atividade do ente federal e sua finalidade. Para melhor compreensão prática, recomendamos a consulta ao informativo do STJ 572, Terceira Seção, 28.10 a 11.11.2015;

III – Interesse: possui conteúdo bastante amplo, podendo ser delimitado como aquilo que está ligado ao ente federal e lhe diz respeito. A título de exemplo, ver STF, HC 93938/SP, *DJe* 23.11.2011 e RE 835558/SP, *Dje* 08.08.2017 bem como os informativos do STJ de555, 5ª Turma, de 11.03.2015 e Info. 527, 3ª Seção, 09.10.2013.

Ainda, a lei menciona crimes praticados contra bens, serviços ou interesses da *União ou de suas entidades autárquicas e empresas públicas*. Vejamos um significado mais preciso para as expressões: *União, entidades autárquicas e empresas públicas*.

I – União: aqui tratada como a *pessoa jurídica de direito público*

---

76. "Compete à Justiça Comum Estadual processar e julgar civil acusado de prática de crime contra as instituições militares estaduais".

77. No que se refere à competência para julgar contravenções, a exceção existe apenas nos casos em que o autor do fato possui prerrogativa de foro, que prevalecerá (STJ, Rp 179/DF, *DJ* 10.06.2002).

interno, a Administração Direta;

II – Autarquias: conceituadas no art. 5º, I, Dec.-lei 200/1967, como *"o serviço autônomo, criado por lei, com personalidade jurídica, patrimônio e receita próprios, para executar atividades típicas da Administração Pública, que requeiram, para seu melhor funcionamento, gestão administrativa e financeira descentralizada".* Ex.: BACEN (Banco Central); INSS; agências reguladoras etc. Neste contexto: (STJ, CC 134.747/MT, Terceira Seção, *DJ* 21.10.2015);

III – Empresas públicas: estão definidas no art. 5º, II, Dec.-lei 200/1967, como a *"entidade dotada de personalidade jurídica de direito privado, com patrimônio próprio e capital exclusivo da União, criado por lei para a exploração de atividade econômica que o Governo seja levado a exercer por força de contingência ou de conveniência administrativa podendo revestir-se de qualquer das formas admitidas em direito".* Ex.: Correios; Caixa Econômica Federal.

Atenção: houve *omissão indevida do texto constitucional* a respeito das *fundações públicas,* definidas no art. 5º, IV, DL 200/1967. Porém, doutrina e jurisprudência construíram entendimento segundo o qual as fundações possuem natureza equiparada à autarquia (STJ, CC 113079/DF, *DJe* 11.05.2011). Desse modo, estão contidas entre os entes federais do dispositivo em comento. Logo, um crime contra, por exemplo, um bem de uma fundação pública federal é sim da competência da JF. Imperioso, todavia, observar o quanto enunciado no Info. 513, Terceira Seção, 06.03.2013, de acordo com o qual "segundo o entendimento do STJ, a justiça estadual deve processar e julgar o feito na hipótese de inexistência de interesse jurídico que justifique a presença da União, suas autarquias ou empresas públicas no processo, de acordo com o enunciado da súmula 150 deste Tribunal".

Por fim, ressalte-se que eventual crime praticado contra bens, serviços ou interesses de **sociedade de economia mista** (art. 5º, III, DL 200/1967) não será da competência da JF. A CF não a incluiu no rol de competência da JF. Eventual crime contra uma sociedade de economia mista será da competência da Justiça Estadual (*vide* Súmula 42, STJ). São exemplos de sociedades de economia mista federais o Banco do Brasil e a Petrobrás. Haverá exceção se ficar demonstrado interesse jurídico da União. Nesse caso, a competência será da JF, conforme precedente do STF (RE 614115 AgR/PA, Info. 759);

d3) também são da competência da JF os crimes previstos em tratados ou convenções internacionais, quando, iniciada a execução no país, o resultado tenha ou devesse ter ocorrido no estrangeiro, ou reciprocamente (art. 109, V, CF)[78]

São dois os elementos cruciais (concomitantes) aqui: internacionalidade (início da execução no Brasil ou o resultado tenham ocorrido no exterior) + crime previsto em tratado ou convenção internacional. Ex.: tráfico internacional de drogas. Excluído o caráter internacional, a competência será da Justiça Estadual (Súmula 522, STF). Idem (*i. e.,* com-

petência da Justiça Estadual) se o crime não estiver previsto em tratado ou convenção internacional;

d4) as causas relativas a direitos humanos (art. 109, V-A, CF)

Esse dispositivo foi acrescentado pela EC 45/2004, criando em nosso ordenamento a possibilidade de federalização dos crimes contra os direitos humanos.

Com efeito, nesses casos, o Procurador-Geral da República, com a finalidade de assegurar o cumprimento de obrigações decorrentes de tratados internacionais de direitos humanos dos quais o Brasil seja parte, poderá suscitar, perante o Superior Tribunal de Justiça, em qualquer fase do inquérito ou processo, incidente de deslocamento de competência (IDC) para a Justiça Federal (art. 109, § 5º, CF).

Aqui, em qualquer fase do procedimento (inquérito ou fase judicial), se o IDC for julgado procedente, deve o processo ser remetido à Justiça Federal e todos os atos refeitos, conforme interpretação dos arts. 564, I, e 573, CPP. Se ocorrer durante o inquérito, as investigações realizadas pela polícia civil serão aproveitadas.

Conforme jurisprudência do STJ, para que exista o deslocamento é preciso comprovar a existência de obstáculos concretos na esfera estadual. Desse modo, "o incidente só será instaurado em casos de grave violação aos direitos humanos, em delitos de natureza coletiva, com grande repercussão, e para os quais a Justiça Estadual esteja, por alguma razão, inepta à melhor apuração dos fatos e à celeridade que o sistema de proteção internacional dos Direitos Humanos exige" (STJ, Info. 453, Terceira Seção, período de 25 a 29.10.2015; CC 107397/DF, Info. 549; e IDC 3/GO, Terceira Seção, *DJ* 02.02.2015;

d5) os crimes contra a organização do trabalho (art. 109, VI, 1ª parte, CF)

Tais delitos estão tipificados nos arts. 197 a 207, CP. Entretanto, para que seja caso de competência da JF, é preciso que a conduta ofenda não apenas a individualidade do trabalhador, mas a própria organização geral do trabalho ou os direitos dos trabalhadores coletivamente considerados. Exs.: atentado contra a liberdade de associação – art. 199, CP; e a omissão de anotação do vínculo empregatício na CTPS (STJ CC 135200/SP, *DJe* 02.02.2015 e CC 131.319/SP, *DJ* 11.09.2015 e CC 154.345/CE, *DJ* 21.09.2017).

d6) os crimes contra o sistema financeiro e contra a ordem econômico-financeira, nos casos determinados pela lei (art. 109, VI, parte final, CF)

Primeiramente, devemos destacar que o sistema financeiro é composto por instituições financeiras, públicas e privadas, bem como por pessoas a estas equiparadas (art. 1º e seu parágrafo único, Lei 7.492/1986).

Note o leitor que, em regra, para que seja hipótese de competência da JF são dois os requisitos estabelecidos pela CF.

É preciso que a conduta afete o sistema financeiro ou a ordem econômica e é necessário também que exista previsão expressa de competência da JF para o caso. Ex.: o art. 26, Lei 7.492/1986 (crimes contra o sistema financeiro) prevê expressamente a competência da JF.

---

78. Note-se que o dispositivo é claro ao mencionar "iniciada a execução do país", excluindo assim da competência da Justiça Federal os crimes em que apenas os atos meramente preparatórios foram executados no Brasil. Nesse sentido, ver o recente julgado do STF no HC 105461/SP, *Dje* de 02.08.2016.

Não é o que ocorre com os crimes contra a ordem econômica, pois as Leis 8.137/1990 e 8.176/1991 não possuem previsão a esse respeito. A regra, portanto, é que serão julgados pela justiça estadual, **exceto** nos casos em que houver ofensa a bens, serviços ou interesse dos entes federais. *Vide* STJ, CC 153116/SP, *DJ* 10.08.2017, CC 119.350/PR, *DJ* 04.12.2014; HC 76555/SP, *DJe* 22.03.2010; e CC 82961/SP, *DJe* 22.06.2009;

d7) compete também à JF processar e julgar o HC e o MS quando relacionados à matéria de sua competência (*art. 109, VII e VIII, CF*)

Para que a competência seja da Justiça Federal, a autoridade coatora deve estar sujeita à jurisdição federal ou a nenhuma outra;

d8) os crimes cometidos a bordo de navios ou aeronaves, ressalvada a competência da Justiça Militar (art. 109, IX, CF)

Desde já, atente-se que caso o crime seja cometido a bordo de navio ou de aeronave militar não será competente a JF, mas a JM.

Navio: embarcação de grande porte e com aptidão a viagens internacionais. Barcos a motor de pequeno porte não se enquadram nesse conceito. Logo, eventuais crimes praticados em barcos de pequeno porte não serão da competência da JF. Ver o julgado do STJ no CC 118.503/PR, *DJe* 28.04.2015.

Aeronave: aparelho manobrável em voo, que possa sustentar-se e circular no espaço aéreo, com autonomia, apto a transportar pessoas ou coisas.

Atenção: a competência da JF subsiste mesmo que o navio esteja atracado ou a aeronave esteja pousada. Assim, caso o crime seja praticado a bordo, por exemplo, de aeronave *pousada*, permanecerá competente a JF para o processo e julgamento do caso.

Por outro lado, não é demais recordar que a JF *não julga contravenção penal*. Desse modo, eventual contravenção praticada a bordo, por exemplo, de navio, não será da competência da JF, mas da competência da Justiça Estadual.

Ainda sobre os crimes cometidos a bordo de aeronaves e embarcações. Sabemos que a competência será, em regra, da Justiça Federal. Entretanto, em qual Seção Judiciária da JF tramitará a ação penal? Vejamos os casos (arts. 89 e 90, CPP):

I – viagens nacionais: se a viagem iniciar e terminar em território brasileiro, o juízo competente é o do local onde primeiro a aeronave pousar ou o navio atracar, após a ocorrência a infração;

II – viagens internacionais: competente é o juízo do local da chegada ou da partida;

d9) crimes relacionados ao ingresso ou à permanência irregular de estrangeiro (art. 109, X, CF)

O ingresso ou a permanência do estrangeiro, em si, não são tipificados como crime. A competência da JF refere-se aos crimes praticados com o objetivo de assegurar o ingresso ou a permanência do estrangeiro no Brasil. Ex.: falsificação de passaporte ou de visto;

d10) disputa por direitos indígenas (art. 109, XI, CF)

Para que a Justiça Federal seja competente, deve haver ofensa à cultura indígena ou a direitos seus, como as questões relacionadas ao território (STF, RE 419528/PR, *DJ* 09.03.2007 e STJ, HC 208.634/RS, 6ª Turma, *DJ* 23.06.2016).

Importante vislumbrar a abrangência de tais direitos, bem como o que não configura disputa por direitos indígenas, vide, respectivamente, RHC 117097, 2ª Turma, *DJ* 03.02.2014 e RE 844036 AgR, 2ª Turma, *DJ* 04.02.2016. Ademais, cumpre ressaltar o quanto enunciado pelo STJ acerca dos direitos indígenas, vide Info. 0527, Terceira Seção, do período de 09.10.2013, segundo o qual "compete à Justiça Federal – e não à Justiça Estadual – processar e julgar ação penal referente aos crimes de calúnia e difamação praticados no contexto de disputa pela posição de cacique em comunidade indígena", bem como o Info. 0508, Terceira Seção, de 05 a 12.11.2012, o qual aduziu ser "a competência da Justiça Federal para processar e julgar ações penais de delitos praticados contra indígena somente ocorre quando o processo versa sobre questões ligadas à cultura e aos direitos sobre suas terras".

O crime praticado por/contra silvícola, isoladamente considerado, é da competência da justiça comum estadual (Súmula 140, STJ).

10.4.5. Competência em razão da pessoa (por prerrogativa de função ou foro privilegiado)

Para o legislador, certas pessoas, em razão do cargo ou função que ocupam, devem ser julgadas por uma instância superior (considerada mais isenta de possíveis influências políticas/econômicas). É o que se chama de competência por prerrogativa de função, foro privilegiado ou, ainda, competência em razão da pessoa.

Por outro lado, cessado o cargo/função/mandato, o indivíduo volta a ser processado normalmente pelas instâncias ordinárias. Possui *caráter itinerante* a competência *ratione personae* (dura enquanto durar o cargo/função/mandato). Ex.: imagine-se um crime cometido antes do exercício do cargo e cuja ação penal teve início perante o juiz singular. Quando o réu assumir o cargo que esteja amparado por foro por prerrogativa de função, os autos deverão ser remetidos ao Tribunal competente. Após a cessação do exercício do cargo, se ainda estiver em curso a ação penal, esta será remetida de volta ao juízo singular.

O rol de situações de foro por prerrogativa de função encontra-se principalmente na CF. Porém, é possível, em certos casos, desde que não haja afronta à Lei Maior, a fixação dessa modalidade de competência por meio de Constituição Estadual[79] (será preciso observar um critério de simetria). Abaixo, examinaremos a competência *ratione personae* dos tribunais brasileiros.

a) Competência *ratione personae* do STF

I – **Nas infrações penais comuns compete ao STF processar e julgar** (art. 102, I, "b", CF): o Presidente; o Vice--Presidente; os membros do Congresso Nacional (deputados e senadores)[80]; os Ministros do STF; e o PGR (Procurador--Geral da República);

---

79. Súmula Vinculante 45 – A competência constitucional do Tribunal do Júri prevalece sobre o foro por prerrogativa de função estabelecido exclusivamente pela constituição estadual.

80. Quanto à matéria, relevante a leitura do tópico 4.3.2 Imunidades Parlamentares, b.4 Prerrogativa de Foro.

II – Nas infrações penais comuns e nos crimes de responsabilidade compete ao STF processar e julgar (art. 102, I, "c", CF): os membros dos Tribunais Superiores (STJ; TST; TSE; STM); os membros do TCU; os chefes de missão diplomática permanente; os Ministros de Estado; e os Comandantes das Forças Armadas. Note que, no caso destes dois últimos (Ministros de Estado e Comandantes das Forças Armadas), se praticarem crime de responsabilidade em conexão com o do Presidente da República ou com o Vice-Presidente, a competência será do Senado Federal (e não do STF) – *vide* art. 52, I, CF.

Com efeito, frise-se que, certas autoridades, embora não tenham sido mencionadas pelo art. 102, I, "c", CF (examinado anteriormente), terminaram, por força de Lei Federal (Lei 10.683/2003), sendo equiparadas a Ministros de Estado. São elas: o AGU; o Presidente do BACEN; o Chefe da Casa Civil; e o Controlador-Geral da União. Assim, essas autoridades, caso pratiquem infrações penais comuns ou crimes de responsabilidade, *também serão processadas e julgadas pelo STF*.

Noutro giro, destaque-se que crimes de responsabilidade são, na verdade, *infrações político-administrativas cujas penalidades costumam ser a perda do cargo ou a inabilitação temporária para o exercício de cargo ou função (previstos na Lei 1.079/1950)*. Ex.: ato do Presidente da República que atente contra a segurança interna do país;

b) Competência *ratione personae* do STJ

I – Nos crimes comuns, o STJ tem competência *ratione personae* para processar e julgar (art. 105, I, "a", CF): os Governadores dos Estados e do Distrito Federal;

II – Nos crimes comuns e de responsabilidade, o STJ tem competência *ratione personae* para processar e julgar: os Desembargadores dos TJs e do TJDFT; membros dos TCEs e TCDF; membros dos TRFs, TREs e TRTs; membros dos Conselhos ou TCMs; e os do MPU que oficiem perante os Tribunais (Procuradores Regionais da República, por exemplo);

c) Competência *ratione personae* do TRF

Nos crimes comuns e de responsabilidade, o TRF tem competência *ratione personae* para processar e julgar (art. 108, I, "a", CF): os juízes federais de sua área de jurisdição, incluindo aqueles da Justiça Militar e da Justiça do Trabalho; os membros do Ministério Público da União (inclusive os do MPDFT – conforme STJ, HC 67416/DF, *DJe* 10.09.2007). Neste contexto, firmou o STF o entendimento acerca da competência do TRF da 1ª Região para processar e julgar *habeas corpus* conta ato de membro do MPDFT: RE 467.923/DF, *DJ* 04.08.2006.

Há, contudo, exceção expressa quanto aos crimes eleitorais, ou seja, se uma das autoridades apontadas praticar crime eleitoral, a competência será da Justiça Eleitoral (e não do TRF).

No que tange aos crimes militares praticados por essas autoridades, o julgamento será perante o TRF por ausência de ressalva expressa da Constituição Federal;

d) Competência *ratione personae* do TJ

Nos crimes comuns e de responsabilidade, o TJ tem competência *ratione personae* para processar e julgar (art.

96, III, CF): os juízes estaduais e membros do MP dos Estados da sua esfera de jurisdição.

O **Prefeito**, por força do art. 29, X, CF, caso pratique crime comum, também deverá ser julgado pelo TJ. Agora, se praticar crime eleitoral ou federal, a competência passará, respectivamente, ao TRE e TRF (critério de simetria) – consultar Súmula 702, STF, e Súmulas 208 e 209, STJ.

O **Deputado estadual**, em razão do art. 27, § 1º, c/c art. 25, CF, caso pratique crime comum, também deverá ser julgado pelo TJ. Agora, se praticar crime eleitoral ou federal, a competência passará, respectivamente, ao TRE e TRF (critério de simetria).

10.4.6. Competência em razão do lugar (ratione loci)

Depois de verificar as regras de competência que levam em conta a natureza da infração e o eventual cargo que o agente ocupa, é momento de examinar a regra de fixação de competência que leva em conta o local em que o crime foi praticado (critério territorial).

a) Lugar da infração (art. 70, CPP)

Em regra, adota-se a **teoria do resultado**, ou seja, o local da consumação do crime será aquele onde a infração deverá ser processada.[81-82]

Nos crimes de homicídio, o STJ tem adotado a teoria da atividade, isto é, a competência será fixada pelo local da ação. O posicionamento da Corte baseia-se na necessidade de facilitar a colheita de provas e esclarecimento dos fatos (STJ, HC 95853/RJ, Dje 04.10.2012 e RHC 53020/RS, *Dje* 16.06.2015).

Tratando-se de tentativa, será competente o local onde o último ato de execução foi praticado.

Por outro lado, se, iniciada a execução no território nacional, a infração se consumar fora dele, a competência será determinada pelo lugar em que tiver sido praticado, no Brasil, o último ato de execução (art. 70, § 1º, CPP). Essa situação que acabamos de descrever é chamada pela doutrina de "crime à distância".

Ademais, quando o último ato de execução for praticado fora do território nacional, será competente o juiz do lugar em que o crime, embora parcialmente, tenha produzido ou devia produzir seu resultado (art. 70, § 2º, CPP). Note o leitor que essa hipótese trata-se de situação inversa à descrita ante-

---

81. Atenção: no caso de IMPO, adota-se a teoria da atividade (e não do resultado), *i. e.*, a competência será fixada pelo local da ação ou omissão – *vide* art. 63, Lei 9.099/1995.

82. Atenção: *competência territorial da Justiça Federal*. A regra é a aplicação da teoria do resultado, mas a Justiça Federal não possui capilaridade suficiente, ou seja, ainda não está plenamente interiorizada no país. Sendo assim, se a comarca onde ocorreu o resultado não for sede de JF, seguir-se-á o disposto no art. 109, § 3º, parte final, CF, delegando-se a competência à Justiça Comum Estadual, para o processamento da causa em 1º grau, sendo o eventual recurso endereçado ao TRF (art. 109, § 4º, CF). Há, porém, exceção no art. 70, parágrafo único, Lei 11.343/2006 (Lei de Drogas), que determina que os crimes praticados nos Municípios que não sejam sede de vara federal serão processados e julgados na vara federal da circunscrição respectiva (e não na justiça comum estadual).

riormente (art. 70, § 1º). Aqui, o último ato de execução se deu fora do Brasil, e a consumação, total ou parcial, ocorreu em território nacional.

Porém, em certas situações, pode ser que o local da consumação do crime seja impossível de precisar. Nestes casos, fixa-se a competência por **prevenção.**

Prevenção significa que o primeiro juiz a tomar conhecimento do fato irá se tornar competente (art. 83, CPP). Na prática, significa dizer que o primeiro juiz a receber a denúncia ou queixa será competente para a ação ou, na fase de IP, aquele que apreciar medidas cautelares inerentes ao futuro processo. Vide STJ, RHC 47956/CE, *DJe* 04.09.2014 e CC 87.589/SP, 3ª Seção, *DJ* 24.04.2009.

Conforme os arts. 70, § 2º, e 71, CPP, fixa-se a competência por prevenção nas seguintes hipóteses:

I – Quando o crime ocorre na divisa entre duas comarcas ou for incerto o limite entre elas;

II – Em caso de crime continuado ou permanente praticado em território de duas ou mais "jurisdições" (comarcas, na verdade – o texto do CPP foi impreciso neste particular).

Consoante LIMA (2015, p. 546), são duas as condições para fixação da competência por prevenção, a saber: **a existência de prévia distribuição** – aduzindo que o art. 83 do CPP deve ser compreendido conjuntamente ao art. 75, parágrafo único do mesmo diploma, de modo que só se pode cogitar de prevenção de competência quando a decisão que a determina tenha sido precedida de distribuição, posto que não previnem a competência decisões de juízes plantonistas, nem as facultadas, em casos de urgência, a quaisquer dos juízes criminais do foro – e a apresentação da medida ou diligência de caráter cautelar ou contra cautelar encontrado nas hipóteses exemplificativas do parágrafo único do art. 75 do CPP, tais como concessão de fiança, conversão de prisão em flagrante em temporária, decretação de prisão preventiva ou temporária, pedidos de medida assecuratórias dos arts. 125 a 144-A do CPP, bem como pedidos de provas, como expedição de mandado de busca e apreensão (ver STJ – HC: 131937 SP 2009/0052844-8, 5ª Turma, *DJ* 19.04.2012), interceptação telefônica (ver STJ, HC 222.707/ES, 5ª, Turma, *DJ* 12.08.2016 ou quebra de sigilo bancário.

Cumpre observar, todavia, a dicção do enunciado de Súmula 706 do STF, segundo o qual "é relativa a nulidade decorrente da inobservância da competência por prevenção". Este entendimento, inclusive, vem sendo reiterado pelo STF, vide: HC 81.124/RS, 1ª Turma, *DJ* 05.09.2007.

b) Lugar do domicílio ou residência do réu (art. 72, CPP)

Trata-se de um critério subsidiário ao anterior. Não sendo conhecido o lugar da infração, será competente o foro do domicílio ou residência do réu. É oportuno, ainda, recordar os conceitos de domicílio e residência:

I – Domicílio deve ser entendido como o lugar onde a pessoa estabelece a sua residência com ânimo definitivo, ou, subsidiariamente, o local onde a pessoa exerce as suas ocupações habituais, o ponto central dos seus negócios;

II – Residência é aquele lugar onde a pessoa tem a sua morada, mas não há o ânimo definitivo.

Nessa situação (competência em razão do domicílio ou residência do réu), a competência será fixada pela prevenção se:

I – o réu tiver mais de uma residência;

II – não possuir residência certa;

III – for ignorado o seu paradeiro.

Atenção: em caso de ação penal exclusivamente privada, o querelante poderá optar entre propor a ação no local da consumação ou no domicílio do réu (art. 73, CPP);

c) Crimes praticados no exterior (art. 88, CPP)

Sendo o crime praticado no exterior, a competência será fixada de acordo com a última residência em território brasileiro, ou, caso nunca tenha residido aqui, na capital da República.

10.5. Competência absoluta *versus* competência relativa

Embora não haja na lei disposição expressa sobre o tema, a comunidade jurídica costuma dividir as espécies de competência em absoluta e relativa. Dessa distinção, importantes efeitos são extraídos. Vejamos.

a) Competência absoluta

I – A regra de competência absoluta é criada com base no interesse público;

II – É insuscetível de modificação pela vontade das partes ou do órgão julgador;

III – A incompetência absoluta é causa de nulidade absoluta, podendo ser arguida a qualquer tempo (inclusive de ofício pelo juiz), sendo que o prejuízo é presumido nesse caso;

IV – Exemplos de competência absoluta: *ratione personae*, *materiae* e competência funcional;

b) Competência relativa

I – As regras de competência relativa são criadas com base no interesse preponderante das partes;

II – Por ter natureza infraconstitucional, é possível sua flexibilização ou relativização, à luz do exame de determinada relação processual, bem como do interesse das partes. Exemplo disso é o que ocorre nas ações exclusivamente privadas, em que o querelante opta, no momento do oferecimento da queixa, pelo foro do lugar do crime ou o do domicílio/residência do querelado;

III – A incompetência relativa é causa de nulidade relativa. Logo, deve ser arguida pelas partes em momento oportuno (não pode o juiz de ofício fazê-lo), sendo que o prejuízo precisará ser demonstrado. Do contrário, haverá prorrogação[83] (modificação) da competência (*vide* STJ, AgInt no HC 187.760/MS, 6ª Turma, *DJ* 07.06.2016);

IV – Ex.: competência territorial.

---

83. Pacheco (2009, p. 329) define a prorrogação da competência como: *a modificação na esfera de competência de um órgão jurisdicional, que seria abstratamente incompetente, mas se tornou concretamente competente com referência a determinado processo, em razão de um fato processual modificador.*

10.6. Modificação da competência

É possível que em algumas situações seja necessária a modificação da competência visando à uniformidade dos julgados, à segurança jurídica e à economia processual.

Tais alterações não implicam ofensa ao princípio do juiz natural porque o órgão jurisdicional para o qual é modificada a competência preexiste à infração penal e não foi criado unicamente para julgá-la.

São exemplos de modificação da competência: a conexão, a continência e o instituto do desaforamento no Tribunal do Júri.

10.6.1. Conexão (art. 76, CPP)

É o nexo, o vínculo entre duas ou mais infrações que aconselha a junção dos processos, proporcionando ao julgador uma melhor visão sobre o caso. **A conexão pode ser classificada em:**

a) Conexão intersubjetiva *(art. 76, I, CPP):* ocorre quando duas ou mais infrações interligadas forem praticadas por duas ou mais pessoas. É denominada intersubjetiva justamente pela sua pluralidade de criminosos, sendo subdividida em três modalidades:

a1) *conexão intersubjetiva por simultaneidade:* são "várias infrações, praticadas ao mesmo tempo, por várias pessoas reunidas". Nesse caso, o liame se apresenta pelo fato de terem sido praticadas nas mesmas circunstâncias de tempo e espaço, simultaneamente, mas sem anterior ajuste entre os infratores. Ex.: torcida que, sem prévia combinação, após o rebaixamento do time, destrói o estádio de futebol;

a2) *conexão intersubjetiva concursal:* caracteriza-se quando vários indivíduos, previamente ajustados, praticam diversas infrações, em circunstâncias distintas de tempo e de lugar. Ex.: ataques do PCC à cidade de São Paulo;

a3) *conexão intersubjetiva por reciprocidade:* quando forem cometidas duas ou mais infrações, por diversas pessoas, mas umas contra as outras. O vínculo é caracterizado pela pluralidade de infrações penais praticadas e pela reciprocidade na violação de bens jurídicos. Ex.: confronto agendado por duas ou mais pessoas em que todas acabam sofrendo e provocando lesões corporais reciprocamente;

b) Conexão objetiva (art. 76, II, CPP): ocorre quando uma infração é praticada para facilitar ou ocultar outra, ou para conseguir impunidade ou vantagem. Aqui, há um vínculo relacionado à motivação do crime. Divide-se em:

b1) teleológica: quando uma infração é cometida para facilitar a prática de outra. Ex.: lesão corporal contra o pai de uma criança para sequestrá-la;

b2) consequencial: quando uma infração é cometida para conseguir a ocultação, impunidade ou vantagem de outra já praticada. Ex.: homicídio de testemunha para conseguir a impunidade de outro crime;

c) Conexão probatória ou instrumental (art. 76, III, CPP): ocorre quando a prova de uma infração influi na prova de outra. Ex.: a prova da existência do furto influi na prova da receptação.

10.6.2. Continência

Ocorre quando uma causa está contida na outra, sendo impossível separá-las. Explicando melhor, a continência pode ser compreendida como o vínculo que liga uma pluralidade de infratores a apenas uma infração ou a reunião em decorrência do concurso formal de crimes, em que várias infrações decorrem de uma conduta. **A continência classifica-se em:**

a) Continência por cumulação subjetiva (art. 77, I, CPP): ocorre quando duas ou mais pessoas estão sendo acusadas da mesma infração. Ex.: dois agentes sendo acusados de um roubo a banco;

b) Continência por cumulação objetiva (art. 77, II, CPP): ocorre em todas as modalidades de concurso formal (art. 70, CP), incluindo a *aberratio ictus* **(art. 73, 2ª parte, CP) e** *aberratio criminis* **(art. 74, CP). Ex: motorista dirigindo imprudentemente termina atropelando vários transeuntes.**

10.6.3. Foro prevalente

Caracterizada a conexão ou a continência, impõe-se a definição de qual o foro competente, ou seja, aquele perante o qual haverá a reunião de processos.

As regras de prevalência estão estabelecidas no art. 78, CPP. São elas:

a) Concurso entre crime doloso contra a vida e crime de competência da jurisdição comum ou especializada (art. 78, I)

Quando houver ligação entre crime doloso contra a vida e crime de competência da justiça comum a atração ocorrerá em favor do Tribunal do Júri. Em caso de IMPO,[84] prevalecerá a competência do Júri, mas deverá ser aberta a oportunidade da transação penal e a composição civil ao indivíduo (art. 60, *in fine,* Lei 9.099/1995).

Concorrendo crime doloso contra a vida e crime com processamento na justiça especializada (Eleitoral, Militar) impõe-se a separação dos processos. Ex.: homicídio e crime eleitoral. Haverá separação de processos. O Júri julgará o homicídio e a JE o crime eleitoral;

b) No concurso de jurisdições da mesma categoria (art. 78, II)

I – Preponderará a do lugar da infração à qual for cominada a pena mais grave.

Ex.: roubo consumado em São Paulo conexo com receptação cometida em Ribeirão Preto. Atração do foro de São Paulo, pois o roubo tem a pena em abstrato mais grave;

II – Prevalecerá a do lugar em que houver ocorrido o maior número de infrações se as respectivas penas forem de igual gravidade.

Ex.: furto em Belo Horizonte conexo com duas receptações em Governador Valadares. Competência do juízo de Governador Valadares, pois as infrações, isoladamente, possuem a mesma pena em abstrato (1 a 4 anos), mas o número de infrações foi maior em Governador Valadares;

III – Firmar-se-á a competência pela prevenção, nos outros casos.

---

84. Infração de menor potencial ofensivo – art. 61, Lei 9.099/1995.

Ex.: infrações de igual gravidade e quantidade;

c) No concurso de jurisdições de diversas categorias, predominará a de maior graduação (art. 78, III)

Quando acontecer de haver conexão ou continência entre delitos a serem processados em graus distintos, prevalecerá, em regra, a competência daquele de maior graduação. Ex.: Prefeito que comete crime em concurso com pessoa comum. Em regra, ambos serão julgados pelo Tribunal de Justiça em razão da continência por cumulação subjetiva (Súmula 704, STF).

Atenção: O plenário do STF firmou entendimento no sentido de que "o desmembramento de inquéritos ou de ações penais de competência do STF deve ser regra geral, admitida exceção nos casos em que os fatos relevantes estejam de tal forma relacionados que o julgamento em separado possa causar prejuízo relevante à prestação jurisdicional". (STF, Rcl 24138 AgR, 2ª Turma, *DJ* 14.09.2016 e Inq 3515 AgR/SP, Info. 735)

d) No concurso entre a jurisdição comum e a especial, prevalecerá esta (art. 78, IV)

Ex.: quando um crime eleitoral é conexo a crime comum haverá reunião dos processos e a competência para decidir a causa será da Justiça Eleitoral.

Atenção: a competência da Justiça Federal (justiça comum no âmbito da jurisdição penal) exerce o papel de justiça especial quando confrontada com a justiça comum estadual (competência residual). Sendo assim, havendo conexão entre um crime com ação penal perante a justiça estadual e outro na federal, esta última atrairá a competência para o julgamento dos processos (Súmula 122, STJ). Ex.: crime praticado a bordo de aeronave (JF) conexo com crime de competência da justiça estadual. Neste caso, a JF será competente para processar e julgar ambas as infrações. Exerce a JF, conforme dito, o papel de justiça especial diante da justiça estadual.

10.6.4. Separação de processos

Ainda que haja conexão ou continência, é possível que os processos tramitem separadamente.

a) Separação obrigatória (art. 79, CPP)

Impõe-se a separação dos processos nos seguintes casos:

a1) Concurso entre jurisdição comum e militar: por exemplo, crime de roubo conexo com crime militar. Haverá separação – *vide* Súmula 90, STJ;

a2) Concurso entre jurisdição comum e juízo de menores (art. 228, CF, c/c art. 104, Lei 8.069/1990 – ECA): não é possível reunir processos em que respondam um adulto, por infração penal, e um adolescente, por ato infracional. Haverá cisão;

a3) Doença mental superveniente: podemos citar como exemplo a situação em que três réus estão sendo processados e um deles passa a sofrer de insanidade mental. Haverá o desmembramento dos processos e o processo ficará suspenso quanto ao réu insano;

b) Separação facultativa (art. 80, CPP)

Poderá ocorrer nas seguintes hipóteses:

b1) quando as infrações forem praticadas em circunstância de tempo e lugar diferentes: a depender do caso, pode ser conveniente a separação dos processos para uma melhor colheita probatória;

b2) quando houver número excessivo de acusados: o grande número de acusados pode acarretar sério prejuízo à duração do processo, pois deve ser dada a oportunidade às oitivas de todas as testemunhas, à apresentação de provas por todos eles, bem como às suas defesas técnicas e interrogatórios. Assim, o juiz, à luz do caso concreto, poderá proceder à separação dos processos;

b3) quando surgir qualquer outro motivo relevante: a lei aqui não é específica, deixando, portanto, ao prudente arbítrio do juiz a decisão a respeito da separação de processos. De todo o modo, essa decisão deverá ser fundamentada.

10.7. Conflito de competência

Acontece quando dois ou mais juízes ou tribunais consideram-se competentes ou incompetentes para processar e julgar a causa.

Nesse sentido, duas são as possibilidades que veremos a seguir.

10.7.1. Conflito positivo (art. 114, I, primeira parte, CPP)

Ocorre quando dois ou mais órgãos jurisdicionais entendem ser competentes para processar e julgar a causa.

10.7.2. Conflito negativo (art. 114, I, segunda parte, CPP)

Quando dois ou mais órgãos jurisdicionais julgam-se incompetentes para apreciar a causa.

10.7.3. Competência para decidir o conflito

Mais uma vez servimo-nos da CF, onde estão localizadas as competências para dirimir os conflitos nas diversas esferas.

Por opção didática, apresentamos abaixo as hipóteses por tribunal:

a) STF (art. 102, I, "o") – possui competência para decidir os conflitos entre:

I – STJ e quaisquer tribunais. Ex: STJ x TRF;

II – Tribunais superiores. Ex: STJ x TSE;

III – Tribunais superiores e qualquer outro tribunal. Ex: TSE x TJ;

b) STJ (105, I, "d") – decide conflitos entre:

I – Quaisquer tribunais, exceto os superiores. Ex: TRF x TJ;

II – Tribunal e juízes não vinculados. Ex: TRF 1ª Região x juiz federal do TRF 5ª Região;

III – juízes vinculados a tribunais distintos. Ex: juiz federal x juiz estadual;

c) TRF (art. 108, I, "e") – decide conflitos entre juízes federais vinculados ao próprio tribunal;

d) TJ – pelo critério da simetria, compete-lhe julgar conflito de competência entre juízes estaduais a ele vinculados, abrangendo os magistrados da vara comum, dos juizados criminais, das turmas recursais etc. Ver os seguintes julgados a respeito:

STF, RE 590409/RJ, *DJe* 29.10.2009; STJ EDcl no AgRg no CC 105796/RJ, *DJ* 30.09.2010.

10.8. Colegiado em primeiro grau de jurisdição (Lei 12.694/2012)

10.8.1. Compreendendo o tema

Quando um juiz singular tiver fundado motivo para temer por sua **integridade física** em virtude da atuação que vem desempenhando em **processo ou investigação** que examine crime(s) praticado(s) por **organização criminosa**, pode aquele magistrado instaurar um colegiado de juízes em primeiro grau a fim de praticar atos jurisdicionais de forma conjunta. A medida (instituição de colegiado em 1º grau) visa, portanto, retirar do juiz singular a responsabilidade exclusiva (despersonalização) por atos jurisdicionais que venha a praticar no curso de perseguição penal de crime(s) praticado(s) por organização criminosa.

Vejamos, a seguir, alguns pontos fundamentais sobre o tema.

a) Definição de organização criminosa

A Lei 12.694/2012 conceituou organização criminosa pela primeira vez em nosso ordenamento. Sucede que foi publicada a Lei 12.850/2013, que regula integralmente a definição e aspectos penais e processuais inerentes às organizações criminosas, revogando o dispositivo anterior. Nesse sentido, o art. 1º, § 1º, Lei 12.850/2013 conceitua organização criminosa como "a associação de 4 (quatro) ou mais pessoas estruturalmente ordenada e caracterizada pela divisão de tarefas, ainda que informalmente, com objetivo de obter, direta ou indiretamente, vantagem de qualquer natureza, mediante a prática de infrações penais cujas penas máximas sejam superiores a 4 (quatro) anos, ou que sejam de caráter transnacional".

b) Iniciativa

Conforme visto antes, a iniciativa para a formação do colegiado em 1º grau de jurisdição será do juiz singular, devendo este indicar "os motivos e as circunstâncias que acarretam risco à sua integridade física em decisão fundamentada, da qual será dado conhecimento ao órgão correicional" (art. 1º, § 1º, Lei 12.694/2012).

c) Condições

Existência de processo criminal ou mesmo de investigação a respeito de crime (excluídas as contravenções) imputado à organização criminosa.

Crimes com pena máxima superior a 4 anos. Aqui deverão ser levadas em conta as normas que resultem em redução ou majoração da pena, **excetuadas** as circunstâncias agravantes e as atenuantes.

Existência de razões concretas que apontem para risco à incolumidade física do magistrado. O mero receio não será suficiente para a aplicação da medida.

d) Momento

Poderá o colegiado ser formado na fase de investigação (tendo aqui natureza preparatória), ou na fase processual, quando assumirá natureza incidental.

e) Indicação do ato (ou atos) a ser praticado

O juiz singular indicará qual ato (ou atos) que deverá ser praticado pelo colegiado. Embora a lei determine que o juiz deva indicar o ato (ou atos) a ser praticado, não há limite de atos aqui, podendo, portanto, o magistrado indicar quantos atos entender necessários.

O rol, de natureza exemplificativa, está indicado no art. 1º, I a VII, da Lei 12.694/2012.

I – decretação de prisão ou de medidas assecuratórias;

II – concessão de liberdade provisória ou revogação de prisão;

III – sentença;

IV – progressão ou regressão de regime de cumprimento de pena;

V – concessão de liberdade condicional;

VI – transferência de preso para estabelecimento prisional de segurança máxima; e

VII – inclusão do preso no regime disciplinar diferenciado.

f) Composição

O colegiado será formado por 3 (três) juízes de primeiro grau. Um deles necessariamente será o juiz natural da causa, aquele que decidiu pela instituição do colegiado. Os demais serão definidos por sorteio eletrônico dentre todos os juízes de primeiro grau com competência criminal. Caso os juízes sorteados se encontrem em cidades diversas, "a reunião poderá ser feita pela via eletrônica" – art. 1º, § 5º, da Lei 12.694/2012. Estão excluídos da composição do colegiado os magistrados afastados das suas funções, os impedidos e os suspeitos.

g) Comunicação

Após a decisão pela formação do órgão colegiado, o juiz deverá comunicar diretamente à corregedoria do tribunal ao qual estiver vinculado para a adoção das providências necessárias ao sorteio, bem como para fins de registro e controle administrativo.

h) Prazo

A sua duração dependerá da decisão que o instituiu, pois a competência do colegiado está limitada ao(s) ato(s) para o(s) qual(is) foi convocado. Havendo convocação para todo o processo, a sua atuação se dará até o exaurimento de todos os atos jurisdicionais de primeiro grau. Caso seja fracionada, a sua duração estará adstrita à prática do ato.

i) Decisões

As decisões deverão ser fundamentadas e assinadas por todos os membros do colegiado, **sem exceção**. As decisões serão tomadas com base na maioria dos votos, mas não haverá menção à divergência. O objetivo da medida é preservar os juízes com a desconcentração da responsabilidade pela atuação jurisdicional.

j) Sigilo das reuniões

"As reuniões poderão ser sigilosas sempre que houver risco de que a publicidade resulte em prejuízo à eficácia da decisão judicial" – art. 1º, § 4º, da Lei 12.694/2012.

Note-se que, para que seja justificado o sigilo, será necessário demonstrar que a publicidade pode concretamente afetar a eficácia da decisão judicial. Por esse motivo é que devem ser observados alguns requisitos, cumulativos, para a decretação do sigilo, a saber:

I – Decisão fundamentada com indicação da extensão da medida;

II – Indicação do risco de ineficácia da medida, condicionando o seu êxito ao sigilo prévio;

III – Acesso irrestrito do defensor público ou do advogado aos autos, inclusive aos documentos e atas produzidos durante os atos sigilosos.

10.8.2. Críticas

Há severas críticas ao instituto do colegiado em primeiro grau, notadamente em relação a dois aspectos: violação ao princípio do juiz natural; vedação à menção do voto divergente.

Em relação à violação do juiz natural, é possível sustentar a inconstitucionalidade do dispositivo porque a formação do colegiado se dá em momento posterior à prática do fato. Nessa linha de entendimento, estaríamos diante de órgão assemelhado a um tribunal/juiz de exceção.

Por outro lado, podemos defender a interpretação conforme a Constituição a partir da estrita obediência a regramentos claros e prévios ao fato delituoso, quais sejam: permanência do juiz natural como membro do colegiado; decisão motivada em risco concreto à integridade física do juiz natural; e o sorteio eletrônico de dois juízes de primeiro grau com competência criminal. O STF já se manifestou em sentido parecido na ADI 4414, Info 667 (organização criminosa e vara especializada).

No que tange à vedação de menção a voto divergente, vislumbra-se 3 (três) possibilidades.

A primeira linha de argumentação parte da inconstitucionalidade plena do dispositivo em razão da ausência de publicidade dos fundamentos do voto divergente (art. 93, IX, CF). Importante dizer também que, com base nos fundamentos do voto divergente, o recurso da parte poderia ser melhor estruturado nos casos de condenação. Restaria, em última análise, certa restrição ao direito de recorrer.

O segundo aspecto diz respeito a um temperamento da crítica acima. Seria preservada a identidade do juiz que divergiu, mas o conteúdo do seu voto deveria ser publicizado pelas razões já expostas.

Por fim, uma terceira via segue o entendimento de que não se impõe a divulgação de voto divergente na sentença porque "a divulgação do voto divergente retiraria a eficácia do objetivo da lei que é a de diluir a responsabilidade, atribuindo-a conjuntamente a três membros. (...) o conhecimento do voto divergente não ampliaria para o acusado o seu direito de recorrer, pois não cabem contra as decisões do juízo de primeiro grau embargos de divergência ou de nulidade." (TÁVORA; ALENCAR. 2013. p. 275).

11. QUESTÕES E PROCESSOS INCIDENTES

11.1. Compreendendo o tema

Por vezes, surgem incidentes no curso do processo penal que, embora acessórios, afiguram-se relevantes para o des-

linde da causa, devendo ser resolvidos antes da sentença final. Tais incidentes são classificados pelo CPP como: **questões prejudiciais** e **processos incidentes**

11.2. Questões prejudiciais (arts. 92 a 94, CPP)

11.2.1. Conceito

São as questões relacionadas ao direito material, penal ou extrapenal, mas que possuem ligação com o mérito da causa penal, motivo pelo qual se impõe a sua solução antes do julgamento do processo criminal. Ex.: Fulano está sendo processado pelo crime de bigamia e alega em sua defesa, entre outros aspectos, a invalidade do 1º casamento.

Da situação anteriormente indicada, identificamos como questão prejudicial a nulidade do 1º casamento, que tem natureza cível (extrapenal), e como questão prejudicada, ou seja, a que está condicionada à solução da prejudicial, o crime de bigamia. Se o casamento for nulo, não há que se falar em bigamia.

11.2.2. Classificação das questões prejudiciais

a) Quanto à matéria acerca da qual versam

a1) Homogêneas: *quando a questão prejudicial versa sobre matéria do mesmo ramo do Direito da questão principal.* Ex.: furto em relação à receptação, pois esta última pressupõe a procedência criminosa do bem;

a2) Heterogêneas: *quando pertencem a outro ramo do Direito que não o da questão principal.* Ex.: validade do casamento (cível) em relação ao crime de bigamia (penal).

Por sua vez, questões prejudiciais heterogêneas *quanto à necessidade do juiz penal suspender ou não o curso do processo criminal*, subdividem-se em:

I – **Heterogêneas obrigatórias (necessárias ou devolutivas absolutas)**: o processo criminal será obrigatoriamente suspenso pelo juiz penal até que a questão prejudicial seja resolvida pelo juiz cível. Ocorre quando há questão prejudicial sobre o estado civil das pessoas (art. 92, CPP). Ex.: validade do 1º casamento (estado civil) e bigamia.

Atenção: nessa hipótese, não há prazo determinado para a suspensão (provas urgentes poderão ser produzidas, no entanto); sendo que o prazo prescricional ficará suspenso, por força do disposto no art. 116, I, CP;

II – **Heterogêneas facultativas (devolutivas relativas)**: essa espécie está consubstanciada no art. 93, CPP. Nesse caso, embora haja uma questão prejudicial a ser resolvida no cível, o juiz penal não está obrigado a suspender o curso do processo criminal. Caso não o suspenda, o próprio juiz, na sentença, decidirá a prejudicial, que não terá efeito *erga omnes*. Ex.: crime de furto e discussão da propriedade do bem no juízo cível.

Atenção: a questão prejudicial não pode versar sobre o estado das pessoas, pois, se for este o caso, haverá suspensão obrigatória (art. 92, CPP). Para que seja possível a suspensão, é preciso que já haja ação cível em andamento (conforme redação do referido dispositivo).

11.2.3. Considerações sobre o procedimento

Como já visto, seja a questão prejudicial obrigatória ou facultativa, a suspensão do processo criminal poderá ser determinada de ofício pelo juiz ou via requerimento das partes, nos termos do art. 94, CPP, que preconiza: "a suspensão do curso da ação penal, nos casos dos artigos anteriores, será decretada pelo juiz, de ofício ou a requerimento das partes".

Dessa decisão que determina a suspensão do processo criminal cabe recurso em sentido estrito (RESE), cuja previsão consta do art. 581, XVI, CPP. No sentido contrário, ou seja, da decisão que indefere a suspensão, não há previsão de recurso.

É importante dizer, ainda, que uma vez suspenso o processo, e tratando-se de crime de ação penal pública, incumbirá ao Ministério Público promover a ação civil, na função de legitimado extraordinário (art. 92, parágrafo único, CPP, c/c art. 6º, CPC), ou atuar como fiscal da Lei (*custos* legis) para o fim de promover-lhe o rápido andamento, na forma prescrita pelo art. 93, § 3º, CPP c/c art. 178, NCPC.

> **Reflexos do NCPC:**
>
> O novo diploma legal mantém a intervenção do MP nas ações cíveis (arts. 178 e 179), mas amplia a sua esfera de atuação, que atualmente é de fiscal da lei, e passa a ser o de fiscal da ordem jurídica.
>
> Por fim, insta salientar que o prazo prescricional ficará suspenso enquanto a questão prejudicial não for resolvida (art. 116, I, CP).

11.2.4. Distinção entre questões prejudiciais e questões preliminares

Nesse momento, após vislumbrarmos os aspectos inerentes às questões prejudiciais, compete elucidar os traços diferenciais entre estas e as questões preliminares.

Pudemos compreender que as questões prejudiciais estão intimamente relacionadas ao mérito da causa e por tal razão devem ter a sua solução anterior à decisão definitiva.

Já as questões preliminares incidem diretamente sobre o processo e o seu desenvolvimento regular (NUCCI, 2008, p. 322). Não se confundem ou relacionam, portanto, com o mérito. Tal solução pode se dar nos autos da própria ação penal, como ocorre, por exemplo, com a alegação de nulidade formulada nos memoriais/alegações finais orais, ou por meio de processos incidentes, como veremos a seguir, de forma mais detalhada.

11.3. Processos incidentes

Assim como as questões prejudiciais, os processos incidentes também precisam ser resolvidos pelo juiz antes de decidir a causa principal. Enquanto as prejudiciais ligam-se ao mérito da questão principal, os processos incidentes dizem respeito ao processo (à sua regularidade formal), podendo ser solucionados pelo próprio juiz criminal.

11.3.1. Exceções (art. 95, CPP)

Trata-se de meio de defesa indireta, de natureza processual, que versa sobre a ausência das condições da ação ou dos pressupostos processuais. Subdividem-se em **exceções peremptórias**, *aquelas que objetivam a extinção do processo* (ex.: exceção de coisa julgada); e **exceções dilatórias,** *aquelas que objetivam apenas prolongar o curso do processo* (ex.: exceção de incompetência).

As exceções são processadas em apartado e, em regra, não suspendem o curso da ação penal (art. 111, CPP). Examinemos as modalidades de exceções:

a) Exceção de suspeição (arts. 96 a 107, CPP): visa a combater a parcialidade do juiz. Precede às outras exceções, pois, antes de qualquer coisa, é preciso haver um juiz imparcial.

a1) Hipóteses de suspeição do magistrado (art. 254, CPP): considera-se suspeito o juiz quando:

I – for amigo íntimo ou inimigo capital de qualquer das partes;

II – ele, seu cônjuge, ascendente ou descendente, estiver respondendo a processo por fato análogo, sobre cujo caráter criminoso haja controvérsia;

III – ele, seu cônjuge, ou parente, consanguíneo, ou afim, até o terceiro grau, inclusive, sustentar demanda ou responder a processo que tenha de ser julgado por qualquer das partes;

IV – tiver aconselhado qualquer das partes;

V – for credor ou devedor, tutor ou curador, de qualquer das partes;

V – se for sócio, acionista ou administrador de sociedade interessada no processo.

> **Reflexos do Novo Código de Processo Civil**
>
> Art. 145. Suspeição – Para Alencar e Távora (2015, p. 482-483), como o rol das hipóteses de suspeição previstas no CPP é exemplificativo, a única alteração relevante é a necessidade de fundamentação da declaração de suspeição por motivo de foro íntimo.

a2) Aspectos procedimentais da exceção de suspeição

O juiz poderá reconhecer a sua suspeição, de ofício, ou mediante requerimento das partes. Caso o magistrado a reconheça de ofício, remeterá os autos ao seu substituto legal, após intimação das partes.

Se apresentada por meio de exceção, o juiz, reconhecendo a suspeição, sustará a marcha do processo e mandará juntar aos autos a petição do recusante com os documentos que a instruíram, e, por despacho, declarar-se-á suspeito, ordenando a remessa dos autos ao substituto (*vide* arts. 97 e 99, CPP).

Não reconhecendo o juiz a suspeição, mandará autuar em apartado a petição, irá respondê-la em até 3 dias e remeterá os autos, em 24h, ao órgão competente para julgamento da exceção (art. 100, CPP).

Se o tribunal julgar procedente a suspeição, serão declarados nulos todos os atos praticados pelo juiz (art. 101, CPP).

Além da suspeição do magistrado, as partes poderão também arguir a suspeição do membro do MP, do perito, do intérprete, dos demais funcionários da Justiça e dos jurados (arts. 105 e 106, CPP). Nesse sentido, ver STF, AS 89/DF, DJ 13.09.2017 e Info. nº 877, de 11 a 15 de setembro de 2017.

Recorde-se que não se pode opor suspeição às autoridades policiais nos atos do inquérito, embora estas devam declarar-se suspeitas quando houver motivo legal.

No que tange ao membro do MP, rememore-se que, de acordo com a Súmula 234, STJ: "a participação de membro do Ministério Público na fase investigatória criminal não acarreta o seu impedimento ou suspeição para o oferecimento da denúncia".

Da decisão que reconhecer a suspeição inexiste recurso. Nesse caso, a doutrina entende que os meios de impugnação cabíveis são o *habeas corpus ou o mandado de segurança;*

b) Exceção de incompetência (arts. 108 e 109, CPP): visa a corrigir a competência do juiz.

Com relação a essa modalidade de exceção, é preciso que as partes estejam atentas à natureza da competência, se absoluta ou relativa, pois, em se tratando desta última (relativa), caso não reconhecida de ofício pelo juiz[85] ou arguida oportunamente pela parte interessada, poderá ocorrer a preclusão. Assim, quando se tratar de incompetência territorial, cuja natureza é relativa, a exceção deve ser oposta no prazo de resposta à acusação, sob pena de convalidação.

Tratando-se de incompetência em razão da matéria, por prerrogativa de função ou funcional, todas de natureza absoluta, poderão ser arguidas a qualquer tempo, inclusive reconhecidas de ofício pelo juiz. Assim, não precisam ser arguidas por meio da exceção em comento.

Caso se trate de exceção de incompetência *relativa*, julgada procedente a exceção, serão anulados os atos decisórios, aproveitando-se os instrutórios.

Caso se trate de exceção de incompetência *absoluta*, julgada procedente a exceção, serão anulados todos os atos (decisórios e instrutórios). O processo será, pois, anulado *ab initio*.

Da decisão que acolhe essa exceção, cabe RESE (art. 581, II, CPP);

c) Exceção de ilegitimidade de parte (art. 110, CPP)

Abrange tanto a ilegitimidade *ad causam,* que é a titularidade para figurar nos polos ativo e passivo da causa, como a ilegitimidade *ad processum,* que é a capacidade para a prática de atos processuais.

Exemplo de ilegitimidade *ad causam*: MP que oferece denúncia em crime de ação privada. Como se sabe, a titularidade aqui é do ofendido e não do MP.

Exemplo de ilegitimidade *ad processum*: vítima menor que, desejando ingressar com queixa-crime, outorga procuração a advogado para o cumprimento dessa finalidade. A vítima menor não possui legitimidade *ad processum* porque lhe falta capacidade para a prática de atos processuais.

Por se tratar de matéria de ordem pública, a ilegitimidade de parte (*ad causam* ou *ad processum*) pode ser arguida a qualquer momento, pelas partes, ou reconhecida, de ofício, pelo juiz.

Da decisão que acolhe essa exceção, cabe RESE (art. 581, III, CPP).

d) Exceção de litispendência (art. 110, CPP)

Ocorre quando há duas ou mais ações em andamento com a mesma causa de pedir (fato-crime) e o mesmo réu.

Sendo matéria de ordem pública, pode ser arguida a qualquer tempo pelas partes ou reconhecida de ofício, pelo juiz.

Da decisão que acolhe essa exceção, cabe RESE (art. 581, III, CPP);

e) Exceção de coisa julgada (*exceptio rei judicatae* – art. 110, CPP)

Ocorre quando, proposta uma ação penal, já existir outra ação idêntica definitivamente julgada. Decorre da premissa de que ninguém pode ser julgado duas vezes pelo mesmo fato-crime.

Não confundir a exceção de coisa julgada com a exceção de litispendência. Nesta última, as ações idênticas *encontram-se em curso*. Naquela outra, uma das ações idênticas já foi julgada em definitivo.

Destaque-se que o manejo da exceção de coisa julgada refere-se à coisa julgada material (aquela que impede que qualquer outro juízo ou tribunal examine a causa já decidida) e não à coisa julgada formal (aquela que impede que o juízo da causa reexamine a decisão). É que, como cediço, neste último caso (CJ formal), o efeito de imutabilidade ocorre apenas dentro do próprio processo, sendo que, preenchidos os requisitos faltantes, será sim possível a repropositura da ação. Ex.: decisão de impronúncia. Preenchidos os requisitos e desde que não prescrito o crime, será possível apresentar novamente a ação penal.

Da decisão que acolhe essa exceção, cabe RESE (art. 581, III, CPP).

11.3.2. *Restituição de coisas apreendidas (arts. 118 a 124, CPP)*

Em regra, os objetos apreendidos em decorrência do crime praticado, não sendo ilícitos e não havendo dúvidas quanto àquele que os reclama, serão devolvidos à pessoa pelo delegado ou pelo juiz, por meio de simples pedido de restituição.

Porém, se tais objetos importarem ao processo, não poderão ser restituídos até o trânsito em julgado da sentença (art. 118, CPP). Ex.: o veículo furtado no qual foi encontrada a vítima do homicídio não poderá ser devolvido ao legítimo proprietário enquanto não for periciado.

Há coisas, entretanto, que, mesmo com o trânsito em julgado, não serão restituídas (art. 91, II, CP). Ex.: o instrumento cujo uso é proibido. A arma pertencente ao exército – de uso proibido pelo civil – empregada na prática do crime não retornará ao réu, ainda que ele seja absolvido. A exceção desse confisco se dá em relação ao direito do lesado ou do terceiro de boa-fé, ou seja, se, na mesma situação, a arma proibida pertencia a um colecionador, essa será restituída a ele.

Com efeito, o *incidente de restituição* deverá ser instaurado toda vez que houver dúvida a respeito do direito do reclamante sobre a coisa.

---

85. Há autores que entendem ser possível o reconhecimento *ex officio* da incompetência relativa, desde que o magistrado o faça até a fase de instrução ou do julgamento antecipado do mérito (respectivamente, OLIVEIRA, 2014, p. 302; e TÁVORA, 2016, p. 428).

a) Aspectos procedimentais do incidente de restituição de coisas apreendidas

A instauração do incidente será feita pelo juiz, de ofício, ou por meio de provocação do delegado ou do interessado, nos seguintes casos:

I – Dúvida quanto ao direito do reclamante sobre a coisa (art. 120, § 1º, CPP);

II – Quando os bens reclamados tiverem sido apreendidos com terceiro de boa-fé (art. 120, § 2º, CPP). Ex.: vítima do bem furtado e terceiro de boa-fé que estava investido na posse do bem no momento da apreensão. Nesse caso, o reclamante e o terceiro de boa-fé serão chamados para fazer prova do seu direito. Persistindo a dúvida sobre qual o verdadeiro dono do bem, o juiz remeterá as partes para o juízo cível, ordenando o depósito;

b) Recurso

Conforme o art. 593, II, CPP, cabe apelação da decisão que defere ou indefere a restituição de coisas apreendidas. Esse entendimento decorre da natureza da decisão que resolve o incidente. Como será visto no item sobre decisões judiciais, o ato judicial que soluciona o processo incidente tem natureza de decisão definitiva ou com força de definitiva. Nesse sentido, ver STJ: Info. 0522, período de 17.12.2014, 6ª Turma e RMS 33274/SP, *DJe* 04.04.2011.

11.3.3. Medidas assecuratórias (arts. 125 a 144-A, CPP)

São aquelas que visam a assegurar, de forma preventiva, a reparação dos danos à vítima e à coletividade em caso de futura sentença penal condenatória. Possuem, portanto, natureza acautelatória. Dividem-se em: sequestro, hipoteca legal, arresto e alienação antecipada.

a) Sequestro: conforme Nucci (2006, p. 324): *é medida assecuratória consistente em reter os bens imóveis e móveis do indiciado ou acusado, ainda que em poder de terceiros, quando adquiridos com o proveito da infração penal.* Ex.: imóvel adquirido pelo réu com valor proveniente do desvio de verba pública.

Examinemos abaixo algumas de suas características mais marcantes:

a1) Requisito para a realização do sequestro: indícios veementes da proveniência ilícita dos bens – art. 126;

a2) Momento: o sequestro poderá ser realizado no curso do processo, da investigação criminal (IP, por exemplo), ou até antes da fase investigativa – art. 127;

a3) Quem determina? O juiz, de ofício, ou a pedido do MP, do delegado, do ofendido ou de seus herdeiros – art. 127. Acrescente-se que o sequestro é medida deferida *inaudita altera pars*, *i. e.*, a constrição do bem se dá independentemente de oitiva da pessoa cujo bem será atingido;

a4) Peça defensiva: realizado o sequestro, admitem-se embargos (peça defensiva) opostos por terceiro (ex.: pessoa que adquiriu o imóvel de boa-fé) ou pelo próprio réu (ex.: o bem foi, na verdade, adquirido de forma lícita) – arts. 129 e 130;

a5) Levantamento do sequestro: significa *a perda da eficácia da medida* (do sequestro). Vejamos as hipóteses. Ocorrerá o levantamento quando (art. 131):

I – a ação penal não for intentada no prazo de 60 dias, contado da data da conclusão da diligência;

II – terceiro, a quem tiverem sido transferidos os bens, prestar caução;

III – ocorrer a absolvição definitiva do réu ou a extinção da punibilidade deste (também definitiva);

IV – os embargos (vistos anteriormente) forem julgados procedentes;

a6) Destinação final do bem em caso de sentença condenatória definitiva: avaliação do bem e a venda deste em leilão público. Os valores decorrentes desse leilão serão recolhidos ao Tesouro Nacional, excetuada a parte correspondente ao ofendido ou ao terceiro de boa-fé;

b) Hipoteca legal (art. 134, CPP): *recai sobre os bens imóveis de origem lícita do réu.* Visa a assegurar que o réu tenha patrimônio suficiente para ressarcir os danos experimentados pela vítima.

Examinemos abaixo algumas de suas **características mais marcantes:**

b1) Requisitos para a efetivação da hipoteca legal: certeza da infração (leia-se: prova da materialidade do fato imputado) e indícios suficientes de autoria – art. 134;

b2) Momento: sua decretação só é cabível durante o curso do processo, apesar da redação do art. 134, CPP, utilizar a expressão "indiciado" em seu bojo. A redação deste dispositivo é considerada equivocada pela majoritária doutrina;

b3) Quem pode requerê-la? Ofendido, seus herdeiros, ou o MP (quando o ofendido for pobre ou quando houver interesse da Fazenda Pública – sonegação fiscal, por exemplo) – *vide* arts. 134 e 142, CPP. Não pode o juiz decretá-la de ofício;

b4) Da decisão que defere ou indefere hipoteca legal, cabe apelação – art. 593, II, CPP;

b5) Em caso de absolvição definitiva ou de extinção da punibilidade definitiva, a hipoteca será cancelada – art. 141, CPP;

b6) Em caso de condenação definitiva, a vítima poderá executar no cível a hipoteca;

c) Arresto prévio ou preventivo (art. 136, CPP)

c1) Entendendo o tema: o processo de especialização de bens em hipoteca legal (tema visto anteriormente) é um procedimento demorado. Pois bem, "percebendo qualquer dos legitimados para a hipoteca que há possibilidade premente de o réu desfazer-se de seu patrimônio [transferência de bens a 3º, p. ex.], poderá promover, perante o juízo criminal em que tramita o processo penal contra o acusado, o pedido de **arresto preventivo**, demonstrando ao magistrado o *periculum in mora*" (AVENA, 2010, p. 439) (Incluiu-se).

Presentes os pressupostos legais dessa medida cautelar, poderá o juiz penal, de plano, determinar o arresto preventivo dos bens do réu, "medida esta que, inscrita no registro imobiliário, torna insuscetíveis de alienação os bens que constituem o seu objeto" (*op. cit.*, 2010, p. 439);

c2) Revogação do arresto preventivo: se, em 15 dias a partir da efetivação do arresto preventivo, não for promovido o processo de hipoteca legal dos bens constritos, haverá a revogação da medida (art. 136, parte final, CPP);

d) Arresto (arts. 137 a 144, CPP): *é uma medida semelhante à hipoteca legal, recaindo, porém, sobre bens móveis lícitos do agente.* Esta medida não deve ser confundida com o arresto preventivo (visto anteriormente). Podem ser objeto de arresto apenas os bens passíveis de penhora. O rol desses bens é residual, ou seja, parte-se da exclusão dos bens impenhoráveis, contidos no art. 833, NCPC, e na Lei 8.009/1990. Excluídos os bens impenhoráveis ali enumerados, todos os demais estão sujeitos ao arresto.

Maiores considerações sobre o arresto do art. 137, CPP, são dispensadas, pois, no que diz respeito ao momento processual de requerimento, aos requisitos, à legitimidade para requerer, ao recurso cabível e ao seu levantamento, aplicam-se as mesmas disposições inerentes à hipoteca legal.

e) Alienação antecipada (art. 144-A, CPP): trata-se de medida destinada à preservação do valor de bens, móveis ou imóveis, que estejam sujeitos a depreciação ou deterioração, ou que tenham dificuldade de manutenção. Eis o procedimento a ser adotado nas hipóteses indicadas:

e1) os bens deverão ser vendidos pelo valor fixado na avaliação judicial ou por valor maior. Não alcançado o valor estipulado pela administração judicial, será realizado novo leilão, em até 10 (dez) dias contados da realização do primeiro, podendo os bens ser alienados por valor não inferior a 80% (oitenta por cento) do estipulado na avaliação judicial;

e2) o produto da alienação ficará depositado em conta vinculada ao juízo até a decisão final do processo, procedendo-se à sua conversão em renda para a União, Estado ou Distrito Federal, no caso de condenação, ou, no caso de absolvição, à sua devolução ao acusado;

e3) quando a indisponibilidade recair sobre dinheiro, inclusive moeda estrangeira, títulos, valores mobiliários ou cheques emitidos como ordem de pagamento, o juízo determinará a conversão do numerário apreendido em moeda nacional corrente e o depósito das correspondentes quantias em conta judicial;

e4) no caso da alienação de veículos, embarcações ou aeronaves, o juiz ordenará à autoridade de trânsito ou ao equivalente órgão de registro e controle a expedição de certificado de registro e licenciamento em favor do arrematante, ficando este livre do pagamento de multas, encargos e tributos anteriores, sem prejuízo de execução fiscal em relação ao antigo proprietário;

e5) o valor dos títulos da dívida pública, das ações das sociedades e dos títulos de crédito negociáveis em bolsa será o da cotação oficial do dia, provada por certidão ou publicação no órgão oficial.

11.3.4. *Incidente de falsidade documental (arts. 145 a 148, CPP)*

Visa a impugnar documento tido como inidôneo. A noção de documento, para efeito do incidente aqui tratado, é bastante ampla. Dessa forma, a gravação de áudio, vídeo etc. é considerada como documento para fins desse incidente.

a) Momento de instauração desse incidente: somente no curso do processo;

b) Quem pode instaurá-lo? Juiz (de ofício ou a pedido do MP, querelante ou acusado). O advogado, neste caso,

precisará de procuração com poderes especiais para essa finalidade, visto que a imputação de falsidade de documento acostado aos autos importa, em regra, atribuição de prática delituosa (*vide* art. 146). Assim, o advogado para atuar numa hipótese dessas precisa estar "blindado" pela procuração por poderes especiais. Havendo crime de denunciação caluniosa pelo requerente, será este que responderá pelo crime e não o advogado;

c) Recurso: da decisão que julgar o incidente procedente ou improcedente, cabe RESE (art. 581, XVIII, CPP);

d) A decisão sobre o incidente não faz coisa julgada em posterior processo civil ou criminal –art. 148, CPP. Não haverá vinculação, portanto, de posterior processo civil ou criminal sobre o fato.

11.3.5. *Incidente de insanidade mental (arts. 149 a 154, CPP)*

Trata-se de incidente que visa a averiguar a higidez mental do réu/indiciado.

a) Momento: qualquer fase do processo ou do inquérito. Se realizado no curso do processo, provocará a suspensão deste. Porém, poderão ser realizadas diligências que possam ser prejudicadas pelo sobrestamento. Ex.: o depoimento de uma testemunha com enfermidade grave (risco de óbito). Anote-se, ainda, que, mesmo suspenso o processo, o prazo prescricional não se suspenderá;

b) Quem pode instaurá-lo? O juiz (de ofício, ou a requerimento do MP, do delegado, do curador[86], do defensor ou do CCADI do acusado);

c) Requisito fundamental: deve haver dúvida razoável sobre a sanidade mental do acusado/indiciado;

d) Necessidade de nomeação de curador uma vez instaurado o incidente;

e) Perícia: no âmbito da perícia de insanidade mental, será fundamental determinar se o réu era, ao tempo do crime, de fato, inimputável (art. 26, CP). Constatada a inimputabilidade, o processo seguirá com a presença do curador, podendo, inclusive, resultar na absolvição imprópria do acusado (aquela que absolve o réu, porém, aplica-lhe medida de segurança).

Por outro lado, se os peritos entenderem que a inimputabilidade se deu depois da prática da infração, o processo continuará suspenso até que o acusado se restabeleça – art. 149, § 2º, CPP. É o que se chama de inimputabilidade superveniente;

f) Prazo: O laudo pericial possui prazo de 45 dias para ser concluído. O prazo poderá ser mais elástico caso o perito demonstre a necessidade de maior tempo para a conclusão do laudo (art. 150, § 1º, CPP);

g) Vinculação do magistrado: no momento da sentença, não ficará o juiz vinculado à conclusão da perícia (art. 182, CPP);

h) Doença mental no curso da execução penal: aplica-se a substituição prevista no art. 183, LEP, *in verbis: "quando, no curso da execução da pena privativa de liberdade, sobrevier doença mental ou perturbação da saúde mental, o Juiz, de ofício,*

---

86.   Curador é qualquer pessoa maior de 18 anos que esteja na plenitude de suas faculdades mentais.

a requerimento do Ministério Público, da Defensoria Pública ou da autoridade administrativa, poderá determinar a substituição da pena por medida de segurança[87]".

Por fim, cumpre dizer que não há recurso contra a decisão que instaura ou indefere o incidente de insanidade. Em hipótese de indeferimento absurdo, reconhece a doutrina a possibilidade de impetrar HC ou mesmo de ingressar com correição parcial.

Atenção: STJ, RHC 38499/SP, Info. 537 – "É ilegal a manutenção da prisão de acusado que vem a receber medida de segurança de internação ao final do processo, ainda que se alegue ausência de vagas em estabelecimentos hospitalares adequados à realização do tratamento". Ver ainda STJ, HC 300.976/SP, 6ª Turma, *DJ* 16.03.2015.

Ademais, segundo julgado do STF o "incidente de insanidade mental é prova pericial constituída em favor da defesa. Logo, não é possível determiná-lo compulsoriamente na hipótese em que a defesa se oponha à sua realização." (STF, HC 133078/RJ, *DJe* 22.09.2016 e Informativo nº 838, de 5 a 9 de setembro de 2016).

12. PROVA

12.1. Teoria geral da prova

12.1.1. Conceito

A palavra "prova" possui diversos significados, mas trabalharemos com apenas uma dessas acepções, segundo a qual prova é *todo elemento pelo qual se procura demonstrar a veracidade de uma alegação ou de um fato, buscando, com isso, influenciar o convencimento do julgador.*

12.1.2. Cuidado para não confundir

Objetivo da prova, objeto *da* prova e objeto *de* prova. Vejamos.

a) objetivo (finalidade) da prova: a prova visa a convencer (influenciar) o juiz a respeito de determinado fato/argumento;

b) objeto *da* prova: são os fatos, principais ou secundários, que, por serem capazes de gerar dúvida no magistrado, precisam ser demonstrados (provados). Ex.: se o MP imputa a Fulano um homicídio, este fato será objeto *da* prova, *i. e.*, sendo necessária a demonstração (prova) da autoria e da materialidade pela acusação;

c) objeto *de* prova diz respeito ao que é e ao que não é necessário ser demonstrado. Explica-se melhor. Certos fatos não precisam ser provados, não sendo, portanto, objeto *de* prova. Vejamos quais são eles:

I – **fatos notórios:** não precisa ser demonstrado ao juiz que, por exemplo, no dia 25 de dezembro se comemora o Natal;

II – **fatos axiomáticos:** são os considerados evidentes. Ex.: não será preciso fazer exame interno no cadáver quando o falecimento tiver decorrido de decapitação. É que a decapitação é causa (fato axiomático) evidente da morte da pessoa. *Vide* art. 162, CPP;

III – **presunções absolutas:** não precisa ser demonstrado ao juiz que, por exemplo, o menor de 18 é inimputável, pois se trata de presunção legal absoluta (critério biopsicológico adotado pelo legislador);

IV – **fatos inúteis:** não tendo qualquer relevância para o processo, os fatos inúteis também não serão objeto *de* prova. Ex.: a religião da vítima, não tendo qualquer relação com o fato criminoso, não será objeto *de* prova, visto ser considerado fato inútil.

Observação em relação aos fatos incontroversos: fatos incontroversos são aqueles que não foram refutados pelas partes. Ex.: o MP imputa um furto a Fulano e este confessa inteiramente a prática deste crime (fato incontroverso). Porém, note-se que, no Processo Penal, o fato incontroverso também poderá ser posto em xeque pelo magistrado, que pode não admiti-lo como verdadeiro. O juiz, nessa situação, conforme aponta certo setor da doutrina, pode inclusive produzir prova de ofício, na tentativa de desvelar o que, de fato, ocorreu (art. 156, CPP). Assim, nesse particular, o Processo Penal distancia-se do Processo Civil, que, em termos de fatos incontroversos, dispensa, em regra, a necessidade de demonstração (*vide* art. 374, III, NCPC).

12.1.3. Sistemas de apreciação da prova pelo juiz

Dentre outros, a doutrina costuma apontar os seguintes sistemas de apreciação da prova pelo juiz:

a) Sistema da prova legal ou tarifada (certeza moral do legislador): nesse sistema, a lei estipula o valor de cada prova, estabelecendo inclusive hierarquias, engessando o julgador. Resquício deste sistema entre nós: parágrafo único do art. 155, CPP (o estado das pessoas deve ser provado de acordo com a lei civil. Assim, a filiação não pode ser provada por meio de prova testemunhal). Nesse sistema, era comum a confissão do réu ser considerada a "rainha das provas" (prova máxima da autoria);

b) Sistema da convicção íntima (ou certeza moral do julgador): o julgador decide com base na sua íntima convicção, sendo desnecessária a fundamentação. Vigora entre nós apenas em relação aos jurados no Tribunal Júri. Recorde-se que, no Júri, os 7 jurados (pessoas escolhidas do povo) decidem a sorte do acusado por meio de cédulas ("sim" e "não"), sem a necessidade de emitir qualquer tipo de fundamentação a respeito de sua decisão;

c) Sistema do livre convencimento motivado (ou persuasão racional do juiz): o juiz é livre para julgar. Porém, deve fazê-lo de forma fundamentada – art. 93, IX, CF. É a regra que vigora entre nós. A fundamentação das decisões judiciais é de capital importância, pois permite um *controle da racionalidade* da decisão do juiz pelas partes e pela própria sociedade (LOPES JR., 2010).

Observações: por força do princípio constitucional do contraditório, a apreciação das provas pelo magistrado deve, em regra, recair sobre os elementos produzidos em contraditório judicial (ao longo da instrução criminal). Impossível, portanto, uma condenação amparada exclusivamente em elementos obtidos na fase de investigação preliminar (inquérito policial). Isto porque tais elementos (chamados de "atos de

---

87. Ver STJ, RHC 38499/SP, Info. 537 e HC 130.162/SP, 6ª Turma, *DJ* 15.08.2012.

investigação") não foram submetidos ao contraditório, ampla defesa etc. Assim, uma condenação prolatada nesses moldes afrontaria todos esses princípios constitucionais, padecendo, portanto, de nulidade absoluta.

Porém, cabem exceções aqui (ou seja, situações em que o juiz poderá sim pautar uma sentença condenatória em elementos colhidos no âmbito da investigação preliminar). São as chamadas provas cautelares, não repetíveis e antecipadas. Dois exemplos marcantes:

Ex.1: no curso do IP, caso uma testemunha esteja em estado grave de saúde, pode o juiz determinar a produção antecipada de prova (art. 225, CPP), permitindo às "partes"[88] o contraditório antecipado. Nesta situação, o testemunho colhido poderá ser normalmente valorado pelo juiz no momento da sentença, embora a prova tenha sido produzida em sede de IP.

Ex.2: em caso de crime de lesão corporal, deve-se realizar imediatamente o exame de corpo de delito, sob pena dos vestígios do crime desaparecem. Esta prova submete-se ao chamado contraditório diferido (retardado), *i. e.*, apesar de produzida na fase de IP, quando integra o processo, submete-se ao contraditório (diferido) das partes. Também nesta situação a prova poderá ser normalmente valorada pelo juiz na sentença.

Sobre tudo o que dissemos aqui, é oportuno o leitor consultar o art. 155, CPP.

12.1.4. Princípios da prova

a) Princípio da autorresponsabilidade das partes: diz respeito à conduta probatória das partes, que será determinante para o seu êxito ou fracasso ao final do processo. As partes devem suportar os efeitos da sua atividade ou da inatividade probatória;

b) Princípio da audiência contraditória: remete à dialeticidade do processo, à obrigatoriedade da produção da prova sob a égide do contraditório;

c) Princípio da aquisição ou da comunhão da prova: a prova, uma vez produzida, pertence ao processo e não à parte que a produziu. Desse modo, o depoimento da testemunha arrolada pela acusação poderá ser aproveitado pela defesa e vice-versa. Igualmente, se uma das partes resolver desistir de uma prova (ex: depoimento de testemunha arrolada em comum), a outra deverá ser ouvida para saber se tem interesse na dispensa ou na sua oitiva;

d) Princípio da oralidade: consiste na predominância da colheita probatória através da palavra falada. Ex: interrogatório; depoimentos das testemunhas; inquirição de peritos etc.;

e) Princípio da publicidade: os atos, em regra, devem ser públicos. Contudo, há diversas exceções, que serão analisadas pelo juiz, caso a caso, nos termos do art. 792, § 2º, CPP.

12.1.5. Ônus da prova (art. 156, CPP)

Aquele que alega algo tem o ônus de provar o que alegou. Desde logo, rememore-se que, em Processo Penal, o tema "ônus da prova" está intimamente ligado ao princípio do estado de inocência (já estudado anteriormente). É que o referido princípio faz recair sobre a acusação o ônus de provar a culpa *lato sensu* do acusado. Trata-se, inclusive, de comando presente no CPP (*vide* art. 156, primeira parte). Desse modo, não cabe ao réu demonstrar a sua inocência (até porque, para além do estado de inocência, goza do direito de permanecer calado – art. 5º, LXIII, CF), mas sim à acusação comprovar a culpa daquele. Caso a acusação não se desincumba desse ônus, *i. e.*, não logre êxito em provar cabalmente a culpa do réu, deverá ser aplicada a regra pragmática de julgamento do *in dubio pro reo*, absolvendo-se, por conseguinte, o acusado.

Ainda sobre o assunto, note o leitor que *prevalece* na comunidade jurídica o entendimento de que o ônus da prova se *reparte* entre a acusação e a defesa. À primeira (à acusação) incumbe provar a existência do fato e sua respectiva autoria, a tipicidade da conduta, o elemento subjetivo da infração (dolo ou culpa), bem como eventuais agravantes, causas de aumento e/ou qualificadoras alegadas. A defesa, por sua vez, tem o ônus de provar eventuais alegações que faça sobre excludentes de tipicidade, ilicitude e/ou culpabilidade, circunstâncias atenuantes e causas de diminuição da pena.

Por outro lado, embora o ônus da prova incumba primordialmente às partes, permite o CPP que o juiz produza provas de ofício (algo que é considerado, por vários autores, como ofensivo ao sistema acusatório pretendido pelo constituinte). Em todo o caso, conforme o art. 156, CPP, é facultado ao juiz:

I – ordenar, mesmo antes de iniciada a ação penal, a produção antecipada de provas consideradas urgentes e relevantes, observando a necessidade, adequação e proporcionalidade da medida;

II – determinar, no curso da instrução, ou antes de proferir sentença, a realização de diligências para dirimir dúvida sobre ponto relevante.

Para certo setor da doutrina, a produção probatória judicial deve ser cautelosa e supletiva, sob pena de ofensa ao sistema acusatório (transformando-se o juiz em órgão acusador).

12.1.6. Meios de prova e vedação à prova ilícita

Meio de prova é *tudo aquilo que "possa servir, direta ou indiretamente, à comprovação da verdade que se procura no processo: testemunha, documento, perícia" etc.* (TOURINHO FILHO, 2010, p. 555).

Os meios de prova não têm caráter taxativo no Processo Penal. Vale dizer, as partes poderão se valer não apenas daqueles meios de prova expressamente previstos no CPP (prova testemunhal, documental, perícias etc.), mas de todos os outros ao seu alcance (denominadas *provas inominadas*), desde que não sejam ilícitos.

Apesar de as partes possuírem amplo direito à prova (direito de tentar, por meio de provas, influenciar o convencimento julgador), este direito *não é*, logicamente, ilimitado, sendo vedada a utilização de prova ilícita (ex.: confissão mediante tortura). Diz a CF: *são inadmissíveis, no processo,*

---

88. Usamos "partes" entre aspas porque, tecnicamente, não há partes ainda, já que estamos em fase de IP.

as provas obtidas por meios ilícitos (art. 5º, LVI).

É importante dizer que a doutrina construiu classificação considerando que **provas vedadas, proibidas ou inadmissíveis** *são aquelas cuja produção viole a lei ou os princípios inerentes ao direito material ou processual.*[89]

Com base no conceito acima, são estabelecidas como suas **espécies**: a) **prova ilícita**, que, conforme a atual definição do art. 157, *caput*, CPP, *é aquela obtida "em violação a normas constitucionais ou legais", ou seja, aquela que "viola regra de direito material, seja constitucional ou legal, no momento da sua obtenção"*[90] (ex: confissão obtida sob tortura); e b) **prova ilegítima**, violadora de normas e princípios de direito processual (ex: art. 157, § 1º, CPP).

Destaque-se que a classificação decorre da doutrina, pois a CF e a lei não fazem qualquer distinção, optando unicamente pela denominação "provas ilícitas".

Reconhecida a ilicitude da prova, deverá ser ela desentranhada dos autos por meio de decisão judicial. Preclusa esta decisão, a prova deverá então ser inutilizada, também por meio de decisão judicial (*vide* § 3º do art. 157, CPP).

Ainda de acordo com o art. 157, § 1º, CPP, são igualmente consideradas ilícitas as provas que derivem da ilícita (chamadas de *ilícitas por derivação*)[91]. Trata-se da adoção da teoria norte-americana *fruits of the poisonous tree* (frutos da árvore envenenada). Ex.: após obter uma confissão mediante tortura (prova ilícita), agentes policiais descobrem o local onde certa quantidade de droga estava escondida e a apreendem observando a lei (prova, em tese, lícita, que, por derivação, acaba se tornando igualmente ilícita).

Note bem que a descoberta do local onde a droga foi encontrada decorreu **diretamente** da confissão obtida ilicitamente. Daí surge a derivação.

No sentido oposto, há teorias destinadas a afastar a ilicitude das provas. Algumas são autônomas e outras buscam mitigar a teoria dos frutos da árvore envenenada.

As que optamos por denominar autônomas são aquelas fundadas na inexistência do nexo de causalidade entre a prova ilícita e a outra prova. Tal exceção nos parece óbvia, pois se inexiste nexo causal não há que se falar em derivação. São absolutamente independentes.

A origem das teorias está no direito estadunidense e algumas delas foram incorporadas de forma explícita ou implícita pelos §§ 1º e 2º, art. 157, CPP.

Analisaremos as duas que são notoriamente acolhidas a seguir.

a) Teoria da fonte independente (*independent source doctrine*)

Segundo teor do § 2º, art. 157, CPP, entende-se por fonte independente *"aquela que por si só, seguindo os trâmites típicos e de praxe, próprios da investigação ou instrução criminal, seria capaz de conduzir ao fato objeto da prova".*

Com a devida vênia, o conceito nacional não corresponde à sua origem norte-americana (*Bynum v. U.S.*, 1960). Ao contrário, o dispositivo legal utiliza a definição da teoria da descoberta inevitável.

Considera-se fonte independente aquela que não possui ligação causal e cronológica com a prova ilícita já produzida. Em decorrência disso, estará livre de qualquer vício e será aproveitada no processo. A independência reside, pois, na ausência do nexo causal entre as duas provas por e, em regra, dos momentos distintos em que foram colhidas.

Ex.: no crime de roubo, a busca e apreensão do bem subtraído, sem autorização judicial (ilícita e, portanto, inadmissível), não tem o condão de macular os depoimentos de testemunhas que presenciaram o roubo e que foram colhidos **antes ou simultaneamente** à apreensão. Logo, a materialidade e autoria da infração penal podem ser demonstradas mesmo com a desconsideração da busca e apreensão;

b) Teoria da descoberta inevitável (*inevitable discovery exception*)

Aproveita-se a prova derivada da ilícita se esta seria obtida de qualquer maneira, por meio de diligências válidas na investigação, afastando-se o vício. A contaminação foi afastada porque as diligências conduziriam, inevitavelmente, à sua descoberta. A sua vinculação à prova ilícita foi meramente circunstancial.

Ex.: um indivíduo que cometeu homicídio e ocultou o corpo confessa o crime e o local onde deixou o cadáver, mas a confissão foi obtida ilegalmente. Porém, uma busca no local estava em andamento ou estava no planejamento da investigação e foi/seria suficiente para descobrir o corpo, ainda que não houvesse a confissão. A prova, portanto, deve ser admitida.

Atenção: É preciso deixar claro que o local onde está o corpo deve ser plausível para uma operação de busca ou varredura, ou seja, em local sujeito às diligências de praxe. A análise da inevitabilidade da descoberta será feita pelo magistrado à luz do caso concreto, num juízo de proporcionalidade marcado pela ponderação entre os bens jurídicos envolvidos. Ver STF, HC 91867/PA, *DJe* 20.09.2012 e STJ, Info. 0447, 6ª Turma, período de 13 a 17.09.2010 e HC 152.092/RJ, 5ª Turma, *DJ* 28.06.2010.

Finalmente, é preciso dizer que a comunidade jurídica tem amplamente aceito a prova ilícita quando utilizada em *prol do réu*. É que aqui se entende que o *status libertatis* do indivíduo deve suplantar a vedação à prova ilícita.

---

89. A 5ª Turma do STJ decidiu que "Sem consentimento do réu ou prévia autorização judicial, é ilícita a prova, colhida de forma coercitiva pela polícia, de conversa travada pelo investigado com terceira pessoa em telefone celular, por meio do recurso "viva-voz", que conduziu ao flagrante do crime de tráfico ilícito de entorpecentes". (STJ, HC 1630097/RJ, DJe 28/04/2017 e Informativo 603). Já o STF, no julgamento do HC 129678/SP, DJe 18.08.2017, entendeu que " A prova obtida mediante interceptação telefônica, quando referente a infração penal diversa da investigada, deve ser considerada lícita se presentes os requisitos constitucionais e legais". Isto é, caso haja autorização judicial para interceptação telefônica do réu para apurar a suposta prática de tráfico de drogas, e no bojo das gravações se descubra que o acusado foi autor de crime diverso, a prova obtida à respeito do novo crime descoberto será lícita (Informativo 869. STF, do período de 12 a 16 de junho de 2017).

90. GOMES, Luiz Flávio. *Lei 11.690/2008 e provas ilícitas: conceito e inadmissibilidade.* Disponível em: [http://www.lfg.com.br]. Acesso em: 12.11.2014.

91. Ver: STF, ARE 939172/RJ. DJe 10.04.2017

Reflexos do Novo Código de Processo Civil

Cooperação jurídica internacional para a produção de prova (arts. 26 a 41) – É fato que a cooperação internacional já acontece, tendo como base legal tratados plurilaterais e bilaterais. Por meio destes, os Estados signatários comprometem-se a facilitar os trâmites da persecução penal além das fronteiras nacionais.

A relevância do NCPC é introduzir na legislação infraconstitucional matéria que foi recepcionada pelo nosso ordenamento jurídico e que já vinha sendo aplicada no Brasil. Há, nesse sentido, uma regulação ampla da atividade de cooperação, com as hipóteses de cabimento, os limites e procedimentos que serão adotados pelo sistema de justiça brasileiro.

Prova emprestada – Os Tribunais Superiores admitem a utilização de prova emprestada no Processo Penal, desde que sejam observados o contraditório e a ampla defesa, ou seja, as partes precisam ter a oportunidade de analisar, manifestar, impugnar e/ou contestar a sua utilização ou o seu conteúdo (STJ HC 155149/RJ, Info. 432; e STF HC 114074/SC, *DJe* 27.05.2013).

O NCPC, em seu art. 372 vem positivar tal possibilidade, que pode ser aplicável subsidiariamente ao processo penal.

12.2. Provas em espécie

Passaremos, agora, a examinar as provas em espécie previstas no CPP, a começar pelo exame de corpo de delito.

12.2.1. Exame de corpo de delito e das perícias em geral. Noções introdutórias

Primeiro, anote-se que, segundo Pacelli (2015, p. 426-427), a **prova pericial** é "uma prova técnica, na medida em que pretende certificar a existência de fatos cuja certeza, segundo a lei, somente seria possível a partir de conhecimentos específicos".

Ademais, vale notar que o **exame de corpo de delito** não se confunde com o **corpo de delito**. Enquanto este último significa o *conjunto de elementos sensíveis (rastros) deixados pelo fato criminoso*, aquele (o exame de corpo de delito) é a perícia realizada por especialista no corpo de delito (ou seja, é o exame realizado no conjunto de elementos sensíveis deixados pela prática da infração penal). Ademais, note-se que tal exame (de corpo de delito) só será realizado nos delitos *facti permanentis* (aqueles que deixam resultados perceptíveis) e não nos *facti transeuntis* (que não deixam resultados perceptíveis).

Segundo ponto: não se deve confundir o exame de corpo de delito com as demais perícias. A falta do exame de corpo de delito gera a nulidade do processo. A falta das demais perícias influencia apenas no convencimento do julgador (podendo tornar o conjunto probatório dos autos mais frágil). Isto é assim porque o exame de corpo de delito refere-se à constatação dos vestígios resultantes da conduta do núcleo do tipo penal. Ex.: num homicídio, o exame de corpo de delito (a necropsia) relaciona-se diretamente com os vestígios resultantes da conduta do núcleo do tipo penal

(matar alguém – art. 121, CP). Por outro lado, as demais perícias não pertencem ao corpo do delito (vestígios resultantes da conduta do núcleo do tipo penal), tendo apenas o papel de influenciar no convencimento do julgador. Ex.: imagine-se um exame de DNA realizado em determinado indivíduo, visando a estabelecer a autoria do crime. A perícia, neste caso, recai sobre o convencimento do magistrado a respeito da responsabilidade pela prática da infração, não estando relacionada com o núcleo do tipo penal.

a) Conceito de exame de corpo de delito: é a *perícia realizada por especialista nos elementos sensíveis do crime, podendo ser realizada em qualquer dia/hora (art. 161, CPP);*

b) Base legal: art. 158 e ss., CPP;

c) Obrigatoriedade: a lei prevê a obrigatoriedade do exame de corpo de delito nos casos de crimes que deixam vestígios (delitos *facti permanentis* – aqueles que deixam resultados perceptíveis). Inclusive, a eventual falta do referido exame não poderá ser suprida pela confissão do acusado. Veja:

> **"Art. 158.** Quando a infração deixar vestígios, será indispensável o exame de corpo de delito, direto ou indireto, não podendo supri-lo a confissão do acusado."

Ademais, não sendo realizado o exame (direto ou indireto), o processo será considerado nulo (art. 564, III, *b*, CPP);

d) Observações: I) no âmbito do JECRIM,[92] o exame de corpo de delito pode ser substituído por boletim médico ou prova equivalente (art. 77, § 1º, Lei 9.099/1995); **II)** no âmbito da Lei de Drogas, para que a autoridade possa lavrar o APF,[93] é preciso realizar um laudo (chamado de laudo de constatação ou provisório) que ateste a natureza e a quantidade da droga apreendida (art. 50, § 1º, Lei 11.343/2006). Este laudo será firmado por perito oficial ou, na falta deste, por pessoa idônea. No curso do processo, porém, deverá ser realizado um laudo definitivo sobre a natureza e a quantidade da droga apreendida (§ 2º);[94] **III)** na hipótese de crime contra a propriedade imaterial, estabelece o art. 525, CPP, que, no caso de haver o crime deixado vestígio, a queixa ou a denúncia não será recebida se não for instruída com o exame pericial dos objetos que constituam o corpo de delito; **IV)** conforme certo setor da doutrina, o exame de corpo de delito é o único caso em que o delegado de polícia não poderá negar à vítima a realização da diligência (*vide* arts. 14 e 184, CPP).

e) Modalidades do exame de corpo de delito (exame direto ou indireto):

Em regra, o exame de corpo de delito deve se dar de forma direta, ou seja, deve ser realizado diretamente sobre o corpo de delito (sobre os elementos sensíveis deixados pela prática do crime).

Porém, excepcionalmente, quando não for possível realizar o exame direto (em razão dos vestígios da infração terem desaparecido, por exemplo), será possível a realização do exame de corpo de delito de modo indireto (pautado em

---

92. Juizado Especial Criminal – Lei 9.099/1995.

93. Auto de prisão em flagrante.

94. Conforme STF, RHC 110429, *DJ* 06.03.2012, Inf. 657: "a juntada do laudo definitivo após sentença – não ocasiona a nulidade da sentença se demonstrada a materialidade delitiva por outros meios probatórios".

outras provas idôneas – testemunhal, documental etc.) – STF, HC 114567, *DJe* 07.11.2012, Info 684 e HC 152.092/RJ, 5ª Turma, *DJ* 28.06.2010. Ex.: imagine-se que o corpo da vítima de homicídio tenha sido ardilosamente retirado da cena do crime pelo autor da infração. Neste caso, permite a lei que o perito, baseando-se no depoimento de testemunhas, por exemplo, realize o exame de corpo de delito indireto, como forma de atestar a materialidade (existência) do crime (STJ, AgRg no REsp 1556961/RS, 5ª Turma, *DJ* 22.02.2016 e HC 170.507, *DJe* 05.03.2012, Inf. 491). Segue dispositivo sobre o tema:

> **"Art. 167.** Não sendo possível o exame de corpo de delito [**direto**], por haverem desaparecido os vestígios, a prova testemunhal poderá suprir-lhe a falta." (Incluímos).

Comentário: conforme visto, não só a prova testemunhal pode suprir o exame direto, mas outras igualmente idôneas, como a documental, por exemplo;

f) Quem realiza o exame de corpo de delito? O exame de corpo de delito e outras perícias serão realizados por **perito oficial, portador de diploma de curso superior** – art. 159, CPP.

E mais: nos termos do § 1º do art. 159, CPP, na falta de perito oficial, o exame será realizado por 2 pessoas idôneas, portadoras de diploma de curso superior preferencialmente na área específica do exame[95].

Tratando-se de perícia complexa que abranja mais de uma área de conhecimento especializado, poder-se-á designar a atuação de mais de um perito oficial, e a parte indicar mais de um assistente técnico (art. 159, § 7º, CPP).

Na Lei de Drogas, em seu art. 50, §§ 1º e 2º, é permitida a elaboração do laudo preliminar ou de constatação por apenas um perito, oficial ou não, sendo que ele não ficará impedido de participar da elaboração do laudo definitivo.

g) Formulação de quesitos e indicação de assistente técnico:

Segundo dispõe o § 3º do art. 159 do CPP, durante o curso da persecução penal, faculta-se ao MP, ao assistente de acusação, à vítima, ao querelante e ao acusado a formulação de quesitos e a indicação de assistente técnico.

A formulação de quesitos tem como destinatário o perito oficial (ou, na falta deste, as duas pessoas portadoras de diploma de curso superior) e visa a acentuar o contraditório em torno dos exames periciais. São perguntas que podem ser elaboradas pelas pessoas indicadas (MP, acusado etc.) ao perito, buscando tornar mais clara a perícia realizada.

Por outro lado, o assistente técnico trata-se de especialista contratado por uma das pessoas indicadas (MP, acusado, vítima etc.), tendo a função de emitir parecer crítico sobre o exame elaborado pelo perito oficial. Atua a partir de sua admissão pelo juiz e após a conclusão do exame e da elaboração de laudo pelo perito oficial (§ 4º).

Consoante dispõe o § 6º do art. 159, "havendo requerimento das partes, o material probatório que serviu de base

à perícia será disponibilizado no ambiente do órgão oficial, que manterá sempre sua guarda, e na presença de perito oficial, para exame pelos assistentes, salvo se for impossível a sua conservação".

Ademais, durante a persecução penal, quanto à perícia, é permitido às partes (§ 5º):

I – requerer a oitiva dos peritos para esclarecerem a prova ou para responderem a quesitos, desde que o mandado de intimação e os quesitos ou questões a serem esclarecidas sejam encaminhados com antecedência mínima de 10 dias, podendo apresentar as respostas em laudo complementar;

II – indicar assistentes técnicos que poderão apresentar pareceres em prazo a ser fixado pelo juiz ou ser inquiridos em audiência;

h) Valor de prova do exame de corpo de delito e das perícias em geral:

Tal qual as demais provas, o exame de corpo de delito e as perícias em geral possuem valor probatório relativo. Não vinculam o juiz. Confira-se:

> **"Art. 182.** O juiz não ficará adstrito ao laudo, podendo aceitá-lo ou rejeitá-lo, no todo ou em parte."

12.2.2. Interrogatório do acusado (art. 185 e ss., CPP)

a) Conceito: ato em que o acusado poderá, se quiser, apresentar sua versão dos fatos (exercer a sua autodefesa) perante a autoridade, vigendo plenamente neste momento o direito ao silêncio.

Nota: há quem utilize a palavra "interrogatório" para também designar o ato de oitiva (ouvida) do indiciado pelo delegado de polícia no curso do IP. Fala-se então em interrogatório policial (realizado na fase policial) e interrogatório judicial (em juízo). Neste tópico, examinaremos apenas o judicial (o policial já foi examinado quando tratamos do IP);

b) Natureza: tem prevalecido na doutrina de que se trata de um meio de prova e de defesa. Com Nucci (2006), podemos colocar a questão da seguinte maneira: o interrogatório é, fundamentalmente, um meio de defesa, visto que a CF confere ao réu o direito ao silêncio. Porém, se o réu quiser falar, aquilo que disser, poderá sim ser um meio de prova;

c) Momento: enquanto não houver trânsito em julgado, será possível realizar o interrogatório (bem como repeti-lo) de ofício ou a pedido fundamentado de qualquer das partes (art. 196, CPP). Não pode esse ato ser suprimido arbitrariamente pelo juiz (sob pena de violação à ampla defesa e consequente nulidade do processo);

d) Procedimento do interrogatório:

Primeiro, registre-se que a **presença** do defensor (constituído, dativo ou público) do acusado no ato do interrogatório é **indispensável**, gerando nulidade a sua eventual ausência. A figura do defensor é incontornável nesse momento, pois proporciona a efetivação da ampla defesa do acusado.

É igualmente imprescindível assegurar ao réu o **direito de entrevista prévia** com o seu defensor (*i. e.*, antes de iniciar o interrogatório), possibilitando, assim, que ambos tracem a melhor estratégia defensiva (art. 185, § 5º, CPP).

Ainda, o acusado deve ser alertado do seu **direito constitucional de permanecer calado** (inciso LXIII do art. 5º, CF).

---

95. Ver STF, Súmula 361: "No Processo Penal, é nulo o exame realizado por um só perito, considerando-se impedido o que tiver funcionado, anteriormente, na diligência de apreensão". Note o leitor que o teor da Súmula enseja nulidade relativa e é aplicável aos peritos **não oficiais**.

Assim, antes de iniciar o interrogatório, deve o juiz advertir o acusado a respeito desse direito (conferir o art. 186, CPP).[96]

Nota: em sede de "interrogatório" policial (oitiva do indiciado), predomina o entendimento de que a presença do defensor (bem como o direito de entrevista prévia entre este e o indiciado) é **dispensável**. Assim, não necessita o delegado aguardar a chegada do defensor do indiciado para iniciar a ouvida ("interrogatório") deste. Por outro lado, o direito ao silêncio tem aplicação total na oitiva do indiciado. Deve, portanto, a autoridade policial alertá-lo a respeito desse seu direito.

A seguir, vejamos como se dá o interrogatório do réu solto e do réu preso[97];

e) Interrogatório do réu que se encontra em liberdade: nessa situação, o interrogatório será realizado em juízo, ou seja, o réu deverá comparecer perante a autoridade judicial para ser interrogado;

f) Interrogatório do réu que se encontra preso (art. 185, CPP): aqui é preciso ter atenção.

I – Encontrando-se preso o acusado, o interrogatório, em regra, deverá ser realizado no próprio estabelecimento prisional em que estiver o acusado, em sala própria, desde que estejam garantidas a segurança do magistrado, do MP e dos auxiliares, bem como a presença do defensor e a publicidade do ato (§ 1º);

II – Não sendo possível a realização no próprio estabelecimento prisional, o interrogatório será então realizado por videoconferência (§ 2º), i. e., o juiz permanecerá no fórum e o acusado no presídio, empregando-se os meios tecnológicos necessários para assegurar a realização em tempo real do ato e a fidedignidade da imagem e som transmitidos. Esmiuçaremos mais abaixo essa modalidade de interrogatório;

III – Não sendo possível o interrogatório por meio de videoconferência, o preso será então conduzido a juízo (ao fórum) – com escolta policial (§ 7º);

g) Requisitos para a realização do interrogatório por meio de videoconferência

g1) Impossibilidade de o interrogatório ser realizado no presídio;

g2) Necessidade de decisão fundamentada do juiz, de ofício ou a requerimento das partes;

g3) Necessidade de atender a uma das seguintes finalidades:

I – prevenir risco à segurança pública, quando exista fundada suspeita de que o preso integre organização criminosa ou de que, por outra razão, possa fugir durante o deslocamento;

II – viabilizar a participação do réu no referido ato processual, quando haja relevante dificuldade para seu comparecimento em juízo, por enfermidade ou outra circunstância pessoal;

III – impedir a influência do réu no ânimo de testemunha ou da vítima, desde que não seja possível colher o depoimento destas por videoconferência, nos termos do art. 217, CPP;

IV – responder a gravíssima questão de ordem pública.

E mais:

g4) Da decisão que determinar a realização de interrogatório por videoconferência, as partes deverão ser intimadas com 10 (dez) dias de antecedência em relação à sua data de realização;

g5) No interrogatório realizado por videoconferência, o direito de prévia entrevista do réu com o seu defensor será também garantido por meio de acesso a canais telefônicos reservados para comunicação entre o defensor que esteja no presídio e o advogado presente na sala de audiência do Fórum, e entre este e o preso;

g6) A sala reservada no estabelecimento prisional para a realização de atos processuais por sistema de videoconferência será fiscalizada pelos corregedores e pelo juiz de cada causa, como também pelo Ministério Público e pela Ordem dos Advogados do Brasil;

h) Conteúdo do interrogatório

O interrogatório está dividido em duas partes (arts. 186 e 187, CPP):

h1) Interrogatório de qualificação do réu (perguntas sobre a pessoa do acusado): nessa primeira parte do interrogatório, o réu será perguntado sobre a sua residência, meios de vida ou profissão, oportunidades sociais, lugar onde exerce a sua atividade, vida pregressa, notadamente se foi preso ou processado alguma vez e, em caso afirmativo, qual o juízo do processo, se houve suspensão condicional ou condenação, qual a pena imposta, se a cumpriu e outros dados familiares e sociais (art. 187, § 1º).

Para muitos autores, o direito ao silêncio não abrange essa parte do interrogatório (NUCCI, 2006, por exemplo).

Atenção: O STJ sumulou entendimento de que a atribuição de falsa identidade perante autoridade policial é típica, ainda que feita em situação de autodefesa (Súmula 522);

h2) Interrogatório de mérito (perguntas sobre os fatos imputados ao acusado – art. 187, § 2º): nesta parte do interrogatório, o réu será perguntado sobre a acusação que recai sobre si. É comum o juiz iniciar essa etapa formulando a seguinte indagação ao réu: *é verdadeira a imputação que recai sobre si?*

O direito ao silêncio vige plenamente nessa parte do interrogatório. Inclusive, o juiz deverá informá-lo (o direito ao silêncio) ao réu, antes de iniciar o interrogatório de mérito (*vide* art. 186, CPP).

Atenção: segundo a melhor doutrina, o disposto no art. 198, CPP, que diz: "o silêncio do acusado não importará confissão, mas poderá constituir elemento para a formação do convencimento do juiz", não foi recepcionado pela CF por não se alinhar com direito ao silêncio e também está em manifesta contradição com a redação do parágrafo único do

---

96. O STJ, HC 244.977, *DJ* 25.09.2012, Inf. 505, considerou ilícita a gravação de conversa informal entre policiais e o conduzido quando da lavratura do auto de prisão em flagrante, por não ter havido a prévia comunicação do direito de permanecer em silêncio.

97. STF HC 121953/MG, Info. 750: O rito previsto no art. 400 do CPP – com a redação conferida pela Lei 11.719/2008 – não se aplica à Lei de Drogas, de modo que o interrogatório do réu processado com base na Lei 11.343/2006 deve observar o procedimento nela descrito (arts. 54 a 59).

art. 186. Vale dizer, sendo o silêncio um direito, não pode haver interpretação jurídica negativa por parte do juiz dessa conduta do réu;

i) Questões finais:

I – **contraditório no momento interrogatório:** diz o art. 188, CPP: "após proceder ao interrogatório, o juiz indagará das partes se restou algum fato para ser esclarecido, formulando as perguntas correspondentes se o entender pertinente e relevante". Incide o contraditório no ato do interrogatório (podem as partes, após as perguntas do juiz, formularem as suas próprias ao acusado).

Essas perguntas[98] das partes devem ser feitas de acordo com o chamado sistema presidencialista, ou seja, as partes devem direcioná-las ao juiz e esse, por sua vez, as fará ao acusado.

No júri, porém, as perguntas das partes poderão ser efetuadas diretamente ao réu (chamado de sistema *cross examination* ou *direct examination*), sem a necessidade, portanto, de passar pela figura do juiz (*vide* art. 474, § 1º, CPP);

II – **interrogatório de mais de um acusado:** art. 191, CPP. Havendo mais de um acusado, serão interrogados separadamente.

12.2.3. Confissão

A confissão não é a "rainha das provas" no Processo Penal brasileiro. Tem valor relativo. Para que possa levar à condenação do réu, é preciso que esteja em harmonia com as demais provas do processo (art. 197, CPP).

Ademais, a confissão não tem força para substituir a obrigatoriedade do exame de corpo de delito nos crimes que deixam vestígios (*vide* art. 158, CPP).

O silêncio do réu no processo penal não importa em confissão presumida ou ficta. Não esquecer que o silêncio do réu é um direito, e, sendo um direito, não pode trazer consequência jurídica negativa para o acusado. Não valem as fórmulas: "quem cala consente"; "quem não deve não teme" etc. Por tudo isso, a parte final do art. 198, CPP, deve ser considerada inconstitucional.

a) Características da confissão (*vide* art. 200, CPP):

a1) divisibilidade: a confissão é divisível, *i. e.*, pode o juiz aceitá-la apenas em parte (pode aceitar apenas aquilo que lhe pareça mais verossímil);

a2) retratabilidade: o réu pode se retratar ("arrepender-se") da confissão prestada. Porém, a eventual retratação do réu não impede que o juiz, na sentença, valore livremente (desde que de forma fundamentada) a confissão anteriormente efetuada. O que queremos dizer é que, mesmo que ocorra a retratação da confissão, o juiz, ainda assim, poderá se apoiar na anterior confissão do acusado como modo de formar o seu convencimento sobre o caso;

a3) pessoalidade: apenas o réu pode realizar a confissão, sendo vedada a outorga de poderes ao seu defensor com essa finalidade.

a4) liberdade e espontaneidade: o acusado não pode ser compelido de forma alguma (física, moral ou psíquica) a confessar a prática do fato delituoso. Nesse sentido, vale a leitura do art. 1º, I, Lei 9.455/1997 (Lei de Tortura).

b) Classificação. A confissão pode ser:

b1) explícita: quando o acusado explicitamente confessa a prática do delito;

b2) implícita: quando determinada conduta do acusado puder, de forma inequívoca, ser compreendida como confissão. Ex.: réu que espontaneamente ressarcir a vítima;

b3) simples: quando o réu apenas confessa a prática do crime imputado, sem proceder a qualquer acréscimo ou modificação dos fatos;

b4) complexa: quando confessa a prática de mais de um fato delituoso;

b5) qualificada: quando confessa, porém invoca justificante ou dirimente. Ex.: confessa o crime, porém afirma que praticou o fato em legítima defesa;

b6) judicial: quando realizada em juízo (perante o magistrado);

b7) extrajudicial: quando realizada na delegacia ou perante outra pessoa que não o magistrado.

12.2.4. Perguntas ao ofendido (art. 201, CPP)

Sempre que possível, a vítima deverá ser chamada para ser ouvida no processo como forma de auxiliar a formação do convencimento do magistrado a respeito do caso concreto. O depoimento do ofendido tem valor de prova relativo (é uma prova como outra qualquer).

a) obrigatoriedade de comparecimento: "se, intimado para esse fim, deixar de comparecer sem motivo justo, o ofendido poderá ser conduzido à presença da autoridade" (§ 1º). Vê-se, portanto, que o ofendido pode ser conduzido coercitivamente à presença da autoridade, caso, intimado para depor, não compareça;

b) comunicações necessárias ao ofendido: "o ofendido será comunicado dos atos processuais relativos ao ingresso e à saída do acusado da prisão, à designação de data para audiência e à sentença e respectivos acórdãos que a mantenham ou modifiquem" (§ 2º).

Com efeito, essas "comunicações ao ofendido deverão ser feitas no endereço por ele indicado, admitindo-se, por opção do ofendido, o uso de meio eletrônico" (§ 3º).

É necessário providenciar ao ofendido, antes do início da audiência e durante a sua realização, espaço separado e reservado para aquele, como forma de evitar contato com o seu agressor (§ 4º).

"Se o juiz entender necessário, poderá encaminhar o ofendido para atendimento multidisciplinar, especialmente nas áreas psicossocial, de assistência jurídica e de saúde, a expensas do ofensor ou do Estado" (§ 5º).

Ademais, é dever do juiz adotar "as providências necessárias à preservação da intimidade, vida privada, honra e imagem do ofendido, podendo, inclusive, determinar o segredo de justiça em relação aos dados, depoimentos e outras informações constantes dos autos a seu respeito para evitar sua exposição aos meios de comunicação" (§ 6º).

---

98. A doutrina costuma chamar as perguntas das partes ao réu e às testemunhas de "reperguntas".

Outra medida que pode ser adotada para viabilizar a oitiva do ofendido, preservando-lhe os direitos fundamentais, é a coleta do seu depoimento por videoconferência (art. 185, § 8º, CPP).

Importante: A Lei 13.505/2017, que altera a Lei Maria da Penha (Lei 11.340/2006), estabeleceu a necessidade de atendimento policial e pericial especializado de forma ininterrupta e preferencialmente por profissionais do sexo feminino (art. 10-A, Lei 11.340/2006).

Assim, o atendimento deve contemplar uma série de medidas que visam à preservação da integridade moral, psíquica e física das mulheres em situação de violência doméstica.

As diretrizes que orientam o atendimento são as seguintes (art. 10-A, § 1º):

I – salvaguarda da integridade física, psíquica e emocional da depoente, considerada a sua condição peculiar de pessoa em situação de violência doméstica e familiar;

II – garantia de que, em nenhuma hipótese, a mulher em situação de violência doméstica e familiar, familiares e testemunhas terão contato direto com investigados ou suspeitos e pessoas a eles relacionadas;

III – não revitimização da depoente, evitando sucessivas inquirições sobre o mesmo fato nos âmbitos criminal, cível e administrativo, bem como questionamentos sobre a vida privada.

A partir das diretrizes acima, o procedimento de inquirição da mulher ofendida ou de testemunhas da violência doméstica contra a mulher deve acontecer da seguinte forma (art. 10-A, § 2º):

I – a inquirição será feita em recinto especialmente projetado para esse fim, o qual conterá os equipamentos próprios e adequados à idade da mulher em situação de violência doméstica e familiar ou testemunha e ao tipo e à gravidade da violência sofrida;

II – quando for o caso, a inquirição será intermediada por profissional especializado em violência doméstica e familiar designado pela autoridade judiciária ou policial;

III – o depoimento será registrado em meio eletrônico ou magnético, devendo a degravação e a mídia integrar o inquérito.

12.2.5. Prova testemunhal

a) Conceito: *testemunha é pessoa desinteressada que depõe no processo acerca daquilo que sabe sobre o fato;*

b) Características do depoimento da testemunha:

b1) oralidade (art. 204, CPP): o depoimento será prestado oralmente, não sendo permitido à testemunha trazê-lo por escrito. Porém, é possível consultar breves apontamentos.

Exceção à regra da oralidade: o Presidente e o Vice-Presidente da República, os presidentes do Senado Federal, da Câmara dos Deputados e do Supremo Tribunal Federal poderão optar pela prestação de depoimento por escrito, caso em que as perguntas, formuladas pelas partes e deferidas pelo juiz, ser-lhes-ão transmitidas por ofício – art. 221, § 1º, CPP;

b2) objetividade (art. 213, CPP): deve a testemunha responder objetivamente ao que lhe for perguntado;

b3) individualidade: cada testemunha indicada deve ser ouvida individualmente;

b4) incomunicabilidade: as testemunhas não podem se comunicar (art. 210, CPP);

b5) prestação de compromisso: normalmente, a pessoa arrolada para depor no processo deve, antes de iniciar o seu depoimento, prestar o compromisso de dizer a verdade perante o magistrado. O compromisso é, consoante definição legal do art. 203, CPP, a promessa, feita pela testemunha, sob palavra de honra, "de dizer a verdade do que souber e lhe for perguntado".

Certas pessoas, porém, estão dispensadas de prestar o referido compromisso (ex.: o pai do acusado), não sendo tecnicamente consideradas como "testemunha" por certo setor da doutrina. Tais pessoas (que não prestam o compromisso de dizer a verdade) são apelidadas pela doutrina de informantes ou declarantes.

Para esses autores, que fazem a distinção entre "testemunhas" (aquelas pessoas que têm o dever de prestar o compromisso de dizer a verdade) e "informantes" (as pessoas que depõem no processo, mas que, por lei, são dispensadas do referido compromisso), apenas as primeiras (as testemunhas, portanto) é que, em caso de falta com a verdade, responderiam pelo delito de falso testemunho (art. 342, CP):

> **"Art. 342.** Fazer afirmação falsa, ou negar ou calar a verdade, como testemunha, perito, contador, tradutor ou intérprete em processo judicial, ou administrativo, inquérito policial, ou em juízo arbitral:
>
> Pena – reclusão, de 1 (um) a 3 (três) anos, e multa."

Os informantes (aqueles que, por lei, não possuem o dever de prestar o compromisso de dizer a verdade), exatamente por não terem a obrigação de dizer a verdade, caso faltem com esta, não responderiam, segundo essa doutrina, pelo crime de falso testemunho.

Ressaltamos, porém, que há divisão de posicionamento dos **tribunais superiores.**

Em 2004 o STF não acatava essa distinção (HC 83254/ PE, *DJe* **03.09.2004**). Para a Suprema Corte, nesta época, o compromisso do art. 203, CPP, seria mera formalidade, pouco importando se a pessoa prestou ou não o compromisso (*i. e.*, se é informante ou testemunha), pois, caso faltasse com a verdade, responderia sim pelo delito do art. 342, CP. Sustentava esta ideia porque, em suma, entendia que o compromisso não era elementar do tipo penal (*i. e.*, a lei não menciona ser necessário o compromisso para configurar o delito em comento). No entanto, nota-se mudança de posicionamento, em virtude do consignado na AP 465, Tribunal Pleno, *DJ* 30.10.2014, no qual restou sedimentado que "o depoimento de informante não pode servir como elemento decisivo para a condenação, notadamente porque não lhes são exigidos o compromisso legal de falar a verdade".

Para o STJ, "o crime disposto no art. 342, CP é de mão própria, só podendo ser cometido por quem possui a qualidade legal de testemunha, a qual não pode ser estendida a simples declarantes ou informantes, cujos depoimentos, que são excepcionais, apenas colhidos quando indispensáveis, devem ser apreciados pelo Juízo conforme o valor que possam merecer". (HC 192659/ES, *DJe* 19.12.2011)

O tema, como se vê, é polêmico. Em se tratando de questão objetiva, sugerimos que o leitor analise o que pede a questão e siga a posição de cada um dos tribunais superiores. Já em caso de questão subjetiva, o mais recomendável é expor as duas correntes acima indicadas;

b6) obrigatoriedade: em regra, todas as pessoas arroladas como testemunha estão **obrigadas a depor** (art. 206, primeira parte, CPP). Porém, há especificidades aqui que precisam ser notadas:

I – Há **pessoas que estão dispensadas de depor** (art. 206, *in fine*, CPP). São elas: ascendente ou descendente, o afim em linha reta, o cônjuge (ainda que separado judicialmente ou divorciado), o companheiro (art. 226, § 3º, CF), o irmão e o pai, a mãe, ou o filho adotivo do acusado. Tais indivíduos só irão depor quando não for possível, por outro modo, obter-se ou integrar-se a prova do fato e de suas circunstâncias. Nesta hipótese, caso venham a depor não prestarão compromisso (serão considerados informantes);[99]

II – **Pessoas impedidas de depor** (art. 207, CPP): certas pessoas, em razão da função, ministério, ofício ou profissão que desempenham, têm o dever de guardar segredo. Exs.: padre, psicólogo, advogado. As pessoas impedidas de depor somente falarão no processo se, desobrigadas pela parte interessada, quiserem dar o seu testemunho;

b7) Perguntas das partes à testemunha: até bem pouco tempo atrás, adotávamos, como regra, o chamado *sistema presidencialista*. Segundo este, as partes deveriam formular perguntas à testemunha *por intermédio do juiz*. Exemplo: no curso da audiência, o MP, desejando inquirir a testemunha, deveria dirigir a sua pergunta ao magistrado. Este, por sua vez, deveria repetir a pergunta à testemunha.

Esse panorama foi sensivelmente modificado com a reforma de 2008 no CPP. Isto porque passamos a adotar, como regra, o sistema *direct* ou *cross examination* (art. 212, primeira parte, CPP). Por esse sistema, as partes passaram a poder perguntar diretamente à testemunha – sem a necessidade, portanto, de intermediação por parte do juiz. Vale ressaltar que o magistrado pode realizar inquirição complementar sobre aqueles pontos que entender obscuros, não esclarecidos.

Em que pesem as alterações, destaque-se que o sistema presidencialista (perguntas à testemunha por intermédio do juiz) não foi entre nós totalmente banido. No rito do júri, desejando os *jurados* efetuar perguntas às testemunhas, deverão fazê-lo através do juiz-presidente, sendo vedada, assim, a indagação direta (art. 473, § 2º, CPP).

Por fim, chamamos a atenção do caro leitor para o posicionamento dos Tribunais Superiores quando da inobservância da ordem de inquirição insculpida no art. 212, CPP.

---

99. Apesar de que, conforme vimos anteriormente, os tribunais superiores consideram o compromisso uma mera formalidade, cuja dispensa não permite que a pessoa falte com a verdade.

Há o reconhecimento da nulidade relativa, desde que comprovado o prejuízo e requerido tempestivamente. Ver STJ, HC 315.252/MG, 5ª Turma, *DJ* 30.08.2016 e AgRg no AREsp 760.571/MT, 3ª Turma, *DJ* 12.08.2016.STF: HC 109051, 1ª Turma, *DJ* 21.10.2014 e RHC 110623, *DJe* 26.03.2012;

c) Condução coercitiva: art. 218, CPP. Se, regularmente intimada, a testemunha deixar de comparecer sem motivo justificado, o juiz poderá requisitar à autoridade policial a sua apresentação ou determinar que seja conduzida por oficial de justiça, que poderá solicitar o auxílio da força pública.

E, ainda, nos termos do art. 219, CPP, "o juiz poderá aplicar à testemunha faltosa a multa prevista no art. 453 [atualmente se trata do art. 442, CPP: 1 (um) a 10 (dez) salários mínimos], sem prejuízo do processo penal por crime de desobediência, e condená-la ao pagamento das custas da diligência". (Incluímos)

d) Número máximo de testemunhas por procedimento

Ordinário e 1ª fase do júri: 8;

Plenário (2ª fase) do júri: 5;

Sumário: 5;

Sumaríssimo: 3;

Drogas: 5.

Observação: não se incluem nesse número as testemunhas referidas (que são aquelas que são mencionadas por outras testemunhas), os informantes e as pessoas que nada sabem (chamadas de testemunhas extranumerárias);

e) Depoimento agendado: algumas pessoas, em razão do cargo que ocupam, podem agendar (local, dia e hora) seu depoimento. Alguns exemplos: membros do MP (art. 18, II, "g", LC 75/1993; e art. 40, I, Lei 8.625/1993), membros do Congresso Nacional, Presidente da República, juízes etc. Recomenda-se a leitura do art. 221, CPP (rol não taxativo);

f) Testemunho de militares: sendo a testemunha um militar, deverá haver requisição ao superior hierárquico;

g) Testemunho de funcionários públicos: além da intimação pessoal do funcionário público é preciso comunicar o fato também ao chefe da repartição;

h) Oitiva de ofício pelo juiz e testemunhas referidas:

Nos termos do art. 209, CPP, o juiz, quando julgar necessário, poderá ouvir outras testemunhas, além das indicadas pelas partes:

§ 1º Se ao juiz parecer conveniente, serão ouvidas as pessoas a que as testemunhas se referirem.

Nota: São as denominadas testemunhas referidas.

"§ 2º Não será computada como testemunha a pessoa que nada souber que interesse à decisão da causa."

Nota: São as denominadas testemunhas inócuas.

i) Presença ameaçadora do réu na audiência de oitiva da testemunha: quando a testemunha se sentir intimidada pela presença do réu em audiência, autoriza a lei, nessa situação, a realização de sua oitiva por meio de videoconferência. Sendo impossível o uso dessa tecnologia, deve então o réu ser retirado da sala de audiência enquanto a testemunha depõe (art. 217, CPP);

j) Testemunha que reside fora da comarca: pode a sua oitiva ser realizada por carta precatória ou videoconferência (art. 222, CPP).

Nesse contexto, vale a pena transcrever a Súmula 273, STJ: "intimada a defesa da expedição da carta precatória, torna-se desnecessária intimação da data da audiência no juízo deprecado".

Se a testemunha residir fora do país, a carta rogatória só será expedida se ficar provada a imprescindibilidade de seu depoimento, arcando o requerente com os custos da diligência (art. 222-A, CPP);

l) Testemunha e direito ao silêncio: quando o depoimento da testemunha puder incriminá-la, será possível a invocação do direito ao silêncio por aquela. O direito ao silêncio não incide apenas em relação àquele que está sendo submetido a uma perseção penal, mas a todo o indivíduo *que se encontre numa tal situação em que a sua fala possa vir a prejudicar-lhe penalmente*;

m) Contradita e arguição de defeito: são figuras distintas, apesar de o art. 214, CPP, não deixar isso muito claro. Vejamos primeiro o que diz o dispositivo:

> **"Art. 214.** Antes de iniciado o depoimento, as partes poderão contraditar a testemunha ou arguir circunstâncias ou defeitos, que a tornem suspeita de parcialidade, ou indigna de fé. O juiz fará consignar a contradita ou arguição e a resposta da testemunha, mas só excluirá a testemunha ou não lhe deferirá compromisso nos casos previstos nos arts. 207 e 208."

Em resumo, temos:

Contradita: ocorre em relação às pessoas proibidas de depor e no caso de depoimento que deve ser tomado sem compromisso;

Arguição de defeito: invoca-se quando a testemunha for indigna de fé ou suspeita de parcialidade. Visa a diminuir o "valor" do depoimento: amigo, inimigo etc.[100]

12.2.6. Reconhecimento de pessoas e coisas

Tem por escopo identificar o acusado, o ofendido ou testemunhas, podendo ser determinado no curso da investigação preliminar (pelo delegado) ou do processo (pelo juiz).

Existindo a possibilidade da pessoa que irá realizar o reconhecimento sentir-se intimidada pelo indivíduo a ser reconhecido, deve a autoridade providenciar que este não veja aquela (por meio de "espelho mágico", por exemplo).

Porém, essa estratégia não poderá ser empregada em juízo (no curso do processo), nem no procedimento do júri, sob pena de ofensa à publicidade e à ampla defesa (art. 226, parágrafo único, CPP).

Conforme o CPP, havendo necessidade, o reconhecimento de pessoa será efetuado da seguinte forma (incisos do art. 226):

I – a pessoa que tiver de fazer o reconhecimento será convidada a descrever a pessoa que deva ser reconhecida;

II – a pessoa, cujo reconhecimento se pretender, será colocada, se possível, ao lado de outras que com ela tiverem qualquer semelhança, convidando-se quem tiver de fazer o reconhecimento a apontá-la;

III – se houver razão para recear que a pessoa chamada para o reconhecimento, por efeito de intimidação ou outra influência, não diga a verdade em face da pessoa que deve ser reconhecida, a autoridade providenciará para que esta não veja aquela;

IV – do ato de reconhecimento lavrar-se-á auto pormenorizado, subscrito pela autoridade, pela pessoa chamada para proceder ao reconhecimento e por duas testemunhas presenciais.

Parágrafo único. O disposto no n. III deste artigo não terá aplicação na fase da instrução criminal ou em plenário de julgamento.

No que tange ao reconhecimento de coisas, o procedimento a ser adotado é, *mutatis mutandis*, o mesmo descrito anteriormente (*vide* art. 227, CPP).

Por fim, pertinente ao reconhecimento de pessoas por meio fotográfico, apesar de não ser um meio de prova vedado pela lei, é preciso atentar que se trata de mecanismo extremamente precário, sujeito a inúmeros equívocos. Deve, portanto, a autoridade proceder com a máxima cautela aqui (ou mesmo evitar esse meio de prova). Ver STF, RHC 117980/SP, *DJe* 23.06.2014.

12.2.7. Acareação

Acarear é pôr face a face pessoas que apresentaram depoimentos divergentes nos autos. Pode se dar entre testemunhas, acusados, ofendidos, entre acusado e testemunha, entre acusado e ofendido ou entre testemunha e ofendido (*vide* art. 229, CPP).

Consoante o parágrafo único desse dispositivo, os acareados serão indagados pela autoridade para que expliquem os pontos de divergências, reduzindo-se a termo o ato de acareação.

É possível também a acareação por meio de carta precatória quando as pessoas a serem acareadas estiverem em comarcas distintas (consultar o art. 230, CPP).

12.2.8. Prova documental

a) Conceito: de acordo com o art. 232, CPP, documentos são quaisquer escritos, instrumentos ou papéis, públicos ou particulares.

Atualmente, porém, em termos jurídicos, considera-se documento tudo aquilo capaz de demonstrar determinado

---

100. STF, RHC 122279/RJ, Info. 754: "Ofende o princípio da não autoincriminação denúncia baseada unicamente em confissão feita por pessoa ouvida na condição de testemunha, quando não lhe tenha sido feita a advertência quanto ao direito de permanecer calada". Neste contexto, no Inq. 3983, entendeu o Pleno do STF, em 12.05.2016, que "à luz dos precedentes do Supremo Tribunal, a garantia contra a autoincriminação se estende às testemunhas, no tocante às indagações cujas respostas possam, de alguma forma, causar-lhes prejuízo (cf. HC 79812, Tribunal Pleno, *DJ* 16.02.2001)". Cabe notar que nos autos da AP 611, o STF através da 1ª Turma em 10.12.2014 entendeu, no que tange à vedação à autoincriminação do réu, que "o direito do réu ao silêncio é regra jurídica que goza de presunção de conhecimento por todos, por isso que a ausência de advertência quanto a esta faculdade do réu não gera, por si só, uma nulidade processual a justificar a anulação de um processo penal".

fato. Ex.: áudio, vídeo etc. (documento em sentido amplo);

b) Requisitos:

São requisitos da prova documental: a verdade (a constatação do que está contido no documento) e a autenticidade (identificação de quem produziu o documento);

c) Algumas notas importantes sobre a prova documental:

c1) Ressalvadas algumas exceções legais, as partes poderão apresentar documentos em qualquer fase do processo – art. 231, CPP. Segue caso de restrição de apresentação da prova documental: apresentação de documentos em plenário do júri. Confira-se o seguinte dispositivo:

> **"Art. 479.** Durante o julgamento não será permitida a leitura de documento ou a exibição de objeto que não tiver sido juntado aos autos com a antecedência mínima de 3 (três) dias úteis, dando-se ciência à outra parte";

c2) O juiz poderá providenciar a juntada de documento que considerar relevante independentemente de requerimento das partes – art. 234, CPP;

c3) A letra e firma dos documentos particulares serão submetidas a exame pericial, quando contestada a sua autenticidade – art. 235, CPP;

c4) Os documentos em língua estrangeira, sem prejuízo de sua juntada imediata, serão, se necessário, traduzidos por tradutor público, ou, na falta, por pessoa idônea nomeada pela autoridade – art. 236, CPP.

Reflexos do Novo Código de Processo Civil

Os arts. 439 a 441 do novo diploma legal trazem a possibilidade de utilização de documentos eletrônicos como prova. Trata-se da incorporação da tecnologia ao processo. Dada a sua aplicação subsidiária no Processo Penal, é provável que seja incorporada pelo sistema de justiça criminal.

Nesse sentido, vejamos o teor do art. 439: "a utilização de documentos eletrônicos no processo convencional dependerá de sua conversão à forma impressa e da verificação de sua autenticidade".

12.2.9. Indícios

a) Conceito: segundo o art. 239, CPP, *considera-se indício a circunstância conhecida e provada, que, tendo relação com o fato, autorize, por indução, concluir-se a existência de outra ou outras circunstâncias.*

Segundo a doutrina, indício não se confunde com presunção. Esta *"é um conhecimento fundado sobre a ordem normal das coisas e que dura até prova em contrário"* (PIERANGELLI *apud* MIRABETE, 2002, p. 317).

Tanto o indício como a presunção são provas indiretas, ou seja, a representação do fato a provar se faz por meio de uma construção lógica (MIRABETE, 2002, p. 316).

Embora os indícios e presunções possuam, em tese, o mesmo valor que as demais provas é preciso que o julgador os avalie com cautela.

12.2.10. Busca e apreensão

a) Conceito: trata-se não propriamente de um meio de prova (consoante sugere o CPP), mas de um meio de obtenção da prova (BADARÓ, 2008, t. I, p. 271), de natureza acautelatória e coercitiva, consistente no apossamento de objetos ou pessoas;

b) O que pode ser objeto de busca e apreensão? Os objetos sobre os quais podem recair a busca e apreensão encontram-se nos §§ 1º e 2º do art. 240, CPP. Enquanto o § 1º trata da busca domiciliar (realizada em domicílio), o § 2º trata da busca pessoal (realizada na própria pessoa). Analisemos esses parágrafos:

> **"Art. 240**, § 1º: Proceder-se-á à busca domiciliar, quando fundadas razões a autorizarem, para:"

a) prender criminosos.

Nota: salvo nos casos de prisão em flagrante, será necessária prévia ordem judicial para efetuar a busca e apreensão de criminosos. Não pode o delegado, portanto, determiná-la sem prévia ordem de um juiz, salvo se se tratar de flagrante delito;

b) apreender coisas achadas ou obtidas por meios criminosos;

c) apreender instrumentos de falsificação ou de contrafação e objetos falsificados ou contrafeitos;

d) apreender armas e munições, instrumentos utilizados na prática de crime ou destinados a fim delituoso;

e) descobrir objetos necessários à prova de infração ou à defesa do réu;

f) apreender cartas, abertas ou não, destinadas ao acusado ou em seu poder, quando haja suspeita de que o conhecimento do seu conteúdo possa ser útil à elucidação do fato.

Nota: vale notar que, conforme determina o art. 5º, XII, CF, a comunicação por meio de carta é inviolável. A CF, inclusive, não previu exceções aqui (consoante fez no caso de comunicação telefônica). Apesar disso, o STF (MS 25686 DF j. 14.03.2016 e HC 70814/SP, *DJ* 24.06.1994) e o STJ (HC 203371, *DJe* 17.09.2012, Inf. 496) já decidiram que o sigilo das correspondências não é absoluto, podendo sim, em certos casos, ser violado. Ver também: decisão do STJ sobre a quebra de sigilo de correio eletrônico – HC 315.220/RS, 6ª Turma, *DJ* 09.10.2015. Partindo desses julgados dos tribunais superiores, pensamos que, na falta de disciplina legal sobre o tema, para que se possa violar a correspondência de alguém, são necessários os mesmos requisitos da interceptação telefônica (art. 2º, Lei 9.296/1996), *i. e.*: necessidade de prévia ordem judicial, crime punido com reclusão etc.;

g) apreender pessoas vítimas de crimes;

h) colher qualquer elemento de convicção.

Nota é oportuno salientar que a busca domiciliar, conforme impõe o art. 5º, XI, CF, deverá ser realizada, como regra, de dia e se houver **prévio mandado judicial**. Ver exceções relacionadas a crimes permanentes no STF (RE 603616/RO, DJe 10.05.2016). Assim, é inconstitucional o art. 241, CPP, quando afirma que, no caso de o próprio delegado realizar a busca domiciliar, será *desnecessário o mandado judicial*. Confira-se o dispositivo:

> **"Art. 241.** Quando a própria autoridade policial ou judiciária não a realizar pessoalmente, a busca domiciliar deverá ser precedida da expedição de mandado."

Desse modo, mesmo que a busca domiciliar seja realizada pela *própria autoridade policial*, o mandado judicial revela-se **indispensável**. Isto é assim porque o art. 5º, XI, da CF estabelece, de maneira expressa, a necessidade de mandado judicial para ingressar em casa alheia, *sem fazer exceção em relação à autoridade policial. Acrescente-se que a busca realizada no interior de veículo automotor não necessita de prévio mandado judicial, salvo se o veículo for utilizado como moradia (trailer, p. ex.)* – STJ, HC 216437, *DJe* 08.03.2013, Inf. 505.

Atenção: Segundo reiterada jurisprudência do Superior Tribunal de Justiça, por se tratar o tráfico de drogas de delito de natureza permanente, assim compreendido aquele em que a consumação se protrai no tempo, **não se exige a apresentação de mandado de busca e apreensão para o ingresso dos policiais na residência do acusado**, a fim de fazer cessar a atividade criminosa, conforme ressalva prevista no art. 5º, XI, da Constituição Federal (prisão em flagrante), HC 349.248/SP, 5ª Turma, DJ 19.05.2016 e HC 406536/SP, DJe 17.10.2017. Contudo, a 6ª Turma do STJ, em recente julgado, assinalou que "a mera intuição acerca de eventual traficância praticada pelo agente, embora pudesse autorizar abordagem policial em via pública para averiguação, não configura, por si só, justa causa a autorizar o ingresso em seu domicílio, sem o seu consentimento e sem determinação judicial" (STJ, REsp 1574681, *Dje* 30.05.2017). O mesmo posicionamento é adotado pela Corte no caso do crime de posse ilegal de arma de fogo (HC 349109/RS, *DJe* 06.11.2017).

Passemos, agora, ao exame da busca pessoal:

> "**Art. 240**, § 2º: Proceder-se-á à busca pessoal quando houver fundada suspeita de que alguém oculte consigo arma proibida ou algum dos objetos mencionados nas letras *b* a *f* e letra *h* do parágrafo anterior."

Conforme sublinha Badaró (2008, t. I, p. 274), a busca pessoal importa em restrição à garantia constitucional da intimidade (art. 5º, X, CF), incidindo sobre a pessoa humana, abrangendo o seu corpo, suas vestes (que é um provável meio de ocultação de coisa) e outros objetos que estejam em contato com o corpo da vítima (bolsas, mochilas etc.).

Assim como a busca domiciliar, a pessoal exige ordem prévia de juiz. Excepcionalmente, porém, admite-se a dispensa da ordem judicial no caso de prisão ou quando houver fundada suspeita de que a pessoa esteja na posse de arma proibida ou de objetos ou papéis que constituam corpo de delito, ou quando a medida for determinada no curso de busca domiciliar (art. 244, CPP). **Atenção:** Segundo reiterada jurisprudência do Superior Tribunal de Justiça, por se tratar o tráfico de drogas de delito de natureza permanente, assim compreendido aquele em que a consumação se protrai no tempo, **não se exige a apresentação de mandado de busca e apreensão para o ingresso dos policiais na residência do acusado**, a fim de fazer cessar a atividade criminosa, conforme ressalva prevista no art. 5º, XI, da Constituição Federal (prisão em flagrante), HC 349.248/SP, 5ª Turma, *DJ* 19.05.2016.

É oportuno ainda frisar que a busca em mulher será feita por outra mulher, se não importar retardamento ou prejuízo da diligência (art. 249, CPP);

c) Momento para proceder à busca e apreensão: dada a urgência da medida, costuma a doutrina afirmar que busca e apreensão podem ocorrer inclusive antes da instauração do IP, durante o curso deste, durante o processo e, até mesmo, na fase de execução da pena;

d) Quem pode determiná-la? Pode ser determinada de ofício pela autoridade ou a requerimento das partes (art. 242, CPP);

e) Mandado de busca: o mandado deverá:

I – indicar, o mais precisamente possível, a casa em que será realizada a diligência e o nome do respectivo proprietário ou morador; ou, no caso de busca pessoal, o nome da pessoa que terá de sofrê-la ou os sinais que a identifiquem;

II – mencionar o motivo e os fins da diligência;

III – ser subscrito pelo escrivão e assinado pela autoridade que o fizer expedir;

f) Emprego de força: em caso de resistência por parte do morador, é permitido o uso da força, podendo-se inclusive arrombar a porta e usar de força contra os demais obstáculos existentes (§§ 2º e 3º do art. 245, CPP). Estando ausente o morador, qualquer vizinho poderá ser intimado para assistir a diligência (§ 4º do art. 245, CPP);

g) Lavratura do auto: finda a diligência, os executores lavrarão auto circunstanciado, assinando-o com duas testemunhas presenciais (§ 7º do art. 245, CPP).

12.2.11. Meios de obtenção da prova na Lei do Crime Organizado (Lei 12.850/2013)

Esta Lei consolidou em nosso ordenamento a conceituação de organização criminosa e disciplinou uma série de meios de obtenção da prova.

12.2.11.1. Investigação e obtenção da prova (art. 3º)

No art. 3º estão elencados os meios de obtenção da prova admitidos durante a investigação, mas é importante lembrar que o rol **NÃO** é exaustivo, conforme ressalva feita no próprio *caput*.

a) Captação ambiental (art. 3º, II): conversa pessoal entre os interlocutores, ocorrida em determinado ambiente, que possibilita a um deles a colheita do conteúdo da conversa por determinados meios, tais como gravação de voz, fotografia, filmagem (NUCCI, V. 2, 2014, p. 687). Neste conceito não se incluem as comunicações realizadas por meio de telefone e carta (ver STJ: HC 161.780/PR, 5ª Turma, *DJ* 23.02.2016).

Validade da prova: A *priori,* todos têm o direito de gravar a própria conversa, motivo pelo qual não há que se falar em ilicitude da gravação, vide STF, AI 578858 AgR, 2ª Turma, *DJ* 28.08.2009.

É preciso ressaltar que a prova poderá ser utilizada em duas hipóteses, sob risco de serem reputadas ilícitas. São elas: para provar a inocência do acusado **ou** para provar a investida criminosa de um dos interlocutores (STF, RE 402717, 2ª Turma, *DJ* 13.02.2009 e AI 503617/PR, *DJ* 04.03.2005).

Nucci, por exemplo, defende que se o ambiente for local aberto e público (Ex: parques, praças, restaurantes, bares etc.) não é necessária prévia autorização judicial para que seja feito o registro da conversa por um dos interlocutores. No caso de local privado, porém, (EX: residências, escritórios, quarto de hotel etc.), impõe-se a prévia autorização judicial para que a coleta seja realizada por um dos interlocutores, não incluindo aí as comunicações realizadas por meio de telefone e carta (NUCCI, V.2, 2014, p. 687). Nesse sentido, ver: STF, ARE 1079951/SP, *Dje* 27.10.2017.

b) Interceptação ambiental: trata-se da captação ambiental da conversa feita por um terceiro, seguindo o mesmo regramento acima indicado, ou seja, se a conversa se der em ambiente privado será imprescindível autorização judicial prévia para a colheita do registro (STF, **Inq 2424/RJ, *DJe* 26.03.2010).**

c) Acesso a registros de ligações telefônicas e telemáticas, a dados cadastrais de bancos de dados públicos ou privados e a informações eleitorais ou comerciais (art. 3º, IV c/c art. 15)

Delegados e MP podem ter acesso a dados referentes à qualificação pessoal, filiação e domicílio/residência, sem necessitar de autorização judicial.

Desse modo, dados como o nome completo, RG, CPF, nomes dos pais e endereços residencial e comercial são de livre acesso às autoridades acima indicadas.

Os demais dados, a exemplo do conteúdo de e-mails, ligações telefônicas, entre outros, dependem de autorização judicial por estarem na esfera de intimidade do indivíduo.

Por outro lado, o art. 16 da Lei obriga empresas de transporte (aéreo, terrestre e marítimo) a armazenar dados de reservas e registros de viagens pelo prazo de 5 (cinco) anos e conceder acesso aos juízes, delegados e membros do MP, sem necessitar de ordem judicial.

Da mesma forma, o art. 17 faz o mesmo em relação aos registros de ligações de telefonia fixa e móvel. Há, contudo, recusa doutrinária à possibilidade de acesso aos dados sem autorização judicial.

d) Colaboração premiada (art. 4º)

Trata-se de instituto oriundo do direito norte-americano que tem como objetivo transacionar fração da pena a ser imposta a coautor ou partícipe de fato delituoso relacionado à atuação de organizações criminosas em troca de informações essenciais na investigação.

d1) Conceito: *técnica especial de investigação por meio da qual o coautor e/ou partícipe da infração penal, além de confessar seu envolvimento no fato delituoso, fornece voluntariamente aos órgãos responsáveis pela persecução penal informações objetivamente eficazes para a consecução de um dos objetivos previstos em lei, recebendo, em contrapartida, determinado prêmio legal* (LIMA, 2015, p. 760).

d2) Requisitos (art. 4º, I a V)

Em qualquer hipótese, como visto no conceito acima, a colaboração deve ser **voluntária** (não deve sofrer coação física ou moral)[101] e **efetiva** (deve propiciar resultados, como os previstos a seguir). São eles:

I. identificação dos demais coautores e partícipes da organização criminosa e das infrações penais por eles praticadas (delação premiada ou chamamento de corréu)

Nesta hipótese, além de confessar a própria participação, o colaborador fornece informações efetivas sobre a participação dos demais agentes da organização criminosa, bem como indica as infrações penais cometidas por todos eles.

II. revelação da estrutura hierárquica e da divisão de tarefas da organização criminosa

Nem todos os membros conhecem plenamente a estrutura da organização criminosa, de modo que a eficácia das informações nessa hipótese é mais restrita.

III. Prevenção de infrações penais decorrentes das atividades da organização criminosa

Trata-se de disposição abstrata, cuja eficácia é bastante questionável. A prevenção de crimes futuros dependerá, por exemplo, da desestruturação da organização criminosa.

IV. recuperação total ou parcial do produto ou do proveito das infrações penais praticadas pela organização criminosa

É o retorno das vantagens obtidas pela organização criminosa, com a restituição de bens e valores às vítimas, ao Estado.

V. localização de eventual vítima com a sua integridade física preservada

Diz respeito, em regra, à colaboração quando há extorsão mediante sequestro. Nesse caso, a eficácia da colaboração é evidente.

d3) Prêmio: é a contrapartida dada pelo Estado pela colaboração do acusado. Na atribuição, além da eficácia da colaboração, o juiz considerará a personalidade do colaborador, a natureza, as circunstâncias, a gravidade e a repercussão social do fato delituoso (art. 4º, § 1º).

Espécies:

I. Perdão judicial: o juiz decreta a extinção da punibilidade quando a colaboração atingiu o seu máximo grau de eficácia para as investigações. Não há qualquer efeito condenatório.

II. Substituição da pena privativa de liberdade por restritiva de direitos: Há condenação, mas o juiz substitui a pena (art. 43, CP) considerando os efeitos razoáveis da colaboração do réu para as investigações.

III. Redução de até 2/3 da pena: na sentença, o juiz condena o réu, mas pode aplicar redução de acordo com o grau de colaboração do acusado. O teto desta redução é de 2/3 e se aplica quando a colaboração teve efeitos de baixa a moderada eficácia. Ver: STF, HC 129877/RJ, *Dje* 01.08.2017e Informativo 861 de 10 a 21 de abril de 2017.

IV. Não oferecimento da denúncia (§ 4º, I e II): o Ministério Público poderá deixar de oferecer denúncia se o colaborador não for o líder da organização criminosa **E** for o primeiro a prestar efetiva colaboração nos termos deste artigo. Os requisitos são concomitantes para a medida.

Trata-se de exceção ao princípio da obrigatoriedade da ação penal, uma vez que ensejará o arquivamento do IP. Renato Brasileiro (2014, p. 744) entende que o fundamento material do arquivamento seja, por analogia, o art. 87, pará-

---

101. O juízo da Quinta Vara Federal Criminal na Seção Judiciária do Rio de Janeiro afastou o perdão judicial por entender que a colaboração do agente não teria sido espontânea. A exigência da espontaneidade da colaboração gerou discussão jurisprudencial, decidindo o STF, no julgamento do HC 129877/RJ, DJe 01.08.2017, que os vocábulos "voluntariedade" e "espontaneidade" são sinônimos.

grafo único, da Lei 12.529/2011, em que o cumprimento do acordo de colaboração premiada determina a extinção da punibilidade em relação ao colaborador.

d4) Legitimidade e momento procedimental do perdão judicial (art. 4º, § 2º): Caso não tenha sido previsto na proposta inicial de prêmio, o MP pode requerer a concessão do perdão judicial a qualquer tempo. O delegado só pode representar pelo perdão judicial durante o IP.

Na fase de inquérito, a manifestação pode se dar por três meios:

I. O delegado promove a representação, nos autos do IP, com manifestação favorável simultânea do MP, que posteriormente é direcionada ao juiz;

II. O delegado representa, nos autos do IP, com manifestação favorável posterior do MP, para então seguir até o juiz;

III. O MP, mesmo durante o inquérito, requer ao juiz a aplicação do perdão judicial.

d5) Procedimento (art. 4º §§ 3º a 16)

I. Suspensão do prazo de oferecimento da denúncia (§ 3º): O prazo para oferecimento de denúncia ou o processo, relativos ao colaborador, poderá ser suspenso por até 6 (seis) meses, prorrogáveis por igual período, até que sejam cumpridas as medidas de colaboração, suspendendo-se o respectivo prazo prescricional[102].

Por vezes pode ser necessário aguardar o cumprimento de algumas diligências para confirmar as informações passadas pelo colaborador. Nesse caso, é possível suspender o prazo de oferecimento da denúncia por seis meses, inicialmente, e por igual período caso seja necessário.

O prazo prescricional fica suspenso durante o período.

II. Colaboração na fase de execução penal (§ 5º): Se a colaboração for posterior à sentença, a pena poderá ser reduzida até a metade ou será admitida a progressão de regime ainda que ausentes os requisitos objetivos.

A exclusão dos requisitos objetivos mitiga o cumprimento de 1/6 da pena, que é aplicado à maioria dos condenados, ou ainda o de 2/5 ou 3/5 da pena, para os condenados por crimes hediondos. Nesse caso, permanece válido o requisito subjetivo, como o bom comportamento carcerário do colaborador.

A amplitude da medida ainda não está consolidada, de modo que os tribunais brevemente serão instados a delimitar a real extensão do benefício na fase de execução penal.

III. Imparcialidade do juízo (§ 6º): O juiz **não** participará das negociações realizadas entre as partes para a formalização do acordo de colaboração, que ocorrerá entre o delegado de polícia, o investigado e o defensor, com a manifestação do Ministério Público, ou, conforme o caso, entre o Ministério Público e o investigado ou acusado e seu defensor.

IV. Conteúdo do termo de acordo (art. 6º): Nos termos do dispositivo, o termo de acordo deverá conter o relato da colaboração e seus possíveis resultados; as condições da proposta do Ministério Público ou do delegado de polícia; a declaração de aceitação do colaborador e de seu defensor; as assinaturas do representante do Ministério Público ou do delegado de polícia, do colaborador e de seu defensor; e a especificação das medidas de proteção ao colaborador e à sua família, quando necessário.

V. Homologação do acordo (§ 7º): Realizado o acordo na forma do § 6º, o respectivo termo, acompanhado das declarações do colaborador e de cópia da investigação, será remetido ao juiz para homologação, o qual deverá verificar sua regularidade, legalidade e voluntariedade, podendo para este fim, sigilosamente, ouvir o colaborador, na presença de seu defensor.

Antes de ser remetido ao juiz, o termo deverá ser autuado à parte, nos moldes de um incidente do IP ou do processo, viabilizando a distribuição ao juiz sob sigilo. O termo deverá ser encaminhado diretamente ao juiz, devidamente lacrado (art. 7º, § 1º), no prazo de 48 horas, que não é preclusivo.

O colaborador deve ser acompanhado por defensor no momento das tratativas e da celebração do acordo, para que sejam observadas todas as garantias constitucionais e legais inerentes ao regime democrático, a exemplo do direito ao silêncio, da ampla defesa, do contraditório, da vedação à autoincriminação etc.

Em seguida, o juiz ouvirá o colaborador, sob segredo de justiça, com o fim de verificar a sua voluntariedade, sendo garantida a presença de defensor (NUCCI, V.2, p. 698).

Impende salientar que a eficácia do acordo homologado está condicionada ao cumprimento dos deveres assumidos pelo colaborador (Informativo 870, STF, de 19 a 30 de junho de 2017).

Ademais, o STF firmou entendimento no sentido de que, após a homologação, o acordo de delação premiada somente poderá ser revisto pelo plenário em caso de descumprimento dos termos pelo colaborador. Contudo, ressaltou que eventual ilegalidade descoberta, mesmo após a homologação, poderá levar à anulação de todo o acordo.

VI. Rejeição da proposta (§ 8º): O juiz poderá recusar homologação à proposta que não atender aos requisitos legais, ou adequá-la ao caso concreto.

O juiz não participa da negociação em razão da necessidade de assegurar a sua imparcialidade, uma vez que fará o juízo de admissibilidade do acordo. No caso de eventual ajuste no termo, este poderá fazer apenas limitados ajustes no que concerne à legalidade das disposições, mas não poderá adentrar às minúcias do conteúdo, sob pena de contaminação.

VII. Providências posteriores (§ 9º): Depois de homologado o acordo, o colaborador poderá, sempre acompanhado pelo seu defensor, ser ouvido pelo membro do Ministério Público ou pelo delegado de polícia responsável pelas investigações. Em suma, a colaboração acontecerá, de fato, após a homologação do acordo.

---

102. O recebimento da denúncia é o termo final para o sigilo do acordo de colaboração. Contudo, o sigilo poderá ser afastado em momento anterior, tendo em vista a otimização dos princípios da ampla defesa e de contraditório (STF, Inq. 445 AgR/DF, *DJe* 10.11.2017 e Info. 877, do período de 11 a 15 de setembro de 2017).

VIII. Retratação (§ 10): As partes podem retratar-se da proposta, caso em que as provas autoincriminatórias produzidas pelo colaborador não poderão ser utilizadas exclusivamente em seu desfavor.

Significa dizer que tudo o que foi confessado e indicado pelo colaborador não poderá ser utilizado contra ele no processo, embora possa ser aproveitado em relação aos demais investigados ou corréus.

IX. Sentença (§ 11): A sentença levará em consideração os termos do acordo homologado e sua eficácia. Vale ressaltar também que nenhuma sentença condenatória será proferida com fundamento apenas nas declarações de agente colaborador (§ 16).

X. Da oitiva do colaborador (§ 12): Ainda que beneficiado por perdão judicial ou não denunciado, o colaborador poderá ser ouvido em juízo a requerimento das partes ou por iniciativa da autoridade judicial.

Quando for ouvido, sempre que possível, será feito o registro dos atos de colaboração pelos meios ou recursos de gravação magnética, estenotipia, digital ou técnica similar, inclusive audiovisual, destinados a obter maior fidelidade das informações (§ 13).

Nos depoimentos que prestar, o colaborador renunciará, na presença de seu defensor, ao direito ao silêncio e estará sujeito ao compromisso legal de dizer a verdade (§ 14), ou seja, deverá ser esclarecido sobre o direito ao silêncio e a sua incompatibilidade com o acordo de colaboração, assim como deverá prestar juramento em relação à veracidade do seu depoimento.

XI. Ampla defesa (§ 15): Em todos os atos de negociação, confirmação e execução da colaboração, o colaborador deverá estar assistido por defensor. Entendemos que a ausência de defensor acarreta nulidade absoluta do termo de colaboração.

d6) Direitos do colaborador (art. 5º): Como forma de estimular a efetiva colaboração dos membros de organizações criminosas, a Lei estabeleceu alguns direitos peculiares.

São eles:

I. usufruir das medidas de proteção previstas na legislação específica;

II. ter nome, qualificação, imagem e demais informações pessoais preservadas;

III. ser conduzido, em juízo, separadamente dos demais coautores e partícipes;

IV. participar das audiências sem contato visual com os outros acusados;

V. não ter sua identidade revelada pelos meios de comunicação, nem ser fotografado ou filmado, sem sua prévia autorização por escrito;

VI. cumprir pena em estabelecimento penal diverso dos demais corréus ou condenados.

Atenção: Segundo julgado recente de STF, o descumprimento da colaboração não justifica, por si só, a decretação da prisão preventiva (STF, HC 138207/PR, *DJe* 26.06.2017, Info. 862 de 24 a 28 de abril de 2017, STF e Info. 609, STJ).

e) Ação controlada (art. 8º)

e1) Noção: consiste em retardar a intervenção policial ou administrativa relativa à ação praticada por organização criminosa ou a ela vinculada, desde que mantida sob observação e acompanhamento para que a medida legal se concretize no momento mais eficaz à formação de provas e obtenção de informações. Ver a nossa explicação sobre o flagrante controlado.

e2) Procedimento (§§ 1º a 4º): o retardamento da intervenção policial ou administrativa será previamente comunicado ao juiz competente que, se for o caso, estabelecerá os seus limites e comunicará ao Ministério Público.

A comunicação será sigilosamente distribuída, de forma a não conter informações que possam indicar a operação a ser efetuada. O sigilo é fundamental para o êxito da operação.

Até o encerramento da diligência, o acesso aos autos será restrito ao juiz, ao Ministério Público e ao delegado de polícia, como forma de garantir o êxito das investigações.

Ao término da diligência, elaborar-se-á auto circunstanciado acerca da ação controlada.

e3) Repercussão internacional (art. 9º): caso seja necessário transpor fronteiras, o retardamento da intervenção policial ou administrativa somente poderá ocorrer com a cooperação das autoridades dos países que figurem como provável itinerário ou destino do investigado, de modo a reduzir os riscos de fuga e extravio do produto, objeto, instrumento ou proveito do crime.

No âmbito nacional, é uma sólida hipótese de repercussão interestadual, que pode resultar na atuação da PF pela necessidade de centralização das investigações, dos dados e da repressão uniforme.

f) Infiltração de agentes (art. 10 e ss.)

f1) Conceito: Trata-se de ação autorizada judicialmente, por meio da qual um agente policial disfarçado atua de forma regular, omitindo a sua identidade, como um membro de organização criminosa, se fazendo passar por criminoso, com o objetivo de identificar fontes de provas de crimes graves (NEISTEIN, 2006).

f2) Procedimento (§§ 1º a 5º): A infiltração de agentes de polícia em tarefas de investigação deve ser encaminhada ao juiz por meio de representação do delegado de polícia ou de requerimento do Ministério Público (após prévia manifestação técnica do delegado de polícia).

O requerimento do MP ou a representação do delegado conterão a demonstração da necessidade da medida, o alcance das tarefas dos agentes e, quando possível, os nomes ou apelidos das pessoas investigadas e o local da infiltração (art. 11).

O pedido de infiltração será sigilosamente distribuído, de forma a não conter informações que possam indicar a operação a ser efetivada ou identificar o agente que será infiltrado (art. 12).

Na hipótese de ser encaminhado pelo delegado, o juiz, ao decidir sobre a infiltração (prazo de 24 horas – art. 12, § 1º), deverá ouvir previamente o MP. A decisão terá o seu conteúdo circunstanciado, motivado e sigiloso, estabelecendo, ainda, limites da atuação do agente infiltrado (art. 13).

Será admitida a infiltração se houver indícios de infração penal de que trata o art. 1º e se a prova não puder ser produzida por outros meios disponíveis.

A infiltração será autorizada pelo prazo de até 6 (seis) meses, sem prejuízo de eventuais renovações, desde que comprovada sua necessidade (art. 10, § 3º). Encerrado o prazo, relatório circunstanciado será apresentado ao juiz competente, que imediatamente cientificará o Ministério Público.

Nada obsta que no curso do inquérito policial, o delegado de polícia poderá determinar aos seus agentes, e o Ministério Público poderá requisitar, a qualquer tempo, relatório da atividade de infiltração (art. 10, § 5º).

Os autos contendo as informações da operação de infiltração acompanharão a denúncia do Ministério Público, quando serão disponibilizados à defesa, assegurando-se a preservação da identidade do agente (art. 12, § 2º). Trata-se de hipótese em que o contraditório é diferido ou postergado.

Havendo indícios seguros de que o agente infiltrado sofre risco iminente, a operação será sustada mediante requisição do Ministério Público ou pelo delegado de polícia, dando-se imediata ciência ao Ministério Público e à autoridade judicial. É imprescindível lembrar que a segurança do agente infiltrado deve estar em primeiro lugar, de modo que diante de sinais de perigo concreto ele deve ser retirado imediatamente da operação (art. 12, § 3º).

Há importante novidade legislativa quanto à matéria, uma vez que a Lei 13.441/2017 acrescentou os arts. 190-a a 190-E ao Estatuto da Criança e do Adolescente para prever a infiltração de agentes de polícia na internet com o fim de investigar crimes contra a dignidade sexual de criança e de adolescente. Recomendamos ao nosso Leitor a leitura do referido diploma legal.

13. SUJEITOS PROCESSUAIS

13.1. Conceito

São *as pessoas entre as quais se constitui, se desenvolve e se completa a relação jurídico-processual* (MIRABETE, 2001, p. 324). Ou, ainda: *são as diversas pessoas que, direta ou indiretamente, atuam no curso do processo, visando à prática de atos processuais.*

13.2. Sujeitos processuais principais (essenciais)

São aqueles cuja existência é essencial para que se tenha uma relação jurídica processual regularmente instaurada. Compreendem: o juiz, a acusação (MP ou querelante) e o réu.

13.3. Sujeitos processuais secundários (acessórios, colaterais)

São pessoas que, embora não imprescindíveis à formação do processo, nele poderão intervir com o escopo de formular determinada pretensão. Ex.: assistente de acusação.

Examinaremos abaixo alguns dos sujeitos processuais mais importantes.

13.4. Juiz

Conforme dispõe o art. 251, CPP, ao magistrado cabe assegurar a regularidade do processo e a ordem no curso dos atos processuais.

a) Prerrogativas (ou garantias): para que seja efetivo o exercício da atividade jurisdicional, a CF (art. 95) confere ao juiz algumas garantias, quais sejam:

a1) Vitaliciedade: consistente na impossibilidade de perda do cargo, salvo por sentença transitada em julgado. A vitaliciedade, no primeiro grau, só será adquirida após dois anos de exercício, dependendo a perda do cargo, nesse período, de deliberação do tribunal a que o juiz estiver vinculado e, nos demais casos (após os 2 anos de exercício), de sentença judicial transitada em julgado;

a2) Inamovibilidade: consiste na vedação de remoção do juiz, salvo por interesse público, nos termos do art. 93, VIII, CF;

a3) Irredutibilidade de subsídio: consiste na impossibilidade de redução da remuneração do juiz, ressalvado o disposto nos arts. 37, X e XI, 39, § 4º, 150, II, 153, III, e 153, § 2º, I, todos da CF.

Ademais, é fundamental que o juiz seja imparcial, ou seja, neutro em relação às partes e ao objeto do processo. A imparcialidade do juiz é, na verdade, dogma do próprio sistema acusatório pretendido pelo Constituinte de 1988.

Vejamos, agora, os casos de impedimento e suspeição do magistrado;

b) Impedimento: ocorre quando há interesse do juiz no objeto da demanda, afetando a própria jurisdição e provocando a inexistência do processo. Com efeito, são motivos de incapacidade objetiva do juiz. O impedimento deve ser reconhecido de ofício pelo juiz; não o fazendo pode qualquer das partes argui-lo, adotando-se o mesmo rito da suspeição – *vide* art. 112, parte final, CPP. Eis os casos de impedimento (considerados taxativos):

> "**Art. 252.** O juiz não poderá exercer jurisdição no processo em que:
>
> I – tiver funcionado seu cônjuge ou parente, consanguíneo ou afim, em linha reta ou colateral até o terceiro grau, inclusive, como defensor ou advogado, órgão do Ministério Público, autoridade policial, auxiliar da justiça ou perito;
>
> II – ele próprio houver desempenhado qualquer dessas funções ou servido como testemunha;
>
> III – tiver funcionado como juiz de outra instância, pronunciando-se, de fato ou de direito, sobre a questão;
>
> IV – ele próprio ou seu cônjuge ou parente, consanguíneo ou afim em linha reta ou colateral até o terceiro grau, inclusive, for parte ou diretamente interessado no feito."

Como visto anteriormente, as hipóteses influem direta ou indiretamente no juízo de valor do magistrado sobre a causa em exame, colocando em risco a sua imparcialidade. Influem diretamente quando este já atuou, manifestou-se sobre os fatos anteriormente, ou tem interesse no deslinde da demanda (II, III e IV); indiretamente, quando algum parente ou cônjuge atua ou atuou no feito (I e IV).

No que tange a órgãos julgadores colegiados (Turma Recursal do JECRIM[103]; Câmara; ou Turma), estabelece o art. 253, CPP, que: *não poderão servir no mesmo processo os juízes que forem entre si parentes, consanguíneos ou afins, em linha reta ou colateral até o terceiro grau, inclusive.*

---

103. Juizado Especial Criminal – Lei 9.099/1995.

Por fim, o reconhecimento de impedimento pelo juiz, seja ele de ofício ou provocado, depende sempre de fundamentação.

Reflexos do Novo Código de Processo Civil

No que se refere às hipóteses de impedimento, mesmo sendo taxativo o rol do CPP, alguns autores entendem que as inovações trazidas pelo NCPC podem ser incorporadas ao Processo Penal, considerando a lacuna no CPP. Estão contidas no art. 144, NCPC. São elas: (...) III – quando nele estiver postulando, como **defensor público**, advogado ou membro do Ministério Público, seu cônjuge ou **companheiro**, ou qualquer parente, consanguíneo ou afim, em linha reta ou colateral, até o terceiro grau, inclusive; IV – quando for parte no processo ele próprio, seu cônjuge ou **companheiro**, ou parente, consanguíneo ou afim, em linha reta ou colateral, até o terceiro grau, inclusive; V – quando for sócio ou membro de direção ou de administração de **pessoa jurídica parte no processo**; VI – quando for herdeiro presuntivo, donatário ou empregador de qualquer das partes; VII – em que figure como parte instituição de ensino com a qual tenha relação de emprego ou decorrente de contrato de prestação de serviços; VIII – em que figure como parte cliente do escritório de advocacia de seu cônjuge, companheiro ou parente, consanguíneo ou afim, em linha reta ou colateral, até o terceiro grau, inclusive, mesmo que patrocinado por advogado de outro escritório; IX – quando promover ação contra a parte ou seu advogado.

---

c) Suspeição: ocorre quando o juiz não tem a necessária imparcialidade para julgar (por interesses ou sentimentos pessoais – *incapacidade subjetiva do juiz*). A imparcialidade é pressuposto de validade do processo. O juiz pode se dar por suspeito de ofício, não o fazendo as partes poderão recusá-lo.

Eis os **casos** de suspeição do juiz (a jurisprudência entende que o rol abaixo não é taxativo):

> **"Art. 254.** O juiz dar-se-á por suspeito, e, se não o fizer, poderá ser recusado por qualquer das partes:"
>
> I – se for amigo íntimo ou inimigo capital de qualquer deles;"

O que é ser amigo íntimo para este dispositivo? É a convivência familiar (compadrio, apadrinhamento etc.). Não caracteriza suspeição a amizade superficial, o mero coleguismo, a mera convivência profissional etc.

Aplique-se tudo o que foi dito aqui, *mutatis mutandis*, à inimizade capital.

Ademais, a amizade íntima ou inimizade capital deve ser aferida em relação às partes em sentido material (réu e vítima) e não em relação ao promotor, advogado, que são partes instrumentais. Porém, nada impede que, inclusive em relação às partes instrumentais, o juiz se dê por suspeito por razão de foro íntimo, invocando, por analogia, o art. 145, § 1º, NCPC;

> "II – se ele, seu cônjuge, ascendente ou descendente, estiver respondendo a processo por fato análogo, sobre cujo caráter criminoso haja controvérsia;"

Note-se que essa controvérsia se caracteriza ainda que se dê de forma minoritária.

Ademais, há quem defenda que esse dispositivo deva ser aplicado também ao companheiro(a) e não apenas ao cônjuge;

> "III – se ele, seu cônjuge, ou parente, consanguíneo, ou afim, até o terceiro grau, inclusive, sustentar demanda ou responder a processo que tenha de ser julgado por qualquer das partes;"

Reconhece-se a suspeição aqui por conta da possível troca de favores que poderia ocorrer nessa situação;

> "IV – se tiver aconselhado qualquer das partes;
>
> V – se for credor ou devedor, tutor ou curador, de qualquer das partes;
>
> VI – se for sócio, acionista ou administrador de sociedade interessada no processo."

Por outro lado, ressalte-se que não é possível o reconhecimento da suspeição quando a parte, deliberadamente, injuriar ou provocar situação que enseje a suspeição do magistrado (art. 256, CPP). A lei não pode premiar aquele que age mediante torpeza. Eventuais desentendimentos entre juiz e advogado não conduzem à suspeição, já que essa diz respeito à relação do juiz com as partes do processo e não com o advogado.

Finalmente, confira-se o teor do art. 255, que diz: "o impedimento ou suspeição decorrente de parentesco por afinidade cessará pela dissolução do casamento que lhe tiver dado causa, salvo sobrevindo descendentes; mas, ainda que dissolvido o casamento sem descendentes, não funcionará como juiz o sogro, o padrasto, o cunhado, o genro ou enteado de quem for parte no processo".

Cuidado para não confundir suspeição com impedimento:

Suspeição: vínculo subjetivo do juiz com as partes (ex.: amizade íntima do juiz com o réu) ou com o assunto discutido no processo (ex.: juiz figura como demandante em outro processo em que se discute o mesmo assunto). Em que pese a indicação de que ocorre a preclusão (art. 254, CPP), a doutrina entende que a suspeição do juízo é hipótese de nulidade absoluta e pode ser alegada a qualquer tempo. É motivo de incapacidade subjetiva. Deve ser reconhecida de ofício pelo juiz. Não o fazendo, qualquer das partes pode argui-la. Procedimento: art. 96 e ss., CPP;

Impedimento: fundamenta-se em razões de ordem objetiva (ex.: a advogada do feito é esposa do juiz). Afeta a própria jurisdição. Provoca a inexistência do processo. É motivo de incapacidade objetiva do juiz. Deve ser reconhecido de ofício pelo juiz, não o fazendo pode qualquer das partes argui-lo. Adota-se o mesmo rito da suspeição.

13.5. Ministério Público

De acordo com o art. 127, CF: "o Ministério Público é instituição permanente, essencial à função jurisdicional do Estado, incumbindo-lhe a defesa da ordem jurídica, do regime democrático e dos interesses sociais e individuais indisponíveis". O MP é, assim, responsável pela manutenção do equilíbrio jurídico da sociedade.

a) Natureza da instituição: conforme aponta certa doutrina, o MP integra o Estado, mas não está atrelado a nenhum dos Poderes. É, portanto, instituição *independente e fiscalizadora dos Poderes, desempenhando função essencial à justiça;*

b) Prerrogativas (ou garantias): as mesmas do magistrado, ou seja, vitaliciedade, inamovibilidade e irredutibilidade de subsídio;

c) Papel do MP no processo penal: possui função dúplice. Atua como órgão legitimado para a acusação, sendo o titular exclusivo das ações penais públicas (art. 129, I, CF), mas, acima de tudo, funciona, necessariamente, como fiscal da lei em todos os processos (art. 127, CF).

Em decorrência disso, não está o MP obrigado a oferecer a denúncia ou a pedir a condenação do acusado quando inexistirem elementos legais ou fáticos nos autos. Desse modo, se no momento da *opinio delicti* (elaboração da denúncia) entender o MP que não há fundamento para a ação penal, deverá manifestar-se pelo arquivamento do inquérito ou das peças de informação. Da mesma forma, se, ao final da instrução, verificar que não há motivo para a condenação do acusado, deve pugnar pela sua absolvição. O seu principal compromisso é com a observância da lei, dos valores constitucionais, motivo pelo qual a função de fiscal da lei está, inequivocamente, acima da função acusatória.

d) A atuação do MP na ação penal pública:

Atua como parte formal. Como dito, não é uma parte como outra qualquer, pois atua como fiscal da lei e tem compromisso, em última análise, com a promoção da justiça no processo penal. Não está, assim, adstrito ao pleito condenatório. Pode impetrar HC, MS, pedir a absolvição do acusado, recorrer em prol deste. Note-se que o MP sempre exerce a função de *custos legis*, mesmo quando é autor da ação;

e) A atuação do MP na ação penal privada

e1) Exclusivamente privada/personalíssima

Na ação privada, o MP atua como fiscal da lei. Pode aditar a queixa para, por exemplo, promover correções formais (indicação do procedimento adequado, dia, hora e local do crime etc.).

Dentre as funções que desempenha na ação privada, está a de velar por sua indivisibilidade. Assim, em caso de exclusão indevida de agente(s) pelo querelante, conforme sustenta certo setor da doutrina, não deve o MP aditar a queixa. Deve, no prazo previsto pelo § 2º do art. 46 do CPP, provocar a vítima para que esta promova o aditamento.

Em caso de sentença condenatória proferida contra o querelado, pode o MP, na função de *custos legis,* apelar pedindo a sua absolvição ou, noutro giro, apelar pedindo a exasperação da pena.

Sendo a sentença absolutória, entende-se que o MP não poderá apelar (buscando a condenação, p. ex.). É que vige aqui o princípio da oportunidade;

e2) Subsidiária da pública

A atuação do MP aqui é bem mais intensa, uma vez que embora essa ação penal seja encabeçada pela vítima, ela (a ação) continua a possuir notória natureza pública. Assim, é possível ao MP (art. 29, CPP):

I – Aditar a queixa para incluir novos fatos e/ou novos agentes (prazo de 3 dias – art. 46, § 2º, CPP);

II – Repudiar a queixa quando esta for, por exemplo, inepta, apresentando denúncia substitutiva;

III – Fornecer elementos de prova;

IV – Interpor recurso;

V – A todo tempo, retomar como parte principal em caso de negligência por parte do querelante.

f) Hipóteses de suspeição e impedimento do MP: tais hipóteses são, *mutatis mutandis,* as mesmas do juiz (consultar a exposição efetuada anteriormente).

Por outro lado, vale recordar a Súmula 234, STJ, que diz: *"a participação de membro do Ministério Público na fase investigatória criminal não acarreta o seu impedimento ou suspeição para o oferecimento da denúncia".* Não faria mesmo sentido restringir a participação do membro ministerial que atuou na fase de investigação, haja vista o papel do MP de titular da ação penal pública. Ademais, lembre-se de que as investigações criminais têm o MP como destinatário imediato;

g) Princípios que informam o MP (princípios institucionais)

g1) Unidade: consiste na integralidade do MP como instituição pública. Isto não provoca qualquer óbice em relação à distribuição das atribuições, já que é preciso fracioná-las para que se obtenha uma atuação mais eficiente de seus membros;

g2) Indivisibilidade: qualquer integrante do mesmo MP pode atuar no feito em curso sem a necessidade de designação específica. Essa atuação ocorre muito em comarcas situadas no interior dos Estados, quando, por exemplo, um promotor está em período de férias e outro, de comarca vizinha, assume temporariamente as suas atribuições. Não lhe será exigido qualquer ato específico de designação para aquele processo. Portanto, seus reflexos se dão predominantemente no âmbito endoprocessual, ou seja, no interior da relação processual;

g3) Independência funcional: O MP, no exercício das suas atribuições respectivas, não está subordinado a qualquer dos Poderes do Estado.

13.6. Querelante (vítima)

É o sujeito ativo da ação penal privada. O querelante atua como legitimado extraordinário, *i. e.,* age em nome próprio, defendendo interesse do Estado (que é o titular do direito de punir).

13.7. Assistente de acusação

É a vítima ou seu representante legal, ou, na falta destes, o CCADI, que se habilita para intervir como auxiliar acusatório do MP na ação penal pública (*vide* art. 268, CPP).

13.7.1. Quem pode habilitar-se como assistente de acusação?

Conforme visto, a vítima. Sendo esta incapaz, seu representante legal. Na falta da vítima (morte ou ausência) e de seu representante, poderão se habilitar como assistente o CCADI.

Por outro lado, frise-se que a lei não admite que o corréu, no mesmo processo, figure como assistente de acusação, haja vista ser também parte (art. 270, CPP).

13.7.2. Quando poderá habilitar-se o assistente?

A partir do recebimento da denúncia até o trânsito em julgado (arts. 268 e 269, CPP). Assim, não cabe o instituto da assistência na fase de IP e na fase de execução penal.

No procedimento do Júri, o assistente deverá requerer sua habilitação até 5 dias antes da data da sessão – art. 430, CPP.

Destaque-se que o assistente receberá a causa no estado em que esta se achar – art. 269, CPP. Isto visa a evitar dilações indevidas do processo (propositura de novas provas em fase inadequada, por exemplo).

Efetuado o pedido de habilitação como assistente, o juiz o remeterá ao MP para a manifestação deste órgão (art. 272, CPP). Após o parecer do MP, o juiz decidirá se admite ou não o requerimento de assistência.

Ainda, diz o art. 273, CPP, que "do despacho que admitir, ou não, o assistente, não caberá recurso, devendo, entretanto, constar dos autos o pedido e a decisão". Apesar do conteúdo deste artigo, tem entendido a doutrina que, em caso de indeferimento arbitrário, é cabível o mandado de segurança.

13.7.3. Faculdades processuais do assistente (o que pode ele fazer no curso do processo?)

Sobre o tema, sublinha o art. 271, CPP (considerado taxativo por certo setor da doutrina): "ao assistente será permitido propor meios de prova, requerer perguntas às testemunhas, aditar o libelo e os articulados, participar do debate oral e arrazoar os recursos interpostos pelo Ministério Público, ou por ele próprio, nos casos dos arts. 584, § 1º, e 598".

Esmiuçando esse dispositivo temos que ao assistente é facultado:

I – Propor meios de prova;

II – Realizar perguntas às testemunhas;

III – Aditar o libelo e os articulados. Este inciso está prejudicado no que tange ao libelo, pois não mais existe esta peça no procedimento do Júri;

IV – Participar de debate oral;

V – Arrazoar recursos interpostos pelo MP. Caso o MP recorra de alguma decisão no curso do processo, poderá o assistente colacionar as suas razões à impugnação ministerial;

VI – O assistente, previamente habilitado ou não, pode interpor (e arrazoar), autonomamente, recurso no caso de inércia recursal do MP nos seguintes casos: decisão de impronúncia (art. 584, § 1º); quando julgada extinta a punibilidade (art. 584, § 1º); e no caso de sentença absolutória (art. 598).

Destaque-se também a Súmula 210 do STF, que diz: "o assistente do Ministério Público pode recorrer, inclusive extraordinariamente, na ação penal, nos casos dos arts. 584, § 1º, e 598 do Código de Processo Penal".

Questão final: há **interesse** do assistente de acusação em interpor recurso de modo exclusivo (sem recurso do MP, portanto) para **agravar** a pena fixada ao réu?

I – Significativa parcela da **doutrina** entende que é **impossível** ao assistente de acusação apelar de modo exclusivo para **majorar** a punição imposta ao réu. Isto porque, sustentam esses autores, a vítima no processo penal brasileiro teria tão somente interesse em obter **reparação civil** dos danos causados pelo delito. Por esta razão, sendo prolatada a sentença penal **condenatória**, constituído, pois, o **título executivo judicial**, **cessaria**, desse ponto em diante, o interesse do ofendido, já que, como cediço, *a quantidade de pena aplicada não repercute na reparação civil*;

II – **De outro lado**, sustentando haver sim **interesse-utilidade,** está também considerável doutrina e a jurisprudência dos tribunais superiores STJ, HC 99857/SP, *DJe* 19.10.2009). Para essa segunda corrente, é preciso reconhecer na figura do assistente de acusação mais do que um simples interesse de ser indenizado no campo cível, pois deve ele estar comprometido, também, com a justa aplicação da lei penal.

13.8. Acusado

O réu ocupa o polo passivo da relação processual penal. Por conta de um critério biopsicológico adotado pelo CP e pela CF, só pode ser acusado o maior de 18 anos.

Ainda no que concerne à idade do acusado, é importante destacar que as disposições dos arts. 15, 262 e 564, III, "c", CPP, foram tacitamente revogadas pelo Código Civil de 2002. Com o advento deste Código, estabelecendo a maioridade civil aos 18 anos, as disposições inerentes à nomeação de curador para o réu maior de 18 anos e menor de 21 anos perderam o sentido.

Por outro lado, recorde-se que, nas ações penais privadas, o réu recebe a denominação de querelado.

Ainda, a pessoa jurídica é admitida atualmente como ré nos crimes ambientais, sendo bastante controversa a aplicação da teoria da dupla imputação, segundo a qual a pessoa física que causou o dano deve integrar o polo passivo como corréu.

13.8.1. Direitos do acusado

Por ser a parte mais frágil da relação processual penal, ao acusado são garantidos diversos direitos, buscando-se, assim, dentre outras coisas, assegurar a ampla defesa e evitar abusos por parte do órgão de acusação e do Estado-juiz. Já examinamos grande parte desses direitos ao longo desse livro. Apenas para lembrar, listamos aqui alguns: direito ao silêncio; direito de entrevistar-se previamente com seu defensor antes do interrogatório; direito à defesa técnica; direito de ser considerado presumidamente inocente até o trânsito em julgado de sentença penal condenatória etc.

13.9. Defensor

É aquele que, possuindo capacidade postulatória, patrocina a defesa técnica do acusado.

Vale recordar que a defesa técnica no processo penal é obrigatória, sob pena de nulidade absoluta do processo (art. 261, CPP). Nesse sentido, STF, Súmula 523: "no processo penal, a falta da defesa constitui nulidade absoluta, mas a sua deficiência só o anulará se houver prova de prejuízo para o réu". Isso é assim porque o réu é reconhecidamente sujeito hipossuficiente na relação processual penal, necessitando de amparo técnico para o exercício de sua defesa (direito inalienável e irrevogável).

Rememore-se também que, caso o acusado possua capacidade postulatória, poderá, querendo, exercer o auto-patrocínio (autodefender-se), hipótese em que a presença de um defensor técnico poderá ser dispensada.

É oportuno transcrever o teor do art. 265, CPP, que diz: "o defensor não poderá abandonar o processo senão por motivo imperioso, comunicado previamente o juiz, sob pena de multa de 10 (dez) a 100 (cem) salários mínimos, sem prejuízo das demais sanções cabíveis. § 1º A audiência poderá ser adiada se, por motivo justificado, o defensor não puder comparecer. § 2º Incumbe ao defensor provar o impedimento até a abertura da audiência. Não o fazendo, o juiz não determinará o adiamento de ato algum do processo, devendo nomear defensor substituto, ainda que provisoria-mente ou só para o efeito do ato".

Por questões didáticas, apresentaremos abaixo as deno-minações comumente utilizadas para o defensor:

I – Constituído (ou procurador): é o defensor constitu-ído pelo acusado por meio de procuração ou, diretamente, por meio de indicação verbal no momento em que for ouvido pela primeira vez;

II – Defensor público: membro da Defensoria Pública, no contexto aqui trabalhado, atua na defesa dos interesses daqueles que não dispõem de recursos financeiros para arcar com as despesas de um advogado particular. A sua atuação, em regra, independe da constituição por meio de procuração, salvo nas hipóteses dos arts. 39 e 44, CPP.

A Defensoria goza de prerrogativas processuais (arts. 44, 89 e 128, todos da LC 80/1994). Algumas das prerrogativas são: a intimação pessoal de quaisquer atos, em qualquer pro-cesso ou grau, jurisdicional ou administrativo; a contagem em dobro dos seus prazos; o livre acesso nos estabelecimen-tos em que atuam; realização de vista pessoal dos autos; e a comunicação pessoal e reservada com os seus assistidos.

III – Defensor dativo: é o advogado nomeado pelo juiz ante a ausência de defensor constituído pelo réu e/ou de defensor público na comarca;

IV – Defensor ad hoc: é o advogado designado pelo juiz para atuar na prática de determinado ato do processo. Esta designação decorre da ausência de defensor constituído e/ou de defensor público no momento em que se necessita de um patrono para atuar/acompanhar certo ato.

13.10. Servidores do Poder Judiciário

Também denominados servidores da justiça ou ser-ventuários, são aquelas pessoas investidas em cargo público (funcionários públicos) com atuação no Poder Judiciário. Ex.: escrivão, oficial de justiça, entre outros que integram a estrutura cotidiana de funcionamento do Judiciário.

Com efeito, também estão sujeitos, no que couber, ao regime de suspeição e impedimento (por analogia) inerente aos juízes (art. 274, CPP). Dessa maneira, é possível, por

exemplo, o afastamento de escrivão que possua interesse no feito para se evitar eventuais efeitos negativos sobre o andamento do processo.

13.11. Auxiliares do juízo

São aqueles que colaboram com o julgador quando este necessita de conhecimentos especializados em determinada área do saber humano. Ex.: perito e intérprete.

É oportuno destacar que os assistentes técnicos não são considerados auxiliares do juiz, pois possuem vínculo com as partes (art. 159, §§ 3º e 4º, CPP). São, pois, contratados pelas partes para oferecer parecer técnico sobre algum assunto.

13.11.1. Suspeição e impedimento:

Aplicam-se as regras de suspeição e impedimento (por analogia) relativas aos juízes ao perito e ao intérprete (arts. 280 e 281, CPP).

14. PRISÃO, MEDIDAS CAUTELARES E LIBERDADE PROVISÓRIA (DE ACORDO COM A LEI 12.403/2011)

A Lei 12.403/2011, que alterou o CPP, trouxe uma série de novidades para o universo da prisão provisória (cautelar ou processual) e da liberdade provisória, criando, ainda, diversas medidas cautelares pessoais diversas da prisão. Ao longo deste capítulo, analisaremos as mudanças trazidas pela nova lei.

14.1. Prisão: noções introdutórias

Prisão é a *supressão da liberdade de locomoção do indi-víduo*. A doutrina costuma dividir a prisão em: **prisão-pena** (que é aquela que *decorre* de sentença penal condenatória *transitada em julgado*) e **prisão sem pena** (que é a que ocorre *antes* da uma sentença penal definitiva). São **espécies** de **prisão sem pena**: prisão civil e prisão provisória (cautelar ou processual). Examinemos brevemente cada uma delas.

14.1.1. Prisão civil

Atualmente, esta modalidade de prisão só existe para o devedor (voluntário e inescusável) de alimentos (art. 5º, LXVII, CF)[104], pois, com o advento da Súmula vinculante 25 do STF, passou-se a considerar "ilícita a prisão civil do depo-sitário infiel, qualquer que seja a modalidade de depósito".

14.1.2. Prisão provisória (cautelar ou processual)

Consiste no encarceramento cautelar do indivíduo (antes de sentença penal definitiva, portanto). Atualmente, são **espécies** de prisão provisória: *a prisão em flagrante, a*

---

104. Registre-se que recentemente, a 3ª Turma do STJ, em julgamento que não teve seu número divulgado em virtude do segredo de justiça decretado, entendeu que a prisão civil do alimentante só poderá ser aplicada em relação às três últimas parcelas da pen-são, devendo o restante da dívida ser cobrado pelos meios ordi-nários. Disponível em: [http://www.stj.jus.br/sites/STJ/default/pt_BR/Comunicação/noticias/Notícias/Terceira-Turma-reco-nhece-excesso-em-prisão-de-homem-que-deve-quase-R$-200--mil-de-pensão-à-ex-mulher].

prisão temporária e a prisão preventiva. Note o leitor que *foram revogadas a prisão decorrente de sentença condenatória recorrível (antigo art. 594, CPP) e a prisão decorrente de pronúncia (antigo art. 408, § 1º, CPP)*. Isto porque as Leis 11.689/2008 e 11.719/2008, coroando contundente entendimento da comunidade jurídica, revogaram essas duas modalidades de prisão provisória. Mais adiante, estudaremos de forma mais detalhada as espécies de prisão provisória. Por ora, é importante ficar claro que, conforme determina o novo art. 300, CPP (alterado pela **Lei 12.403/2011**), as pessoas presas provisoriamente ficarão separadas das que já estiverem definitivamente condenadas, nos termos da lei de execução penal. O militar, por sua vez, preso em flagrante delito, após a lavratura dos procedimentos legais, será recolhido a quartel da instituição a que pertencer, onde ficará preso à disposição das autoridades competentes (parágrafo único do art. 300, CPP).

14.2. Prisão decorrente de *ordem judicial*

Inicialmente, convém transcrever o famoso art. 5º, LXI, CF, que diz: "ninguém será preso senão em flagrante delito ou *por ordem escrita e fundamentada de autoridade judiciária competente*, salvo nos casos de transgressão militar ou crime propriamente militar, definidos em lei" (grifo nosso). Com efeito, *salvo* os casos explicitados por esse dispositivo (prisão em flagrante, transgressão militar e crime propriamente militar) – e algumas outras hipóteses que veremos no tópico logo abaixo – *vige no Brasil a regra da necessidade de ordem judicial prévia para a imposição de prisão ao indivíduo*. Exemplos: sentença penal condenatória transitada em julgado, decisão pela preventiva etc.[105]

Pois bem, sendo o caso de prisão decorrente de ordem judicial (preventiva, por exemplo), o magistrado que decretou a prisão deverá expedir o competente mandado prisional. Segundo o art. 291, CPP, entende-se realizada a prisão por mandado quando "o executor, fazendo-se conhecer do réu, lhe apresente o mandado e o intime a acompanhá-lo". Há, porém, uma série de formalidades ligadas ao *mandado* que, na sequência, serão analisadas.

O art. 285, parágrafo único, CPP, por exemplo, estabelece que o mandado deverá: a) ser lavrado pelo escrivão e assinado pela autoridade (juiz); b) designar a pessoa, que tiver de ser presa, por seu nome, alcunha ou sinais característicos; c) mencionar a infração penal que motivar a prisão; d) declarar o valor da fiança arbitrada, quando afiançável a infração; e e) ser dirigido a quem tiver qualidade para dar-lhe execução.

O art. 286, CPP, por sua vez, diz que "o mandado será passado em duplicata, e o executor entregará ao preso, logo depois da prisão, um dos exemplares com declaração do dia, hora e lugar da diligência. Da entrega deverá o preso passar recibo no outro exemplar; se recusar, não souber ou não puder escrever, o fato será mencionado em declaração,

assinada por duas testemunhas".

Ademais, estabelece o art. 288, CPP, que ninguém poderá ser recolhido à prisão sem que o mandado seja exibido ao respectivo diretor do presídio ou carcereiro. Para tanto, o executor deverá entregar ao diretor ou carcereiro uma cópia assinada do mandado ou apresentar a guia expedida pela autoridade competente. De uma forma ou de outra, deverá ser passado recibo (até no próprio exemplar do mandado) com declaração de dia e hora da entrega do preso.

Noutro giro, de acordo com a alteração promovida pela Lei 12.403/2011 no CPP, o juiz, ao expedir o mandado de prisão, deverá providenciar o imediato **registro** desse documento em **banco de dados** mantido pelo Conselho Nacional de Justiça (CNJ) para essa finalidade (novo art. 289-A).

Estabelece o § 1º deste mesmo dispositivo (art. 289-A) que qualquer agente policial poderá efetuar a prisão determinada no mandado de prisão registrado no CNJ, *ainda que fora da competência territorial do juiz que o expediu*.

Mas não é só, pois o § 2º diz que mesmo que o mandado *não esteja registrado* no referido banco de dados do CNJ, *ainda assim será possível a prisão do indivíduo por parte de qualquer agente policial*. Entretanto, neste caso, o agente policial responsável pela prisão do sujeito deverá, primeiro, adotar as precauções necessárias para averiguar a autenticidade do mandado e, segundo, comunicar a prisão ao juiz que a decretou. O magistrado, por sua vez, ao ser comunicado da prisão que decretou, deverá providenciar, em seguida, o registro do mandado no mencionado banco de dados do CNJ.

Efetuada a prisão, esta será "imediatamente comunicada ao juiz do local de cumprimento da medida (leia-se: do local da captura) o qual providenciará a certidão extraída do registro do Conselho Nacional de Justiça e informará ao juízo que a decretou" – § 3º do art. 289-A, CPP.

Finalmente, ocorrida a prisão, o preso será informado de seus direitos, nos termos do inciso LXIII do art. 5º, CF (direito de permanecer calado, sendo-lhe assegurada a assistência da família e de advogado), e, caso o autuado não informe o nome de seu advogado, será comunicado o fato à Defensoria Pública – § 4º do art. 289-A, CPP.

Nessa última hipótese, a ausência de comunicação do flagrante em 24h ensejará a nulidade do flagrante, **exceto:**

a) se na comarca e adjacências **não houver Defensoria Pública**, como se depreende do **STJ, HC 186456/MG, *DJe* 19.10.2011**: "no caso concreto, o juízo homologou a prisão em flagrante no prazo de 24 horas, nos termos do art. 306, CPP, razão por que não há falar em constrangimento ilegal. A não comunicação à Defensoria Pública se justificou pela ausência da instituição na localidade ou mesmo nas proximidades, denotando-se, assim, a impossibilidade de cumprimento do art. 306, § 1º, CPP".

b) se houver a comunicação em prazo razoável, segundo entendimento do **STJ no RHC 25633/SP, *DJe* 14.09.2009**, a seguir transcrito: "I – Na linha de precedentes desta Corte, não há que se falar em vício formal na lavratura do auto de prisão em flagrante se sua comunicação, mesmo tendo ocorrida a destempo da regra prevista no art. 306, § 1º, do

---

105. Reforça essa ideia o novel art. 283, *caput*, do CPP, que, alterado pela Lei 12.403/2011, diz: "ninguém poderá ser preso senão em flagrante delito ou por ordem escrita e fundamentada da autoridade judiciária competente, em decorrência de sentença condenatória transitada em julgado ou, no curso da investigação ou do processo, em virtude de prisão temporária ou prisão preventiva".

CPP, foi feita em lapso temporal que está dentro dos limites da razoabilidade (precedentes). (...) Preso em 29.08.2008, sua prisão foi notificada à defensoria pública em 02.09.2008. Desse modo, em razão da regularidade da prisão em flagrante, entendo que o atraso na comunicação do órgão de defesa constitui-se em mera irregularidade que não tem o condão de ensejar o relaxamento de sua segregação". Ver também: RHC 27.067/SP, 5ª Turma, *DJ* 12.04.2010.

14.3. Prisão sem prévia ordem judicial

Em casos específicos, o indivíduo poderá ser preso *sem* a ordem prévia de um juiz. São eles:

14.3.1. Prisão em flagrante

Situação em que qualquer pessoa poderá efetuar a prisão do indivíduo sem a necessidade de prévia ordem judicial (*vide* art. 301, CPP). Sobre esta modalidade, aprofundaremos a abordagem mais adiante.

14.3.2. Transgressões militares ou crimes propriamente militares

A prisão aqui será decretada por autoridade militar (competência da Justiça Militar, portanto).

14.3.3. Prisão durante o Estado de Defesa e de Sítio (arts. 136, § 3º, I, e 139, II, CF, respectivamente)

São situações anômalas (guerra, por exemplo) em que autoridades *não judiciárias*, em certos casos, poderão decretar a prisão das pessoas.

14.3.4. Recaptura de réu evadido (art. 684, CPP)

Conforme Mirabete (2006, p. 1.788), qualquer pessoa poderá efetuar a prisão do acusado/condenado que se evadiu da cadeia.[106]

14.3.5. Prisão do réu por crime inafiançável sem a posse prévia de ordem judicial (art. 287, CPP)

Na verdade, nesse caso, os agentes policiais, no momento da captura do indivíduo praticante de crime inafiançável, sabem da existência de prévia ordem judicial expedida, porém, não a possuem no exato instante da prisão. Nessa situação, autoriza a lei que os agentes policiais efetuem a prisão do indivíduo sem a referida ordem judicial, desde que apresentem imediatamente o capturado ao juiz expedidor do mandado.

14.4. Uso de força e de algemas no momento da prisão

Sobre o **emprego de força** no momento da prisão (com ou sem ordem judicial), estabelece o CPP, no art. 284, que "não será permitido o emprego de força, salvo a indispensável no caso de resistência ou de tentativa de fuga do preso". E, mais adiante, no art. 292: "se houver, ainda que por parte de terceiros, resistência à prisão em flagrante ou à determinada por autoridade competente, o executor e as pessoas que o auxiliarem poderão usar dos meios necessários para defender-se ou para vencer a resistência, do que tudo se lavrará auto subscrito também por duas testemunhas".

Nesse sentido, a Lei 13.060/2014 estabelece as diretrizes para o uso da força priorizando os instrumentos de menor potencial ofensivo, que são definidos no art. 4º como "aqueles projetados especificamente para, com baixa probabilidade de causar mortes ou lesões permanentes, conter, debilitar ou incapacitar temporariamente pessoas".

Temos como exemplos desses instrumentos: *tasers,* algemas, gás lacrimogênio, balas de borracha, entre outros. São alternativas ao uso das armas de fogo, que são letais.

As diretrizes de uso desses instrumentos estão contidas no art. 2º, quais sejam: I – legalidade; II – necessidade; e III – razoabilidade e proporcionalidade.

Fica vedado o uso de arma de fogo nas seguintes situações:

I – contra pessoa em fuga que esteja desarmada ou que não represente risco imediato de morte ou de lesão aos agentes de segurança pública ou a terceiros;

II – contra veículo que desrespeite bloqueio policial em via pública, exceto quando o ato represente risco de morte ou lesão aos agentes de segurança pública ou a terceiros.

Por fim, importante destacar que esta Lei necessita de regulamentação pelo Poder Executivo no que tange à classificação e disciplina do uso dos instrumentos não letais (art. 7º).

Em resumo: só se deve empregar a força absolutamente necessária para efetuar a prisão do indivíduo, podendo os eventuais excessos das autoridades caracterizar abuso de autoridade, lesão corporal etc.[107]

Por outro lado, no que tange ao **uso de algemas**, a Súmula vinculante 11, STF, diz que: "só é lícito o uso de algemas em caso de resistência e de fundado receio de fuga ou de perigo à integridade física própria ou alheia, por parte do preso ou de terceiros, justificada a excepcionalidade por escrito, sob pena de responsabilidade disciplinar civil e penal do agente ou da autoridade e de nulidade da prisão ou do ato processual a que se refere, sem prejuízo da responsabilidade civil do Estado".

A utilização de algemas no Tribunal do Júri somente será possível caso seja absolutamente necessária à ordem dos trabalhos, à segurança das testemunhas ou à garantia da integridade física dos presentes, nos termos do § 3º da art. 474 do CPP. Nesse sentido, em julgado recente, a 6ª Turma do STJ anulou júri por conta do uso indevido de algemas (STJ, AgRg no AREsp 1053049/SP, *Dje* 02.08.2017).

Acrescente-se o seguinte julgado: STJ, HC 140718, *DJe* 25.10.2012, Inf. 506 – "não há nulidade processual na recusa do juiz em retirar as algemas do acusado durante a audiência

---

106. Há, porém, quem afirme que este dispositivo estaria revogado por conta da revogação tácita de todo o Livro IV do CPP pela Lei de Execução Penal (7.210/1984).

107. Eventuais excessos praticados pelo indivíduo a ser preso poderão caracterizar: resistência (art. 329, CP); desobediência (art. 330, CP); ou mesmo evasão mediante violência contra a pessoa (art. 353, CP).

de instrução e julgamento, desde que devidamente justificada a negativa" e HC 351.219/SP, 6ª Turma, *DJ* 30.06.2016.

Ademais, vale destacar o que dispõe o CPP sobre o uso de algemas no âmbito específico da instrução em plenário do procedimento do Júri. Diz o art. 474, § 3º "Não se permitirá o uso de algemas no acusado durante o período em que permanecer no plenário do júri, salvo se absolutamente necessário à ordem dos trabalhos, à segurança das testemunhas ou à garantia da integridade física dos presentes." E, em outra passagem, diz o art. 478: "Durante os debates as partes não poderão, sob pena de nulidade, fazer referências: I – (...) à determinação do uso de algemas como argumento de autoridade que beneficiem ou prejudiquem o acusado".

Finalmente, sugere-se ao leitor a consulta do Decreto 8.858/2016, que conferiu um tratamento mais detalhado à questão do uso de algemas. Seguindo a mesma tendência vista acima, o Decreto admite o uso de algemas apenas excepcionalmente. Os casos excepcionais que admitem o uso de algemas são os seguintes (art. 2º): resistência do indivíduo; fundado receio de fuga; perigo à integridade física própria ou alheia, causado pelo preso ou por terceiros. Note-se ainda que a autoridade precisará fundamentar por escrito o uso de algemas (art. 2º). Finalmente, vale dar destaque aqui ao art. 3º do referido Decreto que veda "o emprego de algemas em mulheres presas em qualquer unidade do sistema penitenciário nacional durante o trabalho de parto, no trajeto da parturiente entre a unidade prisional e a unidade hospitalar e após o parto, durante o período em que se encontrar hospitalizada". Quanto à mulher parturiente, foi publicada a Lei 13.434/2017, que acrescenta o parágrafo único ao art. 292 do CPP para vedar o uso das algemas nas seguintes condições: "É vedado o uso de algemas em mulheres grávidas durante os atos médico-hospitalares preparatórios para a realização do parto e durante o trabalho de parto, bem como em mulheres durante o período de puerpério imediato".

14.5. Prisão e (in)violabilidade do domicílio

Estabelece o art. 5º, XI, CF, que: "a casa é asilo inviolável do indivíduo, ninguém nela podendo penetrar sem consentimento do morador, salvo em caso de flagrante delito ou desastre, ou para prestar socorro, ou, durante o dia, por determinação judicial". Dessa passagem extrai-se que é possível penetrar em casa alheia, sem o consentimento do morador, nas seguintes situações:

14.5.1. Durante o dia

Por meio de flagrante delito; para prestar socorro; em caso de desastre; e através de mandado judicial. A expressão "dia", segundo majoritária doutrina, compreende o período das 06h00 às 18h00.

14.5.2. Durante a noite

Por meio de flagrante delito; para prestar socorro; e em caso de desastre. Impossível, portanto, durante o período noturno, adentrar em casa alheia (seja a do próprio infrator, seja de terceiros) para dar cumprimento a mandado judicial. Nesse ponto, oportuno transcrever o art. 293, CPP, que

dispõe: "se o executor do mandado verificar, com segurança, que o réu entrou ou se encontra em alguma casa, o morador será intimado a entregá-lo, à vista da ordem de prisão. Se não for obedecido imediatamente, o executor convocará duas testemunhas e, sendo dia, entrará à força na casa, arrombando as portas, se preciso; sendo noite, o executor, depois da intimação ao morador, se não for atendido, fará guardar todas as saídas, tornando a casa incomunicável, e, logo que amanheça, arrombará as portas e efetuará a prisão. Parágrafo único. O morador que se recusar a entregar o réu oculto em sua casa será levado à presença da autoridade, para que se proceda contra ele como for de direito".[108]

Observação: a expressão "casa", constante da passagem constitucional citada, possui ampla abrangência. Para o CP (art. 150, § 4º), o termo "casa" compreende: "I – qualquer compartimento habitado; II – aposento ocupado de habitação coletiva; III – compartimento não aberto ao público, onde alguém exerce profissão ou atividade". Para tornar mais claro, seguem alguns exemplos de "casa": estabelecimento comercial (STF, HC 106566, *DJe* 19.03.2015); escritório de contabilidade (STF HC 103325, *DJe* 30.10.2014 e HC 93050/RJ, *DJe* 01.08.2008); quarto de hotel ocupado (STF RHC 90376/RJ, *DJe* 18.05.2007); escritório de advocacia; consultório médico; quarto de pensão (NUCCI, 2006, p. 510).

Por outro lado, para o CP, *não se* compreendem na expressão "casa" (art. 150, § 5º): "I – hospedaria, estalagem ou qualquer outra habitação coletiva, enquanto aberta, salvo a restrição do n. II do § 4º (*i. e.*: aposento *ocupado* de habitação coletiva); II – taverna, casa de jogo e outras do mesmo gênero".

14.6. Prisão do indivíduo que se encontra em Comarca diversa da do juiz que expediu a ordem

Nessa situação, a prisão se dará por carta precatória, devendo esta conter o inteiro teor do mandado prisional (art. 289, *caput*, CPP). Havendo *urgência*, o juiz poderá requisitar a prisão por qualquer meio de comunicação (fax, telefone, *e-mail*, telegrama etc.), do qual deverá constar o motivo da prisão, bem como o valor da fiança se arbitrada (*vide* § 1º do art. 289, alterado pela Lei 12.403/2011).[109]

---

108. Algumas observações sobre este parágrafo único. O morador que não apresentar o infrator às autoridades, só será responsabilizado criminalmente (art. 348, CP, por exemplo) se: a) se tratar de prisão em flagrante desse último (infrator). É que, nesse caso, conforme a CF, a prisão pode ser realizada em casa alheia, de dia ou de noite, pelas autoridades, sem necessidade de concordância do morador; e b) se tratar de prisão por mandado judicial cumprida durante o dia. Nessa hipótese (durante o dia), como vimos, também é possível penetrar em casa alheia sem o consentimento do morador. Por outro lado, o morador não será responsabilizado se negar a entrada das autoridades para dar cumprimento a mandado judicial *durante a noite*. O morador, neste último caso, está amparado pela CF e, por isso, enquanto durar a noite, não sofrerá qualquer consequência jurídica negativa se negar-se a entregar o infrator.

109. Confirma essa ideia, o novo art. 299, CPP, alterado pela Lei 12.403/2011, que diz: "a captura poderá ser requisitada, à vista de mandado judicial, por qualquer meio de comunicação, tomadas pela autoridade, a quem se fizer a requisição, as precauções necessárias para averiguar a autenticidade desta".

Ademais, o § 2º desse mesmo dispositivo (art. 289) estabelece que "a autoridade a quem se fizer a requisição tomará as precauções necessárias para averiguar a autenticidade da comunicação".

Finalmente, o § 3º sublinha que "o juiz processante deverá providenciar a remoção do preso no prazo máximo de 30 dias, contados da efetivação da medida" (leia-se: da prisão). Ou seja, o preso deverá ser removido para o distrito da culpa (*i. e.*, para o local onde está sendo processado criminalmente).

14.7. Prisão em perseguição

O § 1º do art. 290, CPP, afirma que a perseguição ocorre quando o executor: a) avista o infrator e o persegue sem interrupção, embora depois o perca de vista; e b) sabe, por indícios ou informações fidedignas, que o infrator passou, há pouco tempo, em tal ou qual direção, pelo lugar em que o procure, vai a seu encalço (chama a doutrina esta situação de "encalço fictício").

Pois bem, quando em perseguição (seja por conta de flagrante delito seja por conta de ordem judicial), é perfeitamente possível realizar a prisão do sujeito em território de *outra Comarca* (sendo *desnecessária*, nesse caso, a expedição de carta precatória). Efetuada a captura nessa situação (Comarca diversa), o executor deverá apresentar imediatamente o capturado à *autoridade local* (leia-se: delegado, conforme Nucci, 2006, p. 576). Tratando-se de prisão em flagrante, incumbirá à autoridade do local da captura (delegado) lavrar o *auto* de prisão em flagrante, providenciando-se, posteriormente, a remoção do preso. Em caso de prisão por mandado judicial, capturado o infrator e apresentado à autoridade local (delegado), também deverá ocorrer a posterior remoção do preso para que fique à disposição do juiz que decretou a ordem.

Finalmente, o § 2º do art. 290 afirma que, quando as autoridades locais tiverem fundadas razões para duvidar da legitimidade da pessoa do executor ou da legalidade do mandado judicial apresentado, poderão pôr em custódia o réu, até que fique esclarecida a dúvida.

14.8. Prisão especial

Entendendo o tema: quis o legislador ordinário que determinadas pessoas, por conta do *cargo/função* que exercem, em caso de prisão *provisória* (flagrante, preventiva e temporária), ficassem segregadas em *estabelecimentos distintos* da prisão comum. A isso, convencionou-se chamar de "prisão especial".

A pessoa que faz jus a esse tipo de prisão deverá permanecer encarcerada em local distinto da prisão comum (§ 1º do art. 295, CPP). Inexistindo estabelecimento específico, o preso especial deverá ficar em cela separada dentro de estabelecimento penal comum (§ 2º). De um jeito ou de outro, "a cela especial poderá consistir em alojamento coletivo, atendidos os requisitos de salubridade do ambiente, pela concorrência dos fatores de aeração, insolação e condicionamento térmico adequados à existência humana" (§ 3º).

Sendo realmente impossível acomodar o preso especial em local apropriado, permite a Lei 5.256/1967 que, ouvido o MP, o juiz submeta o indivíduo à *prisão domiciliar*, oportunidade em que ficará detido em sua própria residência.

Além de ter direito a ficar segregado em local distinto da prisão comum, o preso especial também faz jus a não ser transportado juntamente com os presos comuns (§ 4º).

Mas *quem seriam essas pessoas com direito à prisão especial?* Há uma extensa lista de pessoas no arts. 295 e 296, CPP (cuja leitura recomendamos). Porém, esse rol não é exaustivo, visto que diversos outros indivíduos também gozam do direito à prisão especial. A título de exemplo, temos o defensor público (art. 44, III – DPU; art. 89, III – DPDFT; art. 128, III – DPE, todos da LC 80/1994, bem como os membros do MP e do MPU, respectivamente (art. 40, V, Lei 8.625/1993; art. 18, II, "e", LC 75/93) que, se presos provisoriamente, têm direito a serem recolhidos em sala de Estado Maior,[110] com instalações e comodidades condignas, garantida a sua privacidade, e, após condenação definitiva, ser recolhido em dependência separada no estabelecimento penal onde for cumprida a pena. Ver também o art. 84, § 2º, LEP.

Observações finais: a) note o leitor que a prisão especial só tem cabimento enquanto não ocorrer o trânsito em julgado da sentença penal condenatória. Ocorrendo este, deve o preso ser encaminhado ao estabelecimento penal comum, *salvo* se, à época do fato, era funcionário da administração da *justiça criminal*, caso em que, mesmo após a sentença definitiva, deverá permanecer *separado* dos demais presos (art. 84, § 2º, LEP); e b) apesar de apoiada por significativo setor da comunidade jurídica, a prisão especial, segundo pensamos, salvo no caso do art. 84, § 2º, LEP, configura vergonhosa ofensa ao princípio da isonomia (art. 5º, *caput*, CF). Ilustrativamente, recorde-se a prisão especial para "os diplomados em curso superior". O tratamento "especial" (elitista) aqui dispensado pauta-se, na verdade, no padrão social/cultural ao qual pertence o indivíduo (algo absurdo). Assim, somente os que conseguem acesso a um curso superior fazem jus a esse tratamento distinto (leia-se: desigual). Nesse sentido, consultar as afiadas críticas que Nucci (2006, p. 580) faz sobre o tema.

14.9. Prisão em flagrante (arts. 301 a 310, CPP)

14.9.1. Conceito

É a prisão que ocorre no momento em que uma infração penal está sendo cometida ("certeza visual do crime") ou pouco tempo depois de seu cometimento. Nessa modalidade de prisão, vale recordar, *dispensa-se* a necessidade de *ordem judicial* (art. 5º, LXI, CF).

14.9.2. Natureza

É *controversa* a natureza jurídica da prisão em flagrante. *Prevalece*, no entanto, o entendimento de que se trata de *ato*

---

110. "'Sala de Estado Maior' deve ser interpretada como sendo uma dependência em estabelecimento castrense, sem grades, com instalações condignas" (STF, Rcl 4713/SC, *DJ* 17.12.2007). **Cabe ressaltar que "O recolhimento da paciente em local não condizente com as características de sala de Estado Maior, previstas no art. 7º, V, da Lei 8.906/1994, está em descompasso com a jurisprudência desta Suprema Corte, que autoriza, à sua falta, a adoção de medida cautelar diversa", vide STF, HC 131555, 2ª Turma,** *DJ* **28.03.2016".**

complexo (ato administrativo + ato processual). Explica--se. No ato da *captura*, a prisão em flagrante teria natureza *administrativa*. Por outro lado, no momento da *comunicação* do flagrante ao juiz competente (conforme impõe o art. 5º, LXII, CF), em caso de *manutenção* do ato prisional por parte deste, a prisão em flagrante passaria a ter natureza *processual* (cautelar) (TOURINHO FILHO, 2005, v. 1, p. 711).

14.9.3. Quem pode efetuar a prisão em flagrante (sujeito ativo – art. 301, CPP)?

a) Ocorrendo uma situação de flagrante delito, qualquer pessoa do povo poderá vir a efetuar a prisão do infrator. Veja que se trata de faculdade e não de obrigação. Da mesma forma, os agentes das guardas municipais. Apelida a doutrina essa hipótese de *flagrante facultativo;* e **b)** por outro lado, as autoridades policiais e seus agentes têm o *dever* de prender quem quer que se encontre em flagrante delito (chamado de *flagrante obrigatório ou compulsório*). Conforme acentua certa doutrina, esse dever de prender ocorre inclusive no período de *folga, licença ou férias* **do delegado e dos policiais, militares ou civis.**

14.9.4. Quem pode ser preso em flagrante (sujeito passivo)?

Em regra, todos. Porém, há certas especificidades aqui. Vamos a elas:

a) Presidente da República: não pode ser preso cautelarmente (nem em flagrante). O Presidente goza da mais ampla imunidade prisional em nosso país – só pode ser preso em virtude de sentença penal condenatória transitada em julgado (art. 86, § 3º, CF);

b) Diplomatas estrangeiros (ex.: embaixador): não podem ser presos em flagrante (art. 1º, I, CPP c/c a Convenção de Viena). *Também não podem (por extensão) ser presos em flagrante:* os familiares dos diplomatas, os funcionários de organizações internacionais em atividade (ONU, *v. g.*), os chefes de Estado em visita a território estrangeiro e os representantes de Estado quando em atividade no exterior. Os cônsules, a seu turno, possuem *imunidade restrita*. *Só não podem ser presos em flagrante se estiverem no exercício de suas funções*. Do contrário, quando em atividade *estranha* às funções, a prisão em flagrante será possível;

c) Senadores, Deputados Federais, Deputados Estaduais, membros do MP e da magistratura: só podem ser presos em flagrante pela prática de crime *inafiançável* (consultar: art. 53, § 2º, CF; art. 27, § 1º, CF; art. 40, III, Lei 8.625/1993; e art. 33, II, LC 35/1979). Atenção: os vereadores *podem normalmente ser presos em flagrante (mesmo por crime afiançável);*

d) Defensores Públicos: podem ser presos em flagrante, mas a prisão deverá ser imediatamente comunicada ao Defensor Público-Geral (art. 44, II – DPU; art. 128, II – DPE; art. 89, II – DPDFT; todos contidos na LC 80/1994).

e) Advogados (art. 7º, § 3º, EOAB): aqui, algumas distinções se mostram necessárias:

e1) Advogado que, no exercício da profissão (defendendo algum interesse que lhe foi confiado), pratica crime inafiançável: neste caso, é possível efetuar a prisão em flagrante. Porém, no momento da lavratura do auto de prisão (APF),

deverá ser assegurada ao advogado a presença de um representante da OAB;

e2) Advogado que, no exercício da profissão, pratica crime afiançável: não é possível efetuar a prisão em flagrante nesse caso;

e3) Advogado que pratica crime (afiançável ou inafiançável) fora do exercício profissional (ex.: estupro): nesta hipótese, é possível efetuar a prisão do advogado, devendo, entretanto, comunicar-se o fato à seccional da OAB a qual pertença o patrono;

f) Período de eleição: diz o art. 236, Código Eleitoral, "nenhuma autoridade poderá, desde 5 (cinco) dias antes e até 48 (quarenta e oito) horas depois do encerramento da eleição, prender ou deter qualquer eleitor, salvo em flagrante delito ou em virtude de sentença criminal condenatória por crime inafiançável, ou, ainda, por desrespeito a salvo-conduto". Dentre outras coisas, podemos **concluir** dessa norma o seguinte: *durante o período compreendido entre 5 dias antes e 48h depois do encerramento da eleição, a* **prisão em flagrante do eleitor** *só será possível pela prática de crime inafiançável;*

g) Autor de infração de menor potencial ofensivo (IMPO): praticada uma IMPO e lavrado o termo circunstanciado (TC ou TCO) pelo delegado, caso o autor do fato se dirija imediatamente ao juizado ou assuma o compromisso de a ele comparecer, *não será preso em flagrante, nem se exigirá fiança* (art. 69, parágrafo único, JECRIM[111]). Portanto, o autor de uma IMPO só pode ser preso em flagrante se não se dirigir imediatamente ao juizado e nem se comprometer a comparecer posteriormente;

h) Indivíduo surpreendido na posse de drogas para consumo pessoal (art. 28, Lei 11.343/2006): conforme a atual Lei de Drogas, ao sujeito surpreendido nessas circunstâncias *não se imporá a prisão em flagrante*, "devendo o autor do fato ser imediatamente encaminhado ao juízo competente ou, na falta deste, assumir o compromisso de a ele comparecer, lavrando--se termo circunstanciado e providenciando-se as requisições dos exames e perícias necessários" (art. 48, § 2º). Caso haja a recusa por parte do indivíduo de comparecimento (imediato ou posterior), *não se poderá prendê-lo em flagrante* (como no caso anterior – letra "f");

i) Condutor de veículo que presta socorro à vítima (art. 301, CTB): nos casos de acidente de trânsito de que resulte vítima, não se imporá prisão em flagrante, nem se exigirá fiança se o condutor prestar pronto e integral socorro àquela;

j) Menores de 18 anos de idade:

j1) tratando-se de ato infracional (fato descrito como crime ou contravenção na legislação) praticado por criança (menor de 12 anos), *não se imporá a prisão em flagrante, devendo o infante, entretanto, ser apresentado ao Conselho Tutelar ou à Justiça da Infância e Juventude para aplicação da medida de proteção cabível* (consultar: arts. 101, 103, 105 e 136, I, ECA);

j2) Por outro lado, tratando-se de ato infracional praticado por adolescente (aquele que já atingiu 12 anos, porém menor de 18), *é possível a sua apreensão (não se usa a palavra prisão em flagrante), oportunidade em que deverá o menor ser encaminhado à autoridade policial* (art. 172 e ss., ECA).

---

111. Juizado Especial Criminal – Lei 9.099/1995.

14.9.5. Modalidades de prisão em flagrante

a) Flagrante próprio, propriamente dito, real ou verdadeiro (incisos I e II do art. 302, CPP): *ocorre quando o agente está cometendo a infração penal ou acaba de cometê-la*. Perceba o leitor que, neste último caso ("acaba de cometê-la"), há uma *relação de imediatidade* entre a prática do delito e a prisão do agente. Ex.: agente que, assim que termina de efetuar o roubo, é surpreendido pela polícia logo na porta da agência bancária;

b) Flagrante impróprio, irreal ou quase flagrante (inc. III): *ocorre quando o agente é perseguido logo após a prática da infração penal em situação que faça presumir ser ele o autor do fato*. Para a doutrina, a expressão "**logo após**" representa um espaço de tempo maior do que a "acaba de cometer" (do inciso anterior). "**Logo após**" *compreende o período necessário para a polícia (ou particular) chegar ao local do crime, colher informações e iniciar a perseguição do agente* (*vide* art. 290, § 1º, CPP). Ademais, note que a perseguição do agente pela polícia deve ser *ininterrupta* – caso ocorra interrupção, *não mais será possível efetuar a prisão em flagrante*. Outro ponto, *não existe o prazo de 24h* (comumente divulgado pela mídia) para "afastar" o flagrante. Enquanto durar a perseguição do agente (dias, semanas etc.) será possível a prisão em flagrante. Vamos a um exemplo: após o agente roubar o banco e fugir, o gerente da agência, ato contínuo, entra em contato com a polícia, que, após se dirigir ao local, inicia imediatamente a perseguição do indivíduo, culminando na prisão deste;

c) Flagrante presumido, ficto ou assimilado (inciso IV): *ocorre quando o agente é encontrado, logo depois, com instrumentos, armas, objetos ou papéis que façam presumir ser ele autor da infração*. A expressão-chave aqui é: "**encontrado logo depois**". Entende a doutrina que o lapso de tempo nessa situação é *ainda maior* do que o do inciso anterior ("logo após"). Atente o leitor que nessa modalidade de flagrante *não há perseguição*. O agente é, na verdade, encontrado *ocasionalmente* logo depois da prática do delito. Por fim, note-se que não há também um prazo fixo para a expressão "logo depois", devendo ser interpretado como *lapso razoável* (conforme STJ, HC 49898/SE, *DJe* 22.09.2008 e HC 157.017/MG, *DJe* 03.05.2010). Segue um exemplo: após roubar um banco e empreender fuga sem ser perseguido, o agente, momentos mais tarde, é abordado por policiais que realizavam rondas costumeiras numa praça. Neste instante, os policiais descobrem em poder do agente grande quantidade de dinheiro, além de carteiras e objetos de outras pessoas, fazendo presumir ser ele o autor da infração. Resultado: flagrante presumido;

d) Flagrante preparado ou provocado:[112] acontece quando o indivíduo é induzido ou instigado pela polícia (ou terceiros) a praticar o crime e, ao cometê-lo, é preso "em flagrante". O elemento-chave aqui é a figura do "**agente provocador**" – que estimula ou induz a prática do crime. Ao mesmo tempo em que se incita o indivíduo a delinquir, são tomadas todas as providências para impedir a consumação do crime. Essa modalidade de prisão, além de ser considerada *ilegal*, configura hipótese de **crime impossível** (Súmula 145, STF). Ex.: policial disfarçado solicita ao indivíduo certa quantidade de droga. Este, que não

possuía previamente o entorpecente,[113] ao consegui-lo para o policial é preso em flagrante;[114]

e) Flagrante esperado: *ocorre quando o policial ou o particular, tomando conhecimento da prática de crimes em determinado local, fica a esperar que a conduta delituosa seja cometida para então efetuar a prisão*. Essa modalidade de prisão é *perfeitamente válida*. Exemplo: a polícia recebe a notícia de que determinado funcionário público está exigindo das pessoas quantia em dinheiro indevida para a prática de atos ligados ao seu ofício (art. 316, CP).[115] Os policiais, após se dirigirem ao local, aguardam (*sem interferir*) a prática do crime. Quando este ocorre, efetuam a prisão. Observe o leitor que a polícia *não provoca*, *não estimula* o agente, mas tão somente *aguarda* a conduta criminosa daquele para então efetuar a prisão em flagrante. Sobre o flagrante esperado, ver STJ: RHC 38.810/MG, *DJ* 18.11.2015;

f) Flagrante prorrogado, postergado, retardado, diferido ou ação controlada: conforme vimos, quando o sujeito ativo da prisão é o delegado ou seus agentes, há o dever de, *imediatamente*, prender em flagrante quem quer que se encontre nessa situação (art. 301, CPP). Ou seja, vislumbrada uma situação de flagrante delito, devem aquelas autoridades atuar *prontamente*. Porém, a lei, em certos casos (**crime organizado, tráfico de drogas e lei de lavagem de capitais**), possibilita ao delegado e seus agentes *retardarem* a prisão em flagrante para que possam recolher mais provas e/ou capturar um maior número de infratores. A isso se chama de **flagrante prorrogado**. Na **Lei de Drogas** (art. 53, II, Lei 11.343/2006), esse atuar postergado *depende de autorização judicial e prévia oitiva do MP*. Na **Lei do Crime Organizado** (art. 8º, Lei 12.850/2013), o delegado, para poder proceder à ação controlada, precisará comunicar sigilosa e previamente a diligência ao juiz, que, se entender necessário, estabelecerá os limites da ação controlada e informará o fato ao MP – §§ 1º e 2º, art. 8º, Lei 12.850/2013. As diligências deverão ser autuadas em separado, com acesso permitido apenas ao juiz, MP e delegado, como forma de assegurar o êxito das investigações – § 3º. Vale ressaltar que o sigilo somente vigorará até o final das diligências. Além disso, a referida lei impõe ao delegado que, ao término da diligência, elabore auto circunstanciado acerca da ação controlada – § 4º. Na **Lei de Lavagem de Capitais** (art. 4º-B da Lei 9.613/1998), também se permite a ação prorrogada da polícia, desde que haja autorização judicial nesse sentido e que o MP seja ouvido.

Exemplo de flagrante prorrogado: a polícia tem informações de que um carregamento de produtos roubados chegará ao porto de Santos. Primeiro chega uma embarcação menor com apenas alguns integrantes da quadrilha. A polícia, no entanto, prefere aguardar o momento em que atracará um navio com os chefes do bando para então efetuar a prisão de todos.

Por fim, *não se deve confundir o flagrante postergado com o esperado*. Neste último, a polícia aguarda a prática de

---

112. Chamado por alguns, também, de delito putativo por obra do agente provocador, delito de ensaio ou de experiência.

113. Caso o indivíduo já trouxesse consigo a droga, poderia sim ser preso em flagrante, pois estaria praticando um crime permanente (trataremos desse tema mais adiante).

114. Conferir as afiadas críticas que Pacelli (2015, p. 540) efetua a essa modalidade de flagrante.

115. Exemplo comum (e infeliz) que já foi algumas vezes divulgado por emissoras de televisão.

um crime de que tem notícia e age *imediatamente* quando o delito ocorre. No postergado, o crime foi praticado, porém a polícia aguarda o momento mais oportuno para efetuar a prisão (não atua de imediato).

Cabe ressaltar que, consoante o entendimento do STJ no Info. 570, período de 1 a 14.10.2015, "A investigação policial que tem como única finalidade obter informações mais concretas acerca de conduta e de paradeiro de determinado traficante, sem pretensão de identificar outros suspeitos, não configura a **ação controlada** do art. 53, II, da Lei 11.343/2006, sendo dispensável a autorização judicial para a sua realização";

g) Flagrante forjado: *ocorre quando o policial (ou terceiro) cria provas com o objetivo de incriminar uma pessoa inocente*. Ex.: policial que, numa *blitz*, deposita dentro do veículo do indivíduo certa quantidade de droga com a finalidade de prendê-lo "em flagrante". Em situações como essa é comum que o policial (ou particular) exija da pessoa vantagem em dinheiro para poder "livrá-la" do flagrante. Por óbvio, trata-se de prisão ilegal e aquele que assim procede responderá criminalmente por sua conduta. Sobre o flagrante forjado, ver STJ: RHC 38.810/MG, *DJ* 18.11.2015, no qual restou sedimentado que "no flagrante forjado a conduta do agente é criada pela polícia, tratando-se de fato atípico";

h) Flagrante por apresentação: *a apresentação espontânea do agente à polícia não provoca sua prisão em flagrante*. Ex.: há um crime de homicídio sendo investigado pelo delegado, cuja autoria permanece, até então, desconhecida. Certo dia, eis que se apresenta espontaneamente à polícia o autor do delito, confessando em minúcias a prática criminosa. Não é possível efetuar a prisão em flagrante nesse caso, pois a situação descrita não se amolda a nenhuma das figuras previstas no art. 302, CPP. O que poderá ocorrer é a posterior decretação de preventiva por parte do juiz (art. 311, CPP), mas nunca o flagrante;

i) Prisão para averiguação: neste caso, *prende-se a pessoa para averiguar-lhe a vida pregressa*. Não encontra qualquer respaldo no art. 302, CPP. Além de ser modalidade de prisão ilegal, configura crime de abuso de autoridade por parte da autoridade que assim procede (art. 3º, "a", Lei 4.898/1965).

14.9.6. A prisão em flagrante em relação a algumas espécies de crime

Em regra, a prisão em flagrante é cabível em relação a qualquer infração penal. Porém, há algumas espécies de delito que necessitam de um exame mais detido de nossa parte. Vejamos.

a) Flagrante em caso de crime permanente: crime permanente é *aquele cuja consumação se alonga no tempo*. Ex.: extorsão mediante sequestro. Enquanto o agente possui a vítima em seu domínio (em cativeiro, por exemplo), a consumação do delito se renova a cada instante, tornando possível a prisão em flagrante a qualquer momento (art. 303, CPP);

b) Flagrante em caso de crime habitual: habitual *é o delito que somente se consuma com a prática de reiterados atos por parte do agente, traduzindo, assim, um modo de vida criminoso*. Cada ato, isoladamente considerado, é considerado *atípico*. Ex.: exercício ilegal da medicina (art. 282, CP). *Prevalece* na doutrina que *não é possível a prisão em flagrante em caso de crime habitual*, visto que a autoridade (ou particular) só surpreenderia o agente

praticando um ato isolado (atípico, portanto). Entretanto, há posição em sentido contrário, inclusive julgados antigos do STF (RHC 46115/SP, *DJ 26.09.1969*);

c) Flagrante em caso de crime continuado (art. 71, CP): o crime continuado **consiste** *na prática de vários crimes (da mesma espécie e em similar condições) que, por conta de uma ficção jurídica, resulta na aplicação de pena a um só crime acrescida de um sexto a dois terços*. Como são vários os crimes praticados na situação de continuidade delitiva, nada impede a prisão em flagrante em relação a qualquer deles (é o que alguns chamam de **flagrante fracionado**). *Não confundir* com a hipótese de crime habitual em que o ato isolado do agente é atípico. No crime continuado, o "ato isolado" do agente é típico, logo, cabível o flagrante;

d) Flagrante em caso de crime de ação penal privada e pública condicionada à representação: a prisão em flagrante nessas situações é *perfeitamente possível*, porém, a lavratura do respectivo auto (APF) *depende de manifestação da vítima*. Isto é assim porque, como nesses delitos a persecução penal é totalmente dependente da vontade/autorização da vítima, não faria sentido manter o agente encarcerado sem que houvesse manifestação de vontade do ofendido nesse sentido. Ex.: agente que é surpreendido pela polícia quando tentava estuprar uma pessoa (art. 213, CP). Nesta hipótese, a captura e a condução coercitiva do agente à delegacia serão perfeitamente possíveis, porém, a lavratura do APF *dependerá de autorização* (representação, no caso) da vítima (art. 225, CP). Importante destacar que no exemplo dado, se a vítima for menor de 18 anos ou vulnerável, a ação será pública incondicionada (parágrafo único, art. 225, CP)

14.9.7. Formalidades ligadas à prisão em flagrante

a) Autoridade policial com atribuição para lavrar o auto de prisão em flagrante (APF): efetuada a captura do agente, deve-se apresentá-lo imediatamente ao delegado *do local onde ocorreu a prisão* (que não necessariamente é o mesmo em que foi praticada a infração), oportunidade em que será lavrado o APF (art. 290, CPP). Não havendo autoridade policial no local da captura, deverá o agente ser apresentado à do lugar mais próximo (art. 308, CPP);

b) Formalidades do APF: na ocasião do APF, o delegado deverá ouvir o condutor, colhendo-lhe a assinatura e entregando-lhe cópia do termo e recibo de entrega do preso. Em seguida, deverá ouvir as testemunhas (ao menos duas) que, porventura, tiverem acompanhado o condutor, bem como inquirir o agente sobre a imputação que lhe é feita, colhendo as assinaturas de todos e lavrando, ao final, o APF (art. 304, *caput*, CPP).

Das respostas do conduzido, restando fundada a suspeita de prática de crime, a autoridade mandará recolhê-lo à prisão, exceto no caso de prestar fiança, e prosseguirá nos atos do inquérito ou processo, se para isso for competente; se não o for, enviará os autos à autoridade que o seja (art. 304, § 1º, CPP).[116]

A falta de testemunhas da infração não impedirá a lavratura do APF; mas, nesse caso, com o condutor, deverão assiná-lo pelo menos duas pessoas que hajam testemunhado a apresentação do preso à autoridade (§ 2º).

---

116. Após a Lei 12.403/2011 não há mais a figura do indivíduo que se "livra solto" contida neste dispositivo.

Quando o conduzido se recusar a assinar, não souber ou não puder fazê-lo, o auto de prisão em flagrante será assinado por duas testemunhas que tenham ouvido sua leitura na presença deste (§ 3º).

Por outro lado, quando o crime for praticado *contra a própria autoridade* (policial ou judicial) *ou na presença desta*, estabelece o art. 307, CPP, que: "constarão do auto a narração deste fato, a voz de prisão, as declarações que fizer o preso e os depoimentos das testemunhas, sendo tudo assinado pela autoridade, pelo preso e pelas testemunhas e remetido imediatamente ao juiz[117] a quem couber tomar conhecimento do fato delituoso, se não o for a autoridade que houver presidido o auto".

Por fim, não é demais lembrar que, em caso de prisão em flagrante de militar, este, após a lavratura dos procedimentos legais, será recolhido a quartel da instituição a que pertencer, onde ficará preso à disposição das autoridades competentes (parágrafo único do art. 300, CPP);

c) **Comunicações devidas por ocasião da prisão**: efetuada a prisão em flagrante de alguém, impõe-se a *imediata comunicação (no prazo máximo de 24h) ao juiz competente, ao MP, ao defensor do preso (constituído, dativo ou público[118]) e à família do preso (ou pessoa por ele indicada) – vide*: art. 5º, LXII, CF, e art. 306, *caput*, CPP, com redação alterada pela Lei 12.403/2011.

Essa comunicação da prisão em flagrante às autoridades se dá, normalmente, por meio de remessa do auto de prisão em flagrante (APF). Ou seja, a autoridade policial, após lavrar o APF, deverá encaminhá-lo, em até 24h, ao juiz, MP e defensor público.

Nesse *mesmo prazo (24h)*, caso o preso não possua advogado, será remetida cópia integral de todos os documentos à *Defensoria Pública* e, também, deverá ser entregue ao custodiado, mediante recibo deste, a chamada **nota de culpa** – *que se trata de um documento assinado pela autoridade, contendo o motivo da prisão, o nome do condutor e o das testemunhas* (*vide* art. 306, §§ 1º e 2º, CPP).

De acordo com o art. 310, CPP (alterado pela Lei 12.403/2011), o juiz, ao receber a comunicação da prisão em flagrante de alguém por meio do APF, deverá adotar uma das seguintes medidas:

I – relaxar a prisão ilegal.

Haverá relaxamento da prisão (leia-se: soltura do indivíduo) quando o juiz, pela leitura do APF, perceber que a prisão do indivíduo se deu de modo ilegal (ex.: o juiz, analisando o APF, verifica que, na verdade, houve flagrante provocado, *i. e.*, prisão ilegal). O relaxamento de prisão deve se dar de ofício, independentemente de oitiva do MP (*vide* art. 5º, LXV, CF);

II – converter a prisão em flagrante em preventiva, quando presentes os requisitos constantes do art. 312, CPP,

e se revelarem inadequadas ou insuficientes as medidas cautelares diversas da prisão.

Segundo a melhor doutrina, para que a referida conversão em preventiva ocorra, é preciso a existência prévia de um requerimento do MP ou representação do delegado nesse sentido. Ou seja, segundo defendem esses autores, não pode o juiz, de ofício, decretar a preventiva na fase de investigação (necessária, portanto, uma prévia provocação fundamentada). Note-se ainda que, conforme a redação deste inciso II, a prisão preventiva só será cabível quando nenhuma das outras medidas cautelares menos drásticas (ex.: recolhimento domiciliar no período noturno e nos dias de folga – art. 319, V) se mostrar mais adequada. Isto denota algo já enfatizado algumas vezes ao longo dessa obra (*vide* o tema "princípio do estado de inocência"): o caráter excepcional da preventiva. Com efeito, aqui o legislador de 2011 reforçou ainda mais essa visão, deixando a preventiva para hipóteses-limites (apenas quando realmente necessária);

III – conceder liberdade provisória, com ou sem fiança.

Não sendo o caso de relaxamento da prisão em flagrante, nem de decreto da preventiva, o juiz deverá conceder a liberdade provisória (LP), com ou sem fiança, ao preso. Ex.: tendo o indivíduo sido preso em flagrante por furto simples (art. 155, CP – crime afiançável), não sendo o caso de relaxamento de prisão nem de preventiva, deve o juiz conceder-lhe a LP mediante o pagamento de fiança. A concessão de LP pode ser combinada com outras medidas cautelares pessoais diversas da prisão que o juiz entender pertinentes.

Se o juiz verificar, pelo auto de prisão em flagrante, que o agente praticou o fato nas condições constantes dos incisos I a III do *caput* do art. 23, CP [estado de necessidade, legítima defesa ou em estrito cumprimento de dever legal ou no exercício regular de direito], poderá, fundamentadamente, conceder ao acusado liberdade provisória, mediante termo de comparecimento a todos os atos processuais, sob pena de revogação (art. 310, parágrafo único, CPP).

Nesta situação, de forma similar à anterior, o juiz, ao consultar o APF, verificando que há indicativos de que o agente praticou o fato amparado em uma justificante (legítima defesa, por exemplo), "**deve**" conceder a LP (note que, apesar de o dispositivo falar em "poderá" conceder LP, trata-se, na verdade, de dever do magistrado. Preenchidos os requisitos, deve, portanto, o juiz conceder a LP – não se trata de mera faculdade, conforme se poderia erroneamente pensar). Perceba-se ainda que, no caso em tela, o dispositivo não menciona a necessidade de prestação de fiança. Assim, percebendo o juiz que o fato foi praticado sob o manto de uma justificante, deve conceder LP *independentemente da concessão de fiança* (ou melhor: o sujeito será solto sem pagar fiança, ficando obrigado, porém, a comparecer a todos os atos processuais, sob pena de revogação do benefício).

14.10. Prisão preventiva (arts. 311 a 316, CPP)

14.10.1. Conceito

Conforme tradicional doutrina, a prisão preventiva é *medida cautelar de cerceamento provisório da liberdade ambulatorial do indivíduo que, decretada por magistrado se*

---

117. Se o crime tiver sido cometido contra o juiz ou na presença deste, não haverá necessidade de remessa.

118. Defensor constituído é aquele contratado pelo acusado/indiciado. Defensor dativo é aquele que é nomeado ao réu pelo juiz quando o acusado não possui defensor contratado; ou quando o réu é pobre e não há defensoria pública organizada no local para prestar assistência jurídica ao acusado.

presentes os requisitos legais, pode ocorrer durante o curso de uma investigação ou processo criminal.

De acordo com o art. 311, CPP, a preventiva pode ser decretada *de ofício* pelo juiz *ou mediante requerimento do MP, do querelante, ou ainda, mediante representação*[119] *da autoridade policial* ao magistrado.

Com efeito, observe o leitor que, para não haver afronta ao princípio do estado de inocência (tema já examinado no item 6.2), a preventiva deve ser encarada como *medida excepcional.* É dizer: apenas em situações realmente necessárias essa modalidade de prisão deve ser decretada, visto estar em jogo o encarceramento de um indivíduo *que ainda não foi definitivamente condenado.*

A Lei 12.403/2011(que alterou diversos dispositivos do CPP) dá força a esse discurso (prisão preventiva como medida de exceção). Basta consultar alguns de seus artigos para constatar essa afirmação. Vejamos.

Primeiro, vimos anteriormente que o novo art. 310, II, CPP, sublinha que o juiz, quando da comunicação da prisão, só poderá decretar a preventiva caso outra medida cautelar menos drástica (ex.: recolhimento domiciliar no período noturno e nos dias de folga – art. 319, V) não seja mais adequada à espécie. Vê-se que o legislador, seguindo o princípio constitucional do estado de inocência (como não poderia deixar de ser), deixa a prisão preventiva para situações realmente extremas (STJ, HC 219101, *DJe* 08.05.2012, HC 361.751/SP, *DJe* 23.09.2016, bem como o Info. 495, período de 9 a 20.04.2012, no qual assentou que "a prisão preventiva é excepcional e só deve ser decretada a título cautelar e de forma fundamentada em observância ao princípio constitucional da presunção de inocência). Ademais, a Lei 12.403/2011, em mais duas outras passagens, enfatiza o caráter excepcional da preventiva. Confira-se o que dizem os §§ 4º e 6º do art. 282, CPP:

"§ 4º No caso de descumprimento de qualquer das obrigações impostas, o juiz, de ofício ou mediante requerimento do Ministério Público, de seu assistente ou do querelante, poderá substituir a medida, impor outra em cumulação, **ou, em último caso, decretar a prisão preventiva** (art. 312, parágrafo único). (Grifo nosso).

(...)

§ 6º A prisão preventiva será determinada **quando não for cabível a sua substituição por outra medida cautelar** (art. 319)." (Grifo nosso).

Finalmente, analisando-se os incisos I e II do novo art. 282, CPP, também chegamos à mesma conclusão: *a preventiva é medida extrema.* Segue:

"**Art. 282.** As medidas cautelares previstas neste Título [inclua-se aí a preventiva, a proibição de acesso ou frequência a determinados lugares, dentre outras] deverão ser aplicadas observando-se a:

I – **necessidade** para aplicação da lei penal, para a investigação ou a instrução criminal e, nos casos expressamente previstos, para evitar a prática de infrações penais;

II – **adequação** da medida à gravidade do crime, circunstâncias do fato e condições pessoais do indiciado ou acusado." (grifo nosso)

Ou seja, a preventiva, para ser decretada, precisa ser necessária e adequada ao caso concreto. Existindo uma outra medida cautelar, que não a preventiva, que atenda melhor à situação, deve o magistrado optar por aquela, visto ser menos drástica ao acusado. Segue o art. 282, CPP:

"§ 4º No caso de descumprimento de qualquer das obrigações impostas, o juiz, de ofício ou mediante requerimento do Ministério Público, de seu assistente ou do querelante, poderá substituir a medida, impor outra em cumulação, **ou, em último caso, decretar a prisão preventiva** (art. 312, parágrafo único) (grifo nosso).

(...)

§ 6º A prisão preventiva será determinada **quando não for cabível a sua substituição por outra medida cautelar** (art. 319)" (grifo nosso).

Pois bem, feita essa breve exposição, veremos, logo a seguir, que a preventiva possui vários requisitos, divididos comumente pela doutrina em: pressupostos, fundamentos e condições de admissibilidade. Vamos a eles.

14.10.2. Pressupostos (art. 312, parte final, CPP)

Para se decretar a preventiva de alguém, faz-se inicialmente necessária a presença de dois pressupostos *concomitantes*: prova da existência do crime e indício suficiente de autoria.

a) **Prova da existência do crime** (ou *prova da materialidade delitiva*): consiste na *presença de elementos contundentes que demonstrem a existência da infração penal.* Ex.: no caso de um homicídio, o exame de corpo de delito será a prova da existência desse crime;

b) **Indício suficiente de autoria:** significa a *presença de elementos indiciários da autoria do crime.* Note que a lei não fala em *prova* da autoria, mas em *indício suficiente desta.* Assim, *não é* necessário demonstrar, de forma cabal, a autoria do delito, *bastando* apenas apresentar *elementos indiciários* nesse sentido. Apesar disso, esse indício deve ser sério, idôneo, ou, como diz o CPP, *suficiente – e não* meras conjecturas temerárias. Ex.: testemunhas que viram o agente adentrando na casa da vítima momentos antes dos disparos terem sido efetuados contra esta (indício suficiente de autoria).

A presença de ambos esses pressupostos configura aquilo que a doutrina chama de ***fumus comissi delicti*** (aparência de delito cometido) ou, como preferem alguns, ***fumus boni iuris*** (fumaça do bom direito).

14.10.3. Fundamentos da prisão preventiva (art. 312, primeira parte, CPP)

Neste tópico, examinaremos as *hipóteses que autorizam* essa modalidade de prisão. Essas hipóteses, advirta-se desde logo, são *alternativas* (e não concomitantes). Logo, *basta a presença de apenas uma delas* para que o requisito do *fundamento da prisão preventiva* esteja preenchido. Esses fundamentos formam aquilo que a doutrina costuma cha-

---

119. Representação nesse contexto é sinônimo de pedido, solicitação.

mar de *periculum in mora* ou, mais tecnicamente, *periculum libertatis*.

a) Garantia da ordem pública: este é, sem dúvida, o fundamento mais polêmico da prisão preventiva. Como não há um conceito seguro (legal ou jurisprudencial) de "garantia da ordem pública", cria-se um cenário de instabilidade no país em matéria de liberdade ambulatorial – algo extremamente indesejável.[120] Porém, junto aos *tribunais superiores*, foi-nos possível extrair basicamente dois **significados** para a expressão. Assim, entende-se necessária a preventiva para a *garantia da ordem pública* quando:

a1) Há perigo de reiteração criminosa. Ex.: em caso de tráfico de drogas, já decidiu o STF que, se há elementos de prova que apontam para o agente como sendo um dos principais membros de uma quadrilha, deve ser decretada a preventiva como garantia da ordem pública. É que, consoante a Corte Suprema, permanecendo em liberdade o agente, há risco concreto de que este continue a comandar o esquema criminoso (STF, HC 84658/PE, *DJe* 03.06.2005 e HC 99676, 1ª Turma, *DJ* 14.05.2010). Ademais, o STJ entende que a reincidência do acusado autoriza a decretação da preventiva para evitar a reiteração delitiva (STJ, HC 412452/SP, *DJe* 28.11.2017);

a2) Em razão da periculosidade do agente, representada pelo *modus operandi violento/audaz + gravidade do crime*. Ex.: sujeito que aborda a vítima à luz do dia com um fuzil e a mantém durante longo período em cativeiro (STJ, HC 125924/CE, *DJe* 29.06.2005 e RHC 60.446/PB, 5ª Turma, *DJ* 06.09.2016, e STF, HC 111810, *DJe* 27.02.2014 e HC 140273/PE, *DJe* 20.02.2017). Vejamos este caso do STF a justificar a prisão preventiva com base em tal fundamento de garantia da ordem pública pela periculosidade do agente: "*In casu*, a periculosidade do recorrente, a justificar sua segregação cautelar, restou cabalmente demonstrada pelo desprezo com a vida humana, visto que executou friamente a vítima já dominada e sem qualquer possibilidade de defesa, RHC 124796 1ª Turma, 23.08.2016".

Por outro lado, as Cortes Superiores brasileiras vêm decidindo que *não cabe* invocar "garantia da ordem pública" para fins de preventiva nos seguintes casos: gravidade abstrata do crime; clamor público (repercussão causada pelo crime); credibilidade do Poder Judiciário; e para proteger a integridade física do próprio agente (risco de linchamento, por exemplo).

Acerca da periculosidade do agente como requisito para decretação de prisão preventiva, é válida a leitura do Info. 0585, período de 11 a 30.06.2016, segundo o qual "**A prática de ato infracional durante a adolescência pode servir de fundamento para a decretação de prisão preventiva**, sendo indispensável para tanto que o juiz observe como critérios orientadores: a) a particular gravidade concreta do ato infracional, não bastando mencionar sua equivalência

a crime abstratamente considerado grave; b) a distância temporal entre o ato infracional e o crime que deu origem ao processo (ou inquérito policial) no qual se deve decidir sobre a decretação da prisão preventiva; e c) a comprovação desse ato infracional anterior, de sorte a não pairar dúvidas sobre o reconhecimento judicial de sua ocorrência";

b) Garantia da ordem econômica: este fundamento padece do mesmo problema do anterior: o conceito *é vago*. Mesmo assim, diz-se que essa hipótese autorizadora da preventiva *visa a coibir ataques vultosos à ordem econômico-financeira nacional*. Os incisos do art. 20 Lei 8.884/1994 costumavam servir de balizas para aferir o abalo à ordem econômica. Eis um exemplo extraído de julgado do STJ (HC 16.3617/PE, *DJe* 17.12.2010): "em se considerando que a atividade delituosa [do agente] ocorria em larga escala, prejudicando a livre concorrência e trazendo considerável prejuízo ao erário", decretou-se a preventiva para garantia da ordem econômica. Não obstante a Lei 8.884/1994 tenha sido quase integralmente revogada pela Lei 12.529/2011, é certo que os incisos do art. 20 do texto anterior foram simplesmente trasladados para o art. 36 da nova legislação, do qual se recomenda a leitura.

O seguinte julgado do STJ demonstra a importância da boa fundamentação de tal requisito: "Quanto à necessidade de se obstar a reiteração delitiva e de garantia da ordem econômica, entendo que o Juízo de primeiro grau utilizou-se de argumentos genéricos, valendo-se da própria materialidade dos delitos imputados na ação penal e dos indícios de autoria, para justificar o decreto de prisão preventiva. "A mera indicação de circunstâncias que já são elementares do crime perseguido, nada se acrescendo de riscos casuísticos ao processo ou à sociedade, não justifica o encarceramento cautelar, e também não serve de fundamento à prisão preventiva a presunção de reiteração criminosa dissociada de suporte fático concreto" (RHC 63.254/RJ, 6ª Turma, *DJ* 19.04.2016);

c) Conveniência da instrução criminal: decreta-se a preventiva com base nesse fundamento *quando o réu está dificultando ou inviabilizando a produção de provas*. Exemplos: acusado que ameaça as testemunhas, suborna o perito, destrói provas etc. Note que, se a preventiva tiver sido decretada com base *apenas* nesse fundamento (conveniência da instrução criminal), quando esta (a instrução probatória) findar (e não existir outro motivo para manter preso o acusado), deve o juiz revogar a prisão, sob pena da custódia tornar-se ilegal (art. 316, CPP);

d) Assegurar a aplicação da lei penal: determina-se a prisão amparada nesse fundamento *quando o juiz tem notícias de que o indivíduo pretende fugir*, pondo em xeque, portanto, o cumprimento de eventual sentença condenatória a ser proferida. Ex.: no curso do processo, chegam ao juiz informações de que o réu, além de ter comprado passagem aérea para o exterior, está realizando a venda de todos os seus bens.

14.10.4. Condições de admissibilidade

Quais crimes/situações admitem a preventiva? Vejamos.

a) Crimes dolosos punidos com pena privativa de liberdade máxima superior a 4 anos (art. 313, I, CPP). Como a lei fala em "**crime doloso**", não cabe preventiva em relação a crime culposo, nem em face de contravenção penal (que não é crime no sentido estrito da palavra). Porém, não basta o

---

120. Já publicamos dois trabalhos criticando o conceito "aberto" de "garantia da ordem pública". São eles: **Questões Polêmicas de Processo Penal**, Bauru: Edipro, 2011 (tópico 5.2); e "A prisão preventiva brasileira examinada à luz da filosofia política lockeana: um caso de ilegitimidade do poder estatal". Disponível em: [http://www.bocc.ubi.pt].

crime ser doloso, é preciso que seja punido com pena privativa de liberdade máxima superior a 4 anos (ex.: roubo – art. 157, CP. A pena privativa de liberdade máxima do roubo é superior a 4 anos);

b) Condenado por outro crime doloso, em sentença transitada em julgado, ressalvado o disposto no inciso I do *caput* do art. 64, CP (art. 313, II, CPP). Trata-se aqui de hipótese de reincidência em crime doloso. Nesse caso, existe uma condenação definitiva anterior por crime doloso contra o agente e este, dentro do prazo de 5 anos, após o cumprimento (ou extinção) da pena, comete novo crime doloso. Explica-se com um exemplo: Fulano, em 05.01.2002, é condenado em definitivo por roubo (crime doloso). Em 05.01.2008, a pena termina de ser cumprida. Pois bem, nos próximos 5 anos, contados a partir desta última data (05.01.2008), caso Fulano pratique novo *crime doloso*, poderá vir a ser preso preventivamente se os demais requisitos da preventiva também estiverem presentes;

c) O crime envolver violência doméstica e familiar contra a mulher, criança, adolescente, idoso, enfermo ou pessoa com deficiência, para garantir a execução das medidas protetivas de urgência (art. 313, III, CPP). Essa condição de admissibilidade da preventiva visa a dar maior efetividade às medidas protetivas previstas sobretudo nos arts. 22 a 24, Lei Maria da Penha (Lei 11.340/2006). Porém, conforme significativo setor da comunidade jurídica, para se decretar a preventiva nessa situação, além de se constatar o descumprimento da medida protetiva, faz-se necessário que a violência doméstica cometida se trate de crime doloso e que ao menos uma das hipóteses autorizadoras da preventiva esteja presente (garantia da ordem pública, conveniência da instrução criminal etc. – STJ HC 173454/DF, *DJe* 22.11.2010 e HC 355.466/SC, 5ª Turma, *DJ* 22.06.2016. Ex.: praticada lesão corporal dolosa em situação de violência doméstica contra a mulher e aplicada a medida de afastamento do lar ao agente (art. 22, II, Lei 11.340/2006), caso este venha descumprir a medida e, também, a instrução criminal se encontre ameaçada, pode o juiz vir a decretar-lhe a preventiva;

d) Também será admitida a prisão preventiva quando houver dúvida sobre a identidade civil da pessoa ou quando esta não fornecer elementos suficientes para esclarecê-la, devendo o preso ser colocado imediatamente em liberdade após a identificação, salvo se outra hipótese recomendar a manutenção da medida (art. 313, parágrafo único, CPP);

e) A prisão preventiva também poderá ser decretada em caso de descumprimento de qualquer das obrigações impostas por força de outras medidas cautelares (arts. 319 e art. 282, § 4º, CPP). Ex.: imagine-se que, no curso do processo, o juiz fixa ao acusado a obrigação de recolhimento domiciliar no período noturno e nos dias de folga (art. 319, V). Descumprida injustificadamente esta medida, será possível a decretação da preventiva.

14.10.5. Resumo

Em suma, para se decretar a preventiva é preciso:

a) Presença *concomitante* dos *pressupostos autorizadores* (*indício suficiente de autoria + prova da materialidade*);

b) Presença de *pelo menos um* dos *fundamentos* (*garantia da*

ordem pública, da ordem econômica, aplicação da lei penal ou *conveniência da instrução criminal*);

c) Que o crime/situação comporte a preventiva. Seguem os casos (*alternativos*):

c1) *crime doloso com pena privativa de liberdade máxima superior a 4 anos;*

c2) *reincidência em crime doloso;*

c3) *o crime envolver violência doméstica e familiar, para garantir a execução das medidas protetivas de urgência;*

c4) *houver dúvida sobre a identidade civil da pessoa ou quando esta não fornecer elementos suficientes para esclarecê-la;*

c5) *descumprimento de qualquer das obrigações impostas por força de outras medidas cautelares.*

OBSERVAÇÕES FINAIS:

I – O juiz não deve decretar a preventiva se perceber que o fato foi praticado sob o amparo de excludente de ilicitude (legítima defesa, por exemplo) – art. 314, CPP. Ao contrário, nessa situação, impõe-se a liberdade provisória (art. 310, CPP);

II – O decreto de preventiva, como toda decisão judicial, necessita sempre ser motivado (arts. 315, CPP, e 93, IX, CF);

III – Até o trânsito em julgado, a prisão preventiva poderá ser revogada ou novamente decretada quantas vezes se mostrar necessária (art. 282, § 5º, CPP);

IV – O CPP não estabelece um prazo pelo qual o réu possa permanecer preso preventivamente. Apesar disso, o acusado não pode ficar "anos a fio" preso à disposição do Estado. Quando este (o Estado – leia-se: juiz, MP etc.) der causa à lentidão do processo, será possível impetrar HC alegando a ilegalidade da prisão por excesso de prazo na instrução criminal (STJ, HC 173050/PB, *DJe* 21.02.2011 e HC 339.934/MT, *DJe* 20.09.2016 e STF, HC 141583/RN, DJe 02.10.2017 e Info. 878, de 18 a 22 de setembro de 2017);

V – Atualmente, após o advento da Lei 12.403/2011, determina o § 3º do art. 282, CPP, que o juiz, antes de decidir a respeito da prisão preventiva do indivíduo, possibilite, em homenagem ao princípio do contraditório, que a defesa se manifeste sobre o pedido de prisão. Porém, esse mesmo § 3º, adverte que a manifestação defensiva poderá ser dispensada quando se tratar de caso urgente ou de perigo de ineficácia da medida.

VI – Sentença condenatória recorrível e preventiva: segundo o atual § 1º do art. 387, CPP, "o juiz decidirá, fundamentadamente, sobre a manutenção ou, se for o caso, a imposição de prisão preventiva ou de outra medida cautelar, sem prejuízo do conhecimento de apelação que vier a ser interposta". Ou seja, podemos extrair a seguinte conclusão: caso o réu tenha permanecido preso ao longo do processo, não existe "manutenção automática de preventiva ou de outra medida cautelar" por ocasião de sentença condenatória recorrível. Será preciso, sempre, fundamentar a eventual manutenção da preventiva ou de outra medida cautelar. Não existindo mais motivo para a prisão (ou para a manutenção de outra medida cautelar), deverá o réu ser conservado em liberdade.

14.11. Prisão temporária (Lei 7.960/1989)[121]

14.11.1. Conceito

Trata-se de *prisão cautelar, com prazo de duração determinado, cuja decretação é apenas possível no âmbito do inquérito policial e se presentes os requisitos fixados pela lei.*

14.11.2. Características básicas

a) Diferentemente da preventiva, *a temporária não pode ser decretada de ofício pelo juiz.* Sua decretação depende de representação (pedido) da autoridade policial ou de requerimento do MP (art. 2º, Lei 7.960/1989). Quando for caso de representação do delegado, o juiz, antes de decidir, deverá ouvir o MP (§ 1º);

b) A leitura isolada do art. 1º da Lei 7.960/1989 indica que a temporária só seria cabível no curso do *IP. Em geral, essa tem sido, há tempos, a prática do judiciário: reconhecer o cabimento da temporária apenas durante o IP. Porém, em razão da alteração do art. 283, CPP, pela* Lei 12.403/2011, há quem defenda que, desde então, passou a ser possível a decretação da temporária no curso do processo também. Vide: *Távora (2016, p. 930-1) e Brasileiro (2015, p. 976-7).*

c) Distintamente da preventiva, *a temporária possui prazo determinado* (art. 2º, Lei 7.960/1989). Em regra, o prazo da prisão temporária é de *5 dias prorrogável por mais 5* (note, portanto, que tal prazo se afina com o previsto no art. 10, CPP). Porém, sendo o *crime hediondo ou equiparado* ("t"ráfico de drogas, "t"ortura e "t"errorismo – vulgo "TTT"), o prazo da temporária será de até 30 dias, prorrogável por mais 30 em caso de extrema e comprovada necessidade (art. 2º, § 4º, Lei 8.072/1990).

14.11.3. Hipóteses de cabimento (incisos do art. 1º da Lei)

Inc. I: "quando imprescindível para as investigações do inquérito policial". A prisão amparada nesta hipótese *não pode* ser encarada como uma *mera conveniência do Judiciário* em manter o indiciado encarcerado. A temporária não pode, portanto, ser decretada de forma automática pelo juiz. É preciso demonstrar que a liberdade do investigado oferece *risco concreto ao êxito da investigação.* Ex.: indiciado que está destruindo as provas do crime, intimidando testemunhas. Ver STF, HC 105833/SP, *DJe* 22.03.2012 e STJ, HC 333150/SP, *DJ* 26.10.2015, HC 414341/SP, DJe 27.10.2017;

Inc. II: "quando o indicado não tiver residência fixa ou não fornecer elementos necessários ao esclarecimento de sua identidade". *Mutatis mutandis,* idem ao que foi dito no inciso anterior. É preciso que a falta de residência fixa ou a ausência de elementos esclarecedores da identidade configurem um *risco concreto de fuga do indiciado*;

Inc. III: "quando houver fundadas razões, de acordo com qualquer prova admitida na legislação penal, de autoria ou participação do indiciado nos seguintes crimes": homicídio doloso; sequestro ou cárcere privado etc. (*recomenda-se a leitura de todas as alíneas contidas na lei*).

Pergunta: os incisos citados devem ser aplicados alternativa ou concomitantemente? R.: conforme majoritária doutrina, para ser possível a decretação da temporária deve-se combinar os incisos da seguinte forma: I + III ou II + III. Note então que o inciso III deve sempre estar presente, necessitando ser combinado, pelo menos, com o inciso I ou o II. Vamos a um exemplo: agente suspeito da prática de homicídio (inciso III). Chegam notícias de que ele está destruindo as provas do crime (inciso I). Cabe a temporária nesse caso.

Observações finais: I) a decisão pela temporária deverá ser fundamentada e prolatada dentro do *prazo de 24h*, contadas a partir do recebimento da representação do delegado ou do requerimento do MP (art. 2º, § 2º, Lei 7.960/1989); **II)** o juiz poderá, de ofício, ou a requerimento do MP e do advogado, determinar que o preso lhe seja apresentado, solicitar informações e esclarecimentos da autoridade policial e submeter o detido a exame de corpo de delito (§ 3º); **III)** decretada a temporária, será expedido o respectivo mandado de prisão, em duas vias, uma das quais será entregue ao indiciado e servirá como nota de culpa (§ 4º); **IV)** decorrido o prazo fixado de detenção, o indiciado deverá ser posto imediatamente em liberdade, salvo se já tiver sido decretada sua prisão preventiva (§ 7º); **V)** a manutenção da prisão temporária para além do prazo legal acarreta na responsabilização da autoridade por crime de abuso de autoridade (art. 4º, "i", Lei 4.898/1965); **VI)** o preso provisório deve, obrigatoriamente, permanecer separado dos demais detentos (art. 3º, Lei 7.960/1989).

Em recente julgado, o STJ ressaltou a excepcionalidade da decretação da prisão temporária, afirmando que não se trata de "conveniência ou comodidade da cautela para o bom andamento do inquérito policial, mas de verdadeira necessidade da medida, aferida caso a caso", reputando como ilegal a prisão temporária mantida pelo Tribunal de Justiça do Estado do Ceará (STJ, RHC 77265/CE, *DJe* 02.10.2017).

14.12. Prisão domiciliar (art. 318, CPP)

Prevista anteriormente apenas no âmbito da Lei de Execução Penal (Lei 7.210/1984, art. 117) para condenados definitivos que se encontrassem cumprindo pena em regime aberto e em situações bastante específicas (ex.: condenado acometido de doença grave), a prisão domiciliar, a partir do advento da Lei 12.403/2011, passa a ser admitida expressamente também para os presos provisórios.

Segundo estabelece o art. 317, CPP, a prisão domiciliar consiste no recolhimento do indiciado ou acusado em sua residência, só podendo dela ausentar-se com autorização judicial.

Diz o novo art. 318 que o juiz poderá substituir a prisão preventiva pela domiciliar quando o agente for:

I – maior de 80 (oitenta) anos;

II – extremamente debilitado por motivo de doença grave;

III – imprescindível aos cuidados especiais de pessoa menor de 6 (seis) anos de idade ou com deficiência;

IV – gestante;

---

121. Não confundir a expressão prisão temporária com prisão provisória. Esta última é gênero e é sinônimo de prisão cautelar e processual. A primeira (temporária), ao lado da preventiva e do flagrante, é espécie de prisão provisória.

V – mulher com filho de até 12 (doze) anos de idade incompletos;

VI – homem, caso seja o único responsável pelos cuidados do filho de até 12 (doze) anos de idade incompletos.

Nos termos do parágrafo único do dispositivo, para a substituição, o juiz exigirá prova idônea dos requisitos estabelecidos neste artigo.

14.13. Medidas cautelares diversas da prisão (arts. 319 e seguintes do CPP)

14.13.1. Entendendo o tema

Atendendo finalmente a contundente reclame de certo setor da doutrina, a Lei 12.403/2011 criou outras medidas cautelares pessoais diversas da prisão.

Alguns autores – Aury Lopes Jr. (2010, v. 2, p. 132 e ss.), sobretudo – criticavam a antiga sistemática estabelecida pelo CPP de 1941 que, em matéria de medida cautelar pessoal, era considerada bastante "pobre", pois se pautava na clássica dicotomia "prisão cautelar ou liberdade provisória" – não existindo um meio-termo.

Grosso modo, ocorria que, diante de um determinado caso concreto, o juiz se via diante de dois extremos: ou determinava a prisão preventiva do indivíduo ou concedia-lhe a liberdade provisória. Essas duas medidas (preventiva e liberdade provisória), ambas extremas, terminavam, em diversas hipóteses, não se mostrando adequadas a atender as especificidades de uma enorme gama de situações. Isto porque, em diversos casos, tanto a preventiva se revelava uma medida excessivamente rigorosa, como a LP se mostrava demasiadamente branda. Era necessário, pois, serem criadas medidas cautelares que se situassem entre os extremos "prisão X liberdade provisória". E foi o que ocorreu com o advento da Lei 12.403/2011. Vejamos.

14.13.2. Medidas cautelares diversas da prisão (incisos do novo art. 319, CPP)

"I – comparecimento periódico em juízo, no prazo e nas condições fixadas pelo juiz, para informar e justificar atividades;

II – proibição de acesso ou frequência a determinados lugares quando, por circunstâncias relacionadas ao fato, deva o indiciado ou acusado permanecer distante desses locais para evitar o risco de novas infrações;

III – proibição de manter contato com pessoa determinada quando, por circunstâncias relacionadas ao fato, deva o indiciado ou acusado dela permanecer distante;

IV – proibição de ausentar-se da Comarca quando a permanência seja conveniente ou necessária para a investigação ou instrução;"

Comentário: a proibição de o réu se ausentar pode se referir à Comarca (como é o caso deste inciso) ou ao país (conforme prevê o art. 320, CPP). Neste último caso (proibição de ausentar-se do país) sublinha este dispositivo que essa restrição será comunicada pelo juiz às autoridades encarregadas de fiscalizar as saídas do território nacional, intimando-se o indiciado ou acusado para entregar o passaporte no prazo de 24h.

"V – recolhimento domiciliar no período noturno e nos dias de folga quando o investigado ou acusado tenha residência e trabalho fixos;

VI – suspensão do exercício de função pública ou de atividade de natureza econômica ou financeira quando houver justo receio de sua utilização para a prática de infrações penais;

VII – internação provisória do acusado nas hipóteses de crimes praticados com violência ou grave ameaça, quando os peritos concluírem ser inimputável ou semi-imputável (art. 26 do Código Penal) e houver risco de reiteração;"

Comentários: como se sabe, quando no curso do IP ou processo se suspeitar da saúde mental do indivíduo, deve-se proceder ao exame de insanidade mental previsto no art. 149 e ss., CPP. Nesse contexto, o inciso em exame estabelece que, caso o sujeito tenha praticado crime com violência ou grave ameaça e a perícia conclua por sua inimputabilidade ou semi-inimputabilidade, havendo risco de reiteração criminosa, poderá o juiz determinar a internação provisória do indivíduo (em hospital de custódia e tratamento psiquiátrico – art. 99, LEP). Algumas anotações a esse inciso são necessárias. Primeiro, o dispositivo fala em "peritos" ("quando os peritos concluírem (...)"). Porém, a expressão deve ser lida no singular. É que, com a reforma de 2008 ocorrida no CPP, passou-se a exigir apenas um perito oficial para a realização de exames periciais (*vide* art. 159, CPP). Outro ponto: o juiz não fica adstrito à conclusão da perícia sobre a saúde mental do indivíduo, conforme parece sugerir o inciso em comento. Recorde-se que o juiz não está, em nenhuma perícia, adstrito à conclusão do *expert* (consultar o art. 182, CPP).

"VIII – fiança, nas infrações que a admitem, para assegurar o comparecimento a atos do processo, evitar a obstrução do seu andamento ou em caso de resistência injustificada à ordem judicial;

IX – monitoração eletrônica."

Comentários: trata-se do uso de pulseiras ou tornozeleiras eletrônicas (GPS, por exemplo), visando a monitorar a rotina do acusado/indiciado. O uso desses artefatos para o monitoramento de condenados foi, no âmbito federal, instituído em 2010 por meio da Lei 12.258.

14.13.3. Notas sobre as medidas cautelares diversas da prisão

Cumpre salientar que, conforme dispõe o novo art. 282, § 1º, CPP, as medidas cautelares vistas anteriormente podem ser aplicadas isolada ou cumulativamente, devendo-se levar em conta a necessidade e adequação da medida às especificidades do caso concreto.

Por outro lado, segundo já afirmado anteriormente, as medidas cautelares diversas da prisão são preferíveis à preventiva. Ou seja, esta última, em homenagem ao estado de inocência, deve ficar relegada a situações realmente extremas. Não se tratando de situação que a justifique, deve o magistrado optar pela liberdade provisória combinada ou não com as medidas cautelares diversas da prisão visualizadas no item precedente.

Ainda, as medidas cautelares diversas da prisão "serão decretadas pelo juiz, de ofício ou a requerimento das partes ou, quando no curso da investigação criminal, por representação[122] da autoridade policial ou mediante requerimento do Ministério Público" (art. 282, § 2º, CPP).

Para a decretação de tais medidas, o juiz deverá observar o **contraditório,** permitindo que a defesa se manifeste a respeito de eventual pedido formulado pela acusação ou pela autoridade policial. O contraditório aqui mencionado poderá ser **dispensado** nos casos urgentes ou de perigo de ineficácia da medida. Segue o texto da lei sobre o que estamos tratando neste parágrafo: "ressalvados os casos de urgência ou de perigo de ineficácia da medida, o juiz, ao receber o pedido de medida cautelar, determinará a intimação da parte contrária, acompanhada de cópia do requerimento e das peças necessárias, permanecendo os autos em juízo" (art. 282, § 3º, CPP). Ademais, é oportuno conferir os §§ 4º e 5º do art. 282, CPP, que, respectivamente, dizem:

> "§ 4º No caso de descumprimento de qualquer das obrigações impostas, o juiz, de ofício ou mediante requerimento do Ministério Público, de seu assistente ou do querelante, poderá substituir a medida, impor outra em cumulação, ou, em último caso, decretar a prisão preventiva (art. 312, parágrafo único).
>
> § 5º O juiz poderá revogar a medida cautelar ou substituí-la quando verificar a falta de motivo para que subsista, bem como voltar a decretá-la, se sobrevierem razões que a justifiquem."

Por fim, cumpre salientar que, por força do § 1º do art. 283, CPP, as medidas cautelares citadas não se aplicam à infração a que não for isolada, cumulativa ou alternativamente cominada pena privativa de liberdade.

14.14. Liberdade provisória (LP)

14.14.1. Conceito e noções gerais

Trata-se de *instituto processual que busca colocar em liberdade o indivíduo que aguarda o desdobramento de uma persecução penal (investigação preliminar ou processo) – vide* art. 5º, LXVI, CF.

Primeiramente, deve-se notar que a LP busca colocar o indivíduo em liberdade combatendo uma prisão em flagrante *legal.* Assim, não há como confundi-la com o HC e com o pedido de relaxamento de prisão. Enquanto estas peças (HC e relaxamento) visam, dentre outras coisas,[123] a promover a soltura do sujeito, atacando uma prisão em flagrante *ilegal* (ex.: prisão para averiguação), a LP investe contra uma prisão em flagrante *legal.* Nesse sentido, poderíamos afirmar que o HC e o relaxamento (dentre outras coisas) questionam a *legalidade* de uma prisão, já a LP indaga sobre a *necessidade* de o indivíduo estar preso.

---

122. O termo representação aqui é sinônimo de pedido, solicitação, requerimento.

123. Utilizamos a expressão "dentre outras coisas", pois é sabido que o HC não visa apenas a combater uma prisão em flagrante ilegal. Lembre-se, por exemplo, que há o HC preventivo em que o indivíduo não se encontra preso, mas na iminência de sê-lo. O que queremos dizer com isso é que o HC abarca outras situações que não apenas a da prisão em flagrante ilegal.

Aprofundando um pouco mais essa questão, note o leitor que *a LP representa um verdadeiro instrumento de efetivação do princípio do estado de inocência.* Explica-se. Vimos anteriormente que este princípio, dentre outras coisas, instituiu entre nós a *regra da liberdade* (*em regra,* o indivíduo deve responder a persecução penal em liberdade, somente sendo encarcerado em situações excepcionais – preventiva, por exemplo). Tendo isso em mente, podemos afirmar então que *a LP é um mecanismo de que dispõe a defesa do réu/indiciado para fazer valer essa regra da liberdade.* Com a LP, em última análise, *questiona-se o juiz a respeito – não da legalidade –, mas da necessidade da prisão do sujeito.* Em suma, é como se o defensor, por meio da LP, estivesse fazendo a seguinte pergunta ao magistrado: *"pois bem, não questiono a legalidade da prisão em flagrante de meu cliente; o que realmente desejo saber é se a prisão dele é de fato necessária?"*

E quando é necessária a prisão de alguém? Já respondemos a essa pergunta. Relembrando: a prisão de alguém se mostra necessária quando presentes os requisitos da preventiva (art. 311 e ss., CPP) – que é a modalidade de prisão escolhida como "pedra de toque" para a demonstração da necessidade (cautelaridade) da custódia de alguém.

Diante desse quadro, é possível afirmar, então, que *LP e preventiva são institutos antagônicos.* Enquanto a concessão da primeira (LP) representa a desnecessidade de o sujeito estar preso, o acolhimento da segunda (preventiva) significa exatamente o contrário: necessidade de segregação (*vide* STJ, HC 33.526/MS, *DJe* 14.06.2004).

Perceba-se, porém, que, consoante a nova sistemática inaugurada pela Lei 12.403/2011(*vide* art. 321, e 319, § 4º, ambos do CPP), mesmo que o juiz reconheça a desnecessidade da preventiva do indivíduo (concedendo-lhe, portanto, a LP), isto não significa que as medidas cautelares diversas da prisão (art. 319, CPP) não possam ser aplicadas concomitantemente à LP. Assim, é possível que o juiz, ao concedê-la, determine, por exemplo, ao réu, concomitantemente, o recolhimento domiciliar no período noturno e nos dias de folga (art. 319, V, CPP).

Em termos de prática penal, quando decretada a preventiva, a peça cabível não será a LP, mas o pedido de revogação de preventiva (formulado ao próprio juiz que a decretou) ou, em certos casos, o HC (ex.: decreto de preventiva não fundamentado).

Com efeito, a LP poderá ser alcançada pelo réu/indiciado *com ou sem* o pagamento (prestação) de fiança à autoridade. Ademais, obtida a LP (com ou sem fiança) o indivíduo terá que se sujeitar a certas obrigações (vínculos), como, por exemplo, a de não se ausentar por mais de 8 dias de sua residência, sem comunicar à autoridade o lugar onde será encontrado.

Doravante, estudaremos a LP, *com e sem fiança,* bem como as eventuais *obrigações* que podem ser impostas ao indivíduo em cada caso.

14.14.2. LP com fiança

a) **Conceito de fiança:** antes de tratarmos propriamente da LP com fiança, cabe a pergunta: *o que é fiança?* R.: trata-se de uma *garantia real ou caução, sempre definitiva*,[124] *cujo objetivo precípuo é assegurar a liberdade do indivíduo, podendo consistir em "depósito de dinheiro, pedras, objetos ou metais preciosos, títulos da dívida pública, federal, estadual ou municipal, ou em hipoteca inscrita em primeiro lugar"* (art. 330, CPP);

b) Crimes afiançáveis e inafiançáveis: note que a fiança é um instituto *totalmente atrelado à LP*. Assim, *não sendo o caso de decretação da preventiva*, paga-se a fiança e obtém-se a liberdade do réu/indiciado. Entretanto, ainda que soe óbvia a afirmação, deve-se atentar que *a fiança só tem cabimento se o crime pelo qual responde o acusado for afiançável.* Sendo *inafiançável* o delito, não será, portanto, possível prestar fiança para promover a soltura do acusado. Neste caso (crime inafiançável), conforme veremos mais abaixo, ainda assim será, em tese, possível obter a LP, *mas não por meio de pagamento de fiança.*

Pois bem, mas *o que são crimes afiançáveis?* Dizer apenas que são aqueles que comportam fiança seria insuficiente para os nossos propósitos. Precisamos de uma noção mais precisa. Na verdade, a lei (CPP) não nos diz quando um delito é afiançável, *mas apenas quando ele é inafiançável* (consultar arts. 323 e 324). Assim, concluímos pela *afiançabilidade* de uma infração *a contrario sensu* (por um critério de exclusão ou residual). Exemplo de crime *afiançável*: art. 155, *caput*, do CP. Vejamos abaixo a lista de *crimes inafiançáveis* para que então, *a contrario sensu*, possamos concluir quando a infração é afiançável.

b1) Infrações inafiançáveis no CPP

"**Art. 323.** Não será concedida fiança:

I – nos crimes de racismo;

II – nos crimes de tortura, tráfico ilícito de entorpecentes e drogas afins, terrorismo e nos definidos como crimes hediondos;

III – nos crimes cometidos por grupos armados, civis ou militares, contra a ordem constitucional e o Estado Democrático;"

Comentário: o CPP aqui nada mais fez do que reproduzir o que diz a CF a esse respeito (*vide* art. 5º, XLII, XLIII e XLIV).

"Art. 324. Não será, igualmente, concedida fiança:

I – aos que, no mesmo processo, tiverem quebrado fiança anteriormente concedida ou infringido, sem motivo justo, qualquer das obrigações a que se referem os arts. 327 e 328 deste Código;"

Comentário: a "**quebra da fiança**" *ocorre quando o afiançado descumpre qualquer das obrigações que lhe foram impostas quando da concessão da fiança* (arts. 327, 328 e 341, CPP – trataremos do assunto de forma mais detalhada a seguir). Ex.: sujeito afiançado que, injustificadamente, não comparece a juízo quando chamado. **Consequências** da quebra injustificada da fiança: *perda de metade do valor cau-*

cionado para o Fundo Penitenciário Nacional; possibilidade de o juiz impor ao réu alguma(s) (das) medida(s) cautelar(es) do art. 319, ou mesmo de impor a preventiva ao acusado; e impossibilidade de, no mesmo processo, prestar nova fiança (arts. 343, 346 e 324, I, CPP).

"II – em caso de prisão civil ou militar;"

Comentário: no que tange à prisão por mandado do juiz cível (prisão civil), já vimos que, atualmente, esta modalidade de prisão só existe para o devedor (voluntário e inescusável) de alimentos (art. 5º, LXVII, CF), pois, com o advento da Súmula vinculante 25 do STF, passou-se a considerar: "ilícita a prisão civil do depositário infiel, qualquer que seja a modalidade de depósito". Pois bem, dessa forma, a prisão do alimentante inadimplente é inafiançável.

Do mesmo modo, a prisão militar também é inafiançável.

"III – (revogado);

IV – quando presentes os motivos que autorizam a decretação da prisão preventiva (art. 312)."

Comentário: conforme já mencionado anteriormente, LP e preventiva são institutos antagônicos. Presentes os motivos da preventiva não será possível a LP (com ou sem fiança). O dispositivo mencionado segue essa linha de raciocínio.

b2) Infrações inafiançáveis em lei extravagante:

Crime organizado: a Lei 12.850/2013, que revogou a Lei 9.034/1995, não contém vedação à fiança, motivo pelo qual a antiga disposição não mais subsiste. A questão agora está submetida ao regramento do art. 322, *caput* e seu parágrafo único, CPP.

Lavagem de dinheiro (Lei 9.613/1998): no caso de lavagem, havia previsão no art. 3º, mas o dispositivo foi revogado pela Lei 12.683/2012. Pois bem, estabelecido o que é fiança e quais são os delitos afiançáveis e inafiançáveis, estamos mais preparados para enfrentar algumas questões ligadas à *LP com fiança*. Vamos a elas:

c) Quem pode requerer o arbitramento da fiança (ou quem pode requerer a LP com fiança)? Além de a fiança poder ser concedida de ofício pela autoridade judicial ou policial, interpretando o art. 335, *caput*, CPP, inferimos que *o próprio acusado/indiciado pode requerer o arbitramento da fiança, assim como qualquer pessoa por ele;*

d) Até quando é possível requerer arbitramento de fiança? Desde a prisão em flagrante até o trânsito em julgado (art. 334, CPP);

e) Quem pode arbitrar a fiança? Em regra, o juiz. Porém, autoriza a lei, em determinados casos, que a autoridade policial arbitre a fiança. Vejamos:

I – **Autoridade policial:** poderá esta arbitrar fiança nos casos de infração cuja pena privativa de liberdade máxima não seja superior a 4 anos. Ex.: furto simples (art. 155, CP – pena máxima: 4 anos). Porém, em caso de recusa ou demora por parte da autoridade policial em conceder fiança, "o preso, ou alguém por ele, poderá prestá-la, mediante simples petição, perante o juiz competente, que decidirá em 48h" (art. 335, CPP);

---

124. *Não há* mais entre nós a fiança provisória, em que o sujeito, para apressar o procedimento de soltura, oferecia determinado montante (pedra preciosa, por exemplo), que só seria avaliado posteriormente. Hoje, tudo é avaliado antecipadamente, por isso diz o CPP ser definitiva a fiança (art. 330, primeira parte).

II – **Juiz:** nos casos de infrações penais com pena máxima superior a 4 anos (ex.: roubo – art. 157, CP – pena máxima: 10 anos), a fiança será requerida ao juiz, que decidirá em 48h (parágrafo único do art. 322, CPP);

f) Desnecessidade de prévia oitiva do MP (art. 333, CPP): quando do pedido de arbitramento da fiança (seja para o juiz, seja para o delegado), a lei não exige a *prévia* oitiva do MP, dando-se-lhe vista *apenas após* a decisão;

g) Valor da fiança: os parâmetros para a autoridade fixar o valor da fiança vêm definidos no art. 325, CPP, a saber:

> **"Art. 325.** O valor da fiança será fixado pela autoridade que a conceder nos seguintes limites:
>
> I – de 1 (um) a 100 (cem) salários mínimos, quando se tratar de infração cuja pena privativa de liberdade, no grau máximo, não for superior a 4 (quatro) anos;
>
> II – de 10 (dez) a 200 (duzentos) salários mínimos, quando o máximo da pena privativa de liberdade cominada for superior a 4 (quatro) anos.
>
> § 1º Se assim recomendar a situação econômica do preso, a fiança poderá ser:
>
> I – dispensada, na forma do art. 350 deste Código;
>
> II – reduzida até o máximo de 2/3 (dois terços); ou
>
> III – aumentada em até 1.000 (mil) vezes."

h) Obrigações do afiançado (arts. 327, 328 e 341, CPP): prestada a fiança, o afiançado fica sujeito a algumas obrigações/restrições. São elas:

I – Dever de comparecimento perante a autoridade quando intimado para atos do inquérito e da instrução criminal e para o julgamento;

II – Proibição de mudança de residência, sem prévia permissão da autoridade competente;

III – Proibição de se ausentar por mais de 8 dias de sua residência, sem comunicar à autoridade o lugar onde poderá ser encontrado(a);

IV – Proibição de praticar nova infração penal dolosa;

V – Proibição de deliberadamente praticar ato de obstrução ao andamento do processo;

VI – Proibição de descumprir medida cautelar imposta cumulativamente com a fiança;

VII – Proibição de resistir injustificadamente a ordem judicial.

Descumprida injustificadamente qualquer uma dessas obrigações, ocorrerá a **quebra da fiança**, acarretando a *perda de metade do valor caucionado para o Fundo Penitenciário Nacional; na possibilidade de o juiz impor ao réu alguma(s) (das) medida(s) cautelar(es) do art. 319, CPP, ou mesmo de impor a preventiva ao acusado; e na impossibilidade de, no mesmo processo, prestar nova fiança* (arts. 343, 346 e 324, I, CPP).

i) Cuidado para não confundir

I – **Quebra da fiança:** acabamos de ver do que se trata (descumprimento das obrigações dos arts. 327, 328 e 341, CPP);

II – **Cassação da fiança** (arts. 338 e 339, CPP): ocorre quando *há equívoco na concessão da fiança por parte da auto-*ridade (ex.: juiz que, de forma equivocada, concede fiança ao praticante de crime hediondo – que é inafiançável). Ou quando *há inovação na classificação do delito*. Ex.: delegado concede fiança por crime de pena máxima de até 4 anos, porém, depois, o MP, na fase da denúncia, entende que o delito é, na verdade, inafiançável. **Consequências:** o valor cassado será integralmente devolvido ao acusado e este, a depender do caso, poderá a vir a ser submetido a alguma(s) (das) medida(s) cautelar(es) do art. 319, CPP, ou até mesmo, se necessário, à prisão preventiva;

III – **Perda da fiança** (arts. 344 e 345, CPP): *ocorre quando o réu é condenado em definitivo à pena privativa de liberdade e empreende fuga.* **Consequência:** *perda definitiva da totalidade do valor pago;*

IV – **Reforço da fiança:** significa que *o montante prestado a título de fiança é insuficiente (inidôneo), necessitando, pois, ser complementado (reforçado).* Diz o art. 340, CPP, que o reforço da fiança será exigido quando: I – a autoridade tomar, por engano, fiança insuficiente; II – houver depreciação material ou perecimento dos bens hipotecados ou caucionados, ou depreciação dos metais ou pedras preciosas; III – for inovada a classificação do delito (explica-se esta última situação: em decorrência de nova classificação, o crime ainda é afiançável, porém, passa a ser mais grave, gerando a necessidade de reforço da fiança). **Consequência da não prestação do reforço**: a fiança será declarada *sem efeito* pelo juiz, oportunidade em que será devolvido integralmente o valor anteriormente prestado, podendo o réu vir a ser preso (parágrafo único do art. 340).

14.14.3. *LP sem fiança*

A LP pode ser alcançada pelo réu/indiciado não apenas por meio do pagamento de fiança. Desde que não seja caso de preventiva, é possível também alcançar o benefício (a LP) *sem a necessidade de prestar fiança à autoridade*. Trata-se da denominada LP *sem fiança*.

a) LP sem fiança quando o indivíduo for pobre (art. 350, CPP): quando a infração for afiançável, verificando o magistrado que o indivíduo não tem condições econômicas de prestar a fiança, "pode"[125] o juiz conceder a LP, independentemente do pagamento daquela (da fiança). Concedida a medida, ficará o sujeito submetido às *obrigações* dos arts. 327, 328 e 341 CPP (já estudadas anteriormente).

No caso de descumprimento de qualquer das obrigações impostas, o juiz, de ofício ou mediante requerimento do MP, de seu assistente ou do querelante, poderá substituir a LP, poderá, em cumulação, impor medida(s) cautelar(es) diversa(s) da prisão (art. 319, CPP), ou, em último caso, poderá decretar a prisão preventiva (consultar o art. 350, parágrafo único, c/c o art. 282, § 4º, ambos do CPP).

Observação: a *pobreza*, mencionada no art. 350, CPP, é a incapacidade de o indivíduo prestar a fiança sem prejudicar o seu sustento ou o de sua família – e não um eventual estado de indigência (conforme se poderia erroneamente

---

125. O verbo "poder" aí, empregado pelo CPP, não significa mera faculdade do juiz. Presentes os requisitos legais, deve o juiz conceder LP.

pensar). Para prová-la, conforme Nucci (2006, p. 143), basta a mera declaração do indivíduo, não sendo mais necessário o (antigo) atestado de pobreza fornecido por delegado (art. 32, § 2º, CPP);

b) LP sem fiança do parágrafo único do art. 310, CPP: se, pela análise do auto de prisão em flagrante (APF), o juiz verificar que o agente praticou o fato nas condições constantes dos incisos I a III do art. 23, CP (estado de necessidade, legítima defesa, em estrito cumprimento de dever legal ou no exercício regular de direito), "poderá"[126], fundamentadamente, conceder ao sujeito liberdade provisória, *independentemente do pagamento de fiança*.

Concedida a LP com base no parágrafo único do art. 310, CPP, deve o indivíduo assinar termo de comparecimento a todos os atos processuais, sob pena de revogação do benefício.

O dispositivo é coerente, pois não faria mesmo sentido o juiz, após receber a comunicação do flagrante de um fato aparentemente *lícito*, manter o sujeito encarcerado. Isto porque, além de haver probabilidade de absolvição nessa situação, os requisitos da preventiva não se mostram presentes em tais hipóteses. Dessa forma, concede-se a LP *sem fiança*, devendo o sujeito comparecer a todos os atos do processo, sob pena de revogação do benefício.

É importante ainda notar que o dispositivo em análise *não faz distinção entre infração afiançável ou inafiançável. Desse modo, aplica-se a fórmula do parágrafo único do art. 310 tanto aos delitos afiançáveis como aos inafiançáveis.* Ex.: indivíduo é surpreendido em flagrante após praticar homicídio doloso qualificado contra Fulano (crime hediondo, logo inafiançável). Após a lavratura e encaminhamento do APF ao juiz, este nota que há indicativos sérios de que o fato foi cometido em legítima defesa (excludente de ilicitude). Nesta situação, o magistrado deverá conceder LP *sem fiança (parágrafo único do art. 310)*, submetendo o sujeito à obrigação de comparecer aos atos do processo.

14.14.4. LP vedada

Há casos em que a lei veda o instituto da LP. Repare que, nessas situações, a proibição recai *não sobre a possibilidade de prestação de fiança* (inafiançabilidade), mas sobre o *próprio instituto da LP*. Assim, *não se deve confundir* inafiançabilidade com vedação à LP. Na inafiançabilidade, o que se obstaculiza é o pagamento de fiança para a obtenção de LP (ex.: crimes hediondos – art. 5º, XLIII, CF). Neste caso (inafiançabilidade), *ainda assim* será, em tese, possível a LP. Já na segunda situação (vedação à LP), veda-se mais do que a fiança, proíbe-se a própria LP. E é disto que trataremos agora.

Diversos autores formulam contundentes críticas à vedação de LP feita *aprioristicamente* pela lei. Motivos: a vedação à LP realizada *a priori* pela lei, além de retirar a oportunidade de o julgador examinar *caso a caso* o cabimento ou não do instituto, *burla o princípio do estado de inocência* – que, não nos esqueçamos, estabelece a regra da liberdade. Segundo dizem esses autores, há burla porque toda vez que a determinação de impossibilidade de LP é

efetuada pela lei, cria-se, na realidade, uma modalidade de *manutenção automática da prisão em flagrante*. Explica-se. Basta o indivíduo "dar o azar" de ser preso em flagrante pela prática de crime cuja lei estabeleça vedação à LP – e que os prazos da fase policial e judicial sejam respeitados – para que permaneça encarcerado, *sem fundamentação judicial*, até o deslinde do processo.

É exatamente por conta dessas críticas que diversas das hipóteses de vedação à LP criadas nas últimas duas décadas pelo legislador ordinário têm sido declaradas inválidas pelos tribunais superiores e combatidas pela doutrina. Vejamos os casos:

a) Estatuto do desarmamento (Lei 10.826/2003): o STF (ADIN 3112-1, *DJe* 26.10.2007) declarou a *inconstitucionalidade* do art. 21 desta lei que vedava a LP para os crimes de posse ou porte ilegal de arma de fogo de uso restrito (art. 16), comércio ilegal de arma de fogo (art. 17) e tráfico internacional de arma de fogo (art. 18). **Conclusão:** atualmente, cabe LP para esses delitos. Ver também STJ: RHC 38.323/CE, *DJ* 09.10.2014;

b) Crime organizado: a Lei 12.850/2013, que revogou a Lei 9.034/1995, não mais contém óbice à concessão de LP aos agentes que tenham envolvimento com organização criminosa.

c) Crimes hediondos, tortura e terrorismo: a Lei dos Crimes Hediondos (Lei 8.072/1990) previa em seu art. 2º, II, vedação expressa à LP para os crimes hediondos, a tortura e o terrorismo. *Porém*, atendendo aos reclames da doutrina, em 2007, a *Lei 11.464 retirou a referida proibição*. Apesar disso, o STF, estranhamente, ainda possui decisões que, de modo automático, vedam a LP aos crimes hediondos (**confira-se a íntegra da decisão prolatada em 2013 pelo Pleno: HC 92932/SP,** *DJe* 25.09.2013). O principal argumento que apresentam é que a própria Constituição, ao estabelecer a inafiançabilidade para os crimes hediondos, impede, consequente e automaticamente, a possibilidade de LP para esse tipo de delito. Esse posicionamento do Supremo, conforme facilmente se percebe, é incoerente com as demais orientações do Tribunal sobre o assunto (vide o caso do tráfico de drogas,[127] p. ex.), e, mais que isso, afronta o estado de inocência. Acrescente-se ainda que, pouco tempo depois do julgamento realizado pelo pleno do STF (acima citado), a Primeira Turma da Suprema Corte *concedeu* LP a um crime hediondo (vide STF RHC 118200, *DJe* 12.11.2013 e HC 109236, 14.02.2012). O tema, portanto, como se vê permanece controverso dentro do próprio STF, restando talvez aguardar uma próxima decisão da composição plena daquela Corte sobre o assunto.

d) Drogas (Lei 11.343/2006): o art. 44 da lei veda a LP para os crimes tipificados nos arts. 33, *caput* e § 1º, e 34 a 37 desse mesmo diploma (tráfico, fabrico de instrumentos e associação para o tráfico). **Entretanto,** em 2012, o Pleno do STF (HC 104.339/SP, *DJe* 06.12.2012 e HC 133361, DJe 27.05.2016, RE 1038925/SP, *DJe* 19.09.2017), declarou a *inconstitucionalidade* do referido art. 44 da Lei de Drogas.

---

126. "Deverá", na verdade. Veja a nota logo acima.

127. Ver STF, HC 118533/MS, DJe 19.09.2016. A conduta do § 4º, art. 33, da Lei 11.343/2006 (tráfico de drogas privilegiado) não é crime hediondo.

15. CITAÇÕES E INTIMAÇÕES

Logo, segundo a atual orientação do Supremo sobre o tema, é sim possível a concessão de liberdade provisória para os crimes previstos nos arts. 33, *caput* e § 1º, e 34 a 37, da Lei de Drogas.

São atos de comunicação processual, destinados à cientificação das partes, testemunhas, entre outros, acerca do teor dos atos processuais já praticados ou mesmo para que certos atos sejam praticados por algum dos sujeitos processuais.

De acordo com a finalidade de cada ato, a doutrina promoveu a classificação dos atos de comunicação processual em algumas espécies: citações, intimações e notificações.

15.1. Citação

Ato de comunicação processual pelo qual se informa ao réu/querelado a existência de uma imputação (ação penal) contra si. Conforme dispõe o art. 363, CPP, a citação completa a formação do processo, *i. e.*, a relação triangular entre as partes e o juiz resta plenamente formada, possibilitando o contraditório e a dialética no processo.

Nesse sentido, ressalte-se ainda que a citação válida é um elemento de validade do processo, pois a ausência de citação acarreta sua nulidade absoluta, enquanto a deficiência do ato implica nulidade relativa.

Porém, a falta ou nulidade da citação será sanada se o réu comparecer espontaneamente antes da consumação do ato (ainda que para apontar a nulidade ou a falta) – art. 570, CPP. Apesar da redação deste dispositivo, há limites aqui, já que não pode ocorrer prejuízo à defesa réu. O STF, p. ex., já anulou uma sentença em que o acusado havia sido citado um dia antes de seu interrogatório. Reconheceu o Supremo, nessa oportunidade, manifesto prejuízo à ampla defesa (STF HC 109611 *DJe* 28.08.2013 e RHC 133945, *DJ* 01.08.2016).

15.1.1. Espécies de citação

a) Citação real: realizada na pessoa do réu, havendo certeza de que este tomou conhecimento da acusação. Modalidades:

a1) Citação real por mandado: cumprida por oficial de justiça dentro do território da Comarca onde o juiz exerce as suas funções. Conforme dispõe o art. 351: "a citação inicial far-se-á por mandado, quando o réu estiver no território sujeito à jurisdição do juiz que a houver ordenado". Se o acusado se encontrar em seu domicílio, pode ser realizada a qualquer dia e hora (salvo, à noite). Se o acusado estiver preso, a citação também será real por mandado (pessoal), sendo que o diretor do estabelecimento prisional será comunicado da futura audiência para a qual o réu for convocado.

O mandado de citação deverá conter todas as informações elencadas no art. 352, CPP (chamados de requisitos intrínsecos do mandado de citação), como: nome do juiz, nome do acusado ou as suas características físicas etc.

Além dos requisitos intrínsecos, há que se observar os requisitos extrínsecos da citação por mandado contidos no art. 357, CPP: leitura do mandado feita pelo oficial de justiça ao acusado; entrega da contrafé (cópia da peça inicial acusatória) etc.

Note-se que, no processo penal, a citação eletrônica só é admitida para as seguintes modalidades: carta precatória, rogatória ou de ordem (arts. 6º e 7º da Lei 11.419/2006).

a2) Citação real por carta precatória: quando o réu residir em outra Comarca – art. 353, CPP. Nesse caso, o juízo deprecante (do lugar onde tramita o processo) solicita ao juízo deprecado (lugar da residência do réu) que efetue a citação do acusado.

Peculiaridades da citação por precatória:

I – Se no juízo deprecado (aquele que irá cumprir a precatória), verificar-se que o réu se encontra em outra comarca, poderá ser encaminhada a precatória para a nova comarca (precatória itinerante);

II – Havendo urgência, a precatória poderá ser feita por via telegráfica (inclua-se aí o fax também);

a3) Citação real por carta rogatória: quando o réu residir fora do país ou em embaixadas ou consulados (sedes de legações estrangeiras). *Mutatis mutandis,* aplica-se a mesma razão da citação por precatória. No caso de citação por rogatória, haverá suspensão do prazo prescricional – art. 368, CPP. Caso se saiba que o réu se encontra no estrangeiro, mas em local incerto, a citação será por edital (ver abaixo).

a4) Citação real por carta de ordem: segundo Pacelli (2015, p. 617), "por carta de ordem deve-se entender a determinação, por parte de tribunal, superior ou não, de cumprimento de ato ou de diligência processual a serem realizados por órgãos da jurisdição da instância inferior, no curso de procedimento da competência originária daqueles".

Peculiaridades da citação real em relação a algumas pessoas:

I – Se o réu for militar, será citado por intermédio do chefe do respectivo serviço – art. 358, CPP;

II – Se for funcionário público, haverá necessidade de notificar o chefe de sua repartição – art. 359, CPP;

III – Se o réu estiver preso, deverá ser citado pessoalmente, por mandado – art. 360, CPP;

b) Citação ficta ou presumida: não sendo possível a citação real, proceder-se-á a citação ficta. Esta pode ser por edital ou por hora certa.

Razão de ser desse tipo de citação: para que o Estado não fique impossibilitado de exercer o seu *jus puniendi.*

b1) Por edital (art. 361, CPP): pressupõe que o réu tenha conhecimento da ação penal a partir da publicação do edital em veículo de comunicação periódico com circulação local e de sua notícia afixada na sede do juízo (Fórum). Vale frisar, no entanto, o seguinte julgado: STJ, HC 213600, *DJe* 09.10.2012, info 506 – "é nulo o processo a partir da citação na hipótese de citação por edital determinada antes de serem esgotados todos os meios disponíveis para a citação pessoal do réu".

Prazo do edital: 15 dias.

O art. 365, CPP, estatui os requisitos do edital de citação, sendo eles: nome do juiz que determinar a citação, nome do acusado ou seus sinais característicos, a indicação do dispositivo da lei penal infringido (Súmula 366, STF)[128] etc.

Neste contexto, cabe enunciar o entendimento do STJ segundo o qual "Por haver o réu tomado rumo ignorado logo após a prática do crime, **não é nula a citação por edital por suposta ausência de esgotamento dos meios para localização do citand**o, cuja atitude não pode implicar o atraso da prestação jurisdicional e condicionar a jurisdição à prévia procura de dados em empresas e órgãos públicos, sem perspectiva de êxito da diligência", vide RHC 52.924/BA, 6ª Turma, *DJ* 29.08.2016.

Ademais, nunca é demais ressaltar a jurisprudência pacífica do STJ asseverando que "A não localização do paciente, que deu ensejo à sua citação por edital, não se confunde com presunção de fuga", HC 253.621/MG, 6ª Turma, *DJ* 24.08.2016.

Atenção: a citação por edital não é admitida nos Juizados Especiais (art. 66, parágrafo único, Lei 9.099/1995). Caso o réu não seja encontrado para ser citado pessoalmente, haverá a remessa do processo ao juízo comum (adotando-se o rito sumário).

Citado por edital, se o réu não comparecer e nem constituir advogado, será determinada a suspensão do processo e do prazo prescricional, podendo o juiz determinar a produção antecipada das provas consideradas urgentes e, se for o caso, decretar preventiva – art. 366, CPP. Conforme alguns autores, (PACELLI, 2015, p. 623-4; TÁVORA, 2015, p. 987), este dispositivo não se aplica aos crimes de lavagem de dinheiro por força do disposto no art. 2º, § 2º, da Lei 9.613/1998.

Apesar de a lei não mencionar durante quanto tempo pode ficar suspenso o prazo prescricional, o STJ (Súmula 415) e a majoritária doutrina entendem que a suspensão da prescrição nesse caso deverá se dar pela pena máxima em abstrato fixada ao crime (art. 109, CP).

Ademais, ainda com base no art. 366, diz a Súmula 455, STJ: "a decisão que determina a produção antecipada de provas com base no art. 366 do CPP deve ser concretamente fundamentada, não a justificando unicamente o mero decurso do tempo".

Reflexos do Novo Código de Processo Civil

Finalmente, note-se que o art. 256 do NCPC, que trata da citação por edital, será usado de modo subsidiário aos dispositivos do CPP. Recomendamos, portanto, a leitura do referido art. 256.

---

b2) Por hora certa (art. 362, CPP): inovação introduzida na seara processual penal por meio da Lei 11.719/2008, essa modalidade de citação ficta[129] ocorre quando se verificar que o réu, deliberadamente, oculta-se para não ser citado

(STF, RE 635145/RS, *DJe* 13.09.2017 e Info. 833, de 1º a 5 de agosto de 2016).

Com a entrada do NCPC em vigor, a citação por hora certa passa a seguir o disposto nos arts. 252 e 253 daquele novo diploma, aos quais remetemos o leitor. Dentre outras coisas, notar que, de acordo com o art. 252, NCPC, o número de tentativas para a citação por hora certa passa de três para duas oportunidades.

Além disso, é importante destacar que o § 4º do art. 253 do NCPC, não terá aplicação ao processo penal. Diz esse dispositivo: "O oficial de justiça fará constar do mandado a advertência de que será nomeado curador especial se houver revelia". Na realidade, no âmbito do processo penal, realizada a citação por hora certa, se o réu não comparecer, ser-lhe-á nomeado defensor dativo ou público, conforme o caso – e não curador especial, conforme diz o NCPC.

15.1.2. Revelia (art. 367, CPP)

No processo penal, os efeitos da revelia não guardam relação de similaridade com o âmbito processual civil. A ausência do acusado a qualquer dos atos processuais, sem justificativa, ou a mudança de endereço sem comunicação, têm como efeito a não intimação para os atos processuais seguintes[130]. Assim, não há que se falar em "confissão ficta", por exemplo, para o réu revel em processo penal.

O efeito da revelia apontado (não intimação do réu para os atos processuais futuros), obviamente, não se aplica ao defensor do acusado, pois, como sabemos, a defesa técnica no processo penal é imprescindível. Assim, ainda que o réu seja considerado revel, seu defensor, obrigatoriamente, deverá continuar a patrocinar seus interesses.

Ademais, outro efeito da revelia no processo penal é a quebra da fiança (art. 341, CPP).

Observações: I – ainda que revel, o réu deverá ser intimado da sentença em atenção ao princípio da ampla defesa (art. 392, CPP); II – o réu pode ingressar no processo a qualquer tempo, fazendo cessar os efeitos da revelia, mas sem alterações nos os atos já praticados. Participará do processo conforme o estado em que esse se encontra.

15.2. Intimações e notificações

São atos de comunicação processual dirigidos "às partes ou a qualquer outra pessoa que deva, de alguma forma, intervir na relação processual" (MOREIRA, 2010, p. 246).

Certo setor da doutrina costuma fazer a seguinte distinção:

15.2.1. Intimação

Ciência dada à parte ou outra pessoa de um ato já realizado – ato realizado no passado – ex.: intimação de uma sentença prolatada (passado). Intima-se *de* algo.

15.2.2. Notificação

Ciência dada para que a parte ou outra pessoa pratique um ato no futuro – ex.: notificação de testemunha para depor.

---

128. Mister destacar que há divergência doutrinária no sentido de estabelecer como requisito do edital a descrição resumida do fato imputado, considerando a necessidade de possibilitar o exercício da ampla defesa.

129. Há quem entenda que a citação por hora certa se trata de modalidade de citação real – e não ficta. O tema não é pacífico, portanto.

130. Esta última parte, contudo, não se aplica à intimação da sentença, que é obrigatória.

Notifica-se *para* algo. O CPP, porém, não atenta para essa diferenciação, utilizando os termos indistintamente. Neste trabalho, portanto, falaremos tão somente em intimação. No caso do Ministério Público e da Defensoria Pública, a intimação deve ser pessoal, ou seja, a comunicação deve ser feita diretamente aos membros dessas instituições (art. 370, § 4º, CPP). Também o advogado dativo (nomeado pelo juiz) será intimado pessoalmente. No entanto, destacamos o seguinte julgado: "A intimação do defensor dativo apenas pela impressa oficial não implica reconhecimento de nulidade caso este tenha optado expressamente por esta modalidade de comunicação dos atos processuais, declinando da prerrogativa de ser intimado pessoalmente" (STJ, HC 311.676-SP, *DJe* 29.04.2015, Informativo 560). **Sobre o tema, ver o importante julgado do STJ: HC 358943/SP, *DJe* 06.09.2016.**

Em julgado recente, a 5ª Turma do STJ firmou entendimento no sentido de que a nomeação de defensor dativo não pode prescindir da intimação do réu para substituir o patrono inerte. No caso em espécie, o juízo *a quo*, diante da inércia do primeiro patrono constituído pelo réu, determinou a remessa dos autos à Defensoria Pública, não sendo oportunizado ao acusado o direito de nomear novo advogado de sua confiança, o que culminou na anulação da ação penal e desconstituição do trânsito em julgado da condenação (STJ, HC 389899/RO, *DJe* 31.05.2017).

Já o advogado constituído (pelo réu, pelo querelante, pelo querelado ou pelo assistente) será, em regra, intimado por meio de publicação oficial (Diário Oficial), incluindo, sob pena de nulidade, o nome do acusado. Caso não exista órgão de publicação oficial, a intimação deverá ser efetuada diretamente pelo escrivão, por mandado, ou via postal, com comprovante de recebimento, ou por qualquer outro meio considerado idôneo – 370, §§ 1º e 2º, do CPP.

Em hipótese de intimação por meio de carta precatória exige o art. 222, *caput*, CPP, sob pena de nulidade relativa (conforme Súmula 155, STF), que as partes sejam intimadas da expedição do documento, não sendo exigível que se lhes dê ciência da data marcada pelo Juízo deprecado para a realização do ato (vide Súmula 273, STJ).

A Lei 9.099/1995 (art. 67) dispõe que no JECRIM "a intimação poderá ser efetivada através de via postal (com AR ou mediante entrega na recepção, se se tratar de pessoa jurídica ou firma individual), por oficial de justiça (independentemente de mandado ou carta precatória), na própria audiência, ou, ainda, por qualquer outro meio idôneo de comunicação, como, por exemplo, o telefone" (MOREIRA, 2010, p. 265).

O cumprimento dos atos de comunicação processual deve ocorrer em dias úteis, com expediente forense, como se pode depreender, inclusive, do teor da Súmula 310, STF: *"quando a intimação tiver lugar na sexta-feira, ou a publicação com efeito de intimação for feita nesse dia, o prazo judicial terá início na segunda-feira imediata, salvo se não houver expediente, caso em que começará no primeiro dia útil que se seguir".*

A ausência de intimação das partes poderá, a depender do caso, configurar até em nulidade absoluta por cerce-

amento defesa, por exemplo. Ainda, segundo o STF, HC 114.107, *DJe* 12.12.2012: "necessidade de intimação pessoal do réu é apenas da sentença condenatória e não do acórdão proferido em sede de apelação". Ver também a seguinte decisão do STF: "a nulidade do julgamento por ausência de intimação prévia da defesa para ciência da data de confecção do voto-vista dependeria de inequívoca demonstração de concreto prejuízo", HC 92932 ED, *DJ* 14.04.2016. Cabe ainda ressaltar que nos casos em que o réu vier a ser preso no curso do prazo da intimação por edital da sentença condenatória, esta intimação restará prejudicada, devendo ocorrer pessoalmente. (STJ, RHC 45584/PR, *DJe* 12.05.2016 e Info. 583).

16. SENTENÇA PENAL

Antes de tratarmos propriamente da sentença, vejamos uma tradicional divisão, apresentada por certo setor da comunidade jurídica, a respeito dos atos jurisdicionais.

Em regra, os atos jurisdicionais podem ser:

16.1. Despachos de mero expediente (ou ordinatórios)

São atos jurisdicionais de mero impulso do processo, sem carga decisória, portanto. Ex.: ato do juiz que designa data para a audiência de instrução e julgamento (art. 400, CPP). Os despachos de mero expediente são irrecorríveis. Porém, quando causarem tumulto ao processo ou forem abusivos, poderão ser atacados por correição parcial. Ex.: despacho do juiz que determina a oitiva das testemunhas indicadas pela defesa *antes* das arroladas pela acusação. Cabe, nesse caso, correição.

16.2. Decisões

Em sentido amplo, a palavra *decisão* significa todo o ato jurisdicional que possui carga decisória, produzindo, portanto, algum tipo de sucumbência. Tais atos destinam-se a solucionar incidentes processuais ou mesmo pôr termo ao processo. Exs.: sentença, decisão que decreta a preventiva etc. Várias decisões, por apresentarem certo grau de carga decisória (maior ou menor, a depender do caso), podem ser desafiadas por recurso. Exs.: a sentença é apelável; a decisão que rejeita a inicial penal é recorrível em sentido estrito etc.

As *decisões*, por sua vez, conforme tradicional classificação da doutrina, dividem-se em:

16.2.1. Decisões interlocutórias simples

"São as que dirimem questões emergentes relativas à regularidade ou marcha do processo, exigindo um pronunciamento decisório sem penetrar no mérito" (MIRABETE, 2001, p. 445). Essas decisões não encerram o processo nem qualquer fase do procedimento. Ex.: decisão que decreta a preventiva.

16.2.2. Decisões interlocutórias mistas

São aquelas que, julgando ou não o mérito, colocam fim ao procedimento ou a uma de suas fases. Dividem-se em:

a) Decisões interlocutórias mistas terminativas: são as que põem fim ao procedimento. Ex.: impronúncia, rejeição da denúncia;

b) Decisões interlocutórias mistas não terminativas: são as que põem fim a apenas uma etapa do procedimento. Ex.: a pronúncia põe termo à primeira fase do procedimento bifásico do Júri.

16.2.3. Decisões definitivas (ou sentenças)

São aquelas que põem fim ao processo, julgando o mérito da causa. Subdividem-se em:

a) Sentença condenatória: é aquela em que o juiz acolhe, ainda que parcialmente, a pretensão punitiva deduzida na inicial penal. Note o leitor que, no processo penal, em razão, dentre outros, do princípio do estado de inocência e do *in dubio pro reo*, o juiz só poderá condenar o acusado se estiver diante de um conjunto probatório (produzido em contraditório judicial) cabal. Impossível, portanto, uma condenação em meros indícios e/ou conjecturas frágeis. Em caso de prova frágil (ou como dizem alguns: em caso de dúvida), o caminho inarredável será a absolvição do réu, aplicando-se a regra pragmática de julgamento do *in dubio pro reo* (LOPES JR., 2010);

b) Sentença absolutórias: ao contrário, é aquela em que o juiz não acolhe a pretensão punitiva deduzida na inicial penal;

c) Decisão terminativa de mérito ou declaratória extintiva da punibilidade: é aquela em que o juiz, apesar de julgar o mérito, não condena e nem absolve o réu. Ex.: decisão que declara extinta a punibilidade do agente em decorrência de prescrição (art. 107, IV, CP).

Dada a importância que as sentenças condenatória e absolutória têm para o processo penal, iremos estudá-las com mais vagar nas próximas linhas. Porém, antes, vejamos os requisitos formais da sentença (comuns à absolutória e à condenatória).

16.3. Requisitos da sentença (art. 381, CPP)

Nota: a falta de qualquer desses requisitos provoca a nulidade absoluta da sentença (por descumprimento de formalidade essencial do ato – art. 564, IV, CPP).

16.3.1. Relatório

Aqui o juiz deverá efetuar uma espécie de resumo dos acontecimentos mais importantes que se deram ao longo do processo. Deverá conter: os nomes das partes, a exposição sucinta da acusação e da defesa e demais ocorrências processuais relevantes.

Nota: no JECRIM[131] (art. 81, § 3º), dispensa-se o relatório.

16.3.2. Fundamentação ou motivação

É requisito geral de todas as decisões judiciais (art. 93, IX, da CF), sob pena de nulidade absoluta. **Como já vimos, o juiz é livre para julgar, porém deve fazê-lo de forma fundamentada (princípio do livre convencimento motivado ou persuasão racional do juiz).** A fundamentação é de suma importância, pois permite um *controle da racionalidade* da

decisão do juiz pelas partes e pela própria sociedade (LOPES JR., 2010). A fundamentação permite, p. ex., que as partes verifiquem se o juiz considerou as suas teses e as provas que produziram. O direito à prova não se constitui apenas como direito de produzir prova, mas também como direito à valoração da prova pelo magistrado (GRINOVER *et. al.* 2001, p. 212 e ss.). Conforme o art. 371, CPP: "O juiz apreciará a prova constante dos autos, independentemente do sujeito que a tiver promovido, e indicará na decisão as razões da formação de seu convencimento". Cabe salientar que não se exige fundamentação extensa, prolixa, podendo ser ela sucinta. O que não se admite é a ausência da fundamentação ou fundamentação deficiente[132]. A sentença despida de qualquer fundamentação é chamada de *sentença vazia. Por fim, vale consultar também o art. 489, § 1º, NCPC.*

16.3.3. Dispositivo ou conclusão

É parte da sentença que contém o comando da decisão, o provimento final, de condenação ou de absolvição. Por óbvio, o dispositivo da sentença deve guardar relação com as razões de decidir (com a motivação).

Se condenatória a sentença, deverá a conclusão trazer o tipo penal no qual está incurso o acusado, a dosimetria da pena e o seu regime inicial de cumprimento.

Se absolutória, deverá a conclusão trazer o fundamento legal da absolvição (incisos do art. 386, CPP).

16.3.4. Autenticação

Consiste na aposição de assinatura do juiz, bem como da indicação do local e data em que a sentença foi proferida. A falta de assinatura torna a sentença inexistente.

Dadas as suas peculiaridades, analisemos a seguir a sentença absolutória (tema, de certa forma, já enfrentado também quando tratamos da ação civil *ex delicto*).

16.4. Sentença absolutória

Conforme dito, é a sentença que não acolhe a pretensão punitiva deduzida na inicial acusatória.

A sentença absolutória pode ser:

Própria: aquela que absolve o réu, importando em reconhecimento de sua plena inocência. É a absolvição por excelência. Ex.: juiz que, na sentença, reconhece que o acusado não participou do crime objeto do processo;

Imprópria: aquela que, apesar de absolver o réu, aplica-lhe medida de segurança, pois reconhece a inimputabilidade do acusado (doença mental) ao tempo do fato – art. 26, CP c/c o art. 386, VI, 2ª parte, e parágrafo único, III, CPP.

Analisemos a seguir os fundamentos da sentença absolutória contidos no art. 386, CPP. O juiz absolverá o réu quando:

---

131. Juizado Especial Criminal – Lei 9.099/1995.

132. É nulo o acórdão que se limita a ratificar a sentença e a adotar o parecer ministerial, sem sequer transcrevê-los, deixando de afastar as teses defensivas ou de apresentar fundamento próprio. Isso porque, nessa hipótese, está caracterizada a nulidade absoluta do acórdão por falta de fundamentação" (STJ, HC 214049/SP, DJe 10.03.2015 e Informativo 557, de 5 a 18 de março de 2015).

I – **estiver provada a inexistência do fato**: aqui o juiz está seguro de que o fato relatado na inicial acusatória não aconteceu. Se o fato não existiu no campo penal (que exige uma carga probatória muito maior que a do campo civil), com muito mais razão também não existiu na seara cível. Este fundamento da sentença absolutória obsta, portanto, a propositura de ação civil *ex delicto*;

II – **não houver prova da existência do fato**: a acusação não logrou êxito em convencer o juiz a respeito da existência do fato-crime. Houve debilidade probatória. Sendo assim, aplica-se a regra pragmática de julgamento do *in dubio pro reo*, absolvendo-se, por conseguinte, o acusado. Este fundamento da sentença absolutória não fecha as portas do cível. Note-se que a prova não foi suficiente para o campo penal, mas poderá sê-lo para o campo civil;

III – **não constituir o fato infração penal**: é o reconhecimento da atipicidade do fato. Também não fecha as portas do cível. O ilícito não foi penal, mas poderá ser civil (art. 67, III, CPP);

IV – **estiver provado que o réu não concorreu para a infração penal**: aqui o juiz está seguro de que o réu não concorreu para a prática da infração penal (negativa da autoria). Fecha as portas do cível. Se restou provado no campo penal que o réu não praticou qualquer conduta lesiva, automaticamente estará excluído do polo passivo de qualquer ação indenizatória;

V – **não existir prova de ter o réu concorrido para a infração penal:** o juiz não está seguro da participação ou não do acusado na empreitada criminosa. A acusação não logrou êxito em convencer o juiz a respeito disso, havendo, portanto, debilidade probatória. Sendo assim, aplica-se a regra pragmática de julgamento do *in dubio pro reo*, absolvendo-se, por conseguinte, o acusado. Este fundamento da sentença absolutória não fecha as portas do cível. Note-se que a prova não foi suficiente para o campo penal, mas poderá sê-lo para o campo civil;

VI – **existirem circunstâncias que excluam o crime ou isentem o réu de pena** (arts. 20, 21, 22, 23, 26 e § 1º do art. 28, todos do Código Penal), ou **mesmo se houver fundada dúvida sobre sua existência**: já tratamos desta hipótese com detalhes quando estudamos a ação civil *ex delicto*. Vale apenas lembrar que o reconhecimento de excludente de ilicitude (legítima defesa, por exemplo) fecha, em regra, as portas do cível (arts. 188, I, CC, e 65, CPP);

VII – **não existir prova suficiente para a condenação**: para que seja imposta uma condenação ao acusado, é preciso que o juiz esteja convencido de que o fato existiu, foi típico, que o réu concorreu para essa infração penal e que não existiram, *in casu*, justificantes ou dirimentes. Desse modo, se o conjunto probatório não foi suficiente para gerar um juízo de certeza acerca da condenação, impõe-se a absolvição do acusado. Trata-se, mais uma vez, da aplicação da regra pragmática de julgamento do *in dubio pro reo*.

16.5. Princípio da correlação entre a acusação e a sentença

Segundo Badaró (2008, v. I, p. 309) significa que "deve haver uma identidade entre o objeto da imputação e o da sentença. Ou seja, o acusado deve ser julgado, sendo conde-

nado ou absolvido, pelos fatos que constam da denúncia ou queixa". Dessa forma, descabem julgamentos *citra* (aquém do objeto da imputação), *ultra* (além do objeto da imputação) ou *extra* (diverso do objeto da imputação) *petita*.

Em suma, o princípio da correlação visa a impedir que o réu seja condenado por fato não contido na denúncia ou na queixa. Daí surge um questionamento: que fazer quando, no decorrer da instrução, verificar-se que ocorreu um equívoco na classificação legal (tipificação) do fato descrito; ou quando se vislumbrar que o fato inicialmente descrito não corresponde ao que foi demonstrado ao final da instrução? A resposta passa pelos institutos da *emendatio libelli* e *mutatio libelli*, a seguir examinados.

16.5.1. Emendatio libelli

Essa possibilidade está consubstanciada no art. 383, CPP, que diz: *"o juiz, sem modificar a descrição do fato contida na denúncia ou queixa, poderá atribuir-lhe definição jurídica diversa, ainda que, em consequência, tenha de aplicar pena mais grave".*

Após a fase instrutória, ao apreciar o mérito da pretensão punitiva, é possível que o juiz perceba que a definição legal apresentada pela acusação não é adequada aos fatos descritos na inicial acusatória. Diante dessa situação, poderá o juiz, de ofício, proceder à correta capitulação legal dos fatos, retificando a inicial. Trata-se de medida que não interfere na defesa, pois, como diz a tradicional doutrina, o acusado se defende dos fatos descritos e não da definição legal contida na inicial acusatória. Vamos a um exemplo: denúncia narra um furto, mas o promotor, ao classificar a conduta, aponta o art. 157, CP (roubo). Na sentença, poderá o juiz corrigir a classificação legal para o art. 155, CP (furto) (BADARÓ, 2008, v. I, p. 310).

Perceba o leitor que o elemento-chave da *emendatio* é que o fato descrito na inicial penal é o mesmo que chega ao juiz no momento da sentença (o fato permanece inalterado). O que muda, portanto, é o enquadramento legal dado pelo juiz àquele (ao fato).

Assim, o STF, no julgamento do HC 129284/PE, j. 17.10.2017, entendeu ser irrelevante a menção expressa na denúncia de eventuais causas de aumento ou diminuição, desde que haja correlação entre o fato descrito na denúncia e o fato pelo qual foi condenado (Informativo 882, STF, do período de 16 a 20 de outubro de 2017). Dessa forma, o fato de o MP ajuizar ação penal contra o réu pela prática do crime de homicídio fundamentando apenas no art. 121, mas no bojo da descrição dos fatos narrar que o crime foi cometido por grupo de extermínio, não impede que o juiz no momento da sentença reconheça a incidência da causa de aumento prevista no § 6º do art. 121.

Por fim, vale ressaltar que o instituto da *emendatio libelli* pode ocorrer em segundo grau. Porém, a retificação não pode resultar em pena mais grave se o recurso tiver sido exclusivo da defesa, uma vez que é vedada a *reformatio in pejus*.

16.5.2. Mutatio libelli (art. 384, CPP)

Aqui, ao contrário da hipótese anterior, "os fatos objeto do processo são alterados, com o que, normalmente, altera-

-se também a sua classificação jurídica" (BADARÓ, 2008, v. I, p. 311). Perceba o leitor, portanto, que na *mutatio* temos uma alteração dos fatos objeto do processo (este é o elemento-chave). Ex.: o promotor, na denúncia, narra um furto e, corretamente, rotula o fato no art. 155, CPP. Ocorre que, durante a instrução, surgem provas no sentido de que o arrebatamento dos bens da vítima se deu por meio de violência. Logo, estaríamos diante de um roubo e não de um furto. Perceba que não se trata de um novo fato típico, mas de **elemento ou circunstância** que não estavam presentes originalmente. Eles podem ser entendidos como *as circunstâncias elementares do delito, a prova de qualificadoras, causas de aumento e de diminuição da pena (circunstâncias legais)*.

Em decorrência desse novo cenário, o juiz deverá notificar o MP para que este proceda ao aditamento da denúncia no prazo de 5 dias (art. 384, parte final, CPP). Se o órgão ministerial não promover o aditamento, pode o juiz seguir o procedimento do art. 28, CPP, remetendo ao órgão revisor do MP para manifestação final. É importante dizer ainda que o juiz não poderá, de ofício, realizar a alteração da imputação, já que, agindo assim, estaria atuando como órgão acusador, violando, pois, o sistema acusatório.

Uma vez oferecido o aditamento pelo MP, deve o juiz, em observância ao contraditório e à ampla defesa, permitir que, em 5 dias, o acusado se manifeste.

Admitido o aditamento pelo juiz (com a manifestação defensiva do réu), deverá o juiz abrir novo prazo de 5 dias, para que as partes arrolem até 3 testemunhas. Ato contínuo, o juiz marcará dia e hora para a continuação da audiência de instrução e julgamento, com a inquirição das testemunhas eventualmente indicadas, novo interrogatório do réu, novos debates orais e, ao final, julgamento.

Por fim, frise-se que, nos termos da Súmula 453, STF, não cabe *mutatio libelli* em segundo grau.

16.6. Coisa julgada

16.6.1. Conceito e espécies

É o efeito de imutabilidade oriundo de uma decisão judicial sobre a qual não seja mais possível qualquer discussão. Na visão de Tourinho Filho, o seu fundamento político é a necessidade de pacificação social por meio da segurança jurídica relacionada à manutenção das decisões definitivas (2010, p. 843).

Na esfera penal, essa imutabilidade incide sobre as sentenças absolutórias, uma vez que a condenação pode ser revista a qualquer tempo, por meio da ação de revisão criminal (art. 621, CPP).

Quanto à extensão da imutabilidade, a coisa julgada deve ser entendida sob dois aspectos: formal e material. Aqui o magistério de Luiz Flávio Gomes é bastante elucidativo no que tange à sua compreensão prática.

Diz o referido jurista que "há duas espécies de coisa julgada: 1. Coisa julgada formal: impede que o juízo da causa reexamine a sentença [ou decisão]; 2. Coisa julgada material: impede que qualquer outro juízo ou tribunal examine a causa já decidida." (2005, p. 330).

16.6.2. Limites da coisa julgada

Como visto acima, a coisa julgada impõe limites à atividade de persecução penal. Tais limitações possuem natureza dúplice: objetiva e subjetiva.

a) Limites objetivos: estão previstos no § 2º, art. 110, CPP, *in verbis*: "*a exceção de coisa julgada somente poderá ser oposta em relação ao fato principal que tiver sido objeto da sentença*". Os limites objetivos são, portanto, as imputações, os fatos principais considerados pelo juiz na sentença.

Desse modo, uma vez absolvido da acusação de roubo do carro da vítima "A", em determinado dia, e sob as condições ali descritas, o acusado não mais poderá ser processado pelos mesmos fatos sob outra qualificação, como furto, por exemplo;

b) Limites subjetivos: incidem sobre o acusado, sujeito passivo da ação penal.

O efeito de imutabilidade da sentença impede que ele seja processado duas vezes pelo mesmo fato, independentemente da natureza da sentença, seja absolutória, condenatória ou terminativa de mérito (ex: sentença de extinção da punibilidade).

17. PROCEDIMENTOS PENAIS

17.1. Conceito

Rito ou procedimento é a sucessão ordenada de atos processuais, dirigidos a um fim último: a sentença.

17.2. Classificação

No processo penal, o procedimento se divide em comum e especial (art. 394, CPP).

a) O **procedimento comum** compreende:

a1) o procedimento ordinário: aplicável aos crimes cuja pena máxima prevista seja igual ou superior a 4 anos de privação de liberdade;

a2) o procedimento sumário: aplicável aos crimes cuja pena máxima prevista seja inferior a 4 anos de privação de liberdade;

a3) o procedimento sumaríssimo, aplicável às IMPOs[133] (Lei 9.099/1995), ou seja, pena máxima até 2 anos;

No cálculo da pena máxima, devem ser considerados os seguintes pontos: as qualificadoras; os privilégios; as hipóteses de concurso de crimes; as causas de aumento (considerar a de maior aumento da pena) e de diminuição (considerar a de menor redução da pena). Estão excluídas do cálculo as circunstâncias agravantes e atenuantes, considerando a ausência de parâmetros legais a respeito do acréscimo ou de redução da pena (LIMA, 2015, p. 1417-8).

b) Procedimento especial (pode estar previsto dentro ou fora do CPP). Exemplos:

b1) Júri – art. 406 e ss., CPP;

b2) Drogas – Lei 11.343/2006;

b3) Crimes de funcionais (art. 513 e ss.); dentre outros.

É importante notar que, conforme determina o § 4º do art. 394, CPP, os institutos previstos nos arts. 395 a 397, que

---

133. Infração de menor potencial ofensivo – art. 61, Lei 9.099/1995.

tratam respectivamente das causas de rejeição da denúncia, da resposta à acusação e da absolvição sumária, aplicam-se, em regra, a todo e qualquer procedimento de 1º grau.

No entanto, é necessário destacar que a absolvição sumária do art. 397, CPP (absolvição sumária antecipada), não se aplica ao procedimento do júri. Motivo: o rito do júri já possui possibilidade de absolvição sumária em momento específico (art. 415 do CPP), sendo, portanto, descabida a aplicação do art. 397 do CPP ao procedimento dos crimes dolosos contra a vida. Nesse sentido: Tourinho Filho (2010, p. 734) e Pacelli de Oliveira (2015, p. 641).

Ressalte-se também que as disposições do procedimento ordinário são aplicadas subsidiariamente aos procedimentos especial, sumário e sumaríssimo – § 5º do art. 394, CPP.

17.3. Etapas do procedimento ordinário (arts. 394 a 405)[134]

a) Oferecimento da inicial penal (indicação de até 8 testemunhas);

b) Recebimento ou rejeição da inicial.

Havendo rejeição cabe RESE (art. 581, I);

c) Citação (em caso de recebimento);

d) Resposta escrita à acusação;

e) Absolvição sumária ou, não sendo o caso desta, designação de audiência;

f) Audiência de instrução e julgamento (audiência una). Atos que compõem esta audiência:

f1) tomada das declarações do ofendido;

f2) oitiva das testemunhas arroladas pela acusação;

f3) oitiva das testemunhas arroladas pela defesa;

f4) esclarecimentos dos peritos (desde requerido pelas partes);

f5) acareações (se for o caso);

f6) reconhecimento de pessoas e coisas (se necessário);

f7) interrogatório do réu;

f8) requerimento de diligências últimas;

f9) alegações finais orais ou apresentação de memoriais;

g) Sentença (a ser proferida na própria audiência una ou posteriormente quando impossível a sua prolação em audiência).

17.3.1. Análise de algumas etapas importantes do procedimento ordinário

a) Hipóteses de rejeição da inicial penal (art. 395, CPP). Significa que o juiz considera inviável a acusação deflagrada por conta de um dos seguintes motivos:

I – **Inépcia:** desatendimento dos requisitos essenciais do art. 41, CPP. Ex.: denúncia lacônica – que não respeita o requisito da exposição do fato criminoso com todas as suas circunstâncias;

II – **Falta de pressuposto processual ou condição para o exercício da ação penal.** Ex.: de falta de pressuposto

processual: litispendência (acusação do mesmo réu sobre o mesmo fato). Ex.: de falta de condição da ação: denúncia por fato prescrito (carece o MP de interesse neste caso);

III – **Ausência de justa causa:** é a 4ª condição genérica da ação. Falta de suporte probatório mínimo;

b) **Resposta à acusação** (arts. 396 e 396-A, CPP)

Uma vez citado, o réu possui 10 dias para apresentar sua primeira defesa no processo.

b1) **Conteúdo da resposta:** o acusado poderá arguir preliminares e alegar tudo o que interesse à sua defesa, oferecer documentos e justificações, especificar as provas pretendidas e arrolar testemunhas, qualificando-as e requerendo sua intimação, quando necessário.

Pode indicar até 8 testemunhas, sob pena de preclusão.

Obrigatoriedade: Não apresentada a resposta no prazo legal, ou se o acusado, citado, não constituir defensor, o juiz nomeará defensor para oferecê-la, concedendo-lhe vista dos autos por 10 (dez) dias. Note-se que a falta de resposta é causa de nulidade absoluta e, além disso, conforme o art. 265, CPP, o defensor que abandonar a causa sem a ocorrência de motivo imperioso comunicado previamente ao juiz, pode sofrer a aplicação de multa.

c) **Possibilidade de absolvição sumária** (art. 397, CPP): após a resposta à acusação, pode o juiz absolver sumariamente o réu quando verificar:

I – a existência manifesta de causa excludente da ilicitude do fato.

Ex.: legítima defesa;

II – a existência manifesta de causa excludente da culpabilidade do agente, salvo inimputabilidade.

Ex.: coação moral irresistível.

A ressalva da inimputabilidade nesse dispositivo tem razão de ser, pois lembre-se de que, no caso de reconhecimento de doença mental, será aplicada ao réu medida de segurança (que não deixa de ser uma pena). Logo, necessário o percurso do devido processo legal até a sentença final, não sendo possível absolvê-lo impropriamente nessa etapa;

III – que o fato narrado evidentemente não constitui crime.

Ex.: atipicidade da conduta;

IV – extinta a punibilidade do agente.

A redação do dispositivo foi infeliz. Tecnicamente, não se trata de absolvição. Ex.: morte do agente. Não se "absolve" o agente, mas declara-se extinta a sua punibilidade.

d) **Algumas novidades/questões sobre a audiência una**

I – Tentativa de concentração dos atos numa única audiência;

II – Incorporação do princípio da identidade física do juiz ao processo penal (art. 399, § 2º, CPP): o juiz que acompanhar a instrução probatória deverá ser o mesmo a proferir a sentença;

III – A ordem de oitiva das testemunhas respeitará o seguinte: primeiro, serão ouvidas as testemunhas indicadas pela acusação, depois, as pela defesa. Não se aplica esta ordem no caso de expedição de carta precatória;

---

134. Note, caro Leitor, que o art. 394-A, introduzido pela Lei 13.285/2016, estabelece que os processos que apurem a prática de crimes hediondos terão prioridade de tramitação em todas as instâncias, ou seja, inclusive no âmbito dos Tribunais Superiores.

IV – Perguntas formuladas diretamente às testemunhas pelas partes;

V – Interrogatório ao final da audiência. Conforme a melhor doutrina, o deslocamento do interrogatório para o final da audiência reforçou que, além de meio de prova, esse ato representa, inegavelmente, um meio de defesa[135];

VI – Alegações finais (debates) orais: primeiro, acusação (20 min. prorrogável por mais 10), e, em seguida, a defesa, por igual tempo.

Existindo 2 ou mais acusados, o tempo das alegações orais será contado separadamente para cada um e, havendo assistente de acusação, ele fará sua sustentação por 10 minutos, logo após o MP, acrescentando-se igual tempo à manifestação da defesa.

O juiz poderá, considerada a complexidade do caso, o número de réus ou a necessidade de realizar diligências imprescindíveis, conceder às partes o prazo de 5 dias, sucessivamente, para a apresentação de memoriais (leia-se alegações finais escritas). Nessa hipótese, terá o magistrado o prazo de 10 dias para prolatar a sentença;

VII – Sentença em audiência: passa a ser a regra. Exceções (hipóteses em que a sentença não será prolatada em audiência): causa complexa; número elevado de réus; ou diligências imprescindíveis que impeçam a prolação da sentença em audiência. Nestas situações, não haverá alegações finais orais em audiência (as alegações serão escritas e apresentadas *a posteriori* – memoriais), como também não haverá prolação de sentença em audiência. *Vide* arts. 403 e 404, CPP.

Se os memoriais não forem apresentados pelo MP, será aplicado, por analogia, o art. 28, CPP. Para o querelante, impõe-se a perempção (art. 60, I, CPP);

VIII – Deve ser realizada a audiência una no prazo máximo de 60 dias (contados a partir do recebimento da inicial penal) – art. 400, *caput*, CPP.

17.4. Etapas do procedimento sumário – arts. 531 a 538, CPP

a) Oferecimento da inicial penal;
b) Recebimento ou rejeição da inicial;
c) Citação;
d) Resposta escrita à acusação;
e) Absolvição sumária ou designação de audiência;

f) Audiência de instrução e julgamento: declarações do ofendido; oitiva das testemunhas (acusação e defesa); esclarecimentos dos peritos; acareações; reconhecimento de pessoas e coisas; interrogatório; alegações finais orais; e sentença.

Nota: trata-se de procedimento praticamente igual ao ordinário. Diferenças: a audiência una deve ser realizada em até 30 dias após o recebimento da inicial; limite de testemunhas: 5 (e não 8 como no ordinário).

17.5. Procedimento (comum) sumaríssimo (arts. 77 a 81, Lei 9.099/1995)

Aplicável às IMPOs (infrações penais de menor potencial ofensivo, que são aquelas cuja pena máxima é de até 2 anos – *vide* art. 61, Lei 9.099/1995). Vale lembrar que "no caso de concurso de crimes, a pena considerada para fins de fixação da competência do Juizado Especial Criminal será o resultado da soma, no caso de concurso material, ou a exasperação, na hipótese de concurso formal ou crime continuado, das penas máximas cominadas aos delitos; destarte, se desse somatório resultar um apenamento superior a 02 (dois) anos, fica afastada a competência do Juizado Especial" (STJ HC 143500 / PE, *DJe* 27.06.2011 e Rcl 27315/ SP, 3ª Seção, *DJe* 15.12.2015).

A exceção diz respeito ao art. 94, Lei 10.741/2003 (Estatuto do Idoso), que prevê a aplicação do procedimento para os crimes ali previstos, mesmo com o teto de 4 anos. O **STF** decidiu pela interpretação conforme do referido dispositivo, permitindo unicamente a adoção do procedimento sumaríssimo, mas sem a possibilidade de aplicação dos institutos despenalizadores da Lei 9.099/1995 (**ADI 3096/DF,** *DJe* **03.09.2010**).

Ver o importante precedente do STF: "Interpretação que pretenda equiparar os crimes praticados com violência doméstica contra a mulher aos delitos submetidos ao regramento previsto na Lei dos Juizados Especiais, a fim de permitir a conversão da pena, não encontra amparo no art. 41 da Lei 11.340/2006. 3. Ordem denegada". (HC 129446, 2ª Turma, 06.11.2015).

17.5.1 Fases

a) Fase preliminar

I – lavratura do termo circunstanciado (TCO ou TC) e encaminhamento deste termo ao juizado (JECRIM);

II – audiência preliminar: presentes o autor do fato, vítima, respectivos advogados, responsável civil (se for o caso) e o MP, o juiz esclarecerá sobre a possibilidade da **composição civil dos danos** e da **transação penal** (aplicação imediata de pena não privativa de liberdade);

III – Não havendo conciliação na audiência preliminar, será facultado ao titular da ação oferecer inicial penal oral (rol de 3 testemunhas), passando-se à fase propriamente processual da Lei 9.099/1995;

a1) Algumas etapas importantes da fase preliminar:

I – **Composição civil** (art. 74, Lei 9.099/1995): visa a reparar os danos causados ao ofendido. Sendo homologada por sentença (decisão irrecorrível) pelo juiz, terá eficácia de título a ser executado no juízo cível.

---

135. O STJ entende que o interrogatório realizado no início do procedimento será causa de nulidade do ato, por força da regência da Lei 11.719/08. Contudo, havendo rito especial em que se estabeleça o interrogatório como primeiro ato a ser praticado, restará afastado o procedimento ordinário delineado no art. 400 CPP. São exemplos: Lei de Licitações (art. 104, Lei nº 8.666/93), Lei de Drogas (art. 57, Lei nº 11.343/2005) e Código de Processo Penal Militar (art. 302 e 404, *caput*). Assim, firmou-se o entendimento de que "as regras do rito comum ordinário só têm lugar no procedimento especial quando nele houver omissões ou lacunas" (STJ, RHC 69458/ES, *DJe* 04/05/2016). Na contramão do referido posicionamento, o STF no julgamento do HC 127900/AM, *DJe* 03.08.2016, entendeu pela aplicação da regra do art. 400 do CPP no processo penal militar, por ser esta mais "benéfica e harmônica com a Constituição Federal".

2. DIREITO PROCESSUAL PENAL   235

i. Crime de ação penal privada: homologado o acordo pelo juiz, haverá renúncia ao direito de ação (queixa), ou seja, extinção da punibilidade. Não homologada a composição, poderá o ofendido ingressar com a queixa oral;

ii. Ação pública condicionada à representação: homologado o acordo, haverá renúncia ao direito de representação (extinção da punibilidade). Não homologada a composição, poderá o ofendido oferecer representação oral. O não oferecimento da representação na audiência preliminar não implica decadência do direito, que poderá ser exercido no prazo previsto em lei (art. 75, parágrafo único, Lei 9.099/1995);

iii. Ação pública incondicionada: a homologação do acordo não impede a propositura de transação e nem de denúncia pelo MP;

II – **Transação penal (art. 76, Lei 9.099/1995):** não sendo caso de arquivamento, o MP examinará a viabilidade de propor imediatamente a aplicação de pena restritiva de direitos ou multa (a ser especificada na proposta). Trata-se de mitigação do princípio da obrigatoriedade. É cabível a transação em relação a crime de ação penal privada. "Nesse caso, a legitimidade para formular a proposta é do ofendido, e o silêncio do querelante não constitui óbice ao prosseguimento da ação penal". STJ, Súmula 536: "A suspensão condicional do processo e a transação penal não se aplicam na hipótese de delitos sujeitos ao rito da Lei Maria da Penha".

III – **Não cabe a proposta pelo MP se ficar comprovado:**

i. ter sido o autor da infração condenado, pela prática de crime, à pena privativa de liberdade, por sentença definitiva.

Não impede se decorridos mais de 5 anos do cumprimento ou extinção da pena (art. 64, I, CP – prazo da reincidência);

ii. ter sido o agente beneficiado anteriormente, no prazo de cinco anos, pela aplicação de pena restritiva ou multa, nos termos deste artigo;

iii. não indicarem os antecedentes, a conduta social e a personalidade do agente, bem como os motivos e as circunstâncias, ser necessária e suficiente a adoção da medida.

IV – **A homologação da transação penal:**

i. não importará em reincidência, sendo registrada apenas para impedir novamente o mesmo benefício no prazo de cinco anos;

ii. não constará de certidão de antecedentes criminais;

iii. não terá efeitos civis, cabendo aos interessados propor ação cabível no juízo cível;

V – Conforme atual posicionamento do STF, em caso de descumprimento do acordo de transação penal, admite-se o oferecimento de denúncia por parte do MP ou a requisição de instauração do IP. Ver Súmula Vinculante 35: "A homologação da transação penal prevista no artigo 76 da Lei 9.099/1995 não faz coisa julgada material e, descumpridas suas cláusulas, retoma-se a situação anterior, possibilitando-se ao Ministério Público a continuidade da persecução penal mediante oferecimento de denúncia ou requisição de inquérito policial."

VI – Cumprida a transação, estará extinta a punibilidade do autor do fato.

Observação: o acusado não está obrigado a aceitar a proposta de transação penal. Pode rejeitá-la ou formular uma contraproposta. (TÁVORA, 2016, p. 1190);

b) Fase processual (procedimento sumaríssimo) – art. 77 e ss.:

b1) Audiência de instrução e julgamento:

I – Nova tentativa de composição civil e de transação penal (se não tiverem sido tentadas na audiência preliminar);

II – Defesa preliminar oral;

III – Recebimento ou rejeição da inicial;

IV – Oitiva da vítima e das testemunhas de acusação e de defesa;

V – Interrogatório;

VI – Debates orais;

VII – Sentença.

b2) Algumas particularidades da fase processual do sumaríssimo

I – A inicial penal é oral – art. 77, Lei 9.099/1995;

II – Pode-se dispensar o exame de corpo de delito se a materialidade do crime estiver aferida por boletim médico ou prova equivalente – art. 77, § 1º;

III– Não sendo encontrado o autor do fato para ser citado pessoalmente ou sendo complexa a causa, haverá o encaminhamento do processo ao juízo comum (seguindo-se doravante o procedimento sumário) – arts. 66 e 77, § 2º e 3º;

IV – A defesa no sumaríssimo é preliminar (antes do recebimento da ação e não posterior a esta, conforme ocorre no procedimento ordinário em que há a defesa escrita) – art. 81, Lei 9.099/1995;

V – Da rejeição da inicial cabe apelação (prazo 10 dias – art. 82) e não RESE (segundo ocorre nos demais procedimentos penais);

VI – No JECRIM, a sentença dispensa o relatório – art. 81, § 3º.

17.6. Suspensão condicional do processo (art. 89, Lei 9.099/1995)

17.6.1. Conceito

Trata-se de proposta efetuada pelo MP ao autor do fato (quando presentes certos requisitos) que suspende temporariamente o processo ao mesmo tempo em que impõe determinadas condições ao indivíduo (*sursis* processual). Visa a evitar a imposição de pena de prisão (é mais um dos institutos despenalizadores criados pela Lei 9.099/1995). STJ, Súmula 536: "A suspensão condicional do processo e a transação penal não se aplicam na hipótese de delitos sujeitos ao rito da Lei Maria da Penha".

17.6.2. Momento de proposta da suspensão condicional do processo

Oferecimento da denúncia.

17.6.3. Requisitos

a) Pena mínima do crime até 1 ano. Note que a suspensão condicional do processo se aplica não apenas às IMPOs, *mas a todo e qualquer crime que possua pena mínima de até 1 ano;*

b) O autor do fato não pode estar sendo processado, nem pode ter sido condenado por outro crime;

c) A culpabilidade, os antecedentes, a conduta social e personalidade do agente, bem como os motivos e as circunstâncias devem se mostrar adequados à elaboração da proposta.

17.6.4. Duração

Período durante o qual o processo poderá ficar suspenso: de 2 a 4 anos.

17.6.5. Condições

Aceita a proposta pelo acusado e seu defensor, na presença do juiz, este, recebendo a denúncia, suspenderá o processo, submetendo o réu a período de prova, sob as seguintes condições:

I – reparação do dano, salvo impossibilidade de fazê-lo;

II – proibição de frequentar determinados lugares;

III – proibição de ausentar-se da comarca onde reside, sem autorização do juiz;

IV – comparecimento pessoal e obrigatório a juízo, mensalmente, para informar e justificar suas atividades;

V – o juiz poderá especificar outras condições a que fica subordinada a suspensão, desde que adequadas ao fato e à situação pessoal do acusado;

VI – a suspensão será revogada se, no curso do prazo, o beneficiário vier a ser processado por outro crime ou não efetuar, sem motivo justificado, a reparação do dano;

VII – a suspensão poderá ser revogada se o acusado vier a ser processado, no curso do prazo, por contravenção, ou descumprir qualquer outra condição imposta[136].

VIII – expirado o prazo sem revogação, o juiz declarará extinta a punibilidade.

IX – não correrá a prescrição durante o prazo de suspensão do processo;

X – se o acusado não aceitar a proposta, o processo prosseguirá em seus ulteriores termos;

XI – caso o MP não efetue a proposta, pode o juiz, por analogia, aplicar o art. 28, CPP, ao caso – Súmula 696, STF;

XII – o benefício da suspensão do processo não é aplicável em relação às infrações penais cometidas em concurso material, concurso formal ou continuidade delitiva, quando a pena mínima cominada, seja pelo somatório, seja pela incidência da majorante, ultrapassar o limite de 1 ano (Súmula 243, STJ).

17.6.6. Questão final

Veda-se a aplicação dos institutos despenalizadores da Lei 9.099/1995 nos seguintes casos:

I – Lei Maria da Penha (violência doméstica – art. 41, Lei 11.340/2006);

II – crimes militares.

---

136. A revogação da suspensão poderá ocorrer mesmo após o período de prova, desde que o fato (descumprimento das condições ou processado por outro crime ou contravenção) tenha ocorrido durante a sua vigência. Nesse sentido, ver: Info. 574, STJ.

17.7. Procedimento (especial) do júri

17.7.1. Princípios do júri (art. 5º, XXXVIII, CF)

a) Plenitude de defesa: a plenitude de defesa é considerada um *plus* à ampla defesa. Compreende a defesa técnica, a autodefesa e a *defesa metajurídica* (para além do direito). Pode-se, por exemplo, pedir clemência aos jurados para que absolvam o réu (argumento metajurídico).

Note-se ainda que a defesa técnica é fiscalizada pelo juiz-presidente, conforme determina o art. 497, V, CPP. Caso o advogado do réu esteja desempenhando as suas funções de maneira insatisfatória, deve o juiz, em nome da ampla defesa (ou plenitude de defesa), desconstituí-lo, intimando o acusado para que nomeie outro defensor de sua preferência. Não o fazendo, o juiz então nomeará defensor público ao réu;

b) Sigilo das votações: após a instrução em plenário, os jurados serão encaminhados a uma sala secreta para decidirem a sorte do acusado. Neste momento, deverão responder sigilosamente às perguntas formuladas pelo magistrado (quesitos) por meio de cédulas contendo as palavras "sim" ou "não". Assim, tanto o local em que se dá a votação é sigiloso (sala secreta), como também a forma da votação é sigilosa, não podendo o jurado informar o seu voto às demais pessoas e nem se comunicar com os demais jurados sobre o caso que está *sub judice*. Ademais, deve o juiz-presidente evitar a unanimidade da votação. Significa isto que o juiz, no momento da leitura dos votos, ao atingir a maioria (4 votos, uma vez que são 7 jurados), deve interromper a leitura dos demais votos como forma de velar pelo sigilo das votações;

c) Soberania dos veredictos: significa que aquilo que os jurados decidirem não pode ser reformado pelo juiz-presidente e/ou por instância superior. No máximo, será possível a anulação (mas não a reforma) do veredicto, em caso de decisão manifestamente contrária à prova dos autos (art. 593, III, *d*, CPP). Ainda assim, só caberá apelação por este motivo uma única vez;

d) Competência para julgar crimes dolosos contra a vida tentados ou consumados e seus conexos. Ou seja, homicídio doloso, infanticídio, aborto e instigação ao suicídio. Atenção: o júri não é competente para julgar latrocínio,[137] genocídio[138] e tortura, ainda que seguida de morte.

17.7.2. Características

a) Órgão colegiado heterogêneo: composto por um juiz togado (juiz-presidente) e 25 leigos, dos quais 7 serão sorteados para integrar o chamado Conselho de Sentença. Porém, avise-se, desde já, que para que a sessão seja instalada bastam 15 jurados;

b) Horizontal: inexiste hierarquia entre o juiz-presidente e os jurados;

c) Decisão por maioria de votos: não se exige a unanimidade.

Observação: as decisões do Júri são classificadas como decisões subjetivamente complexas porque emanam de órgão colegiado heterogêneo;

d) Rito escalonado (bifásico): possui duas fases:

---

137. STF, Súmula 603: "A competência para o processo e julgamento de latrocínio é do juiz singular e não do Tribunal do Júri".

138. O STF consolidou o entendimento de que a competência nesse caso é da Justiça Federal, tendo em vista a natureza do bem jurídico violado. Ver RE 351487/RR, *DJ* 10.11.2006.

d1) a 1ª chama-se juízo de admissibilidade, sumário da culpa ou *judicium accusationis.* Nesta fase, muito parecida com o rito ordinário, faz-se um juízo de admissibilidade da acusação. Vai da denúncia à pronúncia;

d2) a 2ª chama-se de juízo de mérito ou *judicium causae.* Esta é a fase mais "famosa" (plenário). Inicia-se com o oferecimento do rol de testemunhas pelas partes e encerra-se com o julgamento pelos jurados.

17.7.3. Primeira fase do júri (judicium accusationis ou sumário da culpa – arts. 406 a 412, CPP)

a) Oferecimento da inicial penal;

b) Recebimento ou rejeição;

c) Citação (em caso de recebimento);

d) Resposta à acusação;

e) Oitiva da acusação sobre preliminares e documentos apresentados na resposta;

f) Audiência de instrução: oitiva do ofendido (se possível), das testemunhas, esclarecimentos do perito, acareações, reconhecimento de pessoas e coisas, interrogatório do réu, debates orais, decisão (em audiência ou após 10 dias).

17.7.4. Decisões possíveis do juiz após os debates das partes

a) Pronúncia (art. 413, CPP): significa que o juiz entende viável a acusação. Esta merece ser submetida aos juízes naturais da causa (jurados). O juiz funciona aqui como um filtro.

a1) Requisitos (concomitantes): materialidade + indícios suficientes de autoria.

A fundamentação da pronúncia limitar-se-á à indicação da materialidade (existência) do fato e do reconhecimento de indícios suficientes de autoria ou de participação, devendo o juiz declarar o dispositivo legal em que julgar incurso o acusado e especificar as circunstâncias qualificadoras e as causas de aumento de pena – art. 413, § 1º, CPP.

Igual postura deve ter o juiz no que tange às eventuais teses defensivas ventiladas na 1ª fase do júri: não deve aprofundá-las. Não concordando com essas teses, deve apenas refutá-las genericamente.

A questão do excesso de linguagem: a linguagem da pronúncia deve ser sóbria, equilibrada, para não influenciar os jurados. O excesso de linguagem por parte do juiz (ex.: "reconheço categoricamente a prática de crime por parte de Fulano...") ensejará a nulidade da pronúncia[139].

Pronúncia e crimes conexos: não deve o juiz adentrar no mérito dos eventuais crimes conexos. Pronunciando o réu pelo delito doloso contra a vida, deve o juiz pronunciar também o eventual crime conexo, sem adentrar, porém, no mérito deste (que será decidido pelos jurados). Não pode o juiz pronunciar pelo crime doloso contra a vida e "absolver" o acusado pelo crime conexo;

a2) Natureza dessa decisão: decisão interlocutória mista não terminativa (encerra a fase de um procedimento, sem pôr fim ao processo).

Características:

I – Conforme sublinha majoritária doutrina, vigora na fase de pronúncia o princípio do *in dubio pro societate.* Significa isto que, nesta etapa, em vez do tradicional *in dubio pro reo*, a dúvida quanto à autoria resolve-se em favor da sociedade (acusação). Na verdade, quer dizer esse princípio (*in dubio pro societate*) que, havendo elementos (ainda que indiciários) que apontem para a autoria do réu, deve o juiz submetê-lo ao juiz natural da causa (ao Corpo de Jurados). Não é necessário prova cabal de autoria nessa fase, mas apenas provas sérias, razoáveis;

II – A pronúncia fixa os limites da imputação em plenário. Preclusa a pronúncia, não poderá a acusação inovar em plenário. Estará a acusação adstrita aos termos definidos na pronúncia;

III – Da pronúncia cabe RESE (art. 581, IV, CPP);

IV – Faz apenas coisa julgada formal (é a denominada preclusão *pro judicato*);

a3) Intimação da pronúncia:

Vejamos o que diz o atual texto do CPP (redação dada pela Lei 11.689/2008):

> "**Art. 420.** A intimação da decisão de pronúncia será feita:
>
> I – pessoalmente ao acusado, ao defensor nomeado e ao Ministério Público;
>
> II – ao defensor constituído, ao querelante e ao assistente do Ministério Público, na forma do disposto no § 1º do art. 370 deste Código.
>
> **Parágrafo único. Será intimado por edital o acusado solto que não for encontrado**". (grifo nosso).

Note que o novel legislador, ao não diferenciar crimes afiançáveis ou inafiançáveis para efeito de intimação da pronúncia (parágrafo único do art. 420 do CPP), permite que, em ambos os casos, seja possível a intimação por edital do réu não encontrado;

a4) Pronúncia e prisão do acusado:

Graças à reforma de 2008, a antiga fórmula do CPP que previa a prisão decorrente de pronúncia como forma autônoma de prisão cautelar não mais existe entre nós.

Atualmente, para o juiz decretar ou manter a prisão do acusado na fase de pronúncia, ele precisará vislumbrar os requisitos autorizadores da preventiva[140]. Confira-se o seguinte dispositivo:

> "**Art. 413.** (...) § 3º O juiz decidirá, motivadamente, no caso de manutenção, revogação ou substituição da prisão ou medida restritiva de liberdade anteriormente decretada e, tratando-se de acusado solto, sobre a necessidade da decretação da prisão ou imposição de quaisquer das medidas previstas no Título IX do Livro I deste Código".

b) Impronúncia (art. 414, CPP): significa que um dos requisitos (ou ambos) da pronúncia está ausente. Não se trata de absolvição, mas do reconhecimento por parte do juiz da inadmis-

---

139. Ver STJ, REsp 1520955/MT, Dje 13.06.2017.

140. O STF concedeu o pedido de *habeas corpus* ao réu pronunciado que aguardava o júri há 7 anos preso preventivamente (STF, HC 142177/RS, DJe 19.09.2017 e Info. 868, do período de 5 a 19 de junho de 2017).

sibilidade da acusação formulada contra réu. Ex.: inexistência de prova suficiente da autoria pelo acusado; apenas meras conjecturas temerárias não são suficientes para pronunciar o réu.

Natureza dessa decisão? Decisão interlocutória mista terminativa (encerra o processo);

b1) Características:

I – Não faz coisa julgada material (art. 414, parágrafo único, CPP): enquanto não ocorrer a extinção da punibilidade, poderá ser formulada nova denúncia se houver prova substancialmente nova;

II – Recurso cabível: apelação (art. 416, CPP).

Atenção: despronúncia é a impronúncia que se alcança por meio de recurso. Ex.: o réu havia sido pronunciado e por conta de RESE da defesa a decisão foi reformada pelo tribunal (impronunciando, assim, o acusado em 2ª instância).

Impronúncia e crime conexo: decidindo o juiz pela impronúncia do réu, não poderá aquele julgar o eventual crime conexo. Deve aguardar o trânsito em julgado da impronúncia para só então remeter o processo referente ao crime conexo ao juiz competente ou julgá-lo se for ele quem detiver a competência;

c) Absolvição sumária (art. 415, CPP): o juiz deve estar seguro ao proferir esta decisão, pois está chamando para si o julgamento de uma causa que, em regra, competiria aos jurados. Trata-se, portanto, de decisão excepcional, pois o juiz retira dos jurados o poder de decidir o caso concreto. Deverá o juiz absolver sumariamente quando (incisos do art. 415):

"I – provada a inexistência do fato;

II – provado não ser o acusado o autor do fato;

III – o fato não constituir infração penal;

IV – demonstrada causa de isenção de pena ou exclusão do crime."

Ex: quando ficar categoricamente provado que o réu praticou o fato amparado por uma excludente de ilicitude.

Atenção: não pode o juiz absolver sumariamente o réu com base na inimputabilidade (doença mental ao tempo do fato – art. 26, CP), salvo se esta (a inimputabilidade) for a única tese defensiva. Recorde-se que o reconhecimento de inimputabilidade implica aplicação de medida de segurança ao réu. Por isso, caso haja tese defensiva subsidiária, é mais benéfico ao réu submetê-lo a Júri popular, pois pode, por exemplo, terminar sendo absolvido (o que é mais vantajoso).

Recurso cabível: apelação (art. 416, CPP);

d) Desclassificação (art. 419, CPP): ocorre quando o juiz entende que não ocorreu crime doloso contra a vida, não sendo, portanto, o Júri o órgão competente para conhecer o caso. Ao proferir essa decisão, não deve o juiz fazer incursão aprofundada no mérito do processo, sob pena de invadir a competência alheia. Deve limitar-se a analisar o fato do crime não ser doloso contra a vida. Desclassificada a infração, deve o juiz remeter o processo ao juiz competente – caso não seja ele próprio o magistrado indicado para o julgamento.

Recurso cabível: RESE (art. 581, II, CPP).

17.7.5 Procedimento da 2ª fase do júri (judicium causae)

a) Intimação das partes para, em 5 dias, indicarem testemunhas (até o limite de 5), apresentarem documentos e requererem diligências – art. 422, CPP;

b) Ordenadas as diligências necessárias para sanar eventuais nulidades no processo ou para esclarecer fatos que interessem ao julgamento da causa, o juiz efetuará o relatório do processo, designando data para a sessão de instrução e julgamento – art. 423, CPP;

c) Em data anterior à da sessão, serão sorteados e convocados 25 jurados dentre os alistados na lista anual – arts. 425 e 432, CPP

d) Para que a sessão de instrução e julgamento possa ser instalada, dos 25 jurados convocados, precisam estar presentes ao menos 15 – art. 463, CPP. Faltando este *quorum* mínimo, haverá sorteio de jurados suplentes e remarcação da data da sessão;

e) Advertência aos jurados sobre impedimentos, incompatibilidades, suspeição e incomunicabilidade – arts. 448, 449 e 466, CPP;

f) Sorteio de 7 jurados para a composição do Conselho de Sentença, podendo efetuar as partes até 3 recusas imotivadas – arts. 467 e 468, CPP

g) Exortação, compromisso e entrega de cópia de peças (decisão de pronúncia e eventuais decisões posteriores) – art. 472, CPP;

h) Instrução em plenário (art. 473, CPP):

h1) oitiva do ofendido (se possível) e das testemunhas. As perguntas às testemunhas serão realizadas de forma direta (sistema *direct examination*). Já os jurados perguntarão às testemunhas através do juiz (sistema presidencialista);

h2) Realização de acareação, reconhecimento de pessoas e coisas, esclarecimentos dos peritos;

h3) Possibilidade de leitura de peças desde que se refiram, exclusivamente, às provas colhidas por carta precatória e às provas cautelares, antecipadas ou não repetíveis. Busca-se com isso evitar a leitura, por exemplo, de peças inúteis;

i) Interrogatório do réu – art. 474. As partes poderão perguntar diretamente e os jurados, por intermédio do juiz. Não se permitirá o uso de algemas no acusado durante o plenário do júri, salvo se a medida for absolutamente necessária.

j) Debates orais – arts. 476 e 477, CPP:

j1) Acusação: 1h30 (2h30, havendo mais de um réu);

j2) Defesa: 1h30 (2h30, havendo mais de um réu);

j3) Réplica da acusação: 1h (2h, havendo mais de um réu);

j4) Tréplica da defesa: 1h (2h, havendo mais de um réu);

j5) Havendo assistente, ele falará após o Ministério Público. Se a ação for privada, o querelante terá a palavra antes do MP;

k) Leitura e explicação dos quesitos em plenário – art. 484.

l) Recolhimento à sala especial para a votação dos quesitos a serem depositados em urna por meio de cédulas contendo "sim" ou "não" – art. 485, CPP;

m) Os quesitos serão formulados na seguinte ordem, indagando sobre:

I – a materialidade do fato;

II – a autoria ou participação;

III – se o acusado deve ser absolvido;

IV – se existe causa de diminuição de pena alegada pela defesa;

V – se existe circunstância qualificadora ou causa de aumento de pena reconhecidas na pronúncia ou em decisões posteriores que julgaram admissível a acusação.

Atenção: Nos termos do art. 479 do CPP, "durante o julgamento não será permitida a leitura de documento ou a exibição de objeto que não tiver sido juntado aos autos com a antecedência mínima de 3 (três) dias úteis, dando-se ciência à outra parte". Quanto a este dispositivo, o STJ entendeu que a aplicação do prazo de 3 dias úteis não se refere somente à juntada do documento, mas também à ciência da parte contrária. (STJ, REsp 1637288/SP, *DJe* 1º.09.2017 e Info. 610).

17.7.6. Algumas observações sobre os quesitos

I – Constatando o juiz que a maioria foi atingida na resposta de um quesito (4 votos), não deve prosseguir com a leitura dos demais votos (homenagem ao sigilo das votações) – art. 483, §§ 1º e 2º, CPP;

II – Havendo mais de um crime ou mais de um acusado, os quesitos serão formulados em séries distintas – art. 483, § 6º, CPP

III – Se a resposta a qualquer dos quesitos estiver em contradição com outra ou outras já dadas, o presidente, explicando aos jurados em que consiste a contradição, submeterá novamente à votação os quesitos a que se referirem tais respostas. Se, pela resposta dada a um dos quesitos, o presidente verificar que ficam prejudicados os seguintes, assim o declarará, dando por finda a votação – art. 490, CPP

IV – Eventuais agravantes e atenuantes levantadas nos debates pelas partes não serão quesitadas, mas valoradas pelo juiz no momento da sentença – art. 492, I, *b*, CPP;

V – Sentença pelo juiz-presidente seguindo aquilo que tiver sido decidido pelos jurados. A dosimetria da pena é de responsabilidade do juiz, porém, sempre observando aquilo que decidiram os jurados (causas de aumento, qualificadoras etc.) – art. 492, CPP. Em seguida, haverá a lavratura da ata nos moldes do art. 494, CPP.

Atenção: se, durante a votação dos quesitos, os jurados desclassificarem o crime para outro não doloso contra a vida, caberá ao juiz togado proferir sentença em seguida, aplicando-se, quando for o caso (IMPO[141]), os institutos da Lei 9.099/1995 (*vide* art. 492, §§ 1º e 2º, CPP).

17.7.7. Desaforamento (art. 427, CPP)

Trata-se de instituto excepcional que pode ocorrer nos processos de competência do júri. *Grosso modo*, consubstancia-se na transferência do julgamento do réu para outra comarca em razão da ocorrência de alguma anormalidade na comarca originariamente competente, que está a dificultar/inviabilizar o julgamento da causa.

Fatos geradores do desaforamento:

a) interesse de ordem pública;

b) dúvida sobre a imparcialidade do júri;

c) segurança pessoal do acusado;

d) excesso de serviço que acarrete atraso no julgamento do réu por 6 meses ou mais, contado a partir da preclusão da pronúncia. Para a contagem do prazo referido neste artigo, não se computará os adiamentos no interesse da defesa.

Momento processual (art. 427, § 4º, CPP): a redação do referido dispositivo estatui os momentos em que não será admitido o desaforamento. Fazendo a leitura inversa, inferimos que pode ser requerido: após o trânsito em julgado da decisão de pronúncia e antes do julgamento em plenário; e/ou após o julgamento, se anulado, apenas em relação a fato ocorrido durante ou após a sua realização, ou seja, nessa última hipótese é preciso, **cumulativamente**, que o julgamento seja anulado e que o fato ensejador do desaforamento tenha ocorrido durante ou após aquela sessão de julgamento.

Quem pode requerer? MP, assistente de acusação, o querelante, o acusado ou mediante representação do juiz.

A quem é dirigido? TJ ou TRF (conforme o caso).

Atenção que a oitiva prévia da defesa é obrigatória para que seja deferido o desaforamento, conforme se depreende do teor da Súmula 712 do STF.

17.7.8. Atribuições do juiz-presidente do Tribunal do Júri.

Vejamos o que diz o art. 497, CPP, a esse respeito:

> "**Art. 497.** São atribuições do juiz presidente do Tribunal do Júri, além de outras expressamente referidas neste Código:
>
> I – regular a polícia das sessões e prender os desobedientes;
>
> II – requisitar o auxílio da força pública, que ficará sob sua exclusiva autoridade;
>
> III – dirigir os debates, intervindo em caso de abuso, excesso de linguagem ou mediante requerimento de uma das partes;
>
> IV – resolver as questões incidentes que não dependam de pronunciamento do júri;"

Ex.: decidir sobre eventual exceção de coisa julgada arguida pela parte.

> "V – nomear defensor ao acusado, quando considerá-lo indefeso, podendo, neste caso, dissolver o Conselho e designar novo dia para o julgamento, com a nomeação ou a constituição de novo defensor."

No curso do processo penal, o juiz é o grande fiscal da ampla defesa, tendo poderes inclusive para desconstituir o defensor do réu, quando considerar este indefeso (art. 497, V, CPP). Este dispositivo, na visão de Grinover *et. al.* (2001), deve ser aplicado a todo e qualquer procedimento penal (e não apenas ao do júri).

17.7.9. A função do jurado

O serviço do júri é obrigatório.

Caso o jurado, injustificadamente, deixe de comparecer no dia marcado para a sessão ou retire-se antes de ser dispensado, será aplicada multa de 1 a 10 salários-mínimos, a critério do juiz, de acordo com a condição econômica daquele – art. 442, CPP. A eventual recusa ao serviço do júri fundada em convicção religiosa, filosófica ou política

---

141. Infração de menor potencial ofensivo – art. 61, Lei 9.099/1995.

importará no dever de prestar serviço alternativo, sob pena de suspensão dos direitos políticos, enquanto não prestar o serviço imposto (art. 438, CPP).

Entende-se por serviço alternativo o exercício de atividades de caráter administrativo, assistencial, filantrópico ou mesmo produtivo, no Poder Judiciário, na Defensoria Pública, no Ministério Público ou em entidade conveniada para esses fins – art. 438, § 1º, CPP.

O juiz fixará o serviço alternativo atendendo aos princípios da proporcionalidade e da razoabilidade – § 2º.

Ademais, conforme estabelece o art. 439, CPP: "o exercício efetivo da função de jurado constituirá serviço público relevante, estabelecerá presunção de idoneidade moral".

Constitui também direito do jurado preferência, em igualdade de condições, nas licitações públicas e no provimento, mediante concurso, de cargo ou função pública, bem como nos casos de promoção funcional ou remoção voluntária – art. 440, CPP.

Por fim, nenhum desconto será feito nos vencimentos ou salário do jurado sorteado que comparecer à sessão do júri – art. 441, CPP.

17.7.10. Requisitos para ser jurado

a) maior de 18 anos;
b) nacionalidade brasileira;
c) notória idoneidade;
d) estar no gozo dos direitos políticos;
e) ser alfabetizado;
f) residir na comarca do julgamento;
g) estar na plenitude de suas faculdades mentais.

17.7.11. Pessoas isentas do serviço do júri (art. 437, CPP)

I – o Presidente da República e os Ministros de Estado;

II – os Governadores e seus respectivos Secretários;

III – os membros do Congresso Nacional, das Assembleias Legislativas e das Câmaras Distrital e Municipais;

IV – os Prefeitos Municipais;

V – os Magistrados e membros do Ministério Público e da Defensoria Pública;

VI – os servidores do Poder Judiciário, do Ministério Público e da Defensoria Pública;

VII – as autoridades e os servidores da polícia e da segurança pública;

VIII – os militares em serviço ativo;

IX – os cidadãos maiores de 70 (setenta) anos que requeiram sua dispensa;

X – aqueles que o requererem, demonstrando justo impedimento.

17.8. Procedimento (especial) dos crimes relacionados às drogas ilícitas

Com o advento da Lei 11.343/2006, houve a diferenciação entre o tratamento conferido aos que portam drogas ilícitas para o consumo próprio (art. 28) e aos que praticam as condutas de tráfico e assemelhadas (arts. 33 a 37).

17.8.1. Porte para consumo próprio

O procedimento está previsto no § 1º, art. 48, nos seguintes termos: "o agente de qualquer das condutas previstas no art. 28 desta Lei, salvo se houver concurso com os crimes previstos nos arts. 33 a 37 desta Lei, será processado e julgado na forma dos arts. 60 e seguintes da Lei 9.099/1995". Verifica-se, portanto, que o rito a adotar é o comum sumaríssimo, comportando alguns temperamentos.

Merece destaque o tratamento dado às hipóteses de transação penal, que ficam adstritas ao rol do art. 28, quais sejam: I – advertência sobre os efeitos das drogas; II – prestação de serviços à comunidade; e III – medida educativa de comparecimento a programa ou curso educativo. Importante dizer que o MP não poderá propor qualquer outra pena restritiva de direitos (TÁVORA; ARAÚJO; FRANÇA, 2013, p. 157).

17.8.2. Tráfico e condutas assemelhadas

O MP, após recebidos os autos do IP, poderá oferecer a denúncia em até 10 (dez) dias, pouco importando se o acusado estiver preso ou solto. Uma vez ofertada, o procedimento a seguir obedecerá o seguinte *iter*:

I – juiz determina a notificação do denunciado para que apresente a defesa prévia escrita, obrigatória (art. 55, § 3º), tendo o prazo de 10 (dez) dias. A peça consiste em defesa preliminar e exceções (processadas em apartado), incluindo as questões preliminares, todas as razões de defesa que entender pertinentes, bem como a indicação dos meios de prova que pretende produzir. Pode arrolar até 5 (cinco) testemunhas – art. 55, § 1º.

Atenção: Não se fala em citação porque a relação processual não foi formada em razão da ausência do despacho de recebimento da denúncia.

II – Após apresentação da defesa, o juiz decidirá em até 5 (cinco) dias – § 4º. A decisão pode ter um dos seguintes conteúdos: a) recebimento da denúncia; b) rejeição da denúncia; c) determinar diligências.

III – Uma vez recebida a denúncia, deverá ser observado o disposto no art. 394, § 4º, CPP, motivo pelo qual deverá o juiz determinar a citação do réu para que apresente defesa escrita no prazo de 10 (dez) dias – arts. 396 e 396-A. Veja que a despeito do teor do art. 56, Lei 11.343/2006, vem prevalecendo o entendimento de que as disposições do rito ordinário (arts. 395 a 397, CPP) são aplicáveis também aos procedimentos especiais.

IV – Após o recebimento da peça defensiva, abre-se a possibilidade do juiz decidir pela absolvição sumária, nos termos do art. 397, cujas hipóteses foram trabalhadas no item referente ao procedimento comum ordinário.

V – Não vislumbrando hipótese de absolvição sumária, o juiz designará a data da Audiência de Instrução e Julgamento (AIJ). Vale ressaltar que a data da AIJ não poderá ocorrer em lapso superior a 30 (trinta) dias, exceto se houver necessidade de exame de verificação da dependência de drogas, quando o prazo máximo para designação é de 90 (noventa) dias – § 2º, art. 56.

VI – Nos termos do art. 57, a sequência da AIJ será a seguinte: interrogatório do réu, inquirição das testemunhas, debates orais começando pelo MP, seguido do defensor. Aqui prevalece a realização do interrogatório no início da audiência, em contraposição ao que acontece no rito ordinário. Nesse sentido, vide o STF HC 85.155/SP, *DJe* 15.04.2005.

VII – Por fim, encerrados os debates orais, o juiz decidirá em audiência ou em até 10 (dez) dias – art. 58. Aqui a peculiaridade diz respeito à destinação dada aos resíduos de drogas, que é a incineração. Inexistindo controvérsia quanto à natureza e quantidade da substância ou produto, ou mesmo quanto à regularidade do laudo, o juiz fixará uma quantidade mínima para preservação a título de contraprova.

18. NULIDADES

Entendendo o tema: nulidade é uma sanção imposta pelo Estado-juiz ao ato que não cumpriu as formalidades estabelecidas pela lei. Em sentido amplo, pode-se dizer que há um vício no ato praticado. A nulidade pode recair, a depender do caso, sobre um só ato ou sobre todo o processo.

18.1. Tradicional classificação do ato viciado

a) Irregularidade: o defeito aqui é sem maior importância. A desconformidade com o modelo legal é mínima. Não chega a prejudicar as partes. Produz eficácia. Ex.: sentença prolatada fora do prazo estipulado pela lei;

b) Nulidade relativa: o defeito não chega a resultar em patente prejuízo às partes. Há violação de norma infraconstitucional. O interesse é essencialmente privado, da parte. O defeito é sanável. O ato será anulado desde que arguido em momento oportuno pela parte interessada e demonstrado o efetivo prejuízo. Ex.: incompetência territorial. Embora o crime tenha sido consumado em João Pessoa (art. 70, CPP), por um equívoco, está sendo processado em Campina Grande (incompetência territorial);

c) Nulidade absoluta: o defeito é grave. Há interesse público aqui, uma vez que são violadas garantias decorrentes, direta ou indiretamente, da Constituição Federal. Não depende de provocação das partes, o juiz deve inclusive declará-la de ofício. Não há preclusão (insanável, portanto). O prejuízo é presumido. Ex.: sentença sem fundamentação – violação ao art. 93, IX, CF. Juiz que, sem fundamentar, condena o acusado; ou, ainda, juiz que, sem fundamentar, decreta a preventiva;

d) Inexistência: o vício é gravíssimo (trata-se de um não ato). Deve o ato apenas ser desconsiderado. Ex.: sentença proferida por quem não é juiz = ato inexistente.

18.2. Princípios aplicáveis às nulidades

a) Princípio do prejuízo (*pas de nullité sans grief*[142]): Nenhum ato será declarado nulo se da nulidade não resultar prejuízo para a acusação ou para a defesa (art. 563, CPP);

b) Princípio instrumentalidade das formas: o ato será considerado válido se a sua finalidade for atingida. A finalidade vale mais do que a forma. Só se aplica esse princípio à nulidade relativa. A doutrina reconhece no art. 566, CPP, uma expressão desse princípio "não será declarada a nulidade de ato processual que não houver influído na apuração da verdade substancial ou na decisão da causa";

c) Princípio da conservação dos atos processuais: preservação dos atos não decisórios nos casos de incompetência do juízo (art. 567, CPP);[143]

d) Princípio do interesse: nenhuma das partes poderá arguir nulidade a que haja dado causa, ou para a qual tenha concorrido, ou referente à formalidade cuja observância só interesse à parte contrária (art. 565, CPP). A ninguém é dado se beneficiar da própria torpeza. Somente se aplica às nulidades relativas;

e) Princípio da causalidade ou contaminação: a nulidade de um ato, uma vez declarada, causará a dos atos que dele diretamente dependerem (art. 573, § 1º, CPP). Ao pronunciar a nulidade de um ato, o juiz deverá declarar quais outros atos serão afetados (§ 2º). Não basta o ato ser apenas posterior ao ato viciado; é preciso existir nexo causal entre eles.

f) Princípio da convalidação dos atos processuais: permite a convalidação ou ratificação de atos processuais eivados de vícios. Impõe-se a sua expressa previsão legal. Exs: arts. 568 a 570, CPP.

18.3. Momentos para as nulidades serem arguidas

No que tange às nulidades absolutas, em regra, podem ser arguidas a qualquer tempo.

Já as nulidades relativas devem ser arguidas em momento próprio (estabelecido pela lei). Do contrário (*i. e.*, não sendo arguidas em ocasião oportuna), serão convalidadas.

Análise do art. 571, CPP (este dispositivo trata do momento adequado para se arguir uma nulidade). Note-se que este artigo aplica-se, em regra, às nulidades relativas (que são sanáveis) e não às absolutas (que podem ser ventiladas a qualquer tempo). Ademais, adaptamos algumas das hipóteses às recentes reformas do CPP. Vejamos. As nulidades deverão ser arguidas:

I – as da instrução criminal dos processos da competência do júri, dos processos de competência do juiz singular e dos processos especiais, na fase das alegações finais orais;

II – as do procedimento sumário, no prazo de resposta escrita à acusação, ou, se ocorridas após este prazo, logo depois da abertura da audiência de instrução;

III – as ocorridas após a pronúncia, logo depois de anunciado o julgamento e apregoadas as partes;

IV – as ocorridas após a sentença, preliminarmente nas razões de recurso ou logo após anunciado o julgamento do recurso e apregoadas as partes;

V – as do julgamento em plenário, em audiência ou sessão do tribunal, ou logo depois de ocorrerem;

VI – ocorrendo a nulidade durante a audiência ou julgamento de recursos nos tribunais, deverá ser alegada tão logo ocorra.

---

142. Do francês, significa que não há nulidade sem prejuízo.

143. Ver STF, HC 83.006/SP, *DJ* 29.08.2003 e HC 98373/SP, *DJe* 23.04.2010. As decisões reconhecem a possibilidade de ratificação dos atos decisórios mesmo nos casos de incompetência absoluta. Ver também: AI 858175 AgR, *DJ* 13.06.2013.

18.4. Nulidades em espécie. Análise do art. 564, CPP

Este dispositivo não é taxativo. O defeito que ataca o interesse público, mesmo não estando positivado no CPP, é caso de nulidade absoluta.

Nos termos do art. 564, CPP, a nulidade ocorrerá nos seguintes casos:

I – por incompetência, suspeição ou suborno do juiz.

Se for caso de incompetência territorial, a nulidade será relativa. Serão anulados somente os atos decisórios, devendo o processo ser remetido ao juiz competente.

Se for caso de incompetência em razão da matéria ou por prerrogativa de função[144], a nulidade será absoluta, sendo que todo o processo estará contaminado. Idem para os casos de suspeição ou suborno do juiz.

II – por ilegitimidade das partes

Se for caso de ilegitimidade para a causa (ex.: MP figurando como autor de ação privada), será hipótese de nulidade absoluta.

Se for o caso de defeito na representação da parte (ex.: falta de procuração), a nulidade será relativa (sanável, portanto) – art. 568, CPP;

III – por falta das fórmulas ou dos termos seguintes:

a) a denúncia ou a queixa e a representação e, nos processos de contravenções penais, a portaria ou o auto de prisão em flagrante.

A parte final desta alínea está revogada. A falta de inicial penal ou de representação da vítima (quando exigível), por óbvio, provoca a nulidade absoluta. O defeito da inicial ou da representação, a depender da gravidade, também gerará a nulidade absoluta. Ex.: denúncia que não expõe o fato criminoso com todas as suas circunstâncias;

b) falta do exame do corpo de delito nos crimes que deixam vestígios, ressalvado o disposto no art. 167, CPP.

Os crimes que deixam vestígios exigem a realização de exame de corpo de delito (direto). Porém, a falta do exame direto pode ser sanada, por exemplo, por prova testemunhal (exame indireto). A confissão, porém, não pode suprir a falta do exame direto (art. 158, CPP);

c) falta de nomeação de defensor ao réu presente, que o não tiver, ou ao ausente, e de curador ao menor de 21 anos.

A parte final do dispositivo está revogada pelo atual CC; não existe mais curador para réu/indiciado menor. Recorde-se que menor, para o CPP, é o indivíduo que possui entre 18 e 21 anos. Hoje, completados 18 anos de idade, a pessoa torna-se plenamente capaz para os atos da vida civil, dispensando-se, portanto, a figura do curador preconizada pelo CPP.

A ausência de defensor nas demais situações gera nulidade absoluta (viola a ampla defesa). No caso de a defesa ser deficiente, a nulidade é relativa (Súmula 523, STF).

d) falta da intervenção do MP em todos os termos da ação por ele intentada e nos da intentada pela parte ofendida, quando se tratar de crime de ação pública.

Conforme a doutrina, a falta de notificação do MP na ação pública gera nulidade absoluta. Já a falta de notificação do MP na ação privada subsidiária da pública provoca nulidade relativa;

e) falta ou defeito da citação, do interrogatório do réu, quando presente, e dos prazos concedidos à acusação e à defesa.

Falta ou defeito de citação será, em regra, caso de nulidade absoluta. Porém, tal nulidade poderá, excepcionalmente, ser sanada. Veja o que diz o art. 570, CPP, a esse respeito: "a falta ou a nulidade da citação, da intimação ou notificação estará sanada, desde que o interessado compareça, antes de o ato consumar-se, embora declare que o faz para o único fim de argui-la. O juiz ordenará, todavia, a suspensão ou o adiamento do ato, quando reconhecer que a irregularidade poderá prejudicar direito da parte".

A falta ou o defeito do interrogatório gera nulidade absoluta. Contudo, cabe ressaltar que a falta do interrogatório será superável caso a sentença seja absolutória (TÁVORA, 2017, p. 1525).

Falta de prazo às partes: dependendo do caso (da importância do ato) poderá ser absoluta (alegações finais orais) ou relativa (quesitos aos peritos);

f) falta da sentença de pronúncia, do libelo e da entrega da respectiva cópia, com o rol de testemunhas, nos processos perante o Tribunal do Júri.

A falta da pronúncia gera nulidade absoluta. A parte final está prejudicada (não existe mais o libelo);

g) falta da intimação do réu para a sessão de julgamento, pelo Tribunal do Júri, quando a lei não permitir o julgamento à revelia.

Deve ser lido de acordo com a reforma de 2008. Intimado o réu solto para a sessão plenária, caso não compareça, o julgamento poderá ser realizado à revelia (independentemente se afiançável ou inafiançável o delito) – art. 457, CPP. Em caso de réu preso, se este não solicitar dispensa, não poderá ser julgado à revelia – §§ 1º e 2º;

h) falta da intimação das testemunhas arroladas no libelo e na contrariedade, nos termos estabelecidos pela lei.

Deve ser lido conforme a reforma. Não há mais libelo. Hoje, trata-se do art. 422, CPP. Gera nulidade absoluta;

i) falta de pelo menos 15 jurados para a constituição do júri. Configura nulidade absoluta. Acrescente-se, porém, que: "Não enseja nulidade a complementação do número regulamentar mínimo de 15 jurados, por suplentes do mesmo Tribunal do Júri" (STJ 34357 / SP, *DJe* 19.10.2009 e HC 227.169/SP, 5ª Turma, *DJ* 11.02.2015);

j) falta ou defeito no sorteio dos jurados do conselho de sentença em número legal e sua incomunicabilidade. Configura nulidade absoluta;

k) falta ou defeito na elaboração dos quesitos e nas respectivas respostas.

---

144. STJ, APn 295/RR, *DJe* 12.02.2015. Ver também a seguinte observação do STJ no AgRg no REsp 1518218/ES, 5ª Turma, *DJ* 26.08.2016) "o fato de o Desembargador-relator ter participado, em primeiro grau, de processo conexo, de cuja relação jurídica não consta o réu, não impede a sua atuação na presente Exceção de Incompetência, pois, conforme o art. 252, III, do CPP, entre as causas taxativamente previstas, só configura impedimento a anterior atuação dos magistrados no mesmo processo. Precedentes".

Configura nulidade absoluta. Súmula 156, STF: "é absoluta a nulidade do julgamento, pelo júri, por falta de quesito obrigatório";

l) falta da acusação ou da defesa, na sessão de julgamento. Configura nulidade absoluta (Súmula 523, STF);

m) falta da sentença.

Configura nulidade absoluta;

n) falta de recurso de ofício, nos casos em que a lei o tenha estabelecido.

Não se trata propriamente de nulidade absoluta, mas de impedimento do trânsito em julgado da decisão até que ocorra a remessa necessária;

o) falta da intimação das partes quanto às decisões recorríveis.

Configura nulidade absoluta;

p) no Supremo Tribunal Federal e nos Tribunais de Justiça, falta do *quorum* legal para o julgamento.

Configura nulidade absoluta;

IV – por omissão de formalidade que constitua elemento essencial do ato.

Configura nulidade absoluta. Ex.: denúncia lacônica.

19. RECURSOS

19.1. Conceito de recurso

Meio jurídico pelo qual, dentro de uma mesma relação processual, impugna-se uma decisão que ainda não transitou em julgado, objetivando, com isso, o reexame do *decisum*.

Decorrem os recursos do princípio do duplo grau de jurisdição, adotado implicitamente pelo texto da nossa CF e explicitamente pela CADH.[145]Há, contudo, quem entenda que a afirmação do princípio seja fruto de política legislativa que tem inspiração nos ideais (liberdade, igualdade e fraternidade) da Revolução Francesa (TÁVORA, 2016, p. 1087-88).

19.2. Natureza jurídica

Embora exista polêmica sobre o tema no seio da comunidade jurídica, significativo setor da doutrina considera a natureza do recurso como um *desdobramento do direito de ação ou de defesa, i. e., o recurso dá continuidade à relação jurídica iniciada em primeira instância.*

19.3. Princípios que norteiam os recursos

a) Voluntariedade (art. 574, *caput*, primeira parte, CPP): os recursos são voluntários, i. e, dependem de manifestação de vontade da parte que queira ver a decisão reformada ou anulada. Inexiste, portanto, obrigatoriedade de recorrer. Cabe ressaltar que o MP, mesmo quando parte autora da ação penal, não está obrigado a recorrer, podendo, portanto, renunciar a este direito sem necessidade de fundamentar a sua renúncia. Perceba-se que o princípio da obrigatoriedade da ação penal não impõe ao MP a necessidade de recorrer. Porém, caso o MP assim o faça (interponha recurso), não poderá mais desistir do recurso interposto (art. 576, CPP), incidindo, aí sim, o princípio da indisponibilidade, que é corolário da obrigatoriedade.

Embora os recursos sejam voluntários, o mesmo art. 574 menciona que, em certos casos, o próprio magistrado deverá interpor "recurso" de sua decisão (é o chamado "recurso de ofício"). A doutrina critica veementemente a manutenção desse instituto em nosso ordenamento jurídico. Trata-se indubitavelmente de figura esdrúxula que merece ser banida do Processo Penal contemporâneo. Entretanto, tal instituto deve ainda ser considerado válido para os concursos públicos, tendo em vista o entendimento sobre o tema do STF (HC 88589/GO, *DJe* 23.03.2007) e STJ (REsp 767535/PA, *DJe* 01.02.2010), que continua defendendo a constitucionalidade desse expediente. Neste sentido, há recentes decisões do STF e também do STJ concedendo recurso de ofício, vide: "*Habeas corpus* concedido de ofício para declarar extinta a punibilidade do recorrente, em virtude da consumação da prescrição da pretensão punitiva (CP, art. 107, IV)", STF, RHC 129996, 2ª Turma, *DJ* 22.08.2016) e "O Supremo Tribunal Federal, por sua Primeira Turma, e a Terceira Seção deste Superior Tribunal de Justiça, diante da utilização crescente e sucessiva do *habeas corpus*, passaram a restringir a sua admissibilidade quando o ato ilegal for passível de impugnação pela via recursal própria, sem olvidar a possibilidade de concessão da ordem, de ofício, nos casos de flagrante ilegalidade. Esse entendimento objetivou preservar a utilidade e a eficácia do *mandamus*, que é o instrumento constitucional mais importante de proteção à liberdade individual do cidadão ameaçada por ato ilegal ou abuso de poder, garantindo a celeridade que o seu julgamento requer", STJ, HC 361.751/SP, *DJ* 23.09.2016.

Numa tentativa de amenizar a estranha ideia de um juiz recorrer de sua própria decisão, certo setor da doutrina, acompanhado pelos tribunais superiores (*vide* os julgados que acabamos de transcrever), tem compreendido esse instituto não como "recurso" em sentido próprio, mas como uma *remessa obrigatória* (*reexame necessário* ou *duplo grau de jurisdição obrigatório*), sem a qual a decisão prolatada não transita em julgado (Súmula 423, STF).

Conclusão: o "recurso de ofício" continua sendo considerado constitucional para os tribunais superiores, entretanto, é compreendido por esses não como um recurso em sentido próprio, mas como uma condição para o trânsito em julgado da decisão (remessa necessária). O magistrado não precisa fundamentar o ato, mas apenas remeter a decisão ao tribunal após o término do prazo para os recursos voluntários. Ademais, dispensa-se a intimação das partes para oferecer contrarrazões (TÁVORA, 2017, p. 1334).

Seguem alguns os casos em que o juiz deve "recorrer" de sua própria decisão (recurso de ofício):

I – Sentença que concede HC (inc. I do art. 574): note-se que não caberá recurso de ofício quando for o tribunal que conceder o HC. É que o art. 574, I, CPP, menciona apenas "sentença" (1ª instância, portanto) e não "acórdão" (2ª instância);

II – Sentença que absolver desde logo o réu com fundamento na existência de circunstância que exclua o crime ou isente o réu de pena (inc. II do art. 574, CPP): note-se que, para a majoritária doutrina, este dispositivo foi revogado,

---

145. Convenção Americana de Direitos Humanos (Pacto de San José da Costa Rica).

tendo em vista a inexistência de previsão legal no art. 415, CPP. Porém, o STJ (REsp 767535/PA, *DJe* 01.02.2010 e HC 361751/SP, 5ª Turma, *DJ* 23.09.2016) continua a entender pelo cabimento do recurso de ofício (mesmo em caso de absolvição sumária), posição esta mais segura para os concursos públicos;

III – Decisão que concede a reabilitação criminal (art. 746, CPP);

IV – Indeferimento liminar pelo relator, no âmbito de Tribunal, da ação de revisão criminal, quando o pedido não estiver suficientemente instruído (art. 625, § 3º, CPP);

V – Sentença de absolvição e a decisão que arquiva o IP nos crimes contra a economia popular e saúde pública (art. 7º, Lei 1.521/1950);

b) Taxatividade: para se recorrer de uma decisão é preciso que exista previsão expressa na lei a respeito do cabimento de tal recurso. Do contrário, a decisão será irrecorrível. Porém, a taxatividade não afasta a incidência do art. 3º, CPP, que prevê a possibilidade de interpretar as normas processuais penais extensivamente e de dar-lhes aplicação analógica. Ex.: cabe recurso em sentido estrito (RESE) da decisão que não recebe a denúncia (art. 581, I, CPP – taxatividade); mas também cabe o RESE da decisão que não recebe o aditamento à denúncia[146] (interpretação extensiva ao dispositivo);

c) Fungibilidade (permutabilidade ou **conversibilidade dos recursos):** não havendo erro grosseiro ou má-fé na interposição de um recurso (STJ, RCD no AgRg no AREsp 508550/RS, *DJe* 04.08.2014) e sendo atendido o prazo do recurso efetivamente cabível à espécie (STJ AgRg no AREsp 354968/MT, *DJe* 14.05.2014 e AgRg no AREsp 462.475/SP, *DJ* 11.04.2014), poderá o julgador aceitar o recurso equivocado como se fosse o correto (vide art. 579, CPP). Ex: existem algumas situações polêmicas na doutrina acerca do cabimento de RESE ou agravo em execução. Assim, imagine-se que a defesa interpôs o RESE, quando, em verdade, era cabível o agravo. Caso se vislumbre a boa-fé da parte e o prazo do recurso correto tenha sido respeitado, poderá ser aplicado ao caso o princípio da fungibilidade recursal, recebendo-se um recurso por outro. O STJ, em pacífica jurisprudência, vem aplicando o referido princípio ao receber como agravo regimental, os embargos declaratórios opostos contra decisão em *habeas corpus* (STJ, EDcl em HC 407579/SP, *Dje* 24.11.2017).

No contexto do princípio da fungibilidade recursal, importante se faz o conhecimento das novas teses do STJ, dentre elas: "Aplica-se o princípio da fungibilidade à apelação interposta quando cabível o recurso em sentido estrito, desde que demonstrada a ausência de má-fé, de erro grosseiro, bem como a tempestividade do recurso." Precedentes: AgInt no REsp 1532852/MG, *DJe* 22.06.2016; HC 265378/SP, *DJe* 25.05.2016; AgRg no AREsp 644988/PB, *DJe* 29.04.2016; HC 295637/MS, *DJe* 14.08.2014; AgRg no AREsp 71915/SC, *DJe* 23.05.2014; AgRg no AREsp 354968/MT, *DJe* 14.05.2014. (Vide Informativo de Jurisprudência 543);

d) Convolação: criação doutrinária destinada ao aproveitamento de recursos ou meios autônomos de impugnação, materializada por meio de duas situações:

I – Aproveitamento de uma modalidade recursal interposta adequadamente, mas que careça de algum pressuposto (tempestividade, forma, preparo, interesse ou legitimidade). Ex: HC é impetrado perante o TJ, mas a ordem é denegada. Na hipótese, são cabíveis o Recurso Ordinário Constitucional (ROC – art. 105, II, "a", CF) ou outro HC (art. 105, I, "c", CF), ambos para o STJ. A opção da defesa foi pelo ROC, mas este foi considerado intempestivo pelo STJ, que, no entanto, aproveita a mesma peça recursal e a recebe e conhece como se HC fosse (LIMA, 2015, p. 1619).

II – Aqui a lógica é aproveitar a espécie mais benéfica ao acusado, realizando a conversão para a via mais adequada. Ex: Defesa maneja revisão criminal que visa ao reconhecimento de nulidade absoluta do processo em razão da incompetência absoluta do juízo prolator da sentença. O TJ pode convolar a espécie para um HC, cujo rito é mais célere e, consequentemente, mais benéfico ao réu (LIMA, 2015, p. 1619).

O referido princípio diferencia-se do princípio da fungibilidade porque neste último há a interposição errônea de um recurso, enquanto que a aplicação do princípio da convolação pressupõe o acerto na interposição (TÁVORA, 2017, p. 1337).

e) Vedação à *reformatio in pejus* (art. 617, CPP, e Súmula 160, STF): significa que *não pode a situação do réu sofrer qualquer piora na instância* ad quem, *caso apenas ele recorra da decisão judicial* (i. e., sem interposição de recurso por parte da acusação e sem previsão de recurso de ofício para o caso). Da impossibilidade de reforma para pior no caso de recurso exclusivo da defesa, dá-se também o nome de *efeito prodrômico da sentença.* Destaque-se, ainda, que, mesmo que se trate de matéria cognoscível de ofício pelo tribunal *ad quem* – como, por exemplo, uma hipótese de nulidade absoluta – não pode a instância superior reconhecê-la *ex officio* em prejuízo da defesa, caso esta (a defesa) não tenha ventilado a matéria em seu recurso. É que não se permite que o recurso do acusado sirva "de veículo para o reconhecimento de nulidade que prejudique a defesa". É esse o sentido da Súmula 160, STF, que diz: "é nula a decisão do tribunal que acolhe, contra o réu, nulidade não arguida no recurso da acusação, ressalvados os casos de recurso de ofício" (remessa necessária). Vamos às modalidades de *reformatio in pejus:*

I – **Direta** (ou simplesmente "princípio da vedação à *reformatio in pejus*"). Ex.: se a defesa foi a única a apelar da sentença (não houve, portanto, recurso da acusação; nem o chamado recurso "de ofício") não poderá o tribunal piorar a sua situação;

II – **Indireta**. Ex.: imagine-se que a defesa foi a única que apelou de uma sentença, conseguindo a anulação (cassação) desta por conta da existência de uma nulidade no referido *decisum.* Neste caso, o Tribunal, ao anular a sentença, irá determinar à instância *a quo* que profira outra. Pois bem, a nova sentença a ser prolatada não poderá ter a pena maior do que a fixada na sentença anulada, sob pena de se configurar em uma reforma para pior *indireta (por via oblíqua)* para o réu. Isto é, num primeiro momento a decisão foi favorável ao réu (pois conseguiu a anulação pretendida). Entretanto,

---

146. Aditar significa acrescer algo. Ex.: no curso do processo o MP descobre que colaborou para o crime outra pessoa além do sujeito denunciado. Deverá, neste caso, o MP promover o aditamento à denúncia (que nada mais é do que uma nova denúncia para, *in casu*, incluir o outro agente).

num segundo momento, com a prolação da nova sentença, o réu termina sendo prejudicado por ter optado por recorrer (caso não tivesse recorrido, sua situação teria sido melhor). Esta situação (assim como a *reformatio in pejus* direta) é igualmente inaceitável. Veda-se, portanto, no Brasil tanto a *reformatio in pejus* direta como a indireta (vide Súmula 160 do STF e STJ, REsp 1311606/RN, *DJe* 09.06.2014 no AgRg no REsp 1449226/RN, 6ª Turma, *DJ* 03.08.2015).

Ainda sobre a proibição à *reformatio in pejus indireta*, cumpre esclarecer duas questões:

1ª questão: *a proibição da* reformatio in pejus *indireta se aplica também às decisões proferidas pelo Tribunal do Júri?* Explica-se melhor a pergunta. Caso uma decisão do Júri seja anulada pelo Tribunal *ad quem*, em razão dele ter reconhecido que os jurados julgaram de forma manifestamente contrária à prova dos autos (art. 593, III, "d", e § 3º, CPP), pode a decisão do novo corpo de jurados agravar a situação do acusado, ou aqui também se impõe a vedação à *reformatio in pejus* indireta? **Resposta:** há tradicional orientação defendendo que a regra da proibição à *reformatio in pejus* indireta não tem aplicação quando se trata de decisão proferida pelo Tribunal do Júri. Isso porque o princípio constitucional da soberania dos veredictos (art. 5º, XXXVIII, "c", da CF) prepondera nessa hipótese, não podendo a regra da reforma para pior limitar a atuação dos jurados, que são soberanos em suas decisões. Nessa linha: sólida jurisprudência do STJ (HC 19317/SP, *DJe* 19.05.2014) e majoritária doutrina (Grinover, Mirabete, Tourinho Filho, dentre outros).

Por outro lado, conforme assinala essa mesma corrente, somente seria possível falar em vedação à *reformatio in pejus* indireta no âmbito do Júri quando o novo corpo de jurados julgar da mesma forma que o júri anterior (mesmos fatos e circunstâncias). Nessa hipótese específica, o juiz togado, no momento da dosimetria da pena, ficaria atrelado ao máximo de reprimenda estabelecida no julgamento anterior, não podendo, portanto, piorar a situação do acusado. Nessa linha: os autores acima citados; STJ (HC 108333/SP, *DJe* 08.09.2009 e HC 149025/SP, 6ª Turma, *DJ* 07.08.2015) e STF (HC 73367/MG, *DJe* 29.06.2001).

Porém, necessário ressaltar que, desde 2009, o STF, alterando antiga posição sobre o assunto, passou a entender que o preceito da vedação à *reformatio in pejus* indireta se aplica *in totum* às decisões proferidas pelo Tribunal do Júri e não apenas quando os jurados reconhecerem os mesmos fatos e circunstâncias do julgamento anterior anulado – STF (RE 647302 ED/RS, *DJe* 19.11.2013). Um dos motivos apresentados pela Suprema Corte é que a regra fixada no art. 617, CPP (vedação à *reformatio in pejus*), seja na modalidade direta, seja na indireta, não comporta exceção (nem mesmo em relação ao Júri). É preciso, pois, que o leitor fique atento às posições divergentes dos tribunais superiores sobre a temática em tela.

Ademais, em recente julgado, o ministro Edson Fachin, adotando uma interpretação ampliativa do instituto da *reformatio in pejus*, afirmou que o novo júri não poderá agravar a situação do condenado, inclusive no que se refere à fase da execução penal. Desse modo, asseverou que não apenas a pena baliza a condenação do réu, mas também outras circunstâncias como por exemplo, os prazos para progressão de regime, de modo que não seria possível que o novo julgamento reconhecesse a hediondez do crime, sem ter sido reconhecido no julgamento anterior (STF, HC 136768/SP, *DJe* 16.09.2016).

2ª questão: *a proibição da* reformatio in pejus *indireta se aplica no caso de decisão proferida por juiz absolutamente incompetente?* **Resposta:** para significativo setor da doutrina, a proibição da *reformatio in pejus* indireta não se aplica ao caso de decisão prolatada por juiz absolutamente incompetente. Principal motivo alegado: a sentença proferida por juiz absolutamente incompetente ofende, em última análise, o princípio do juiz natural, o que torna esse ato jurídico mais do que nulo, ou seja, inexistente. Assim, tratando-se a sentença prolatada por juiz absolutamente incompetente de ato jurídico inexistente, impossível que esse *decisum* produza qualquer efeito, inclusive o do *ne reformatio in pejus* indireta. *Porém, os tribunais superiores não compartilham dessa visão, pois, para eles, mesmo no caso de reconhecimento de incompetência absoluta, a nova decisão não poderá piorar a situação do réu que recorreu de modo exclusivo.* Nesse sentido: STF (HC 107731 Extn/PE, *DJ* 02.03.2012) e STJ (HC 151581/DF, *DJ* 13.06.2012).

Ainda sobre o tema "vedação à *reformatio in pejus*", destaque-se que prevalece na comunidade jurídica que, em caso de *recurso exclusivo da acusação*, é possível *a melhora* da situação do acusado pelo órgão *ad quem* (chama-se esta figura de *reformatio in mellius*). Isto porque se entende que, acima da vedação à *reformatio in pejus*, está o *status libertatis* do acusado. Dessa forma, conclui a doutrina que a proibição da *reformatio in pejus* (direta ou indireta) incidiria apenas quando se tratasse de recurso exclusivo da defesa (e não da acusação), uma vez que, neste último caso, seria possível sim a melhora da situação do réu de ofício pela instância superior.

Cabe enunciar, todavia, o que não configura "reformatio in pejus" para o STF:

a) "A inexistência de argumentação apta a infirmar o julgamento monocrático conduz à manutenção da decisão recorrida. 2. Considerando que incumbe ao Juiz zelar pelo correto cumprimento da pena (art. 66, VI, da Lei 7.210/1984), a Execução Penal submete-se ao impulso oficial, de modo que ajustes de ordem pública associados à efetivação da retribuição penal, como a alteração da data-base para progressão de regime em decorrência de outra condenação, podem ser validamente implementados pelo Juiz da Execução, ainda que sem pedido do Ministério Público, o que não gera preclusão ou implica violação à vedação da *reformatio in pejus*. 3. Agravo regimental desprovido. HC 130692 AgR, 1ª Turma, 07.04.2016".

b) "Não há que se cogitar da *reformatio in pejus*, pois o Tribunal de Justiça gaúcho, ao negar provimento ao recurso criminal defensivo, não reconheceu, em desfavor do recorrente, circunstância fática não reconhecida em primeiro grau, apenas fazendo sua reclassificação dentre os vetores previstos no art. 59 do Código Penal. 3. Recurso não provido. (RHC 119149, 1ª Turma, 06.04.2015)".

c) "A Execução Penal submete-se ao impulso oficial, de modo que ajustes de ordem pública associados à efetivação da retribuição penal, como a alteração da data-base para progressão de regime em decorrência de outra condenação, podem ser validamente implementados pelo Juiz da Execução, ainda que sem pedido do Ministério Público, o que não gera preclusão ou implica violação à vedação da *reformatio in pejus*. 3. Agravo regimental desprovido. (HC 130692 AgR,1ª Turma, 08.04.2016)".

d) "Não acarretaram *reformatio in pejus* as razões do Tribunal de Justiça [...], que se valeu, para manter a vedação da incidência da causa especial de redução de pena prevista no § 4º do art. 33 da Lei de Drogas e o regime prisional mais gravoso, da prova produzida no processo e de questões judiciais já reconhecidas na sentença condenatória". (HC 130070, 2ª Turma, *DJ* 01.03.2016).

Finalmente, note-se que: "Não caracteriza "reformatio in pejus" a decisão de tribunal de justiça que, ao julgar recurso de apelação exclusivo da defesa, mantém a reprimenda aplicada pelo magistrado de primeiro grau, porém, com fundamentos diversos daqueles adotados na sentença" (STF, RHC 119149/RS, DJe 10.02.2015, Informativo 774).

e) Unirrecorribilidade (singularidade ou unicidade): em regra, cabe apenas um recurso específico para atacar determinada decisão (art. 593, § 4º, CPP). Ex.: a sentença desafia recurso de apelação (art. 593, CPP). Porém, excepcionalmente, uma única decisão poderá desafiar mais de um recurso. Ex.: um mesmo acórdão pode violar, ao mesmo tempo, lei federal e a CF. Logo, atacável, simultaneamente, por recurso especial (REsp) e extraordinário (RE). Nesse sentido: "o princípio da unirrecorribilidade, ressalvadas as hipóteses legais, impede a cumulativa interposição, contra o mesmo *decisum*, de mais de um recurso. O desrespeito ao postulado da singularidade dos recursos torna inviável o conhecimento do segundo recurso, quando interposto contra o mesmo ato decisório, porquanto preclusa a via recursal" (STJ, AgRg no AREsp 189578/RJ, *DJe* 13.12.2013 e AgRg no AREsp 938572/MG, 6ª Turma, *DJ* 29.08.2016: "Consoante o entendimento desta Corte Superior de Justiça, não se conhece da segunda apelação em razão do princípio da unirrecorribilidade, também conhecido como da singularidade ou da unicidade, que não admite interposição simultânea de recursos pela mesma parte em face da mesma decisão, situação em que ocorre a preclusão consumativa" (REsp 799.490/RS, rel. Ministro Og Fernandes, Sexta Turma, *DJe* 30.05.2011). Súmula 568/STJ";

f) Complementariedade: significa "a *possibilidade de modificação do recurso em razão de modificação superveniente na fundamentação da decisão*" (LOPES JR., 2010, v. II, p. 481) (destacamos). Ex.: imagine-se que, após a sentença, a defesa apela e a acusação interpõe embargos declaratórios. Havendo mudança na sentença após o julgamento dos embargos, será possível à defesa *complementar* o recurso anteriormente apresentado. Para tanto, o prazo recursal será renovado.

19.4. Pressupostos (condições ou requisitos) recursais

Para se recorrer de uma decisão, faz-se necessário o preenchimento de certos pressupostos (objetivos e subjetivos). A satisfação de tais pressupostos é fundamental para que o órgão julgador, num primeiro momento, considere viável (admita) o recurso, a fim de que, num segundo momento, o mérito possa ser examinado. Antes de examinarmos tais pressupostos, é preciso que duas noções fiquem claras na mente do leitor, a saber:

Juízo de admissibilidade (de conhecimento ou de prelibação recursal): consiste *no exame dos pressupostos recursais* (exs.: *tempestividade, interesse recursal etc.*) *efetuado pelo órgão julgador competente quando da apresentação de um recurso por uma das partes*. A falta de um desses pressupostos inviabiliza o exame do mérito recursal. Destaque-se que, em regra, o juízo de admissibilidade é realizado tanto no órgão *a quo*, como no *ad quem*;

Juízo de mérito (de provimento ou de delibação recursal): consiste no *exame efetuado pelo órgão julgador competente do mérito do recurso interposto pela parte*. Notemos que, a depender do pedido formulado no recurso, o deferimento (provimento) desse poderá acarretar na reforma (total ou parcial) da decisão atacada ou em sua anulação (cassação). Um recurso só poderá ter o seu pedido provido ou desprovido se tiver previamente sido conhecido.

Finalmente, vamos aos pressupostos recursais objetivos e subjetivos.

19.4.1. Pressupostos objetivos

a) Cabimento (previsão legal): é preciso que o recurso possua previsão expressa em lei;

b) Tempestividade: é preciso interpor o recurso dentro do prazo previsto pela lei, prazo esse contado a partir da data de intimação da parte (*dies a quo*). Ademais, os prazos recursais são contínuos e peremptórios, não se interrompendo por férias, domingo ou feriado, salvo no caso previsto do § 4º do art. 798, CPP, que diz: "não correrão os prazos, se houver impedimento do juiz, força maior, ou obstáculo judicial oposto pela parte contrária". Não se computa no prazo o dia do começo, incluindo-se, porém, o do vencimento. O prazo que terminar em dia não útil será prorrogado para o dia útil imediato. Vale ainda destacar que, "havendo dúvidas acerca da tempestividade do recurso, a solução mais adequada é em benefício do recorrente, admitindo-se o inconformismo interposto, preservando-se, assim, a garantia do duplo grau de jurisdição e a ampla defesa do acusado" (STJ, HC 152687/RS, *DJ* 01.09.2011). Importante o conhecimento do seguinte julgado do STJ, segundo o qual: "1. Esta Corte Superior pacificou entendimento no sentido de que a tempestividade recursal é aferida pelo protocolo da petição na Secretaria do Tribunal de origem, e não pela data da postagem na agência dos Correios, conforme se extrai da Súmula 216/STJ. 2. A partir do julgamento do AgRg no Ag 1.417.361/RS (*DJe* 14.05.2015), Relatora p/ acórdão Ministra Maria Thereza de Assis Moura, a Corte Especial passou a admitir, para fins de verificação da tempestividade recursal, a data do protocolo postal, desde que haja previsão em norma local" (AgRg no AREsp 719.193/MG, 5ª Turma, *DJ* 21.09.2016). No mesmo sentido, ver: STF, HC 143212/SP, DJe 26.06.2017.

Seguem alguns entendimentos sumulares sobre a matéria em exame:

> STF, 310: "quando a intimação tiver lugar na sexta-feira, ou a publicação com efeito de intimação for feita nesse dia, o

prazo judicial terá início na segunda-feira imediata, salvo se não houver expediente, caso em que começará no primeiro dia útil que se seguir".

STF, 710: "no processo penal, contam-se os prazos da data da intimação, e não da juntada aos autos do mandado ou da carta precatória ou de ordem".

STF, 428: "não fica prejudicada a apelação entregue em cartório no prazo legal, embora despachada tardiamente".

STJ, 216: "a tempestividade de recurso interposto no Superior Tribunal de Justiça é aferida pelo registro no protocolo da Secretaria e não pela data da entrega na agência do correio".

Ademais, cumpre expor a recente tese constante da 66ª Jurisprudência em Tese do STJ, segundo a qual "A apresentação extemporânea das razões não impede o conhecimento do recurso de apelação tempestivamente interposto", oriunda dos seguintes precedentes: HC 281873/RJ, *DJe* 15.04.2016; RMS 25964/PA, *DJe* 15.12.2015; HC 269584/DF, *DJe* 09.12.2015; AgRg no Ag 1084133/PR, *DJe* 27.10.2015; AgRg no AREsp 743421/DF, *DJe* 07.10.2015; HC 220486/SP, *DJe* 31.03.2014. (Vide Informativo de Jurisprudência 261).

E, também, vale transcrever o art. 575, CPP: "não serão prejudicados os recursos que, por erro, falta ou omissão dos funcionários, não tiverem seguimento ou não forem apresentados dentro do prazo";

c) **Regularidade formal:** *deve-se interpor o recurso conforme a forma estabelecida por lei para que ele possa ser conhecido pelo órgão julgador.* Assim, enquanto alguns recursos devem ser interpostos exclusivamente por petição, outros admitem a interposição por termo nos autos (art. 578, CPP), como no caso de RESE (art. 587, CPP) e apelação (art. 600, CPP);

d) **Inexistência de fatos impeditivos e extintivos:** para que o recurso possa ser apreciado pelo órgão julgador é preciso ainda que certos fatos impeditivos e extintivos não se façam presentes. Ex.: caso a parte desista do recurso interposto, teremos um fato extintivo do recurso, logo, sua apreciação restará prejudicada;

d1) **Impede a admissibilidade dos recursos:** a renúncia ao direito de recorrer, ou seja, a manifestação de vontade, expressa ou tácita, da parte no sentido de que não pretende recorrer da decisão. Ex.: deixar escoar *in albis*[147] o prazo para interpor o recurso.

Nota: com a reforma promovida pela Lei 11.719/2008 no CPP, que, dentre outras coisas, revogou o art. 594, *o não recolhimento do réu à prisão não impede mais a admissibilidade do recurso.* Nesse sentido, consulte-se também a Súmula 347 do STJ.

Ainda sobre o tema, revela-se oportuno transcrever os seguintes entendimentos sumulares:

STF, 705: "a renúncia do réu ao direito de apelação, manifestada sem a assistência do defensor, não impede o conhecimento da apelação por este interposta".

STF, 708: "é nulo o julgamento da apelação se, após a manifestação nos autos da renúncia do único defensor, o réu não foi previamente intimado para constituir outro".

Uma interpretação possível que pode ser extraída dessas duas súmulas é: *deve prevalecer a vontade de recorrer (prove-*

nha esta vontade do defensor técnico ou do réu). Nesse sentido: "havendo discordância sobre a conveniência da interposição de recurso, deve prevalecer a manifestação de vontade quem optar por sua apresentação, quer provenha da defesa técnica ou da autodefesa" (STJ, HC 162071/SP, *DJe* 20.03.2012); e, também, Grinover *et. al.* (2011, p. 108). Porém, há que se ressaltar que esse entendimento não é pacífico, existindo orientação no sentido de que deve prevalecer, em qualquer situação, a vontade do defensor técnico, uma vez que este é quem pode melhor avaliar a vantagem prática no manejo do recurso. Neste contexto, ver a recente tese constante da 66ª Jurisprudência em Tese do STJ, segundo a qual, "Verificada a inércia do advogado constituído para apresentação das razões do apelo criminal, o réu deve ser intimado para nomear novo patrono, antes que se proceda à indicação de defensor para o exercício do contraditório", oriunda dos precedentes: HC 302586/RN, *DJe* 19.05.2016; HC 345873/SP, *DJe* 29.04.2016; HC 301099/AM, *DJe* 07.03.2016; HC 269912/SP, *DJe* 12.11.2015; RHC 25736/MS, *DJe* 03.08.2015; AgRg no HC 179776/ES, *DJe* 02.06.2014. (Vide Informativo de Jurisprudência 506);

d2) **Fatos extintivos (obstam a apreciação de recurso já interposto):** trata-se da desistência do recurso interposto.

Nota: Com a reforma promovida pela Lei 12.403/2011, que, dentre outras coisas, revogou o art. 595, CPP, a fuga do réu não obsta mais a apreciação do recurso interposto. Não há mais que se falar em deserção provocada pela fuga do réu. Mesmo que o réu fuja, o recurso será conhecido e apreciado pelo órgão julgador competente.

Saliente-se ainda que o instituto da desistência não se aplica ao MP, *i. e.*, não pode este órgão desistir do recurso por ele interposto (art. 576, CPP). Tal imposição decorre do princípio da indisponibilidade (já estudado) vigente na ação penal pública. Temos assim que: o MP não está obrigado a recorrer (princípio da voluntariedade recursal), porém, se o fizer, não poderá desistir do recurso interposto (princípio da indisponibilidade).

19.4.2. *Pressupostos subjetivos*

a) **Interesse:** somente a parte que possuir interesse na reforma/anulação da decisão poderá recorrer – art. 577, parágrafo único, CPP. O interesse decorre da sucumbência (total ou parcial). Assim, por exemplo, caso a parte tenha sido vencedora em todos os pontos sustentados, carecerá, em tese, de interesse recursal na reforma ou cassação da decisão prolatada;

Dissemos "em tese" porque há situações em que, mesmo sem a parte ter sucumbido, há interesse de manejar recurso. Vamos a um exemplo.

Em caso de sentença *absolutória*, há interesse de a *defesa* recorrer da decisão para alterar a sua fundamentação quando a motivação da sentença for daquelas que, embora absolvendo o réu, permita a ação cível contra esse. É o que ocorre quando o juiz absolve o réu por entender *que não existem provas suficientes contra ele* (art. 386, V, CPP). Note-se que as provas podem não ter sido suficientes para uma condenação penal (que exige, por sua própria natureza, um robusto material probatório), entretanto, nada impede que o interessado ingresse com ação cível contra o réu, haja vista

---

147. Decurso do prazo sem que o interessado se manifeste a respeito.

que aquelas mesmas provas poderão ser ali suficientes para uma eventual condenação no campo cível. Assim, tendo em vista que esse tipo de absolvição (como é o caso da prevista no art. 386, V, CPP) não "fecha as portas do cível", é possível que o réu, mesmo que não tenha sucumbido, ingresse com recurso para *alterar a fundamentação da decisão que o absolveu*. Nessa linha: "o réu tem direito subjetivo para recorrer da sentença absolutória, com finalidade de modificar o fundamento legal da absolvição, firmada na insuficiência de provas para ver reconhecida a atipicidade do fato ou, então, não constituir sua conduta infração penal. O que justifica esse interesse recursal é o prejuízo que decorre dos efeitos indenizatórios diversos, dos fundamentos citados, na esfera civil, mormente na satisfação do dano *ex delicto*" (TAPR AP 150143 *DJ* 24.05.2001).

Vale ressaltar que a sentença que decreta a extinção da punibilidade pela prescrição da pretensão punitiva tem o condão de apagar **todos** os efeitos condenatórios. No entendimento dos Tribunais Superiores, tal fato enseja a ausência de interesse recursal, mesmo em relação ao manejo da apelação com vistas ao reconhecimento da atipicidade da conduta (STJ, APn 688/RO, *DJe* 04.04.2013 e AgRg no AREsp 638361/SP, 5ª Turma, *DJ* 25.08.2015).

Noutro giro, algumas observações quanto ao interesse recursal do MP precisam ser feitas:

I – Sendo o MP o autor da ação penal, é possível que, em sede recursal, esse órgão recorra em benefício do acusado – seja requerendo a diminuição de pena, seja a absolvição do réu, seja qualquer outro benefício cabível. É que, por conta do conteúdo do art. 127, CF e do especial papel que o MP desempenha no processo penal, tem esse órgão ampla possibilidade de recorrer em benefício do réu. Tudo o que foi dito aqui se aplica, *in totum*, aos casos de ação penal privada subsidiária da pública (art. 29, CPP). Vale dizer, também nesse tipo de ação o MP detém ampla faculdade de recorrer em favor do réu;

II – No caso de ação penal privada (exclusivamente privada ou personalíssima), é possível ao MP recorrer em benefício do réu (requerendo a sua absolvição, p. ex.). Porém, sendo *absolutória a sentença*, *não poderá* o MP requerer a condenação do querelado. É que, em razão da natureza da ação penal, entende-se que prevalece o princípio da oportunidade, ficando, portanto, à conveniência do *querelante* decidir pelo recurso para tentar provocar o agravamento da situação do réu.

Por fim, vale acrescentar que, no que tange ao assistente de acusação, segundo orientação consolidada nos tribunais superiores, é-lhe possível, autonomamente, interpor recurso de apelação contra a sentença penal condenatória com o objetivo de exasperar a pena imposta ao réu (STJ, AgRg no REsp 1312044/SP, *DJe* 05/05/2014). Isso porque entende a jurisprudência que o assistente não tem apenas o interesse de obter o título executivo judicial (sentença condenatória) para, posteriormente, executá-lo, mas, também, tem o assistente interesse de ver aplicada ao réu uma pena justa, correta. Sobre o tema, ver também STJ, AgRg no REsp 1533478/RJ, 5ª Turma, *DJ* 26.08.2016: "Na linha do recente posicionamento desta Corte, "não obstante a existência de

posicionamentos, no âmbito doutrinário e jurisprudencial, que questionam a própria constitucionalidade da assistência à acusação, o Supremo Tribunal Federal reconhece a higidez do instituto processual, inclusive com amplo alcance, admitindo sua projeção não somente para as hipóteses de mera suplementação da atividade acusatória do órgão ministerial, como pacificamente aceito pelos Tribunais em casos de inércia do *Parquet*, mas também para seguir o assistente da acusação atuando no processo em fase recursal, mesmo em contrariedade à manifestação expressa do Ministério Público quanto à sua conformação com a sentença absolutória (RMS n. 43.227/PE, *DJe* 07.12.2015)";

b) Legitimidade: o recurso deve ser interposto por quem é parte na relação processual ou, excepcionalmente, por terceiros quando houver autorização legal expressa nesse sentido (ex.: art. 598, CPP). O CPP dispõe que, em regra, são legitimados para interpor recurso: o MP, o querelante, o réu (autonomamente) e o defensor do réu.

É importante perceber que, no processo penal, o réu, de forma autônoma, pode interpor recurso. Essa permissão visa a concretizar o princípio da ampla defesa, possibilitando ao próprio acusado (mesmo que não possua capacidade postulatória, mesmo que não seja advogado) interpor recurso. Porém, conforme entende a jurisprudência, caso o réu não possua capacidade postulatória (*i. e.*, não seja advogado, p. ex.), não poderá, autonomamente, apresentar as razões recursais. Apenas quem possui capacidade postulatória poderá apresentar as razões (STJ, AgRg no HC 179776/ES, *DJe* 02.06.2014).

Ademais, conforme dito antes, não são apenas as pessoas indicadas no art. 577 que poderão interpor recurso. Isso porque a lei, em situações específicas, faculta também a terceiros essa possibilidade. Nesse sentido, consultar o art. 598, CPP, que diz que a vítima (ou o CCADI[148]), diante de eventual inércia do MP, pode interpor recurso (mesmo que não tenha se habilitado anteriormente como assistente no processo) nos seguintes casos: decisão de impronúncia (art. 584, § 1º); quando julgada extinta a punibilidade (art. 584, § 1º); e no caso de sentença absolutória (art. 598).

Dê-se destaque ainda à Súmula 210, STF, que diz: "o assistente do Ministério Público pode recorrer, inclusive extraordinariamente, na ação penal, nos casos dos arts. 584, § 1º e 598 do CPP". Significa essa súmula que o assistente pode, de forma autônoma, interpor e arrazoar recurso extraordinário naqueles casos em que poderia recorrer autonomamente (indicados acima). Notemos que o teor dessa súmula, conforme aponta a doutrina (AVENA, 2011, p. 1102), aplica-se *in totum* ao recurso especial também.

19.5. Efeitos dos recursos

Os recursos podem ter os seguintes efeitos:

a) devolutivo: o recurso *devolve* a matéria recorrida à instância *ad quem*, bem como permite que a instância superior tome contato (e se pronuncie) sobre matéria passível de conhecimento de ofício pelo julgador (ex: falta de citação).

---

148. CCADI = cônjuge, companheiro, ascendente, descendente ou irmão.

Neste último caso, ainda que a matéria possa ser conhecida de ofício, caso prejudique o réu (e a acusação não a tenha abordado em recurso próprio), não poderá a questão ser apreciada pela instância superior. É esse o sentido da Súmula 160, STF: "é nula a decisão do tribunal que acolhe, contra o réu, nulidade não arguida no recurso da acusação, ressalvados os casos de recurso de ofício". Sobre o efeito devolutivo, observar a seguinte tese do STJ na 66ª Edição da Jurisprudência em Teses: "O efeito devolutivo amplo da apelação criminal autoriza o Tribunal de origem a conhecer de matéria não ventilada nas razões recursais, desde que não agrave a situação do condenado", precedentes: AgRg no HC 320398/MT, *DJe* 01.08.2016; AgRg no HC 347301/MG, *DJe* 13.06.2016; RHC 68264/PA, *DJe* 14.06.2016; AgRg no AREsp 804735/SP, *DJe* 30.03.2016; HC 279080/MG, *DJe* 03.02.2016; AgRg no HC 337212/SP, *DJe* 11.12.2015. (Vide Info. nº 553);

b) suspensivo: não são todos os recursos que possuem efeito suspensivo. Este ocorre quando o recurso suspende a produção dos efeitos da decisão impugnada. Ex.: no caso de recurso contra a decisão de pronúncia, o julgamento do processo pelos jurados ficará suspenso até que se decida a respeito do recurso interposto (art. 584, § 2º, CPP). Notemos, ademais, que o recurso contra a sentença absolutória não possui efeito suspensivo. Desse modo, o réu, se preso estiver, deverá ser colocado em liberdade imediatamente, mesmo que, p. ex., a acusação tenha interposto recurso contra a referida absolvição – *vide* art. 596, CPP. Ver também a seguinte tese, oriunda da 66ª Edição da Jurisprudência em Teses "Não cabe mandado de segurança para conferir efeito suspensivo ativo a recurso em sentido estrito interposto contra decisão que concede liberdade provisória ao acusado", advinda dos precedentes HC 352998/RJ, *DJe* 01.06.2016; HC 349502/SP, *DJe* 04.05.2016; HC 315665/SP, *DJe* 15.04.2016; HC 347539/SP, *DJe* 18.04.2016; HC 348486/SP, *DJe* 31.03.2016; HC 341147/SP, julgado em 23/02/2016, *DJe* 02.03.2016. (Vide Informativo de Jurisprudência 547);

c) regressivo (ou diferido): trata-se da possibilidade de o próprio juiz se retratar da decisão que prolatou. No Processo Penal, tal efeito existe no RESE (recurso em sentido estrito – art. 589, CPP), no agravo em execução (art. 197, LEP – que segue o mesmo rito do RESE), na carta testemunhável e no agravo contra despacho denegatório de recurso especial e extraordinário;

d) extensivo, expansivo, iterativo ou extensão subjetiva do efeito devolutivo: pode ocorrer em caso de concurso de pessoas. Explica-se. Se um réu interpõe recurso fundado em motivo de caráter não exclusivamente pessoal (ex.: questionando a tipicidade da conduta), sendo provido o recurso, este aproveitará ao corréu que não tenha recorrido (art. 580, CPP).

Examinemos, agora, os **recursos em espécie**.

19.6. Recurso em Sentido Estrito (RESE)

Esse recurso busca atacar decisões interlocutórias que produzam algum tipo de gravame à parte. Conforme sublinha a doutrina, as hipóteses de cabimento de RESE (seja no CPP seja em lei extravagante) são taxativas (trata-se de um número restrito de situações, portanto). Porém, isso não impedirá, em alguns casos, o emprego de interpretação extensiva.

19.6.1. Previsão legal

O RESE tem previsão legal, sobretudo, no CPP (art. 581), porém há também hipóteses esparsas em legislação extravagante (ex.: art. 294, parágrafo único, Lei 9.503/1997 – CTB).

19.6.2. Efeitos

a) Devolutivo: o RESE devolve à apreciação do órgão julgador a matéria recorrida. A devolução fica restrita à matéria impugnada (o efeito devolutivo não é amplo, portanto);

b) Suspensivo: em regra, o RESE não possui efeito suspensivo. Exceções: RESE contra a decisão que denega a apelação ou que a julga deserta; contra a pronúncia; e contra a decisão que determina a perda ou a quebra da fiança. Nestes casos, há efeito suspensivo. Consulte-se o art. 584, CPP;

c) Regressivo: cabe juízo de retratação no RESE (art. 589, CPP): com a resposta do recorrido ou sem ela, o juiz poderá manter ou reformar a decisão. Mantendo, remeterá os autos ao órgão *ad quem*. Reformando a decisão, a parte contrária, que agora ficou prejudicada, poderá pedir a pronta remessa dos autos ao tribunal, desde que dessa nova decisão também caiba RESE.

19.6.3. Legitimidade

Em regra, podem interpor RESE o MP, o querelante, o réu e o defensor.

Quanto à vítima, só pode interpor RESE da decisão que declarar extinta a punibilidade do acusado (art. 584, § 1º, CPP).

No caso de decisão que inclui ou exclui o nome de jurado da lista geral, qualquer um do povo poderá interpor RESE (art. 581, XIV, CPP).

Atenção: Parte considerável da doutrina vem entendendo que tal dispositivo foi revogado tacitamente por força da nova redação do art. 426, § 1º, CPP, introduzida pela Lei 11.689/2008, que prevê a impugnação por meio de reclamação feita por qualquer do povo ao juiz presidente até o dia 10 de novembro de cada ano (TÁVORA, 2016, p. 1364; PACELLI, 2015, p. 983). No entanto, na dicção de LIMA (2015, p. 1674-1675), diante das constantes mudanças sofridas pela legislação processual penal nos últimos anos (v.g., Leis 11.689/2008, 11.690/2008, 11.719/2008 e 12.403/2011), não se revela razoável a estagnação das hipóteses de cabimento do RESE, sobretudo levando em consideração que o projeto de lei que versa sobre a mudança do título do CPP que cuida dos recursos ainda não foi aprovado pelo Congresso Nacional. Justifica o autor que isso ocorreria até mesmo para evitar a criação de desequilíbrio entre as partes, violando a paridade de armas, não se podendo admitir que a acusação fique privada de um instrumento para a impugnação de decisões proferidas por juiz de 1ª instância, se a defesa tem sempre a possibilidade de impetrar ordem de *habeas corpus*.

19.6.4. Formalidades e processamento do RESE

Pode ser interposto por meio de petição ou por termo nos autos – art. 578, CPP.

Se realizado por meio de petição (modo mais comum), o RESE deverá ser composto por duas peças:

I – Petição de interposição: endereçada ao próprio órgão prolator da decisão impugnada; com prazo, em regra, de 5 dias (contados a partir da prolação da decisão); essa peça compreende, em síntese, uma demonstração de insatisfação do recorrente diante da decisão impugnada;

II – Razões recursais: dirigidas à instância *ad quem*; com prazo de 2 dias (contados da intimação judicial para essa finalidade); são os fundamentos de fato e de direito do recurso. Note-se que as contrarrazões, se oferecidas pela parte, também devem observar o prazo de 2 dias.

No que tange ao processamento do RESE, em regra, este recurso será processado por instrumento (traslado). Isto significa que o interessado deverá providenciar a foto-cópia de algumas peças fundamentais do processo, fazendo a juntada destas quando da interposição do recurso (ou das contrarrazões recursais) – art. 587, CPP.

Em contrapartida, o RESE não subirá por instrumento, mas nos próprios autos do processo, nas hipóteses delineadas pelo art. 583, CPP, a saber:

a) RESE contra decisão que não recebe a denúncia;

b) contra decisão que julga procedente as exceções, salvo a de suspeição;

c) contra a pronúncia;

d) contra a decisão que julga extinta a punibilidade do réu;

e) contra a decisão que concede ou nega o HC; e

f) quando não prejudicar o andamento do processo principal.

19.6.5. Prazos

a) Petição de interposição: 5 dias (art. 586, CPP). **Exceções:**

I – 20 dias (parágrafo único do art. 586) no caso de RESE contra a decisão que inclui ou exclui jurado da lista geral do Tribunal do Júri (**Ver ressalva no item 19.6.3**);

II – 15 dias para a vítima não habilitada como assistente de acusação para interpor RESE contra declaração da extin-ção da punibilidade em caso de inércia do MP – art. 584, § 1º, c/c o art. 598, CPP.

Acrescente-se que, de acordo com a Lei 9.800/1999, pode-se interpor o recurso via fac-símile ou similar com apresentação dos originais no prazo de 5 dias. Ademais, vale lembrar o conteúdo da Súmula 216, STJ, que diz: "a tempestividade do recurso interposto no STJ é aferida pelo registro no protocolo da Secretaria e não pela data de entrega na agência do correio".

b) Razões recursais: 2 dias (art. 588, CPP).

Nota: após as razões do recorrente será dada vista ao recorrido para apresentar as suas contrarrazões recursais, cujo prazo será também de 2 dias.

19.6.6. Hipóteses de cabimento do art. 581, CPP

O rol do art. 581 é taxativo (o que não impede a inter-pretação extensiva em alguns casos).

É preciso estar atento a esse art. 581, pois diversos de seus incisos encontram-se prejudicados (em razão do cabimento

do agravo em execução – art. 197, LEP – em lugar do RESE) ou mesmo revogados. Examinemos um a um os incisos do art. 581. Cabe RESE da decisão:

I – que não receber a denúncia ou a queixa.

Ex.: caso a inicial penal não seja formulada de acordo com o art. 41, CPP (exposição do fato criminoso, com todas as suas circunstâncias, qualificação do acusado ou esclarecimentos pelos quais se possa identificá-lo etc.), o juiz a rejeitará.[149]

A majoritária comunidade jurídica faz interpretação extensiva desse inciso I, dizendo que cabe também RESE da decisão que não recebe o aditamento à denúncia. Aditar significa acrescentar algo. Ex.: no curso do processo o MP descobre que colaborou para o delito outra pessoa além do sujeito denunciado. Deverá, neste caso, o MP promover o aditamento à denúncia (que nada mais é do que uma nova denúncia para, *in casu*, incluir o outro agente). Pois bem, efetuado o aditamento, caso o juiz rejeite esta peça, caberá RESE com base em interpretação extensiva do inciso I do art. 581, CPP.

Noutro giro, não cabe recurso da decisão que recebe a inicial penal (só da que rejeita). Em caso de recebimento, resta ao réu ingressar com eventual HC. Ex.: denúncia recebida sem suporte probatório mínimo. Cabe HC nesta situação para tentar trancar ("arquivar") a ação penal.

Note-se que, caso a acusação interponha RESE da decisão que rejeitar a denúncia, é necessário intimar a defesa para, querendo, oferecer contrarrazões. Trata-se de homenagem aos princípios da ampla defesa e contraditório. Não é outro o entendimento da Súmula 707, STF: "constitui nulidade a falta de intimação do denunciado para oferecer contrarrazões ao recurso interposto da rejeição da denúncia, não a suprindo a nomeação de defensor dativo".

Finalmente, em se tratando de JECRIM, o recurso cabí-vel da decisão que rejeita inicial penal não é o RESE, mas **a apelação** (*vide* art. 82, Lei 9.099/1995);

II – que concluir pela incompetência do juízo.

Ex.: caso o juiz-presidente do Júri prolate decisão de desclassificação (art. 419, CPP), será cabível o RESE;

III – que julgar procedentes as exceções, salvo a de suspeição.

O inciso refere-se às exceções de litispendência, incom-petência, ilegitimidade de parte e coisa julgada. Ressalte-se que as decisões que rejeitam essas exceções são irrecorríveis. É que, no caso de rejeição, o próprio juiz remeterá a exceção ao tribunal – art. 103, § 3º, CPP.

Por outro lado, perceba-se que acolhida a decisão de suspeição pelo próprio juiz excepto, não caberá recurso dessa decisão, daí porque a ressalva que faz a parte final do inciso;

IV – que pronunciar o réu.

Trata-se de caso clássico de cabimento de RESE. A pro-núncia (art. 413, CPP) é a decisão que submete o acusado à

---

149. Há quem diferencie não recebimento de rejeição da inicial. Neste livro, seguiremos a majoritária corrente que usa as expressões não recebimento e rejeição como sinônimas.

2ª fase do júri, julgando admissível a imputação formulada na denúncia pelo MP. Dessa decisão, cabe RESE.

V – que conceder, negar, arbitrar, cassar ou julgar inidônea a fiança, indeferir requerimento de prisão preventiva ou revogá-la, conceder liberdade provisória ou relaxar a prisão em flagrante.

Atenção: da decisão que decreta prisão preventiva, não cabe RESE, mas pedido de revogação da preventiva ou HC (conforme o caso, ex: decisão que decreta a preventiva sem estar fundamentada idoneamente). Da decisão que nega o pedido de relaxamento de prisão, não cabe RESE, mas HC;

VI – (revogado pela Lei 11.689/2008).

Nota: com a reforma promovida pela Lei 11.689/2008, a decisão de impronúncia e a sentença de absolvição sumária não desafiam mais o RESE. Agora, de acordo com o art. 416, CPP, o recurso cabível é o de apelação;

VII – decisão que julgar quebrada a fiança ou perdido o seu valor.

Exemplo de quebra da fiança: acusado afiançado que descumpre as obrigações dos arts. 327, 328 ou 341, CPP. Da decisão que julga quebrada a fiança, cabe RESE.

Exemplo de perda da fiança (arts. 344 e 345, CPP): réu condenado em definitivo à pena privativa de liberdade que empreende fuga. Da decisão que julgar perdida a fiança, cabe RESE;

VIII – decisão que decretar a prescrição ou julgar, por outro modo, extinta a punibilidade.

Ex.: caso o juiz declare nos autos a ocorrência de prescrição, caberá RESE desta decisão;

IX – decisão que indeferir o pedido de reconhecimento da prescrição ou de outra causa extintiva da punibilidade;

X – decisão que conceder ou negar a ordem de *habeas corpus*.

No caso de indeferimento de HC, vale lembrar que nada impede que outro HC possa ser impetrado a superior instância. Na realidade, na praxe forense é muito mais comum, na situação tratada por esse inciso, impetrar novo HC do que interpor RESE;

XI – decisão que conceder, negar ou revogar a suspensão condicional da pena.

Inciso prejudicado. A concessão ou negativa do *sursis* se dá no corpo da sentença (logo, o recurso cabível é a apelação, e não o RESE).

Por outro lado, a eventual revogação do *sursis* se dá no curso da execução da pena, logo, cabível o agravo em execução (art. 197, LEP) e não o RESE. Note-se que o agravo em execução é o recurso cabível contra as decisões proferidas no curso da execução penal pelo Juízo das Execuções Penais;

XII – decisão que conceder, negar ou revogar livramento condicional.

Prejudicado. Trata-se de decisão que se dá no curso da execução da pena. Cabível o agravo em execução (art. 197, LEP) e não o RESE;

XIII – decisão que anular o processo da instrução criminal, no todo ou em parte.

Ex.: juiz que reconhece a ilicitude da prova e a contaminação que esta provocou nas demais provas, anulando o processo. Dessa decisão, cabe RESE;

XIV – decisão que incluir jurado na lista geral ou desta o excluir.

Ver observação no item 19.6.3.

XV – decisão que denegar a apelação ou a julgar deserta.

Denegação = não conhecimento. Significa que a apelação não preencheu todos os pressupostos. Ex.: apelação interposta fora do prazo. Caso o juiz se depare com uma apelação extemporânea, irá denegá-la. Dessa decisão, cabe RESE como forma de tentar forçar a subida do recurso de apelação à instância superior.

Deserção. Ex.: falta de preparo do recurso. No que tange à deserção pela fuga do réu, é preciso notar que, após a reforma de 2008, a evasão do acusado não tem mais o condão de impedir o conhecimento do recurso;

XVI – decisão que ordenar a suspensão do processo, em virtude de questão prejudicial.

Ex.: juiz que determina a suspensão do processo criminal em razão de questão prejudicial no juízo cível (discussão sobre a posse da coisa furtada). Cabe RESE dessa decisão;

XVII – decisão que decidir sobre a unificação de penas.

Prejudicado. Trata-se de decisão tomada no curso da execução penal. Cabível o agravo em execução;

XVIII – decisão que decidir o incidente de falsidade documental;

XIX – decisão que decretar medida de segurança, depois de transitar a sentença em julgado;

Prejudicado. Trata-se de decisão que se dá no curso da execução da pena. Cabível o agravo em execução (art. 197, LEP);

XX – decisão que impuser medida de segurança por transgressão de outra.

Prejudicado. Cabe, na verdade, agravo em execução. Ex.: descumprimento do tratamento ambulatorial;

XXI – decisão que mantiver ou substituir a medida de segurança, nos casos do art. 774.

Prejudicado. O art. 774 foi tacitamente revogado. Não existe mais essa hipótese;

XXII – decisão que revogar a medida de segurança.

Prejudicado. Trata-se de decisão que se dá no curso da execução da pena. Cabível o agravo em execução (art. 197, LEP);

XXIII – decisão que deixar de revogar a medida de segurança, nos casos em que a lei admita a revogação.

Prejudicado. Trata-se de decisão que se dá no curso da execução da pena. Cabível o agravo em execução (art. 197, LEP);

XXIV – decisão que converter a multa em detenção ou em prisão simples.

Prejudicado. Desde 1996, é impossível no país a conversão da multa em pena privativa de liberdade (*vide* art. 51, CP). Não pode mais o juiz efetuar tal conversão.

Por fim, é imprescindível fazer referência às recentes teses jurisprudenciais do STJ acerca o RESE.

"Não cabe mandado de segurança para conferir efeito suspensivo ativo a recurso em sentido estrito interposto contra decisão que concede liberdade provisória ao acusado" Precedentes: HC 352998/RJ, *DJe* 01.06.2016; HC 349502/SP, *DJe* 04.05.2016; HC 315665/SP, *DJe* 15.04.2016; HC 347539/SP, *DJe* 18.04.2016; HC 348486/SP, *DJe* 31.03.2016; HC 341147/SP, *DJe* 02.03.2016. (INFO. 547) e HC 368906/SP, DJe 28.04.2017;

"A ausência de contrarrazões ao recurso em sentido estrito interposto contra decisão que rejeita a denúncia enseja nulidade absoluta do processo desde o julgamento pelo Tribunal de origem" Precedentes: HC 257721/ES, *DJe* 16.12.2014; HC 166003/ SP, *DJe* 15.06.2011; HC 142771/MS, *DJe* 09.08.2010; HC 108652/SC, *DJe* 10.05.2010; HC 118956/SP, *DJe* 08.06.2009;

"Aplica-se o princípio da fungibilidade à apelação interposta quando cabível o recurso em sentido estrito, desde que demonstrada a ausência de má-fé, de erro grosseiro, bem como a tempestividade do recurso." Precedentes: AgInt no REsp 1532852/MG, *DJe* 22.06.2016; HC 265378/SP, *DJe* 25.05.2016; AgRg no AREsp 644988/PB, *DJe* 29.04.2016; HC 295637/MS, *DJe* 14.08.2014; AgRg no AREsp 71915/SC, *DJe* 23.05.2014; AgRg no AREsp 354968/MT, *DJe* 14.05.2014. (INFO. 543);

"A decisão do juiz singular que encaminha recurso em sentido estrito sem antes proceder ao juízo de retratação é mera irregularidade e não enseja nulidade absoluta". Precedentes: HC 216944/PA, *DJe* 18.12.2012; HC 158833/ RS, *DJe* 29.06.2012; HC 177854/SP, *DJe* 24.02.2012; HC 88094/RJ, *DJe* 15.12.2008; AREsp 762765/BA *DJe* 01.07.2016; AREsp 385049/PE *DJe* 26.02.2016;

"Inexiste nulidade no julgamento da apelação ou do recurso em sentido estrito quando o voto de Desembargador impedido não interferir no resultado final". Precedentes: HC 352825/RS, *DJe* 20.05.2016; HC 309770/SP, *DJe* 16.03.2016; HC 284867/GO, *DJe* 02.05.2014; HC 130990/RJ, *DJe* 22.02.2010; REsp 1351484/SC *DJe* 05.08.2015;

f) "O acórdão que julga recurso em sentido estrito deve ser atacado por meio de recurso especial, configurando erro grosseiro a interposição de recurso ordinário em *habeas corpus*". Precedentes: RHC 42394/SP, *DJe* 16.03.2016; AgRg no RHC 37923/SP, *DJe* 12.12.2014; RHC 31733/SP, *DJe* 02.04.2014; AgRg no RHC 17921/PR, *DJe* 24.03.2008; RHC 22345/MA, *DJ* 07.02.2.08;

19.7. Apelação (arts. 593 a 603, CPP)

Trata-se de um dos mais importantes recursos, não apenas por ser um dos mais antigos, mas também por possuir o maior efeito devolutivo de todos (ampla possibilidade de discussão de toda a matéria de fato e de direito). A apelação tanto poderá provocar a reforma da decisão recorrida (caso em que o *decisum* será substituído por outro proferido pela instância *ad quem*), como também poderá provocar a anulação da decisão atacada (caso em que a instância *ad quem* determinará à *a quo* que outra decisão seja prolatada em lugar daquela anulada).

19.7.1. Efeitos

a) Devolutivo: a apelação possui o mais amplo efeito devolutivo dos recursos, com possibilidade de discussão de toda a matéria de fato e de direito. Porém, nada impede que o apelante delimite o tema que pretende discutir em segunda instância (é o que se chama de apelação parcial). De um jeito ou de outro, nada impede que o tribunal vá além da matéria impugnada, conhecendo de ofício outros pontos, desde que não prejudiciais à defesa. Reforça esta ideia a Súmula 160, STF, quando diz: "É nula a decisão do tribunal que acolhe, contra o réu, nulidade não arguida no recurso da acusação, ressalvados os casos de recurso de ofício";

b) Suspensivo: aqui é preciso distinguir a apelação da sentença condenatória da apelação da sentença absolutória.

A apelação interposta contra a sentença absolutória não tem efeito suspensivo. Explica-se: caso um réu que se encontre preso durante o curso do processo seja absolvido, deverá ser posto em liberdade automaticamente. Assim, mesmo que o MP interponha apelação contra a absolvição, este recurso *não suspenderá* o efeito da sentença absolutória de pôr o réu imediatamente em liberdade.

No caso de sentença condenatória, o art. 597, CPP, sublinha que há efeito suspensivo. Explica-se: condenado o acusado, caso seja interposta apelação pela defesa contra esta decisão, possuirá tal recurso efeito suspensivo no sentido de obstar os efeitos da condenação: prisão do réu; lançamento de seu nome no rol dos culpados etc. Não estamos querendo dizer com isso que não é possível a prisão do acusado no momento da sentença penal condenatória. Não é isto. É possível a prisão desde que presentes os requisitos da preventiva (prisão cautelar). O que não é possível é a prisão-pena (prisão-punição) enquanto não transitada em julgado a condenação. É por isso que se diz que a apelação suspende os efeitos da condenação;

c) Efeito iterativo, extensivo ou extensão subjetiva do efeito devolutivo (art. 580, CPP): pode ocorrer em caso de concurso de pessoas. Explica-se: se um réu interpõe recurso fundado em motivo de caráter não exclusivamente pessoal (ex.: questionando a tipicidade da conduta), sendo provido o recurso, este aproveitará ao corréu que não tenha recorrido. Contudo, é necessário pontuar as duas hipóteses que não legitimam a aplicação do dispositivo legal: a) quando o requerente da extensão não participa da mesma relação jurídico-processual daquele que foi beneficiado por decisão judicial da Corte, o que evidencia a sua ilegitimidade; b) quando se invoca extensão de decisão para outros processos que não foram examinados pela Corte, o que denuncia fórmula de transcendência dos motivos determinantes, não admitido pela jurisprudência do STF. (STF, HC 137728 EXTN/PR, DJ 30.05.2017 e Info. 867, de 29 de maio a 02 de junho de 2017).

19.7.2. Legitimidade

Em regra, podem interpor o recurso de apelação: MP, querelante, réu ou defensor.

Quanto à vítima, habilitada ou não como assistente de acusação, poderá interpor apelação quando o MP permanecer inerte nos seguintes casos: decisão de impronúncia (art. 416 c/c o art. 584, § 1º, CPP); sentença absolutória (art. 598,

CPP); e absolvição sumária (seja a do art. 415, CPP – júri; seja a do art. 397, CPP – ritos ordinário e sumário).

19.7.3. Formalidades da apelação

Pode ser interposta por petição ou termo nos autos – art. 578, CPP.

Se interposta por petição (modo mais comum), a apelação deverá vir composta por duas peças:

I – Petição de interposição: endereçada ao próprio órgão prolator da decisão impugnada; com prazo, em regra, de 5 dias; tendo como conteúdo, em suma, a demonstração de insatisfação do recorrente;

II – Razões recursais: dirigidas à instância *ad quem*; com prazo de 8 dias; são os fundamentos de fato e de direito do recurso.

19.7.4. Prazos

a) Petição de interposição: regra: 5 dias (art. 593, CPP). Perceba-se que a tempestividade é aferida da data da interposição da apelação e não de sua juntada pelo cartório – Súmulas, 320 e 428, STF;

a1) Exceções:

I – em caso de inércia do MP, 15 dias para a vítima não habilitada como assistente de acusação para interpor apelação contra: a decisão de impronúncia (art. 416 c/c o art. 584, § 1º, CPP); a sentença absolutória (art. 598, CPP); e a absolvição sumária – seja a do art. 415, CPP, seja a do art. 397, CPP. Confira-se ainda a Súmula 448, STF: "o prazo para o assistente recorrer, supletivamente, começa a correr imediatamente após o transcurso do prazo do Ministério Público";

II – 10 dias para apelar no JECRIM (art. 82, Lei 9.099/1995). Note-se que no JECRIM a petição de interposição e a de razões recursais não possuem prazos distintos, devendo ser apresentadas conjuntamente;

b) Razões recursais: 8 dias (art. 600, CPP).

Nota: após as razões do recorrente será dada vista ao recorrido para apresentar as suas contrarrazões recursais, cujo prazo será também de 8 dias.

19.7.5. Hipóteses de cabimento da apelação

Cabe apelação contra (art. 593, CPP):

I – as sentenças definitivas de condenação – art. 593, I;

II – as sentenças definitivas de absolvição (inclua-se aí a absolvição sumária antecipada do art. 397, CPP, e a absolvição sumária do júri do arts. 415 e 416, CPP) – art. 593, I;

III – as decisões definitivas ou com força de definitiva, quando não couber recurso em sentido estrito. Ex.: da decisão que cancela a hipoteca legal, cabe apelação. Trata-se de hipótese subsidiária de apelação a ser aferida em cada caso concreto – art. 593, II[150];

IV – da decisão de impronúncia – art. 416, CPP;

V – no JECRIM, da decisão que rejeita a inicial penal, da sentença absolutória e condenatória e da homologatória da transação penal (art. 82, Lei 9099/1995);

VI – das decisões do Tribunal do Júri, quando (art. 593, III, CPP):

a) ocorrer nulidade posterior à pronúncia.

Ex.: indeferimento arbitrário pelo juiz de produção de prova em plenário;

b) for a sentença do juiz-presidente contrária à lei expressa ou à decisão dos jurados.

Ex.: o juiz-presidente suprime uma qualificadora reconhecida pelos jurados. Neste caso, a instância *ad quem* terá poderes para retificar a sentença do juiz-presidente, aplicando a qualificadora indevidamente suprimida – art. 593, § 1º, CPP;

c) houver erro ou injustiça no tocante à aplicação da pena ou da medida de segurança.

Ex.: juiz-presidente que, na dosimetria da pena, fixa injustificadamente a pena base do réu no seu patamar máximo (= pena injusta). Neste caso, a instância *ad quem também* terá poderes para retificar a sentença do juiz-presidente, aplicando o direito ao caso concreto – art. 593, § 2º, CPP;

d) for a decisão dos jurados manifestamente contrária à prova dos autos.

Para que seja viável a apelação aqui é preciso que a decisão dos jurados tenha se dado de forma totalmente dissociada do conjunto probatório constante dos autos. Não será cabível essa apelação se os jurados tiverem amparado a sua decisão em provas (ainda que frágeis) constantes dos autos. A possibilidade de julgar com base em provas frágeis é um dos pontos mais criticados por certo segmento da doutrina (LOPES JR, p. ex), pois termina-se por aniquilar o princípio do estado de inocência, mais especificamente o *in dubio pro reo*.

Nessa situação, a instância *ad quem* (o tribunal) tem apenas poder para anular (cassar) a decisão do júri, determinando a realização de novo julgamento (por outros jurados). Em homenagem à soberania dos veredictos, não poderá aqui o tribunal reformar a decisão. Pode-se apenas, repita-se, cassá-la e dissolver o conselho de sentença (o corpo de jurados) a fim de que outro júri seja realizado.

Atenção: só se pode apelar com base nesse motivo (decisão dos jurados manifestamente contrária à prova dos autos) uma única vez. Este comando atinge, inclusive, a parte contrária do processo, isto é, se uma parte apelar com base nesse fundamento, não poderá, posteriormente, a parte contrária (que não havia recorrido) apelar embasada no mesmo fundamento (STJ, HC 116913/RJ, *DJe* 07.02.2011). Entretanto, note-se bem, nada impede even-

---

150. Cabe enunciar recente entendimento do STJ, segundo o qual "É possível a interposição de apelação, com fundamento no art. 593, II, do CPP, contra decisão que tenha determinado medida assecuratória prevista no art. 4º, *caput*, da Lei 9.613/1998 (Lei de lavagem

de Dinheiro), a despeito da possibilidade de postulação direta ao juiz constritor objetivando a liberação total ou parcial dos bens, direitos ou valores constritos (art. 4º, §§ 2º e 3º, da mesma Lei) (REsp 1.585.781-RS, Rel. Min. Felix Fischer, julgado em 28.06.2016, *DJe* 01.08.2016).

tual apelação posterior (por qualquer uma das partes; e quantas vezes necessárias forem) com arrimo nas outras alíneas do art. 593, III (ex: decisão do juiz que desrespeita a decisão dos jurados – alínea "b"). Para ficar mais claro, vamos a um exemplo do que dissemos no início deste parágrafo. Se a decisão dos jurados for anulada pela instância *ad quem* com base no dispositivo em comento e o novo conselho de sentença decidir, mais uma vez, de forma manifestamente contrária à prova dos autos, não será possível apelar novamente com base nesse artigo (art. 593, III, "d"), nem mesmo se o "novo" recurso for de iniciativa da parte que não recorreu. Repita-se: só se pode invocar o dispositivo em questão uma única vez. Assim, em casos de "duplo julgamento contrário à prova dos autos pelos jurados" restará apenas aguardar o trânsito em julgado para, posteriormente, ingressar com revisão criminal. A situação retratada nesse parágrafo gera duras (e corretas) críticas à instituição do júri que, no Brasil, tornou quase "intocável" a famigerada soberania dos veredictos. Consultar nesse particular: Paulo Rangel (2010) e Lopes Jr. (2010, v. 2). Neste contexto, ver também: STJ, HC 346919/ES, 6ª Turma, *DJ* 12.05.2016.

Note-se ainda que, segundo estabelece a Súmula 713, STF: "o efeito devolutivo da apelação contra decisões do Júri é adstrito aos fundamentos da sua interposição". Significa isto que, no júri, os fundamentos indicados na petição de interposição delimitam a extensão do recurso, não podendo as razões recursais ampliar, posteriormente, a abrangência da petição de interposição. Ressalva aqui apenas para o caso de matéria cognoscível de ofício favorável ao réu (nulidade absoluta) que, embora não tenha sido apontada pela defesa em sua petição recursal, poderá sim, ser apreciada pela instância *ad quem* – Súmula, 160, STF.

19.7.6. *Observações finais*

Quando cabível a apelação, não poderá ser usado o recurso em sentido estrito, ainda que somente de parte da decisão se pretenda recorrer – art. 593, § 4º, CPP. Ex.: imagine-se que, no corpo da sentença, o juiz decida revogar a prisão preventiva do réu. Caberá aqui apelação e não RESE (art. 581, V, CPP), conforme se poderia pensar.

No julgamento das apelações poderá o tribunal, câmara ou turma proceder a novo interrogatório do acusado, reinquirir testemunhas ou determinar outras diligências.

Também em sede de Apelação o STJ publicou uma série de teses a partir da sua jurisprudência, de modo que recomendamos fortemente ao caro Leitor a leitura atenta, inclusive dos precedentes invocados. Eis as teses:

a) "O efeito devolutivo amplo da apelação criminal autoriza o Tribunal de origem a conhecer de matéria não ventilada nas razões recursais, desde que não agrave a situação do condenado". Precedentes: AgRg no HC 320398/MT, *DJe* 01.08.2016; AgRg no HC 347301/MG, *DJe* 13.06.2016; RHC 68264/PA, *DJe* 14.06.2016; AgRg no AREsp 804735/SP, *DJe* 30.03.2016; HC 279080/MG, *DJe* 03.02.2016; AgRg no HC 337212/SP, *DJe* 11.12.2015. (INFO. 553); AgInt no AREsp 1.044.869/MS, *DJe* 25.05.2017;

b) "A apresentação extemporânea das razões não impede o conhecimento do recurso de apelação tempestivamente interposto". Precedentes: HC 281873/RJ, *DJe* 15.04.2016; RMS 25964/PA, *DJe* 15.12.2015; HC 269584/DF, *DJe* 09.12.2015; AgRg no Ag 1084133/PR, *DJe* 27.10.2015; AgRg no AREsp 743421/DF, *DJe* 07.10.2015; HC 220486/SP, *DJe* 31.03.2014. (INFO. 261);

c) "O conhecimento de recurso de apelação do réu independe de sua prisão. (Súmula 347/STJ)" Precedentes: HC 95186/MG, *DJe* 31.08.2015; HC 320034/MG, *DJe* 21.05.2015; HC 258954/RJ, *DJe* 10.11.2014; HC 199248/ SP, *DJe* 26.08.2014; HC 205341/CE, *DJe* 15.03.2013; HC 131902/SP, *DJe* 01.02.2012;

d) "O efeito devolutivo da apelação contra decisões do Júri é adstrito aos fundamentos da sua interposição. (Súmula 713/STF)". Precedentes: HC 266092/MG, *DJe* 31.05.2016; HC 272094/SC, *DJe* 15.02.2016; HC 179209/RJ, *DJe* 23.11.2015; HC 322960/GO, *DJe* 15.09.2015; HC 193580/RS, *DJe* 03.03.2015; HC 244785/MA, *DJe* 26.03.2014. (INFO. 475);

e) "Aplica-se o princípio da fungibilidade à apelação interposta quando cabível o recurso em sentido estrito, desde que demonstrada a ausência de má-fé, de erro grosseiro, bem como a tempestividade do recurso". Precedentes: AgInt no REsp 1532852/MG, *DJe* 22.06.2016; HC 265378/SP, *DJe* 25.05.2016; AgRg no AREsp 644988/PB, *DJe* 29.04.2016; HC 295637/MS, *DJe* 14.08.2014; AgRg no AREsp 71915/SC, *DJe* 23.05.2014; AgRg no AREsp 354968/MT, *DJe* 14.05.2014. (INFO. 543);

f) "O adiamento do julgamento da apelação para a sessão subsequente não exige nova intimação da defesa" Precedentes: HC 353526/SP, *DJe* 21.06.2016; HC 333382/SP, *DJe* 04.04.2016; HC 319168/SP, *DJe* 08.10.2015; HC 300034/SP, *DJe* 23.02.2015; REsp 1251016/RJ, *DJe* 27.11.2014; HC 203002/SP, *DJe* 24.11.2014;

g) "Inexiste nulidade no julgamento da apelação ou do recurso em sentido estrito quando o voto de Desembargador impedido não interferir no resultado final" Precedentes: HC 352825/RS, *DJe* 20.05.2016; HC 309770/SP, *DJe* 16.03.2016; HC 284867/GO, *DJe* 02.05.2014; HC 130990/RJ, *DJe* 22.02.2010; REsp 1351484/SC *DJe* 05.08.2015;

h) "O julgamento de apelação por órgão fracionário de tribunal composto majoritariamente por juízes convocados não viola o princípio constitucional do juiz natural". Precedentes: HC 324371/RN, *DJe* 27.05.2016; HC 179502/ SP, *DJe* 25.02.2016; HC 165280/SP, *DJe* 03.12.2014; HC 271742/SP, *DJe* 05.09.2014; AgRg no HC 280115/PA, *DJe* 02.09.2014; HC 236784/MA, *DJe* 17.03.2014. (INFO. 476). Ver também Repercussão Geral no STF, Tema 170;

i) "É nulo o julgamento da apelação se, após a manifestação nos autos da renúncia do único defensor, o réu não foi previamente intimado para constituir outro. (Súmula 708/STF)". Precedentes: HC 329263/BA, *DJe* 01.07.2016; HC 100524/PE, *DJe* 06.11.2015; HC 300490/MG, *DJe* 14.09.2015; HC 258339/MG, *DJe* 18.05.2015; HC 207119/SP, *DJe* 22.05.2014; RHC 37159/PA, *DJe* 08.05.2014;

j) "A renúncia do réu ao direito de apelação, manifestada sem a assistência do defensor, não impede o conhecimento da apelação por este interposta. (Súmula 705/STF)" Precedentes: RHC 61365/SP, *DJe* 14.03.2016; HC 264249/SP, *DJe* 10.05.2013; HC 183332/SP, *DJe* 28.06.2012; HC 235498/SP, *DJe* 20.06.2012; HC 27582/SP, *DJe* 02.02.2009. (INFO. 99); HC 382357/SP, *DJe* 14.06.2017;

k) "A renúncia do réu ao direito de apelação, manifestada sem a assistência do defensor, não impede o conhecimento da apelação por este interposta" (Súmula 705/STF). Precedentes: RHC 61365/SP, *DJe* 14.03.2016; HC 264249/SP, *DJe* 10.05.2013; HC 183332/SP, *DJe* 28.06.2012; HC 235498/SP, *DJe* 20.06.2012; HC 27582/SP, *DJe* 02.02.2009 (INFO. 99) e RHC 50739/SC, *DJe* 28.03.2017.

19.8. Embargos de declaração

19.8.1. Conceito

Recurso oponível contra a decisão (leia-se: sentenças, acórdãos ou decisões interlocutórias) que apresente ambiguidade, obscuridade, omissão ou contradição (arts. 382, 619 e 620, CPP). Visa, portanto, a tornar a decisão mais clara, mais precisa[151].

Alguns doutrinadores e operadores do Direito adotam denominações distintas para os embargos de declaração. Assim, aquele previsto no art. 382 é denominado de "embarguinhos", opostos perante o juiz de 1º grau, enquanto aquele estatuído pelo art. 619 é denominado de "embargos de declaração", oposto em face de acórdãos oriundos dos tribunais, câmaras ou turmas.

Reiteramos que trata-se de mera divergência de denominação, pois tecnicamente são o mesmo instituto: embargos de declaração.

19.8.2. Interposição

Deve ser efetuada junto ao órgão que prolatou a decisão considerada defeituosa.

19.8.3. Prazo

I – Regra: 2 dias – art. 382, CPP.

II – Exceções: 5 dias – JECRIM (art. 83, Lei 9.099/1995); e ação penal originária no STF (art. 337, § 1º, Regimento Interno). Ver HC 91002 ED/RJ, *DJe* 22.05.2009.

Observações finais:

I – No caso de a decisão apresentar erros materiais (data equivocada, incorreção de grafia do nome da parte etc.), não é necessário à parte interpor de embargos de declaração. Pode o próprio julgador promover, de ofício, a correção; ou mesmo a parte poderá protocolizar uma simples petição nesse sentido;

II – Após o julgamento dos embargos, prevalece o entendimento de que o prazo para os demais recursos será integralmente devolvido às partes. Logo, os embargos *interrompem* o prazo recursal (STJ, AgRg no Ag 876449, *DJ* 22.06.2009 e EDcl nos EDcl no AgRg no AREsp 876625/

MG, *DJ* 12.09.2016).

Ainda no tocante à interrupção, importante destacar os seguintes julgados do STJ: a) Cumpre enunciar, ainda que: "Se a rejeição dos embargos de declaração não foi unânime, de ordinário não podem ser acoimados de protelatórios" (EDcl nos EDcl nos EDcl no REsp 1316694/PR, *DJ* 06.03.2015)"; b) "Posição de embargos declaratórios incabíveis. Não interrupção do prazo para a interposição de agravo. Agravo em recurso especial intempestivo" (AgRg no AREsp 898.781/MS, *DJe* 16.09.2016).

19.9. Embargos infringentes e de nulidade (art. 609, parágrafo único, CPP)

Trata-se de *recurso exclusivo da defesa*[152] que, ao atacar a falta de unanimidade dos julgadores de 2ª instância, busca reverter a situação em favor do acusado. Explica-se melhor. Apontando a defesa a existência de divergência entre os julgadores de uma Turma ou Câmara Criminal que decidiu, por exemplo, o recurso de apelação do réu, os embargos em análise buscam reverter o cenário em prol do réu, tentando fazer com que os demais julgadores alterem a sua posição pretérita e passem a seguir o voto vencido (favorável ao acusado).

19.9.1. Requisitos para o cabimento

a) decisão de 2ª instância não unânime e desfavorável ao réu (2 votos a 1, por exemplo);

b) voto vencido de um dos julgadores favorável ao réu;

c) esse recurso só é cabível contra o acórdão que julgar a *apelação*, o *RESE* e, segundo já decidiu o STF (HC 65988/PR, *DJe* 18.08.1989), o *agravo em execução* (art. 197, LEP).

Notas:

Não será cabível esse recurso se a divergência dos julgadores se der apenas no tocante à fundamentação da decisão. Ex.: não cabem os embargos se um julgador divergir dos demais apenas quanto à fundamentação, sendo que a parte dispositiva (a conclusão) do acórdão foi idêntica à dos demais julgadores. Acrescente-se o seguinte informativo do STF: "A divergência estabelecida na fixação da dosimetria da pena não enseja o cabimento de embargos infringentes, haja vista se tratar de mera consequência da condenação. Com base nesse entendimento, o Plenário, por maioria, desproveu agravo regimental em que se arguia a viabilidade dos embargos infringentes na referida hipótese" (informativo 735, *DJe* 13.02.2014).

Os embargos ficam restritos à matéria divergente. Não poderão abranger, portanto, questões unânimes decididas pelos julgadores. Apesar disso, vale destacar o seguinte informativo do STF: há "o efeito translativo dos embargos infringentes, o que [significa] que o órgão julgador está investido do dever de conhecimento, de ofício, das questões de ordem pública, dentre as quais a prescrição penal" (informativo 737, *DJe* 27.2.2014.).

---

151. Súmula 356, STF: "O ponto omisso da decisão, sobre o qual não foram opostos embargos declaratórios, não pode ser objeto de recurso extraordinário, por faltar o requisito do prequestionamento". Significa dizer que o manejo dos embargos pode ocorrer para fins de prequestionamento. Vide LIMA (2015, p. 1722).

152. No bojo do processo penal militar, é possível o oferecimento dos embargos infringentes pelo Ministério Público Militar, em favor da sociedade, nos termos do art. 538 do Código de Processo Penal Militar.

Vale também anotar as seguintes súmulas:

STJ, 207: "é inadmissível recurso especial quando cabíveis embargos infringentes contra o acórdão proferido no tribunal de origem".

STF, 293: "são inadmissíveis embargos infringentes contra decisão em matéria constitucional submetida ao plenário dos tribunais".

STF, 455: "da decisão que se seguir ao julgamento de constitucionalidade pelo Tribunal Pleno, são inadmissíveis embargos infringentes quanto à matéria constitucional".

Outra hipótese de inadmissibilidade de embargos infringentes diz respeito à oposição contra "julgado de Turma ou de Plenário em sede de *habeas corpus*, tendo em vista a falta de previsão regimental" (STF, HC 108.261-EI-AgR/RS, Tribunal Pleno, *DJe* 13.4.2012 e HC 113365 ED-EI-AgR, Tribunal Pleno, *DJ* 06.09.2016).

19.9.2. Espécies

I – os embargos infringentes atacam questão de mérito. Ex.: cabem infringentes contra o acórdão que por 2x1 condenou o réu. O voto vencido foi pela absolvição;

II – os embargos de nulidade buscam o reconhecimento de uma nulidade. Ex.: cabem embargos de nulidade contra o acórdão que não acolheu por 2x1 nulidade relativa à citação do réu. O voto vencido, favorável ao acusado, reconheceu a nulidade da citação.

Observação: nada impede a interposição de embargos infringentes e de nulidade simultaneamente (um só recurso) quando houver questões não unânimes (e favoráveis ao réu) de mérito e de nulidade.

19.9.3. Prazo

Dez dias da publicação do acórdão (art. 609, parágrafo único, CPP). A interposição deve ser feita perante o relator. As razões serão apresentadas ao tribunal simultaneamente à interposição (duas peças, portanto).

19.10. Carta testemunhável (arts. 639 a 646, CPP)

De acordo com o art. 639, CPP, trata-se de recurso residual (só podendo ser usado quando não existir outro recurso específico), cabível contra a decisão que não receber o recurso interposto pela parte ou que lhe obstaculizar o seguimento ao órgão *ad quem*.

19.10.1. Cabimento

I – da decisão que denegar o recurso;

II – da decisão que, embora tenha admitido o recurso, obste o seu seguimento para o órgão *ad quem*.

Interpretando-se sistematicamente o CPP, conclui-se que cabe carta testemunhável da decisão que denega ou obsta seguimento ao *agravo em execução* e ao *RESE*.

Atenção que a denegação da apelação desafia a interposição de RESE – art. 581, XV, CPP (e não de carta testemunhável). Agora se, nesta mesma situação, o RESE também for denegado, aí sim será cabível a carta testemunhável.

Note-se também que a interposição desse recurso é feita ao escrivão e não ao juiz (art. 640, CPP).

A carta testemunhável não possui efeito suspensivo (art. 646, CPP), significando isto, segundo dizem alguns autores (AVENA, 2011, p. 1182, p. ex.), que a interposição deste recurso não impede o prosseguimento do processo ou a eventual execução da sentença condenatória. Essa orientação, porém, é de duvidosa constitucionalidade, haja vista esbarrar no estado de inocência.

Como a carta testemunhável deve seguir o rito do recurso obstaculizado, caso ela (a carta) seja interposta contra a decisão que denegou ou negou seguimento ao agravo em execução ou RESE, haverá a incidência de efeito regressivo, uma vez que estes últimos recursos (agravo em execução e RESE) o possuem.

19.10.2. Prazo da carta testemunhável

O prazo para interposição do recurso é de 48h (art. 640, CPP)

19.11. Agravo em execução (art. 197 da LEP)

Cabível contra as decisões proferidas no curso da execução da pena pelo juízo da Execução Penal que causem algum gravame ao condenado ou ao submetido à medida de segurança.

19.11.1. Cabimento

O agravo em execução não possui cabimento taxativo como o RESE. A lei não enumera, portanto, as hipóteses de cabimento de agravo em execução. **Exemplos mais comuns:** decisão que nega a unificação das penas, a progressão de regime[153], a saída temporária, o livramento condicional etc.

19.11.2. Procedimento

Diante da falta de previsão legal, segue o mesmo rito e formalidades do RESE (vale a pena reler o que escrevemos anteriormente sobre esse recurso). Desse modo, o prazo é de 5 dias para a interposição (vide inclusive a Súmula 700, STF) e de 2 dias para apresentação de razões, admitindo-se, também, o juízo de retratação (efeito regressivo), tal qual sucede no RESE.

19.12. Recurso Ordinário Constitucional (ROC) em matéria criminal

Visa a assegurar o duplo grau de jurisdição a algumas situações específicas. O ROC pode ser manejado ao STJ ou ao STF, conforme o caso.

19.12.1. Cabimento de ROC para o STF – art. 102, II, CF:

a) decisão denegatória dos tribunais superiores (STJ, TSE, STM) em única instância de HC ou mandado de segurança (MS) (...).

---

153. Aqui é importante trazer o recente entendimento do STF, segundo o qual "A Primeira Turma, em conclusão de julgamento e por maioria, reputou prejudicado pedido de "habeas corpus". Mas, concedeu a ordem, de ofício, para que o juízo da execução verificasse a possibilidade do reconhecimento da continuidade delitiva (CP, art. 71), com a consequente aplicação da Lei 12.015/2009, que unificou os delitos de estupro e atentado violento ao pudor — v. Informativo 803" (HC 100612/SP, rel. orig. Min. Marco Aurélio, red. p/ o acórdão Min. Roberto Barroso, 16.08.2016).

O dispositivo trata de casos de *competência originária* dos tribunais superiores que deneguem HC ou MS.

Ex.: prefeito julgado pelo TJ impetra HC contra este órgão ao STJ, sendo que esta Corte denega o HC. Cabe ROC neste caso.[154] Incabível o ROC contra as decisões dos tribunais superiores que acolham o HC ou MS.

Nesse sentido, sugerimos a leitura do seguinte trecho de julgado do STF: "Contra a denegação de *habeas corpus* por Tribunal Superior prevê a Constituição Federal remédio jurídico expresso, o recurso ordinário. Diante da dicção do art. 102, II, *a,* da Constituição da República, a impetração de novo *habeas corpus* em caráter substitutivo escamoteia o instituto recursal próprio, em manifesta burla ao preceito constitucional" (HC 128256, *DJ* 20.09.2016).

b) decisões relativas a crimes políticos: correspondem aos crimes previstos pela Lei de Segurança Nacional (Lei 7.170/1983), cuja competência é da JF (art. 109, IV, CF). Tendo em vista que a alínea em comento ("b" do inciso II do art. 102, CF) não menciona a necessidade de a decisão ser tomada em única ou última instância, conclui-se que, em caso de crime político, o 2º grau de jurisdição será sempre do Supremo Tribunal Federal, mediante interposição de ROC (nesse sentido: STF, RC 1468/RJ, *DJe* 16.08.2000).

O STF, a respeito do tema, vem admitindo a possibilidade de impetração de HC substitutivo do ROC (HC 122.268, *DJe* 04.08.2015; HC 112.836, *DJe* 15.08.2013; e HC 116.437, *DJe* 19.06.2013 e HC 130780, *DJ* 22.09.2016).

Ex.: Prefeito está sendo processado pelo TRF por crime político. Do acórdão, caberá ROC ao STF.

19.12.2. Cabimento do ROC para o STJ – Art. 105, II, CF

a) Decisão denegatória de HC proferida por TRF ou TJ em única ou última instância.

Ex.: Fulano impetra HC ao TJ para trancar ação penal contra ele ingressada. O TJ denega a ordem. Cabe ROC ao STJ.

Ainda que a hipótese seja de denegação do HC por maioria de votos, continuará cabível o ROC. Descabem os infringentes porque este recurso não ataca acórdão de HC não unânime, mas apenas acórdãos não unânimes de RESE, apelação e agravo em execução.

Note o leitor que a alínea menciona "em única ou última instância", o que significa que tanto pode se tratar de um caso de competência originária do TJ/TRF, como pode se tratar de uma hipótese em que se tenha chegado ao TJ/TRF manejando o HC após se esgotarem as instâncias inferiores;

b) Decisão denegatória de MS proferida por TRF ou TJ em única instância.

Ex.: advogado impetra MS ao TJ contra juiz que o impediu de consultar os autos. Dessa decisão cabe ROC.

Usou a alínea a expressão "única instância", logo se refere a casos de MS de competência originária do TRF/TJ.

19.12.3. O processamento

O ROC é regido, conforme o caso, pelo regimento interno do STF e do STJ e pela Lei 8.038/1990.

A petição de razões deverá acompanhar a de interposição.

19.12.4. Prazos

I – 5 dias quando interposto contra a decisão que denegar o HC (ROC ao STF ou ao STJ). Consulte-se a Súmula 319, STF;

II – 5 dias quando interposto contra a decisão que denegar o MS (ROC ao *STF*);

III – 15 dias para a denegação de MS (ROC ao *STJ*).

IV – 3 dias para a decisão que envolva crime político (ROC ao STF) – art. 307, RISTF c/c 563, "a", e 565, CPPM.

19.13. Recurso Especial (REsp) e Extraordinário (RE)

Grosso modo, objetivam assegurar a autoridade na aplicação e interpretação da CF (RE) e das leis federais (REsp).

19.13.1. Noções necessárias

a) o RESP é endereçado ao STJ e, em resumo, visa a levar ao conhecimento desta Corte decisão, em única ou última instância, do TJ/TRF que afronte lei federal (infraconstitucional) ou que tenha dado interpretação diversa da que foi dada por outro tribunal. Note-se que não cabe RESP de decisão de Turma Recursal do JECRIM, pois este órgão julgador não é considerado tribunal – Súmula 203, STJ. Objetiva, portanto, esse recurso, homogeneizar a interpretação da lei federal pátria;

b) o RE visa a levar ao STF o conhecimento de qualquer decisão tomada em única ou última instância que implique em afronta à CF. Visa a garantir a ordem constitucional vigente. Perceba-se que como o texto da CF (art. 102, III) não menciona a expressão "Tribunal", mas apenas "causas decididas em única ou última instância", entende-se que por meio do RE, desde que atendidos aos demais requisitos, pode-se impugnar qualquer acórdão dos Tribunais, bem como decisão tomada por Turma Recursal do JECRIM;

c) ambos possuem fundamentação vinculada, discutem apenas questão de direito (e não matéria de fato ou reexame de prova), possuem o prazo de 15 dias e, para que sejam admitidos, exigem o esgotamento das vias ordinárias (*vide* Súmula 281, STF);

d) há previsão legal de efeito apenas devolutivo para esses recursos (art. 637, CPP). Apesar disso, a sentença condenatória não poderá ser executada sem o trânsito em julgado, devendo a prisão do réu, também nesta fase, ser orientada pelos requisitos da preventiva (conforme informativo 534 do STF);

e) como requisito de admissibilidade ambos exigem o prequestionamento. A questão a ser levada ao STF ou STJ deve ter sido previamente apreciada na decisão impugnada. Cabem, inclusive, embargos de declaração com o objetivo de forçar o prequestionamento da questão nas instâncias inferiores;

---

154. Cabível também outro HC ao STF.

f) da decisão que denega (não conhece) o REsp ou o RE, cabe agravo de instrumento (art. 1.003, § 5º, CPC/15), no prazo de 15 dias corridos para o STF ou STJ, conforme o caso. Necessário destacar que com a publicação do novo regramento processual civil, houve a revogação do art. 28 da Lei 8.038/1990 que previa o prazo de 5 dias para interposição do recurso, impondo assim a utilização da regra geral prevista no CPC. Contudo, no que se refere à contagem do prazo, há norma processual penal estabelecendo a contagem dos prazos de forma contínua, o que a afasta a contagem em dia útil prevista no CPC. (STF, ARE 993407/DF, *DJe* 05.09.2017 e Info. 845, STF, de 24 a 28 de outubro de 2016).

Reflexos do Novo Código de Processo Civil

Da decisão que denega (não conhece) o REsp ou o RE, cabe agravo (vide art. 1.042 do NCPC).

A melhor doutrina, baseada no art. 1.070 do NCPC, sustenta que o prazo para a interposição desse agravo é de 15 dias. Nesse sentido também: STJ AgRg no AREsp 923586/SP, *DJe* 19.10.2016.

Assim, segundo esse entendimento, estaria superada a Súmula 699 do STF que, arrimada na Lei 8.038/1990, estabelecia o prazo de 5 dias para esse tipo específico de agravo.

19.13.2. Cabe RE da decisão proferida em única ou última instância que (art. 102, III, CF)

a) contrariar dispositivo da CF. Abrange também a violação de princípio constitucional. É preciso que a violação a dispositivo/princípio constitucional seja *direta* – não cabe RE por violação reflexa, ou seja, a partir de violação de lei federal se conclui pela violação à CF (*vide* STF, ARE 807273 AgR/SC, *DJe* 27.06.2014). Ex.: viola diretamente a CF o acórdão que, em caso de roubo à empresa pública federal, cuja competência é da JF (art. 109, IV, CF) determina que o caso seja julgado pela Justiça Estadual. Ademais, também é pertinente conhecer, a *contrario sensu*, quando não cabe recurso extraordinário, vide STF, ARE 788019 AgR, *DJ* 29.09.2016: "A discussão acerca do momento de consumação do crime e, consequentemente, da aplicabilidade dos institutos da prescrição e da decadência passa necessariamente pela análise da legislação infraconstitucional pertinente (Código Penal e Código de Processo Penal), assim como por uma nova apreciação dos fatos e do material probatório constante dos autos, procedimentos inviáveis em sede de recurso extraordinário (Súmula 279/STF). Precedente" e ARE 948438 AgR, 23.09.2016: "Ausência de prequestionamento, incidência das súmulas 282 e 356. 5. Suposta violação aos princípios do devido processo legal, do contraditório e da ampla defesa e da presunção de inocência. A ofensa aos dispositivos apontados, caso existente, ocorreria de forma reflexa. Precedentes";

b) declarar a inconstitucionalidade de tratado ou lei federal. Ex.: cabe RE da decisão do TRF que, apreciando apelação do assistente de acusação (art. 268, CPP) e respeitando a reserva de plenário (*vide* art. 97, CF), declara inconstitucional a figura do assistente no Processo Penal (por reconhecer resquício de vingança privada nessa figura processual) e termina por denegar o recurso daquele. Cabe RE nesse caso;

c) julgar válida lei ou ato de governo local contestado em face da CF. Ex: diante de alegação de eventual conflito entre CF e uma lei municipal, o acórdão do TJ opta por esta última, entendendo que não há afronta ao texto constitucional. Cabe RE nessa situação;

d) julgar válida lei local contestada em face de lei federal. Ex: certa lei estadual (que afronta a CF) é reconhecida válida pelo TJ. Desafia RE essa hipótese.

Requisito de admissibilidade próprio do RE: além do prequestionamento, exige-se que o recorrente demonstre a repercussão geral das questões constitucionais discutidas no caso concreto (art. 102, § 3º, CF). Ou seja, é preciso demonstrar que a questão tem potencial para influenciar outros processos.

19.13.3. Cabe REsp da decisão proferida em única ou última instância pelos TRFs ou TJs que (art. 105, III, CF)

a) contrariar tratado ou lei federal, ou negar-lhes vigência. Ex. de cabimento: Condenado por crime funcional praticado em atividade, anteriormente à aposentadoria, que se deu no curso da ação penal, não é possível declarar a perda do cargo e da função pública de servidor inativo, como efeito específico da condenação. A cassação da aposentadoria, com lastro no art. 92, I, alínea "a", do CP, é ilegítima, tendo em vista a falta de previsão legal e a impossibilidade de ampliar essas hipóteses em prejuízo do condenado (STJ, REsp 1416477/SP, *DJe* 26.11.2014).

Vale lembrar que as súmulas dos tribunais superiores não se equiparam às leis para efeito de interposição do REsp. Ver STJ, AgRg no REsp 1246423, *DJe* 26.03.2013;

b) julgar válido ato de governo local contestado em face de lei federal. Ex: em caso de eventual conflito entre lei federal e ato de governo estadual, o TJ termina por reconhecer a validade deste último. Desafia REsp;

c) der a lei federal interpretação divergente da que lhe haja atribuído outro tribunal. Neste caso, será preciso fazer prova da divergência mediante certidão do julgado, por exemplo.

20. AÇÕES AUTÔNOMAS DE IMPUGNAÇÃO

20.1. Habeas Corpus (HC)

20.1.1. Natureza jurídica

Embora o HC esteja incluído no Título do CPP que trata dos recursos e de, por vezes, parecer-se com um, na realidade, de recurso não se trata. Possui natureza de ação autônoma de impugnação (GRINOVER *et. al.*, 2001, p. 345). Dentre tantos motivos que refutam a natureza de recurso do HC, segue um que consideramos o mais contundente: o recurso pressupõe a existência de um processo. Pois bem, cabe HC inclusive fora do âmbito do processo. Ex.: cabe HC contra ato de particular. Explica-se. Imagine-se que um diretor de hospital não deixe o paciente sair enquanto este não pagar a conta. Cabe HC contra ato do diretor nessa situação, prescindindo-se, portanto, de um processo previamente instaurado – algo impensável no caso de recurso.

Ademais, saliente-se que o HC pode funcionar como *substitutivo* de um recurso específico cabível ao caso. Assim, se cabível um recurso específico e, também, o HC, o interessado poderá valer-se deste último.

20.1.2. Bem jurídico tutelado pelo HC

O HC visa a combater a *ameaça* ou a *coação ilegal* à liberdade de locomoção (liberdade de ir, vir e ficar) do indivíduo.

Note o leitor, portanto, que, para além daquelas situações "clássicas" de coação ilegal efetiva à liberdade ambulatorial do sujeito (ex.: prisão para averiguação), o HC também tutela hipóteses de ameaça ilegal à liberdade de locomoção do indivíduo. Isto é assim porque a CF/1988 (art. 5º, LXVIII) expandiu significativamente o alcance do HC, permitindo que este remédio protegesse casos de ameaça ilegal à liberdade de locomoção. Compare abaixo o texto do CPP e da CF (este último bem mais amplo).

> **Art. 647, CPP:** "dar-se-á *habeas corpus* sempre que alguém sofrer ou se **achar na iminência** de sofrer violência ou coação ilegal na sua liberdade de ir e vir, salvo nos casos de punição disciplinar." (grifo nosso).

> **Art. 5º, LXVIII, CF:** "conceder-se-á *habeas corpus* sempre que alguém sofrer ou **se achar ameaçado** de sofrer violência ou coação em sua liberdade de locomoção, por ilegalidade ou abuso de poder". (grifo nosso).

Dessa forma, como o HC também se presta a combater ameaças ilegais à liberdade de locomoção, é perfeitamente possível a impetração desse remédio quando o sujeito se encontrar em liberdade. Ex.: réu em liberdade que responde a processo infundado (sem provas) por crime de furto. Cabe HC aqui para "trancar" a ação penal (leia-se: forçar o arquivamento desta). É preciso, portanto, desprender-se da ideia de que o HC só é cabível quando o indivíduo está preso ilegalmente. Falso. O HC é cabível toda vez que alguém estiver sofrendo uma coação ilegal à sua liberdade de locomoção (por óbvio), como, também, quando estiver *ameaçado* de sofrê-la.

20.1.3. Algumas restrições ao cabimento do HC

a) Prevê expressamente a CF que não cabe HC para atacar punição disciplinar militar (art. 142, § 2º, CF). Isto é assim porque os militares estão sujeitos a um tipo de hierarquia específica que recomenda o afastamento do HC para questionar o mérito da punição disciplinar.

Entretanto, não estamos aqui diante de uma regra absoluta. É que se a punição disciplinar apresentar certos vícios (exemplos: inexistência de previsão legal da punição aplicada; ou a autoridade militar que a aplicar for incompetente para tanto), caberá sim questionar a punição aplicada por meio de HC. Assim, conclui-se que é possível questionar, por meio de HC, eventuais *vícios de forma* da punição disciplinar militar (previsão legal e competência, por exemplo), porém, não é cabível questionar o *mérito* dessa punição (se ela é justa ou injusta, *v. g.*). Nesse sentido: STJ, HC 211002/SP, *DJe* 09.12.2011.

Oportuno, por outro lado, transcrever a Súmula 694, STF: "não cabe *habeas corpus* contra a imposição da pena

de exclusão de militar ou de perda de patente ou de função pública";

b) Não cabe HC quando não houver, ao menos, ameaça à liberdade de locomoção do indivíduo. Ex.: se o sujeito está sendo processado de forma infundada (sem suporte razoável de provas) por crime apenado *apenas* com multa, não será possível impetrar HC para trancar a ação. Isto porque, desde 1996, não é possível converter a multa em pena privativa de liberdade (prisão) – art. 51, CP. Assim, inexistindo a possibilidade de encarceramento do acusado, perde o sentido a impetração de HC. Consulte-se a Súmula 695 do STF. Nessa mesma linha, não cabe HC para "para questionar a imposição de pena de suspensão do direito de dirigir veículo automotor" (STJ, HC 283.505-SP, *DJe* 21.10.2014, informativo 550 e HC 283505/SP, 5ª Turma, *DJ* 29.10.2014);

c) Não cabe HC quando o caso demandar exame aprofundado de provas. É preciso lembrar que o HC possui um procedimento bastante simplificado. Não há instrução probatória (oitiva de testemunhas, exame pericial etc.). Em regra, será preciso, no momento da impetração do HC, demonstrar, de plano, a ilegalidade da prisão ou da ameaça de prisão (isto é, apresentar "prova pré-constituída"). Impossível o aprofundamento em material probatório, portanto (ex.: discussões acerca de legítima defesa, estado de necessidade etc.). A via estreita do HC não comporta esse tipo de discussão;

d) Ainda para a Suprema Corte, não se admite o manejo do HC para exame de nulidade cujo tema não foi trazido antes do trânsito em julgado da ação originária e tampouco antes do trânsito em julgado da revisão criminal (STF. RHC 124041/GO, *DJ* 30.08.2016.

e) Outrossim, também restou consignado pelo STF que "Na via estreita do "habeas corpus" não se admite o exame de nulidade cujo tema não foi trazido antes do trânsito em julgado da ação originária e tampouco antes do trânsito em julgado da revisão criminal (RHC 124041/GO, *DJe* 30.08.2016)".

f) Neste contexto, também negou provimento a recurso ordinário em "habeas corpus" a Primeira Turma do STF, no qual se discutia nulidade de apelação, em face da ausência de contrarrazões da defesa e da intimação do defensor para o julgamento (RHC 133121/DF, *DJe* 30.08.2016).

g) Não cabe HC contra decisão monocrática proferida por Ministro do STF (Info. 865, STF, de 15 a 19 de maio de 2017) ou por Ministro do STJ (Info. 868, STF, de 5 a 19 de junho de 2017).

h) Não cabe HC para tutelar o direito à visita em presídio (STF, HC 128057/SP, j. 1º.08.2017 e Info. 871, de 31 de julho a 4 de agosto de 2017).

20.1.4. Espécies de HC

a) preventivo: nesta situação, o indivíduo encontra-se na iminência de ser preso ilegalmente. Impetra-se o HC e pede-se aqui um documento chamado de "salvo-conduto" (livre trânsito), que blinda o sujeito contra a ameaça de prisão ilegal – art. 660, § 4º, CPP. Não basta o temor remoto de prisão ilegal. Para que seja cabível o HC preventivo, é preciso uma ameaça concreta (STJ, RHC 47424/PA, *DJe* 01.08.2014 e AgRg no HC 276586/SP, *DJ* 03.08.2016). Ex:

pessoa suspeita da prática de furto é intimada pelo delegado a, em 5 dias, apresentar-se ao Instituto Criminalística a fim de submeter-se a perícia de confecção de imagens, sob pena de prisão (STJ, HC 179486/GO, *DJ* 27.06.2011). Cabe HC preventivo ao juiz;

b) liberatório ou repressivo: aqui a pessoa encontra-se presa ilegalmente. Impetra-se o HC e requer-se o alvará de soltura – art. 660, § 1º, CPP. Ex: delegado que, fora das situações de flagrante delito, prende o indivíduo para averiguar-lhe a vida pregressa. Cabe HC liberatório ao juiz;

c) suspensivo: nesta hipótese, foi expedido um mandado de prisão (ilegal) contra o sujeito. Impetra-se o HC e pede-se o contramandado de prisão, visando a neutralizar a ordem de prisão anteriormente expedida. Ex: juiz que, sem fundamentar, determina a prisão preventiva do réu. Cabe HC suspensivo ao TJ.

Nota: há diversas situações de cabimento de HC que escapam à tradicional classificação exposta acima. Isto é assim porque, como vimos, o texto amplo da CF (art. 5º, LXVIII) permite o cabimento do HC não só para atacar as coações ilegais efetivas ou as ameaças ilegais iminentes, mas, também, para combater casos de ameaças não iminentes em relação às quais se consegue, de plano, antever a possibilidade de uma prisão ilegal. Ex.: sujeito que responde, em liberdade, a processo por crime de furto (que, como se sabe, possui previsão de pena de prisão) perante órgão judicial absolutamente incompetente. Uma situação dessas não se enquadra propriamente em nenhuma das espécies de HC acima indicadas. Apesar disso, o *writ* é cabível, pois a situação se amolda ao texto constitucional. Portanto, em matéria de cabimento de HC, deve o leitor sempre ter em mente o marco fundamental estipulado pela CF – que é mais abrangente que o CPP e que as espécies doutrinárias antes apontadas.

20.1.5. Legitimidade ativa

Qualquer pessoa pode impetrar HC em nome próprio ou em nome de outrem (inclusive sem procuração). Assim, podem impetrar HC: pessoa jurídica; menor; doente mental; estrangeiro; enfim, não há restrições aqui. Note-se que não se exige capacidade postulatória para impetrar HC, não sendo necessário, portanto, fazê-lo por meio de advogado, por exemplo.

20.1.6. Legitimidade passiva

É possível impetrar HC contra ato de autoridade ou mesmo contra ato de particular. Exemplo deste último caso: diretor de hospital que não deixa o paciente sair do ambulatório enquanto este não quitar a conta com o hospital.

20.1.7. Notas sobre o endereçamento

Competência do juiz de 1ª instância: em regra, quando o coator for o delegado, o agente policial ou o particular;

Competência do TJ: em regra, quando coator for o promotor ou o juiz de 1ª instância.

Observação: quando a autoridade coatora for Turma Recursal (JECRIM), a competência para o HC será do TJ. Note-se que a Súmula 690, STF foi cancelada, competindo

"ao Tribunal de Justiça julgar *habeas corpus* contra ato de Turma Recursal dos Juizados Especiais do Estado" (STF, HC 90905 AgR / SP, *DJe* 11.05.2007);

Competência da Turma Recursal: quando a autoridade coatora for o juiz do JECRIM;

Competência do TRF: quando a autoridade coatora for juiz federal ou procurador da república (MPF) – art. 108, I, *d*, CF;

Competência do STJ (art. 105, I, *c*, CF): quando o coator ou paciente for Governador, desembargador do TJ, TRF, TRE, TRT, membro do Tribunal de Contas do Estado ou do Município ou membro do MPU que oficie perante tribunais;

Competência do STF (art. 102, I, *d*, CF): quando o paciente for o Presidente da República, o Vice-Presidente, os membros do Congresso Nacional, os membros dos tribunais superiores e do Tribunal de Contas da União ou os chefes de missão diplomática de caráter permanente.

20.1.8. Análise do art. 648, CPP

Note-se que este artigo não é taxativo, mas exemplificativo. Encontram-se nele algumas das situações mais corriqueiras de cabimento de HC, porém, não são em "número fechado". Como já dissemos, a abrangência dada pela CF ao HC extrapola os casos indicados a seguir. De todo o modo, vejamos. A coação considerar-se-á ilegal:

I – quando não houver justa causa.

A justa causa destacada neste inciso possui 2 significados:

1º) falta de justa causa (*i. e.*, falta de fundamentação) para a ordem proferida. Ex.: decisão que, sem fundamentação, decreta a preventiva do réu. Cabe HC contra esta decisão;

2º) justa causa para a existência do processo ou da investigação. Ou seja, não há provas suficientes embasando a investigação ou o processo contra o réu. Ex.: ação penal sem provas mínimas de que o réu foi o autor do crime. Neste caso, será pedido o trancamento (leia-se: arquivamento forçado) da persecução penal por meio do HC;

II – quando alguém estiver preso por mais tempo do que determina a lei.

Ex.: excesso de prazo na prisão em flagrante (art. 10, CPP). Delegado que extrapola o seu prazo de 10 dias para concluir e encaminhar o IP. Cabe HC nesta situação;

III – quando quem ordenar a coação não tiver competência para fazê-lo.

Ex.: juiz federal que decreta a prisão preventiva de um indiciado que praticou um crime da competência da justiça estadual;

IV – quando houver cessado o motivo que autorizou a coação.

Ex.: imagine-se que, no curso do processo, foi decretada a preventiva do réu por conveniência da instrução criminal em razão de o acusado estar destruindo as provas do processo. Finda a instrução criminal, não havendo mais material probatório a ser produzido/destruído, torna-se desnecessária a manutenção do cárcere cautelar. Cabe HC nesta situação, pois o motivo pelo qual foi decretada a prisão não mais existe. Somente será possível a prisão do réu se pautada em outra hipótese autorizadora da preventiva (art. 312, CPP), mas não mais na "conveniência da instrução criminal";

V – quando não for alguém admitido a prestar fiança, nos casos em que a lei a autoriza.

Ex.: imagine-se que, no curso do processo, o juiz indefere arbitrariamente a concessão de fiança que era cabível no caso concreto. Cabe HC nesta situação;

VI – quando o processo for manifestamente nulo.

Ex.: imagine-se que o réu não citado está respondendo a processo por crime de furto. Conclusão: processo manifestamente nulo. Cabe HC para combater esta situação;

VII – quando extinta a punibilidade.

Ex.: imagine-se que o crime praticado pelo acusado já prescreveu. O juiz, ignorando esse fato, determina o seguimento do processo. Cabe HC neste caso.

20.2. Revisão criminal (RC)

20.2.1. Previsão legal

Arts. 621 a 631, CPP.

20.2.2. Finalidades da revisão

Busca restabelecer o estado de dignidade e/ou de liberdade do condenado.

20.2.3. Natureza jurídica

Não se trata de recurso (apesar de assim considerado pelo CPP), mas de ação autônoma de impugnação.

20.2.4. Há revisão em prol da sociedade?

É ação exclusiva do réu. Não é aceita entre nós a revisão em favor da sociedade (*pro societate*). A vedação da revisão *pro societate* encontra respaldo expresso na CADH.[155] Ex.: após a absolvição definitiva do acusado surgem novas provas de sua culpa. Impossível, neste caso, a reabertura do caso.

Porém, é preciso destacar que o STF (HC 104998/SP, *DJe* 09.05.2011) permite a reabertura do caso pela acusação numa hipótese específica: quando a declaração da extinção da punibilidade do réu estiver embasada em certidão de óbito falsa. Ex.: acusado foragido que apresenta certidão de óbito falsa, culminando na declaração de extinção de sua punibilidade pelo juiz. Nesta situação, descoberta a falsidade (ou seja, sabendo-se que o réu, na verdade, está vivo), será, segundo o STF, possível reabrir o caso. Principal motivo dado pela Corte Suprema: não há formação de coisa julgada *em sentido estrito*. Logo, é cabível a reabertura (STJ: REsp 1324760/SP, *DJ* 18.02.2015).

20.2.5. Pressuposto para ingressar com a revisão criminal

Sentença penal condenatória transitada em julgado, não importando a natureza da pena aplicada (pecuniária ou privativa de liberdade), a sua quantidade, se já foi cumprida ou não, ou se é vivo ou morto o sentenciado. Note-se que cabe revisão criminal em prol de pessoa falecida, inclusive. Isto é assim porque, conforme visto, a revisão não visa apenas resgatar o *status libertatis* do sujeito, mas também o seu *status dignitatis*.

Obs. 1: Cabe RC contra a **sentença absolutória imprópria** transitada em julgado. Lembrando que sentença absolutória imprópria é aquela que absolve o réu, porém, aplica-lhe medida de segurança (reconhecimento de doença mental ao tempo do crime – art. 26, CP). Ex.: pense-se que, após o trânsito em julgado da sentença absolutória imprópria, surgem novas provas demonstrando que não foi o acusado o autor do crime. Cabe RC nesta situação.

Obs. 2: Cabe RC contra **sentença condenatória definitiva do júri.** Sabe-se que no júri vigora o princípio da soberania dos veredictos (aquilo que ficar decidido pelos jurados não pode ser reformado pelo juiz-presidente nem pela instância *ad quem*). Porém, acima desse princípio está a dignidade/liberdade do condenado. Logo, é cabível a revisão criminal mesmo em face de sentença condenatória definitiva oriunda do Júri.

20.2.6. Prazo

Não há prazo determinado para ingressar com a revisão (ver art. 622, *caput*, CPP). Cabe antes, durante ou depois da pena, em favor do vivo ou do morto. É preciso, no entanto, que tenha ocorrido o trânsito em julgado (requisito indispensável: certidão de trânsito em julgado da sentença).

20.2.7. Legitimidade para ingressar com a revisão

I – O próprio condenado (independentemente de advogado);

II – Procurador legalmente habilitado (advogado). Obs.: Há entendimento (Tourinho, Mirabete e Muccio, por exemplo) de que pode ser qualquer pessoa, desde que munida de procuração;

III – C.C.A.D.I. (no caso de morto);

IV – MP – embora o tema seja polêmico, prevalece que é possível (Luiz Flávio Gomes e Muccio, por exemplo).

20.2.8. Hipóteses de cabimento (art. 621, CPP)

A revisão criminal tem fundamentação vinculada. Significa isto que somente se pode ingressar com a revisão em casos específicos previstos na lei. Logo, o art. 621, que trata das hipóteses de cabimento, não configura rol exemplificativo de situações, mas exaustivo. Vejamos. A revisão dos processos findos será admitida:

I – quando a sentença condenatória for contrária ao texto expresso da lei penal ou à evidência dos autos:

a) sentença contrária a texto expresso de lei penal: por "lei penal" entenda-se lei penal e processual penal. É preciso

---

155. Convenção Americana de Direitos Humanos (Pacto de San José da Costa Rica).

que a sentença tenha sido contrária a texto expresso de lei, pois, no caso de existir interpretação controvertida sobre o dispositivo legal, não cabe a revisão. Ex.: juiz que condena o acusado sem, no entanto, seguir o sistema trifásico para dosar a pena. Cabe RC;

b) sentença contrária à evidência das provas: é a condenação que não se ampara em nenhuma prova e não aqueles casos em que se têm provas favoráveis e contrárias ao réu, optando o juiz por estas últimas. Ex.: inexistindo qualquer prova da autoria do crime por parte do réu, o juiz mesmo assim o condena. Cabe RC;

II – quando a sentença condenatória se fundar em depoimentos, exames ou documentos comprovadamente falsos.

Fundamento da sentença: depoimento, exame ou documento comprovadamente falso. Ex.: condenação amparada em exame pericial falso. E se o julgador tiver condenado com base em outras provas não viciadas? Ainda assim cabe a RC? Aponta a doutrina que não, *i. e.*, caso o juiz tenha condenado com base em outras provas regulares (e não apenas amparado na prova falsa), não caberá RC;

III – quando, após a sentença, descobrirem-se novas provas de inocência do condenado ou de circunstância que determine ou autorize diminuição especial da pena.

Novas provas da inocência: Ex.: após a condenação definitiva do réu, vem a juízo pessoa que confessa categoricamente a prática do crime pelo qual o acusado foi condenado. Cabe RC; Em recente julgado, o STJ entendeu que "O laudo pericial juntado em autos de ação penal quando ainda pendente de julgamento agravo interposto contra decisão de inadmissão de recurso especial enquadra-se no conceito de prova nova, para fins de revisão criminal (art. 621, III, do CPP)". Assim, o fato de o laudo ter sido juntado ainda no bojo da ação penal, não lhe retira o caráter de prova nova, uma vez que a jurisdição das instâncias responsáveis pela análise do acervo probatório, já havia encerrado (Info. 606, STJ).

b) Atenuante genérica (art. 65, CP) e causas de diminuição (gerais e especiais). Ex.: após condenação definitiva observa-se que o julgador não observou a atenuante referente à menoridade do réu quando da prática do crime. Cabe RC.

E no caso de lei nova mais favorável ao condenado? É necessário ingressar com RC? Não, basta peticionar nesse sentido ao juízo da Execução Penal. *Vide* Súmula 611, STF.

20.2.9. Competência

STF e STJ: julgam suas próprias condenações (em sede de competência originária) e aquelas por eles mantidas. Exemplo desta última situação: imagine-se que um processo, por meio de RE, chegou até a Corte Suprema. Caso, posteriormente, surja nova prova da inocência do réu, a eventual RC deverá ser ingressada no próprio STF, uma vez que este órgão manteve a condenação do acusado;

TRF: julgam suas próprias condenações (competência originária) e a dos juízes federais. Exemplo: desta última situação: juiz federal condenou o réu e não houve recurso desta decisão (trânsito em julgado). Posteriormente, surge prova da inocência do réu. Cabe RC endereçada ao TRF;

TJ: idem.

Atenção: podemos concluir da leitura deste item que o juiz de primeira instância nunca julga RC. Esta é sempre julgada por instância *ad quem* (TJ, TRF, STJ etc., conforme o caso).

Desnecessidade de recolhimento à prisão para ingressar com a RC: Súmula 393, STF: *"para requerer revisão criminal, o condenado não é obrigado a recolher-se à prisão"*;

Possibilidade de reiteração de pedido: art. 622, parágrafo único, CPP: *"não será admissível a reiteração do pedido, salvo se fundado em novas provas"*.

20.3. Mandado de Segurança em matéria criminal (MS)

20.3.1. Noções

Em essência, é ação de natureza cível (ação autônoma de impugnação). Utilizada em casos específicos no âmbito penal, funciona como verdadeiro sucedâneo recursal – é o que se chama de caráter residual ou subsidiário do MS.

20.3.2. Natureza

Ação autônoma de impugnação (não é recurso).

20.3.3. Base legal

Art. 5º, LXIX, CF e Lei 12.016/2009 (doravante: LMS).

20.3.4. Necessidade de o impetrante demonstrar que possui direito líquido e certo

Direito líquido e certo é aquele em relação ao qual não há dúvida de sua existência (demonstrável de plano). Prova documental pré-constituída. Descabe dilação probatória no âmbito do MS.

20.3.5. Autoridade coatora no MS

Apenas autoridade pública (descabe contra ato de particular); ou de pessoa investida em função pública.

Em caso de impetração pelo MP, no polo passivo da ação de MS deverá constar não apenas a autoridade coatora, mas também o réu, para que possa contestar. Ex: MS pelo MP quando da soltura "ilegal" do réu. Vide Súmula 701, STF.

20.3.6. Legitimidade ativa (impetrante) para o MS em matéria criminal

MP, querelante, assistente de acusação e réu. Há necessidade de capacidade postulatória.

20.3.7. Restrições ao uso do MS

Conforme a CF e o art. 5º, LMS, não cabe MS nas seguintes situações:

a) Ilegalidades relacionadas à liberdade de locomoção – não cabe MS, mas HC;

b) Para obtenção de informações de caráter pessoal ou retificação dessas informações em banco de dados – não cabe MS, mas *habeas data*;

c) Atos atacáveis por recurso administrativo com efeito suspensivo, independentemente de caução. Note-se que está prejudicada a Súmula 429, STF;

d) Decisão judicial atacável por recurso com efeito suspensivo. *Vide* Súmula 267, STF (que deve ser interpretada nesse sentido);

e) Decisão judicial transitada em julgado. *Vide* Súmula 268, STF.

20.3.8. Hipóteses mais comuns de cabimento do MS em matéria criminal

Segundo Moreira (2010, p. 797), normalmente, o MS é mais usado pela acusação, uma vez que diversas afrontas a direitos do réu desafiam o HC. Vamos aos casos mais comuns:

a) Indeferimento arbitrário de habilitação como assistente de acusação – art. 273, CPP;

b) Indeferimento arbitrário de acesso do defensor aos autos do IP. Vide EOAB (art. 7º) e Súmula vinculante 14, STF. Cabe também reclamação ao STF, por violação à referida súmula vinculante;

c) Para trancamento de persecução penal temerária (IP ou processo) quando inexistir a possibilidade de cárcere. Ex: imagine-se um processo criminal cujo objeto seja uma infração penal punida apenas com multa. Neste caso, cabe MS para trancar a persecução penal. Notemos que descabe o HC neste caso, pois não há possibilidade de segregação à liberdade, já que a infração perseguida é punida apenas a título de multa;

d) Para assegurar a presença do defensor em algum ato do IP.

20.3.9. Renovação do pedido

É possível, desde que a decisão não tenha examinado o mérito e ainda não transcorrido o prazo decadencial – art. 6º, § 6º, LMS. Por outro lado, a decisão denegatória da segurança não impede a proposita de ação de cognição mais ampla – art. 19, LMS.

20.3.10. Recurso contra a decisão de MS

a) Contra a sentença do juiz de 1ª instância que conceder ou negar o MS cabe apelação (cível) – art. 14, LMS.

Observação: da sentença que concede o MS em 1ª instância cabe recurso de ofício – art. 14, § 1º, LMS;

b) Contra o acórdão do TJ/TRF é preciso atentar para cada situação específica:

I – Se denegatória a decisão, caberá ROC para o STJ (art. 105, II, *b*, CF);

II – Se concedida a segurança, caberá, conforme o caso, RESP ao STJ (art. 105, III, CF) ou RE ao STF (art. 102, III, CF);

c) Contra o acórdão dos tribunais superiores (STJ, TSE, TST ou STM, exceto o STF) é preciso também atentar para cada situação específica:

I – Se denegatória a decisão, cabe ROC para o STF (art. 102. II, *a*, CF);

II – Se concessiva, cabe, se for o caso, RE ao STF.

21. EXECUÇÃO PENAL

A execução penal é um processo autônomo em relação à ação penal, destinado à aplicação de pena ou medida de segurança estabelecidas, respectivamente, em sentença penal condenatória transitada em julgado e em sentença absolutória imprópria transitada em julgado. Dissemos antes que a execução penal é um processo autônomo à relação processual de conhecimento, em virtude de possuir aspectos (princípios, normas, pressupostos, finalidades etc.), a serem examinados a seguir, diversos do processo de conhecimento.

21.1. Base Legal

A Constituição Federal de 1988 trata da execução penal em diversos dispositivos, a exemplo do que vemos no art. 5º, XLVIII, XLIX.

A Lei 7.210/1984 (Lei de Execução Penal – LEP) regula, em grande medida, o tema no âmbito infraconstitucional, existindo, também, sobre o assunto Resoluções do Conselho Nacional de Política Criminal, a exemplo da Resolução 14 (Regras mínimas para tratamento do preso no Brasil).

Além disso, o tema (execução penal) também é tratado pela Convenção Americana de Direitos Humanos (Pacto de San José da Costa Rica), promulgada no Brasil por meio do Decreto 678/1992 e pelo conjunto de Normas Mínimas para o Tratamento de Presos, promulgado, em 1955, pela Organização das Nações Unidas (ONU).

21.2. Pressuposto

Como já mencionado, a execução penal pressupõe uma sentença penal condenatória definitiva (pena) ou uma sentença absolutória imprópria definitiva (medida de segurança), ambas transitadas em julgado[156].

21.3. Natureza jurídica

O tema ainda guarda certa polêmica. Há distintas correntes que atribuem ao processo de execução penal a natureza jurisdicional, administrativa ou mista. É o que veremos a seguir.

21.3.1. Administrativa

Durante longo período, entendeu-se que a execução da pena seria uma atividade tipicamente administrativa. Apenas eventual "incidente" na fase executória passaria pelo crivo do juiz. Sustentava-se, assim, a natureza administrativa da execução. Um dos motivos principais para defender essa postura: a questão da inexistência de um processo propriamente dito, ou seja, na acepção técnica da palavra.

---

156. Como já anunciado anteriormente, o STF mudou a sua orientação jurisprudencial recentemente, contrariando a própria literalidade da CF/88 (art. 5º, LVII, e da Lei (art. 283, CPP). Assim, por maioria, os Ministros entenderam o cabimento da execução provisória da pena quando há decisão condenatória de 2º grau. Assim, trata--se de mais uma hipótese de mitigação do estado de inocência. Nesse sentido, ver ADC 43 e 44, *DJ* 10.10.2016, e HC 126292/SP, *DJe* 16.05.2016.

21.3.2. Jurisdicional

Há quem sustente a natureza jurisdicional da execução penal, tendo em vista a necessidade de uma premente atuação jurisdicional em todas as etapas da execução.

Para esses autores (Alexis de Brito, Salo de Carvalho, André Giamberardino e Massimo Pavarini, p. ex.), com os quais concordamos, faz-se necessário jurisdicionalizar a execução penal brasileira, significando isso: "[...] a limitação e a vinculação da discricionariedade das autoridades penitenciárias com base no conteúdo da condenação e na própria lei e na Constituição; [...] a obrigatoriedade de motivação de todas as decisões – judiciais ou administrativas – que impliquem modificação qualitativa e/ou quantitativa no cumprimento da pena" (GIAMBERARDINO; PAVARINI, 2011, p. 351).

De acordo com essa orientação, a própria CF e lei infraconstitucional nos impõem essa concepção jurisdicional da natureza da execução penal, a saber: arts. 2º e 66, LEP; e 5º, XXXV, ("a lei não excluirá da apreciação do Poder Judiciário lesão ou ameaça a direito") e LIV ("ninguém será privado da liberdade ou de seus bens sem o devido processo legal").

Além disso, reforçando essa ideia, vale a pena citar a Exposição de Motivos da LEP, que diz: "10. Vencida a crença histórica de que o direito regulador da execução é de índole predominantemente administrativa"; e "12. O Projeto reconhece o caráter material de muitas de suas normas. Não sendo, porém, regulamento penitenciário ou estatuto do presidiário, evoca todo o complexo de princípios e regras que delimitam e jurisdicionalizam a execução das medidas de reação criminal".

21.3.3. Mista

Há, ainda, quem sustente a natureza complexa (mista) da execução, tendo em vista a participação dos Poderes Executivo e Jurisdicional no processo executório, funcionando ambos de forma entrosada.

Partindo dessa ideia (de uma natureza complexa da execução penal), parece preponderar, hoje, na doutrina brasileira o entendimento segundo o qual a execução penal possui natureza **predominantemente** jurisdicional e, em nível secundário, administrativa. Nesse sentido, estão Ada Grinover, Guilherme Nucci, Renato Marcão, Geder Gomes, dentre outros. Este último é, hoje, o entendimento mais seguro para as provas de concurso.

Finalmente, note-se que essa polêmica não se trata de um mero debate acadêmico. Ao contrário, a insistência em modelos administrativos/mistos de execução penal acarretou numa ampla (e indesejável) discricionariedade do administrador prisional e, em muitos casos, na criação de espaços de não direito. A partir da opção ideológica que o operador do direito faça em relação ao tema "natureza jurídica da execução penal", sua postura tenderá a ser bastante diferente frente às práticas travadas no campo da execução penal. Embora o discurso de necessidade de jurisdicionalização da execução tenha, nos últimos tempos, se tornado mais frequente, é inegável que herdamos uma (infeliz) cultura de natureza administrativa da execução, o que, de certa, forma explica o grave cenário atual que ainda presenciamos.

21.4. Objetivos

Nos termos do art. 1º, LEP, "a execução penal tem por objetivo efetivar as disposições de sentença ou decisão criminal e proporcionar condições para a harmônica integração social do condenado e do internado."

Do dispositivo acima transcrito podemos inferir que os objetivos da execução penal confundem-se com as próprias finalidades da pena, sob a ótica da teoria eclética, que preconiza o caráter de prevenção, geral e especial, o retributivo e o reeducador/ressocializador.

Durante o cumprimento da pena, por exemplo, deve o Estado ofertar meios pelos quais os apenados e os submetidos às medidas de segurança venham a ter participação construtiva na comunhão social.

21.5. Princípios da execução penal

21.5.1. Humanização das penas

Decorre da dignidade da pessoa humana e encontra-se previsto no art. 5º, XLVII, CF, e no art. 5º da Convenção Americana de Direitos Humanos (CDAH). Consiste no respeito à integridade física e moral do condenado, bem como aos direitos não afetados pela condenação.

É em decorrência deste princípio que há vedação às penas de morte, perpétua, de trabalhos forçados, de banimento e cruéis.

Numa síntese do referido princípio, merece transcrição o item 2, art. 5º, CADH: *Ninguém deve ser submetido a torturas, nem a penas ou tratos cruéis, desumanos ou degradantes. Toda pessoa privada de liberdade deve ser tratada com o respeito devido à dignidade inerente ao ser humano.*

21.5.2. Legalidade

A atividade de execução penal deve estar pautada na legalidade estrita, pois todos os atos praticados dizem respeito à restrição do *status libertatis* do indivíduo. Portanto, a fase de cumprimento da pena não pode estar sujeita ao **arbítrio dos integrantes** da Administração Pública, devendo-se observar os direitos e deveres do condenado, em **conformidade com as leis e regulamentos**.

Também em decorrência deste princípio vigora a irretroatividade da lei. Desse modo, a superveniência de lei material mais gravosa não altera a condição daqueles que já estavam na fase de execução da pena.

Exemplo mais recente de celeuma acerca do tema foi a Lei 11.464/2007, que impôs prazos mais extensos para a progressão de regime aos apenados pela prática de crimes hediondos. No caso, tanto STF (AI 757480, *DJe* 16.06.2011), quanto STJ (Súmula 471 e HC 244.070/SP, DJ 12.09.2012), entenderam que a nova lei somente seria aplicável aos fatos praticados após o início da vigência da mencionada lei. Ver também: STF, RHC 121063, DJ 19/03/2014.

Por fim, vale notar que inúmeras práticas de execução penal no país configuram burlas vergonhosas ao princípio em comento. Que dizer, por exemplo, da frequente burla, vislumbrada na maioria dos estabelecimentos penais brasileiros, ao art. 88 da LEP (que dispõe sobre as condições mínimas da cela individual)?

21.5.3. Isonomia ou igualdade

O tratamento dos presos deve ser igual em relação àquilo em que eles são iguais. Trata-se da expressão material do princípio da igualdade, em que direitos e deveres serão iguais na medida da igualdade entre os presos. Logo, não se pode impedir ou restringir direitos por conta da opção política, por motivo de raça, credo, sexo, origem social etc. Possui base constitucional (art. 5º, I, CF) e infraconstitucional (art. 3º, LEP).

21.5.4. Individualização da pena

Previsto no art. 5º, XLVI e XLVIII, CF, e também no art. 5º, LEP, o referido princípio incide sobre a atividade dos três Poderes:

a) Legislativo (pena *in abstracto*): a lei estabelecerá os limites máximo e mínimo da pena cominada, bem como as regras inerentes à execução penal;

b) Judiciário (dosimetria): seguindo os critérios estabelecidos na Lei (art. 59 e ss., CP), o juiz aplicará a pena adequada ao caso concreto;

c) Executivo (Administração Pública): o cumprimento da pena ou da medida de segurança dar-se-á de modo adequado a cada condenado. No caso, o art. 5º da LEP estabelece que a Comissão Técnica (de caráter multidisciplinar) classificará os condenados de acordo com os antecedentes e a personalidade com o objetivo de elaborar um programa individualizado de execução da pena.

Portanto, especificamente no momento da execução penal, esse princípio visa fazer com que o processo executório seja pautado no perfil específico de cada condenado, avaliando, por exemplo, a personalidade e os antecedentes daquele.

21.5.5. Intranscendência, personalização ou personalidade

Decorre do art. 5º, XLV, CF, que estatui a impossibilidade de a pena extrapolar a pessoa do condenado. Ressalte-se que a responsabilidade pela violação da lei penal incide apenas sobre o apenado e sobre o seu patrimônio.

Verificamos, portanto, que a intranscendência possui duas expressões marcantes: a) no cumprimento personalizado da pena, mesclando-se com a noção de individualização da pena; b) no aspecto patrimonial do condenado.

Desse modo, em se tratando desta última hipótese, no caso de obrigação de reparar o dano causado pela conduta delituosa, bem como na hipótese de decretação do perdimento de bens, o patrimônio dos sucessores não será afetado, exceto no caso do quinhão herdado. Uma eventual execução da sentença no âmbito cível atingirá **apenas** o patrimônio da pessoa condenada.

21.5.6. Devido processo legal

Com sede no art. 5º, LIV, CF, a execução penal também deve respeitar aos ditames do "due process of law". Assim,

qualquer alteração na execução que demande aplicação de uma sanção deverá ser precedida do devido processo legal, sempre informado pelos demais princípios inerentes ao Processo Penal, a exemplo do contraditório, ampla defesa, juiz natural, motivação das decisões, estado de inocência, vedação à autoincriminação (*nemo tenetur se detegere*) etc.

21.5.7. Estado de inocência

Durante a execução da pena, o condenado poderá vir a ser acusado de atos (penais/administrativos) que poderão agravar a sua situação. Mesmo em sede de execução vigora o estado de inocência, significando que, para a aplicação de eventual sanção (penal ou disciplinar) ao condenado, será preciso fazer prova de sua culpa *lato sensu*. Não há que se falar em *in dubio pro societate*. Este brocardo, segundo apontam Paulo Rangel e Lopes Jr., não possui qualquer fundamento constitucional, nem mesmo na fase de execução penal.

21.5.8. Duplo grau de jurisdição

Esse princípio, incorporado ao ordenamento brasileiro por meio do CADH, art. 8º, item 2, "h", também se aplica à execução penal. Assim, das decisões proferidas pelo juiz responsável pela execução penal, cabe o chamado agravo em execução para o Tribunal (art. 197, LEP).

21.6. Classificação do condenado

Decorre do princípio da individualização da pena. Visa a adequar a pena às condições pessoais do condenado, objetivando a mínima dessocialização possível do indivíduo. Segundo o art. 5º, LEP: "os condenados serão classificados, segundo os seus antecedentes e personalidade, para orientar a individualização da execução penal".

Destaque-se que, conforme o art. 6º, LEP, tal classificação também se aplica ao preso provisório.

21.6.1. Quem realiza a classificação do condenado?

É a chamada Comissão Técnica de Classificação. Esta elaborará um programa individualizador da pena que contará com o acompanhamento do Centro de Observação Criminológica do respectivo estabelecimento penal.

21.6.2. Qual a composição da Comissão Técnica de Classificação?

a) Em caso de condenado a pena privativa de liberdade, será presidida pelo diretor e composta, no mínimo, por 2 (dois) chefes de serviço, 1 (um) psiquiatra, 1 (um) psicólogo e 1 (um) assistente social – art. 7º

b) Em caso de condenado à pena restritiva de direitos, será integrada por fiscais do serviço social – art. 7º, parágrafo único.

21.6.3. Exame criminológico

Uma das formas mais comuns de se classificar o condenado se dá por meio do chamado exame criminológico. Tal exame é obrigatório para o condenado a regime fechado e facultativo ao condenado a regime semiaberto – art. 8º. Não aplicável ao condenado a regime aberto. O exame recai sobre 4 linhas de pesquisa: social, médica, psicológica e psiquiátrica, e objetiva realizar um diagnóstico criminológico (causas da inadaptação social) e um prognóstico social (possibilidades de reinserção social).

Conforme o art. 9º, LEP, a Comissão Técnica de Classificação, no exame para a obtenção de dados reveladores da personalidade, observando a ética profissional e tendo sempre presentes peças ou informações do processo, poderá:

I. entrevistar pessoas;

II. requisitar, de repartições ou estabelecimentos privados, dados e informações a respeito do condenado;

III. realizar outras diligências e exames necessários.

Por fim, o novo art. 9º-A, LEP, estabelece que os condenados por crime praticado, dolosamente, com violência de natureza grave contra pessoa, ou por qualquer dos crimes previstos no art. 1º da Lei dos Crimes Hediondos, "serão submetidos, obrigatoriamente, à identificação do perfil genético, mediante extração de DNA – ácido desoxirribonucleico, por técnica adequada e indolor".

Dispõem os §§ 1º e 2º do mesmo dispositivo que: "a identificação do perfil genético será armazenada em banco de dados sigiloso, conforme regulamento a ser expedido pelo Poder Executivo". "A autoridade policial, federal ou estadual, poderá requerer ao juiz competente, no caso de inquérito instaurado, o acesso ao banco de dados de identificação de perfil genético".

A inovação prevista no art. 9º-A vem sendo criticada por certo setor da doutrina em virtude de, dentre outras coisas, ofender o direito a não autoincriminação (*nemo tenetur detegere*). Isto porque a lei *obriga* o condenado a fornecer material para o exame de DNA – material esse que poderá eventualmente ser utilizado para incriminá-lo, desvirtuando, portanto, a finalidade de identificação criminal.

21.7. Assistência ao preso (arts. 10 a 27, LEP)

Ao custodiar forçosamente uma pessoa, surge para o Estado o dever de fornecer a ela **condições mínimas** – que nunca devem ser confundidas com regalias – para a manutenção de suas **necessidades diárias**. O dever de assistência ao preso ou ao internado decorre do princípio da **dignidade da pessoa humana**.

Vejamos a seguir as espécies de assistência contempladas pela LEP (art. 11).

21.7.1. Assistência material (arts. 12 e 13)

Consiste no fornecimento de alimentação, vestuário e instalações higiênicas. Significa dizer que o estabelecimento prisional deve dispor de instalações e serviços que atendam às necessidades pessoais dos condenados.

Além disso, deve manter locais destinados à venda de produtos e objetos permitidos, mas não fornecidos pela Administração.

21.7.2. Assistência à saúde (art. 14)

Engloba atendimento médico, farmacêutico e odontológico a ser disponibilizado pelo estabelecimento. Caso não haja condições, o atendimento deverá ser propiciado em local externo após permissão da direção do estabelecimento.

Ademais, em relação à mulher, é assegurado também o acompanhamento pré-natal e pós-parto, inclusive ao recém-nascido (§ 3º, art. 14).

21.7.3. Assistência jurídica (arts. 15 e 16)

Deve ser garantida aos presos que não possuam condições financeiras de constituir advogado. Nessa hipótese, após o advento da Lei 12.313/2010, as unidades da Federação passaram a ter a obrigação de assegurar a assistência jurídica plena e gratuita por meio da Defensoria Pública, dentro e fora dos estabelecimentos prisionais.

Mas assegurar o trabalho da Defensoria consiste em prover as condições necessárias para o perfeito exercício das atribuições dos defensores. Desse modo, é preciso dispor de espaço físico próprio e adequado ao atendimento dos presos, em cada estabelecimento prisional, além do efetivo auxílio estrutural, pessoal e material aos membros da Defensoria Pública.

No âmbito externo, há imposição quanto à implementação de núcleos especializados da Defensoria. A finalidade é também garantir a prestação da assistência jurídica integral e gratuita aos réus, egressos e familiares que não possuam condições financeiras de contratar um advogado.

21.7.4. Assistência educacional (arts. 17 a 21)

Diz respeito à instrução escolar e à formação profissional do preso e do internado. A oferta de ensino fundamental é obrigatória para o preso e internado e tal ensino deve ser integrado ao sistema oficial de educação. Ademais, atendendo-se às condições locais, cada estabelecimento prisional deve ser dotado de biblioteca (art. 21, LEP). Ainda, com o advento da Lei 13.163/2015 que alterou a LEP, o ensino médio, regular ou supletivo, deve ser implantado nos presídios (art. 18-A, LEP). Essa alteração legislativa tem por escopo a obediência ao preceito constitucional da universalização do ensino médio (arts. 208, II; e 214, II, CF).

Sobre a oferta de ensino aos detentos, cabe destacar que quanto ao custeio: "o ensino ministrado aos presos e presas integrar-se-á ao sistema estadual e municipal de ensino e será mantido, administrativa e financeiramente, com o apoio da União, não só com os recursos destinados à educação, mas pelo sistema estadual de justiça ou administração penitenciária" (art. 18-A, § 1º, LEP). E quanto ao uso de novas tecnologias: "a União, os Estados, os Municípios e o Distrito Federal incluirão em seus programas de educação à distância e de utilização de novas tecnologias de ensino, o atendimento aos presos e às presas" (§ 3º).

Ainda de acordo com o art. 21-A da Lei 13.163/2015, deverá ser elaborado um censo penitenciário voltado à questão educacional a fim de ser apurado, p. ex.: o nível de escolaridade dos detentos; a existência de cursos nos níveis fundamental e médio e o número de detentos atendidos; a implementação de cursos profissionais em nível de iniciação ou aperfeiçoamento técnico e o número de presos atendidos; e a existência de bibliotecas e as condições de seu acervo.

Ademais, no caso de ensino profissional, este será ministrado em nível de iniciação ou de aperfeiçoamento técnico. Pela peculiaridade técnica, é possível a celebração de convênios com instituições públicas ou privadas para a oferta de cursos especializados (arts. 19 e 20, LEP).

21.7.5. Assistência social (arts. 22 e 23)

Tem por finalidade amparar o preso e o internado e prepará-los para o retorno à liberdade. Conforme o art. 23, incumbe ao serviço de assistência social:

I. conhecer os resultados dos diagnósticos ou exames;

II. relatar, por escrito, ao Diretor do estabelecimento, os problemas e as dificuldades enfrentadas pelo assistido;

III. acompanhar o resultado das permissões de saídas e das saídas temporárias;

IV. promover, no estabelecimento, pelos meios disponíveis, a recreação;

V. promover a orientação do assistido, na fase final do cumprimento da pena, e do liberando, de modo a facilitar o seu retorno à liberdade;

VI. providenciar a obtenção de documentos, dos benefícios da Previdência Social e do seguro por acidente no trabalho;

VII. orientar e amparar, quando necessário, a família do preso, do internado e da vítima.

21.7.6. Assistência religiosa (art. 24)

Assegura a liberdade de culto, permite a participação nos serviços organizados dentro do estabelecimento.

A assistência religiosa deve ser observada à luz da liberdade religiosa, com sede constitucional. Sendo assim, as cerimônias e demais atividades desta natureza devem ser realizadas em local apropriado do estabelecimento, pois os condenados que não desejarem participar devem ter a sua escolha respeitada.

21.7.7. Assistência ao egresso (arts. 25 a 27)

Trata-se do trabalho de orientação e apoio no momento inicial da reinserção social do egresso.

Considera-se egresso para os efeitos da LEP:

a) o **liberado definitivo**, pelo prazo de **1 (um) ano** a contar da saída do estabelecimento;

b) o **liberado condicional**, durante o **período de prova**.

21.8. Trabalho do preso (arts. 28 a 37)

É mais uma dimensão da dignidade da pessoa humana e possui natureza mista ou híbrida, razão da sua dupla finalidade: educativa e produtiva.

Note-se que o trabalho é, ao mesmo tempo, um dever (art. 39, V), pois a sua imotivada recusa enseja falta grave, e um direito (art. 41, II) do preso porque são asseguradas, por exemplo, remuneração e redução de pena a cada 3 dias trabalhados.

O trabalho pode ser dividido quanto ao âmbito da atuação laboral. Nesse sentido, será interno ou externo, conforme veremos a seguir.

21.8.1. Trabalho interno (art. 31)

É aquele desenvolvido no ambiente do próprio estabelecimento penal, contando com atividades como limpeza, artesanato, conservação, manutenção, dentre outras.

Possui caráter **obrigatório** para o **preso definitivo,** mas **facultativo** para o **preso provisório**. Consequentemente, sendo o trabalho obrigatório para o preso definitivo, é **dever do Estado** oferecer oportunidades de trabalho ao preso.

Como já indicado mais acima, a recusa do preso enseja falta grave. A ideia **não** é a de **agravar a pena**, mas a de proporcionar **dignidade** ao condenado considerado apto para o trabalho, ao mesmo tempo em que se busca viabilizar o seu retorno à liberdade em razão da própria **função social do trabalho,** que é um dos elementos do tratamento educativo do preso.

Destaque-se que os maiores de 60 anos, os doentes e os portadores de necessidades especiais exercerão atividades adequadas à sua condição.

Mas quais seriam os regramentos para o desenvolvimento do trabalho interno? Vejamos abaixo algumas normas inerentes ao trabalho interno:

a) Jornada: será de 6 a 8 horas diárias, com descanso aos domingos e feriados (art. 33). Se por alguma razão houver atividade em jornada superior a 8 horas, a cada período de 6 horas extras deve ser computado 1 (um) dia de trabalho para fins de remição da pena (STF, HC 96740, Inf. 619). Ver no STJ: HC 216.815/RS, DJ 29.10.2013 e AgRg no HC 351.918/SC, DJe 22.08.2016).

b) Não sujeição à CLT: a atividade laboral interna não está sujeita aos ditames celetistas, embora as regras relativas à segurança e higiene devam ser observadas (art. 28, §§ 1º e 2º).

c) Subordinação: no exercício do trabalho, subordina-se o preso à própria administração penitenciária ou a terceiros, nas hipóteses de atividade em fundações ou empresas públicas ou de convênios com instituições privadas.

Nesse sentido, merece transcrição o art. 34, § 2º: "os governos federal, estadual e municipal poderão celebrar convênio com a iniciativa privada, para implantação de oficinas de trabalho referentes a setores de apoio dos presídios".

a) Remuneração (art. 29)

Quanto à remuneração, esta não pode ser inferior a 3/4 do salário mínimo vigente e deve atender às seguintes necessidades: indenização dos danos causados pelo crime, se determinados judicialmente e não reparados por outro meio; assistência à família do preso; custeio de pequenas despesas pessoais.

Os valores eventualmente remanescentes devem ressarcir o Estado das despesas realizadas com a manutenção do condenado e também depositados em caderneta de poupança (chamada de pecúlio) no momento em que for libertado.

Por fim, é importante dizer que as tarefas executadas como prestação de serviço à comunidade não serão remuneradas (art. 30).

Note-se ainda que os bens ou produtos oriundos do trabalho prisional serão adquiridos prioritariamente por particulares. Quando isto não for possível ou recomendável, a Administração Pública o fará com dispensa de concorrência pública (art. 35). Além disso, todas as importâncias arrecadadas com as vendas reverterão em favor da fundação ou empresa pública responsável por gerenciar o serviço, relacionadas no art. 34. Na sua ausência, serão revertidas para o estabelecimento penal.

21.8.2. Trabalho externo (art. 36)

Trata-se da atividade laboral desenvolvida pelo preso em ambiente externo ao estabelecimento penal.

A atividade será desempenhada em serviço ou obras públicas realizadas por órgãos da Administração Direta ou Indireta. Podem ocorrer ainda em entidades privadas, mas devem ser adotadas cautelas visando à prevenção da fuga e à manutenção da disciplina. Nesse sentido, por exemplo, o STJ cassou medida concessiva de trabalho externo porque a empresa onde a atividade laboral era desenvolvida estava situada em ambiente ocupado pelo crime organizado, dificultando ou impedindo a fiscalização do órgão da execução penal (HC 165.081, **Inf.** 475).

É possível para o condenado em **regime fechado** e **semiaberto,** embora a lei não mencione este último caso. Nesta segunda hipótese, trata-se da própria essência do regime. O STJ entende que o fato de o condenado à regime semiaberto estar cumprindo pena em prisão domiciliar não impede a remição da pena pelo trabalho (STJ, REsp 1505182/RS, *DJe* 30.11.2017).

No caso do preso em regime fechado, considerar-se-á o teor da Súmula 40, STJ: "para obtenção dos benefícios da saída temporária e trabalho externo, considera-se o tempo de cumprimento da pena no regime fechado".

a) Regras do trabalho externo (arts. 36 e 37)

A atividade está sujeita à **expressa autorização** da **direção do presídio**.

Ademais, considerando as peculiaridades inerentes ao âmbito externo, algumas condições são impostas. São elas:

I. O número de presos não pode ultrapassar 10% (dez por cento) do total de empregados no serviço ou na obra.

II. Necessidade de aptidão, disciplina e responsabilidade do preso.

III. Cumprimento mínimo de 1/6 da pena. Na esteira do que já fora afirmado acima, o mesmo tempo cumprido para a progressão, 1/6 da pena, é válido para a autorização de trabalho externo (Súmula 40, STJ).

IV. Consentimento expresso do preso nos casos de trabalho em entidades privadas.

V. A remuneração fica a cargo da administração pública, entidade ou empresa empreiteira, a depender da situação fática.

VI. A autorização poderá ser revogada se o preso vier a delinquir, for punido com falta grave ou demonstrar inaptidão, indisciplina para o trabalho.

21.9. Deveres do preso

Além das obrigações decorrentes da sentença penal condenatória, que impõe o dever principal de cumprimento da pena imposta, os condenados devem observar normas de comportamento e convivência, visando à manutenção de um ambiente interno disciplinado e a sua futura reinserção social.

São deveres dos condenados (art. 39):

I. o comportamento disciplinado e cumprimento fiel da sentença;

II. a obediência ao servidor e respeito a qualquer pessoa com quem deva relacionar-se;

III. a urbanidade e respeito no trato com os demais condenados;

IV. a conduta oposta aos movimentos individuais ou coletivos de fuga ou de subversão à ordem ou à disciplina;

V. a execução do trabalho, das tarefas e das ordens recebidas;

VI. a submissão à sanção disciplinar imposta;

VII. a indenização à vítima ou aos seus sucessores;

VIII. a indenização ao Estado, quando possível, das despesas realizadas com a sua manutenção, mediante desconto proporcional da remuneração do trabalho;

IX. a higiene pessoal e asseio da cela ou alojamento;

X. a conservação dos objetos de uso pessoal.

Naquilo que for pertinente, os deveres acima indicados são aplicáveis aos presos provisórios.

21.10. Direitos do preso

Inicialmente, cumpre enfatizar que o rol dos direitos dos presos indicados na LEP tem natureza exemplificativa, pois, na verdade, permanecem intactos todos os direitos não atingidos pela condenação.

Vejamos a seguir aqueles direitos elencados na LEP (art. 41):

I. Alimentação suficiente e vestuário.

Implica a oferta pela administração prisional de alimentação em boa quantidade e balanceada nutricionalmente, em horários previamente determinados. O acesso à água potável deve se dar sempre que o preso necessitar.

II. Atribuição de trabalho e sua remuneração.

Além de constituir direito social, consubstanciado no art. 6º, CF, essencial para preparar o preso para a vida livre, o trabalho permite, como foi visto em seu item específico, o resgate de parte da pena a ser cumprida. Desse modo, é obrigação do Estado garantir a oferta de trabalho aos condenados.

III. Previdência Social.

São extensivos aos presos os benefícios da Previdência Social, cabendo ao serviço social do estabelecimento prisional providenciar os documentos, os benefícios e seguro por acidente de trabalho.

IV. Constituição de pecúlio.

Pecúlio é a poupança decorrente dos valores remanescentes da remuneração pelo trabalho desenvolvido pelo preso.

V. Proporcionalidade na distribuição do tempo para o trabalho, o descanso e a recreação.

Os presos devem ter garantido o tempo para o trabalho, para o descanso e também para o lazer, em proporções equilibradas. Desse modo, ainda que seja permitido trabalhar em horas extras, esta prática não pode se tornar frequente.

VI. Exercício das atividades profissionais, intelectuais, artísticas e desportivas anteriores, desde que compatíveis com a execução da pena.

Os estabelecimentos penais devem ter estrutura física que possibilite o desenvolvimento das atividades indicadas neste inciso. Como desdobramento desse direito, temos o art. 83, LEP, que prevê a instalação/construção de áreas destinadas a tais atividades.

VII. Assistência material, à saúde, jurídica, educacional, social e religiosa.

Os presos possuem direito à assistência multidisciplinar pelo Estado. Veremos as modalidades de assistência de forma mais específica no item a seguir.

VIII. Proteção contra qualquer forma de sensacionalismo.

Visa à preservação da honra e imagem do preso (art. 5º, X, CF). Com base nesse dispositivo é vedada a exposição desnecessária ou abusiva do preso nos meios de comunicação, expondo-o à execração.

IX. Entrevista pessoal e reservada com o advogado.

Decorre do princípio da ampla defesa. A entrevista com defensor público também possui a mesma natureza e em nenhuma hipótese pode ser gravada pela administração. *Vide* também o art. 7º, III, Lei 8.906/1994 (EOAB).

X. Visita do cônjuge, da companheira, de parentes e amigos em dias determinados.

As visitas visam evitar o aprofundamento da dessocialização sofrida pelo preso. Elas buscam fazer com que o condenado mantenha laços afetivos com os seus entes queridos.

Vale ressaltar que a visita íntima, embora não venha expressamente prevista na LEP, também é considerada um direito do preso. Sobre o tema, oportuno fazer a leitura da Resolução 4/2011 do Conselho Nacional de Política Criminal e Penitenciária.

Outra questão relevante é que os estabelecimentos prisionais masculinos, apesar de situados fora de centros urbanos, devem ser construídos em lugar que permita o acesso da família do preso. Além disso, é possível a transferência para estabelecimento que facilite a visita. Nesse sentido vem decidindo o STF, como denotam o HC 105175, 22.03.2010, **Inf.** 620, e o HC 100087, DJ 16.03.2010, Inf. 579 e HC 107701, DJ 26.03.2012.

XI. Chamamento nominal.

O preso não é um objeto ou um número. Desse modo, em observância à dignidade da pessoa humana, deve ser chamado pelo nome.

XII. Igualdade de tratamento, salvo quanto às exigências da individualização da pena.

Trata-se da expressão material do princípio da isonomia/igualdade. Os presos devem ser tratados de modo igualitário, na medida das suas igualdades.

XIII. Audiência especial com o diretor do estabelecimento.

Os presos têm o direito de dialogar diretamente com a direção para transmitir reclamações, relatar abusos, entre outras questões. O diretor não pode se negar a receber o preso, mas é possível a edição de normas destinadas a adaptar o atendimento às demais rotinas da administração.

XIV. Representação e petição a qualquer autoridade, em defesa de direito.

Expressão do direito constitucional de petição previsto no art. 5º, XXXIV, CF.

XV. Contato com o mundo exterior por meio de correspondência escrita, da leitura e de outros meios de informação que não comprometam a moral e os bons costumes.

Faz parte da necessidade de manutenção do contato com a realidade exterior com vistas à reinserção social. Aqui há uma discussão em relação à violação do sigilo das correspondências e vem preponderando o entendimento de que as liberdades não são mais percebidas em sentido absoluto, motivo pelo qual é possível admitir-se o acesso prévio ao conteúdo de correspondências, se houver fundada suspeita de que tais comunicações estão servindo para a prática de infrações penais (STF, HC 70814/SP, *DJe* 24.06.1994).

XVI. Atestado de pena a cumprir, emitido anualmente, sob pena da responsabilidade da autoridade judiciária competente.

Dispositivo acrescentado pela Lei 10.713/2003. Com base no atestado o próprio preso poderá acompanhar a execução da pena e o tempo restante, evitando casos emblemáticos de indivíduos que permanecem reclusos mesmo após o cumprimento integral da pena. O procedimento para emissão do atestado está regulado nos arts. 12 e 13 da Resolução 113, CNJ.

Importante destacar que determinados direitos do condenado estão sujeitos a suspensão ou restrição mediante **ato motivado** do diretor do estabelecimento penal. São eles: V – proporcionalidade na distribuição do tempo para o trabalho, o descanso e a recreação; X – visita do cônjuge, da companheira, de parentes e amigos; XV – contato com o mundo exterior por meio de correspondência escrita, da leitura e de outros meios de informação que não comprometam a moral e os bons costumes. Nenhuma das restrições pode ter caráter permanente e as decisões do diretor do estabelecimento estão sujeitas ao controle jurisdicional pelo juízo da execução penal.

Como já afirmado, o rol que acabamos de visitar é meramente exemplificativo, ou seja, os presos possuem outros direitos que estão consubstanciados na própria LEP e em outros diplomas legais. A seguir veremos alguns deles, que consideramos mais relevantes para o escopo desta obra.

21.10.1. Direitos políticos

Nos termos do art. 15, III, CF, os direitos políticos não serão cassados. Porém, no caso de condenação criminal definitiva, há uma **suspensão** dos direitos políticos cuja duração é a mesma dos efeitos da condenação. Significa dizer que, durante a execução da pena, os presos **não** poderão votar e serem votados.

Para além da suspensão dos direitos políticos durante o período de cumprimento de pena, há ainda a LC 64/1990, art. 1º, alterada pela LC 135/2010 (Lei da Ficha Limpa), que estabelece como hipótese de inelegibilidade:

I. para qualquer cargo:

e) os que forem condenados, em decisão transitada em julgado ou proferida por órgão judicial colegiado, desde a condenação até o transcurso do prazo de 8 (oito) anos após o cumprimento da pena, pelos crimes:

1. contra a economia popular, a fé pública, a administração pública e o patrimônio público;

2. contra o patrimônio privado, o sistema financeiro, o mercado de capitais e os previstos na lei que regula a falência;

3. contra o meio ambiente e a saúde pública;

4. eleitorais, para os quais a lei comine pena privativa de liberdade;

5. de abuso de autoridade, nos casos em que houver condenação à perda do cargo ou à inabilitação para o exercício de função pública;

6. de lavagem ou ocultação de bens, direitos e valores;

7. de tráfico de entorpecentes e drogas afins, racismo, tortura, terrorismo e hediondos;

8. de redução à condição análoga à de escravo;

9. contra a vida e a dignidade sexual; e

10. praticados por organização criminosa, quadrilha ou bando.

Atenção: A suspensão dos direitos políticos **não** se aplica aos presos provisórios. Neste caso, deverão ser instaladas seções dentro dos estabelecimentos penais, nos termos do (art. 1º da Resolução 23.219/2010, TSE).

21.11. Disciplina (arts. 44 a 60, LEP)

Nos termos da redação do art. 44, LEP, a disciplina *consiste na colaboração com a ordem, na obediência às determinações das autoridades e seus agentes e no desempenho do trabalho.*

Com efeito, em obediência ao princípio da legalidade, não haverá falta nem sanção disciplinar sem **expressa e anterior** previsão legal ou regulamentar, ou seja, o fato deverá ser tipificado como falta disciplinar em momento anterior à sua prática pelo preso (art. 45, LEP). Recomenda-se aqui a leitura do informativo 421, STJ, HC 141.127.

Ademais, vale destacar que, no Brasil, a Lei estabelece as faltas graves e as suas respectivas sanções, enquanto os Regulamentos estaduais/federais tipificam as faltas médias e leves (art. 49, LEP). É bastante criticável esse formato, uma vez que gera uma discricionariedade indesejável. Melhor seria que toda modalidade de falta disciplinar e sua respectiva sanção fosse regida por lei federal. Seja como for, no

âmbito Federal, há, p. ex., o Dec. 6.049/2007 (Regulamento Penitenciário Federal), que, em seus arts. 43 e 44, disciplina, respectivamente, as faltas leves e médias. No caso do Estado de São Paulo, as faltas leves e médias estão contidas nos arts. 44 e 45 do Regimento Interno Padrão dos Estabelecimentos Penais (Resolução SAP-144/2010).

Por outro lado, as sanções eventualmente aplicadas não poderão colocar em perigo a integridade física e/ou moral do condenado. Nesse sentido, também, não serão admitidas punições cruéis, a exemplo do emprego de cela escura. A depender da hipótese, os atos praticados pelos agentes públicos podem ser tipificados como crime de tortura (art. 1º, § 1º, Lei 9.455/1997).

Por fim, como expressão do princípio da individualização da pena, são vedadas as sanções coletivas. Vide o HC 177.293, STJ, **Inf.** 496 e HC 225.985/SP, DJ 01.07.2013.

21.11.1. Faltas disciplinares

Na linha do que foi exposto até aqui, as faltas disciplinares são as condutas vedadas pelo Estado, indicadas em lei ou regulamento, e que sujeitam o preso a sanções.

As suas espécies são divididas pelo grau de lesividade, como veremos a seguir.

a) Graves

Como já assinalado, cumpre à Lei (LEP, no caso) estabelecer as condutas que ensejam faltas graves. Façamos a análise do seu rol **taxativo** para os condenados à pena privativa de liberdade (art. 50) e à pena restritiva de direitos (art. 51).

a1) São faltas graves cometidas pelo condenado à **pena privativa de liberdade**:

I. incitar ou participar de movimento para subverter a ordem ou a disciplina: para a sua caracterização não há necessidade da prática de violência ou ameaça.

II. fugir: não se confunde com o delito do art. 352, CP, pois também independe de violência para a sua caracterização. Inclui-se aí a fuga durante o trabalho externo, as saídas temporárias etc.

III. possuir, indevidamente, instrumento capaz de ofender a integridade física de outrem. Exemplos: possuir canivetes, facas, estiletes, tesouras etc.

IV. provocar acidente de trabalho: há uma imprecisão aqui. Um acidente decorre de ação culposa, mas, no caso do dispositivo, pressupõe a prática dolosa, ensejando falta grave. Excetua-se aqui o preso albergado, que está sujeito ao regime celetista.

O preso que estiver impossibilitado de prosseguir na atividade, em razão do acidente, continuará a beneficiar-se com a remição (art. 126, § 4º, LEP).

V. descumprir, no regime aberto, as condições impostas: descumprimento das condições do art. 115, LEP.

VI. inobservar os deveres previstos nos incisos II e V, do art. 39 da LEP: desobediência ao servidor e o desrespeito a qualquer pessoa com quem deva relacionar-se; não execução do trabalho, das tarefas e das ordens recebidas.

VII. tiver em sua posse, utilizar ou fornecer aparelho telefônico, de rádio ou similar, que permita a

comunicação com outros presos ou com o ambiente externo: inclui também os componentes essenciais ao funcionamento do aparelho, como o chip. Vide HC 188.072, STJ, Inf. 475.

a2) São faltas graves cometidas pelo condenado à **pena restritiva de direitos:**

I. descumprir, injustificadamente, a restrição imposta;

II. retardar, injustificadamente, o cumprimento da obrigação imposta;

Ambos os dispositivos refletem a desídia do condenado quanto ao cumprimento das medidas restritivas impostas em razão da condenação.

III. inobservar os deveres previstos nos incisos II e V, do art. 39 da LEP: desobediência ao servidor e desrespeito a qualquer pessoa com quem deva relacionar-se; não execução do trabalho, das tarefas e das ordens recebidas.

Atenção: Qualquer que seja a modalidade de pena (privativa de liberdade ou restritiva de direitos), também configura falta grave a prática de crime doloso (art. 52, LEP).

21.11.2. Sanções

As sanções são formas de retribuição e reeducação do preso na fase de execução penal. As suas espécies estão divididas em razão da natureza da infração praticada: leve, média ou grave.

As sanções são **alternativas e não cumulativas,** ou seja, não é possível aplicar duas espécies de sanção ao preso pela prática da mesma infração/falta.

Também é imprescindível destacar que, na aplicação das sanções disciplinares, levar-se-ão em conta a natureza, os motivos, as circunstâncias e as consequências do fato, bem como a pessoa do faltoso e seu tempo de prisão (art. 57).

Atenção: A **tentativa** é punível com a **mesma sanção** correspondente à forma **consumada** (art. 49, parágrafo único).

Prescrição da sanção administrativa: a LEP nada diz a esse respeito. A solução é apontada pelos Tribunais Superiores (STJ, HC 139.715/SP, *DJe* 19.09.2011). O entendimento desta Superior Corte de Justiça é no sentido de que o prazo prescricional para aplicação da sanção administrativa disciplinar é de **3 anos,** uma vez que, diante da inexistência de legislação específica acerca da matéria, aplica-se o disposto no art. 109, CP, considerando, para tanto, o menor lapso temporal previsto. Neste contexto: "Nos termos da jurisprudência desta Corte, o prazo prescricional para aplicação de sanção administrativa disciplinar decorrente do cometimento de falta grave é de três anos, consoante o disposto no art. 109, inciso VI, do Código Penal, com a redação dada pela Lei 12.234/2010, contados entre o cometimento da falta e a decisão judicial que homologou o procedimento administrativo instaurado para sua apuração. Precedentes" (HC 312.180/RS, DJ 18.06.2015 e REsp 1601457/RS, *DJe* 10.04.2017).

Vejamos a seguir alguns aspectos específicos relacionados às sanções.

a) Poder disciplinar

Na execução penal, como exceção ao princípio da judicialização, o poder disciplinar pertence à autoridade administrativa, que aplicará diretamente algumas sanções (art. 53, I a IV) ou representará ao juiz visando à aplicação de outras.

b) Direito à defesa técnica

Uma vez praticada uma falta disciplinar, o diretor do estabelecimento deverá instaurar procedimento destinado à apuração dos fatos. Sendo assim, devem ser garantidos o **contraditório e o direito de defesa.** Assim preconizam a Constituição Federal, o art. 27 da Resolução 14/1994 do Conselho Nacional de Política Criminal (Regras mínimas para o tratamento do preso no Brasil) e o art. 59, LEP.

Deve o preso ser cientificado da infração que lhe é imputada para que apresente a sua defesa e que seja ouvido antes da decisão.

Ainda no que se refere ao direito de defesa técnica, é entendimento majoritário o de que é imperativa a presença de defensor em todas as fases. Nesse sentido, o teor da Súmula Vinculante 5[157] só é aplicável no procedimento administrativo disciplinar no âmbito cível. Ver STJ, HC 135082, Info. 461, Súmula 343 e AgRg no REsp 1581959/DF, DJ 01.08.2016, segundo o qual: "O Plenário do col. Pretório Excelso, em julgamento do RE n.398.269/RS, DJe 26.02.2010, concluiu pela inaplicabilidade da Súmula Vinculante n. 5 aos procedimentos administrativos disciplinares realizados em sede de execução penal, **ressaltando a imprescindibilidade da defesa técnica nesses procedimentos, sob pena de afronta aos princípios do contraditório e da ampla defesa, aos ditames da Lei de Execução Penal e à legislação processual penal**" e STF, RHC 104584/RS, *DJ* 06.06.2011.

No caso de o preso não possuir defensor constituído, será providenciada a imediata comunicação à área de assistência jurídica do estabelecimento penal federal para designação de defensor público. Vale ressaltar que a Defensoria Pública (art. 81-A, LEP) velará pela regular execução da pena e da medida de segurança, oficiando, no processo executivo e nos incidentes da execução, para a defesa dos necessitados em todos os graus e instâncias, de forma individual e coletiva. Sendo assim, a ausência de sua manifestação nos incidentes da execução ensejará nulidade.

c) Sanções aplicáveis às faltas médias e leves

Às infrações leves e médias são aplicadas as sanções de advertência e repreensão, conforme estatuído pelo art. 53, I e II c/c parágrafo único do art. 57 (interpretado *a contrario sensu*).

I. Advertência: aplicada em regra para as faltas leves, é sempre verbal, mas a despeito disso deve constar no prontuário do preso.

II. Repreensão: é uma advertência feita por escrito, que em regra acontece nos casos de reincidência de faltas leves ou pela prática de faltas médias.

d) Sanções aplicáveis à falta grave

Nos termos do art. 57, parágrafo único c/c o art. 53, III a V, são passíveis de aplicação a suspensão ou restrição de

---

157. A falta de defesa técnica por advogado no processo administrativo disciplinar não ofende a Constituição.

direitos; o isolamento na própria cela ou em local adequado, nos estabelecimentos que possuam alojamento coletivo; e a inclusão no regime disciplinar diferenciado – RDD.

I. Suspensão ou restrição de direitos: incide sobre direitos passíveis de restrição ou suspensão. Especificamente os seguintes: art. 41, V, X e XV, LEP. Não pode superar os 30 dias de duração.

II. Isolamento na própria cela ou em local adequado: o dispositivo é de rara aplicação, pois há uma escassez de celas individuais. Sequer há alojamentos coletivos adequados para a quantidade de presos. Não pode superar os 30 dias de duração.

Cabe excepcionalmente o **isolamento preventivo** (**sem** necessidade de prévio **processo administrativo**), decretado pela autoridade **administrativa**, por **10 dias**, descontando-se esse período do tempo total de **isolamento possível** (art. 60).

III. Inclusão no RDD: é a medida mais extrema a ser imposta durante a execução penal. Pela sua peculiaridade, estudaremos o tema destacadamente a seguir.

Nas faltas graves, a autoridade representará ao Juiz da execução para os fins dos arts. 118, inciso I (regressão), 125 (saída temporária), 127 (perda de dias remidos), 181, §§ 1º, letra *d*, e 2º desta Lei (conversão de restritiva de direitos em privativa de liberdade). Esses casos estão além do âmbito disciplinar administrativo e devem ser submetidos ao controle jurisdicional.

21.11.3. *Regime Disciplinar Diferenciado – RDD – (art. 52)*

Como já afirmado anteriormente, trata-se da sanção mais gravosa da execução penal. Consequentemente, não será toda falta grave que sujeitará o preso à inclusão no RDD. Vejamos agora alguns aspectos importantes.

a) Hipóteses de cabimento

I. A prática de crime doloso, desde que ocasione a subversão da ordem ou disciplina internas. Logo, não será qualquer crime doloso praticado que ensejará a inclusão no RDD, pois é exigível a desestabilização do ambiente carcerário como efeito do crime. A tentativa também será punida (art. 49, parágrafo único, LEP).

II. Presos provisórios ou condenados, nacionais ou estrangeiros, que apresentem alto risco para a ordem e a segurança do estabelecimento penal ou da sociedade. Independente do crime pelo qual esteja preso, se apresentar risco elevado poderá ser submetido ao RDD. O risco deve dizer respeito a fato pretérito por ele cometido ou que tenha concorrido direta ou indiretamente. Ex: preso que comanda crimes ocorridos fora do estabelecimento prisional (extra-muros).

III. Presos provisórios ou condenados sobre os quais recaiam fundadas suspeitas de envolvimento ou participação em organizações criminosas, quadrilha ou bando. Em que pese a redação do dispositivo, a expressão "fundada suspeita" representa mero indício e por essa razão é inadmissível para ensejar a inclusão em regime extremado. Sendo assim, é de se exigir prova de fato que estabelece o vínculo do preso com a organização criminosa.

b) Características (art. 52, I a IV)

I. Duração máxima de 360 dias, sem prejuízo de repetição da sanção por nova falta grave, até o limite de 1/6 da pena aplicada: a duração máxima é de 360 dias e a contagem deve ser feita de acordo com o art. 10, CP, incluso o dia inicial. O limite, considerando a eventual reincidência é de 1/6 da pena a ser cumprida.

II. Recolhimento em cela individual. Deve ser implementado em observância às regras do art. 45, LEP, com acompanhamento psicológico obrigatório.

III. Visitas semanais de 2 pessoas, com duração máxima de duas horas, excluídas crianças. Há discussão quanto à possibilidade, ou não, da visita de crianças. Uma parte considerável da doutrina entende que as crianças não devem comparecer às visitas. Não nos parece correta tal vedação, uma vez que o preso precisa manter os laços familiares.

IV. Direito ao banho de sol diário por 2 horas. O horário é variável justamente para que seja alterada ou superada a razão pela qual deu-se o RDD. O contato exterior torna-se imprevisível.

c) Aspectos procedimentais

A aplicação do RDD depende de decisão judicial. Sendo assim, adotado o sistema da judicialização para a espécie, caberá ao juiz da execução penal decidir acerca do requerimento formulado pela autoridade administrativa, seguido de manifestação obrigatória do MP e da defesa sobre o pedido. A decisão, por óbvio, será motivada e deve ser prolatada no prazo de 15 dias (arts. 59 e 54, §§ 1º e 2º, LEP).

Da decisão do magistrado cabe o agravo em execução, nos termos do art. 197, LEP.

O RDD sofre inúmeras críticas da doutrina. Diversos autores questionam (com acerto) a constitucionalidade da medida. As principais críticas são: imprecisão das hipóteses de cabimento (expressões vagas, como: "alto risco para a sociedade"); e o fato de esse tipo de isolamento estabelecido pelo RDD costumar ser terreno fértil para o desenvolvimento das chamadas "psicoses carcerárias", configurando-se em hipótese de "pena cruel", vedada, como se sabe, pela CF.

21.11.4. *Outras sanções aplicáveis mediante decisão judicial*

a) Revogação do trabalho externo (art. 37, parágrafo único): *revogar-se-á a autorização de trabalho externo ao preso que vier a praticar fato definido como crime, for **punido por falta grave**, ou tiver comportamento contrário aos requisitos estabelecidos neste artigo.*

b) Perda dos dias remidos (art. 127): *em caso de **falta grave**, o juiz poderá **revogar** até **1/3 (um terço) do tempo remido**, observado o disposto no art. 57, recomeçando a contagem a partir da data da infração disciplinar.* Com relação ao dispositivo citado, a Súmula Vinculante 9 estabelece que o "disposto no artigo 127 da Lei 7.210/1984 foi recebido pela ordem constitucional vigente e não se lhe aplica o limite temporal previsto no *caput* do artigo 58". Em síntese, a perda dos dias remidos poderá ser superior a 30 dias, mas está limitada a 1/3 dos dias remidos.

2. DIREITO PROCESSUAL PENAL — 273

c) Interrupção do prazo para a obtenção de progressão: os Tribunais Superiores possuem entendimento consolidado de que o cometimento de falta grave acarreta a interrupção do prazo para a progressão de regime. O reinício dar-se-á a partir da data da última infração praticada (STJ, EREsp 1.176.486/SP, *DJe* 01.06.2012 e AgRg no RHC 37.313/ES, DJe 12.09.2016), segundo o qual, "A Terceira Seção do Superior Tribunal de Justiça, no julgamento do REsp n. 1.364.192/RS, consolidou o entendimento de que 'a prática de falta grave interrompe o prazo para a progressão de regime, acarretando a modificação da data-base e o início de nova contagem do lapso necessário para o preenchimento do requisito objetivo', excetuando, no entanto, a alteração do marco inicial para a concessão de livramento condicional, indulto e comutação da pena" e STF, HC 102.365/SP, *DJe* 01.08.2011 e HC 134249, DJ 03.06.2016, segundo o qual, "As decisões proferidas nas instâncias antecedentes harmonizam-se com a jurisprudência deste Supremo Tribunal, segundo a qual a longa pena a cumprir e o histórico de falta grave, consistente em evasão, como se tem na espécie, são fundamentos idôneos para não concessão do benefício de progressão de regime, evidenciando o não preenchimento do requisito subjetivo. Precedentes".

d) Regressão de regime: Nos casos de falta grave ou prática de crime doloso, a execução da pena privativa de liberdade ficará sujeita à forma regressiva, com a transferência para qualquer dos regimes mais rigorosos. Ex: preso do regime semiaberto que é flagrado com aparelho celular dentro do estabelecimento está sujeito a retornar ao regime fechado (STJ, HC 242.976/SP, *DJe* 04.09.2013 e AgRg no AREsp 780.740/RJ, DJ 26.08.2016); STF, HC 97.659/SP, *DJe* 20.11.2009 e RHC 122175, DJ 06.06.2014).

e) Perda da saída temporária: (art. 125) revogação automática quando o preso for punido pela prática de fato definido como crime doloso, por falta grave, ou desatender as condições impostas na autorização de saída ou revelar baixo grau de aproveitamento no curso supletivo profissionalizante.

21.12. Órgãos da Execução Penal

No país, existem diversos órgãos/instituições atuando na execução penal, todos elencados no art. 61, LEP. A seguir, veremos alguns deles de forma mais detalhada.

21.12.1. Conselho Nacional de Política Criminal e Penitenciária: órgão ligado ao Executivo, subordinado ao Ministério da Justiça, sediado em Brasília/DF

a) Composição: órgão multidisciplinar integrado por 13 membros nomeados pelo Ministério da Justiça entre professores e profissionais da área do Direito Penal, Processual Penal, Penitenciário e ciências correlatas, bem como por representantes da comunidade e dos Ministérios da área social. Os mandatos têm duração de 2 anos, mas 1/3 dos seus membros deve ser renovado anualmente.

b) Atribuições: possui caráter consultivo e programático. As atribuições estão previstas no art. 64, LEP. São elas:

I. propor diretrizes da política criminal quanto à prevenção do delito, administração da Justiça Criminal e execução das penas e das medidas de segurança;

II. contribuir na elaboração de planos nacionais de desenvolvimento, sugerindo as metas e prioridades da política criminal e penitenciária;

III. promover a avaliação periódica do sistema criminal para a sua adequação às necessidades do País;

IV. estimular e promover a pesquisa criminológica;

V. elaborar programa nacional penitenciário de formação e aperfeiçoamento do servidor;

VI. estabelecer regras sobre a arquitetura e construção de estabelecimentos penais e casas de albergados;

VII. estabelecer os critérios para a elaboração da estatística criminal;

VIII. inspecionar e fiscalizar os estabelecimentos penais, bem assim informar-se, mediante relatórios do Conselho Penitenciário, requisições, visitas ou outros meios, acerca do desenvolvimento da execução penal nos Estados, Territórios e Distrito Federal, propondo às autoridades dela incumbida as medidas necessárias ao seu aprimoramento;

IX. representar ao Juiz da execução ou à autoridade administrativa para instauração de sindicância ou procedimento administrativo, em caso de violação das normas referentes à execução penal;

X. representar à autoridade competente para a interdição, no todo ou em parte, de estabelecimento penal.

21.12.2. Departamentos penitenciários

a) Departamento Penitenciário Nacional (DEPEN): também subordinado ao Ministério da Justiça, em especial à Secretaria Nacional de Justiça, é o órgão executivo da Política Penitenciária Nacional e de apoio administrativo e financeiro ao Conselho Nacional de Política Criminal e Penitenciária (art. 71, LEP).

As atribuições do DEPEN são as seguintes (art. 72, LEP):

I. acompanhar a fiel aplicação das normas de execução penal em todo o Território Nacional;

II. inspecionar e fiscalizar periodicamente os estabelecimentos e serviços penais;

III. assistir tecnicamente as Unidades Federativas na implementação dos princípios e regras estabelecidos nesta Lei;

IV. colaborar com as Unidades Federativas mediante convênios, na implantação de estabelecimentos e serviços penais;

V. colaborar com as Unidades Federativas para a realização de cursos de formação de pessoal penitenciário e de ensino profissionalizante do condenado e do internado.

VI. estabelecer, mediante convênios com as unidades federativas, o cadastro nacional das vagas existentes em estabelecimentos locais destinadas ao cumprimento de penas privativas de liberdade aplicadas pela justiça de outra unidade federativa, em especial para presos sujeitos a regime disciplinar.

Por fim, incumbem também ao Departamento a coordenação e supervisão dos estabelecimentos penais e de internamento federais (parágrafo único, art. 72, LEP).

Outras atribuições do DEPEN estão contidas no art. 32, Dec. 8.668/2016, ao qual sugerimos a análise por parte do leitor.

b) Departamento Penitenciário Local (arts. 73 e 74, LEP): sua criação acontece por lei estadual e as suas funções são semelhantes às do DEPEN, tendo por finalidade precípua supervisionar e coordenar os estabelecimentos penais estaduais. Deve manter integração com o órgão federal, executando as regras gerais penitenciárias em conformidade com a política criminal nacional.

21.12.3. Conselho Penitenciário

Órgão consultivo e fiscalizador da execução penal, auxiliar do Poder Executivo, possuindo caráter **não estatal** (art. 69, LEP).

a) Composição: o Conselho será integrado por membros nomeados pelo Governador do Estado ou do Distrito Federal e dos Territórios, dentre professores e profissionais da área do Direito Penal, Processual Penal, Penitenciário e ciências correlatas, bem como por representantes da comunidade (art. 69, § 1º, LEP).

b) Atribuições: estão elencadas no art. 70, LEP. Seguem abaixo:

I. emitir parecer sobre indulto e comutação de pena, excetuada a hipótese de pedido de indulto com base no estado de saúde do preso;

II. inspecionar os estabelecimentos e serviços penais;

III. apresentar, no 1º (primeiro) trimestre de cada ano, ao Conselho Nacional de Política Criminal e Penitenciária, relatório dos trabalhos efetuados no exercício anterior;

IV. supervisionar os patronatos, bem como a assistência aos egressos.

21.12.4. Direção do estabelecimento penal (art. 75, LEP)

O diretor deverá residir no estabelecimento ou nas suas proximidades, com regime de dedicação integral, possuindo como requisitos para o cargo o diploma de nível superior, alternativamente, em Direito, Psicologia, Pedagogia, Ciências Sociais ou Serviços Sociais; experiência administrativa na área; idoneidade moral; e aptidão funcional.

21.12.5. Patronato de Presos e Egressos

Órgão colegiado, público ou particular, cuja missão é prestar assistência aos albergados e aos egressos (art. 78, LEP).

São atribuições do Patronato (art. 79, LEP):

I. orientar os condenados à pena restritiva de direitos;

II. fiscalizar o cumprimento das penas de prestação de serviço à comunidade e de limitação de fim de semana;

III. colaborar na fiscalização do cumprimento das condições da suspensão e do livramento condicional.

21.12.6. Conselho da Comunidade

Trata-se de órgão auxiliar do Poder Judiciário, formado por iniciativa do juiz da execução, e composto, preferencialmente, por particulares.

a) Composição: haverá, em cada comarca, um Conselho da Comunidade composto, no mínimo, por 1 (um) representante de associação comercial ou industrial, 1 (um) advogado indicado pela Seção da Ordem dos Advogados do Brasil, 1 (um)

Defensor Público indicado pelo Defensor Público Geral e 1 (um) assistente social escolhido pela Delegacia Seccional do Conselho Nacional de Assistentes Sociais – art. 80, LEP. Na falta da representação prevista neste artigo, ficará a critério do Juiz da execução a escolha dos integrantes do Conselho (parágrafo único).

b) Atribuições (art. 81, LEP):

I. visitar, pelo menos mensalmente, os estabelecimentos penais existentes na comarca;

II. entrevistar presos;

III. apresentar relatórios mensais ao Juiz da execução e ao Conselho Penitenciário;

IV. diligenciar a obtenção de recursos materiais e humanos para melhor assistência ao preso ou internado, em harmonia com a direção do estabelecimento.

21.12.7. Juízo da execução penal

Após o trânsito em julgado de sentença condenatória ou de sentença absolutória imprópria (medida de segurança), a competência passa ao juízo da execução penal. Caso não exista juízo específico na Comarca, a execução penal competirá ao Juiz indicado na lei estadual de organização judiciária e, na sua ausência, ao da sentença – art. 65, LEP.

No caso de suspensão condicional da pena (arts. 77, CP; e 156, LEP), o juiz da execução passa a ser competente após a audiência admonitória, que é o momento de fixar as condições do *sursis* (arts. 160 e 161, LEP).

a) Competência do juiz da execução (art. 66, LEP):

I. aplicar aos casos julgados lei posterior que de qualquer modo favoreça o condenado;

II. declarar extinta a punibilidade;

III. decidir sobre a soma ou unificação de penas; progressão ou regressão nos regimes; detração e remição da pena; suspensão condicional da pena; livramento condicional; incidentes da execução.

IV. autorizar saídas temporárias;

V. determinar: a) a forma de cumprimento da pena restritiva de direitos e fiscalizar sua execução; b) a conversão da pena restritiva de direitos e de multa em privativa de liberdade; c) a conversão da pena privativa de liberdade em restritiva de direitos; d) a aplicação da medida de segurança, bem como a substituição da pena por medida de segurança; e) a revogação da medida de segurança; f) a desinternação e o restabelecimento da situação anterior; g) o cumprimento de pena ou medida de segurança em outra comarca; h) a remoção do condenado na hipótese prevista no § 1º, do art. 86, desta Lei.

VI. zelar pelo correto cumprimento da pena e da medida de segurança;

VII. inspecionar, mensalmente, os estabelecimentos penais, tomando providências para o adequado funcionamento e promovendo, quando for o caso, a apuração de responsabilidade;

VIII. interditar, no todo ou em parte, estabelecimento penal que estiver funcionando em condições inadequadas ou com infringência aos dispositivos desta Lei;

2. DIREITO PROCESSUAL PENAL 275

IX. compor e instalar o Conselho da Comunidade;

X. emitir anualmente atestado de pena a cumprir.

21.12.8. Ministério Público

Deve atuar durante todo o processo de execução, fiscalizando a correta aplicação da lei e zelando pelos interesses da sociedade e do condenado (art. 67, LEP).

a) **Atribuições** (art. 68, LEP; note-se que o rol estabelecido neste dispositivo é exemplificativo, pois o MP atua em toda a execução penal):

I. fiscalizar a regularidade formal das guias de recolhimento e de internamento;

II. requerer: todas as providências necessárias ao desenvolvimento do processo executivo; a instauração dos incidentes de excesso ou desvio de execução; a aplicação de medida de segurança, bem como a substituição da pena por medida de segurança; a revogação da medida de segurança; a conversão de penas, a progressão ou regressão nos regimes e a revogação da suspensão condicional da pena e do livramento condicional; e a internação, a desinternação e o restabelecimento da situação anterior.

III. interpor recursos de decisões proferidas pela autoridade judiciária, durante a execução.

A presença do membro do *parquet* deverá ser registrada em livro próprio e deve ocorrer com frequência mensal.

Além das funções previstas nas Constituições Federal e Estadual, na Lei Orgânica e em outras leis, incumbe, ainda, ao MP exercer a fiscalização dos estabelecimentos prisionais e dos que abriguem idosos, menores, incapazes ou pessoas portadoras de deficiência (art. 25, VI, Lei 8.625/1993 – Lei Orgânica Nacional do Ministério Público).

21.12.9. Defensoria Pública

Somente em 2010, com o advento da Lei 12.313, passou a ser obrigatória a participação da DP nos atos da execução penal.

Desse modo, as suas atribuições são as mais vastas possíveis, como evidencia a redação dos arts. 81-A e 81-B, LEP. Vejamos a seguir:

a) velará pela regular execução da pena e da medida de segurança, oficiando, no processo executivo e nos incidentes da execução, para a defesa dos necessitados em todos os graus e instâncias, de forma individual e coletiva.

b) requerer: todas as providências necessárias ao desenvolvimento do processo executivo; a aplicação aos casos julgados de lei posterior que de qualquer modo favorecer o condenado; a declaração de extinção da punibilidade; a unificação de penas; a detração e remição da pena; a instauração dos incidentes de excesso ou desvio de execução; a aplicação de medida de segurança e sua revogação, bem como a substituição da pena por medida de segurança; a conversão de penas, a progressão nos regimes, a suspensão condicional da pena, o livramento condicional, a comutação de pena e o indulto; a autorização de saídas temporárias; a internação, a desinternação e o restabelecimento da situação anterior; o cumprimento de pena ou medida de segurança em outra

comarca; a remoção do condenado na hipótese prevista no § 1º do art. 86 desta Lei.

c) requerer a emissão anual do atestado de pena a cumprir.

d) interpor recursos de decisões proferidas pela autoridade judiciária ou administrativa durante a execução.

e) representar ao Juiz da execução ou à autoridade administrativa para instauração de sindicância ou procedimento administrativo em caso de violação das normas referentes à execução penal.

f) visitar os estabelecimentos penais, tomando providências para o adequado funcionamento, e requerer, quando for o caso, a apuração de responsabilidade.

g) requerer à autoridade competente a interdição, no todo ou em parte, de estabelecimento penal.

Tal qual ocorre com os membros do MP, os defensores visitarão periodicamente os estabelecimentos penais, devendo registrar a sua presença em livro próprio.

21.13. Estabelecimentos penais

21.13.1. Conceito

Quaisquer edificações destinadas a receber o preso provisório, o condenado por sentença condenatória transitada em julgado, os submetidos à medida de segurança e o egresso.

21.13.2. Separação

Nos termos do art. 5º, XLVIII, CF, a pena será cumprida em estabelecimentos distintos, de acordo com a natureza do delito, a idade e o sexo do apenado. Trata-se de expressão do princípio da individualização das penas, buscando, também, que a pena atinja as suas finalidades.

Apesar de os estabelecimentos penais poderem integrar um mesmo conjunto arquitetônico (complexo penitenciário), é fundamental que os indivíduos sejam classificados e efetivamente separados – art. 82, § 2º, LEP.

Nesse sentido, impõem-se as seguintes separações:

a) Os homens das mulheres (art. 82, § 1º).

b) Os maiores de 60 anos (art. 82, § 1º).

c) O índio (art. 56, Lei 6.001/1973).

d) Os que foram funcionários do sistema de administração da justiça criminal (art. 84, § 2º).

e) O preso que tiver sua integridade física, moral ou psicológica ameaçada pela convivência com os demais presos ficará segregado em local próprio (art. 84, § 4º).

f) Os presos condenados com trânsito em julgado dos provisórios (arts. 84, LEP; 300, CPP).

g) **Quanto aos presos condenados,** impõem-se **as seguintes separações** (art. 84, § 3º): I – condenados pela prática de crimes hediondos ou equiparados; II – reincidentes condenados pela prática de crimes cometidos com violência ou grave ameaça à pessoa; III – primários condenados pela prática de crimes cometidos com violência ou grave ameaça à pessoa; IV – demais condenados pela prática de outros crimes ou contravenções em situação diversa das previstas nos incisos I, II e III.

h) Quanto aos presos provisórios, impõem-se **as seguintes separações** (art. 84, § 1º): I – acusados pela prática de crimes hediondos ou equiparados; II– acusados pela prática de crimes cometidos com violência ou grave ameaça à pessoa; III – acusados pela prática de outros crimes ou contravenções diversos dos apontados nos incisos I e II.

Finalmente, vale destacar que, no caso dos presos provisórios, há ainda uma outra espécie de separação possível: a prisão especial. Quis o legislador ordinário que determinadas pessoas, por conta do cargo/ocupação que exercem, em caso de prisão provisória (flagrante, preventiva e temporária), ficassem segregadas em **estabelecimentos distintos** da prisão comum. A isso, convencionou-se chamar de "prisão especial".

A pessoa que faz *jus* a esse tipo de prisão deverá permanecer encarcerada em local distinto da prisão comum (art. 295, § 1º, CPP). Inexistindo estabelecimento específico, o preso especial deverá ficar em cela separada dentro de estabelecimento penal comum (art. 295, § 2º). De um jeito ou de outro, "a cela especial poderá consistir em alojamento coletivo, atendidos os requisitos de salubridade do ambiente, pela concorrência dos fatores de aeração, insolação e condicionamento térmico adequados à existência humana" (art. 295, § 3º).

Sendo realmente impossível acomodar o preso especial em local apropriado, permite a Lei 5.256/1967 que, ouvido o MP, o juiz submeta o indivíduo à prisão domiciliar, oportunidade em que ficará detido em sua própria residência.

Além de ter direito a ficar segregado em local distinto da prisão comum, o preso especial também faz jus a não ser transportado juntamente com os presos comuns (art. 295, § 4º).

Os indivíduos beneficiados estão contidos no rol do art. 295, CPP. Porém, esse rol não é exaustivo, visto que diversos outros indivíduos também gozam do direito à prisão especial. Destaque aqui para o advogado (art. 7º, V, EOAB) que, se preso provisoriamente, tem direito a ser recolhido em sala de Estado Maior,[158] com instalações e comodidades condignas, e, na sua falta, em prisão domiciliar.[159]

Vale ressaltar que a prisão especial só tem cabimento enquanto não ocorrer o trânsito em julgado da sentença penal condenatória. Ocorrendo este, deve o preso ser encaminhado ao estabelecimento penal comum, salvo se, à época do fato, era funcionário da administração da justiça criminal, caso em que, mesmo após a sentença definitiva, deverá permanecer separado dos demais presos (art. 84, § 2º, LEP).

Por fim, o instituto – prisão especial – é extremamente criticado (com acerto, segundo pensamos) por certo setor da doutrina (*v. g.* Nucci, 2006, p. 580). Fora a prisão especial para os funcionários do sistema de administração criminal,

as demais (diplomados em curso superior, p. ex.) ofendem o princípio da isonomia (art. 5º, *caput*, CF). Exemplificativamente, no caso do diplomado em curso superior o tratamento "especial" dispensado pauta-se, na verdade, no padrão social/cultural ao qual pertence o indivíduo (algo, portanto, absurdo).

21.13.3. Lotação

Diz o art. 85, LEP, que o estabelecimento penal deverá ter **lotação compatível** com a sua estrutura e finalidade e que caberá ao Conselho Nacional de Política Criminal e Penitenciária determinar o limite máximo de capacidade do estabelecimento, atendendo à sua natureza e peculiaridades.

Desafiando as "leis da física", o dispositivo acima vem sendo paulatinamente ignorado no Brasil – o que, dentre outras coisas: I. fulmina os objetivos da execução penal; II. torna letra morta o princípio da dignidade da pessoa humana no campo da execução penal; e, mais, III. denuncia a (baixa) qualidade da democracia brasileira. Já se disse que a forma como um preso é tratado diz muito da qualidade da democracia de um país. Esses dizeres encontram (infelizmente) intensa ressonância na realidade brasileira.

21.13.4. Instalações especiais nos estabelecimentos penais (art. 83, LEP)

Trata-se de exigência voltada a favorecer o pleno exercício dos direitos dos presos, bem como contribuir para a ressocialização ao viabilizar as modalidades diversas de assistência aos presos.

Desse modo, são necessárias instalações físicas que comportem espaços destinados ao estágio de estudantes universitários, por exemplo (art. 83, § 1º, LEP). Além disso, deverão ser instaladas salas de aulas destinadas a cursos do ensino básico e profissionalizante (art. 83, § 4º).

Nos estabelecimentos penais destinados a mulheres, a instalação de berçário, onde as condenadas possam cuidar de seus filhos e amamentá-los, no mínimo, até 6 (seis) meses de idade (art. 83, § 2º). Nesse particular, trata-se de imposição constitucional (art. 5º, L, CF).

Por fim, a Defensoria Pública terá espaço específico para o atendimento de presos e para o desempenho das suas atividades durante toda a execução penal (art. 83, § 5º, LEP).

Vale, por fim, anotar que os estabelecimentos destinados às mulheres deverão possuir, exclusivamente, agentes do sexo feminino na segurança de suas dependências internas (art. 83, § 3º, LEP).

21.13.5. Modalidades de estabelecimentos penais: Penitenciárias; Colônias Agrícola, Industrial ou Similar; Casas do Albergado; Centros de Observação, Hospitais de Custódia e Tratamento Psiquiátrico; e Cadeias Públicas

Vale ressaltar que o juiz sentenciante indicará o regime inicial de cumprimento da pena, que será decisivo na escolha do estabelecimento penal no qual o condenado será inicialmente alocado, podendo, posteriormente, regredir ou progredir para outros estabelecimentos (vide art. 33, CP).

---

158. "'**Sala de Estado Maior**' deve ser interpretada como sendo uma dependência em estabelecimento castrense, sem grades, com instalações condignas" (STF, Rcl 4713/SC, *DJe* **07.03.2008**). (Grifo nosso).

159. Atenção que a expressão: "assim reconhecidas pela OAB", contida no dispositivo, foi declarada inconstitucional pelo STF (ADIN 1.127-8).

Nas hipóteses em que for reconhecida a doença mental na sentença, o indivíduo será absolvido impropriamente, ou seja, será submetido à medida de segurança: tratamento ambulatorial ou internamento.

Ocorrendo a doença mental no curso do cumprimento da pena, deverá o indivíduo ser transferido para um hospital de custódia e tratamento (HCT).

a) Penitenciária

Estabelecimento penal, estadual ou federal, destinado ao condenado à pena de reclusão, em regime fechado (art. 87, LEP). Destinado, em regra, para penas de longa duração.

Os estabelecimentos e as acomodações são separados conforme os critérios já trabalhados, mas merecem indicação expressa as disposições dos arts. 88 e 89, LEP.

Os presos deverão ser acomodados em cela individual contendo dormitório, aparelho sanitário e lavatório, contando com as seguintes condições:

I. salubridade do ambiente pela concorrência dos fatores de aeração, insolação e condicionamento térmico adequado à existência humana;

II. área mínima de 6m^2 (seis metros quadrados).

No caso dos estabelecimentos femininos, além dos requisitos acima indicados, a penitenciária deverá ter seção para gestante e parturiente, além de creche para abrigar crianças maiores de 6 (seis) meses e menores de 7 (sete) anos. A finalidade é assistir a criança desamparada cuja responsável estiver presa – art. 89, LEP.

As penitenciárias masculinas serão construídas em local afastado do centro urbano, à distância, porém, que não restrinja a visitação – art. 90, LEP.

No caso das penitenciárias federais, a União poderá construir estabelecimento penal em local distante da condenação para recolher os condenados, quando a medida se justifique no interesse da segurança pública ou do próprio condenado – art. 86, § 1º.

Há, ainda, as penitenciárias com regime disciplinar diferenciado (art. 87, parágrafo único, LEP), que podem ser construídas pelos entes da Federação responsáveis pela execução penal (União Federal, os Estados e o Distrito Federal e os Territórios). São penitenciárias destinadas, exclusivamente, aos presos provisórios e condenados que estejam em regime fechado e sujeitos ao regime disciplinar diferenciado, nos termos do art. 52, LEP.

Existe também a possibilidade de inclusão e transferência de preso em penitenciária federal de segurança máxima, cuja disciplina encontra-se na Lei 11.671/2008, configurando-se em medida excepcional e transitória (art. 10).

Excepcional porque a medida deve ser justificada no interesse da segurança pública ou do próprio preso, condenado ou provisório, ou seja, quando houver risco à sua integridade ou quando ele representar perigo à segurança pública poderá haver a transferência.

Transitória ou temporária, pois o período máximo de permanência não excederá 360 (trezentos e sessenta) dias, em regra, podendo ser renovado, excepcionalmente, quando solicitado motivadamente pelo juízo de origem, observados os mesmos requisitos da transferência.

O seu processamento dar-se-á da seguinte forma (arts. 4º e 5º):

I. Legitimados: são legitimados para requerer o processo de transferência, a autoridade administrativa, o Ministério Público e o próprio preso.

II. Competência: Juiz Federal da seção judiciária correspondente (lembrar das regras de definição da competência).

III. Procedimento: instruídos os autos do processo de transferência, serão ouvidos, no prazo de 5 (cinco) dias cada, quando não requerentes, a autoridade administrativa, o Ministério Público e a defesa, bem como o DEPEN. É facultado ao DEPEN indicar o estabelecimento penal federal mais adequado. A admissão do preso, condenado ou provisório, dependerá de decisão prévia e fundamentada do juízo federal competente, após receber os autos de transferência enviados pelo juízo responsável pela execução penal ou pela prisão provisória. Nesta decisão o juiz deve indicar o período de permanência.

b) Colônia agrícola, industrial ou similar

É o estabelecimento penal destinado aos condenados que cumprem pena no **regime semiaberto** – art. 91, LEP.

A sua estruturação pressupõe um maior senso de responsabilidade do condenado, pois o grau de segurança é médio, com menor proteção contra fugas.

Vejamos a seguir as regras básicas do regime semiaberto, indicadas no art. 35, CP e no art. 92, LEP:

I. O condenado fica sujeito a trabalho em comum durante o período diurno, em colônia agrícola, industrial ou estabelecimento similar.

II. O trabalho externo é admissível, bem como a frequência a cursos supletivos profissionalizantes, de instrução de segundo grau ou superior.

III. O condenado poderá ser alojado em compartimento coletivo, observados os requisitos do art. 88, parágrafo único, "a", LEP.

c) Casa do albergado

Estabelecimento penal destinado ao cumprimento de pena privativa de liberdade, em **regime aberto**, além da pena de **limitação de fim de semana**.

Aqui há inexistência de obstáculo contra a fuga, o seu fundamento é a autodisciplina e responsabilidade do condenado e o trabalho externo ocorre durante o dia, enquanto o recolhimento durante o período noturno e, também, aos finais de semana.

A sua localização se dá em centro urbano, separado dos demais estabelecimentos. Cada região deverá ter ao menos uma Casa do Albergado, que deverá ser dotada de espaço para cursos e palestras.

d) Hospital de custódia e tratamento (HCT)

Estabelecimento destinado aos inimputáveis e semi-imputáveis referidos no art. 26 e parágrafo único, CP, submetidos à medida de segurança em virtude de sentença de absolvição imprópria.

Aplica-se ao hospital, em relação ao espaço físico, o disposto no parágrafo único, do art. 88, LEP. Não há, contudo, exigência de cela individual.

Se o Estado não dotar o HCT de estrutura para o tratamento ambulatorial, deverá providenciar outro local com serviço médico adequado.

e) Cadeia Pública

Estabelecimento destinado ao recolhimento dos presos provisórios.

Em cada comarca deverá ter ao menos 1 (uma) cadeia pública a fim de resguardar o interesse da Administração da Justiça Criminal e a permanência do preso em local próximo ao seu meio social e familiar.

O estabelecimento será instalado próximo dos centros urbanos, observando-se as exigências mínimas referidas no art. 88, LEP.

21.14. Execução da pena privativa de liberdade

Em verdade, adotamos um sistema progressivo/regressivo pautado em 2 critérios: um critério objetivo (cumprimento de determinada quantidade de pena); e em um critério subjetivo (atestado de boa conduta).

Apresentando o condenado boa conduta e cumprindo determinado *quantum* da condenação, a pena privativa de liberdade será executada de forma progressiva, ou seja, iniciando no regime mais rigoroso e evoluindo para o menos rigoroso (art. 33, § 2º, CP; e art. 112, LEP).

A seguir, faremos uma análise do procedimento.

21.14.1. Fixação do regime

Em caso de condenação à pena privativa de liberdade, o juiz da causa fixará, na sentença, o regime inicial de cumprimento da pena.

Para tanto, levará em consideração a quantidade de pena fixada na decisão e alguns critérios subjetivos, a exemplo da reincidência do apenado (art. 33, §§ 2º e 3º, CP):

I. o condenado a pena **superior a 8 (oito) anos deverá** começar a cumpri-la em regime fechado;

II. o condenado **não reincidente**, cuja pena seja **superior a 4 (quatro) anos e não exceda a 8 (oito), poderá**, desde o princípio, cumpri-la em regime semiaberto;

III. o condenado **não reincidente**, cuja pena seja **igual ou inferior a 4 (quatro) anos, poderá**, desde o início, cumpri-la em regime aberto.

Importante destacar que os critérios do art. 59, CP, são imprescindíveis para a determinação do regime inicial de cumprimento da pena. São eles: culpabilidade; antecedentes; conduta social; personalidade do agente; os motivos, circunstâncias e consequências do crime; comportamento da vítima.

Apesar da previsão legal, não pode o magistrado, com base em suas impressões pessoais, fixar um regime mais gravoso do que aquele correspondente à pena aplicada. Nesse sentido, ver **STF, Súmula 718:** *a opinião do julgador sobre a gravidade em abstrato do crime não constitui motivação idônea para a imposição de regime mais severo do que o permitido* *segundo a pena aplicada*. Na mesma linha de cognição estão a Súmula 719, STF, e a Súmula 440, STJ.

Contudo, há que se ressaltar algumas imposições legais quanto ao regime inicial fechado, como previsto no art. 2º, § 1º, Lei 8.072/1990 (crimes hediondos e assemelhados). Ver, ainda, a Súmula Vinculante 26, STF: *Para efeito de progressão de regime no cumprimento de pena por crime hediondo, ou equiparado, o juízo da execução observará a inconstitucionalidade do art. 2º da Lei 8.072/1990, de 25.07.1990, sem prejuízo de avaliar se o condenado preenche, ou não, os requisitos objetivos e subjetivos do benefício, podendo determinar, para tal fim, de modo fundamentado, a realização de exame criminológico*.

O novo texto da Lei 8.072/1990 somente deve ser aplicado àqueles que praticaram crime hediondo ou assemelhado após a edição da Lei 11.464/2007. Isto porque o regime integralmente fechado já havia sido declarado inconstitucional pelo STF em 2006. Logo, o que vigia era o lapso de 1/6 para a progressão e não o regime integralmente fechado. O STJ adota o mesmo posicionamento na Súmula 471.

a) Regime fechado

Vejamos abaixo as regras/etapas mais importantes referentes ao procedimento de inserção no regime fechado.

Após o trânsito em julgado da sentença condenatória que fixou o regime fechado, impõe-se a expedição da **guia de recolhimento** (carta de guia ou guia de execução). Trata-se aqui de condição **indispensável** para o início da execução da pena (art. 107, LEP). O próprio magistrado ordenará a sua expedição.

A guia de recolhimento será extraída, rubricada pelo escrivão, juntamente com o juiz, quando então será remetida à autoridade administrativa a quem incumbirá a execução.

Os requisitos da guia são os seguintes:

I. o nome do condenado;

II. a sua qualificação civil e o número do registro geral no órgão oficial de identificação;

III. o inteiro teor da denúncia e da sentença condenatória, bem como certidão do trânsito em julgado;

IV. a informação sobre os antecedentes e o grau de instrução;

V. a data da terminação da pena;

VI. outras peças do processo reputadas indispensáveis ao adequado tratamento penitenciário.

Em seguida será realizado o **exame criminológico** (art. 8º, LEP), que se destina a realizar um diagnóstico criminológico (causas da inadaptação social) e um prognóstico social (possibilidades de reinserção social) acerca da pessoa condenada. Importante enfatizar que o exame recai sobre **4 linhas de pesquisa**: social, médica, psicológica e psiquiátrica.

Possui **origem histórica** na escola positivista italiana (**Cesare Lombroso** – final do séc. XIX e início do XX). Baseia-se na noção do "criminoso nato", tese segundo a qual a análise de determinadas características psicossomáticas tornaria possível prever aqueles indivíduos que se voltariam para o crime.

Tal exame era obrigatório antes do advento da Lei 10.792/2003, que alterou a redação do art. 112, LEP. Atualmente é **facultativo** e **independe** do regime de cumprimento da pena, conforme orientação dos Tribunais Superiores (STF, Súmula Vinculante 26; e STJ, Súmula 439). Sendo assim, se o magistrado o determinar, deverá fazê-lo em decisão fundamentada na gravidade da infração penal e nas condições pessoais do agente.

Vale ressaltar que os tribunais superiores estão mantendo um **requisito não exigido pela lei para a progressão de regime**. A burocracia que a lei tentou eliminar, visando a garantir a progressão de regime, continua sendo mantida pelas Cortes Superiores brasileiras.

Como já asseverado em capítulo anterior, o cumprimento inicial em regime fechado acontece em penitenciária. Em relação ao trabalho interno, este é obrigatório no período diurno. O trabalho externo poderá ocorrer em obra ou serviço público, mas está condicionado ao cumprimento de 1/6 da pena e à demonstração de aptidão para a atividade (arts. 36 e 37, LEP).

b) Regime semiaberto

Também aqui é imprescindível a expedição da guia de recolhimento. A execução penal não tem início sem esse documento.

Como visto no item anterior, poderá ser realizado o exame criminológico. Uma vez iniciado o cumprimento da pena, estará o preso obrigado a exercer atividade laboral, interna ou externa. No caso da atividade externa, ao contrário do regime fechado, poderá ocorrer junto à iniciativa privada.

Pela maior flexibilidade, é possível ao preso frequentar cursos em ambiente externo (art. 122, II, LEP).

c) Regime aberto

Expedição da guia de recolhimento ou de execução, uma vez que o regime é aberto. No caso, somente acontecerá recolhimento no período noturno e nos dias de folga (art. 115, I e II, LEP). O trabalho e a frequência a cursos serão necessariamente em ambiente externo.

As condições para o preso ingressar no regime aberto são as seguintes (art. 114, LEP):

I. estiver trabalhando ou comprovar a possibilidade de fazê-lo imediatamente;

II. apresentar, pelos seus antecedentes ou pelo resultado dos exames a que foi submetido, fundados indícios de que irá ajustar-se, com autodisciplina e senso de responsabilidade, ao novo regime.

Com relação ao trabalho, há exceção quanto às pessoas indicadas no art. 117, LEP, pois poderão ter a dispensa da atividade laboral em razão dos critérios ali estabelecidos, sujeitando-se até ao regime domiciliar aberto, que veremos em seguida.

Outras condições obrigatórias:

III. permanecer no local que for designado, durante o repouso e nos dias de folga;

IV. sair para o trabalho e retornar, nos horários fixados;

V. não se ausentar da cidade onde reside, sem autorização judicial;

VI. comparecer a Juízo, para informar e justificar as suas atividades, quando for determinado.

O juiz pode, ainda, estabelecer condições especiais para a concessão do regime aberto ao preso, embora não possa fazê-lo sob a forma de pena substitutiva, nos termos da Súmula 493, STJ.

d) Regime domiciliar aberto

Trata-se de medida de caráter excepcional, destinada a presos do regime aberto, a ser aplicada nas situações descritas no art. 117, LEP.

São hipóteses de cabimento:

I. condenado maior de 70 (setenta) anos;

II. condenado acometido de doença grave;

III. condenada com filho menor ou deficiente físico ou mental;

IV. condenada gestante.

Doutrina e jurisprudência têm ampliado os termos do art. 117, LEP, para aplicar a prisão domiciliar em uma série de outras situações, a saber:

a) Concede-se prisão domiciliar ao preso provisório (prisão preventiva, *v. g.*) quando este estiver acometido de **grave enfermidade** e o estabelecimento **não** oferecer condições adequadas de tratamento. Nesse sentido: STJ, HC 270808/SE, *DJe* 16.06.2014; e STF, HC 98675/ES, **DJe 21.08.2009,** Info. 550 e EP 23 AgR, DJ 12.11.2014). O tema foi positivado no art. 318, II, CPP.

b) O STJ também tem concedido prisão domiciliar ao preso **definitivo** (ainda que esteja em regime semiaberto ou fechado), quando ocorre o binômio: doença grave + impossibilidade de o estabelecimento oferecer tratamento adequado ao doente. Vide, por exemplo: STJ, RHC 26814/RS, *DJ* 29.03.2010.

c) Finalmente, a situação mais delicada: falta de vaga em estabelecimento adequado (Judiciário *vs.* Executivo).

Basicamente, duas posições surgiram na comunidade jurídica:

I. Em caso de superlotação, o preso deverá ser mantido em regime mais grave por "motivo de força maior" e também porque ao praticar o delito assumiu o risco previsível de ser mantido no cárcere.

II. A ausência de vagas em estabelecimento adequado evidencia a desídia do Estado-administrador e o ônus daí decorrente não pode ser debitado ao condenado.

Atenção: A mais recente jurisprudência dos Tribunais Superiores tem concedido a prisão domiciliar quando o preso definitivo faz jus ao regime semiaberto ou aberto, porém, não há vaga no respectivo estabelecimento penal (Colônia industrial; Casa do albergado, p. ex.) ou o estabelecimento penal encontra-se em condições inadequadas para abrigar o preso. Nesse sentido, conferir: STF, HC 95334/RS, *DJe* 21.08.2009 e RE 641320, DJ 01.08.2016; STJ, RHC 45787/SP, *DJe* 21.05.2014; HC 286405/SP, *DJe* 02.05.2014 e HC 343.113/RS, DJ 06.09.2016. Entretanto, o STF firmou entendimento no sentido de que não viola o verbete vinculante 56 ("A falta de estabelecimento penal adequado não autoriza a manutenção do condenado em regime prisional mais gravoso") a situação do condenado ao regime semiaberto que está cumprindo pena em presídio do regime fechado, mas em uma ala destinada aos presos do semiaberto (Info. 861, STF, de 10 a 21 de abril de 2017).

21.14.2. Progressão de regime

Estatui o art. 33, § 2º, CP: *As penas privativas de liberdade deverão ser executadas em forma progressiva, segundo o mérito do condenado, observados os seguintes critérios e ressalvadas as hipóteses de transferência a regime mais rigoroso.* A progressividade do cumprimento da pena reflete a função reeducadora da pena, voltada à reinserção social progressiva do condenado.

a) Requisitos

Da transcrição do dispositivo, podemos inferir que há duas possibilidades para o preso no decorrer do cumprimento da pena: a progressão para regimes menos gravosos (regra); e a regressão para regime mais rígido (exceção).

O art. 112, LEP, reitera que a pena privativa de liberdade será executada em forma progressiva com a transferência para regime menos rigoroso, estabelecendo como condições para a sua determinação pelo juiz: o cumprimento de ao menos 1/6 (**um sexto) da pena** no regime anterior e ostentar **bom comportamento** carcerário, comprovado pelo **diretor** do estabelecimento. Vemos, portanto, que há um critério dúplice, cumulativo: temporal e disciplinar.

Lembrando que a decisão será sempre motivada e precedida de manifestação do Ministério Público e do defensor, respeitando o devido processo legal, o contraditório e a ampla defesa.

I. Temporal

Retomando a discussão dos requisitos da progressão, é importante lembrar que a regra estabelecida pelo art. 112, LEP, comporta algumas exceções, a exemplo dos crimes hediondos. No caso, a progressão dar-se-á a partir do cumprimento de 2/5 (dois quintos) da pena para o condenado que tenha sido réu primário; ou de 3/5 (três quintos), caso seja reincidente na prática de crimes hediondos ou assemelhados[160].

Ex.1) 6 anos de condenação. É preciso cumprir 1 ano para pleitear a passagem para o semiaberto (1/6).

Ex.2) 10 anos de condenação por crime hediondo. Se o condenado era primário, será necessário cumprir ao menos 4 anos para pleitear a progressão do regime fechado para o semiaberto. Na mesma hipótese, sendo reincidente, deverá cumprir ao menos 6 anos para o pleito.

E para obter uma nova progressão, é preciso cumprir mais 1/6 da pena total ou 1/6 da pena restante? O entendimento que vem prevalecendo é no sentido de que, para a nova progressão, é preciso cumprir 1/6 da **pena restante** e não da total. O principal argumento é o de que a **pena** cumprida é **pena extinta**, logo, não poderá ser usada para computar novas progressões. No nosso exemplo 1, o condenado para progredir do semiaberto para o aberto teria que cumprir mais 10 meses[161].

Impende ressaltar que no caso de condenado preso preventivamente, a custódia cautelar necessariamente deve ser computada para fins de obtenção de progressão de regime e demais benefícios da execução penal, desde que não ocorra condenação posterior por outro crime apta a configurar falta grave (STF, RHC 143463/MG, *DJe* 03.10.2017).

II. Disciplinar

Consiste na necessidade de emissão do atestado de boa conduta firmado pelo diretor do presídio, o que acabou por tornar dispensável o exame criminológico para essa finalidade.

Mas qual é o conteúdo desse atestado? A lei nada diz a esse respeito, abrindo margem para possíveis considerações arbitrárias por parte do diretor. Sendo assim, revela-se mais adequado o entendimento de que ante a ausência de falta grave por parte condenado, deve-se atestar a sua boa conduta.

Então, no caso da prática de falta grave, considera-se interrompido o lapso cumprido de pena para fins de progressão de regime? Sim. Há, por óbvio, divergências consideráveis, mas prevalece no âmbito dos tribunais superiores a interrupção e consequente reinício da contagem do prazo para progressão de regime. Nesse sentido, ver STF, HC 118797/SP, *DJe* 27.02.2014; RHC 114967/GO, *DJe* 06.11.2013; e STJ, HC 257090/SP, *DJe* 25.06.2014. Ver também julgados acerca do "bom comportamento" para progressão, vide: STJ, HC 362.983/SP, *DJe* 16.09.2016 e AgRg no HC 352.627/SP, DJ 10.08.2016 e STF, HC 128080, DJ 05.08.2016.

Outro ponto importante é a Súmula 715, STF: "A pena unificada para atender ao limite de trinta anos de cumprimento, determinado pelo art. 75 do Código Penal, não é considerada para a concessão de outros benefícios, como o livramento condicional ou regime mais favorável de execução".

b) Progressão por salto (*per saltum*)

Trata-se da possibilidade de progressão do regime fechado para o aberto, diretamente, sem passar pelo semiaberto. Uma parte da doutrina admite a possibilidade, mas prevalece o entendimento de que **não** é possível. Nesse

---

160. O STF consolidou entendimento no sentido de que o tráfico de drogas privilegiado (art.33, § 4º, da Lei 11.343/2006) não possui natureza equiparável à hedionda (STF, HC 118533/MS, *DJ* 19.09.2016).

161. Sobre esse assunto é importante pontuar: A data-base para subsequente progressão de regime é aquela em que o reeducando preencheu os requisitos do art. 112 da LEP e não aquela em que o Juízo das Execuções deferiu o benefício (Info. 595, STJ). Explica-se: caso um indivíduo tenha sido condenado a 6 anos de reclusão em regime fechado pela prática de crime comum, terá direito à progressão de regime após 1 ano de cumprimento. Digamos que completou 1 ano de cumprimento no dia 05/05/2015, mas devido ao grande número de processos, somente em 05/10/2015 o juiz proferiu decisão determinando a progressão de regime ao semiaberto. Nesse caso, para efeito de cálculo da nova progressão, deverá ser considerado os 5 meses em que o condenado permaneceu no regime fechado, uma vez que já havia ocorrido o preenchimento das condições (Info. 595, STJ).

sentido, ver STJ, Súmula 491, e STF, RHC 99776/SP, *DJe* 12.02.2010.

21.14.3. Regressão de regime

Como já afirmado, trata-se de medida excepcional, cujas hipóteses estão previstas no art. 118, LEP.

I. praticar fato definido como **crime doloso ou falta grave**

Qualquer que seja o crime doloso, a sua prática enseja a regressão do regime. Não há necessidade de condenação na esfera judicial, mas tão somente a comprovação do fato e da autoria em incidente próprio, o procedimento disciplinar. A mesma disposição se aplica às faltas graves. Se houve absolvição no processo judicial, o preso retornará ao regime anterior.

II. sofrer **condenação**, por crime anterior, cuja pena, somada ao restante da pena em execução, torne incabível o regime (art. 111).

É possível que haja condenação por crime praticado em momento anterior ao encarceramento. Nesse caso, se a soma das condenações resultar período que seja incompatível com o atual, deverá o juiz determinar a regressão para o mais gravoso. Esta é a única regressão obrigatória (art. 33, CP). Ex: condenação à pena superior a 8 anos.

III. o condenado será transferido do regime aberto se, além das hipóteses referidas nos incisos anteriores, frustrar os fins da execução.

Atenção: O não pagamento da multa será executado como dívida de valor, não mais servindo para determinar a regressão de regime (Lei 9.268/1996).

Meios de frustrar os fins da execução podem ser: a violação dos deveres relacionados ao monitoramento eletrônico (art. 146-B, LEP); a prática de fato definido como contravenção penal (CUNHA, 2013, p. 154) etc.

É possível a regressão *per saltum*? Sim. Nos termos do art. 118 da Lei de Execução Penal, a transferência do condenado, a título de regressão, pode ocorrer para qualquer dos regimes mais rigorosos. Ver STJ, HC 273726/MG, *DJe* 31.03.2014; HC 283199/MG, *DJe* 07.03.2014 e AgRg no REsp 1575529/MS, DJ 17.06.2016.

21.14.4. Remição (art. 126, LEP)

a) Conceito

É o desconto do tempo de cumprimento da pena por meio do trabalho ou do estudo.

b) Beneficiários

Destina-se aos condenados que estejam cumprindo pena nos regimes fechado ou semiaberto.

c) Contagem do tempo

No caso de **atividade laboral**, a cada 3 (três) dias de trabalho é remido 1 (um) dia da pena. Ex: ao trabalhar 3 dias terá o condenado cumprido 4 dias de pena.

A remição por **estudo** dar-se-á da seguinte forma: a cada 12 (doze) horas de frequência escolar é remido 1 (um) dia da pena.

O STJ já havia reconhecido tal possibilidade antes mesmo da alteração legislativa de 2011, com a edição da Súmula 341: *A frequência a curso de ensino formal é causa de remição de parte do tempo de execução de pena sob regime fechado ou semiaberto.*

Mas, afinal, em que consiste o estudo e como este é dividido? Consiste no desenvolvimento da atividade de ensino fundamental, médio, inclusive profissionalizante, ou superior, ou ainda de requalificação profissional (presencial ou à distância) e de leitura[162]. As 12 horas dedicadas ao estudo devem ser divididas, no mínimo, em 3 (três) dias, ou seja, o preso que tiver 12 horas de estudo a cada 3 dias ou mais terá 1 dia remido.

Vale ressaltar que deve haver certificação pelas autoridades educacionais competentes dos cursos frequentados.

Há também uma possibilidade de bônus pela conclusão de algum nível de ensino, nos termos do § 5º, art. 126, LEP: *O tempo a remir em função das horas de estudo será acrescido de 1/3 (um terço) no caso de conclusão do ensino fundamental, médio ou superior durante o cumprimento da pena, desde que certificada pelo órgão competente do sistema de educação.* No caso, será considerado o total dos dias naturalmente remidos, acrescidos de 1/3 desse total.

Por fim, a remição pode ainda combinar o trabalho e o estudo desenvolvidos concomitantemente. Ex: 3 dias de trabalho **E** estudo = 5 dias de pena cumprida.

d) Da comunicação

Nos termos do art. 129, LEP, a comunicação ao juízo da execução deverá ser feita pela autoridade administrativa, que encaminhará, mensalmente, uma cópia do registro de todos os condenados que estejam trabalhando ou estudando, com informação dos dias de trabalho e/ou as horas de frequência escolar ou de atividades de ensino de cada um deles.

e) Perda dos dias remidos (art. 127, LEP)

Diz o referido dispositivo que na hipótese de falta grave cometida pelo preso, o juiz poderá revogar até 1/3 (um terço) do tempo remido, observado o disposto no art. 57, recomeçando a contagem a partir da data da infração disciplinar. Perceba, caro leitor, que a perda dos dias remidos **somente** acontecerá por meio de decisão judicial, assegurados o contraditório e a ampla defesa.

Durante certo tempo houve discussão acerca da constitucionalidade do referido dispositivo, mas a polêmica foi encerrada com o advento da Súmula Vinculante 9, STF: *O disposto no artigo 127 da Lei 7.210/1984 (lei de execução penal) foi recebido pela ordem constitucional vigente e não se lhe aplica o limite temporal previsto no caput do artigo 58.*

f) Remição para o regime aberto

Para o STF não existe possibilidade de remição de pena para o regime aberto em caso de atividade laboral, pois inexiste previsão legal nesse sentido (RHC 117075/DF, *DJe* 19.11.2013 e HC 114591/RS, DJe 14.11.2013). No STJ o entendimento é o mesmo, havendo exceção explicitamente enunciada para a frequência em cursos de ensino regular

---

162. Ver STJ, HC 312468/SP, *DJe* 22.06.2015 e AgRg no REsp 1453257/MS, DJ 10.06.2016.

ou profissionalizantes (AgRg no REsp 1223281/RS, DJe 07.02.2013 e HC 359.072/RS, DJe 23/08/2016), conforme estatui o § 6º do art. 126, LEP (frequência em curso de ensino regular ou de educação profissional). Ver ainda STJ, REsp 1381315/RJ, DJe 19.05.2015.

Com o advento do § 6.º art. 126, LEP, é possível inferir que não há óbice da Suprema Corte quanto à remição da pena para os sentenciados em regime aberto, na hipótese de frequência em curso de ensino regular ou de educação profissional, uma vez que passou a existir previsão legal.

21.14.5. Autorizações de Saída

A sua razão de ser é atenuar o rigor da execução contínua da pena de prisão, consoante exposição de motivos da LEP. As saídas também cumprem importante função quanto à reinserção gradativa do preso à sociedade, pois permite o retorno temporário ao convívio com família e amigos no ambiente externo.

As suas modalidades são as seguintes:

a) Permissão de saída: Possui caráter urgente, devendo ser autorizada pelo diretor do estabelecimento penal. Por óbvio, também pode ser requerida ao juiz da execução penal. É dotada de cunho humanitário e deve ser feita com escolta.

I. Cabimento

As hipóteses que autorizam a permissão estão elencadas no art. 120, LEP.

1. falecimento ou doença grave do cônjuge, companheira, ascendente, descendente ou irmão;
2. necessidade de tratamento médico.

II. Beneficiários

Destina-se aos presos dos regimes fechado e semiaberto, bem como aos presos provisórios.

III. Duração

A duração dependerá da finalidade ou da razão pela qual se deu a saída.

b) Saída temporária: Medida de cunho educativo, preparatória para o retorno à liberdade. Por esse motivo, é programada e depende de autorização judicial. Não prevê qualquer escolta. Apesar da ausência de escolta, é possível a utilização de equipamento de monitoração eletrônica pelo condenado, desde que haja determinação do juiz da execução nesse sentido.

I. Cabimento:

São hipóteses autorizadoras da saída temporária:

1. visita à família;
2. frequência a curso supletivo profissionalizante, bem como de instrução do 2º grau ou superior, na Comarca do Juízo da Execução;
3. participação em atividades que concorram para o retorno ao convívio social.

II. Beneficiários

Destinada aos presos que estão nos regimes semiaberto e aberto.

III. Requisitos

São requisitos para a concessão da saída temporária:

1. comportamento adequado;
2. cumprimento mínimo de 1/6 (um sexto) da pena, se o condenado for primário, e 1/4 (um quarto), se reincidente;
3. compatibilidade do benefício com os objetivos da pena.

IV. Duração

O prazo de duração da saída temporária está disciplinado no art. 124, LEP, e será de até 7 (sete) dias, podendo ser renovado em mais 4 (quatro) oportunidades durante o ano.

Exceção: Quando se tratar de frequência a curso profissionalizante, de instrução de ensino médio ou superior, o tempo de saída será o necessário para o cumprimento das atividades discentes.

Nos demais casos, as autorizações de saída somente poderão ser concedidas com prazo mínimo de 45 (quarenta e cinco) dias de intervalo entre uma e outra.

V. Condições

O juiz deverá impor determinadas condições como forma de prevenir a fuga e incidentes envolvendo o beneficiário. Na decisão, levará em conta as circunstâncias do caso e a situação pessoal do condenado. São elas:

1. fornecimento do endereço onde reside a família a ser visitada ou onde poderá ser encontrado durante o gozo do benefício;
2. recolhimento à residência visitada, no período noturno;
3. proibição de frequentar bares, casas noturnas e estabelecimentos congêneres.

VI. Revogação

O benefício será automaticamente revogado se o condenado praticar fato definido como crime doloso, for punido por falta grave[163], desatender as condições impostas na autorização ou revelar baixo grau de aproveitamento do curso.

Para recuperar o direito à saída temporária, o preso dependerá de uma absolvição no processo penal (crime doloso), do cancelamento da punição disciplinar (falta grave) ou da demonstração do merecimento do condenado.

21.15. Execução da medida de segurança (MS)

A medida de segurança é imposta por sentença, destinada aos portadores de transtornos mentais que, consequentemente, não poderiam ser responsáveis pelos seus atos, merecendo tratamento ao invés do encarceramento.

A imposição da MS pressupõe: a) sentença absolutória imprópria; b) insanidade do preso durante o cumprimento da pena; c) sentença condenatória para os semi-imputáveis.

21.15.1. Modalidades

A MS pode ser executada sob duas espécies, estabelecidas no art. 96, I e II, CP. São elas:

---

163. A não observância do perímetro estabelecido para monitoramento de tornozeleira eletrônica configura mero descumprimento de condição obrigatória que autoriza a aplicação de sanção disciplinar, mas não configura, mesmo em tese, a prática de falta grave (Info. 595, STJ). Contudo, o condenado que rompe a tornozeleira eletrônica ou que não a mantém com bateria suficiente comente falta grave.

2. DIREITO PROCESSUAL PENAL 283

a) Internação: O preso fica internado em hospital de custódia e tratamento psiquiátrico (HCT) ou, na sua falta, em outro estabelecimento adequado às necessidades terapêuticas.

E medida mais gravosa nesse âmbito e destinada, normalmente, aos crimes apenados com reclusão. Também denominada de MS detentiva.

b) Tratamento ambulatorial: Consiste no tratamento sem a necessidade de internação. A pessoa se apresenta ao hospital durante o dia para obter o tratamento necessário. Também chamada de *MS não detentiva*.

21.15.2. Procedimento

a) No caso de **sentença absolutória imprópria**, depende do incidente de insanidade mental no curso do IP ou do processo. O juiz poderá acatar, ou não, a conclusão dos peritos. Acatando, proferirá sentença absolutória imprópria.

b) Tratando-se da **superveniência de doença mental** durante a execução, existem duas hipóteses:

I. Enfermidade passageira: deve ser adotada a internação no HCT até que cesse a enfermidade (art. 108, LEP). Denominada de medida de segurança reversível porque, uma vez curado, o indivíduo retorna ao cumprimento da pena privativa de liberdade. Aqui o tempo de internação deve ser contado como tempo de pena cumprida. Se, eventualmente, o tempo da pena encerrar sem que a enfermidade seja curada, deverá ser extinta a pena pelo seu cumprimento (CUNHA, 2013, p. 230).

II. Enfermidade não passageira: sendo identificado o caráter definitivo do transtorno mental, a medida de segurança torna-se irreversível, devendo o juiz proceder à substituição da pena pela medida de segurança (arts. 183, LEP). Nessa linha, ver STJ, HC 130162/SP, *DJe* 15.08.2012.

O prazo dessa medida de segurança é uma questão polêmica. Apontaremos a seguir 4 (quatro) posicionamentos: a) duração indefinida até que a perícia demonstre a cessação da periculosidade do agente (art. 97, § 1º, CP); b) duração máxima de 30 anos, que é o mesmo para o cumprimento da pena privativa de liberdade (art. 75, CP). Vide STF, HC 84.219/SP, *DJ* 23.09.2005; c) mesma duração da pena privativa de liberdade substituída; d) limitada ao máximo da pena abstratamente cominada ao crime.

O STJ entende que prevalece a corrente citada no item "c", ou seja, a duração da MS será a mesma da pena privativa de liberdade substituída, estabelecida na sentença condenatória (HC 251296/SP, *DJe* 11.04.2014 e Súmula 527 – O tempo de duração da medida de segurança não deve ultrapassar o limite máximo da pena abstratamente cominada ao delito praticado. Terceira Seção, aprovada em 13.05.2015, DJe 18.05.2015).

c) Sentença condenatória (semi-imputáveis): apesar de a MS ser, normalmente, aplicada aos inimputáveis, o juiz **poderá**, se entender adequado, aplicá-la aos semi-imputáveis. Neste caso, o juiz proferirá sentença condenatória e aplicará a modalidade de medida de segurança que entender cabível (art. 98, CP).

21.15.3. Prazo da MS

A MS não possui prazo máximo determinado, mas apenas o prazo mínimo, que vai de 1 a 3 anos (art. 97, § 1º, CP).

Findo o prazo, deve ser efetuada nova perícia para averiguar a cessação ou não da periculosidade (art. 175, LEP).

Na hipótese de manutenção da periculosidade, será mantida a MS, e a perícia deverá ser refeita anualmente ou em menor período, a critério do juiz.

21.16. Execução das penas restritivas de direitos (penas alternativas)

21.16.1. Fundamentos

Atualmente, significativo setor da comunidade acadêmica (jurídica e não jurídica) reconhece que a pena de prisão não consegue cumprir praticamente nenhuma das missões que persegue (ressocialização do preso, prevenção geral e especial etc.). Os elevados índices de reincidência, os efeitos deletérios do cárcere na vida do preso, dentre tantos problemas que poderíamos apontar, levam ao reconhecimento, por parte de muitos autores, de uma aguda crise da pena de prisão, falando-se mesmo em uma "falência da pena de prisão" (Cezar Bitencourt). Por conta disso, hoje, a prisão é encarada por muitos juristas como *ultima ratio*, como "mal necessário", como último recurso que o Estado deve lançar mão para exercer o seu *jus puniendi*. É, pois, nesse contexto que se inserem as chamadas penas alternativas. São formas alternativas ao sistema penal clássico regido pela pena de prisão, de se aplicar o *jus puniendi*, que visam exatamente remediar os efeitos nocivos do cárcere. Estudemos nos próximos tópicos um pouco mais sobre essas penas alternativas e, principalmente, sobre a forma de sua execução.

21.16.2. Aspectos gerais

I. As penas restritivas de direitos restringem *outros direitos* que *não a liberdade de locomoção*. Destinam-se, sobretudo, a crimes menos graves e a criminosos cujo encarceramento não se mostra aconselhável, em razão dos evidentes efeitos negativos que dele decorrem. Prestigia-se aqui a ideia que o cárcere deve ser reservado a casos realmente necessários (graves).

II. As penas restritivas de direito possuem natureza de pena autônoma. Não são, portanto, acessórias à pena privativa de liberdade.

III. Tais penas não estão previstas na Parte Especial do Código Penal, mas na Parte Geral. Desde que preenchidos os requisitos objetivos e subjetivos, podem ser aplicadas a qualquer delito.

IV. Não é possível a execução provisória das penas restritivas de direitos (STJ, EREsp 1.619.087/SC, *DJe* 24.08.2017 e Info. 609).

21.16.3. Procedimento e requisitos para a sua aplicação: (arts. 43 e ss., CP)

I. Primeiro, o Juiz, na sentença condenatória, deve estabelecer a pena privativa de liberdade a ser cumprida. Feito isso, constatados os requisitos para a realização da substituição da pena, o magistrado deverá realizar, na própria sentença, a substituição da pena privativa de liberdade pela restritiva de direitos.

II. Os requisitos para a substituição são:

a) para os crimes dolosos: pena privativa de liberdade não superior a 4 anos; para os crimes culposos: não importa a quantidade de pena (pode ultrapassar os 4 anos, inclusive);
b) o crime não pode ter sido cometido com violência ou grave ameaça à pessoa;
c) o réu não pode ser reincidente específico em crime doloso;
d) a culpabilidade, os antecedentes, a conduta social e a personalidade do condenado, bem como os motivos e as circunstâncias indiquem que a substituição é suficiente.

21.16.4. Espécies ou modalidades de penas restritivas de direitos (art. 43, CP)

a) Prestação pecuniária: consiste no pagamento à vítima, seus dependentes ou a entidade pública ou privada com destinação social, de valor fixado pelo juiz na sentença (art. 45, CP).

Não há disciplina legal especificando a execução dessa pena restritiva de direitos. Não sendo efetuado o pagamento de forma voluntária e tratando-se de montante destinado a **particular** (vítima ou entidade privada), deverá este promover a execução do valor junto ao juízo cível.

Não sendo efetuado o pagamento de forma voluntária e tratando-se de montante destinado a **entidade pública**, entende-se que o MP ou a Procuradoria efetuará a execução.

De todo o modo, o descumprimento não pode acarretar em pena de prisão, por analogia ao art. 51, CP.

b) Perda de bens e valores: trata-se da perda de bens e valores que pertençam licitamente ao condenado em favor do Fundo Penitenciário Nacional. Legislação especial, porém, poderá estabelecer destinação diversa a esses bens e valores. O valor a ser perdido pelo condenado terá como teto – o que for maior – o montante do prejuízo causado ou do provento obtido pelo agente ou por terceiro, em consequência da prática do crime (art. 45, § 3º, CP).

c) Prestação de serviços à comunidade ou entidades públicas (arts. 46, CP; e 148 a 150, LEP): aplicável às condenações superiores a seis meses de privação da liberdade. O condenado desenvolverá atividades em benefício da comunidade ou de entidade pública de modo gratuito. Logo, não faz jus a qualquer remuneração pelos serviços prestados.

São entidades aptas a recepcionar os condenados: entidades assistenciais, hospitais, escolas, orfanatos e outros estabelecimentos congêneres, em programas comunitários ou estatais.

As atividades atribuídas levarão em consideração as aptidões do condenado, devendo ser cumpridas à razão de uma hora de tarefa por dia de condenação, fixadas de modo a não prejudicar a jornada normal de trabalho do apenado.

O trabalho terá a duração de 8 (oito) horas semanais e será realizado aos sábados, domingos e feriados, ou em dias úteis, de modo a não prejudicar a jornada normal de trabalho.

Cumpre ressaltar que o juiz da execução será competente para:

I. Designar a entidade ou programa comunitário ou estatal, devidamente credenciado ou convencionado, junto ao qual o condenado deverá trabalhar gratuitamente, de acordo com as suas aptidões;

II. Determinar a intimação do condenado, cientificando--o da entidade, dias e horário em que deverá cumprir a pena;

III. Alterar a forma de execução, a fim de ajustá-la às modificações ocorridas na jornada de trabalho.

O início da execução, nesta modalidade, será na data do primeiro comparecimento. Em caso de descumprimento injustificado da prestação de serviço, poderá haver conversão em pena de prisão.

A fiscalização do cumprimento da obrigação dar-se-á por meio do envio mensal de relatório circunstanciado das atividades do condenado, bem como, a qualquer tempo, da comunicação sobre ausência ou falta disciplinar do condenado (art. 150, LEP).

d) Interdição temporária de direitos (arts. 47, CP; 154 e 155, LEP): consiste na suspensão do exercício de determinados direitos pelo condenado. A interdição deverá ter relação com o crime praticado.

São penas de interdição de direitos:

I. Proibição do exercício de cargo, função ou atividade pública, bem como de mandato eletivo;

II. Proibição do exercício de profissão, atividade ou ofício que dependam de habilitação especial, de licença ou autorização do poder público;

III. Suspensão de autorização ou de habilitação para dirigir veículo.

IV. Proibição de frequentar determinados lugares.

V. Proibição de inscrever-se em concurso, avaliação ou exame públicos.

Sobre a execução propriamente dita da interdição temporária de direitos, destaque-se que caberá ao Juiz da execução comunicar à autoridade competente a pena aplicada, determinada a intimação do condenado (art. 154, *caput*, LEP).

Na hipótese de "proibição do exercício de cargo, função ou atividade pública, bem como de mandato eletivo", a autoridade deverá, em 24 (vinte e quatro) horas, contadas do recebimento do ofício, baixar ato, a partir do qual a execução terá seu início.

Nas hipóteses de "proibição do exercício de profissão, atividade ou ofício que dependam de habilitação especial, de licença ou autorização do poder público" e "suspensão de autorização ou de habilitação para dirigir veículo", o juízo da execução determinará a apreensão dos documentos, que autorizam o exercício do direito interditado.

Em caso de descumprimento da medida, estabelece o art. 155, LEP, que a autoridade deverá comunicar imediatamente ao Juiz da execução o descumprimento da pena. Tal comunicação também poderá ser efetuada por qualquer prejudicado (parágrafo único).

e) Limitação de fim de semana: nos termos do art. 48, CP, consiste na obrigação de permanecer, aos sábados e domingos, por 5 (cinco) horas diárias, em casa de albergado ou outro estabelecimento adequado.

No que tange à execução dessa medida, o juiz da execução determinará a intimação do condenado para cientificá-lo do local, dias e horário em que cumprirá a pena (art. 151, LEP). A execução terá início a partir da data do primeiro comparecimento (parágrafo único).

Conforme dispõe o art. 152, LEP: "poderão ser ministrados ao condenado, durante o tempo de permanência, cursos e palestras, ou atribuídas atividades educativas".

Nos casos de violência doméstica contra a mulher, o juiz poderá determinar o comparecimento obrigatório do agressor a programas de recuperação e reeducação (parágrafo único).

A fiscalização ficará a cargo do estabelecimento designado pelo juiz. O responsável encaminhará, mensalmente, ao juiz da execução, relatório, bem assim comunicará, a qualquer tempo, a ausência ou falta disciplinar do condenado – art. 153, LEP.

22. LEIS ESPECIAIS

A seguir, comentaremos, de forma mais detalhada, algumas leis especiais que costumam constar nos editais de concurso para delegado. Note o leitor que, ao longo dos tópicos anteriores, já examinamos vários dispositivos de relevantes leis especiais, tais como: Lei de Drogas, Lei dos Crimes Hediondos, Lei de Organizações Criminosas, dentre outras. Como os principais dispositivos destas leis já foram examinados em tópicos passados, não iremos repetir nossos comentários no presente capítulo. Por outro lado, recomendamos ao candidato que, sempre que possível, faça a leitura integral de todas as leis que integram o edital do concurso, não se limitando, portanto, às leis especiais que foram tratadas neste livro até a presente edição.

22.1   Estatuto do Índio (Lei 6.001/1973)

Trata-se de diploma legal voltado à proteção dos silvícolas em território nacional, trazendo especialmente as condutas típicas práticas e sofridas por esse grupo étnico-cultural.

22.1.1   Definição de silvícola

Nos termos do art. 3º, I, da Lei em comento, índio ou silvícola é "todo indivíduo de origem e ascendência pré-colombiana que se identifica e é identificado como pertencente a um grupo étnico cujas características culturais o distinguem da sociedade nacional".

22.1.2   Definição de comunidade indígena ou grupo tribal

Contida no art. 3º, II, a definição de grupo tribal é delimitada como "um conjunto de famílias ou comunidades índias, quer vivendo em estado de completo isolamento em relação aos outros setores da comunidade nacional, quer em contatos intermitentes ou permanentes, sem contudo estarem neles integrados".

A situação de isolamento consiste no modo de vida completamente desconhecido pela comunidade nacional ou aquele cujos registros sejam raros e vagos, sendo que os elementos de contato com a nossa comunidade são eventuais.

Integração quer dizer a sua incorporação à comunidade nacional, tendo os direitos civis reconhecidos aos membros da comunidade indígena.

22.1.3   Competência

Para que a Justiça Federal seja competente, deve haver ofensa à cultura indígena ou a direitos seus, como território (STF, RE 419528/PR, *DJ* 09.03.2007; RE 844036AgR/ES, *DJe* 04.02.2016 e STJ CC 129704/PA, *DJe* 31.03.2014). Ademais, o crime praticado por/contra silvícola, isoladamente considerado, é da competência da justiça comum estadual (Súmula 140, STJ).

22.1.4   Aspectos procedimentais

No caso dos crimes previstos no art. 58, Lei 6.001/1973, cuja pena máxima cominada é de dois anos, são aplicáveis institutos como a transação penal e os benefícios da Lei 9.099/1995, pois são crimes de menor potencial ofensivo.

22.2   Lei de Interceptação Telefônica (Lei 9.296/1996)

Inicialmente, cabe uma distinção entre as espécies de captação de diálogos.

Captação ou gravação ambiental: Conversa pessoal entre os interlocutores, ocorrida em determinado ambiente, que possibilita a um deles a colheita do conteúdo da conversa por determinados meios, tais como gravação de voz, fotografia, filmagem (NUCCI, V. 2, 2014, p. 687)

Interceptação ambiental: trata-se da captação ambiental de uma conversa, realizada por terceiro, sem o consentimento dos interlocutores.

Escuta ambiental: captação de comunicação, no ambiente em que ocorre, realizada por terceiro com o consentimento de um dos interlocutores (LIMA, 2014, p. 694).

Gravação telefônica ou clandestina: gravação de comunicação telefônica feita por um dos interlocutores (autogravação). Diz-se clandestina porque, em regra, acontece sem que o outro interlocutor tenha ciência da gravação. (LIMA, 2014, p. 694).

Interceptação telefônica (sentido estrito): captação de comunicação telefônica alheia realizada por terceiro, sem que os interlocutores tenham ciência.

A Lei de Interceptação Telefônica surgiu para regulamentar o inciso XII, parte final, do art. 5º da CF, que diz: "é inviolável o sigilo da correspondência e das comunicações telegráficas, de dados e das comunicações telefônicas, salvo, no último caso, por ordem judicial, nas hipóteses e na forma que a lei estabelecer para fins de investigação criminal ou instrução processual penal".

Com efeito, conforme estabeleceu o texto constitucional (e o art. 1º da Lei 9.296/1996), a interceptação telefônica pode apenas ser utilizada para a produção de prova em persecuções de tipo **penal** (investigação criminal ou instrução processual penal), sendo vedada, portanto, a sua utilização para processos e investigações de natureza extrapenal. Isto é assim por conta do caráter drástico que esse meio de prova possui (vale lembrar que a intercepção realiza uma ampla devassa na vida privada do indivíduo). Assim, por conta da drasticidade da medida, reserva-a a Constituição para os casos em que a violação ao bem jurídico é acintosa – notoriamente nas hipóteses de infração de natureza penal.

Seguindo essa mesma linha de raciocínio, o legislador (vide os incisos do art. 2º) procurou reforçar o caráter **excepcional** da interceptação telefônica, afirmando que essa medida não será admitida quando:

I – não houver indícios razoáveis da autoria ou participação em infração penal;

II – a prova puder ser feita por outros meios disponíveis;

III – o fato investigado constituir infração penal punida, no máximo, com pena de detenção.

Logo, conclui-se dos incisos acima que: (1) o juiz não pode determinar a interceptação quando a prova puder ser obtida por outros meios (menos drásticos); e (2) o magistrado não pode determinar a interceptação em relação a fato punido apenas com detenção (ou seja, o fato deve ser punido com reclusão para que possa ser passível de interceptação).

Apesar de ser facilmente perceptível a intenção do constituinte e legislador de conceber a interceptação como medida de exceção, essa orientação não tem, muitas vezes, sido observada pela jurisprudência brasileira, já que esta, constantemente, se utiliza da medida em tela como "primeira" e não "última" opção. Por isso, são acertadas as críticas que a doutrina realiza nesse campo, pois há, de fato, um agudo processo de banalização da interceptação telefônica no país.

Sobre o procedimento da interceptação temos o seguinte:

(1) De acordo com o art. 3º e seus incisos, a interceptação das comunicações telefônicas poderá ser determinada pelo juiz, de ofício ou a requerimento (verbal, inclusive – art. 4º, § 1º) do delegado ou MP. A crítica que se pode fazer à determinação de ofício pelo juiz é aquela mesma já realizada em outras passagens deste trabalho: toda a determinação de prova de ofício pelo juiz deturpa a atividade judicante e viola o sistema acusatório. Seja como for (seja de ofício ou via requerimento), a decisão que determina a interceptação, deverá, por óbvio, ser fundamentada,[164] sob pena de nulidade.

(2) Em caso de pedido formulado ao juiz (pelo delegado ou MP), este decidirá em 24h (art. 4º, § 2º).

(3) Deferido o pedido de interceptação, o delegado "conduzirá os procedimentos de interceptação, dando ciência ao Ministério Público, que poderá acompanhar a sua realização" (art. 6º). Segundo o § 1º deste mesmo dispositivo, "no caso de a diligência possibilitar a gravação da comunicação interceptada, será determinada a sua transcrição". Adicione-se que, para os procedimentos de interceptação, o delegado poderá "requisitar serviços e técnicos especializados às concessionárias de serviço público" (art. 7º).

(4) No que tange ao **prazo** da diligência de interceptação, estabelece a lei o prazo de 15 dias, "renovável por igual tempo uma vez comprovada a indispensabilidade do meio de prova" (art. 5º). Embora a lei tenha fixado um prazo para a realização da diligência, a jurisprudência do STF tem permitido uma incrível flexibilização desse prazo: STF HC RHC 120551/MT, **DJ** 08.04.2014, *DJe* 28.04.2014: "O Plenário desta Corte já decidiu que "é possível a prorrogação do prazo de autorização para a interceptação telefônica, mesmo que sucessivas, especialmente quando o fato é complexo, a exigir investigação diferenciada e contínua. Não configuração de desrespeito ao art. 5º, *caput*, da Lei 9.296/1996" (HC 83.515/RS, Rel. Min. Nelson Jobim)". Em razão de decisões assim, não são poucos os casos em que a vida privada do indivíduo fica absurdamente exposta meses a fio, deturpando-se tanto o sentido constitucional como legal de excepcionalidade desse tipo de diligência.

(5) Concluída a diligência, o delegado "encaminhará o resultado da interceptação ao juiz, acompanhado de auto circunstanciado, que deverá conter o resumo das operações realizadas" (art. 6º, § 2º).

(6) Note-se ainda que a interceptação "ocorrerá em autos apartados, apensados aos autos do inquérito policial ou do processo criminal, preservando-se o sigilo das diligências, gravações e transcrições respectivas" (art. 8º). A apensação dos autos de interceptação somente poderá ser realizada imediatamente antes do relatório da autoridade policial (quando se tratar de inquérito policial) ou ao fim da instrução processual (parágrafo único, art. 8º). Por outro lado, "a gravação que não interessar à prova será inutilizada por decisão judicial, durante o inquérito, a instrução processual ou após esta, em virtude de requerimento do Ministério Público ou da parte interessada" (art. 9º). "O incidente de inutilização será assistido pelo Ministério Público, sendo facultada a presença do acusado ou de seu representante legal" (parágrafo único).

Finalmente, cabe acrescentar que, de acordo com o art. 10 da lei, "constitui crime realizar interceptação de comunicações telefônicas, de informática ou telemática, ou quebrar segredo da Justiça, sem autorização judicial ou com objetivos não autorizados em lei". A pena neste caso é de reclusão, de dois a quatro anos, e multa.

22.3   Crimes de tortura (Lei 9.455/1997)

22.3.1   Definição

Segundo o art. 1º, Lei 9.455/1997, a tortura pode ser compreendida sob dois aspectos. O primeiro deles é enquanto a conduta de "constranger alguém com emprego de violência ou grave ameaça, causando-lhe sofrimento físico ou psicológico, com o fim de obter informação, declaração ou confissão da vítima ou de terceiro, para provocar ação ou omissão de natureza criminosa ou, ainda, em razão de discriminação racial ou religiosa".

---

164. Como se sabe, a fundamentação é obrigatória para toda decisão judicial, sob pena de nulidade (art. 93, IX, CF). Porém, o Supremo, no caso de decisão que prorroga a interceptação, tem (erroneamente, segundo sustenta a doutrina) dispensado a necessidade de nova fundamentação. STF HC RHC 120551 / MT, *DJ* 08.04.2014: "as decisões que autorizam a prorrogação de interceptação telefônica sem acrescentar novos motivos evidenciam que essa prorrogação foi autorizada com base na mesma fundamentação exposta na primeira decisão que deferiu o monitoramento (HC 92.020/DF, Rel. Min. Joaquim Barbosa)".

O segundo fala sobre a submissão de "alguém, sob sua guarda, poder ou autoridade, com emprego de violência ou grave ameaça, a intenso sofrimento físico ou psicológico, como forma de aplicar castigo pessoal ou medida de caráter preventivo".

22.3.2 Aspectos processuais

a) Competência: o entendimento consolidado era o de que o crime de tortura não possuía natureza militar (castrense), motivo pelo qual, ainda que fosse praticado por membro das Forças Armadas ou por PM, a competência seria da Justiça Comum (STF, AI 769637 AgR-ED-ED/MG, *DJe* 16.10.2013). Entretanto, com o advento da Lei 13.491/2017, motivada pela crescente militarização da segurança pública e inexplicável "blindagem" dos militares que cometam delitos no exercício da sua atividade, o art. 9º, II/CPM estabelece que os crimes previstos nas leis penais militares e leis penais não militares serão julgados pela JM, seja da União ou Estadual. Acreditamos que haverá melhor balizamento do seu teor pelos Tribunais, mas o entendimento predominante tem sido neste sentido[165].

b) Liberdade provisória: no que concerne à possibilidade de concessão da liberdade provisória há conflito entre a doutrina e o STF. Note que a Suprema Corte mantém o entendimento de que em razão da vedação constitucional à fiança aos crimes hediondos (art. 5º, XLIII e LXVI), estes delitos não são passíveis de LP (HC 92932/ SP, *DJe* 25.09.2013).

Também em decorrência dos dispositivos da CF citados, a tortura é insuscetível de graça, indulto e anistia.

c) Validade da prova colhida: como um dos efeitos da conduta, as informações, declarações e confissões obtidas no procedimento investigatório ou no processo, mediante o emprego de tortura, serão consideradas provas obtidas por meios ilícitos, eivadas, portanto, de vício insanável. Nulidade absoluta, motivo pelo qual devem ser desentranhadas dos autos do IP, de outras peças investigatórias ou do processo.

d) Prova da materialidade: importante salientar que a prova da materialidade da tortura é, em regra, complexa. São utilizados todos os meios de prova admitidos, mas geralmente são utilizados o depoimento da vítima, a prova testemunhal e o exame de corpo de delito (STJ, REsp 1113662/SP, *DJe* 07.03.2014).

e) Regime de cumprimento da pena: o regime inicial será o fechado, podendo haver progressão do regime, nos termos da Lei. A mudança se deu em razão da declaração de inconstitucionalidade do dispositivo que vedava a progressão de regime, bem como da Lei 11.464/2007, que alterou a redação § 1º, art. 2º, da Lei 8.072/1990 (crimes hediondos).

22.4 Lei 10.446/2002 (Regula as atribuições da Polícia Federal na persecução criminal)

22.4.1 Noções gerais (art. 1º)

A Lei dispõe sobre a atuação da Polícia Federal (PF) nas infrações penais que, a despeito de não envolverem, *a priori*, questões relacionadas à União, possuem repercussão interestadual ou internacional. É justamente em razão desse alcance territorial que necessitam de uma repressão uniforme no país.

22.4.2 Requisitos (art. 1º)

Os requisitos para atuação da PF são, **simultaneamente**, a repercussão interestadual ou internacional do crime e a necessidade de repressão uniforme, coerente, pelo Estado brasileiro.

A repercussão interestadual ou internacional significa que determinado crime pode atingir, direta ou indiretamente, bem jurídico de pessoa física ou jurídica em mais de um estado ou país. Vale dizer que os atos executórios ou a consumação devem se prolongar por mais de um território, causando algum tipo de comoção, efeito negativo (lesivo), em todos os locais.

Por repressão uniforme, no dizer de Nucci (2014, V.1, p. 47), entende-se a necessidade de atuação estatal harmônica e coerente, sem disputas ou conflitos, com o escopo de concentrar a obtenção de informações oriundas da sua apuração. Daí o porquê da apuração pela Polícia Federal, que atua em todo o território nacional.

Vale ressaltar, entretanto, que a participação das forças policiais locais (Polícia Civil e PM) NÃO é vedada. Ao contrário, deve acontecer em regime de cooperação, de coparticipação, com natureza auxiliar.

22.4.3 Modalidades de crime (art. 1º, I a VI)

Imprescindível destacar que o diploma legal diz respeito apenas a crimes, NÃO se aplicando às contravenções penais.

Ressaltamos que o rol abaixo não é taxativo[166], tratando-se de norma aberta (parágrafo único, art. 1º). Perceba o leitor que o dispositivo confere ao Ministro da Justiça o juízo de conveniência acerca da atuação da PF nas investigações de outros tipos de delito, embora seja algo incomum na prática policial.

Assim, são crimes inicialmente sujeitos à atuação uniforme da PF em caso de repercussão interestadual ou internacional:

I. sequestro, cárcere privado e extorsão mediante sequestro (arts. 148 e 159, CP), **se o agente foi impelido por motivação política ou quando praticado em razão da função pública exercida pela vítima.**

Importante: A motivação do delito é o aspecto chave.

No que concerne à **motivação política**, insta salientar que a doutrina construiu o entendimento de que a leitura deve ser feita à luz dos arts. 1º e 2º, Lei 7.170/1983.

A conduta do agente deve ter motivação e objetivo políticos específicos (art. 2º, I, Lei 7.170/1983), bem como causar lesão real ou potencial aos bens jurídicos mencionados no art. 1º daquela Lei. Mas quais seriam os bens jurídicos indicados no dispositivo?

São eles:

---

165. Disponível em: [https://www.conjur.com.br/2017-out-20/limite-penal-lei-134912017-fez-retirar-militares-tribunal-juri].

166. Nesse sentido, ver STJ, RHC 62436/SC, *DJe* 27.09.2017.

a) a integridade territorial e a soberania nacional (art. 1º, I, Lei 7.170/1983);

b) o regime representativo e democrático, a Federação e o Estado de Direito (inc. II);

c) a pessoa dos chefes dos Poderes da União (inc. III).

Na segunda hipótese, quando o **crime é praticado em razão da função pública exercida pela vítima**, é necessário que o delito seja praticado contra funcionário público e em razão do exercício da função.

Nesse caso, ainda que o funcionário público pertença à esfera estadual, é possível que a PF atue na investigação.

II. formação de cartel (art. 4º, Lei 8.137/1990): Ocorre quando a repercussão plurilocal decorre de uma das condutas tipificadas no art. 4º, a exemplo do ajuste de preços entre empresários que visa à eliminação da concorrência por meio do abuso do poder econômico.

III. relativas à violação a direitos humanos, que a República Federativa do Brasil se comprometeu a reprimir em decorrência de tratados internacionais de que seja parte.

O entendimento prevalente é o mesmo utilizado para o incidente de deslocamento de competência (IDC), ou seja, para que a PF atue na investigação é preciso que o delito cometido contra algum direito humano tenha elevada gravidade, atinja um grupo, uma coletividade, em estados distintos e necessite de repressão uniforme.

IV. furto, roubo ou receptação de cargas, inclusive bens e valores, transportadas em operação interestadual ou internacional, quando houver indícios da atuação de quadrilha ou bando em mais de um Estado da Federação.

Diz respeito, em regra, à atuação de organização criminosa, pois esta não raro transcende o âmbito estadual ou nacional.

V. falsificação, corrupção, adulteração ou alteração de produto destinado a fins terapêuticos ou medicinais e venda, inclusive pela internet, depósito ou distribuição do produto falsificado, corrompido, adulterado ou alterado (art. 273, CP)

Trata-se de crime hediondo (art. 1º, VII-B, Lei 8.072/1990), cujo bem jurídico violado é a saúde pública.

O delito tinha caráter local, mas com o advento do comércio eletrônico a distribuição em todo o território nacional de substâncias adulteradas acarretou a inclusão deste dispositivo, haja vista a manifesta necessidade de repressão uniforme.

VI – furto, roubo ou dano contra instituições financeiras, incluindo agências bancárias ou caixas eletrônicos, quando houver indícios da atuação de associação criminosa em mais de um Estado da Federação.

Mais uma vez, o aspecto crucial para a identificação da atribuição da PF para a investigação é o aspecto interestadual da associação criminosa. Assim, se uma associação criminosa atuar em roubos a bancos em mais de um Estado da Federação, caberá à PF a investigar.

22.5. Lei 13.260/2016 (Regulamenta o inciso XLIII, art. 5º/ CF, conceituando terrorismo e dispondo sobre a sua investigação e processamento)

22.5.1. Conceito de terrorismo

Considerando tratar-se de aspecto material da Lei, optamos apenas por enunciar a conceituação legal do terrorismo

para situar melhor o(a) nosso(a) Leitor(a) quanto à matéria, mas sem adentrar em eventuais embates doutrinários sobre esse aspecto.

A Lei em comento, portanto, define terrorismo (art. 2º) como a prática de determinadas condutas (previstas em seus incisos) por uma ou mais pessoas, tendo como motivação "xenofobia, discriminação ou preconceito de raça, cor, etnia e religião" e com a finalidade de "provocar terror social ou generalizado", expondo a perigo "pessoa, patrimônio, a paz pública ou a incolumidade pública".

22.5.2. Aspectos processuais

No que se refere à competência, o art. 11 trouxe disposição expressa quanto ao interesse da União em relação às condutas elencadas. Desse modo, a competência para processar e julgar ações penais será da Justiça Federal, nos termos do art. 109, IV, CF, assim como a atribuição de investigar recairá sobre a Polícia Federal e o polo ativo da *opinio delicti* sobre o Ministério Público Federal.

Por força do art. 16 desta Lei, as disposições inerentes às investigações, ao processo e julgamento dos crimes aqui previstos serão aquelas contidas na Lei 12.850/2013 (Lei de Organizações Criminosas), notadamente arts. 3º a 17, bem como os arts. 22 e 23. Nesse sentido, como já apreciamos ao longo dos Capítulos sobre investigação preliminar, prova e procedimentos, não repetiremos as observações já feitas, mas recomendamos a leitura detalhada dos dispositivos acima indicados para uma melhor compreensão.

Já o art. 17 da Lei 13.260/2016 determina a extensão de todas as disposições da Lei de Crimes Hediondos (Lei 8.072/90) aos crimes tipificados como terrorismo. Assim, as disposições sobre anistia, graça, indulto, fiança (já contidas anteriormente por força do art. 2º, Lei 8.072/90), prisão temporária, regime de cumprimento da pena e sua progressão, entre outros aspectos processuais, são as mesmas adotadas para os crimes hediondos.

Por fim, os arts. 12 a 15 dispõem sobre as medidas assecuratórias que podem ser adotadas durante o curso das investigações ou da ação penal.

As medidas podem recair sobre bens, valores ou direitos do investigado ou acusado, ou mesmo que estejam em nome de pessoa interposta, coloquialmente conhecidas como "laranjas", e têm como finalidade a "reparação dos danos e ao pagamento de prestações pecuniárias, multas e custas decorrentes da infração penal." (art. 12, § 2º, parte final)

O juiz poderá decretar a medida de ofício, a requerimento do MP ou **mediante representação da autoridade policial, dependendo de manifestação do MP em 24h,** nesse caso (art. 12, *caput*). A decisão deverá ser obviamente fundamentada em indícios da materialidade de algum dos crimes tipificados nesta Lei e devem ser instrumento, produto ou proveito de algum destes.

É possível, também, proceder à sua alienação antecipada (art. 12, § 1º), desde que haja risco de perecimento (deterioração ou depreciação) ou dificuldade de armazenar. Faz-se necessária, aqui, uma ressalva, pois a questão da deterioração deve ser vista de modo cauteloso, sob pena de ofensa ao devido processo legal e à presunção de inocência. Nesse sentido, imprescindível transcrever parte de ementa de julgamento do STF:

> "Embora o art. 4º, § 1º da Lei 9.613/1998 determine a alienação antecipada dos bens sob constrição quando sujeitos "a qualquer grau de deterioração ou depreciação", tal dispositivo deve ser interpretado à luz dos princípios constitucionais do devido processo legal e da presunção da inocência. Esses preceitos, por óbvio, não obstam a decretação de quaisquer medidas constritivas sobre o patrimônio ou a liberdade dos investigados, durante o curso da persecução penal, quando o interesse público assim demandar, mas impõe cautela na exegese do art. 4º, § 1º, da Lei 9.613/1998. Afinal, em regra, todo o bem está sujeito a algum grau de deterioração ou depreciação. Assim, a aplicação não ponderada desse dispositivo legal acabaria por acarretar a alienação antecipada de todos os bens dos acusados sobre os quais recaísse alguma medida constritiva." (Pet 5740/AgR, Dje 12.05.2016, STF)

Entendemos que a análise do caso concreto, portanto, é que determinará se há efetivo risco de perecimento. No que concerne à alienação por dificuldade de armazenamento, entendemos que o dispositivo, por ser ainda mais vago, deverá ensejar discussão nos tribunais superiores em breve. Vale ressaltar que o art. 12, § 3º, estabelece que o juiz pode adotar medida de conservação dos bens, valores ou direitos, bem como determinar a restituição, total ou parcial caso comprovada a licitude dos bens, direitos e valores (§ 2º, primeira parte).

Outro aspecto relevante da Lei é a possibilidade de o juízo nomear, ouvido o MP, pessoa física ou jurídica para a administração dos bens, direitos e valores que forem objeto de medida assecuratória, conforme estatuído nos arts. 13 e 14 da Lei.

A administradora deverá ter qualificação técnica para exercer a função e celebrará termo de compromisso para que possa atuar. Fará jus a remuneração pelo trabalho (art. 14, I), que será determinada pelo juiz no ato de nomeação e deverá ser satisfeita, **preferencialmente**, com o produto dos bens administrados. As suas obrigações estão contidas no inciso II do art. 14, mas não são taxativas, ou seja, pode o MP requerer quaisquer informações e atos que entender cabíveis. Da mesma forma, poderá o juiz fixar outras obrigações no termo de compromisso.

22.6. Lei 13.344/2016 (Dispõe sobre prevenção e repressão ao tráfico interno e internacional de pessoas e medidas de atenção às vítimas)

Esta Lei traz em sua essência um conjunto de medidas voltadas para a prevenção do tráfico de pessoas, fixando princípios e diretrizes que nortearão as ações governamentais. Também estabelece uma série de procedimentos voltados à repressão, cujo conteúdo nos ocuparemos a seguir.

22.6.1. Aspectos processuais (arts 8º e seguintes)

O primeiro aspecto diz respeito às medidas assecuratórias sobre bens, valores ou direitos do investigado ou acusado, ou mesmo que estejam em nome de pessoa interposta, também com a finalidade de "reparação dos danos e ao pagamento de prestações pecuniárias, multas e custas decorrentes da infração penal." (art. 8º, § 2º, parte final).

Da mesma forma que na Lei de combate ao terrorismo, também é possível proceder à sua alienação antecipada (art. 8º, § 1º), desde que haja risco de perecimento (deterioração ou depreciação) ou dificuldade de armazenar. Aqui reiteramos a ressalva quanto à compreensão e cuidado que se deve adotar na verificação da deterioração ou depreciação, bem como a amplitude conceitual da expressão "dificuldade de armazenamento".

Não obstante a similaridade vista acima, o procedimento no caso desta Lei é o previsto nos arts. 125 a 144-A, CPP. O juiz, no momento da prolação da sentença, decidirá sobre o perdimento definitivo dos bens, produtos ou valores apreendidos, sequestrados ou indisponíveis (ar. 8º, § 4º).

Em termos de inovação, a Lei trouxe a autorização para que o Poder Público crie uma base de dados que permita o enfrentamento mais eficiente do tráfico de pessoas. Por tratar-se de crime com repercussão transnacional ou interestadual, o trabalho de inteligência e a integração dos sistemas de segurança passam a ter fundamental importância.

Além disso, foram acrescentados ao CPP os arts. 13-A e 13-B, que regulam procedimentos de investigação.

O art. 13-A prevê a possibilidade do MP ou do delegado de polícia requisitar de quaisquer órgãos públicos ou de empresas privadas, dados e informações cadastrais sobre as vítimas ou suspeitos. Com a devida vênia, entendemos que este dispositivo viola frontalmente uma série de garantias constitucionais, entre elas a privacidade (dados pessoais) e o devido processo legal (pedido pela via administrativa). Em nosso sentir, o acesso a tais dados e informações somente poderia ocorrer mediante ordem judicial, devidamente fundamentada. Da forma como está redigido o dispositivo, um membro do MP ou um delegado pode requisitar diretamente, sem qualquer controle de legalidade dos atos, inclusive porque não há obrigatoriedade de fundamentação da requisição, conforme se depreende da leitura do p. único, art. 13-A, CPP: "A requisição, que será atendida no prazo de 24 horas, conterá: I – o nome da autoridade requisitante; II – o número do inquérito policial; e III – a identificação da unidade de polícia judiciária responsável pela investigação".

Diferentemente do dispositivo acima, o art. 13-B prevê o requerimento formulado por membro do MP ou por delegado com o fim de obter acesso à localização da vítima ou de suspeitos, quando o delito está em curso. Acontece que o acesso somente ocorrerá mediante ordem judicial, de acordo com o estabelecido pelo próprio artigo. Percebe-se até certa incongruência, pois o delito em curso é uma situação muito mais grave para a vítima, ao contrário do mero acesso a dados e informações cadastrais. Somente na hipótese de silêncio judicial por mais de 12 horas é que a atuação administrativa poderá ocorrer, e ainda assim condicionando à comunicação imediata ao juízo.

O sinal eventualmente disponibilizado pela operadora de telefonia/telemática deverá obedecer aos seguintes regramentos contidos no § 2º, art. 13-B/CPP: I – não permitirá acesso ao conteúdo da comunicação de qualquer natureza, que dependerá de autorização judicial, conforme disposto em lei; II – deverá ser fornecido pela prestadora de telefonia móvel celular por período não superior a 30 (trinta) dias, renovável por uma única vez, por igual período; III – para períodos superiores àquele de que trata o inciso II, será necessária a apresentação de ordem judicial."

Importante: o prazo para instauração do IP na situação prevista no art. 13-B é de 72 horas (art. 13-B, § 3º/CPP)

Por fim, também é importante mencionar que a Lei de Organizações Criminosas (Lei 12.850/2013) é aplicada subsidiariamente, conforme art. 9º, Lei 13.344/2016).

REFERÊNCIAS

ALENCAR, Rosmar Rodrigues; TÁVORA, Nestor. **Curso de direito processual penal**. 11. ed. Salvador: JusPodivm, 2016.

_____. **Curso de direito processual penal**. 12. ed. Salvador: JusPodivm, 2017.

ARAÚJO, Fábio Roque; FRANÇA, Bruno Henrique Principe; TÁVORA, Nestor. **Lei de drogas**. 2. ed. Salvador: JusPodivm, 2013. (Coleção leis especiais para concursos).

AVENA, Norberto. **Processo penal esquematizado**. São Paulo: Método, 2010.

BADARÓ, Gustavo Henrique Righilvahy. **Direito processual penal.** São Paulo: Campus, 2008, 2009. t. I e II.

BONFIM, Edilson Mougenot. **Curso de processo penal.** 5. ed. São Paulo: Saraiva, 2010.

BRITO, Alexis Couto de. **Execução penal**. 2. ed. São Paulo: RT, 2011.

CHOUKR, Fauzi Hassan. **Código de processo penal. Comentários consolidados e crítica jurisprudencial.** 3. ed. Rio de Janeiro: Lumen Juris, 2009.

CUNHA, Rogério Sanches. **Execução penal para concursos**. 2. ed. Salvador: JusPodivm, 2013.

DUCLERC, Elmir. **Direito processual penal**. Rio de Janeiro: Lumen Juris, 2008.

GOMES, Luiz Flávio. **Direito processual penal**. São Paulo: Ed. RT, 2005.

GRECO FILHO, Vicente. **Manual de processo penal**. 8. ed. São Paulo: Saraiva, 2010.

GRINOVER, Ada Pellegrini; GOMES FILHO, Antonio Magalhães; FERNANDES, Antonio Scarance; GOMES, Luiz Flávio. **Juizados especiais criminais**. 4. ed. São Paulo: Ed. RT, 2002.

_____; _____; _____. **Recursos no processo penal**. 3. ed. São Paulo: Ed. RT, 2002.

_____. **As nulidades no processo penal**. 7. ed. São Paulo: Ed. RT, 2001.

JARDIM, Afrânio Silva. **Direito processual penal.** 9. ed. Rio de Janeiro: Forense, 2000.

KARAM, Maria Lúcia. **Competência no processo penal.** 3. ed. São Paulo: RT, 2002.

LIMA, Marcellus Polastri. **Manual de processo penal**. 4. ed. Rio de Janeiro: Lumen Juris, 2009.

LIMA, Renato Brasileiro de. **Manual de processo penal**. 3. ed. Salvador: JusPodivm, 2015

_____. **Manual de processo penal**. 2. ed. Salvador: JusPodivm, 2014

LOPES JR., Aury. **Direito processual penal e sua conformidade constitucional.** 5. ed. Rio de Janeiro: Lumen Juris, 2010. v. I e II.

MIRABETE, Julio Fabbrini. **Código de processo penal comentado.** 11. ed. São Paulo: Atlas, 2006.

_____. **Processo penal.** 10. ed. São Paulo: Atlas, 2000.

MOREIRA, Rômulo Andrade. **Direito processual penal.** Rio de Janeiro: Forense, 2003.

_____. **Curso temático de direito processual penal.** 2 ed. Curitiba: Juruá, 2010.

NICOLITT, André. **Manual de processo penal**. 2. ed. Rio de Janeiro: Elsevier, 2010.

NUCCI, Guilherme de Souza. **Código de processo penal comentado.** 5. ed. São Paulo: Ed. RT, 2006.

_____. **Leis penais e processuais penais comentadas.** 8. ed. Rio de Janeiro: Forense, 2014. V. 1.

_____. **Leis penais e processuais penais comentadas.** 8. ed. Rio de Janeiro: Forense, 2014. V. 2.

OLIVEIRA, Eugênio Pacelli de. **Curso de processo penal.** 19. ed. São Paulo: Atlas, 2015.

_____; FISCHER, Douglas. **Comentários ao código de processo penal.** 2. ed. Rio de Janeiro: Lumen Juris, 2011.

PACHECO, Denílson Feitoza. **Direito processual penal. Teoria crítica e práxis.** 4. ed. Rio de Janeiro: Impetus, 2006.

_____. _____. 6. ed. Rio de Janeiro: Impetus, 2009

PEREIRA, Márcio. **Questões polêmicas de processo penal.** Bauru: Edipro, 2011.

RANGEL, Paulo. **Direito processual penal**. 13. ed. Rio de Janeiro: Lumen Juris, 2007.

TOURINHO FILHO, Fernando da Costa. **Código de processo penal comentado.** 9. ed. São Paulo: Saraiva, 2005.V. **1 e 2.**

_____. **Manual de processo penal**. 13. ed. São Paulo: Saraiva, 2010.

3. CRIMINOLOGIA

Vivian Calderoni

1. CONCEITO

A Criminologia é uma ciência autônoma, empírica e interdisciplinar que tem por objeto de estudo quatro elementos:

a) O crime;

b) O autor do delito (o criminoso);

c) A vítima; e

d) O controle social.

Autônoma: A Criminologia é uma ciência autônoma e não uma ciência auxiliar ao direito penal, visto que detêm método e objetos de estudo próprios. É uma ciência autônoma que estabelece relações com o direito penal.

Empírica: A Criminologia é uma ciência empírica, ou seja, baseada na observação da realidade, na experiência. O criminólogo se dedica ao estudo da realidade. A partir da observação desta e, com base nela, tenta explicá-la.

Vamos a alguns exemplos: a escola chamada de Antropologia Criminal (*vide* item 6.2.1 infra) defendia que o biótipo (os fatores genéticos e fenotípicos) das pessoas indicava se ela era criminosa ou não. Lombroso, seu grande expoente, fazia medições de crânios, de lábios, de nariz etc. para chegar ao 'tipo criminoso'.

Outro exemplo que pode ser dado é o de um estudo estatístico dos crimes mais cometidos em cada região da cidade. Provavelmente, a maior quantidade de furtos está nas áreas mais densas da cidade. Esse é um bom exemplo do uso da estatística pela Criminologia. No presente exemplo, o pesquisador observa a realidade de distribuição regional de crimes e as taxas de cometimento de cada delito em cada região da cidade para compreender a dinâmica criminal naquela cidade.

Interdisciplinar: A Criminologia é uma ciência interdisciplinar. Ela se utiliza de outras ciências, preservando os métodos próprios de cada uma delas. As ciências mais comumente utilizadas pela Criminologia são a psicologia, a antropologia, a medicina, a sociologia, a estatística e o direito penal.

Vamos a alguns exemplos: Num caso hipotético foi encontrado um cadáver. Presume-se que tenha sido um homicídio. A psicologia pode nos dar ferramentas para entender o porquê do cometimento daquele crime. Será que o autor do delito fez isso por ciúmes e seria um crime passional? Será que foi para ficar com a herança? Será que o criminoso matou aquela pessoa porque está em depressão? Será que esse delinquente é um psicopata, um matador em série?

A sociologia poderia nos ajudar a entender outros fatores. Será que a vida é um valor banalizado nessa sociedade e esse crime é só mais um dentre tantos? Será que esse homicídio é, na verdade, uma consequência cruel do machismo que domina aquela sociedade e a pessoa foi vítima de violência doméstica cometida pelo marido? Será que práticas de delitos como esse são socialmente aceitas?

O direito penal poderia trazer outros elementos para compreensão do crime. Será que o homicídio decorreu de legítima defesa? Será que foi realmente um homicídio ou a conduta se enquadra no crime de lesão corporal seguida de morte? Ou de tortura com resultado morte? Ou de latrocínio? Ou se trata de um homicídio simples? Seria qualificado?

A medicina pode ajudar a esclarecer a *causa mortis*.

Objetos: São quatro os objetos de estudo da Criminologia: o crime (também chamado de delito ou ato desviante), o autor do delito (também denominado de delinquente ou autor do ato desviante ou criminoso), a vítima e o controle social (também denominado de instâncias de controle).

2. MÉTODO

O método da Criminologia é empírico e indutivo. O contato com o objeto é direto e interdisciplinar.

Empírico: A Criminologia examina a realidade.

Indutivo: A Criminologia observa a realidade para dela extrair uma teoria. Ou seja, o pesquisador vai até o mundo concreto e de lá retira abstrações e conceituações. A compreensão da realidade se dá a partir da observação. Por isso diz-se que o contato com o objeto de estudo é direto.

Interdisciplinaridade: O método da Criminologia é aquele das ciências que são utilizadas por ela. Por exemplo, a psicologia, a medicina, o direito penal, a sociologia, a estatística e a antropologia.

3. FUNÇÕES

A função da Criminologia é traçar um diagnóstico científico e qualificado sobre seus objetos de estudo (o crime, o criminoso, a vítima e o controle social). O fim básico da Criminologia é informar a academia, a sociedade e os poderes públicos sobre o crime, os criminosos, a vítima e o controle social. O fim último da Criminologia é o controle e a prevenção criminal.

Cabe à Criminologia a compreensão dos fenômenos relacionados ao crime, ao criminoso, à vítima e ao controle social. Sendo assim, ela é importante fonte de informação para se pensar estratégias de prevenção criminal. A Criminologia, por ser uma ciência, traz mais segurança para se pensar e repensar políticas públicas, mas deve-se tomar cuidado, pois a Criminologia não é uma ciência exata e comporta subjetivismos do pesquisador que influenciam suas análises.

4. OBJETO: CRIME, CRIMINOSO, VÍTIMA E CONTROLE SOCIAL

4.1. Crime

Para o direito penal, o crime é uma conduta típica, antijurídica e culpável. Para a Criminologia essa definição é insuficiente, já que compreende o crime como um problema social, um fenômeno comunitário que deve ter incidência aflitiva, incidência massiva, persistência espaço-temporal e inequívoco consenso quanto à efetividade da intervenção penal.

Passaremos a compreender cada um desses elementos em separado.

4.1.1. Incidência aflitiva

De acordo com a Criminologia, para que uma conduta seja considerada crime deve produzir sofrimento. Ou seja, deve causar alguma lesão à vítima ou à comunidade como um todo. Não é razoável tipificar criminalmente uma conduta que não produza dor.

No ordenamento jurídico brasileiro, nem sempre isso ocorre. Por exemplo, a Lei 4.888/1965 proíbe a utilização da expressão "couro sintético". Ora, a conduta repreendida (nesse caso, o emprego de uma frase) não produz qualquer sofrimento.

Já, matar alguém, crime tipificado no art. 121 do CP, produz sofrimento e dor. Ou seja, o crime de homicídio preenche esse requisito da definição.

4.1.2. Incidência massiva

De acordo com a Criminologia, a conduta deve ocorrer com alguma regularidade e não ser um ato isolado, para ser considerada crime.

Existe um exemplo, no nosso ordenamento, que não segue essa característica. O crime de molestar cetáceo foi tipificado após uma pessoa colocar um palito de sorvete na narina de uma baleia que tinha encalhado na praia no Rio de Janeiro. A baleia morreu como consequência desse ato. Essa conduta foi criminalizada pela Lei 7.643/1987, porém não tem incidência massiva, não é comum que as pessoas coloquem palitos nas narinas de cetáceos.

Por outro lado, o homicídio tem incidência massiva, ele ocorre com regularidade.

4.1.3. Persistência espaço-temporal

Para a Criminologia, a conduta deve ocorrer em diversos locais e não ser restrita a uma localidade específica e, além disso, deve ser mais do que uma moda, deve continuar a ocorrer em diversos períodos. Ou seja, deve persistir no tempo e no espaço.

4.1.4. Inequívoco consenso quanto à efetividade da intervenção penal

Para a Criminologia, para que uma conduta seja considerada crime, deve-se ter certeza de que a intervenção penal é a melhor forma, ou, ao menos, combinada com outras, é uma boa forma de se evitar a prática da conduta.

Um bom exemplo é a criminalização do consumo do álcool. O consumo do álcool já foi crime nos EUA, no chamado período da Lei Seca. Deve-se admitir que o consumo de álcool é uma prática com incidência massiva, aflitiva e com persistência espaço-temporal, mas a experiência norte-americana demonstrou que a criminalização não foi eficaz para o combate da conduta.

4.2. Criminoso

Para a Criminologia, o criminoso pode ser analisado sob quatro perspectivas distintas. São elas: biológica, sociológica, jurídica e política. Vamos passar a compreender cada uma delas e, em seguida, passaremos às classificações dos criminosos.

4.2.1. Biológica

A perspectiva biológica está estritamente relacionada com a Antropologia Criminal (*vide* item 6 infra) e a Criminologia Clínica. Aqui se entende que os fatores biológicos, genéticos e psicológicos – de constituição da pessoa – são fundamentais para compreender o cometimento de crimes por determinada pessoa. Para a Antropologia Criminal, a criminalidade estava associada fundamentalmente às características fisiológicas. O expoente da Antropologia Criminal é Cesare Lombroso. Para ele, as características fenotípicas e genéticas da pessoa determinavam se seria criminosa ou não, ou seja, a pessoa já nascia com características criminógenas.

4.2.2. Sociológica

A perspectiva sociológica vê o criminoso como fruto do seu meio social. Os fatores sociais podem levar ao cometimento de crimes. Lombroso, que tanto prezava pela descrição biológica dos criminosos também acreditava que os fatores sociológicos poderiam exercer alguma influência, mas em um grau muito pequeno. Outras teorias acreditam que a influência do meio é muito alta, como é o caso da teoria da Associação Diferencial desenvolvida por Sutherland para explicar os crimes de colarinho branco nos EUA, na década de 1930. Muitos utilizam a perspectiva sociológica para associar o cometimento de delitos com o fato de a pessoa ter uma família considerada desestruturada.

O período clássico valorizava sobremaneira o livre-arbítrio, de modo que não havia diferença entre os criminosos e os não criminosos, já que todos os seres humanos são dotados de livre-arbítrio (vide item 6.1 infra). As teorias críticas, de cunho marxista, entendem o criminoso como fruto de um sistema econômico e social desigual (vide itens 12 e 13 infra).

4.2.3. Jurídica

A perspectiva jurídica entende que o criminoso é aquele assim definido pela lei penal. Só é criminoso aquele que praticou condutas tipificadas criminalmente. Não existe uma concepção ontológica de crime e, por isso, é criminoso aquele que recebe o rótulo de criminoso pela sociedade, por meio da lei penal. Ou seja, a pessoa que pratica condutas imorais, mas não tipificadas criminalmente não é um criminoso, é uma pessoa imoral, apenas. Por exemplo, uma pessoa que não é fiel a sua esposa, esposo, companheira, companheiro, namorada ou namorado não é um criminoso, apesar de praticar condutas rejeitadas pela sociedade.

4.2.4. Política

A concepção política compreende que o direito penal desempenha disfarçadamente outras funções, voltadas para manter o *status quo* da classe dominante. Essa é uma das explicações da criminalização de movimentos sociais reivindicatórios, como o Movimento Sem Terra – MST.

Sérgio Salomão Shecaira entende que todas as quatro concepções acima descritas são importantes para a compreensão do criminoso, mas que apenas uma visão que some todas elas e aceite que a definição de criminoso é complexa e subjetiva pode ser válida. Pois, os serem humanos são complexos e únicos, diferentes uns dos outros. Em determinado caso, um dos fatores pode exercer maior influência do que em outros. Em suas próprias palavras: "o criminoso é um ser histórico, real, complexo e enigmático (...). Por isso, as diferentes perspectivas [biológica, sociológica, jurídica e política] não se excluem; antes, completam-se e permitem um grande mosaico sobre o qual se assenta o direito penal atual."[1]

4.2.5. O homem delinquente: classificação de criminosos

Criminoso habitual: Possui as características criminógenas desde a infância, não é capaz de seguir uma vida sem cometimento de delitos.

Criminoso impetuoso: Pessoa psiquicamente estruturada que age sem premeditação. Em geral, costuma se arrepender.

Louco criminoso: O cometimento de crimes está associado às suas alterações psíquicas permanentes, sendo comum que confesse o crime. Existem os esquizofrênicos ou paranoicos que agem por obsessão e os oligofrênicos ou epiléticos que atuam por impulso momentâneo e sem justificativa aparente.

Criminoso fronteiriço (louco moral): A pessoa está na linha tênue entre a doença mental e a não presença de doença mental. É o caso dos psicopatas e sociopatas.

Classificação de Hilário Veiga de Carvalho: Classificação que considera os fatores etiológicos dos delinquentes, conforme a prevalência de fatores biológicos ou mesológicos. Os cinco tipos de criminoso de acordo com a classificação de Hilário Veiga de Carvalho são: **a) biocriminoso puro:** apresentam apenas fatores biológicos, portanto são passíveis de tratamento psiquiátrico; **b) biocriminoso preponderante (difícil correção e reincidência potencial):** apresentam alguma anomalia biológica que por si só não é suficiente para desencadear a conduta criminosa, mas são facilmente influenciados por fatores externos; **c) biomesocriminoso (correção possível e reincidência ocasional):** sofrem influência de fatores biológi-

cos e do meio, sendo muito difícil determinar qual fator exerce maior influência para o cometimento de delitos; **d) mesocriminoso preponderante (correção esperada e reincidência excepcional):** apresentam fraqueza de personalidade. Apesar da presença de fatores biológicos, os fatores ambientais se sobressaem; **e) mesocriminoso puro:** são influenciados apenas pelos fatores presentes no meio social, suas atitudes antissociais são definidas por fatores externos.

Classificação de Cesare Lombroso (*vide* item 6.2.1 infra): **a) criminoso nato:** influência biológica, instinto criminoso, degenerado; **b) criminoso louco:** perverso, louco moral, alienado mental; **c) criminoso de ocasião:** predisposição hereditária, hábitos criminosos influenciados por fatores externos. São pseudocriminosos; **d) criminoso por paixão:** exaltados, nervosos, usam a violência para solucionar questões emocionais ou passionais.

Classificação de Rafael Garófalo (*vide* item 6.2.2 infra): **a) criminoso assassino:** delinquentes típicos, egoístas e são movidos pelo impulso; **b) criminoso enérgico ou violento (subtipo: impulsivos ou coléricos):** falta-lhes compaixão e não o senso moral; **c) ladrão ou neurastênico:** falta-lhes probidade e não senso moral.

Garófalo propunha a pena de morte ou expulsão do país aos criminosos natos (instintivos).

Classificação de Enrico Ferri (*vide* item 6.2.3 infra): **a) criminoso nato:** similar ao criminoso nato de Lombroso, degenerado com atrofia do senso moral; **b) criminoso louco:** inclui além dos alienados como na categoria de Lombroso, os fronteiriços ou semiloucos; **c) criminoso ocasional:** comete crimes apenas eventualmente; **d) criminoso habitual:** reincidente, comete crimes de maneira habitual; **d) criminoso passional:** age pelo impulso, se aproxima do louco.

Classificação de Odon Ramos Maranhão: Para Odon Ramos Maranhão "o ato criminoso é a soma de tendências criminais de um indivíduo com sua situação global, dividida pelo acevo de suas resistências".[2] Dentro dessa definição, ele criou uma classificação natural de criminoso: **a) criminoso ocasional:** personalidade normal, poderoso fator desencadeante. O ato criminoso decorre do rompimento transitório dos meios contensores de impulso; **b) criminoso sintomático:** personalidade com perturbações permanentes ou transitórias, não se nota a presença – ou a presença é mínima – de fatores externos desencadeantes; **c) criminoso caracterológico:** personalidade com defeito em sua formação, presença mínima de fator externo desencadeante.

4.2.6. O homem delinquente: teorias bioantropológicas

Os primeiros estudos biológicos ou bioantropológicos foram realizados por Lombroso. O destaque dado por Lombroso era para a antropometria, ou seja, para o estudo das medidas e proporções do corpo humano. Após Lombroso, se desenvolveram estudos biotipológicos, endocrinológicos e psicopatológicos.

---

1. SHECAIRA, Sérgio Salomão. *Criminologia*. São Paulo: Editora Revista dos Tribunais, 2004. pp. 49-50.

2. MARANHÃO, Odon Ramos. *Psicologia do crime*. São Paulo: Malheiros, 2008, p. 28.

Classificação de Kretschmer sobre tipos de autor: a) leptossômico (propensão ao furto e estelionato): alta estatura, tórax largo, peito fundo, cabeça pequena, pés e mão curtos, cabelo crespo; **b) atléticos (propensão a crimes violentos):** estatura média, tórax largo, musculoso, forte estrutura óssea, rosto uniforme, pés e mãos grandes, cabelos fortes; **c) pícnicos (menor propensão ao crime):** tórax pequeno, fundo, curvado, formas arredondadas e femininas, pescoço curto, cabeça grande e redonda, rosto largo e pés, mãos e cabelos curtos; **d) displásicos (propensão a crimes sexuais):** pessoas com corpo desproporcional, com crescimento anormal.

Essa classificação sofreu muitas críticas por ter fortes tendências discriminatórias e terem sido adotadas pelo nazifascismo para eliminar "raças inferiores".

Classificação de Kurt Schneider de personalidades psicóticas: São personalidades alteradas na afetividade e nos sentimentos. As anomalias são de caráter e não de inteligência.

Todas as classificações acima descritas, em que pesem serem cobradas nos exames, recebem diversas críticas por seu caráter simplificador, reducionista e por vezes preconceituoso e estigmatizante. As escolas criminológicas que serão apresentas mais adiante (itens 6 a 13) discutem o papel e as características dos criminosos de forma mais complexa.

4.3. Vítima

Idade de ouro: Na idade de ouro – período muito extenso, desde os primórdios da civilização até o final da Alta Idade Média – a vítima era o centro da relação penal. Vigorava, neste período, a autotutela. Cabia à vítima o papel de punir o agressor. Em alguns períodos e lugares essa retribuição era baseada em algumas regras e normas da sociedade, como, por exemplo, regras de proporcionalidade. Em outras, a punição já estava estabelecida previamente, mas a vítima era responsável por aplicá-la.

Com a proibição da autotutela pelo Direito Romano, ou seja, com a proibição da vítima fazer "*justiça com as próprias mãos*", o conflito foi subtraído das mãos da vítima e o Estado passou a substituir às partes, retirando a vítima da relação penal.

Neutralização do poder da vítima: Quando o Estado assume o papel de impositor das penas aos agressores, a vítima perde seu papel de protagonista e passa a ter um papel muito secundário, apenas de testemunha. Com o fim do sistema inquisitivo e o fortalecimento do sistema acusatório, esse papel fica ainda mais reduzido, quase desaparecendo da relação processual penal. Neste momento, a vítima deixa de ter poder sobre o fato delituoso. Esse poder passa a ser apenas do Estado. A pena passa a ser vista como garantia da ordem coletiva e não vitimária.

Revalorização da importância da vítima (*vide* item 14 infra): A preocupação com a vítima retorna após a 2ª Guerra Mundial, com a vitimização do povo judeu (holocausto). A partir deste momento, a vítima recomeça a retomar um papel importante nos processos penais, mas de forma gradual e lenta.

O fundador da Vitimologia é o judeu Benjamin Mendelsohn, professor da Universidade Hebraica de Jerusalém. Nasce a Vitimologia em sua famosa conferência, em Bucareste, em 1947, intitulada: "Um horizonte novo na ciência biopsicossocial: a Vitimologia". Ocorre o 1º Simpósio Internacional de Vitimologia, em 1973, em Jerusalém. (Para saber mais sobre esse contexto, vide item 14 infra.).

O estudo da Vitimologia demostra a complexidade da análise da vítima como indivíduo e sua inter-relação com o autor do delito.

No Brasil, atualmente, o papel da vítima é ainda bastante reduzido, se restringindo, na maior parte das vezes, à postura de testemunha. Existem alguns exemplos em que a vítima assume papel mais importante, como nos crimes contra a honra. Nesses delitos a legislação brasileira prevê a opção de que o autor do fato se retrate ou peça desculpas para a vítima. Também existe a figura de assistente de acusação, que pode ser desempenhado pela vítima.

A justiça restaurativa, por exemplo, que ainda é muito pouco aplicada no Brasil, mas é mais utilizada em outros países, coloca o agressor e a vítima para conversarem e a torna protagonista do processo. Os Juizados Especiais Criminais, criados pela Lei n. 9.099/95, se inspira no modelo consensuado de política criminal.[3] De acordo com Luiz Flávio Gomes e Antonio García-Pablos de Molina, "a preocupação central não é só a *decisão* (formalista) do caso, senão a busca de *solução* para o conflito. A vítima, finalmente, começa a ser *redescoberta* porque o novo sistema preocupou-se precipuamente com a reparação dos danos. Estão lançadas as bases de um novo paradigma de Justiça criminal: os operadores do direito (juízes, promotores, advogados etc.) passaram a desempenhar um novo *papel*: o de propulsores da conciliação no âmbito penal e tudo sob a inspiração dos princípios da informalidade, oralidade, economia processual e celeridade (arts. 2º e 62, da Lei 9.099/1995)."[4]

4.4. Controle Social

Conceito: conjunto de mecanismos e sanções sociais que pretendem submeter o indivíduo aos modelos e normas comunitários. O controle social é composto por mecanismos para que as pessoas se enquadrem nos padrões sociais.

Para isso, as organizações sociais utilizam o controle social formal e o controle social informal. Nos dizeres de Luiz Flávio Gomes e Antonio García-Pablos de Molina "toda sociedade ou grupo social necessita de uma disciplina que assegure a coerência interna de seus membros, razão pela qual se vê obrigada a criar uma rica gama de mecanismos que assegurem a conformidade daqueles com suas normas e pautas de condutas. O controle social é entendido, assim, como o conjunto de instituições, estratégias e sanções sociais que pretendem promover e garantir referido submetimento do indivíduo aos

---

3. Art. 2º O processo orientar-se-á pelos critérios da oralidade, simplicidade, informalidade, economia processual e celeridade, buscando, sempre que possível, a conciliação ou a transação.

4. GOMES, Luiz Flávio. MOLINA, Antonio García-Pablos de. *Criminologia*. São Paulo: Editora Revista dos Tribunais, 2012 (coleção ciências criminais, v. 5). p. 496-497.

modelos e normas comunitários. Para alcançar a conformidade ou a adaptação do indivíduo aos seus postulados normativos (disciplina social), serve-se a comunidade de duas classes de instâncias ou portadores do controle social: instâncias formais e instâncias informais. (...) Norma, processo e sanção são três componentes fundamentais de qualquer instituição do controle social, ratificando as pautas de conduta que o grupo reclama."[5]

4.4.1. Controle Social Formal

O controle social formal decorre de fontes estatais, sejam elas penais ou não. É o controle realizado pela polícia, ministério público, judiciário, exército, administração penitenciária, entre outros.

A fonte estatal mais evidente é a penal e todo seu aparato punitivo. Mas, políticas públicas também constituem uma espécie de controle formal. O Estado pode exercer esse controle por meio de implementação de iluminação pública, programas de complementação de renda, espaços de lazer etc.

4.4.2. Controle Social Informal

O controle social informal decorre de fontes não estatais, de outras instâncias sociais de controle, como a família, a comunidade religiosa, a escola, os clubes e a opinião pública.

Quando as instâncias de controle social informais falham é que as instâncias formais de controle atuam, pois ele é mais eficiente do que o controle social formal.

O controle social informal é mais eficiente do que o formal na prevenção do crime. Essa é uma das explicações para os índices de criminalidade serem maiores em grandes cidades do que nas pequenas: nas cidades pequenas todo mundo se conhece, o que dificulta o cometimento de crime, já que todos os moradores são vigiados pelos demais. Já nas grandes cidades, as pessoas são "anônimas", pois poucos se conhecem.

5. CRIMINOLOGIA *VS.* DIREITO PENAL

Esse item se dedicará a diferenciar a Criminologia do Direito Penal. (*Vide* itens 1, 2 e 3 supra).

Método: A Criminologia difere do direito penal em seu método. O método da Criminologia é empírico, indutivo e interdisciplinar. Ou seja, estuda a realidade e, então, extrai conceitos, teorias e generalidades sobre os fenômenos observados. E, além disso, é interdisciplinar, podendo se utilizar, inclusive, do direito penal para suas análises, mas sem se limitar a apenas esse aspecto.

Já o direito penal adota o método lógico-dedutivo e dogmático-jurídico. A conduta é analisada para ser enquadrada em um tipo penal. Como no exemplo do item 1 supra. Será que aquele cadáver foi vítima de um homicídio, de um latrocínio, de lesão corporal seguida de morte, de tortura com resultado morte ou cometeu suicídio?

O direito penal procura saber qual o enquadramento típico da conduta para aplicar a lei. Uma vez feito o enquadramento típico correto, será seguido todo o processo penal correspondente e o juiz aplicará a pena, de acordo com o estabelecido na legislação criminal para aquela conduta.

Objeto de estudo: a Criminologia tem quatro objetos de estudo: o crime, o criminoso, a vítima e o controle social. Já o direito penal tem apenas o crime como objeto de estudo.

Função: A Criminologia pretende conhecer a realidade sob diversos ângulos e perspectivas para transformá-la e reduzir a criminalidade. Já o direito penal tem por função conhecer a conduta para enquadrá-la no tipo penal mais adequado e aplicar as consequências jurídicas previstas em lei: *dê-me os fatos que eu te darei o direito*, essa é a função do direito penal.

De acordo com Shecaira, "se à criminologia interessa saber como é a realidade, para explicá-la e compreender o problema criminal, bem como transformá-la, ao direito penal só lhe preocupa o crime enquanto fato descrito na norma legal, para descobrir sua adequação típica."[6]

Vejamos a tabela síntese que diferencia a Criminologia do direito penal :

	Criminologia	Direito Penal
Método	Empírico, indutivo e interdisciplinar	Lógico-dedutivo e dogmático-jurídico
Objeto de estudo	Crime, Criminoso, Vítima e Controle Social	Crime
Função	Conhecimento para estratégias de redução da criminalidade	Enquadramento típico para aplicação das consequências jurídicas

6. NASCIMENTO DA CRIMINOLOGIA: ESCOLAS CLÁSSICA E POSITIVISTA

Não há consenso entre os teóricos quanto ao nascimento da Criminologia. Para muitos autores se deu com a Escola Clássica, marcada pela publicação de "Dos Delitos e das Penas", de Cesare Beccaria. Para outros, como Shecaira e Luiz Flávio Gomes e Pablos de Molina foi com a Escola Positivista, com a publicação de "O Homem Delinquente", de Cesare Lomboso.

Há, portanto, uma divergência quanto ao verdadeiro nascimento da Criminologia, mas as duas escolas foram, sem dúvidas, fundamentais para o desenvolvimento de todas as demais escolas criminológicas que se seguiram.

As duas escolas – tanto a Clássica, quanto a Positiva – são resultado do caldo de cultura Iluminista, ou seja, de um período em que a razão era muito valorizada. A escola Clássica valoriza o livre-arbítrio, o que tem relação direta com seu contexto histórico de surgimento, o Iluminismo, período das luzes (*vide* item 6.1. infra).

A escola Clássica trata da proporcionalidade das penas e de outros elementos bastante ligados à razão. Já a escola Positivista exacerba o culto à razão e o leva ao extremo,

---

5. GOMES, Luiz Flávio. MOLINA, Antonio García-Pablos de. *Criminologia*. São Paulo: Editora Revista dos Tribunais, 2012 (coleção ciências criminais, v. 5). p. 126-127.

6. SHECAIRA, Sérgio Salomão. *Criminologia*. São Paulo: Editora Revista dos Tribunais, 2004. p. 38.

adotando a experimentação como método e considerando os resultados científicos encontrados como a única resposta para as perguntas que colocava (*vide* item 6.2. infra). Vamos estudar cada uma das escolas separadamente.

6.1. Escola Clássica

Autores: São três os principais expoentes da escola Clássica: Cesare Beccaria, Francesco Carrara e Giovanni Carmignani. O mais conhecido deles é Cesare Beccaria.

Período histórico: Essa escola nasce no período Iluminista, século XVIII. Este momento é marcado pelo culto à razão. Por este motivo se chama Iluminismo, por ser o período das luzes, da razão.

Objeto de estudo: O foco da escola Clássica estava no estudo do crime e das penas, primordialmente. Beccaria entendia que o homem era racional e dotado de livre-arbítrio, portanto, o que se deveria fazer, era estudar e transformar as leis.

Isto porque a escola Clássica entendia o crime como uma infração à lei, ou seja, como uma contradição com a norma jurídica. O importante era o fato e não o seu autor. Para a escola Clássica, o delito é resultado de um ato livre do seu autor, outros fatores não eram considerados como passíveis de influenciar o cometimento de infrações. O crime é entendido simplesmente como resultado de uma decisão livre de cada indivíduo.

Aqui fica evidente o culto à razão e ao livre-arbítrio, as bases dessa escola.

Essa é a maior crítica que a escola Clássica recebe, pois desconsidera completamente a pessoa do criminoso, não levando em consideração nenhum elemento psicológico e também ignora completamente o meio, como fatores que possam influenciar o cometimento dos delitos. É como se fosse possível conceber o delito como uma abstração formal e jurídica.[7]

Método: O método adotado era dedutivo, abstrato e formal. Por isso é considerada uma escola da fase pré-científica da Criminologia, porque não seguia métodos empíricos.

O método da Criminologia é empírico e o da escola Clássica é o dedutivo (como o do direito penal). A Criminologia científica parte da experiência, da observação da realidade para criar suas explicações para o fenômeno que estuda. Já a escola Clássica, por seguir o método dedutivo, baseia-se no raciocínio lógico, que usa a dedução para se chegar a uma conclusão sobre o objeto de estudo.

"Dos Delitos e das Penas": A obra mais importante da escola Clássica foi escrita por Beccaria e publicada em 1764. Ela se chama "Dos Delitos e das Penas".

As principais ideias desse livro são:

(a) leis conhecidas pelo povo. Ademais, além de conhecer as leis o homem precisa entendê-las;

(b) a existência de leis simples, que todos entendessem. Já que o homem é dotado de livre-arbítrio, ele precisava entender as leis para poder segui-las;

(c) as leis deveriam ser obedecidas por todos os cidadãos e aqueles que a descumprisse deveriam receber a punição proporcional;

(d) só as leis poderiam fixar as penas, era vedado ao juiz aplicar penas arbitrariamente ou criar punições *ad hoc*;

(e) fim das penas que recaem sobre a família (ex. confisco e difamantes). Beccaria apresenta o princípio da pessoalidade, ou seja, de que a pena não poderá passar da pessoa do condenado;

(f) fim das penas cruéis e capitais. Beccaria foi um grande defensor do fim da tortura, das penas cruéis e da pena de morte. Isso porque ele não considerava essas penas racionais e nem proporcionais;

(g) mais importante do que o rigor das penas é assegurar seu cumprimento. Beccaria acreditava que a certeza da punição tinha grande efeito de prevenção do crime, já que o homem, dotado de racionalidade e livre-arbítrio, optaria por não cometer o crime para não sofrer a punição prevista; e

(h) a pena tem a função de reparar o dano causado pela violação ao contrato social de Rousseau, pela quebra das normas sociais, das normas estabelecidas.

Como fica claro do resumo da obra de Beccaria, todas as ideias principais seguem o mesmo raciocínio: defesa da proporcionalidade e da racionalidade.

6.2. Escola Positivista Italiana

A escola Positivista Italiana é considerada por alguns, como Luiz Flávio Gomes e Pablos de Molina, como uma escola da fase científica da Criminologia, já que adotava métodos empíricos bem delimitados. Para outros autores, é incluída na fase pré-científica, pois apesar desse esforço científico, suas falhas metodológicas são tão graves que chegam a ser insanáveis, impossibilitando que essa escola seja considerada como científica.

Autores: Os três expoentes dessa escola são: Cesare Lombroso, Rafaele Garófalo e Enrico Ferri.

Período histórico: Essa escola nasce no período Iluminista, século XVIII. Este momento é marcado pelo culto à razão. Por isso se chama Iluminismo, por ser o período das luzes, da razão.

Objeto de estudo: O foco dessa escola estava no estudo do criminoso.

---

7. "A contribuição da Escola Clássica pertence mais ao âmbito da Penalogia do que ao criminológico. Sua teoria sobre a criminalidade não busca tanto a identificação dos fatores que a esta determinam (análise etiológica) como a fundamentação, legitimação e delimitação do castigo. Não porque se produz o delito, senão quando, como e por que castigamos o crime. Este enfoque reativo tem uma fácil explicação histórica: A Escola Clássica teve que enfrentar, antes de tudo, o velho regime, o sistema penal caótico, cruel e arbitrário das velhas monarquias absolutas. Não poderia corresponder a ela, ainda, a missão posterior de investigar as causas do crime para combatê-lo. Era mister, primeiro, racionalizar e humanizar o panorama legislativo e o funcionamento de suas instituições, buscando um novo marco, uma nova fundamentação para ele. Como consequência, a Escola Clássica se enfrenta muito tarde com o problema criminal: limita-se a responder ao comportamento delitivo com uma pena justa, proporcionada e útil, mas, não se interessa pela gênese e etiologia daquele nem trata de preveni-lo e antecipar-se ao mesmo." GOMES, Luiz Flávio. MOLINA, Antonio García-Pablos de. *Criminologia*. São Paulo: Editora Revista dos Tribunais, 2012 (coleção ciências criminais, v. 5). p. 176.

Método: Utiliza o método empírico e indutivo, mas com grandes falhas metodológicas.

6.2.1. Antropologia Criminal: Cesare Lombroso

A principal obra de Lombroso se chama "O Homem Delinquente" e foi publicada em 1876. O título da obra já deixa em evidência o objeto de estudo dessa escola, qual seja, o criminoso.

Lombroso desenvolveu a teoria de que as características biológicas são determinantes da delinquência, ou seja, para ele, é possível identificar um criminoso por seus atributos físicos. Esses elementos biológicos e físicos que determinariam a delinquência seriam traços regredidos e primitivos da espécie humana, sendo que estes traços são constatáveis por meio de exames. Essa característica seria gerada por degenerescência da espécie, pela via da transmissão atávica. Assim, traços primitivos reapareceriam em alguns indivíduos, sendo possível constatá-los por meio de exame antropológico, pela fisionomia e por sintomas correlatos.

Deste modo, a função do direito penal seria a contenção do criminoso e sua exclusão da sociedade, propondo-se a recuperação para aqueles passíveis de recuperação – os chamados recuperáveis.

Para chegar a estas conclusões, Lombroso – que também era médico – fez diversos estudos, entre eles, 400 autópsias com delinquentes mortos e seis mil com delinquentes vivos. Também estudou 25 mil presos europeus. Ele mediu os crânios, as faces, as distâncias entre os olhos, os tamanhos de nariz etc. Além disso, Lombroso relaciona esses traços, que ele chama de atávicos, com a epilepsia, por exemplo.

Daí ele conclui que determinadas características estavam presentes nos delinquentes e, portanto, eram determinantes da delinquência. Para ele, bastava a pessoa nascer com determinadas características para delinquir. No extremo, já seria possível saber desde o nascimento que a pessoa seria criminosa.

A sua principal contribuição para a história da Criminologia não foi a sua tipologia de criminosos que ficou bastante famosa, mas sim o método utilizado.

Sua tipologia distinguia seis tipos de criminosos (*vide* item 4.2.5):

(a) nato (atávico);

(b) louco moral (doente);

(c) epiléptico;

(d) louco;

(e) ocasional; e

(f) passional.

Mais adiante, em sua carreira, Lombroso complementa essa tipologia quando realiza estudos sobre a criminalidade feminina – em sua obra "A Mulher Delinquente"- e sobre a criminalidade política – em sua obra "O Crime Político e as Revoluções".

O positivismo de Lombroso se opõe, de modo frontal, à visão de crime e criminosos da escola Clássica. Enquanto, para escola Clássica o crime decorre da decisão, do livre-arbítrio e da racionalidade do homem, para Lombroso

decorre essencialmente de seus traços biológicos, sendo que algumas características físicas e fisiológicas da pessoa determinam que ela praticará crimes.

A sua principal falha metodológica é de que ele estudou apenas aquelas pessoas já condenadas pelo cometimento de crimes. Tal escolha do universo a ser pesquisado é carregada de um viés que invalida sua teoria, pois desconsidera a seletividade do sistema de justiça, ou seja, desconsidera que o sistema de justiça seleciona a classe mais pobre para ser condenada, enquanto não pune a classe mais alta – que também comete crimes. A teoria lombrosiana serve para reforçar os estereótipos da justiça penal seletiva e não considera esse elemento-chave de modo crítico na construção teórica. Por ter cometido essa falha metodológica tão grave – a ponto de macular toda a teoria desenvolvida – muitos autores consideram a escola Positivista Italiana como pré-científica.

6.2.2. Psicológica: Rafaele Garófalo

Garófalo escreveu o livro chamado "Criminologia".

Para ele, os criminosos têm um déficit moral e, por isso, cometem crimes. Mas ele distinguiu esse déficit moral da patologia, das doenças. Esse déficit de base orgânica, endógena e de mutação psíquica, transmissível hereditariamente e com conotações atávicas e degenerativas, está associado a características genéticas e biológicas do indivíduo. São mutações psíquicas que são transmissíveis hereditariamente. O crime está no homem e se revela como degeneração deste.

A principal contribuição de Garófalo para a Criminologia são suas ideias sobre a punição, fins da pena, sua fundamentação, bem como as formas de prevenção e repressão da criminalidade. Suas posições com relação a esses pontos são extremamente duras. Defende a pena de morte, opondo-se ao ideal ressocializador. Para Garófalo, segundo Luiz Flávio Gomes e Pablos de Molina, "do mesmo modo que a natureza elimina a espécie que não se adapta ao meio, também o Estado deve eliminar o delinquente que não se adapta à sociedade e às exigências da convivência."[8]

6.2.3. Sociológica: Enrique Ferri

Ferri escreveu o livro "Sociologia Criminal".

Para ele, o delito resulta de diversos fatores:

(a) os biológicos e os antropológicos, que seriam as características psíquicas e orgânicas dos indivíduos;

(b) os fatores físicos como o clima, temperatura, umidade; e

(c) os fatores sociais, como densidade populacional, religião, família, educação etc.

Ferri trouxe os fatores sociais à escola Positivista.

7. ESCOLA SOCIOLÓGICA DO CONSENSO *VS.* ESCOLA SOCIOLÓGICA DO CONFLITO

É fundamental diferenciar escola sociológica do consenso das escolas sociológicas do conflito, pois as próximas

---

8. GOMES, Luiz Flávio. MOLINA, Antonio García-Pablos de. *Criminologia*. São Paulo: Editora Revista dos Tribunais, 2012 (coleção ciências criminais, v. 5). p. 191.

seis escolas que estudaremos se dividem entre essas duas categorias.

As escolas do consenso acreditam que se as instituições e os indivíduos estiverem operando em harmonia, compartilhando as metas sociais e de acordo quanto às regras de convivência, as sociedades terão atingido seu fim.

Ao contrário, as teorias do conflito entendem que a harmonia social só existe em função da imposição pela força, identificam a coerção como elemento central para garantia da coesão social. Para os teóricos filiados às escolas do conflito, a relação entre dominantes e dominados e os conflitos decorrentes dessa relação são inerentes às sociedades.

Sendo assim, as escolas do consenso entendem que as sociedades são compostas por elementos perenes, integrados, funcionais, estáveis. Todos baseados no consenso.

As escolas do conflito, ao contrário, entendem que as sociedades estão em mudanças contínuas e que todos os elementos cooperam para a sua dissolução. As lutas de classes ou de ideologias estão presentes nas sociedades.

As escolas do consenso que veremos a seguir são: escola de Chicago, teoria da Associação Diferencial, teoria da Anomia e teoria da Subcultura Delinquente. As escolas do conflito que estudaremos são: teoria do *Labelling Approach* e teoria Crítica.

A tabela abaixo sintetiza as principais diferenças entre as teorias do consenso e do conflito.

	Consenso (Funcionalistas/ Integracionista)	Conflito
Visão de sociedade	*Objetivos da sociedade são atingidos quando há o funcionamento perfeito das instituições e os indivíduos estão compartilhando metas sociais e concordando com as regras de convívio.*	*Harmonia social decorre da força e da coerção. Relação entre dominantes e dominados. Pacificação social é decorrente da imposição e da coerção, não é voluntária.*
Postulados	*As sociedades são compostas por elementos perenes, integrados, funcionais, estáveis, baseados no consenso entre os integrantes.*	*As sociedades estão sujeitas a mudanças contínuas. Todo elemento coopera para sua dissolução. Presença de luta de classes ou de ideologias (Marx).*
Principais escolas	*1) Chicago; 2) Associação Diferencial; 3) Anomia; e 4) Subcultura Delinquente*	*1) Labelling Approach; e 2) Crítica*

8. ESCOLA DE CHICAGO (ECOLÓGICA, ARQUITETURA CRIMINAL, DESORGANIZAÇÃO SOCIAL)

A escola de Chicago é umas das escolas sociológicas do consenso. Também é conhecida como escola Ecológica, Arquitetura Criminal ou ainda Desorganização Criminal.

Autores: William Thomas, Robert Park, Ernest Burgess.

Período histórico: A Escola de Chicago data da primeira metade do século XX, e foi concebida na Universidade de Chicago.

Para compreender as ideias dessa Escola é necessário entender as mudanças ocorridas na cidade: Chicago havia passado por um enorme crescimento populacional. Em 1840, a cidade tinha uma população de 4.470 habitantes, e em 1900 esse número ultrapassou um milhão, e em 1910 a população de Chicago chega a quase dois milhões de habitantes.

Esse crescimento urbano decorreu de ter se tornado um importante entroncamento ferroviário, uma cidade industrial e estar geograficamente localizada em um ponto que permite a exploração do transporte via navegação pelos Grandes Lagos.

Parte da população de Chicago era composta por imigrantes europeus cujos países de origem vivenciavam os conflitos das duas guerras mundiais e imigrantes negros do sul dos Estados Unidos que procuravam trabalho nas indústrias, pois estavam em busca de um lugar com menos preconceito racial. A população negra chegou a ser de 7% na cidade.

A vinda de tantos imigrantes propiciou a formação de guetos de proteção. Esses imigrantes oriundos do mesmo país passaram a morar na mesma região da cidade e manter a sua língua materna como forma de comunicação e a manter seus costumes.

Pensamento ecológico: A cidade não é apenas uma estrutura física e artificial, ela tem sentidos, costumes, tradições, sentimentos próprios. Cada cidade tem sua própria cultura, suas regras, sua organização formal e informal, seus usos e costumes e sua identidade.

O pensamento base dessa escola é de que há uma relação direta entre o espaço urbano, sua conformação e a criminalidade. Não só em termos de quantidade de crimes cometidos na cidade como um todo, como também da distribuição dos tipos de crimes por região da cidade, a relação entre a forma que determinada região ou bairro se organiza e se estrutura e o tipo e a quantidade de crimes cometidos naquela região. Por isso essa escola também é chamada de arquitetura criminal ou ecológica, por trabalhar com essa relação entre cidade e crime.

Cada cidade tem uma especificidade e funciona de um jeito próprio e singular, mas, além disso, cada região de uma mesma cidade também tem suas próprias características e estas estão diretamente relacionadas com a criminalidade.

A Escola de Chicago dividiu a cidade em cinco zonas:

(a) A primeira zona é chamada de *Loop*. Ela representa a zona industrial e comercial da cidade.

(b) A segunda é a zona de transição entre o *Loop* e a terceira. Por ser uma zona de transição está sujeita a ser engolida pelo crescimento da primeira e a degradação daí decorrente. Por ser uma área ruim para a moradia, em razão do cheiro ruim ocasionado pela proximidade das indústrias, por ser barulhenta e mais suja, acaba sendo uma área que concentra as pessoas com menor poder aquisitivo. É uma área com concentração de favelas, bordéis e cortiços.

Em Chicago os imigrantes ficavam mais concentrados nessa área, o que acabou por favorecer a formação de guetos quase impenetráveis, em que se falavam as línguas nativas e seguiam os próprios costumes.

(c) A terceira zona é a região de moradia das pessoas mais pobres e dos imigrantes que conseguiram emprego. São pessoas que saíram da área de decadência – segunda zona – mas moram próximas dos locais de trabalho.

(d) A quarta zona abriga a moradia da classe média.

(e) A quinta zona abriga a moradia da classe mais alta, que se dispõe a gastar tempo para chegar ao trabalho de manhã e voltar para a casa a noite, em nome de morar em uma zona mais limpa e afastada do *Loop*.

A imagem abaixo ilustra a divisão da cidade descrita acima:

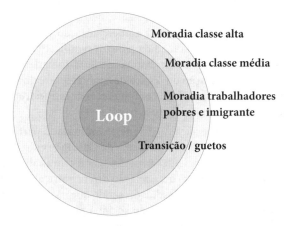

A partir dessa divisão da cidade, os teóricos começaram a estudar a criminalidade em cada área. As estatísticas mostraram que o índice de criminalidade era maior nas áreas mais próximas ao *Loop* e menor nas áreas mais distantes.

É importante destacar que a escola de Chicago não segue um determinismo ecológico. Para essa escola, o fato da pessoa residir em determinada área da cidade é um dos vetores importantes para a compreensão da criminalidade, que deve ser levado em consideração nas análises, mas não é determinante.

Na área *dois* a degradação da moradia e da qualidade de vida é muito alta e lá residem pessoas muito diferentes – o que tornava quase impossível a criação de laços de solidariedade social entre elas. De acordo com a escola de Chicago, esses elementos favoreciam a solução de conflitos via cometimento de delitos para os recém-chegados.

Conceitos principais: Do que acabamos de estudar, podemos extrair os dois conceitos principais dessa escola: (i) o conceito de **tendência gradiente** (*gradient tendency*), ou seja, quanto mais afastada do *Loop* menos tendência a ser uma área com altas taxas de criminalidade; (ii) e o conceito de **desorganização social**. Nas áreas de maior taxa de delinquência encontram-se as piores condições de vida. São as áreas mais desorganizadas socialmente. Por isso, os autores dessa escola falam que a criminalidade urbana está estreitamente relacionada com a desorganização social.

Sendo assim, a degradação das zonas da cidade e a desorganização social são vetor criminógenos importantes de serem considerados. O *gradient tendency*, ou tendência gradiente, é exatamente essa diluição das taxas de criminalidade em razão da zona da cidade. E a desorganização social é fator criminógeno importante.

A cidade degradada é ocupada por enclaves étnico-sociais que absorvem a cultura criminal por conta da perda de suas raízes.

"Suas teses [da escola de Chicago] consistem em que exista um claro paralelismo entre o processo de criação dos novos centros urbanos e a sua criminalidade, a criminalidade urbana (claramente diferenciada, sob todos os pontos de vista, da que é produzida fora dos núcleos urbanos). A cidade 'produz' delinquência. Dentro da grande cidade pode-se verificar inclusive a existência de zonas ou áreas muito definidas (o *gangland*, as *delinquency areas*), onde aquela [criminalidade] se concentra.

A teoria ecológica explica este efeito criminógeno da grande cidade, valendo-se dos conceitos de desorganização e contágio inerentes aos modernos núcleos urbanos e, sobretudo, invocando o debilitamento do controle social nestes núcleos. A deterioração dos "grupos primários" (família etc.), a modificação 'qualitativa' das relações interpessoais que se tornam superficiais, a alta mobilidade, e residência, a crise dos valores tradicionais e familiares, a superpopulação, a tentadora proximidade às áreas comerciais e industriais onde se acumula riqueza e o citado enfraquecimento do controle social criam um meio desorganizado e criminógeno."[9]

As relações que as pessoas estabelecem com a cidade são fundamentais para a compreensão da criminalidade urbana. As cidades são diferentes entre si e a relação de seus moradores com elas também difere. Essa relação é diferente em cada zona da cidade.

Nas grandes cidades há uma perda de identidade, os indivíduos se transformam em anônimos, já que não são conhecidos e nem conhecem a grande maioria dos demais moradores da cidade. Por muitas vezes não conhecem nem os morados do mesmo prédio ou da mesma rua. Esse anonimato gera uma forma diferente de se relacionar com a cidade e enfraquece o controle social informal. Isso porque a pessoa não se sente pertencente a uma comunidade ou grupo, se sente como um indivíduo singular e autônomo na dinâmica corrida da cidade grande.

As diferentes formas de adaptação das pessoas às cidades têm uma mesma consequência e resultado: a implicação moral e social das pessoas em um permanente processo interativo com a cidade. Nas grandes cidades cria-se um permanente anonimato. "A ruptura das relações anteriores e o enfraquecimento das restrições dos grupos primários, sob a influência do meio urbano, é que são, em grande parte, responsáveis pelo aumento do crime nas grandes cidades."[10]

---

9. GOMES, Luiz Flávio. MOLINA, Antonio García-Pablos de. *Criminologia*. São Paulo: Editora Revista dos Tribunais, 2012 (coleção ciências criminais, v. 5). p. 300.

10. SHECAIRA, Sérgio Salomão. *Criminologia*. São Paulo: Editora Revista dos Tribunais, 2004. p. 161.

É importante lembrar que a organização da cidade está em constante transformação e as políticas públicas também exercem importante papel na configuração dessa organização ou desorganização. Qualquer organização ecológica está em constante processo de mudança, cujo ritmo depende do dinamismo do progresso cultural e das escolhas políticas.

Prevenção do delito: A escola de Chicago tem o foco na prevenção do delito e no combate à criminalidade. Os autores dessa escola defendem a revitalização das áreas degradadas (desmonte de armazéns, reformas...) transformando essas zonas em mais bonitas, saudáveis, agradáveis de viver e frequentar, bem como o resgate das raízes e senso de solidariedade (por meio de lazer, escotismo, música, atividades culturais, esportivas...). Essas atividades permitem que as pessoas compartilhem momentos e criem relações mais próximas e afetivas.

Além disso, propõem que o foco das políticas públicas seja dado às crianças, por meio de desenvolvimento de condições econômicas e sociais, para realmente evitar que recorram à criminalidade quando crescerem. Neste sentido, defendiam que: "A lógica da exclusão passa a ser substituída pela lógica do contexto participativo da inclusão, interrompendo um processo que pode culminar com a marginalidade."[11]

Méritos e Deméritos: A escola de Chicago deixou dois principais legados: passou-se a considerar a organização das cidades como fator criminógeno e, além disso, chamou atenção para o fato de a política pública não dever ser apenas criminal e focada na punição com a pena de prisão, mas que seja essencialmente preventiva, bem como para a constatação de que a organização urbana é uma forma fundamental de prevenção da criminalidade. Neste sentido, políticas públicas de iluminação das vias, planejamento urbano, preservação dos edifícios, criação de áreas de lazer e atividades culturais acessíveis para todos são essenciais para a redução da taxa de criminalidade.

Por outro lado, são três os principais deméritos da escola de Chicago. Os autores tinham uma concepção burguesa e etnocêntrica de organização social, não reconheciam as organizações marginais. Os projetos de moradia popular mais famosos da cidade de São Paulo – Projeto Singapura e CDHU- poderiam ser bons exemplos de revitalização da cidade e de tentativa de melhorar as condições de vida, mas não levam em consideração as necessidades da comunidade, não criam laços de solidariedade entre os moradores e, por isso, tem menos eficácia na redução da taxa de criminalidade decorrente da degradação das condições de vida.

Ademais, a escola de Chicago não questiona a definição de delito. Apenas trabalha com o que já é definido como crime pela lei para realizar os estudos ecológicos.

Por fim, a escola de Chicago não consegue explicar os delitos cometidos fora das áreas delitivas, ou seja, nas áreas mais afastadas do *Loop*, tampouco o não cometimento de delitos nas áreas delitivas. Essa é uma grande crítica que essa escola recebe.

9. TEORIA DA ASSOCIAÇÃO DIFERENCIAL

A teoria da Associação Diferencial é uma das escolas sociológicas do consenso.

Autor: Edwin Sutherland.

Período histórico: A teoria da Associação Diferencial surge na década de 1930 nos Estados Unidos, no período pós-quebra da bolsa de Nova Iorque em 1929. Período marcado pelo Welferismo e pelo New Deal, ou seja, um período em que a interferência estatal na economia estava crescendo.

Antes da quebra da bolsa, os Estados Unidos viveram um período de grande crescimento econômico no pós 1ª Guerra Mundial. Porém, com a quebra da bolsa de Nova Iorque, a pobreza interna aumenta. Nesse momento, os Estados Unidos passam por uma mudança de paradigma e o Estado passa a intervir na economia, o que não fazia até então. Roosevelt é eleito presidente e implementa a política do New Deal, ou seja, de intervenção do Estado na economia. É nesse período, inclusive, que é revogada a Lei Seca que proibia o consumo e comercialização de bebidas alcóolicas no país. Esta medida reduziu significativamente a criminalidade de massa. Outras medidas tomadas pelo Estado foram a criação do seguro desemprego, a realização de investimentos brutais em obras públicas de infraestrutura e o fechamento temporário dos bancos.

Teoria da Associação Diferencial: Sutherland parte da ideia de que os princípios da escola de Chicago (vide item 8 supra) não são suficientes para explicar a criminalidade. A escola de Chicago vê uma relação direta entre a cidade, sua organização e a criminalidade, sendo que nas áreas com maior índice de desorganização social a prática delitiva é mais comum. Essas áreas desorganizadas são associadas com as áreas onde habitam a população mais pobre. E é nesse ponto que Sutherland não acha a explicação suficiente e pretende ir além com sua teoria.

A principal ideia da teoria da Associação Diferencial é a de que o crime é uma conduta aprendida, assim como qualquer outra. O aprendizado se dá pela convivência em determinados grupos. Alguns grupos transmitem a seus membros a conduta delinquente. A prática delitiva é mais uma das condutas aprendidas, que a pessoa assimila com o grupo que convive – a família, na escola, grupo de amigos, colegas de trabalho etc. As pessoas aprendem comportamentos pela imitação. As crianças imitam os pais, professores e amigos da escola. Para essa teoria, o crime é mais uma das condutas aprendidas, imitadas.

Ideias-chave: O conceito de organização diferencial e o de aprendizagem dos valores criminais são os principais conceitos dessa teoria. Para a teoria da Associação Diferencial, o homem aprende a conduta desviante e associa-se com referência nela.

Além disso, como em todo processo de aprendizagem, o processo de comunicação é determinante para a prática delitiva. Os valores dominantes do grupo ensinam o delito.

"O crime, conforme este autor, não é hereditário nem se imita ou inventa: não é algo fortuito ou irracional: o crime se aprende. A capacidade ou destreza e a motivação necessárias para o delito se aprendem mediante contato com

---

11. SHECAIRA, Sérgio Salomão. *Criminologia*. São Paulo: Editora Revista dos Tribunais, 2004. p. 179.

valores, atitudes, definições e pautas de condutas criminais no curso de normais processos de comunicação e interação do indivíduo com seus semelhantes."[12]

São cinco as principais bases da teoria da Associação Diferencial:

(a) O comportamento criminal é um comportamento aprendido, assim como os demais comportamentos;

(b) O comportamento criminal é aprendido mediante a interação com outras pessoas em um processo comunicativo. Essa teoria considera a comunicação como um fator-chave para que as práticas delitivas sejam ensinadas e aprendidas;

(c) A maior carga de aprendizagem se dá nas relações sociais mais próximas. A aprendizagem é maior com os núcleos em que a interação é mais próxima, mais significativa para a pessoa. A pessoa aprende mais comportamentos com os pais do que com os professores da escola, mas aprendem mais com os professores do que com as demais pessoas de sua convivência mais distante. O modelo – criminal ou não – é mais convincente para o indivíduo quanto maior for o prestígio que ele atribui à pessoa ou aos grupos cujas definições e exemplos aprende;

(d) O aprendizado inclui a técnica do delito, além da própria justificação do ato. Não apenas se aprende a técnica do cometimento dos delitos nesse processo, mas também as justificativas para cometê-lo; e

(e) Surge o delinquente quando as definições favoráveis à violação da lei superam as desfavoráveis, o que vale dizer, quando a pessoa, por seus contatos diferenciais, aprendeu mais modelos criminais que modelos respeitadores das leis. Se o pai na mesa de jantar, por exemplo, conta para a família como foi lucrativo para a empresa a decisão que ele tomou de não pagar impostos naquele ano, isso será captado pelas crianças como uma atitude vantajosa.

Com base nessa teoria, Sutherland estuda como ela se aplica na prática. Ele decide estudar um grupo que não era estudado e nem associado a um grupo criminal, até então: as classes altas. Ele faz uma pesquisa com as 70 maiores empresas dos Estados Unidos e conclui que apenas uma seguia todas às leis e normas. A partir deste estudo, fica claro então que a criminalidade não se restringe às classes mais pobres e que a associação diferencial (aprendizado delitivo ou aprendizado diferenciado) ocorre em todas as camadas sociais.

Neste momento Sutherland cunha o termo crime/criminosos de colarinho branco (*white collar crimes*).

<u>Definição de crime de colarinho branco</u>: Crime de colarinho branco é aquele cometido no âmbito da profissão por pessoa de respeitabilidade e elevado *status* social.

São, portanto, quatro os núcleos centrais da definição de crime de colarinho branco:

(a) é um crime;

(b) cometido por pessoas de respeitabilidade social;

(c) no exercício da sua profissão;

(d) ocorre, em regra, como violação de norma de confiança.

O crime de colarinho branco é aquele cometido por pessoas que gozam de grande aceitação social, sendo respeitados socialmente. Apenas os crimes cometidos no âmbito profissional destas pessoas estão incluídos nessa definição. Ou seja, excluem-se os crimes cometidos no âmbito da vida privada por essas mesmas pessoas. Por exemplo, se o alto executivo, além de sonegar impostos e praticar outros delitos contra a ordem tributária, financeira e ambiental, ainda comete crimes no âmbito privado, como consumir de drogas, dirigir embriagado, estupro, homicídio ou qualquer outro, estes cometidos no âmbito privado não se enquadram na definição do crime de colarinho branco apenas pelas características do autor do delito. Para se enquadrar na definição de crime de colarinho branco tem que ter sido cometido no âmbito profissional.

<u>Méritos e Deméritos</u>: A teoria da Associação Diferencial teve o grande mérito de chamar atenção para os crimes praticados por pessoas bem-sucedidas e para a forma diferente que o sistema penal trata esses delitos. Colocou em destaque os crimes cometidos pelas classes altas. A partir de então, não se pode mais identificar criminalidade com "anormalidade". Sutherland desconstrói a ideia de que o crime está presente apenas dentre os pobres e marginalizados.

Em síntese, depois da teoria da Associação Diferencial, que chamou atenção para os crimes praticados pelas classes altas e para a diferença no tratamento dado pelo sistema penal a esses crimes e esses autores, não se pode mais identificar a conduta criminosa como uma anormalidade, uma patologia, pois os autores dos crimes de colarinho branco são muito saudáveis, inteligentes e adaptados à sociedade. A teoria segue outro caminho para explicar a criminalidade.

Outra grande contribuição desta teoria é a proteção que temos hoje aos interesses difusos e coletivos, pois foi justamente a teoria da Associação Diferencial que chamou atenção para a criminalidade que feria bens jurídicos indeterminados, difusos e coletivos.

Por outro lado, a teoria da Associação Diferencial desconsidera os fatores psicológicos individuais de cada um, atribuindo a causa dos delitos ao aprendizado das condutas, mas não leva em consideração a autonomia e o livre-arbítrio de cada um em optar por praticar o crime ou não. Não explica porque nas mesmas condições uma pessoa segue o modelo desviante de condutas e outra, não. Sendo assim, desconsidera a autonomia ética e a subjetividade do indivíduo, já que entende que o comportamento desviante se aprende a partir da convivência. Ademais, desconsidera que o crime nem sempre segue padrões racionais e utilitários. Também existem crimes impulsivos, ocasionais, espontâneos, que fogem a qualquer mecanismo de aprendizagem.

Outra crítica que essa teoria recebe trata da questão da associação entre pessoas que cometem delitos. Para os críticos dessa teoria, o fato de pessoas que cometem delitos se associarem não significa que seja essa a causa do comportamento delitivo. É uma consequência lógica, já que um indivíduo procura se relacionar com outros que tenham as mesmas ideias, valores, condutas e atitudes semelhantes às suas. "Parece desmedido o intento de enquadrar todo

---

12. GOMES, Luiz Flávio. MOLINA, Antonio García-Pablos de. *Criminologia*. São Paulo: Editora Revista dos Tribunais, 2012 (coleção ciências criminais, v. 5). p. 318.

comportamento delitivo em um processo social normal de aprendizagem. Pois, sem dúvida, há experiências que não são aprendidas assim como fatores ocultos e inconscientes que influem na conduta."[13]

10. TEORIA DA ANOMIA

A teoria da Anomia é umas das escolas sociológicas do consenso.

Autores: Émile Durkheim e Robert Merton. Mas, o expoente da teoria da anomia é o sociólogo Émile Durkheim.

Anomia: Anomia significa sem lei, ausência ou desintegração das normas sociais. A anomia para essa teoria pode ocorrer em três situações distintas:

(a) Em uma situação existente de transgressão das normas por quem pratica ilegalidades (delinquente) em um nível muito acentuado. Ou seja, a anomia pode ocorrer quando as taxas de práticas de crimes são tão altas que colocam em xeque a coesão social, pois as práticas de crimes se sobrepõem às *não práticas*;

(b) Na existência de um conflito de normas claras que tornam difícil a adequação do indivíduo aos padrões sociais, vale dizer, que nessa segunda concepção, anomia para Durkheim é a situação em que as normas não são claras, o que torna complicado para o indivíduo saber qual o padrão social a ser seguido; e

(c) Na existência de um movimento contestatório que descortina a inexistência de normas que vinculem as pessoas num contexto social (crise de valores). Essa terceira concepção de anomia se refere a um momento muito intenso de contestação dos valores.

Consciência coletiva: Um dos conceitos-chave para a compreensão da teoria de Durkheim é o de consciência coletiva. Para ele, existe uma consciência coletiva de toda a sociedade. Essa consciência coletiva é responsável pelas regras sociais que vigoram naquela sociedade, ou seja, existe essa consciência comum do que é certo e do que é errado para aquela sociedade determinada.

Por exemplo, existem sociedades que acham certo praticar a circuncisão genital feminina (também chamada de mutilação genital feminina). Na nossa sociedade brasileira isso é errado. Há um senso comum de que isso é errado. Não é preciso ter uma lei dizendo isso – até pode ter –, mas não é necessário. Tem esse senso inconsciente que diz que aqui isso é errado. Por outro lado, a nossa consciência coletiva diz que é certo estudar para concurso. Não está escrito em lugar nenhum, mas nós todos sentimos que isso é certo.

Crime: De acordo com Durkheim, o crime é normal e inerente às sociedades. Só deixa de ser normal quando a existência dos delitos passa a ser prejudicial à existência da estrutura social, quando o sistema de regras e condutas perde o valor, enquanto um novo sistema ainda não se reafirmou (anomia). Na mesma linha de raciocínio, em níveis normais, o crime serve para reforçar os próprios valores da consciência coletiva (atos, valores, processos partilhados por uma socie-

dade). E uma conduta só é considerada crime porque fere a consciência coletiva. Nos dizeres do próprio Durkheim, "não o reprovamos porque é crime, é crime porque o reprovamos".

Vale dizer, não há sociedade sem crime, o crime é uma realidade social. Ele só passa a ser um problema quando a prática dos delitos passa a ser prejudicial para a estrutura social, ou seja, quando os valores daquela sociedade e suas regras e condutas perdem o valor, mas ainda não se afirmou uma nova ordem com novos valores. Essa seria uma fase de anomia para Durkheim.

Mas, em níveis normais, o crime serve para reforçar os próprios valores da consciência coletiva, isso porque todos os demais sentem que a conduta criminosa praticada é errada e querem uma punição. Sendo assim, o crime tem a função de reafirmar os valores sociais e não de feri-los. As condutas só são consideradas crimes quando elas ferem a consciência coletiva. As condutas só são crimes, pois ferem os valores partilhados pela sociedade. Condutas que não ferem esse senso coletivo não são consideradas crime.

Normalidade e Funcionalidade: Com base no dito acima, extraímos os dois postulados mais importantes desta teoria: a normalidade e a funcionalidade do crime. Normal porque não teria origem em patologias individuais e nem sociais, e sim no normal funcionamento de toda ordem social. "Apareceria inevitavelmente unido ao desenvolvimento do sistema social e a fenômenos normais da vida cotidiana."[14] E o crime seria funcional, pois não é um fato nocivo para toda a sociedade, "senão todo o contrário, é dizer, funcional, para a estabilidade e a mudança social."[15]

Função da Pena: Nesse sentido, a função da pena é satisfazer a consciência coletiva, ferida pelo ato cometido por um dos membros da comunidade. A sociedade exige reparação e a reparação é a punição, que reestabelece o sentimento de todos que se sentiram feridos. Sua verdadeira função é manter intacta a coesão social, mantendo toda a vitalidade do senso comum. Ou seja, a pena é uma reação a uma violação à consciência coletiva que vem para fortalecer e reestabelecer essa mesma consciência comum.

A noção muito replicada hoje em dia de que a impunidade fomenta a criminalidade ou é a causa da criminalidade é uma atualização do pensamento de Durkheim. De acordo com este, quando há uma situação de prática reiterada de delitos e as feridas causadas à consciência coletiva por esses atos não são fechadas pela punição dos autores dos crimes, tem-se uma quebra na coesão social, pois perdem-se as referências comunitárias normativas que orientam as relações éticas na sociedade.

Como vimos, para Durkheim a punição tem a função de demonstrar qual a norma social vigente e manter a coesão e a solidariedade operando. Quando não há demonstração de qual é a norma social vigente por meio da punição de quem rompe

---

13. GOMES, Luiz Flávio. MOLINA, Antonio García-Pablos de. *Criminologia*. São Paulo: Editora Revista dos Tribunais, 2012 (coleção ciências criminais, v. 5). p. 320.

---

14. GOMES, Luiz Flávio. MOLINA, Antonio García-Pablos de. *Criminologia*. São Paulo: Editora Revista dos Tribunais, 2012 (coleção ciências criminais, v. 5). p. 303.

15. GOMES, Luiz Flávio. MOLINA, Antonio García-Pablos de. *Criminologia*. São Paulo: Editora Revista dos Tribunais, 2012 (coleção ciências criminais, v. 5). p. 303.

a norma, no extremo, pode-se criar uma situação de anomia, em que se perdem as referências da consciência coletiva de que praticar determinada conduta é errado e aumenta-se a prática dessa conduta.

Em resumo: "a tese de Durkheim significa, em suma, admitir que o delito é um comportamento 'normal' (não patológico), 'ubíquo' (é cometido por pessoas de qualquer estrato social e em qualquer estrato da pirâmide social e em qualquer modelo de sociedade) e derivado não de anomalias do indivíduo nem da própria 'desorganização social', senão das estruturas e fenômenos cotidianos no seio de uma ordem social intacta. (...) Conforme Durkheim, o anormal não é a existência do delito, senão um súbito incremento ou descenso dos números médios ou das taxas de criminalidade, já que – acrescenta o autor – 'uma determinada quantidade de crimes forma parte integrante de toda sociedade sã', e uma sociedade sem condutas irregulares seria uma sociedade pouco desenvolvida, monolítica, imóvel e primitiva."[16]

Robert Merton: Robert Merton aplicou a teoria de Durkheim – exposta acima – à Criminologia. Em 1938 publica a obra "Teoria Social e Estrutura Social".

Para ele, o crime ocorre quando há uma dissociação entre as aspirações culturalmente prescritas e os caminhos socialmente estruturados para realizar tais aspirações. Portanto, o crime ocorre quando há uma divergência entre os valores culturalmente valorizados e as formas de atingir esses valores.

A anomia ocorre quando a sociedade acentua a importância de determinadas metas, sem oferecer à maioria das pessoas a possibilidade de atingi-las, por meios legítimos, ou seja, quando a sociedade acentua sobremaneira a importância de determinadas metas, mas não oferece a oportunidade para as pessoas alcançá-las entra-se em uma situação de anomia.

Período histórico: Para entender o que defende Merton é necessário compreender o contexto em que ele escreve. Ele teoriza a partir da sociedade americana, em que a acumulação de riqueza e o poder são extremamente valorizados. Esse é o *american dream*, o sonho americano de enriquecer. Mas, por outro lado, a sociedade americana não construiu meios para que todos pudessem ter riqueza e poder.

Tipologia de adaptação individual: Nesse contexto, Merton cria cinco categorias de indivíduos que operam nessa sociedade contraditória, em que não há meios suficientes para que a maioria das pessoas que queira alcancem o que é valorizado pela sociedade: riqueza e poder. "Conforme Merton, a tensão entre 'estrutura cultural' e 'estrutura social' força o indivíduo a optar, dentre as vias existentes, por cinco delas: conformidade, inovação, ritualismo, fuga do mundo e rebelião, todas elas, com exceção da primeira, constitutivas de comportamentos desviados ou irregulares."[17]

---

16. GOMES, Luiz Flávio. MOLINA, Antonio García-Pablos de. *Criminologia*. São Paulo: Editora Revista dos Tribunais, 2012 (coleção ciências criminais, v. 5). p. 304.

17. GOMES, Luiz Flávio. MOLINA, Antonio García-Pablos de. *Criminologia*. São Paulo: Editora Revista dos Tribunais, 2012 (coleção ciências criminais, v. 5). p. 305.

Vamos agora à tipologia de adaptação individual de Merton:

O primeiro tipo é o conformista. Esse tipo recebe esse nome, pois ele está em conformidade, ou seja, de acordo com os objetivos culturais de poder e riqueza e também com os meios para alcançá-los. Esse é o tipo mais comum, ele garante a estabilidade da sociedade. Pois, para ter coesão é necessário que a maioria das pessoas compartilhe dos valores e esteja de acordo com os meios a serem percorridos, que no caso americano seriam o trabalho e a educação.

O segundo tipo é o ritualista, que segue os meios para alcançar os desejos sociais, mas não acredita nessas metas. Um exemplo é o tímido funcionário público, ele sabe que não vai ser rico e nem poderoso, mas acredita nos meios e nas normas. Ele renuncia ao objetivo de ser rico e poderoso. Ele tem consciência que não vai alcançar o objetivo, segue as normas sociais, mas não busca alcançar os valores.

O terceiro tipo é o retraído. Esse tipo renuncia aos objetivos e aos meios. Ele vira um apático, atua com desinteresse frente a isso. Por exemplo, os bêbados, drogados, mendigos, errantes etc. Eles atuam como se as normas e os valores sociais não lhe dissessem respeito.

O quarto tipo é o criminoso. Merton o denomina de inovador. Isso porque ele está aderido com os valores sociais, mas ele busca meios alternativos e criativos para alcançá-los, utiliza o crime como um meio. Ao invés de trabalhar e estudar, até porque provavelmente não teria chance, ele rouba ou trabalha no tráfico de drogas.

E o quinto tipo é o rebelde. Os movimentos sociais que buscam a transformação social, mudança de paradigma, os anarquistas, *punks*... Eles discordam dos valores instituídos e buscam outras metas e outras normas e valores sociais. Tentam transformar a sociedade, torná-la diferente.

Em resumo, os cinco tipos são:

1. Conformidade: Conformidade com os objetivos culturais e com os meios institucionalizados para alcançá-las. É o tipo mais comum e mais difundido. Garante a estabilidade da sociedade.

2. Ritualismo: Renuncia aos objetivos valorados por ser incapaz de alcançá-los, mas segue todas as normas sociais.

3. Retraimento: Renuncia aos objetivos culturais e às normas.

4. Inovação: Adere aos valores sociais, mas busca outros meios de alcançá-los, já que não é possível pelas vias institucionalizadas. Segue a rota do crime para atingir a riqueza e poder.

5. Rebelião: Refuta os valores vigentes e propõem outras metas e formas de atingir.

Para Merton, quando os modos não conformistas (ou seja, ritualista, retraído, inovação e rebelde) superam os conformistas, tem-se uma situação de anomia.

Vamos ver agora uma tabela que ilustra, de modo caricatural, os cinco tipos de adaptação individual:

	Metas Sociais	Meios de atingir as metas sociais
Conformista	👍	👍
Ritualista	👎	👍
Retraído	👎	👎
Inovador	👍	👎
Rebelde		

O conformista adere às metas sociais e concorda com os meios para atingi-las. Por isso as duas colunas estão com o fundo branco e com sinal positivo.

O ritualista não adere às metas sociais, desistiu delas, por isso o fundo está cinza e com sinal negativo. Mas, ele segue os meios socialmente aceitos, segue as leis.

O retraído não adere às metas e nem às normas, por isso está com fundo cinza e com sinal de negativo nas duas colunas.

O inovador está com o fundo branco e com sinal positivo na primeira coluna porque ele adere às metas sociais, mas não utiliza as normas e os meios socialmente aceitos para atingi-las, ele é criativo e inventa outra forma e essa nova forma é o crime.

O rebelde seria caracterizado por uma adoção apenas parcial dos fins e dos meios, aliada a uma perspectiva de mudança social estrutural no que concerne à concepção valorativa das metas culturais. Por isso está representado com um fundo de uma cor diferente dos demais e com uma imagem que tem o rosto triste segurando um feliz. Isso para representar que o rebelde quer a mudança das metas sociais e das formas de atingi-las. É como se estivesse insatisfeito com o presente, mas buscando transformar a realidade para ficar satisfeito no futuro. Ele está em busca da transformação da sociedade.

Méritos e Deméritos: A teoria da Anomia teve o grande mérito de considerar o delito como fenômeno normal das sociedades e não necessariamente ruim. De considerar o criminoso como uma pessoa normal, e não anormal.

Ademais, Merton explica porque as classes desfavorecidas concentram a maior parte dos cometimentos dos crimes: como são excluídos do circuito dos meios institucionalizados para acumular riqueza e, portanto, encontram-se mais distantes da ascensão social, tendem a recorrer com mais frequência à delinquência para realizar os objetivos difundidos pela sociedade de consumo.

Por outro lado, parte do falso pressuposto de que há um consenso coletivo (se baseiam na ideia do contrato social de Rousseau). Não pressupõem a possibilidade de criticar a sociedade competitiva, mas sim a integração do indivíduo a essa sociedade.

Por fim, não explicam porque existe a criminalidade que não tem por objetivo o lucro e o poder e porque a crimi-

nalidade cometida pelos ricos não é perseguida na mesma intensidade do que aquela cometida pelos pobres.

11. TEORIA DA SUBCULTURA DELINQUENTE

A teoria da Subcultura Delinquente é umas das escolas sociológicas do consenso.

Autores: Albert K. Cohen (1955): "Delinquent boys: the culture of the gang". Willian F. Whyte (1953): "Street Corner Society. The social structure of an italian slum".

Período histórico: Depois da 2ª Guerra Mundial os Estados Unidos cresceram muito economicamente e a população estava tomada por um sentimento de confiança na democracia e nas instituições. A figura paterna era central nos núcleos familiares, representava a autoridade dentro do lar e era responsável por estabelecer a ordem.

Mas, nos anos 1950, os jovens, especialmente negros, perceberam que não conseguiriam alcançar o ideal americano. Perceberam que se tornar rico era uma realidade para muito poucos. A desilusão tomou conta dos jovens que passaram a contestar todo o modelo, inclusive a figura paterna. Esse período marca a falência do *american dream*.

Os jovens que tinham condições de alcançar o sonho americano de riqueza e os que não tinham, eram cobrados da mesma maneira. O choque entre a cultura e a estrutura social, que não fornecia as condições sociais de acesso aos bens sociais para todos, cria uma espécie de desilusão com relação ao sistema de vida americano.

Subcultura Delinquente: Assim, a formação de subculturas criminais representa a reação necessária de algumas minorias altamente desfavorecidas diante da exigência de sobreviver, de orientar-se dentro de uma estrutura social, apesar das limitadíssimas possibilidades legítimas de atuar. Sendo assim, a formação de subculturas criminais passou a ser uma reação de alguns grupos minoritários que não podiam alcançar o sonho americano de riqueza tão propagandeado. As gangues de jovens formam-se como reação à sensação de frustração por conta da impossibilidade de alcançar as metas da sociedade branca, protestante e anglo-saxã, (conhecida pela sigla em inglês W.A.S.P.).

Os valores são adotados por sua forma invertida, como forma de contestação ao ideal da sociedade dominante. Sendo assim, essas *gangs* cultuam a destruição porque os jovens de classe média cultuam a propriedade.

Definição de Subcultura Delinquente: A Subcultura Delinquente é um comportamento de transgressão que é determinado por um subsistema de conhecimento, crenças e atitudes que possibilitam, permitem ou determinam formas particulares de comportamento transgressor em situações específicas.

Subcultura não é uma manifestação delinquencial isolada. A subcultura delinquente tem como característica, justamente, a dimensão coletiva.

Os crimes cometidos pelo grupo, segundo a teoria da Subcultura Delinquente, são cometidos em concordância com as regras e os valores daquele grupo. Por isso, o crime não é um ato isolado e sim de um grupo. As regras que fazem sentido para aquele grupo são diferentes ou contrárias às regras que vigoram no restante da sociedade. Estão em oposição, e isso não é por acaso, é realmente uma forma de contestação.

A Subcultura Delinquente é associada diretamente ao comportamento de jovens que delinquem em grupo. Este grupo tem suas próprias normas, valores, ética e crenças que diferem das normas, valores, ética e crença da sociedade dominante. O crime é cometido, pois está de acordo com aquela *subcultura*, com a subcultura daquele grupo de jovens que contesta a cultura dominante.

Crime: As três principais características do crime para a teoria da Subcultura Delinquente são:

(a) Não utilitarismo da ação, ou seja, a ação não tem utilidade, é um ato de contestação. De acordo com a Subcultura Delinquente, a intenção com esse furto não era o aproveitamento material e sim a contestação do modelo de sociedade que valoriza sobremaneira o "*ter*". Se estivermos estudando um furto, por exemplo, o objeto furtado não será usado para comprar coisas ou será consumido. O furto não foi realizado porque o grupo queria ter aquele bem e não podia comprá-lo, ou para vendê-lo e comprar outras coisas.

(b) Malícia da conduta, ou seja, prazer em ver o outro sofrer. É um sadismo. Se roubarem a bolsa de uma velhinha, por exemplo, é pela graça de ver a velhinha sem rumo e não pelo valor que tem na bolsa.

(c) Negativismo, ou seja, nega o valor dominante, baseia-se em outros valores. A conduta criminosa nega a cultura dominante na sociedade, é baseada nos valores do grupo. Como um grupo de jovens pichadores que escrevem em edifícios e monumentos da cidade. É uma contraposição à ordem majoritária, realizam atos de contestação.

Méritos e Deméritos: A teoria da Subcultura Delinquente teve o grande mérito de marcar uma nova visão sobre a criminalidade. Até então predominava nos Estados Unidos a visão ecológica do crime, baseada nas ideias da escola de Chicago (vide item 8 supra).

Essa escola demonstra que o controle dessa criminalidade, da Subcultura Delinquente, não se pode fazer por meio dos mecanismos tradicionais de combate ao crime. A ideia central dessa forma delituosa, da Subcultura Delinquente, tem particularidades e diferenças com a criminalidade mais comum. Algumas dessas manifestações não se combatem com pura repressão, mas sim com um processo de cooptação, integração dos grupos juvenis, envolvendo-os no mercado de trabalho, ou por meio de uma ação de inteligência da polícia, com delegacias especializadas (por exemplo, para prevenir crimes cometidos pelas *gangs punk*).

Por outro lado, uma crítica que essa teoria recebe é que não fornece um modelo explicativo generalizado da criminalidade, trata apenas de uma criminalidade com características bastante específicas.

12. TEORIA DO *LABELLING APPROACH* (REAÇÃO SOCIAL, ETIQUETAMENTO, ROTULAÇÃO SOCIAL, INTERACIONISMO SIMBÓLICO)

A teoria do *Labelling Approach* é umas das escolas sociológicas do conflito.

Autores: Howard Becker é o principal autor da teoria do *Labelling Approach*. Ele publica, em 1963, o livro "Outsiders: studies in the sociology of deviance". Outros autores são: Kai T. Erikson, Edwin Lemert, Edwin Schur e Erving Goffman.

Período histórico: Os anos 1960 ficaram famosos pelos movimentos inovadores, críticos e criativos. É nesse ambiente cultural que surge a teoria do *Labelling Approach* como uma teoria do conflito, rompendo com a lógica das teorias do consenso. Os anos 1960 marcam um sucessivo período de relações críticas que abrem uma fissura no aparente monolitismo cultural e social americano.

A teoria do *Labelling Approach* é um verdadeiro marco das teorias do conflito: "a ideia de encarar a sociedade como um 'todo' pacífico, sem fissuras interiores, que trabalha ordenadamente para a manutenção da coesão social, é substituída, em face de uma crise de valores, por uma referência que aponta para as relações conflitivas existentes dentro da sociedade e que estavam mascaradas pelo sucesso do Estado do Bem-Estar Social."[18]

Nesse período, os Estados Unidos viviam um período muito interessante e eletrizante. Guerra do Vietnã e toda a revolta da população contra a Guerra.

Os movimentos de contracultura *beatnik* e *hippie* ganham corpo e forma.

A maconha passa a ser um símbolo de rebeldia e resistência contra os valores burgueses dominantes. Thimoty Leary, psicólogo renomado e professor das melhores universidades americanas, populariza o LSD como uma droga expansora de consciência. Ele faz diversos experimentos científicos com o aval das universidades e do governo americano.

É um período muito marcado pelo pacifismo e protestos contra as guerras.

Martin Luther King também se destaca nesse momento, como um ativista em busca da igualdade racial, na luta contra o racismo. Ele era adepto da cultura da não violência e da desobediência civil pacífica. Nesse período, o feminismo também surge como uma crítica à cultura dominante de que a mulher deveria se limitar ao papel estabelecido de *boa mãe*, *boa esposa* e *boa dona de casa*.

Tudo isso estava acontecendo nos Estados Unidos, mas esse chamado fermento de ruptura também estava presente nos outros países. Na América Latina, os movimentos de resistência às ditaduras estavam muito fortes e atuantes. E na França ocorre o movimento que ficou conhecido como Maio de 1968.

Os anos de 1960 foram marcados por muitos acontecimentos, todos de ruptura com o velho modelo de sociedade. E esse caldo de cultura também encontrou expressão na área criminológica, na teoria do *Labelling Approach*: "de braços dados com essa rebeldia, surge um potencial crítico e criativo, um idealismo marcante e abrangente, uma força transformadora como nunca na história da humanidade os jovens haviam experimentado. Essa década é marcada por um culto 'científico' às drogas, pelo psicodelismo do *rock*

---

18. SHECAIRA, Sérgio Salomão. *Criminologia*. São Paulo: Editora Revista dos Tribunais, 2004. p. 271.

and roll, por uma enfática resistência pacifista à Guerra do Vietnã, por uma campanha abrangente pelos direitos civis, pela luta das minorias negras, pelo fim das discriminações sexuais, pelo despertar da consciência estudantil que passa a conhecer seu próprio poder, por transformações existenciais que permitem aos jovens encontrarem seu próprio eu, enfim, por um fermento de ruptura potencializador da sociologia do conflito."[19]

A teoria do *Labelling Approach*, por sua vez, rompe com a Criminologia das escolas do consenso que acreditam em um todo uno e harmônico da sociedade. A teoria do *Labelling Approach* procura uma explicação para o crime em paradigmas diversos daqueles concebidos até então pela Criminologia.

Mudança de Paradigma: A teoria do *Labelling Approach* desloca o problema criminológico do plano da ação para o da reação (dos *bad actors* para os *powerful reactors*), demonstrando que a verdadeira característica comum dos delinquentes é, na realidade, a resposta dada pelas instâncias de controle.

As escolas do conflito (vide item 7 supra) questionam a existência de uma realidade ontológica no delito, passando a entender o delito como uma entidade originalmente jurídica. Esse é o grande salto entre as escolas do consenso e do conflito: as escolas do conflito entendem que há uma decisão política de que condutas serão criminalizadas. Importante destacar, nesse ponto, que as condutas consideradas criminosas mudam ao longo do tempo. Como o adultério que deixou de ser crime por uma transformação social que passou a entendê-lo de uma forma diferente do que antes era entendido. De acordo com Shecaira, o "desvio (...) não é uma propriedade inerente a determinados comportamentos".[20]

Há uma inversão de causa e efeito na concepção que as escolas do consenso têm sobre a relação entre crime e repressão. Não é a lei que surge para reprimir o crime, mas a lei cria o crime e o fenômeno criminal. A teoria do *Labelling Approach* leva a uma inversão fundamental sobre a pergunta central da Criminologia: deixa-se de perguntar por que as pessoas cometem crimes e passa-se a perguntar por que determinados atos e pessoas são criminalizados.

Então, a teoria do *Labelling Approach* trabalha com a ideia de que o foco da Criminologia deve estar na reação social a um desvio, pois a criminalidade só existe por haver condutas definidas pela lei como criminosas. E, segundo a teoria do *Labelling Approach*, a reação das instâncias de controle produz o criminoso.

Daí decorrem as ideias centrais dessa teoria: os conceitos de etiquetamento e de estigmatização. Após ter sido capturada por uma instância de controle social formal, a pessoa passa a ser tratada por todos como criminosa. Ela é estigmatizada dessa forma, passa a ser rotulada. Por essa razão, essa teoria também é conhecida como interacionismo simbólico ou teoria da rotulação social ou da reação social.

Quando os outros começam a ver uma pessoa como perigosa, começam a adotar perante ela uma conduta diferente, que não é adotada perante todos os demais. Para que uma pessoa seja rotulada como criminosa, basta que tenha cometido apenas um ato desviante.

"As questões centrais do pensamento criminológico, a partir desse momento histórico, deixam de referir-se ao crime e ao criminoso, passando a voltar sua base de reflexão ao sistema de controle social e suas consequências, bem como ao papel exercido pela vítima na relação delitual."[21]

A carreira do desvio se constrói a partir da interação com o rótulo (interacionismo simbólico). Muitas instituições destinadas a desencorajar o comportamento desviante operam, na verdade, de modo a perpetuá-lo e a fomentá-lo. "Essas instituições acabam reunindo pessoas que estão à margem da sociedade em grupos segregados, o que dá a eles a oportunidade de ensinar uns aos outros as habilidades e comportamentos da carreira delinquente e, até mesmo, provocar o uso dessas habilidades para reforçar o senso de alienação do resto da sociedade."[22]

Diante de toda essa mudança brusca no cenário criminológico não mais se indaga o porquê do criminoso cometer crimes. E sim, porque é que algumas pessoas são tratadas como criminosas, quais as consequências desse tratamento e qual a fonte de sua legitimidade.

A teoria do *Labelling Approach* entende que a criminalidade não é uma qualidade da conduta humana, mas a "consequência" de um processo em que se atribui tal "qualidade".

Conceitos centrais: A teoria do *Labelling Approach* trabalha com alguns conceitos centrais que vamos passar a estudar agora: desviação primária[23], desviação secundária e *role engulfment* (mergulho no papel desviado).

A desviação primária é anterior ao cometimento do delito, ela está muito associada aos fatos psicológicos do indivíduo e a sua marginalização em função de aspectos sociais, culturais, raciais etc.

Já a desviação secundária tem relação com o cometimento de delitos. Ela acontece por conta da reação social ao desvio. O agente do delito que já passou para a fase de desviação secundária já está com a identidade estruturada em torno da desviação. "É um mecanismo criado, mantido e intensificado pelo estigma."[24]

O *role engulfment* nada mais é do que um mergulho no papel desviado, ou seja, a aceitação total desse papel. A pessoa passa a adotar realmente as posturas de um desviante. O indivíduo passa a se enxergar como desviante e os demais o veem desta mesma forma. À medida que o mergulho no papel de desviado cresce, há uma tendência para que o autor do delito defina-se como os outros o definem.

---

19. SHECAIRA, Sérgio Salomão. *Criminologia*. São Paulo: Editora Revista dos Tribunais, 2004. pp. 273-4.

20. SHECAIRA, Sérgio Salomão. *Criminologia*. São Paulo: Editora Revista dos Tribunais, 2004. p. 294.

21. SHECAIRA, Sérgio Salomão. *Criminologia*. São Paulo: Editora Revista dos Tribunais, 2004. p. 271.

22. SHECAIRA, Sérgio Salomão. *Criminologia*. São Paulo: Editora Revista dos Tribunais, 2004. p. 297.

23. Alguns autores chamam a desviação primária de vulnerabilidade.

24. SHECAIRA, Sérgio Salomão. *Criminologia*. São Paulo: Editora Revista dos Tribunais, 2004. p. 298.

O processo de rotulação, que se mostra bem-sucedido quando a pessoa também passa a se ver como desviante – *role engulfment* – leva à desviação secundária.

Ciclo criminal: Agora, vamos estudar o ciclo criminal, de acordo com a teoria do *Labelling Approach*.

A desviação primária é o efeito psicológico de marginalização causado por fatores sociais e culturais. A pessoa que passa pela desviação primária é marginalizada e se se sente segregada pela sociedade. A sociedade dá uma resposta ritualizada e estigmatizante a essa pessoa marginalizada, o que acarreta em uma redução de oportunidades e no distanciamento social daquela pessoa. Esta começa a seguir uma subcultura delinquente, ou seja, à margem da sociedade e essa subcultura opera em sua autoimagem. Em seguida, as instâncias formais de controle captam essa pessoa e a submete a todo o processo da justiça criminal que tem como símbolo máximo a prisão. Passar pela situação de prisão faz com que seja colocado sobre essa pessoa um grande estigma de criminoso.[25]

Ou seja, a pessoa que já vinha de um processo de desviação primária é selecionada pelo sistema de justiça para ser presa e não aquela outra que também comete crimes, mas não era estigmatizada e não estava à margem da sociedade.

Após a institucionalização a pessoa constrói e segue uma carreia criminal propriamente dita, após passar pelo processo de *role engulfment*. Ela realmente assume o papel de criminoso. E aí temos a desviação secundária, quando a personalidade do indivíduo já está formada para a prática delitiva, para se comportar como delinquente.

Sendo assim, é fundamental destacar que a prisão passa a atuar como elemento de criminalização que gera um processo cíclico para a clientela do sistema penal. "A criminalização primária produz rotulação, que produz criminalizações secundárias (reincidência)".[26]

A desviação secundária leva a outra ideia importante da teoria do *Labelling Approach* que é a de profecia autorrealizável. Como a pessoa recebe o estigma de criminosa e passa a se comportar como tal e a assumir esse papel social, todos têm a expectativa de que ela voltará a delinquir, e de fato ela volta a delinquir, pois assumiu esse papel e não há outro destino possível para ela. Isso porque a reação social a ela não lhe dá oportunidades e também porque ela assumiu esse papel social para si própria.[27]

O esquema abaixo ilustra o modelo explicado acima:

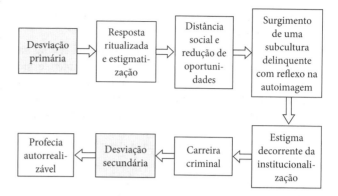

Consequência Política: Agora, vamos passar a estudar a consequência política dessa teoria, ou seja, o que pode ser feito em âmbito político para que esse processo não ocorra, o que o Estado deve fazer para alterar esse cenário.

A primeira medida que poderia ser tomada é a não divulgação da reação estatal. Essa não divulgação reduziria o estigma que daí decorre para a pessoa que responde a um processo criminal.

A segunda medida é a eliminação das marcas do processo, como a ficha de antecedentes criminais. Tal medida permitiria que a pessoa pudesse se inserir na sociedade sem ter a marca do processo criminal, podendo conseguir emprego, por exemplo.

O Estado deveria promover terapia social emancipadora, com o objetivo de atuar sobre o ego da pessoa e fazer com que ela não se sinta marginalizada e possa se fortalecer ao invés de ter sua autoimagem destruída e associada à cultura marginal, já que a estigmatização a colocou nesse lugar.

Para atuar no estigma decorrente da institucionalização, o ideal seria que o Estado adotasse medidas despenalizadoras, medidas alternativas à prisão e penas alternativas.[28]

E, por fim, que fossem criadas oportunidades de emprego e de atividades lícitas para essas pessoas. Assim, seria possível romper com todo esse caminho perverso.

---

25. É importante destacar nesse ponto que as instâncias formais de controle são seletivas e discriminatórias, ao contrário das instâncias informais de controle, "primando o *status* sobre o merecimento". SHECAIRA, Sérgio Salomão. *Criminologia*. São Paulo: Editora Revista dos Tribunais, 2004. p. 291.
26. SHECAIRA, Sérgio Salomão. *Criminologia*. São Paulo: Editora Revista dos Tribunais, 2004. p. 301.
27. Nos dizeres de Shecaira, "a *desviação primária* é poligenética e se deve a uma variedade de fatores culturais, sociais, psicológicos e sociológicos. A *desviação secundária* traduz-se numa resposta de adaptação ocasionados pela reação social à *desviação primária*. Surge a teoria do estigma, etiqueta ou rótulo, *status* diferenciado que vai aderir ao autor do crime e com o qual ele interagirá. Toda reação à conduta criminal passa por *cerimônias degradantes*, processos ritualizados a que é submetido o réu e que atinge a autoestima do agente do delito. Quando a reação à conduta criminal é uma pena privativa de liberdade, nasce um processo *institucionalizador* que recolhe o condenado a um local isolado de moradia com rotina diária e administração formal. As consequências disso serão, sempre, a acentuação da *carreira criminal* e a *institucionalização* do condenado, potencializando-se a recidiva. A interação e a autoimagem tendem a polarizar-se em torno do papel desviante, o que cria o *role engulfment*." SHECAIRA, Sérgio Salomão. *Criminologia*. São Paulo: Editora Revista dos Tribunais, 2004. p. 297.
28. No âmbito criminológico, esses conceitos coincidem com a ideia de institucionalização ou prisionização de Donald Clemmer e Erving Goffman. Essa noção compreende que as instituições totais (nas quais o interno trabalha, descansa e se diverte) têm como consequência a "mortificação do eu", em que o interno deixa de ser individualizado e passa a ser um estereótipo, no caso da prisão, de criminoso. As cerimônias degradantes pelas quais passa o interno atuam profundamente na sua identidade e personalidade, sendo muito difícil reverter esse quadro. Cerimonias degradantes "são os processos ritualizados a que se submetem os envolvidos com um processo criminal, em que o indivíduo é condenado e despojado de sua identidade, recebendo outra degradada." SHECAIRA, Sérgio Salomão. *Criminologia*. São Paulo: Editora Revista dos Tribunais, 2004. p. 298.

Política dos 4 **D**s: A teoria do *Labelling Approach* é bastante conhecida por defender a *política dos 4 Ds*: Descriminalização, **D**iversão, **D**evido processo legal e **D**esinstitucionalização.

Como vimos, essa teoria vê que o problema central da criminalidade está no estigma e na reação social. Entende que não existem condutas criminosas por si só, apenas condutas que são definidas politicamente como criminosas. Quanto menos condutas forem definidas como crime, menos estigma de "criminosa" as pessoas receberão. Esse é o primeiro ponto defendido pelo *Labelling Approach*, a descriminalização de condutas.

A diversão, que vem do inglês *diversion*, é a proposta de desviar os agentes do delito do sistema estigmatizante de justiça criminal e encaminhá-los para soluções informais e não institucionais dos conflitos.

A garantia do devido processo legal é outra política defendida pela teoria do *Labelling Approach*. As penas devem estar estabelecidas em lei e as sentenças devem ser determinadas, para reduzir a margem discricionária do julgador que não poderia aplicar uma pena mais elevada em função do perfil do acusado.

E a quarta política defendida pela teoria do *Labelling Approach* é a desinstitucionalização, isto é, a adoção de medidas como o fortalecimento de penas alternativas e a redução da aplicação da pena de prisão. Para esses autores, a prisão deveria ser a pena alternativa e não as medidas não prisionalizadoras deveriam ser assim chamadas. É preciso inverter essa lógica de priorização da prisão, porque ela tem efeitos muito nocivos e irreversíveis.

A teoria do *Labelling Approach* é usada também para fundamentar o direito penal mínimo, que é chamada pelos teóricos de *prudente não intervenção*. Porque a aplicação daquelas medidas poderia reduzir esse processo diagnosticado pela teoria do *Labelling Approach* e que leva, inevitavelmente, à desviação secundária, à reincidência e ao cometimento de novos crimes.

13. TEORIA CRÍTICA (RADICAL, NOVA CRIMINOLOGIA)

A teoria Crítica de Criminologia é umas das escolas sociológicas do conflito.

Autores: Os principais autores são os ingleses Ian Taylor, Paul Walton e Jock Young.

Momento histórico: A teoria crítica surge nos anos de 1970 em diversos países, como Estados Unidos, Inglaterra e Escandinávia, a partir da teoria do *Labelling Approach* (vide item 12 supra), trazendo a sociologia do desvio para o âmbito específico da Criminologia.

George Rusche e Otto von Kirchheimer, no livro "Punição e Estrutura Social", de 1939, analisam a evolução dos sistemas europeus de penas a partir das evoluções do mercado. Eles concluem que as penas corporais eram adotadas em períodos em que havia excesso de mão de obra e que as penas mais humanas eram adotadas em épocas de escassez de mão de obra. Sendo assim, notam a existência de uma relação direta entre o capitalismo, o direito penal

e a aplicação de penas. Para esses autores, o direito penal era uma forma de criação de um *lumpezinato*, que serviria como exército de mão de obra de reserva, mantendo baixo o valor da mão de obra.

Existem duas grandes vertentes de Criminologia Crítica, com subdivisões internas: abolicionistas e não abolicionistas. Mais adiante iremos nos deter em três subdivisões: Neorealismo de Esquerda (item 13.1), Minimalista (item 13.2) e Abolicionista (item 13.3).

Conceitos centrais: A teoria crítica se baseia na teoria marxista, e é por essa razão que esses autores entendem o direito penal como uma forma de manutenção da exploração de classe.

Para eles, a definição das condutas que serão consideradas como crime é resultado de disputas políticas. Além disso, entendem que o *criminoso* é uma construção política, e não é um ente biológico ou sociológico.

Os atos definidos como criminosos são escolhidos tendo em vista os interesses da classe dominante, visto que estão no poder. A redefinição dos crimes depende da reflexão crítica da realidade, de modo a enfrentar um sistema legal baseado em poder e privilégios. "Aceitar a definição legal de crime é aceitar a ficção da neutralidade do direito."[29] Seguindo esse mesmo raciocínio, o delito é um fenômeno dependente do modo de produção capitalista e que estimula as forças produtivas.

Por essa razão, consideram o problema criminal como insolúvel dentro da sociedade capitalista. O objetivo dos autores filiados à teoria crítica é reduzir as desigualdades sociais. Para tanto, é necessário alterar o sistema penal (e para os abolicionistas, suprimi-lo), já que ele é reprodutor das desigualdades.

Para os criminólogos críticos, as pessoas das classes mais baixas são rotuladas como criminosas e as da burguesia, não. Isso ocorre exatamente em razão do fato da burguesia controlar os meios de produção e isso lhes conferir o poder de produção e aplicação das leis, já que ocupam as posições de poder do Estado.

Eles entendem que há a universalidade do crime e, ao mesmo tempo, a seletividade da justiça. Vale dizer, percebem que todas as classes sociais praticam crimes, ou seja, que a prática de crimes não está circunscrita a classes sociais, é universal. Mas, por outro lado, a justiça é seletiva, uma vez que seleciona apenas as pessoas das classes mais pobres. A punição e toda atuação do sistema de justiça recai apenas sobre as classes mais pobres. "Desde a obra de Sutherland, de fato um grande visionário pelo que antecipou em relação às teorias dos anos 60 [vide item 9 supra], busca-se a ideia segundo a qual o crime é muito mais disseminado do que sugere o estereótipo do criminoso e o sistema punitivo seleciona amostragens parciais não aleatoriamente."[30] Desse modo, ao invés da polícia suspeitar de certos indivíduos, passou a suspeitar de categorias sociais.[31]

---

29. SHECAIRA, Sérgio Salomão. *Criminologia*. São Paulo: Editora Revista dos Tribunais, 2004. p. 334.

30. SHECAIRA, Sérgio Salomão. *Criminologia*. São Paulo: Editora Revista dos Tribunais, 2004. p. 340.

31. SHECAIRA, Sérgio Salomão. *Criminologia*. São Paulo: Editora Revista dos Tribunais, 2004. p. 341.

Ademais, entendem que o crime estimula as forças produtivas ao gerar uma indústria própria de segurança, como cercas elétricas, carros blindados, empresas de segurança privada, câmeras de vigilância etc.

Para a teoria Radical o problema da criminalidade é insolúvel em um modelo de sociedade capitalista, já que é inerente a ela. Dentro das sociedades capitalistas, o crime é uma construção das classes dominantes para atender aos seus interesses. Como o objetivo da teoria Crítica é a redução das desigualdades sociais, é necessário alterar o direito penal, na medida em que ele apenas amplia as desigualdades ao excluir os mais pobres.

A crítica que essa teoria recebe é justamente não ter estudado a criminalidade nos países socialistas e tratarem apenas dos países de modelo capitalista.

13.1. Neorrealismo de Esquerda

O Neorrealismo de Esquerda acredita que uma das funções do crime é dividir as classes pobres, não deixando com que se organizem para combater o sistema capitalista e a classe dominante. Isso porque apenas as pessoas das classes pobres são selecionadas pelo sistema de justiça penal e apenas algumas pessoas dessas camadas mais humildes da sociedade cometem crimes. Isso faz com que se gere uma cisão dentro da própria classe, fazendo com que as pessoas que a compõem não consigam se ver como pertencentes a uma mesma classe, nas mesmas condições e que devem combater o verdadeiro inimigo que é a exploração capitalista. Assim, o crime gera uma cisão nesta classe, o que é benéfico para as próprias classes dominantes que não são questionadas por uma classe pobre mais numerosa. Portanto, o crime produz uma divisão dentro das classes menos favorecidas e faz esquecer que o inimigo real é a sociedade capitalista.

O Neorrealismo de Esquerda defende que haja menos controle penal das condutas das classes pobres e mais sobre as condutas das classes ricas, ou seja, sugerem uma mudança de enfoque no Código Penal que preveria penas mais severas para os crimes cometidos pelas classes altas e mais leves ou até mesmo a descriminalização daquelas condutas cometidas pelas classes baixas.

Esse é o neopunitivismo, ou seja, redução do controle penal e, ao mesmo tempo, expansão para outras esferas, com a criminalização dos atos que proliferam a exploração, como os crimes de colarinho branco, econômicos e ambientais e, ao mesmo tempo, a minimização da repressão penal sobre as classes exploradas. Dessa forma, se criaria uma nova criminalidade e diminuiria a velha criminalidade de massa.

Além disso, os Neorrealistas de Esquerda trabalham em uma perspectiva de reinserção social dos presos e de prevenção geral positiva da pena. Para esses autores, a prisão deve ser mantida, ainda que somente em circunstâncias extremas, pois algumas pessoas em liberdade seriam perigosas à sociedade. Com isso, em grande medida, acabam relegitimando a ideia do cárcere, pois aceitam que a prisão poderia educar a classe trabalhadora e os setores marginalizados da sociedade.

E, assim como todos os outros ramos da teoria Crítica, acreditam: (i) na universalidade da criminalidade, ou seja, que o crime está presente em todas as camadas sociais e (ii) na seletividade do sistema de justiça penal, ou seja, de que apenas os crimes cometidos pelas classes baixas são punidos. A solução para o crime consiste na transformação revolucionária e na eliminação da exploração do homem pelo homem, ou seja, na superação do modelo capitalista.

13.2. Minimalismo Penal

O Minimalismo Penal aprofunda a teoria do *Labelling Approach* (vide item 12 supra), ao entender que a aplicação da pena pode trazer consequências mais gravosas do que benefícios. A intenção do Minimalismo é a redução do direito penal no curto prazo. Porém, defendem a contração do sistema penal em algumas áreas e aumento em outras. A proposta é que a hierarquia dos bens jurídicos tutelados seja revista. Portanto, essa corrente se chama Minimalismo Penal exatamente por pretender reduzir o direito penal, suprimindo a tutela penal para alguns crimes e expandindo para outras (o que mesmo assim faria com que o direito penal fosse reduzido). Na reavaliação dos bens jurídicos a serem tutelados pelo Direito Penal, elevariam-se os bens coletivos em detrimento do patrimônio individual.

Os autores que defendem o minimalismo acreditam que o Direito Penal é um processo de definição, cujo objetivo é mascarar o sofrimento das classes menos favorecidas.

Para esses autores a Política Criminal deve promover transformação social (vide item 15 infra), só assim poderá ser resolvida a questão criminal. Esses autores buscam uma sociedade baseada na igualdade e na democracia.

"As propostas de política criminal da corrente minimalista poderiam ser sintetizadas em alguns pontos cardeais. O primeiro é transformar radicalmente a sociedade como melhor maneira de combate ao crime. A verdadeira política criminal seria, pois, uma política de radicais transformações sociais e institucionais para o desenvolvimento da igualdade e democracia. Em síntese, adotar-se-ia uma superação das relações sociais de produção capitalista.

O segundo ponto prevê uma contração do sistema penal em certas áreas para expansão de outras. Ao mesmo tempo em que se propõe a descriminalização de certos comportamentos, como delitos contra a moralidade pública, delitos cometidos sem violência ou grave ameaça à pessoa, são defendidas intervenções mais agudas nas áreas em que se trabalha com interesses coletivos, tais como saúde e segurança do trabalho, revendo a hierarquia dos bens jurídicos tutelados pelo Estado. Diferentemente dos neorrealistas [vide item 13.1 supra] minimalistas são céticos relativamente à eficácia do instrumento penal para combater a criminalidade organizada ou para dar resposta aos conflitos cujos autores não são individualizados, mas que correspondem a modalidades, organizações e sistemas complexos de ações.

A terceira proposta dos minimalistas é a defesa de um novo direto penal, em curto prazo, mediante a consagração de certos princípios com os quais seriam assegurados os direitos humanos fundamentais. Tais princípios poderiam ser destinados desde a criminalização primária, bem como poderiam servir para conter a violência das agências de controle. Isto se faria por meio de reconhecimento de um norte minimizador, com base em três postulados: caráter fragmentário do direito penal; intervenção punitiva como *ultima ratio*; reafirmação da natureza acessória do direito penal. O 'programa' de direito penal mínimo deve ser acompanhado de uma ação de mobilização política e cultural que faça das questões criminais uma questão política crucial interpretada à luz dos conflitos que caracterizam a sociedade em geral. Os minimalistas entendem não haver, a curto e médio prazo, condições para a implantação de um programa abolicionista, mas entendem que, com a utilização dos meios de comunicação, poderiam 'asfaltar' o caminho para num futuro distante as metas abolicionistas serem atingidas."[32]

13.3. Abolicionismo Penal

O abolicionismo penal entende o sistema penal como reprodutor das desigualdades e injustiças sociais. E, assim como as demais correntes Críticas, vê o direito penal como uma instância seletiva e elitista. Para tais teóricos, o delito é uma realidade construída e, portanto, os fatos que são considerados crimes decorrem de uma decisão humana modificável. Criticam ao fato da vítima não interessar ao processo penal (vide item 4.3 supra e item 14 infra).

Os abolicionistas veem três principais razões para extinguir o sistema penal:

(a) a sociedade atual já funciona sem sistema penal, uma vez que a diferença entre a quantidade de crimes cometidos e a quantidade de crimes que chegam ao conhecimento das instâncias formais de controle é altíssima (essa diferença entre os crimes cometidos e os crimes denunciados é chamada de cifra negra). Portanto, já vivemos em uma sociedade sem o direito penal;

(b) as normas penais não atingem seus objetivos, ou seja, não inibem a prática de crimes. As normas penais não cumprem as funções esperadas de proteção da vida, propriedade e relações sociais; e

(c) as instituições do sistema de justiça (polícia, Ministério Público, magistratura etc.) não atuam de modo coordenado e articulado, ao contrário, atuam cada uma de acordo com suas regras e burocracias, fazendo com que seja um sistema demasiadamente caro e pouco eficiente.

Para os abolicionistas, o direito penal não é compatível com a justiça social e nem com a diminuição das desigualdades. A persecução penal é seletiva e sempre será. A alteração da lei não altera os rótulos sociais e a construção estereotipada da clientela penal.

Por fim, o abolicionismo entende que a pena é ilegítima e criticam a esquerda punitivista, como o Neorrealismo de Esquerda, que pretende reduzir a tutela penal sobre os crimes cometidos pela classe pobre e ampliá-lo sobre os crimes cometidos pelas classes altas.

Para eles, a pena é ilegítima por diversas razões. A primeira delas é que a lógica de imposição da pena segue um critério vertical. Para os abolicionistas, só se pode falar em imposição de pena quando há um acordo entre as partes,

o que não ocorre no sistema penal, e, portanto, para eles, a aplicação da pena nesses moldes não passa de imposição de violência.

Outra razão é que a prisão não reabilita o preso. "Todos os estudos demonstram que o condenado a uma instituição total internaliza os valores do presídio, com efeitos devastadores sobre sua personalidade. O índice de reincidência é sempre muito alto e a capacidade de superação do delito anterior está muito mais ligada aos apoios sociais e familiares que ele tem no presídio do que propriamente em face da 'ação' desencadeada pelo encarceramento."[33].

Outro motivo é que a prisão, por si só, não intimida o cometimento de novos crimes. "O cometimento de cada novo crime está a demonstrar a falibilidade da prisão quanto aos seus efeitos intimidatórios."[34]

"O fato de *conceber o homem como um inimigo de guerra* também é um problema desse sistema de repressão penal, o qual atua como um exército em estado de guerra; o homem é o objetivo a eliminar e muitas vezes é visto como um Estado inimigo. A luta contra a criminalidade está em todas as campanhas eleitorais e é o mote de intervenção de muitos políticos na luta interna contra as atrocidades praticadas pelo homem, sua maldade, perversidade. Diferentemente do sistema militar para a guerra externa, que um dia termina, a guerra interna é permanente, funciona todo o tempo e está voltada para produzir dano. Como se pode desarmar esse sistema? Qualquer investigação empírica constata o número brutal de pessoas recolhidas às prisões ou submetidas a alguma forma de controle."[35]

Essa é uma das graves críticas que o abolicionismo faz à sociedade atual. Ademais, eles criticam a frieza do sistema de justiça. "O sistema penal *se opõe à estrutura geral da sociedade civil*. A criação de uma estrutura burocrática na sociedade moderna, com a profissionalização do sistema persecutório, gerou um mecanismo em que as sanções são impostas por uma autoridade estranha e vertical, no estilo militar. As normas são conhecidas somente pelos operadores do sistema: nem autores e nem vítimas conhecem as regras que orientam o processo. Este mecanismo se opõe à estrutura mais informal da sociedade civil, que muitas vezes facilita encontros cara a cara, os quais podem agilizar a solução dos conflitos entre as partes envolvidas. Os operadores do direito, especialmente os magistrados, pertencem a um mundo diferente ao do processado; condenar para ele é um ato de rotina burocrático, uma ordem escrita sobre um papel que outros funcionários executarão e ele assinará em escassos segundos. Quando o juiz volta sua cabeça para confiar seu expediente ao escrevente, o condenado, que ficou diante dos olhos do juiz por alguns minutos, já estará fora de seu raio de visão e o juiz se ocupará do réu seguinte."[36]

---

32. SHECAIRA, Sérgio Salomão. *Criminologia*. São Paulo: Editora Revista dos Tribunais, 2004. p. 343-344.

33. SHECAIRA, Sérgio Salomão. *Criminologia*. São Paulo: Editora Revista dos Tribunais, 2004. p. 353.

34. SHECAIRA, Sérgio Salomão. *Criminologia*. São Paulo: Editora Revista dos Tribunais, 2004. p. 353.

35. SHECAIRA, Sérgio Salomão. *Criminologia*. São Paulo: Editora Revista dos Tribunais, 2004. p. 351.

36. SHECAIRA, Sérgio Salomão. *Criminologia*. São Paulo: Editora Revista dos Tribunais, 2004. p. 351-352.

Segundo Thomas Mathiesen – importante autor abolicionista que escreveu o livro "A Política da Abolição" em 1974 – a prisão tem cinco funções: A primeira é a depurativa, ou seja, é uma forma da sociedade livrar-se da improdutividade. Os idosos são isolados em casa de repouso, os loucos, em hospitais psiquiátricos, os viciados em álcool e outras drogas, em clínicas especializadas e os "ladrões e traficantes são destinados ao cárcere".[37]

A segunda é a redução de impotência. Para a sociedade produtiva, não basta isolar os improdutivos, é necessário que não mais se ouça falar neles.

A terceira é a diversiva. A prisão faz com que a sociedade não preste atenção para o que é mais importante e realmente danoso para ela própria: os crimes contra bens jurídicos difusos e coletivos. Os crimes que realmente levam pessoas à prisão são crimes contra a propriedade privada em pequena escala, e esses delitos têm penas maiores previstas do que crimes que lesam toda a coletividade. Dessa forma, distraem-se as pessoas e elas passam a prestar mais atenção nesses delitos do que naqueles de maior potencial lesivo.

A quarta é a função simbólica. Semelhante à função diversiva, ela tem a especificidade de acrescentar que a pessoa, ao entrar no cárcere, passa por um processo de estigmatização, mas não passa por um processo de desestigmatização ao sair. Desse modo, o símbolo do Estado Penal está sempre presente no rótulo colocado nessas pessoas. "É um método bastante eficiente de fazer continuar delinquente o delinquente; de reduzi-lo à impotência."[38]

E a quinta função é demonstrar a ação, pois o encarceramento é a pena com maior impacto e visibilidade na sociedade. Em tempos anteriores, as penas eram corporais e públicas.

Louk Hulsman, importante autor abolicionista holandês, em sua obra "Penas Perdidas", de 1982, afirma que os crimes são situações-problema que não podem ser tratadas como se fossem fruto de um mesmo conflito. O direito penal não resolve o conflito original e cria, isto sim, um novo, consistente na estigmatização da pessoa, enquanto principal função do direito penal.

O autor norueguês abolicionista Nils Christie analisa o ganho econômico advindo da exploração do crime no imaginário popular (segurança privada), em seu livro "Indústria do Controle do Crime", de 1996.

14. VITIMOLOGIA

Vide item 4.3 supra.

É necessário analisar a relação entre criminoso e vítima (o que também é chamado de *par penal*) para poder compreender melhor o fato criminal e verificar o dolo e a culpa do agente e a responsabilidade da vítima.

Existem vítimas latentes ou potenciais, ou seja, que podem ser vítimas várias vezes do mesmo crime por conta de uma característica ou conduta sua. Como é o caso de vigias de bancos, pessoa que sempre provoca algum colega etc. Por outro lado, existem as vítimas autênticas que não contribuem nem para a ação criminal e nem interagem com o autor do delito, como a vítima de um batedor de carteira no centro de uma cidade grande, ou uma pessoa que tem seu cartão de crédito clonado.

Por conta de fatores históricos e culturais, o sistema penal sempre focou mais suas energias para o agressor do que para a vítima. A vítima exercia papel bastante importante na justiça no período em que as regras de justiça privada eram seguidas. Com a criação do Estado moderno, a vítima transformou-se em um sujeito passivo de uma infração a lei do Estado, deixando de ser sujeito de direito. "O crime é visto como 'mero enfrentamento' entre o seu autor e as leis do Estado, esquecendo-se que em sua base há um conflito humano que gera expectativas outras bem distintas e além da mera pretensão punitiva estatal. A vítima é encarada como mero objeto, dela se espera que cumpra seu papel 'testemunhal', com todos inconvenientes e riscos que isso acarreta".[39]

De acordo com Luiz Flávio Gomes e Garcia-Pablos de Molina, "o tradicional menosprezo pela vítima configura uma prova eloquente de quanto a política criminal tradicional praticada pelo Estado tem cunho mais 'vingativo' (retributivo) que reconciliador. Orienta-se para a *decisão*, não para a solução do conflito. É um modelo 'paleorepressivo'. O castigo é o que interessa. Se esse castigo cumpre ou não sua função de prevenção de novos delitos pouco interessa. Se não ressocializa, pouco importa. Se ignora as expectativas reparatórias da vítima, não tem relevância. Se se trata muitas vezes de um castigo perdido, porque deixa de cumprir suas finalidades, não há inconvenientes."[40]

Esse cenário só começa a ser alterado após o 1º Simpósio Internacional de Vitimologia, ocorrido em 1973, em Israel.

A Vitimologia se ocupa de estudar a vítima e a vitimização.

Conceito de vítima: Vítima é aquela pessoa que sofreu ou foi agredida em razão de uma infração penal cometida por outra pessoa.

De acordo com a Declaração dos Princípios Fundamentais de Justiça Relativos às Vítimas da Criminalidade e de Abuso de Poder da ONU de 1985, vítimas são "pessoas que, individual ou coletivamente, tenham sofrido um prejuízo, nomeadamente um atentado à sua integridade física ou mental, um sofrimento de ordem moral, uma perda material, ou um grave atentado aos seus direitos fundamentais, como consequência de atos ou de omissões violadores das leis penais em vigor num Estado membro, incluindo as que proíbem o abuso de poder".

Para a legislação penal brasileira, os termos "vítima", "ofendido" e "lesado" são utilizados como sinônimos.

---

37. SHECAIRA, Sérgio Salomão. *Criminologia*. São Paulo: Editora Revista dos Tribunais, 2004. p. 354.

38. SHECAIRA, Sérgio Salomão. *Criminologia*. São Paulo: Editora Revista dos Tribunais, 2004. p. 356.

39. GOMES, Luiz Flávio. MOLINA, Antonio García-Pablos de. *Criminologia*. São Paulo: Editora Revista dos Tribunais, 2012 (coleção ciências criminais, v. 5). p. 502.

40. GOMES, Luiz Flávio. MOLINA, Antonio García-Pablos de. *Criminologia*. São Paulo: Editora Revista dos Tribunais, 2012 (coleção ciências criminais, v. 5). p. 503.

14.1. Classificação de vítima

Classificação de Benjamim Mendelsohn: Esta classificação considera a participação ou a provocação da vítima e divide-se em três grandes grupos:

a) Vítima inocente. É aquela vítima completamente inocente, que não concorre de forma alguma para o cometimento do delito. Também é chamada de vítima ideal.

b) Vítima provocadora. É aquela que por vontade própria ou sem intenção (impudentemente) colabora com o ânimo criminoso do agente. Dentro desse grupo existem três tipos de vítimas. As vítimas menos culpadas que os criminosos (*ex ignorantia*); as vítimas tão culpadas quanto os criminosos (por exemplo, dupla suicida, aborto consentido e eutanásia) e as vítimas mais culpadas que os criminosos (por exemplo, as vítimas que por provocação dão causa ao delito).

c) Vítima agressora, simuladora ou imaginária. É aquela falsa vítima que, por exemplo, com sua conduta justifica a legítima defesa do agressor. Também são chamadas de vítimas como únicas culpadas.

Classificação de Hans von Hentig: A classificação de Hans von Hertig comporta três grupos:

a) criminoso – vítima – criminoso (sucessivamente). Neste grupo se encontram os criminosos que passam a ser vítima após o estigma do cárcere e do sistema penal. Refere-se àquela pessoa que cometeu um crime, foi presa e depois reincidiu em razão da repulsa social que encontrou fora da cadeia após cumprir sua pena.

b) criminoso – vítima – criminoso (simultaneamente). Este grupo se refere às pessoas que são vítimas e criminosos ao mesmo tempo. Por exemplo, o usuário de drogas que passa a traficar entorpecentes com o objetivo de sustentar o próprio vício.

c) criminoso – vítima (imprevisível). Esse terceiro grupo se refere a casos em que o criminoso se torna vítima de modo inesperado, por exemplo, ao ser linchado, ou, ao contrário, os casos em que vítimas se tornam criminosas.

14.2. Vitimização

No tema de vitimização, tem-se a vitimização primária, a secundária e a terciária:

a) vitimização primária: é provocada pelo cometimento do crime e corresponde aos danos causados pelo fato de ter sido vítima daquele crime. Esses danos podem ser de ordem material, psicológica ou física.

b) vitimização secundária, também chamada de sobrevitimização: é decorrente da interação com as instâncias formais de controle social. Essa interação com o sistema de justiça criminal causa um sofrimento adicional à vítima, que deve depor e contar o que houve, revivendo o sofrimento vivido no momento do crime, tem que comparecer diversas vezes perante autoridades etc.

c) vitimização terciária: falta de amparo dos órgãos do Estado para com a vítima. Por exemplo, a pessoa que é vítima de violência sexual necessita de amparos médicos e psicológicos e o Estado não fornece esse serviço. A pessoa também é, por vezes, hostilizada pela comunidade em geral pelo crime que sofreu.

15. CRIMINOLOGIA E POLÍTICA CRIMINAL

A Política Criminal é totalmente distinta da Criminologia e do Direito Penal.

A começar pelo fato de a Política Criminal não ser uma ciência, ao contrário da Criminologia e do Direito Penal (vide itens 1 e 5 supra). A Política Criminal é uma estratégia de ação política orientada pelo saber criminológico, ou seja, é marcada pela escolha e pelo poder. A Política Criminal é uma política pública e está disseminada entre os diversos entes do Estado – poderes legislativo, judiciário e executivo – dos três níveis – municipal, estadual e federal.

A Política Criminal faz a ponte entre a Criminologia e o Direito Penal, uma vez que a Criminologia traz conceitos e teorias sobre o crime, o criminoso, a vítima e o controle social e, por meio da Política Criminal, os agentes do Estado legislam, criando o Direito Penal e aplicam-no nos julgamentos. Contudo, a Política Criminal vai além do Direito Penal. Formas de prevenção de criminalidade baseadas em outras políticas públicas como iluminação das vias, criação de espaços de lazer, investimento em educação e oportunidades de emprego também estão incluídas na Política Criminal do Estado, ou seja, a Política Criminal é mais ampla do que a Política Penal.

De acordo com Shecaira, a Política Criminal "incumbe-se de transformar a experiência criminológica em opções e estratégias concretas assumíveis pelo legislador e pelos poderes públicos. O direito penal deve se encarregar de converter em proposições jurídicas, gerais e obrigatórias o saber criminológico esgrimido pela política criminal. Assim, a diferença entre a política criminal e a criminologia é que aquela implica as estratégias a adotarem-se dentro do Estado no que concerne à criminalidade e a seu controle; já a criminologia converte-se, em face da política criminal, em uma ciência de referência, na base material, no substrato teórico dessa estratégia".[41]

Franz Von Lizst propôs que a ciência penal seria tripartida em direito penal, criminologia e política criminal.

16. PREVENÇÃO DA INFRAÇÃO PENAL (PREVENÇÃO CRIMINAL OU PREVENÇÃO DA INFRAÇÃO DELITIVA)

Prevenção da infração penal é o conjunto de ações que tem por objetivo evitar o cometimento de um delito. A prevenção criminal é composta por duas espécies de ações: aquelas que atuam de forma indireta e aquelas que atuam diretamente.

As medidas indiretas agem sob as causas dos crimes, ou seja, é uma atuação profilática por parte do Estado. Essa atuação deve se dar nas causas próximas ou remotas, específicas ou genéricas. Essas ações devem ter como foco os indivíduos e o meio social.

As medidas diretas se direcionam a infração penal propriamente dita ou em formação.

A prevenção criminal no Estado Democrático de Direito está inserida em todos os eixos do governo e não apenas na

---

41. SHECAIRA, Sérgio Salomão. *Criminologia*. São Paulo: Editora Revista dos Tribunais, 2004. p. 41.

pasta de Segurança Pública e de Justiça. No modelo federativo brasileiro, os três níveis devem atuar de modo coordenado para a prevenção criminal: união, estados, e municípios.

Não são apenas as ações do direito penal que tem por objetivo a prevenção criminal. Políticas públicas de revitalização urbana, criação de espaços de lazer, iluminação pública etc., bem como as voltadas a evitar a reincidência – voltadas ao egresso do sistema prisional – também compõem o mosaico da prevenção da infração penal. Em resumo: não apenas a política penal tem o objetivo de reduzir a criminalidade, mas as políticas criminais em sentido lato. (*vide* item 15 supra e 17 infra).

16.1. Prevenção primária, secundária e terciária

a) Prevenção primária: atua sobre as raízes dos conflitos sociais. A prevenção primária trata da implementação de políticas públicas sociais nas áreas de educação, emprego, moradia, saúde, qualidade de vida, segurança etc. São políticas preventivas de médio e longo prazo.

b) Prevenção secundária: opera a curto e médio prazo e se orienta seletivamente a determinados setores da sociedade. Alguns exemplos são: programas de prevenção policial, de controle de meios de comunicação, de ordenação urbana etc. "Os programas de prevenção secundária terminam exibindo uma característica marcadamente policial, e não poucas vezes regressiva, desde um ponto de vista social (...)".[42]

c) Prevenção terciária: atua com o fim de evitar a reincidência. São políticas voltadas ao preso e ao egresso. Também é conhecida como tardia, pois ocorre depois do cometimento do delito; parcial, pois recai apenas no condenado; e insuficiente, pois não neutraliza as causas do problema criminal.

As prevenções primária, secundária e terciária complementam-se e são compatíveis, não sendo necessário optar por uma ou outra, ao contrário, o Estado deve atuar nas três frentes.

17. MODELOS DE REAÇÃO AO CRIME

A dignidade humana, no Estado Democrático de Direito, tem condão de limitar o direito de punir do Estado (*jus puniendi*). Além disso, no Estado Democrático de Direito não há a imposição de pena sem a culpa ou dolo do agente. Ademais, os criminosos e o crime são compreendidos como naturais e normais dentro da sociedade e, por isso, a própria sociedade deve encontrar formas de lidar com tal aspecto social.

A teoria da reação social ou os modelos de reação ao crime partem do pressuposto de que uma ação criminal provoca uma reação estatal.

Nesse sentido, são três as espécies de reação estatal:

a) Modelo dissuatório ou do direito penal clássico: É a repressão ao crime por meio da aplicação da punição (apenas aos imputáveis e semi-imputáveis). Neste modelo, a taxa de criminalidade está diretamente associada à potência da ameaça penal, ou seja, do *quantum* de pena estabelecido pelo legislador para aquela conduta. Para Luiz Flávio Gomes e Pablos de Molina "Muitas políticas criminais do nosso tempo (leia-se: políticas penais), de fato, identificam-se com este modelo falacioso e simplificador que manipula o medo do delito, e que trata de ocultar o fracasso da política preventiva (na realidade, repressiva) apelando em vão às 'iras' da lei."[43]

Uma derivação deste modelo dissuatório é o modelo neoclássico. Para os teóricos defensores desse modelo, a dissuasão se dá não tanto pelo rigor da pena, mas, sobretudo, pela efetividade do sistema de justiça. Mais do que o *quantum* de punição, é a certeza desta que teria o efeito de prevenir o crime. Para tanto, é necessário investir mais recursos no sistema de justiça, para que ele se torne, assim, mais efetivo.

Contudo, tal modelo recebe severas críticas. Não se pode confundir os conceitos de punição com o de prevenção, como faz esse modelo. De acordo com Luiz Flávio Gomes e Pablos de Molina "É má política criminal que comtempla o problema social do delito em termos de mera 'dissuasão', desinteressando-se da imprescindível análise etiológica daquele e de genuínos programas de prevenção (prevenção primária). É péssima a política criminal que esquece que as chaves de uma prevenção eficaz do delito residem não no fortalecimento do controle social 'formal', senão numa melhor sincronização do controle social 'formal' e do 'informal', e na implicação ou compromisso ativo da comunidade.

É imprescindível distinguir a 'política criminal' da 'política penal', se não se quer privar de conteúdo e autonomia o próprio conceito de prevenção, que reclama uma certa política criminal (de base etiológica, positiva, assistencial, social e comunitária), não fórmulas repressivas ou intimidatórias, meramente sintomatológicas, policiais, que não cuidam das raízes do problema criminal e prescindem de toda análise científica do mesmo".[44]

b) Modelo ressocializador: atua na vida do criminoso, não apenas com a aplicação da punição, mas reduzindo a reincidência, por meio da ressocialização. A participação da sociedade é fundamental nesse modelo, pois é necessária sua atuação para que a ressocialização de fato ocorra (reduzindo ou quebrando os estigmas).

Nessa lógica, a preocupação deixa de ser com o funcionamento perfeito do sistema de justiça e com o rigor das penas e passa a ser com a utilidade da pena, inclusive para o próprio infrator.

Segundo Luiz Flávio Gomes e Pablos de Molina, "o modelo ressocializador, em virtude da sua orientação humanista, altera o centro de gravidade do debate sobre as funções do sistema: do efeito preventivo-dissuasório, passa-se para seu impacto positivo e ressocializador na pessoa do condenado. O homem, pois, e não o sistema, passa a ocupar o centro da reflexão científica: o decisivo, acredita-se, não é castigar implacavelmente o culpado (castigar por castigar é,

---

42. GOMES, Luiz Flávio. MOLINA, Antonio García-Pablos de. *Criminologia*. São Paulo: Editora Revista dos Tribunais, 2012 (coleção ciências criminais, v. 5). p. 357-358.

43. GOMES, Luiz Flávio. MOLINA, Antonio García-Pablos de. *Criminologia*. São Paulo: Editora Revista dos Tribunais, 2012 (coleção ciências criminais, v. 5). p. 360.

44. GOMES, Luiz Flávio. MOLINA, Antonio García-Pablos de. *Criminologia*. São Paulo: Editora Revista dos Tribunais, 2012 (coleção ciências criminais, v. 5). p.362-363.

em última instância, um dogmatismo ou uma crueldade), senão orientar o cumprimento e a execução do castigo, de maneira tal que possa conferir-lhe alguma utilidade".[45]

Existem inúmeros programas de intervenção. A meta desta intervenção é pedagógica ou terapêutica. A prevenção é atingida de forma indireta. "A meta específica desta intervenção é a pedagógica ou terapêutica, não preventiva (o impacto preventivo, pois, só pode ser produzido de forma mediata, extrínseca)".[46]

Porém, discute-se qual o grau de eficácia que programas nesse sentido podem alcançar em um sistema prisional com péssimas condições de detenção. "Dificilmente se pode desenhar uma intervenção positiva neste sem uma prévia melhora substancial das condições do cumprimento da pena e do regime de execução do castigo".[47]

c) Modelo restaurador ou integrador (também conhecido como justiça restaurativa ou justiça reparadora): busca restabelecer, na medida do possível, a situação anterior ao cometimento do crime por meio da reeducação do infrator e da assistência à vítima. Tem o objetivo de reparar o dano causado à vítima e à comunidade. Procura conciliar os interesses de todas as partes relacionadas com o problema criminal.

"Os sistemas e procedimentos de mediação, conciliação e reparação resgatam a dimensão interpessoal do crime, real, histórica e concreta. Propõem uma solução (gestão) participativa desse conflito, flexível e comunicativa, ampliando o círculo de pessoas 'legitimadas' para intervir nela. Tudo por meio de técnicas e procedimentos operacionais, informais (desinstitucionalização), em busca de uma Justiça que resolve o conflito, satisfaz à vítima e à comunidade, pacifica as relações sociais interpessoais e gerais inclusive pacifica e melhora o clima social".[48]

A Justiça Restaurativa pressupõe a autonomia e a capacidade da comunidade de se autorregular, sem a necessidade de um grande aparato formal estatal. "Acredita na capacidade de compromisso e responsabilização do infrator – e da vítima – no processo que a ambos interessa na reparação e reinserção. Propugna, por isso, uma participação ativa de ambos naquele processo em prol da desejada paz e bem-estar comunitários, longe, tanto do papel passivo que lhe confere o modelo de justiça estatal (que lhes retira o poder de intervir na solução do conflito criminal); como de outros enfoques social e juridicamente desestabilizadores, que predicam a retórica da vingança".[49]

---

45. GOMES, Luiz Flávio. MOLINA, Antonio García-Pablos de. *Criminologia*. São Paulo: Editora Revista dos Tribunais, 2012 (coleção ciências criminais, v. 5). p.411.

46. GOMES, Luiz Flávio. MOLINA, Antonio García-Pablos de. *Criminologia*. São Paulo: Editora Revista dos Tribunais, 2012 (coleção ciências criminais, v. 5). p.403.

47. GOMES, Luiz Flávio. MOLINA, Antonio García-Pablos de. *Criminologia*. São Paulo: Editora Revista dos Tribunais, 2012 (coleção ciências criminais, v. 5). p.432.

48. GOMES, Luiz Flávio. MOLINA, Antonio García-Pablos de. *Criminologia*. São Paulo: Editora Revista dos Tribunais, 2012 (coleção ciências criminais, v. 5). p.438.

49. GOMES, Luiz Flávio. MOLINA, Antonio García-Pablos de. *Criminologia*. São Paulo: Editora Revista dos Tribunais, 2012 (coleção ciências criminais, v. 5). p.445.

4. MEDICINA LEGAL

Rodrigo Santamaria Saber

1. INTRODUÇÃO[1]

1.1. Conceito da Medicina Legal

A Medicina Legal, matéria constante nos concursos policiais, é uma especialidade médica e jurídica que utiliza conhecimentos técnico-científicos da Medicina para o esclarecimento de fatos de interesse da Justiça.

Destaca-se que há certa divergência quanto ao seu próprio conceito. Pela corrente restritiva, a Medicina Legal não seria uma ciência autônoma, enquanto que pela corrente extensiva ela seria sim, pois possuiria objeto e método próprios. Por fim, pela corrente intermediária, a Medicina Legal seria ciência e ao mesmo tempo uma arte.

1.2. Histórico da Medicina Legal

Atribui-se à *Imotep* como sendo o primeiro perito médico-legal, sendo que o Código de Hammurabi é tido como o mais antigo documento que relaciona direito e medicina.

1.3. Classificação da Medicina Legal

Perante o aspecto histórico, encontramos a Medicina Legal legislativa, a pericial, a doutrinária e a filosófica (a filosófica relaciona-se a discussões acerca da conexão desta matéria com outros assuntos, como a ética).

Quanto ao aspecto profissional, temos a medicina legal pericial (médico-legista), a antropológica (IIRGD) e a medicina legal criminalística (peritos criminais).

Por fim, sobre o aspecto didático, nós encontramos a medicina legal referente à traumatologia, vitimologia, infortunística (que trata das doenças e acidentes do trabalho), sexologia, tanatologia, asfixiologia, antropologia (que cuida dos métodos acerca da identidade e identificação) etc.

1.4. Medicina Legal *vs* Criminologia *vs* Criminalística

Medicina legal é uma ciência autônoma ou, por vezes, considerada como um braço da medicina, que estuda a relação entre o direito e os fenômenos biológicos. Já a criminologia é a ciência que estuda o criminoso e o porquê daquele crime ter sido cometido. Quanto à criminalística, esta é a ciência que analisa os vestígios do crime, em busca da identificação de todos os pormenores do mesmo.

1.5. Perícias

Uma vez feito um exame, para fins judiciais, por profissionais da medicina, nós estaremos diante de uma perícia médico-legal. Se o mesmo exame for feito por alguém de fora da área médica, estaremos diante de uma perícia simples.

1.5.1. Classificação das Perícias

Dentre inúmeras classificações, destacamos algumas. A perícia direta é aquela feita diretamente na pessoa ou no corpo do objeto, enquanto a indireta é aquela feita por documentos (ex. perícia baseada exclusivamente em prontuário médico de pronto-socorro).

A perícia de retratação é a que busca somente a descrição do que fora observado, enquanto que na perícia interpretativa, além de uma análise dos fatos ocorridos, há também uma conclusão, uma interpretação de todos os elementos colhidos. Por fim, na perícia retrospectiva examinam-se elementos já ocorridos, passados, enquanto que na perícia prospectiva analisam-se situações que devem vir a ocorrer.

1.5.2. Peritos Oficiais *vs* Peritos não Oficiais

Segundo o Código de Processo Penal (art. 159), os peritos (oficiais) devem ser diplomados em ensino superior, não prestam compromisso de dizer a verdade (só prestam tal compromisso quando se tornam peritos oficiais, ou seja, perante o caso concreto não precisam prestar tal compromisso novamente) e são indicados pela autoridade, isto é, não pelas partes (embora a lei exija somente um perito oficial, se for o caso de perícia complexa, mais de um poderá ser nomeado para a mesma).

São estas características que os diferem dos peritos não oficiais, que atuam quando não há o primeiro (perito oficial). Perante os peritos não oficiais, vale dizer, exige-se ao menos dois deles e de preferência com ensino superior, além da necessidade de prestarem compromisso de dizer a verdade.

1.5.3. Assistentes Técnicos

Perante uma perícia, as partes poderão contratar pessoas para acompanhá-la e proferir conclusões. São pessoas de confiança não do juiz, mas sim das partes, e que são chamadas de assistentes técnicos.

1.5.4. Quesitos

São perguntas feitas para elucidar pontos acerca de algum exame a ser realizado ou já efetuado. Logo, podem anteceder a própria perícia (quesitos originários), ser concomitantes a ela (suplementares) ou posteriores ao exame (complementares).

---

1   Esta doutrina fora feita utilizando-se de esparso material, em destaque as obras de Genival Veloso de França, *Medicina Legal*, 2011, 9ª Edição, Editora Guanabara Koogan; Eduardo Roberto Alcântara Del-Campo, *Medicina Legal I e II*, 7ª Edição, São Paulo, Editora Saraiva, 2012; e Delton Croce e Delton Croce Júnior, *Manual de Medicina Legal*, 8ª Edição, Editora Saraiva, 2012.

1.5.5. Prazos

A perícia pode ser feita em qualquer dia e horário (art. 161 do CPP), sendo que em caso de exame necroscópico, exige-se que, para tanto, aguarde-se no mínimo 6 horas (art. 162 do CPP).

Acerca do exame complementar para a classificação das lesões corporais em alguém, a lei exige um liame de 30 dias (art. 168 do diploma processual penal). Se for o caso de avaliação de dependência de drogas, há previsão do prazo de 90 dias (art. 56, § 2º, da Lei de Drogas – Lei 11.343/2006).

1.5.6. Falsa Perícia

Se ocorrer falsidade na perícia, essa conduta configurará o delito previsto no art. 342 do Código Penal. Agora, é diferente do caso em que há dois peritos e estes divergirem acerca das conclusões (perícia contraditória), no qual não haverá qualquer tipo de delito.

1.6. Corpo de Delito vs Exame de Corpo de Delito

Corpo de delito é o somatório dos vestígios de um crime, enquanto que exame de corpo de delito, como o próprio nome diz, é a análise destes vestígios.

2. POLÍCIA CIENTÍFICA EM SÃO PAULO

2.1. Composição

No Estado de São Paulo encontramos o Instituto Médico Legal (IML), onde são encontrados os médicos legistas e os peritos criminais. Além dele, há também o Instituto de Criminalística e o Instituto de Identificação Ricardo Gumbleton Daunt (IIRGD). O IIRGD, dentre outras atribuições, é responsável pelas análises das impressões digitais e expedição das Carteiras de Identidades (RGs).

3. DOCUMENTOS MÉDICO-LEGAIS

3.1. Atestados Médicos

São documentos com conteúdo acerca de um fato determinado. Neste grupo são encontrados os atestados clínicos, os atestados para fins previdenciários (destinado à Previdência Social) e os atestados de óbito.

Quanto ao atestado de óbito, destaca-se que a morte pode ser tanto natural como não natural, violenta ou suspeita e, seja qual for o motivo da morte, para que haja o sepultamento, necessária a sua expedição, sendo que o médico que já dava assistência ao recém-falecido é aquele que deve expedi-lo (caso assim não possa ou caso a pessoa não era assistida por nenhum médico, tal atestado será emitido pelo Serviço de Verificação de Óbitos – SVO, ou pelo IML caso a morte seja violenta ou suspeita).

3.2. Notificações Compulsórias

Compulsórias porque constituem uma obrigação atrelada ao médico, seja por motivos sociais ou sanitários.

Temos como subespécies, portanto, as notificações compulsórias em razão de doenças infectocontagiosas; as notificações compulsórias de comunicação de acidente de trabalho (CAT), feitas por médico do trabalho (em caso de omissão acerca desta notificação ou da primeira, isto é, da notificação compulsória em razão de doenças infectocontagiosas, o médico responderá pelo crime previsto no art. 269 do CP).

Ainda, como subespécies, podemos elencar a comunicação da ocorrência de crime de ação penal pública incondicionada (também destinada ao médico, mas que se não cumpri-la, incorrerá em contravenção penal, e não em crime previsto no Código Penal – art. 66, II, do Dec.-lei 3.688/1941); comunicação da ocorrência de morte encefálica (para que assim possa viabilizar eventual transplante de órgãos); comunicação em razão de violência doméstica; comunicação de esterilizações cirúrgicas (se ocorrer omissão, incorrerá em crime previsto em legislação especial – art. 16 da Lei 9.263/1996); comunicação de ocorrência de maus-tratos em criança ou adolescente (omissão gera infração administrativa prevista no Estatuto da Criança e do Adolescente – art. 245 do ECA); e ocorrência de maus-tratos em idosos ou tortura.

3.3. Relatórios Médico-Legais e Pareceres Médico-Legais

Os primeiros são documentos decorrentes da atuação médica, enquanto que os segundos são consultas feitas com o intuito de tornarem-se provas em algum processo.

4. ANTROPOLOGIA FORENSE

4.1. Conceito

A antropologia forense trata da identidade e identificação. Identidade é o conjunto de elementos que permitem a individualização de algo, enquanto a identificação é a maneira de se definir algumas características individualizantes, ou melhor, é o uso de técnica ou técnicas confiáveis, por peritos, em busca desta identidade (quando o processo utilizado é pouco confiável ou é feito por pessoa que não seja o perito, diz-se que há um reconhecimento e não uma identificação).

4.2. Evolução

Historicamente várias técnicas de identificação surgiram, como o sistema odontológico de Amoedo (análise da arcada dentária da pessoa, sendo que uma dentição completa é formada por 32 dentes), o sistema dactiloscópico de Vucetich, o sistema da fotografia sinaléptica de Bertillon (identificação por meio de duas fotos, isto é, uma de frente e outra de perfil direito), a biometria, a impressão genética do DNA, e o retrato falado.

Todos estes métodos diferem-se, além da forma, acerca do nível de imutabilidade, de reprodutibilidade, individualidade, praticabilidade, classificabilidade, universalidade, aceitação (acerca da privacidade ou grau de devassamento da vida privada que é razoável) e segurança.

A figura a seguir mostra uma identificação por meio do sistema de fotografia sinaléptica de Bertillon.

4.3. Raças

Salvatore Ottolenghi, por meio de análise de traços físicos e dos crânios, elaborou uma classificação com base em raças, subdividindo as mesmas em tipo caucásico, mongoloide, indiano, negroide e australoide.

4.4. Sexo

Análise acerca do esqueleto das pessoas, com ênfase maior na bacia, já que há uma grande diferença entre a bacia feminina e a masculina. Veja a figura a seguir.

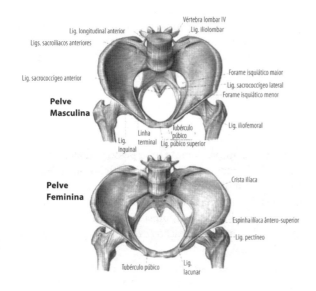

4.5. Idade

Análise também realizada com base no esqueleto das pessoas, pois há diferenciações no tamanho e estado de desenvolvimento dos mesmos conforme o decorrer da idade (um dos elementos do corpo que, se analisados podem demonstrar a idade da pessoa, é o punho).

4.6. Características Particulares Físicas Naturais

Análise quanto à estatura, peso, pintas, deformações etc.

4.7. Características Particulares Físicas Adquiridas

A análise, neste caso, já se daria através de mutilações sofridas, assim como tatuagens e cicatrizes.

4.8. Biometria

Ela ocorre tanto pelo sistema de verificação como pelo sistema de identificação, ou seja, se há uma pessoa e busco determinar se ela realmente é quem diz ser, deve-se utilizar o primeiro sistema (de verificação), enquanto que a busca por saber quem é determinada pessoa, o sistema a ser utilizado será o segundo (ambos se utilizam da comparação do tipo um para um).

A biometria, seja pelo sistema de verificação ou identificação, possui inúmeros métodos, como o feito pelas análises das impressões digitais, veias das mãos, das assinaturas, ou da íris da pessoa.

4.8.1. Sistema Datiloscópico de Vucetich

Os desenhos notados nas mãos e pés são formados já a partir do sexto mês de gestação, sendo que são perenes e imutáveis, ou seja, mesmo que ocorra uma queimadura de até 2º grau, não desaparecem (isto porque os desenhos das pontas dos dedos, nas faces palmares e plantares têm origem na própria derme, e não na epiderme, mais superficial).

Conforme já mencionado, compete ao IIRGD o trabalho acerca das impressões papilares (digitais, palmares e plantares) no Estado de São Paulo.

4.8.1.1. Sistema Datiloscópico de Vucetich – Cristas Papilares

É através de suas ondulações que os desenhos papilares são feitos. As cristas papilares são as linhas escuras encontradas nos dedos, enquanto que as claras são os sulcos, que ao se desenvolverem paralelamente, formam os desenhos papilares.

Estas cristas papilares, vale mencionar, são onduladas em decorrência da epiderme (mais superficial) proteger as glândulas, terminais nervosos e vasculares que se encontram abaixo, na derme.

4.8.1.2. Sistema Datiloscópico de Vucetich – Glândulas Sudoríparas

Embora existam também as glândulas sebáceas, estas não são presentes em todas as regiões dos pés e das mãos, logo, não são utilizadas pela papiloscopia. Porém, as glândulas sudoríparas sim, ou seja, são encontradas em todas estas áreas e, por meio delas, é que se permite analisar as impressões papilares. Isto porque suas secreções geram a chamada tinta biológica (em verdade, são os poros que geram tal tinta, pois estes são as aberturas das glândulas sudoríparas).

4.8.1.3. Sistema Datiloscópico de Vucetich – Desenho Papilar vs Impressão Papilar

Os sulcos e cristas, encontrados na epiderme, assumem inúmeros desenhos, que são chamados de desenho papilar. Caso este desenho papilar esteja presente em alguma superfície, em decorrência da ação das glândulas sudoríparas, teremos, então, a chamada impressão papilar.

4.8.1.4. Sistema Datiloscópico de Vucetich – Formas de Impressão Papilar

A impressão papilar pode ser visível, moldada ou latente. A visível é aquela passível de análise a olho nu, pois algo, como tinta ou sangue, a deixou mais relevante, permitindo-se sua fotografia de forma direta.

Já a impressão moldada é aquela deixada em suporte pastoso, que também permite que sejam fotografadas diretamente (ex. impressão digital em baixo relevo, deixada na camada de tinta fresca de um automóvel). As impressões latentes, por sua vez, são aquelas invisíveis a olho nu, devendo então ser reveladas pelos chamados reveladores especiais.

Interessante é que nem todo suporte permite que uma impressão seja nele deixada, sendo que "marcas de dedos" são assim chamadas quando, embora haja uma "impressão", esta não possibilita a identificação. Ressalte-se ainda que o revelador a ser utilizado variará conforme a idade da impressão e seu suporte, e de que uma vez revelada a impressão, esta poderá ser fotografada ou levada até o IIRGD, por meio de aplicação de fitas adesivas.

4.8.1.5. Sistema Datiloscópico de Vucetich – Pessoa Viva

Retira-se as impressões de pessoa viva através do uso de tinta e um suporte. Tal retirada se inicia, no Brasil, pelos dedos polegares, se dando individualmente. Após tal ato, coletam-se as impressões de todos os dedos, de forma conjunta.

4.8.1.6. Sistema Datiloscópico de Vucetich – Pessoa Morta

Perante um cadáver, caso esteja em decomposição, retira-se a impressão digital através da chamada luva cadavérica, isto é, a pele que protege a mão é retirada e posta sobre uma mão artificial, para, depois, as impressões serem recolhidas. Já no caso do cadáver encontrar-se amolecido, antes da retirada das suas impressões papilares, injeta-se nos dedos um líquido que ajude na rigidez dos mesmos, como, por exemplo, a parafina.

4.8.1.7. Sistema Datiloscópico de Vucetich – Linhas Albodatiloscópicas

Por vezes são encontradas linhas transversais que não acompanham as cristas papilares. Estas linhas transversais, chamadas de linhas albodatisloscópicas são temporárias, isto é, podem surgir como desaparecer com o tempo.

4.8.1.8. Sistema Datiloscópico de Vucetich – Deltas

São os pontos de encontro das linhas encontradas nos dedos, formando triângulos ou ângulos. É através delas (ou da ausência de deltas) que dividimos e, por conseguinte, classificamos os desenhos digitais (atenção nestes detalhes, pois trata-se de um assunto de grande incidência em concursos públicos).

Se não há deltas, estaremos diante de um arco (raramente ocorre). Já se estivermos diante de dois deltas em um único dedo, teremos um verticilo. Caso haja somente um delta, haverá uma presilha externa (delta à esquerda) ou interna (delta à direita).

Para lembrar: **e**xterna – **e**squerda

SISTEMA DATILOSCÓPICO DE VUCETICH

TIPOS FUNDAMENTAIS

Arco A1   Presilha Interna I2   Presilha Externa E3   Verticilo V4

4.8.1.9. Sistema Datiloscópico de Vucetich – Identificação

Para ser feita uma identificação por este sistema, adota-se uma tabela, onde o verticilo recebe o número 4 ou a letra v (para o polegar), a presilha externa o número 3 ou a letra e (para o polegar), a presilha interna o número 2 ou a letra i (para o polegar), e o arco, o número 1 ou a letra a (para o polegar). Além disso, caso haja amputação, utiliza-se o número 0 e, se houver algum tipo de dedo defeituoso ou cicatriz relevante, a letra x. Por fim, a identificação dar-se-á inicialmente pela mão direita.

Para lembrar: V E I A – 4 3 2 1

Então vejamos. Perante uma pessoa que tenha na mão direita, de forma sequencial, um verticilo no polegar, um arco, outro arco, uma presilha externa e, no último dedo, uma presilha interna, e na mão esquerda um arco no polegar, uma presilha interna, presilha externa, um verticilo e um verticilo, sua classificação se daria da seguinte maneira: V – 1.1.3.2. e A – 2.3.4.4.

Vejamos outro exemplo. Diante de uma identificação caracterizada por tal tabela (E – 3.2.4.0. e X – 4.0.1.1.) podemos concluir que na mão direita é encontrado, em seu polegar, uma presilha externa e, sequencialmente, uma presilha externa, uma presilha interna, um verticilo e uma amputação; já na mão esquerda nós encontramos um polegar defeituoso ou com alguma cicatriz relevante, e de forma sequencial, um verticilo, um dedo amputado, um arco e outro arco.

4.8.1.10. Sistema Datiloscópico de Vucetich – Pontos Característicos

Diante de uma impressão ou fragmento de impressão, para o confrontamento com outras impressões e, assim, alcançarmos a identificação, um número de pontos em comum precisam ser encontrados.

No Brasil exige-se a localização de ao menos 12 pontos para se concluir que determinada impressão é de certa pessoa. Estes 12 pontos podem ser encontrados diante da análise das chamadas ilhotas, bifurcações, crochês, hastes, anastomoses, encerro, forquilha e outros pontos encontrados nos dedos. Veja nas figuras um exemplo de haste e outro de um ponto.

4.8.1.11. Sistema Datiloscópico de Vucetich – Impressões Plantares

No Brasil é utilizado para a identificação de recém-nascidos (identificação esta obrigatória, conforme dispositivo previsto no Estatuto da Criança e do Adolescente).

4.8.2. Sistema da Poroscopia

Decorre de uma análise dos poros, tendo em vista que também são perenes. Fora idealizado por Artur Kolman.

4.8.3. Síndrome de Naegeli

Doença hereditária rara que faz com que a pessoa não possua impressões digitais (cuidado, pois esta pessoa, embora não possua impressões digitais, possuirá sim impressões plantares).

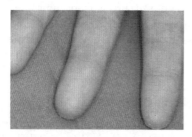

5. TRAUMATOLOGIA FORENSE

5.1. Conceito

Estudam-se as lesões praticadas sobre um corpo, decorrentes de ação de uma energia, energia esta de ordem mecânica, química, física etc. Destaca-se que a Traumatologia é questionada de forma constante nos concursos policiais.

5.2. Energias de Ordem Mecânica

Se a lesão ocorre em decorrência da ação do instrumento contra a pessoa, estaremos diante de um meio ativo (ex. carro vem na direção de um pedestre). Já na situação de a pessoa ir contra o instrumento, ter-se-á um meio passivo (ex. pessoa cai de um prédio e vem a colidir contra o chão). Por fim, caso tanto a pessoa como o instrumento agem um contra o outro, teríamos um meio misto (ex. uma batida entre dois automóveis).

Estes instrumentos também podem ser classificados quanto à superfície de contato, ou seja, podem ser punctórios (perfurantes), cortantes ou contundentes (o qual promove uma contusão), assim como perfurocortantes, perfurocontundentes ou cortocontundentes (cuidado, pois um mesmo instrumento pode produzir diversos tipos de ferimentos, dependendo de como é usado; logo, uma faca será classificada de acordo com sua ação, e não simplesmente como um instrumento perfurocortante).

5.2.1. Instrumento Punctório

O punctório (ou perfurante) atua por meio de pressão sobre um ponto (ex. agulhas), gerando lesões de irrelevante tamanho na superfície da pele, mas de relevante profundidade.

O instrumento perfurante ou punctório atua sempre por pressão sobre um ponto, produzindo ferimentos de diâmetro menor do que o próprio instrumento (essa incongruência entre o tamanho do ferimento e o tamanho do instrumento fora explicada através das leis de Filhós e Langer).

5.2.2. Instrumento Cortante

Os instrumentos cortantes atuam sobre pressão e deslizamento sobre uma linha (na pele), gerando lesões incisas (ex. facas).

As lesões incisas têm, como características, a de não possuírem uma região de contusão (pois se assim fosse nós estaríamos diante de um instrumento cortocontundente), e a de possuírem margens lisas e regulares, onde na sua porção média há uma maior profundidade (as extremidades são rasas, gerando as chamadas caudas).

Perceba, portanto, que nas lesões incisas geralmente a extensão do ferimento será maior que a profundidade do mesmo, em decorrência das chamadas e já mencionadas caudas, alongadas e mais superficiais.

A seguir uma ilustração que demonstra as caudas de uma ferida.

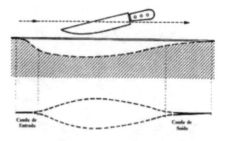

5.2.2.1. Instrumento Cortante – Esgorjamento, Degola e Decapitação

São todas lesões ocorridas na região do pescoço.

Enquanto no esgorjamento há uma lesão na parte anterior do pescoço, na degola a lesão se dá em sua parte posterior. E, por fim, a decapitação ocorre quando há a secção total do pescoço do restante do corpo.

A figura a seguir mostra um caso de um esgorjamento.

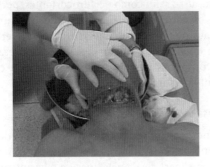

Para lembrar: **e**sgorjamento – **a**nterior (vogais) / **d**egola – **p**osterior (consoantes)

5.2.3. Instrumento Contundente

Os instrumentos contundentes agem através de uma pressão de uma superfície, gerando, assim lesões contusas.

5.2.3.1. Instrumento Contundente – Escoriações

São lesões contundentes mais leves, gerando os chamados arranhões (áreas da pele desprovidas da camada superficial).

5.2.3.2. Instrumento Contundente – Equimoses

São lesões contundentes que geram o rompimento de vasos sanguíneos, o que traz uma certa coloração ao ferimento. Isto é importante pois, conforme o tempo, as cores do ferimento vão se alterando, fenômeno que pode ajudar nas análises a respeito do período em que foram feitas e da continuidade dessas lesões (note que como as equimoses são reações vitais do corpo, estas não são encontradas quando uma pessoa sofre agressão depois de morta).

A primeira cor de uma equimose é a vermelha, passando-se ao azul, depois verde e, por fim, ao amarelo.

Para lembrar: V A V A – **v**ermelha, **a**zul, **v**erde e, **a**marelo

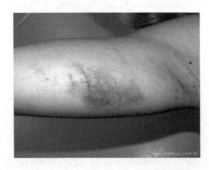

5.2.3.3. Instrumento Contundente – Hematomas

Neste caso há um acúmulo de sangue num órgão ou tecido, sendo que seu desaparecimento demanda bem mais tempo.

5.2.3.4. Instrumento Contundente – Bossas Hemáticas

Ocorre quando há hematomas, mas o sangue se encontra em local que impossibilita sua difusão para um tecido mole, gerando, assim, verdadeira bolsa de sangue.

As bossas hemáticas, os hematomas e as equimoses podem ser classificados como processos hemorrágicos, que se diferenciam pela gravidade (veja que as escoriações não são consideradas como uma espécie de hemorragia).

5.2.4. Instrumento Perfurocortante

Age através de uma ponta e uma lâmina, gerando, então, lesões perfuroincisas, caracterizadas por serem mais profundas do que largas (o ferimento perfuroinciso, geralmente, possui uma profundidade maior do que o cumprimento da lâmina que a produziu).

5.2.5. Instrumento Perfurocontundente

Age através de uma pressão para, depois, perfurar, gerando a lesão chamada perfurocontundente (ex. a bala do revólver).

5.2.6. Instrumento Cortocontundente

Age através de uma pressão sobre uma linha, o que acaba por gerar também o corte, ocasionando, assim, uma lesão cortocontusa (ex. dentada de uma pessoa na orelha do outro e esta orelha vem a ser mutilada; pessoa que perde os dedos pelas pás de um ventilador).

5.3. Energias de Ordem Física

Podem ser provocadas em virtude de temperaturas, pressão, eletricidade, luz, som (há uma tabela, NR-15, que traz os limites de tolerância para o ruído, sendo que acima de 160 decibéis, entende-se que a surdez pode ser causada de forma imediata) etc.

5.3.1. Energias de Ordem Física – Lesões pelo Calor

As lesões produzidas pelo calor frio são chamadas de geladuras, enquanto que as lesões decorrentes do calor quente são chamadas de termoses ou queimaduras.

Geladuras (lesão pelo frio)	Termonoses (lesão pelo calor indireto)	Queimaduras (lesão pelo calor direto)

5.3.1.1. Energias de Ordem Física – Lesões pelo Calor – Geladuras

As lesões produzidas pelo frio (geladuras) têm um aspecto anserino e podem evoluir para a isquemia ou até mesmo para a necrose.

Na 1ª Guerra Mundial as geladuras ocorriam muito, em decorrência do frio intenso, e como geralmente afetavam os membros inferiores dos soldados, por causa da neve, foram chamadas de "pés de trincheira".

É importante frisar que as geladuras são divididas em três graus, isto é, em 1º grau (eritema), 2º grau (flictema) e 3º grau (necrose ou gangrena).

1º Grau	2º Grau	3º Grau
Eritema	Flictema	Necrose

5.3.1.2. Energias de Ordem Física – Lesões pelo Calor – Termonoses

As termonoses são lesões provocadas pelo calor, mas de uma forma indireta, seja em decorrência dos raios solares (insolação), seja em virtude do superaquecimento do corpo pelo aumento do calor ambiente, denominado de intermação (esta é a que ocorre com os mineiros, depois de longo trabalho físico, pesado, em ambiente muito úmido e quente).

5.3.1.3. Energias de Ordem Física – Lesões pelo Calor – Queimaduras

As queimaduras decorrem da incidência direta do calor sobre o corpo, gerando, conforme classificação de Lussena/Hofmann, queimaduras de 1º grau (eritema ou chamado de sinal de Christinson), 2º grau (flictema; ocorre uma queimadura de 2º grau quando são encontradas as bolhas contendo líquido amarelo), 3º grau (escaras) e 4º grau (carbonização, onde o corpo fica numa posição que lembra a de um "boxeador", visto que ele perde volume).

1º Grau	2º Grau	3º Grau	4º Grau
Eritema	Flictema	Escaras	Carbonização

Quanto à extensão das lesões provocadas pelas queimaduras, para se calcular o quanto do corpo fora queimado, adota-se a regra dos noves de Pulaski e Tennison, em que o corpo é dividido em frações correspondentes a 9% (ex. cada perna representa um percentual de 18%, isto é, 9% para a parte da frente, 9% para a parte detrás).

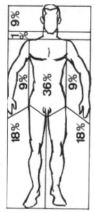

5.3.2. Energias de Ordem Física – Lesões pela Pressão

As lesões podem ser provocadas tanto pelo aumento da pressão (mal das montanhas ou dos aviadores) como pela sua diminuição (doença dos caixões ou mal dos escafandristas, que ocorrem perante os mergulhadores que retornam muito rápido à superfície).

5.3.3. Energias de Ordem Física – Lesões pela Eletricidade

A lesão causada por eletricidade pode ocorrer por via natural ou por via artificial.

5.3.3.1. Energias de Ordem Física – Lesões pela Eletricidade – Via Natural ou Cósmica

É a lesão causada, por exemplo, pelos raios, sendo que estas possuem aspecto arboriforme (cuja denominação é sinal de Lichtemberg).

Caso esta lesão leve à morte da pessoa, é denominada de fulminação, enquanto que se apenas gerar lesões corporais, passa a ser chamada de fulguração (diferenciação esta comumente questionada em provas).

5.3.3.2. Energias de Ordem Física – Lesões pela Eletricidade – Via Artificial

É a lesão causada, por exemplo, pela tomada de uma residência, sendo que neste caso ela (lesão) possui características diferentes (coloração amarelo-esbranquiçada e indolor), a qual se atribui o nome de marca elétrica de Jellinek.

A doutrina traz diferenciações quanto à origem desta energia, ou seja, caso a eletricidade seja decorrente da execução de um condenado, dar-se-á o nome de eletrocussão, enquanto nas demais hipóteses de eletricidade artificial, o nome dado é eletroplessão.

Eletricidade Natural	Fulminação (com morte)	Fulguração (sem morte)
Eletricidade Artificial	Eletrocussão (execução de condenado)	Eletroplessão

5.4. Energias de Ordem Química

São as causadas por cáusticos ou corrosivos, tóxicos ou venenos (ex. monóxido de carbono, pesticidas). Vale dizer que as queimaduras provocadas por ácidos costumam ser secas e duras, sendo que o ato de tentar causar deformações numa pessoa por meio de tal instrumento (ácido) é chamado de vitriolagem.

Quanto às características das lesões provocadas por cianureto de potássio, podemos mencionar a presença de livores violáceos claros na pele, uma rigidez cadavérica precoce e intensa e, por fim, um odor de amêndoas amargas.

Já quanto à morte causada pelo monóxido de carbono (gás este incolor, insípido e inodoro), o cadáver fica com uma pele rosada, com rigidez precoce e putrefação tardia (a cianose, encontrada comumente nos asfixiados, não é encontrada neste caso).

5.5. Energias de Ordem Físico-Química (Asfixiologia)

As asfixias podem ocorrer por constrição do pescoço (enforcamento, esganadura e estrangulamento), por sufocação (seja de forma direta, como no soterramento ou confinamento, seja de forma indireta, como no caso de compressão do tórax), ou por colocação da vítima em meio gasoso ou líquido (afogamento).

Como características gerais encontradas em pessoas vítimas da asfixia, podemos mencionar a escuma da boca, assim como o resfriamento tardio do cadáver e a cianose (a cianose é decorrente do acúmulo de gás carbônico no sangue).

Agora, característica presente na maior parte das asfixias mecânicas é a da existência de manchas vermelhas nos pulmões (manchas de Tardieu), enquanto que nos afogados, encontramos equimoses viscerais (manchas de Paltauf).

Abaixo uma figura demonstrando a cianose.

5.5.1. Energias de Ordem Físico-Química (Asfixiologia) – Enforcamento

Neste caso, há uma constrição do pescoço por instrumento mecânico tracionado pelo próprio peso do corpo humano. Quando ele (enforcamento) ocorre, o sulco do pescoço, em geral, será oblíquo, descontínuo (pois é interrompido na altura do nó) e desigualmente profundo, assumindo a característica do meio utilizado (se fora usada uma corrente em volta do pescoço, a marca da figura da corrente fica "impressa" no próprio pescoço). No enforcamento, ainda vale dizer que manchas hipostáticas também são encontradas, manchas estas localizadas nas pernas e nas mãos.

A figura a seguir demonstra um caso de enforcamento, sendo possível visualizar o sulco oblíquo e descontínuo no pescoço da vítima.

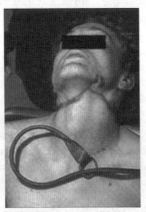

5.5.2. Energias de Ordem Físico-Química (Asfixiologia) – Estrangulamento

Ocorre, neste caso, a constrição do pescoço por instrumento mecânico não tracionado pelo próprio peso da vítima, mas sim por outro. Neste caso, o sulco será transversal e horizontal, contínuo (pois não haverá o nó) e homogêneo (igualmente profundo).

5.5.3. Energias de Ordem Físico-Química (Asfixiologia) – Esganadura

Nesta hipótese a constrição é produzida não por um instrumento mecânico, mas sim pela ação direta do criminoso, por meio de suas mãos (ex. a chamada "gravata"). A esganadura sempre é homicida, pois não é possível o suicídio através desta forma de asfixia. Sendo assim, as marcas das suas mãos e unhas substituem o sulco.

A esganadura, portanto, é a modalidade da asfixia que depende da intervenção da força muscular e que não possui sulco.

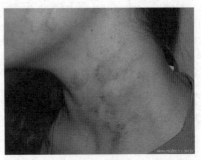

5.5.4. Energias de Ordem Físico-Química (Asfixiologia) – Sufocação

Ocorrerá sufocação em caso de soterramento (colocação da pessoa em meio sólido ou poeirento), caso ocorra obstrução das vias respiratórias (ex. alimentos), ou porque há a utilização de meios que impeçam a respiração normal (utilização de meios moles, como travesseiros). Também é considerado como sufocação o confinamento (pessoa se encontrar em ambiente pequeno e sem entradas de ar).

Por fim, temos também a sufocação indireta, decorrente da compressão torácica. É o caso, por exemplo, de uma criança que é enterrada na areia de uma praia, em pé, mas com a cabeça livre (ela poderá vir a falecer em decorrência da compressão torácica feita pela areia).

5.5.5. Energias de Ordem Físico-Química (Asfixiologia) – Afogamento

Ele (afogamento) possui fases, ou seja, há a fase da resistência, a fase da exaustão e a fase da asfixia em si.

Temos, como sinais de que ocorrera um afogamento, dentre outros, a pele anserina (é o eriçamento dos pelos, chamado de sinal de Bernt), cabeça de negro (pois há uma coloração verde-escura), encontro de plâncton nas unhas, maceração da pele, possíveis lesões de arrasto (pois o corpo vai se arrastando no leito do rio ou mar, gerando lesões na cabeça, joelhos, mãos e pés), rigidez cadavérica precoce, presença de líquido no ouvido médio, cogumelo de espuma (aquela espuma que sai da boca da vítima; cuidado, pois o cogumelo de espuma, ao contrário do que muitos pensam, pode aparecer em qualquer morte por asfixia, e não somente no afogamento), e manchas de Paltauf.

Quando ocorre realmente um afogamento, a vítima é chamada de afogado azul, ao passo que quando uma pessoa vem a falecer por outro meio, embora seja encontrada na água, é chamada de afogado branco ou falso afogado (nota-se a ausência de água nas vias respiratórias do afogado branco).

5.6. Energias de Ordem Bioquímica

Podem ser provocadas em virtude de fatores orgânicos e químicos. É o caso das lesões em decorrência das intoxicações alimentares, ou em decorrência da inanição (uma pessoa consegue ficar até uma semana somente à base de água).

5.7. Energias de Ordem Mista

As lesões são provocadas por fatores variados. Como exemplo, podemos citar a fadiga, as sevícias (agressões) e as doenças parasitárias.

5.7.1 Energias de Ordem Mista – Síndrome da Criança Maltratada ou Síndrome de Caffey-Kempe ou Síndrome de Silverman

Em uma criança podem ser observadas lesões, sendo que estas, por vezes, podem ser geradas em épocas diversas, concluindo-se, assim, serem agressões contínuas.

6. PSICOPATOLOGIA FORENSE

6.1. Conceito

A psicopatologia forense trata das perícias relacionadas com aspectos atinentes à imputabilidade ou inimputabilidade penal ou, ainda, à capacidade ou incapacidade em âmbito civil (estas perícias, diferentemente das demais, somente poderão ser realizadas por meio de ordem judicial, não cabendo ao delegado decretá-las).

Busca assim, por meio da psicopatologia, determinar se alguma pessoa consegue entender a realidade dos fatos ou determinar-se de acordo com esse entendimento (a capacidade, seja ela penal ou civil, tem como elementos a vontade, a inteligência e o desenvolvimento mental completo).

6.2. Capacidade e Imputabilidade

Há diversos fatores que podem afastar a capacidade ou a imputabilidade, ou ainda, as limitar. Podemos citar, como exemplos, o fator idade, visto que o menor de 18 anos é tido como inimputável na esfera penal ou relativamente incapaz no âmbito cível (se menor de 16 anos será tido como absolutamente incapaz); e o fator relacionado a transtornos mentais.

6.3. Transtornos Mentais

Diante do exposto acima, se há suspeita de que uma pessoa possa ou não sofrer de um transtorno mental, perícia para tanto deverá, portanto, ser realizada, haja vista que se trata de um elemento que pode modificar ou limitar a responsabilidade do agente.

Desta forma, a pessoa é submetida a um exame onde se tenta identificar o transtorno mental presente, assim como o seu grau. Para tanto, há uma classificação daqueles sintomas que são considerados, em conjunto, como transtornos mentais. São as classificações trazidas pelo CID-10 e DSM-IV.

6.3.1. Transtornos Mentais – Oligofrênicos

Quando uma pessoa possui desenvolvimento mental incompleto, onde a idade mental não supera 12 anos de idade, ela é chamada de oligofrênica.

A oligofrenia possui três espécies, ou seja, uma pessoa poderá ser classificada como idiota (idade mental inferior a 3 anos e QI inferior a 25), imbecil (idade mental entre 3 e 7 anos e QI até 50), ou débil mental (idade mental de 7 a 12 anos e QI até 90). Esta graduação é de extrema importância, pois dependendo do grau do retardo mental, o indivíduo poderá ser tido como inimputável ou semi-imputável.

6.3.2. Transtornos Mentais – Esquizofrenia

Este transtorno mental faz com que ocorra uma dissociação das faculdades psíquicas, com uma quebra na harmonia entre pensamento, sentimento e ação, não havendo uma relação racional com o mundo externo. A esquizofrenia pode afastar a imputabilidade da pessoa.

6.3.3. Transtornos Mentais – Personalidade Psicopática

O psicopata tem, como características, a pobreza nas relações afetivas, falta de remorso, vergonha e senso moral (carência de valor), impulsividade, agressividade, incapacidade de aprender pela experiência e punição, e ausência de delírios.

A personalidade psicopática, por sua vez, pode fazer com que a pessoa seja tida como semi-imputável.

6.3.4. Transtornos Mentais – Outros

Temos inúmeros outros transtornos, como os estados demenciais (ex. doença de Alzheimer), transtornos bipolares, personalidade esquizotípica etc.

6.4. Fatores Psicopatológicos

Além dos fatores biológicos (ex. idade) e dos fatores psiquiátricos (transtornos mentais), fatores psicopatológicos também podem influenciar a capacidade ou imputabilidade do agente. Podemos exemplificar, como fatores psicopatológicos, os transtornos relacionados ao sono, à embriaguez, toxicomania, transtornos obsessivo-compulsivos (os pródigos, como são chamados os gastadores compulsivos, são considerados, pelo Código Civil, relativamente incapazes), e transtornos relacionados à linguagem (ex. surdos-mudos).

Quanto aos transtornos relacionados ao sono, o sonambulismo pode ser tido como causa suficiente para afastar a imputabilidade de uma pessoa, haja vista que estará numa situação de semiconsciência. Entretanto, vale dizer que a hipnose já não possui tal força (de afastar a responsabilidade penal), pois entende-se que a pessoa, mesmo hipnotizada, somente realiza atos que faria mesmo que tivesse a plena consciência.

7. TOXICOLOGIA FORENSE

7.1. Toxicofilia

A toxicofilia ou toxicomania (hábito de usar drogas de forma regular) tem como elementos a dependência (e, por conseguinte, as crises de abstinência quando não há o uso), a compulsão (necessidade de haver o consumo) e a tolerância (os mesmos efeitos, com o passar do tempo, somente são alcançados com uma dosagem maior da substância).

7.2. Conceito de Drogas – Norma Penal em Branco

Conforme o disposto na Lei de Drogas (art. 1º da Lei 11.343/2006), consideram-se drogas as substâncias ou produtos capazes de causar dependência, assim especificados em lei ou relacionados em listas atualizadas periodicamente pelo Poder Executivo da União.

7.3. Classificação das Drogas

Os psicotrópicos são classificados em psicolépticos, psicanalépticos, psicodislépticos e pampsicotrópicos (utilizados como anticonvulsionantes).

7.4. Drogas Psicolépticas

As drogas psicolépticas são aquelas que deprimem o sistema nervoso, ou seja, que diminuem as atividades cerebrais, suprimindo sensações de angústia e ansiedade, gerando a de tranquilidade. Assim sendo, temos, como exemplos de drogas psicolépticas, os barbitúricos (ex. gardenal e anestésicos em geral) e os diazepínicos (ex. diazepam e valium).

7.5. Drogas Psicanalépticas

Já as drogas consideradas como psicanalépticas são aquelas que estimulam o sistema nervoso central, levando à euforia e à sensação de saciedade (perda do apetite). As anfetaminas, a cocaína, o ecstasy, a ketamina, o ópio e seus derivados (ex. morfina e heroína) são exemplos de tais drogas.

7.6. Drogas Psicodislépticas

Por fim, as drogas psicodislépticas são as que trazem alucinações e delírios por gerarem uma dissociação do psiquismo (elas não estimulam nem inibem o sistema nervoso central). São exemplos a maconha (cujo princípio ativo é o 9-gama-transtetrahidrocanabiol ou simplesmente THC, presente na *Cannabis sativa*) e seus derivados (*skunk* e o haxixe), o LSD-25 (ácido lisérgico, substância esta produzida pelo fungo chamado de "esporão de centeio"), a mescalina, os inalantes (ex. lança-perfume), a cafeína, o tabaco e o álcool.

7.6.1. Drogas Psicodislépticas – Álcool

O alcoolismo pode gerar desde uma simples embriaguez até uma psicose alcoólica.

Após a absorção e sua distribuição pelo corpo, o álcool é eliminado do mesmo por meio de um processo lento, na razão de aproximadamente 0,15g/l/hora, sendo que enquanto esta eliminação não ocorrer por completo, instrumentos como o etilômetro (bafômetro) podem detectar a sua presença e concentração através da análise do ar pulmonar profundo expirado.

7.6.1.1. Drogas Psicodislépticas – Álcool – Alcoolismo

O alcoolismo pode ser agudo como crônico, sendo que no alcoolismo agudo há a embriaguez normal e a patológica.

Na embriaguez normal, os sintomas são classificados em três grupos, isto é, há a fase do macaco (onde há uma excitação), a fase do leão (surgindo, assim, comportamentos antissociais), e a fase do porco (ou comatosa).

Já o alcoolismo agudo patológico afeta os descendentes de alcoólatras e tem como sintomas o fato de pequenas quantidades de álcool produzirem grandes efeitos à pessoa.

Finalizando, o alcoolismo crônico apresenta-se quando ocorre um consumo contínuo e regular de álcool. Neste último caso, podem ocorrer, como quadro patológico, delírios, onde, frequentemente, há visões de animais (zoopsias). A este delírio alcoólico agudo dá-se o nome de "delirium tremens".

Alcoolismo Agudo → Embriaguez Normal → Fases → Fase do Macaco → Fase do Leão → Fase do Porco

8. TANATOLOGIA

8.1. Conceito

Na tanatologia estuda-se a morte, sendo que esta, ao contrário do que a maior parte das pessoas crê, se dá por meio de um processo prolongado (e não único).

Para a constatação deste evento morte há alguns métodos, sendo que dentre os mais usuais elencamos aquele que se dá pela análise da circulação (morte circulatória, que ocorre com a parada cardíaca irreversível) e aquela decorrente da morte encefálica (morte cerebral), método este utilizado no Brasil.

Tais técnicas são de extrema importância, haja vista que pode ocorrer a chamada morte aparente, onde a pessoa está viva, mas aparenta se encontrar morta em virtude da baixa atividade metabólica e circulatória. Por este motivo, aliás, há norma legal que determina que o sepultamento deve ocorrer somente depois de 24 horas da constatação do óbito, para, assim, evitar o sepultamento de pessoa viva (arts. 77 e 78 da Lei 6.015/1976).

Por fim, diz-se que a morte ocorre por meio de um processo prolongado, pois nela inúmeros fenômenos se sucedem no tempo, alguns presentes em todas as mortes (fenômenos abióticos ou avitais), outros somente em alguns casos (fenômenos transformativos).

8.2. Fenômenos Cadavéricos Abióticos Imediatos

Os fenômenos cadavéricos abióticos podem ser imediatos (que, embora não trazem a certeza da morte, são usados pelos médicos para a constatação dela) ou consecutivos.

Quanto aos imediatos, podemos elencar o aspecto do rosto da pessoa, que é alterado em razão da perda do tônus muscular (máscara da morte ou face hipocrática), a prova de fluoresceína de Icard (nesta prova injeta-se fluoresceína na pessoa, sendo que caso a veia fique com uma coloração amarela, significará que a pessoa não está morta), a inconsciência, e a imobilidade.

A foto a seguir demonstra uma face hipocrática.

4. MEDICINA LEGAL

8.3. Fenômenos Cadavéricos Abióticos Consecutivos

Já quanto aos consecutivos, temos, como um destes fenômenos, o de resfriamento do corpo (algidez cadavérica), que, vale mencionar, não é regular, isto é, corpos podem resfriar mais rapidamente do que outros. Em verdade, o que acontece é o equilíbrio da temperatura do corpo com o ambiente em que se encontra, logo, se a temperatura ambiente estiver superior à do corpo, este irá aquecer, e não resfriar.

Temos também, como fenômenos consecutivos, a rigidez cadavérica, já que com a morte há um aumento no teor do ácido lático nos músculos (e assim, uma coagulação da miosina). Destaca-se que esta rigidez cadavérica, que se inicia após um período de 3 a 5 horas, é temporária, uma vez que depois de certo período, o corpo retoma o seu estado de flacidez anterior.

Vale observar que em alguns casos, esta rigidez se dá de imediato, quando, então, o corpo fica na posição exata quando da morte (é o chamado espasmo cadavérico ou rigidez estatuária). Por fim, há outros casos em que a rigidez ocorre quando a pessoa ainda está viva, hipótese esta decorrente do tétano, em que há intoxicação por estricnina.

Outros fenômenos cadavéricos consecutivos são as hipóstases e os livores. Com a morte, o sangue não mais circula, sendo que pela gravidade, o mesmo se deposita nas partes mais baixas do corpo, de acordo com sua posição. A este fenômeno dá-se o nome de hipóstase, que possui a coloração vermelha púrpura. Na região oposta, em razão da falta de sangue, haverá uma coloração clara, regiões estas chamadas de livores cadavéricos. Importante destacar que tanto os livores como as hipóstases, após um período médio de 8 horas, não são alterados mais, mesmo que o corpo tenha sua posição modificada, vez que a coagulação já terá ocorrido.

Como último fenômeno cadavérico abiótico consecutivo temos a desidratação, que gerará, na pele da pessoa, o seu pergaminhamento.

As figuras demonstram os livores, hipóstases e um espasmo cadavérico.

8.4. Fenômenos Cadavéricos Transformativos Destrutíveis

Os fenômenos cadavéricos transformativos podem ser destrutivos ou conservadores.

No que tange aos fenômenos transformativos destrutíveis, temos a autólise (desintegração dos tecidos humanos, uma vez que há uma acidificação no corpo fazendo com que as células passem a absorver mais água por osmose, inchando até estourar), a maceração, e a putrefação.

Quanto à maceração, este é um fenômeno decorrente do corpo encontrar-se em meio líquido contaminado ou em fetos retidos no corpo da mãe (a partir do 5º mês de gestação), onde os ossos se soltam dos seus respectivos tecidos.

8.4.1. Fenômenos Cadavéricos Transformativos Destrutíveis – Putrefação

Já quanto à putrefação, esta se inicia com a autólise e ainda no intestino grosso, gerando a chamada mancha verde abdominal (a putrefação, em média, se inicia após a 20ª hora da morte). Ela decorre da atuação de germes, sendo que após a atuação no intestino, passa a ocorrer no restante do organismo.

A putrefação se dá em 4 fases, ou seja, pela fase da coloração, da gasosa, coliquativa e da esqueletização (futuro policial, atente-se a esta ordem, pois por vezes a mesma é objeto de questionamento).

A fase da coloração, como dito, tem início pela mancha verde abdominal, embora nos afogados ela se dê, de início, na cabeça e na parte superior do tórax (cabeça de negro). Já a fase gasosa decorre dos gases gerados na putrefação, ocasionando um inchamento do corpo (língua e órgãos genitais), bolhas (flictemas putrefativos), assim como uma alteração na localização do sangue, uma vez que este é empurrado para as regiões periféricas do corpo (a isto dá-se o nome de circulação póstuma de Brouardel, sendo caracterizado por desenhos dos vasos na superfície da pele).

Após a fase gasosa temos a coliquativa, na qual o corpo passa por uma dissolução até que, por fim, restem somente as partes ósseas (fase da esqueletização).

A foto abaixo mostra claramente a fase gasosa de um cadáver.

8.5. Fenômenos Cadavéricos Transformativos Conservadores

Quanto aos conservadores, temos a corificação (o corpo não sofre decomposição por ser guardado em caixão metálico hermeticamente fechado, onde, então, a pele do corpo fica com um aspecto de couro curtido), a mumificação (corpos, dependendo das condições em que se situam, podem não sofrer a ação das bactérias em decorrência de rápida desidratação), a calcificação (que ocorre em fetos retidos no corpo da mulher, por meio da ação do cálcio) e a saponificação (este fenômeno, chamado também de adipocera, faz com que o corpo fique com um aspecto de cera ou sabão, em virtude de se encontrar em solos argilosos e úmidos, sem muita aeração).

A figura a seguir demonstra o fenômeno da saponificação.

8.6. Tempo da Morte (Cronotanatodiagnose)

Para se determinar quando a morte se deu, inúmeros métodos foram criados, sendo que uma das formas mais utilizadas é aquela em que se analisam os germes e outros organismos que estejam atuando sobre o cadáver. Isto porque as espécies encontradas nos corpos variam conforme o tempo, ou seja, uma espécie de fungo pode agir somente nos primeiros dias da morte, enquanto um determinado germe tem atuação somente depois de meses após o evento.

8.7. Comoriência

Se duas pessoas morrerem em virtude de um mesmo fato, sem que seja possível estabelecer qual morte ocorrera primeiro, entende-se, então, que a morte de ambas as pessoas se deu de forma simultânea, fenômeno este chamado de comoriência.

Agora, se de uma análise, distinguiram-se os momentos da morte de cada indivíduo, diz-se que ocorrera o fenômeno da primoriência.

8.8. Necropsia

A necropsia somente poderá ocorrer após 6 horas da constatação do óbito, quando fenômenos abióticos consecutivos estão bem evidentes. Nela, far-se-á um exame externo para, somente depois, um exame interno, sendo que, ao seu final, o corpo deverá ser fechado.

Vale mencionar que quando a morte não é esclarecida, mesmo após eventual necropsia, a esta dá-se o nome de necropsia branca.

9. BALÍSTICA

9.1. Conceito

A balística estuda tanto as armas como a trajetória e os efeitos de seus projéteis.

9.2. Armas

A arma pode ser classificada como de cano de alma lisa ou de cano de alma raiada. Quando se trata de arma raiada, significa que no interior do cano da arma há ressaltos e cavados, cuja finalidade é dar ao projétil um movimento de rotação e, assim, ajudar a manter a sua trajetória. A isto dá-se uma grande importância, já que as raias deixam nos seus projéteis a respectiva impressão (impressão esta de forma inversa), o que pode ajudar na identificação de disparos.

Veja as figuras seguintes, com canos de alma raiada e lisa.

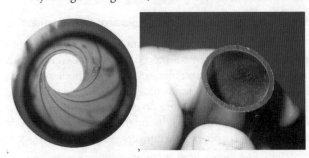

9.3. Calibre

Nas armas de alma raiada, o calibre da arma corresponde à do diâmetro interno do seu cano. Interessante é que para que não exista perda na pressão quando do momento do disparo, o projétil possui um calibre um pouco maior que o próprio diâmetro do cano da arma (calibre da arma). E é exatamente em razão disto que há aquela impressão das raias do cano no projétil impulsionado.

Agora, nas armas de alma lisa ocorre de forma diversa, ou seja, o calibre não é expressado pelo diâmetro interno do cano, mas sim pelo número de esferas de chumbo que é necessário para atingir uma libra de peso. Isto significa que quando estamos diante de uma arma de alma lisa, o calibre da mesma é inversamente proporcional ao diâmetro interno do cano (quanto maior o diâmetro, menor será o calibre).

Perceba que o calibre, seja na arma de alma lisa quanto na raiada, em nada se relaciona com o tipo de projétil utilizado por determinada arma.

9.4. Trajetória e Alcance do Disparo

A trajetória do projétil se dá de forma elíptica, em razão da perda da velocidade do mesmo, da resistência do ar e da atuação da gravidade (mesmo em queda livre, o projétil alcança a velocidade de 50m/s, o que permite que o mesmo consiga perfurar a pele humana).

Já quanto ao alcance do mesmo, utilizam-se expressões como alcance máximo (distância máxima que um projétil pode alcançar), alcance com precisão e alcance útil (distância máxima que um projétil pode alcançar onde ainda contará com energia cinética suficiente para deter um homem).

9.5. Ferimentos

A arma de fogo, por meio de seu projétil gera uma lesão perfurocontusa.

Interessante é que naqueles casos onde uma bala entra e sai de um corpo, o seu ferimento de entrada é menor que o de saída, em virtude da elasticidade da pele humana. Ademais, a lesão de entrada geralmente é circular ou elíptica, sendo que ela terá bordos invertidos e invaginados (voltados para o interior do corpo), ao passo que a lesão de saída será inversa, ou seja, geralmente possuirá bordas evertidas e levantadas (indicando, assim, a trajetória do projétil).

9.5.1. Ferimentos – Balins

As armas de alma lisa são municiadas com projéteis múltiplos, chamados de balins, que geram lesões múltiplas, como se fossem produzidas por vários disparos unitários, distribuídas ao redor de um ponto central (quanto mais distantes forem estas lesões, umas das outras, maior será a distância entre a vítima e o atirador).

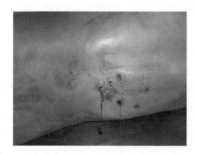

9.5.2. Ferimentos – Câmara de Hoffmann

A câmara de Hoffmann, também chamada de câmara de mina, ocorre quando há um tiro encostado, e ainda em regiões da pele em que há tábuas ósseas abaixo, fazendo com que o ferimento de entrada tenha bordo evertidos e não mais bordos invertidos, como é a regra.

Externamente, tal câmara tem o aspecto estrelado (quando há um tiro disparado em região óssea, mais de um ferimento de saída pode ser encontrado, pois as fraturas ósseas podem constituir em verdadeiros projéteis secundários). A figura a seguir demonstra o referido aspecto estrelado.

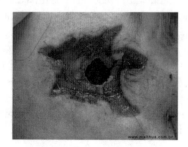

9.5.3. Ferimentos – Halos ou Orlas

Os halos ou orlas são regiões que circundam o ferimento gerado pelo projétil.

Num primeiro círculo, mais próximo ao ferimento, há a chamada orla de escoriação, com exposição da derme. Após este círculo, encontramos um maior, denominado de orla de enxugo, caracterizado por ser escuro em razão de ali permanecer as impurezas trazidas pelo projétil, como fuligem e restos de pólvora.

Por fim, num último círculo e maior, se dá a orla de contusão, correspondente a uma região equimótica.

Interessante é que enquanto o primeiro e o terceiro anel não são exclusivos do ferimento produzido por projéteis de arma de fogo, o segundo (orla de enxugo) é.

9.5.4. Ferimentos – Zona de Chamuscamento

A zona do chamuscamento ocorre quando o disparo é feito muito próximo (em torno de até 5 centímetros), fazendo com que a pele seja queimada em decorrência da chama expelida pela boca do cano da arma de fogo.

9.5.5. Ferimentos – Zona de Esfumaçamento

Agora, caso o disparo se dê numa distância maior (em torno de até 30 centímetros), a pele não é queimada, mas em torno do ferimento de entrada poderá ser depositada a fumaça decorrente deste disparo.

9.5.6. Ferimentos – Zona de Tatuagem

Por fim, nos disparos ainda mais distantes (em torno de até 50 centímetros), no ferimento podem ser encontrados grãos de pólvora e partículas metálicas decorrentes da abrasão do projétil, formando então a chamada zona de tatuagem.

Interessante é que enquanto a zona de esfumaçamento pode ser removida com água e sabão, as demais (zona de tatuagem e de chamuscamento) não podem. É em decorrência disto (da fácil retirada) que a zona de esfumaçamento é denominada também de "falsa tatuagem".

Outra observação importante é a de que por vezes estas zonas podem ser encontradas somente no interior do corpo da vítima. Isto se dá caso ocorra um disparo encostado e este disparo se dê em tecidos moles.

9.5.7. Ferimentos – Sinal de Werkgaertner

Quando num ferimento visualiza-se a marca da boca da arma de fogo, assim como a marca da alça da mira sobre a pele, dizemos que ocorrera um ferimento por disparo encostado e a estas características dá-se o nome de sinal de Werkgaertner.

9.5.8. Ferimentos – Distância do Disparo

Perceba que conforme as zonas e as orlas encontradas, pode-se determinar a distância do disparo (agora, caso o tiro se dê a uma distância superior a 50 centímetros, não se poderá diferenciar, por tais fatores, se um tiro possui uma distância um pouco superior a tal medida ou bem superior, sendo apenas classificado o disparo como um disparo distante e não um tiro à queima roupa).

10. SEXOLOGIA

10.1. Cromossomos

São encontrados 46 cromossomos em cada pessoa, divididos em um par sexual (XY ou XX) e 22 pares autossômicos.

Eventualmente, distorções podem ocorrer em tais cromossomos, sejam nos sexuais ou nos autossômicos. Ora, a pessoa pode não possuir o par sexual, ou seja, contar com apenas um X. A isto é chamado de Síndrome de Turner, o que gera a esterilidade da mulher, assim como sua pouca estatura.

Pode ocorrer também do homem possuir, em seu cromossomo sexual, eventuais distorções, o que faz com que tenha uma estatura elevada e voz fina. A este episódio é dado o nome de Síndrome de Klinefelter (ex. 22 pares autossômicos mais XXXXY).

Se a alteração se der nos pares autossômicos, pode gerar a síndrome de Patau (cromossomo extra no par 13), a síndrome de Edwards (alteração no cromossomo 18) ou a síndrome de Down (cromossomo extra no par 21) etc.

10.2. Hermafrodita

É a partir do sexo cromossômico que a gônada embrionária, até então indiferenciada, passa a se desenvolver, modificando-se em uma gônada masculina ou feminina. Pode ocorrer, porém, um distúrbio neste desenvolvimento, gerando, assim, uma gônada não muito definida, ou ambas as gônadas, masculinas e femininas, caracterizando, assim, o hermafroditismo.

10.3. Impotência *Coeundi vs* Impotência *Acopulia vs* Impotência *Generandi vs* Impotência *Concipiendi*

A incapacidade de manter uma relação sexual é chamada de impotência *coeundi* (para o homem) ou impotência *acopulia* (para a mulher), ao passo que a impossibilidade de gerar filhos é chamada de impotência *generandi* (para o homem) ou impotência *concipiendi* (para a mulher). Esta diferenciação é importante, pois a incapacidade para manter relações sexuais pode gerar a anulação de um casamento, mas a incapacidade para gerar filhos, não.

Impotências	Mulher	Homem
Relação Sexual	Acopulia	Coeundi
Filhos	Concipiendi	Generandi

10.4. Transtornos Sexuais – Transexualidade

Ocorre quando uma pessoa é de um sexo, mas se identifica como sendo do outro. O transexual, vale dizer, não se considera um homossexual (a homossexualidade, vale destacar, não é mais considerada como um transtorno sexual).

10.5. Transtornos Sexuais – Parafilias

Embora a DSM-IV traga, em sua lista, apenas oito perversões, existem muitas outras.

Como exemplos, temos o exibicionismo (a pessoa sente prazer em expor suas partes íntimas), a mixoscopia ou voyeurismo (pessoa sente prazer ao visualizar duas pessoas praticando o ato sexual), o masoquismo, sadismo e o sadomasoquismo (enquanto o sado é aquele que sente prazer ao impor um sofrimento ao parceiro, o masoquista gosta que este sofrimento seja imposto a ele próprio), o fetichismo (prazer, por exemplo, sobre as roupas íntimas do parceiro), a riparofilia (prazer por pessoas com péssimo hábito de higiene), zoofilia etc.

10.6. Gravidez e Estado Puerperal

O ciclo menstrual normal da mulher dura 28 dias, sendo que a ovulação dela ocorre, geralmente, no 14º dia, e o período fértil dura por volta de 24 horas.

Uma vez fertilizado o óvulo, a gestação durará, normalmente, 40 semanas (ou 280 dias), sendo que o Código Civil entende que o prazo mínimo para a mesma é de 180 dias e o prazo máximo é de 300 dias.

Após o nascimento, num período de 45 dias entende-se que mulher encontra-se em estado puerperal, situação passível de produzir, sobre ela, alguns transtornos psicológicos. É por este motivo que se entende que caso a mulher venha a matar seu próprio filho neste período, não praticará o homicídio, mas o delito de infanticídio, cuja pena será bem menor.

10.7. Estupro e Aborto

Caso a mulher seja virgem e sofra um estupro caracterizado pela conjunção carnal (introdução total ou parcial do pênis na vagina), a análise da integridade ou ruptura do hímen poderá indicar a real ocorrência do fato. Entretanto, caso a mulher não seja virgem, outros sinais podem ser analisados, como outras lesões provocadas, assim como a existência ou não de sêmen no local (a alta concentração de fosfatase ácida no interior da vagina indica a presença de líquido espermático, pois ele é um dos componentes do líquido seminal). Além disto, mesmo que a mulher seja virgem e não haja a ruptura do hímen, isto não significa, por si só, que não houve conjunção carnal, pois o chamado hímen complacente, presente em algumas mulheres, não se rompe com o coito (perceba, portanto, que a integridade do hímen não é prova definitiva da virgindade de uma mulher).

O aborto pode ser legal ou ilegal. Atualmente apenas três tipos de aborto são permitidos, ou seja, aquele necessário para salvar a vida da gestante (aborto terapêutico ou necessário), o aborto em decorrência de estupro (aborto sentimental) e o aborto de anencéfalos (cuidado, pois o aborto eugênico, que é aquele realizado em decorrência da má-formação do feto, não é permitido, sendo somente legal o aborto em virtude da anencefalia).

10.8. Docimasia – Aborto *vs* Infanticídio

Diante de um feto morto, como saber se houve um aborto ou um eventual infanticídio? Dependerá de uma análise cuja finalidade será determinar se houve ou não a respiração do mesmo.

A análise pode ser feita de diversas formas, como por meio de um exame gastrointestinal (Docimasia de Breslau) ou por meio de exame pulmonar (Docimasia Hidrostática de Galeno). Aliás, este último método é o mais comumente aceito no Brasil, onde o feto é colocado num recipiente de água e observa-se se o mesmo afunda ou flutua, conforme haja a existência ou inexistência de ar nos pulmões.

10.9. Investigação de Paternidade

Na investigação de paternidade inúmeras provas podem ser usadas. Entretanto, dentre aquelas genéticas, somente as provas mendelianas (sanguíneas ou não sanguíneas) é que ainda possuem valor probatório.

Dentre as não sanguíneas, pode-se mencionar a cor da pele, o daltonismo e anomalias presentes nos dedos, por serem características hereditárias.

Quanto às sanguíneas, temos alguns sistemas bem conhecidos, como o sistema ABO, o RH, o MN, e o HLA, todos estes possibilitando não a confirmação da paternidade, mas a sua exclusão e, por fim, o exame de DNA (ou ADN).

5. Direito Constitucional

Bruna Vieira

1. INTRODUÇÃO

O estudo do Direito Constitucional é de fundamental importância para a vida do acadêmico, do bacharel e do profissional do Direito, pois, além de ser o alicerce, a estrutura de todo o ordenamento jurídico, cada vez mais o sistema atua em prol da constitucionalização dos demais ramos do Direito. Isso significa que, se não estudarmos a Constituição de forma minuciosa, fatalmente encontraremos dificuldades de compreensão do Direito como um todo.

Sabemos que o Direito é uno e indivisível, mas que há, ainda que didaticamente, subdivisões em ramos para facilitar o estudo e a compreensão dos institutos jurídicos. Todos os ramos do Direito, como Direito Civil, Direito Penal, Direito Processual, Direito Tributário, dentre outros, submetem-se à Constituição Federal, fortalecendo a importância desse estudo.

Dentro dessas subdivisões acadêmicas, o Direito Constitucional pertence ao ramo do Direito Público (é o núcleo do Direito Público interno). Cientes de que a Constituição **é** *o fundamento de validade de todas as normas jurídicas*, inclusive das suas próprias normas, porque tem o dever de preservar a soberania do Estado que a promulgou, não seria adequado pensar de forma diversa. Incidiríamos em erro ao imaginar que o Direito Constitucional pudesse estar alocado no ramo do Direito Privado, geralmente destinado a cuidar dos interesses particulares, subjetivos.

Vale lembrar que "o Direito Constitucional não é apenas um sistema em si, mas uma forma – na verdade, a forma adequada – de ler e interpretar as normas dos demais ramos do Direito, isto é, todas as normas infraconstitucionais. Além disso, no caso brasileiro, em que vige uma Constituição especialmente analítica, nela se encontram os grandes princípios dos diferentes domínios jurídicos" (Barroso, Luís Roberto, **Curso de Direito Constitucional Contemporâneo**, 3ª edição, p. 74).

É importante ter em mente que o Direito Constitucional está totalmente relacionado com a ideia de poder. Diz o art. 1º, parágrafo único, da Constituição Federal que "todo poder emana do povo, que o exerce por meio de representantes eleitos ou diretamente". Desse modo, embora haja momentos em que o povo transfira o exercício desse poder a alguém, e isso só é possível porque a própria Constituição assim determina, o detentor do poder continua sendo a coletividade. A essa delegação dá-se o nome de democracia indireta.

O Brasil adotou um sistema misto (ou híbrido) de democracia, no qual existe a democracia direta, ou seja, o povo exercendo o poder que lhe é atribuído de forma direta; por exemplo, quando se inicia um projeto de lei a partir de manifestação popular; e a democracia indireta, aquela em que o exercício do poder do povo se dá por meio de representantes eleitos.

Em suma, podemos dizer que o exercício da democracia se externa de duas maneiras: por meio da democracia direta ou participativa, e pela democracia indireta:

a) democracia direta ou participativa: aquela em que o povo exerce diretamente o poder que detém sem a necessidade de intermediários. Para tanto, vale-se de instrumentos previstos constitucionalmente, também chamados de mecanismos de democracia direta ou participativa, quais sejam: o plebiscito, o referendo, a iniciativa popular das leis e a ação popular;

b) democracia indireta: aquela em que o povo exerce seu poder por meio de representantes eleitos. Os governantes são eleitos para que exerçam o poder em nome daquele. É importante ressaltar um detalhe: o voto necessariamente deve ser direto, pois essa forma de votar está contida no inciso II do § 4º do art. 60 da Constituição Federal, ou seja, é uma das cláusulas pétreas. Embora o voto seja direto, seu exercício é um exemplo de instrumento de democracia indireta. Indireta porque o povo, após eleger determinado governante de forma direta, indo efetivamente até a urna para votar, delega seu poder a quem elegeu. Nesse momento, quem concretamente passa a exercer o poder em nome do povo, é o governante eleito.

2. HISTÓRICO DAS CONSTITUIÇÕES BRASILEIRAS

2.1. Primeira Constituição do Brasil – Imperial de 1824

A primeira Constituição do nosso país foi a Constituição do Império (ou Constituição Imperial), outorgada pelo imperador Dom Pedro I. O fato marcante que a antecedeu foi a Declaração de Independência do Brasil, ocorrida em 07.09.1822. Dom Pedro I, após ter dissolvido a Assembleia Constituinte, na qual havia representação de São Paulo, Santos e Taubaté, outorgou (de forma unilateral), essa Constituição. Tal fato ocorreu após um ano e meio da formalização da independência do Brasil, no dia 25.03.1824.

A Constituição de 1824, ou Constituição do Império, foi a que teve maior tempo de vigência. Perdurou até a Proclamação da República, que ocorreu em 1889, ou seja, vigorou por 65 anos.

A primeira Constituição foi a única monárquica e semirrígida. Todas as outras foram republicanas. Também foi a única que tivemos classificada como semirrígida porque o art. 178 dispunha: "é só constitucional o que diz respeito aos limites e atribuições respectivos dos poderes políticos, e os Direitos políticos e individuais do cidadão; tudo o que não é constitucional pode ser alterado, sem as formalidades referidas nos arts. 173 a 177, pelas legislaturas ordinárias". O dispositivo citado deixava claro que a Constituição continha uma parte rígida (difícil de alterar) e outra flexível (processo de modificação mais simplificado).

Em relação à organização dos poderes, havia um quarto poder, chamado de moderador (sistema quadripartite). Portanto, além do executivo, legislativo e judiciário, existia o moderador que, segundo Benjamin Constant, era um "fator de equilíbrio entre os demais poderes". Tinha por finalidade assegurar a independência e harmonia dos outros três. Ocorre que esse poder ficava totalmente nas mãos do chefe supremo da nação que, naquele momento, era o Imperador.

No tocante à organização do Estado, o que existiam eram apenas províncias desprovidas de autonomia. Os presidentes das províncias eram nomeados pelo Imperador, que podia exonerá-los no momento em que quisesse. Ele próprio fazia o juízo de conveniência e oportunidade. O Estado era unitário e o poder ficava centralizado nas mãos do Imperador.

Nessa época, havia no Brasil uma religião oficial, que era a Católica Apostólica Romana. O Brasil era um país que professava uma religião oficial (Estado Confessional). O art. 5º da Constituição do Império é que dava guarida a esse entendimento.

Outra peculiaridade da Constituição Imperial é que ela, em momento algum, instituiu um controle judicial de constitucionalidade, portanto não era possível analisar se uma lei estava ou não de acordo com a Constituição.

Esse período foi marcado pelo sufrágio censitário. Nele exigia-se, para votar, a obtenção de renda mínima anual e, além disso, essa oportunidade só era dada aos homens. Mulheres eram proibidas de votar ou serem eleitas. Para um homem ser eleito, a renda por ele obtida deveria ser maior do que a exigida para ele simplesmente votar. Essa renda variava de acordo com o cargo: quanto mais alto, maior a renda a ser comprovada. É a denominada plutocracia (governo dos ricos).

2.2. Segunda Constituição do Brasil – Constituição de 1891

A força militar passou a ter relevância na política. Os militares rejeitavam a posição de subordinação ao antigo chefe supremo da nação, o Imperador. Foram eles que, no dia 15.11.1889, baniram a família imperial do nosso país e proclamaram a república.

Embora a Constituição de 1891 tenha sido a segunda do Brasil, foi a primeira republicana. Justamente por ter sido mudada a forma de governo, a manutenção de uma Constituição imposta por um Imperador passou a ser insustentável. Assim, foi preciso convocar uma Assembleia Nacional Constituinte para que fosse providenciada a feitura da nova Constituição.

Os representantes se reuniram no Rio de Janeiro e quem presidiu a Assembleia foi o paulista Prudente de Moraes. Votaram-na por meio de um processo de convenção e, sob a inspiração da Constituição norte-americana, foi promulgada a segunda Constituição do Brasil (primeira promulgada, a anterior havia sido outorgada). A influência americana foi tanta que até o nome do Estado copiou-se: passamos a ser denominados "Estados Unidos do Brasil".

Com essa nova Constituição, o Estado, antes unitário, passou a ser um Estado Federal, caracterizado pela autonomia e pela verdadeira descentralização do poder.

Havia rígida separação de competências. Os estados ficavam com parcela da competência e a União com outra parcela. Os governadores dos estados passaram a ter poder. As antigas províncias foram suprimidas em virtude da existência de Estados-membros, que passaram a dispor de leis próprias e até de Constituições estaduais próprias.

O Estado não mais professava uma religião oficial. Ele, antes Estado Confessional, no qual a religião obrigatória e oficial era a Católica Apostólica Romana, transformou-se em um estado leigo ou laico. A palavra que melhor se compatibiliza ao estado leigo é a neutralidade. Havia considerável liberdade de culto. As pessoas podiam livremente escolher suas religiões e cultuá-las da maneira que desejassem.

Também deixou de existir, com a Constituição de 1891, o quarto poder, denominado moderador, consequência lógica e automática advinda do banimento da família imperial. Se não mais existia imperador, e ele era quem detinha, quem dominava esse quarto poder, não havia mais razão para sua existência. Foi neste momento que se instaurou a clássica tripartição de poderes políticos (poderes executivo, legislativo e judiciário), ou melhor, tripartições de funções, pois sabemos que o poder é uno e indivisível.

A Constituição de 1891 foi a que instituiu o Supremo Tribunal Federal e o primeiro sistema judicial de controle de constitucionalidade (controle difuso). Foi ainda a que ampliou os direitos individuais, trazendo, inclusive, pela primeira vez no ordenamento jurídico brasileiro, a previsão do remédio constitucional, hoje muito conhecido, denominado *habeas corpus*.

2.3. Terceira Constituição do Brasil – Constituição de 1934

Getúlio Vargas assume o poder em 1930. Começa a dizer em seus discursos que, em breve, convocará uma Assembleia Constituinte para feitura de uma nova Constituição; o tempo decorre, mas Vargas não concretiza sua promessa. Por conta disso, é realizada, em São Paulo, uma revolução em 1932, conhecida como Revolução Constitucionalista.

Tal revolução, segundo o Prof. Augusto Zimmermann, "ainda que tenha se revelado um completo fracasso do ponto de vista militar (os seus líderes foram presos pelas forças governistas), foi um sucesso absoluto do ponto de vista político, porque Getúlio Vargas se sentiu forçado a consentir na elaboração de uma nova Constituinte, em 1933, que marcaria o retorno à normalidade constitucional" (**Curso de Direito Constitucional**, 4ª edição, p. 205).

Nossa terceira Constituição, elaborada por um processo de convenção (votação), teve grande influência da Constituição Alemã de Weimar, de 1919. Foi a primeira Constituição Social do Brasil. Entre suas características, destacamos as principais: a forma federativa de governo, a não existência de religião oficial, a tripartição dos poderes e as mais marcantes – a admissão do voto pela mulher e a introdução, no texto constitucional, de direitos trabalhistas.

A Constituição que teve menor vigência no nosso país foi esta, de 1934, porque em 1937 ocorreu o golpe militar que rompeu toda a ordem jurídica.

2.4. Quarta Constituição do Brasil – Constituição de 1937

À época de sua criação, havia ditadura em vários países (Alemanha, Itália e outros).

Getúlio Vargas, ainda mantido no poder, solicita a elaboração de uma nova Constituição a Francisco Ramos. Por meio de um golpe de Estado, acaba outorgando a Constituição de 1937.

As principais regras trazidas pela nova Constituição tinham caráter ditatorial, impositivo. Como exemplo, podemos mencionar a concentração das funções legislativas e executivas, a supressão da autonomia dos estados-membros, a destituição dos governadores, com a consequente nomeação de interventores, e a criação de serviços de informações para que o Presidente controlasse o povo, o Poder Judiciário e, principalmente, a imprensa.

O argumento utilizado para a manutenção dessas normas preconizava que a expansão do fascismo e comunismo pelo mundo enfraquecia as instituições nacionais e que, portanto, impunha medidas duras para a manutenção do poder central, ainda que o pacto federativo não pudesse ser totalmente respeitado.

Em decorrência da doutrina e da enorme concentração dos poderes nas mãos do Presidente, da mesma forma que ocorria na Constituição da Polônia na época, a Constituição de 1937 passou a ser chamada, pejorativamente, de "Constituição polaca".

2.5. Quinta Constituição do Brasil – Constituição de 1946

Fruto da redemocratização do Brasil, em 18.09.1946, promulgou-se a quinta Constituição. Seu texto demonstrou claramente uma reação contra a ditadura e os regimes centralizadores. Por conta dos inúmeros acontecimentos mundiais, repudiando os sistemas totalitaristas, o presidente da época, Getúlio Vargas, não podia mais manter a ditadura.

Embora tentasse subterfúgios para se manter no poder, como a nomeação de seu irmão para a chefia da polícia de Guanabara, Vargas acabou sendo destituído por aqueles que temiam sua intenção de permanecer no cargo.

Em decorrência da destituição de Vargas, foi instalada nova Assembleia Constituinte. Nessa época, é eleito Eurico Gaspar Dutra como presidente e, em 1946, é promulgada a nova Constituição.

Em 1950, Vargas retorna como sucessor de Dutra e acaba suicidando-se em 1954. Nesse ano, Café Filho, Vice-Presidente, assume o poder.

2.6. Sexta Constituição do Brasil – Constituição de 1967

Em 31.03.1964, o Presidente da República, João Goulart (conhecido como "Jango"), foi derrubado por um golpe mili-

tar, pois fora acusado de estar envolvido com o "comunismo internacional"; era o começo da instalação da ditadura, que acabou em 1985.

A Constituição foi outorgada em 24.01.1967: em que pese alguns doutrinadores entenderem pela legitimidade do golpe e sustentarem a promulgação do texto, não é o posicionamento predominante.

A então nova ordem constitucional preocupava-se especialmente com a Segurança Nacional, e diversos poderes foram concedidos à União e ao Poder Executivo. Foram emitidos Atos Institucionais que suprimiram paulatinamente os direitos e garantias individuais.

2.7. Sétima Constituição do Brasil ou Emenda Constitucional 1/1969

A Emenda Constitucional 1/1969 é considerada por parte da doutrina como uma nova Constituição. Foi outorgada em 17.10.1969, passando a Constituição do Brasil a ser chamada de Constituição da República Federativa do Brasil.

A EC 1/1969 não foi assinada pelo Presidente da República Costa e Silva, que estava impossibilitado de governar por motivos de saúde, e nem por seu Vice, Pedro Aleixo, pois através do Ato Institucional 12 foi consagrado um governo de Juntas Militares que permitia que os Ministros da Marinha de Guerra, do Exército e da Aeronáutica Militar governassem enquanto o Presidente estivesse afastado.

2.8. Oitava Constituição do Brasil – Constituição de 1988

Em 05.10.1988, foi promulgada a Constituição da República Federativa do Brasil, depois do texto ser aprovado em dois turnos de votação, por maioria absoluta dos membros da Assembleia Nacional Constituinte.

É uma Constituição absolutamente voltada para a proteção dos direitos individuais dos cidadãos, sendo fruto de processo de transição do regime militar para o regime democrático.

3. CONSIDERAÇÕES PRELIMINARES

3.1. Elementos fundamentais

O Estado possui três elementos fundamentais, a saber: povo, território e soberania. *Povo* significa o conjunto de indivíduos ligados jurídica e politicamente ao Estado. Daí falar-se que povo é o elemento humano do Estado. *Território* traz um conceito jurídico contemplando a área na qual o Estado exerce efetivamente a supremacia e o poder que detém sobre bens e pessoas. Já a *soberania* pode ser vista sob dois aspectos: interno e externo. Pelo primeiro, o Estado é quem elabora as suas próprias normas, é quem comanda o país, portanto, dotado de autoridade máxima em seu território. O segundo significado diz respeito à igualdade que deve existir entre os países, independentemente de condições, espaço territorial, poder econômico etc. Aos Estados soberanos são dadas garantias como a não intervenção em assuntos internos e a independência nacional.

3.2. Conceito de Constituição

Uma Constituição pode ser conceituada de diferentes modos tendo por base seus diversos significados. Vejamos os conceitos dados por grandes doutrinadores:

3.2.1. Concepção sociológica (Ferdinand Lassalle)

Sustentava esse autor que "os problemas constitucionais não são problemas de Direito, mas do poder; a verdadeira Constituição de um país somente tem por base os fatores reais e efetivos do poder que naquele país vigem e as constituições escritas não têm valor nem são duráveis a não ser que exprimam fielmente os fatores do poder que imperam na realidade social" (**A essência da Constituição**, p. 40).

Portanto, somente terá valia a Constituição se efetivamente expressar a realidade social e o poder que a comanda. Os fatores reais de poder são identificados, no nosso país, por exemplo, nos movimentos dos sem-terra, nas corporações militares e outras forças que delimitam o conteúdo da Constituição.

O autor citado também mencionava que "de nada serve o que se escreve numa folha de papel se não se ajusta à realidade, aos fatores reais de poder".

3.2.2. Concepção política (Carl Schmitt)

Em oposição a Lassalle, Carl Schmitt defendeu o conceito de que a Constituição é a decisão política fundamental de um povo, visando sempre a dois focos estruturais básicos – organização do Estado e efetiva proteção dos direitos fundamentais.

Para esse autor há divisão clara entre Constituição e lei constitucional. Na primeira, encontraríamos as matérias constitucionais, ou seja, organização do Estado e garantia dos direitos fundamentais, sempre com o objetivo de limitar a atuação do poder. Já as leis constitucionais seriam aqueles assuntos tratados na Constituição, mas que materialmente não teriam natureza de norma constitucional. Na verdade, esses assuntos nem deveriam constar da Constituição. Na nossa atual Carta Magna, visualizamos um exemplo no art. 242, § 2º, que determina que o Colégio Pedro II, localizado na cidade do Rio de Janeiro, será mantido na órbita federal. Esse dispositivo é uma norma apenas formalmente constitucional, pois está dentro da Constituição, mas não trata de matéria tipicamente constitucional.

As leis constitucionais, para Schmitt, como a mencionada no exemplo dado acima, formam o que se denomina Constituição formal, ou seja, apenas são consideradas normas constitucionais pelo fato de estarem alocadas na Constituição, por terem forma de Constituição.

A Constituição Federal de 1988, em seu art. 1º, trata da organização do Estado, enquanto o art. 5º dispõe sobre os direitos fundamentais. Se terminasse aqui, já seria suficiente para Schmitt denominá-la como uma verdadeira Constituição.

3.2.3. Concepção jurídica ou formal (Hans Kelsen e Konrad Hesse)

Hans Kelsen pensava de modo diverso, mencionava que o fundamento de validade da Constituição era encontrado na dimensão jurídica e não sociológica ou política.

Esse autor representava o ordenamento jurídico por meio de uma pirâmide, na qual a Constituição se encontrava no ápice e abaixo estavam todos os demais atos normativos. As leis ordinárias, complementares, delegadas e também as medidas provisórias, por terem como fundamento imediato de validade a Constituição, ficavam no segundo degrau da pirâmide. Já os regulamentos, portarias, decretos, entre outros, por se fundamentarem primeiro na lei e depois na Constituição, localizavam-se no terceiro degrau da pirâmide.

Portanto, juridicamente, a Constituição localiza-se no mais elevado degrau da pirâmide e é exatamente em decorrência disso que é fundamentada sua normatividade.

As normas infraconstitucionais (que são todas aquelas que se encontram nos degraus abaixo da Constituição) são submissas às regras determinadas pela Lei Maior e devem ser com ela compatíveis. A isso se deu o nome de relação de compatibilidade vertical.

3.2.4. Concepção culturalista

Segundo a essa corrente, a Constituição engloba todas as regras fundamentais advindas da cultura histórica e também "as emanadas pela vontade existencial da unidade política e regulamentadora da existência, estrutura e fins do Estado e do modo de exercício e limites do poder político" (J. H. Meirelles Teixeira, **Curso de Direito Constitucional**, p. 77 e 78)

3.3. Constitucionalismo e neoconstitucionalismo

Tradicionalmente, a doutrina faz uso da expressão constitucionalismo ou movimentos constitucionais em mais de um sentido. Vejamos os dois mais comuns.

A primeira concepção de **constitucionalismo** é utilizada para definir a ideologia que afirma que o poder político deve necessariamente ser limitado para que efetivamente sejam garantidos e prestigiados os direitos fundamentais. Nesse primeiro sentido, o movimento é considerado uma teoria normativa da política. A doutrina divide-o em constitucionalismo social e liberal, com base na maior ou menor intervenção do Estado nos interesses privados. Quando há grande intervenção do Estado no mundo privado, é conhecido como social e quando a intervenção é pequena, fala-se em constitucionalismo liberal.

A segunda concepção da expressão constitucionalismo teve origem numa reação contra o Estado Absolutista da Idade Moderna, por volta do século XVIII. A Revolução Francesa também é considerada um marco aqui. A ideia era frisar que a Constituição, além de estabelecer regras sobre organização do Estado, do poder, deveria fazer uma necessária modificação política e social, orientando as ações políticas e tendo atuação direta. Foi a partir deste momento que veio à tona o termo *supremacia constitucional*. A partir dessa concepção, passou a ser necessária a criação de constituições escritas, de origem popular, para efetivamente limitar o poder, organizar o Estado e garantir a proteção dos direitos individuais.

O **neoconstitucionalismo** ou novo/atual constitucionalismo toma por base a necessidade de se incorporar o denominado Estado Constitucional de Direito. A Constituição, portanto, deve efetivamente influenciar todo o ordenamento jurídico. Tudo deve ser analisado à luz da CF. Ela é o filtro que valida, ou não, as demais normas. Os valores constitucionais são priorizados, além das regras relacionadas à organização do Estado e do Poder. Princípios, como a dignidade da pessoa humana, passam a ter maior relevância. Há uma aproximação das ideias de direito e justiça. O Poder Judiciário, ao validar princípios e aos valores constitucionais, atribui a eles força normativa.

Segundo Ana Paula de Barcellos: "Do ponto de vista material, ao menos dois elementos caracterizam o neoconstitucionalismo e merecem nota: (i) a incorporação explícita de valores e opções políticas nos textos constitucionais, sobretudo no que diz respeito à promoção da dignidade humana e dos direitos fundamentais; e (ii) a expansão de conflitos específicos e gerais entre as opções normativas e filosóficas existentes dentro do próprio sistema constitucional."

3.4. Estrutura da Constituição Federal de 1988

A CF/1988 é composta das seguintes partes: preâmbulo, corpo das disposições permanentes, ato das disposições constitucionais transitórias e emendas constitucionais (de revisão e propriamente ditas).

3.4.1. Preâmbulo

A Constituição não começa pelo seu art. 1º, mas sim por um preâmbulo que dispõe: "Nós, representantes do povo brasileiro, reunidos em Assembleia Nacional Constituinte para instituir um Estado Democrático, destinado a assegurar o exercício dos direitos sociais e individuais, a liberdade, a segurança, o bem-estar, o desenvolvimento, a igualdade e a justiça como valores supremos de uma sociedade fraterna, pluralista e sem preconceitos, fundada na harmonia social e comprometida, na ordem interna e internacional, com a solução pacífica das controvérsias, promulgamos, sob a proteção de Deus, a seguinte CONSTITUIÇÃO DA REPÚBLICA FEDERATIVA DO BRASIL".

Há diversos princípios no preâmbulo constitucional, como o da igualdade, da liberdade, da solução pacífica das controvérsias etc. Tais comandos servem como diretrizes ideológicas, políticas e filosóficas que devem ser observadas pelo intérprete das normas constitucionais.

Todavia, embora o preâmbulo tenha de ser utilizado como alicerce, segundo o Supremo, ele não tem força normativa, não cria direitos e obrigações e não pode ser utilizado como parâmetro para eventual declaração de inconstitucionalidade. Por exemplo: uma lei que fira tão somente o preâmbulo constitucional não pode ser objeto de ação direta de inconstitucionalidade no STF e nem de outro mecanismo de controle de constitucionalidade.

3.4.2. Disposições permanentes

O corpo das disposições permanentes é composto pelas normas constitucionais que, em regra, possuem maior durabilidade. Essa parte inicia-se no art. 1º e termina no art. 250 e é formada pelos seguintes títulos: Princípios Fundamentais, Direitos e Garantias Fundamentais, Organização do Estado,

Organização dos Poderes, Defesa do Estado e das Instituições Democráticas, Tributação e Orçamento, Ordem Econômica e Financeira, Ordem Social e Disposições Constitucionais Gerais.

3.4.3. Disposições transitórias

Denominado Ato das Disposições Constitucionais Transitórias (ADCT), tem por finalidade tratar de assuntos de direito intertemporal. O ADCT é composto de normas criadas para executarem um determinado papel que, sendo cumprido, passam a não ter mais utilidade. É por esse motivo que tais normas são conhecidas como de eficácia esgotada ou exaurida. Cumprido o encargo para o qual foram criadas, não possuem mais utilidade alguma.

As disposições transitórias, embora integrem o texto constitucional, e para serem modificadas também seja necessário o processo das emendas constitucionais, elas ficam ao final da Constituição e possuem numeração própria (arts. 1º ao 100). São assim previstas, pois não seria técnico deixar no corpo das disposições permanentes algo que, mais dia menos dia, não terá mais utilidade alguma.

Um exemplo de regra prevista no ADCT e que já foi modificada por emenda é a prevista no art. 76, alterada pela **EC 93, de 8 de setembro de 2016**. Tal emenda prorrogou a desvinculação de receitas da União e estabeleceu a desvinculação de receitas dos Estados, Distrito Federal e Municípios.

Outra situação vem prevista no art. 42 do ADCT, alterado pela EC 89, de 15 de setembro de 2015. Essa emenda ampliou o prazo em que a União deverá destinar às Regiões Centro-Oeste e Nordeste percentuais mí-nimos dos recursos destinados à irrigação. Por fim, a regra contida no art. 40 do ADCT também é tida como exemplo. Segundo tal norma, a Zona Franca de Manaus é mantida, com suas características de área livre de co-mércio, de exportação e importação, e de incentivos fiscais, pelo prazo de vinte e cinco anos, a partir da promul-gação da Constituição. O parágrafo único do mesmo dispositivo determina que, somente por lei federal, podem ser modificados os critérios que disciplinaram ou venham a disciplinar a aprovação dos projetos na Zona Franca de Manaus. A EC 42/2003 criou o art. 92 do ADCT acrescentando ao prazo citado mais dez anos e, recentemen-te, a **EC 83, de 05.08.2014** criou o art. 92-A para acrescer mais 50 anos ao prazo citado.

Vale lembrar que as normas constantes do ADCT possuem o mesmo grau de eficácia que as demais normas constitucionais.

3.4.4. Emendas constitucionais

As emendas integram a constituição e possuem duas naturezas distintas: emendas de revisão e emendas constitucionais propriamente ditas. As primeiras foram feitas quando da revisão constitucional, em 1994. Em tal ano, seis emendas foram elaboradas (ECR 1 a 6). O art. 3º do ADCT determinava que a revisão, que se daria uma única vez, ocorresse após cinco anos da promulgação da Constituição, pelo voto da maioria absoluta dos membros do Congresso Nacional, em sessão unicameral. Atualmente, para se modificar a Constituição, é necessário que se faça por meio das emendas constitucionais propriamente ditas, que podem ser feitas desde que sejam obedecidas as regras previstas no art. 60 da CF.

3.5. Supremacia constitucional

A noção de supremacia da Constituição talvez seja a mais importante de todo o estudo do Direito Constitucional. Pautado nesse entendimento, é possível verificar os motivos pelos quais os demais ramos, os atos normativos em geral e a atuação dos poderes estão limitados ao texto constitucional.

A Constituição Federal é a lei máxima do ordenamento jurídico brasileiro. É fundamento de validade de todos os demais atos normativos. Está no ápice da pirâmide normativa e determina as regras que devem ser observadas. Todas as normas infraconstitucionais devem guardar relação de compatibilidade com a Constituição.

Ressalta-se que o princípio da supremacia constitucional somente existe nos países que adotam Constituição do tipo *rígida*, ou seja, aquelas que possuem um processo de alteração mais complexo, mais solene, mais dificultoso que o processo de mudança dos demais atos normativos.

3.6. Princípios fundamentais (arts. 1º a 4º da CF)

O art. 1º da CF, após definir o Pacto Federativo, traz os *fundamentos* da República Federativa do Brasil, que são os seguintes:

I. Soberania;

II. Cidadania;

III. Dignidade da pessoa humana;

IV. Valores sociais do trabalho e da livre-iniciativa; e

V. Pluralismo político.

Os fundamentos equivalem-se aos principais valores e diretrizes adotados pelo Estado brasileiro. Com base neles é que a Constituição Federal de 1988 foi produzida.

Sem sombra de dúvida, podemos dizer que um fundamento de grande relevo é o que diz respeito à *dignidade da pessoa humana*. Para que o ser humano possua dignidade, deve a ele ser dado acesso a requisitos mínimos de uma vida digna como, por exemplo, alimentação, moradia, saúde, higiene, educação, lazer etc.

A dignidade da pessoa humana é um fundamento da República Federativa do Brasil, previsto no inc. III do art. 1º da Constituição Federal.

A súmula vinculante 11, que já foi objeto de questionamento na prova da OAB, relaciona-se diretamente com esse princípio. Essa súmula restringe o uso de algemas aos casos de resistência e de fundado receio de fuga ou de perigo à integridade física própria ou alheia, por parte do preso ou de terceiros. Além disso, o uso deve, necessariamente, ser justificado por escrito, sob pena de responsabilidade disciplinar, civil e penal do agente ou da autoridade e de nulidade da prisão ou do ato processual a que se refere, sem prejuízo da responsabilidade civil do Estado.

Desse modo, é possível afirmar que o uso de algemas requer um juízo de ponderação da necessidade e só deve ser utilizado de forma excepcional.

Vale lembrar que o STF, no julgamento do ARE 653.964-AgR, Rel. Min. Luiz Fux, julgamento em 28.02.2012, Primeira Turma, *DJE* de 13.03.2012, decidiu que o enunciado da Súmula Vinculante 11 da Suprema Corte **não** é aplicável, face ao uso de algemas durante a sessão, máxime quando o julgamento pelo Tribunal do Júri se deu em data anterior à sua publicação.

Também tem relação com a dignidade da pessoa humana o princípio da individualização da pena. Assim, a falta de indicação da conduta individualizada dos acusados pela prática de crimes societários fere não só o devido processo legal, a ampla defesa e o contraditório, mas também a dignidade da pessoa humana.

Por fim, o STF, em julgamento realizado pelo plenário, na ADI 3.510, declarou a constitucionalidade do art. 5º da Lei de Biossegurança (Lei 11.105/2005), por entender que as pesquisas com células-tronco embrionárias não violam o direito à vida ou o princípio da dignidade da pessoa humana.

A *soberania* é uma qualidade do Estado independente. Fala-se em soberania externa e interna. A primeira refere-se à representação dos Estados em âmbito internacional. A segunda é determinada pela demarcação da supremacia do Estado em relação aos seus cidadãos.

A *cidadania*, quando analisada como um dos fundamentos da República Federativa do Brasil, deve ser compreendida de forma abrangente, contemplando a possibilidade do exercício dos direitos fundamentais constitucionalmente assegurados, em especial, os relacionados ao trabalho, à educação e à saúde.

Para que o Estado cresça economicamente, identificou-se que os *valores sociais do trabalho e da livre-iniciativa* necessitavam ser compatibilizados. Assim, a Constituição de 1988 contemplou tais valores, focando sempre no desenvolvimento da ordem econômica do Estado.

O *pluralismo político* prestigia a variedade de opinião, ideologia, liberdades, fazendo com que tais valores, ainda que diferentes e até mesmo opostos, convivam de forma harmônica. Esse pluralismo também indica que o processo de inclusão deve ser resguardado.

O art. 2º da CF trata da tripartição dos poderes, dispondo que são Poderes da União, independentes e harmônicos entre si, o Legislativo, o Executivo e o Judiciário.

Já o art. 3º contempla os objetivos fundamentais da República Federativa do Brasil. Percebam que os objetivos fundamentais não se confundem com os fundamentos. Estes vêm previstos no art. 1º, enquanto que aqueles, no art. 3º.

Os *objetivos fundamentais* do nosso país são os seguintes: I – construir uma sociedade livre, justa e solidária; II – garantir o desenvolvimento nacional; III – erradicar a pobreza e a marginalização e reduzir as desigualdades sociais e regionais; IV – promover o bem de todos, sem preconceitos de origem, raça, sexo, cor, idade e quaisquer outras formas de discriminação.

Ainda tratando do capítulo que cuida dos princípios fundamentais, a Constituição, em seu art. 4º, contempla aqueles que regem o país nas suas relações internacionais, dentre os quais se destacam: a independência nacional, a prevalência dos direitos humanos, a igualdade entre os Estados, a defesa da paz e a cooperação entre os povos para o progresso da humanidade.

4. ELEMENTOS DA CONSTITUIÇÃO

Nossa Constituição Federal trata de diversos assuntos. Com a finalidade de sistematizar e de organizar esses assuntos, a Norma Suprema uniu matérias afins e, a partir dessa união, foram contemplados doutrinariamente os elementos constituintes. O Prof. José Afonso da Silva é quem melhor faz a divisão clássica (**Curso de Direito Constitucional Positivo**, 35ª edição, p. 44 e 45). Tendo por base a divisão feita por esse autor, podemos falar que os grupos de elementos são:

4.1. Elementos orgânicos

Contemplam as normas estruturais da Constituição. Englobam as normas de organização do Estado, organização do poder, o orçamento público e a tributação, as forças armadas e a segurança pública. Os temas mencionados se encontram nos capítulos II e III do título V e nos títulos III, IV e V da nossa Constituição Federal.

4.2. Elementos limitativos

Como o próprio nome menciona, são normas que existem para limitar o poder de atuação do Estado. As normas que definem os direitos e garantias fundamentais são as que melhor limitam o poder, pois, ao enunciar determinado direito a alguém, implícita e automaticamente há o comando impondo ao Estado o dever de não invadir aquele direito constitucionalmente previsto. A exceção se dá em relação aos direitos sociais porque eles exigem condutas positivas do Estado, não possuem somente o mero caráter limitador do eventual exercício arbitrário do poder. Os elementos limitativos contemplam as normas que tratam dos direitos individuais e coletivos, direitos políticos e direito à nacionalidade, todas encontradas no título II da Constituição Federal.

4.3. Elementos socioideológicos

O nome desses elementos já nos encaminha para sua conceituação: podemos dizer que eles definem ou demonstram a ideologia adotada pelo texto constitucional. As normas que compõem os elementos socioideológicos são as que tratam dos direitos sociais, as que compõem a ordem econômica e financeira e a ordem social. Encontramos essas normas no capítulo II do título II e nos títulos VII e VIII da Constituição Federal.

4.4. Elementos de estabilização constitucional

As normas que se encontram nessa divisão são as que visam à superação dos conflitos constitucionais, ao resguardo da estabilidade constitucional, à preservação da supremacia da Constituição, à proteção do Estado e das instituições democráticas e à defesa da Carta Política. Citamos como exemplo as normas que tratam da intervenção federal e estadual (arts. 34 a 36 da CF), as normas que tratam dos estados de sítio e de defesa e as demais integrantes do título V da CF (com exceção dos capítulos II e III, porque eles integram os elementos orgânicos), as normas que tratam do controle de constitucionalidade e, ainda, as que cuidam do processo de emendas à Constituição.

4.5. Elementos formais de aplicabilidade

Formais, porque não possuem conteúdo material, e de aplicabilidade, porque servem para auxiliar a efetiva aplicação das normas constitucionais. São normas orientadoras, como, por exemplo, o preâmbulo da Constituição, que não serve como paradigma para controle de constitucionalidade, mas estabelece princípios norteadores de todo ordenamento jurídico brasileiro.

Também se encontram nessa categoria as disposições transitórias, reguladoras do direito intertemporal. Essas normas estão contidas no ADCT (Ato das Disposições Constitucionais Transitórias), que é parte integrante da Constituição Federal, embora fique separado do corpo das normas permanentes e tenha numeração própria apenas por questão de técnica legislativa. Como as normas contidas no ADCT são normas transitórias, passageiras, assim que produzirem todos os efeitos que delas se esperam se esgotarão, não terão mais utilidade alguma. Desse modo, é razoável que fiquem fora do corpo de normas permanentes da Constituição. Para aclarar o exposto, é indicada a leitura dos arts. 3º (trata da revisão constitucional) e 4º (menciona que o mandato do Presidente da época do texto constitucional, encerraria em março de 1990) do ADCT, que já produziram seus efeitos e que atualmente são normas de eficácia exaurida, esgotada, não mais têm utilidade alguma. Outro exemplo: a previsão constitucional da realização de um plebiscito para a escolha da forma de governo (República ou Monarquia) e o sistema de governo (Parlamentarismo ou Presidencialismo), cinco anos após a promulgação da Constituição de 1988 (art. 2º do ADCT).

Ainda sobre as normas do ADCT, é interessante pontuar que elas podem ser alteradas por emenda constitucional. Um exemplo é o trazido pela EC 68, de 21.12.2011, que alterou o art. 76 do Ato das Disposições Constitucionais Transitórias (ADCT), prorrogando, por mais 4 (quatro) anos, a Desvinculação das Receitas da União (DRU), até 31.12.2015.

Por fim, o § 1º do art. 5º da Constituição Federal também é um exemplo de elemento formal de aplicabilidade. Dispõe que "As normas definidoras dos direitos e garantias fundamentais têm aplicação imediata".

5. CLASSIFICAÇÃO DAS CONSTITUIÇÕES

As constituições são classificadas pela doutrina de diversas maneiras. Essas classificações visam à melhor compreensão da Constituição como um todo. Por exemplo, sabendo nós que a Constituição de 1988, quanto à sua extensão, foi classificada como prolixa, é possível imaginar que essa Constituição seja extensa, longa, numerosa; diferente seria, se eventualmente tivesse sido classificada como concisa (básica, breve). Nesse caso, mesmo que nunca tivéssemos visto a Constituição mencionada, já teríamos uma ideia de como ela seria. É justamente para isso que servem as classificações.

No entanto, é preciso lembrar que há muitas classificações feitas pela doutrina e, a partir de agora, abordaremos as mais relevantes.

5.1. Quanto à <u>forma</u>, as Constituições podem ser classificadas em:

a) escritas – aquelas sistematizadas num único texto, criadas por um órgão constituinte. Esse texto único é a única fonte formal do sistema constitucionalista. Exemplo: Constituição Federal de 1988;

b) não escritas – aquelas cujas normas não estão sistematizadas e codificadas num único texto. São baseadas em textos esparsos, jurisprudências, costumes, convenções, atos do parlamento etc. Há várias fontes formais do direito constitucional no país de constituição não escrita. Exemplo: Constituição Inglesa.

5.2. Quanto ao <u>modo de elaboração</u>, as Constituições podem ser classificadas em:

a) dogmáticas – partem da aceitação de dogmas, considerados o núcleo de uma doutrina. A constituição dogmática necessariamente é uma constituição escrita. As constituições escritas pressupõem a aceitação de dogmas ou de opiniões sobre a política do momento. Exemplo: Constituição Federal de 1988;

b) históricas ou costumeiras – diferentemente das constituições dogmáticas que sempre são escritas, as constituições históricas devem ser não escritas. Resultam da formação histórica, dos fatos sociais, da evolução das tradições. Exemplo: Constituição Inglesa.

5.3. Quanto à <u>origem</u>, as Constituições podem ser classificadas em:

a) outorgadas – aquelas elaboradas e impostas por uma pessoa ou por um grupo sem a participação do povo. As constituições outorgadas, na verdade, devem ser denominadas Cartas Constitucionais e não Constituições, pois a primeira denominação é a que corretamente designa a origem outorgada. A segunda nomenclatura diz respeito àquelas Constituições que tiveram como origem a democracia, foram promulgadas. Vale lembrar que muitos doutrinadores tratam essas expressões, Carta e Constituição, como sinônimas, embora não o sejam.

As Constituições outorgadas que tivemos no Brasil foram as seguintes:

✓ Carta do Império de 1824;

✓ Carta de 1937 (Vargas);

✓ Carta de 1967 (ditadura militar).

Há ainda aqueles que sustentam que a Emenda Constitucional 1/1969 deve ser considerada uma verdadeira Constituição outorgada, imposta pelo Comando Militar;

b) promulgadas, populares ou democráticas – são aquelas advindas de uma Assembleia Constituinte composta por representantes do povo. Sua elaboração se dá de maneira consciente e livre, diferentemente das Constituições outorgadas, que são criadas de forma imposta;

c) cesaristas, plebiscitárias, referendárias ou bonapartistas – são aquelas constituições que, embora elaboradas de maneira unilateral, impostas, após sua criação são submetidas a um referendo popular. Essa participação do povo não pode ser considerada democrática, pois apenas tem a finalidade de confirmar a vontade daquele que a impôs. Os nomes dados a essa Constituição têm por fundamento o caminho utilizado por Napoleão Bonaparte nos chamados "plebiscitos napoleônicos".

5.4. Quanto à <u>estabilidade ou processo de mudança</u>, as Constituições podem ser classificadas em:

a) rígidas – aquelas alteráveis somente por um processo mais solene, mais dificultoso que o processo de alteração das demais normas jurídicas. O exemplo que podemos dar é a Constituição Federal de 1988, na qual, em seu art. 60 (processo legislativo das emendas), encontramos o fundamento da rigidez constitucional;

b) flexíveis – aquelas modificáveis livremente pelo legislador, observando-se o mesmo processo de elaboração e modificação das leis;

c) semirrígidas – aquela Constituição que possui uma parte rígida e outra flexível. A parte rígida será alterável por um processo mais dificultoso que o das demais normas jurídicas e a parte flexível, alterável pelo mesmo processo de elaboração e modificação das leis. No Brasil, a única Constituição que tivemos classificada como semirrígida foi a de 1824. O art. 5º desta Constituição fundamentava seu caráter semirrígido;

d) super-rígidas – alguns doutrinadores sustentam que a Constituição de 1988 é classificada como super-rígida pelo fato de conter núcleos essenciais intangíveis (cláusulas pétreas – art. 60, § 4º, da CF).

Obs.: prevalece o entendimento de que a Constituição de 1988 é classificada como rígida.

5.5. Quanto à <u>extensão</u>, as Constituições podem ser classificadas em:

a) concisas – são as constituições sucintas, pequenas. Cuidam apenas de regras gerais, estruturais, do ordenamento jurídico estatal. O melhor exemplo de constituição concisa é a norte-americana, que contém apenas os princípios fundamentais e estruturais do Estado. A característica de uma Constituição concisa é o fato de ela ser mais estável que uma Constituição prolixa. A norte-americana, por exemplo, já conta com mais de 200 anos e foi emendada apenas 27 vezes;

b) prolixas – são as constituições longas, numerosas. Essas constituições não se restringem a tratar somente de normas materialmente constitucionais, normas estruturais, de organização do poder, de funcionamento do Estado. Cuidam de assuntos diversos, que poderiam certamente estar dispostos em legislações infraconstitucionais. São assim por pretenderem proteger institutos considerados importantes. O maior problema de uma constituição prolixa é que, por ser expansiva, torna-se muito mais instável do que a Constituição concisa.

O exemplo de Constituição prolixa é a nossa, Constituição Federal de 1988. Ela possui em seu corpo perma-nente 250 artigos e em pouco mais de 28 anos de vigência já foi alterada quase 100 vezes.

5.6. Quanto ao <u>conteúdo</u>, as Constituições podem ser classificadas em:

a) materiais – relacionam-se ao conteúdo criado para ser tratado especificamente numa constituição. São normas que cuidam de matéria constitucional. A matéria constitucional geralmente gira em torno do poder. Exemplificando, as normas que organizam o poder, que organizam o Estado e as que tratam dos direitos individuais são normas materialmente constitucionais.

Um exemplo de norma que, embora prevista na CF de 1988, **não** tem conteúdo materialmente constitucional, é o art. 242, § 2º, da CF que trata do Colégio Pedro II. Tal dispositivo determina que o Colégio localiza-se na cidade do Rio de Janeiro e é mantido na órbita federal;

b) formais – indicam o conjunto de regras dispostas formalmente na constituição escrita. As normas inseridas na constituição, ainda que não tratem de matéria constitucional, como o exemplo do Colégio Pedro II acima mencionado, são normas formalmente constitucionais. O fato de estarem alocadas na constituição escrita dá a elas a força de norma constitucional. São regidas pelo princípio da supremacia constitucional e só podem ser alteradas pelo processo legislativo das emendas (art. 60 da CF).

É relevante que se diga que a Constituição Federal determina que o grau máximo de eficácia das normas decorre da forma e não da matéria. Isso significa dizer que o que importa realmente é se a norma está ou não inserida no texto da Constituição. Se tiver conteúdo constitucional, mas não estiver contemplada no Texto Maior, certamente terá menor eficácia que as normas lá inseridas.

6. FENÔMENOS QUE OCORREM COM A ENTRADA EM VIGOR DE UMA NOVA CONSTITUIÇÃO

6.1. Recepção

É o fenômeno jurídico pelo qual se resguarda a continuidade do ordenamento jurídico anterior e inferior à nova constituição, desde que se mostre compatível materialmente com seu novo fundamento de validade (justamente a nova constituição).

Para melhor compreensão, acompanhem o exemplo: é sabido que o fundamento de validade de uma lei é a constituição vigente. Dessa forma, imaginemos que tenha sido editada uma lei na época em que vigia a Constituição de 1969. A essa lei fora atribuído o 5.869/1973. Para que a lei mencionada fosse considerada válida, ela, necessariamente, teria que estar em conformidade com a Constituição de 1969, pois este era seu fundamento de validade. Em 1988, foi promulgada uma nova constituição, a Constituição da República Federativa do Brasil de 05.10.1988. Pergunta-se: a Lei 5.869/1973 continuou vigente, mesmo após a promulgação de uma nova Constituição? A resposta é depende. Se essa lei for materialmente compatível com a nova constituição, sim, ela será preservada e passará a ter um novo fundamento de validade (que é a nova constituição). Agora, se a lei editada à época da vigência da antiga constituição se mostrar materialmente incompatível com a nova, ela não será recepcionada.

A lei referida no exemplo acima é o antigo Código de Processo Civil que, embora seja de 1973 e a nossa Constituição de 1988, vigorou até a edição do novo, ou seja, até 17 de março de 2016. Quando foi promulgada a Constituição de 1988, ocorreu o fenômeno da recepção em relação a todos os dispositivos do antigo CPC que, na época, se mostraram materialmente compatíveis com ela.

Outro fator importante a respeito do fenômeno da recepção é que não importa a roupagem originalmente assumida pela lei, o que se verifica é o conteúdo da norma e não a forma pela qual ela foi exteriorizada. O Código Tributário Nacional (CTN) é um exemplo disso. Na época de sua elaboração, foi editado como lei ordinária, mas, como a CF/1988, em seu art. 146, determinou que as normas gerais em matéria de legislação tributária fossem disciplinadas por lei complementar, ele foi por ela recepcionado como se lei complementar fosse. Hoje, para se alterar o CTN, é necessária uma lei complementar.

O Código Penal, quando de sua elaboração, foi criado como um Decreto-Lei (n. 2.848/1940). Entretanto, a Constituição de 1988 determinou que a matéria Direito Penal fosse regulamentada por lei ordinária. Desse modo, os dispositivos do Código que guardavam relação de compatibilidade material com a Constituição foram por ela recepcionados como lei ordinária. Atualmente, para alterar o CP, basta uma lei ordinária.

Outra lembrança relevante no tocante ao fenômeno da recepção, é o fato de após a promulgação da Constituição, serem editadas emendas constitucionais. As leis também devem guardar relação de compatibilidade material com o disposto nas emendas constitucionais? Sim, necessariamente as leis promulgadas antes ou mesmo depois da edição da Constituição devem ser materialmente compatíveis tanto com as normas advindas do poder constituinte ordinário quanto das decorrentes de emendas constitucionais. O fundamento para isto é que as emendas constitucionais, como o próprio nome indica, têm natureza de normas constitucionais. Estão, juntamente com as demais normas da Constituição, no ápice da pirâmide de Kelsen.

O princípio que fundamenta a utilização do fenômeno da recepção é o da continuidade das normas.

6.2. Desconstitucionalização

O fenômeno da desconstitucionalização tem origem francesa. É um instituto pouco usado na prática. No Brasil, não utilizamos esse instituto porque a edição de uma nova Constituição produz o efeito de revogar por inteiro a antiga. A revogação total é denominada *ab-rogação*, já a parcial é conhecida como *derrogação*.

A antiga Constituição seria, valendo-nos do fenômeno da desconstitucionalização, recebida pelo novo ordenamento, ou seja, pela nova Constituição, com *status* de legislação infraconstitucional (seria recebida como se fosse lei). Esse fenômeno não é permitido no Brasil.

6.3. Repristinação

É o fenômeno jurídico pelo qual se restabelece a vigência de uma lei que foi revogada pelo fato de a lei revogadora ter sido posteriormente revogada. Tal instituto interessa não apenas ao Direito Constitucional, mas ao Direito como um todo. Terá ligação com o direito constitucional se estiver associado ao instituto da recepção.

Vamos ao exemplo: imaginemos três constituições. Constituição "A", Constituição "B" e Constituição "C". A primeira é a mais antiga. A Constituição "A" determinou que o assunto X, garantido por ela, fosse disciplinado por lei infraconstitucional. Na época, sobreveio a lei disciplinando o assunto X. Passado um tempo, foi editada nova constituição, a Constituição "B". Ela não mais tratou do assunto X. Portanto, a lei editada na vigência da Constituição "A", que serviria para regulamentar o assunto X, não foi recepcionada (foi revogada) pela Constituição "B". Passado mais um tempo, outra nova Constituição foi editada, a Constituição "C". Essa Constituição voltou a prever o assunto X. Nesse caso, a lei que regulamentava o assunto X, editada na vigência da Constituição "A", seria restabelecida pela nova Constituição simplesmente pelo fato dela prever novamente o assunto X? A resposta é não. No ordenamento jurídico brasileiro não há repristinação automática. Se o legislador, por ventura, quiser restabelecer a vigência de uma lei anteriormente revogada por outra, terá que fazê-lo expressamente, conforme dispõe o § 3º do art. 2º da Lei de Introdução às Normas do Direito Brasileiro (denominação dada pela Lei 12.376/2010 à antiga "LICC" – Lei de Introdução ao Código Civil).

6.3.1. Repristinação e o efeito repristinatório

A repristinação difere do denominado efeito repristinatório. A primeira, como mencionado, faz com que seja restabelecida a vigência de uma lei revogada, por conta da lei que a revogou também ter sido revogada por outra lei. Isso só pode ocorrer na hipótese de expressa previsão legal, conforme determina o art. 2º, § 3º, da Lei de Introdução às Normas do Direito Brasileiro – Lei 4.657/1942. O segundo, efeito repristinatório, decorre do controle abstrato de constitucionalidade das leis. Em regra, quando uma lei é declarada inconstitucional os efeitos dessa decisão retroagem à data da edição da lei (*ex tunc*). Desse modo, a lei que foi revogada por outra, que posteriormente foi declarada inconstitucional, pode voltar a produzir efeitos. Com a declaração de inconstitucionalidade da lei revogadora, todo o seu passado é apagado. É como se essa lei nunca tivesse existido e, portanto, não teria o poder de revogar outra norma. A antiga lei volta a produzir efeitos, pois a revogação advinda de uma norma inconstitucional não tem eficácia.

Vale lembrar que o art. 27 da Lei 9.868/1999 admite a modulação dos efeitos. Assim, ao declarar a inconstitucionalidade de lei ou ato normativo, e tendo em vista razões de segurança jurídica ou de excepcional interesse social, pode o Supremo Tribunal Federal, por maioria de dois terços de seus membros, restringir os efeitos daquela declaração ou decidir que ela só tenha eficácia a partir de seu trânsito em julgado ou de outro momento que venha a ser fixado. Nessa hipótese, como os efeitos retroativos da lei são modificados, não há mais a incidência do efeito repristinatório.

Outra situação em que o efeito repristinatório se manifesta decorre do art. 11, § 2º, da Lei 9.868/1999, o qual dispõe que a concessão da medida cautelar torna aplicável a legislação anterior acaso existente, salvo expressa manifestação em sentido contrário.

6.4. Mutação constitucional

A palavra mutação significa mudança. Tem relação não com o aspecto formal do texto constitucional, mas sim com a interpretação dada à Constituição. Não são necessárias técnicas de revisão ou reforma constitucional para que o fenômeno se opere. A mudança social, que se dá com o passar do tempo, já faz com que a interpretação seja modificada.

6.5. Vacatio constitucionis

Pode ser conceituada como o período de transição entre uma Constituição e outra. Em regra, ao ser elaborada, promulgada e publicada, a nova Constituição entra em vigor imediatamente. Pelo fenômeno da *vacatio constitucionis*, que se assemelha ao instituto da *vacatio legis*, haveria um prazo, fixado pelo próprio poder constituinte, ou seja, por aqueles que estão elaborando a nova constituição, para que o texto constitucional entrasse em vigor. No Brasil, as constituições ao serem promulgadas e publicadas, já entram em vigor; não visualizamos aqui o fenômeno da *vacatio constitucionis*.

7. EFICÁCIA JURÍDICA DAS NORMAS CONSTITUCIONAIS E HERMENÊUTICA CONSTITUCIONAL

Eficácia jurídica é a aptidão que as normas têm para produzirem efeitos no mundo jurídico. Essa eficácia, por vezes, será graduada conforme a classificação das normas constitucionais.

Segundo a teoria clássica, as normas constitucionais podem ser classificadas em:

a) Normas constitucionais de eficácia plena;

b) Normas constitucionais de eficácia contida; e

c) Normas constitucionais de eficácia limitada.

7.1. Eficácia plena

As normas de eficácia *plena* são aquelas que, por si só, produzem todos os seus efeitos no mundo jurídico e de forma imediata. Não dependem da interposição do legislador para que possam efetivamente produzir efeitos. Além disso, a norma de eficácia plena não admite que uma norma infraconstitucional limite ou reduza seu conteúdo.

São exemplos dessa espécie de norma os artigos: 1º – que trata dos fundamentos da República Federativa do Brasil; 2º – que trata da independência e harmonia que deve existir entre os poderes Legislativo, Executivo e Judiciário; 13 – que diz que a língua portuguesa é o idioma oficial do Brasil; 18, § 1º, que menciona que Brasília é a capital do Brasil, dentre outros.

7.2. Eficácia contida

Já as normas de eficácia *contida* são aquelas que produzem a integralidade de seus efeitos, mas que dão a possibilidade de outra norma restringi-los. Desse modo, até que outra norma sobrevenha e limite a produção de efeitos, a norma de eficácia contida é semelhante à norma de eficácia plena. O principal exemplo de norma de eficácia contida previsto na Constituição é o art. 5º, XIII, que diz que é livre o exercício de qualquer trabalho, ofício ou profissão, atendidas as qualificações profissionais que a lei estabelecer. Vejam que a Constituição, num primeiro momento, diz que há liberdade para o exercício da profissão, mas, num segundo, deixa aberta a possibilidade de o legislador infraconstitucional estabelecer qualificações. O Estatuto da OAB, Lei 8.906/1994, em seu art. 8º, incisos IV e VII, estabelece a obrigatoriedade do bacharel em Direito de prestar e ser aprovado no exame de ordem e de prestar compromisso perante a OAB para exercer a profissão de advogado. A lei infraconstitucional (Estatuto da OAB) conteve a abrangência da norma constitucional prevista no art. 5º, XIII, da CF, no que tange ao exercício da advocacia.

7.3. Eficácia limitada

As últimas, segundo a classificação de José Afonso da Silva, são as normas de eficácia *limitada*, ou seja, aquelas que, para produzirem seus efeitos, dependem da atuação do legislador infraconstitucional, necessitam de regulamentação. Tais normas possuem aplicabilidade postergada, reduzida, diferida ou mediata. Somente após a edição da norma regulamentadora é que efetivamente produzirão efeitos no mundo jurídico. São exemplos de normas constitucionais de eficácia limitada os art.: 88 – que trata da criação e extinção de Ministérios e órgãos da Administração pública, devendo ser feitas por lei; 7º, XXVII – que trata da proteção do trabalhador em face da automação, para a qual também é necessária lei regulamentando o assunto; 102, § 1º – que cuida da Arguição de Descumprimento de Preceito Fundamental, hoje regulamentada pela Lei 9.882/1999.

Maria Helena Diniz também faz a classificação das normas constitucionais, só que com algumas peculiaridades. Vejamos essa classificação, pois é também bastante conhecida pela doutrina.

Tomando por base a produção de efeitos concretos, a mencionada autora diz que as normas constitucionais podem ser classificadas em:

a) normas supereficazes ou com eficácia absoluta;

b) normas com eficácia plena;

c) normas com eficácia relativa restringível; e

d) normas com eficácia complementável ou dependente de complementação legislativa.

As primeiras são aquelas em que não se pode tocar, nem mesmo por meio de emenda à Constituição. As normas com eficácia absoluta são encontradas no § 4º do art. 60 da CF, as denominadas cláusulas pétreas. Englobam a forma federativa de Estado, o voto secreto, direto, universal e periódico, a separação dos Poderes e os direitos e garantias individuais (que são espécies do gênero direitos fundamentais, como veremos adiante).

Já as normas com eficácia plena são as que contêm, em seu corpo, todos os recursos que as possibilitem produzir a integralidade de seus efeitos no mundo jurídico. Ainda

que possam ser modificadas ou suprimidas por emendas constitucionais, estão aptas a produzirem todos os seus efeitos sem a necessidade da interposição do legislador. Essa classificação é muito semelhante à que adota José Afonso da Silva, conforme analisado anteriormente. Alguns exemplos nós podemos visualizar nos arts. 14, § 2º, 17, § 4º, 22, 37, III, 155, todos da Constituição Federal.

Ainda analisando os critérios de Maria Helena Diniz, há as normas com eficácia relativa restringível. Elas equivalem às normas de eficácia contida na classificação de José Afonso da Silva. Desse modo, remeto à releitura do início do capítulo se a memória não lhes trouxer a lembrança desse conceito.

As últimas, segundo Maria Helena Diniz, são as normas com eficácia relativa complementável ou dependente de complementação legislativa. São as que, como o próprio nome indica, dependem necessariamente de lei para que possam efetivamente produzir efeitos positivos no ordenamento jurídico.

Para completar, trazemos a informação de que estas últimas normas que analisamos se subdividem em *programáticas e de princípio institutivo*. Estas são as que fazem a previsão da existência de um órgão ou instituição, mas que só passariam a existir no plano da realidade após a atuação do legislador infraconstitucional, quando da feitura da lei pertinente. Aquelas, programáticas, são as que trazem em seu corpo programas a serem, necessariamente, concretizados pelos governantes. Os exemplos que se seguem são: arts. 25, § 3º, 43, § 1º, 224, entre outros da CF – normas de princípio institutivo; arts. 211, 215, 226, § 2º da CF – normas programáticas.

Segundo Uadi Lammêgo Bulos, podemos falar também em normas de eficácia *exaurida* ou *esgotada*, que seriam as que, após produzir os efeitos que delas se esperam, não servirão mais para nada. Muitas das normas que constam do ADCT – Ato das Disposições Constitucionais Transitórias – possuem eficácia exaurida. Exemplo: o art. 2º, que determinava a realização, em 1993, de um plebiscito para definir a forma de Estado – república ou monarquia constitucional – e o sistema de governo, que poderia ser parlamentarismo ou presidencialismo. O eleitorado manteve, nesse plebiscito, a forma republicana e o sistema presidencialista.

7.4. Hermenêutica constitucional

As normas constitucionais devem ser interpretadas, ou seja, delas devem ser extraídas seus exatos sentidos. Interpretar significa aclarar o sentido de algo, fazendo com que o conteúdo seja devidamente explanado.

A hermenêutica é a técnica de interpretar, composta de mecanismos próprios como, por exemplo, os métodos literal, sistemático, gramatical, histórico etc. Tais institutos são aplicáveis a todos os ramos do direito. Ocorre que a interpretação constitucional exige, pelo grau hierárquico que as normas constitucionais possuem no ordenamento jurídico brasileiro, mecanismos específicos, além dos tradicionalmente estudados.

Desse modo, para interpretar a Constituição é necessário valer-se dos seguintes princípios: unidade da Constituição, efeito integrador, máxima efetividade, harmonização ou concordância prática, força normativa da Constituição e correção funcional.

7.4.1. Unidade da Constituição

A Constituição deve ser analisada de forma integrada. Normas constitucionais formam um conjunto de regras que não devem ser vistas isoladamente. Sempre que possível, os comandos constitucionais não devem ser separados do todo.

É necessário que todos aqueles que interpretam a Constituição o façam de modo a impedir, ou pelo menos evitar, a existência de contradições com outras normas dispostas na própria Constituição.

Decorre também da ideia de unidade da Constituição o fato de não haver hierarquia formal entre as normas constitucionais.

7.4.2. Efeito integrador ou eficácia integradora

Tal princípio está relacionado com o primeiro e nos ensina que a análise dos conflitos jurídico-constitucionais deve se dar à luz dos critérios que beneficiam a integração política e social. A eficácia integradora reforça o princípio da unidade da Constituição.

7.4.3. Máxima efetividade

Técnica de interpretação constitucional também conhecida como eficiência ou interpretação efetiva, ela dispõe que as normas constitucionais devem ser interpretadas privilegiando sua maior eficiência. Por exemplo, quando se estiver diante de duas ou mais interpretações possíveis em relação a algum direito fundamental, deve-se optar por aquela que reflete a maior eficácia do dispositivo.

7.4.4. Harmonização ou concordância prática

Harmonizar significa colocar em harmonia, conciliar. É justamente esse o significado dessa técnica interpretativa. As normas constitucionais devem ser conciliadas para que possam coexistir sem que uma tenha de ser privilegiada em detrimento de outra.

Tal princípio também tem relação com o da unidade da constituição e com o princípio da igualdade, pois o todo é que deve ser analisado e de forma harmônica, evitando-se, ao máximo, a anulação de um direito por conta de outro. Vejam que a análise interpretativa deve ser feita *a priori* para que seja evitado esse sacrifício de um em detrimento de outro.

A concordância prática reforça a ideia de inexistência de hierarquia entre os princípios constitucionais.

7.4.5. Força normativa da Constituição

Pela força normativa, a interpretação constitucional deve priorizar a atualidade normativa do texto, fortalecendo tanto sua eficácia como sua permanência.

7.4.6. Correção funcional

Esse princípio interpretativo está relacionado com o sistema organizacional da Constituição. Por meio da correção funcional, conformidade funcional ou ainda princípio da justeza, aqueles que interpretam a Constituição devem se atentar fielmente às regras sobre separação dos poderes e repartição constitucional de competências.

7.4.7. Interpretação conforme a Constituição

A interpretação conforme a Constituição, como o próprio nome expressa, indica que as normas devem ser interpretadas de acordo com o que dispõe a Constituição Federal.

É, a um só tempo, mecanismo utilizado no controle de constitucionalidade, conforme veremos adiante, e técnica de interpretação da Constituição.

Tratando da "interpretação conforme" como técnica de interpretação, devemos lembrar que ela é utilizada quando estamos diante de normas que possuem mais de um significado. As conhecidas normas polissêmicas ou plurissignificativas (que possuem mais de uma interpretação).

Desse modo, se determinado dispositivo possui dois significados, o sentido que terá de ser atribuído à norma é o que encontra respaldo constitucional, devendo ser descartado aquele que vai de encontro ao Texto Maior, ou seja, aquele que vai contra a Constituição.

Cabe a observação de que o mecanismo da interpretação conforme a Constituição não dá ao intérprete a possibilidade de atuar como legislador, criando normas gerais e abstratas.

8. PODER CONSTITUINTE

Pode ser conceituado como o poder de estabelecer um novo ordenamento jurídico, por meio da criação de uma nova constituição ou pela modificação das regras existentes.

Toda e qualquer constituição é fruto de um poder maior que os poderes que ela própria instituiu. Por exemplo, citamos os poderes Executivo, Legislativo e Judiciário, todos *constituídos* pela Constituição. Esses, embora denominados desta forma, têm menos força que o poder que os instituiu, que é o *constituinte*. Este último, necessariamente, terá um titular e será composto por aqueles que exercitarão o poder, sempre em nome de seu titular.

Atualmente prevalece o entendimento de que o povo é o verdadeiro titular do poder. Esse posicionamento é respaldado pelo parágrafo único do art. 1º da CF, ao dispor que "todo o poder emana do *povo* que o exerce por meio de representantes eleitos ou direta ou indiretamente, nos termos desta Constituição".

Não podemos confundir titularidade com exercício do poder. O titular, como já mencionado, é sempre o povo. O exercente poderá ser uma Assembleia Constituinte (que é um órgão colegiado) ou um grupo de pessoas que se invistam desse poder. Essa distinção está diretamente relacionada com o processo de positivação da Constituição. No primeiro caso, ela advirá de uma convenção (votação); no segundo, de uma outorga (imposição).

8.1. Poder constituinte originário

O poder constituinte originário, genuíno, ou de primeiro grau, é aquele que cria a primeira constituição de um Estado ou a nova constituição de um Estado. No primeiro caso, é conhecido como poder constituinte *histórico*. Tem a função de instaurar e estruturar, pela primeira vez, o Estado. No segundo, é conhecido como poder constituinte *revolucionário*, porque ele rompe a antiga e existente ordem jurídica de forma integral, instaurando uma nova. Em ambos os casos, o poder constituinte impõe uma nova ordem jurídica para o Estado.

Podemos falar que esse poder é: inicial, autônomo, incondicionado e ilimitado.

É *inicial* porque não se fundamenta em outro poder que o anteceda. Nem mesmo a existência de um ato convocatório (Assembleia Constituinte para deliberar a respeito de uma nova constituição) retira essa característica do poder constituinte originário. Ele rompe integralmente a ordem jurídica precedente.

A *autonomia* do poder constituinte de primeiro grau é marcada pela opção do seu titular em escolher o conteúdo da nova constituição, aquele a quem o exercício do poder incumbe de determinar as regras autonomamente.

É também *incondicionado e ilimitado* porque esse poder não encontra condições, limitações, regras preestabelecidas pelo ordenamento jurídico anterior.

8.2. Poder constituinte derivado

O poder derivado, também denominado de instituído ou de 2º grau, como seu nome indica, decorre de algo. Fundamenta-se e decorre do poder que o criou, que é o constituinte originário.

Diferente do primeiro, o poder constituinte derivado é: secundário, não detém autonomia, é condicionado e limitado.

É secundário porque decorre do primeiro; limitado e condicionado, pois se sujeita às normas preestabelecidas por aquele que o criou.

É dividido em:

✓ poder constituinte derivado reformador;

✓ poder constituinte derivado decorrente; e

✓ poder constituinte derivado revisor (atualmente não aplicável).

Vejamos cada um deles:

8.2.1. Poder constituinte derivado reformador

Depende necessariamente da existência do constituinte originário, porque dele deriva e é subordinado. Tem por finalidade a reforma, a alteração do texto constitucional. A CF/1988 é classificada como rígida e possui um processo de modificação específico.

O procedimento mencionado vem previsto no art. 60 da Constituição Federal. Por meio de emendas à Constituição é que o poder constituinte derivado *reformador* será exercido. Nos incisos I, II e III desse artigo, há o rol de legitimados para a propositura de emendas constitucionais, no qual encontramos: o Presidente da República; um terço, no mínimo, dos membros da Câmara dos Deputados ou do Senado Federal; e mais da metade das Assembleias Legislativas das unidades da Federação. Somente eles poderão efetuar proposta de emenda constitucional.

O § 1º do mesmo art. trata do quórum para aprovação da emenda, que tem de ser de três quintos em cada casa, e ainda menciona que a emenda precisa, necessariamente, ser aprovada em dois turnos de votação.

Além disso, o poder constituinte originário traz, no § 4º do art. 60 da Constituição Federal, as chamadas cláusulas pétreas, ou núcleo material intangível, que são matérias que não podem ser suprimidas nem mesmo por meio do procedimento das emendas constitucionais.

Além disso, há previsão expressa na Constituição, trazida pelo poder constituinte originário, proibindo a edição de emendas constitucionais na vigência de intervenção federal ou dos estados de exceção (estado de sítio e estado de defesa).

O principal tema, no que tange ao poder constituinte derivado reformador, é o que cuida das limitações impostas pelo poder originário. Essa preocupação se dá pelo fato da possibilidade de existência de norma constitucional inconstitucional. Somente normas advindas do poder derivado é que poderão, eventualmente, ser declaradas inconstitucionais pelo Supremo Tribunal Federal. Tais limitações que foram citadas no parágrafo anterior serão analisadas detalhadamente no capítulo que trata das emendas constitucionais.

8.2.2. Poder constituinte derivado decorrente

É o poder que cada Estado tem de elaborar sua própria constituição, em virtude da sua capacidade de auto-organização. Tem previsão constitucional no art. 11 do ADCT e no art. 25 da Constituição Federal. O primeiro determinava que cada Assembleia Legislativa, com poderes constituintes, deveria elaborar a Constituição do seu Estado no prazo de um ano, contado da promulgação da Constituição Federal, sempre observados os princípios por ela estabelecidos. O segundo, art. 25 da CF, reforça a ideia de simetria constitucional, dispondo que os Estados-membros se organizam pelas leis e constituições que adotarem, sempre respeitando seus princípios.

Assim, os Estados, quando da elaboração de suas Constituições Estaduais, tiveram de ater-se aos preceitos estabelecidos na Constituição Federal, respeitando as limitações por ela impostas.

8.2.3. Poder constituinte derivado revisor

Hoje não há mais possibilidade de utilização desse poder. Segundo o art. 3º do ADCT, a revisão constitucional, portanto uma revisão apenas, teve de ser realizada após cinco anos da data da promulgação da Constituição, em sessão unicameral e pelo voto da maioria absoluta dos membros do Congresso Nacional.

Atualmente, para alterar a Constituição, somente pelo processo legislativo das emendas constitucionais previsto no art. 60.

Vejam que, no poder de revisão, não se exigiu o processo solene das emendas constitucionais (aprovação por 3/5 dos membros, nas duas casas e em 2 turnos), foi realizado uma única vez, em sessão unicameral e pelo voto da maioria absoluta dos membros. Seis emendas constitucionais de revisão foram fruto da manifestação desse poder (1 a 6/1994).

9. DIREITOS E GARANTIAS FUNDAMENTAIS – ASPECTOS GERAIS

Os direitos fundamentais são gênero do qual são espécies os direitos individuais, os direitos sociais e os direitos políticos.

O gênero *direitos fundamentais* é tratado pela doutrina com diversas nomenclaturas: direitos públicos subjetivos; liberdades públicas; direitos humanos; direitos do homem. Na doutrina internacionalista, há autores que fazem a seguinte diferença: a) direitos do homem – tem a ver com o direito natural, com a corrente jusnaturalista. São os direitos que estão além da regra positivada; b) direitos fundamentais – relacionam-se tipicamente com o direito constitucional. São os direitos positivados no ordenamento jurídico interno de determinado Estado. No Brasil, em especial, são aqueles direitos previstos no art. 5º da CF; e, por fim, c) direitos humanos – tem a ver com o direito internacional público. São, portanto, aqueles inseridos em normas consuetudinárias (no âmbito da comunidade internacional) e em tratados internacionais.

Vale observar o disposto no § 2º do art. 5º da CF: "os direitos e garantias expressos nesta Constituição não excluem outros decorrentes do regime e dos princípios por ela adotados, ou dos tratados internacionais em que a República Federativa do Brasil seja parte".

Por conta desse comando, o guardião da Constituição, Supremo Tribunal Federal, já afirmou reiteradas vezes que os direitos e garantias fundamentais não se esgotam no art. 5º da Lei Maior, podendo ser encontrados em diversos dispositivos inseridos na Constituição, como por exemplo o sistema tributário constitucional, a partir do art. 145 da CF. Também podem ser encontrados em tratados internacionais, como a proibição da prisão do depositário infiel, prevista no pacto São José da Costa Rica. Atualmente, temos a Súmula Vinculante 25 do STF, que corroborou o texto do tratado mencionando que é ilícita a prisão civil de depositário infiel, qualquer que seja a modalidade do depósito. E a súmula 419 do Superior Tribunal de Justiça – STJ, que trouxe disposição no mesmo sentido: "descabe a prisão civil do depositário judicial infiel".

Outra observação é a de que nenhum direito ou garantia individual pode ser retirado, suprimido do ordenamento jurídico brasileiro, por conta de serem considerados cláusulas pétreas, previstas no §4º do art. 60 da CF. Mas tal vedação se refere apenas à supressão de direito; desse modo, a inclusão de novos direitos individuais é plenamente cabível. O exemplo, trazido pela EC 45/2004, foi a inserção de um novo inciso ao rol do art. 5º, tornando constitucional o princípio da razoável duração do processo (art. 5º, LXXVIII, CF).

Embora os direitos fundamentais não possam ser suprimidos do texto constitucional, há situações em que poderá ocorrer a suspensão ou restrição temporária de tais direitos e garantias. Isso ocorrerá quando o país estiver passando por um dos denominados "estados de exceção", ou seja, na vigência de estado de defesa, de sítio (arts. 136 e 137 da CF) e intervenção federal.

No que se refere aos direitos sociais, além dos direitos trabalhistas previstos nos arts. 7º ao 10º da CF, é necessário mencionar que o Texto Maior trata de direitos relativos à educação, à saúde, à alimentação, à moradia, ao transporte, ao lazer, à segurança, à previdência social, à proteção à maternidade e à infância e à assistência aos desamparados. Tais direitos dependem de prestações positivas do Estado, geram custos, mas isso não significa que os governantes podem deixar de implementá-los. Ainda que seja alegada, por parte do Poder Público, a "reserva do possível", o Judiciário deve, diante do caso concreto, se valer do princípio da razoabilidade e verificar se esse argumento não está sendo utilizado pelos governantes apenas como de forma a se escusar da prestação efetiva desses direitos.

Vale ressaltar que o direito ao transporte foi acrescentado ao rol dos direitos sociais pela **EC 90, de 16 de setembro de 2015**.

Ainda sobre o tema direitos sociais, é importante mencionar que a **EC 72**, de 02.04.2013, estendeu aos trabalhadores domésticos os seguintes direitos dados aos trabalhadores urbanos e rurais: a) proteção contra despedida arbitrária ou sem justa causa; b) seguro-desemprego; c) fundo de garantia do tempo de serviço; d) garantia de salário mínimo, quando a remuneração for variável; e) remuneração do trabalho noturno superior ao diurno; f) proteção do salário, constituindo crime sua retenção dolosa; g) salário-família; h) jornada de trabalho de oito horas diárias e quarenta e quatro semanais; i) adicional de serviço extraordinário; j) redução dos riscos inerentes ao trabalho; k) creches e pré-escolas para filhos e dependentes até seis anos de idade; l) reconhecimento dos acordos e convenções coletivas; m) seguro contra acidentes de trabalho; n) proibição de discriminação de salário, de função e de critério de admissão; o) proibição de discriminação em relação à pessoa com deficiência e p) proibição de trabalho noturno, perigoso ou insalubre a menores de dezesseis anos.

Sendo assim, além dos direitos ao salário mínimo, irredutibilidade de salários, 13º salário, repouso semanal remunerado, preferencialmente aos domingos, um terço a mais de salário nas férias; licenças maternidade e paternidade e aviso-prévio que já estavam assegurados no texto constitucional, a nova regra acrescenta outros.

9.1. Direitos fundamentais e suas gerações

Fala-se, na doutrina, em gerações ou dimensões dos direitos fundamentais. Isso se deve ao fato de o nascimento desses direitos ter se dado ao longo do tempo, de forma gradativa.

As gerações indicam normalmente o momento em que os direitos foram devidamente reconhecidos.

Cada dimensão comporta certos direitos, mas uma não exclui a outra. Esses direitos se somam e convivem de forma harmônica.

Os direitos previstos nas primeiras gerações já estão sedimentados, consolidados no ordenamento. Já os advindos das últimas gerações ainda são objeto de discussão e dúvida por parte da doutrina, justamente pelo fato de inovarem certos aspectos ainda não cristalizados na sociedade.

A classificação das gerações dos direitos fundamentais pode ser resumida da seguinte forma:

1ª Geração: consubstancia-se fundamentalmente nas *liberdades públicas*. A finalidade dessa dimensão foi limitar o poder de atuação do Estado, impondo a ele o dever de não intervenção, de abstenção. Por conta disso, tais direitos também são conhecidos pela doutrina como *direitos negativos*. As revoluções francesa e norte-americana influenciaram, e muito, no surgimento dos direitos individuais. Os direitos políticos também se encontram nessa dimensão;

2ª Geração: a revolução industrial europeia, ocorrida no século XVIII, pode ser tida aqui como um marco. Valores ligados à igualdade eram prestigiados. As lutas trabalhistas, visando a melhores condições, também. Diferentemente dos direitos de primeira geração, os de *segunda exigiram uma conduta positiva do Estado, uma ação propriamente dita e, por conta disso, também são chamados de direitos positivos*. Encontram-se assegurados, aqui, os chamados *direitos sociais*, ou seja, aqueles *relacionados ao trabalho, à educação e à saúde;*

3ª Geração: a partir da concepção de que o indivíduo faz parte de uma coletividade e que necessita, para a própria subsistência, de um ambiente saudável, equilibrado, é exigida a participação dos indivíduos na busca efetiva dos *direitos da coletividade* e não apenas dos direitos individuais. Encontram-se aqui os denominados direitos transindividuais que abarcam, por exemplo, o direito ao *meio ambiente ecologicamente equilibrado e os direitos do consumidor;*

4ª Geração: para aqueles que sustentam a existência de uma quarta dimensão dos direitos fundamentais, são aqui mencionados os direitos relacionados à biogenética;

5ª Geração: para aqueles que sustentam a existência de uma quinta dimensão dos direitos fundamentais, são aqui mencionados os direitos relacionados à internet.

9.2. Diferença entre direitos e garantias

Os *direitos* são *vantagens conferidas às pessoas e que limitam o Estado em caso de atuação desgovernada*. São fundamentais aqueles inerentes ao ser humano. Para que o Estado não adentre em algo inerente à dignidade de cada um é que são estabelecidos os direitos fundamentais.

Já as *garantias* podem ser definidas como *mecanismos asseguratórios dos direitos* citados. Têm por objetivo garantir seu exercício e, ainda, sanar a lesividade quando os direitos não estiverem sendo respeitados. A garantia facilita a defesa do direito fundamental assegurado constitucionalmente. Para cada direito previsto, há uma garantia. Exemplo: a Constituição garante a liberdade de locomoção, que, sendo violada, poderá ser restaurada com o mecanismo asseguratório correspondente, que é o *habeas corpus*. Tal instrumento é um remédio constitucional, considerado espécie do gênero garantia.

9.3. Características dos direitos fundamentais

9.3.1. Universalidade

Significa que os direitos fundamentais são destinados a todas as pessoas indistintamente. Não podem ser estabelecidos ou dirigidos a determinada pessoa, grupo ou categoria. A forma universal é a única admitida quando da aplicação desses direitos.

9.3.2. Historicidade

Significa que a formação dos direitos fundamentais se dá no decorrer da história. A origem desses direitos tem por base movimentos como o constitucionalismo. Sua evolução concreta é demonstrada ao longo do tempo. As conhecidas gerações ou dimensões dos direitos fundamentais se fundamentam especificamente nessa característica.

9.3.3. Limitabilidade ou caráter relativo

Significa que ainda que sejam considerados fundamentais, não são direitos absolutos. Não há direito absoluto. Na crise advinda do confronto entre dois ou mais direitos fundamentais, ambos terão de ceder. Às vezes, será necessário fazer prevalecer um em detrimento do outro naquela situação específica. Um exemplo é o choque entre a liberdade de informação e o direito à vida privada. Até que momento a imprensa, a informação jornalística, deve ser prestigiada em detrimento da vida privada? Esse é um dos grandes questionamentos doutrinários e jurisprudenciais. Somente após análise do caso concreto é possível fazer apontamentos mencionando o que deve prevalecer.

9.3.4. Cumulatividade ou concorrência dos direitos fundamentais

Significa que os direitos fundamentais não se excluem, na verdade se somam. Para o exercício de um, não é necessário que outro seja eliminado. Como o próprio nome da característica indica, esses direitos são cumuláveis, podem ser exercidos de forma simultânea.

9.3.5. Irrenunciabilidade

Significa que ninguém pode recusar, abrir mão de um direito fundamental. O exercício desses direitos pode não ser efetivado por aquele que não o deseja, mas, ainda que não colocados em prática, pertencem ao seu titular. O Estado é o garantidor.

9.3.6. Irrevogabilidade

Significa que nem mesmo pelo processo de alteração da Constituição (emendas constitucionais) é possível revogar um direito fundamental. Essa afirmação é pacífica no tocante aos direitos inseridos no texto constitucional pelo poder constituinte *originário*. Em relação aos trazidos pelo poder constituinte derivado reformador, ou seja, advindos de emendas à Constituição, a doutrina diverge: há quem sustente que podem sim ser revogados, desde que por meio de uma nova emenda. É o caso do princípio da celeridade processual, art. 5º, LXXVIII, que foi introduzido no ordenamento jurídico pela Emenda Constitucional 45.

9.3.7. Imprescritibilidade

Os direitos fundamentais, por serem inerentes à pessoa humana, não prescrevem. Os titulares desses direitos, mesmo que não os exerçam, não os perdem.

9.4. Direitos fundamentais em espécie

Encontram-se previstos no art. 5º da CF e ao longo de todo o texto constitucional, além daqueles derivados do regime e dos princípios adotados pela nossa Carta Maior e, ainda, dos tratados internacionais de que o Brasil seja parte, nos termos do § 2º do art. 5º da CF, conforme já mencionado.

Vale lembrar que não há que se falar em hierarquia entre as normas definidoras dos direitos e garantias fundamentais e os demais comandos previstos na Constituição.

Direito à vida e à integridade: previsto no contexto do art. 5º, "caput", que estabelece que "todos são iguais perante a lei, sem distinção de qualquer natureza, garantindo-se aos brasileiros e aos estrangeiros residentes no país a inviolabilidade do direito *à vida*, à liberdade, à igualdade, à segurança e à propriedade". Excepcionalmente, a CF admite a pena de morte em caso de guerra externa declarada, nos termos do art. 84, XIX (art. 5º, XLVII, "a").

O STF, ao julgar a ADI 3.510, declarou que o art. 5º da Lei de Biossegurança (Lei 11.105/2005) é constitucional, autorizando, portanto, as pesquisas com células-tronco. A discussão era no sentido de que tais procedimentos violariam o direito à vida e princípio da dignidade da pessoa humana.

Outra decisão relevante da Corte Suprema (STF) é a relacionada ao feto anencéfalo. As mães que optam por interromper a gravidez de fetos anencefálicos e os médicos que executam tal ato não praticam crime. Os votos vencedores se pautaram no entendimento de que um feto que possui anencefalia é considerado natimorto e, por isso, a interrupção da gravidez nessa hipótese não é tida como aborto (ato considerado fato típico pelo Código Penal – arts. 124, 126 e 128, incisos I e II). Tal ensinamento é extraído do julgamento da ADPF 54-DF (Inform. STF 704).

Princípio da igualdade ou isonomia (art. 5º, I): todos são iguais perante a lei, sem distinção de qualquer natureza. A realização efetiva da justiça busca o tratamento igual para os iguais, mas para tanto é preciso dar tratamento desigual aos desiguais, na exata medida da desigualdade; isso tem como objetivo a superação da igualdade meramente formal (perante a lei) e o alcance da igualdade material (real).É decorrência do princípio da igualdade o entendimento da Suprema Corte de que o limite de idade para a inscrição em concurso público só se legitima em face do art. 7º, XXX, da Constituição, o qual proíbe diferença de salários, de exercício de função e de critérios de admissão por motivo de sexo, idade, cor ou estado civil, a não ser que esta desigualdade possa ser justificada pela natureza das atribuições do cargo a ser preenchido (Súmula 683, STF).Algumas Súmulas Vinculantes dizem respeito a esse princípio. De acordo com a de 44 (STF), "só por lei se pode sujeitar a exame psicotécnico a habilitação de candidato a cargo público. A de n. 43 determina que "É inconstitucional toda modalidade de provimento que propicie ao servidor investir-se, sem prévia aprovação em concurso público destinado ao seu provimento, em cargo que não integra a carreira na qual anteriormente investido".

Há, ainda, um exemplo de tratamento desigual, admitido pela Constituição, que é o extraído da decisão do Supremo que menciona que a adoção de critérios diferenciados para o licenciamento dos militares temporários, em razão do sexo, não viola o princípio da isonomia (AI 511.131-AgR, de 15/04/2005).

Também não se pode esquecer, quando o assunto é igualdade, do enunciado da súmula vinculante 13. Tal mandamento prestigiou o princípio da isonomia, pondo fim ao nepotismo, que tem a ver a possibilidade de contratação, sem concurso público, de parentes dos ocupantes dos Poderes Legislativo, Executivo e Judiciário.

Ainda em relação ao princípio da isonomia, o Supremo definiu que há violação de tal regra quando, em um concurso público, o mero exercício de função pública é atribuído como título (prova de títulos) (ADI 3.443, Rel. Min. Carlos Velloso, julgamento em 08.9.2005, Plenário, *DJ* de 23.09.2005). No mesmo sentido: ADI 4.178-MC-REF, Rel. Min. Cezar Peluso, julgamento em 04.02.2010, Plenário, *DJE* de 07.05.2010; ADI 3.522, Rel. Min. Marco Aurélio, julgamento em 24.11.2005, Plenário, *DJ* de 12.05.2006. Vide, ainda, AI 830.011-AgR, rel. Min. Luiz Fux, julgamento em 26.06.2012, Primeira Turma, *DJE* de 14.08.2012.

Outra decisão do STF relacionada ao princípio da igualdade é sobre a possibilidade da união estável entre parceiros homoafetivos pode ser tida como um marco e quebra de paradigmas. Vale a leitura da ementa: "Proibição de discriminação das pessoas em razão do sexo, seja no plano da dicotomia homem/mulher (gênero), seja no plano da orientação sexual de cada qual deles. A proibição do preconceito como capítulo do constitucionalismo fraternal. Homenagem ao pluralismo como valor sociopolítico-cultural. Liberdade para dispor da própria sexualidade, inserida na categoria dos direitos fundamentais do indivíduo, expressão que é da autonomia de vontade. Direito à intimidade e à vida privada. Cláusula pétrea. O sexo das pessoas, salvo disposição constitucional expressa ou implícita em sentido contrário, não se presta como fator de desigualação jurídica. Proibição de preconceito, à luz do inciso IV do art. 3º da CF, por colidir frontalmente com o objetivo constitucional de 'promover o bem de todos'. Silêncio normativo da Carta Magna a respeito do concreto uso do sexo dos indivíduos como saque da kelseniana 'norma geral negativa', segundo a qual 'o que não estiver juridicamente proibido, ou obrigado, está juridicamente permitido'. Reconhecimento do direito à preferência sexual como direta emanação do princípio da 'dignidade da pessoa humana': direito a autoestima no mais elevado ponto da consciência do indivíduo. Direito à busca da felicidade. Salto normativo da proibição do preconceito para a proclamação do direito à liberdade sexual. O concreto uso da sexualidade faz parte da autonomia da vontade das pessoas naturais. Empírico uso da sexualidade nos planos da intimidade e da privacidade constitucionalmente tuteladas. Autonomia da vontade. Cláusula pétrea. (...) Ante a possibilidade de interpretação em sentido preconceituoso ou discriminatório do art. 1.723 do CC, não resolúvel à luz dele próprio, faz-se necessária a utilização da técnica de 'interpretação conforme à Constituição'. Isso para excluir do dispositivo em causa qualquer significado que impeça o reconhecimento da união contínua, pública e duradoura entre pessoas do mesmo sexo como família. Reconhecimento que é de ser feito segundo as mesmas regras e com as mesmas consequências da união estável heteroafetiva." (ADI 4.277 e ADPF 132, Rel. Min. Ayres Britto, julgamento em 05.5.2011, Plenário, *DJE* de 14.10.2011). No mesmo sentido: RE 477.554-AgR, Rel. Min. Celso de Mello, julgamento em 16.08.2011,Segunda Turma, *DJE* de 26.08.2011.

Por fim, em relação à violência doméstica, de acordo com o STF, "o art. 1º da Lei 11.340/2006 surge, sob o ângulo do tratamento diferenciado entre os gêneros – mulher e homem –, harmônica com a CF, no que necessária a proteção ante as peculiaridades física e moral da mulher e a cultura brasileira." (ADC 19, rel. min. Marco Aurélio, julgamento em 09.02.2012, Plenário, *DJE* de 29.04.2014).

Princípio da legalidade (art. 5º, II): ninguém será obrigado a fazer ou deixar de fazer alguma coisa senão em virtude de lei; tal regra pressupõe que o Poder Público não pode impor qualquer exigência às pessoas sem previsão legal.

Decorre de tal princípio a edição de três súmulas por parte do Supremo Tribunal Federal. A primeira é a 711 que dispõe que "a lei penal mais grave aplica-se ao crime continuado e ao permanente se a sua vigência é anterior à cessação da continuidade ou da permanência". A segunda, 686, diz respeito à exigência de exame psicotécnico para a habilitação de candidato a cargo público, que só poderá existir se houver lei disciplinando o assunto. E a terceira, 636, menciona que não cabe recurso extraordinário por contrariedade a esse princípio quando sua verificação pressuponha a revisão de interpretação dada a normas infraconstitucionais.

É importante mencionar que o princípio da legalidade não se confunde com o da reserva legal. O primeiro está previsto no art. 5º, inciso II, da CF e tem sentido amplo, abrangendo todas as espécies normativas, previstas no art. 59 da CF. Já o da reserva legal pressupõe somente a lei em sentido estrito, ou seja, lei ordinária ou complementar.

Direito de resposta (art. 5º, V): é assegurado o direito de resposta, proporcional ao agravo, além da indenização por dano material, moral ou à imagem.

Esse direito está totalmente relacionado com o que dispõe o art. 220 da CF, que trata da manifestação de pensamento, de informação e da vedação à censura política, ideológica ou artística.

Ocorre que o mencionado dispositivo deve ser aplicado em consonância com o art. 5º. No julgamento da ADPF 130, o Supremo menciona que o direito de resposta atua *a posteriori*, para inibir excessos, mas que as altas indenizações por danos morais ou materiais restringem a liberdade de imprensa e ferem o princípio da proporcionalidade. (**ADPF 130**, Rel. Min. Ayres Britto, julgamento em 30.04.2009, Plenário, *DJE* de 06.11.2009. **No mesmo sentido:** AI 787.215-AgR, Rel. Min. Carmen Lúcia, julgamento em 24.08.2010, Primeira Turma, *DJE* de 24.09.2010).

Princípio da liberdade religiosa (art. 5º, VI): o nosso país é considerado laico ou leigo (sem religião oficial); a CF garante o respeito à liberdade religiosa, que abrange a liberdade de crença e a liberdade de culto.

A Corte Maior ensina que "O Brasil é uma república laica, surgindo absolutamente neutro quanto às religiões." (ADPF 54, rel. Min. Marco Aurélio, julgamento em 12.04.2012, Plenário, *DJE* de 30.04.2013).

Fortificando essa liberdade, o art. 150, VI, "b", da CF traz imunidades tributárias aos templos de qualquer culto. O STF já decidiu que tais benefícios abrangem também os cemitérios, que são considerados extensões de entidades de cunho religioso (RE 578.562, Rel. Min. Eros Grau, julgamento em 2105.2008, Plenário, *DJE* de 12.09.2008).

Liberdade de expressão (art. 5º, IX): é livre a expressão da atividade intelectual, artística, científica e de comunicação, independentemente de censura ou licença. Essa garantia abrange também o direito de opinião, de informação e de escusa de consciência.

Julgamentos importantes devem ser mencionados aqui. O primeiro é o dado na da ADI 4815/DF, de 10.06.2015, segundo o qual: "É inexigível o consentimento de pessoa biografada relativamente a obras biográficas literárias ou audiovisuais, sendo por igual desnecessária a autorização de pessoas retratadas como coadjuvantes ou de familiares, em caso de pessoas falecidas ou ausentes. Essa a conclusão do Plenário, que julgou procedente pedido formulado em ação direta para dar interpretação conforme à Constituição aos arts. 20 e 21 do CC ("Art. 20. Salvo se autorizadas, ou se necessárias à administração da justiça ou à manutenção da ordem pública, a divulgação de escritos, a transmissão da palavra, ou a publicação, a exposição ou a utilização da imagem de uma pessoa poderão ser proibidas, a seu requerimento e sem prejuízo da indenização que couber, se lhe atingirem a honra, a boa fama ou a respeitabilidade, ou se se destinarem a fins comerciais. Parágrafo único. Em se tratando de morto ou de ausente, são partes legítimas para requerer essa proteção o cônjuge, os ascendentes ou os descendentes. Art. 21. A vida privada da pessoa natural é inviolável, e o juiz, a requerimento do interessado, adotará as providências necessárias para impedir ou fazer cessar ato contrário a esta norma"), sem redução de texto, em consonância com os direitos fundamentais à liberdade de pensamento e de sua expressão, de criação artística, de produção científica, de liberdade de informação e de proibição de censura (CF, arts. 5º, IV, V, IX, X e XIV; e 220). O Colegiado asseverou que, desde as Ordenações Filipinas, haveria normas a proteger a guarda de segredos. A partir do advento do CC/1916, entretanto, o quadro sofrera mudanças. Ademais, atualmente, o nível de exposição pública das pessoas seria exacerbado, de modo a ser inviável reter informações, a não ser que não fossem produzidas. Nesse diapasão, haveria de se compatibilizar a inviolabilidade da vida privada e a liberdade de pensamento e de sua expressão. No caso, não se poderia admitir, nos termos da Constituição, que o direito de outrem de se expressar, de pensar, de criar obras biográficas — que dizem respeito não apenas ao biografado, mas a toda a coletividade, pelo seu valor histórico — fosse tolhido pelo desejo do biografado de não ter a obra publicada. Os preceitos constitucionais em aparente conflito conjugar-se-iam em perfeita harmonia, de modo que o direito de criação de obras biográficas seria compatível com a inviolabilidade da intimidade, privacidade, honra e imagem. Assim, em suma, o Plenário considerou: a) que a Constituição asseguraria como direitos fundamentais a liberdade de pensamento e de sua expressão, a liberdade de atividade intelectual, artística, literária, científica e cultural; b) que a Constituição garantiria o direito de acesso à informação e de pesquisa acadêmica, para o que a biografia seria fonte fecunda; c) que a Constituição proibiria a censura de qualquer natureza, não se podendo concebê-la de forma subliminar pelo Estado ou por particular sobre o direito de outrem; d) que a Constituição garantiria a inviolabilidade da intimidade, da privacidade, da honra e da imagem da pessoa; e e) que a legislação infraconstitucional não poderia amesquinhar ou restringir direitos fundamentais constitucionais, ainda que sob pretexto de estabelecer formas de proteção, impondo condições ao exercício de liberdades de forma diversa da constitucionalmente fixada."

O segundo julgamento importante é dado pelo RE 511.961, que declarou como não recepcionado pela Constituição o art. 4º, V, do Decreto-Lei 972/1969, que exigia diploma de curso superior para o exercício da profissão de jornalista.

O terceiro vem trazido na ADPF 130 ao considerar como não recepcionada toda a Lei de Imprensa (Lei 5.250/1967).

Por fim, a ADPF 187/DF (informativo 621 do STF), guarda relação com a denominada "marcha da maconha". O STF, em decisão unânime, autorizou a realização de manifestações favoráveis à descriminalização da droga. A livre expressão do pensamento e o direito de reunião protegem a realização dessas marchas. Algumas premissas, como a não incitação ao consumo de drogas, a não estimulação à prática de atos ilegais, a ausência de crianças e adolescentes e a proteção do Estado, por meio de cautelas que visam a evitar abusos, foram mencionadas pelos ministros quando decidiram favoravelmente à marcha.

Direito à privacidade e à preservação da imagem (art. 5º, X): são invioláveis a intimidade, a vida privada, a honra e a imagem das pessoas, assegurado o direito à indenização pelo dano material ou moral decorrente de sua violação.

A Súmula vinculante 11 restringe o uso de algemas aos casos de resistência e de fundado receio de fuga ou de perigo à integridade física própria ou alheia por parte do preso ou de terceiros, desde que justificada por escrito, sob pena de responsabilidade. Isso decorre da preservação da imagem.

Princípio da inviolabilidade domiciliar (art. 5º, XI): a casa é asilo inviolável do indivíduo, ninguém nela podendo penetrar sem consentimento do morador, salvo em caso de flagrante delito ou desastre, ou para prestar socorro, ou, durante o dia, por determinação judicial. Segundo a doutrina que adota a predeterminação do horário, entende-se como noite das 18 até as 6 horas; durante este horário somente é permitido ingressar em casa alheia em situações emergenciais e de urgência (desastre, flagrante delito, prestação de socorro).

O Supremo já decidiu que o mandado judicial de busca e apreensão em escritório de advocacia não pode ser expedido de modo genérico, mesmo sendo o advogado o investigado. Afirmou ainda que não se justifica e nem é jurídica a devassa indiscriminada em escritórios para recolher objetos que nada têm a ver com a causa (HC 91.610, Rel. Min. Gilmar Mendes, julgamento em 8-6-2010, Segunda Turma, **Informativo** 590).

Além disso, de acordo com a jurisprudência do Supremo, os quartos de hotel fazem parte do conceito de casa e, portanto, são abrangidos pela garantia da inviolabilidade domiciliar (RHC 90.376, Rel. Min. Celso de Mello). Tal garantia se estende também, por exemplo, ao escritório de contabilidade que funcione no próprio domicílio.

Garantia do sigilo da correspondência (art. 5º, XII): é inviolável o sigilo de correspondência e das comunicações telegráficas, de dados e das comunicações telefônicas. A Lei 9.296/1996 permite, de forma excepcional, a interceptação telefônica para fins de investigação criminal ou instrução processual penal e desde que por ordem judicial (cláusula de reserva jurisdicional).

Antes da Lei 9.296/1996, o entendimento do STF era no sentido da não possibilidade de interceptação telefônica, mesmo que houvesse autorização judicial, em investigação criminal ou instrução processual penal, levando em conta a não recepção do art. 57, II, "e", da Lei 4.117/1962 (Código Brasileiro de Telecomunicações).

Depois, foram estabelecidos nortes e regras para a realização dessa interceptação, sendo, portanto, possível, observados os requisitos constitucionais e legais; tal procedimento não afeta o direito ao silêncio, segundo o STF (HC 103.236, voto do Rel. Min. Gilmar Mendes, julgamento em 14.06.2010, Segunda Turma, *DJE* de 03.09.2010).

Vale lembrar que o Supremo admite que sejam utilizadas as gravações feitas na instrução processual penal como prova emprestada nos processos de natureza civil e administrativa.

Direito de exercer qualquer profissão (art. 5º, XIII): é livre o exercício de qualquer trabalho, ofício ou profissão, atendidas as qualificações profissionais que a lei estabelecer.

A Suprema Corte entende que "O art. 5º, XIII, da CR é norma de aplicação imediata e eficácia contida que pode ser restringida pela legislação infraconstitucional. Inexistindo lei regulamentando o exercício da atividade profissional dos substituídos, é livre o seu exercício." (MI 6.113-AgR, rel. Min. Cármen Lúcia, julgamento em 22.05.2014, Plenário, *DJE* de 13.06.2014).

Sendo assim, como existe lei regulamentadora (EOAB – Lei 8.906/1994), a exigência de **aprovação prévia em exame da Ordem dos Advogados do Brasil (OAB)** para que bacharéis em direito possam exercer a advocacia foi **considerada constitucional pelo** Plenário do STF (RE 603.583). Os ministros, em decisão unânime, negaram provimento ao Recurso Extraordinário mencionado que impugnava a obrigatoriedade do exame. Vale lembrar que tal recurso teve repercussão geral reconhecida, de modo que a decisão será aplicada a todos os demais processos que possuam pedido idêntico.

Por outro lado, a Suprema Corte, ao julgar o RE 511.961/SP (**Informativo** 551) definiu que o exercício da atividade de jornalismo **não depende de prévia obtenção de diploma** universitário.

Também decidiu o STF (RE 414.426/SC), que o **músico**, para exercer a sua atividade profissional, **não necessita de registro** em entidade de classe. O precedente adveio de Santa Catarina. Um músico do respectivo estado ingressou com uma ação alegando na Justiça que só poderia atuar se estivesse vinculado à Ordem de Músicos do Brasil. O Supremo decidiu que não havia tal necessidade. A decisão, por se tratar de controle difuso, tem eficácia para o caso específico, mas os ministros decidiram que, ainda que de forma monocrática, essa será a solução adotada. Assim, se os estados continuarem exigindo, para o exercício da atividade de músico, o registro profissional, este será revertido quando chegar à Corte Suprema.

Acesso à informação (art. 5º, XIV): é assegurado a todos o acesso à informação e resguardado o sigilo da fonte, quando necessário ao exercício profissional. Vale lembrar que o STF, em decisão plenária (ADPF 130), declarou como não recepcionado pela CF/88 todo o conjunto de dispositivos da Lei 5.250/1967 (Lei de Imprensa).

Locomoção em tempo de paz (art. 5º, XV): é livre a locomoção no território nacional em tempo de paz, podendo qualquer pessoa, nos termos da lei, nele entrar, permanecer ou dele sair com seus bens.

Direito de reunião (art. 5º, XVI): todos podem reunir--se pacificamente, sem armas, em locais abertos ao público, independentemente de autorização, desde que não frustrem outra reunião anteriormente convocada para o mesmo local, sendo apenas exigido prévio aviso à autoridade competente.

Segundo o Supremo, a liberdade de reunião e de associação para fins lícitos constitui uma das mais importantes conquistas da civilização. A restrição a esses direitos entraria em confronto com a vontade da Constituição (ADI 1.969, Rel. Min. Ricardo Lewandowski, julgamento em 28.06.2007, Plenário, *DJ* de 31.08.2007).

Direito de associação (art. 5º, XVII a XXI): é plena a liberdade de associação para fins lícitos, vedada a de caráter paramilitar. A criação de associações e, na forma da lei, a de cooperativas independe de autorização, sendo inclusive vedada a interferência estatal em seu funcionamento. As associações só poderão ser compulsoriamente dissolvidas ou ter atividades suspensas por decisão judicial, exigindo--se, no primeiro caso, o trânsito em julgado. Ademais, ninguém poderá ser compelido a associar-se ou a permanecer associado.

De acordo com o STF, "O direito à plena liberdade de associação (art. 5º, XVII, da CF) está intrinsecamente ligado aos preceitos constitucionais de proteção da dignidade da pessoa, de livre-iniciativa, da autonomia da vontade e da liberdade de expressão. Uma associação que deva pedir licença para criticar situações de arbitrariedades terá sua atuação completamente esvaziada." (HC 106.808, rel. Min. Gilmar Mendes, julgamento em 09.04.2013, Segunda Turma, *DJE* de 24.04.2013). Em decisão, o Supremo definiu que a obrigatoriedade do visto de advogado para o registro de atos e contratos constitutivos de pessoas jurídicas (art. 1º, § 2º,

da Lei 8.906/1994) não ofende os princípios constitucionais da isonomia e da liberdade associativa (ADI 1.194, Rel. p/ o ac. Min. Cármen Lúcia, julgamento em 20.05.2009, Plenário, *DJE* de 11.09.2009).

Vale lembrar que a súmula 629 do STF dispensa a autorização dos associados quando a entidade de classe impetrar mandado de segurança coletivo em favor deles próprios.

Direito de propriedade (art. 5º, XXII a XXV): é garantido o direito de propriedade, desde que ela atenda à sua função social (art. 5º, XXIII). Ressalta-se que há limites a esse direito, pois a lei estabelecerá o procedimento para *desapropriação* por necessidade ou utilidade pública, ou por interesse social, mediante justa e prévia indeni-zação em dinheiro, ressalvados os casos previstos na própria CF. De acordo com o art. 184 da CF, compete à União desapropriar por interesse social, para fins de reforma agrária, o imóvel rural que não esteja cumprindo sua função social, mediante prévia e justa indenização em títulos da dívida agrária, com cláusula de preservação do valor real, resgatáveis no prazo de até vinte anos, a partir do segundo ano de sua emissão, e cuja utilização será definida em lei. O § 1º do mesmo dispositivo determina que as benfeitorias úteis e necessárias devem ser pagas indenizadas em dinheiro.

Além disso, no caso de iminente perigo público, a autoridade competente poderá *usar de propriedade particular*, assegurada ao proprietário indenização ulterior, se houver dano. É o caso da denominada requisição administrativa.É decisão da Suprema Corte que o direito de propriedade não se revela absoluto. Está relativizado pela Carta da República – arts. 5º, XXII, XXIII e XXIV, e 184 (MS 25.284, Rel. Min. Marco Aurélio, julgamento em 17.06.2010, Plenário, DJE de 13.08.2010).

Direito do autor (art. 5º, XXVII e XXIX): aos autores pertence o direito exclusivo de utilização, publicação ou reprodução de suas obras, transmissível aos herdeiros pelo tempo que a lei fixar. Escrito é qualquer texto expressado graficamente, seja em meio impresso, seja em meio eletrônico. Se o escrito for texto de obra literária, artística ou científica, haverá proteção especial na Lei 9.610/1998 (Lei de Direitos Autorais). Ademais, a lei assegurará aos autores de inventos industriais privilégio temporário para sua utilização, bem como proteção às criações industriais, à propriedade das marcas, aos nomes de empresas e a outros signos distintivos, tendo em vista o interesse social e o desenvolvimento tecnológico e econômico do País.

Dispositivo análogo ensejou a edição da súmula 386 do Supremo que dispõe que "pela execução de obra musical por artistas remunerados é devido direito autoral, não exigível quando a orquestra for de amadores".

Direito de herança (art. 5º, XXX e XXXI): é garantido o direito de herança. A sucessão de bens de estrangeiros situados no País será regulada pela lei brasileira em benefício do cônjuge ou dos filhos brasileiros sempre que não lhes seja mais favorável a lei pessoal do *de cujus*.

A capacidade para suceder é verificada no momento da abertura da sucessão (RE 162.350, Rel. Min. Octavio Gallotti, julgamento em 22.08.1995, Primeira Turma, *DJ* de 22.09.1995).

Direito do consumidor (art. 5º, XXXII): dispõe a Constituição que o Estado promoverá, na forma da lei, a defesa do consumidor; o Código de Defesa do Consumidor (Lei 8.078/1990) regulamentou este dispositivo.

O Supremo já decidiu que o CDC se aplica nos casos de indenização por danos morais e materiais por má prestação de serviço em transporte aéreo (RE 575.803-AgR, Rel. Min. Cezar Peluso, julgamento em 01.12.2009, Segunda Turma, *DJE* de 18.12.2009). *Vide também*: RE 351.750, Rel. p/ o ac. Min. Ayres Britto, julgamento em 17.03.2009, Primeira Turma, *DJE* de 25.09.2009.

Direito à informação (art. 5º, XXXIII): a Constituição garante que todos obtenham dos órgãos públicos informações de seu interesse particular, ou de interesse coletivo ou geral, com exceção daquelas cujo sigilo seja indispensável à segurança da sociedade e do Estado.

Vale lembrar que a Lei 12.527/11 regulamentou o **acesso a informações** impondo às entidades públicas e aos órgãos da Administração Pública em geral, além das entidades privadas sem fins lucrativos que recebam, para realização de ações de interesse público, recursos públicos diretamente do orçamento ou mediante subvenções sociais, contrato de gestão, termo de parceria, convênios, acordo, ajustes ou outros instrumentos congêneres (art. 2º), o dever de autorizar ou conceder o **acesso imediato** à informação disponível.

De acordo com o § 1º do art. 11 da Lei 12.527/11, caso não haja possibilidade da concessão do acesso imediato, o órgão ou entidade que receber o pedido deverá, em prazo não superior a 20 (vinte) dias: I – comunicar a data, local e modo para se realizar a consulta, efetuar a reprodução ou obter a certidão; II – indicar as razões de fato ou de direito da recusa, total ou parcial, do acesso pretendido; ou III – comunicar que não possui a informação, indicar, se for do seu conhecimento, o órgão ou a entidade que a detém, ou, ainda, remeter o requerimento a esse órgão ou entidade, cientificando o interessado da remessa de seu pedido de informação.

Tal prazo, conforme o § 2º do mesmo dispositivo, poderá ser prorrogado por mais 10 (dez) dias, mediante justificativa expressa, da qual será cientificado o requerente.

Como demonstrado, a lei tem por objetivo assegurar o direito fundamental de acesso à informação. Desse modo, a execução dos atos deve ser feita em conformidade com os princípios básicos da administração pública e com as seguintes diretrizes (art. 3º):

I. observância da publicidade como preceito geral e do sigilo como exceção;

II. divulgação de informações de interesse público, independentemente de solicitações;

III. utilização de meios de comunicação viabilizados pela tecnologia da informação;

IV. fomento ao desenvolvimento da cultura de transparência na administração pública;

V. desenvolvimento do controle social da administração pública.

A proteção do direito à informação também encontra respaldo nas decisões do STF, por exemplo, a trazida pela Súmula vinculante 14 que assegura o direito do defensor, sempre visando ao interesse do representado, de ter acesso amplo aos elementos de prova que, já documentados em procedimento investigatório realizado por órgão com competência de polícia judiciária, digam respeito ao exercício do direito de defesa.

Outra decisão importante consta do informativo 610 do STF. A Corte Suprema decidiu que a quebra de sigilo bancário, pela Receita Federal, não é possível. Tal mandamento depende de ordem judicial.

Princípio do livre acesso ao Judiciário (art. 5º, XXXV): a lei não excluirá da apreciação do Poder Judiciário lesão ou ameaça a direito. É o denominado princípio da inafastabilidade do controle jurisdicional.

Algumas súmulas editadas pelo Supremo decorrem desse princípio. Dispõe a de n. 667 que a taxa judiciária calculada sem limite sobre o valor da causa viola a garantia constitucional do acesso à justiça. A súmula vinculante 28 trata do depósito prévio como requisito de admissibilidade de ação judicial na qual se pretenda discutir a exigibilidade do crédito tributário, deixando claro que tal exigência é tida como inconstitucional.

Além disso, segundo o Supremo, "a garantia constitucional relativa ao acesso ao Judiciário – inciso XXXV do art. 5º da Carta de 1988 – é conducente a assentar-se, vencedora a parte, o direito aos honorários advocatícios. (...) A exclusão dos honorários advocatícios prevista no art. 29-C da Lei 8.036/1990 surge conflitante com a CF, com o princípio segundo o qual o cidadão compelido a ingressar em juízo, se vencedor, não deve sofrer diminuição patrimonial" (RE 384.866, rel. Min. Marco Aurélio, julgamento em 29.06.2012, Plenário, *DJE* de 23.08.2012).

Princípio da irretroatividade da lei (art. 5º, XXXVI): a lei não prejudicará o direito adquirido, o ato jurídico perfeito e a coisa julgada (segurança das relações jurídicas).

O inciso é curto, mas diversas ações judiciais decorrem da violação a esse princípio. Tanto é assim que posicionamentos diversos foram adotados e, por conta disso, muitas súmulas tiveram que ser editadas na intenção de sedimentar entendimentos jurisprudenciais. Vejamos:

Súmula Vinculante 9: "O disposto no art. 127 da Lei 7.210/1984 (LEP) foi recebido pela ordem constitucional vigente, e não se lhe aplica o limite temporal previsto no *caput* do art. 58."

Súmula Vinculante 1: "Ofende a garantia constitucional do ato jurídico perfeito a decisão que, sem ponderar as circunstâncias do caso concreto, desconsidera a validez e a eficácia de acordo constante de termo de adesão instituído pela LC 110/2001."

Súmula 725 do STF – "É constitucional o § 2º do art. 6º da Lei 8.024/1990, resultante da conversão da Medida Provisória 168/1990, que fixou o BTN fiscal como índice de correção monetária aplicável aos depósitos bloqueados pelo Plano Collor I."

Súmula 678 do STF – "São inconstitucionais os incisos I e III do art. 7º da Lei 8.162/1991, que afastam, para efeito de anuênio e de licença-prêmio, a contagem do tempo de serviço regido pela Consolidação das Leis do Trabalho dos servidores que passaram a submeter-se ao regime jurídico único."

Súmula 654 do STF – "A garantia da irretroatividade da lei, prevista no art. 5º, XXXVI, da Constituição da República, não é invocável pela entidade estatal que a tenha editado."

Súmula 524 do STF -"Arquivado o inquérito policial, por despacho do juiz, a requerimento do promotor de justiça, não pode a ação penal ser iniciada, sem novas provas."

Súmula 343 do STF – "Não cabe ação rescisória por ofensa a literal disposição de lei, quando a decisão rescindenda se tiver baseado em texto legal de interpretação controvertida nos tribunais."

Súmula 239 do STF – "Decisão que declara indevida a cobrança do imposto em determinado exercício não faz coisa julgada em relação aos posteriores."

Importante lembrar que o STF decidiu que "O direito à previdência social constitui direito fundamental e, uma vez implementados os pressupostos de sua aquisição, não deve ser afetado pelo decurso do tempo. Como consequência, inexiste prazo decadencial para a concessão inicial do benefício previdenciário. É legítima, todavia, a instituição de prazo decadencial de dez anos para a revisão de benefício já concedido, com fundamento no princípio da segurança jurídica, no interesse em evitar a eternização dos litígios e na busca de equilíbrio financeiro e atuarial para o sistema previdenciário. O prazo decadencial de dez anos, instituído pela MP 1.523, de 28-6-1997, tem como termo inicial o dia 1º-8-1997, por força de disposição nela expressamente prevista. Tal regra incide, inclusive, sobre benefícios concedidos anteriormente, sem que isso importe em retroatividade vedada pela Constituição. **Inexiste direito adquirido a regime jurídico não sujeito a decadência.**" (RE 626.489, rel. Min. Roberto Barroso, julgamento em 16.10.2013, Plenário, *DJE* de 23.09.2014, com repercussão geral.)

Princípio da reserva legal ou da legalidade penal (art. 5º, XXXIX): não há crime sem lei anterior que o defina, nem pena sem prévia cominação legal; tal princípio foi regulamentado pelo art. 1º do Código Penal, o qual o denomina de anterioridade penal.

O Supremo já decidiu, prestigiando o princípio da legalidade penal, que "a existência de tipo penal pressupõe lei em sentido formal e material. Lavagem de dinheiro – Lei 9.613/1998 – Crime antecedente. A teor do disposto na Lei 9.613/1998, há a necessidade de o valor em pecúnia envolvido na lavagem de dinheiro ter decorrido de uma das práticas delituosas nela referidas de modo exaustivo. Lavagem de dinheiro – Organização criminosa e quadrilha. O crime de quadrilha não se confunde com o de organização criminosa, até hoje sem definição na legislação pátria." (HC 96.007, rel. Min. Marco Aurélio, julgamento em 12.06.2012, Primeira Turma, *DJE* de 08.02.2013). Além disso, a mesma Corte entende que a incidência de duas circunstâncias qualificadoras não determina, necessariamente, a fixação de regime de pena mais gravoso do que o estabelecido na lei nem a vedação da substituição da pena privativa de liberdade por restritiva de direitos. Somente o legislador penal pode estabelecer proibições para a fixação do regime aberto de cumprimento da pena e para a substituição da pena. (RHC 100.810, Rel. Min. Joaquim Barbosa, julgamento em 02.02.2010, Segunda Turma, *DJE* de 12.03.2010).

Princípio da retroatividade benéfica (art. 5º, XL): a lei penal não retroagirá, salvo para beneficiar o réu. Nesse sentido, preconiza o parágrafo único do art. 2º do Código Penal que, se a lei posterior de qualquer modo favorecer o agente, aplica-se aos fatos anteriores, ainda que decididos por sentença condenatória transitada em julgado.

Ocorre que há situações em que o Supremo entende de outra forma, por exemplo, a Súmula 711 determina que a lei penal mais grave seja aplicada ao crime continuado ou ao crime permanente se sua vigência é anterior à cessação da continuidade ou da permanência.

A aplicação da norma mais favorável, após o trânsito em julgado, é da competência do juízo das execuções penais, conforme nos ensina a súmula 611 do STF.

Vale lembrar que a Corte Maior já decidiu que "(...) o princípio da insignificância deve ser aplicado ao delito de descaminho quando o valor sonegado for inferior ao estabelecido no art. 20 da Lei 10.522/2002, atualizado pelas Portarias 75/2012 e 130/2012 do Ministério da Fazenda, que, por se tratar de normas mais benéficas ao réu, devem ser imediatamente aplicadas, consoante o disposto no art. 5º, XL, da Carta Magna". (HC 122.213, rel. Min. Ricardo Lewandowski, julgamento em 27.05.2014, Segunda Turma, *DJE* de 12.06.2014).

Proibição de discriminação atentatória dos direitos e liberdades fundamentais (art. 5º, XLI): a lei punirá qualquer discriminação atentatória dos direitos e liberdades fundamentais.

De acordo com o STF, "no tocante à violência doméstica, há de considerar-se a necessidade da intervenção estatal. (...) No caso presente, não bastasse a situação de notória desigualdade considerada a mulher, aspecto suficiente a legitimar o necessário tratamento normativo desigual, tem-se como base para assim se proceder a dignidade da pessoa humana – art. 1º, III –, o direito fundamental de igualdade – art. 5º, I – e a previsão pedagógica segundo a qual a lei punirá qualquer discriminação atentatória dos direitos e liberdades fundamentais – art. 5º, XLI. A legislação ordinária protetiva está em fina sintonia com a Convenção sobre a Eliminação de Todas as Formas de Violência contra a Mulher, no que revela a exigência de os Estados adotarem medidas especiais destinadas a acelerar o processo de construção de um ambiente onde haja real igualdade entre os gêneros. Há também de se ressaltar a harmonia dos preceitos com a Convenção Interamericana para Prevenir, Punir e Erradicar a Violência contra a Mulher – a Convenção de Belém do Pará –, no que mostra ser a violência contra a mulher uma ofensa aos direitos humanos e a consequência de relações de poder historicamente desiguais entre os sexos. (...) Procede às inteiras o pedido formulado pelo procurador-geral da República, buscando-se o empréstimo de concretude maior à CF. Deve-se dar interpretação conforme à Carta da República aos arts. 12, I, 16 e 41 da Lei 11.340/2006 – Lei Maria da Penha – no sentido de não se aplicar a Lei 9.099/1995 aos crimes glosados pela lei ora discutida, assentando-se que, em se tratando de lesões corporais, mesmo que consideradas de natureza leve, praticadas contra a mulher em âmbito doméstico, atua-se mediante ação penal pública incondicionada. (...) Representa a Lei Maria da Penha elevada expressão da busca das mulheres brasileiras por igual consideração e respeito. Protege a dignidade da mulher, nos múltiplos aspectos, não somente como um atributo inato, mas como fruto da construção realmente livre da própria personalidade. Contribui com passos largos no contínuo caminhar destinado a assegurar condições mínimas para o amplo desenvolvimento da identidade do gênero feminino." (ADI 4.424, voto do rel. Min. Marco Aurélio, julgamento em 09.02.2012, Plenário, *DJE* de 01.08.2014).

Racismo – crime inafiançável e imprescritível (art. 5º, XLII): a prática do racismo constitui crime inafiançável e imprescritível, sujeito à pena de reclusão, nos termos da lei.

Tortura, tráfico e terrorismo (art. 5º, XLIII): a lei considerará crimes inafiançáveis e insuscetíveis de graça ou anistia a prática da tortura, o tráfico ilícito de entorpecentes e drogas afins, o terrorismo e os definidos como crimes hediondos, por eles respondendo os mandantes, os executores e os que, podendo evitá-los, se omitirem.

Vale lembrar que a Lei nº 13.260, de 16 de março de 2016 regulamentou o inciso XLIII do art. 5º da CF, disciplinando o terrorismo, tratando de disposições investigatórias e processuais e reformulando o conceito de organização terrorista, além de alterar as Leis nos 7.960, de 21 de dezembro de 1989, e 12.850, de 2 de agosto de 2013. Conforme determina o art. 2º da Lei nº 13.260/16, o terrorismo consiste na prática por um ou mais indivíduos dos atos previstos neste artigo, por razões de xenofobia, discriminação ou preconceito de raça, cor, etnia e religião, quando cometidos com a finalidade de provocar terror social ou generalizado, expondo a perigo pessoa, patrimônio, a paz pública ou a incolumidade pública. O § 1º do mesmo dispositivo legal menciona que configuram atos de terrorismo: I – usar ou ameaçar usar, transportar, guardar, portar ou trazer consigo explosivos, gases tóxicos, venenos, conteúdos biológicos, químicos, nucleares ou outros meios capazes de causar danos ou promover destruição em massa; II – (VETADO); III – (VETADO); IV – sabotar o funcionamento ou apoderar-se, com violência, grave ameaça a pessoa ou servindo-se de mecanismos cibernéticos, do controle total ou parcial, ainda que de modo temporário, de meio de comunicação ou de transporte, de portos, aeroportos, estações ferroviárias ou rodoviárias, hospitais, casas de saúde, escolas, estádios esportivos, instalações públicas ou locais onde funcionem serviços públicos essenciais, instalações de geração ou transmissão de energia, instalações militares, instalações de exploração, refino e processamento de petróleo e gás e instituições bancárias e sua rede de atendimento; V – atentar contra a vida ou a integridade física de pessoa. A pena prevista é de reclusão, de doze a trinta anos, além das sanções correspondentes à ameaça ou à violência.

De acordo com a súmula vinculante 26 do STF: "para efeito de progressão de regime no cumprimento de pena por crime hediondo, ou equiparado, o juízo da execução observará a inconstitucionalidade do art. 2º da Lei 8.072, de 25.07.1990, sem prejuízo de avaliar se o condenado preenche, ou não, os requisitos objetivos e subjetivos do benefício, podendo determinar, para tal fim, de modo fundamentado, a realização de exame criminológico."

Além disso, o plenário da Corte Maior, no julgamento do HC 104.339, declarou, incidentalmente, a inconstitucionalidade da vedação da liberdade provisória constante do art. 44, *caput*, da Lei 11.343/2006 (Lei de Drogas).

Ação de grupos armados (art. 5º, XLIV): constitui crime inafiançável e imprescritível a ação de grupos armados, civis ou militares, contra a ordem constitucional e o Estado Democrático.

Princípio da responsabilidade pessoal ou da personalidade ou (art. 5º, XLV): nenhuma pena passará da pessoa do condenado, podendo a obrigação de reparar o dano e a decretação do perdimento de bens ser, nos termos da lei, estendidas aos sucessores e contra eles executadas, até o limite do valor do patrimônio transferido.

Princípio da individualização das penas (art. 5º, XLVI): a lei regulará a individualização da pena e adotará, entre outras, as seguintes: a) privação ou restrição da liberdade; b) perda de bens; c) multa; d) prestação social alternativa; e) suspensão ou interdição de direitos

Algumas súmulas e decisões do Supremo sobre a individualização das penas merecem ser lembradas. A primeira é a descrita na Súmula Vinculante 26 a qual determina que "para efeito de progressão de regime no cumprimento de pena por crime hediondo, ou equiparado, o juízo da execução observará a inconstitucionalidade do art. 2º da Lei 8.072, de 25.07.1990, sem prejuízo de avaliar se o condenado preenche, ou não, os requisitos objetivos e subjetivos do benefício, podendo determinar, para tal fim, de modo fundamentado, a realização de exame criminológico."

A segunda vem disposta na Súmula 719, segundo a qual "a imposição do regime de cumprimento mais severo do que a pena aplicada permitir exige motivação idônea."

Por outro lado, conforme a Súmula 716, "admite-se a progressão de regime de cumprimento da pena ou a aplicação imediata de regime menos severo nela determinada, antes do trânsito em julgado da sentença condenatória".

Por fim, "a pena unificada para atender ao limite de trinta anos de cumprimento, determinado pelo art. 75 do Código Penal, não é considerada para a concessão de outros benefícios, como o livramento condicional ou regime mais favorável de execução." É o que determina o teor da Súmula 715 do STF.

Vale lembrar que "o Plenário do STF, no julgamento do HC 97.256, declarou, incidentalmente, a inconstitucionalidade da proibição de substituição da pena privativa de liberdade pela pena restritiva de direitos prevista nos arts. 33, § 4º, e 44, *caput*, da Lei 11.343/2006 (Lei de Drogas). A execução da expressão "vedada a conversão em penas restritivas de direitos" do § 4º do art. 33 da Lei 11.343/2006 foi suspensa pela Resolução 5/2012 do Senado Federal, nos termos do art. 52, X, da Constituição".

Princípio da humanidade (art. 5º, XLVII): o Texto Maior proíbe alguns tipos de pena, por ferirem o princípio da humanidade. Sendo assim, não haverá penas: a) de morte, salvo em caso de guerra declarada, nos termos do art. 84, XIX; b) de caráter perpétuo; c) de trabalhos forçados; d) de banimento; e e) cruéis.

Sobre a pena de morte, o STF entende que "o ordenamento positivo brasileiro, nas hipóteses em que se delineia a possibilidade de imposição do *supplicium extremum*, impede a entrega do extraditando ao Estado requerente, a menos que este, previamente, assuma o compromisso formal de comutar, em pena privativa de liberdade, a pena de morte, ressalvadas, quanto a esta, as situações em que a lei brasileira – fundada na CF (art. 5º, XLVII, a) – permitir a sua aplicação, caso em que se tornará dispensável a exigência de comutação." (Ext 633, Rel. Min. Celso de Mello, julgamento em 28.08.1996, Plenário, *DJ* de 06.04.2001). No mesmo sentido: Ext 1.201, Rel. Min. Celso de Mello, julgamento em 17.02.2011, Plenário, *DJE* de 15.03.2011.

Já em relação à pena de prisão perpétua, a Corte Maior entende que "houve revisão duas vezes da jurisprudência da Corte quanto à obrigatoriedade de o Estado requerente assumir compromisso de comutar pena de prisão perpétua em pena não superior à duração máxima admitida na Lei Penal do Brasil (trinta anos). Inicialmente reputava-se necessário o compromisso, passou a ser desnecessário e voltou a ser exigido a partir do julgamento da Ext 855".

Pena e o seu cumprimento (art. 5º, XLVIII): a pena será cumprida em estabelecimentos distintos, de acordo com a natureza do delito, a idade e o sexo do apenado.

Vale lembrar que a falta de estabelecimento penal adequado não autoriza a manutenção do condenado em regime prisional mais gravoso, devendo-se observar, nessa hipótese, os parâmetros fixados no RE 641.320/RS. É que determina a Súmula Vinculante 56, publicada em 08/08/16.

Integridade física e moral do preso (art. 5º, XLIX): é assegurado aos presos o respeito à integridade física e moral.

A Súmula Vinculante 11 (STF) deve ser mencionada quando se trata de integridade do preso. Desse modo: "Só é lícito o uso de algemas em casos de resistência e de fundado receio de fuga ou de perigo à integridade física própria ou alheia, por parte do preso ou de terceiros, justificada a excepcionalidade por escrito, sob pena de responsabilidade disciplinar, civil e penal do agente ou da autoridade e de nulidade da prisão ou do ato processual a que se refere, sem prejuízo da responsabilidade civil do Estado."

Ressalta-se que "o enunciado da Súmula Vinculante 11 da Suprema Corte não é aplicável, face ao uso de algemas durante a sessão, máxime quando o julgamento pelo Tribunal do Júri se deu em data anterior à sua publicação." (ARE 653.964-AgR, Rel. Min. Luiz Fux, julgamento em 28.02.2012, Primeira Turma, *DJE* de 13.03.2012).

Presidiárias, filhos e amamentação (art. 5º, L): às presidiárias serão asseguradas condições para que possam permanecer com seus filhos durante o período de amamentação.

Princípio do juiz natural (art. 5º, XXXVII e LIII): ninguém será processado nem sentenciado senão pela autoridade competente (a lei deve trazer regras objetivas de competência). É vedada, também, a criação de tribunal de exceção, que seria aquele que não faz parte do Poder Judiciário, constituído após um fato e para julgá-lo; o maior exemplo foi o Tribunal de Nuremberg. Esses dois incisos completam o princípio do juiz natural, garantindo a imparcialidade do Estado-juiz.

Dispõe a Súmula 704 do STF que não viola as garantias do juiz natural, da ampla defesa e do devido processo legal a atração por continência ou conexão do processo do corréu ao foro por prerrogativa de função de um dos denunciados.

Tribunal do Júri (art. 5º, XXXVIII): é reconhecida a instituição do júri, com a organização que lhe der a lei, assegurados: a) a plenitude de defesa; b) o sigilo das votações; c) a soberania dos veredictos e d) a competência para o julgamento dos crimes dolosos contra a vida.

De acordo com a Súmula Vinculante 45 (STF), de 17.04.2015, a competência constitucional do Tribunal do Júri prevalece sobre o foro por prerrogativa de função estabelecido exclusivamente pela constituição estadual. Tal entendimento já vinha previsto na Súmula 721 do STF. Após essa conversão, a regra passou a ter caráter vincu-lante.

Princípio da reserva legal ou da legalidade penal (art. 5º, XXXIX): não há crime sem lei anterior que o defina, nem pena sem prévia cominação legal. Tal princípio foi regulamentado pelo art. 1º do Código Penal, o qual o denomina de anterioridade penal.

Princípio do contraditório e da ampla defesa (art. 5º, LV): aos litigantes, em processo judicial ou administrativo, e aos acusados em geral, são assegurados o contraditório e a ampla defesa, com os meios e recursos a ela inerentes.

Vale lembrar que a súmula vinculante 3 do STF dispõe que "nos processos perante o Tribunal de Contas da União asseguram-se o contraditório e a ampla defesa quando da decisão puder resultar anulação ou revogação de ato administrativo que beneficie o interessado, excetuada a apreciação da legalidade do ato de concessão inicial de aposentadoria, reforma e pensão".

Princípio do devido processo legal (art. 5º, LIV): ninguém será privado da liberdade ou de seus bens sem o devido processo legal. Este princípio abrange as seguintes garantias: direito a um órgão julgador imparcial, direito à ampla defesa, direito de igualdade entre as partes, direito ao contraditório e vedação ao uso de provas ilícitas.

A garantia constitucional mencionada sempre é trazida à tona nos julgamentos realizados pelo guardião da Constituição. Diversas súmulas já foram editadas pela Corte visando a fixar diretrizes na aplicação do devido processo legal.

Dentre os diversos julgamentos, destacam-se os seguintes entendimentos:

Súmula Vinculante 24 – "Não se tipifica crime material contra a ordem tributária, previsto no art. 1º, I a IV, da Lei 8.137/1990, antes do lançamento definitivo do tributo."

Súmula Vinculante 14 – "É direito do defensor, no interesse do representado, ter acesso amplo aos elementos de prova que, já documentados em procedimento investigatório realizado por órgão com competência de polícia judiciária, digam respeito ao exercício do direito de defesa."

"Sindicância. Acesso. Verbete 14 da Súmula Vinculante do Supremo. Inadequação. O Verbete 14 da Súmula Vinculante do Supremo não alcança sindicância administrativa objetivando elucidar fatos sob o ângulo do cometimento de infração administrativa." (Rcl 10.771-AgR, rel. Min. Marco Aurélio, julgamento em 04.02.2014, Primeira Turma, *DJE* de 18.02.2014).

Súmula 704 do STF – "Não viola as garantias do juiz natural, da ampla defesa e do devido processo legal a atração por continência ou conexão do processo do corréu ao foro por prerrogativa de função de um dos denunciados."

Súmula 547 do STF – "Não é lícito à autoridade proibir que o contribuinte em débito adquira estampilhas, despache mercadorias nas alfândegas e exerça suas atividades profissionais."

Súmula 323 do STF – "É inadmissível a apreensão de mercadorias como meio coercitivo para pagamento de tributos."

Súmula 70 do STF – "É inadmissível a interdição de estabelecimento como meio coercitivo para cobrança de tributo."

Princípio da inadmissibilidade das provas ilícitas (art. 5º, LVI): são inadmissíveis, no processo, as provas obtidas por meios ilícitos. Prova ilícita, ou ilicitamente obtida, entende-se como a prova colhida com infração de normas ou princípios de direito material – sobretudo de ordem constitucional e as que delas derivarem (teoria dos frutos da árvore envenenada – adotada pelo STF).

O Supremo já decidiu, reiteradas vezes, que é lícita a gravação de conversa telefônica feita por um dos interlocutores, ou com sua autorização, sem ciência do outro, quando há investida criminosa deste último (HC 75.338, Rel. Min. Nelson Jobim, julgamento em 11.03.1998, Plenário, *DJ* de 25.09.1998). No mesmo sentido: AI 578.858-AgR, Rel. Min. Ellen Gracie, julgamento em 04.08.2009, Segunda Turma, *DJE* de 28.08.2009; HC 74.678, Rel. Min. Moreira Alves, julgamento em 10.06.1997, Primeira Turma, *DJ* de 15.08.1997; RE 212.081, Rel. Min. Octavio Gallotti, julgamento em 05.12.1997, Primeira Turma, *DJ* de 27.03.1998.

Princípio da presunção de inocência (art. 5º, LVII): ninguém será considerado culpado até o trânsito em julgado de sentença penal condenatória.

O STF, no julgamento do HC 126.292, alterou a sua jurisprudência, pois admitiu a execução da pena após a condenação em segunda instância, ainda que não tenha havido o transito em julgado da ação penal. O funda-mento para tanto repousa no fato do sistema processual e recursal brasileiro acabar promovendo a impunidade e contribuindo para a não punição de crimes em tempo razoável. Há críticas quanto a essa decisão.

As observações feitas em relação à súmula vinculante 11, que só admite o uso de algema em casos excepcionais, valem aqui, pois tais diretrizes também encontram abrigo no princípio da presunção de inocência.

Hipóteses de prisão civil (art. 5º, LXVII): não haverá prisão civil por dívida, salvo a do responsável pelo inadimplemento voluntário e inescusável de obrigação alimentícia e a do depositário infiel. O STF decidiu que é ilegal a prisão do depositário infiel, ou seja, a partir de agora, a única prisão por dívida admitida pela Corte é a decorrente de inadimplência de pensão alimentícia (*vide* Súmula Vinculante 25 – STF – e Súmula 419 do STJ).

Direito à assistência jurídica (art. 5º, LXXIV): o Estado prestará assistência jurídica integral e gratuita aos que comprovarem insuficiência de recursos.

Nesse sentido já decidiu o Supremo que "a omissão do Poder Judiciário sobre pedido de concessão do benefício da assistência judiciária não pode prejudicar a parte, especialmente quando não houver qualquer impugnação à concessão desse benefício" (RE 231.705-ED, Rel. Min. Joaquim Barbosa, julgamento em 29.09.2009, Segunda Turma, *DJE* de 29.10.2009).

Direito à celeridade processual (art. 5º, LXXVIII): regra trazida pela EC 45/2004 (reforma do poder judiciário) assegura a todos, no âmbito judicial e administrativo, a razoável duração do processo. Além disso, o dispositivo também menciona que devem ser resguardados meios que facilitem e garantam a celeridade processual.

Observação: segundo o Supremo Tribunal Federal, o duplo grau de jurisdição não está previsto expressamente na Constituição; trata-se de uma garantia implícita, decorrente do próprio sistema.

9.5. Remédios constitucionais

Com a finalidade de promover a garantia dos direitos fundamentais previstos na Constituição, previu-se a existência dos chamados "remédios constitucionais", institutos que têm a função de impedir a violação desses direitos constitucionais. Assim, para cada direito desrespeitado, cabe a utilização de um "remédio".

Os "remédios constitucionais" podem ser classificados em administrativos e judiciais de acordo com a esfera em que forem impetrados.

9.5.1. Remédios constitucionais administrativos (direito de petição e direito de certidão)

De acordo com o art. 5º, inciso XXXIV, são a todos assegurados, independentemente do pagamento de taxas:

a) o direito de *petição* aos Poderes Públicos em defesa de direitos ou contra *ilegalidade ou abuso de poder*.

Nesse sentido, editou-se a Súmula Vinculante 21 a qual diz ser inconstitucional exigir depósito ou arrolamento prévios de dinheiro ou bens para admissibilidade de recurso administrativo;

b) a obtenção de *certidões* em repartições públicas para *defesa de direitos e esclarecimento de situações de interesse pessoal.*

O direito à certidão, segundo o STF, "traduz prerrogativa jurídica, de extração constitucional, destinada a viabilizar, em favor do indivíduo ou de uma determinada coletividade (como a dos segurados do sistema de previdência social), a defesa (individual ou coletiva) de direitos ou o esclarecimento de situações. A injusta recusa estatal em fornecer certidões, não obstante presentes os pressupostos legitimadores dessa pretensão, autorizará a utilização de instrumentos processuais adequados, como o mandado de segurança ou a própria ação civil pública. O Ministério Público tem legitimidade ativa para a defesa, em juízo, dos direitos e interesses individuais homogêneos, quando impregnados de relevante natureza social, como sucede com o direito de petição e o direito de obtenção de certidão em repartições públicas." (RE 472.489-AgR, Rel. Min. Celso de Mello, julgamento em 29.04.2008, Segunda Turma, *DJE* de 29.08.2008). No mesmo sentido: RE 167.118-AgR, Rel. Min. Joaquim Barbosa, julgamento em 20.04.2010, Segunda Turma, *DJE* de 28.05.2010.

A Constituição assegurou que a Administração, na execução de suas funções precípuas, deve respeitar os direitos fundamentais do indivíduo, garantindo-lhe o direito a petição em caso de ilegalidade ou abuso de poder, de forma que a violação de um direito possa ser sanada pela própria Administração Pública. Garante também o direito de certidão, possibilitando à pessoa que faz uso desse direito tomar conhecimento de informações a seu respeito.

Segundo o Supremo, "é inconsistente a postulação que, apoiada no direito de petição, formula pedido que constitui, na realidade, verdadeiro sucedâneo, legalmente não autorizado, da ação rescisória, eis que já transitada em julgado a decisão impugnada. (...) A mera invocação do direito de petição, por si só, não tem o condão de permitir que a parte interessada, mediante utilização de meio impróprio, busque desconstituir o acórdão (*judicium rescindens*) e obter o rejulgamento da causa (*judicium rescissorium*), em situação na qual a decisão questionada – embora transitada em julgado – não se reveste da autoridade da coisa julgada em sentido material." (**AI 223.712-AgR-AgR**, Rel. Min. Celso de Mello, julgamento em 08.02.2000, Segunda Turma, *DJE* de 05.03.2010). Os direitos de petição e de obtenção de certidões *são gratuitos* e podem ser exercidos sem a assistência de um advogado, ou seja, *independem de capacidade postulatória*, uma vez que ocorrem em âmbito administrativo.

9.5.2. *Remédios constitucionais judiciais*

Essa classe de remédios é impetrada em via judicial.

São cinco os remédios constitucionais judiciais: *habeas corpus, habeas data*, mandado de injunção, ação popular e mandado de segurança. Cada um desses institutos tem como objetivo proteger um ou mais direitos fundamentais.

9.5.2.1. *Habeas corpus (art. 5º, LXVIII, da CF)*

É uma ação de natureza constitucional-penal que tem por finalidade a proteção da **liberdade de locomoção** contra abuso de poder ou ilegalidade. Tem por principal característica a informalidade.

Antigamente era utilizado não só para proteção da liberdade física, mas também contra qualquer ato que, de alguma forma, impedia ou restringia a locomoção em sentido amplo. Rui Barbosa e diversos constitucionalistas conferiam a esse remédio tanta amplitude que mencionavam que ele poderia ser utilizado mesmo quando não houvesse risco à liberdade de locomoção. Atualmente, só a liberdade de ir, vir e permanecer é resguardada pelo *habeas corpus*.

Foi a partir da Constituição de 1891 que esse remédio ganhou *status* constitucional. Hoje, vem previsto no capítulo que trata dos direitos fundamentais (art. 5º, inciso LXVIII) do texto constitucional, que dispõe: "conceder-se-á 'habeas-corpus' sempre que alguém sofrer ou se achar ameaçado de sofrer violência ou coação em sua liberdade de locomoção, por ilegalidade ou abuso de poder".

Dessa forma, o *habeas corpus* visa a proteger o disposto no inciso XV do mesmo art., ou seja, a liberdade de locomoção. A todo indivíduo é assegurado o direito de ir, vir e permanecer. Sempre que este direito sofrer *violação, ou ameaça de violação*, o *habeas corpus* pode ser usado a fim de que seja revista a ofensa à liberdade de locomoção.

Súmulas do STF sobre o *habeas corpus*:

Súmula 723: "Não se admite a suspensão condicional do processo por crime continuado, se a soma da pena mínima da infração mais grave com o aumento mínimo de um sexto for superior a um ano."

Súmula 695: "Não cabe *habeas corpus* quando já extinta a pena privativa de liberdade."

Súmula 694: "Não cabe *habeas corpus* contra a imposição da pena de exclusão de militar ou de perda de patente ou de função pública."

Súmula 693: "Não cabe *habeas corpus* contra decisão condenatória a pena de multa, ou relativo a processo em curso por infração penal a que a pena pecuniária seja a única cominada."

Súmula 692: "Não se conhece de *habeas corpus* contra omissão de relator de extradição, se fundado em fato ou direito estrangeiro cuja prova não constava dos autos, nem foi ele provocado a respeito."

Súmula 431: "É nulo julgamento de recurso criminal, na segunda instância, sem prévia intimação ou publicação da pauta, salvo em *habeas corpus*."

Súmula 395: "Não se conhece de recurso de *habeas corpus* cujo objeto seja resolver sobre o ônus das custas, por não estar mais em causa a liberdade de locomoção."

Quanto ao momento no qual o *habeas corpus* é impetrado, pode ser classificado da seguinte forma:

a) Preventivo ou salvo-conduto: não é necessário que um indivíduo sofra, de fato, a violação em sua liberdade de locomoção para impetrar o *habeas corpus*. Basta que se sinta ameaçado (justificadamente) em seu direito de ir, vir e permanecer para que possa fazer uso desse "remédio", impedindo que seja restringida sua liberdade. Desse modo, o HC preventivo visa a resguardar o indivíduo contra a ameaça a sua liberdade de locomoção;

b) Repressivo ou liberatório: é cabível quando o direito fundamental já foi violado. A partir deste momento, a medida pode ser utilizada para reprimir a ofensa à liberdade de locomoção.

Em síntese, se o *habeas corpus* é concedido em momento anterior à violação, este é preventivo; se concedido em momento posterior, é repressivo.

Vale mencionar que é possível a concessão de *habeas corpus* **de ofício (independe de provocação)** pelo juiz, quando verificadas as hipóteses de restrição ilegal ou ameaça de violação à liberdade de locomoção.

A Constituição, em seu art. 142, § 2°, traz uma hipótese em que não é cabível a utilização do *habeas corpus*, que se dá no caso de **punições disciplinares militares**. Com isso, permite-se a existência de regras especiais de conduta, por vezes mais rígidas no âmbito militar, quando comparadas ao âmbito civil.

É necessário mencionar que o STF admite o *habeas corpus*, na hipótese acima mencionada, se a discussão for sobre a legalidade do procedimento aplicado e ou sobre a competência da autoridade responsável pela expedição da ordem.

Quanto à legitimação, o *habeas corpus* pode ser impetrado por qualquer interessado, independentemente de sua capacidade civil, sendo legítimo até mesmo ao menor de idade. A medida é gratuita e não necessita de assistência de um advogado, ou seja, independe de capacidade postulatória.

Embora o remédio heroico possa ser impetrado por qualquer pessoa, justamente pela relevância do bem jurídico protegido, a nomenclatura correta a ser utilizada é a seguinte:

- ✓ **Legitimado ativo**: impetrante
- ✓ **Legitimado passivo**: impetrado ou autoridade coatora
- ✓ **Beneficiário**: paciente

Ressalta-se que a figura do impetrante pode se confundir com a figura do paciente, pois o beneficiário do remédio pode ser ao mesmo tempo paciente e impetrante. Ex.: alguém ingressando com o HC em nome próprio.

Outra observação deve ser feita com base na decisão dada pela 1ª Turma do STF no HC 88.747 AgR/ES, no sentido de que não há possibilidade de impetração de *habeas corpus* em que o beneficiário seja pessoa jurídica, pois tal remédio protege a liberdade de locomoção.

Cabe HC em varas cíveis?

Sim, se houver risco à liberdade de locomoção em decorrência de eventual decretação de prisão civil.

Competência para análise do habeas corpus

Em regra, a competência para o julgamento de *habeas corpus* é determinada em razão da pessoa que figura no polo passivo (a autoridade coatora) e daquele que figura como paciente.

O art. 102, inciso I, alínea "d", da CF, diz que o *habeas corpus* será da competência originária do Supremo Tribunal Federal quando o paciente for, por exemplo, Presidente da República, Ministro de Estado, comandantes do exército, marinha e aeronáutica, entre outros.

9.5.2.2. *Habeas data (art. 5°, LXXII, da CF)*

Reza o inciso LXXII do art. 5°: "conceder-se-á *habeas data*:

a) para assegurar o conhecimento de informações relativas à pessoa do impetrante, constantes de registros ou bancos de dados de entidades governamentais ou de caráter público;

b) para a retificação de dados, quando não se prefira fazê-lo por processo sigiloso, judicial ou administrativo".

A ação tem como objetivo permitir ao interessado acesso às *informações a seu respeito*, presentes em banco de dados de caráter público. O banco de dados pode pertencer a entidades públicas ou privadas, mas, desde que tenha caráter público, o acesso é garantido. Assim, se entidade privada que visa à proteção ao crédito contiver registros ao qual se deseja ter acesso, cabe *habeas data* a fim de se ver o direito preservado.

Vale lembrar que, atualmente, existe o Cadastro Nacional de Adimplentes. As informações contidas nesse banco de dados também têm caráter público, portanto aplicam-se a elas as mesmas regras relativas ao *habeas data*.

Outra observação importante é a de que a ação de *habeas data*, por ter por objeto informações relativas a pessoa do impetrante, **não** pode ser impetrada em favor de terceiros. Desse modo, embora haja decisão do STJ admitindo a impetração de *habeas data* em favor de terceiro, prevalece o entendimento de que a ação não é cabível nessa hipótese.

Além disso, é entendimento pacífico que a ação de *habeas data* visa à proteção da privacidade do indivíduo contra abuso no registro e/ou revelação de dados pessoais falsos ou equivocados. O *habeas data, por outro lado,* não se revela meio idôneo para se obter vista de processo administrativo (HD 90-AgR, Rel. Min. Ellen Gracie, julgamento em 18.02.2010, Plenário, *DJE* de 19.03.2010). No mesmo sentido: HD 92-AgR, Rel. Min. Gilmar Mendes, julgamento em 18.08.2010, Plenário, *DJE* de 03.09.2010.

A Constituição Federal assegura duas formas de acesso aos registros:

a) Conhecimento: deseja-se apenas estar ciente das informações contidas no banco de dados;

b) Retificação: sabe-se que a informação presente no banco de dados é incorreta e deseja-se que o registro seja corrigido.

Desde 1997, com o advento da Lei 9.507, passou a ser prevista uma nova forma de acesso:

c) Complementação ou anotação: a informação está correta, porém incompleta. Deseja-se adicionar novos fatos relevantes ao registro a fim de que seja apresentado ao público de forma completa. Exemplo: existência de pendência judicial ou administrativa sobre o fato informado que possa modificar a informação ali constante.

Diferentemente do acesso comum ao Poder Judiciário, que pode ser provocado a qualquer momento, independentemente da existência de processo administrativo, o *habeas data* possui uma particularidade: *a ação só pode ser impetrada quando esgotada a via administrativa*. Assim, a medida poderá ser usada somente quando houver recusa por parte da entidade detentora do banco de dados em fornecer acesso às informações ou indeferimento do pedido. É necessário prova de tal recusa ou indeferimento para que se impetre o *habeas data*, sob pena de falta de interesse de agir e consequente indeferimento da petição por carência de ação (STJ, Súmula 2).

Sobre esse assunto, o art. 8°, parágrafo único, da Lei 9.507/1997 (que estabelece o procedimento do *habeas data*) determina que a inicial deva ser instruída com a recusa ao acesso às informações ou do decurso de mais de dez dias sem decisão; a recusa em fazer-se a retificação ou do decurso de mais de quinze dias, sem decisão; ou a recusa em fazer-se a anotação ou do decurso de mais de quinze dias sem decisão.

Já decidiu o STJ, no *habeas data* 149, que a informação incompleta equivale à recusa.

São legitimados para impetrar *Habeas data* pessoas físicas ou jurídicas. A ação é gratuita, ou seja, isenta de custas, mas é necessária assistência de advogado para impetração.

Segundo a Suprema Corte, há hipóteses de não cabimento do "remédio" como, por exemplo, para pedir informações sobre autores de agressões contra o interessado (seria informação de terceiro).

9.5.2.3. Mandado de injunção (art. 5º, LXXI, da CF)

9.5.2.3.1. Lei nº 13.300, de 23 de junho de 2016

9.5.2.3.1.1. Introdução

Entrou em vigor recentemente a lei que disciplina o processo e o julgamento dos mandados de injunção individual e coletivo. Após quase 28 anos de sua previsão constitucional, o remédio finalmente foi regulamentado por norma infraconstitucional específica.

Antes disso, a impetração do mandado de injunção era realizada, de forma analógica, tomando por base as regras de procedimento previstas na lei que disciplina o mandado de segurança, Lei 12.16/2009. O Supremo Tribunal Federal já garantia a possibilidade da impetração da injunção desde 1989 (STF. Plenário. MI 107 QO, Rel. Min. Moreira Alves, julgado em 23.11.1989).

9.5.2.3.1.2. Finalidade

O mandado de injunção tem como objetivo atuar na inércia do legislador, ou seja, visa combater a omissão normativa que inviabiliza o **exercício dos direitos e liberdades constitucionais e das** prerrogativas inerentes à nacionalidade, à soberania e à cidadania. Alguns dos direitos previstos na CF/1988 podem ser exercidos somente após regulamentação em lei. Tratam-se das normas de eficácia limitada. O legislador tem obrigação imposta pela CF/1988 de regulamentar; entretanto, por inércia, não o faz. Com isso, o interessado fica impedido de exercer um direito garantido constitucionalmente.

Um exemplo é o que ocorre no inciso VII do art. 37 que determina que o direito de greve do servidor público deva ser exercido nos termos e nos limites definidos em lei específica.

Embora o direito tenha sido garantido pela CF/1988, até o presente momento nenhuma lei foi editada com o objetivo de regulamentá-lo, o que faz com que, tecnicamente, não seja possível exercê-lo. Em casos como esse, é cabível a impetração de mandado de injunção.

Vale lembrar que o STF, após decisão dada em sede de mandado de injunção, já reconheceu que o direito de greve aos servidores públicos pode ser exercido sem que haja a edição de lei específica. Para tanto, deve ser utilizada a lei de greve da iniciativa privada (Lei 7.783/1989), por analogia.

O remédio, portanto, visa combater a denominada "síndrome da inefetividade" das normas constitucionais que possuem eficácia limitada. O objetivo é a concretizar direitos

fundamentais, com base no comando trazido pelo § 1º do art. 5º da CF que determina a aplicação imediata dos direitos e garantias fundamentais.

9.5.2.3.1.3. Previsão constitucional e legal

Dispõe o inciso LXXI do art. 5º da CF/1988 que: "conceder-se-á mandado de injunção sempre que a falta de norma regulamentadora **torne inviável o exercício dos direitos e liberdades constitucionais e das** prerrogativas inerentes à nacionalidade, à soberania e à cidadania".

A Lei 13.300, de 23 de junho de 2016, norma que disciplinou o processo e o julgamento dos mandados de injunção individual e coletivo, em seu art. 2º, determina que a concessão do mandado de injunção seja feita sempre que a falta **total ou parcial** de norma regulamentadora torne inviável o exercício dos direitos e liberdades constitucionais e das prerrogativas inerentes à nacionalidade, à soberania e à cidadania. O parágrafo único do mesmo dispositivoconsidera **parcial a regulamentação quando forem insuficientes as normas editadas** pelo órgão legislador competente.

A inovação trazida pela lei tem a ver com a possibilidade da impetração do remédio ainda que exista norma regulamentadora, caso tal regra se mostre insuficiente.

9.5.2.3.1.4. Legitimidade
9.5.2.3.1.4.1. Ativa

O art. 3º da nova lei determina que as pessoas naturais ou jurídicas que se afirmam titulares dos direitos, das liberdades ou das prerrogativas referidos no art. 2º podem impetrar o mandado de injunção. Vale lembrar que existe a possibilidade de substituição processual quando o remédio tiver sendo impetrado na forma coletiva, algo admitido expressamente no art. 12 da nova lei. A legitimidade ativa no mandado de injunção coletivo será analisada em tópico específico.

9.5.2.3.1.4.2. Passiva

No polo passivo do remédio, deve ser colocado o Poder, o órgão ou a autoridade com atribuição para editar a norma regulamentadora, conforme determina o mesmo art. 3º da lei.

9.5.2.3.1.5. Procedimento

O procedimento vem previsto nos arts. 4º a 8º da Lei 13.300/2016, mas, setais regras não forem suficientes, o art. 14 da lei autoriza a aplicação subsidiária das normas do mandado de segurança, (2009) e do novo Código de Processo Civil.

De acordo com o art. 4º da lei, a petição inicial deverá preencher os requisitos estabelecidos pela lei processual, ou seja, aqueles previstos no art. 319 do novo Código de Processo Civil, e indicará, além do órgão impetrado, a pessoa jurídica que ele integra ou aquela a que está vinculado.

O § 2º do art. 4º da lei estudada determina que quando o documento necessário à prova do alegado encontrar-se em repartição ou estabelecimento público, em poder de autoridade ou de terceiro, havendo recusa em fornecê-lo por certidão, no original, ou em cópia autêntica, será ordenada, a pedido do impetrante, a exibição do documento no prazo de 10 (dez) dias, devendo, nesse caso, ser juntada cópia à segunda via da petição.

Por outro lado, se a recusa em fornecer o documento for do impetrado, a ordem será feita no próprio instrumento da notificação, de acordo com o§ 3º do mesmo dispositivo legal.

Após o recebimento da inicial, algumas providências serão ordenadas, conforme determina o art. 5º da lei objeto de estudo: I – a notificação do impetrado sobre o conteúdo da petição inicial, devendo-lhe ser enviada a segunda via apresentada com as cópias dos documentos, a fim de que, no prazo de 10 (dez) dias, preste informações;II – a ciência do ajuizamento da ação ao órgão de representação judicial da pessoa jurídica interessada, devendo-lhe ser enviada cópia da petição inicial, para que, querendo, ingresse no feito.

Após o término do prazo para apresentação das informações, o Ministério Público será ouvido, devendo opinar em 10 (dez) dias, após o que, com ou sem parecer, os autos serão conclusos para decisão, conforme determina o art. 7º da lei.

Fora isso, se a petição inicial for manifestamente incabível ou manifestamente improcedente, determina o art. 6º da lei que ela será desde logo indeferida. O recurso para tanto vem previsto no parágrafo único desse mesmo art. 6º, de modo que contra a tal decisão caberá agravo, em 5 (cinco) dias, para o órgão colegiado competente para o julgamento da impetração.

9.5.2.3.1.6. Providências após o reconhecimento da mora legislativa

De acordo com o art. 8º da lei, três providências podem ser tomadas pelo judiciário, ao reconhecer o estado de mora legislativa. Sendo assim, a injunção será deferida para:

I – determinar **prazo razoável para que o impetrado promova a edição da norma** regulamentadora;

II –**estabelecer as condições em que se dará o exercício dos direitos, das liberdades ou das prerrogativas reclamados ou**, se for o caso, as **condições em que poderá o interessado promover ação própria visando a exercê-los**, caso não seja suprida a mora legislativa no prazo determinado.

O parágrafo único do art. 8º da lei dispensa a determinação de prazo razoável para que o impetrado promova a edição da norma regulamentadora quando ficar comprovado que o impetrado deixou de atender, em mandado de injunção anterior, ao prazo estabelecido para a edição da norma.

9.5.2.3.1.7. Eficácia subjetiva

Determina o art. 9º da nova lei que a decisão terá eficácia subjetiva limitada às partes e produzirá efeitos até o advento da norma regulamentadora. Sendo assim, em regra, somente as partes que participaram do processo serão beneficiadas pela decisão e apenas até que sobrevenha a regulamentação legal.

Excepcionalmente poderá ser conferida eficácia *ultra partes* ou *erga omnes* à decisão, quando isso for inerente ou indispensável ao exercício do direito, da liberdade ou da prerrogativa objeto da impetração. É o que determina o § 1º do art. 9º da nova lei.

O § 2º do mesmo artigo determina que transitada em julgado a decisão, seus efeitos poderão ser estendidos aos casos análogos por decisão monocrática do relator.

Por fim, o indeferimento do pedido por insuficiência de prova não impede a renovação da impetração fundada em outros elementos probatórios, conforme dispõe o § 3º do art. 9º da lei estudada.

9.5.2.3.1.8. Mandado de injunção coletivo

Expressamente previsto na nova lei, o mandado de injunção coletivo, que já podia ser impetrado segundo o STF, possui agora os seguintes legitimados:

I – **o Ministério Público**, quando a tutela requerida for especialmente relevante para a defesa da ordem jurídica, do regime democrático ou dos interesses sociais ou individuais indisponíveis;

II – **o partido político com representação no Congresso Nacional**, para assegurar o exercício de direitos, liberdades e prerrogativas de seus integrantes ou relacionados com a finalidade partidária;

III – **a organização sindical, a entidade de classe ou a associação legalmente constituída e em funcionamento há pelo menos 1 (um) ano**, para assegurar o exercício de direitos, liberdades e prerrogativas em favor da totalidade ou de parte de seus membros ou associados, na forma de seus estatutos e desde que pertinentes a suas finalidades, dispensada, para tanto, autorização especial;

IV – **a Defensoria Pública**, quando a tutela requerida for especialmente relevante para a promoção dos direitos humanos e a defesa dos direitos individuais e coletivos dos necessitados, na forma do inciso LXXIV do art. 5º da CF/1988.

A novidade trazida pela lei nesse tópico diz respeito à possibilidade da impetração do remédio pelo Ministério Público e pela Defensoria Pública. A lei do mandado de segurança, utilizada para suprir a omissão de regulamentação do próprio mandado de injunção, pois não existia uma lei específica tratando desse remédio, não prevê como legitimados o Ministério Público e a Defensoria Pública.

Vale lembrar que os direitos, as liberdades e as prerrogativas protegidos por mandado de injunção coletivo são os pertencentes, indistintamente, a uma coletividade indeterminada de pessoas ou determinada por grupo, classe ou categoria, conforme determina o parágrafo único do art. 12 da Lei 13.300/2016.

A sentença no mandado de injunção coletivo, de acordo com o *caput* do art. 13 da Lei 13.300/2016, fará coisa julgada limitadamente às pessoas integrantes da coletividade, do grupo, da classe ou da categoria substituídos pelo impetrante, sem prejuízo do disposto nos §§ 1º e 2º do art. 9º, ou seja, poderá ser conferida eficácia *ultra partes* ou *erga omnes* à decisão, quando isso for inerente ou indispensável ao exercício do direito, da liberdade ou da prerrogativa objeto da impetração e transitada em julgado a decisão, seus efeitos poderão ser estendidos aos casos análogos por decisão monocrática do relator.

Por fim, para que os impetrantes de mandados de injunção individuais se beneficiem da impetração coletiva, eles deverão desistir da demanda individual no prazo de 30 (trinta) dias a contar da ciência comprovada da impetração coletiva. Tal impetração não induz litispendência em relação aos mandados de injunção individuais, conforme determina o parágrafo único do art. 13 da Lei 13.300/2016.

9.5.2.3.1.9. Revisão

De acordo com o art. 10 da lei, sem prejuízo dos efeitos já produzidos, a decisão poderá ser revista, a pedido de qualquer interessado, quando sobrevierem relevantes modificações das circunstâncias de fato ou de direito. O parágrafo único do mesmo dispositivo determina que a ação de revisão observará, no que couber, o procedimento estabelecido nesta Lei.

9.5.2.3.1.10. Norma regulamentadora superveniente

O que acontecerá se a lei regulamentadora for criada após a decisão? O art. 11 da lei responde esse questionamento, ao determinar que a norma regulamentadora superveniente produzirá efeitos *ex nunc* em relação aos beneficiados por decisão transitada em julgado, salvo se a aplicação da norma editada lhes for mais favorável. O parágrafo único do mesmo art. 11 determina que fica prejudicada a impetração se a norma regulamentadora for editada antes da decisão, caso em que o processo será extinto sem resolução de mérito.

9.5.2.3.1.11. Vigência

De acordo com o último dispositivo da lei, art. 15, a norma já entrou em vigor na data de sua publicação.

9.5.2.4. Ação popular

O inciso LXXIII do art. 5º da CF assegura que qualquer cidadão é parte legítima para propor ação popular que vise a anular ato lesivo ao patrimônio público ou de entidade de que o Estado participe, à moralidade administrativa, ao meio ambiente e ao patrimônio histórico e cultural, *ficando o autor, salvo comprovada má-fé, isento de custas judiciais e do ônus da sucumbência.*

De forma esquemática, conclui-se que a ação popular tem como objetivo proteger 3 elementos fundamentais:

1) o patrimônio público ou de entidade de que o Estado participe;

2) a moralidade administrativa;

3) o meio ambiente e o patrimônio histórico e cultural.

Com isso, o legislador constituinte pretende promover a cidadania, fazendo cada cidadão responsável pela fiscalização dos elementos protegidos pela ação popular.

Vale lembrar que a lei que regulamenta tal ação – Lei 4.717/1965 – traz algumas regras, como, por exemplo, a de que a lesão à moralidade não pressupõe lesividade material, ou seja, não é necessário dano patrimonial para que a ação com fundamento na proteção à moralidade administrativa seja proposta.

Outra observação é a de que a ação popular não tem por objetivo a defesa do interesse individual e, além disso, não tem o condão de substituir a ação direta de inconstitucionalidade. Esta visa a anular ato normativo, que é abstrato, genérico e que encontra fundamento de validade direto na CF/1988.

De acordo com a Súmula 101 do STF, o mandado de segurança não substitui a ação popular.

É parte legítima para propor ação popular o *cidadão*, restringindo a proposição apenas àqueles que têm capacidade eleitoral ativa, ou seja, àqueles que já se alistaram e podem votar.

Ademais, vale ressaltar que, conforme a Súmula 365 do Supremo Tribunal Federal, pessoa jurídica não tem legitimidade para propor ação popular.

É bom lembrar que em caso de desistência ou absolvição de instância (ocorre quando o autor é desidioso, não dá andamento à ação) qualquer cidadão ou o Ministério Público podem prosseguir no polo ativo.

A ação popular é gratuita, salvo comprovação de má-fé, mas a assistência de advogado é necessária; depende, portanto, de capacidade postulatória, como se depreende da decisão abaixo.

> "A Constituição da República estabeleceu que o *acesso à justiça* e o *direito de petição* são direitos fundamentais (art. 5.º, XXXIV, 'a', e XXXV), porém estes não garantem a quem não tenha capacidade postulatória litigar em juízo, ou seja, é **vedado o exercício do direito de ação sem a presença de um advogado**, considerado 'indispensável à administração da justiça' (art. 133 da Constituição da República e art. 1.º da Lei 8.906/1994), com as **ressalvas legais**. (...) Incluem-se, ainda, no rol das exceções, as ações protocoladas nos juizados especiais cíveis, nas causas de valor até vinte salários mínimos (art. 9.º da Lei 9.099/1995) e as ações trabalhistas (art. 791 da CLT), **não fazendo parte dessa situação privilegiada a ação popular**" (AO 1.531 -AgR, voto da Min. Cármen Lúcia, j. 03.06.2009, Plenário, *DJE* de 01.07.2009).

Sobre a decisão proferida em sede de ação popular, a Suprema Corte já decidiu: "Ação popular. Demarcação da terra indígena Raposa Serra do Sol. (...) A decisão proferida em ação popular é desprovida de força vinculante, em sentido técnico. Nesses termos, os fundamentos adotados pela Corte não se estendem, de forma automática, a outros processos em que se discuta matéria similar. Sem prejuízo disso, o acórdão embargado ostenta a força moral e persuasiva de uma decisão da mais alta Corte do País, do que decorre um elevado ônus argumentativo nos casos em se cogite da superação de suas razões." (Pet 3.388-ED, rel. Min. Roberto Barroso, julgamento em 23.10.2013, Plenário, *DJE* de 04.02.2014.)

9.5.2.5. Mandado de segurança

A Constituição de 1934 foi a primeira a prever expressamente a possibilidade da impetração de mandado de segurança. Depois disso, as Constituições que se seguiram trataram do tema, com exceção da de 1937 (da época de Getúlio Vargas).

O mandado de segurança pode ser conceituado como uma ação de natureza constitucional que tem por finalidade resguardar direito líquido e certo contra abuso de poder ou ilegalidade, praticado por autoridade pública ou por quem lhe faça as vezes, desde que tal direito não esteja protegido por *habeas corpus* ou *habeas data*.

Importante definição que deve ser trazida nesse momento é a de direito líquido e certo. Conforme ensinamento de Hely Lopes Meireles (**Mandado de Segurança**, 27ª Edição, p.36 e 37), "direito líquido e certo é o que se apresenta manifesto na sua existência, delimitado na sua extensão e apto a ser exercitado no momento da impetração".

Em suma, líquido e certo é aquele direito em que há prova pré-constituída, que de plano é possível comprovar, não havendo necessidade de dilação probatória.

Para a proteção de tal direito cabe a impetração do mandado de segurança. Ele possui caráter residual e vem previsto no inciso LXIX e LXX do art. 5º da Constituição.

Desse modo, o mandado de segurança atua complementando a proteção dos direitos e garantias constitucionais quando nenhum outro remédio é cabível. Diz o inciso LXIX: "conceder-se-á mandado de segurança para proteger direito líquido e certo, não amparado por 'habeas-corpus' ou 'habeas--data', quando o responsável pela ilegalidade ou abuso de poder for autoridade pública ou agente de pessoa jurídica no exercício de atribuições do Poder Público".

Assim, não será cabível mandado de segurança para proteger o direito à liberdade de locomoção, pois esta proteção é feita pelo *habeas corpus*. Do mesmo modo, não cabe mandado de segurança para anular ato lesivo ao patrimônio público, pois esta requisição deve ser feita em via de ação popular.

Um exemplo de possibilidade de impetração desse remédio ocorre quando alguém, que não pretende efetuar o pagamento de determinado imposto, por considerar que a lei que criou o mencionado tributo é inconstitucional, ajuíza mandado de segurança.

Importante saber que não cabe condenação em honorários de advogado na ação de mandado de segurança, conforme Súmula 512 do Supremo Tribunal Federal.

Ainda, não é possível a impetração de mandado de segurança contra ato judicial passível de recurso ou correição (Súmula 267 do STF).

Além das mencionadas, outras súmulas, editadas pela Suprema Corte, têm relevância quando se trata de mandado de segurança, quais sejam:

Súmula 632: "É constitucional lei que fixa prazo de decadência para impetração de mandado de segurança."

Súmula 510: "Praticado o ato por autoridade, no exercício de competência delegada, contra ela cabe o mandado de segurança ou a medida judicial."

Súmula 271: "Concessão de mandado de segurança não produz efeitos patrimoniais em relação a período pretérito, os quais devem ser reclamados administrativamente ou pela via judicial própria."

Súmula 270: "Não cabe mandado de segurança para impugnar enquadramento da Lei 3.780, de 12-7-1960, que envolva exame de prova ou de situação funcional complexa."

Súmula 269: "O mandado de segurança não é substitutivo de ação de cobrança."

Súmula 268: "Não cabe mandado de segurança contra decisão judicial com trânsito em julgado."

Súmula 101: "O mandado de segurança não substitui a ação popular."

São legitimadas para impetrar mandado de segurança pessoas físicas ou jurídicas. A ação não está isenta de custas perante o Poder Judiciário e a assistência de advogado é necessária.

Vale lembrar que, corroborando algo que já existia, a nova lei do mandado de segurança (Lei 12.016/2009), em seu art. 23, traz o prazo decadencial de **120 dias** para que o sujeito ingresse com a ação de mandado de segurança, contados da ciência do ato impugnado. A constitucionalidade de tal prazo já foi questionada no Supremo, mas ele entendeu que o prazo é constitucional.

Outro tema já sedimentado é no sentido de que o pedido de reconsideração feito na via administrativa não tem o condão de interromper o prazo para a impetração do mandado de segurança. É o que determina a Súmula 430 do STF.

Com base na súmula 625 do STF, controvérsia sobre matéria de direito não impede a concessão de mandado de segurança.

Vale lembrar que o art. 20 da Lei 12.016/2009 determina que o processos de mandado de segurança e os respectivos recursos tenham a prioridade sobre todos os atos judiciais, salvo *habeas corpus*.

Além disso, de acordo com a Súmula 624 do STF, não cabe ao Pretório Excelso conhecer originariamente mandado de segurança contra atos de outros tribunais. Também, a Súmula 266 do STF determina que não é possível a impetração de mandado de segurança contra lei em tese.

A Constituição admite também a impetração de **mandado segurança coletivo**, conforme se verifica no inciso LXX do art. 5º da CF: "o mandado de segurança coletivo pode ser impetrado por:

a) partido político com representação no Congresso Nacional;

b) organização sindical, entidade de classe ou associação legalmente constituída e em funcionamento há pelo menos um ano, em defesa dos interesses de seus membros ou associados."

Entende o STF que a entidade de classe tem legitimação para o mandado de segurança, ainda quando a pretensão veiculada interesse apenas a uma parte da respectiva categoria (art. 21 da Lei 12.016/2009 e Súmula 630). Também é jurisprudência da Suprema Corte que a impetração de mandado de segurança coletivo por entidade de classe em favor dos associados independe de autorização deles.

De acordo com o Supremo, o mandado de segurança coletivo, quando impetrado pela Ordem dos Advogados do Brasil, deve ser proposto perante a Justiça Federal. Vale a leitura do julgado: "presente a Ordem dos Advogados do Brasil — autarquia federal de regime especial — no polo ativo de mandado de segurança coletivo impetrado em favor de seus membros, a competência para julgá-lo é da Justiça Federal, a despeito de a autora não postular direito próprio" (RE 266.689-AgR, Rel. Min. Ellen Gracie, julgamento em 17.08.2004, *DJ* de 03.09.2004).

De acordo com o art. 22 da lei do mandado de segurança, quando o remédio for impetrado na modalidade coletiva, a sentença fará coisa julgada limitadamente aos membros do grupo ou categoria substituídos pelo impetrante. Desse modo, não produz efeitos *erga omnes*.

O § 1º do mesmo dispositivo determina que o mandado de segurança coletivo não induz litispendência para as ações individuais, mas os efeitos da coisa julgada não beneficiarão o impetrante a título individual se não requerer a desistência de seu mandado de segurança no prazo de 30 (trinta) dias a contar da ciência comprovada da impetração da segurança coletiva.

Outro tópico importante sobre o MS coletivo diz respeito à liminar. De acordo com o § 2º do art. 22 da Lei 12.016/2009, ela só poderá ser concedida após a audiência do representante judicial da pessoa jurídica de direito público, que deverá se pronunciar no prazo de 72 (setenta e duas) horas.

Por fim, ressaltamos que, de acordo com o art. 25 da lei do MS, não cabem, no processo de mandado de segurança, a interposição de embargos infringentes e a condenação ao pagamento dos honorários advocatícios, sem prejuízo da aplicação de sanções no caso de litigância de má-fé.

9.6. Nacionalidade

Nacionalidade pode ser conceituada como o vínculo de natureza jurídica e política que integra o indivíduo a um determinado Estado. Após isso, o sujeito passa a fazer parte do elemento pessoal do Estado e é denominado de nacional.

Os países são responsáveis pela elaboração das normas jurídicas que cuidam das formas de aquisição, perda e das espécies de nacionalidade. É atribuição de cada Estado definir quem são os seus nacionais.

É importante verificar-se os conceitos de povo, população, nação e cidadania:

a) Povo – é o conjunto de pessoas que tem o vínculo da nacionalidade com o Estado. É o conjunto de nacionais;

b) População – o conceito é demográfico. Pode ser conceituada como o conjunto de habitantes de cada território. Aqui se enquadram os nacionais e os estrangeiros. A diferença de população e povo é que no último só se inclui no conceito os nacionais, ou seja, natos ou naturalizados;

c) Nação – é o conjunto de pessoas ligadas por semelhanças, afinidades de etnia, costumes, idioma. Os nacionais se enquadram na definição de nação. Os estrangeiros não, pois cada país tem seus hábitos, costumes, cultura, tradição etc.;

d) Cidadania – a definição é taxativa, dá-se por meio de alistamento eleitoral; só o nacional pode ser detentor de direitos políticos. Portanto, diz-se que a nacionalidade é um requisito importante, mas não suficiente para a cidadania, haja vista a necessidade da obtenção do título de eleitor.

O pacto São José da Costa Rica, tratado internacional sobre direitos humanos, reconhece o direito à nacionalidade como direito fundamental do indivíduo em seu art. 20.

Os nacionais são divididos em natos ou naturalizados. O § 2º do art. 12 da Constituição proíbe que existam diferenças entre brasileiros natos e naturalizados, com exceção dos casos em que ela própria faz distinção. Desse modo, as diferenças só serão admitidas se decorrentes do texto constitucional.

9.6.1. Nato e naturalizado: distinções

9.6.1.1. Cargos privativos (art. 12, § 3º, CF)

O §3º do art. 12 traz o rol taxativo dos *cargos privativos* de brasileiro nato. São eles:

✓ Presidente e Vice-Presidente da República;

✓ Presidente da Câmara de Deputados;

✓ Presidente do Senado Federal;

✓ Ministro do Supremo Tribunal Federal;

✓ Da carreira diplomática;

✓ De oficial das Forças Armadas; e

✓ De Ministro de Estado da Defesa.

Os cargos de Presidente, Vice, Presidente da Câmara, do Senado e Ministro do Supremo Tribunal Federal devem ser preenchidos por natos por conta da Constituição não admitir que brasileiro naturalizado se torne Presidente da República. Dessa maneira, como esses indivíduos eventualmente ocuparão o cargo de Chefe do Poder Executivo, eles devem possuir nacionalidade brasileira originária, ou seja, devem ser natos.

Vale lembrar que o art. 89, VII, da CF determina que seis cadeiras do Conselho da República, órgão superior de consulta do Presidente da República, sejam preenchidas por cidadãos **brasileiros natos**, com mais de trinta e cinco anos de idade, sendo dois nomeados pelo Presidente da República, dois eleitos pelo Senado Federal e dois eleitos pela Câmara dos Deputados, todos com mandato de três anos, vedada a recondução. Desse modo, tais lugares também são destinados apenas a brasileiros natos.

Passemos então para as outras hipóteses de distinção entre brasileiros natos e naturalizados, admitidas pela Constituição.

9.6.1.2. Impossibilidade de extradição de brasileiro nato (art. 5º, LI, CF)

O art. 5º, LI, da CF dispõe que "nenhum brasileiro será extraditado, salvo o naturalizado, em caso de crime comum, praticado antes da naturalização, ou de comprovado envolvimento em tráfico ilícito de entorpecentes e drogas afins, na forma da lei". Dessa maneira, somente o naturalizado poderá ser extraditado e desde que configure uma das hipóteses mencionadas.

Vale lembrar que de acordo com o art. 5º, LII, da CF, o Brasil não pode conceder a extradição de estrangeiro por crime político ou de opinião. Assim, se um sujeito é acusado da prática de crime político, não poderá ser extraditado, independentemente de sua nacionalidade.

9.6.1.3. Situação que gera perda da nacionalidade apenas ao naturalizado (art. 12, § 4º, I, CF)

O inciso I do § 4º do art. 12 da CF menciona que aquele que tiver sua naturalização cancelada por sentença judicial, em decorrência da prática de atividade nociva ao interesse nacional, perde sua nacionalidade.

9.6.1.4. Conselho da República: membros

Dentre as cadeiras destinadas às pessoas que fazem parte do Conselho da República, conforme o art. 89, inciso VII, da CF, seis são destinadas a brasileiros natos. Assim, esses lugares não poderão ser ocupadas por naturalizados. O Conselho da República é um órgão de consulta do Presidente da República.

9.6.1.5. Empresa jornalística e de radiodifusão: propriedade

Dispõe o art. 222 da Constituição Federal que brasileiros naturalizados podem ser proprietários dessas empresas, desde que tenham adquirido a nacionalidade brasileira há mais de dez anos.

9.6.2. Formas de aquisição da nacionalidade brasileira: originária ou secundária

9.6.2.1. Nacionalidade originária, primária ou involuntária

É a que o indivíduo detém por meio do nascimento. Existem critérios para a atribuição dessa nacionalidade: o territorial (*ius soli*) e sanguíneo (*ius sanguinis*). A Constituição de 1988 adotou ambos, conhecido como critério misto. Assim, em alguns momentos utiliza-se do local de nascimento para identificar o nato e em outros do critério sanguíneo.

Há quatro situações em que o sujeito é considerado brasileiro nato, vejamos:

9.6.2.1.1. Art. 12, inciso I, alínea "a", da Constituição Federal (critério territorial)

A primeira situação é aquela em que são considerados brasileiros natos *os nascidos* no território da República Federativa do Brasil, ainda que de pais estrangeiros, desde que estes não estejam a serviço de seu país.

Desse modo, nasceu no Brasil é considerado brasileiro nato, com exceção do indivíduo que possua pais estrangeiros que estejam no Brasil a serviço do país de origem. Basta que um dos pais esteja a serviço do país de origem para que o filho nascido no Brasil *não* seja considerado brasileiro nato.

9.6.2.1.2. Art. 12, inciso I, alínea "b", da Constituição Federal (critério sanguíneo)

O dispositivo considera nato aquele nascido no estrangeiro, de pai ou de mãe brasileira, desde que qualquer deles esteja a serviço da República Federativa do Brasil.

A expressão "a serviço de seu país" deve ser interpretada de forma a favorecer o indivíduo, o significado é amplo. Um dos pais ou os dois devem estar em território estrangeiro, a serviço do Brasil (critério funcional).

9.6.2.1.3. Art. 12, inciso I, alínea "c", da Constituição Federal (primeira parte)

O dispositivo mencionado teve sua redação alterada pela Emenda Constitucional 54/2007.

A primeira parte menciona que são considerados brasileiros natos os indivíduos nascidos no estrangeiro, de pai ou mãe brasileira, desde que registrados na repartição brasileira competente (consular ou diplomática).

Essa hipótese constava do texto original da Constituição Federal de 1988. Só que em 1994, após a revisão constitucional, foi suprimida. A revogação da norma se deu em virtude de problemas gerados pela regra, como a existência de muitos brasileiros natos espalhados pelo mundo que não tinham relação alguma com o Brasil. A tentativa de sanar tais problemas restou infrutífera, gerando outro problema pior, que era a existência de apátridas.

Exemplo: um casal brasileiro faz uma viagem a passeio para a Itália. A mulher, grávida de 8 meses, passa mal e acaba tendo o filho na Itália. Esse indivíduo será considerado brasileiro, italiano, apátrida? Italiano não, pois na Itália o critério adotado para definir quem é considerado italiano é o *ius sanguinis*, somente filhos de pais italianos possuem a nacionalidade italiana. Será o sujeito, então, brasileiro? Não, porque os pais não estavam a serviço do Brasil, e sim numa viagem turística. Essa era uma hipótese em que a criança seria considerada um apátrida.

Por conta disso é que a Emenda Constitucional 54/2007 admite o registro desse indivíduo no consulado ou repartição diplomática competente, pondo fim à situação de apatria; com o registro o sujeito será considerado brasileiro nato.

9.6.2.1.4. Art. 12, inciso I, alínea "c", da Constituição Federal (segunda parte)

Dispõe que são considerados brasileiros natos os indivíduos nascidos no estrangeiro, de pai brasileiro ou mãe brasileira, que venham a residir no Brasil e, uma vez atingida a maioridade, optem pela nacionalidade brasileira (três requisitos: residência no Brasil, maioridade e opção). Após o cumprimento dessas formalidades, o indivíduo detém a nacionalidade originária potestativa, isto é, o Brasil não possui competência para negar esse reconhecimento. Essa hipótese ocorrerá se os pais não tiverem registrado o filho em repartição brasileira competente.

Ressalta-se que a opção pela nacionalidade brasileira é ato personalíssimo, e, por conta disso, a Constituição exige a maioridade para a sua efetivação. Até esse momento é dada ao sujeito uma nacionalidade provisória.

9.6.2.2. Nacionalidade derivada, secundária, voluntária ou adquirida

É a que o indivíduo adquire, após o nascimento, por meio do processo de naturalização, por um ato voluntário. A pessoa manifesta sua intenção em se naturalizar, cumpre os requisitos previstos na Constituição e normas infraconstitucionais e faz o pedido de naturalização.

De forma discricionária, o Brasil concederá a nacionalidade ao estrangeiro que formulou pedido de naturalização. Conforme dispõe o art. 111 da Lei 6.815/1980 (Estatuto do Estrangeiro), a atribuição é do Poder Executivo, por meio do Ministro da Justiça e, segundo a jurisprudência do Supremo, a efetivação será após a entrega de certificado de naturalização, que será feita pelo juiz federal.

A naturalização será feita de maneira ordinária ou extraordinária:

a) Ordinária (art. 12, II, "a", CF)

É aquela obtida após o regular procedimento previsto nos arts. 111 a 121 do Estatuto do Estrangeiro. Vale ressaltar que aos estrangeiros que vierem de países que falam a língua portuguesa, a Constituição exige apenas o cumprimento de dois requisitos: um ano de residência ininterrupta no Brasil e demonstração de idoneidade moral. Para os demais estrangeiros, a Lei 6.815/1980 (Estatuto do Estrangeiro), em seu art. 112, determina o cumprimento de outros requisitos, quais sejam:

√ capacidade civil, conforme as disposições previstas no Código Civil Brasileiro;

√ demonstração da capacidade de ler e escrever a língua portuguesa, sempre levando em conta as condições do naturalizando;

√ residência contínua no território nacional, pelo prazo mínimo de quatro anos, imediatamente anteriores ao pedido de naturalização;

√ exercício de profissão ou posse de bens suficientes à manutenção própria e de sua família; e

√ demonstração de bom procedimento.

b) Extraordinária (art. 12, II, "b", CF)

É aquela decorrente de largo lapso temporal de residência no país, o qual autoriza a presunção de que o estrangeiro possui fortes vínculos com o Brasil. Os requisitos constitucionais são: residência no Brasil fixa e ininterrupta há mais de 15 anos e não possuir condenação criminal.

Além disso, de acordo com o Supremo, "não se revela possível, em nosso sistema jurídico-constitucional, a aquisição da nacionalidade brasileira *jure matrimoni*, vale dizer, como efeito direto e imediato resultante do casamento civil. Magistério da doutrina." (Ext 1.121, Rel. Min. Celso de Mello, julgamento em 18.12.2009, Plenário, *DJE* de 25.06.2010).

9.6.3. Competência

A disciplina do tema nacionalidade é dada apenas pela Constituição quando se tratar de nacionalidade originária (natos) e da Constituição Federal e da lei infraconstitucional federal quando a nacionalidade for do tipo derivada (naturalizados). Tem de ser lei federal, pois a atribuição legislativa é da União (art. 22, XIII, da CF).

Vale lembrar que medida provisória não pode dispor sobre nacionalidade, por conta do comando constitucional previsto no art. 62, § 1º, I, *a*.

9.6.4. Perda da nacionalidade brasileira

As situações taxativas de perda da nacionalidade estão previstas no § 4º do art. 12 da Constituição. Existem situações aplicáveis ao nato e ao naturalizado e outras relacionadas apenas ao segundo. São as abaixo tratadas:

9.6.4.1. Cancelamento judicial da naturalização

Pode ocorrer em virtude da prática de atividade nociva ao interesse nacional. Na prática quase não é utilizada. O procedimento vem previsto nos arts. 24 a 34 da Lei 818/1949. A reaquisição da nacionalidade pode se dar por meio de ação rescisória, desde que respeitadas as regras trazidas no Código de Processo Civil.

De acordo com o STF: "Conforme revela o inciso I do § 4º do art. 12 da CF, o ministro de Estado da Justiça não tem competência para rever ato de naturalização." (RMS 27.840, rel. p/ o ac. Min. Marco Aurélio, julgamento em 07.02.2013, Plenário, *DJE* de 27.08.2013).

9.6.4.2. Aquisição voluntária de outra nacionalidade

A perda nessa hipótese é aplicável tanto ao brasileiro nato como ao naturalizado. Deve ocorrer após procedimento administrativo, no qual tenham sido assegurados a ampla defesa e o contraditório, sendo necessário um decreto do Presidente da República declarando a perda.

É importante lembrar que o § 4º, inciso II, alíneas "a" e "b", do art. 12 da Constituição Federal traz duas hipóteses de aquisição de nova nacionalidade, mas que não geram perda da brasileira:

a) quando há reconhecimento da nacionalidade *originária* pela lei estrangeira. Exemplo: a Itália reconhece originariamente como italianos os filhos e netos de italianos. Nesse caso o sujeito pode cumular as nacionalidades;

b) imposição de naturalização pela lei estrangeira como condição de permanência ou para o exercício dos direitos civis. Exemplo: os jogadores de futebol que residem no exterior e, como condição de permanência, o país impõe que se naturalizem.

Nas hipóteses explicitadas, ou seja, nos casos de cumulação de mais de uma nacionalidade, o indivíduo é chamado de polipátrida – muitas pátrias ou mais de uma pátria. Diferente, portanto, do apátrida, que é aquele que não possui nacionalidade. Frisa-se que esta situação está, atualmente, banida pela Declaração Universal dos Direitos do Homem.

9.6.5. Portugueses residentes no Brasil

A Constituição Federal determina que, havendo reciprocidade em favor dos brasileiros que residam em Portugal, sejam atribuídos aos portugueses com residência permanente no Brasil os mesmos direitos inerentes aos brasileiros naturalizados.

Tal hipótese não configura naturalização; o português apenas possui os direitos atribuídos ao naturalizado. Para tanto, são necessários dois requisitos: que o português resida de forma permanente no Brasil; e que haja igual tratamento, ou seja, reciprocidade, aos brasileiros que estejam permanentemente residindo em Portugal.

O Estatuto da Igualdade, tratado internacional de amizade e cooperação entre Brasil e Portugal, regulamenta esse assunto, fixando, dentre outras, as regras sobre a inviolabilidade da nacionalidade originária, as facilidades em relação à expedição de documentos pessoais, a proibição da concessão de extradição de portugueses e brasileiros, exceto se o solicitante for o Governo da nacionalidade do indivíduo.

De acordo com o Supremo, "a norma inscrita no art. 12, § 1º, da Constituição da República – que contempla, em seu texto, hipótese excepcional de quase nacionalidade – não opera de modo imediato, seja quanto ao seu conteúdo eficacial, seja no que se refere a todas as consequências jurídicas que dela derivam, pois, para incidir, além de supor o pronunciamento aquiescente do Estado brasileiro, fundado em sua própria soberania, depende, ainda, de requerimento do súdito português interessado, a quem se impõe, para tal efeito, a obrigação de preencher os requisitos estipulados pela Convenção sobre Igualdade de Direitos e Deveres entre brasileiros e portugueses." (Ext 890, Rel. Min. Celso de Mello, julgamento em 05.08.2004, Primeira Turma, *DJ* de 28.10.2004). No mesmo sentido: HC 100.793, Rel. Min. Marco Aurélio, julgamento em 02.12.2010, Plenário, *DJE* de 01.02.2011.

9.7. Direitos políticos

Os direitos políticos podem ser conceituados como o grupo ou conjunto de normas que disciplinam a atuação da soberania popular. Estão previstos nos arts. 14, 15 e 16 da Constituição Federal. O fundamento dessas normas advém do art. 1º da citada Constituição. Seu *caput* define o pacto federativo, seus incisos trazem os fundamentos da República Federativa do Brasil e seu parágrafo único indica quem é o titular do poder, o povo. Consagra, portanto, a *soberania popular*.

A doutrina divide os direitos políticos em *positivos* e *negativos*. Os primeiros dizem respeito à possibilidade das pessoas de votarem e serem votadas, ou seja, de participar das eleições tanto como eleitoras quanto como candidatas. São também conhecidos como direito de sufrágio ou capacidade eleitoral ativa e passiva. Tal direito é exercido nas eleições e por meio das consultas populares (plebiscito e referendo). É considerado o núcleo dos direitos políticos. Os segundos, direitos políticos negativos, estão relacionados aos impedimentos, aos fatos que impossibilitam a participação no processo eleitoral. Englobam tanto as inelegibilidades como a privação dos direitos políticos, que se dá com a perda ou suspensão desses direitos.

Analisaremos, em primeiro lugar, os direitos políticos positivos.

O exercício da soberania popular se dá de forma direta ou indireta. A forma indireta é aquela exercida por meio da democracia representativa, ou seja, por meio de representantes eleitos periodicamente; ao passo que a forma direta é a exercida mediante plebiscito, referendo e iniciativa popular das leis.

O plebiscito e o referendo são formas de consulta ao povo. As consultas visam à deliberação de matérias de grande relevância. A diferença entre os dois institutos diz respeito ao *momento* em que essa consulta é realizada.

No plebiscito, há a convocação do povo para se manifestar; a consulta à população sobre matéria de grande relevância se dá de forma *prévia*, ou seja, anteriormente à edição do ato normativo que tratará do assunto, podendo, ou não, autorizar o início do processo legislativo sobre o tema. O exemplo que temos é o que ocorreu em 1993, nos termos do art. 2º do ADCT, quando o povo foi convocado para decidir sobre

a forma (república ou monarquia) e o sistema de governo (parlamentarismo ou presidencialismo). Naquele momento, o povo – titular do poder – decidiu que a forma de governo seria a república e o sistema continuaria sendo o presidencialismo. Outro exemplo, aliás, um caso em que é imprescindível a realização da consulta popular prévia diz respeito à formação de novos Estados ou de novos Municípios. Sempre que se falar em incorporação, fusão ou desmembramento de Estados e Municípios, tais atos somente terão validade se esta for a vontade do povo, e isso será verificado após a realização prévia de um plebiscito (art. 18, §§ 3º e 4º, da CF).

Diferentemente ocorre no referendo. Aqui a consulta ao povo é *posterior* ao ato legislativo. O referendo é uma forma de o povo ratificar (confirmar), ou não, o ato legislativo produzido. No ano de 2000, tivemos um exemplo dessa forma de consulta popular quando houve a convocação do povo para decidir sobre a possibilidade, ou não, da comercialização de armas de fogo. Nesse momento, o povo optou por autorizar a comercialização, confirmando a validade do dispositivo legal previsto no Estatuto do Desarmamento.

Ressalta-se que é da competência exclusiva do Congresso Nacional, conforme art. 49, XV, da CF, autorizar referendo e convocar plebiscito.

Em síntese, o plebiscito é uma consulta popular que se dá de forma prévia, ao passo que o referendo se dá posteriormente à edição do ato normativo.

Os direitos políticos mantêm estrita relação com a cidadania. Aliás, ela é atributo para o exercício de tais direitos. Tecnicamente, *cidadão* é aquele que possui título de eleitor, que já efetuou seu alistamento eleitoral por meio de inscrição perante a Justiça Eleitoral e que está no gozo de seus direitos políticos, ou seja, não houve perda ou não está com esses direitos suspensos. Fala-se, portanto, que esse sujeito é dotado de capacidade eleitoral ativa.

O *alistamento eleitoral*, inscrição na Justiça Eleitoral, é *obrigatório* para os brasileiros maiores de 18 anos de idade. Para que não fique sujeito ao pagamento de multa, o brasileiro nato deve se alistar até um ano, contado da data em que completar 18 anos, ou seja, deve se inscrever perante a Justiça Eleitoral até os 19 anos de idade. Os naturalizados, para se livrarem da multa, também têm um ano, a contar da aquisição da nacionalidade brasileira, para efetivar o alistamento eleitoral.

Para os maiores de 16 e menores de 18, os maiores de 70 anos e os analfabetos, o alistamento eleitoral e o voto são *facultativos*, conforme dispõe o inciso II do § 1º do art. 14 da Constituição Federal.

O mesmo art. traz, em seu § 2º, algumas pessoas que são *inalistáveis* e que, portanto, não podem ser eleitores: os estrangeiros e os conscritos. Os últimos são aqueles convocados para prestar o serviço militar obrigatório; durante esse período, não podem se alistar. Contudo, se após o cumprimento do período obrigatório o indivíduo ocupar o serviço militar de natureza permanente, a Constituição determina que seja feito o alistamento eleitoral.

Além do alistamento, ou capacidade eleitoral ativa, existe a capacidade eleitoral passiva, ou *elegibilidade*, que compreende o direito de ser votado. Para que se adquira tal capacidade, é necessário o cumprimento de alguns requisitos. Conforme dispõe o § 3º do art. 14 da Constituição Federal, são condições de elegibilidade:

a) a nacionalidade brasileira;

b) o alistamento eleitoral;

c) o pleno exercício dos direitos políticos;

d) o domicílio eleitoral na circunscrição;

e) a filiação partidária (sobre esse tema, é importante ressaltar o STF, no julgamento das ADI 3.999 e 4.086, confirmou a constitucionalidade da Resolução 22.610/2007 do TSE, que trata do processo de perda de mandato eletivo por infidelidade partidária);

f) a idade mínima de: 18 anos para Vereador; 21 anos para Deputado Federal, Deputado Estadual ou Distrital, Prefeito, Vice-Prefeito e juiz de paz; 30 anos para Governador e Vice-Governador de Estado e do Distrito Federal; e 35 anos para Presidente e Vice-Presidente da República e Senador.

Quanto à *nacionalidade*, conclui-se que tanto o nato quanto o naturalizado são elegíveis, exceto em relação aos cargos de Presidente e Vice-Presidente, pois o § 3º do art. 12 da CF determina que tais cargos devem ser ocupados exclusivamente por brasileiros natos. Outra observação diz respeito àqueles que detêm a condição de portugueses equiparados: como a eles são atribuídos os direitos relativos aos brasileiros naturalizados, também não podem se candidatar aos cargos de Presidente e Vice-Presidente da República.

Fala-se que o sujeito está em *pleno exercício dos seus direitos políticos* quando ele pode não só votar, mas também ser votado. Tal plenitude é conhecida também como direito de sufrágio. Assim, fala-se que aquele que detém capacidade eleitoral ativa e passiva, ou seja, está em pleno exercício dos direitos políticos, possui o denominado direito de sufrágio.

Sabemos que, segundo a CF/1988, o sufrágio é universal, a capacidade eleitoral é dada a todos os nacionais, indiscriminadamente. Aliás, a universalidade é uma característica do voto que consta das cláusulas pétreas (art. 60, § 4º, II, da CF). Opõe-se ao sufrágio universal a forma restrita que seria aquela em que apenas sujeitos que possuíssem condição econômica favorável (voto censitário) ou que detivessem alguma capacidade especial é que poderiam votar. Tal forma é proibida pela Constituição. Nem por emenda constitucional poderá haver discriminações quanto ao exercício do direito de voto.

Partindo da premissa de que para ser elegível o indivíduo precisa deter capacidade eleitoral ativa e passiva, conclui-se que os inalistáveis (estrangeiros e conscritos, durante o serviço militar obrigatório) são também inelegíveis, pois lhes falta o primeiro requisito para a plenitude de seus direitos políticos, que é o direito de votar, isto é, a capacidade eleitoral ativa.

Outra condição de elegibilidade (capacidade eleitoral passiva), conforme já mencionado, é o domicílio eleitoral na circunscrição equivalente ao cargo que pretende. Ressalta-se que o Tribunal Superior Eleitoral considera domicílio eleitoral de forma ampla, mencionando que pode ser o local onde o candidato possui vínculos políticos, sociais, profissionais, econômicos e até comunitários. Desse modo, domicílio eleitoral difere do domicílio civil, previsto no art. 70 do Código Civil. Este último é considerado o lugar onde a pessoa estabelece sua residência com o ânimo definitivo.

Em relação à fidelidade partidária, algumas observações devem ser feitas, tendo em vista a promulgação da EC 91, de **18 de fevereiro de 2016**. Essa norma alterou a Constituição para estabelecer a **possibilidade, excepcional e em período determinado, de desfiliação partidária, sem prejuízo do mandato**. Determina o art. 1º da mencionada emenda que é facultado ao detentor de mandato eletivo desligar-se do partido pelo qual foi eleito nos trinta dias seguintes à promulgação desta Emenda Constitucional, sem prejuízo do mandato, não sendo essa desfiliação considerada para fins de distribuição dos recursos do Fundo Partidário e de acesso gratuito ao tempo de rádio e televisão.

Para melhor compreensão do assunto, se faz necessária uma análise mais aprofundada do tema. A *filiação partidária* é considerada pelo ordenamento jurídico maior como uma das condições de elegibilidade, de modo que para se candidatar o sujeito precisa demonstrar a sua filiação a um partido político (art. 14, § 3º, V, da CF).

A Lei 13.165, de 29 de setembro de 2015, ao alterar a Lei 9.096/1995 (Partidos Políticos), disciplinou especificamente o assunto **infidelidade partidária**, que, embora anteriormente não tratado expressamente na CF/1988 (antes da EC 91/2016), já tinha direcionamento em resolução do TSE e em decisões do STF e do TSE.

De acordo com o parágrafo único do art. 22-A da Lei 9.096/1995 (incluído pela Lei 13.165/2015), **perderá o mandato o detentor de cargo eletivo que se desfiliar, sem justa causa, do partido pelo qual foi eleito**. Consideram-se justa causa para a desfiliação partidária somente as seguintes hipóteses: I – mudança substancial ou desvio reiterado do programa partidário; II – grave discriminação política pessoal; e III – mudança de partido efetuada durante o período de trinta dias que antecede o prazo de filiação exigido em lei para concorrer à eleição, majoritária ou proporcional, ao término do mandato vigente.

É possível perceberque a terceira situação trazida pela lei (mudança de partido efetuada durante o período de **trinta dias** que antecede o prazo de filiação exigido em lei para concorrer à eleição, majoritária ou proporcional, ao término do mandato vigente) acabou admitindo que o candidato que já detém mandato eletivo e que pretende ser reeleito possa "trocar" de partido sem que isso gere perda do mandato. Para tanto, é necessário que ele apenas faça isso um mês antes do final do prazo estabelecido para a filiação partidária.

Voltando para a EC 91/2016, observa-se que nova possibilidade de "troca" de partido político fora criada, sem que isso gere perda do cargo. O detentor de mandato eletivo agoratem a faculdade de desligar-se do partido pelo qual foi eleito nos trinta dias seguintes à promulgação desta Emenda Constitucional, sem prejuízo do mandato, não sendo essa desfiliação considerada para fins de distribuição dos recursos do Fundo Partidário e de acesso gratuito ao tempo de rádio e televisão. Sendo assim, aqueles que possuem mandato eletivopoderão desligar-se partido político que fazem parte até o dia 19 de março de 2016. É claro que se esses políticos quiserem participar das eleições de 2016, eles terão de se filiar a outro partido político dentro do prazo constitucionalmente estabelecido, qual seja, de até seis meses antes do pleito eleitoral.

É importante ressaltar que embora a EC 91/2016 tenha autorizado a troca de partido político, ela vedou a utilização, pelo novo partido, dos recursos do fundo partidário e do tempo de acesso gratuito ao rádio e a TV. O antigo partido do político mantém o tempo para rádio e TV que lhe fora concedido, por conta do número de deputados que possuía e o tempo de acesso gratuito ao rádio e a TV. Em suma, há algumas diferenças entre as duas possibilidades de troca de partido político. Alegalmente admitida, prevista no inciso III do parágrafo único do art. 22-A da Lei 9.096/1995 (incluído pela Lei 13.165/2015), admite a mudança de partido efetuada durante o período de trinta dias que antecede o prazo de filiação exigido em lei para concorrer à eleição, majoritária ou proporcional, ao término do mandato vigente. A mudança assegurada pela EC 91/2016pode ser realizada apenas entre 19 de fevereiro de 2016 e 19 de março de 2016. Nesse período, o detentor de mandato eletivo poderá sair do partido pelo qual foi eleito sem perder o mandato por infidelidade partidária. Outra diferença é a de que a troca de partido prevista na lei é considerada como uma justa causa e, por ser assim, não geraria perda do mandato. A hipótese trazida pela EC 91/2016 é tratada, não como justa causa, mas como uma autorização **temporária** para sujeito se desligar do partido pelo qual ele foi eleito. Por ser temporária, só tem validade durante o período de 19 de fevereiro de 2016 e 19 de março de 2016. A situação trazida pela lei, ao contrário, tem caráter durável, de modo que também pode ser aplicada nas futuras eleições.

Dispõe o art. 60, § 4º, inciso II, da CF que o voto tem de ser direto, secreto, universal e periódico. Tomando por base as disposições trazidas, podemos dizer que o voto possui as seguintes características:

1) é ato **direto**: o eleitor não vota em alguém para que esse alguém escolha quem o representará, não há intermediários, vota-se diretamente naquele que o representará. O voto direto é cláusula pétrea, ou seja, nem mesmo pelo poder constituinte derivado reformador (por emenda constitucional) isso poderá ser modificado. Vale lembrar que, conforme já mencionado, embora o voto seja direto, seu exercício é um exemplo de democracia indireta, pois o povo delega seu poder para o governante eleito para que ele o represente;

2) é ato **secreto**: o exercício do direito de voto é algo sigiloso, a opção do sujeito sobre qual candidato escolheu ou escolherá não precisa ser externada. O voto secreto é cláusula pétrea, não pode ser suprimido do texto constitucional. De acordo com o Supremo, o sigilo do voto é direito fundamental do cidadão. Assim, decidiu a Suprema Corte que "a exigência legal do voto impresso no processo de votação, contendo número de identificação associado à assinatura digital do eleitor, vulnera o segredo do voto, garantia constitucional expressa. A garantia da inviolabilidade do voto põe a necessidade de se garantir ser impessoal o voto para garantia da liberdade de manifestação, evitando-se qualquer forma de coação sobre o eleitor. A manutenção da urna em aberto põe em risco a segurança do sistema, possibilitando fraudes, impossíveis no atual sistema, o qual se harmoniza com as normas constitucionais de garantia do eleitor. Cautelar deferida para suspender a eficácia do art. 5º da Lei 12.034/2002" (ADI 4.543-MC, Rel. Min. Cármen Lúcia, julgamento em 03.11.2011, Plenário, *DJE* de 02.03.2012).

3) é ato **universal**: conforme já estudado, a capacidade eleitoral é dada a todos os nacionais, indiscriminadamente. A universalidade também consta das cláusulas pétreas;

4) é ato **periódico**: os governantes detêm mandatos por um período determinado. Assim, sempre que houver troca de governante, o povo deve ser chamado às urnas para exercer, de modo periódico, o direito de voto. A periodicidade do voto é uma das cláusulas pétreas;

5) é ato **personalíssimo**: significa que só pode ser exercido pela própria pessoa, não há possibilidade de se passar uma procuração para que outra pessoa vote em seu nome, o voto não pode ser efetivado por mandato;

6) é ato **obrigatório**: embora a obrigatoriedade do voto não seja considerada uma cláusula pétrea, ou seja, por emenda constitucional, tal determinação pode ser modificada, enquanto não houver mudança nessa regra o eleitor tem obrigação de ir até o local determinado e efetivamente votar. É claro que há a possibilidade de votar em branco ou anular seu voto, mas isso não significa que o sujeito possa deixar de comparecer fisicamente ao local, dia e horário determinados;

7) é **ato livre**: o conteúdo do voto é livre, por conta disso que as pessoas, além de poderem escolher em qual candidato votar, podem anular seu voto.

Passemos à análise dos direitos políticos negativos.

Os direitos políticos negativos dizem respeito às circunstâncias que impedem a participação no processo eletivo, são as inelegibilidades e a perda e suspensão dos direitos políticos.

Inelegibilidades: significam impedimentos relativos ou absolutos que atingem o direito de sufrágio, especificamente em relação à elegibilidade, à capacidade eleitoral passiva, ou seja, ao direito de ser votado.

Segundo o art. 14, § 4º, da CF são *absolutamente* inelegíveis os inalistáveis e os analfabetos. Os inalistáveis não podem se alistar, portanto, não votam. Se não podem o menos, que é votar, não poderão o mais, que é serem votados. Desse modo, é possível concluir que a inalistabilidade impede a elegibilidade, já que a primeira é pressuposto para aquisição da segunda.

Ocorre que o dispositivo menciona que também são inelegíveis os analfabetos. Vejam, eles detêm capacidade eleitoral ativa, os analfabetos podem votar, o que a Constituição proíbe é a elegibilidade. Assim, poderão votar, mas não poderão ser eleitos, pois não possuem capacidade eleitoral passiva, não são elegíveis.

Em suma, a inelegibilidade absoluta atinge os inalistáveis (estrangeiros e os conscritos, durante o serviço militar obrigatório) e os analfabetos.

Vale observar a seguinte decisão do Supremo: "as condições de elegibilidade (CF, art. 14, § 3º) e as hipóteses de inelegibilidade (CF, art. 14, § 4º a § 8º), inclusive aquelas decorrentes de legislação complementar (CF, art. 14, § 9º), aplicam-se de pleno direito, independentemente de sua expressa previsão na lei local, à eleição indireta para Governador e Vice-Governador do Estado, realizada pela Assembleia Legislativa em caso de dupla vacância desses cargos executivos no último biênio do período de governo" (**ADI 1.057-MC**, Rel. Min. **Celso de Mello**, julgamento em 20.04.1994, Plenário, *DJ* de 06.04.2001). **No mesmo sentido**: **ADI 4.298**-MC, Rel. Min. **Cezar Peluso**, julgamento em 07.10.2009, Plenário, *DJE* de 27.11.2009.

Passemos ao estudo da inelegibilidade relativa.

As inelegibilidades *relativas* não têm relação específica com a pessoa que quer se candidatar, mas sim com fatores externos, ou ainda, com pessoas ligadas àquela que pretende disputar o pleito eleitoral. Como o próprio nome esclarece, são obstáculos relativos ao direito de ser votado. Em princípio, o sujeito é elegível, mas para determinados cargos ou funções haverá impedimento.

Os motivos que levam à inelegibilidade relativa podem ser:

✓ funcionais (art. 14, §§ 5º e 6º, da CF);

✓ casamento, parentesco ou afinidade (art. 14, §7º, da CF);

✓ legais (art. 14, § 9º, da CF);

✓ militares (art. 14, § 8º, da CF); e

✓ domicílio eleitoral.

Motivo funcional: o § 5º do art. 14 da CF traz a regra da reeleição, dispondo que o Presidente da República, os Governadores de Estado e do Distrito Federal, os Prefeitos e quem os houver sucedido ou substituído no curso dos mandatos, poderão ser reeleitos para um único período subsequente. Se o sujeito for reeleito após o término do primeiro mandato, será considerado inelegível para a próxima eleição. Verifica-se que há a impossibilidade de um terceiro mandato subsequente ao segundo. Tal proibição não impede que o sujeito ocupe o cargo de Chefe do Executivo por mais de duas vezes, apenas veda que essa ocupação se dê de forma sucessiva. Trata-se de hipótese de inexigibilidade por motivo funcional.

Sobre o art. 14, § 5º, da CF, é interessante notar o seguinte julgado do STF: "O instituto da reeleição tem fundamento não somente no postulado da continuidade administrativa, mas também no princípio republicano, que impede a perpetuação de uma mesma pessoa ou grupo no poder. O princípio republicado condiciona a interpretação e a aplicação do próprio comando da norma constitucional, de modo que a reeleição é permitida por apenas uma única vez. Esse princípio impede a terceira eleição não apenas no mesmo município, mas em relação a qualquer outro município da federação. Entendimento contrário tornaria possível a figura do denominado "prefeito itinerante" ou do "prefeito profissional", o que claramente é incompatível com esse princípio, que também traduz um postulado de temporiedade/ alternância do exercício do poder. Portanto, ambos os princípios – continuidade administrativa e republicanismo – condicionam a interpretação e aplicação teleológicas do art. 14, § 5º, da CF. O cidadão que exerce dois mandatos consecutivos como o prefeito de determinado município fica inelegível para o cargo da mesma natureza em qualquer outro município da federação" (RE 637.485-RJ, de 01.08.2012, rel. Min. Gilmar Mendes).

Outra situação em que se verifica a inelegibilidade por motivo funcional é a constante no § 6º do art. 14 da CF que dispõe que, para concorrerem a outros cargos, o Presidente da República, os Governadores de Estado e do Distrito Federal e os Prefeitos devem renunciar aos respectivos mandatos até seis meses antes do pleito. É a denominada regra da *desincompatibilização*.

Vale lembrar que apenas para outros cargos eletivos, e não para uma futura reeleição, é que é exigida, do Chefe do Executivo, a desincompatibilização, ou seja, o afastamento temporário ou a renúncia nos seis meses que antecedem o pleito eleitoral.

Casamento, parentesco ou afinidade: o § 7º do art. 14 da CF dispõe que são inelegíveis no território de jurisdição do titular o cônjuge e os parentes consanguíneos ou afins até o segundo grau, ou por adoção, do Presidente da República, de Governador de Estado ou Território, do Distrito Federal, de Prefeito ou de quem os haja substituído dentro dos seis meses anteriores ao pleito, salvo se já titular de mandato eletivo e candidato à reeleição. Trata-se da denominada *inelegibilidade reflexa*.

Em suma, pela inelegibilidade reflexa as pessoas relacionadas ao prefeito não poderão ser candidatas a vereador ou prefeito no mesmo município. Aquelas que têm relação com o governador não poderão concorrer aos cargos de vereador, deputado estadual, deputado federal, senador ou governador do respectivo estado. E, por último, os ligados ao Presidente não poderão ser candidatos a qualquer cargo eletivo no país.

Vale lembrar que o Supremo Tribunal Federal editou a súmula vinculante 18, que determina que a dissolução da sociedade ou do vínculo conjugal, no curso do mandato, não afasta a inexigibilidade prevista no § 7º do art. 14 da CF. Desse modo, não adianta os governantes, durante seus mandatos, romperem suas relações matrimoniais para que seus futuros "ex-cônjuges" escapem da inexigibilidade reflexa.

Motivos legais: o § 9º do art. 14 da CF deixa claro que outros casos de inelegibilidade relativa poderão ser criados por meio de lei complementar. Assim, o rol de motivos previstos na CF é meramente exemplificativo.

Motivos militares: embora o § 8º do art. 14 da CF mencione que o militar alistável é também elegível, o art. 142, §3º, V, do Texto Maior proíbe sua filiação a partido político enquanto estiver na ativa. Por conta disso, o Tribunal Superior Eleitoral decidiu que nesse caso é dispensável a filiação partidária, que será sanada pelo registro da candidatura feita pelo partido político.

Além disso, o militar, para ser elegível, deverá obedecer às seguintes regras:

1) se contar com **menos de 10** anos de serviço, deverá **afastar-se** da atividade;

2) se contar com **mais de 10** anos de serviço, será **agregado** pela autoridade superior e, **se eleito**, passará automaticamente, no ato da diplomação, para a **inatividade.**

Vale lembrar que o Supremo já decidiu que "diversamente do que sucede ao militar com mais de dez anos de serviço, deve afastar-se definitivamente da atividade o servidor militar que, contando menos de dez anos de serviço, pretenda candidatar-se a cargo eletivo." (RE 279.469, Rel. p/ o ac. Min. **Cezar Peluso**, julgamento em 16.03.2011, Plenário, *DJE* de 20.06.2011).

"Ficha limpa" – Lei Complementar 135/2010

A Lei da "Ficha Limpa" teve origem por iniciativa popular, com mais de um milhão e meio de assinaturas; foi sancionada como Lei Complementar 135, no dia 04.06.2010. Sua aprovação é fruto da mobilização de milhões de cidadãos e se tornou um marco fundamental para a democracia e a luta contra a corrupção e a impunidade no Brasil.

Em suma, a lei em comento altera a Lei Complementar 64, de 18.05.1990, que estabelece, de acordo com o § 9º do art. 14 da Constituição Federal, casos de inelegibilidade, prazos de cessação e determina outras providências para incluir hipóteses de inelegibilidade que visam a proteger a probidade administrativa e a moralidade no exercício do mandato.

Entre outras restrições, a lei proíbe a candidatura de pessoas com condenação criminal por decisão colegiada da Justiça. Porém, a polêmica questão que girava acerca do tema, acalorando o debate, é se tal lei seria ou não constitucional. O Supremo entendeu que a referida lei é constitucional uma vez que o princípio da presunção de inocência só se aplica ao âmbito penal, enquanto que no direito eleitoral se aplica o princípio da prevenção, conforme entendimento de juristas como Fábio Konder Comparato e Celso Antônio Bandeira de Mello.

Ao analisar recurso de Jader Barbalho (PMDB-PA), segundo colocado na eleição para senador no Estado do Pará, o STF, mantendo a decisão do TSE, definiu que a lei já seria aplicada na eleição do ano de 2010, inclusive em todos os casos de políticos que renunciaram ao mandato para fugir de processo de perda da função.

Posteriormente, ao apreciar o recurso apresentado pelo ex-deputado estadual Leonídio Bouças (PMDB-MG), que havia sido impedido por conta de uma condenação advinda de uma ação de improbidade administrativa, o STF mudou o seu entendimento.

Com fundamento no art. 16 da Constituição Federal, que determina que a lei que alterar o processo eleitoral entra em vigor na data de sua publicação, **não se aplicando à eleição que ocorra até um ano da data de sua vigência** (princípio da anualidade) e em princípios basilares que resguardam o estado democrático de direito, como o da **segurança jurídica**, o STF decidiu que a lei **da ficha limpa valeria a partir de 2012.**

Segundo a Corte Maior, "a elegibilidade é a adequação do indivíduo ao regime jurídico – constitucional e legal complementar – do processo eleitoral, razão pela qual a aplicação da Lei Complementar 135/2010 com a consideração de fatos anteriores não pode ser capitulada na retroatividade vedada pelo art. 5º, XXXV, da Constituição, mercê de incabível a invocação de direito adquirido ou de autoridade da coisa julgada (que opera sob o pálio da

cláusula *rebus sic stantibus*) anteriormente ao pleito em oposição ao diploma legal retromencionado (...) **A razoabilidade da expectativa de um indivíduo de concorrer a cargo público eletivo, à luz da exigência constitucional de moralidade para o exercício do mandato (art. 14, § 9º), resta afastada em face da condenação prolatada em segunda instância ou por um colegiado no exercício da competência de foro por prerrogativa de função, da rejeição de contas públicas, da perda de cargo público ou do impedimento do exercício de profissão por violação de dever ético-profissional. A presunção de inocência consagrada no art. 5º, LVII, da Constituição Federal deve ser reconhecida como uma regra e interpretada com o recurso da metodologia análoga a uma redução teleológica, que reaproxime o enunciado normativo da sua própria literalidade, de modo a reconduzi-la aos efeitos próprios da condenação criminal (que podem incluir a perda ou a suspensão de direitos políticos, mas não a inelegibilidade), sob pena de frustrar o propósito moralizante do art. 14, § 9º, da Constituição Federal.** Não é violado pela Lei Complementar 135/10 o princípio constitucional da vedação de retrocesso, posto não vislumbrado o pressuposto de sua aplicabilidade concernente na existência de consenso básico, que tenha inserido na consciência jurídica geral a extensão da presunção de inocência para o âmbito eleitoral. O direito político passivo (*ius honorum*) é possível de ser restringido pela lei, nas hipóteses que, *in casu*, não podem ser consideradas arbitrárias, porquanto se adequam à exigência constitucional da razoabilidade, revelando elevadíssima carga de reprovabilidade social, sob os enfoques da violação à moralidade ou denotativos de improbidade, de abuso de poder econômico ou de poder político. **O princípio da proporcionalidade resta prestigiado pela Lei Complementar 135/2010, na medida em que: (i) atende aos fins moralizadores a que se destina; (ii) estabelece requisitos qualificados de inelegibilidade e (iii) impõe sacrifício à liberdade individual de candidatar-se a cargo público eletivo que não supera os benefícios socialmente desejados em termos de moralidade e probidade para o exercício de referido *munus* público. O exercício do *ius honorum* (direito de concorrer a cargos eletivos), em um juízo de ponderação no caso das inelegibilidades previstas na Lei Complementar 135/10, opõe-se à própria democracia, que pressupõe a fidelidade política da atuação dos representantes populares**. A Lei Complementar 135/2010 também não fere o núcleo essencial dos direitos políticos, na medida em que estabelece restrições temporárias aos direitos políticos passivos, sem prejuízo das situações políticas ativas. O cognominado desacordo moral razoável impõe o prestígio da manifestação legítima do legislador democraticamente eleito acerca do conceito jurídico indeterminado de vida pregressa, constante do art. 14, § 9.º, da Constituição Federal. O abuso de direito à renúncia é gerador de inelegibilidade dos detentores de mandato eletivo que renunciarem aos seus cargos, posto hipótese em perfeita compatibilidade com a repressão, constante do ordenamento jurídico brasileiro (*v.g.*, o art. 53, § 6º, da Constituição Federal e o art. 187 do Código Civil), ao exercício de direito em manifesta transposição dos limites da boa-fé. A inelegibilidade tem as suas causas previstas nos §§ 4º a 9º do art. 14 da Carta Magna de 1988, que se traduzem em condições objetivas cuja verificação impede o indivíduo de concorrer a cargos eletivos ou, acaso eleito, de os exercer, e não se confunde com a suspensão ou perda dos direitos políticos, cujas hipóteses são previstas no art. 15 da Constituição da República, e que importa restrição não apenas ao direito de concorrer a cargos eletivos (*ius honorum*), mas também ao direito de voto (*ius sufragii*). Por essa razão, não há inconstitucionalidade na cumulação entre a inelegibilidade e a suspensão de direitos políticos. A extensão da inelegibilidade por oito anos após o cumprimento da pena, admissível à luz da disciplina legal anterior, viola a proporcionalidade numa sistemática em que a interdição política se põe já antes do trânsito em julgado, cumprindo, mediante interpretação conforme a Constituição, deduzir do prazo posterior ao cumprimento da pena o período de inelegibilidade decorrido entre a condenação e o trânsito em julgado." (ADC 29; ADC 30 e ADI 4.578, Rel. Min. **Luiz Fux**, julgamento em 16.02.2012, Plenário, *DJE* de 29.06.2012).

O STF também já definiu que "(...) a perda da elegibilidade constitui situação impregnada de caráter excepcional, pois inibe o exercício da cidadania passiva, comprometendo a prática da liberdade em sua dimensão política, eis que impede o cidadão de ter efetiva participação na regência e na condução do aparelho governamental." (AC 2.763-MC, Rel. Min. Celso de Mello, decisão monocrática, julgamento em 16.12..2010, *DJE* de 01.02.2011).

Privação ou restrição dos direitos políticos

Há duas formas de restringir os direitos políticos: temporária ou definitivamente. A primeira é denominada suspensão dos direitos políticos e a segunda é conhecida como perda de tais direitos.

Ressalta-se que a Constituição proíbe a cassação dos direitos políticos em seu art. 15 e admite, em algumas hipóteses, a perda e a suspensão, conforme analisaremos adiante.

É da competência do Poder Judiciário, conforme dispõe o inciso XXXV do art. 5º da CF, analisar e decidir as questões relacionadas à perda e suspensão dos direitos políticos.

As hipóteses de *suspensão* são as seguintes: a) incapacidade civil absoluta; b) condenação criminal transitada em julgado, enquanto durarem seus efeitos; e c) prática de atos de improbidade administrativa, conforme art. 37, §4º, da CF.

De outra parte, haverá *perda* dos direitos políticos: a) quando houver cancelamento da naturalização por sentença transitada em julgado; e b) quando houver recusa em cumprir obrigação a todos imposta ou prestação alternativa, segundo art. 5º, VIII, da CF. Nesta última hipótese, há quem entenda que é suspensão e não de perda dos direitos políticos, por conta do art. 4º, § 2º, da Lei 8.239/1991.

Nesse tópico, há decisão do Supremo no sentido de que a inelegibilidade tem as suas causas previstas nos §§ 4º a 9º do artigo 14 da Carta Magna de 1988, que se traduzem em condições objetivas cuja verificação impede o indivíduo de concorrer a cargos eletivos ou, acaso eleito, de os exercer, **e não se confunde com a suspensão ou perda dos direitos**

políticos, cujas hipóteses são previstas no artigo 15 da Constituição da República, e que importa restrição não apenas ao direito de concorrer a cargos eletivos (*ius honorum*), mas também ao direito de voto (*ius sufragii*). Por essa razão, não há inconstitucionalidade na cumulação entre a inelegibilidade e a suspensão de direitos políticos." (ADC 29; ADC 30 e **ADI 4.578**, Rel. Min. Luiz Fux, julgamento em 16.02.2012, Plenário, *DJE* de 29.06.2012).

Princípio da anterioridade ou anualidade eleitoral: dispõe o art. 16 da CF que a lei que alterar o processo eleitoral entrará em vigor na data de sua publicação, não se aplicando à eleição que ocorra até um ano da data de sua vigência.

De acordo com o STF, informativo 707, "A importância fundamental do princípio da segurança jurídica para o regular transcurso dos processos eleitorais está plasmada no princípio da anterioridade eleitoral positivado no art. 16 da CF. O STF fixou a interpretação desse art. 16, entendo-o como uma garantia constitucional (1) do devido processo legal eleitoral, (2) da igualdade de chances e (3) das minorias (RE 633.703). Em razão do caráter especialmente peculiar dos atos judiciais emanados do Tribunal Superior Eleitoral (TSE), os quais regem normativamente todo o processo eleitoral, é razoável concluir que a CF também alberga uma norma, ainda que implícita, que traduz o postulado da segurança jurídica como princípio da anterioridade ou anualidade em relação à alteração da jurisprudência do TSE. Assim, as decisões do TSE que, no curso do pleito eleitoral (ou logo após o seu encerramento), impliquem mudança de jurisprudência (e dessa forma repercutam sobre a segurança jurídica) não têm aplicabilidade imediata ao caso concreto e somente terão eficácia sobre outros casos no pleito eleitoral posterior" (**Informativo** 707 do STF).

Desincompatibilização: os Chefes do Executivo (Presidente da República, Governadores de Estado e do Distrito Federal ou Prefeitos) que pretendam concorrer à próxima eleição, segundo o § 6º do art. 14 da CF, deverão renunciar aos respectivos mandatos até seis meses antes do pleito. Nesses casos, os governantes terão de se afastar dos seus cargos de forma definitiva. Vale lembrar que há casos em que será necessário apenas o licenciamento; por exemplo, nas hipóteses de agentes administrativos e autoridades policiais que pretendam disputar o pleito eleitoral.

Reaquisição dos direitos políticos: no caso de suspensão dos direitos políticos, se os motivos que levaram à suspensão não mais persistirem, haverá reaquisição. Já nas hipóteses de perda, é necessário fazer uma divisão: se a perda se deu em razão de cancelamento da naturalização, em virtude de atividade nociva ao interesse nacional reconhecida em sentença transitada em julgado, a reaquisição somente ocorrerá mediante ação rescisória; se a perda decorreu da recusa em cumprir obrigação a todos imposta, o sujeito poderá readquirir os direitos políticos se cumprir tal obrigação ou, na hipótese de serviço militar obrigatório, o cumprimento da prestação de serviço alternativo.

9.8. Partidos políticos

Os partidos políticos têm por função assegurar a autenticidade do sistema representativo, além de defender o estado democrático, os direitos e garantias fundamentais. Podemos considerá-los como o agrupamento de pessoas que possuem os mesmos ideais e objetivos e que pretendem assumir o poder para fazer valer tais preceitos.

Segundo o art. 17 da CF, é livre a criação, fusão, incorporação e extinção de partidos políticos, resguardados a soberania nacional, o regime democrático, o pluripartidarismo e os direitos fundamentais da pessoa humana. O mesmo dispositivo constitucional menciona que devem ser observados os seguintes preceitos:

I. caráter nacional;

II. proibição de recebimento de recursos financeiros de entidade ou governo estrangeiros ou de subordinação a estes;

III. prestação de contas à Justiça Eleitoral;

IV. funcionamento parlamentar de acordo com a lei.

Desse modo, verifica-se que o princípio da liberdade partidária não é ilimitado e irrestrito: há condições para criação, fusão, incorporação e extinção dos partidos políticos.

O pluripartidarismo ou pluralismo partidário prestigia a democracia moderna, fazendo com que o eleitor tenha acesso à diversidade de candidatos e a vários partidos políticos. Os preceitos eleitorais devem ser definidos de forma clara e objetiva para que todos os partidos, independentemente de serem pequenos ou grandes, tenham os mesmos direitos. É importante frisar que os partidos políticos possuem natureza jurídica de direito privado, pois adquirem personalidade jurídica na forma da lei civil. Após tal aquisição, devem registrar seus estatutos no Tribunal Superior Eleitoral. Cumpridas essas formalidades, os partidos serão sujeitos de direito, podendo atuar em juízo.

A Constituição assegura, ainda, a autonomia dos partidos, mencionando que eles definirão sua estrutura interna, organização e funcionamento e poderão adotar os critérios de escolha e o regime de suas coligações eleitorais.

É importante mencionar que a EC 52/2006 constitucionalizou a *quebra da verticalização*, dispondo que não há mais a obrigatoriedade de vinculação entre as candidaturas em âmbito nacional, estadual, distrital ou municipal, devendo os estatutos dos partidos estabelecerem as normas de disciplina e fidelidade partidária.

O § 3º do art. 17 da CF estabelece que os partidos políticos têm direito a recursos do fundo partidário e acesso gratuito ao rádio e à televisão na forma da lei. Como o dispositivo não faz distinção entre partidos, não se pode concluir que apenas aqueles que tenham representação no Congresso Nacional detêm tais direitos.

Por fim, a Constituição menciona que é proibida a utilização, pelos partidos políticos, de organização paramilitar.

10. CONTROLE DE CONSTITUCIONALIDADE

10.1. Conceito

É o mecanismo de verificação da compatibilidade de um ato normativo em face da Constituição Federal. Todo o ordenamento jurídico brasileiro, ou seja, todas as regras existentes no Brasil devem guardar relação de compatibilidade vertical com o Texto Maior. Não sendo consonantes com o que preconiza a Constituição, devem ser banidas do ordenamento, por meio do instituto denominado controle de constitucionalidade.

10.2. Fundamento

O controle de constitucionalidade tem por fundamento o princípio da *supremacia constitucional*, o qual dispõe que as normas constitucionais estão no ápice da pirâmide hierárquica de Kelsen. Todas as normas infraconstitucionais encontram seu fundamento de validade na Constituição Federal. Desse modo, os atos normativos em geral, por estarem abaixo da Constituição, devem ser compatíveis com o ordenamento jurídico maior.

10.3. Objeto

Podem ser objeto de controle tanto os atos legislativos quanto os atos normativos. Os primeiros estão previstos no art. 59 da Constituição Federal. São eles: emendas constitucionais, leis complementares, leis ordinárias, medidas provisórias, decretos legislativos e resoluções. Os segundos, atos normativos ou administrativos, são os decretos, portarias etc.

É importante mencionar que o ato passível de controle é aquele que encontra fundamento de validade diretamente na Constituição e não em norma infraconstitucional.

10.4. Formas de inconstitucionalidade: por omissão e por ação

10.4.1. Por omissão

Verifica-se a inconstitucionalidade por omissão quando estamos diante de uma norma constitucional de eficácia limitada – aquela que depende de regulamentação por parte do legislador – e não há a edição dessa norma regulamentadora. Aquele que detém competência para elaborá-la não o faz, omite-se. Tal conduta é tida como inconstitucional, pois inviabiliza o exercício de um direito garantido constitucionalmente. Daí falar-se que estamos diante de uma omissão inconstitucional ou uma inconstitucionalidade por omissão.

Ressalta-se que, quando há um direito previsto na Constituição, em uma norma de eficácia limitada, implicitamente há um comando constitucional para que o legislador produza a devida regulamentação. Não é uma faculdade, mas uma ordem que, sendo descumprida, gera inconstitucionalidade. Exemplo: o art. 7º, XXVII, da Constituição prevê que a proteção dos trabalhadores em face da automação deve ser garantida, na forma da lei. É necessária a edição da referida lei para que o direito possa ser exercido; enquanto não sobrevém a norma, fala-se que há inconstitucionalidade por omissão.

Outro exemplo é o direito de greve do servidor público, garantido constitucionalmente pelo inciso VII do art. 37. Dispõe tal comando que o direito de greve será exercido nos termos e nos limites definidos em lei específica. Há uma lei que regulamenta a greve para os empregados, ou seja, para as pessoas sujeitas ao regime celetista. Ocorre que para o servidor público ainda não há lei específica regulamentando a greve. Assim, pergunta-se: pode o servidor público fazer greve? Se sim, por quanto tempo? Quais os limites aplicáveis à greve no serviço público? O Supremo Tribunal Federal, ao analisar dois mandados de injunção impetrados por associações de servidores públicos, deu uma decisão inédita, determinando que enquanto não sobrevier a lei específica que tem por finalidade regulamentar a greve no serviço público, o servidor poderá fazer greve tomando por base as diretrizes estabelecidas pela lei geral de greve, ou seja, a lei que regulamenta a greve para os regidos pela CLT.

Analisaremos, mais adiante, as medidas judiciais cabíveis para sanar o problema gerado pela inconstitucionalidade por omissão que são: o mandado de injunção – meio em que se faz controle difuso de constitucionalidade (art. 5º, LXXI, CF) – e a Ação Direta de Inconstitucionalidade por Omissão – mecanismo de controle abstrato de constitucionalidade (art. 103, §2º, CF).

A inconstitucionalidade por omissão pode se dar de duas formas: parcial ou total. Na primeira hipótese, a norma constitucional de eficácia limitada é regulamentada, mas apenas parcialmente, ou seja, o direito garantido constitucionalmente não foi regulamentado em sua plenitude. Na segunda, nenhuma norma foi produzida a fim de regulamentar o direito. Não existe sequer norma incompleta tratando do assunto, impossibilitando qualquer forma de efetivo exercício do direito.

10.4.2. Por ação

Verifica-se a inconstitucionalidade por ação quando a lei o ou ato normativo está em desacordo com a Constituição. A lei nasceu, mas emanada com vício de inconstitucionalidade. O ato do legislador de produzir uma norma em desacordo com a Carta Magna gera inconstitucionalidade por ação.

A inconstitucionalidade por ação pode ser: material ou formal.

10.4.2.1. Inconstitucionalidade material

Ocorre quando o conteúdo da norma fere as disposições e princípios trazidos pela Constituição. A matéria disciplinada pelo ato normativo está em desacordo com o ordenamento jurídico maior. Tal inconstitucionalidade pode se dar por violação às cláusulas pétreas – aquelas previstas no § 4º do art. 60 da Constituição: I – forma federativa de Estado; II – o voto direto, secreto, universal e periódico; III – a separação dos Poderes; e IV – os direitos e garantias individuais; ou quando viola um direito materialmente garantido pela Constituição. Exemplo: uma lei que estabeleça a pena de morte, pois a Constituição, em seu art. 5º, inciso XLVII, *a,* veda a imposição de tal penalidade (exceto em caso de guerra declarada, nos termos do referido artigo).

10.4.2.2. Inconstitucionalidade formal

Ocorre quando é descumprido algum dos requisitos exigidos quando da elaboração de um ato normativo. As leis, ao serem produzidas, devem seguir um procedimento específico, denominado processo legislativo; se tal procedimento é violado, estamos diante de uma inconstitucionalidade formal. Aliás, o nome do instituto jurídico já nos ajuda a defini-lo, ou seja, a forma, o modo de elaboração é que é violado nessa modalidade de inconstitucionalidade.

Exemplo: um projeto de lei *complementar* aprovado pelo voto da maioria relativa é considerado formalmente inconstitucional, pois para que a lei complementar seja aprovada o quórum exigido, ao contrário do mencionado, é de maioria absoluta.

Outra hipótese de violação de regra de procedimento ocorre quando determinado projeto de lei, de iniciativa privativa, é instaurado, iniciado, por quem não detém competência para tanto; por exemplo, projeto de lei que disponha sobre a criação de cargos, funções ou empregos públicos na administração direta e autárquica ou aumento de sua remuneração iniciado por um Deputado. A competência para iniciar projeto de lei sobre esse tema é privativa do Presidente da República, conforme preconiza o art. 61, § 1º, II, *a*, da Constituição Federal.

Observação: parte da doutrina também fala em inconstitucionalidade formal "orgânica", que é a que ocorre quando há vício de iniciativa. O problema é de competência, o sujeito ou o órgão que iniciou um projeto de lei não era competente para tanto.

10.5. Classificação do controle de constitucionalidade

10.5.1. Quanto ao momento (preventivo ou repressivo)

Segundo essa classificação, o controle de constitucionalidade pode ser exercido de forma *prévia* ou *preventiva* e *posterior* ou *repressiva* à edição do ato normativo.

Será *prévio ou preventivo* quando o ato normativo impugnado ainda não estiver em vigor. O projeto de lei, e não a lei, é objeto de questionamento, é ele que tem sua constitucionalidade questionada. Exemplo: no trâmite do processo legislativo, há uma fase na qual o projeto é encaminhado ao Presidente da República para que ele o sancione ou o vete, a denominada deliberação executiva. Caso o projeto de lei seja vetado por razões de inconstitucionalidade, estaremos diante do *veto jurídico*, previsto no art. 66, § 1º, da Constituição Federal. Nessa hipótese o Presidente da República realiza controle preventivo de constitucionalidade. Ademais, quando o Chefe do Executivo considerar o projeto de lei contrário ao interesse público, estaremos diante do *veto político*.

Outro exemplo se dá na fase de deliberação legislativa, quando a Comissão de Constituição e Justiça (CCJ) analisa a constitucionalidade de um projeto de lei, expedindo parecer. Tal ato, em regra, tem natureza terminativa e a proposta de lei tida como inconstitucional será rejeitada e arquivada.

Excepcionalmente, o Poder Judiciário pode fazer controle preventivo de constitucionalidade, por exemplo, ao julgar mandado de segurança impetrado por parlamentares contra a continuidade de um processo legislativo em que esteja sendo deliberado assunto tendente a abolir uma das cláusulas pétreas.

Será *posterior ou repressivo (controle superveniente)* quando o ato normativo eivado de vício de inconstitucionalidade já tenha sido editado. A lei, a ser ou não declarada inconstitucional, já produz efeitos no mundo jurídico.

Normalmente quem faz controle repressivo de constitucionalidade é o Poder Judiciário e o faz pelas vias difusa e concentrada, tema que será abordado adiante. Vale destacar que a Constituição admite, de forma excepcional, que o Poder Legislativo também faça esse controle, por exemplo, na hipótese do art. 62, § 5º, da CF, em que ele rejeita medida provisória por considerá-la inconstitucional. Outra situação ocorre quando o Congresso Nacional susta, por meio de decreto legislativo, atos normativos do Poder Executivo que exorbitaram seu poder regulamentar ou excederam os limites da delegação legislativa, conforme disposição prevista nos arts. 49, V, 84, IV, e 68, todos da CF.

10.5.2. Quanto ao órgão competente (político ou judiciário)

O *controle político* é aquele realizado por alguém que não integra o Poder Judiciário. Exemplos: controle prévio realizado pelo Presidente da República ao vetar um projeto de lei inconstitucional; controle realizado pelas Comissões de Constituição e Justiça, no âmbito do Poder Legislativo.

Já o *controle judiciário é* aquele realizado por algum órgão do Poder Judiciário. Pode ser feito de duas maneiras: pela via difusa (via de exceção ou defesa) ou concreta (via de ação).

10.6. Controle difuso (via de exceção ou defesa)

É aquele realizado por qualquer juiz ou tribunal num caso concreto. Os magistrados, quando do julgamento de processos, podem fazer esse controle. É também denominado de controle incidental, pois a declaração de inconstitucionalidade se dá não de forma principal, mas incidentalmente, no processo. O pedido principal não é a declaração de inconstitucionalidade, mas um provimento jurisdicional num caso concreto, que depende da apreciação da constitucionalidade do ato normativo.

Exemplo: alguém não quer pagar um determinado imposto, pois acredita que a lei na qual o Fisco se baseia para cobrar tal tributo é inconstitucional. Desse modo, ingressa com uma ação perante o Judiciário para obter uma declaração de que não deve pagar o tributo. Vejam: o pedido principal é a declaração do não pagamento do tributo. A causa de pedir, ou seja, o fundamento do pedido é a declaração de inconstitucionalidade.

Embora a atribuição de fazer controle difuso seja dada a qualquer juiz ou tribunal, este último, ao fazê-lo, terá de observar o instituto previsto no art. 97 da Constituição Federal, denominado *cláusula de reserva de plenário*. Dispõe tal artigo que, se o controle de constitucionalidade for realizado por um tribunal, somente pela *maioria absoluta* dos seus membros ou dos membros do respectivo órgão especial é que poderá ser declarada a inconstitucionalidade de uma lei.

Vale lembrar o enunciado da Súmula vinculante 10, que prevê a violação da cláusula de reserva de plenário pela decisão de órgão fracionário de tribunal que, embora não declare expressamente a inconstitucionalidade de lei ou ato normativo do poder público, afasta sua incidência, no todo ou em parte.

Isso significa que os órgãos fracionários de um determinado tribunal, por exemplo, as Turmas e as Câmaras, não poderão declarar, sozinhas, a inconstitucionalidade de uma norma. Para que o façam, é necessário o voto da maioria absoluta de seus membros ou de seu órgão especial, quando existir.

Desse modo, para que a questão seja analisada, a Turma ou a Câmara do Tribunal deverá afetar a matéria ao pleno, ou seja, remeter a questão para ser julgada pelo plenário ou órgão especial. Tal ato só não será dessa maneira quando a Turma ou Câmara já tiver se manifestado sobre a questão ou quando o Supremo Tribunal Federal já tiver decidido sobre a matéria. É o que dispõe o parágrafo único do art. 481 do CPC (art. 949, parágrafo único, do NCPC). Ou seja, nessas situações os órgãos fracionários não precisarão remeter ao pleno ou ao órgão especial a arguição de inconstitucionalidade.

Os *efeitos* produzidos, em sede de controle difuso, são, em regra, segundo o art. 468 do CPC (art. 503 do NCPC), *inter partes*. Atingem somente as partes que participaram do processo. Se existirem pessoas em situação idêntica, elas próprias deverão ingressar com suas ações para que obtenham provimento jurisdicional semelhante.

Tais efeitos também são, em regra, *ex tunc*, ou seja, retroagem à data da expedição do ato normativo viciado. Diz-se "em regra", pois há um procedimento hábil para modificar esses efeitos. Dispõe o art. 52, X, da CF que compete privativamente ao Senado Federal *suspender* a execução, no todo ou em parte, de lei declarada inconstitucional por decisão definitiva do Supremo Tribunal Federal. Assim, pode o Supremo, após o trânsito em julgado da decisão, comunicar ao Senado os termos de sua deliberação para que ele, se desejar, edite uma resolução determinando a suspensão da execução da norma declarada inconstitucional a partir desse momento. Fazendo isso, os efeitos, que antes eram *inter partes* e *ex tunc*, passarão a ser *erga omnes*, ou seja, a lei ficará suspensa para todas as pessoas; e *ex nunc*, isto é, terá efeitos a partir do momento da expedição da resolução.

10.7. Controle concentrado (via de ação)

O controle por via de ação é aquele exercido por meio de uma ação própria, em que o pedido principal é a declaração da inconstitucionalidade ou da constitucionalidade de uma lei ou ato normativo. É o controle abstrato da lei através de um processo que será julgado pelo STF. Assim, a Corte somente irá apreciar a lei em tese e não esta diante de um caso concreto.

Diferentemente ocorre no controle por via de exceção, em que o pedido principal não é a declaração de inconstitucionalidade ou de constitucionalidade. Tais argumentos são utilizados apenas com o intuito de defesa, ou seja, o sujeito para ver seu pedido acolhido se defende alegando a inconstitucionalidade da norma.

O controle concentrado pode ser realizado por meio das seguintes ações: Ação Direta de Inconstitucionalidade (ADI) – genérica, por omissão e interventiva, Ação Declaratória de Constitucionalidade (ADC) e Arguição de Descumprimento de Preceito Fundamental (ADPF).

10.7.1. Ação Direita de Inconstitucionalidade – ADI

10.7.1.1. Conceito e objeto

A ADI está prevista no art. 102, I, "a", da CF e também na Lei 9.868/1999. É uma ação constitucional que tem por objetivo verificar se uma lei ou ato normativo *federal* ou *estadual* está em conformidade com o que dispõe a Constituição Federal. Assim, o objeto da ADI pode ser uma lei estadual ou federal, entendida em sentido amplo, abarcando todas as espécies legislativas previstas no art. 59 da CF, quais sejam, emendas constitucionais, leis complementares, leis ordinárias, leis delegadas, medidas provisórias, decretos legislativos e resoluções.

10.7.1.2. Legitimados

O art. 103 da Constituição Federal dispõe que são legitimados para propor a ação direta de inconstitucionalidade e a ação declaratória de constitucionalidade as seguintes pessoas ou órgãos:

I. o Presidente da República;

II. a Mesa do Senado Federal;

III. a Mesa da Câmara dos Deputados;

IV. a Mesa de Assembleia Legislativa ou da Câmara Legislativa do Distrito Federal;

V. o Governador de Estado ou do Distrito Federal;

VI. o Procurador-Geral da República;

VII. o Conselho Federal da Ordem dos Advogados do Brasil;

VIII. partido político com representação no Congresso Nacional; e

IX. confederação sindical ou entidade de classe de âmbito nacional.

Dentre as pessoas e órgãos mencionados há os que possuem legitimidade *universal* ou neutra e os legitimados especiais, *temáticos* ou interessados, que são aqueles que precisam demonstrar *pertinência temática* ao ingressar com essas ações, ou seja, o conteúdo do ato deve ser pertinente aos interesses do legitimado, sob pena de carência da ação (falta de interesse de agir).

Devem vir acompanhadas de tal requisito as ações propostas pelos seguintes legitimados: a Mesa de Assembleia Legislativa ou da Câmara Legislativa do Distrito Federal (inciso IV); o Governador de Estado ou do Distrito Federal (inciso V); e confederação sindical ou entidade de classe de âmbito nacional (inciso IX). O Supremo já definiu que pertinência temática significa que a ação proposta pelo ente tem de estar de acordo com sua finalidade institucional.

10.7.1.3. Regras trazidas pela Lei Federal 9.868/1999

10.7.1.3.1. Possibilidade de cautelar em ADI (art. 10 da Lei 8.868/1999)

A cautelar numa ADI é uma decisão de caráter provisório e que tem por finalidade antecipar os efeitos que serão dados quando do julgamento do mérito. Para que seja concedida, a votação no STF tem que se dar pelo quórum de maioria absoluta. Sendo deferida, a consequência prática é a suspensão da execução da lei objeto de questionamento no Supremo. Nesse caso, havendo legislação anterior à lei questionada, ela passará a ter aplicação até que sobrevenha a decisão de mérito. Essa situação está prevista no § 2º do art. 11 da Lei 9.868/1999 e é denominada pela doutrina de *efeito repristinatório*.

Vale lembrar que o **efeito repristinatório** não se confunde com o instituto da **repristinação**. O primeiro indica que a eficácia de uma lei revogada é restaurada quando a lei que a revogou é declarada inconstitucional, por meio do controle concentrado de constitucionalidade. Esse efeito ocorre, pois a declaração de inconstitucionalidade de uma lei pela via concentrada possui, em regra, efeitos *ex tunc* (retroativos). Desse modo, se a lei é declarada inconstitucional desde o seu nascedouro, todos os efeitos por ela produzidos são considerados nulos. Assim, a lei que havia sido revogada por uma norma tida como inconstitucional voltará a valer. A repristinação, ao contrário, é um fenômeno que não decorre do controle de constitucionalidade, mas da entrada em vigor de novas leis. Para tanto, há necessidade de disposição expressa determinando a restauração da eficácia da lei revogada. De acordo com o art. 2º, § 3º, da LINDB, salvo disposição em contrário, a lei revogada não se restaura por ter a lei revogadora perdido a sua vigência. O efeito repristinatório, como mencionado, também é gerado quando há deferimento de cautelar em sede de ação direta de inconstitucionalidade.

A medida cautelar tem eficácia *erga omnes* e efeito *ex nunc*, ressalvada a hipótese da Corte entender que deve conceder eficácia *ex tunc* (retroativa).

10.7.1.3.2. Possibilidade de participação do *amicus curiae* (art. 7º, § 2º, da Lei 9.868/1999)

Tal expressão significa literalmente amigo da corte. O § 2º do art. 7º da Lei 9.868/1999 traz a possibilidade do relator do processo, considerando a relevância da matéria e a representatividade dos legitimados, admitir a manifestação de outros órgãos ou entidades. Esta participação permitirá que a Corte profira uma decisão fundamentada não só com base técnica jurídica, mas também com subsídios específicos relacionados a outras áreas, como, por exemplo, a medicina, engenharia etc. O Supremo entende que a figura do *amicus curiae* tem por principal finalidade pluralizar o debate constitucional.

O maior exemplo desta figura se deu quando do julgamento da possibilidade de utilização das células-tronco embrionárias para tratamento de doenças e pesquisas medicinais.

10.7.1.3.3. Defesa promovida pelo Advogado-Geral da União

Em razão do princípio da presunção de constitucionalidade das leis, incumbe ao Advogado-Geral da União a defesa da lei ou ato normativo (curador especial). No entanto, caso haja decisão pela inconstitucionalidade proferida em controle na via de exceção pelo Pretório Excelso, este tem admitido que o AGU deixe de defender a lei em questão.

O Procurador-Geral da República será sempre ouvido na ADI, de acordo com o § 1º do art. 103 da Constituição, após o AGU.

10.7.1.3.4. Possibilidade de realização de audiência pública

O art. 9º, § 1º, também da Lei 9.868/1999 autoriza que, em caso de necessidade de esclarecimento de matéria ou circunstância de fato ou de notória insuficiência das informações existentes nos autos, o relator requisite informações adicionais, designe perito ou comissão de peritos para que emita parecer sobre a questão, ou, ainda, realize *audiência pública* para ouvir depoimentos de pessoas com experiência e autoridade na matéria. As primeiras audiências públicas, algo inédito na Suprema Corte, ocorreram recentemente e tiveram origem quando da análise da possibilidade ou não do uso das células-tronco para pesquisas.

10.7.1.3.5. Votação

Os arts. 22 e 23 da Lei 9.868/1999 exigem que a decisão da ação direta de inconstitucionalidade seja efetivada por pelo menos seis ministros (maioria absoluta) e desde que presentes na sessão o mínimo de oito ministros.

10.7.1.3.6. Efeitos

Quando declarada a constitucionalidade, o efeito sempre será *ex tunc*, ou seja, retroage à data da edição do ato normativo. Já se houver declaração da inconstitucionalidade, em regra, também produzirá efeitos *ex tunc*. Todavia, por motivos de *segurança jurídica* ou de excepcional *interesse social*, o STF poderá conceder eficácia *ex nunc* (a partir do trânsito em julgado da decisão ou de outro momento que venha a ser fixado), ou, ainda, restringir os efeitos da decisão, mediante votação por maioria de 2/3 de seus membros. É denominada pela doutrina de *modulação dos efeitos da decisão*.

Ademais, a decisão sempre terá eficácia *erga omnes* e será vinculante aos órgãos do Poder Judiciário e à Administração direta e indireta, nas esferas federal, estadual e municipal.

Frisa-se que a decisão é irrecorrível, não podendo nem ser objeto de ação rescisória; o único recurso possível são os embargos de declaração.

10.7.2. Ação Declaratória de Constitucionalidade – ADC

10.7.2.1. Conceito e objeto

A ADC também está prevista nos arts. 102, I, "a", e 103, I a IX, da CF e na Lei 9.868/1999. É uma ação constitucional que tem por objetivo verificar a constitucionalidade de uma lei ou ato normativo *federal*.

A dúvida que pode surgir é a seguinte: se as leis são presumidamente constitucionais, por que existe uma ação para declarar a constitucionalidade de uma norma? Exatamente por conta de tal presunção, a Lei 9.868/1999 traz em seu art. 14, III, a necessidade da observância de um requisito para a propositura dessa ação, qual seja, é imprescindível que haja *controvérsia judicial relevante* em relação à constitucionalidade da norma objeto de questionamento no Supremo. Sem a prova da existência de importante divergência jurisprudencial sobre a aplicação ou não de determinada norma a ADC não poderá ser conhecida.

Desse modo, ao ser editada uma norma, não há como, nos dias posteriores à edição, ingressar com tal ação, pois sequer houve tempo hábil para a existência de uma controvérsia judicial relevante – requisito indispensável para que a ação seja proposta.

Também se fala que a presunção de constitucionalidade de que todas as normas gozam é uma presunção relativa – *juris tantum*, ou seja, aquela que admite prova em contrário.

10.7.2.2. Legitimados

São os mesmos da ADI – art. 103 da CF. Todas as observações que foram feitas em relação aos legitimados universais e aos temáticos ou especiais servem aqui.

10.7.2.3. Possibilidade de cautelar em ADC

O art. 21 da Lei 9.868/1999 admite a cautelar em ADC, desde que concedida por decisão da maioria absoluta dos membros do Supremo Tribunal Federal. O efeito produzido pela decisão que acolhe a cautelar será o de suspender, por 180 dias, o julgamento de todos os processos que envolvam a aplicação da norma objeto de questionamento.

10.7.2.4. Defesa promovida pelo Advogado-Geral da União

Não há defesa pelo Advogado-Geral da União.

10.7.2.5. Efeitos

Valem aqui todos os comentários feitos sobre os efeitos da ADI, diante da natureza dúplice das ações.

10.7.2.6. Natureza da ADI e ADC

A doutrina menciona que a ADI e a ADC são ações de natureza dúplice, ambivalentes ou de sinais trocados porque a procedência em qualquer delas equivale à improcedência da outra.

O julgamento final de uma ADI, dando-a por procedente, faz com que a norma impugnada seja declarada inconstitucional. Agora, se uma ADI for julgada improcedente significa que a norma impugnada é declarada constitucional. Na ADC é o oposto; se ela for julgada procedente significa que a norma objeto de questionamento no Supremo é tida como constitucional. Já se for julgada improcedente a norma impugnada é declarada inconstitucional.

Por ser assim, a doutrina denomina tais ações de natureza dúplice, ambivalentes ou de sinais trocados. Quando uma for declarada procedente a outra, necessariamente, tem de ser declarada improcedente e vice-versa. Corroborando tal entendimento, o art. 24 da Lei Federal 9.868/1999 menciona que, proclamada a constitucionalidade, julgar-se-á improcedente a ação direta ou procedente eventual ação declaratória; e, proclamada a inconstitucionalidade, julgar-se-á procedente a ação direta ou improcedente eventual ação declaratória.

10.7.3. Arguição de Descumprimento de Preceito Fundamental – ADPF

10.7.3.1. Conceito e objeto

A ADPF está prevista no art. 102, § 1º, da CF e na Lei 9.882/1999. É uma ação constitucional que tem por objetivo verificar se uma lei ou ato normativo viola um preceito fundamental previsto na Constituição. Tal ação surgiu com a finalidade de complementar o sistema de controle já existente.

O objeto da ADPF é o mais abrangente de todas as ações de controle concentrado. Desse modo, cabe tal ação quando uma lei ou ato normativo federal, estadual, municipal e ainda norma pré-constitucional, ou seja, normas editadas antes da vigência da constituição, violem preceitos fundamentais.

10.7.3.2. Legitimados

São os mesmos da ADI e ADC, que estão no art. 103 da CF.

10.7.3.3. Peculiaridades da Lei 9.882/1999

10.7.3.3.1. Caráter subsidiário

Segundo o § 1º do art. 4º da Lei 9.882/1999, a ADPF só será cabível quando não houver outro meio eficaz para sanar a lesividade. Havendo a possibilidade de solucionar o problema da violação da constituição por outro meio, inclusive com o ajuizamento de ADI ou ADC, será este outro meio que deverá ser utilizado.

10.7.3.3.2. Ausência de conceito de preceito fundamental

Não há uma definição legal de preceito fundamental. O Supremo Tribunal Federal que, ao conhecer das ADPFs propostas, determinará o que é e o que não é assim considerado.

10.7.3.3.3. Possibilidade de liminar

O art. 5º da Lei 9.882/1999 prevê a possibilidade de concessão de medida liminar, que será declarada pela maioria absoluta dos membros do STF.

O § 1º do mesmo dispositivo determina que em caso de extrema urgência ou perigo de lesão grave, ou ainda, em período de recesso, poderá o relator conceder a liminar, ad referendum do Tribunal Pleno.

10.7.3.3.4. Defesa do AGU

A Lei 9.882/1999 não exige a defesa do ato impugnado pelo Advogado-Geral da União.

O Procurador-Geral da República, quando não for o autor da ação, será ouvido.

10.7.3.3.5. Efeitos

Julgada a ação, far-se-á comunicação às autoridades ou órgãos responsáveis pela prática dos atos questionados, fixando-se as condições e o modo de interpretação e aplicação do preceito fundamental.

A decisão terá eficácia *erga omnes* e efeito vinculante relativamente aos demais órgãos do Poder Público.

10.7.4. ADI por omissão

10.7.4.1. Conceito e objeto

A ADI por omissão está prevista no art. 103, § 2º, da CF e no Capítulo II-A da Lei 9.868/1999. Tal capítulo foi acrescentado pela Lei Federal 12.063 de 27.10.2009.

É uma ação constitucional que tem por objetivo sanar uma inconstitucionalidade por omissão ou, como também denominada, uma omissão inconstitucional.

Conforme já analisamos, as normas constitucionais podem ter eficácia plena, contida e limitada. A última, ou seja, aquela que depende de regulamentação para que o exercício do direito por ela garantido traz, implicitamente, um comando normativo para que o legislador infraconstitucional produza a norma regulamentadora. Quando ele não o faz, estamos diante de uma inconstitucionalidade por omissão. Fala-se que o legislador, nesta hipótese, encontra-se em mora, em atraso, pois não cumpre o comando constitucional de elaborar a norma para possibilitar o exercício de um direito constitucionalmente assegurado.

A omissão pode ser total ou parcial, conforme já estudado.

10.7.4.2. Legitimados

Segundo o art. 12-A da Lei 9.868/1999, podem propor ADI por omissão os mesmos legitimados à propositura da ação direita de inconstitucionalidade (genérica) e da ação declaratória de constitucionalidade. Desse modo, todas as observações feitas em relação aos legitimados no item da ADI genérica valem aqui.

10.7.4.3. Possibilidade de cautelar em ADI por omissão

Havendo excepcional urgência e relevância da matéria poderá ser concedida medida cautelar em sede de ADI por omissão. O Tribunal, pelo voto da maioria absoluta dos membros e após a audiência dos órgãos ou autoridades responsáveis pela omissão, é competente para conceder a cautelar. Sendo concedida será aberto o prazo de cinco dias para que os responsáveis pela omissão se manifestem. Vale lembrar que essa possibilidade foi trazida pela Lei 12.063 de 27.10.2009 que acrescentou, além de outros dispositivos, o art. 12-F à Lei 9.868/1999.

É importante ressaltar que a medida cautelar, quando estivermos diante de uma omissão parcial, fará com que seja suspensa a aplicação da lei ou do ato normativo impugnado. Tal medida também poderá resultar na suspensão de processos judiciais ou de procedimentos administrativos em andamento, ou ainda, numa outra providência fixada pelo próprio Tribunal.

10.7.4.4. Defesa da AGU

Não há defesa pelo Advogado-Geral da União, devido à ausência de norma.

O Procurador-Geral da República será ouvido apenas se o relator do processo considerar indispensável. Se isso ocorrer, deverá ser feito dentro do prazo de 3 dias, conforme § 2º do art. 12-F da Lei 9.868/1999.

10.7.4.5. Efeitos

Declarada a inconstitucionalidade por omissão, será dada ciência ao Poder competente para a adoção das providências necessárias e, em se tratando de órgão administrativo, para fazê-lo em 30 dias, conforme preceitua §1º do art. 12-H da Lei 9.868/1999

10.8. Mecanismos de interpretação utilizados no controle de constitucionalidade

10.8.1. Interpretação conforme a Constituição ou apenas "interpretação conforme"

É um mecanismo de interpretação utilizado pelo Supremo que tem por finalidade "salvar" a norma, não a declarando inconstitucional e consequentemente banindo-a do ordenamento jurídico brasileiro. Tem por fundamento o princípio da conservação ou da preservação das normas. Aqui, o Supremo fixa uma interpretação que deve ser seguida. Em vez de declarar a norma inconstitucional, determina que a lei é constitucional desde que interpretada de tal maneira. Há apenas uma interpretação possível para aquela norma, que é a fixada por ele quando da análise de sua constitucionalidade.

10.8.2. Declaração de inconstitucionalidade parcial sem redução de texto

Também é considerado um mecanismo de interpretação utilizado pelo Supremo que tem por finalidade "salvar" a norma.

Da mesma maneira que a interpretação conforme, na declaração parcial a Corte não declara a norma inconstitucional e retira-a do ordenamento jurídico, mas apenas declara que determinada interpretação (parte) dada à norma é inconstitucional.

Sabemos que uma lei pode ser interpretada de mais de uma maneira e que, às vezes, uma interpretação dada não está de acordo com o que diz a Constituição. É exatamente nessa hipótese que o STF se vale da declaração parcial sem redução de texto. Em vez de declarar a norma inconstitucional, determina que uma interpretação, dentre as diversas que possam existir, é inconstitucional. Assim, a declaração não é total e sim parcial, haja vista que há mais de uma interpretação para aquela lei.

É, ainda, "sem redução de texto", pois a norma em si é preservada, o que é declarado parcialmente inconstitucional é a interpretação dada a ela. Também tem escopo no princípio da conservação ou preservação das normas.

10.8.3. Parcelaridade

Significa que o Supremo, ao analisar uma norma que esteja sendo impugnada por razões de inconstitucionalidade, pode declarar inconstitucional todo o seu conteúdo ou apenas parte dele. Exemplo: o Supremo, ao analisar a constitucionalidade do art. 7º, § 2º, do Estatuto da Ordem dos Advogados do Brasil, declarou inconstitucional apenas a expressão "desacato". Desse modo, pelo princípio da parcelaridade, o Supremo não fica adstrito ao texto de uma lei inteira ou um artigo, um inciso, um parágrafo ou uma alínea – pode entender que é inconstitucional apenas uma palavra, por exemplo. Diferentemente ocorre quando o Presidente da República veta uma lei. Nesse caso, somente poderá vetar juridicamente uma lei inteira ou um ou mais artigos, incisos, parágrafos ou alíneas. Não pode vetar apenas uma palavra, pois isso poderia fazer com que todo o sentido da lei fosse modificado.

10.8.4. Modulação dos efeitos produzidos pelo controle de constitucionalidade ou apenas "modulação de efeitos"

O nome do instituto já dá ideia do que venha a ser – modular significa mudar, alterar. Em regra, os efeitos produzidos no controle difuso são *inter partes* e *ex tunc*; no controle concentrado são *erga omnes*, vinculantes e *ex tunc*. A modulação serve justamente para que esses efeitos sejam modificados, conforme já estudado.

10.9. Controle de constitucionalidade estadual

O art. 125, §2º, da CF traz a possibilidade dos Estados instituírem a representação de inconstitucionalidade de leis ou atos normativos estaduais ou municipais em face da Constituição Estadual. Trata-se do controle estadual de constitucionalidade das leis, que visa ao exame da compatibilidade formal e material das normas estaduais e municipais em face das Constituições Estaduais.

A ação de inconstitucionalidade deve ser proposta perante Tribunal de Justiça do Estado. Para tanto, deve haver previsão e regulamentação nas próprias Constituições Estaduais, que não poderão atribuir a legitimação para agir a um único órgão, de acordo com a parte final do art. 125, § 2º, da CF.

Caso a norma estadual ou municipal contrarie, simultaneamente, o disposto na Constituição Estadual e na Federal, o Tribunal não poderá se manifestar quanto à constitucionalidade ou não de tal norma em face da Constituição Federal, sob pena de usurpação de função, pois somente o STF pode fazer o controle em comento.

Destaca-se que não é possível a propositura de ADI e ADC de lei municipal em face da Constituição Federal, devendo o controle ser realizado por meio de ADPF ou via controle difuso.

Ademais, nos termos da súmula 642 do STF, não cabe ADI perante o Pretório Excelso de lei do Distrito Federal decorrente de sua competência legislativa municipal.

11. ORGANIZAÇÃO DO ESTADO

11.1. Introdução

O Estado é formado por três elementos, quais sejam, o povo (indivíduos que habitam o mesmo local), o território (local que abriga os indivíduos) e a soberania.

Quanto à forma, fala-se que o Estado pode ser classificado em Unitário ou Federal. Unitário é aquele em que as capacidades legislativa, política e administrativa se concentram nas mãos de um único centro, de um único governo. A doutrina denomina os Estados Unitários, como Cuba e França, de Estados Simples. Já o Federal é aquele em que há repartição de competências e as capacidades mencionadas estão divididas em vários centros. É denominado pela doutrina de Estado Composto. O Brasil, a Alemanha e os Estados Unidos são alguns exemplos de Estado Federal ou Estado Composto.

A forma de governo é justamente a relação existente entre aqueles que governam e os que são governados. Por meio dela é que se verifica como é feita a instituição do poder. Fala-se em República ou Monarquia. Na primeira os governantes são eleitos, direta ou indiretamente, para que exerçam o poder por um período determinado. Já na segunda, monarquia, o poder advém da família, é vitalício e os governantes não precisam prestar contas para os governados.

Os sistemas de governo dizem respeito à maneira pela qual as funções legislativa, executiva e judiciária são relacionadas. No presidencialismo, além da independência entre os poderes, que são harmônicos entre si, o detentor do poder cumula as funções de chefe de Estado e chefe de governo. Normalmente nas repúblicas adota-se o presidencialismo. No parlamentarismo existe apoio e colaboração entre as funções e o poder é dividido. O presidente não cumula as funções de chefe de Estado e de governo, apenas chefia o Estado e delega a atribuição de cuidar do governo ao primeiro-ministro. Este, por sua vez, para comandar o país tem de ter o apoio do parlamento.

O art. 1º da Constituição dispõe que o Brasil constitui-se numa república federativa, ou seja, tal dispositivo constitucional afirma que a forma federativa de Estado é a que foi adotada por nós. Além disso, o mesmo dispositivo nos ensina que somos um Estado republicano e democrático.

As pessoas políticas que integram a federação, segundo o art. 18, *caput*, da Constituição Federal, são: a União, os Estados-membros, o Distrito Federal e os Municípios.

Fortificando o pacto federativo e a autonomia dos entes que o compõem, o Supremo editou a súmula 681, que dispõe que é inconstitucional a vinculação do reajuste de vencimentos de servidores estaduais ou municipais a índices federais de correção monetária.

11.2. União

No âmbito interno, é considerada pessoa jurídica de direito público, dotada de autonomia, pois detém tripla capacidade: a) auto-organização, b) autogoverno; e c) autoadministração. No âmbito internacional, a União tem por finalidade representar a República Federativa do Brasil, ou seja, tem por missão assegurar a soberania do país.

O art. 20 da Constituição Federal traz uma enumeração dos bens pertencentes à União, dentre eles estão, por exemplo, o mar territorial, os terrenos de marinha e seus acrescidos, os potenciais de energia elétrica, os recursos minerais, inclusive os do subsolo e as terras tradicionalmente ocupadas pelos índios. Vale lembrar que, conforme a súmula 650 do STF, os incisos I e XI do art. 20 da CF não alcançam terras de aldeamentos extintos, ainda que ocupadas por indígenas em passado remoto.

O art. 153 do mesmo diploma legal enumera os impostos de competência da União, ou seja, os impostos federais. São os seguintes: imposto de importação (II), imposto de exportação (IE), imposto de renda e proventos de qualquer natureza (IR), imposto sobre produtos industrializados (IPI), imposto sobre operações de crédito, câmbio e seguro, ou relativas a títulos ou valores mobiliários (IOF), imposto sobre a propriedade territorial rural (ITR) e o imposto sobre grandes fortunas (IGF).

O Poder Executivo da União é composto pelo Presidente da República, Vice-Presidente, Ministros, Conselho da República e Conselho de Defesa Nacional, conforme dispõem os arts. 76 a 91 da Constituição Federal.

Já o Poder Judiciário no âmbito Federal é tratado a partir do artigo 101 até o 124 da Constituição. Dentre as matérias de competência dos juízes federais podemos destacar, conforme art. 109 da Constituição, as seguintes: as causas em que a União, entidade autárquica ou empresa pública federal forem interessadas na condição de autoras, rés, assistentes ou oponentes, exceto as de falência, as de acidentes de trabalho e as sujeitas à Justiça Eleitoral e à Justiça do Trabalho; os crimes políticos e as infrações penais praticadas em detrimento de bens, serviços ou interesses da União; as causas fundadas em tratados internacionais; os crimes cometidos a bordo de aeronaves, ressalvada a competência da justiça militar; e a disputa sobre direitos indígenas.

O Poder Legislativo da União é representado pelo Congresso Nacional (Câmara de Deputados e Senado Federal)

11.2.1. *Competências da União*

As competências da União podem ser de duas naturezas distintas:

11.2.1.1. *Competências não legislativas*

São também chamadas de competências administrativas ou materiais. Por meio delas é possível identificar o âmbito de atuação de cada ente federativo. Tais competências se dividem em exclusiva e comum.

A primeira, *exclusiva*, está prevista no art. 21 da Constituição Federal, o qual dispõe que compete à União, por exemplo, manter relações com Estados estrangeiros e participar de organizações internacionais; manter o serviço postal e o correio aéreo nacional; conceder anistia; permitir, nos casos previstos em lei complementar, que forças estrangeiras transitem pelo território nacional ou nele permaneçam temporariamente etc. Essas atribuições, dadas pela competência exclusiva, são *indelegáveis*, ou seja, somente a União poderá efetivá-las.

É importante ressaltar que o STF, em sessão plenária, no julgamento da ADPF 46, declarou como recepcionada pela Constituição de 1988 a Lei 6.538/1978, que dispõe sobre o monopólio da Empresa Brasileira de Correios e Telégrafos na exploração dos serviços postais, emprestando interpretação conforme à Constituição ao seu art. 22, V.

Desse modo, a Corte Suprema determina que "a CF confere à União, em caráter exclusivo, a exploração do serviço postal e o correio aéreo nacional (art. 21, X). O serviço postal é prestado pela Empresa Brasileira de Correios e Telégrafos (ECT), empresa pública, entidade da administração indireta da União, criada pelo Decreto-Lei 509, de 10.03.1969." (**ADPF 46**, Rel. p/ o ac. Min. **Eros Grau**, julgamento em 05.08.2009, Plenário, *DJE* de 26.02.2010).

A competência *comum*, também denominada de paralela, concorrente ou cumulativa, tem a ver com as atribuições dadas a todos os entes da federação (União, Estados, Distrito Federal e Municípios). O art. 23 da Constituição Federal traz o rol de assuntos que serão tratados pelas pessoas políticas mencionadas. O parágrafo único do mesmo artigo, com redação dada pela Emenda Constitucional 53/2006, dispõe que leis complementares fixarão normas para a cooperação entre a União, os Estados, o Distrito Federal e os Municípios, tendo em vista o equilíbrio do desenvolvimento e do bem-estar em âmbito nacional. Agora, se mesmo focadas no objetivo mencionado, houver conflito de competência entre elas, tal problema deverá ser sanado com base no princípio da preponderância ou prevalência do interesse.

11.2.1.2. *Competências legislativas*

A constituição atribui, a cada ente político, competência para elaborar leis. A União pode editar normas sobre diversos assuntos. Fala-se que tal competência pode ter três naturezas distintas: privativa, concorrente e residual.

O parágrafo único do art. 22 da Constituição Federal, ao tratar da competência legislativa *privativa*, diz que a União, por meio de lei complementar, poderá autorizar os Estados a legislar sobre questões específicas das matérias relacionadas neste artigo. Desse modo, a competência privativa é delegável.

Segundo a Súmula 722 do STF, são da competência legislativa da União a definição dos crimes de responsabilidade e o estabelecimento das respectivas normas de processo e julgamento.

Já foi decidido, também pela Suprema Corte, que a Lei 10.826/2003 (Estatuto do Desarmamento) não é formalmente inconstitucional, pois não ocorreu invasão da competência residual dos Estados. Cabe à União legislar sobre matérias de predominante interesse geral. (ADI 3.112, Rel. Min. Ricardo Lewandowski, julgamento em 02.05.2007, Plenário, *DJ* de 26.10.2007).

Ainda tratando de competência legislativa da União, de acordo com o STF, a competência para legislar sobre a **gratuidade dos estacionamentos em estabelecimentos privados**, como em instituições de ensino, **shopping**, mercados etc. é da **União**. O assunto se enquadra no art. 22, I, da CF, pois diz respeito ao **direito civil**, especificamente sobre o direito de **propriedade e suas limitações** (ADI 3.710/GO).

Outro tema que já foi objeto de questionamento no Exame de Ordem e que também é extraído do art. 22 da CF, assuntos da competência privativa da União, é a legislação sobre **trânsito** (art. 22, XI, CF). Desse modo, se uma lei estadual regulamentar serviço de **mototáxi,** essa lei será tido como inconstitucional por ter o Estado usurpado da competência legislativa federal.

A competência *concorrente*, como o próprio nome menciona, é aquela em que mais de um ente político pode legislar. Está prevista no art. 24 da CF e são exemplos dessa competência a legislação sobre os seguintes temas: direito tributário, financeiro, penitenciário, econômico, urbanístico, educação, cultura, procedimentos em matéria processual, defesa dos recursos naturais etc. Nessas hipóteses, a União edita normas gerais e os Estados e o Distrito Federal, normas específicas. Diz o § 3º do art. 24 da Constituição Federal que, inexistindo lei federal sobre normas gerais, os Estados terão competência legislativa plena, ou seja, editarão tanto normas gerais quanto normas específicas. É a denominada competência suplementar dos Estados. Já o parágrafo 4º do mesmo dispositivo nos ensina que a superveniência de lei federal sobre normas gerais **suspende** a eficácia da lei estadual no que com ela colidir. É importante ressaltar que a suspensão não se confunde com a revogação.

Desse modo, enquanto a lei geral não for editada, a lei estadual continua valendo, mas, após a edição, pela União, da lei que trata de normas gerais, a lei estadual fica com sua eficácia suspensa naquilo que lhe for contrário. Isso significa que, se a norma geral da União for revogada, a lei estadual volta a valer em sua plenitude, pois não terá mais sua eficácia suspensa. A norma da União, por ter sido revogada, não tem mais força de suspender a eficácia de outra lei. Há de se reiterar, que não é caso de repristinação, pois a lei estadual não foi revogada, mas apenas teve a suspensão de sua eficácia.

A competência *residual* tem natureza tributária e é dada pela Constituição à União, conforme dispõe seu art. 154, I. Esse dispositivo menciona que a União poderá instituir, por meio de lei complementar, impostos não previstos no art. 153 – que define quais são os impostos federais – desde que sejam não cumulativos e não tenham fato gerador ou base de cálculo próprios dos determinados na Constituição Federal.

No campo do direito tributário também encontramos as competências tributárias expressas (art. 153), que são as que cada ente da federação possui para criar seus impostos, e a competência tributária extraordinária, que é dada à União para instituir, na hipótese de iminência ou no caso de guerra externa, impostos extraordinários (art. 154, II, da Constituição Federal).

Ainda em relação ao tema competência legislativa da União, o STF, ao analisar a ADI 4.369 (Informativo 592), mencionou que o Estado de São Paulo, ao editar a Lei 13.854/2009, que proibia a cobrança de assinatura mensal de telefonia fixa, teria usurpado a competência privativa da União para dispor sobre telecomunicações (art. 22, IV, CF).

Desse modo, se somente a União é competente para disciplinar tal assunto, a lei paulista é tida como inconstitucional.

A Suprema Corte, conforme já mencionado, também já definiu pela manutenção do monopólio da União em relação às atividades postais prestadas pela Empresa Brasileira de Correios e Telégrafos (Informativo 554). Assim, os cartões postais, as cartas comerciais, pessoais e os denominados malotes devem ser transportados somente pelos Correios.

Além disso, no julgamento da ADI 3.897/DF (**Informativo** 537), o STF, por verificar violação ao art. 22, XI, da CF (legislação sobre trânsito e transporte), declarou inconstitucional a Lei Distrital 3.918/2006, que tratava de instalação de radares nas vias do Distrito Federal.

11.3. Estados

Os Estados são pessoas políticas dotadas de autonomia. Tal autonomia é marcada pelo fato de a Constituição Federal determinar que os Estados devam elaborar suas próprias Constituições Estaduais. É claro que os princípios e as normas trazidas pela Constituição Federal devem servir de diretrizes para os Estados quando da elaboração de suas Constituições, ou seja, só podem elaborar Constituições que estejam de acordo com a Federal e com base nas suas diretrizes. Deve haver, necessariamente, um paralelismo entre a Constituição Federal e as Constituições Estaduais. Daí falar-se em *princípio da simetria.*

O art. 26 da Constituição traz quais são os bens pertencentes aos Estados. Dentre eles podemos destacar as terras devolutas não compreendidas entre as da União e as ilhas fluviais e lacustres também não pertencentes à União.

O Poder Executivo dos Estados é composto pelo Governador e Vice-Governador. Cada Estado elegerá seu governador e vice. O art. 28 da Constituição Federal nos ensina que o mandato dessas pessoas é de 4 anos, que as eleições ocorrem no primeiro domingo de outubro (1º turno) e no último domingo de outubro (2º turno, se houver), e que a posse se dá em primeiro de janeiro do ano subsequente.

Os §§ 3º e 4º do art. 18 da Constituição trazem regras sobre a criação e a extinção dos Estados. Fala-se em incorporação (ou fusão), subdivisão (ou cisão) e desmembramento. Para todas as hipóteses há alguns requisitos comuns e cumulativos. São os seguintes:

a) realização de um **plebiscito**: significa que a população interessada deve, necessariamente, aprovar, por meio de um plebiscito, a formação de um novo Estado. Somente após essa aprovação é que será possível que o segundo requisito seja verificado. Desse modo, fala-se que a realização do plebiscito é condição essencial à fase posterior;

b) existência de um projeto de **lei complementar**: a Lei 9.709/1998, que regulamentou as formas de execução da democracia direta (plebiscito, referendo e iniciativa popular das leis), determina que, após a aprovação pelo plebiscito, deve ser proposto um projeto de lei complementar que terá início ou na Câmara de Deputados ou no Senado Federal, ou seja, em qualquer das Casas do Congresso Nacional;

c) audiência nas Assembleias Legislativas: dispõe o § 2º do art. 4º da Lei 9.709/1998 que a Casa em que o projeto tenha iniciado deverá realizar a audiência para futura expedição de um parecer. É interessante lembrar que tal parecer é meramente opinativo, portanto não tem caráter vinculativo (art. 48, VI, da Constituição Federal). Assim, o processo pode continuar ainda que o parecer dado pelas Assembleias Legislativas tenha sido desfavorável à formação de um novo Estado. Vejam que isso não ocorre em relação ao resultado do plebiscito. Tal consulta tem sim caráter vinculativo, portanto é condição prévia para as demais fases;

d) aprovação por parte do Congresso Nacional: passadas as fases anteriores, o Congresso Nacional tem de aprovar o projeto de lei complementar. Para tanto, necessita do quórum de maioria absoluta, conforme determina o art. 69 da Constituição Federal. Essa aprovação e a eventual sanção do projeto, pelo Presidente da República, são atos discricionários. Nessa fase, nem a manifestação favorável dada durante a realização do plebiscito obriga o Legislativo a aprovar o projeto e o Executivo a sancioná-lo. O Presidente, ao decidir se sanciona ou veta o projeto, é quem avalia a conveniência e a oportunidade do ato, sempre pautado pelo interesse público.

Passemos à análise de cada uma das modalidades de criação e extinção de Estados:

11.3.1. Fusão

Ocorre quando dois ou mais Estados se incorporam geograficamente, formando um novo, diferente dos demais. Aqueles que se uniram, consequentemente, perderão suas personalidades originárias, desaparecerão. Exemplo: suponham que existam os Estados "x", "y" e "z" e que os três sejam incorporados. Após a união, nasce o Estado "w", fruto da junção dos três.

11.3.2. Cisão

Ocorre quando um Estado existente subdivide-se para formar dois ou mais Estados novos, que terão personalidades distintas. Desse modo, o Estado que foi subdividido não mais deterá personalidade, desaparecerá. Exemplo: suponha que exista o Estado "x" e que ele seja subdividido formando os Estados "w", "y" e "z". Vejam que o estado originário "x" desaparece para que outros três sejam criados.

11.3.3. Desmembramento

Ocorre quando um ou mais Estados destinam parte de seu território com a finalidade de formar um novo Estado ou Território ou ainda para se anexarem a outro.

Na hipótese de desmembramento, em regra, o Estado que destina parte de seu território não deixa de existir. Aliás, como o próprio conceito nos ensina, destina "parte", apenas parte de seu território. Foi exatamente o que ocorreu com o Mato Grosso em relação ao Estado do Mato Grosso do Sul e o Estado de Goiás em relação a Tocantins, conforme o art. 13 do Ato das Disposições Constitucionais Transitórias.

De acordo com o STF (ADI 2.650 – **Informativo** 637), quando tiver de ser realizado o desmembramento de um Estado, é necessário que os dois territórios sejam ouvidos, tanto o da área desmembrada, como o da área remanescente.

11.3.4. Competência dos Estados

As competências dos Estados também podem ser legislativas ou não legislativas.

11.3.4.1. Competências não legislativas

Também chamadas de administrativas ou materiais, dividem-se em comuns e residuais.

A **comum** vem prevista no art. 23 da Constituição Federal e é dada indistintamente a todos as pessoas políticas, União, Estados, Distrito Federal e Municípios, e já fora objeto de estudo quando da análise da competência da União.

A **residual** é dada aos Estados para tratar de assuntos que não sejam da competência da União (art. 21 da CF), do Distrito Federal (art. 23 da CF) e dos Municípios (art. 30 da CF). É também chamada de competência remanescente ou reservada aos Estados e vem prevista no § 1º do art. 25 da Constituição Federal que menciona que "são reservadas aos Estados as competências que não lhe sejam vedadas por esta Constituição". Em suma: o resíduo, aquilo que sobra, que não é de atribuição de outro ente político, pode ser disciplinado pelos Estados.

11.3.4.2. Competências legislativas

Tema já abordado quando analisamos as competências da União, momento em que também fizemos menção às dos Estados.

11.4. Distrito Federal

Constitui ente político autônomo, dotado de capacidade de auto-organização, autogoverno, autoadministração e autolegislação. Diferente do que ocorre com os Estados, que são regidos por Constituições Estaduais, o Distrito Federal é regido por Lei Orgânica. Tal lei deve ser aprovada em dois turnos, com um intervalo mínimo de 10 (dez) dias, pelo voto de 2/3 da Câmara Legislativa do DF, conforme dispõe o art. 32 da Constituição Federal.

A característica do autogoverno é marcada pela eleição de Governador, Vice-Governador e Deputados Distritais, conforme dispõem os §§ 2º e 3º do art. 32 da Constituição.

11.4.1. Competência do Distrito Federal

O Distrito Federal cumula duas competências: pode legislar tanto sobre matérias reservadas aos Estados, como as atribuídas aos Municípios. É o que se depreende do § 1º do art. 32 da Constituição Federal.

11.5. Municípios

Os Municípios são entes políticos dotados de capacidade administrativa, política e de auto-organização. A primeira tem a ver com as competências legislativas e administrativas dadas aos Municípios. A capacidade política é determinada pela eleição direta do Prefeito, Vice-Prefeito e Vereadores. E a capacidade de auto-organização é marcada pelo fato dos Municípios serem regidos por suas próprias Leis Orgânicas Municipais, conforme dispõe o *caput* do art. 29 da Constituição Federal. Tais leis devem ser votadas em dois turnos, com um interstício (intervalo) mínimo de dez dias, e aprovadas pelo voto de 2/3 dos membros da Câmara Municipal.

A autonomia municipal deve ser respeitada sob pena de intervenção federal. Desse modo, se um Estado desrespeitar a autonomia municipal, conforme o art. 34, inciso VII, alínea "c", da Constituição Federal, caberá intervenção naquele Estado.

As regras sobre criação, incorporação, fusão e desmembramento de Municípios são trazidas pelo § 4º do art. 18 da Constituição Federal. É necessário:

a) uma lei complementar federal determinando o período e o procedimento para a criação, incorporação, fusão ou desmembramento do município;

b) divulgação de estudos de viabilidade municipal;

c) realização de consulta prévia às populações diretamente interessadas, por meio de plebiscito (art. 7º da Lei 9.709/1998) – tal consulta somente ocorrerá se os estudos de viabilidade demonstrarem a possibilidade de criação, incorporação, fusão ou desmembramento do município; e

d) existência de lei estadual, dentro do período determinado pela lei complementar federal, desde que os requisitos anteriores tenham sido devidamente cumpridos.

Um ponto importante a ser lembrado é o trazido pela Emenda Constitucional 57/2008. Com essa emenda foi acrescentado o art. 96 ao Ato das Disposições Constitucionais Transitórias, que assim dispõe: "ficam convalidados os atos de criação, fusão, incorporação e desmembramento de Municípios, cuja lei tenha sido publicada até 31.12.2006, atendidos os requisitos estabelecidos na legislação do respectivo Estado à época de sua criação". Esse dispositivo é na verdade um pedido ao Poder Legislativo para que elabore a tal lei complementar, exigida constitucionalmente, pois sem ela não há possibilidade de criação, fusão, incorporação e desmembramento de municípios. Desse modo, como muitos já haviam sido criados, sem a existência da lei complementar, eles foram convalidados para que a própria ordem constitucional não fosse posta em risco.

Vale lembrar que a EC 15/1996 deu nova redação ao § 4º do art. 18 da CF, modificando os requisitos constitucionais para criação, fusão, incorporação e desmembramento de municípios. Houve controle da constitucionalidade da atuação do poder constituinte de reforma, entretanto decidiu-se pela inexistência de afronta à cláusula pétrea da forma federativa do Estado, decorrente da atribuição, à lei complementar federal, para fixação do período dentro do qual poderão ser efetivadas a criação, a incorporação, a fusão e o desmembramento de Municípios. (ADI 2.395, Rel. Min. Gilmar Mendes, julgamento em 09.05.2007, Plenário, *DJE* de 23.05.2008). No mesmo sentido: ADI 2.381-MC, Rel. Min. Sepúlveda Pertence, julgamento em 20.06.2001, Plenário, *DJ* de 14.12.2001.

Por fim, a EC 84, de 02.12.2014 alterou o art. 159 da Constituição Federal para aumentar a entrega de recursos pela União para o Fundo de Participação dos Municípios, de modo que 1% (um por cento) do produto da arrecadação dos impostos sobre renda e proventos de qualquer natureza e sobre produtos industrializados, será destinado ao Fundo de Participação dos Municípios, devendo ser entregue no primeiro decêndio do mês de julho de cada ano.

11.5.1. Competência dos municípios

Podem ser comuns ou enumeradas. As primeiras são as que todos os entes políticos possuem (competência comum), de acordo com o art. 23 da Constituição, conforme já analisado. Já as segundas, as enumeradas, encontram abrigo no art. 30 da Constituição e têm por finalidade, principalmente, tratar de assuntos de interesse local e suplementar à legislação federal e estadual, no que for cabível.

Vale lembrar que os municípios têm competência para fixar o horário de funcionamento de estabelecimento comercial conforme inteligência da **Súmula** Vinculante 38 (STF)

11.6. Territórios federais

Os territórios federais, conforme dispõe o § 2º do art. 18 da CF, pertencem à União. Somente por meio de lei complementar é que poderão ser criados, transformados em Estado ou reintegrados ao Estado de origem. É dessa maneira, porque os territórios não possuem autonomia política, apenas administrativa.

Frisa-se que atualmente *não* existem territórios federais no Brasil; os últimos que existiram foram extintos pelos arts. 14 e 15 do Ato das Disposições Constitucionais Transitórias. Os territórios de Roraima e Amapá foram transformados em Estados (art. 14 do ADCT) e o de Fernando de Noronha teve sua área incorporada ao Estado de Pernambuco (art. 15 do ADCT).

Os territórios, embora pertencentes à União, podem ser divididos em municípios. Se forem criados (os territórios), possuirão governador, nomeado pelo Presidente da República, após aprovação do Senado Federal, conforme dispõe o art. 84, XIV, da CF, e também poderão eleger quatro deputados federais, conforme determinação do § 2º do art. 45 da CF.

11.7. Intervenção federal e intervenção estadual

É possível extrair do texto constitucional que a regra é a autonomia das pessoas políticas. Desse modo, a União, os Estados, o Distrito Federal e os Municípios são independentes e autônomos, não podendo, como regra, um intervir no outro.

Já a intervenção é uma medida de exceção, consistente na supressão temporária das prerrogativas dos Estados e dos Municípios. Quando há intervenção, prevalece a vontade daquele que a concretizou, que poderá ser a União ou os Estados. Por ser medida de caráter excepcional (a regra é a não intervenção), somente poderá ser decretada nos casos taxativamente previstos na Constituição. Tem por principal finalidade assegurar o pacto federativo.

A intervenção federal somente pode se dar nos Estados e no Distrito Federal. Assim, não é correto afirmar que a União interveio num determinado município pertencente a um Estado. Em regra, somente um Estado pode intervir no município – intervenção estadual. O que poderá ocorrer é a União intervir num município que está localizado em um Território, mas isso só acontecerá se forem criados territórios federais, neles houver municípios e ainda se alguma hipótese de intervenção, taxativamente prevista na CF, estiver devidamente configurada.

Há duas formas de intervenção: a espontânea e a provocada. Será *espontânea* nas seguintes hipóteses:

I. para manter a integridade nacional;

II. para repelir invasão estrangeira ou de uma unidade da Federação em outra;

III. para pôr termo a grave comprometimento da ordem pública;

IV. para reorganizar as finanças da unidade da Federação que: a) suspender o pagamento da dívida fundada por mais de dois anos consecutivos, salvo motivo de força maior; b) deixar de entregar aos Municípios receitas tributárias fixadas na Constituição dentro dos prazos estabelecidos em lei.

Nesses casos o Presidente da República age de ofício, sem a necessidade de provocação.

Há também os casos em que a intervenção federal será decretada após provocação. São hipóteses de *intervenção provocada* as seguintes:

I. para garantir o livre exercício de qualquer dos Poderes nas unidades da Federação. Nesse caso se a coação for exercida contra os Poderes Executivos ou Legislativos dos Estados, a intervenção dependerá de solicitação do poder coagido ou impedido. Agora, se for exercida contra o Poder Judiciário, dependerá de requisição do STF;

II. para prover a execução de lei federal, ordem ou decisão judicial. Podemos desmembrar essa hipótese para melhor análise. Se houver desobediência à ordem ou decisão judiciária, a intervenção dependerá de requisição do STF, do STJ ou do TSE. Já para prover a execução de lei federal, a intervenção dependerá de requisição do STF, em caso de provimento de representação do Procurador-Geral da República;

III. para assegurar a observância dos *princípios constitucionais sensíveis,* que são os seguintes:

a) forma republicana, sistema representativo e regime democrático;

b) direitos da pessoa humana;

c) autonomia municipal;

d) prestação de contas da administração pública;

e) aplicação do mínimo exigido da receita resultante de impostos estaduais, compreendida a proveniente de transferências, na manutenção e desenvolvimento do ensino e nas ações e serviços públicos de saúde.

Nas hipóteses de violação a princípios constitucionais sensíveis, a intervenção deve ser antecedida por uma ação – ADI Interventiva ou Representação Interventiva (Lei 12.562/2011). É necessária a requisição do STF, após ter dado provimento à representação do Procurador-Geral da República, que se materializa por meio da ADI Interventiva.

Os casos de intervenção provocada vêm previstos nos incisos IV, VI e VII do art. 34 da CF. Em tais situações, o Chefe do Executivo poderá agir de forma discricionária ou vinculada, conforme as peculiaridades de cada caso.

O decreto do Presidente da República, que concretizará a intervenção, deverá especificar a amplitude, o prazo e as condições de execução. Também deve constar a nomeação de um interventor, quando couber. O Congresso Nacional fará um controle político da intervenção, apreciando o ato em até 24 horas após sua edição. Se estiver em recesso, será feita convocação extraordinária, exceto nas hipóteses dos incisos VI e VII do art. 34 da CF.

Os casos de *intervenção estadual* também estão taxativamente previstos e são os seguintes:

I. quando deixar de ser paga, sem motivo de força maior, por dois anos consecutivos, a dívida fundada;

II. quando não forem prestadas as contas devidas, na forma da lei;

III. quando não tiver sido aplicado o mínimo exigido da receita municipal na manutenção e desenvolvimento do ensino e nas ações e serviços de saúde.

Nessas três situações mencionadas a intervenção estadual será espontânea;

IV. para assegurar a observância de princípios indicados na Constituição Estadual (depende de provimento de representação pelo Tribunal de Justiça);

V. para prover a execução de lei, de ordem ou de decisão judicial (depende de provimento de representação pelo TJ).

12. ORGANIZAÇÃO DOS PODERES

O art. 2º da Carta Magna consagra a regra da separação dos poderes: "são poderes da União, independentes e harmônicos entre si, o Legislativo, o Executivo e o Judiciário".

Para evitar os abusos cometidos pelos detentores do poder, ou seja, a concentração do poder nas mãos de uma única pessoa ou órgão, foi necessário dividir as funções estatais. Isso se consagrou por meio do sistema dos freios e contrapesos (*checks and balances*), que menciona que os três Poderes são autônomos e independentes, porém subordinados ao princípio da harmonia. Tal regra resulta na técnica em que o poder é contido pelo pró-prio poder, sendo, portanto, uma garantia do povo contra o arbítrio e o despotismo.

12.1. Poder Legislativo

Suas funções típicas são a legislativa, ou seja, *legislar*, fazer as leis e *fiscalizar* a Administração Pública. Esta última é efetivada pelo Poder Legislativo com o auxílio dos Tribunais de Contas que, vale lembrar, embora levem o nome de "Tribunal", são órgãos do Poder Legislativo. Há quem entenda que a função fiscalizatória seria atípica.

Na União, o Poder Legislativo é um órgão bicameral, pois é formado por duas casas legislativas – a Câmara de Deputados, que representa o povo, e o Senado Federal, que representa os Estados. A junção dessas duas casas formam o denominado Congresso Nacional, conforme dispõe o art. 44 da Constituição Federal.

Nos Estados, diferente do que ocorre na União, o Poder Legislativo é unicameral, pois é formado por apenas uma casa, que é a Assembleia Legislativa, conforme previsão do art. 27 da Constituição Federal.

No Distrito Federal, como nos Estados, o Poder Legislativo também é unicameral. O órgão legislativo do DF é denominado Câmara Legislativa. Nos Municípios o Poder Legislativo também é unicameral e é chamado de Câmara Municipal ou Câmara de Vereadores.

O funcionamento do Poder Legislativo é regido pelos arts. 57 e 44 da Constituição Federal. O art. 57 trata da *sessão legislativa*, que deve ser compreendida como o período de um ano de funcionamento do órgão. Diz o referido art. 57 que a sessão legislativa se inicia no dia 02 de fevereiro e vai até 17 de julho e depois reinicia-se no dia 1º de agosto e vai até o dia 22 de dezembro do mesmo ano.

O conceito de sessão legislativa difere do de *legislatura*, esta corresponde ao período de 4 (quatro) anos de funcionamento do Poder Legislativo, conforme disposto no parágrafo único do art. 44 da Constituição Federal.

Os períodos em que o Legislativo não funciona são denominados *recesso parlamentar*. Ocorrem do dia 18 de julho ao dia 31 do mesmo mês e do dia 23 de dezembro a 1º de fevereiro de cada ano (art. 57 da Constituição Federal, conforme redação dada pela EC 50/2006).

Sessão ordinária: dentro da sessão legislativa ocorrem diversas sessões ordinárias. Cada uma corresponde a um dia de funcionamento do Poder Legislativo. Para que os parlamentares participem da sessão ordinária, existe a *convocação* ordinária, que é o ato formal pelo qual eles são chamados a participar das sessões.

Sessão extraordinária: como o próprio nome menciona, extraordinariamente os parlamentares podem ser convocados; tais sessões ocorrem fora do período comum, ordinário, ocorrem fora do período destinado à sessão legislativa. Têm por finalidade a deliberação de uma matéria específica, conforme determina o § 7º do art. 57 da Constituição Federal.

O § 6º do mesmo art. traz as hipóteses de cabimento de convocação da sessão extraordinária, quais sejam:

a) pelo Presidente do Senado Federal, em caso de decretação de estado de defesa ou de intervenção federal, de pedido de autorização para a decretação de estado de sítio e para o compromisso e a posse do Presidente e do Vice-Presidente da República;

b) pelo Presidente da República, pelos Presidentes da Câmara dos Deputados e do Senado Federal ou a requerimento da maioria dos membros de ambas as Casas, em caso de urgência ou interesse público relevante, em todas as hipóteses com a aprovação da maioria absoluta de cada uma das Casas do Congresso Nacional.

12.1.1. *Composição dos Poderes Legislativos*

No âmbito federal, a Câmara de Deputados, representante do povo, conforme já mencionado, é composta por Deputados Federais em número proporcional à população de cada Estado e do Distrito Federal (art. 45, § 1º, CF). Cada Estado ou o DF terá no *mínimo 8 (oito)* e no *máximo 70 (setenta)* deputados federais, com mandato de 4 (quatro) anos.

O deputado federal deve ser brasileiro (nato ou naturalizado), maior de 21 anos e estar no exercício dos direitos políticos.

O art. 51 do Texto Maior estabelece as competências privativas da Câmara dos Deputados; essas competências são exercidas, sem a sanção do Presidente da República, através de Resolução.

Sabemos que atualmente não existem territórios federais, mas como é possível sua criação, se existirem, poderão eleger quatro deputados.

O Senado Federal representa os Estados e o Distrito Federal, segundo o art. 46 da Constituição Federal. Cada Estado e o Distrito Federal elegerão 3 Senadores, que terão mandato de oito anos, e a representação será renovada de quatro em quatro anos, alternadamente, por um e dois terços, conforme nos ensina os parágrafos do art. 46. Outra informação extraída do § 3º é a de que cada Senador será eleito com dois suplentes.

O senador deve ser brasileiro (nato ou naturalizado), maior de 35 anos e estar no exercício dos direitos políticos.

O art. 52 da Carta Magna traz as competências privativas do Senado Federal, que são exercidas sem a sanção do Presidente da República, por meio de Resolução.

Por fim, verificamos que o sistema de eleição dos Deputados Federais e dos Senados são diferentes. Os primeiros seguem o *sistema proporcional,* que pretende consagrar o pluripartidarismo e a constante dialética entre ideais políticos diversos. Os segundos são eleitos pelo *sistema majoritário,* no qual consideram-se eleitos os candidatos com maior número de votos.

12.1.2. Comissões

São subconjuntos de parlamentares organizados com o fim de tratar de um assunto específico. Podem ser:

12.1.2.1. Permanentes

Quando seu início se dá ao começo de cada legislatura. Analisa projeto de lei quanto a determinadas especificidades. Exemplo: Comissão de Constituição e Justiça (CCJ), que tem por função verificar a constitucionalidade do projeto de lei.

12.1.2.2. Provisórias ou temporárias

Quando um grupo de parlamentares se reúne provisoriamente para tratar de um assunto específico. Exemplo: comissão reunida para tratar do novo Código de Processo Civil e a Comissão Parlamentar de Inquérito (CPI).

12.1.2.3. Representativas

São aquelas reunidas durante o período de recesso parlamentar para que não sejam interrompidas as atividades do Congresso Nacional. Estão previstas no § 4º do art. 58 da Constituição.

12.1.2.4. Comissão Parlamentar de Inquérito – CPI

As CPIs encontram respaldo no § 3º do art. 58 da CF e têm por função apurar um *fato determinado,* por um *prazo certo.* São criadas no âmbito do Poder Legislativo, portanto são órgãos desse Poder e possuem natureza de comissão provisória ou temporária, pois, após ter sido apurado o fato, a comissão é desfeita.

A doutrina menciona que fato determinado é aquele em que é possível verificar seus requisitos essenciais. Por exemplo: não há como investigar de forma abstrata a corrupção no Brasil, tem de ser especificado o fato determinado para que o procedimento se inicie. O prazo certo, ou seja, aquele que tem início e fim, terá de ser fixado pelos regimentos internos das Casas, já que a CPI é uma comissão temporária e não permanente.

Tais comissões são formadas ou instaladas pelo requerimento de 1/3 dos membros. Podem ser criadas separadamente

tanto pela Câmara de Deputados, quanto pelo Senado Federal ou, ainda, conjuntamente pelas duas casas. Nesse caso, teremos uma CPI mista, que será instalada após assinatura de 1/3 dos Deputados Federais e Senadores conjuntamente. Suas conclusões, se for o caso, serão encaminhadas ao Ministério Público, para que promova a responsabilidade civil ou criminal dos infratores.

As CPIs têm poderes próprios das autoridades judiciais e não de autoridades policiais. Tomando por base a jurisprudência do STF, é possível concluir que elas podem:

1. convocar testemunhas, investigados e autoridades para prestarem esclarecimentos, mesmo que de forma coercitiva. Aliás, o art. 50 da CF determina que os Ministros de Estado ou quaisquer titulares de órgãos diretamente subordinados à Presidência da República devem comparecer para prestarem informações, quando convocados, sob pena de responderem por crime de responsabilidade, na hipótese de ausência injustificada;

2. determinar a realização de certas perícias, necessárias à instrução da investigação;

3. determinar as buscas que sejam imprescindíveis à instrução da investigação;

4. quebrar sigilo fiscal, bancário, financeiro e telefônico (nessa última hipótese ocorrerá apenas a quebra em relação aos dados telefônicos, ou seja, as contas telefônicas).

De outra parte, é possível verificar que a CPI possui limites, há assuntos que estão resguardados pela denominada cláusula de reserva jurisdicional, ou seja, somente por ordem judicial tais atos podem ser determinados, em especial as medidas restritivas de direito. Desse modo, as CPIs não podem:

1. determinar a quebra do sigilo das comunicações telefônicas, ou seja, a CPI não pode determinar a interceptação telefônica, pois, segundo o art. 5º, XII, da CF, somente para fins de investigação criminal ou instrução processual penal é que poderá haver tal diligência. Ressalta-se que o acesso às contas telefônicas (dados telefônicos) não se confunde com quebra de comunicação telefônica (que é a interceptação ou escuta). A primeira se inclui nos poderes da CPI, já a segunda é acobertada pela cláusula de reserva de jurisdição e, portanto, não cabe à CPI determiná-la.

Outro detalhe: o STF já afirmou que, embora haja a vedação mencionada, se a interceptação foi realizada num processo criminal e a CPI quer emprestar a prova lá produzida, para ajudar nas suas investigações, isso poderá ser feito;

2. determinar e efetivar a busca domiciliar, que também depende de ordem judicial, conforme dispõe o inciso XI do art. 5º da CF;

3. decretar a prisão, ressalvadas as hipóteses de flagrante delito, conforme inciso LXI da art. 5º da CF, pois nesses casos não só a CPI, mas qualquer um do povo pode prender. Dispõe o art. 301 do Código de Processo Penal que qualquer pessoa do povo poderá e as autoridades policiais e seus agentes deverão prender quem quer que seja encontrado em flagrante delito.

De acordo com o STF, em decisão monocrática, "a estratégia inquisitiva relativa às testemunhas que invocarem o direito constitucional ao silêncio – dispensa do depoimento – foi objeto de específica deliberação e subsequente encaminhamento de votação no âmbito daquele órgão investigativo colegiado. Não obstante seja imperativo o respeito, tanto na organização quanto na dinâmica das comissões parlamentares de inquérito, das prerrogativas e direitos inerentes ao mandato parlamentar, titularizados pelos seus membros e individualmente exercíveis e exigíveis, estes **não se confundem com aquelas prerrogativas e poderes que a Carta Política assegura às próprias comissões, na qualidade de órgãos colegiados.** A prerrogativa de solicitar depoimentos de qualquer autoridade ou cidadão (art. 58, § 2º, V) e os poderes de investigação próprios das autoridades judiciais (art. 58, § 3º) são outorgados pelo texto da Lei Maior às comissões parlamentares de inquérito, colegiados, e não aos seus membros individualmente considerados. Nessa medida, desde que preservada a integridade da premissa maior contida no Texto Constitucional, as questões vinculadas aos específicos arranjos normativos conformadores de tais institutos extravasam da dimensão estritamente constitucional e judicialmente tutelável da matéria. (...) a verificação de eventual afronta aos preceitos constitucionais invocados está ligada à prévia aferição da inobservância de normas regimentais do Congresso Nacional, a caracterizar, portanto, assunto *interna corporis* do Poder Legislativo." (MS 31.475, rel. Min. **Rosa Weber**, decisão monocrática, julgamento em 07.08.2012, *DJE* de 10.08.2012).

Conforme a Suprema Corte (HC 100.341-AM), a existência de procedimento penal investigatório, em tramitação no órgão jurisdicional competente, não impede a realização de atividade apuratória por uma Comissão Parlamentar de Inquérito, ainda que seus objetos sejam correlatos, pois cada qual possui amplitude distinta, delimitada constitucional e legalmente, além de finalidades diversas.

No mesmo julgado, o STF definiu que a CPI pode estender o âmbito de sua apuração a fatos ilícitos ou irregulares que, no curso do procedimento investigatório, revelarem-se conexos à causa determinante da comissão.

Além disso, reiteradas vezes, a Suprema Corte tem garantido ao convocado a depor numa CPI o privilégio contra a autoincriminação, o direito ao silêncio e que possa comunicar-se com o seu advogado.

Outra decisão relevante do Supremo sobre as CPIs é a de que elas, no desempenho de seus poderes de investigação, estão sujeitas às mesmas normas e limitações que incidem sobre os magistrados, quando no exercício de igual prerrogativa. Vale dizer: as CPIs somente podem exercer as atribuições investigatórias que lhes são inerentes, desde que o façam nos mesmos termos e segundo as mesmas exigências que a Constituição e as leis da República impõem aos juízes, especialmente no que concerne ao necessário respeito às prerrogativas que o ordenamento positivo do Estado confere aos advogados. (...) A presença do advogado em qualquer procedimento estatal, independentemente do domínio institucional em que esse mesmo procedimento tenha sido instaurado, constitui fator inequívoco de certeza de que os órgãos do Poder Público (Legislativo, Judiciário e Executivo) não transgredirão os limites delineados pelo ordenamento positivo da República, respeitando-se, em

consequência, como se impõe aos membros e aos agentes do aparelho estatal, o regime das liberdades públicas e os direitos subjetivos constitucionalmente assegurados às pessoas em geral, inclusive àquelas eventualmente sujeitas, qualquer que seja o motivo, a investigação parlamentar, ou a inquérito policial, ou, ainda, a processo judicial. (...) não se revela legítimo opor, ao advogado, restrições, que, ao impedirem, injusta e arbitrariamente, o regular exercício de sua atividade profissional, culminem por esvaziar e nulificar a própria razão de ser de sua intervenção perante os órgãos do Estado, inclusive perante as próprias CPIs." (MS 30.906-MC, Rel. Min. **Celso de Mello**, decisão monocrática, julgamento em 05.10.2011, *DJE* de 10.10.2011).

Sobre a utilização de documentos oriundos de inquérito sigiloso numa CPI, o Supremo também já decidiu pela possibilidade. (HC 100.341, Rel. Min. **Joaquim Barbosa**, julgamento em 04.11.2010, Plenário, *DJE* de 02.12.2010).

Vale lembrar que a CPI não promove responsabilidades. Ao final das apurações, ela encaminha seus relatórios conclusivos ao Ministério Público para que este órgão, se entender pertinente, promova a responsabilização civil ou criminal dos investigados.

Por último, cumpre mencionar que são cabíveis os remédios constitucionais, em especial mandado de segurança e *habeas corpus,* sempre que houver abusos no decorrer dos trabalhos realizados pelas comissões. A competência para o julgamento dessas ações dependerá da autoridade que pratica o ato abusivo. Se forem representantes do Congresso Nacional, o foro competente é o STF; se forem membros das Assembleias Legislativas ou da Câmara Legislativa do DF, o órgão destinado ao julgamento é o Tribunal de Justiça do respectivo Estado ou o Distrito Federal; e, se forem representantes de Câmara Municipal, o juiz de direito da Comarca respectiva é quem deverá julgar o remédio.

12.1.3. Imunidades

Os parlamentares possuem garantias em razão da função que exercem. Tais prerrogativas têm por finalidade resguardar a liberdade e a independência durante o exercício do mandato eletivo. Bem, se o objetivo é garantir a independência e a liberdade dos parlamentares no período em que exercem seus mandatos, é correto afirmar que elas só se iniciam com a diplomação do sujeito. Esse ato, realizado pelo Tribunal Eleitoral, tem por fim validar o processo eletivo e, após, autorizar a posse do parlamentar. Da mesma maneira, o término do mandato, que pode se dar de diversas maneiras, por exemplo, pelo transcurso do prazo, pela renúncia etc., faz com que as imunidades não sejam mais cabíveis.

De acordo com a súmula 245 do STF a imunidade parlamentar não se estende ao corréu sem essa prerrogativa.

Também é importante ressaltar que o Supremo determina que "a cláusula de inviolabilidade constitucional, que impede a responsabilização penal e/ou civil do membro do Congresso Nacional, por suas palavras, opiniões e votos, também abrange, sob seu manto protetor, as entrevistas jornalísticas, a transmissão, para a imprensa, do conteúdo de pronunciamentos ou de relatórios produzidos nas Casas Legislativas e as declarações feitas aos meios de comunicação social, eis que tais manifestações – desde que vinculadas ao desempenho do mandato – qualificam-se como natural projeção do exercício das atividades parlamentares." (**Inq 2.332-AgR**, Rel. Min. **Celso de Mello**, julgamento em 10.02.2011, Plenário, *DJE* de 01.03.2011).

As imunidades podem ser de duas naturezas: material ou processual.

12.1.3.1. Imunidade material

Segundo o art. 53 da Constituição Federal, a imunidade material é aquela pela qual o parlamentar se torna inviolável civil e penalmente, por quaisquer palavras, opiniões e votos que proferir no curso de seu mandato. Todos os parlamentares gozam de imunidade material.

No entanto, em relação aos Vereadores há uma particularidade, qual seja, a imunidade material é limitada, restringe-se à circunscrição do Município, conforme dispõe o inciso VIII do art. 29 da Constituição Federal. Esse entendimento é, também, o adotado pela Suprema Corte: "a proteção constitucional inscrita no art. 29, VIII, da Carta Política estende-se – observados os limites da circunscrição territorial do Município – aos atos dos Vereadores praticados *ratione officii*, qualquer que tenha sido o local de sua manifestação (dentro ou fora do recinto da Câmara Municipal)" (HC 74.201/MG, Rel. Celso de Melo, RTJ, 169/969).

12.1.3.2. Imunidade processual

Está relacionada a garantias relativas à prisão do parlamentar e ao processo criminal que corra contra ele. Ressalta-se que esta imunidade contempla apenas os crimes praticados *após a diplomação* do parlamentar, conforme § 3º do art. 53.

Outra peculiaridade de extrema importância é a de que os Vereadores não são beneficiados por essa garantia, ou seja, não gozam da imunidade processual, mas somente da material.

Para melhor compreensão é necessário separar a garantia relativa à impossibilidade de *prisão* da relacionada ao *processo criminal*.

Em relação à *prisão*, a Constituição diz que os membros do parlamento não poderão ser presos, desde a diplomação, exceto nos casos de prisão em flagrante por crime inafiançável. Aliás, nesta hipótese, conforme dispõe o § 2º do art. 53 da CF, os autos deverão ser remetidos dentro de 24 horas à Casa respectiva para que, pelo voto da maioria de seus membros, ela resolva sobre a prisão. Assim, o órgão legislativo que o parlamentar integra é quem vai decidir se o manterá preso ou solto.

No tocante ao *processo criminal*, o § 3º do art. 53 da CF determina que, recebida a denúncia contra o Senador ou Deputado, por crime ocorrido **após a diplomação**, o Supremo Tribunal Federal dará ciência à Casa respectiva, que, por iniciativa de partido político nela representado e pelo voto da maioria de seus membros, poderá, até a decisão final, suspender o andamento da ação. Assim, se o crime for praticado por um Deputado, a Câmara de Deputados é que poderá suspender o curso da ação;

se o crime for praticado por um Senador, será o Senado Federal o órgão competente para tanto. Vale ressaltar que a Casa terá de apreciar o pedido dentro do prazo improrrogável de 45 dias, contados do seu recebimento pela Mesa Diretora, conforme § 4º do mesmo dispositivo.

Desse modo, se os parlamentares decidirem pela suspensão dos processos, a prescrição das infrações penais que estavam sendo apuradas também ficarão suspensas. É o que determina o § 5º do art. 53 da CF. Tal suspensão valerá enquanto durar o mandato eletivo.

12.1.4. Limitação ao dever de testemunhar

O art. 53, § 6º, da CF estabelece que os parlamentares não serão obrigados a testemunhar sobre informações recebidas ou prestadas em razão do exercício do mandato nem sobre as pessoas que lhes confiaram ou deles receberam informações.

12.1.5. Prerrogativa de foro

Além das imunidades, os Deputados e Senadores gozam de prerrogativa de foro para julgamento dos processos criminais em que estejam litigando. Isso quer dizer que, desde a expedição do diploma, os membros do Congresso Nacional serão submetidos a julgamento perante o Supremo Tribunal Federal (arts. 53, §1º, e 102, I, "b", ambos da Constituição).

Ao contrário do que ocorre com as imunidades parlamentares, a prerrogativa de foro vigora durante o mandato, ainda que o **processo criminal** tenha sido iniciado **antes da expedição do diploma**. Então, os processos instaurados em desfavor de Deputados ou Senadores iniciados antes da diplomação serão remetidos ao STF e encaminhados, após o término do mandato, à instância comum, caso ainda não tenham sido encerrados.

No âmbito estadual, em razão da isonomia, as Constituições Estaduais e a Lei Orgânica do Distrito Federal poderão atribuir aos Tribunais de Justiça respectivos a competência por prerrogativa de função para julgamento dos processos criminais contra Deputados estaduais e distritais, consoante os arts. 27, § 1º, e 32, § 3º, ambos da CF.

Em contrapartida, em nível municipal, os Vereadores não têm a prerrogativa de foro em razão da função, sendo processados e julgados perante a justiça comum, de primeiro grau, mesmo durante o curso dos seus mandatos.

12.1.6. Vedações

O art. 54 da CF enumera vedações impostas aos Deputados e Senadores, vejamos:

a) desde a *diplomação* não poderão os parlamentares:

✓ firmar ou manter contrato com pessoa jurídica de direito público, autarquia, empresa pública, sociedade de economia mista ou empresa concessionária de serviço público, salvo quando o contrato obedecer a cláusulas uniformes;

✓ aceitar ou exercer cargo, função ou emprego remunerado, inclusive os de que sejam demissíveis *ad nutum*, nas entidades constantes da alínea anterior;

b) desde a *posse* também não poderão os parlamentares:

✓ ser proprietários, controladores ou diretores de empresa que goze de favor decorrente de contrato com pessoa jurídica de direito público, ou nela exercer função remunerada;

✓ ocupar cargo ou função de que sejam demissíveis *ad nutum*, nas entidades referidas no primeiro item da letra "a";

✓ patrocinar causa em que seja interessada qualquer das entidades a que se refere o primeiro item da letra "a";

✓ ser titulares de mais de um cargo ou mandato público eletivo.

12.1.7. Perda do mandato

O art. 55 da CF enumera seis hipóteses de perda do mandato do parlamentar. Dentre essas situações, a doutrina distingue os casos de cassação e extinção do mandato. A cassação diz respeito à perda do mandato em virtude do parlamentar ter cometido falta funcional; já a extinção relaciona-se com a ocorrência de ato ou fato que torne automaticamente inexistente o mandato, como, por exemplo, renúncia, morte, ausência injustificada etc.

Nos casos de cassação (*violação das proibições estabelecidas no art. 54 da CF, falta de decoro parlamentar e condenação criminal transitada em julgado* – **art. 55, I, II e VI), a perda do mandato será decidida pela Câmara dos Deputados ou pelo Senado Federal, por maioria absoluta, mediante provocação da respectiva Mesa ou de partido político representado no Congresso Nacional (art. 55, § 2º, da CF).**

Vale lembrar que a EC 76, de 28.11.2013, alterou o § 2º do art. 55 e o § 4º do art. 66 da Constituição Federal, para abolir a votação secreta nos casos de perda de mandato de Deputado ou Senador e de apreciação de veto.

Nas outras três situações de extinção (*deixar de comparecer injustificadamente a 1/3 das sessões ordinárias em cada sessão legislativa, perder ou tiver suspensos os direitos políticos e por decisão da Justiça Eleitoral* – **art. 55, III, IV e V), a perda do mandato independe de votação da Casa, sendo declarada pela Mesa respectiva de ofício ou por provocação de qualquer de seus membros, ou de partido político representado no Congresso Nacional (art. 55, § 3º, CF).**

Frisa-se que em ambas as hipóteses é assegurada a ampla defesa.

12.1.7.1. Decoro parlamentar

Como visto acima, a quebra do decoro parlamentar, previsto no inciso II do art. 55 da CF, é uma das hipóteses de perda do mandato do parlamentar que depende de votação da Casa Legislativa e é caracterizada pelo abuso das prerrogativas parlamentares ou pela percepção de vantagens indevidas, além dos casos definidos nos respectivos Regimentos Internos de cada Casa Legislativa (art. 55, §1º, CF).

12.1.8. Processo legislativo

Para a criação de atos normativos, o art. 59 da CF determina um processo formal que deverá ser seguido pelos órgãos e pessoas que têm a função de elaborar as normas jurídicas, sob pena de, sendo violado, tornar a lei formalmente inconstitucional. As regras que integram o denominado processo legislativo vêm previstas nos arts. 59 a 69 da CF.

O procedimento de elaboração das normas normalmente obedecerá a três fases distintas: instrutória, constitutiva e complementar.

12.1.8.1. Fase instrutória

É composta da denominada *iniciativa* do projeto – o início do processo de construção de uma lei está condicionado a sua apresentação por alguém competente, possuidor de iniciativa legislativa. O rol dos órgãos e pessoas que podem deflagrar projetos de lei está estabelecido no art. 61 da CF e contempla: quaisquer membros ou Comissões do Congresso Nacional, do Senado Federal ou da Câmara dos Deputados; o Presidente da República; o Supremo Tribunal Federal; os Tribunais Superiores; o Procurador-Geral da República e até os cidadãos comuns.

Nessa última hipótese, quando os cidadãos deflagram o processo legislativo, estamos diante da *iniciativa popular das leis*, prevista no art. 61, § 2º, da CF, que exige que o projeto seja subscrito por, no mínimo, um por cento do eleitorado nacional, distribuído pelo menos por cinco Estados, com não menos de três décimos por cento dos eleitores de cada um deles.

Conforme os arts. 61, § 2º, e 64, da CF, os projetos de lei apresentados pelo Presidente da República, pelo Supremo Tribunal Federal, pelos Tribunais Superiores e pelos cidadãos terão obrigatoriamente início na Câmara dos Deputados (casa iniciadora) e concluído no Senado Federal (casa revisora). Seguirá tramitação idêntica, iniciando-se na Câmara, se o projeto for apresentado pelo Procurador-Geral da República, de acordo com o art. 109, § 1º, VII, do Regimento Interno da Câmara dos Deputados. Essas são os projetos de iniciativa *extraparlamentar* ou iniciativa "fora das casas".

Em relação aos projetos de lei de iniciativa *parlamentar*, a regra é clara: iniciam-se nas casas que abrigam seus propositores. Se proposto por membro ou Comissão da Câmara, iniciam-se na Câmara; se por membro ou Comissão do Senado, no Senado Federal.

Vale observar que, segundo o STF, o **retorno** do projeto de lei à casa iniciadora deve se dar **apenas quando houver alteração no sentido jurídico da norma**. Uma emenda que visa apenas corrigir uma impropriedade técnica ou aprimorar a redação do projeto de lei não precisa voltar à casa iniciadora.

Além disso, o **vício de iniciativa não é convalidado por posterior sanção presidencial**, ainda que o projeto seja de iniciativa do próprio Presidente da República.

12.1.8.2. Fase constitutiva

É composta por deliberações que ocorrerão tanto no âmbito do Poder Legislativo (deliberação parlamentar) quanto no do Poder Executivo (deliberação executiva).

12.1.8.2.1. Deliberação parlamentar ou legislativa

Nessa fase, os projetos passam por algumas comissões, em especial pela comissão temática, de acordo com o conteúdo do projeto, e pela comissão de constituição e justiça, que dará parecer terminativo quanto a sua constituciona-

lidade. Além disso, os projetos são deliberados e votados nesse momento.

Em relação às leis federais, essa deliberação ocorrerá de forma bicameral, ou seja, uma das casas será a iniciadora e a outra revisora. O projeto será debatido e votado em ambas. Primeiro na iniciadora e, se aprovado, terá o mesmo procedimento na casa revisora.

As discussões iniciam-se nas Comissões que abrangem a matéria tratada no projeto de lei, de acordo com o art. 58, § 2º, I, da CF.

Em seguida o projeto é votado em plenário para aprovação da casa iniciadora. Após esse processo, conforme art. 65 da CF, o texto aprovado deve ser remetido à casa revisora, também para discussão e votação. Nessa fase, o projeto poderá ser rejeitado, aprovado ou emendado. Na primeira hipótese será arquivado; na segunda, deverá ser encaminhado ao Executivo para sanção ou veto; na terceira, havendo emendas apostas pela casa revisora, elas deverão ser enviadas à apreciação da casa iniciadora, que poderá concordar ou discordar, mas não criar subemendas nem modificar o novo texto. Vale lembrar que o art. 67 da CF determina que o projeto de lei rejeitado só possa ser reapresentado, na mesma sessão legislativa, por iniciativa da maioria absoluta dos membros de quaisquer das casas, Câmara ou Senado.

Aprovado o projeto, a Casa na qual a votação foi concluída deve encaminhá-lo ao Presidente da República para que ele o sancione ou vete.

12.1.8.2.2. Deliberação executiva

O veto poderá ter por fundamento dois motivos: inconstitucionalidade (é o denominado veto jurídico) ou contrariedade ao interesse público (o chamado veto político), conforme art. 66, § 1º, da CF.

Após o veto, o Presidente da República tem 48 horas para comunicar seus motivos ao Presidente do Senado Federal (art. 66, § 1º, *in fine*), que colocará a matéria para ser apreciada e votada em sessão conjunta, podendo ser mantido ou rejeitado pelo Congresso Nacional, dentro de 30 dias contados de seu recebimento, conforme redação do § 4º do art. 66 da CF.

Ressalta-se que a **EC 76, de 28.11.2013, retirou a expressão "escrutínio secreto" (voto secreto) do art. 66, § 4º, da CF. Desse modo, com a nova redação,** para que o veto do Presidente seja derrubado é obrigatória a apreciação em sessão conjunta e o voto da maioria absoluta dos Deputados e Senadores.

Derrubado o veto, o projeto volta ao Presidente da República para sua promulgação, segundo o § 5º do art. 66 da CF. A situação é peculiar, pois, embora a opinião do Presidente tenha sido no sentido de vetar o projeto, ele terá de promulgá-lo.

Se o veto for mantido, arquiva-se o projeto ou, se houver decisão da maioria absoluta dos membros de quaisquer das Casas (Câmara ou Senado), ele poderá ser submetido à nova votação, na mesma sessão legislativa. De acordo com o art. 67 da CF que a matéria constante de projeto de lei rejeitado somente poderá constituir objeto de novo projeto, na mesma sessão legislativa, mediante proposta da maioria absoluta dos membros de qualquer das Casas do Congresso Nacional. Sancionado o projeto de lei adentra-se à fase complementar. Tal dispositivo também prevê a sanção tácita do projeto caso o Presidente não se manifeste dentro do prazo de 15 dias (art. 66, § 3º, da CF).

12.1.8.3. Fase complementar

Essa fase compreende a *promulgação* e a *publicação* oficial do projeto de lei, ambas de competência do Presidente da República (art. 84, IV, CF). Promulgar significa ratificar o processo legislativo, validando a lei no ordenamento jurídico. É com a promulgação que a lei "cria vida jurídica".

Então a lei é publicada no Diário Oficial, ato que torna obrigatório seu cumprimento e vigora a presunção de conhecimento geral pelas pessoas. Contudo, sua eficácia está condicionada a *vacatio legis*, que é o período entre a publicação e a entrada em vigor da norma. Conforme o art. 1º da Lei de Introdução às Normas do Direito Brasileiro – LINDB, via de regra, em 45 dias a lei passa a vigorar em todo o território nacional e em três meses estabelece-se sua vigência no estrangeiro (art. 1º, § 1º, da LINDB). Esses prazos podem ser alterados (com supressão, redução ou ampliação) se dispostos na norma, conforme determina o art. 8º da Lei Complementar 95/1998.

12.1.8.4. Espécies normativas

As espécies legislativas ou normativas estão enumeradas no art. 59 da Constituição Federal. São elas: *emendas constitucionais, leis complementares, leis ordinárias, leis delegadas, medidas provisórias, decretos legislativos e resoluções.*

12.1.8.4.1. Emendas constitucionais

Conforme já exposto, nossa Constituição é classificada, quanto ao seu processo de alteração, como rígida, ou seja, para ser modificada depende de um procedimento mais solene, mais dificultoso que o processo de alteração das demais normas, ditas infraconstitucionais. Sendo assim, o mecanismo hábil para que se altere uma norma constitucional não é uma lei, mas sim a emenda constitucional.

Existem limitações para o exercício do poder de reforma que são determinadas pelo poder constituinte originário. São elas:

a) Limitações procedimentais ou formais

Como o próprio nome indica, essas limitações têm a ver com a forma, com as regras previstas na Constituição para sua alteração. Esse processo é complexo e compreende quatro partes: iniciativa, quórum, promulgação e rejeição (art. 60 da CF).

Passemos à análise de cada uma delas. Para que se altere a Constituição é necessária que seja proposta uma PEC – proposta de emenda constitucional. Somente algumas pessoas detêm competência para *iniciar* esse projeto. São elas: um terço da Câmara dos Deputados ou do Senado Federal, Presidente da República e mais da metade das Assembleias Legislativas – manifestando-se, cada qual, pelo voto da maioria relativa de seus membros.

Iniciado o projeto, há outra limitação que é relativa ao quórum de votação. É imprescindível que o projeto seja aprovado nas duas Casas do Congresso Nacional (Câmara de Deputados e Senado Federal), em dois turnos, e pelo voto de 3/5 dos membros.

Sendo aprovada a PEC, para que efetivamente se transforme em emenda constitucional, ela precisa ser *promulgada* pelas Mesas da Câmara dos Deputados e do Senado Federal.

Há ainda outra limitação formal ou procedimental que se refere à *rejeição* da PEC. A proposta de emenda rejeitada ou havida por prejudicada não poderá ser objeto de nova proposta na mesma sessão legislativa. Assim, somente na próxima sessão legislativa é que os membros do Legislativo poderão colocar em pauta novamente uma PEC que tenha sido rejeitada.

b) Limitações circunstanciais

Em determinadas circunstâncias, em situações de anormalidade, é proibida a edição de emendas constitucionais. Diz a Constituição que ela não poderá ser emendada na vigência de intervenção federal, de estado de defesa ou de estado de sítio (são os denominados "estados de exceção"). Nesses momentos, diz-se que a Constituição fica imutável.

c) Limitações materiais

Há algumas matérias que não poderão ser abolidas do texto constitucional, aliás, sequer poderão ser objeto de deliberação. O § 4º do art. 60 da Constituição traz as denominadas cláusulas pétreas ou núcleos essenciais intangíveis. O nome sempre nos ajuda a compreender o instituto jurídico. "Pétreas" vêm de pedra, algo tão consistente e rígido que é comparado a uma pedra. A outra nomenclatura utilizada pela doutrina também tem fundamento: núcleos, ou seja, apenas uma parte da constituição, um núcleo, é que é dotado dessa impossibilidade de supressão. Além disso, um núcleo essencial, ou seja, aquele relacionado com matérias tipicamente, essencialmente, constitucionais, ou seja, as que giram em torno do poder. E mais, algo intangível é algo não modificável.

As denominadas cláusulas pétreas são as seguintes: forma federativa de Estado; o voto secreto, direto, universal e periódico; a separação dos Poderes; e os direitos e garantias individuais.

12.1.8.4.2. Leis complementares

As leis complementares se diferenciam das ordinárias por possuírem duas características. A primeira está relacionada ao quórum de aprovação. Para ser aprovada é necessário o voto da maioria absoluta (art. 69 da CF). A segunda diferença se dá quanto ao conteúdo disciplinado. Somente será exigida a aprovação por meio de lei complementar em relação às matérias que a Constituição expressamente exige.

Assim, quando a constituição trata de um assunto e menciona que tal assunto deve ser regulamentado por lei, sem qualificar essa lei como "complementar", diz-se que não é necessário o voto da maioria absoluta, ou seja, presume-se que é lei ordinária.

Por ser a lei complementar dotada das características mencionadas, alguns doutrinadores mencionam que há

hierarquia entre ela e a lei ordinária, prevalecendo a complementar em relação à ordinária. Entretanto, prevalece uma segunda corrente que sustenta apenas a existência de âmbito de atuação diferente e quórum diferenciado, não havendo hierarquia entre ambas.

12.1.8.4.3. Leis ordinárias

Espécie normativa responsável pela edição de normas gerais e abstratas. A denominação ordinária vem de algo que é comum. Em âmbito federal será elaborada pelo Congresso Nacional, na esfera estadual pelas Assembleias Legislativas dos Estados e na municipal pelas Câmaras de Vereadores. Tudo que não for disciplinado por lei complementar deve ser tratado por lei ordinária. O quórum para sua aprovação é de maioria simples, ou seja, basta aprovação por maioria dos votos, desde que presente a maioria absoluta dos membros da Casa. O que se leva em conta para apurar a maioria simples é o número de parlamentares presentes na sessão.

12.1.8.4.4. Leis delegadas

São leis elaboradas pelo Presidente da República, quando ele exerce, atipicamente, a função legislativa. Segundo o art. 68 da CF, para que o Presidente elabore essa lei deve solicitar a delegação ao Congresso Nacional. O ato que formaliza a autorização dada pelo Legislativo é uma resolução que deve especificar o conteúdo e os termos de seu exercício.

Ressalta-se que, segundo o § 1º do art. 68 da CF, não podem ser objetos de delegação os atos de competência exclusiva do Congresso Nacional, os de competência privativa da Câmara dos Deputados ou do Senado Federal, a matéria reservada à lei complementar, nem a legislação sobre: I – organização do Poder Judiciário e do Ministério Público, a carreira e a garantia de seus membros; II – nacionalidade, cidadania, direitos individuais, políticos e eleitorais; III – planos plurianuais, diretrizes orçamentárias e orçamentos.

A resolução do Congresso também pode mencionar que o projeto de lei, elaborado pelo Presidente, passe por sua apreciação; nessa hipótese, conforme o § 3º do art. 68 da CF, a verificação se dará em votação única e o Congresso não poderá fazer emendas ao texto.

12.1.8.4.5. Medida provisória

A possibilidade de edição de medidas provisórias pelo Chefe do Executivo vem prevista no art. 62 da CF. Desse modo, havendo *relevância* e *urgência*, o Presidente da República poderá adotar medidas provisórias, com *força de lei*, devendo submetê-las imediatamente ao Congresso Nacional.

A votação da medida provisória, segundo § 8º do art. 62 da CF, terá início na Câmara dos Deputados que deverá, antes de deliberar sobre seu mérito, verificar se os pressupostos constitucionais da medida (relevância e urgência) foram atendidos. O mesmo vale para a votação no Senado Federal. É o que dispõe o § 5º do art. 62.

Além disso, a comissão mista de Deputados e Senadores deverá examinar e emitir parecer acerca das medidas provisórias, antes de serem apreciadas, em sessão separada, pelo plenário de cada uma das Casas do Congresso Nacional, conforme § 9º do art. 62.

Ressalta-se que há matérias, segundo o § 1º, inciso I, do art. 62 da CF, que *não* podem ser objeto de medida provisória. São as seguintes: a) nacionalidade, cidadania, direitos políticos, partidos políticos e direito eleitoral; b) direito penal, processual penal e processual civil; c) organização do Poder Judiciário e do Ministério Público, a carreira e a garantia de seus membros; d) planos plurianuais, diretrizes orçamentárias, orçamento e créditos adicionais e suplementares, ressalvado o previsto no art. 167, § 3º, da CF.

O inciso II do mesmo dispositivo constitucional menciona que também é vedada a edição de medida provisória que vise a detenção ou sequestro de bens, de poupança popular ou qualquer outro ativo financeiro, além das matérias reservadas à lei complementar e as já disciplinadas em projeto de lei aprovado pelo Congresso Nacional e pendente de sanção ou veto do Presidente da República.

De acordo com o § 3º do art. 167 da CF, a abertura de crédito extraordinário somente será admitida para atender a despesas imprevisíveis e urgentes, como as decorrentes de guerra, comoção interna ou calamidade pública, observado o disposto no art. 62. Ou seja, **há possibilidade, ainda que excepcional, de abertura de créditos extraordinários por meio de medida provisória.**

O prazo das medidas provisórias, contado a partir da publicação, é de 60 (sessenta) dias, prorrogável, uma única vez, por igual período (60 + 60). Esse prazo ficará suspenso durante o período de recesso do Congresso. Ressalta-se que a prorrogação ocorrerá se a medida não tiver sua votação encerrada nas duas Casas do Congresso dentro do prazo inicial de 60 dias, conforme § 7º do art. 62.

Não sendo convertidas em lei dentro desse período, conforme dispõe o § 3º do art. 62 da CF, as medidas *perderão sua eficácia*, desde a edição. Nessa hipótese, deve o Congresso Nacional, por meio de decreto legislativo, regulamentar as relações jurídicas formadas durante o período em que a medida vigorou.

Exceções à regra de perda de eficácia da medida provisória:

1ª Se o decreto legislativo, que disciplinaria as relações formadas durante a vigência da medida, não tiver sido editado até (60) sessenta dias após sua rejeição ou perda de eficácia, as relações jurídicas constituídas e decorrentes de atos praticados naquele período continuarão sendo regidas pela medida provisória, conforme dispõe o § 11 do art. 62;
2ª Se o projeto de lei de conversão da medida provisória for aprovado, mas alterando o texto original, ela também permanecerá em vigor até que ele seja sancionado ou vetado, conforme § 12 do art. 62.

12.1.8.4.5.1. *Regime de urgência ou trancamento de pauta*

A medida provisória, conforme já mencionado, tem prazo de validade de 60 dias. Ocorre que há outro prazo, que é de 45 dias, para que ela seja apreciada sem que cause prejuízos. Assim, se não for apreciada em até quarenta e cinco dias contados de sua publicação, entrará em regime de urgência, subsequentemente, em cada uma das Casas do Congresso Nacional, ficando sobrestadas todas as demais deliberações legislativas da Casa em que estiver tramitando até que seja concluída sua votação. É o que determina o § 6º do art. 62 da CF.

Frisa-se que é expressamente proibida a reedição de medidas provisórias na mesma sessão legislativa em que ela tenha sido rejeitada ou que tenha perdido sua eficácia por decurso de prazo, conforme § 10 do art. 62 da CF.

Por fim, o § 2º do mesmo dispositivo constitucional determina que a medida provisória que implique instituição ou majoração de impostos, exceto os previstos nos arts. 153, I, II, IV, V, e 154, II, só produzirá efeitos no exercício financeiro seguinte se houver sido convertida em lei até o último dia daquele em que foi editada.

12.1.8.4.6. Decreto legislativo

As matérias de *competência exclusiva* do Congresso Nacional, previstas no art. 49 da CF, devem ser normatizadas por meio de decreto legislativo. Exemplo: quando o Congresso Nacional quiser sustar os atos normativos do Poder Executivo que exorbitem o poder regulamentar, poderá fazê-lo por meio de decreto legislativo. Outro exemplo seria o Congresso autorizando a realização de um referendo ou convocando um plebiscito. Tais atos serão formalizados por decreto legislativo.

Exceção: o Congresso Nacional, ao delegar a competência legislativa ao Presidente da República para que ele elabore uma lei delegada, o faz por meio de *resolução* e não por decreto legislativo, pois a Constituição assim determina.

Vale lembrar que o Presidente do Senado Federal é quem promulga um decreto legislativo, não passando por deliberação executiva (sanção ou veto presidencial).

12.1.8.4.7. Resolução

Tem por finalidade normatizar as matérias *de competência privativa da Câmara de Deputados* (art. 51 da CF), do *Senado Federal* (art. 52 da CF) e, ainda, algumas atribuições do *Congresso* Nacional, por exemplo, a delegação ao Presidente da República para que ele edite lei delegada (art. 68, §2º, da CF).

Quem promulga uma resolução é a Mesa da Casa Legislativa responsável por sua edição. Do mesmo modo que ocorre com o decreto legislativo, as resoluções não estão sujeitas a deliberação executiva (sanção ou veto presidencial).

12.1.8.4.7.1. *Fiscalização contábil, financeira e orçamentária*

Conforme dispõe o art. 70 da CF, a fiscalização contábil, financeira, orçamentária, operacional e patrimonial da União e das entidades da administração direta e indireta, quanto à legalidade, legitimidade, economicidade, aplicação das subvenções e renúncia de receitas, será exercida pelo Congresso Nacional, mediante controle externo, e pelo sistema de controle interno de cada Poder.

Todos os órgãos, pessoas, públicos ou privados, que utilizem, arrecadem, guardem, cuidem ou administrem o patrimônio público, têm o dever de prestar contas.

Para tanto, é necessária a realização de controle, que pode ser interno ou externo. O primeiro, como já mencionado, é aquele realizado pelo próprio poder. Já o controle externo é feito pelo Congresso Nacional com o auxílio do Tribunal de Contas da União, ao qual compete, dentre outras atribuições:

✓ apreciar as contas prestadas anualmente pelo Presidente da República;

✓ julgar as contas dos administradores e demais responsáveis por dinheiros, bens e valores públicos da administração direta e indireta, incluídas as fundações e sociedades instituídas e mantidas pelo Poder Público federal, e as contas daqueles que derem causa a perda, extravio ou outra irregularidade de que resulte prejuízo ao erário;

✓ realizar inspeções e auditorias de natureza contábil, financeira, orçamentária, operacional e patrimonial, nas unidades administrativas dos Poderes Legislativo, Executivo e Judiciário;

✓ fiscalizar a aplicação de quaisquer recursos repassados pela União mediante convênio, acordo, ajuste ou outros instrumentos congêneres, a Estado, ao Distrito Federal ou a Município;

✓ prestar as informações solicitadas pelo Congresso Nacional, por qualquer de suas Casas, ou por qualquer das respectivas Comissões, sobre a fiscalização contábil, financeira, orçamentária, operacional e patrimonial e sobre resultados de auditorias e inspeções realizadas;

✓ aplicar aos responsáveis, em caso de ilegalidade de despesa ou irregularidade de contas, as sanções previstas em lei;

✓ assinar prazo para que o órgão ou entidade adote as providências necessárias ao exato cumprimento da lei, se verificada ilegalidade;

✓ sustar, se não atendida, a execução do ato impugnado, comunicando a decisão à Câmara dos Deputados e ao Senado Federal;

✓ representar ao Poder competente sobre irregularidades ou abusos apurados.

Vale lembrar, conforme dispõe o § 3º do art. 71 da CF, que as decisões do Tribunal de Contas que decorram de imputação de débito ou multa valem como título executivo.

Além do exposto, deve o Tribunal de Contas enviar relatórios de suas atividades, trimestral e anualmente, ao Congresso Nacional.

É da competência originária do STF o processo e julgamento dos membros dos Tribunais de Contas da União e, do STJ, os processos relativos aos membros dos Tribunais de Contas Estaduais e do Distrito Federal (arts. 102, I, "c", e 105, I, "a", ambos da CF).

12.2. Poder Executivo

A função típica do poder executivo é a de administrar. No Brasil, como adotamos o sistema presidencialista de governo, o Chefe do Executivo cumula as atribuições de chefe de estado (representa a República Federativa do Brasil perante a comunidade internacional) e chefe de governo (comanda e administra o país no âmbito interno).

De forma atípica, o Chefe do Executivo realiza funções legislativas ao vetar ou sancionar uma lei, ao iniciar um projeto de lei nas hipóteses de sua competência, e, ainda, ao editar medidas provisórias e leis delegadas.

Em todas as unidades federativas há o exercício do Poder Executivo. No âmbito federal, conforme art. 76 da CF, o Executivo é chefiado pelo Presidente da República, que se vale do auxílio dos Ministros de Estado. Para concorrer ao cargo de Presidente o sujeito precisa ser brasileiro nato e contar com mais de 35 anos (art. 14, § 3º, VI, "a", da CF). Já os Ministros que auxiliam o Chefe do Executivo são escolhidos e nomeados por ele, desde que contenham os seguintes requisitos: sejam brasileiros, maiores de vinte e um anos e estejam no exercício dos direitos políticos (art. 87 da CF).

Dentre os diversos ministros que auxiliam o Presidente da República, apenas um deles a Constituição exige que seja brasileiro *nato*, que é o Ministro de Estado da Defesa (art. 12, § 3º, VII). Os demais cargos de Ministros podem ser ocupados tanto por brasileiros natos quanto por naturalizados, conforme nos ensina os arts. 87 e 12, § 2º, ambos da CF.

No âmbito estadual, o Executivo é chefiado pelo Governador do Estado (art. 28 da CF). Tal cargo deve ser ocupado por um brasileiro que possua mais de 30 anos, segundo o art. 14, § 3º, VI, "b", da CF. Auxiliam o Chefe do Executivo estadual o Vice-Governador e os Secretários Estaduais. No Distrito Federal também é o Governador quem chefia o Executivo, valendo-se, para tanto, do auxílio dos seus Secretários Distritais (art. 32, § 2º, da CF).

No âmbito municipal, o Executivo é comandado pelo Prefeito, conforme art. 29, I, da CF. Para que alguém concorra ao cargo de Prefeito é necessário que seja brasileiro e que possua, pelo menos, 21 anos (art. 14, § 3º, VI, "c", da CF). O Vice-Prefeito e os Secretários Municipais auxiliam diretamente os Prefeitos.

12.2.1. Mandato

Os Chefes do Executivo possuem um mandato de quatro anos, admitida uma reeleição para um único período subsequente (art. 14, § 5º, CF). Segundo o art. 77 da CF, a eleição do Presidente e do Vice-Presidente ocorre no primeiro domingo de outubro, em primeiro turno, e, havendo a necessidade de um segundo turno, ou seja, quando nenhum dos candidatos que participaram do primeiro turno obtiverem a maioria absoluta dos votos válidos, tal votação se dará no último domingo de outubro do ano anterior ao término do mandato presidencial vigente.

Além disso, no âmbito dos municípios só haverá segundo turno se o número de eleitores for superior a duzentos mil (art. 29, II, da CF).

Conforme o § 3º do art. 77 da Constituição, se nenhum candidato alcançar maioria absoluta na primeira votação, far-se-á nova eleição em até vinte dias após a proclamação do resultado, concorrendo os dois candidatos mais votados e considerando-se eleito aquele que obtiver a maioria dos votos válidos

Após a votação, considera-se eleito, (pois o sistema de eleição adotado é o *majoritário)*, o candidato que obtiver a maioria absoluta dos votos válidos, não sendo computados os votos em branco e os nulos (art. 77, § 2º, da CF). A posse do novo governante ocorrerá no dia primeiro de janeiro do ano seguinte à sua eleição. O parágrafo único do art. 78 dispõe que passados dez dias da data fixada para a posse e o governante, salvo motivo de força maior, não tiver assumido o cargo, este será declarado *vago*.

As regras sobre sucessão e substituição do Presidente da República estão previstas nos arts. 79, 80 e 81 da CF e serão analisadas abaixo.

12.2.2. Sucessão

Nas hipóteses de sucessão presidencial, a ausência do Presidente se dá de forma definitiva, ou seja, ele sai do cargo e não volta mais. Os exemplos mais comuns são: morte do Presidente, afastamento em virtude de um processo de *impeachment*, invalidez permanente etc.

12.2.3. Substituição

Nas hipóteses de substituição presidencial, a ausência do Presidente se dá não de forma definitiva, mas de forma transitória, passageira, ou seja, ele sai e posteriormente retorna ao cargo. Isso ocorre, por exemplo, em virtude de um afastamento médico para eventual tratamento de doença ou se houverem sido suspensas suas funções em decorrência de um processo judicial etc. São as hipóteses em que o Presidente fica impedido de atuar.

Segundo o art. 80 da CF, o Presidente será substituído, em primeiro lugar, pelo Vice-Presidente; se ele também ficar impedido de assumir o cargo, será chamado ao exercício da Presidência da República o Presidente da Câmara, depois o Presidente do Senado e por último o Presidente do Supremo, sucessivamente. Vejam que na ordem de sucessão o Presidente da Câmara antecede o do Senado, pois este representa os Estados e aquele é quem representa o povo.

Apenas o Vice-Presidente poderá ocupar o cargo da Presidência de forma definitiva. Os demais somente substituirão o Presidente de forma temporária, provisória. Determina o art. 81 da CF que, vagando os cargos de Presidente e de Vice, deverá ser realizada nova eleição, depois de aberta a última vaga, dentro de noventa dias. Tal pleito se dará de duas formas:

1º ocorrendo a vacância dos cargos de Presidente e Vice-Presidente da República nos dois primeiros anos do mandato presidencial, novas eleições diretas deverão ser feitas dentro do prazo de 90 dias, depois de aberta a última vaga (art. 81, *caput, CF)*;

2º ocorrendo a vacância dos dois cargos (Presidente e Vice) nos últimos dois anos do mandato presidencial, o Congresso Nacional é que escolherá o novo Presidente e Vice-Presidente da República, por meio de uma eleição que se dará dentro do prazo de 30 dias depois de aberta a última vaga (art. 81, § 1º, CF). É importante destacar que é o único caso de *eleição indireta* previsto na Constituição Federal. É indireta e não direta, pois não será o povo quem escolherá o novo gover-

nante, mas sim seus representantes (Deputados Federais e Senadores). Haverá intermediários na escolha do novo Presidente e Vice.

Nas duas hipóteses, os eleitos, segundo o § 2º do art. 81, cumprirão tão somente o período que falta para terminar o mandato de seus antecessores. É a hipótese do chamado mandato-tampão.

Lembramos que os casos de novas eleições, diretas ou indiretas, ocorrerão somente nos casos de vacância, ou seja, nos casos em que o Presidente e o Vice se afastam do cargo de forma definitiva.

Dispõe o art. 83 da CF que o Presidente e o Vice-Presidente não poderão ausentar-se do país por período superior a 15 dias, salvo se tiverem autorização do Congresso Nacional, sob pena de perderem o cargo.

12.2.4. Atribuições do Presidente da República

O art. 84 da CF traz as competências do Chefe do Executivo, cuja enumeração é meramente exemplificativa. Tais atribuições são, em regra, delegáveis. Destacam-se as seguintes:

12.2.4.1. Regulamentar normas

É de competência do Presidente, mediante decreto, sempre focado na fiel execução da lei, a regulamentação de normas.

Vale lembrar que o STF já definiu que "a exigência constitucional de lei formal para fixação do valor do salário mínimo está atendida pela Lei 12.382/2011. A utilização de decreto presidencial, definida pela Lei 12.382/2011 como instrumento de anunciação e divulgação do valor nominal do salário mínimo de 2012 a 2015, não desobedece ao comando constitucional posto no inciso IV do art. 7º da CB. A Lei 12.382/2011 definiu o valor do salário mínimo e sua política de afirmação de novos valores nominais para o período indicado (arts. 1º e 2º). Cabe ao presidente da República, exclusivamente, aplicar os índices definidos legalmente para reajuste e aumento e divulgá-los por meio de decreto, pelo que não há inovação da ordem jurídica nem nova fixação de valor" (ADI 4.568, Rel. Min. **Cármen Lúcia**, julgamento em 03.11.2011, Plenário, *DJE* de 30.03.2012).

12.2.4.2. Relacionar-se com Estados estrangeiros, atuando no âmbito internacional

Cabe ao Presidente manter relações com os Estados estrangeiros; acreditar seus representantes diplomáticos; celebrar tratados, convenções e atos internacionais, sujeitos a referendo do Congresso Nacional; e permitir, nos casos previstos em lei complementar, que forças estrangeiras transitem pelo território nacional ou nele permaneçam temporariamente.

12.2.4.3. Nomear autoridades para ocuparem cargos

Ao Presidente é dada a atribuição de nomear e exonerar os Ministros de Estado (art. 84, I, CF); nomear, após aprovação pelo Senado Federal, os Ministros do Supremo Tribunal Federal e dos Tribunais Superiores, os Governadores de Territórios, o Procurador-Geral da República, o presidente e os diretores do banco central e outros servidores, quando determinado em lei (art. 84, XIV, CF); nomear os Comandantes da Marinha, do Exército e da Aeronáutica, promover seus oficiais-generais e nomeá-los para os cargos que lhes são privativos (art. 84, XIII, CF); nomear, observado o disposto no art. 73, os Ministros do Tribunal de Contas da União (art. 84, XV, CF); nomear os magistrados, nos casos previstos na Constituição, e o Advogado-Geral da União (art. 84, XVI, CF); e nomear membros do Conselho da República, nos termos do art. 89, VII (art. 84, XVII, CF).

De acordo com a Súmula 627 do STF, "no mandado de segurança contra a nomeação de magistrado da competência do presidente da República, este é considerado autoridade coatora, ainda que o fundamento da impetração seja nulidade ocorrida em fase anterior ao procedimento".

Além disso, segundo o Supremo, "estando o presidente da República de posse de lista tríplice destinada ao preenchimento de vaga de magistrado de TRT, podendo nomear, a qualquer momento, aquele que vai ocupar o cargo vago, configura-se a competência desta Corte para o julgamento do mandado de segurança que impugna o processo de escolha dos integrantes da lista, nos termos da jurisprudência do STF, consolidada na Súmula 627 desta Corte." (MS 27.244-QO, Rel. Min. Joaquim Barbosa, julgamento em 13.052009, Plenário, *DJE* de 19.03.2010).

12.2.4.4. Atuações no processo de formação das leis (processo legislativo)

O Presidente da República inicia projetos de lei e de emendas constitucionais, nos casos determinados pela Constituição. Também participa, quando da edição de leis, da fase deliberativa, vetando ou sancionando os respectivos projetos. O veto pode ser motivado por razões de interesse público (veto político) ou por inconstitucionalidade (veto jurídico). Além dessas atuações, ao promulgar e mandar publicar as leis, o Presidente atua no processo legislativo na fase complementar. E, por último, ao editar *medidas provisórias* (art. 84, XXVI, CF) e leis delegadas (art. 68 da CF), o Presidente está exercendo uma função atípica, nesse caso, a legislativa.

12.2.4.5. Atuações nos "estados de exceção"

Ao Chefe do Executivo é dada a atribuição de decretar o estado de defesa e o estado de sítio (art. 84, IX, da CF); decretar e executar a intervenção federal (art. 84, X, da CF); declarar guerra, no caso de agressão estrangeira, autorizado pelo Congresso Nacional ou referendado por ele, quando ocorrida no intervalo das sessões legislativas; e, nas mesmas condições, decretar, total ou parcialmente, a mobilização nacional (art. 84, XIX, da CF).

12.2.4.6. Direção superior da administração federal

Cabe ao Presidente da República exercer tal função, auxiliado pelos Ministros de Estado.

12.2.4.7. Disciplinar por meio de decreto

a) a organização e funcionamento da administração federal quando não implicar aumento de despesa nem criação ou extinção de órgãos públicos; e b) a extinção de funções ou cargos públicos, quando vagos (art. 84, VI "a").

12.2.4.8. Conceder indulto e comutar penas

É da competência do Chefe do Executivo conceder tais benefícios por meio da expedição de decreto.

O indulto é normalmente concedido nos finais de ano, quando da comemoração do natal. Segundo o Supremo, "a concessão do benefício do indulto é uma faculdade atribuída ao Presidente da República. Desse modo, é possível a imposição de condições para tê-lo como aperfeiçoado, desde que em conformidade com a CF" (**AI 701.673-AgR, Rel. Min. Ricardo Lewandowski, julgamento em 05.05.2009, Primeira Turma,** *DJE* de 05.06.2009).

Também, segundo a Corte Suprema, "o art. 5º, XLIII, da Constituição, que proíbe a graça, gênero do qual o indulto é espécie, nos crimes hediondos definidos em lei, não conflita com o art. 84, XII, da Lei Maior. O decreto presidencial que concede o indulto configura ato de governo, caracterizado pela ampla discricionariedade" (**HC 90.364, Rel. Min. Ricardo Lewandowski, julgamento em 31.10.2007, Plenário,** *DJ* de 30.11.2007). No mesmo sentido: **HC 81.810, Rel. Min. Cezar Peluso, julgamento em 16.04.2009, Plenário,** *DJE* de 07.08.2009.

A anistia, em regra, é aplicada aos crimes políticos e depende de lei. De acordo com o STF, "tal instituto configura ato político, com natureza política e, excepcionalmente, estende-se a crimes comuns, certo que, para estes, há o indulto e a graça, institutos distintos da anistia (CF, art. 84, XII)" (**ADI 1.231, Rel. Min. Carlos Velloso, julgamento em 15.12.2005, Plenário,** *DJ* de 28.04.2006).

12.2.4.9. Comandar as forças armadas

O Presidente da República comanda as forças armadas. Elas têm por finalidade a proteção militar do país e a defesa da ordem interna, além de protegerem a lei e atuarem de acordo com o que ela determina. (art. 84, XIII, da CF)

12.2.4.10. Convocar e presidir Conselhos

O Chefe do Executivo é quem convoca e preside o Conselho da República e o Conselho de Defesa Nacional (art. 84, XVIII, da CF).

12.2.4.11. Celebrar a paz

O Congresso Nacional pode autorizar o Presidente a celebrar a paz ou referendar uma determinação já formulada por ele (art. 84, XX).

12.2.4.12. Demais atribuições

Cabe ainda ao Chefe do Executivo enviar ao Congresso Nacional o plano plurianual, o projeto de lei de diretrizes orçamentárias e as propostas de orçamento previstas na Constituição; prestar, anualmente, ao Congresso Nacional, dentro de 60 (sessenta) dias após a abertura da sessão legislativa, as contas referentes ao exercício anterior; prover e extinguir os cargos públicos federais, na forma da lei; além de outras atribuições dispostas na Constituição.

Vale lembrar que o parágrafo único do art. 84 da CF dispõe que o Presidente poderá delegar aos Ministros de Estado, ao Procurador-Geral da República ou ao Advogado-Geral da União as seguintes atribuições:

a) disciplina, por meio de decreto, sobre a organização e funcionamento da administração federal, quando não implicar aumento de despesa nem criação ou extinção de órgãos públicos e sobre a extinção de funções ou cargos públicos, quando vagos;

b) concessão de indulto e comutação de penas; e

c) provimento dos cargos públicos federais, na forma da lei.

Por fim, o STF firmou orientação no sentido da "legitimidade de delegação a ministro de Estado da competência do chefe do Executivo Federal para, nos termos do art. 84, XXV, e parágrafo único, da CF, aplicar pena de demissão a servidores públicos federais. (...) Legitimidade da delegação a secretários estaduais da competência do governador do Estado de Goiás para (...) aplicar penalidade de demissão aos servidores do Executivo, tendo em vista o princípio da simetria" (RE 633.009-AgR, Rel. Min. Ricardo Lewandowski, julgamento em 13.09.2011, Segunda Turma, *DJE* de 27.09.2011).

12.2.5. Responsabilidade do Presidente da República

Conforme dispõe o art. 86 da CF, o Chefe do Executivo federal pode ser responsabilizado pela prática de crime comum e por crime de responsabilidade. Pelo primeiro terá de responder perante o Supremo Tribunal Federal, já pelo segundo, crime de responsabilidade, estará sujeito a julgamento perante o Senado Federal.

De acordo com o enunciado da **Súmula vinculante 46** a **definição dos crimes de responsabilidade** e o estabelecimento das respectivas normas de processo e julgamento são da competência legislativa da **União**. Vale lembrar que esse comando já vinha descrito na Súmula 722 do STF. Ocorre que, em 09.04.2015, por unanimidade, a Suprema Corte, mediante a conversão da Súmula 722, aprovou a proposta da edição da **Súmula vinculante 46**. Sendo assim, o entendimento já consolidado na jurisprudência do STF, passou a ter efeito vinculante. Os atos que atentem contra a Constituição Federal, em especial contra a existência da União, contra o livre exercício dos poderes, contra o exercício dos direitos políticos, individuais e sociais, contra a segurança interna do País, contra a probidade na administração, contra a lei orçamentária e contra o cumprimento das leis e das decisões judiciais são considerados *crimes de responsabilidade*. A definição de tais crimes é dada pelo art. 4º da Lei 1.079/50.

O procedimento para apuração e julgamento dos crimes praticados pelo Presidente, tanto dos crimes comuns quanto dos crimes de responsabilidade, obedece a um sistema bifásico no qual, em um primeiro momento, é necessária a autorização da Câmara dos Deputados (juízo de admissibilidade do processo), pelo voto de dois terços dos membros, conforme o *caput* do art. 86 da CF. Somente se a Câmara autorizar o julgamento é que haverá a segunda fase do procedimento bifásico, o julgamento propriamente dito. Fala-se que o Presidente possui imunidade formal no tocante à formação do processo, por conta da necessidade

dessa autorização da Câmara. É necessário salientar que a imunidade mencionada não se aplica aos membros do Poder Legislativo.

Ao adentrarmos na segunda fase do procedimento bifásico, é necessário diferenciarmos crime comum de crime de responsabilidade, pois cada um obedece a um trâmite processual diferente.

Se o Presidente praticar um crime de natureza *comum*, ou seja, aqueles crimes previstos na legislação penal, conforme dispõem os arts. 86 e 102, I, "b", da CF, será processado e julgado, conforme já mencionado, perante o Supremo Tribunal Federal. Se a denúncia ou queixa for recebida pelo Supremo, o Presidente ficará suspenso de suas funções pelo prazo de 180 dias. Após esse período, se o processo ainda não tiver chegado ao fim, o Presidente deverá retomar suas funções (art. 86, § 1º, I, e § 2º da CF).

Se o Presidente for condenado, além das sanções previstas na lei penal, poderá perder o cargo se a pena aplicada for privativa de liberdade por tempo igual ou superior a um ano e o crime for praticado com abuso de poder ou violação de dever para com a Administração Pública (art. 92, I, "a", do CP). Nessa hipótese a perda do cargo é um efeito da condenação criminal.

O § 3º do art. 86 nos ensina que, durante a vigência do mandato, se o Presidente praticar um crime comum, enquanto não houver sentença condenatória ele não poderá ser levado à prisão (imunidade formal no tocante às prisões de natureza cautelar). Desse modo, o Presidente não poderá ter restrita sua liberdade por nenhuma das modalidades de prisão cautelar, ou seja, não poderá ser preso em flagrante, preventiva ou provisoriamente, mesmo que presentes os requisitos para a decretação de tais custódias. Essas modalidades de prisão são decretadas de forma cautelar, isto é, sem que haja uma decisão condenatória transitada em julgado.

Vale lembrar que o STF já definiu, "no que concerne ao art. 86, § 3º e § 4º, da Constituição, na ADI 1.028, de referência à imunidade à prisão cautelar como prerrogativa exclusiva do presidente da República, insuscetível de estender-se aos governadores dos Estados, que institucionalmente, não a possuem" (**ADI 1.634-MC**, Rel. Min. **Néri da Silveira**, julgamento em 17.09.1997, Plenário, *DJ* de 08.09.2000).

Também segundo o § 4º do art. 86 da CF, durante a vigência do mandato, o Presidente não poderá ser responsabilizado por atos estranhos ao exercício de suas funções. Dessa maneira, só responderá por crime comum perante o Supremo se o crime tiver ligação com o exercício das atividades presidenciais.

Assim, crimes comuns praticados pelo Presidente que não tenham relação com o exercício de suas funções só serão julgados após o fim do mandato, perante a justiça comum e não perante o Supremo Tribunal Federal.

Salienta-se, ainda, que o Chefe do Executivo federal, diferentemente dos parlamentares, não possui a denominada imunidade material, ou seja, não é inviolável por suas palavras, opiniões e votos durante o curso do mandato.

O Presidente pode ser responsabilizado não apenas pela prática de crime comum, mas também em virtude da prática de crime de responsabilidade. A natureza jurídica de tal delito é controvertida na doutrina, mas a maioria entende que é de infração político-administrativa. Se o *Presidente* praticar *crime de responsabilidade*, ou seja, aqueles descritos no art. 85 da CF e regulamentados pela Lei 1.079/50, terá de se sujeitar ao chamado processo de *impeachment*.

Da mesma maneira que ocorre quando ele pratica um crime comum, é necessário o juízo de admissibilidade da Câmara. Somente após ter sido autorizado o julgamento do Presidente é que passaremos para a segunda fase do procedimento.

Nesse momento, o processo é instaurado no Senado Federal, que terá na presidência da sessão de julgamento o Presidente do Supremo Tribunal Federal (art. 52, parágrafo único, da CF). Ressalta-se que ao Senado não é dado juízo de discricionariedade: sendo o julgamento autorizado pela Câmara, o Senado tem de instaurar o processo.

São assegurados ao Presidente os princípios constitucionais da ampla defesa, contraditório e devido processo legal durante todo o trâmite do processo de *impeachment*.

Segundo o inciso II do § 1º do art. 86, a instauração do processo por crime de responsabilidade pelo Senado Federal faz com que o Presidente fique suspenso de suas funções. Se optarem por absolver o Presidente, o processo de *impeachment* será arquivado. Agora, para que o Chefe do Executivo federal seja condenado, é necessário o voto de dois terços dos membros da casa.

Vejam: o art. 86, § 1º, I e II, da CF determina dois momentos para o início da suspensão das funções do Presidente. Se o crime for comum, após o recebimento da denúncia ou queixa-crime pelo STF; se o crime for de responsabilidade, após a instauração do processo pelo Senado Federal.

As penas impostas, no caso de condenação do Presidente por crime de responsabilidade, são autônomas e aplicadas de forma cumulativa. São as seguintes: 1 – perda do cargo; 2 – inabilitação para o exercício de função pública por oito anos (art. 52, parágrafo único, da CF).

O julgamento dos Chefes do Executivo dos Estados, do Distrito Federal e dos Municípios é semelhante ao do âmbito federal. Vejamos.

Nos Estados e no Distrito Federal, os *Governadores* também podem ser responsabilizados por crimes comuns ou de responsabilidade. Pelos primeiros são julgados pelo Superior Tribunal de Justiça (art. 105, I, "a"). Pelos segundos são julgados pelo Tribunal de Justiça do Estado do qual são governantes. A composição desse Tribunal, especificamente para o julgamento do Governador, é dada pelo § 3º do art. 78 da Lei 1.079/50, que determina que o órgão será presidido pelo Presidente do próprio Tribunal e composto por cinco Deputados Estaduais e cinco Desembargadores.

Nos Municípios, os *Prefeitos* estão também sujeitos à responsabilização por crimes comuns e de responsabilidade. Pela prática de crime comum, conforme inciso X do art. 29 da CF, os Chefes do Executivo municipal são processados e julgados pelo Tribunal de Justiça do Estado de que o Município faz parte. Por crimes de responsabilidade, os prefeitos poderão ser responsabilizados de duas maneiras: se o crime

de responsabilidade for próprio, isto é, tipificado no art. 4º do Decreto-Lei 201/1967, a Câmara de Vereadores é quem fará o julgamento; já se for um crime de responsabilidade impróprio, ou seja, aqueles não de natureza política, mas penal tão somente, é o Tribunal de Justiça do Estado respectivo o órgão competente para julgamento (art. 1º do Decreto-Lei 201/1967).

12.3. Poder Judiciário

Um dos importantes princípios que regem esse poder é o da **imparcialidade.** Significa que o juiz, ao analisar os processos que foram a ele submetidos, deve agir com neutralidade.

Além disso, a jurisdição, em regra, pressupõe a existência de uma lide. Ela é inerte, depende de provocação da parte interessada, e é dotada da característica da definitividade, ou seja, transitada em julgado e passado o prazo para a propositura de ação rescisória, a decisão não poderá mais ser modificada.

De acordo com o art. 93, I, da CF, o ingresso na carreira da magistratura, cujo cargo inicial será o de juiz substituto, se dá mediante aprovação em concurso público de provas e títulos, com a participação da OAB em todas as fases. Além disso, o bacharel em Direito tem de comprovar três anos de atividade jurídica para ingressar na magistratura. É a chamada "**quarentena de entrada**", instituto inserido na CF pela EC 45/2004 (reforma do Poder Judiciário).

Segundo o STF (ADI 3.460/DF), os três anos de atividade jurídica são contados da data de conclusão do curso, pois as atividades que terão de ser demonstradas são aquelas privativas do bacharel em Direito. Desse modo, os tempos de estágio, realizados durante o curso de Direito, não são computados para esse fim.

O assunto mencionado foi objeto de regulamentação pela Resolução 75/2009 do Conselho Nacional de Justiça. O seu art. 59 menciona que pode ser computada como tempo de "atividade jurídica", dentre outras atividades, o efetivo exercício da advocacia, magistério superior, desde que predominantemente requeira a utilização de conhecimento jurídico, função de conciliador, mediador ou árbitro na composição de litígios etc.

12.3.1. Funções, órgãos e principais institutos

A Constituição Federal traz em seus arts. 92 ao 126 a organização do Poder Judiciário.

O Poder Judiciário tem como função típica a jurisdicional (solução de interesses por meio do devido processo legal). Realiza, de forma atípica, outras funções, como a de natureza *legislativa* (por exemplo, a elaboração do seu regimento interno) e de natureza *executiva-administrativa*, como a organização de suas secretarias.

I - o Supremo Tribunal Federal;

I-A o Conselho Nacional de Justiça; (Incluído pela EC nº 45, de 2004)

II - o Superior Tribunal de Justiça;

II-A - o Tribunal Superior do Trabalho; (Incluído pela EC nº 92, de 2016)

III - os Tribunais Regionais Federais e Juízes Federais;

IV - os Tribunais e Juízes do Trabalho;

V - os Tribunais e Juízes Eleitorais;

VI - os Tribunais e Juízes Militares;

VII - os Tribunais e Juízes dos Estados e do Distrito Federal e Territórios.

A EC n. 73 de 6 de abril de 2013 criou os Tribunais Regionais Federais da 6ª, 7ª, 8ª e 9ª Regiões. Ocorre que a Associação Nacional dos Procuradores Federais – ANPAF ajuizou ação direta de inconstitucionalidade, com pedido de medida liminar, contra a Emenda Constitucional 73/2013. Em decisão monocrática, a ação teve a medida cautelar deferida, o que acarretou a suspensão dos efeitos da EC 73/2013.

O Supremo Tribunal Federal, os Tribunais Superiores e o Conselho Nacional de Justiça têm sede na Capital Federal (Brasília) e os dois primeiros têm jurisdição em todo território nacional.

De acordo com o Supremo, "a Constituição não arrola as turmas recursais dentre os órgãos do Poder Judiciário, os quais são por ela discriminados, em *numerus clausus*, no art. 92. Apenas lhes outorga, no art. 98, I, a incumbência de julgar os recursos provenientes dos juizados especiais. Vê-se, assim, que a Carta Magna não conferiu às turmas recursais, sabidamente integradas por juízes de primeiro grau, a natureza de órgãos autárquicos do Poder Judiciário, e nem tampouco a qualidade de tribunais, como também não lhes outorgou qualquer autonomia com relação aos TRFs. É por essa razão que, contra suas decisões, não cabe recurso especial ao STJ, a teor da Súmula 203 daquela Corte, mas tão somente recurso extraordinário ao STF, nos termos de sua Súmula 640. Isso ocorre, insisto, porque elas constituem órgãos recursais ordinários de última instância relativamente às decisões dos juizados especiais, mas não tribunais, requisito essencial para que se instaure a competência especial do STJ." (**RE 590.409**, voto do Rel. Min. **Ricardo Lewandowski**, julgamento em 26.08.2009, Plenário, *DJE de* 29.10.2009, com repercussão geral).

De acordo com a Súmula Vinculante 37 (STF), não cabe ao Poder Judiciário, que não tem função legislativa, aumentar os vencimentos de servidores públicos sob o fundamento de isonomia.

Vale lembrar que, em relação ao Poder Judiciário, os temas recorrentes em provas e exames são os atinentes à EC 45/2004 (reforma do Poder Judiciário) dentre os quais se destacam os seguintes:

a) inserção do inciso LXXVIII no art. 5º da CF – princípio da **razoável duração do processo ou celeridade processual** no âmbito judicial e administrativo. Configura uma ampliação do rol de direitos e garantias fundamentais;

b) criação de um novo órgão no poder judiciário: CNJ – **Conselho Nacional de Justiça** (art. 103-B da CF);

c) fortificação do princípio da **imparcialidade**, pela criação de vedações ao membros da magistratura, como a proibição do exercício da advocacia no juízo ou tribunal ao qual se afastou pelo prazo de 3 anos;

d) criação de mais um requisito de admissibilidade ao recurso extraordinário: instituto da **repercussão geral**;

e) alterações nas **regras de competência,** em especial em relação à Justiça do Trabalho;

f) criação do instituto denominado **súmula vinculante** (art. 103-A da CF, regulamentado pela Lei 11.417/2006).

12.3.1.1. Súmula Vinculante

Dispõe a CF, em seu art. 103-A, que o Supremo Tribunal Federal, e só ele, poderá, de ofício ou por provocação, aprovar súmula vinculante, mediante decisão de **dois terços** dos seus membros, após **reiteradas decisões** sobre **matéria constitucional**.

De acordo com o art. 3º da Lei 11.417/06, são legitimados a propor a edição, a revisão ou o cancelamento de enunciado de súmula vinculante: I – o Presidente da República; II – a Mesa do Senado Federal; III – a Mesa da Câmara dos Deputados; IV – o Procurador-Geral da República; V – o Conselho Federal da Ordem dos Advogados do Brasil; VI – o Defensor Público-Geral da União; VII – partido político com representação no Congresso Nacional; VIII – confederação sindical ou entidade de classe de âmbito nacional; IX – a Mesa de Assembléia Legislativa ou da Câmara Legislativa do Distrito Federal; X – o Governador de Estado ou do Distrito Federal; XI – os Tribunais Superiores, os Tribunais de Justiça de Estados ou do Distrito Federal e Territórios, os Tribunais Regionais Federais, os Tribunais Regionais do Trabalho, os Tribunais Regionais Eleitorais e os Tribunais Militares.

Além disso, o § 1º do mesmo dispositivo determina que o Município também pode propor, incidentalmente ao curso de processo em que seja parte, a edição, a revisão ou o cancelamento de enunciado de súmula vinculante, o que não autoriza a suspensão do processo.

Tal súmula, a partir da publicação na imprensa oficial, terá **efeito vinculante** em relação aos demais órgãos do Poder Judiciário e à administração pública direta e indireta, nas esferas federal, estadual e municipal. A súmula não vincula a função legislativa, ainda que exercida de forma atípica.

Desse modo, havendo descumprimento do mandamento trazido pela súmula vinculante, ou aplicação indevida, caberá **reclamação ao STF** que, julgando-a procedente, anulará o ato administrativo ou cassará a decisão judicial reclamada, e determinará que outra seja proferida com ou sem a aplicação da súmula, conforme o caso (art. 103-A, §3º, da CF).

De acordo com os ensinamentos do Supremo: "**Não se admite reclamação** contra omissão da administração pública, sob fundamento de ofensa a súmula vinculante, **quando não demonstrado o esgotamento das vias administrativas**, conforme disposto no art. 7º, § 1º, da Lei 11.417/2006" (Rcl 14.343-AgR, rel. Min. Teori Zavascki, julgamento em 27.02.2014, Plenário, *DJE* de 28.03.2014).

Além disso, cabe ao STF não só editar como proceder a **revisão ou cancelamento da súmula**, na forma estabelecida em lei. Como mencionado anteriormente, a lei que regulamentou a súmula vinculante foi a de 11.417/2006.

Vale lembrar que a Corte Maior já decidiu que: "A **arguição de descumprimento de preceito fundamental** não é a via adequada para se obter a interpretação, a revisão ou o cancelamento de súmula vinculante." (ADPF 147-AgR, Rel. Min. Cármen Lúcia, julgamento em 24.03.2011, Plenário, *DJE* de 08.04.2011). Vide: ADPF 80-AgR, Rel. Min. Eros Grau, julgamento em 12.06.2006, Plenário, *DJ* de 10.08.2006.

É importante ressaltar, ainda, que o objetivo da súmula vinculante será a validade, a interpretação e a eficácia de normas determinadas, acerca das quais haja controvérsia atual entre órgãos judiciários ou entre esses e a administração pública que acarrete grave insegurança jurídica e relevante multiplicação de processos sobre questão idêntica (art. 103-A, § 1º, da CF).

Por fim, no procedimento de edição, revisão ou cancelamento de enunciado da súmula vinculante, o relator poderá admitir, por decisão irrecorrível, a **manifestação de terceiros** na questão, nos termos do Regimento Interno do Supremo Tribunal Federal (art. 3º, § 2º, da Lei 11.417/2006).

12.3.2. Estatuto da Magistratura

O art. 93 da Constituição Federal dispõe que cabe à *lei complementar*, de iniciativa do Supremo Tribunal Federal, dispor sobre o Estatuto da Magistratura (atualmente regulamentado pela Lei Complementar 35/1979), devendo observar os princípios constitucionais elencados nos respectivos incisos.

Destaca-se que a Emenda Constitucional 45/2004, chamada de "Reforma do Poder Judiciário", modificou razoavelmente o dispositivo supramencionado, vejamos:

a) Ingresso na carreira (inc. I): o cargo de juiz substituto se dá mediante concurso público de provas e títulos, com a participação da OAB em todas as fases, sendo exigido do bacharel em direito no mínimo *três anos de atividade jurídica*;

b) Residência do juiz titular (inc. VII): o juiz titular deve *residir* na respectiva *comarca*, salvo se houver autorização do tribunal;

c) Remoção, disponibilidade e aposentadoria por interesse público (inc. VIII): o quórum para determinar a remoção, a disponibilidade ou a aposentadoria do magistrado por interesse público é de *maioria absoluta* do respectivo tribunal ou do Conselho Nacional de Justiça, assegurando-se ao juiz a ampla defesa;

d) Publicidade (inc. IX): todos os julgamentos dos órgãos do Poder Judiciário serão públicos, e fundamentadas todas as decisões, sob pena de nulidade, podendo a lei limitar a presença, em determinados atos, às próprias partes e a seus advogados, ou somente a estes, em casos nos quais a preservação do direito à intimidade do interessado no sigilo não prejudique o interesse público à informação;

e) Decisões administrativas dos Tribunais (inc. X): devem ser motivadas e tomadas em sessão pública, devendo as de natureza disciplinar ser tomadas pelo voto da maioria dos seus membros;

f) Composição do órgão especial (inc. XI): os Tribunais com número superior a 25 julgadores poderão constituir órgão especial com no mínimo 11 e no máximo 25 membros para exercício das atribuições administrativas e jurisdicionais, sendo a metade deles provida por antiguidade e a outra metade por eleição pelo tribunal pleno;

g) Férias forenses (inc. XII): a atividade jurisdicional será ininterrupta, sendo vedadas férias coletivas nos juízos e tribunais de segundo grau, nos quais deverão funcionar juízes em plantão permanente nos dias em que não houver expediente forense normal;

h) Número de juízes (inc. XIII): deve ser proporcional à demanda e à população da unidade jurisdicional;

i) Delegação de atos (inc. XIV): os servidores devem receber delegação para a prática de atos de administração e atos de mero expediente sem caráter decisório;

j) Distribuição de processos (inc. XV): deve ser imediata, em todos os graus de jurisdição.

12.3.3. Quinto Constitucional

O quinto constitucional (art. 94, CF) consiste na composição de um quinto (20%) dos Tribunais Regionais Federais e dos Tribunais de Justiça dos Estados por promotores de justiça e advogados de notório saber jurídico e de reputação ilibada, com mais de dez anos de efetiva atividade profissional.

Os órgãos de representação das respectivas classes indicarão uma lista sêxtupla. O Tribunal reduzirá esta para uma lista tríplice, encaminhando-a para o Chefe do Poder Executivo respectivo (Presidente da República, no caso dos Tribunais Regionais Federais, e Governador, na hipótese dos Tribunais de Justiça dos Estados), que terá 20 dias para a escolha e nomeação de um.

Ressalta-se que o magistrado nomeado pelo quinto constitucional faz jus, desde logo, à sua vitaliciedade.

12.3.4. Garantias dadas aos membros do poder judiciário

O art. 95 da Constituição Federal assegura três garantias aos juízes, desembargadores e ministros, quais sejam:

a) Vitaliciedade: garante aos magistrados a manutenção no cargo, cuja perda somente se dá por sentença judicial transitada em julgado. Essa garantia é adquirida após dois anos do estágio probatório, em relação aos que foram aprovados em concurso público, ou no momento da posse, na hipótese daqueles que ingressaram pela regra do quinto constitucional ou foram nomeados para atuar nos Tribunais Superiores;

b) Inamovibilidade: atribui a garantia aos juízes de não serem removidos de um lugar para outro, sem prévio consentimento, exceto por motivo de interesse público, desde que pelo voto da maioria absoluta do tribunal ou Conselho Nacional de Justiça, assegurando-se a ampla defesa, conforme dispõe o art. 93, VIII, da CF;

c) Irredutibilidade de subsídio: esta garantia impede a redução dos subsídios, que é a forma de remuneração dos magistrados (ressalvado o disposto nos arts. 37, X e XI, 39, § 4º, 150, II, 153, III e 153, § 2º, I).

12.3.5. Vedações impostas aos membros do Poder Judiciário

O parágrafo único do art. 95 do Texto Maior traz cinco vedações. Vejamos:

a) vedação de exercício de outro cargo ou função, salvo uma de magistério;

b) proibição quanto ao recebimento, a qualquer título ou pretexto, de custas ou participação em processo;

c) vedação de dedicação à atividade político-partidária;

d) proibição do recebimento, a qualquer título ou pretexto, de auxílios ou contribuições de pessoas físicas, entidades públicas ou privadas, ressalvadas as previstas em lei;

e) proibição de exercício da advocacia antes de decorridos três anos do afastamento por aposentadoria ou exoneração no juízo ou tribunal do qual se afastou – denominada "quarentena de saída", não impede que o magistrado afastado possa advogar, mas tão somente que este não poderá exercê-lo no juízo ou tribunal do qual se afastou ou exonerou antes de decorridos três anos do encerramento de sua função.

12.3.6. Supremo Tribunal Federal

O Supremo Tribunal Federal tem como função principal a guarda da Constituição. O art. 102 da CF traz as suas competências, por exemplo, a de processar e julgar originariamente o litígio entre Estado estrangeiro ou organismo internacional e a União, o Estado, o Distrito Federal ou o Território e a extradição solicitada por Estado estrangeiro. O art. 101 da Carta Maior regula a composição do STF, que é integrado por 11 Ministros, escolhidos pelo Presidente da República dentre brasileiros natos, que tenham entre 35 e 65 anos de idade, notório saber jurídico e reputação ilibada. Segundo o parágrafo único do referido dispositivo, compete ao Senado Federal aprovar a indicação do Presidente da República por maioria absoluta de votos.

Observa-se que, nos casos de impedimento do Presidente da República, integra o Presidente do STF a linha sucessória, consoante ao art. 80 da CF.

Observa-se que, nos casos de impedimento do Presidente da República, integra o Presidente do STF a linha sucessória, consoante ao art. 80 da CF.

12.3.7. Superior Tribunal de Justiça

O Superior Tribunal de Justiça compõe-se de, no mínimo, 33 Ministros, devendo sua composição obedecer aos seguintes percentuais, estabelecidos no art. 104 da CF:

a) um terço será composto por membros dos Tribunais Regionais Federais, indicados em lista tríplice pelo próprio Tribunal;

b) um terço será formado por membros dos Tribunais de Justiça dos Estados, indicados em lista tríplice pelo próprio Tribunal;

c) um terço será composto por advogados e promotores, indicados pela regra do quinto constitucional, estabelecida no art. 94, CF (cabe aos respectivos órgãos de classe elaborar uma lista sêxtupla de representantes, cabendo ao STJ a indicação de uma lista tríplice dentre os apontados, enviando-a ao Presidente da República, que nomeará um dentre os três indicados).

Em qualquer das hipóteses descritas, incumbe ao Senado Federal aprovar por maioria absoluta a indicação do Presidente da República.

Em suma, os requisitos para o cargo de Ministro do STJ são os seguintes: (i) ser brasileiro nato ou naturalizado; (ii) ter entre 35 e 65 anos de idade; (iii) ter notório saber jurídico; (iv) ter reputação ilibada.

12.3.8. Conselho Nacional de Justiça

O art. 103-B, com redação dada pela EC 45/2004 e alterada pela EC 61/2009, instituiu o Conselho Nacional de Justiça (CNJ), que tem por função a fiscalização do Poder Judiciário quanto ao cumprimento dos deveres funcionais dos juízes e à administração financeira desse poder. Ressalta-se que **o CNJ**, contudo, **não tem funções jurisdicionais.** Tal órgão exerce uma espécie de controle interno.

O CNJ compõe-se de 15 membros, com mandato de dois anos (admissível somente uma recondução), sendo:

a) o Presidente do STF;

b) um Ministro do STJ, indicado pelo próprio Tribunal;

c) um Ministro do TST, indicado pelo próprio Tribunal;

d) um desembargador de Tribunal de Justiça, indicado pelo STF;

e) um juiz estadual, indicado pelo STF;

f) um juiz do TRF, indicado pelo STJ;

g) um juiz federal, indicado pelo STJ;

h) um juiz de Tribunal Regional do Trabalho, indicado pelo TST;

i) um juiz do trabalho, indicado pelo TST;

j) um membro do Ministério Público da União, indicado pelo PGR;

k) um membro do Ministério Público estadual, escolhido pelo PGR dentre os nomes indicados pelo órgão competente de cada instituição estadual;

l) dois advogados, indicados pelo Conselho Federal da OAB;

m) dois cidadãos, de notável saber jurídico e reputação ilibada, indicados um pela Câmara dos Deputados e um pelo Senado Federal.

Os membros do CNJ serão nomeados pelo Presidente da República, após a aprovação da escolha pelo Senado Federal, por votação de maioria absoluta (§ 2º do art. 103-B da CF).

Vale lembrar que a EC 61/2009 alterou o § 1º do art. em comento estabelecendo que a presidência do CNJ incumbe ao Presidente do STF e, nas suas ausências e impedimentos, ao Vice-Presidente da citada Corte.

É importante salientar que o CNJ – embora incluído na estrutura constitucional do Poder Judiciário – qualifica-se como órgão de caráter eminentemente administrativo, não dispondo de atribuições institucionais que lhe permitam exercer fiscalização da atividade jurisdicional dos magistrados e Tribunais (MS 27.148, Rel. Min. Celso de Mello, decisão monocrática, julgamento em 20.05.2010, *DJE* de 26.05.2010). No mesmo sentido: MS 28.611-MC, Rel. Min. Celso de Mello, decisão monocrática, julgamento em 08.06.2010, *DJE* de 14.06.2010.

Além disso, sabe-se que o CNJ é absolutamente incompetente, não obstante seja órgão de controle interno do Poder Judiciário, para intervir em processos de natureza jurisdicional.

Já decidiu o Supremo sobre a "impossibilidade constitucional de o CNJ (órgão de caráter eminentemente administrativo) fiscalizar, reexaminar e suspender os efeitos decorrentes de ato de conteúdo jurisdicional, como aquele que concede mandado de segurança. Precedentes do STF. Magistério da doutrina." (MS 28.611-MC, Rel. Min. Celso de Mello, decisão monocrática, julgamento em 08.06.2010, *DJE* de 14.06.2010).

Outra decisão relevante foi dada pelo Supremo no julgamento da ADI 4.638-REF-MC, Rel. Min. **Marco Aurélio**, julgamento em 08.02.2012, Plenário. Nessa oportunidade, "o plenário concluiu julgamento de referendo em medida cautelar em ação direta de inconstitucionalidade ajuizada (...) contra a Resolução 135/2011 do Conselho Nacional de Justiça – CNJ." "Quanto ao art. 2º (...), o STF, por maioria, referendou o indeferimento da liminar. Consignou-se que o CNJ integraria a estrutura do Poder Judiciário, mas não seria órgão jurisdicional e não interviria na atividade judicante. Este Conselho possuiria, à primeira vista, caráter eminentemente administrativo e não disporia de competência para, mediante atuação colegiada ou monocrática, reexaminar atos de conteúdo jurisdicional, formalizados por magistrados ou tribunais do país. Ressaltou-se que a escolha pelo constituinte derivado do termo 'Conselho' para a instituição interna de controle do Poder Judiciário mostrar-se-ia eloquente para evidenciar a natureza administrativa do órgão e para definir, de maneira precisa, os limites de sua atuação. Sublinhou-se que o vocábulo 'Tribunal' contido no art. 2º em tela revelaria tão somente que as normas seriam aplicáveis também ao CNJ e ao CJF." (ADI 4.638-REF-MC, Rel. Min. **Marco Aurélio**, julgamento em 2-2-2012, Plenário, *Informativos* 653 e 654).

Vale lembrar que as atribuições do CNJ estão previstas no § 4º do art. 103-B da CF, além das conferidas pelo Estatuto da Magistratura e, dentre elas, destacam-se as seguintes:

I. zelar pela autonomia do Poder Judiciário e pelo cumprimento do Estatuto da Magistratura, podendo expedir atos regulamentares, no âmbito de sua competência, ou recomendar providências;

II. zelar **pela observância do art. 37 da CF** e apreciar, de ofício ou mediante provocação, a legalidade dos atos administrativos praticados por membros ou órgãos do Poder Judiciário, podendo desconstituí-los, revê-los ou fixar prazo para que se adotem as providências necessárias ao exato cumprimento da lei, sem prejuízo da competência do Tribunal de Contas da União;

III. receber e conhecer das reclamações contra membros ou órgãos do Poder Judiciário, inclusive contra seus serviços auxiliares, serventias e órgãos prestadores de serviços notariais e de registro que atuem por delegação do poder público ou oficializados, sem prejuízo da competência disciplinar e correicional dos tribunais, podendo avocar processos disciplinares em curso e determinar a remoção, a disponibilidade ou a aposentadoria com subsídios ou proventos proporcionais ao tempo de serviço e aplicar outras sanções administrativas, assegurada ampla defesa;

IV. representar ao Ministério Público, no caso de crime contra a administração pública ou de abuso de autoridade;

V. rever, de ofício ou mediante provocação, os *processos disciplinares* de juízes e membros de tribunais julgados há menos de um ano;

VI. elaborar semestralmente *relatório estatístico* sobre processos e sentenças prolatadas, por unidade da Federação, nos diferentes órgãos do Poder Judiciário;

VII. elaborar relatório anual, propondo as providências que julgar necessárias, sobre a situação do Poder Judiciário no País e as atividades do Conselho, o qual deve integrar mensagem do Presidente do Supremo Tribunal Federal a ser remetida ao Congresso Nacional, por ocasião da abertura da sessão legislativa.

Ressalta-se que não é da competência do CNJ julgar magistrados por crime de responsabilidade, até porque tal órgão não tem função jurisdicional.

O STF tem analisado várias questões relacionadas ao CNJ, dentre as quais destacam-se as seguintes:

✓ O CNJ tem legitimidade para apuração administrativa de responsabilidades disciplinares dos membros da magistratura, nos casos de inércia, simulação investigatória, procrastinação indevida e/ ou incapacidade de atuação;

✓ O CNJ não pode, por conta do conteúdo nitidamente jurisdicional, suspender, fiscalizar e reexaminar decisão concessiva de mandado de segurança;

✓ O CNJ integra o Poder Judiciário, mas encontra-se hierarquicamente abaixo do Supremo Tribunal Federal.

12.3.9. *Tribunais Regionais Federais e Juízes Federais*

São órgãos da Justiça Federal: os Tribunais Regionais Federais e os Juízes Federais, que estão regulamentados nos arts. 106 a 110 da Constituição Federal. A competência dos Tribunais Regionais Federais vem prevista no art. 108 e a competência dos juízes federais no art. 109 do texto constitucional. Compete aos juízes federais, por exemplo, o processo e julgamento das causas entre Estado estrangeiro ou organismo internacional e Município ou pessoa domiciliada ou residente no País.

Embora já mencionado, vale lembrar que com a aprovação da **EC 73, de 06.04.2013**, foram criados os Tribunais Regionais Federais da 6ª, 7ª, 8ª e 9ª Regiões. O TRF da 6.ª Região, com sede em Curitiba, tem jurisdição sobre os Estados de Santa Catarina e Mato Grosso do Sul. Além dele, também foram incluídos pela emenda os Tribunais Regionais Federais do Amazonas, Minas Gerais e Bahia.

Ocorre que, por conta do deferimento da cautelar na ADI 5710-DF, os efeitos da EC 73/2013 estão suspensos. Os principais argumentos utilizados para a declaração de inconstitucionalidade da emenda mencionada foram: 1) "a criação dos novos tribunais regionais federais irá afetar profundamente a carreira dos procuradores federais. Devido à competência da Justiça Federal (arts. 108 e 109 da Constituição), a União será obrigada a alocar seus procuradores para atuação nos quatro novos tribunais. Para a requerente, essa necessidade de alocação abrupta irá desorganizar a estruturação da carreira e a expectativa de seus integrantes quanto às remoções; 2) Há vício de iniciativa, na medida em que qualquer modificação da estrutura da Justiça depende de projeto de iniciativa do Supremo Tribunal Federal ou dos Tribunais Superiores (art. 96, II, *a* e *d* da Constituição), requisito que não poderia ser burlado nem sequer com o uso de emenda constitucional; 3) Inexiste prévia dotação orçamentária para criação dos novos tribunais, com custo estimado de R$ 922 milhões ao ano pelo Instituto de Pesquisas Econômicas Aplicadas – IPEA, além dos custos iniciais necessários para estruturação física e funcional desses órgãos jurisdicionais; 4) A obrigatoriedade de aplicação de recursos numa finalidade fixada sem a iniciativa própria viola a autonomia administrativa e orçamentária do Judiciário; 5) A criação de novos tribunais é medida ineficiente e irracional para resolver o problema da celeridade da prestação jurisdicional (os quatro tribunais serão responsáveis apenas por 5,3% do total da carga enfrentada pela Justiça Federal); 6) O descaso com os Juizados Especiais Federais será potencializado com a canalização inadequada de recursos para a segunda instância, de forma a prejudicar ainda mais o jurisdicionado que depende da Justiça para obter a prestação mais básica da União; 7) Há o risco de que a tolerância para com a criação de tribunais pela iniciativa do Legislativo crie precedente para algo mais gravoso à independência da Magistratura, a extinção de órgãos do Judiciário. h) A falta de previsão orçamentária impediria as mudanças necessárias para que os advogados públicos, essenciais à Justiça, pudessem defender os interesses da União perante esses tribunais". Os Tribunais Regionais Federais compõem-se de, no mínimo, 7 juízes, recrutados, quando possível, na respectiva região e nomeados pelo Presidente da República dentre brasileiros com mais de 30 e menos de 65 anos, sendo:

a) um quinto dentre advogados com mais de 10 anos de efetiva atividade profissional e membros do Ministério Público Federal com mais de 10 anos de carreira;

b) os demais, mediante promoção de juízes federais com mais de cinco anos de exercício, por antiguidade e merecimento, alternadamente.

Vale lembrar que o § 3º do art. 109 da CF determina o processo e julgamento na justiça estadual, no foro do domicílio dos segurados ou beneficiários, das causas em que forem parte instituição de previdência social e segurado, sempre que a comarca não seja sede de vara do juízo federal, e, se verificada essa condição, a lei poderá permitir que outras causas sejam também processadas e julgadas pela justiça estadual. Nessa hipótese, havendo recurso, este deve ser encaminhado ao Tribunal Regional Federal da área de jurisdição do juiz de primeiro grau.

Importante alteração trazida pela EC 45/2004 foi a denominada "federalização", que estabelece a possibilidade do deslocamento de competência por violação de direitos humanos. De acordo com o § 5º do art. 109 da CF, nas hipóteses de *grave violação de direitos humanos*, o Procurador-Geral da República, com a finalidade de assegurar o cumprimento de obrigações decorrentes de tratados internacionais de direitos humanos dos quais o Brasil seja parte, poderá suscitar, perante o STJ, em qualquer fase do inquérito ou processo, incidente de deslocamento de competência para a Justiça Federal.

De acordo com o art. 107, § 2º, da CF os Tribunais Regionais Federais instalarão a justiça itinerante, com a realização de audiências e demais funções da atividade jurisdicional, nos limites territoriais da respectiva jurisdição, servindo-se de equipamentos públicos e comunitários.

O § 3º do mesmo dispositivo indica que os TRFs poderão funcionar de forma descentralizada constituindo Câmaras regionais, a fim de assegurar o pleno acesso do jurisdicionado à justiça em todas as fases do processo.

Por fim, de acordo com a Súmula 428 do STJ, compete ao Tribunal Regional Federal decidir os conflitos de competência entre juizado especial federal e juízo federal da mesma seção judiciária.

12.3.10. *Tribunais e Juízes do Trabalho*

São órgãos da Justiça do Trabalho: o Tribunal Superior do Trabalho, os Tribunais Regionais do Trabalho e os Juízes do Trabalho, que estão regulados nos arts. 111 a 116 da Constituição Federal. O art. 114 estabelece a competência da Justiça do Trabalho.

Sobre o art. 114, é importante o leitor conhecer o teor da Súmula Vinculante 53: "A competência da Justiça do Trabalho prevista no art. 114, VIII, da Constituição Federal alcança a execução de ofício das contribuições previdenciárias relativas ao objeto da condenação constante das sentenças que proferir e acordos por ela homologados."

De acordo com o art. 111-A, com redação dada pela **EC nº 92 de 12 de julho de 2016**, o Tribunal Superior do Trabalho compõe-se de 27 Ministros, escolhidos dentre brasileiros com mais de 35 e menos de 65 anos, **de notável saber jurídico e reputação ilibada**, nomeados pelo Presidente da República após aprovação pela maioria absoluta do Senado Federal, sendo:

a) um quinto dentre advogados com mais de 10 anos de efetiva atividade profissional e membros do Ministério Público do Trabalho com 10 (dez) anos de efetivo exercício, observado o disposto no art. 94;

b) os demais dentre juízes dos Tribunais Regionais do Trabalho, oriundos da magistratura da carreira, indicados pelo próprio Tribunal Superior.

Vale mencionar que a EC nº 92 de 12 de julho de 2016, além explicitar o Tribunal Superior do Trabalho como órgão do Poder Judiciário e alterar os requisitos para o provimento dos cargos de Ministros daquele Tribunal, modificou a sua competência. De acordo com o § 3º do art. 111-A, acrescentado pela mencionada emenda, ao Tribunal Superior do Trabalho foi dada a **competência para processar e julgar, originariamente, a reclamação para a preservação de sua competência e garantia da autoridade de suas decisões**.

Os Tribunais Regionais do Trabalho compõem-se de no mínimo 7 juízes, recrutados, quando possível, na respectiva região, e nomeados pelo Presidente da República dentre brasileiros com mais de 30 e menos de 65 anos, sendo:

a) um quinto dentre advogados com mais de 10 anos de efetiva atividade profissional e membros do Ministério Público do Trabalho com mais de 10 anos de efetivo exercício, observado o disposto no art. 94;

b) os demais, mediante promoção de juízes do trabalho por antiguidade e merecimento, alternadamente.

12.3.11. Tribunais Regionais Eleitorais e Juízes Eleitorais

São órgãos da Justiça Eleitoral: o Tribunal Superior Eleitoral, os Tribunais Regionais Eleitorais, os Juízes Eleitorais e as Juntas Eleitorais, que são regulamentados nos arts. 118 a 121 da Constituição Federal.

Segundo o art. 121 do Texto Maior, lei complementar disporá sobre a organização e competência dos tribunais, dos juízes de direito e das juntas eleitorais.

O Tribunal Superior Eleitoral compor-se-á, no mínimo, de sete membros, escolhidos:

a) mediante eleição, pelo voto secreto:

✓ três juízes dentre os Ministros do STF;

✓ dois juízes dentre os Ministros do STJ;

b) por nomeação do Presidente da República, dois juízes dentre seis advogados de notável saber jurídico e idoneidade moral, indicados pelo STF.

As decisões do Tribunal Superior Eleitoral são irrecorríveis, salvo as que contrariarem a Constituição e as denegatórias de *habeas corpus* ou mandado de segurança, das quais caberá recurso para o STF.

Os Tribunais Regionais Eleitorais são previstos em todos os Estados e no Distrito Federal e funcionarão nas Capitais. Esses tribunais compor-se-ão:

a) mediante eleição, pelo voto secreto:

✓ de dois juízes dentre os desembargadores do Tribunal de Justiça;

✓ de dois juízes, dentre juízes de direito, escolhidos pelo Tribunal de Justiça.

b) de um juiz do Tribunal Regional Federal com sede na Capital do Estado ou no Distrito Federal, ou, não havendo, de juiz federal, escolhido, em qualquer caso, pelo Tribunal Regional Federal respectivo;

e) por nomeação, pelo Presidente da República, de dois juízes dentre seis advogados de notável saber jurídico e idoneidade moral, indicados pelo Tribunal de Justiça.

Os juízes dos tribunais eleitorais, salvo motivo justificado, servirão por dois anos, no mínimo, e nunca por mais de dois biênios consecutivos, sendo os substitutos escolhidos na mesma ocasião e pelo mesmo processo, em número igual para cada categoria.

12.3.12. Tribunais e Juízes Militares

São órgãos da Justiça Militar: o Superior Tribunal Militar e os Tribunais e Juízes Militares instituídos por lei, trazidos nos arts. 122 a 124 da Constituição Federal.

De acordo com o art. 124, compete à Justiça Militar processar e julgar os crimes militares definidos em lei. A lei disporá sobre a organização, o funcionamento e a competência da Justiça Militar.

O Superior Tribunal Militar compor-se-á de 15 Ministros vitalícios, nomeados pelo Presidente da República, depois de aprovada a indicação pelo Senado Federal, sendo:

a) três dentre oficiais-generais da Marinha (da ativa e do posto mais elevado da carreira);

b) quatro dentre oficiais-generais do Exército (da ativa e do posto mais elevado da carreira);

c) três dentre oficiais-generais da Aeronáutica (da ativa e do posto mais elevado da carreira);

d) cinco civis, que serão escolhidos pelo Presidente da República dentre brasileiros maiores de 35 anos, sendo:

✓ três advogados de notório saber jurídico e conduta ilibada, com mais de 10 (dez) anos de efetiva atividade profissional;

✓ dois, por escolha paritária, dentre juízes auditores e membros do Ministério Público da Justiça Militar.

12.3.13. Tribunais e Juízes dos Estados

Os Estados organizarão sua Justiça, observados os princípios estabelecidos nesta Constituição, e a competência dos tribunais será definida na Constituição do Estado, sendo a lei de organização judiciária de iniciativa do Tribunal de Justiça.

Mediante proposta do Tribunal de Justiça do Estado, a lei estadual pode criar a Justiça Militar estadual, constituída, em primeiro grau, pelos juízes de direito e pelos Conselhos de Justiça e, em segundo grau, pelo próprio Tribunal de Justiça, ou por Tribunal de Justiça Militar nos Estados em que o efetivo militar seja superior a vinte mil integrantes.

Compete à Justiça Militar estadual processar e julgar os militares dos Estados, nos crimes militares definidos em lei e as ações judiciais contra atos disciplinares militares, ressalvada a competência do júri quando a vítima for civil, cabendo ao tribunal competente decidir sobre a perda do posto e da patente dos oficiais e da graduação das praças.

Frisa-se que é *residual* a competência da Justiça Estadual, portanto, não sendo matéria de competência das justiças especializadas (Eleitoral, Trabalhista e Militar) nem da Justiça Federal, será da Estadual.

12.3.14. Regime de precatórios (EC 62/2009)

Os valores devidos pelas Fazendas Públicas, em razão do regime de impenhorabilidade dos bens públicos, são pagos por meio da expedição de precatórios judiciais.

O procedimento para o pagamento desses valores vem previsto no art. 100 e seguintes da CF, normas alteradas pela EC 62/2009. Tal emenda também acrescentou o art. 97 ao Ato das Disposições Constitucionais Transitórias, criando um regime especial para o pagamento de precatórios pelos Estados, o Distrito Federal e os Municípios.

As principais regras, conforme os parágrafos do art. 100 da CF, são:

a) os titulares de precatórios de natureza alimentar que possuam **60 anos ou mais** na data em que foi expedido o precatório ou que sejam portadores de doença grave, conforme definido em lei, terão preferência sobre outros débitos, até o total equivalente ao triplo do fixado em lei como precatórios de pequeno valor, admitido o fracionamento para essa finalidade, sendo que o restante será pago na ordem cronológica de apresentação do precatório;

b) independentemente de regulamentação, quando forem expedidos os precatórios deles deverá ser **abatido**, a título de compensação, valor correspondente aos débitos líquidos e certos, inscritos ou não em dívida ativa e constituídos contra o credor original pela Fazenda devedora, incluídas parcelas vincendas de parcelamentos, ressalvados aqueles cuja execução esteja suspensa em virtude de contestação administrativa ou judicial. Para isso, antes da expedição, o Tribunal solicitará à Fazenda Pública devedora, para resposta em até 30 (trinta) dias, sob pena de perda do direito de abatimento, informação sobre os débitos que preencham as condições estabelecidas;

c) de acordo com o estabelecido em lei do ente federativo devedor, fica facultado ao credor a entrega de créditos em precatórios para **compra de imóveis públicos** do respectivo ente federado;

d) a partir da promulgação da EC 62/2009, a **atualização de valores de requisitórios**, após sua expedição, até o efetivo pagamento, independentemente de sua natureza, será feita pelo índice oficial de remuneração básica da caderneta de poupança, e, para fins de compensação da mora, incidirão juros simples no mesmo percentual de juros incidentes sobre a caderneta de poupança, ficando excluída a incidência de juros compensatórios;

e) o credor **poderá ceder seus créditos** em precatórios a terceiros, total ou parcialmente, independentemente da concordância do devedor, não se aplicando ao cessionário a preferência no pagamento e eventual dispensa de precatório;

f) A **União**, a seu critério exclusivo e na forma de lei, poderá **assumir débitos**, oriundos de precatórios, de Estados, Distrito Federal e Municípios, refinanciando-os diretamente.

13. FUNÇÕES ESSENCIAIS À JUSTIÇA

As funções essenciais à justiça vêm previstas a partir do art. 127 da Constituição Federal. Os órgãos que têm por atribuição exercer tais funções não são chamados de poderes, não fazem parte dos três poderes. Atuam ao lado do Executivo, Legislativo e Judiciário, mas não os compõem. Integram tais funções o Ministério Público, as Advocacias Pública e Privada e as Defensorias Públicas.

13.1. Ministério Público

O Ministério Público, segundo o art. 127 da Constituição Federal, constitui uma instituição de caráter permanente, que tem por função a defesa da ordem jurídica, do regime democrático e dos interesses sociais e individuais indisponíveis.

13.1.1. Princípios

Os princípios que regem a instituição do Ministério Público são: a unidade, a indivisibilidade e a independência funcional. Vejamos:

a) Unidade: os membros do Ministério Público integram um só órgão, sob uma mesma chefia do Procurador-Geral da República (área federal) e do Procurador-Geral de Justiça (área estadual);

b) Indivisibilidade: os membros do Ministério Público atuam somente e sempre em nome da toda a instituição;

c) Independência funcional: os membros do Ministério Público devem atuar em consonância com a lei e sua convicção, não estando sujeitos às imposições dos órgãos da administração superior da instituição.

Além de ser regido pelos princípios institucionais mencionados, o Ministério Público detém autonomia funcional e administrativa. Havendo dotação orçamentária e autorização legislativa, cabe a ele propor ao Poder Legislativo a criação e extinção de seus cargos e serviços auxiliares, os quais serão providos por concurso público.

É de atribuição da instituição a elaboração de proposta orçamentária, sempre respeitados os limites estabelecidos na lei de diretrizes orçamentárias.

De acordo com o STF, "o Poder Judiciário tem por característica central a estática ou o não agir por impulso próprio (*ne procedat iudex ex officio*). Age por provocação das partes, do que decorre ser próprio do Direito Positivo este ponto de fragilidade: quem diz o que seja 'de Direito' não o diz senão a partir de impulso externo. Não é isso o que se dá com o Ministério Público. Este age de ofício e assim confere ao Direito um elemento de dinamismo compensador daquele primeiro ponto jurisdicional de fragilidade. Daí os antiquíssimos nomes de 'promotor de justiça' para designar o agente que pugna pela realização da justiça, ao lado da 'procuradoria de justiça', órgão congregador de promotores e procuradores de justiça. Promotoria de justiça, promotor de justiça, ambos a pôr em evidência o caráter comissivo ou a atuação de ofício dos órgãos ministeriais públicos. Duas das competências constitucionais do Ministério Público são particularmente expressivas dessa índole ativa que se está a realçar. A primeira reside no inciso II do art. 129 (...). É dizer: o Ministério Público está autorizado pela Constituição a promover todas as medidas necessárias à efetivação de todos os direitos assegurados pela Constituição. A segunda competência está no inciso VII do mesmo art. 129 e traduz-se no 'controle externo da atividade policial'. Noutros termos: ambas as funções ditas 'institucionais' são as que melhor tipificam o Ministério Público enquanto instituição que bem pode tomar a dianteira das coisas, se assim preferir" (HC 97.969, Rel. Min. **Ayres Britto**, julgamento em 01.02.2011, Segunda Turma, *DJE* de 23.05.2011).

13.1.2. Composição

O art. 128 da CF traz os órgãos que compõem o Ministério Público. Fala-se em Ministério Público da União, o qual engloba o MP Federal, o MP do Trabalho, o MP Militar e o MP do Distrito Federal e Territórios; e em MP Estaduais.

O Chefe do Ministério Público da União é o Procurador-Geral da República. O Presidente da República é quem o nomeia, após aprovação pela maioria absoluta dos membros do Senado Federal. Para tanto, deve o Procurador-Geral da República possuir mais de 35 anos e ser integrante da carreira do Ministério Público.

Após ser nomeado, cumprirá um mandato de dois anos, admitida a recondução. Durante o mandato, poderá ser destituído por iniciativa do Presidente da República, desde que haja autorização da maioria absoluta do Senado Federal.

O Chefe dos Ministérios Públicos dos Estados e do Distrito Federal e Territórios é o Procurador-Geral de Justiça. É atribuição dos membros dos citados Ministérios Públicos elaborarem lista tríplice, indicando os nomes, dentre integrantes da carreira, que possivelmente ocuparão o cargo de Procurador-Geral de Justiça. Feita tal lista, deve ser encaminhada ao chefe do Executivo do respectivo Estado ou do Distrito Federal, pois a ele caberá a escolha e nomeação do novo Procurador. Do mesmo modo que ocorre no âmbito da União, o mandato do Procurador é de dois anos, admitida uma recondução.

A destituição do Procurador-Geral de Justiça dos Estados e do DF e Territórios será realizada na forma da lei complementar regulamentadora após a deliberação da maioria absoluta dos membros do Poder Legislativo respectivo.

13.1.3. Funções institucionais

O art. 129 da CF traz as atribuições do Ministério Público, das quais se destacam as seguintes:

✓ promover, privativamente, a ação penal pública (art. 129, I);

✓ promover o inquérito civil e a ação civil pública para a tutela dos interesses difusos e coletivos (art. 129, III);

✓ promover a ação de inconstitucionalidade ou representação para fins de intervenção da União e dos Estados, nos casos previstos nesta Constituição (art. 129, IV);

✓ defender judicialmente os direitos e interesses das populações indígenas (art. 129, V).

13.1.4. Forma de ingresso na carreira

Em virtude de regra trazida pela Emenda Constitucional 45/2004, além da aprovação em concurso público de provas e títulos, é exigida do bacharel em Direito a comprovação de três anos de atividade jurídica. É a denominada "quarentena de entrada".

13.1.5. Garantias

Os membros do Ministério Público gozam das mesmas garantias atribuídas aos membros do Poder Judiciário. São as seguintes:

a) Vitaliciedade: garante aos membros do Ministério Público a sujeição à perda do cargo somente por sentença judicial transitada em julgado. Esta garantia só é adquirida após dois anos do estágio probatório (art. 128, § 5º, I, "a");

b) Inamovibilidade: atribui a garantia aos membros do Ministério Público de não serem removidos, a não ser por motivo de interesse público, por voto da maioria absoluta do órgão colegiado competente, assegurando-se a ampla defesa (art. 128, § 5º, I, "b");

c) Irredutibilidade de subsídios: esta garantia impede a redução dos subsídios (ressalvado o disposto nos arts. 37, X e XI, 39, § 4º, 150, II, 153, III, e 153, § 2º, I), conforme o disposto na alínea "c" do § 5º do art. 128 da CF.

13.1.6. Vedações

O inciso II do § 5º do art. 128 da Constituição Federal traz as vedações aplicáveis aos membros do Ministério Público, quais sejam:

a) receber, a qualquer título e sob qualquer pretexto, honorários, percentagens ou custas processuais;

b) exercer a advocacia;

c) participar de sociedade comercial, na forma da lei;

d) exercer, ainda que em disponibilidade, qualquer outra função pública, salvo uma de magistério;

e) exercer atividade político-partidária;

f) receber, a qualquer título ou pretexto, auxílios ou contribuições de pessoas físicas, entidades públicas ou privadas, ressalvadas as exceções previstas em lei.

13.1.7. Conselho Nacional do Ministério Público (CNMP)

É o órgão de fiscalização do Ministério Público que atua no controle da atuação administrativa e financeira da instituição e do cumprimento dos deveres funcionais de seus membros, com as atribuições definidas no § 2º do art. 130-A do Texto Maior.

Já foi decidida pelo STF a impossibilidade do exercício de cargo de diretor de planejamento, administração e logística do IBAMA ser ocupado por promotor de justiça. Essa impossibilidade se dá por ser membro do MP, que ingressou após a promulgação da CF/1988, já que não poderia ele exercer cargo ou função pública em órgão diverso da organização do MP. Essa vedação foi trazida pelo art. 128, § 5º, II, *d*, da Constituição Federal vigente (MS 26595, Rel. Min. Cármen Lúcia, Pleno, julgamento 07.04.2010, *DJe* 10.06.2010).

Composição: o CNMP é integrado por 14 membros, nomeados pelo Presidente da República, após votação pela maioria absoluta do Senado Federal, para um mandato de dois anos, admitida uma recondução, oriundos do próprio Ministério Público, da Magistratura, da Advocacia e da sociedade (2 cidadãos de notável saber jurídico e reputação ilibada, indicados um pela Câmara dos Deputados e outro pelo Senado Federal).

13.2. Advocacia pública

As instituições representadas por advogados públicos integram o que chamamos de advocacia pública. Tais órgãos visam a defender os interesses do Estado em juízo e extrajudicialmente, bem como prestar consultoria e assessoramento jurídico.

13.2.1. Advocacia-Geral da União

Segundo o art. 131 da Constituição Federal, a União é representada judicial e extrajudicialmente pela Advocacia-Geral da União, cabendo-lhe também as atividades de consultoria e assessoramento jurídico do Poder Executivo.

O ingresso na carreira depende da aprovação em concurso público de provas e títulos, conforme o § 2º do art. 131 do Texto Maior, salvo o cargo de chefia.

A instituição tem por chefe o Advogado-Geral da União, de livre nomeação pelo Presidente da República, dentre cidadãos maiores de 35 anos de notável saber jurídico e reputação ilibada. Salienta-se que o cargo em comento não precisa ser ocupado por integrantes da carreira, já que a nomeação se dá livremente pelo Chefe do Executivo.

13.2.2. Procuradoria-Geral do Estado

Os Procuradores do Estado e do Distrito Federal, além de representarem judicialmente as respectivas unidades federadas, prestam consultoria jurídica e assessoramento.

Igualmente como ocorre no modelo federal, o cargo de chefia é ocupado por pessoa de livre nomeação pelo Governador do Estado. O ingresso na carreira, exceto o do cargo de chefia, conforme mencionado, depende de aprovação em concurso público de provas e títulos, com a participação da Ordem dos Advogados do Brasil em todas as suas fases.

É assegurada a estabilidade aos procuradores, depois de três anos de efetivo exercício, mediante aprovação em avaliação de desempenho perante os órgãos próprios. Isso após relatório circunstanciado das corregedorias (art. 132, parágrafo único, da CF).Conforme a jurisprudência da Suprema Corte, no julgamento definitivo da ADI 175/PR, Rel. Min. Octavio Gallotti, "foi declarada a constitucionalidade do art. 56 e parágrafos do ADCT do Estado do Paraná, de 5-10-1989, que autorizou a permanência, em carreiras especiais criadas por lei, dos que já ocupavam com estabilidade, naquele momento, cargos e empregos públicos de advogados, assessores e assistentes jurídicos, para o exercício do assessoramento jurídico nos Poderes Executivo, Legislativo e Judiciário e da representação judicial das autarquias e fundações públicas. Os diplomas legais ora impugnados, ao reunirem numa única carreira os então ocupantes de empregos e cargos públicos preexistentes que já exerciam as mesmas funções de assessoramento jurídico ao Poder Executivo e de representação judicial das autarquias, nada mais fizeram do que atender ao comando expresso no mencionado art. 56 do ADCT paranaense, tratando-se, por certo, de hipótese de subsistência excepcional e transitória autorizada pelo art. 69 do ADCT da CF. A previsão de concurso público de provas e títulos para ingresso na nova carreira, contida no art. 5º da Lei estadual 9.422/1990, destinou-se, exclusivamente, àqueles que já eram, no momento de edição da norma constitucional transitória, ocupantes estáveis de cargos e empregos públicos de advogados, assessores e assistentes jurídicos e que viriam a preencher, mediante aproveitamento, os 295 cargos criados pelo art. 2º do mesmo diploma. Impossibilidade, na vacância, de provimento dos cargos da carreira especial de advogado do Estado do Paraná por outros servidores e, por conseguinte, de realização de novos concursos públicos para esse fim. Necessidade de obediência ao art. 132 da CF." (ADI 484, Rel. p/ o ac. Min. **Ricardo Lewandowski**, julgamento em 10.11.2011, Plenário, *DJE* de 01.02.2012).

13.2.3. Defensoria Pública

Os defensores públicos têm por função institucional a orientação jurídica e a defesa, em todos os graus, dos necessitados, na forma do art. 5º, LXXIV, da Constituição.

De acordo com o art. 134 da CF, já com a redação dada pela **EC 80, de 04.06.2014,** a Defensoria Pública é instituição permanente, essencial à função jurisdicional do Estado, incumbindo-lhe, como expressão e instrumento do regime democrático, fundamentalmente, a orientação jurídica, a promoção dos direitos humanos e a defesa, em todos os graus, judicial e extrajudicial, dos direitos individuais e coletivos, de forma integral e gratuita, aos necessitados, na forma do inciso LXXIV do art. 5º desta Constituição Federal.

A **EC 80, de 04.06.2014**, além de dar nova redação ao art. 134 da CF e alterar outros dispositivos, acrescentou o § 4º ao art. 134, o qual indicou os **princípios institucionais** da Defensoria Pública, quais sejam: **a unidade, a indivisibilidade e a independência funcional**, aplicando-se também, no que couber, o disposto no art. 93 e no inciso II do art. 96 desta Constituição Federal.

Vale lembrar que a organização da Defensoria Pública da União e do Distrito Federal e dos Territórios se dá por lei complementar a qual prescreverá normas gerais para sua organização nos Estados, conforme dispõe o § 1º do art. 134 da CF.Além disso, às Defensorias Públicas Estaduais são asseguradas autonomia funcional e administrativa e a iniciativa de sua proposta orçamentária dentro dos limites estabelecidos na lei de diretrizes orçamentárias e subordinação ao disposto no art. 99, § 2º, CF (art. 134, § 2º).

O ingresso na carreira depende de aprovação em concurso público de provas e títulos. É assegurada a seus integrantes a garantia da inamovibilidade e vedado o exercício da advocacia fora das atribuições institucionais.

De acordo com o Supremo, "a representação processual pela Defensoria Pública, *in casu*, Defensoria Pública da União, faz-se por defensor público integrante de seu quadro funcional, independentemente de mandato, ressalvados os casos nos quais a lei exija poderes especiais, consoante dispõe o art. 128, inciso XI, da LC 80/1994." (AI 616.896-AgR, voto do Rel. Min. **Gilmar Mendes**, julgamento em 14.06.2011, Segunda Turma, *DJE* de 29.06.2011).

Voltando às alterações das normas constitucionais que tratam do tema defensoria pública, é necessário acrescentar que a **EC 69** de 29.03.2012 alterou a redação dos arts. 21, 22 e 48 da Constituição Federal, para transferir da União para o Distrito Federal as atribuições de organizar e manter a Defensoria Pública do Distrito Federal.

Tal emenda, oriunda da proposta 445/2009, concede competência ao Distrito Federal para organizar e manter a sua Defensoria Pública. Com base na regra antiga, competia à União a organização e manutenção a Defensoria Pública do Distrito Federal. Além disso, também era atribuição da União a competência para legislar sobre essa instituição. Desse modo, o Distrito Federal não possuía autonomia quanto à Defensoria Pública, embora pudesse, com fulcro no art. 24, XIII, primeira parte, da CF, legislar sobre assistência jurídica, o que o fez, por exemplo, instituindo o CEAJUR- Centro de Assistência Jurídica gratuita. Com a aprovação da EC 69/2012, a organização, manutenção da Defensoria Pública do Distrito Federal passou a ser de competência deste ente federativo e não mais da União. Foi excluída da competência da União a atribuição para organizar, manter e legislar sobre a Defensoria do Distrito Federal.

Além disso, a **EC 74**, de 06.08.2013, acrescentou o § 3º ao art. 134, o qual estendeu as mesmas prerrogativas das Defensorias Públicas Estaduais à Defensoria Pública da União (DPU) e à do Distrito Federal. O § 2º do art. 134 da CF, assegura às Defensorias Públicas Estaduais (DPEs) autonomia funcional e administrativa e a iniciativa de sua proposta orçamentária dentro dos limites estabelecidos na Lei de Diretrizes Orçamentárias. O mesmo dispositivo não concedia tal autonomia e nem tal iniciativa à Defensoria Pública da União e do Distrito Federal. Com a alteração, portanto, ficam asseguradas às Defensorias Públicas da União, dos Estados e do Distrito Federal a autonomia funcional e administrativa e a iniciativa de sua proposta orçamentária dentro dos limites estabelecidos na lei de diretrizes orçamentárias.

Por fim, a **EC 80, de 04.06.2014** acrescentou o art. 98 ao ADCT determinando que o número de defensores públicos na unidade jurisdicional seja proporcional à efetiva demanda pelo serviço da Defensoria Pública e à respectiva população.

O § 1º do mencionado dispositivo determina que no prazo de 8 (oito) anos, a União, os Estados e o Distrito Federal contem com defensores públicos em todas as unidades jurisdicionais, observado o disposto no *caput* do art..

E acrescenta, em seu § 2º, que durante o decurso do prazo previsto no § 1º do art. 98, a lotação dos defensores públicos ocorrerá, prioritariamente, atendendo as regiões com maiores índices de exclusão social e adensamento populacional.

13.3. Advocacia privada

Prescreve a Constituição da República em seu art. 133 que "o advogado é indispensável à administração da justiça, sendo inviolável por seus atos e manifestações no exercício da profissão, nos limites da lei".

O advogado é o bacharel em Direito e inscrito na Ordem dos Advogados do Brasil (art. 8º da Lei 8.906/1994 – EOAB).

De acordo com o art. 6º do diploma legal citado, não há hierarquia entre os advogados, magistrados e membros do Ministério Público, devendo haver consideração e respeito entre eles.

Ao advogado é assegurada a inviolabilidade material, tendo em vista que no exercício da atividade profissional não pode ser punido por seus atos ou manifestações, ainda que constituam injúria ou difamação, sem prejuízo das sanções disciplinares perante a OAB pelos eventuais excessos que cometer (art. 7º, § 2º, EOAB).

Em consagração à essencialidade da função do advogado, foi editada a Súmula Vinculante 14, a qual prolata que é direito do defensor, no interesse do representado, ter acesso amplo aos elementos de prova que, já documentados em procedimento investigatório realizado por órgão com competência de polícia judiciária, digam respeito ao exercício do direito de defesa.

Muito importante ainda esclarecer que a OAB, mesmo prestando serviço público federal, não consubstancia uma entidade da administração indireta. Não está, assim, sujeita ao controle da Administração, nem a qualquer das suas partes está vinculada. Essa não vinculação é formal e materialmente necessária. A OAB ocupa-se de atividades atinentes aos advogados, que exercem função constitucionalmente privilegiada, na medida em que são indispensáveis à administração da Justiça, conforme inteligência do art. 133, da Constituição Federal. É entidade cuja finalidade é afeita a atribuições, interesses e seleção de advogados. Não há ordem de relação ou dependência entre a OAB e qualquer órgão público (ADI 3.026, Rel. Min. Eros Grau, julgamento em 08.06.2006, Plenário, *DJ* de 29.09.2006).

14. ESTADOS DE EXCEÇÃO

Os estados de exceção (estado de sítio e de defesa) configuram situações de anormalidade institucional, momentos de crise em que o próprio texto constitucional autoriza que o Estado adote medidas de repressão, limitando algumas garantias fundamentais.

Tanto no estado da defesa como no estado de sítio é necessária a existência de uma comissão que tem por função o acompanhamento e a fiscalização das medidas tomadas durante este período de anormalidade. Tal comissão, designada pela Mesa do Congresso, após a oitiva dos líderes partidários, será composta por 5 (cinco) membros.

14.1. Estado de defesa

O estado de defesa é decretado para preservar ou prontamente restabelecer, em locais restritos e determinados, a ordem pública ou a paz social ameaçadas por grave e iminente instabilidade institucional ou atingidas por calamidades de grandes proporções na natureza.

O Presidente da República, após ouvir o Conselho da República e o Conselho de Defesa, é quem decreta o estado de defesa. Vale lembrar que esse decreto, obrigatoriamente, deve conter o tempo de duração da medida, que não será superior a 30 dias, prorrogável uma vez por igual período, também deve constar as áreas abrangidas e ainda as medidas coercitivas que vigorarão neste período, dentre as seguintes:

a) restrições aos direitos de reunião (ainda que em associações);
b) sigilo de correspondência, de comunicação telegráfica e telefônica;
c) ocupação e uso temporário de bens e serviços públicos (caso de calamidade).

O decreto deve ser encaminhado em 24 horas para o Congresso Nacional, com as respectivas justificativas, que, no prazo de 10 (dez) dias, deverá aprová-lo ou rejeitá-lo por maioria absoluta. Rejeitado o decreto, cessa de imediato o estado de defesa.

Caso o congresso esteja em recesso, será convocado, extraordinariamente, no prazo de 5 (cinco) dias.

Durante a vigência do estado de defesa, qualquer crime cometido contra o Estado deverá ser comunicado imediatamente ao juiz competente pelo executor da medida; o juiz poderá relaxar a prisão caso esta seja ilegal, sendo facultado ao preso requerer exame de corpo de delito.

A comunicação da prisão será acompanhada de declaração, pela autoridade competente, do estado físico e mental do detido no momento de sua prisão, que não poderá ser superior a 10 (dez) dias, salvo quando autorizada pelo juízo competente.

É importante ressaltar que é vedada a incomunicabilidade do preso.

14.2. Estado de sítio

O estado de sítio é decretado nas hipóteses de comoção grave de repercussão nacional, ineficácia do estado de defesa, declaração de estado de guerra ou resposta a agressão estrangeira armada.

Do mesmo modo que o estado de defesa, o de sítio é decretado pelo Presidente da República, desde que sejam ouvidos os Conselhos da República e de Defesa Nacional. Além disso, nesse caso, é necessária a prévia autorização do Congresso Nacional pelo voto da maioria absoluta.

Assim, diferentemente do que ocorre no estado de defesa, no estado de sítio o Presidente deve primeiro solicitar a autorização do Congresso Nacional e, sendo esta deferida, então decretar a medida.

Se o Congresso estiver em recesso e for solicitada essa autorização para decretar o estado de sítio, o Presidente do Senado Federal, de imediato, deve fazer a convocação extraordinária para que se reúnam dentro de 5 (cinco) dias e apreciem o ato, permanecendo em funcionamento até o término das medidas coercitivas.

O prazo de duração é de no máximo 30 (trinta) dias, prorrogáveis, por igual período, indefinidamente, mas sempre com a prévia autorização do Congresso Nacional.

Além do prazo, o decreto presidencial deve conter as normas necessárias a sua execução e as garantias constitucionais que ficarão suspensas tais como:

a) obrigação de permanência em localidade determinada;
b) detenção em edifício não destinado a acusados ou condenados por crimes comuns;
c) restrições relativas à inviolabilidade da correspondência, ao sigilo das comunicações, à prestação de informações e à liberdade de imprensa, radiodifusão e televisão, na forma da lei (obs.: dispõe a Constituição que a difusão de pronunciamentos de parlamentares efetuados em suas Casas Legislativas, desde que liberada pela respectiva Mesa, não se inclui dentre essas restrições);
d) suspensão da liberdade de reunião;
e) busca e apreensão em domicílio;
f) intervenção nas empresas de serviços públicos;
g) requisição de bens.

14.3. Disposições gerais

Ao término dos estados de defesa e sítio, os efeitos por eles produzidos cessarão, mas os ilícitos praticados pelos agentes e executores da medida poderão ser apurados para que sejam determinadas eventuais responsabilizações.

O Presidente da República, assim que cessarem os estados de exceção, deve relatar ao Congresso Nacional as medidas que foram tomadas durante o período de anormalidade especificando e justificando as providências tomadas, indicando as restrições aplicadas.

14.4. Forças Armadas

De acordo com o art. 142 da CF, as Forças Armadas, formadas pela Marinha, pelo Exército e pela Aeronáutica, são instituições nacionais permanentes e regulares, organizadas com base na hierarquia e na disciplina, sob a autoridade suprema do Presidente da República, e destinam-se à defesa da Pátria, à garantia dos poderes constitucionais e, por iniciativa de qualquer destes, da lei e da ordem.

A utilização das Forças Armadas para a garantia da lei e da ordem depende da iniciativa do Supremo Tribunal Federal, da Presidência da República ou do Congresso Nacional, haja vista que tais atribuições são dadas de forma originária às forças da segurança pública.

As normas gerais a serem adotadas na organização, no preparo e no emprego das Forças Armadas são estabelecidas por lei complementar, conforme dispõe o § 1º do art. 142 da CF.

Vale lembrar que o § 2º do mesmo dispositivo determina a não possibilidade da impetração de *habeas corpus* em relação a punições disciplinares militares. Mas, segundo o STF, "a legalidade da imposição de punição constritiva da liberdade, em procedimento administrativo castrense, pode ser discutida por meio de habeas corpus. Precedentes." (RHC 88.543, Rel. Min. Ricardo Lewandowski, julgamento em 03.04.2007, Primeira Turma, *DJ* de 27.04.2007). A Corte Maior em outro julgado determinou que "Não há que se falar em violação ao art. 142, § 2º, da CF, se a concessão de habeas corpus, impetrado contra punição disciplinar militar, volta-se tão somente para os pressupostos de sua legalidade, excluindo a apreciação de questões referentes ao mérito" (RE 338.840, Rel. Min. Ellen Gracie, julgamento em 19.08.2003, Segunda Turma, *DJ* de 12.09.2003).

Conforme dispõe o art. 142, § 3º, da CF, os membros das Forças Armadas são denominados militares e a eles são aplicadas, além das disposições que a lei fixar, as seguintes:

I – as patentes, com prerrogativas, direitos e deveres a elas inerentes, são conferidas pelo Presidente da República e asseguradas em plenitude aos oficiais da ativa, da reserva ou reformados, sendo-lhes privativos os títulos e postos militares e, juntamente com os demais membros, o uso dos uniformes das Forças Armadas;

II – o militar em atividade que tomar posse em cargo ou emprego público civil permanente, ressalvada a hipótese prevista no art. 37, inciso XVI, alínea "c", será transferido para a reserva, nos termos da lei (Redação dada pela Emenda Constitucional 77/2014). Vale lembrar que a jurisprudência consolidada desta Corte já assentou que "a transferência para a reserva remunerada de militar aprovado em concurso público, subordina-se à autorização do presidente da República ou à do respectivo ministro." (AI 453.424-AgR, rel. Min. Ellen Gracie, julgamento em

29.11.2005, Segunda Turma, *DJ* de 10.02.2006). No mesmo sentido: RE 601.148-AgR, rel. Min. Eros Grau, julgamento em 29.09.2009, Segunda Turma, *DJE* de 23.10.2009;

III – o militar da ativa que, de acordo com a lei, tomar posse em cargo, emprego ou função pública civil temporária, não eletiva, ainda que da administração indireta, ressalvada a hipótese prevista no art. 37, inciso XVI, alínea "c", ficará agregado ao respectivo quadro e somente poderá, enquanto permanecer nessa situação, ser promovido por antiguidade, contando-se-lhe o tempo de serviço apenas para aquela promoção e transferência para a reserva, sendo depois de dois anos de afastamento, contínuos ou não, transferido para a reserva, nos termos da lei (Redação dada pela Emenda Constitucional 77/2014);

IV – ao militar são proibidas a sindicalização e a greve. Conforme entendimento do Supremo: "Os servidores públicos são, seguramente, titulares do direito de greve. Essa é a regra. Ocorre, contudo, que entre os serviços públicos há alguns que a coesão social impõe sejam prestados plenamente, em sua totalidade. Atividades das quais dependam a manutenção da ordem pública e a segurança pública, a administração da Justiça – onde as carreiras de Estado, cujos membros exercem atividades indelegáveis, inclusive as de exação tributária – e a saúde pública não estão inseridos no elenco dos servidores alcançados por esse direito. Serviços públicos desenvolvidos por grupos armados: as atividades desenvolvidas pela polícia civil são análogas, para esse efeito, às dos militares, em relação aos quais a Constituição expressamente proíbe a greve (art. 142, § 3º, IV)" (Rcl 6.568, Rel. Min. Eros Grau, julgamento em 21.05.2009, Plenário, *DJE* de 25.09.2009). No mesmo sentido: Rcl 11.246-AgR, rel. Min. Dias Toffoli, julgamento em 27.02.2014, Plenário, *DJE* de 02.04.2014;

V – o militar, enquanto em serviço ativo, não pode estar filiado a partidos políticos;

VI – o oficial só perderá o posto e a patente se for julgado indigno do oficialato ou com ele incompatível, por decisão de tribunal militar de caráter permanente, em tempo de paz, ou de tribunal especial, em tempo de guerra;

VII – o oficial condenado na justiça comum ou militar a pena privativa de liberdade superior a dois anos, por sentença transitada em julgado, será submetido ao julgamento previsto no inciso anterior;

VIII – aplica-se aos militares o disposto no art. 7º, incisos VIII, XII, XVII, XVIII, XIX e XXV, e no art. 37, incisos XI, XIII, XIV e XV, bem como, na forma da lei e com prevalência da atividade militar, no art. 37, inciso XVI, alínea "c" (Redação dada pela Emenda Constitucional 77/2014). A Suprema Corte já definiu que: "A estabilidade provisória advinda de licença-maternidade decorre de proteção constitucional às trabalhadoras em geral. O direito amparado pelo art. 7º, XVIII, da CF, nos termos do art. 142, VIII, da CF/1988, alcança as militares." (RE 523.572-AgR, rel. Min. Ellen Gracie, julgamento em 06.10.2009, Segunda Turma, *DJE* de 29.10.2009). No mesmo sentido: AI 811.376-AgR, rel. Min. Gilmar Mendes, julgamento em 01.03.2011, Segunda Turma, *DJE* de 23.03.2011;

IX – a lei disporá sobre o ingresso nas Forças Armadas, os limites de idade, a estabilidade e outras condições de transferência do militar para a inatividade, os direitos, os deveres, a remuneração, as prerrogativas e outras situações especiais dos militares, consideradas as peculiaridades de suas atividades, inclusive aquelas cumpridas por força de compromissos internacionais e de guerra. O STF entende que o dispositivo mencionado: "é expresso ao atribuir exclusivamente à lei a definição dos requisitos para o ingresso nas Forças Armadas. A Constituição brasileira determina, expressamente, os requisitos para o ingresso nas Forças Armadas, previstos em lei: referência constitucional taxativa ao critério de idade. Descabimento de regulamentação por outra espécie normativa, ainda que por delegação legal. Não foi recepcionada pela Constituição da República de 1988 a expressão 'nos regulamentos da Marinha, do Exército e da Aeronáutica' do art. 10 da Lei 6.880/1980. O princípio da segurança jurídica impõe que, mais de vinte e dois anos de vigência da Constituição, nos quais dezenas de concursos foram realizados se observando aquela regra legal, modulem-se os efeitos da não recepção: manutenção da validade dos limites de idade fixados em editais e regulamentos fundados no art. 10 da Lei 6.880/1980 até 31.12.2011." (RE 600.885, Rel. Min. Cármen Lúcia, julgamento em 09.02.2011, Plenário, *DJE* de 01.07.2011, com repercussão geral.) Vide: RE 600.885-ED, rel. Min. Cármen Lúcia, julgamento em 29.06.2012, Plenário, *DJE* de 12.12.2012, com repercussão geral.

Ainda sobre as Forças Armadas, o art. 143 da CF determina que o serviço militar é obrigatório nos termos da lei. E acrescenta, em seu § 1º, que compete às Forças Armadas, na forma da lei, atribuir serviço alternativo aos que, em tempo de paz, após alistados, alegarem imperativo de consciência, entendendo-se como tal o decorrente de crença religiosa e de convicção filosófica ou política, para se eximirem de atividades de caráter essencialmente militar.

Vale lembrar que a Lei 8.239/1991 regulamenta esse dispositivo constitucional e determina que o serviço militar alternativo, compreendido como o exercício de atividades de caráter administrativo, assistencial, filantrópico ou mesmo produtivo, em substituição às atividades de caráter essencialmente militar, seja prestado em organizações militares da ativa e em órgãos de formação de reservas das Forças Armadas ou em órgãos subordinados aos Ministérios Civis, mediante convênios entre estes e os Ministérios Militares, desde que haja interesse recíproco e, também, sejam atendidas as aptidões do convocado.

Por fim, as mulheres e os eclesiásticos ficam isentos do serviço militar obrigatório em tempo de paz, sujeitos, porém, a outros encargos que a lei lhes atribuir, conforme determina o § 2º do art. 143.

14.5. Segurança Pública

O art. 144 da CF determina que a segurança pública, dever do Estado, direito e responsabilidade de todos, é exercida para a preservação da ordem pública e da incolumidade das pessoas e do patrimônio, através dos seguintes órgãos: I – polícia federal; II – polícia rodoviária federal; III – polícia ferroviária federal; IV – polícias civis; V – polícias militares e corpos de bombeiros militares.

De acordo com o STF, "O direito a segurança é prerrogativa constitucional indisponível, garantido mediante a implementação de políticas públicas, impondo ao Estado a obrigação de criar condições objetivas que possibilitem o efetivo acesso a tal serviço. É possível ao Poder Judiciário determinar a implementação pelo Estado, quando inadimplente, de políticas públicas constitucionalmente previstas, sem que haja ingerência em questão que envolve o poder discricionário do Poder Executivo" (RE 559.646-AgR, Rel. Min. Ellen Gracie, julgamento em 07.06.2011, Segunda Turma, *DJE* de 24.06.2011). No mesmo sentido: ARE 654.823-AgR, rel. Min. Dias Toffoli, julgamento em 12.11.2013, Primeira Turma, *DJE* de 05.12.2013.

Além disso, é preciso lembrar que o rol que enumera os órgãos que integram a segurança pública é taxativo, ou seja, não há possibilidade de ampliação. Conforme determina a Corte Maior, "Os Estados-membros, assim como o Distrito Federal, devem seguir o modelo federal. O art. 144 da Constituição aponta os órgãos incumbidos do exercício da segurança pública. Entre eles não está o Departamento de Trânsito. Resta pois vedada aos Estados-membros a possibilidade de estender o rol, que esta Corte já firmou ser *numerus clausus*, para alcançar o Departamento de Trânsito" (ADI 1.182, voto do Rel. Min. Eros Grau, julgamento em 24.11.2005, Plenário, *DJ* de 10.03.2006). *Vide*: ADI 2.827, Rel. Min. Gilmar Mendes, julgamento em 16.09.2010, Plenário, *DJE* de 06.04.2011.

Vale lembrar que embora o § 8º do art. 144 da CF determine que os Municípios possam constituir guardas municipais destinadas à proteção de seus bens, serviços e instalações, conforme dispuser a lei, esses órgãos não farão parte estrutura denominada segurança pública. Suas atribuições terão caráter de proteção apenas patrimonial.

Voltando aos órgãos que integram a segurança pública, começamos com o primeiro: **polícia federal**. É instituída por lei como órgão permanente, organizado e mantido pela União e estruturado em carreira. Suas atribuições vêm previstas nos incisos do § 1º do art. 144 da CF e são as seguintes: I – apurar infrações penais contra a ordem política e social ou em detrimento de bens, serviços e interesses da União ou de suas entidades autárquicas e empresas públicas, assim como outras infrações cuja prática tenha repercussão interestadual ou internacional e exija repressão uniforme, segundo se dispuser em lei; II – prevenir e reprimir o tráfico ilícito de entorpecentes e drogas afins, o contrabando e o descaminho, sem prejuízo da ação fazendária e de outros órgãos públicos nas respectivas áreas de competência; III – exercer as funções de polícia marítima, aeroportuária e de fronteiras; IV – exercer, com exclusividade, as funções de polícia judiciária da União.

Já a **polícia rodoviária federal**, órgão permanente, organizado e mantido pela União e estruturado em carreira, destina-se, na forma da lei, ao patrulhamento ostensivo das rodovias federais, conforme determina o § 2º do art. 144 da CF

O § 3º também do art. 144 da CF determina que a **polícia ferroviária federal**, órgão permanente, organizado e mantido pela União e estruturado em carreira, destine-se, na forma da lei, ao patrulhamento ostensivo das ferrovias federais.

Em relação às **polícias civis**, dirigidas por delegados de polícia de carreira, o § 4º do art. 144 da CF impõe a incumbência, ressalvada a competência da União, das funções de polícia judiciária e a apuração de infrações penais, exceto as militares.

Às **polícias militares** cabem a polícia ostensiva e a preservação da ordem pública; aos corpos de bombeiros militares, além das atribuições definidas em lei, incumbe a execução de atividades de defesa civil, conforme determina o § 5º do art. 144 da CF.

O § 6º do mesmo dispositivo determina que as polícias militares e os corpos de bombeiros militares, forças auxiliares e reserva do Exército, subordinam-se, juntamente com as polícias civis, aos Governadores dos Estados, do Distrito Federal e dos Territórios.

Vale lembrar que a organização e o funcionamento dos órgãos responsáveis pela segurança pública devem ser disciplinados por lei, de forma a garantir a eficiência de suas atividades, conforme o art. 144, § 7º, da CF.

Por fim, a **EC 82, de 16.06.2014**, incluiu o § 10 ao art. 144 da Constituição Federal, para disciplinar a segurança viária no âmbito dos Estados, do Distrito Federal e dos Municípios.

Desse modo, de acordo com o dispositivo mencionado, a segurança viária, exercida para a preservação da ordem pública e da incolumidade das pessoas e do seu patrimônio nas vias públicas: I – compreende a educação, engenharia e fiscalização de trânsito, além de outras atividades previstas em lei, que assegurem ao cidadão o direito à mobilidade urbana eficiente; e II – compete, no âmbito dos Estados, do Distrito Federal e dos Municípios, aos respectivos órgãos ou entidades executivos e seus agentes de trânsito, estruturados em Carreira, na forma da lei.

15. ORDEM ECONÔMICA

Determina a Constituição que a ordem econômica tem por fundamento a valorização do trabalho humano e a livre-iniciativa, visando a assegurar a todos existência digna, conforme os ditames da justiça social.

Tais determinações estão previstas no final da Constituição, no capítulo da ordem econômica, que vai do art. 170 ao 192, mas decorre do início da Constituição, precisamente do art. 1º, inciso III, que trata da dignidade da pessoa humana.

A República Federativa do Brasil, Estado Democrático de Direito, é composta por diversos fundamentos, mas certamente o mais importante é a dignidade da pessoa humana.

15.1. Princípios

O art. 170 do texto constitucional enumera os princípios que regem a ordem econômica. São os seguintes:

I. soberania nacional;

II. propriedade privada;

III. função social da propriedade;

IV. livre concorrência;

V. defesa do consumidor;

VI. defesa do meio ambiente;

VII. redução das desigualdades regionais e sociais;

VIII. busca do pleno emprego;

IX. tratamento favorecido para as empresas de pequeno porte constituídas sob as leis brasileiras e que tenham sua sede e administração no País.

Analisemos cada um deles.

15.1.1. Soberania nacional

Quando estudamos tal tema, temos de ter como pressuposto a ideia de não imposição, não subordinação entre os países. Cada um dos Estados detém capacidade para tomar decisões sobre seu próprio governo, não se submetendo a qualquer tipo de imposição determinada por outrem.

15.1.2. Propriedade privada

Tem como fundamento o fato de o Brasil ser um país capitalista. Antigamente, essa propriedade tinha caráter absoluto; atualmente não se pode mais pensar assim, pois há muitas limitações. A função social da propriedade é a principal delas. Não basta ser dono, tem de dar utilidade sob pena de uma série de sanções como, por exemplo, IPTU progressivo no tempo, desapropriação etc.

15.1.3. Função social da propriedade

Está prevista nos incisos XXII e XXIII do art. 5º e nos arts. 182, § 2º, e 186, da Constituição. Consubstancia uma limitação imposta ao direito de propriedade, garantido constitucionalmente. Desse modo, o direito à propriedade não é absoluto, para que o sujeito exerça plenamente esse direito, ele deve dar função social ao seu bem.

15.1.4. Livre concorrência

O Estado tem o dever constitucional de participar preventiva e repressivamente no mercado econômico, atuando de forma a banir qualquer tipo de abuso, dominação de empresas etc. A concentração de poder numa mesma empresa ou grupo de empresas não está de acordo com o texto constitucional, pois diminui a livre concorrência, gera menos renda e fere a existência digna e o princípio da igualdade.

Dispõe o art. 173, § 4º, da Constituição que o abuso do poder econômico que vise à dominação de mercados, à eliminação da concorrência e ao aumento arbitrário dos lucros será reprimido, na forma da lei.

O § 5º do mesmo dispositivo determina que a lei estabeleça a responsabilidade das empresas nos atos praticados contra a ordem econômica e financeira e contra a economia popular, sujeitando-a às punições compatíveis com sua natureza e tudo isso sem prejuízo da responsabilidade individual dos dirigentes da pessoa jurídica.

É importante trazer aqui o enunciado da súmula 646 do STF que trata do tema livre concorrência e dispõe que ofende tal princípio lei municipal que impede a instalação de estabelecimentos comerciais do mesmo ramo em determinada área.

15.1.5. Defesa do consumidor

Não só o lucro deve ser protegido, mas também a parte vulnerável que é, segundo o CDC, presumidamente, o consumidor. É princípio da ordem econômica também a promoção da sua defesa.

15.1.6. Defesa do meio ambiente

Vejam, assim como a defesa do consumidor, a proteção ao meio ambiente configura princípio básico da ordem econômica. Tamanha é a importância disso que a Constituição destinou um capítulo para tratar do meio ambiente.

É direito de todos e dever do Estado a existência de um meio ambiente ecologicamente equilibrado, bem como a sadia qualidade de vida. Desse modo, tanto o Poder Público como toda a população e as empresas têm o dever constitucional de preservá-lo para as presentes e futuras gerações.

O mercado não pode apenas fortalecer economicamente o país, tem também o dever de promover um desenvolvimento sustentável. É exemplo disso a regra trazida no inciso VI do art. 170 que dá tratamento diferenciado às empresas, conforme o impacto ambiental dos produtos e serviços que criam.

15.1.7. Redução das desigualdades regionais e sociais

Essa ordem decorre do art. 3º, inciso III, da Constituição que, ao tratar dos objetivos fundamentais do Brasil, dispõe que um deles é erradicar a pobreza e a marginalização, além de reduzir as desigualdades sociais e regionais existentes.

15.1.8. Busca do pleno emprego

As empresas devem atuar e incentivar a busca pelo pleno emprego, satisfazendo as exigências da coletividade.

15.1.9. Tratamento favorecido para as empresas de pequeno porte

Um exemplo de concretização desse princípio é a lei que cuida das micro e pequenas empresas, a Lei Complementar 123/2006.

15.2. Atuação estatal no domínio econômico

A atividade econômica é exercida, em regra, independentemente de autorização, conforme dispõe o parágrafo único do art. 170 da Constituição.

Vale mencionar que, embora a iniciativa privada é quem efetivamente deve atuar no mercado, o Estado também atua na atividade econômica. Isso ocorre de forma residual, subsidiária. Assim, determina o ordenamento que o Estado participa quando há relevante interesse coletivo ou quando o exista imperativo de segurança nacional, como, por exemplo, fabricação de material bélico.

O art. 177 do texto constitucional enumera atividades consideradas monopólio da União. Genericamente, são temas relacionados ao gás natural, petróleo e minérios. Segue a lista de atividades que constituem monopólio da União:

I. a pesquisa e a lavra das jazidas de petróleo e gás natural e outros hidrocarbonetos fluidos;

II. a refinação do petróleo nacional ou estrangeiro;

III. a importação e exportação dos produtos e derivados básicos resultantes das atividades previstas nos incisos anteriores;

IV. o transporte marítimo do petróleo bruto de origem nacional ou de derivados básicos de petróleo produzidos no País, bem assim o transporte, por meio de conduto, de petróleo bruto, seus derivados e gás natural de qualquer origem;

V. a pesquisa, a lavra, o enriquecimento, o reprocessamento, a industrialização e o comércio de minérios e minerais nucleares e seus derivados, com exceção dos radioisótopos cuja produção, comercialização e utilização poderão ser autorizadas sob regime de permissão, conforme as alíneas "b" e "c" do inciso XXIII do *caput* do art. 21 desta Constituição Federal.

As disposições trazidas nos incisos I a IV podem ser repassadas, pela União, a empresas estatais ou privadas, desde que sejam respeitadas certas condições, conforme dispõe o § 1º do art. 177 da Constituição Federal.

16. ORDEM SOCIAL

A ordem social é disciplinada a partir do art. 193 da Constituição e aborda diversos assuntos como, por exemplo, a seguridade social, a educação, a cultura, o desporto, o meio ambiente e a proteção à família, à criança, ao adolescente e ao idoso.

Conforme o art. 193 da CF, tal ordem tem como base o primado do trabalho e como objetivo o bem-estar e a justiça sociais.

Analisemos, então, os principais assuntos resguardados nesse capítulo da Constituição. São os seguintes: seguridade social, educação, cultura, desporto, meio ambiente e família.

16.1. Seguridade Social

A primeira observação a ser feita aqui é a de que a denominada seguridade social é composta por três assuntos importantes, quais sejam, a previdência social, a saúde e a assistência social. Hoje o sistema de previdência social é contributivo e não mais retributivo.

São princípios e objetivos que norteiam a seguridade social:

I. universalidade da cobertura e do atendimento;

II. uniformidade e equivalência dos benefícios e serviços às populações urbanas e rurais;

III. seletividade e distributividade na prestação dos benefícios e serviços;

IV. irredutibilidade do valor dos benefícios;

V. equidade na forma de participação no custeio;

VI. diversidade da base de financiamento;

VII. caráter democrático e descentralizado da administração, mediante gestão quadripartite, com participação dos trabalhadores, dos empregadores, dos aposentados e do Governo nos órgãos colegiados.

É possível observar que os recursos destinados à seguridade advirão de diversas fontes, como, por exemplo, da folha de salário dos empregados, da receita ou do faturamento das empresas etc.

16.1.1. Saúde

A Constituição garante a todos o direito à saúde, atribuindo ao Estado o dever de prestá-la, valendo-se, para tanto, de políticas públicas sociais e econômicas. É missão do Estado buscar reduzir o risco de doenças, promovendo campanhas públicas de prevenção, vacinação, dentre outras.

Além disso, o acesso ao sistema único de saúde deve ser universal e igualitário, ou seja, não podem ser feitas imposições e distinções para que se promova o atendimento à saúde.

Vale lembrar que a regulamentação, a fiscalização, o controle e a execução das ações e serviços de saúde cabem ao Poder Público. A última pode ser prestada de forma direta pelo próprio Estado ou indiretamente pelo particular.

A LC 141, de 13.1.2012, ao regulamentar o § 3º do art. 198 da CF, determinou valores mínimos a serem aplicados anualmente pela União, Estados, Distrito Federal e Municípios em ações e serviços públicos de saúde. Além disso, estabeleceu os critérios de rateio dos recursos de transferências para a saúde e as normas de fiscalização, avaliação e controle das despesas com saúde nas 3 (três) esferas de governo.

Por fim, o sistema único de saúde, financiado com recursos advindos do orçamento da seguridade social, da União, dos Estados, do Distrito Federal e dos Municípios e de outras fontes, é balizado pelas seguintes regras:

I. descentralização, com direção única em cada esfera de governo;

II. atendimento integral, com prioridade para as atividades preventivas, sem prejuízo dos serviços assistenciais; e

III. participação da comunidade.

16.1.2. Previdência social

Conforme mencionado, a previdência é estruturada pelo regime contributivo e a filiação a ela é obrigatória. É essa instituição que possui o denominado regime geral de previdência. Dispõe o art. 201 da Constituição que, respeitados os critérios que preservem o equilíbrio financeiro e atuarial, a previdência dará cobertura aos eventos de doença, invalidez, morte, idade avançada, desemprego involuntário, maternidade e prisão.

A concessão de aposentadorias por parte da previdência não pode adotar requisitos e critérios diferenciados, exceto em relação às atividades exercidas sob condições especiais; é o que se pode extrair do § 1º do art. 201 da CF.

Vale lembrar a regra de que os valores dos benefícios concedidos pelo Instituto Nacional de Seguridade Social (INSS), desde que substituam o rendimento do trabalho do segurado, não poderão ser inferiores ao salário mínimo vigente.

16.1.2.1. *Aposentadoria – regras constitucionais*

a) Aposentadoria por tempo de contribuição: homens – 35 (trinta e cinco) anos de contribuição; mulheres – 30 (trinta) anos de contribuição;

b) Aposentadoria por idade: regra – homens 65 (sessenta e cinco) anos; mulheres – 60 (sessenta) anos;

c) Trabalhadores rurais e trabalhadores em regime de economia familiar: homem – 60 (sessenta) anos de idade; mulher – 55 (cinquenta e cinco) anos de idade;

d) Professores: homem – 30 (trinta) anos de contribuição; mulher 25 (vinte e cinco) anos de contribuição, desde que exclusivamente no exercício do magistério na educação infantil, ensino fundamental e médio.

Vale ressaltar que a Constituição assegura também o regime de previdência privada para complementar o regime geral, devendo seguir, dentre outras, as seguintes diretrizes: facultatividade, autonomia, disciplina por meio de lei complementar e independência financeira.

Em relação ao regime de previdência aplicado aos servidores públicos é interessante mencionar que a **EC 70, de 29.03.2012**, alterou a Lei 10.887/2004 e, com isso, determinou que a União, Estados e Municípios, no prazo de cento e oitenta dias, façam uma revisão das aposentadorias por invalidez, concedidas a servidores públicos a partir de 01.01.2004. Os reajustes não serão retroativos, os efeitos financeiros da revisão vão valer a partir da data de promulgação da emenda ("ex nunc").

Desse modo, o servidor aposentado por invalidez terá assegurado o salário que recebia quando em atividade. Pela regra anterior a aposentadoria por invalidez permanente significava proventos proporcionais ao tempo de contribuição.

Tal emenda concede paridade para as modalidades de aposentadorias, quais sejam, proporcional e integral e altera a forma de cálculo que passa a ser com base na remuneração do cargo efetivo que se der a aposentadoria, na forma da lei. A emenda só vale para quem ingressou no serviço público até o fim de 2003.

Ainda sobre novidades relacionadas a aposentadorias, é importante mencionar a LC 142, de 08.05.2013, que regulamentou o § 1º do art. 201 da CF, no tocante à aposentadoria da pessoa com deficiência segurada do Regime Geral de Previdência Social – RGPS.

O § 1º do art. 201 da CRFB/88 determina que é proibida a adoção de requisitos e critérios diferenciados para a concessão de aposentadoria aos beneficiários do regime geral de previdência social, ressalvados os casos de atividades exercidas sob condições especiais que prejudiquem a saúde ou a integridade física e quando se tratar de segurados portadores de deficiência, nos termos definidos em lei complementar".

O trabalhador que tem deficiência física foi enquadrado em três níveis diferentes de comprometimento, quais sejam: deficiência grave, moderada e leve. Para a determinação do tempo reduzido de contribuição foi necessário o cruzamento dos critérios da condição física (graduação da deficiência) com o já determinado critério de gênero.

Por fim, de acordo com o art. 40, § 1º, II, da CF, **alterado pela EC 88, de 08.05.2015**, o limite de idade para a aposentadoria compulsória do servidor público em geral, com proventos proporcionais ao tempo de contribuição, é de 70 (setenta) anos de idade, ou 75 (setenta e cinco) anos de idade, na forma de lei complementar (Lei Complementar 152, de 3 de dezembro de 2015).

Vale lembrar que a mesma emenda acrescentou o art. 100 ao ADCT, mencionando que até que entre em vigor a lei complementar de que trata o inciso II do § 1º do art. 40 da Constituição Federal, os Ministros do Supremo Tribunal Federal, dos Tribunais Superiores e do Tribunal de Contas da União aposentar-se-ão, compulsoriamente, **aos 75 (setenta e cinco)** anos de idade, nas condições do art. 52 da Constituição Federal."

16.1.3. Assistência social

Completando o que chamamos de "seguridade social" (saúde, previdência e assistência), cabe a análise da assistência social.

A primeira observação importante é que ela deve ser prestada a todos aqueles que dela necessitarem, de forma gratuita, independentemente de contribuição. As próprias verbas destinadas ao gênero seguridade social é que mantêm a assistência social.

Conforme o art. 203 da Constituição, são objetivos da assistência social:

I. a proteção à família, à maternidade, à infância, à adolescência e à velhice;

II. o amparo às crianças e adolescentes carentes;

III. a promoção da integração ao mercado de trabalho;

IV. a habilitação e reabilitação das pessoas portadoras de deficiência e a promoção de sua integração à vida comunitária;

V. a garantia de um salário mínimo de benefício mensal à pessoa portadora de deficiência e ao idoso que comprovem não possuir meios de prover a própria manutenção ou de tê-la provida por sua família. A Lei 8.742/1993, conhecida como LOAS – Lei Orgânica da Assistência Social, é quem disciplina esse benefício.

Conforme mencionado, os recursos advindos da seguridade social são destinados também à assistência. Mas, além disso, ela será mantida por outras fontes, organizadas com base na descentralização político-administrativa e na participação popular. A formulação de políticas públicas e fiscalização de tais ações cabem ao Estado e à população.

O parágrafo único do art. 204 da Constituição faculta aos Estados e ao Distrito Federal a vinculação de programa de apoio à inclusão e promoção social até cinco décimos por cento de sua receita tributária líquida, vedada a aplicação desses recursos no pagamento de despesas com pessoal e encargos sociais, serviço da dívida ou qualquer outra despesa corrente não vinculada diretamente aos investimentos ou ações apoiados.

16.2. Educação

Direito de todos e dever do Estado, conforme o art. 206 da Constituição, devem ser promovidos com base nos seguintes princípios:

I. igualdade de condições para o acesso e permanência na escola;

II. liberdade de aprender, ensinar, pesquisar e divulgar o pensamento, a arte e o saber;

III. pluralismo de ideias e de concepções pedagógicas, e coexistência de instituições públicas e privadas de ensino;

IV. gratuidade do ensino público em estabelecimentos oficiais;

V. valorização dos profissionais da educação escolar, garantidos, aos das redes públicas, na forma da lei, planos de carreira, com ingresso exclusivamente por concurso público de provas e títulos;

VI. gestão democrática do ensino público, na forma da lei;

VII. garantia de padrão de qualidade;

VIII. piso salarial profissional nacional para os profissionais da educação escolar pública, nos termos de lei federal. Tal regra é fruto da EC 59/2009.

O inciso IV determina a gratuidade do ensino público em estabelecimentos oficiais. Por conta dessa disposição, foi editada pelo STF a Súmula Vinculante 12, que determina que a cobrança de taxa de matrícula nas universidades públicas viola o disposto no art. 206, IV, da CF.

O art. 209 da CF informa que o ensino é livre à iniciativa privada, desde que sejam atendidas as seguintes condições: I - cumprimento das normas gerais da educação nacional e II - autorização e avaliação de qualidade pelo Poder Público.

Além disso, o § 2º do art. 210 da CF determina que o ensino fundamental regular deve ser ministrado em língua portuguesa, assegurada às comunidades indígenas também a utilização de suas línguas maternas e processos próprios de aprendizagem.

Vale lembrar que, de acordo com o *caput* e § 4º do art. 211 da CF, os entes federados organizarão seus sistemas de ensino em regime de colaboração e definirão formas de colaboração, de **modo a assegurar a universalização do ensino obrigatório**.

Além disso, o Texto Maior divide as atribuições do seguinte modo: a) a **União** organizará o sistema federal de ensino e o dos Territórios, financiará as instituições de ensino públicas federais e exercerá, em matéria educacional, **função redistributiva e supletiva, de forma a garantir equalização de oportunidades educacionais e padrão mínimo de qualidade do ensino** mediante assistência técnica e financeira aos Estados, ao Distrito Federal e aos Municípios (art. 211, § 1º, da CF); b) os **Municípios atuarão prioritariamente no ensino fundamental e na educação infantil** (art. 211, § 2º, da CF); c) **os Estados e o Distrito Federal atuarão prioritariamente no ensino fundamental e médio** (art. 211, § 3º, da CF

O § 5º do mencionado art. 211 determina que a educação básica pública atenderá prioritariamente ao ensino regular

Por fim, o § 1º do art. 208 que o acesso ao ensino obrigatório e gratuito é direito público subjetivo.

16.3. Cultura

É dever do Estado garantir o pleno exercício dos direitos culturais e o acesso às fontes da cultura nacional. Cabe a ele dar suporte e incentivar a valorização e difusão das manifestações culturais.

A promoção e a proteção do patrimônio cultural brasileiro é dever não apenas do Poder Público, mas também de toda a comunidade, conforme os ditames do § 1º do art. 216 da Constituição. São formas de proteção, dentre outras, o tombamento, a vigilância e os registros.

Vale lembrar que a **EC 71,** de 29.11.2012, ao acrescentar o art. 216-A ao texto Constitucional, criou o **Sistema Nacional de Cultura** que tem por finalidade instituir um processo de gestão e promoção conjunta de políticas públicas de cultura, democráticas e permanentes, pactuadas entre os entes da Federação e a sociedade. Essas políticas objetivam promover o desenvolvimento humano, social e econômico com pleno exercício dos direitos culturais, além de prestigiar a transparência na aplicação de recursos para a cultura. Os entes terão maior autonomia, em regime de colaboração, e poderão integrar, articular e organizar a gestão neste setor.

Os princípios que regem o Sistema Nacional de Cultura, de acordo com o art. 216-A, § 1º, são: I – diversidade das expressões culturais; II – universalização do acesso aos bens e serviços culturais; III – fomento à produção, difusão e circulação de conhecimento e bens culturais; IV – cooperação entre os entes federados, os agentes públicos e privados atuantes na área cultural; V – integração e interação na execução das políticas, programas, projetos e ações desenvolvidas; VI – complementaridade nos papéis dos agentes culturais; VII – transversalidade das políticas culturais; VIII – autonomia dos entes federados e das instituições da sociedade civil; IX – transparência e compartilhamento das informações; X – democratização dos processos decisórios com participação e controle social; XI – descentralização articulada e pactuada da gestão, dos recursos e das ações; XII – ampliação progressiva dos recursos contidos nos orçamentos públicos para a cultura.

16.4. Desporto

De acordo com o art. 217 da CF, é dever do Estado apoiar práticas desportivas formais e não-formais, como direito de cada um, observadas as seguintes regras: I – a autonomia das entidades desportivas dirigentes e associações, quanto a sua organização e funcionamento; II – a destinação de recursos públicos para a promoção prioritária do desporto educacional e, em casos específicos, para a do desporto de alto rendimento; III – o tratamento diferenciado para o desporto profissional e o não- profissional; IV – a proteção e o incentivo às manifestações desportivas de criação nacional.

O § 1º do dispositivo citado determina que o Poder Judiciário apenas admita ações relativas à disciplina e às competições desportivas após **esgotarem-se as instâncias da justiça desportiva**, regulada em lei.

Desse modo, o Constituinte reconheceu a existência da justiça desportiva. Por outro lado, os processos por ela analisados possuem natureza administrativa, não transitam em julgado e podem, desde que tenham sido esgotadas as suas instâncias, ser apreciados pelo Poder Judiciário.

Por fim, a decisão final a ser dada pela justiça desportiva deve ocorrer em até o prazo máximo de sessenta dias, contados da instauração do processo, conforme determina o § 2º do art. 217 da CF.

16.5. Ciência, tecnologia e inovação (EC 85/2015)

A EC 85, de 26.02.2015 alterou e adicionou dispositivos na Constituição Federal com a finalidade de atualizar o tratamento das atividades de ciência, tecnologia e inovação.

Sendo assim, o caput do art. 218 da CF determina que o Estado promova e incentive o desenvolvimento científico, a pesquisa, a capacitação científica e tecnológica **e a inovação.**

Para concretizar tais objetivos, o Estado deve estimular a articulação entre entes, públicos ou privados, nas diversas esferas de governo. Além disso, deve promover e incentivar a atuação no exterior das instituições públicas de ciência, tecnologia e inovação. É o que determina §§ 6º e 7º do art. 218 da CF.

Além disso, de acordo com o art. 219-B da CF, o Sistema Nacional de Ciência, Tecnologia e Inovação (SNCTI) será organizado em regime de colaboração entre entes, tanto públicos quanto privados, com vistas a promover o desenvolvimento científico e tecnológico e a inovação.

Por fim, a Lei 13.243, de 11 de janeiro de 2016, fortalecendo a EC 85/2015, dispôs sobre estímulos ao desenvolvimento científico, à pesquisa, à capacitação científica e tecnológica e à inovação.

16.6. Meio ambiente

Todas as pessoas têm direito ao meio ambiente ecologicamente equilibrado, sendo obrigação de todos defendê-lo e preservá-lo para as presentes e futuras gerações.

A Constituição trata do tema no art. 225. Há diversas normas infraconstitucionais cuidando do assunto, em especial a Lei 9.605/1998, que dispõe sobre os crimes ambientais, possibilitando a responsabilização penal da pessoa jurídica, tema polêmico doutrinária e jurisprudencialmente.

16.7. Família

Dentre as principais regras constitucionais sobre o tema, é necessário observar as trazidas pelas Emendas Constitucionais 65 e 66, que são as seguintes: extensão ao jovem das proteções existentes às crianças e aos adolescentes e a possibilidade de divórcio direito, sem a necessidade da observância do prazo de dois anos contados da separação.

Sendo assim, a EC 65/2010 alterou a denominação do Capítulo VII do Título VIII da Constituição Federal e modificou o art. 227 da CF, para cuidar dos interesses da juventude e a EC 66/2010, emenda unicelular por conter apenas um art., promoveu a alteração do § 6º do art. 226 da CRFB/1988, suprimindo o requisito de separação judicial prévia, por mais de um ano ou a exigência de separação de fato por mais de dois anos, para a concessão do divórcio. Nos termos da legislação atual, portanto, nada impede que um casal contraia matrimônio em um dia e se divorcie logo após.

17. SISTEMA TRIBUTÁRIO NACIONAL

17.1. Definição de tributo

Conforme o art. 3º do Código Tributário Nacional:

> **"Art. 3º.** Tributo é toda prestação pecuniária compulsória, em moeda ou cujo valor nela se possa exprimir, que não constitua sanção de ato ilícito, instituída em lei e cobrada mediante atividade administrativa plenamente vinculada."

Sendo assim, tributo é prestação pecuniária, é compulsório, é instituído por lei, é cobrado por lançamento e não é multa.

17.2. Espécies de tributos

Vigora em nosso ordenamento a teoria pentapartida (pentapartite ou quinquipartida), a qual diferencia 5 (cinco) espécies de exações: impostos, taxas, contribuição de melhoria, empréstimos compulsórios e contribuições.

O respectivo entendimento nos foi trazido por meio do voto do Ministro do STF Carlos Velloso, em 1º/07/1992, no RE 138.284/CE (Pleno).

Passemos então ao breve estudo das espécies tributárias.

17.2.1. Impostos

São conhecidos como tributos não vinculados a uma prestação estatal. Possuem como fato gerador uma situação independente de qualquer atividade estatal específica, relativa somente à vida, patrimônio e atividades do contribuinte.

Todos os entes políticos, União, Estados, Distrito Federal e Municípios podem ser sujeitos ativos dessa espécie tributária.

17.2.2. Taxas

São tributos vinculados à ação estatal, relacionado à atividade pública e não a qualquer ação do particular. Podem ser cobradas em função do exercício do poder de polícia ou pela utilização, efetiva ou potencial, de serviços públicos específicos e divisíveis prestados ao contribuinte ou postos à sua disposição.

17.2.3. Contribuição de melhoria

Essa contribuição pressupõe uma obra pública (e não um serviço público) e depende da valorização do bem imóvel. Subordina-se ao princípio do custo-benefício, da capacidade contributiva do contribuinte e da equidade.

A cobrança de tal tributo se deve ao fato de que o Estado tem de ser indenizado por ter realizado uma vantagem econômica especial aos imóveis de certas pessoas, ainda que não a tenha querido.

Desse modo, se da obra pública decorre valorização mobiliária, é devida a cobrança da contribuição de melhoria que será cobrada, justamente, daqueles que se beneficiaram dessa valorização.

O fato gerador desse tributo é a valorização imobiliária decorrente de uma obra pública.

17.2.4. Empréstimos compulsórios

O empréstimo compulsório é um tributo federal em que a Constituição apresenta critérios materiais e formais para sua instituição. São pressupostos para sua cobrança: despesas extraordinárias decorrentes de calamidade pública, guerra externa ou sua iminência ou investimento público de caráter urgente e relevante interesse social (art. 148, I e II, CF).

17.2.5. Contribuições

O que caracteriza tal espécie tributária é que as contribuições financiam atividades de interesse público, beneficiando determinado grupo e, direta ou indiretamente, o contribuinte.

É possível visualizar aqui a ideia de parafiscalidade – o que quer dizer "aquele que fica ao lado do Estado", um "quase Estado", já que a contribuição parafiscal é devida a entidades que desempenham atividades especiais, paralelas às da Administração.

Conforme dispõe o art. 149 da CF, as contribuições federais são as seguintes: contribuições de interesse das categorias profissionais ou econômicas; contribuições de intervenção no domínio econômico e contribuições sociais.

17.3. Competência tributária

Nas palavras de Luciano Amaro, "competência tributária é a aptidão para criar tributos. (...) O poder de criar tributo é repartido entre os vários entes políticos, de modo que cada um tem competência para impor prestações tributárias, dentro da esfera que lhe é assinalada pela Constituição" (Amaro, Luciano. **Direito Tributário Brasileiro**, 14ª edição, p. 93).

A competência tributária é política, irrenunciável, indelegável, intransferível e facultativa, uma vez que o ente político pode ou não exercê-la. Tal competência é classificada em: privativa, comum, cumulativa, especial e residual.

17.3.1. Privativa

É o poder que todos os entes políticos têm para instituir os tributos enumerados pela própria Constituição Federal.

17.3.2. Comum

Refere-se aos tributos vinculados, quais sejam as taxas e contribuições de melhoria. A competência é comum uma vez que União, Estados, Municípios e Distrito Federal podem ser sujeitos ativos dos referidos tributos.

17.3.3. Cumulativa

Indica que a União tem competência para instituir impostos estaduais e municipais nos Territórios (art. 147, CF), assim como compete ao Distrito Federal os impostos municipais e estaduais (art. 155, CF).

17.3.4. Especial

Refere-se ao poder de instituir empréstimos compulsórios (art. 148, CF) e contribuições especiais (art. 149, CF).

17.3.5. Residual

É o poder de criar tributos diversos dos existentes, aqueles que podem ser instituídos sobre situações não previstas (arts. 154, I e 195, § 4º, da CF).

17.4. Capacidade tributária ativa

As atribuições das funções de arrecadar ou fiscalizar tributos, ou de executar leis, serviços, atos ou decisões administrativas, em matéria tributária, podem ser delegadas de uma pessoa jurídica de direito público a outra.

Exemplo disso são as autarquias como CREA, CRC, CRECI etc., que recebem a atribuição de exigir um tributo (contribuição profissional) dos profissionais vinculados a estas entidades corporativas.

É, portanto, delegável, diferentemente da competência tributária.

17.5. Dos princípios gerais

A Constituição Federal traz em si os princípios norteadores do ramo tributário.

Os entes políticos poderão instituir impostos, taxas (em razão do exercício do poder de polícia ou pela utilização de serviços públicos específicos e divisíveis) e contribuição de melhoria decorrente de obras públicas.

Somente por meio de lei complementar:

✓ que se pode dispor sobre conflitos de competência em matéria tributária entre a União, os Estados, os Municípios e o Distrito Federal;

✓ regulam-se as limitações constitucionais ao poder de tributar;

✓ estabelecem-se normas gerais de Direito Tributário.

Ademais, para prevenir desequilíbrios da concorrência, lei complementar poderá estabelecer critérios especiais de tributação, sem prejuízo da competência de a União, por lei, estabelecer normas de igual objetivo.

É muito importante lembrar que a União por lei complementar poderá instituir empréstimos compulsórios:

✓ para atender a despesas extraordinárias, decorrentes de calamidade pública, de guerra externa ou sua iminência;

✓ no caso de investimento público urgente e de relevante interesse nacional (desde que não seja no mesmo exercício financeiro em que haja sido publicada a lei que os instituiu).

Compete exclusivamente à União instituir contribuições sociais, de intervenção no domínio econômico e de interesse das categorias profissionais ou econômicas, como instrumento de sua atuação nas respectivas áreas.

Vale ressaltar que os Municípios e o Distrito Federal poderão instituir contribuição para custeio do serviço de iluminação pública, observados princípios da legalidade e anterioridade.

17.6. Das limitações do poder de tributar

O poder do Estado-Administração de tributar é disciplinado pelas normas de direito público, que, em sua atividade financeira, capta recursos materiais para manter sua estrutura e permitir ao cidadão-contribuinte os serviços que lhe compete.

Porém, há certos limites para que em sua função de arrecadar o Estado não se exceda. Nesse passo, determinados princípios devem ser respeitados. Vejamos:

I. Princípio da Legalidade Tributária

No plano do Direito Tributário, em defesa da ideia de segurança jurídica, ressalta-se o art. 150, I, CF/1988, o qual indica o princípio da legalidade tributária. Observe-o:

> "Art. 150. Sem prejuízo de outras garantias asseguradas ao contribuinte, é vedado à União, aos Estados, aos Municípios e ao Distrito Federal:
>
> I – exigir ou aumentar tributo sem lei que o estabeleça. (...)"

Desta forma, para ser instituído ou majorado (ou até reduzido) o tributo depende de lei. Este e tão somente este é o veículo normativo possível.

II. Princípio da Anterioridade Tributária

Este princípio tem duas facetas: a anterioridade anual ou comum (art. 150, III, "b", CF) e a anterioridade nonagesimal ou privilegiada (art. 150, III, "c", CF).

Tem como fundamento o sobreprincípio da segurança das relações jurídicas entre a Administração Pública e seus administrados, evitando que inesperadamente apareçam cobranças tributárias. É garantia individual do contribuinte.

III. Princípio da Isonomia Tributária

Expresso no art. 150, II, da Constituição Federal, este postulado veda o tratamento tributário desigual a contribuintes que se encontrem em situação de equivalência.

Assim como o *caput* do art. 5º da Constituição trata da igualdade de forma genérica, o supracitado art. explora-o de forma específica ao ramo tributário.

IV. Princípio da Irretroatividade Tributária

O art. 150, III, "a", da Constituição Federal, prevê expressamente tal princípio. Para Luciano Amaro, o que a Constituição pretende, obviamente, é vedar a aplicação da lei nova, que criou ou aumentou o tributo, a fato pretérito, que, portanto, continua sendo não gerador de tributo, ou permanece como gerador de menor tributo, segundo a lei da época de sua ocorrência (Amaro, Luciano. **Direito Tributário Brasileiro**, 14ª Edição, p.118).

É isso que dá confiança e certeza na relação Fisco-contribuinte, uma vez que, se retroagissem leis cobrando tributos, insegura seria tal relação.

V. Princípio da Vedação ao Confisco

Tem se entendido que terá efeito confiscatório o tributo que exceder a capacidade contributiva do contribuinte. Entretanto, o art. 150, IV, da Constituição não traz critérios objetivos.

Sendo assim, cabe ao intérprete a tarefa de delimitar o "efeito de confisco", com base no conteúdo e alcance dos elementos descritos em cada caso concreto. Nesse passo, deve-se lembrar que proporcionalidade e razoabilidade são caracteres que devem ser levados em conta.

VI. Princípio da Não Limitação ao Tráfego de Pessoas e Bens

Segundo esse princípio (art. 150, V, da CF), as divisas municipais e estaduais não podem ser fatos geradores de quaisquer tributos (federais, estaduais ou municipais).

O tráfego de pessoas e bens tem proteção constitucional decorrente da unidade política do território brasileiro.

Ademais, já no art. 5º, XV, da Constituição Federal é prescrito que "é livre a locomoção no território nacional em tempo de paz, podendo qualquer pessoa, nos termos da lei, nele entrar, permanecer ou dele sair com seus bens;".

17.7. Da Emenda Constitucional 75, de 15.10.2013

A EC 75/2013 acrescentou a alínea "e" ao inciso VI do art. 150 da Constituição Federal, instituindo **imunidade tributária** sobre os fonogramas e videofonogramas musicais produzidos no Brasil contendo obras musicais ou literomusicais de autores brasileiros e/ou obras em geral interpretadas por **artistas brasileiros** bem como os suportes materiais ou arquivos digitais que os contenham.

Em suma, a regra, que passou a vigorar a partir do dia 16.10.2013 e que teve por finalidade diminuir o valor dos CDs e DVDs, possibilitando ao consumidor final acesso à cultura com um menor custo, faz com que não incida ICMS e ISS sobre os citados produtos.

17.8. Da Emenda Constitucional 87, de 16.04.2015

A EC 87/2015 alterou o § 2º do art. 155 da Constituição Federal e incluiu o art. 99 no Ato das Disposições Constitucionais Transitórias, para tratar da sistemática de cobrança do imposto sobre operações relativas à circulação de mercadorias e sobre prestações de serviços de transporte interestadual e intermunicipal e de comunicação incidente sobre as operações e prestações que destinem bens e serviços a consumidor final, contribuinte ou não do imposto, localizado em outro Estado.

17.9. Da Emenda Constitucional 86, de 17.03.2015

A EC 86/2015 alterou os arts. 165, 166 e 198 da Constituição Federal, tornando obrigatória a execução da programação orçamentária que especifica.

18. DISPOSIÇÕES CONSTITUCIONAIS GERAIS

Informação relevante encontrada nas disposições constitucionais transitórias diz respeito à EC 81, de 05.06.2014, pois tal norma deu nova redação ao art. 243 da CF o qual autorizou a desapropriação de propriedades rurais e urbanas de qualquer região do País onde forem localizadas culturas ilegais de plantas psicotrópicas ou a exploração de trabalho escravo, sem qualquer indenização ao proprietário.

O mencionado dispositivo passa a vigorar com a seguinte redação: "Art. 243. As **propriedades rurais e urbanas** de qualquer região do País **onde forem localizadas culturas ilegais de plantas psicotrópicas ou a exploração de trabalho escravo** na forma da lei **serão expropriadas** e destinadas à reforma agrária e a programas de habitação popular, **sem qualquer indenização** ao proprietário e sem prejuízo de outras sanções previstas em lei, observado, no que couber, o disposto no art. 5º.

O parágrafo único da mesma norma determina que todo e qualquer bem de valor econômico apreendido em decorrência do tráfico ilícito de entorpecentes e drogas afins e da exploração de trabalho escravo será confiscado e reverterá a fundo especial com destinação específica, na forma da lei.

19. REFLEXOS DO NOVO CÓDIGO DE PROCESSO CIVIL

As normas constitucionais são consideradas alicerces do ordenamento jurídico brasileiro. Fundamentam e validam os comandos infraconstitucionais. Por conta disso, tais normas só permanecem válidas quando se apresentam de forma compatível com o texto constitucional.

Partindo dessa premissa, o novo CPC, antes de irradiar reflexos nos preceitos constitucionais, deve se mostrar harmônico com a CF/1988.

Logo no início, na exposição de motivos do novo CPC, fica clara a intenção do legislador de aproximar o código do texto constitucional. Vejamos: "Um sistema processual civil que não proporcione à sociedade o reconhecimento e a realização dos direitos, ameaçados ou violados, que têm cada um dos jurisdicionados, não se harmoniza com as garantias constitucionais de um Estado Democrático de Direito. Sendo ineficiente o sistema processual, todo o ordenamento jurídico passa a carecer de real efetividade. De fato, as normas de direito material transformam em pura ilusão, sem a garantia de sua correlata realização, no mundo empírico, por meio do processo".

Outra importante passagem mencionada na exposição de motivos do novo CPC faz menção ao saudoso Ministro SÁLVIO DE FIGUEIREDO TEIXEIRA que, em texto emblemático sobre a nova ordem trazida pela Constituição Federal de 1988, disse, acertadamente, que, apesar de suas vicissitudes, "nenhum texto constitucional valorizou tanto a 'Justiça', tomada aqui a palavra não no seu conceito clássico de 'vontade constante e perpétua de dar a cada um o que é seu', mas como conjunto de instituições voltadas para a realização da paz social" (O aprimoramento do processo civil como garantia da cidadania. In: FIGUEIREDO TEIXEIRA, Sálvio. As garantias do cidadão na Justiça. São Paulo: Saraiva, 1993. p. 79-92, p. 80).

Ainda na exposição de motivos no novo CPC preceitos constitucionais são fortificados, vejamos: "a coerência substancial há de ser vista como objetivo fundamental, todavia, e mantida em termos absolutos, no que tange à Constituição Federal da República. Afinal, é na lei ordinária e em outras normas de escalão inferior que se explicita a promessa de realização dos valores encampados pelos princípios constitucionais".

Ao adentrarmos especificamente aos artigos do novo CPC, verificamos que os doze primeiros tratam das normas fundamentais do processo civil, consideradas como um centro principiológico, o que ratifica e prioriza a constitucionalização do processo. Tendo em vista o atual Estado Constitucional de Direito, essa constitucionalização do processo passa a ser uma necessidade.

Sendo assim, o código reproduziu regras processuais previstas na CF/1988. Princípios como o devido processo legal, contraditório e ampla defesa, acesso à justiça (inafastabilidade do controle jurisdicional), razoável duração do processo, proibição de prova ilícita, foram positivados no novo código. Isso fortalece o entendimento de que tais mandamentos possuem força normativa e vínculo direto com o novo CPC.

Como mencionado, a constitucionalização do processo foi priorizada no novo código. Alguns dispositivos devem ser mencionados, pois fazem menção direta ao texto constitucional. O novo CPC já começa, em seu art. 1º, determinando que **o processo civil seja ordenado, disciplinado e interpretado conforme os valores e as normas fundamentais estabelecidos na Constituição da República Federativa do Brasil**.

O art. 3º do novo CPC, reforçando mandamento constitucional, determina que não seja excluída da apreciação jurisdicional ameaça ou lesão a direito. Tal princípio, inafastabilidade do controle jurisdicional, como mencionado, já vinha disciplinado no CF/88, em seu art. 5º, XXXV, o qual impõe que a lei não exclua da apreciação do Poder Judiciário lesão ou ameaça a direito. Não há norma correspondente no antigo código.

Seguindo, o art. 4º do novo CPC, aproximando da linguagem constitucional, determina que as partes tenham o direito de obter em prazo razoável a solução integral do mérito, incluída a atividade satisfativa. A velha norma determinava que os juízes, ao dirigirem os processos, deveriam velar pela rápida solução do litígio. Prazo razoável é o que consta do art. 5º, LXXVIII, da CF. Tal inciso garante não apenas no âmbito judicial, mas também no administrativo, a razoável duração do processo e os meios que garantam a celeridade de sua tramitação. Outro dispositivo que reforça esse princípio é o art. 6º do novo CPC, o qual menciona que todos os sujeitos do processo devem cooperar entre si para que se obtenha, em tempo razoável, decisão de mérito justa e efetiva. Além disso, o sistema recursal simplificado previsto no novo ordenamento processual civil contribui para a existência de um processo mais rápido.

Ainda sobre os princípios processuais previstos na CF/88 e que foram disciplinados também no novo CPC devemos lembrar do contraditório e da ampla defesa. Determina o art. 5º, LV, da CF que aos litigantes, em processo judicial ou administrativo, e aos acusados em geral são assegurados o contraditório e ampla defesa, com os meios e recursos a ela inerentes. Três artigos do novo CPC são importantes aqui. O primeiro é o art. 7º que assegurada às partes paridade de tratamento em relação ao exercício de direitos e faculdades processuais, aos meios de defesa, aos ônus, aos deveres e à aplicação de sanções processuais, competindo ao juiz zelar pelo efetivo contraditório. O ordenamento jurídico anterior mencionava apenas igualdade de tratamento entre as partes. O segundo é o art. 9º que dispõe que não seja proferida decisão contra uma das partes sem que ela seja previamente ouvida. Não há artigo correspondente no antigo código. Por fim, o art. 10 do novo código determina que o juiz não pode decidir, em grau algum de jurisdição, com base em fundamento a respeito do qual não se tenha dado às partes oportunidade de se manifestar, ainda que se trate de matéria sobre a qual deva decidir de ofício. As partes devem ser ouvidas sempre. Novamente não há norma correspondente no velho código.

Outras normas relevantes dizem respeito ao controle de constitucionalidade. Os arts. 948 e 949, *caput* e parágrafo único, do novo CPC praticamente reproduziram o disposto nos arts. 480 e 481 do antigo regramento. Dispõe o art. 948 que arguida, **em controle difuso**, a inconstitucionalidade de lei ou de ato normativo do poder público, o relator, após ouvir o Ministério Público **e as partes**, submeterá a questão à turma ou à câmara à qual competir o conhecimento do processo. As partes sublinhadas foram acrescentadas, deixando clara a intenção do legislador de especificar o tipo de controle em que aplica-se a norma (controle difuso) e a necessidade de oitiva das partes antes da arguição de inconstitucionalidade ser submetida à turma ou câmara a qual competir o conhecimento do processo.

Avançando, o art. 949, I e II, do novo CPC determina o que ocorre após a análise prévia dessa arguição. Caso venha a ser rejeitada, à turma ou câmara a qual competir o conhecimento do processo prosseguirá o julgamento. Por outro lado, se a arguição de inconstitucionalidade for acolhida, a questão será submetida ao plenário do tribunal ou ao seu órgão especial, onde houver.

O parágrafo único do mencionado artigo apenas reproduz o descrito do art. 481, parágrafo único, do antigo código informando que os órgãos fracionários dos tribunais não submeterão ao plenário ou ao órgão especial a arguição de inconstitucionalidade quando já houver pronunciamento destes ou do plenário do Supremo Tribunal Federal sobre a questão.

Ainda sobre dispositivos relacionados ao controle de constitucionalidade, o art. 535, § 5º, do novo CPC determina que quando a Fazenda Pública impugnar a execução, arguindo inexequibilidade do título ou inexigibilidade da obrigação, pode ser considerado também inexigível a obrigação reconhecida em título executivo judicial fundado em lei ou ato normativo considerado inconstitucional pelo Supremo Tribunal Federal, ou fundado em aplicação ou interpretação da lei ou do ato normativo tido pelo Supremo Tribunal Federal como incompatível com a Constituição Federal, em controle de constitucionalidade concentrado ou difuso.

Os § 6º, 7º e 8º do mesmo artigo trouxeram regras aplicáveis na hipótese da incidência do § 5º. Vejamos: a) nos efeitos da decisão do Supremo Tribunal Federal poderão ser modulados no tempo, de modo a favorecer a segurança jurídica (§ 6º do art. 535 do novo CPC), b) a decisão do Supremo Tribunal Federal referida no § 5º deve ter sido proferida antes do trânsito em julgado da decisão exequenda (§ 7º do art. 535 do novo CPC) e c) se a decisão referida no § 5º for proferida após o trânsito em julgado da decisão exequenda, caberá ação rescisória, cujo prazo será contado do trânsito em julgado da decisão proferida pelo Supremo Tribunal Federal (§ 8º do art. 535 do novo CPC). Não há normas correspondentes no antigo código.

Por fim, sobre as regras relativas à petição inicial e à contestação no novo CPC, os artigos que devem ser ressaltados são o 319, 321 e 335. O primeiro, ao tratar da inicial, acrescenta requisitos, como a necessidade de indicação da existência de união estável, a profissão, o número de inscrição no Cadastro de Pessoas Físicas ou no Cadastro Nacional da Pessoa Jurídica e o endereço eletrônico, além das tradicionais informações. O segundo, 321, aumento o prazo (de 10 para 15 dias) para que o autor emende ou complete a inicial e informa que o juiz deve indicar, com precisão, o que deve ser corrigido ou completado. O terceiro, art. 335, ao tratar da contestação, fixa e especifica momentos para a contagem do prazo.

QUESTÕES COMENTADAS

1. DIREITO PENAL

Arthur Trigueiros e Eduardo Dompieri

1. CONCEITO, FONTES E PRINCÍPIOS

(Agente – Pernambuco – CESPE – 2016) Acerca dos princípios básicos do direito penal brasileiro, assinale a opção correta.

(A) O princípio da fragmentariedade ou o caráter fragmentário do direito penal quer dizer que a pessoa cometerá o crime se sua conduta coincidir com qualquer verbo da descrição desse crime, ou seja, com qualquer fragmento de seu tipo penal.

(B) O princípio da anterioridade, no direito penal, informa que ninguém será punido sem lei anterior que defina a conduta como crime e que a pena também deve ser prevista previamente, ou seja, a lei nunca poderá retroagir.

(C) É possível que uma lei penal mais benigna alcance condutas anteriores à sua vigência, seja para possibilitar a aplicação de pena menos severa, seja para contemplar situação em que a conduta tipificada passe a não mais ser crime.

(D) O princípio da insignificância no direito penal dispõe que nenhuma vida humana será considerada insignificante, sendo que todas deverão ser protegidas.

(E) O princípio da *ultima ratio* ou da intervenção mínima do direito penal significa que a pessoa só cometerá um crime se a pessoa a ser prejudicada por esse crime o permitir.

A: incorreta, já que o conceito contido na assertiva não corresponde, nem de longe, ao que se deve entender por *princípio da fragmentariedade*. Enuncia tal postulado que o Direito Penal deve sempre ser visto como a *ultima ratio*, isto é, somente deve ocupar-se das condutas mais graves. Representa, por isso, um *fragmento*, uma pequena parcela do ordenamento jurídico; **B:** incorreta. O erro da assertiva está no seu trecho final. A primeira parte, em que se afirma que o princípio da anterioridade informa que ninguém será punido sem lei *anterior* que defina a conduta como criminosa e que a pena cominada deve ser *anterior* à prática criminosa está correta. É errado afirmar, no entanto, que a lei nunca retroagirá. Como bem sabemos, a lei penal, em regra, não opera seus efeitos para o passado. Sucede que, em se tratando de lei penal posterior mais favorável ao agente, a retroação é de rigor, tal como estabelecem os arts. 1º do CP e 5º, XXXIX, da CF; **C:** correta. De fato, a lei posterior mais benéfica, seja porque estabelece pena menos severa (art. 2º, parágrafo único, do CP), seja porque deixa de considerar determinada conduta como criminosa (*abolitio criminis* – art. 2º, *caput*, do CP), deverá retroagir e disciplinar fatos ocorridos anteriormente à sua vigência; **D:** incorreta. O princípio da insignificância não se refere à importância que deve ser conferida à vida, enquanto bem jurídico tutelado pela norma penal, tal como afirmado acima. Diz respeito, isto sim, à atipicidade (material) que deve ser reconhecida em relação a condutas cuja lesão ao bem jurídico tutelado pela lei penal é tão irrisória (insignificante) que a punição não se justifica. É importante que se diga que este postulado, embora seja amplamente reconhecido pela doutrina e aplicável pelos Tribunais, não está contemplado de forma expressa pelo ordenamento jurídico. Cuida-se, pois, de princípio implícito; **E:** incorreta. O postulado da intervenção mínima, como o nome sugere, estabelece que o Direito Penal, por ser o instrumento de pacificação mais traumático, deve intervir o mínimo possível. É dizer, somente se recorrerá ao Direito Penal para a tutela de bens jurídicos mais relevantes, de forma que somente será legítima a intervenção penal quando se vislumbrar a sua indispensabilidade para a proteção de determinados bens ou interesses (*ultima ratio*). ED
Gabarito "C"

(Agente Penitenciário/MA – 2013 – FGV) Com relação ao *princípio da legalidade*, assinale a afirmativa **incorreta**.

(A) Tal princípio se aplica às contravenções e medida de segurança.

(B) Tal princípio impede a criação de crimes por meio de medida provisória.

(C) Tal princípio impede incriminação genérica por meio de tipos imprecisos.

(D) Tal princípio impede a aplicação de analogia de qualquer forma no Direito Penal.

(E) Tal princípio está previsto no texto constitucional vigente.

A: assertiva correta. Realmente, o princípio da legalidade alcança não somente os crimes e as penas, mas, sim, todas as infrações penais (crimes ou contravenções) e respectivas sanções penais (penas e medidas de segurança); **B:** assertiva correta. Não se admite a criação de um crime por medida provisória, seja porque esta espécie normativa não pode ser considerada lei em sentido estrito (visto tratar-se de ato do Chefe do Poder Executivo), seja em virtude da expressa previsão que proíbe sua edição em matéria penal (art. 62, § 1º, I, "b", CF); **C:** assertiva correta. Decorre do princípio da legalidade a denominada "taxatividade da lei penal", que não pode ter um conteúdo impreciso. Ao contrário, as leis penais devem ser claras, certas, precisas, a fim de não permitirem dúvidas sobre a incriminação de comportamentos; **D:** assertiva incorreta, devendo ser assinalada. O princípio da legalidade impede a criação de crimes por analogia, visto que eles devem ser veiculados por lei. Contudo, em matéria penal, admite-se o emprego da analogia *in bonam partem*, ou seja, benéfica ao réu, podendo ser aplicada para os tipos penais não incriminadores; **E:** correta, nos termos do art. 5º, XXXIX, CF.
Gabarito "D"

(Investigador de Polícia/SP – 2013 – VUNESP) No que diz respeito ao conceito do crime, é correto afirmar que

(A) é considerada como causa do crime a ação ou omissão sem a qual o resultado não teria ocorrido, sendo que a superveniência de causa relativamente independente exclui a imputação do crime quando, por si só, produziu o resultado.

(B) ao agente que tenha por lei obrigação de cuidado, proteção ou vigilância, não será imputado o crime se apenas omitiu-se, ainda que pudesse agir para evitar o resultado.

(C) se considera o crime tentado quando iniciada a preparação; este não se consuma por circunstâncias alheias à vontade do agente.

(D) para a caracterização da omissão penalmente relevante é suficiente que o agente tivesse o poder de agir para evitar o resultado do crime.

(E) se pune a tentativa se, por ineficácia absoluta do meio ou por absoluta impropriedade do objeto, é impossível consumar-se o crime.

A: correta. De fato, considera-se causa toda ação ou omissão sem a qual o resultado não teria ocorrido (art. 13, *caput*, segunda parte, do CP). Havendo a superveniência de uma causa relativamente independente que, por si só, produza o resultado, este não será imputado ao agente (art. 13, § 1º, do CP); **B:** incorreta, pois ao agente que puder agir para evitar o resultado, quando a lei lhe trouxer o dever de cuidado, proteção ou vigilância da vítima, responderá pela omissão caso deixe de agir, desde que pudesse fazê-lo (art. 13, § 2º, do CP). É a chamada omissão penalmente relevante (em síntese: responderá pelo resultado o agente que, tendo o dever jurídico de agir – e podendo agir – para evitá-lo, nada fizer); **C:** incorreta, pois se fala em tentativa quando, iniciada a *execução* (e não preparação!) do crime, este não se consumar por circunstâncias alheias à vontade do agente (art. 14, II, do CP); **D:** incorreta, pois, como visto nos comentários à alternativa "B", a omissão é penalmente relevante quando o agente, além de poder agir, tenha o dever de agir para evitar o resultado (art. 13, § 2º, do CP); **E:** incorreta. *Não se pune a tentativa* quando, por ineficácia absoluta do meio, ou absoluta impropriedade do objeto, for impossível consumar-se o crime (art. 17 do CP). Estamos, aqui, diante do crime impossível.
Gabarito "A"

2. APLICAÇÃO DA LEI NO TEMPO

(Escrivão – AESP/CE – VUNESP – 2017) O indivíduo B provocou aborto com o consentimento da gestante, em 01 de fevereiro de 2010, e foi condenado, em 20 de fevereiro de 2013, pela prática de tal crime à pena de oito anos de reclusão. A condenação já transitou em julgado. Na hipótese do crime de aborto, com o consentimento da gestante, deixar de ser considerado crime por força de uma lei que passe a vigorar a partir de 02 de fevereiro de 2015, assinale a alternativa correta no tocante à consequência dessa nova lei à condenação imposta ao indivíduo B.

(A) A nova lei só irá gerar algum efeito sobre a condenação do indivíduo B se prever expressamente que se aplica a fatos anteriores.

(B) A nova lei será aplicada para os fatos praticados pelo indivíduo B, contudo só fará cessar a execução persistindo os efeitos penais da sentença condenatória, tendo em vista que esta já havia transitado em julgado.

(C) Não haverá consequência à condenação imposta ao indivíduo B visto que já houve o trânsito em julgado da condenação.

(D) A nova lei só seria aplicada para os fatos praticados pelo indivíduo B se a sua entrada em vigência ocorresse antes de 01 de fevereiro de 2015.

(E) A nova lei será aplicada para os fatos praticados pelo indivíduo B, cessando em virtude dela a execução e os efeitos penais da sentença condenatória.

O enunciado retrata típica hipótese de *abolitio criminis* (art. 2º, "*caput*", do CP), que ocorre sempre que uma lei nova deixa de considerar infração penal determinado fato até então criminoso. Foi exatamente o que se deu no caso narrado no enunciado. Com efeito, o delito pelo qual "B" foi acusado e, ao final, condenado em sentença que passou em julgado deixou de ser considerado crime, o que ocorreu em razão do advento de lei nova que assim estabeleceu. A *abolitio criminis* é, por força do que dispõe o art. 107, III, do CP, causa de extinção da punibilidade, que pode ser arguida e reconhecida a qualquer tempo, mesmo no curso da execução da pena. Além disso, tem o condão de fazer cessar a execução e os efeitos penais da sentença condenatória. Os efeitos extrapenais, no entanto, subsistem (art. 2º, "*caput*", do CP). No mais, em consonância com entendimento esposado na Súmula 611 do STF, competirá ao juízo das execuções, depois do trânsito em julgado da sentença condenatória, a aplicação da lei mais benigna, aqui incluída, por óbvio, a *abolitio criminis*. ED

Gabarito "E".

(Escrivão – AESP/CE – VUNESP – 2017) No que diz respeito à contagem de prazo no Código Penal, assinale a alternativa correta.

(A) O dia do começo é irrelevante no cômputo do prazo.

(B) O dia do começo inclui-se no cômputo do prazo.

(C) O dia do começo exclui-se no cômputo do prazo.

(D) Inicia-se o cômputo do prazo dois dias após o dia do começo.

(E) O dia do começo exclui-se no cômputo do prazo nas hipóteses de crime contra a vida.

O prazo penal será contado nos moldes do art. 10 do CP, que estabelece que, no seu cômputo, será incluído o dia do começo e desprezado o do vencimento. É o caso dos prazos que têm nítido conteúdo material (penal), tais como os prescricionais, decadenciais e aqueles que se referem à duração das penas. Importante que se diga que, no que toca aos prazos processuais, a disciplina é diferente. Por força do que dispõe o art. 798, § 1º, do CPP, na contagem dessa modalidade de prazo, não se inclui o dia do começo, mas, sim, o do vencimento. ED

Gabarito "B".

(Escrivão – Pernambuco – CESPE – 2016) Um crime de extorsão mediante sequestro perdura há meses e, nesse período, nova lei penal entrou em vigor, prevendo causa de aumento de pena que se enquadra perfeitamente no caso em apreço.

Nessa situação hipotética,

(A) a lei penal mais grave não poderá ser aplicada: o ordenamento jurídico não admite a novatio legis in pejus.

(B) a lei penal menos grave deverá ser aplicada, já que o crime teve início durante a sua vigência e a legislação, em relação ao tempo do crime, aplica a teoria da atividade.

(C) a lei penal mais grave deverá ser aplicada, pois a atividade delitiva prolongou-se até a entrada em vigor da nova legislação, antes da cessação da permanência do crime.

(D) a aplicação da pena deverá ocorrer na forma prevista pela nova lei, dada a incidência do princípio da ultratividade da lei penal.

(E) a aplicação da pena ocorrerá na forma prevista pela lei anterior, mais branda, em virtude da incidência do princípio da irretroatividade da lei penal.

Por se tratar de crime permanente, em que a consumação se prolonga no tempo por vontade do agente, a sucessão de leis penais no tempo enseja a aplicação da lei vigente enquanto não cessado o comportamento ilícito, ainda que se trate de lei mais gravosa. É esse o entendimento firmado na Súmula n. 711 do STF: "A lei penal mais grave aplica-se ao crime continuado ou ao crime permanente, se a sua vigência é anterior à cessação da continuidade ou permanência". Aplica-se, portanto, no caso narrado no enunciado, a lei mais grave. ED

Gabarito "C".

João, que acabara de completar dezessete anos de idade, levou sua namorada Rafaela, de doze anos e onze meses de idade, até sua casa. Considerando ser muito jovem para namorar, a garota aproveitou a oportunidade e terminou o relacionamento com João. Inconformado,

João prendeu Rafaela na casa, ocultou sua localização e forçou-a a ter relações sexuais com ele durante o primeiro de treze meses em que a manteve em cativeiro. Após várias tentativas frustradas de fuga, um dia antes de completar quatorze anos de idade, Rafaela, em um momento de deslize de João, conseguiu pegar uma faca e lutou com o rapaz para, mais uma vez, tentar fugir. Na luta, João tomou a faca de Rafaela e, após afirmar que, se ela não queria ficar com ele, não ficaria com mais ninguém, desferiu-lhe um golpe de faca. Rafaela fingiu estar morta e, mesmo ferida, conseguiu escapar e denunciar João, que fugiu após o crime, mas logo foi encontrado e detido pela polícia. Rafaela, apesar de ter sido devidamente socorrida, entrou em coma e faleceu após três meses.

(Agente-Escrivão – PC/GO – CESPE – 2016) Nessa situação hipotética, João:

(A) responderá pelo crime de tentativa de homicídio.

(B) responderá por crime de estupro de incapaz, previsto no CP.

(C) não responderá pelo crime de estupro segundo a lei penal, de acordo com a teoria adotada pelo CP em relação ao tempo do crime.

(D) não poderá ser submetido à lei penal pelo cometimento de crime de cárcere privado, pois, à época do crime, ele era menor de idade.

(E) responderá pelo crime de homicídio, sem aumento de pena por ter cometido crime contra pessoa menor de quatorze anos de idade, uma vez que Rafaela, à época da morte, já havia completado quatorze anos de idade.

Durante o primeiro mês em que Rafaela permaneceu em poder de João, este contava com 17 anos, que acabara de completar, e ela, com 12 anos e 11 meses. Nesse período, segundo consta do enunciado, Rafaela foi obrigada a manter relações sexuais com João. Se este fosse maior, seria responsabilizado pelo crime de estupro de vulnerável (art. 217-A do CP). Sucede que a violência sexual a que foi submetida Rafaela ocorreu enquanto João ainda era adolescente. Bem por isso, deverá responder segundo as regras do ECA (cometeu ato infracional correspondente ao crime de estupro de vulnerável e estará sujeito, por isso, a medidas socioeducativas, entre as quais a internação). No que toca ao crime de sequestro e cárcere privado, João deverá ser responsabilizado como imputável, já que, por se tratar de crime permanente, sua consumação perdurou até ele atingir a maioridade (Súmula 711, STF). Quando do cometimento do homicídio, João, no momento da conduta, já contava com 18 anos, e Rafaela ainda era menor de 14 (um dia antes de completar 14 anos). Por este crime, João deverá responder, portanto, de acordo com o Código Penal, uma vez que já era imputável. Como Rafaela ainda era menor de 14 anos, incidirá a causa de aumento de pena (da ordem de um terço) prevista no art. 121, § 4º, parte final, do CP. ED

Gabarito "C".

(Investigador de Polícia/BA – 2013 – CESPE) Julgue o item seguinte, com relação ao tempo.

(1) No delito continuado, a lei penal posterior, ainda que mais gravosa, aplica-se aos fatos anteriores à vigência da nova norma, desde que a cessação da atividade delituosa tenha ocorrido em momento posterior à entrada em vigor da nova lei.

1: correta, nos termos da Súmula 711 do STF.

Gabarito 1C.

(Escrivão de Polícia/MA – 2013 – FGV) Com relação à aplicação da lei penal, assinale a afirmativa **incorreta**.

(A) A lei mais favorável é de aplicação imediata, inclusive no período de *vacatio*.

(B) Havendo decisão transitada em julgado, cabe ao juiz da execução aplicar a lei mais favorável.

(C) Reconhecida a *abolitio criminis*, causa de extinção da punibilidade, os efeitos penais se apagam, permanecendo os efeitos civis.

(D) A lei intermediária é extrativa.

(E) Normas penais em branco são aquelas em que há necessidade de complementação por outra norma de mesma fonte legislativa.

A: correta, de acordo com a banca examinadora. Não há dúvidas de que a lei penal mais favorável tem aplicação imediata, atingindo até mesmo fatos pretéritos (retroatividade da lei benéfica – art. 5º, XL, da CF e art. 2º, parágrafo único, do CP). Porém, a afirmação de que a lei mais benigna será aplicada, inclusive no período de *vacatio*, encontra oposição no seguinte argumento: mesmo promulgada e publicada, uma lei, em seu período de vacância, ainda não produz efeitos, podendo, inclusive, ser revogada por outra lei antes mesmo de entrar em vigor. Portanto, para uma prova objetiva (na forma de testes), não consideramos adequado ter como correta a alternativa em comento; **B:** correta (art. 66, I, da Lei 7.210/1984 e Súmula 611 do

1. DIREITO PENAL

STF); **C:** correta. De fato, se lei posterior deixar de considerar o fato como criminoso (*abolitio criminis*), será extinta a punibilidade, nos termos do art. 107, III, do CP, afastando-se todos os efeitos penais da condenação. No entanto, remanescerão os efeitos civis decorrentes da prática do fato; **D:** correta, de acordo com a banca examinadora. Apenas ressalvamos que a lei intermediária somente terá eficácia extrativa (retroatividade ou ultra-atividade) se, de qualquer modo, puder beneficiar o agente, nos termos do art. 5º, XL, da CF e art. 2º, parágrafo único, do CP; **E:** incorreta. As normas penais em branco são, de fato, aquelas cujo preceito primário (descrição da conduta criminosa) é incompleto, exigindo uma complementação, que poderá advir de norma de mesma hierarquia (lei sendo complementada por lei) ou de hierarquia diversa (lei sendo complementada por ato infralegal). É o que se verifica, por exemplo, na definição do crime de tráfico de drogas (art. 33 da Lei 11.343/2006). O que se deve entender por droga será extraído da Portaria SVS/MS 344/1998, que, sendo ato administrativo, é complemento de hierarquia diversa à da norma complementada.

Gabarito "E".

3. APLICAÇÃO DA LEI NO ESPAÇO

(Escrivão – AESP/CE – VUNESP – 2017) Na data de 03 de outubro de 2014, na cidade de Aquiraz – CE, o indivíduo B efetuou dois disparos de arma de fogo contra a pessoa C, que foi socorrida no Hospital mais próximo. A pessoa C foi posteriormente transferida para um Hospital na cidade de Fortaleza – CE, local em que faleceu na data de 09 de outubro de 2014, em decorrência dos disparos de arma de fogo efetuados pelo indivíduo B na cidade de Aquiraz – CE. Assinale a alternativa correta em relação ao lugar e tempo do crime praticado pelo indivíduo B, segundo o previsto no Código Penal.

(A) Considera-se o lugar do crime aquele em que a pessoa C faleceu na cidade de Fortaleza – CE; e o tempo do crime o dia 09 de outubro de 2014.

(B) Considera-se o lugar do crime tanto aquele em que ocorreram os disparos de arma de fogo na cidade de Aquiraz – CE quanto o local em que a pessoa C faleceu na cidade de Fortaleza – CE; e o tempo do crime, o dia 09 de outubro de 2014.

(C) Considera-se o lugar do crime aquele em que ocorreram os disparos de arma de fogo na cidade de Aquiraz – CE; e o tempo do crime, o dia 09 de outubro de 2014.

(D) Considera-se o lugar do crime tanto aquele em que ocorreram os disparos de arma de fogo na cidade de Aquiraz – CE quanto o local em que a pessoa C faleceu na cidade de Fortaleza – CE; e o tempo do crime, o dia 03 de outubro de 2014.

(E) Considera-se o lugar do crime tanto aquele em que ocorreram os disparos de arma de fogo na cidade de Aquiraz – CE quanto o local em que a pessoa C faleceu na cidade de Fortaleza – CE; e o tempo do crime, tanto o dia 03 quanto o dia 09 de outubro de 2014.

No que tange ao *lugar do crime*, adotamos a *teoria mista* ou *da ubiquidade*, consagrada no art. 6º do CP, sendo considerado lugar do crime tanto o da conduta quanto o do resultado. Por essa razão, o lugar em que se deu o crime narrado no enunciado é tanto aquele em que foi praticada a conduta atribuída a "B", que corresponde ao local em que ocorreram os disparos de arma de fogo (Aquiraz – CE), quanto o local em que o resultado, no caso a morte de "C", foi produzido, o que ocorreu na cidade de Fortaleza – CE. Muito cuidado aqui: o Código de Processo Penal, diferentemente, adotou, como critério para fixação da competência, o foro do lugar da consumação do crime, conforme prescreve o art. 70 do CPP. No que diz respeito ao *tempo do crime*, reputa-se praticada a infração penal no momento da ação ou omissão, ainda que outro seja o do resultado. É a chamada *teoria da ação* ou *atividade*, presente no art. 4º do CP. Assim, o tempo do crime, no caso narrado no enunciado, é representado pelo dia 03 de outubro de 2014, que corresponde ao dia em que foi praticada a conduta (disparos de arma de fogo que vitimaram "C"). ED

Gabarito "D".

(Agente – Pernambuco – CESPE – 2016) Considere que tenha sido cometido um homicídio a bordo de um navio petroleiro de uma empresa privada hondurenha ancorado no porto de Recife – PE. Nessa situação hipotética,

(A) o comandante do navio deverá ser compelido a tirar, imediatamente, o navio da área territorial brasileira e o crime será julgado em Honduras.

(B) o crime será apurado diretamente pelo Ministério Público brasileiro, dispensando-se o inquérito policial, em função da eventual repercussão nas relações diplomáticas entre os países envolvidos.

(C) a investigação e a punição do fato dependerão de representação do comandante do navio.

(D) nada poderá fazer a autoridade policial brasileira: navios e aeronaves são extensões do território do país de origem, não estando sujeitos às leis brasileiras.

(E) caberá à autoridade policial brasileira instaurar, de ofício, o inquérito policial para investigar a materialidade e a autoria do delito, que será punido conforme as leis brasileiras.

Em face do que estabelece o art. 5º, § 2º, do CP, aos crimes praticados a bordo de embarcações estrangeiras que se achem em porto ou mar territorial do Brasil, desde que natureza privada, será aplicada a lei brasileira; se pública fosse a embarcação, por ser considerada extensão do território do país de origem, deveria incidir a legislação deste (art. 5º, § 1º, do CP). ED

Gabarito "E".

(Escrivão de Polícia/DF – 2013 – CESPE) Julgue os itens seguintes, relativos à teoria da norma penal, sua aplicação temporal e espacial, ao conflito aparente de normas e à pena cumprida no estrangeiro.

(1) A lei penal que, de qualquer modo, beneficia o agente tem, em regra, efeito extra-ativo, ou seja, pode retroagir ou avançar no tempo e, assim, aplicar-se ao fato praticado antes de sua entrada em vigor, como também seguir regulando, embora revogada, o fato praticado no período em que ainda estava vigente. A única exceção a essa regra é a lei penal excepcional ou temporária que, sendo favorável ao acusado, terá somente efeito retroativo.

(2) Considere a seguinte situação hipotética. Jurandir, cidadão brasileiro, foi processado e condenado no exterior por ter praticado tráfico internacional de drogas, e ali cumpriu seis anos de pena privativa de liberdade. Pelo mesmo crime, também foi condenado, no Brasil, a pena privativa de liberdade igual a dez anos e dois meses. Nessa situação hipotética, de acordo com o Código Penal, a pena privativa de liberdade a ser cumprida por Jurandir, no Brasil, não poderá ser maior que quatro anos e dois meses.

(3) Na definição de lugar do crime, para os efeitos de aplicação da lei penal brasileira, a expressão "onde se produziu ou deveria produzir-se o resultado" diz respeito, respectivamente, à consumação e à tentativa.

(4) Considere a seguinte situação hipotética. A bordo de um avião da Força Aérea Brasileira, em sobrevoo pelo território argentino, Andrés, cidadão guatemalteco, disparou dois tiros contra Daniel, cidadão uruguaio, no decorrer de uma discussão. Contudo, em virtude da inabilidade de Andrés no manejo da arma, os tiros atingiram Hernando, cidadão venezuelano que também estava a bordo. Nessa situação, em decorrência do princípio da territorialidade, aplicar-se-á a lei penal brasileira.

1: errada. De fato, a lei penal que de qualquer modo puder favorecer o agente terá efeito extra-ativo, tendo natureza retroativa (abrangendo, portanto, fatos anteriores ao início de sua vigência) ou ultra-ativa (aplicando-se mesmo após sua revogação, regulando fatos praticados durante sua vigência). No tocante às leis excepcionais e temporárias, espécies do gênero "leis de vigência temporária", marcadas pela transitoriedade, os fatos praticados durante sua vigência serão por elas alcançados, mesmo após sua autorrevogação. São, portanto, leis ultrativas; **2:** errada. Tratando-se de hipótese de extraterritorialidade condicionada da lei penal brasileira, haja vista que o crime foi praticado, no estrangeiro, por cidadão brasileiro (art. 7º, II, "b", CP), tendo ele cumprido pena no exterior, não irá, novamente, cumprir pena no Brasil (art. 7º, II, § 2º, "d", CP). Afinal, é condição, nesse caso, para a aplicação da lei penal brasileira, que o agente, pelo crime cometido no estrangeiro, não tenha aí cumprido pena. Se Jurandir cumprir seis anos de pena privativa de liberdade no exterior, não está satisfeita uma das condições para a aplicação da lei brasileira; **3:** correta. O lugar do crime, de acordo com o art. 6º, CP, para fins de aplicação da lei penal brasileira, será tanto o local em que ocorreu a ação ou omissão, bem como onde se produziu (leia-se: consumou) ou deveria produzir-se (leia-se: onde o crime deveria consumar-se) o resultado. Assim, a expressão "onde se produziu ou deveria produzir-se o resultado" abrange, respectivamente, consumação e tentativa do crime; **4:** correta. O avião da Força Aérea Brasileira, por ser aeronave de natureza pública, é considerado, para efeitos penais, território brasileiro ficto ou por extensão (art. 5º, § 1º, CP). Portanto, crimes praticados a bordo de referida aeronave seguem o regime jurídico da legislação brasileira, que deverá incidir no caso concreto relatado na assertiva.

Gabarito 1E, 2E, 3C, 4C

4. CONCEITO, CLASSIFICAÇÃO E SUJEITOS DO CRIME

(Agente-Escrivão – Acre – IBADE – 2017) O delito de sequestro ou cárcere privado é classificado como crime:

(A) continuado e de perigo.

(B) permanente e de dano.

(C) permanente e de perigo.

(D) continuado e de dano.

(E) habitual e de perigo.

O crime de sequestro ou cárcere privado, previsto no art. 148 do CP, é típico exemplo de delito permanente, em que a consumação se prolonga no tempo por vontade do agente, não cessando enquanto a vítima permanecer em poder o sequestrador. É, ademais, crime de dano, já que a sua prática pressupõe uma efetiva lesão ao bem jurídico tutelado, que, neste caso, é a liberdade de ir e vir. **ED**

Gabarito "B".

(Investigador-Escrivão-Papiloscopista – Pará – Funcab – 2016) O homicídio é doutrinariamente classificado como crime:

(A) vago, permanente e multitudinário.

(B) de concurso necessário, comum e de forma livre.

(C) de dano, material e instantâneo de efeitos permanentes.

(D) próprio, de perigo individual e consumação antecipada.

(E) de mão própria, habitual e de forma vinculada.

A: incorreta. *Crime vago* é aquele cujo sujeito passivo é uma coletividade desprovida de personalidade jurídica. É exemplo o delito de associação criminosa (art. 288 do CP), cujo sujeito passivo é a coletividade, ente desprovido de personalidade jurídica. Não é este o caso do homicídio, que tem como titular do direito à vida o ser humano; *crime permanente* é aquele cuja consumação se protrai no tempo por vontade do agente, não sendo este o caso do homicídio, em que a consumação ocorre em momento certo e determinado (é delito instantâneo). Dado que o resultado morte é irreversível, há quem o classifique como *instantâneo de efeitos permanentes*; *multitudinário*, como o próprio nome sugere, é o crime praticado sob a influência de multidão. Exemplo clássico é aquele em que vários torcedores, num jogo de futebol, invadem o campo para agredir o árbitro. Não é o caso do homicídio; **B:** incorreta. Os crimes podem ser classificados em *monossubjetivos* (de concurso eventual) e *plurissubjetivos* (de concurso necessário). Os primeiros (monossubjetivos) são aqueles que podem ser praticados por uma só pessoa. É este o caso da grande maioria das infrações penais: homicídio, roubo, furto, entre tantos outros. Nesses crimes, o agente pode agir sozinho ou em concurso com outras pessoas (concurso eventual). De uma forma ou de outra, o delito estará configurado. Já os chamados *crimes plurissubjetivos* (ou de concurso necessário) somente restarão configurados quando praticados por mais de uma pessoa. O próprio tipo penal exige a concorrência de duas ou mais pessoas. São exemplos: rixa (art. 137, "*caput*", CP), associação criminosa (art. 288, "*caput*", CP) e associação para o tráfico de drogas (art. 35 da Lei 11.343/2006). São crimes de concurso necessário. Se não houver o número mínimo de agentes exigido por lei, não há crime; *comum* é o crime que pode ser praticado por qualquer pessoa, isto é, o tipo penal não impõe nenhuma qualidade especial ao sujeito ativo. O homicídio é crime comum. Considera-se de *forma livre* o delito que pode ser praticado por qualquer meio eleito pelo agente, sendo este o caso do homicídio; **C:** correta. Diz-se que o homicídio é *crime de dano* porquanto a sua consumação somente é alcançada com a efetiva lesão ao bem jurídico tutelado, que, neste caso, é a vida; é *instantâneo de efeitos permanentes* porque, a despeito de a consumação ocorrer em momento certo, seus efeitos permanecem no tempo, sendo, assim, irreversíveis; **D:** incorreta. Não se trata de *crime próprio*, e sim de *delito comum*, na medida em que pode ser praticado por qualquer pessoa. De igual modo, não se trata de *crime de perigo*, e sim de *delito de dano*, conforme já ponderado. É *crime material*, já que a sua consumação está condicionada à produção de resultado naturalístico (a morte). *Crime de consumação antecipada*, também chamado de *delito formal* ou de *resultado cortado*, é aquele que contempla, no tipo penal, uma conduta e um resultado, cuja ocorrência não é indispensável à consumação do delito; **E:** incorreta. *Crime de mão própria* é aquele que exige uma atuação pessoal do agente. Típico exemplo é o falso testemunho (art. 342, CP). Não é o caso do homicídio, que é considerado delito comum; *habitual* é o crime cuja configuração condiciona-se à prática reiterada da conduta descrita no tipo. Não é o caso do homicídio; *delito de ação vinculada* é aquele cujo tipo penal especifica o meio a ser empregado na sua execução. Como já dissemos, o homicídio é *crime de ação livre*. **ED**

Gabarito "C".

(Investigador/SP – 2014 – VUNESP) Com relação ao crime e à contravenção, assinale a alternativa correta.

(A) A contravenção penal somente pode ser apenada com detenção.

(B) O crime é infração penal menos grave do que a contravenção.

(C) A contravenção poderá ser dolosa ou culposa.

(D) A contravenção penal poderá ser apenada com prisão simples.

(E) O crime é doloso e a contravenção, culposa.

A: incorreta. A contravenção penal, nos termos do art. 1º da Lei de Introdução ao Código Penal, é a infração penal a que a lei comina as penas de prisão simples ou de multa. Não pode a contravenção penal ser apenada com detenção, que é espécie de pena privativa de liberdade, ao lado da reclusão, passível de ser imposta apenas a autor de crime; **B:** incorreta. Doutrinariamente, diz-se que a contravenção penal é um "crime anão", haja vista que, embora se trate de infração penal, tanto quanto o crime, é punida com menor rigor. Aos crimes são cominadas, em regra, as penas privativas de liberdade de reclusão ou de detenção, ao passo que às contravenções penais, a única pena privativa de liberdade possível é a prisão simples, que sequer admite fixação de regime inicial fechado (art. 6º da LCP – Decreto-lei 3.688/1941); **C:** incorreta. Nos termos do art. 3º da LCP, para a existência da contravenção, basta a ação ou omissão voluntária. Deve-se, todavia, ter em conta o dolo ou a culpa, se a lei faz depender, de um ou de outra, qualquer efeito jurídico; **D:** correta, nos termos do precitado art. 6º da LCP; **E:** incorreta. Primeiramente, crimes podem ser dolosos ou culposos (estes últimos, desde que haja expressa previsão legal – art. 18, parágrafo único, CP). Já para as contravenções penais, conforme enuncia o já referido art. 3º da LCP, basta a ação ou omissão voluntária. Deve-se, todavia, ter em conta o dolo ou a culpa, se a lei faz depender, de um ou de outra, qualquer efeito jurídico.

Gabarito "D".

(Agente Penitenciário/MA – 2013 – FGV) Com relação ao *sujeito ativo* do crime, assinale a afirmativa **incorreta**.

(A) Crime comum é aquele que pode ser praticado por qualquer pessoa.

(B) Crime próprio é aquele que exige do sujeito ativo uma qualidade especial.

(C) Crime de mão própria é aquele que só pode ser praticado diretamente pelo sujeito ativo, não admitindo sequer a coautoria ou a participação.

(D) Pessoa jurídica pode, excepcionalmente, ser sujeito ativo de um crime.

(E) Menor de 18 anos é penalmente inimputável, ficando sujeito às normas estabelecidas na legislação especial.

A: assertiva correta. De fato, diz-se comum o crime que, no tocante ao sujeito ativo (autor), pode ser praticado por qualquer pessoa, não se exigindo qualquer qualidade ou condição especial; **B:** assertiva correta. Chama-se de crime próprio, como o nome sugere, aquele que somente pode ser cometido por pessoa que ostente determinada condição ou qualidade especial (ex.: peculato – art. 312, CP – exige a condição de "funcionário público"); **C:** assertiva incorreta, devendo ser assinalada. Muito embora seja considerado crime de mão própria aquele que somente pode ser praticado por determinado sujeito ativo (crime de atuação personalíssima ou de conduta infungível), a doutrina, no tocante ao concurso de pessoas, admite a participação, mas, não, coautoria; **D:** assertiva correta. Os crimes ambientais, nos termos do art. 3º da Lei 9.605/1998, podem ser imputados a pessoas jurídicas; **E:** correta, nos termos do art. 27 do CP e art. 103 do ECA. Os menores de dezoito anos são penalmente inimputáveis, não podendo, pois, sofrer punição criminal. Contudo, cometem ato infracional (atos equiparados a crimes ou contravenções), sujeitando-se a medidas socioeducativas (apenas os adolescentes – de 12 anos completos a 18 incompletos) ou medidas protetivas (as crianças – menores de 12 anos).

Gabarito "C".

5. FATO TÍPICO E TIPO PENAL

(Agente de Polícia Civil/RO – 2014 – FUNCAB) É correto afirmar que a coação física irresistível exclui:

(A) o fato típico.

(B) o potencial de consciência da ilicitude.

(C) a imputabilidade.

(D) a culpabilidade.

(E) a ilicitude.

A: correta. De fato, a coação física irresistível afeta – e afasta, portanto – o fato típico. É que seu primeiro elemento é a conduta, assim considerada todo comportamento consciente e voluntário. A coação física irresistível afasta a voluntariedade da conduta, eliminando, assim, o fato típico; **B:** incorreta. A potencial consciência da ilicitude, que é elemento da culpabilidade, será afastada pelo erro de proibição invencível (art. 21, CP); **C:** incorreta, pois a coação física irresistível não exclui a imputabilidade (elemento da culpabilidade). No CP, esta será excluída pela doença mental ou pelo desenvolvimento mental incompleto ou retardado, na forma do art. 26, *caput*, do CP, bem como pela menoridade (art. 27, CP) e pela embriaguez completa e involuntária (art. 28, § 1º, CP); **D:** incorreta, pois, como visto, a coação física irresistível afasta o fato típico, e não a culpabilidade. Não deve o candidato apressar-se na leitura do enunciado! É que a culpabilidade é afastada, dentre outras hipóteses, pela coação moral irresistível (art. 22, CP),

1. DIREITO PENAL

Moral, e não física!; **E**: incorreta. As causas excludentes da ilicitude, embora de forma não taxativa, estão principalmente previstas no art. 23 do CP, nelas não se incluindo a coação física irresistível.

Gabarito "A".

(Escrivão de Polícia/MA – 2013 – FGV) Para que haja relevância penal a conduta típica deve ser exteriorizada seja de ordem comissiva seja de ordem omissiva. Com outras palavras, faz-se o que é proibido ou não se faz o que era devido.

Com relação ao tema, indique a afirmativa correta.

(A) O movimento reflexo, a hipnose e o sonambulismo não afastam a conduta.

(B) Os crimes omissivos não admitem a forma tentada.

(C) Os crimes omissivos exigem para a sua consumação resultado naturalístico.

(D) O Art. 13, § 2º, do Código Penal ostenta a natureza de norma de extensão.

(E) O crime omissivo impróprio não admite participação ou coautoria, sendo caso de autoria colateral quando ambos os envolvidos tinham o dever de agir.

A: incorreta. Considerando o conceito de conduta como todo comportamento humano, positivo ou negativo (ação ou omissão), *consciente e voluntário*, temos que o movimento reflexo, a hipnose e o sonambulismo afastam a própria conduta, que é elemento essencial do fato típico. Portanto, quem, por exemplo, em estado de sonambulismo, pratica lesões corporais contra alguém, não responderá criminalmente por ausência de conduta (lembre-se: a conduta penalmente relevante deve ser consciente e voluntária); **B**: incorreta. Importante registrar que apenas os crimes *omissivos próprios* (ou puros) não admitem a tentativa, já os omissivos impróprios (ou impuros, ou crimes comissivos por omissão), admitem, sim, a forma tentada. A omissão imprópria é aquela que se caracteriza por aquele que, tendo o dever jurídico de agir – desde que possa agir – para impedir determinado resultado, nada faz (art. 13, § 2º, do CP); **C**: incorreta. Não é verdade que os crimes omissivos exijam resultado naturalístico para a sua consumação. Com relação aos crimes omissivos próprios, bastará a omissão (independentemente de qualquer resultado) para que sejam reputados consumados. Já na omissão imprópria, se o resultado não ocorrer por circunstâncias alheias à vontade do agente, será reconhecida a tentativa; **D**: correta. De acordo com a doutrina, o art. 13, § 2º, do CP, que trata da omissão imprópria, é considerado uma norma de extensão causal. Em outras palavras, a imputação de determinado crime praticado por omissão imprópria exigirá a combinação do tipo penal com o referido dispositivo legal. Portanto, haverá uma tipicidade indireta (ou mediata). É o caso da mãe, que mata o filho por não alimentá-lo. A tipicidade, aqui, exigirá a combinação do art. 121 com o art. 13, § 2º, ambos do CP; **E**: incorreta. De acordo com a doutrina majoritária, a coautoria é inviável nos crimes omissivos impróprios, pois somente os pratica aquele que detém o dever jurídico de agir para impedir determinado resultado (*garante* ou *garantidor*). Porém, admissível a participação em referidas espécies de crimes, bastando que terceiro, mesmo sem o dever jurídico de agir, induza, instigue ou auxilie aquele que ostentar a condição de *garante* a deixar de evitar certo resultado.

Gabarito "D".

6. CRIMES DOLOSOS, CULPOSOS E PRETERDOLOSOS

(Escrivão – AESP/CE – VUNESP – 2017) O indivíduo B, com a finalidade de comemorar a vitória de seu time de futebol, passou a disparar "fogos de artifício" de sua residência, que se situa ao lado de um edifício residencial. Ao ser alertado por um de seus amigos sobre o risco de que as explosões poderiam atingir as residências do edifício e que havia algumas janelas abertas, B respondeu que não havia problema porque naquele prédio só moravam torcedores do time rival. Um dos dispositivos disparados explodiu dentro de uma das residências desse edifício e feriu uma criança de 5 anos de idade que ali se encontrava. Com relação à conduta do indivíduo B, é correto afirmar que

(A) o indivíduo B poderá ser responsabilizado pelo crime de lesão corporal dolosa.

(B) o indivíduo B não poderá ser responsabilizado pelo crime de lesão corporal, tendo em vista que o pai da criança lesionada percebeu que as explosões estavam ocorrendo próximo às janelas e não as fechou.

(C) o indivíduo B poderá ser responsabilizado pelo crime de lesão corporal culposa, em virtude de ter agido com negligência.

(D) o indivíduo B poderá ser responsabilizado pelo crime de lesão corporal culposa, em virtude de ter agido com imperícia.

(E) o indivíduo B poderá ser responsabilizado pelo crime de lesão corporal culposa, em virtude de ter agido com imprudência.

Pela narrativa, é possível afastar, de pronto, a ocorrência do *dolo direto*. É que restou claro que a intenção de "B" não era a de provocar a lesão corporal na criança, que, por sinal, ele nem conhecia. Pois bem. Assim, restam o *dolo eventual* e a *culpa consciente e inconsciente*. No *dolo eventual*, a postura do agente em relação ao resultado é de indiferença. É verdade que, nesta modalidade de dolo, a sua vontade não é dirigida ao resultado (lesão corporal, neste caso), mas, prevendo a possibilidade de ele (resultado) ocorrer, revela-se indiferente e dá sequência à sua empreitada, assumindo o risco de causá-lo. Em outras palavras, ele não o deseja, mas se acontecer, aconteceu. E foi exatamente isso que se deu na hipótese descrita no enunciado. Depois de ser alertado por um de seus amigos acerca do risco de as explosões atingirem as residências do edifício, já que havia algumas janelas abertas, "B" respondeu que não havia problema porque naquele prédio só moravam torcedores do time rival, o que, à evidência, denota por parte dele total indiferença e pouco caso com a vida/integridade física/patrimônio alheio. Assim sendo, forçoso reconhecer que "B", ao assim agir, assumiu o risco de produzir o resultado, devendo, portanto, ser responsabilizado por lesão corporal *dolosa*, e não *culposa*. **ED**

Gabarito "A".

(Investigador-Escrivão-Papiloscopista – Pará – Funcab – 2016) Sobre o crime culposo, é correto afirmar que:

(A) é dispensável a verificação do nexo de causalidade entre conduta e resultado.

(B) há culpa quando o sujeito ativo, voluntariamente, descumpre um dever de cuidado, provocando resultado criminoso por ele não desejado.

(C) encontra seu fundamento legal no artigo 18, I, do Código Penal.

(D) sua caracterização independe da previsibilidade objetiva do resultado.

(E) se alguém ateia fogo a um navio para receber o valor de contrato de seguro, embora saiba que com isso provocará a morte dos tripulantes, essas mortes serão reputadas culposas.

A: incorreta, uma vez que o *nexo de causalidade* (conexão entre a conduta e o resultado) constitui um dos requisitos do crime culposo, assim como a conduta inicial voluntária; o resultado involuntário (não desejado); a tipicidade; a previsibilidade objetiva do resultado; e a ausência de previsão (apenas na culpa inconsciente); **B**: correta. Vide comentário anterior; **C**: incorreta. O crime culposo encontra seu fundamento no art. 18, II, do CP, e não no art. 18, I, do CP, que se refere ao crime doloso; **D**: incorreta. A previsibilidade objetiva, que é a possibilidade de se antever o resultado de acordo com o critério mediano de prudência e discernimento, constitui um dos elementos do crime culposo; **E**: incorreta. A assertiva retrata hipótese de *dolo direto de segundo grau*, *indireto* ou *mediato*, que se refere às consequências secundárias, decorrentes dos meios escolhidos pelo autor para a prática da conduta, ao passo que *dolo direto de primeiro grau* ou *imediato* é aquele que diz respeito ao objetivo principal almejado pelo agente. No dolo direto de segundo grau, o agente não busca a produção dos efeitos colaterais (morte dos tripulantes), mas tem por certa a sua ocorrência. Exemplo sempre lembrado pela doutrina é do terrorista que, com o propósito de matar chefe de Estado que se encontra em viagem em determinado avião, acaba por produzir a morte dos tripulantes e demais passageiros do voo. **ED**

Gabarito "B".

(Investigador/SP – 2014 – VUNESP) Durante as festividades de Natal de 2013, o motorista "A" dirigia o seu veículo pela Rodovia Presidente Dutra na velocidade de 90 km/h, num trecho em que a velocidade máxima permitida era de 110 km/h. Ao transitar por uma curva, veio a perder o controle de seu veículo, atropelando "B" e "C" que se encontravam num ponto de ônibus no acesso à cidade de Arujá. "B" faleceu no local e "C" foi socorrido em estado grave, permanecendo internado no hospital da cidade. Apenas com base nas informações contidas no caso descrito, há possibilidade de "A" ser responsabilizado, penalmente,

(A) por crime culposo consumado.

(B) por crime doloso consumado e tentado.

(C) por um crime doloso consumado e por outro crime culposo tentado.

(D) somente por crime tentado.

(E) por uma contravenção penal.

A: correta. Nada obstante o enunciado seja omisso a respeito das razões pelas quais o motorista perdeu o controle da direção de seu veículo automotor ao ingressar numa curva da Rodovia Presidente Dutra, pelo fato de haver atropelado e matado "B" e lesionado "C", poderá ser responsabilizado por crime culposo consumado (no caso, homicídio culposo – art. 302, CTB e lesão corporal culposa – art. 303, CTB); **B:** incorreta. O enunciado não deixa transparecer, em momento algum, que o motorista tenha causado dolosamente (seja dolo direto, seja eventual) os resultados lesivos; **C:** incorreta. Tal como dito anteriormente, não se vislumbra tenha o motorista agido com dolo na morte de "B". Também, inadmissível a responsabilização de alguém por crime culposo tentado. É que os crimes culposos não admitem tentativa, compatível apenas com as formas dolosas dos delitos (exceto com a culpa imprópria – art. 20, § 1º, CP); **D:** incorreta. Não se pode cogitar de tentativa no caso da morte da vítima "B". Se o resultado lesivo se verificou, não se fala em tentativa; **E:** incorreta. Os resultados praticados pelo motorista decorrem da prática de crimes culposos de trânsito, e não contravenções penais.

Gabarito "A".

(Agente de Polícia Civil/RO – 2014 – FUNCAB) Qual dos crimes abaixo admite a forma culposa?

(A) Estupro
(B) Dano
(C) Apropriação indébita
(D) Receptação
(E) Estelionato

Em matéria penal, a regra é a de que os crimes são dolosos. Somente se admite a punição do agente pela forma culposa se houver expressa previsão legal (art. 18, parágrafo único, CP – princípio da excepcionalidade do crime culposo). Assim, dos crimes previstos nas alternativas da questão, apenas a receptação (art. 180, § 3º, CP) admite a modalidade culposa, não prevista para os demais (estupro – art. 213, CP; dano – art. 163, CP; apropriação indébita – art. 168, CP; estelionato – art. 171, CP).

Gabarito "D".

(Escrivão de Polícia/GO – 2013 – UEG) João, que nunca usou uma arma de fogo, manuseia uma e acaba por dispará-la, matando José, que a tudo assistia ao seu lado. Ao fazer isso, pratica uma conduta culposa

(A) imprudente
(B) negligente
(C) imperita
(D) inconsciente

A: correta. Comete conduta imprudente aquele que pratica determinado comportamento perigoso (comportamento positivo, um "agir perigosamente"); **B:** incorreta, pois a negligência traduz-se em um comportamento negativo, ou seja, um "deixar de fazer o que devia"; **C:** incorreta, pois a imperícia é modalidade de culpa que se traduz por uma inaptidão técnica do agente referente ao exercício de um ofício, arte ou profissão; **D:** incorreta, pois inconsciente é considerada espécie de culpa que pressupõe que o agente, não tendo previsto determinado resultado, a ele dê causa por imprudência, negligência ou imperícia. É, também, chamada, de culpa sem previsão, contrapondo-se à culpa consciente, na qual o agente, embora prevendo o resultado, acredita sinceramente em sua inocorrência.

Gabarito "A".

(Investigador de Polícia/SP – 2013 – VUNESP) Em relação aos crimes dolosos e culposos, é correto afirmar:

(A) a culpa estará caracterizada se o agente previu o resultado e assumiu o risco de produzi-lo.
(B) o dolo estará caracterizado quando o agente quis o resultado ou assumiu o risco de produzi-lo.
(C) a culpa consciente estará caracterizada quando o agente assumiu o risco de produzir o resultado do crime.
(D) o dolo estará caracterizado se o agente previu o resultado, mas não assumiu o risco de produzi-lo.
(E) com fundamento na parte geral do Código Penal, o agente será responsabilizado pela prática de crime culposo se praticar uma conduta prevista na lei como crime doloso, mas tenha agido com imprudência, imperícia ou negligência, independentemente da previsão legal do crime na modalidade culposa.

A: incorreta, pois a previsão do resultado, aliada à assunção do risco de produzi-lo, indica a existência de dolo eventual (art. 18, II, do CP); **B:** correta. De fato, o CP prevê duas espécies de dolo, quais sejam, o *direto* (diz-se o crime doloso quando o agente quis o resultado – art. 18, I, primeira parte, do CP) e o *eventual* (diz-se o crime doloso quando o agente assumiu o risco de produzir o resultado – art. 18, I, segunda parte, do CP); **C:** incorreta, pois, como visto, quando o agente quer o resultado ou assume o risco de produzi-lo, terá agido, respectivamente, com dolo direto e eventual. Na culpa consciente, o agente, embora preveja o resultado, acredita sinceramente que não ocorrerá, não assumindo, assim, o risco de produzi-lo; **D:** incorreta. A mera previsibilidade do resultado não é suficiente para a caracterização do dolo, que, como visto, somente estará presente se o agente houver assumido o risco de produzi-lo (dolo eventual) ou se tiver agido

querendo-o (dolo direto); **E:** incorreta. O art. 18, parágrafo único, do CP é bastante claro ao preconizar que o crime culposo somente existirá se houver expressa previsão legal (é a denominada *excepcionalidade do crime culposo*). Portanto, não bastará que o agente tenha agido com imprudência, negligência ou imperícia, que são modalidades de culpa, para que seja punido pelo crime culposo. Será indispensável que referido crime esteja expressamente previsto em lei.

Gabarito "B".

7. ERRO DE TIPO, DE PROIBIÇÃO E DEMAIS ERROS

(Escrivão de Polícia/GO – 2013 – UEG) João, ao sair do mercado, pega uma bicicleta idêntica à sua, que havia estacionado do lado de fora do estabelecimento, e deixa o local conduzindo-a. Ao fazer isso, incide em erro

(A) de direito
(B) na execução
(C) de tipo
(D) de proibição

A situação relatada no enunciado amolda-se ao erro de tipo, que se caracteriza pelo fato de o agente, por falsa percepção da realidade, incidir em um erro sobre um elemento constitutivo do tipo legal de crime (art. 20, *caput*, do CP). Neste caso, o agente terá o dolo excluído de sua conduta, tendo em vista que, no caso apresentado, ainda que tenha havido subtração de coisa alheia móvel (bicicleta de terceiro), desconhecia João tal situação.

Gabarito "C".

8. TENTATIVA, CONSUMAÇÃO, DESISTÊNCIA VOLUNTÁRIA, ARREPENDIMENTO EFICAZ E CRIME IMPOSSÍVEL

(Escrivão – AESP/CE – VUNESP – 2017) Com relação à consumação e tentativa do crime, nos termos previstos no Código Penal, é correto afirmar que:

(A) salvo disposição em contrário, pune-se a tentativa com a pena correspondente ao crime consumado, diminuída de um a dois terços.
(B) diz-se o crime consumado, quando nele se reúnem dois terços dos elementos de sua definição legal.
(C) diz-se o crime consumado, quando nele se reúnem a maioria dos elementos de sua definição legal.
(D) diz-se o crime tentado quando não se exaure por circunstâncias alheias à vontade do agente.
(E) diz-se o crime tentado quando, iniciada a cogitação, não se consuma por circunstâncias alheias à vontade do agente.

A: correta, pois retrata o teor do art. 14, parágrafo único, do CP, que assim dispõe: *Salvo disposição em contrário, pune-se a tentativa com a pena correspondente ao crime consumado, diminuída de um a dois terços*; **B:** incorreta. O crime restará consumado quando nele estiverem reunidos *todos* os elementos de sua definição legal, tal como estabelece o art. 14, I, CP; **C:** incorreta. Vide comentário anterior; **D:** incorreta, uma vez que o *exaurimento* constitui etapa posterior à consumação do crime. Trata-se, portanto, de um desdobramento típico ocorrido depois da concretização do tipo penal. No que concerne à tentativa, esta ocorre quando, uma vez iniciada a execução, o crime não se consuma por circunstâncias alheias à vontade do agente. A tentativa, como se pode ver, é incompatível com o exaurimento, que só se dá, conforme já ponderado, depois de o delito se consumar. Se houve consumação, não há que se falar, pois, em tentativa; **E:** incorreta. A cogitação constitui fase anterior à execução do crime. Trata-se de etapa, portanto, não punível. ED

Gabarito "A".

(Escrivão – Pernambuco – CESPE – 2016) No que se refere a crime consumado e a crime tentado, assinale a opção correta.

(A) No *iter criminis*, a aquisição de uma corda a ser utilizada para amarrar a vítima que se pretende sequestrar é ato executório do crime de sequestro.
(B) Os atos preparatórios de um crime de homicídio, a ser executado com o emprego de arma de fogo que possui a numeração raspada, não caracterizam a tentativa e não podem constituir crime autônomo.
(C) Situação hipotética: Policiais surpreenderam João portando uma chave-mestra enquanto circulava próximo a uma loja no interior de um *shopping center* em atitude suspeita. Assertiva: Nesse caso, João responderá por tentativa de furto, pois, devido ao porte da chave-mestra, os policiais puderam inferir que ele pretendia furtar um veículo no estacionamento.

1. DIREITO PENAL

(D) Situação hipotética: José deu seis tiros em seu desafeto, que foi socorrido e sobreviveu, por circunstâncias alheias à vontade de José. Assertiva: Nesse caso, está configurada a tentativa imperfeita.

(E) Situação hipotética: Maria entrou em uma loja de cosméticos e furtou um frasco de creme hidratante, em um momento de descuido da vendedora. Assertiva: Nesse caso, a consumação do crime ocorreu com a mera detenção do bem subtraído.

A: incorreta. A aquisição de uma corda a ser utilizada para o cometimento de um crime de sequestro não constitui ato de execução, mas, sim, mero ato preparatório, que, em regra, não é punível. Em outras palavras, o agente que compra uma corda para tal finalidade não comete crime, salvo, é óbvio, na hipótese de o delito já ter ingressado na etapa de execução; **B:** incorreta. A aquisição/posse/porte de arma de fogo com numeração raspada, que constitui ato preparatório de um crime de homicídio, embora não represente início de execução, configura, sim, crime autônomo previsto no Estatuto do Desarmamento (Lei 10.826/2003); **C:** incorreta. A mera posse da chave-mestra, nas circunstâncias acima descritas, não configura início de execução do crime de furto; **D:** incorreta. Se considerarmos que José esgotou os meios de que dispunha para alcançar seu intento, que era a morte de seu desafeto, caracterizada estará a chamada tentativa *perfeita* (ou acabada ou crime falho), em que o agente pratica todos os atos necessários à execução do crime e, ainda assim, não consegue consumá-lo. Difere, portanto, da tentativa *imperfeita*, também chamada *inacabada*, em que o agente não chega a praticar todos os atos executórios. O processo de execução, pois, é interrompido; **E:** correta. Ainda que Maria não tenha tido a posse mansa e pacífica do objeto material do crime, operou-se, ainda assim, a sua consumação. Isso porque a jurisprudência do STF e do STJ dispensa, para a consumação do furto, o critério da saída da coisa da *esfera de vigilância da vítima* e se contenta com a constatação de que, cessada a clandestinidade ou a violência, o agente tenha tido a posse da *res*, mesmo que retomada, em seguida, pela perseguição imediata: STF, HC 92450-DF, 1ª T., Rel. Min. Ricardo Lewandowski, 16.9.08; STJ, REsp 1059171-RS, 5ª T., Rel. Min. Felix Fischer, j. 2.12.08. Vide Súmula 582, do STJ. [ED]

Gabarito "E".

9. ANTIJURIDICIDADE E CAUSAS EXCLUDENTES

(Escrivão – AESP/CE – VUNESP – 2017) Segundo o previsto no Código Penal, incorrerá na excludente de ilicitude denominada estado de necessidade aquele que:

(A) pratica o fato usando moderadamente dos meios necessários, para repelir injusta agressão, atual ou iminente, a direito seu ou de outrem.

(B) atua ou se omite sem a consciência da ilicitude do fato, quando não lhe era possível, nas circunstâncias, ter ou atingir essa consciência.

(C) tendo o dever legal de enfrentar o perigo, pratica o fato para salvar de perigo atual, que não provocou por sua vontade, nem podia de outro modo evitar, direito próprio ou alheio, cujo sacrifício, nas circunstâncias, não era razoável se exigir.

(D) pratica o fato para salvar de perigo atual, que não provocou por sua vontade, nem podia de outro modo evitar, direito próprio ou alheio, cujo sacrifício, nas circunstâncias, era razoável exigir-se.

(E) pratica o fato para salvar de perigo atual, que não provocou por sua vontade, nem podia de outro modo evitar, direito próprio ou alheio, cujo sacrifício, nas circunstâncias, não era razoável exigir-se.

Está correta a assertiva "E", uma vez que corresponde à redação do art. 24, "caput", do CP, que contém os requisitos do estado de necessidade, que constitui, ao lado da legítima defesa, do exercício regular de direito e do estrito cumprimento de dever legal, causa de exclusão da ilicitude. [ED]

Gabarito "E".

(Investigador/SP – 2014 – VUNESP) Nos termos do Código Penal, "entende-se em _____. quem, usando moderadamente dos meios necessários, repele injusta agressão, atual ou iminente, a direito seu ou de outrem".

Assinale a alternativa que completa corretamente a afirmação.

(A) estado de necessidade
(B) estrito cumprimento de dever legal
(C) legítima defesa
(D) exercício regular de direito
(E) coação irresistível

A: incorreta. Considera-se em estado de necessidade, nos termos do art. 24, CP, quem pratica o fato para salvar de perigo atual, que não provocou por sua vontade, nem podia de outro modo evitar, direito próprio ou alheio, cujo

sacrifício, nas circunstâncias, não era razoável exigir-se; **B:** incorreta. O estrito cumprimento de dever legal, causa excludente da ilicitude (art. 23, III, CP), configura-se quando o agente, em virtude de imposição legal, venha a praticar determinado comportamento típico, porém, lícito. Tal se vê, por exemplo, quando um Investigador de polícia, no momento de prender em flagrante delito quem assim se encontre (art. 301, CPP), desde que sem exageros, utilize-se da força para conter e prender o agente; **C:** correta. De fato, nos termos do art. 25, CP, entende-se em legítima defesa quem, usando moderadamente dos meios necessários, repele injusta agressão, atual ou iminente, a direito seu ou de outrem; **D:** incorreta. O exercício regular de direito, causa excludente da ilicitude (art. 23, III, CP), não se caracteriza quando alguém pratica um fato típico para repelir injusta agressão, mas, sim, para fazer valer, como o nome sugere, um direito que o ordenamento jurídico lhe confere; **E:** incorreta. A coação irresistível nada tem que ver com causas de exclusão da ilicitude. Se se tratar de coação física irresistível, afastado estará o fato típico, visto que a conduta, que é seu elemento, deve ser consciente e voluntária (a voluntariedade ficará prejudicada pela coação física irresistível). Já se se tratar de coação moral irresistível, será excluída a culpabilidade (art. 22, CP).

Gabarito "C".

(Agente Penitenciário/MA – 2013 – FGV) Assinale a alternativa que apresenta causas de *excludente da ilicitude*.

(A) O estado de necessidade e a ausência de dolo.
(B) A legítima defesa e o exercício regular de direito.
(C) A obediência hierárquica e o estrito cumprimento do dever legal.
(D) A coação moral irresistível e a obediência hierárquica.
(E) O consentimento do ofendido quando o dissenso da vítima faz parte do tipo, estado de necessidade e a legítima defesa.

A: incorreta, pois, nada obstante o estado de necessidade seja causa excludente da ilicitude, nos termos dos arts. 23, I, e 24, ambos do CP, o dolo diz respeito ao fato típico. Assim, a ausência de dolo não conduz à exclusão da ilicitude, mas, sim, do próprio fato típico; **B:** correta. De fato, a legítima defesa (arts. 23, II, e 25, ambos do CP) e o exercício regular de direito (art. 23, III, CP) são causas de exclusão da ilicitude; **C:** incorreta. A obediência hierárquica (art. 22, CP) é causa de exclusão da culpabilidade, gerando a isenção de pena do agente. Já o estrito cumprimento do dever legal, realmente, é causa excludente da ilicitude (art. 23, III, CP); **D:** incorreta. A coação moral irresistível e a obediência hierárquica, previstas no mesmo dispositivo legal (art. 22, CP), são causas de exclusão da culpabilidade; **E:** incorreta. O consentimento do ofendido, quando integrante do tipo penal, não é causa excludente da ilicitude (nem mesmo supralegal), mas, sim, da própria tipicidade. Somente será causa (supralegal, ou seja, não prevista em lei) de exclusão da ilicitude quando não integrar a própria figura típica. Já o estado de necessidade e a legítima defesa são, de fato, causas excludentes da ilicitude.

Gabarito "B".

(Escrivão de Polícia/MA – 2013 – FGV) Com relação às causas de exclusão de ilicitude, assinale a afirmativa correta.

(A) O inimputável por não ter consciência de seu agir, não pode alegar legítima defesa.
(B) Aquele que anteriormente provocou o agressor, não pode alegar legítima defesa.
(C) O agente que culposamente criou a situação de perigo, não pode alegar ter atuado em estado de necessidade para se livrar daquela situação perigosa.
(D) Aplicada a teoria da tipicidade conglobante, houve o esvaziamento de todas as causas de exclusão de ilicitude.
(E) Aquele que mata um cachorro que o atacava por ordem de terceira pessoa, pode alegar a presença da excludente da legítima defesa.

A: incorreta. O só fato de o agente ser inimputável não é capaz de gerar a afirmação de que não poderá agir em legítima defesa. É que, necessariamente, para ser reconhecida, exige-se que o agente tenha consciência de que age amparado por referida causa excludente da ilicitude (é o chamado elemento subjetivo da legítima defesa). A inimputabilidade se caracteriza pelo fato de o agente agir sem entender o caráter ilícito do fato que comete ou determinar-se de acordo com esse entendimento (conforme disposto no art. 26, *caput*, do CP). Porém, isso não significa que um inimputável não terá condições de entender que um bem jurídico seu ou de terceiro esteja sendo alvo de injusta agressão, passível de reação. Desde que possível a compreensão de que age em legítima defesa (reação a uma injusta agressão), será perfeitamente possível que haja a exclusão da ilicitude de determinada conduta típica praticada por inimputável. Essa é a posição, por exemplo, de Damásio de Jesus: *"Doente mental pode agir em legítima defesa" (Código Penal Anotado, p. 152, 21ª ed., Saraiva: 2012)*; **B:** incorreta. Para o reconhecimento da legítima defesa, não basta a provocação, sendo necessária uma "injusta agressão". Assim, se a provocação não constituir "agressão", poderá o provocador inicial agir em legítima defesa caso o provocado pratique uma agressão injusta; **C:** incorreta. Muito embora não possa alegar estado de

necessidade a pessoa que tenha criado a situação de perigo (art. 24, *caput*, do CP), é certo que, majoritariamente, sustenta-se que somente o perigo provocado dolosamente é que impede a invocação da excludente de ilicitude em comento. Afinal, o referido art. 24 do CP dispõe: "... *não provocou por sua vontade*". Assim, não pode alegar estado de necessidade quem se encontrar diante de situação de perigo *provocada por sua vontade*. Aqui, deve-se entender por "vontade" o dolo, seja direto, seja eventual. É a posição da doutrina majoritária; **D:** incorreta. Pela teoria da tipicidade conglobante, a conduta do agente, para ser considerada típica, deve passar, previamente, pela análise de todo o ordenamento jurídico, somente sendo assim considerada se não tiver agido amparado por alguma causa excludente da ilicitude. Portanto, ainda que, para referida teoria, a tipicidade exija uma prévia análise de todo o ordenamento jurídico, as causas que excluam a ilicitude do fato são, sim, necessárias. Afinal, são elas que dizem que determinado comportamento não afronta a ordem jurídica. Logo, não estão esvaziadas referidas normas, como quer a assertiva; **E:** correta. De fato, a legítima defesa tem como pressuposto uma "agressão injusta", decorrente de um comportamento humano (só o homem pode praticar agressões). É certo que o ataque de um animal, incitado por alguém, constitui verdadeira "agressão" (utilização do cão como instrumento de ataque, tal qual uma faca ou revólver), motivo pelo qual é possível que a vítima reaja sob o manto da legítima defesa.
Gabarito "E".

(Escrivão de Polícia/GO – 2013 – UEG) O oficial de justiça que, acompanhando o cumprimento de uma ordem judicial de busca e apreensão pela polícia, diante da recusa do morador em facultar a entrada na residência, determina o arrombamento da porta pelos agentes policiais, atua em

(A) estado de necessidade

(B) obediência hierárquica

(C) exercício regular de um direito

(D) estrito cumprimento do dever legal

A: incorreta, pois o estado de necessidade pressupõe que o agente pratique determinado comportamento lesivo a bem jurídico alheio para salvaguardar bem jurídico próprio ou de terceiro, desde que existente uma situação de perigo atual ou iminente (art. 24 do CP). Lembramos ao candidato que o estado de necessidade é causa excludente da ilicitude; **B:** incorreta, pois a obediência hierárquica, por evidente, pressupõe a existência de uma ordem emitida por superior hierárquico a subordinado. Ainda, se referida ordem for não manifestamente ilegal e o subordinado cumpri-la, ainda que venha a cometer crime, ficará isento de pena, nos termos do art. 22 do CP (causa excludente da culpabilidade); **C:** incorreta, pois o exercício regular de direito é causa excludente da ilicitude (art. 23, III, do CP), que pressupõe que o agente pratique determinado fato, ainda que típico, mas desde que o ordenamento jurídico não o proíba ou o permita a praticá-lo; **D:** correta. De fato, age em estrito cumprimento do dever legal o oficial de justiça que, de posse de mandado de busca e apreensão, em caso de recusa do morador em franquear a sua entrada e a de policiais, determine o arrombamento da porta, providência esta admitida pela lei (art. 245, § 2º, do CPP). Lembre-se de que é dever do oficial de justiça cumprir as ordens judiciais (art. 154, III, do NCPC) e, para tanto, poderá, inclusive, efetuar ou determinar arrombamento.
Gabarito "D".

(Investigador de Polícia/SP – 2013 – VUNESP) Assinale a alternativa correta a respeito das excludentes de antijuridicidade previstas no Código Penal.

(A) Ao agir em estrito cumprimento de dever legal, o agente não responderá pelo excesso culposo, e, sim, apenas pelo excesso doloso.

(B) Considera-se em estado de necessidade quem pratica o fato para salvar de perigo atual, que provocou por sua vontade e podia de outro modo evitar, direito próprio ou alheio, cujo sacrifício, nas circunstâncias, não era razoável exigir-se.

(C) A alegação do estado de necessidade independe do fato de o agente ter o dever legal de enfrentar o perigo.

(D) Em qualquer das hipóteses de excludente de antijuridicidade, previstas na Parte Geral do Código Penal, o agente responderá pelo excesso doloso ou culposo.

(E) Para a caracterização da legítima defesa, basta que o agente demonstre ter repelido uma injusta agressão, atual ou iminente, a direito seu ou de outrem.

A: incorreta, pois, qualquer que seja a causa excludente da ilicitude (estado de necessidade, legítima defesa, estrito cumprimento de dever legal e exercício regular de direito) prevista na Parte Geral do CP, responderá o agente pelos excessos que cometer, a título de dolo ou culpa (art. 23, parágrafo único, do CP); **B:** incorreta, pois somente pode invocar estado de necessidade o agente que, para salvar-se de perigo atual, *que não provocou por sua vontade e nem*

podia de outro modo evitar, pratica fato lesivo a direito de outrem, a fim de salvaguardar direito próprio ou alheio, cujo sacrifício, nas circunstâncias, não era razoável exigir-se (art. 24 do CP); **c:** incorreta, pois não pode alegar estado de necessidade o agente que tenha o dever legal de enfrentar o perigo (art. 24, § 1º, do CP); **D:** correta. De fato, o excesso doloso ou culposo em qualquer das causas excludentes da ilicitude previstas na Parte Geral do CP gerará a punição do agente (art. 23, parágrafo único, do CP); **E:** incorreta. A legítima defesa, além de exigir que o agente tenha repelido uma agressão injusta, atual ou iminente, a direito seu ou de outrem, pressupõe que referida reação tenha sido *moderada*, com o *uso dos meios necessários* para tanto (art. 25 do CP).
Gabarito "D".

10. CONCURSO DE PESSOAS

(Agente-Escrivão – Acre – IBADE – 2017) São elementos caracterizadores do concurso de pessoas (coautoria e participação em sentido estrito), entre outros:

(A) acordo de vontades entre os agentes e relevância causal das condutas.

(B) pluralidade de agentes e acordo de vontades entre os agentes.

(C) liame subjetivo e pluralidade de infrações penais.

(D) pluralidade de agentes e pluralidade de infrações penais.

(E) liame subjetivo e relevância causal das condutas.

São requisitos para a existência do *concurso de pessoas*: pluralidade de condutas; relevância causal de cada conduta; vínculo subjetivo (*liame subjetivo*); infração única para todos (identidade de crime). É suficiente, à caracterização do concurso de pessoas, a unidade de desígnios, isto é, que uma vontade adira à outra, sendo desnecessário, dessa forma, um acordo de vontades entre os agentes. **ED**
Gabarito "E".

Texto CE1A04AAA

Roberto, Pedro e Lucas planejaram furtar uma relojoaria. Para a consecução desse objetivo, eles passaram a vigiar a movimentação da loja durante algumas noites. Quando perceberam que o lugar era habitado pela proprietária, uma senhora de setenta anos de idade, que dormia, quase todos os dias, em um quarto nos fundos do estabelecimento, eles desistiram de seu plano. Certa noite depois dessa desistência, sem a ajuda de Roberto, quando passavam pela frente da loja, Pedro e Lucas perceberam que a proprietária não estava presente e decidiram, naquele momento, realizar o furto. Pedro ficou apenas vigiando de longe as imediações, e Lucas entrou na relojoaria com uma sacola, quebrou a máquina registradora, pegou o dinheiro ali depositado e alguns relógios, saiu em seguida, encontrou-se com Pedro e deu-lhe 10% dos valores que conseguiu subtrair da loja.

(Agente – Pernambuco – CESPE – 2016) Na situação hipotética descrita no texto CE1A04AAA,

(A) Pedro e Lucas serão responsabilizados pelo mesmo tipo penal e terão necessariamente a mesma pena.

(B) o direito penal brasileiro não distingue autor e partícipe.

(C) Pedro, partícipe, terá pena mais grave que a de Lucas, autor do crime.

(D) Roberto será considerado partícipe e, por isso, poderá ser punido em concurso de pessoas pelo crime praticado.

(E) se a atuação de Pedro for tipificada como participação de menor importância, a pena dele poderá ser diminuída.

A: incorreta. Pedro e Lucas praticaram, contra a relojoaria, crime de furto qualificado em razão do concurso de duas ou mais pessoas (art. 155, § 4º, IV, do CP). É fato, pois, que devem, ambos, responder por esse mesmo crime, o que, a propósito, é requisito do concurso de pessoas. Pedro, que permaneceu do lado de fora vigiando as imediações, deve ser considerado partícipe do crime, já que não executou o verbo nuclear contido no tipo penal, que é representado pela ação *subtrair*; já Lucas, que ingressou no estabelecimento comercial e de lá subtraiu dinheiro e alguns relógios, é considerado autor do delito. A atuação deles, como se pode ver, foi diferente, devendo cada qual responder de acordo com a sua culpabilidade (art. 29, "caput", do CP). Ou seja, a responsabilidade criminal de cada um deve levar em conta a sua participação (em sentido lato). Se teve uma participação mais intensa e relevante, deverá assim ser responsabilizado; se, ao revés, sua participação for de importância menor, será assim responsabilizado. Cuidado: o fato de um dos agentes ter atuado como partícipe na empreitada criminosa não quer dizer que a sua reprimenda deva necessariamente ser menor do que a do coautor; **B:** incorreta, já que o Direito Penal acolheu a chamada *teoria formal-objetiva* (ou restritiva), segundo a qual *autor* é o que executa o comportamento contido no tipo (realiza a ação/omissão representada

1. DIREITO PENAL — 425

pelo verbo-núcleo); todos aqueles que, de alguma forma, contribuem para o crime sem realizar a conduta típica devem ser considerados, para esta teoria, *partícipe*. *O Direito Penal, portanto, faz distinção, sim, entre coautor e partícipe*; **C:** incorreta. Normalmente, o autor recebe pena maior do que o partícipe, mormente quando a participação for de menor importância. Agora, como já ponderado acima, nada impede que o partícipe seja apenado de forma mais severa do que o autor; **D:** incorreta. A atuação de Roberto se restringiu à prática de atos preparatórios (vigilância da loja por alguns dias); ele desistiu de concretizar o crime antes de Pedro e Lucas darem início à execução do delito. Roberto, portanto, não será responsabilizado pelo crime que foi praticado por Pedro e Lucas; **E:** *c*orreta, pois em conformidade com o art. 29, § 1°, do CP. **ED**

Gabarito "E".

(Investigador-Escrivão-Papiloscopista – Pará – Funcab – 2016) Sobre a participação em sentido estrito, é correto afirmar que:

(A) adota-se, no Brasil, a teoria da acessoriedade máxima.

(B) não há participação culposa em crime doloso.

(C) assume a condição de partícipe aquele que executa o crime, salvo quando adotada a teoria subjetiva.

(D) na teoria do domínio do fato, partícipe é a figura central do acontecer típico.

(E) o auxílio material é ato de participação em sentido estrito, ao passo em que a instigação é conduta de autor.

A: incorreta. No Brasil, vige a teoria da *acessoriedade limitada*, segundo a qual, para punir o partícipe, é suficiente que o autor tenha praticado um fato típico e antijurídico. Além dessa, há outras teorias, a saber: para a teoria da *acessoriedade mínima*, basta que o autor tenha praticado um fato típico; já para a *hiperacessoriedade*, é necessário, para punir o partícipe, que o fato principal seja típico, antijurídico, culpável e punível; há, por fim, a *acessoriedade máxima*, em que o fato principal precisa ser típico, antijurídico e culpável; **B:** correta. De fato, não há que se falar em participação culposa em crime doloso por falta de *liame subjetivo*, ou seja, o partícipe deve ter ciência da sua colaboração; **C:** incorreta. Aquele que executa a ação nuclear representada pelo verbo contido no tipo penal é considerado autor/coautor; **D:** incorreta. Para a chamada *teoria do domínio do fato*, concebida, na década de 1930, por Hans Welzel e, depois disso, desenvolvida e aperfeiçoada por Claus Roxin, autor é quem realiza o verbo contido no tipo penal. Mas não é só. É também autor quem tem o domínio organizacional da ação típica (quem, embora não tenha realizado o núcleo do tipo, planeja, organiza etc.). Além disso, é considerado autor aquele que domina a vontade de outras pessoas ou ainda participa funcionalmente da execução do crime. Em outras palavras, o autor, para esta teoria, detém o controle final sobre o fato criminoso, exercendo, sobre ele, um poder de decisão. Perceba que o conceito de autor, para esta teoria, é mais amplo do que na formal-objetiva (restritiva), adotada pelo CP, segundo a qual autor é tão somente aquele que executa o verbo-núcleo do tipo penal. Embora o Código Penal não tenha adotado tal teoria (mas, sim, a teoria restritiva), é fato que tanto o STF quanto o STJ têm recorrido a ela em vários casos, sendo o mais emblemático no caso do julgamento do "Mensalão" (AP 470/STF); **E:** incorreta. A participação pode ser *material*, em que o agente presta auxílio para o cometimento do crime, e *moral*, que, por sua vez, pode ser feita por *induzimento* ou *instigação*. Dessa forma, é considerado partícipe tanto aquele que presta auxílio material quanto o que induz ou instiga o agente a praticar o delito. **ED**

Gabarito "B".

(Escrivão de Polícia/MA – 2013 – FGV) Com relação ao concurso de pessoas, assinale a afirmativa **incorreta.**

(A) Para a teoria da acessoriedade mínima para que haja participação punível basta que o autor tenha praticado uma conduta típica; para a da acessoriedade temperada, adotada pela maioria da doutrina, basta que a conduta do autor seja típica e ilícita; para a da acessoriedade máxima se exige que a conduta do autor seja típica, ilícita e culpável.

(B) Para a doutrina majoritária, se o executor desiste voluntariamente da consumação do crime ou impede que o resultado se produza, responderá apenas pelos atos já praticados, beneficiando-se dessa circunstância os vários partícipes, nos termos dos artigos 15 e 29 do Código Penal.

(C) São requisitos para o concurso de pessoas: pluralidade de agentes e de condutas; relevância causal de cada conduta; liame subjetivo entre os agentes e identidade de infração penal.

(D) É possível a participação em delitos de mão própria.

(E) Demonstrado que um dos concorrentes quis participar de crime menos grave, ser-lhe-á aplicada a pena deste com o aumento de metade, se previsível o resultado mais grave.

A: correta. De fato, com relação à participação (modalidade de concurso de pessoas), no Brasil houve a adoção da teoria da acessoriedade limitada, segundo a

qual a punição do partícipe somente será possível se houver concorrido para que o autor tenha cometido um fato típico e ilícito, diversamente da teoria da acessoriedade mínima, pela qual a participação será punível diante do cometimento, pelo autor, apenas de um fato típico. Já para a teoria da acessoriedade máxima, será punível o partícipe se houver induzido, instigado ou auxiliado o autor a cometer uma conduta típica, ilícita e culpável; **B:** correta, pois, realmente, a desistência voluntária, nos termos do art. 15 do CP, imporá ao agente que desistir de prosseguir, voluntariamente, na execução do crime, a punição apenas pelos atos já praticados (e não pela tentativa). Com relação aos demais concorrentes do crime inicialmente executado, do qual houve desistência voluntária, todos irão beneficiar-se. Afinal, reconhecido referido instituto, todos os partícipes serão beneficiados, ou seja, também não responderão pelos atos executórios típicos perpetrados pelo agente; **C:** correta. De fato, de acordo com a doutrina, o concurso de pessoas tem, exatamente, os requisitos descritos na assertiva; **D:** correta, pois, realmente, os crimes de mão própria, assim considerados aqueles que exigem uma qualidade especial do sujeito ativo, sendo inviável a divisão de tarefas para o cometimento do delito, considerado de atuação personalíssima, não se poderá reconhecer a coautoria. No entanto, perfeitamente possível a participação, que pressupõe que o agente induza, instigue ou auxilie o autor a determinada conduta penalmente relevante, ainda que considerada personalíssima (ex.: autoaborto – art. 124, *caput*, primeira parte, do CP). Somente a gestante pode provocar o aborto em si mesma, tratando-se de crime de mão própria. Inviável a coautoria, mas possível a participação); **E:** incorreta. De fato, se um dos concorrentes quis participar de crime menos grave, ser-lhe-á aplicada a pena deste. Contudo, se previsível o resultado mais grave, a pena (do crime menos grave) será aumentada até metade (e não de metade, como consta na alternativa). Daí ser incorreta a alternativa, por não espelhar a literalidade do art. 29, § 2°, do CP.

Gabarito "E".

11. CULPABILIDADE E CAUSAS EXCLUDENTES

(Escrivão – AESP/CE – VUNESP – 2017) No tocante às disposições do Código Penal relativas à culpabilidade e imputabilidade, é correto afirmar que:

(A) a pena pode ser reduzida de um a dois terços se o agente, por doença mental ou desenvolvimento mental incompleto ou retardado era, ao tempo da ação ou da omissão, inteiramente incapaz de entender o caráter ilícito do fato ou de determinar-se de acordo com esse entendimento.

(B) a embriaguez culposa pelo álcool ou substância de efeitos análogos exclui a imputabilidade penal.

(C) se o fato é cometido sob coação irresistível ou em estrita obediência à ordem, manifestamente ilegal, de superior hierárquico, só é punível o autor da coação ou da ordem.

(D) a pena pode ser reduzida de um a dois terços se o agente, em virtude de perturbação de saúde mental ou por desenvolvimento mental incompleto ou retardado, não era inteiramente capaz de entender o caráter ilícito do fato ou de determinar-se de acordo com esse entendimento.

(E) a embriaguez voluntária pelo álcool ou substância de efeitos análogos exclui a imputabilidade penal.

A: incorreta. A assertiva refere-se à situação de inimputabilidade decorrente de doença mental ou desenvolvimento mental incompleto ou retardado que retira, por completo, a capacidade de entendimento do agente (art. 26, "caput", do CP). Nesse caso, o réu, se restar reconhecido que assim se encontrava no momento da conduta, ficará isento de pena, mas contra ele é aplicada uma medida de segurança, na forma estatuída no art. 386, III, do CPP. Somente será agraciado com a redução da pena de um a dois terços o agente que, ao tempo da ação ou omissão, encontrar-se na situação do art. 26, parágrafo único, do CP. Trata-se, aqui, de perturbação da saúde mental que, embora reduza a capacidade de compreensão do agente, não lhe retira por completo sua capacidade de entender o caráter ilícito do fato e de determinar-se de acordo com esse entendimento; **B:** incorreta. A única forma de embriaguez que tem o condão de excluir a imputabilidade é a descrita no art. 28, § 1°, do CP, em que se exige que o agente, estando completamente embriagado, o que se deu em decorrência de caso fortuito ou força maior, seja, no momento da conduta, inteiramente incapaz de entender o caráter ilícito do fato ou ainda de determinar-se com tal entendimento. A embriaguez culposa e com muito mais razão a intencional (voluntária) não são aptas, por expressa previsão do art. 28, II, do CP, a afastar a imputabilidade; **C:** incorreta. Se a ordem for *manifestamente ilegal*, a responsabilidade recairá sobre ambos, superior hierárquico e subordinado; agora, se se tratar de ordem *não* manifestamente ilegal, somente o *superior hierárquico* responderá pelo resultado, nos moldes do art. 22 do CP; o *subordinado*, neste caso, ficará isento de pena (sua culpabilidade ficará excluída). De outro lado, se o fato é cometido sob coação irresistível, somente se pune, de fato, o autor da coação, tal como estabelece o art. 22 do CP. Cuidado: a coação a que se refere este dispositivo é a *moral*. Se física for a coação, restará excluída, neste caso, a conduta, e não a

ARTHUR TRIGUEIROS E EDUARDO DOMPIERI

culpabilidade, como se dá na coação moral irresistível; **D:** correta, uma vez que corresponde à redação do art. 26, parágrafo único, do CP; **E:** incorreta, pois não reflete o disposto no art. 28, II, do CP, segundo qual a embriaguez voluntária (e também a culposa) não exclui a imputabilidade. Mais uma vez: somente excluirá a imputabilidade a embriaguez a que se refere o art. 28, § 1º, do CP. **ED**
Gabarito "D".

(Escrivão – Pernambuco – CESPE – 2016) Em relação à imputabilidade penal, assinale a opção correta.

(A) Situação hipotética: João, namorado de Maria e por ela apaixonado, não aceitou a proposta dela de romper o compromisso afetivo porque ela iria estudar fora do país, e resolveu mantê-la em cárcere privado. Assertiva: Nessa situação, a atitude de João enseja o reconhecimento da inimputabilidade, já que o seu estado psíquico foi abalado pela paixão.

(B) Na situação em que o agente, com o fim precípuo de cometer um roubo, embriaga-se para ter coragem suficiente para a execução do ato, não se aplica a teoria da *actio libera in causa* ou da ação livre na causa.

(C) Situação hipotética: Elizeu ingeriu, sem saber, bebida alcoólica, pensando tratar-se de medicamento que costumava guardar em uma garrafa, e perdeu totalmente sua capacidade de entendimento e de autodeterminação. Em seguida, entrou em uma farmácia e praticou um furto. Assertiva: Nesse caso, Elizeu será isento de pena, por estar configurada a sua inimputabilidade.

(D) Situação hipotética: Paulo foi obrigado a ingerir álcool por coação física e moral irresistível, o que afetou parcialmente o controle sobre suas ações e o levou a esfaquear um antigo desafeto. Assertiva: Nesse caso, a retirada parcial da capacidade de entendimento e de autodeterminação de Paulo não enseja a redução da sua pena no caso de eventual condenação.

(E) Situação hipotética: Em uma festa de aniversário, Elias, no intuito de perder a inibição e conquistar Maria, se embriagou e, devido ao seu estado, provocado pela imprudência na ingestão da bebida, agrediu fisicamente o aniversariante. Assertiva: Nessa situação, Elias não será punido pelo crime de lesões corporais por ausência total de sua capacidade de entendimento e de autodeterminação.

A: incorreta, na medida em que, por expressa disposição contida no art. 28, I, do CP, a paixão (e também a emoção) não exclui a imputabilidade; **B:** incorreta, já que se trata de típica hipótese de incidência da teoria da *actio libera in causa* (ação livre na causa), segundo a qual a imputabilidade do agente deve ser analisada no momento em que este, antes da prática da infração penal, faz uso de álcool ou de substância de efeitos análogos. O que se dá, a rigor, é o deslocamento do momento de aferição da imputabilidade do momento da ação ou omissão para o instante em que o agente se coloca em estado de inimputabilidade, o que ocorre com a ingestão de álcool ou substância de efeitos análogos; **C:** correta. Se considerarmos que Elizeu não agiu com culpa ao ingerir a bebida alcoólica no lugar do remédio, deve ser afastada a sua imputabilidade, já que é o caso de reconhecer a ocorrência de caso fortuito (art. 28, § 1º, do CP); **D:** incorreta. Pelo que consta da assertiva, a ingestão de álcool decorreu de força maior, uma vez que Paulo foi coagido, forçado a tanto. Tendo em conta que o controle sobre suas ações foi afetado de forma parcial, do que decorreu a agressão contra um antigo desafeto, é de rigor a incidência da causa de diminuição de pena prevista no art. 28, § 2º, do CP; **E:** incorreta. Perceba que a embriaguez de Elias foi voluntária, ou seja, ele bebeu porque quis. Nesse caso, Elias, que, em decorrência de seu estado de embriaguez, causou lesões corporais no aniversariante, deverá por isso ser responsabilizado criminalmente (art. 28, II, CP). **ED**
Gabarito "C".

(Escrivão – Pernambuco – CESPE – 2016) Em relação aos crimes contra a pessoa e à imputabilidade penal, assinale a opção correta.

(A) Situação hipotética: João, em estado de embriaguez voluntária, motivado por ciúme de sua ex-mulher, matou Paulo. Assertiva: Nessa situação, o fato de João estar embriagado afasta o reconhecimento da motivação fútil, haja vista que a embriaguez reduziu a capacidade de entender o caráter ilícito de sua conduta.

(B) Comete o crime de infanticídio a gestante que, não estando sob influência do estado puerperal, mata o nascituro.

(C) O perdão judicial será concedido ao autor que tenha cometido crime de homicídio doloso se as consequências da infração atingirem o próprio agente de forma tão grave que a sanção penal se torne desnecessária.

(D) De acordo com o Código Penal, no crime de homicídio qualificado pelo feminicídio, a pena é aumentada de um terço até a metade

se o crime for praticado na presença de descendente ou de ascendente da vítima.

(E) A qualificadora de feminicídio no crime de homicídio fica caracterizada se o delito for praticado contra a mulher por razões de sua convicção religiosa.

A: incorreta. Ante o disposto no art. 28, II, do CP, a embriaguez voluntária não exclui a imputabilidade penal. Assim, não restarão afastados nem o homicídio nem a qualificadora por motivo fútil. Embora haja divergência doutrinária, vale aqui lembrar que o *ciúme* não pode ser considerado motivo *fútil* tampouco *torpe*. Também diverge a doutrina sobre a compatibilidade da *embriaguez* com a motivação *fútil*. No sentido de reconhecer-se tal compatibilidade: "Pela adoção da teoria da *actio libera in causa* (embriaguez preordenada), somente nas hipóteses de ebriez decorrente de "caso fortuito" ou "forma maior" é que haverá a possibilidade de redução da responsabilidade penal do agente (culpabilidade), nos termos dos §§ 1º e 2º do art. 28 do Código Penal. 2. Em que pese o estado de embriaguez possa, em tese, reduzir ou eliminar a capacidade do autor de entender o caráter ilícito ou determinar-se de acordo com esse entendimento, tal circunstância não afasta o reconhecimento da eventual futilidade de sua conduta" (REsp 908.396/MG, Rel. Min. Arnaldo Esteves Lima, Quinta Turma, j. 03.03.2009, *DJe* 30.03.2009); **B:** incorreta. Sendo elementar do crime de infanticídio (art. 123, CP), o estado puerperal é indispensável à sua configuração; **C:** incorreta. O perdão judicial (art. 121, § 5º, do CP) somente tem incidência no homicídio *culposo* (não se aplica ao doloso!), quando as consequências da infração atingirem o próprio agente de forma tão grave e intensa que a pena que seria a ele aplicada se mostra desnecessária. Clássico exemplo é o do pai que, em acidente de trânsito, mata, culposamente, o próprio filho. Não há dúvida da desnecessidade da reprimenda, já que o resultado da conduta do pai já lhe serviu de pena, aliás bem severa; **D:** correta (art. 121, § 7º, III, do CP); **E:** incorreta. Qualificadora não prevista em lei. **ED**
Gabarito "D".

(Agente-Escrivão – PC/GO – CESPE – 2016) A respeito da aplicação da lei penal e dos elementos e das causas de exclusão de culpabilidade, assinale a opção correta.

(A) O princípio da legalidade pode ser desdobrado em três: princípio da reserva legal, princípio da taxatividade e princípio da retroatividade como regra, a fim de garantir justiça na aplicação de qualquer norma.

(B) São excludentes de culpabilidade: inimputabilidade, coação física irresistível e obediência hierárquica de ordem não manifestamente ilegal.

(C) Se ordem não manifestamente ilegal for cumprida por subordinado e resultar em crime, apenas o superior responderá como autor mediato, ficando o subordinado isento por inexigibilidade de conduta diversa.

(D) Emoção e paixão são causas excludentes de culpabilidade.

(E) Em razão do princípio da legalidade, a analogia não pode ser usada em matéria penal.

A: incorreta. O princípio da retroatividade não constitui a regra na aplicação da lei penal. É dizer, o fato ocorrido anteriormente à entrada em vigor da lei não poderá ser por esta regido, isto é, a lei não poderá retroagir e abarcar situações ocorridas antes de ela entrar em vigor. A regra, portanto, é a da irretroatividade da lei penal. A exceção a esta regra fica por conta da chamada retroatividade benéfica, que corresponde à situação em que a lei nova, posterior ao fato, revele-se mais vantajosa quando comparada à lei em vigor (e já revogada) ao tempo em que o fato ocorreu. Nesta hipótese, impõe-se a retroatividade da lei mais benéfica (art. 5º, XL, da CF: *a lei penal não retroagirá, salvo para beneficiar o réu*). Exemplo clássico é o *abolitio criminis*, em que a lei nova, por excelência mais favorável ao réu, já que passou a considerar sua conduta, até então criminosa, atípica, retroagirá e alcançará fatos ocorridos antes de ela entrar em vigor (art. 2º, *caput*, do CP); **B:** incorreta. A inimputabilidade e a obediência hierárquica de ordem não manifestamente ilegal constituem, de fato, hipótese de causa excludente de culpabilidade, o que também ocorre em relação à coação *moral* irresistível. A questão está incorreta porque faz referência à coação *física* irresistível, que constitui hipótese de exclusão da conduta. Não há, neste caso, fato típico e, por conseguinte, crime; **C:** correta (art. 22 do CP); **D:** incorreta. Tanto a emoção quanto a paixão não têm o condão de excluir a imputabilidade, que constitui um dos elementos da culpabilidade (art. 28, I, do CP); **E:** incorreta. A analogia em matéria penal só é admitida em benefício do réu (*in bonam partem*). **ED**
Gabarito "C".

(Agente – Pernambuco – CESPE – 2016) Acerca das questões de tipicidade, ilicitude (ou antijuridicidade) e culpabilidade, bem como de suas respectivas excludentes, assinale a opção correta.

(A) A inexigibilidade de conduta diversa e a inimputabilidade são causas excludentes de ilicitude.

(B) O erro de proibição é causa excludente de ilicitude.

(C) Há excludente de ilicitude em casos de estado de necessidade, legítima defesa, em estrito cumprimento do dever legal ou no exercício regular do direito.

(D) Há excludente de tipicidade em casos de estado de necessidade, legítima defesa, exercício regular do direito e estrito cumprimento do dever legal.

(E) A inexigibilidade de conduta diversa e a inimputabilidade são causas excludentes de tipicidade.

A: incorreta. Tanto a inexigibilidade de conduta diversa quanto a inimputabilidade constituem causa de exclusão de *culpabilidade*, e não de *ilicitude*; **B:** incorreta. O erro de proibição (erro sobre a ilicitude do fato – art. 21 do CP) constitui causa excludente da culpabilidade; **C:** correta. Trata-se, de fato, de causas que excluem a ilicitude (art. 23, CP); **D:** incorreta. Reporto-me ao comentário anterior; **E:** incorreta. Reporto-me ao comentário à assertiva "A". **ED**
Gabarito "C".

(Investigador-Escrivão-Papiloscopista – Pará – Funcab – 2016) A fim de produzir prova em processo penal, o Juiz de Direito de determinada comarca encaminha requisição à Delegacia de Polícia local, ordenando que seja realizada busca domiciliar noturna na casa de um réu. O Delegado de Polícia designa, assim, uma equipe de agentes para o cumprimento da medida, sendo certo que um dos agentes questiona a legalidade do ato, dado o horário de seu cumprimento. O Delegado confirma a ilegalidade. No entanto, sustenta que a diligência deve ser realizada, uma vez que há imposição judicial para seu cumprimento. Com base apenas nas informações constantes do enunciado, caso os agentes efetivem a busca domiciliar noturna:

(A) não agirão criminosamente, uma vez que atuam no estrito cumprimento do dever legal.

(B) não agirão criminosamente, já que há mera obediência hierárquica.

(C) não agirão criminosamente, em virtude de coação moral irresistível.

(D) agirão criminosamente.

(E) não agirão criminosamente, pois amparados pelo estado de necessidade.

Se assim agirem a autoridade policial e seus agentes, ingressando em domicílio alheio, durante a noite, para dar cumprimento a ordem judicial de busca e apreensão, serão responsabilizados criminalmente, na medida em que a determinação emanada do magistrado é flagrantemente *ilegal*. A obediência hierárquica, que pressupõe, como o próprio nome sugere, uma relação de subordinação hierárquica, somente se configura se a ordem emanada da autoridade competente for *não manifestamente ilegal*. Por óbvio, a ordem do juiz dirigida à autoridade policial, na hipótese narrada no enunciado, é *flagrantemente ilegal*, na medida em que, a teor do art. 5º, XI, da CF e do art. 245, "caput", do CPP, a casa é asilo inviolável do indivíduo, e o seu ingresso, à revelia do morador, para dar cumprimento a ordem judicial, quer de busca e apreensão, quer de prisão, somente pode dar-se durante o dia. Durante a noite, nem por ordem judicial. **ED**
Gabarito "D".

(Investigador-Escrivão-Papiloscopista – Pará – Funcab – 2016) Cremílson foi denunciado pelo Ministério Público por ter praticado lesão corporal de natureza grave. No curso de ação penal, resta comprovado ser ele portador de enfermidade mental, o que determinou sua absolvição imprópria. Isso significa que Cremílson:

(A) não era, ao tempo da sentença, inteiramente capaz de compreender o caráter ilícito do fato ou de determinar-se de acordo com este entendimento.

(B) não era, ao tempo da sentença, inteiramente capaz de compreender o caráter ilícito do fato, embora possuísse pela autodeterminação.

(C) era, ao tempo da ação, inteiramente incapaz de compreender o caráter ilícito do fato ou de determinar-se de acordo com este entendimento.

(D) não era, ao tempo da ação, inteiramente capaz de compreender o caráter ilícito do fato ou de determinar-se de acordo com este entendimento.

(E) era, ao tempo da sentença, inteiramente incapaz de compreender o caráter ilícito do fato ou de determinar-se de acordo com este entendimento.

Denílson, segundo consta do enunciado, teria sido denunciado porque cometeu o crime de lesão corporal de natureza grave. Ao término da instrução processual,

ao longo da qual foi constatado que o réu era portador de enfermidade mental, o magistrado proferiu sentença de absolvição imprópria. Pois bem. O fato de o juiz haver prolatado sentença de absolvição imprópria significa que se reconheceu, por meio de perícia médica a que foi submetido o acusado, que este era, ao tempo da conduta a ele imputada (e não no momento da sentença), inteiramente incapaz de entender o caráter ilícito do fato ou de determinar-se com tal entendimento, tal como disposto no art. 26, "caput", do CP. Há de se reconhecer, assim, a sua inimputabilidade, devendo, em razão disso, ser submetido a tratamento (medida de segurança). Embora a sentença, aqui, tenha natureza absolutória (art. 386, VI, CPP), o agente há de ser submetido a tratamento. Daí falar-se em absolvição *imprópria*. **ED**
Gabarito "C".

(Agente de Polícia Civil/RO – 2014 – FUNCAB) Assinale a alternativa correta. É causa que exclui a culpabilidade do crime:

(A) Inimputabilidade do agente.

(B) Legítima defesa.

(C) Estado de necessidade.

(D) Exercício regular de um direito.

(E) Estrito cumprimento de um dever legal.

A: correta. A inimputabilidade do agente, de fato, é causa excludente da culpabilidade, visto que a imputabilidade é seu elemento integrante. No CP, são causas que excluem a imputabilidade a doença mental e o desenvolvimento mental incompleto ou retardado (art. 26, *caput*, CP), a menoridade (art. 27, CP) e a embriaguez completa e involuntária (art. 28, § 1º, CP), sem prejuízo de outras causas previstas na legislação especial; **B:** incorreta, pois a legítima defesa é causa excludente da ilicitude (art. 23, II e 25, ambos do CP); **C:** incorreta, haja vista que o estado de necessidade exclui a ilicitude (art. 23, I e 24, ambos do CP); **D:** incorreta, eis que o exercício regular de um direito exclui a ilicitude do comportamento do agente (art. 23, III, CP); **E:** incorreta. O estrito cumprimento de um dever legal é causa excludente da antijuridicidade – ou ilicitude (art. 23, III, CP).
Gabarito "A".

(Agente de Polícia/PI – 2012) Sobre imputabilidade penal, assinale a alternativa correta.

(A) A embriaguez involuntária, decorrente de caso fortuito ou força maior, necessariamente exclui a imputabilidade penal.

(B) A embriaguez voluntária é causa de aumento de até um terço da pena.

(C) A perturbação da saúde mental necessariamente exclui a imputabilidade penal.

(D) Somente aquele que seja interditado por sentença judicial é que se faz isento de pena, no âmbito da responsabilidade criminal.

(E) Nem sempre a perturbação da saúde mental é causa de exclusão da imputabilidade penal.

A: incorreta, pois a embriaguez involuntária, decorrente de caso fortuito ou força maior, somente excluirá a imputabilidade penal se for *completa* (art. 28, § 1º, do CP); **B:** incorreta, pois a embriaguez voluntária é considerada circunstância agravante (art. 61, II, "l", do CP), e não causa de aumento de pena. É a chamada embriaguez preordenada; **C:** incorreta. A perturbação da saúde mental (doença mental ou desenvolvimento mental incompleto ou retardado) somente é causa de exclusão da imputabilidade penal se, em razão dela, o agente for inteiramente incapaz de entender o caráter ilícito do fato ou de determinar-se de acordo com esse entendimento (art. 26, *caput*, do CP); **D:** incorreta, pois o déficit mental capaz de gerar a inimputabilidade penal (art. 26, *caput*, do CP) não depende de prévia interdição do agente por sentença judicial. A inimputabilidade penal será reconhecida durante a persecução penal (art. 149 e seguintes do CPP); **E:** correta. Como visto no comentário à alternativa "C", a perturbação da saúde mental somente excluirá a imputabilidade penal se, em razão dela, o agente for inteiramente incapaz de entender o caráter ilícito do fato ou de determinar-se de acordo com esse entendimento (art. 26, *caput*, do CP). Caso a perturbação não retire, por completo, a capacidade de entendimento ou de autodeterminação do agente, haverá o reconhecimento da semi-imputabilidade, que é causa de redução da pena (art. 26, parágrafo único, do CP).
Gabarito "E".

12. PENA E MEDIDA DE SEGURANÇA

(Agente-Escrivão – Acre – IBADE – 2017) Terêncio, em razão da condição de sexo feminino, efetua disparo de arma de fogo contra sua esposa Efigênia, perceptivelmente grávida, todavia atingindo, por falta de habilidade no manejo da arma, Nereu, um vizinho, que morre imediatamente. Desconsiderando os tipos penais previstos no Estatuto do Desarmamento e levando em conta apenas as informações contidas no enunciado, é correto afirmar que Terêncio praticou crime(s) de:

(A) feminicídio majorado.

ARTHUR TRIGUEIROS E EDUARDO DOMPIERI

1. Direito Penal

(B) aborto, na forma tentada, e homicídio.

(C) homicídio culposo, feminicídio majorado, na forma tentada, e aborto, na forma tentada.

(D) aborto, na forma tentada, e feminicídio majorado.

(E) homicídio culposo e aborto, na forma tentada.

O enunciado retrata típico exemplo de *aberratio ictus* (erro na execução). Senão vejamos: segundo é possível inferir do enunciado, Terêncio, ao atirar contra sua esposa, que se achava visivelmente grávida, desejava a morte desta e também do produto da concepção (ao menos assumiu o risco de provocar o abortamento). Pois bem. Temos que Terêncio, por erro no uso dos meios de execução (faltou-lhe habilidade no manejo da arma), no lugar de atingir a pessoa que pretendia, neste caso Efigênia, sua esposa, atinge pessoa diversa, ou seja, seu vizinho Nereu. Neste caso, dado o que estabelece o art. 73 do CP, *serão levadas em consideração as características da pessoa contra a qual o agente queria investir, mas não conseguiu.* Tratando-se de erro meramente acidental, responderá o agente como se houvesse matado a vítima pretendida (sua esposa). É por essa razão que Terêncio deverá ser responsabilizado como se de fato tivesse matado sua esposa, incidindo, dessa forma, na modalidade qualificada do homicídio em razão da condição do sexo feminino (art. 121, § 2º, VI, do CP). Sem prejuízo, responderá também pelo crime de tentativa de aborto, que não se consumou por circunstâncias alheias à vontade de Terêncio (falta de habilidade no manejo da arma). `ED`
Gabarito "D".

(Escrivão – AESP/CE – VUNESP – 2017) Sobre o concurso material de crimes, o Código Penal estabelece que

(A) quando o agente, mediante uma só omissão, pratica dois ou mais crimes, idênticos ou não, aplicam-se cumulativamente as penas privativas de liberdade em que haja incorrido.

(B) quando o agente, mediante uma só ação, pratica dois ou mais crimes, idênticos ou não, aplicam-se cumulativamente as penas privativas de liberdade em que haja incorrido.

(C) quando o agente, mediante mais de uma ação ou omissão, pratica dois ou mais crimes, idênticos ou não, aplicam-se cumulativamente as penas privativas de liberdade em que haja incorrido.

(D) quando o agente, mediante mais de uma ação ou omissão, pratica dois ou mais crimes, idênticos ou não, aplica-se a mais grave das penas cabíveis ou, se iguais, somente uma delas, mas aumentada, em qualquer caso, de um sexto até metade.

(E) quando o agente, mediante mais de uma ação ou omissão, pratica dois ou mais crimes, idênticos ou não, aplica-se a mais grave das penas cabíveis ou, se iguais, somente uma delas, mas aumentada, em qualquer caso, de um sexto até dois terços.

A teor do art. 69, "caput", do CP, ocorre o chamado *concurso material de crimes* quando o agente, por meio de mais de uma conduta (ação ou omissão), pratica dois ou mais crimes, que podem ou não ser idênticos, aplicando-se, de forma cumulativa, as penas privativas de liberdade correspondente a cada delito. A fixação da pena, no concurso material, portanto, obedece ao sistema do *cúmulo material* ou da *cumulatividade das penas, segundo o qual estas serão, como o próprio nome sugere, cumuladas, somadas.* `ED`
Gabarito "C".

13. EXTINÇÃO DA PUNIBILIDADE

(Escrivão – AESP/CE – VUNESP – 2017) No tocante às disposições previstas no Código Penal relativas à prescrição penal, causa de extinção da punibilidade, é correto afirmar que

(A) nos crimes conexos, a extinção da punibilidade de um deles impede, quanto aos outros, a agravação da pena resultante da conexão.

(B) antes de transitar em julgado a sentença final, a prescrição começa a correr do oferecimento da denúncia.

(C) depois da sentença condenatória com trânsito em julgado para a acusação ou depois de improvido seu recurso, a prescrição regula--se pela pena aplicada, não podendo, em nenhuma hipótese, ter por termo inicial data anterior à da denúncia ou queixa.

(D) depois da sentença condenatória com trânsito em julgado para a acusação ou depois de improvido seu recurso, a prescrição regula--se pelo máximo da pena privativa de liberdade cominada ao crime.

(E) no caso de evadir-se o condenado ou de revogar-se o livramento condicional, a prescrição é regulada pelo tempo total da pena.

A: incorreta, uma vez que, a teor do art. 108 do CP, nos crimes conexos, a extinção da punibilidade de um deles não impede, quanto aos outros, a agravação da pena resultante da conexão; **B:** incorreta, na medida em que não reflete o disposto

no art. 111 do CP, que fixa o termo inicial da prescrição antes de transitar em julgado a sentença final; **C:** correta, já que corresponde à redação do art. 110, § 1º, do CP; **D:** incorreta, pois em desconformidade com o art. 110, § 1º, do CP; **E:** incorreta (art. 113, CP). `ED`
Gabarito "C".

(Agente de Polícia Civil/RO – 2014 – FUNCAB) De acordo com o Código Penal, qual alternativa corresponde à causa de extinção da punibilidade?

(A) A renúncia do direito de queixa ou perdão aceito, nos crimes de ação penal pública.

(B) A retratação do agente, nos casos em que a lei a admite.

(C) A pronúncia.

(D) O recebimento da denúncia.

(E) A rejeição da denúncia.

A: incorreta. A renúncia do direito de queixa ou o perdão aceito são causas de extinção da punibilidade nos crimes de ação penal privada (art. 107, V; arts. 104 a 106, todos do CP); **B:** correta, nos exatos termos do art. 107, VI, CP; **C:** incorreta. A pronúncia é causa interruptiva da prescrição penal (art. 117, II, CP); **D:** incorreta, pois o recebimento da denúncia é causa interruptiva da prescrição penal (art. 117, I, CP); **E:** incorreta. A rejeição da denúncia não é causa extintiva da punibilidade, não constando no art. 107 do CP. Também não é causa interruptiva da prescrição, não se confundindo com o recebimento da denúncia, esta sim, causa capaz de influir no prazo prescricional.
Gabarito "B".

(Agente de Polícia Civil/RO – 2014 – FUNCAB) Pode-se afirmar corretamente que a prescrição, antes de transitar em julgado a sentença final, começa a correr:

(A) nos crimes contra a vida de crianças e adolescentes, previstos no Código Penal, da data em que a vítima completar 18 (dezoito) anos, salvo se a esse tempo já houver sido proposta a ação penal.

(B) do dia em que o crime se tornou conhecido.

(C) nos crimes permanentes, do dia em que iniciou a permanência.

(D) nos de bigamia e nos de falsificação ou alteração de assentamento do registro civil, da data em que o fato se tornou conhecido.

(E) no caso de tentativa, do dia em que houve a prática do primeiro ato criminoso.

A: incorreta, aplicando-se a regra geral contida no art. 111, I, CP (data da consumação do crime). Não se confunde com os crimes contra a dignidade sexual de crianças e adolescentes, cuja prescrição somente começará a fluir a partir da data em que a vítima complete a maioridade, salvo se a esse tempo a ação já tiver sido proposta (art. 111, V, CP); **B:** incorreta. A prescrição, em regra, começa a correr a partir do momento em que o crime se consumou, e não quando se tornou conhecido. Assim, por exemplo, se um homicídio foi praticado em 10.01.2015, ainda que o fato tenha sido descoberto em 30.01.2015, a prescrição terá começado a fluir a partir da primeira data; **C:** incorreta. Nos crimes permanentes, assim considerados aqueles cuja consumação de protrai (prolonga) no tempo, a prescrição começará a correr a partir da cessação da permanência (art. 111, III, CP). Assim, por exemplo, no crime de extorsão mediante sequestro (art. 159, CP), a prescrição se iniciará não na data em que a vítima for sequestrada, mas, sim, quando de sua libertação (cessação da permanência); **D:** correta, nos exatos termos do art. 111, IV, CP; **E:** incorreta. Em caso de tentativa, a prescrição terá início quando da cessação da atividade criminosa (art. 111, II, CP).
Gabarito "D".

(Escrivão de Polícia/MA – 2013 – FGV) Com relação à causa de extinção da punibilidade pela prescrição, assinale a afirmativa correta.

(A) Oferecida a denúncia ou a queixa, o prazo prescricional é interrompido.

(B) A reincidência aumenta em 1/3 o prazo da prescrição.

(C) A publicação da sentença condenatória interrompe o prazo da prescrição para todos os acusados, inclusive para aqueles que foram absolvidos e o Ministério Público apelou.

(D) Estando o acusado preso preventivamente, não há que se falar em prescrição da pretensão punitiva.

(E) Segundo o entendimento majoritário dos Tribunais Superiores, com o advento da Lei n. 10.741/03 (Estatuto do Idoso), incide a regra do Art. 115 do Código Penal (redução do prazo prescricional de metade) quando o acusado possui 60 anos quando da sentença.

A: incorreta. O que interrompe a prescrição é o recebimento da denúncia ou queixa, e não seu oferecimento (art. 117, I, do CP); **B:** incorreta, pois a reincidência somente aumentará em 1/3 (um terço) o prazo da prescrição da pretensão executória (art. 110, *caput*, do CP), e não, genericamente, a "prescrição", tal como considerado na assertiva; **C:** correta, pois, de fato, a sentença condenatória é causa interruptiva da prescrição (art. 117, IV, do CP). Ainda, nos termos do art. 117, § 1º, do CP, exceptuados os casos dos incisos V e VI deste artigo (início ou continuação do cumprimento da pena e a reincidência), a interrupção da prescrição produz efeitos relativamente a todos os autores do crime; **D:** incorreta. Não é causa suspensiva ou impeditiva da prescrição a prisão preventiva do acusado (vide art. 116 do CP); **E:** incorreta. O conceito de "idoso" trazido pela Lei 10.741/2003 não alterou a regra do art. 115 do CP (o prazo prescricional será reduzido de metade caso o agente conte com mais de setenta anos de idade à época da sentença). Veja que o referido dispositivo legal não diz que a prescrição será reduzida de metade se a sentença condenatória for proferida contra *idoso* (caso em que se extrairia o conceito de *idoso* da Lei 10.741/2003), mas, sim, contra maior de 70 (setenta) anos.

Gabarito "C".

14. CRIMES CONTRA A PESSOA

(Escrivão – AESP/CE – VUNESP – 2017) Assinale a alternativa correta no que diz respeito aos crimes contra a vida previstos no Código Penal.

(A) O crime de aborto provocado pela gestante ou com seu consentimento equipara-se e possui a mesma pena que o aborto provocado por terceiro.

(B) Não se pune o aborto praticado por médico se não há outro meio de salvar a vida da gestante.

(C) No crime de induzimento, instigação ou auxílio a suicídio, a prática da conduta criminosa por motivo egoístico é circunstância que qualifica o crime.

(D) No crime de homicídio simples, se o agente comete o crime impelido por motivo de relevante valor social ou moral, ou sob o domínio de violenta emoção, logo em seguida a injusta provocação da vítima, o juiz deve conceder o perdão judicial.

(E) No crime de homicídio, a prática deste mediante paga ou promessa de recompensa, ou por outro motivo torpe são circunstâncias que, apesar de não qualificar o crime, caracterizam-se como causas de aumento de pena.

A: incorreta. Isso porque o aborto praticado pela gestante (autoaborto) ou com o consentimento desta será apenado de forma diferente (mais branda) daquele realizado por terceiro. As condutas consistentes em provocar aborto em si mesma e consentir que outro a faça configuram o crime próprio do art. 124 do CP. Por ser próprio, por ele somente responderá a gestante. Trata-se da forma menos grave de aborto, já que o legislador estabeleceu a pena de detenção de 1 a 3 anos. Agora, a conduta do terceiro que provoca na gestante a interrupção de sua gravidez pode dar azo a duas tipificações diversas, a depender da existência de consentimento da gestante. Se esta consentir que terceiro nela realize o aborto, este estará incurso no crime do art. 126 do CP, cuja pena cominada é de reclusão de 1 a 4 anos, superior, portanto, à pena prevista para o aborto praticado pela própria gestante ou quando ela consente que outrem o faça. Se o terceiro, de outro lado, realizar o aborto sem o consentimento válido da gestante, será ele responsabilizado pela modalidade mais grave deste crime, prevista no art. 125 do CP, que estabelece a pena de 3 a 10 anos de reclusão. Portanto, é diferente o tratamento que a lei confere ao aborto realizado pela própria gestante ou com o seu consentimento daquele levado a efeito por terceiro, com ou sem o consentimento da gestante. Perceba que, embora o fato seja o mesmo, os agentes envolvidos responderão por crimes diversos, o que representa exceção à *teoria monista*; **B:** correta. As hipóteses de aborto legal, que constituem causas especiais de exclusão da ilicitude, estão contidas no art. 128 do CP. Trata-se do aborto necessário (inciso I), que é aquele praticado por médico com o objetivo de salvar a vida da gestante, ao qual se refere a assertiva; e o aborto sentimental (inciso II), que é a interrupção da gravidez, também realizada por médico, resultante de estupro; **C:** incorreta. O motivo egoístico constitui causa de aumento de pena (e não qualificadora!) do crime de participação em suicídio (art. 121, parágrafo único, I, do CP); **D:** incorreta. A assertiva contém as hipóteses de homicídio privilegiado (art. 121, § 1º, do CP), que acarreta uma redução da pena da ordem de 1/6 a 1/3. O perdão judicial (art. 121, § 5º, do CP) somente tem incidência no homicídio culposo, quando as consequências da infração atingirem o próprio agente de forma tão grave e intensa que a pena que seria a ele aplicada se mostra desnecessária. Clássico exemplo é o do pai que, em acidente de trânsito, mata, culposamente, o próprio filho. Não há dúvida da desnecessidade da repriemenda, já que o resultado da conduta do pai já lhe serviu de pena, aliás bem severa; **E:** incorreta. Cuida-se de qualificadoras do crime de homicídio, uma vez que o legislador estabeleceu novos patamares para a pena cominada (art. 121, § 2º, CP).

Gabarito "B".

(Agente-Escrivão – Acre – IBADE – 2017) Encaminhar uma mensagem de texto a um policial civil que se encontra em outro município, xingando-o de ladrão, configura crime de:

(A) injúria.

(B) difamação.

(C) desacato.

(D) denunciação caluniosa.

(E) calúnia.

A conduta descrita no enunciado corresponde ao crime de *injúria*, delito contra a honra previsto no art. 140 do CP, que consiste na atribuição de qualidade ofensiva, pejorativa. É o xingamento. Atinge-se, aqui, a honra subjetiva. Consiste a *calúnia* (art. 138 do CP) em atribuir *falsamente* a alguém fato capitulado como crime. A honra atingida, neste caso, é a objetiva (conceito que o sujeito tem diante do grupo no qual está inserido). *Difamar* alguém (art. 139, CP), por sua vez, significa divulgar fatos infamantes à sua honra objetiva. Perceba que a calúnia e a difamação têm em comum a atribuição de um fato determinado e individualizado, criminoso, no caso da calúnia, e desonroso, no caso da difamação. Na injúria é diferente. O que temos é a atribuição de qualidade de conotação negativa. São esses os três crimes contra a honra, que não devem ser confundidos com o crime de *denunciação caluniosa*, delito contra a Administração da Justiça, previsto no art. 339 do CP, que pressupõe que o agente *dê causa*, provoque a instauração de investigação policial, de processo judicial, de investigação administrativa, inquérito civil ou ação de improbidade administrativa contra alguém (pessoa determinada), atribuindo-lhe crime de que o sabe inocente. O delito de *comunicação falsa de crime ou de contravenção*, que também ofende a Administração da Justiça, está capitulado no art. 340 do CP. Neste caso, não há imputação a pessoa determinada. Por fim, temos o crime de desacato (art. 331, CP), que corresponde à conduta do particular que desrespeita, ofende, trata com desdém o funcionário público no exercício da função ou em razão dela. São exemplos: rasgar mandado entregue pelo oficial de Justiça e, após, jogá-lo no chão; xingar o fiscal que esteja multando; dirigir ao funcionário sinais ofensivos e provocativos, entre outros.

Gabarito "A".

(Agente-Escrivão – Acre – IBADE – 2017) Abigail, depois de iniciado parto caseiro, mas antes de completá-lo, sob influência do estado puerperal, mata o próprio filho. Abigail praticou crime de:

(A) homicídio qualificado.

(B) consentimento para o aborto.

(C) homicídio.

(D) autoaborto.

(E) infanticídio.

Abigail, que, durante o próprio parto, matou, sob a influência do estado puerperal, seu próprio filho, deverá ser responsabilizada pelo crime de infanticídio, previsto no art. 123 do CP, que nada mais é do que uma modalidade privilegiada do crime de homicídio em que a mãe, dadas as suas condições especiais e particulares decorrentes do puerpério, elimina a vida do nascente ou recém-nascido. Neste caso, o legislador achou por bem estabelecer pena bem inferior àquela prevista para o homicídio do art. 121 do CP.

Gabarito "E".

(Agente – Pernambuco – CESPE – 2016) Acerca dos crimes contra a pessoa, assinale a opção correta.

(A) Quando o homicídio for praticado por motivo fútil, haverá causa de diminuição de pena.

(B) Sempre que um agente mata uma vítima mulher, tem-se um caso de feminicídio.

(C) O homicídio e o aborto são os únicos tipos penais constantes no capítulo que trata de crimes contra a vida.

(D) O aborto provocado é considerado crime pelo direito brasileiro, não existindo hipóteses de exclusão da ilicitude.

(E) O aborto provocado será permitido quando for praticado para salvar a vida da gestante ou quando se tratar de gravidez decorrente de estupro.

A: incorreta. A futilidade é circunstância que qualifica o homicídio, e não que determina a diminuição da pena (art. 121, § 2º, II, do CP); **B:** incorreta. Somente restará configurado o *feminicídio*, forma qualificada de homicídio prevista no art. 121, § 2º, VI, do CP, quando o crime envolver: I – violência doméstica contra a mulher; II – menosprezo ou discriminação à condição de mulher (art. 121, § 2º-A, do CP); **C:** incorreta, na medida em que o capítulo correspondente aos crimes contra a vida (Capítulo I do Título I) contempla, além dos crimes de homicídio e aborto, também o infanticídio (art. 123, CP) e a participação em suicídio (art. 122, CP); **D:** incorreta. O aborto provocado comporta, ao contrário do que acima se afirma, duas hipóteses de exclusão da ilicitude, a saber: I – quando não houver outro meio de salvar a vida da gestante (aborto necessário - art. 128, I, do CP); e II – quando a gravidez é resultante de estupro e o aborto é precedido de consentimento da gestante ou de seu representante legal (aborto sentimental - art. 128, II, do CP). Há outra hipótese, esta reconhecida pela doutrina e jurisprudência, em que o aborto não será punido: no julgamento da ADPF 54, o STF declarou

ARTHUR TRIGUEIROS E EDUARDO DOMPIERI

a inconstitucionalidade de qualquer interpretação segundo a qual a interrupção da gravidez de feto anencefálico constitua crime previsto no CP; **E:** correta. Vide comentário anterior. **ED**

Gabarito "E".

(Investigador-Escrivão-Papiloscopista – Pará – Funcab – 2016) O crime de ameaça:

(A) pressupõe injustiça do mal prometido.

(B) é de ação penal privada.

(C) não admite transação penal.

(D) não pode ser praticado por meios simbólicos.

(E) quando usado como meio executório de um roubo, coexiste com este em concurso de crimes.

A: correta. Tal se infere da descrição típica contida no art. 147 do CP, que define o crime de ameaça: *ameaçar alguém, por palavra, escrita ou gesto, ou qualquer outro meio simbólico, de causar-lhe mal injusto e grave* (GN); **B:** incorreta. Por expressa disposição contida no parágrafo único do art. 147 do CP, a ação penal, no delito de ameaça, é pública condicionada a representação, o que significa dizer que o Ministério Público, embora seja o titular da ação penal, depende, para ajuizá-la, da manifestação de vontade da vítima ou de quem a represente; **C:** incorreta. Dado que a pena máxima cominada ao crime de ameaça corresponde a *seis* meses de detenção, tem incidência, sim, a transação penal, prevista no art. 76 da Lei 9.099/1995, que é aplicável, como bem sabemos, às infrações penais de menor potencial ofensivo, assim consideradas as contravenções penais e os crimes para os quais a lei preveja pena máxima cominada não superior a dois anos (art. 61, Lei 9.099/1995); **D:** incorreta. Pode, sim, ser praticado por meios simbólicos, tal como consta, de forma expressa, da descrição típica deste delito, a saber: *ameaçar alguém, por palavra, escrita ou gesto, ou qualquer outro meio simbólico, de causar-lhe mal injusto e grave* (GN); **E:** incorreta. A ameaça (grave), como um dos meios empregados para o cometimento do crime de roubo, é por este absorvida, não havendo que se falar em concurso de crimes. **ED**

Gabarito "A".

(Investigador-Escrivão-Papiloscopista – Pará – Funcab – 2016) Leia as alternativas a seguir e assinale a correta.

(A) A pessoa jurídica pode figurar como sujeito ativo de crime contra a administração pública previsto no Código Penal.

(B) A pessoa jurídica pode ser sujeito passivo em crime de difamação.

(C) Os inimputáveis não podem ser vítimas de crimes contra a honra.

(D) A pessoa jurídica só pode ser sujeito passivo em crimes patrimoniais.

(E) O inimputável por embriaguez proveniente de caso fortuito não pode figurar como sujeito passivo.

A: incorreta. Atualmente, a punição da pessoa jurídica somente é admissível em relação aos crimes praticados contra o meio ambiente, em virtude de expressa previsão infraconstitucional (Lei 9.605/1998), em regulamentação ao art. 225, § 3°, da CF. Com relação aos crimes praticados contra a ordem econômica e financeira, a despeito da regra contida no art. 173, § 5°, da CF, inexiste lei infraconstitucional que, atualmente, atribua responsabilidade penal à pessoa jurídica por atos praticados contra a ordem econômica e financeira e contra a economia popular; **B:** correta. Embora não haja consenso na doutrina, prevalece o entendimento segundo o qual a pessoa jurídica, porque possui reputação e um nome a zelar, pode ser sujeito passivo do crime de difamação (art. 139, CP). O que não se admite é que seja a pessoa jurídica vítima do delito de injúria (art. 140, CP), uma vez que não tem honra subjetiva a preservar. No que toca ao delito de calúnia, a única hipótese em que é possível cogitar que a pessoa jurídica seja vítima desse crime é a falsa imputação de um fato definido como crime contra o meio ambiente; **C:** incorreta, na medida em que os inimputáveis (menores de idade e doentes mentais) podem, sim, figurar como vítimas nos crimes contra a honra (calúnia, difamação e injúria); **D:** incorreta. Vide comentário à alternativa "A"; **E:** incorreta. Tal como os menores e os doentes mentais, os inimputáveis na forma do art. 28, § 1°, do CP podem, sim, figurar como sujeito passivo de crimes. **ED**

Gabarito "B".

(Investigador-Escrivão-Papiloscopista – Pará – Funcab – 2016) Considerando apenas as informações existentes nas alternativas, assinale aquela que caracteriza crime de lesão corporal gravíssima (art. 129, § 2°, do CP).

(A) Provocar dolosamente a perda de audição em um dos ouvidos da vítima.

(B) Queimar culposamente significativa parte do corpo da vítima, de modo a causar-lhe deformidade permanente.

(C) Agredir a vítima com intenção de interromper sua gravidez mediante aborto, o que efetivamente ocorre.

(D) Transmitir a vítima, intencionalmente, enfermidade grave, mas curável.

(E) Lesionar a vítima dolosamente, causando-lhe por culpa incapacidade permanente para o trabalho.

Antes de analisarmos, uma a uma, as alternativas, vale fazer alguns esclarecimentos. As modalidades de lesão corporal de natureza grave estão contempladas no art. 129, §§ 1° e 2°, do CP. A denominação *lesão corporal gravíssima* foi criada pela doutrina para se referir às hipóteses elencadas no § 2°, que são mais graves, dado o caráter permanente do dano ou mesmo a sua irreparabilidade, do que aquelas contidas no § 1° (chamadas pela doutrina de *lesão corporal grave*). Dito isso, passemos às assertivas. **A:** incorreta. Isso porque a perda de audição de um dos ouvidos não implica a perda do sentido *audição*, da mesma forma que a perda de um olho não leva à perda da visão. O que há, de fato, nos dois casos, é a debilidade (redução) de um dos sentidos (audição, no caso narrado na assertiva, e visão, no exemplo que demos), o que configura hipótese de lesão corporal de natureza grave (art. 129, § 1°, III, CP: *debilidade permanente de membro, sentido ou função*); **B:** incorreta. A classificação das lesões corporais em leve, grave e gravíssima somente tem incidência no contexto da lesão dolosa; não se aplica, portanto, na hipótese de a lesão ser culposa; **C:** incorreta. Se a intenção do agente, ao agredir a vítima, é provocar-lhe o aborto, o crime em que incorrerá será o do art. 125 do CP, que corresponde ao delito de aborto provocado por terceiro sem o consentimento da gestante. É que o *aborto* a que se refere o art. 129, § 2°, V, do CP, que constitui modalidade de lesão corporal gravíssima, pressupõe que o agente, em relação à interrupção da gravidez, tenha agido de forma culposa. É típico exemplo de crime *preterdoloso*, em que há dolo no antecedente (neste caso, a lesão corporal) e culpa no consequente (neste caso, o aborto). Neste caso, é imprescindível, sob pena de configurar responsabilidade objetiva, que o agente tenha conhecimento de que a vítima está grávida; **D:** incorreta, na medida em que a hipótese de lesão gravíssima presente no art. 129, § 2°, II, do CP pressupõe que a enfermidade transmitida seja *incurável*. Aqui se enquadra a AIDS, patologia não letal para a qual ainda não há cura (HC 160982/DF – 5ª Turma do STJ); **E:** correta, pois se trata da hipótese de lesão corporal gravíssima prevista no art. 129, § 2°, I, do CP. **ED**

Gabarito "E".

(Papiloscopista – PCDF – Universa – 2016) Logo após saber que seu filho fora vítima de agressão, Ernane saiu ao encalço do agressor, tendo disparado vários tiros em direção a este, que veio a falecer em virtude da conduta de Ernane.

Nesse caso hipotético,

(A) configura-se, em tese, homicídio privilegiado, que é causa excludente da ilicitude.

(B) Ernane responderá, consoante a mais recente posição do STJ, por crime de homicídio qualificado por motivo torpe.

(C) Ernane responderá pelo crime de homicídio simples, não havendo previsão legal, em relação à sua conduta, que possa de alguma forma influenciar em sua pena.

(D) configura-se, em tese, homicídio privilegiado, que é causa de diminuição da pena.

(E) configura-se, em tese, homicídio privilegiado, que é causa excludente da culpabilidade.

Pela narrativa que consta do enunciado, pode-se afirmar que a conduta de Ernane, que matou o agressor do filho, configura hipótese de homicídio privilegiado em razão de haver agido movido por relevante valor moral, o que implicará, por força do que dispõe o art. 121, § 1°, do CP, uma diminuição de pena da ordem de 1/6 a 1/3. Além do relevante valor moral, também constitui hipótese de homicídio privilegiado o fato de o agente cometer o crime movido por relevante valor social e também sob o domínio de violenta emoção, logo em seguida a injusta provocação da vítima. Este último é o chamado homicídio emocional, que tem como requisitos: existência de uma emoção absorvente; provocação injusta da vítima; e imediatidade da reação. **ED**

Gabarito "D".

(Agente de Polícia Civil/RO – 2014 – FUNCAB) Borges, pessoa má, que não gosta de crianças, com dolo *necandi*, matou Simoninha, com 5 anos de idade. Borges cometeu o crime de:

(A) aborto.

(B) lesão corporal.

(C) infanticídio.

(D) homicídio culposo.

(E) homicídio doloso.

Borges, ao matar Simoninha, agindo com dolo *necandi* (dolo homicida), praticou o crime de homicídio doloso. Perceba o candidato que a questão é facílima! Ainda que não soubesse o conceito de "dolo *necandi*", bastaria prestar atenção ao enunciado. Se Borges agiu com "dolo", jamais a resposta poderia ser homicídio culposo

1. DIREITO PENAL   431

(alternativa D). Também não poderia ser lesão corporal (alternativa B), pois o agente matou – e não apenas lesionou – a vítima. Igualmente, o crime não poderia ser o de aborto, visto que este pressupõe vida humana intrauterina (anterior ao parto). Se Simoninha já contava com 5 anos de idade, obviamente não se pode cogitar de aborto. Por fim, infanticídio jamais poderia ter sido o crime, seja pelo fato de Borges não ser o sujeito ativo que exige a lei (art. 123, CP – a mãe), seja pelo fato de a vítima de referido crime ser o nascente ou o neonato. Quem tem 5 anos não está nascendo, nem é recém-nascido!

Gabarito "E".

(Escrivão/SP – 2014 – VUNESP) A conduta de induzir, instigar ou auxiliar outra pessoa a suicidar- se, que tem como resultado lesão corporal de natureza leve,

(A) tem pena duplicada se cometida por motivo egoístico.

(B) tem pena agravada se a vítima tem diminuída, por qualquer causa, a capacidade de resistência.

(C) não é prevista como crime.

(D) tem pena aumentada se a vítima for menor de idade.

(E) é punida com pena de 1 (um) a 3 (três) anos.

O crime de induzimento, instigação ou auxílio ao suicídio (art. 122 do CP) é doutrinariamente considerado um crime de resultado, somente se caracterizando se houver lesão corporal de natureza grave ou morte da vítima. Tal decorre da própria leitura do tipo penal (*caput* e preceito secundário). Caso a vítima induzida sofra apenas lesão corporal de natureza leve, ou se nenhuma lesão sofrer, o fato de o agente tê-la induzido, instigado ou auxiliado a eliminar a própria vida será considerado atípico.

Gabarito "C".

(Escrivão/SP – 2014 – VUNESP) Considere que João e José se agrediram mutuamente e que as lesões recíprocas não são graves. Nesta hipótese, o art. 129, § 5.º do CP prescreve que ambos podem

(A) ser beneficiados com a exclusão da ilicitude.

(B) ser beneficiados com o perdão judicial.

(C) ter as penas de reclusão substituídas por prisão simples.

(D) ser beneficiados com a exclusão da culpabilidade.

(E) ter as penas de detenção substituídas por multa.

Em caso de lesões corporais recíprocas, e desde que não sejam graves, o juiz poderá substituir a pena de detenção por multa, nos termos do art. 129, § 5º, II, do CP.

Gabarito "E".

(Escrivão de Polícia/BA – 2013 – CESPE) Julgue os itens subsecutivos, acerca de crimes contra a pessoa.

(1) Nos crimes contra a honra — calúnia, difamação e injúria —, o Código Penal admite a retratação como causa extintiva de punibilidade, desde que ocorra antes da sentença penal, seja cabal e abarque tudo o que o agente imputou à vítima.

(2) Considere que Jonas encarcere seu filho adolescente, usuário de drogas, em um dos cômodos da casa da família, durante três dias, para evitar que ele volte a se drogar. Nesse caso, Jonas pratica o crime de cárcere privado.

(3) Considere a seguinte situação hipotética. Lúcia, maior, capaz, no final do expediente, ao abrir o carro no estacionamento do local onde trabalhava, percebeu que esquecera seu filho de seis meses de idade na cadeirinha de bebê do banco traseiro do automóvel, que permanecera fechado durante todo o turno de trabalho, fato que causou o falecimento do bebê. Nessa situação, Lúcia praticou o crime de abandono de incapaz, na forma culposa, qualificado pelo resultado morte.

1: errada. A retratação como causa extintiva da punibilidade, no que concerne aos crimes contra honra, somente é admissível no tocante à calúnia e difamação (art. 143, CP), que são crimes que atentam contra a honra objetiva da vítima (vale dizer, aquilo que terceiros pensam dela). Inviável a retratação com relação ao crime de injúria (art. 140, CP), que ofende a honra subjetiva da vítima, ou seja, aquilo que ela pensa de si própria (autoestima); **2:** errada. Não haveria o dolo na conduta de Jonas, vale dizer, a vontade livre e consciente de privar a liberdade de seu filho, inviabilizando sua liberdade de locomoção. O fim último na conduta do pai foi o de impedir que o adolescente utilizasse drogas; **3:** errada. Lúcia, ao esquecer seu filho no banco de trás de seu carro, ocasionando, daí, a morte do infante, praticou o crime de homicídio culposo (art. 121, § 3º, CP). O crime de abandono de incapaz (art. 133, CP) é doloso, exigindo que o agente, voluntária e conscientemente, abandone pessoa que esteja sob os seus cuidados, sem que esta possa se defender dos riscos do abandono.

Gabarito 1E, 2E, 3E

(Escrivão de Polícia/MA – 2013 – FGV) Após, com *animus necandi*, esfaquear por diversas vezes seu vizinho somente pelo fato dele ter vibrado com o gol do seu time de coração, Juliano se arrepende e leva a vítima para o hospital sendo a mesma salva por força do atendimento médico realizado. Todavia, em razão das lesões causadas, a vítima ficou impossibilitada de exercer suas ocupações habituais por 40 dias, o que foi reconhecido por laudo médico complementar.

Diante deste quadro, Juliano deverá:

(A) responder por tentativa de homicídio simples;

(B) responder por tentativa de homicídio qualificado pelo motivo fútil;

(C) responder por lesão corporal de natureza grave;

(D) responder por lesão corporal simples;

(E) ser absolvido, por ter desistido de prosseguir no crime.

A, B e **E:** incorretas. Considerando que Juliano, após esfaquear a vítima com *animus necandi* (ânimo homicida ou intenção de matar), arrependeu-se e a socorreu, levando-a ao hospital, não poderá responder por tentativa, tendo em vista que deverá ser beneficiado pelo arrependimento eficaz (art. 15, segunda parte, do CP). Não deverá o agente, nesse caso, responder pela tentativa do crime inicialmente executado, mas, sim, pelos atos já praticados. Também não será caso de absolvição, mas, como visto, de punição pelos atos efetivamente praticados; **C:** correta. Tendo a vítima, em razão das lesões sofridas, ficado impossibilitada de exercer suas ocupações habituais por 40 (quarenta) dias, devidamente reconhecido por laudo pericial, caracterizado está o crime do art. 129, § 1º, I, do CP (lesão corporal de natureza grave); **D:** incorreta, pois, como visto nos comentários à alternativa C, as lesões corporais sofridas pela vítima não se subsumem ao art. 129, *caput*, do CP (lesão corporal simples ou leve), mas, sim, qualificada (art. 129, § 1º, I, do CP).

Gabarito "C".

(Escrivão de Polícia/GO – 2013 – UEG) Sobre o crime de lesão corporal, verifica-se o seguinte:

(A) por tratar-se de crime material, a consumação ocorrerá quando a ofensa incidir apenas sobre a saúde física da vítima.

(B) será gravíssima a lesão se dela resultar o abortamento, desde que este tenha sido o resultado visado.

(C) será reconhecida a qualificadora da deformidade permanente quando a ofensa ocorrer no rosto da vítima.

(D) a diferença entre a contravenção penal de vias de fato e a lesão corporal está na inexistência de dano à incolumidade física da vítima.

A: incorreta, pois a lesão corporal, de fato, crime material, pressupõe que a conduta do agente ofenda a *integridade física* ou a *saúde* da vítima, e não somente a saúde, como refere a assertiva (art. 129, *caput*, do CP); **B:** incorreta, pois a lesão corporal da qual resulta o abortamento (art. 129, § 2º, V, do CP) é considerada um *crime preterdoloso*, ou seja, o agente age com *dolo* no comportamento que produz a lesão corporal, mas com *culpa* com relação ao abortamento (resultado agravador não querido, nem visado); **C:** incorreta, pois a qualificadora da deformidade permanente (art. 129, § 2º, IV, do CP) é aquela que se caracteriza pelo dano estético perene, capaz de gerar constrangimento à vítima e a quem a cerca. Não precisará a deformidade permanente ser causada no rosto da vítima, visto que a lei nada fala a respeito; **D:** correta. De fato, nas lesões corporais (crime do art. 129 do CP), o comportamento do agente deverá ser capaz de causar efetiva ofensa à saúde ou à integridade física da vítima, ao passo que nas vias de fato (contravenção do art. 21 da LCP), inexistirá dano à incolumidade física da vítima. Temos como exemplos: i) empurrão ou puxão de cabelo = vias de fato; ii) soco no rosto com sangramento nasal = lesão corporal.

Gabarito "D".

15. CRIMES CONTRA A HONRA

(Escrivão de Polícia/GO – 2013 – UEG) No que respeita ao crime de injúria, verifica-se que

(A) a consumação ocorre quando a emissão do conceito negativo chega ao conhecimento da vítima.

(B) a retorsão imediata é causa de diminuição de pena, de observância obrigatória pelo magistrado quando da prolação da sentença.

(C) é admitida a exceção da verdade, quando ocorrer ofensa à dignidade e ao decoro da vítima.

(D) a pessoa jurídica pode ser vítima do crime de injúria, tendo em conta gozar de reputação perante o mercado.

A: correta. De fato, de acordo com a doutrina, o crime de injúria se consuma no exato momento em que a vítima toma conhecimento da ofensa à sua dignidade ou decoro, ainda que tal tenha ocorrido em sua ausência. Por exemplo, se o agente

ARTHUR TRIGUEIROS E EDUARDO DOMPIERI

ofendeu a dignidade da vítima em uma segunda-feira, mediante publicação de frases injuriosas na página pessoal de rede social, mas somente na quarta-feira a ofensa foi conhecida pela vítima, a consumação terá ocorrido apenas nesta data; **B:** incorreta, pois a retorsão imediata, no caso da injúria, é hipótese em que o juiz poderá deixar de aplicar a pena (art. 140, § 1º, II, do CP), e não causa de diminuição de pena; **C:** incorreta, pois a exceção da verdade é admissível, apenas, para o crime de calúnia (art. 138, § 3º, do CP) e difamação cometida contra funcionário público, desde que a ofensa seja relativa ao exercício de suas funções (art. 139, parágrafo único, do CP). Tanto calúnia, quanto difamação são crimes que ofendem a honra objetiva da vítima (aquilo que terceiros pensam dela), diferentemente da injúria, que é crime ofensivo à honra subjetiva (aquilo que a vítima pensa de si própria; autoestima); **D:** incorreta. Predomina o entendimento de que a pessoa jurídica jamais poderá ser vítima de injúria, que é crime que ofende a honra subjetiva (dignidade e decoro – atributos físicos, morais e intelectuais da pessoa). Se tanto, admite-se que uma pessoa jurídica seja vítima de calúnia, e desde que a falsa imputação a ela dirigida seja de um fato definido como crime ambiental. Lembre-se de que, pela atual legislação, a pessoa jurídica somente pode ser criminalmente processada por danos ambientais (art. 225, § 3º, da CF e Lei 9.605/1998). Assim, uma falsa imputação de um crime ambiental a uma pessoa jurídica pode, pois, caracterizar calúnia, pois ela ficaria com sua honra objetiva (aquilo que terceiros pensam dela; reputação) maculada.

Gabarito "A".

16. CRIMES CONTRA O PATRIMÔNIO

(Agente-Escrivão – Acre – IBADE – 2017) Sobre o crime de receptação, é correto afirmar que:

(A) aquele que encomenda a prática de crime patrimonial prévio não responde por receptação ao receber para si o produto do crime.

(B) não é possível a receptação que tenha como crime prévio uma outra receptação.

(C) cuida-se de crime subsidiário ao delito de favorecimento real.

(D) a receptação qualificada admite a modalidade culposa.

(E) majoritariamente, entende-se que, se a infração penal prévia for um ato infracional, não há receptação, pois esta tem como objeto material o produto de um crime.

A: correta. Aquele que encomenda o cometimento de um crime patrimonial, furto ou roubo, por exemplo, será considerado partícipe neste, e não receptador do produto do crime contra o patrimônio. Ensina Guilherme de Souza Nucci *que o sujeito que foi coautor ou partícipe do delito antecedente, por meio do qual obteve a coisa, não responde por receptação, mas somente pelo que anteriormente cometeu* (*Código Penal Comentado*, 13. ed., p. 902); **B:** incorreta. É perfeitamente possível que o crime anterior, do qual depende a configuração da receptação, seja outra receptação. O que a lei exige é que a coisa seja produto de crime, aqui incluída, por óbvio, a receptação; **C:** incorreta, já que não há que se falar em relação de subsidiariedade entre os crimes de receptação e favorecimento real. O favorecimento real (art. 349, CP), que é crime contra a Administração da Justiça, pressupõe por parte do sujeito ativo a prática de uma conduta voltada a beneficiar somente o criminoso. Na receptação (art. 180, CP), que é crime contra o patrimônio, a conduta do agente é voltada à obtenção de vantagem em benefício deste ou de terceiro, e não do criminoso; **D:** incorreta. A receptação qualificada (art. 180, § 1º, do CP) não admite a modalidade culposa, prevista no art. 180, § 3º, do CP; **E:** incorreta. É majoritário o entendimento segundo o qual a receptação se configura na hipótese de o fato anterior ser representado por um ato infracional. ED

Gabarito "A".

(Agente-Escrivão – Acre – IBADE – 2017) Desejando roubar um estabelecimento comercial, Celidônio rouba primeiramente um carro, deixando-o ligado em frente ao estabelecimento para a facilitação de sua fuga. Quando Celidônio se afasta, Arlindo casualmente passa pelo local e, vendo o veículo ligado, opta por subtraí-lo, dirigindo ininterruptamente até ingressar em outro Estado da Federação. Nesse contexto, é correto falar que Arlindo cometeu crime de:

(A) furto.

(B) roubo.

(C) receptação.

(D) roubo majorado.

(E) furto qualificado.

O fato de Arlindo ter subtraído veículo que, antes disso, fora roubado não elide a configuração do delito de furto. Sucede que, ao subtrair o veículo, Arlindo dirige até alcançar outro Estado da Federação, incorrendo, assim, na modalidade qualificada deste crime, prevista no art. 155, § 5º, do CP, que assim dispõe: *A pena é de reclusão de 3 (três) a 8 (oito) anos, se a subtração for de veículo automotor que venha a ser transportado para outro Estado ou para o exterior.* ED

Gabarito "E".

(Escrivão – AESP/CE – VUNESP – 2017) No crime de furto, caracteriza-se como causa de aumento de pena, mas não qualificadora do crime:

(A) a prática do crime com destruição ou rompimento de obstáculo à subtração da coisa.

(B) a prática do crime com abuso de confiança, ou mediante fraude, escalada ou destreza.

(C) a prática do crime com emprego de chave falsa.

(D) a prática do crime mediante concurso de duas ou mais pessoas.

(E) a prática do crime durante o repouso noturno.

A única alternativa que contempla hipótese de causa de aumento de pena do crime de furto é a "E", que corresponde ao chamado *furto noturno* (art. 155, § 1º, do CP). Neste caso, a pena será aumentada de um terço. As demais assertivas se referem às qualificadoras do delito de furto (art. 155, § 4º, do CP). ED

Gabarito "E".

(Investigador-Escrivão-Papiloscopista – Pará – Funcab – 2016) A fim de subtrair pertences de Bartolomeu, Marinalda coloca barbitúricos em sua bebida, fazendo-o desfalecer. Em seguida, a mulher efetiva a subtração e deixa o local, sendo certo que o lesado somente vem a acordar algumas horas depois. Nesse contexto, é correto afirmar que Marinalda praticou crime de:

(A) estelionato.

(B) extorsão.

(C) roubo.

(D) apropriação indébita.

(E) furto qualificado.

Além da violência e da grave ameaça, também constitui meio para o cometimento do crime de roubo o emprego de qualquer outro expediente apto a reduzir a vítima à impossibilidade de resistência (art. 157, "caput", parte final: (...) *ou depois de havê-la, por qualquer meio, reduzido à impossibilidade de resistência*). É esse o caso narrado no enunciado, em que o agente, desejando subtrair pertences da vítima, coloca em sua bebida substância, normalmente um sonífero, capaz de vencer a sua resistência e, assim, viabilizar a subtração de bens. A doutrina se refere a este meio de execução do delito de roubo como *violência imprópria*. ED

Gabarito "C".

(Escrivão – Pernambuco – CESPE – 2016) Acerca de crimes contra a pessoa e contra o patrimônio, assinale a opção correta.

(A) O juiz poderá deixar de aplicar a pena ao autor que tenha cometido crime de roubo contra ascendente por razões de política criminal, concedendo-lhe o perdão judicial.

(B) Situação hipotética: João sequestrou Sandra e exigiu de sua família o pagamento do resgate. Após manter a vítima em cárcere privado por uma semana, João a libertou, embora não tenha recebido a quantia exigida como pagamento. Assertiva: Nessa situação, está configurado o crime de extorsão mediante sequestro qualificado.

(C) Situação hipotética: Maria, Lúcia e Paula furtaram medicamentos em uma farmácia, sem que o vendedor percebesse, tendo sido, contudo, flagradas pelas câmeras de segurança. Assertiva: Nessa situação, Maria, Lúcia e Paula responderão pelo crime de furto simples.

(D) Situação hipotética: Alexandre adquiriu mercadorias em um supermercado e pagou as compras com um cheque subtraído de terceiro. No caixa, Alexandre apresentou-se como titular da conta corrente, preencheu e falsificou a assinatura na cártula. Assertiva: Nessa situação, Alexandre responderá pelo crime de furto mediante fraude.

(E) Situação hipotética: Na tentativa de subtrair o veículo de Paulo, José desferiu uma facada em Paulo e saiu correndo do local, sem levar o veículo, após gritos de socorro da vítima e da recusa desta em entregar-lhe as chaves do carro. Paulo faleceu em decorrência do ferimento. Assertiva: Nessa situação, José responderá pelo crime de homicídio doloso qualificado pelo motivo fútil.

A: incorreta. Isso porque a imunidade (escusa absolutória) referida no art. 181, II, do CP não alcança os crimes de roubo e extorsão, na forma estatuída no art. 183, I, do CP. Por isso, o agente que cometer crime de roubo contra ascendente por ele responderá normalmente; se, de outro lado, o delito de que foi vítima o ascendente for, por exemplo, o de furto ou apropriação indébita, fará jus o agente à escusa absolutória contemplada no art. 181, II, do CP, isto é, embora se trate de fato típico, antijurídico e culpável, por razões de política criminal, o agente por ele não será punido; **B:** correta. Cuida-se de crime formal, razão pela qual a sua consumação

1. DIREITO PENAL   433

é alcançada no exato instante em que a vítima é privada de sua liberdade pelo agente, ou seja, no momento em que é capturada. O pagamento do resgate, se vier a acontecer, é irrelevante para o fim de aperfeiçoar a conduta descrita no tipo penal. Constitui, assim, mero exaurimento, que nada mais é do que o desdobramento típico posterior à consumação do delito. Pois bem. Fica claro, pela narrativa contida na assertiva, que o delito de que foi vítima Sandra se consumou (ela foi arrebatada e permaneceu em poder do sequestrador por uma semana). Além disso, por conta do período em que ela permaneceu em cativeiro (uma semana), João incidirá na qualificadora do crime de extorsão mediante sequestro (art. 159, § 1º, do CP), que estabelece que a pena cominada será de 12 a 20 anos de reclusão na hipótese, entre outras, de o sequestro durar mais de vinte e quatro horas; **C:** incorreta. Em princípio, Maria, Lúcia e Paula deverão ser responsabilizadas pelo cometimento do crime de furto qualificado pelo concurso de duas ou mais pessoas (art. 155, § 4º, IV, do CP). Reputo oportuno que façamos algumas considerações sobre o chamado *furto sob vigilância, que* pode, em determinadas situações, a depender do caso concreto, caracterizar *crime impossível* pela *ineficácia absoluta do meio* (art. 17 do CP). É o caso, por exemplo, do agente que, desde o momento em que ingressa no supermercado, passa a ser permanentemente vigiado por sistema de câmeras e também por seguranças, que ficam o tempo todo no seu encalço. Não há, neste caso, a menor possibilidade de o crime consumar-se. Isso não quer dizer que a existência, por si só, de sistema de segurança por câmeras elimine a possibilidade de o crime chegar à sua consumação. É perfeitamente plausível que o agente se aproveite de determinado ângulo de monitoramento em que a subtração não é visualizada pelo sistema de câmeras. Dessa forma, a ineficácia do meio deve ser avaliada caso a caso. Nesse sentido: STF, HC 110.975-RS, 1ª T., rel. Min. Carmen Lúcia, 22.05.2012. Consagrando esse entendimento, o STJ editou a Súmula 567: "Sistema de vigilância realizado por monitoramento eletrônico ou por existência de segurança no interior de estabelecimento comercial, por si só, não torna impossível a configuração do crime de furto". Pelos dados fornecidos na assertiva, não é possível afirmar se o sistema de câmeras da farmácia seria ou não apto a impossibilitar o crime de furto ali perpetrado; **D:** incorreta. Deve-se afastar, de pronto, a prática do crime de furto na medida em que não houve subtração das mercadorias do supermercado. No *furto mediante fraude* (art. 155, § 4º, II, do CP), a fraude é aplicada com o propósito de iludir a vigilância da vítima, para, assim, viabilizar a subtração da *res*. O ofendido, em verdade, nem percebe que a coisa lhe foi subtraída. Este crime é comumente confundido com o *estelionato*, este previsto no art. 171, *"caput"*, do CP. Neste, a situação é bem outra. A vítima, ludibriada, enganada, entrega ao agente a coisa. A fraude é anterior ao apossamento e inexiste subtração. Foi, pois, o que se deu com Alexandre, que, utilizando-se dos dados de outra pessoa (engodo), obteve, em seu benefício, vantagem indevida (mercadorias) em prejuízo de outrem. Incorreu, assim, no crime do art. 171, *"caput"*, do CP; **E:** incorreta. Devemos, aqui, atentar para o fato de a morte de Paulo haver resultado da violência contra ele empregada por José, cujo propósito era subtrair o veículo da vítima. Ou seja: a intenção original de José não era a de matar ou ainda ferir Paulo, mas de subtrair do veículo deste. A morte, repita-se, decorreu da violência empregada para o fim de subtrair. Assim, o crime por ele praticado não é o de homicídio, mas sim o de latrocínio (roubo seguido de morte – art. 157, § 3º, II, do CP, cuja capitulação foi alterada por força da Lei 13.654/2018), que é delito contra o patrimônio, a despeito da morte da vítima. A segunda questão que se coloca é saber se o latrocínio, a despeito de a subtração não ter sido concluída, se consumou ou não. Resposta: o crime se consumou, sim. Vejamos. No roubo, temos que, se ocorrer morte e a subtração consumar-se, há latrocínio consumado; se ocorrer morte e subtração tentados, há latrocínio tentado. Até aqui, não há divergência na doutrina nem na jurisprudência. No entanto, na hipótese de haver morte, mas a subtração não se consumar (é o caso aqui tratado), há diversas correntes doutrinárias. No STF, o entendimento é no sentido de que tal hipótese configura latrocínio consumado, conforme Súmula 610, a seguir transcrita: "Há crime de latrocínio, quando o homicídio se consuma, ainda que não realize o agente a subtração de bens da vítima". 🔲
Gabarito "B".

(Investigador/SP – 2014 – VUNESP) Nos termos do Código Penal, assinale a alternativa que contenha apenas crimes contra o patrimônio.

(A) Homicídio; estelionato; extorsão.

(B) Estelionato; furto; roubo.

(C) Dano; estupro; homicídio.

(D) Furto; roubo; lesão corporal.

(E) Extorsão; lesão corporal; dano.

A: incorreta. O homicídio (art. 121, CP) é crime contra a pessoa (Título I da Parte Especial do Código Penal); **B:** correta. De fato, estelionato (art. 171, CP), furto (art. 155, CP) e roubo (art. 157, CP) estão inseridos no Título II da Parte Especial do Código Penal, que trata dos crimes patrimoniais; **C:** incorreta, pois o estupro (at. 213, CP) é crime contra a dignidade sexual (Título VI da Parte Especial do Código Penal) e o homicídio (art. 121, CP) é crime contra a pessoa (Título I da Parte Especial do Código Penal). Já o dano (art. 163, CP), de fato, é crime patrimonial; **D:** incorreta. Embora furto (art. 155, CP) e roubo (art. 157, CP) sejam crimes contra o patrimônio, a lesão corporal (art. 129, CP) é crime contra a pessoa; **E:** incorreta. Extorsão (art. 158, CP) e dano (art. 163, CP) são crimes patrimoniais. Porém, a lesão corporal (art. 129, CP) é crime contra a pessoa.
Gabarito "B".

(Escrivão/SP – 2014 – VUNESP) Qualifica o crime de furto, nos termos do art. 155, § 4.º do CP, ser o fato praticado

(A) em local ermo ou de difícil acesso.

(B) contra ascendente ou descendente.

(C) durante o repouso noturno.

(D) com abuso de confiança.

(E) mediante emprego de arma de fogo.

O furto será considerado qualificado, com pena de reclusão de dois a oito anos, e multa, nos termos do art. 155, § 4º, do CP, quando praticado: I – com destruição ou rompimento de obstáculo à subtração da coisa; II – com abuso de confiança, ou mediante fraude, escalada ou destreza; III – com emprego de chave falsa; IV – mediante concurso de duas ou mais pessoas. Também será qualificado referido crime quando se tratar de subtração de veículo automotor que venha a ser transportado para outro Estado ou para o exterior (art. 155, § 5º, CP – pena de reclusão de três a oito anos). Portanto, incorretas as alternativas A, B e E. Destaque-se que se o furto for praticado durante o repouso noturno (alternativa C), não estaremos diante de figura qualificada, mas, sim, com pena majorada (causa de aumento de um terço – art. 155, § 1º, CP). Vale, outrossim, o registro de que a Lei 13.330/2016 introduziu no art. 155 do CP o § 6º e estabeleceu nova modalidade de furto qualificado, que restará caracterizado na hipótese de a subtração for de semovente domesticável de produção, ainda que abatido ou dividido em partes no local da subtração. Por fim, oportuno o registro de que a Lei 13.654/2018 introduziu no CP duas novas modalidades de qualificadora do crime de furto, a saber: quando, para viabilizar a subtração, o agente empregar explosivo ou artefato análogo que cause perigo comum (art. 155, § 4º-A, CP); e quando a subtração for de substâncias explosivas ou de acessórios que, conjunta ou isoladamente, possibilitem sua fabricação, montagem ou emprego (art. 155, § 7º, do CP). Desnecessário dizer que tal inovação legislativa teve como espoco viabilizar um combate mais efetivo a essa onda de crimes patrimoniais (furto e roubo) cometidos por meio da explosão de bancos e seus caixas eletrônicos.
Gabarito "D".

(Agente de Polícia Civil/RO – 2014 – FUNCAB) Assinale a alternativa correta. O crime de latrocínio está disposto no Código Penal no título dos crimes contra:

(A) a propriedade imaterial.

(B) a periclitação da vida.

(C) a pessoa.

(D) o patrimônio.

(E) a vida.

O latrocínio, previsto no art. 157, §3º, II, do CP , está disposto no título dos crimes contra o patrimônio (Título II, Capítulo II, da Parte Especial do Código Penal). A "pegadinha", visto que o latrocínio é também conhecido como "roubo seguido de morte", é o candidato ser levado a assinalar a alternativa E. O latrocínio é considerado um crime pluriofensivo, ou seja, a um só tempo ofende dois bens jurídicos (patrimônio e vida).
Gabarito "D".

(Escrivão de Polícia/BA – 2013 – CESPE) No que se refere a crimes contra o patrimônio, julgue os itens subsequentes.

(1) Para a configuração do crime de roubo mediante restrição da liberdade da vítima e do crime de extorsão com restrição da liberdade da vítima, nominado de sequestro relâmpago, é imprescindível a colaboração da vítima para que o agente se apodere do bem ou obtenha a vantagem econômica visada.

(2) Considere a seguinte situação hipotética. Heloísa, maior, capaz, em conluio com três amigos, também maiores e capazes, forjou o próprio sequestro, de modo a obter vantagem financeira indevida de seus familiares. Nessa situação, todos os agentes responderão pelo crime de extorsão simples.

(3) O reconhecimento do furto privilegiado é condicionado ao valor da coisa furtada, que deve ser pequeno, e à primariedade do agente, sendo o privilégio um direito subjetivo do réu.

1: errada. No crime de roubo majorado pela restrição da liberdade da vítima (art. 157, § 2º, V, CP), o comportamento ou colaboração da vítima é absolutamente dispensável para que o agente consiga alcançar seu intento, qual seja, o de subtrair coisa alheia móvel, diversamente do que ocorre na extorsão (art. 158, CP), que, de fato, exige que a vítima, após ser constrangida pelo agente, mediante grave ameaça ou violência, pratique determinado comportamento, sem o qual a obtenção da vantagem não poderá ser alcançada pelo extorsionário (ex.: digitação ou fornecimento de senha para saque de valores em caixa de banco); **2:** correta. A conduta de Heloísa e de seus três amigos se subsume ao crime de extorsão simples (art. 158, *caput*, CP), não se cogitando de extorsão mediante sequestro (art. 159, CP). Afinal, não houve efetivo sequestro (privação de liberdade da vítima, cuja libertação estaria condicionada ao pagamento de resgate); **3:** correta. O furto privilegiado, previsto no art. 155, § 2º, CP, exige a combinação dos seguintes requisitos: i) primariedade do agente; ii) coisa furtada de pequeno valor. Preenchidos referidos requisitos, caberá ao magistrado reconhecer a figura privilegiada do crime, que, de acordo com doutrina e jurisprudência, é direito subjetivo do réu, ou seja, não pode ser pura e simplesmente recusada sua concessão por ato discricionário do julgador.

Gabarito 1E, 2C, 3C

(Escrivão de Polícia/MA – 2013 – FGV) O advogado Juarez, que se encontrava suspenso pela OAB em razão de diversas reclamações de clientes, contrata novo serviço profissional para dar início à ação cível respectiva, recebendo certa importância em dinheiro como honorários e para pagar as despesas processuais respectivas. Depois de vários meses sem dar qualquer notícia ao cliente, este descobre que o profissional nunca deu início à ação respectiva, tendo ficado com a quantia que se recusa a devolver.

Efetuado o registro próprio, Juarez deve responder:

(A) pelo crime de apropriação indébita (Art. 168 CP), tendo em tese direito à suspensão do processo;

(B) pelo crime de estelionato (Art. 171 CP), tendo em tese direito à suspensão do processo;

(C) pelo crime de apropriação indébita majorada (Art. 168, § 1º CP), com direito à suspensão do processo;

(D) pelo crime de apropriação indébita majorada (artigo 168 § 1º CP), sem direito à suspensão do processo;

(E) pelo crime de estelionato (Art. 171 CP), sem direito à suspensão do processo.

A, C e D: incorretas, pois, como se verá a seguir, o crime cometido por Juarez foi o de estelionato (art. 171 do CP), e não apropriação indébita (art. 168 do CP); **B:** correta. Considerando que o advogado Juarez encontrava-se suspenso do exercício profissional pela OAB, e, portanto, impossibilitado de praticar atividades privativas de advocacia (art. 1º de Lei 8.906/1994 – Estatuto da OAB), o fato de ter sido contratado por novo cliente, inclusive recebendo honorários e valores para pagamento de despesas processuais, constitui crime de estelionato. Afinal, não podendo intentar qualquer medida judicial, tendo em vista, repita-se, que se encontrava suspenso pela OAB, agiu com dolo desde o início (dolo antecedente ou dolo *ab initio*), obtendo vantagem ilícita em prejuízo alheio (art. 171 do CP). Situação diversa seria se, em pleno gozo de seu exercício profissional, sem qualquer restrição imposta pela OAB, tivesse recebido os valores para intentar a ação e, depois, decidisse por nada fazer. Nesse caso, poder-se-ia falar em apropriação indébita (art. 168 do CP), cujo dolo é denominado "subsequente" (a intenção de se apropriar do dinheiro do cliente ocorreu depois do recebimento, sem, contudo, a respectiva contraprestação, qual seja, o ajuizamento da ação para a qual foi contratado). Dado que o estelionato tem pena mínima de 1 (um) ano, será cabível a suspensão condicional do processo, nos termos do art. 89 da Lei 9.099/1995; **E:** incorreta, pelas razões trazidas na parte final da alternativa anterior.

Gabarito "B"

(Escrivão de Polícia/GO – 2013 – UEG) Sobre os crimes contra o patrimônio, verifica-se que

(A) para o aperfeiçoamento do crime de receptação, necessária se faz a existência de anterior crime contra o patrimônio.

(B) no roubo próprio, a violência ou grave ameaça deve ser empregada depois da efetiva subtração do objeto.

(C) a simples relação de emprego ou hospitalidade não é bastante para configurar a majorante do abuso de confiança no crime de furto.

(D) no delito de apropriação indébita a reparação do dano antes do oferecimento da denúncia é causa de extinção da punibilidade.

A: incorreta. De fato, o crime de receptação é dito acessório, pois sua existência depende do cometimento de um crime anterior (basta ler o art. 180, *caput*, do CP – *Adquirir, receber, transportar, conduzir ou ocultar, em proveito próprio ou alheio, coisa que sabe ser produto de crime...*). No entanto, o tipo penal não exige que o "crime antecedente" seja, necessariamente, contra o patrimônio. Assim, exemplificando, cometerá receptação não somente o agente que adquirir, dolosamente, um computador furtado de uma loja (crime anterior patrimonial), mas, também, aquele que adquirir um computador que tenha sido apropriado indevidamente por um funcionário público que detinha a posse do bem em razão do cargo (crime anterior contra a administração pública); **B:** incorreta, pois, no roubo próprio, a violência ou grave ameaça devem ser empregadas antes ou durante a subtração do bem, diferentemente do que ocorre no roubo impróprio, no qual referidos meios executórios serão empregados depois da subtração (art. 157, § 1º, do CP); **C:** correta. De acordo com a doutrina e jurisprudência, a qualificadora do "abuso de confiança" (art. 155, § 4º, II, do CP) pressupõe, de fato, que o agente e a vítima tenham uma ligação (amizade, parentesco, relações profissionais). Porém, a mera relação de emprego ou de hospitalidade entre ambos

não bastará ao reconhecimento da qualificadora referida. Veja que a "confiança" exige mais do que simples vínculo empregatício (nem todo patrão confia piamente em seu empregado) ou hospitalidade (nem toda visita, ainda que durma em sua casa, é digna de plena confiança). Porém, é claro, haverá o reconhecimento do abuso de confiança no furto cometido por empregada doméstica que trabalha na mesma casa há 30 (trinta) anos, a qual tenha as chaves do imóvel cedidas pela patroa para que ingresse em sua ausência e durante viagens. Aqui, é certo, haverá depósito de confiança da vítima no agente, que a "trairá", subtraindo seus pertences; **D:** incorreta. A reparação do dano na apropriação indébita (art. 168 do CP), desde que antes do recebimento da denúncia, é causa de diminuição de pena (arrependimento posterior – art. 16 do CP). Situação diversa ocorreria no crime de peculato culposo (a reparação do dano, se precede a sentença irrecorrível, é causa de extinção da punibilidade, nos termos do art. 312, § 3º, do CP).

Gabarito "C"

(Investigador de Polícia/SP – 2013 – VUNESP) No que diz respeito aos crimes contra o patrimônio previstos no Código Penal, é correto afirmar que

(A) subtrair coisa móvel alheia, para si ou para outrem, mediante grave ameaça ou violência a pessoa, e mantendo a vítima em seu poder, restringindo sua liberdade, caracteriza o crime de extorsão mediante sequestro.

(B) o crime de furto é qualificado se praticado com destruição ou rompimento de obstáculo à subtração da coisa.

(C) sequestrar pessoa com o fim de obter, para si ou para outrem, qualquer vantagem, como condição ou preço do resgate, caracterizará o crime de roubo mediante sequestro se este durar menos do que 24 (vinte e quatro) horas.

(D) o crime de furto é qualificado se praticado durante o repouso noturno.

(E) quem acha coisa alheia perdida e dela se apropria, deixando de restituí-la ao dono ou legítimo possuidor ou de entregá-la à autoridade competente, dentro do prazo de 15 (quinze) dias, não comete crime se desconhece a identidade do proprietário do objeto.

A: incorreta, pois a conduta descrita na alternativa caracteriza o crime de roubo majorado pela restrição da liberdade da vítima (art. 157, § 2º, V, do CP); **B:** correta. De fato, se o furto for praticado mediante rompimento ou destruição de obstáculo à subtração da coisa, estaremos diante de furto qualificado (art. 155, § 4º, I, do CP); **C:** incorreta. Sequestrar alguém, com o fim de obter, para si ou para outrem, qualquer vantagem, como condição ou preço do resgate, caracteriza o crime de extorsão mediante sequestro (art. 159, *caput*, do CP), que será qualificado se a privação da liberdade da vítima durar mais de 24 (vinte e quatro) horas (art. 159, § 1º, do CP); **D:** incorreta. Se o furto for praticado durante o repouso noturno, a pena será aumentada em 1/3 (um terço), nos termos do art. 155, § 1º, do CP. Trata-se de causa de aumento de pena e não de qualificadora (as qualificadoras do furto vêm previstas no art. 155, § 4º, do CP); **E:** incorreta, pois a descrição fática contida na alternativa se amolda ao crime do art. 169, II, do CP (apropriação indébita de coisa achada).

Gabarito "B"

17. CRIMES CONTRA A DIGNIDADE SEXUAL

(Agente-Escrivão – Acre – IBADE – 2017) O crime de estupro de vulnerável (art. 217-A do CP):

(A) pode ser praticado mediante conjunção carnal ou ato libidinoso diverso.

(B) pressupõe violência ou grave ameaça como meios executórios.

(C) exige que a vítima seja mulher.

(D) é subsidiário ao estupro (art. 213 do CP).

(E) é uma hipótese de lenocínio.

A: correta. Art. 217-A, CP: *Ter conjunção carnal ou praticar outro ato libidinoso com menor de 14 (catorze) anos*; **B:** incorreta. Vide transcrição acima; **C:** incorreta. O sujeito passivo, no crime de estupro de vulnerável (art. 217-A, CP), pode ser tanto a mulher quanto o homem, desde que em situação de vulnerabilidade, quer em razão da idade, quer em razão da falta de discernimento para compreensão do ato sexual; **D:** incorreta. Não há relação de subsidiariedade entre o crime de estupro, do art. 213 do CP, e o de estupro de vulnerável, do art. 217-A do CP; **E:** as hipóteses de lenocínio encontram-se em capítulo diverso (Capítulo V) daquele ao qual pertence o estupro de vulnerável (Capítulo II). ED

Gabarito "A"

(Escrivão – AESP/CE – VUNESP – 2017) Assinale a alternativa correta no que diz respeito aos crimes contra a dignidade sexual.

(A) Induzir alguém menor de 18 (dezoito) anos a satisfazer a lascívia de outrem tipifica o crime de corrupção de menores.

(B) Ter conjunção carnal ou praticar outro ato libidinoso com menor de 18 (dezoito) anos tipifica o crime de estupro de vulnerável.

1. DIREITO PENAL

(C) Constranger alguém, mediante fraude, a ter conjunção carnal ou a praticar ou permitir que com ele se pratique outro ato libidinoso, tipifica crime de estupro.

(D) Atrair à prostituição alguém menor de 18 (dezoito) anos tipifica o crime de favorecimento da prostituição, ou de outra forma de exploração sexual de criança ou adolescente ou de vulnerável.

(E) Praticar, na presença de alguém menor de 18 (dezoito) anos, conjunção carnal ou outro ato libidinoso, a fim de satisfazer lascívia própria ou de outrem, tipifica o crime de satisfação de lascívia mediante presença de criança ou adolescente.

A: incorreta. O crime do art. 218 do CP pressupõe que a vítima seja menor de 14 anos; **B:** incorreta. O delito de estupro de vulnerável, quanto à idade da vítima, somente se configura se ela for menor de 14 anos (art. 217-A, "caput", do CP); **C:** incorreta. O crime de estupro (art. 213 do CP) pressupõe que o constrangimento impingido à vítima se dê pelo emprego de violência ou grave ameaça. O constrangimento, que corresponde à conduta de forçar, coagir, é incompatível com o emprego de fraude. A propósito, se o agente lograr ter conjunção carnal ou qualquer outro ato libidinoso diverso com a vítima por meio de fraude, configurado estará o delito de violação sexual mediante fraude (art. 215, CP); **D:** correta. Conduta prevista no art. 218-B do CP; **E:** incorreta, uma vez que o delito de satisfação de lascívia mediante presença de criança ou adolescente (art. 218-A, CP) tem como sujeito passivo o menor de 14 anos (e não de 18!). **ED**

Gabarito "D".

Maura e Sílvio, que foram casados por dez anos, se separaram há um ano e compartilham a guarda de filho menor. Sílvio buscava o filho na escola e o levava para a casa que era do casal, agora habitada somente pela mãe e pela criança, que fica aos cuidados da babá. A convivência entre ambos era pacífica até que ele soube de novo relacionamento de Maura. Sentindo-se ainda apaixonado por Maura, ele elaborou um plano para tentar reconquistá-la. Em uma ocasião, ao levar o filho para casa como fazia cotidianamente, Sílvio, sem que ninguém percebesse, pegou a chave da casa e fez dela uma cópia. Em determinado dia, ele comprou um anel e flores, preparou um jantar e, à noite, entrou na casa para surpreender a ex-esposa — nem Maura nem a criança estavam presentes. Maura havia deixado a criança com a avó e saíra com o namorado. Ao chegar à casa, bastante embriagada, Maura dormiu sem perceber que Sílvio estava na residência. Sílvio tentou acordá-la, mas, não tendo conseguido, despiu-a, tocou-lhe as partes íntimas e tentou praticar conjunção carnal com ela. Como Maura permanecia desacordada, Sílvio foi embora sem consumar o último ato.

(Agente-Escrivão – PC/GO – CESPE – 2016) Nessa situação hipotética, Sílvio

(A) cometeu o crime de tentativa de estupro.

(B) não cometeu crime algum porque já foi casado com Maura e tinha franco acesso à casa.

(C) não cometeu crime de estupro, porque não houve violência ou grave ameaça.

(D) cometeu crime contra a dignidade sexual, pois Maura, na situação em que se encontrava, não poderia oferecer resistência.

(E) cometeu apenas o crime de invasão de domicílio.

Embora Sílvio não tenha concretizado a conjunção carnal, o crime de estupro de vulnerável se consumou no exato instante em que Sílvio, após despir Maura, tocou-lhe as partes íntimas. Vale aqui lembrar que o estupro, com a nova conformação jurídica que lhe deu a Lei 12.015/2009, pode ser praticado tanto por meio de conjunção carnal quanto pela prática de qualquer outro ato libidinoso, como é a carícia nas partes íntimas da vítima. Embora Sílvio não tenha empregado violência ou grave ameaça, é certo que ele se valeu do fato de Maura, em razão do estado de embriaguez em que se encontrava, não haver oferecido resistência. Assim, Sílvio cometeu o crime capitulado no art. 217-A, § 1º, parte final, do CP. **ED**

Gabarito "D".

(Escrivão – Pernambuco – CESPE – 2016) Em relação aos crimes contra a dignidade sexual e contra a família, assinale a opção correta.

(A) Situação hipotética: Mário, aliciador de garotas de programa, induziu Bruna, de quinze anos de idade, a manter relações sexuais com várias pessoas, com a promessa de uma vida luxuosa. Bruna decidiu não se prostituir e voltou a estudar. Assertiva: Nessa situação, é atípica a conduta de Mário.

(B) Considere que em uma casa de prostituição, uma garota de dezessete anos de idade tenha sido explorada sexualmente.

Nesse caso, o cliente que praticar conjunção carnal com essa garota responderá pelo crime de favorecimento à prostituição ou outra forma de exploração sexual de vulnerável.

(C) Situação hipotética: Em uma boate, João, segurança do local, sorrateiramente colocou entorpecente na bebida de Maria, o que a levou a perder os sentidos. Aproveitando-se da situação, João levou Maria até seu veículo, onde praticou sexo com ela, sem qualquer resistência, dada a condição da vítima. Assertiva: Nessa situação, João responderá pelo crime de violação sexual mediante fraude.

(D) Indivíduo que mantiver conjunção carnal com menor de quinze anos de idade responderá pelo crime de estupro de vulnerável, ainda que tenha cometido o ato sem o emprego de violência e com o consentimento da menor.

(E) No caso de crime de violação sexual mediante fraude, o fato de o ofensor ser o filho mais velho do tio da vítima fará incidir a causa especial de aumento de pena por exercer relação de autoridade sobre a vítima, de acordo com o Código Penal.

A: incorreta. O crime em que incorreu Mário (art. 218-B do CP – *favorecimento da prostituição ou de outra forma de exploração sexual de criança ou adolescente ou de vulnerável*) atinge a sua consumação com a prática de um dos verbos contidos no tipo penal. No caso aqui narrado, basta, à consumação deste delito, o ato consistente em *induzir*, pouco importando que a vítima exerça, de fato, a prostituição. O crime, portanto, consumou-se, sendo a conduta de Mário típica. Vale o registro de que há autores, entre os quais Guilherme de Souza Nucci, que entendem que se trata de crime material, em que se exige, à sua consumação, a produção de resultado naturalístico consistente na efetiva prática da prostituição ou de outra forma de exploração sexual; **B:** correta. De fato, o cliente que mantiver conjunção carnal ou outro ato libidinoso com pessoa menor de 18 anos e maior de 14, nas condições descritas no art. 218-B, "caput", do CP, será responsabilizado pelo crime do art. 218-B, § 2º, I, do CP; **C:** incorreta. O crime de violação sexual mediante fraude (art. 215, CP) pressupõe, como o próprio nome sugere, o emprego de fraude ou outro meio que impeça ou dificulte a livre manifestação de vontade do ofendido. Este último meio de execução do crime deve, necessariamente, ter certa similitude com a fraude. O agente que faz uso de substância com o fim de eliminar ou reduzir a capacidade de resistência da vítima para, assim, com ela praticar conjunção carnal ou outro ato libidinoso comete o delito de estupro de vulnerável, previsto no art. 217-A, § 1º, parte final, do CP; **D:** incorreta. No crime de estupro de vulnerável somente pode figurar como vítima, em razão da idade, a pessoa menor de 14 anos, por expressa previsão do art. 217-A (a alternativa se refere a pessoa com 15 anos). Vale dizer que a pessoa com 14 anos ou mais pode figurar como sujeito passivo do crime de estupro de vulnerável, não por conta da idade, mas, sim, quando caracterizada uma das situações presentes no art. 217-A, § 1º, do CP; **E:** incorreta. Hipótese que não se enquadra no art. 226, II, do CP. **ED**

Gabarito "B".

(Investigador-Escrivão-Papiloscopista – Pará – Funcab – 2016) Configura estupro de vulnerável a(o):

(A) prática de sexo anal consentido com adolescente de 14 anos de idade que esteja submetido à prostituição.

(B) constrangimento, mediante violência, de pessoa portadora de enfermidade mental à prática de conjunção carnal, ainda que a vítima tenha o necessário discernimento para a prática do ato sexual.

(C) manutenção de relações sexuais com pessoa desacordada em virtude de severa embriaguez, ainda que a vítima, depois de concluída a conduta e ao recuperar sua consciência, passe a consentir para com o ato libidinoso.

(D) indução de menor de 14 anos a presenciar a prática de atos libidinosos, a fim de satisfazer a lascívia de outrem.

(E) assédio, no ambiente de trabalho de adolescente aprendiz, que conte com 16 anos de idade, visando a obter favorecimento de natureza sexual.

A: incorreta. Para que se configure o crime de estupro de vulnerável em razão da idade da vítima (art. 217-A, "caput", do CP), é necessário que esta conte, ao tempo da conduta, com menos de 14 anos. A ofendida, na hipótese contida na assertiva, já conta com 14 anos; **B:** incorreta. Se a vítima, ainda que portadora de doença mental, tiver o necessário discernimento para consentir na prática do ato sexual, não há que se falar em estupro de vulnerável (art. 217-A, § 1º, do CP). De ver-se que, no caso narrado na alternativa, a conjunção carnal foi obtida por meio de violência, o que configura o crime de estupro do art. 213, "caput", do CP; **C:** correta, já que configura o crime do art. 217-A, § 1º, do CP; **D:** incorreta. Cuida-se do crime definido no art. 218-A do CP (satisfação de lascívia mediante presença de criança ou adolescente); **E:** incorreta. Cuida-se do crime de assédio sexual com a incidência da causa de aumento de pena do parágrafo único (art. 216-A do CP).

Gabarito "C".

(Investigador/SP – 2014 – VUNESP) Nos termos do Código Penal, assinale a alternativa que contenha apenas crimes contra a dignidade sexual.

(A) Perigo de contágio venéreo; atentado ao pudor mediante fraude; assédio sexual.

(B) Assédio sexual; perigo de contágio venéreo; corrupção de menores.

(C) Estupro; atentado violento ao pudor; prostituição.

(D) Atentado violento ao pudor; sedução; estupro.

(E) Estupro; corrupção de menores; assédio sexual.

A: incorreta. O perigo de contágio venéreo (art. 130, CP) é crime contra a pessoa (Título I da Parte Especial do CP). O atentado ao pudor mediante fraude, previsto originalmente no art. 216 do CP, então inserido no Título VI da Parte Especial, denominado de crimes contra os costumes, foi revogado pela Lei 12.015/2009, que alterou referido título para tratar dos crimes contra a dignidade sexual. Por fim, o assédio sexual (art. 216-A, CP), de fato, está inserido no Título dos crimes contra a dignidade sexual; **B:** incorreta, pois o crime de perigo de contágio venéreo, tal como visto na assertiva A, não é crime contra a dignidade sexual, ao passo que os demais (assédio sexual – art. 216-A; corrupção de menores – art. 218, CP) o são; **C:** incorreta. Estupro (art. 213, CP) é crime contra a dignidade sexual. Já o atentado violento ao pudor, até o advento da Lei 12.015/2009, que o tipificava crime sexual (art. 214, CP), deixou de ser delito autônomo, migrando para o art. 213 do CP, que empreendeu verdadeira fusão de tipos penais (o "antigo" estupro e o "antigo" atentado violento ao pudor). Por fim, prostituição sequer é considerado crime, não se confundindo com favorecimento da prostituição de criança, adolescente ou vulnerável (art. 218-B, CP) ou do favorecimento da prostituição ou qualquer outra forma de exploração sexual (art. 228, CP), estes sim considerados crimes contra a dignidade sexual; **D:** incorreta. Atentado violento ao pudor, como visto no comentário antecedente, deixou de ser crime autônomo contra a dignidade sexual. A sedução (art. 217, CP), outrora considerada crime contra os costumes, foi expressamente revogada do CP pela Lei 11.106/2005, operando-se *abolitio criminis*. Já o estupro (art. 213, CP) é crime contra a dignidade sexual; **E:** correta. Estupro (art. 213, CP), corrupção de menores (art. 218, CP) e assédio sexual (art. 216-A, CP) são crimes contra a dignidade sexual, previstos no Título VI da Parte Especial do CP.

Gabarito "E".

18. CRIMES CONTRA A FÉ PÚBLICA

(Escrivão/SP – 2014 – VUNESP) Imagine que Pedro, ilicitamente, guarda consigo tintas, papéis e um aparelho capaz de fabricar moeda falsa. Tal conduta

(A) configura o crime de *petrechos para falsificação de moeda* (CP, art. 291).

(B) configura *crime assimilado ao de moeda falsa* (CP, art. 290).

(C) configura o crime de *moeda falsa* (CP, art. 289).

(D) não configura crime algum, por ausência de previsão legal.

(E) não configura crime algum, por se tratar de mero ato preparatório.

Constitui o crime previsto no art. 291 do CP o fato de alguém fabricar, adquirir, fornecer, a título oneroso ou gratuito, possuir ou guardar maquinismo, aparelho, instrumento ou qualquer objeto especialmente destinado à falsificação de moeda. Assim, se Pedro, ilicitamente, guarda consigo tintas, papéis e aparelho capaz de fabricar moeda falsa, comete, sem sombra de dúvida, o delito de petrechos para falsificação de moeda.

Gabarito "A".

(Escrivão de Polícia/BA – 2013 – CESPE) Julgue os próximos itens, relativos a crimes contra a fé pública.

(1) Considere que Silas, maior, capaz, ao examinar os autos do inquérito policial no qual figure como investigado pela prática de estelionato, encontre os documentos originais colhidos pela autoridade, nos quais seja demonstrada a materialidade do delito investigado, e os destrua. Nessa situação, em razão desse ato, Silas responderá pelo crime de supressão de documento.

(2) A consumação do crime de atestar ou certificar falsamente, em razão de função pública, fato ou circunstância que habilite alguém a obter cargo público, isenção de ônus ou de serviço de caráter público, ou qualquer outra vantagem ocorre no instante em que o documento falso é criado, independentemente da sua efetiva utilização pelo beneficiário.

(3) Considere a seguinte situação hipotética. Celso, maior, capaz, quando trafegava com seu veículo em via pública, foi abordado por policiais militares, que lhe exigiram a apresentação dos documentos do veículo e da carteira de habilitação. Celso, então, apresentou habilitação falsa. Nessa situação, a conduta de Celso é considerada atípica, visto que a apresentação do documento falso decorreu de circunstância alheia à sua vontade.

1: correta. Pratica o crime de supressão de documento, tipificado no art. 305 do CP, aquele que destruir, suprimir ou ocultar, em benefício próprio ou de outrem, ou em prejuízo alheio, documento público ou particular verdadeiro, de que não podia dispor. Silas, ao destruir os documentos originais encartados no bojo do inquérito policial, a fim de, com isso, eliminar a materialidade delitiva, praticou o crime em comento; **2:** correta. Realmente, comete o crime de certidão ou atestado ideologicamente falso (art. 301, CP) aquele que atestar ou certificar falsamente, em razão de função pública, fato ou circunstância que habilite alguém a obter cargo público, isenção de ônus ou de serviço de caráter público, ou qualquer outra vantagem. Trata-se de crime formal (ou de consumação antecipada), que não exige, para sua configuração, que o beneficiário da certidão ou atestado ideologicamente falso efetivamente o utilize, bastando que o agente elabore o documento falso; **3:** errada. A CNH, como sabido e ressabido, é documento de porte obrigatório para aquele que conduz veículo automotor, especialmente em via pública. Assim, ainda que os policiais militares tenham determinado a Celso que apresentasse os documentos do veículo e, repita-se, a CNH, ao optar por apresentar este documento falso, incorreu nas penas do art. 304 do CP. Não se pode admitir o entendimento segundo o qual a exigência na exibição do documento por autoridades públicas torna atípica a conduta do agente. Poderia ele preferir não exibir o documento. Contudo, ao fazê-lo, deverá responder por aludido crime.

Gabarito 1C, 2C, 3E.

19. CRIMES CONTRA A ADMINISTRAÇÃO PÚBLICA

(Escrivão – AESP/CE – VUNESP – 2017) Com relação aos crimes contra a Administração Pública, previstos no Código Penal, é correto afirmar que:

(A) aquele que exclui indevidamente dados corretos nos sistemas informatizados ou bancos de dados da Administração Pública, com o fim de obter vantagem indevida para outrem, pratica o crime de inserção de dados falsos em sistemas de informações.

(B) o funcionário que modifica ou altera sistema de informações ou programa de informática sem autorização ou solicitação de autoridade competente pratica o crime de inserção de dados falsos em sistemas de informações.

(C) opor-se à execução de ato legal, ainda que sem violência ou ameaça a funcionário competente para executá-lo ou a quem lhe esteja prestando auxílio, tipifica o crime de resistência.

(D) receber, solicitar ou exigir para si ou para outrem, direta ou indiretamente, ainda que fora da função ou antes de assumi-la, mas em razão dela, vantagem indevida, tipifica o crime de concussão.

(E) abandonar cargo público, fora dos casos permitidos em lei, só tipificará o crime de abandono de função se resultar prejuízo público.

A: correta (art. 313-A do CP – inserção de dados falsos em sistema de informações); **B:** incorreta. O funcionário que assim agir será responsabilizado pelo cometimento do crime do art. 313-B do CP: modificação ou alteração não autorizada de sistema de informações; **C:** incorreta, na medida em que a configuração do crime de resistência, capitulado no art. 329 do CP, pressupõe que a oposição à execução do ato legal se faça por meio de violência ou ameaça a funcionário com atribuição para a execução do ato ou ainda a quem lhe esteja prestando auxílio; **D:** incorreta. A conduta típica, no crime de concussão (art. 316 do CP), é representada pelo verbo *exigir*, que tem o sentido de ordenar, impor; se o funcionário público *solicita* ou *recebe* (ou mesmo aceita promessa), para si ou para outrem, direta ou indiretamente, ainda que fora da função ou antes de assumi-la, mas em razão dela, vantagem indevida, incorrerá no crime de corrupção passiva (art. 317, CP); **E:** incorreta. Sendo delito formal, o abandono de função (art. 323 do CP) dispensa, à sua configuração, resultado naturalístico, consistente no efetivo prejuízo para a Administração Pública.

Gabarito "A".

(Agente – Pernambuco – CESPE – 2016) Assinale a opção correta com relação a crimes contra a administração pública.

(A) Policial que exigir propina para liberar a passagem de pessoas por uma estrada cometerá corrupção passiva.

(B) O agente penitenciário que não recolher aparelhos celulares de pessoas em privação de liberdade cometerá crime de condescendência criminosa.

1. DIREITO PENAL

(C) Um governador que ordenar a aquisição de viaturas policiais e o pagamento destas com recurso legalmente destinado à educação infantil cometerá o crime de peculato.

(D) Se forem ocupantes de cargos em comissão ou de função de direção ou assessoramento de órgão da administração direta, sociedade de economia mista, empresa pública ou fundação instituída pelo poder público, os autores de crimes contra a administração pública terão direito a redução de suas penas.

(E) A circunstância de funcionário público é comunicável a particular que cometa o crime sabendo dessa condição especial do funcionário.

A: incorreta. O policial que assim agir terá cometido o crime de concussão (art. 316, CP), cuja conduta é representada pelo verbo *exigir*. Cometeria corrupção passiva se houvesse, no lugar de exigir, *solicitado* a propina (art. 317, CP); **B:** incorreta. A conduta do agente penitenciário se enquadra na descrição típica do art. 319-A do CP; **C:** incorreta. Trata-se do crime definido no art. 315 do CP (emprego irregular de verbas ou rendas públicas); **D:** incorreta. A assertiva descreve hipótese em que a pena será aumentada da terça parte (art. 327, § 2º, do CP), e não diminuída, como consta a assertiva; **E:** correta. Embora seja correto afirmar que os crimes contra a Administração Pública praticados por funcionário público sejam classificados como delito *próprio*, já que impõem ao sujeito ativo uma qualidade especial, neste caso a de ser funcionário público, é admitido, nesses crimes, o concurso de pessoas. Com efeito, é perfeitamente possível, nos crimes funcionais em geral, que o particular, seja na condição de coautor, seja na de partícipe, tome parte na empreitada criminosa, respondendo pelo delito funcional em concurso de pessoas com o *intraneus*. Isso porque a condição de funcionário público, por ser elementar do crime de peculato, se comunica aos demais agentes que hajam concorrido com o funcionário para o cometimento do delito, à luz do que dispõe o art. 30 do CP. No mais, vale dizer que a responsabilização pela prática do delito funcional somente recairá sobre o particular se este tiver conhecimento de tal circunstância. **ED**

Gabarito "E".

(Escrivão – Pernambuco – CESPE – 2016) Em relação aos crimes contra a administração pública, assinale a opção correta.

(A) Embora o crime de peculato admita a forma dolosa, ele não pune a conduta culposa, que consiste na ação do agente público em concorrer, por imperícia, imprudência ou negligência, para que outrem se aproprie, desvie ou subtraia dinheiro, bem ou valores pertencentes à administração pública.

(B) A inserção, alteração ou exclusão de dados nos sistemas informatizados ou nos bancos de dados da administração pública é crime material, de modo que a consumação só ocorre quando há prejuízo para a administração pública e(ou) ao administrado, em benefício próprio ou de outrem.

(C) É material o crime de peculato-desvio, uma vez que se consuma no exato momento do efetivo desvio do bem que o agente público detém ou possui em razão de seu cargo, com a necessidade da ocorrência de dano para a administração pública.

(D) O crime de peculato-furto ocorre quando o funcionário público, embora não tendo a posse do dinheiro, do valor ou do bem, o subtrai, ou concorre para que seja subtraído, em proveito próprio ou alheio, valendo-se da facilidade que lhe proporciona a qualidade de funcionário.

(E) O crime de denunciação caluniosa consiste em dar causa à instauração de inquérito civil ou de ação de improbidade administrativa contra alguém, imputando-se a esse alguém infração administrativa de que o sabe inocente.

A: incorreta. Além das formas dolosas, o peculato admite, sim, a modalidade *culposa*, prevista no art. 312, § 2º, do CP, que pressupõe que o funcionário público concorra, de forma culposa (imperícia, imprudência ou negligência), para o delito de **terceiro, que pode ou não ser funcionário público e age sempre de forma dolosa, praticando crimes como, por exemplo, furto, peculato, apropriação indébita etc.** No peculato culposo – art. 312, § 2º, primeira parte, do CP, a reparação do dano, quando anterior à sentença irrecorrível, extingue a punibilidade; se, no entanto, lhe é posterior, reduz de metade a pena imposta, conforme prescreve o art. 312, § 3º, segunda parte, do CP; **B:** incorreta. Cuida-se de crime *formal*, e não *material*. Assim, basta, à consumação do delito previsto no art. 313-A do CP, a prática de qualquer das condutas contidas no tipo penal, independentemente de o funcionário (ou terceiro) alcançar o fim colimado; **C:** incorreta. A consumação do peculato-desvio, capitulado no art. 312, "caput", 2ª parte, do CP, é atingida no exato momento em que o funcionário dá destinação diversa ao objeto material do delito, sendo prescindível que o agente alcance o fim perseguido. Importante anotar que, quanto ao momento consumativo deste crime, há divergência doutrinária e

jurisprudencial; **D:** correta (art. 312, § 1º, CP); **E:** incorreta, uma vez que o delito de denunciação caluniosa pressupõe que o agente, dando causa à instauração de investigação administrativa ou processo judicial, atribua ao ofendido o cometimento de *crime* (art. 339, "caput", do CP) ou *contravenção penal* (art. 339, § 2º, do CP). Não comete este crime, portanto, aquele que dá causa à instauração de investigação administrativa ou processo judicial imputando a alguém a prática de *infração administrativa*. **ED**

Gabarito "D".

(Papiloscopista – PCDF – Universa – 2016) Pedro, delegado de polícia, desviou, em proveito alheio, um aparelho celular cujo dono não fora encontrado e cuja posse detivera, como produto de furto, em investigação sob seu comando.

Com base nessa situação hipotética, assinale a alternativa correta.

(A) Pedro deverá responder pela prática de crime de prevaricação.

(B) Trata-se de crime de furto.

(C) Trata-se de conduta atípica.

(D) Pedro praticou concussão.

(E) A conduta de Pedro caracteriza-se como peculato.

Pedro, porque se valeu do cargo que ocupa para desviar, em proveito alheio (poderia ser próprio), bem particular (poderia ser público), consistente em um aparelho de telefone celular, de que tinha a posse em razão de constituir produto de furto cuja investigação está sob os seus cuidados, deverá ser responsabilizado pelo crime de peculato na modalidade *desvio*, que tem previsão no art. 312, "caput", 2ª parte, do CP. Há, no Código Penal, quatro modalidades de peculato, a saber: *peculato-apropriação* (art. 312, "caput", 1ª parte, do CP); *peculato-desvio*, modalidade em que, como já dissemos, incorreu Pedro (art. 312, "caput", 2ª parte, do CP); *peculato-furto* (art. 312, § 1º, do CP); e *peculato culposo* (art. 312, § 2º, CP). **ED**

Gabarito "E".

(Investigador/SP – 2014 – VUNESP) Considerando os crimes contra a Administração Pública, previstos no Código Penal e praticados por funcionário público, é correto afirmar que a conduta de "solicitar ou receber, para si ou para outrem, direta ou indiretamente, ainda que fora da função ou antes de assumi-la, mas em razão dela, vantagem indevida, ou aceitar promessa de tal vantagem", tipificará o crime de

(A) emprego irregular de verbas.

(B) corrupção passiva.

(C) concussão.

(D) excesso de exação.

(E) peculato.

A: incorreta. O emprego irregular de verbas caracteriza-se pelo fato de o agente dar às verbas ou rendas públicas aplicação diversa da estabelecida em lei (art. 315, CP); **B:** correta. De fato, a corrupção passiva verificar-se-á quando o agente solicitar ou receber, para si ou para outrem, direta ou indiretamente, ainda que fora da função ou antes de assumi-la, mas em razão dela, vantagem indevida, ou aceitar promessa de tal vantagem (art. 317, CP); **C:** incorreta. Comete concussão o funcionário público que exigir, para si ou para outrem, direta ou indiretamente, ainda que fora da função ou antes de assumi-la, mas em razão dela, vantagem indevida (art. 316, CP); **D:** incorreta. O excesso de exação, que é modalidade de concussão, operar-se-á quando o agente, funcionário público, exigir tributo ou contribuição social que sabe ou deveria saber indevido, ou, quando devido, empregar na cobrança meio vexatório ou gravoso, que a lei não autoriza (art. 316, § 1º, CP); **E:** incorreta. Caracteriza-se o peculato pelo fato de o agente, funcionário público, apropriar-se de dinheiro, valor ou qualquer outro bem móvel, público ou particular, de que tem a posse em razão do cargo, ou desviá-lo, em proveito próprio ou alheio (art. 312, *caput*, CP), ou embora não tendo a posse do dinheiro, valor ou bem, o subtrair, ou concorrer para que seja subtraído, em proveito próprio ou alheio, valendo-se de facilidade que lhe proporciona a qualidade de funcionário (art. 312, § 1º, CP).

Gabarito "B".

(Escrivão/SP – 2014 – VUNESP) Imagine que um policial, em abordagem de rotina, identifique e efetue a detenção de um indivíduo procurado pela Justiça. Assim que isso ocorre e antes de apresentar o indivíduo à autoridade de Polícia Judiciária (Delegado de Polícia), o policial recebe verbalmente, do detido, a seguinte proposta: soltar o indivíduo para que ele vá até o caixa eletrônico e busque R$ 500,00, a serem entregues ao policial em troca de sua liberdade. O policial aceita a proposta e solta o detido, que não retorna e não cumpre com a promessa de pagamento.

Diante dessa hipótese, o policial

(A) cometeu crime de prevaricação (CP, art. 319).

(B) cometeu crime de corrupção passiva (CP, art. 317).

(C) cometeu o crime de condescendência criminosa (CP, art. 320).

(D) cometeu o crime de concussão (CP, art. 316).

(E) não cometeu crime algum, pois não chegou a receber o dinheiro.

A: incorreta. Comete prevaricação o funcionário público que retardar, deixar de praticar, ou praticar ato de ofício, com infração a dever funcional, para satisfazer interesse ou sentimento pessoal (art. 319, CP). Se o fato envolver solicitação, recebimento ou aceitação de promessa de vantagem, tendo como objetivo que o funcionário retarde, deixe de praticar ou pratique ato de ofício com infração a dever funcional, o crime será, como dito, o de corrupção passiva; **B:** correta. A conduta de um policial (funcionário público, portanto – art. 327, CP) de aceitar a promessa de pagamento de R$ 500,00 de indivíduo procurado pela Justiça, a fim de que não o prenda, configura, sem sombra de dúvidas, crime de corrupção passiva (art. 317, CP). Para sua prática, basta que o funcionário público solicite, receba ou aceite promessa de vantagem, desde que o faça ainda que fora da função, ou antes de assumi-la, mas, sempre, em razão dela. O crime em questão não exige, para sua consumação e configuração, que o agente receba, efetivamente, a vantagem indevida, aperfeiçoando-se, também, quando houver mera solicitação ou aceitação de promessa de referida vantagem; **C:** incorreta. Na condescendência criminosa (art. 320, CP), o funcionário público deixará, por indulgência, de responsabilizar subordinado que tenha cometido infração no exercício do cargo, ou deixar, quando lhe faltar competência, de comunicar o fato à autoridade competente; **D:** incorreta. Embora concussão (art. 316, CP) e corrupção (art. 317, CP) sejam crimes que se assemelham, naquela, o funcionário público, em razão de sua função, exige (impõe como dever, como obrigação) da vítima uma vantagem indevida, ao passo que nesta, solicita (e não exige!), recebe ou aceita promessa de vantagem; **E:** incorreta. Comete crime o funcionário público que simplesmente solicitar ou aceitar a promessa de vantagem indevida, ainda que não a receba. Aqui, o crime de corrupção passiva (art. 317, CP) é considerado formal, consumando-se independentemente do recebimento da vantagem.

Gabarito "B".

(Escrivão/SP – 2014 – VUNESP) A esposa que comprovadamente ludibria autoridade policial e auxilia marido, autor de crime de roubo, a subtrair-se à ação da autoridade pública

(A) deve cumprir pena por exercício arbitrário das próprias razões (CP, art. 345).

(B) deve cumprir pena por favorecimento real (CP, art. 349).

(C) fica isenta de pena.

(D) deve cumprir pena por crime de favorecimento pessoal (CP, art. 348).

(E) deve cumprir pena por fuga de pessoa presa (CP, art. 351).

Comete crime de favorecimento pessoal aquele que auxilia a subtrair-se à ação de autoridade pública o autor de crime (art. 348, CP). Todavia, se se tratar o agente de ascendente, descendente, cônjuge ou irmão, praticando comportamento destinado a auxiliar o criminoso, ficará isento de pena (art. 348, § 2º, CP). Trata-se daquilo que se denomina de escusa absolutória.

Gabarito "C".

(Escrivão de Polícia/BA – 2013 – CESPE) No que concerne aos crimes contra a administração pública, julgue os itens que se seguem.

(1) Incorrem na prática de condescendência criminosa tanto o servidor público hierarquicamente superior que deixe, por indulgência, de responsabilizar subordinado que tenha cometido infração no exercício do cargo quanto os funcionários públicos de mesma hierarquia que não levem o fato ao conhecimento da autoridade competente para sancionar o agente faltoso.

(2) O crime de concussão é delito próprio e consiste na exigência do agente, direta ou indireta, em obter da vítima vantagem indevida, para si ou para outrem, e consuma-se com a mera exigência, sendo o recebimento da vantagem considerado como exaurimento do crime.

(3) A consumação do crime de corrupção passiva ocorre quando o agente deixa efetivamente de praticar ou retarda ato de ofício, com infração de dever funcional, cedendo a pedido ou influência de outrem, em troca de vantagem indevida anteriormente percebida.

1: correta. Comete o crime de condescendência criminosa (art. 320, CP) aquele funcionário que deixar, por indulgência, de responsabilizar subordinado que cometeu infração no exercício do cargo ou, quando lhe falte competência (ex.: colegas de mesma hierarquia funcional), não levar o fato ao conhecimento da autoridade competente; **2:** correta. A concussão (art. 316, CP) é crime funcional, ou seja, cometido por funcionário público (crime próprio) contra a Administração em geral. Consiste no fato de o agente – repita-se, funcionário público – exigir, para si ou para outrem, direta ou indiretamente, ainda que fora da função ou antes de assumi-la, mas em razão dela, vantagem indevida. Considera-se crime

formal (ou de consumação antecipada), não se exigindo, para sua configuração e consumação, efetivo recebimento, pelo funcionário público, da vantagem indevida exigida, o que, se ocorrer, caracterizará mero exaurimento do delito; **3:** errada. A corrupção passiva (art. 317, CP) é crime que se consuma com a mera solicitação ou aceitação de promessa de vantagem indevida, ou mesmo o recebimento desta, não sendo imprescindível, para sua configuração, que o funcionário público retarde, deixe de praticar ou pratique ato de ofício com infração a dever funcional. Apenas a corrupção passiva privilegiada (art. 317, § 2º, CP), que se verifica quando o agente pratica, deixa de praticar ou retarda ato de ofício, com infração a dever funcional, cedendo a pedido ou influência de outrem, depende, para sua consumação, que o agente, tal como exige o tipo penal, pratique, deixe de praticar ou retarde ato de ofício. O efetivo recebimento da vantagem, também, não é necessário para a consumação do delito.

Gabarito 1C, 2C, 3E

(Investigador de Polícia/SP – 2013 – VUNESP) No que tange aos crimes praticados contra a Administração Pública, é correto afirmar que

(A) aceitar promessa de vantagem indevida ainda que fora da função pública ou antes de assumi-la, mas em razão dela, será caracterizado como corrupção passiva tentada se o agente não receber a vantagem.

(B) apropriar-se o funcionário público de dinheiro, valor ou qualquer outro bem móvel, público ou particular, de que tem a posse em razão de circunstâncias alheias ao cargo, caracteriza o crime de peculato.

(C) praticar ato de ofício contra disposição expressa de lei, para satisfazer interesse ou sentimento pessoal, caracteriza-se como crime de prevaricação.

(D) facilitar, por culpa, a revelação de fato de que tem ciência em razão do cargo e que deva permanecer em segredo caracteriza o crime de violação de sigilo funcional.

(E) solicitar, para si ou para outrem, direta ou indiretamente, ainda que fora da função ou antes de assumi-la, mas em razão dela, vantagem indevida, caracteriza o crime de concussão.

A: incorreta, pois o crime de corrupção passiva (art. 317 do CP) restará caracterizado – e consumado – quando o agente, ainda que fora da função ou antes de assumi-la, mas em razão dela, solicitar, receber ou aceitar promessa de vantagem indevida. Trata-se de crime formal, ou seja, que se consuma independentemente de o agente praticar, deixar de praticar ou retardar qualquer ato de ofício. Bastará, para a consumação, que solicite, receba ou aceite a promessa de vantagem indevida; **B:** incorreta. O peculato é crime que pressupõe que o agente se aproprie de dinheiro, valor ou bem móvel público ou particular de que *tenha a posse em razão do cargo* (art. 312, *caput*, do CP); **C:** correta (art. 319 do CP); **D:** incorreta, pois o crime de violação de sigilo funcional (art. 325 do CP) é doloso. Assim, caso um funcionário público, por culpa (imprudência, negligência ou imperícia), facilite a revelação de fato de que tem ciência em razão do cargo e que deva permanecer em segredo, não cometerá o crime em tela, visto que não há previsão da modalidade culposa. Lembre-se de que um crime somente poderá ser imputado a título de culpa ao agente se houver expressa previsão legal (art. 18, parágrafo único, do CP); **E:** incorreta, pois a solicitação de vantagem indevida por funcionário público, ainda que fora da função ou antes de assumi-la, mas em razão dela, seja de forma direta ou indireta, caracteriza corrupção passiva (art. 317 do CP). A concussão, definida no art. 316 do CP, pressupõe que o agente faça uma *exigência* (e não mera solicitação!) de vantagem indevida à vítima.

Gabarito "C".

20. LEGISLAÇÃO PENAL EXTRAVAGANTE

(Agente-Escrivão – PC/GO – CESPE – 2016) Pedro, maior e capaz, compareceu a uma delegacia de polícia para ser ouvido como testemunha em IP. Todavia, quando Pedro apresentou sua carteira de identidade, a autoridade policial a reteve e, sem justo motivo nem ordem judicial, permaneceu com tal documento durante quinze dias.

Nessa situação hipotética, a atitude da autoridade policial constituiu:

(A) crime punível com multa.

(B) fato atípico, pois sua conduta não pode ser considerada crime ou contravenção penal.

(C) contravenção penal punível com prisão simples.

(D) crime punível com detenção.

(E) crime punível com reclusão.

A conduta da autoridade policial se enquadra na descrição típica contida no art. 3º da Lei 5.553/1968, que corresponde a uma contravenção penal em que a lei comina pena de prisão simples de 1 a 3 meses ou multa.

Gabarito "C".

2. DIREITO PROCESSUAL PENAL

Arthur Trigueiros, Eduardo Dompieri e Savio Chalita

1. FONTES, PRINCÍPIOS GERAIS E INTERPRETAÇÃO

(Escrivão – AESP/CE – VUNESP – 2017) No que diz respeito às disposições constitucionais aplicáveis ao processo penal, é correto afirmar que:

(A) ninguém será considerado culpado até a publicação de sentença penal condenatória.

(B) o preso tem direito à identificação dos responsáveis por sua prisão ou por seu interrogatório policial, salvo as hipóteses em que a identificação colocar em risco a atividade policial.

(C) a lei só poderá restringir a publicidade dos atos processuais quando a defesa da intimidade ou o interesse social o exigirem.

(D) não será admitida ação privada nos crimes de ação penal pública.

(E) ninguém será preso senão em flagrante delito ou por ordem escrita e fundamentada de autoridade judiciária competente, salvo nos casos de transgressão militar ou crime impropriamente militar, definidos em lei.

A: incorreta, uma vez que não corresponde ao teor do art. 5º, LVII, da CF, que assim dispõe: *Ninguém será considerado culpado até o trânsito em julgado de sentença penal condenatória*; B: incorreta, uma vez que não corresponde ao teor do art. 5º, LXIV, da CF, que assim dispõe: *O preso tem direito à identificação dos responsáveis por sua prisão ou por seu interrogatório policial*. O dispositivo constitucional, como se pode ver, não faz ressalva alguma; C: correta, pois em conformidade com o disposto no art. 5º, LX, da CF, que assim dispõe: *A lei só poderá restringir a publicidade dos atos processuais quando a defesa da intimidade ou o interesse social o exigirem*; D: incorreta, uma vez que não corresponde ao teor do art. 5º, LIX, da CF, que assim dispõe: *Será admitida ação privada nos crimes de ação pública, se esta não for intentada no prazo legal*. É a chamada ação penal privada subsidiária da pública; E: incorreta, uma vez que não corresponde ao teor do art. 5º, LXI, da CF, que assim dispõe: *Ninguém será preso senão em flagrante delito ou por ordem escrita e fundamentada de autoridade judiciária competente, salvo nos casos de transgressão militar ou crime propriamente militar, definidos em lei*, e não *impropriamente* militar. **ED**

Gabarito "C"

(Escrivão de Polícia/BA – 2013 – CESPE) Julgue os itens seguintes, considerando os dispositivos constitucionais e o processo penal.

(1) O direito ao silêncio consiste na garantia de o indiciado permanecer calado e de tal conduta não ser considerada confissão, cabendo ao delegado informá-lo desse direito durante sua oitiva no inquérito policial.

(2) De acordo com a CF, a inviolabilidade do sigilo de correspondência e comunicações telefônicas poderá ser quebrada por ordem judicial para fins de investigação criminal ou instrução processual penal.

(3) A presunção de inocência da pessoa presa em flagrante delito, ainda que pela prática de crime inafiançável e hediondo, é razão, em regra, para que ela permaneça em liberdade.

(4) A assistência de advogado durante a prisão é requisito de validade do flagrante; por essa razão, se o autuado não nomear um profissional de sua confiança, o delegado deverá indicar um defensor dativo para acompanhar o ato.

(5) Tanto o acompanhamento do inquérito policial por advogado quanto seus requerimentos ao delegado caracterizam a observância do direito ao contraditório e à ampla defesa, obrigatórios na fase inquisitorial e durante a ação penal.

1: correta. Deve-se aplicar, neste caso, o art. 186, parágrafo único, do CPP, que incide, por força do disposto no art. 6º, V, do CPP, tanto no âmbito do inquérito policial quanto no da instrução processual, que estabelece que "o silêncio, que não importará em confissão, não poderá ser interpretado em prejuízo da defesa". Também tem incidência no interrogatório policial o disposto no art. 186, *caput*, do CPP, segundo o qual cabe ao juiz (neste caso o delegado), antes de dar início ao interrogatório e depois de qualificar o acusado (neste caso o investigado), cientificá-lo de seu direito de permanecer calado e de não responder às perguntas a ele formuladas; 2: incorreta. É que o dispositivo

constitucional que rege a matéria (art. 5º, XII) somente excepcionou, como sigilo passível de violação, o das comunicações telefônicas, o que deverá se dar nos moldes da Lei 9.296/1996, que traz o regramento dessa modalidade de interceptação; 3: correta. A decretação ou manutenção da custódia cautelar (aqui incluída a prisão em flagrante), assim entendida aquela que antecede a condenação definitiva, deve sempre estar condicionada à demonstração de sua imperiosa necessidade, pouco importando a natureza do crime imputado ao agente (hediondo; não hediondo; afiançável; não afiançável). Bem por isso, deve o magistrado apontar as razões, no seu entender, que a tornam indispensável (art. 312 do CPP). Colocado de outra forma, a prisão provisória ou cautelar (prisão preventiva, temporária e em flagrante) somente se justifica dentro do ordenamento jurídico quando necessária ao processo. Deve ser vista, portanto, como um instrumento do processo a ser utilizado em situações excepcionais. É por essa razão que a prisão decorrente de sentença penal condenatória recorrível deixou de constituir modalidade de prisão cautelar. Era uma prisão automática, já que, com a prolação da sentença condenatória, o réu era recolhido ao cárcere (independente de a prisão ser necessária). Nesse contexto, o acusado era considerado presumidamente culpado. Com as modificações introduzidas pela Lei 11.719/2008 e também em razão da atuação dos tribunais, esta modalidade de prisão cautelar deixou de existir, consagrando, assim, o postulado da presunção de inocência. Em vista dessa nova realidade, se o acusado permanecer preso durante toda a instrução, a manutenção dessa prisão somente terá lugar se indispensável for ao processo, pouco importando se, uma vez condenado em definitivo, permanecerá ou não preso. A prisão desnecessária decretada ou mantida antes de a sentença passar em julgado constitui antecipação da pena que porventura seria aplicada em caso de condenação, o que representa patente violação ao princípio da presunção de inocência, postulado esse de índole constitucional – art. 5º, LVII. De se ver ainda que, tendo em conta as mudanças implementadas pela Lei 12.403/2011, que instituiu as medidas cautelares alternativas à prisão provisória, esta somente terá lugar diante da impossibilidade de se recorrer às medidas cautelares. Dessa forma, a prisão, como medida excepcional que é, deve também ser vista como instrumento subsidiário, supletivo. Pois bem. Essa tônica (de somente dar-se início ao cumprimento da pena depois do trânsito em julgado da sentença penal condenatória) sofreu um revés. Explico. O STF, em julgamento histórico realizado em 17 de fevereiro de 2016, mudou, à revelia de grande parte da comunidade jurídica, seu entendimento acerca da possibilidade de prisão antes do trânsito em julgado da sentença penal condenatória. A Corte, ao julgar o HC n. 126.292, passou a admitir a execução da pena após decisão condenatória proferida em segunda instância. Com isso, passou a ser desnecessário, para dar início ao cumprimento da pena, aguardar o trânsito em julgado da decisão condenatória. Flexibilizou-se, pois, o postulado da presunção de inocência. Naquela ocasião, votaram pela mudança de paradigma sete ministros, enquanto quatro mantiveram o entendimento até então prevalente. Cuidava-se, é bem verdade, de uma decisão tomada em processo subjetivo, sem eficácia vinculante, portanto. Tal decisão, conquanto tomada em processo subjetivo, passou a ser vista como uma mudança de entendimento acerca de tema que há vários anos havia se sedimentado. Mais recentemente, nossa Suprema Corte foi chamada a se manifestar, em ações declaratórias de constitucionalidade impetradas pelo Conselho Federal da OAB e pelo Partido Ecológico Nacional, sobre a constitucionalidade do art. 283 do CPP. Existia a expectativa de que algum ou alguns dos ministros mudassem o posicionamento adotado no julgamento realizado em fevereiro de 2016. Afinal, a decisão, agora, teria uma repercussão muito maior, na medida em que tomada em ADC. Pois bem. Depois de muita especulação e grande expectativa, o STF, em julgamento realizado em 5 de outubro do mesmo ano, desta vez por maioria mais apertada (6 a 5), já que houve mudança de posicionamento do ministro Dias Toffoli, indeferiu as medidas cautelares pleiteadas nessas ADCs (43 e 44), mantendo, assim, o posicionamento que autoriza a prisão depois de decisão condenatória confirmada em segunda instância. Importante dizer que este tema pode ser submetido a nova apreciação a qualquer momento; 4: incorreta. Não constitui requisito de validade do flagrante a assistência de advogado; é suficiente que a autoridade policial assegure ao autuado a possibilidade de ser assistido por seu patrono. Nesse sentido a jurisprudência do STF: "(...) O Estado não tem o dever de manter advogados nas repartições policiais para assistir interrogatórios de presos; a Constituição assegura, apenas, o direito de o preso ser assistido por advogado na fase policial" (HC 73898, Maurício Corrêa); 5: incorreta. O inquérito policial tem caráter *inquisitivo*, o que significa dizer que nele não vigoram *contraditório* e *ampla defesa*, aplicáveis, como garantia de índole constitucional, a partir do início da ação penal.

Gabarito 1C, 2E, 3C, 4E, 5E

(Agente de Polícia Civil/RO – 2014 – FUNCAB) O sistema processual brasileiro tem como características, dentre outras:

(A) Fase preparatória com inquérito conduzido, coordenadamente, pelo MP e pela Polícia, iniciando-se a ação penal, sempre pública, após essa etapa.

(B) Iniciativa privativa do Ministério Público para a propositura da ação penal pública e, como exceção, pelo ofendido ou seu representante no caso de ação penal privada subsidiária da pública; necessidade de justa causa para a deflagração da ação penal; procedimento preliminar através de inquérito policial ou peças de informação; juiz natural; distinção das figuras do órgão acusador, julgador, a defesa e o órgão responsável pela coleta da prova no procedimento preliminar.

(C) Começa com o procedimento preparatório dirigido pelo MP, sendo essencialmente secreto: fase intermediária, que se desenvolve para aquilatar a existência de base fática para a demanda; última fase, a aceitação da acusação pelo tribunal, iniciando-se o procedimento principal, com a distinção entre acusador, réu e seu defensor e juiz, com oralidade e publicidade.

(D) Persecução a partir da investigação inicial pela polícia judiciária, sob a coordenação do MP, passando pelo exercício da ação penal e instauração da fase de instrução, até chegar ao juízo propriamente dito, sendo este último oral, público e contraditório.

(E) Concentração de todas as funções em uma só pessoa; sigilação; ausência de contraditório; procedimento escrito; juízes permanentes e irrecusáveis; provas apreciadas por regras mais aritméticas que processuais; confissão como elemento suficiente para a condenação; admite-se a apelação contra a sentença.

A: incorreta, dado que a presidência e, por conseguinte, a coordenação do inquérito policial cabe privativamente ao delegado de polícia, ao passo que ao MP compete o acompanhamento, por meio de controle externo, da atividade policial (art. 2º, § 1º, Lei 12.830/2013). De ver-se, ainda, que a apuração realizada por meio de inquérito policial pode dar azo tanto à instauração de ação penal pública quanto privativa do ofendido, a quem caberá, neste último caso, o ajuizamento da queixa-crime; **B:** correta. A iniciativa para a propositura da ação penal pública cabe, de fato, ao MP (art. 24, CPP), que, se se omitir nesse mister, propiciará ao ofendido a oportunidade de, ele próprio, ajuizar a ação penal por meio de queixa-crime (ação penal privada subsidiária da pública – art. 29, CPP). Também é certo que, para a propositura da ação penal, tanto a pública quanto a privada, é indispensável a existência de indícios de autoria e materialidade. O último trecho da assertiva contempla as características do sistema processual acusatório, por nós adotado; **C:** incorreta, visto que a fase preparatória é representada, em regra, pelo inquérito policial, conduzido por delegado de polícia (art. 2º, § 1º, Lei 12.830/2013), após o que, havendo prova da existência do crime e indícios de autoria, será ajuizada a ação penal, mediante denúncia do MP, se pública a ação penal, ou por meio de queixa-crime, se privativa do ofendido for. De resto, a assertiva está correta, pois traz algumas das características do sistema acusatório: funções de acusar, defender e julgar acometidas a pessoas diferentes; oralidade; e publicidade; **D:** incorreta. A fase investigatória, que constitui a primeira etapa da persecução penal, é feita, em regra, por meio de inquérito policial, a ser conduzido (e coordenado) por delegado de polícia; **E:** incorreta, na medida em que a assertiva contempla as características do sistema *inquisitivo*, que representa uma antítese do sistema que adotamos, o *acusatório*.
Gabarito "B".

2. INQUÉRITO POLICIAL E OUTRAS FORMAS DE INVESTIGAÇÃO CRIMINAL

(Agente-Escrivão – Acre – IBADE – 2017) Sobre as características do inquérito pode se dizer que ele é:

(A) inquisitório e informativo.
(B) inquisitivo e público.
(C) sigiloso e acusatório.
(D) sigiloso e contraditório.
(E) acusatório e informativo.

O inquérito policial tem caráter *inquisitivo* (ou *inquisitório*), o que significa dizer que nele não vigoram *contraditório* e *ampla defesa*, aplicáveis, como garantia de índole constitucional, a partir do início da ação penal. De igual modo, não se aplica, ao inquérito policial, a *publicidade*, imanente ao processo. Cuida-se, isto sim, de procedimento *sigiloso* (art. 20, CPP). De outra forma não poderia ser. É que a publicidade por certo acarretaria prejuízo ao bom andamento do inquérito, cujo propósito é reunir provas acerca da infração penal. É bom lembrar que o sigilo do inquérito não pode ser considerado absoluto, uma vez que não

será oponível ao advogado, constituído ou não, do investigado, que terá amplo acesso ao acervo investigatório (art. 7º, XIV, da Lei 8.906/1994 – Estatuto da Advocacia). Ademais, *acusatório* é o sistema processual por nós adotado (não se aplica, portanto, ao inquérito), que apresenta as seguintes características: nítida separação nas funções de acusar, julgar e defender, o que torna imprescindível que essas funções sejam desempenhadas por pessoas distintas; o processo é público e contraditório; há imparcialidade do órgão julgador, que detém a gestão da prova (na qualidade de juiz-espectador), e a ampla defesa é assegurada. **ED**
Gabarito "A".

(Agente-Escrivão – Acre – IBADE – 2017) Sobre o inquérito policial, assinale a alternativa correta.

(A) No caso de réu solto, o prazo para conclusão do inquérito é de 45 dias.

(B) No caso de réu solto, o inquérito deve terminar em 30 dias, prorrogáveis por autorização do Ministério Público.

(C) No caso de réu preso, o prazo para terminar o inquérito é de 10 dias, contados a partir da execução da prisão.

(D) No caso de réu preso, o prazo para terminar o inquérito é de 10 dias, contados a partir da expedição do mandado de prisão.

(E) No caso de réu solto, o inquérito deve terminar em 90 dias, prorrogáveis por autorização do juiz.

A teor do art. 10, "caput", 2ª parte, do CPP, se em liberdade estiver o indiciado, o inquérito deverá ser ultimado no prazo de 30 dias, interregno que poderá, sendo o fato de difícil elucidação, ser prorrogado a critério do magistrado (art. 10, § 3º, do CPP); agora, se se tratar de apuração em que o indiciado esteja preso, o inquérito deverá ser concluído no prazo de 10 dias, interregno que deverá ser contado da execução da prisão, e não de quando foi expedido o respectivo mandado. **ED**
Gabarito "C".

(Escrivão – AESP/CE – VUNESP – 2017) Com relação às previsões relativas ao Inquérito Policial no Código de Processo Penal, é correto afirmar que:

(A) qualquer pessoa do povo que tiver conhecimento da existência de infração penal em que caiba ação pública poderá, por escrito, comunicá-la à autoridade policial, sendo vedada a comunicação verbal.

(B) todas as peças do inquérito policial serão, num só processado, reduzidas a escrito ou datilografadas e, nesse caso, rubricadas pela autoridade.

(C) o inquérito, nos crimes em que a ação pública depender de representação, poderá, sem ela, ser iniciado, mas seu encerramento dependerá da juntada desta.

(D) nos crimes em que não couber ação pública, os autos do inquérito permanecerão em poder da autoridade policial até a formalização da iniciativa do ofendido ou de seu representante legal, condição esta obrigatória para a remessa dos autos ao juízo competente.

(E) durante a instrução do Inquérito Policial, são vedados os requerimentos de diligências pelo ofendido, ou seu representante legal; e pelo indiciado, em virtude da sua natureza inquisitorial.

A: incorreta. A chamada *delatio criminis, que* é a denúncia, formulada por qualquer pessoa do povo e dirigida à autoridade policial, dando conta da prática de infração penal, comporta, a teor do art. 5º, § 3º, do CPP, as formas *verbal* e *escrita*; **B:** correta, pois corresponde à redação do art. 9º do CPP; **C:** incorreta. O inquérito, sendo a ação pública condicionada a representação, não poderá sem esta ser iniciado (art. 5º, § 4º, CPP); **D:** incorreta. Estabelece o art. 19 do CPP que, sendo a ação penal de iniciativa privativa do ofendido, os autos do inquérito policial serão encaminhados ao juiz competente, onde aguardarão a iniciativa do ofendido ou de seu representante legal, ou serão entregues ao requerente, se este assim requerer, mediante traslado; **E:** incorreta. Isso porque, segundo estabelece o art. 14 do CPP, poderão o indiciado, o ofendido ou o seu representante legal formular à autoridade policial pedido para realização de *qualquer* diligência. **ED**
Gabarito "B".

(Escrivão – AESP/CE – VUNESP – 2017) Assinale a alternativa correta no que tange ao arquivamento do Inquérito Policial, segundo o disposto no Código de Processo Penal.

(A) Depois de ordenado o arquivamento do inquérito pela autoridade judiciária, por falta de base para a denúncia, a autoridade policial não poderá proceder a novas pesquisas se de outras provas tiver notícia.

(B) A autoridade policial poderá mandar arquivar autos de inquérito somente nos casos em que for constatada atipicidade da conduta.

(C) Depois de ordenado o arquivamento do inquérito pela autoridade judiciária, por falta de base para a denúncia, a autoridade policial poderá proceder a novas pesquisas se de outras provas tiver notícia.

(D) A autoridade policial poderá mandar arquivar autos de inquérito.

(E) Depois de ordenado o arquivamento do inquérito pela autoridade judiciária, por falta de base para a denúncia, a autoridade policial somente poderá proceder a novas pesquisas com autorização da autoridade judiciária que determinou o arquivamento.

A: incorreta. Uma vez ordenado o arquivamento do inquérito policial pelo juiz de direito, por falta de lastro para a denúncia, nada obsta que a autoridade policial proceda a novas pesquisas, desde que de outras provas tenha conhecimento – art. 18 do CPP. Isso porque a decisão que determina o arquivamento do inquérito policial não gera, em regra, coisa julgada material; **B:** incorreta, na medida em que não é defeso à autoridade policial mandar arquivar autos de inquérito policial, ainda que chegue à conclusão de que o fato apurado é atípico. É o que estabelece o art. 17 do CPP; **C:** correta. Vide comentário à assertiva "A"; **D:** incorreta. O arquivamento do IP, como aqui já foi dito à exaustão, somente poderá ser determinado pelo magistrado, em razão de pedido formulado pelo MP; **E:** incorreta. Determinado o arquivamento do IP, se, após isso, surgirem provas novas, a autoridade policial está credenciada a promover novas pesquisas, sem que para tanto precise de autorização do juiz que determinou arquivamento do feito. *ED*

Gabarito "C"

(Agente-Escrivão – PC/GO – CESPE – 2016) A respeito do IP, assinale a opção correta.

(A) O delegado de polícia, se estiver convencido da ausência de elementos suficientes para imputar autoria a determinada pessoa, deverá mandar arquivar o IP, podendo desarquivá-lo se surgir prova nova.

(B) O IP é presidido pelo delegado de polícia sob a supervisão direta do MP, que poderá intervir a qualquer tempo para determinar a realização de perícias ou diligências.

(C) A atividade investigatória de crimes não é exclusiva da polícia judiciária, podendo ser eventualmente presidida por outras autoridades, conforme dispuser a lei especial.

(D) O IP é indispensável para o oferecimento da denúncia; o promotor de justiça não poderá denunciar o réu sem esse procedimento investigatório prévio.

(E) O IP é peça indispensável à propositura da ação penal pública incondicionada, sob pena de nulidade, e deve assegurar as garantias constitucionais da ampla defesa e do contraditório.

A: incorreta, uma vez que tal iniciativa (promoção de arquivamento de IP) incumbe com exclusividade ao representante do MP, titular que é da ação penal pública. Assim, é vedado ao delegado de polícia, ao concluir as investigações do inquérito policial, promover o seu arquivamento (art. 17, CPP), ainda que convencido da ausência de elementos suficientes para a imputação dos fatos ao investigado; deverá, isto sim, fazê-lo chegar ao MP, a quem incumbirá, se o caso, requerer o arquivamento do feito (art. 28, CPP). Tampouco é dado ao juiz tomar a iniciativa de arquivar autos de inquérito; dependerá, para tanto, de requerimento do MP; **B:** incorreta. Cuidado: embora não possa promover o arquivamento dos autos de inquérito, é lícito à autoridade policial proceder ao seu desarquivamento, desde que de outras provas tenha conhecimento (art. 18, CPP); **C:** correta. A presidência do inquérito policial, é fato, constitui atribuição exclusiva da autoridade policial (art. 2º, § 1º, da Lei 12.830/2013); outras autoridades, entretanto, entre elas o representante do Ministério Público, podem conduzir investigação criminal, desde que tal função investigatória esteja prevista em lei; **D:** incorreta. O inquérito policial não é indispensável – art. 12 do CPP. A *denúncia* ou *queixa* pode ser ofertada com base em outras peças de informação, desde que o titular da ação penal disponha de elementos suficientes para tanto (indícios de autoria e prova da materialidade). Em outras palavras, o inquérito não constitui o único sustentáculo à ação penal; **E:** incorreta. Condicionada ou incondicionada a ação penal pública, o inquérito policial, de uma forma ou de outra, e também quando a ação for privativa do ofendido, não constitui fase obrigatória da persecução criminal. Pode o titular da ação penal, assim, seja ele o MP, na ação penal pública, seja o particular, na ação penal privada, se valer de outros elementos de informação, que não o inquérito policial, para subsidiar a ação penal. *ED*

Gabarito "C"

(Agente-Escrivão – PC/GO – CESPE – 2016) A respeito do IP e da instrução criminal, assinale a opção correta.

(A) O juiz é livre para apreciar as provas e, de acordo com sua convicção íntima, poderá basear a condenação do réu exclusivamente nos elementos informativos colhidos nó IP.

(B) Como a perícia é considerada a prova mais importante, o juiz não proferirá sentença que contrarie conclusões da perícia, devendo a prova técnica prevalecer sobre os outros meios probatórios.

(C) Uma vez arquivado o IP por decisão judicial, a autoridade policial poderá proceder a novas pesquisas, se tiver notícia de uma nova prova.

(D) O ofendido e o indiciado não poderão requerer diligências no curso do IP.

(E) O IP, peça informativa do processo, oferece o suporte probatório mínimo para a denúncia e, por isso, é indispensável à propositura da ação penal.

A: incorreta. A despeito de o magistrado ser livre para apreciar a prova produzida em contraditório, é-lhe vedado lastrear a condenação do réu exclusivamente nos elementos de informação colhidos na fase pré-processual (fase investigativa), em que não vigem o contraditório nem a ampla defesa (art. 155, "caput", CPP). No mais, no que concerne aos sistemas de valoração da prova, adotamos, como regra, o sistema da persuasão racional ou livre convencimento motivado, em que o magistrado decidirá com base no seu livre convencimento, devendo, todavia, fundamentar sua decisão (art. 93, IX, da CF/1988). No chamado sistema do livre convencimento (ou íntima convicção), o juiz, ao apreciar a prova de forma livre e de acordo com a sua convicção, não está obrigado a fundamentar a sua decisão. É o sistema que vige no Tribunal do Júri, em que o jurado não motiva o seu voto. Nem poderia. Há, por fim, o sistema da prova legal, no qual o juiz fica adstrito ao valor atribuído à prova pelo legislador; **B:** incorreta. Não há, no processo penal, hierarquia entre provas; bem por isso, a prova pericial não deve ser considerada, em princípio, mais importante do que as demais, tal como a testemunhal. Ademais, o juiz, fazendo uso da prerrogativa que lhe confere o art. 182 do CPP, poderá aceitar ou rejeitar o laudo, no todo ou em parte, isto é, o magistrado não ficará vinculado ao resultado do exame pericial; **C:** correta, tendo em conta que, uma vez ordenado o arquivamento do inquérito policial pelo juiz de direito, por falta de base para a denúncia, nada obsta que a autoridade policial proceda a novas pesquisas, desde que de outras provas tenha conhecimento, independente de autorização judicial – art. 18 do CPP. Isso porque a decisão que determina o arquivamento do inquérito policial não gera, em regra, coisa julgada material. Registre-se que as "outras provas" a que faz alusão o art. 18 do CPP devem ser entendidas como provas substancialmente novas, ou seja, aquelas que até então não eram de conhecimento das autoridades. Conferir, nesse sentido, a Súmula 524 do STF: "Arquivado o inquérito policial, por despacho do juiz, a requerimento do Promotor de Justiça, não pode a ação penal ser iniciada, sem novas provas". Agora, se o arquivamento do inquérito se der por ausência de tipicidade a decisão, neste caso, tem efeito preclusivo, é dizer, produz coisa julgada material, impedindo, dessa forma, o desarquivamento do inquérito. A esse respeito, ver Informativo STF 375 (HC 84.156/MT, rel. Min. Celso de Mello, 2.ª T., j. 26.10.2004, *DJ* 11.02.2005); **D:** incorreta, na medida em que tanto o ofendido quanto o indiciado têm a prerrogativa de requerer à autoridade policial que preside o inquérito a realização de qualquer diligência (art. 14, CPP); **E:** incorreta. O inquérito policial não é indispensável ao oferecimento da queixa nem da denúncia (art. 12 do CPP); se o titular da ação penal dispuser de elementos suficientes, poderá, diretamente, propô-la. *ED*

Gabarito "C"

(Agente – Pernambuco – CESPE – 2016) Um policial encontrou, no interior de um prédio abandonado, um cadáver que apresentava sinais aparentes de violência, com afundamento do crânio, o que indicava provável ação de instrumento contundente.

Nesse caso, cabe à autoridade policial,

(A) providenciar a imediata remoção do cadáver e o seu encaminhamento ao necrotério e aguardar o eventual reconhecimento por parentes.

(B) comunicar o fato à autoridade judiciária se o local estiver fora da circunscrição da delegacia onde esteja lotado, devendo-se manter afastado e não podendo impedir o fluxo de pessoas.

(C) promover a realização de perícia somente depois de autorizado pelo Ministério Público ou pelo juiz de direito.

(D) comunicar o fato imediatamente ao Ministério Público, que determinará as providências a serem adotadas.

(E) providenciar para que não se alterem o estado e o local até a chegada dos peritos criminais e ordenar a realização das perícias necessárias à identificação do cadáver e à determinação da causa da morte.

Assim que tomar conhecimento da prática de crime, cumpre ao delegado de polícia proceder de acordo com o disposto no art. 6º do CPP, que contempla um rol de providências que a autoridade policial deve adotar, entre as quais dirigir-se ao local em que ocorreu o delito e providenciar para que não sejam alterados o estado e conservação das coisas até a chegada dos peritos, requisitando a realização das perícias que se fizerem necessárias, em especial o exame necroscópico no cadáver, a fim de se estabelecer a causa da morte. *ED*

Gabarito "E"

2. Direito Processual Penal

(Agente – Pernambuco – CESPE – 2016) Considerando os dispositivos legais referentes ao inquérito policial, assinale a opção correta.

(A) Não cabe recurso administrativo aos escalões superiores do órgão policial contra decisão de delegado que nega a abertura de inquérito policial, mas o interessado pode recorrer ao Ministério Público.

(B) Representantes de órgãos e entidades da administração pública direta ou indireta não podem promover investigação de crime: deverão ser auxiliados pela autoridade policial quando constatarem ilícito penal no exercício de suas funções.

(C) Estando o indiciado preso, o inquérito policial deverá ser concluído, impreterivelmente, em dez dias, independentemente da complexidade da investigação e das evidências colhidas.

(D) O delegado determinará o arquivamento do inquérito policial quando não houver colhido elementos de prova suficientes para imputar a alguém a autoria do delito.

(E) Tratando-se de crimes de ação penal pública, o inquérito policial será iniciado de ofício pelo delegado, por requisição do Ministério Público ou por requerimento do ofendido ou de quem o represente.

A: incorreta. Ao contrário do que se afirma, do despacho do delegado de polícia que indefere a abertura de inquérito policial caberá recurso administrativo para o chefe de Polícia, tal como estabelece o art. 5º, § 2º, CPP; descabe, neste caso, recurso ao MP; **B: incorreta.** A realização de investigações de natureza penal não é privativa da Polícia Judiciária (Polícia Federal e Estadual), podendo outros órgãos, desde que autorizados por lei, realizá-las (art. 4º, parágrafo único, CPP), sem que para isso sejam auxiliados pela autoridade policial; **C: incorreta.** Segundo estabelece o art. 10, "caput", do CPP, se preso estiver o investigado, o inquérito deve ser concluído no prazo improrrogável de 10 dias, não comportando, neste caso, dilação, de forma que, esgotado esse interregno sem que as investigações sejam concluídas, é de rigor seja o investigado posto em liberdade, independentemente da complexidade da investigação e das evidências colhidas. A dilação do prazo para conclusão do inquérito somente será concedida na hipótese de o investigado encontrar-se solto (art. 10, § 3º, do CP). Sucede que tais prazos e a impossibilidade de prorrogação no caso de investigado preso referem-se à regra geral, prevista neste art. 10 do CP. Há legislações esparsas que contemplam prazos diferenciados e admitem a possibilidade de prorrogação mesmo estando o investigado preso. Na Justiça Federal, se o indicado estiver preso, o prazo para conclusão do inquérito é de quinze dias, podendo haver uma prorrogação por igual período, conforme dispõe o art. 66 da Lei 5.010/1966; se solto, o inquérito deve ser concluído em 30 dias, em consonância com o disposto no art. 10, "caput", do CPP. Outro exemplo de lei que estabelece prazos diferenciados é a de tóxicos. Pela disciplina estabelecida no art. 51, "caput", da Lei 11.343/06 (atual Lei de Tóxicos), o inquérito, estando o indiciado preso, será concluído no prazo de 30 dias; se solto estiver, o prazo será de 90 dias. O parágrafo único do mesmo artigo dispõe que os prazos aludidos no "caput" podem ser duplicados mediante pedido justificado da autoridade policial, sempre ouvido o MP, chegando a 60 e 180 dias; **D: incorreta.** Ainda que as investigações sejam inconclusivas, deixando o delegado de polícia de estabelecer autoria e materialidade da infração penal, não lhe é dado mandar arquivar os autos do inquérito policial, providência que somente poderá ser determinada, a pedido do MP, pelo juiz de direito (arts. 17 e 18 do CPP); **E: correta** (art. 5º, I e II, do CPP). **ED**

Gabarito "E"

(Escrivão – Pernambuco – CESPE – 2016) O inquérito policial

(A) não pode ser iniciado se a representação não tiver sido oferecida e a ação penal dela depender.

(B) é válido somente se, em seu curso, tiver sido assegurado o contraditório ao indiciado.

(C) será instaurado de ofício pelo juiz se tratar-se de crime de ação penal pública incondicionada.

(D) será requisitado pelo ofendido ou pelo Ministério Público se tratar-se de crime de ação penal privada.

(E) é peça prévia e indispensável para a instauração de ação penal pública incondicionada.

A: correta. Segundo estabelece o art. 5º, § 4º, do CPP, é indispensável, para que o inquérito possa ser instaurado nos crimes de ação penal pública condicionada, o oferecimento de *representação* por parte do ofendido ou de seu representante legal; **B: incorreta.** Por ser *inquisitivo*, o inquérito policial, que é um procedimento administrativo, não se submete ao *contraditório* tampouco à *ampla defesa*, aplicados, aí sim, no âmbito do processo; **C: incorreta.** Em hipótese alguma pode o juiz promover a instauração de inquérito policial, atribuição exclusiva da autoridade policial; poderá o magistrado tão somente dirigir requisição ao delegado de polícia para que este proceda à instauração do inquérito (art. 5º, II, CPP); **D: incorreta.** Sendo a ação penal privada, o inquérito somente será instaurado a *requerimento* (e

não *requisição*!) do ofendido ou de seu representante legal (art. 5º, § 5º, do CPP); **E: incorreta.** O inquérito policial não constitui etapa indispensável da persecução criminal. Se o titular da ação penal, desse modo, dispuser de elementos suficientes (prova da existência do crime e indícios suficientes de autoria) a sustentar a acusação em juízo, poderá abrir mão do inquérito. **ED**

Gabarito "A".

(Escrivão – Pernambuco – CESPE – 2016) No que se refere ao arquivamento do inquérito policial, assinale a opção correta.

(A) Membro do Ministério Público ordenará o arquivamento do inquérito policial se verificar que o fato investigado é atípico.

(B) Cabe à autoridade policial ordenar o arquivamento quando a requisição de instauração recebida não fornecer o mínimo indispensável para se proceder à investigação.

(C) Sendo o crime de ação penal privada, o arquivamento do inquérito policial depende de decisão do juiz, após pedido do Ministério Público.

(D) O inquérito pode ser arquivado pela autoridade policial se ela verificar ter havido a extinção da punibilidade do indiciado.

(E) Sendo o arquivamento ordenado em razão da ausência de elementos para basear a denúncia, a autoridade policial poderá empreender novas investigações se receber notícia de novas provas.

A: incorreta. Somente ao juiz é dado ordenar o arquivamento do inquérito policial, e o fará a requerimento do Ministério Público (art. 18, CPP); **B: incorreta.** É vedado à autoridade policial, a qualquer pretexto, promover o arquivamento dos autos de inquérito policial (art. 17, CPP). Tal providência somente pode ser determinada pelo juiz de direito, sempre a requerimento do MP; **C: incorreta.** Por força do que dispõe o art. 19 do CPP, sendo a ação penal privada, os autos do inquérito policial serão encaminhados ao juiz competente, onde aguardarão a iniciativa do ofendido ou de seu representante legal, ou serão entregues ao requerente, se este assim requerer, mediante traslado; **D: incorreta.** Ainda que a autoridade policial constate ter havido, em relação ao delito apurado, a extinção da punibilidade, é-lhe vedado proceder ao arquivamento do inquérito, o que somente poderá ser feito pelo juiz a requerimento do MP (arts. 17 e 18 do CPP); **E: correta.** Uma vez ordenado o arquivamento do inquérito policial pelo juiz de direito, por falta de base para a denúncia, nada obsta que a autoridade policial proceda a novas pesquisas, desde que de outras provas tenha conhecimento – art. 18 do CPP. **ED**

Gabarito "E".

(Investigador-Escrivão-Papiloscopista – Pará – Funcab – 2016) O inquérito policial consiste no conjunto de diligências efetuadas pela polícia judiciária para a apuração de uma infração penal e de sua autoria. Trata-se de procedimento investigatório de caráter administrativo instaurado pela autoridade policial. De acordo com o Código de Processo Penal brasileiro:

(A) do despacho que indeferir o requerimento do ofendido para a instauração do inquérito policial, não cabe recurso.

(B) nos crimes de ação penal pública, o inquérito policial poderá ser iniciado por requerimento da Autoridade Judiciária ou do Ministério Público.

(C) inquérito deverá terminar no prazo de 5 dias úteis, se o indiciado tiver sido preso em flagrante, ou estiver preso preventivamente, contado o prazo, nesta hipótese, a partir do dia em que se executar a ordem de prisão, ou no prazo de 15 dias, quando estiver solto, mediante fiança ou sem ela.

(D) nos crimes de ação penal privada, o inquérito policial poderá ser iniciado de ofício pela Autoridade Policial.

(E) o inquérito policial, nos crimes em que ação pública depender de representação, não poderá sem ela ser iniciado.

A: incorreta, uma vez que, neste caso, caberá recurso ao chefe de Polícia, na forma estatuída no art. 5º, §2º, do CPP; **B: incorreta.** Se pública a ação penal, o inquérito poderá ser instaurado mediante *requisição* (e não *requerimento*) da autoridade judiciária ou do Ministério Público, tal como estabelece o art. 5º, II, do CPP; **C: incorreta,** pois em desconformidade com o teor do art. 10, "caput", do CPP, segundo o qual o inquérito policial, estando o investigado preso, deve ser concluído dentro no prazo de 10 dias corridos (e não úteis), a contar da execução da prisão; se se tratar de investigado solto, o prazo de conclusão do inquérito corresponde a 30 dias; **D: incorreta.** Tratando-se de crime de ação penal privada, a instauração do inquérito policial está condicionada ao requerimento do ofendido ou de seu representante legal, sem o que o delegado de polícia não poderá determinar o início das investigações por meio de inquérito policial (art. 5º, §5º, CPP); a autoridade policial somente atuará de ofício, na instauração de inquérito, quando se tratar de infração cuja ação penal seja pública incondicionada; **E: correta.** De fato, nos crimes em que a ação penal é pública condicionada a

2. DIREITO PROCESSUAL PENAL 443

representação, não poderá o inquérito policial ser instaurado sem ela (representação), nos termos do art. 5º, §4º, CPP. **ED**

Gabarito "E".

(Investigador-Escrivão-Papiloscopista – Pará – Funcab – 2016) Sabendo que o inquérito policial é um procedimento administrativo para angariar provas sobre a materialidade e a autoria de uma infração penal, e que quando concluído será encaminhado para os seus destinatários imediato e mediato, é correto afirmar que:

(A) depois de ordenado o arquivamento do inquérito pela autoridade competente, por falta de base para a denúncia, a autoridade policial não poderá proceder a novas pesquisas, se de outras provas tiver notícia.

(B) o ofendido, ou seu representante legal, e o indiciado não poderão requerer qualquer diligência durante a fase de inquérito policial.

(C) nos crimes de ação pública, os autos do inquérito serão remetidos ao juízo competente, onde aguardarão a iniciativa do ofendido ou de seu representante legal, ou serão entregues ao requerente, se o pedir, mediante traslado.

(D) a autoridade policial poderá mandar arquivar autos de inquérito policial.

(E) o Ministério Púbico não poderá requerer a devolução do inquérito à autoridade policial, senão para novas diligências, imprescindíveis ao oferecimento da denúncia.

A: incorreta. Em regra, a decisão que manda arquivar autos de inquérito policial não gera coisa julgada material; gera, sim, coisa julgada formal. As investigações, assim, desde que surja prova nova, podem ser reiniciadas a qualquer tempo (art. 18, CPP). Situação bem diversa, vale dizer, é aquela em que o arquivamento do inquérito policial se dá por atipicidade da conduta. Neste caso, a decisão que determina o arquivamento é definitiva, gerando coisa julgada material; **B:** incorreta. É dado tanto ao indiciado quanto ao ofendido, ou ao representante legal deste, requerer, ao delegado de polícia, a realização de diligências, que poderão, no entanto, ser indeferidas a juízo da autoridade; **C:** incorreta, na medida em que a providência em questão somente se aplica na hipótese de a ação penal ser privativa do ofendido (art. 19, CPP); **D:** incorreta. Isso porque é vedado à autoridade policial mandar arquivar autos de inquérito, atribuição exclusiva no juiz de direito, que o fará a requerimento do MP (art. 17, CPP); **E:** correta (art. 16, CPP). **ED**

Gabarito "E".

(Papiloscopista – PCDF – Universa – 2016) Assinale a alternativa correta acerca do inquérito policial e do indiciamento segundo o CPP e a doutrina.

(A) Cabe ao promotor ou ao juiz, mediante requisição, determinar o indiciamento de alguém pela autoridade policial.

(B) Veda-se à vítima requerer ao delegado realização de diligências na fase do inquérito policial.

(C) Cabe à autoridade policial decretar a prisão preventiva do indiciado.

(D) O indiciamento é um ato discricionário da autoridade policial.

(E) Quando a autoridade policial tiver conhecimento da prática da infração penal, deverá averiguar a vida pregressa do indiciado, sob o ponto de vista individual, familiar e social, sua condição econômica, sua atitude e seu estado de ânimo antes e depois do crime e durante ele, além de quaisquer outros elementos que contribuírem para a apreciação do seu temperamento e do seu caráter.

A: incorreta. O *indiciamento constitui providência privativa da autoridade policial, não cabendo ao promotor ou mesmo ao juiz determinar que o delegado assim proceda. É o que estabelece o art. 2º, § 6º, da Lei 12.830/2013, que contempla regras sobre a investigação criminal conduzida pelo delegado de polícia. Quanto a isso,* conferir o magistério de Guilherme de Souza Nucci: "Requisição de indiciamento: cuida-se de procedimento equivocado, pois indiciamento é ato exclusivo da autoridade policial, que forma o seu convencimento sobre a autoria do crime, elegendo, formalmente, o suspeito de sua prática. Assim, não cabe ao promotor ou ao juiz exigir, através de requisição, que alguém seja indiciado pela autoridade policial, porque seria o mesmo que demandar à força que o presidente do inquérito conclua ser aquele o autor do delito (...)" (*Código de Processo Penal Comentado*, 12ª ed., p. 101); **B:** incorreta, já que o art. 14 do CPP confere à vítima (e também ao investigado) a prerrogativa de formular requerimento à autoridade policial com vistas à realização de diligência que entender pertinente, que poderá, a juízo da autoridade, ser ou não deferida; **C:** incorreta. Somente a autoridade judiciária competente (juiz de direito) está credenciada a decretar a prisão preventiva (e também a temporária), tal como dispõem os arts. 5º, LXI, da CF e 283, "caput", do CPP. Assim, é defeso à autoridade policial e ao membro do MP decretar a custódia preventiva; **D:** incorreta. Não se trata de ato discricionário do delegado de polícia, que deverá proceder ao indiciamento sempre mediante

ato fundamentado, por meio da análise técnico-jurídica do fato, que indicará a autoria, materialidade e suas circunstâncias (art. 2º, § 6º, da Lei 12.830/2013); **E:** correta. Providência prevista no art. 6º, IX, do CPP. **ED**

Gabarito "E".

(Papiloscopista – PCDF – Universa – 2016) No que se refere ao inquérito policial e ao seu arquivamento, assinale a alternativa correta.

(A) Como o inquérito policial não constitui fase da ação penal, não é necessário o seu arquivamento, bastando que não se ofereça a respectiva denúncia ou queixa.

(B) Em não havendo ação penal, o arquivamento do inquérito policial é ato complexo que envolve ato do delegado e do promotor, não sendo necessária decisão judicial de arquivamento.

(C) Mesmo depois de ordenado pela autoridade judiciária, em caso de arquivamento do inquérito por falta de base para a denúncia, a autoridade policial poderá, se de outras provas tiver notícia, proceder a novas pesquisas.

(D) Caso se convença de que o autor do crime agiu em legítima defesa, o delegado de polícia poderá mandar arquivar os autos do inquérito policial.

(E) Sendo o inquérito policial destinado a embasar a *opinio delicti* do titular da ação penal, não pode o juiz discordar de pedido de arquivamento formulado por promotor.

A: incorreta. É verdade que o inquérito policial não constitui fase da ação penal, que somente tem início depois de concluídas as investigações e oferecida a denúncia/queixa; agora, não é por isso que não se deva promover o seu arquivamento na hipótese de as investigações serem inconclusivas; é de rigor, sim, que o juiz, a requerimento do MP, proceda ao arquivamento do inquérito policial, não bastando, ao seu encerramento, que o órgão acusatório deixe de oferecer denúncia ou queixa; **B:** incorreta. Concluídas as investigações e remetido, pela autoridade policial, o inquérito ao membro do Ministério Público, caberá a este, se entender que não há elementos suficientes ao ajuizamento da ação penal, postular o arquivamento do feito, que será determinado pelo juiz (art. 18, CPP); **C:** correta. De fato, tal como prevê o art. 18 do CPP, uma vez arquivado o inquérito por determinação do juiz, nada obsta que a autoridade policial, desde que de outras provas tenha conhecimento, proceda a nova pesquisa, reiniciando as investigações; **D:** incorreta. Por imposição do art. 17 do CPP, é vedado ao delegado de polícia, seja a que pretexto for, mandar arquivar autos de inquérito; **E:** incorreta. É dado ao juiz, sim, discordar do pleito de arquivamento formulado pelo MP. Em casos assim, o magistrado deverá, ante o que estabelece o art. 28 do CPP, fazer a remessa dos autos ao procurador-geral, que é quem tem atribuição para proceder a nova análise do pedido de arquivamento feito pelo membro do *parquet*. A partir daí, pode o procurador-geral, em face da provocação do magistrado, *insistir no pedido de arquivamento do inquérito*, ratificando posicionamento firmado pelo promotor, caso em que o juiz ficará obrigado, por imposição do art. 28 do CPP, a determiná-lo. Se, de outro lado, o procurador-geral entender que é o caso de *oferecimento de denúncia*, poderá ele mesmo fazê-lo ou designar outro promotor para que o faça. Tal incumbência, frise-se, não poderá recair sobre o mesmo promotor, o que implicaria violação à sua livre convicção. **ED**

Gabarito "C".

(Escrivão de Polícia/MA – 2013 – FGV) Na doutrina de Eugênio Pacelli de Oliveira, o "inquérito policial, atividade específica da polícia denominada judiciária, isto é, Polícia Civil, no âmbito da Justiça Estadual, e a Polícia Federal, no caso da Justiça Federal, tem por objetivo a apuração das infrações penais e de sua autoria".

Sobre o tema, assinale a afirmativa correta.

(A) Nos crimes de ação penal privada, a autoridade policial somente poderá proceder a inquérito a requerimento de quem tenha qualidade para intentá-la. Já nos crimes de ação penal pública, condicionada à representação ou incondicionada, o inquérito policial poderá ser iniciado de ofício.

(B) De acordo com o Código de Processo Penal, o inquérito deverá ser finalizado no prazo de 10 dias, se o indiciado estiver solto, e no de 60 dias, quando estiver preso.

(C) Se o caso for de difícil elucidação, terminado o prazo para finalização do inquérito, poderá a autoridade policial reter os autos por decisão própria.

(D) Uma vez arquivado o inquérito pela autoridade judiciária, em nenhuma hipótese poderá a autoridade policial proceder a novas pesquisas.

(E) O ofendido, ou seu representante legal, e o indiciado poderão requerer qualquer diligência, que será realizada ou não, a juízo da autoridade.

A: incorreta. De fato, nos crimes de ação penal privada, o inquérito somente poderá ser instaurado se houver requerimento da pessoa que tiver qualidade para intentar a queixa (art. 5º, § 5º, do CPP). Já se o crime for de ação penal pública condicionada à representação, o inquérito policial não poderá ser instaurado sem esta (art. 5º, § 4º, do CPP). Portanto, somente se o crime for de ação penal pública incondicionada é que o inquérito poderá ser instaurado de ofício pela autoridade policial, ou seja, sem provocação alguma; **B:** incorreta. De acordo com o art. 10, *caput*, do CPP, o inquérito deverá terminar no prazo de 10 (dez) dias, se o indiciado estiver preso em flagrante ou preventivamente, e no prazo de 30 (trinta) dias quando estiver solto; **C:** incorreta, pois, sendo o caso de difícil elucidação, findo o prazo assinalado no art. 10, *caput*, do CPP, a autoridade policial poderá requerer ao juiz a devolução dos autos, para ulteriores diligências, que serão realizadas no prazo marcado pelo juiz (art. 10, § 3º, do CPP); **D:** incorreta, pois o art. 18 do CPP prescreve que *"depois de ordenado o arquivamento do inquérito pela autoridade judiciária, por falta de base para a denúncia, a autoridade policial poderá proceder a novas pesquisas, se de outras provas tiver notícia"*; **E:** correta, nos exatos termos do art. 14 do CPP.
Gabarito "E".

(Escrivão de Polícia Federal - 2013 – CESPE) Acerca do inquérito policial, julgue os itens seguintes.

(1) O valor probatório do inquérito policial, como regra, é considerado relativo, entretanto, nada obsta que o juiz absolva o réu por decisão fundamentada exclusivamente em elementos informativos colhidos na investigação.

(2) O princípio que rege a atividade da polícia judiciária impõe a obrigatoriedade de investigar o fato e a sua autoria, o que resulta na imperatividade da autoridade policial de instaurar inquérito policial em todos os casos em que receber comunicação da prática de infrações penais. A ausência de instauração do procedimento investigativo policial enseja a responsabilidade da autoridade e dos demais agentes envolvidos, nos termos da legislação de regência, vez que resultará em arquivamento indireto de peça informativa.

(3) A conclusão do inquérito policial é precedida de relatório final, no qual é descrito todo o procedimento adotado no curso da investigação para esclarecer a autoria e a materialidade. A ausência desse relatório e de indiciamento formal do investigado não resulta em prejuízos para persecução penal, não podendo o juiz ou órgão do Ministério Público determinar o retorno da investigação à autoridade para concretizá-los, já que constitui mera irregularidade funcional a ser apurada na esfera disciplinar.

1: correta. De fato, o inquérito policial, segundo doutrina e jurisprudência pacíficas, tem valor probatório *relativo*, na medida em que os elementos de informação nele reunidos não são colhidos sob a égide do contraditório e ampla defesa. Cuida-se, pois, de peça meramente informativa. Tanto é assim que as nulidades porventura ocorridas no curso do inquérito não contaminam a ação penal respectiva. Também é correto afirmar-se que ao juiz é dado, diante das informações colhidas no bojo do inquérito policial, absolver, sempre de forma fundamentada, o investigado. O que não se admite, é importante que se diga, é que as provas coligidas no inquérito policial sirvam, de forma exclusiva, de suporte para fundamentar uma sentença penal condenatória. Em outras palavras, é vedado ao magistrado fundamentar sua decisão exclusivamente nos elementos informativos produzidos na investigação. É o que estabelece o art. 155, *caput*, do CPP. Nesse sentido, conferir: *"Habeas corpus*. Penal. Paciente condenado pela prática de atentado violento ao pudor. Alegação de nulidade da condenação por estar baseada exclusivamente em provas colhidas no inquérito policial. Ocorrência. Decisão fundada essencialmente em depoimentos prestados na fase pré-judical. Nulidade. Precedentes. Ordem concedida. I – Os depoimentos retratados perante a autoridade judiciária foram decisivos para a condenação, não se indicando nenhuma prova conclusiva que pudesse levar à responsabilidade penal do paciente. II – A tese de que há outras provas que passaram pelo crivo do contraditório, o que afastaria a presente nulidade, não prospera, pois estas nada provam e são apenas indícios. III – O acervo probatório que efetivamente serviu para condenação do paciente foi aquele obtido no inquérito policial. Segundo entendimento pacífico desta Corte não podem subsistir condenações penais fundadas unicamente em prova produzida na fase do inquérito policial, sob pena de grave afronta às garantias constitucionais do contraditório e da plenitude de defesa. Precedentes. IV – Ordem concedida para cassar o acórdão condenatório proferido pelo Tribunal de Justiça do Estado de São Paulo e restabelecer a sentença absolutória de primeiro grau" (STF, HC 103660, Ricardo Lewandowski); **2:** incorreta. A autoridade policial somente estará obrigada a proceder a inquérito, de ofício, nos casos em que a infração penal cuja prática lhe é comunicada for de ação penal pública *incondicionada* (art. 5º, I, do CPP). Nos demais casos (ação pública condicionada e privativa do ofendido), o delegado somente instaurará inquérito diante de representação (ou requisição, conforme o caso) do ofendido ou requerimento por este formulado, respectivamente (art. 5º, §§ 4º e 5º, do CPP); **3:** correta. Por se tratar de peça

meramente informativa e dispensável, a ausência de relatório final ou mesmo do formal indiciamento do investigado, no inquérito policial, não obsta que o acusador promova a respectiva ação penal, oferecendo, em juízo, denúncia ou queixa-crime. Também por isso não é dado ao titular da ação penal e também ao magistrado promover a devolução dos autos de inquérito à Polícia Judiciária para que o delegado adote tais providências. Na jurisprudência do STJ: "Direito processual penal. Indiciamento como atribuição exclusiva da autoridade policial. O magistrado não pode requisitar o indiciamento em investigação criminal. Isso porque o indiciamento constitui atribuição exclusiva da autoridade policial. De fato, é por meio do indiciamento que a autoridade policial aponta determinada pessoa como a autora do ilícito em apuração. Por se tratar de medida ínsita à fase investigatória, por meio da qual o delegado de polícia externa o seu convencimento sobre a autoria dos fatos apurados, não se admite que seja requerida ou determinada pelo magistrado, já que tal procedimento obrigaria o presidente do inquérito à conclusão de que determinado indivíduo seria o responsável pela prática criminosa, em nítida violação ao sistema acusatório adotado pelo ordenamento jurídico pátrio. Nesse mesmo sentido, é a inteligência do art. 2º, § 6º, da Lei 12.830/2013, o qual consigna que o indiciamento é ato inserto na esfera de atribuições da polícia judiciária. Precedente citado do STF: HC 115.015-SP, Segunda Turma, *DJe* 11.09.2013" (RHC 47.984-SP, rel. Min. Jorge Mussi, julgado em 04.11.2014 – Inform. STJ 552).
Gabarito 1C, 2E, 3C

(Agente de Polícia/DF – 2013 – CESPE) Considerando, por hipótese, que, devido ao fato de estar sendo investigado pela prática de latrocínio, José tenha contratado um advogado para acompanhar as investigações, julgue os itens a seguir.

(1) Se surgirem indícios contra José, ele deverá ser indiciado e identificado pelo processo datiloscópico, pois, na hipótese em apreço, o referido crime é hediondo, fato que torna obrigatória a identificação criminal.

(2) Caso seja imprescindível para as investigações, a prisão temporária de José poderá ser decretada de ofício pelo juiz, visto que o crime de latrocínio admite essa modalidade de prisão.

(3) Embora o inquérito policial seja um procedimento sigiloso, será assegurado ao advogado de José o acesso aos autos.

1: incorreta. Esta matéria é regida, atualmente, pela Lei 12.037/2009, que estabelece em que casos cabe a identificação datiloscópica do civilmente identificado, que constitui – é bom que se diga – exceção à regra contida no art. 5º, LVIII, da CF ("O civilmente identificado não será submetido a identificação criminal, salvo nas hipóteses previstas em lei"). Entre tais hipóteses, que, como dito, estão previstas na Lei 12.037/2009, não está aquela em que o crime sob investigação é hediondo. A propósito, a obrigatoriedade de identificação datiloscópica, atualmente, leva em conta o estado do documento de identificação (documento rasurado, com indício de falsificação, estado de conservação, entre outros), e não a natureza da infração penal imputada ao investigado/indiciado; **2:** incorreta. Embora caiba a prisão temporária no curso de inquérito policial instaurado para apurar a prática do crime de latrocínio (art. 1º, III, *c*, da Lei 7.960/1989), não poderá o juiz decretá-la de ofício, na medida em que tal iniciativa cabe à autoridade policial, por meio de representação, e ao Ministério Público, por meio de requerimento (art. 2º, *caput*, da Lei 7.960/1989); **3:** correta. É certo que o inquérito policial é, em vista do que dispõe o art. 20 do CPP, *sigiloso*. Ocorre que, a teor do art. 7º, XIV, da Lei 8.906/1994 (Estatuto da Advocacia), constitui direito do advogado, entre outros: "examinar, em qualquer instituição responsável por conduzir investigação, mesmo sem procuração, autos de flagrante e de investigações de qualquer natureza, findos ou em andamento, ainda que conclusos à autoridade, podendo copiar peças e tomar apontamentos, em meio físico ou digital". Sobre este tema, a propósito, o STF editou a Súmula Vinculante 14, a seguir transcrita: "É direito do defensor, no interesse do representado, ter acesso amplo aos elementos de prova que, já documentados em procedimento investigatório realizado por órgão com competência de polícia judiciária, digam respeito ao exercício do direito de defesa".
Gabarito 1E, 2E, 3C

(Escrivão de Polícia/DF – 2013 – CESPE) Julgue os itens seguintes, a respeito do inquérito policial (IP) e das provas.

(1) Considere a seguinte situação hipotética. Instaurado o IP por crime de ação penal pública, a autoridade policial determinou a realização de perícia, da qual foi lavrado laudo pericial firmado por dois peritos não oficiais, ambos bacharéis, que prestaram compromisso de bem e fielmente proceder à perícia na arma de fogo apreendida em poder do acusado. Nessa situação hipotética, houve flagrante nulidade, pois a presença de perito oficial é requisito indispensável para a realização da perícia.

(2) Nos crimes de ação pública condicionada, o IP somente poderá ser instaurado se houver representação do ofendido ou de seu

2. DIREITO PROCESSUAL PENAL — 445

representante legal; nos crimes de iniciativa privada, se houver requerimento de quem tenha qualidade para oferecer queixa.

(3) A autoridade policial tem o dever jurídico de atender à requisição do Ministério Público pela instauração de IP, podendo, entretanto, se recusar a fazê-lo na hipótese em que a requisição não contenha nenhum dado ou elemento que permita a abertura das investigações.

(4) Se o IP for arquivado pelo juiz, a requerimento do promotor de justiça, sob o argumento de que o fato é atípico, a decisão que determinar o arquivamento do IP impedirá a instauração de processo penal pelo mesmo fato, ainda que tenha sido tomada por juiz absolutamente incompetente.

1: incorreta. É do art. 159 do CPP que, na falta de perito oficial, o exame será realizado por duas pessoas idôneas (peritos não oficiais), portadoras de diploma de curso superior, que prestarão o compromisso de bem e fielmente desempenhar o encargo a elas confiado. Não há por que falar-se, portanto, em nulidade, já que a legislação autoriza que, em casos assim (falta de perito oficial), a perícia seja feita por dois peritos não oficiais; **2:** incorreta, segundo a banca, mas, a nosso ver, a assertiva não contém erro. Com efeito, nos crimes em que a ação penal é pública condicionada, o inquérito somente será instaurado se o ofendido ou aquele que o represente manifestar, por meio de representação, sua vontade nesse sentido (art. 5º, § 4º, do CPP). Da mesma forma, nos crimes cuja ação penal é privativa do ofendido, a instauração de inquérito condiciona-se ao requerimento formulado por quem detém legitimidade para o ajuizamento da ação penal (art. 5º, § 5º, do CPP). Talvez o examinador tenha considerado que, na ação penal condicionada, a representação do ofendido (ou de seu representante) não seja a única forma de autorizar a instauração de inquérito, o que também é possível diante da requisição do Ministro da Justiça; **3:** incorreta, segundo a banca, mas, a nosso ver, correta. Conferir, a esse respeito, o magistério de Guilherme de Souza Nucci, com o qual concordamos: "Negativa em cumprir a requisição: cremos admissível que a autoridade policial refute a instauração de inquérito requisitado por membro do Ministério Público ou por juiz de direito, desde que se trate de exigência manifestamente ilegal. A requisição deve lastrear-se na lei; não tendo, pois, supedâneo legal, não deve o delegado agir, pois, se o fizesse, estaria cumprindo um desejo pessoal de outra autoridade, o que não se coaduna com a sistemática processual penal". Ainda segundo Nucci, "requisições dirigidas à autoridade policial, exigindo a instauração de inquérito contra determinada pessoa, ainda que apontem o crime, em tese, necessitam conter dados suficientes que possibilitem ao delegado tomar providências e ter um rumo a seguir (ver o disposto no § 1º deste artigo). Não é cabível um ofício genérico, requisitando a instauração de inquérito contra Fulano, pela prática de estelionato, por exemplo. Afinal, o que fez fulano exatamente? Quando e onde? Enfim, a requisição deve sustentar-se em fatos, ainda que possa ser desprovida de documentos comprobatórios (...)" (*Código de Processo Penal Comentado*, 12ª ed., p. 93-94); **4:** correta. Uma vez ordenado o arquivamento do inquérito policial pelo juiz de direito, por falta de base para a denúncia, nada obsta que a autoridade policial proceda a novas pesquisas, desde que de outras provas tenha conhecimento – art. 18 do CPP. Isso porque a decisão que determina o arquivamento do inquérito policial não gera, em regra, coisa julgada material. Agora, se o arquivamento do inquérito se der por ausência de tipicidade (é o caso narrado na proposição), a decisão, neste caso, ainda que tomada por juízo incompetente, tem efeito preclusivo, é dizer, produz coisa julgada material, impedindo, dessa forma, o desarquivamento do inquérito. A esse respeito, conferir: "*Habeas corpus:* cabimento. É da jurisprudência do Tribunal que não impedem a impetração de *habeas corpus* a admissibilidade de recurso ordinário ou extraordinário da decisão impugnada, nem a efetiva interposição deles. II – Inquérito policial: arquivamento com base na atipicidade do fato: eficácia de coisa julgada material. A decisão que determina o arquivamento do inquérito policial, quando fundado o pedido do Ministério Público em que o fato nele apurado não constitui crime, mais que preclusão, produz coisa julgada material, que – ainda quando emanada a decisão de juiz absolutamente incompetente –, impede a instauração de processo que tenha por objeto o mesmo episódio. Precedentes: HC 80.560, 1ª T., 20.02.2001, Pertence, RTJ 179/755; Inq 1538, Pl., 08.08.01, Pertence, RTJ 178/1090; Inq-QO 2044, Pl., 29.09.2004, Pertence, *DJ* 28.10.2004; HC 75.907, 1ª T., 11.11.1997, Pertence, *DJ* 09.04.1999; HC 80.263, Pl., 20.02.2003, Galvão, RTJ 186/1040" (HC 83346, Sepúlveda Pertence, STF).

Gabarito 1E, 2E, 3E, 4C

(Escrivão de Polícia/GO – 2013 – UEG) O inquérito policial

(A) deve ser submetido ao contraditório, nos casos em que o investigado estiver preso.

(B) é sigiloso, não podendo o defensor, no interesse de seu representado, ter acesso aos elementos de informação produzidos.

(C) poderá ser arquivado por determinação da autoridade policial.

(D) é procedimento inquisitório e preparatório, presidido pela autoridade policial.

A: incorreta, pois é sabido e ressabido que o inquérito policial, por não ser um processo administrativo (ou, também, judicial), mas apenas uma etapa da persecução penal em que são colhidos elementos para futura e eventual ação penal, não admite o exercício do contraditório e ampla defesa (art. 5º, LV, da CF), esteja o investigado preso ou não. Porém, isso não significa que o indiciado não possa se fazer representar por advogado, que, inclusive, terá direito de acesso aos autos do inquérito policial (art. 7º, XIV, do Estatuto da OAB e Súmula Vinculante 14 do STF); **B:** incorreta. Como visto na alternativa anterior, o fato de o inquérito policial ser sigiloso não constitui obstáculo para que o defensor do investigado tenha acesso aos elementos de informação colhidos (art. 7º, XIV, do Estatuto da OAB e Súmula vinculante 14 do STF); **C:** incorreta, pois a autoridade policial não poderá mandar arquivar autos de inquérito policial (art. 17 do CPP). O arquivamento é realizado pela autoridade judicial; **D:** correta. De fato, o inquérito policial é procedimento inquisitório, no qual não são garantidos ao investigado o contraditório e ampla defesa. Ainda, é um procedimento preliminar, ou seja, preparatório para futura ação penal. O objetivo maior do inquérito é a apuração da autoria e materialidade delitivas, imprescindíveis ao oferecimento de denúncia ou queixa. Por fim, compete à autoridade policial presidir o *inquérito policial* (art. 144 da CF), muito embora a *investigação criminal* não seja privativa da polícia judiciária, visto que outras autoridades podem presidir investigações (lembre-se dos chamados inquéritos extrapoliciais – ex.: CPI´s).

Gabarito "D".

(Escrivão de Polícia/GO – 2013 – UEG) Se o membro do Ministério Público Estadual requer o arquivamento do inquérito policial, mas se o magistrado considerar improcedentes as razões invocadas, o juiz deve, segundo o Código de Processo Penal:

(A) encaminhar o inquérito policial ao ofendido para, caso queira, propor queixa subsidiária ou insistir no pedido de arquivamento.

(B) enviar o inquérito policial à autoridade policial para continuidade das investigações ou oferecimento da denúncia.

(C) remeter o inquérito policial ao procurador-geral de justiça para que este ofereça denúncia, designe outro órgão do Ministério Público para oferecê-la ou insista no pedido de arquivamento.

(D) devolver o inquérito policial ao promotor de justiça determinando que este ofereça a denúncia.

A: incorreta, pois o ofendido somente poderá propor queixa subsidiária caso o Ministério Público permaneça inerte frente à conclusão do inquérito policial sem que, no prazo legal, ofereça denúncia, proponha o arquivamento ou requeira novas diligências; **B:** incorreta, pois, por óbvio, não pode a autoridade policial oferecer denúncia, tendo em vista que tal atribuição é exclusiva do Ministério Público (art. 129, I, da CF); **C:** correta. De fato, quando o membro do Ministério Público requerer o arquivamento, mas o juiz discordar das razões invocadas, deverá, nos termos do art. 28 do CPP, fazer a remessa do inquérito ou peças de informação ao procurador-geral, e este oferecerá a denúncia, designará outro órgão do Ministério Público para oferecê-la, ou insistirá no pedido de arquivamento, ao qual só então estará o juiz obrigado a atender; **D:** incorreta, pois não tem o juiz o poder de determinar ao Ministério Público o oferecimento de denúncia, visto que a ação penal pública é privativa daquela instituição. Cabe ao juiz, isto sim, verificando que o Ministério Público requereu, a seu ver, indevidamente, o arquivamento do inquérito policial, remetê-lo, nos termos do já citado art. 28 do CPP, ao chefe da instituição (ao Procurador-Geral de Justiça, se se tratar de competência da Justiça Estadual).

Gabarito "C".

(Agente Penitenciário/MA – 2013 – FGV) Com relação ao *inquérito*, assinale a afirmativa **incorreta**.

(A) O inquérito é um procedimento investigatório prévio, no qual diversas diligências são realizadas na busca da obtenção de indícios que permitam o titular da ação propô-la contra o autor da infração penal.

(B) inquérito policial é inquisitivo, não vigorando o princípio do contraditório pleno, apesar de a autoridade que o presidir ter a obrigação de agir dentro dos termos da lei.

(C) Apesar de o inquérito ser sigiloso, é direito do defensor, no interesse do representado, ter aceso amplo aos elementos de prova que, já documentados, digam respeito ao exercício do direito de defesa.

(D) O inquérito, que é obrigatório, pode ser iniciado de ofício, por requisição da autoridade judiciária ou do Ministério Público, ou a requerimento do ofendido ou de quem tiver qualidade para representá-lo.

(E) O inquérito, nos crimes em que a ação pública depende de representação, não poderá ser iniciado sem ela.

446 ARTHUR TRIGUEIROS, EDUARDO DOMPIERI E SAVIO CHALITA

A: assertiva correta. Contém o conceito de inquérito policial, que nada mais é do que o procedimento administrativo, pré-processual e preparatório, destinado a reunir provas acerca de uma infração penal, fornecendo ao titular da ação penal subsídios (indícios de autoria e materialidade) para o seu exercício em juízo; **B:** assertiva correta. De fato, diz-se que o inquérito policial é inquisitivo porquanto nele não vigoram o contraditório e ampla defesa. Embora o delegado de polícia disponha de certa discricionariedade na condução do inquérito policial, decidindo, da maneira que lhe aprouver, os rumos da investigação, deve sempre agir em conformidade com a lei; **C:** assertiva correta, uma vez que reproduz o teor da Súmula Vinculante nº 14, a seguir transcrita: "É direito do defensor, no interesse do representado, ter acesso amplo aos elementos de prova que, já documentados em procedimento investigatório realizado por órgão com competência de polícia judiciária, digam respeito ao exercício do direito de defesa"; **D:** incorreta, devendo ser assinalada. Isso porque o inquérito policial não é obrigatório; é, ao contrário, dispensável, prescindível, na medida em que o titular da ação penal poderá dele abrir mão, se entender que já dispõe de elementos de autoria e materialidade suficientes para exercer a ação penal em juízo; **E:** correta, pois em conformidade com o disposto no art. 5º, § 4º, do CPP.

Gabarito "D".

(Agente de Polícia/PI – 2012) Acerca do Inquérito Policial, assinale a alternativa incorreta.

(A) Nos crimes de ação penal pública incondicionada, o inquérito policial não pode ser instaurado de ofício pela autoridade policial.

(B) Nos crimes de ação penal privada, o inquérito policial não pode ser instaurado por requisição do Ministério Público.

(C) Nos crimes de ação penal privada, o inquérito policial somente pode ser instaurado mediante requerimento da parte legitimada para ajuizar a ação penal.

(D) Nos crimes de ação penal pública condicionada, o inquérito policial não pode ser instaurado de ofício pela autoridade policial.

(E) Nos crimes de ação pública incondicionada, cabe à autoridade policial instaurá-lo de ofício ou mediante requisição da autoridade judiciária ou do Ministério Público, ou diante de requerimento do ofendido ou de seu representante.

A: incorreta. Nos crimes de ação penal pública incondicionada, a instauração do inquérito policial poderá – e deverá – ser realizada de ofício, vale dizer, independentemente de qualquer provocação (art. 5º, I, do CPP); **B:** correta. Nos crimes de ação penal privada, o inquérito policial será instaurado mediante requerimento da pessoa que tiver qualidade para intentá-la (art. 5º, § 5º, do CPP). O Ministério Público poderá requisitar a instauração de inquérito policial por crime de ação penal pública incondicionada; **C:** correta, pois, como dito, nos crimes de ação penal privada, o inquérito policial somente poderá ser instaurado mediante requerimento da pessoa que tiver qualidade para intentar futura queixa-crime (art. 5º, § 5º, do CPP); **D:** correta. Se o crime cometido for de ação penal pública condicionada (seja à representação, ou à requisição do Ministro da Justiça), a autoridade policial somente poderá instaurar o inquérito se atendida a condição de procedibilidade; **E:** correta, nos moldes preconizados pelo art. 5º, II, do CPP.

Gabarito "A".

(Investigador/SP – 2014 – VUNESP) O inquérito policial

(A) somente será instaurado por determinação do juiz competente.

(B) pode ser arquivado por determinação da Autoridade Policial.

(C) estando o indiciado solto, deverá ser concluído no máximo em 10 dias.

(D) nos crimes de ação pública poderá ser iniciado de ofício.

(E) não poderá ser iniciado por requisição do Ministério Público.

A: incorreta. É certo que o inquérito policial pode ser instaurado por *requisição* do juiz de direito (art. 5º, II, do CPP). Mas há, além desta, outras formas de instauração do inquérito, a saber: de *ofício*, pela autoridade policial (art. 5º, I), nas ações penais públicas; por *requisição* do membro do MP (art. 5º, II); por meio de *requerimento* do ofendido ou de seu representante legal (art. 5º, II); mediante *provocação* por qualquer pessoa do povo (art. 5º, § 3º); pela prisão em flagrante; a *requerimento* do ofendido, nos crimes de ação penal privada; por *representação* do ofendido ou requisição do ministro da Justiça, nos crimes em que a ação penal é pública condicionada; **B:** incorreta, uma vez que não é dado à autoridade policial, em hipótese alguma e sob qualquer pretexto, mandar arquivar autos de inquérito (art. 17, CPP). Tal providência somente poderá ser determinada, a requerimento do MP, pelo juiz de direito (arts. 18 e 28 do CPP); **C:** incorreta. O art. 10, *caput*, do CPP estabelece o prazo *geral* de 30 dias para conclusão do inquérito, quando o indiciado não estiver preso; se preso estiver, o inquérito deve terminar em 10 dias. Na Justiça Federal, se o indicado estiver preso, o prazo para conclusão do inquérito é de 15 dias, podendo haver uma prorrogação por igual período, conforme dispõe o art. 66 da Lei 5.010/1966; se solto, o inquérito deve ser concluído em 30 dias, em consonância com o disposto no art. 10, *caput*, do CPP. Há outras leis especiais, além desta, que estabelecem prazos diferenciados

para a ultimação das investigações; **D:** correta. *Vide* comentário à alternativa "A"; **E:** incorreta. *Vide* comentário à alternativa "A".

Gabarito "D".

(Agente de Polícia Civil/RO – 2014 – FUNCAB) Segundo a Lei n. 12.830/2013 (Dispõe sobre a investigação criminal conduzida pelo delegado de polícia), é INCORRETO afirmar:

(A) As funções de polícia judiciária e a apuração de infrações penais exercidas pelo delegado de polícia são de natureza jurídica, essenciais e exclusivas de Estado.

(B) O inquérito policial ou outro procedimento previsto em lei em curso somente poderá ser avocado ou redistribuído por superior hierárquico, mediante despacho fundamentado, por motivo de interesse público ou nas hipóteses de inobservância dos procedimentos previstos em regulamento da corporação que prejudique a eficácia da investigação.

(C) Durante a investigação criminal, cabe ao delegado de polícia a requisição de perícia, informações, documentos e dados que interessem à apuração dos fatos.

(D) O indiciamento, ato do delegado de polícia concorrente com o Ministério Público, dar-se-á por ato fundamentado, mediante análise técnico-jurídica do fato, que deverá indicar a autoria, materialidade e suas circunstâncias.

(E) O cargo de delegado de polícia é privativo de bacharel em Direito, devendo-lhe ser dispensado o mesmo tratamento protocolar que recebem os magistrados, os membros da Defensoria Pública e do Ministério Público e os advogados.

A: assertiva correta (art. 2º, *caput*, Lei 12.830/2013); **B:** assertiva correta (art. 2º, § 4º, Lei 12.830/2013); **C:** assertiva correta (art. 2º, § 2º, Lei 12.830/2013); **D:** assertiva incorreta, devendo ser assinalada, pois não reflete o disposto no art. 2º, § 6º, Lei 12.830/2013, segundo o qual o indiciamento constitui ato privativo do delegado de polícia, sem a concorrência do MP, ao qual cabe exercer o controle externo da Polícia Judiciária; **E:** assertiva correta (art. 3º, Lei 12.830/2013).

Gabarito "D".

3. AÇÃO PENAL, SUSPENSÃO CONDICIONAL DO PROCESSO E AÇÃO CIVIL

(Agente-Escrivão – Acre – IBADE – 2017) Sobre o tema "ação penal", assinale a alternativa que, embora não esgote toda a classificação, apresenta classificações corretas das ações penais quanto ao exercício.

(A) Ação penal privada personalíssima, comum e subsidiária da pública.

(B) Ação penal pública, condicionada à requisição e condicionada à reclamação.

(C) Ação penal privada incondicionada e ação pena pública condicionada.

(D) Ação penal pública condicionada a representação e à reclamação.

(E) Ação penal pública personalíssima e ação penal pública subsidiária da ação privada.

Em apertada síntese, a ação penal, no que tange à iniciativa para o seu desencadeamento, pode ser classificada em *pública*, cujo titular é o Ministério Público, e *privada*, que é titularizada pelo próprio ofendido. A *pública*, por seu turno, comporta duas modalidades: *incondicionada* (o MP não depende da manifestação de vontade da vítima para dar início à ação penal) e *condicionada* (o MP depende de autorização da vítima, materializada por meio de representação, ou de requisição do ministro da Justiça para deflagrar a ação penal). Já a ação penal privada, tem como titular o ofendido, pode ser: *exclusiva* (comum); *personalíssima*; e *subsidiária da pública*. A assertiva correta, portanto, é a "A", que contempla a ação penal privada comum (exclusiva), personalíssima e subsidiária da pública. **ED**

Gabarito "A".

(Agente-Escrivão – Acre – IBADE – 2017) Considerando a regência legal e a orientação jurisprudencial no que tange à ação penal, assinale a alternativa correta.

(A) Na ação penal pública incondicionada o delegado de polícia para instaurar inquérito necessita da representação da vítima ou ofendido.

(B) Após o recebimento da denúncia a representação torna-se irretratável.

(C) A representação é uma condição específica de procedibilidade.

(D) Na ação penal privada subsidiária da pública, a desídia do querelante não autoriza a retomada da ação pelo Ministério Público.

2. DIREITO PROCESSUAL PENAL 447

(E) No crime de lesão corporal leve no âmbito da violência doméstica contra mulher a ação penal é pública condicionada à representação.

A: incorreta. A representação do ofendido somente se faz necessária à instauração de inquérito no caso de o crime apurado ser de ação penal pública condicionada (art. 5º, § 4º, CPP); sendo incondicionada a ação pública, o delegado procederá a inquérito de ofício (sem provocação/autorização do ofendido); **B:** incorreta, na medida em que a representação se torna irretratável depois do *oferecimento* (e não do *recebimento*!) da denúncia (art. 25, CPP); **C:** correta. Na ação penal pública condicionada, tanto a *representação* do ofendido quanto a *requisição* do ministro da Justiça têm como natureza jurídica *condição de procedibilidade*; **D:** incorreta. Diante da desídia do querelante, poderá o MP, no curso da ação penal privada subsidiária da pública, recobrar, a qualquer momento, a sua titularidade. Não há que se falar, assim, em peremção no âmbito dessa modalidade de ação privada, que, na sua essência, é pública; **E:** incorreta, visto que o STF, ao julgar procedente a ADIN 4.424, de 09.02.2012, entendeu ser incondicionada a ação penal em caso de crime de lesão corporal praticado contra a mulher no ambiente doméstico. A atuação do MP, por essa razão, prescinde de anuência da vítima. Consagrando tal entendimento, o STJ editou a Súmula 542. **ED**
Gabarito "C".

(Agente – Pernambuco – CESPE – 2016) Considerando os dispositivos legais a respeito da ação penal, assinale a opção correta.

(A) Havendo vários ofensores querelados, qualquer um deles poderá pedir perdão ao querelante. Nesse caso, sendo o perdão extensível a todos os querelados, extingue-se a punibilidade, independentemente da aceitação do querelante.

(B) Em face do princípio da obrigatoriedade da ação penal, o Ministério Público não poderá pedir o arquivamento do inquérito policial: deverá sempre requisitar novas diligências à autoridade policial.

(C) Tratando-se de crime de ação privada, a titularidade da acusação é da própria vítima ofendida; sendo vários os ofensores, caberá à vítima escolher contra quem proporá a queixa.

(D) A própria vítima poderá assumir a titularidade da ação pública incondicionada, se o Ministério Público ficar inerte dentro dos prazos prescritos na lei processual.

(E) Em se tratando de ação penal privada subsidiária, se houver inércia do Ministério Público e a vítima, tendo assumido a titularidade da ação, deixar de praticar ato que lhe competia para dar prosseguimento ao processo, incorrerá em peremção, o que enseja a extinção do processo.

A: incorreta. Diferentemente da renúncia, que prescinde da anuência do ofensor para produzir efeitos (é ato unilateral), o perdão, que alcança todos os querelados, somente surtirá o efeito de extinguir a punibilidade em relação àquele que o aceitar. Assim, se há vários querelados e somente um aceita o perdão concedido pelo querelante, somente em relação a ele a punibilidade será extinta; em relação aos demais, o processo seguirá sua marcha normalmente. É o que estabelece o art. 51 do CPP; **B:** incorreta. O princípio da obrigatoriedade não impede que o membro do MP requeira o arquivamento dos autos de inquérito policial; se o promotor de Justiça entender que inexiste suporte probatório suficiente a sustentar uma acusação e que todas as diligências necessárias já foram realizadas, não há outro caminho senão formular ao juiz pedido de arquivamento das investigações. Pelo postulado da obrigatoriedade, o MP tem o dever, desde que presente o necessário lastro probatório (prova da existência do crime e indícios suficientes de autoria), de promover a ação penal, denunciando o indiciado; **C:** incorreta. É verdade que, sendo a ação penal privada, caberá ao ofendido ou ao seu representante legal, se assim julgar conveniente (princípio da conveniência ou oportunidade), promover a ação penal em face dos ofensores. Agora, se optar por processá-los, deverá fazê-lo contra todos. É dizer: não é dado ao ofendido escolher contra quem a ação será ajuizada. Ou ele processa todos ou não processa ninguém. Estamos aqui a falar do princípio da indivisibilidade da ação penal privativa do ofendido, consagrado, de forma expressa, no art. 48 do CPP; **D:** correta. Trata-se, aqui, da chamada *ação penal privada subsidiária da pública*, que será intentada pelo ofendido ou seu representante legal na hipótese de o membro do Ministério Público revelar-se desidioso, omisso, deixando de cumprir o prazo fixado em lei para a propositura da ação penal pública (art. 29 do CPP); **E:** incorreta. Diante da negligência do querelante, poderá o MP, no curso da ação penal privada subsidiária da pública, recobrar, a qualquer momento, a sua titularidade. Não há que se falar, assim, em peremção no âmbito dessa modalidade de ação privada, que, na sua essência, é pública. **ED**
Gabarito "D".

(Escrivão – Pernambuco – CESPE – 2016) A ação penal pública incondicionada é regida pelos princípios da:

(A) disponibilidade e da indivisibilidade.

(B) indisponibilidade e da oportunidade.

(C) divisibilidade e da obrigatoriedade.

(D) indivisibilidade e da transcendência.

(E) oficialidade e da intranscendência.

Segundo enuncia o princípio da *obrigatoriedade*, que somente tem lugar na ação penal pública (condicionada ou incondicionada), o Ministério Público, seu titular, está obrigado a promover, por meio de denúncia, a instauração da ação penal. Este princípio não tem incidência no âmbito da ação penal privada, na qual vigora o princípio da *conveniência ou oportunidade*, pelo qual cabe ao ofendido (ou ao seu representante legal) analisar a conveniência de dar início à ação penal. É dizer: somente o fará se quiser. Já o princípio da *intranscendência*, que impõe a obrigação de a demanda ser proposta tão somente em face de quem o crime é imputado, tem incidência tanto na ação pública quanto na privativa do ofendido. O *princípio da indivisibilidade* da ação penal privada está consagrado no art. 48 do CPP. Embora não haja disposição expressa de lei, tal *postulado, segundo pensamos,* é também aplicável à ação penal pública. Não nos parece razoável que o Ministério Público possa escolher contra quem a demanda será promovida. Entretanto, o STF não compartilha desse entendimento. Para a nossa Corte Suprema, a indivisibilidade não tem incidência no âmbito da ação penal pública (somente na ação privada). Sustenta o STF que a divisibilidade da ação penal pública reside no fato de o Ministério Público ter a liberdade de não ofertar a denúncia contra alguns autores de crime contra os quais ainda não haja elementos suficientes; assim que reunidos esses elementos, a denúncia será aditada. Assim, a ação deixa de ser indivisível pelo simples fato de a denúncia comportar aditamento posterior. Com a devida vênia, a indivisibilidade, a nosso ver, consiste na impossibilidade de o membro do Ministério Público escolher contra quem a denúncia será oferecida. Se houver elementos, a ação deverá ser promovida contra todos. A *ação penal privada*, ao contrário da pública, é regida pelo *princípio da disponibilidade*, na medida em que pode o seu titular desistir de prosseguir na demanda por ele ajuizada bem assim do recurso que houver interposto. O *princípio da indisponibilidade* – art. 42, CPP – é exclusivo da ação penal pública. No mais, a ação penal pública (condicionada ou incondicionada) é informada pelo *princípio da oficialidade*, uma vez que será exercida, em juízo, por órgão oficial integrante dos quadros do Estado, que é o Ministério Público. De tudo quanto acima foi dito, a única alternativa que contempla princípios da ação penal pública é a "E": oficialidade e intranscendência, sendo este último também aplicável à ação penal privada. É importante que se diga que, se adotarmos o entendimento do STF quanto à divisibilidade da ação penal pública, a alternativa "C" também pode ser considerada como correta. **ED**
Gabarito "E".

(Investigador-Escrivão-Papiloscopista – Pará – Funcab – 2016) A ação penal pode ser classificada como Pública ou Privada, levando-se em consideração o responsável pelo seu ajuizamento. A peremção, o perdão, a decadência e a renúncia são institutos relacionados ao prosseguimento da ação penal. Sendo assim, é possível afirmar que:

(A) nos casos em que somente se procede mediante queixa, considerar-se-á perempta a ação penal quando, falecendo o querelante, ou sobrevindo sua incapacidade, não comparecer em juízo, para prosseguir no processo, dentro do prazo de 30 (trinta) dias, qualquer das pessoas a quem couber fazê-lo.

(B) a renúncia ao exercício do direito de queixa, em relação a um dos autores do crime, não se estenderá aos demais.

(C) quando, iniciada a ação penal privada, o querelante deixar de promover o andamento do processo durante 30 dias seguidos, ocorrerá a decadência.

(D) concedido o perdão pelo querelante, mediante declaração expressa nos autos, o Juiz julgará extinta a punibilidade, independentemente da aceitação do perdão pelo querelado.

(E) o perdão concedido a um dos querelados aproveitará a todos, sem que produza, todavia, efeito em relação ao que o recusar.

A: incorreta, uma vez que o prazo estabelecido para o comparecimento daquele a quem cabe dar prosseguimento ao feito é de 60 dias (e não 30), a teor do art. 60, II, CPP; **B:** incorreta. Tal como estabelece o art. 49 do CPP, *a renúncia ao exercício do direito de queixa, em relação a um dos autores do crime, a todos se estenderá*; **C:** incorreta. É hipótese e peremção (art. 60, I, CPP), e não de decadência; **D:** incorreta, na medida em que o perdão, ao contrário da renúncia, somente produzirá efeitos em relação aos querelados que o aceitaram (arts. 51 e 58, CPP); **E:** correta (art. 51, CPP). **ED**
Gabarito "E".

(Investigador-Escrivão-Papiloscopista – Pará – Funcab – 2016) Nas palavras de Fernando Capez, "ação penal é o direito de pedir ao Estado-Juiz a aplicação do direito penal objetivo a um caso concreto...". De acordo com o Código de Processo Penal:

(A) salvo disposição em contrário, o ofendido, ou seu representante legal, decairá no direito de queixa ou de representação, se não o exercer dentro do prazo de seis meses, contado do dia em que o crime se consumou.

(B) ao ofendido ou a quem tenha qualidade para representá-lo caberá intentar a ação privada. No caso de morte do ofendido ou quando declarado ausente por decisão judicial, o direito de oferecer queixa ou prosseguir na ação passará ao Ministério Público.

(C) será admitida ação privada nos crimes de ação pública, se esta não for intentada no prazo legal, perdendo o Ministério Público a sua titularidade, não podendo o Parquet aditar a queixa, repudiá-la ou oferecer denúncia substitutiva, deixando de intervir em todos os termos do processo.

(D) seja qual for o crime, quando pratica em detrimento do patrimônio ou interesse da União, Estado e Município, a ação penal será pública.

(E) no caso de ação penal pública condicionada, caberá a retratação da representação até o recebimento da denúncia.

A: incorreta, uma vez que o termo inicial do prazo de que dispõe o ofendido para oferecer a representação ou ajuizar a queixa é representando pelo dia em que ele tem conhecimento da identidade do ofensor (art. 38, "caput", CPP), e não da data em que o delito atingiu a sua consumação; **B:** incorreta. É verdade que ao ofendido ou a quem tenha qualidade para representá-lo caberá intentar a ação privada (art. 30, CPP); agora, se falecer o ofendido, ou ainda for declarado ausente por decisão judicial, o direito de oferecer queixa ou prosseguir na ação passará ao cônjuge, ascendente, descendente ou irmão, nesta ordem (art. 31, CPP). O MP não tem legitimidade para tanto; **C:** incorreta. Uma vez caracterizada a desídia do MP, que deixou de oferecer a denúncia no prazo estabelecido em lei, poderá o ofendido se valer da ação penal privada subsidiária da pública, oferecendo, ele mesmo, queixa-crime. Neste caso, por expressa previsão do art. 29 do CPP, é dado ao MP *aditar a queixa, repudiá-la e oferecer denúncia substitutiva, intervir em todos os termos do processo, fornecer elementos de prova, interpor recurso e, a todo tempo, no caso de negligência do querelante, retomar a ação como parte principal*; **D:** correta (art. 24, § 2º, CPP); **E:** incorreta. A retratação da representação deve se dar até o *oferecimento* da denúncia, e não até o seu *recebimento* (art. 25 do CPP). ED

Gabarito "D"

(Escrivão de Polícia/MA – 2013 – FGV) A persecução penal em juízo pode ter início com o oferecimento de denúncia ou queixa. Sobre tais instrumentos e seus requisitos essenciais, assinale a afirmativa correta.

(A) A justa causa é comumente definida pela doutrina brasileira como lastro probatório mínimo a justificar o oferecimento da denúncia ou queixa.

(B) A falta de justa causa está prevista no Código de Processo Penal como apta a justificar a absolvição sumária.

(C) A denúncia ou queixa deverá conter necessariamente a qualificação completa do acusado, não podendo ser suprida pela indicação de características ou esclarecimentos pelos quais se possa identificá-lo.

(D) Nas ações penais públicas condicionadas à representação, exige-se declaração formal escrita por parte do ofendido ou seu procurador com poderes especiais.

(E) Caberá retratação da representação até o momento do recebimento da denúncia.

A: correta. De fato, de acordo com a doutrina, "*justa causa é o lastro probatório mínimo que embasa a acusação. Não se pode receber a denúncia ou queixa se não estiver presente este mínimo de provas*" (*CPP para Concursos*, Nestor Távora e Fábio Roque Araújo, Ed. Juspodivm, p. 483); **B:** incorreta, pois a falta de justa causa é hipótese de rejeição da denúncia ou queixa (art. 395, III, do CPP), e não de absolvição sumária, cujas hipóteses estão previstas no art. 397 do CPP; **C:** incorreta, pois, de acordo com o art. 41 do CPP, "*a denúncia ou queixa conterá a exposição do fato criminoso, com todas as suas circunstâncias, a qualificação do acusado ou esclarecimentos pelos quais se possa identificá-lo, a classificação do crime e, quando necessário, o rol das testemunhas*"; **D:** incorreta, pois doutrina e jurisprudência aceitam que a representação (condição de procedibilidade na ação penal pública condicionada) do ofendido ou de seu representante legal seja feita sem a exigência de formalidades, bastando que resulte inequívoca a vontade de ver o agente delitivo processado criminalmente; **E:** incorreta, pois a representação será retratável até o oferecimento da denúncia (art. 25 do CPP). Portanto, uma vez recebida a denúncia, a representação será irretratável. Frise-se, porém, que a Lei Maria da Penha (Lei 11.340/2006) prevê que a retratação da representação será possível até o recebimento da denúncia (art. 16).

Gabarito "A"

(Polícia Rodoviária Federal – 2013 – CESPE) No que concerne as disposições preliminares do Código de Processo Penal (CPP), ao inquérito policial e a ação penal, julgue os próximos itens.

(1) Tratando-se de lei processual penal, não se admite, salvo para beneficiar o réu, a aplicação analógica.

(2) Após regular instrução processual, mesmo que se convença da falta de prova de autoria do crime que inicialmente atribuir ao acusado, não poderá o Ministério Publico desistir da ação penal.

(3) O Ministério Público pode oferecer a denúncia ainda que não disponha do inquérito relatado pela autoridade policial.

(4) É condicionada à representação da vítima a ação penal por crime de dano praticado contra ônibus de transporte coletivo pertencente a empresa concessionária de serviço público.

1: incorreta, dado que a lei processual penal comporta, sim, *aplicação analógica*, conforme preceitua o art. 3º do CPP. Conferir: "É possível haver condenação em honorários advocatícios em ação penal privada. Conclusão que se extrai da incidência dos princípios da sucumbência e da causalidade, o que permite a aplicação analógica do art. 20 do Código de Processo Civil, conforme previsão constante no art. 3º do Código de Processo Penal" (STJ, 6ª T., AGRESP 1218726, rel. Min. Sebastião Reis Júnior, *DJ* 22.02.2013); **2:** correta. É verdade que é vedado ao MP, a partir do oferecimento da denúncia, desistir da ação penal proposta (art. 42, CPP). Agora, nada obsta que o órgão acusatório, se entender, ao cabo da instrução processual, que as provas produzidas são insuficientes para autorizar um decreto condenatório, peça a absolvição do acusado, que poderá, no entanto, ser condenado (art. 385, CPP); **3:** correta. Isso porque o inquérito policial, como bem sabemos, é *dispensável, prescindível* ao exercício da ação penal (art. 12, CPP). Assim sendo, o titular da ação penal, neste caso o promotor, poderá, com muito mais razão, se entender que o inquérito reúne elementos informativos suficientes, ajuizar a ação penal, ainda que as investigações, ao juízo da autoridade policial, não tenham sido concluídas; **4:** incorreta, na medida em que a ação penal, neste caso, é pública *incondicionada*, não dependendo o MP, por conta disso, de qualquer manifestação de vontade da vítima. É o que se extrai dos arts. 163, parágrafo único, III, 167, do CP e 24, § 2º, do CPP.

Gabarito 1E, 2C, 3C, 4E

(Escrivão de Polícia/BA – 2013 – CESPE) Em relação ao processo penal e à legislação pertinente, julgue os itens que se seguem.

(1) Na hipótese de o Ministério Público (MP) perder o prazo legal para oferecer denúncia pelo crime de roubo, a vítima poderá propor queixa-crime em juízo e mover ação penal privada subsidiária da pública no prazo de seis meses, tornando-se o ofendido titular da ação; o membro do MP reassumirá a ação somente em caso de negligência.

(2) A intervenção do ofendido é admitida na ação penal pública ou privada, podendo ele habilitar-se como assistente de acusação desde o inquérito policial e, se for o caso, acompanhar a execução da pena.

(3) A vítima que representa perante a autoridade policial queixa de crime de ação penal pública condicionada pode retratar-se até a prolação da sentença condenatória pelo juiz.

(4) A prisão temporária é medida excepcional, cautelar e provisória, cabível apenas durante o inquérito policial e por prazo determinado, de modo que, esgotado o lapso temporal previsto em lei, o preso deve ser posto imediatamente em liberdade.

1: correta. No âmbito da ação penal privada subsidiária, que terá lugar na hipótese em que restar configurada a inércia do MP, o ofendido (neste caso, a vítima do crime de roubo) ou seu represente legal dispõe do prazo decadencial de seis meses para oferecer a queixa-crime, a contar do dia em que tem fim o prazo para o oferecimento da denúncia pelo MP (art. 38, parte final, do CPP), ao qual – é importante que se diga – não se submete o órgão acusatório, que poderá, diante da negligência do querelante e a qualquer tempo, desde que antes da prescrição, recobrar a ação e oferecer a denúncia; **2:** incorreta. Não há que se falar em assistência no curso do inquérito policial, procedimento inquisitivo em que não há sequer acusação. A admissão do assistente somente poderá se dar na ação penal pública (não cabe na privada – art. 268 do CPP), a partir do recebimento da denúncia e enquanto não passar em julgado a sentença (art. 269, CPP); **3:** incorreta, uma vez que, por expressa previsão do art. 25 do CPP, a representação, na ação penal pública e a condicionada, poderá ser retratada até o *oferecimento* da denúncia; é irretratável, portanto, a partir do recebimento até a prolação da sentença condenatória; **4:** correta. Não é por outra razão que se diz que a ordem de prisão temporária contém o chamado "comando implícito de soltura". É que, passados os 5 dias de custódia, o investigado deverá ser imediatamente posto em liberdade pela autoridade policial, sem a necessidade de alvará de soltura a ser expedido pelo juiz que decretou a prisão. Evidente que permanecerá custodiado o investigado que contra si for prorrogada a prisão temporária ou mesmo expedido mandado de prisão preventiva. É o que estabelece o art. 2°, § 7°, da Lei 7.960/1989.

Gabarito 1C, 2E, 3E, 4C

(Escrivão de Polícia/GO – 2013 – UEG) Segundo o Código de Processo Penal, a denúncia será rejeitada se

(A) faltar justa causa para o exercício da ação penal.

(B) houver classificação jurídica incorreta quanto ao crime descrito na peça acusatória.

(C) o promotor de justiça arrolar testemunhas em número superior ao previsto em lei.

(D) o promotor de justiça deixar de pedir a citação do acusado.

A: correta (art. 395, III, do CPP); **B:** incorreta, pois a errônea classificação jurídica quanto ao crime descrito na peça acusatória (denúncia ou queixa) não é causa de rejeição contida no art. 395 do CPP. Caberá ao juiz, contudo, ao prolatar a sentença, proceder na forma do art. 383 do CPP (*emendatio libelli*), ou seja, corrigir a indevida classificação dada pelo acusador (Ministério Público ou querelante) aos fatos imputados ao réu; **C:** incorreta, pois o fato de o promotor arrolar mais testemunhas do que o número previsto em lei não é causa de rejeição da denúncia (art. 395 do CPP). Se tanto, poderia o juiz indeferir a oitiva de todas as testemunhas, ou, se entendesse o caso, ouvir a testemunhas extranumerárias (além do número legal) como testemunhas do juízo; **D:** incorreta, pois a falta de pedido de citação não constitui causa de rejeição da denúncia (art. 395 do CPP), tratando-se de mera irregularidade.

Gabarito "A".

(Agente Penitenciário/MA – 2013 – FGV) Com relação ao tema *ação penal*, assinale a afirmativa **incorreta**.

(A) Na ação penal pública vigoram os princípios da indisponibilidade e da oficialidade.

(B) Na ação penal privada a iniciativa incumbe à vítima ou a seu representante legal.

(C) Na ação penal pública condicionada, a representação da vítima e a requisição do Ministro da Justiça têm a natureza jurídica de condição de procedibilidade.

(D) Legitimidade de parte, interesse de agir e possibilidade jurídica do pedido são condições para a propositura de toda ação penal, seja de natureza pública ou privada.

(E) O princípio da indivisibilidade da ação penal não se aplica na ação privada.

A: assertiva correta. Pelo princípio da *indisponibilidade* (art. 42, CPP), que é exclusivo da ação penal pública, é vedado ao MP desistir da ação penal por ele proposta; a *ação penal privada*, ao contrário, é regida pelo *princípio da disponibilidade*, na medida em que pode o seu titular desistir de prosseguir na demanda por ele ajuizada. A *oficialidade*, aplicável tanto no âmbito da ação penal pública quanto no da privada, reside no fato de os órgãos aos quais incumbe a persecução penal serem oficiais, públicos; **B:** assertiva correta. De fato, a iniciativa, na ação penal privada, cabe à vítima ou a quem a represente (art. 30, CPP); **C:** assertiva correta. De fato, a ação penal pública condicionada, para ser exercida, depende de *representação* do ofendido ou, conforme o caso, de *requisição* do ministro da Justiça. São as chamadas condições de procedibilidade; **D:** assertiva correta. A alternativa faz menção às chamadas condições gerais de todas as ações penais (pública e privada), que nada mais são do que os requisitos necessários ao seu exercício em juízo; além delas, há, no âmbito das ações penais, as chamadas condições específicas da ação (de procedibilidade), como, por exemplo, a representação do ofendido na ação penal condicionada; **E:** assertiva incorreta, devendo ser assinalada. O princípio da indivisibilidade tem incidência, sim, por expressa disposição do art. 48 do CPP, na ação penal privada. Embora não haja disposição expressa de lei, o *postulado da indivisibilidade* é também aplicável à ação penal pública. No que se refere a esta modalidade de ação, seria inconcebível imaginar que o MP pudesse escolher contra quem iria propor a ação penal. É nesse sentido que incorporamos o postulado da indivisibilidade no âmbito da ação penal pública. Mas o STF não compartilha dessa lógica. Para a nossa Corte Suprema, a indivisibilidade não se aplica à ação penal pública (somente à ação privada). Sustenta o STF que a divisibilidade da ação penal pública reside no fato de o MP ter a liberdade de não ofertar a denúncia contra alguns autores de crime contra os quais ainda não há elementos suficientes e, assim que esses elementos forem reunidos, aditar a denúncia. Assim, a ação deixa de ser indivisível pelo simples fato de a denúncia comportar aditamento posterior (HC 96.700, Rel. Min. Eros Grau, julgamento em 17-3-2009, Segunda Turma, *DJE* de 14-8-2009; no mesmo sentido: HC 93.524, Rel. Min. Cármen Lúcia, julgamento em 19.08.2008, Primeira Turma, *DJE* de 31.10.2008). Com a devida vênia, a indivisibilidade, a nosso ver, consiste na impossibilidade de o membro do MP escolher contra quem a denúncia será oferecida. Se houver elementos, a ação deverá ser promovida contra todos.

Gabarito "E".

(Agente de Polícia Civil/RO – 2014 – FUNCAB) Quanto à ação penal, é correto afirmar:

(A) Pode a vítima do crime de abuso de autoridade iniciar a ação penal por queixa, quando no caso de ação penal de iniciativa privada subsidiária da pública, que é aquela intentada pelo ofendido ou por seu representante legal, quando houver inércia do Ministério Público, nos casos de crimes de ação penal de iniciativa pública incondicionada ou condicionada.

(B) O perdão concedido a um dos querelados aproveitará a todos, produzindo efeito em relação ao que o recusar.

(C) O princípio da obrigatoriedade significa que a ação deve ser proposta em face de todos que cometeram o injusto penal, não sendo permitido juízo de conveniência e oportunidade para processar este ou aquele indivíduo, ressalvada a hipótese de transação penal nos crimes de pequeno potencial ofensivo.

(D) A renúncia ao exercício do direito de queixa, em relação a um dos autores do crime, não se estenderá aos demais autores.

(E) A representação será retratável, depois de oferecida a denúncia.

A: correta, pois corresponde à regra presente no art. 16 da Lei 4.898/1965 (abuso de autoridade); **B:** incorreta. O *perdão* constitui ato por meio do qual o querelante desiste de prosseguir na ação penal privada. Ao contrário da *renúncia*, somente gerará a extinção da punibilidade se aceito for pelo querelado. Trata-se, portanto, de ato bilateral, na forma estatuída no art. 51 do CPP; **C:** incorreta, já que a proposição se refere ao princípio da *indivisibilidade*, aplicável, a nosso ver, tanto no âmbito da ação penal privada (art. 48, CPP) quanto no da pública. O postulado da *obrigatoriedade*, informador da ação penal pública, estabelece que, uma vez preenchidos os requisitos legais, o Ministério Público está obrigado a propor a ação penal. Tal não se aplica à ação penal de iniciativa privada, uma vez que o seu ajuizamento ficará ao critério do ofendido (juízo de conveniência e oportunidade); **D:** incorreta, pois não está em conformidade com o art. 49 do CPP; **E:** incorreta, dado que a representação será retratável, segundo estabelece o art. 25 do CPP, *até* (e não depois) o oferecimento da denúncia.

Gabarito "A".

4. JURISDIÇÃO E COMPETÊNCIA; CONEXÃO E CONTINÊNCIA

(Agente-Escrivão – Acre – IBADE – 2017) A competência será determinada pela conexão:

(A) quando duas ou mais pessoas foram acusadas pela mesma infração.

(B) se, ocorrendo duas ou mais infrações, houverem sido praticadas, ao mesmo tempo, por várias pessoas reunidas, ou por várias pessoas em concurso, embora diverso o tempo e o lugar, ou por várias pessoas, umas contra as outras.

(C) nos casos de concurso formal.

(D) nos casos de infração cometida em erro de execução ou resultado diverso do pretendido.

A: incorreta. Trata-se de hipótese de continência (art. 77, I, CPP); **B:** correta: hipótese de conexão prevista no art. 76, I, CPP; **C:** incorreta. Trata-se de hipótese de continência (art. 77, II, CPP); **D:** incorreta. Trata-se de hipótese de continência (art. 77, II, CPP). ED

Gabarito "B".

(Investigador-Escrivão-Papiloscopista – Pará – Funcab – 2016) No que tange à competência, o Direito Processual Penal brasileiro adotou, como regra, a teoria da(o):

(A) atividade.

(B) resultado.

(C) equivalência dos antecedentes causais.

(D) ubiquidade.

(E) alternatividade.

Como regra, o CPP adotou, em seu art. 70, no que toca à competência territorial, a teoria do *resultado*, tendo em vista que é competente o foro do local em que se deu a consumação do crime. ED

Gabarito "B".

(Escrivão – Pernambuco – CESPE – 2016) No que se refere ao lugar da infração, a competência será determinada:

(A) pelo domicílio do réu, no caso de infração permanente praticada no território de duas ou mais jurisdições conhecidas.

(B) pela prevenção, no caso de infração continuada praticada em território de duas ou mais jurisdições conhecidas.

(C) de regra, pelo local onde tiver sido iniciada a execução da infração, ainda que a consumação tenha ocorrido em outro local.

(D) pelo local onde tiver começado o *iter criminis*, no caso de tentativa.

(E) pelo lugar em que tiver sido iniciada a execução no Brasil, se a infração se consumar fora do território nacional.

A: incorreta, pois, neste caso, a competência, a teor do art. 71 do CPP, será determinada pela *prevenção* (e não em razão do lugar de residência do acusado); **B:** correta. Obedece à mesma regra aplicável à infração permanente (art. 71, CPP); **C:** incorreta, dado que, em regra, a competência será determinada pelo lugar em que o delito se consumou, ou, se se tratar de tentativa, pelo local em que se deu o derradeiro ato de execução (art. 70, "caput", CPP); **D:** incorreta, uma vez que, na hipótese de tentativa, a competência firmar-se-á em razão do local onde foi praticado o último ato executório (art. 70, "caput", CPP); **E:** incorreta. Neste caso, a competência será determinada pelo local em que tiver sido praticado, em território nacional, o último ato de execução (art. 70, § 1º, CPP). ⏹

Gabarito "B".

(Escrivão de Polícia/MA – 2013 – FGV) A competência pode ser definida como o conjunto de regras que asseguram a eficácia da garantia da jurisdição e, especialmente, do juiz natural. Sobre os temas destacam-se as regras previstas no texto constitucional e no Código de Processo Penal. De acordo com esses diplomas, bem como com a posição da jurisprudência do Superior Tribunal de Justiça, assinale a afirmativa correta.

(A) A competência será determinada pela conexão quando duas ou mais pessoas forem acusadas pela mesma infração.

(B) A competência do Júri prevalece sobre o foro por prerrogativa de função fixado exclusivamente na Constituição Estadual.

(C) A competência será determinada, via de regra, pelo lugar em que for iniciada a prática da infração penal. No caso de tentativa, relevante será o lugar em que for praticado o último ato de execução.

(D) Não sendo conhecido o local da infração, a competência será determinada pelo domicílio ou residência do ofendido.

(E) Havendo conexão entre um crime de competência da Justiça Federal e outro de competência da Justiça Estadual, deverá ocorrer a cisão dos processos.

A: incorreta. Se duas ou mais pessoas forem acusadas pela mesma infração, a competência será determinada pela continência (art. 77, I, do CPP); **B:** correta. De acordo com a Súmula 721 do STF, cujo teor foi reproduzido na Súmula Vinculante 45, *a competência constitucional do Tribunal do Júri prevalece sobre o foro por prerrogativa de função estabelecido exclusivamente por Constituição Estadual*; **C:** incorreta. Nos termos do art. 70, *caput*, do CPP, "*a competência será, de regra, determinada pelo lugar em que se consumar a infração, ou, no caso de tentativa, pelo lugar em que for praticado o último ato de execução*"; **D:** incorreta, pois, nos termos do art. 72 do CPP, "*não sendo conhecido o lugar da infração, a competência regular-se-á pelo domicílio ou residência do réu*" (e não do ofendido, como afirmado na alternativa); **E:** incorreta. Prevê a Súmula 122 do STJ que "*compete à Justiça Federal o processo e julgamento unificado dos crimes conexos de competência federal e estadual, não se aplicando a regra do art. 78, II, "a", do CPP*".

Gabarito "B".

(Escrivão de Polícia/GO – 2013 – UEG) Compete ao juízo criminal singular processar e julgar os crimes:

(A) contra a organização do trabalho.

(B) políticos.

(C) praticados em detrimento de bens de sociedades de economia mista.

(D) dolosos contra a vida.

A: incorreta, pois compete ao juízo criminal singular federal julgar os crimes contra a organização do trabalho, desde que ofendam a direitos coletivos dos trabalhadores (art. 109, VI, da CF); **B:** incorreta, pois os crimes políticos devem ser julgados pela Justiça Federal (art. 109, IV, da CF); **C:** correta, pois os crimes praticados em detrimento de sociedade de economia mista devem ser julgados pela Justiça Estadual. Basta ver que competirá à Justiça Federal julgar os crimes praticados em detrimento de bens, serviços ou interesse da União *ou de suas entidades autárquicas ou empresas públicas* (art. 109, IV, da CF). Veja que não competirá à Justiça Federal julgar crimes praticados em detrimento de *sociedades de economia mista instituídas pela União*; **D:** incorreta, pois os crimes dolosos contra a vida são de competência do Tribunal do Júri (art. 5º, XXXVIII, "d", da CF). Destacamos que, em nosso entendimento, o enunciado da questão não é muito técnico, pois a intenção da banca examinadora foi a de cobrar do candidato o conhecimento sobre a competência jurisdicional estadual e federal. A expressão "juízo criminal singular" diz respeito não apenas à Justiça Estadual, mas, também, à Federal.

Gabarito "C".

5. QUESTÕES E PROCESSOS INCIDENTES

(Agente de Polícia Civil/RO – 2014 – FUNCAB) Quanto aos incidentes (sanidade e falsidade), de acordo com o Código de Processo Penal, é correto afirmar:

(A) Se for verificado que a doença mental sobreveio à infração, o processo continuará em curso, mas com a presença de curador.

(B) Para o efeito do exame de insanidade mental, o acusado, se estiver preso, será internado em clínica psiquiátrica pública ou privada, onde houver, ou, se estiver solto, e o requererem os peritos, em estabelecimento similar, não podendo o exame durar mais de cinquenta dias.

(C) O juiz nomeará curador ao acusado, quando determinar o exame de insanidade mental, não se suspendendo o processo, se já iniciada a ação penal.

(D) Arguida, por escrito, a falsidade de documento constante dos autos, o juiz mandará autuar em apartado a impugnação, e em seguida ouvirá a parte contrária, que, no prazo de 48 horas, oferecerá resposta; assinará o prazo de 3 dias, sucessivamente, a cada uma das partes, para prova de suas alegações; conclusos os autos, poderá ordenar as diligências que entender necessárias; se reconhecida a falsidade por decisão irrecorrível, mandará desentranhar o documento e remetê-lo, com os autos do processo incidente, ao Ministério Público.

(E) Quando houver dúvida sobre a integridade mental do acusado, o juiz ordenará que seja submetido a exame médico-legal, não podendo ser realizado na fase do inquérito.

A: incorreta. Se o surgimento da doença mental for posterior à prática criminosa, o processo permanecerá suspenso até o restabelecimento do acusado (art. 152, *caput*, do CPP); **B:** incorreta, já que não reflete o disposto no art. 150 do CPP; **C:** incorreta (art. 149, § 2º, do CPP); **D:** correta (art. 145, CPP); **E:** incorreta, na medida em que, havendo dúvida quanto à higidez mental do investigado, o exame médico-legal poderá ser realizado, mediante representação da autoridade policial, no curso do inquérito (art. 149, § 1º, do CPP).

Gabarito "D".

6. PROVA

(Escrivão – AESP/CE – VUNESP – 2017) Com relação às disposições do Código de Processo Penal, acerca do exame de corpo de delito e perícias em geral, é correto afirmar que:

(A) na falta de perito oficial, o exame será realizado por 1 (uma) pessoa idônea, portadora de diploma de curso superior.

(B) o exame de corpo de delito deverá ser feito durante o dia.

(C) os exames de corpo de delito e as outras perícias serão feitos obrigatoriamente por dois peritos oficiais.

(D) a autópsia será feita até seis horas depois do óbito, salvo se os peritos, pela evidência dos sinais de morte, julgarem que possa ser feita depois daquele prazo, o que declararão no auto.

(E) não sendo possível o exame de corpo de delito, por haverem desaparecido os vestígios, a prova testemunhal poderá suprir-lhe a falta.

A: incorreta. De acordo com o que estabelece o art. 159 do CPP, a perícia será levada a efeito por *um* perito oficial, portador de diploma de curso superior. À falta deste, determina o § 1º do mesmo dispositivo legal que o exame seja feito por *duas* (e não *uma*!) pessoas idôneas, detentoras de diploma de curso superior preferencialmente na área específica, dentre aquelas que tiverem habilitação técnica relacionada com a natureza do exame; **B:** incorreta. O exame de corpo de delito poderá ser realizado em qualquer dia e a qualquer hora (art. 161, CPP); **C:** incorreta. A redação anterior do art. 159 do CPP estabelecia que a perícia fosse realizada por *dois* profissionais. Atualmente, com a modificação implementada na redação do dispositivo pela Lei 11.690/2008, a perícia será realizada por *um* perito oficial portador de diploma de curso superior. À falta deste, determina o § 1º do art. 159 que o exame seja feito por duas pessoas idôneas, detentoras de diploma de curso superior preferencialmente na área específica, dentre aquelas que tiverem habilitação técnica relacionada com a natureza do exame; **C:** incorreta. Ao contrário: a autópsia será feita pelo menos seis horas depois do óbito (e não em até seis horas), salvo se os peritos, pela evidência dos sinais de morte, julgarem que possa ser feita antes (e não depois) daquele prazo, o que declararão no auto (art. 162, "caput", do CPP); **E:** correta, pois em consonância com o que prescreve o art. 167 do CPP. ⏹

Gabarito "E".

2. DIREITO PROCESSUAL PENAL 451

(Escrivão – AESP/CE – VUNESP – 2017) Com relação às disposições do Código de Processo Penal relativas ao ofendido e às testemunhas, é correto afirmar que:

(A) durante o depoimento não é permitido que a testemunha manifeste suas apreciações pessoais, salvo quando inseparáveis da narrativa do fato.

(B) as pessoas impossibilitadas, por enfermidade ou por velhice, de comparecer para depor, não serão inquiridas.

(C) a redação do depoimento da testemunha deverá evitar a utilização de expressões de "baixo calão" usadas pelas testemunhas sem reproduzir fielmente as suas frases.

(D) o ofendido será qualificado e fará, sob palavra de honra, a promessa de dizer a verdade do que souber e lhe for perguntado, e sendo perguntado sobre as circunstâncias da infração, quem seja ou presuma ser o seu autor e sobre as provas que possa indicar, tomar-se-ão por termo as suas declarações.

(E) os militares e os funcionários públicos deverão ser ouvidos no local em que exercem suas funções.

A: correta. Uma das características da prova testemunhal é a *objetividade*, segundo a qual a testemunha, no seu depoimento, deve ser objetiva, evitando fazer apreciações de natureza subjetiva, ou seja, a testemunha deve se abster de emitir sua opinião sobre os fatos. Deve limitar-se, isto sim, a expô-los com objetividade (art. 213, do CPP). Tal regra comporta uma exceção: poderá a testemunha emitir sua opinião desde que seja inseparável da narrativa do fato; **B:** incorreta. Em casos assim, determina o art. 220 do CPP que as testemunhas sejam inquiridas onde quer que estejam; **C:** incorreta, pois contraria o disposto no art. 215 do CPP; **D:** incorreta. É que o ofendido, dada a sua posição parcial no processo, não se sujeita ao compromisso de dizer a verdade, não podendo ser responsabilizado, portanto, pelo crime de falso testemunho (art. 201, "caput", CPP); **E:** incorreta. Tanto o militar quanto o funcionário público civil serão ouvidos no fórum, como qualquer testemunha. A peculiaridade em relação a eles é que, no que tange ao funcionário público civil, além de realizar-se pessoalmente a sua intimação, deverá o seu superior, por imposição do art. 221, § 3º, do CPP, ser comunicado da audiência, para que possa providenciar, se o caso, a substituição do funcionário; já o militar será requisitado pelo magistrado ao superior hierárquico, nos termos do art. 221, § 2º, do CPP. [ED]
Gabarito "A".

(Escrivão – AESP/CE – VUNESP – 2017) Assinale a alternativa correta com relação às disposições previstas no Código de Processo Penal, com relação ao reconhecimento de pessoas e coisas e a acareação.

(A) Após a realização do reconhecimento, a pessoa que o fez será convidada a descrever a pessoa que deva ser reconhecida.

(B) O reconhecimento de objeto deverá ser realizado com as mesmas cautelas previstas para o reconhecimento de pessoas, desde que aplicáveis.

(C) Do ato de reconhecimento, lavrar-se-á auto pormenorizado, subscrito pela autoridade, pela pessoa chamada para proceder ao reconhecimento e por uma testemunha presencial.

(D) Não será admitida acareação entre acusado e testemunha.

(E) É inválida a acareação realizada sem a presença de alguma das testemunhas que divergiram, em suas declarações, sobre fatos ou circunstâncias relevantes.

A: incorreta. A descrição da pessoa a ser reconhecida precede o ato de reconhecimento propriamente dito. A propósito, a descrição é o ato inaugural do procedimento de reconhecimento de pessoa (art. 226, I, CPP); **B:** correta (art. 227, CPP); **C:** incorreta. O auto a ser lavrado por ocasião do reconhecimento deverá ser subscrito pela autoridade, pela pessoa submetida a reconhecimento e também por *duas* (e não *uma*!) testemunhas, tal como estabelece o art. 226, IV, do CPP; **D:** incorreta. Segundo o art. 229 do CPP, *a acareação será admitida entre acusados, entre acusado e testemunha, entre testemunhas, entre acusado ou testemunha e a pessoa ofendida, e entre as pessoas ofendidas, sempre que divergirem, em suas declarações, sobre fatos ou circunstâncias relevantes*; **E:** incorreta (art. 230, CPP). [ED]
Gabarito "B".

(Escrivão – AESP/CE – VUNESP – 2017) Segundo o disposto no Código de Processo Penal, consideram-se indícios:

(A) o conjunto dos elementos de prova de autoria e materialidade que autorize o oferecimento da denúncia por parte do Ministério Público.

(B) a circunstância conhecida e provada que, tendo relação com o fato, autorize o indiciamento do investigado.

(C) o conjunto dos meios de prova de autoria e materialidade que autorize o oferecimento da denúncia por parte do Ministério Público.

(D) a circunstância conhecida e provada que, tendo relação com o fato, autorize, por indução, concluir-se a existência de outra ou outras circunstâncias.

(E) a circunstância conhecida mas ainda não provada que, tendo relação com o fato, autorize, por indução, concluir-se a existência de outra ou outras circunstâncias.

Segundo o art. 239 do CPP, constitui *indício*, considerado prova indireta, *a circunstância conhecida e provada, que, tendo relação com o fato, autorize, por indução, concluir-se a existência de outra ou outras circunstâncias.* [ED]
Gabarito "D".

(Escrivão – AESP/CE – VUNESP – 2017) Com relação a buscas e apreensões, é correto afirmar que:

(A) só será arrombada a porta e forçada a entrada na residência a que será realizada a busca na hipótese de encontrarem-se ausentes os moradores.

(B) a autoridade ou seus agentes poderão penetrar no território de jurisdição alheia, salvo se pertencente a outro Estado quando, para o fim de apreensão, forem no seguimento de pessoa ou coisa, devendo apresentar-se à competente autoridade local, antes da diligência ou após, conforme a urgência desta.

(C) a busca em mulher será feita por outra mulher, se não importar retardamento ou prejuízo da diligência.

(D) sendo determinada a pessoa ou coisa que se vai procurar, é vedado cientificar o morador acerca dela, contudo não sendo encontrada a pessoa ou coisa procurada, os motivos da diligência serão comunicados a quem tiver sofrido a busca, se o requerer.

(E) se as autoridades locais tiverem fundadas razões para duvidar da legitimidade das pessoas que, nas diligências de busca e apreensões, entrarem pelos seus distritos, ou da legalidade dos mandados que apresentarem, poderão exigir as provas dessa legitimidade, ainda que em prejuízo da diligência.

A: incorreta (art. 245, § 2º, do CPP); **B:** incorreta (art. 250, "caput", do CPP); **C:** correta (art. 249, CPP); **D:** incorreta (art. 247, CPP); **E:** incorreta (art. 250, § 2º, CPP). [ED]
Gabarito "C".

(Agente-Escrivão – PC/GO – CESPE – 2016) No que diz respeito às provas no processo penal, assinale a opção correta.

(A) Para se apurar o crime de lesão corporal, exige-se prova pericial médica, que não pode ser suprida por testemunho.

(B) Se, no interrogatório em juízo, o réu confessar a autoria, ficará provada a alegação contida na denúncia, tornando-se desnecessária a produção de outras provas.

(C) As declarações do réu durante o interrogatório deverão ser avaliadas livremente pelo juiz, sendo valiosas para formar o livre convencimento do magistrado, quando amparadas em outros elementos de prova.

(D) São objetos de prova testemunhal no processo penal fatos relativos ao estado das pessoas, como, por exemplo, casamento, menoridade, filiação e cidadania.

(E) O procedimento de acareação entre acusado e testemunha é típico da fase pré-processual da ação penal e deve ser presidido pelo delegado de polícia.

A: incorreta. Na lesão corporal, tal como ocorre em geral nos crimes que deixam vestígios, é de rigor a realização do exame de corpo de delito, direto ou indireto (art. 158, CPP). Pode ocorrer, entretanto, de tais vestígios, por qualquer razão, se perderem, desaparecerem. Neste caso, é perfeitamente possível que tal ausência seja suprida por meio de prova testemunhal (art. 167, CPP). O que não se admite, por expressa previsão desse dispositivo, é que a confissão supra essa falta; **B:** incorreta. Atualmente, não mais se confere à confissão o *status* de rainha das provas, como outrora já foi considerada. Hoje, temos que a confissão, sendo meio de prova com valor equivalente ao das demais, será valorada em conjunto com os outros elementos probatórios produzidos no processo (art. 197, CPP); a confissão, portanto, ainda que produzida em juízo, não torna certa a alegação contida na inicial, que não poderá, de forma isolada ou dissociada dos demais elementos probatórios reunidos no processo, levar a um decreto condenatório; **C:** correta. No campo da valoração da prova, o sistema adotado, como regra, pelo CPP, é o da *persuasão racional* ou *livre convencimento motivado*, pelo qual o magistrado tem ampla liberdade para apreciar as provas produzidas no processo, devendo, sempre, fundamentar a sua decisão. Esse sistema de valoração da prova está consagrado na Exposição de Motivos do CPP, item VII, que assim dispõe: *Todas as provas são relativas; nenhuma delas terá, ex vi legis, valor decisivo ou necessariamente* maior prestígio que outra. Se é certo que o juiz fica adstrito à prova constante dos autos, não é menos certo que não fica subordinado a nenhum critério apriorístico no apurar, através delas, a verdade material. O juiz criminal é, assim, restituído à sua própria consciência. Dessa forma, as declarações do réu no seu interrogatório serão avaliadas livremente pelo juiz, que deverá sopesá-las com as demais provas contidas no processo; **D**: incorreta. A lei processual penal (art. 155, parágrafo único, CPP) impôs restrição à produção da prova que diga respeito ao estado das pessoas, devendo-se observar, neste caso, as regras contempladas na lei civil. Exemplo clássico é a prova do estado de casado, que deverá ser feita por meio da certidão do registro civil; **E**: incorreta, <u>dado que a acareação pode ser realizada</u> <u>tanto na fase</u> *inquisitiva* <u>quanto na</u> *judicial*<u>, neste último caso determinada pelo</u> <u>magistrado do feito, de ofício ou a requerimento das partes. De igual modo, a</u> <u>autoridade policial, se entender pertinente e útil às investigações do inquérito</u> <u>policial, poderá determinar tal providência (art. 6º, VI, do CPP).</u> ED

Gabarito "C".

(Agente – Pernambuco – CESPE – 2016) Considerando os princípios e normas que orientam a produção de provas no processo penal, assinale a opção correta.

(A) O reconhecimento de pessoas no âmbito do inquérito policial poderá ser feito pessoalmente, com a apresentação do suspeito, ou por meio de fotografias, com idêntico valor probante, conforme disciplinado no Código de Processo Penal.

(B) Conforme a teoria dos frutos da árvore envenenada, são inadmissíveis provas ilícitas no processo penal, restringindo-se o seu aproveitamento a casos excepcionais, mediante decisão fundamentada do juiz.

(C) Nos crimes cometidos com destruição ou rompimento de obstáculo, embora indispensável a perícia técnica que descreva os vestígios materiais e indique os instrumentos utilizados, ela pode ser suprida pela confissão espontânea do acusado.

(D) O pedido de interceptação telefônica do investigado cabe exclusivamente ao Ministério Público e somente a ele deve se reportar a autoridade policial.

(E) A interceptação telefônica é admitida no processo se determinada por despacho fundamentado do juiz competente, na fase investigativa ou no curso da ação penal, sob segredo de justiça.

A: incorreta. A lei processual penal não contemplou o reconhecimento *fotográfico*, mas somente o *pessoal*, cuja disciplina está no Código de Processo Penal, em seu art. 226. No mais, o reconhecimento fotográfico, além de não encontrar, como dito, previsão na legislação processual, constitui prova *indireta*, pois não realizada sobre o investigado em pessoa. Cuida-se, pois, de mero *indício*; **B**: incorreta. A assertiva corresponde à teoria da inadmissibilidade da prova obtida por meio ilícito (art. 5º, LVI, CF e art. 157, "caput", do CPP). A chamada teoria dos frutos da árvore envenenada enuncia a imprestabilidade daquela prova que, embora em si mesma seja lícita, sua obtenção se deu por meio de uma prova ilícita. Com o advento da Lei 11.690/2008, que promoveu uma série de alterações no campo da prova, o CPP contemplou, de forma expressa, a prova ilícita por derivação (o art. 157, § 1º, do CPP), que, antes mesmo dessa alteração legislativa, já representava entendimento sufragado na nossa Corte Suprema, no sentido de que a prova obtida por meio ilícito contamina aquelas que dela tenham se originado. Dessa forma, a prova derivada da ilícita, tal qual ocorre com a ilícita, deve ser defenestrada do processo, não podendo, assim, contribuir para a formação da convicção do julgador. Todavia, é importante que se diga, o CPP, neste mesmo dispositivo, previu duas exceções, a saber: quando não evidenciado o nexo de causalidade entre a prova primária e a secundária; e quando as derivadas (provas secundárias) puderem ser obtidas por uma fonte independente das primeiras (provas primárias); **C**: incorreta. A assertiva trata de uma das formas qualificadas do delito de furto, em que o agente, com vistas a subtrair a coisa móvel, rompe ou destrói obstáculo. Neste caso, é de rigor, tal como estabelece o art. 171 do CPP, a realização do exame de corpo de delito a fim de constatar a existência desta qualificadora. Em regra, a perícia deverá realizar-se, de forma direta, sobre os vestígios do crime, a qual, no entanto, poderá ser suprida por prova testemunhal quando tais vestígios, por qualquer razão, desaparecerem. O que não se admite – e aqui está o erro da assertiva – é que o exame seja suprido pela confissão do acusado (158, CPP); **D**: incorreta, dado que o pedido de interceptação das comunicações telefônicas poderá ser formulado tanto pelo Ministério Público quanto pela autoridade policial, que se reportará diretamente ao juiz competente (art. 3º da Lei 9.296/1996); **E**: correta, pois reflete o disposto no art. 1º, "caput", da Lei 9.296/1996. ED

Gabarito "E".

(Escrivão – Pernambuco – CESPE – 2016) Com relação ao exame de corpo de delito, assinale a opção correta.

(A) O exame de corpo de delito poderá ser suprido indiretamente pela confissão do acusado se os vestígios já tiverem desaparecido.

(B) Não tendo a infração deixado vestígios, será realizado o exame de corpo de delito de modo indireto.

(C) Tratando-se de lesões corporais, a falta de exame complementar poderá ser suprida pela prova testemunhal.

(D) Depende de mandado judicial a realização de exame de corpo de delito durante o período noturno.

(E) Requerido, pelas partes, o exame de corpo de delito, o juiz poderá negar a sua realização, se entender que é desnecessário ao esclarecimento da verdade.

A: incorreta. Como bem sabemos, o exame de corpo de delito, nas infrações que deixam vestígios, é indispensável – art. 158 do CPP. Agora, se estes vestígios, por qualquer razão, se perderem, nosso ordenamento jurídico admite que a prova testemunhal supra essa ausência – art. 167 do CPP. A confissão, no entanto, por expressa disposição do art. 158 do CPP, não poderá ser utilizada para esse fim; **B**: incorreta. O exame de corpo de delito, direto ou indireto, somente será realizado na hipótese de a infração deixar vestígios; se não há vestígios, não há por que proceder-se ao exame de corpo de delito; **C**: correta, pois retrata a regra presente no art. 168, § 3º, do CPP; **D**: incorreta. O exame de corpo de delito poderá ser realizado em qualquer dia e a qualquer hora (art. 161, CPP); **E**: incorreta. Reza o art. 184 do CPP que, *salvo o caso de exame de corpo de delito, o juiz ou a autoridade policial negará a perícia requerida pelas partes, quando não for necessária ao esclarecimento da verdade.* ED

Gabarito "C".

(Escrivão – Pernambuco – CESPE – 2016) A respeito da confissão, assinale a opção correta.

(A) Será divisível e o juiz poderá considerar apenas certas partes do que foi confessado.

(B) Será qualificada quando o réu admitir a prática do crime e delatar um outro comparsa.

(C) Tem valor absoluto e se sobrepõe aos demais elementos de prova existentes nos autos.

(D) Ficará caracterizada diante do silêncio do réu durante o seu interrogatório judicial.

(E) Será irretratável após realizada pelo réu durante o interrogatório judicial e na presença do seu defensor.

A: correta. A confissão, de fato, é *divisível*, podendo o juiz, ao apreciá-la, acreditar numa determinada parte e desconsiderar outra. De toda sorte, o magistrado apreciará a confissão considerando o conjunto formado pelas demais provas reunidas no processo (art. 200, CPP); **B**: incorreta. *Qualificada* é a confissão em que o acusado admite os fatos que lhe são imputados, mas invoca, em seu benefício, uma justificativa, como, por exemplo, ter agido acobertado por uma causa de exclusão da ilicitude; **C**: incorreta. Atualmente, não mais se confere à confissão o *status* de rainha das provas, como outrora já foi considerada. Hoje, temos que a confissão, sendo meio de prova com valor equivalente às demais, deve ser valorada em conjunto com os outros elementos probatórios produzidos no processo (art. 197, CPP); **D**: incorreta. Assim dispõe o art. 186, parágrafo único, do CPP: *O silêncio, que não importará em confissão, não poderá ser interpretado em prejuízo da defesa*; **E**: incorreta. A possibilidade de o acusado, a qualquer tempo, retratar-se da confissão está expressamente prevista no art. 200 do CPP. ED

Gabarito "A".

(Escrivão – Pernambuco – CESPE – 2016) Com relação ao interrogatório do acusado, assinale a opção correta.

(A) O acusado poderá ser interrogado sem a presença de seu defensor se assim desejar e deixar consignado no termo.

(B) Não sendo possível a presença em juízo do acusado preso por falta de escolta para conduzi-lo, poderá o interrogatório ser realizado por sistema de videoconferência.

(C) Mesmo após o encerramento da instrução criminal, a defesa poderá requerer ao juiz novo interrogatório do acusado, devendo indicar as razões que o justifiquem.

(D) Havendo mais de um acusado, eles serão interrogados conjuntamente, exceto se manifestarem acusações recíprocas.

(E) O interrogatório deve ser realizado no início da instrução criminal, antes da oitiva de testemunhas de acusação e de defesa.

A: incorreta, uma vez que a presença do defensor, constituído ou dativo, no interrogatório é indispensável, obrigatória (art. 185, "caput", do CPP); **B**: incorreta. A falta de escolta não constitui motivo bastante para que se proceda ao interrogatório por videoconferência. Isso porque tal recurso tecnológico somente deve ser utilizado em situações excepcionais, que estão elencadas no art. 185, § 2º, do CPP, entre as quais não está a impossibilidade de comparecimento por falta de escolta; **C**: correta. Com efeito, é lícito ao juiz, a todo tempo, proceder a novo interrogatório, de ofício ou a requerimento das

2. DIREITO PROCESSUAL PENAL — 453

partes (art. 196, CPP); **D:** incorreta, já que, havendo dois ou mais réus, serão eles interrogados separadamente (art. 191, CPP); **E:** incorreta. Por força das modificações implementadas pela Lei 11.719/2008, que alterou diversos dispositivos do CPP, entre os quais o seu art. 400, a instrução, que antes tinha como providência inicial o interrogatório do acusado, passou a ser una, impondo, além disso, nova sequência de atos, todos realizados em uma única audiência. Nesta (art. 400 do CPP – ordinário; art. 531 do CPP – sumário), deve-se ouvir, em primeiro lugar, o ofendido; depois, ouvem-se as testemunhas de acusação e, em seguida, as de defesa. Após, vêm os esclarecimentos dos peritos e as acareações. Em seguida, procede-se ao reconhecimento de pessoas e coisas. Somente depois se interroga o acusado. Ao final, não havendo requerimento de diligências, serão oferecidas pelas partes alegações finais orais, por vinte minutos, prorrogáveis por mais dez. **ED**
Gabarito "C".

(Investigador-Escrivão-Papiloscopista – Pará – Funcab – 2016) A prova em matéria processual penal tem por finalidade formar a convicção do magistrado sobre a materialidade e a autoria de um fato tido como criminoso. No que tange aos meios de prova, o Código de Processo Penal dispõe:

(A) o exame de corpo de delito não poderá ser feito em qualquer dia e a qualquer hora.

(B) o exame de corpo de delito e outras perícias serão realizados por perito oficial, portador de diploma de curso superior. Na falta de perito oficial, o exame será realizado por uma pessoa idônea, portadora de diploma de curso superior preferencialmente na área específica.

(C) no caso de autópsia, esta será feita pelo menos seis horas depois do óbito, salvo se os peritos, pela evidência dos sinais de morte, julgarem que possa ser feita antes daquele prazo, o que declararão no auto.

(D) não sendo possível o exame de corpo de delito, por haverem desaparecido os vestígios, a prova testemunhai não poderá suprir--lhe a falta.

(E) quando a infração não deixar vestígios, será indispensável o exame de corpo de delito, direto ou indireto, não podendo supri-lo a confissão do acusado.

A: incorreta. O exame de corpo de delito poderá, sim, ser realizado em qualquer dia e a qualquer hora (art. 161, CPP); **B:** incorreta. De acordo com o que estabelece o art. 159 do CPP, a perícia será levada a efeito por *um* perito oficial, portador de diploma de curso superior. À falta deste, determina o § 1º do mesmo dispositivo legal que o exame seja feito por *duas* (e não por *uma*!) pessoas idôneas, detentoras de diploma de curso superior preferencialmente na área específica, dentre aquelas que tiverem habilitação técnica relacionada com a natureza do exame; **C:** correta (art. 162, "caput", do CPP); **D:** incorreta, pois não reflete o disposto no art. 167 do CPP; **E:** incorreta. O exame de corpo de delito somente é exigível (e possível) quando a infração deixar vestígios (art. 158, CPP). **ED**
Gabarito "C".

(Papiloscopista – PCDF – Universa – 2016) Assinale a alternativa correta acerca do reconhecimento de pessoas e coisas e da acareação segundo o Código de Processo Penal (CPP).

(A) A acareação é ato processual presidido pelo promotor de justiça, visando à busca da verdade real.

(B) A acareação não pode ser realizada na fase policial.

(C) Se houver fundado receio de que a pessoa chamada para o reconhecimento, por efeito de intimidação ou outra influência, não diga a verdade em face da pessoa que deve ser reconhecida, a autoridade providenciará para que esta não veja aquela.

(D) Admite-se que várias pessoas sejam chamadas a efetuar o reconhecimento de pessoa ou de objeto, de forma coletiva ou em grupo.

(E) A acareação é inadmissível entre acusados, em razão de seu direito constitucional ao silêncio.

A: incorreta. Isso porque a acareação, cuja disciplina está nos arts. 229 e 230 do CPP, será conduzida, na fase de investigação, pela autoridade policial presidente do inquérito; na fase processual, pelo juiz de direito competente; **B:** incorreta. Como dito, poderá ser realizada tanto na fase policial quanto no curso da ação penal; **C:** correta (art. 226, III, do CPP); **D:** incorreta, pois contraria o disposto no art. 228 do CPP; **E:** incorreta. É perfeitamente possível que se proceda à acareação entre acusados, respeitado, sempre, o direito ao silêncio (art. 229, "caput", CPP). **ED**
Gabarito "C".

(Papiloscopista – PCDF – Universa – 2016) Assinale a alternativa correta acerca do ofendido e das testemunhas.

(A) Em regra, é permitido à testemunha dar sua opinião pessoal em seu depoimento.

(B) Se o magistrado, ao condenar ou absolver o réu, mencionar expressamente que alguma testemunha mentiu, calou ou negou a verdade, deverá remeter cópia do depoimento à autoridade policial, requisitando a instauração de inquérito para apurar o delito de falso testemunho.

(C) O ofendido que, intimado para prestar declarações, não comparecer, sem motivo justo, não poderá ser conduzido à presença da autoridade.

(D) As pessoas de má reputação não podem ser testemunhas.

(E) Em regra, o irmão do acusado não poderá eximir-se da obrigação de depor.

A: incorreta. O juiz somente autorizará a testemunha a dar sua opinião pessoal quando esta for inseparável da narrativa do fato (art. 213 do CPP); trata-se, portanto, de exceção à regra, esta representada pela vedação imposta à testemunha de fazer, em seu depoimento, apreciações de ordem subjetiva, devendo narrar os fatos objetivamente; **B:** correta, pois em conformidade com a regra contida no art. 211, "caput", do CPP; **C:** incorreta. A teor do art. 201, § 1º, do CPP, se o ofendido, depois de intimado, deixar de comparecer sem motivo justo, poderá ser conduzido coercitivamente à presença da autoridade; **D:** incorreta. Toda pessoa pode ser testemunha, pouco importando se de boa ou má reputação. Assim, podem servir de testemunha os travestis, as prostitutas, os drogados, bem como pessoas que vivem à margem da lei; **E:** incorreta. O art. 206 do CPP confere a determinadas pessoas, entre as quais o irmão do acusado, o direito de recusar-se a depor. **ED**
Gabarito "B".

(Escrivão de Polícia/MA – 2013 – FGV) Vige no Processo Penal o princípio da liberdade dos meios de prova. Dessa forma, qualquer meio de prova é admitido, desde que não sejam ilícitas.

Acerca do direito probatório, assinale a afirmativa incorreta.

(A) Não deve ser desentranhada a prova derivada da ilícita quando aquela (derivada) puder ser obtida por uma fonte independente desta (ilícita).

(B) Em regra, não sendo possível o exame de corpo de delito, por haverem desaparecido os vestígios, a prova testemunhal poderá suprir-lhe a falta.

(C) Se várias forem as pessoas chamadas a efetuar o reconhecimento de pessoas ou de objeto, cada uma fará a prova em separado, evitando-se qualquer comunicação entre elas.

(D) O cônjuge do acusado, ainda que desquitado, poderá recusar-se a depor, salvo quando não for possível, por outro modo, obter-se ou integrar-se a prova do fato e de suas circunstâncias.

(E) O depoimento será prestado oralmente, não sendo permitido à testemunha trazê-lo por escrito ou fazer breves consultas a apontamentos.

A: correta (art. 157, §§ 1º e 2º, do CPP); **B:** correta, nos exatos termos do art. 167 do CPP; **C:** correta, nos precisos termos do art. 228 do CPP; **D:** correta (art. 206 do CPP); **E:** incorreta. De fato, o depoimento deverá ser prestado oralmente, não sendo possível que a testemunha o traga na forma escrita (art. 204, *caput*, do CPP). Contudo, não é vedado à testemunha que faça breves consultas a apontamentos (art. 204, parágrafo único, do CPP). **ED**
Gabarito "E".

(Agente de Polícia Federal – 2012 – CESPE) Com base no direito processual penal, julgue os itens que se seguem.

(1) De acordo com inovações na legislação específica, a perícia deverá ser realizada por apenas um perito oficial, portador de diploma de curso superior; contudo, caso não haja, na localidade, perito oficial, o exame poderá ser realizado por duas pessoas idôneas, portadoras de diploma de curso superior, preferencialmente na área específica. Nessa última hipótese, serão facultadas a participação das partes, com a formulação de quesitos, e a indicação de assistente técnico, que poderá apresentar pareceres, durante a investigação policial, em prazo máximo a ser fixado pela autoridade policial.

(2) Como o sistema processual penal brasileiro assegura ao investigado o direito de não produzir provas contra si mesmo, a ele é conferida a faculdade de não participar de alguns atos investigativos, como, por exemplo, da reprodução simulada dos fatos e do procedimento de identificação datiloscópica e de reconhecimento, além do direito de não fornecer material para comparação em exame pericial.

(3) O sistema processual vigente prevê tratamento especial ao ofendido, especialmente no que se refere ao direito de ser ouvido em juízo e de ser comunicado dos atos processuais relativos ao ingresso e à saída do acusado da prisão, à designação de data para audiência e à sentença e respectivos acórdãos. Além disso, ao ofendido é conferido o direito da preservação da intimidade, da vida privada, da honra e da imagem, o que, entretanto, não obsta a acareação entre ele e o acusado.

(4) O Código de Processo Penal determina expressamente que o interrogatório do investigado seja o último ato da investigação criminal antes do relatório da autoridade policial, de modo que seja possível sanar eventuais vícios decorrentes dos elementos informativos colhidos até então bem como indicar outros elementos relevantes para o esclarecimento dos fatos.

1: errada, pois, de acordo com o art. 159, § 4º, do CPP, o assistente técnico atuará a partir de sua admissão pelo juiz e após a conclusão dos exames e *elaboração do laudo pelos peritos oficiais*, sendo as partes intimadas desta decisão. Porém, entende-se que será possível a indicação de assistentes técnicos e a formulação de quesitos mesmo em caso de a perícia ser realizada por peritos não oficiais (peritos juramentados); **2:** errada. De fato, ninguém poderá ser compelido a produzir prova contra si mesmo (princípio do *nemo tenetur se detegere*), razão pela qual a participação do investigado na reprodução simulada dos fatos (art. 7º do CPP) será facultativa, o mesmo se dizendo no tocante à colheita de material gráfico para comparação em exame pericial. Porém, no que diz respeito à identificação criminal (que compreende a identificação datiloscópica e fotográfica), esta será realizada mesmo contra a vontade do investigado, nas hipóteses previstas na Lei 12.037/2009; **3:** correta. Nos termos do art. 201, § 2º, do CPP, o ofendido será comunicado dos atos processuais relativos ao ingresso e à saída do acusado da prisão, à designação de data para audiência e à sentença e respectivos acórdãos que a mantenham ou modifiquem. Ainda, conforme dispõe o art. 229 do CPP, será admitida a acareação entre acusados, entre acusado e testemunha, entre testemunhas, *entre acusado* ou testemunha *e a pessoa ofendida, e entre as pessoas ofendidas*, sempre que divergirem, em suas declarações, sobre fatos ou circunstâncias relevantes; **4:** errada, pois o interrogatório do investigado, durante a fase de investigação criminal, não é, necessariamente, o último ato que antecede o relatório da autoridade policial. Basta ver que no art. 6º do CPP, que trata das diligências realizadas na fase inquisitiva, não há uma ordem a ser seguida, constando o interrogatório do indiciado em seu inciso V. Situação diversa ocorre na fase processual (fase da ação penal), na qual, de fato, o interrogatório do acusado é ato de fechamento ou de encerramento da fase instrutória (vide, por exemplo, o art. 400, *caput*, parte final, do CPP).
Gabarito 1E, 2E, 3C, 4E

No curso de uma investigação federal de grande porte, o juízo federal autorizou medida de busca e apreensão de bens e documentos, conforme descrito em mandado judicial, atendendo a representação da autoridade policial. Na realização da operação, houve dificuldade de identificação e de acesso ao imóvel apresentado na diligência, por estar situado em zona rural. Nesse mesmo dia, no entanto, durante a realização de outras diligências empreendidas no curso de operação policial de grande porte, os agentes chegaram ao sobredito imóvel no período noturno. Apresentaram-se, então, ao casal de moradores e proprietários do bem, realizando a leitura do mandado, com a exibição do mesmo, obedecendo às demais formalidades legais para o cumprimento da ordem judicial. Desse modo, solicitaram autorização dos moradores para o ingresso no imóvel e realização da diligência.

(Escrivão de Polícia Federal - 2013 – CESPE) Considerando a situação hipotética acima, julgue os próximos itens, com base nos elementos de direito processual.

(1) Na execução regular da diligência, caso haja suspeita fundada de que a moradora oculte consigo os objetos sobre os quais recaia a busca, poderá ser efetuada a busca pessoal, independentemente de ordem judicial expressa, ainda que não exista mulher na equipe policial, de modo a não retardar a diligência.

(2) Existindo o consentimento do marido para a entrada dos policiais no imóvel, com oposição expressa e peremptória da esposa, o mandado não poderá ser cumprido no período noturno, haja vista a necessidade de consentimento de ambos os cônjuges e moradores.

1: correta, pois em conformidade com o que estabelecem os arts. 240, § 2º, 244 e 249, todos do CPP; **2:** correta, uma vez que, havendo divergência entre os moradores, prevalecerá a vontade daquele que não autoriza o ingresso durante o repouso noturno. De ver-se que, se durante o dia, pouco importa se um dos moradores se opuser ao cumprimento da ordem judicial, que, mesmo assim, será realizada, fazendo uso, o executor da ordem, se necessário, de força para vencer a resistência oferecida (art. 245, § 3º, CPP).
Gabarito 1C, 2C

(Escrivão de Polícia Federal - 2013 – CESPE) A respeito da prova no processo penal, julgue os itens subsequentes.

(1) A consequência processual da declaração de ilegalidade de determinada prova obtida com violação às normas constitucionais ou legais é a nulidade do processo com a absolvição do réu.

(2) O exame caligráfico ou grafotécnico visa certificar, por meio de comparação, que a letra inserida em determinado escrito pertence à pessoa investigada. Esse exame pode ser utilizado como parâmetro para as perícias de escritos envolvendo datilografia ou impressão por computador.

(3) A confissão extrajudicial do réu e outros elementos indiciários de participação no crime nos autos do processo são subsídios suficientes para autorizar-se a prolação de sentença condenatória.

1: incorreta. A declaração de nulidade de determinada prova obtida em violação a norma constitucional ou legal não conduz, necessariamente, à absolvição do acusado. Neste caso, por imposição do art. 157, *caput*, do CPP, tal prova deve ser desentranhada do processo, ficando o juiz, bem por isso, impedido de considerá-la para o fim de condenar o réu; **2:** correta. Nesse sentido, conferir a lição de Guilherme de Souza Nucci, em comentário lançado ao art. 174 do CPP, que disciplina o chamado exame grafotécnico ou caligráfico: "Reconhecimento de escritos: é o denominado exame grafotécnico (ou caligráfico), que busca certificar, admitindo como certo, por comparação, que a letra, inserida em determinado escrito, pertence à pessoa investigada. Tal exame pode ser essencial para apurar um crime de estelionato ou de falsificação, determinando a autoria. Logicamente, da mesma maneira que a prova serve para incriminar alguém, também tem a finalidade de afastar a participação de pessoa cuja letra não for reconhecida. O procedimento acima pode ser utilizado, atualmente, como parâmetro para as perícias envolvendo datilografia ou impressão por computador (...)" (*Código de Processo Penal Comentado*, 12ª ed., p. 418); **3:** incorreta. A confissão extrajudicial, porque não realizada sob o crivo do contraditório e ampla defesa, deve ser considerada tão somente como *indício* (meio de prova indireto). Não pode, por isso, ser utilizada, por si só, para dar suporte a decreto condenatório. Deve, isto sim, ser cotejada com as demais provas produzidas em juízo (art. 197, CPP). No mais, para autorizar uma condenação, não bastam indícios de autoria, sendo de rigor, além da prova da existência do crime, também *certeza* de autoria.
Gabarito 1E, 2C, 3E

(Escrivão de Polícia/BA – 2013 – CESPE)

Após denúncia anônima, João foi preso em flagrante pelo crime de moeda falsa no momento em que fazia uso de notas de cem reais falsificadas. Ele confessou a autoria da falsificação, confirmada após a perícia.

Com base nessa situação hipotética e nos conhecimentos específicos relativos ao direito processual penal, julgue os itens subsecutivos.

(1) A confissão de João, efetuada durante o inquérito policial, é suficiente para que o juiz fundamente sua condenação, pois, pela sistemática processual, o valor desse meio de prova é superior aos demais.

(2) Caso não tenha condições de contratar advogado, João poderá impetrar *habeas corpus* em seu próprio favor, no intuito de obter sua liberdade, bem como de fazer sua defesa técnica nos autos do processo judicial, caso seja advogado.

(3) João poderá indicar assistente técnico para elaborar parecer, no qual poderá ser apresentada conclusão diferente da apresentada pela perícia oficial. Nesse caso, o juiz é livre para fundamentar sua decisão com base na perícia oficial ou na particular.

(4) João deverá ser investigado pela polícia federal e processado pela justiça federal do lugar em que ocorreu o fato criminoso.

(5) O delegado tem competência para arbitrar a fiança de João, visto que se trata de crime afiançável.

1: incorreta. A confissão efetuada durante o inquérito policial, porque não realizada sob o crivo do contraditório e ampla defesa, deve ser considerada tão somente como *indício* (meio de prova indireto). Não pode, por isso, ser utilizada, por si só, para dar suporte a decreto condenatório. Deve, isto sim, ser cotejada com as demais provas produzidas em juízo (art. 197, CPP). Da mesma forma, é incorreto se afirmar que a

2. DIREITO PROCESSUAL PENAL

confissão, mesmo a realizada no curso da instrução processual, tem valor superior às demais provas; não há que se falar, portanto, em hierarquia entre provas; **2**: correta. De fato, o *habeas corpus* pode ser impetrado pelo próprio paciente, sem que haja necessidade da intervenção de advogado (art. 654, *caput*, do CPP); no mais, embora não seja recomendável, nada obsta que o advogado, atuando em causa própria, patrocine, ele mesmo, sua defesa; **3**: correta (art. 159, § 5º, II, do CPP; art. 182, CPP); **4**: correta. Em princípio, a competência para o processamento e julgamento do crime de moeda falsa, capitulado no art. 289 do CP, é da Justiça Federal, cabendo a sua apuração, por conseguinte, à Polícia Federal; agora, sendo a falsificação grosseira, tem entendido a jurisprudência que a competência, neste caso, é da Justiça Estadual (*vide* Súmula n. 73 do STJ), na medida em que o crime pelo qual deve o agente responder é o de estelionato (art. 171, *caput*, do CP). Como nenhuma menção a isso foi feita no enunciado, é correto dizer-se que a competência, na hipótese narrada no enunciado, é da JF. Conferir: "Conflito negativo de competência entre as justiças estadual e federal – Colocação de moeda falsa em circulação – Laudo pericial confirmando a boa qualidade do falso, que se mostra grosseiro apenas do ponto de vista técnico – Afastamento da Súm. 73/STJ – Competência da Justiça Federal. 1. "A utilização de papel moeda grosseiramente falsificado configura, em tese, o crime de estelionato, da competência da Justiça Estadual" (Súm. 73/STJ). 2. *Mutatis mutandis*, a boa qualidade do falso, grosseira apenas do ponto de vista estritamente técnico, assim atestada em laudo pericial, é capaz de tipificar, em tese, o crime de moeda falsa. 3. Por lesar diretamente os interesses da União, o crime de moeda falsa deve ser processado e julgado perante a Justiça Federal. 4. Competência da Justiça Federal" (CC 200700217713, Jane Silva (Desembargadora Convocada do TJ/MG), STJ – 3.ª Seção, *DJE* 04.08.2008); **5**: incorreta, uma vez que ao delegado de polícia não é dado, nos termos do art. 322, *caput*, do CPP, arbitrar fiança nos crimes em que a pena privativa de liberdade máxima for superior a 4 (quatro) anos. No crime de moeda falsa (art. 289, CP), a pena máxima cominada no preceito secundário do tipo é de 12 (doze) anos, bem superior, portanto, ao limite estabelecido no art. 322 do CPP.

Gabarito 1E, 2C, 3C, 4C, 5E

(Agente de Polícia/DF – 2013 – CESPE) Acerca da prova criminal, julgue os itens subsequentes.

(1) Crianças podem ser testemunhas em processo criminal, mas não podem ser submetidas ao compromisso de dizer a verdade.

(2) Durante a busca domiciliar com autorização judicial, é permitido, em caso de resistência do morador, o uso da força contra móveis existentes dentro da residência no intuito de localizar o que se procura, não caracterizando essa conduta abuso de autoridade.

(3) O juiz pode condenar o acusado com base na prova pericial, porque, a despeito de ser elaborada durante o inquérito policial, ela é prova técnica e sujeita ao contraditório das partes.

1: correta. De fato, qualquer pessoa, em princípio, pode ser testemunha em processo criminal (art. 202, CPP). Agora, o compromisso de dizer a verdade não pode ser deferido, entre outros, ao menor de 14 (catorze) anos, aqui incluídas, por óbvio, as crianças (menor com até doze anos incompletos). É o que estabelece o art. 208 do CPP; **2**: correta, pois reflete a regra presente no art. 245, § 3º, do CPP; **3**: correta. Como bem sabemos, as perícias em geral constituem prova *não repetível*, que, embora sejam, em regra, realizadas no curso das investigações, serão submetidas, na etapa processual, ao chamado contraditório diferido (posterior). Podem, portanto, em vista do que estabelece o art. 155, *caput*, do CPP, servir de base para uma condenação.

Gabarito 1C, 2C, 3C

(Escrivão de Polícia/GO – 2013 – UEG) Segundo a Constituição Federal, a interceptação telefônica está condicionada à prévia autorização judicial, nas hipóteses e na forma que a lei estabelecer, para fins de

(A) investigação criminal ou instrução processual penal.
(B) investigação administrativa ou cível ou instrução processual penal.
(C) instrução processual cível e penal ou investigações cíveis ou criminais.
(D) instrução processual penal ou procedimento administrativo.

A: correta. Nos termos do art. 5º, XII, da CF, é inviolável o sigilo da correspondência e das comunicações telegráficas, de dados e das *comunicações telefônicas*, salvo, no último caso, por ordem judicial, nas hipóteses e na forma que a lei estabelecer para fins de *investigação criminal ou instrução processual penal*; **B**, **C** e **D**: incorretas, pois, conforme dispõe o art. 5º, XII, da CF, a quebra da inviolabilidade das comunicações telefônicas (interceptação telefônica) somente é admissível para *fins criminais* (investigações e processos penais).

Gabarito "A"

(Escrivão de Polícia/GO – 2013 – UEG) No que concerne às provas, segundo o Código de Processo Penal, o magistrado

(A) que, durante o curso do processo ou da investigação criminal, tiver contato com as provas consideradas ilícitas ou ilegais não poderá, após declará-las inadmissíveis, proferir sentença ou acórdão.

(B) poderá ordenar, de ofício, mesmo antes de iniciada a ação penal, a produção antecipada das provas consideradas urgentes e relevantes, observando a necessidade, adequação e proporcionalidade da medida.

(C) formará sua convicção pela livre apreciação das provas e, dessa forma, poderá fundamentar sua sentença exclusivamente nos elementos informativos colhidos na fase de investigação criminal.

(D) não poderá, em face do princípio acusatório, mesmo no curso da instrução, determinar diligências de ofício para dirimir dúvida sobre ponto processual relevante.

A: incorreta. A redação original do art. 157, § 4º, do CPP, introduzido pela Lei 11.690/2008, assim prescrevia: "*O juiz que conhecer do conteúdo da prova declarada inadmissível não poderá proferir a sentença ou acórdão*". Todavia, referido dispositivo foi vetado pelo então Presidente da República, ao argumento de que tal procedimento (impossibilidade de o juiz que tiver conhecido do conteúdo da prova ilícita prolatar a sentença ou acórdão) viria de encontro à celeridade processual, que foi um dos grandes motes das reformas do CPP implementadas pelas Leis 11.689, 11.690 e 11.719, todas de 2008; **B**: correta, nos exatos termos do art. 156, I, do CPP; **C**: incorreta, pois o art. 155 do CPP, muito embora materialize o princípio do livre convencimento motivado (ou persuasão racional), segundo o qual o juiz aprecia livremente as provas produzidas, prescreve que a decisão não poderá tomar como base exclusivamente os elementos colhidos na fase investigativa. A ideia do legislador foi tornar claro que os elementos coligidos ao inquérito policial, que não conta com a possibilidade de contraditório e ampla defesa, não podem servir como único arrimo de uma condenação; **D**: incorreta, nos termos do art. 156, II, do CPP (*poderá o juiz determinar, no curso da instrução, ou antes de proferir sentença, a realização de diligências para dirimir dúvida sobre ponto relevante*).

Gabarito "B"

(Agente de Polícia Civil/RO – 2014 – FUNCAB) Jozeraldo enviou a Marioslândia, através da internet, por meio de um computador mantido em *lan house* (loja, que dispõe de computadores para acesso à internet), uma mensagem contendo elementos que configuraram os crimes de calúnia, ameaça e injúria contra Marioslândia, inclusive a incitação à prática de crimes. A autoria dos crimes praticados por Jozeraldo foi desvelada no curso das investigações policiais, mediante acesso ao computador da *lan house* utilizado pelo agente, através de autorização do proprietário do estabelecimento, que permitiu uma perícia no computador. Assim, pode-se afirmar que, neste caso, as provas obtidas no computador da *lan house* são:

(A) ilegítimas, havendo necessidade de prévia ordem judicial e do assentimento do usuário temporário do computador, para a obtenção das provas.

(B) ilícitas, havendo necessidade de prévia ordem judicial e do assentimento do usuário temporário do computador, para a obtenção das provas.

(C) ilícitas por derivação, havendo necessidade de prévia ordem judicial e do assentimento do usuário temporário do computador, para a obtenção das provas.

(D) lícitas, havendo desnecessidade de prévia ordem judicial e do assentimento do usuário temporário do computador.

(E) irregulares, havendo necessidade de prévia ordem judicial e do assentimento do usuário temporário do computador, para a obtenção das provas,

Conferir a ementa: "processo penal. *Habeas corpus*. Crime militar. Mensagens criminosas enviadas pela internet. Acesso ao conteúdo das comunicações disponibilizado pelos destinatários. Acesso aos dados de computador em *lan house* com autorização do proprietário judicial. Interrogatório por precatória. Invalidades não reconhecidas. Envio de comunicações criminosas, contendo injúria, desacato e incitação à prática de crimes, por meio de computador mantido em *Lan House*. Só há intromissão na esfera privada de comunicações, a depender de prévia autorização judicial, na hipótese de interferência alheia à vontade de todos os participantes do ato comunicativo. Caso no qual o acesso ao conteúdo das comunicações ilícitas foi disponibilizado à investigação pelos destinatários das mensagens criminosas. Autoria de crimes praticados pela internet desvelada mediante acesso pela investigação a dados mantidos em computador de *Lan House* utilizado pelo agente. Acesso ao computador que não desvelou o próprio conteúdo da comunicação criminosa, mas somente dados que permitiram identificar o seu autor. Desnecessidade de prévia ordem judicial e do assentimento do usuário temporário do computador quando, cumulativamente, o acesso pela investigação não envolve o próprio conteúdo da comunicação e é autorizado pelo proprietário do estabelecimento e do aparelho, uma vez que é este quem possui a disponibilidade dos dados neles contidos. Não é inválida a realização de interrogatório por precatória quando necessária pela distância entre a sede do Juízo e a residência do acusado. Não se prestigia a forma pela forma e, portanto, não se declara nulidade sem prejuízo, conforme princípio maior que rege a matéria (art. 499 do Código de Processo Penal Militar). Ordem denegada" (HC 103425, ROSA WEBER, STF).

Gabarito "D".

(Agente de Polícia Civil/RO – 2014 – FUNCAB) Quanto à perícia, é correto afirmar:

(A) A perícia realizada durante o inquérito policial não é um simples indício e sim prova técnica e, por isso, pode ser considerada pelo julgador na sentença, sem que caracterize cerceamento de defesa, pois o acusado, ciente da sua juntada ao inquérito policial que instruiu a ação penal, poderia pugnar por elidi-la.

(B) No exame para o reconhecimento de escritos, por comparação de letra, não poderão servir documentos que a dita pessoa reconhecer.

(C) Somente poderá ser feita durante o dia.

(D) O laudo pericial será elaborado no prazo máximo de 30 (trinta) dias, podendo esse prazo ser prorrogado, em casos excepcionais, a requerimento dos peritos.

(E) Durante o curso do processo judicial, é permitido às partes, quanto à perícia, requerer a oitiva dos peritos para esclarecerem a prova ou para responderem a quesitos, desde que o mandado de intimação e os quesitos ou questões a serem esclarecidos sejam encaminhados com antecedência mínima de 30 (trinta) dias, podendo apresentar as respostas em laudo complementar,

A: correta. Como bem sabemos, as perícias em geral constituem prova *não repetível* (e não meros *indícios*), que, embora sejam, em regra, realizadas no curso das investigações, serão submetidas, na etapa processual, ao chamado contraditório diferido (posterior). Podem, portanto, em vista do que estabelece o art. 155, *caput*, do CPP, servir de base para uma condenação; **B:** incorreta, pois não corresponde ao que prescreve o art. 174, II, do CPP; **C:** incorreta, pois não reflete o disposto no art. 161 do CPP; **D:** incorreta, na medida em que o art. 160, parágrafo único, do CPP estabelece o prazo de 10 (dez) dias para a elaboração, pelo perito, do laudo pericial, permitida, em casos excepcionais e a pedido do perito, dilação deste prazo; **E:** incorreta, uma vez que o art. 159, § 5º, I, do CPP fixa, como prazo mínimo, 10 (dez) dias, e não 30 (trinta), como consta da assertiva.

Gabarito "A".

(Escrivão/SP – 2014 – VUNESP) A estrita disciplina do art. 157 do CPP, no que concerne às provas ilícitas, determina que elas são

(A) aceitas de acordo com critérios de razoabilidade e proporcionalidade.

(B) inadmissíveis para condenação, mas podem motivar eventual absolvição.

(C) consideradas inadmissíveis se ofenderem disposições constitucionais, e admissíveis se ofenderem meras disposições legais.

(D) inadmissíveis, mas devem permanecer no processo para fins de análise e eventual validação pelo segundo grau de jurisdição.

(E) inadmissíveis e devem ser desentranhadas do processo.

Antes de mais nada, é importante o registro de que o enunciado da questão é claro ao estabelecer que a resposta deve levar em conta a *estrita disciplina do art. 157 do CPP*, segundo o qual as provas obtidas em violação a normas constitucionais e legais, assim chamadas de provas ilícitas, devem ser desentranhadas do processo e, depois disso, inutilizadas, não podendo, portanto, permanecer no processo, tampouco servir de base para eventual condenação. A única alternativa correta, portanto, é a "E". Dito isso, é importante que se diga que, segundo doutrina e jurisprudência majoritárias, a prova ilícita pode ser usada em benefício do réu. Oportunas, sobre este tema, as palavras de Aury Lopes Jr., ao se referir à admissibilidade da prova ilícita a partir da proporcionalidade *pro reo*: "Nesse caso, a prova ilícita poderia ser admitida e valorada apenas quando se revelasse a favor do réu. Trata-se da proporcionalidade *pro reo*, em que a ponderação entre o direito de liberdade de um inocente prevalece sobre um eventual direito sacrificado na obtenção da prova (dessa inocência). Situação típica é aquela em que o réu, injustamente acusado de um delito que não cometeu, viola o direito à intimidade, imagem, inviolabilidade de domicílio, das comunicações etc. de alguém para obter uma prova de sua inocência" (*Direito Processual Penal*, 9. ed. São Paulo: Saraiva, 2012. p. 597).

Gabarito "E".

(Investigador de Polícia/SP – 2013 – VUNESP) No que tange às disposições relativas às provas no Código de Processo Penal, é correto afirmar que

(A) são admissíveis no processo penal as provas derivadas das ilícitas, salvo quando não evidenciado o nexo de causalidade entre umas e outras, ou quando as derivadas puderem ser obtidas por uma fonte independente das primeiras.

(B) mesmo que haja divergência em suas declarações, sobre fatos ou circunstâncias relevantes, a acareação não será admitida entre acusados e testemunha.

(C) o juiz ou a autoridade policial negará o requerimento de exame pericial de corpo de delito apresentado pelas partes, quando não for necessário ao esclarecimento da verdade.

(D) para análise da admissibilidade das provas derivadas das ilícitas, considera-se fonte independente aquela que por si só, seguindo os trâmites típicos e de praxe, próprios da investigação ou instrução criminal, seria capaz de conduzir ao fato objeto da prova.

(E) quando a infração deixar vestígios, será indispensável o exame de corpo de delito, direto ou indireto, podendo supri-lo apenas a confissão do acusado.

A: incorreta, pois são inadmissíveis no processo tanto as provas ilícitas, quanto as derivadas das ilícitas (art. 157, *caput*, e § 1º, do CPP). Neste último caso (provas ilícitas por derivação), somente serão aceitas se não evidenciado o nexo de causalidade entre umas e outras, ou quando as derivadas puderem ser obtidas por uma fonte independente das primeiras (art. 157, § 1º, do CPP); **B:** incorreta, pois a acareação será admitida *entre acusados, entre acusado e testemunha, entre testemunhas, entre acusado ou testemunha e a pessoa ofendida, e entre as pessoas ofendidas*, sempre que divergirem, em suas declarações, sobre fatos ou circunstâncias relevantes (art. 229 do CPP); **C:** incorreta, pois o art. 184 do CPP é claro ao afirmar que: *Salvo o caso de exame de corpo de delito, o juiz ou a autoridade policial negará a perícia requerida pelas partes, quando não for necessária ao esclarecimento da verdade.* Lembre-se de que, nas infrações que deixarem vestígios, o exame de corpo de delito é obrigatório (art. 158 do CPP), motivo pelo qual não cabe à autoridade (policial ou judiciária) entender pela sua desnecessidade; **D:** correta, nos exatos termos do art. 157, § 2º, do CPP; **E:** incorreta, pois a falta de exame de corpo de delito, direto ou indireto, nas infrações que deixam vestígios, não poderá ser suprida sequer pela confissão do acusado (art. 158 do CPP).

Gabarito "D".

7. PRISÃO, MEDIDAS CAUTELARES E LIBERDADE PROVISÓRIA

(Agente-Escrivão – Acre – IBADE – 2017) Sobre o tema prisão preventiva assinale a alternativa correta.

(A) Não será permitido o emprego de força, salvo a indispensável no caso de resistência, de tentativa de fuga do preso, dos reincidentes e dos presos de alta periculosidade por terem passado pelo regime disciplinar diferenciado.

(B) O mandado de prisão, na ausência do juiz, poderá ser lavrado e assinado pelo escrivão, *ad referendum* do juiz.

(C) O mandado de prisão mencionará a infração penal e necessariamente a quantidade da pena privativa e de multa, bem como eventual pena pecuniária.

(D) A prisão poderá ser efetuada em qualquer dia e a qualquer hora, respeitadas as restrições relativas à inviolabilidade do domicílio.

(E) A autoridade que ordenar a prisão fará expedir o respectivo mandado, salvo quando, por questão de urgência, nos crimes inafiançáveis, poderá a prisão ocorrer por ordem verbal do juiz.

A: incorreta. Somente será autorizado o emprego de força nas hipóteses de resistência e de tentativa de fuga (art. 284, CPP); **B:** incorreta. O mandado, segundo estabelece o art. 285, parágrafo único, *a*, do CPP, será obrigatoriamente lavrado pelo escrivão e *assinado* pelo juiz; **C:** incorreta. Por força do disposto no art. 285, parágrafo único, *c*, do CPP, o mandado fará menção à infração penal que motivar a prisão, mas não à quantidade da pena; **D:** correta (art. 283, § 2º, CPP); **E:** incorreta. Não há que se falar em prisão executada por ordem *verbal* do juiz. A ordem do magistrado será necessariamente *escrita* e fundamentada (art. 283, *caput*, do CPP e art. 5º, LXI, da CF). ED

Gabarito "D".

(Agente-Escrivão – Acre – IBADE – 2017) A prisão de qualquer pessoa deve ser comunicada e encaminhada a cópia do auto de prisão:

(A) à família do preso no prazo de 72 horas.

(B) ao Ministério Público no prazo de 48 horas.

2. DIREITO PROCESSUAL PENAL — 457

(C) ao Chefe de Polícia no prazo de 24 horas.

(D) quando o preso não tiver advogado, à Defensoria Pública no prazo de 24 horas.

(E) ao Juiz no prazo de 48 horas.

A comunicação da prisão, no caso de flagrante, deve dar-se *imediatamente* ao juiz competente, ao Ministério Público e à família do preso ou a pessoa por ele indicada (a obrigatoriedade de comunicar o MP foi inserida pela Lei 12.403/2011, que alterou a redação do art. 306, *"caput"*, do CPP). Além disso, por imposição do art. 306, § 1º, do CPP, cuja redação também foi alterada por força da mesma lei, "em até vinte e quatro horas após a realização da prisão, será encaminhado ao juiz competente o auto de prisão em flagrante e, caso o autuado não informe o nome de seu advogado, cópia integral para a Defensoria Pública". Ao final, será entregue ao autuado a *nota de culpa*, da qual constarão o motivo da prisão, o nome do condutor e também o das testemunhas (art. 306, § 2º, CPP). ED

Gabarito "D".

(Escrivão – AESP/CE – VUNESP – 2017) No tocante à prisão em flagrante delito, é correto afirmar que:

(A) apresentado o preso à autoridade competente, ouvirá esta o condutor e as testemunhas que o acompanharam e interrogará o acusado sobre a imputação que lhe é feita, lavrando-se auto que será por todos assinado.

(B) a falta de testemunhas da infração não impedirá o auto de prisão em flagrante, mas, nesse caso, com o condutor, deverão assiná-lo pelo menos uma pessoa que haja testemunhado a apresentação do preso à autoridade.

(C) a prisão de qualquer pessoa e o local onde se encontre deverão ser comunicados imediatamente ao juiz competente, ao Ministério Público, à família do preso ou à pessoa por ele indicada e à Defensoria Pública.

(D) não havendo autoridade no lugar em que se tiver efetuado a prisão, qualquer pessoa designada pela autoridade lavrará o auto, depois de prestado o compromisso legal.

(E) na falta ou no impedimento do escrivão, qualquer pessoa designada pela autoridade lavrará o auto, depois de prestado o compromisso legal.

A: incorreta. Uma vez apresentado o preso à autoridade, providenciará esta, em primeiro lugar, para que o condutor seja ouvido, colhendo, ato contínuo, a sua assinatura e entregando-lhe a cópia do termo e o recibo de entrega do conduzido; feito isso, procederá a autoridade policial à oitiva das testemunhas e, após, ao interrogatório do preso acerca da imputação que lhe é feita, colhendo, ao final, as respectivas assinaturas (art. 304, "caput", do CPP); **B:** incorreta. Na hipótese de não haver testemunhas da infração, o auto, mesmo assim, será lavrado, mas, nesse caso, com o condutor deverão assiná-lo ao menos *duas* pessoas (e não *uma*) que tenham presenciado a apresentação do conduzido à autoridade (art. 304, § 2º, CPP); **C:** incorreta. Isso porque a comunicação da prisão, no caso de flagrante, deve dar-se *imediatamente* ao juiz competente, ao Ministério Público e à família do preso ou a pessoa por ele indicada. A Defensoria Pública, como se pode ver, não foi inserida nesse dispositivo. Por imposição do art. 306, § 1º, do CPP, cuja redação também foi alterada por força da mesma lei, "em até vinte e quatro horas após a realização da prisão, será encaminhado ao juiz competente o auto de prisão em flagrante e, caso o autuado não informe o nome de seu advogado, cópia integral para a Defensoria Pública". Ao final, será entregue ao autuado a *nota de culpa*, da qual constarão o motivo da prisão, o nome do condutor e também o das testemunhas (art. 306, § 2º, CPP); **D:** incorreta. Estabelece o art. 308 do CPP que, não havendo autoridade no lugar em que se efetivou a prisão, o conduzido deverá ser apresentado à autoridade do lugar mais próximo; **E:** correta, pois reflete o disposto no art. 305 do CPP. ED

Gabarito "E".

(Escrivão – AESP/CE – VUNESP – 2017) De acordo com o art. 312 do Código de Processo Penal, a prisão preventiva poderá ser decretada como garantia da ordem pública, da ordem econômica, por conveniência da instrução criminal, ou para assegurar a aplicação da lei penal, quando houver:

(A) indício suficiente de autoria, apenas.

(B) indícios da existência do crime e indício suficiente de autoria.

(C) indícios da existência do crime e prova suficiente de autoria.

(D) prova da existência do crime, apenas.

(E) prova da existência do crime e indício suficiente de autoria.

Para a decretação da custódia preventiva, além dos chamados *fundamentos*, que vêm expressamente previstos no art. 312, "caput", 1ª parte, do CPP e correspondem à garantia da ordem pública; da ordem econômica; à conveniência da instrução criminal; e à garantia da futura aplicação da lei penal, faz-se

também necessária a existência dos *pressupostos* desta prisão, que são: prova da existência do crime (materialidade) e indícios suficientes de autoria (art. 312, "caput", 2ª parte, CPP). ED

Gabarito "E".

(Escrivão – AESP/CE – VUNESP – 2017) A Lei nº 7.960/89 estabelece, em seu art. 1º, inciso III, o rol de crimes para os quais é cabível a decretação da prisão temporária quando imprescindível para as investigações do inquérito policial. Esse rol inclui:

(A) o crime de estelionato.

(B) o crime de assédio sexual.

(C) o crime de receptação qualificada.

(D) os crimes contra o sistema financeiro.

(E) o crime de furto qualificado.

O art. 1º, III, da Lei 7.960/1989 lista os crimes em relação aos quais pode ser decretada a prisão temporária. Dos delitos acima referidos, somente fazem parte desse rol os crimes contra o sistema financeiro (art. 1º, III, *o*), que corresponde à alternativa que deve ser assinalada. ED

Gabarito "D".

(Agente-Escrivão – PC/GO – CESPE – 2016) José subtraiu o carro de Ana mediante grave ameaça exercida com arma de fogo. Após a prática do ato, ele fugiu do local dirigindo o veículo em alta velocidade, mas foi perseguido por outros condutores que passavam pela via e atenderam ao pedido de ajuda da vítima.

A partir dessa situação hipotética, assinale a opção correta.

(A) Uma vez preso em flagrante, José deverá ser conduzido até autoridade policial, que lavrará o auto de prisão e entregará a nota de culpa no prazo máximo de quarenta e oito horas.

(B) José poderá ser preso em flagrante pelo roubo enquanto estiver na posse do veículo de Ana, independentemente do lapso temporal transcorrido.

(C) A interrupção da perseguição de José descaracteriza o flagrante impróprio, embora José possa ser preso se encontrado, em seguida, com o objeto do crime e em situação pela qual se presuma ser ele o autor do fato.

(D) Caso seja preso em flagrante, José deverá ser informado de suas garantias constitucionais e de seu direito de permanecer calado e de estar acompanhado por advogado, bem como terá direito ao acesso à identificação completa do responsável por sua prisão e da vítima do fato.

(E) Embora a perseguição realizada por pessoas da sociedade civil seja importante para as investigações porque propicia a recuperação do veículo e a identificação do autor do fato, esse tipo de perseguição não caracteriza situação de flagrância.

A: incorreta. O erro da assertiva está na menção ao prazo de que dispõe a autoridade policial para entregar ao conduzido a nota de culpa, que, a teor do art. 306, § 2º, do CPP, é de 24 horas (e não de 48), interregno esse que tem como termo inicial a detenção do conduzido; **B:** incorreta. A assertiva descreve hipótese do chamado *flagrante presumido* ou *ficto* (art. 302, IV, do CPP), em que o agente é encontrado *logo depois* do crime na posse de instrumentos, armas, objetos ou papéis em circunstâncias que revelem ser ele o autor da infração penal. Note que, nesta modalidade de flagrante, inexiste perseguição, pois o agente é encontrado ocasionalmente. A questão que se coloca é estabelecer o alcance da expressão *logo depois*. Segundo têm entendido a doutrina e a jurisprudência, a análise deve se dar caso a caso, sempre de acordo com o prudente arbítrio do magistrado. O certo é que têm sido aceitas pela jurisprudência prisões efetuadas várias horas depois do crime. O que não é possível é conceber, nesta modalidade de flagrante, que a detenção ocorra vários dias depois da prática criminosa. Dessa forma, é incorreto afirmar-se que José poderá ser preso em flagrante enquanto estiver na posse do veículo. Cuidado: no chamado *flagrante impróprio* ou *quase flagrante* (art. 302, III, CPP), a perseguição ao agente deve iniciar-se logo em seguida ao cometimento do crime, mas poderá perdurar, desde que de forma ininterrupta, por prazo indeterminado, podendo durar vários dias; **C:** correta. De fato, a interrupção da perseguição descaracteriza o *flagrante impróprio* ou *quase flagrante*; no entanto, é possível (no caso de interrupção da perseguição) a prisão em flagrante na hipótese de o agente ser encontrado, logo depois do crime, na posse de instrumentos, armas, objetos ou papéis em circunstâncias que revelem ser ele o autor da infração penal (flagrante ficto ou presumido). Como já dito no comentário anterior, inexiste, nesta modalidade de flagrante, perseguição; **D:** incorreta. É verdade que o conduzido deverá ser informado de seus direitos, dentre os quais está o de permanecer silente, sendo-lhe assegurada, ademais, a assistência da família e advogado (art. 5º, LXIII, CF). Também é fato que terá direito à identificação dos responsáveis por sua prisão ou por seu interrogatório

458 ARTHUR TRIGUEIROS, EDUARDO DOMPIERI E SAVIO CHALITA

policial (art. 5º, LXIV, CF), mas não terá acesso à identificação da vítima; **E:** incorreta. A prisão em flagrante, em qualquer de suas modalidades, poderá efetuar-se tanto por agentes de polícia quanto por particulares. A propósito, a doutrina classifica o flagrante em *obrigatório* e *facultativo*. *Obrigatório* é aquele em que *autoridade policial e seus agentes* deverão prender quem quer que seja encontrado em flagrante delito (art. 301, 2ª parte, do CPP). De outro lado, *qualquer do povo poderá* (...). Trata-se, neste caso, de mera faculdade. Flagrante, por isso mesmo, chamado *facultativo*. *Dessa forma, a prisão em flagrante realizada por particular nada tem de ilegal, visto que autorizada pela lei processual penal.* ED
Gabarito "C".

(Agente-Escrivão – PC/GO – CESPE – 2016) Marcos praticou crime de extorsão, cuja pena é de reclusão, de quatro a dez anos, e multa.

Considerando essa situação hipotética, assinale a opção correta.

(A) A presença de indícios de autoria e materialidade é motivo suficiente para o juiz decretar a prisão preventiva de Marcos.

(B) Marcos não poderá ser submetido a prisão temporária, porque o crime que cometeu é hediondo, embora não conste no rol taxativo da lei.

(C) Caso Marcos seja preso em flagrante, admite-se a imposição de medidas cautelares diversas da prisão em substituição da liberdade provisória sem fiança.

(D) Caso Marcos seja preso em flagrante, poderá ser solto mediante arbitramento de fiança pela autoridade policial.

(E) Marcos poderá ser submetido a prisão temporária, que tem prazo fixo previsto em lei e admite uma prorrogação por igual período.

A: incorreta. Para a decretação da custódia preventiva, para além da prova da existência do crime (materialidade) e presença de indícios suficientes de autoria, que são os pressupostos desta modalidade de prisão processual, é imperiosa a existência de motivos que autorizem o juiz a decretá-la, que correspondem aos chamados fundamentos da custódia e vêm expressamente previstos no art. 312 do CPP, a saber: garantia da ordem pública; garantia da ordem econômica; conveniência da instrução criminal; e garantia da futura aplicação da lei penal; **B:** incorreta. Há dois equívocos a observar. Em primeiro lugar, o crime praticado por Marcos (extorsão simples – art. 158, "caput", CP) comporta, sim, a decretação de prisão temporária, na medida em que está contemplado no rol do art. 1º (III, *d*) da Lei 7.960/1989 (Prisão Temporária); segundo: o fato de o delito ser hediondo (não é o caso da extorsão simples do art. 158, "caput", do CP) não impede a decretação da prisão temporária, que será determinada, uma vez preenchidos os requisitos previstos em lei, na forma estatuída no art. 2º, § 4º, da Lei 8.072/1990 (Crimes Hediondos); **C:** incorreta (art. 321, CPP); **D:** incorreta, uma vez que a autoridade policial somente está credenciada a conceder fiança nos casos de crime cuja pena máxima cominada não seja superior a quatro anos. Não é este o caso do delito de extorsão, cuja pena máxima prevista corresponde a 10 anos; neste caso, a concessão de fiança somente poderá realizar-se pelo magistrado; **E:** correta. Por integrar o rol do art. 1º da Lei 7.960/1989, é possível, desde que preenchidos os requisitos impostos por lei, a decretação de prisão temporária ao investigado pela prática do crime de extorsão (art. 158, "caput", do CP), cujo prazo de duração é de 5 dias, prorrogável, uma única vez, pelo período (art. 2º, "caput", da Lei 7.960/1989). ED
Gabarito "E".

(Agente – Pernambuco – CESPE – 2016) A respeito de prisão, liberdade provisória do acusado e medidas cautelares alternativas ao encarceramento, assinale a opção correta.

(A) A prisão provisória será decretada pelo juiz pelo prazo máximo de cinco dias, prorrogável por igual período, ou por até trinta dias improrrogáveis, se se tratar de crimes hediondos ou equiparados.

(B) O descumprimento de medida protetiva de urgência determinada sob a égide da Lei Maria da Penha é uma das hipóteses autorizativas da prisão preventiva prevista na lei processual penal.

(C) Conforme a CF, a casa é asilo inviolável do indivíduo: a autoridade policial nela não pode penetrar à noite sem consentimento do morador, seja qual for o motivo.

(D) A prisão preventiva do acusado poderá ser requerida, em qualquer fase do inquérito ou do processo, pela autoridade policial, pelo Ministério Público ou pelo assistente de acusação.

(E) Independentemente do tipo de crime, a fiança será arbitrada pela autoridade policial e comunicada imediatamente ao juiz que, depois de ouvir o Ministério Público, a manterá ou não.

A: incorreta. Prisão provisória (cautelar ou processual) é gênero da qual são espécies a custódia *preventiva*, a *temporária* e a *prisão em flagrante*. Como bem sabemos, a prisão temporária somente poderá ocorrer no curso das investigações do inquérito policial (art. 1º, I, da Lei 7.960/1989); a prisão em flagrante, por sua

vez, é efetuada em momento anterior à instauração do inquérito e, por óbvio, antes da instauração da ação penal; já a prisão preventiva, por força do que dispõe o art. 311 do CPP, poderá ser decretada em qualquer fase da persecução criminal (inquérito e processo). A assertiva se refere à prisão temporária, que será decretada, a teor do art. 2º, "*caput*", da Lei 7.960/1989, pelo prazo de cinco dias, prorrogável por igual período em caso de extrema e comprovada necessidade. Em se tratando, no entanto, de crime hediondo ou a ele equiparado (tortura, tráfico de drogas e terrorismo), a custódia temporária será decretada por *até* trinta dias, prorrogável por igual período em caso de extrema e comprovada necessidade (a alternativa afirma que esse prazo é improrrogável, o que está, como vimos, incorreto), em consonância com o disposto no art. 2º, § 4º, da Lei 8.072/1990 (Crimes Hediondos); **B:** correta. Cuida-se da hipótese contemplada no art. 313, III, do CPP; **C:** incorreta. É fato que a casa é, por imperativo constitucional (art. 5º, XI, da CF), asilo inviolável do indivíduo e sua família, de tal sorte que ninguém poderá nela penetrar sem o consentimento do morador; entretanto, o próprio texto constitucional estabeleceu exceções a esta inviolabilidade domiciliar, a saber: se durante o dia, o ingresso sem o consentimento do morador poderá se dar diante de situação de flagrante delito, desastre ou para prestar socorro, ou ainda para cumprimento de ordem judicial; se durante à noite, o ingresso, diante da recalcitrância do morador, poderá se dar também em situação de flagrante, desastre ou para prestar socorro. Durante a noite, portanto, não poderá a autoridade policial, à revelia do morador, ingressar em seu domicílio para dar cumprimento a ordem judicial; deverá, pois, aguardar o amanhecer; **D:** incorreta. A autoridade policial somente poderá representar pela decretação da custódia preventiva durante o inquérito policial; se no curso da ação penal, a decretação poderá se dar mediante requerimento do Ministério Público ou do assistente, ou ainda de ofício pelo juiz (art. 311, CPP); **E:** incorreta, na medida em que a autoridade policial somente está credenciada a conceder fiança nas infrações penais cuja pena privativa de liberdade máxima não seja superior a quatro anos (322, CPP); nos demais casos, somente o juiz poderá fazê-lo. ED
Gabarito "B".

(Escrivão – Pernambuco – CESPE – 2016) Cabe prisão temporária de acusado pela prática de crimes de:

(A) resistência e cárcere privado.

(B) tráfico internacional de pessoa para fins de exploração sexual e homicídio qualificado.

(C) quadrilha ou bando e contra o sistema financeiro.

(D) roubo e concussão.

(E) extorsão e corrupção passiva.

Dos crimes acima listados, somente caberá a prisão temporária em relação aos seguintes: sequestro e cárcere privado (art. 148, CP); homicídio doloso (art. 121, "caput", e seu § 2º, CP); quadrilha ou bando (atualmente denominado *associação criminosa* – art. 288, CP); crimes contra o sistema financeiro (Lei 7.492/1986); roubo (art. 157, "caput", e seus §§ 1º, 2º e 3º, CP); e extorsão (art. 158, "caput", e seus §§ 1º e 2º, CP). Os demais delitos acima referidos (resistência, tráfico internacional de pessoa para fins de exploração sexual, concussão e corrupção passiva) não admitem a custódia temporária, já que não fazem parte do rol do art. 1º da Lei 7.960/1989. ED
Gabarito "C".

(Escrivão – Pernambuco – CESPE – 2016) A prisão preventiva pode ser decretada se houver indícios suficientes da autoria e prova da existência do crime e se for necessária, por exemplo, para assegurar a aplicação da lei penal. Presentes esses requisitos, a prisão preventiva será admitida:

(A) ainda que configurada alguma excludente de ilicitude.

(B) de ofício, pelo juiz, durante a fase de investigação policial.

(C) se o agente for acusado da prática de crime doloso e tiver sido condenado pela prática de outro crime doloso em sentença transitada em julgado menos de cinco anos antes.

(D) em caso de acusação pela prática de crimes culposos e preterdolosos punidos com pena privativa de liberdade máxima superior a quatro anos.

(E) em qualquer circunstância se o crime envolver violência doméstica e familiar contra a mulher.

A: incorreta, uma vez que contraria o disposto no art. 314 do CPP, que veda o emprego da prisão preventiva quando, pelas provas reunidas nos autos, ficar constatado que o agente agiu sob o manto de uma das causas excludentes de ilicitude (art. 23, CP); **B:** incorreta. **Com a alteração promovida pela Lei de Reforma 12.403/2011 na redação do art. 311 do CPP,** o juiz, que antes podia, de ofício, determinar a prisão preventiva no curso do inquérito, agora somente poderá fazê-lo, nesta fase da persecução, quando provocado pela autoridade policial, mediante representação, ou pelo Ministério Público, por meio de requerimento; portanto, de ofício, a partir de agora, somente no decorrer da ação penal; **C:** correta (art. 313, II, CPP); **D:** incorreta. Não terá lugar a prisão preventiva nos crimes

2. DIREITO PROCESSUAL PENAL   459

culposos; **E:** incorreta, pois não corresponde ao que estabelece o art. 313, III, do CPP: "(...) para garantir a execução das medidas protetivas de urgência". [ED]

Gabarito "C".

(Investigador-Escrivão-Papiloscopista – Pará – Funcab – 2016) De acordo com a doutrina, caberá a prisão temporária na seguinte hipótese:

(A) quando imprescindível para as investigações do inquérito policial e houver fundadas razões, de acordo com qualquer prova admitida na legislação penal, de autoria ou participação do indiciado nos crimes listados na Lei nº 7.960 (Lei de Prisão Temporária).

(B) quando imprescindível para as investigações do inquérito policial e o indicado não tiver residência fixa ou não fornecer elementos necessários ao esclarecimento de sua identidade

(C) para garantir a ordem pública, a ordem econômica, por conveniência da instrução criminal, ou para assegurar a aplicação da lei penal, quando houver prova da existência do crime e indício suficiente de autoria.

(D) quando imprescindível para as investigações do inquérito policial ou o indicado não tiver residência fixa ou não fornecer elementos necessários ao esclarecimento de sua identidade.

(E) quando imprescindível para as investigações do inquérito policial ou houver fundadas razões, de acordo com qualquer prova admitida na legislação penal, de autoria ou participação do indiciado nos crimes listados na Lei nº 7.960 (Lei de Prisão Temporária).

Segundo a melhor doutrina, a decretação da prisão temporária, modalidade de prisão cautelar, está condicionada à existência de fundadas razões de autoria ou participação do indiciado na prática dos crimes listados no art. 1º, III, da Lei 7.960/1989 e também ao fato de ser ela, a prisão temporária, imprescindível para as investigações do inquérito policial. Devem coexistir, portanto, os requisitos previstos nos incisos I e III do art. 1º da Lei 7.960/1989; a coexistência das condições presentes nos incisos I e II também pode dar azo à decretação da custódia temporária. É dizer: o inciso III deve combinar com o inciso I ou com o II. É a posição adotada por Guilherme de Souza Nucci e Maurício Zanoide de Moraes. [ED]

Gabarito "A".

(Investigador-Escrivão-Papiloscopista – Pará – Funcab – 2016) A prisão em flagrante consiste em medida restritiva de liberdade de natureza cautelar e processual. Em relação às espécies de flagrante, assinale a alternativa correta.

(A) Flagrante próprio constitui-se na situação do agente que, logo depois, da prática do crime, embora não tenha sido perseguido, é encontrado portando instrumentos, armas, objetos ou papéis que demonstrem, por presunção, ser ele o autor da infração.

(B) Flagrante preparado é a possibilidade que polícia possui de retardar a realização da prisão em flagrante, para obter maiores dados e informações a respeito do funcionamento, componentes e atuação de uma organização criminosa.

(C) Flagrante presumido consiste na hipótese em que o agente concluiu a infração penal, ou é interrompido pela chegada de terceiros, mas sem ser preso no local do delito, pois consegue fugir, fazendo com que haja perseguição por parte da polícia, da vítima ou de qualquer pessoa do povo.

(D) Flagrante esperado é a hipótese viável de autorizar a prisão em flagrante e a constituição válida do crime. Não há agente provocador, mas simplesmente chega à polícia a notícia de que um crime será cometido, deslocando agentes para o local, aguardando-se a ocorrência do delito, para realizara prisão.

(E) Flagrante impróprio refere-se ao caso em que a polícia se utiliza de um agente provocador, induzindo ou instigando o autor a praticar um determinado delito, para descobrir a real autoridade e materialidade de outro.

A: incorreta. A descrição corresponde ao chamado *flagrante ficto* ou *presumido* (art. 302, IV, CPP). *Flagrante próprio* é aquele em que o agente é surpreendido no ato do cometimento do crime ou quando acaba de concluir a prática criminosa (art. 302, I e II, CPP); **B:** incorreta. *Flagrante provocado* ou *preparado* ou ainda *crime de ensaio* é aquele em que um terceiro, em geral um policial, leva o agente ao cometimento do crime para, depois disso, prendê-lo. Não deve ser confundido com o chamado *flagrante esperado*, em que há, por parte da polícia, diante da notícia de um crime, mero acompanhamento, espera. A consumação, no *crime de ensaio*, é inviável, porquanto o resultado será impedido, frustrado. A descrição contida na assertiva corresponde ao chamado *flagrante diferido* ou *retardado*. É a ação controlada presente no art. 8º da Lei 12.850/2013 (Organização Criminosa); **C:** incorreta. Flagrante *ficto* ou *presumido* (art. 302, IV) é aquele em

que o agente é encontrado, depois do crime, na posse de instrumentos, armas, objetos ou papéis em circunstâncias que revelem ser ele o autor da infração penal. Não há perseguição nesta modalidade de flagrante. Se o agente, logo depois de praticar ou tentar praticar o delito, é perseguido e preso, caracterizada estará a modalidade de flagrante denominada *imprópria* ou *quase flagrante* (art. 302, III, CPP); **D:** correta. De fato, no *flagrante esperado*, a polícia aguarda o momento de agir. Constitui hipótese viável de flagrante porquanto, aqui, inexiste induzimento ou instigação, mas mero monitoramento, acompanhamento; **E:** incorreta. A descrição corresponde ao *flagrante provocado*. *Impróprio* (ou *quase flagrante*) é a modalidade em que o agente é perseguido, logo em seguida ao crime, em situação que faça presumir ser o autor da infração (art. 302, III). [ED]

Gabarito "D".

(Agente de Polícia Federal – 2009 – CESPE) Julgue os itens a seguir, acerca das prisões cautelares.

(1) Assemelham-se as prisões preventiva e temporária porque ambas podem ser decretadas em qualquer fase da investigação policial ou da ação penal. No entanto, a prisão preventiva pressupõe requerimento das partes, ao passo que a prisão temporária pode ser decretada de ofício pelo juiz.

(2) Por completa falta de amparo legal, não se admite o flagrante forjado, que constitui, em tese, crime de abuso de poder, podendo ser penalmente responsabilizado o agente que forjou o flagrante.

1: incorreta, pois a prisão temporária só terá espaço durante a fase do inquérito policial, tal como dispõe o art. 1º, I, da Lei 7.960/1989. Não há possibilidade, também, de a prisão temporária ser decretada de ofício, cabendo ao Ministério Público requerer, e a Autoridade Policial representar pela prisão na fase investigativa. Quanto à prisão preventiva, com as alterações trazidas pela Lei 12.403/2011, além das possibilidades elencadas pelos arts. 311 e 312 do CPP, o parágrafo único inserido no art. 312 traz a possibilidade da decretação da prisão preventiva, de ofício pelo magistrado, bem como mediante requerimento do Ministério Público, de seu assistente ou do querelante, caso as medidas cautelares impostas forem descumpridas (possibilidade durante o curso da ação penal), como dispõe o novo art. 282, § 4º, do CPP; **2:** correta, pois o flagrante forjado consiste no "plantar evidências", produzindo situação de flagrância inexistente no plano jurídico. Por exemplo: Numa blitz, ao parar um veículo, o policial, de posse de um entorpecente, diz ter encontrado dentro do veículo, o que na realidade não ocorreu. O crime não existiu e o agente poderá ser responsabilizado na esfera administrativa, criminal e civil.

Gabarito 1E, 2C.

(Escrivão de Polícia Federal - 2013 – CESPE) No que tange à prisão em flagrante, à prisão preventiva e à prisão temporária, julgue os itens que se seguem, à luz do Código de Processo Penal (CPP).

(1) A atual sistemática da prisão preventiva impõe a observância das circunstâncias fáticas e normativas estabelecidas no CPP e, sobretudo, em qualquer das hipóteses de custódia preventiva, que o crime em apuração seja doloso punido com pena privativa de liberdade máxima superior a quatro anos.

(2) Admite-se a prisão preventiva para todos os crimes em que é prevista prisão temporária, sendo esta realizada com o objetivo específico de tutelar a investigação policial.

(3) O CPP dispõe expressamente que na ocorrência de prisão em flagrante tem a autoridade policial o dever de comunicar o fato, em até vinte e quatro horas, ao juízo competente, ao Ministério Público, à família do preso ou à pessoa por ele indicada e, ainda, à defensoria pública, se o aprisionado não indicar advogado no ato da autuação.

1: incorreta. A Lei 12.403/2011 alterou sobremaneira o regramento da prisão preventiva, em especial no que toca aos seus requisitos. A nova redação conferida ao art. 313 do CPP estabelece as condições de admissibilidade da custódia preventiva, a saber: nos crimes dolosos punidos com pena privativa de liberdade máxima superior a quatro anos (não mais importa se o crime é apenado com reclusão ou detenção); se tiver sido condenado por outro crime doloso, em sentença com trânsito em julgado; se o crime envolver violência doméstica e familiar contra a mulher, criança, adolescente, idoso, enfermo ou pessoa com deficiência, para garantir a execução das medidas preventivas de urgência; e também quando houver dúvida sobre a identidade civil da pessoa ou quando esta não fornecer elementos suficientes para esclarecê-la. Não terá lugar a prisão preventiva nos crimes culposos tampouco nas contravenções penais. Assim, esta modalidade de prisão processual poderá ser decretada em outras hipóteses além daquela prevista no inciso I do *caput* do art. 313 do CPP, a que faz referência a assertiva; **2:** correta. De fato, a prisão preventiva poderá ser decretada, em princípio, em todos os crimes em que cabe a prisão temporária (art. 1º, III, da Lei 7.960/1989), servindo esta para viabilizar as investigações do inquérito policial; **3:** incorreta.

Isso porque a comunicação da prisão, no caso de flagrante, deve dar-se *imediatamente* ao juiz competente, ao Ministério Público e à família do preso ou a pessoa por ele indicada (a obrigatoriedade de comunicar o MP foi inserida pela Lei 12.403/2011, que alterou a redação do art. 306, *caput*, do CPP). Além disso, por imposição do art. 306, § 1º, do CPP, cuja redação também foi alterada por força da mesma lei, "em até vinte e quatro horas após a realização da prisão, será encaminhado ao juiz competente o auto de prisão em flagrante e, caso o autuado não informe o nome de seu advogado, cópia integral para a Defensoria Pública". Ao final, será entregue ao autuado a *nota de culpa*, da qual constarão o motivo da prisão, o nome do condutor e também o das testemunhas (art. 306, § 2º, CPP).

Gabarito 1E, 2C, 3E

(Agente de Polícia/DF – 2013 – CESPE) Julgue os itens subsecutivos, referentes a prisões.

(1) Após a prisão em flagrante, a autoridade policial deverá entregar ao preso a nota de culpa em até vinte e quatro horas, pois não é permitido que alguém fique preso sem saber o motivo da prisão.

(2) Para caracterizar o flagrante presumido, a perseguição ao autor do fato deve ser feita imediatamente após a ocorrência desse fato, não podendo ser interrompida nem para descanso do perseguidor.

1: correta. É por meio da *nota de culpa* que a autoridade policial leva ao conhecimento do preso o motivo de sua prisão, o nome da pessoa que o prendeu e o das testemunhas que a tudo assistiram. É imprescindível que este documento chegue às mãos do preso dentro do prazo de 24 horas, a contar da sua prisão (captura) em flagrante, conforme determina o art. 306, § 2º, do CPP. Se assim não for, o flagrante deve ser relaxado por ausência de formalidade; **2:** assertiva incorreta, visto que, nesta modalidade de flagrante (art. 302, IV, do CPP), inexiste perseguição, sendo o agente encontrado, logo depois do crime, na posse de instrumentos, armas, objetos ou papéis em circunstâncias que revelem ser ele o autor da infração penal. O elemento *perseguição* é imprescindível no chamado *flagrante impróprio, imperfeito* ou *quase flagrante*, em que o sujeito é perseguido, logo em seguida ao crime, em situação que faça presumir ser o autor da infração (art. 302, III).

Gabarito 1C, 2E

(Escrivão de Polícia/DF – 2013 – CESPE) Com base no que dispõe o Código de Processo Penal, julgue os itens que se seguem.

(1) Por constituir medida cautelar, a prisão temporária poderá ser decretada pelo magistrado para que o acusado seja submetido a interrogatório e apresente sua versão sobre o fato narrado pela autoridade policial, tudo isso em consonância com o princípio do livre convencimento. No entanto, não será admitida a prorrogação, de ofício, dessa modalidade de prisão.

(2) A falta de advertência sobre o direito ao silêncio não conduz à anulação automática do interrogatório ou depoimento, devendo ser analisadas as demais circunstâncias do caso concreto para se verificar se houve ou não o constrangimento ilegal.

(3) O excesso de prazo da prisão em razão da demora na fixação do foro competente configura constrangimento ilegal à liberdade de locomoção.

1: incorreta. Primeiro porque a necessidade de submeter o investigado a interrogatório não pode ser considerada como medida imprescindível a justificar a decretação da custódia temporária (art. 1º, I, da Lei 7.960/1989); segundo, a decretação e prorrogação, pelo juiz, da prisão temporária estão condicionadas à provocação da autoridade policial e do MP, este por meio de requerimento e aquela por representação (art. 2º, *caput*, da Lei 7.960/1989). Conferir: "*Habeas corpus* contra decisão que decretou prisão temporária. Paciente indiciado por formação de quadrilha, corrupção de menores e apologia ao crime. Divulgação de vídeo na internet em que o paciente e outros agentes, portando armas de fogo, cantam músicas que fazem apologia ao crime, na presença de menores de idade. Prisão temporária decretada, a pedido da autoridade policial, sem fundamentação idônea. Ordem concedida para revogar a prisão temporária. 1. A prisão temporária não pode ser decretada ao simples fundamento de que o interrogatório do indiciado é imprescindível para as investigações policiais e a prisão é necessária para auxiliar no cumprimento de diligências, tais como a localização das armas que apareceram no vídeo divulgado na internet. O interrogatório é uma faculdade, podendo o indiciado fazer uso, se lhe for conveniente, do direito de permanecer calado. Quanto à apreensão das armas, existe procedimento específico, independentemente da prisão do indiciado. Assim, a prisão temporária não pode ser decretada sob a mera justificativa de que a polícia precisa ouvir o indiciado e localizar as armas. Ademais, verifica-se nos autos que o paciente tem bons antecedentes e residência fixa, podendo, em liberdade, responder às imputações que lhe estão sendo feitas. 2. *Habeas corpus* admitido e ordem concedida, para revogar a decisão que decretou a prisão temporária do paciente, confirmando a liminar deferida" (TJ-DF, HC 152170520098070000, 2ª Câmara Criminal, rel. Roberval Casemiro Belinati, j. 19.11.2009); **2:** correta. Na jurisprudência do STF: "Penal. Processual

penal. Recurso ordinário em *habeas corpus*. Nulidades processuais. Processo penal militar. Interrogatório. Ampla defesa e contraditório. Presença do defensor. Ausência de advertência sobre o direito ao silêncio. Réus que apresentam sua versão dos fatos. Ausência de comprovação do prejuízo. Alteração de advogado sem anuência dos réus. Fato que não pode ser atribuído ao poder judiciário. *Pas de nullité sans grief*. Ausência de abuso de poder, ilegalidade ou teratologia aptas a desconstituir a coisa soberanamente julgada. Recurso ordinário desprovido. 1. As garantias da ampla defesa e do contraditório restam observadas, não prosperando o argumento de que a falta de advertência, no interrogatório, sobre o direito dos réus permanecerem calados, seria causa de nulidade apta a anular todo o processo penal, nos casos em que a higidez do ato é corroborada pela presença de defensor durante o ato, e pela opção feita pelos réus de, ao invés de se utilizarem do direito ao silêncio, externar a sua própria versão dos fatos, contrariando as acusações que lhes foram feitas, como consectário de estratégia defensiva. 2. A falta de advertência sobre o direito ao silêncio não conduz à anulação automática do interrogatório ou depoimento, restando mister observar as demais circunstâncias do caso concreto para se verificar se houve ou não o constrangimento ilegal (...)" (RHC 107915, Luiz Fux); **3:** correta. Nesse sentido: "Excesso de prazo da prisão. Demora na solução de conflito de competência: paciente preso há um ano e dois meses. Denúncia oferecida oito meses após a prisão. Demora não imputável ao paciente. Ausência de complexidade do feito. Excesso de prazo configurado: precedentes. Ordem concedida. 1. O excesso de prazo da prisão em razão da demora na fixação do foro competente configura constrangimento ilegal à liberdade de locomoção. 2. Ordem concedida" (HC 94247, Cármen Lúcia, STF).

Gabarito 1E, 2C, 3C

(Escrivão de Polícia/GO – 2013 – UEG) A prisão temporária

(A) poderá ser decretada pelo juiz, durante o curso do processo penal, de ofício ou a pedido do Ministério Público.

(B) possui, no caso de crimes hediondos, prazo de 30 dias, prorrogáveis por igual período em caso de extrema e comprovada necessidade.

(C) será decretada pelo juiz, durante a fase investigativa, de ofício ou a pedido da autoridade policial.

(D) poderá ser decretada pelo juiz durante o inquérito policial ou no curso do processo penal.

A: incorreta, pois a prisão temporária, espécie de prisão cautelar ou processual, somente poderá ser decretada na fase das investigações (persecução penal extrajudicial), nos termos do que dispõe a Lei 7.960/1989. Outrossim, cabe destacar que não poderá o juiz, de ofício, decretar a prisão temporária, visto que esta dependerá de representação da autoridade policial ou de requerimento do Ministério Público (art. 2º da Lei 7.960/1989); **B:** correta, nos termos do art. 2º, § 4º, da Lei 8.072/1990 (Lei dos Crimes Hediondos); **C:** incorreta, pois, como visto, a prisão temporária não poderá ser decretada de ofício pelo juiz, dependendo de representação da autoridade policial ou de requerimento do Ministério Público (art. 2º da Lei 7.960/1989); **D:** incorreta. Como dito anteriormente, a prisão temporária é espécie de prisão cautelar, admissível apenas na fase de investigações. No curso do processo penal é cabível a prisão preventiva (muito embora esta seja cabível, também, na fase inquisitiva).

Gabarito "B".

(Agente Penitenciário/MA – 2013 – FGV) Com relação à Lei n. 7.960/1989, que dispõe sobre *prisão temporária*, assinale a afirmativa correta.

(A) O prazo limite, seja qual for o crime em apuração, é de 30 dias.

(B) O prazo, em se tratando de crime hediondo ou assemelhado, é de trinta dias, enquanto nos demais é de cinco dias, não sendo possível a prorrogação.

(C) O juiz, atendendo representação da autoridade policial ou a requerimento do Ministério Público, poderá decretá-la de ofício.

(D) O preso, decorrido o prazo da prisão, deverá ser posto imediatamente em liberdade, independentemente de alvará de soltura, salvo se já tiver sido decretada sua prisão preventiva.

(E) Os presos temporários, dentro do possível, devem ficar separados dos demais detentos.

A: incorreta, na medida em que o prazo máximo durante o qual o investigado poderá permanecer sob custódia temporária varia conforme a natureza do crime (se hediondo ou não). Vejamos. A *prisão temporária* será sempre decretada por prazo determinado, que será de 5 (cinco) dias, prorrogável por igual período em caso de extrema e comprovada necessidade, nos termos do art. 2º, *caput*, da Lei 7.960/1989; em se tratando de crime hediondo ou delito a ele equiparado (tortura, tráfico de drogas e terrorismo), a *custódia temporária* será decretada por *até* 30 (trinta) dias, prorrogável por igual período em caso de extrema e comprovada necessidade, em consonância com o disposto no art. 2º, § 4º, da Lei 8.072/90 (Crimes Hediondos); **B:** incorreta. *Vide* comentário acima; **C:** incorreta. Se o juiz atender à representação da autoridade policial ou ao requerimento do

2. DIREITO PROCESSUAL PENAL — 461

MP e decretar a prisão temporária, não estará, por óbvio, agindo de ofício, mas por provocação dessas autoridades. Atuaria de ofício, o que não é permitido no campo da prisão temporária, se decretasse a custódia independente de provocação, por iniciativa própria; **D**: correta. É que a ordem de prisão temporária, diferentemente da preventiva, contém o chamado "comando implícito de soltura". Assim, passados os 5 dias de custódia, o investigado deverá ser imediatamente posto em liberdade pela autoridade policial, sem a necessidade de alvará de soltura a ser expedido pelo juiz que decretou a prisão. Evidente que permanecerá custodiado o investigado que contra si for prorrogada a prisão temporária ou mesmo expedido mandado de prisão preventiva. É o que estabelece o art. 2º, § 7º, da Lei 7.960/1989; **E**: incorreta, uma vez que a lei estabelece que a separação, entre presos temporários e os demais, é obrigatória (art. 3º, Lei 7.960/1989).
Gabarito "D".

(Escrivão de Polícia/MA – 2013 – FGV) Sobre a prisão em flagrante, analise as afirmativas a seguir.

I. Nas infrações permanentes, entende-se o agente em flagrante delito enquanto não cessar a permanência.

II. O flagrante esperado é considerado lícito pela jurisprudência amplamente majoritária dos Tribunais Superiores.

III. A falta de testemunhas da infração não impedirá o auto de prisão em flagrante. Nesse caso, bastará a assinatura do condutor.

Assinale:

(A) se somente as afirmativas I e III estiverem corretas;

(B) se somente a afirmativa I estiver correta;

(C) se somente a afirmativa III estiver correta;

(D) se somente as afirmativas I e II estiverem corretas;

(E) se somente as afirmativas II e III estiverem corretas.

I: correta (art. 303 do CPP); **II**: correta, pois, de fato, no flagrante esperado, que é aquele que as autoridades já têm conhecimento de que o crime será perpetrado, sem qualquer provocação, aguardar-se-á o momento da prática do primeiro ato executório para que se realize a prisão do agente. Não se confunde com o flagrante preparado (ou provocado), no qual o agente é induzido ou instigado a cometer o crime, a fim de que, então, seja preso. Este é considerado ilegal, nos termos da Súmula 145 do STF (*Não há crime, quando a preparação do flagrante pela polícia torna impossível a sua consumação*); **III**: incorreta, pois o art. 304, § 2º, do CPP é claro ao enunciar que a falta de testemunhas da infração não impedirá o auto de prisão em flagrante, mas, nesse caso, com o condutor, deverão assiná-lo pelo menos *duas pessoas que hajam testemunhado a apresentação do preso à autoridade*. São as chamadas "testemunhas instrumentais" ou "de apresentação".
Gabarito "D".

(Agente de Polícia/PI – 2012) Acerca da prisão em flagrante delito, assinale a alternativa correta.

(A) De acordo com as alterações havidas no Código de Processo Penal pela Lei n. 12.403/2011, a autoridade policial não pode mais prender em flagrante delito sem prévia ordem judicial de prisão.

(B) De acordo com o que dispõe o Código de Processo Penal, mesmo depois das alterações ditadas pela Lei n. 12.403/2011, qualquer do povo pode, e a autoridade policial deve prender em flagrante delito.

(C) A Lei n. 12.403/2011 aboliu a prisão em flagrante do texto do Código de Processo Penal.

(D) De acordo com as alterações ditadas pela Lei n. 12.403/2011 ao texto do Código de Processo Penal, somente se admite prisão em flagrante delito para crimes imprescritíveis.

(E) Não é possível efetuar a prisão em flagrante delito de criminoso que, perseguido, consegue ultrapassar o território do Estado onde praticara o crime.

A: incorreta. A prisão em flagrante é espécie de prisão cautelar que se caracteriza, exatamente, pela inexistência de ordem judicial anterior. Caberá à autoridade policial proceder à prisão em flagrante de quem assim se encontre (art. 301 do CPP), promovendo a lavratura do auto, nos termos dos arts. 304 a 306, todos do CPP; **B**: correta. De fato, qualquer do povo poderá (flagrante facultativo) e as autoridades policiais e seus agentes deverão (flagrante obrigatório) prender que se encontre em flagrante delito (art. 301 do CPP); **C**: incorreta. A prisão em flagrante permanece normalmente no CPP, mesmo com o advento da Lei 12.403/2011; **D**: incorreta. As alterações promovidas no CPP pela Lei 12.403/2011 não determinaram o cabimento de prisão em flagrante apenas para os crimes imprescritíveis. Assim, qualquer pessoa que se ache nas hipóteses do art. 302 do CPP encontrar-se-á em flagrante delito, podendo e devendo, pois, ser presa; **E**: incorreta. A perseguição àquele que se encontre em flagrante delito poderá ultrapassar as fronteiras de um Estado, sem qualquer problema.
Gabarito "B".

(Escrivão/SP – 2014 – VUNESP) Analise as três afirmativas propostas a seguir e coloque (V) para verdadeira ou (F) para falsa.

I. O auto de prisão em flagrante, de acordo com o art. 305 do CPP, só não será lavrado pelo escrivão de polícia mediante falta ou impedimento, e desde que prestado compromisso legal pela pessoa designada pela autoridade para tanto.

II. O termo de fiança, diante do quanto determina o art. 329 do CPP, será lavrado pela autoridade e assinado pelo escrivão e por quem for admitido a prestá-la.

III. O valor em que consistir a fiança, nos termos do quanto prescreve o art. 331 do CPP, será recolhido à repartição arrecadadora federal ou estadual, ou entregue ao depositário público, juntando-se aos autos os respectivos conhecimentos. Nos lugares em que o depósito não se puder fazer de pronto, o valor será entregue ao escrivão ou pessoa abonada, a critério da autoridade, e dentro de três dias dar-se-á ao valor o destino já citado, sendo que tudo constará do termo de fiança.

Assinale a alternativa que apresenta a sequência correta de cima para baixo.

(A) F; F; V

(B) V; F; F

(C) F; F; F

(D) V; V; V

(E) V; F; V

I: verdadeira. Estabelece o art. 305 do CPP que, na hipótese de falta ou impedimento do escrivão, o auto será lavrado por pessoa designada pela autoridade, depois de prestado o compromisso de bem desempenhar tal encargo; **II**: incorreta. Segundo reza o art. 329, *caput*, parte final, do CPP, o termo de fiança será lavrado pelo escrivão – e não pelo delegado – e, em seguida, assinado por este (autoridade policial) e por quem houver de prestar a fiança; **III**: correta, pois corresponde à redação do art. 331, *caput* e parágrafo único, do CPP.
Gabarito "E".

(Escrivão/SP – 2014 – VUNESP) No que concerne à prisão preventiva e às autoridades encarregadas de funcionar em procedimentos criminais, o Juiz, o Promotor de Justiça (órgão do Ministério Público) e o Delegado de Polícia (autoridade policial) podem, respectivamente, de acordo com os poderes distribuídos pelo art. 311 do CPP,

(A) decretar de ofício ou mediante representação; apenas requerer a decretação; apenas representar pela decretação.

(B) decretar de ofício ou mediante representação; decretar mediante representação da vítima ou autoridade policial; decretar mediante representação da vítima.

(C) decretar apenas mediante representação; decretar mediante representação da vítima; apenas representar pela decretação.

(D) decretar apenas mediante representação do Promotor de Justiça; decretar mediante representação da vítima; apenas representar pela decretação com concordância da vítima.

(E) decretar apenas mediante representação; apenas requerer a decretação; apenas representar pela decretação.

A: correta. Em conformidade com o disposto no art. 311 do CPP, somente ao juiz é dado decretar a prisão preventiva (e também a temporária), podendo fazê-lo de ofício (se no curso da ação penal), mediante requerimento do MP (e também do querelante e do assistente) ou por representação da autoridade policial; **B**: incorreta, na medida em que, como já dito, é vedado ao MP e também à autoridade policial decretar a custódia preventiva, o que somente poderá ser feito pelo magistrado; **C**: incorreta. O juiz poderá decretar a prisão preventiva: de ofício (se no curso da instrução processual); mediante requerimento do MP; ou por representação da autoridade policial (art. 311, CPP); **D**: incorreta, o juiz (e somente ele) decreta a prisão preventiva: de ofício (somente no curso da ação penal), a requerimento (e não por representação) do MP e por representação do delegado; **E**: incorreta. Além de decretar mediante representação da autoridade policial, o juiz poderá fazê-lo de ofício, se no curso da ação penal, ou a requerimento do MP.
Gabarito "A".

(Escrivão/SP – 2014 – VUNESP) A prisão domiciliar, nos termos do quanto prescreve o art. 317 do CPP, consiste no recolhimento do indiciado ou acusado em

(A) casa do albergado, devendo ficar recluso no período noturno e finais de semana.

(B) colônia penal agrícola, em quarto separado dos demais detidos.

(C) unidade prisional de segurança média, com possibilidade de saídas diárias.

(D) sua residência, só podendo dela ausentar-se com autorização judicial.

(E) sala de estado maior.

Segundo dispõe o art. 317 do CPP, "a prisão domiciliar consiste no recolhimento do indiciado ou acusado em sua residência, só podendo dela ausentar-se com autorização judicial". A prisão domiciliar, é bom que se diga, não está inserida no âmbito das medidas cautelares diversas da prisão (art. 319, CPP). Cuida-se, isto sim, de prisão preventiva que deverá ser cumprida no domicílio do investigado/acusado, desde que, é claro, este esteja em uma das situações previstas no art. 318 do CPP, cuja redação foi alterada por força da Lei 13.257/2016: maior de 80 anos; extremamente debilitado por motivo de doença grave; imprescindível aos cuidados especiais de pessoa menor de 6 anos de idade ou com deficiência; gestante, mulher com filho de até 12 (doze) anos de idade incompletos; homem, caso seja o único responsável pelos cuidados do filho de até 12 (doze) anos de idade incompletos
Gabarito "D".

(Investigador/SP – 2014 – VUNESP) Um estabelecimento comercial foi roubado, sendo subtraídos vários objetos de valor. A viatura de um Investigador de Polícia, que passava pelo local, foi acionada por populares que presenciaram o roubo e relataram o ocorrido. Após algumas horas, durante o trabalho de investigação policial, em diligência nas proximidades do local do fato, o investigador surpreende um cidadão com a arma do crime e com vários objetos roubados, sendo este ainda reconhecido pelas vítimas.

Diante dessa situação, assinale a alternativa correta.

(A) Não é possível a prisão em flagrante, pois o criminoso não foi surpreendido no momento e no local da prática do crime.

(B) É possível a prisão em flagrante, porém apenas por determinação do juiz competente.

(C) O cidadão somente poderá ser preso preventivamente pela autoridade policial ou judiciária, não se admitindo a prisão em flagrante.

(D) Há possibilidade de prisão em flagrante em razão de o cidadão ter sido encontrado, logo depois, com a arma e objetos que faziam presumir ser ele autor da infração.

(E) O investigador deverá acionar a Polícia Militar, pois somente esta poderá efetuar a prisão em flagrante.

A: incorreta. O roubador não foi preso no momento em que cometia ou quando acabava de cometer o crime a ele atribuído. Se assim fosse, estaríamos diante do chamado flagrante próprio, real ou perfeito, presente no art. 302, I e II, do CPP. Da mesma forma, inocorreu o chamado flagrante impróprio, imperfeito ou quase flagrante, em que o sujeito é perseguido, logo após, em situação que faça presumir ser o autor da infração (art. 302, III). Não houve perseguição. Tendo em conta que o agente foi encontrado, depois do crime, na posse da arma utilizada e do produto do crime em circunstâncias que revelam ser ele o autor da infração penal, está-se diante do chamado flagrante ficto ou presumido (art. 302, IV). Possível, portanto, a prisão em flagrante do agente, na modalidade flagrante ficto ou presumido; **B:** incorreta. A prisão em flagrante, em qualquer de suas modalidades, prescinde de determinação judicial; **C:** incorreta. Como já dito, é caso de prisão em flagrante, o que não impede que o juiz, uma vez comunicado dos fatos, converta esta modalidade de prisão cautelar em preventiva, desde que presentes os requisitos do art. 312 do CPP; **D:** correta. Vide comentário à alternativa "A"; **E:** incorreta, pois se trata de providência desnecessária. O investigador, por ser considerado agente da autoridade policial, pode e deve prender quem quer que se encontre em situação de flagrante. É o chamado flagrante obrigatório (art. 301, CPP); ademais, qualquer pessoa do povo, embora não tenha o dever imposto à autoridade policial e seus agentes, pode efetuar a prisão em flagrante (art. 301, CPP). Cuida-se de mera faculdade.
Gabarito "D".

(Investigador/SP – 2014 – VUNESP) A prisão preventiva

(A) é decretada pelo juiz.

(B) somente poderá ser decretada como garantia da ordem pública.

(C) não poderá ser revogada pelo juiz.

(D) poderá ser decretada pelo delegado de polícia.

(E) é admitida para qualquer crime ou contravenção.

A: correta. Por força do que estabelece o art. 311 do CPP, somente o juiz poderá decretar a prisão preventiva; **B:** incorreta. Além da garantia da ordem pública, há outros fundamentos que podem ensejar a decretação da custódia preventiva: garantia da ordem econômica; por conveniência da instrução criminal; e para assegurar a aplicação da lei penal (art. 312, CPP); **C:** incorreta. Se a prisão

preventiva decretada revelar-se desnecessária, deve o juiz revogá-la (art. 316, CPP); **D:** incorreta, já que o delegado de polícia (e o MP) não está credenciado a decretar a prisão preventiva; tal providência somente cabe ao juiz de direito; **E:** incorreta, nos termos do art. 313 do CPP.
Gabarito "A".

(Investigador/SP – 2014 – VUNESP) A prisão temporária, nos termos da Lei n. 7.960/1989, será decretada pelo Juiz, em face da representação da autoridade policial ou de requerimento do Ministério Público, e terá o prazo de

(A) cinco dias, prorrogáveis por igual período em caso de extrema e comprovada necessidade.

(B) dez dias, prorrogáveis por igual período, desde que autorizada pelo juiz do caso.

(C) cinco dias, improrrogáveis.

(D) dez dias, improrrogáveis.

(E) quinze dias, prorrogáveis por até trinta dias, se necessário, a critério do juiz do caso.

A prisão temporária terá o prazo de 5 (cinco) dias, prorrogável por igual período, em caso de extrema e comprovada necessidade, nos termos do art. 2°, caput, da Lei 7.960/1989; se se tratar, no entanto, de crime hediondo ou equiparado (tortura, tráfico de drogas e terrorismo), a custódia temporária será decretada por até 30 (trinta) dias, prorrogável por igual período em caso de extrema e comprovada necessidade, em consonância com o disposto no art. 2°, § 4°, da Lei 8.072/1990 (Crimes Hediondos). Correta, portanto, a assertiva "A".
Gabarito "A".

(Investigador de Polícia/SP – 2013 – VUNESP) Considera-se em flagrante delito:

(A) o agente que é surpreendido com instrumentos, armas, objetos ou papéis que façam presumir ser ele autor da infração, em qualquer momento da investigação.

(B) o agente que é investigado pela prática da infração penal no momento em que a autoridade policial consegue reunir as provas de ter sido ele o autor do crime.

(C) o agente das infrações permanentes, enquanto não cessar a permanência.

(D) o agente que foge após a prática da infração penal enquanto não for capturado.

(E) o agente que é surpreendido na fase dos atos preparatórios da infração penal.

A: incorreta. Considera-se em flagrante presumido (ou ficto) aquele que for surpreendido, logo depois, com instrumentos, armas, objetos ou papéis que façam presumir ser ele autor da infração (art. 302, IV, do CPP); **B, D e E:** incorretas, pois não se enquadram as assertivas contidas nas alternativas em qualquer das hipóteses de flagrante do art. 302 do CPP; **C:** correta, nos termos do art. 303 do CPP.
Gabarito "C".

(Investigador de Polícia/SP – 2013 – VUNESP) No tocante à prisão preventiva, é correto afirmar:

(A) poderá ser decretada quando houver dúvida sobre a identidade civil da pessoa ou quando esta não fornecer elementos suficientes para esclarecê-la.

(B) se o crime envolver violência doméstica e familiar contra a mulher, criança, adolescente, idoso, enfermo ou pessoa com deficiência, só poderá ser decretada em substituição das medidas protetivas de urgência.

(C) não poderá ser decretada em caso de descumprimento de qualquer das obrigações impostas por força de outras medidas cautelares.

(D) não pode ser decretada durante o Inquérito Policial, mas apenas durante o processo penal após o oferecimento da denúncia.

(E) poderá ser decretada como garantia da ordem pública, da ordem econômica, por conveniência da instrução criminal, ou para assegurar a aplicação da lei penal, sendo, em tais casos, irrelevante haver prova da existência do crime e indício suficiente de autoria.

A: correta (art. 313, parágrafo único, do CPP); **B:** incorreta, pois, se o crime envolver violência doméstica e familiar contra a mulher, criança, adolescente, idoso, enfermo ou pessoa com deficiência, a prisão preventiva poderá ser decretada para garantir a execução das medidas protetivas de urgência (art. 313, III, do CPP); **C:** incorreta, nos termos do art. 312, parágrafo único, do CPP (a prisão preventiva também poderá ser decretada em caso de descumprimento de qualquer das obrigações impostas por força de outras medidas cautelares); **D:** incorreta, pois é admissível a decretação da prisão preventiva durante a fase do inquérito policial (art. 311 do CPP); **E:** incorreta. A prova

da existência do crime e indícios suficientes de autoria constituem os pressupostos da prisão preventiva, que também exigirá a existência de algum dos fundamentos previstos no art. 312, *caput*, do CPP (garantia da ordem pública ou econômica, conveniência da instrução criminal ou para assegurar a aplicação da lei penal).
Gabarito "A".

8. SUJEITOS PROCESSUAIS, CITAÇÃO, INTIMAÇÃO E PRAZOS

(Agente – Pernambuco – CESPE – 2016) No que se refere à atuação do juiz, do Ministério Público, do acusado, do defensor, dos assistentes e auxiliares da justiça e aos atos de terceiros, assinale a opção correta.

(A) O acusado detém a prerrogativa de silenciar ao ser interrogado, mas esse direito pode ser interpretado contra ele, consoante o aforismo popular: quem cala consente.

(B) Assegura-se ao acusado a ampla defesa e o contraditório, mas isso não lhe retira plenamente a autonomia de vontade, de sorte que poderá dispensar advogado dativo ou defensor público, promovendo, por si mesmo, a sua defesa, ainda que não tenha condições técnicas para tanto.

(C) O réu denunciado em processo, por coautoria ou participação, pode atuar como assistente de acusação nesse mesmo processo se a defesa imputar exclusivamente ao outro acusado a prática do crime.

(D) No processo, o juiz exerce poderes de polícia – para garantir o desenvolvimento regular e tolher atos capazes de perturbar o bom andamento do processo – e poderes jurisdicionais – que compreendem atos ordinatórios, que ordenam e impulsionam o processo, e instrutórios, que compreendem a colheita de provas.

(E) Dados os princípios da unidade, da indivisibilidade e da independência funcional, não se aplicam ao Ministério Público as prescrições relativas a suspeição e impedimentos de juízes.

A: incorreta. A recusa do acusado em se manifestar, exercendo seu direito ao silêncio, consagrado no art. 5º, LXIII, da CF, quer no interrogatório policial, quer no judicial, não pode, por expressa previsão do art. 186, parágrafo único, do CPP, ser interpretada em seu desfavor; **B:** incorreta. Regra geral, a defesa técnica, promovida por profissional habilitado (advogado), é indisponível (art. 261, CPP), dado o interesse público aqui envolvido. Mais do que isso, deve o magistrado zelar pela qualidade da defesa técnica, declarando o acusado, quando o caso, indefeso e nomeando-lhe outro causídico. Há casos, entretanto, em que o ajuizamento da ação pode ser feito pelo próprio interessado sem a participação de profissional habilitado. Exemplo sempre mencionado pela doutrina é o *habeas corpus*, em que não se exige que a causa seja patrocinada por defensor. Embora isso não seja recomendável, somente poderá patrocinar a sua própria defesa o réu que detenha qualificação técnica para tanto, ou seja, que é advogado; se se tratar de acusado não inscrito nos quadros da OAB, deverá o juiz, ainda que à sua revelia, nomear-lhe um defensor; **C:** incorreta, pois contraria a regra prevista no art. 270 do CPP, que veda a atuação de corréu, no mesmo processo, na qualidade de assistente; **D:** correta (art. 251, CPP); **E:** incorreta, pois em desconformidade com o que estabelece o art. 258 do CPP. ED
Gabarito "D".

(Escrivão de Polícia/GO – 2013 – UEG) Segundo o Código de Processo Penal, a citação será por

(A) carta registrada, em regra, com aviso de recebimento.

(B) carta precatória, se o réu estiver no estrangeiro, em lugar sabido.

(C) edital, quando o réu estiver preso na unidade da federação em que o juiz exerce sua jurisdição.

(D) edital, no prazo de 15 dias, se o réu não for encontrado.

A: incorreta, pois, de acordo com o CPP, inexiste a citação por carta (vide arts. 351 a 369, todos do CPP); **B:** incorreta. A citação será por carta precatória se o réu estiver fora da jurisdição do juiz processante, mas desde que no Brasil (art. 353 do CPP). Se o réu estiver em outro país, em lugar sabido, a citação será feita por carta rogatória (art. 368 do CPP); **C:** incorreta. Estando o réu preso na mesma unidade da federação em que o juiz exerce jurisdição, será citado pessoalmente (art. 360 do CPP), ou seja, o Oficial de Justiça irá citar o réu no local em que ele se encontrar detido; **D:** correta, nos exatos termos do art. 361 do CPP.
Gabarito "D".

(Agente Penitenciário/MA – 2013 – FGV) No tocante à *citação*, aponte a afirmativa correta.

(A) No direito processual penal não há previsão da citação por hora certa.

(B) Na citação ficta, realizada por meio de edital, o acusado não comparecendo ou não tendo constituído advogado no prazo legal, o processo deve ficar suspenso, bem como o prazo prescricional.

(C) A citação do militar é feita por mandado.

(D) O réu que se encontra preso e tenha advogado constituído com poderes especiais, pode ser citado por meio deste para apresentar resposta preliminar.

(E) Quando o processo for suspenso em razão da não localização do acusado, tal circunstância, por si só, autoriza o juiz a decretar a prisão preventiva e determinar a produção antecipada de provas.

A: incorreta. Em face da ocultação do réu, determina o art. 362 do CPP que o oficial de Justiça proceda à citação com hora certa, valendo-se, para tanto, das regras previstas nos arts. 252 a 254 do Novo Código de Processo Civil. Esta modalidade de citação, antes exclusiva do processo civil, agora também é admitida no âmbito do processo penal, dada a mudança introduzida na redação do dispositivo legal pela Lei 11.719/2008; **B:** correta. Na hipótese de o réu não ser encontrado, deverá o juiz determinar a sua citação por edital (modalidade de citação ficta), depois de esgotados os meios disponíveis para a sua localização. Se o acusado, depois de citado por edital, não comparecer tampouco constituir defensor, o processo e o prazo prescricional ficarão, em vista da disciplina estabelecida no art. 366 do CPP, suspensos; **C:** incorreta, uma vez que o art. 358 do CPP estabelece que a citação do militar far-se-á por meio do chefe do respectivo serviço; **D:** incorreta, visto que o réu preso deverá ser citado pessoalmente (art. 360, CPP); **E:** incorreta. Suspensos o processo e o prazo prescricional (art. 366, CPP), a prisão preventiva somente será decretada se presentes os requisitos contemplados no art. 312 do CPP. Dessa forma, a não localização do acusado, depois de citado por edital, não autoriza, por si só, a decretação de sua custódia preventiva. Ademais, nem a não localização do acusado nem o decurso do tempo são aptos a justificar a antecipação na produção da prova prevista no art. 366 do CPP. Tal entendimento foi pacificado por meio da Súmula n. 455 do STJ: "A decisão que determina a produção antecipada de provas com base no art. 366 do CPP deve ser concretamente fundamentada, não a justificando unicamente o mero decurso do tempo".
Gabarito "B".

(Agente de Polícia Civil/RO – 2014 – FUNCAB) Quanto às citações, notificações e intimações, é correto afirmar:

(A) A falta ou a nulidade da citação, da intimação ou notificação estará sanada, desde que o interessado compareça, antes de o ato consumar-se, embora declare que o faz para o único fim de argui-la. O juiz ordenará, todavia, a suspensão ou o adiamento do ato, quando reconhecer que a irregularidade poderá prejudicar direito da parte.

(B) A precatória será devolvida ao juiz deprecado, independentemente de traslado, depois de lançado o "cumpra-se" e de feita a citação por mandado do juiz deprecante.

(C) Estando o acusado no estrangeiro, em lugar sabido, será citado mediante carta precatória, suspendendo-se o curso do prazo de prescrição até o seu cumprimento.

(D) A intimação do Ministério Público e do defensor nomeado será por memorial.

(E) A intimação pessoal, feita pelo escrivão, não dispensará a intimação do defensor constituído, do advogado do querelante e do assistente mediante publicação no órgão incumbido da publicidade dos atos judiciais da comarca, incluindo, sob pena de nulidade, o nome do acusado.

A: correta (art. 570, CPP); **B:** incorreta, uma vez que houve inversão dos vocábulos *deprecante* e *deprecado*, conforme disposto no art. 355, *caput*, do CPP; **C:** incorreta, visto que, na hipótese de o acusado encontrar-se no estrangeiro, em local conhecido, sua citação far-se-á por carta *rogatória*, e não por *precatória*, suspendendo-se o curso do prazo de prescrição até o seu cumprimento (art. 368, CPP); **D:** incorreta. A intimação, em casos assim, deverá ser feita pessoalmente (art. 370, § 4º, CPP); **E:** incorreta (art. 370, § 3º, CPP).
Gabarito "A".

9. *HABEAS CORPUS*, MANDADO DE SEGURANÇA E REVISÃO CRIMINAL

(Agente – Pernambuco – CESPE – 2016) Assinale a opção correta acerca do *habeas corpus*, considerando os princípios constitucionais, as normas atinentes e os procedimentos próprios dos juizados especiais criminais.

(A) O juizado especial criminal tem competência para julgar infrações penais de menor potencial ofensivo, assim consideradas as contravenções penais e os crimes a que a lei comine pena máxima não superior a dois anos, cumulada ou não com multa.

ARTHUR TRIGUEIROS, EDUARDO DOMPIERI E SAVIO CHALITA

(B) As competências dos juizados especiais criminais são fixadas com base nas penas máximas cominadas aos tipos; portanto, as suas normas são também aplicáveis às hipóteses de crimes praticados em contexto de violência doméstica contra a mulher, desde que a pena de detenção máxima prevista não ultrapasse dois anos.

(C) Sendo mais favoráveis ao réu os procedimentos dos juizados especiais, a eles competirá julgar os crimes de pequeno potencial ofensivo, mesmo se conexos com infrações da competência do juízo criminal comum ou do tribunal do júri.

(D) Qualquer pessoa tem legitimidade para impetrar *habeas corpus*, mas só o advogado regularmente inscrito na Ordem dos Advogados do Brasil tem capacidade postulatória para fazê-lo perante os tribunais superiores.

(E) No caso de suspeito preso em flagrante delito, o Ministério Público, como titular da ação penal, está impedido de impetrar *habeas corpus*, pois é sua a obrigação de iniciar o processo persecutório.

A: correta. De fato, estão sob a égide do Juizado Especial Criminal as contravenções penais e os crimes cuja pena *máxima* cominada não seja superior a dois anos, cumulada ou não com multa, conforme dispõe o art. 61 da Lei 9.099/1995; **B:** incorreta, pois em desconformidade com a regra prevista no art. 41 da Lei 11.340/2006 (Lei Maria da Penha), que veda a incidência da Lei 9.099/1995 e suas medidas despenalizadoras nos casos de violência doméstica, aqui incluídas a transação penal e a suspensão condicional do processo, independentemente da pena prevista. Importante que se diga que o STF, ao julgar a Ação Declaratória de Constitucionalidade 19, reconheceu a constitucionalidade deste dispositivo; **C:** incorreta, já que, neste caso, a competência será do juízo comum ou do tribunal do júri, conforme o caso (art. 60, parágrafo único, Lei 9.099/1995); **D:** incorreta, na medida em que, para impetração de *habeas corpus*, é desnecessário o patrocínio da causa por advogado (art. 654, "caput", CPP). Assim dispõe o art. 1º, § 2º, da Lei 8.906/1994 (Estatuto da Advocacia): *Não se inclui na atividade privativa de advogado a impetração de habeas corpus em qualquer instância ou tribunal*; **E:** incorreta, pois o art. 654 do CPP dispõe, em sua parte final, que o *habeas corpus* poderá ser impetrado por qualquer pessoa, em seu favor ou de outrem, bem como pelo Ministério Público. **ED**

Gabarito "A".

(Investigador-Escrivão-Papiloscopista – Pará – Funcab – 2016) A expressão *habeas corpus* traduz-se literalmente do latim para o português como "tome o corpo". Em relação ao habeas corpus no direito brasileiro, é possível afirmar que:

(A) de acordo com entendimento majoritário na doutrina e na jurisprudência, admite-se que a petição de *habeas corpus* seja apócrifa.

(B) o coator pode ser tanto uma autoridade quanto um particular.

(C) o Ministério Público não possui legitimidade para impetrar *habeas corpus* em favor do réu de um processo.

(D) pessoa jurídica pode figurar como paciente em *habeas corpus*.

A: incorreta, uma vez que a jurisprudência rechaça a possibilidade de a petição de HC não conter a identificação do impetrante. Conferir: "(...) Não se conhece de habeas corpus cuja petição inicial é apócrifa, porquanto, embora possa ser impetrado por advogado ou por qualquer do povo, deve conter a "assinatura do impetrante, ou de alguém a seu rogo, quando não souber ou não puder escrever" (Código de Processo Penal, artigo 654, parágrafo 1º, alínea "c")" (HC 24.821/RJ, Rel. Min. Hamilton Carvalhido, Sexta Turma, j. 26.04.2005, DJ 06.02.2006, p. 322); **B:** correta, uma vez que o constrangimento apto a justificar a impetração de HC pode ser exercido tanto por uma autoridade quanto por um particular; **C:** incorreta, na medida em que o art. 654, "caput", do CPP confere, de forma expressa, legitimidade ao MP para a impetração de HC; **D:** incorreta. Embora possa figurar como impetrante, a pessoa jurídica não pode ser paciente no *habeas corpus*, dado que este se presta a proteger, direta ou indiretamente, a liberdade de locomoção. **ED**

Gabarito "B".

(Inspetor de Polícia/MT – 2010 – UNEMAT) Acerca do *Habeas Corpus*, assinale a alternativa incorreta.

(A) Admite-se sua impetração para trancamento de ação penal.

(B) Pode ser impetrado para alcançar a suspensão do processo em decorrência de questão prejudicial que versa sobre estado das pessoas.

(C) Admite-se para efeito de impugnar decisão de improcedência da exceção de incompetência.

(D) É possível a impetração de *habeas corpus* para impugnação de decisão que julgou improcedente exceção de coisa julgada.

(E) Não é cabível para efeito de arbitramento de fiança, quando o delegado de polícia não tomou tal providência.

De fato a alternativa "E" é a única incorreta, pois o art. 648, V, do CPP dispõe sobre a possibilidade de concessão de ordem em *habeas corpus* quando o agente não for admitido a prestar fiança, nos casos em que a lei autorize.

Gabarito "E".

(Agente de Polícia Civil/RO – 2014 – FUNCAB) De acordo com o Código de Processo Penal, o carcereiro ou o diretor da prisão, o escrivão, o oficial de justiça ou a autoridade judiciária ou policial que embaraçar ou procrastinar a expedição de ordem de *habeas corpus*, as informações sobre a causa da prisão, a condução e apresentação do paciente, ou a sua soltura:

(A) Será conduzido perante a autoridade que tem competência para julgar o *habeas corpus*, para que seja determinada a sua condução à delegacia de polícia com atribuição, objetivando a sua autuação em flagrante delito.

(B) Não sofrerá qualquer punição judicial, somente podendo ser punido através da via administrativa a que pertença.

(C) Será preso imediatamente e levado perante ao magistrado do Juízo que tramita o *habeas corpus*.

(D) Será multado, sem prejuízo das penas em que incorrer. As multas serão impostas pelo juiz do tribunal que julgar o *habeas corpus*, salvo quando se tratar de autoridade judiciária, caso em que caberá ao Supremo Tribunal Federal ou ao Tribunal de Apelação impor as multas.

(E) Será afastado imediatamente de seu cargo, somente retornando após cumprir as medidas que lhe são devidas.

A assertiva correta é a "D", uma vez que corresponde ao que estabelece o art. 655 do CPP.

Gabarito "D".

10. EXECUÇÃO PENAL

(Agente Penitenciário/MA – 2013 – FGV) Na forma do Art. 61 da LEP, assinale a alternativa que indica órgãos da execução penal.

(A) OAB e Ministério Público.

(B) Secretaria de Polícia Civil e Juízo da Execução.

(C) Patronato e Conselho da Comunidade.

(D) Defensoria Pública e OAB.

(E) Conselho Penitenciário e Conselho Tutelar.

A: incorreta, pois, embora o MP seja órgão da execução penal (art. 61, III, da LEP), a OAB não é; **B:** incorreta, pois, embora o Juízo da Execução seja órgão da execução penal (art. 61, II, da LEP), a Secretaria de Polícia Civil não é; **C:** correta, pois tanto o Patronato (art. 61, VI, da LEP) quanto o Conselho da Comunidade (art. 61, VII, da LEP) são órgãos da execução penal; **D:** incorreta, pois, embora a Defensoria Pública seja órgão da execução penal (art. 61, VIII, da LEP), a OAB não é; **E:** incorreta, pois, embora o Conselho Penitenciário seja órgão da execução penal (art. 61, IV, da LEP), o Conselho Tutelar não é.

Gabarito "C".

(Agente Penitenciário/MA – 2013 – FGV) As faltas disciplinares classificam-se em leves, médias e graves.

As alternativas a seguir apresentam faltas graves segundo a lei de execução penal, à exceção de uma. Assinale-a.

(A) Deixar de conservar em ordem os objetos de uso pessoal.

(B) Fugir.

(C) Tiver em sua posse, utilizar ou fornecer aparelho telefônico, de rádio ou similar, que permita a comunicação com outros presos ou com o ambiente externo.

(D) Descumprir, no regime aberto, as condições impostas.

(E) Faltar com o dever de obediência ao servidor e respeito a qualquer pessoa com quem deve relacionar-se.

A: assertiva incorreta, devendo ser assinalada. Embora constitua dever imposto ao preso (art. 39, X, da LEP), não configura falta grave, cujo rol está previsto no art. 50 da LEP; **B:** assertiva correta, pois se trata de falta grave (art. 50, II, da LEP); **C:** assertiva correta, pois se trata de falta grave (art. 50, VII, da LEP); **D:** assertiva correta, pois se trata de falta grave (art. 50, V, da LEP); **E:** assertiva correta, pois se trata de falta grave (art. 50, VI, da LEP).

Gabarito "A".

2. DIREITO PROCESSUAL PENAL · 465

11. ORGANIZAÇÃO CRIMINOSA

(Agente – Pernambuco – CESPE – 2016) Com relação às normas constitucionais e legais atinentes à investigação criminal e às organizações criminosas, assinale a opção correta.

(A) O delegado de polícia, por deter a prerrogativa de condução do inquérito policial, pode se negar a cumprir diligências requisitadas pelo Ministério Público se entender que elas não são pertinentes.

(B) O indiciamento do suspeito de prática de crime é ato privativo do delegado de polícia, mediante ato fundamentado do qual constarão a análise técnico-jurídica do fato criminoso e suas circunstâncias e a indicação da materialidade e da autoria.

(C) Colaboração premiada ou delação premiada permitem ao juiz reduzir em até dois terços a pena aplicada ao réu integrante de organização criminosa, mas não isentá-lo de pena.

(D) O delegado de polícia não pode propor a delação premiada: somente o Ministério Público tem a necessária legitimidade para propô-la ao juiz da causa.

(E) Para a delação premiada, o réu colaborador não necessita estar assistido por advogado; basta que, espontaneamente, declare ao juiz o seu desejo de colaborar.

A: incorreta. Mesmo detendo a prerrogativa exclusiva de condução do inquérito policial, não é dado ao delegado de polícia recusar-se a dar cumprimento a diligências requisitadas pelo Ministério Público, titular da ação penal pública, salvo na hipótese, à evidência, de a medida requisitada mostrar-se manifestamente ilegal, o que não deve ser confundido com a sua *pertinência*; **B:** correta, pois reflete o disposto no art. 2º, § 6º, Lei 12.830/2013; **C:** incorreta. No contexto da colaboração premiada disciplinada na Lei 12.850/2013, poderá o juiz, além de reduzir a pena aplicada em até dois terços ou substituí-la por restritiva de direitos, conceder o perdão judicial (art. 4º, "caput"); **D:** incorreta. À parte a polêmica que envolve este tema, é certo que o delegado de polícia, por expressa previsão contida no art. 4º, §§ 2º e 6º, da Lei 12.850/2013, está, sim, credenciado, assim como o MP, a firmar acordo de colaboração premiada nos autos do inquérito policial; **E:** incorreta, pois não reflete o disposto no art. 4º, § 15, da Lei 12.850/2013, que estabelece que o colaborador deverá estar assistido por advogado em todas as etapas do acordo. ⟨ED⟩
Gabarito "B".

12. JUIZADOS ESPECIAIS

(Agente-Escrivão – Acre – IBADE – 2017) Diante da ocorrência de uma infração de menor potencial ofensivo, a autoridade:

(A) que tiver conhecimento da ocorrência do fato lavrará o auto de prisão em flagrante se presentes as circunstâncias que autorizem a prisão nos termos do art. 302 do CPP.

(B) que tomar conhecimento da ocorrência do fato instaurará o inquérito policial por portaria.

(C) policial representará pela prisão preventiva.

(D) que tiver conhecimento do fato lavrará o termo circunstanciado e encaminhará o autor do fato imediatamente ao juizado especial criminal, quando possível.

(E) policial representará pela prisão temporária.

Diante da ocorrência de uma infração penal de menor potencial ofensivo, que corresponde aos crimes aos quais a lei comine pena máxima igual ou inferior a *dois* anos e às contravenções penais (art. 61, Lei 9.099/1995), caberá à autoridade cuidar para que seja confeccionado o chamado *termo circunstanciado*, cuja previsão está no art. 69 da Lei 9.099/1995 e nada mais é do que a formalização da ocorrência policial, que conterá informações circunstanciadas do ocorrido, tais como data, hora e local em que se deram os fatos, natureza da ocorrência, qualificação do autor, ofendido e demais envolvidos e o histórico (resumo) do ocorrido. Uma vez concluído o registro da ocorrência, o termo circunstanciado será encaminhado de imediato ao Juizado Criminal juntamente com o autor do fato e a vítima. Na prática, no entanto, tal providência tem se mostrado inviável, uma vez que exigiria que houvesse Juizados Especiais de plantão permanente. Dessa forma, o mais comum tem sido que as partes envolvidas firmem compromisso, perante a autoridade policial, de comparecer ao Juizado tão logo notificadas para tanto. ⟨ED⟩
Gabarito "D".

(Agente-Escrivão – PC/GO – CESPE – 2016) Uma pessoa denunciada por crime para o qual a pena mínima é igual a um ano recebeu e aceitou uma proposta do MP prevista na Lei nº 9.099/95. Nesse caso, a proposta em questão caracteriza-se como uma:

(A) suspensão condicional da pena, que poderá ser revogada se a pessoa vier a ser condenada definitivamente por outro crime.

(B) transação penal, pois a pessoa cometeu crime de menor potencial ofensivo.

(C) transação penal, caso o crime cometido seja de menor potencial ofensivo.

(D) suspensão condicional da pena, pois a pessoa cometeu crime de menor potencial ofensivo.

(E) suspensão condicional do processo, que poderá ser revogada se a pessoa vier a ser processada por contravenção penal no curso do prazo.

As infrações penais de menor potencial ofensivo (art. 61, Lei 9.099/1995) admitem tanto a *suspensão condicional do processo* (*sursis* processual) quanto a *transação penal*. O que ocorre é que a transação penal (art. 76, Lei 9.099/1995) tem aplicação exclusiva no contexto das infrações penais de menor potencial ofensivo (contravenções e crimes a que a lei comine pena máxima não superior a 2 anos); já a incidência da suspensão condicional do processo vai além dessas infrações, já que terá ela lugar nos crimes em que a pena *mínima* cominada é igual ou inferior a um ano (art. 89, Lei 9.099/1995). É o caso, por exemplo, do crime de furto simples (art. 155, CP), na qual a pena mínima cominada corresponde a um ano: embora não se trata de infração penal de menor potencial ofensivo, o autor deste delito fará jus, desde que preenchidos os requisitos previstos em lei, à suspensão condicional do processo, que, a propósito, poderá ser revogada na hipótese de o acusado vier a ser processado, no curso do prazo de suspensão, por contravenção penal (art. 89, § 4º, Lei 9.099/1995). ⟨ED⟩
Gabarito "E".

(Agente-Escrivão – PC/GO – CESPE – 2016) De acordo com os termos da Lei nº 9.099/1995, que dispõe sobre os juizados especiais cíveis e criminais, na situação em que um indivíduo tenha sido preso em flagrante por ter cometido furto simples – cuja pena prevista é de reclusão, de um a quatro anos, e multa –, o MP, ao oferecer a denúncia, poderá propor a suspensão do processo, por dois a quatro anos, estando presentes os demais requisitos que autorizem a suspensão condicional da pena, previstos em artigo do CP. Nesse caso,

(A) o MP poderá propor a suspensão do processo ainda que o réu tenha sido condenado por outro crime na semana anterior à do cometimento do furto.

(B) se o juiz deferir a suspensão do processo, o prazo da prescrição penal do crime correrá durante o curso do prazo da suspensão.

(C) se for deferida a suspensão do processo, a autoridade judiciária deverá declarar extinta a punibilidade depois de expirado o prazo, sem revogação da suspensão.

(D) se o juiz deferir a suspensão do processo, esta será mantida ainda que no seu curso o indivíduo venha a ser processado por contravenção penal.

(E) a decisão do juiz, pelo deferimento da suspensão do processo, independerá da aceitação do acusado.

A: incorreta. De fato, para que o acusado faça jus ao *sursis* processual, necessário que seja primário e ostente bons antecedentes (art. 89, "caput", Lei 9.099/1995); em outras palavras, a reincidência e os maus antecedentes elidem a incidência da suspensão condicional do processo; **B:** incorreta, uma vez que, com o deferimento, pelo juiz, da suspensão do processo, a prescrição ficará suspensa e assim permanecerá até o final do período de prova (art. 89, § 6º, Lei 9.099/1995); **C:** correta, pois reflete o disposto no art. 89, § 5º, Lei 9.099/1995; **D:** incorreta, uma vez que contraria a regra presente no art. 89, § 4º, Lei 9.099/1995; **E:** incorreta, já que não corresponde ao disposto no art. 89, § 7º, Lei 9.099/1995. ⟨ED⟩
Gabarito "C".

(Agente-Escrivão – PC/GO – CESPE – 2016) Por ter praticado infração penal contra Lúcio, Ana foi presa em flagrante e conduzida à delegacia, onde se constatou que o tipo penal correspondente à infração praticada por Ana prevê pena máxima de dois anos e multa.

Nessa situação hipotética, a autoridade policial deverá:

(A) exigir o pagamento da fiança, devido ao fato de o crime admitir pena de multa.

(B) instaurar IP mediante a lavratura do auto de prisão em flagrante.

(C) converter a prisão em flagrante em prisão preventiva, por não se tratar de crime de menor potencial ofensivo.

(D) lavrar termo circunstanciado e encaminhá-lo ao juizado juntamente com a autora do fato e a vítima.

(E) encaminhar imediatamente as partes ao juizado, para audiência de conciliação.

Se a ocorrência levada ao conhecimento da autoridade policial constituir contravenção penal ou crime ao qual a lei comine pena máxima igual ou inferior a *dois* anos, ainda que cumulada com multa (infração penal de menor potencial ofensivo – art. 61, Lei 9.099/1995), deverá providenciar para que seja confeccionado o chamado *termo circunstanciado*, cuja previsão está no art. 69 da Lei 9.099/1995 e nada mais é do que a formalização da ocorrência policial, que conterá informações circunstanciadas do ocorrido, tais como data, hora e local em que se deram os fatos, natureza da ocorrência, qualificação do autor, ofendido e demais envolvidos e o histórico (resumo) do ocorrido. Uma vez concluído o registro da ocorrência, o termo circunstanciado será encaminhado de imediato ao Juizado Criminal juntamente com o autor do fato e a vítima. Na prática, no entanto, tal providência tem se mostrado inviável, uma vez que exigiria que houvesse Juizados Especiais de plantão permanente. Dessa forma, o mais comum tem sido que as partes envolvidas firmem compromisso, perante a autoridade policial, de comparecer ao Juizado tão logo notificadas para tanto. ED

Gabarito "D".

13. VIOLÊNCIA DOMÉSTICA

(Agente-Escrivão – Acre – IBADE – 2017) Configura violência doméstica e familiar contra a mulher, atraindo, portanto, a competência do juízo especializado na matéria, qualquer ação ou omissão que lhe cause morte, lesão, sofrimento físico, sexual ou psicológico e dano moral ou patrimonial, quando:

(A) baseada no gênero, salvo nas relações homoafetivas.

(B) baseada no gênero, em qualquer relação íntima de afeto, na qual o agressor conviva ou tenha convivido com a ofendida, independentemente de coabitação ou da orientação sexual.

(C) ocorra no âmbito da família, como, por exemplo, o caso do filho agride o pai.

(D) baseada no sexo, salvo nas relações homoafetivas.

(E) a ocorrência se dê no âmbito da unidade doméstica envolvendo qualquer familiar independente do sexo da vítima.

A solução desta questão deve ser extraída do disposto no art. 5º da Lei 11.340/2006. ED

Gabarito "B".

3. Legislação Extravagante

Tatiana Subi

1. TRÁFICO DE DROGAS

(Escrivão – AESP/CE – VUNESP – 2017) Aquele que oferece droga, eventualmente e sem objetivo de lucro, à pessoa de seu relacionamento, para juntos a consumirem, pratica:

(A) crime equiparado ao uso de drogas.
(B) conduta atípica.
(C) contravenção penal.
(D) crime, mas que não está sujeito à pena privativa de liberdade.
(E) crime de menor potencial ofensivo.

A: incorreta. Os crimes equiparados ao tráfico de drogas são aqueles previstos no § 1º do art. 33 da Lei 11.343/2006; **B:** incorreta. É fato típico previsto no art. 33, § 3º, da Lei 11.343/2006; **C:** incorreta. É crime, porque punido com pena privativa de liberdade de detenção (art. 1º do Decreto-lei 3.914/1941 – Lei de Introdução ao Código Penal); **D:** incorreta, pois lhe é cominada pena de detenção de seis meses a um ano; **E:** correta. Trata-se do crime previsto no art. 33, § 3º, da Lei 11.343/2006, cuja pena é de detenção de seis meses a um ano – o que lhe coloca no rol das infrações penais de menor potencial ofensivo, nos termos do art. 61 da Lei 9.099/1995. Gabarito "E".

(Agente-Escrivão – Acre – IBADE – 2017) A pena prevista no crime de tráfico de drogas, previsto no art. 33 da Lei n° 11.343/2006 (Lei de Drogas), é aumentada de um sexto a dois terços, se:

(A) a natureza, a procedência da substância ou do produto apreendido e as circunstâncias do fato evidenciarem a intermunicipalidade do delito.
(B) a infração tiver sido cometida por funcionários de serviço hospitalar, tais como médicos e enfermeiros.
(C) sua prática envolver ou visar a atingir idoso ou gestante.
(D) a infração tiver sido cometida nas dependências ou imediações de estabelecimentos prisionais.
(E) o autor for reincidente na prática do crime de tráfico de drogas.

Somente a D está correta. Art. 40 e incisos da Lei 11.343/2006. Gabarito "D".

(Investigador-Escrivão-Papiloscopista – Pará – Funcab – 2016) Sobre a lei de drogas, Lei n° 11.343, de 2006, é correto afirmar que:

(A) recebida cópia do auto de prisão em flagrante, o juiz, no prazo de 5 (cinco) dias, certificará a regularidade formal do laudo de constatação e determinará a destruição das drogas apreendidas, guardando-se amostra necessária à realização do laudo definitivo.
(B) apenas durante a fase do inquérito policial instaurado para apurar o crime de tráfico de substância entorpecente, é permitida, além dos previstos em lei, mediante autorização judicial e ouvido o Ministério Público, o procedimento investigatório da infiltração por agentes de polícia, em tarefas de investigação, constituída pelos órgãos especializados pertinentes.
(C) é isento de pena o agente que, em razão da dependência, ou sob o efeito, proveniente de caso fortuito ou força maior, de droga, era, ao tempo da ação ou da omissão, qualquer que tenha sido a infração penal praticada, inteiramente incapaz de entender o caráter ilícito do fato ou de determinar-se de acordo com esse entendimento.
(D) ocorrendo prisão em flagrante, a destruição das drogas será executada pela autoridade sanitária no prazo de 15 (quinze) dias na presença do delegado de polícia competente.
(E) o perito que subscrever laudo de constatação da natureza e quantidade da droga, para efeito da lavratura do auto de prisão em flagrante e estabelecimento da materialidade do delito, ficará impedido de participar da elaboração do laudo definitivo.

A: incorreta. Art. 50, § 3º, da Lei 11.343/ 2006: "Recebida cópia do auto de prisão em flagrante, o juiz, **no prazo de 10 (dez) dias**, certificará a regularidade formal do laudo de constatação e determinará a destruição das drogas apreendidas, guardando-se amostra necessária à realização do laudo definitivo"; **B:** incorreta, de acordo com o art. 53, I, da Lei 11.343/ 2006: "**Em qualquer fase da persecução criminal relativa aos crimes previstos nesta Lei**, são permitidos, além dos previstos em lei, mediante autorização judicial e ouvido o Ministério Público, os seguintes procedimentos investigatórios: I - a infiltração por agentes de polícia, em tarefas de investigação, constituída pelos órgãos especializados pertinentes"; **C:** correta, nos exatos termos do art. 45 da Lei 11.343/2006; **D:** incorreta. Art. 50, § 4º, da Lei 11.343/ 2006: "A destruição das drogas será executada **pelo delegado de polícia competente** no prazo de 15 (quinze) dias **na presença do Ministério Público e da autoridade sanitária**." **E:** incorreta. O perito que subscrever o laudo de constatação **não** ficará impedido de participar da elaboração do laudo definitivo (art. 50, § 2º, da Lei 11.343/2006). Grifos nossos. Gabarito "C".

(Escrivão de Polícia Federal - 2013 – CESPE) No que concerne aos aspectos penais e processuais da Lei de Drogas e das normas de controle e fiscalização sobre produtos químicos que direta ou indiretamente possam ser destinados à elaboração ilícita de substâncias entorpecentes, psicotrópicas ou que determinem dependência física ou psíquica, julgue os itens seguintes.

(1) Para comercializar produtos químicos que possam ser utilizados como insumo na elaboração de substâncias entorpecentes, o comerciante deverá ser cadastrado no Departamento de Polícia Federal e possuir licença de funcionamento, concedida pelo mesmo departamento.
(2) Considere que determinado cidadão esteja sendo processado e julgado por vender drogas em desacordo com determinação legal. Nessa situação, se o réu for primário e tiver bons antecedentes, sua pena poderá ser reduzida, respeitados os limites estabelecidos na lei.

1: correta, nos termos do art. 4º da Lei 10.357/2001; **2:** correta. Na verdade, para fazer jus ao benefício da redução da pena, o réu deve ser primário, de bons antecedentes, não se dedique a atividades criminosas nem integre organização criminosa (art. 33, § 4º, da Lei 11.343/2006). Gabarito 1C, 2C.

(Polícia Rodoviária Federal – 2013 – CESPE) A respeito da lei que institui o Sistema Nacional de Políticas Publicas sobre Drogas, julgue o item subsequente.

(1) Caso uma pessoa injete em seu próprio organismo substância entorpecente e, em seguida, seja encontrada por policiais, ainda que os agentes não encontrem substâncias entorpecentes em poder dessa pessoa, ela estará sujeita as penas de advertência, prestação de serviço à comunidade ou medida educativa de comparecimento à programa ou curso educativo.

1: incorreta. A conduta do art. 28 da Lei 11.343/2006 tipificada como crime é, dentre outras, "transportar" ou "trazer consigo". Portanto, se os policiais não encontrarem qualquer porção de entorpecente com a pessoa, ainda que ela esteja sob os efeitos diretos da droga, não haverá a subsunção do fato à norma essencial para a aplicação das penas alternativas previstas no mencionado dispositivo legal. Gabarito 1E.

(Escrivão de Polícia/DF – 2013 – CESPE) Julgue o item subsecutivo, referente ao Sistema Nacional de Políticas Públicas sobre Drogas (Lei 11.343/2006).

(1) Será isento de pena um namorado que ofereça droga a sua namorada, eventualmente e sem objetivo de lucro, para juntos eles a consumirem.

1: incorreta. Não é caso de isenção de pena, mas de crime de tráfico de drogas privilegiado previsto no art. 33, § 3º, da Lei 11.343/2006. Gabarito 1E.

(Escrivão/SP – 2014 – VUNESP) Dentre as penas previstas pela Lei 11.343/2006, para quem adquirir, guardar, tiver em depósito, transportar ou trouxer consigo, para consumo pessoal, drogas sem autorização ou em desacordo com determinação legal ou regulamentar, encontra-se a

(A) prisão domiciliar.

(B) advertência sobre os efeitos das drogas.

(C) prisão civil.

(D) prisão preventiva.

(E) detenção de 6 meses a um ano e multa.

O enunciado trata do art. 28 da Lei 11.343/2006, que prevê como sanções para o usuário de drogas: advertência sobre os efeitos das drogas, prestação de serviços à comunidade e medida educativa de comparecimento à programa ou curso educativo. Não se prevê qualquer tipo de prisão para o usuário.
Gabarito "B".

(Investigador/SP – 2014 – VUNESP) Roberval Taylor consumiu droga sem autorização ou em desacordo com determinação legal ou regulamentar. Essa conduta, segundo a Lei sobre Drogas (Lei 11.343/2006), pode submeter Roberval, entre outras, às seguintes penas:

(A) prisão e prestação de serviços à comunidade.

(B) advertência sobre os efeitos das drogas e prestação de serviços à comunidade.

(C) medida educativa de comparecimento à programa ou curso educativo e detenção.

(D) cassação dos direitos políticos e advertência sobre os efeitos das drogas.

(E) multa e reclusão.

O enunciado trata do art. 28 da Lei 11.343/2006, que prevê como sanções para o usuário de drogas: advertência sobre os efeitos das drogas, prestação de serviços à comunidade e medida educativa de comparecimento à programa ou curso educativo.
Gabarito "B".

(Escrivão de Polícia/GO – 2013 – UEG) Sobre o crime de posse de drogas para consumo pessoal, previsto no art. 28 da Lei n. 11.343/2006, tem-se que

(A) a admoestação verbal é medida prevista como pena principal a ser aplicada nos casos de posse para consumo pessoal.

(B) a pena de prestação de serviços à comunidade poderá ter a duração máxima de 10 (dez) meses, em caso de reincidência.

(C) a prescrição ocorrerá em 3 (três) anos, ou seja, no prazo mínimo previsto para essa causa extintiva de punibilidade prevista no Código Penal.

(D) em caso de descumprimento injustificado pelo agente, o juiz poderá converter diretamente a pena de prestação de serviços à comunidade em multa.

A: incorreta. A admoestação verbal está prevista no art. 28, § 6º, I, da Lei 11.343/2006, como uma medida para garantir o cumprimento das penas principais previstas no *caput* do dispositivo. Assim, poderá o juiz valer-se da admoestação verbal caso o condenado não compareça para prestar serviços à comunidade, por exemplo; **B:** correta, nos termos do art. 28, § 4º, da Lei 11.343/2006; **C:** incorreta. O art. 30 da Lei 11.343/2006 não se vincula ao prazo mínimo de prescrição previsto no Código Penal. Por isso, ainda que esse último tenha sido alterado para três anos, vale a disposição expressa da Lei de Drogas, no sentido de que a prescrição do crime do art. 28 ocorre em dois anos; **D:** incorreta. Nesse caso, deve o juiz primeiro submeter o agente a admoestação verbal e, somente após, poderá impor multa (art. 28, § 6º, da Lei de Drogas).
Gabarito "B".

(Agente de Polícia/PI – 2012) De acordo com a atual legislação que trata do tráfico e uso de drogas ilícitas, assinale a alternativa correta.

(A) Aquele que guarda drogas ilícitas exclusivamente para consumo próprio não comete crime.

(B) Aquele que guarda drogas ilícitas exclusivamente para consumo próprio comete crime, mas fica necessariamente isento de pena.

(C) Aquele que guarda drogas ilícitas exclusivamente para consumo próprio comete crime e está sujeito à aplicação de pena.

(D) Aquele que guarda drogas ilícitas exclusivamente para consumo próprio comete contravenção penal.

(E) Aquele que guarda drogas ilícitas exclusivamente para consumo próprio só está sujeito ao pagamento de multa.

Conforme decidido pelo STF no julgamento do RE 430.105 QO/RJ, DJ 13/02/2007, a conduta prevista no art. 28 da Lei 11.343/2006 é fato definido como crime, para o qual são previstas as penas alternativas de advertência sobre os efeitos das drogas, prestação de serviços à comunidade e comparecimento à programa ou curso educativo.
Gabarito "C".

(Investigador de Polícia/SP – 2013 – VUNESP) Nos termos do que estabelece a Lei sobre Drogas (Lei n.º 11.343/2006), quem adquirir, guardar, tiver em depósito, transportar ou trouxer consigo, para consumo pessoal, drogas sem autorização ou em desacordo com determinação legal ou regulamentar poderá sofrer a seguinte pena:

(A) medida educativa de comparecimento à programa ou curso educativo, pelo prazo máximo de cinco meses, se não reincidente.

(B) detenção.

(C) reclusão.

(D) pagamento de multa a ser revertida ao patrimônio da Defensoria Pública.

(E) prestação de serviços à comunidade, pelo prazo máximo de um ano, a ser cumprida em programas comunitários ou entidades que se ocupem da prevenção do consumo ou da recuperação de usuários e dependentes de drogas.

Nos termos do art. 28 da Lei 11.343/2006, o infrator fica sujeito às seguintes penas, desde que não reincidente: advertência sobre o efeito das drogas, prestação de serviços à comunidade; e medida educativa de comparecimento à programa ou curso educativo pelo prazo de 05 meses. Em caso de reincidência, a duração pode ser estendida para 10 meses (art. 28, § 4º, da Lei 11.343/2006).
Gabarito "A".

2. TORTURA

(Escrivão – AESP/CE – VUNESP – 2017) O crime de tortura (Lei nº 9.455/97) tem pena aumentada de um sexto até um terço se for praticado:

(A) em concurso de pessoas.

(B) por agente público.

(C) contra mulher.

(D) ininterruptamente, por período superior a 24 h.

(E) por motivos políticos.

Somente a letra B está correta, por expressa disposição do art. 1º, § 4º, I, da Lei 9.455/1997. TS
Gabarito "B".

(Agente-Escrivão – Acre – IBADE – 2017) Consoante a Lei de Tortura (Lei nº 9.455/1997), assinale a alternativa correta.

(A) A Lei de Tortura aplica-se ainda quando o crime não tenha sido cometido em território nacional, sendo a vítima brasileira ou encontrando-se o agente em local sob jurisdição brasileira.

(B) Se o crime é cometido contra criança, gestante, portador de deficiência, adolescente ou maior de 70 (setenta) anos, aumenta-se a pena um sexto até a metade.

(C) O crime de tortura é inafiançável e suscetível de graça ou anistia.

(D) A condenação pela prática do crime de tortura acarretará a perda do cargo, função ou emprego público e a interdição para seu exercício pelo triplo do prazo da pena aplicada.

(E) O condenado por crime previsto na Lei de Tortura, via de regra, iniciará o cumprimento da pena em regime semiaberto.

A: correta, nos exatos termos do art. 2º da Lei 9.455/1997; **B:** incorreta, pois a idade correta é maior de 60 anos e, ainda, a pena aumenta de um sexto até um terço (art. 1º, § 4º, II, da citada lei); **C:** incorreta: "O crime de tortura é inafiançável e insuscetível de graça ou anistia" (art. 1º, § 6º, da Lei de Tortura); **D:** incorreta. Art. 1º, § 5º: "A condenação acarretará a perda do cargo, função ou emprego público e a interdição para seu exercício pelo **dobro** do prazo da pena aplicada" (grifo nosso); **E:** incorreta: art. 1º, § 7º "O condenado por crime previsto nesta Lei, salvo a hipótese do § 2º, iniciará o cumprimento da pena em regime fechado." TS
Gabarito "A".

Rui e Jair são policiais militares e realizam constantemente abordagens de adolescentes e homens jovens nos espaços públicos, para verificação de ocorrências de situações de uso e tráfico de drogas e de porte de armas. Em uma das abordagens realizadas, eles encontraram José, conhecido por efetuar pequenos furtos, e, durante a abordagem, verificaram que José portava um celular caro. Jair começou a questionar a quem pertencia o celular e, à medida que José negava que o celular lhe pertencia, alegando não saber como havia ido parar em sua mochila, começou a receber empurrões do policial e, persistindo na negativa, foi derrubado no chão e começou a ser pisoteado, tendo a arma de Rui direcionada para si. Como não respondeu de forma alguma a quem pertencia o celular, José foi colocado na viatura depois de apanhar bastante, e os policiais ficaram

3. LEGISLAÇÃO EXTRAVAGANTE

rodando por horas com ele, com o intuito de descobrirem a origem do celular, mantendo-o preso na viatura durante toda uma noite, somente levando-o para a delegacia no dia seguinte.

(Agente – Pernambuco – CESPE – 2016) Nessa situação hipotética, à luz das leis que tratam dos crimes de tortura e de abuso de autoridade e dos crimes hediondos,

(A) os policiais cometeram o crime de tortura, que, no caso, absorveu o crime de lesão corporal.

(B) os policiais cometeram somente crime de abuso de autoridade e lesão corporal.

(C) o fato de Rui e Jair serem policiais militares configura causa de diminuição de pena.

(D) os policiais cometeram o tipo penal denominado tortura-castigo.

(E) caso venham a ser presos cautelarmente, Rui e Jair poderão ser soltos mediante o pagamento de fiança.

Somente a letra A está correta. Verifica-se no caso apresentado que os policiais praticaram a modalidade chamada "tortura-prova", pois empregaram violência e grave ameaça, causando sofrimento físico e mental na vítima, com o fim de obter confissão (art. 1º, I, *a*, da Lei 9.455/1997). Por se tratar de crime mais grave, ele absorve o crime de lesão corporal. O fato dos autores do crime serem policiais militares caracteriza causa de aumento de pena (art. 1º, § 4º, I, da referida lei). O crime em comento é inafiançável (art. 1º, § 6º, da Lei 9.455/1997). **Gabarito "A".**

(Agente-Escrivão – PC/GO – CESPE – 2016) À luz das disposições da Lei nº 9.455/1997, que trata dos crimes de tortura, assinale a opção correta.

(A) O fato de o agente constranger um indivíduo mediante violência ou grave ameaça, em razão da orientação sexual desse indivíduo, causando-lhe sofrimento físico ou mental, caracteriza o crime de tortura na modalidade discriminação.

(B) O delegado que se omite em relação à conduta de agente que lhe é subordinado, não impedindo que este torture preso que esteja sob a sua guarda, incorre em pena mais branda do que a aplicável ao torturador.

(C) A babá que, mediante grave ameaça e como forma de punição por mau comportamento durante uma refeição, submeter menor que esteja sob sua responsabilidade a intenso sofrimento mental não praticará crime de tortura por falta de tipicidade, podendo ser acusada apenas de maus-tratos.

(D) O crime de tortura admite qualquer pessoa como sujeitos ativo ou passivo; assim, pelo fato de não exigirem qualidade especial do agente, os crimes de tortura são classificados como crimes comuns.

(E) Crimes de tortura são classificados como crimes próprios porque exigem, para a sua prática, a qualidade especial de os agentes serem agentes públicos.

A: incorreta. Pode parecer surpreendente, mas a Lei 9.455/1997 não inclui, dentre os dolos específicos caracterizadores do crime de tortura, a discriminação por orientação sexual, apenas a racial e a religiosa. Com isso, atos que imponham intenso sofrimento físico ou mental, com base no preconceito resultante de orientação sexual, sujeitam o agente às penas do crime de lesão corporal, pela falta do elemento subjetivo do tipo (dolo específico); **B:** correta, pois a pena da omissão perante a tortura é de detenção e menor do que a pena daquele que pratica a conduta, nos termos do art. 1º, § 2º, da Lei 9.455/1997: "§ 2º Aquele que se omite em face dessas condutas, quando tinha o dever de evitá-las ou apurá-las, incorre na pena de detenção de um a quatro anos."; **C:** incorreta, pois esta conduta está prevista no art. 1º, II, da Lei de Tortura (tortura-castigo); **D** e **E:** incorretas. O crime de tortura pode ser próprio ou comum, a depender de sua modalidade: tortura-prova, tortura-crime e tortura-racismo são crimes comuns; tortura-maus-tratos, tortura do preso e tortura imprópria são crimes próprios. **Gabarito "B".**

(Escrivão de Polícia/DF – 2013 – CESPE) Em relação aos crimes de tortura (Lei 9.455/1997), julgue o item que se segue.

(1) Considere a seguinte situação hipotética. O agente carcerário X dirigiu-se ao escrivão de polícia Y para informar que, naquele instante, o agente carcerário Z estava cometendo crime de tortura contra um dos presos e que Z disse que só pararia com a tortura depois de obter a informação desejada. Nessa situação hipotética, se nada fizer, o escrivão Y responderá culposamente pelo crime de tortura.

1: incorreta. Não se trata de crime culposo. O escrivão Y responderá pelo crime de tortura por omissão, nos termos do art. 1º, § 2º, da Lei 9.455/1997. **Gabarito 1E.**

(Escrivão/SP – 2014 – VUNESP) Marlene, na qualidade de cuidadora de dona Ana Rosa, uma senhora de 77 anos de idade e que necessita de cuidados especiais, foi filmada, por câmeras colocadas no quarto da idosa, causando-lhe sofrimento físico durante vários dias, consistindo em puxões de cabelo, beliscões, arranhões, tapas e outras barbáries. Havendo condenação por crime de tortura, é correto afirmar que Marlene

(A) terá sua pena aumentada de um sexto até um terço.

(B) durante a execução da pena poderá ser beneficiada pelo instituto da graça.

(C) durante a execução da pena poderá ser beneficiada, apenas, pelo instituto da anistia.

(D) poderá, nos termos da sentença condenatória, iniciar o cumprimento da pena no regime semiaberto.

(E) estará sujeita à pena máxima de seis anos de detenção.

A: correta, nos termos do art. 1º, § 4º, II, da Lei 9.455/1997; **B** e **C:** incorretas. O art. 5º, XLIII, da Constituição Federal estabelece que a tortura é insuscetível de graça, anistia ou fiança, determinação replicada no art. 2º da Lei 8.072/1990; **D:** considerada incorreta pelo gabarito oficial porque o art. 2º, § 1º, da Lei 8.072/1990 estabelece que as penas privativas de liberdade nos crimes hediondos serão cumpridas inicialmente em regime fechado. Todavia, é sempre bom lembrar que o STF firmou entendimento de que tal disposição viola o princípio da individualização da pena e, portanto, é inconstitucional (HC 111.840/ES, *DJ* 17.12.2013); **E:** incorreta. A pena máxima prevista para o crime de tortura, aplicada a causa de aumento também em seu nível máximo (um terço), será de 10 anos e 8 meses. **Gabarito "A".**

(Agente de Polícia Federal – 2012 – CESPE) A respeito das leis especiais, julgue os itens a seguir.

(1) O policial condenado por induzir, por meio de tortura praticada nas dependências do distrito policial, um acusado de tráfico de drogas a confessar a prática do crime perderá automaticamente o seu cargo, sendo desnecessário, nessa situação, que o juiz sentenciante motive a perda do cargo.

1: correta. A perda do cargo, emprego ou função pública é efeito automático da condenação por crime de tortura previsto no art. 1º, § 5º, da Lei 9.455/1997. Dessa forma, não é necessária sua menção expressa na sentença (veja, nesse sentido, a decisão do STJ no HC 92.247, DJ 07/02/2008). **Gabarito 1C.**

(Agente de Polícia/PI – 2012) Acerca do crime de tortura, é correto afirmar que:

(A) a prática do crime de tortura não acarretará a perda do cargo público, mas tão somente a suspensão de seu exercício, pelo período equivalente ao dobro da pena privativa de liberdade aplicada.

(B) o condenado por crime de tortura iniciará o cumprimento da pena privativa de liberdade em regime semiaberto.

(C) não constitui crime de tortura o emprego de violência, ainda que com intenso sofrimento físico, como medida de caráter preventivo, por parte de quem detenha a guarda legal de alguém.

(D) a condenação por crime de tortura acarreta a perda do emprego público.

(E) a condenação por crime de tortura acarreta a suspensão do exercício do emprego público.

A: incorreta. Nos termos do art. 1º, § 5º, da Lei 9.455/1997, a condenação pelo crime de tortura implicará a perda do cargo, emprego ou função pública e a inabilitação para novo exercício pelo dobro do prazo da pena aplicada; **B:** incorreta. O art. 1º, § 7º, da Lei 9.455/1997 impõe o regime fechado para início do cumprimento da pena; **C:** incorreta. A prática configura o crime de tortura classificado pela doutrina como "tortura-maus-tratos" (art. 1º, II, da Lei 9.455/1997); **D:** correta, nos termos do art. 1º, § 5º, da Lei 9.455/1997; **E:** incorreta, nos termos do art. 1º, § 5º, da Lei 9.455/1997. **Gabarito "D".**

(Investigador de Polícia/SP – 2013 – VUNESP) Quanto ao crime de tortura, é correto afirmar que

(A) a lei brasileira que comina pena para o crime de tortura não se aplica quando o crime foi cometido fora do território nacional, mesmo sendo a vítima brasileira.

470 TATIANA SUBI

(B) o condenado pelo crime de tortura cumprirá todo o tempo da pena em regime fechado.

(C) é afiançável, mas insuscetível de graça ou anistia.

(D) na aplicação da pena pelo crime de tortura, não serão admitidas agravantes ou atenuantes.

(E) a condenação acarretará a perda do cargo, função ou emprego público e a interdição para seu exercício pelo dobro do prazo da pena aplicada.

A: incorreta. Aplica-se, nesse caso, a regra da extraterritorialidade subjetiva, que permite a punição do infrator pela lei brasileira mesmo que o fato tenha ocorrido no exterior, por força do art. 2º da Lei 9.455/1997; **B:** incorreta. A lei determina apenas o regime **inicial** fechado para o cumprimento da pena (art. 1º, § 7º, da Lei 9.455/1997); **C:** incorreta. A tortura, por ser crime equiparado a hediondo, é inafiançável e insuscetível de graça ou anistia (art. 1º, § 6º, da Lei 9.455/1997); **D:** incorreta. Aplicam-se normalmente as circunstâncias agravantes e atenuantes genéricas previstas nos arts. 61 a 65 do Código Penal, porque esse diploma tem aplicação subsidiária a toda legislação extravagante; **E:** correta, nos termos do art. 1º, § 5º, da Lei 9.455/1997.
Gabarito "E".

3. CRIMES HEDIONDOS

(Agente-Escrivão – Acre – IBADE – 2017) Acerca dos crimes hediondos (Lei n° 8.072/1990 e suas alterações), pode-se afirmar que a:

(A) pena por crime hediondo será cumprida integralmente em regime fechado.

(B) prisão temporária por crimes hediondos terá o prazo de 10 (dez) dias, prorrogável por igual período em caso de extrema e comprovada necessidade.

(C) progressão de regime, no caso dos condenados aos crimes hediondos, dar-se-á após o cumprimento de 3/5 (três quintos) da pena, se o apenado for primário, havendo vedação em caso de ser reincidente.

(D) progressão de regime, no caso dos condenados aos crimes hediondos, dar-se-á após o cumprimento de 2/5 (dois quintos) da pena, se o apenado for primário, e de 3/5 (três quintos), se reincidente.

(E) prisão temporária por crimes hediondos terá o prazo de 20 (vinte) dias, prorrogável por igual período em caso de extrema e comprovada necessidade.

A: incorreta, pois nos termos do art. 2º, § 1º, da Lei dos Crimes Hediondos, a pena será cumprida **inicialmente** em regime fechado; **B e E:** incorretas, pois o prazo da prisão temporária nos crimes hediondos é de 30 (trinta) dias, prorrogável por igual período em caso de extrema e comprovada necessidade (art. 2º, § 4º, da referida lei); **C:** incorreta e **D:** correta, nos exatos termos do art. 2º, § 2º, da Lei dos Crimes Hediondos; **E:** incorreta.
Gabarito "D".

(Escrivão – AESP/CE – VUNESP – 2017) Assinale a alternativa que indica corretamente crimes que, de acordo com o texto constitucional, a lei considerará inafiançáveis e insuscetíveis de graça ou anistia, por eles respondendo os mandantes, os executores e os que, podendo evitá-los, omitirem-se.

(A) A prática da tortura, a posse e o tráfico ilícito de entorpecentes e drogas afins e o terrorismo.

(B) A prática da tortura, o terrorismo e os definidos como crimes hediondos e o assédio sexual.

(C) A posse e o tráfico ilícito de entorpecentes e drogas afins, o terrorismo, os definidos como crimes hediondos e o racismo.

(D) A prática da tortura, o tráfico ilícito de entorpecentes e drogas afins, o terrorismo e os definidos como crimes hediondos.

(E) O tráfico ilícito de entorpecentes e drogas afins, o terrorismo, os definidos como crimes hediondos e o assédio sexual.

Somente a letra D está correta, nos exatos termos do art. 5º, XLIII, da Constituição Federal.
Gabarito "D".

(Escrivão – AESP/CE – VUNESP – 2017) O condenado por crime hediondo, de acordo com o texto legal (Lei nº 8.072/90),

(A) pode, a critério do juiz, apelar em liberdade e, se primário, alcança o lapso temporal necessário à progressão do regime prisional cumprido 1/6 da pena.

(B) não pode apelar em liberdade e não tem direito à progressão de regime.

(C) não pode apelar em liberdade e, se reincidente, alcança o lapso temporal necessário à progressão do regime prisional cumpridos 3/5 da pena.

(D) pode, a critério do juiz, apelar em liberdade e, se reincidente, alcança o lapso temporal necessário à progressão do regime prisional cumpridos 2/3 da pena.

(E) pode, a critério do juiz, apelar em liberdade e, se primário, alcança o lapso temporal necessário à progressão do regime prisional cumpridos 2/5 da pena.

Somente a E está correta, nos termos do art. 2º, §§ 2º e 3º, da Lei dos Crimes Hediondos, os quais seguem transcritos: "§ 2º A progressão de regime, no caso dos condenados aos crimes previstos neste artigo, dar-se-á após o cumprimento de 2/5 (dois quintos) da pena, se o apenado for primário, e de 3/5 (três quintos), se reincidente"; "§ 3º Em caso de sentença condenatória, o juiz decidirá fundamentadamente se o réu poderá apelar em liberdade".
Gabarito "E".

(Investigador-Escrivão-Papiloscopista – Pará – Funcab – 2016) Nos termos da Lei nº 8.072, de 1990, é correto afirmar que constitui crime hediondo:

(A) A epidemia sem o resultado morte.

(B) Extorsão simples.

(C) A lesão corporal seguida de morte, quando praticada contra cônjuge, de integrantes da Força Nacional de Segurança Pública, em razão dessa condição.

(D) Homicídio simples, em qualquer caso.

(E) Sequestro ou cárcere privado.

Somente a letra C está correta, nos termos do art. 1º, I-A, da Lei 8.072/1990.
Gabarito "C".

(Escrivão de Polícia/DF – 2013 – CESPE) No que se refere aos crimes hediondos (Lei 8.072/1990), julgue o item seguinte.

(1) Se determinado cidadão for réu em processo criminal por ter cometido crime hediondo, ele poderá ter progressão de regime no cumprimento da pena, que se iniciará em regime fechado, bem como tê-la reduzida em caso de delação premiada, se o crime tiver sido cometido por quadrilha ou bando.

1: incorreta. O STF já declarou incidentalmente diversas vezes a inconstitucionalidade do regime inicial fechado para o cumprimento da pena (veja-se, por exemplo, HC 111.840/ES, DJ 17/12/2013).
Gabarito 1E

(Investigador/SP – 2014 – VUNESP) A Lei de Crimes Hediondos (Lei 8.072/1990) dispõe que será de três a seis anos de reclusão a pena prevista no art. 288 do Código Penal (Associação Criminosa), quando se tratar de crimes hediondos, prática da tortura, tráfico ilícito de entorpecentes e drogas afins ou terrorismo. Nessa hipótese, o participante e o associado que denunciar à autoridade o bando ou quadrilha, possibilitando seu desmantelamento,

(A) deverá cumprir a pena em estabelecimento distinto dos demais participantes.

(B) deixará de responder pelo referido crime.

(C) terá a pena reduzida de um a dois terços.

(D) terá a pena anistiada pelo Presidente da República.

(E) terá sua pena convertida para prestação de serviços à comunidade.

O benefício da delação premiada previsto para o crime de quadrilha ou bando para a prática de crimes hediondos oferece ao acusado a redução da pena privativa de liberdade reduzida de um a dois terços (art. 8º, parágrafo único, da Lei nº 8.072/1990).
Gabarito "C".

(Investigador de Polícia/SP – 2013 – VUNESP) Segundo a Lei n.º 8.072/1990, são considerados crimes hediondos:

(A) o racismo e a corrupção ativa.

(B) o terrorismo e o atentado violento ao pudor.

(C) a falsificação, corrupção, adulteração ou alteração de produto destinado a fins terapêuticos ou medicinais e o estupro de vulnerável.

(D) a prática da tortura e a corrupção ativa.

(E) o tráfico ilícito de entorpecentes e drogas afins e o racismo.

O art. 1º da Lei 8.072/1990 arrola como crimes hediondos: homicídio qualificado ou quando praticado em atividade típica de grupo de extermínio; latrocínio; extorsão qualificada pela morte; extorsão mediante sequestro, simples e qualificada; estupro; estupro de vulnerável; epidemia com resultado morte; falsificação, corrupção, adultera o ou alteração de produto destinado a fins terapêuticos ou medicinais; genocídio e favorecimento da prostituição ou de outra forma de exploração sexual de criança ou adolescente ou de vulnerável. O candidato deve ter cuidado porque a tortura, o tráfico de drogas e o terrorismo são crimes **equiparados a hediondos** pela Constituição Federal. Vale salientar, ainda, que a alternativa "B" está desatualizada. A própria Lei 12.015/2009, que revogou o art. 214 do Código Penal, que previa o atentado violento ao pudor, adaptou a Lei dos Crimes Hediondos para a nova realidade penal, qual seja, a inserção da conduta criminosa no tipo do estupro.

Gabarito "C".

4. ESTATUTO DA CRIANÇA E DO ADOLESCENTE

(Escrivão – AESP/CE – VUNESP – 2017) No que concerne ao crime de "corromper ou facilitar a corrupção de menor de 18 (dezoito) anos, com ele praticando infração penal ou induzindo-o a praticá-la" (corrupção de menores, art. 244-B da Lei nº 8.069/90),

(A) por disposição legal não se configura se o menor, antes do contato com o agente, já era dado à prática de crimes.

(B) as penas são aumentadas de 2/3, no caso de a infração cometida ou induzida estar incluída no rol dos crimes hediondos.

(C) as penas são diminuídas de 1/3, no caso de infração cometida ou induzida em se tratando de contravenção penal.

(D) há entendimento jurisprudencial sumulado por Tribunal Superior no sentido de que se trata de crime formal.

(E) as penas são aumentadas de 1/3, no caso de a infração, para a qual o menor foi cooptado, ser cometida com violência ou grave ameaça.

A: incorreta. Não há qualquer disposição legal nesse sentido; **B:** incorreta. A pena é aumentada de um terço nesses casos (art. 244-B, § 2º, do ECA); **C:** incorreta. Não há causa de diminuição de pena para este crime; **D:** correta, nos termos da Súmula 500 do STJ; **E:** incorreta. Não há causa de aumento nesse sentido. TS

Gabarito "D".

(Escrivão de Polícia/DF – 2013 – CESPE) A respeito do Estatuto da Criança e do Adolescente (Lei 8.069/1990), julgue o item a seguir.

(1) Considere a seguinte situação hipotética. Afonso, que tem mais de vinte e um anos de idade, é primo da adolescente Z e, prevalecendo-se de sua relação de parentesco, embora não tenha autoridade sobre Z, divulgou na Internet cenas pornográficas de que a adolescente participou, sem que ela consentisse com a divulgação. Nessa situação, devido à relação de parentesco existente, caso seja condenado pelo ato praticado, Afonso deverá ter sua pena aumentada.

1: incorreta. Inicialmente, cumpre definir que o crime praticado por Afonso é o previsto no art. 241-A da Lei 8.069/1990, o qual não prevê causa de aumento por força do parentesco. Mas ainda que estivéssemos falando do crime do art. 240 do Estatuto da Criança e do Adolescente, não se aplicaria o aumento de pena porque Afonso é primo de Z, parente consanguíneo de 4º grau, sendo que a exasperante incide somente em caso de parentesco até 3º grau (tios e sobrinhos, por exemplo) ou caso o agente tenha autoridade sobre a vítima.

Gabarito 1E

(Investigador de Polícia/SP – 2013 – VUNESP) Conforme o disposto no Estatuto da Criança e do Adolescente (Lei n.º 8.069/1990), o adolescente apreendido por força de ordem judicial e o adolescente apreendido em flagrante de ato infracional serão, respectivamente, desde logo, encaminhados

(A) à Defensoria Pública e ao Ministério Público.

(B) à autoridade judiciária e à autoridade policial competente.

(C) à Procuradoria do Estado e à autoridade judiciária competente.

(D) ao Conselho Tutelar local e à autoridade policial competente.

(E) à autoridade policial competente e ao Ministério Público.

Apreendido por ordem judicial, deverá o adolescente ser encaminhado à autoridade judicial que emitiu a ordem (art. 171 do ECA); se apreendido em flagrante delito, sua apresentação deve ser realizada junto à autoridade policial com atuação na circunscrição do fato (art. 172 do ECA).

Gabarito "B".

5. CRIMES CONTRA O SISTEMA FINANCEIRO

(Escrivão – AESP/CE – VUNESP – 2017) O crime de "obter, mediante fraude, financiamento em instituição financeira" (art. 19 da Lei nº 7.492/86) tem pena aumentada de 1/3 se cometido:

(A) em detrimento de instituição financeira oficial.

(B) por intermédio de pessoa jurídica.

(C) em momento de grave recessão.

(D) por agente público.

(E) com intuito de causar risco sistêmico.

Somente a A está correta, pois se o crime é cometido em detrimento de instituição financeira oficial ou por ela credenciada para o repasse de financiamento, a pena é aumentada de 1/3 (um terço) – parágrafo único do art. 19 da lei dos crimes contra o sistema financeiro nacional. TS

Gabarito "A".

(Agente-Escrivão – PC/GO – CESPE – 2016) De acordo com a Lei nº 7.492/1986, o indivíduo que gerir fraudulentamente determinada instituição financeira:

(A) não poderá ser vítima da decretação de prisão preventiva no curso do processo.

(B) cometerá crime cuja ação penal será promovida pelo MPF.

(C) terá sua pena aumentada de um terço, se a gestão tiver sido temerária.

(D) responderá por crime, ainda que tenha agido culposamente.

(E) cometerá crime que deverá ser processado e julgado pela justiça estadual.

A: incorreta, pois o art. 30 da lei dos crimes contra o sistema financeiro nacional, Lei 7.492/1986, prevê expressamente a possibilidade da decretação da prisão preventiva. **B:** correta e **E:** incorreta, nos exatos termos do art. 26 da referida lei. **C:** incorreta, pois se a gestão for temerária, a pena será de 2 a 8 anos de reclusão, portanto, menor do que a da conduta descrita no "caput" do artigo (parágrafo único do art. 4º da Lei 7.492/1986); **D:** incorreta, pois a lei não prevê a modalidade culposa. Assim, o agente só responde se agir com dolo. TS

Gabarito "B".

(Agente-Escrivão – PC/GO – CESPE – 2016) Com base na Lei nº 7.492/1986, a tipificação dos crimes contra o Sistema Financeiro Nacional:

(A) inadmite confissão espontânea perante autoridade policial.

(B) inadmite coautoria.

(C) inadmite partícipe.

(D) admite coautoria ou participação, e, se ocorrer confissão espontânea que revele toda a trama delituosa, a pena será reduzida de um a dois terços.

(E) admite coautoria ou participação, e, se ocorrer confissão espontânea que revele toda a trama delituosa, será concedido o perdão judicial da pena.

Somente a assertiva D está correta, nos exatos termos do § 2º do art. 25 da Lei 7.492/1986. TS

Gabarito "D".

6. CRIMES CONTRA A ORDEM TRIBUTÁRIA E AS RELAÇÕES DE CONSUMO

Vera destruiu grande quantidade de matéria-prima com o fim de provocar alta de preço em proveito próprio.

Túlio formou acordo entre ofertantes, visando controlar rede de distribuição, em detrimento da concorrência.

Lucas reduziu o montante do tributo devido por meio de falsificação de nota fiscal.

(Agente-Escrivão – PC/GO – CESPE – 2016) De acordo com a Lei nº 8.137/1990, que regula os crimes contra a ordem tributária e econômica e contra as relações de consumo, nas situações hipotéticas apresentadas, somente:

(A) Vera cometeu crime contra a ordem econômica.

(B) Lucas cometeu crime contra as relações de consumo.

(C) Vera e Túlio cometeram crime contra a ordem tributária.

(D) Vera e Lucas cometeram crime contra as relações de consumo.

(E) Túlio cometeu crime contra a ordem econômica.

Somente a assertiva E está correta, pois Túlio praticou a conduta prevista no art. 4º, II, c, da Lei 8.137/1990. Esse artigo prevê os crimes contra a ordem econômica. Já Vera praticou crime contra as relações de consumo (art. 7º, VIII, da Lei 8.137/1990) e Lucas praticou crime contra a ordem tributária, previsto no art. 1º, III, da referida Lei. **TS**

Gabarito "E".

(Agente de Polícia/DF – 2013 – CESPE) Com base na Lei 8.137/1990, que define os crimes contra a ordem tributária e econômica e contra as relações de consumo, julgue os itens que se seguem.

(1) Constitui crime contra as relações de consumo ter em depósito, mesmo que não seja para vender ou para expor à venda, mercadoria em condições impróprias para o consumo.

(2) Quem, valendo-se da qualidade de funcionário público, patrocinar, direta ou indiretamente, interesse privado perante a administração fazendária praticará, em tese, crime funcional contra a ordem tributária.

1: incorreta. A conduta tipificada no art. 7º, IX, da Lei 8.137/1990, tem como elementar a intenção de vender, expor à venda ou de qualquer forma entregar a mercadoria imprópria para consumo mantida em depósito; **2:** correta, nos termos do art. 3º, III, da Lei 8.137/1990.

Gabarito 1E, 2C

7. ESTATUTO DO DESARMAMENTO

(Escrivão – AESP/CE – VUNESP – 2017) É cominada pena de detenção aos seguintes crimes da Lei nº 10.826/03:

(A) posse irregular de arma de fogo de uso permitido e omissão de cautela.

(B) disparo de arma de fogo e omissão de cautela.

(C) disparo de arma de fogo e porte ilegal de arma de fogo de uso permitido.

(D) posse irregular de arma de fogo de uso permitido e porte ilegal de arma de fogo de uso permitido.

(E) posse de arma de fogo de uso permitido e posse de arma de fogo de uso restrito.

A: correta (arts. 12 e 13 da Lei 10.826/2003, ambos punidos com detenção); **B:** incorreta, pois o disparo de arma de fogo é punido com reclusão (art. 15 da Lei 10.826/2003); **C:** incorreta (arts. 14 e 15 da Lei 10.826/2003, ambos punidos com reclusão); **D:** incorreta, pois a posse é punida com detenção e o porte, com reclusão (arts. 12 e 14 da Lei 10.826/2003); **E:** incorreta, pois a posse de arma de fogo de uso restrito é punida com reclusão (art. 16 da Lei 10.826/2003). **TS**

Gabarito "A".

(Investigador-Escrivão-Papiloscopista – Pará – Funcab – 2016) Nos termos do Estatuto do Desarmamento, Lei nº 10.826, de 2003, dentre as categorias de pessoas a seguir enumeradas, qual é aquela, para a qual existe a restrição ao direito de portar arma de fogo de propriedade particular ou fornecida pela respectiva corporação ou instituição, mesmo fora de serviço, com validade em âmbito nacional?

(A) agentes do Departamento de Segurança do Gabinete de Segurança Institucional da Presidência da República.

(B) integrantes das Forças Armadas.

(C) integrantes da polícia da Câmara dos Deputados.

(D) integrantes das guardas municipais das capitais dos Estados e dos Municípios com mais de 500.000 (quinhentos mil) habitantes.

(E) agentes operacionais da Agência Brasileira de Inteligência.

O enunciado se refere aos membros das Guardas Municipais das capitais dos Estados e de Municípios com mais de 500.000 habitantes, nos termos do art. 6º, III e § 1º, do Estatuto do Desarmamento. **TS**

Gabarito "D".

(Polícia Rodoviária Federal – 2013 – CESPE) No que concerne ao Estatuto do Desarmamento, julgue o item a seguir.

(1) Supondo que determinado cidadão seja responsável pela segurança de estrangeiros em visita ao Brasil e necessite de porte de arma, a concessão da respectiva autorização será de competência do ministro da Justiça.

1: incorreta. A concessão do porte de arma de uso permitido é de competência do Departamento de Polícia Federal (art. 10 da Lei 10.826/2003).

Gabarito 1E

(Escrivão de Polícia/DF – 2013 – CESPE) Acerca do Estatuto do Desarmamento (Lei 10.826/2003), julgue o próximo item.

(1) Considere a seguinte situação hipotética. Em uma operação policial, José foi encontrado com certa quantidade de munição para revólver de calibre 38. Na oportunidade, um policial indagou José sobre a autorização para portar esse material, e José respondeu que não possuía tal autorização e justificou que não precisava ter tal documento porque estava transportando munição desacompanhada de arma de fogo. Nessa situação hipotética, a justificativa de José para não portar a autorização é incorreta, e ele responderá por crime previsto no Estatuto do Desarmamento.

1: correta. O crime previsto no art. 14 da Lei 10.826/2003 se consuma pelo porte de arma de fogo, acessório ou munição sem autorização.

Gabarito 1C

(Agente de Polícia Federal – 2012 – CESPE) À luz da lei dos crimes ambientais e do Estatuto do Desarmamento, julgue os itens seguintes.

(1) Responderá pelo delito de omissão de cautela o proprietário ou o diretor responsável de empresa de segurança e transporte de valores que deixar de registrar ocorrência policial e de comunicar à Polícia Federal, nas primeiras vinte e quatro horas depois de ocorrido o fato, a perda de munição que esteja sob sua guarda.

1: correta, nos exatos termos do art. 13, parágrafo único, da Lei 10.826/2003 (Estatuto do Desarmamento).

Gabarito 1C

8. CRIMES AMBIENTAIS

(Agente-Escrivão – Acre – IBADE – 2017) Quanto à possibilidade de responsabilidade penal da pessoa jurídica pela prática de crimes ambientais e o entendimento atual dos Tribunais Superiores, pode- se afirmar:

(A) É admitida, ainda que não haja responsabilização de pessoas físicas.

(B) É admitida, desde que em conjunto com uma pessoa física.

(C) Não é admitida, pois há vedação legal no Código Penal.

(D) Não é admitida, pois a pessoa jurídica e incompatível com a teoria do crime adotada pela Lei de Crimes Ambientais.

(E) Não é admitida, haja vista que a Constituição Federal apenas tratou de sua responsabilidade administrativa.

Somente a letra A está correta. A Lei 9.605/1998 inovou no ordenamento jurídico nacional ao prever a responsabilização penal da pessoa jurídica, sem prejuízo das sanções administrativas e civis cabíveis (art. 3º da mencionada lei). Cabe ressaltar que Supremo Tribunal Federal adotou novo entendimento ao admitir a possibilidade da PJ figurar sozinha no polo passivo da ação penal. Trata-se do RE 548.181, cuja decisão fora publicada em 30 de outubro de 2014. Em seguida, o STJ também passou a adotar essa nova posição. Portanto, a responsabilidade penal da pessoa jurídica pela prática de crimes ambientais é subjetiva e independente da responsabilização simultânea da pessoa física por ela responsável, conforme entendimento uniforme dos Tribunais Superiores. **TS**

Gabarito "A".

(Escrivão – AESP/CE – VUNESP – 2017) É típica a conduta de matar espécimes da fauna silvestre, nativos ou em rota migratória, sem a devida permissão, licença ou autorização da autoridade competente. E, por expressa disposição no próprio artigo de lei (art. 29 da Lei nº 9.605/98),

(A) apenas configura crime em relação a espécies raras ou consideradas ameaçadas de extinção.

(B) tem pena aumentada de 1/3, se utilizado explosivo ou método cruel.

(C) não é punida, se comprovado o baixo grau de instrução ou escolaridade do agente.

(D) não se configura crime com relação aos atos de pesca.

(E) tem pena dobrada, se praticada por agente público.

A: incorreta. Se o crime for cometido contra espécies raras ou consideradas ameaçadas de extinção, a pena é aumentada de metade (art. 29, § 4º, I, da Lei 9.605/1998); **B:** incorreta, pois a pena é aumentada de metade (art. 29, § 4º, VI, da Lei 9.605/1998); **C:** incorreta. O baixo grau de instrução ou escolaridade do agente é circunstância atenuante da pena (art. 14º, I, da Lei 9.605/1998); **D:** correta (art. 29, § 6º, da Lei 9.605/1998); **E:** incorreta. Se o agente praticou o crime facilitado por funcionário público no exercício de suas funções, a pena será agravada. (art. 15 II, r, da Lei 9.605/1998). **TS**

Gabarito "D".

3. LEGISLAÇÃO EXTRAVAGANTE — 473

(Escrivão – Pernambuco – CESPE – 2016) A respeito das penas restritivas de direito especificamente aplicáveis aos crimes ambientais, assinale a opção correta.

(A) Na prestação pecuniária, que consiste no pagamento em dinheiro a vítima ou a entidade pública ou privada com fim social por crime ambiental, o valor pago não será deduzido do montante de eventual reparação civil a que for condenado o infrator.

(B) A prestação de serviços à comunidade consiste na atribuição ao condenado de tarefas gratuitas junto a hospitais públicos e dependências asilares de atendimento a idosos.

(C) A suspensão parcial ou total de atividade, exclusivamente para pessoas jurídicas, será aplicada quando a empresa não estiver cumprindo as normas ambientais.

(D) As penas de interdição temporária de direito incluem a proibição de o condenado participar de licitações, pelo prazo de cinco anos, no caso de crimes dolosos, e de três anos, no de crimes culposos.

(E) O recolhimento domiciliar inclui a obrigação de o condenado trabalhar sob rígida vigilância, e de permanecer recolhido todos os dias em local diferente de sua moradia habitual.

A: incorreta, pois o valor pago **será deduzido** do montante de eventual reparação civil a que for condenado o infrator (art. 12 da Lei 9.605/1998); **B:** incorreta, nos termos do art. 9º da Lei 9.605/1998: "A prestação de serviços à comunidade consiste na atribuição ao condenado de tarefas gratuitas junto a parques e jardins públicos e unidades de conservação, e, no caso de dano da coisa particular, pública ou tombada, na restauração desta, se possível."; **C:** incorreta, pois a lei não menciona que a suspensão de atividades é exclusiva para pessoas jurídicas (arts. 8º, III, e 11 da Lei 9.605/1998); **D:** correta, nos termos do art. 10 da Lei 9.605/1998; **E:** incorreta. Art. 13 da Lei 9.605/1998: "O recolhimento domiciliar baseia-se na autodisciplina e senso de responsabilidade do condenado, que deverá, sem vigilância, trabalhar, frequentar curso ou exercer atividade autorizada, permanecendo recolhido nos dias e horários de folga em residência ou em qualquer local destinado a sua moradia habitual, conforme estabelecido na sentença condenatória." **IS**
Gabarito "D".

(Investigador-Escrivão-Papiloscopista – Pará – Funcab – 2016) Acerca da Lei nº 9.605, de 1998, que trata das sanções penais e administrativas derivadas de condutas e atividades lesivas ao meio ambiente, é correto afirmar que constitui crime:

(A) penetrar um Unidades de Conservação conduzindo substâncias ou instrumentos próprios para caça ou para exploração de produtos ou subprodutos florestais, mesmo se possuir licença da autoridade competente.

(B) destruir ou danificar floresta considerada de preservação permanente, mesmo que em formação, ou utilizá-la com infringência das normas de proteção.

(C) matar, perseguir, caçar, apanhar, utilizar espécimes da fauna silvestre, nativos ou em rota migratória, qualquer que seja a hipótese.

(D) abater animal, quando realizado em estado de necessidade, para saciar a fome do agente ou de sua família.

(E) a prática de grafite realizada com o objetivo de valorizar o patrimônio público ou privado mediante manifestação artística, com ou sem consentimento do proprietário ou, quando couber, do locatário ou arrendatário do bem privado.

A: incorreta, pois o crime só se constitui se o agente **não** tiver licença da autoridade competente (art. 52 da Lei 9.605/1998); **B:** correta, nos exatos termos do art. 38 da Lei 9.605/1998; **C:** incorreta. O crime só se constitui se não houver a devida permissão, licença ou autorização da autoridade competente, ou o agente atuar em desacordo com a obtida (art. 29, "caput", da Lei 9.605/1998); **D:** incorreta, pois a lei não considera crime o abate de animal, quando realizado em estado de necessidade, para saciar a fome do agente ou de sua família (art. 37, I, da Lei 9.605/1998); **E:** incorreta. Art. 65, § 2º, da Lei 9.605/1998: "Não constitui crime a prática de grafite realizada com o objetivo de valorizar o patrimônio público ou privado mediante manifestação artística, desde que consentida pelo proprietário e, quando couber, pelo locatário ou arrendatário do bem privado e, no caso de bem público, com a autorização do órgão competente e a observância das posturas municipais e das normas editadas pelos órgãos governamentais responsáveis pela preservação e conservação do patrimônio histórico e artístico nacional." **IS**
Gabarito "B".

(Escrivão de Polícia Federal - 2013 – CESPE) A respeito dos crimes contra o meio ambiente, julgue o item a seguir, com base na Lei 9.605/1998.

(1) Um cidadão que cometer crime contra a flora estará isento de pena se for comprovado que ele possui baixa escolaridade.

1: incorreta. O baixo grau de escolaridade do agente é circunstância atenuante genérica (art. 14, I, da Lei 9.605/1998) e não excludente da culpabilidade.
Gabarito 1E

(Polícia Rodoviária Federal – 2013 – CESPE) Com fundamento na Lei dos Crimes Ambientais, julgue o próximo item.

(1) Responderá por crime contra a flora o indivíduo que cortar árvore em floresta considerada de preservação permanente, independentemente de ter permissão para cortá-la, e, caso a tenha, quem lhe concedeu a permissão também estará sujeito as penalidades do respectivo crime.

1: incorreta. O crime previsto no art. 39 da Lei 9.605/1998 tem como elementar a ausência de autorização de autoridade, ou seja, se ela existir, não haverá crime.
Gabarito 1E

(Escrivão de Polícia/DF – 2013 – CESPE) A respeito dos crimes contra o meio ambiente (Lei 9.605/1998), julgue o item a seguir.

(1) Quando um cidadão abate um animal que é considerado nocivo por órgão competente, ele não comete crime.

1: correta, nos termos do art. 37, IV, da Lei 9.605/1998.
Gabarito 1C

(Agente de Polícia Federal – 2012 – CESPE) À luz da lei dos crimes ambientais e do Estatuto do Desarmamento, julgue os itens seguintes.

(1) Se o rebanho bovino de determinada propriedade rural estiver sendo constantemente atacado por uma onça, o dono dessa propriedade, para proteger o rebanho, poderá, independentemente de autorização do poder público, abater o referido animal silvestre.

1: incorreta. A hipótese está prevista no art. 37, II, da Lei 9.605/1998, que autoriza o abate de animais para proteção de lavouras ou rebanhos, mas desde que expressamente autorizado pela autoridade competente.
Gabarito 1E

9. RACISMO

(Escrivão – AESP/CE – VUNESP – 2017) De acordo com a Lei nº 7.716/89, é típica a conduta de fabricar bandeiras estampadas com a cruz suástica?

(A) Sim, desde que sem prévia autorização da autoridade competente.

(B) Sim, mas se trata de crime que se processa mediante ação pública condicionada à representação do ofendido.

(C) Não, em atenção ao princípio constitucional da liberdade de expressão.

(D) Sim, se trata de crime que se processa mediante ação privada.

(E) Sim, desde que fabricada com o fim de divulgar o nazismo.

Nos termos do art. 20 da Lei 7.716/1989, é crime de racismo fabricar material com a cruz suástica **para fins de divulgação do nazismo,** ou seja, exige-se dolo específico para caracterização do crime. Vale destacar que o crime de racismo é processado mediante ação penal pública incondicionada. Por isso, correta a alternativa "E". **IS**
Gabarito "E".

(Investigador-Escrivão-Papiloscopista – Pará – Funcab – 2016) Qual, dentre as condutas a seguir enumeradas, ocorre a incidência de crime diverso daqueles tipificados como crime de discriminação ou preconceito de raça, cor, etnia, religião ou procedência nacional, conforme previsto na Lei nº 7.716, de 1989?

(A) Recusar, negar ou impedir a inscrição ou ingresso de aluno em estabelecimento de ensino público ou privado de qualquer grau, por motivo de preconceito de raça, cor, etnia, religião ou procedência racional.

(B) Injuriar alguém, utilizando elementos referentes a raça, cor, etnia, religião, origem ou a condição de pessoa idosa ou portadora de deficiência, ofendendo-lhe a dignidade ou o decoro.

(C) Impedir o acesso ou recusar hospedagem em hotel, pensão, estalagem, ou qualquer estabelecimento similar, por motivo de preconceito de raça, cor, etnia, religião ou procedência racional.

(D) Impedir ou obstar o acesso de alguém, devidamente habilitado, a qualquer cargo da Administração Direta ou Indireta, bem como das concessionárias de serviços públicos, por motivo de preconceito de raça, cor, etnia, religião ou procedência racional.

(E) Recusar ou impedir acesso a estabelecimento comercial, negando-se a servir, atender ou receber cliente ou comprador, por motivo de preconceito de raça, cor, etnia, religião ou procedência racional.

Todas as condutas estão previstas como crimes de racismo na Lei 7.716/1989, com exceção da letra "B", que deve ser assinalada. Com efeito, a alternativa descreve a conduta tipificada como injúria qualificada prevista no art. 140, § 3º, do Código Penal. **TS**

Gabarito "B".

(Polícia Rodoviária Federal – 2013 – CESPE) Julgue o item seguinte, relativo a crimes resultantes de preconceitos de raça e cor.

(1) Constitui crime o fato de determinado clube social recusar a admissão de um cidadão em razão de preconceito de raça, salvo se o respectivo estatuto atribuir a diretoria a faculdade de recusar propostas de admissão, sem declinação de motivos.

1: incorreta. O crime de racismo previsto no art. 9º da Lei 7.716/1989 não comporta qualquer exceção a afastar a ilicitude da conduta.

Gabarito 1E

(Escrivão de Polícia/BA – 2013 – CESPE) Considerando o que dispõe o Estatuto da Igualdade Racial acerca de crimes resultantes de discriminação ou preconceito, julgue os itens que se seguem.

(1) Considera-se atípica na esfera penal a conduta do agente público que, por motivo de discriminação de procedência nacional, obste o acesso de alguém a cargo em órgão público.

(2) Conforme previsão legal, é obrigatório, nos estabelecimentos de ensino fundamental e médio, públicos e privados, o estudo de história geral da África e de história da população negra no Brasil.

1: incorreta. A conduta se amolda ao art. 3º da Lei 7.716/1989; **2:** correta, nos termos do art. 11 da Lei 12.288/2010.

Gabarito 1E, 2C

(Investigador de Polícia/BA – 2013 – CESPE) Julgue o próximo item, que versa sobre discriminação étnica.

(1) O Brasil assumiu internacionalmente o compromisso de proibir e eliminar a discriminação racial em todas as suas formas, garantindo o direito de cada pessoa à igualdade perante a lei, sem distinção de raça, de cor ou de origem nacional ou étnica.

1: correta, conforme previsto na Convenção Internacional sobre a Eliminação de Todas as Formas de Discriminação Racial, de 1966.

Gabarito 1C

10. ABUSO DE AUTORIDADE

(Escrivão – Pernambuco – CESPE – 2016) Em relação à Lei de Abuso de Autoridade — Lei nº 4.898/1965 —, assinale a opção correta.

(A) Para os efeitos da referida lei, são considerados autoridade aqueles que exercem um *munus* público, como, por exemplo, tutores e curadores dativos, inventariantes, síndicos e depositários judiciais.

(B) Nessa lei, há condutas tipificadas que caracterizam crimes próprios e crimes impróprios, admitindo-se as modalidades dolosa e culposa.

(C) O particular coautor ou partícipe, juntamente com o agente público, em concurso de pessoas, responderá por outro crime, uma vez que a qualidade de autoridade é elementar do tipo.

(D) Se uma autoridade policial determinar a seu subordinado que submeta pessoa presa a constrangimento não autorizado por lei, e se esse subordinado cumprir a ordem manifestamente ilegal, ambos responderão pelo crime de abuso de autoridade.

(E) Não há crime de abuso de autoridade por conduta omissiva, já que, para tanto, deve ocorrer a prática de ação abusiva pelo agente público.

A: incorreta, nos termos do art. 5º da Lei de Abuso de Autoridade: "Considera-se autoridade, para os efeitos desta lei, quem exerce cargo, emprego ou função pública, de natureza civil, ou militar, ainda que transitoriamente e sem remuneração."; **B:** incorreta, pois os crimes da citada lei são próprios, ou seja, só podem ser cometidos por funcionários públicos que exerçam cargos de autoridade e, além disso, só são punidos na forma dolosa; não existe abuso de autoridade culposo; **C:** incorreta. Em regra, as circunstâncias e as condições de caráter pessoal não se comunicam, salvo quando elementares do crime (art. 30 do CP). Ser funcionário público é elementar do crime e, portanto, o particular

pode responder por abuso de autoridade desde que cometa o crime juntamente com uma autoridade e saiba da qualidade de autoridade do coautor. Nesse caso, uma condição de caráter pessoal se comunica ao coautor ou partícipe; **D:** correta. Aplica-se aqui, subsidiariamente, o disposto no art. 22 do Código Penal, que exclui a culpabilidade do agente que atua com base em obediência hierárquica **desde que a ordem não seja manifestamente ilegal**. Logo, no exemplo dado na alternativa, o subordinado não poderá se valer da dirimente da obediência; **E:** incorreta. As condutas previstas no art. 4º, *c, d* e *i,* da Lei de Abuso de Autoridade, são crimes omissivos próprios. **TS**

Gabarito "D".

(Polícia Rodoviária Federal – 2013 – CESPE) No que concerne ao abuso de autoridade, julgue o item a seguir.

(1) Considere que um PRF aborde o condutor de um veículo por este trafegar acima da velocidade permitida em rodovia federal. Nessa situação, se demorar em autuar o condutor, o policial poderá responder por abuso de autoridade, ainda que culposamente.

1: incorreta. Ainda que consideremos que a demora na autuação configure atentado à liberdade de locomoção, devemos lembrar que não é punível a modalidade culposa do abuso de autoridade por ausência de previsão legal.

Gabarito 1E

(Escrivão de Polícia/DF – 2013 – CESPE) Com relação a abuso de autoridade (Lei 4.898/1965), julgue o item a seguir.

(1) Se, por ter cerceado ilegalmente a liberdade de locomoção de um cidadão, um policial civil estiver respondendo por abuso de autoridade nas esferas administrativa, civil e penal, o processo administrativo deverá ser suspenso pelo prazo máximo de um ano, para que se aguarde a decisão penal sobre o caso.

1: incorreta. O procedimento administração não será suspenso para aguardar o encerramento do processo penal ou civil (art. 7º, § 3º, da Lei 4.898/1965).

Gabarito 1E

(Investigador/SP – 2014 – VUNESP) Hércules, delegado de polícia, efetuou uma prisão em flagrante delito, mas deixou de comunicar ao juiz competente, de imediato, a prisão da pessoa, mesmo estando obrigado a fazê-lo.

Segundo as leis brasileiras, essa omissão de Hércules constitui crime de

(A) omissão delituosa.

(B) tortura.

(C) omissão de socorro.

(D) abuso de autoridade.

(E) usurpação de poder.

A conduta de Hércules se amolda à espécie de abuso de autoridade prevista no art. 4º, "c", da Lei 4.898/1965.

Gabarito "D".

(Agente de Polícia/PI – 2012) Acerca da infração tipificada como *abuso de autoridade*, é correto afirmar que:

(A) manter alguém na prisão, sem arbitramento da fiança prevista em lei, não constitui crime, mas irregularidade processual sanável por *habeas corpus*.

(B) o inquérito administrativo para a apuração de fato configurado como *abuso de autoridade* e aplicação da consectária sanção administrativa deve ficar sobrestado até que se conclua a ação penal instaurada acerca daquele mesmo fato.

(C) a autoridade administrativa competente, observado o devido processo legal administrativo, pode aplicar a pena de demissão, pela prática de fato configurado como *abuso de autoridade*, mesmo que ainda não tenha sido concluída a ação penal instaurada acerca daquele mesmo fato.

(D) o crime de abuso de autoridade não acarreta perda do cargo público, mas tão somente suspensão do seu exercício, pelo prazo máximo de cinco anos.

(E) de acordo com a legislação em vigor, o crime de abuso de autoridade não comporta pena privativa de liberdade, mas tão somente pena de multa ou restritiva de direitos.

A: incorreta. Tal conduta configura crime de abuso de autoridade (art. 4º, "e", da Lei 4.898/1965); **B:** incorreta. As esferas administrativa, penal e civil são independentes, não havendo sobrestamento de qualquer delas por influência da outra (art. 7º, § 3º, da Lei 4.898/1965); **C:** correta, nos termos dos arts. 6º, § 1º, "e", e § 4º da Lei

3. LEGISLAÇÃO EXTRAVAGANTE — 475

4.898/1965; **D:** incorreta. A perda do cargo público está expressamente prevista como efeito da condenação penal por crime de abuso de autoridade, inabilitando o condenado para o exercício de qualquer outra função pública por até três anos (art. 6º, § 3º, "c", da Lei 4.898/1968); **E:** incorreta. A prática de crime de abuso de autoridade sujeita o infrator a pena de detenção de dez dias a seis meses, além da multa e da perda do cargo (art. 6º, § 3º, "b", da Lei 4.898/1965). Gabarito "C".

11. INTERCEPTAÇÃO TELEFÔNICA

(Escrivão – AESP/CE – VUNESP – 2017) Segundo o disposto na Lei nº 9.296/96 (Interceptação Telefônica), a gravação dos áudios decorrente da interceptação telefônica que não interessar à prova será inutilizada por decisão judicial:

(A) somente durante a instrução processual ou após esta, em virtude de requerimento do Ministério Público ou da parte interessada.

(B) durante o inquérito, a instrução processual ou após esta, em virtude de requerimento do Ministério Público ou da parte interessada.

(C) somente após a instrução processual, em virtude de requerimento do Ministério Público ou da parte interessada.

(D) somente durante a execução da pena imposta na condenação ou após o trânsito em julgado da decisão que absolveu o acusado.

(E) após a instrução processual independentemente de requerimento do Ministério Público ou da parte interessada.

Somente a letra B está correta, nos exatos termos do art. 9º da Lei n 9.296/1996. TS
Gabarito "B".

(Papiloscopista – PCDF – Universa – 2016) Constitui um dos requisitos para que seja admitida a interceptação telefônica, segundo a Lei nº 9.296/1996, o(a):

(A) fato investigado constituir infração penal punida, no máximo, com pena de detenção.

(B) existência de indícios razoáveis da participação em infração penal.

(C) fato investigado constituir infração penal punida com pena de multa.

(D) indício razoável da autoria em contravenção penal.

(E) possibilidade de a prova poder ser feita por outros meios disponíveis.

Somente a letra B está correta, nos termos do art. 2º da Lei 9.296/1996: "Não será admitida a interceptação de comunicações telefônicas quando ocorrer qualquer das seguintes hipóteses: I - não houver indícios razoáveis da autoria ou participação em infração penal; II - a prova puder ser feita por outros meios disponíveis; III - o fato investigado constituir infração penal punida, no máximo, com pena de detenção. TS
Gabarito "B".

(Investigador-Escrivão-Papiloscopista – Pará – Funcab – 2016) Nos termos da lei de interceptação telefônica, Lei nº 9.296, de 1996, é correto afirmar:

(A) Para o procedimento de interceptação, a autoridade policial não poderá dispensar a requisição de serviços e técnicos especializados às concessionárias de serviço público.

(B) Deferido o pedido de interceptão de comunicação telefônica, a autoridade policial conduzirá os procedimentos de interceptação, dando ciência ao Ministério Público, que ficará impedido de acompanhar a sua realização.

(C) São considerados requisitos para a admissibilidade da interceptação das comunicações telefônicas: haver indícios razoáveis da autoria ou participação em infração penal; quando a prova puder ser produzida por outros meios disponíveis e o fato investigado constituir infração penal punida, com pena de detenção.

(D) Excepcionalmente, o juiz poderá admitir que o pedido seja formulado verbalmente, desde que estejam presentes os pressupostos que autorizem a interceptação, caso em que a concessão ocorrerá sem a necessidade da sua redução a termo.

(E) A decisão será fundamentada, sob pena de nulidade, indicando também a forma de execução da diligência, que não poderá exceder o prazo de quinze dias, renovável por igual tempo uma vez comprovada a indispensabilidade do meio de prova.

A: incorreta (art. 7º da citada Lei: "Para os procedimentos de interceptação de que trata esta Lei, a autoridade policial poderá requisitar serviços e técnicos especializados às concessionárias de serviço público"); **B:** incorreta (art. 6º - o Ministério Público poderá acompanhar a interceptação); **C:** incorreta. A interceptação só é

admitida se a prova não puder ser produzida por outros meios disponíveis e somente se a infração for punida com reclusão (art. 2º da Lei 9.296/1996); **D:** incorreta, pois a concessão será condicionada à sua redução a termo – art. 4º, § 1º, da referida lei. Somente a assertiva E está correta, nos exatos termos do art. 5º da Lei 9.296/96. TS
Gabarito "E".

(Agente-Escrivão – Acre – IBADE – 2017) No que tange à Lei nº 9.296/1996, que regulamenta a interceptação de comunicação telefônica, assinale a alternativa correta.

(A) A decisão que autorizar a interceptação de comunicação telefônica será fundamentada, sob pena de nulidade, indicando também a forma de execução da diligência, que não poderá exceder o prazo de dez dias, renovável por igual tempo uma vez comprovada a indispensabilidade do meio de prova.

(B) Não será admitida a interceptação de comunicações telefônicas quando o fato investigado constituir infração penal punida, no máximo, com pena de detenção.

(C) O juiz, no prazo máximo de quarenta e oito horas, decidirá sobre o pedido de interceptação de comunicação telefônica representado pela autoridade policial.

(D) A interceptação das comunicações telefônicas poderá ser determinada pelo juiz, a requerimento da autoridade policial, na instrução criminal.

(E) A interceptação de comunicações telefônicas, de qualquer natureza, para prova em investigação criminal e em instrução processual penal, observará o disposto nesta lei e dependerá de ordem do juiz competente da ação principal, excluindo-se o segredo de justiça.

A: incorreta. A assertiva é cópia do art. 5º da Lei 9.296/1996, porém o prazo que não pode ser excedido é de QUINZE dias e não dez, como constou; **B:** correta, nos termos do inciso III do art. 2º da Lei 9.296/1996; **C:** incorreta, pois o prazo para o juiz decidir sobre o pedido de interceptação telefônica é de vinte e quatro horas (art. 4º, § 2º, da citada lei); **D:** considerada incorreta pelo gabarito oficial, porém merece críticas a elaboração da questão. A alternativa só está incorreta porque faltou a expressão "de ofício", nos termos do art. 3º, I, da Lei 9.296/1996. Contudo, a alteração realizada não traz qualquer erro em relação à aplicação da lei, porque elenca uma das hipóteses em que a interceptação é possível (requerimento da autoridade policial), ainda que não traga todas (de ofício pelo juiz ou a requerimento do Ministério Público); **E:** incorreta, já que a interceptação de comunicações telefônicas ocorre sempre em segredo de justiça (art. 1º da Lei 9.296/1996). TS
Gabarito "B".

(Agente-Escrivão – PC/GO – CESPE – 2016) Caso uma pessoa seja ré em processo criminal por supostamente ter cometido homicídio qualificado, eventual interceptação de suas comunicações telefônicas:

(A) dependerá de ordem do juiz competente, sob segredo de justiça.

(B) poderá ser admitida por meio de parecer favorável de representante do MP.

(C) não poderá exceder o prazo improrrogável de quinze dias, se concedida pelo juiz.

(D) poderá ser admitida, ainda que a prova possa ser feita por outros meios.

(E) deverá ser negada, se for requerida verbalmente ao juiz competente.

Somente a letra A está correta, nos termos dos arts. 1º, 5º e 4º, § 1º da Lei 9.296/1996: Art. 1º "A interceptação de comunicações telefônicas, de qualquer natureza, para prova em investigação criminal e em instrução processual penal, observará o disposto nesta Lei e **dependerá de ordem do juiz competente da ação principal, sob segredo de justiça**"; Art. 5º "A decisão será fundamentada, sob pena de nulidade, indicando também a forma de execução da diligência, que não poderá exceder o prazo de quinze dias, **renovável por igual tempo uma vez comprovada a indispensabilidade do meio de prova**"; Art. 4º, § 1º "Excepcionalmente, o juiz poderá admitir que o pedido seja **formulado verbalmente**, desde que estejam presentes os pressupostos que autorizem a interceptação, caso em que a concessão será condicionada à sua redução a termo." Grifos nossos. TS
Gabarito "A".

Cláudio responde a IP por supostamente ter cometido crime sujeito a pena de reclusão.

Ana é ré em processo criminal por supostamente ter cometido crime sujeito a pena de detenção.

Clóvis responde a IP por supostamente ter cometido crime sujeito a pena de detenção.

476 TATIANA SUBI

(Agente-Escrivão – PC/GO – CESPE – 2016) Nessas situações hipotéticas, poderá ocorrer a interceptação das comunicações telefônicas:

(A) de Cláudio e de Clóvis, mediante requerimento da autoridade policial.

(B) somente de Ana, por meio de requerimento do representante do MP.

(C) somente de Clóvis, mediante requerimento do representante do MP.

(D) de Ana, de Clóvis e de Cláudio, por meio de despacho de ofício do juiz ou mediante requerimento da autoridade policial ou do representante do MP.

(E) somente de Cláudio, por meio de despacho de ofício do juiz.

A interceptação das comunicações telefônicas está prevista na Lei 9.296/1996. De acordo com o art. 2º desta lei, a interceptação somente pode ocorrer quando: houver indícios razoáveis da autoria ou participação em infração penal; a prova NÃO puder ser feita por outros meios disponíveis; e o fato investigado constituir infração penal punida com **reclusão**. Portanto, Ana e Clóvis não podem sofrer interceptação de suas comunicações telefônicas, pois os crimes supostamente por eles praticados sujeitam-se à pena de detenção. O art. 3º da referida lei, por sua vez, autoriza que a interceptação seja determinada pelo juiz de ofício. Portanto, somente a letra E está correta. **TS**
Gabarito "E".

12. CÓDIGO DE TRÂNSITO BRASILEIRO

(Escrivão – AESP/CE – VUNESP – 2017) Assinale a alternativa correta no tocante à Lei nº 9.503/97 (CTB).

(A) Mesmo sem resultar dano potencial à incolumidade pública ou privada, é crime (art. 308) participar, na direção de veículo automotor, em via pública, de disputa ou competição automobilística não autorizada pela autoridade competente ("racha").

(B) É crime (art. 311) trafegar em velocidade incompatível com a segurança nas proximidades de escolas, gerando perigo de dano.

(C) O condenado por lesão corporal culposa na direção de veículo automotor (art. 303), além da pena privativa de liberdade sujeitar-se-á, obrigatoriamente, à pena criminal de suspensão ou proibição de obter a permissão ou a habilitação para dirigir veículo automotor.

(D) A única possibilidade de configuração do crime de embriaguez ao volante (art. 306) é por meio da constatação de concentração igual ou superior a 6 decigramas de álcool por litro de sangue, ou igual ou superior a 0,3 miligrama de álcool por litro de ar alveolar.

(E) A conduta de dirigir veículo automotor em via pública, sem a devida permissão para dirigir ou habilitação, configura crime (art. 309), gerando ou não perigo de dano.

A: incorreta. É elementar do crime previsto no art. 308 do CTB a criação de risco à incolumidade pública ou privada; **B:** correta, nos exatos termos do art. 311 do CTB; **C:** incorreta. As penas são previstas alternativamente, não cumulativamente, na cominação do art. 303 do CTB; **D:** incorreta. Desde a edição da Lei 12.760/2012 ("Lei Seca"), a existência de sinais que indiquem o estado de embriaguez, na forma regulamentada pelo CONTRAN é suficiente para caracterizar o crime previsto no art. 306 do CTB; **E:** incorreta. O perigo de dano é elementar do crime previsto no art. 309 do CTB.
Gabarito "B".

(Papiloscopista – PCDF – Universa – 2016) Marcelo praticou homicídio culposo na direção de veículo automotor.

Considerando esse caso hipotético, a pena de Marcelo será aumentada se ele:

(A) estiver conduzindo veículo de transporte de passageiros, não sendo essa a sua profissão ou atividade.

(B) praticar o crime em rodovia com trânsito intenso.

(C) possuir permissão para dirigir ou carteira de habilitação vencida.

(D) praticar o crime em faixa de pedestres ou na calçada.

(E) deixar de prestar socorro, ainda que correndo risco pessoal, à vítima do acidente.

Nos termos do art. 302, § 1º, do Código de Trânsito Brasileiro, a pena do crime de homicídio culposo na direção de veículo automotor é aumentada de 1/3 até metade se o condutor: não possuir permissão para dirigir ou carteira de habilitação (estando vencida, não há aumento de pena); praticar o crime em faixa de pedestres ou calçada; deixar de prestar socorro quando possível fazê-lo **sem risco pessoal**; ou em caso de transporte de passageiros, **desde que seja sua profissão ou atividade. TS**
Gabarito "D".

(Escrivão de Polícia/DF – 2013 – CESPE) Com relação ao Código de Trânsito Brasileiro (Lei 9.503/1997 e alterações), julgue o item a seguir.

(1) Caso um cidadão esteja com sua capacidade psicomotora alterada em razão da influência de álcool e, ainda assim, conduza veículo automotor, tal conduta caracterizará crime de trânsito se ocorrer em via pública, mas será atípica, se ocorrer fora de via pública, como um condomínio fechado, por exemplo.

1: incorreta. O crime previsto no art. 306 do Código de Trânsito Brasileiro se consuma com a condução do veículo nas condições adversas narradas, independentemente do local onde ocorra o fato, se via pública ou não.
Gabarito 1E.

(Escrivão/SP – 2014 – VUNESP) Ao disciplinar os crimes em espécie, o Código de Trânsito Brasileiro determina como penas ao condutor do veículo que afastar-se do local do acidente, para fugir à responsabilidade penal ou civil que lhe possa ser atribuída,

(A) detenção, de dois a quatro anos, ou multa.

(B) reclusão, de quatro a oito anos e multa.

(C) reclusão, de dois a quatro anos e multa.

(D) detenção, de seis meses a um ano, ou multa.

(E) detenção, de um a dois anos, e multa.

O art. 305 da Lei 9.503/1997 (Código de Trânsito Brasileiro) comina pena de detenção de seis meses a um ano, ou multa, para o condutor que afastar-se do local do acidente com o intuito de furtar-se a eventual responsabilidade civil ou penal.
Gabarito "D".

(Investigador/SP – 2014 – VUNESP) Apolo e Afrodite estão em um bar, e Apolo decide ir para casa de madrugada. Apolo está visivelmente embriagado e Afrodite, mesmo sabendo disso, entrega seu automóvel para Apolo, que conduz o veículo até o condomínio em que ambos residem, mas não causa qualquer acidente e obedece todas as regras de trânsito no trajeto. Nessa situação, e conforme estabelece o Código de Trânsito Brasileiro, é correto afirmar que

(A) apenas Apolo cometeu crime por dirigir embriagado.

(B) apenas Afrodite cometeu crime por emprestar seu automóvel a Apolo.

(C) Apolo e Afrodite cometeram crimes.

(D) Afrodite teria cometido crime apenas e tão somente se Apolo tivesse se envolvido em acidente de trânsito com vítima.

(E) nenhum dos dois cometeu crime algum, já que ninguém sofreu qualquer dano físico ou material.

Tanto Apolo como Afrodite cometeram crimes previstos no Código de Trânsito Brasileiro, visto que se tratam de crimes de perigo abstrato. Apolo, por dirigir embriagado, incidiu na conduta prevista no art. 306 do CTB; já Afrodite responderá pelo crime previsto no art. 310 do mesmo código.
Gabarito "C".

(Investigador de Polícia/SP – 2013 – VUNESP) Com relação aos crimes em espécie previstos no Código de Trânsito Brasileiro, é correto afirmar que

(A) não será considerado crime a mera conduta de afastar-se o condutor do veículo do local do acidente, para fugir à responsabilidade civil que lhe possa ser atribuída.

(B) no homicídio culposo cometido na direção de veículo automotor, a pena é aumentada se o agente, no exercício de sua profissão ou atividade, estiver conduzindo veículo de transporte de passageiros.

(C) será considerado crime participar, na direção de veículo automotor, em via pública, de corrida, disputa ou competição automobilística não autorizada pela autoridade competente, mesmo que não resulte dano potencial à incolumidade pública ou privada.

(D) é crime conduzir veículo automotor, na via pública, estando com concentração de álcool por litro de sangue igual ou superior a 2 (dois) decigramas, ou sob a influência de qualquer outra substância psicoativa que determine dependência.

(E) o juiz deixará de aplicar a pena no crime de omissão de socorro se restar provado que a omissão foi suprida por terceiros ou que se tratou de vítima com morte instantânea ou com ferimentos leves.

A: incorreta. Tal conduta é tipificada como crime pelo art. 305 da Lei 9.503/1997 (Código de Trânsito Brasileiro – CTB); **B:** correta, nos termos do art. 302, § 1º, IV, do CTB; **C:** incorreta, à época em que a questão foi elaborada. Era elementar desse crime a exposição da incolumidade pública ou privada a perigo concreto (art. 308 do CTB). A Lei 12.971/2014 deu nova redação ao art. 308 do CTB, que na sua parte final prevê: "gerando situação de risco à incolumidade pública ou privada"; **D**: incorreta. Não há mais uma quantidade mínima de álcool na corrente sanguínea para configurar o crime. Basta que o agente esteja com a capacidade psicomotora alterada em razão da embriaguez (art. 306 do CTB); **E**: incorreta. Essas circunstâncias não deixam de caracterizar o crime (art. 304, parágrafo único, do CTB).

Gabarito "B".

13. LEI MARIA DA PENHA

(Investigador-Escrivão-Papiloscopista – Pará – Funcab – 2016) No atendimento à mulher em situação de violência doméstica e familiar, nos termos da Lei nº 11.340, de 2006, é correto afirmar como procedimento a ser adotado pela autoridade policial, sem prejuízo daqueles previstos no Código de Processo Penal:

(A) Determinar a proibição ao agressor o contato com a ofendida, seus familiares e testemunhas por qualquer meio de comunicação.

(B) Determinar a proibição ao agressor de aproximação da ofendida, de seus familiares e das testemunhas, fixando o limite mínimo de distância entre estes e o agressor.

(C) Determinar a suspensão da posse ou restrição do porte de armas do agressor.

(D) Determinar que se proceda ao exame de corpo de delito da ofendida e requisitar outros exames periciais necessários.

(E) Determinar ao agressor o afastamento do lar, domicílio ou local de convivência com a ofendida.

Apenas o exame de corpo de delito pode e deve ser solicitado pela autoridade policial (art. 12, IV, da Lei Maria da Penha). **Todas as demais competem ao juiz**, nos termos do art. 22 do mesmo diploma legal.

Gabarito "D".

Laura e Tiago são casados há seis anos, mas estão separados, de fato, há três meses, embora mantenham contato por conta de um filho, ainda criança, que possuem em comum. Certo dia, aproveitando-se da sua franca entrada na residência em que Laura mora com a criança, Tiago conseguiu subtrair a chave de um dos portões da casa, fez uma cópia dessa chave e devolveu o exemplar original ao seu lugar, sem que Laura disso tivesse conhecimento. Tempos depois, em dia em que Laura estava ausente de casa e o filho deles estava na casa da avó materna, Tiago entrou na casa da ex-esposa e ficou aguardando-a, com a intenção de surpreendê-la e reconquistá-la. Próximo à meia-noite desse mesmo dia, Laura chegou e, por estar bastante embriagada, adormeceu muito rapidamente, sem dar a Tiago a atenção de que ele acreditava ser merecedor. Este ficou enfurecido e enciumado e tentou, sem sucesso, acordá-la. Não tendo alcançado seu objetivo, Tiago resolveu manter, e efetivamente manteve, relação sexual com Laura, que então já estava praticamente desacordada.

(Agente – Pernambuco – CESPE – 2016) Nessa situação hipotética, conforme os dispositivos pertinentes aos crimes contra a dignidade sexual insertos na Lei Maria da Penha e no Código Penal,

(A) para que o crime de estupro se configure, é preciso que tenha ocorrido conjunção carnal na relação sexual.

(B) Tiago não poderá ser acusado de crime de estupro porque Laura ainda é sua esposa.

(C) Tiago não poderá ser acusado de crime de estupro porque não usou de grave ameaça ou violência contra Laura.

(D) Tiago poderá ser acusado de crime de estupro de vulnerável.

(E) Tiago praticou o crime de assédio sexual, pois qualquer indivíduo pode ser sujeito ativo desse crime, independentemente de ostentar condição especial em relação à vítima.

A: incorreta. O crime de estupro se configura pela conjunção carnal ou qualquer outro ato libidinoso (art. 213 do CP); **B**: incorreta. Não há qualquer óbice para caracterização do delito sendo o sujeito ativo o marido e a vítima sua esposa. Mais do que isso, incidirão as medidas protetivas da Lei Maria da Penha; **C**: incorreta. Trata-se de crime de estupro de vulnerável, que prescinde da comprovação da violência (art. 217-A, § 1º, do CP); **D**: correta, nos termos do comentário à alternativa anterior; **E**: incorreta, conforme comentários anteriores.

Gabarito "D".

(Agente-Escrivão – PC/GO – CESPE – 2016) De acordo com as disposições da Lei nº 11.340/2006 — Lei Maria da Penha —, assinale a opção correta.

(A) No caso de mulher em situação de violência doméstica e familiar, quando for necessário o afastamento do local de trabalho para preservar a sua integridade física e psicológica, o juiz assegurará a manutenção do vínculo trabalhista por prazo indeterminado.

(B) Para a proteção patrimonial dos bens da sociedade conjugal ou daqueles de propriedade particular da mulher, o juiz determinará a proibição temporária da celebração de atos e contratos de compra, venda e locação de propriedade em comum, salvo se houver procurações previamente conferidas pela ofendida ao agressor.

(C) A referida lei trata de violência doméstica e familiar em que, necessariamente, a vítima é mulher, e o sujeito ativo, homem.

(D) Na hipótese de o patrão praticar violência contra sua empregada doméstica, a relação empregatícia impedirá a aplicação da lei em questão.

(E) As formas de violência doméstica e familiar contra a mulher incluem violência física, psicológica, sexual e patrimonial, que podem envolver condutas por parte do sujeito ativo tipificadas como crime ou não.

A: incorreta. O vínculo trabalhista será mantido por até seis meses (art. 9º, § 2º, II, da Lei Maria da Penha); **B**: incorreta. A proibição da prática dos atos será determinada, salvo expressa autorização judicial (art. 24, II, da Lei Maria da Penha); **C**: incorreta. "O sujeito passivo da violência doméstica objeto da Lei Maria da Penha é a mulher, já o sujeito ativo pode ser tanto o homem quanto a mulher, desde que fique caracterizado o vínculo de relação doméstica, familiar ou de afetividade, além da convivência, com ou sem coabitação" (STJ, "Jurisprudência em Teses – Violência Doméstica e Familiar contra a Mulher", Tese 3); **D**: incorreta. A Lei Maria da Penha protege a mulher independentemente de afeto e relação entre agressor e vítima, em razão do gênero e do local onde foi praticada a conduta (ambiente doméstico); **E**: correta, nos termos do art. 5º da Lei Maria da Penha.

Gabarito "E".

(Papiloscopista – PCDF – Universa – 2016) Convencido de que havia sido traído, Pedro empurrou violentamente sua esposa contra a parede. Submetida a exame de corpo de delito, constatou-se a presença de lesões corporais de natureza leve praticada em contexto de violência doméstica.

Considerando esse caso hipotético, assinale a alternativa correta acerca dos juizados especiais criminais e da Lei Maria da Penha.

(A) A ação penal será pública condicionada à requisição do ministro da Justiça.

(B) É possível a composição civil dos danos, com estipulação de danos morais em favor da vítima, para se evitar a persecução penal.

(C) A ação penal será pública incondicionada.

(D) A ação penal será privada.

(E) A ação penal será pública condicionada à representação da ofendida.

Após constatar que a própria Lei Maria da Penha desestimulava a mulher levar o processo adiante, uma vez que as ações eram condicionadas à representação, a Procuradoria-Geral da República ingressou com Ação Direta de Inconstitucionalidade (ADI 4424) para mudar de condicionada para incondicionada a ação penal, e o Supremo Tribunal Federal julgou procedente. "O Tribunal, por maioria e nos termos do voto do Relator, julgou procedente a ação direta para, dando interpretação conforme aos artigos 12, inciso I, e 16, ambos da Lei 11.340/2006, assentar a natureza incondicionada da ação penal em caso de crime de lesão, pouco importando a extensão desta, praticado contra a mulher no ambiente doméstico (...)". Correta, portanto, a letra C.

Gabarito "C".

(Papiloscopista – PCDF – Universa – 2016) Assinale a alternativa correta acerca da Lei Maria da Penha.

(A) No atendimento à vítima de violência doméstica e familiar, a autoridade policial deverá encaminhar a ofendida ao hospital ou posto de saúde e ao Instituto Médico Legal.

(B) São inadmissíveis, como meios de prova, os laudos ou prontuários médicos fornecidos por postos de saúde.

(C) No atendimento à vítima de violência doméstica e familiar, a autoridade policial deverá simplesmente determinar que se proceda ao exame de corpo de delito da ofendida, ficando a cargo do juiz e do promotor requisitar outros exames periciais necessários.

(D) As medidas protetivas de urgência não poderão ser concedidas de ofício pelo juiz, isto é, independentemente de requerimento da ofendida.

(E) É defeso ao juiz aplicar, de imediato, ao agressor, a medida protetiva de suspensão da posse ou restrição do porte de armas.

A: correta, nos termos do art. 11, II, da Lei Maria da Penha; **B:** incorreta, pois são admitidos como meios de prova (art. 12, § 3º, da Lei Maria da Penha); **C:** incorreta. Fica a cargo da autoridade policial requisitar outros exames periciais (art. 12, IV, da referida lei); **D:** incorreta, uma vez que os arts. 19, § 1º, e 22, ambos da Lei Maria da Penha, autorizam a concessão de medidas protetivas de urgência pelo juiz, de ofício; **E:** incorreta. Essa medida protetiva é autorizada pelo art. 22, I, da citada lei. TS
Gabarito "A".

(Polícia Rodoviária Federal – 2013 – CESPE) Com fundamento na lei que cria mecanismos para coibir a violência doméstica e familiar contra a mulher – Lei Maria da Penha, julgue o próximo item.

(1) Considerando que, inconformado com o término do namoro de mais de vinte anos, José tenha agredido sua ex-namorada Maria, com quem não coabitava, ele estará sujeito a aplicação da lei de combate a violência doméstica e familiar contra a mulher, conhecida como Lei Maria da Penha.

1: correta. A coabitação não é requisito para a configuração do crime de violência doméstica e familiar contra a mulher. Basta que o agente se valha da relação íntima de afeto na qual tenha convivido com a ofendida (art. 5º, III, da Lei 11.340/2006).
Gabarito 1C

(Escrivão de Polícia/BA – 2013 – CESPE) Julgue o próximo item, que versa sobre violência doméstica e familiar contra a mulher.

(1) Um indivíduo que calunia a própria esposa comete contra ela violência doméstica e familiar.

1: correta. Nos termos do art. 7º, V, da Lei 11.340/2006, a calúnia é espécie de violência moral contra a mulher combatida pelo mencionado diploma legal.
Gabarito 1C

(Escrivão de Polícia/DF – 2013 – CESPE) No que se refere à violência doméstica e familiar sobre a mulher (Lei 11.340/2006 – Lei Maria da Penha), julgue o item seguinte.

(1) Se duas mulheres mantiverem uma relação homoafetiva há mais de dois anos, e uma delas praticar violência moral e psicológica contra a outra, tal conduta estará sujeita à incidência da Lei Maria da Penha, ainda que elas residam em lares diferentes.

1: correta. A aplicação da Lei Maria da Penha independe de orientação sexual (arts. 2º e 5º, parágrafo único, da Lei 11.340/2006) e de coabitação, bastando que o agente se valha de relação íntima de afeto que tenha convivido com a vítima (art. 5º, III, da Lei 11.340/2006).
Gabarito 1C

(Investigador/SP – 2014 – VUNESP) Conforme a Lei Maria da Penha (Lei 11.340/2006), no atendimento à mulher em situação de violência doméstica e familiar, a autoridade policial deverá, entre outras providências,

(A) expedir ordem policial contra o ofensor para a imediata desocupação do imóvel, a fim de que a ofendida a entregue ao ofensor.

(B) fornecer transporte para a ofendida e seus dependentes para abrigo ou local seguro, quando houver risco de vida.

(C) verificar se algum dos funcionários da Delegacia de Polícia poderia abrigar, temporariamente, a ofendida e seus dependentes.

(D) abrigar a ofendida e seus dependentes no Distrito Policial se houver risco de vida para alguém da família.

(E) solicitar, em 24 horas, a presença do ofensor no Distrito Policial, para uma tentativa de conciliação entre este e a ofendida.

Dentre as alternativas, a única que encontra respaldo na legislação é a letra "B" (art. 11, III, da Lei 11.340/2006). As demais não estão previstas na Lei Maria da Penha e nem poderiam estar, porque são verdadeiros absurdos (fazer a vítima entregar a ordem policial de desocupação ou abrigar a vítima no distrito policial).
Gabarito "B".

(Escrivão de Polícia/GO – 2013 – UEG) Sobre o crime de ameaça praticado no contexto de violência doméstica (Lei n. 11.340/2006), segundo entendimento do Supremo Tribunal Federal, verifica-se que a ação penal é

(A) privada personalíssima

(B) condicionada a representação da ofendida

(C) pública incondicionada

(D) privada

O STF, no julgamento da ADI 4.424/DF, DJ 09/02/12, estabeleceu que permanece a necessidade de representação da ofendida em caso de crimes praticados no âmbito doméstico que não estejam previstos na Lei 9.099/1995, como, por exemplo, o crime de ameaça e os crimes contra a dignidade sexual.
Gabarito "B".

(Escrivão de Polícia/MA – 2013 – FGV) Criada com o objetivo de coibir de forma mais rigorosa a violência cometida contra a mulher em seu ambiente doméstico, familiar e afetivo, a Lei Maria da Penha foi amplamente aceita pela sociedade, tendo o Supremo Tribunal Federal reconhecido a sua constitucionalidade.

Com relação ao tema, assinale a afirmativa incorreta.

(A) a violência física e o comportamento violento do agente que cause dando emocional e diminuição da autoestima da vítima são formas de violência doméstica e familiar.

(B) As medidas protetivas de urgência poderão ser concedidas pelo juiz, a requerimento do Ministério Público ou a pedido da ofendida.

(C) Constatada a prática de violência doméstica e familiar contra a mulher, o juiz poderá determinar que o agressor seja afastado do lar, bem como fixar alimentos provisionais ou provisórios.

(D) Segundo a jurisprudência majoritária dos Tribunais Superiores, tratando-se de agressão entre cunhadas que residem na mesma casa, a competência para o julgamento respectivo é da Vara da Violência Doméstica e Familiar contra a mulher.

(E) Segundo a jurisprudência majoritária dos Tribunais Superiores, não é cabível a suspensão do processo quando incidente a Lei n. 11.340/2006.

A: correta, nos termos do art. 7º, I e II, da Lei 11.340/2006; **B:** correta, nos termos do art. 19 da Lei 11.340/2006; **C:** correta, nos termos do art. 22, II e V, da Lei 11.340/2006; **D:** incorreta, devendo esta ser assinalada. O STJ definiu, no bojo do julgamento do CC 88027, DJ 18/12/2008, que, muito embora o sujeito ativo da violência doméstica possa ser mulher, não se aplica a Lei Maria da Penha se não houver uma condição de inferioridade física ou econômica de uma em relação a outra. Sendo uma simples briga entre parentes, é competente o Juizado Especial Criminal ou a Justiça Comum, conforme o caso; **E:** correta. Há certa divergência na jurisprudência sobre esse tema. É certo, porém, que o STF reconhece a impossibilidade da suspensão condicional do processo (HC 106.212, DJ 24/03/2011), no que é seguido pela 6ª Turma do STJ (HC 185.930, DJ 14/12/2010). Em sentido contrário, a 5ª Turma do STJ defende a manutenção do instituto (HC 203.374, DJ 16/06/2011).
Gabarito "D".

(Agente de Polícia/PI – 2012) Acerca do que estabelece a Lei 11.340/2006, conhecida como *Lei Maria da Penha*, é correto afirmar que:

(A) a autoridade policial não está obrigada legalmente a disponibilizar transporte a lugar seguro para a mulher em situação de violência doméstica e familiar, salvo por ordem judicial expressa.

(B) a legislação não avançou o suficiente para prever, dentre as condutas configuradoras de violência doméstica e familiar contra a mulher, a violência psicológica, mas tão somente previu a violência física e a violência moral.

(C) o processo criminal acerca de fato configurador de violência doméstica e familiar contra a mulher obedecerá, a bem da celeridade processual, às regras próprias, não recebendo a incidência das normas do Código de Processo Penal.

(D) a ação penal concernente a fato configurador de violência doméstica e familiar contra a mulher obedecerá às normas do Código de Processo Penal.

(E) um crime, assim tipificado no Código Penal, não pode configurar-se como conduta também enquadrada como violência doméstica e familiar contra a mulher.

A: incorreta. Essa obrigação da autoridade policial decorre da disposição expressa do art. 11, III, da Lei 11.340/2006. Frise-se, apenas, que o preceptivo legal impõe o dever à autoridade policial se houver risco de morte da ofendida; **B:** incorreta. A violência psicológica está expressamente descrita no art. 7º, II, da Lei 11.340/2006; **C:** incorreta. A Lei 11.340/2006 não prevê crimes específicos, somente uma circunstância agravante genérica e uma forma de lesão corporal (art. 129, § 9º, do Código Penal). Com isso, a persecução penal deve seguir o rito próprio previsto no CPP; **D:** correta, conforme esclarecido no comentário ao item anterior; **E:** incorreta. É justamente o caso da lesão corporal já mencionado. Trata-se de crime genericamente previsto no Código Penal que, se estiverem presentes as circunstâncias especializantes, será tratado como violência doméstica e familiar contra a mulher.

Gabarito "D".

(Investigador de Polícia/SP – 2013 – VUNESP) Fulano, casado com Ciclana, num momento de discussão no lar, destruiu parte dos instrumentos de trabalho de sua esposa. Considerando a conduta de Fulano em face do disposto na Lei Maria da Penha, pode-se afirmar que

(A) Fulano, pela sua conduta, poderá ser submetido à pena de pagamento de cestas básicas em favor de entidades assistenciais.

(B) Fulano não se sujeitará às penas da Lei Maria da Penha, pois a sua conduta ocorreu apenas dentro do ambiente familiar.

(C) Fulano estará sujeito à prisão preventiva, a ser decretada pelo juiz, de ofício, a requerimento do Ministério Público ou mediante representação da autoridade policial.

(D) Fulano não poderá ser processado pela Lei Maria da Penha, tendo em vista que esta se destina a proteger a mulher contra agressões físicas, psicológicas ou morais, mas não patrimoniais.

(E) Ciclana terá direito a obter medida judicial protetiva de urgência contra Fulano, podendo entregar pessoalmente a intimação da respectiva medida ao seu marido.

A: incorreta. Em caso de violência doméstica e familiar contra a mulher, incabível a substituição da pena pelo pagamento de cestas básicas (art. 17 da Lei 11.340/2006); **B:** incorreta. Justamente por ter sido a conduta praticada no âmbito familiar é que se aplicará a Lei Maria da Penha (art. 5º da Lei 11.340/2006); **C:** correta, nos termos do art. 20 da Lei 11.340/2006; **D:** incorreta. A violência patrimonial está abrangida pela proteção legal (art. 5º, *caput*, da Lei 11.340/2006); **E:** incorreta. É expressamente vedado que a ofendida leve a intimação ao agressor (art. 21, parágrafo único, da Lei 11.340/2006).

Gabarito "C".

14. "LAVAGEM" DE DINHEIRO

(Agente-Escrivão – Acre – IBADE – 2017) Quando o autor do crime de lavagem de capitais colaborar espontaneamente com as autoridades, prestando esclarecimentos que conduzam à apuração das infrações penais, à identificação dos autores, coautores e partícipes, ou à localização dos bens, direitos ou valores objeto do crime, a pena:

(A) poderá ser reduzida de um sexto até a metade e ser cumprida em regime exclusivamente aberto.

(B) poderá ser reduzida de um a dois terços e ser cumprida em regime aberto ou semiaberto.

(C) poderá ser reduzida de um sexto até a metade e ser cumprida em regime aberto ou semiaberto.

(D) poderá ser reduzida pela metade e ser cumprida em regime semiaberto.

(E) poderá ser reduzida pela metade e ser cumprida em regime aberto ou semiaberto.

Somente a letra B está correta, nos termos do art. 1º, § 5º, da Lei 9.613/1998.

Gabarito "B".

(Escrivão – AESP/CE – VUNESP – 2017) No que concerne ao crime de "lavagem" ou ocultação de bens, direitos e valores, da Lei nº 9.613/98,

(A) a colaboração espontânea do coautor ou partícipe, ainda que efetiva e frutífera, não lhe reduzirá pena.

(B) só se configura após o trânsito em julgado da condenação pelo crime que gerou o recurso ilícito (crime antecedente).

(C) a pena será aumentada se o crime for cometido de forma reiterada.

(D) admite-se a responsabilização criminal penal da pessoa jurídica.

(E) pune-se a tentativa com a mesma pena do crime consumado.

A: incorreta, pois a colaboração espontânea é causa de diminuição de pena (art. 1º, § 5º, da Lei 9.613/1998); **B:** incorreta. O crime de "lavagem" ou ocultação de bens se configura ainda que desconhecido ou isento de pena o autor, ou extinta a punibilidade da infração penal antecedente (art. 2º, § 1º, da Lei 9.613/1998); **C:** correta, nos termos do art. 1º, § 4º, da Lei 9.613/1998; **D:** incorreta, pois a PJ não responde pelo crime de lavagem ou ocultação de bens e sim seu representante legal, mas pode ter implicação patrimonial, mediante medidas assecuratórias sobre os bens, direitos e valores; **E:** incorreta, pois a tentativa é punida de acordo com o parágrafo único do art. 14 do Código Penal (art. 1º, § 3º, da Lei 9.613/1998).

Gabarito "C".

3. LEGISLAÇÃO EXTRAVAGANTE

15. LEI DE EXECUÇÃO PENAL

(Agente-Escrivão – PC/GO – CESPE – 2016) De acordo com a LEP, se um preso for comunicado sobre o falecimento de uma irmã dele,

(A) o juiz da execução poderá autorizar a saída temporária do preso para comparecimento ao enterro, desde que ele apresente bom comportamento no estabelecimento prisional.

(B) ele não terá direito à saída do estabelecimento prisional, devido ao fato de não haver previsão de concessão desse benefício em caso de falecimento de irmão.

(C) o diretor do estabelecimento prisional poderá conceder a permissão de saída ao preso, independentemente de ele ser preso provisório ou de estar cumprindo pena em regime fechado.

(D) o diretor do estabelecimento deverá comunicar o falecimento ao juiz da execução, que poderá conceder a permissão de saída para o preso, ficando este sujeito à monitoração eletrônica caso esteja cumprindo pena em regime semiaberto ou aberto.

(E) o diretor do estabelecimento poderá autorizar a saída temporária do preso, que, mediante escolta, poderá permanecer fora do estabelecimento prisional pelo tempo que for necessário para cumprir a finalidade da saída.

Somente a assertiva C está correta, nos termos dos arts. 120 e 121 da LEP: "Art. 120. Os condenados que cumprem pena em **regime fechado ou semiaberto e os presos provisórios** poderão obter permissão para sair do estabelecimento, mediante escolta, quando ocorrer um dos seguintes fatos: I - falecimento ou doença grave do cônjuge, companheira, ascendente, descendente ou irmão; (...) Parágrafo único. A permissão de saída será concedida pelo **diretor do estabelecimento** onde se encontra o preso. Art. 121. A permanência do preso fora do estabelecimento terá a duração **necessária** à finalidade da saída." Grifo nosso.

Gabarito "C".

(Agente-Escrivão – PC/GO – CESPE – 2016) José subverteu a disciplina interna do estabelecimento prisional por ter praticado ato previsto como crime.

Nessa situação hipotética, de acordo com o que prevê a LEP relativamente ao RDD,

(A) o RDD poderá ser aplicado a José pelo diretor do estabelecimento prisional, que, na decisão, deverá considerar o comportamento de José e os motivos de sua prisão.

(B) a submissão de José ao RDD ocorrerá se o crime praticado por ele for tipificado na modalidade dolosa ou culposa, que cause dano ao patrimônio ou à integridade física de outrem.

(C) para que José seja submetido ao RDD, o crime por ele cometido deve ser doloso e ter sido praticado com violência ou grave ameaça a pessoa, hipótese que configura falta grave.

(D) não será admitida a aplicação do RDD a José se ele for um preso provisório, uma vez que a LEP prevê ser requisito para esse regime o trânsito em julgado da sentença penal condenatória.

(E) se for submetido ao RDD, José ficará recolhido em cela individual, terá direito a visitas semanais e poderá sair da cela diariamente para banho de sol.

A: incorreta, pois a inclusão nesse regime depende de **prévio e fundamentado despacho do juiz competente** (art.54 da LEP); **B e C:** incorretas, haja vista que o crime praticado tem que ser doloso, mas a lei não exige que tenha causado dano ao patrimônio ou integridade física de alguém ou sido praticado com violência ou grave ameaça (art. 52 da LEP); **D:** incorreta, pois o preso provisório está sujeito ao regime disciplinar diferenciado, por expressa disposição da LEP (art. 52); **E:** correta, nos termos do art. 52 e incisos da LEP.

Gabarito "E".

(Agente-Escrivão – PC/GO – CESPE – 2016) De acordo com a Lei nº 7.210/1984 – LEP –, a prestação de trabalho:

(A) decorrente de pena restritiva de direito deve ser remunerada.

(B) em ambiente externo tem de ser autorizada pelo juiz da execução penal e depende de critérios como aptidão, disciplina e responsabilidade.

(C) a entidade privada depende do consentimento expresso do preso, que terá sua autorização de trabalho revogada se for punido por falta grave.

(D) é obrigatória tanto para o preso provisório quanto para o definitivo.

(E) externo é proibida ao preso provisório e ao condenado que cumpre pena em regime fechado.

480 TATIANA SUBI

A: incorreta, nos termos do art. 30 da LEP, o qual dispõe que "As tarefas executadas como prestação de serviço à comunidade não serão remuneradas". A prestação de serviço à comunidade é uma espécie de pena restritiva de direito; **B:** incorreta, conforme art. 37 da LEP: "A prestação de trabalho externo, a ser autorizada pela direção do estabelecimento, dependerá de aptidão, disciplina e responsabilidade, além do cumprimento mínimo de 1/6 (um sexto) da pena"; **C:** correta, nos termos dos arts. 36, § 3º e 37, parágrafo único, da LEP; **D** e **E:** incorretas, pois o trabalho só é obrigatório para o preso condenado à pena privativa de liberdade; para o provisório, ele não é obrigatório (art. 31 da LEP). O preso provisório só pode trabalhar no interior do estabelecimento; já o trabalho externo é admissível para os presos em regime fechado (art. 36 da LEP). TS
Gabarito "C".

(Agente-Escrivão – PC/GO – CESPE – 2016) De acordo com a LEP, se determinado preso provisório cometer crime doloso após o encarceramento, ele estará sujeito ao regime disciplinar diferenciado, sem prejuízo da sanção penal,

(A) mediante decisão da autoridade administrativa competente, independentemente da manifestação do juiz competente.
(B) por decisão da autoridade administrativa competente, precedida da manifestação do MP e da defesa.
(C) caso o novo ato cometido, previsto como crime doloso, seja punível com reclusão.
(D) que poderá limitar o número de pessoas e a duração das visitas semanais.
(E) depois de transitar em julgado eventual decisão condenatória do crime que motivou a sua prisão, pois, como preso provisório, ele não pode ser sujeito ao referido regime.

Somente a letra D está correta, nos termos do art. 52, III, da LEP, o qual não exige que o novo crime praticado seja punido com reclusão. O preso provisório está sujeito ao regime disciplinar diferenciado, por expressa disposição da LEP (art. 52). A inclusão nesse regime depende de **prévio e fundamentado despacho do juiz competente** (art.54 da LEP). TS
Gabarito "D".

(Agente de Polícia/DF – 2013 – CESPE) De acordo com a Lei de Execução Penal – Lei 7.210/1984 – , julgue os itens subsequentes.

(1) O preso provisório, mesmo que apresente alto risco para a ordem e a segurança do estabelecimento penal ou da sociedade, não poderá ser submetido ao regime disciplinar diferenciado, que é destinado apenas aos presos condenados.
(2) Os condenados pela prática de qualquer crime hediondo serão submetidos, obrigatoriamente, à identificação do perfil genético, mediante extração de DNA, por técnica adequada e indolor.
(3) No estabelecimento penal, o preso primário deverá cumprir pena em seção distinta daquela reservada para os reincidentes.

1: incorreta. O art. 52 da Lei de Execução Penal prevê expressamente a possibilidade de o preso provisório ser transferido para o regime disciplinar diferenciado caso pratique crime doloso que acarrete subversão da ordem ou disciplina internas; **2:** correta, nos termos do art. 9º-A da Lei de Execução Penal; **3:** correta, nos termos do art. 84, § 1º, da Lei de Execução Penal.
Gabarito 1E, 2C, 3C.

16. ESTATUTO DO IDOSO

(Escrivão – AESP/CE – VUNESP – 2017) O Estatuto do Idoso (Lei nº 10.741/03) prevê um tipo especial de omissão de socorro, contra vítimas maiores de 60 anos. Em relação à omissão de socorro do art. 135 do CP, o art. 97 do Estatuto do Idoso

(A) tem pena privativa de liberdade mínima dobrada em relação ao CP.
(B) comina pena triplicada em caso de morte, sendo mais rígido que o CP nesse aspecto, que apenas a duplica.
(C) inova ao, obrigatoriamente, cumular pena privativa de liberdade com pena de multa.
(D) tem pena privativa de liberdade máxima igual à prevista pelo CP.
(E) não apresenta qualquer alteração no que concerne às penas cominadas.

A: incorreta. O crime de omissão de socorro (art. 135 do CP) tem pena mínima de um mês, ao passo que o seu correlato no Estatuto do Idoso (art. 97), tem pena mínima de seis meses; **B:** incorreta. Ambos os diplomas legais triplicam a pena em caso de morte (parágrafo único de ambos os dispositivos citados); **C:** correta. No art. 135 do CP, as penas privativas de liberdade e de multa são alternativamente cominadas; **D:** incorreta. No Estatuto do Idoso, a pena máxima

é o dobro daquela prevista no CP (um ano *versus* seis meses); **E:** incorreta, nos termos dos comentários às alternativas "A" e "D". TS
Gabarito "C".

(Agente-Escrivão – PC/GO – CESPE – 2016) De acordo com a Lei nº 10.741/2003, a retenção, sem justo motivo, de cartão magnético de conta bancária relativa a benefícios de pessoa idosa é considerada:

(A) crime de ação penal pública incondicionada.
(B) infração administrativa.
(C) crime punível com reclusão, seja a conduta culposa, seja ela dolosa.
(D) fato atípico, pois constitui conduta que não pode ser considerada crime.
(E) contravenção penal.

Somente a letra A está correta. A conduta narrada na questão é a do crime previsto no art. 104 da Lei 10.741/2003, o qual é punido com detenção, e o art. 95 do mesmo diploma legal dispõe que os crimes definidos na lei são de ação penal pública incondicionada. TS
Gabarito "A".

(Investigador-Escrivão-Papiloscopista – Pará – Funcab – 2016) Acerca do Estatuto do idoso, Lei nº 10.741, de 2003, é correto afirmar que:

(A) a limitação expressa no edital concurso público para o provimento de cargo efetivo, quanto ao limite de idade, afasta a incidência da prática do crime de obstar o acesso de alguém a qualquer cargo público por motivo de idade.
(B) o Estatuto do Idoso é destinado a regular os direitos assegurados às pessoas com idade igual ou superior a 65 (sessenta e cinco) anos.
(C) admite-se a possibilidade de cobrança de valores diferenciados em razão da idade, sem a caracterização da discriminação do idoso.
(D) constitui crime discriminar pessoa idosa, impedindo ou dificultando seu acesso a operações bancárias, aos meios de transporte, ao direito de contratar ou por qualquer outro meio ou instrumento necessário ao exercício da cidadania, por motivo de idade.
(E) constitui crime deixar de prestar assistência ao idoso, mesmo quando impossível fazê-lo sem risco pessoal.

A: incorreta. O art. 27 do Estatuto do Idoso proíbe que editais de concurso fixem limite máximo de idade, ressalvados os casos em que a natureza do cargo o exigir; **B:** incorreta. Considera-se idoso a pessoa com idade igual ou maior que 60 anos (art. 1º do Estatuto do Idoso); **C:** incorreta. A conduta é proibida pelo art. 15. § 3º, do Estatuto do Idoso; **D:** correta, nos termos do art. 96 do Estatuto do Idoso; **E:** incorreta. A existência de risco pessoal afasta o tipo penal previsto no art. 97 do Estatuto do Idoso. TS
Gabarito "D".

(Polícia Rodoviária Federal – 2013 – CESPE) Acerca do Estatuto do Idoso, julgue o item subsecutivo.

(1) Se alguém deixar de prestar assistência a idoso, quando for possível fazê-lo sem risco pessoal, em situação de iminente perigo, cometerá, em tese, crime de menor potencial ofensivo.

1: correta. O crime previsto no art. 97 da Lei 10.741/2003 (Estatuto do Idoso) tem pena privativa de liberdade máxima de 1 ano, o que o classifica como infração penal de menor potencial ofensivo, nos termos do art. 61 da Lei 9.099/1995.
Gabarito 1C

(Escrivão de Polícia/DF – 2013 – CESPE) Julgue o item subsecutivo, referente ao Estatuto do Idoso (Lei 10.741/2003).

(1) Quando uma pessoa dificulta o acesso de idoso a determinado meio de transporte por motivo de sua idade, incide em crime previsto no Estatuto do Idoso. Nessa situação, para que o Ministério Público proponha a ação penal correspondente, haverá a necessidade da representação do ofendido.

1: incorreta. Os crimes previstos no Estatuto do Idoso são todos de ação penal pública incondicionada, ou seja, não dependem da representação do ofendido para que o Ministério Público ofereça a denúncia (art. 95 da Lei 10.741/2003).
Gabarito 1E

(Investigador/SP – 2014 – VUNESP) Minerva, 45 anos de idade, é filha de Pomona, 62 anos de idade. Ambas vivem juntas. Quando Pomona veio a adoecer gravemente, Minerva a levou para um hospital público e lá a abandonou sob os cuidados médicos do estabelecimento, não mais retornando para buscá-la. Essa conduta de Minerva

(A) é considerada um crime de preconceito punível pelo Estatuto do Idoso.

(B) não é considerada como crime, uma vez que Pomona, embora abandonada, foi deixada sob cuidados médicos.

(C) não é considerada crime, por se tratar de hospital público, que tem a obrigação legal de cuidar de Pomona.

(D) seria considerada crime pelo Estatuto do Idoso apenas se Pomona fosse maior de 65 anos de idade.

(E) é considerada um crime pelo Estatuto do Idoso.

A conduta de Minerva é crime previsto no art. 98 do Estatuto do Idoso.
Gabarito "E".

17. ESTATUTO DO ESTRANGEIRO

(Escrivão de Polícia Federal - 2013 – CESPE) Julgue o item abaixo, a respeito da deportação de estrangeiro prevista na Lei 6.815/1980.

(1) Estrangeiro que se encontre em situação irregular no Brasil poderá ser deportado para outro país que não o de sua nacionalidade ou procedência.

1: correta. Nos termos do art. 58, parágrafo único, da Lei 6.815/1980, a deportação, em regra, será feita para o país de nacionalidade ou de procedência do estrangeiro, porém, é possível deferi-la para qualquer outro país que consinta em receber a pessoa deportada.
Gabarito 1C

18. CRIME ORGANIZADO

(Agente-Escrivão – Acre – IBADE – 2017) Quanto à Infiltração de Agentes, com previsão na Lei n° 12.850/2013, que trata do Crime Organizado, pode-se afirmar corretamente:

(A) A infiltração de agentes de polícia em tarefas de investigação requerida pelo Ministério Público independe de manifestação técnica do delegado de polícia quando solicitada no curso de inquérito policial.

(B) A infiltração será autorizada pelo prazo de até 3 (três) meses, sem prejuízo de eventuais renovações, desde que comprovada sua necessidade.

(C) Será admitida a infiltração se houver indícios de infração penal de crime organizado, mesmo se a prova puder ser produzida por outros meios disponíveis.

(D) As informações quanto à necessidade da operação de infiltração serão dirigidas diretamente ao juiz competente, que decidirá no prazo de 48 (quarenta e oito) horas, após manifestação do Ministério Público na hipótese de representação do delegado de polícia.

(E) Não é punível, no âmbito da infiltração, a prática de crime pelo agente infiltrado no curso da investigação, quando inexigível conduta diversa.

A: incorreta, pois **depende** de manifestação técnica do delegado de polícia quando a infiltração for solicitada no curso de inquérito policial (art. 10, "caput", da Lei 12.850/2013); **B:** incorreta. A infiltração será autorizada pelo prazo de **até 6 (seis) meses**, sem prejuízo de eventuais renovações, desde que comprovada sua necessidade (art. 10, § 3º, da Lei 12.850/2013); **C:** incorreta, pois a infiltração só será admitida se a prova **não** puder ser produzida por outros meios disponíveis (art. 10, § 2º, da Lei 12.850/2013); **D:** incorreta, pois o prazo para o juiz decidir é de **24 horas** (art. 12, § 1º, da Lei 12.850/2013); **E:** correta, nos termos do parágrafo único do art. 13 da Lei 12.850/2013.
Gabarito "E".

(Investigador-Escrivão-Papiloscopista – Pará – Funcab – 2016) Acerca da Lei nº 12.850, de 2013 que versa sobre organização criminosa, é correto afirmar que:

(A) O juiz participará das negociações realizadas entre as partes para a formalização do acordo de colaboração, que ocorrerá entre o delegado de polícia, o investigado e o defensor, com a manifestação do Ministério Público, ou, conforme o caso, entre o Ministério Público e o investigado ou acusado e seu defensor.

(B) na colaboração premiada, o colaborador, nos depoimentos que prestar, não estará sujeito à renúncia ao direito de permanecer em silêncio mas estará sujeito ao compromisso legal de dizer a verdade.

(C) considera-se organização criminosa a associação de 4 (quatro) ou mais pessoas estruturalmente ordenada e caracterizada pela divisão de tarefas, ainda que informalmente, com objetivo de obter,

direta ou indiretamente, vantagem de qualquer natureza, mediante a prática de infrações penais cujas penas máximas sejam inferiores a 4 (quatro) anos, e que sejam de caráter transnacional.

(D) o juiz poderá, a requerimento das partes, conceder o perdão judicial, reduzir em até 2/3 (dois terços) a pena privativa de liberdade ou substituí-la por restritiva de direitos daquele que tenha colaborado efetiva e voluntariamente com a investigação e com o processo criminal, desde que dessa colaboração advenha um ou mais dos seguintes resultados: a identificação dos demais coautores e partícipes da organização criminosa e das infrações penais por eles praticadas; a revelação da estrutura hierárquica e da divisão de tarefas da organização criminosa; a prevenção de infrações penais decorrentes das atividades da organização criminosa; a recuperação total ou parcial do produto ou do proveito das infrações penais praticadas pela organização criminosa; a localização de eventual vítima com a sua integridade física preservada.

(E) se houver indícios suficientes de que o funcionário público integra organização criminosa, poderá o juiz determinar seu afastamento cautelar do cargo, emprego ou função, com prejuízo da remuneração, quando a medida se fizer necessária à investigação ou instrução processual.

A: incorreta, pois o juiz **não** participa das negociações, conforme § 6º do art. 4º da Lei 12.850/2013; **B:** incorreta, pois na colaboração premiada, o colaborador **renunciará**, na presença de seu defensor, **ao direito ao silêncio** e estará sujeito ao compromisso legal de dizer a verdade (art. 4º, § 14, da Lei 12.850/2013); **C:** incorreta, pois para se caracterizar como organização criminosa a associação tem que ser para a prática de infrações penais cujas penas máximas sejam **superiores** a 4 (quatro) anos, **ou** que sejam de caráter transnacional (art. 1º, § 1, da Lei 12.850/2013); **D:** correta, nos termos do art. 4º e incisos da Lei 12.850/2013; **E:** incorreta, pois o afastamento **não** prejudicará a remuneração (art. 2º, § 5º, da Lei 12.850/2013). **TS**
Gabarito "D".

(Polícia Rodoviária Federal – 2013 – CESPE) Julgue o item seguinte, relativo à lei do crime organizado.

(1) Durante o inquérito policial, e necessária a autorização judicial para que um agente policial se infiltre em organização criminosa com fins investigativos.

1: correta, nos termos dos art. 10 da Lei 12.850/2013.
Gabarito 1C

(Investigador/SP – 2014 – VUNESP) A Lei do Crime Organizado (Lei 12.850/2013) dispõe que a infiltração de agentes de polícia em tarefas de investigação

(A) pode ser determinada de ofício por parte do juiz competente para apreciar o caso.

(B) será precedida de circunstanciada, motivada e sigilosa autorização judicial.

(C) será autorizada pelo Ministério Público, quando requisitada pelo Delegado de Polícia.

(D) não será permitida em nenhuma hipótese.

(E) poderá ser autorizada por decisão do Delegado de Polícia competente quando houver urgência na investigação policial.

A: incorreta. Deve haver representação do delegado de polícia ou requerimento do Ministério Público (art. 10 da Lei 12.850/2013); **B:** correta, nos termos do art. 10, *in fine,* da Lei 12.850/2013; **C:** incorreta. A autorização é judicial, não do Ministério Público (art. 10 da Lei 12.850/2013); **D:** incorreta. O art. 10 da Lei 12.850/2013 permite a infiltração de agente com prévia autorização judicial; **E:** incorreta. Mais uma vez, a autorização é judicial, não do delegado de polícia (art. 10 da Lei 12.850/2013).
Gabarito "B".

19. SEGURANÇA DE ESTABELECIMENTOS FINANCEIROS

(Escrivão de Polícia Federal - 2013 – CESPE) No que tange à segurança de estabelecimentos financeiros, julgue o item abaixo, com base na Lei n.º 7.102/1983.

(1) Em estabelecimentos financeiros estaduais, a polícia militar poderá exercer o serviço de vigilância ostensiva, desde que autorizada pelo governador estadual.

1: correta, nos termos do art. 3º, parágrafo único, da Lei 7.102/1983.
Gabarito 1C

20. QUESTÕES COMBINADAS E OUTROS TEMAS

(Agente-Escrivão – Acre – IBADE – 2017) De acordo com a Lei n° 5.553/1968, que dispõe acerca da apresentação e uso de documento de identificação criminal, assinale a alternativa correta.

(A) Quando, para a realização de determinado ato, for exigida a apresentação de documento de identificação, a pessoa que fizer a exigência fará extrair, no prazo de até 10 (dez) dias, os dados que interessarem devolvendo em seguida o documento ao seu exibidor.

(B) O comprovante de naturalização e carteira de identidade de estrangeiro não são considerados documentos de identificação pessoal englobados pela lei.

(C) Quando o documento de identidade for indispensável para a entrada de pessoa em órgãos públicos ou particulares, serão seus dados anotados no ato e devolvido o documento imediatamente ao interessado.

(D) Constitui crime a retenção de qualquer documento de identificação pessoal.

(E) Somente por ordem da autoridade policial ou judiciária poderá ser retido qualquer documento de identificação pessoal.

A: incorreta, pois o prazo para extrair os dados é de **até cinco dias** (art. 2°, "caput", da Lei 5.553/1968); **B:** incorreta, pois tais documentos são **sim** considerados de identificação pessoal pela lei (art. 1° da Lei 5.553/1968); **C:** correta, nos exatos termos do art. 2°, § 2°, da Lei 5.553/1968; **D:** incorreta, pois retenção de qualquer documento de identificação pessoal constitui contravenção penal (art. 3°, "caput", da Lei 5.553/1968); **E:** incorreta, pois a retenção além do prazo previsto no art. 2°, "caput" (até cinco dias) somente pode ocorrer por ordem judicial (art. 2°, § 1°, da Lei 5.553/1968). Gabarito "C".

(Agente-Escrivão – Acre – IBADE – 2017) Acerca da Lei n° 12.830/2013, a qual dispõe sobre a investigação criminal conduzida pelo delegado de polícia, assinale a alternativa correta.

(A) Ao delegado de polícia, na qualidade de autoridade policial, cabe a condução da investigação criminal por meio de inquérito policial ou outro procedimento previsto em lei, que tem como objetivo a apuração das circunstâncias, da materialidade e da autoria das infrações administrativas.

(B) O indiciamento, privativo do delegado de polícia, dar-se-á por ato fundamentado, mediante análise técnico-jurídica do fato, que deverá indicar a autoria, materialidade e suas circunstâncias.

(C) A remoção do delegado de polícia independe de ato fundamentado.

(D) O inquérito policial não poderá ser avocado, ainda que por motivo de interesse público mediante fundamentação do superior hierárquico.

(E) Durante o processo criminal, cabe ao delegado de polícia a requisição de perícia, informações, documentos e dados que interessem à apuração dos fatos.

A: incorreta, uma vez que o objetivo da investigação é para apuração das **infrações penais** (art. 2°, § 1°, da Lei 12.830/2013); **B:** correta, nos exatíssimos termos do § 6° do art. 2° da referida lei; **C:** incorreta, pois a remoção do delegado de polícia dar-se-á somente por ato fundamentado (art. 2°, § 5°, da Lei 12.830/2013); **D:** incorreta, pois o inquérito policial pode ser avocado por motivo de interesse público (art. 2°, § 4°, da citada lei); **E:** incorreta, pois essas providências cabem ao delegado requisitar durante a investigação criminal (art. 2°, § 2°, Lei 12.830/2013). Gabarito "B".

(Agente-Escrivão – Acre – IBADE – 2017) São circunstâncias agravantes dos crimes previstos no Código de Defesa do Consumidor:

(A) quando cometidos em detrimento de maior de setenta anos.

(B) ocasionarem médio ou grave dano individual ou coletivo.

(C) serem praticados em operações que envolvam alimentos, medicamentos ou quaisquer outros produtos ou serviços essenciais.

(D) serem cometidos em época de estabilidade econômica.

(E) quando cometidos em detrimento de gestantes.

Somente a letra C está correta – art. 76 e incisos do CDC ("São circunstâncias agravantes dos crimes tipificados neste código: I - serem cometidos em época de grave crise econômica ou por ocasião de calamidade; II - ocasionarem grave

dano individual ou coletivo; III - dissimular-se a natureza ilícita do procedimento; IV - quando cometidos: a) por servidor público, ou por pessoa cuja condição econômico-social seja manifestamente superior à da vítima; b) em detrimento de operário ou rurícola; de menor de dezoito ou maior de sessenta anos ou de pessoas portadoras de deficiência mental interditadas ou não; V - serem praticados em operações que envolvam alimentos, medicamentos ou quaisquer outros produtos ou serviços essenciais."). Gabarito "C".

(Escrivão – AESP/CE – VUNESP – 2017) De acordo com a Lei de Biossegurança (Lei n° 11.105/05), configura crime realizar clonagem humana:

(A) e praticar engenharia genética em célula germinal humana.

(B) e em qualquer ser vivo animal.

(C) mas não configura crime, contudo, praticar engenharia genética em embrião humano.

(D) e praticar qualquer forma de descarte de OGM.

(E) mas não configura crime, contudo, praticar engenharia genética em zigoto humano.

A: correta, nos termos do art. 25 da Lei 11.105/2005; **B:** incorreta. Apenas a clonagem humana é tipificada como crime pelo art. 26 da Lei de Biossegurança; **C:** incorreta. Também o embrião humano é protegido pelo art. 25 da Lei de Biossegurança; **D:** incorreta. Somente configura crime o descarte de OGM em desacordo com as normas da CTNBio e demais órgãos de fiscalização (art. 27 da Lei de Biossegurança); **E:** incorreta. Também o zigoto humano é protegido pelo art. 25 da Lei de Biossegurança. Gabarito "A".

(Escrivão – Pernambuco – CESPE – 2016) Com base no disposto na Lei de Investigação Criminal (Lei n.º 12.830/2013), assinale a opção correta.

(A) Exigido o indiciamento por meio de requisição do Ministério Público, o delegado de polícia ficará dispensado de fundamentá-lo.

(B) O indiciamento realiza-se mediante análise técnico-jurídica do fato, devendo indicar pelo menos a materialidade do crime se a autoria permanecer incerta.

(C) O indiciamento é ato obrigatório para a conclusão do inquérito policial e necessário para o oferecimento da denúncia.

(D) A apuração de infrações penais realizada por delegado de polícia por meio de inquérito policial é de natureza administrativa, dada a ausência de contraditório.

(E) Cabe ao delegado de polícia, durante a investigação criminal, a requisição de perícias e informações que interessem à apuração do fato.

A: incorreta. Mesmo por conta de requisição do MP, a fundamentação do indiciamento deve ser realizada (art. 2°, § 6°, da Lei 12.830/2013); **B:** incorreta. A autoria e a materialidade devem sempre ser descritas no indiciamento (art. 2°, § 6°, da Lei 12.830/2013); **C:** incorreta. Estando o órgão do Ministério Público convencido da autoria e materialidade do delito, poderá promover a ação penal, independentemente de indiciamento; **D:** incorreta. Segundo o art. 2°, "caput", da Lei 12.830/2013, a atuação do delegado de polícia tem natureza jurídica; **E:** correta, nos termos do art. 2°, § 2°, da Lei 12.830/2013. Gabarito "E".

(Agente-Escrivão – PC/GO – CESPE – 2016) Com relação às infrações penais previstas na Lei n° 8.078/1990, que instituiu o CDC, assinale a opção correta.

(A) No processo penal referente às infrações previstas no CDC, é vedada a atuação de assistentes do MP.

(B) Todas as infrações tipificadas no CDC possuem pena máxima prevista de até dois anos.

(C) Para que o infrator possa ser processado e julgado, é necessário que ele tenha agido com dolo.

(D) A pena será agravada se a infração for cometida no período noturno.

(E) A pena será agravada se a infração for cometida em domingo ou feriado.

A: incorreta. De acordo com o art. 80 do CDC, "poderão intervir, como assistentes do Ministério Público, os legitimados indicados no art. 82, inciso III e IV, aos quais também é facultado propor ação penal subsidiária, se a denúncia não for oferecida no prazo legal." Portanto, é permitida a atuação de assistentes do MP; **B:** correta. Todos os crimes previstos no CDC possuem pena máxima prevista de ATÉ dois anos; **C:** incorreta. Os crimes dos arts. 63 e 66 do CDC são também punidos a título de culpa; **D** e **E:** incorretas, nos termos do art. 76 do CDC, já que não se encontram no rol das circunstâncias agravantes. Gabarito "B".

3. LEGISLAÇÃO EXTRAVAGANTE

Nas eleições municipais de Goiânia – GO para o ano de 2016,

Fernanda foi candidata a vereadora;

Flávio foi candidato a prefeito;

Clara foi eleitora;

Paulo foi membro da mesa receptora;

João foi fiscal de partido político.

(Agente-Escrivão – PC/GO – CESPE – 2016) Nessas situações hipotéticas, de acordo com a Lei nº 4.737/1965, não poderiam ser detidos ou presos, salvo em flagrante delito, desde quinze dias antes da eleição,

(A) Fernanda, Flávio e Clara.

(B) Flávio, Clara e João.

(C) Paulo e João.

(D) Fernanda e Flávio.

(E) Clara, Paulo e João.

Somente a D está correta, pois de acordo com o art. 236, § 1º, do Código Eleitoral, os **candidatos** não poderão ser detidos ou presos, salvo em flagrante delito, desde 15 dias antes da eleição. E somente Fernanda e Flávio foram candidatos. Já os membros das mesas receptoras e os fiscais de partido não poderão ser detidos ou presos, salvo o caso de flagrante delito, **durante o exercício de suas funções;** o eleitor não pode ser preso ou detido, salvo em flagrante delito ou em virtude de sentença criminal condenatória por crime inafiançável, ou, ainda, por desrespeito a salvo-conduto, desde 5 (cinco) dias antes e até 48 (quarenta e oito) horas depois do encerramento da eleição (art. 236, "caput", do referido código). **TS**
Gabarito "D".

Em determinada eleição municipal,

Luciano tentou votar mais de uma vez;

ao fazer propaganda eleitoral, Márcio injuriou Carmem, ofendendo--lhe a dignidade;

Tatiane tentou violar o sigilo de uma urna.

(Agente-Escrivão – PC/GO – CESPE – 2016) Nessas situações hipotéticas, à luz da Lei nº 4.737/1965,

(A) Tatiane poderá ter a pena reduzida em razão da tentativa.

(B) Márcio, necessariamente, terá a pena aplicada pelo juiz, ainda que tenha agido em caso de retorção imediata que consista em outra injúria.

(C) Luciano, Márcio e Tatiane responderão por crime de ação pública.

(D) Márcio responderá por crime de ação privada.

(E) Luciano poderá ter a pena reduzida em razão da tentativa.

A letra **C** está correta e a **D**, incorreta. De acordo com o art. 355 do Código Eleitoral, todos os crimes ali previstos são de ação pública. Luciano praticou o crime do art. 309 do referido código; Márcio, por sua vez, praticou o crime do art. 326 do mesmo diploma legal; e Tatiane praticou a conduta prevista no art. 317 da mesma lei. Portanto, todos responderão por crime de ação pública. Ressalte-se que os crimes praticados por Tatiane e Luciano punem, com a mesma pena, tanto o crime consumado como a tentativa, a qual está prevista expressamente em sua descrição típica. São os chamados "crimes de atentado". Quanto à letra **B**, a qual está incorreta, no caso de retorsão imediata, que consiste em outra injúria, o juiz pode deixar de aplicar a pena. **TS**
Gabarito "C".

(Investigador-Escrivão-Papiloscopista – Pará – Funcab – 2016) Quanto à investigação criminal conduzida pelo delegado de polícia, nos termos da Lei nº 12.830 de 2013, é correto afirmar que:

(A) o indiciamento, privativo do delegado de polícia, dar-se-á por ato fundamentado, mediante análise técnico-jurídica do fato, que deverá indicar a autoria, materialidade e suas circunstâncias.

(B) o cargo de delegado de polícia é privativo de bacharel, devendo-lhe ser dispensado o mesmo tratamento protocolar que recebem os membros do magistério superior, os oficiais superiores das forças armadas e oficiais das polícias militares.

(C) as funções de polícia judiciária e a apuração de infrações penais exercidas pelo delegado de polícia são de natureza política, essenciais e exclusivas de Estado.

(D) o inquérito policial em curso poderá ser avocado ou redistribuído por superior hierárquico, sem a necessidade de motivação.

(E) ao delegado de polícia, na qualidade de autoridade policial, cabe a condução da investigação criminal através apenas do inquérito policial, que tem como objetivo a apuração das circunstâncias, da

materialidade e da autoria das infrações penais, não se admitindo outro procedimento previsto em lei como meio.

A: correta (art. 2º, § 6º, da Lei 12.830/2013); **B:** incorreta. Art. 3º da Lei 12.830/2013: "O cargo de delegado de polícia é privativo de bacharel em Direito, devendo-lhe ser dispensado o mesmo tratamento protocolar que recebem os **magistrados, os membros da Defensoria Pública e do Ministério Público e os advogados**"; **C:** incorreta: Art. 2º, "caput", da referida lei: "As funções de polícia judiciária e a apuração de infrações penais exercidas pelo delegado de polícia são de natureza **jurídica**, essenciais e exclusivas de Estado."; **D:** incorreta. Art. 2º, § 4º, da Lei 12.830/2013: "O inquérito policial ou outro procedimento previsto em lei em curso somente **poderá ser avocado ou redistribuído por superior hierárquico, mediante despacho fundamentado, por motivo de interesse público** ou nas hipóteses de inobservância dos procedimentos previstos em regulamento da corporação que prejudique a eficácia da investigação."; **E:** incorreta. Art. 2º, § 1º, da Lei 12.830/2013: "Ao delegado de polícia, na qualidade de autoridade policial, cabe a condução da investigação criminal por meio de inquérito policial **ou outro procedimento previsto em lei**, que tem como objetivo a apuração das circunstâncias, da materialidade e da autoria das infrações penais." (Grifos nossos). **TS**
Gabarito "A".

(Papiloscopista – PCDF – Universa – 2016) Caberá prisão temporária (Lei nº 7.960/1989) quando for imprescindível para as investigações do inquérito policial e houver fundadas razões, de acordo com qualquer prova admitida na legislação penal, de autoria ou participação do indiciado no crime de:

(A) homicídio culposo.

(B) constrangimento ilegal.

(C) receptação qualificada.

(D) corrupção ativa.

(E) tráfico de drogas.

A prisão temporária está autorizada somente para os crimes de: homicídio doloso, sequestro ou cárcere privado, roubo, extorsão, extorsão mediante sequestro, estupro, epidemia com resultado morte, envenenamento de água potável ou substância alimentícia ou medicinal qualificado pela morte, quadrilha ou bando, genocídio, **tráfico de drogas**, crimes contra o sistema financeiro e crimes previstos na Lei de Terrorismo. **TS**
Gabarito "E".

(Polícia Rodoviária Federal – 2013 – CESPE) Com fundamento na legislação que define os crimes de tortura e de tráfico de pessoas, julgue os itens a seguir.

(1) O crime de tráfico de pessoas poderá ser caracterizado ainda que haja consentimento da vítima.

(2) Para que um cidadão seja processado e julgado por crime de tortura, é prescindível que esse crime deixe vestígios de ordem física.

1: correta. Os crimes dos arts. 231 e 231-A do Código Penal, que definem o tráfico de pessoas para fins de exploração sexual, não dependem da violência ou grave ameaça contra a vítima para se consumarem. Na verdade, se essa circunstância estiver presente, a pena será aumentada de metade (art. 231, § 2º, IV, e art. 231-A, § 2º, IV, do Código Penal); **2:** correta. Também configura tortura causar na vítima intenso sofrimento mental, o qual não deixa vestígios físicos (art. 1º, I e II, da Lei 9.455/1997). **TS**
Gabarito 1C, 2C.

(Agente de Polícia/DF – 2013 – CESPE) Julgue os itens que se seguem, acerca da legislação especial criminal.

(1) A conduta de uma pessoa que disparar arma de fogo, devidamente registrada e com porte, em local ermo e desabitado será considerada atípica.

(2) O agente público que submeter pessoa presa a sofrimento físico ou mental, ainda que por intermédio da prática de ato previsto em lei ou resultante de medida legal, praticará o crime de tortura.

(3) Nos termos da Lei 11.340/2006 – Lei Maria da Penha – , a empregada doméstica poderá ser sujeito passivo de violência praticada por seus empregadores.

(4) Um indivíduo que consuma maconha e a ofereça aos seus amigos durante uma festa deverá ser considerado usuário, em face da eventualidade e da ausência de objetivo de lucro.

1: incorreta. A conduta se amolda ao crime previsto no art. 15 da Lei 10.826/2003; **2:** incorreta. O crime de tortura somente se qualifica se a vítima passar por sofrimento físico ou mental decorrente de conduta que não seja resultante de medida legal (art. 1º, § 1º, da Lei 9.455/1997); **3:** correta, nos termos do art. 5º, I, da Lei 11.340/2006; **4:** incorreta. A conduta se amolda ao tipo penal previsto no art. 33, § 3º, da Lei 11.343/2006. **TS**
Gabarito 1E, 2E, 3C, 4E

484 TATIANA SUBI

(Escrivão de Polícia/DF – 2013 – CESPE) Em relação aos crimes contra as relações de consumo (Lei 8.078/1990) e aos juizados especiais criminais (Lei 9.099/1995), julgue o item que se segue.

(1) Todos os crimes contra as relações de consumo são considerados de menor potencial ofensivo. Portanto, admitem transação e os demais benefícios previstos na lei que dispõe sobre os juizados especiais criminais.

1: correta. Da leitura dos arts. 63 a 74 da Lei 8.078/1990 percebe-se que todos os crimes ali previstos possuem pena máxima privativa de liberdade não superior a dois anos, o que os classifica como infração penal de menor potencial ofensivo nos termos do art. 61 da Lei 9.099/1995.

Gabarito 1C

(Agente de Polícia Federal – 2012 – CESPE) A respeito das leis especiais, julgue os itens a seguir.

(1) Considere que determinado cidadão australiano deseje vir de férias ao Brasil, por um período de trinta dias, onde pretende ministrar aulas remuneradas de surfe e comercializar aparelhos eletrônicos oriundos da Austrália. Nessa situação, caso não haja acordo internacional entre Brasil e Austrália para a dispensa de visto, o governo brasileiro poderá conceder o visto de turista ao referido cidadão.

(2) Ainda que se instale em cidade interiorana e apresente reduzida circulação financeira, a cooperativa singular de crédito estará obrigada a contratar vigilantes, independentemente de se provar que a contratação inviabilizará economicamente a manutenção do estabelecimento.

1: incorreta. O art. 9º do Estatuto do Estrangeiro (Lei 6.815/1980) estabelece que o visto de turista somente pode ser concedido para o estrangeiro que deseje entrar no território nacional com fins recreativos ou de visita, vedado o exercício de atividade remunerada; **2:** incorreta. O art. 1º, § 2º, da Lei 7.102/1983, que trata da segurança de estabelecimentos de instituições financeiras, estabelece que poderá ser dispensada a contratação de vigilantes caso isso inviabilize economicamente a existência do estabelecimento de cooperativa singular de crédito, desde que esse apresente circulação financeira reduzida.

Gabarito 1E, 2E

4. Criminologia

Vivian Calderoni

(Escrivão/SP – 2014 – VUNESP) O método científico utilizado pela Criminologia é o método biológico e, como ciência empírica ... e ... que é.

Completam as lacunas do texto, correta e respectivamente:

(A) experimental ... jurídica
(B) sociológico ... experimental
(C) físico ... social
(D) filosófico ... humana
(E) psicológico ... normativa

A Criminologia é uma ciência empírica, ou seja, baseada na observação da realidade e na experiência. A Criminologia é uma ciência interdisciplinar, que se utiliza de outras ciências, preservando os métodos próprios de cada uma delas. Os aspectos sociológicos e biológicos são comuns a diversas teorias criminológicas. Por exemplo, a antropologia criminal dá destaque para os biológicos e o Labelling approach para os sociológicos.
Gabarito "B".

(Escrivão/SP – 2014 – VUNESP) São objetos de estudo da Criminologia moderna ..., o criminoso, ... e o controle social.

Assinale a alternativa que completa, correta e respectivamente, as lacunas do texto.

(A) a desigualdade social ... o Estado
(B) a conduta ... o castigo
(C) o direito ... a ressocialização
(D) a sociedade ... o bem jurídico
(E) o crime ... a vítima

A Criminologia tem quatro objetos de estudo: o crime, o criminoso, a vítima e o controle social.
Gabarito "E".

(Escrivão/SP – 2014 – VUNESP) Conceitua-se a criminologia, por ser baseada na experiência e por ter mais de um objeto de estudo, como uma ciência

(A) abstrata e imensurável.
(B) biológica e indefinida.
(C) empírica e interdisciplinar.
(D) exata e mensurável.
(E) humana e indefinida.

A Criminologia é uma ciência autônoma (distinta do Direito Penal), empírica (baseada na observação da realidade, da experiência) e interdisciplinar (se utiliza das demais ciências para analisar seus objetos de estudo) que tem quatro objetos de estudo: o crime, o criminoso, a vítima e o controle social.
Gabarito "C".

(Escrivão/SP – 2014 – VUNESP) Dentre os modelos sociológicos, as teorias da criminologia crítica, da rotulação e da criminologia radical são exemplos da teoria

(A) do consenso.
(B) da aparência.
(C) do descaso.
(D) da falsidade.
(E) do conflito.

As escolas e teorias da criminologia sociológica se dividem em teorias do consenso e teorias do conflito. A teoria crítica, a teoria da rotulação social (*labelling approach*) e a criminologia radical são teorias do conflito. As teorias do conflito identificam a coerção como elemento central para garantia da coesão social. Para os teóricos filiados às escolas do conflito, são inerentes às sociedades a relação entre dominantes e dominados e os conflitos decorrentes dessa relação. Para tais escolas, as sociedades estão em mudanças contínuas e todos os elementos cooperam para a sua dissolução. As lutas de classes ou de ideologias estão presentes nas sociedades. As escolas do consenso entendem que as sociedades são compostas por elementos perenes, integrados, funcionais, estáveis. Todos baseados no consenso.
Gabarito "E".

(Escrivão/SP – 2014 – VUNESP) A teoria do neorretribucionismo, com origem nos Estados Unidos, também conhecida por "lei e ordem" ou "tolerância zero", é decorrente da teoria

(A) "positiva".
(B) "janelas quebradas".
(C) "clássica".
(D) "cidade limpa".
(E) "diferencial".

A teoria das janelas quebradas (*broken windows theory*) é de autoria de James Wilson e George Kelling e foi publicada em 1982, nos EUA. Tal teoria parte da premissa de que existe uma íntima correlação entre desordem e criminalidade. Daí decorrem as duas medidas centrais da política da "lei e ordem" ou "tolerância zero", quais sejam, preservação e recuperação dos espaços públicos e privados e repressão direta e dura às pequenas infrações, com o fim de prevenção geral. Esta teoria advém do experimento realizado por Philip Zimbardo, da Universidade de Standford nos EUA. Ele deixou um carro em um bairro de classe alta (Palo Alto – Califórnia) e outro em um bairro de classe mais pobre (Bronx –Nova Iorque). O carro abandonado no Bronx foi depenado em 30 minutos, já o que estava em Palo Alto se manteve intacto por uma semana. Após uma semana, Zimbardo quebrou a janela do automóvel deixado em Palo Alto, eis que obteve como consequência a depenação deste veículo em poucas horas. A partir deste experimento, extraiu-se a correlação entre preservação do espaço/bens públicos e privados e criminalidade. A janela quebrada dava a sensação de que não há controle social naquela local. O neorretribucionismo também é conhecido como neo realismo de direita, em oposição ao neo realismo de esquerda filiado a teoria crítica de criminologia.
Gabarito "B".

(Escrivão/SP – 2014 – VUNESP) A criminologia moderna estuda o fenômeno da criminalidade por meio da estatística criminal. Nessa seara, a expressão "cifra dourada" designa

(A) o total de delitos registrados e de conhecimento do poder público que são elucidados.
(B) as infrações penais praticadas pela elite, não reveladas ou apuradas; trata-se de um subtipo da "cifra negra", a exemplo do crime de sonegação fiscal.
(C) as infrações penais de maior gravidade, como, por exemplo, o homicídio, que, ao ser elucidado, permite ao poder público planejar melhor suas ações e alterar a legislação.
(D) as infrações penais de menor potencial ofensivo, por enquadrar-se na Lei n.º 9.099/95, a exemplo do delito de perturbação do sossego alheio.
(E) o percentual de delitos praticados pela sociedade de baixa renda que não chega ao conhecimento do poder público por falta de registro, e, portanto, não são elucidados.

O total de delitos cometidos em uma sociedade é chamado de criminalidade real. A criminalidade revelada é a quantidade destes delitos que chega ao conhecimento das autoridades competentes. Já o porcentual de crimes cometidos que não chegam ao conhecimento do poder público é chamado de cifra negra. Sendo assim tem-se:
Criminalidade revelada + cifra negra = criminalidade real. Existe um subtipo de cifra negra que é chamado de cifra dourada. A cifra dourada é a quantidade de infrações penais praticadas pela elite (crimes de colarinho branco) que não chegam ao conhecimento das autoridades públicas. Os exemplos mais comuns de crimes incluídos na cifra dourada são os tributários/financeiros e eleitorais. Para alguns autores, a cifra negra e a cifra dourada incluem, não somente aqueles delitos que foram efetivamente praticados e não chegaram ao conhecimento do poder público, mas também aqueles que não foram elucidados.
Gabarito "B".

(Escrivão/SP – 2014 – VUNESP) Uma vítima que, ao querer registrar uma ocorrência, encontra resistência ou desamparo da família, dos colegas de trabalho e dos amigos, resultando num desestímulo para a formalização do registro, ocasiona o que é chamado de "cifra negra". Neste caso, estamos diante da vitimização

(A) primária.
(B) secundária.

(C) quaternária.

(D) quintenária.

(E) terciária.

No tema de vitimização, tem-se a vitimização primária, a secundária e a terciária: a vitimização primária é provocada pelo cometimento do crime e corresponde aos danos causados pelo fato de ter sido vítima daquele crime. Esses danos podem ser de ordem material, psicológica ou física. A vitimização secundária, também chamada de sobrevitimização, é decorrente da interação com as instâncias formais de controle social. Essa interação com o sistema de justiça criminal causa um sofrimento adicional à vítima, que deve depor e contar o que houve, revivendo o sofrimento vivido no momento do crime, tem que comparecer diversas vezes perante autoridades. A vitimização terciária é falta de amparo dos órgãos do Estado para com a vítima. Por exemplo, a pessoa que é vítima de violência sexual necessita de amparos médicos e psicológicos e o Estado não fornece esse serviço. A pessoa também é, por vezes, hostilizada pela comunidade em geral, pela família e amigos em razão do crime que sofreu.

Gabarito "E".

(Escrivão/SP – 2014 – VUNESP) "Vítima inocente, vítima provocadora e vítima agressora, simuladora ou imaginária". Essa foi uma das primeiras classificações, de forma sintetizada, que levou em conta a participação ou provocação das vítimas nos crimes. O autor dessa classificação foi

(A) Francesco Carrara.

(B) Giovanni Carmignani.

(C) Cesare Lombroso.

(D) Benjamim Mendelsohn.

(E) Cesare Beccaria.

A: Incorreta. Francesco Carrara é um dos expoentes da escola clássica de criminologia. **B:** Incorreta. Giovanni Carmignani é um dos expoentes da escola clássica de criminologia. **C:** Incorreta. Cesare Lombroso é um dos expoentes da Antropologia Criminal, da escola positivista italiana e autor da famosa obra "O Homem Delinquente". **D:** Correta. Benjamin Mendelsohn é autor da classificação que considera a participação ou a provocação da vítima. **E:** Incorreta. Cesare Beccaria é um dos expoentes da escola clássica de criminologia e autor da famosa obra "Dos Delitos e das Penas".

Gabarito "D".

(Escrivão/SP – 2014 – VUNESP) Uma das formas que o Estado Brasileiro adota como controle e inibição criminal é a pena prevista para cada crime, cuja teoria adotada pelo Código Penal Brasileiro é a mista, de acordo com o artigo 59 do Código Penal, que tem como finalidade a

(A) prevenção e a retribuição.

(B) indenização e a repreensão.

(C) punição e a reparação.

(D) inibição e a reeducação.

(E) conciliação e o exemplo.

O Código Penal Brasileiro adota a teoria da função preventiva da pena, bem como a teoria retributiva. A teoria da função preventiva da pena (também chamada de relativa) entende que a punição penal tem o efeito de prevenir o cometimento de novos crimes. A teoria preventiva se subdivide em prevenção geral e especial, ambas em seus aspectos negativos e positivos. Prevenção geral negativa: efeito de intimidação sobre a generalidade de indivíduos da sociedade, dissuadindo possíveis infratores de cometer um crime em razão da punição prevista. Prevenção geral positiva (ou de integração): demonstra para a sociedade as consequências do cometimento de um crime. Caráter educativo, pois tem a função de auxiliar os indivíduos a assimilar os valores básicos daquela sociedade. Prevenção especial negativa: neutralização pela prisão, ou seja, excluído da sociedade o autor do crime não voltará a delinquir enquanto estiver preso. Prevenção especial positiva: evita que o autor do delito volte a delinquir por meio da reinserção social que será possibilitada com a pena de prisão. A função retributiva (também chamada de absoluta) da pena entende que a sanção penal restaura a ordem violada pelo crime cometido. A função retributiva compreende a noção de que a sanção penal só se justifica dentro dos limites da justa retribuição, ou seja, a teoria retributiva adota o princípio da proporcionalidade.

Gabarito "A".

(Escrivão/SP – 2014 – VUNESP) O conceito de prevenção delitiva, no Estado Democrático de Direito, e as medidas adotadas para alcançá-la são

(A) o conjunto de ações que visam evitar a ocorrência do delito, atingindo direta e indiretamente o delito.

(B) o conjunto de ações que visam estudar o delito, atingindo direta e indiretamente o criminoso.

(C) o conjunto de ações adotadas pela vítima que visam evitar o delito, atingindo o delinquente direta e indiretamente.

(D) o conjunto de ações que visam estudar o criminoso, atingindo o ato delitivo direta e indiretamente.

(E) o conjunto de ações que visam estudar o crime, atingindo o criminoso direta e indiretamente.

A prevenção da infração penal é o conjunto de ações que tem por objetivo evitar o cometimento de um delito. A prevenção criminal é composta por duas espécies de ações: aquelas que atuam de forma indireta e aquelas que atuam diretamente. As medidas indiretas agem sobre as causas dos crimes, ou seja, é uma atuação profilática por parte do Estado. Essa atuação deve se dar nas causas próximas ou remotas, específicas ou genéricas. Essas ações devem ter como foco os indivíduos e o meio social. As medidas diretas se direcionam à infração penal propriamente dita ou em formação. A prevenção criminal no Estado Democrático de Direito está inserida em todos os eixos do governo e não apenas na pasta de Segurança Pública e de Justiça. No modelo federativo brasileiro, os três níveis devem atuar de modo coordenado para a prevenção criminal: união, estados, e municípios.

Gabarito "A".

(Investigador/SP – 2014 – VUNESP) A ciência que estuda a criminogênese é chamada de

(A) ciência política.

(B) ciência pública.

(C) sociologia individual.

(D) etiologia criminal.

(E) ciência jurídica.

A palavra etiologia quer dizer "estudo das causas". Nesse sentido, quando utilizada no contexto criminológico, trata-se do estudo das causas do cometimento de crimes/das causas do crime. Criminogênese é um termo que se refere a "origem do crime". Portanto, a etiologia criminal se ocupa do estudo da criminogênese.

Gabarito "D".

Nas próximas duas questões, complete, correta e respectivamente, as lacunas das frases dadas.

(Investigador/SP – 2014 – VUNESP) Segundo a doutrina dominante, a criminologia é uma ciência aplicada que se subdivide em dois ramos: a criminologia_____ que consiste na sistematização, comparação e classificação dos resultados obtidos no âmbito das ciências criminais acerca do seu objeto; e a criminologia_____ que consiste na aplicação dos conhecimentos teóricos daquela para o tratamento dos criminosos.

(A) prática ... social

(B) comparativa ... observativa

(C) geral ... clínica

(D) individual ... científica

(E) metódica ... particular

A classificação tradicional da Criminologia a subdivide em duas espécies, a criminologia geral e a criminologia clínica. A criminologia geral se dedica a aproveitar os resultados obtidos pelas demais ciências criminais acerca dos quatro objetos da criminologia (vítima, crime, criminoso e controle social). A criminologia clínica foca sua atuação no tratamento dos criminosos. Ademais, existem outras classificações da criminologia. Ela pode ser dividida em: científica, aplicada, acadêmica, analítica, crítica ou radical e cultural.

Gabarito "C".

(Investigador/SP – 2014 – VUNESP) A criminologia pode ser conceituada como uma ciência _____, baseada na observação e na experiência, e _____ que tem por objeto de análise o crime, o criminoso, a vítima e o controle social.

(A) exata ... multidisciplinar

(B) objetiva ... monodisciplinar

(C) humana ... unidisciplinar

(D) biológica ... transdisciplinar

(E) empírica ... interdisciplinar

A Criminologia é uma ciência autônoma, empírica e interdisciplinar que tem por objeto de estudo quatro elementos: o crime, o criminoso, a vítima e o controle social.

Gabarito "E".

(Investigador/SP – 2014 – VUNESP) Assinale a alternativa correta em relação a Enrico Ferri.

(A) Foi filósofo, sustentou que a criminologia é fruto da disparidade social; portanto, riqueza e pobreza estão ligadas ao crime.

4. CRIMINOLOGIA — 487

(B) Foi escritor, criou a teoria da escola clássica da criminologia; utilizou o método lógico dedutível.

(C) Publicou o livro *O Homem Delinquente* em 1876, descrevendo o determinismo biológico como fonte da personalidade criminosa.

(D) Foi jurista, afirmou que o crime estava no homem e que se revelava como degeneração deste.

(E) Foi autor da obra *Sociologia Criminal*; para ele a criminalidade deriva de fenômenos antropológicos, físicos e sociais.

A: Incorreta. As teorias que correlacionam desigualdade social com a criminalidade são: teoria crítica, escola de Chicago e teoria da Subcultura Delinquente. **B:** Incorreta. Os expoentes da Escola Clássica são: Cesare Beccaria, Francesco Carrara e Giovanni Carmignani. **C:** Incorreta. O autor de "O Homem Delinquente" é Cesare Lombroso. **D:** Incorreta. O autor que faz essa afirmação é Rafaele Garófalo, também expoente do Positivismo Italiano, ao lado de Cesare Lombroso e Enrico Ferri, tendo desenvolvido a Psicologia Criminal. **E:** Correta. Ferri escreveu o livro "Sociologia Criminal". Para ele, o delito resulta de diversos fatores: os biológicos e os antropológicos, que seriam as características psíquicas e orgânicas dos indivíduos; os fatores físicos como o clima, temperatura, umidade; e os fatores sociais, como densidade populacional, religião, família, educação etc. Ferri trouxe os fatores sociais à escola Positivista.
Gabarito "E".

(**Investigador/SP – 2014 – VUNESP**) A escola criminológica que surgiu no século XIX, tendo, entre seus principais autores, Rafaelle Garofalo, e que pode ser dividida em três fases (antropológica, sociológica e jurídica) é a

(A) Escola Positiva.

(B) *Terza Scuola* Italiana.

(C) Escola de Política Criminal ou Moderna Alemã.

(D) Escola Clássica.

(E) Escola de *Lyon*.

A: Correta. A Escola Positivista Italiana surge no período iluminista, no século XIX e tem como principais expoentes ou autores Cesare Lombroso, Rafaelle Garófalo e Enrico Ferri. **B:** incorreta. A *Terza Scuela* Italiana teve como principais autores Manuel Carnevale, Bernardino Alimena e João Impallomeni e tinha os seguintes pressupostos: diferenciação entre imputáveis e inimputáveis; determinismo na responsabilidade moral; considerar o crime como fenômeno social e individual; considerar a defesa social como finalidade da pena que possui caráter aflitivo. **C:** Incorreta. A Escola de Política Criminal ou Moderna Alemã, também conhecida como Sociológica Alemã teve como principais autores Franz von Lizst, Adolph Prins e Von Hammel. Os principais elementos desta escola são: utilização de método indutivo-experimental; distinguir imputáveis de inimputáveis e atribuir pena para os primeiro e medida de segurança para os segundos; considerar o crime como fenômeno humano-social e como fato jurídico; considerar a prevenção especial como função da pena; pretendia eliminar ou substituir as pequenas penas privativas de liberdade. **D:** Incorreta. A Escola Clássica é do mesmo período que a Escola Positiva, porém o principal autor desta escola é Cesare Beccaria. **E:** Incorreta. A Escola de Lyon também é chamada de Escola Antropossocial ou Criminal-sociológica, era integrada fundamentalmente por médicos. Tal escola se baseia em aspectos biológicos e sociais.
Gabarito "A".

(**Investigador/SP – 2014 – VUNESP**) A obra *Dos Delitos e Das Penas* de 1764 foi escrita por

(A) Adolphe Quetelet.

(B) Francesco Carrara.

(C) Giovanni Carmignani.

(D) Cesare Bonesana.

(E) Cesare Lombroso.

A: Incorreta. Adolphe Quetelet foi um matemático que passou a incluir a estatística no estudo da criminologia. Ele alertou para a existência de cifra negra criminal. **B:** Incorreta. Francesco Carrara é um dos expoentes da Escola Clássica ao lado de Cesare Beccaria. **C:** Incorreta. Giovanni Carmignani é um dos expoentes da Escola Clássica ao lado de Cesare Beccaria. **D:** Correta. Cesare Bonesana é o nome de Cesare Beccaria, autor a importante obra "Dos Delitos e das Penas", da Escola Clássica. **E:** Incorreta. A principal obra de Cesare Lombroso é "O Homem Delinquente".
Gabarito "D".

(**Investigador/SP – 2014 – VUNESP**) A distinção entre imputáveis e inimputáveis, a responsabilidade moral baseada no determinismo, o crime como fenômeno social e individual e a pena com caráter aflitivo, cuja finalidade é a defesa social, são características da

(A) *Terza Scuola* Italiana.

(B) Escola Moderna Alemã.

(C) Escola Positiva.

(D) Escola Clássica.

(E) Escola Tradicional.

A: Correta. A *Terza Scuela* Italiana teve como principais autores Manuel Carnevale, Bernardino Alimena e João Impallomeni e tinha os seguintes pressupostos: diferenciação entre imputáveis e inimputáveis; determinismo na responsabilidade moral; considerar o crime como fenômeno social e individual; considerar a defesa social como finalidade da pena que possui caráter aflitivo. **B:** Incorreta. A Escola de Política Criminal ou Moderna Alemã, também é conhecida como Sociológica Alemã. Os principais elementos desta escola são: utilização de método indutivo-experimental; distinguir imputáveis de inimputáveis e atribuir pena para os primeiro e medida de segurança para os segundos; considerar o crime como fenômeno humano-social e como fato jurídico; considerar a prevenção especial como função da pena; pretendia eliminar ou substituir as pequenas penas privativas de liberdade. **C:** Incorreta. A escola positivista teve três grandes autores: Cesare Lombroso (antropologia criminal), Rafaele Garófalo (psicológica) e Enrico Ferri (sociológica). Para Lombroso – principal autor desta escola - as características biológicas são determinantes da delinquência. **D:** Incorreta. A Criminologia pode ser dividida em Tradicional e Crítica. Existe uma diferença fundamental entre as duas. Enquanto a primeira se ocupa de compreender as causas da criminalidade, a segunda altera o paradigma e questiona as reações sociais ao crime.
Gabarito "A".

(**Investigador/SP – 2014 – VUNESP**) Pode-se afirmar que o pensamento criminológico moderno é influenciado por uma visão de cunho funcionalista e uma de cunho argumentativo, que possuem, como exemplos, a Escola de Chicago e a Teoria Crítica, respectivamente. Essas visões também são conhecidas como teorias

(A) da ecologia criminal e do transtorno.

(B) do consenso e do conflito.

(C) do conhecimento e da pesquisa.

(D) da formação e da dedução.

(E) do estudo e da conclusão.

Existem duas principais correntes da sociologia criminal: do consenso e do conflito. As escolas do consenso são de cunho funcionalista e também são chamadas de teorias da integração. As escolas do consenso entendem que as sociedades são compostas por elementos perenes, integrados, funcionais, estáveis. Por sua vez, as teorias do conflito são de cunho argumentativo e identificam a coerção como elemento central para garantia da coesão social. Para essa corrente, as lutas de classes ou de ideologias estão presentes nas sociedades. As principais escolas do consenso são: escola de Chicago, teoria da Associação Diferencial, teoria da Anomia e teoria da Subcultura Delinquente. As principais escolas do conflito são: teoria do *Labelling Approach* e teoria Crítica.
Gabarito "B".

(**Investigador/SP – 2014 – VUNESP**) A teoria do *labelling approach* é uma das mais importantes teorias do conflito. Surgiu na década de 60 nos Estados Unidos da América e tem, como um de seus principais autores, Howard Becker.

Essa teoria também é conhecida como teoria

(A) cultural ou de modismo.

(B) da associação diferencial ou *white colar crimes*.

(C) do estudo ou da pesquisa.

(D) do etiquetamento ou da rotulação.

(E) da anomia ou da subcultura delinquente.

A teoria do *Labelling Aproach* também é conhecida como teoria do etiquetamento ou da rotulação, pois desloca o problema criminológico do plano da ação para o da reação (dos *bad actors* para os *powerful reactors*), demonstrando que a verdadeira característica comum dos delinquentes é a resposta dada pelas instâncias de controle, que rotulam (etiquetam) o autor do delito. A teoria da Associação diferencial traz o conceito de *white colar crimes*. Para essa teoria, o homem aprende a conduta desviante e associa-se com referência nela. Crime de colarinho branco (*white colar crimes*) é aquele cometido no âmbito da profissão por pessoa de respeitabilidade e elevado *status* social. A teoria da anomia tem como principais autores Émile Durkheim e Robert Merton e tem como mérito considerar o delito como fenômeno normal das sociedades e não necessariamente ruim. A teoria da subcultura delinquente estuda a formação de subculturas criminais. Para essa teoria, as gangues de jovens formam-se como reação à sensação de frustração por conta da impossibilidade de alcançar as metas da sociedade branca, protestante e anglo-saxã, (conhecida pela sigla em inglês W.A.S.P.).
Gabarito "D".

(**Investigador/SP – 2014 – VUNESP**) Uma das primeiras classificações, de forma sintética, da vítima em grupos, quanto à sua participação ou provocação no crime foi: vítima inocente, vítima provocadora e vítima agressora, simuladora ou imaginária. Essa classificação é atribuída a

488 VIVIAN CALDERONI

(A) Cesare Lombroso.

(B) Hans von Hentig.

(C) Benjamim Mendelsohn.

(D) Kurt Schneider.

(E) Hans Gross.

A classificação de Mendelsohn considera a participação ou a provocação da vítima e divide-se em três grandes grupos: 1) Vítima ideal ou inocente; 2) Vítima provocadora; 3) Vítima como única culpada ou agressora, simuladora ou imaginária. Dentro do grupo das "vítimas provocadoras" existem três tipos de vítimas: as vítimas menos culpadas que os criminosos (*ex ignorantia*); as vítimas tão culpadas quanto os criminosos e as vítimas mais culpadas que os criminosos.
Gabarito "C".

(Investigador/SP – 2014 – VUNESP) Quando ocorre a falta de amparo da família, dos colegas de trabalho e dos amigos, e a própria sociedade não acolhe a vítima, incentivando-a a não denunciar o delito às autoridades, ocorrendo o que se chama de cifra negra, está-se diante da vitimização

(A) caracterizada.

(B) secundária.

(C) descaracterizada.

(D) primária.

(E) terciária.

A vitimização terciária decorre da falta de amparo dos órgãos do Estado para com a vítima e da própria comunidade, família e amigos. Por exemplo, a pessoa que é vítima de violência sexual necessita de amparos médicos e psicológicos e o Estado não fornece esse serviço. A pessoa também é, por vezes, hostilizada pela comunidade em geral pelo crime que sofreu e, por vezes, deixa de registrar a ocorrência, contribuindo para o aumento da "cifra negra". Tem-se, ainda, a vitimização primária e a secundária: a vitimização primária é provocada pelo cometimento do crime e corresponde aos danos causados pelo fato de ter sido vítima daquele crime. A vitimização secundária é decorrente da interação com as instâncias formais de controle social. Essa interação com o sistema de justiça criminal causa um sofrimento adicional à vítima.
Gabarito "E".

(Investigador/SP – 2014 – VUNESP) A reparação dos danos e a indenização dos prejuízos à vítima são vistas pela doutrina como

(A) uma importante tendência político-criminal observada na Lei n.º 9.099/95.

(B) um problema que cabe apenas ao Direito Civil tratar.

(C) uma teoria que vê a vítima como uma parte autossuficiente no crime.

(D) algo obsoleto, que não cabe mais sua discussão.

(E) um fato que serve exclusivamente como base para cálculo da pena do criminoso.

Com a proibição da autotutela pelo Direito Romano, a vítima foi sendo deixada de lado pelo direito penal. Quando o Estado assume o papel de impositor das penas, a vítima perde seu papel de protagonista e passa a desempenhar um papel diminuto. A preocupação com a vítima retorna após a 2ª Guerra Mundial. A partir deste momento, a vítima passa a retomar um papel importante nos processos penais, mas de forma gradual e lenta. No Brasil o papel da vítima é ainda bastante reduzido, se restringindo, na maior parte das vezes, à postura de testemunha. Existem alguns exemplos em que a vítima assume papel mais importante, como nos crimes contra a honra. Nesses delitos a legislação brasileira prevê a opção de que o autor do fato se retrate ou peça desculpas para a vítima. Também existe a figura de assistente de acusação, que pode ser desempenhado pela vítima. A justiça restaurativa, por exemplo, que ainda é muito pouco aplicada no Brasil, mas é mais utilizada em outros países, coloca o agressor e a vítima para conversarem e a torna protagonista do processo. Os Juizados Especiais Criminais, criados pela Lei 9.099/1995, se inspira no modelo consensuado de política criminal onde a vítima começa a ser redescoberta na medida em que o novo sistema preocupou-se com a reparação dos danos sofridos. Sendo assim, a reparação dos danos e indenização pelos prejuízos é uma importante tendência da política criminal, que ganha força no Brasil com a entrada em vigor da Lei 9.099/95.
Gabarito "A".

(Investigador/SP – 2014 – VUNESP) Entende-se como controle social o conjunto de mecanismos e sanções sociais que visam submeter o homem aos modelos e normas do convívio comunitário. Desta forma, são exemplos de influências no controle social informal:

(A) Administração Penitenciária, PROCON e Judiciário.

(B) Polícia Militar, Ministério Público e Guarda Municipal.

(C) Tribunal de Contas, Forças Armadas e Ordem dos Advogados do Brasil.

(D) Família, Escola e Igrejas.

(E) Partidos Políticos, Conselho Tutelar e Polícia Civil.

O controle social informal decorre de fontes não estatais, de instâncias sociais de controle que não correspondem a estrutura do Estado, como a família, a comunidade religiosa, a escola, os clubes e a opinião pública. Quando as instâncias de controle social informais falham é que as instâncias formais de controle atuam, pois são mais eficientes do que o controle social formal.
Gabarito "D".

(Investigador/SP – 2014 – VUNESP) É órgão da segunda seleção da instância formal de controle social:

(A) Ministério Público.

(B) Polícia Judiciária.

(C) Poder Judiciário.

(D) Administração Penitenciária.

(E) Polícia Administrativa.

O controle social formal decorre de fontes estatais. É o controle realizado pela polícia, ministério público, judiciário, exército, administração penitenciária, entre outros. O controle penal é primeiro realizado pela polícia e em segundo lugar pelo Ministério Público.
Gabarito "A".

(Investigador/SP – 2014 – VUNESP) Médico legista, psiquiatra e antropólogo brasileiro, considerado o *Lombroso dos Trópicos*. A personalidade mencionada refere-se a

(A) Luís da Câmara Cascudo.

(B) Raimundo Nina Rodrigues.

(C) Mário de Andrade.

(D) Oswaldo Cruz.

(E) Fernando Ortiz.

Raimundo Nina Rodrigues viveu de 1862 até 1906. Seu primeiro livro publicado foi "As raças humanas e a responsabilidade penal no Brasil", em 1894. Esta obra marca o início da trajetória de Nina Rodrigues na antropologia criminal. Tal livro tecia diversas críticas ao recém aprovado Código Penal, de 1984. As teorias de Lombroso, Ferri e Garófalo aportaram no Brasil por volta dos anos 1870. Nina adotou a teoria do darwinismo social e negou o modelo evolucionista social. Ele considerava a teoria lombrosiana em seus estudos, uma das razões por ter recebido o apelido de "Lombroso dos Trópicos". Para Nina Rodrigues a questão racial era essencial para a atribuição de responsabilidade penal. Para ele, a responsabilização penal deveria levar em consideração a etapa de desenvolvimento de cada raça, sendo assim, o Código Penal não poderia ser único, já que a população não era.
Gabarito "B".

(Investigador/SP – 2014 – VUNESP) Cesare Bonesana, Francesco Carrara e Giovanni Carmignani foram autores da corrente doutrinária da história da Criminologia denominada

(A) Escola Clássica.

(B) *Terza Scuola* Italiana.

(C) Escola Moderna Alemã.

(D) Escola Positiva.

(E) Escola de Chicago.

A: Correta. Cesare Bonesana (mais conhecido como Cesare Beccaria), Francesco Carrara e Giovanni Carmignani são os expoentes da Escola Clássica. **B:** Incorreta. A *Terza Scuela* Italiana teve como principais autores Manuel Carnevale, Bernardino Alimena e João Impallomeni **C:** Incorreta. Os principais autores da Escola Moderna Alemã foram: Franz von Lizst, Adolph Prins e Von Hammel. **D:** Incorreta. Os principais autores da Escola Positiva foram: Cesare Lombroso, Rafaele Garófalo e Enrico Ferri. **E:** Incorreta. Os principais autores da Escola de Chicago foram William Thomas, Robert Park, Ernest Burgess.
Gabarito "A".

(Investigador/SP – 2014 – VUNESP) A corrente do pensamento criminológico, que teve por precursor Filippo Gramatica e fundador Marc Ancel, a qual apregoa que o delinquente deve ser educado para assumir sua responsabilidade para com a sociedade, a fim de possibilitar saudável convívio de todos (pedagogia da responsabilidade), é denominada

(A) Janelas Quebradas (*Broken Windows*).

(B) Escola Antropológica Criminal.

(C) Nova Defesa Social.

(D) Criminologia Crítica.

4. CRIMINOLOGIA 489

(E) Lei e Ordem.

A: Incorreta. A teoria das Janelas Quebradas é de autoria de James Wilson e George Kelling e foi publicada em 1982, nos EUA. Tal teoria parte da premissa de que existe uma íntima correlação entre desordem e criminalidade. **B:** Incorreta. O principal expoente da Antropologia Criminal é Cesare Lombroso. Tal teoria entende que características biológicas e físicas são determinantes para a delinquência. **C:** Correta. A Nova Defesa Social tem por objetivo a proteção da sociedade, a punição não somente com o fim de castigar, mas de reeducar o criminoso para que não volte a delinquir, preservando a noção de pessoa humana dos delinquentes. **D:** Incorreta. Os principais autores da Criminologia Crítica são: Ian Taylor, Paul Walton e Jock Young. A Criminologia Crítica traz uma mudança de paradigma ao buscar compreender por que algumas pessoas são selecionadas pelo sistema penal e outras não. É de cunho marxista e entende o criminoso como fruto de um sistema econômico e social desigual. **E.** Incorreta. O movimento da "lei e ordem", também conhecido como política da "tolerância zero" advém da teoria das "janelas quebradas" e tem por objetivo punir severamente pequenas infrações, com o fim de prevenção geral.

Gabarito "C".

(Investigador/SP – 2014 – VUNESP) Do ponto de vista criminológico, a conduta dos membros de facções criminosas, das gangues urbanas e das tribos de pichadores são exemplos da teoria sociológica da(o)

(A) abolicionismo penal.

(B) subcultura delinquente.

(C) identidade pessoal.

(D) minimalismo penal.

(E) predisposição nata à criminalidade.

A teoria da subcultura delinquente estuda a formação de subculturas criminais. Para essa teoria, as gangues de jovens formam-se como reação à sensação de frustração por conta da impossibilidade de alcançar as metas da sociedade branca, protestante e anglo-saxã, (conhecida pela sigla em inglês W.A.S.P.). A teoria surge após a 2ª Guerra Mundial, momento em que os Estados Unidos cresceram muito economicamente e a população estava tomada por um sentimento de confiança na democracia e nas instituições. A figura paterna era central nos núcleos familiares, representava a autoridade dentro do lar e era responsável por estabelecer a ordem. Mas, nos anos 1950, os jovens, especialmente negros, perceberam que não conseguiriam alcançar o ideal americano. Perceberam que se tornar rico era uma realidade para muito poucos. A desilusão tomou conta dos jovens que passaram a contestar todo o modelo, inclusive a figura paterna. Esse período marca a falência do *american dream*. O choque entre a cultura e a estrutura social - que não fornecia as condições sociais de acesso aos bens sociais para todos - cria uma espécie de desilusão com relação ao sistema de vida americano. Para essa teoria, os valores são adotados por sua forma invertida, como forma de contestação ao ideal da sociedade dominante. Sendo assim, essas *gangs* cultuam a destruição para fazer oposição aos jovens de classe média que cultuam a propriedade. A Subcultura Delinquente é um comportamento de transgressão que é determinado por um subsistema de conhecimento, crenças e atitudes que possibilitam, permitem ou determinam formas particulares de comportamento transgressor em situações específicas. A subcultura não é uma manifestação delinquencial isolada, ao contrário, a subcultura delinquente tem como característica, justamente, a dimensão coletiva.

Gabarito "B".

(Investigador/SP – 2014 – VUNESP) A autorrecriminação da vítima pela ocorrência de um crime, por meio da busca por causas que, eventualmente, tornaram-na responsável pelo delito, é denominada

(A) homovitimização.

(B) heterovitimização.

(C) vitimização primária.

(D) vitimização secundária.

(E) vitimização terciária.

A heterovitimização é justamente o fenômeno em que a vítima de um delito se acha responsável pelo próprio delito. A vitimização primária é provocada pelo cometimento do crime e corresponde aos danos (materiais, psicológicos e físicos) sofridos pelo fato de ter sido vítima daquele crime. A vitimização secundária é decorrente da interação com as instâncias formais de controle social. A vitimização terciária decorre da falta de amparo dos órgãos do Estado para com a vítima e da hostilidade que sofre por parte da comunidade em geral.

Gabarito "B".

(Investigador/SP – 2014 – VUNESP) O indivíduo que é lesado por um estelionatário, o qual aplica-lhe o clássico golpe do "bilhete premiado", é considerado, de acordo com a classificação proposta por Mendelsohn, vítima

(A) exclusivamente culpada.

(B) inocente.

(C) tão culpada quanto o criminoso.

(D) menos culpada do que o criminoso.

(E) mais culpada do que o criminoso.

A classificação de Mendelsohn considera a participação ou a provocação da vítima e divide-se em três grandes grupos: 1) Vítima ideal ou inocente. 2) Vítima provocadora. Dentro desse grupo existem três tipos de vítimas: as vítimas menos culpadas que os criminosos (*ex ignorantia*); as vítimas tão culpadas quanto os criminosos e as vítimas mais culpadas que os criminosos. 3) Vítima como única culpada ou agressora, simuladora ou imaginária. No caso do golpe do bilhete premiado, a vítima é tão culpada quanto o criminoso, por ter se deixado levar por uma história irreal.

Gabarito "C".

(Investigador/SP – 2014 – VUNESP) O estudo da contribuição da vítima na ocorrência de um crime, e a influência dessa participação na dosimetria da pena, é denominado

(A) vitimodogmática.

(B) perigosidade criminal.

(C) infortunística.

(D) círculo restaurativo.

(E) *iter victimae*.

Para a Vitimologia, o Direito Penal deve incluir o comportamento da vítima na teoria do delito. De acordo com algumas definições de vítimas, o seu comportamento pode provocar ou precipitar o desenvolvimento do crime. A vitimodogmática deve utilizar em seus estudos questões como o consentimento do ofendido, a concorrência de culpa e a provocação da vítima que devem ser incluídos nas análises da dosimetria da pena, da tipicidade, da ilicitude e da culpabilidade.

Gabarito "A".

(Investigador/SP – 2014 – VUNESP) O modelo de resposta ao delito que foca na punição do criminoso, proporcional ao dano causado, mediante um Estado atuante e intimidatório, denomina-se

(A) padrão consensual.

(B) modelo ressocializador.

(C) modelo segregador.

(D) padrão associativo.

(E) modelo dissuasório.

A teoria da reação social ou os modelos de reação ao crime partem do pressuposto de que uma ação criminal provoca uma reação estatal. São três as espécies de reação estatal: 1) Modelo ressocializador que atua na vida do criminoso, não apenas com a aplicação da punição, mas reduzindo a reincidência, por meio da ressocialização; 2) Modelo restaurador ou integrador que busca restabelecer a situação anterior ao cometimento do crime e tem o objetivo de reparar o dano causado à vítima e à comunidade; 3) Modelo dissuatório ou do direito penal clássico que tem como objetivo a repressão ao crime por meio da aplicação da punição (apenas aos imputáveis e semi-imputáveis). Neste modelo, a taxa de criminalidade está diretamente associada à potência da ameaça penal, ou seja, do *quantum* de pena estabelecido pelo legislador para aquela conduta.

Gabarito "E".

(Investigador/SP – 2014 – VUNESP) Fruto da tendência atual da política penal brasileira, verifica-se que as tradicionais penas privativas de liberdade vêm sendo substituídas por medidas alternativas, tais como multa e obrigação de prestação de serviços à comunidade.

O fenômeno mencionado é denominado

(A) desconstitucionalização.

(B) descarcerização.

(C) descriminalização.

(D) juridicização.

(E) desjudicialização.

Tal fenômeno recebe esse nome por atribuir uma sanção penal ao autor do crime, mas uma sanção que não seja privativa de liberdade, ou seja, não encarceradora. Por essa razão, esse fenômeno recebe o nome de descarcerização. Tal fenômeno ficou mais comum com a reforma do Código Penal de 1998, que estabeleceu a substituição da pena privativa de liberdade por restritiva de direitos quando cumpridos alguns requisitos (arts. 43 e seguintes). Tal fenômeno também ganhou novo fôlego com a aprovação da Lei 12.403/2011 que aumenta o rol de medidas cautelares desencarceradoras.

Gabarito "B".

(Investigador/SP – 2014 – VUNESP) Sobre o prognóstico criminológico estatístico, é correto afirmar que consiste em uma

(A) certeza de um indivíduo delinquir, em razão de dados estatísticos coletados.

(B) probabilidade de um indivíduo delinquir, em razão de dados estatísticos coletados.

(C) certeza de um criminoso reincidir, em razão de dados estatísticos coletados.

(D) probabilidade de um criminoso reincidir, em razão de dados estatísticos coletados.

(E) avaliação médica imediata e preliminar acerca de uma enfermidade ou estado psicológico, com base na observação momentânea do criminoso.

O prognóstico criminológico tem por objetivo analisar se uma pessoa irá reincidir. Nesse sentido, o prognóstico criminal trata de uma probabilidade de reincidência e não de certeza, pois isso é impossível (diz-se que os profissionais não têm bola de cristal). O prognóstico criminal pode ser feito com base em dados estatísticos ou pode ser do tipo clínico. O prognóstico criminal baseado na estatística serve para orientar o estudo de determinado delito e seus autores, mas não é suficiente para a previsão da reincidência. Para tanto, é necessário conjugar fatores psicoevolutivos, jurídico-penais e ressocializantes. O prognóstico criminal clínico é realizado por uma equipe interdisciplinar (médicos, psicólogos, assistentes sociais e etc.) e busca uma compreensão mais ampla do individuo.

Gabarito "D".

5. Direito Constitucional

Fábio Tavares Sobreira, Licínia Rossi e Tony Chalita

1. PODER CONSTITUINTE

(Agente – Pernambuco – CESPE – 2016) Assinale a opção correta a respeito da Constituição Federal de 1988 (CF) e dos poderes constituintes.

(A) O poder constituinte originário, que elaborou a CF, é essencialmente político, extrajurídico, sem limites formais, e esgotou-se com a promulgação da CF.

(C) Da elaboração da CF, que é uma constituição promulgada, participaram cidadãos que, nessa condição, votaram diversos de seus dispositivos na própria assembleia nacional constituinte.

(D) A CF pode ser modificada pela atuação de poder constituinte derivado, obedecidas as normas nela inseridas pelo poder constituinte originário.

(E) A CF pode ser modificada pela atuação de poder constituinte decorrente, obedecidas as normas nela inseridas pelo poder constituinte originário.

A: incorreta. O poder constituinte originário não se esgota quando edita uma Constituição. Ele subsiste fora dela e está apto para se manifestar a qualquer momento. Trata-se, por isso mesmo, de um poder permanente; **B:** incorreta. A formação de uma nova Constituição rompe com o sistema jurídico vigente, de modo que o constituinte da nova redação exercerá poderes originários. Pode existir dúvida em razão da Constituição de 1988 ter sido antecedida de uma convocação de Assembleia Constituinte por meio de uma Emenda à Constituição anteriormente vigente. Seria, assim, fruto da iniciativa do poder de reforma. Mas, apesar da convocação, não se vislumbra por essa razão a inexistência de um poder constituinte originário. Isso porque esse poder não se expressa apenas em seguida a graves tumultos sociais, mas se exprime sempre que entende de mudar a estrutura constitucional do Estado nos seus aspectos mais elementares; **C:** incorreta. A participação dos cidadãos se deu na escolha dos representantes. Estes sim votaram a constituinte; **D:** correta. Em relação ao nosso texto de 1988, o dispositivo que permite a atuação do poder reformador está estampado no art. 60, que estabelece procedimento e limites de atuação e matérias; **E:** incorreta. O poder constituinte decorrente é poder atribuído aos estados-membros a fim de que elaborem o próprio texto constitucional estadual, respeitadas as premissas da Constituição Federal além da necessidade de prever as normas de repetição obrigatória. *Gabarito "D".*

2. TEORIA DA CONSTITUIÇÃO E PRINCÍPIOS FUNDAMENTAIS

(Agente – Pernambuco – CESPE – 2016) Assinale a opção correta acerca dos princípios fundamentais que regem as relações do Brasil na ordem internacional conforme as disposições da CF.

(A) Em casos de profunda degradação da dignidade humana em determinado Estado, o princípio fundamental internacional da prevalência dos direitos humanos sobrepõe-se à própria soberania do Estado.

(B) O princípio da independência nacional conduz à igualdade material entre os Estados, na medida em que, na esfera econômica, são iguais as condições existentes entre eles na ordem internacional.

(C) O princípio da não intervenção é absoluto, razão por que se deve respeitar a soberania de cada um no âmbito externo e por que nenhum Estado pode sofrer ingerências na condução de seus assuntos internos.

(D) Em razão do princípio fundamental internacional da concessão de asilo político, toda pessoa vítima de perseguição, independentemente do seu motivo ou de sua natureza, tem direito de gozar asilo em outros Estados ou países.

(E) A concessão de asilo político consiste não em princípio que rege as relações internacionais, mas em direito e garantia fundamental da pessoa humana, protegido por cláusula pétrea.

A: correta. O sistema de proteção internacional dos direitos humanos não ameaça a soberania nacional dos Estados, uma vez que o seu caráter de proteção é complementar e subsidiário, em que se reconhece primordialmente aos Estados a incumbência pela efetiva proteção. Apenas no caso deste não zelar pela proteção de tais direitos é que o sistema de proteção internacional entra em ação como meio de se efetivar o respeito aos direitos humanos; **B:** incorreta. Trata-se de igualdade formal e não material entre os Estados; **C:** incorreta. Não há que se falar em princípio absoluto; **D:** incorreta. O asilo político será concedido exclusivamente na hipótese de perseguição de natureza política; **E:** incorreta. A concessão de asilo político é explicitamente um princípio que rege as relações internacionais do Brasil (art. 4, X da CF). *Gabarito "A".*

(Agente – Pernambuco – CESPE – 2016) Considerando as disposições da CF, é correto afirmar que a norma constitucional segundo a qual:

(A) a lei não prejudicará o direito adquirido, o ato jurídico perfeito nem a coisa julgada é de eficácia limitada e aplicabilidade direta.

(B) ninguém será privado de liberdade ou de seus bens sem o devido processo legal é de eficácia plena e aplicabilidade imediata.

(C) é livre o exercício de qualquer trabalho, ofício ou profissão, atendidas as qualificações profissionais que a lei estabelecer é de eficácia plena e de aplicabilidade imediata.

(D) é direito dos trabalhadores urbanos e rurais a proteção do mercado de trabalho da mulher, mediante incentivos específicos, nos termos da lei, é de eficácia plena e aplicabilidade imediata.

(E) ninguém será submetido a tortura nem a tratamento desumano ou degradante é de eficácia contida e aplicabilidade não integral.

A: incorreta. Trata-se de norma de eficácia plena e aplicabilidade direta; **B:** correta, considerando que não condiciona a nenhum fato futuro e não depende de norma regulamentadora; **C:** incorreta. Trata-se de norma de eficácia contida e aplicabilidade imediata; **D:** incorreta. Trata-se de norma de eficácia limitada e aplicabilidade mediata; **E:** incorreta. Trata-se de norma de eficácia plena e aplicabilidade integral. *Gabarito "B".*

(Escrivão – Pernambuco – CESPE – 2016) Quanto ao grau de aplicabilidade das normas constitucionais, as normas no texto constitucional classificam-se conforme seu grau de eficácia. Segundo a classificação doutrinária, a norma constitucional segundo a qual é livre o exercício de qualquer trabalho, ofício ou profissão, atendidas as qualificações profissionais que a lei estabelecer é classificada como norma constitucional

(A) de eficácia limitada.

(B) diferida ou programática.

(C) de eficácia exaurida.

(D) de eficácia plena.

(E) de eficácia contida.

Trata-se de norma constitucional de eficácia contida. Isso porque, as normas de eficácia contida incidem imediatamente e produzem todos os efeitos queridos, mas preveem meios ou conceitos que permitem manter sua eficácia contida em certos limites, em dadas circunstâncias. No presente caso, no trecho em que se prevê as qualificações que a lei estabelecer limita o exercício pleno da norma. Como características marcantes, são normas que solicitam a intervenção do legislador ordinário, fazendo expressa remissão à uma legislação futura (o apelo ao legislador visa a restringir-lhe plenitude). Nas palavras de José Afonso da Silva, "enquanto o legislador ordinário não exercer sua função legislativa, sua eficácia será plena; são de aplicabilidade direta e imediata." *Gabarito "E".*

(Escrivão de Polícia/BA – 2013 – CESPE) Considerando os princípios fundamentais da CF, julgue os itens que se seguem.

(1) Ampara-se no princípio federativo, a instituição constitucional da União, dos estados, dos municípios, do Distrito Federal (DF) e dos territórios como entidades políticas dotadas de autonomia.

(2) Considera-se inconstitucional por violação a uma das cláusulas pétreas proposta de emenda constitucional em que se pretenda abolir o princípio da separação de poderes.

(3) A eleição periódica dos detentores do poder político e a responsabilidade política do chefe do Poder Executivo são características do princípio republicano.

1: errada. Os territórios não estão inseridos como entidade política dotada de autonomia. A Constituição de 1967/1969, previa o Território como um ente federado, tal acepção foi suprimida com a entrada em vigor da Constituição Federal de 1988 (art. 18, *caput*, da Constituição Federal); **2:** correta, é o que prevê o artigo 60, § 4º, III da Constituição Federal; **3:** correta, inclusive este tema foi objeto de discussão no Supremo Tribunal Federal, no julgamento do RE 637.485, de relatoria do Min. Gilmar Mendes, que tratava da questão do terceiro mandato de membros do Executivo. Na ocasião, o Min. Relator entendeu que referido princípio tem o condão de impedir a perpetuação de uma mesma pessoa ou grupo no poder. Ademais, a interpretação do artigo 14, § 5º, da Constituição Federal, deixa claro que o princípio republicano é fundado na ideia da eletividade, temporariedade e responsabilidade dos governantes.

Gabarito 1E, 2C, 3C

(Investigador de Polícia/SP – 2013 – VUNESP) A República Federativa do Brasil rege-se nas suas relações internacionais, entre outros, pelo seguinte princípio:

(A) colaboração entre os povos para a evolução religiosa da humanidade.

(B) construção de uma sociedade internacional livre, justa e solidária.

(C) fruição total e absoluta dos direitos humanos.

(D) autodeterminação dos povos.

(E) uso autorizado da força para resposta aos ataques terroristas internacionais.

A: incorreta, assim como as alternativas "B", "C" e "E", pois a República Federativa do Brasil rege-se nas suas relações internacionais pelos seguintes princípios: "I – independência nacional; II – prevalência dos direito humanos; III - *autodeterminação dos povos* (alternativa "D"); IV – não intervenção; V- igualdade entre os Estados; VII – solução pacífica dos conflitos; VIII – repúdio ao terrorismo e ao racismo; IX – cooperação entre os povos para o progresso da humanidade; X – concessão de asilo político".

Gabarito "D".

3. HERMENÊUTICA CONSTITUCIONAL E EFICÁCIA DAS NORMAS CONSTITUCIONAIS

(Escrivão de Polícia/GO – 2013 – UEG) O direito de greve foi ampliado na Constituição Federal de 1988, no âmbito dos direitos sociais dos trabalhadores, o que tem sido garantido pelos efeitos da norma constitucional. Como direito de autodefesa consistente na abstenção coletiva e simultânea ao trabalho, a sua normatização e seu exercício têm efeitos nos planos interno e externo. Nesse sentido, verifica-se que

(A) no plano da eficácia interna, trata-se de um direito subjetivo negativo, não podendo o trabalhador ser impedido de fazer greve.

(B) a norma constitucional tem eficácia externa pois compete à lei definir a oportunidade do exercício de greve e os interesses a serem defendidos.

(C) no plano de eficácia externa imediata, em relação às entidades privadas, o exercício do direito de greve é violação do contrato de trabalho.

(D) a norma constitucional tem eficácia contida, tendo em vista que o exercício do direito de greve depende de legislação ordinária regulamentadora.

A: correta, já que o art. 9º da CF assegura o direito de greve aos trabalhadores, competindo a eles decidirem sobre a oportunidade de exercê-lo e sobre os interesses que devam por meio dele defender. Este preceito de eficácia plena e aplicabilidade imediata é complexo e é também fonte de discussões. A greve é direito social coletivo que permite a paralisação temporária da disponibilidade da força de trabalho com o intuito de conquistar melhoria das condições salariais ou de trabalho. O objetivo da greve deve estar sempre fundamentado em algo relativo ao contrato de trabalho. Apesar do texto constitucional ser demonstração de perigosa e excessiva liberalidade, posto que ganha aparência da faculdade de agir exercitável pelo trabalhador de forma unilateral, uma vez que ao utilizar a expressão "competindo aos trabalhadores decidir sobre a oportunidade de exercê-lo" possibilita interpretação no sentido que inexiste sujeição a critérios que possam dar ao referido direito a dimensão de uma arma exercitável somente em condições externas, passível de contramedidas que possam colocar o instituto em seu verdadeiro lugar, qual seja, uma disputa de força entre empregadores e empregados. O exercício ilimitado e irresponsável do direito de greve, ou seja, a sua utilização, não como medida externa para solução de conflito de interesses, pode aparentar verdadeiro repúdio ao

direito de trabalhar. O direito de greve existe e deve ser respeitado desde que conciliado com as outras ideias estruturais contidas na Constituição Federal. Sendo assim, no plano da eficácia interna, trata-se de um direito subjetivo negativo, não podendo o trabalhador ser impedido de fazer greve. A matéria é regulamentada pela Lei 7.783/1989. O examinando não pode confundir as linhas traçadas pelo autor com o direito de greve dos servidores tipificado no art. 37, VII, da CF, que será objeto de discussão posteriormente; **B:** incorreta, pelos motivos antagônicos expostos na alternativa anterior; **C:** incorreta, pois como vimos anteriormente, a grave é direito social coletivo que permite a paralisação temporária da disponibilidade da força de trabalho com o intuito de conquistar melhoria das condições salariais ou de trabalho. O objetivo da greve deve estar sempre fundamentado em algo relativo ao contrato de trabalho, logo, o seu exercício não acarreta violação alguma; **D:** incorreta, na exata medida que vimos que o art. 9º da CF é preceito de eficácia plena e aplicabilidade imediata (iniciativa privada). Contudo, o enunciado não indicativo, provavelmente, se refere ao direito de greve dos servidores previsto no art. 37, VII, da CF, que sinaliza ser norma de eficácia limitada e contida. Vejamos: Greve é paralisação coletiva e temporária, total ou parcial, de uma categoria profissional em reivindicação de direitos, consagrada pelas Convenções 87 e 151 (essa dirigida às funções públicas) da Organização Internacional do Trabalho. Temos também, a redação do art. 37, VII, da CF, que determina que o direito de greve será exercício nos termos e nos limites definidos em lei específica (servidores civis). No universo da Administração Pública, o direito de greve de seus servidores civis não foi regulamentado até hoje, seja por lei complementar (espécie normativa **não** mais exigível) seja por lei ordinária (espécie normativa ora adotada), o que deixa uma lacuna legislativa que somente pode ser suprida pela tutela jurisdicional provocada por mandado de injunção. No MI 708-0/DF, o STF acabou por garantir o direito, com ressalva no que toca aos serviços essenciais e aqueles considerados de Estado.

Gabarito "A".

4. CONTROLE DE CONSTITUCIONALIDADE

(Agente Penitenciário/MA – 2013 – FGV) Um partido político, com representação no Congresso Nacional, pretende propor ADIn contra lei de iniciativa do Deputado Federal Y. A lei em referência, que dispõe sobre Processo Civil, teve trâmite regular no Congresso Nacional, foi sancionada pelo Presidente da República e já está em vigor.

Nesse caso, assinale a alternativa que indica o polo passivo da ADIn.

(A) Somente o Congresso Nacional.

(B) O Congresso Nacional e o Advogado-Geral da União.

(C) O Congresso Nacional e o Deputado Federal Y.

(D) A lei questionada e o Advogado-Geral da União.

(E) Somente o Deputado Federal Y.

É pacificado o entendimento de que somente tem legitimidade passiva nas Ações Direta de Inconstitucionalidade o órgão do Poder que editou o ato normativo. A posição ocupada no polo passivo será meramente formal, não tendo natureza jurídica efetiva de réu em toda a extensão do termo, por se cuidar de processo objetivo, sem partes. Ademais, considerando que o limite objetivo da lide é exclusivamente a aferição da constitucionalidade ou não de um ato normativo, inexiste possibilidade de condenação de qualquer natureza, pelo que incabível a composição do polo passivo por quem não tenha diretamente participado da edição da norma. Desta forma, tendo sido proposta a lei por integrante da Câmara dos Deputados, será o Congresso o único legitimado para figurar em referida posição.

Gabarito "A".

(Agente Penitenciário/MA – 2013 – FGV) O Governador do Estado X propôs ação de controle abstrato de constitucionalidade de uma lei estadual, alegando violação ao Art. 100 da Constituição daquele Estado. O Tribunal de Justiça local, órgão competente para o julgamento da ação, considerou inconstitucional o próprio parâmetro de controle, por entender que o referido artigo viola diretamente a Constituição da República.

Com relação ao caso apresentado, assinale a afirmativa correta.

(A) A norma da Constituição do Estado é declarada inconstitucional, retirando-se a validade daquela norma, em decisão com eficácia contra todos e efeito vinculante.

(B) É cabível Recurso Extraordinário para o Supremo Tribunal Federal, que pode confirmar a decisão ou revê-la, para admitir a constitucionalidade da lei estadual, o que implicaria a necessidade de o Tribunal de Justiça prosseguir no julgamento da ação proposta.

(C) É cabível Reclamação para o Supremo Tribunal Federal, por usurpação de competência da Corte no papel de guardião da Constituição da República.

5. DIREITO CONSTITUCIONAL 493

(D) O Tribunal de Justiça pode reconhecer a inconstitucionalidade incidental da norma da Constituição do Estado em face da Constituição da República, mas dessa decisão não se admite a interposição de Recurso Extraordinário ao Supremo Tribunal Federal.

(E) O Tribunal de Justiça pode reconhecer a inconstitucionalidade incidental da norma da Constituição do Estado em face da Constituição da República e a inconstitucionalidade por arrastamento da lei estadual questionada.

O Tribunal de Justiça, ao considerar inconstitucional o próprio parâmetro, e assim, deixar de analisar a inconstitucionalidade suscitada de uma lei estadual, faz crer que a norma em questão, da Constituição Estadual, apresenta inconstitucionalidade. Deste modo, quando se discute uma norma que fere a Constituição Federal, estamos diante de uma situação de que o Recurso Pertinente, é o Extraordinário, nos termos do artigo 102, III, "a", da Constituição Federal. Na hipótese de, ser o referido artigo 100 da CE, declarado constitucional, obviamente, deverá o Tribunal de Origem (Estadual), julgar o mérito da ADI Estadual, visto que o parâmetro na situação hipotética é, de fato constitucional.
Gabarito "B".

5. DIREITOS E DEVERES INDIVIDUAIS E COLETIVOS

5.1. Direitos e deveres em espécie

(Agente-Escrivão – PC/GO – CESPE – 2016) Observadas as ressalvas constitucionais e jurisprudenciais, os espaços que poderão ser protegidos pela inviolabilidade do domicílio incluem:

I. o local de trabalho do indivíduo.

II. a embarcação em que o indivíduo resida e(ou) exerça atividade laboral.

III. o recinto ocupado provisoriamente pelo indivíduo.

IV. o imóvel que o indivíduo ocupe por empréstimo.

V. o quarto de hotel que seja ocupado pelo indivíduo.

Assinale a opção correta.

(A) Apenas os itens I, III e IV estão certos.

(B) Apenas os itens II, III e V estão certos.

(C) Todos os itens estão certos.

(D) Apenas os itens I e II estão certos.

(E) Apenas os itens IV e V estão certos.

O STF assentou posicionamento no sentido de que o conceito de "casa", para efeitos da proteção constitucional, tem um sentido amplo "pois compreende, na abrangência de sua designação tutelar, (a) qualquer compartimento habitado, (b) qualquer aposento ocupado de habitação coletiva e (c) qualquer compartimento privado não aberto ao público, onde alguém exerce profissão ou atividade". (RO HC 90.376-2 RJ - STF).
Gabarito "C".

(Agente – Pernambuco – CESPE – 2016) À luz das disposições da CF, assinale a opção correta acerca dos direitos e garantias individuais.

(A) O Estado pode impor prestação alternativa fixada em lei ao indivíduo que, alegando conflito com suas convicções políticas, se recusar a cumprir obrigação legal a todos imposta, desde que a prestação seja compatível com suas crenças. Em caso de recusa em cumpri-la, o indivíduo poderá ser privado de seus direitos.

(B) Diante de indícios veementes da prática de ilícitos no interior de determinada residência, o agente de polícia poderá realizar busca de provas no local sem o consentimento do morador e sem mandado judicial, desde que o faça durante o dia.

(C) O cidadão que, naturalizado brasileiro, cometer crime comum em viagem a seu país de origem retornar ao Brasil poderá ser extraditado, bastando que haja solicitação do país da nacionalidade anterior.

(D) Servidor público que cometer crime no exercício da função não poderá ser condenado, na esfera penal, a partir de prova obtida por meio ilícito; no entanto, essa mesma prova, complementada por outras provas lícitas, poderá ser utilizada para aplicar penalidade em eventual processo administrativo movido contra o servidor.

(E) O profissional que, trabalhando com divulgação de informações, veicular, em seu nome, notícia de fonte sigilosa não estará sujeito a responder por eventuais prejuízos que essa divulgação causar a outrem.

A: correta, nos termos do art. 5º, VIII; **B:** incorreta. Na hipótese de indícios veementes da prática de ilícitos no interior de determinada residência, o agente de polícia poderá realizar buscas sem o consentimento do morador e sem mandado judicial inclusive no período noturno. Foi esse o entendimento firmado pelo STF no julgamento do RE 603616: "*a entrada forçada em domicílio sem mandado judicial só é lícita, mesmo em período noturno, quando amparada em fundadas razões, devidamente justificadas a posteriori, que indiquem que dentro da casa ocorre situação de flagrante delito, sob pena de responsabilidade disciplinar, civil e penal do agente ou da autoridade e de nulidade dos atos praticados.*"; **C:** incorreta, só será extraditado o brasileiro naturalizado por crime cometido antes da sua naturalização ou de comprovado envolvimento em tráfico ilícito de entorpecentes e drogas afins. O fato do crime comum ter sido cometido no país da nacionalidade anterior não altera o que dispõe a Constituição (art. 5º, LI da CF); **D:** incorreta. São inadmissíveis, no processo, as provas obtidas por meios ilícitos (art. 5º, LVI da CF); **E:** incorreta. Ainda que seja assegurado o sigilo da fonte, aquele que veicular notícia sobre outrem estará sujeito, na hipótese de eventuais prejuízos causados, ao pagamento de indenização por dano material, moral ou à imagem (art. 5º, V da CF).
Gabarito "A".

(Agente-Escrivão – Acre – IBADE – 2017) Leia a seguir os seguintes artigos enunciados pela CRFB/88 e, a partir dos respectivos conteúdos, responda.

1. Artigo 5º, XXXVII: "Inexiste juízo ou tribunal de exceção".

2. Artigo 5º, LIII: "Ninguém será processado nem sentenciado senão pela autoridade competente".

Qual princípio a seguir melhor sintetiza o conteúdo?

(A) Razoabilidade.

(B) Do juiz e do promotor natural.

(C) Ampla Defesa.

(D) Contraditório.

(E) Duplo grau de jurisdição.

A alternativa que melhor sintetiza o conteúdo é a "b". Isso porque o direito cravado na CF a respeito da inexistência de juízo ou tribunal de exceção significa dizer que não haverá direcionamento de processos a serem julgados a determinados juízes ou a "escolha" do Tribunal que julgará. Em igual sentido, quanto à afirmativa ninguém será processado nem sentenciado senão pela autoridade competente, ela deixa claro que o agente acusador e julgador só poderá atuar na hipótese de realmente for o agente competente.
Gabarito "B".

(Agente-Escrivão – Acre – IBADE – 2017) Euclênio, jornalista, teve seu telefone interceptado para que fosse descoberta a fonte de uma reportagem, uma vez que alguém repassara informações a ele para uma matéria sobre corrupção no poder público. A polícia civil, ao elaborar a representação pela receptação telefônica sustentou que a fonte do jornalista participara de um esquema de desvio de verbas públicas e sua identificação seria imprescindível para o sucesso da investigação. Nesse contexto, é correto afirmar que:

(A) em que peses o sigilo da fonte ser um direito fundamental, a interceptação telefônica é legal, mesmo que o jornalista não tenha participado do crime.

(B) a interceptação telefônica é legal, mesmo que o jornalista não tenha participado do crime, devendo ser considerado que o sigilo da fonte não foi arrolado entre os direitos fundamentais.

(C) a interceptação telefônica é ilegal porquanto o jornalista não tenha participação no crime e a CRFB/88 estabeleça o sigilo da fonte como direito individual.

(D) considera-se a interceptação telefônica ilegal, tendo em vista que o jornalista não participou do crime, contudo não há previsão constitucional ao sigilo da fonte.

(E) o jornalista não poderia ser interceptado em hipótese alguma, pois a CRFB/88 lhe garante a cláusula de reserva absoluta.

A: incorreta. O sigilo da fonte é um direito fundamental inviolável, de modo que, não havendo comprovação ou indícios de participação do jornalista no crime, eventual quebra de sigilo será verdadeiro abuso do poder jurisdicional; **B:** incorreta. O sigilo da fonte é um direito fundamental estampado no art. 5º, XIV da CF; **C:** correta; **D:** incorreta. Há expressa previsão constitucional do sigilo da fonte; **E:** incorreta, caso fosse constatada a participação do jornalista no crime praticado, não haveria violação a direito fundamental.
Gabarito "C".

(Agente-Escrivão – Acre – IBADE – 2017) Epitácio, brasileiro naturalizado, cometera crime de tráfico ilícito de drogas, na Itália, antes de sua naturalização. Considerando que: 1) A Itália requereu sua extradição ao Brasil; 2) Epitácio casou-se com uma brasileira nata e deste relacionamento adveio um filho, assinale a alternativa correta.

(A) Configura o caso hipótese de deportação. Diferentemente da extradição e da expulsão, a deportação é a entrega por um Estado a outro, a requerimento deste, de pessoa que nele deva responder a processo penal ou cumprir pena.

(B) A CRFB/88 veda expressamente a extradição de brasileiro naturalizado em caso de crime comum praticado antes da naturalização, ou de comprovado envolvimento em tráfico ilícito de drogas.

(C) O STF, em reiteradas decisões, decidiu que a constituição de filho brasileiro impede a extradição, em observância ao princípio do melhor interesse do menor.

(D) A hipótese narrada, no caso em tela, é de expulsão, tendo em vista que a CRFB/88 não permite que brasileiro naturalizado tenha cometido crime, por se tornar nocivo à conveniência e aos interesses nacionais.

(E) Epitácio poderá ser extraditado, tendo em vista que não impede a extradição a circunstância de ser o extraditado casado com brasileira ou ter filho brasileiro.

A: incorreta. Trata-se de hipótese de extradição; **B:** incorreta. A Constituição expressamente prevê como exceção a extradição de brasileiro naturalizado que tiver praticado crime comum antes da naturalização, ou com comprovado envolvimento com o tráfico ilícito de entorpecentes e drogas afins, nos termos do art. 5º, LI da CF; **C:** incorreta. O STF tem posicionamento consolidado sobre o tema. Inclusive, foi editada Súmula sobre o assunto. *"Súmula 421 STF: Não impede a extradição a circunstância de ser o extraditando casado com brasileira ou ter filho brasileiro.";* D: incorreta. Por tratar de brasileiro naturalizado; a hipótese é de extradição; **E:** correta. É o que anuncia a Súmula 421 do STF. **TC**
Gabarito "E".

(Escrivão – Pernambuco – CESPE – 2016) No que se refere aos direitos e às garantias fundamentais, assinale a opção correta.

(A) O direito fundamental ao contraditório não se aplica aos inquéritos policiais.

(B) O início de execução da pena criminal condenatória após a confirmação da sentença em segundo grau ofende o princípio constitucional de presunção da inocência.

(C) Os direitos e as garantias individuais não são assegurados às pessoas jurídicas, uma vez que elas possuem dimensão coletiva.

(D) O sigilo de correspondência e o sigilo das comunicações telefônicas são invioláveis ressalvadas as hipóteses legais, por ordem judicial ou administrativa devidamente motivada.

(E) O tribunal do júri tem competência para o julgamento dos crimes culposos e dolosos contra a vida.

A: correta. Ainda que o tema seja polêmico, de fato, na literalidade do texto, a Constituição não privilegia como direito fundamental expresso o contraditório em inquéritos policiais (art. 5º LV da CF). Limita-se a processos judiciais e de natureza administrativa; **B:** Recentemente o STF, ao julgar o HC 126292 estabeleceu que o início da execução da pena criminal condenatória após a confirmação da sentença em Segundo grau não ofende o princípio da presunção de inocência. Na ocasião, o Min. Teori Zavascki estabeleceu que: "a manutenção da sentença penal pela segunda instância encerra a análise de fatos e provas que assentaram a culpa do condenado, o que autoriza o início da execução da pena."; **C:** incorreta, as pessoas jurídicas são titulares dos direitos fundamentais compatíveis com a sua natureza; **D:** incorreta. As ressalvas a essas garantias estão expressamente definidas no art. 5º, XII da CF, limitando-se à ordem judicial, jamais administrativa; **E:** incorreta. O tribunal do júri tem competência para o julgamento somente dos crimes dolosos contra a vida. É o que dispõe o art. 5º, XXXVIII, *d* da CF. **TC**
Gabarito "A".

(Escrivão – Pernambuco – CESPE – 2016) Uma autoridade pública de determinado estado da Federação negou-se a emitir certidão com informações necessárias à defesa de direito de determinado cidadão. A informação requerida não era sigilosa e o referido cidadão havia demonstrado os fins e as razões de seu pedido.

Nessa situação hipotética, o remédio constitucional apropriado para impugnar a negativa estatal é o(a):

(A) ação popular.

(B) mandado de segurança.

(C) *habeas data.*

(D) *habeas corpus.*

(E) mandado de injunção.

Ainda que possa gerar uma dúvida sobre a possibilidade de se utilizar o remédio constitucional do *habeas data,* importante destacar que esta medida seria pertinente na hipótese de informação relativa à pessoa do impetrante. A Constituição assegura a todos o acesso à informação, de modo que eventual restrição consubstanciará em violação à direito líquido e certo, de modo que o mandado de segurança será o remédio pertinente ao caso, nos termos do art. 5º, LXIX da CF. **TC**
Gabarito "B".

(Escrivão – AESP/CE – VUNESP – 2017) No que diz respeito aos direitos e garantias fundamentais previstos na Constituição da República, é correto afirmar que

(A) a prática do racismo constitui crime inafiançável e imprescritível, sujeito à pena de detenção.

(B) a lei penal não retroagirá, salvo para punição do réu que tiver cometido crime hediondo.

(C) a lei regulará a individualização da pena e adotará, entre outras, as seguintes: de trabalhos forçados e suspensão ou interdição de direitos.

(D) é reconhecida a instituição do júri, com a competência para o julgamento dos crimes culposos contra a vida.

(E) ninguém será levado à prisão ou nela mantido, quando a lei admitir a liberdade provisória, com ou sem fiança.

A: incorreta. A prática do racismo está sujeito à pena de reclusão e não detenção (art. 5º, XLII da CF); **B:** incorreta. A lei penal não retroagirá, salvo para beneficiar o réu. (art. 5º, XL da CF); **C:** incorreta. A lei não adotará trabalhos forçados. O rol previsto no art. 5º, XLVI não traz esta hipótese; **D:** incorreta. A instituição do júri se dará tão somente nos crimes dolosos contra a vida, nos termos do art. 5º, XXXVIII, *d*, **E:** correta. (art. 5º, LXVI da CF). **TC**
Gabarito "E".

(Escrivão – AESP/CE – VUNESP – 2017) Assinale a alternativa que contempla hipótese de exceção à regra de que a Constituição Federal não admite a prisão civil por dívidas.

(A) Devedor de obrigação monetária por dívida de jogo.

(B) Inadimplemento de dívida de fiador de contrato de locação.

(C) Descumprimento de obrigação pecuniária de contrato de financiamento bancário.

(D) Inadimplemento voluntário e inescusável de obrigação alimentícia.

(E) Responsável civil por obrigação derivada de acidente automobilístico.

O inadimplemento de obrigação alimentícia é a única hipótese de prisão civil estampada na Constituição. Ainda que haja previsão da possibilidade de prisão do depositário infiel, esse tema foi superado com a publicação da Súmula Vinculante n. 25: "É ilícita a prisão civil de depositário infiel, qualquer que seja a modalidade de depósito." **TC**
Gabarito "D".

(Investigador-Escrivão-Papiloscopista – Pará – Funcab – 2016) Nos termos dos direitos e deveres individuais e coletivos, previstos na Constituição Federal, é correto afirmar:

(A) Ninguém será preso serão em flagrante certo ou por ordem escrita e fundamentada de autoridade judiciária competente, salvo apenas nos casos de crime propriamente militar, definidos em lei.

(B) Conceder-se-á mandado de segurança para proteger direito líquido e certo, não amparado por habeas corpus ou habeas data, quando o responsável pela ilegalidade ou abuso de poder for autoridade pública ou agente de pessoa jurídica no exercício de atribuições do Poder Público.

(C) Toda propriedade rural, desde que trabalhada pela família do proprietário, não será objeto de penhora para pagamento de débitos decorrentes de sua atividade produtiva, dispondo a lei sobre os meios de financiar o seu desenvolvimento.

(D) Nenhum brasileiro será extraditado, salvo o naturalizado, em caso de crime comum, praticado depois da naturalização, ou de comprovado envolvimento em tráfico ilícito de entorpecentes e drogas afins, na forma da lei.

(E) O mandado de segurança coletivo pode ser impetrado por organização sindical, entidade de classe ou associação legalmente constituída e em funcionamento há menos de um ano, em defesa dos interesses de seus membros ou associados.

5. DIREITO CONSTITUCIONAL 495

A: incorreta. A exceção será não apenas nos casos de crime propriamente militar, mas também, nos casos de transgressão militar. (art. 5º, LXI da CF); **B:** correta. Art. 5º, LXIX da CF; **C:** incorreta. Trata-se de garantia concedida apenas à pequena propriedade rural e não a todas as propriedades rurais indistintamente (art. 5º, XXVI da CF); **D:** incorreta. O brasileiro naturalizado somente será extraditado em caso de crime comum, praticado antes da naturalização. Na hipótese de crime cometido após a naturalização, a Constituição não garante a aplicação deste instituto (art. 5º, LI da CF); **E:** incorreta. A legitimidade da associação para impetrar mandado de segurança dependerá de seu tempo de funcionamento que é no mínimo de um ano, de modo que as constituídas em tempo menor não terão legitimidade para utilizar este remédio constitucional (art. 5º, LXX da CF). **TC**
Gabarito "B".

(Investigador-Escrivão-Papiloscopista – Pará – Funcab – 2016) "Os direitos fundamentais são bens jurídicos em si mesmos considerados, conferidos às pessoas pelo texto constitucional, enquanto as garantias são instrumentos por meio dos quais é assegurado o exercício desses direitos, bem como a devida reparação, em caso de violação." (Vicente Paulo, Marcelo Alexandrino, Direito Constitucional Descomplicado, 7. ed., Rio de Janeiro, Forense, 2011, p. 100). Sobre O assunto, assinale a alternativa correta.

(A) A gravação clandestina, como aquela em que captação e gravação de áudio e vídeo de conversa pessoal, ambiental ou telefônica se dão no mesmo momento em que a conversa se realiza, feita por um dos interlocutores, sem conhecimento dos outros ou por terceira pessoa, sem conhecimento dos demais, afronta o preceito constitucional da inviolabilidade do sigilo das comunicações telefônicas.

(B) A proteção constitucional à inviolabilidade domiciliar há que ser entendida restritivamente aos conceitos de residência e domicílio, não devendo, portanto, ser estendido a locais não abertos ao público no qual a pessoa exerça sua profissão ou atividade.

(C) Encontra-se em clara e ostensiva contradição com o fundamento constitucional da dignidade da pessoa humana, com o direito à honra, intimidade e vida privada utilizar-se em desobediência expressa à autorização judicial ou aos limites de sua atuação, de bens e documentos pessoais apreendidos ilicitamente acarretando injustificado dano à dignidade da pessoa humana, autorizando a ocorrência de indenização por danos materiais e morais, além do respectivo direito à resposta e responsabilização penal.

(D) A realização de manifestações públicas como a denominada "Marcha da Maconha" não encontra amparo no exercício do direito fundamental de reunião e da livre manifestação do pensamento, uma vez que consiste em afronta ao ordenamento jurídico na esfera penal como verdadeira apologia à prática de crime.

(E) A inviolabilidade do sigilo das correspondências, das comunicações telegráficas e de dados são absolutas, uma vez que a previsão constitucional apenas ressalva a possibilidade de interceptação das comunicações telefônicas, nas hipóteses e na forma que a lei estabelecer para fins de investigação criminal ou instrução processual penal.

A: incorreta. O STF tem posicionamento consolidado acerca da licitude da utilização desta prova (AI 503617 AgR/PR – 01/02/2005); **B:** incorreta. O STF já se manifestou a respeito do assunto, trazendo entendimento de que a proteção à inviolabilidade domiciliar há que ser entendida com interpretação extensiva do conceito de domicílio (RO 90.376-2 RJ/ STF); **C:** Correta. A Constituição Federal garante como direito fundamental a inviolabilidade da intimidade, da vida privada, da honra e da imagem das pessoas, de modo que a utilização indevida de bens e documentos apreendidos ilicitamente acarretará na necessária reparação em razão dos danos sofridos (art. 5º, X da CF); **D:** O STF ao julgar a ADPF 187, tratou do tema. Na ocasião, o Min Celso de Melo se posicionou no seguinte sentido: *"a 'marcha da maconha' é um movimento social espontâneo que reivindica, por meio da livre manifestação do pensamento,* "a possibilidade da discussão democrática do modelo proibicionista (do consumo de drogas) e dos efeitos que (esse modelo) produziu em termos de incremento da violência"; **E:** O STF tem posicionamento assentado de que a inviolabilidade do sigilo das correspondências, das comunicações telegráficas e dos dados são relativos quando há interesse público (MS 33.340/DF, DJE de 3-8-2015.). **TC**
Gabarito "C".

(Agente de Polícia Civil/RO – 2014 – FUNCAB) A partir do tema direitos e deveres fundamentais na Constituição de 1988, assinale a alternativa correta.

(A) São admissíveis, no processo penal, as provas obtidas por meios ilícitos.

(B) A prisão ilegal será imediatamente relaxada pela autoridade judiciária.

(C) A lei pode prejudicar o direito adquirido.

(D) A lei penal pode retroagir, ainda que para prejudicar o acusado.

(E) A lei criará juízo ou tribunal de exceção para julgamento de crime de racismo.

A: incorreta, o artigo 5°, LVI, da Constituição Federal estabelece que serão inadmissíveis, no processo, as provas obtidas por meios ilícitos; **B:** correta, nos termos do artigo 5°, LXV, da Constituição Federal; **C:** incorreta, a lei não prejudicará o direito adquirido, o ato jurídico perfeito e a coisa julgada (art. 5°, XXXVI, da Constituição Federal); **D:** incorreta, a lei penal em regra, não retroagirá, exceto nas circunstâncias em que beneficiar o réu, nos termos do artigo 5°, XL, da Constituição Federal; **E:** incorreta, o artigo 5°, XXXVII, da CF estabelece que não haverá juízo ou tribunal de exceção, mesmo nos casos de julgamento de crime de racismo.
Gabarito "B".

(Escrivão/SP – 2014 – VUNESP) Assinale a alternativa correta a respeito dos direitos e garantias fundamentais previstos na Constituição Federal de 1988.

(A) A lei só poderá restringir a publicidade dos atos processuais quando a defesa da intimidade ou o interesse social o exigirem.

(B) Conceder-se-á *habeas data* sempre que a falta de norma regulamentadora torne inviável o exercício dos direitos e liberdades constitucionais.

(C) A lei regulará a individualização da pena e adotará, entre outras, a privação ou a restrição da liberdade, a perda de bens e o banimento.

(D) Constituem crimes inafiançáveis e imprescritíveis o racismo, a tortura, o tráfico ilícito de entorpecentes e os definidos como crimes hediondos.

(E) Nenhum brasileiro será extraditado, salvo o naturalizado, em caso de crime comum praticado antes da naturalização, ou de comprovado envolvimento com terrorismo.

A: correta, é o que dispõe o artigo 5°, LX, da Constituição Federal; **B:** errada, esta é a condição estabelecida ao mandado de injunção, nos termos do artigo 5°, LXXI, da Constituição Federal. De outro modo, o *habeas data* será concedido (i) para assegurar o conhecimento de informação relativa à pessoa do impetrante, constantes de registros ou bancos de dados de entidades governamentais ou de caráter público e (ii) para a retificação de dados, quando não se prefira fazê-lo por processo sigiloso, judicial ou administrativo; **C:** errada, a lei não adotará a pena de banimento, é o que se extrai do artigo 5°, XLVI e XLVII, alínea "d"; **D:** errada, dos crimes elencados na assertiva, apenas o racismo cumula as características de ser inafiançável e imprescritível (artigo 5°, XLII da Constituição Federal). A tortura, o tráfico ilícito de entorpecentes e os definidos como crimes hediondos ainda que inafiançáveis, não são imprescritíveis, mas insuscetíveis de graça, assim como previsto no artigo 5°, XLIII, da Constituição Federal; **E:** errado, o naturalizado poderá ser extraditado em caso de crime comum praticado antes da naturalização, ou de comprovado envolvimento em tráfico ilícito de entorpecentes e drogas afins. A lei não fala em terrorismo. Artigo 5°, LI, da Constituição Federal.
Gabarito "A".

(Investigador/SP – 2014 – VUNESP) Considerando o disposto na Constituição Federal sobre os direitos e garantias fundamentais, assinale a alternativa correta.

(A) Todos podem reunir-se pacificamente, sem armas, em locais abertos ao público, desde que obtida prévia autorização do delegado de polícia e não frustrem outra reunião anteriormente convocada para o mesmo local.

(B) É reconhecida a instituição do júri, com a organização que lhe der a lei, assegurada a competência para o julgamento dos crimes dolosos e culposos contra a vida.

(C) A lei considerará crimes inafiançáveis e insuscetíveis de graça ou anistia, entre outros, a prática da tortura e o tráfico ilícito de entorpecentes e drogas afins.

(D) É inviolável o sigilo da correspondência e das comunicações telegráficas, de dados e das comunicações telefônicas, salvo, no último caso, por ordem do juiz ou do promotor de justiça, na forma da lei.

(E) A casa é asilo inviolável do indivíduo, ninguém nela podendo penetrar sem consentimento do morador, salvo em caso de flagrante delito ou desastre, ou para prestar socorro, ou, durante à noite, por determinação judicial.

A: errada, visto que não é preciso prévia autorização seja do delegado de polícia ou de qualquer outra autoridade pública. Artigo 5º, XVI, da Constituição Federal; **B:** errada, a competência do Tribunal do Júri se limita ao julgamento dos crimes dolosos, e não culposos, é o que dispõe o artigo 5º, XXXVIII, alínea "d", da Constituição Federal; **C:** certa, conforme previsão do artigo 5º, XLIII da Constituição Federal; **D:** errada, a previsão de exceção quanto à inviolabilidade do sigilo, se limita à ordem judicial. O membro do Ministério Público (Promotor de Justiça), não possui competência para determinar a quebra do sigilo, pelo contrário, deverá apresentar requerimento para a quebra do sigilo, quando este se mostrar necessário, nos termos do artigo 5, XII da Constituição Federal; **E:** errada, o artigo 5º, XI, estabelece que na ocasião da violação da casa por determinação judicial, esta deverá ser procedida durante o dia.

Gabarito "C".

(Escrivão de Polícia/BA – 2013 – CESPE) No que concerne aos direitos e garantias fundamentais, julgue os itens a seguir.

(1) A previsão constitucional da prática de tortura como crime inafiançável e insuscetível de graça ou anistia expressa um dever de proteção identificado pelo constituinte e traduz-se em mandado de criminalização dirigido ao legislador.

(2) Para fins de observância do princípio da legalidade penal, o presidente da República está autorizado constitucionalmente a definir condutas criminosas por meio de medida provisória.

(3) Gravar clandestinamente conversa entre agentes policiais e presos, com o objetivo de obter confissão de crime, constitui prova ilícita e viola o direito ao silêncio, previsto constitucionalmente.

(4) O direito à liberdade de reunião deve ser exercido de forma pacífica e sem armas, sendo desnecessária autorização ou prévio aviso à autoridade competente.

(5) O acesso amplo de qualquer advogado aos elementos de prova produzidos por órgão com competência de polícia judiciária, independentemente da sua transcrição nos autos, é expressão do direito à ampla defesa, previsto na CF.

1: certo, conforme expressamente previsto no artigo 5º, XLIII. Cumpre mencionar ainda que, o mandado de criminalização é uma determinação da própria constituição para que o legislador criminalize a conduta através de lei; **2:** errado, o princípio da legalidade é sem dúvidas, um dos pilares do Direito Penal. Para tanto, é imperioso que se analise o artigo 5, XXXIX, da Constituição Federal que assim institui: "*não há crime sem lei anterior que o defina, nem pena sem prévia cominação legal.*". Verifica-se assim também estancado o Princípio da Anterioridade, para que haja crime tem que haver lei anterior. A medida provisória não poderá criar conduta típica, pois MP não é lei, figura típica só pode ser criada por lei; **3:** certo, prudente que se analise o artigo 5º, LVI, da Constituição Federal que inadmite provas obtidas por meio ilícito e o inciso XII do mesmo artigo que prevê a inviolabilidade e o sigilo das comunicações telefônicas; **4:** errado, deverá haver prévio aviso à autoridade competente, demais afirmações estão em consonância com o artigo 5º, XVI, da Constituição Federal; **5:** errado, o acesso amplo é garantia ao defensor do acusado, e não de qualquer advogado, e o acesso será concedido em provas já documentadas, e não como dito "independente da sua transcrição". Assim como previsto na Súmula Vinculante 14 do STF.

Gabarito 1C, 2E, 3C, 4E, 5E.

(Escrivão de Polícia/DF – 2013 – CESPE) À luz da Constituição Federal de 1988 (CF), julgue os itens que se seguem, acerca de direitos e garantias fundamentais.

(1) O direito de petição aos poderes públicos em defesa de direitos ou contra ilegalidade ou abuso de poder é assegurado a todos, desde que paga a respectiva taxa.

(2) Uma lei complementar não pode subtrair da instituição do júri a competência para julgamento dos crimes dolosos contra avida.

(3) Havendo iminente perigo público, a autoridade competente poderá usar de propriedade particular, assegurada ao proprietário indenização ulterior se houver dano.

1: errada, o direito de petição não depende do pagamento de taxas. É o que dispõe o artigo 5º, XXXIV, alínea "a", da CF; **2:** correto, pois a instituição do júri para o julgamento de crimes dolosos contra a vida é expressamente previsto no texto constitucional, artigo 5º, XXXVIII, alínea "d"; **3:** correto, é o que estabelece o artigo 5º, XXV, da Constituição Federal.

Gabarito 1E, 2C, 3C.

(Agente Penitenciário/MA – 2013 – FGV) Acerca dos direitos fundamentais inscritos na Constituição de 1988, assinale a afirmativa correta.

(A) A Constituição, em garantia ao princípio da igualdade, proscreveu qualquer forma de discriminação, positiva ou negativa, entre cidadãos brasileiros.

(B) A previsão de exame psicotécnico em edital de concurso público supre a exigência de previsão em lei.

(C) O exercício de qualquer ofício ou profissão está condicionado ao cumprimento de condições legais para o seu exercício.

(D) O uso de algemas só é lícito nos casos de prisão em flagrante.

(E) A publicação não consentida da imagem de um indivíduo, utilizada com fins comerciais, gera dano moral reparável, ainda que não reste configurada situação vexatória.

A: incorreta, o art. 5º, *caput*, da Constituição Federal, ao estabelecer que todos são iguais perante a lei, não o faz de maneira desarrazoada, devendo se levar em consideração na interpretação do princípio da igualdade o vínculo de correlação lógica entre o fator de discriminação e o tratamento diferenciado, devendo haver pertinência nas ações afirmativas ou descriminações positivas; **B:** incorreta, a previsão do exame psicotécnico, não supre a exigência de previsão em lei, visto que os editais deverão estabelecer suas diretrizes, respeitada a estrita legalidade, assim como previsto no *caput* do artigo 37 da Constituição Federal; **C:** incorreta, referida afirmação cuida-se de uma exceção, prevista no artigo 5º, XIII, da Constituição Federal, que menciona ser livre o exercício de qualquer trabalho, atendidas as qualificações profissionais que a lei estabelecer. Entretanto, regra geral, deve-se aplicar a previsão do artigo 170, parágrafo único, da Constituição Federal, que assim dispõe: "*É assegurado a todos o livre exercício de qualquer atividade econômica, independentemente de autorização de órgãos públicos, salvo nos casos previstos em lei*"; **D:** incorreta, é o uso de algemas em casos de resistência e de fundado receio de fuga ou de perigo à integridade física própria ou alheia, por parte do preso ou de terceiros, justificada a excepcionalidade por escrito, sob pena de responsabilidade disciplinar, civil e penal do agente ou da autoridade e de nulidade da prisão ou do ato processual a que se refere, sem prejuízo da responsabilidade civil do Estado*"; **E:** correto, o artigo 5º, X, da Constituição Federal, estabelece que são invioláveis a intimidade, a vida privada a honra e a imagem das pessoas, sendo assegurado o direito à indenização pelos danos materiais e morais decorrentes de sua violação, ainda que não reste configurada situação vexatória.

Gabarito "E".

(Escrivão de Polícia/GO – 2013 – UEG) O direito de propriedade vem sendo entendido como a garantia constitucional que assegura ao indivíduo o monopólio da exploração de um bem. Esse direito vem assumindo faces diferentes, como atributo de sujeitos coletivos como ocorre em casos específicos. O norte, entretanto, para o seu exercício é a função social. Nesse contexto, na propriedade

(A) rural, as condições socioambientais são fundamentais para a conferência da função social.

(B) urbana, a inexistência de plano diretor impede a conferência do atendimento à função social.

(C) rural, o atendimento do cumprimento da função social se estabelece em função da lucratividade.

(D) urbana, o cumprimento da função social restringe-se ao seu uso permanente e continuado.

A: correta, a função social da propriedade é cumprida quando a propriedade rural atende, simultaneamente, segundo critérios e graus de exigência estabelecidos em lei, aos seguintes requisitos: I – aproveitamento racional e adequado, II - utilização adequada dos recursos naturais disponíveis e preservação do meio ambiente, III – observância das disposições que regulam as relações de trabalho e IV - exploração que favoreça o bem-estar dos proprietários e dos trabalhadores. Todos os itens discriminados são condições socioambientais, nos termos do art. 186 da CF; **B:** incorreta, pois a propriedade urbana cumpre sua função social quando atende às exigências fundamentais de ordenação da cidade expressas no plano diretor, conforme o art. 182, § 2º, da CF. A inexistência do plano diretor não impede a conferência do atendimento à função social por força do art. 5º, XXIII, da CF, que determina que a propriedade atenderá a sua função social, *em toda e qualquer hipótese* (grifo nosso); **C:** incorreta, pois a lucratividade não é um dos requisitos do art. 186 da CF; **D:** incorreta, pois em complemento as outras alternativas, o constituinte definiu que a propriedade urbana só cumpre sua função (e por óbvio só poderá invocar proteção estatal – interditos possessórios) quando atende às exigências fundamentais de ordenação da cidade, as quais deverão constar do plano diretor, que, por sua vez, se submetera ao ordenamento federal (Estatuto da Cidade – Lei 10.257, de 10 de julho de 2001). É de se acrescer que a apuração de tais exigências será diferenciada de um Município para outro, levando sempre em conta os ditames do plano diretor ou, na ausência deste, das regras gerais, traçadas a nível federal pelo Estatuto alhures ou mesmo das normas de índole estadual.

Gabarito "A".

5. DIREITO CONSTITUCIONAL

(Escrivão de Polícia/GO – 2013 – UEG) O artigo 5°, II da Constituição Federal, consagra o princípio da legalidade ao estabelecer que "ninguém será obrigado a fazer ou deixar de fazer alguma coisa senão em virtude de lei". Esse preceito é multifuncional e tem consequências no ordenamento jurídico, originando muitas expressões, entre as quais se encontram as seguintes:

(A) legalidade administrativa, probidade administrativa, isonomia.

(B) reserva da lei, repristinação da lei, igualdade diante da lei.

(C) processo legislativo, devido processo legal, princípio da isonomia.

(D) vigência da lei, legalidade tributária, devido processo legal.

A: incorreta, pois o princípio da legalidade se coaduna com as seguintes expressões: vigência da lei, legalidade tributária, devido processo legal. Contudo, a afirmação constitucional do princípio da legalidade, traz à baila a *lei*, elemento constitutivo do Estado de Direito, prescreve a vida jurídica da sociedade. Como operador deontológico, proíbe, obriga e permite, expressando-se num conjunto interativo e sistemático, dinâmico e uniforme – pelo menos após o início da Idade Moderna, pois antes o direito romano e a construção do *corpus* exigiam a prudência e a racionalidade prática na elaboração do ordenamento jurídico, o que já não subsiste com os modernos, que encaram a lei como fruto de um procedimento legislativo, ou seja, apenas sob a óptica da formalidade. No Estado moderno, então, a lei é condição de existência do direito e de limitação do poder político do Estado, separando e garantido a esfera pública e a privada. Assim, para o espaço privado, a lei permitia, na medida em que tudo o que não era proibido e não era tratado por ela era permitido (legalidade do art. 5°, II, da CF). Ao contrário, para o Estado e para a ordem política, a lei obrigava e proibia, pois tudo o que não estava na legislação era proibido e tudo que estava era obrigatório (legalidade administrativa, prevista no art. 37 da CF). Sem prejuízo, a questão da probidade administrativa se coaduna como princípio da *moralidade* (*caput* do art. 37 da CF) e o da isonomia guarda guarita no art. 5° da CF; **B:** incorreta, pois o princípio da reserva da lei ou reserva legal está previsto no art. 5°, XXXIX, da CF, que determina que não há crime sem lei anterior que o defina, nem pena sem prévia cominação legal. A repristinação da lei que em verdade é vedada pelo ordenamento jurídico, encontra respaldo no art. 2°, § 3°, da Lei de Introdução as Normas do Direito Brasileiro, que determina que a norma revogada não se restaura por ter a norma revogadora perdido sua vigência, salvo disposição expressa em contrário; **C:** incorreta, por serem princípios autônomos previstos nos incisos LIII, LIV e LV, do art. 5°, da CF; **D:** correta, pelos fundamentos exarados nas alternativas anteriores.

Gabarito "D".

(Escrivão de Polícia/GO – 2013 – UEG) A Constituição Federal, ao garantir a igualdade de todos perante a lei, no artigo 5°, determina que não haverá distinção de qualquer natureza entre as pessoas, o que tem sido entendido como a vedação de diferenciações arbitrárias. Isso tem norteado a atuação do judiciário, do legislativo e do executivo pátrios, que buscam conferir plena eficácia ao dispositivo constitucional ao entender que é

(A) permitido o tratamento normativo diferenciado, qualquer que seja a finalidade imediata do ato normativo ou o fim mediato visado por ele e a proporcionalidade entre ambos.

(B) permitido norma genérica impeditiva de diferenciações consoante valores constitucionais, qualquer que seja a finalidade do ato normativo ou o fim imediato por ele visado.

(C) vedado à autoridade pública interpretar e aplicar a lei de forma a criar ou aumentar desigualdades arbitrárias, qualquer que seja a finalidade da ordem normativa.

(D) vedada a criação de tratamentos diferenciados, consoante os valores constitucionais, por ordem normativa de qualquer natureza, qualquer que seja a finalidade do ato.

A: incorreta, pois é vedado à autoridade púbica interpretar e aplicar a lei de forma a criar ou aumentar desigualdades arbitrárias, qualquer que seja a finalidade da ordem normativa; **B:** incorreta, pois se permite norma genérica impeditiva de diferenciações de cunho constitucional, mas não de admite em todo e qualquer ato normativo; **C:** correta, na exata medida que o *caput* do art. 5° da CF abre o conjunto normativo referente aos direitos e garantias individuais. Traz, no seu propósito, cinco valores fundamentais que informam todo o rol de incisos. São eles: vida, liberdade, igualdade, segurança e propriedade. A primeira observação que importa fazer, antes de passar ao exame de cada um deles especificamente, é que a igualdade, manifestada tanto no início do *caput* como no escopo da igualdade como valor, refere-se à sua acepção no ponto de partida, isto é, à igualdade formal. Essa igualdade permite o exercício pleno da liberdade, não condicionando o homem a resultados esperados pelo ordenamento jurídico, mas possibilitando-lhe juridicamente o espaço fundamental para o exercício das liberdades. O segundo ponto a observar diz respeito ao termo liberdade. A liberdade fundamental é aquela que con-

densa liberdade individual – autonomia – e liberdade política – participação política. Só essa harmonia permite o exercício verdadeiro das liberdades e sua realização completa. Consoante a isto, não seria lógico e muito menos razoável permitir à autoridade pública interpretar e aplicar a lei de forma a criar ou aumentar desigualdades arbitrárias, qualquer que seja a finalidade da ordem normativa; **D:** incorreta, pois concluímos que a própria Constituição Federal, exclusivamente, pode atuar nesta esteira.

Gabarito "C".

(Investigador de Polícia/SP – 2013 – VUNESP) Sansão Herculano, brasileiro, médico veterinário, maior de idade, foi preso em flagrante delito e levado à Delegacia de Polícia. Segundo o que estabelece a Constituição Federal, Sansão tem os seguintes direitos:

(A) a assistência da família e de um advogado, cela especial por ter curso superior e uma ligação telefônica para pessoa por ele indicada.

(B) ser criminalmente identificado, mesmo se possuir identificação civil, cela especial em razão de ter curso superior e assistência de um advogado.

(C) avistar-se pessoalmente com o promotor de justiça, entrar em contato com uma pessoa da família ou quem ele indicar e assistência de um advogado ou defensor público.

(D) relaxamento imediato de sua prisão se ela foi ilegal, permanecer calado e cela especial privativa.

(E) permanecer calado, identificação dos responsáveis por sua prisão e que o juiz e sua família sejam imediatamente comunicados sobre sua prisão.

A: incorreta, pois a Constituição Federal estabelece apenas que o preso será informado de seus direitos, entre os quais os de permanecer calado, sendo-lhe assegurada a assistência da família e de advogado, nos termos do art. 5°, LXIII, da CF; **B:** incorreta, na exata medida que o art. 5°, LVIII, da CF, determina apenas que o civilmente identificado não será submetido a identificação criminal, salvo nas hipóteses previstas em lei; **C:** incorreta, pois a CF não faz menção sobre a possibilidade de avistar-se pessoalmente com o promotor de justiça; **D:** incorreta, pois como dito anteriormente, a CF não faz menção sobre a questão do preso permanecer em cela especial, todavia, de fato a prisão ilegal será imediatamente relaxada pela autoridade judiciária, nos termos do art. 5°, LXV, da CF; **E:** correta, réplica dos incisos LXIII e LXIV do art. 5° da CF.

Gabarito "E".

5.2. Remédios constitucionais

(Agente Penitenciário/MA – 2013 – FGV) A respeito do *mandado de segurança coletivo,* assinale a afirmativa correta.

(A) O mandado de segurança coletivo, por ser instrumento jurídico de defesa de direitos transindividuais, pode ser utilizado para questionar a validade de lei em tese.

(B) As associações, quando impetram mandado de segurança coletivo em favor de seus filiados, dependem, para legitimar sua atuação em juízo, de autorização expressa de seus associados.

(C) A petição inicial do mandado de segurança deve ser instruída com a relação nominal dos associados da impetrante, mas não é necessária a autorização dos associados para a impetração.

(D) O partido político com representação no Congresso Nacional tem legitimidade para a propositura de mandado de segurança coletivo.

(E) A entidade de classe não tem legitimação para o mandado de segurança quando a pretensão veiculada interessa apenas a uma parte da respectiva categoria.

A: Errada, não cabe mandado de segurança para atacar lei em tese, nos termos da Súmula 266 do Supremo Tribunal Federal; **B:** errada, a impetração de mandado de segurança coletivo por entidade de classe em favor dos associados independe da autorização destes, nos termos da Súmula 629 do STF; **C:** errada, o STF já se manifestou no MS 23.769, sendo que destaco o seguinte trecho: "*2. Não aplicação, ao mandado de segurança coletivo, da exigência inscrita no art. 2°-A da Lei 9.49419/97, de instrução da petição inicial com a relação nominal dos associados da impetrante e da indicação dos seus respectivos endereços. Requisito que não se aplica à hipótese do inciso LXX do art. 5° da Constituição*"; **D:** correta, é a previsão do artigo 5°, LXX, alínea "a" da Constituição Federal; **E:** errada, a entidade de classe tem legitimação para o mandado de segurança, ainda quando a pretensão veiculada interessa apenas a uma parte da respectiva categoria, nos termos da Súmula 630 do Supremo Tribunal Federal.

Gabarito "D".

(Agente de Polícia Civil/RO – 2014 – FUNCAB) O que será concedido sempre que a falta de norma regulamentadora torne inviável o exercício dos direitos e liberdades constitucionais e das prerrogativas inerentes à nacionalidade, à soberania e à cidadania?

(A) Ação popular
(B) Mandado de injunção
(C) Mandado de segurança
(D) *Habeas data*
(E) *Habeas corpus*

A: errada, a ação popular é medida que visa anular ato lesivo ao patrimônio público ou de entidade de que o Estado participe, à moralidade administrativa, ao meio ambiente e ao patrimônio histórico e cultural, ficando o autor, salvo comprovada má-fé, isento de custas judiciais e do ônus da sucumbência, nos termos do artigo 5º, LXXIII; **B:** correta, nos termos do artigo 5º, LXXI; **C:** errada, o mandado de segurança é medida constitucional que poderá ser adotado para proteger direito líquido e certo, não amparado por *habeas corpus* ou *habeas data*, quando o responsável pela ilegalidade ou abuso de poder for autoridade pública ou agente de pessoa jurídica no exercício de atribuições do Poder Público, nos termos do artigo 5º, LXIX; **D:** errada, o *habeas data* será medida adequada para assegurar o conhecimento de informações relativas à pessoa do impetrante, constantes de registros ou bancos de dados de entidades governamentais ou de caráter público, bem como para a retificação de dados, quando não se prefira fazê-lo por processo sigiloso, judicial ou administrativo, assim como preceitua o artigo 5º, LXXII, alínea "a"; **E:** errada, o *habeas corpus* é um remédio constitucionalmente garantido ao cidadão, nas ocasiões em que alguém sofrer ou se achar ameaçado de sofrer violência ou coação em sua liberdade de locomoção, por ilegalidade ou abuso de poder, nos termos do artigo 5º, LXVIII, da Constituição Federal.
Gabarito "B".

(Agente de Polícia Civil/RO – 2014 – FUNCAB) O remédio constitucional que tem por escopo proteger a intimidade dos indivíduos contra a manipulação estatal de informações, assegurando o conhecimento e a retificação de dados da pessoa do impetrante, denomina-se:

(A) *habeas data*.
(B) ação popular.
(C) *habeas corpus*.
(D) mandado de segurança.
(E) mandado de injunção.

As afirmações trazidas no enunciado são características latentes do habeas data, visto que o que se busca é a proteção às informações do indivíduo, bem como a retificação dos dados, como estampado no artigo 5º, LXXII, e alíneas da Constituição Federal.
Gabarito "A".

(Escrivão de Polícia/MA – 2013 – FGV) A respeito dos Direitos e Garantias Fundamentais e dos Remédios Constitucionais, assinale a afirmativa **incorreta.**

(A) O *Habeas Corpus* será concedido sempre que alguém sofrer ou se achar ameaçado de sofrer violência ou coação em sua liberdade de locomoção, por ilegalidade ou abuso de poder.
(B) O Mandado de Segurança coletivo pode ser impetrado por partido político com representação no Congresso Nacional.
(C) A Ação Popular pode ser proposta por qualquer pessoa, desde que vise a anular ato lesivo ao patrimônio público, proteger a moralidade, o meio ambiente e o patrimônio histórico e cultural.
(D) O *Habeas Data* poderá servir de instrumento para a retificação de dados, quando não se prefira fazê-lo por processo sigiloso, judicial ou administrativo.
(E) O Mandado de Segurança pode ser proposto tanto contra ato de autoridade pública quanto contra ato de agente de pessoas jurídicas privadas no exercício de atribuições do poder público.

A: correta, nos termos do art. 5º, LXVIII, da CF; **B:** correta, réplica do art. 5º, LXX, da CF; **C:** incorreta, pois nos termos do art. 5º, LXXIII, da CF, somente CIDADÃO tem legitimidade para propor ação popular; **D:** correta, literalidade do art. 5º, LXXII, *b*, da CF: **E:** correta, nos termos do art. 5º, LXIX, da CF.
Gabarito "C".

6. DIREITOS SOCIAIS

(Investigador-Escrivão-Papiloscopista – Pará – Funcab – 2016) Acerca dos direitos sociais, previstos na Constituição Federal, é correto afirmar:

(A) É vedado à categoria dos trabalhadores domésticos o direito à remuneração do trabalho noturno superior à do diurno.

(B) Admite-se a criação de mais de uma organização sindical, em qualquer grau, representativa de categoria profissional ou econômica, na mesma base territorial, que será definida pelos trabalhadores ou empregadores interessados, não podendo ser inferior à área de um município.
(C) A lei poderá exigir autorização do Estado para a fundação de sindicato, ressalvado o registro no órgão competente, vedadas ao Poder Público a interferência e a intervenção na organização sindical.
(D) O limite de idade para a inscrição em concurso público só se legitima em face da vedação constitucional de diferença de critério de admissão por motivo de idade, quando possa ser justificado pela natureza das atribuições do cargo a ser preenchido.
(E) É vedada a dispensa do empregado sindicalizado a partir do registro da candidatura a cargo de direção ou representação sindical e, se eleito, ainda que suplente, até o final do mandato.

A: incorreta. À categoria dos trabalhadores domésticos é assegurado o direito à remuneração do trabalho noturno superior à do diurno (art. 7, IX da CF); **B:** incorreta. A criação de mais de uma organização sindical representativa de categoria profissional na mesma base territorial é vedada pela Constituição (art. 8, II da CF); **C:** incorreta. A lei não poderá exigir autorização do Estado para a fundação de sindicato (art. 8, I da CF); **D:** Correta. É o que dispõe a Súmula 683 do STF: "O limite de idade para a inscrição em concurso público só se legitima em face do art. 7º, XXX, da Constituição, quando possa ser justificado pela natureza das atribuições do cargo a ser preenchido"; **E:** incorreta. A estabilidade garantida ao empregado sindicalizado perdurará até o período de um ano após o fim do mandato e não no fim de seu exercício (art. 8, VIII da CF). **TC**
Gabarito "D".

(Agente de Polícia Civil/RO – 2014 – FUNCAB) Considerando o tema direitos sociais, assinale a alternativa correta.

(A) O Poder Público pode interferir e intervir na organização sindical
(B) A lei exigirá autorização do Estado para a fundação de sindicato
(C) Todos são obrigados a filiarem-se ou a manterem-se filiados a sindicato.
(D) O aposentado filiado não tem direito de votar nas organizações sindicais.
(E) É obrigatória a participação dos sindicatos nas negociações coletivas de trabalho.

A: errada, é vedado ao Poder Público interferir ou intervir na organização sindical, nos termos do artigo 8º, I, da Constituição Federal; **B:** errada, a lei não poderá exigir autorização do Estado para a fundação de sindicato, nos termos do artigo 8º, I, da Constituição Federal; **C:** errada, ninguém será obrigado a filiar-se ou a manter-se filiado a sindicato, nos termos do artigo 8º, V, da Constituição Federal; **D:** errado, o aposentado filiado tem sim, direito de votar e ser votado nas organizações sindicais, é o que prevê o artigo 8º, VII, da Constituição Federal; **E:** correra, nos termos do artigo 8º, VI.
Gabarito "E".

7. NACIONALIDADE

(Escrivão – AESP/CE – VUNESP – 2017) Considerando as disposições constitucionais a respeito da nacionalidade, assinale a alternativa correta.

(A) São brasileiros naturalizados os que, na forma da lei, adquiram a nacionalidade brasileira, exigido aos originários de países de língua portuguesa apenas idoneidade moral.
(B) São brasileiros natos os nascidos na República Federativa do Brasil, ainda que de pais estrangeiros, desde que estes estejam a serviço de seu país.
(C) Aos estrangeiros com residência permanente no País, se houver reciprocidade em favor de brasileiros, serão atribuídos os direitos inerentes ao brasileiro.
(D) São brasileiros natos os nascidos no estrangeiro, de pai brasileiro ou mãe brasileira, desde que qualquer deles esteja a serviço da República Federativa do Brasil.
(E) São brasileiros naturalizados os estrangeiros de qualquer nacionalidade, residentes na República Federativa do Brasil há mais de dez anos ininterruptos e sem condenação penal.

A: incorreta. O primeiro trecho da assertiva está correto. Entretanto, aos originários de língua portuguesa, além da idoneidade moral, é necessário que possuam residência por um ano ininterrupto no Brasil (art. 12, II, *a* da CF); **B:** incorreta. Serão natos desde que os pais não estejam a serviço de seu país (art. 12, I, *a* da CF); **C:** Trata-se de benefício concedido

5. DIREITO CONSTITUCIONAL

apenas aos portugueses e não a todos os estrangeiros (art. 12, § 1º da CF); **D:** correta. Art. 12, I, *b* da CF; **E:** incorreta. Serão naturalizados os estrangeiros residentes no Brasil há mais de quinze anos ininterruptos e desde que requeiram a naturalização (art. 12, II, *b* da CF). 🔲

Gabarito "D".

(Escrivão – AESP/CE – VUNESP – 2017) Sobre os direitos políticos constitucionais, é correto afirmar que:

(A) é vedada a pena que imponha a perda ou suspensão de direitos políticos.

(B) para concorrerem a outros cargos, os Prefeitos, Deputados e Vereadores devem renunciar aos respectivos mandatos até seis meses antes do pleito.

(C) não podem se alistar como eleitores os estrangeiros, e são inelegíveis os inalistáveis e os analfabetos.

(D) o alistamento eleitoral e o voto são obrigatórios para os maiores de dezoito anos e facultativos para os analfabetos e os maiores de sessenta anos.

(E) o mandato eletivo poderá ser impugnado ante a Justiça Eleitoral no prazo de quinze dias contados da posse.

A: incorreta. A Constituição permite a possibilidade de perda ou suspensão de direitos políticos em determinadas hipóteses. A restrição se dá quanto à cassação desses direitos (art. 15, "caput" da CF); **B:** incorreta. Somente os prefeitos (e demais ocupantes de cargos do Executivo – art. 14, § 6º da CF) deverão renunciar aos respectivos mandatos por um período de 6 meses antes das eleições. Aos exercentes do legislativo não há tal restrição; **C:** correta. Ainda que os analfabetos possam facultativamente exercer os direitos políticos ativos (votar), não lhes caberá a possibilidade de apresentar candidatura a cargo eletivo. Vale dizer ainda que esta inelegibilidade cessará caso ele seja alfabetizado (art. 14, § 2º e § 4 da CF); **D:** incorreta. O voto será facultativo para os maiores de setenta anos e não sessenta como diz o enunciado (art. 14, § 1º, II, *a*). **E:** incorreta. O prazo para impugnação ao mandato eletivo terá como marco inicial a data da diplomação e não da posse. (art. 14, § 10 da CF). 🔲

Gabarito "C".

(Investigador-Escrivão-Papiloscopista – Pará – Funcab – 2016) O kuwaitiano Fehaid al-Deehani, que compete no Rio de Janeiro sob a bandeira olímpica, ou seja, como atleta independente, escreveu nesta quarta-feira (10) seu nome na história olímpica ao se tornar o primeiro atleta 'sem país' da história a conquistara medalha de ouro olímpica. O título veio no duplo fosso do tiro esportivo. O italiano Marco Innocenti ficou com prata e o britânico Steven Scott com o bronze. (O Tempo – publicado em 10/08/16 – 20h35). Quanto ao direito da nacionalidade, nos termos da Constituição Federal, é correto afirmar:

(A) É privativo de brasileiro nato o cargo de Senador,

(B) São brasileiros natos os que, na forma da lei, adquiram a nacionalidade brasileira, exigidas aos originários de países de língua portuguesa apenas residência por um ano ininterrupto e idoneidade moral.

(C) São brasileiros naturalizados os estrangeiros de qualquer nacionalidade, residentes na República Federativa do Brasil há mais de quinze anos ininterruptos e sem condenação penal, desde que requeiram a nacionalidade brasileira.

(D) Será declarada a perda de nacionalidade do brasileiro que adquirir outra nacionalidade por imposição de naturalização, pela norma estrangeira, ao brasileiro residente em estado estrangeiro, como condição para permanência em seu território ou para o exercício de direitos civis.

(E) São brasileiros naturalizados os nascidos no estrangeiro de pai brasileiro ou de mãe brasileira, desde que sejam registrados em repartição brasileira competente ou venham a residir na República Federativa do Brasil e optem, em qualquer tempo, depois de atingida a maioridade, pela nacionalidade brasileira.

A: incorreta. No âmbito do Senado Federal, será privativo de brasileiro nato apenas o cargo de Presidente do Senado (art. 12, § 3º, III da CF); **B:** incorreta, trata-se de conceito empregado aos brasileiros naturalizados (art. 12, II, *a* da CF); **C:** correta (art. 12, II, *b* da CF); **D:** incorreta. Aos brasileiros que adquirirem outra nacionalidade como condição para permanência ou exercício de direitos civis não haverá perda da nacionalidade pátria (art. 12, § 4º, II, *b* da CF); **E:** incorreta. Trata-se de característica atribuída ao brasileiro nato (art. 12, I, *c* da CF). 🔲

Gabarito "C".

(Agente de Polícia Civil/RO – 2014 – FUNCAB) É privativo de brasileiro nato o cargo de:

(A) promotor de justiça.

(B) vereador.

(C) juiz do trabalho.

(D) general do Exército.

(E) senador federal.

A questão tenta confundir o candidato, visto que utiliza a expressão "general do exército", ao tratar do "Oficial das Forças Armadas". De todo modo, esta é a alternativa correta, nos termos do artigo 12 § 3º, VI, da Constituição Federal.

Gabarito "D".

(Escrivão de Polícia/MA – 2013 – FGV) Com relação ao tema *nacionalidade*, analise as afirmativas a seguir.

I. São brasileiros naturalizados os estrangeiros de qualquer nacionalidade residentes na República Federativa do Brasil, há mais de quinze anos ininterruptos e sem condenação penal, desde que requeiram a nacionalidade brasileira.

II. São brasileiros natos os nascidos na República Federativa do Brasil, ainda que de pais estrangeiros, desde que estes não estejam a serviço de seu país.

III. São atribuídos, aos originários de países de língua portuguesa com residência permanente no país, os direitos inerentes aos brasileiros.

Assinale:

(A) se somente a afirmativa I estiver correta.

(B) se somente a afirmativa II estiver correta.

(C) se somente a afirmativa III estiver correta.

(D) se somente as afirmativas I e II estiverem corretas.

(E) se todas as afirmativas estiverem corretas.

I: correta, réplica do art. 12, II, *b*, da CF; **II:** correta, literalidade do art. 12, I, *a*, da CF; **III:** incorreta, pois são brasileiros naturalizados os que, na forma da lei, adquiram a nacionalidade brasileira, exigidas aos originários de países de língua portuguesa apenas residência por um ano ininterrupto e idoneidade moral, nos termos do art. 12, II, *a*, da CF.

Gabarito "D".

8. DIREITOS POLÍTICOS

(Investigador-Escrivão-Papiloscopista – Pará – Funcab – 2016) Os Direitos Políticos estatuem a possibilidade de o cidadão participar do processo político e das decisões do país. No que toca a este tema, de acordo com a Constituição Federal:

(A) uma das condições de elegibilidade, na forma da lei é ter a idade mínima de trinta anos para Presidente e Vice-Presidente da República e Senador.

(B) podem alistar-se como eleitores os conscritos, durante o período do serviço militar obrigatório.

(C) o mandato eletivo poderá ser impugnado ante a Justiça Eleitoral no prazo de quinze dias contados da diplomação, instruída a ação com provas de abuso do poder econômico, corrupção ou fraude.

(D) o alistamento eleitoral e o voto são facultativos para os maiores de dezoito anos e menores de setenta anos.

(E) durante o período do serviço militar obrigatório, os conscritos são elegíveis, devendo, se contarem menos de dez anos de serviço, afastar-se da atividade.

A: incorreta. A idade mínima para os cargos apontados é de 35 anos (art. 14, § 3º VI, alínea "a" da CF); **B:** incorreta. Não poderão os conscritos alistarem-se como eleitores durante o período de serviço militar obrigatório (art. 14, § 2º da CF); **C:** correta, A assertiva enumerou as condições para propositura da Ação de Impugnação ao Mandato Eletivo (art. 14, § 10 da CF); **D:** incorreta, o alistamento eleitoral e o voto são obrigatórios aos maiores de dezoito e menores de setenta e facultativos aos maiores de dezesseis e menores de dezoito e em igual sentido aos maiores de setenta nos (art. 14, § 1º, I e II da CF); **E:** incorreta. Durante o período do serviço militar obrigatório os conscritos estão impedidos de se alistar, tendo como consequência a proibição de votar e ser votado (art. 14, § 2º da CF). O segundo trecho da assertiva também incorreto é prerrogativa garantida aos militares alistáveis (art. 14, § 8º, I da CF). 🔲

Gabarito "C".

(Agente de Polícia Civil/RO – 2014 – FUNCAB) Considerando o tema direitos políticos, é correto afirmar que o alistamento eleitoral e o voto são facultativos para:

(A) maiores de 75 anos.

(B) os maiores de 70 anos.

(C) os maiores de quatorze e menores de dezesseis anos.

(D) maiores de 80 anos.

(E) deficientes físicos.

O alistamento eleitoral e o voto são facultativos para os analfabetos, maiores de setenta anos e para os maiores de dezesseis e menores de dezoito anos, nos termos do art.14, § 1º, II, da Constituição Federal. Portanto, a alternativa que está em consonância com o diploma constitucional é a "B".

Gabarito "B".

(Investigador de Polícia/SP – 2013 – VUNESP) Com relação aos direitos políticos previstos na Constituição Federal brasileira, é correto afirmar que

(A) não podem alistar-se como eleitores os estrangeiros e, durante o período do serviço militar obrigatório, os conscritos.

(B) o alistamento eleitoral e o voto são obrigatórios para os e os maiores de sessenta anos.

(C) a idade mínima para elegibilidade ao cargo de Vereador é de vinte e um anos.

(D) os direitos políticos poderão ser cassados em decorrência da sentença criminal condenatória transitada em julgado.

(E) o militar é inalistável e inelegível.

A: correta, réplica do art. 14, § 2º, da CF; B: incorreta, pois o alistamento eleitoral e o voto são facultativos para os maiores de setenta anos, nos termos do art. 14, § 1º, II, b, da CF; C: incorreta, já que a idade mínima para elegibilidade ao cargo de Vereador é de 18 anos, como determina o art. 14, § 3º, VI, d, da CF; D: incorreta, já que o art. 15 da CF veda a cassação de direitos políticos. Em se tratando de condenação criminal transitada em julgado, enquanto durarem seus efeitos, será modalidade de suspensão dos direitos políticos; E: incorreta, pois o militar é alistável e elegível, atendidas as seguintes condições: I - se contar menos de dez anos de serviço, deverá afastar-se da atividade; II – se contar mais de dez anos de serviço, será agregado pela autoridade superior e, se eleito, passará automaticamente, no ato da diplomação, para a inatividade, nos termos do art. 14, § 8º, da CF.

Gabarito "A".

9. ORGANIZAÇÃO DO ESTADO

9.1. Organização político-administrativa. União, Estados, DF, Municípios e Territórios

(Agente-Escrivão – PC/GO – CESPE – 2016) Compete privativamente à União:

(A) estabelecer política de educação para segurança no trânsito.

(B) legislar sobre requisições civis e militares, em caso de iminente perigo e em tempo de guerra.

(C) cuidar da proteção e garantia das pessoas portadoras de deficiência.

(D) legislar sobre organização, garantias, direitos e deveres da polícia civil.

(E) legislar sobre educação, ensino, pesquisa e inovação.

A: incorreta. A elaboração de políticas de educação para a segurança do trânsito não é de competência privativa da União. O texto Constitucional assegura também aos Estados, Distrito Federal e Municípios a competência para implementação de tais programas (art. 23, XII da CF); B: correta (art. 22, III da CF); C: incorreta. A competência para cuidar da proteção e garantia dos portadores de deficiência é comum à União, Estados, Distrito Federal e Municípios (art. 23, II da CF); D: incorreta. Trata-se de competência concorrente entre União, Estados e Distrito Federal (art. 24, XVI da CF); E: incorreta. Trata-se de competência comum entre União, Estados, Distrito Federal e Municípios (art. 23, V da CF). TC

Gabarito "B".

(Agente – Pernambuco – CESPE – 2016) Com base no disposto na CF, assinale a opção correta acerca da organização político-administrativa do Estado.

(A) É da competência comum dos estados, do Distrito Federal e dos municípios organizar e manter as respectivas polícias civil e militar e o respectivo corpo de bombeiros militar.

(B) Compete à União, aos estados e ao Distrito Federal estabelecer normas gerais de organização das polícias militares e dos corpos de bombeiros militares, assim como normas sobre seus efetivos, seu material bélico, suas garantias, sua convocação e sua mobilização.

(C) A organização político-administrativa da República Federativa do Brasil compreende a União, os estados, os territórios federais, o Distrito Federal e os municípios, todos autônomos, nos termos da CF.

(D) Os estados podem incorporar-se entre si mediante aprovação da população diretamente interessada, por meio de plebiscito, e do Congresso Nacional, por meio de lei complementar.

(E) É facultado à União, aos estados, ao Distrito Federal e aos municípios subvencionar cultos religiosos ou igrejas e manter com seus representantes relações de aliança e colaboração de interesse público.

A: incorreta. Competência da União, nos termos do art. 21, XIV da CF; **B:** incorreta. Quanto às normas gerais de organização das polícias militares e dos corpos de bombeiros a competência é da União, nos termos do art. 21, XIV da CF. Quanto ao material bélico, nos termos do art. 22, XXI da CF, a competência é privativa da União; **C:** incorreta. Os territórios não compõem a organização político-administrativa da República Federativa do Brasil (art. 18, "caput" da CF); **D:** correta. (art. 18 § 3º da CF); **E:** incorreta. É vedado à União, aos Estados, ao Distrito Federal e aos municípios subvencionar cultos religiosos ou igrejas. Também é vedado relação de aliança, com exceção à colaboração de interesse público (art. 19, I da CF). TC

Gabarito "D".

(Agente – Pernambuco – CESPE – 2016) À luz do disposto na CF, assinale a opção correta a respeito da administração pública.

(A) O servidor público da administração direta, autárquica ou fundacional que estiver no exercício de mandato eletivo federal, estadual, distrital ou municipal ficará afastado de seu cargo, emprego ou função, sendo-lhe facultado optar pela sua remuneração.

(B) Nos termos da lei, a investidura em todo e qualquer cargo ou emprego público depende de aprovação prévia em concurso público de provas e títulos, de acordo com a natureza e a complexidade do cargo ou emprego.

(C) As funções de confiança e os cargos em comissão são exercidos exclusivamente por servidores ocupantes de cargos efetivos e destinam-se às atribuições de direção, chefia e assessoramento.

(D) A administração fazendária e a segurança pública e seus respectivos servidores, os fiscais e os policiais, terão, dentro de suas áreas de competência e circunscrição, precedência sobre os demais setores administrativos, na forma da lei.

(E) Tanto a administração pública direta quanto a indireta de qualquer dos poderes da União, dos estados, do Distrito Federal e dos municípios devem obedecer aos princípios de legalidade, impessoalidade, moralidade, publicidade e eficiência.

A: incorreta. A possibilidade de optar pela remuneração limita-se aos exercentes de cargos da executiva e legislativa municipais. às demais funções, não há previsão constitucional (art. 38, I e II da CF); **B:** incorreta. Inicialmente, cumpre esclarecer que determinadas funções públicas poderão ser exercidas sem que seja necessária a aprovação prévia em concurso público, como exemplo, funções de confiança em cargo demissível ad nutum (livre nomeação e exoneração). Há uma segunda assertiva incorreta quanto ao sistema de seleção de candidatos. Isso porque, há concursos em que haverá avaliação apenas por provas, sem que se considere títulos (art. 37, II da CF); **C:** incorreta. As funções de confiança, de fato, deverão ser exercidas exclusivamente por servidores ocupantes de cargos efetivos. Entretanto, os cargos em comissão serão preenchidos por servidores de carreira nos casos, condições e percentuais mínimos previstos em lei, e destinam-se apenas às atribuições de direção, chefia e assessoramento (art. 37, V da CF); **D:** incorreta. Trata-se de uma das características da administração fazendária, não se estendendo às demais carreiras (art. 37, XVIII da CF); **E:** correta, nos termos do art. 37, "caput" da CF. TC

Gabarito "E".

(Agente – Pernambuco – CESPE – 2016) Com base nas disposições constitucionais acerca do Conselho Nacional de Justiça (CNJ) e do Ministério Público (MP), assinale a opção correta.

(A) As funções institucionais do MP incluem promover, privativamente, a ação penal pública e exercer o controle externo da atividade policial, assim como a representação judicial e a consultoria jurídica de entidades públicas.

5. DIREITO CONSTITUCIONAL — 501

(B) Integram o CNJ o presidente do Supremo Tribunal Federal, o procurador-geral da República e o presidente do Conselho Federal da Ordem dos Advogados do Brasil.

(C) Entre outras atribuições, cabe ao CNJ apreciar a legalidade dos atos administrativos e jurisdicionais praticados por membros ou órgãos do Poder Judiciário, podendo desconstituí-los para o exato cumprimento da lei.

(D) Entre outras atribuições, cabe ao CNJ avocar processos disciplinares em curso e representar ao MP nos casos de crimes contra a administração pública ou de abuso de autoridade.

(E) Os procuradores-gerais dos MPs dos estados e o do Distrito Federal e Territórios serão nomeados pelos governadores dos estados e do Distrito Federal, conforme o caso, a partir de lista tríplice composta por integrantes da carreira, para mandato de dois anos.

A: incorreta. O trecho final do enunciado traz disposição incorreta. Isso porque é vedada a representação judicial e a consultoria jurídica de entidades públicas; **B:** incorreta. O Procurado-Geral da República não compõe o CNJ e o Conselho Federal da OAB indicará dois advogados e não o Presidente. A composição completa do CNJ, é formada por 15 (quinze) membros com mandato de 2 (dois) anos, admitida 1 (uma) recondução, sendo: I - o Presidente do Supremo Tribunal Federal; II - um Ministro do Superior Tribunal de Justiça, indicado pelo respectivo tribunal; III - um Ministro do Tribunal Superior do Trabalho, indicado pelo respectivo tribunal; IV - um desembargador de Tribunal de Justiça, indicado pelo Supremo Tribunal Federal; V - um juiz estadual, indicado pelo Supremo Tribunal Federal; VI - um juiz de Tribunal Regional Federal, indicado pelo Superior Tribunal de Justiça; VII - um juiz federal, indicado pelo Superior Tribunal de Justiça; VIII - um juiz de Tribunal Regional do Trabalho, indicado pelo Tribunal Superior do Trabalho; IX - um juiz do trabalho, indicado pelo Tribunal Superior do Trabalho; X - um membro do Ministério Público da União, indicado pelo Procurador-Geral da República; XI um membro do Ministério Público estadual, escolhido pelo Procurador-Geral da República dentre os nomes indicados pelo órgão competente de cada instituição estadual; **C:** incorreta. Compete ao CNJ apreciar somente a legalidade dos atos administrativos. (art. 103-B § 4º II); **D:** correta (art. 103-B, § 4º, III e IV da CF); **E:** A alternativa está incorreta. Os Procurador-Geral do MPDF serão nomeados pelo Presidente da República e não pelos Governadores (art. 21, XIII da CF). Gabarito "D".

(Agente-Escrivão – Acre – IBADE – 2017) No âmbito da repartição vertical de competências, compete à União estabelecer normas gerais, vale dizer, diretrizes essenciais de comportamento. Com base nesta afirmação, assinale a alternativa correta.

(A) Se a União não editar as normas gerais, os demais entes federativos poderão legislar de forma plena sobre a matéria. Contudo, caso a União edite posteriormente as normas gerais, as normas estaduais que lhe forem contrárias serão revogadas.

(B) Os Estados e o Distrito Federal não possuem competência suplementar complementar.

(C) Os Municípios são dotados de competência suplementar complementar, no que for cabível.

(D) A CRFB/88 não adotou a teoria da repartição vertical concorrente não cumulativa, mas sim a teoria da repartição vertical concorrente cumulativa.

(E) Caso a União não edite as normas gerais, os demais entes federados devem impetrar mandado de segurança perante o STF para que seus direitos sejam resguardados.

A: incorreta. Para que Estados legislem sobre matéria de competência da União, é preciso que lei complementar autorize (art. 22, parágrafo único da CF); **B:** incorreta. Os Estados e o Distrito Federal possuem competência suplementar para legislar sobre normas gerais (art. 24, § 2º da CF); **C:** correta (art. 24, § 2º da CF); **D:** incorreta. Entende-se como teoria da repartição vertical a hipótese em que uma determinada matéria é reservada entre os entes federativos, sem que se desconsidere a relação hierárquica de subordinação da União para Estados e destes para os Municípios.; Quanto à cumulatividade e não cumulatividade, vale dizer que a competência concorrente poderá ser não cumulativa. Isso porque a atuação de um ente excluirá a ação de outro. Como exemplo, o § 4º do art. 24 da CF estabelece que a superveniência de lei federal suspenderá a eficácia de lei estadual que tenha sido produzida em contrário; **E:** incorreta. Na hipótese de inexistência de lei federal, os entes federados exercerão competência legislativa plena (art. 24, § 3º da CF). Gabarito "C".

(Escrivão – Pernambuco – CESPE – 2016) Com relação à possibilidade de acumulação de cargos públicos, assinale a opção correta.

(A) Mesmo havendo compatibilidade de horários, o servidor público da administração direta que passar a exercer mandato de vereador ficará afastado do cargo.

(B) Não é possível a acumulação remunerada de cargos públicos, sendo a cumulação permitida apenas se o serviço for prestado ao Estado de forma gratuita.

(C) É possível a acumulação remunerada de um cargo público de professor com cargo técnico ou científico, não havendo limite remuneratório mensal, sob pena de violação do direito à irredutibilidade salarial.

(D) É possível a acumulação remunerada de dois cargos públicos de professor, independentemente de compatibilidade de horários.

(E) A proibição de acumular se estende a empregos e funções públicas e abrange autarquias, fundações, empresas públicas, sociedades de economia mista e suas subsidiárias e sociedades controladas, direta ou indiretamente, pelo poder público.

Quanto à possibilidade de acumulação de cargos públicos, o constituinte previu sua vedação, com exceção à hipótese de compatibilidade de horários: a) a de dois cargos de professor; b) a de um cargo de professor com outro técnico ou científico; c) a de dois cargos privativos de médico; d) a de dois cargos ou empregos privativos de profissionais de saúde, com profissões regulamentadas; Ainda assim, regra geral, a proibição de acumular estende-se a empregos e funções e abrange autarquias, empresas públicas, sociedades de economia mista e suas subsidiárias, fundações mantidas pelo Poder Público, e sociedades controladas, direta ou indiretamente, pelo poder público, nos termos do art. 37, XVI e XVII da CF. Gabarito "E".

(Escrivão – Pernambuco – CESPE – 2016) A respeito das funções institucionais do Ministério Público (MP), assinale a opção correta de acordo com os dispositivos da Constituição Federal de 1988 (CF).

(A) Como não está inserido na parte da CF que trata da segurança pública, o MP não pode exercer controle sobre a atividade policial.

(B) Indicados os fundamentos jurídicos de suas manifestações processuais, o MP pode requisitar a instauração de inquérito policial.

(C) O rol de funções institucionais do MP previstos na CF é taxativo.

(D) Independentemente do tipo penal, compete exclusivamente ao MP a promoção da ação penal.

(E) O MP pode promover o inquérito civil e a ação civil pública para a proteção de interesse meramente individual disponível.

A: incorreta. Trata-se de função institucional do Ministério Público o controle da atividade policial, nos termos do art. 129, VII da CF; **B:** correta, art. 129, VIII da CF; **C:** incorreta. O inciso IX do art. 129 da CF estabelece que o Ministério Público poderá exercer outras funções que lhe forem conferidas, de modo que não se trata de um rol taxativo de prerrogativas; **D:** incorreta. A competência do MP para promoção penal está relacionada à ação penal pública, de modo que o particular tem liberdade para promover a ação penal privada (art. 129, I da CF); **E:** incorreta. A promoção do inquérito civil e da ação civil pública pelo Ministério Público terá o intuito de proteger o patrimônio público e social (art. 129, III da CF). Gabarito "B".

(Escrivão – AESP/CE – VUNESP – 2017) A respeito da contratação de pessoal no serviço público, por tempo determinado, a Constituição Federal dispõe que

(A) a lei regulará as situações passíveis de serem atendidas limitadas às funções e aos cargos de confiança.

(B) é expressamente vedada.

(C) é limitada ao preenchimento de cargos de confiança do Poder Executivo.

(D) é limitada aos cargos de direção, chefia e assessoramento.

(E) a lei estabelecerá os casos para atender a necessidade temporária de excepcional interesse público.

A CF prevê que a lei estabelecerá os casos de contratação por tempo determinado para atender a necessidade temporária de excepcional interesse público, nos termos do art. 37, IX da CF. Gabarito "E".

(Escrivão – AESP/CE – VUNESP – 2017) Na forma do que prevê expressamente a Constituição Federal, os atos de improbidade administrativa importarão, entre outras sanções, a

(A) indisponibilidade de bens.

(B) detenção.

(C) cassação dos direitos políticos.

(D) pagamento de cestas básicas.

(E) prestação de serviços à comunidade.

O texto literal da CF estabelece em seu art. 37, § 4º que: "Os atos de improbidade administrativa importarão a suspensão dos direitos políticos, a perda da função pública, a indisponibilidade dos bens e o ressarcimento ao erário, na forma e gradação previstas em lei, sem prejuízo da ação penal cabível". **TC**

Gabarito "A".

(Escrivão – AESP/CE – VUNESP – 2017) A Carta Magna veda a adoção de requisitos e critérios diferenciados para a concessão de aposentadoria aos servidores públicos titulares de cargo efetivo dos entes políticos, exceto para os

(A) nomeados para cargos de livre nomeação e exoneração.

(B) que exerçam atividades de atendimento ao público.

(C) integrantes de minoria étnica.

(D) portadores de deficiência.

(E) que exerçam o magistério como professor no ensino superior.

O art. 40, § 4º da CF veda a adoção de requisitos diferenciados para a concessão de aposentadoria, com exceção dos portadores de deficiência, os que exerçam atividade de risco e cujas atividades sejam exercidas sob condições especiais que prejudiquem a saúde ou a integridade física. **TC**

Gabarito "D".

(Escrivão/SP – 2014 – VUNESP) Prevê o art. 37 da Constituição Federal, de forma expressa, que a administração pública direta e indireta de qualquer dos Poderes da União, dos Estados, do Distrito Federal e dos Municípios obedecerá aos princípios de legalidade, impessoalidade, moralidade, publicidade e

(A) razoabilidade.

(B) eficiência.

(C) proporcionalidade.

(D) unidade.

(E) economicidade.

A alternativa "B" está em consonância com o disposto no artigo 37 *caput* da Constituição da República.

Gabarito "B".

(Escrivão de Polícia/BA – 2013 – CESPE) Com relação à organização político--administrativa do Estado brasileiro, julgue o próximo item.

(1) Recusar fé aos documentos públicos inclui-se entre as vedações constitucionais de natureza federativa.

1: correta, é o que prevê o artigo 19, II da Constituição Federal.

Gabarito 1C

(Agente de Polícia/DF – 2013 – CESPE) Tendo em vista a disciplina constitucional relativa ao DF, julgue o item subsequente.

(1) É competência concorrente da União e do DF legislar sobre a organização do Poder Judiciário e do Ministério Público do Distrito Federal e dos Territórios, cabendo à União, no âmbito dessa legislação concorrente, estabelecer normas de caráter geral.

1: errada, essa competência é privativa da União, conforme inteligência do artigo 22, XVII, da Constituição Federal.

Gabarito 1E

(Escrivão de Polícia/MA – 2013 – FGV) A respeito da organização político--administrativa da União, dos Estados, dos Municípios e do Distrito Federal, assinale a afirmativa **incorreta**.

(A) Compete à União organizar e manter a polícia civil, a polícia militar e o corpo de bombeiros do Distrito Federal.

(B) Os Municípios podem explorar diretamente, ou mediante concessão, os serviços locais de gás canalizado e podem, inclusive, regulamentar a matéria por meio de medida provisória.

(C) Os Municípios brasileiros regem-se por suas respectivas leis orgânicas.

(D) Compete à União executar os serviços de polícia marítima, aeroportuária e de fronteiras.

(E) É de competência comum da União, dos Estados, do Distrito Federal e dos Municípios combater as causas da pobreza e os fatores da marginalização, promovendo a integração social dos setores desfavorecidos.

A: correta, pois de fato compete à União organizar e manter a polícia civil, a polícia militar e o corpo de bombeiros do Distrito Federal, nos termos do art. 21, XIV, da CF; **B:** incorreta, pois não são os MUNICÍPIOS, mas sim os ESTADOS que poderão explorar diretamente, ou mediante concessão, os serviços locais

de gás canalizado, na forma da lei, veda a edição de medida provisória, nos termos do art. 25, § 2º, da CF; **C:** correta, os municípios regem-se por suas respectivas leis orgânicas, votadas em dois turnos, com o interstício mínimo de dez dias, e aprovada por dois terços dos membros da Câmara Municipal, que a promulgará, atendidos os princípios estabelecidos na Constituição Federal, na Constituição do Estado e nos termos dos preceitos delineados no art. 29 da CF; **D:** correta, nos termos do art. 21, XXI, da CF; **E:** correta, réplica do art. 23, X, da CF.

Gabarito "B".

9.2. Administração Pública

(Agente-Escrivão – PC/GO – CESPE – 2016) O servidor público estável perderá o cargo:

(A) após procedimento de avaliação periódica de desempenho, que prescinde da ampla defesa e do contraditório.

(B) em virtude de sentença judicial transitada em julgado.

(C) após decisão judicial de primeira instância da qual caiba recurso.

(D) após decisão judicial de segunda instância da qual caiba recurso.

(E) mediante processo administrativo, que prescinde da ampla defesa e do contraditório.

A: incorreta. O processo de perda do cargo do servidor público deverá ser realizado após procedimento de avaliação, mas garantida a ampla defesa, nos termos da lei complementar (art. 41, §1º, III da CF); **B:** correta (art. 41, § 1º, I da CF); **C** e **D:** incorretas. A perda do cargo somente ocorrerá após o trânsito em julgado da sentença judicial condenatória (art. 41, § 1º, I da CF); **E:** incorreta. É garantido ao servidor, ainda que em processo administrativo, a ampla defesa das acusações que lhe forem atribuídas (art. 41, § 1º, II da CF). **TC**

Gabarito "B".

(Escrivão de Polícia/BA – 2013 – CESPE) Com relação ao regime constitucional aplicável à administração pública, julgue os itens subsequentes.

(1) É condição necessária e suficiente para a aquisição da estabilidade no serviço público o exercício efetivo no cargo por período de três anos.

(2) Não constitui ofensa à CF a acumulação remunerada de dois empregos públicos em duas sociedades de economia mista estaduais, dado que a proibição constitucional se aplica somente à acumulação dos cargos públicos da administração direta e das fundações públicas e autarquias.

1: errada, para a aquisição de estabilidade no serviço público é realmente necessário o efetivo exercício no cargo por um período de 3 anos (Art. 41 da Constituição Federal), todavia, não é condição suficiente, mas um dos requisitos, tendo que se considerar ainda a obrigatoriedade da avaliação especial de desempenho por comissão instituída para essa finalidade (artigo 41 § 4º, da Constituição Federal); 2: errada, artigo 37, XVII da Constituição Federal dispõe claramente que a acumulação remunerada de dois empregos públicos em duas sociedades de economia mista é vedada.

Gabarito 1E, 2E

(Agente de Polícia/DF – 2013 – CESPE) Julgue os itens a seguir, concernentes à administração pública.

(1) Membros de Poder, detentores de mandato eletivo, ministros de Estado e secretários estaduais e municipais serão remunerados exclusivamente por subsídio fixado por ato administrativo de responsabilidade da mesa diretora ou do chefe de cada Poder. A remuneração dos servidores públicos, entretanto, só pode ser fixada ou alterada por lei específica, observada a iniciativa privativa em cada caso.

(2) Os cargos em comissão e as funções de confiança podem ser preenchidos por livre escolha da autoridade administrativa entre pessoas sem vínculo com a administração pública.

1: errado, a assertiva está em consonância com o dispositivo constitucional, ao dispor que referidos agentes serão remunerados exclusivamente por subsídio (artigo 39 § 4º, da Constituição Federal), mas incorreto ao afirmar que será fixado por ato administrativo. Neste sentido o artigo 37, X, estabelece a necessidade de fixação por lei específica e não por ato administrativo; 2: errado, é preciso que se compreenda a diferença entre cargo em comissão e função de confiança. Para tanto, cabe a análise do artigo 37, V. Verifica-se que as funções de confiança deverão ser exercidas por servidores ocupantes de cargo efetivo, enquanto que o cargo em comissão, e apenas estes, poderão ser ocupados por pessoas sem vínculo com a Administração.

Gabarito 1E, 2E

5. DIREITO CONSTITUCIONAL — 503

(Escrivão de Polícia/DF – 2013 – CESPE) Com relação à organização político-administrativa, julgue os itens que seguem.

(1) Uma autarquia é uma pessoa jurídica de direito público criada somente mediante lei específica, que, embora não tenha subordinação hierárquica com a entidade que a criar, submeter-se-á, na órbita federal, à supervisão ministerial.

(2) Haverá descentralização administrativa quando, por lei, competências de um órgão central forem destacadas e transferidas a outras pessoas jurídicas estruturadas sob o regime do direito público ou sob a forma do direito privado.

1: certo, é o que dispõe o artigo 37, XIX, da Constituição Federal. Quanto à questão da inexistência de subordinação, o que há é vinculação que se manifesta por meio da Supervisão Ministerial realizada pelo ministério ou secretária da pessoa política responsável pela área de atuação da entidade administrativa. Esta supervisão tem por finalidade o exercício do denominado Controle Finalístico ou Poder de Tutela; **2:** certo, trata-se da descentralização, instituto comumente utilizado para a criação das Agências, que visa repassar determinada atividade não essencial à pessoa distinta, por meio de lei específica, criando a Administração Indireta. Gabarito 1C, 2C

10. PODER LEGISLATIVO

Agente-Escrivão – PC/GO – CESPE – 2016) Acerca do processo legislativo pertinente a medidas provisórias, assinale a opção correta.

(A) O decreto legislativo editado para regular as relações nascidas a partir do período de vigência de medida provisória posteriormente rejeitada cria hipótese de ultratividade da norma, capaz de manter válidos os efeitos produzidos e, bem assim, alcançar situações idênticas futuras.

(B) Muito embora a medida provisória, a partir da sua publicação, não possa ser retirada pelo presidente da República da apreciação do Congresso Nacional, nada obsta que seja editada uma segunda medida provisória que ab-rogue a primeira para o fim de suspender-lhe a eficácia.

(C) Por força do princípio da separação de poderes, é vedado ao Poder Judiciário examinar o preenchimento dos requisitos de urgência e de relevância por determinada medida provisória.

(D) Em situações excepcionais elencadas no texto constitucional, a medida provisória rejeitada pelo Congresso Nacional somente poderá ser reeditada na mesma sessão legislativa de sua edição.

(E) A proibição de edição de medida provisória sobre matéria penal e processual penal alcança as emendas oferecidas ao seu correspondente projeto de lei de conversão, as quais ficam igualmente impedidas de veicular aquela matéria.

A: incorreta. O decreto legislativo editado para regular as relações nascidas a partir do período de vigência de medida provisória posteriormente rejeitada não será capaz de manter válidos os efeitos produzidos para situações futuras; **B:** correta, nos termos da interpretação atribuída pelo STF. "Porque possui força de lei e eficácia imediata a partir de sua publicação, a medida provisória não pode ser "retirada" pelo presidente da República à apreciação do Congresso Nacional. (...). Como qualquer outro ato legislativo, a medida provisória é passível de ab-rogação mediante diploma de igual ou superior hierarquia. (...). A revogação da medida provisória por outra apenas suspende a eficácia da norma ab-rogada, que voltará a vigorar pelo tempo que lhe reste para apreciação, caso caduque ou seja rejeitada a medida provisória ab-rogante. Consequentemente, o ato revocatório não subtrai ao Congresso Nacional o exame da matéria contida na medida provisória revogada" (ADI 2.984 MC, rel. min. Ellen Gracie, j. 4-9-2003, P, DJ de 14-5-2004); **C:** incorreta. O Congresso Nacional ao deliberar sobre o mérito das medidas provisórias deverá realizar juízo prévio sobre o atendimento dos pressupostos constitucionais da medida, ou seja, relevância e urgência (art. 62, § 5º da CF); **D:** incorreta. Não há exceção à reedição de medida provisória na mesma sessão legislativa de sua edição (art. 62, § 10 da CF); **E:** incorreta. No primeiro ponto, a assertiva está correta. É proibida a edição de medida provisória sobre matéria penal e processual penal (art. 62, § 1º, I, *b*). Entretanto, se transformada em projeto de lei de conversão, considerando que passará por um processo de tramitação de lei ordinária, não haverá restrição à sua aprovação. Gabarito "B".

(Agente – Pernambuco – CESPE – 2016) No que se refere ao processo legislativo, assinale a opção correta de acordo com o disposto na CF.

(A) A iniciativa popular pode ser exercida pela apresentação ao Congresso Nacional de projeto de lei subscrito por, no mínimo, 1% do eleitorado nacional, distribuído por, pelo menos, nove estados da Federação.

(B) É de competência do Senado Federal examinar as medidas provisórias e emitir parecer sobre elas, antes que sejam apreciadas pelo plenário de cada uma das Casas do Congresso Nacional.

(C) Leis ordinárias e complementares são espécies do processo legislativo federal que, aprovadas pelo Congresso Nacional, prescindem da sanção do presidente da República.

(D) É de competência exclusiva da Câmara dos Deputados sustar os atos normativos do Poder Executivo que exorbitem do poder regulamentar ou dos limites de delegação legislativa.

(E) A iniciativa de leis complementares e ordinárias cabe ao presidente da República, ao Supremo Tribunal Federal, aos tribunais superiores, ao procurador-geral da República e aos cidadãos, entre outros.

A: incorreta. A iniciativa popular será exercida pela apresentação de projeto de lei à Câmara dos Deputados e não ao Congresso Nacional em pelo menos cinco estados (com no mínimo três décimos por cento dos eleitores de cada um deles) e não nove, conforme prevê o o enunciado (art. 61, § 2º da CF); **B:** incorreta. A competência será mista de Deputados e Senadores (art. 62, § 9 da CF); **C:** incorreta. Leis Ordinárias e Leis Complementares dependerão de sanção presidente para que tenham validade. A desnecessidade de sanção presidencial é característica das emendas constitucionais; **D:** incorreta. A competência é exclusivamente do Congresso Nacional (art. 49, V da CF); **E:** correta, nos termos do "caput" do art. 61 da CF. Gabarito "E".

(Agente-Escrivão – Acre – IBADE – 2017) Cento e setenta deputados federais resolvem instaurar Comissão Parlamentar de Inquérito (CPI) a fim de investigar atuação da FUNAI e do INCRA na demarcação de terras indígenas. No curso da CPI, os parlamentares ouviram investigados, bem como testemunhas. Determinaram prisões preventivas, impediram a saída de investigado da comarca, obrigaram o comparecimento forçado de testemunhas faltosas, determinaram quebras de sigilos bancário, fiscal e de interceptação telefônica, bem como determinaram realização de perícias. Considerando apenas as informações contidas no caso em referência, assinale a alternativa correta, de acordo com o tema Poder Legislativo e CPI.

(A) Não agiu corretamente ao decretar prisão preventiva, tendo em vista que CPIs não são dotadas de poder geral de cautela.

(B) No caso em tela, fora inobservado o quórum exigido constitucionalmente para criação de CPI, qual seja, 3/5 dos deputados federais.

(C) Segundo o STF a intimação de testemunha e indiciado pode ser feita por via de comunicação telefônica ou via postal.

(D) Agiu corretamente ao impedir a saída de investigado da comarca, mas incorreu em erro ao determinar perícias.

(E) Agiu corretamente ao quebrar os sigilos bancário e fiscal e decretar interceptação telefônica, vez que possuem poderes de investigação próprios das autoridades judiciais.

A: correta. O poder de investigação judicial que o constituinte estendeu às CPI's não se confunde com o poder geral de cautela garantido aos magistrados nas demandas judiciais. Além da ausência de previsão constitucional, o STF foi instado a se manifestar e assentou a impossibilidade deste ato, inclusive a prisão cautelar, já que, "no Sistema do direito constitucional positivo brasileiro, os casos de privação de liberdade individual somente podem derivar de situação de flagrância (art. 5º, LXI da CF) ou de ordem emanada de autoridade judicial competente (art. 5º, LXI), ressalvada a hipótese – de evidente excepcionalidade – de 'prisão por crime contra o Estado', determinada pelo executor da medida (CF, art. 136, § 3º, I), durante a vigência do estado de defesa decretado pelo Presidente da República" HC 71.279; **B:** incorreta. O quórum de instalação é de 1/3 dos membros, nos termos do art. 58 § 3º da CF; **C:** incorreta. O STF definiu que a convocação de testemunhas e de indiciados deve ser feita pelo modo prescrito no Código de Processo Penal. Assim, estabeleceu "não ser viável a intimação por via postal ou por via de comunicação telefônica. [Ela] deve ser feita pessoalmente". HC 71.421; **D:** incorreta. Não poderá a CPI impedir a saída de investigados da Comarca; **E:** incorreta. A quebra de sigilo bancário de fato foi admitida (MS 23.452/RJ, DJ 12-5-2000). Entretanto, a interceptação telefônica depende de previa autorização judicial. Às CPIs é admitida a quebra do sigilo telefônico que se limita a divulgação dos registros das chamadas. Gabarito "A".

(Agente-Escrivão – Acre – IBADE – 2017) Sobre o processo legislativo, assinale a alternativa correta.

(A) O Congresso Nacional não pode sustar os atos normativos do Poder Executivo que exorbitem a esfera do poder regulamentar ou os limites da delegação legislativa.

(B) O veto será apreciado em sessão separada, dentro de trinta dias a contar de seu recebimento, só podendo ser rejeitado pelo voto da maioria simples dos deputados e senadores.

(C) As leis complementares serão aprovadas por maioria simples ao passo que as leis ordinárias serão aprovadas por maioria absoluta.

(D) A CRFB/88 exige que a discussão e votação dos projetos de lei de iniciativa do Presidente do Supremo Tribunal Federal tenha início no Senado Federal.

(E) Projetos de lei, enviados pelo Presidente da República à Câmara dos Deputados, podem ser alterados por meio de emendas parlamentares, desde que não acarretem aumento de despesa e haja pertinência temática.

A: incorreta. Art. 49, V da CF; **B:** incorreta. O veto será apreciado em sessão conjunta, dentro de trinta dias a contar de seu recebimento, só podendo ser rejeitado pelo voto da maioria absoluta dos Deputados e Senadores (art. 66, § 4º da CF); **C:** incorreta. As leis complementares serão aprovadas por maioria absoluta, enquanto que às leis ordinárias não existe exigência em igual sentido (art. 69. "caput" da CF); **D:** incorreta. Os projetos de lei de iniciativa do Presidente da República, Supremo Tribunal Federal e Tribunais Superiores terão início na Câmara dos Deputados e não no Senado Federal (art. 64, "caput" da CF); **E:** O STF tratou do assunto ao julgar a ADI 3.114 e ADI 2583: "As normas constitucionais de processo legislativo não impossibilitam, em regra, a modificação, por meio de emendas parlamentares, dos projetos de lei enviados pelo chefe do Poder Executivo no exercício de sua iniciativa privativa. Essa atribuição do Poder Legislativo brasileiro esbarra, porém, em duas limitações: a) a impossibilidade de o parlamento veicular matérias diferentes das versadas no projeto de lei, de modo a desfigurá-lo; e b) a impossibilidade de as emendas parlamentares aos projetos de lei de iniciativa do Presidente da República, ressalvado o disposto no § 3º e no § 4º do art. 166, implicarem aumento de despesa pública (inciso I do art. 63 da CF). ADI 3.114, rel. min. Ayres Britto, j. 24-8-2005, P, DJ de 7-4-2006. / ADI 2.583, rel. min. Cármen Lúcia, j. 1º-8-2011, P, DJE de 26-8-2011. **TC**

Gabarito "E".

(Agente-Escrivão – Acre – IBADE – 2017) Bartholomeu, dois meses antes de se eleger a deputado federal, cometeu crime de homicídio contra seu desafeto. O crime, no entanto, só foi descoberto após a diplomação. À luz das imunidades parlamentares, Bartholomeu:

(A) não terá imunidade formal em relação ao processo, mas haverá deslocamento de competência para o STF.

(B) terá imunidade formal em relação ao processo sendo sustada a ação penal.

(C) não terá imunidade formal em relação ao processo, sendo julgado pela justiça de primeiro grau.

(D) terá imunidade formal em relação ao processo, mas não em relação à prisão.

(E) terá imunidade formal em relação ao processo, considerando que o crime fora descoberto após a diplomação.

A situação posta não se trata de hipótese de incidência de imunidade formal em relação ao processo, apenas à prisão. Em razão da prerrogativa do foro, durante o mandato o parlamentar é processado criminalmente pelo STF. Encerrado o mandato, o processo deixa de tramitar no STF e retorna à vara de origem. **TC**

Gabarito "A".

(Escrivão – Pernambuco – CESPE – 2016) A respeito do processo legislativo, julgue os itens a seguir.

I. Dispositivo do Código Penal relativo ao inquérito policial não pode ser alterado por medida provisória.

II. O procedimento de edição de lei complementar segue o modelo padrão do processo legislativo ordinário; a única diferença é o quórum para aprovação, que, para a lei complementar, será de maioria absoluta.

III. Emenda constitucional pode alterar a CF para incluir, no ordenamento jurídico pátrio, a pena de caráter perpétuo.

Assinale a opção correta.

(A) Todos os itens estão certos.

(B) Apenas o item I está certo.

(C) Apenas o item III está certo.

(D) Apenas os itens I e II estão certos.

(E) Apenas os itens II e III estão certos.

I: correta. É vedada a edição de medidas provisórias sobre matéria relativa a direito penal (art. 62, § 1, I, alínea "b" da CF); **II:** incorreta. Além do quórum de

aprovação, outra importante distinção se dá pelas situações de aplicação. Para que lei complementar seja editada é necessário expressa previsão constitucional sobre a competência da matéria; **III:** incorreta. A Constituição não poderá ser emendada com o objetivo de abolir direito e garantia fundamental. Trata-se de matéria protegida por cláusula pétrea (art. 60, § 4º, IV da CF). **TC**

Gabarito "B".

(Investigador-Escrivão-Papiloscopista – Pará – Funcab – 2016) Charles de Montesquieu (1689 – 1755), político, filósofo, escritor francês, é autor da célebre obra "O Espírito das Leis". Neste livro, o referido pensador teoriza sobre a separação dos poderes. No que respeita ao Poder Legislativo, segundo a Constituição, é correto afirmar:

(A) Cada Estado e o Distrito Federal elegerão dois Senadores, com mandato de oito anos.

(B) Cabe ao Congresso Nacional, independentemente da sanção do Presidente da República, dispor sobre plano plurianual, diretrizes orçamentárias, orçamento anual, operações de crédito, dívida pública e emissões de curso forçado.

(C) O número total de Deputados, bem como a representação por Estado e pelo Distrito Federal, será estabelecido por lei complementar, proporcionalmente à população, procedendo-se aos ajustes necessários, no ano anterior às eleições, para que nenhuma daquelas unidades da Federação tenha menos de cinco ou mais de sessenta Deputados.

(D) A Câmara dos Deputados compõe-se de representantes do povo, eleitos, pelo sistema majoritário, em cada Estado, em cada Território e no Distrito Federal.

(E) O Senado Federal compõe-se de representantes dos Estados e do Distrito Federal, eleitos segundo o princípio majoritário.

A: incorreta, elegerão três senadores (art. 46, § 1º da CF); **B:** incorreta. Ainda que a competência seja do Congresso Nacional, dependerá de sanção do Presidente da República (art. 48, "caput" e II da CF); **C:** incorreta. Os ajustes objetivarão que os Estados não sejam representados por menos de oito e mais de setenta deputados (art. 45, § 1º da CF); **D:** incorreta. Nosso Sistema eleitoral em vigor estabeleceu que a forma de acesso às cadeiras do Legislativo (municipal, estadual e federal), com exceção ao Senado (que terá votação majoritária), se dará por meio de votação proporcional de modo que se consiga garantir representatividade também às minorias (art. 45, "caput" da CF); **E:** correta (art. 46, "caput" da CF). **TC**

Gabarito "E".

(Investigador-Escrivão-Papiloscopista – Pará – Funcab – 2016) Sobre a competência do Congresso Nacional, Câmara dos Deputados e Senado Federal, nos termos da Constituição Federal, é correto afirmar:

(A) Compete privativamente à Câmara dos Deputados julgar anualmente as contas prestadas pelo Presidente da República e apreciar os relatórios sobre a execução dos planos de governo.

(B) Compete privativamente ao Senado Federal aprovar previamente, por voto secreto, após arguição pública, a escolha de Ministros do Tribunal de Contas da União indicados pelo Presidente da República.

(C) Compete privativamente à Câmara dos Deputados aprovar previamente, por voto secreto, após arguição em sessão secreta, a escolha dos chefes de missão diplomática de caráter permanente.

(D) Compete exclusivamente ao Congresso Nacional dispor sobre limites globais e condições para as operações de crédito externo e interno da União, dos Estados, do Distrito Federal e dos Municípios, de suas autarquias e demais entidades controladas pelo Poder Público Federal.

(E) Compete exclusivamente ao Congresso nacional autorizar, por dois terços de seus membros, a instauração de processo contra o Presidente e o Vice-Presidente da República e os Ministros de Estado.

A: incorreta. Trata-se de competência exclusiva do Congresso Nacional (art. 49, IX da CF). Sobre o tema, importante uma consideração a respeito da distinção entre competência privativa e exclusiva. A primeira, privativa, poderá ser delegada a outros poderes ou a outros agentes, a depender do caso. Por sua vez, a competência exclusive é indelegável, tendo desejado o Constituinte que apenas aquele agente ou aquele órgão tivesse competência para atuar; **B:** correta (art. 52, III, *b* da CF); **C:** incorreta. Trata-se de competência privativa do Senado Federal e não da Câmara dos Deputados (art. 52, III da CF); **D:** incorreta. Trata-se de competência privativa do Senado Federal e não do Congresso Nacional (art. 52, VII da CF); **E:** incorreta. Trata-se de competência privativa da Câmara dos Deputados e não exclusiva do Congresso Nacional (art. 51, I da CF). **TC**

Gabarito "B".

5. DIREITO CONSTITUCIONAL — 505

(Investigador-Escrivão-Papiloscopista – Pará – Funcab – 2016) Com relação aos Deputados Federais e Senadores, nos termos da Constituição Federal, é correto afirmar:

(A) Não perderá o mandato o Deputado ou Senador investido no cargo de Ministro de Estado, Governador de Território, Secretário de Estado, do Distrito Federal, de Território, de Prefeitura de Capital ou chefe de missão diplomática temporária.

(B) A incorporação ás Forças Armadas de Deputados e Senadores, embora militares em tempo de guerra, não dependerá de prévia licença da Casa respectiva.

(C) Os Deputados e Senadores serão obrigados a testemunhar sobre informações recebidas ou prestadas em razão do exercício do mandato, bem como sobre as pessoas que lhes confiaram ou deles receberam informações.

(D) Perderá o mandato o Deputado ou Senador que deixar de comparecer, em cada sessão legislativa, à quarta parte das sessões ordinárias da Casa a que pertencer, salvo licença ou missão por esta autorizada.

(E) As imunidades de Deputados ou Senadores subsistirão durante o estado de sítio, só podendo ser suspensas mediante o voto de um terço dos membros da Casa respectiva, nos casos de atos praticados fora do recinto do Congresso Nacional, que sejam incompatíveis com a execução da medida.

A: correta. (art. 56, I da CF); **B:** incorreta. A incorporação dependerá de prévia licença da Casa respectiva (art. 53, § 7º da CF); **C:** incorreta. Deputados e Senadores não serão obrigados a testemunhar sobre informações recebidas ou prestadas em razão do exercício do mandato, nem sobre as pessoas que lhes confiaram ou deles receberam informações (art. 53, § 6 da CF); **D:** incorreta. Perderá o mandato os que deixarem de comparecer à terça parte das sessões ordinárias em cada sessão legislativa, e não quarta parte (art. 55, III da CF); **E:** incorreta. As imunidades só poderão ser suspensas mediante o voto de dois terços dos membros da Casa respectiva (art. 53, § 8º da CF). [TC]

Gabarito "A".

(Investigador-Escrivão-Papiloscopista – Pará – Funcab – 2016) "A emenda é a modificação de certos pontos, cuja estabilidade o legislador constituinte não considerou tão grande como outros mais valiosos, se bem que submetida a obstáculos e formalidades mais difíceis que os exigidos para alteração das leis ordinárias." (SILVA, José Afonso da, Curso de Direito Constitucional Positivo. 25. edição, São Paulo, Malheiros, 2005, p.132). Marque assertiva correta de acordo com o processo legislativo de elaboração de emenda à Constituição Federal.

(A) A Constituição não poderá ser emendada apenas na vigência de intervenção federal e de estado de defesa.

(B) A matéria constante de proposta de emenda rejeitada ou havida por prejudicada poderá ser objeto de nova proposta na mesma sessão legislativa.

(C) A Constituição poderá ser emendada mediante proposta de um terço das Assembleias Legislativas das unidades da Federação, manifestando-se, cada uma delas, pela maioria relativa de seus membros.

(D) A proposta de Emenda À Constituição será discutida e votada em cada Casa do Congresso Nacional, em dois turnos, considerando-se aprovada se obtiver, em ambos, dois quintos dos votos dos respectivos membros.

(E) Não será objeto de deliberação a proposta de emenda tendente a abolir a forma federativa de Estado.

A: incorreta. A CF também não poderá ser emendada na vigência do estado de sítio (art. 60, § 1º). Essas limitações procuram assegurar que as deliberações sobre uma reforma constitucional sejam tomadas num ambiente de liberdade, que evite as imposições da força ou de interesses unilaterais; **B:** incorreta. A matéria rejeitada somente poderá ser reapresentada na sessão legislativa seguinte (art. 60, § 5º da CF); **C:** incorreta. Quando a iniciativa for das Assembleias Legislativas dependerá da participação de mais da metade das casas, manifestando-se, cada uma delas, pela maioria relativa de seus membros (art. 60, III da CF); **D:** incorreta. O quorum de aprovação da Proposta de Emenda Constitucional é de três quintos em cada casa e em cada turno de votação (art. 60, § 2º da CF); **E:** correta. A forma federativa de Estado é uma cláusula pétrea imodificável (art. 60, § 4º, I), de modo que para que se altere tal preceito será necessário que se instale uma revolução havendo uma ruptura com o sistema constitucional vigente. [TC]

Gabarito "E".

(Agente de Polícia Civil/RO – 2014 – FUNCAB) Compete privativamente à Câmara dos Deputados:

(A) proceder à tomada de contas do Presidente da República, quando não apresentadas ao Congresso Nacional dentro de sessenta dias após a abertura da sessão legislativa.

(B) estabelecer limites globais e condições para o montante da dívida mobiliária dos Estados, do Distrito Federal e dos Municípios.

(C) suspender a execução, no todo ou em parte, de lei declarada inconstitucional por decisão definitiva do Supremo Tribunal Federal.

(D) dispor sobre limites globais e condições para as operações de crédito externo e interno da União, dos Estados, do Distrito Federal e dos Municípios, de suas autarquias e demais entidades controladas pelo Poder Público federal.

(E) dispor sobre limites e condições para a concessão de garantia da União em operações de crédito externo e interno.

A: correta, é o que determina o artigo 51, II, da Constituição Federal; **B:** errada, essa competência é privativa do Senado Federal, nos termos do artigo 52, IX, da Constituição Federal; **C:** Errada, essa competência é privativa do Senado Federal, nos termos do artigo 52, X, da Constituição Federal; **D:** errada, essa competência é privativa do Senado Federal, nos termos do artigo 52, VII, da Constituição Federal; **E:** errada, essa competência é privativa do Senado Federal, nos termos do artigo 52, VIII, da Constituição Federal.

Gabarito "A".

(Escrivão de Polícia/DF – 2013 – CESPE) Julgue os itens a seguir com base nas normas constitucionais brasileiras que regulam o Poder Legislativo.

(1) Compete privativamente ao Senado Federal autorizar, por dois terços de seus membros, a instauração de processo contra o presidente e o vice-presidente da República.

(2) Como regra, as deliberações de cada casa do Congresso Nacional e de suas comissões serão tomadas por maioria dos votos, presente a maioria absoluta de seus membros.

(3) Compete ao Congresso Nacional, com a sanção do presidente da República, dispor, entre outras matérias, sobre telecomunicações, radiodifusão, sistema tributário, arrecadação e distribuição de rendas.

1: errada, a competência para autorizar a instauração de processo contra o Presidente e o Vice-Presidente da República é da Câmara dos Deputados, conforme previsão do artigo 51, I da Constituição Federal; **2:** correto, é o que estabelece o artigo 47 da Constituição Federal; **3:** correto, é o que estabelece o artigo 48, I e XII da Constituição Federal.

Gabarito 1E, 2C, 3C.

(Escrivão de Polícia/DF – 2013 – CESPE) Em relação ao controle legislativo dos atos administrativos, julgue os itens a seguir.

(1) O princípio da separação dos poderes não impede o controle judicial sobre decisão do Tribunal de Contas da União que resulte na anulação de autorização conferida ao particular pelo Poder Executivo.

(2) O Poder Legislativo exerce controle sobre os atos da administração pública, contando com vários instrumentos para desempenhar tal atividade, como, por exemplo, o julgamento pelo Tribunal de Contas da União das contas prestadas pelo presidente da República.

1: correta, o princípio da separação dos poderes não impede o controle judicial sobre as decisões do Tribunal de Contas, na hipótese de ilegalidade ou de abuso de poder, o qual envolve a verificação da efetiva ocorrência dos pressupostos de fato e direito (AI 800.892-AgR, Rel. Min. Dias Toffoli); **2:** errada, o Tribunal de Contas da União não julga as contas prestadas pelo Presidente da República, mas sim, aprecia mediante parecer prévio, conforme disposição do artigo 71, I da Constituição Federa. A competência para julgar as contas do Presidente da República, é exclusiva do Congresso (artigo 49, IX, da Constituição Federal).

Gabarito 1C, 2E.

(Agente Penitenciário/MA – 2013 – FGV) Lei Complementar do Estado X, de iniciativa de um Deputado Estadual, determinou que as empresas de transporte coletivo que operam no território do Estado, devem instalar cinto de segurança para todos os passageiros nos veículos de suas frotas, estabelecendo um prazo de 180 dias para adequação à norma. A referida lei foi devidamente sancionada pelo Governador do Estado.

A lei citada no fragmento acima é inconstitucional. Assinale a alternativa que justifica sua inconstitucionalidade.

(A) Representa imposição de despesa sem a correspondente fonte de custeio.

(B) Representa invasão de competência dos Municípios.

(C) Representa invasão de competência da União.

(D) A matéria em comento é de iniciativa reservada do chefe do Poder Executivo estadual.

(E) A sanção do chefe do Poder Executivo estadual supre o vício de iniciativa, conforme atual entendimento jurisprudencial.

Tal questão já foi discutida pelo Supremo Tribunal Federal, na ADI 874, em decisão assim ementada: *"Ação direta de inconstitucionalidade. Lei 6.457/1993 do Estado da Bahia. Obrigatoriedade de instalação de cinto de segurança em veículos de transporte coletivo. Matéria relacionada a trânsito e transporte. Competência exclusiva da União (CF, art. 22, XI). Inexistência de lei complementar para autorizar os Estados a legislar sobre questão específica, nos termos do art. 22, parágrafo único, da CF."* (ADI 874, Rel. Min. Gilmar Mendes, julgamento em 03.02.2011, Plenário, DJE de 28.02.2011.)". Desta forma, há de se concluir que por ser matéria privativa da União, conforme previsão do artigo 22, XI, da Constituição Federal, a norma é formalmente inconstitucional. Gabarito "C".

(Escrivão de Polícia/MA – 2013 – FGV) Conforme dispõe a Constituição da República, é correto afirmar que

(A) os senadores, desde a expedição do diploma, não poderão ser presos, salvo nos casos de crimes inafiançáveis e em razão dos crimes afiançáveis praticados contra a administração pública.

(B) os deputados somente podem ser presos após autorização da maioria dos membros que compõe a câmara dos deputados.

(C) os deputados, senadores e vereadores, desde a expedição do diploma, serão submetidos a julgamento pelo Supremo Tribunal Federal.

(D) deputados e senadores, desde a expedição do diploma, não poderão ser presos, salvo em flagrante delito de crime inafiançável.

(E) o vereador não pode ser preso, conforme previsão expressa na Constituição Federal, salvo em flagrante delito por crime afiançável, praticado em qualquer local.

A: incorreta, pois na verdade desde a expedição do diploma, os membros do Congresso Nacional não poderão ser presos, salvo em flagrante de crime inafiançável. Nesse caso, os autos serão remetidos dentro de vinte e quatro horas à Casa respectiva, para que, pelo voto da maioria de seus membros resolva sobre a prisão, nos termos do art. 53, § 2º, da CF; **B:** incorreta, já que os deputados poderão ser presos em flagrante de crime inafiançável independentemente de autorização. Observe que a autorização da maioria dos membros é para resolver se a repreenda deve ou não permanecer; **C:** incorreta, somente os Deputados e Senadores, desde a expedição do diploma, serão submetidos a julgamento perante o Supremo Tribunal Federal, nos termos do art. 53, § 1º, da CF. Os Vereadores não têm foro privilegiado; **D:** correta, literalidade do art. 53, § 2º, da CF; **E:** incorreta, pois os Vereadores não são detentores da imunidade formal, podendo ser presos por crimes afiançáveis, inafiançáveis, em flagrante ou não (neste caso ordem escrita de autoridade judiciária). Gabarito "D".

11. PODER EXECUTIVO

(Agente – Pernambuco – CESPE – 2016) Assinale a opção correta no que se refere às responsabilidades do presidente da República estabelecidas na CF.

(A) Acusado da prática de crime comum estranho ao exercício de suas funções, cometido na vigência do mandato, o presidente da República será julgado pelo Supremo Tribunal Federal (STF) após deixar a função.

(B) O afastamento do presidente da República cessará se, decorrido o prazo de cento e oitenta dias, o Senado Federal não tiver concluído o julgamento do processo pela prática de crime de responsabilidade aberto contra ele; nesse caso, o processo será arquivado.

(C) A única possibilidade de responsabilização do presidente da República investido em suas funções se refere ao cometimento de infração político-administrativa, não respondendo o chefe do Poder Executivo por infração penal comum na vigência do mandato.

(D) O presidente da República dispõe de imunidade material, sendo inviolável por suas palavras e opiniões no estrito exercício das funções presidenciais.

(E) A decisão do Senado Federal que absolve ou condena o presidente da República em processo pela prática de crime de responsabilidade não pode ser reformada pelo Poder Judiciário.

A: incorreta. O crime comum cometido pelo Presidente, na vigência do mandato, será julgado pelo Supremo Tribunal Federal, mediante autorização da Câmara dos Deputados (quórum de dois terços dos membros), nos termos do art. 86 "caput" da CF; **B:** incorreta. O exaurimento do prazo previsto na Constituição (180 dias) apenas garante ao Presidente afastado a possibilidade de retomar o exercício de suas funções, não havendo prejuízo no prosseguimento da análise e julgamento da denúncia pelo Supremo Tribunal Federal, assim como estabelecido no art. 86, § 2º da CF; **C:** incorreta. O chefe do Executivo poderá responder por infração penal comum na vigência do mandato, desde que haja autorização de dois terços dos membros da Câmara dos Deputados e julgamento do Supremo Tribunal Federal; **D:** incorreta. O Presidente da República **não dispõe de inviolabilidade material**, prerrogativa que **só foi assegurada aos membros do Poder Legislativo**. Assim, o Presidente da República não é inviolável por suas palavras e opiniões, ainda que no estrito exercício de suas funções presidenciais; **E:** correta, nos termos do art. 52 da CF. Gabarito "E".

(Agente-Escrivão – Acre – IBADE – 2017) A quem compete julgar os crimes de responsabilidade cometidos pelo Advogado-Geral da União?

(A) Câmara dos Deputados

(B) Senado Federal

(C) Tribunal Regional Federal

(D) Superior Tribunal de Justiça

(E) Supremo Tribunal Federal

Caberá ao Senado Federal, nos termos do art. 52, II da CF. Gabarito "B".

(Escrivão – Pernambuco – CESPE – 2016) No regime presidencialista brasileiro, o presidente da República é o chefe de Estado e de governo da República Federativa do Brasil. As competências constitucionais do presidente da República incluem

(A) editar decretos autônomos, nas hipóteses previstas na CF, atribuição que pode ser delegada ao advogado-geral da União.

(B) nomear, após aprovação pelo Senado Federal, o advogado-geral da União.

(C) celebrar tratados, convenções e atos internacionais, independentemente de aprovação do Congresso Nacional.

(D) dar, de forma privativa, início ao processo legislativo de leis que disponham sobre criação de todo cargo, emprego e função dos Poderes da República.

(E) expedir decretos orçamentários que inovem a ordem jurídica.

A: correta. Trata-se de competência constitucionalmente prevista na Constituição garantida ao Presidente da República, nos termos do art. 84, VI e parágrafo Único da CF; **B:** incorreta. A nomeação do advogado-geral da União independe de aprovação pelo Senado Federal, nos termos do art. 84, XVI da CF; **C:** incorreta, a celebração de tratados, convenções e atos internacionais, ainda que privativos ao Presidente da República estarão sujeitos à referendo do Congresso Nacional; **D:** incorreta. A iniciativa de leis que disponham sobre cargos, emprego e função limita-se ao referente à administração direta e autárquica e não de todos os postos de trabalho dos Poderes da República (art. 61, § 1º, II, a da CF); **E:** incorreta. O decreto orçamentário não poderá inovar a ordem jurídica. Gabarito "A".

(Escrivão – AESP/CE – VUNESP – 2017) A respeito das normas constitucionais que tratam da responsabilidade do Presidente da República, é correto afirmar que este

(A) será processado e julgado pelo Supremo Tribunal Federal nos crimes de responsabilidade.

(B) não pode ser responsabilizado, na vigência de seu mandato, por atos pertinentes ao exercício de suas funções como Chefe do Poder Executivo.

(C) ficará suspenso de suas funções nas infrações penais comuns, se recebida a denúncia ou queixa-crime pelo Supremo Tribunal Federal.

(D) será submetido a julgamento perante o Senado Federal nos crimes comuns.

(E) terá sua acusação por crime de responsabilidade admitida pelo Senado Federal.

A: incorreta. O Presidente da República será processado e julgado pelo Senado Federal nos crimes de Responsabilidade (art. 52, I da CF); **B:** incorreta. O Presidente da República somente não poderá ser responsabilizado, na vigência de seu mandato, por atos estranhos ao exercício de suas funções (art. 86, § 4º da CF); **C:** correta, nos termos do art. 86, § 1º, I da CF; **D:** incorreta. Nos crimes comuns ele será julgado pelo Supremo Tribunal Federal em razão

5. DIREITO CONSTITUCIONAL 507

do foro por prerrogativa de função (art. 102, I); **E:** incorreta. A admissão do crime de responsabilidade será aceita pela Câmara dos Deputados (dois terços) e não pelo Senado Federal. Ao Senado caberá o julgamento (art. 86).

Gabarito "C".

(Escrivão de Polícia Federal - 2013 – CESPE) À luz do disposto na CF, julgue o item abaixo, a respeito dos crimes de responsabilidade do presidente da República.

(1) Nos crimes de responsabilidade, o presidente da República ficará suspenso de suas funções após a instauração do processo pelo Senado Federal.

O § 1º do artigo 86 da Constituição Federal, estabelece que a respeito dos crimes de responsabilidade do presidente da República, este ficará suspenso de suas funções: I – nas infrações penais comuns, se recebida a denúncia ou queixa-crime pelo Supremo Tribunal Federal; II – **nos crimes de responsabilidade, após a instauração do processo pelo Senado Federal**, sendo a assertiva, correta. A banca examinadora, que inicialmente considerou a questão errada, decidiu pela anulação no gabarito definitivo.

Gabarito 1Anulada

(Agente de Polícia/DF – 2013 – CESPE) Considerando as atribuições e a responsabilidade do presidente da República, julgue os próximos itens.

(1) O presidente da República só pode ser submetido a julgamento pelo Supremo Tribunal Federal (STF), nas infrações penais comuns, ou pelo Senado Federal, nos crimes de responsabilidade, depois de admitida a acusação por dois terços dos membros da Câmara dos Deputados.

(2) Compete ao presidente da República, em caráter privativo, prover os cargos públicos federais, na forma da lei, podendo essa atribuição ser delegada aos ministros de Estado, ao procurador-geral da República ou ao advogado-geral da União, os quais deverão observar os limites traçados nas respectivas delegações.

1: correta, é o que prevê o artigo 86 caput da Constituição Federal; **2:** correta, é o que prevê o artigo 84, XXV, e parágrafo único da Constituição Federal.

Gabarito 1C, 2C

(Escrivão de Polícia/DF – 2013 – CESPE) Considerando o disposto na CF acerca do Poder Executivo, julgue os próximos itens.

(1) Caso cometa infrações comuns, o presidente da República não estará sujeito a prisão enquanto não sobrevier sentença condenatória.

(2) Se cometer crime eleitoral, o presidente da República será suspenso de suas funções até o julgamento final do respectivo processo. Nesse caso, a denúncia do fato ao Tribunal Superior Eleitoral e o seu acolhimento por esse tribunal serão requisitos legais para a instauração do processo.

(3) Compete privativamente ao presidente da República vetar, total ou parcialmente, emendas constitucionais.

1: correta, nos termos do artigo 86 § 3º, da Constituição Federal; **2:** errado, o Presidente da República só será suspenso de suas funções (i) nas infrações penais comuns, se recebida a denúncia ou a queixa-crime pelo STF ou (ii) nos crimes de responsabilidade, após a instauração do Processo pelo Senado Federal, nos termos do artigo 86 § 1º, da CF; **3:** errado, a competência privativa do Presidente da República de veto total ou parcial, refere-se à projetos de lei, nos termos do artigo 84, V, da Constituição Federal.

Gabarito 1C, 2E, 3E

(Escrivão de Polícia/GO – 2013 – UEG) A noção de responsabilidade da autoridade pública se constrói historicamente, indo da irresponsabilidade total à regulamentação específica, com atribuições de responsabilidades com caráter constitucional. A Constituição Federal Brasileira prevê normas especiais para responsabilização do Presidente da República, garantindo-lhe imunidades formais. Em razão dessas normas, o Presidente da República

(A) poderá ser processado por crime comum ou de responsabilidade após juízo de admissibilidade do Congresso Nacional.

(B) poderá ser processado por crime comum ou de responsabilidade após juízo de admissibilidade da Câmara dos Deputados.

(C) não poderá ser processado por crime de responsabilidade no exercício de sua função.

(D) não poderá ser processado por crime comum no exercício de sua função.

A: incorreta, pois admitida a acusação contra o Presidente da República, por dois terços (2/3) da Câmara dos Deputados, será ele submetido a julgamento perante o Supremo Tribunal Federal, nas infrações penais comuns (art. 102, I, *b*, da CF), ou perante o Senado Federal, nos crimes de responsabilidade (art. 52, I, da CF), nos termos do art. 86 da CF; **B:** correta, literalidade do art. 86 da CF; **C:** incorreta, pois o comando do § 4º do art. 86 da CF, veda a responsabilização do Presidente da República, durante a vigência do seu mandato, por atos estranhos ao exercício de suas funções, ou seja, crimes de responsabilidade não entram na regra. Os termos do enunciado normativo permitem cogitar – cumpre reconhecer – de imunidade material, instituindo hipótese em que os atos estranhos ao cargo praticados durante o mandato não gerariam responsabilidade ao Presidente da República, mesmo depois de cessada sua investidura. Em outras palavras, não seria cabível responsabilizar o chefe do Poder Executivo pelas infrações e ilicitudes por ele cometidas quando não guardassem relação como o exercício da função. No entanto, não é essa a via interpretativa mais adequada ao caso. A Imunidade não recai, *in casu*, sobre as condutas, "na vigência de seu mandato" apenas impede que o Presidente da República seja demandado judicialmente durante o período em que permanecer no cargo. Após o término do mandato, contudo, passa a ser cabível sua responsabilização por tais atos, pois deixa de incidir o óbice constitucional. Significa dizer, portanto, que o § 4º do art. 86 institui hipótese de imunidade processual, que veda, enquanto transcorrer o mandato, a tramitação de ação judicial voltada a decretar a responsabilidade do Presidente da República por atos que não guardem vinculação com as funções inerentes ao cargo. De outra parte, a exemplo do disposto no § 3º do art. 86 da CF, a excepcionalidade da prerrogativa sugere interpretação restritiva no sentido de alcançar somente a responsabilidade pela prática de infrações penais. Desse modo, não parece descabido especular sobre a inaplicabilidade do § 4º do art. 86 em relação a ilícitos civis e administrativos; **D:** incorreta, pelos motivos exaustivamente apresentados na questão anterior.

Gabarito "B".

12. PODER JUDICIÁRIO

(Agente-Escrivão – PC/GO – CESPE – 2016) Assinale a opção correta a respeito de súmula vinculante.

(A) Durante o processo de aprovação de súmula vinculante, os processos judiciais em curso que tratem da matéria objeto do enunciado serão suspensos em observância à segurança jurídica.

(B) A edição de súmula vinculante é matéria de competência absoluta e exclusiva do Supremo Tribunal Federal, sendo vedada a intervenção típica ou atípica de quaisquer terceiros.

(C) A súmula vinculante produz efeitos imediatos a partir de sua edição, não admitindo a modulação que pode ter lugar em determinadas hipóteses de controle concentrado.

(D) A edição de uma súmula vinculante pelo Supremo Tribunal Federal não impede que o Congresso Nacional possa alterar ou revogar dispositivo constitucional objeto do enunciado dessa súmula.

(E) Súmula vinculante vincula o próprio Supremo Tribunal Federal, que haverá de necessariamente ater-se ao comando nela contido.

A: incorreta. O art. 6º da Lei 11.417/2006 estabelece que durante o processo de edição, revisão ou cancelamento de enunciado de Súmula Vinculante será vedada a suspensão de processos em que se discuta a mesma questão; **B:** incorreta. O art. 3º da Lei 11.417/2006 estabelece um rol de legitimados a propor a edição, revisão ou cancelamento de enunciado de Súmula Vinculante, de modo que a afirmação de que seria vedada a interferência de terceiros não merece prosperar; **C:** incorreta. A Súmula Vinculante, ainda que tenha eficácia imediata, poderá modular seus efeitos por decisão de 2/3 dos membros do STF (art. 4 da Lei 11.417/2006); **D:** correta. O Legislativo não terá tolhida sua atribuição de produção de normas. Nesse sentido a própria Lei 11.417/2006 admite que (art. 5º) revogada ou modificada a lei em que se fundou a edição do enunciado de Súmula Vinculante, o STF de ofício ou por provocação, procederá à sua revisão ou cancelamento; **E:** incorreta. O STF (colegiado) não está vinculado ao teor das Súmulas Vinculantes por ele mesmo editadas, de modo que, a depender da realidade social e da composição da corte, poderá mudar a compreensão sobre determinado assunto e modificá-la, ou mesmo cancelá-la (desde que por decisão tomada por 2/3 dos membros do STF – art. 2, § 3º da Lei 11.417/2006). Isso não se confunde com a obrigatoriedade dos Ministros, individualmente, respeitarem os termos do enunciado enquanto ele estiver vigente.

Gabarito "D".

(Agente-Escrivão – Acre – IBADE – 2017) Sobre o Poder Judiciário, assinale a alternativa correta.

(A) Compete ao Superior Tribunal de Justiça processar e julgar originariamente nos crimes comuns os Ministros de Estado.

(B) A vitaliciedade, nos Tribunais, será adquirida após dois anos de efetivo exercício da atividade.

(C) O magistrado pode ser removido por interesse público, mediante decisão da maioria simples dos membros do tribunal ao qual ele está alocado.

(D) O Conselho Nacional de Justiça não é órgão do Poder Judiciário, pois exerce controle externo sobre ele.

(E) Os ministros do STF podem perder o cargo em condenação por crime de responsabilidade no Senado.

A: incorreta. A competência é do Supremo Tribunal Federal, nos termos do 102, I "b" da CF; **B:** Incorreta, nos termos do art. 128 § 5º I (Ministério Público) e art. 95, I da CF (juízes); **C:** incorreta. A remoção, por interesse público, dependerá de decisão por voto da maioria absoluta do respectivo Tribunal ou do CNJ, assegurada ampla defesa (art. 93, VIII da CF); **D:** incorreta. O Conselho Nacional de Justiça está elencado como um dos órgãos do Poder Judiciário no art. 92, I-A da CF; **E:** correta, nos termos do art. 52, II da CF. 📱
Gabarito "E".

(Escrivão – Pernambuco – CESPE – 2016) Assinale a opção correta a respeito da defensoria e da advocacia públicas.

(A) A independência funcional no desempenho das atribuições previstas aos membros da defensoria pública garante a vitaliciedade no cargo.

(B) Os procuradores do estado representam, judicial e administrativamente, as respectivas unidades federadas, suas autarquias, fundações, empresas públicas e sociedades de economia mista.

(C) O defensor público, estadual ou federal, que presta orientação jurídica a necessitados pode também exercer a advocacia fora de suas atribuições institucionais.

(D) À defensoria pública, instituição permanente essencial à função jurisdicional do Estado, incumbe a orientação jurídica e a defesa dos direitos individuais e coletivos, de forma integral e gratuita, a necessitados, em todos os graus de jurisdição e instâncias administrativas.

(E) A defensoria pública não está legitimada para propor ação civil pública: o constituinte concedeu essa atribuição apenas ao MP.

A: incorreta. Gozam de vitaliciedade os membros da magistratura e do Ministério Público; **B:** incorreta. Os procuradores somente exercerão a representação judicial e consultoria jurídica das respectivas unidades federadas; **C:** incorreta. O art. 134, § 1º estabelece que os defensores públicos não poderão exercer a advocacia fora das atribuições institucionais; **D:** correta, nos termos do "caput" do art. 134 da CF; **E:** incorreta. Ainda que não tenha sido expressamente previsto na Constituição, a Defensoria Pública pode propor ação civil pública na defesa de direitos difusos, coletivos e individuais homogêneos. STF. Plenário. ADI 3943/DF, Rel. Min. Cármen Lúcia, julgado em 6 e 7/5/2015. 📱
Gabarito "D".

(Escrivão – Pernambuco – CESPE – 2016) Acerca do Poder Judiciário e das competências de seus órgãos, assinale a opção correta.

(A) Compete aos juízes de direito do juízo militar processar e julgar, singularmente, os crimes militares cometidos contra civis.

(B) A disputa sobre direitos indígenas será processada e julgada perante a justiça estadual.

(C) Os crimes contra a organização do trabalho serão processados e julgados perante a justiça do trabalho.

(D) Não é necessário que decisões administrativas dos tribunais do Poder Judiciário sejam motivadas.

(E) Compete ao Conselho Nacional de Justiça apreciar, de ofício, a legalidade dos atos administrativos praticados por servidores do Poder Judiciário.

A: correta, nos termos do art. 125, § 5º da CF; **B:** incorreta. Compete à Justiça Federal (art. 109, XI da CF); **C:** incorreta. Compete à Justiça Federal (art. 109, VI da CF); **D:** incorreta. As decisões administrativas dos tribunais do Poder Judiciário não apenas deverão ser motivadas como tomadas em sessão pública (art. 93, X da CF); **E:** incorreta. A competência do Conselho Nacional de Justiça para apreciar os atos administrativos praticados por servidores do Judiciário poderá ser de ofício ou mediante provocação (art. 103-B, § 4º, II da CF). 📱
Gabarito "A".

(Escrivão – AESP/CE – VUNESP – 2017) Os juízes gozam, entre outras, da seguinte garantia constitucional:

(A) auxílio moradia.

(B) inamovibilidade.

(C) moralidade.

(D) aposentadoria especial.

(E) estabilidade.

Os juízes gozam das seguintes garantias: vitaliciedade, inamovibilidade e irredutibilidade de subsídio, nos termos do art. 95 e incisos. 📱
Gabarito "B".

(Escrivão – AESP/CE – VUNESP – 2017) Conforme o disposto na Constituição Federal, exercerão a representação judicial e a consultoria jurídica das respectivas unidades federadas os

(A) Promotores de Justiça.

(B) Defensores Públicos.

(C) Juízes estaduais.

(D) Procuradores do Estado.

(E) Procuradores da República.

Art. 132 da CF. 📱
Gabarito "D".

(Agente de Polícia Civil/RO – 2014 – FUNCAB) A quem compete processar e julgar os crimes contra a organização do trabalho e, nos casos determinados por lei, contra o sistema financeiro e a ordem econômico-financeira?

(A) Juiz de direito

(B) Juiz leigo

(C) Juiz militar

(D) Juiz federal

(E) Superior Tribunal de Justiça

Esta competência é destinada aos juízes federais, nos termos do artigo 109, VI, da Constituição Federal.
Gabarito "D".

(Agente de Polícia/DF – 2013 – CESPE) Relativamente ao Poder Judiciário e ao Ministério Público (MP), julgue os itens seguintes.

(1) O MP dispõe de autonomia funcional e administrativa, podendo propor ao Poder Legislativo a criação e extinção de seus cargos e serviços auxiliares, a política remuneratória e os planos de carreira que lhe sejam afetos, observados os condicionantes previstos na lei orçamentária e na lei de diretrizes orçamentárias.

(2) O ingresso na carreira da magistratura ocorre mediante concurso público de provas, com a participação da Ordem dos Advogados do Brasil em todas as fases, exigindo-se do bacharel em direito, no mínimo, três anos de atividade advocatícia

1: correta, é o que dispõe o artigo 127, § 2º, da Constituição Federal; **2:** errada, assertiva está incompleta. O ingresso na carreira da magistratura ocorre mediante concurso público de provas, mas também de títulos. É o que dispõe o artigo 93, I, da Constituição Federal.
Gabarito 1C, 2E

(Escrivão de Polícia/DF – 2013 – CESPE) A respeito do Ministério Público e da defensoria pública, julgue os itens seguintes.

(1) Os Ministérios Públicos dos estados formarão lista tríplice entre integrantes da carreira para escolha de seu procurador-geral, que será nomeado pelo chefe do Poder Executivo federal.

(2) Organizar e manter a Defensoria Pública do Distrito Federal são competências da União.

(3) O Ministério Público da União abrange o Ministério Público do Distrito Federal e Territórios.

(4) O Ministério Público da União é chefiado pelo procurador-geral federal, nomeado pelo presidente da República, entre integrantes da carreira, maiores de trinta e cinco anos, após a aprovação do Senado Federal.

1: errada, a nomeação competirá ao chefe do Poder Executivo Estadual e do Distrito Federal e Territórios, nos termos do artigo 128, § 3º, da Constituição da República; **2:** errada, a competência da União é apenas para "organizar", nos termos do artigo 22, XVII, da Constituição Federal; **3:** correta, além de abranger o Ministério Público do Distrito Federal e Territórios, abarca ainda o Ministério Público Federal, o Ministério Público do Trabalho e o Ministério Público Militar, nos termos do artigo 128, I, da Constituição Federal; **4:** errada, o Ministério Público da União é chefiado pelo Procurador-Geral da República. Cabe ainda mencionar que, a aprovação do Senado deverá ser por maioria absoluta, para mandato de dois anos, permitida a recondução, nos termos do artigo 128, § 1º, da Constituição Federal.
Gabarito 1E, 2E, 3C, 4E

(Escrivão de Polícia/DF – 2013 – CESPE) No que diz respeito ao Poder Judiciário, julgue os itens subsecutivos.

(1) O juiz não poderá exercer a advocacia no juízo ou tribunal do qual se afastou, antes de decorridos três anos do afastamento do cargo por aposentadoria ou exoneração.

5. DIREITO CONSTITUCIONAL

(2) O Conselho Nacional de Justiça será presidido pelo presidente do Supremo Tribunal Federal, e, nas suas ausências e impedimentos, pelo vice-presidente desse tribunal.

1: correta, nos termos do artigo 95, parágrafo único, V, da Constituição Federal; **2:** correta, nos termos do artigo 103-B, § 1º, da Constituição Federal.

Gabarito 1C, 2C

13. DEFESA DO ESTADO

(Agente-Escrivão – Acre – IBADE – 2017) Acerca das disposições constitucionais sobre segurança pública, assinale a alternativa correta.

(A) O STF definiu o rol do artigo 144, CRFB/88 como exemplificativo, de modo que é permitida, aos Estados, a instituição de polícias penitenciárias ou outros modelos de policiamento desde que, em Constituição Estadual.

(B) É proibida e instituição, pela União, de órgãos com propósito de coordenar as políticas de segurança e de integrá-las com outras ações do governo, de modo que se contesta a instituição da secretária nacional antidrogas.

(C) As leis sobre segurança nos três planos federativos de governo devem estar em conformidade com a CRFB/88, assim como as respectivas estruturas administrativas e as próprias ações concretas das autoridades policiais.

(D) A polícia marítima é exercida pela Polícia Rodoviária Federal e tem atuação em portos prestando-se, ao controle da entrada e da saída de pessoas e bens do país.

(E) As polícias militares são forças auxiliares e reservas do exército, embora subordinadas aos governadores de Estado, e têm como atribuição constitucional, entre outras, a lavratura de termos circunstanciados e, nos crimes militares, a investigação policial.

A: incorreta. O STF, na ADI 2.827 (relatoria do Min. Gilmar Mendes DJE 6.4.2011), sedimentou entendimento pela impossibilidade de criação pelos Estados-membros de segurança pública diverso daqueles previstos no art. 144 da Constituição; **B:** incorreta. A Secretaria Nacional Antidrogas integra a estrutura do Ministério da Justiça, de modo que não constitui órgão de coordenação de políticas de segurança pública; **C:** correta. Assim caminha a jurisprudência do STF, como se vê: "Impossibilidade da criação, pelos Estados-membros, de órgão de segurança pública diverso daqueles previstos no art. 144 da Constituição. (...) Ao Instituto-Geral de Perícias, instituído pela norma impugnada, são incumbidas funções atinentes à segurança pública. Violação do art. 144, c/c o art. 25 da Constituição da República" [ADI 2.827, rel. min. Gilmar Mendes, j. 16-9-2010, P, DJE de 6-4-2011.]; D: incorreta. A função de polícia marítima é exercida pela Polícia Federal nos termos do art. 144, § 1º, III da CF; E: incorreta. A primeira parte do enunciado está correta. Entretanto, a lavratura de termos circunstanciados e investigação policial não são atribuições constitucionais.

Gabarito "C".

(Escrivão – AESP/CE – VUNESP – 2017) Sem prejuízo da ação fazendária e de outros órgãos públicos nas respectivas áreas de competência, a Carta Magna estabelece que prevenir e reprimir o tráfico ilícito de entorpecentes e drogas afins, o contrabando e o descaminho, é uma competência da

(A) Polícia Federal.
(B) Polícia Rodoviária Federal.
(C) Polícia Civil.
(D) Polícia Militar.
(E) Guarda Municipal.

Art. 144, § 1º, II da CF.

Gabarito "A".

(Agente de Polícia Civil/RO – 2014 – FUNCAB) Acerca do tema segurança pública na Constituição de 1988, assinale a alternativa correta.

(A) As polícias civis destinam-se a combater o contrabando e o descaminho.

(B) As polícias civis, ressalvada a competência da União, destinam-se a exercer a função de polícia judiciária e apurar infrações penais, exceto as militares.

(C) Às polícias civis, ressalvada a competência da União, cabem a polícia ostensiva, a polícia de fronteiras e a preservação da ordem pública.

(D) As polícias civis destinam-se, na forma da lei, ao patrulhamento ostensivo das rodovias federais.

(E) As polícias civis destinam-se a funcionar como polícia marítima, quando possível.

A: Errada, o combate ao contrabando e ao descaminho é competência instituída à Polícia Federal, nos termos do artigo 144, § 1º, inciso II, da Constituição Federal; **B:** correta, é o que estabelece o artigo 144 § 4º, da Constituição Federal; **C:** errada, às policiais civis, ressalvada a competência da União, como dito, incumbem as funções de polícia judiciária e a apuração de infrações penais (exceto militares), nos termos do artigo 144, § 4º, da Constituição Federal. Cabe mencionar que ao polícia de fronteiras é atribuição concedida à Polícia Federal (art. 144, § 1º, III), enquanto que a preservação da ordem pública é competência destinada à Polícia Militar (art. 144, § 5º); **D:** errada, essa é a função da Polícia Rodoviária Federal, nos termos do artigo 144, § 2º, da Constituição Federal; **E:** Errada, esta função é destinada à Polícia Federal, nos termos do artigo 144, § 1º, III, da Constituição Federal.

Gabarito "B".

(Investigador/SP – 2014 – VUNESP) Exercer as funções de polícia marítima e aeroportuária, conforme dispõe o texto constitucional, é uma função da

(A) Polícia Federal.
(B) Polícia Civil.
(C) Guarda Nacional.
(D) Polícia Militar.
(E) Guarda Municipal.

Vide Art. 144, § 1º, III, da Constituição Federal.

Gabarito "A".

(Escrivão de Polícia Federal - 2013 – CESPE) Julgue os próximos itens relativos à defesa do Estado e das instituições democráticas.

(1) A apuração de infrações penais cometidas contra os interesses de empresa pública federal insere-se no âmbito da competência da Polícia Federal.

(2) Considere que determinada lei ordinária tenha criado órgão especializado em perícia e o tenha inserido no rol dos órgãos responsáveis pela segurança pública. Nessa situação, a lei está em consonância com a CF, a qual admite expressamente a criação de outros órgãos públicos encarregados da segurança pública, além daqueles previstos no texto constitucional.

1: correta. É o que estabelece o inciso I, do § 1º do artigo 144 da Constituição Federal; **2:** errada. A Constituição da República enumera um rol taxativo de órgãos encarregados do exercício da segurança pública, previstos no art. 144, I a V, e esse modelo, segundo entendimento do Supremo Tribunal Federal, deverá ser observado pelos Estados-membros e pelo Distrito Federal. Mencionada questão foi objeto de discussão na ADI 2827, que entendeu pela existência de rol taxativo, e portanto, veda a criação de órgãos públicos encarregados da segurança pública, além dos já previstos no diploma constitucional.

Gabarito 1C, 2E

(Investigador de Polícia/SP – 2013 – VUNESP) Conforme estabelece a Constituição Federal, as funções de polícia judiciária e de preservação da ordem pública cabem, respectivamente.

(A) à Polícia Militar e ao Corpo de Bombeiros.
(B) à Polícia Militar e às Polícias Civis.
(C) às Polícias Civis e à Polícia Militar.
(D) às Polícias Civis e às Guardas Municipais.
(E) à Polícia Federal e às Guardas Municipais.

A: incorreta, pois a Polícia Militar e o Corpo de Bombeiros não são polícias judiciárias. Ambas, são forças auxiliares e reserva do Exército, subordinam-se, juntamente com as polícias civis, aos Governadores dos Estados, do Distrito Federal e dos Territórios, nos termos do art. 144, §§ 5º e 6º, da CF; **B:** incorreta, na exata medida que cabe a Polícia Militar a preservação da ordem pública e não a função de polícia judiciária; **C:** correta, respectivamente, às Polícias Civis, dirigidas por delegados de polícia de carreira, incumbem, ressalvada a competência da União, as funções de polícia judiciária e apuração de infrações penais, exceto as militares, e às Polícias Militares cabem a polícia ostensiva e a preservação da ordem pública; aos corpos de bombeiros militares, além das atribuições definidas em lei, incumbe a execução de atividade de defesa civil, nos termos do art. 144, §§ 4º e 5º, da CF; **E:** incorreta, pois às Guardas Municipais destinam-se a proteção de bens e serviços e instalações dos Municípios, nos termos do art. 144, § 8º, da CF.

Gabarito "C".

14. ORDEM SOCIAL

(Escrivão – AESP/CE – VUNESP – 2017) Assinale a alternativa que está de acordo com o disposto na Constituição Federal a respeito da Família, da Criança, do Adolescente, do Jovem e do Idoso.

(A) A adoção será assistida pelo Poder Público, na forma da lei, que estabelecerá casos e condições de sua efetivação por parte de brasileiros natos e naturalizados, vedada a adoção por estrangeiros.

(B) São civil e penalmente inimputáveis os menores de vinte e um anos, sujeitos às normas da legislação especial.

(C) Os pais têm o dever de assistir, criar e educar os filhos menores, e os filhos maiores têm o dever de ajudar e amparar os pais na velhice, carência ou enfermidade.

(D) O casamento é civil e gratuita a celebração, mas o casamento religioso não terá efeito civil.

(E) Os índios, suas comunidades e organizações são partes legítimas para ingressar em juízo em defesa de seus direitos e interesses, intervindo o Poder Executivo em todos os atos do processo.

A: incorreta. A lei estabelecerá casos e condições de efetivação da adoção por parte de estrangeiros. (art. 227, § 5º da CF); **B:** incorreta. O art. 228 estabelece que serão inimputáveis civil e penalmente os menores de 18 anos, e não 21 (art. 228, "caput" da CF); **C:** correta, nos termos do art. 229 da CF; **D:** incorreta. O casamento religioso também terá efeito civil, nos termos da lei (art. 226, § 2º da CF); **E:** incorreta. A intervenção será do Ministério Público e não do Poder Executivo (art. 232 da CF). **TC**

Gabarito "C".

(Escrivão de Polícia Federal - 2013 – CESPE) No que se refere à ordem social, julgue o item seguinte.

(1) A CF reconheceu aos índios a propriedade e posse das terras que tradicionalmente ocupam.

1: errada. A CF reconheceu aos índios apenas a sua posse permanente, cabendo-lhes o usufruto exclusivo das riquezas do solo, dos rios e dos lagos existentes, e não a propriedade. Art. 231, § 2º, da Constituição Federal.

Gabarito 1E

(Agente Penitenciário/MA – 2013 – FGV) Acerca das disposições concernentes à ordem social na Constituição, analise as afirmativas a seguir.

I. Os conjuntos urbanos e sítios de valor histórico, paisagístico, artístico, arqueológico, paleontológico, ecológico e científico, constituem patrimônio cultural brasileiro.

II. Ao Estado impõe-se garantir a educação básica gratuita, mas, em relação ao ensino médio, impõe-se apenas a sua progressiva universalização

III. A Constituição veda a prática de tratamento diferenciado para o desporto profissional e o não profissional

Assinale:

(A) se somente a afirmativa I estiver correta.

(B) se somente a afirmativa III estiver correta.

(C) se somente as afirmativas II e III estiverem corretas.

(D) se somente as afirmativas I e II estiverem corretas.

(E) se todas as afirmativas estiverem corretas.

I: correta, conforme disposição prevista no artigo 216, V, da Constituição Federal; **II:** correta, conforme disposição prevista no artigo 208, I e II, da Constituição Federal e **III:** Errada, a constituição não veda a prática do tratamento diferenciado, como aduz o artigo 217, III, da Constituição Federal.

Gabarito "D".

(Agente de Polícia Civil/RO – 2014 – FUNCAB) Considerando o tema ordem social na Constituição de 1988, assinale a alternativa correta.

(A) O casamento religioso não tem efeito civil.

(B) São penalmente inimputáveis os menores de dezesseis anos, sujeitos às normas da legislação especial.

(C) Os filhos terão direitos distintos conforme tenham sido havidos ou não da relação de casamento.

(D) É vedada a adoção de crianças por estrangeiros.

(E) Aos maiores de sessenta e cinco anos é garantida a gratuidade dos transportes coletivos urbanos.

A: errada, o casamento religioso tem sim efeito civil, nos termos da lei, é o que dispõe o artigo 226, § 2º, da Constituição Federal; **B:** errada, são penalmente inimputáveis os menores de dezoito anos, e não os de dezesseis, é o que dispõe

o artigo 228 da Constituição Federal; **C:** errada, os filhos, havidos ou não da relação do casamento, ou por adoção, terão os mesmos direitos e qualificações, proibidas quaisquer designações discriminatórias relativas à filiação, nos termos do artigo 227, § 6º, da Constituição Federal; **D:** errada, a adoção por estrangeiros será assistida pelo Poder Público, que estabelecerá casos e condições para a efetivação, não havendo portanto vedação, conforme estabelecido no artigo 227, § 5º, da Constituição Federal; **E:** correta, é o que estabelece o artigo 230, § 2º, da Constituição Federal.

Gabarito "E".

15. TEMAS COMBINADOS

(Investigador-Escrivão-Papiloscopista – Pará – Funcab – 2016) Sobre os direitos constitucionais à vida, à liberdade e à igualdade, é correto afirmar que a:

(A) prerrogativa do foro em favor da mulher e sua aplicação tanto para a ação de separação judicial quanto para a de divórcio direto fere o princípio constitucional da isonomia de tratamento entre homens e mulheres.

(B) pena de morte é objeto de cláusula pétrea ou limitação ao poder constituinte derivado reformador, de forma que proposta de emenda que a comine não pode ser deliberada, uma vez que afronta ao direito constitucional à vida, não se admitindo a pena de morte nem mesmo em tempo de guerra.

(C) liberdade de locomoção é desenhada como possibilidade de ingresso, circulação interna e saída do território nacional, sendo preservada mesmo com a decretação de estado de sítio com fundamentação em comoção grave de repercussão nacional. A liberdade de locomoção apenas é restringida com advento da declaração de guerra.

(D) liberdade de expressão e de manifestação de pensamento somente pode admitir qualquer tipo de limitação prévia de natureza política, ideológica ou artística caso haja lei ordinária regulando a matéria.

(E) objeção de consciência é alusiva às obrigações legais a todos impostas que podem ser eximidas por motivo de crença religiosa ou convicção filosófica ou política, sem que os direitos fundamentais de quem a opõe sejam perdidos ou suspensos, ressalvado o descumprimento de prestação alternativa.

A: incorreta. O primeiro comentário a se fazer é que o CPC de 2015 extirpou do ordenamento infraconstitucional o regramento anterior do Código de 73 que garantia à mulher o foro privilegiado nas ações de separação e divórcio. De todo modo, a título de informação, o STF quando foi instado a se manifestar sobre o assunto (RE 227.114 / SP) entendeu que: *"O foro especial para a mulher nas ações de separação judicial e de conversão da separação judicial em divórcio não ofende o princípio da isonomia entre homens e mulheres ou da igualdade entre os cônjuges."* Justificou na ocasião o ministro Joaquim Barbosa, relator do Recurso que: *"não se trata de um privilégio estabelecido em favor das mulheres, mas de uma norma que visa a dar um tratamento menos gravoso à parte que, em regra, se encontrava e, ainda se encontra, em situação menos favorável econômica e financeiramente";* **B:** incorreta. A CF prevê a possibilidade de se instituir a pena de morte unicamente em caso de guerra declarada, nos termos do art. 5º, XLVII, *a*; **C:** incorreta. O constituinte estabelece que na vigência do Estado de sítio decretada poderá ser tomada contra as pessoas a obrigação de permanência em localidade determinada (art. 139, I da CF); **D:** incorreta. A liberdade de expressão e de manifestação do pensamento não sofrerão qualquer restrição (art. 220, "caput" e § 2º da CF); **E:** correta. Nas palavras do Professor José Carlos Buzanello, *"a objeção de consciência, como espécie do direito de resistência, é a recusa ao cumprimento dos deveres incompatíveis com as convicções morais, políticas e filosóficas. A escusa de consciência significa a soma de motivos alegados por alguém, numa pretensão de direito individual em dispensar-se da obrigação jurídica imposta pelo Estado a todos, indistintamente".* Vale dizer: a objeção de consciência constitucional não tem caráter absoluto, pois não pode ser invocada para conseguir exoneração de obrigação legal imposta a todos, permitindo apenas prestação alternativa. **TC**

Gabarito "E".

(Papiloscopista – PCDF – Universa – 2016) Quanto ao Poder Legislativo, ao Poder Executivo, à federação brasileira e aos direitos e às garantias fundamentais, é correto afirmar que

(A) a federação brasileira se compõe dos seguintes entes federativos: União, estados, Distrito Federal, municípios e territórios.

(B) a decretação de interceptação telefônica nem sempre se sujeita à reserva de jurisdição.

5. DIREITO CONSTITUCIONAL   511

(C) são chamados de princípios constitucionais impassíveis aqueles que autorizam a requisição da intervenção federal por parte do Supremo Tribunal Federal (STF).

(D) cabe ao Congresso Nacional autorizar o presidente da República a se ausentar do país quando a ausência exceder a quinze dias, sob pena de perda do cargo.

(E) se admite o direito de secessão no Brasil.

A: incorreta. A federação brasileira se compõe da União, dos Estados, do Distrito Federal e dos Municípios, não havendo disposição quanto aos territórios (art. 18, "caput" da CF); **B:** incorreta. A interceptação telefônica sempre dependerá de autorização judicial, de modo que a ausência de autorização pelo órgão competente macula a validade do material como prova, além de constar como direito fundamental na Constituição (art. 5º, XII da CF); **C:** incorreta. A situação posta consubstancia-se em hipótese de princípios constitucionais sensíveis.; **D:** Correta (art. 49, III da CF); **E:** Na lição de Paulo Gustavo Gonet Branco na obra Curso de Direito Constitucional, estabeleceu que: *"Na medida em que os Estados- -membros não são soberanos, é comum impedir que os Estados se desliguem da União — no que o Estado Federal se distingue da confederação. É frequente, nos textos constitucionais, a assertiva de ser indissolúvel o laço federativo (caso do art. 1º da Constituição de 1988)"*, restando claro a inexistência do direito à secessão em nosso ordenamento. **TC**

Gabarito "D".

(Papiloscopista – PCDF – Universa – 2016) Acerca do processo legislativo, do meio ambiente e dos povos indígenas, assinale a alternativa correta.

(A) Consoante o STF, para fins de demarcação das terras indígenas, somente se consideram as terras tradicionalmente ocupadas em 5 de outubro de 1988.

(B) A renovação da concessão ou permissão para o serviço de radiodifusão de sons e imagens obedece ao rito do procedimento legislativo ordinário.

(C) Conforme a CF, as unidades de conservação da natureza podem ser criadas, alteradas e suprimidas por meio de decreto ou ato infralegal equivalente, desde que na forma da lei.

(D) A CF contém mandamentos constitucionais de criminalização, embora entre eles não se inclua a punição criminal de pessoas jurídicas por danos causados ao meio ambiente.

(E) São nulos e extintos, não produzindo efeitos jurídicos, os atos que tenham por objeto a ocupação, o domínio e a posse dos sítios detentores de reminiscências históricas dos antigos quilombos.

A: correta. O Plenário do Supremo Tribunal Federal, no julgamento da Pet 3.388, Rel. Min. Carlos Britto, DJe de 1º/7/2010, estabeleceu como marco temporal de ocupação da terra pelos índios, para efeito de reconhecimento como terra indígena, a data da promulgação da Constituição, em 5 de outubro de 1988; **B:** incorreta, haverá um rito especial nos termos do art. 223 e parágrafos da CF; **C:** incorreta. As unidades de conservação, de fato, poderão ser criadas por meio de decreto ou ato infralegal equivalente (resolução, manifestação administrativa, etc.). Entretanto, para que sejam alteradas ou suprimidas dependerão de lei específica (art. 225, § 1º, III da CF); **D:** incorreta. A Constituição estabelece (art. 225, § 3º da CF) que as

condutas lesivas ao meio ambiente sujeitarão os infratores sejam eles pessoas físicas ou jurídicas a sanções penais e administrativas; **E:** incorreta. O dispositivo Constitucional que declara nulo e extinto o ato que tenha por objeto a ocupação, o domínio e a posse, refere-se às terras dos índios e não aos sítios detentores de reminiscências históricas dos antigos quilombos (art. 231, § 6º da CF). **TC**

Gabarito "A".

(Escrivão de Polícia/BA – 2013 – CESPE) No que se refere aos poderes Legislativo, Executivo e Judiciário e às funções essenciais à justiça, julgue os itens seguintes.

(1) O presidente da República, durante a vigência de seu mandato, poderá ser responsabilizado por infrações penais comuns, por crimes de responsabilidade e até mesmo por atos estranhos ao exercício de suas funções.

(2) O controle externo da atividade policial civil é função institucional realizada pelo MP estadual.

(3) Integrante da polícia civil que praticar infração penal será julgado pelo tribunal de justiça do estado a que esteja vinculado como servidor, visto que possui foro por prerrogativa de função.

(4) A possibilidade de determinação da quebra do sigilo bancário e fiscal encontra-se no âmbito dos poderes de investigação das comissões parlamentares de inquérito.

(5) A sanção presidencial a projeto de lei proposto por deputado federal para regulamentar matéria relacionada a servidores públicos sana o vício de iniciativa do Poder Executivo.

1: errada, durante a vigência de seu mandato, o Presidente da República poderá ser responsabilizado por infrações penais comuns e crimes de responsabilidade (artigo 86, *caput*, da Constituição Federal), mas não poderá ser responsabilizado por atos estranhos ao exercício de suas funções, é o que estabelece o artigo 86, § 4º, da Constituição Federal; **2:** correta, é o que prevê o artigo 129, VII, da Constituição Federal; **3:** errada, o integrante da polícia civil que praticar infração penal, será evidentemente julgado pelo tribunal de justiça do estado a que esteja vinculado como servidor, mas isso não ocorre, por foro de prerrogativa de função, visto que referida garantia não é concedida à Policiais Civis; **4:** correta, as comissões parlamentares de inquérito, possuem autonomia para determinar a quebra de sigilo bancário e fiscal. Cabe mencionar decisão ementada no MS 23.868 de 2001, de relatoria do Min. Celso de Mello, nos seguintes termos: "A quebra do sigilo, por ato de CPI, deve ser necessariamente fundamentada, sob pena de invalidade. A CPI – que dispõe de competência constitucional para ordenar a quebra do sigilo bancário, fiscal e telefônico das pessoas sob investigação do Poder Legislativo – somente poderá praticar tal ato, que se reveste de gravíssimas consequências, se justificar, de modo adequado, e sempre mediante indicação concreta de fatos específicos, a necessidade de adoção dessa medida excepcional (...)"; **5:** errada, a sanção presidencial a projeto de lei proposto por deputado federal, para regulamentar matéria que era de sua iniciativa privativa (artigo 61, § 1º, II, alínea "c"), não sana o vício de iniciativa. O STF já se pronunciou na ADI 2.867 de 2003, ao estabelecer que a ulterior aquiescência do chefe do Poder Executivo, mediante sanção do projeto de lei, ainda que dele seja a prerrogativa usurpada, não tem o condão de sanar o vício radical da inconstitucionalidade.

Gabarito 1E, 2C, 3E, 4C, 5E

6. Direitos Humanos

Renan Flumian

1. TEORIA GERAL E DOCUMENTOS HISTÓRICOS

(Escrivão/SP – 2014 – VUNESP) Documento histórico relevante na evolução dos direitos humanos, elaborado no século XIII, que regulava várias matérias, de sentido puramente local ou conjuntural, ao lado de outras que constituem as primeiras fundações da civilização moderna, que considera que o rei se encontra vinculado pelas próprias leis que edita e que traz a essência do princípio do devido processo legal em seu texto.

Tal descrição se refere à

(A) Lei de *Habeas Corpus* (ou *Habeas Corpus Act).*
(B) Declaração de Direitos da Inglaterra (ou *Bill of Rights*).
(C) Declaração de Independência dos Estados Unidos da América.
(D) Magna Carta (ou *Magna Charta Libertatum*).
(E) Declaração dos Direitos do Homem e do Cidadão.

A Magna Carta é um documento de 1215 que limitou o poder dos monarcas da Inglaterra, impedindo o exercício do poder absoluto. Segundo os termos do documento, o rei deveria renunciar a certos direitos e respeitar determinados procedimentos legais (apontado, pela historiologia jurídica, como a origem do devido processo legal), bem como reconhecer que sua vontade estaria sujeita à lei. Considera-se a Magna Carta o primeiro capítulo de um longo processo histórico que levaria ao surgimento do constitucionalismo1 e da democracia moderna. Em síntese, o documento é uma limitação institucional dos poderes reais.

Gabarito "D".

(Investigador de Polícia/SP – 2013 – VUNESP) Dentre os documentos reconhecidos internacionalmente e que limitaram o poder do governante em relação aos direitos do homem, encontra-se o mais remoto e pioneiro antecedente que submetia o Rei a um corpo escrito de normas, procurava afastar a arbitrariedade na cobrança de impostos e implementava um julgamento justo aos homens.

Esse importante documento histórico dos direitos humanos denomina-se

(A) Talmude.
(B) *Magna Carta* da Inglaterra.
(C) Alcorão.
(D) Declaração dos Direitos do Homem e do Cidadão da França.
(E) *Bill of Rights*.

Podem-se apontar a democracia ateniense (501-338 a.C.) e a República romana (509-27 a.C.) como os primeiros grandes exemplos, na história política da humanidade, de respeito aos direitos humanos, no sentido de limitar o poder público em prol dos governados. A democracia ateniense era balizada pela preeminência das leis e pela participação direta dos cidadãos2 na Assembleia. Dessa maneira, o poder dos governantes foi limitado por sua subordinação ao mandamento legal e pelo controle popular. O papel do povo era marcante, pois este elegia

---

1. O constitucionalismo pode ser conceituado como o movimento político, social e jurídico cujo objetivo é limitar o poder do Estado por meio de uma Constituição. Já o neoconstitucionalismo surge depois da Segunda Guerra Mundial e tem por objetivo principal conferir maior efetividade aos comandos constitucionais, notadamente os direitos fundamentais.
2. Vale asseverar que apenas uma pequena parcela dos homens eram considerados cidadãos, isto é, somente aqueles que integravam a *polis* (espaço público). A maioria restante vivia em função do suprimento de suas necessidade vitais e básicas, ficando apenas na *oikia* (espaço privado). Na *oikia* o homem é escravo da necessidade. A liberdade política significa libertar-se dessa espécie da coação, significa liberar-se das necessidades da vida para o exercício da cidadania na *polis*, que constitui privilégio apenas de alguns homens. A *polis* é o local do encontro dos iguais, dos homens que se libertaram da labuta; em virtude disto, são considerados livres e também é livre a atividade que eles exercem. Esta distinção entre público (*polis*) e privado (*oikia*) que caracteriza a sociedade democrática grega, sofre durante séculos muitas modificações; todavia, fincou-se o princípio de que o espaço público é um pressuposto para o desenvolvimento das práticas democráticas.

---

os governantes e decidia, em assembleia e de forma direta, os assuntos mais importantes. Ademais, o povo tinha competência para julgar os governantes e os autores dos principais crimes. É dito que pela primeira vez na história o povo governou a si mesmo. Já a República romana limitou o poder político por meio da instituição de um sistema de controles recíprocos entre os órgãos políticos. Além desses dois exemplos, é possível apontar no desenvolver da história outro acontecimento de grande importância para a consolidação dos direitos humanos. Trata-se da Magna Carta de 1215, conhecida por limitar o poder dos monarcas ingleses, impedindo assim o exercício do poder absoluto. Seguindo tal exercício, as liberdades pessoais foram garantidas de forma mais geral e abstrata (em comparação com a Magna Carta de 1215) pelo Habeas Corpus Act de 1679 e pelo Bill of Rights de 1689. A concepção contemporânea dos direitos humanos, por sua vez, foi inaugurada pela Declaração Universal dos Direitos Humanos de 1948 e reforçada pela Declaração de Direitos Humanos de Viena de 1993. Importantes também nesse processo foram a Declaração de Direitos americana, conhecida como Declaração de Direitos do Bom Povo da Virgínia e a Declaração de Direitos francesa, impulsionada pela Revolução Francesa de 1789, ambas do século XVIII. A Organização das Nações Unidas (ONU) e a Declaração Universal dos Direitos Humanos criaram um verdadeiro sistema de proteção global da dignidade humana. É importante ter em mente que o processo recente de internacionalização dos direitos humanos é fruto do pós-guerra e da "ressaca moral" da humanidade ocasionada pelo excesso de violações perpetradas pelo nazifascismo. Depois desse apanhado geral, cabe agora pormenorizar sobre a Magna Carta. O século XII marcou o início de uma onda de centralização de poder, tanto em nível civil como eclesiástico. É importante ter em mente tal consideração, pois ela é o motivador da assinatura da Magna Carta. A título histórico, cabe lembrar que já em 1188 havia sido feita a declaração das cortes de Leão, na Espanha. Depois dessa declaração, os senhores feudais espanhóis continuaram se manifestando, mediante declarações e petições, contra a instalação do poder real soberano. A Magna Carta é um documento de 1215 que limitou o poder dos monarcas da Inglaterra, impedindo o exercício do poder absoluto. Ela resultou de desentendimentos entre o rei João I (conhecido como "João Sem Terra"), o papa e os barões ingleses acerca das prerrogativas do soberano. Essas discordâncias tinham raízes diversas. A contenda com os barões foi motivada pelo aumento das exações fiscais, constituídas para financiar campanhas bélicas, pois o rei João Sem Terra acabara de perder a Normandia – que era sua por herança dinástica – para o rei francês Filipe Augusto. A desavença com o papa surgiu de seu apoio às pretensões territoriais do imperador Óton IV, seu sobrinho, em prejuízo do papado. Ademais, o rei João I recusara a escolha papal de Stephen Langton como cardeal de Canterbury, o que lhe rendeu a excomunhão, operada pelo papa Inocêncio III. A Magna Carta só foi assinada pelo rei quando a revolta armada dos barões atingiu Londres, sendo sua assinatura condição para o cessar-fogo. Todavia, ela foi reafirmada solenemente (pois tinha vigência determinada de três meses) em 1216, 1217 e 1225, quando se tornou direito permanente. Como curiosidade, cabe apontar que algumas de suas disposições se encontram em vigor ainda nos dias de hoje. Sua forma foi de promessa unilateral, por parte do monarca, de conceder certos privilégios aos barões, mas é possível entendê-la como uma convenção firmada entre os barões e o rei. Além disso, segundo os termos do documento, o rei deveria renunciar a certos direitos e respeitar determinados procedimentos legais, bem como reconhecer que sua vontade estaria sujeita à lei. Considera-se a Magna Carta o primeiro capítulo de um longo processo histórico que levaria ao surgimento do constitucionalismo e da democracia moderna. Em síntese, o documento é uma limitação institucional dos poderes reais.

Gabarito "B".

(Polícia/MG – 2008) Encontramos na doutrina dos Direitos Humanos a afirmação de que, para compreender a evolução dos direitos individuais no contexto da evolução constitucional, é preciso retomar alguns aspectos da evolução dos tipos de Estado. Analise as seguintes afirmativas e assinale a que NÃO corrobora o enunciado acima.

(A) A primeira fase do Estado Liberal caracteriza-se pela vitória da proposta econômica liberal, aparecendo teoricamente os direitos individuais como grupo de direitos que se fundamentam na propriedade privada, principalmente na propriedade privada dos meios de produção.
(B) As mudanças sociais ocorridas no início do século XX visavam armar os indivíduos de meios de resistência contra o Estado. Desse modo, a proteção dos direitos e liberdades fundamentais torna-se o núcleo essencial do sistema político da democracia constitucional.

514 RENAN FLUMIAN

(C) As constituições socialistas consagraram uma economia socialista, garantindo a propriedade coletiva e estatal e abolindo a propriedade privada dos meios de produção, dando uma clara ênfase aos direitos econômicos e sociais e uma proposital limitação aos direitos individuais.

(D) A implementação efetiva dos direitos sociais e econômicos em boa parte da Europa Ocidental no pós-guerra, como saúde e educação públicas, trouxe consigo o germe da nova fase democrática do Estado Social e da superação da visão liberal dos grupos de direitos fundamentais.

A: correta. Interessante sobre tais direitos é a verificação de que a sua defesa foi feita, sobretudo pelos EUA. Estes defendiam a perspectiva liberal dos direitos humanos, os quais foram consagrados no Pacto Internacional de Direitos Civis e Políticos; **B:** incorreta, devendo esta ser assinalada. As mudanças sociais, ocorridas no início do século XX, não tinham como principal finalidade dotar os indivíduos de meios de resistência contra o estado. Ademais, as democracias constitucionais tornaram-se realidade como forma de governo somente no pós--guerra; **C:** correta. O socialismo refere-se à teoria de organização econômica que advoga a propriedade pública ou coletiva, a administração pública dos meios de produção e distribuição de bens para construir uma sociedade caracterizada pela igualdade de oportunidades para todos os indivíduos. O socialismo moderno surgiu no final do século XVIII tendo origem na classe intelectual e nos movimentos políticos da classe trabalhadora que criticavam os efeitos da industrialização e da sociedade calcada na propriedade privada. Importante apontar o papel da URSS, pois esta defendia a perspectiva social dos direitos humanos, os quais foram consagrados no Pacto Internacional de Direitos Econômicos, Sociais e Culturais; **D:** correta. A formatação de estados sociais (welfare state) na Europa ocidental do pós-guerra tem como grande finalidade a implementação dos direitos econômicos, sociais e culturais de suas populações que muito sofreram com os conflitos mundiais e tinham pouca esperança para o futuro.
Gabarito "B".

(Polícia/BA – 2006 – CONSULPLAN) Tomando-se por base o constitucionalismo, a doutrina dos Direitos Humanos exerce, em relação ao Estado, uma função:

(A) Integrativa.
(B) Limitadora.
(C) Orientadora.
(D) Doutrinária.
(E) N.R.A.

A grande função dos direitos humanos é coibir os abusos cometidos pelos estados em relação às suas populações. A Declaração de Direitos Americana de 1776 foi a primeira "declaração de direitos em sentido moderno", porque suas regras funcionaram como um sistema de limitação de poderes, ou seja, os direitos conferidos aos cidadãos limitavam o poder estatal. Tanto é assim, que o recente processo de internacionalização dos direitos humanos é fruto do pós-guerra e da "ressaca moral" da humanidade ocasionada pelo excesso de violações de direitos humanos perpetradas pelo nazifascismo.
Gabarito "B".

(Polícia/SP – 2008) A teoria que fundamenta e situa os direitos humanos em uma ordem suprema, universal, imutável e livre dos influxos humanos, denomina-se

(A) moralista.
(B) jusnaturalista.
(C) positivista.
(D) fundamentalista.
(E) realista.

A: incorreta. A Teoria Moralista defende que a fundamentação dos direitos humanos encontra-se na própria experiência e consciência de um determinado povo; **B:** correta. O Jusnaturalismo (ou Direito Natural) é uma teoria que define o conteúdo do direito como estabelecido pela natureza (como ordem superior, universal, imutável e inderrogável) e, portanto, válido em qualquer lugar. Ou seja, o direito natural é prévio a qualquer construção humana, seja de ordem política, religiosa etc. Assim, deverá ser sempre respeitado e o direito positivo, para ter validade, não poderá com ele contrastar. E os direitos humanos são adstritos à condição humana, logo, fazem parte do direito natural, o que os fazem transcender as criações culturais no sentido lato (religião, tradição, organização política etc.); **C:** incorreta. O positivismo jurídico é a doutrina que considera como Direito toda norma veiculada pelos órgãos dotados de poder político para editá-las; **D:** incorreta. Tem-se certa dificuldade em bem delimitar a teoria fundamentalista (pela sua abrangência de aplicação), mas sabe-se que esta teoria não fundamenta os direitos humanos; **E:** incorreta. O Realismo Jurídico é uma corrente do pensamento jusfilosófico que defende que o direito é tirado da experiência social. Ou seja, para os realistas o direito é fato social.
Gabarito "B".

(Polícia/BA – 2006 – CONSULPLAN) Fatos históricos que prenunciaram a dogmática dos Direitos Humanos:

(A) A Declaração da Virgínia (E.U.A.).
(B) O Concílio de Trento.
(C) O armistício da 2ª Grande Guerra.
(D) As alternativas A e C estão corretas.
(E) N.R.A.

O marco recente dos direitos humanos foi sem dúvida a Declaração Universal dos Direitos Humanos de 1948. Com importância neste processo pode-se também citar a Declaração de Direitos Francesa, impulsionada pela Revolução Francesa de 1789, e a Declaração de Direitos Americana (Declaração de Direitos do Bom Povo da Virgínia), ambas do século XVIII. A Declaração de Direitos Americana de 1776 foi a primeira declaração de direitos em sentido moderno, pois suas regras funcionam como um sistema de limitação de poderes, ou seja, os direitos conferidos aos cidadãos limitavam o poder estatal. Ademais, demonstram preocupação com a estruturação de um governo democrático. E a Declaração dos Direitos do Homem e do Cidadão que a Assembleia Constituinte da França adotou em 1789, influenciada diretamente pela Revolução Francesa, teve por base os conceitos de liberdade, igualdade, fraternidade, propriedade, legalidade e garantias individuais. Importante apontar que esses direitos foram ampliados porventura da Declaração dos Direitos do Homem e do Cidadão pela Convenção nacional em 1793. A ONU e a Declaração Universal dos Direitos Humanos criam um verdadeiro sistema de proteção global da dignidade humana. É importante ter em mente que este processo recente de internacionalização dos direitos humanos é fruto do pós-segunda guerra mundial e da "ressaca moral" da humanidade ocasionada pelo excesso de violações de direitos humanos perpetradas pelo nazifascismo. Por sua vez, o Concílio de Trento, realizado de 1545 a 1563, foi o 19º concílio ecumênico. Foi convocado pelo Papa Paulo III para assegurar a unidade da fé e a disciplina eclesiástica, no contexto da Reforma da Igreja Católica e da reação à divisão então vivida na Europa devido à Reforma Protestante, razão pela qual é denominado como Concílio da Contrarreforma.
Gabarito "D".

(Polícia/BA – 2006 – CONSULPLAN) O ser humano pode ser compelido, "como último recurso, à rebelião contra a tirania e a opressão". Para respaldar essa assertiva filosoficamente, a doutrina dos Direitos Humanos encontra lastro no (a):

(A) Correcionalismo.
(B) Marxismo.
(C) Jusnaturalismo.
(D) Teoria moralista.
(E) N.R. A

A: incorreta. A Escola Penal Correcionalista tem como principal característica a busca da correção do delinquente como fim único da pena; **B:** incorreta. O Marxismo é o conjunto de ideias filosóficas, econômicas, políticas e sociais elaboradas primariamente por Karl Marx e Friedrich Engels. Tem por base a concepção materialista e dialética da História, e, assim, interpreta a vida social conforme a dinâmica da base produtiva das sociedades e das lutas de classes daí consequentes; **C:** correta. O Jusnaturalismo (ou Direito Natural) é uma teoria que define o conteúdo do direito como estabelecido pela natureza (como ordem superior, universal, imutável e inderrogável) e, portanto, válido em qualquer lugar. Ou seja, o direito natural é prévio a qualquer construção humana, seja de ordem política, religiosa etc. Assim, deverá ser sempre respeitado e o direito positivo, para ter validade, não poderá com ele contrastar. E os direitos humanos são adstritos à condição humana, logo, fazem parte do direito natural, o que os fazem transcender as criações culturais no sentido lato (religião, tradição, organização política etc.); **D:** incorreta. A Teoria Moralista defende que a fundamentação dos direitos humanos encontra-se na própria experiência e consciência de um determinado povo; **E:** incorreta, pois a assertiva "C" é correta.
Gabarito "C".

(Polícia/BA – 2006 – CONSULPLAN) Um marco fundamental para a doutrina dos Direitos Humanos:

(A) Revolução Comercial.
(B) Revolução Francesa.
(C) Revolução Industrial.
(D) Revolução Cultural.
(E) N.R.A

A: incorreta. A Revolução Comercial foi um período de grande expansão econômica da Europa, movido pelo colonialismo e mercantilismo que durou aproximadamente do século XVI ao século XVIII. Este desenvolvimento comercial, com raízes no século XV, resultou em transformações profundas na economia europeia. A moeda tornou--se fator primordial da riqueza e as transações comerciais foram monetarizadas. A produção e a troca deixaram de ter caráter de subsistência, visando atender aos mercados das cidades. Com a Revolução Comercial o eixo comercial do Mediterrâneo foi transferido para o Atlântico, rompendo o monopólio das cidades italianas no

6. DIREITOS HUMANOS — 515

comércio com o Oriente e iniciando o mercantilismo; **B:** correta. O marco recente dos direitos humanos foi sem dúvida a Declaração Universal dos Direitos Humanos 1948. Com importância neste processo pode-se também citar a Declaração de Direitos Francesa, impulsionada pela Revolução Francesa de 1789, e a Declaração de Direitos Americana (Declaração de Direitos do Bom Povo da Virgínia), ambas do século XVIII. A Declaração de Direitos Americana de 1776 foi a primeira declaração de direitos em sentido moderno, pois suas regras funcionam como um sistema de limitação de poderes, ou seja, os direitos conferidos aos cidadãos limitavam o poder estatal. Ademais, demonstram preocupação com a estruturação de um governo democrático. E a Declaração dos Direitos do Homem e do Cidadão que a Assembleia Constituinte da França adotou em 1789, influenciada diretamente pela Revolução Francesa, teve por base os conceitos de liberdade, igualdade, fraternidade, propriedade, legalidade e garantias individuais. Importante apontar que estes direitos foram ampliados porventura da Declaração dos Direitos do Homem e do Cidadão pela Convenção nacional em 1793; **C:** incorreta. A Revolução Industrial consistiu em um conjunto de mudanças tecnológicas com profundo impacto no processo produtivo em nível econômico e social. Iniciada na Inglaterra em meados do século XVIII expandiu-se pelo mundo a partir do século XIX. Ao longo do processo a era da agricultura foi superada, a máquina foi superando o trabalho humano, uma nova relação entre capital e trabalho se impôs, novas relações entre nações se estabeleceram e surgiu o fenômeno da cultura de massa, entre outros eventos; **D:** incorreta. O termo Revolução Cultural não foi bem explicitado pelo formulador da questão. Todavia, por guardar certas pertinências com as revoluções traçadas nas outras assertivas, passemos a tecer considerações pontuais sobre a Revolução Cultural Chinesa. A Grande Revolução Cultural Proletária (conhecida como Revolução Cultural Chinesa) foi uma profunda campanha político-ideológica levada a cabo a partir de 1966 na República Popular da China, pelo então líder do Partido Comunista Chinês, Mao Tsé-tung. O objetivo da campanha político-ideológica era neutralizar a crescente oposição que lhe faziam alguns setores menos radicais do partido, em decorrência do fracasso do plano econômico Grande Salto Adiante (1958-1960), cujos efeitos acarretaram a morte de milhões de pessoas devido à fome generalizada; **E:** incorreta, pois a assertiva "B" é correta.
."B" otirabaG

(Polícia/BA – 2006 – CONSULPLAN) Não se pode chamar a doutrina dos direitos humanos em favor de quem os violou devido à:

(A) Relatividade dos D. H.

(B) Falta de coerção dos D. H.

(C) Indivisibilidade dos D. H.

(D) Falta de coação dos D. H.

(E) N.R. A.

A: incorreta. Esta assertiva foi indicada como correta, todavia não concordamos. Isto porque os direitos humanos são adstritos à condição humana, assim, o único requisito para deles gozar é ser pessoa humana. Do contrário, permitir-se-ia a pena de morte e outros tratamentos degradantes para os criminosos, pois estes violaram direitos humanos de outras pessoas e, ato contínuo, não possuem mais direito à proteção de sua dignidade. Portanto, todo indivíduo, por sua condição de pessoa humana, tem direito humanos que devem ser tutelados pelo Estado em qualquer situação; **B:** incorreta. A coercibilidade ou não dos direitos humanos não tem ligação com a possibilidade (não existente, como vimos no comentário referente à assertiva "A") dos violadores de direitos humanos perderem o direito de ter sua dignidade tutelada. Ademais, a possibilidade de coerção dos direitos humanos é determinada por cada sistema protetivo. Por exemplo, o sistema nacional de proteção dos direitos humanos é coercitivo, como também o é o sistema americano de proteção dos direitos americanos (aqui a coerção é exercida pela Corte Interamericana dos Direitos Humanos). Importante apontar que a Declaração Universal dos Direitos do Homem não tem força legal, mas sim material e acima de tudo inderrogável, por fazer parte do jus cogens; **C:** incorreta. A indivisibilidade dos direitos humanos não tem ligação com a possibilidade (não existente, como vimos no comentário referente à assertiva "A") dos violadores de direitos humanos perderem o direito de ter sua dignidade tutelada. A característica da indivisibilidade que os direitos humanos sustentam refere-se ao fato de que todos os direitos humanos se retroalimentam e se complementam e, assim, infrutífero buscar a proteção de apenas uma parcela deles; **D:** incorreta. A falta ou não de coação dos direitos humanos também não tem ligação com a possibilidade (não existente, conforme a assertiva "A") dos violadores de direitos humanos perderem o direito de ter sua dignidade tutelada; **E:** correta. Essa assertiva deve ser assinalada, pois todas as outras estão incorretas.
."E" otirabaG

(Polícia/MG – 2006) A passagem do Estado Liberal para o Estado Social tem significado importante na evolução dos direitos humanos. Referente a esse momento histórico é correto afirmar, EXCETO:

(A) O Estado Liberal típico não faz em suas Constituições referência à ordem econômica

(B) As Constituições anteriores à Primeira Guerra Mundial já consagravam em seus textos direitos sociais.

(C) No estado Social os direitos fundamentais se ampliam ainda consagrando em seus textos direitos sociais.

(D) O Estado Liberal traduzia o pensamento econômico do Liberalismo Clássico, o *laissez-faire*, *laissez-passer*.

(E) O individualismo dos séculos XVII e XVIII conduz os homens a um capitalismo desumano e escravizador.

A: correta. O estado liberal típico deixa que a ordem econômica seja totalmente "regulada" pelo mercado; **B:** incorreta, devendo esta ser assinalada. A consagração dos direitos sociais nas constituições é fenômeno que toma forma após a Primeira Guerra Mundial. De grande destaque neste processo são a Constituição Mexicana de 1917 e a Constituição de Weimar de 1919; **C:** correta. É exatamente esta consequência para os textos constitucionais. Ou seja, o estado social ou welfare state amplia os direitos fundamentais, com especial realce nos de índole social, econômica e cultural; **D:** correta. O liberalismo clássico, aplicado pelo Estado Liberal, é uma forma de liberalismo que defende as liberdades individuais, igualdade perante a lei, limitação constitucional do governo, direito de propriedade, proteção das liberdades civis e restrições fiscais ao governo etc. Sua formulação tem por base textos de John Locke, Adam Smith, David Ricardo, Voltaire, Montesquieu e outros. Em outras palavras, é a fusão do liberalismo econômico com liberalismo político do final do século XVIII e século XIX. O "núcleo normativo" do liberalismo clássico é a ideia de que economia seria guiada por uma ordem espontânea ou "mão invisível" que beneficiaria toda a sociedade; **E:** correta. A total desregulação que marcou os séculos XVII e XVIII, impulsionada pela Revolução Industrial inglesa, teve por desfecho um capitalismo desumano e escravizador, que ficou marcado pela ausência de limites da jornada de trabalho, bem como de idade dos trabalhadores ingleses em carvoarias destinadas a alimentar a crescente industrialização do país nos séculos mencionados.
."B" otirabaG

2. GERAÇÕES OU GESTAÇÕES DE DIREITOS HUMANOS

(Investigador/SP – 2014 – VUNESP) Na evolução histórica dos direitos humanos, surgem o que se convencionou denominar de "gerações dos direitos", que representam a valorização de determinados direitos em momentos históricos distintos. Assim sendo, assinale a alternativa que contempla direitos pertencentes à primeira geração dos direitos humanos.

(A) Direitos econômicos e de igualdade.

(B) Vida e liberdade.

(C) Direitos trabalhistas e previdenciários.

(D) Direitos civis e direito à paz.

(E) Fraternidade e direitos sociais.

A primeira geração trata dos direitos civis (liberdades individuais) e políticos. A titularidade desses direitos é atribuída ao indivíduo, por isso são conhecidos como direitos individuais. Seu fundamento é a ideia de *liberdade*. Cabe destacar que a classificação dos direitos humanos em gerações é bastante criticada por considerável parcela da doutrina. Isso porque daria a ideia de superação de direitos por outros e não de acumulação de direitos. Semanticamente, *geração* dá ideia de algo que é criado e que com o tempo se esvai para dar lugar ao outro. Em função dessa ideia, alguns autores preferem classificar como gestações ou dimensões e não gerações de direitos, tudo para reforçar a noção de continuidade.
."B" otirabaG

(Polícia Rodoviária Federal – 2013 – CESPE) No que se refere a fundamentação dos direitos humanos e a sua afirmação histórica, julgue os itens subsecutivos.

(1) A expressão direitos humanos de primeira geração refere-se aos direitos sociais, culturais e econômicos.

(2) Conforme a teoria positivista, os direitos humanos fundamentam-se em uma ordem superior, universal, imutável e inderrogável.

1: errado. A primeira geração trata dos direitos civis (liberdades individuais) e políticos; **2:** errado, pois a assertiva trata da teoria jusnaturalista.
.E2 ,E1 otirabaG

(Investigador de Polícia/SP – 2013 – VUNESP) Na evolução dos direitos humanos, costumam-se classificar, geralmente, as gerações dos direitos em três fases (Eras dos Direitos), conforme seu processo evolutivo histórico. Assinale a alternativa que representa, correta e cronologicamente, essa classificação.

(A) Direitos civis; direitos políticos; direitos fundamentais.

(B) Igualdade; liberdade; fraternidade.

(C) Direitos individuais; direitos coletivos; direitos políticos e civis.

(D) Direitos civis e políticos; direitos econômicos e sociais; direitos difusos.

(E) Liberdades positivas; liberdades negativas; direitos dos povos.

RENAN FLUMIAN

A divisão dos direitos humanos em gerações, idealizada por Karel Vasak, tem por finalidade permitir uma análise precisa de sua amplitude, além de uma ampla compreensão sobre a causa de seu surgimento e seu contexto. A análise das gerações deve ter por fundamento não a ótica sucessória (de substituição da anterior pela posterior), mas sim a interacional (de complementação da anterior pela posterior). Em função dessa ideia, alguns autores preferem classificar como gestações e não gerações de direitos, tudo para reforçar a ideia de continuidade.

Primeira geração

A primeira geração trata dos direitos civis (liberdades individuais) e políticos. A titularidade desses direitos é atribuída ao indivíduo, por isso são conhecidos como direitos individuais. Seu fundamento é a ideia de *liberdade*. Sobre tais direitos, é interessante a verificação de que sua defesa foi feita sobretudo pelos EUA. Estes defendiam a perspectiva liberal dos direitos humanos, consagrados no Pacto Internacional de Direitos Civis e Políticos.

Segunda geração

A segunda geração trata dos direitos sociais, culturais e econômicos. A titularidade desses direitos é atribuída à coletividade, por isso são conhecidos como direitos coletivos. Seu fundamento é a ideia de igualdade. O grande motivador do aparecimento desses direitos foi o movimento antiliberal, notadamente após a Primeira Guerra Mundial. É importante apontar o papel da URSS, que defendia veementemente a perspectiva social dos direitos humanos. Essa linha foi consagrada no Pacto Internacional de Direitos Econômicos, Sociais e Culturais. Cabe destacar que tais direitos aparecerem em primeiro lugar na Constituição mexicana de 1917 e na Constituição alemã de 1919 ("Constituição de Weimar").

Terceira geração

A terceira geração trata dos direitos à paz, ao desenvolvimento, ao meio ambiente, à propriedade do patrimônio cultural. A titularidade desses direitos é atribuída à humanidade e são classificados doutrinariamente como difusos. Seu fundamento é a ideia de fraternidade. Esses direitos provieram em grande medida da polaridade Norte/Sul, da qual surgiu o princípio da autodeterminação dos povos, fundamento do processo de descolonização e de inúmeros outros exemplos, consoante os já indicados acima, que exteriorizam a busca por uma nova ordem política e econômica mundial mais justa e solidária. Os direitos de terceira geração foram consagrados na Convenção para a Proteção do Patrimônio Mundial, Cultural e Natural, de 1972, e na Convenção sobre a Diversidade Biológica, de 1992. Cabe apontar que são classificados pelo STF como novíssimos direitos.

Quarta e quinta gerações

Existem posicionamentos doutrinários que pouco se assemelham na tentativa de categorizar quais seriam os direitos componentes da quarta e da quinta gerações. Por exemplo, a Ministra Eliana Calmon defende que a quarta geração seria composta de direitos referentes à manipulação do patrimônio genético, como os alimentos transgênicos, fertilização in vitro com escolha do sexo e clonagem. Já para o professor Paulo Bonavides todos os direitos relacionados à globalização econômica fariam parte da quarta geração, enquanto que o direito à paz seria de quinta. Outros, como Alberto Nogueira que relaciona a quarta geração com os direitos a uma tributação justa, e Ricardo Lorenzetti, ministro da Suprema Corte Argentina, que define a quarta geração como sendo aquela do "direito a ser diferente", isto é, a tutela de todos tipos de diversidade – sexual, étnica etc. Além de José Alcebiades de Oliveira Júnior, que faz coro com Eliana Calmon em relação à quarta geração e assinala que a quinta é ligada ao direito cibernético. Percebe-se que resta impossível categorizar cabalmente quais os direitos componentes da quarta e da quinta gerações, mas o importante é apontar possíveis interpretações e sublinhar a natureza dinâmica dos direitos humanos, os quais sempre estarão em construção. Para bem lembrar, a Declaração Universal dos Direitos do Homem elevou o homem à condição de sujeito de direito internacional, assim, é possível colocar o Estado como réu, perante instâncias internacionais, caso algum direito do ser humano seja ceifado ou impossibilitado de gozo. A título conclusivo, pode-se afirmar que toda regra, convencional ou não, que promova ou proteja a dignidade da pessoa humana se refere a "direitos humanos". Portanto, as cinco gerações trazem exemplos de direitos humanos que foram confeccionados em conformidade com a in/evolução da vida humana. A constante criação de "novos" direitos humanos torna impossível sua tipificação fechada, portanto, é necessária uma tipificação aberta para permitir a inserção de novos conceitos protetores da dignidade humana na medida em que aparecerem.

Gabarito "D".

3. CLASSIFICAÇÃO DOS DIREITOS HUMANOS

(Polícia/BA – 2008 – CEFETBAHIA) "Cidadania, portanto, engloba mais que direitos humanos, porque, além de incluir os direitos que a todos são atribuídos (em virtude da sua condição humana), abrange, ainda, os direitos políticos. Correto, por seguinte, falar-se numa dimensão política, numa dimensão civil e numa dimensão social da cidadania".

(Prof. J. J. Calmon de Passos)

Ao alargar a compreensão da cidadania para as três dimensões suprarreferidas, o prof. Calmon de Passos

(A) inova, ao focar somente o caráter educacional da cidadania plena na Grécia.

(B) contribui, doutrinariamente, para que a noção da cidadania ultrapasse a clássica concepção que a restringia tão somente ao exercício dos direitos políticos.

(C) restringe o entendimento da cidadania ao exercício dos direitos de primeira geração – especialmente quanto à igualdade.

(D) promove reflexão crítica em torno dos interditos proibitivos à construção de uma sociedade respeitosa para com as nuanças de sexo, gênero, raça e idade.

(E) contradiz a noção fundamental de extensão da cidadania a todos sem distinção – mulheres especialmente.

A: incorreta. O Prof. Calmon de Passos não está tecendo considerações sobre a cidadania na Grécia. Ademais, o professor está focando num caráter amplo (político, civil e social) da cidadania e não limitado (educacional); **B:** correta. As considerações do professor contribuem para a tomada de conscientização no sentido de que o exercício substancial da cidadania depende do gozo de direitos civis, políticos e sociais; **C:** incorreta, pois não restringe e sim amplia; **D:** incorreta, pois as considerações do professor promovem a reflexão crítica em torno do exercício pleno da cidadania por todos os cidadãos; **E:** incorreta. Muito pelo contrário, pois além de corroborar com a noção fundamental de extensão da cidadania a todos sem distinção, defende o pleno exercício da cidadania, o qual será atingido pela comunhão de direitos civis, políticos e sociais.

Gabarito "B".

(Polícia/MG – 2007) A ideologia liberal demonstra-se individualista, baseada na busca dos interesses individuais. Como decorrência da ideologia liberal, todos os Direitos Humanos relacionados abaixo são classificados como direitos individuais, EXCETO:

(A) a liberdade de consciência e de crença.

(B) a proteção à maternidade e à infância.

(C) direito à propriedade privada.

(D) a liberdade de comércio e de indústria.

A: correta, pois, trata-se de um exemplo de direito individual; **B:** incorreta, porque trata-se de um exemplo de direito social e cultural; **C:** correta, pois é um exemplo de direito individual; **D:** correta, porque é um exemplo de direito individual.

Gabarito "B".

4. SISTEMA GLOBAL DE PROTEÇÃO GERAL DOS DIREITOS HUMANOS

(Polícia/BA – 2006 – CONSULPLAN) Órgão máximo de deliberação mundial acerca dos Direitos Humanos:

(A) OEA

(B) ONG

(C) OLP

(D) ONU

(E) N.R.A

A: incorreta. A Organização dos Estados Americanos (OEA) é uma organização internacional que tem por objetivo garantir a paz e a segurança do continente americano. Por isso, diz-se que é uma organização internacional de vocação regional. É considerada como organismo regional das Nações Unidas. E seu principal instrumento protetivo é a Convenção Americana de Direitos Humanos de 1969 ou Pacto de San José da Costa Rica, a qual instituiu a Comissão Interamericana de Direitos Humanos e a Corte Interamericana; **B:** incorreta, pois a ONG é um acrônimo usado para as organizações não governamentais (sem fins lucrativos), que atuam no terceiro setor da sociedade civil. Essas organizações, de finalidade pública, atuam em diversas áreas, tais como: meio ambiente, o combate à pobreza, assistência social, saúde, educação, reciclagem, desenvolvimento sustentável, entre outras; **C:** incorreta. A Organização para a Libertação da Palestina (OLP) é uma organização política e paramilitar reconhecida pela Liga Árabe como a única representante legítima do povo palestino; **D:** correta. A Organização das Nações Unidas (ONU) é uma organização internacional que tem por objetivo facilitar a cooperação em matéria de direito internacional, segurança internacional, desenvolvimento econômico, progresso social, direitos humanos e a realização da paz mundial. Por isso, diz-se que é uma organização internacional de vocação universal. A sua lei básica é a Carta das Nações Unidas, assinada em São Francisco, no dia 26 de junho de 1945. Essa Carta tem como anexo o Estatuto da Corte Internacional de Justiça; **E:** incorreta, pois a assertiva "D" é correta.

Gabarito "D".

(Polícia/SP – 2000) A Comissão de Direitos Humanos das Nações Unidas deverá submeter propostas, recomendações e relatórios referentes aos instrumentos internacionais de Direitos Humanos ao (à)

(A) Conselho Econômico e Social.

(B) Conselho de Tutela.

(C) Conselho de Segurança.

(D) Corte Internacional de Justiça.

A: correta. Dentro do organograma ONU, o órgão com atuação destacada no que se refere aos direitos humanos é o Conselho Econômico e Social, o qual, segundo o art. 62 da Carta das Nações Unidas, tem competência para promover a cooperação em questões econômicas, sociais e culturais, incluindo os direitos humanos. Dentro destas competências, o Conselho Econômico e Social pode criar comissões para melhor executar suas funções. Com suporte em tal competência, a Comissão de Direitos Humanos da ONU foi criada em 1946. Todavia, conviveu com pesadas críticas, e, por fim, não resistiu e foi substituída em 16 de junho de 2006 pelo Conselho de Direitos Humanos – CDH – mediante a Resolução 60/251 adotada pela Assembleia Geral. Importante também apontar que a criação do CDH vem como uma tentativa simbólica de conferir paridade ao tema dos direitos humanos em relação aos temas segurança internacional e cooperação social e econômica, os quais têm conselhos específicos, respectivamente, Conselho de Segurança e Conselho Econômico e Social; **B:** incorreta. O Conselho de Tutela tinha competência para supervisionar a administração dos territórios sob regime de tutela internacional. As principais metas desse regime de tutela consistiam em promover o progresso dos habitantes dos territórios e desenvolver condições para a progressiva independência e estabelecimento de um governo próprio. Os objetivos do Conselho de Tutela foram tão amplamente atingidos que os territórios inicialmente sob esse regime - em sua maioria países da África - alcançaram, ao longo dos últimos anos, sua independência. Tanto assim que em 19 de novembro de 1994, o Conselho de Tutela suspendeu suas atividades, após quase meio século de luta em favor da autodeterminação dos povos. A decisão foi tomada após o encerramento do acordo de tutela sobre o território de Palau, no Pacífico. Palau, último território do mundo que ainda era tutelado pela ONU, tornou-se então um estado soberano, membro das Nações Unidas; **C:** incorreta. O Conselho de Segurança é o maior responsável na manutenção da paz e da segurança internacionais. O Conselho de Segurança é composto por cinco membros permanentes (China, Estados Unidos da América, França, Reino Unido e Rússia) e dez membros não permanentes. Cada membro do Conselho tem apenas um voto; **D:** incorreta. A Corte Internacional de Justiça é o principal órgão judicial da ONU. A Corte funciona com base em seu Estatuto e pelas chamadas **Regras da Corte** – espécie de código de processo. Em relação à competência "ratione materiae", a Corte poderá analisar todas as questões levadas até ela, como também todos os assuntos previstos na Carta da ONU ou em tratados e convenções em vigor. Já a competência "ratione personae" é mais limitada, pois a Corte só poderá receber postulações de estados, sejam ou não membros da ONU. Por fim, a Carta da ONU prevê uma função consultiva para a Corte. Assim, qualquer organização internacional intergovernamental – especialmente a ONU - poderá requerer parecer consultivo à Corte. A assertiva dada como correta é "A", todavia, com a criação do Conselho de Direitos Humanos em 2006 a questão fica sem assertiva correta. A partir de 2006 é o Conselho de Direitos Humanos que vai atuar diretamente com a proteção dos direitos humanos. O Conselho de Direitos Humanos é um órgão subsidiário da Assembleia geral e tem como principais competências: a) promover a educação e o ensino em direitos humanos; b) auxiliar os estados na implementação das políticas de direitos humanos assumidas em decorrência das Conferências da ONU, como também sua devida fiscalização; c) submeter um relatório anual à Assembleia Geral; d) propor recomendações acerca da promoção e proteção dos direitos humanos. Percebe-se que não mais existe a intermediação antes exercida pelo Conselho Econômico e Social.

Gabarito "A".

4.1. Declaração Universal dos Direitos Humanos

(Agente-Escrivão – PC/GO – CESPE – 2016) A Declaração Universal dos Direitos Humanos

(A) não apresenta força jurídica vinculante, entretanto consagra a ideia de que, para ser titular de direitos, a pessoa deve ser nacional de um Estado-membro da ONU.

(B) não prevê expressamente instrumentos ou órgãos próprios para sua aplicação compulsória.

(C) prevê expressamente a proteção ao meio ambiente como um direito de todas as gerações, bem como repudia o trabalho escravo, determinando sanções econômicas aos Estados que não o combaterem.

(D) é uma declaração de direitos que deve ser respeitada pelos Estados signatários, mas, devido ao fato de não ter a forma de tratado ou convenção, não implica vinculação desses Estados.

(E) inovou a concepção dos direitos humanos, porque universalizou os direitos civis, políticos, econômicos, sociais e culturais, privilegiando os direitos civis e políticos em relação aos demais.

A: incorreta. A Declaração Universal dos Direitos Humanos de 1948 universalizou a noção de direitos humanos, pois segundo a Declaração, a condição de pessoa humana é requisito único e exclusivo para ser titular de direitos; **B:** correta, pois a Declaração não prevê mecanismos constritivos para a implementação dos direitos nela previstos; **C:** incorreta, pois não há previsão sobre a proteção do meio ambiente na Declaração; **D:** incorreta. Alguns autores defendem que a Declaração vincula os Estados por fazer parte do *jus cogens* e, portanto, ser inderrogável. E ainda pode-se até advogar, conforme posição defendida por René Cassin3, que a Declaração, por ter definido o conteúdo dos direitos humanos insculpidos na Carta das Nações Unidas, tem força legal vinculante sim, visto que os Estados-membros da ONU se comprometeram a promover e proteger os direitos humanos. Por esses dois últimos sentidos, chega-se à conclusão de que a Declaração Universal dos Direitos Humanos para obrigações aos Estados, isto é, tem força obrigatória (por ser legal ou por fazer parte do *jus cogens*); **E:** incorreta, pois não existe o citado privilégio em relação aos direitos conhecidos como de primeira geração (direitos civis e políticos).

Gabarito "B".

(Investigador/SP – 2014 – VUNESP) Segundo a Declaração Universal dos Direitos Humanos, "toda a pessoa acusada de um ato delituoso presume-se inocente até que a sua culpabilidade fique legalmente provada no decurso de um processo público em que todas as garantias necessárias de defesa lhe sejam asseguradas".

Esse direito é, adequada e corretamente, representado pelo princípio

(A) da igualdade.

(B) da isonomia.

(C) democrático.

(D) da dignidade humana.

(E) do devido processo legal.

O princípio que representa o direito exposto no artigo 11 da DUDH é o do devido processo legal.

Gabarito "E".

(Investigador/SP – 2014 – VUNESP) O ano de 1948 representou um marco histórico mundial no tocante aos direitos humanos, pois foi nesse ano que

(A) foi criada a Corte Internacional dos Direitos Humanos.

(B) aconteceu a Independência dos Estados Unidos da América.

(C) eclodiu a Revolução Francesa, trazendo os ideais de liberdade, igualdade e fraternidade.

(D) foi outorgada a Carta Magna na Inglaterra.

(E) foi proclamada a Declaração Universal dos Direitos do Homem.

A: incorreta. Não existe a denominada Corte Internacional de Direitos Humanos, mas sim a Corte Internacional de Justiça. A referida Corte é o principal órgão judicial da ONU, substituindo a Corte Permanente de Justiça Internacional (CPJI) de 1922, que foi a primeira Corte internacional com jurisdição universal. A Corte funciona com base em seu estatuto e pelas chamadas *Regras da Corte* – espécie de código de processo. A competência da Corte é ampla. Em relação à *ratione materiae*, a Corte pode analisar todas as questões levadas até ela, como também todos os assuntos previstos na Carta da ONU ou em tratados e convenções em vigor (artigo 36, ponto 1, do Estatuto da CIJ). Já a competência *ratione personae* é mais limitada, pois a Corte só pode receber postulações de Estados, sejam ou não membros da ONU (artigo 34, ponto 1, do Estatuto da CIJ); **B:** incorreta. A independência das 13 colônias inglesas da América do Norte se deu em 1776. Elas adquiriram o formato de uma confederação, o que logo foi modificado para constituírem um Estado federal, configuração mantida até hoje nos EUA; **C:** incorreta. A Revolução Francesa4 é apontada como o marco inicial da civilização europeia contemporânea, pois os conceitos atuais de nação, cidadania, radicalismo, igualdade e democracia surgiram depois desse processo histórico. Influenciada diretamente pela Revolução Francesa e pela Revolução Americana de 1776, a Declaração dos Direitos do Homem e do Cidadão foi adotada pela Assembleia Constituinte da França em 1789. Pela primeira vez tem-se uma declaração generalizante, isto é, com o propósito de fazer referência não só aos seus cidadãos, mas a toda a humanidade, por isso a menção aos direitos do *homem* também. A Declaração teve por base os conceitos de *liberdade*, *igualdade*, *fraternidade*, *propriedade*, *legalidade* e *garantias individuais* (síntese do pensamento iluminista liberal e burguês) mas seu ponto central era a supressão dos privilégios especiais ("acabar com as desigualdades"), outrora garantidos para os estamentos

---

3. O jurista francês René Samuel Cassin foi o principal autor da Declaração Universal dos Direitos Humanos.

4. "A verdade, contudo, é que foi a Revolução Francesa – e não a americana ou a inglesa – que se tornou o grande divisor histórico, o marco do advento do Estado liberal. Foi a Declaração dos Direitos do Homem e do Cidadão, de 1789, com seu caráter universal, que divulgou a nova ideologia, fundada na Constituição, na separação dos Poderes e nos direitos individuais" (BARROSO, Luís Roberto. *Curso de Direito Constitucional Contemporâneo*. São Paulo: Saraiva, 2009 . p. 76).

do clero e da nobreza; **D**: incorreta. A Magna Carta é um documento de 1215 que limitou o poder dos monarcas da Inglaterra, impedindo o exercício do poder absoluto; **E**: correta. A Declaração Universal dos Direitos Humanos foi aprovada pela Resolução 217 A (III) da Assembleia Geral da ONU, em 10 de dezembro de 1948, por 48 votos a zero e oito abstenções5. Em conjunto com os dois Pactos Internacionais - sobre Direitos Civis e Políticos e sobre Direitos Econômicos, Sociais e Culturais -, constitui a denominada Carta Internacional de Direitos Humanos ou *International Bill of Rights*. A Declaração é fruto de um consenso sobre valores de cunho universal a serem seguidos pelos Estados e do reconhecimento do indivíduo como sujeito de direito internacional, tendo sofrido forte influência iluminista, sobretudo do liberalismo e do enciclopedismo vigente no período de transição entre a idade moderna e a contemporânea. Tanto é assim que a maioria dos seus artigos (3° a 21) traz direitos civis, políticos e pessoais (os chamados de 1° geração), que sintetizam a defesa das pessoas frente os abusos do poder.

Gabarito "E".

(Escrivão/SP – 2014 – VUNESP) A Declaração Universal dos Direitos Humanos prevê que toda pessoa acusada de um ato delituoso

(A) tem direito, em plena igualdade, a uma audiência justa e pública por parte de um tribunal *ad hoc*.

(B) poderá ser privada de sua nacionalidade, ou do direito de mudar de nacionalidade.

(C) tem direito a um julgamento por júri, no qual lhe sejam asseguradas todas as garantias necessárias à sua defesa.

(D) poderá ser exilada e perder sua nacionalidade, mas tem o direito de procurar asilo em outros países.

(E) tem o direito de ser presumida inocente até que a sua culpabilidade tenha sido provada de acordo com a lei.

A única assertiva correta sobre a Declaração Universal dos Direitos Humanos é a "E" (artigo 11, ponto 1, da Declaração Universal).

Gabarito "E".

(Escrivão/SP – 2014 – VUNESP) É correto afirmar, sobre as previsões contidas na Declaração Universal de Direitos Humanos, que

(A) está previsto o direito à educação, com o ensino elementar obrigatório e gratuito, com acesso ao ensino superior de acordo com o mérito.

(B) estão previstos direitos ligados ao contrato de trabalho, como salário mínimo, repouso e lazer, mas sem nenhuma limitação horária da jornada de trabalho.

(C) são proclamados, em seu artigo I, como os três valores fundamentais dos direitos humanos a liberdade, a igualdade e a fraternidade.

(D) os direitos de liberdade previstos são relativos à esfera individual, não prevendo liberdades políticas relativas à participação do povo no governo.

(E) não há disposição que verse sobre o direito a contrair matrimônio e fundar uma família, nem sobre os direitos decorrentes do casamento.

A única assertiva correta sobre a Declaração Universal dos Direitos Humanos é a "C". O artigo 1° da Declaração assim dispõe: "Todas as pessoas nascem livres e iguais em dignidade e direitos. São dotadas de razão e consciência e devem agir em relação umas às outras com espírito de fraternidade".

Gabarito "C".

(Agente Penitenciário/MA – 2013 – FGV) Com relação à Declaração Universal dos Direitos Humanos, adotada e proclamada pela Assembleia Geral das Nações Unidas, em 1948, analise as afirmativas a seguir.

I. Ninguém será submetido à tortura nem a tratamento ou castigo cruel, desumano ou degradante, salvo quando suspeito de ter cometido crime hediondo.

II. Toda pessoa tem direito, sem qualquer distinção, a igual proteção da lei, exceto quando suspeito de envolvimento em atos lesivos à ordem pública.

III. Toda pessoa acusada de ato delituoso tem o direito de ser presumida inocente, até que sua culpabilidade venha a ser provada de acordo com a lei.

Assinale:

(A) se somente a afirmativa I estiver correta.

(B) se somente a afirmativa II estiver correta.

(C) se somente a afirmativa III estiver correta.

(D) se somente as afirmativas I e II estiverem corretas.

(E) se somente as afirmativas II e III estiverem corretas.

I: incorreta, pois no texto da Declaração Universal não existe a ressalva encontrada na assertiva em análise (artigo 5° da Declaração); **II**: incorreta, pois no texto da Declaração Universal não existe a ressalva encontrada na assertiva em análise (artigo 7° da Declaração); **III**: correta (artigo 11 da Declaração).

Gabarito "C".

(Polícia/MG – 2008) Analise as seguintes afirmativas acerca da Declaração Universal dos Direitos Humanos de 1948 e assinale com V as verdadeiras e com F as falsas.

( ) É, tecnicamente, uma recomendação que a Assembleia Geral das Nações Unidas faz aos seus membros (Carta das Nações Unidas, art. 10).

( ) Mostra os abusos praticados pelas potências ocidentais após o encerramento das hostilidades, pois foi redigida sob o impacto das atrocidades cometidas na Segunda Guerra Mundial.

( ) Enuncia os valores fundamentais da liberdade, da igualdade e da fraternidade, mas é omissa quanto à proibição do tráfico de escravos e da escravidão.

( ) Representa a culminância de um processo ético que levou ao reconhecimento da igualdade essencial de todo ser humano e de sua dignidade de pessoa.

Assinale a alternativa que apresenta a sequência de letras CORRETA.

(A) (V) (F) (V) (F)

(B) (F) (V) (F) (V)

(C) (V) (F) (F) (V)

(D) (F) (V) (V) (F)

1: verdade. A Declaração Universal dos Direitos Humanos foi aprovada pela Resolução n. 217 A (III) da Assembleia Geral da ONU, em 10 de dezembro de 1948, por 48 votos a zero e oito abstenções. Por ser uma resolução, a Declaração Universal dos Direitos Humanos não tem força legal (assim não pode ser tratado internacional), mas sim material (como uma recomendação) e acima de tudo inderrogável por ato volitivo das partes por fazer parte do jus cogens; **2**: falso. Pois a Declaração Universal dos Direitos Humanos foi redigida no pós-guerra e sob efeito da "ressaca moral" da humanidade ocasionada pelo excesso de violações de direitos humanos perpetradas pelo nazifascismo; **3**: falso. A Declaração Universal dos Direitos Humanos proíbe sim o tráfico de escravos e a escravidão (art. 4°); **4**: verdade. A Declaração Universal dos Direitos Humanos de 1948 universalizou a noção de direitos humanos. Muito importante foi o papel da Declaração, pois antes disso a proteção dos direitos humanos ficava relegada a cada estado, os quais com suporte em sua intocável soberania tinha autonomia absoluta para determinar e executar as políticas relacionadas a proteção da dignidade da pessoa humana. Esse processo de universalização dos direitos humanos confirmou a ideia de que os direitos humanos são adstritos à condição humana, logo para deles gozar a única e exclusiva condição é ser pessoa humana.

Gabarito "C".

(Polícia/SP – 2003) Resolução proclamada pela Assembleia-Geral da ONU contém trinta artigos precedidos de um Preâmbulo, com sete considerandos, na qual se assegura o princípio da indivisibilidade dos direitos humanos.

O texto acima se refere à

(A) Carta das Nações Unidas.

(B) Declaração Universal dos Direitos Humanos.

(C) Declaração Americana dos Direitos Humanos.

(D) Declaração dos Direitos do Homem e do Cidadão.

A Declaração Universal dos Direitos Humanos foi aprovada pela Resolução n. 217 A (III) da Assembleia Geral da ONU, em 10 de dezembro de 1948, por 48 votos a zero e oito abstenções. A Declaração é fruto de um consenso sobre valores de cunho universal a serem seguidos pelos estados. E também no reconhecimento do indivíduo como sujeito direto do direito internacional. Assim, a ONU e a Declaração Universal dos Direitos Humanos criam um verdadeiro sistema global de proteção da dignidade humana. No seu bojo encontra-se direitos civis e políticos (arts. 3° a 21) e direitos econômicos, sociais e culturais (arts. 22 a 28). Por sua vez, o princípio da indivisibilidade, aclamado pela Declaração Universal dos Direitos Humanos, prega que todos os direitos humanos se retroalimentam e se complementam. Assim, infrutífero buscar a proteção de apenas uma parcela deles.

Gabarito "B".

---

5. Os países que se abstiveram foram Arábia Saudita, África do Sul, URSS, Ucrânia, Bielorrússia, Polônia, Iugoslávia e Tchecoslováquia.

6. DIREITOS HUMANOS — 519

(Polícia/SP – 2002) Quanto à Declaração Universal dos Direitos Humanos (1948) é correto afirmar que se trata de um (a)

(A) acordo internacional.

(B) tratado internacional.

(C) pacto internacional.

(D) resolução da Assembleia Geral da ONU.

A Declaração Universal dos Direitos Humanos foi aprovada pela Resolução 217 A (III) da Assembleia Geral da ONU, em 10 de dezembro de 1948, por 48 votos a zero e oito abstenções6. Em conjunto com os dois Pactos Internacionais – sobre Direitos Civis e Políticos e sobre Direitos Econômicos, Sociais e Culturais –, constitui a denominada Carta Internacional de Direitos Humanos ou International Bill of Rights. A Declaração é fruto de um consenso sobre valores de cunho universal a serem seguidos pelos Estados e do reconhecimento do indivíduo como sujeito direto do direito internacional, tendo sofrido forte influência iluminista, sobretudo do liberalismo e do enciclopedismo vigente no período de transição entre a idade moderna e a contemporânea. É importante esclarecer que a Declaração é um exemplo de soft law, já que não supõe mecanismos constritivos para a implementação dos direitos previstos. Em contrapartida, quando um documento legal prevê mecanismos constritivos a implementação de seus direitos, estamos diante de um exemplo de hard law. Revisitando o direito a ter direitos, de Hannah Arendt, segundo a Declaração, a condição de pessoa humana é requisito único e exclusivo para ser titular de direitos7. Com isso corrobora-se o caráter universal dos direitos humanos, isto é, todo indivíduo é cidadão do mundo e, dessa forma, detentor de direitos que salvaguardam sua dignidade8. Em seu bojo encontram-se direitos civis e políticos (artigos 3º a 21) e direitos econômicos, sociais e culturais (artigos 22 a 28), o que reforça as características da indivisibilidade e interdependência dos direitos humanos. É importante apontar que a Declaração Universal dos Direitos Humanos não tem força legal9 (funcionaria como uma recomendação), mas sim material e acima de tudo inderrogável por fazer parte do jus cogens. Entretanto, consoante o que estudamos, pode-se até advogar que a Declaração, por ter definido o conteúdo dos direitos humanos insculpidos na Carta das Nações Unidas, tem força legal vinculante, visto que os Estados-membros da ONU se comprometeram a promover e proteger os direitos humanos. De qualquer modo, chega-se à afirmação de que a Declaração Universal dos Direitos Humanos gera obrigações aos Estados, isto é, tem força obrigatória (por ser legal ou por fazer parte do jus cogens).

Gabarito "D".

---

6. Os países que se abstiveram foram Arábia Saudita, África do Sul, URSS, Ucrânia, Bielorrússia, Polônia, Iugoslávia e Tchecoslováquia.

7. De maneira sintética, os direitos previstos na Declaração Universal dos Direitos Humanos são: igualdade, vida, não escravidão, não tortura, não discriminação, personalidade jurídica, não detenção/prisão/exílio arbitrário, judiciário independente e imparcial, presunção de inocência, anterioridade penal, intimidade, honra, liberdade, nacionalidade, igualdade no casamento, propriedade, liberdade de pensamento/consciência/religião, liberdade de opinião/expressão, liberdade de reunião/associação pacífica, voto, segurança social, trabalho, igualdade de remuneração, repouso/lazer, saúde/bem-estar, instrução etc.

8. "O advento do Direito Internacional dos Direitos Humanos [DIDH], em 1945, possibilitou o surgimento de uma nova forma de cidadania. Desde então, a proteção jurídica do sistema internacional ao ser humano passou a independer do seu vínculo de nacionalidade com um Estado específico, tendo como requisito único e fundamental o fato do nascimento. Essa nova cidadania pode ser definida como cidadania mundial ou cosmopolita, diferenciando-se da cidadania do Estado-Nação. A cidadania cosmopolita é um dos principais limites para a atuação do poder soberano, pois dá garantia da proteção internacional na falta da proteção do Estado Nacional. Nesse sentido, a relação da soberania com o DIDH é uma relação limitadora" (ALMEIDA, Guilherme Assis de. "Mediação, proteção local dos direitos humanos e prevenção de violência". Revista Brasileira de Segurança Pública, ano 1, ed. 2, p. 137-138, 2007).

9. "Do ponto de vista estritamente formal, a Declaração Universal dos Direitos Humanos é, consequentemente, parte do assim denominado soft law, 'direito suave', nem vinculante, mas nem por isso desprezível nas relações internacionais. Sua violação, em tese, não deveria implicar a responsabilidade internacional do Estado, mas, por outro, sujeitaria o recalcitrante a sanções de ordem moral, desorganizadas. Estas têm sua autoridade na própria dimensão política da declaração, como documento acolhido pela quase unanimidade dos Estados então representados na Assembleia Geral e, depois, invocado em constituições domésticas de inúmeros países e em diversos documentos de conferências internacionais" (ARAGÃO, Eugênio José Guilherme. "A Declaração Universal dos Direitos Humanos: mera declaração de propósitos ou norma vinculante de direito internacional?" Revista Eletrônica do Ministério Público Federal, ano 1, n. 1, p. 6, 2009).

(Polícia/SP – 2000) Tecnicamente a Declaração Universal dos Direitos do Homem (1948) constitui

(A) um acordo internacional.

(B) uma recomendação.

(C) um tratado internacional.

(D) um pacto.

A Declaração é um exemplo de soft law10, já que não supõe mecanismos constritivos para a implementação dos direitos nela previstos. Em contrapartida, quando um documento legal prevê mecanismos constritivos para a implementação de seus direitos, estamos diante de um exemplo de hard law. Portanto, com base nesse raciocínio, pode-se dizer que a Declaração Universal dos Direitos Humanos não tem força legal (jurídica), mas sim material (moral). Em outras palavras, funcionaria como uma recomendação11. Mas alguns autores defendem que a Declaração seria inderrogável por fazer parte do jus cogens. E ainda pode-se até advogar, conforme posição defendida por René Cassin12, que a Declaração, por ter definido o conteúdo dos direitos humanos insculpidos na Carta das Nações Unidas, tem força legal vinculante sim, visto que os Estados-membros da ONU se comprometeram a promover e proteger os direitos humanos. Por esses dois últimos sentidos, chega-se à conclusão de que a Declaração Universal dos Direitos Humanos gera obrigações aos Estados, isto é, tem força obrigatória (por ser legal ou por fazer parte do jus cogens).

Gabarito "B".

4.2. Pactos internacionais – sobre direitos civis e políticos e sobre direitos econômicos, sociais e culturais

(Escrivão/SP – 2014 – VUNESP) Prevê o Pacto Internacional de Direitos Civis e Políticos que ninguém poderá ser obrigado a executar trabalhos forçados ou obrigatórios,

(A) mesmo em casos de emergência ou de calamidade que ameacem o bem-estar da comunidade.

(B) não sendo o serviço militar considerado trabalho forçado ou obrigatório, podendo os países prever a isenção por motivo de consciência.

(C) restando proibido aos Estados-Partes legislar para que determinados crimes sejam punidos com prisão e trabalhos forçados.

(D) devendo ser previstos como crimes pelos Estados-Partes a servidão, a escravidão e o tráfico de escravos.

(E) não podendo qualquer trabalho ou serviço ser considerado como parte das obrigações cívicas normais.

Segue a redação integral do artigo 8º do Pacto Internacional: "1. Ninguém poderá ser submetido à escravidão; a escravidão e o tráfico de escravos, em todos as suas formas, ficam proibidos. 2. Ninguém poderá ser submetido à servidão. 3. a) Ninguém poderá ser obrigado a executar trabalhos forçados ou obrigatórios; b) A alínea a) do presente parágrafo não poderá ser interpretada no sentido de proibir, nos países em que certos crimes sejam punidos com prisão e trabalhos forçados, o cumprimento de uma pena de trabalhos forçados, imposta por um tribunal competente; c) Para os efeitos do presente parágrafo, não serão considerados "trabalhos forçados ou obrigatórios": i) qualquer trabalho ou serviço, não previsto na alínea b) normalmente exigido de um indivíduo que tenha sido encarcerado em cumprimento de decisão judicial ou que, tendo sido objeto de tal decisão, ache-se em liberdade condicional; ii) **qualquer serviço de caráter militar e, nos países em que se admite a isenção por motivo de consciência, qualquer serviço nacional que a lei venha a exigir daqueles que se oponham ao serviço militar por motivo de consciência**; iii) qualquer serviço exigido em casos de emergência ou de calamidade que ameacem o bem-estar da comunidade; iv) qualquer trabalho ou serviço que faça parte das obrigações cívicas normais".

Gabarito "B".

(Escrivão/SP – 2014 – VUNESP) O direito de reunião pacífica é reconhecido pelo Pacto Internacional de Direitos Civis e Políticos que

(A) não poderá ser restringido por lei, ainda que em função de proteção à saúde ou à moral públicas.

(B) permite que a lei preveja as restrições necessárias, em uma sociedade democrática, no interesse da segurança nacional, da segurança ou da ordem pública.

---

10. Segundo a Corte Interamericana de Direitos Humanos, os documentos de soft law podem formar parte do corpus iuris do direitos internacional dos direitos humanos.

11. Muitos juristas defendem que as resoluções da ONU são apenas recomendações dadas aos Estados-membros da organização.

12. O jurista francês René Samuel Cassin foi o principal autor da Declaração Universal dos Direitos Humanos.

520 RENAN FLUMIAN

(C) condiciona o exercício desse direito à comunicação prévia e à autorização da autoridade competente.

(D) não impedirá que se submeta a restrições legais o exercício desse direito por membros das forças armadas e da polícia.

(E) poderá ser restringido, no entanto, em períodos de legalidade extraordinária ou de guerra externa.

Artigo 21 do Pacto Internacional: "O direito de reunião pacífica será reconhecido. O exercício desse direito estará sujeito apenas às restrições previstas em lei e que se façam necessárias, em uma sociedade democrática, no interesse da segurança nacional, da segurança ou da ordem pública, ou para proteger a saúde ou a moral pública ou os direitos e as liberdades das demais pessoas".
Gabarito "B".

(Polícia/SP – 2000) Os direitos previstos no Pacto Internacional dos Direitos Civis de Políticos (1966)

(A) têm autoaplicabilidade mas não criam obrigações legais aos Estados-membros.

(B) demandam aplicação progressiva e não criam obrigações legais aos Estados-membros.

(C) demandam aplicação progressiva e criam obrigações legais aos Estados-membros.

(D) têm autoaplicabilidade e criam obrigações legais aos Estados--membros.

O grande objetivo do Pacto Internacional dos Direitos Civis de Políticos é tornar obrigatório, vinculante e expandir os direitos civis e políticos elencados na Declaração Universal dos Direitos Humanos. O Pacto Internacional dos Direitos Civis e Políticos impôs ao estados-membros sua imediata aplicação (autoaplicabilidade), diferentemente do Pacto Internacional dos Direitos Econômicos, Sociais e Culturais que determinou sua aplicação progressiva.
Gabarito "D".

5. SISTEMA GLOBAL DE PROTEÇÃO ESPECÍFICA DOS DIREITOS HUMANOS

5.1. Convenção sobre os Direitos das Pessoas com Deficiência

(Investigador de Polícia/SP – 2013 – VUNESP) No Sistema Global de proteção dos direitos humanos, há um tratado que foi aprovado e promulgado pelo Brasil, vindo a ser constitucionalizado no direito brasileiro por ter sido aprovado pelo mesmo procedimento das emendas constitucionais, fazendo, agora, parte do bloco de constitucionalidade brasileiro. Esse documento internacional é o(a)

(A) Estatuto de Roma, que criou o Tribunal Penal Internacional.

(B) Convenção Contra a Tortura e outros Tratamentos ou Penas Cruéis, Desumanos ou Degradantes.

(C) Convenção sobre os Direitos das Pessoas com Deficiência e seu protocolo Facultativo.

(D) Convenção sobre os Direitos da Criança.

(E) Convenção sobre a Eliminação de Todas as Formas de Discriminação contra a Mulher.

A resposta correta encontra-se disposta na assertiva "C". A Convenção sobre os Direitos das Pessoas com Deficiência, adotada pela ONU por meio da Resolução 61/106 da Assembleia Geral, em 13 de dezembro de 2006, e promulgada no Brasil em 25 de agosto de 2009 pelo Decreto nº 6.949, tem por fundamento a consciência de que a deficiência é um conceito em evolução e resulta da interação entre pessoas com deficiência, e que as barreiras devidas às atitudes e ao ambiente impedem a plena e efetiva participação dessas pessoas na sociedade em igualdade de oportunidades com os demais indivíduos. Ademais, a discriminação contra qualquer pessoa, por motivo de deficiência, configura violação da dignidade e do valor inerentes ao ser humano. Cabe destacar que essa Convenção e seu respectivo Protocolo Facultativo foram internalizados, no Brasil, em conformidade com o art. 5º, § 3º, da Constituição Federal, isto é, têm hierarquia constitucional tanto pelo aspecto formal quanto pelo material. Em outras palavras, possuem hierarquia de emenda constitucional. Assim, dará azo, como iremos posteriormente estudar, ao controle concentrado de convencionalidade (nacional). Os Estados-partes, atualmente 112, têm a obrigação de proteger e promover o pleno exercício dos direitos humanos das pessoas com deficiência. Ou seja, o Estado tem de arquitetar políticas públicas que permitam à pessoa com deficiência exercer seus direitos em igualdade de condições com os demais cidadãos. A atuação estatal deverá ter duas frentes: uma repressiva, que proíba a discriminação (igualdade formal), e outra promocional, que estabeleça ações afirmativas temporárias (igualdade

material). Para monitorar o cumprimento pelos Estados-partes das obrigações constantes na Convenção e assim exercer o controle de convencionalidade internacional, foi criado o Comitê para os Direitos das Pessoas com Deficiência, responsável por receber os relatórios confeccionados pelos Estados-partes. As petições individuais e a possibilidade de realizar investigações in loco são possíveis, como mecanismos de controle e fiscalização, mediante a adoção do Protocolo Facultativo à Convenção sobre os Direitos das Pessoas com Deficiência.
Gabarito "C".

5.2. Convenção sobre os Direitos das Crianças

(Polícia/SP – 2003) Complete:

A Convenção sobre Direitos da Criança considera como criança todo ser humano com idade inferior a _____, a não ser quando por lei de seu país a maioridade for determinada com idade mais baixa.

(A) 12 anos.

(B) 14 anos.

(C) 16 anos.

(D) 18 anos.

A Convenção sobre Direitos da Criança, no seu art. 1º, determina que criança é todo ser humano com menos de dezoito anos de idade, a não ser que, em conformidade com a lei aplicável à criança, a maioridade seja alcançada antes.
Gabarito "D".

5.3. Convenção sobre a Eliminação de todas as formas de Discriminação contra a Mulher

(Polícia/SP – 2003) Indique qual destes instrumentos prevê, em seu artigo 4º, a aplicação de medidas especiais de ação afirmativa, de caráter temporário, destinadas a acelerar a igualdade entre os indivíduos, buscando superar injustiças cometidas no passado contra as mulheres

(A) Declaração Universal dos Direitos Humanos.

(B) Convenção Americana sobre Direitos Humanos.

(C) Convenção sobre a Eliminação de todas as formas de Discriminação contra a Mulher.

(D) Convenção Interamericana para Prevenir, Punir e Erradicar a Violência contra a Mulher.

A: incorreta. O art. 4º da Declaração Universal dos Direitos Humanos assim dispõe: "ninguém será mantido em escravidão ou servidão, a escravidão e o tráfico de escravos serão proibidos em todas as suas formas"; B: incorreta. O art. 4º da Convenção Americana sobre Direitos Humanos trata do direito à vida e nada diz sobre a aplicação de medidas especiais de ação afirmativa que busquem a igualdade de gênero; C: correta. O art. 4º da Convenção sobre a Eliminação de todas as formas de Discriminação contra a Mulher prevê expressamente a adoção de medidas especiais de ação afirmativa, de caráter temporário, para acelerar a busca de igualdade de fato entre o homem e a mulher. Ademais, dispõe que a adoção de ações afirmativas não pode ser considerada discriminação e determina que tais cessarão quando os objetivos de igualdade de oportunidade e tratamento houverem sido alcançados; D: incorreta. O art. 4º da Convenção Interamericana para Prevenir, Punir e Erradicar a Violência contra a Mulher não prevê medidas especiais de ação afirmativa, apenas traça uma lista dos direitos que a mulher possui.
Gabarito "C".

5.4. Convenção sobre a Eliminação de todas as formas de Discriminação Racial

(Polícia/SP – 2000) A adoção de medidas especiais de proteção ou incentivo a grupos ou indivíduos, com vistas a promover sua ascensão na sociedade até um nível de equiparação com os demais, com previsão na Convenção Sobre a Eliminação de Todas as Formas de Discriminação Racial (1968) denomina-se

(A) ação afirmativa.

(B) "apartheid".

(C) relativismo universal.

(D) política de segregação.

A: correta. Os estados-partes da Convenção Sobre a Eliminação de Todas as Formas de Discriminação Racial têm a obrigação de implementar políticas públicas que assegurem efetivamente a progressiva eliminação da discriminação racial. Percebe-se que o ideal de igualdade não vai ser atingido somente por meio de políticas repressivas que proíbam a discriminação. É necessário uma comunhão

da proibição da discriminação (igualdade formal) com ações afirmativas temporárias (igualdade material). Tal dualidade de ação faz-se necessária, pois a parcela populacional vítima de descriminação racial coincide com a parcela socialmente vulnerável; **B:** incorreta. O apartheid foi um regime de segregação racial adotado de 1948 a 1994 pelos sucessivos governos do Partido Nacional na África do Sul, no qual os direitos da grande maioria dos habitantes (formada por negros) foram cerceados pelo governo formado pela minoria branca; **C:** incorreta. O termo empregado na assertiva nada tem a ver com ações afirmativas temporárias, e o que se pode tirar do termo "relativismo universal" só pode ser a doutrina do relativismo cultural, a qual faz duras críticas à universalização dos direitos humanos. Mas, as críticas referentes à leitura de universalização por ocidentalização não devem proceder, isto porque os direitos humanos transcendem as criações culturais no sentido lato (religião, tradição, organização política etc.) por serem adstritos à condição humana. Destarte, particularidades regionais e nacionais devem ser levadas em conta, mas nunca devem impedir a proteção mínima dos direitos humanos, até porque estes fazem parte do jus cogens. Assim, o universalismo derrota o relativismo; **D:** incorreta. A política de segregação pode ser traduzida pela situação de uma sociedade que impede parcela de sua população de usufruir de direitos que estão definidos para os membros dessa sociedade, com base na origem étnica (ou "raça") dessas pessoas, no caso trata-se de uma política de segregação racial. E esta forma de discriminação racial, como vimos no comentário à assertiva "B", pode ser institucionalizada pelo Estado, como aconteceu na África do Sul com o apartheid. Ou seja, a política de segregação é o isolamento de certa parcela da população, a qual fica destituída dos direitos que gozam o restante da população.
Gabarito "A".

5.5. Convenção Contra a Tortura e Outros Tratamentos ou Penas Cruéis e Degradantes

(Polícia/SP – 2000) Segundo a Convenção Contra a Tortura e Outros Tratamentos ou Penas Cruéis e Degradantes (1984) o Estado-parte onde se encontra o suspeito da prática de tortura deverá

(A) processá-lo ou extraditá-lo, mas somente se houver acordo bilateral de extradição.

(B) somente processá-lo tendo em vista o princípio da jurisdição compulsória.

(C) processá-lo ou extraditá-lo independentemente de tratado de extradição.

(D) somente extraditá-lo tendo em vista o princípio da jurisdição universal.

A tortura é considerada um crime internacional e, para combatê-la, a "Convenção contra a tortura e outros tratamentos ou penas cruéis e degradantes" estabeleceu jurisdição compulsória e universal para julgar os acusados de tortura. A compulsoriedade da jurisdição determina que os estados-partes devem punir os torturadores, independentemente do local onde o crime foi cometido e da nacionalidade do torturador e da vítima. E a universalidade da jurisdição determina que os estados-partes processem ou extraditem o suspeito da prática de tortura, independentemente da existência de tratado prévio de extradição.
Gabarito "C".

6. SISTEMA REGIONAL DE PROTEÇÃO DOS DIREITOS HUMANOS – SISTEMA INTERAMERICANO

6.1. Convenção Americana de Direitos Humanos ou Pacto de São José da Costa Rica

(Investigador/SP – 2014 – VUNESP) Recentemente, por meio de súmula vinculante, o Supremo Tribunal Federal aplicou ao direito brasileiro as disposições da Convenção Americana de Direitos Humanos (*Pacto de San José da Costa Rica*), entendendo que essa Convenção considera ilícito(a)

(A) a prisão de depositário infiel.

(B) o nepotismo.

(C) alguém culpado antes do trânsito em julgado de sentença penal condenatória.

(D) a elevação da idade mínima para que alguém possa responder por crime.

(E) toda e qualquer prisão civil por dívida.

A Súmula Vinculante 25 do STF assim dispõe: "É ilícita a prisão civil de depositário infiel, qualquer que seja a modalidade do depósito". Antes dela, a Convenção

Americana definiu, no seu artigo 7º, ponto 7, o seguinte: "Ninguém deve ser detido por dívidas. Este princípio não limita os mandados de autoridade judiciária competente expedidos em virtude de inadimplemento de obrigação alimentar."
Gabarito "A".

(Investigador/SP – 2014 – VUNESP) Segundo expressamente estabelecido pela Convenção Americana de Direitos Humanos, apresentar petições que contenham denúncias ou queixas de violação da Convenção por um Estado-Parte perante a Comissão Interamericana de Direitos Humanos é da competência de

(A) juízes criminais legalmente responsáveis para remeter o caso à Comissão.

(B) membros da Defensoria Pública, do Ministério público, das Procuradorias Estaduais e Federais, além de representantes governamentais investidos na função de polícia judiciária.

(C) qualquer pessoa ou grupo de pessoas, ou entidade não governamental legalmente reconhecida em um ou mais Estados-membros da Organização.

(D) representantes do Ministério de Relações Exteriores de cada país interessado no esclarecimento da respectiva violação da Convenção.

(E) membros do Ministério Público legalmente investidos no respectivo cargo público de qualquer Estado-membro da Organização.

A assertiva que contempla a resposta correta é a "C". Aspecto importante da competência da Comissão Interamericana é a possibilidade de receber petições, que contenham denúncias ou queixas de violação desta Convenção por um Estado-Parte, do indivíduo "lesionado", de terceiras pessoas ou de organizações não governamentais legalmente reconhecidas em um ou mais Estados-membros da OEA que representem o indivíduo lesionado (artigo 44 da Convenção Americana sobre Direitos Humanos)13. Entrementes, essa competência só poderá ser exercida se o Estado violador tiver aderido à Convenção Americana de Direitos Humanos. Percebe-se que não é necessária a expressa aceitação da competência da Comissão para receber petições, bastando que o Estado tenha aderido à Convenção.
Gabarito "C".

(Escrivão/SP – 2014 – VUNESP) Dentre os direitos civis e políticos constantes na Convenção Americana de Direitos Humanos, também conhecida como Pacto de San José da Costa Rica, está previsto o direito

(A) à vida, que deve ser protegido pela lei e, em geral, desde o momento da concepção.

(B) à proteção da reprodução da imagem e voz humanas.

(C) a não ser preso em virtude de inadimplemento de obrigação alimentar.

(D) dos autores de permitir ou não a utilização, publicação ou reprodução de suas obras.

(E) a receber dos órgãos públicos informações de seu interesse particular, ou de interesse coletivo ou geral.

A única assertiva que traz um direito previsto na Convenção Americana é "A" (artigo 4º, ponto 1, da Convenção Americana de Direitos Humanos), e, portanto, deve ser assinalada.
Gabarito "A".

(Agente Penitenciário/MA – 2013 – FGV) O Decreto Federal n. 678/92, que ratifica a Convenção Americana sobre Direitos Humanos, estabelece os procedimentos que devem ser seguidos quando da prisão de uma pessoa.

Sobre esses procedimentos, analise as afirmativas a seguir.

I. Os processados devem ficar separados dos condenados, salvo em circunstâncias excepcionais, e devem ser submetidos a tratamento adequado à sua condição de pessoa não condenada.

II. As pessoas detentoras de diploma de nível superior devem ficar separadas dos presos com formação inferior.

III. Os menores, quando puderem ser processados, devem ser separados dos adultos e conduzidos a tribunal especializado, com a maior rapidez possível, para seu tratamento.

Assinale:

(A) se somente a afirmativa I estiver correta.

(B) se somente a afirmativa II estiver correta.

(C) se somente as afirmativas I e III estiverem corretas.

(D) se somente as afirmativas II e III estiverem corretas.

(E) se todas as afirmativas estiverem corretas.

_____

13. Como exemplo pode-se citar o conhecido caso Maria da Penha.

As assertivas **I** e **III** estão corretas. Basta a leitura do artigo 5º da Convenção para responder a presente pergunta:
"Direito à integridade pessoal. 1. Toda pessoa tem direito a que se respeite sua integridade física, psíquica e moral. 2. Ninguém deve ser submetido a torturas, nem a penas ou tratos cruéis, desumanos ou degradantes. Toda pessoa privada de liberdade deve ser tratada com o respeito devido à dignidade inerente ao ser humano. 3. A pena não pode passar da pessoa do delinquente. 4. Os processados devem ficar separados dos condenados, salvo em circunstâncias excepcionais, e devem ser submetidos a tratamento adequado à sua condição de pessoas não condenadas. 5. Os menores, quando puderem ser processados, devem ser separados dos adultos e conduzidos a tribunal especializado, com a maior rapidez possível, para seu tratamento. 6. As penas privativas de liberdade devem ter por finalidade essencial a reforma e a readaptação social dos condenados".
Gabarito "C".

(Polícia/SP – 2003) Assinale a alternativa que não se encontra explicitada no texto da Convenção Americana sobre Direitos Humanos.

(A) Toda pessoa tem direito a um prenome.
(B) O direito à vida deve ser protegido por lei e, em geral, desde o nascimento.
(C) Os menores, quando puderem ser processados, devem ser separados dos adultos e conduzidos a tribunal especializado.
(D) Toda pessoa tem direito à liberdade e à segurança pessoal.

A: correta. Tal direito encontra-se insculpido no art. 18 da Convenção Americana de Direitos Humanos; **B:** incorreta, devendo esta ser assinalada. O art. 1º, IV, da Convenção Americana de Direitos Humanos dispõe que o direitos à vida deve ser protegido por lei e, em geral, desde a concepção; **C:** correta. Tal direito encontra-se insculpido no art. 5º, V, da Convenção Americana de Direitos Humanos; **D:** correta. Tal direito encontra-se insculpido no art. 7º, I, da Convenção Americana de Direitos Humanos.
Gabarito "B".

6.2. Comissão e Corte Interamericana de Direitos Humanos

(Escrivão/SP – 2014 – VUNESP) É correto afirmar, sobre a Corte Interamericana de Direitos Humanos, que

(A) a sentença da Corte será unânime, definitiva e inapelável.
(B) possui competência para decidir se houve violação de um direito protegido na Convenção, mas não para determinar o pagamento de indenização à parte lesada.
(C) reconhecida a admissibilidade da comunicação, solicitará informações ao Governo do Estado ao qual pertença a autoridade apontada como responsável pela violação.
(D) somente os Estados-Partes e a Comissão têm direito de submeter um caso à decisão da Corte.
(E) a sentença que considerar comprovada a violação de direitos será submetida por relatório à Assembleia Geral da Organização, com recomendações.

A: incorreta. A sentença da Corte será sempre fundamentada, definitiva e inapelável (artigos 66 e 67 da Convenção Americana de Direitos Humanos); **B:** incorreta, pois a Corte pode sim determinar o pagamento de indenização à parte lesada; **C:** incorreta, pois o descrito na assertiva não faz parte do procedimento da Corte Interamericana; **D:** correta, conforme o artigo 61, 1, da Convenção Americana de Direitos Humanos; **E:** incorreta. Se no exercício de sua competência contenciosa ficar comprovada a violação de direitos humanos da(s) vítima(s), a Corte determinará a adoção, pelo Estado agressor, de medidas que façam cessar a violação e restaurar o direito vilipendiado (*restitutio in integrum*), além de poder condenar o Estado agressor ao pagamento de indenização (tendo por base o plano material e o imaterial) à(s) vítima(s).
Gabarito "D".

(Polícia/SP – 2003) Estabelece a Comissão Interamericana de Direitos Humanos e a Corte Interamericana de Direitos Humanos como meios de proteção e órgãos competentes "para conhecer dos assuntos relacionados com o cumprimento dos compromissos assumidos pelos Estados-partes nesta Convenção" a

(A) Convenção Americana sobre Direitos Humanos.
(B) Convenção Interamericana para Prevenir e Punir a Tortura.
(C) Carta das Nações Unidas.
(D) Declaração Universal dos Direitos Humanos.

A: assertiva correta. A Convenção Americana de Direitos Humanos de 1969 ou Pacto de San José da Costa Rica instituiu a Comissão Interamericana de

Direitos Humanos e a Corte Interamericana de Direitos Humanos para monitorar o implemento das obrigações assumidas pelos estados-partes da Convenção Americana de Direitos Humanos; **B, C** e **D:** assertivas incorretas. Como visto no comentário à assertiva "A", a Comissão Interamericana de Direitos Humanos e a Corte Interamericana de Direitos Humanos foram instituídas pela Convenção Americana de Direitos Humanos.
Gabarito "A".

7. DIREITOS HUMANOS NO BRASIL

7.1. Histórico das constituições

(Polícia/SP – 2003) No Brasil, o "Habeas Corpus" foi inicialmente explicitado como norma constitucional pela

(A) Constituição de 1824.
(B) Constituição de 1891.
(C) Emenda Constitucional de 1926.
(D) Constituição de 1934.

O instituto do **habeas corpus** chegou ao Brasil, com D. João VI, pelo decreto de 23 de maio de 1821: "Todo cidadão que entender que ele, ou outro, sofre uma prisão ou constrangimento ilegal em sua liberdade, tem direito de pedir uma ordem de **habeas corpus** a seu favor". A constituição imperial o ignorou, mas foi novamente incluído no Código de Processo Criminal do Império do Brasil de 1832 (art. 340). E somente em 1891 o **habeas corpus** foi incluído no texto constitucional (art. 72, § 22, da Constituição Brasileira de 1891). Atualmente, está previsto no art. 5º, LXVIII, da CF de 1988: "(...) conceder-se-á **habeas corpus** sempre que alguém sofrer ou se achar ameaçado de sofrer violência ou coação em sua liberdade de locomoção, por ilegalidade ou abuso de poder".
Gabarito "B".

7.2. Constituição Cidadã de 1988

(Investigador/SP – 2014 – VUNESP) Assinale a alternativa correta a respeito dos direitos políticos previstos na Constituição Federal.

(A) É vedada a perda ou suspensão de direitos políticos, sendo admitida a cassação nas hipóteses que a lei eleitoral estabelecer.
(B) Não podem alistar-se como eleitores os estrangeiros e, durante o período do serviço militar obrigatório, os conscritos.
(C) O voto é facultativo para os analfabetos; os presos e os maiores de sessenta anos.
(D) É condição de elegibilidade para o cargo de Vereador a idade mínima de 21 anos.
(E) A soberania popular será exercida diretamente pelos Deputados e Senadores.

A: incorreta. A redação correta do art. 15, *caput* e seus incisos, é a seguinte: "É vedada a cassação de direitos políticos, cuja perda ou suspensão só se dará nos casos de: I – cancelamento da naturalização por sentença transitada em julgado; II – incapacidade civil absoluta; III – condenação criminal transitada em julgado, enquanto durarem seus efeitos; IV – recusa de cumprir obrigação a todos imposta ou prestação alternativa, nos termos do art. 5º, VIII; V – improbidade administrativa, nos termos do art. 37, § 4º; **B:** correta (art. 14, § 2º, da CF); **C:** incorreta. O voto é facultativo para os analfabetos, os maiores de setenta anos e os maiores de dezesseis e menores de dezoito anos; **D:** incorreta. A idade mínima é de dezoito anos (art. 14, § 3º, VI, *d*, da CF); **E:** incorreta. A soberania popular será exercida pelo sufrágio universal e pelo voto direto e secreto, com valor igual para todos (art. 14, *caput*, da CF).
Gabarito "B".

(Escrivão/SP – 2014 – VUNESP) A Constituição de 1988 enuncia que a República Federativa do Brasil é um Estado Democrático de Direito, que possui, dentre outros, os seguintes fundamentos:

(A) a soberania, a busca do pleno emprego e a função social da propriedade.
(B) a defesa do consumidor, a função social da propriedade e a busca do pleno emprego.
(C) o pluralismo político, a redução das desigualdades regionais e sociais e a propriedade privada.
(D) a cidadania, a dignidade da pessoa humana e os valores sociais do trabalho e da livre iniciativa.
(E) a cidadania, a função social da propriedade e a promoção do bem de todos, sem qualquer discriminação.

Segue a redação integral do art. 1º da CF: "Art. 1º A República Federativa do Brasil, formada pela união indissolúvel dos Estados e Municípios e do Distrito Federal,

6. DIREITOS HUMANOS   523

constitui-se em Estado Democrático de Direito e tem como fundamentos: I – a soberania; II – a cidadania; III – a dignidade da pessoa humana; IV – os valores sociais do trabalho e da livre iniciativa; V – o pluralismo político. Parágrafo único. Todo o poder emana do povo, que o exerce por meio de representantes eleitos ou diretamente, nos termos desta Constituição".

Gabarito "D".

(Investigador/SP – 2014 – VUNESP) Sobre o Estado Democrático de Direito, é correto afirmar que

(A) deve ser regido por uma Federação.

(B) é um Estado policial.

(C) é um Estado socialista.

(D) se fundamenta na soberania popular.

(E) se rege pelo liberalismo econômico.

A única assertiva que condiz com o Estado Democrático de Direito é a "D". Para fundamentar a resposta dada cabe transcrever a redação do artigo 1º da CF: "A República Federativa do Brasil, formada pela união indissolúvel dos Estados e Municípios e do Distrito Federal, constitui-se em Estado Democrático de Direito e tem como fundamentos: I – a soberania; II – a cidadania III – a dignidade da pessoa humana; IV – os valores sociais do trabalho e da livre iniciativa; V – o pluralismo político. Parágrafo único. Todo o poder emana do povo, que o exerce por meio de representantes eleitos ou diretamente, nos termos desta Constituição".

Gabarito "D".

(Investigador de Polícia/SP – 2013 – VUNESP) A Convenção Americana de Direitos Humanos, também conhecida como *Pacto de São José da Costa Rica*, aprovada e assinada em 22.11.1969, é um marco fundamental no sistema interamericano de proteção dos direitos humanos e entrou em vigor em 18.07.1978. Sua aplicação no Brasil acabou por gerar súmula vinculante do Supremo Tribunal Federal (Súmula Vinculante n.º 25, DOU de 23.12.2009), que, em relação aos direitos humanos, decidiu que

(A) ninguém poderá ser condenado ou sentenciado, sem o devido processo legal.

(B) só é lícito o uso de algemas em casos de resistência e de fundado receio de fuga ou de perigo à integridade física própria ou alheia, por parte do preso ou de terceiros.

(C) não haverá penas cruéis e não será tolerada a tortura no Brasil.

(D) é proibida a pena de morte no Brasil, exceto em tempo de guerra.

(E) é ilícita a prisão civil de depositário infiel, qualquer que seja a modalidade do depósito.

A redação correta da Súmula Vinculante 25 encontra-se reproduzida na assertiva "E".

Gabarito "E".

(Polícia/BA – 2008 – CEFETBAHIA) Constitui objetivo fundamental da República Federativa do Brasil

(A) respeitar a liberdade sem preocupação com as desigualdades sociais.

(B) garantir o desenvolvimento econômico acima de todos os direitos.

(C) construir uma sociedade equilibrada respeitando as desigualdades naturais.

(D) promover o bem de todos sem preconceitos de origem, raça, sexo, cor, idade e quaisquer outras formas de discriminação.

(E) garantir o desenvolvimento nacional independente da diversidade ético-cultural.

Os objetivos fundamentais do Brasil encontram-se determinados no art. 3º da CF: a) construir uma sociedade livre, justa e solidária (inciso I); b) garantir o desenvolvimento nacional (inciso II); c) erradicar a pobreza e a marginalização e reduzir as desigualdades sociais e regionais (inciso III); e d) promover o bem de todos, sem preconceitos de origem, raça, sexo, cor, idade e quaisquer outras formas de discriminação (inciso IV).

Gabarito "D".

(Polícia/MG – 2007) A função social da propriedade é um dos direitos e deveres fundamentais consagrados na Constituição e nas leis brasileiras. Em caso de descumprimento da função social da propriedade rural poderá a União:

(A) desapropriar estes imóveis rurais para fins de reforma agrária.

(B) suspender por prazo indeterminado o direito de alienação do imóvel e o direito de herança.

(C) expropriar os imóveis, independentemente da indenização ao proprietário, do valor da terra nua.

(D) tipificar como crime as ocupações dos imóveis pelos movimentos sociais que lutam pela posse da terra.

O art. 184 da CF determina que a União desapropriará por interesse social, para fins de reforma agrária, o imóvel rural que não esteja cumprindo sua função social, mediante prévia e justa indenização em títulos da dívida agrária, com cláusula de preservação do valor real, resgatáveis no prazo de até vinte anos, a partir do segundo ano de sua emissão, e cuja utilização será definida em lei. Dessa forma, pela leitura do art. 184 resta claro que a única assertiva correta é a "A".

Gabarito "A".

(Polícia/MG – 2007) Referente ao direito à nacionalidade é CORRETO afirmar:

(A) O direito à nacionalidade não é reconhecido como um direito humano, conquanto não seja objeto de tratados internacionais.

(B) Em caso de banimento o brasileiro nato poderá perder a nacionalidade brasileira.

(C) Aos estrangeiros são reconhecidos os direitos políticos, inclusive o direito de votar e ser votado nas eleições.

(D) Salvo nos casos previstos na Constituição, a lei não poderá estabelecer distinção entre brasileiros natos e naturalizados.

A: incorreta. O art. 15 da Declaração Universal dos Direitos do Homem determina que nenhum estado pode arbitrariamente retirar do indivíduo a sua nacionalidade ou seu direito de mudar de nacionalidade. E o art. 20 da Convenção Americana sobre Direitos Humanos, celebrada em San José da Costa Rica, dispõe que toda pessoa tem direito à nacionalidade do estado, em cujo território houver nascido, caso não tenha direito a outra. Pela redação destes dois diplomas fica claro que o ordenamento internacional combate a apatridia; **B:** incorreta. Um direito do indivíduo, que é consequência da condição de nacional, é a proibição do banimento. Assim, nenhum estado pode expulsar nacional seu, com destino a território estrangeiro ou a espaço de uso comum; **C:** incorreta. Aos estrangeiros não são reconhecidos os direitos políticos, logo os estrangeiros não podem votar e nem serem votados nas eleições; **D:** correta, pois é o que dispõe o art. 12, § 2º, da CF.

Gabarito "D".

(Polícia/MG – 2006) Os Direitos Humanos entendidos como sinônimos de Direitos Fundamentais inscritos na Constituição da Republica correspondem, EXCETO:

(A) Direitos individuais, relativos à liberdade, igualdade, propriedade, segurança e vida.

(B) Direitos individuais fundamentais, relativos exclusivamente à vida e dignidade da pessoa humana.

(C) Direitos sociais, relativos a educação, trabalho, lazer, seguridade social entre outros.

(D) Direitos econômicos, relativos ao pleno emprego, meio ambiente e consumidor.

(E) Direitos políticos, relativos às formas de realização da soberania popular.

A: correta. Tais direitos individuais encontram-se previstos na CF; **B:** incorreta, devendo esta ser assinalada. O elenco de direitos individuais fundamentais é mais extenso que o descrito na assertiva, isto é, não se resume à vida e à dignidade da pessoa humana; **C:** correta. Tais direitos sociais encontram-se previstos na CF; **D:** correta. Tais direitos econômicos encontram-se previstos na CF; **E:** correta. Tais direitos políticos encontram-se previstos na CF.

Gabarito "B".

(Polícia/MG – 2006) Do direito fundamental à nacionalidade decorrem os seguintes direitos:

(A) são brasileiros natos todos os nascidos na República Federativa do Brasil

(B) são brasileiros natos todos os filhos de brasileiros nascidos no exterior.

(C) A Constituição e a Lei poderão estabelecer distinção entre brasileiros natos e naturalizados.

(D) Os cargos da carreira diplomática são privativos de brasileiro nato.

(E) São brasileiros naturalizados os estrangeiros residentes no Brasil há mais de quinze anos.

A: incorreta. Pois, segundo o inciso I do artigo 12 serão brasileiros natos: a) os nascidos em território brasileiro, embora de pais estrangeiros, desde que estes não estejam a serviço de seu país; b) os nascidos no estrangeiro, de pai ou mãe brasileira, desde que qualquer deles esteja a serviço do Brasil; e c) os nascidos no estrangeiro, de pai ou mãe brasileira, desvinculados do serviço público, desde que sejam registrados em repartição brasileira competente ou venham a residir no território nacional e optem, a qualquer

524 RENAN FLUMIAN

tempo, depois de atingida a maioridade, pela nacionalidade brasileira; **B:** incorreta. Segundo o inciso I do artigo 12, serão brasileiros natos: a) os nascidos em território brasileiro, embora de pais estrangeiros, desde que estes não estejam a serviço de seu país; b) os nascidos no estrangeiro, de pai ou mãe brasileira, desde que qualquer deles esteja a serviço do Brasil; e c) os nascidos no estrangeiro, de pai ou mãe brasileira, desvinculados do serviço público, desde que sejam registrados em repartição brasileira competente ou venham a residir no território nacional e optem, a qualquer tempo, depois de atingida a maioridade, pela nacionalidade brasileira. A alínea "c", com redação dada pela EC 54/2007, tornaria tal assertiva correta em partes, pois agora todos os filhos de brasileiros nascidos no exterior podem ser brasileiros natos, desde que sejam registrados em repartição brasileira competente ou venham a residir no território nacional e optem, a qualquer tempo, depois de atingida a maioridade, pela nacionalidade brasileira. Percebe-se que o efeito não é automático, portanto, a assertiva "b" continua incorreta mesmo após a edição da EC 54/2007; **C:** incorreta. A lei, salvo nos casos previstos na Constituição, não poderá estabelecer distinção entre brasileiros natos e naturalizados (art. 12, § 2º, da CF); **D:** correta. É o que dispõe o art. 12, § 3º, V, da CF. **E:** incorreta. Consoante estabelece o inciso II do artigo 12, serão brasileiros naturalizados: a) os que, na forma da lei, adquiram a nacionalidade brasileira, exigidas aos originários de países de língua portuguesa apenas residência por um ano ininterrupto e idoneidade moral; e b) os estrangeiros de qualquer nacionalidade, residentes no Brasil há mais de quinze anos ininterruptos e sem condenação penal, desde que requeiram a nacionalidade brasileira. A lei ordinária regulamentadora cria outra possibilidade de aquisição da nacionalidade brasileira e, para tanto, exige, no mínimo, quatro anos de residência no Brasil, idoneidade, boa saúde e domínio do idioma.
Gabarito "D".

(Polícia/MG – 2006) De acordo com a Constituição da República, as normas definidoras dos direitos e garantias fundamentais.

(A) são normas programáticas.

(B) Têm validade após regulamentação em lei.

(C) Decorrem dos tratados internacionais

(D) Excluem outros princípios por ela adotados.

(E) Têm aplicação imediata.

As normas definidoras dos direitos e garantias fundamentais têm aplicação imediata (art. 5, § 1º, da CF). Ou seja, o juiz pode aplicar diretamente os direitos fundamentais, sem a necessidade de qualquer lei que os regulamente. Tal regra tem por base o **princípio da força normativa da constituição** idealizado por Konrad Hesse.
Gabarito "E".

(Polícia/SP – 2008) A República Federativa do Brasil rege-se nas suas relações internacionais pelos seguintes princípios:

(A) prevalência dos direitos humanos, defesa da paz e independência nacional.

(B) prevalência dos direitos humanos e garantia do desenvolvimento nacional.

(C) prevalência dos direitos humanos e redução das desigualdades sociais.

(D) prevalência dos direitos humanos, soberania, independência e harmonia.

(E) prevalência dos direitos humanos, cidadania e pluralismo político.

O art. 4º da CF dispõe que o Brasil rege suas relações internacionais pelos seguintes princípios: a) independência nacional (inciso I), b) prevalência dos direitos humanos (inciso II), c) autodeterminação dos povos (inciso III), d) não intervenção (inciso IV), e) igualdade entre os Estados (inciso V), f) defesa da paz (inciso VI), g) solução pacífica dos conflitos (inciso VII), h) repúdio ao terrorismo e ao racismo (inciso VIII), i) cooperação entre os povos para o progresso da humanidade (inciso IX) e j) concessão de asilo político (inciso X).
Gabarito "A".

(Polícia/SP – 2003) A prevalência dos direitos humanos constitui um dos

(A) princípios que regem a República Federativa do Brasil nas suas relações internacionais.

(B) objetivos fundamentais da República Federativa do Brasil.

(C) objetivos derivados da República Federativa do Brasil.

(D) objetivos fundamentais da União, dos Estados, do Distrito Federal e dos municípios.

O art. 4º da CF dispõe que o Brasil rege suas relações internacionais pelos seguintes princípios: a) independência nacional (inciso I), b) prevalência dos direitos humanos (inciso II), c) autodeterminação dos povos (inciso III), d) não intervenção (inciso IV), e) igualdade entre os Estados (inciso V), f) defesa

da paz (inciso VI), g) solução pacífica dos conflitos (inciso VII), h) repúdio ao terrorismo e ao racismo (inciso VIII), i) cooperação entre os povos para o progresso da humanidade (inciso IX) e j) concessão de asilo político (inciso X). Já os objetivos fundamentais do Brasil encontram-se determinados no art. 3º da CF: a) construir uma sociedade livre, justa e solidária (inciso I), b) garantir o desenvolvimento nacional (inciso II), c) erradicar a pobreza e a marginalização e reduzir as desigualdades sociais e regionais (inciso III) e d) promover o bem de todos, sem preconceitos de origem, raça, sexo, cor, idade e quaisquer outras formas de discriminação (inciso IV).
Gabarito "A".

(Polícia/SP – 2002) Assinale a alternativa na qual figuram objetivos da República Federativa do Brasil considerados como fundamentais pelo texto constitucional.

(A) A erradicação da pobreza e da marginalização e a redução das desigualdades sociais e regionais.

(B) A prevalência dos direitos humanos e o repúdio ao terrorismo.

(C) A defesa da paz e a construção de uma sociedade livre, justa e solidária.

(D) A prevalência dos direitos humanos e dos valores sociais do trabalho.

Conforme o art. 3º da CF, os objetivos da República Federativa do Brasil são: a) construir uma sociedade livre, justa e solidária (inciso I), b) garantir o desenvolvimento nacional (inciso II), c) erradicar a pobreza e a marginalização e reduzir as desigualdades sociais e regionais (inciso III) e d) promover o bem de todos, sem preconceitos de origem, raça, sexo, cor, idade e quaisquer outras formas de discriminação (inciso IV).
Gabarito "A".

7.3. Direitos fundamentais – Artigo 5º da CF

(Investigador/SP – 2014 – VUNESP) Os direitos humanos expressos na Constituição Federal Brasileira protegem os brasileiros e os estrangeiros residentes no país. Nesse sentido, considerando o direito de liberdade, o texto constitucional garante que não será concedida extradição de estrangeiro por crime

(A) de lesa-pátria ou de terrorismo.

(B) hediondo ou partidário.

(C) contra o Estado Democrático de Direito ou genocídio.

(D) político ou de opinião.

(E) de cunho religioso ou crime comum.

A assertiva correta é a "D" (art. 5º, LII, da CF).
Gabarito "D".

(Polícia Rodoviária Federal – 2013 – CESPE) Considerando o disposto na Constituição Federal de 1988 (CF), julgue os itens a seguir, relativos aos direitos humanos.

(1) A possibilidade de extensão aos estrangeiros que estejam no Brasil, mas que não residam no país, dos direitos individuais previstos na CF deve-se ao princípio da primazia dos direitos humanos nas relações internacionais do Brasil.

(2) Equivalem as normas constitucionais originarias os tratados internacionais sobre direitos humanos aprovados, em cada casa do Congresso Nacional, em dois turnos, por três quintos dos votos dos respectivos membros.

1: certo. A redação do *caput* do art. 5º da CF sublinha que os direitos individuais são garantidos aos brasileiros e estrangeiros residentes no Brasil, deixando de fora os estrangeiros que estejam no país mas que aqui não residam. Todavia, a leitura correta do art. 5º é aquela que dialoga com os princípios e os fundamentos da República Federativa do Brasil. Dessa forma, só é possível advogar pela extensão dos direitos aos estrangeiros em questão. Mais especificamente, a República Federativa do Brasil tem por fundamento de sua própria existência a dignidade da pessoa humana (art. 1º, III, da CF), que requer a tutela de qualquer pessoa independentemente do seu *status* jurídico, e por princípio orientador de sua política externa a prevalência dos direitos humanos (art. 4º, II, da CF), que requer que as relações internacionais do Brasil sejam pautadas pelo respeito aos direitos do homem. Para sintetizar o até aqui dito: no Brasil, qualquer pessoa, brasileiro, estrangeiro residente ou não residente, goza dos direitos individuais previstos na CF; **2:** errado. Com a edição da EC 45, os tratados de direitos humanos que forem aprovados, em cada Casa do Congresso Nacional, em dois turnos, por três quintos dos votos dos respectivos membros, serão equivalentes às emendas constitucionais.
Gabarito 1C, 2E

6. DIREITOS HUMANOS — 525

(Investigador de Polícia/SP – 2013 – VUNESP) Tendo em vista os direitos humanos fundamentais na vigente Constituição da República brasileira, o direito de locomoção e a obtenção ou correção de dados e informações constantes de arquivos de entidades governamentais ou caráter público podem ser garantidos, respectivamente, pelos seguintes remédios constitucionais:

(A) alvará de soltura e ação civil pública.
(B) *habeas data* e mandado de segurança.
(C) mandado de injunção e *habeas data*.
(D) *habeas corpus* e mandado de injunção.
(E) *habeas corpus* e *habeas data*.

A assertiva correta é a "E". O art. 5º, LXVIII, da CF assim dispõe: "conceder-se-á habeas corpus sempre que alguém sofrer ou se achar ameaçado de sofrer violência ou coação em sua liberdade de locomoção, por ilegalidade ou abuso de poder". Já o inciso LXXII do mesmo artigo assim dispõe: "conceder-se-á habeas data: a) para assegurar o conhecimento de informações relativas à pessoa do impetrante, constantes de registros ou bancos de dados de entidades governamentais ou de caráter público; b) para a retificação de dados, quando não se prefira fazê-lo por processo sigiloso, judicial ou administrativo".
Gabarito "E".

(Polícia/MG – 2008) Numere a COLUNA II de acordo com a COLUNA I, relacionando as liberdades com as previsões constitucionais que as representam.

COLUNA I	COLUNA II
1. Liberdade de locomoção 2. Liberdade de expressão 3. Liberdade de associação 4. Liberdade de consciência	( ) é assegurada, nos termos da lei, a prestação de assistência religiosa nas entidades civis e militares de internação coletiva. ( ) é assegurado o direito de resposta, proporcional ao agravo, além da indenização por dano material, moral ou à imagem. ( ) ninguém será obrigado a filiar-se ou a manter-se filiado a sindicato. ( ) em tempo de paz, qualquer pessoa, nos termos da lei, pode entrar, permanecer ou sair do território com os seus bens.

Assinale a alternativa que apresenta a sequência de números CORRETA.

(A) (3) (2) (1) (4)
(B) (4) (2) (3) (1)
(C) (4) (3) (2) (1)
(D) (3) (1) (2) (4)

1: liberdade de consciência – 4 (art. 5º, VI e VII, da CF); **2:** liberdade de expressão – 2 (art. 5º, V, da CF); **3:** liberdade de associação – 3 (art. 5º, XX, da CF); **4:** liberdade de locomoção - 1 (art. 5º, XV, da CF).
Gabarito "B".

(Polícia/BA – 2006 – CONSULPLAN) Na Constituição da República Federativa do Brasil há um artigo que reúne vários dos artigos da Declaração Universal dos Direitos Humanos. Esse artigo é o:

(A) 1º
(B) 2º
(C) 4º
(D) 5º
(E) 144

A: incorreta. O art. 1º da CF traça os fundamentos da República Federativa do Brasil; **B:** incorreta. O art. 2º da CF traça os Poderes da União (Executivo, Legislativo e Judiciário); **C:** incorreta. O art. 4º da CF traça os princípios que regem as relações internacionais do Brasil; **D:** correta. O art. 5º da CF traça os direitos fundamentais do indivíduo, conforme estipulados na Declaração Universal dos Direitos Humanos; **E:** incorreta. O art. 144 da CF traça os órgãos responsáveis pela segurança pública.
Gabarito "D".

(Polícia/MG – 2008) Embora seja um direito que tem a sua manifestação externa coletiva, a liberdade de reunião protege principalmente a liberdade individual. Nos termos da Constituição da República de 1988, a proteção do direito de reunião assegura

(A) que a autoridade designe locais para a realização de reuniões, desde que o local seja aberto ao público e a autoridade tome as providências necessárias para a proteção das pessoas.

(B) que se entenda por reunião toda forma de manifestação pública com os mais variados fins, desde que seja estática, que permaneça em apenas um lugar, não podendo se movimentar, o que caracterizaria a passeata.

(C) que não haja restrição à reunião pública, pois, como direito individual fundamental, é meio de manifestação do pensamento e da liberdade de expressão, inclusive para a divulgação de teses ilegais.

(D) que o Estado só pode intervir nesse direito quando a reunião deixar de ser pacífica ou, na doutrina dos direitos individuais, quando o direito de uma ou várias pessoas for violado pelo exercício impróprio daquela liberdade.

A, B, C e D: o art. 5º, XVI, da CF assim dispõe: "todos podem reunir-se pacificamente, sem armas, em locais abertos ao público, independentemente de autorização, desde que não frustrem outra reunião anteriormente convocada para o mesmo local, sendo apenas exigido prévio aviso à autoridade competente".
Gabarito "D".

(Polícia/MG – 2007) Como corolário do respeito aos Direitos Humanos o legislador brasileiro inscreveu entre os direitos e garantias fundamentais expressos na Constituição os seguintes princípios da legislação penal, EXCETO:

(A) Nenhuma pena passará da pessoa do condenado mesmo que a obrigação de reparar o dano possa ser estendida aos sucessores, nos termos da lei.

(B) Às presidiárias serão asseguradas condições para que possam permanecer com seus filhos.

(C) Não haverá penas de caráter perpétuo, de banimento, de trabalhos forçados e cruéis.

(D) É assegurado aos presos o respeito à integridade física e moral.

A: correta. Tal regra encontra-se insculpida no art. 5º, XLV, da CF; **B:** incorreta, devendo esta ser assinalada. Tal regra não se encontra insculpida entre os direitos e garantias fundamentais expressos na Constituição; **C:** correta. Tal regra encontra-se insculpida no art. 5º, XLVII, da CF; **D:** correta. Tal regra encontra-se insculpida no art. 5º, XLIX, da CF.
Gabarito "B".

(Polícia/MG – 2007) Aos presos deve ser assegurada a seguinte Garantia Fundamental:

(A) A identificação dos responsáveis por sua prisão, exceto nos casos de prisão em flagrante.

(B) O direito de permanecer calado quando não tiver a assistência da família ou de advogado.

(C) A concessão de *Habeas Corpus* quando a prisão for ilegal.

(D) O relaxamento da prisão legal mesmo quando a lei não admitir a liberdade provisória.

A: incorreta. Os presos sempre têm direito à identificação dos responsáveis por sua prisão (art. 5º, LXIV, da CF); **B:** incorreta. O direito de o preso permanecer calado não depende da falta de assistência familiar ou de advogado (art. 5º, LXIII, da CF); **C:** correta. Tal garantia fundamental está prevista no art. 5º, LXIX, da CF; **D:** incorreta. Só ocorrerá o relaxamento da prisão legal quando a lei admitir a liberdade provisória (art. 5º, LXVI, da CF).
Gabarito "C".

(Polícia/MG – 2006) A casa é asilo inviolável do indivíduo. Para a garantia desse Direito Fundamental a Constituição da Republica assegura:

(A) Ninguém pode nela penetrar sem o consentimento do morador em hipótese alguma.

(B) A casa pode ser violada por determinação judicial, mesmo durante a noite.

(C) Em caso de flagrante delito ou desastre, a casa perde a inviolabilidade.

(D) Para prestar socorro ao morador, tão somente, a Constituição permite entrar no domicilio à noite.

(E) Para prestar socorro, perde a casa a inviolabilidade somente durante o dia.

A: incorreta, pois segundo o art. 5º, XI, da CF, a casa poderá ser violada em caso de flagrante delito ou desastre, ou para prestar socorro, ou, durante o dia, por determinação judicial; **B:** incorreta, pois segundo o art. 5º, XI, da CF, a casa somente poderá ser violada por determinação judicial durante o dia; **C:** correta (art. 5º, XI, da CF); **D:** incorreta, pois segundo o art. 5º, XI, da CF, o socorro ao morador pode ser prestado a qualquer tempo, sem risco de configurar violação

526 RENAN FLUMIAN

a domicílio. **E:** incorreta, pois segundo o art. 5º, XI, da CF, o socorro ao morador pode ser prestado a qualquer tempo, sem risco de configurar violação a domicílio.

Gabarito "C".

(Polícia/SP – 2003) Com relação aos direitos e garantias individuais inscritos na Constituição Federal é correto afirmar:

(A) é vedada, em qualquer situação, a existência da pena de morte.

(B) é assegurada assistência aos filhos dos trabalhadores urbanos e rurais, até os 7 anos de idade em creches e pré-escolas.

(C) é assegurada a prestação de assistência religiosa nas entidades de internação coletiva, nos termos da lei.

(D) é livre a criação de associações para fins lícitos vedada, em qualquer hipótese, sua dissolução compulsória.

A: incorreta. O art. 5º, XLVII, "a", da CF prevê que a pena de morte poderá ser utilizada em caso de guerra declarada (consoante art. 84, XIX, da CF); **B:** incorreta. O art. 7º da CF trata dos direitos dos trabalhadores urbanos e rurais. Um desses direitos é o da assistência gratuita aos filhos e dependentes desde o nascimento até cinco anos de idade em creches e pré-escolas (inciso XXV). A redação do inciso XXV foi dada pela EC n. 53 de 2006; **C:** correta, pois a assertiva "C" traz a redação do art. 5º, VII, da CF; **D:** incorreta, pois dá leitura do art. 5º, XVII e XIX, da CF, pode-se afirmar que as associações podem sim ser dissolvidas, mas para isso faz-se necessário uma decisão judicial com trânsito em julgado.

Gabarito "C".

7.4. Incorporação de tratados no direito brasileiro

(Polícia/SP – 2000) De acordo com a teoria "monista", para que haja a incorporação dos tratados de direitos humanos ao direito brasileiro

(A) a ratificação não é suficiente, sendo necessária a edição de ato legislativo interno determinando a incorporação.

(B) a ratificação é suficiente para imediata aplicação já que o poder legislativo participa do processo de incorporação.

(C) não é necessária a ratificação para a incorporação, sendo suficiente a aprovação do Poder Legislativo.

(D) a ratificação é suficiente para a imediata aplicação já que o poder legislativo não participa do processo da incorporação.

Segundo a tese monista, o direito internacional e o nacional fazem parte do mesmo sistema jurídico, ou seja, incidem sobre o mesmo espaço. Pelo contrário, a tese dualista advoga que cada um pertence a um sistema distinto e, por assim dizer, incidem sobre espaços diversos. A tese monista ainda subdivide-se: a) monismo radical: prega a preferência pelo direito internacional em detrimento do direito nacional; e b) monismo moderado: prega a equivalência entre o direito internacional e o direito nacional. Importante apontar que a jurisprudência internacional aplica o monismo radical. Tal escolha é respaldada pelo artigo 27 da Convenção de Viena sobre Direito dos Tratados: "Uma parte não pode invocar as disposições de seu direito interno para justificar o inadimplemento de um tratado". O dualismo também se subdivide: a) dualismo radical: impõe a edição de uma lei distinta para incorporação do tratado; e b) dualismo moderado: não exige lei para incorporação do tratado, apenas exige-se um procedimento complexo, com aprovação do Congresso e promulgação do Executivo. A Constituição Federal silenciou neste aspecto e, em virtude da omissão constitucional, a doutrina defende que o Brasil adotou a corrente dualista, ou, melhor dizendo, a corrente dualista moderada. Isto porque o tratado só passará a ter validade interna após ter sido aprovado pelo Congresso Nacional e ratificado e promulgado pelo Presidente da República. Lembrando que a promulgação é efetuada mediante decreto presidencial. Após bem esclarecer o tema da incorporação de tratados, percebe-se que a questão diz respeito erroneamente à teoria monista, pois a assertiva "B" apenas será correta se tiver por fundamento a teoria dualista.

Gabarito "B".

7.5. Legislação nacional protetiva

7.5.1. *REGRAS MÍNIMAS PARA O TRATAMENTO DO PRESO*

(Agente Penitenciário/MA – 2013 – FGV) Beltrano está preso preventivamente por indícios de participação em roubo qualificado a um estabelecimento comercial.

Com base nas Regras Mínimas para o Tratamento do Preso, estabelecidas pela Resolução n. 14/94, do Conselho Nacional de Política Criminal e Penitenciária (CNPCP), analise as afirmativas a seguir.

I. Na qualidade de preso provisório, ele deve ser separado dos presos condenados.

II. Na qualidade de preso provisório, ele deve permanecer obrigatoriamente em cela individual.

III. Na qualidade de preso provisório, ele não pode usar roupa própria, mas sim uniforme prisional diferenciado daquele utilizado por presos condenados.

Assinale:

(A) se somente a afirmativa I estiver correta.

(B) se somente a afirmativa III estiver correta.

(C) se somente as afirmativas I e II estiverem corretas.

(D) se somente as afirmativas II e III estiverem corretas

(E) se todas as afirmativas estiverem corretas

I: correta (art. 61, I, da Res. 14/1994 do Conselho Nacional de Política Criminal e Penitenciária); **II:** incorreta, pois o preso provisório deve permanecer **preferencialmente** em cela individual (art. 61, II, da Res. 14/1994 do Conselho Nacional de Política Criminal e Penitenciária); **III:** incorreta, pois o art. 61, V, da Res. 14/1994 defende o uso da própria roupa do preso provisório e apenas quando de uniforme diferenciado daquele utilizado por preso condenado.

Gabarito "A".

(Agente Penitenciário/MA – 2013 – FGV) O Capítulo IX da Resolução n. 14/94 estabelece as regras mínimas para o tratamento do preso.

Acerca do uso de algemas e de camisa de força, analise as afirmativas a seguir.

I. O uso de algemas é permitido, durante o deslocamento do preso, como medida de precaução contra fuga.

II. O uso de camisa de força é permitido, segundo recomendação médica, por motivo de saúde.

III. O uso de algemas é proibido por humilhar o detento.

AssinaLe:

(A) se somente a afirmativa I estiver correta.

(B) se somente as afirmativas I e II estiverem corretas.

(C) se somente as afirmativas I e III estiverem corretas.

(D) se somente as afirmativas II e III estiverem corretas.

(E) se todas as afirmativas estiverem corretas.

I: correta (art. 29, I, da Res. 14/1994 do Conselho Nacional de Política Criminal e Penitenciária); **II:** correta (art. 29, II, da Res. 14/1994 do Conselho Nacional de Política Criminal e Penitenciária); **III:** incorreta, pois não existe citada previsão na Res. 14/1994 do Conselho Nacional de Política Criminal e Penitenciária.

Gabarito "B".

(Agente Penitenciário/MA – 2013 – FGV) Fulano de Tal foi condenado a 20 anos de prisão por homicídio culposo. Passados seis meses de seu encarceramento, seu advogado ajuizou ação pedindo que fosse permitido ao preso receber visitas da família, o que até então lhe tinha sido negado.

Com relação ao fragmento acima, analise as normas legais que abordam especificamente a matéria tratada.

I. A Resolução n. 14/94, que estabelece as regras mínimas para o tratamento do preso.

II. O Decreto Federal n. 678/92, que ratifica a Convenção Americana sobre Direitos Humanos.

III. A Declaração Universal dos Direitos Humanos, que unifica as normas dos sistemas prisionais.

Assinale:

(A) se somente I estiver correta.

(B) se somente III estiver correta.

(C) se somente I e II estiverem corretas.

(D) se somente II e III estiverem corretas.

(E) se I, II e III estiverem corretas.

O único item correto é o "I", portanto a assertiva "A" deve ser assinalada. O contato do preso com o mundo exterior é disciplinado no capítulo XI da Res. 14/1994 do Conselho Nacional de Política Criminal e Penitenciária. Segue a redação do citado capítulo para análise: "Art. 33. O preso estará autorizado a comunicar-se periodicamente, sob vigilância, com sua família, parentes, amigos ou instituições idôneas, por correspondência ou por meio de visitas. § 1º. A correspondência do preso analfabeto pode ser, a seu pedido, lida e escrita por servidor ou alguém opor ele indicado; § 2º. O uso dos serviços de telecomunicações poderá ser autorizado pelo diretor do estabelecimento prisional. Art. 34. Em caso de perigo para a ordem ou para segurança do estabelecimento prisional, a autoridade competente poderá restringir a correspondência dos presos, respeitados seus direitos. Parágrafo Único. A restrição referida no "caput" deste artigo cessará imediatamente, restabelecida a normalidade. Art. 35. O preso terá acesso a informações periódicas através

6. DIREITOS HUMANOS | 527

dos meios de comunicação social, autorizado pela administração do estabelecimento. Art. 36. A visita ao preso do cônjuge, companheiro, família, parentes e amigos, deverá observar a fixação dos dias e horários próprios. Parágrafo Único. Deverá existir instalação destinada a estágio de estudantes universitários. Art. 37. Deve-se estimular a manutenção e o melhoramento das relações entre o preso e sua família."

Gabarito "A".

7.5.2. ESTATUTO DO IDOSO

(Polícia/BA – 2008 – CEFETBAHIA) "Art. 8º — O envelhecimento é um direito personalíssimo e a sua proteção, um direito social, nos termos desta lei e da legislação vigente."

(Lei nº. 10.741/2003)

Quanto aos direitos das pessoas idosas, pode-se afirmar:

(A) A obrigação de garantir a salvaguarda da dignidade de tais pessoas, com absoluta prioridade, é do Poder Público e, também, da sociedade, da comunidade e da família, vez que as violações aos direitos dos idosos (face, no geral, à sua situação de maior vulnerabilidade), são complexas e partem de diversos âmbitos de convivência.

(B) A absoluta prioridade de tratamento respeitoso passa tão somente pelo atendimento prioritário quanto às instituições privadas no país.

(C) O estabelecimento de mecanismos que favoreçam a divulgação de informações de caráter educativo sobre aspectos biopsicossociais de envelhecimento é a meta mais inovadora e, ao mesmo tempo, a única efetivamente descumprida, quanto às garantias de prioridade previstas no Estatuto do Idoso.

(D) A proibição de qualquer tipo de negligência, discriminação, violência, crueldade ou opressão (com relação aos idosos) tem sido a meta mais atingida do plano de objetivos fundamentais da Lei nº 10.741/2003, de modo que raros são os casos de desrespeito efetivamente constatados.

(E) A obrigação de garantir a salvaguarda da dignidade de tais pessoas está legalmente adstrita aos trabalhadores e servidores da vasta seara da segurança pública.

A: correta. Tal consideração bem retrata o disposto nos arts. 3º e 9º e 10 da Lei 10.741/2003 (Estatuto do Idoso); **B:** incorreta, pois a absoluta prioridade no tratamento respeitoso passa tanto pelo atendimento prioritário nas insti-

tuições públicas como nas privadas (art. 3º, § 1º, I, da Lei 10.741/2003); **C:** incorreta. Infelizmente, inúmeras são as garantias de prioridade previstas no Estatuto do Idoso que são descumpridas; **D:** incorreta. Infelizmente, os casos de desrespeito aos idosos repetem-se diuturnamente; **E:** incorreta, pois é dever de todos prevenir a ameaça ou violação aos direitos do idoso (art. 4º, § 1º, da Lei 10.741/2003).

Gabarito "A".

7.5.3. LEI DE EXECUÇÃO PENAL

(Polícia/SP – 2000) Segundo estipula a Lei de Execução Penal (7.210/84), a cadeia pública destina-se ao

(A) cumprimento de pena em regime fechado ou semiaberto.

(B) cumprimento de pena de detenção em regime semiaberto.

(C) recolhimento de presos provisórios.

(D) recolhimento de condenados à pena de detenção ou prisão simples.

Conforme estipula o art. 102 da Lei de Execução Penal, a cadeia pública destina-se ao recolhimento de presos provisórios.

Gabarito "C".

(Polícia/SP – 2000) Assinale a alternativa incorreta, conforme a Lei de Execução Penal (7.210/84).

(A) A assistência à saúde do preso e do internado compreenderá atendimento médico, farmacêutico e odontológico.

(B) A assistência material ao preso e ao internado consistirá no fornecimento de alimentação, vestuário e instalações higiênicas.

(C) A assistência educacional compreenderá a instrução escolar e a formação profissional do preso e do internado.

(D) A assistência jurídica é destinada aos presos e aos internados independentemente de possuírem recursos financeiros para constituírem advogado.

A: correta, pois é o que dispõe o art. 14 da Lei de Execução Penal; **B:** correta, porque é o que dispõe o art. 12 da Lei de Execução Penal; **C:** correta, já que é o que dispõe o art. 17 da Lei de Execução Penal; **D:** incorreta (devendo esta ser assinalada), dado que a assistência jurídica somente é destinada aos presos e aos internados sem recursos financeiros para constituir advogado (art. 15 da Lei de Execução Penal).

Gabarito "D".

6. Direitos Humanos

7. DIREITO DA CRIANÇA E DO ADOLESCENTE

Alessandra Elaine Matuda e Vanessa Tonolli Trigueiros

1. DIREITOS FUNDAMENTAIS

(Agente de Polícia/GO – 2008 – UEG) Sobre a criança e o adolescente, é CORRETO afirmar:

(A) a lei punirá severamente o abuso, a violência e a exploração sexual da criança e do adolescente.

(B) a proteção especial abrange a garantia de pleno e informal conhecimento da atribuição de ato infracional.

(C) a proteção especial abrange programas de prevenção e atendimento, em bases idênticas às dos adultos, à criança e ao adolescente dependentes de entorpecentes e drogas afins.

(D) a proteção especial abrange a obediência aos princípios de brevidade, generalidade e respeito à condição peculiar de pessoa desenvolvida, quando da aplicação da qualquer medida privativa de liberdade.

A: correta, pois o ECA é uma lei específica que dispõe sobre os direitos das crianças e dos adolescentes em vários preceitos ao longo do seu texto, como nos artigos 3°, 4°, 5°, 7°, 15°, 16° entre outros. No ano de 2000 foi acrescentado o art. 244-A e outros dispositivos que permitem maior punição dos infratores; **B:** incorreta (art. 111, I, do ECA); **C:** incorreta, pois a proteção especial garante à criança e ao adolescente programas diferenciados conforme a sua idade e maturidade (art. 6° do ECA); **D:** incorreta (art. 6° do ECA).
Gabarito "A".

2. MEDIDAS DE PROTEÇÃO

(Escrivão de Polícia/PR – 2007 – UFPR) Em relação ao Estatuto da Criança e do Adolescente (ECA), considere as seguintes afirmativas:

1. Ao adolescente infrator não se aplicam penas, porém medidas de cunho educativo e protetivo, sem critérios rígidos de duração.
2. O Estatuto da Criança e do Adolescente considera ato infracional a conduta descrita como crime ou contravenção.
3. As medidas socioeducativas não têm como objetivo primário a punição do adolescente infrator, mas sim a sua educação e formação.
4. O Estatuto da Criança e do Adolescente considera como criança a pessoa até os 14 anos de idade incompletos.

Assinale a alternativa correta.

(A) Somente as afirmativas 1 e 2 são verdadeiras.
(B) Somente as afirmativas 1 e 4 são verdadeiras.
(C) Somente as afirmativas 2, 3 e 4 são verdadeiras.
(D) Somente as afirmativas 1, 2 e 3 são verdadeiras.
(E) Somente as afirmativas 2 e 3 são verdadeiras.

1: correto (art. 120, §2° e 121, §2° do ECA); **2:** correto (art. 103 do ECA); **3:** correto, pois aos infratores aplicam-se medidas socioeducativas, dirigidas precipuamente à reeducação, ainda que com os conhecidos defeitos básicos de sua execução; **4:** incorreta (art. 2° do ECA).
Gabarito "D".

3. PREVENÇÃO

(Agente-Escrivão – PC/GO – CESPE – 2016) Alice, de dez anos de idade, moradora de Goiânia – GO, irá viajar para Salvador – BA e, posteriormente, para o exterior.

Nessa situação hipotética, conforme a Lei nº 8.069/1990, se estiver acompanhada de um

(A) dos pais, Alice precisará de autorização judicial para viajar para Salvador – BA e para o exterior.

(B) tio que apresente documento comprovando o parentesco, Alice não precisará de autorização judicial para viajar para Salvador – BA.

(C) irmão maior de dezoito anos que apresente documento comprovando o parentesco, Alice não precisará de qualquer tipo de autorização para viajar para o exterior.

(D) primo adolescente, Alice poderá viajar para Salvador – BA, independentemente de qualquer tipo de autorização.

(E) dos pais, Alice não precisará de qualquer tipo de autorização para viajar para o exterior.

O Estatuto da Criança e do Adolescente tratou da autorização para viajar em seus arts. 83 a 85. Em regra, o adolescente poderá viajar sozinho, por todo o território nacional, sendo desnecessária a autorização. Em contrapartida, a criança somente poderá viajar se tiver autorização judicial para tanto; ou se a viagem for para comarca contígua à da residência da criança (se na mesma unidade da Federação ou incluída na mesma zona metropolitana); ou se estiver acompanhada, dos pais ou responsável, de ascendente ou colateral maior até terceiro grau, por meio de apresentação de documento que comprove o vínculo parental; ou ainda se a criança estiver acompanhada de adulto expressamente autorizado pelos pelais (art. 83, § 1°, *a*e*b*). Por sua vez, em se tratando de viagem internacional, nos termos do art. 84, do ECA, *"a autorização é dispensável, se a criança ou adolescente:I - estiver acompanhado de ambos os pais ou responsável;II - viajar na companhia de um dos pais, autorizado expressamente pelo outro através de documento com firma reconhecida"*.Oportuno registrar que a questão também está disciplinada na Resolução 131 do Conselho Nacional de Justiça, de 26/05/2011.Portanto, apenas a alternativa "B" está correta, ficando as demais excluídas.
Gabarito "B".

4. PRÁTICA DE ATO INFRACIONAL

(Investigador/SP – 2014 – VUNESP) Fulano, maior de idade, forneceu, gratuitamente, a Sicrano, adolescente, seis projéteis de revólver, sem saber que Sicrano já possuía uma arma e pretendia utilizá-la em um assalto. Nessa situação, e considerando o que dispõe o Estatuto da Criança e do Adolescente (ECA), é correto afirmar que Fulano

(A) cometeu um crime previsto no ECA, mas terá sua pena reduzida em razão de não saber que Sicrano já possuía uma arma.

(B) cometeu um crime previsto no ECA e terá sua pena aumentada porque forneceu a munição de forma gratuita a Sicrano.

(C) não cometeu crime algum, uma vez que forneceu a Sicrano somente a munição, mas não a arma.

(D) não cometeu crime algum, uma vez que essa conduta não é prevista em lei como delito.

(E) cometeu um crime previsto no ECA apenado com reclusão.

A alternativa "E" está correta, ficando excluídas as demais, pois a conduta descrita no enunciado configura a conduta tipificada no art. 242 do ECA, que passou a ser crime apenado com reclusão, com o advento da Lei 10.764, de 12.11.2003.
Gabarito "E".

(Agente de Polícia/DF – 2013 – CESPE) De acordo com o Estatuto da Criança e do Adolescente, julgue os seguintes itens.

(1) Em qualquer fase do procedimento relativo à prática de ato infracional, o adolescente possui o direito de solicitar a presença de seus pais ou responsável.

(2) Para efeito de confrontação, mesmo que não haja dúvida fundada, o adolescente civilmente identificado será submetido a identificação compulsória pelos órgãos policiais. No que se refere à escuta telefônica, julgue os itens a seguir.

(3) O juiz poderá, em regra, admitir requerimento verbal de interceptação de comunicação telefônica desde que este seja formulado pela autoridade policial durante investigação criminal.

(4) Uma vez deferido o pedido de interceptação de comunicação telefônica pelo juiz, a autoridade policial que conduzir os procedimentos de interceptação deverá cientificar o Ministério Público, que poderá acompanhar a sua realização.

1:correta, pois a alternativa está de acordo com o disposto no art. 111, VI, do ECA; **2:** incorreta, pois o adolescente civilmente identificado não será submetido a identificação compulsória pelos órgãos policiais, de proteção e judiciais, salvo para efeito de confrontação, havendo dúvida fundada (art. 109 do ECA); **3:** incorreta, pois o requerimento de interceptação telefônica deve ser realizado por escrito, sendo que, apenas excepcionalmente, o juiz poderá admitir que o pedido

530 ALESSANDRA ELAINE MATUDA E VANESSA TONOLLI TRIGUEIROS

seja formulado verbalmente, desde que estejam presentes os pressupostos que autorizem a interceptação, caso em que a concessão será condicionada à sua redução a termo (art. 4º, § 1º, da Lei 9.296/1996); **4**: correta, pois a alternativa está de acordo com o disposto no art. 6º, *caput*, da Lei 9.296/1996.

Gabarito 1C, 2E, 3E, 4C

(Escrivão/SP – 2014 – VUNESP) Assinale a alternativa cujo argumento encontra fundamento no Estatuto da Criança e do Adolescente, no tocante ao direito à convivência familiar e comunitária.

(A) A colocação em família substituta estrangeira constitui medida ordinária, admissível nas modalidades de guarda, tutela ou adoção.

(B) O reconhecimento do estado de filiação é direito personalíssimo, indisponível e imprescritível, podendo ser exercido contra os pais ou seus herdeiros, sem qualquer restrição, independentemente do segredo de justiça.

(C) Entende-se por família natural aquela que se estende além da unidade pais e filhos ou unidade do casal, formada por parentes próximos com os quais a criança ou adolescente convive e mantém vínculos de afinidade e afetividade.

(D) Os filhos havidos fora do casamento poderão ser reconhecidos pelos pais, conjunta ou separadamente, no próprio termo de nascimento, por testamento, mediante escritura ou outro documento público, qualquer que seja a origem da filiação, podendo o reconhecimento preceder ao nascimento do filho ou suceder-lhe ao falecimento, se deixar descendentes.

(E) A falta ou a carência de recursos materiais constitui motivo suficiente para a perda ou a suspensão do poder

A: incorreta, pois somente é admissível a colocação em família substituta estrangeira, por meio de adoção (art. 31 do ECA); **B**: incorreta, pois deve ser observado o segredo de Justiça (art. 27 do ECA); **C**: incorreta, pois se entende por família natural a comunidade formada pelos pais ou qualquer deles e seus descendentes (art. 25, *caput*, do ECA). Por sua vez, entende-se por família extensa ou ampliada aquela que se estende para além da unidade pais e filhos ou da unidade do casal, formada por parentes próximos com os quais a criança ou adolescente convive e mantém vínculos de afinidade e afetividade (art. 25, parágrafo único, do ECA); **D**: correta, pois a alternativa está de acordo com o disposto no artigo 26, *caput* e parágrafo único, do ECA; **E**: incorreta, pois a falta ou a carência de recursos materiais não constitui motivo suficiente para a perda ou a suspensão do poder familiar (art. 23, *caput*, do ECA).

Gabarito "D".

(Agente e Escrivão de Polícia/PB – 2008 – CESPE) Um adolescente foi apreendido no dia 5/8/2008 e tem contra si representação por ato infracional equiparado aos delitos de roubo e extorsão. Desde aquela data, aguarda sentença na unidade de internação. Acerca dessa situação hipotética, assinale a opção correta, segundo o Estatuto da Criança e do Adolescente.

(A) O prazo para internação provisória de adolescente é de sessenta dias.

(B) São princípios fundamentais do referido diploma legal a excepcionalidade, a brevidade e a observância da condição peculiar do menor, que é pessoa em desenvolvimento.

(C) Segundo a jurisprudência do Superior Tribunal de Justiça (STJ), ao se encerrar a instrução criminal, supera-se a alegação de constrangimento ilegal.

(D) Segundo a jurisprudência do STJ, a periculosidade abstrata do agente assim como a probabilidade de prática de novos crimes, sem fundamento concreto, servem como embasamento para manutenção da internação provisória do menor por tempo indeterminado.

(E) Nos atos infracionais cometidos sem violência ou grave ameaça, também é possível a segregação provisória.

A: incorreta (art. 108, do ECA); **B**: correta (art. 6º do ECA); **C**: incorreta, pois é considerado constrangimento ilegal a aplicação de medida sócio educativa mais gravosa, caso houvesse, no caso, outra medida menos gravosa compatível ao ato infracional; **D**: incorreta (art. 121, § 2º, do ECA); **E**: incorreta (art. 122 e incisos do ECA).

Gabarito "B".

(Escrivão de Polícia/SP – 2010) Conforme reza o Estatuto da Criança e do Adolescente, no caso de prática de ato infracional, a internação do adolescente, antes da sentença, pode ser pelo prazo máximo de

(A) cinco dias.

(B) quinze dias.

(C) vinte dias.

(D) quarenta e cinco dias.

(E) trinta dias.

Art. 108 do ECA.

Gabarito "D".

(Agente – Pernambuco – CESPE – 2016) Com relação a imputabilidade penal, assinale a opção correta. Nesse sentido, considere que a sigla ECA, sempre que empregada, se refere ao Estatuto da Criança e do Adolescente.

(A) A embriaguez, quando culposa, é causa excludente de imputabilidade.

(B) A emoção e a paixão são causas excludentes de imputabilidade, como pode ocorrer nos chamados crimes passionais.

(C) A embriaguez não exclui a imputabilidade, mesmo quando o agente se embriaga completamente em razão de caso fortuito ou força maior.

(D) São inimputáveis os menores de dezoito anos de idade, ficando eles, no entanto, sujeitos ao cumprimento de medidas socioeducativas e (ou) outras medidas previstas no ECA.

(E) São inimputáveis os menores de vinte e um anos de idade, ficandoeles, noentanto, sujeitos ao cumprimento de medidas socioeducativas e (ou) outras medidas previstas no ECA.

A: incorreta, pois a embriaguez, voluntária ou culposa, pelo álcool ou substância de efeitos análogos, não exclui a imputabilidade penal, nos termos do art. 28, II, do CP. No caso, o agente somente será isento de pena se, por embriaguez completa, proveniente de caso fortuito ou força maior, era, ao tempo da ação ou da omissão, inteiramente incapaz de entender o caráter ilícito do fato ou de determinar-se de acordo com esse entendimento. Se o agente, por embriaguez, proveniente de caso fortuito ou força maior, não possuía, ao tempo da ação ou da omissão, a plena capacidade de entender o caráter ilícito do fato ou de determinar-se de acordo com esse entendimento, a pena pode ser reduzida de um a dois terços (art. 28, §§ 1º e 2º, do CP). Oportuno registrar que tal análise sobre a embriaguez somente será realizada para o agente maior, o qual poderá ser considerado imputável– ainda que embriagado –, sendo-lhe aplicada uma pena. Por sua vez, ao menor de dezoito anos, a análise a ser realizada diz respeito ao fato típico e antijurídico, por já ser considerado inimputável, sendo-lhe aplicável uma medida socioeducativa; **B**: incorreta, pois, nos termos do art. 28, I, do CP, a emoção e a paixão não são causas excludentes de imputabilidade penal, cuja análise será realizada ao agente maior; **C**: incorreta, pois o agente será isento de pena se, por embriaguez completa, proveniente de caso fortuito ou força maior, era, ao tempo da ação ou da omissão, inteiramente incapaz de entender o caráter ilícito do fato ou de determinar-se de acordo com esse entendimento (art. 28, § 1º, do CP); **D**: correta, pois, de fato, *são penalmente inimputáveis os menores de dezoito anos,*aos quais são aplicadas medidas socioeducativas, previstas no Estatuto da Criança e do Adolescente, nos termos do seu art. 104;**E**: incorreta, pois são considerados inimputáveis os menores de dezoito anos (art. 104, do ECA). Todavia, excepcionalmente, é possível a aplicação do Estatuto da Criança e do Adolescente às pessoas entre dezoito a vinte e um anos de idade,como, por exemplo,na aplicação das medidas socioeducativas de semiliberdade e de internação ao jovem que praticou o ato infracional quando era adolescente e que já completou a maioridade civil. Tais medidas somente podem ser cumpridas até os vinte e um anos de idade, sendo que em nenhuma hipótese o período máximo excederá a três anos (arts.2º, parágrafo único; 120, §2º; e 121, §§3º e 5º, todos do ECA). **VT**

Gabarito "D".

5. MEDIDA SOCIOEDUCATIVA

(Agente-Escrivão – PC/GO – CESPE – 2016) Com base na Lei nº 8.069/1990, assinale a opção que apresenta medida passível de aplicação por autoridade competente tanto a criança quanto a adolescente que cometa ato infracional.

(A) prestação de serviços à comunidade.

(B) internação em estabelecimento educacional.

(C) requisição de tratamento psicológico.

(D) inserção em regime de semiliberdade.

(E) liberdade assistida.

A, B, D e E: incorretas, pois as medidas socioeducativas de prestação de serviços à comunidade, internação em estabelecimento educacional, inserção em regime de semiliberdade e de liberdade assistidasão aplicadasapenas ao adolescente que cometa ato infracional; **C**: correta, pois a requisição de tratamento psicológico é uma medida protetiva– e não socioeducativa–, a

7. DIREITO DA CRIANÇA E DO ADOLESCENTE   531

qual pode ser aplicada tanto para a criança quanto para o adolescente que cometa ato infracional.Oportuno registrar que para a criança que cometa ato infracional somente será possível a aplicação de medida protetiva, cujo caráter é assistencial (art. 105, do ECA). O art. 101, do ECA elenca de modo exemplificativo quais são as medidas protetivas que a autoridade competente poderá aplicar.Por sua vez, ao adolescente que cometa ato infracional é possível a aplicação cumulativa de medida protetiva e socioeducativa, cujo rol é taxativo, previsto no art. 112, do ECA. Neste sentido é o ensinamento doutrinário: *"A Constituição Federal erigiu como direito fundamental de crianças e de adolescentes a inimputabilidade, identificando modelo diferenciado de responsabilização segundo a idade. Não obstante, também foi estabelecida diferença de tratamento entre crianças e adolescentes. Com efeito, em regra, às crianças será possível a aplicação única e exclusivamente de medida de proteção, conforme decisão do Conselho Tutelar. Contudo, dependendo da medida, a criança será encaminhada para o magistrado, como, por exemplo, quando for necessária a inserção em acolhimento institucional. De outro lado, aos adolescentes será possível a aplicação de medidas socioeducativas e/ou medidas protetivas"* (ROSSATO, LÉPORE e SANCHES. Estatuto da Criança e do Adolescente. 3ª ed. São Paulo: RT, p. 236). Gabarito "C".

6. CRIMES

(Escrivão de Polícia Federal – 2013 – CESPE) Em relação ao Estatuto da Criança e do Adolescente, julgue o próximo item.

(1) Suponha que um cidadão tenha sido preso, mediante determinação judicial, por supostamente ter filmado cena de sexo explícito envolvendo adolescentes. Nessa situação, se o cidadão comprovar que tudo não passava de simulação, não haverá crime e ele deverá ser posto em liberdade.

A alternativa está errada, pois ainda que se trate de simulação de cena de sexo explícito envolvendo adolescentes, restará configurado o crime previsto no artigo 241-C do ECA, que tipifica a conduta de *simular a participação de criança ou adolescente em cena de sexo explícito ou pornográfica por meio de adulteração, montagem ou modificação de fotografia, vídeo ou qualquer outra forma de representação visual.* Gabarito 1E

Gabriel, como dirigente de estabelecimento de atenção à saúde de gestantes, deixou de fornecer a uma parturiente, na ocasião da alta médica desta, declaração de nascimento em que constassem as intercorrências do parto e do desenvolvimento do neonato.

Júlia, professora de ensino fundamental, teve conhecimento de caso que envolvia suspeita de maus-tratos contra uma aluna de dez anos de idade e deixou de comunicar o fato à autoridade competente.

Alexandre hospedou, no hotel do qual é responsável, um Adolescente que estava desacompanhado de seus pais ou de um responsável e sem autorização escrita deles ou de autoridade judiciária.

(Agente-Escrivão – PC/GO – CESPE – 2016) Nessas situações hipotéticas, de acordo com o que prevê o ECA,

(A) somente Gabriel e Alexandre responderão por crime.

(B) somente Júlia e Alexandre responderão por infração administrativa.

(C) somente Gabriel e Alexandre responderão por infração administrativa.

(D) Gabriel, Júlia e Alexandre responderão por crime.

(E) somente Gabriel e Júlia responderão por crime.

A primeira situação hipotética trata da prática de crime (*deixar o encarregado de serviço ou o dirigente de estabelecimento de atenção à saúde de gestante de manter registro das atividades desenvolvidas, na forma e prazo referidos no art. 10 desta Lei, bem como de fornecer à parturiente ou a seu responsável, por ocasião da alta médica, declaração de nascimento, onde constem as intercorrências do parto e do desenvolvimento do neonato*), previsto no art. 228, do ECA. Por sua vez, a segunda situação hipotética (*deixar o médico, professor ou responsável por estabelecimento de atenção à saúde e de ensino fundamental, pré-escola ou creche, de comunicar à autoridade competente os casos de que tenha conhecimento, envolvendo suspeita ou confirmação de maus-tratos contra criança ou adolescente*) diz respeito à infração administrativa, prevista no art. 245, do ECA. Por fim, a terceira situação hipotética (*hospedar criança ou adolescente desacompanhado dos pais ou responsável, ou sem autorização escrita desses ou da autoridade judiciária, em hotel, pensão, motel ou congênere*) também trata de infração administrativa, prevista no art. 250, do ECA.Portanto, apenas a alternativa "B" está correta, ficando as demais excluídas. Gabarito "B".

7. TEMAS COMBINADOS

(Agente de Polícia/RN – 2008 – CESPE) Em relação às disposições dos Estatutos da Criança e do Adolescente (Lei n.º 8.069/1990) e do Idoso (Lei n.º 10.741/2003), assinale a opção correta.

(A) Compete exclusivamente à autoridade judiciária e ao membro do MP a aplicação de medidas socioeducativas ao adolescente pela prática de ato infracional.

(B) Compete exclusivamente à autoridade judiciária conceder remissão ao adolescente pela prática de ato infracional equivalente aos crimes de furto e estelionato.

(C) Não constitui crime, mas mera infração administrativa, divulgar pela televisão, sem autorização devida, o nome de criança envolvida em procedimento policial pela suposta prática de ato infracional.

(D) O Estatuto do Idoso proíbe a aplicação das normas procedimentais dos juizados especiais criminais para a apuração dos delitos praticados contra maior de 60 anos de idade, ainda que o máximo de pena privativa de liberdade cominada não ultrapasse dois anos.

(E) Aquele que retém indevidamente o cartão magnético que permite a movimentação da conta bancária em que é depositada mensalmente a pensão de pessoa idosa comete o delito de estelionato, previsto no Código Penal.

A: incorreta (art. 112, *caput*, e 147, do ECA); **B:** incorreta (art. 180, inciso II, e art. 181, *caput*, do ECA); **C:** correta (art. 247 do ECA); **D:** incorreta (art. 94 da Lei 10.741/93); **E:** incorreta (art. 104 da Lei 10.741/93). Gabarito "C".

8. DIREITO ADMINISTRATIVO

Sebastião Edilson Gomes e Flávia Barros

1. PRINCÍPIOS ADMINISTRATIVOS

(Agente-Escrivão – Acre – IBADE – 2017) No que tange aos princípios que informam o Direito Administrativo Brasileiro e aos atos administrativos, é correto afirmar:

(A) O acordo de designações recíprocas, a despeito de ser prática socialmente reprovada, não chega a constituir violação aos princípios da moralidade, impessoalidade, eficiência e isonomia.

(B) Constatado que um ato administrativo é ilegal, por vício originário ou superveniente, sua retirada do mundo jurídico é medida que deve ser operada imediatamente, porque o princípio da legalidade administrativo veda a aplicação do princípio da segurança jurídica para convalidar o ato inválido ou mesmo para estabilizá-lo.

(C) A publicidade dos atos, programas, obras, serviços e campanhas dos órgãos públicos deverá ter caráter educativo, informativo ou de orientação social, dela não podendo constar nomes, símbolos ou imagens que caracterizem promoção pessoal de autoridades ou servidores públicos.

(D) A Administração Pública pode revogar seus próprios atos, quando eivados de vícios que os tornam ilegais, porque deles não se originam direitos; ou anulá-los, por motivo de conveniência ou oportunidade, respeitados os direitos adquiridos, e ressalvada, em todos os casos, a apreciação judicial.

(E) Conforme expressa indicação constitucional, o princípio da eficiência é absoluto no Direito Administrativo Brasileiro, de modo que os processos e procedimento de controle devem ser afastados sempre que gerarem aumento de gastos para a Administração Pública.

O Art. 37 da Constituição Federal, que vem indicar os princípios norteadores da Administração Publica e de sua atuação frente à coletividade, assim determina: § 1º A publicidade dos atos, programas, obras, serviços e campanhas dos órgãos públicos deverá ter caráter educativo, informativo ou de orientação social, dela não podendo constar nomes, símbolos ou imagens que caracterizem promoção pessoal de autoridades ou servidores públicos. **FMB**
Gabarito "C".

(Escrivão – AESP/CE – VUNESP – 2017) O Escrivão de Polícia, como administrador público, deve orientar a sua conduta não somente pelos critérios da oportunidade e conveniência mas, também, verificando preceitos éticos, distinguindo o que é honesto do que é desonesto.

Tal afirmação está amparada no princípio da:

(A) Economia.
(B) Impessoalidade.
(C) Publicidade.
(D) Autotutela.
(E) Moralidade.

A: incorreta. Não se trata de princípio fundamental do direito administrativo; **B:** incorreta. O agente público trabalha em prol da coletividade tendo por fundamento o interesse público e não o pessoal. A Constituição Federal consagra o princípio da impessoalidade quando prevê: art. 37, § 1º: "A publicidade dos atos, programas, obras, serviços e campanhas dos órgãos públicos deverá ter caráter educativo, informativo ou de orientação social, dele não podendo constar nomes, símbolos ou imagens que caracterizem promoção pessoal de autoridades ou servidores públicos." Também o faz a Lei 9.784/1999, em seu art. 2º, parágrafo único,. III, que determina que, nos processos administrativos, serão observados os critérios de objetividade no atendimento do interesse público, vedada a promoção pessoal de agentes ou autoridades. Não guarda relação com a assertiva proposta; **C:** incorreta. Princípio da publicidade é a obrigação de dar publicidade, levar ao conhecimento de todos os seus atos, contratos ou instrumentos jurídicos como um todo. Alguns exemplos de previsão legal de tal princípio: Constituição Federal, art. 5º: "XIV - é assegurado a todos o acesso à informação e resguardado o sigilo da fonte, quando necessário ao exercício profissional; XXXIII - todos têm direitos a receber dos órgãos públicos informações de seu interesse particular ou de interesse coletivo ou geral, que serão prestadas no prazo da lei, sob pena de responsabilidade, ressalvadas aquelas cujo sigilo seja imprescindível à segurança da sociedade e do Estado." Não guarda relação com a assertiva proposta; **D:**

incorreta. É o poder-dever de rever seus atos, respeitando sempre o direito de terceiros de boa-fé. Nesse sentido, STF, Súmula 346: "A Administração Pública pode declarar a nulidade dos seus próprios atos." Súmula 473: "A Administração pode anular seus próprios atos, quando eivados de vícios que os tornam ilegais, por que deles não se originam direitos; ou revogá-los, por motivo de conveniência ou oportunidade, respeitados os direitos adquiridos, e ressalvada, em todos os casos, a apreciação judicial." Não guarda relação com a assertiva proposta; **E:** correta. O princípio da moralidade visa à realização dos atos públicos, por meio de seus agentes, fazendo o que for melhor e mais útil ao interesse público, diferenciando o justo do injusto, o conveniente do inconveniente. **FMB**
Gabarito "E".

(Escrivão – Pernambuco – CESPE – 2016) Acerca de conceitos inerentes ao direito administrativo e à administração pública, assinale a opção correta.

(A) O objeto do direito administrativo são as relações de natureza eminentemente privada.

(B) A divisão de poderes no Estado, segundo a clássica teoria de Montesquieu, é adotada pelo ordenamento jurídico brasileiro, com divisão absoluta de funções.

(C) Segundo o delineamento constitucional, os poderes do Estado são independentes e harmônicos entre si e suas funções são reciprocamente indelegáveis.

(D) A jurisprudência e os costumes não são fontes do direito administrativo.

(E) Pelo critério legalista, o direito administrativo compreende os direitos respectivos e as obrigações mútuas da administração e dos administrados.

CF, Art. 2º - São Poderes da União, independentes e harmônicos entre si, o Legislativo, o Executivo e o Judiciário. Não há previsão legal que permita a delegação de funções entre os poderes, que têm sua determinação em separado defesa por clausula pétrea. Art. 60, §4º, CF. **FMB**
Gabarito "C".

(Agente de Polícia Civil/RO – 2014 – FUNCAB) "Entre construir uma ponte ou construir um terminal de barcas para atravessar determinado riacho, a Administração deve levar em conta o custo dos investimentos e o benefício em termos de desenvolvimento econômico, de geração de empregos, geração de impostos"

(José Maria Pinheiro Madeira. Administração Pública.
São Paulo: Ed. Elsevier, 2012, p.78 com adaptações).

Indique o princípio que está intimamente ligado com o citado fragmento.

(A) Eficiência.
(B) Publicidade.
(C) Impessoalidade.
(D) Autotutela.
(E) Igualdade.

A: correta. A afirmativa refere-se ao princípio da eficiência. O mesmo indica que é dever da Administração Pública prestar com eficiência, qualidade e celeridade os serviços públicos, de modo a suprir as necessidades dos administrados. Observa-se que o princípio da eficiência está intimamente ligado à administração gerencial. Essa administração gerencial, é bom que se diga, diz respeito à capacidade de planejamento por parte das autoridades públicas, com metas e ações definidas a curto, médio e longo prazo. **B:** incorreta. O princípio da publicidade diz respeito à transparência dos atos administrativos, e consiste na divulgação dos atos oficiais do poder público para conhecimento dos cidadãos. Estes devem ser publicados no diário oficial, por meios eletrônicos ou afixados no átrio das repartições públicas. Enquanto não publicado, o ato não produzirá os efeitos, porque a validade do mesmo está vinculado à publicação. **C:** incorreta. O princípio da autotutela significa que a Administração Pública tem autonomia para controlar seus próprios atos, podendo anular aqueles que forem ilegais e revogar os que forem considerados inconvenientes ou inoportunos, sem necessidade de se recorrer ao Judiciário. **D:** incorreta. O princípio da impessoalidade decorre da isonomia, até porque a Carta Magna reza em seu art. 5º, *caput*, que *todos são iguais perante a* lei. Enquanto o art. 5º *caput* trata da igualdade de modo genérico, o art. 37, *caput* refere-se à pessoalidade de modo específico, almejando inibir uma conduta inadequada do Administrador Público, decorrendo daí que deve haver tratamento igualitário às pessoas evitando-se a prática de favoritismos a alguns em detrimento de outros. **E**: incorreta. O princípio da igualdade indica que, todos os administrados devem ser tratados de forma igual na medida de suas igualdades, e de forma desigual na medida de suas desigualdades. SEG

Gabarito "A".

(Agente de Polícia Civil/RO – 2014 – FUNCAB) Assinale a alternativa correta quanto ao princípio da autotutela.

(A) A grande consequência imediata desse princípio é que os direitos concernentes ao interesse público são, em princípio, inalienáveis, impenhoráveis e intransferíveis a particulares.

(B) Conjunto de privilégios e prerrogativas concedidos à Administração em relação a terceiros.

(C) O princípio da tutela não pode ser confundido com a autotutela, porque esta controla a observância das finalidades das entidades da administração indireta.

(D) Admite interpretação retroativa em função de uma nova interpretação.

(E) Possibilita que a própria Administração tutele os seus atos, independentemente da atuação do Judiciário.

A: incorreta. A consequência desse princípio está em que a Administração Pública poderá controlar seus próprios atos. **B**: incorreta. A autotutela significa que a Administração Pública tem autonomia para controlar seus próprios atos, podendo anular aqueles que forem ilegais e revogar os que forem considerados inconvenientes ou inoportunos, sem necessidade de se recorrer ao Judiciário. **C**: incorreta. A autotutela não controla a observância das finalidades da entidades da administração indireta, mas seus próprios atos, podendo revoga-los ou anulá-los. **D**: incorreta. A autotutela não admite interpretação retroativa. Somente em casos de revogação é que haverá efeitos *ex nunc,* isto é, a partir de sua vigência, respeitando-se os efeitos produzidos. **E**: correta, pois autotutela significa que a Administração Pública tem autonomia para controlar seus próprios atos, podendo anular aqueles que forem ilegais e revogar os que forem considerados inconvenientes ou inoportunos, sem necessidade de se recorrer ao Judiciário. SEG

Gabarito "E".

(Agente Penitenciário/MA – 2013 – FGV) *"Princípios administrativos são os postulados fundamentais que inspiram todo o modo de agir da administração pública.*

Representam cânones pré-normativos, norteando a conduta do Estado quando no exercício de atividades administrativas."

(Carvalho Filho, J. S., 2012).

Tendo em conta a existência de princípios expressos e também dos chamados princípios implícitos ou reconhecidos, assinale a alternativa que apresenta somente princípios implícitos ou reconhecidos.

(A) Razoabilidade, publicidade e autotutela.

(B) Continuidade do serviço público, supremacia do interesse público e segurança jurídica.

(C) Eficiência, indisponibilidade do interesse público e segurança jurídica.

(D) Moralidade, proporcionalidade e indisponibilidade do interesse público.

(E) Publicidade, autotutela e proporcionalidade.

Os princípios a que se referem as alternativas são os seguintes: **Razoabilidade:** também conhecido como princípio da proibição do excesso, é aquele que impõe o agente público tem o dever de agir dentro de um padrão normal, evitando-se, assim, excessos e abusos que eventualmente possam ocorrer. **Publicidade:** O princípio da publicidade diz respeito à transparência dos atos administrativos, e consiste na divulgação dos atos oficiais do poder público para conhecimento dos cidadãos. Estes devem ser publicados no diário oficial, por meios eletrônicos ou afixados no átrio das repartições públicas. Enquanto não publicado, o ato não produzirá os efeitos, porque a validade do mesmo está vinculada à publicação. **Autotutela:** Significa que a Administração Pública tem autonomia para controlar seus próprios atos, podendo anular aqueles que forem ilegais e revogar os que forem considerados inconvenientes ou inoportunos, sem necessidade de se recorrer ao Judiciário. **Continuidade do serviço público:** Os serviços públicos não podem parar. **Supremacia do interesse público:** Havendo conflito entre interesse público e interesse privado, prevalece o interesse público. **Segurança jurídica:** Tem como base o art. art. 5º, XXXVI, da CF, o qual determina que "a lei não prejudicará o direito adquirido, o ato jurídico perfeito e a coisa julgada". Verifica-se que o princípio da segurança jurídica não encontre-se explícito no texto da Constituição. **Eficiência:** O mesmo indica que é dever da Administração

Pública prestar com eficiência, qualidade e celeridade os serviços públicos, de modo a suprir as necessidades dos administrados. Observa-se que o princípio da eficiência está intimamente ligado à administração gerencial. Essa administração gerencial, é bom que se diga, diz respeito à capacidade de planejamento por parte das autoridades públicas, com metas e ações definidas a curto, médio e longo prazo. **Indisponibilidade do interesse público:** O administrador público exerce apenas a gestão sobre os bens públicos não podendo deles dispor. Decorre daí o princípio da indisponibilidade do interesse público. **Moralidade:** O princípio da moralidade refere-se à boa-fé, conduta ética, honesta, imparcial, leal e proba que o agente público deve ter ao desempenhar sua função. **Proporcionalidade:** Significa adequação entre meios e fins, vedada a imposição de obrigações, restrições e sanções em medida superior àquelas estritamente necessárias ao atendimento do interesse público (art. 2º, parágrafo único, VI da Lei 9.784/1999). O que verifica é que somente os princípios da continuidade do serviço público, supremacia do interesse público e segurança jurídica são implícitos ou reconhecidos pela doutrina. SEG

Gabarito "B".

(Escrivão de Polícia/GO – 2013 – UEG) Pelo significado do princípio da motivação,

(A) a Administração deve zelar pela legalidade de seus atos e condutas e pela adequação deles ao interesse público.

(B) o administrador tem o dever de explicitar as razões que o levam a decidir, bem como os fins desejados e a fundamentação legal adotada.

(C) o motivo é elemento do ato administrativo, sem o qual a decisão padece de vício.

(D) os atos administrativos materializados em documentos gozam de fé pública.

A: incorreta, pois a alternativa está se referindo ao princípio da legalidade; **B**: correta, pois *motivação é a realidade objetiva e externa do agente servindo de suporte à expedição do ato,* no dizer de Celso Antônio Bandeira de Mello (*Curso de direito administrativo*. 27. ed. São Paulo: Malheiros, 2010. p. 344). Em regra a motivação é obrigatória, devendo ser explícita, clara e congruente (coerente). Destaque-se ainda que, se a lei não exigir motivação para a prática de determinado ato, a autoridade administrativa em razão da discricionariedade poderá praticá-lo sem motivação. Entretanto, *se o fizer, ficará vinculado aos motivos expostos.* Por exemplo: não há necessidade de motivar a exoneração de servidor que ocupa cargo de confiança. Porém, se o fizer, a autoridade administrativa (se for o caso) ficará obrigada a provar o alegado; **C**: incorreta. Motivo é a *justificativa para a realização do ato,* e tanto pode ocorrer por previsão legal como pela vontade do administrador público; **D**: incorreta, e nesse contexto vale a pena salientar que os atos administrativos são detentores de alguns atributos e estes consistem em prerrogativas que os distingue do ato jurídico de direito privado. Dentre os atributos encontra-se a presunção de legitimidade. Maria Sylvia Zanella Di Pietro afirma que a presunção de legitimidade apresenta duas faces, sendo que a *presunção de legitimidade diz respeito à conformidade do ato com a lei, até prova em contrário. A presunção de veracidade diz respeito aos fatos e presumem-se verdadeiros os fatos alegados pela Administração. Assim ocorre em relação à certidões, atestados, declarações, informações por ela fornecidos, todos dotados de fé pública* (*Direito Administrativo*. 24. ed. São Paulo: Atlas, 2011. p.199). *Pelo exposto,* verifica-se que possuem fé pública as certidões, atestados e declarações e não todo e qualquer ato administrativo. SEG

Gabarito "B".

(Agente de Polícia/PI – 2012) Acerca dos princípios regentes da Administração Pública, assinale a afirmativa correta.

(A) O princípio da moralidade administrativa coincide com o princípio da legalidade, daí por que o ato administrativo que obedece à forma prevista em lei estará atendendo, necessariamente, ao princípio da moralidade administrativa.

(B) O princípio da legalidade informa o princípio da moralidade administrativa, razão pela qual é correto afirmar que todo ato administrativo formalmente legal é, necessariamente, moral.

(C) Considerando-se que o princípio da legalidade, tal como proclamado no art. 37, *caput*, da Constituição Federal, é o princípio maior a ser observado pela Administração Pública, em todos os seus níveis, é correto asseverar que o princípio da moralidade não vai além do princípio da legalidade.

(D) Considerando-se que o princípio da moralidade, em Direito Administrativo, não coincide com a moral social, nem religiosa, mas se atém ao conceito jurídico de moralidade administrativa, constata-se que será bastante à Administração Pública observar o princípio da legalidade para que assim se faça atendida a moralidade administrativa.

8. DIREITO ADMINISTRATIVO

(E) O princípio da moralidade impõe que o ato administrativo atenda, efetivamente, ao motivo legalmente previsto à sua prática e cumpra a finalidade à qual se destina, daí por que atos administrativos que atendam à forma legal podem violar a moralidade administrativa, estando, por tal vício, suscetíveis de anulação.

A: incorreta, pois *o conteúdo da moralidade é diverso do da legalidade, mas o fato é que aquele está normalmente associado a este* (José dos Santos Carvalho Filho. *Manual de direito administrativo*. 26. ed. São Paulo: Atlas, 2013. p. 22); **B:** incorreta, pois o princípio da legalidade não informa o princípio da moralidade administrativa, mas sim que todo ato da Administração Pública deve ocorrer dentro da lei, *além de atender à legalidade, o ato do administrador público deve conformar-se com a moralidade e a finalidade administrativas para dar plena legitimidade à sua atuação* (Hely Lopes Meirelles. *Direito administrativo brasileiro*. 36. ed. São Paulo: Malheiros, 2010. p. 90). E, por fim, cumpre salientar que nem tudo que é legal é moral. Vários são os exemplos neste sentido. Imagine o fato de um deputado que represente o Distrito Federal na Câmara dos Deputados, que possua residência em Brasília, e que receba auxílio moradia. Verifique que tal ato pode até ser legal, mas é imoral; **C:** incorreta, pois em que pese o princípio da legalidade ser considerado *o princípio capital para a configuração do regime jurídico--administrativo* (Celso Antônio Bandeira de Mello. *Curso de direito administrativo*. 27. ed. São Paulo: Malheiros, 2010. p.99), não é correto asseverar que o princípio da moralidade vai além do princípio da legalidade. O certo é que *a moralidade do ato administrativo juntamente com a sua legalidade e finalidade, além de sua adequação aos demais princípios constituem pressupostos de validade sem os quais toda atividade pública será ilegítima* (Hely Lopes Meirelles. *Op cit*. p. 91); **D:** incorreta, pois como diz o ilustre doutrinador baiano Dirley da Cunha Junior *o princípio se destaca como pedra angular desse sistema de normas* (*Curso de direito administrativo*. 9. ed. Salvador: *JusPodivm*, 2010. p. 34). Nesse passo, entende-se que os princípios administrativos *são postulados fundamentais que inspiram todo o modo de agir da administração pública norteando uma conduta do Estado quando no exercício de atividades administrativas* (José dos Santos Carvalho Filho. *Manual de direito administrativo*. 24. ed. Rio de Janeiro. Lumen Juris, 2011. p. 17). Conclui-se assim sem muito esforço que o Administrador Público tem a obrigação de agir com decoro, ética, boa-fé, lealdade, probidade, honestidade, etc.; **E:** correta, pois o princípio da legalidade é considerado *a diretriz básica da conduta dos agentes da administração* (José dos Santos Carvalho Filho. *Manual de direito administrativo*. 24. ed. Rio de Janeiro. Lumen Juris, 2011. p. 18). Para Celso Antônio Bandeira de Melo, o princípio da legalidade *implica completa subordinação do administrador à lei desde que o que lhe ocupe a cúspide até o mais modesto deles* (*RDP*. n. 90, p.57-58). Ou seja, o administrador público deve agir segundo a lei, nem contra a lei, nem além da lei. Significa dizer que *enquanto na administração particular é lícito fazer tudo que a lei não proíbe, na administração pública só é permitido fazer o que a lei autoriza* (Hely Lopes Meirelles. *Direito administrativo brasileiro*. 36. ed. São Paulo: Malheiros, 2010. p. 89). De todo modo, é certo que o administrador público só pode fazer o que a lei determinar, sob pena de anulabilidade do ato. `SEG`

Gabarito "E".

2. PODERES ADMINISTRATIVOS

(Agente-Escrivão – PC/GO – CESPE – 2016) Com relação aos poderes administrativos e ao uso e abuso desses poderes, assinale a opção correta.

(A) O poder de polícia refere-se às relações jurídicas especiais, decorrentes de vínculos jurídicos específicos existentes entre o Estado e o particular.

(B) O poder disciplinar, mediante o qual a administração pública está autorizada a apurar e aplicar penalidades, alcança tão somente os servidores que compõem o seu quadro de pessoal.

(C) A invalidação, por motivos de ilegalidade, de conduta abusiva praticada por administradores públicos ocorre no âmbito judicial, mas não na esfera administrativa.

(D) Poder regulamentar é a competência atribuída às entidades administrativas para a edição de normas técnicas de caráter normativo, executivo e judicante.

(E) Insere-se no âmbito do poder hierárquico a prerrogativa que os agentes públicos possuem de rever os atos praticados pelos subordinados para anulá-los, quando estes forem considerados ilegais, ou revogá-los por conveniência e oportunidade, nos termos da legislação respectiva.

A: incorreta. CTN, art. 78 - Considera-se poder de polícia a atividade da Administração Pública que, limitando ou disciplinando direito, interesse ou liberdade, regula a prática de ato ou abstenção de fato, em razão de interesse público concernente à segurança, à higiene, à ordem, aos costumes, à disciplina da produção e do mercado, ao exercício de atividades econômicas dependentes de concessão ou autorização do Poder Público, à tranquilidade pública ou ao respeito à proprie-

dade e aos direitos individuais ou coletivos; **B:** incorreta. **Poder disciplinar** é a atribuição de que dispõe a Administração Pública de apurar as infrações administrativas e punir seus agentes públicos responsáveis e demais pessoas sujeitas à disciplina administrativa, que contratam com a Administração ou se sujeitam a ela; **C:** incorreta. Pelo princípio da autotutela, a invalidação pode ocorrer ainda na esfera administrativa; **D:** incorreta. O poder regulamentar ou, como prefere parte da doutrina, poder normativo é uma das formas de expressão da função normativa **do Poder Executivo**, cabendo a este editar normas complementares à lei para a sua fiel execução (DI PIETRO, 2011:91); **E:** correta. São atribuições típicas do poder hierárquico: dar/receber ordens, fiscalizar, rever, delegar e avocar atribuições. A assertiva se refere em especial a atribuição de rever e avocar os atos praticados. `FMB`

Gabarito "E".

(Agente – Pernambuco – CESPE – 2016) Após investigação, foi localizada, no interior da residência de Paulo, farta quantidade de *Cannabis sativa*, vulgarmente conhecida por maconha, razão por que Paulo foi preso em flagrante pelo crime de tráfico de drogas. No momento de sua prisão, Paulo tentou resistir, motivo pelo qual os policiais, utilizando da força necessária, efetuaram sua imobilização.

Nessa situação hipotética, foi exercido o poder administrativo denominado:

(A) poder disciplinar, o qual permite que se detenham todos quantos estejam em desconformidade com a lei.

(B) poder regulamentar, que corresponde ao poder estatal de determinar quais práticas serão penalizadas no caso de o particular as cometer.

(C) poder hierárquico, devido ao fato de o Estado, representado na ocasião pelos policiais, ser um ente superior ao particular.

(D) poder discricionário, mas houve abuso no exercício desse poder, caracterizado pela utilização da força para proceder à prisão.

(E) poder de polícia, que corresponde ao direito do Estado em limitar o exercício dos direitos individuais em benefício do interesse público.

Trata-se de expressão do poder de polícia, que vem assim definido: Código Tributário - **Art. 78.** Considera-se poder de polícia atividade da administração pública que, limitando ou disciplinando direito, interesse ou liberdade, regula a prática de ato ou abstenção de fato, em razão de interesse público concernente à segurança, à higiene, à ordem, aos costumes, à disciplina da produção e do mercado, ao exercício de atividades econômicas dependentes de concessão ou autorização do Poder Público, à tranquilidade pública ou ao respeito à propriedade e aos direitos individuais ou coletivos. (Redação dada pelo Ato Complementar nº 31, de 1966) **Parágrafo único**. Considera-se regular o exercício do poder de polícia quando desempenhado pelo órgão competente nos limites da lei aplicável, com observância do processo legal e, tratando-se de atividade que a lei tenha como discricionária, sem abuso ou desvio de poder. `FMB`

Gabarito "E".

(Agente-Escrivão – Acre – IBADE – 2017) Considerando os Poderes e Deveres da Administração Pública e dos administradores públicos, é correta a seguinte afirmação:

(A) A possibilidade do chefe de um órgão público emitir ordens e punir servidores que desrespeitem o ordenamento jurídico não possui arrimo no dever-poder de polícia, mas sim no dever-poder normativo.

(B) O dever-poder de polícia pressupõe uma prévia relação entre a Administração Pública e o administrado. Esta é a razão pela qual este dever-poder possui por fundamento a supremacia especial.

(C) Verificado que um agente público integrante da estrutura organizacional da Administração Pública praticou uma infração funcional, o dever- poder de polícia autoriza que seu superior hierárquico aplique as sanções previstas para aquele agente.

(D) O dever-poder normativo viabiliza que o Chefe do Poder Executivo expeça regulamentos para a fiel execução de leis.

(E) O dever-poder de polícia, também denominado de dever-poder disciplinar ou dever-poder da supremacia da administração perante os súditos, é a atividade da administração pública que, limitando ou disciplinando direito, interesse ou liberdade, regula a prática de ato ou abstenção de fato, em razão de interesse público concernente à segurança, à higiene, à ordem, aos costumes, à disciplina da produção e do mercado, ao exercício de atividades econômicas dependentes de concessão ou autorização do Poder Público, à tranquilidade pública ou ao respeito à propriedade e aos direitos individuais ou coletivos.

A: incorreta. Trata-se do dever-poder hierárquico; B: incorreta. Dever-poder de polícia trata da possibilidade administração limitar a ação e interesses de seus administrados tendo por base o interesse público; C: incorreta. O que autoriza a atuação dentro da administração é o poder hierárquico; D: correta. O poder normativo permite ao chefe do executivo a criação de ato normativo regulamentar tendo por objeto lei anterior. E: incorreta. A assertiva indicou a letra do dispositivo legal inserto no art. 78 do CTN, mas está incorreta ao dizer que o poder de polícia é também denominado de dever-poder disciplinar ou dever-poder da supremacia da administração perante os súditos. **FMB**

Gabarito "D".

(Escrivão – AESP/CE – VUNESP – 2017) O Delegado Geral da Polícia Civil, ao organizar e distribuir as funções de seus órgãos, estabelecendo a relação de subordinação entre os servidores do seu quadro de pessoal, estará exercendo o seu:

(A) poder regulamentar.

(B) poder normativo.

(C) poder de polícia.

(D) poder hierárquico.

(E) poder disciplinar.

Trata-se de expressão do poder hierárquico a medida que este é o de que dispõe o Executivo para organizar e distribuir as funções de seus órgãos, estabelecendo a relação de subordinação entre os servidores do seu quadro de pessoal. Inexistente no Judiciário e no Legislativo, a hierarquia é privativa da função executiva, sendo elemento típico da organização e ordenação dos serviços administrativos. **FMB**

Gabarito "D".

(Escrivão – AESP/CE – VUNESP – 2017) Quando um Escrivão de Polícia, acompanhando o Delegado de Polícia e outros policiais civis, durante uma Operação realizada nas proximidades de uma comunidade, verifica atitudes suspeitas de pessoas no interior de um veículo (uso de entorpecentes) e determina a sua abordagem, restringindo, assim, o uso e o gozo de liberdades individuais, estará:

(A) praticando um ato legal, alicerçado no poder disciplinar.

(B) praticando um ato legal, alicerçado no poder de polícia.

(C) praticando um ato ilegal, em razão do abuso de autoridade.

(D) praticando um ato ilegal, em razão do desvio de poder.

(E) praticando um ato legal, em razão do poder punitivo de Estado.

Trata-se de expressão do poder de polícia assim definido no CTN, **Art. 78** - Considera-se poder de polícia atividade da administração pública que, limitando ou disciplinando direito, interesse ou liberdade, regula a prática de ato ou abstenção de fato, em razão de interesse público concernente à segurança, à higiene, à ordem, aos costumes, à disciplina da produção e do mercado, ao exercício de atividades econômicas dependentes de concessão ou autorização do Poder Público, à tranquilidade pública ou ao respeito à propriedade e aos direitos individuais ou coletivos. (Redação dada pelo Ato Complementar nº 31, de 1966). **FMB**

Gabarito "B".

(Investigador-Escrivão-Papiloscopista – Pará – Funcab – 2016) No que se refere aos poderes da Administração Pública, é correto afirmar que:

(A) praticado o ato por autoridade, no exercício de competência delegada, contra a autoridade delegante caberá mandado de segurança, ou outra medida judicial, por ser detentora da competência originária.

(B) tanto a posição da doutrina, quanto da jurisprudência são pacíficas sobre a possibilidade de edição dos regulamentos autônomos, mesmo quando importarem em aumento de despesas.

(C) o Poder Hierárquico é o escalonamento vertical típico da administração direta. Desta forma, a aplicação de uma penalidade pelo poder executivo da União a uma concessionária de serviço público é uma forma de manifestação deste Poder.

(D) o Poder regulamentar deverá ser exercido nos limites legais, sem inovar no ordenamento jurídico, expedindo normas gerais e abstratas, permitindo a fiel execução das leis, minudenciando seus termos.

(E) decorre do Poder Hierárquico a punição de um aluno de uma universidade pública pelo seu reitor, uma vez que este é o chefe da autarquia educacional, sendo competência dele a punição dos alunos faltosos.

Por se tratar de poder de natureza derivada, cabe a ele tão somente ser exercido à luz da Lei já existente e nesse sentido, CF, **Art. 84** - Compete privativamente ao Presidente da República: IV - sancionar, promulgar e fazer publicar as leis, bem como expedir decretos e regulamentos para sua fiel execução. Pelo princípio da simetria constitucional tal poder é estendido aos demais chefes de executivo dos entes subnacionais. **FMB**

Gabarito "D".

(Escrivão de Polícia/DF – 2013 – CESPE) Considerando que os poderes administrativos são os conjuntos de prerrogativas de direito público que a ordem jurídica confere aos agentes administrativos para o fim de permitir que o Estado alcance seus fins, julgue os itens a seguintes.

(1) A concessão de licença é ato vinculado, haja vista que a administração pública estará obrigada à prática do ato quando forem preenchidos os requisitos pelo particular. Todavia, caso o agente público, no cumprimento do ato, verifique que ação contrária ao dispositivo legal atenderá com maior efetividade ao interesse público, poderá agir de forma distinta da que prevê a lei, prestando a devida justificativa.

(2) Tanto a polícia administrativa quanto a polícia judiciária, embora tratem de atividades diversas, enquadram-se no âmbito da função administrativa do Estado, uma vez que representam atividades de gestão de interesse público.

1: incorreta. A licença é o ato administrativo vinculado e definitivo pelo qual o Poder Público, verificando o atendimento do interessado a todas as exigências legais, faculta-lhe o desempenho de atividades ou a realização de fatos materiais antes vedados ao particular. No caso de agente público, no cumprimento do ato, verificar que ação contrária ao dispositivo legal, não poderá agir de forma distinta da que prevê a lei, mesmo prestando a devida justificativa. **2:** Correta. De fato, tanto a polícia administrativa quando age de forma preventiva e fiscalizadora sobre bens, direitos ou atividades dos indivíduos, e a polícia judiciária, quando atua de forma repressiva aos delitos cometidos pelos indivíduos, representam atividades de gestão de interesse público. **SEG**

Gabarito 1E, 2C

(Escrivão de Polícia/BA – 2013 – CESPE) A respeito dos poderes da administração, julgue o item subsequente.

(1) Em razão do poder regulamentar da administração pública, é possível estabelecer normas relativas ao cumprimento de leis e criar direitos, obrigações, proibições e medidas punitivas.

1: Incorreta. O poder regulamentar é uma das formas pelas quais se expressa a função normativa do Poder Executivo e pode ser definido como aquele conferido ao Chefe do Executivo para editar atos normativos com a finalidade de dar fiel execução. Este, pode se dar por meio de regulamento execução ou regulamento autônomo. O **regulamento de execução** é aquele expedido pelo Chefe do Poder Executivo para fiel execução da lei, tendo como pressuposto a existência da lei, **não podendo inovar na ordem jurídica**, pois tem caráter suplementar. Por outro lado, o **regulamento autônomo** ou independente difere do decreto de execução porque **podem inovar na ordem jurídica**, já que versam sobre matérias não disciplinadas em lei, e não dependem de existência prévia de lei. **SEG**

Gabarito:1E

(Escrivão de Polícia/GO – 2013 – UEG) O controle que a própria Administração exerce sobre seus órgãos decorre

(A) do poder regulamentar.

(B) da atividade discricionária.

(C) da tutela.

(D) do poder de autotutela.

A: incorreta, até porque o poder regulamentar é *uma das formas pelas quais se expressa a função normativa do Poder Executivo* e pode ser definido como *aquele conferido ao Chefe do Executivo para editar atos normativos (decretos e regulamentos) com a finalidade de dar fiel execução à lei* (Maria Sylvia Zanella Di Pietro. *Direito administrativo*. 24. ed. São Paulo: Atlas, 2011. p. 91); **B:** incorreta, pois a atividade discricionária (poder discricionário) é aquela que confere ao administrador público *liberdade para decidir* se determinado ato é ou não de interesse público, levando-se em conta os critérios de *conveniência* e *oportunidade*; **C:** incorreta, pois a tutela (ou controle) assegura à Administração Pública *a atribuição de fiscalizar as atividades das entidades da Administração Indireta, com o objetivo de garantir a observância de suas finalidades institucionais* (Maria

Sylvia Zanella Di Pietro. *Op. cit.* p. 70); **D:** correta, já que a autotutela significa que a Administração Pública tem autonomia para controlar seus próprios atos, podendo anular aqueles que forem ilegais e revogar os que forem considerados inconvenientes ou inoportunos, sem necessidade de se recorrer ao Poder Judiciário. Inclusive a esse respeito o STF editou as Súmulas 346 e 473, cuja redação são as seguintes: Súmula 346: *A administração pública pode declarar a nulidade dos seus próprios atos.* Súmula 473: *A administração pode anular seus próprios atos, quando eivados de vícios que os tornam ilegais, porque deles não se originam direitos; ou revogá-los, por motivo de conveniência ou oportunidade, respeitados os direitos adquiridos, e ressalvada, em todos os casos, a apreciação judicial.* **SEG**

Gabarito "D".

(Escrivão de Polícia/GO – 2013 – UEG) No contexto do poder disciplinar, a Administração

(A) pode deixar de aplicar o contraditório e de proporcionar ampla defesa nas situações em que a penalidade prevista para a falta disciplinar for de natureza leve.

(B) se utiliza das sanções de avocação e delegação para correicionar servidores.

(C) tem a discricionariedade para decidir entre punir e não punir o servidor que faltou com o dever funcional.

(D) aplica penalidades às pessoas que com ela contratam.

A: incorreta, pois a Administração Pública ao apurar as infrações cometidas por seus agentes, objetiva responsabilizá-los aplicando-lhes as penalidades previstas em lei, contudo deve-se observar os princípios da ampla defesa, contraditório (art. 5º; LIV e LV da CF), da razoabilidade, proporcionalidade e motivação (art. 2º, *caput*, da Lei 9.784/1999), não importando se a falta disciplinar é de natureza leve ou não; **B:** incorreta, pois o poder de avocação é o ato discricionário, onde o superior hierárquico chama para si o exercício temporário de determinada competência atribuída por lei a um subordinado. A avocação será *permitida, em caráter excepcional e por motivos relevantes devidamente justificados* (art. 15 da Lei 9.784/1999). A delegação de competência encontra amparo nos arts. 11 a 15 da Lei 9.784/1999, e ocorre quando *um órgão ou autoridade, titular de determinados poderes e atribuições, transfere a outro órgão ou autoridade (em geral de nível hierárquico inferior) parcela de tais poderes e atribuições. A autoridade que transfere tem o nome de delegante; a autoridade ou órgão que recebe as atribuições denomina-se delegado; o ato pelo qual se efetua a transferência intitula-se ato de delegação ou delegação* (Odete Medauar. *Direito administrativo moderno.* 14. ed. São Paulo: RT, 2011. p. 61). O que se observa que avocação e delegação não servem para correicionar servidores; **C:** incorreta, pois a discricionariedade é o poder conferido ao Administrador Público decidir se determinado ato é ou não de interesse público, levando em conta os critérios da *conveniência* e da *oportunidade*; **D:** correta. O poder disciplinar *advém do poder hierárquico*, sendo conferido ao Administrador Público para *apurar as infrações* cometidas pelos agentes públicos e *impor penalidades*, aplicando-lhes sanções *de caráter administrativo*. O mesmo pode ocorrer em reação àqueles que contratam com a Administração Pública ou a elas se sujeitam, a exemplo das concessionárias ou permissionárias do serviço público (art. 29, II da Lei 8.987/1995 que dispõe sobre o regime de concessão e permissão da prestação de serviços públicos). **SEG**

Gabarito "D".

2.1. Poder de Polícia

(Escrivão de Polícia/MA – 2013 – FGV) Dias antes das eleições municipais, fiscais da Justiça Eleitoral, com o apoio da Polícia Civil, fizeram operação em comunidade carente em razão de denúncia de que determinado candidato a vereador teria colocado inúmeros *outdoors* com sua foto e número na região, fato que, de acordo com a legislação eleitoral, é vedado. Comprovado o fato que deu origem à denúncia, imediatamente os fiscais eleitorais retiraram os referidos *outdoors* irregulares.

A partir dos fatos narrados, é correto afirmar que a retirada pelos fiscais da propaganda eleitoral irregular encontra fundamento na

(A) teoria dos motivos determinantes.

(B) poder-dever da autotutela.

(C) poder discricionário.

(D) poder hierárquico.

(E) autoexecutoriedade dos atos administrativos.

A: incorreta, pois a teoria dos motivos determinantes dispõe que os atos administrativos, quando forem motivados, ficam vinculados aos motivos expostos. A aplicação mais importante desse princípio, na visão de José dos Santos Carvalho Filho *incide sobre os atos discricionários. Se mesmo que um ato seja discricionário, não exigindo, portanto, expressa motivação, esta, se existir, passa a vincular o agente aos termos em que foi mencionada* (*Manual de direito*

administrativo. 24. ed. Rio de Janeiro: Lumen Juris, 2010. p. 109); **B:** incorreta, eis que a autotutela significa que a Administração Pública tem autonomia para controlar seus próprios atos, podendo anular aqueles que forem ilegais e revogar os que forem considerados inconvenientes ou inoportunos, sem necessidade de se recorrer ao Poder Judiciário. Inclusive a esse respeito o STF editou as Súmulas 346 e 473, cuja redação são as seguintes: Súmula 346: *A administração pública pode declarar a nulidade dos seus próprios atos.* Súmula 473: *A administração pode anular seus próprios atos, quando eivados de vícios que os tornam ilegais, porque deles não se originam direitos; ou revogá-los, por motivo de conveniência ou oportunidade, respeitados os direitos adquiridos, e ressalvada, em todos os casos, a apreciação judicial;* **C:** incorreta, até porque o poder discricionário é aquele que confere ao administrador público *liberdade para decidir* se determinado ato é ou não de interesse público, levando em conta os critérios da *conveniência* e da *oportunidade*; **D:** incorreta, já que o poder hierárquico tem como característica a *subordinação entre seus órgãos e agentes,* ressaltando-se que a subordinação se dá no âmbito de uma mesma pessoa jurídica. Saliente-se que não há relação hierárquica entre diferentes pessoas jurídicas, tampouco entre os poderes Executivo, Legislativo e Judiciário; **E:** correta, pois a autoexecutoriedade é um dos atributos do poder de polícia, e consiste na possibilidade que a Administração Pública tem em *executar seus próprios atos, sem necessidade de autorização judicial.* É desse atributo que surge a possibilidade do agente público apreender mercadorias, interditar estabelecimentos, embargar obras etc. **SEG**

Gabarito "E".

(Agente de Polícia/PI – 2012) Considerando os caracteres dos poderes administrativos, assinale a alternativa incorreta.

(A) O poder de polícia administrativa dota-se do atributo da autoexecutoriedade, de tal sorte que, no geral, não necessita de prévia ordem judicial para materializar-se.

(B) Por sua característica eminentemente administrativa, os atos decorrentes do poder de polícia da Administração Pública somente podem ser executados mediante prévia ordem judicial.

(C) O poder hierárquico não se confunde com o poder disciplinar da Administração Pública.

(D) O poder regulamentar não confere à Administração Pública a prerrogativa de instituir direitos e obrigações, ainda que mediante Decreto do Poder Executivo.

(E) O exercício do poder disciplinar da Administração Pública necessita observar o devido processo legal.

A: correta, pois a autoexecutoriedade consiste na possibilidade que a Administração Pública tem em *executar seus próprios atos, sem necessidade de autorização judicial.* É desse atributo que surge a possibilidade da Administração Pública apreender mercadorias, interditar estabelecimentos, embargar obras etc.; **B:** incorreta, pois a Administração Pública não necessita de autorização judicial para *executar seus próprios atos.* É importante frisar, contudo, que em algumas situações excepcionais, onde há possibilidade de conflito, a exemplo de reintegração de posse ou demolição de obras, a Administração deve obter autorização judicial para agir; **C:** correta, pois entende-se que o poder hierárquico tem como característica a *subordinação entre seus órgãos e agentes,* ressaltando-se que a subordinação se dá no âmbito de uma mesma pessoa jurídica. Não há relação hierárquica entre diferentes pessoas jurídicas, tampouco entre os poderes Executivo, Legislativo e Judiciário. O poder disciplinar *advém do poder hierárquico,* sendo conferido ao Administrador Público para *apurar as infrações* cometidas pelos agentes e *impor penalidades,* aplicando-lhes sanções *de caráter administrativo,* inclusive, àqueles que contratam com a Administração Pública ou a elas se sujeitam, a exemplo das concessionárias ou permissionárias do serviço público. É bom destacar ainda, que o poder disciplinar não se confunde com o poder de punir do Estado (*jus puniendi*) este exercido pelo Poder Judiciário nos casos de prática de crimes ou contravenções; **D:** correta, pois o poder regulamentar não confere à Administração Pública a prerrogativa de instituir direitos e obrigações, ainda que mediante Decreto do Poder Executivo. O poder regulamentar é *uma das formas pelas quais se expressa a função normativa do Poder Executivo* na lição de Maria Sylvia Zanella Di Pietro (*Direito administrativo.* 24. ed. São Paulo: Atlas, 2011. p. 91) e pode ser definido como aquele *conferido ao Chefe do Executivo* para editar atos normativos (decretos e regulamentos) com a finalidade de *dar fiel execução à lei.* É certo que *a lei,* por ter natureza primária, *pode inovar na ordem jurídica,* criando direito e impondo obrigações, já *o decreto de execução* por ter natureza secundária, *não pode inovar na ordem jurídica,* isto é, restringir, contrariar ou ampliar o disposto na lei objeto de regulamentação; **E:** correta, pois o poder disciplinar *advém do poder hierárquico,* sendo conferido ao Administrador Público para *apurar as infrações* cometidas pelos agentes e *impor penalidades,* aplicando-lhes sanções *de caráter administrativo,* inclusive, àqueles que contratam com a Administração Pública ou a elas se sujeitam, a exemplo das concessionárias ou permissionárias do serviço público. Cumpre esclarecer que a aplicação da pena deve ser sempre *motivada,* regra que não admite exceção, não se aplicando em hipótese alguma o denominado instituto da verdade sabida (critério que autoriza a aplicação de penalidades e sanções sem), contraditório e sem ampla defesa. **SEG**

Gabarito "B".

SEBASTIÃO EDILSON GOMES E FLÁVIA BARROS

(Agente de Polícia/PR – 2010 – UEL) Assinale a alternativa que indica corretamente um dos poderes administrativos.

(A) Poder regulamentar: ordenamento definidor de competências e uma relação pessoal, obrigatória, de natureza pública, de coordenação e subordinação do inferior frente ao superior.

(B) Poder de polícia: atividade do Estado consistente em limitar o exercício dos direitos individuais em benefício do interesse público.

(C) Poder disciplinar: permite ao administrador editar normas gerais e abstratas, observados o princípio da legalidade e as regras de competência.

(D) Poder hierárquico: permite aplicar penalidades a agentes públicos e contratados, e é limitado pela competência para aplicar penalidades.

(E) Poder combativo: exerce combatividade à oposição que se faz ao ordenamento da coletividade.

A: incorreta, pois o poder regulamentar é *uma das formas pelas quais se expressa a função normativa do poder Executivo. Pode ser definido como o que cabe ao Chefe do Poder Executivo da União, dos Estados e dos Municípios de editar normas complementares à lei, para sua fiel execução.* (Maria Sylvia Zanella Di Pietro. *Direito administrativo.* 24. ed. São Paulo: Atlas, 2011. p. 91); **B:** correta, pois o poder de polícia consiste em que a Administração Pública tem poder para impor restrições ao exercício de direitos do particular em razão da supremacia do interesse público; **C:** incorreta, pois o poder disciplinar é aquele conferido ao Administrador Público para apurar as infrações cometidas pelos agentes e impor penalidades, aplicando-lhe sanções de caráter administrativo; **D:** incorreta, pois o poder hierárquico consiste na organização administrativa, tendo como característica a subordinação entre seus órgãos e agentes; **E:** incorreta, pois não há em sede doutrinária referência a poder combativo. **SEG**

Gabarito "B".

2.2. Deveres Administrativos

(Agente de Polícia/PR – 2010 – UEL) Agentes públicos exprimem um poder estatal munidos de uma autoridade que só podem exercer por lhes haver o Estado emprestado sua força jurídica, para satisfação de fins públicos.

Sobre os deveres do agente público, considere as seguintes definições: I. Dever de agir, que impõe a obrigação de realizar as atribuições com rapidez, perfeição, rendimento e dentro da legalidade.

II. Dever de eficiência, que impõe desempenhar, a tempo, as atribuições do cargo, função ou emprego público de que é titular.

III. Dever de probidade, que impõe desempenhar suas atribuições por meio de atitudes retas, leais, justas e honestas.

IV. Dever de prestar contas sobre a gestão de um patrimônio que pertence à coletividade.

Assinale a alternativa correta.

(A) Somente as afirmativas I e II são corretas.

(B) Somente as afirmativas I e III são corretas.

(C) Somente as afirmativas III e IV são corretas.

(D) Somente as afirmativas I, II e IV são corretas.

(E) Somente as afirmativas II, III e IV são corretas.

I: incorreta, pois *"se para o particular o poder de agir é uma faculdade, para o administrador público é uma obrigação de atuar, desde que se apresente o ensejo de exercitá-lo em benefício da comunidade".* (Hely Lopes Meirelles. *Direito administrativo brasileiro.* 37. ed. São Paulo: Malheiros, 2010. p. 117). Daí concluir que o poder-dever de agir é irrenunciável e que o agente público deve obrigatoriamente exercê-lo. Contudo, é de bom alvitre salientar que em alguns casos, o agente público não é obrigado a agir de imediato, cabendo ao mesmo verificar o melhor momento de fazê-lo. É o caso de implementação de obras públicas tais como escolas, hospitais, estradas, metrô, hidrelétricas etc.; **II:** incorreta, pois o dever de eficiência decorre da necessidade de se ter um padrão de qualidade na prestação do serviço público. Significa eficiência na gestão pública. O que a moderna doutrina chama de administração gerencial, caracterizada pelo cumprimento de metas, com ênfase em planejamentos e resultados. Em que pese a EC 19/1998 ter elevado a eficiência a princípio constitucional, constando no *caput* do art. 37 da CF, o Decreto-lei nº 200 de 25.02.1967, em seu art. 6º elenca cinco princípios fundamentais que se devidamente implementados podem contribuir para eficiência do serviço público, a saber: *planejamento; coordenação; descentralização; delegação de competência e controle;* **III:** correta, pois o dever de probidade advém do princípio da moralidade onde o agente público deve agir com honestidade, decoro, boa-fé, ética, lealdade e retidão; **IV:** correta, pois o dever de prestar contas decorre do princípio da indisponibilidade do interesse público, eis que como gestor dos bens públicos, é natural que preste contas de sua atuação. É um dever a todos imposto por for força de mandamento constitucional (art. 70, parágrafo único), e que se não

observado, enseja intervenção da União no Estado (art. 34, VII, "d") e do Estado no Município (art. 35, II). O dever de prestar contas se aplica a qualquer pessoa física ou jurídica, pública ou privada, sociedade de economia mista, fundações mantidas pelo poder público federal, que utiliza, arrecade ou administre dinheiro público. A prestação de contas deve-se dar junto ao respectivo órgão competente através dos Tribunais de Contas, quando se realiza o encontro de contas. O Presidente da República presta contas ao Congresso Nacional, referente ao exercício anterior, no prazo de até 60 dias após a abertura da sessão legislativa (art. 84, XXIV da CF). **SEG**

Gabarito "C".

3. ATO ADMINISTRATIVO

3.1. Conceitos e atributos do ato administrativo

(Investigador-Escrivão-Papiloscopista – Pará – Funcab – 2016) Considere o texto constitucional: art. 66, § 1º – Se o Presidente da República considerar o projeto, no todo ou em parte, inconstitucional ou contrário ao interesse público, vetá-lo-á total ou parcialmente, no prazo de quinze dias úteis, contados da data do recebimento, e comunicará, dentro de quarenta e oito horas, ao Presidente do Senado Federal os motivos do veto. Continua o texto constitucional: § 3º Decorrido o prazo de quinze dias, o silêncio do Presidente da República importará sanção.

Diante do silêncio da Administração Pública, assinale a opção correta.

(A) Em regra o silêncio da Administração Pública não significa manifestação de vontade, todavia, em respeito ao princípio da legalidade, artigo 37, "caput", da Constituição Federal, pode o texto legal prever efeitos ao silêncio da Administração Pública, sendo este qualificado pelo decurso de prazo determinado em lei.

(B) Somente o texto constitucional poderá determinar o silêncio da Administração Pública como manifestação de vontade, sendo vedado ao legislador infraconstitucional prever efeitos ao silêncio estatal.

(C) O silêncio da administração nunca significará manifestação de vontade.

(D) Quando a Administração Pública é chamada a se manifestar sobre determinado assunto, todavia se mantém silente, em regra, esta inércia significa manifestação de vontade, no sentido de aceitação, em respeito ao princípio da razoável duração do processo, inciso LXXVIII, do artigo 5º da Constituição Federal.

(E) Uma vez chamada a se manifestar sobre determinado assunto relacionado à administração da coisa pública, o silêncio estatal pode configurar uma lesão ou ameaça de lesão ao direito do administrado. Dessa forma, o poder judiciário não poderá ser manifestado para sanar tal ato, em virtude da separação dos poderes, nem poderá determinar que o agente competente o pratique.

O Art. 37, "caput", indica que a Administração Pública direta e indireta de qualquer dos Poderes da União, dos Estados, do Distrito Federal e dos Municípios obedecerão aos princípios de legalidade, impessoalidade, moralidade, publicidade e eficiência. Os efeitos do silêncio da Administração Pública diante da proposta de texto legal deve ser objeto de normatização haja vista suas consequências ante ao interesse público. **FMB**

Gabarito "A".

(Papiloscopista – PCDF – Universa – 2016) Com relação a atos administrativos e à responsabilidade civil do Estado, assinale a alternativa correta.

(A) O ato imperfeito é aquele que se encontra maculado de vício sanável.

(B) Tratando-se de comprovada má-fé, a administração pública pode anular atos administrativos de que decorram efeitos favoráveis para os destinatários, ainda que após o prazo decadencial de cinco anos.

(C) A convalidação engloba os elementos motivo e objeto do ato administrativo.

(D) Quanto aos atos de império, o ordenamento jurídico brasileiro adotou a teoria da irresponsabilidade civil do Estado.

(E) Os atos administrativos que dependem de homologação são classificados como complexos.

A: incorreta. O ato imperfeito apenas não completou seu ciclo de formação, ex.: aguardando publicação; **B:** correta. Lei 9.784/1999, art. 54 - O direito da Administração de anular os atos administrativos de que decorram efeitos favoráveis para os destinatários decai em cinco anos, contados da data em que foram praticados, salvo comprovada má-fé; **C:** incorreta. Os motivos são vícios insanáveis e o

8. DIREITO ADMINISTRATIVO 539

objeto só será sanável se o ato tiver forma plúrima, retirando-se o objeto viciado e mantendo os demais; **D:** incorreta. Não há tal previsão; **E:** incorreta. Os atos administrativos que dependem de homologação são compostos. **FMB**
Gabarito "B".

(Agente – Pernambuco – CESPE – 2016) O ato administrativo é uma espécie de ato jurídico de direito público, ou seja, suas características distinguem-no do ato jurídico de direito privado. Os atributos do ato administrativo – ato jurídico de direito público – incluem a:

(A) legalidade, a publicidade e a imperatividade.

(B) presunção de legitimidade, a imperatividade e a autoexecutoriedade.

(C) imperatividade, o motivo, a finalidade e a autoexecutoriedade.

(D) eficiência, a presunção de legitimidade e a continuidade.

(E) proporcionalidade, a motivação e a moralidade.

São atributos do ato administrativo: presunção de legitimidade – presume-se que o ato é legal, legítimo e verdadeiro. A presunção é relativa, pois admite prova em contrário; imperatividade – a Administração Pública impõe suas decisões aos administrados; e autoexecutoriedade – a Administração Publica impõe suas decisões independente de provimento judicial. **FMB**
Gabarito "B".

(Escrivão – Pernambuco – CESPE – 2016) Assinale a opção correta a respeito dos atos administrativos.

(A) A competência administrativa pode ser transferida e prorrogada pela vontade dos interessados.

(B) A alteração da finalidade expressa na norma legal ou implícita no ordenamento da administração caracteriza desvio de poder que dá causa à invalidação do ato.

(C) O princípio da presunção de legitimidade do ato administrativo impede que haja a transferência do ônus da prova de sua invalidade para quem a invoca.

(D) O ato administrativo típico é uma manifestação volitiva do administrado frente ao poder público.

(E) O motivo constitui requisito dispensável na formação do ato administrativo.

A finalidade, na condição de requisito ou elemento do ato, não pode ser alterada, tornando o ato e seus efeitos nulos. **FMB**
Gabarito "B".

(Escrivão – Pernambuco – CESPE – 2016) Ainda a respeito dos atos administrativos, assinale a opção correta.

(A) A convalidação é o suprimento da invalidade de um ato com efeitos retroativos.

(B) O controle judicial dos atos administrativos é de legalidade e mérito.

(C) A revogação pressupõe um ato administrativo ilegal ou imperfeito.

(D) Os atos administrativos normativos são leis em sentido formal.

(E) O ato anulável e o ato nulo produzem efeitos, independentemente do trânsito em julgado de sentença constitutiva negativa.

A convalidação ou saneamento "é o ato administrativo pelo qual é suprido o vício existente em um ato ilegal, com efeitos retroativos à data em que este foi praticado". Trata-se de mera faculdade da Administração Pública. São passíveis de convalidação os atos em que o vício é relativo ao sujeito ou vício relativo à forma. **FMB**
Gabarito "A".

(Agente de Polícia Civil/RO – 2014 – FUNCAB) Em se tratando dos atos administrativos, assinale a alternativa correta.

(A) Os motivos que determinam a vontade do agente, isto é, os fatos que serviram de suporte à sua decisão, não integram a validade do ato.

(B) Licença é ato pelo qual a Administração consente que o particular exerça atividade no seu próprio interesse, sendo discricionário e precário.

(C) A competência nem sempre é inderrogável, já que se transfere a outro órgão ou agente por acordo realizado entre as partes.

(D) O exame da discricionariedade só é possível para a verificação de sua regularidade em relação aos motivos.

(E) A presunção de legitimidade admite prova em contrário.

A: incorreta. Os atos administrativos, quando forem motivados, ficam vinculados aos motivos expostos. **B:** incorreta. A licença é o ato administrativo vinculado e definitivo

pelo qual o Poder Público, verificando o atendimento do interessado a todas as exigências legais, faculta-lhe o desempenho de atividades ou a realização de fatos materiais antes vedados ao particular. Portanto não revestido de precariedade. **C:** incorreta. A afirmativa encontra-se incorreta, pois a competência é inderrogável. Ou seja, a competência de um órgão não se transfere para outro por acordo entre as partes. **D:** incorreta. A afirmativa encontra-se incorreta, pois o exame da discricionariedade é possível em relação as causas, motivos e finalidades. **E:** correta. A presunção de legitimidade pressupõe que os atos praticados pelos agentes públicos são revestidos de legalidade e veracidade. No entanto, admitem prova em contrário. **SEG**
Gabarito "E".

3.2. Requisitos do ato administrativo

(Escrivão de Polícia/GO – 2013 – UEG) São elementos constitutivos do ato administrativo:

(A) sujeito, objeto, forma, motivo e finalidade.

(B) sujeito, objeto, forma e presunção de veracidade.

(C) sujeito, objeto, forma e autoexecutoriedade.

(D) sujeito, objeto, forma e imperatividade.

A: correta, pois os requisitos do ato administrativo – também chamados de elementos do ato administrativo – são as condições essenciais para que o mesmo se aperfeiçoe. Se não observado algum desses requisitos, o ato fica destituído de eficácia e consequentemente não produzirá efeitos jurídicos. Tomando por base o art. 2º da Lei 4.717/1965, a doutrina administrativista converge no sentido de elencar como requisitos de validade do ato administrativo os seguintes: sujeito (*competência*); *finalidade; forma; motivo e objeto*; **B:** incorreta, pois presunção de legitimidade não é elemento, mas atributo do ato administrativo; **C:** incorreta, pois a autoexecutoriedade também não é elemento, mas atributo do ato administrativo; **D:** incorreta, pois a imperatividade tal qual a presunção de veracidade e autoexecutoriedade, não é elemento, mas atributo do ato administrativo. **SEG**
Gabarito "A".

(Agente de Polícia/RO – 2009 – FUNCAB) O ato administrativo, segundo a maioria da doutrina, possui cinco elementos que precisam ser respeitados para que o ato seja considerado válido. Supondo que o administrador público, ao praticar um ato administrativo, o faz quando não tinha a atribuição legal para fazê-lo.

Diante deste caso, o elemento do ato administrativo que está eivado de vício é:

(A) forma.

(B) competência.

(C) motivo.

(D) objeto.

(E) finalidade.

A: incorreta, pois a forma é o meio como o ato se exterioriza, que via de regra se dá de forma escrita, devendo conter o local, a data e assinatura da autoridade responsável, conforme prevê a Lei 9.784/1999 em seu art. 22. Contudo, há situações em que a forma se dá através de sinais convencionados, a exemplo de placas de sinalização; **B:** correta, pois competência significa que ato administrativo só pode ser realizado por agente público que tenha poder legal para praticá-lo. Esta é a primeira condição para que o ato administrativo seja efetivamente válido. A rigor, pode-se dizer que a competência resulta de lei, sendo que o ato administrativo realizado por agente incompetente, ou que exceda os limites legais, resulta inválido. A competência é intransferível, irrenunciável, improrrogável e imprescritível. Contudo, se a lei alude expressamente, poderá haver delegação ou avocação da competência; **C:** incorreta, pois motivo é a justificativa para a realização do ato, e tanto pode ocorrer por previsão legal, ou pela vontade do administrador público. Se o motivo estiver previsto em lei, é ato vinculado, senão é ato discricionário; **D:** incorreta, pois objeto: *é aquilo sobre o que o ato dispõe*. (Celso Antônio Bandeira de Mello. *Curso de direito administrativo*. 27. ed. São Paulo: Malheiros, 2010. p. 395); **E:** incorreta, pois a finalidade consiste no objetivo que o agente público deseja atingir, sendo elemento vinculado, pois a lei deve indicar a finalidade do ato. **SEG**
Gabarito "B".

3.3. Classificação e espécies de ato administrativo

(Agente-Escrivão – PC/GO – CESPE – 2016) O ato que concede aposentadoria a servidor público classifica-se como ato:

(A) simples.

(B) discricionário.

(C) composto.

(D) declaratório.

(E) complexo.

É pacífico o entendimento de que a aposentadoria se trata de ato administrativo complexo, sendo válido somente posterior registro pelo Tribunal de Contas. E neste sentido: ADMINISTRATIVO. APOSENTADORIA. ATO COMPLEXO. CONFIRMAÇÃO PELO TRIBUNAL DE CONTAS DA UNIÃO. DECADÊNCIA ADMINISTRATIVA QUE SE CONTA A PARTIR DESSE ÚLTIMO ATO. NÃO CONFIGURAÇÃO. AgRg no REsp 1068703 SC 2008/0136386-2.1. Nos temos da jurisprudência deste Superior Tribunal de Justiça e da Suprema Corte, o ato de aposentadoria constitui-se ato administrativo complexo, que se aperfeiçoa somente com o registro perante o Tribunal de Contas, razão pela qual o marco inicial do prazo decadencial para Administração rever os atos de aposentação se opera com a manifestação final da Corte de Contas. **FMB**

Gabarito "E".

(Inspetor de Polícia/MT – 2010 – UNEMAT) Com referência aos atos administrativos, assinale a alternativa correta.

(A) Autorizações são atos vinculados, que facultam ao beneficiário o desfrute de situação regulada pela norma jurídica. Ex.: porte de arma.

(B) Licença é o ato administrativo, ampliativo de direitos, que consiste na outorga da possibilidade de prática de determinada conduta. Ex.: edificar.

(C) Dispensa é o ato administrativo discricionário que consiste em exonerar alguém de dever legal, caso se encontrem presentes determinados requisitos.

(D) Homologação é ato administrativo discricionário de controle da legalidade. Na homologação não há qualquer apreciação de conveniência e oportunidade.

(E) Aprovação é ato administrativo discricionário sediado na competência controladora, que confere eficácia a ato administrativo perfeito.

A: incorreta, pois autorização ocorre quando a Administração Pública permite a realização de certa atividade, serviço ou mesmo a utilização bens públicos. É ato discricionário e precário podendo ser revogado a qualquer tempo. Por exemplo: uso de uma praça para realização de uma festa; **B:** incorreta, pois a licença é ato administrativo vinculado e definitivo. O Poder Público, verificando que o particular atendeu às exigências legais, autoriza-lhe o desempenho de atividades, não podendo negá-la. Por exemplo: exercício de determinada profissão; **C:** incorreta, pois a *dispensa é ato administrativo que exime o particular do cumprimento de determinada obrigação até então exigida por lei, como, p. ex., a prestação do serviço militar.* (Hely Lopes Meirelles. *Direito administrativo brasileiro.* 36. ed. São Paulo: Malheiros, 2010. p. 194); **D:** incorreta, pois a homologação é o meio pelo qual o Administrador Público examina a legalidade e a conveniência de ato emanado do próprio Poder Público, de outra entidade ou de particular, a fim de revestir-lhe de eficácia. Se o ato depender de homologação, enquanto não a receber não surte efeito. É o caso da homologação que ocorre na licitação; **E:** correta, pois a aprovação é a manifestação discricionária e unilateral da Administração Pública, concordando ou não com outro ato. A aprovação pode ser prévia (*a priori* – ex. art. 52, III e IV, CF), ou posterior (*a posteriori* – ex. art. 49, IV, CF). Hely Lopes Meirelles, defende a tese de que a *aprovação é ato vinculado,* mas é posição minoritária (*Direito administrativo brasileiro.* 37. ed. São Paulo: Malheiros, 2010. p. 172). **SEG**

Gabarito "E".

3.4. Discricionariedade e vinculação

(Escrivão – AESP/CE – VUNESP – 2017) Com relação à teoria dos motivos determinantes, é correto afirmar que:

(A) mesmo que um ato administrativo seja discricionário, não exigindo, portanto, expressa motivação, esta, se existir, passa a vincular o agente.

(B) apenas orienta a formulação dos atos administrativos complexos.

(C) na formulação dos atos administrativos compostos, dependerá sempre da bilateralidade de vontades.

(D) a aplicação mais importante dessa teoria incide sobre os atos administrativos vinculados.

(E) baseia-se no princípio de que o motivo do ato administrativo não deve guardar compatibilidade com a situação de fato que gerou a manifestação de vontade.

A teoria dos motivos determinantes indica que a motivação do ato administrativo vincula seus efeitos ainda que o ato seja discricionário. E nesse sentido vale citar: HC 141925/DF, relatado pelo Ministro Teori Albino Zavascki, datado de 14/04/2010: *HABEAS CORPUS.* PORTARIA DO MINISTRO DE ESTADO DA JUSTIÇA, DETERMINANDO A EXPULSÃO DE ESTRANGEIRO DO TERRI-

TÓRIO NACIONAL EM RAZÃO DE SUA CONDENAÇÃO À PENA PRIVATIVA DE LIBERDADE. INEXISTÊNCIA DO FUNDAMENTO. APLICAÇÃO DA TEORIA DOS MOTIVOS DETERMINANTES, SEGUNDO A QUAL A VALIDADE DO ATO ADMINISTRATIVO, AINDA QUE DISCRICIONÁRIO, VINCULA-SE AOS MOTIVOS APRESENTADOS PELA ADMINISTRAÇÃO. INVALIDADE DA PORTARIA. ORDEM CONCEDIDA. **FMB**

Gabarito "A".

(Agente de Polícia/PI – 2012) Considerando os caracteres dos atos administrativos, assinale a alternativa correta.

(A) Os atos discricionários não precisam ser motivados.

(B) Os atos vinculados não precisam ser motivados.

(C) Tanto os atos administrativos discricionários como os atos administrativos vinculados precisam ser motivados.

(D) Os atos administrativos discricionários não podem ser revogados.

(E) Os atos administrativos discricionários não podem ser anulados.

A: incorreta, pois todos os atos precisam ser motivados, até porque o motivo é a justificativa para a realização do ato, e tanto pode ocorrer por previsão legal como pela vontade do administrador público. O que ocorre é que no ato discricionário, o Administrador Público tem mais liberdade de agir, desde que respeitado os critérios de conveniência e oportunidade e desde que nos limites legais; **B:** incorreta, pois o ato vinculado ocorre quando há previsão legal para aquele fato, não podendo a Administração Pública agir de forma diferente. Por exemplo, pedido de aposentadoria por idade (compulsória) ou servidor que solicita licença por motivo de doença de membro da família apresentado os documentos periciais oficiais. Nestes casos a Administração Pública não pode deixar de conceder, sob pena de invalidação do ato; **C:** correta, pois como visto, a regra é que todos os atos precisam ser motivados devendo a motivação ser explícita, clara e congruente (coerente); **D:** incorreta, até porque a revogação é o instrumento, pelo qual a Administração Pública retira do mundo jurídico determinado ato administrativo, levando-se em conta os critérios de conveniência e oportunidade (art. 53 da Lei 9.784/1999). A revogação é própria da Administração Pública não cabendo ao Poder Judiciário apreciar os critérios de conveniência e oportunidade. É bom que se diga que o *fundamento da revogação é o poder discricionário* da Administração Pública, salientando-se que o pressuposto para revogação do ato administrativo é o interesse público; **E:** incorreta, pois o *pressuposto para invalidação* do ato administrativo é a presença do *vício de legalidade.* Em assim ocorrendo, o mesmo pode ser invalidado tanto pela Administração Pública (autotutela), quanto pelo Poder Judiciário. Convém observar que o art. 53 da Lei 9.784/1999 aduz que *a Administração deve anular seus próprios atos, quando eivados de vício de legalidade, e pode revogá-los por motivo de conveniência ou oportunidade, respeitados os direitos adquiridos.* Corrobora nesse sentido a Súmula 473 do STF, o que se confirma pela transcrição de seu texto: *A administração pode anular seus próprios atos, quando eivados de vícios que os tornam ilegais, porque deles não se originam direitos; ou revogá-los, por motivo de conveniência ou oportunidade, respeitados os direitos adquiridos, e ressalvada, em todos os casos, a apreciação judicial.* **SEG**

Gabarito "C".

(Agente de Polícia/DF – 2009 – UNIVERSA) Sendo a Administração Pública o braço operacionalizador das políticas públicas, no que se distingue, pois, da função de governo, posto estar no nível de sua formulação, assinale a alternativa correta.

(A) No bojo da constitucionalização da Administração Pública, tem-se que a legalidade, a moralidade, a publicidade, a impessoalidade e a eficiência, este trazido com a edição da Emenda Constitucional nº 19, de 1998, são os princípios exclusivos da Administração Pública.

(B) A doutrina administrativista tem exigido a explicitação dos motivos ensejadores mesmo dos atos administrativos discricionários.

(C) Caracteriza a administração direta a centralização das atividades nas entidades públicas.

(D) Em face de suas prerrogativas de Estado, o foro exclusivo para julgamento de causas em face de autarquias e fundações públicas é a justiça comum, federal ou estadual, conforme a natureza de seu ente criador.

(E) Depende de lei específica a criação das fundações de direito público.

De fato, pois os atos administrativos discricionários não delegam liberdade absoluta ao administrador público, não podendo ser exercido acima ou além da lei, mas em sujeição a ela. **SEG**

Gabarito "B".

3.5. Extinção do ato administrativo

(Agente – Pernambuco – CESPE – 2016) O diretor-geral da polícia civil de determinado estado exarou um ato administrativo e, posteriormente, revogou-o, por entender ser inconveniente sua manutenção.

Nessa situação hipotética, o princípio em que se fundamentou o ato de revogação foi o princípio da:

(A) segurança jurídica.

(B) especialidade.

(C) autotutela.

(D) supremacia do interesse público.

(E) publicidade.

O ato trata de manifestação do princípio da autotutela do qual decorre o poder--dever de rever os atos considerados inoportunos ou inconvenientes e anular aqueles que forem considerados ilegais. **FMB**

Gabarito "C".

(Investigador-Escrivão-Papiloscopista – Pará – Funcab – 2016) Considere a situação em que a Administração Pública municipal edite um ato administrativo de permissão para que o administrado em certo local explore um parque de diversões. Posteriormente, surge a nova lei de zoneamento que se mostra incompatível com a permissão anteriormente concedida. Assinale a opção correta, no tocante à forma de extinção do ato administrativo.

(A) Caducidade.

(B) Anulação.

(C) Cassação.

(D) Extinção Subjetiva.

(E) Extinção Natural do ato.

Lei 8.987/1995, art. 35 - Extingue-se a concessão por: III – caducidade. Art. 38. § 1º A caducidade da concessão poderá ser declarada pelo poder concedente quando: IV - a concessionária perder as condições econômicas, técnicas ou operacionais para manter a adequada prestação do serviço concedido. **FMB**

Gabarito "A".

(Escrivão de Polícia/DF – 2013 – CESPE) No que se refere à anulação e revogação dos atos administrativos, julgue os itens a seguir.

(1) O vício de forma do ato administrativo que não cause lesão ao interesse público nem prejuízo a terceiros, em regra, poderá ser convalidado pela administração pública.

(2) Tanto os atos administrativos discricionários como os atos administrativos vinculados podem ser anulados ou revogados.

1: correta. Desde que não acarretem lesão ao interesse público nem prejuízo a terceiros, os atos que apresentarem defeitos sanáveis poderão ser convalidados pela própria Administração (art. 55 da Lei 9.784/1999); **2:** Os atos discricionários poderão ser revogados. Os atos vinculados poderão ser anulados, se conterem algum vício de legalidade. **SEG**

Gabarito 1C, 2E

3.6. Temas combinados

(Escrivão de Polícia/BA – 2013 – CESPE) Com relação ao ato administrativo, julgue os itens que se seguem.

(1) Caso um ato administrativo de nomeação de notários tenha sido anulado devido à constatação de irregularidades, os notários nomeados são obrigados a restituir, em favor do Estado, os valores recebidos a título de emolumentos e custas durante o exercício de suas funções em cartórios extrajudiciais, ainda que os atos e serviços cartorários tenham sido devidamente praticados e os serviços regularmente prestados.

(2) O contrato de financiamento ou mútuo firmado pelo Estado constitui ato de direito privado, não sendo, portanto, considerado ato administrativo.

(3) A concessão de autorização para porte de arma consiste em ato discricionário e precário da administração, podendo ser revogada a qualquer momento.

1: Incorreta. A questão refere-se ao agente público de fato. Diogo de Figueiredo afirma que "em razão da teoria da aparência e da boa-fé, os atos praticados, quer por agentes de fato putativos, quer por agentes de fato necessários, devem ser convalidados perante terceiros (MOREIRA NETO, Diogo de Figueiredo. *Curso de*

direito administrativo. 15. Ed. Rio de Janeiro: Forense. 2009. p. 323) E, não havendo má-fé, os atos praticados pelos agentes públicos de fato, os mesmos podem ser confirmados pelo poder público. Desse modo, o mesmo não precisa restituir o estado com os valores recebidos a título de emolumentos e custas. **2:** Correta. Existem atos praticados pela Administração Pública que não são considerados atos administrativos. São atos regidos pelo direito privado e nesse caso o Estado atua em pé de igualdade com o particular, sem o exercício de suas prerrogativas, tais como o exercício da supremacia do interesse público sobre o interesse privado. São exemplos, a locação de um imóvel para nela instalar uma repartição pública, contrato de financiamento ou mútuo etc. **3:** Correta. A autorização em sua concepção clássica permanece como ato administrativo precário e discricionário. É o caso por exemplo das *autorização de uso* de uma rua para um evento, passeata etc. Podem ser também de *atos privados controlados,* como porte de arma. **SEG**

Gabarito 1E, 2C, 3C

(Agente de Polícia/PI – 2012) Acerca da invalidação dos atos administrativos, assinale a alternativa correta.

(A) A Administração Pública, constatando a ilegalidade de ato administrativo já publicado, não o pode anular, devendo aguardar decisão judicial que decrete a invalidação do referido ato administrativo ilegal.

(B) Constatando a ilegalidade do ato administrativo, a própria Administração Pública deve revogá-lo.

(C) Constatada a ilegalidade do ato administrativo, somente o Poder Judiciário pode invalidá-lo.

(D) Somente por decisão judicial transitada em julgado é que o ato administrativo pode ser anulado, dado que o ato administrativo goza da presunção de legitimidade.

(E) Constatada a ilegalidade do ato administrativo, a própria Administração Pública deve anulá-lo.

A: incorreta, eis que o pressuposto para invalidação do ato administrativo é a presença do vício de legalidade, podendo a Administração Pública, em razão da autotutela, invalidá-lo sem a necessidade de esperar decisão judicial. Diga-se em tempo, que o mesmo pode ser invalidado tanto pela Administração Pública (autotutela), quanto pelo Poder Judiciário. Convém observar o que dispõe o art. 53 da Lei 9.784/1999: *A Administração deve anular seus próprios atos, quando eivados de vício de legalidade, e pode revogá-los por motivo de conveniência ou oportunidade, respeitados os direitos adquiridos*; **B:** incorreta, pois em caso de ilegalidade deve haver a *anulação* do ato. A revogação do ato se dá por motivos de conveniência e oportunidade; **C:** incorreta, pois se constatada ilegalidade do ato, o mesmo pode ser invalidado tanto pela Administração Pública (autotutela), quanto pelo Poder Judiciário; **D:** incorreta, pois conforme aduz o art. 53 da Lei 9.784/1999, *a Administração deve anular seus próprios atos, quando eivados de vício de legalidade, e pode revogá-los por motivo de conveniência ou oportunidade, respeitados os direitos adquiridos.* Tal fato se confirma pelo disposto na Súmula 473 do STF. Observe: *A administração pode anular seus próprios atos, quando eivados de vícios que os tornam ilegais, porque deles não se originam direitos; ou revogá-los, por motivo de conveniência ou oportunidade, respeitados os direitos adquiridos, e ressalvada, em todos os casos, a apreciação judicial*; **E:** correta, eis que a afirmativa corresponde ao previsto no art. 53 da Lei 9.784/1999. **SEG**

Gabarito "E".

(Inspetor de Polícia/MT – 2010 – UNEMAT) Em se tratando de atos administrativos, analise as afirmativas abaixo, quanto a sua veracidade.

I. A invalidação é uma das formas extintivas do ato administrativo.

II. Os Tribunais de Contas são órgãos da Administração Pública, auxiliares do Poder Legislativo, que exercem função judicante de controle dos atos administrativos.

III. A revogação tem por finalidade a supressão dos efeitos de ato anterior, praticado legalmente, porém, por ter ocorrido situação subsequente, a Administração Pública, ao fazer nova valoração técnico-jurídico-administrativa, conclui pela inoportunidade de sua permanência no ordenamento jurídico.

IV. Invalidação e revogação, embora sejam institutos diferentes, possuem o mesmo regime jurídico.

Assinale a alternativa correta.

(A) Apenas I e II estão corretas.

(B) Apenas I e IV estão corretas.

(C) Apenas I, II e III estão corretas.

(D) Apenas I e III estão corretas.

(E) Todas estão corretas.

I: correta, pois a invalidação é uma das formas de extinção dos atos administrativos em razão de vício de legalidade; **II:** incorreta, pois o Tribunal de Contas não tem função judiciária, mas de apreciar, analisar e examinar as contas públicas, sendo órgão autônomo e independente, de natureza jurídica *sui generis,* sendo suas decisões de natureza eclética, existindo duas partes de um todo: *primus,* uma parte que transita em julgado (quanto ao mérito intrínseco da conta) e *secundus,* outra que pode ser revista pelo Poder Judiciário, no referente ao agente público que praticou o ato, que deu origem à irregularidade apontada; **III**: correta, pois, revogação é ato exclusivo da Administração Pública levando-se em conta os critérios da conveniência e oportunidade. **IV**: incorreta, pois são institutos diferentes. Enquanto a anulação pode ser feita pela própria Administração ou pelo Poder Judiciário, a revogação é ato exclusivo da Administração Pública levando-se em conta os critérios da conveniência e oportunidade. SEG

Gabarito "D".

4. ORGANIZAÇÃO DA ADMINISTRAÇÃO PÚBLICA

4.1.Conceitos básicos em matéria de organização administrativa

(Agente-Escrivão – PC/GO – CESPE – 2016) A respeito de Estado, governo e administração pública, assinale a opção correta.

(A) Governo é o órgão central máximo que formula a política em determinado momento.

(B) A organização da administração pública como um todo é de competência dos dirigentes de cada órgão, os quais são escolhidos pelo chefe do Poder Executivo.

(C) Poder hierárquico consiste na faculdade de punir as infrações funcionais dos servidores.

(D) Território e povo são elementos suficientes para a constituição de um Estado.

(E) República é a forma de governo em que o povo governa no interesse do povo.

A: incorreta. Não há que se falar em formulação da política em "determinado momento". O governo é o exercício do poder estatal em si, em todos os momentos; **B**: incorreta. A assertiva pressupõe que todos os órgãos da administração direta e indireta se auto-organizam e que todos os dirigentes são escolhidos pelo Chefe do Executivo, não há previsão legal nesse sentido; **C**: incorreta. Esta definição é afeta ao poder disciplinar; **D**: incorreta. A constituição de um Estado é feita por meio dos elementos: território, povo e soberania; **E**: correta. **República** é uma palavra que descreve uma **forma de governo** em que o Chefe de Estado é eleito pelos representantes dos cidadãos ou pelos próprios cidadãos, e exerce a sua função durante um tempo limitado. FMB

Gabarito "E".

(Agente-Escrivão – PC/GO – CESPE – 2016) A administração direta da União inclui:

(A) a Casa Civil.

(B) o Departamento Nacional de Infraestrutura de Transportes (DNIT).

(C) as agências executivas.

(D) o Instituto Brasileiro do Meio Ambiente e dos Recursos Naturais Renováveis (IBAMA).

(E) a Agência Nacional de Energia Elétrica (ANEEL).

A: correta. Casa Civil é órgão da Presidência da Republica e neste mister exerce suas funções na Administração direta; **B**: incorreta. O DNIT – Departamento Nacional de Infraestrutura de Transportes é uma autarquia federal vinculada ao Ministério dos Transportes; **C**: incorreta. As autarquias e fundações públicas responsáveis por atividades e serviços exclusivos do Estado são chamadas agências executivas; **D**: incorreta. IBAMA – Lei 7.735/1989 - Art. 2º É criado o Instituto Brasileiro do Meio Ambiente e dos Recursos Naturais Renováveis – IBAMA, autarquia federal dotada de personalidade jurídica de direito público, autonomia administrativa e financeira, vinculada ao Ministério do Meio Ambiente; **E**: incorreta. ANEEL – Lei 9.427/1996 - Art. 1º É instituída a Agência Nacional de Energia Elétrica - ANEEL, autarquia sob regime especial, vinculada ao Ministério de Minas e Energia, com sede e foro no Distrito Federal e prazo de duração indeterminado. FMB

Gabarito "A".

(Agente – Pernambuco – CESPE – 2016) Em relação à prestação de serviços públicos e à organização da administração pública, assinale a opção correta.

(A) As sociedades de economia mista são entidades de direito privado constituídas exclusivamente para prestar serviços públicos, de modo que não podem explorar qualquer atividade econômica.

(B) Em decorrência do princípio da continuidade do serviço público, admite-se que o poder concedente tenha prerrogativas contratu-

ais em relação ao concessionário. Uma dessas prerrogativas é a possibilidade de encampação do serviço, quando necessária à sua continuidade.

(C) A concessão de serviço público pode prever a delegação do serviço a um consórcio de empresas, caso em que o contrato de concessão terá prazo indeterminado.

(D) Os serviços públicos serão gratuitos, ainda que prestados por meio de agentes delegados.

(E) O poder público poderá criar uma autarquia para centralizar determinados serviços públicos autônomos. Nessa hipótese, esses serviços passam a integrar a administração direta, com gestão administrativa e financeira centralizadas no respectivo ente federativo.

B: correta. Uma das possibilidades de encerramento da concessão é a encampação. Isto ocorre justamente para que não haja solução de continuidade bem como para a manutenção da eficácia na prestação do serviço público. Lei 8.987/1995, Art. 35. Extingue-se a concessão por: II - encampação; § 2º Extinta a concessão, haverá a imediata assunção do serviço pelo poder concedente, procedendo-se aos levantamentos, avaliações e liquidações necessários. FMB

Gabarito "B".

(Agente-Escrivão – Acre – IBADE – 2017) Quanto aos temas órgão público, Estado, Governo e Administração Pública, é correto afirmar que:

(A) o órgão público é desprovido de personalidade jurídica. Assim, eventual prejuízo causado pela Assembleia Legislativa do Estado do Acre deve ser imputado ao Estado do Acre.

(B) governo democraticamente eleito e Estado são noções intercambiáveis para o Direito Administrativo.

(C) fala-se em Administração Pública Extroversa para frisar a relação existente entre Administração Pública e seu corpo de agentes públicos.

(D) a Administração Pública, sob o enfoque funcional, é representada pelos agentes públicos e seus bens.

(E) um órgão público estadual pode ser criado por meio de Decreto do Chefe do Poder Executivo Estadual ou por meio de Portaria de Secretário de Estado, desde que editada por delegação do Governador.

A: correta. Responderá objetivamente o Estado pelas ações de seus agentes, diante da inexistência de personalidade jurídica de seus órgãos. Neste sentido: **TJ-MG - Apelação Cível AC 10518081396013001 MG (TJ-MG)** Data de publicação: 03/05/2013. **Ementa**: PROCESSUAL CIVIL E ADMINISTRATIVO - AÇÃO ANULATÓRIA DE MULTA APLICADA PELO PROCON ESTADUAL - ÓRGÃO DESPROVIDO DE PERSONALIDADE JURÍDICA PARA ATUAR NO POLO PASSIVO DA DEMANDA - ILEGITIMIDADE CARACTERIZADA - RECURSO PROVIDO. 1 - O Programa Estadual de Proteção e Defesa do Consumidor - PROCON/MG é órgão da estrutura do Estado de Minas Gerais, e como tal, não detém legitimidade para figurar no polo passivo de demanda em que pretendida a anulação de multa aplicada a particular. 2 - A possibilidade conferida aos órgãos da Administração Pública, sem personalidade jurídica, de atuarem na defesa dos interesses e direitos protegidos pelo Código de Defesa do Consumidor(...); **B**: incorreta. Não se pode dizer que são nocoes intercambiáveis pois Estado é uma entidade com poder soberano para governar um povo dentro de uma área territorial delimitada, não apensas a ideia de governo democratimente eleito. C: incorreta. A Administração Pública extroversa trata da relação desta com os administrados estando sempre regida pela Supremacia do Interesse Público; D: incorreta. Em sentido objetivo (material ou funcional) a Administração Pública pode ser definida como a atividade concreta e imediata que o Estado desenvolve, sob regime jurídico de direito público, para a consecução dos interesses de todos; **E**: incorreta. CF, Art. 48 - Cabe ao Congresso Nacional, com a sanção do Presidente da República, não exigida está para o especificado nos arts. 49, 51 e 52, dispor sobre todas as matérias de competência da União, especialmente sobre: **XI** - criação e extinção de Ministérios e órgãos da administração pública; (Redação dada pela Emenda Constitucional nº 32, de 2001). FMB

Gabarito "A".

(Escrivão – Pernambuco – CESPE – 2016) Com referência à administração pública direta e indireta, assinale a opção correta.

(A) Os serviços sociais autônomos, por possuírem personalidade jurídica de direito público, são mantidos por dotações orçamentárias ou por contribuições parafiscais.

(B) A fundação pública não tem capacidade de autoadministração.

(C) Como pessoa jurídica de direito público, a autarquia realiza atividades típicas da administração pública.

(D) A sociedade de economia mista tem personalidade jurídica de direito público e destina-se à exploração de atividade econômica.

8. DIREITO ADMINISTRATIVO   543

(E) A empresa pública tem personalidade jurídica de direito privado e controle acionário majoritário da União ou outra entidade da administração indireta.

A: incorreta. Os **serviços sociais autônomos**, também conhecidos como entidades integrantes do Sistema "S", são pessoas **jurídicas** cuja criação é autorizada por lei e materializada após o devido registro de seus atos constitutivos no órgão competente, possuindo **personalidade jurídica** de direito privado, sem fins lucrativos; **B:** incorreta. Dec 200/67, Art. 5° - Para os fins desta lei, considera-se: IV - Fundação Pública - a entidade dotada de personalidade jurídica de direito privado, sem fins lucrativos, criada em virtude de autorização legislativa, para o desenvolvimento de atividades que não exijam execução por órgãos ou entidades de direito público, com autonomia administrativa, patrimônio próprio gerido pelos respectivos órgãos de direção, e funcionamento custeado por recursos da União e de outras fontes. Assim sendo, no dizer de Maria Sylvia Zanella di Pietro: a fundação tem natureza pública quando "é instituída pelo poder público com patrimônio, total ou parcialmente público, dotado de personalidade jurídica, de direito público ou privado, e, destinado, por lei, ao desempenho de atividades do Estado na ordem social, com capacidade de autoadministração e mediante controle da Administração Pública, nos limites da lei" (*Direito Administrativo*. 5ª ed. São Paulo: Atlas, 1995, p. 320); **C:** incorreta. As autarquias por definição são responsáveis pela realização de atividades típicas de Administração Publica dada a sua criação decorrente de Lei e características próprias, conforme previsão legal: Dec. 200/67 - Art. 5° Para os fins desta lei, considera-se: I - Autarquia - o serviço autônomo, criado por lei, com personalidade jurídica, patrimônio e receita próprios, para executar atividades típicas da Administração Pública, que requeiram, para seu melhor funcionamento, gestão administrativa e financeira descentralizada. **D:** incorreta. Decreto 200/1967, Art. 5° - III - Sociedade de Economia Mista - a entidade dotada de personalidade jurídica de direito privado, criada por lei para a exploração de atividade econômica, sob a forma de sociedade anônima, cujas ações com direito a voto pertençam em sua maioria à União ou a entidade da Administração Indireta; **E:** correta. Decreto 200/1967, Art. 5° - II - Empresa Pública - a entidade dotada de personalidade jurídica de direito privado, com patrimônio próprio e capital exclusivo da União, criado por lei para a exploração de atividade econômica que o Governo seja levado a exercer por força de contingência ou de conveniência administrativa podendo revestir-se de qualquer das formas admitidas em direito. § 1° No caso do inciso III, quando a atividade for submetida a regime de monopólio estatal, a maioria acionária caberá apenas à União, em caráter permanente. FMB

Gabarito "E".

(Escrivão – AESP/CE – VUNESP – 2017) A Administração Pública Indireta corresponde às pessoas jurídicas constituídas para o desempenho especializado de um serviço público. São vinculadas à Administração Pública Direta, mas gozam de autonomia de gestão.

Podem ser citados, entre outros, os seguintes exemplos:

(A) as Autarquias e os Consórcios Públicos.
(B) as Empresas Públicas e os Estados-membros.
(C) os Estados-membros e as Autarquias.
(D) os Estados-membros e as Fundações Públicas.
(E) as Autarquias e os Ministérios.

CF, Art. 241 - A União, os Estados, o Distrito Federal e os Municípios disciplinarão por meio de lei os consórcios públicos e os convênios de cooperação entre os entes federados, autorizando a gestão associada de serviços públicos, bem como a transferência total ou parcial de encargos, serviços, pessoal, bens essenciais à continuidade dos serviços transferidos. Decreto 200/1967, Art. 5° - Para os fins desta lei, considera-se: I - Autarquia - o serviço autônomo, criado por lei, com personalidade jurídica, patrimônio e receita próprios, para executar atividades típicas da Administração Pública, que requeiram, para seu melhor funcionamento, gestão administrativa e financeira descentralizada. FMB

Gabarito "A".

(Investigador-Escrivão-Papiloscopista – Pará – Funcab – 2016) No que se refere à organização da Administração Pública Direta e Indireta, assinale a alternativa correta.

(A) Conselhos que controlam as profissões possuem a natureza jurídica de empresas públicas.
(B) As estatais possuem prazo em quádruplo para contestar e em dobro para recorrer.
(C) Há um controle pela Administração Direta, nas entidades da Administração Indireta, denominado controle hierárquico.
(D) Estatal lucrativa não está sujeita ao teto máximo de remuneração dos ministros do STF, ao se manter com os seus próprios recursos, sem orçamento do ente federativo criador.
(E) Não se concebe a autarquia o mesmo tratamento dos entes da federação em matéria de privilégio fiscal.

A: incorreta. Assunto já pacificado pelo STF de que os conselhos de controle a profissões têm natureza autárquica, e neste sentido: Os conselhos profissionais têm poder de polícia, inclusive nos aspectos de fiscalização e sanção. Precedentes. As contribuições impostas aos profissionais sob fiscalização dos conselhos, normalmente denominadas de "anuidades", têm evidente natureza de tributo, cujo conceito encontra-se previsto no art. 3° do Código Tributário Nacional. É firme a jurisprudência do Supremo Tribunal Federal no sentido de que as contribuições recolhidas pelos conselhos profissionais são tributos, classificadas como contribuições de interesse das categorias profissionais, nos termos do art. 149 da Constituição. Por conseguinte, devem ser estabelecidas por lei, conforme o art. 150, inciso I, da Carta de 1988. Trecho de decisão do Superior Tribunal de Justiça no REsp 953127/SP; **B:** incorreta. É exceção aposta pelo art. 188 do CPC, que se aplica somente aos entes da Administração Publica que possuam regime jurídico de direito publico; **C:** incorreta. O controle entre os dois vieses da Administração é tão somente finalístico; **D:** correta. 7°, CF: XI - a remuneração e o subsídio dos ocupantes de cargos, funções e **empregos públicos da administração direta, autárquica e fundacional**, dos membros de qualquer dos Poderes da União, dos Estados, do Distrito Federal e dos Municípios, dos detentores de mandato eletivo e dos demais agentes políticos e os proventos, pensões ou outra espécie remuneratória, percebidos cumulativamente ou não, incluídas as vantagens pessoais ou de qualquer outra natureza, não poderão exceder o subsídio mensal, em espécie, dos Ministros do Supremo Tribunal Federal, aplicando-se como limite, nos Municípios, o subsídio do Prefeito, e nos Estados e no Distrito Federal, o subsídio mensal do Governador no âmbito do Poder Executivo, o subsídio dos Deputados Estaduais e Distritais no âmbito do Poder Legislativo e o subsídio dos Desembargadores do Tribunal de Justiça, limitado a noventa inteiros e vinte e cinco centésimos por cento do subsídio mensal, em espécie, dos Ministros do Supremo Tribunal Federal, no âmbito do Poder Judiciário, aplicável este limite aos membros do Ministério Público, aos Procuradores e aos Defensores Público **E:** incorreta. CF/88, Art. 150 - Sem prejuízo de outras garantias asseguradas ao contribuinte, é vedado à União, aos Estados, ao Distrito Federal e aos Municípios: VI- instituir impostos sobre: a) patrimônio, renda ou serviços, uns dos outros;§ 2° A vedação do inciso VI, "a", é extensiva às autarquias e às fundações instituídas e mantidas pelo Poder Público, no que se refere ao patrimônio, à renda e aos serviços, vinculados a suas finalidades essenciais ou às delas decorrentes (exemplo de aplicação de privilegio fiscal aos entes da federação e autarquias). FMB

Gabarito "D".

(Agente Penitenciário/MA – 2013 – FGV) A *doutrina administrativista* aponta a existência de uma diferença entre a função de governo e a função administrativa.

Diante dessa diferenciação, analise as afirmativas a seguir.

I. As funções de governo estão mais próximas ao objeto do direito constitucional, enquanto a função administrativa é objeto do direito administrativo.
II. A função de governo tem como um de seus objetivos estabelecer diretrizes políticas, enquanto a função administrativa se volta para a tarefa de executar essas diretrizes.
III. A expressão administração pública, quando tomada em sentido amplo, engloba as funções administrativas **e as funções de governo.**

Assinale:

(A) se todas as afirmativas estiverem corretas.
(B) se somente as afirmativas II e III estiverem corretos.
(C) se somente as afirmativas I e II estiverem corretos.
(D) se somente a afirmativa II estiver correta.
(E) se somente a afirmativa III estiver correta.

I: correta. Tanto o Direito Constitucional, quanto o Direito Administrativo tem em comum o Estado. O Direito Administrativo tem como objeto a organização da Administração Pública, atuação dos agentes órgãos e públicos e prestação de serviços públicos. O Direito Constitucional por sua vez, tem como objeto as funções de governo, que se traduz nas diretrizes e metas que a Administração Pública deseja alcançar. Daí, Hely Lopes Meirelles afirmar que *o Direito Constitucional faz a anatomia do Estado, cuidando de suas formas, de sua estrutura, de sua substância, no aspecto estático, enquanto o Direito Administrativo estuda a movimentação de sua dinâmica* (*Direito administrativo brasileiro.* 36. ed. São Paulo: Malheiros. 2010, p. 41). **II:** correta. A função de governo (ou política) se traduz nas diretrizes e metas que a Administração Pública deseja alcançar. Já a função administrativa consiste na execução das políticas públicas estabelecidas pela Administração Pública. **III:** correta. A Administração Pública em sentido amplo, abrange tanto os órgãos que desempenham função de governo, quanto os órgãos e pessoas jurídicas que desempenham funções administrativas. SEG

Gabarito "A".

8. Direito Administrativo

544 — SEBASTIÃO EDILSON GOMES E FLÁVIA BARROS

(Escrivão de Polícia/GO – 2013 – UEG) Compõem a administração indireta:

(A) União, estados, municípios e Distrito Federal.

(B) autarquias, fundações, empresas públicas e sociedades de economia mista.

(C) serviços sociais autônomos e entidades filantrópicas.

(D) órgãos públicos e o terceiro setor.

A: incorreta, pois a União, Estados, Municípios e Distrito Federal integram a Administração Direta, bem como seus ministérios ou secretarias abrangendo os Poderes Executivo, Legislativo e Judiciário (art. 4º, I do Dec.-lei 200/1967). Saliente-se ainda que a Administração Direta pode ser entendida como *o conjunto de órgãos que integram as pessoas federativas, aos quais foi atribuída a competência para o exercício, de forma centralizada, das atividades administrativas do Estado* (*José dos Santos* Carvalho Filho. *Manual de direito administrativo.* 24. ed. Rio de Janeiro: Lumen Juris, 2011. p. 414); B. correta, sendo que as entidades que compõem a Administração Indireta são as autarquias, empresas públicas, sociedades de economia mista e fundações públicas. É o que se confirma pelo disposto no art. 4º, II, "a", "b", "c" e "d" do Dec.-lei 200/1967; **C:** incorreta, pois os serviços sociais autônomos; entidades filantrópicas e de apoio; Organizações Sociais – "OS" e as Organizações da Sociedade Civil de Interesse Público – Oscip's são conhecidos como entes de cooperação ou entidades paraestatais. Embora colaborem com o Estado no desempenho de atividades de interesse público não o integrem, mas figuram ao lado dele; **D:** incorreta, pois os órgãos públicos são *uma unidade que congrega atribuições exercidas pelos agentes públicos que o integram com o objetivo de expressar a vontade do Estado* (Maria Sylvia Zanella Di Pietro. 24. ed. São Paulo: Atlas, 2011. p. 521). Conforme preceitua o art. 1º, § 2º, I da Lei 9.784/1999, *órgão é a unidade de atuação integrante da estrutura da Administração direta e da estrutura da Administração indireta.* Os mesmos são dotados de competência para o desempenho de atribuições que lhes são peculiares, a serem exercidas pelos agentes públicos no desempenho das funções estatais, *não possuindo personalidade jurídica própria.* . Já o *terceiro setor,* é aquele formado pelas *entidades da sociedade civil,* de natureza privada, que exercem atividades sem fins lucrativos, de interesse social, as quais recebem incentivos da parte do Estado. SEG
Gabarito "B".

(Agente de Polícia Federal – 2012 – CESPE) A respeito da organização administrativa da União, julgue os itens seguintes.

(1) Existe a possibilidade de participação de recursos particulares na formação do capital social de empresa pública federal.

(2) O foro competente para o julgamento de ação de indenização por danos materiais contra empresa pública federal é a justiça federal.

1: incorreta. O Dec.-lei 200/1967 em seu art. 5º, II, traz o conceito legal de empresa pública, e a define como a entidade dotada de personalidade jurídica de direito privado, com patrimônio próprio e capital exclusivo da União, criado por lei para a exploração de atividade econômica que o Governo seja levado a exercer por força de contingência ou de conveniência administrativa podendo revestir-se de qualquer das formas admitidas em direito. Pelo disposto no artigo, verifica-se que *não há possibilidade da participação de recursos particulares na formação do capital social de empresa pública federal.* **2:** correta. Quanto ao foro dos litígios, a dicção do art. 109, I da CF, é claro ao afirmar que *compete à justiça federal processar e julgar as causas em que a União, entidade autárquica ou empresa pública federal forem interessadas na condição de autoras, rés, assistentes ou oponentes,* exceto as de falência, acidentes de trabalho e as sujeitas à Justiça Eleitoral e à Justiça do Trabalho. No entanto, excepcionalmente, há possibilidade de julgamentos pela Justiça Estadual. A esse propósito editou-se a Súmula 270 do STJ, segundo a qual *o protesto pela preferência de crédito, apresentado por ente federal em execução que tramita na Justiça Estadual, não desloca a competência para a Justiça Federal.* SEG
Gabarito 1E, 2C

(Agente de Polícia/PI – 2012) Acerca da Administração Pública Indireta, é correto afirmar que:

(A) as autarquias públicas especiais são pessoas jurídicas de direito privado.

(B) as empresas públicas são pessoas jurídicas de direito público, enquanto que as sociedades de economia mista são pessoas jurídicas de direito privado.

(C) as empresas públicas e as sociedades de economia mista são pessoas jurídicas de direito privado.

(D) as autarquias públicas e as empresas públicas são pessoas jurídicas de direito público.

(E) a Administração Pública Indireta abrange as fundações públicas, mas não abarcam as autarquias públicas, que fazem parte da Administração Pública Direta.

A: incorreta, pois as autarquias têm natureza jurídica de *direito público,* sendo criadas para o exercício de função pública (art. 41 do CC). No entanto, existem autar-

quias que em razão da função que desempenham, são denominadas de autarquia de regime especial, as quais tem algumas prerrogativas em relação às autarquias comuns, a exemplos de *independência administrativa, autonomia financeira, ausência de subordinação hierárquica e mandato fixo de seus dirigentes,* conforme art. 4º da Lei 11.182/2005 que instituiu a ANAC – Agência Nacional de Aviação Civil. No entanto, possuem a mesma natureza das autarquias comuns, ou seja, pessoa jurídica de direito público. São exemplos de autarquias sob regime especial, as agências reguladoras (ANAC; ANATEL: ANEEL: ANP etc.), Banco Central, a Comissão de Energia Nuclear, ou os serviços de fiscalização de profissões regulamentadas dentre outras; **B:** incorreta, pois o Dec.-lei 200/1967, em seu art. 5º, III, refere-se à sociedade de economia mista como a *entidade dotada de personalidade jurídica de direito privado;* C: correta, pois podemos afirmar sem medo de errar que, tanto as empresas públicas quanto as sociedades de economia mista possuem *personalidade jurídica de direito privado* (art. 5º II e III do Dec.-lei 200/67); **D:** incorreta, pois nos termos do art. 41 do CC, as autarquias têm natureza jurídica de *direito público,* enquanto as empresas públicas são dotadas de personalidade jurídica de direito privado (art. 5º, II, do Dec.-lei 200/1967); **E:** incorreta, pois no esclarecedor conceito de José dos Santos Carvalho Filho (*Manual de direito administrativo.* 24. ed. Rio de Janeiro: Lumen Juris, 2011. p. 418), a Administração Indireta *é o conjunto de pessoas administrativas que, vinculadas à respectiva Administração Direta, têm o objetivo de desempenhar as atividades administrativas de forma descentralizada* e as entidades que a compõem são as autarquias, empresas públicas, sociedades de economia mista e fundações públicas. É o que se confirma pela leitura do art. 4º, II, "a", "b", "c" e "d" do Dec.-lei 200/1967. SEG
Gabarito "C".

(Agente de Polícia/DF – 2009 – UNIVERSA) A respeito da Administração Pública, assinale a alternativa correta.

(A) Os atos de improbidade administrativa importarão na cassação dos direitos políticos, bem como na perda da função pública, na indisponibilidade dos bens e no ressarcimento ao erário, na forma legal e sem prejuízo de ação penal cabível.

(B) A Teoria do Risco Administrativo é consagrada pela Constituição Federal seja para os casos de ação ou de omissão do Estado.

(C) A Lei de Responsabilidade Fiscal limitou os gastos com servidores públicos em 70% da receita corrente líquida, em cumprimento ao princípio da eficiência.

(D) As pessoas jurídicas de direito público e as de direito privado prestadoras de serviços públicos responderão pelos danos que seus agentes, nessa qualidade, causarem a terceiros, assegurado o direito de regresso contra o responsável, independentemente de dolo ou culpa.

(E) O princípio da legalidade impõe submissão da administração às leis, incluindo os atos administrativos discricionários, cujos limites são previamente estabelecidos.

A: incorreta, pois a Lei 8.429/1992, em seu art. 12, fala em *suspensão* dos direitos políticos, e não em *cassação dos direitos políticos;* **B:** incorreta, pois o art. 37, § 6º da CF, regula a responsabilidade objetiva do Estado, na modalidade de risco administrativo, pelos danos causados pela atuação dos agentes, mas não alcança os danos causados por omissão do Estado, caso em que se houvesse dano a indenizar, o mesmo seria regido pela teoria da culpa administrativa; **C:** incorreta, pois a LC 101/2000 (Lei de Responsabilidade Fiscal) em seu art. 19 informa que *a despesa total com pessoal, em cada período de apuração e em cada ente da Federação, não poderá exceder os percentuais da receita corrente líquida, a seguir discriminados: I – União: 50% (cinquenta por cento); II – Estados: 60% (sessenta por cento); III – Municípios: 60% (sessenta por cento);* **D:** incorreta, pois conforme art. 37, § 6º da CF, *as pessoas jurídicas de direito público e as de direito privado prestadoras de serviços públicos responderão pelos danos que seus agentes, nessa qualidade, causarem a terceiros, assegurado o direito de regresso contra o responsável nos casos de dolo ou culpa,* e não independentemente de dolo ou culpa; E: correta, pois o princípio da legalidade é a diretriz básica da Administração Pública. Aquele pelo qual a Administração Pública só pode fazer o que a lei permitir. A discricionariedade consiste em que o ato administrativo deve ser realizado dentro dos limites estabelecidos pela lei. Por sua vez, *quando o agente contraria ou excede os limites da lei, age com arbitrariedade. Daí a importância da observância dos princípios, especialmente da legalidade, razoabilidade e proporcionalidade.* (STJ – REsp. 429570/GO). SEG
Gabarito "E".

(Escrivão de Polícia Federal – 2009 – CESPE) Julgue os itens subsequentes, relativos à Administração Pública.

(1) O poder de a Administração Pública impor sanções a particulares não sujeitos à sua disciplina interna tem como fundamento o poder disciplinar.

(2) O princípio da presunção de legitimidade ou de veracidade retrata a presunção absoluta de que os atos praticados pela Administração

8. DIREITO ADMINISTRATIVO · 545

Pública são verdadeiros e estão em consonância com as normas legais pertinentes.

1: incorreta, pois o poder disciplinar consiste em apurar infrações dos servidores públicos e aplicar penalidades; **2:** incorreta, pois pela presunção de legitimidade temos que os atos praticados pelo administrador público presumem-se verdadeiros até prova em contrário (presunção de veracidade). Porém, em havendo ilegalidade, pode-se questionar na esfera judicial. `SEG`
Gabarito 1E, 2E.

(Inspetor de Polícia/MT – 2010 – UNEMAT) Quanto à Administração Pública no Brasil, é correto afirmar.

(A) A criação de autarquias pelo Estado é exemplo de desconcentração.

(B) É exemplo típico de desconcentração geográfica ou territorial a criação de "subprefeituras" nas grandes cidades.

(C) É exemplo de descentralização por matéria a criação das Secretarias de Estado.

(D) Descentralização e desconcentração referem-se ao mesmo instituto, a diferença entre ambos é que esta se refere à administração pelos Estados, enquanto aquela, à da União.

(E) Aos Municípios é vedada a desconcentração.

A: incorreta, pois a criação de autarquias se dá visando à descentralização, que é a distribuição de atividades administrativas, a pessoa(s) distinta(s) do Estado, a exemplo de autarquias ou fundações públicas criadas para executar um dado serviço público, o qual era da atribuição do ente político que o criou; **B:** correta, pois para que o Estado possa desempenhar sua função, é necessário que detenha certa estrutura, ainda que mínima, e a fim de poder prestar aos cidadãos um serviço adequado, mister se faz distribuir competências, o que se dá pela desconcentração ou descentralização; **C:** incorreta, pois a criação de secretarias de Estado, se dá pela *desconcentração* que é a distribuição interna de atividades administrativas a outros órgãos, pertencentes à Administração Pública Direta ou Centralizada, mas que não têm personalidade jurídica própria; **D:** incorreta, primeiro porque são institutos diferentes, segundo porque tanto a União quanto Estado, por ocasião da distribuição de competências, podem se utilizar tanto da descentralização quanto da desconcentração; **E:** incorreta, pois tanto a desconcentração quanto a descentralização não são vedadas a nenhum dos entes federativos. `SEG`
Gabarito "B".

(Agente de Polícia/PR – 2010 – UEL) Assinale a alternativa que indica uma correta conceituação de Estado.

(A) Coletividade política e juridicamente organizada, em uma determinada área territorial, dotada de soberania.

(B) Pessoa jurídica de direito privado que regula a atividade e as relações jurídicas da coletividade e a instituição de meios e órgãos relativos à ação dessas pessoas.

(C) Existência de governo que tem por objetivo a regulação das atividades sociais e econômicas.

(D) Nação que se organiza com o fim específico de preservar usos, costumes e de regular o convívio social.

(E) Divisão de um país, dotado de governo próprio, Poder Legislativo próprio, tendo por incumbência a preservação da ordem pública.

A: correta. De fato, pois o *Estado é uma pessoa jurídica idealizada pelos homens, precipuamente, para manter a ordem e a segurança, exercendo uma jurisdição universal nos seus limites territoriais, utilizando-se do Direito, respaldado pela força conferida pelo povo, sendo reconhecido interna e externamente como autoridade soberana.* (Marcelo Figueiredo. *Teoria geral do Estado.* São Paulo: Atlas, 1993). `SEG`
Gabarito "A".

4.2. Administração indireta – Pessoas jurídicas de direito público

(Investigador-Escrivão-Papiloscopista – Pará – Funcab – 2016) "Por mais impopular que seja uma decisão, embasada por estudo técnico dos seus servidores, os dirigentes não poderão ser exonerados à vontade do Chefe do executivo" (PINHEIRO MADEIRA, José Maria. Administração Pública, Freitas Bastos, 12. ed., 2014, p. 929). Em relação às entidades que integram a Administração Pública Indireta, nessa citação acima, é correto afirmar que há referência à(ao):

(A) sociedade de economia mista.

(B) empresa pública.

(C) fundação.

(D) órgão autônomo.

(E) agência reguladora.

Os dirigentes das agências reguladoras são nomeados para mandatos fixos, pelos chefes do executivo depois de serem sabatinados pelo Senado Federal, não estando ao talante daqueles a exoneração. `FMB`
Gabarito "E".

(Agente de Polícia Civil/RO – 2014 – FUNCAB) Acerca da organização administrativa, assinale a opção correta.

(A) Todas as autarquias possuem personalidade jurídica de direito privado.

(B) As autarquias são criadas obrigatoriamente por lei, com a necessidade de inscrição em serventias registrais.

(C) As autarquias são criadas por lei, com patrimônio e receita próprios, para executar atividades econômicas típicas da administração pública.

(D) As entidades da administração pública indireta estão subordinadas aos entes políticos.

(E) As autarquias possuem patrimônio próprio com as mesmas características dos bens públicos que integram o patrimônio dos entes políticos da administração pública direta.

A: correta. As autarquias possuem personalidade jurídica de direito público interno (art. 41, IV do CC), razão porque se submetem ao regime jurídico de direito público. **B:** correta. A criação de uma autarquia ocorre somente por lei específica (art. 37, XIX, da CF). Entretanto, para que seu funcionamento efetivo, as autarquias devem efetuar inscrição no Cadastro Nacional da Pessoa Jurídica (CNPJ) do Ministério da Fazenda, se autarquia federal, ou inscrição estadual ou municipal conforme o caso. **C:** correta. Autarquia é criada por lei, com personalidade jurídica, patrimônio e receita próprios, para executar atividades típicas da Administração Pública, que requeiram, para seu melhor funcionamento, gestão administrativa e financeira descentralizada (art. 5º, I do Decreto-lei 200/67). **D:** correta. As entidades da administração indireta tem relação de vinculação e não de subordinação com os entes políticos. **E:** incorreta. As autarquias possuem patrimônio próprio com as mesmas características dos bens públicos que integram o patrimônio dos entes políticos da administração pública direta. Por isso, seus bens possuem as seguintes prerrogativas: inalienabilidade (alienabilidade condicionada), imprescritibilidade e impenhorabilidade. `SEG`
Gabarito "E".

(Agente de Polícia Civil/RO – 2014 – FUNCAB) No tocante às agências reguladoras, marque a alternativa correta.

(A) Integrarão a administração pública direta e serão regidas pelo direito público, fazendo jus a todas as prerrogativas outorgadas pelo regime jurídico-administrativo.

(B) É possível que a própria Lei (formal) transfira do Poder Legislativo para o Poder Executivo a competência para legislar sobre matéria determinada.

(C) Por orientação do STF, há obrigatoriedade de adoção do regime celetista.

(D) Em última instância administrativa, não possuem autonomia e independência no exercício de suas atividades.

(E) Seus dirigentes são escolhidos pelo Chefe do Poder Executivo, não estando subordinado à aprovação pelo Senado Federal e com mandato fixo.

A: incorreta. As agências reguladoras foram criadas em forma de autarquias sob regime especial, as quais possuem maior autonomia financeira e administrativa, não estando as mesmas subordinadas a administração direta, mas tão somente vinculadas. **B:** correta. A resposta é sim. É nesse sentido que as agências reguladoras possuem poder normativo, o que as habilitam a regulamentar e normatizar determinadas atividades, o que obriga os prestadores de serviços públicos ao seu cumprimento. **C:** incorreta. O STF decidiu por ocasião do julgamento da ADIn 2.310/DF que as agências reguladoras, verdadeiras autarquias, embora de caráter especial, a flexibilidade inerente aos empregos públicos, impondo-se a adoção da regra que é a revelada pelo regime de cargo público, tal como ocorre em relação a outras atividades fiscalizadoras – fiscais do trabalho, de renda, servidores do Banco Central, dos Tribunais de Contas, etc. (...). **D:** incorreta. As agências reguladoras possuem autonomia financeira e administrativa. **E:** incorreta. Os dirigentes serão escolhidos pelo chefe do poder executivo e por ele nomeados, após aprovação pelo Senado Federal, na função pelo prazo fixado no ato de nomeação (art. 5º da Lei 9.986/2000). `SEG`
Gabarito "B".

(Agente Penitenciário/MA – 2013 – FGV) A respeito da relação existente entre os entes federativos e as entidades da administração indireta, analise as afirmativas a seguir.

I. Entre a União e uma autarquia a ela vinculada não há relação hierárquica, mas controle ou vinculação.

II. A criação de uma autarquia por parte de um ente federativo para exercer atribuições, anteriormente desempenhadas por um órgão desse ente federativo, constitui-se em uma desconcentração.

III. A extinção de uma autarquia e a transferência das atribuições exercidas por essa pessoa jurídica ao ente federativo ao qual era vinculada, constitui-se em uma concentração.

Assinale:

(A) se somente a afirmativa I estiver correta.

(B) se somente a afirmativa II estiver correta.

(C) se somente a afirmativa III estiver correta.

(D) se somente as afirmativas I e II estiverem corretas.

(E) se somente as afirmativas II e III estiverem corretas.

I: correta. A relação que se dá entre uma autarquia e o ente político que a criou, não é de uma relação hierárquica de subordinação, mas de vinculação. II: incorreta. A criação de uma autarquia por parte de um ente federativo para exercer atribuições, constitui em uma descentralização. III: incorreta. A extinção de uma autarquia e a transferência das atribuições exercidas por essa pessoa jurídica ao ente federativo ao qual era vinculada, constitui em uma centralização. **SEG**

Gabarito "A".

4.3. Administração indireta – pessoas jurídicas de direito privado estatais

(Agente de Polícia/RN – 2008 – CESPE) Se o Estado necessita de uma pessoa jurídica para exercer determinada atividade, ele a coloca no mundo jurídico e dela a retira quando lhe pareça conveniente ao interesse coletivo; ele fixa os fins que ela deve perseguir, sem os quais não se justificaria a sua existência; para obrigá-la a cumprir seus fins, o Estado exerce sobre ela o controle estabelecido em lei; e ainda, para que ela atinja seus fins, ele lhe outorga, na medida do que seja necessário, determinados privilégios próprios do poder público.

Maria Sylvia Zanella Di Pietro. *Direito administrativo*. 21. ed. São Paulo: Atlas, 2008. p. 403 (com adaptações).

Com relação aos órgãos integrantes da administração indireta, assinale a opção correta.

(A) A ação popular é cabível contra as entidades da administração indireta.

(B) Em relação a mandado de segurança, as autoridades das fundações públicas de direito público não podem ser tidas como coatoras.

(C) No ordenamento jurídico pátrio não se admite empresas públicas federais com o objetivo de explorar atividade econômica.

(D) Sociedade de economia mista não pode ser prestadora de serviço público.

(E) Todas as causas envolvendo autarquia federal serão processadas e julgadas na Justiça Federal.

A: correta, pois a ação popular é cabível contra as entidades da administração indireta, tendo em vista que seu objeto é anular ato lesivo ao patrimônio público ou de entidade de que o Estado participe, encontrando amparo legal nos arts. 1º e 6º da Lei 4.717/1965, que regula a Ação Popular, e art. 5º, LXXIII da CF; B: incorreta, pois conforme art. 1º, § 1º da Lei 12.016/2009 que disciplina o mandado de segurança, aduz que *equiparam-se às autoridades, para os efeitos desta Lei, os representantes ou órgãos de partidos políticos e os administradores de entidades autárquicas, bem como os dirigentes de pessoas jurídicas ou as pessoas naturais no exercício de atribuições do poder público, somente no que disser respeito a essas atribuições*; C: incorreta, pois entende-se empresa pública como *pessoa jurídica de direito privado, que integram a Administração Indireta do Estado, criadas por autorização legal, sob qualquer forma jurídica adequada, para o exercício de atividade de caráter econômico ou prestação de serviços públicos"* (José dos Santos Carvalho Filho. *Manual de direito administrativo*. 24. ed. Rio de Janeiro: Lumen Juris, 2011. p. 452). D: incorreta, pois as *sociedades de economia são pessoas jurídicas de direito privado, que integram a Administração Indireta do Estado, criadas por autorização legal, sob a forma de sociedades anônimas, cujo*

controle pertença ao Poder Público, para o exercício de atividade de caráter econômico ou prestação de serviços públicos* (José dos Santos Carvalho Filho. *Op. cit.* p.453); E: incorreta, pois em regra o foro competente para dirimir eventuais litígios, em caso de autarquias federais, é de competência da Justiça Federal, cabendo aos juízes federais processar e julgar: *as causas em que a União, entidade autárquica ou empresa pública federal forem interessadas na condição de autoras, rés, assistentes ou oponentes, exceto as de falência, as de acidentes de trabalho e as sujeitas à Justiça Eleitoral e à Justiça do Trabalho* (art. 109, da CF). Entretanto, se o litígio decorrer de uma relação de trabalho firmada entre a autarquia e o servidor, a competência para processar e julgar será da Justiça do Trabalho, independentemente de ser autarquia federal, estadual ou municipal, pois **c**ompete à Justiça do Trabalho processar e julgar: *as ações oriundas da relação de trabalho, abrangidos os entes de direito público externo e da Administração Pública direta e indireta da União, dos Estados, do Distrito Federal e dos Municípios*. (art. 114 da CF). **SEG**

Gabarito "A".

(Escrivão de Polícia/RN – 2008 – CESPE) Administração indireta do Estado é o conjunto de pessoas administrativas que, vinculadas à respectiva administração direta, têm o objetivo de desempenhar as atividades administrativas de forma descentralizada.

José dos Santos Carvalho Filho. *Manual de direito administrativo*. 20. ed. Rio de Janeiro: *Lumen Juris*, 2008. p. 430 (com adaptações).

A partir da afirmação acima, assinale a opção correta a respeito dos órgãos que compõem a administração indireta.

(A) Empresa pública é pessoa jurídica constituída por capital público e privado.

(B) Autarquia é pessoa jurídica de direito público que se caracteriza por ser um patrimônio para consecução e fins públicos.

(C) Fundação pública é o serviço autônomo criado por lei, com personalidade jurídica, patrimônio e receitas próprios.

(D) No ordenamento pátrio, não há possibilidade de instituição de fundação com personalidade jurídica de direito público.

(E) A organização da sociedade de economia mista deve ser estruturada sob a forma de sociedade anônima.

A: incorreta, pois nas empresas públicas, só é admissível a participação de capital de pessoas administrativas, de qualquer ente federativo, estando impedida a participação de capital privado; B: incorreta, pois possuem capacidade administrativa podendo regulamentar, fiscalizar e exercer o serviço público, inclusive repassá-lo ao particular, sujeitando-se ao regime jurídico de direito público em relação à sua criação e extinção; C: incorreta, pois entende-se *fundação instituída pelo poder público como patrimônio, total ou parcialmente público, dotado de personalidade jurídica, de direito público ou privado, e destinado, por lei, ao desempenho de atividades do Estado na ordem social, com capacidade de autoadministração e mediante controle da Administração Pública nos termos da lei* (Maria Sylvia Zanella Di Pietro. *Direito administrativo*. 24. ed. São Paulo: Atlas, 2011. p. 446); D: incorreta, porém, não há um consenso acerca da natureza jurídica das fundações, havendo duas correntes que assim discorrem sobre a matéria: a primeira corrente defende que as fundações públicas, mesmo que instituídas pelo Poder Público, têm sempre natureza jurídica de direito privado. A segunda corrente defende a existência de dois tipos de fundações públicas, sendo uma de direito público com personalidade jurídica de direito público, e outra, fundações de direito privado, com natureza jurídica de direito privado. Destaque-se que esta é a corrente dominante, sendo que o STF adotou esse entendimento: *nem toda fundação instituída pelo Poder Público é fundação de direito privado. As fundações, instituídas pelo Poder Público, que assumem a gestão de serviço estatal e se submetem a regime administrativo previsto, nos Estados-membros, por leis estaduais, são fundações de direito público, e, portanto, pessoas jurídicas de direito público. Tais fundações são espécies do gênero autarquia, aplicando-se a elas a vedação a que alude o § 2º do art. 99 da Constituição Federal*. (RE 101.126-2/RJ, j. 24.10.1984, rel. Min. Moreira Alves, *RTJ* 113/114); E: correta, pois as sociedades de economia mista devem ser revestidas da forma de sociedades anônimas (art. 5º, III do Dec.-lei 200/1967). **SEG**

Gabarito "E".

4.4. Temas Combinados

(Escrivão de Polícia/BA – 2013 – CESPE) Com relação à organização administrativa, julgue o próximo item.

(1) As agências reguladoras detêm o poder de definir suas próprias políticas públicas e executá-las nos diversos setores regulados.

1: incorreta. As agências reguladoras possuem autonomia administrativa e financeira, e ainda o poder normativo, o que as habilitam a regulamentar e normatizar

8. DIREITO ADMINISTRATIVO

547

determinadas atividades, o que obriga os prestadores de serviços públicos ao seu cumprimento. No entanto, as agências reguladoras não definem suas próprias políticas públicas. Na verdade, uma das formas de implementação de políticas públicas, se dá por meio das agências reguladoras. SEG

Gabarito 1E

(Polícia Rodoviária Federal – 2013 – CESPE) A respeito da organização do Departamento de Polícia Rodoviária Federal e da natureza dos atos praticados por seus agentes, julgue os itens que se seguem.

(1) Praticado ato ilegal por agente da PRF, deve a administração revogá-lo.

(2) Por ser órgão do Ministério da Justiça, a PRF é órgão do Poder Executivo, integrante da administração direta.

(3) Os atos praticados pelos agentes públicos da PRF estão sujeitos ao controle contábil e financeiro do Tribunal de Contas da União.

1: incorreta. O ato revestido de vício de legalidade deverá ser anulado e não revogado. **2:** Correta. As entidades que integram a administração indireta são as autarquias, fundações públicas, empresas públicas e sociedades de economia mista, dela não fazendo parte a PRF. **3:** Correta, pois conforme art. 71, II, da CF, compete ao Tribunal de Contas, dentre outras atribuições, julgar as contas dos administradores e demais responsáveis por dinheiros, bens e valores públicos da administração direta e indireta, incluídas as fundações e sociedades instituídas e mantidas pelo Poder Público federal e as contas daqueles que derem causa a perda, extravio ou outra irregularidade de que resulte prejuízo ao erário. SEG

Gabarito 1E, 2C, 3C

(Escrivão de Polícia/MA – 2013 – FGV) Com relação à organização do Estado quanto à Polícia Civil, assinale a afirmativa correta.

(A) Às polícias civis, dirigidas por delegados de polícia de carreira, incumbem, ressalvada a competência da União, as funções de polícia judiciária e a apuração de infrações penais, inclusive as militares.

(B) À União compete privativamente legislar sobre a organização, as garantias, os direitos e deveres das polícias civis.

(C) A polícia civil, por ser órgão das Forças Armadas, tem a incumbência de preservar a ordem pública e a incolumidade das pessoas e do patrimônio.

(D) A União é o ente competente para organizar e manter a polícia civil do Distrito Federal.

(E) Nos Estados, as polícias civis subordinam-se aos governadores e no Distrito Federal, ao Presidente da República.

A: incorreta, pois nos termos do art. 144, § 4º da CF, "às polícias civis, dirigidas por delegados de polícia de carreira, incumbem, ressalvada a competência da União, as funções de polícia judiciária e a apuração de infrações penais, *exceto as militares*"; **B:** incorreta, pois o art. 22 da CF que trata da competência privativa da União para legislar, não se refere em nenhum de seus XXIX incisos, que à União compete privativamente legislar sobre a organização, as garantias, os direitos e deveres das polícias civis; **C:** incorreta, pois conforme art. 144, *caput* da CF as Forças Armadas são constituídas pela *Marinha, Exército e Aeronáutica*, dela não fazendo parte a polícia civil; **D:** correta, pois nos termos do art. 21, XIV da CF, *compete à União organizar e manter a polícia civil, a polícia militar e o corpo de bombeiros militar do Distrito Federal*, bem como prestar assistência financeira ao Distrito Federal para a execução de serviços públicos, por meio de fundo próprio; **E:** incorreta, eis que o art. 144 § 6º reza que *as polícias militares e corpos de bombeiros militares, forças auxiliares e reserva do Exército, subordinam-se, juntamente com as polícias civis, aos Governadores dos Estados, do Distrito Federal e dos Territórios*. SEG

Gabarito "D"

5. SERVIDORES PÚBLICOS

5.1. Espécies de agentes públicos

(Agente de Polícia/PI – 2008 – UESPI) Agentes públicos são aqueles que formam e manifestam a vontade estatal e classificam-se como indicado abaixo, EXCETO:

(A) Agentes públicos

(B) Agentes políticos

(C) Agentes comissionados

(D) Servidores públicos

(E) Empregados públicos

A: incorreta, pois *reputa-se agente público, para os efeitos desta lei, todo aquele que exerce, ainda que transitoriamente ou sem remuneração, por eleição,*

nomeação, designação, contratação ou qualquer outra forma de investidura ou vínculo, mandato, cargo, emprego ou função nas entidades mencionadas no artigo anterior (art. 2º da Lei 8.429/1992); **B:** incorreta, pois agentes políticos são aqueles eleitos pelo voto direto para o desempenho de função política do Estado. Exemplos: Presidente da República, Governadores, Prefeitos, Senadores, Deputados e Vereadores; **C:** correta, pois guardadas as divergências doutrinárias, os agentes públicos se classificam em: agentes políticos; servidores públicos; empregados públicos; servidores temporários e particulares em colaboração com a Administração Pública, não havendo agentes comissionados; **D:** incorreta, pois servidores públicos são aqueles cujo ingresso se dá por concurso público, para o desempenho de cargo público, sob o regime jurídico estatutário, a exemplos de Procuradores, Juízes, Defensores Públicos, Técnicos Administrativos, etc.; **E:** incorreta, pois empregados públicos, são aqueles que também ingressam por concurso público para o desempenho de um emprego público. Contudo, o vínculo trabalhista se dá pelo regime celetista. Exemplos: empregados de empresas públicas e sociedades de economia mista. SEG

Gabarito "C".

(Inspetor de Polícia/RJ – 2008 – FGV) O jurado, no Tribunal do Júri, exerce:

(A) cargo efetivo.

(B) função paradministrativa.

(C) cargo comissionado.

(D) cargo gratificado.

(E) função pública.

A: incorreta, pois a característica do cargo efetivo é a permanência, o que não é o caso do jurado; **B:** incorreta, e para melhor entendimento vejamos que a função administrativa é aquela pela qual o *Estado cuida da gestão de todos os seus interesses e os de toda coletividade... excluída a função legislativa, pela qual se criam as normas jurídicas, e a jurisdicional, que se volta especificamente para a solução de conflitos de interesses, todo o universo restante espelha o exercício da função administrativa. Não custa lembrar... que a função administrativa é desempenhada em todos os Poderes da União, dos Estados, do Distrito Federal e dos Municípios, abrangendo todos os órgãos Da União e dos Municípios.* (José dos Santos Carvalho Filho. *Manual de direito administrativo.* 24. ed. Rio de Janeiro: *Lumen Juris,* 2009. p. 412). Já a função paradministrativa é desempenhada pelos entes paraestatais, ou entes de cooperação, os quais não integram a estrutura da Administração Pública, mas mantêm com ela parcerias com a finalidade de preservar o interesse público. São definidas como *o conjunto de organizações não governamentais criadas para o desempenho de atividades socialmente relevantes.* (Marcio Fernando Elias Rosa. *Sinopse jurídica.* São Paulo: Saraiva, 2010. p. 96). São exemplos os Serviços Sociais Autônomos que integram o sistema "S", (SESI, SESC, SENAC, SENAI, SEBRAE, SEST (Serviço Social do Transporte) SENAT (Serviço Nacional de Aprendizagem do Transporte), SENAR (Serviço Nacional de Aprendizagem Rural); as Organizações Sociais (OS) instituídas pela Lei 9.637/1998, a exemplo do IMPA (Instituto Nacional de Matemática Pura e Aplicada); Hospitais Filantrópicos e Santas Casas de Misericórdia (desde que qualificados pelo Ministério da Saúde, ou Secretarias de Saúde dos Estados ou Municípios); Orquestra Sinfônica do Estado de São Paulo (OSESP); Museu da Imagem e do Som (MIS) etc.; as Organizações da Sociedade Civil de Interesse Público (OSCIPs), regulamentadas pela Lei 9.790/1999, a exemplos do Fórum Estadual de Defesa do Consumidor (FEDC); Associação Baiana dos Portadores de Necessidades Especiais(ABPC) e entidades de Classe, das quais destacamos o exemplo da OAB e CREA; **C:** incorreta, pois os cargos comissionados, são aqueles onde os *seus titulares são nomeados em função da relação de confiança que existe entre eles e a autoridade nomeante. A natureza desses cargos impede que os titulares adquiram estabilidade... Por essa razão é que são considerados de livre nomeação e exoneração (art. 37, II, da CF)* (José dos Santos Carvalho Filho. *Manual de direito administrativo.* 24. ed. Rio de Janeiro: *Lumen Juris,* 2009. p. 559), lembrando ainda que para provimento dos cargos de comissão, e dos cargos de confiança, não há necessidade de realização de concurso público, pois ambos são criados por lei e se destinam apenas às atribuições de direção, chefia e assessoramento, mediante livre nomeação pela autoridade competente, podendo haver exoneração e dispensa, a qualquer tempo. Os cargos de confiança são exercidos exclusivamente por servidores ocupantes de cargo efetivo, enquanto os cargos em comissão podem ser preenchidos por servidores que já detenham cargos efetivos de carreira, respeitando-se os percentuais estabelecidos na sua lei de criação. Vale dizer que sendo ocupados por um percentual mínimo legal de servidores de carreira, pode-se ter então as vagas restantes para cargos em comissão a serem ocupados por pessoas sem vínculo definitivo com a Administração Pública (art. 37, V, da CF); **D:** incorreta, pois as gratificações são vantagens de natureza financeira que o servidor percebe em razão do exercício de uma atividade em condições especiais, onde há risco de vida, serviços extraordinários e serviços realizados fora da sede; **E:** correta, pois os agentes públicos comportam a seguinte classificação: agentes políticos (eleitos pelo voto direto. Ex.: Presidente da República); servidores públicos (ingresso por concurso público. Ex.: Juiz); empregados públicos: (ingressam por concurso pelo regime celetista. Ex.: empregados de empresas públicas e sociedades de economia mista); servidores temporários (ingressam por processo seletivo simplificado. Ex.: Servidores que trabalham no senso a serviço do IBGE (Instituto Brasileiro de Geografia e Estatística) e particulares em colaboração com a Administração Pública (desempenham funções públicas esporádicas. Ex.: jurados, mesário de eleição, etc.). SEG

Gabarito "E".

5.2. Espécies de vínculos (cargo, emprego em função)

(Agente de Polícia Civil/RO – 2014 – FUNCAB) No tocante aos agentes e servidores públicos, pode-se afirmar corretamente:

(A) É inconstitucional qualquer norma de edital de concurso público que conferir índole eliminatória a exame psicotécnico.

(B) O servidor público ex-celetista não possui direito subjetivo adquirido à contagem de serviço pretérito, para todos os efeitos jurídicos legais.

(C) O candidato aprovado em concurso público dentro do número de vagas previstas no edital possui direito líquido e certo à nomeação.

(D) É ilegal a expedição de edital de concurso público visando selecionar os melhores candidatos para a formação de cadastro de reserva de vagas.

(E) O desvio de função, por mais de cinco anos, confere direito a reenquadramento ou reclassificação, quando a Administração possui o plano de cargos e salários.

A: incorreta. Não há vedação constitucional a esse respeito. Nesse sentido, decidiu o STF que: o exame psicotécnico pode ser estabelecido para concurso público desde que por lei, tendo por base critérios objetivos de reconhecido caráter científico, devendo existir, inclusive, a possibilidade de reexame (RE-AgR 473719 DF. rel. Min. Eros Grau, 2ª T., j. 17.06.2008. Publicação: DJe 31.07.2008). E ainda o seguinte entendimento sumular: Só por lei se pode sujeitar a exame psicotécnico a habilitação de candidato a cargo público (Súmula 686). **B:** A assertiva é incorreta, pois a Lei 8.112/1990, que dispõe sobre o regime jurídico dos servidores públicos civis da União, das autarquias e das fundações públicas federais, aduz em seu art. 100, que *é contado para todos os efeitos o tempo de serviço público federal.* Por outro lado, a Lei 8.162/1991, que dispõe sobre a revisão dos vencimentos, salários, proventos e demais retribuições dos servidores civis e da fixação dos soldos dos militares do Poder Executivo, na Administração Direta, autárquica e fundacional, prescreve em seu art. 7º que são considerados extintos, a partir de 12 de dezembro de 1990, os contratos individuais de trabalho dos servidores que passaram ao regime jurídico instituído pela Lei 8112, de 1990, ficando-lhe assegurada a contagem de tempo anterior de serviço público federal. **C:** correta. O candidato classificado até o limite de vagas surgidas durante o prazo de validade do concurso, possui direito líquido e certo à nomeação se o edital dispuser que serão providas, além das vagas oferecidas, as outras que vierem a existir durante sua validade. A jurisprudência do STJ já decidiu que "o candidato aprovado fora das vagas previstas originariamente no edital, mas classificado até o limite das vagas surgidas durante o prazo de validade do concurso, possui direito líquido e certo à nomeação se o edital dispuser que serão providas, além das vagas oferecidas, as outras que vierem a existir durante sua validade (Precedentes citados: AgRg no RMS 31.899-MS, DJe 18.05.2012, e AgRg no RMS 28.671-MS, DJe 25.04.2012.MS 18.881-DF, rel. Min. Napoleão Nunes Maia Filho, j. 28.11.2012). **D:** A assertiva não é correta, pois atualmente, a constituição Federal não contem dispositivo que vede a expedição de edital de concurso visando selecionar os melhores candidatos para a formação de cadastro de reserva de vagas. **E:** incorreta. Já decidiu o servidor público desviado de sua função, embora não tenha direito ao enquadramento, faz jus aos vencimentos correspondentes à função que efetivamente desempenhou, sob pena de ocorrer o locupletamento ilícito da Administração (REsp 202.922-CE, rel. Min. Felix Fischer, DJ de 22.11.1999). SEG

Gabarito "C".

(Agente de Polícia Civil/RO – 2014 – FUNCAB) Acerca dos servidores públicos, assinale a afirmativa correta.

(A) No regime jurídico estatutário, inexiste possibilidade de modificação dos níveis, alteração de nomenclaturas, reclassificação e reenquadramento de cargos na escala funcional.

(B) De acordo com a Constituição Federal aplica-se a exoneração de servidores não estáveis por excesso de despesa.

(C) No Poder Executivo, a iniciativa para a criação, transformação, extinção de cargos, empregos públicos e funções públicas é do legislativo.

(D) O ingresso em cargo público ou emprego público pressupõe, obrigatoriamente, a submissão a concurso público.

(E) Não é permitida acumulação remunerada de dois cargos próprios de assistente social, ou de médicos, mesmo havendo compatibilidade de horários.

A: incorreta. A afirmativa encontra-se incorreta. Nesse sentido já decidiu o STJ que: *A ordem constitucional confere à Administração Pública poder discricionário para promover a reestruturação orgânica de seus quadros funcionais, com a modificação dos níveis de referências das carreiras para realizar correções setoriais, desde que respeitado o princípio constitucional das irredutibilidade de vencimentos. A Lei 12.582/1996, conquanto tenha alterado a nomenclatura, as classes e as referências do Grupo TAF, de modo a promover uma reclassificação de cargos na escala funcional, não acarretou qualquer decréscimo remuneratório para os servidores em atividade que, em razão disso, não têm direito adquirido em permanecer na última referência do novo modelo. Recurso ordinário desprovido* (RMS 9341/CE. DJ 18/12/2000). E ainda: *O regime jurídico estatutário não tem natureza contratual, em razão do que inexiste direito à imutabilidade de situação funcional, sendo lícito à Administração proceder a reestruturação orgânica de seus quadros funcionais, respeitado o princípio constitucional da irredutibilidade de vencimentos. A Lei 7.341/85, que ampliou a estrutura ao quadro de Assistente Social, não promoveu qualquer tipo de transformação ou reclassificação de cargos na escala funcional, preservando as mesmas referências existentes anteriormente, o que não autoriza o reposicionamento dos servidores no último nível funcional criado. Recurso especial não conhecido* (REsp 196748/RJ. DJ em 05/04/1999). **B:** correta, pois conforme prevê o art. 169, § 3º, II da CF, caso a despesa com pessoal ativo e inativo da União, dos Estados, do Distrito Federal e dos Municípios exceder os limites estabelecidos em lei, poderá haver exoneração dos servidores não estáveis. **C:** incorreta. A afirmativa encontra-se incorreta. A Constituição Federal em seu art. 84, IV e VII, "a" e "b" alude expressamente que *compete privativamente ao Presidente da República mediante decreto, dispor sobre organização e funcionamento da administração federal, quando não implicar aumento de despesa nem criação ou extinção de órgãos públicos; extinção de funções ou cargos públicos, quando vagos.* Em razão do princípio da simetria, tal atribuição é conferida também aos Chefes do Poder Executivo dos Estados, do Distrito Federal e dos Municípios, conforme disposto nas respectivas Constituições Estaduais e Leis Orgânicas dos Municípios. **D:** incorreta. Em que pese a realização de concurso público ser a regra, existem algumas exceções. Por exemplo: Nos cargos de mandato eletivo, a escolha se dá por pleito eleitoral. Nos cargos em comissão, a nomeação e exoneração *ad nutum.* Ou seja, são de livre nomeação e exoneração. Nas contratações por tempo determinado, para satisfazer necessidade temporária de excepcional interesse público, na hipótese trazida art. 37, IX da CF. Importante observar que o recrutamento para contratação temporária se dá por processo seletivo simplificado (art. 3º da Lei 8.745/1993). É o caso, por exemplo dos recenseadores contratados pelo IBGE. Nestes casos, o prazo de duração da contratação temporária vão de 6 meses a quatro anos (art. 4º, I a V da Lei 8.745/1993). **E:** incorreta. Em regra, o ordenamento jurídico brasileiro, proíbe a acumulação remunerada de cargos ou empregos públicos. Porém, a CF prevê casos excepcionais em que a acumulação é permitida, desde que haja compatibilidade de horários e observado o limite de dois cargos. A afirmativa encontra-se incorreta, pois conforme é acumulação admitida constitucionalmente dois cargos ou empregos privativos de profissionais de saúde, com profissões regulamentadas (art. 37, XVI da CF). SEG

Gabarito "B".

5.3. Provimento

(Escrivão de Polícia/GO – 2013 – UEG) Acerca dos agentes públicos,

(A) os empregados públicos sujeitam-se ao regime estatutário.

(B) a readmissão do agente público é permitida.

(C) o provimento dos cargos efetivos somente pode ocorrer por meio do concurso público.

(D) os contratados temporariamente vinculam-se a cargo ou emprego público.

A: incorreta, pois os empregados públicos sujeitam-se ao regime celetista; **B:** incorreta. O que se admite são as seguintes hipóteses: readaptação que consiste na investidura do servidor em cargo de atribuições e responsabilidades compatíveis com a limitação que tenha sofrido em sua capacidade física ou mental verificada em inspeção médica (art. 24 da Lei 8.112/1990); reversão que nada mais é do que o retorno à atividade de servidor aposentado por invalidez, quando junta médica oficial declarar insubsistentes os motivos da aposentadoria; ou no interesse da Administração Pública desde que: tenha solicitado a reversão; a aposentadoria tenha sido voluntária; estável quando na atividade a aposentadoria tenha ocorrido nos cinco anos anteriores à solicitação; e haja cargo vago (art. 25 da Lei 8.112/1990; aproveitamento que é o retorno do servidor em disponibilidade, sendo obrigatório seu regresso em cargo de atribuições e vencimentos compatíveis com o anteriormente ocupado (art. 30 da Lei 8.112/1990); reintegração que consiste no retorno do servidor estável no cargo anteriormente ocupado, ou no cargo resultante de sua transformação, quando invalidada a sua demissão por decisão administrativa ou judicial, com ressarcimento de todas as vantagens (art. 28 da Lei 8.112/1990). Na hipótese do cargo ter sido extinto, o servidor ficará em disponibilidade, podendo ser aproveitado em outro. Encontrando-se provido o cargo, o seu eventual ocupante será reconduzido ao cargo de origem, sem direito

8. DIREITO ADMINISTRATIVO · 549

à indenização ou aproveitado em outro cargo ou, ainda, posto em disponibilidade e recondução (o retorno do servidor estável ao cargo anteriormente ocupado, e decorrerá de inabilitação em estágio probatório relativo a outro cargo ou reintegração do anterior ocupante (art. 29 da Lei 8.112/1990). Encontrando-se provido o cargo de origem, o servidor será aproveitado em outro; **C:** correta, eis que a Lei 8.112/1990 em seu art. 3º e parágrafo único reza que o *cargo público é o conjunto de atribuições e responsabilidades previstas na estrutura organizacional que devem ser cometidas a um servidor*, e em seu parágrafo único reza que *os cargos públicos, acessíveis a todos os brasileiros, são criados por lei, com denominação própria e vencimento pago pelos cofres públicos, para provimento em caráter efetivo ou em comissão;* D: incorreta, pois o art. 37, IX, da CF prescreve que *a lei estabelecerá os casos de contratação por tempo determinado para atender a necessidade temporária de excepcional interesse público.* O dispositivo foi regulamentado pela Lei 8.745/1993 para disciplinar a contratação temporária no âmbito dos órgãos da Administração Federal direta, bem como de suas autarquias e fundações púbicas. Não se aplica, portanto, aos Estados, Distrito Federal e Municípios, nem tampouco às empresas públicas e sociedades de economia mista da União. Nos termos do art. 2º da Lei 8.745/1993, considera-se necessidade temporária de excepcional interesse público: assistência a situações de calamidade pública; assistência a emergências em saúde pública; realização de recenseamentos e outras pesquisas de natureza estatística efetuadas pela Fundação Instituto Brasileiro de Geografia e Estatística – IBGE; admissão de professor substituto e professor visitante e atividades relacionadas às forças armadas dentre outras. Importante observar que o recrutamento para contratação temporária se dá por *processo seletivo simplificado* (art. 3º). Entretanto, nos casos de *calamidade pública ou emergência ambiental* o processo seletivo simplificado *é dispensado.* Os prazos de duração da contratação temporária vão de 6 (seis) meses a 4 (quatro) anos (art. 4º, I a V da Lei 8.745/1993), não havendo nenhum vínculo com cargo ou emprego público. SEG

Gabarito "C".

5.4. Vacância

(Escrivão de Polícia/AC – 2008 – CESPE) Julgue o seguinte item.

(1) A extinção de funções ou cargos públicos vagos é competência privativa do Presidente da República, exercida por meio de decreto.

1: correta. De fato, pois *compete privativamente ao Presidente da República: dispor, mediante decreto, sobre: extinção de funções ou cargos públicos, quando vagos* (art. 84, VI, "b" da CF). SEG

Gabarito 1C

5.5. Acessibilidade e concurso público

(Escrivão de Polícia/MA – 2013 – FGV) A respeito do acesso aos cargos públicos, analise as afirmativas a seguir.

I. Em razão dos princípios constitucionais da isonomia e da impessoalidade é vedado à lei, norma hierarquicamente inferior, estipular qualquer restrição de acesso aos cargos públicos, senão a nacionalidade brasileira.

II. Ainda que não haja previsão legal, não viola o princípio do livre acesso aos cargos públicos, a criação de restrição pelo edital que tenha relação com a natureza ou complexidade do cargo a ser exercido, visto que o edital é a lei do concurso.

III. Ainda que prevista em lei, determinada restrição de acesso aos cargos públicos pode ser declarada inconstitucional, caso não seja adequada, necessária ou proporcional aos fins que a Administração pretende atingir com a sua criação.

Assinale:

(A) se todas as afirmativas estiverem corretas.

(B) se somente as afirmativas I e III estiverem corretas.

(C) se somente as afirmativas II e III estiverem corretas.

(D) se somente a afirmativa II estiver correta.

(E) se somente a afirmativa III estiver correta.

I: incorreta, pois o art. 37, I da CF estabelece em princípio que, *os cargos, empregos e funções públicas são acessíveis aos brasileiros que preencham os requisitos estabelecidos em lei, assim como aos estrangeiros, na forma da lei* (art. 37, I). Inclusive, a Lei 8.745/1993, que dispõe sobre a contratação por tempo determinado para atender a necessidade de excepcional interesse público, em seu art. 2º, V, prevê possibilidade de contratação de professores estrangeiros independentemente da nacionalidade. Ressalte-se, porém, que existem cargos que são privativos de brasileiro nato, conforme preceitua a Lei Constitucional em seu art. 12, § 3º. São eles: de Presidente e Vice-Presidente da República; Presidente da Câmara dos Deputados; Presidente do Senado

Federal; Ministro do Supremo Tribunal Federal; carreira diplomática; oficial das Forças Armadas e Ministro de Estado da Defesa; **II:** incorreta, eis que o edital é lei interna, ou seja a lei maior do concurso público. Não obstante, é possível que haja restrições. No entanto, é pensamento majoritário da doutrina que as restrições devem se dar em caráter excepcional, considerando-se tão somente a natureza das funções a serem exercidas pelo servidor; **III:** correta. Inclusive, o fato que tem gerado maior controvérsia diz respeito ao sexo e idade dos candidatos. No entanto, o STF assim se manifestou a esse respeito: *A norma constitucional que proíbe tratamento normativo discriminatório em razão da idade, para efeito de ingresso no serviço público, não se reveste de caráter absoluto, sendo legitima, em consequência, a estipulação de exigência de ordem etária quando esta decorrer da natureza e do conteúdo ocupacional do cargo a ser provido* (RMS 21.045-1/DF, 1ª T., j. 29.03.1994, rel. Min. Celso de Mello, DJ 30.09.1994). No mesmo sentido é a Súmula 683 do STF. Observe: *o limite de idade para a inscrição em concurso público só se legitima em face do art. 7º, XXX, da constituição, quando possa ser justificado pela natureza das atribuições do cargo a ser preenchido.* Serve de exemplo o art. 83, § 3º da Lei 7.210/1984 (Lei de Execução Penal) ao prever que os estabelecimentos penais destinados a mulheres, deverão possuir, exclusivamente, agentes do sexo feminino na segurança de suas dependências internas. Neste caso, justifica-se o critério de restrição para o concurso. SEG

Gabarito "E".

(Agente de Polícia/RO – 2009 – FUNCAB) O Estado, para a consecução de seus fins, utiliza-se dos seus agentes, sendo estes o elemento físico e volitivo através do qual atua no mundo jurídico. Para isso, o ordenamento jurídico confere aos agentes públicos certas prerrogativas quando no exercício de sua função, como também elenca algumas restrições aos exercentes dos cargos públicos, bem como prevê rigorosamente sua forma de ingresso no serviço público. Dentre as assertivas abaixo, assinale aquela que está em consonância com o regime constitucional dos agentes públicos.

(A) Com a superveniência da EC 19/1998, que implantou a reforma administrativa do Estado, foi abolido o regime jurídico único, anteriormente previsto no art. 39 da Constituição Federal de 1988, permitindo que, atualmente, um ente federativo contrate para integrar seus quadros, grupos de servidores estatutários e grupos de servidores sob o regime celetista, desde que, é claro, seja a organização funcional estabelecida em lei.

(B) Candidato aprovado dentro do número de vagas, não tem direito adquirido à contratação pela administração, eis que se trata de mera expectativa de direito, sendo a contratação submetida a critérios de conveniência e oportunidade, segundo a máxima da supremacia do interesse público.

(C) A norma constitucional vigente proíbe o tratamento normativo discriminatório em razão da idade, porém, segundo o Supremo Tribunal Federal, é permitido a limitação de idade em concurso público, nas hipóteses em que essa limitação puder ser justificada em virtude da natureza das atribuições do cargo a ser preenchido.

(D) Em matéria de acumulação remunerada de cargos públicos, admite-se a acumulação de um cargo de policial com outro técnico ou científico.

Servidor celetista, se admitido mediante concurso público, adquire estabilidade após três anos de exercício.

A: incorreta, pois o art. 39 da CF, em sua redação original, previa que cada unidade da Federação instituísse o regime único para os servidores da Administração Pública direta, das autarquias e as fundações públicas. Ocorre que a EC 19/1998 alterou o art. 39, excluindo a obrigatoriedade da adoção do regime único. Entretanto, a nova redação do art. 39, teve sua eficácia suspensa pelo STF em 2007, na ADIn 2.135-4, que teve como relatora a Ministra Ellen Gracie, voltando a vigorar a redação original do art. 39 da CF, donde cada ente da federação deve adotar um regime único a todos os servidores, quer sejam da administração direta, autarquias ou fundações públicas; **B:** incorreta, porém José dos Santos Carvalho Filho diz que *a aprovação em concurso não cria, para o aprovado, direito à nomeação* (Manual de direito administrativo. Rio de Janeiro: Lumen Juris, 2010. p. 579). Nesse sentido, corrobora o julgado do STJ: *A aprovação e classificação em concurso público confere ao candidato apenas expectativa de direito à nomeação* (RMS 1.174-0-SP, 2ª T., j. 22.04.1992, rel. Min. José de Jesus Filho); **C:** correta, pois a Constituição Federal em seus arts. 7º, XXX, e 39, § 3º, estabelece como regra a proibição de tratamento normativo discriminatório em razão da idade. A doutrina majoritária entende que o limite de idade para inscrição em concurso público só é legítima em face do art. 7º, da CF, quando possa ser justificado pela natureza das atribuições do cargo a ser preenchido. Este, inclusive é o entendimento do STF, tendo decidido que *o limite de idade para a inscrição em concurso público só se legitima em face do art. 7º, XXX, da Constituição, quando possa ser justificada pela natureza das atribuições do cargo a ser preenchido.* (Súmula 683 do STF); **D:** incorreta, pois a

550 SEBASTIÃO EDILSON GOMES E FLÁVIA BARROS

Constituição Federal prevê somente as hipóteses de acúmulo *de dois cargos de professor; de um cargo de professor com outro técnico ou científico; de dois cargos ou empregos privativos de profissionais de saúde, com profissões regulamentadas* (art. 37, XVI, "a", "b" e "c" da CF), *o cargo de juiz com um de professor* (art. 95, parágrafo, único, I, da CF) e *o cargo de promotor com um de professor* (art. 128, § 5º, II, "d", da CF) e desde que haja compatibilidade de horário; **E:** incorreta, pois a estabilidade se dá aos servidores estatutários (art. 41, da CF). Não é outra a posição do STF. Vejamos: *o disposto no artigo 41 da CF, que disciplina a estabilidade dos servidores públicos civis, não se aplica aos empregados de sociedade de economia mista* (AgRg AI 245.235, 1ª T., j. 26.10.1999, rel. Min. Moreira Alves, Informativo STF 168, out./99). Inclusive, o regime aplicável às entidades da Administração Indireta é o Celetista. **SEG**

Gabarito "C".

(Agente de Polícia/TO – 2008 – CESPE) Julgue os itens que se seguem, a respeito desse assunto.

(1) Dependendo da natureza do cargo para o qual se realiza concurso público, o governador do Estado tem poderes para determinar a reserva de vagas para portadores de necessidades especiais.

(2) Segundo a Constituição, cargo em comissão é aquele que o chefe do Poder Executivo escolhe para ser de livre nomeação e exoneração.

(3) A ocupação de cargo público em decorrência de aprovação em concurso público somente confere estabilidade ao servidor depois de três anos de exercício em caráter efetivo.

1: incorreta, pois a Constituição Federal, em seu art. 37, VIII, prevê que *a lei reservará percentual dos cargos e empregos públicos para as pessoas portadoras de deficiência e definirá os critérios de sua admissão*, o que garante aos portadores de necessidades especiais um percentual das vagas em concursos públicos. A Lei 8.112/1990, por sua vez, em seu art. 5º, § 2º informa que *serão reservadas até 20% (vinte por cento) das vagas oferecidas no concurso*. Já o Dec. 3.298/1999 que dispõe sobre a política nacional para a integração da pessoa portadora de deficiência, estabeleceu em seu art. 37, § 1º, que o percentual mínimo será de 5% do total de vagas. Se por ocasião da aplicação do referido percentual, resultar em número fracionado, eleva-se o número de vagas. Por exemplo. Se do percentual resultar 2,5 vagas, eleva-se para 3 vagas (art. 37, § 2º do Dec. 3.298/1999); **2:** incorreta, pois os cargos de confiança e os cargos de comissão são criados por lei e se destinam apenas às atribuições de direção, chefia e assessoramento, mediante livre nomeação pela autoridade competente, podendo haver exoneração e dispensa, a qualquer tempo, ou seja, a pedido ou de ofício pela autoridade que nomeou. Os cargos de confiança são exercidos exclusivamente por servidores ocupantes de cargo efetivo, enquanto os cargos em comissão podem ser preenchidos por servidores que já detenham cargos efetivos de carreira, respeitando-se os percentuais estabelecidos na sua lei de criação. Vale dizer que sendo ocupados por um percentual mínimo legal de servidores de carreira, pode-se ter então as vagas restantes para cargos em comissão a ser ocupados por pessoas sem vínculo definitivo com a Administração Pública (Art. 37, V, da CF); **3:** correta, pois a Constituição Federal estabelece em seu art. 41, *caput*, e § 4º que *são estáveis após três anos de efetivo exercício os servidores nomeados para cargo de provimento efetivo em virtude de concurso público*, e *como condição para a aquisição da estabilidade, é obrigatória a avaliação especial de desempenho por comissão instituída para essa finalidade*. **SEG**

Gabarito 1E, 2E, 3C.

5.6. Acumulação remunerada

(Escrivão de Polícia/AC – 2008 – CESPE) Julgue o seguinte item.

(1) Um servidor público eleito para o cargo de prefeito de um município poderá cumular suas funções com as funções do cargo para o qual foi eleito.

1: incorreta, não há essa possibilidade, pois se servidor público for investido no mandato de Prefeito, será afastado do cargo, emprego ou função, sendo-lhe facultado optar pela sua remuneração (art. 38, II da CF). **SEG**

Gabarito 1E

5.7. Responsabilidade e deveres do servidor

(Escrivão de Polícia/MA – 2013 – FGV) Marcos, servidor público, é acusado do cometimento de um crime e vai a julgamento. Considerando-se a repercussão de eventual condenação criminal na esfera administrativa, assinale a afirmativa correta.

(A) Se Marcos for condenado criminalmente, necessariamente, deverá ser demitido do serviço público, já que a decisão criminal vincula a decisão na instância administrativa.

(B) Se Marcos for absolvido na esfera criminal, por considerar que ele não é o ator do fato, ainda assim, ele poderá ser punido na esfera administrativa.

(C) Se Marcos for condenado na esfera administrativa, necessariamente, o Juiz terá que condená-lo na esfera criminal, caso o fato seja criminalmente punível.

(D) Se Marcos for absolvido na esfera administrativa, terá que ser absolvido na esfera criminal, vez que o Estado não pode julgá-lo duas vezes pelo mesmo fato.

(E) Se Marcos for absolvido na esfera criminal, por considerar inexistente o fato, necessariamente, ele terá que ser absolvido na esfera administrativa.

A: incorreta, pois só haveria a possibilidade de demissão, caso o crime praticado pelo servidor público tivesse conexão com a função pública, a exemplo dos crimes de corrupção passiva, previsto no art. 317 do CP, cuja redação se transcreve: *Solicitar ou receber, para si ou para outrem, direta ou indiretamente, ainda que fora da função ou antes de assumi-la, mas em razão dela, vantagem indevida, ou aceitar promessa de tal vantagem. Pena – reclusão, de 2 (dois) a 12 (doze) anos, e multa*; e recebimento de propina previsto no art. 117, XII da Lei 8.112/1990, que tem como redação o seguinte: *Ao servidor é proibido: (...) XII – receber propina, comissão, presente ou vantagem de qualquer espécie, em razão de suas atribuições*. Ressalte-se ainda que o Código Penal em seu art. 92, I, "a" prevê como um dos efeitos da condenação a perda da função pública. Observe o preceptivo: *São também efeitos da condenação: I – a perda de cargo, função pública ou mandato eletivo: a) quando aplicada pena privativa de liberdade por tempo igual ou superior a um ano, nos crimes praticados com abuso de poder ou violação de dever para com a Administração Pública*; e a Lei 8.429/1992 (Lei de Improbidade Administrativa) em seu art. 12, III que: *Independentemente das sanções penais, civis e administrativas previstas na legislação específica, está o responsável pelo ato de improbidade sujeito às seguintes cominações, que podem ser aplicadas isolada ou cumulativamente, de acordo com a gravidade do fato: (...) III – na hipótese do art. 11, ressarcimento integral do dano, se houver, perda da função pública, suspensão dos direitos políticos de três a cinco anos, pagamento de multa civil de até cem vezes o valor da remuneração percebida pelo agente e proibição de contratar com o Poder Público ou receber benefícios ou incentivos fiscais ou creditícios, direta ou indiretamente, ainda que por intermédio de pessoa jurídica da qual seja sócio majoritário, pelo prazo de três anos*. Pelo exposto pode se concluir que a decisão criminal nem sempre se vincula na instância administrativa; **B:** incorreta, pois nos temos do art. 126 da Lei 8.112/1990, *a responsabilidade administrativa do servidor será afastada no caso de absolvição criminal que negue a existência do fato ou sua autoria*; **C:** incorreta, pois como vimos, a regra é a incomunicabilidade de instâncias. A decisão penal que absolver servidor, em nada influirá na decisão administrativa; **D:** incorreta, pois as sanções civis, penais e administrativas poderão cumular-se, sendo independentes entre si (art. 125 da Lei 8.112/1990). Inclusive, a esse respeito decidiu o STF: *a absolvição em processo administrativo disciplinar não impede a apuração dos mesmos fatos em processo criminal, uma vez que as instâncias penal e administrativas são independentes* (HC nº 77.784/MT, 1ª T., j. 10.11.1998, rel. Min. Ilmar Galvão, Informativo STF 131, nov.1998); **E:** correta, pois como visto as sanções civis, penais e administrativas são independentes entre si (art. 125 da Lei 8.112/1990). A decisão penal que absolver servidor, em nada influirá na decisão administrativa. Isto é, pode haver condenação na esfera administrativa. É o que a doutrina chama de conduta residual. A esse respeito, o STF editou a Súmula 18. Observe: *pela falta residual, não compreendida na absolvição pelo juízo criminal, é admissível a punição administrativa do servidor público*. **SEG**

Gabarito "E".

(Inspetor de Polícia/RJ – 2008 – FGV) Quando o servidor público atua fora dos limites de sua competência, mas visando ao interesse público, pratica:

(A) excesso de poder, que caracteriza abuso de poder.

(B) excesso de poder, mas que, no caso, não caracteriza abuso de poder.

(C) desvio de poder, que caracteriza abuso de poder;

(D) desvio de poder, mas que, no caso, não caracteriza abuso de poder.

(E) ato válido.

A: correta, pois o abuso de poder pode se dividir em duas espécies (excesso de poder e desvio de poder). O excesso de poder ocorre quando o agente público atua fora dos limites de sua área de competência. Por sua vez, o desvio de poder consiste na atuação do agente em praticar atos diversos dos implícitos na lei, ou contrários ao interesse público, configurando-se como violação da lei; **B:** incorreta, pois o abuso de poder, se divide em duas espécies (excesso de poder e desvio de poder). O excesso de poder ocorre quando o agente público atua fora dos limites de sua área de competência. Por sua vez, o desvio de poder consiste na atuação do agente em praticar atos diversos dos implícitos na lei, ou contrários

8. DIREITO ADMINISTRATIVO — 551

ao interesse público; **C:** incorreta, pois são institutos diferentes, como visto; **D:** incorreta, pois o desvio de poder é espécie do abuso de poder; **E:** incorreta, pois o ato praticado com abuso de poder é nulo. SEG

Gabarito "A".

5.8. Direitos, vantagens e sistema remuneratório

(Agente Penitenciário/MA – 2013 – FGV) Z, agente penitenciário no Estado do Maranhão, e candidatou-se a prefeito de um município do interior do Estado, tendo sido eleito com expressiva votação. Z exerce cargo público efetivo há mais de 10 anos e agora irá assumir o mandato eletivo.

Diante dessa situação, assinale a afirmativa correta.

(A) Z, afastando-se do cargo efetivo, contará o tempo de exercício no cargo eletivo para todos os efeitos legais, sem qualquer exceção.

(B) Z deverá pedir exoneração do cargo efetivo para assumir o cargo eletivo.

(C) Z ao assumir o cargo eletivo deverá necessariamente receber a remuneração desse cargo, não podendo optar pela remuneração do cargo efetivo.

(D) Z, necessariamente, irá se afastar do cargo efetivo e deverá optar pela remuneração do cargo efetivo ou pela do cargo eletivo, sendo impossível a acumulação das remunerações.

(E) Z poderá, havendo compatibilidade de horários, acumular os cargos e as remunerações.

A: incorreta. O tempo correspondente ao desempenho de mandato eletivo federal, estadual, municipal ou distrital, anterior ao ingresso no serviço público federal (art. 103, IV da Lei 8.112/1990). **B:** incorreta. O servidor não deverá pedir exoneração, mas sim afastamento. **C:** incorreta. Ao servidor será facultado optar pela sua remuneração (art. 94, II, da Lei 8.112/1990). **D:** correta. Investido no mandato de Prefeito, será afastado do cargo, sendo-lhe facultado optar pela sua remuneração (art. 94, II, da Lei 8.112/1990). **E:** incorreta. No mandato de vereador, havendo compatibilidade de horário, perceberá as vantagens de seu cargo, sem prejuízo da remuneração do cargo eletivo e não havendo compatibilidade de horário, será afastado do cargo, sendo-lhe facultado optar pela sua remuneração (art. 94, III, "a" e "b da Lei 8.112/1990). SEG

Gabarito "D".

(Agente de Polícia/RN – 2008 – CESPE) A respeito dos servidores públicos, assinale a opção correta à luz da CF.

(A) Mesmo aos servidores que exerçam atividades de risco é vedada a adoção de requisitos e critérios diferenciados para concessão de aposentadoria.

(B) Extinto o cargo de provimento efetivo por meio de concurso público, ou declarada a sua desnecessidade, o servidor estável ocupante desse cargo ficará em disponibilidade, com remuneração integral, até seu adequado aproveitamento em outro cargo.

(C) Os requisitos de idade e tempo de contribuição para o regime de previdência dos servidores públicos de cargos efetivos dos estados serão reduzidos em cinco anos, para o professor que comprove exclusivamente tempo de efetivo exercício das funções de magistério na educação infantil, no ensino fundamental, médio e superior.

(D) O detentor de mandato eletivo é remunerado exclusivamente por subsídio fixado em parcela única.

(E) Somente a lei pode estabelecer contagem de tempo de contribuição fictício para o regime de previdência dos servidores titulares de cargos efetivos da União.

D: correta, pois de acordo com o art. 39, § 4° da CF: *O membro de Poder, o detentor de mandato eletivo, os Ministros de Estado e os Secretários Estaduais e Municipais serão remunerados exclusivamente por subsídio fixado em parcela única, vedado o acréscimo de qualquer gratificação, adicional, abono, prêmio, verba de representação ou outra espécie remuneratória, obedecido, em qualquer caso, o disposto no art. 37, X e XI.* SEG

Gabarito "D".

(Agente de Polícia/RO – 2009 – FUNCAB) Analise as assertivas abaixo, assinalando aquela que está em consonância com as normas de direito administrativo consagrada na Constituição da República Federativa do Brasil de 1988.

(A) Os vencimentos dos cargos do Poder Legislativo e do Poder Judiciário não poderão ser superiores aos pagos pelo Poder Executivo.

(B) É proibida a contratação temporária mesmo que para atender a necessidade excepcional de interesse público.

(C) O prazo de validade do concurso público será de dois anos, prorrogável por igual período.

(D) É proibido ao servidor público civil o direito à livre associação sindical.

(E) A lei não precisa reservar percentual dos cargos e empregos públicos para as pessoas portadoras de deficiência e definirá os critérios de sua admissão.

A: correta, pois conforme determinação constitucional, *os vencimentos dos cargos do Poder Legislativo e do Poder Judiciário não poderão ser superiores aos pagos pelo Poder Executivo* (art. 37, XII, CF); **B:** incorreta, pois *a lei estabelecerá os casos de contratação por tempo determinado para atender a necessidade temporária de excepcional interesse público* (art.37, IX da CF); **C:** incorreta, pois *o prazo de validade do concurso público será de até dois anos, prorrogável uma vez, por igual período* (art. 37, III da CF); **D:** incorreta, pois conforme art. 37, VI da CF, *é garantido ao servidor público civil o direito à livre associação sindical;* E: incorreta, pois *a lei reservará percentual dos cargos e empregos públicos para as pessoas portadoras de deficiência e definirá os critérios de sua admissão.* (art. 37, VIII da CF). SEG

Gabarito "A".

5.9. Sistema Previdenciário

(Agente de Polícia/PI – 2008 – UESPI) A vacância do cargo, em virtude da modificação do vínculo com o sujeito, ocorre por:

(A) Exoneração

(B) Demissão

(C) Falecimento

(D) Aposentadoria

(E) Anulação do ato de investidura

A: incorreta, pois *a exoneração de cargo efetivo dar-se-á a pedido do servidor, ou de ofício* (art. 34 da Lei 8.112/1990); **B:** incorreta, pois demissão ocorre nos casos de crime contra a Administração Pública; abandono de cargo; inassiduidade habitual; improbidade administrativa dentre outros previstos, no art. 132, I a XIII da Lei 8.112/1990, após a instauração de processo administrativo disciplinar, obedecendo-se os direitos de ampla defesa e contraditório; **C:** incorreta, pois o falecimento é a perda da qualidade de beneficiário (art. 222, I da Lei 8.112/1990); **D:** correta, pois a aposentadoria ocorre quando cessa o exercício da atividade junto ao órgão público (art. 33, VII, Lei 8.112/1990); **E:** incorreta, pois vacância não se dá pelo ato de anulação de investidura (art. 33, da Lei 8.112/1990). SEG

Gabarito "D".

5.10. Infração disciplinar e processo administrativo

(Agente – Pernambuco – CESPE – 2016) Considerando as regras e princípios previstos na Lei n.° 9.784/1999, que regula o processo administrativo no âmbito da administração pública federal, assinale a opção correta em relação ao processo administrativo.

(A) Em razão do princípio da oficialidade, exigir-se-á o reconhecimento da assinatura do interessado nas suas manifestações por escrito, que somente será dispensado nos casos expressamente previstos no regulamento do órgão responsável pelo julgamento.

(B) Os atos de processo independem de intimação do interessado, sendo dever do interessado acompanhar o andamento do processo junto à repartição, principalmente nos casos relativos à imposição de sanções ou restrição de direitos, sob pena de revelia.

(C) Devidamente protocolado o processo administrativo junto ao órgão público competente, o interessado não poderá desistir do pedido formulado, salvo se renunciar expressamente ao direito objeto da solicitação.

(D) O processo administrativo rege-se pelo princípio da inércia: deverá ser impulsionado pela atuação dos interessados, sendo vedada a sua impulsão de ofício pela autoridade julgadora.

(E) Em caso de risco iminente, a administração pública poderá, motivadamente, adotar providências acauteladoras, mesmo sem a prévia manifestação do interessado.

A: incorreta. Lei 9.784/1999, art. 22. § 2° - Salvo imposição legal, o reconhecimento de firma somente será exigido quando houver dúvida de autenticidade; **B:** incorreta. Lei 9.784/1999, art. 3°, II - ter ciência da tramitação dos processos administrativos em que tenha a condição de interessado, ter vista dos autos, obter cópias de documentos neles contidos e conhecer as decisões proferidas;

C: incorreta. Lei 9.784/1999, art. 51 - O interessado poderá, mediante manifestação escrita, desistir total ou parcialmente do pedido formulado ou, ainda, renunciar a direitos disponíveis; **D:** incorreta. Lei 9.784/1999, art. 5º - O processo administrativo pode iniciar-se de ofício ou a pedido de interessado; **E:** correta. A Lei 9.784/1999 prevê como princípios norteadores do processo administrativo federal: art. 2º - A Administração Pública obedecerá, dentre outros, aos princípios da legalidade, finalidade, motivação, razoabilidade, proporcionalidade, moralidade, ampla defesa, contraditório, segurança jurídica, interesse público e eficiência. A assertiva indica a proteção ao princípio da eficiência e neste sentido: art. 45 - Em caso de risco iminente, a Administração Pública poderá motivadamente adotar providências acauteladoras sem a prévia manifestação do interessado. **FMB**
Gabarito "E".

(Agente-Escrivão – Acre – IBADE – 2017) Sobre o processo administrativo e as disposições constantes da Lei nº 9.784/1999, é correto afirmar:

(A) Salvo disposição legal em contrário, o recurso administrativo tem efeito suspensivo.

(B) Um dos critérios a ser observado nos processos administrativos é o da interpretação da norma administrativa da forma que melhor garanta o atendimento do fim público a que se dirige, permitindo-se, inclusive, aplicação retroativa de nova interpretação.

(C) Uma das diferenças do instituto da revisão de processo administrativo para o instituto do recurso administrativo, é que na revisão do processo não poderá resultar agravamento da sanção anteriormente imposta, enquanto o recurso administrativo poderá resultar em agravamento da situação do recorrente.

(D) Salvo disposição legal em sentido contrário, o recurso administrativo tramitará no máximo por duas instâncias administrativas.

(E) O recurso administrativo apenas tem cabimento em face de questões de legalidade. As questões de mérito devem ser discutidas judicialmente.

Art. 64 - O órgão competente para decidir o recurso poderá confirmar, modificar, anular ou revogar, total ou parcialmente, a decisão recorrida, se a matéria for de sua competência. Parágrafo único. Se da aplicação do disposto neste artigo puder decorrer gravame à situação do recorrente, este deverá ser cientificado para que formule suas alegações antes da decisão. Art. 65 - Os processos administrativos de que resultem sanções poderão ser revistos, a qualquer tempo, a pedido ou de ofício, quando surgirem fatos novos ou circunstâncias relevantes suscetíveis de justificar a inadequação da sanção aplicada. Parágrafo único. Da revisão do processo não poderá resultar agravamento da sanção. **FMB**
Gabarito "C".

(Agente-Escrivão – Acre – IBADE – 2017) Relativamente ao tema da competência administrativa no contexto da Lei nº 9.784/1999, há afirmativa correta em:

(A) As decisões adotadas por delegação devem mencionar explicitamente esta qualidade e considerar-se-ão editadas pela autoridade delegante.

(B) É vedada, como regra, a delegação de competência dos órgãos colegiados aos respectivos presidentes, pois seria um caso de violação do princípio da colegialidade.

(C) Não podem ser objeto de delegação de competência a edição de atos de caráter normativo, a decisão de recursos administrativos e as matérias de competência exclusiva de órgão ou autoridade.

(D) A delegação de competência é vedada quando tem por razão circunstâncias de índole econômica ou jurídica.

(E) É permitida a avocação temporária de competência atribuída a órgão hierarquicamente inferior. Para tanto, basta que a autoridade edite o ato administrativo avocatório no Diário Oficial, pois a dispensa da fundamentação, quanto aos motivos, decorre do próprio dever-poder hierárquico.

A: incorreta. Lei 9.784/1999, art. 14, § 3º - As decisões adotadas por delegação devem mencionar explicitamente esta qualidade e considerar-se-ão **editadas pelo delegado**; **B:** incorreta. Não há previsão legal nesse sentido; **C:** correta. Lei 9.784/1999, art. 13 - Não podem ser objeto de delegação: I - a edição de atos de caráter normativo; II - a decisão de recursos administrativos; III - as matérias de competência exclusiva do órgão ou autoridade; **D:** incorreta. Lei 9.784/1999, art. 12 - Um órgão administrativo e seu titular poderão, se não houver impedimento legal, delegar parte da sua competência a outros órgãos ou titulares, ainda que estes não lhe sejam hierarquicamente subordinados, quando for conveniente, em razão de circunstâncias de índole técnica, social, econômica, jurídica ou territorial; **E:** incorreta. Lei 9.784/1999, art. 15 - Será permitida, em caráter excepcional e por motivos relevantes devidamente justificados, a avocação temporária de competência atribuída a órgão hierarquicamente inferior. **FMB**
Gabarito "C".

(Agente-Escrivão – Acre – IBADE – 2017) Quanto ao conceito de Direito Administrativo, às responsabilidades dos servidores públicos civis, aos atos administrativos, ao controle da Administração Pública e ao processo administrativo regido pela Lei nº 9.784/1999, é correto o que se afirma em:

(A) O administrado tem o direito de ser tratado com respeito pelas autoridades e servidores. Contudo, este direito não implica na possibilidade de exigência da Administração, pelo administrado, de um dever de facilitação do exercício de seus direitos.

(B) O Direito Administrativo é um conjunto de regras e princípios que confere poderes desfrutáveis pelo Estado para a consecução do bem comum e da finalidade pública. Esta concepção, portanto, não compreende deveres da Administração em favor dos administrados que, para este ramo do direito, são objetos da relação jurídico- administrativa.

(C) Os servidores públicos civis podem, como regra, ser responsabilizados, de modo concomitante, nas esferas civil, criminal e administrativa.

(D) O Poder Judiciário não pode praticar atos administrativos, mas apenas atos da administração.

(E) O controle da Administração Pública no Brasil é realizado por meio do sistema do contencioso administrativo.

A: incorreta. Lei 9.784/1999, art. 3º - O administrado tem os seguintes direitos perante a Administração, sem prejuízo de outros que lhe sejam assegurados: I - ser tratado com respeito pelas autoridades e servidores, que deverão facilitar o exercício de seus direitos e o cumprimento de suas obrigações; **B:** incorreta. O conjunto de regras e princípios não confere poderes desfrutáveis e sim poder-dever. E a concepção de Direito Administrativo compreende os entes, órgãos, agentes e atividades da Administração Publica na consecução do interesse publico e por conseguinte de seus administrados. **C:** correta. "Se a conduta inadequada afeta a ordem interna dos serviços e vem caracterizada somente como infração ou ilícito administrativo, cogita-se, então, da responsabilidade administrativa, que poderá levar o agente a sofrer sanção administrativa. Essa responsabilidade é apurada no âmbito da Administração, mediante processo administrativo e a possível sanção é aplicada também nessa esfera". Por sua vez, "se o agente, por ação ou omissão, dolosa ou culposa, causou danos à Administração, deverá repará-lo, sendo responsabilizado civilmente. A apuração da responsabilidade civil poderá ter início e término no âmbito administrativo ou ter início nesse âmbito e ser objeto, depois, de ação perante o Judiciário". Por fim, "se a conduta inadequada do agente afeta, de modo imediato, a sociedade e vem caracterizada pelo ordenamento como crime funcional, o servidor será responsabilizado criminalmente, podendo sofrer sanções penais. A responsabilidade criminal do servidor é apurada mediante processo penal, nos respectivos juízos". MEDAUAR, Odete. *Direito administrativo moderno*. 15ª ed., revista, atualizada e ampliada. São Paulo, Revista dos Tribunais, 2011, p. 319; **D:** incorreta. Lei 9.784/1999, art. 1º - Esta Lei estabelece normas básicas sobre o processo administrativo no âmbito da Administração Federal direta e indireta, visando, em especial, à proteção dos direitos dos administrados e ao melhor cumprimento dos fins da Administração. § 1º - Os preceitos desta Lei também se aplicam aos órgãos dos Poderes Legislativo e Judiciário da União, quando no desempenho de função administrativa; **E:** incorreta. Não é esta a única forma de controle exercido. **FMB**
Gabarito "C".

(Investigador-Escrivão-Papiloscopista – Pará – Funcab – 2016) Considerando a Lei nº 9.784/1999, que regulamenta o processo administrativo, assinale a opção correta.

(A) A revisão administrativa pode resultar agravamento da sanção.

(B) Pode ser objeto de delegação a decisão de recursos administrativos.

(C) Nos prazos do recurso no processo administrativo não se exclui o dia do começo e inclui-se o dia do vencimento.

(D) O julgamento acatara o relatório da comissão, salvo quando contrário às provas dos autos.

(E) A delegação pode ser encarada como a possibilidade de o órgão administrativo de maior hierarquia arrogar-se competência de órgão hierarquicamente inferior.

A: incorreta. Lei 9.784/1999, art. 65, parágrafo único - Da revisão do processo não poderá resultar agravamento da sanção; **B:** incorreta. Lei 9.784/1999, art. 13 - Não podem ser objeto de delegação: II - a decisão de recursos administrativos; **C:** incorreta. Lei 9.784/1999, art. 66 - Os prazos começam a correr a partir da data da cientificação oficial, excluindo-se da contagem o dia do começo e incluindo-se o do vencimento; D: correta. Lei 8.112/90: Art. 168 - O julgamento acatará o relatório da comissão, salvo quando contrário às provas dos autos. **E:** incorreta. Lei 9.784/1999, art. 15 - Será permitida, em caráter excepcional e por motivos

8. DIREITO ADMINISTRATIVO 553

relevantes devidamente justificados, a avocação temporária de competência atribuída a órgão hierarquicamente inferior. **FMB**
„"D" oʇᴉɹɐqɐפ

(Agente Penitenciário/MA – 2013 – FGV) João é servidor público estatutário e está sendo processado criminalmente por lesão corporal praticada contra José, enquanto encontrava-se em serviço. Em razão de tal fato também está respondendo a processo administrativo disciplinar.

Diante dessa situação, assinale a afirmativa correta.

(A) Mesmo que seja condenado na seara penal, João poderá provar, na esfera administrativa, a inexistência do fato que fundamentou a condenação, em decorrência da independência entre essas esferas.

(B) Sendo absolvido por inexistência de provas, não poderá ser condenado pelo mesmo fato na esfera administrativa.

(C) Mesmo absolvido na esfera penal, é possível que seja condenado na esfera administrativa.

(D) Sendo absolvido ou condenado na esfera penal, o processo administrativo seguirá sempre a mesma sorte, pois não há independência entre as instâncias penal e administrativa.

(E) O processo administrativo não poderia ser instaurado antes que o do trânsito em julgado da ação penal.

A: incorreta. O ilícito administrativo independente do ilícito penal. Em que pese a independência das instâncias, a sentença criminal condenatória somente afastará a punição administrativa se reconhecer a inexistência do fato ou a negativa de autoria. **B:** incorreta. Uma conduta pode ser classificada ao mesmo tempo como ilícito penal, civil e administrativo, podendo o agente ser condenado em todas as esferas ou não, tendo em vista a independência entre as instâncias. No entanto, há exceções. É o que se denomina vinculação entre as instâncias. Significa dizer que nesses casos, o agente público não poderá ser condenado na esfera civil ou administrativa quando for absolvido na esfera penal por inexistência de fato ou negativa de autoria. A Lei 8.112/1990 em seus arts. 125 e 126 prescreve que *as sanções civis, penais e administrativas poderão cumular-se, sendo independentes entre si* (art. 125) e que a *responsabilidade administrativa do servidor será afastada no caso de absolvição criminal que negue a existência do fato ou sua autoria* (art. 126). Conforme disposto no art. 66 do CPP, *não obstante a sentença absolutória no juízo criminal, a ação civil poderá ser proposta quando não tiver sido, categoricamente, reconhecida a inexistência material do fato.* A esse respeito, o STJ decidiu que: "*a independência entre as instâncias penal, civil e administrativa, consagrada na doutrina e na jurisprudência, permite à Administração impor punição disciplinar ao servidor faltoso à revelia de anterior julgamento no âmbito criminal, ou em sede de ação civil por improbidade, mesmo que a conduta imputada configure crime em tese. Precedentes do STJ e do STF (MS. 7.834-DF). Comprovada a improbidade administrativa do servidor, em escorreito processo administrativo disciplinar, desnecessário o aguardo de eventual sentença condenatória penal. Inteligência dos arts. 125 e 126 da Lei 8.112/1990. Ademais, a sentença penal somente produz efeitos na seara administrativa, caso o provimento reconheça a não ocorrência do fato ou a negativa da autoria. (MS 7861/DF).* **C:** correta, pois a sentença penal absolutória, não impede que haja punição na esfera administrativa: **D:** incorreta. Em que pese haver independência entre as esferas penal e administrativa, no caso de sentença penal condenatória, o processo administrativo fica prejudicado. É o efeito da sentença penal condenatória. **E:** A alternativa encontra-se incorreta, pois a apuração de uma infração disciplinar **deve ocorrer *de ofício*** quando a autoridade que tiver ciência de irregularidade no serviço público, devendo promover a sua apuração imediata, mediante sindicância ou processo administrativo disciplinar, assegurada ao acusado ampla defesa (art. 143 da Lei 8.112/1990). **SEG**
„"C" oʇᴉɹɐqɐפ

(Agente de Polícia/DF – 2013 – CESPE) Após investigação, constatou-se que determinado servidor público adquiriu, em curto período de tempo, uma lancha, uma casa luxuosa e um carro importado avaliado em cem mil reais, configurando um crescimento patrimonial incompatível com sua renda. Apesar de a investigação não ter apontado a origem ilícita dos recursos financeiros, o referido servidor foi condenado à perda dos bens acrescidos ao seu patrimônio, à demissão, à suspensão dos direitos políticos e ao pagamento de multa.

Nessa situação hipotética, o servidor foi indevidamente condenado por improbidade administrativa, haja vista não ter ficado comprovada ilicitude na aquisição dos bens.

Julgue os itens subsequentes, relativos à organização administrativa do Estado e a atos administrativos.

(1) No direito administrativo, a inércia será considerada um ato ilícito caso haja dever de agir pela administração pública, implicando

essa conduta omissiva abuso de poder quando houver ofensa a direito individual ou coletivo dos administrados.

(2) A PCDF é órgão especializado da administração direta subordinado ao Poder Executivo do DF.

(3) Considere a seguinte situação hipotética. Hugo e Ivo planejaram juntos o furto de uma residência. Sem o conhecimento de Hugo, Ivo levou consigo um revólver para garantir o sucesso da empreitada criminosa. Enquanto Hugo subtraia os bens do escritório, Ivo foi surpreendido na sala por um morador e acabou matando-o com um tiro. Nessa situação hipotética, Ivo responderá por latrocínio, e Hugo, apenas pelo crime de furto.

(4) Por ser o estupro um crime que se submete a ação penal pública condicionada, caso uma mulher, maior de idade e capaz, seja vítima desse crime, somente ela poderá representar contra o autor do fato, embora não seja obrigada a fazê-lo.

(5) O empresário que inserir na carteira de trabalho e previdência social de seu empregado declaração diversa da que deveria ter escrito cometerá o crime de falsidade ideológica.

(6) O agente de polícia que deixar de cumprir seu dever de vedar ao preso o acesso a telefone celular, permitindo que este mantenha contato com pessoas fora do estabelecimento prisional, cometerá o crime de condescendência criminosa.

1: correta. A inércia será considerada um ato ilícito caso haja dever de agir pela administração pública, implicando essa conduta omissiva abuso de poder quando houver ofensa a direito individual ou coletivo dos administrados, é o que já decidiu o STJ nos seguintes termos: *Em homenagem ao princípio da eficiência, é forçoso concluir que a autoridade impetrada, no exercício da atividade administrativa, deve manifestar-se acerca dos requerimentos de anistia em tempo razoável, sendo-lhe vedado postergar, indefinidamente, a conclusão do procedimento administrativo, sob pena de caracterização de abuso de poder.*(MS 12.701/DF, rel. Min. Maria Thereza de Assis Moura, *DJe* 03/03/2011). **2:** correta. Conforme prevê a Constituição Federal em seu art. 144, §§ 4º e 6º informam que às polícias civis, dirigidas por delegados de polícia de carreira, incumbem, ressalvada a competência da União, as funções de polícia judiciária e a apuração de infrações penais, exceto as militares e as polícias militares e corpos de bombeiros militares, forças auxiliares e reserva do Exército, subordinam-se, juntamente com as polícias civis, aos Governadores dos Estados, do Distrito Federal e dos Territórios. **3:** correta, tendo como fundamento o art. 29, § 2º do Código Penal, que prescreve que se algum dos concorrentes quis participar de crime menos grave, ser-lhe-á aplicada a pena deste; essa pena será aumentada até metade, na hipótese de ter sido previsível o resultado mais grave.É o que se chama de "participação dolosamente distinta", exceção à teoria monista adotada pelo nosso Código Penal. Observe a esse respeito o seguinte julgado: *Se a violência exercida contra a vítima, acarretando-lhe a morte, foi exercida com o intuito de subtrair a quantia que lhe pertencia, configura-se o delito de latrocínio. Em tema de latrocínio não se deve reconhecer a cooperação dolosamente distinta, agasalhada pelo art. 29, § 2º, do CP, se o envolvido na empreitada criminosa dela participou ativamente, ainda que não tenha executado atos que culminaram na morte da vítima, mas assumiu o risco da produção do resultado mais grave* (TJMG, Processo nº 1.0372.05.014103-8/001(1), rel. Des. Antônio Armando dos Anjos, DJ 12/05/2007). **4:** correta, conforme previsto no art. 225 do CP, o crime de estupro é de ação penal pública condicionada a representação da vítima. Vale destacar, contudo, que o direito de representação pela mulher, mas também por quem tenha a condição de representa-la. Não se trata de uma ação penal personalíssima, mas de ação penal pública condicionada. **5:** O crime descrito está tipificado como falsificação de documento público (art. 297, § 3º, II do CP) e não de falsidade ideológica. **6:** incorreta, tratando-se prevaricação imprópria e não condescendência criminosa (art. 319-A do CP). **SEG**
Ǝ9 'Ǝ5 'Ɔ4 'Ɔ3 'Ɔ2 'Ɔ1 oʇᴉɹɐqɐפ

(Agente de Polícia/PI – 2012) Acerca dos direitos e garantias fundamentais proclamados na Constituição Federal em vigor, assinale a alternativa correta.

(A) *habeas data* significa a ação por meio da qual o cidadão, privado de sua liberdade por ato administrativo, busca ordem judicial que lhe restaure a liberdade.

(B) o direito à ampla defesa é peculiar ao processo judicial, não estando presente no âmbito do processo administrativo.

(C) a todo litigante, em sede exclusivamente de processo judicial, é assegurado o exercício do contraditório e da ampla defesa.

(D) a todo litigante, em processo administrativo ou judicial, é garantido o exercício do contraditório e da ampla defesa.

(E) considerando-se que a propriedade deve atender à sua função social, a Administração Pública pode, por razões de interesse social, expropriar o latifúndio improdutivo, sem a instauração de procedimento administrativo.

SEBASTIÃO EDILSON GOMES E FLÁVIA BARROS

A: incorreta, pois o instrumento indicado no caso da afirmativa é o *habeas corpus* que tem como base o art. 5º, LXVIII da CF. O *Habeas data*, conforme o art. 5º, LXXII, "a" e "b" da CF, será concedido: a) para assegurar o conhecimento de informações relativas à pessoa do impetrante, constantes de registros ou bancos de dados de entidades governamentais ou de caráter público; b) para a retificação de dados, quando não se prefira fazê-lo por processo sigiloso, judicial ou administrativo. As finalidades são: conhecimento ou retificação das informações relativas ao impetrante. Uma última informação: somente pode ser impetrado quando se tratar de informações pessoais referentes à pessoa do impetrante; **B:** incorreta, pois a Carta Constitucional em seu art. 5º, LV, garante que *aos litigantes, em processo judicial ou administrativo, e aos acusados em geral são assegurados o contraditório e ampla defesa, com os meios e recursos a ela inerentes*; **C:** incorreta, pois a garantia se dá não *exclusivamente* em processo judicial, mas também em processo administrativo (art. 5º, LV da CF); **D:** correta, pois o exercício do contraditório e da ampla defesa é garantido tanto no processo administrativo, quanto no judicial (art. 5º, LV da CF); **E:** incorreta, pois o art. 5º da CF em seu inc. XXIV, aduz que a lei estabelecerá o procedimento para desapropriação por necessidade ou utilidade pública, ou por interesse social. O procedimento administrativo da desapropriação realiza-se em duas fases: declaratória e executória. A fase declaratória é aquela em que a Administração Pública aponta os motivos que ensejam a desapropriação, ou seja: *necessidade pública, utilidade pública ou interesse social*. A fase executória é a fase de procedimentos, que pode ser *administrativa ou judicial*. A fase executória *administrativa* ocorre quando há *acordo* entre expropriante e expropriado. Não havendo acordo, inicia-se a fase judicial. `SEG`
Gabarito "D".

5.11. Outros temas de agentes públicos e temas combinados

(Escrivão de Polícia/DF – 2013 – CESPE) Acerca do regime jurídico dos servidores públicos, julgue os itens subsecutivos.

(1) O conceito de agente público para a aplicação da Lei de Improbidade Administrativa abrange aqueles que exerçam, sem remuneração, função no âmbito da PCDF.

(2) A invalidação de demissão por decisão judicial importa a reinvestidura do servidor estável no cargo anteriormente ocupado, mesmo que este já tenha sido ocupado por outro servidor.

(3) Caso um servidor ocupante de cargo em comissão seja exonerado desse cargo a pedido, eventuais denúncias de infrações por ele praticadas deverão ser arquivadas, uma vez que, nessa hipótese, a aplicação de penalidade não surtirá efeitos na esfera administrativa.

1: correta. Os sujeitos ativos são aqueles que praticam o ato de improbidade, concorrem para a pratica ou dele obtém vantagens, sendo possível a responsabilização de qualquer pessoa, ainda que não seja agente público, desde que se beneficie de forma direta ou indireta. Daí se afirmar, que, em princípio, os atos de improbidade podem ser praticados por qualquer agente público, servidor ou não. Para todos os efeitos, considera-se agente público, todo aquele que exerce, ainda que transitoriamente ou sem remuneração, por eleição, nomeação, designação, contratação ou qualquer outra forma de investidura ou vínculo, mandato, cargo, emprego ou função nas entidades da administração direta ou indireta. O que se verifica é que o legislador adotou uma concepção bastante ampla de agente público. Inclusive, seus dispositivos se aplicam, no que couber, àquele que, mesmo não sendo agente público, induza ou concorra para a prática do ato de improbidade ou dele se beneficie sob qualquer forma direta ou indireta (arts. 1º, 2º e 3º da Lei 8.429/1992). **2:** correta. A reintegração é a reinvestidura do servidor estável no cargo anteriormente ocupado, ou no cargo resultante de sua transformação, quando invalidada a sua demissão por decisão administrativa ou judicial, com ressarcimento de todas as vantagens (art. 28 da Lei 8.112/1990). **3:** incorreta, pois mesmo após exonerado, a penalidade pode resultar efeitos na esfera administrativa, como a exemplo de demissão pela prática de ato de improbidade administrativa. (art. 136 e 137 da Lei 8.112/1990). `SEG`
Gabarito 1C, 2C, 3E.

(Escrivão de Polícia Federal – 2013 – CESPE) Com relação ao direito administrativo, julgue os itens a seguir.

(1) A posse de um candidato aprovado em concurso público somente poderá ocorrer pessoalmente.

(2) O servidor público que revelar fato ou circunstância que tenha ciência em razão das suas atribuições, e que deva permanecer em segredo, comete ato de improbidade administrativa.

(3) As penas aplicadas a quem comete ato de improbidade não podem ser cumuladas, uma vez que estaria o servidor sendo punido duas vezes pelo mesmo ato.

(4) O Banco Central do Brasil é uma autarquia federal e compõe a administração pública direta da União.

1: incorreta. A posse poderá se dar mediante procuração específica (art. 13, § 3º, da Lei 8.112/1990). **2:** correta. Revelar fato ou circunstância de que tem ciência em razão das atribuições e que deva permanecer em segredo, constitui-se atos de improbidade administrativa que atentam contra os princípios da administração pública (art. 11, III, da Lei 8.429/1992).**3:** incorreta. As penas a quem comete ato de improbidade podem ser aplicadas isoladas ou cumulativamente, de acordo com a gravidade do fato (art. 12 da Lei 8.429/1992). **4.** Incorreta. O Banco Central do Brasil é uma autarquia federal, mas não faz parte da administração direta da União. Na verdade é uma entidade da administração indireta. `SEG`
Gabarito 1E,2C, 3E, 4E

(Polícia Rodoviária Federal – 2013 – CESPE) No que concerne ao regime jurídico do servidor público federal, julgue os próximos itens.

(1) Anulado o ato de demissão, o servidor estável será reintegrado ao cargo por ele ocupado anteriormente, exceto se o cargo estiver ocupado, hipótese em que ficara em disponibilidade até aproveitamento posterior em cargo de atribuições e vencimentos compatíveis.

(2) O servidor público federal investido em mandato eletivo municipal somente será afastado do cargo se não houver compatibilidade de horário, sendo-lhe facultado, em caso de afastamento, optar pela sua remuneração.

(3) Não é possível a aplicação de penalidade a servidor inativo, ainda que a infração funcional tenha sido praticada anteriormente a sua aposentadoria.

(4) A nomeação para cargo de provimento efetivo será realizada mediante prévia habilitação em concurso público de provas ou de provas e títulos ou, em algumas situações excepcionais, por livre escolha da autoridade competente.

1: incorreta, pois quando invalidada a demissão por decisão administrativa ou judicial, o servidor será reintegrado com ressarcimento de todas as vantagens. Na hipótese de o cargo ter sido extinto, o servidor ficará em disponibilidade. Encontrando-se provido o cargo, o seu eventual ocupante será reconduzido ao cargo de origem, sem direito à indenização ou aproveitado em outro cargo, ou, ainda, posto em disponibilidade (art. 28 da Lei 8.112/1990). **2:** incorreta, pois o servidor público federal investido em mandato eletivo municipal, havendo compatibilidade de horário, perceberá as vantagens de seu cargo, sem prejuízo da remuneração do cargo eletivo. Não havendo compatibilidade de horário, será afastado do cargo, sendo-lhe facultado optar pela sua remuneração (art. 94, III, "a" e "b" da Lei 8.112/1990). **3:** Incorreta. Dentre as penalidades disciplinares encontra-se a cassação de aposentadoria, e esta será cassada quando o inativo houver praticado, na atividade, falta punível com a demissão (arts. 127, IV e 134 da Lei 8.112/1990). **4:** incorreta. Conforme prevê a CF, a investidura em cargo ou emprego público depende de aprovação prévia em concurso público de provas ou de provas e títulos, de acordo com a natureza e a complexidade do cargo ou emprego, na forma prevista em lei, ressalvadas as nomeações para cargo em comissão declarado em lei de livre nomeação e exoneração (art. 37, II da CF). Por outro lado, a Lei 8.112/1990 aduz que a nomeação para cargo de carreira ou cargo isolado de provimento efetivo depende de prévia habilitação em concurso público de provas ou de provas e títulos, obedecidos a ordem de classificação e o prazo de sua validade (art. 10 da Lei 8.112/1990). Pelo exposto, verifica-se que não existe situação excepcional à regra da aprovação em concurso público para provimento de cargo efetivo, mas somente para somente para provimento de cargo em comissão. `SEG`
Gabarito 1E, 2E, 3E, 4E

(Escrivão de Polícia Federal – 2009 – CESPE) No que se refere à organização administrativa da União e ao regime jurídico dos servidores públicos civis federais, julgue os itens seguintes.

(1) A empresa pública e a sociedade de economia mista podem ser estruturadas mediante a adoção de qualquer uma das formas societárias admitidas em direito.

(2) O vencimento, a remuneração e o provento não podem ser objeto de penhora, exceto no caso de prestação de alimentos resultante de decisão judicial.

1: incorreta, pois segundo o que dispõe o art. 5º, III do Dec.-lei 200/1967, *as sociedades de economia mista devem ser revestidas da forma de sociedade anônima. Já as empresas públicas podem revestir-se de quaisquer das formas*

8. DIREITO ADMINISTRATIVO   555

admitidas em direito, conforme prevê o art. 5º, II do citado Decreto-lei, **2:** correta, pois conforme art. 48 da Lei 8.112/1990, *o vencimento, a remuneração e o provento não serão objeto de arresto, sequestro ou penhora, exceto nos casos de prestação de alimentos resultante de decisão judicial.* SEG
Gabarito 1C, 2C

(Escrivão de Polícia Federal – 2009 – CESPE) Quanto ao regime jurídico concernente aos funcionários policiais civis da União e do Distrito Federal, bem como às sanções aplicáveis aos agentes públicos, julgue o item a seguir.

(1) Frustrar a licitude de processo licitatório ou dispensá-lo indevidamente constitui ato de improbidade administrativa e, por consequência, impõe a aplicação da lei de improbidade e a sujeição do responsável unicamente às sanções nela previstas.

1: incorreta, pois o art. 12, *caput,* da Lei 8.429/1992, estabelece que aquele que frustrar a licitude de processo licitatório ou dispensá-lo indevidamente, responde *independentemente das sanções penais, civis e administrativas previstas na legislação específica,* penas que podem ser aplicadas de forma isolada ou cumulativa, de acordo com a gravidade do fato. SEG
Gabarito 1E

(Agente de Polícia/DF – 2009 – UNIVERSA) Quanto ao disciplinamento dos agentes públicos, assinale a alternativa incorreta.

(A) Não só as carreiras explicitadas na Constituição Federal podem ser remuneradas via subsídio.
(B) Aos servidores que tiverem seu primeiro vínculo estatutário ao serem empossados nos seus cargos em decorrência de aprovação no concurso que ora se realiza, não mais se aplica a possibilidade de se aposentarem voluntariamente com proventos integrais.
(C) No bojo de medidas que visam implementar a Administração Pública gerencial, vige, por introduzido pela Emenda Constitucional nº 19, de 1998, a possibilidade de contratação de pessoal efetivo em entes de direito público via Consolidação das Leis do Trabalho. Na prática, é o fim do regime jurídico único, o RJU.
(D) Não se pode afirmar que todos os cargos públicos são ocupados exclusivamente após concurso público.
(E) Posto serem de direito público a natureza dos princípios aplicáveis, os servidores públicos não têm direito adquirido à manutenção de direito previsto em estatuto.

C: incorreta, pois o STF suspendeu a eficácia do art. 39, *caput,* da CF, cuja EC 19/1998, tinha dado nova redação, voltando a viger a redação anterior, restabelecendo-se o regime jurídico único (ADI 2135 MC/DF, Rel. Min. Ellen Gracie, j. 02.08.2007). SEG
Gabarito "C"

(Inspetor de Polícia/MT – 2010 – UNEMAT) A Constituição Federal/1988, quanto aos servidores públicos, prevê, expressamente:

(A) o prazo de validade de concursos públicos será de 3 (três) anos, prorrogável, uma única vez, por 1 (um) ano.
(B) os cargos e empregos públicos são exclusivos dos brasileiros natos ou naturalizados.
(C) extinto o cargo ou declarada a sua desnecessidade, o servidor estável ficará em disponibilidade, com remuneração proporcional ao tempo de serviço, até seu adequado aproveitamento em outro cargo.
(D) são estáveis após 3 (três) anos, a contar da posse, os servidores nomeados para cargo de provimento efetivo em virtude de concurso público.
(E) o servidor público estável somente perderá cargo em virtude de sentença judicial transitada em julgado.

A: incorreta, pois *o prazo de validade do concurso público será de até dois anos, prorrogável uma vez, por igual período* (art. 37, III da CF); **B:** incorreta, pois *os cargos, empregos e funções públicas são acessíveis aos brasileiros que preencham os requisitos estabelecidos em lei, assim como aos estrangeiros, na forma da lei* (art. 37, I da CF); C: correta, pois se *extinto o cargo ou declarada a sua desnecessidade, o servidor estável ficará em disponibilidade, com remuneração proporcional ao tempo de serviço, até seu adequado aproveitamento em outro cargo. O servidor deve ser reintegrado em cargo semelhante* (art. 41, § 3º da CF); **D:** incorreta, pois *são estáveis após três anos de efetivo exercício os servidores nomeados para cargo de provimento efetivo em virtude de concurso público* (art. 41, *caput,* da CF); **E:** incorreta, pois o servidor público poderá perder o cargo *em virtude de sentença judicial transitada em julgado; mediante processo administrativo em que lhe seja assegurada ampla defesa e mediante procedimento de*

avaliação periódica de desempenho, na forma de lei complementar, assegurada ampla defesa. (art. 41, § 1º, I, II e III da CF). SEG
Gabarito "C"

(Investigador de Polícia/PA – 2009 – MOVENS) No que se refere à Lei nº 8.666/1993, assinale a opção correta.

(A) Revoga tacitamente o conteúdo do art. 37, inciso XXI, da Constituição Federal, ao trazer exceções ao princípio da isonomia nas licitações públicas.
(B) Institui normas padronizadas para licitação de obras, sem exceção, e contratação de serviços com terceiros com a finalidade de coibir procedimentos sem prévia licitação.
(C) Estabelece normas gerais sobre licitações e contratos administrativos referentes a obras, serviços, compras, alienações e locações no âmbito dos poderes da União, dos Estados, do Distrito Federal e dos Municípios.
(D) Por se tratar de regulamentação de conteúdo constitucional, subordina ao regime legal apenas os órgãos da Administração Pública direta, as autarquias e as fundações públicas.

A: incorreta, pois segundo o art. 126, da Lei 8.666/1993, foram revogados somente os *Decretos-leis 2.300, de 21 de novembro de 1986, 2.348, de 24 de julho de 1987, 2.360, de 16 de setembro de 1987, a Lei nº 8.220, de 4 de setembro de 1991, e o art. 83 da Lei nº 5.194, de 24 de dezembro de 1996;* B: incorreta, pois *as obras, serviços, inclusive de publicidade, compras, alienações, concessões, permissões e locações da Administração Pública, quando contratadas com terceiros, serão necessariamente precedidas de licitação, ressalvadas as hipóteses previstas nesta Lei* (art. 2º da Lei 8.666/1993). Por exemplo, pode haver tratamento simplificado para Empresas de Pequeno Porte ou Microempresas, conforme prevê a LC 123/2006 (Estatuto Nacional da Microempresa e da Empresa de Pequeno Porte), em seu art. 47; **C:** correta, pois o art. 1º da Lei de Licitações, *estabelece normas gerais sobre licitações e contratos administrativos pertinentes a obras, serviços, inclusive de publicidade, compras, alienações e locações no âmbito dos Poderes da União, dos Estados, do Distrito Federal e dos Municípios;* D: incorreta, pois *subordinam-se ao regime desta Lei, além dos órgãos da administração direta, os fundos especiais, as autarquias, as fundações públicas, as empresas públicas, as sociedades de economia mista e demais entidades controladas direta ou indiretamente pela União, Estados, Distrito Federal e Municípios* (art. 1º, parágrafo único da Lei 8.666/1993). SEG
Gabarito "C"

6. LEI 8.112/1990 – ESTATUTO DOS SERVIDORES PÚBLICOS

(Escrivão de Polícia/BA – 2013 – CESPE) No que se refere ao que dispõe a Lei n.º 8.112/1990 e aos princípios que regem a administração pública, julgue os itens subsecutivos.

(1) As empresas públicas são submetidas ao regime jurídico instituído pela Lei n.º 8.112/1990.
(2) É vedado à candidata gestante inscrita em concurso público o requerimento de nova data para a realização de teste de aptidão física, pois, conforme o princípio da igualdade e da isonomia, não se pode dispensar tratamento diferenciado a candidato em razão de alterações fisiológicas temporárias.
(3) Na composição de comissão de processo disciplinar, é possível a designação de servidores lotados em unidade da Federação diversa daquela em que atua o servidor investigado.

1: incorreta, pois os servidores das empresas públicas, não se submetem ao regime da Lei 8.112/1990, mas ao regime celetista. Contudo, é bom que se diga, que as empresas públicas, tem regime jurídico híbrido, pois ora são regidas por normas de direito privado, ora são regidas por normas de direito público. Quando os atos praticados pelas mesmas se referir ao exercício da atividade econômica, predominam as *normas de direito privado* (direito civil ou empresarial), sendo que seus servidores, denominados empregados públicos, submetem-se ao regime celetista, mas também se submetem às normas de direito público, a exemplos de autorização legal para sua instituição (art.37, XIX); exigência de concurso público para contratação de servidores (art.37, II); fiscalização pelo Congresso Nacional (art. 49, X); controle pelo Tribunal de Contas (art. 71), previsão orçamentária (art. 165, § 5º) e a licitação e contratos regidos pela Lei 8.666/1993. **2**. incorreta. A esse respeito decidiu o STJ que a proteção constitucional à maternidade e à gestante não só autoriza, mas até impõe a dispensa *de tratamento diferenciado à candidata gestante sem que isso importe em violação do princípio da isonomia, mormente se não houver expressa previsão editalícia proibitiva referente à gravidez.* É também entendimento deste Superior Tribunal que *não se pode dispensar tratamento diferenciado a candidato em razão de alterações fisiológicas* temporárias quando há previsão editalícia que veda a realização de novo teste de aptidão física em homenagem ao princípio da igualdade (que rege os concursos públicos), Ademais, embora haja previsão editalícia de que nenhum candidato merecerá tratamento diferenciado em razão de alterações patológicas ou fisiológicas (contusões, luxações, fraturas etc.) ocorridas antes do exame ou durante a realização de qualquer das provas dele, que o impossibilitem de submeter-se às provas do exame físico ou reduzam sua capacidade física ou orgânica, inexiste previsão no edital de que a candidata seria eliminada em razão de gravidez, que não constitui alteração patológica (doença) tampouco alteração fisiológica que tenha natureza assemelhada à daquelas elencadas, não permitindo a interpretação analógica adotada pela autoridade coatora. Além disso, o STF firmou entendimento de que a gestação constitui motivo de força maior que impede a realização da prova física, cuja remarcação não implica ofensa ao princípio da isonomia (Precedentes citados do STF: AI 825.545-PE, DJe 6/5/2011; do STJ: AgRg no RMS 34.333-GO, DJe 3/10/2011; AgRg no RMS 17.737-AC, DJ 13/6/2005; RMS 23.613-SC, DJe 17/12/2010; AgRg no RMS 33.610-RO, DJe 16/5/2011; AgRg no RMS 28.340-MS, DJe 19/10/2009; AgRg no REsp 798.213-DF, DJ 5/11/2007; REsp 728.267-DF, DJ 26/199/2005, e AgRg no REsp 1.003.623-AL, DJe13/10/2008). RMS 31.505-CE, Rel. Min. Maria Thereza de Assis Moura, j. 16.08.2012. **3**. Como a Lei 8.112/1990 não traz nenhum impedimento, já decidiu o STJ que *na composição de comissão de processo disciplinar, é possível a designação de servidores lotados em unidade da Federação diversa daquela em que atua o servidor investigado. A Lei 8.112/1990 não faz restrição quanto à lotação dos membros de comissão instituída para apurar infrações funcionais* (MS 14.827-DF, rel. Min. Marco Aurélio Bellizze, j. 24/10/2012). SEG

Gabarito 1E, 2E, 3C

7. IMPROBIDADE ADMINISTRATIVA

(Agente-Escrivão – Acre – IBADE – 2017) Relativamente às disposições da Lei n° 8.429/1992, que trata da improbidade administrativa, assinale a alternativa correta.

(A) O sucessor daquele causar lesão ao patrimônio público ou se enriquecer ilicitamente está sujeito às sanções de improbidade administrativa independentemente de limites, como o valor da herança.

(B) Os atos de improbidade administrativa que importem prejuízo ao erário poderão resultar na perda dos bens ou valores acrescidos ilicitamente ao patrimônio, ressarcimento integral do dano, quando houver, perda da função pública, suspensão dos direitos políticos de oito a dez anos, pagamento de multa civil de até três vezes o valor do acréscimo patrimonial e proibição de contratar com o Poder Público ou receber benefícios ou incentivos fiscais ou creditícios, direta ou indiretamente, ainda que por intermédio de pessoa jurídica da qual seja sócio majoritário, pelo prazo de dez anos.

(C) Estão sujeitos às sanções da Lei de Improbidade Administrativa os atos ímprobos praticados contra o patrimônio de entidade que receba subvenção, benefício ou incentivo, fiscal ou creditício, de órgão público bem como daquelas para cuja criação ou custeio o erário haja concorrido ou concorra com menos de cinquenta por cento do patrimônio ou da receita anual, limitando-se, nestes casos, a sanção patrimonial à repercussão do ilícito sobre a contribuição dos cofres públicos.

(D) Como as sanções por ato de improbidade administrativa apenas são aplicáveis a agentes públicos, eventual particular que induza ou concorra para a prática de ato ímprobo apenas poderá ser responsabilizado na esfera criminal.

(E) Determinado agente público tornou-se réu em ação de improbidade administrativa. Segundo o Ministério Público, o aludido servidor teria causado lesão ao erário em razão de perda patrimonial de bens móveis do Estado do Acre. Durante o curso do processo judicial, o controle interno do órgão ao qual o servidor está lotado concluiu que o referido ato ímprobo não causou prejuízo ao erário. A partir desta informação superveniente do órgão de controle interno, não deverá haver aplicação das sanções por ato de improbidade administrativa ao agente público processado.

Lei 8.492/1992, art. 1°, parágrafo único - Estão também sujeitos às penalidades desta lei os atos de improbidade praticados contra o patrimônio de entidade que receba subvenção, benefício ou incentivo, fiscal ou creditício, de órgão público bem como daquelas para cuja criação ou custeio o erário haja concorrido ou concorra com menos de cinquenta por cento do patrimônio ou da receita anual, limitando-se, nestes casos, a sanção patrimonial à repercussão do ilícito sobre a contribuição dos cofres públicos. FMB

Gabarito "C"

(Escrivão – Pernambuco – CESPE – 2016) Assinale a opção correta com referência a improbidade administrativa e à Lei de Improbidade Administrativa (Lei n° 8.429/1992).

(A) A aplicação administrativa da pena de demissão prevista em lei reguladora de carreira pública exige que se aguarde o trânsito em julgado da ação de improbidade administrativa.

(B) Os atos de improbidade descritos no art. 11 da Lei n° 8.429/1992 não exigem a presença do dolo para sua configuração.

(C) Os atos de improbidade descritos no art. 11 da Lei n° 8.429/1992, para sua configuração, exigem a demonstração da ocorrência de dano para a administração pública ou enriquecimento ilícito do agente.

(D) A punição administrativa do servidor faltoso impede a aplicação das penas previstas na Lei de Improbidade Administrativa (Lei n° 8.429/1992).

(E) O atentado à vida e à liberdade individual de particulares, se praticado por agentes públicos armados, pode configurar improbidade administrativa.

A: incorreta. As esferas de aplicação são distintas e independentes; **B**: correta. Lei 8.492/1992, art. 11. Constitui ato de improbidade administrativa que atenta contra os princípios da administração pública qualquer ação ou omissão que viole os deveres de honestidade, imparcialidade, legalidade, e lealdade às instituições, e notadamente; **C**: incorreta. Lei 8.492/1992, art. 11 - Constitui ato de improbidade administrativa que atenta contra os princípios da administração pública qualquer ação ou omissão que viole os deveres de honestidade, imparcialidade, legalidade, e lealdade às instituições, e notadamente; **D**: incorreta. As esferas de aplicação das sanções são independentes. Lei 8.492/1992, Art. 12, - Independentemente das sanções penais, civis e administrativas previstas na legislação específica, está o responsável pelo ato de improbidade sujeito às seguintes cominações, que podem ser aplicadas isolada ou cumulativamente, de acordo com a gravidade do fato; **E**: incorreta. Ao atos de improbidade administrativa não tem por sujeito passivo pessoas físicas e possuem natureza patrimonial, conforme Lei 8429/90 - Art. 1° Os atos de improbidade praticados por qualquer agente público, servidor ou não, contra a administração direta, indireta ou fundacional de qualquer dos Poderes da União, dos Estados, do Distrito Federal, dos Municípios, de Território, de empresa incorporada ao patrimônio público ou de entidade para cuja criação ou custeio o erário haja concorrido ou concorra com mais de cinqüenta por cento do patrimônio ou da receita anual, serão punidos na forma desta lei. FMB

Gabarito "B".

(Escrivão – AESP/CE – VUNESP – 2017) O Policial Civil que recebe vantagem econômica de qualquer natureza, direta ou indireta, para tolerar a exploração ou a prática de jogos de azar, de lenocínio, de narcotráfico, de contrabando, de usura ou de qualquer outra atividade ilícita, cometerá um:

(A) ato de improbidade administrativa que atenta contra os princípios da administração, previsto na Lei que regula as sanções aplicáveis aos agentes públicos nos casos de enriquecimento.

(B) simples ato de imoralidade administrativa, porém não estará sujeito ao sancionamento da Lei que regula as sanções aplicáveis aos agentes públicos nos casos de enriquecimento.

(C) ato de improbidade administrativa que causa prejuízo ao erário, previsto na Lei que regula as sanções aplicáveis aos agentes públicos nos casos de enriquecimento.

(D) crime, porém não estará sujeito ao sancionamento da Lei que regula as sanções aplicáveis aos agentes públicos nos casos de enriquecimento.

(E) ato de improbidade administrativa e estará sujeito à perda da função pública, nos termos da Lei que regula as sanções aplicáveis aos agentes públicos nos casos de enriquecimento.

Lei 8.492/1992, art. 9°, V - receber vantagem econômica de qualquer natureza, direta ou indireta, para tolerar a exploração ou a prática de jogos de azar, de lenocínio, de narcotráfico, de contrabando, de usura ou de qualquer outra atividade ilícita, ou aceitar promessa de tal vantagem. Art. 12, I - na hipótese do art. 9°, perda dos bens ou valores acrescidos ilicitamente ao patrimônio, ressarcimento integral do dano, quando houver, perda da função pública, suspensão dos direitos políticos de oito a dez anos, pagamento de multa civil de até três vezes o valor do acréscimo patrimonial e proibição de contratar com o Poder Público ou receber benefícios ou incentivos fiscais ou creditícios, direta ou indiretamente, ainda que por intermédio de pessoa jurídica da qual seja sócio majoritário, pelo prazo de dez anos. FMB

Gabarito "E".

8. DIREITO ADMINISTRATIVO   557

(Investigador-Escrivão-Papiloscopista – Pará – Funcab – 2016) Assinale a alternativa que corretamente discorre sobre critérios a serem observados nos processos administrativos por força da Lei nº 9.784 de 1999.

(A) Em eventual ausência de lei processuais administrativas próprias, aos Estados e Municípios, é inconcebível a aplicação da legislação federal vigente, ainda que por analogia.

(B) Justamente a salvaguarda do direito adquirido, do ato jurídico perfeito e da coisa julgada, veda-se objetivamente a aplicação retroativa de nova interpretação.

(C) É possível a aplicação retroativa da lei mais benéfica ao acusado de cometer uma infração administrativa.

(D) A retroatividade da lei mais benéfica em matéria penal tem uma tendência humanitária que se repete no campo administrativo, justificando-se igual retroatividade.

(E) O sistema jurídico-constitucional brasileiro, assentou, como postulado absoluto, incondicional e inderrogável, o princípio da irretroatividade de novas interpretações da legislação administrativa.

Aplicação efetiva do princípio da segurança jurídica. Lei 9.784/1999, art. 2º - A Administração Pública obedecerá, dentre outros, aos princípios da legalidade, finalidade, motivação, razoabilidade, proporcionalidade, moralidade, ampla defesa, contraditório, segurança jurídica, interesse público e eficiência. Parágrafo único. Nos processos administrativos serão observados, entre outros, os critérios de: XIII - interpretação da norma administrativa da forma que melhor garanta o atendimento do fim público a que se dirige, vedada aplicação retroativa de nova interpretação. **FMB**
Gabarito "B".

(Papiloscopista – PCDF – Universa – 2016) A respeito da improbidade administrativa, assinale a alternativa correta.

(A) Será punido com advertência ou suspensão o agente público que se recusar a prestar a declaração de seus bens à administração pública.

(B) Conforme o STJ, os prefeitos, por serem agentes políticos e se submeterem a regime próprio de infração político-administrativa, não respondem por ato de improbidade administrativa.

(C) Conforme o STJ, admite-se a forma culposa no caso de atos de improbidade que violem princípios da administração pública.

(D) Qualquer cidadão pode ajuizar ação de improbidade administrativa por dano ao erário.

(E) A ação de improbidade administrativa é forma de responsabilização cível do agente ímprobo.

A: incorreta. Lei 8.429/1992, art. 13, § 3º - Será punido com a pena de demissão, a bem do serviço público, sem prejuízo de outras sanções cabíveis, o agente público que se recusar a prestar declaração dos bens, dentro do prazo determinado, ou que a prestar falsa; **B:** incorreta. **Ementa:** AGRAVO REGIMENTAL EM RECURSO ESPECIAL. APLICABILIDADE DA LEI DE IMPROBIDADE ADMINISTRATIVA A PREFEITOS. 1. A jurisprudência do Superior Tribunal de Justiça é firme em que se aplica a agentes políticos municipais, tais como prefeitos, ex-prefeitos e vereadores, as sanções previstas na Lei de Improbidade Administrativa (Lei nº 8.429/92). 2. Agravo regimental improvido. STJ - QO NA AIA 27 -DF, RESP 895530 -PR AGRAVO. Ministros Luiz Fux e Denise Arruda. T1 - Primeira Turma DJe 09.04.2010; **C:** incorreta. O Colendo Superior Tribunal de Justiça tem externado, pacificamente, que improbidade é ilegalidade tipificada e qualificada pelo elemento subjetivo da conduta do agente, sendo "indispensável para a caracterização de improbidade a conduta do agente seja dolosa, para a tipificação das condutas descritas nos artigos 9º e 11 da Lei n. 8.429/92, ou pelo menos eivada de culpa grave, nas do artigo 10 (AIA n. 30/AM, Rel. Ministro Teori Albino Zavascki, Corte Especial, DJe 28.09.2011); **D:** incorreta. O dispositivo legal indica que qualquer pessoa fará a representação à autoridade administrativa sobre quaisquer das formas de cometimento de improbidade. Lei 8.492/1992, art. 14. Qualquer pessoa poderá representar à autoridade administrativa competente para que seja instaurada investigação destinada a apurar a prática de ato de improbidade; **E:** correta. Forma e finalidade social da Lei 8.492/1992. **FMB**
Gabarito "E".

(Agente de Polícia/DF – 2013 – CESPE) Acerca do que dispõe a Lei de Improbidade Administrativa e dos poderes da administração, julgue os itens que se seguem.

(1) O poder de polícia administrativa, que se manifesta, preventiva ou repressivamente, a fim de evitar que o interesse individual se sobreponha aos interesses da coletividade, difere do poder de polícia judiciária, atividade estatal de caráter repressivo e ostensivo que tem a função de reprimir ilícitos penais mediante a instrução policial criminal.

(2) O poder hierárquico, na administração pública, confere à administração capacidade para se auto-organizar, distribuindo as funções dos seus órgãos. No entanto, não se reconhece a existência de hierarquia entre os servidores admitidos por concurso público, pois tal situação representaria uma afronta ao princípio da isonomia.

(3) Decorre do poder disciplinar a prerrogativa de aplicação de penalidade ao servidor pelo critério da verdade sabida, sem a necessidade de instauração de processo administrativo, desde que o administrador tenha conhecimento da infração e acesso a provas que atestem a sua veracidade.

1: A atuação da polícia administrativa é inerente à Administração Pública, sendo que sua atuação tem caráter eminentemente preventivo e fiscalizador e se dá no âmbito de função administrativa, agindo sobre bens, direitos ou atividades dos indivíduos. **2:** O poder hierárquico é o que dispõe o Executivo para distribuir e escalonar as funções de seus órgãos, ordenar e rever a atuação de seus agentes, estabelecendo a relação de subordinação entre os servidores do seu quadro de pessoal, inclusive para aqueles que adentraram ao serviço público por concurso público de provas ou provas e títulos. **3:** O poder disciplinar é conferido ao Administrador Público para apurar as infrações cometidas pelos agentes e impor penalidades, aplicando-lhes sanções de caráter administrativo. Toda vez que a autoridade tiver ciência de irregularidade no serviço público é obrigada a promover a sua apuração imediata, mediante sindicância ou processo administrativo disciplinar, assegurada ao acusado ampla defesa (art. 143 da Lei 8.112/1990). **SEG**
Gabarito 1C, 2E, 3E.

(Escrivão de Polícia/BA – 2013 – CESPE) No que se refere aos princípios básicos da administração pública federal, regulamentados pela Lei n.º 8.429/1992 e suas alterações, julgue os itens subsecutivos.

(1) Incorre em abuso de poder a autoridade que nega, sem amparo legal ou de edital, a nomeação de candidato aprovado em concurso público para o exercício de cargo no serviço público estadual, em virtude de anterior demissão no âmbito do poder público federal.

(2) A contratação temporária de servidores sem concurso público bem como a prorrogação desse ato amparadas em legislação local são consideradas atos de improbidade administrativa.

(3) Agente público que, ao assumir cargo público, preste, pela segunda vez, falsa declaração de bens deve ser punido com demissão, a bem do serviço público, sem prejuízo de outras sanções cabíveis.

(4) A probidade, que deve nortear a conduta dos administradores públicos, constitui fundamento do princípio da eficiência.

1: correta. Segundo jurisprudência do STJ, incorre em abuso de poder a negativa de nomeação de candidato aprovado em concurso para o exercício de cargo no serviço público estadual em virtude de anterior demissão no âmbito do Poder Público Federal se inexistente qualquer previsão em lei ou no edital de regência do certame (RMS 30.518-RR, rel. Min. Maria Thereza de Assis Moura, j. 19.06.2012). **2:** incorreta. A contratação temporária de servidores, não se configura ato de improbidade administrativa. Os servidores temporários são aqueles contratados para exercerem uma função temporária, para atender a necessidade excepcional e temporária de interesse público, cabendo a lei ordinária estabelecer as regras para esse tipo de contratação (art. 37, IX, da CF). O regime jurídico dos servidores temporários é oriundo de lei específica, e em nível federal é a Lei 8.745/1993, que disciplina a contratação temporária no âmbito dos órgãos da administração federal direta, bem como de suas autarquias e fundações púbicas. É o que se conhece por regime jurídico especial. Não se aplica, portanto, aos Estados, Distrito Federal e Municípios, e tampouco às empresas públicas e sociedades de economia mista da União. Nos termos do art. 2º da Lei 8.745/1993, considera-se necessidade temporária de excepcional interesse público a assistência a situações de calamidade pública; e emergências em saúde pública; recenseamentos e outras pesquisas de natureza estatística efetuadas pela Fundação Instituto Brasileiro de Geografia e Estatística – IBGE; admissão de professor substituto e professor visitante; e atividades relacionadas às forças armadas dentre outras. Importante observar que o recrutamento para contratação temporária se dá por processo seletivo simplificado (art. 3º). É o caso, por exemplo dos recenseadores contratados pelo IBGE. Entretanto, nos casos de calamidade pública ou emergência ambiental o processo seletivo simplificado é dispensado. Os prazos de duração da contratação temporária vão de 6 meses a quatro anos (art. 4º, I a V da Lei 8.745/1993). **3.** correta. Conforme prevê a Lei de Improbidade Administrativa, será punido com a pena de demissão, a bem do serviço público, sem prejuízo de outras sanções cabíveis, o agente público que se recusar a prestar declaração dos bens, dentro do prazo determinado, ou que a prestar falsa (art. 13, § 3º da Lei 8.429/1992). **4:** incorreta. O princípio da eficiência tem como fundamento que é dever da Administração Pública prestar com eficiência, qualidade e celeridade os serviços públicos, de modo a suprir as necessidades dos administrados. Isso diz respeito à capacidade de planejamento por parte das autoridades públicas, com metas e ações definidas a curto, médio e longo prazo. A probidade, por outro lado, indica que a conduta do agente pública deve estar revestida de honestidade, lealdade, e boa-fé. **SEG**

Gabarito 1C, 2E, 3C, 4E

(Polícia Rodoviária Federal – 2013 – CESPE) No que se refere ao regime jurídico administrativo, julgue os itens subsecutivos.

(1) Somente são considerados atos de improbidade administrativa aqueles que causem lesão ao patrimônio público ou importem enriquecimento ilícito.

(2) A administração não pode estabelecer, unilateralmente, obrigações aos particulares, mas apenas aos seus servidores e aos concessionários, permissionários e delegatórios de serviços públicos.

1: incorreta, pois nos termos da Lei 8.429/1992, são considerados atos de improbidade administrativa os que importam em enriquecimento ilícito (art. 9º); que causam lesão ao erário (art. 10) e os que atentam contra os princípios da administração pública (art. 11). **2:** incorreta, pois a administração pública pode estabelecer unilateralmente obrigações aos particulares. Cite-se como exemplo, a limitação administrativa, que é uma imposição geral, gratuita, unilateral e de ordem pública, que condiciona o exercício de direitos ou de atividades particulares, em benefício da sociedade, consistindo em obrigações de fazer, como a obrigação de construir de calçada, muros, por exemplo; ou obrigações de não fazer, como por exemplo, não construir um prédio acima do limite de altura disposto na lei de zoneamento ou código de obras do município. **SEG**

Gabarito 1E, 2E

(Agente de Polícia Federal – 2012 – CESPE) A respeito da improbidade administrativa, julgue o item abaixo.

(1) Se o suposto autor do ato alegar que não tinha conhecimento prévio da ilicitude, o ato de improbidade restará afastado, por ser o desconhecimento da norma motivo para afastá-lo.

1. Conforme dispõe o art. 5º da Lei 8.429/1992 (Lei de Improbidade Administrativa), a lesão ao patrimônio público pode ocorrer por ação ou omissão, e da forma dolosa ou culposa. Para o autor não ser responsabilizado, deveria comprovar que não agiu com dolo ou culpa a fim de que não se configurasse o ato de improbidade. A simples alegação de desconhecimento da norma não basta para afastar a aplicação das sanções previstas para tal. Inclusive, há julgados nesse sentido, onde a alegação de desconhecimento da norma não foi considerada, pois hoje existem diversos modos de publicidade da norma, com o objetivo de que a mesma se torne conhecida (STJ, AgRg no REsp 1107310/MT, 2ª T., j. 06.03.2012, rel. Ministro Humberto Martins, *DJe* 14.03.2012). **SEG**

Gabarito 1E

(Agente de Polícia/ES – 2009 – CESPE) Em relação à lei que disciplina as condutas de improbidade administrativa, julgue os itens a seguir.

(1) Os atos tipificados nos dispositivos da Lei de Improbidade Administrativa, de regra, não constituem crimes no âmbito da referida lei, porquanto muitas das condutas ali definidas, apesar de se revestirem de natureza criminal, são definidas como crime em outras leis.

(2) Caso um funcionário público, no exercício do cargo, contribua para que pessoa jurídica incorpore indevidamente em seu patrimônio particular, valores integrantes do acervo patrimonial de uma fundação pública, esse funcionário público, uma vez demonstrada a sua responsabilidade, estará sujeito, entre outras cominações, à perda da função pública e à obrigação de ressarcir integralmente o dano.

(3) A Lei de Improbidade Administrativa relacionou os atos de improbidade administrativa em três dispositivos: os que importam em enriquecimento ilícito, os que importam dano ao erário e os que importam violação dos princípios norteadores da Administração Pública.

(4) Somente o agente público em exercício, ainda que transitoriamente ou sem remuneração e independentemente da forma de investidura no cargo ou função, é considerado sujeito ativo de atos de improbidade administrativa.

1: correta, pois Independentemente das sanções penais, civis e administrativas previstas na legislação específica, estará o responsável pelo ato de improbidade sujeito às cominações, que podem ser aplicadas isolada ou cumulativamente, até porque a Lei 8.429/1992 não prevê sanções penais, mas apenas sanções de natureza civil, administrativa e política, a exemplo da *perda dos bens, ressarcimento integral do dano, quando houver, perda da função*

pública, suspensão dos direitos políticos, pagamento de multa civil, proibição de contratar com o Poder Público ou receber benefícios ou incentivos fiscais ou creditícios (art. 12 da Lei 8.429/1992). As sanções penais dos crimes praticados contra a Administração Pública estão previstas no Código Penal, nos arts. 312 e seguintes; **2:** correta, pois assim estabelece a Lei 8.429/1992 em seu art. 10, II e III c/c os arts. 1º e 12, II; **3:** correta, conforme descritos nos arts. 9º, 10 e 11 da Lei 8.429/1992; **4:** incorreta, pois o sujeito ativo é aquele que pratica o ato improbidade, concorre para a prática ou dele obtém vantagens, sendo possível a responsabilização de qualquer pessoa, ainda que não seja agente público, desde que se beneficie de forma direta ou indireta, conforme art. 3º da Lei 8.429/1992. **SEG**

Gabarito 1C, 2C, 3C, 4E

(Investigador de Polícia/PA – 2009 – MOVENS) Considere a seguinte situação hipotética. Um agente público de determinado município é rival histórico do atual prefeito, de partido oponente. Com o objetivo de barrar a candidatura do prefeito à reeleição nas próximas eleições, resolveu entrar com representação contra ele relativa a ato de improbidade administrativa causador de prejuízo ao erário do município, mesmo sabendo de sua inocência, sob alegação de que o prefeito havia dispensado indevidamente o processo licitatório para a aquisição de latas de lixo para os prédios públicos do município, em favorecimento da empresa de seu cunhado.

De acordo com a Lei nº 8.429/1992 (Lei de Improbidade Administrativa), a atitude do agente público que entrou com representação

(A) constitui crime, punível com a perda dos direitos políticos por dez anos, além de sujeição à indenização por danos materiais, morais ou à imagem do prefeito.

(B) constitui crime, punível com detenção de seis a dez meses, multa e perda dos direitos políticos por dez anos, além de sujeição à Indenização por danos materiais, morais ou à imagem do prefeito.

(C) constitui crime, punível com detenção de seis a dez meses e multa, além de sujeição à indenização por danos materiais, morais ou à imagem do prefeito.

(D) não constitui crime, não havendo sanção penal, mas podendo ocorrer Indenização por danos materiais, morais ou à imagem do prefeito.

A: incorreta, pois só é possível a suspensão dos direitos políticos, pelo prazo de oito a dez anos, nas hipóteses do art. 9º da Lei 8.429/1992; **B:** incorreta, pois a pena para o caso seria apenas de *detenção de seis a dez meses e multa*, bem como a indenização pelos *danos materiais, morais ou à imagem que houver provocado*, estando excluído a perda dos direitos políticos (art. 19 da Lei 8.429/1992); **C:** correta, conforme art. 19, parágrafo único, da Lei 8.429/1992; **D:** incorreta, pois nos termos do art. 19 da Lei 8.429/1992, *constitui crime a representação por ato de improbidade contra agente público ou terceiro beneficiário, quando o autor da denúncia o sabe inocente, passível de pena de detenção de seis a dez meses e multa, além de indenizar o denunciado pelos danos materiais, morais ou à imagem que houver provocado.* **SEG**

Gabarito "C"

(Escrivão de Polícia/PA – 2009 – MOVENS) Considerando que a Lei nº 8.429/1992, conhecida como Lei de Improbidade Administrativa, tem o condão de definir sanções aplicáveis aos agentes públicos nos casos de enriquecimento ilícito no exercício de mandato, cargo, emprego ou função na Administração Pública direta, indireta ou fundacional, assinale a opção correta.

(A) Os agentes públicos que tiverem bens ou valores acrescidos ao seu patrimônio, em decorrência de enriquecimento ilícito, perdê-los-á, o mesmo não ocorrendo em relação a terceiros beneficiários, já que estes não são diretamente envolvidos.

(B) O órgão da Administração Pública que teve seu patrimônio lesionado por ato de improbidade administrativa de servidor, já indiciado em inquérito, deverá representar junto aos órgãos de repressão policial no sentido de tornar indisponíveis os bens daquele servidor.

(C) Estará livre das sanções da referida lei o sucessor de pessoa que cometeu ato de improbidade administrativa que tenha causado lesão ao patrimônio público ou ensejado obtenção de qualquer tipo de vantagem patrimonial indevida, importando enriquecimento ilícito.

(D) Estão enquadrados como puníveis por essa lei os atos de improbidade praticados por agente público, servidor ou não, contra a administração de qualquer dos poderes da União, do Distrito Federal, dos estados e municípios, de empresa incorporada ao patrimônio público ou de entidade para cuja criação ou custeio o erário haja concorrido ou concorra com mais de 50% do patrimônio ou da receita anual.

A: incorreta (art. 6º da Lei 8.429/1992); **B:** incorreta (art. 7º da Lei 8.429/1992); **C:** incorreta (art. 8º da Lei 8.429/1992); **D:** correta (art. 1º da Lei 8.429/1992). **SEG**
Gabarito "D".

8. BENS PÚBLICOS

8.1. Conceito e Classificação dos bens públicos

(Agente Penitenciário/MA – 2013 – FGV) Os bens públicos caracterizam-se por possuir um regime jurídico próprio que faz com que esses bens, em regra, não sejam suscetíveis a atos de alienação, penhora ou usucapião.

As alternativas a seguir apresentam bens que se enquadram nesse regime jurídico de direito público, **à exceção de uma**.

Assinale-a.

(A) Uma barca pertencente a uma concessionária de serviço público que esteja afetada à prestação do serviço de transporte público coletivo de passageiros.

(B) Um carro pertencente a um Estado membro que é utilizado para transportar servidores públicos em serviço.

(C) Um prédio pertencente a uma Autarquia e que não esteja sendo utilizado.

(D) Um terreno, sem utilização alguma, pertencente à União.

(E) Um prédio utilizado como sede de uma empresa pública que desenvolve atividade econômica em regime de concorrência.

A: correta. *Ab initio*, é bom esclarecer que todos os bens públicos utilizados pelo concessionário são reversíveis, sendo assim necessários à prestação do serviço público. O doutrinador Celso Antônio Bandeira de Mello, cita como exemplos, dentre outros as estações de embarque e desembarque de passageiros ou carga, os trilhos etc., para as concessionárias de transporte ferroviário; os diques, os cais de embarque e desembarque em um porto marítimo, as barcas de passageiros para a concessionária de transporte por barcas etc. (MELLO, Celso Antônio Bandeira de. *Curso de direito administrativo*, 14. ed. São Paulo: Malheiros Editores, 2002, p. 675). **B:** correta. Segundo José dos Santos Carvalho Filho enquadram-se na categoria de bens públicos *os veículos oficiais, os navios militares, e todos os demais bens móveis necessários às atividades gerais da Administração (Manual de direito administrativo.* 24. ed. Rio de Janeiro. *Lumen Juris.* 2011. p. 1051). **C:** correta. Em razão do regime jurídico de direito público, os bens das autarquias são considerados bens públicos, revestindo-se das seguintes prerrogativas: impenhorabilidade; alienabilidade condicionada e imprescritibilidade. Mesmo que não esteja sendo utilizado, continua sendo bem público. **D:** correta. Os bens que não estão sendo utilizados pela Administração Pública, são denominados bens dominicais. Ou seja, não tem uma destinação específica, estando assim desafetados. Mesmo que não utilizados, continuam sendo bens públicos. **E:** incorreta, devendo ser assinalada. As empresas pública que desenvolve atividade econômica em regime de concorrência, tem seus bens qualificados como bens privados, não se atribuindo aos mesmos as prerrogativas de bens públicos (imprescritibilidade, impenhorabilidade e inalienabilidade). **SEG**
Gabarito "E".

(Escrivão de Polícia/MA – 2013 – FGV) Com vistas a construir uma nova praça pública, com ginásio esportivo e instalações para o lazer de crianças, o município "X" desapropria diversos imóveis comerciais. Jackson, empresário que teve a maior parte do seu empreendimento comercial desapropriado, exige que o Poder Público o indenize também pelo restante do terreno, que não foi incluído na desapropriação. Jackson argumenta que a pequena área restante é inócua, após a expropriação da maior parte da área comercial.

A respeito da situação descrita, assinale a afirmativa correta.

(A) Tem-se, no caso, exemplo de desapropriação indireta, devendo o município "X" indenizar Jackson pela área remanescente.

(B) Jackson não tem direito a indenização suplementar, uma vez que o município não se utilizará da área remanescente, podendo o empresário tentar vender o imóvel.

(C) O expropriado pode exigir a aplicação do direito de extensão, isto é, que a desapropriação inclua a área remanescente do bem, provando que sua utilização é difícil ou inócua.

(D) O empresário pode exigir ser mantido em área de tamanho mínimo necessário à exploração comercial, uma vez que o município optou por não desapropriar inteiramente o terreno.

(E) Com a declaração de utilidade pública para fins de expropriação, o Poder Público poderá, em caso de urgência, iniciar obras na propriedade antes de proposta a ação judicial, visto que o decreto de desapropriação é autoexecutável.

A: incorreta, pois a desapropriação indireta é aquela em que o Poder Público *apropria-se da coisa de forma irregular,* não obedecendo o devido processo legal. Equivale ao esbulho possessório e pode ser enfrentada por meio de ação possessória; **B:** incorreta, pois o direito de extensão é aquele que assiste ao proprietário do bem expropriado em exigir que o Poder Público inclua na área a ser desapropriada a parte remanescente, que em razão da desapropriação tornar-se-á inútil ou inservível; **C:** correta, pois o direito de extensão é aquele que assiste ao proprietário do bem expropriado em exigir que o Poder Público inclua na área a ser desapropriada a parte remanescente, que em razão da desapropriação tornar-se-á inútil ou inservível. É de salientar que o Dec. 4.956 de 1903, que tratava do processo de desapropriação por necessidade ou utilidade pública, prescrevia em seu artigo 12 que *os terrenos ou prédios, que houverem de ser desapropriados, somente em parte, e ficassem reduzidos a menos de metade de sua extensão, ou privados das serventias necessárias para uso e gozo dos não compreendidos na desapropriação, ou ficassem muito desmerecidos do seu valor pela privação de obras e benfeitorias importantes, serão desapropriados e indenizados no seu todo, se assim requeressem.* Curiosamente, o Dec.-lei 3.365/1941 que dispõe sobre as desapropriações por utilidade pública, bem como a Lei 4.132/1962 que define os casos de desapropriação por interesse social, não tratam do assunto. No entanto, a LC 76/1993 que estabelece as regras sobre o procedimento para o processo de desapropriação de imóvel rural, por interesse social, para fins de reforma agrária, em seu art. 4º registra que: *intentada a desapropriação parcial, o proprietário poderá requerer, na contestação, a desapropriação de todo o imóvel, quando a área remanescente ficar: I – reduzida a superfície inferior à da pequena propriedade rural; ou I – prejudicada substancialmente em suas condições de exploração econômica, caso seja o seu valor inferior ao da parte desapropriada.* Fato é que, o expropriado pode – e deve – com fundamento nos dispositivos citados, solicitar à Administração Pública a inclusão da referida área, o que pode se dar pela via administrativa, ou pela via judicial, por ocasião da apresentação de contestação em ação de desapropriação; **D:** incorreta, pois o empresário pode apresentar contestação alegando motivos de fato ou de direito, mas não exigir ser mantido em área de tamanho mínimo necessário à exploração comercial; **E:** incorreta, pois a desapropriação segue alguns procedimentos, não sendo autoexecutável. O *procedimento administrativo* da desapropriação realiza-se em duas fases: declaratória e executória. A fase declaratória é aquela em que a Administração Pública aponta os motivos que ensejam a desapropriação, ou seja: *necessidade pública, utilidade pública ou interesse social*. A fase executória é a fase de procedimentos, que pode ser *administrativa ou judicial*. A fase executória *administrativa* ocorre quando há *acordo* entre expropriante e expropriado. Não havendo acordo, inicia-se a fase judicial. A fase executória judicial consiste numa série de *atos promovidos pela Administração Pública necessários à efetivação da desapropriação*. A desapropriação em regra é realizada pelo Poder Público e em hipóteses excepcionais pode ser efetuada por particulares, como concessionárias e permissionárias de serviços públicos, desde que autorizados pela Administração Pública, e que seja de interesse público. Destaque-se ainda que o procedimento de desapropriação somente terá validade quando exercida dentro dos limites constitucionais e infraconstitucionais. Isto é. Nos limites da lei. **SEG**
Gabarito "C".

9. RESPONSABILIDADE DO ESTADO

(Agente-Escrivão – Acre – IBADE – 2017) Quanto à responsabilidade civil do Estado e às espécies de agentes públicos, assinale a alternativa correta.

(A) responsabilidade civil do Estado no Direito Administrativo Brasileiro é regida pela teoria do risco integral. Assim, o Estado não pode alegar caso fortuito ou força maior para eximir-se de sua responsabilidade perante os administrados.

(B) É admissível a responsabilidade civil do Estado por atos lícitos, com fundamento no princípio da igualdade, e não há óbice jurídico ao seu reconhecimento na via administrativa.

(C) O servidor público estatutário é aquele que tem seu vínculo jurídico com a Administração Pública regido por um contrato de trabalho.

(D) Um Deputado Estadual não pertence à categoria de agentes públicos denominada "agente político", pois apenas vota projetos de lei, sem que represente a unidade do Poder Legislativo Estadual. Esta visão torna-se ainda mais acentuada quando há divergência na aprovação dos projetos de lei.

(E) As pessoas jurídicas de direito público e as de direito privado prestadoras de serviços públicos responderão pelos danos que seus agentes, nessa qualidade, causarem a terceiros, assegurado o direito de regresso contra o responsável. Este direito de regresso

560 SEBASTIÃO EDILSON GOMES E FLÁVIA BARROS

há de ser exercido em uma demanda em que a responsabilidade do agente público é objetiva, sendo, assim, desimportante a verificação de sua culpa ou dolo.

A: incorreta. O caso fortuito e o motivo de força maior são exemplos de excludentes de responsabilidade de acordo com a teoria adotada pelo Estado Brasileiro, que é a teoria do risco administrativo; **B:** correta. A responsabilidade objetiva estatal independe do caráter lícito ou ilícito da ação ou da omissão estatal, tendo em vista que o foco da ordem jurídica moderna não é sancionar a conduta, mas, sim, reparar o dano causado e seu reconhecimento na via administrativa se trata de manifestação do principio da autotutela. **C:** incorreta. O servidor público estatutário tal qual os demais, será regido pelas normas afetas aos servidores públicos, mantendo seu vínculo institucional na forma da Constituição Federal e da Lei 8.112/1990; **D:** incorreta. Agente político é aquele detentor de cargo eletivo, eleito por mandatos transitórios; **E:** incorreta. CF, Art. 37 § 6º - As pessoas jurídicas de direito público e as de direito privado prestadoras de serviços públicos responderão pelos danos que seus agentes, nessa qualidade, causarem a terceiros, assegurado o direito de regresso contra o responsável nos casos de dolo ou culpa. **FMB**

Gabarito "B".

(Escrivão – AESP/CE – VUNESP – 2017) Considere que a viatura "X" da Polícia Civil do Estado do Ceará, durante o serviço policial, conduzida pelo Policial Civil "Y", ao ultrapassar um semáforo vermelho, estando com a sirene ligada, colidiu contra o veículo particular do cidadão "K".

Com relação à responsabilidade civil, é correto afirmar que o cidadão "K", ao ajuizar a ação em relação ao Estado, para ser indenizado pelos danos que a viatura provocou em seu veículo, deverá provar que:

(A) houve culpa do Policial Civil "Y", em razão da responsabilidade subjetiva do Estado.

(B) houve culpa do Policial Civil "Y", em razão da responsabilidade objetiva do Estado.

(C) o Policial Civil "Y" ultrapassou o semáforo vermelho, em razão da responsabilidade subjetiva do Estado.

(D) houve o dano resultante da atuação administrativa do Policial Civil "Y", independentemente de culpa, em razão da responsabilidade objetiva do Estado.

(E) houve dolo do Policial Civil "Y", em razão da responsabilidade objetiva do Estado.

Trata-se da aplicação da teoria do risco administrativo, adotada pelo Estado Brasileiro e consagrada pela CF, art. 37, § 6º - As pessoas jurídicas de direito público e as de direito privado prestadoras de serviços públicos responderão pelos danos que seus agentes, nessa qualidade, causarem a terceiros, assegurado o direito de regresso contra o responsável nos casos de dolo ou culpa. Nesse sentido, é necessário somente a demonstração de nexo causal entre o resultado e a conduta do agente. **FMB**

Gabarito "D".

(Investigador-Escrivão-Papiloscopista – Pará – Funcab – 2016) Com relação à responsabilidade civil do Estado e abuso do poder, bem como ao enriquecimento ilícito, julgue os itens a seguir, marcando apenas a opção correta.

(A) A responsabilidade civil do Estado é sempre de natureza contratual, uma vez que há entre o Estado e o cidadão um verdadeiro contrato social, pacto este implícito que deve ser cumprido por ambas as partes.

(B) A teoria do risco administrativo responsabiliza o ente público de forma objetiva pelos danos causados por seus agentes a terceiros de forma comissiva. Esta teoria admite causas de exclusão da responsabilidade, entre elas a culpa exclusiva da vítima.

(C) A responsabilidade civil do Estado será subjetiva em casos de omissão, adotando o ordenamento jurídico, nestes casos, a teoria civilista, restando necessário a comprovação de dolo ou culpa do servidor que se omitiu no caso específico.

(D) Constituição Federal de 1988, porém em casos específicos, como os danos decorrentes de atividade nuclear ou danos ao meio ambiente. Tal posição é pacífica na doutrina, havendo causas de exclusão da responsabilidade estatal, como o caso fortuito e a força maior.

(E) A teoria adotada na Constituição Federal Brasileira, notadamente no artigo 37, §6º, é a teoria do risco suscitado ou risco criado, em que o Estado por seus atos comissivos cria o risco de dano com suas atividades, não admitindo causa de exclusão desta responsabilidade.

A teoria do risco administrativo determina que o Estado responsabilizar-se-á de forma objetiva pelos danos causados por seus agentes a terceiros, sendo necessário tão somente a demonstração do nexo causal entre a ação comissiva do agente e o resultado. Celso Antônio define que o fundamento da responsabilidade estatal é garantir uma equânime repartição dos ônus provenientes de atos ou efeitos lesivos, evitando que alguns suportem prejuízos ocorridos por ocasião ou por causa de atividades desempenhadas no interesse de todos. De consequente, seu fundamento é o princípio da igualdade, noção básica do Estado de Direito. CF, art. 37, § 6.º - As pessoas jurídicas de direito público e as de direito privado prestadoras de serviços público responderão por danos que seus agentes, nessa qualidade, causarem a terceiros, assegurado o direito de regresso contra o responsável nos casos de dolo ou culpa. São excludentes da responsabilidade objetiva: motivo de força maior, caso fortuito, fato de terceiro e culpa exclusiva da vítima. **FMB**

Gabarito "B".

(Papiloscopista – PCDF – Universa – 2016) No que se refere à responsabilidade civil do Estado e aos atos administrativos, assinale a alternativa correta.

(A) Conforme o STJ, é imprescritível a pretensão de recebimento de indenização por dano moral decorrente de atos de tortura ocorridos durante o regime militar.

(B) Conforme o STJ, é obrigatório denunciar a lide ao servidor causador do dano nas ações fundadas em responsabilidade civil extracontratual do Estado.

(C) A anulação por inconstitucionalidade do ato administrativo pressupõe a garantia da ampla defesa e do contraditório por meio de processo judicial.

(D) Consideram-se insanáveis os vícios de competência e de forma do ato administrativo.

(E) Prescreve em cinco anos a pretensão regressiva contra o servidor que pratique ilícito causador de prejuízo ao erário.

A: correta. DIREITO ADMINISTRATIVO. IMPRESCRITIBILIDADE DA PRETENSÃO DE INDENIZAÇÃO POR DANO MORAL DECORRENTE DE ATOS DE TORTURA. **É imprescritível a pretensão de recebimento de indenização por dano moral decorrente de atos de tortura ocorridos durante o regime militar de exceção.** Precedentes citados: AgRg no AG 1.428.635-BA, Segunda Turma, DJe 09.08.2012; e AgRg no AG 1.392.493-RJ, Segunda Turma, DJe 01.07.2011. **REsp 1.374.376-CE, Rel. Min. Herman Benjamin, julgado em 25/6/2013; B:** incorreta. STF entendeu em decisão que: (RE 93.880/RJ, DJ 05.02.1982): "Diversos os fundamentos da responsabilidade, num caso, do Estado, em relação ao particular, a simples causação do dano; no outro caso, do funcionário em relação ao Estado, a culpa subjetiva. Trata-se de duas atuações processuais distintas, que se atropelam reciprocamente, não devendo conviver no mesmo processo, sob pena de contrariar-se a finalidade específica da denunciação da lide, que é de encurtar o caminho à solução global das relações litigiosas interdependentes". Desta forma o tratamento a ser dado não pode ser através da denunciação da lide, mas de ação regressiva; **C:** incorreta. A anulação por inconstitucionalidade é declarada por ato do STF não havendo em sua tramitação ampla defesa e contraditório; **D:** incorreta. Nos casos de vícios na forma, admite-se a convalidação do ato, desde que esta não seja essencial à validade do mesmo; **E:** incorreta. O art. 37, § 5º, da CF, tem a seguinte redação: "A lei estabelecerá os prazos de prescrição para ilícitos praticados por qualquer agente, servidor ou não, que causem prejuízos ao erário, ressalvadas as respectivas ações de ressarcimento". **FMB**

Gabarito "A".

(Agente de Polícia Civil/RO – 2014 – FUNCAB) Tratando-se de responsabilidade civil do Estado, assinale a afirmativa correta.

(A) No caso de edição de leis de efeito concreto não incide a responsabilidade civil sobre a pessoa jurídica federativa que as originou.

(B) A teoria do risco criado (ou suscitado) admite que o Estado apresente qualquer excludente de responsabilidade.

(C) Na falta de serviço aplica-se a teoria da responsabilidade objetiva.

(D) O Estado, em sendo condenado ao pagamento de indenização ao particular, poderá propor ação regressiva em face do agente público, no caso deste ter atuado com dolo ou culpa.

(E) Se a empresa pública explorar atividade econômica, a exemplo da Caixa Econômica Federal, responderá objetivamente perante terceiros.

A: incorreta. O que se pode afirmar de início, é que em regra o Estado não reponde por atos legislativos que venham causar danos a terceiros. No entanto, é entendimento do Supremo Tribunal Federal que o Estado pode ser responsabilizado, quando ficar comprovado que lei inconstitucional causou danos ao particular (*RDA*,191/175). O mesmo raciocínio se aplicaria às leis de efeitos concretos. **B:** incorreta. A teoria do criado, admite que o Estado apresente como excludentes

8. DIREITO ADMINISTRATIVO 561

de responsabilidade a culpa exclusiva da vítima, fato de terceiros e caso fortuito ou força maior, e não qualquer excludente. **C**: incorreta. Não se aplica a teoria objetiva, mas a teoria da culpa administrativa (culpa do serviço ou culpa anônima). **D**: correta. Conforme dispõe o art. 37, § 6º da CF o Estado responde *pelos danos que seus agentes, nessa qualidade, causarem a terceiros, assegurado o direito de regresso contra o responsável nos casos de dolo ou culpa*. **E**: incorreta. Se o objeto da atividade da empresa pública for a exploração de atividade econômica, a responsabilidade será regida pela lei civil (responsabilidade subjetiva) e não objetiva. SEG

Gabarito "D".

(Agente Penitenciário/MA – 2013 – FGV) Em matéria de responsabilidade civil do Estado existem várias teorias que buscam estabelecer os requisitos para se verificar a configuração dessa responsabilidade estatal.

Em relação à *teoria do risco administrativo*, assinale a afirmativa correta.

(A) Havendo dolo ou culpa do agente público somente esse deverá ser responsabilizado e não o Estado.

(B) Não admite as excludentes de responsabilidade do Estado.

(C) A responsabilização do Estado dependerá em alguns casos da comprovação de dolo ou culpa do agente.

(D) Somente há a admissão da excludente de responsabilidade baseada em caso fortuito ou de força maior.

(E) Não é necessária em nenhuma hipótese a comprovação da culpa ou do dolo do agente para a responsabilização do Estado.

A: Incorreta. O Estado responde de forma objetiva pelos danos que seus agentes causarem a terceiros, no desempenho de sua função, podendo o Estado ajuizar ação regressiva contra o responsável nos casos de dolo ou culpa. **B**: incorreta. As excludentes de responsabilidade são aquelas situações que eximem o Estado da obrigação de indenizar. São elas: culpa exclusiva da vítima, fatos imprevisíveis e fatos de terceiros. **C**: incorreta. A responsabilidade do Estado é objetiva e independe da culpa ou dolo do agente. **D**: incorreta. Além dos fatos imprevisíveis (caso fortuito e força maior), são excludentes a culpa exclusiva da vítima e fatos de terceiros. **E**: correta. O Estado responde de forma objetiva pelos danos que seus agentes causarem a terceiros, não havendo necessidade de demonstrar culpa ou dolo do agente. SEG

Gabarito "E".

(Agente de Polícia/DF – 2013 – CESPE) Contas da União (TCU), haja vista receberem recursos públicos provenientes de contribuições parafiscais.

Durante rebelião em um presídio, Charles, condenado a vinte e oito anos de prisão por diversos crimes, decidiu fugir e, para tanto, matou o presidiário Valmir e o agente penitenciário Vicente. A fim de viabilizar sua fuga, Charles roubou de Marcos um carro que, horas depois, abandonou em uma estrada de terra, batido e com o motor fundido. Charles permaneceu foragido por cinco anos e, depois desse período, foi preso em flagrante após tentativa de assalto a banco em que explodiu os caixas eletrônicos de uma agência bancária, tendo causado a total destruição desses equipamentos e a queima de todo o dinheiro neles armazenado.

Com referência a essa situação hipotética e à responsabilização da administração, julgue os itens a seguir.

(1) A responsabilidade do Estado com relação aos danos causados à agência bancária é objetiva, uma vez que a falha do Estado foi a causa da fuga, da qual decorreu o novo ato ilícito praticado por Charles.

(2) Se as famílias de Valmir e Vicente decidirem pleitear indenização ao Estado, terão de provar, além do nexo de causalidade, a existência de culpa da administração, pois, nesses casos, a responsabilidade do Estado é subjetiva.

1: incorreta. A responsabilidade do Estado é objetiva, nos moldes do art. 37, § 6º da CF. **2**: pois a responsabilidade nesse caso é objetiva. Para que se configure a obrigação do Estado em indenizar, é necessário verificar a existência de alguns **pressupostos**. São eles: a existência de dano; se não houve culpa da vítima e se há nexo de causalidade. Ausente algum destes pressupostos, não haverá obrigação de indenizar por parte do Estado, eis que a mesma admite excludentes de responsabilidade. SEG

Gabarito 1E, 2E.

(Polícia Rodoviária Federal – 2013 – CESPE) Um PRF, ao desviar de um cachorro que surgiu inesperadamente na pista em que ele trafegava com a viatura de polícia, colidiu com veículo que trafegava em sentido contrário, o que ocasionou a morte do condutor desse veículo.

Com base nessa situação hipotética, julgue os itens a seguir.

(1) Em razão da responsabilidade civil objetiva da administração, o PRF será obrigado a ressarcir os danos causados a administração e a terceiros, independentemente de ter agido com dolo ou culpa.

(2) Não poderá ser objeto de delegação a decisão referente a recurso administrativo interposto pelo PRF contra decisão que lhe tiver aplicado penalidade em razão do acidente.

(3) Ainda que seja absolvido por ausência de provas em processo penal, o PRF poderá ser processado administrativamente por eventual infração disciplinar cometida em razão do acidente.

1: incorreta. Conforme determinação constitucional, as pessoas jurídicas de direito público e as de direito privado prestadoras de serviços públicos responderão pelos danos que seus agentes, nessa qualidade, causarem a terceiros, assegurado o direito de regresso contra o responsável nos casos de culpa ou dolo (art. 37, § 6º). **2**: Correta. A decisão de recursos administrativos, **não podem** ser objetos de delegação (art. 13, II, da Lei 9.784/1999). **3**: Correta. As sanções civis, penais e administrativas poderão cumular-se, sendo independentes entre si, sendo que responsabilidade administrativa do servidor **somente** será afastada no caso de absolvição criminal que negue a existência do fato ou sua autoria (arts. 125 e 126 da Lei 8.112/1990). SEG

Gabarito 1E, 2C, 3C

(Escrivão de Polícia/MA – 2013 – FGV) Com relação à Responsabilidade Civil do Estado, assinale a afirmativa correta.

(A) As pessoas jurídicas de direito privado, exercentes de atividade econômica, respondem de forma objetiva pelos danos causados a terceiros não usuários do serviço.

(B) Um dos fundamentos da responsabilidade objetiva do Estado encontra-se na ideia de repartição equânime do ônus da atuação da Administração Pública.

(C) As pessoas jurídicas de direito privado, exercentes de atividade econômica, respondem de forma objetiva apenas pelos danos causados a terceiros usuários do serviço.

(D) É viável ajuizar ação de responsabilidade diretamente em face do Estado, ainda que o dano tenha sido causado por empresa concessionária de serviço público.

(E) Caso a vítima não queira receber mediante precatório, é possível que ela ajuíze ação de responsabilidade diretamente em face do agente público causador do dano.

A: incorreta, pois as pessoas jurídicas de direito privado que exercem atividade econômica devem, nesse particular, ser tratadas como empresas privadas (art. 173, § 1º, II, da CF), respondendo de forma subjetiva pelas obrigações contraídas e, nos termos do art. 927 do CC, pelos prejuízos que vier causar a terceiros não usuários; **B**: correta, pois na visão de Celso Antônio Bandeira de Mello, *o fundamento da responsabilidade estatal é garantir uma equânime repartição dos ônus provenientes de atos ou efeitos lesivos, evitando que alguns suportem prejuízos ocorridos por ocasião ou por causa de atividades desempenhadas no interesse de todos* (Direito administrativo brasileiro. São Paulo: Malheiros. 2010, p. 993). **C**: incorreta, pois as pessoas jurídicas de direito privado que exercem atividade econômica, respondem de forma subjetiva pelos prejuízos que causar a terceiros não usuários e de forma objetiva a terceiros usuários *ou à própria Administração Pública* (Diogenes Gasparini. *Direito administrativo*. 16. ed. São Paulo: Saraiva, 2011. p. 512); **D**: incorreta, pois o art. 37, § 6º da CF prevê que *as pessoas jurídicas de direito público e as de direito privado prestadoras de serviços públicos responderão pelos danos que seus agentes, nessa qualidade, causarem a terceiros, assegurado o direito de regresso contra o responsável nos casos de dolo ou culpa*. O Código Civil ratifica esse entendimento ao prescrever em seu art. 43 que: *As pessoas jurídicas de direito público interno são civilmente responsáveis por atos dos seus agentes que nessa qualidade causem danos a terceiros, ressalvado direito regressivo contra os causadores do dano, se houver, por parte destes, culpa ou dolo*. Finalizando, destacamos que a doutrina, de forma majoritária, entende que a *responsabilidade do Estado nesses casos, é subsidiária*, respondendo somente se o patrimônio das entidades não for suficiente para quitar seus débitos, caso, em que o credor para receber seus créditos, deve mover ação contra o ente político instituidor. Em voz dissonante, o ilustre doutrinador Diógenes Gasparini afirma que *nem mesmo subsidiariamente a Administração Pública a que se vinculam responde por essas obrigações* (*Direito administrativo*. 16. ed. São Paulo: Saraiva, 2011. p. 512). Daí se concluir que há controvérsias se é viável ou não demandar diretamente contra o Estado; **E**: incorreta. A afirmativa encontra-se incorreta, mas convém fazer algumas observações. Vejamos: A doutrina majoritária defende que a vítima pode demandar diretamente contra o Estado; diretamente contra o agente público, se este tiver agido com culpa ou dolo; ou em casos de culpa ou dolo contra ambos: Estado e agente público em litisconsórcio passivo facultativo (nesse sentido: José dos Santos Carvalho Filho, Maria Sylvia Zanella Di Pietro e Celso Antônio Bandeira de Mello). Em sentido contrário Hely Lopes Meirelles defende que *para obter indenização basta que o*

lesado acione a Fazenda Pública e demonstre o nexo causal entre o fato lesivo (comissivo ou omissivo) e o dano, bem como seu montante, e uma vez indenizada a lesão da vítima, fica a entidade pública com o direito de voltar-se contra o servidor culpado, através de ação regressiva autorizada pelo § 6º do art. 37 da CF. E conclui dizendo que *o legislador constituinte bem separou as responsabilidades: o Estado indeniza a vítima; o agente indeniza o Estado regressivamente* (*Direito administrativo brasileiro*. 36. ed. São Paulo: Malheiros, 2010. p. 691). Inclusive a Lei 8.112/1990 em seu art. 122, § 2º aduz que *tratando-se de dano causado a terceiros, responderá o servidor perante a Fazenda Pública, em ação regressiva.* Por fim, destaque-se que o STF também se manifesta nesse sentido. Observe: "*Constitucional e administrativo. Agravo regimental em agravo de instrumento. Responsabilidade objetiva do Estado por atos do Ministério Público. Sucumbência. Legitimidade passiva. Art. 37, § 6º, da CF/88.*
1. A legitimidade passiva é da pessoa jurídica de direito público para arcar com a sucumbência de ação promovida pelo Ministério Público na defesa de interesse do ente estatal.
2. É assegurado o direito de regresso na hipótese de se verificar a incidência de dolo ou culpa do preposto, que atua em nome do Estado.
3. Responsabilidade objetiva do Estado caracterizada. Precedentes.
4. Inexistência de argumento capaz de infirmar o entendimento adotado pela decisão agravada.
5. Agravo regimental improvido." (AgRg no AI 552.366-0/MG, 2ª T., j. 06.10.2009, rel. Min. Ellen Gracie). O que se conclui é que a vítima poderia demandar diretamente contra o agente público, somente na hipótese do mesmo ter agido com culpa ou dolo. (SEG)

Gabarito "B".

(Escrivão de Polícia/MA – 2013 – FGV) José, escrevente da polícia do Estado do Maranhão, de forma intencional, resolveu destruir cerca existente na propriedade de João, de forma a permitir sua passagem quando do cumprimento de mandado de prisão de Caio na propriedade ao lado. João, inconformado, resolveu mover ação de responsabilidade civil para reparar o dano que lhe foi causado.

Com base nessa situação, marque a afirmativa correta.

(A) João terá que demandar o Estado do Maranhão, que responderá objetivamente pela conduta de seu agente no cumprimento de seu serviço.

(B) João somente poderá demandar José, visto que seu ato foi intencional (doloso), necessitando, no entanto, comprovar sua culpa.

(C) João poderá demandar tanto o Estado do Maranhão, como José, sendo que o primeiro responderá objetivamente e o segundo subjetivamente.

(D) João poderá demandar José que, em sua defesa, poderá denunciar à lide o Estado do Maranhão.

(E) João, tratando-se do cumprimento de ordem judicial, somente poderá demandar Caio que, na realidade, foi quem deu causa ao dano.

A: correta, pois é o Estado que responde de forma objetiva pelos danos que seus agentes causam a terceiros, independentemente de terem agido com culpa ou dolo, ação ou omissão, ou por ato lícito ou ilícito. Cabe ao Estado ajuizar ação regressiva contra o agente público, provando-se culpa ou dolo do mesmo. **B:** incorreta, a demanda deve ser contra o Estado, não havendo necessidade de se provar culpa ou dolo, mas tão somente o dano; **D:** incorreta, já que a denunciação da lide consiste numa forma de intervenção de terceiro prevista no art. 70, III do CPC, cuja redação é a seguinte: *A denunciação da lide é obrigatória: (...) III – àquele que estiver obrigado, pela lei ou pelo contrato, a indenizar, em ação regressiva, o prejuízo do que perder a demanda.* Para que José em sua defesa fizesse denunciação da lide, teria que provar que o Estado agiu com dolo ou culpa, fato este que não aconteceu; **E:** incorreta, pois conforme determina o art. 927 do CC, aquele que, por ato ilícito, causar dano a outrem, fica obrigado a repará-lo, e neste caso, Caio não se configura como o causador do dano, mas sim José que agiu de forma intencional. SEG

Gabarito "A".

(Agente de Polícia/DF – 2009 – UNIVERSA) Acerca da responsabilidade civil do Estado, assinale a alternativa correta.

(A) Posto ser o sistema de responsabilização objetiva o adotado pelo ordenamento jurídico nacional, no qual, independentemente de culpa, pode o Estado ser responsabilizado nos atos comissivos, ao autor cabe somente demonstrar a conduta danosa do agente público.

(B) A despeito da garantia constitucional de vedação de penas perpétuas, tem-se admitido a imprescritibilidade da responsabilidade civil dos agentes públicos perante o Estado.

(C) Os atos praticados pelo Poder Judiciário não ensejam responsabilização civil.

(D) O Estado, em tese, não pode ser responsabilizado por atos omissivos, posto que a desnecessidade de culpa, característica do sistema de responsabilização estatal, poderia conduzir à proliferação de demandas contra os entes públicos.

(E) Por se submeterem ao direito privado, não se aplica aos concessionários de serviços públicos a responsabilização objetiva.

De fato, pois no que concerne à pretensão indenizatória por parte do Estado, a Constituição admite a imprescritibilidade da ação como direito perpétuo para reaver o que lhe foi ilicitamente tirado (art. 37, § 5º da CF). SEG

Gabarito "B".

10. LICITAÇÕES E CONTRATOS

10.1. Licitação

(Escrivão de Polícia/DF – 2013 – CESPE) Julgue o item seguinte, referente à licitação pública.

(1) As empresas públicas e as sociedades de economia mista, integrantes da administração indireta, não estão sujeitas aos procedimentos licitatórios, uma vez que são entidades exploradoras de atividade econômica e dotadas de personalidade jurídica de direito privado.

Conforme determina o art. 28 da Lei 13.303/16 (Estatuto da Empresa Pública e da Sociedade de Economia Mista), tais empresas deverão realizar procedimento licitatório nos termos dessa lei quando quiserem contratar com terceiros. SEG

Gabarito 1E

(Escrivão de Polícia Federal – 2013 – CESPE) No que se refere a licitações, julgue o item abaixo.

(1) Haverá dispensa de licitação nos casos em que houver fornecedor exclusivo de determinado equipamento.

1: A afirmativa faz referência à hipótese de licitação inexigível, nos termos do art. 25, I, da Lei 8.666/1993. SEG

Gabarito 1E

(Agente de Polícia Federal – 2012 – CESPE) No que se refere às licitações, julgue o item que se segue.

(1) Configura-se a inexigibilidade de licitação quando a União é obrigada a intervir no domínio econômico para regular preço ou normalizar o abastecimento.

1. A intervenção da União no domínio econômico é hipótese de licitação dispensável. A licitação *dispensável é aquela que admite concorrência entre interessados*, mas a Administração Pública, em razão de seu *poder discricionário*, e levando-se em conta os critérios de conveniência e oportunidade, pode realizá-la ou não. Prescreve o art. 24, VI da Lei 8.666/1993 que *é dispensável a licitação (...) quando a União tiver que intervir no domínio econômico para regular preços ou normalizar o abastecimento.* Convém salientar que a intervenção no domínio econômico é hipótese aplicável somente à União. A Lei Delegada 4/1962, em seu art. 1º e parágrafo único, informa que *a União fica autorizada a intervir no domínio econômico para assegurar a livre distribuição de mercadorias e serviços essenciais ao consumo e uso do povo, nos limites fixados nesta lei* e *para assegurar o suprimento dos bens necessários às atividades agropecuárias, da pesca e indústrias do País.* Essa forma de intervenção (se ocorrer) consistirá na compra, armazenamento, distribuição e venda de gêneros e produtos alimentícios, medicamentos, equipamentos e outros elencados no art. 2º da citada lei. SEG

Gabarito 1E

(Escrivão de Polícia/PA – 2009 – MOVENS) A Lei nº 8.666/1993 institui normas para licitações e contratos da Administração Pública. De acordo com seus dispositivos, assinale a opção INCORRETA.

(A) A licitação destina-se a garantir a observância do princípio constitucional da isonomia e a selecionar a proposta mais vantajosa para a Administração Pública.

(B) A licitação será processada e julgada em conformidade com os princípios que regem os atos da Administração Pública, entre os quais o da impessoalidade, da publicidade, da probidade administrativa, do julgamento objetivo, entre outros.

(C) Aos agentes públicos é vedado, nos atos de convocação, admitir, prever, incluir ou tolerar cláusulas ou condições que comprometam, restrinjam ou frustrem o seu caráter competitivo e estabeleçam preferências ou distinções em razão de qualquer circunstância impertinente ou irrelevante para o específico objeto do contrato.

8. DIREITO ADMINISTRATIVO   563

(D) Toda contratação realizada pela Administração Pública com terceiros será necessariamente precedida de licitação, sem ressalvas.

A: correta, pois segundo art. 3º da Lei 8.666/1993 (primeira parte) *a licitação destina-se a garantir a observância do princípio constitucional da isonomia, a seleção da proposta mais vantajosa para a administração e a promoção do desenvolvimento nacional sustentável; B: correta, pois a licitação será processada e julgada em estrita conformidade com os princípios básicos da legalidade, da impessoalidade, da moralidade, da igualdade, da publicidade, da probidade administrativa, da vinculação ao instrumento convocatório, do julgamento objetivo e dos que lhes são correlatos* (art. 3º da Lei 8.666/1993 – última parte); **C:** correta, pois é vedado aos agentes públicos *admitir, prever, incluir ou tolerar, nos atos de convocação, cláusulas ou condições que comprometam, restrinjam ou frustrem o seu caráter competitivo, inclusive nos casos de sociedades cooperativas, e estabeleçam preferências ou distinções em razão da naturalidade, da sede ou domicílio dos licitantes ou de qualquer outra circunstância impertinente ou irrelevante para o específico objeto do contrato, ressalvado o disposto nos §§ 5º a 12 deste artigo e no art. 3º da Lei nº 8.248, de 23 de outubro de 1991 (art. 3º, I da Lei 8.666/1993).* A Lei 8.428/1991 dispõe sobre a capacitação e competitividade do setor de informática e automação; **D:** incorreta, pois o art. 37, XXI da CF, *admite a possibilidade da legislação em caráter excepcional, contratar sem prévia licitação.* Tal artigo deve ser combinado com os arts. 17 (licitação dispensada); 24 (licitação dispensável) e 25, c/c art. 13 (licitação inexigível), todos da Lei 8.666/1993. 🔲
Gabarito "D".

10.2. Contrato administrativo

(Escrivão de Polícia/SC – 2008 – ACAFE) Analise as alternativas a seguir referentes aos contratos administrativos. Todas estão corretas, exceto a:

(A) A cláusula exorbitante desiguala as partes na execução do avençado e, desde que decorrente da lei ou dos princípios norteadores da Administração Pública, é lícita.

(B) O contrato administrativo pode ser decorrente de um ato unilateral e impositivo da Administração.

(C) Contrato administrativo é o ajuste que a Administração Pública firma com o particular ou com outra entidade administrativa para a consecução de objetivos de interesse público, nas condições estabelecidas pela Administração.

(D) O contrato administrativo de serviço abrange o labor intelectual do artista.

A: correta, pois as cláusulas exorbitantes são características que diferenciam os contratos administrativos dos contratos privados. São assim denominadas porque exorbitam, extrapolam as cláusulas comuns do direito privado. Encontram previsão legal no art. 58 da Lei 8.666/1993; **B:** incorreta, pois o contrato *é todo e qualquer ajuste entre órgãos ou entidades da Administração Pública e particulares, em que haja um acordo de vontades para a formação de vínculo e a estipulação de obrigações recíprocas, seja qual for a denominação utilizada* (art. 2º, parágrafo único da Lei 8.666/1993); **C:** correta, pois o contrato administrativo pode ser definido como *o ajuste firmado entre a Administração Pública e um particular, regulado basicamente pelo direito público, e tendo por objeto uma atividade que, de alguma forma, traduza interesse público* (José dos Santos Carvalho Filho. *Manual de direito administrativo.* 24. ed. Rio de Janeiro: *Lumen* Juris, 2011. p. 161); **D:** correta, inclusive, é bom destacar que o contrato administrativo de serviço, desdobra-se em: **serviços comuns**, *sendo aqueles que não exigem habilitação profissional para sua execução, podendo ser realizados por qualquer pessoa ou empresa, por não serem privativos de nenhuma profissão ou categoria profissional... contratados mediante prévia licitação* (Hely Lopes Meirelles. *Direito administrativo brasileiro.* 36. ed. São Paulo: Malheiros, 2010. p. 264). São exemplos: serviços de limpeza, pintura, manutenção e conservação de equipamentos, podendo ser prestados na modalidade de empreitada ou tarefa; **serviços técnicos profissionais generalizados**, *que são aqueles que exigem habilitação legal para sua execução. Podem ser generalizados, que não demandam maiores conhecimentos, teóricos ou práticos. Em regra exige-se licitação.* São exemplos: serviços de eletricidade, telecomunicações, mecânica, computação etc.; e **serviços técnicos profissionais especializados,** *que constituem um aprimoramento em relação aos comuns, por exigirem de quem os realiza acurados conhecimentos, teóricos ou práticos, obtidos através de estudos, do exercício da profissão, da pesquisa científica, de cursos de pós-graduação, ou de estágios de aperfeiçoamento, os quais situam o especialista num nível superior aos demais profissionais da mesma categoria* (Hely Lopes Meirelles. *Op. cit., p. 264/265*). São exemplos: perícias, pareceres, avaliações, consultorias etc., dos quais não se exige licitação (art. 25, II, § 1º, c/c art. 13 da Lei 8.666/1993); e **trabalhos artísticos** *que são os que visam a realização de "obras de arte"* (Hely Lopes Meirelles. *Op. cit.* p. 266) abrangendo a contratação de qualquer profissional do setor artístico, sendo inclusive inexigível a licitação (art. 25, III da Lei 8.666/1993). 🔲
Gabarito "B".

10.2.1. Cláusulas exorbitantes e temas gerais

(Comissário de Polícia/SC – 2008 – ACAFE) Com relação aos contratos administrativos, analise as afirmações a seguir.

I.   *Somente firmam contrato administrativo os órgãos da Administração direta.*

II. *É o ajuste que a Administração Pública firma com o particular ou outra entidade administrativa para a consecução de objetivos de interesse público, nas condições estabelecidas.*

III. *A cláusula exorbitante desiguala as partes na execução do avençado e, desde que decorrente da lei ou dos princípios norteadores da Administração Pública, é lícita.*

IV. *Pode ser consensual ou decorrente de um ato unilateral e impositivo da Administração.*

Assinale a alternativa correta.

(A) Todas estão corretas.

(B) Apenas a IV está correta.

(C) Apenas II e III estão corretas.

(D) Apenas I e III estão corretas.

I: incorreta, pois os contratos administrativos também são firmados pelos órgãos da Administração Indireta; **II:** correta, pois o contrato administrativo pode ser definido como *o ajuste firmado entre a Administração Pública e um particular, regulado basicamente pelo direito público, e tendo por objeto uma atividade que, de alguma forma, traduza interesse público* (José dos Santos Carvalho Filho. *Manual de direito administrativo.* 24. ed. Rio de Janeiro: *Lumen* Juris, 2011. p. 161); **III:** correta, pois as cláusulas exorbitantes são características que diferenciam os contratos administrativos dos contratos privados. São assim denominadas porque exorbitam, extrapolam as cláusulas comuns do direito privado. Encontram previsão legal no art. 58 da Lei 8.666/1993. As principais cláusulas exorbitantes são: a alteração unilateral do contrato; a rescisão unilateral do contrato; a ocupação temporária de bens; o poder/dever de fiscalização da execução do contrato e o poder de aplicar sanções; **IV:** incorreta, pois o contrato *é todo e qualquer ajuste entre órgãos ou entidades da Administração Pública e particulares, em que haja um acordo de vontades para a formação de vínculo e a estipulação de obrigações recíprocas, seja qual for a denominação utilizada* (art. 2º, parágrafo único da Lei 8.666/1993). 🔲
Gabarito "C".

10.2.2. Alterações contratuais

(Comissário de Polícia/SC – 2008 – ACAFE) Todas as alternativas sobre contratos administrativos estão corretas, exceto a:

(A) A suspensão da execução do contrato, por ordem escrita da Administração, por prazo superior a 120 (cento e vinte) dias é motivo ensejador do pedido de rescisão judicial pelo contratado.

(B) A falência da empresa não é fato extintivo do contrato administrativo que imponha sua rescisão de pleno direito.

(C) O termo que formaliza a rescisão administrativa, aquela operada por ato unilateral da Administração, por inadimplência do contratado ou por interesse do serviço público, opera seus efeitos *ex nunc.*

(D) Rescisão é o desfazimento do contrato durante sua execução, que pode se dar pelas seguintes razões: inadimplência de uma das partes, superveniência de eventos que impeçam ou tornem inconveniente seu prosseguimento ou acarretem seu rompimento de pleno direito.

A: correta, pois conforme art. 78, XIV da Lei 8.666/1993, *a suspensão de sua execução, por ordem escrita da Administração, por prazo superior a 120 (cento e vinte) dias, salvo em caso de calamidade pública, grave perturbação da ordem interna ou guerra, ou ainda por repetidas suspensões que totalizem o mesmo prazo, independentemente do pagamento obrigatório de indenizações pelas sucessivas e contratualmente imprevistas desmobilizações e mobilizações e outras previstas, assegurado ao contratado, nesses casos, o direito de optar pela suspensão do cumprimento das obrigações assumidas até que seja normalizada a situação;* B: incorreta, pois dentre as hipóteses que ensejam a rescisão unilateral do contrato, encontram-se a decretação de falência ou a instauração de insolvência civil (art. 78, IX da Lei 8.666/1993); **C:** correta, pois a rescisão administrativa pelos motivos indicados (art. 79, I, II e III, da Lei 8.666/1993), geram efeitos *ex nunc*, isto é, dali para frente, respeitando-se os efeitos produzidos, ou seja: devolução de garantia (se houver); pagamentos devidos pela execução do contrato até a data da rescisão e pagamento do custo da desmobilização; **D:** correta, pois no dizer de Hely Lopes Meirelles, *rescisão é o desfazimento do contrato*

durante sua execução por inadimplência de uma das partes, pela superveniência de eventos que impeçam ou tornem inconveniente o prosseguimento do ajuste ou pela ocorrência de fatos que acarretem seu rompimento de pleno direito (*Direito administrativo brasileiro*. 36. ed. São Paulo: Malheiros, 2010. p. 251). **SEG**
Gabarito "B".

10.3 TEMAS COMBINADOS DE LICITAÇÕES E CONTRATOS

(Agente – Pernambuco – CESPE – 2016) A respeito de licitações, contratos administrativos e convênios, assinale a opção correta.

(A) Tratando-se de pregão, os prazos para o fornecimento dos bens ou serviços contratados serão fixados na fase externa da licitação, imediatamente após a convocação dos interessados.

(B) Veda-se a celebração de contratos de repasse entre a União e órgãos estaduais relacionados à execução de obras e serviços de engenharia se o valor da transferência da União for inferior a R$ 250.000.

(C) No âmbito do Regime Diferenciado de Contratações Públicas (RDC), define-se como projeto básico o conjunto dos elementos necessários e suficientes à execução completa da obra, de acordo com as normas técnicas pertinentes.

(D) Veda-se a utilização do Sistema de Registro de Preços para a aquisição de bens ou para a contratação de serviços destinados ao atendimento a mais de um órgão ou entidade.

(E) Em se tratando de licitação de obra relacionada a empreendimento executado e explorado sob o regime de concessão, é vedado incluir no objeto da licitação a previsão de obtenção de recursos financeiros para a sua execução.

A: incorreta. Acontece na fase preparatória a fixação dos prazos para o fornecimento. Lei 10.520/2002, art. 3º - A fase preparatória do pregão observará o seguinte: I - a autoridade competente justificará a necessidade de contratação e definirá o objeto do certame, as exigências de habilitação, os critérios de aceitação das propostas, as sanções por inadimplemento e as cláusulas do contrato, inclusive com fixação dos prazos para fornecimento; **B:** correta. A questão deve ter sido formulada com base na Portaria Interministerial 507/2011, que já foi atualmente revogada pela Portaria Interministerial 424/2016, não tendo sido alterado porém, a expressa vedação citada na assertiva, a saber: Portaria Interministerial 507/2011, art. 10 - É vedada a celebração de convênios: I - com órgãos e entidades da administração pública direta e indireta dos Estados, Distrito Federal e Municípios cujo valor seja inferior a R$ 100.000,00 (cem mil reais) ou, no caso de execução de obras e serviços de engenharia, exceto elaboração de projetos de engenharia, nos quais o valor da transferência da União seja inferior a R$ 250.000,00 (duzentos e cinquenta mil reais); Portaria Interministerial 424/2016, art. 9º - É vedada a celebração de: IV - instrumentos para a execução de obras e serviços de engenharia com valor de repasse inferior a R$ 250.000,00 (duzentos e cinquenta mil reais); **C:** incorreta. Esta é a definição legal de projeto executivo, conforme se observa na Lei 12.462/2011, art. 2º, IV; **D:** incorreta. Não há previsão legal neste sentido; **E:** incorreta. Lei 8.666/1993, art. 7º § 3º - É vedado incluir no objeto da licitação a obtenção de recursos financeiros para sua execução, qualquer que seja a sua origem, exceto nos casos de empreendimentos executados e explorados sob o regime de concessão, nos termos da legislação específica. **FMB**
Gabarito "B".

(Escrivão – Pernambuco – CESPE – 2016) Assinale a opção correta relativamente a licitação e contratos públicos.

(A) Constitui atentado ao princípio da igualdade entre os licitantes o estabelecimento de requisitos mínimos de participação no edital da licitação.

(B) O contrato administrativo é sempre consensual e, em regra, formal, oneroso, comutativo e realizado *intuitu personae.*

(C) A exceção de contrato não cumprido se aplica aos contratos administrativos, quando a falta é da administração.

(D) O controle do contrato administrativo por parte da administração exige cláusula expressa.

(E) As empresas estatais exploradoras de atividade econômica de produção ou comercialização de bens ou de prestação de serviços estão dispensadas de observar os princípios da licitação.

A relação contratual com a Administração Pública é regida por normas de direito público, razão pela qual se admite a *exceptio non adimpleti contractus* com a condição prevista na Lei 8.666/1993, art. 78, XV - o atraso superior a 90 (noventa) dias dos pagamentos devidos pela Administração decorrentes de obras, serviços ou fornecimento, ou parcelas destes, já recebidos ou executados, salvo

em caso de calamidade pública, grave perturbação da ordem interna ou guerra, assegurado ao contratado o direito de optar pela suspensão do cumprimento de suas obrigações até que seja normalizada a situação. **FMB**
Gabarito "C".

11. SERVIÇO PÚBLICO, CONCESSÃO E PPP

11.1. Serviço público

(Escrivão – Pernambuco – CESPE – 2016) Assinale a opção correta a respeito dos serviços públicos.

(A) Os serviços públicos gerais (ou *uti universi*) são indivisíveis e devem ser mantidos por impostos.

(B) Os serviços públicos individuais (ou *uti singuli*) não são mensuráveis relativamente aos seus destinatários.

(C) O serviço público desconcentrado é aquele em que o poder público transfere sua titularidade, ou, simplesmente, sua execução, por outorga ou delegação.

(D) Os serviços de utilidade pública não admitem delegação.

(E) Os serviços públicos propriamente ditos admitem delegação.

Os serviços públicos gerais são os que a Administração presta sem ter destinatário certo, para atender à coletividade como um todo, por este motivo devem ser mantidos por impostos, isto porque a definição do tributo especificado como imposto é a ideia de pagamento sem contraprestação específica como ocorre com as taxas e nesse sentido: CTN, art. 16 - é o tributo cuja obrigação tem por fato gerador uma situação independente de qualquer atividade estatal específica, relativa ao contribuinte. Ex.: polícia. **FMB**
Gabarito "A".

(Escrivão de Polícia/BA – 2013 – CESPE) Julgue os itens a seguir, a respeito dos serviços públicos.

(1) Conforme entendimento do Superior Tribunal de Justiça, é legal a cobrança, pela administração pública, de taxa, para a utilização das vias públicas para prestação de serviços públicos por concessionária, como, por exemplo, a instalação de postes, dutos ou linhas de transmissão.

(2) Caracterizam-se como serviços públicos sociais apenas os serviços de necessidade pública, de iniciativa e implemento exclusivo do Estado.

1: incorreta. Segundo entendimento do STJ, *a utilização das vias públicas para prestação de serviços públicos por concessionária – como a instalação de postes, dutos ou linhas de transmissão – não pode ser objeto de cobrança pela Administração Pública.* A cobrança é ilegal, pois a exação não se enquadra no conceito de taxa – não há exercício do poder de polícia nem prestação de algum serviço público –, tampouco no de preço público – derivado de um serviço de natureza comercial ou industrial prestado pela Administração. Precedentes citados: REsp 1.246.070-SP, DJe 18.06.2012, e REsp 897.296-RS, DJe 31/8/2009. (AgRg no REsp 1.193.583-MG, Rel. Min. Humberto Martins, j. 18/10/2012). **2:** incorreta. Os serviços públicos sociais não são exclusivos do Estado. São desempenhados também por entidades paraestatais, que colaboram com o Estado no desempenho de atividades de interesse público. Para Hely Lopes Meirelles, as entidades paraestatais são "pessoas jurídicas de direito privado, cuja criação é autorizada por lei específica, com patrimônio público ou misto, para realização de atividades, obras ou serviços de interesse coletivo, sob normas e controle do Estado (MEIRELLES, Hely Lopes. *Direito Administrativo brasileiro*. São Paulo: Malheiros. 36. ed. 2010. p. 362). Tais entidades atuam na assistência a portadores de necessidades especiais, idosos, proteção ao meio ambiente, educação etc. são exemplos o SESI, SENAI, OSs, OSCIPs dentre outros. **SEG**
Gabarito 1E, 2E

(Agente de Polícia/PR – 2010 – UEL) Quanto aos requisitos para o exercício do serviço público, considere as afirmativas a seguir:

I. Regularidade, continuidade, eficiência e segurança.

II. Modicidade, cortesia, segurança e regularidade.

III. Imposição, regularidade, eficiência e cortesia.

IV. Cortesia, generalidade, modicidade e regularidade.

Assinale a alternativa correta.

(A) Somente as afirmativas I e II são corretas.

(B) Somente as afirmativas I e III são corretas.

(C) Somente as afirmativas III e IV são corretas.

(D) Somente as afirmativas I, II e IV são corretas.

(E) Somente as afirmativas II, III e IV são corretas.

8. DIREITO ADMINISTRATIVO

Em se tratando da prestação do serviço público, há que se observar os princípios elencados no *caput* do art. 37 da Constituição Federal. Em razão do interesse público, a doutrina destaca também alguns princípios específicos do serviço público, os quais deverão ser obrigatoriamente observados, sendo os principais os seguintes: a) princípio da continuidade do serviço público: não é exagero afirmar que este é o princípio mais importante, onde, via de regra, não é possível a interrupção do serviço público. Assim, em tese, não pode haver greve que implique na paralisação total das atividades, especialmente nos serviços de saúde, transporte coletivo, etc.; b) princípio da generalidade: tem como objetivo alcançar e beneficiar o maior número de pessoas indistintamente; c) princípio da modicidade: o princípio da modicidade encontra-se implícito no § 1º do art. 6º da Lei 8.987/1995, onde temos que o serviço público prestado deve ser acessível ao usuário, podendo ser remunerados, mas a preços módicos, eis que o objetivo do poder público ao instituir o serviço não é o de auferir lucro (modicidade das tarifas); d) princípio da mutabilidade: consiste em que a prestação do serviço público pode ser alterada, de forma unilateral, desde que para atender o interesse público; e) princípio da eficiência: em regra, a prestação dos serviços públicos, cabe ao Poder Público. Porém, devem ser prestados com eficiência. SEG
Gabarito "D".

11.2. Princípios do Serviço Público

(Escrivão de Polícia/DF – 2013 – CESPE) Julgue os itens subsequentes, acerca de princípios e serviços públicos.

(1) A administração pública poderá delegar aos particulares a execução de determinado serviço público, mediante concessão, que constitui ato administrativo unilateral, discricionário e precário.

(2) O regime dos serviços públicos depende do titular de seu exercício, ou seja, se é oferecido pelo próprio Estado, diretamente, submete-se, necessariamente, ao regime de direito público; se é prestado do modo indireto, quando a população é atendida por entes privados, seu regime é o do direito privado, em face da vedação constitucional de interferência estatal no domínio econômico.

(3) Os princípios constitucionais que norteiam a administração pública podem ser ampliados por outros dispositivos normativos, a exemplo da Lei n.º 9.784/1999, que explicitou os seguintes princípios como norteadores da administração pública: legalidade, finalidade, motivação, razoabilidade, proporcionalidade, moralidade, ampla defesa, contraditório, segurança jurídica, interesse público e eficiência.

1: incorreta. De fato, a administração pública poderá delegar aos particulares a execução de determinado serviço público, mediante concessão, no entanto, não se que constitui ato administrativo unilateral, discricionário e precário, pois conforme art. 2º, II da Lei 8.987/1995, a concessão de serviço público: a delegação de sua prestação, feita pelo poder concedente, mediante licitação, na modalidade de concorrência, à pessoa jurídica ou consórcio de empresas que demonstre capacidade para seu desempenho, por sua conta e risco e por prazo determinado. **2:** incorreta. O serviço público, pode ser prestado diretamente pelo Estado, e nesse caso submete-se as normas de direito público. Quando prestado de forma indireta, segue regime de direito privado ou híbrido. No entanto, destaque-se que não há vedação constitucional de interferência estatal no domínio econômico. **3:** correta. A Lei 9.784/1999, prescreve em seu art. 2º que a Administração Pública obedecerá, dentre outros, aos princípios da legalidade, finalidade, motivação, razoabilidade, proporcionalidade, moralidade, ampla defesa, contraditório, segurança jurídica, interesse público e eficiência. SEG
Gabarito: 1E, 2E, 3C

11.3. Concessão e permissão de serviço público

(Agente de Polícia Civil/RO – 2014 – FUNCAB) Sobre o regime de concessão e permissão da prestação de serviços públicos, é correto afirmar:

(A) O poder concedente não pode criar outras fontes de receitas alternativas, em favor da concessionária.

(B) A intervenção far-se-á por decreto do poder concedente, que conterá a designação do interventor, os objetivos e limites da medida.

(C) A indenização é indevida na caducidade, tendo em vista que a causa do rompimento do contrato ocorreu pela inadimplência da concessionária.

(D) No caso de insolvência, o Estado concedente não suportará o ônus resultante desta insolvência e não responderá, também, subsidiariamente.

(E) É ilícita a fixação da tarifa diferenciada mínima, mesmo quando existir hidrômetro instalado.

A: incorreta, pois poderá o poder concedente prever, em favor da concessionária, no edital de licitação, a possibilidade de outras fontes provenientes de receitas alternativas, complementares, acessórias ou de projetos associados, com ou sem exclusividade, com vistas a favorecer a modicidade das tarifas (art. 11 da Lei 8.987/1995). **B:** correta. O poder concedente poderá intervir na concessão, com o fim de assegurar a adequação na prestação do serviço, bem como o fiel cumprimento das normas contratuais, regulamentares e legais pertinentes. No entanto, a intervenção far-se-á por decreto do poder concedente, que conterá a designação do interventor, o prazo da intervenção e os objetivos e limites da medida (art. 32, *caput* e parágrafo único da Lei 8.987/1995). **C:** incorreta. A indenização é devida na caducidade (art. 38, §§ 4º, 5º e 6º da Lei 8.987/1995). **D:** Incorreta, pois as empresas prestadoras de serviços públicos têm personalidade jurídica, patrimônio e capacidade próprios que atuam por sua conta e risco, devendo responder por suas próprias obrigações. Nesse sentido o art. 25 da Lei 8.987/1995 aduz *que incumbe à concessionária a execução do serviço concedido, cabendo-lhe responder por todos os prejuízos causados ao poder concedente, aos usuários ou a terceiros, sem que a fiscalização exercida pelo órgão competente exclua ou atenue essa responsabilidade.* Daí se concluir que em caso de insolvência, poderá o Estado responder de forma subsidiária. **E:** incorreta. O STJ sumulou entendimento de que é legítima a cobrança da tarifa de água, fixada de acordo com as categorias de usuários e as faixas de consumo (Súmula 407). SEG
Gabarito "B".

(Investigador de Polícia/BA – 2013 – CESPE) Com relação à responsabilidade civil, julgue o item abaixo.

(1) O corte de energia elétrica por parte da concessionária de serviço público presume a existência de dano moral, sendo desnecessária a comprovação dos prejuízos sofridos à honra objetiva de empresa ou usuário afetado pela interrupção do serviço.

A afirmativa encontra-se incorreta. Já decidiu o STJ que *não é possível presumir a existência de dano moral de pessoa jurídica com base, exclusivamente, na interrupção do fornecimento de energia elétrica, sendo necessária prova específica a respeito.* Precedente citado: REsp 299.282-RJ, DJ 5/8/2002. REsp 1.298.689-RS, rel. Min. Castro Meira, j. 23/10/2012. SEG
Gabarito 1E

(Escrivão de Polícia/GO – 2013 – UEG) Acerca do contrato de concessão de serviço público, verifica-se que:

(A) o concessionário se transforma em órgão público.

(B) a concessionária não responde pelos danos causados a terceiros durante a execução do serviço concedido.

(C) há incidência do princípio da mutabilidade das cláusulas regulamentares.

(D) ocorre a transferência da titularidade do serviço para o concessionário.

A: incorreta. A concessionária não se transforma em órgão público. Aliás, diga-se em tempo que a concessionária é a *pessoa jurídica ou consórcio de empresas que demonstre capacidade para a sua realização, por sua conta e risco* (art. 2º, III, última parte, da Lei 8.987/1995 que dispõe sobre o regime de concessão e permissão da prestação de serviços públicos). Equivale a dizer: é a pessoa jurídica – ou formada por empresas – que executa o serviço, recebendo remuneração do usuário pelo serviço prestado; **B:** incorreta, pois não resta dúvida de que por ocasião da concessão, a concessionária *assume todos os riscos* do empreendimento, sendo responsável civil e administrativamente pelos prejuízos que causar ao poder concedente, aos usuários ou a terceiros. Por serem *prestadores de serviço público* (art. 175, da CF), *estão eles enquadrados naquela regra constitucional* respondendo na modalidade objetiva, nos moldes do art. 37, § 6º, da CF (Celso Antônio Bandeira de Mello. *Curso de direito administrativo.* 27. ed. São Paulo: Malheiros, 2010. p. 345); **C:** correta, pois a doutrina em sua maioria aponta como uma das características dos contratos administrativos, a possibilidade de mudanças nas suas cláusulas de execução, o que se denomina *mutabilidade* do contrato administrativo Entretanto, nos contratos de concessão, a mutabilidade apresenta um contorno diferente em razão da Lei 8.987/1995 prever em seus arts. 6º, §§ 1º e 2º, e 23, V, *ad litteram*: art. 6º *toda concessão ou permissão pressupõe a prestação de serviço adequado ao pleno atendimento dos usuários, conforme estabelecido nesta Lei, nas normas pertinentes e no respectivo contrato. § 1º Serviço adequado é o que satisfaz as condições de regularidade, continuidade, eficiência, segurança, atualidade, generalidade, cortesia na sua prestação e modicidade das tarifas. § 2º A atualidade compreende a modernidade das técnicas, do equipamento e das instalações e a sua conservação, bem como a melhoria e expansão do serviço*; e art. 23: *São cláusulas essenciais do contrato de concessão as relativas: (...) V – aos direitos, garantias e obrigações do poder concedente e da concessionária, inclusive os relacionados às previsíveis necessidades de futura alteração e expansão do serviço e consequente modernização, aperfeiçoamento e ampliação* dos equipamentos e das instalações. Nesse sentido, chancelamos o magistério de Maria Sylvia Zanella Di Pietro, para quem *o princípio da mutabilidade, cabe destacar que a ele se submetem o concessionário e também os usuários do serviço público. Significa, esse princípio, que as cláusulas regulamentares do contrato podem ser unilateralmente alteradas pelo poder concedente para atender a razões de interesse público. Nem o concessionário, nem os usuários do serviço podem opor-se a essas alterações: inexiste direito adquirido à manutenção do regime jurídico vigente no momento da celebração do contrato. Se é o interesse público que determina tais alterações, não há como opor-se a elas.* (*Parcerias na administração pública.* 9. ed. São Paulo: Atlas, 2002. p. 80); **D:** incorreta, pois para que ocorra a concessão é necessário que o serviço seja delegável, que haja um concedente e uma concessionária. A delegação se dá pelo poder concedente. Prescreve o art. 2º, I, da citada lei, que poder concedente é a *União, o Estado, o Distrito Federal ou o Município, em cuja competência se encontre o serviço público, precedido ou não da execução de obra pública, objeto de concessão ou permissão*, ou seja, *é o ente público que detém a titularidade do serviço público.* A este cabe fixar as regras para a realização dos serviços, fiscalizar sua execução, autorizar reajuste e aplicar sanções no caso de descumprimento pelas concessionárias nos termos do art. 29 da Lei 8.987/1995 que dispõe sobre o regime de concessão e permissão da prestação de serviços públicos. O que o ente público faz é delegar a execução do serviço. **SEG**

Gabarito "C".

12. CONTROLE DA ADMINISTRAÇÃO

(Agente-Escrivão – PC/GO – CESPE – 2016) Acerca do controle da administração, assinale a opção correta.

(A) O controle por vinculação possui caráter externo, pois é atribuído a uma pessoa e se exerce sobre os atos praticados por pessoa diversa.

(B) Controle interno é o que se consuma pela verificação da conveniência e oportunidade da conduta administrativa.

(C) O controle de legalidade é controle externo na medida em que é necessariamente processado por órgão jurisdicional.

(D) Controle administrativo é a prerrogativa que a administração pública possui de fiscalizar e corrigir a sua própria atuação, restrita a critérios de mérito.

(E) O controle que a União exerce sobre a FUNAI caracteriza-se como controle por subordinação, uma vez que esta é uma fundação pública federal.

A: correta. José dos Santos Carvalho Filho ensina que *"controle por subordinação é o exercido por meio dos vários patamares da hierarquia administrativa dentro da mesma Administração"*, ao passo que *"no controle por vinculação o poder de fiscalização e de revisão é atribuído a uma pessoa e se exerce sobre os atos praticados por pessoa diversa"* Refere-se à Tutela exercida pela Administração Pública sobre seus atos; **B:** incorreta. A definição se refere a controle de mérito; **C:** incorreta. O controle de legalidade pode ser feito interna ou externamente. **D:** incorreta. O controle administrativo visa a verificar se a atuação da Administração está de acordo com as funções a ela atribuídas. **E:** incorreta. Por se tratar de fundação, o controle exercido é finalístico. **FMB**

Gabarito "A".

(Agente – Pernambuco – CESPE – 2016) A respeito do controle da administração pública, assinale a opção correta de acordo com as normas atinentes à improbidade administrativa previstas na Lei nº 8.429/1992.

(A) O controle dos órgãos da administração pública pelo Poder Legislativo decorre do poder de autotutela, que permite, por exemplo, ao Legislativo rever atos do Poder Executivo se ilegais, inoportunos ou inconvenientes.

(B) O Senado Federal poderá sustar atos normativos dos Poderes Executivos federal, estadual, distrital ou municipal se esses atos exorbitarem do poder regulamentar ou dos limites de delegação legislativa.

(C) No caso de entidade que receba subvenção financeira de órgão público, as sanções relativas à improbidade administrativa, previstas na Lei nº 8.429/1992, prescrevem em dez anos, contados da data do recebimento da subvenção.

(D) Para a caracterização de ato de improbidade administrativa, é necessário que fiquem demonstrados o enriquecimento ilícito e a conduta dolosa do agente público.

(E) No âmbito da fiscalização financeira, cabe ao Congresso Nacional, com o auxílio do Tribunal de Contas da União, exercer o controle externo da aplicação de recursos repassados pela União, mediante convênio, a estado, ao Distrito Federal ou a município.

Constituição Federal, **Art. 71** - O controle externo, a cargo do Congresso Nacional, será exercido com o auxílio do Tribunal de Contas da União, ao qual compete: VI - fiscalizar a aplicação de quaisquer recursos repassados pela União, mediante convênio, acordo, ajuste ou outros instrumentos congêneres, a Estado, ao Distrito Federal ou a Município. **FMB**

Gabarito "E".

(Agente-Escrivão – Acre – IBADE – 2017) Quanto à temática do Controle da Administração Pública, assinale a alternativa correta.

(A) O recurso administrativo interposto num processo administrativo, por dizer respeito apenas ao interessado, não pode ser considerado uma forma de controle da atividade administrativa, pois esta pressupõe uma abrangência coletiva.

(B) Por configurar ofensa à separação dos poderes, a Constituição Federal de 1988 veda o controle da administração pelo Poder Legislativo.

(C) Apesar de inexistir hierarquia entre a administração direta e a administração indireta, há a possibilidade de controle administrativo desta por aquela, e uma dessas formas de controle é a denominada tutela extraordinária.

(D) No exercício do controle da atividade administrativa, o Poder Judiciário deve, sempre que possível e por imposição constitucional, substituir-se ao gestor para valorar os critérios de oportunidade e conveniência que a Administração Pública considerou para editar o ato administrativo questionado.

(E) O Tribunal de Contas, órgão integrante do Poder Executivo, realiza o controle externo da administração pública por meio de fiscalização contábil, financeira, orçamentária, operacional e patrimonial.

Para Maria Sylvia Zanella Di Pietro, o princípio do controle ou da tutela foi elaborado para assegurar que as entidades da Administração Indireta observem o princípio da especialidade. Não há subordinação entre a Administração Direta e a Indireta, mas tão somente vinculação. A regra será a autonomia, sendo o controle a exceção exercido por meio da tutela extraordinária. **FMB**

Gabarito "C".

(Escrivão – Pernambuco – CESPE – 2016) A respeito do controle dos atos e contratos administrativos, assinale a opção correta.

(A) No controle externo da administração financeira e orçamentária, os tribunais de contas devem realizar o controle prévio dos atos ou contratos da administração direta ou indireta.

(B) É vedado ao Poder Judiciário realizar o controle de mérito de atos discricionários que não contrariarem qualquer princípio administrativo.

(C) O controle de legalidade ou legitimidade do ato administrativo, no sistema brasileiro, compete privativamente ao Poder Judiciário.

(D) No controle de legalidade ou de legitimidade, o ato administrativo ilegal só pode ser revogado.

(E) No controle administrativo, a administração pode anular seus próprios atos, mas não revogá-los.

Sobre o controle de legalidade dos atos administrativos: "também chamado sistema de jurisdição dupla, sistema do contencioso administrativo ou sistema francês, em razão de sua origem. Tal sistema consagra duas ordens jurisdicionais. Uma dessas ordens cabe ao Judiciário, outra a organismo próprio do Executivo, chamado de Contencioso Administrativo. O Contencioso Administrativo incumbe-se de conhecer e julgar, em caráter definitivo, as lides em que a Administração Pública é parte (autora ou ré) ou terceira interessada, cabendo a solução das demais pendências ao poder Judiciário. Nesse sistema, vê-se que a Administração Pública tem uma Justiça própria, localizada fora do judiciário". GASPARINI, Diógenes. *Direito Administrativo.* 2. ed. São Paulo: Saraiva, 1992. pp. 561 e 562. Neste sentido ainda determina a CF/1988, no art. 49 - É competência exclusiva do Congresso Nacional: X – fiscalizar e controlar, diretamente, ou por qualquer de suas casas, os atos do Poder Executivo, incluídos os da administração indireta. **FMB**

Gabarito "B".

(Escrivão – AESP/CE – VUNESP – 2017) Com relação ao controle administrativo, é correto afirmar que:

(A) somente o Ministério Público poderá fiscalizar os atos dos administradores públicos.

(B) o Tribunal de Contas é o órgão do Poder Judiciário encarregado do controle financeiro da Administração Pública.

(C) não poderá o Poder Legislativo fiscalizar as atividades da Administração Pública.

8. DIREITO ADMINISTRATIVO   567

(D) o controle, em razão da legalidade dos atos administrativos, é exercido tanto pela Administração como pelo Poder Judiciário.

(E) por controle judicial entende-se o controle interno que o Poder Judiciário realiza com seus próprios atos, não podendo incidir sobre as atividades administrativas do Estado.

O controle de legalidade é exercido no âmbito da Administração em atenção ao princípio da autotutela, STF - Súmulas 346 e 473, e no âmbito judicial em razão de que no Brasil vige a unidade da jurisdição. Nesse contexto, nenhuma lesão ou ameaça de lesão deve pode ser excluída da apreciação do Poder Judiciário, conforme preceitua o art. 5º, XXXV da Constituição Federal. FMB

Gabarito "D".

(Agente de Polícia Civil/RO – 2014 – FUNCAB) A respeito do controle da Administração Pública, é correto afirmar que:

(A) a coisa julgada administrativa tem nítido alcance da coisa julgada judicial com força conclusiva do ato jurisdicional do Poder Judiciário.

(B) o recurso hierárquico impróprio é dirigido à autoridade ou à instância superior do mesmo órgão administrativo.

(C) as decisões proferidas pelo Tribunal de Contas não podem ser revistas pelo Poder Judiciário, porque o ordenamento jurídico brasileiro não adotou o sistema de jurisdição una.

(D) as comissões parlamentares de inquérito possuem poderes de investigação próprios das autoridades judiciais, além de outros previstos nos regimentos das respectivas casas.

(E) o Tribunal de Contas da União é responsável pelo controle externo do Congresso Nacional.

A: incorreta. Segundo Hely Lopes Meirelles, *a coisa julgada administrativa, que, na verdade, é apenas uma preclusão de efeitos internos, não tem o alcance da coisa julgada judicial, porque o ato jurisdicional da Administração não deixa de ser um simples ato administrativo decisório, sem a força conclusiva do ato jurisdicional do Poder Judiciário* (MEIRELLES, Hely Lopes. *Direito Administrativo brasileiro*. São Paulo: Malheiros. 36. ed. 2010. p. 421). **B**: incorreta. O Recurso hierárquico impróprio *é o que a parte dirige a autoridade ou órgão estranho à repartição que expediu o ato recorrido, mas com competência julgadora expressa, como ocorre com os tribunais administrativos e com os*

chefes do Executivo federal, estadual e municipal. (MEIRELLES, Hely Lopes. *Direito Administrativo brasileiro*. São Paulo: Malheiros. 36. ed. 2010. p. 654). **C**: incorreta. As decisões proferidas pelo Tribunal de Contas podem ser revistas pelo Poder Judiciário. Em decorrência do sistema de unicidade de jurisdição adotado no Brasil, somente as decisões oriundas do Poder Judiciário podem fazer coisa julgada. No entanto, ao Judiciário cabe verificar se foi observado o devido processo legal, não podendo adentrar ao mérito da decisão do Tribunal de Contas. **D**: correta. Conforme de investigação próprios das autoridades judiciais, além de outros previstos nos regimentos das respectivas Casas, em conjunto ou separadamente, sendo suas conclusões, se for o caso, encaminhadas ao Ministério Público, para que promova a responsabilidade civil ou criminal dos infratores (art. 58, § 3º). **E**: incorreta. A afirmativa encontra-se incorreta. Na verdade, o controle externo, fica a cargo do Congresso Nacional, e será exercido com o auxílio do Tribunal de Contas da União (art. 71 da CF). SEG

Gabarito "D".

(Agente de Polícia/DF – 2013 – CESPE) No que se refere a controle da administração, julgue os itens que se seguem.

(1) Os atos administrativos estão sujeitos ao controle judicial; no entanto, tal controle não autoriza que o juiz, em desacordo com a vontade da administração, se substitua ao administrador, determinando a prática de atos que entender convenientes e oportunos.

(2) Membros da direção de entidades privadas que prestem serviços sociais autônomos, a exemplo do Serviço Social da Indústria (SESI), estão sujeitos a prestar contas ao Tribunal de Contas

1:O controle judicial é a forma de fiscalização que o Poder Judiciário possui sobre os atos dos Poderes Executivo, Legislativo e do próprio Judiciário, analisando a legalidade e constitucionalidade dos atos e das leis, **não cabendo analisar os aspectos relacionados à conveniência e oportunidade,** em razão do poder discricionário da Administração Pública. **2**. Os serviços sociais autônomos são pessoas jurídicas de direito privado, sem fins lucrativos, vinculados a determinadas categorias profissionais, sendo sua atuação na área de assistência educacional ou de saúde, **podendo receber recursos públicos** e contribuições dos associados. Tais entidades são mantidas por dotações orçamentárias e contribuições parafiscais (espécies de contribuições sociais) arrecadadas pela Receita Federal do Brasil e repassada às mesmas, estando, portanto, **sujeitas a prestar contas ao Tribunal de Contas.** SEG

Gabarito 1C, 2C

9. DIREITO CIVIL

Alessandra Elaine Matuda

1. PARTE GERAL

(Agente de Polícia/DF – 2005 – NCE-UFRJ) NÃO se verifica a emancipação:

(A) pelo casamento;

(B) pela união estável;

(C) pelo exercício de emprego público efetivo;

(D) pela colação de grau em curso de ensino superior;

(E) pela relação de emprego que assegure ao menor com dezesseis anos de idade completos uma economia própria.

Art. 5º do CC - A menoridade cessa aos dezoito anos completos, quando a pessoa fica habilitada à prática de todos os atos da vida civil.
Parágrafo único. Cessará, para os menores, a incapacidade:
I - pela concessão dos pais, ou de um deles na falta do outro, mediante instrumento público, independentemente de homologação judicial, ou por sentença do juiz, ouvido o tutor, se o menor tiver dezesseis anos completos;
II - pelo casamento;
III - pelo exercício de emprego público efetivo;
IV - pela colação de grau em curso de ensino superior;
V - pelo estabelecimento civil ou comercial, ou pela existência de relação de emprego, desde que, em função deles, o menor com dezesseis anos completos tenha economia própria.
Gabarito "B".

(Agente de Polícia/DF – 2005 – NCE-UFRJ) Pela sistemática do direito brasileiro, a validade dos negócios jurídicos:

(A) independe, via de regra, de sua forma;

(B) somente se verifica se a declaração de vontade for formal;

(C) somente se verifica se a declaração de vontade for feita por escrito;

(D) de regra se verifica se a declaração de vontade for formal;

(E) de regra se verifica se a declaração de vontade for feita por escrito.

A: correta (art. 104, do CC); **B:** incorreta (art. 107 do CC); **C:** incorreta (art. 107 do CC); **D:** incorreta (art. 107 do CC); **E:** incorreta (art. 107 do CC).
Gabarito "A".

(Agente de Polícia/DF – 2005 – NCE-UFRJ) Nos negócios jurídicos em geral, o dolo acidental:

(A) gera a nulidade do negócio jurídico;

(B) gera a anulabilidade do negócio jurídico;

(C) gera a ineficácia do negócio jurídico;

(D) gera a inexistência dos negócios jurídicos;

(E) apenas obriga à satisfação das perdas e danos.

O dolo acidental não gera nulidade do ato (art. 146 CC). Será nulo o negócio jurídico em que o vício retire todo ou parte de seu valor, ou o torne ineficaz apenas para certas pessoas, nos moldes do art. 166 e seguintes do CC. No Dolo acidental existe a intenção de enganar, mas o negócio aconteceria com ou sem dolo, contudo a sua realização se mais onerosa ou menos vantajosa para o contraente. Ele não tem influência para a finalização do ato, conforme dito o artigo 146: *É acidental o dolo, quando a seu despeito o ato se teria praticado, embora por outro modo"*. O dolo acidental não acarreta a anulação do negócio jurídico, porém obriga o autor do dolo a satisfazer perdas e danos da vítima.
Gabarito "E".

(Agente de Polícia/DF – 2005 – NCE-UFRJ) Constituem atos ilícitos:

(A) os praticados em legítima defesa;

(B) o exercício de direito que excede manifestamente os limites impostos pelo seu fim social ou econômico;

(C) os que provocam deterioração ou destruição de coisa para remover perigo iminente;

(D) os que provocam lesão à pessoa a fim de remover perigo iminente;

(E) os que são praticados no exercício regular de um direito.

A: incorreta (art. 188, I, do CC); **B:** correta (art. 186 e art. 187 do CC); **C:** incorreta (art. 188, II, do CC); **D:** incorreta (art. 188, II, do CC); **E:** incorreta (art. 188, I do CC).
Gabarito "B".

(Investigador de Polícia/PA – 2009 – MOVENS) Segundo a doutrina civilista, pessoa jurídica é a unidade de pessoas naturais ou de patrimônio, que visa à consecução de certos fins, reconhecida pela ordem jurídica como sujeito de direitos e obrigações. De acordo com o Código Civil, entre as pessoas jurídicas de direito público interno incluem-se:

(A) as organizações religiosas.

(B) os partidos políticos.

(C) as fundações.

(D) os territórios.

Art. 41 do CC.
Gabarito "D".

(Investigador de Polícia/PA – 2009 – MOVENS) Com base no Código Civil em vigência, é considerado como domicílio necessário do incapaz:

(A) o lugar onde for encontrado.

(B) o domicílio do seu representante ou assistente.

(C) o lugar onde exerce permanentemente suas funções.

(D) o lugar onde estabelece a sua residência com ânimo definitivo.

Art. 76 do CC.
Gabarito "B".

(Escrivão de Polícia/PA – 2009 – MOVENS) Considerando que, por ação ou omissão voluntária, negligência ou imprudência, uma pessoa viole direito de outra e lhe cause dano, ainda que exclusivamente moral, ela terá:

(A) agido com reserva mental.

(B) celebrado um negócio jurídico.

(C) cometido um ato ilícito.

(D) praticado um ato lícito.

Art. 186 do CC.
Gabarito "C".

2. RESPONSABILIDADE CIVIL

(Agente de Polícia/DF – 2005 – NCE-UFRJ) Adriano, criança recém nascida, sofreu lesões físicas decorrentes do parto. Nesse caso, pode-se afirmar que a responsabilidade civil do médico:

(A) é sempre objetiva, por tratar-se de uma atividade de risco;

(B) é de regra objetiva, por tratar-se de uma relação de consumo;

(C) inexiste;

(D) é subjetiva;

(E) é subjetiva com culpa presumida.

A: incorreta, pois a responsabilidade do profissional da medicina é de meio, em regra, sendo obrigada a buscar a melhor técnica para atingir o resultado satisfatório, mas não é obrigada a atingi-lo. Assim, a responsabilidade é subjetiva, devendo ser apurado se o médico atuou com negligencia, imprudência ou imperícia; **B:** incorreta, pois mesmo nas relações de consumo o médico é considerado em regra profissional liberal, de forma que responde subjetivamente, devendo ser apurada a sua culpa. Ressalte-se que a responsabilidade subjetiva no CDC é exceção; **C:** incorreta, pois a responsabilidade do profissional que realizou o parto existe, é subjetiva, o que implica na apuração da conduta, se foi diligente ou se atuou com negligência, imprudência ou imperícia; **D:** correta (art. 951 do CC); **E:** incorreta, pois a responsabilidade com culpa presumida, é uma das teorias para explicar a culpa do Estado e por vezes confundida com a reponsabilidade objetiva, mas não é aplicada para aos médicos.
Gabarito "D".

(Agente de Polícia/DF – 2005 – NCE-UFRJ) Em tema de responsabilidade civil, analise as afirmativas a seguir:

I. No direito brasileiro o absolutamente incapaz nunca responde pelos prejuízos que causar.

ALESSANDRA ELAINE MATUDA

II. A responsabilidade dos pais pelos atos dos filhos menores independe de culpa dos pais.

III. A responsabilidade civil está vinculada à responsabilidade penal.

IV. A responsabilidade civil do dono ou detentor do animal é objetiva.

São verdadeiras somente as afirmativas:

(A) I e II;
(B) II e III;
(C) III e IV;
(D) II e IV;
(E) I, II e III.

I: incorreta (art. 928 do CC). Quando se fala em incapacidade é necessário que se leia as alterações trazidas pela Lei n. 13.146/2015; II: correta (arts. 928 e 932, ambos do CC); III: incorreta (art. 935 do CC); IV: correta (art. 936 do CC).

Gabarito "D".

3. DIREITO DAS COISAS

(Agente de Polícia/DF – 2005 – NCE-UFRJ) A servidão aparente, sem título:

(A) não pode ser adquirida por usucapião;
(B) pode ser adquirida por usucapião, desde que a posse seja exercida pelo prazo de cinco anos;
(C) pode ser adquirida por usucapião, desde que a posse seja exercida pelo prazo de dez anos;
(D) pode ser adquirida por usucapião, desde que a posse seja exercida pelo prazo de quinze anos;
(E) pode ser adquirida por usucapião, desde que a posse seja exercida pelo prazo de vinte anos.

Art. 1.379 do CC.

Gabarito "E".

4. DIREITO DE FAMÍLIA

(Agente de Polícia/DF – 2005 – NCE-UFRJ) Avô e neto são:

(A) parentes em primeiro grau na linha reta;
(B) parentes em segundo grau na linha reta;
(C) parentes em terceiro grau na linha reta;
(D) parentes em terceiro grau na linha colateral;
(E) afins.

Art. 1.591 do CC.

Gabarito "B".

5. CONSUMIDOR – RESPONSABILIDADE CIVIL

(Agente de Polícia/DF – 2005 – NCE-UFRJ) O prazo prescricional da pretensão da reparação do dano causado por fato do produto ou do serviço, nas relações de consumo:

(A) não existe;
(B) é de dois anos;
(C) é de três anos;
(D) é de dez anos;
(E) é de cinco anos.

Art. 27 do CDC.

Gabarito "E".

(Agente de Polícia/DF – 2005 – NCE-UFRJ) Nas relações de consumo, o prazo para reclamar dos vícios de fácil constatação ou aparentes é:

(A) sempre decadencial;
(B) sempre prescricional;
(C) de regra decadencial, podendo ser prescricional;
(D) de regra prescricional, podendo ser decadencial;
(E) indefinido juridicamente.

Art. 26 do CDC.

Gabarito "A".

10. MEDICINA LEGAL

Leni Mouzinho Soares e Rodrigo Santamaria Saber

1. TANATOLOGIA

(Agente-Escrivão – Acre – IBADE – 2017) Os fenômenos cadavéricos são úteis para o diagnóstico da morte, podendo indicar a probabilidade ou a certeza da ocorrência desta. Neste sentido, assinale a alternativa correta.

(A) A putrefação é considerada um fenômeno cadavérico que indica a certeza da morte.

(B) A corificação um sinal de probabilidade da morte.

(C) A rigidez cadavérica é considerada um fenômeno cadavérico que indica a probabilidade da morte.

(D) A mumificação é um sinal de probabilidade da morte.

(E) A perda da sensibilidade é um sinal de certeza da morte.

A: correta. A putrefação é um processo de destruição do cadáver; **B:** incorreta. a corificação é um processo de conservação do cadáver, que se mantém preservado em caixões metálicos, vedados hermeticamente; **C:** incorreta. A rigidez cadavérica pode surgir ainda em vida, em casos raros, sendo assim, não pode ser tida como probabilidade ou certeza da morte; **D:** incorreta. A mumificação é um método conservador do cadáver, que é rapidamente desidratado, impedindo a ação das bactérias no corpo; **E:** incorreta. A perda de sensibilidade é um sinal abiótico imediato, não podendo ser tido como sinal de certeza da morte. LM
Gabarito "A".

(Agente-Escrivão – Acre – IBADE – 2017) Uma perícia realizada indica que um indivíduo foi encontrado morto em um local em que a lâmina d'água era de vinte centímetros. Dentre os principais sinais externos, o cadáver estava com a face virada para baixo, com baixa temperatura da pele e cogumelo de espuma no interior da boca, além de maceração da derme e pele anserina. Com base nos elementos citados acima, pode-se presumir que a morte foi provocada por:

(A) estrangulamento.

(B) energia radiante.

(C) instrumento contundente.

(D) afogamento.

(E) instrumento cortocontundente.

A: incorreta. Estrangulamento tem como característica principal a interrupção da circulação sanguínea por meio da constrição do pescoço por um baraço mecânico, que tem como propulsor força diversa do próprio corpo; **B:** incorreta. a lesão por energia radiante é aquela que decorre de explosão de átomos, exposição a raios etc.; **C:** incorreta. A lesão causada por instrumento contundente é aquela provocada por pressão, arrastamento, torção, entre outros, que surgem mais comumente nos acidentes de automóvel, desabamentos, lutas etc.; **D:** correta. Afogamento tem como características os sinais descritos no enunciado; **E:** incorreta. A lesão provocada por instrumento cortocontundente é a causada por pressão do instrumento sobre uma linha no corpo. Os instrumentos cortocontundentes mais conhecidos são o machado, foice, facão, serra etc. LM
Gabarito "D".

(Agente-Escrivão – Acre – IBADE – 2017) Um mergulhador que sai do fundo de um rio e sobe muito rapidamente pode estar sujeito aos efeitos da descompressão. Tal fato é considerado um:

(A) barotrauma.

(B) afogamento.

(C) fenômeno abiótico imediato.

(D) fenômeno abiótico consecutivo.

(E) fenômeno cadavérico transformativo.

A: correta. O barotrauma é causado pela mudança brusca de pressão. É comum sua ocorrência em mergulhos, voos etc.; **B:** incorreta. Afogamento é um tipo de asfixia mecânica, por meio da qual substâncias líquidas penetram nas vias aéreas; **C:** incorreta. Os fenômenos abióticos imediatos são sinais que os cadáveres começam a apresentar após a morte, tais como: parada cardíaca, ausência de pulsação etc. No entanto, não trazem a certeza da morte; **D:** incorreta. Os fenômenos abióticos consecutivos são mais eficazes para a definição do momento da morte. São exemplos dessa espécie: rigidez cadavérica, hipóstases etc.; **E:** incorreta. Os fenômenos transformativos são sinais de certeza da morte. LM
Gabarito "A".

(Investigador-Escrivão-Papiloscopista – Pará – Funcab – 2016) Segundo a literatura médico-legal, a cronotanatognose é utilizada para:

(A) determinar o tempo médio de duração da gestação.

(B) indicar a quantidade de tempo que vítima estaria ameaçada de morte.

(C) determinar o tempo aproximado de morte da vítima.

(D) indicar a idade da vítima no momento da morte.

(E) indicar o tempo médio de vida da vítima.

A: incorreta. Para a determinação do tempo estimado da gravidez, alguns exames e condições da gestante são adotados, tais como: indagações sobre a data da última menstruação, a movimentação do feto no ventre, ou até mesmo por meio de exames de ultrassonografia; **B:** incorreta. A ameaça de morte pode ser constatada, por exemplo, por meio de gravações telefônicas em que o autor da ameaça afirma atentar contra a integridade física do ofendido; interceptação de correspondência etc.; **C:** correta. A cronotanatognose tem por objetivo a definição do tempo estimado da morte. Baseia-se para tanto nos fenômenos apresentados pelo cadáver. Ex.: rigidez cadavérica, mancha esverdeada na região abdominal etc.; **D:** incorreta. Para a definição aproximada da idade da vítima podem ser utilizadas a medida do crânio, do fêmur, bacia, entre outros. Também podem ser realizados o exame da arcada dentária e outras avaliações radiográficas; **E:** incorreta. Salvo engano, o examinador considerou o tempo de vida médio da vítima como sendo a estimativa que os médicos fazem do período em que a vítima ainda pode viver, após um diagnóstico de doença grave ou dano físico sofrido. LM
Gabarito "C".

(Investigador-Escrivão-Papiloscopista – Pará – Funcab – 2016) Sobre a rigidez cadavérica, é correto afirmar que esta situação:

(A) é um fenômeno que impede a atuação da fauna cadavérica.

(B) não pode ser utilizada como indicativo do tempo aproximado da morte.

(C) desaparece com o início da putrefação.

(D) é estudada na traumatologia forense.

(E) indica a quantidade de cristais no sangue do cadáver putrefeito.

A: incorreta. A rigidez cadavérica é um dos fenômenos a surgir no cadáver, não afetando, portanto, a atuação da fauna cadavérica; **B:** incorreta. Apesar de não ser um sinal de certeza da morte, a rigidez cadavérica pode ser utilizada para a definição do tempo aproximado da morte, na medida em que surge comumente na hora subsequente ao óbito, podendo desaparecer entre a 36ª e 48ª hora após sua ocorrência; **C:** correta. A rigidez cadavérica dá lugar à flacidez muscular, com o início da putrefação; **D:** incorreta. A rigidez cadavérica é estudada pela Tanotologia Forense; **E:** incorreta. A aparição de cristais no sangue do putrefeito também é um fenômeno cadavérico, assim como a rigidez. Os cristais começam a surgir a partir do 3º dia, podendo ser encontrados até pouco mais de um mês após a morte. LM
Gabarito "C".

(Investigador-Escrivão-Papiloscopista – Pará – Funcab – 2016) Acerca da necropsia, também entendida como necroscopia ou exame necroscópico, é correto afirmar que:

(A) não pode ser documentada por meio de um relatório médico-legal.

(B) é um exame que pode ser realizado no indivíduo vivo ou morto.

(C) não pode ser realizada em indivíduos menores de um ano de idade.

(D) não pode ser realizada nas vítimas de morte violenta.

(E) um dos objetivos é destacar a causa morte.

A: incorreta. A necropsia ou exame necroscópico é documentada por meio de um relatório médico, o laudo de exame necroscópico, que é uma espécie de relatório médico; **B:** incorreta. O exame necroscópico é realizado apenas em cadáveres. Nos vivos, para a constatação de uma lesão provocada por terceiro, realiza-se o exame de corpo de delito; **C:** incorreta. Não existe restrição de idade para a realização do exame necroscópico; **D:** incorreta. Ao contrário, a necropsia é realizada justamente em casos de morte violenta ou morte suspeita; **E:** correta. A finalidade principal do exame necroscópico é a desvendar a *causa mortis*. LM
Gabarito "E".

(Escrivão de Polícia/BA – 2013 – CESPE) Considerando que determinada adolescente de dezessete anos de idade seja encontrada morta em uma praia, julgue os itens subsequentes.

(1) A constatação de ocorrência de dilatação do orifício anal do cadáver, especialmente se o tempo de morte for superior a quarenta e oito horas, não constitui, por si só, evidência de estupro com coito anal.

(2) Caso o corpo da jovem esteja rígido, ou seja, com a musculatura tensa e as articulações inflexíveis, é correto concluir que ela lutou intensamente antes de morrer.

1: certa. Isso porque, durante o período gasoso da putrefação, pode ocorrer de o ânus se entreabrir e ser rebatido para o lado externo, em razão da força provocada pelos gases na parte interna do cadáver. Assim, portanto, não se pode afirmar, com base apenas na dilatação aparente da região anal, que houve estupro na modalidade coito anal; **2:** certa. O enrijecimento dos músculos do corpo, imediatamente após a morte, e que precede a rigidez comum dos cadáveres, é chamado de espasmo cadavérico ou rigidez cataléptica. Trata-se de um sinal de que o indivíduo foi atacado de forma violenta e súbita. LM
Gabarito 1C, 2C

2. DACTILOSCOPIA

(Papiloscopista – PCDF – Universa – 2016) Assinale a alternativa que apresenta a fórmula datiloscópica que representa um indivíduo que tem uma série com arco no polegar, verticilo no indicador, presilha interna no dedo médio, presilha externa no anular e arco no dedo mínimo.

(A) I4411/E4321
(B) A4231/V2341
(C) V3243/A4231
(D) E4321/V3243
(E) A1234/I2342

A Fórmula de Vucetich foi adotada pelo Sistema de identificação no Brasil para fins de comparação de digitais e distribuição em classes. Ela utiliza as seguintes nomenclaturas:

Tipo fundamental	Polegar	Outros dedos
Arco (digital sem delta)	A	1
Presilha interna (delta à direita)	I	2
Presilha externa (delta à esquerda)	E	3
Verticilo (dois deltas)	V	4

Com base nestas nomenclaturas, verifica-se que a impressão descrita no enunciado tem a seguinte fórmula dactiloscópica: A4231. Cabe ressaltar que a sequência inicial se refere às digitais da mão direita, enquanto que os subsequentes são os relacionados à mão esquerda. Sendo, portanto, correta a alternativa B. LM
Gabarito "B".

3. EMBRIAGUEZ E ALCOOLISMO

(Agente-Escrivão – Acre – IBADE – 2017) Durante operação de rotina, a Polícia Militar identificou um indivíduo dirigindo de maneira descontrolada, tendo sido abordado e encaminhado para a Polícia Civil. Ao chegar na Delegacia, os policiais civis perceberam que tal indivíduo estava com andar cambaleante. Encaminhado para perícia no Instituto médico-legal, o perito afirma que o indivíduo examinado está com forte hálito de álcool, taquicardia e congestão das conjuntivas. Pode-se afirmar que estes são sinais que representam:

(A) um exemplo de intermação.
(B) um exemplo de insolação.
(C) manifestações da embriaguez.
(D) um exemplo de síncope térmica.
(E) manifestações das baropatias.

A: incorreta. Intermação é o fenômeno em que o corpo sofre danos pela ação de calor artificial, normalmente em confinamento, podendo a vítima ser levada a óbito; **B:** incorreta. A insolação é causada pela ação intensa dos raios solares no corpo; **C:** correta. A embriaguez é um tipo de intoxicação por substância alcoólica, que na fase inicial normalmente causa excitação; **D:** incorreta. A síncope térmica ocorre com a queda brusca da pressão sanguínea, provocada por desidratação ou dilatação dos vasos; **E:** incorreta. Baropatias decorrem de alterações da pressão atmosférica. LM
Gabarito "C".

(Polícia/AC – 2008 – CESPE) Considere-se que uma adolescente, com 13 anos de idade, foi encontrada por vizinhos, em uma dependência no fundo de sua residência, suspensa por corda de nylon que envolvia seu pescoço com um nó e que estava presa, na outra extremidade, no caibro do telhado. A adolescente apresentava, além do mau cheiro, mancha verde abdominal e circulação póstuma. Com base nessa situação e em seus aspectos médico-legais, julgue o item a seguir.

(1) Caso o exame de alcoolemia da adolescente evidencie níveis de 2 decigramas de álcool por litro de sangue, é correto concluir que ela estava embriagada no momento da morte.

1: incorreta. Nos termos do art. 306 do CTB, a condução de veículo automotor com capacidade psicomotora alterada em razão da influência de álcool ou de outra substância psicoativa que determine dependência caracteriza a embriaguez. LM
Gabarito 1E

(Polícia/MG – 2008) Considerando as etapas clínicas da embriaguez alcoólica, qual delas é denominada "fase médico-legal"?

(A) Confusão.
(B) Comatosa.
(C) Excitação.
(D) Sono.

A: Correta. A sufocação indireta ocorre quando há o impedimento dos movimentos respiratórios, normalmente decorrente de compressão do tórax ou abdome; **B:** Incorreta. Sufocação direta se dá pelo fechamento dos orifícios respiratórios por meio das mãos ou objetos moles; **C:** Incorreta. Confinamento ocorre quando a vítima é mantida em ambientes fechados e pequenos, sem que ocorra a troca de ar; **D:** Incorreta. O soterramento ocorre com a obstrução das vias respiratórias em razão de a vítima se encontrar aterrada ou coberta por pó; **E:** Incorreta. Afogamento é uma espécie de asfixia mecânica provocada pela penetração de líquidos nas vias respiratórias. LM
Gabarito "A".

(Polícia/PB – 2009 – CESPE) Um jovem religioso, fervoroso e abstêmio, durante uma comemoração de casamento, ingeriu aguardente. Transtornado e embriagado, agrediu sua companheira com golpes de faca, completamente descontrolado. A situação acima descreve um exemplo de embriaguez

(A) por força maior.
(B) dolosa.
(C) preterdolosa.
(D) proveniente de caso fortuito.
(E) acidental.

A: Incorreta. A embriaguez por força maior é aquela que se dá de forma acidental, ou seja, o indivíduo é forçado a ingerir a bebida alcoólica. Se for completa, isenta o agente de pena (art. 28, § 1º, do CP); se incompleta, mas deixando o agente sem possuir, ao tempo da ação ou da omissão, a plena capacidade de entender o caráter ilícito do fato ou de determinar-se de acordo com esse entendimento, a pena poderá ser reduzida de 1/3 a 2/3. **B:** Incorreta. A embriaguez dolosa é a voluntária, em que o indivíduo se embriaga intencionalmente para se encorajar para cometer um crime; **C:** Incorreta. Diz-se que a conduta é preterdolosa nos casos em que o agente, mesmo sabendo dos riscos de sua ação, os assume, causando determinado resultado criminoso; **D:** Correta. A embriaguez proveniente de caso fortuito é acidental, é aquela em que o indivíduo não faz ideia dos efeitos que serão causados pela bebida alcoólica. Dessa maneira, poderá ser beneficiado com o previsto no art. 28, §§ 1º e 2º, do CP; **E:** Incorreta. Acidental é a embriaguez que pode se dar por caso fortuito ou por força maior. LM
Gabarito "D".

4. SEXOLOGIA

(Investigador-Escrivão-Papiloscopista – Pará – Funcab – 2016) Com relação ao crime de estupro, é correto afirmar que o exame pericial:

(A) não pode ser realizado em pessoas virgens.
(B) não pode ser realizado em mulheres grávidas.
(C) pode ser realizado em homens.
(D) é restrito às vítimas do sexo masculino.
(E) não pode ser realizado em crianças.

A: incorreta. Pode ser realizado em pessoas virgens, até porque o estupro nem sempre é decorrente de conjunção carnal; **B:** incorreta. O exame para constatação do estupro ou de sua não ocorrência pode ser realizado inclusive por grávidas; **C:** correta. Até as alterações trazidas pela Lei 12.015/2009 ao Código Penal, apenas as mulheres podiam ser vítimas do crime de estupro. Contudo, a partir da edição desta Lei, qualquer pessoa, independentemente do sexo, pode ser

10. MEDICINA LEGAL 573

vítima deste crime; **D:** incorreta. Como dito, qualquer pessoa pode ser vítima de estupro, porque o dispositivo legal prevê que "Constranger alguém, mediante violência ou grave ameaça, a ter conjunção carnal ou a praticar ou permitir que com ele se pratique outro ato libidinoso", sendo assim, poderão ser submetidos ao exame pericial tanto homens como mulheres; **E:** incorreta. Até mesmo as crianças podem ser submetidas a exame para constatação de estupro. No caso de a vítima ser menor de 14 anos, constatada a conjunção carnal ou ato libidinoso diverso dela, estará configurado o crime de estupro de vulnerável (art. 217-A, "caput", do CP). **LM**

Gabarito "C".

(Polícia/AC – 2008 – CESPE) Considere-se que uma adolescente, com 13 anos de idade, foi encontrada por vizinhos, em uma dependência no fundo de sua residência, suspensa por corda de nylon que envolvia seu pescoço com um nó e que estava presa, na outra extremidade, no caibro do telhado. A adolescente apresentava, além do mau cheiro, mancha verde abdominal e circulação póstuma. Com base nessa situação e em seus aspectos médico-legais, julgue o item a seguir.

(1) Se, ao exame genital do cadáver, no hímen, for observada ruptura antiga e, no ânus, for observado rágade, é correto afirmar que não há elementos, nesses fatos, para se estabelecer ocorrência de conjunção carnal e, consequentemente, estupro, porém, existe elemento compatível com registro de ocorrência de ato libidinoso diverso de conjunção carnal, nos momentos que antecederam a morte.

1: correta. A ruptura antiga é apta a demonstrar que a vítima já havia praticado conjunção carnal. No entanto, na ausência de outros sinais, torna-se inviabilizada a constatação de quem tenha sido obrigada à sua prática pouco antes da morte. Há que se esclarecer que, com as alterações trazidas pela Lei nº 12.015/09, a prática mediante violência ou grave ameaça de atos libidinosos também se insere no estupro. Desse modo, diante da presença de rágade no ânus, que consiste na fissura no encontro da pele com a mucosa do orifício anal, é possível reconhecer a submissão da vítima a ato libidinoso, que, atualmente, configura o crime de estupro (art. 213 do CP). **LM**

Gabarito 1C

(Polícia/BA – 2008 – CEFETBAHIA) Em casos de estupro, a violência é presumida em lei quando a vítima

(A) é menor de 16 anos.
(B) sofreu rotura recente do hímen.
(C) está alcoolizada.
(D) é casada.
(E) é alienada ou débil mental.

Com as alterações trazidas pela Lei nº 12.015/2009, o crime passou a ser denominada de estupro de vulnerável (art. 217-A, § 1º, do Código Penal). **LM**

Gabarito "E".

(Polícia/GO – 2009 – UEG) A interrupção voluntária da gravidez, em virtude de má formação do feto, caracteriza o aborto

(A) sentimental.
(B) terapêutico.
(C) eugênico.
(D) social.

A: Incorreta. Aborto sentimental ou humanitário, também denominado de moral, é aquele que se dá nos casos em que a gravidez ocorreu em virtude de estupro (art. 128, II, do CP); **B:** Incorreta. Aborto terapêutico é aquele que se realiza para salvar a vida da mãe, quando não há outro recurso (art. 128, I, do CP); **C:** Correta. Aborto eugênico é o aborto praticado com o intuito de purificação de uma raça, defendido na época nazista; **D:** Incorreta. Aborto social ou econômico é aquele em que a gravidez é interrompida para evitar que famílias com número considerável de filhos tenham sua situação econômica agravada. É proibido em nosso ordenamento. **LM**

Gabarito "C".

(Polícia/GO – 2009 – UEG) A perícia médico-legal, conhecida como docimasia, serve para esclarecer

(A) se houve estado puerperal.
(B) se houve vida extrauterina.
(C) se houve vida intrauterina.
(D) o tempo de vida gestacional.

A docimasia hidrostática de Galeno é utilizada para a constatação de ter ou não o feto nascido com vida. Consiste na colocação do pulmão em uma bacia com água e, em caso de flutuar, verifica-se que o nascituro respirou e, portanto, nasceu com vida. Em caso contrário, quando afunda, constata-se que nasceu morto. **LM**

Gabarito "B".

(Polícia/MG – 2008) Os distúrbios qualitativos do instinto sexual são denominados parafilias. A forma patológica relativa à atração sexual por mulheres desasseadas e de baixa condição higiênica é denominada

(A) clismafilia.
(B) coprofilia.
(C) riparofilia.
(D) urolagnia.

A riparofilia, também denominada misofilia, consiste na atração sexual por pessoas com péssimas condições de higiene pessoal, fazendo, inclusive, com que homens acometidos por tal distúrbio prefiram mulheres no período menstrual. **LM**

Gabarito "C".

(Polícia/MG – 2008) O aborto realizado por médico para salvar a vida da gestante amparado pelo estado de necessidade é denominado

(A) eugênico.
(B) moral.
(C) piedoso.
(D) terapêutico.

A: Incorreta. Aborto eugênico é aquele praticado com o intuito de purificação de uma raça e que foi defendido pelos nazistas; **B:** Incorreta. Aborto moral, também denominado de sentimental, é aquele que se dá nos casos em que a gravidez ocorreu em virtude de estupro (art. 128, II, do CP); **C:** Incorreta. Aborto piedoso é aquele em que a gravidez é interrompida em razão de o feto apresentar uma anomalia. Constitui, pelo anteprojeto de reforma da Parte Especial do Código Penal, uma causa de exclusão de ilicitude, na hipótese de haver "fundada probabilidade, atestada por outro médico, de o nascituro apresentar graves e irreversíveis anomalias físicas ou mentais"; **D:** Correta. Aborto terapêutico é aquele que se realiza para salvar a vida da mãe, quando não há outro recurso (art. 128, I, do CP). **LM**

Gabarito "D".

(Polícia/RJ – 2009 – CEPERJ) No estudo da Sexologia forense, marque a única alternativa incorreta.

(A) A presença de sêmen na vagina de mulher com hímen complacente é elemento pericial suficiente para comprovar a conjunção carnal.
(B) Manter conjunção carnal com uma virgem de dezenove anos de idade, mediante a promessa de casamento, é penalmente irrelevante.
(C) Ter relações sexuais com portador de enfermidade ou deficiência mental é considerado estupro de vulnerável.
(D) Praticar ato libidinoso com adolescente de quinze anos de idade, por meio de violência ou grave ameaça, é tipificado como crime de estupro.
(E) Chama-se de entalhes as reentrâncias simétricas da borda livre do hímen, que avançam a pique e atingem sua borda de inserção.

A: Correta. No caso de hímen complacente não se observa o rompimento, por possuir tecido provido de elasticidade. Contudo, a existência de sêmen é apta a comprovar a conjunção carnal; **B:** Correta. Nessa hipótese, só estaria caracterizado o estupro se praticado com violência ou grave ameaça, como essas circunstâncias não foram mencionadas, o fato é penalmente irrelevante; **C:** Correta. Trata-se de crime descrito no art. 217-A, § 1º, do CP; **D:** Correta. O item descreve o crime previsto no art. 213 do CP; **E:** Incorreta (devendo ser assinalada). Os entalhes ocorrem em caso de penetração superficial da vulva e, por essa razão, não afetam a orla himenal. **LM**

Gabarito "E".

5. TRAUMATOLOGIA

(Agente-Escrivão – Acre – IBADE – 2017) A lesão provocada por projétil de arma de fogo disparado a curta distância e que incide perpendicularmente sobre a pele é considerada:

(A) bioquímica.
(B) biodinâmica.
(C) incisa.
(D) perfurocontusa.
(E) cortocontusa.

A: incorreta. A lesão de ordem bioquímica é a que decorre da ação de fatores orgânicos e químicos. A energia de ordem bioquímica pode causar a inanição por falta de nutrientes vitais no organismo, provocando, desse modo, seu intenso enfraquecimento e até mesmo o óbito; **B:** incorreta. A energia de ordem biodinâmica, conhecida como choque, está relacionada à queda brusca da pressão arterial, assim como da venosa; **C:** incorreta. As lesões incisas são as causadas por instrumentos cortantes (ex.: facas, lâminas de barbear, navalhas etc.); **D:** correta. Perfurocontusas são as lesões causadas por instrumentos perfurocontundentes, que têm como seu exemplo mais comum os projéteis de arma de fogo; **E:** incorreta. Lesão cortocontusa é a causada por instrumento cortocontundente, que tem como exemplos o machado, a foice, dentes, serra etc. LM

Gabarito "D".

(Agente-Escrivão – Acre – IBADE – 2017) A atuação do calor de forma direta sobre a pele humana provoca:

(A) queimadura.
(B) fratura.
(C) blast.
(D) miliária.
(E) geladura.

A: correta. A lesão provocada pelo calor direto no organismo é a queimadura, que pode ser causada por fogo, pelo vapor de líquidos em ebulição, entre outros; **B:** incorreta. A fratura é um tipo de lesão contusa no tecido ósseo; **C:** incorreta. Blast é a lesão sofrida em decorrência de uma explosão, por meio de uma onda de pressão; D: incorreta. Lesão miliária, mais conhecida como brotoeja, decorre do acúmulo de suor na camada de epiderme; E: incorreta. Geladura é a lesão provocada pelo frio. LM

Gabarito "A".

(Agente-Escrivão – Acre – IBADE – 2017) Durante perícia médico-legal realizada por ocasião do óbito de um indivíduo, o perito encontrou na árvore respiratória farta substância sólida, granular, semelhante a resíduos de escombros. Pode-se afirmar que o tal indivíduo foi vítima de:

(A) estrangulamento.
(B) exaustão térmica.
(C) soterramento.
(D) enforcamento.
(E) projétil de arma de fogo.

A: incorreta. Estrangulamento tem como características a interrupção da circulação do sangue e sinais da compressão no pescoço; **B:** incorreta. Exaustão térmica é provocada pela exposição a calor intenso, que causa sudorese excessiva, fazendo com que fluidos do organismo sejam eliminados, levando à fadiga, fraqueza; **C:** correta. Soterramento é uma espécie de asfixia causada pela obstrução das vias respiratórias da vítima por meios sólidos e/ou com poeira; **D:** incorreta. Enforcamento é a constrição do pescoço por um nó e uma alça, no qual o corpo atua como peso, interrompendo a circulação do ar nas vias respiratórias; **E:** incorreta. As lesões causadas por projétil de arma de fogo são chamadas de perfurocontundentes. LM

Gabarito "C".

(Investigador-Escrivão-Papiloscopista – Pará – Funcab – 2016) Sobre a traumatologia forense, pode-se afirmar que este ramo da Medicina Legal estuda principalmente:

(A) as lesões corporais e as energias causadoras do dano.
(B) a identidade e identificação da vítima.
(C) questões voltadas ao vínculo entre familiares.
(D) os crimes contra a dignidade sexual.
(E) a gravidez, aborto e infanticídio.

A: correta. A Traumatologia forense estuda as lesões sofridas pelo corpo, decorrentes de violência; **B:** incorreta. A identidade e identificação da vítima são estudadas pela Antropologia Forense; **C, D** e **E:** incorretas. As questões voltadas ao vínculo entre familiares, assim como as relacionadas aos crimes contra a dignidade sexual e à gravidez, ao aborto e infanticídio são atribuições da Sexologia Forense. LM

Gabarito "A".

(Investigador-Escrivão-Papiloscopista – Pará – Funcab – 2016) As equimoses representam o extravasamento e dispersão do sangue nas malhas dos tecidos e podem surgir em diversas partes do corpo, bem como assumir certos tipos de coloração. De acordo com o espectro equimótico de Legrand Du Saulle, uma equimose de coloração amarela indica ter sido causada há, aproximadamente:

(A) um mês
(B) dois meses.
(C) doze dias.
(D) um dia.
(E) duas horas.

A e **B:** incorretas. Os estudos médicos afirmam que, a partir do 22º dia, as equimoses começam a desaparecer; **C:** correta. Do 12º ao 17º dia as equimoses

apresentam coloração amarelada; **D** e **E:** incorretas. No primeiro dia, as equimoses apresentam cor vermelho escuro. LM

Gabarito "C".

(Investigador-Escrivão-Papiloscopista – Pará – Funcab – 2016) A hipotermia é uma situação causada pela ação do:

(A) calor difuso.
(B) ácido sulfúrico.
(C) projétil de arma de fogo.
(D) calor direto.
(E) frio.

A: incorreta. A ação do calor difuso pode causar insolação; **B:** incorreta. A queimadura provocada por ácido sulfúrico é um tipo de lesão causada por energia de ordem química; **C:** incorreta. As lesões por projétil de arma de fogo são causadas por pressão pelos instrumentos perfurocontundentes; **D:** incorreta. O calor direto é provocado pela exposição do corpo ao calor quente; **E:** correta. Hipotermia é causada pela exposição ao frio. LM

Gabarito "E".

(Investigador-Escrivão-Papiloscopista – Pará – Funcab – 2016) De acordo com os conceitos médico-legais, enforcamento incompleto é aquele no qual:

(A) mãos e pés da vítima estão amarrados com a mesma corda.
(B) o nó do laço está localizado na parte da frente corpo da vítima.
(C) o no do laço está localizado na parte de trás do corpo da vítima.
(D) parte do corpo da vítima, toca em algum ponto de apoio ou encosta no solo.
(E) o corpo da vítima não encosta solo, nem toca em qualquer ponto de apoio.

A, B, C e **E:** incorretas. O enforcamento completo ou típico é aquele em que o corpo fica por inteiro suspenso, não havendo portanto contato com o solo, não importando para tal classificação a posição em que o nó se encontra; **D:** correta. Este tipo de enforcamento é o dito incompleto ou atípico, porque parte do corpo mantém contato com o solo. LM

Gabarito "D".

(Escrivão de Polícia/BA – 2013 – CESPE) Considerando que, em determinada casa noturna, tenha ocorrido, durante a apresentação de espetáculo musical, incêndio acidental em decorrência do qual morreram centenas de pessoas e que a superlotação do local e a falta de saídas de emergência, entre outras irregularidades, tenham contribuído para esse resultado, julgue os itens seguintes.

(1) A causa jurídica das mortes, nesse caso, pode ser atribuída a acidente ou a suicídio, descartando-se a possibilidade de homicídio, visto que não se pode supor que promotores, realizadores e apresentadores de *shows* em casas noturnas tenham, deliberadamente, intenção de matar o público presente.

(2) No caso de fraturas decorrentes do pisoteio de pessoas caídas ao chão, a natureza do instrumento causador da lesão é contundente e a energia aplicada é mecânica. No caso de mortes por queimadura, a natureza do instrumento é o calor e a energia aplicada é física.

1: errada. O enunciado retrata típica hipótese de homicídio culposo. Isso porque, segundo consta, o incêndio do qual decorreram as mortes foi causado pela superlotação da casa de espetáculos e também em razão da falta de saídas de emergência. Não se pode, pois, descartar-se a possibilidade de homicídio, ao menos culposo, já que os responsáveis pelo estabelecimento, embora não tenham perseguido, de forma deliberada, o resultado (mortes), com ele concorreram a título de culpa. De outro lado, deve-se afastar a possibilidade de suicídio. É que o enunciado não traz qualquer informação que possa conduzir a tal conclusão; **2:** certa. Na morte por pisoteamento, o instrumento é contundente. Este tem sua atuação por meio de compressão, que causa lesões nas áreas corporais atingidas. A energia que é produzida contra o corpo da vítima é de ordem mecânica. Este tipo de energia traz alterações ao corpo quando em repouso ou em movimento. No que concerne à morte por queimaduras, é correto afirmar que a energia aplicada é, diferentemente, de ordem física, assim considerada aquela que modifica o estado do corpo. As energias físicas que podem provocar lesões corporais ou morte são: temperatura, pressão, eletricidade, radioatividade, luz e som. As queimaduras são provocadas pelo calor quente que atinge diretamente o corpo. LM

Gabarito 1E, 2C

(Polícia/AC – 2008 – CESPE) Considere-se que uma senhora faça denúncia de que seu neto de um ano e meio vem sofrendo maus tratos por sua filha, mãe da criança, que tem problemas mentais e que o laudo de exame de corpo de delito do Instituto Médico Legal (IML) descreve

10. MEDICINA LEGAL — 575

as seguintes lesões apresentadas pela criança: hematomas de tonalidades avermelhadas, esverdeadas e amareladas; escoriações em diversas regiões e feridas contusas sangrantes, além de outras, cobertas por crostas e manchas hipocrômicas. Tendo em vista essa situação hipotética, os aspectos médico-legais das lesões corporais e os maus-tratos a menores bem como da imputabilidade penal, julgue o item subsequente.

(1) O legista tem elementos para responder positivamente ao quesito oficial que indaga sobre meio cruel, uma vez que o menor não possui condições de defesa, não tem completo entendimento da razão dos atos lesivos e que se verifica que as lesões ocorreram cronologicamente em diferentes momentos, com lapsos de tempo que permitiriam a reflexão pela agressora sobre os próprios atos.

1: correta. A coloração da pele indica o tempo em que ocorreu a lesão, assim, tendo variações, pode-se dizer que se deram em datas diferentes e demonstra continuidade. **LM**
Gabarito 1C

(Polícia/AC – 2008 – CESPE) Suponha-se que um delegado receba laudo cadavérico em que constam as seguintes lesões: ferida circular com orifício de um centímetro, com orlas de enxugo e escoriação, circunscrita por zona de tatuagem e esfumaçamento na região infraclavicular direita; e ferida com bordas regulares e cauda de escoriação medindo cinco centímetros na região escapular esquerda. Considerando essa situação hipotética e os aspectos médico-legais desse laudo, é correto concluir que

(1) uma arma de fogo foi disparada a curta distância do corpo do cadáver e que o trajeto do projétil dessa arma, no corpo do cadáver, foi de frente para trás.

(2) a ferida com zona de tatuagem e esfumaçamento deve ter sido provocada por barotrauma, possivelmente em consequência de explosão de bomba.

(3) a ferida com bordas regulares e cauda de escoriação é típica de instrumento cortante e não corresponde à saída de projétil de arma de fogo, que é instrumento perfurocontundente.

1: Correta. De início, é necessário esclarecer que a região escapular é aquela que se localiza na região posteroanterior do tórax (ou seja, na parte das costas), sendo a escápula um dos ossos que compõem o ombro. A infraclavicular é aquela localizada na região do ombro e, se esse membro apresenta os sinais descritos, que são característicos de orifício de entrada do projétil de arma de fogo, pode-se afirmar que o tiro atingiu a vítima de frente para trás; **2:** Incorreta. A zona de esfumaçamento pode ser observada nas hipóteses de disparos a curta distância, isto é, até uns 30 cm do alvo, o que faz com que a fumaça do disparo se desprenda e se deposite ao redor do orifício de entrada do projétil, enquanto que a zona de tatuagem pode ser observada nos casos de disparo com aproximadamente meio metro de distância, ocorrendo, nessa hipótese, o depósito das partículas de pólvora na pele da pessoa atingida, como se fossem minúsculas manchas na pele; **3:** Correta. Os ferimentos de saída de projéteis de arma de fogo apresentam lesões irregulares e as bordas do ferimento ficam direcionadas para fora. **LM**
Gabarito 1C, 2E, 3C

(Polícia/BA – 2008 – CEFETBAHIA) Num ferimento de entrada de projétil de arma de fogo, geralmente se encontra a presença de

(A) bordas evertidas e zona de chamuscamento.
(B) bordas invertidas e abundante sangramento.
(C) ferimento de forma irregular e zona de esfumaçamento.
(D) ferimento de forma regular e bordas invertidas.
(E) sangramento abundante e ferimento de forma irregular.

As bordas evertidas, o abundante sangramento, o ferimento de forma irregular são característicos de ferimento de saída de projétil de arma de fogo. **LM**
Gabarito "D".

(Polícia/BA – 2008 – CEFETBAHIA) Nas feridas cortantes ou incisas, geralmente se encontra a presença de

(A) extensão maior que profundidade.
(B) pouco sangramento e bordas irregulares.
(C) predomínio da profundidade em relação à extensão.
(D) bordas evertidas e com grande profundidade.
(E) lesões cujo instrumento transfere a energia por pressão.

Nos ferimentos cortantes é comum se observar sangramento abundante, bordas regulares, os ferimentos costumam ser pouco profundos, apresentando predomínio de largura e extensão em detrimento da profundidade. Além disso, as

---

lesões são provocadas pelo deslizamento do instrumento no corpo do ofendido e não por pressão. **LM**
Gabarito "A".

(Polícia/BA – 2008 – CEFETBAHIA) Excetua-se como característica da queimadura de primeiro grau o fato de o local atingido apresentar

(A) grande sensibilidade.
(B) hiperemia.
(C) ardor.
(D) flictenas.
(E) regeneração rápida.

As flictenas, que são bolhas transparentes, podem ser observadas nas queimaduras de segundo grau. **LM**
Gabarito "D".

(Polícia/BA – 2008 – CEFETBAHIA) São sinais do Traumatismo Crânio-Encefálico, exceto

(A) rinorragia.
(B) dispneia.
(C) otorragia.
(D) sinal de Batlle.
(E) olhos de guaxinim.

A: Correta. Rinorragia consiste na hemorragia pelo nariz; **B:** Incorreta, devendo ser assinalada. Dispneia é a dificuldade respiratória; **C:** Correta. Otorragia é hemorragia do ouvido; **D:** Correta. Sinal de Batle é aquele identificado pela equimose na região atrás da orelha; **E:** Correta. Olhos de guaxinim são observados pela equimose no entorno dos olhos. **LM**
Gabarito "B".

(Polícia/BA – 2008 – CEFETBAHIA) Na amputação traumática, é incorreto

(A) limpar o segmento amputado com soro fisiológico.
(B) controlar a hemorragia.
(C) colocar o segmento amputado em um saco com gelo.
(D) umedecer o segmento amputado com soro fisiológico e envolver em um pano limpo.
(E) desprezar o segmento amputado, porque as chances do reimplante são mínimas.

A, B, C, D: Corretas. Cada vez mais é comum a reimplantação dos segmentos quando tomadas as providências descritas nestes itens; portanto, somente a alternativa "E" está incorreta, devendo ser assinalada. **LM**
Gabarito "E".

(Polícia/GO – 2009 – UEG) A lesão conhecida como *mordedura ou dentada* produzida pela arcada dental humana, em razão de suas características, classifica-se como

(A) cortocontudente.
(B) contundente.
(C) perfurante.
(D) perfurocontundente.

A: Correta. A mordedura ou dentada humana produz a lesão cortocontudente, que decorrem de pressão sobre uma linha do corpo do ofendido. Nas lesões desse tipo, não se verifica a zona de contusão; **B:** Incorreta. Contundente é o ferimento que age pelo atrito do corpo com uma superfície; **C:** Incorreta. Ferimento causado por instrumento perfurante é aquele em que a pele é lesionada em um ponto por meio da incisão; **D:** Incorreta. Perfurocontundente é o ferimento comumente decorrente de disparo de arma de fogo, mas pode ser causado por outro instrumento. **LM**
Gabarito "A".

(Polícia/GO – 2009 – UEG) É impossível que a morte tenha ocorrido em virtude de suicídio ou acidente, na hipótese de

(A) estrangulamento.
(B) enforcamento.
(C) afogamento.
(D) esganadura.

A: Incorreta. O estrangulamento é a morte causada por asfixia mecânica em que o pescoço é entrelaçado por uma corda e tem como força de acionamento uma força estranha ao próprio corpo da vítima **B:** Incorreta. O enforcamento é a morte causada por asfixia mecânica em que o pescoço é constrito por um laço que tem a outra extremidade fixada a uma base e tem como força o próprio corpo da vítima; **C:** Incorreta. O afogamento é decorrente da entrada de líquido nas vias respiratórias, que deverão estar cobertas pelo líquido para que isso ocorra; **D:** Correta. Esganadura é a constrição do pescoço da vítima pelas próprias mãos do homicida. **LM**
Gabarito "D".

10. Medicina Legal

(Polícia/PB – 2009 – CESPE) Considerando que o laudo de exame de corpo de delito descreva ferida com bordas regulares e cauda de escoriação medindo 5 cm na região escapular esquerda, assinale a opção correta.

(A) A lesão descrita foi produzida por instrumento perfurocontundente.

(B) A lesão em apreço pode ter sido causada por instrumento com duplo gume.

(C) De acordo com a descrição, trata-se de lesão causada por arma disparada a curta distância.

(D) Na situação considerada, o instrumento causador da lesão possui, necessariamente, menos que 5 cm de largura.

(E) No caso em questão, é correto concluir que se trata de lesão corporal de natureza leve.

As lesões causadas por instrumento perfurocontundente são aquelas que decorrem, em geral, de ferimentos provocados por disparos de arma de fogo, mas podem ser causadas por outro instrumentos que tenham formato cilíndrico e ponta em forma de arco. Delton Croce dá como exemplo a ponteira de um guarda-chuva (Manual de Medicina legal, 7ª edição, editora Saraiva, pág. 335). Gabarito "B".

(Polícia/SP – 2008) O hematoma

(A) pode se formar por afastamento de tecidos ou no interior de cavidades naturais do organismo.

(B) é uma alteração que ocorre exclusivamente em feridas contusas.

(C) desaparece naturalmente em cerca de vinte e um dias.

(D) obedece ao espectro equimótico de Légrand du Salle, quando se forma sob a pele.

(E) decorre da ruptura de vasos sanguíneos capilares, com infiltração do sangue entre as malhas do tecido.

A: Correta. O hematoma pode ser formar pelo afastamento de tecidos ou no interior de cavidades naturais do organismo; **B:** Incorreta. Os hematomas não são exclusivos das lesões contusas; **C:** Incorreta. Os hematomas têm recuperação mais lenta que as equimoses, que desaparecem por volta do vigésimo primeiro dia, enquanto os hematomas podem demorar um mês para desaparecerem; **D:** Incorreta. O espectro equimótico, que consiste em uma gradação de cores que possibilitam identificar o tempo do ferimento, é utilizado para as equimoses. Gabarito "A".

(Polícia/SP – 2008) A ferida produzida por instrumento cortante na região anterolateral do pescoço e a produzida por instrumento corto-contundente na região posterior do mesmo segmento corporal recebem, respectivamente, os nomes de

(A) degola e esgorjamento.

(B) esgorjamento e decapitação.

(C) degola e decapitação.

(D) esgorjamento e degola.

(E) decapitação e degola.

Esgorjamento é produzido por instrumento cortante (ex: faca, lâmina), podendo, também, se dar por objeto cortocontundente (ex: machado, facão) que ocasiona lesão na parte anterior do pescoço. Enquanto que a degola provoca lesão na parte posterior do pescoço ou nuca e é produzida por instrumento cortante. Gabarito "D".

6. PSICOPATOLOGIA FORENSE

(Investigador/SP – 2014 – VUNESP) Nos crimes de extorsão mediante sequestro, por exemplo, pode ocorrer a chamada *Síndrome de Estocolmo*, que consiste

(A) na doença que os sequestradores sofrem.

(B) na identificação afetiva da vítima com o criminoso, pelo próprio instinto de sobrevivência.

(C) em uma teoria que os órgão públicos utilizam para reduzir a criminalidade.

(D) no arrependimento do criminoso em razão do descontrole emocional.

(E) no trauma que a vítima adquire em razão do sofrimento.

A síndrome de Estocolmo consiste num estado psicológico em que a o indivíduo, após ser exposto a uma intimidação, por um período extenso, passa a ter certa simpatia ou até mesmo um sentimento de amor ou amizade com o seu agressor. Esta síndrome recebeu o referido nome em virtude da ocorrência de um assalto em Estocolmo, que durou alguns dias. Nesse episódio, as vítimas, mesmo após libertadas, defenderam os criminosos e, ainda, mostraram um comportamento reticente quando do processo judicial. Gabarito "B".

(Investigador/SP – 2014 – VUNESP) A atração sexual por estátuas, manequins ou bonecos, que poderá redundar em prática de simulação de carícias ou de atos libidinosos com tais objetos em locais públicos, é denominada

(A) necrofilia ou necromania.

(B) agalmatofilia ou pigmalionismo.

(C) zoofilia ou zooerastia.

(D) cleptomania ou exibicionismo.

(E) complexo de Édipo ou bestialismo.

Necrofilia é a parafilia caracterizada pela excitação sexual do ser humano em virtude da visão ou do contato com um cadáver. Agalmatofilia é a parafilia desencadeada pela observação ou contato com estátuas, manequins ou bonecos. Zoofilia é uma parafilia definida pela atração de humanos por animais de outras espécies. Exibicionismo, por sua vez, trata-se do desvio sexual manifestado pelo desejo incontrolável de obter satisfação no fato de exibir os órgãos genitais a outros. Bestialismo, por fim, é a parafilia definida pela vontade do humano ter relações com um animal não humano. Gabarito "B".

(Investigador/SP – 2014 – VUNESP) Do ponto de vista criminológico, o criminoso fronteiriço é aquele que é considerado

(A) inimputável pela lei penal, pois seu estado psicológico situa-se na zona limítrofe entre a higidez e a insanidade mental.

(B) semi-imputável pela lei penal, também conhecido doutrinariamente por idiota.

(C) imputável pela lei penal, tendo sua conduta caracterizada pelo transporte de produtos controlados, tais como armas de fogo e drogas ilícitas, do exterior para o Brasil ou vice-versa.

(D) inimputável pela lei penal, também conhecido doutrinariamente por oligofrênico.

(E) semi-imputável pela lei penal, pois seu estado psicológico situa-se na zona limítrofe entre a higidez e a insanidade mental.

Criminoso fronteiriço é aquele que se posiciona num local entre a doença mental e os indivíduos sadios, isto é, é aquele que pratica o crime em virtude de algum distúrbio de personalidade, por exemplo. O criminoso fronteiriço é tido como uma pessoa fria, sem valores éticos e morais e que comete seu crime, geralmente, com extrema violência e sem motivo. Gabarito "E".

(Polícia/GO – 2009 – UEG) Na classificação médico-legal, a pedofilia é considerada

(A) uma perversão sexual.

(B) um transtorno da identidade sexual.

(C) um transtorno da preferência sexual.

(D) uma tendência abusiva de atos sexuais.

A organizadora considerou como resposta correta a alternativa em que classifica a pedofilia como uma perversão sexual. Todavia, Delton Croce e Delton Croce Junior, na obra *Manual de Medicina Legal*, 7ª edição, pág. 707, a classificam como sendo um "desvio sexual caracterizado pela atração por crianças ou adolescentes sexualmente imaturos, um dos quais os portadores dão vazão ao erotismo pela prática de obscenidades ou de atos libidinosos". Como perversões ou aberrações sexuais classifica: riparofilia, triolismo, vampirismo, bestialismo, necrofilia, sadismo, masoquismo etc. Gabarito "A".

(Polícia/PB – 2009 – CESPE) Assinale a opção correta relacionada à imputabilidade penal, considerando um caso em que o laudo de exame médico-legal psiquiátrico não foi capaz de estabelecer o nexo causal entre o distúrbio mental apresentado pelo periciado e o comportamento delituoso.

(A) O diagnóstico de doença mental é suficiente para tornar o agente inimputável.

(B) A doença mental seria atenuante quando considerada a dosimetria da pena, devendo o incriminado cumprir de um sexto a um terço da pena.

(C) Trata-se de caso de aplicação de medidas de segurança.

(D) Deverá ser realizada nova perícia.

(E) O agente deve ser responsabilizado criminalmente.

Para que o agente seja submetido a uma medida de segurança, é necessário que seja atestado pelos peritos que o criminoso era, ao tempo da conduta, inimputável, ou seja, não possuía no momento do crime o discernimento necessário à compreensão de seus atos. No caso em comento, os peritos não identificaram o nexo causal existente entre o distúrbio mental e ato delitivo praticado pelo agente. Desse modo, deverá ser responsabilizado penalmente, ou seja, com a imposição de uma das penas elencadas no ordenamento jurídico. **LM**

Gabarito "E".

7. ANTROPOLOGIA

(Investigador/SP – 2014 – VUNESP) Criminologicamente falando, entende-se por mimetismo

(A) a exposição dos órgãos sexuais em público, para o fim de obtenção de prazer.

(B) o desvio reiterado de comportamento do indivíduo adulto diante das leis, como se ainda fosse adolescente.

(C) a reprodução de um comportamento delituoso, por meio de imitação.

(D) a ausência ou diminuição da vontade própria, em favor de terceiros.

(E) o impulso que acomete um indivíduo a participar de jogos de azar.

Mimetismo é a reprodução de um comportamento que gerará recursos valiosos. Assim, os jovens imitariam o comportamento delitivo porque isso lhes facilitaria o *status* de adulto e consequentemente poder e privilégios, *status* este que na sociedade atual tende a ser algo demorado para ser alcançado.

Gabarito "C".

(Polícia/BA – 2008 – CEFETBAHIA) Assinale a alternativa correta.

(A) Os exames periciais podem determinar a identidade do criminoso.

(B) A identidade do criminoso só pode ser realizada pelas provas testemunhais.

(C) O "modus operandi", ou seja, a maneira e a espécie como foi praticado o delito não tem importância na investigação policial.

(D) A testemunha é o elemento sobre o qual incide a ação criminosa.

(E) A identidade de uma pessoa é determinada somente pelo exame de DNA.

A: Correta. A identidade do criminoso pode ser determinada por exames periciais, como a identificação por meio de suas impressões digitais, DNA etc.; **B** e **E:** Incorretas. A identidade dos criminosos pode ser revelada por meio de documentos e de identificação dactiloscópica, de arcada dentária, por meio de medidas do crânio, entre outras; **C:** Incorreta. O *modus operandi* tem grande relevância na investigação, porque por intermédio dele é possível identificar, por exemplo, um assassino em série; **D:** Incorreta. A testemunha é pessoa que, de alguma forma, pode contribuir para a elucidação de um crime, seja porque presenciou a ação delitiva ou porque tem conhecimento de algum dado que conduza à identificação de seu autor. **LM**

Gabarito "A".

(Polícia/SP – 2008) Dentre os fatores condicionantes da criminalidade, no aspecto psicológico, alcança projeção, hoje em dia, nas favelas, um modelo consciente ou inconsciente, com o qual o indivíduo gosta de se identificar, sendo atraente o comportamento do bandido, pois é "valente, tem dinheiro e prestígio na comunidade". A esse comportamento dá-se o nome de

(A) carência afetiva.

(B) ego abúlico.

(C) insensibilidade moral.

(D) mimetismo.

(E) telurismo.

A: Incorreta. Carência afetiva é a falta de afeto, de carinho; **B:** Incorreta. Ego abúlico é característica do indivíduo que tem dificuldades para a tomada de decisões, pode ser observada em indivíduos acometidos de esquizofrenia ou com depressão; **C:** Incorreta. A insensibilidade moral é uma das características de indivíduos psicopatas; **D:** Correta. O mimetismo é a reprodução de um comportamento; **E:** Incorreta. Telurismo é a intervenção do clima, das estações climáticas e da temperatura sobre o indivíduo. **LM**

Gabarito "D".

8. PERÍCIAS MÉDICO-LEGAIS E PROCEDIMENTO NO INQUÉRITO POLICIAL

(Agente-Escrivão – Acre – IBADE – 2017) O documento médico-legal mais minucioso de uma perícia médica que visa a responder solicitação da autoridade policial ou judiciária é o(a):

(A) atestado médico-legal.

(B) notificação.

(C) relatório médico-legal.

(D) depoimento oral.

(E) prontuário médico.

A: incorreta. O atestado médico-legal é a informação prestada sobre um fato de ordem médica. Deve ser apresentado de forma escrita; **B:** incorreta. Notificação é a comunicação obrigatória à autoridade de saúde ou sanitária sobre determinadas doenças, maus-tratos a crianças, adolescentes ou idosos etc.; **C:** correta. O relatório médico-legal, que tem como espécies o laudo médico-legal e o auto médico-legal, é o documento elaborado por perito, que traz a descrição detalhada do objeto examinado; **D:** incorreta. Depoimento oral é a oitiva do perito pela autoridade competente; **E:** incorreta. Prontuário médico é o formulário apresentado pelo médico à unidade hospitalar de atendimento sobre o quadro clínico do paciente atendido, medicação ministrada etc. **LM**

Gabarito "C".

(Agente-Escrivão – Acre – IBADE – 2017) No que diz respeito às perícias realizadas após a ocorrência de crime contra a dignidade sexual, pode-se afirmar que:

(A) incabível a realização de exames de DNA para determinação do autor de estupro.

(B) é inviável a realização de exames desta natureza em mulheres grávidas.

(C) a ruptura do hímen é um sinal de certeza de conjunção carnal.

(D) não é possível a realização de exames desta natureza em cadáveres.

(E) o delegado de polícia não possui atribuição para solicitar exame de corpo de delito.

A: incorreta. O exame de DNA é uma das formas mais seguras de identificação de autores de crimes, sendo admissível nas perícias realizadas após a prática de delitos contra a dignidade sexual; **B:** incorreta. O exame de DNA é o mais utilizado nas investigações de paternidade, podendo ser realizado em mulheres grávidas; **C:** correta. De fato, a ruptura do hímen, por si só, não pode ser tida como sinal de certeza de conjunção carnal, pois essa membrana fina que é encontrada na borda do canal genital pode ser rompida de várias formas, não apenas pela conjunção carnal; **D:** incorreta. O exame de DNA pode ser realizado em cadáveres. Ex.: exumações em cadáveres para comparação de DNA; **E:** incorreta. Ao contrário, a autoridade policial deve requisitar o exame de corpo de delito, até por ser, na maioria das vezes, a primeira a ter contato com as vítimas de crimes ou mesmo com aquele que acaba de ser preso. **LM**

Gabarito "C".

(Investigador-Escrivão-Papiloscopista – Pará – Funcab – 2016) Dentre as alternativas a seguir, assinale a que representa, de acordo com a literatura sobre o tema, uma espécie de documento médico-legal.

(A) Agravo

(B) Petição

(C) Atestado

(D) Sentença

(E) Denúncia

A: incorreta. Agravo é uma espécie de recurso processual; **B:** incorreta. Petição é um tipo de requerimento; **C:** correta. Atestado é um documento em que são descritas constatações médicas, assim como os fatos decorrentes de tais constatações, tratando-se portanto de uma espécie de documento médico-legal; **D:** incorreta. Sentença é o ato pelo qual o juiz leva a termo a descrição dos fatos apresentados para sua apreciação, a motivação de seu convencimento e sua decisão; **E:** incorreta. Denúncia é a peça apresentada pela acusação ao juízo de conhecimento, por meio da qual o representante do Ministério Público descreve os fatos imputados ao suposto autor de um delito. **LM**

Gabarito "C".

(Investigador-Escrivão-Papiloscopista – Pará – Funcab – 2016) No que diz respeito às perícias e aos peritos é correto afirmar que:

(A) os peritos podem ser responsabilizados criminalmente por atos no exercício da função.

(B) o Delegado de Polícia não pode requisitar uma perícia médico-legal.

(C) não pode ser realizada perícia em objetos falsificados.

(D) os peritos estão isentos de responsabilidade civil decorrente de dolo ou culpa.

(E) armas de fogo com numeração suprimida, raspada ou adulterada são isentas de perícia.

A: correta. O art. 342 do Código Penal prevê o crime a falsa perícia, que consiste no ato de "fazer afirmação falsa, ou negar ou calar a verdade como testemunha, perito, contador, tradutor ou intérprete em processo judicial, ou administrativo, inquérito policial, ou em juízo arbitral"; **B**: incorreta. O Delegado de Polícia deve requisitar a realização da perícia, assim que for comunicado da prática de um crime (art. 6º, VII, do CPP); **C**: incorreta. Os objetos falsificados não estão excluídos da regra contida no art. 158 do CPP, que prevê: "Quando a infração deixar vestígios, será indispensável o exame de corpo de delito, direto ou indireto, não podendo supri-lo a confissão do acusado"; **D**: incorreta. Prevê o art. 158 do CPC que "o perito que, por dolo ou culpa, prestar informações inverídicas responderá pelos prejuízos que causar à parte e ficará inabilitado para atuar em outras perícias no prazo de 2 (dois) a 5 (cinco) anos, independentemente das demais sanções previstas em lei, devendo o juiz comunicar o fato ao respectivo órgão de classe para adoção das medidas que entender cabíveis"; **E**: incorreta. As armas de fogo com numeração suprimida, raspada ou adulterada podem ser submetidas a perícia. LM

Gabarito "A"

(Papiloscopista – PCDF – Universa – 2016) Assinale a alternativa que apresenta o ponto craniométrico identificável com a vista lateral do crânio no processo de identificação.

(A) gnatio
(B) ectoconchion
(C) gonion
(D) zygion
(E) bregma

A: incorreta. Gnatio ou gnácio é o ponto mais inferior da linha média do queixo, assim não identificável em vista lateral do crânio; **B**: incorreta. Ectoconchion é a distância entre as margens orbitais superior e inferior. Perpendicular à largura orbital; **C**: correta. Gonion ou gônio é o ângulo de abertura da mandíbula, portanto identificável em visão lateral do crânio; **D**: incorreta. Zygion ou osso zigomático é um osso par que integra a órbita ocular, também conhecido como osso da bochecha, podendo ser identificável com a vista frontal do crânio; **E**: incorreta. Bregma é a área do crânio, popularmente conhecida como moleira, onde os ossos frontal e parietal se unem. Desse modo, não identificável em vista lateral da caixa craniana. LM

Gabarito "C"

(Papiloscopista – PCDF – Universa – 2016) Assinale a alternativa que apresenta os ossos que formam a base do crânio.

(A) Esfenoide, zigomático, parietal, temporal e occipital.
(B) Frontal, etmoide, zigomático e occipital.
(C) Frontal, temporal, parietal e occipital.
(D) Frontal, etmoide, esfenoide, temporal, parietal e occipital.
(E) Esfenoide, etmoide, zigomático, parietal e occipital.

A, B, C e E: incorretas; **D**: correta. Os ossos que formam o crânio são os frontal, occipital, esfenoide, etmoide, parietal e temporal. LM

Gabarito "D"

(Papiloscopista – PCDF – Universa – 2016) Após a apresentação de um documento de identidade civil, ocorrerá identificação criminal quando

(A) o documento apresentar rasura ou tiver indício de falsificação.
(B) o Ministério Público considerar o procedimento essencial para a realização das investigações policiais.
(C) for essencial às investigações policiais, segundo despacho da autoridade policial.
(D) o documento apresentado for anterior à entrada em vigor da Lei nº 7.116/1983.
(E) se tratar de segunda via de carteira de identidade expedida em função de furto sem registro de ocorrência policial.

A: correta. A identificação criminal será admitida quando o documento apresentar rasura ou tiver indício de falsidade (art. 3º, I, da Lei 12.037/2009); **B, C, D e E**: incorretas. A identificação criminal, quando houver sido apresentado o documento civil, será admitida nas hipóteses elencadas no art. 3º, da Lei 12.037/2009. São elas: o documento apresentar rasura ou tiver indício de falsificação; o documento apresentado for insuficiente para identificar cabalmente o indiciado; o indiciado portar documentos de identidade distintos, com informações conflitantes entre si; a identificação criminal for essencial às investigações policiais, segundo despacho da autoridade judiciária competente, que decidirá de ofício ou mediante representação da autoridade policial, do Ministério Público ou da defesa; constar de registros policiais o uso de outros nomes ou diferentes qualificações e o estado de conservação ou a distância temporal ou da localidade da expedição do documento apresentado impossibilite a completa identificação dos caracteres essenciais. LM

Gabarito "A"

(Papiloscopista – PCDF – Universa – 2016) A Lei nº 12.037/2009 dispõe acerca da identificação criminal do indivíduo civilmente identificado, estando correto afirmar que

(A) basta a juntada do procedimento datiloscópico aos autos da comunicação da prisão em flagrante para o processo de identificação criminal.
(B) não é vedado informar a identificação criminal de indivíduo indiciado nos atestados de antecedentes destinados à justiça.
(C) o civilmente identificado não será submetido à identificação criminal.
(D) a identificação civil só poderá ser atestada pela carteira de identidade, pela carteira de trabalho ou por meio da apresentação de um passaporte.
(E) os documentos de identificação civil, no tocante à identificação criminal do civilmente identificado, são equiparados aos documentos de identificação militar.

A: incorreta. A identificação criminal incluirá o processo datiloscópico e o fotográfico, que serão juntados aos autos da comunicação da prisão em flagrante, ou do inquérito policial ou outra forma de investigação (art. 5º); **B**: incorreta. É vedado mencionar a identificação criminal do indiciado em atestados de antecedentes ou em informações não destinadas ao juízo criminal, antes do trânsito em julgado da sentença condenatória (art. 6º); **C**: incorreta. O civilmente identificado poderá ser submetido à identificação criminal nas hipóteses elencadas no art. 3º da Lei 12.037/2009; **D**: incorreta. A identificação civil é atestada tanto pela carteira de identidade, carteira de trabalho, apresentação de um passaporte como por carteira profissional, carteira de identificação funcional ou por outro documento público que permita a identificação do indiciado (art. 2º); **E**: correta. Art. 2º, parágrafo único. LM

Gabarito "E"

(Papiloscopista – PCDF – Universa – 2016) Assinale a alternativa que apresenta o(s) documento(s) necessário(s) para a expedição da carteira de identidade de requerente do sexo feminino com o nome de solteira mantido mesmo após o matrimônio.

(A) certidão de casamento e carteira de trabalho.
(B) certidão de nascimento ou certidão de casamento.
(C) certidão de nascimento e título de eleitor.
(D) carteira de identificação funcional.
(E) certidão de nascimento e certidão de casamento.

A, C, D e E: incorretas; **B**: correta. A requerente do sexo feminino apresentará obrigatoriamente a certidão de casamento, caso seu nome de solteira tenha sido alterado em consequência do matrimônio, como no caso em espécie o nome não sofreu alteração com o casamento, será admitida também a certidão de nascimento (art. 2º da Lei 7.116/83). LM

Gabarito "B"

(Papiloscopista – PCDF – Universa – 2016) Quanto às determinações presentes na Lei nº 7.116/1983, que se referem às carteiras de identidade, é correto afirmar que:

(A) é obrigatória, na carteira de identidade, a presença do número do cadastro de pessoas físicas do Ministério da Fazenda.
(B) a carteira de identidade será expedida com base no processo de identificação datiloscópica.
(C) a carteira de identidade é emitida por órgão de identificação federal.
(D) os estados e o Distrito Federal estão aptos a aprovar modificações nos modelos de carteira de identidade vigentes nas respectivas unidades federativas.
(E) a expedição de segunda via da carteira de identidade está condicionada, nos casos em que a primeira via tenha sido furtada, à apresentação do registro da ocorrência policial.

A: incorreta. O número de inscrição do cadastro de pessoas físicas do Ministério da Fazenda será incluído na carteira de identidade quando requerido por seu titular (art. 4º); **B**: correta. Art. 8º; **C**: incorreta. A Carteira de Identidade emitida por órgãos de Identificação dos Estados, do Distrito Federal e dos Territórios tem fé pública e validade em todo o território nacional (art. 1º); **D**: incorreta. O Poder Executivo Federal poderá aprovar a inclusão de outros dados opcionais na Carteira de Identidade (art. 4º, § 1º); **E**: incorreta. A expedição de segunda via da Carteira de Identidade será efetuada mediante simples solicitação do interessado, vedada qualquer outra exigência, além daquela prevista no art. 2º da referida Lei (art. 7º). LM

Gabarito "B"

(Investigador/SP – 2014 – VUNESP) A alternativa que completa, corretamente, a lacuna da frase é:

A_____ é uma técnica de identificação de criminosos, desenvolvida em 1882 por Alphonse Bertillon, a qual consiste em registro de medidas corporais, bem como demais marcas pessoais do criminoso, tais como tatuagens, cicatrizes ou marcas de nascença, para o fim de auxiliar na identificação criminal.

(A) papiloscopia forense
(B) antropologia criminal
(C) datiloscopia forense
(D) criminalística forense
(E) antropometria criminal

Um dos métodos de identificação historicamente conhecidos é o sistema antropométrico de *Bertillon*, que se fundamentava na classificação, identificação e armazenamento de sinais particulares e de medidas prefixadas, como o cumprimento de antebraços e estatura, permitindo-se, assim, a comparação posterior dos dados.
Gabarito "E".

(Escrivão de Polícia/BA – 2013 – CESPE) Acerca da perícia médico-legal, dos documentos legais relacionados a essa perícia e da imputabilidade penal, julgue os itens a seguir.

(1) No foro penal, solicitam-se ao médico perito relatórios a respeito de vítima, indiciado, testemunha e até mesmo de jurado. No caso do indiciado, o exame pode estar relacionado à verificação de imputabilidade.

(2) Denomina-se perito o técnico especializado na realização de exames em vestígios materiais relacionados à ocorrência de fato delituoso; no caso de exame a ser realizado em pessoas, o perito indicado é o médico-legista.

1: certa. No âmbito penal, tanto vítima, quanto indiciado, testemunha e até mesmo jurado podem ser submetidos a avaliações periciais. No caso da vítima, há várias hipóteses em que é necessária a sua submissão a exame pericial, como, por exemplo, a que sofre estupro para colheita de sêmen para identificação do autor do delito; a de homicídio, que é submetida a exame necroscópico etc. O indiciado também pode ser submetido a alguns exames médico-legais, como, por exemplo, o de corpo de delito, quando de sua prisão, exame para comparação com material colhido da vítima para confirmação de sua identidade e, um dos principais, quando existirem dúvidas quanto à higidez mental para constatação de sua imputabilidade penal. Por sua vez, o jurado poderá ser avaliado pericialmente para constatação de sua capacidade; **2:** certa. O art. 54 da Lei 11.370/2009, do Estado da Bahia, estabelece as atribuições dos peritos criminais, que são aquelas relacionadas a exames em objetos, enquanto que o art. 55 desta mesma lei elenca as atribuições dos médico-legistas, que são as que envolvem exames em pessoas.
Gabarito 1C, 2C

(Investigador de Polícia/BA – 2013 – CESPE) Acerca da perícia médico-legal, dos documentos legais relacionados a essa perícia e da imputabilidade penal, julgue o item a seguir.

(1) Quando solicitado por autoridade competente, o relatório do médico-legista acerca de exame feito em vestígio relacionado a ato delituoso recebe a denominação de atestado médico.

1: errada. Os relatórios médico-legais podem ser de duas espécies: a) auto, quando ditado pelo perito diretamente ao escrivão, escrevente ou escriturário na presença da autoridade competente; b) laudo, quando elaborado pelo próprio perito em fase posterior aos exames realizados. No laudo existe uma introdução, um histórico, a descrição dos exames realizados, a discussão sobre as características encontradas. Em seguida, são apresentadas as constatações e conclusões extraídas dos exames. E, por fim, as respostas aos quesitos formulados pela autoridade. Já o atestado traz informações escritas sobre achados de interesse médico e possíveis consequências que lhes deram causa.
Gabarito 1E

(Polícia/RJ – 2009 – CEPERJ) Sobre o exame de corpo de delito e outras perícias, é correto afirmar que:

(A) o laudo pericial será elaborado no prazo de 10 dias, podendo ser prorrogado no máximo para 30 dias, em casos excepcionais, a requerimento dos peritos.

(B) serão realizados por dois peritos oficiais, portadores de diploma de curso superior, designados pela Autoridade competente.

(C) serão realizados por mais de um perito oficial em caso de perícia complexa que abranja mais de uma área de conhecimento espe-

cializado, com escusa de indicação de outro assistente técnico pela parte.

(D) o Ministério Público, o assistente de acusação, o ofendido, o querelante e o acusado terão permissão para formular quesitos e indicar assistente técnico.

(E) os assistentes técnicos indicados pelas partes poderão realizar pareceres em prazo fixado pelo juiz, mas não será admitida sua inquirição em audiência do mesmo modo que os peritos.

A: Incorreta. O prazo para elaboração do laudo pericial é de 10 dias, podendo ser prorrogado, em casos excepcionais, a requerimento dos peritos por prazo não determinado (art. 160, parágrafo único, do CPP); **B:** Incorreta. O exame de corpo de delito será realizado por perito oficial, portador de curso superior (art. 159 do CPP). O número de peritos gerou controvérsias por muito tempo, mas a Lei nº 11.690/2008 deixou clara a exigência de apenas um subscritor do laudo; **C:** Incorreta. O art. 159, § 7º, do CPP permite que mais de um perito atue nos casos em que exista a necessidade de avaliação em mais de uma área de conhecimento; **D:** Correta. O art. 159, § 3º, do CPP; **E:** Incorreta. Art. 159, § 5º, II, do CPP. LM
Gabarito "D".

9. BALÍSTICA

(Polícia/BA – 2008 – CEFETBAHIA) Identifique com V as afirmativas verdadeiras e com F, as falsas.

( ) O exame de microcomparação com os projéteis disparados possibilita a identificação individual de uma espingarda.

( ) A microcomparação entre projéteis coletados em diferentes locais de crime pode propiciar o estabelecimento de uma correlação entre os respectivos eventos.

( ) A identificação indireta de uma arma de fogo pode ser feita mediante o confronto balístico das deformações examinadas nos estojos da munição disparada.

A alternativa que contém a sequência correta, de cima para baixo, é a

(A) F V V
(B) V V F
(C) V F V
(D) F F F
(E) F F V

A primeira afirmativa é falsa, pois as espingardas têm cano liso, razão pela qual fica impossibilitado o exame de microcomparação com os projéteis. As outras duas afirmativas são verdadeiras. LM
Gabarito "A".

(Polícia/BA – 2008 – CEFETBAHIA) A designação do calibre nominal de uma espingarda indica o

(A) exato diâmetro interno do cano, em fração da polegada.
(B) diâmetro interno da câmara, em centésimos de polegada.
(C) diâmetro interno do cano, em milímetros.
(D) comprimento do cano da espingarda, em polegadas.
(E) número de esferas de chumbo do calibre, cuja massa dá uma libra.

A espingarda possui cano de alma lisa, assim não é o diâmetro interno do cano que é examinado, mas o número de esferas de chumbo do calibre, que formará uma libra. LM
Gabarito "E".

(Polícia/BA – 2008 – CEFETBAHIA) Identifique com V as afirmativas verdadeiras e com F, as falsas.

( ) Tecnicamente, o tiro só é acidental quando efetuado sem o acionamento do gatilho.

( ) A simples comparação visual do projétil já permite a identificação individual da arma.

( ) Chamuscamento, esfumaçamento e tatuagem são indicativos de tiro à curta distância.

A alternativa que contém a sequência correta, de cima para baixo, é a

(A) V V V
(B) V F V
(C) F F V
(D) F V F
(E) V F F

A segunda afirmativa é falsa, pois para a identificação individual da arma são necessários exames técnicos que possibilitem a determinação do calibre da

LENI MOUZINHO SOARES E RODRIGO SANTAMARIA SABER

arma, a visualização das raias internas do cano, quando existentes, entre outras medidas. As outras duas são verdadeiras. **LM**

Gabarito "B".

(Polícia/MG – 2008) O percurso realizado por um projétil de arma de fogo no interior do corpo humano é denominado

(A) deformação.

(B) halo.

(C) trajeto.

(D) trajetória.

A: Incorreta. A deformação é provocada pela retração dos tecidos atingidos por projéteis de forma oblíqua; **B:** Incorreta. Halo é a denominada orla de contusão; **C:** Correta. O trajeto é o percurso desenvolvido pelo projétil ao atingir o alvo; **D:** Incorreta. A trajetória é o percurso desenvolvido pelo projétil desde o disparo até atingir o alvo. **LM**

Gabarito "C".

(Polícia/RJ – 2009 – CEPERJ) Durante operação policial na favela do Barbante, em Campo Grande, foi encontrado um crânio humano incompleto que apresentava em análise preliminar: 1- suturas cranianas bem visíveis; 2- fronte verticalizada; 3- glabela curva; 4- margens supraorbitárias finas; 5- orifício em tronco de cone com o bisel voltado para a face externa do osso frontal; 6- processos mastoideos pouco volumosos; 7- ausência de crista na nuca; 8- côndilos occipitais curtos e largos. Assinale a opção que aponta o diagnóstico pericial.

(A) Mulher jovem com uma lesão de saída de projétil de arma de fogo no osso frontal.

(B) Homem adulto com uma lesão de entrada de projétil de arma de fogo no osso frontal.

(C) Mulher adulta com uma lesão de saída de projétil de arma de fogo no osso frontal.

(D) Homem jovem com uma lesão de saída de projétil de arma de fogo no osso frontal.

(E) Mulher idosa com uma lesão de entrada de projétil de arma de fogo no osso frontal.

Os processos mastoideos são menos desenvolvidos nas mulheres e a fronte verticalizada também pode ser observada em mulheres; homens possuem côndilos occipitais longos e estreitos. Por fim, quando as suturas cranianas são bem visíveis, é possível afirmar que a vítima tinha menos de 30 anos. **LM**

Gabarito "A".

(Polícia/RJ – 2009 – CEPERJ) No caso de encontro de cadáver, o exame de perinecroscopia esclareceu a presença de uma ferida perfuro-contusa e transfixante do crânio, motivada por tiro encostado na região temporal direita. Diante das assertivas abaixo, assinalar aquela que não deixa dúvida quanto à possibilidade de suicídio:

(A) O disparo ter sido efetuado com arma apoiada ou encostada.

(B) A observação da arma de fogo próxima do cadáver.

(C) A existência de gotas de sangue com aspecto radiado.

(D) A presença de gotículas de sangue de forma alongada na mão da vítima.

(E) A ausência de lesões de defesa e ocorrência de um só disparo.

É possível que todas as outras características descritas sejam observadas nas hipóteses de homicídio, pois o agente pode perfeitamente utilizar-se de uma arma de fogo e atirar com o cano em contato com o corpo da vítima. A localização da arma próxima ao cadáver é viável, pois ao executar o disparo, o autor pode descartá-la no próprio local dos fatos. A inexistência de sinais de defesa não são aptos a revelar que tenha a lesão sido provocada pela própria vítima, pois ela pode, por exemplo, ter sido atingida de surpresa pelo disparo de arma de fogo. **LM**

Gabarito "D".

10. TOXICOLOGIA

(Polícia/RJ – 2009 – CEPERJ) As chamadas *natural, herbal ou legal highs* pertencem a uma nova geração de drogas fabricadas em laboratório a partir de substâncias sintéticas que reproduzem os efeitos de maconha, cocaína, ecstasy e LSD, mas que não contêm nenhum componente proibido pela legislação. Os seus usuários já compram e utilizam estas substâncias psicoativas sem infringir a lei, uma vez que seus princípios ativos são substituídos por compostos sintéticos lícitos e, posteriormente, misturados a ervas naturais. Sobre as toxicomanias e legislação atual sobre drogas, marque a alternativa correta.

(A) O usuário só poderá ser apenado pelo cumprimento de medidas educativas, independentemente de recusa ou reincidência.

(B) É permitido ao usuário oferecer droga à pessoa de seu relacionamento para juntos a consumirem, em caráter eventual e sem objetivo de lucro.

(C) O médico que prescreve ou ministra, culposamente, drogas ao seu paciente em doses excessivas ou em desacordo com norma legal ou regulamentar comete apenas infração penal.

(D) O dependente químico sempre será considerado inimputável se no momento do delito era inteiramente incapaz de entender o caráter ilícito do fato ou de determinar-se de acordo com esse juízo.

(E) Assim como as *legal highs*, os solventes inalantes são substâncias psicolépticas lícitas.

A: Incorreta. Art. 28 da Lei nº 11.343/2006; **B:** Incorreta. Art. 33, § 3º, da Lei de Drogas; **C:** Incorreta. Art. 38; **D:** Correta. Art. 45; **E:** Incorreta. As substâncias psicolépticas são drogas que têm efeito tranquilizante, são as que agem como calmante, enquanto que o solvente serve como droga estimulante. **LM**

Gabarito "D".

11. Ética na Administração Pública

Tony Chalita

(Papiloscopista – PCDF – Universa – 2016) Em relação à gestão de pessoas, assinale a alternativa correta.

(A) O *managerial grid* é uma tecnologia que representa a interação entre a preocupação com a produção e a preocupação com as pessoas. Com base nessas duas dimensões, é estabelecida uma grade na qual o eixo horizontal do *grid* representa a produção e o eixo vertical representa as pessoas. Estilo 9.1 no *managerial grid* indica eficiência nas operações e interferência mínima de elementos humanos.

(B) Na hierarquia das necessidades de Maslow, as necessidades estão organizadas em uma pirâmide conforme a importância e a influência no comportamento humano. As necessidades de estima estão relacionadas com associação, participação e aceitação por parte dos colegas.

(C) O processo de seleção de pessoal é um conjunto de técnicas e procedimentos que visa a atrair candidatos potencialmente qualificados e capazes de ocupar cargos dentro da organização.

(D) Na base para a seleção de pessoas, está a coleta de informações sobre o cargo. Uma das maneiras estabelecidas no arrolamento de informações sobre o cargo é a técnica dos incidentes críticos, que consiste no levantamento dos aspectos intrínsecos e extrínsecos que o cargo exige do seu ocupante.

(E) As equipes, assim como as pessoas, desenvolvem estilos específicos para lidar com os conflitos. Os estilos de administrar conflitos podem ser classificados por meio das dimensões assertiva e cooperativa. O estilo de acomodação reflete um baixo grau de cooperação e um alto grau de assertividade. Este estilo funciona mais bem quando se busca manter a harmonia.

A: correta. Dois consultores americanos chamados Blake e Mouton, criaram uma teoria de desenvolvimento organizacional utilizando premissas fundamentais que traduzem a maneira como organizações são geridas. Para esta estrutura deram o nome de *managerial grid* ou grade gerencial. A dinâmica de aplicação, consiste na construção de um gráfico de dois vetores. O eixo horizontal representa a preocupação com a produção: é uma série contínua de nove pontos, na qual o grau 9 significa elevadíssima preocupação com a produção, enquanto o grau 1 representa uma baixa preocupação com a produção. O eixo vertical representa a preocupação com as pessoas. Também é uma série contínua de nove pontos, onde 9 é um grau elevado e 1 um grau baixo de preocupação com as pessoas. Assim, verifica-se que a afirmativa lançada no item "a" está correta; **B:** incorreta. Abraham Maslow desenvolveu um conceito de pirâmide de necessidades, de modo que, quando satisfeitas as necessidades fisiológicas básicas, as necessidades de autoestima e realização pessoal pode sem preenchidas. Essa hierarquia é composta na base por necessidades fisiológicas seguida por segurança, necessidades sociais, necessidades de estima e no topo auto realização. Quanto à necessidade de estima, Maslow estabeleceu tratar de necessidades relacionadas com a maneira pela qual o indivíduo se vê e se avalia. Envolvem a autoapreciação, a autoconfiança, a necessidade de aprovação social e de respeito, de status, prestígio e consideração. Incluem ainda o desejo de força e de adequação, de confiança perante o mundo, dependência e autonomia; **C:** incorreta. Este é o conceito de Recrutamento. O conceito de seleção de pessoal é o processo de agregar e selecionar pessoas de forma que se possa escolher os melhores candidatos para a organização. Seleção é ainda um processo de comparação e decisão na escolha, classificação de candidatos; **D:** incorreta. A base da seleção de pessoas é a colheita de informações sobre o cargo, por meio da descrição e análise do cargo. Técnica de colheita de informações sobre o candidato, como: entrevista, prova de conhecimento ou de capacidade, testes psicológicos, testes de personalidade, técnica de simulação e dinâmica de grupo. "O processo seletivo funciona como uma sequência de etapas com várias alternativas. A técnica dos incidentes críticos refere-se a um método de avaliação do desempenho humano, em função das tarefas que ele desempenha, das metas e resultados a serem alcançados e do seu potencial de desenvolvimento, não se relacionando com o conceito da seleção de pessoas. Por fim, quanto aos aspectos intrínsecos e extrínsecos, na verdade, referem-se à teoria dos dois fatores desenvolvida por Herzberg a respeito da motivação; **E:** incorreta. O método destacado de abordar e administrar conflitos foi desenvolvido por Kenneth Thomas e Ralph Kilmann, que propõem 5 formas de gerenciar conflitos: competição, acomodação, afasta-

mento, acordo e colaboração. Diferente do que afirma o enunciado, o estilo de acomodação tem como traço característico uma atitude inassertiva, cooperativa e autossacrificante. A acomodação é identificada por um comportamento generoso, abrindo mão de seu ponto de vista em favor do outro. O conceito apresentado, na verdade, enquadra-se como fundamento da competição. **TC**

Gabarito "A".

(Papiloscopista – PCDF – Universa – 2016) No que se refere à organização e a sistema e métodos em administração, assinale a alternativa correta.

(A) Os princípios de estudo do arranjo físico estabelecem que os padrões devem ser adequados às necessidades de trabalho e de conforto dos funcionários lotados na unidade organizacional e que as unidades organizacionais que possuem funções similares e correlacionadas devem ser afastadas umas das outras.

(B) As áreas funcionais-fins congregam as funções e atividades que proporcionam os meios para que haja a transformação de recursos em produtos e sua colocação no mercado. Podem ser desse tipo, para uma empresa industrial e comercial qualquer, as seguintes áreas funcionais: administração financeira, administração de materiais, administração de recursos humanos e administração de serviços.

(C) A descentralização consiste na distribuição do poder decisório nos níveis hierárquicos, resultando em uma menor concentração deste poder na alta administração da empresa. Existem algumas diferenças entre descentralização e delegação: enquanto a primeira tem uma abordagem mais informal e está ligada à pessoa, a última tem abordagem mais formal e está ligada ao cargo.

(D) Normalmente as empresas que utilizam a departamentalização por clientes procuram agrupar, em unidades organizacionais (centros de custos e de resultados), os recursos necessários a cada etapa de um processo produtivo, resultando em melhor coordenação e avaliação de cada uma de suas partes, bem como do processo total.

(E) Análise estruturada de sistemas é uma técnica que consiste em construir, graficamente, um modelo lógico para o sistema de informações gerenciais que permita que os usuários e analistas de sistemas, organização e métodos encontrem uma solução clara e única para o sistema, transmitindo as reais necessidades dos usuários.

A: incorreta. As unidades organizacionais que possuem funções similares e correlacionadas devem ser estrategicamente colocadas próximas umas das outras; **B:** incorreta. O enunciado trata dos fundamentos das áreas funcionais meio. As áreas funcionais fim estão envolvidas diretamente no ciclo de transformação. Podem pertencer a essa categoria as seguintes áreas funcionais: Marketing e Produção; **C:** incorreta. Descentralização: abordagem mais formal, ligado ao cargo. Delegação: abordagem mais informal, ligada à pessoa; **D:** incorreta. A departamentalização por clientes são agrupadas de acordo com as necessidades variadas e especiais dos clientes ou fregueses das empresas. O agrupamento em unidades organizacionais é uma premissa da departamentalização por processo, em que as atividades são agrupadas de acordo com as etapas do processo. Esta modalidade (departamentalização por processo) resulta em melhor coordenação e avaliação de cada uma de suas partes e do processo como um todo; **E:** correta. O conceito de análise estruturada foi devidamente apresentado na assertiva. **TC**

Gabarito "E".

(Escrivão de Polícia Federal – 2013 – CESPE) A partir da década de 40 do século passado, o modelo POSDCORB (*planning, organizing, staffing, directing, coordinating, reporting, budegeting*), de Gullick, influenciou os tratados de administração pública e, até hoje, revela-se como fonte de inspiração para os principais autores do setor. A respeito desse assunto, julgue o próximo item.

(1) À medida que as tarefas fiquem mais complexas e a sua realização exija diversas habilidades diferentes, a departamentalização rígida e funcional, é a mais recomendada, pois facilita os mecanismos de controle.

1: errado, à medida que as tarefas fiquem mais complexas e a sua realização exija diversas habilidades diferentes, a departamentalização funcional deverá ser abandonada, visto que essa privilegia a especialização focada na tarefa. Exigindo habilidades mais complexas, o ideal seria que se utilizasse a departamentalização por projetos ou a estrutura matriarcal.
Gabarito 1E

(Escrivão de Polícia Federal – 2013 – CESPE) Acerca de ética no serviço público, julgue os seguintes itens.

(1) A comissão de ética pode aplicar pena de censura e suspensão a servidor que, de maneira habitual, apresentar-se embriagado ao serviço ou fora dele.

(2) A constituição da comissão de ética deverá ser comunicada formalmente, com indicação de seus membros titulares e respectivos suplentes, à Secretaria de Administração Federal da Presidência da República.

1: errado, A comissão de ética poderá aplicar somente a pena de censura, nos termos do Capítulo II, XXII do Decreto 1.171/1994; **2:** certo, é o que dispõe o artigo 2° parágrafo único, do Decreto 1.171/1994.
Gabarito 1E, 2C

(Polícia Rodoviária Federal – 2013 – CESPE) A respeito da ética no serviço público, julgue o item subsequente.

(1) Considere que os usuários de determinado serviço público tenham formado longas filas a espera de atendimento por determinado servidor que, embora responsável pelo setor, não viabilizou o atendimento. Nessa situação, segundo dispõe a legislação de regência, a atitude do servidor caracteriza conduta contrária à ética e ato de desumanidade, mas não grave dano moral aos usuários do serviço.

1: errado, não caracteriza apenas atitude contra a ética ou ato de desumanidade, mas principalmente grave dano moral aos usuários dos serviços públicos, é o que dispõe o Capítulo I, X do Decreto 1.171/1994.
Gabarito 1E

(Polícia Rodoviária Federal – 2013 – CESPE) Nessa situação, segundo dispõe a legislação de regência, a atitude do servidor caracteriza conduta contraria a ética e ato de desumanidade, mas não grave dano moral aos usuários do serviço.

(1) O elemento ético deve estar presente na conduta de todo servidor publico, que deve ser capaz de discernir o que e honesto e desonesto no exercício de sua função.

1: certo, é o que se vê no Capítulo I, inciso II do Decreto 1.171/1994. O servidor público não poderá jamais desprezar o elemento ético de sua conduta. Assim, não terá que decidir somente entre o legal e o ilegal, o justo e o injusto, o conveniente e o inconveniente, o oportuno e o inoportuno, mas principalmente entre o honesto e o desonesto.
Gabarito 1C

(Polícia Rodoviária Federal – 2013 – CESPE) No que se refere aos deveres do servidor publico, previstos no Código de Ética Profissional do Servidor Publico Civil do Poder Executivo Federal, julgue os próximos itens.

(1) Os registros que consistiram em objeto de apuração e aplicação de penalidade referentes a conduta ética do servidor devem ficar arquivados junto a comissão de ética e não podem ser fornecidos a outras unidades do órgão a que se encontre vinculado o servidor.

(2) Estará sujeito a penalidade de censura, a qual e aplicada pela comissão de ética, mediante parecer assinado por todos os seus integrantes, o servidor que violar algum de seus deveres funcionais.

(3) A publicidade de ato administrativo, qualquer que seja sua natureza, constitui requisito de eficácia e moralidade.

1: errado, deverá a Comissão de Ética fornecer aos organismos encarregados da execução do quadro de carreira dos servidores, registros sobre sua conduta ética, nos termos do Capítulo II, inciso XVIII do Decreto 1.171/1994; **2:** certo, é o que prevê o Capítulo II, inciso XXII, do Decreto 1.171/94; **3:** errado, há exceções previstas no Capítulo I, inciso VII, do Decreto 1.171/1994.
Gabarito 1E, 2C, 3E

(Escrivão de Polícia/DF – 2013 – CESPE) No que se refere à abordagem burocrática da administração, julgue o item abaixo.

(1) A burocracia é compreendida como uma maneira de organização humana baseada na racionalidade, isto é, na adequação dos meios aos objetivos pretendidos, a fim de garantir a máxima eficiência possível no alcance desses objetivos.

1: Certo, essa eficiência é uma forma específica de racionalidade, na qual a coerência dos meios em relação com os fins visados se traduz no emprego de um mínimo de esforços (meios) para a obtenção de um máximo de resultados (fins).
Gabarito 1C

(Escrivão de Polícia/DF – 2013 – CESPE) Julgue o item seguinte, relativo à evolução da administração pública no Brasil após 1930.

(1) Os governos militares, pós-1964, por meio da edição do Decreto-Lei 200/1967, reforçaram a centralização das atividades administrativas na administração direta.

1: incorreto, pelo contrário, o Decreto-Lei 200/1967 adotou políticas de descentralização das atividades da Administração, como se vê claramente no art. 10 de referido diploma.
Gabarito 1E

(Escrivão de Polícia/DF – 2013 – CESPE) Julgue o item que se segue, referente a planejamento, organização, direção e controle.

(1) Por ser uma variável independente dentro do modelo organizacional, a liderança está isenta de critérios de valor.

1: errado, a liderança não está isenta de critério de valor. Antes de se julgar a eficácia de um líder, deve-se avaliar o conteúdo moral de seus objetivos, bem como dos meios que ele utiliza para atingi-los.
Gabarito 1E

(Escrivão de Polícia/DF – 2013 – CESPE) No que concerne ao regime jurídico único dos servidores públicos federais e a ética no serviço público, julgue os próximos itens.

(1) Cabe ao servidor público justificar devidamente toda ausência de seu local de trabalho, a fim de evitar a desmoralização do serviço público.

(2) É concedida licença ao servidor por motivo de doença em pessoa da família, desde que precedida de exame dessa pessoa por médico ou junta médica oficial.

1: correta, tal afirmação pode ser extraída a partir do Decreto 1.171, ao estabelecer a partir das regras deontológicas, no Capítulo I, Seção I, XII que toda ausência injustificada do servidor de seu local de trabalho é fator de desmoralização do serviço público, que poderá inclusive, conduzir à desordem das relações humanas; **2:** correta, é o que dispõe o artigo 81, I e § 1° da Lei 8.112/1990.
Gabarito 1C, 2C

(Escrivão de Polícia/DF – 2013 – CESPE) Acerca de estrutura organizacional, comportamento organizacional e análise e melhoria de processos, julgue o item subsequente.

(1) A estrutura matricial facilita a comunicação e a coordenação de equipes por meio da unidade de comando, proporcionando equilíbrio de objetivos.

1: errado, a estrutura matriarcal, embora possua inúmeras vantagens, sente a falta de uma estrutura de controle que lidere os empregados diminuindo conflitos e ambiguidades, falta de uma definição clara da hierarquia das autoridades, causando conflito entre os times funcionais e de produto.
Gabarito 1E

(Escrivão de Polícia/DF – 2013 – CESPE) Com relação ao Modelo de Excelência em Gestão no Setor Público (GesPública), julgue o item subsecutivo.

(1) Criado a partir da premissa de que é preciso ser excelente sem deixar de ser público, o GesPública foi concebido para desenvolver ações que visam obter sinergia decorrente dos esforços da gestão e da desburocratização.

1: correta, O GesPública é uma política formulada a partir da premissa de que a gestão de órgãos e entidades públicos pode e deve ser excelente, pode e deve ser comparada com padrões internacionais de qualidade em gestão, mas não pode nem deve deixar de ser pública. A qualidade da gestão pública tem que ser orientada para o cidadão, e desenvolver-se dentro do espaço constitucional demarcado pelos princípios da impessoalidade, da legalidade, da moralidade, da publicidade e da eficiência.
Gabarito 1C

12. Língua Portuguesa

Henrique Subi

1. REDAÇÃO

O Dia da Consciência Negra

[...]

O assunto é delicado; em questão de raça, deve-se tocar nela com dedos de veludo. Pode ser que eu esteja errada, mas parece que no tema de raça, racismo, negritude, branquitude, nós caímos em preconceito igual ao dos racistas. O europeu colonizador tem – ou tinha – uma lei: teve uma parte de sangue negro – é negro. Por pequena que seja a gota de sangue negro no indivíduo, polui-se a nobre linfa ariana, e o portador da mistura é "declarado negro". E os mestiços aceitam a definição e – meiões, quarteirões, octorões – se dizem altivamente "negros", quando isso não é verdade. Ao se afirmar "negro" o mestiço faz bonito, pois assume no total a cor que o branco despreza. Mas ao mesmo tempo está assumindo também o preconceito do branco contra o mestiço. Vira racista, porque, dizendo-se negro, renega a sua condição de mulato, mestiço, half--breed, meia casta, marabá, desprezados pela branquidade. Aliás, é geral no mundo a noção exacerbada de raça, que não afeta só os brancos, mas os amarelos, vermelhos, negros; todos desprezam o meia casta, exemplo vivo da infração à lei tribal.

Eu acho que um povo mestiço, como nós, deveria assumir tranquilamente essa sua condição de mestiço; em vez de se dizer negro por bravata, por desafio – o que é bonito, sinal de orgulho, mas sinal de preconceito também. Os campeões nossos da negritude, todos eles, se dizem simplesmente negros. Acham feio, quem sabe até humilhante, se declararem mestiços, ou meio brancos, como na verdade o são. "Black is beautiful" eu também acho. Mas mulato é lindo também, seja qual for a dose da sua mistura de raça. Houve um tempo, antes de se desenvolver no mundo a reação antirracista, em que até se fazia aqui no Rio o concurso "rainha das mulatas". Mas a distinção só valia para a mulata jovem e bela. Preconceito também e dos péssimos, pois a mulata só era valorizada como objeto sexual, capaz de satisfazer a consciência dos homens.

A gente não pode se deixar cair nessa armadilha dos brancos. A gente tem de assumir a nossa mulataria. Qual brasileiro pode jurar que tem sangue "puro" nas veias, – branco, negro, árabe, japonês?

Vejam a lição de Gilberto Freyre, tão bonita. Nós todos somos mestiços, mulatos, morenos, em dosagens várias. Os casos de branco puro são exceção (como os de índios puros – tais os remanescentes de tribos que certos antropólogos querem manter isolados, geneticamente puros – fósseis vivos – para eles estudarem...). Não vale indagar se a nossa avó chegou aqui de caravela ou de navio negreiro, se nasceu em taba de índio ou na casa-grande. Todas elas somos nós, qualquer procedência Tudo é brasileiro. Quando uma amiga minha, doutora, participante ilustre de um congresso médico, me declarou orgulhosa "eu sou negra" – não resisti e perguntei: "Por que você tem vergonha de ser mulata?" Ela quase se zangou. Mas quem tinha razão era eu. Na paixão da luta contra a estupidez dos brancos, os mestiços caem justamente na posição que o branco prega: negro de um lado, branco do outro. Teve uma gota de sangue africano é negro – mas tendo uma gota de sangue branco será declarado branco? Não é.

Ah, meus irmãos, pensem bem. Mulata, mulato também são bonitos e quanto! E nós todos somos mesmo mestiços, com muita honra, ou morenos, como o queria o grande Freyre. Raça morena, estamos apurando. Daqui a 500 anos será reconhecida como "zootecnicamente pura" tal como se diz de bois e de cavalos. Se é assim que eles gostam!

QUEIROZ, Rachel. O Dia da Consciência Negra. O Estado de S. Paulo, São Paulo, 23 nov. 20Brasil, caderno 2, p. D16.

Vocabulário:

half-bread: mestiço.

marabá: mameluco.

meião, quarteirão e octorão: pessoas que têm, respectivamente, metade, um quarto e um oitavo de sangue negro.

"Black is beautiful": "O negro é bonito"

(Agente-Escrivão – Acre – IBADE – 2017) Sobre o texto leia as afirmativas a seguir.

I. A autora mostra sua opinião sobre uma questão de cidadania a fim de fazer com que o leitor pare para refletir e valorize o mestiço como raça, não como estereótipo de beleza ou de sexualidade.

II. A referência ao europeu colonizador norteia a discussão e aponta para a importância da data além de enfatizar o orgulho do negro.

III. A autora conta os acontecimentos, situando-os no tempo e no espaço, chamando atenção para uma verdade peculiar ao século passado.

Está correto o que se afirma em:

(A) I, II e III.

(B) II e III, apenas.

(C) I, apenas.

(D) I e III, apenas.

(E) I e II, apenas.

I: correta. Esta é a ideia central que permeia todo o texto; II: incorreta. A referência é utilizada somente como um exemplo de conduta racista incorporada em nosso meio social, mas que passa despercebida; III: incorreta. Não é dada importância aos acontecimentos passados. Mais uma vez, eles são usados apenas como referência de comparação. **HS**

Gabarito "C".

(Agente-Escrivão – Acre – IBADE – 2017) A invenção da escrita tornou possível a um ser humano criar num dado tempo e lugar uma série de sinais, a que pode reagir outro ser humano, noutro tempo e lugar. Portanto, é verdadeiro afirmar que alguns textos literários promovem interação autor/leitor.

Aponte a alternativa que possui uma transcrição que comprova que o texto dialoga diretamente com o leitor.

(A) "O europeu colonizador 'tem – ou tinha – uma lei: teve uma parte de sangue negro – é negro."

(B) "Preconceito também e dos péssimos, pois a mulata só era valorizada como objeto sexual, capaz de satisfazer a consciência dos homens."

(C) "Ao se afirmar "negro" o mestiço faz bonito, pois assume no total a cor que o branco despreza."

(D) "Não vale indagar se a nossa avó chegou aqui de caravela ou de navio negreiro, se nasceu em taba de índio ou na casa-grande."

(E) "O assunto é delicado; em questão de raça deve-se tocar nela com dedos de veludo."

Chama-se função apelativa a função da linguagem que abre o canal de comunicação diretamente com o leitor, dialogando com ele. É o que se vê na alternativa "D", que deve ser assinalada. A autora questiona seu leitor sobre sua ascendência, avisando diretamente que não aceitará tais argumentos como resposta. **HS**

Gabarito "D".

(Agente-Escrivão – Acre – IBADE – 2017) Considerando as posições expressas no texto em relação à valorização do mestiço, é correto afirmar que:

(A) o elogio ao mulato reside na valorização da negritude e da dose da sua mistura de raça.

(B) o verbo POLUI-se, em "polui-se a nobre linfa ariana" valoriza a negação do preconceito diante dos que são racistas.

(C) o articulador MAS em "Mas quem tinha razão era eu" introduz uma ideia que se contrapõe ao que foi dito anteriormente.

(D) entre os pares NEGRO/MESTIÇO e NEGRA/MULATA estabelece-se, no texto uma relação semântica de igualdade.

(E) o adjetivo PURO, no terceiro parágrafo, refere-se à importância da mulataria do povo brasileiro.

A: incorreta. O elogio ao mulato, segundo a autora, é merecido unicamente por sua condição de pessoa, igual a todas as outras – seja mulato, negro ou branco; **B:** incorreta. Ao contrário, o verbo foi usado para enfatizar o discurso racista de outrora; **C:** correta. A conjunção "mas" tem valor adversativo, anuncia algo contraposto ao que foi dito imediatamente antes; **D:** incorreta. O texto cuida justamente do tratamento social diferente que recebem os negros e os mulatos. Os termos, portanto, não podem ser tratados como sinônimos; **E:** incorreta. O adjetivo refere-se justamente à suposta ausência de mistura entre as raças. HS

Gabarito "C".

(Agente-Escrivão – Acre – IBADE – 2017) Rachel de Queiroz inicia o quarto parágrafo fazendo referência ao escritor Gilberto Freyre, recorrendo a um recurso comum a textos dissertativos argumentativos.

Esse recurso constitui um argumento de:

(A) contraposição.

(B) autoridade.

(C) causalidade.

(D) contestação.

(E) proporcionalidade.

É o chamado "argumento de autoridade", quando o autor do texto argumentativo traz a opinião de um especialista para demonstrar que não está sozinho no ponto de vista que defende. HS

Gabarito "B".

(Agente-Escrivão – Acre – IBADE – 2017) "(como os de índios puros – tais os remanescentes de tribos que certos antropólogos querem manter isolados, geneticamente puros – fósseis vivos – para eles estudarem...)". Em relação à "como os de índios puros", o trecho entre travessões tem o objetivo principal de apresentar uma:

(A) contradição.

(B) comparação.

(C) enumeração.

(D) especificação.

(E) ressalva.

Parece-nos que o trecho entre travessões expõe, na verdade, uma explicação do que seriam "índios puros" – essa, aliás, é a função do aposto no período. Na falta de tal alternativa, a única leitura possível é a que o entende como um elemento de comparação com "índios puros" – aqueles que se mantêm isolados para estudos antropológicos. HS

Gabarito "B".

(Agente-Escrivão – Acre – IBADE – 2017) O trecho "Aliás, é geral no mundo a noção exacerbada de raça, que não afeta só os brancos, mas os amarelos, vermelhos, negros; todos desprezam o meia casta, exemplo vivo da infração à lei tribal" poderia ser reescrito, sem prejuízo de significado nem do uso adequado da norma-padrão, da seguinte forma:

(A) Na verdade, é geral no mundo a noção exacerbada de raça, a qual não afeta só os brancos, mas os amarelos, vermelhos, negros; todos desprezam o meia casta, exemplo vivo da infração à lei tribal.

(B) Embora seja geral no mundo, a noção exacerbada de raça, afeta tão somente os brancos, à medida que, amarelos, vermelhos, negros, todos desprezam o meia casta, exemplo vivo da infração à lei tribal.

(C) Porquanto, é geral no mundo, a noção exacerbada de raça, que não afeta só os brancos, mas também os amarelos, vermelhos, negros; todos desprezam o meia casta, exemplo vivo da infração à lei tribal.

(D) No entanto, no mundo geral, a noção exacerbada de raça, que não afeta só os brancos, mas, sobretudo, os amarelos, vermelhos, negros; todos desprezam o meia casta, exemplo vivo da infração à lei tribal.

(E) Aliás, é geral no mundo a noção exacerbada de raça, onde afeta não só os brancos, mas os amarelos, vermelhos, negros; todos desprezam o meia casta, exemplo vivo da infração à lei tribal.

A única alternativa que respeita integralmente a norma padrão e não altera o sentido é a letra "A", que deve ser assinalada. Nas demais, há erros de pontuação e a substituição de algumas palavras por outras que não são sinônimos acaba por alterar o sentido do trecho destacado no enunciado. HS

Gabarito "A".

Ficção universitária

Os dados do Ranking Universitário publicados em setembro de 2013 trazem elementos para que tentemos desfazer o mito, que consta da Constituição, de que pesquisa e ensino são indissociáveis.

É claro que universidades que fazem pesquisa tendem a reunir a nata dos especialistas, produzir mais inovação e atrair os alunos mais qualificados, tornando-se assim instituições que se destacam também no ensino. O Ranking Universitário mostra essa correlação de forma cristalina: das 20 universidades mais bem avaliadas em termos de ensino, 15 lideram no quesito pesquisa (e as demais estão relativamente bem posicionadas). Das 20 que saem à frente em inovação, 15 encabeçam também a pesquisa.

Daí não decorre que só quem pesquisa, atividade estupidamente cara, seja capaz de ensinar. O gasto médio anual por aluno numa das três universidades estaduais paulistas, aí embutidas todas as despesas que contribuem direta e indiretamente para a boa pesquisa, incluindo inativos e aportes de Fapesp, CNPq e Capes, é de R$ 46 mil (dados de 2008). Ora, um aluno do ProUni custa ao governo algo em torno de R$ 1.000 por ano em renúncias fiscais.

Não é preciso ser um gênio da aritmética para perceber que o país não dispõe de recursos para colocar os quase sete milhões de universitários em instituições com o padrão de investimento das estaduais paulistas.

E o Brasil precisa aumentar rapidamente sua população universitária. Nossa taxa bruta de escolarização no nível superior beira os 30%, contra 59% do Chile e 63% do Uruguai. Isso para não mencionar países desenvolvidos como EUA (89%) e Finlândia (92%).

Em vez de insistir na ficção constitucional de que todas as universidades do país precisam dedicar-se à pesquisa, faria mais sentido aceitar o mundo como ele é e distinguir entre instituições de elite voltadas para a produção de conhecimento e as que se destinam a difundi-lo. O Brasil tem necessidade de ambas.

(Hélio Schwartsman. Disponível em:
http://www1.folha.uol.com.br, 10.09.20Adaptado)

(Escrivão – AESP/CE – VUNESP – 2017) Segundo a opinião do autor do texto,

(A) no Brasil, instituições voltadas para a produção de conhecimento devem ser distinguidas das destinadas a difundi-lo, e ambas são necessárias.

(B) o Brasil precisa deixar de investir na formação de pesquisadores, pois os custos para manter a excelência dos cursos são muito elevados.

(C) apesar do alto custo, apenas as universidades em que os alunos são também pesquisadores formam profissionais qualificados para ensinar.

(D) as universidades que fazem pesquisa perderam a capacidade de produzir inovação, e deixaram de atrair os alunos mais qualificados.

(E) os novos rumos do ensino demonstram a necessidade de se desfazer o mito de que pesquisa e ensino podem ser separados um do outro.

A: correta. Esta é a ideia exposta no último parágrafo do texto; **B:** incorreta. O autor usa os custos para demonstrar que não é possível colocar todos os alunos como pesquisadores; **C:** incorreta. O autor defende ponto de vista oposto, de que aqueles que estudam em universidades não voltadas para pesquisa também saem capacitados para aplicar o conhecimento; **D:** incorreta. O segundo parágrafo do texto afirma justamente o contrário; **E:** incorreta. O "mito", segundo o autor, é que pesquisa e ensino **não** podem ser separados. HS

Gabarito "A".

(Escrivão – AESP/CE – VUNESP – 2017) Releia os seguintes trechos do primeiro e do último parágrafos do texto.

Os dados do Ranking Universitário publicados em setembro de 2013 trazem elementos para que tentemos desfazer o mito, que consta da Constituição, de que pesquisa e ensino são indissociáveis.

Em vez de insistir na ficção constitucional de que todas as universidades do país precisam dedicar-se à pesquisa, faria mais sentido aceitar o mundo como ele é...

Os termos mito e ficção, em destaque nos trechos, foram utilizados pelo autor para enfatizar sua opinião, conforme argumentos apresentados no texto, de que o princípio constitucional que determina que todas as universidades brasileiras devem se dedicar à pesquisa:

(A) é razoável, no tocante à realidade das necessidades do Brasil.
(B) é pertinente, tendo em vista a realidade das necessidades do Brasil.
(C) não reflete a realidade das necessidades do Brasil.
(D) atende plenamente a realidade das necessidades do Brasil.
(E) não desconsidera a realidade das necessidades do Brasil.

O autor usa os termos para enfatizar sua visão de que a exigência constitucional **não é** razoável e não reflete as necessidades do país. Segundo ele, precisamos tanto de pesquisadores quanto de técnicos aplicadores do conhecimento, de forma que devemos ter instituições de ensino voltadas à preparação de ambos. **HS**
Gabarito "C".

Calvin e Haroldo

Bill Watterson

(http://blogdoxandro.blogspot.com.br. Acesso em 20.05.20 Adaptado)

(Escrivão – AESP/CE – VUNESP – 2017) Considerando-se o sentido do termo egocêntricas, em destaque no primeiro quadrinho, é correto concluir, a partir da leitura da tira, que a indignação demonstrada pelo garoto

(A) não se justifica, pois é equivocado qualificar as pessoas como egocêntricas apenas pelo fato de elas pensarem essencialmente em si próprias.
(B) não se justifica, pois, ao defender que as pessoas deveriam ser mais centradas nele, ele adota precisamente a postura egocêntrica que critica.
(C) justifica-se, já que, ao defender que as pessoas deveriam pensar mais nele, dá um exemplo de postura que se opõe à das pessoas egocêntricas.
(D) justifica-se, pois de fato ele acerta ao caracterizar como egocêntricas as pessoas que se esquecem de si próprias para pensar essencialmente nos outros.
(E) não se justifica, pois ele era generalizando as pessoas como egocêntricas, enquanto ele próprio, ao pretender que pensem mais nele, adota uma postura diferente.

O humor da tirinha reside justamente na surpresa ao se esclarecer o posicionamento de Calvin: ele critica as pessoas egocêntricas, mas ao final se mostra muito mais egocêntrico ao propor que todas as pessoas pensem nele. **HS**
Gabarito "B".

Texto CB1A1AAA

1 Na Idade Média, durante o período feudal, o príncipe
   era detentor de um poder conhecido como jus politiae –
   direito de polícia –, que designava tudo o que era necessário
4 à boa ordem da sociedade civil sob a autoridade do Estado, em
   contraposição à boa ordem moral e religiosa, de competência
   exclusiva da autoridade eclesiástica.
7 Atualmente, no Brasil, por meio da Constituição
   Federal de 1988, das leis e de outros atos normativos,
   é conferida aos cidadãos uma série de direitos, entre os quais
10 os direitos à liberdade e à propriedade, cujo exercício deve ser
   compatível com o bem-estar social e com as normas de direito
   público. Para tanto, essas normas especificam limitações
13 administrativas à liberdade e à propriedade, de modo que, a
   cada restrição de direito individual – expressa ou implícita na
   norma legal –, corresponde equivalente poder de polícia
16 administrativa à administração pública, para torná-la efetiva e
   fazê-la obedecida por todos.

Internet: <www.ambito-juridico.com.br> (com adaptações).

(Agente-Escrivão – PC/GO – CESPE – 2016) De acordo com o texto CB1A-1AAA,

(A) o poder de polícia refere-se à faculdade de que dispõe a administração pública para tornar efetiva e fazer obedecida cada restrição de direitos e liberdades individuais, em consonância com o bem-estar social.
(B) a autoridade administrativa, sob a invocação do poder de polícia, poderá anular as liberdades públicas ou aniquilar os direitos fundamentais do indivíduo previstos na Constituição Federal de 1988.
(C) o fato de a Constituição, as leis e outros atos normativos conferirem aos cidadãos os direitos à liberdade e à propriedade pressupõe a existência de direito público subjetivo absoluto no Estado moderno, desde que seja respeitada a boa ordem da sociedade civil.
(D) o mecanismo denominado como poder de polícia, usado pela administração pública para deter os abusos no exercício do direito individual, é restrito à atuação da administração no âmbito federal.
(E) o denominado jus politiae que o príncipe detinha na Idade Média equivale, nos dias atuais, ao poder de polícia conferido à administração pública.

A: correta. Esta é a ideia central exposta no segundo parágrafo do texto; **B:** incorreta. O poder de polícia é limitado pela Constituição; **C:** incorreta. O texto destaca que o exercício de direitos é limitado pelo próprio ordenamento jurídico; **D:** incorreta. O poder de polícia é distribuído entre os entes federados conforme as competências constitucionais de cada um; **E:** incorreta. O jus politiae medieval era atribuído ao príncipe e por ele executado segundo sua convicção íntima – o que ele mesmo acreditava ser certo ou errado. O poder de polícia atual decorre da Constituição e das leis vigentes, devendo observá-las estritamente. **HS**
Gabarito "A".

(Agente-Escrivão – PC/GO – CESPE – 2016) No que se refere aos aspectos linguísticos do texto CB1A1AAA, assinale a opção correta.

(A) A supressão da vírgula empregada logo após "normativos" (l. 8) manteria a coesão e a correção textual, uma vez que, no contexto dado, seu emprego é facultativo.
(B) A coesão textual seria mantida se a expressão "os quais" (l. 9) fosse substituída por **aqueles**.
(C) No primeiro parágrafo, a substituição do par de travessões por um par de parênteses preservaria a coesão textual.
(D) A substituição de "sob" (l. 4) por **pela** manteria a coesão textual.
(E) O elemento "à", nas linhas 4 e 5, introduz complementos da forma verbal "designava" (l. 3).

A: incorreta. A vírgula em questão isola o adjunto adverbial deslocado da ordem direta do período, portanto é obrigatório seu uso; **B:** incorreta. O pronome relativo "os quais" resgata o termo "direitos" como elemento de coesão. Substituí-lo por "aqueles" remeteria o leitor a "cidadãos", prejudicando a coerência e a coesão; **C:** correta. Quando utilizados para separar o aposto, os travessões podem ser substituí-dos por parênteses ou vírgulas sem qualquer prejuízo à coesão ou ao padrão culto da língua; **D:** incorreta. A alteração da preposição muda também o sentido da oração; **E:** incorreta. A aglutinação "à" é resultado da regência nominal do termo "necessário". **HS**
Gabarito "C".

(Agente-Escrivão – PC/GO – CESPE – 2016) Com referência aos mecanis-mos de coesão e aos tempos e modos verbais empregados no texto CB1A1AAA, assinale a opção correta.

(A) A substituição da forma verbal "designava" (R.3) por **chamava** manteria a coesão e o sentido original do texto.

(B) O antecedente do pronome "cujo" (l. 10) pode ser o vocábulo "direitos", do trecho "uma série de direitos" (l. 9), ou a expressão "os direitos à liberdade e à propriedade" (l. 10).

(C) A coesão textual seria mantida caso a expressão "Para tanto" (l. 12) fosse substituída pelo vocábulo **Porquanto**.

(D) Nas linhas 16 e 17, as formas pronominais em "torná-la" e "fazê-la" referem-se ao termo "administração pública".

(E) A substituição da forma verbal "era" (l. 2) pela forma verbal **foi** geraria problema no sequenciamento textual, uma vez que tais formas verbais de passado possuem funções diferentes.

A: incorreta. "Chamar" é verbo de múltiplos significados, de forma que seu uso no local proposto tornaria dúbio o texto; **B:** correta. Realmente o texto padece de pequena dubiedade nesse ponto; **C:** incorreta. "Para tanto" tem valor final, ou seja, transmite a ideia de finalidade, ao passo que "porquanto" tem valor explicativo; **D:** incorreta. Eles se referem ao termo 'restrição'; **E:** incorreta. Ainda que sejam representantes de tempos diferentes (pretérito imperfeito e pretérito perfeito, respectivamente), a alteração do verbo "ser" para o verbo "ir" não traria problemas de compreensão ao texto. **HS**
Gabarito "B".

Texto CB1A2AAA

1   Em linhas gerais, há na literatura econômica duas
    explicações para a educação ser tida como um fator de redução
    da criminalidade. A primeira é que a educação muda as
4   preferências intertemporais, levando o indivíduo a ter menos
    preferência pelo presente e a valorizar mais o futuro, isto é,
    a ter aversão a riscos e a ter mais paciência. A segunda
7   explicação é que a educação contribui para o combate à
    criminalidade porque ensina valores morais, tais como
    disciplina e cooperação, tornando o indivíduo menos suscetível
10 a praticar atos violentos e crimes.
    Há outras razões pelas quais se podem associar
    educação e redução da criminalidade. Quanto maior o nível de
13 escolaridade do indivíduo, maior será para ele o retorno do
    trabalho lícito (isto é, o salário), e isso eleva o custo de
    oportunidade de se cometer crime. Além disso, há uma questão
16 relacionada à possibilidade do estado de dependência do crime:
    a probabilidade de se cometerem crimes no presente está
    relacionada à quantidade de crimes que já se cometeram. Dessa
19 forma, manter as crianças na escola, ocupadas durante o dia,
    contribuiria a longo prazo para a redução da criminalidade.
    Acredita-se, por essa razão, que haja uma relação entre maior
22 nível de escolaridade e redução da criminalidade. A
    criminalidade é uma externalidade negativa com enormes
    custos sociais e, se a educação consegue diminuir a violência,
25 o retorno social pode ser ainda maior que o retorno privado.

R. A. Duenhas, F. O. Gonçalves e E. Gelinski Jr. **Educação, segurança pública e violência nos municípios brasileiros: uma análise de painel dinâmico de dados. UEPG Ci. Soc. Apl., Ponta Grossa, 22 (2)**:179-91, jul.-dez./2014. Internet: <www.revistas2.uepg.br> (com adaptações).

(Agente-Escrivão – PC/GO – CESPE – 2016) Nas opções a seguir, constam propostas de reescrita do trecho "Há outras razões pelas quais se podem associar educação e redução da criminalidade" (l. 11 e 12). Assinale a opção em que a proposta apresentada mantém o sentido original, a formalidade e a correção gramatical do texto CB1A2AAA.

(A) Outras razões existem porque é plausível associar educação e redução da criminalidade.

(B) Existe outras razões em que é possível associar educação e redução da criminalidade.

(C) Há outras razões em quais pode se associar educação à redução da criminalidade.

(D) Existem outras razões por que é possível associar educação e redução da criminalidade.

(E) Tem outras razões que é possível associar educação e redução da criminalidade.

A: incorreta. A conjunção explicativa "porque" altera o sentido original do trecho; **B:** incorreta. O verbo "existir" deveria estar no plural e a conjunção deveria ser "pelas quais"; **C:** incorreta. Deve-se usar ou "em que" ou "nas quais"; **D:** correta. Todas as normas gramaticais foram respeitadas e manteve-se o sentido original do texto; **E:** incorreta. O verbo "ter" com sentido de "existir" é coloquial, de forma que seu uso não respeita a formalidade da norma padrão. **HS**
Gabarito "D".

Ao Senhor

Antônio Santos

Avenida Beira Mar, nº 5000

50.000-000 – Recife. PE

(Agente-Escrivão – Pernambuco – CESPE – 2016) Considerando que, conforme o MRPR, a finalidade do fecho de comunicações oficiais é arrematar o texto e saudar o destinatário, assinale a opção que contém o fecho a ser empregado corretamente em correspondência oficial a ser subscrita por um delegado de polícia civil e remetida para o secretário de Defesa Social do Estado de Pernambuco.

(A) Gentilmente,

(B) Respeitosamente,

(C) Cordialmente,

(D) Sinceramente,

(E) Atenciosamente,

Conforme o Manual de Redação da Presidência da República, se o remetente tiver cargo hierarquicamente inferior ao destinatário, o fecho deve ser "respeitosamente". Se os cargos forem equivalentes, "atenciosamente". É importante perceber que o critério não remete a uma hierarquia interna do órgão: o delegado de polícia é hie-rarquicamente inferior ao secretário estadual porque este é auxiliar direto do Gover-nador, enquanto aquele integra um órgão executor de competências públicas. **HS**
Gabarito "B".

Texto CG1A01AAA

1   O crime organizado não é um fenômeno recente.
    Encontramos indícios dele nos grandes grupos contrabandistas
    do antigo regime na Europa, nas atividades dos piratas e
4   corsários e nas grandes redes de receptação da Inglaterra do
    século XVIII. A diferença dos nossos dias é que as
    organizações criminosas se tornaram mais precisas, mais
7   profissionais.
    Um erro na análise do fenômeno é a suposição de que
    tudo é crime organizado. Mesmo quando se trata de uma
10 pequena apreensão de crack em um local remoto, alguns
    órgãos da imprensa falam em crime organizado. Em muitos
    casos, o varejo do tráfico é um dos crimes mais desorganizados
13 que existe. É praticado por um usuário que compra de alguém
    umas poucas pedras de crack e fuma a metade. Ele não tem
    chefe, parceiros, nem capital de giro. Possui apenas a
16 necessidade de suprir o vício. No outro extremo, fica o grande
    traficante, muitas vezes um indivíduo que nem mesmo vê a
    droga. Só utiliza seu dinheiro para financiar o tráfico ou seus
19 contatos para facilitar as transações. A organização criminosa
    envolvida com o tráfico de drogas fica, na maior parte das
    vezes, entre esses dois extremos. É constituída de pequenos e
22 médios traficantes e uns poucos traficantes de grande porte.
    Nas outras atividades criminosas, a situação é a
    mesma. O crime pode ser praticado por um indivíduo, uma
25 quadrilha ou uma organização. Portanto, não é a modalidade do
    crime que identifica a existência de crime organizado.

Guaracy Mingardi. Inteligência policial e crime organizado. In: Renato Sérgio de Lima e Liana de Paula (Orgs.). Segurança pública e violência: o Estado está cumprindo seu papel? São Paulo: Contexto, 2006, p. 42 (com adaptações).

12. LÍNGUA PORTUGUESA — **587**

(Agente-Escrivão – Pernambuco – CESPE – 2016) De acordo com o texto CG1A01AAA,

(A) poucas são as modalidades de crime que podem ser tipificadas como crime organizado.

(B) nem sempre o que o senso comum supõe ser crime organizado é de fato crime organizado.

(C) há registros da associação de pessoas para o cometimento de crimes desde a Antiguidade.

(D) as primeiras organizações criminosas estruturavam-se de modo totalmente impreciso e amador, em comparação com as organizações criminosas da atualidade.

(E) o conceito da expressão crime organizado foi distorcido porque a imprensa passou a empregá-la para tratar de qualquer crime que envolva entorpecentes.

A: incorreta. O texto afirma claramente que qualquer tipo de crime pode ser praticado de forma organizada; **B:** correta, O texto critica justamente essa postura, alimentada muitas vezes pela imprensa, de rotular tudo como crime organizado; **C:** incorreta. O texto fala do Antigo Regime, o sistema político europeu entre os séculos XVI e XVIII, que não se confunde com a Antiguidade (período civilizatório antes de Cristo); D: incorreta. O texto não afirma que elas eram amadoras, apenas que as atuais são mais profissionais que antes; **E:** incorreta. Tal conclusão não pode ser inferida de qualquer passagem do texto. HS

Gabarito "B".

(Agente-Escrivão – Pernambuco – CESPE – 2016) Em cada uma das opções a seguir, é apresentado um trecho do texto **CG1A01AAA**, seguido de uma proposta de reescritura. Assinale a opção em que a reescritura proposta mantém a correção gramatical do texto e o sentido original do trecho.

(A) "O crime pode ser praticado por um indivíduo, uma quadrilha ou uma organização" (l. 24 e 25): O crime ser praticado por um indivíduo, uma quadrilha ou uma organização é permitido.

(B) "Mesmo quando se trata de uma pequena apreensão de *crack* em um local remoto" (l. 9 e 10): Ainda que trata-se de uma pequena apreensão de *crack* em um local distante.

(C) "o varejo do tráfico é um dos crimes mais desorganizados que existe" (l. 12 e 13): o varejo do tráfico é um dos crimes mais desorganizados que existem.

(D) "muitas vezes um indivíduo que nem mesmo vê a droga" (l. 17 e 18): muitas vezes um indivíduo que se quer enxerga a droga.

(E) "Só utiliza seu dinheiro para financiar o tráfico ou seus contatos para facilitar as transações" (l. 18 e 19): Só utiliza seu dinheiro ou seus contatos para financiar o tráfico ou para facilitar as transações.

A: incorreta. Houve alteração de sentido com a nova proposta de redação. O texto fica dúbio, porque não se pode afirmar se o fato é criminoso ou permitido; **B:** incorreta. A conjunção "que" determina a próclise em "que se trate"; C: correta. A nova redação preserva a correção gramatical e o sentido original do texto; **D:** incorreta. O advérbio de negação é "sequer". Escrito separado ("se quer"), equivale a "caso queira"; **E:** incorreta. A colocação do termo "contatos" na nova redação alterou o sentido original. Na primeira passagem, os contatos são financiados; na segunda, são usados para financiar o tráfico. HS

Gabarito "C".

Texto CG1A01BBB

1 Não são muitas as experiências exitosas de políticas
públicas de redução de homicídios no Brasil nos últimos vinte
anos, e poucas são aquelas que tiveram continuidade. O Pacto
4 pela Vida, política de segurança pública implantada no estado
de Pernambuco em 2007, é identificado como uma política
pública exitosa.
7 O Pacto Pela Vida é um programa do governo do
estado de Pernambuco que visa à redução da criminalidade e
ao controle da violência. A decisão ou vontade política de
10 eleger a segurança pública como prioridade é o primeiro marco
que se deve destacar quando se pensa em recuperar a memória
dessa política, sobretudo quando se considera o fato de que o
13 tema da segurança pública, no Brasil, tem sido historicamente
negligenciado. Muitas autoridades públicas não só evitam
associar-se ao assunto como também o tratam de modo
16 simplista, como uma questão que diz respeito apenas à polícia.

O Pacto pela Vida, entendido como um grande
concerto de ações com o objetivo de reduzir a violência e, em
19 especial, os crimes contra a vida, foi apresentado à sociedade
no início do mês de maio de 2007. Em seu bojo, foram
estabelecidos os principais valores que orientaram a construção
22 da política de segurança, a prioridade do combate aos crimes
violentos letais intencionais e a meta de reduzir em 12% ao
ano, em Pernambuco, a taxa desses crimes.
25 Desse modo, definiu-se, no estado, um novo
paradigma de segurança pública, que se baseou na
consolidação dos valores descritos acima (que estavam em
28 disputa tanto do ponto de vista institucional quanto da
sociedade), no estabelecimento de prioridades básicas (como
o foco na redução dos crimes contra a vida) e no intenso debate
31 com a sociedade civil. A implementação do Pacto Pela Vida foi
responsável pela diminuição de quase 40% dos homicídios no
estado entre janeiro de 2007 e junho de 2013.

José Luiz Ratton et al. O Pacto Pela Vida e a redução de homicídios em Pernambuco. Rio de Janeiro: Instituto Igarapé, 2014. Internet: <https://igarape.org.br> (com adaptações).

(Agente-Escrivão – Pernambuco – CESPE – 2016) O Pacto pela Vida é caracterizado no texto **CG1A01BBB** como uma política exitosa porque:

(A) teve como objetivos a redução da criminalidade e o controle da violência no estado de Pernambuco.

(B) tratou a questão da violência como um problema social complexo e inaugurou uma estratégia de contenção desse problema compatível com sua complexidade.

(C) definiu, no estado de Pernambuco, um novo paradigma de segurança pública, embasado em uma rede de ações de combate e de repressão à violência.

(D) foi fruto de um plano acertado que elegeu a área da segurança pública como prioridade.

(E) resultou em uma redução visível no número de crimes contra a vida no estado de Pernambuco.

O êxito de uma política pública se mede pelos seus resultados. Logo, o autor afirma que o Pacto pela Vida teve êxito porque cumpriu sua meta de reduzir o número de crimes violentos intencionais no Estado de Pernambuco. Correta, portanto, a alternativa "E". HS

Gabarito "E".

(Agente-Escrivão – Pernambuco – CESPE – 2016) De acordo com o **Manual de Redação da Presidência da República** (MRPR), o aviso e o ofício são:

(A) modalidades de comunicação entre unidades administrativas de um mesmo órgão.

(B) instrumentos de comunicação oficial entre os chefes dos poderes públicos.

(C) documentos que compartilham a mesma diagramação, uma vez que seguem o padrão ofício.

(D) expedientes utilizados para o tratamento de assuntos oficiais entre órgãos da administração pública e particulares.

(E) correspondências usualmente remetidas por particulares a órgãos do serviço público.

A: incorreta. Este é o conceito de memorando; **B:** incorreta. Este é o conceito de mensagem; **C:** correta, nos termos do item 3.3 do Manual; **D:** incorreta. Somente o ofício é destinado a particulares; **E:** incorreta. Aviso e ofício são atos de comunicação para tratamento de assuntos oficiais entre órgãos da administração pública e, no caso do ofício, também para particulares. HS

Gabarito "C".

(Agente-Escrivão – Pernambuco – CESPE – 2016) Considerando as disposições do MRPR, assinale a opção que apresenta o vocativo adequado para ser empregado em um expediente cujo destinatário seja um delegado de polícia civil.

(A) Magnífico Delegado,

(B) Digníssimo Delegado,

(C) Senhor Delegado,

(D) Excelentíssimo Senhor Delegado,

(E) Ilustríssimo Senhor Delegado,

A: incorreta. A expressão "magnífico" é destinada a reitores de universidades; **B:** incorreta. Não se usa o termo "digníssimo" em comunicações oficiais, porque a dignidade é pressuposto do exercício de qualquer função pública; **C:** correta, nos termos do item 2.1.3 do Manual; **D:** incorreta. O vocativo "excelentíssimo" é reservado aos chefes de poder; **E:** incorreta. Não se usa o termo "ilustríssimo" em comunicações oficiais, por ser absolutamente desnecessário. **HS**

Gabarito "C".

Dificilmente, em uma ciência-arte como a Psicologia-Psiquiatria, há algo que se possa asseverar com 100% de certeza. Isso porque há áreas bastante interpretativas, sujeitas a leituras diversas, a depender do observador e do observado. Porém, existe um fato na Psicologia-Psiquiatria forense que é 100% de certeza e não está sujeito a interpretação ou a dissimulação por parte de quem está a ser examinado. E revela, objetivamente, dados do psiquismo da pessoa ou, em outras palavras, mostra características comportamentais indissimuláveis, claras e objetivas. O que pode ser tão exato, em matéria de Psicologia-Psiquiatria, que não admite variáveis? Resposta: todos os crimes, sem exceção, são como fotografias exatas e em cores do comportamento do indivíduo. E como o psiquismo é responsável pelo modo de agir, por conseguinte, temos em todos os crimes, obrigatoriamente e sempre, elementos objetivos da mente de quem os praticou.

Por exemplo, o delito foi cometido com multiplicidade de golpes, com ferocidade na execução, não houve ocultação de cadáver, não se verifica cúmplice, premeditação etc. Registre-se que esses dados já aconteceram. Portanto, são insimuláveis, 100% objetivos. Basta juntar essas características comportamentais que teremos algo do psiquismo de quem o praticou. Nesse caso específico, infere-se que a pessoa é explosiva, impulsiva e sem freios, provável portadora de algum transtorno ligado à disritmia psicocerebral, algum estreitamento de consciência, no qual o sentimento invadiu o pensamento e determinou a conduta.

Em outro exemplo, temos homicídio praticado com um só golpe, premeditado, com ocultação de cadáver, concurso de cúmplice etc. Nesse caso, os dados apontam para o lado do criminoso comum, que entendia o que fazia.

Claro que não é possível, apenas pela morfologia do crime, saber-se tudo do diagnóstico do criminoso. Mas, por outro lado, é na maneira como o delito foi praticado que se encontram características 100% seguras da mente de quem o praticou, a evidenciar fatos, tal qual a imagem fotográfica revela-nos exatamente algo, seja muito ou pouco, do momento em que foi registrada. Em suma, a forma como as coisas foram feitas revela muito da pessoa que as fez.

PALOMBA, Guido Arturo. Rev. Psique: nº 100 (ed. comemorativa), p. 82.

(Investigador-Escrivão-Papiloscopista – Pará – Funcab – 2016) Para persuadir o ouvinte a chegar a determinada conclusão, em qualquer matéria polêmica, recorre o falante a estratégias argumentativas variadas, tais como:

1. deduções lógicas ou racionais
2. comparações esclarecedoras
3. ilustrações com passagens literárias
4. exemplificação com dados reais

No texto apresentado, vale-se o autor de:

(A) 1, 2, 3 e 4.
(B) apenas 3 e 4.
(C) apenas 1, 2 e 4.
(D) apenas 1 e 2.
(E) apenas 3.

As pessoas tendem a se convencer a partir de dados reais e daquilo que construíram com raciocínio lógico. Logo, todas as estratégias listadas podem ser utilizadas, com exceção do número 3. Passagens literárias são romantizadas, ficcionais, e não se prestam a convencer o ouvinte sobre os argumentos utilizados. **HS**

Gabarito "C".

Quando, em 3 de outubro de 1897, as tropas federais entraram em Canudos para o ataque final, Antônio Conselheiro já não estava à frente de seus fiéis. Havia falecido em 22 de setembro. A causa da morte não foi bem esclarecida, mas bem pode ter sido aquilo que na região era conhecido como "caminheira", diarreia. Uma prosaica e deprimente condição que vitimava, e ainda vítima, milhares de brasileiros, e que está ligada à má higiene dos alimentos e à deficiente qualidade da água.

O cadáver foi desenterrado e decapitado, mas a cabeça não foi, como a de Tiradentes, exibida em público para escarmento da população. Não, esses tempos já haviam passado, mas foi enviada a um cientista, para ser estudada: era preciso descobrir o que havia ali, que poder misterioso – capaz de mobilizar multidões – residira naquele cérebro. Medir e estudar crânios era uma obsessão de uma época muito influenciada pela teoria do "criminoso nato", cujas características manifestar-se-iam no tipo da face e na conformação do crânio.

Moacyr Scliar. Saturno nos trópicos. São Paulo: Companhia das Letras, 2003.

(Papiloscopista – PCDF – Universa – 2016) Conclui-se do texto que

(A) se acreditava que o poder de liderança de Antônio Conselheiro advinha de um poder sobrenatural, divino, que apenas um cientista poderia esclarecer.
(B) houve uma época em que se achava que apenas olhando para alguém, dadas as características de sua face, seria possível reconhecer se esse alguém era um criminoso.
(C) Antônio Conselheiro, antes de morrer, colocava-se à frente de seus fiéis, servindo-lhes como escudo humano, para protegê-los.
(D) a cabeça de Tiradentes foi exibida em público com o objetivo de servir de lição àqueles que porventura quisessem adotar suas ideias.
(E) a população de Canudos vivia em condições que propiciavam o aparecimento de doenças físicas e mentais, como a diarreia e a depressão.

A: incorreta. O poder de mobilizar multidões não é atribuído a algo divino no texto, apenas misterioso porque desconhecido, mas capaz de ser elucidado para ciência de então; **B:** dada como incorreta pelo gabarito oficial, mas isso pode ser inferido do último parágrafo do texto, dando-lhe uma interpretação mais ampla e menos literal; **C:** incorreta. "Estar à frente" é uma expressão idiomática, que significa "liderar"; **D:** correta. O dado foi posto no texto para comparar o tratamento dado ao líder da Inconfidência Mineira àquele dado ao líder de Canudos; **E:** incorreta. As doenças mentais não são incluídas como consequência das precárias condições de Canudos. **HS**

Gabarito "D".

(Papiloscopista – PCDF – Universa – 2016) Seja quanto ao tipo, seja quanto ao gênero, o texto apresentado tem caráter predominantemente

(A) descritivo.
(B) argumentativo.
(C) narrativo.
(D) instrucional.
(E) informativo.

O texto é predominantemente informativo, vez que pretende narrar fatos históricos que o autor quer transmitir aos seus leitores. **HS**

Gabarito "E".

(Papiloscopista – PCDF – Universa – 2016) Com base no disposto no Manual de Redação da Presidência da República, é correto afirmar que, em um memorando enviado por um papiloscopista policial ao diretor do Instituto de Identificação da Polícia Civil do Distrito Federal, deve-se empregar

(A) o local, por extenso, além da data, em formato numérico, como, por exemplo: Brasília, 30/4/2015.
(B) a expressão Ao Sr. Diretor do Instituto de Identificação, como destinatário.
(C) **Atenciosamente**, como fecho do documento.
(D) o vocativo **Excelentíssimo Senhor Diretor**.
(E) a expressão **Sua Excelência**, como forma de tratamento.

A: incorreta. O mês deve ser grafado por extenso; **B:** correta, conforme a utilização dos pronomes de tratamento preconizada pela norma padrão e adotada pelo Manual de Redação da Presidência da República; **C:** incorreta. Como as autoridades têm níveis hierárquicos diferentes, deve-se usar o fecho "Respeitosamente"; **D** e **E:** incorretas. O tratamento de Excelência é reservado a chefes de poder e a membros do Poder Judiciário. **HS**

Gabarito "B".

12. LÍNGUA PORTUGUESA — 589

1 A prisão, em vez de devolver à liberdade indivíduos
corrigidos, espalha na população delinquentes perigosos. A
prisão não pode deixar de fabricar delinquentes. Fabrica-os
4 pelo tipo de existência que faz os detentos levarem: que fiquem
isolados nas celas, ou que lhes seja imposto um trabalho para
o qual não encontrarão utilidade, é de qualquer maneira não
7 "pensar no homem em sociedade; é criar uma existência contra
a natureza inútil e perigosa"; queremos que a prisão eduque os
detentos, mas um sistema de educação que se dirige ao homem
10 pode ter razoavelmente como objetivo agir contra o desejo da
natureza? A prisão fabrica também delinquentes impondo aos
detentos limitações violentas; ela se destina a aplicar as leis, e
13 a ensinar o respeito por elas; ora, todo o seu funcionamento se
desenrola no sentido do abuso de poder. A prisão torna
possível, ou melhor, favorece a organização de um meio de
16 delinquentes, solidários entre si, hierarquizados, prontos para
todas as cumplicidades futuras.

Michel Foucault. **Ilegalidade e delinquência**. *In*: Michel Foucault. **Vigiar e
punir: nascimento da prisão**. 33.a ed. Petrópolis: Vozes, 1987, p. 221-2
(com adaptações).

(Agente de Polícia/DF – 2013 – CESPE) O item seguinte apresenta proposta
de reescritura de trechos do texto acima. Julgue-o quanto à correção
gramatical e à manutenção do sentido original do texto.

(1) "A prisão (...) fabricar delinquentes" (L.2-3): Não é permitido que
a prisão deixe de forjar delinquentes.

1: incorreta. Melhor seria "Não se concebe que a prisão deixe de formar delinquentes".

Gabarito 1E

(Agente de Polícia/DF – 2013 – CESPE) Com fundamento no **Manual de
Redação da Presidência da República**, julgue os itens a seguir,
referentes à adequação da linguagem e do formato do texto às correspondências oficiais.

(1) Se, para tratar de interesse de um filiado seu, o Sindicato dos Policiais Civis do DF tiver de se comunicar oficialmente com a chefia
da Seção de Registros Funcionais (SRFUN) do Departamento de
Gestão de Pessoas da PCDF, ele deverá encaminhar à SRFUN
um memorando, em cujo cabeçalho deverão constar as seguintes
informações: Governo do Distrito Federal Polícia Civil do Distrito
Federal Sindicato dos Policiais Civis do Distrito Federal SEDE:
Plano Piloto, SCLRN 716, Bloco F, Loja 59, Edifício do Policial Civil
CEP 70.770-536 – Brasília-DF Telefone: (61) 3701-1300 - *Email*:
secpre@sinpoldf.com.br

(2) O texto de um ofício a ser encaminhado pela chefia da Divisão de
Tramitação de Autos da PCDF à Delegacia Estadual de Repressão
a Furtos e Roubos de Cargas, sediada na capital do estado de
Goiás, deverá conter a apresentação do assunto que motiva a
comunicação, o detalhamento desse assunto e a reafirmação ou
reapresentação da posição recomendada a respeito do assunto.

(3) Caso a diretora da Academia de Polícia Civil do Distrito Federal,
no uso de suas atribuições, necessite tratar de assuntos oficiais
com o ministro de Estado da Defesa, deverá encaminhar-lhe um
aviso, documento oficial usado para essa finalidade, em cujo
vocativo deverá ser empregada a expressão "Senhor Ministro",
seguida de vírgula.

1: incorreta. Memorando é um documento interno, entre órgãos da mesma instituição pública. O documento correto a ser usado nesse caso é o ofício; **2:** correto,
nos termos do item 3.1 do Manual de Redação da Presidência da República; **3:**
incorreta. Aviso é documento oficial emitido exclusivamente por Ministros de
Estado. No caso em exame, deve ser usado o ofício.

Gabarito 1E, 2C, 3E

Sob ordens da chefia

Ah, os chefes! Chefões, chefinhos, mestres, gerentes, diretores,
quantos ao longo da vida, não? Muitos passam em brancas nuvens, perdem-se em suas próprias e pequenas histórias. Mas há
outros cujas marcas acabam ficando bem nítidas na memória: são
aqueles donos de qualidades incomuns.

Por exemplo, o meu primeiro chefe, lá no finalzinho dos anos
50: cinco para as oito da noite, e eu começava a ficar aflito, pois o

locutor do horário ainda não havia aparecido. A rádio da pequena
cidade do interior, que funcionava em três horários, precisava abrir
às oito e como fazer? Bem, o fato é que eu era o técnico de som
do horário, precisava "passar" a transmissão lá para a câmara,
e o locutor não chegava para os textos de abertura, publicidade,
chamadas. Meu chefe, de lá, tomou a iniciativa:

– Ei rapaz, deixe ligado o microfone, largue isso aí, vá pro estúdio e ponha a rádio no ar. Vamos lá, firme, coragem! – foi a minha
primeira experiência: fiz tudo como mandava e ele pôde, assim,
transmitir tudo sem problemas.

No dia seguinte, muita apreensão logo de manhã, aguardando
o homem. Será que tinha alguma crítica? Mas eis que ele chega,
simpático e sorridente como sempre, e me abraça.

– Muito bem! Você está aprovado. Quer começar amanhã na
locução?

Alguns meses antes do seu falecimento, reencontrei-o num lançamento de livro: era o mesmo de cinquenta e tantos anos atrás:
magrinho, calva luzidia, falante, sempre cheio de planos para o
futuro.

E o chefe das pestanas brancas, anos depois: estremecíamos
quando ele nos chamava para qualquer coisa, fazendo-nos entrar na sua sala imensa, já suando frio e atentos às suas finas e
cortantes palavras. Olhar frio, imperturbável, postura ereta, ágil,
sempre trajando ternos impecáveis. Suas atitudes? Dinâmicas,
surpreendentes.

Uma vez, precisando de algumas instruções, perguntei a sua
secretária se poderia "entrar".

– Não vai dar. – Respondeu-me ela. – Está ocupadíssimo, em
reunião. Mas volte aqui um pouco mais tarde. Vamos ver!

Voltei uns cinquenta minutos depois, cauteloso, e quase não
acreditei no que ouvi: – Sinto muito, o chefe está viajando para a
Alemanha.

Era bem diferente daquele outro da mesma empresa, descontraído, amigão de todos: não era somente um chefe, era um líder,
bem conhecido entre os revendedores. Todos sentíamos prazer
em trabalhar com ele, e para ele. Até quando o serviço resultava
numa sonora bronca – sempre justificada, é claro. Jeitão simples,
de fino humor, tratava tudo com o tempero da sua criatividade
nata. "Punha para frente" até quem precisava demitir: intercedia lá
fora em seu favor, o que víamos com nossos próprios olhos.

Não chamava ninguém do seu pessoal a toda hora, a não ser
que o assunto fosse sério mesmo: se tinha algo a tratar no dia
a dia, chegava pessoalmente, numa boa, às vezes até sentava
numa de nossas mesas para expor o assunto. Aliás, era o único
chefe que se lembrava de me dar um abraço e dizer "parabéns" no
dia do meu aniversário.

(Gustavo Mazzola, *Correio Popular*, 04.09.2013, http://zip.net/brl0k3.
Adaptado)

(Escrivão/SP – 2014 – VUNESP) Ao iniciar o primeiro parágrafo com a
frase – Ah, os chefes!

Chefões, chefinhos, mestres, gerentes, diretores, quantos ao longo
da vida, não? –, o autor

(A) demonstra que abordará o assunto por um viés acentuadamente
técnico.

(B) confere a seu discurso um ar de sobriedade e grande erudição.

(C) apresenta a temática do texto com objetividade e impessoalidade
intensas.

(D) imprime ao texto um tom de conversa e intimidade com o leitor.

(E) anuncia que deverá tratar do assunto do texto com formalidade.

O uso da interjeição "Ah!" e de termos coloquiais, como "chefões" e "chefinhos"
dão ao texto um ar de conversa. O autor quer se aproximar do leitor ao escrever
com informalidade, como todos nós conversamos um assunto do cotidiano
com um amigo.

Gabarito "D"

Paz como equilíbrio do movimento

1   Como definir a paz? Desde a antiguidade encontramos muitas definições. Todas elas possuem suas
2   boas razões e também seus limites. Privilegiamos uma, por ser extremamente sugestiva: a paz é o equilíbrio
3   do movimento. A felicidade desta definição reside no fato de que se ajusta à lógica do universo e de todos
4   os processos biológicos. Tudo no universo é movimento, nada é estático e feito uma vez por todas.
5   Viemos de uma primeira grande instabilidade e de um incomensurável caos. Tudo explodiu. E ao
6   expandir-se, o universo vai pondo ordem no caos. Por isso o movimento de expansão é criativo e
7   generativo. Tudo tem a ver com tudo em todos os momentos e em todas as circunstâncias. Essa afirmação
8   constitui a tese básica de toda a cosmologia contemporânea, da física quântica e da biologia genética e
9   molecular.
10 Em razão da panrelacionalidade de tudo com tudo, o universo não deve mais ser entendido como o
11 conjunto de todos os seres existentes e por existir, mas como o jogo total, articulado e dinâmico, de todas as
12 relações que sustentam os seres e os mantém unidos e interdependentes entre si.
13 A vida, as sociedades humanas e as biografias das pessoas se caracterizam pelo movimento. A
14 vida nasceu do movimento da matéria que se auto-organiza; a matéria nunca é "material", mas um jogo
15 altamente interativo de energias e de dinamismos que fazem surgir os mais diferentes seres. Não sem razão
16 asseveram alguns biólogos que, quando a matéria alcança determinado nível de auto-organização, em
16 qualquer parte do universo, emerge a vida como imperativo cósmico, fruto do movimento de relações
18 presentes em todo o cosmos.
19 As coisas mantêm-se em movimento, por isso evoluem; elas ainda não acabaram de nascer. Mas o
20 caos jamais teria chegado a cosmos e a desordem primordial jamais teria se transformado em ordem aberta
21 se não houvesse o equilíbrio. Este é tão importante quanto o movimento. Movimento desordenado é
22 destrutivo e produtor de entropia. Movimento com equilíbrio produz sintropia e faz emergir o universo como
23 cosmos, vale dizer, como harmonia, ordem e beleza.
24 Que significa equilíbrio? Equilíbrio é a justa medida entre o mais e o menos. O movimento possui
25 equilíbrio e assim expressa a situação de paz se ele se realizar dentro da justa medida, não for nem
26 excessivo nem deficiente. Importa, então, sabermos o que significa a justa medida.
27 A justa medida consiste na capacidade de usar potencialidades naturais, sociais e pessoais de tal
28 forma que elas possam durar o mais possível e possam, sem perda, se reproduzir. Isso só é possível,
29 quando se estabelece moderação e equilíbrio entre o mais e o menos. A justa medida pressupõe realismo,
30 aceitação humilde dos limites e aproveitamento inteligente das possibilidades. É este equilíbrio que garante
31 a sustentabilidade a todos os fenômenos e processos, à Terra, às sociedades e à vida das pessoas.
32 O universo surgiu por causa de um equilíbrio extremamente sutil. Após a grande explosão originária,
33 se a força de expansão fosse fraca demais, o universo colapsaria sobre si mesmo. Se fosse forte demais, a
34 matéria cósmica não conseguiria adensar-se e formar assim gigantescas estrelas vermelhas,
35 posteriormente, as galáxias, as estrelas, os sistemas planetários e os seres singulares. Se não tivesse
36 funcionado esse refinadíssimo equilíbrio, nós humanos não estaríamos aqui para falar disso tudo.
37 Como alcançar essa justa medida e esse equilíbrio dinâmico? A natureza do equilíbrio demanda
38 uma arte combinatória de muitos fatores e de muitas dimensões, buscando a justa medida dentre todas
39 elas. Pretender derivar o equilíbrio de uma única instância é situar-se numa posição sem equilíbrio. Por isso
40 não basta a razão crítica, não é suficiente a razão simbólica, presente na religião e na espiritualidade, nem a
41 razão emocional, subjacente ao mundo dos valores e das significações, nem o recurso da tradição, do bom
42 senso e da sabedoria dos povos.
43 Todas estas instâncias são importantes, mas nenhuma delas é suficiente, por si só, para garantir o
44 equilíbrio. Este exige uma articulação de todas as dimensões e todas as forças.
45 A partir destas ideias, temos condições de apreciar a excelência da compreensão da paz como
46 equilíbrio do movimento. Se houvesse somente movimento sem equilíbrio, movimento linear ou
47 desordenado, em todas as direções, imperaria o caos e teríamos perdido a paz. Se houvesse apenas
48 equilíbrio sem movimento, sem abertura a novas relações, reinaria a estagnação e nada evoluiria. Seria a
49 paz dos túmulos. A manutenção sábia dos dois polos faz emergir a paz dinâmica, feita e sempre por fazer,
50 aberta a novas incorporações e a sínteses criativas.
51 Consideradas sob a ótica da paz como equilíbrio do movimento, as sociedades atuais são
52 profundamente destruidoras das condições da paz. Vivemos dilacerados por radicalismos, unilateralismos,
53 fundamentalismos e polarizações insensatas em quase todos os campos. A concorrência na economia e no
53 mercado, feita princípio supremo, esmaga a cooperação necessária para que todos os seres possam viver e
55 continuar a evoluir. O pensamento único da ideologia neoliberal, levado a todos os quadrantes da terra,
56 destrói a diversidade cultural e espiritual dos povos. A imposição de uma única forma de produção, com a
57 utilização de um único tipo de técnica e de administração, maximizando os lucros, encurtando o tempo e
58 minimizando os investimentos, devasta os ecossistemas e coloca sob risco o sistema vivo de Gaia. As
59 relações profundamente desiguais entre ricos e pobres, entre Norte e Sul e entre religiões que se
60 consideram portadoras de revelação divina e outras religiões da humanidade, reforçam a arrogância e
61 aumentam os conflitos religiosos. Todos estes fenômenos são manifestações da destruição do equilíbrio do
62 movimento e, por isso, da paz tão ansiada por todos. Somente fundando uma nova aliança entre todos e
63 com a natureza, inspirada na paz-equilíbrio-do-movimento como método e como meta, conseguiremos
64 sociedades sem barbárie, onde a vida pode florescer e os seres humanos podem viver no cuidado de uns
65 para com os outros, em justiça e, enfim, na paz perene, secularmente ansiada.

BOFF, Leonardo. *Paz como equilíbrio do movimento.*
Disponível em: <http://www.leonardoboff.com/site/vista/2001-2002/pazcomo.htm>.
Acesso em: 14 nov. 2012. (Adaptado).

12. LÍNGUA PORTUGUESA — 591

(Escrivão de Polícia/GO – 2013 – UEG) Qual função da linguagem predomina no texto?

(A) Conativa
(B) Referencial
(C) Emotiva
(D) Poética

A: incorreta. Função conativa ou apelativa é aquela coloca o foco da mensagem no receptor, querendo incentivá-lo ou convencê-lo a fazer algo. É muito usada em textos publicitários, caracterizando-se pelo uso dos verbos no imperativo; **B:** correta. Função denotativa ou referencial é aquela que tem por foco o objeto do texto. A preocupação do autor é transmitir uma informação objetiva, com base em argumentos lógicos; **C:** incorreta. Função emotiva ou expressiva é aquela que concentra-se no emissor da mensagem, quando ele deseja que suas opiniões sejam percebidas pelo destinatário. Caracteriza-se pela conjugação dos verbos na primeira pessoa do singular e uso constante de sinais de pontuação que indicam expressividade (ponto de exclamação, reticências etc.); **D:** incorreta. Função poética é aquele encontrada na poesia, na linguagem em versos ou qualquer outra forma não usual de comunicação, como rimos ou jogos de imagens.
„Gabarito "B".

(Escrivão de Polícia/GO – 2013 – UEG) O texto acima apresenta características que permitem enquadrá-lo no gênero

(A) carta de leitor
(B) resenha crítica
(C) carta pessoal
(D) artigo de opinião

A: incorreta. A carta de leitor apresenta intertextualidade, ou seja, a referência a um texto anterior que deve ser obrigatoriamente conhecido para sua perfeita compreensão; **B:** incorreta. Resenha crítica é elaborada sobre uma produção literária já publicada, também apresentando intertextualidade; **C:** incorreta. Carta pessoal é uma forma que comunicação entre duas pessoas, pressupondo um emitente e um destinatário, normalmente dotada de informalidade; **D:** correta. O texto é um artigo de opinião, um espaço onde o autor tece seus argumentos objetivos sobre determinado assunto.
„Gabarito "D".

2. SEMÂNTICA / ORTOGRAFIA / ACENTUAÇÃO GRÁFICA

Texto CB1A1AAA

1	Na Idade Média, durante o período feudal, o príncipe era detentor de um poder conhecido como jus politiae – direito de polícia –, que designava tudo o que era necessário
4	à boa ordem da sociedade civil sob a autoridade do Estado, em contraposição à boa ordem moral e religiosa, de competência exclusiva da autoridade eclesiástica.
7	Atualmente, no Brasil, por meio da Constituição Federal de 1988, das leis e de outros atos normativos, é conferida aos cidadãos uma série de direitos, entre os quais
10	os direitos à liberdade e à propriedade, cujo exercício deve ser compatível com o bem-estar social e com as normas de direito público. Para tanto, essas normas especificam limitações
13	administrativas à liberdade e à propriedade, de modo que, a cada restrição de direito individual – expressa ou implícita na norma legal –, corresponde equivalente poder de polícia
16	administrativa à administração pública, para torná-la efetiva e fazê-la obedecida por todos.

Internet: <www.ambito-juridico.com.br> (com adaptações).

(Agente-Escrivão – PC/GO – CESPE – 2016) Quanto aos termos empregados no texto CB1A1AAA, às ideias nele contidas e à ortografia oficial da língua portuguesa, assinale a opção correta.

(A) O sentido original do texto seria preservado e as normas da ortografia oficial da língua portuguesa seriam respeitadas caso se substituísse o trecho "é conferida aos cidadãos uma série de direitos" (l. 9) por **aos cidadões confere-se muitos direitos**.
(B) O emprego do hífen no vocábulo "bem-estar" justifica-se pela mesma regra ortográfica que justifica a grafia do antônimo desse vocábulo: **mal-estar**.
(C) As formas verbais "torná-la" e "fazê-la" (l. 16 e 17) recebem acentuação gráfica porque se devem acentuar todas as formas verbais combinadas a pronome enclítico.

(D) A mesma regra de acentuação justifica o emprego de acento em "à" (l. 4) e "é" (l. 9).
(E) O vocábulo "período" é acentuado em razão da regra que determina que se acentuem palavras paroxítonas com vogal tônica **i** formadora de hiato.

A: incorreta. A construção correta seria: "aos cidadãos conferem-se muitos direitos"; **B:** correta. Segundo o Novo Acordo Ortográfico, usa-se hífen em palavras compostas com os advérbios "bem" e "mal" se o segundo elemento começar por "h" ou vogal; **C:** incorreta. Por razões fonéticas, o verbo com pronome enclítico pode sofrer alterações na grafia, como nos exemplos dados. Nesses casos, as normas de acentuação devem ser respeitadas conforme a grafia utilizada – aqui, porque ambas são palavras oxítonas terminadas em "a". Note que o verbo "segui-la", por exemplo, não leva acento porque não se acentuam as oxítonas terminadas em "l"; **D:** incorreta. O acento grave indicativo da crase no primeiro caso é resultado da aglutinação da preposição "a" com o artigo definido "a". A flexão verbal "é" leva acento agudo porque é monossílabo tônico terminado em "e"; **E:** incorreta. "Período" é acentuada porque é proparoxítona. HS
„Gabarito "B".

Texto CB1A2AAA

1   Em linhas gerais, há na literatura econômica duas
    explicações para a educação ser tida como um fator de redução
    da criminalidade. A primeira é que a educação muda as
4   preferências intertemporais, levando o indivíduo a ter menos
    preferência pelo presente e a valorizar mais o futuro, isto é,
    a ter aversão a riscos e a ter mais paciência. A segunda
7   explicação é que a educação contribui para o combate à
    criminalidade porque ensina valores morais, tais como
    disciplina e cooperação, tornando o indivíduo menos suscetível
10 a praticar atos violentos e crimes.
    Há outras razões pelas quais se podem associar
    educação e redução da criminalidade. Quanto maior o nível de
13 escolaridade do indivíduo, maior será para ele o retorno do
    trabalho lícito (isto é, o salário), e isso eleva o custo de
    oportunidade de se cometer crime. Além disso, há uma questão
16 relacionada à possibilidade do estado de dependência do crime:
    a probabilidade de se cometerem crimes no presente está
    relacionada à quantidade de crimes que já se cometeram. Dessa
19 forma, manter as crianças na escola, ocupadas durante o dia,
    contribuiria a longo prazo para a redução da criminalidade.
    Acredita-se, por essa razão, que haja uma relação entre maior
22 nível de escolaridade e redução da criminalidade. A
    criminalidade é uma externalidade negativa com enormes
    custos sociais e, se a educação consegue diminuir a violência,
25 o retorno social pode ser ainda maior que o retorno privado.

R. A. Duenhas, F. O. Gonçalves e E. Gelinski Jr. Educação, segurança pública e violência nos municípios brasileiros: uma análise de painel dinâmico de dados. UEPG Ci. Soc. Apl., Ponta Grossa, 22 (2):179-91, jul.-dez./2014. Internet: <www.revistas2.uepg.br> (com adaptações).

(Agente-Escrivão – PC/GO – CESPE – 2016) No texto CB1A2AAA, a palavra "aversão" (l. 6) foi empregada no sentido de:

(A) pavor.
(B) repugnância.
(C) intolerância.
(D) indiferença.
(E) atração.

"Aversão" é sinônimo de "repugnância", "repulsa". HS
„Gabarito "B".

(Investigador-Escrivão-Papiloscopista – Pará – Funcab – 2016) Tal como ocorre com "interpretaÇÃO" e "dissimulaÇÃO", grafa-se com "ç" o sufixo de ambas as palavras arroladas em:

(A) submição à lei indução ao crime.
(B) interseção do juiz – contenção do distúrbio.
(C) presunção de culpa coerção penal.
(D) detenção do infrator ascensão ao posto.
(E) apreenção do menor – sanção legal.

A: incorreta. Grafa-se "submissão"; **B:** incorreta. As palavras estão corretamente grafadas, mas "interseção" não tem sufixo – nesse caso, "ção" faz parte do substantivo primitivo; **C:** correta. A ortografia foi respeitada e ambas as palavras possuem o sufixo "ção"; **D:** incorreta. Grafa-se "ascensão"; **E:** incorreta. Grafa-se "apreensão". HS

Gabarito "C".

1 A existência do poder executivo, legislativo e
judiciário é uma ideia aparentemente bastante velha no
direito constitucional. Na verdade, trata-se de uma ideia
4 recente que data mais ou menos de Montesquieu. Na alta
Idade Média não havia poder judiciário. Não havia poder
judiciário autônomo, nem mesmo poder judiciário nas mãos
7 de quem detinha o poder das armas, o poder político.
A acumulação da riqueza e do poder e a constituição
do poder judiciário nas mãos de alguns é um mesmo
10 processo que vigorou na alta Idade Média e alcançou seu
amadurecimento no momento da formação da primeira
grande monarquia medieval. Nesse momento, apareceram
13 coisas totalmente novas. Aparece uma justiça que não é
mais contestação entre indivíduos e livre aceitação por esses
indivíduos de um certo número de regras de liquidação, mas
16 que, ao contrário, vai-se impor do alto aos indivíduos, aos
oponentes, aos partidos.
Aparece, ainda, um personagem totalmente novo: o
19 procurador, que se vai apresentar como o representante do
soberano, do rei ou do senhor, como representante de um
poder lesado pelo único fato de ter havido um delito ou um
22 crime. O procurador vai dublar a vítima, vai estar por trás
daquele que deveria dar a queixa, dizendo: "Se é verdade
que este homem lesou um outro, eu, representante do
25 soberano, posso afirmar que o soberano, seu poder, a ordem
que ele faz reinar, a lei que ele estabeleceu foram
igualmente lesados por esse indivíduo. Assim, eu também
28 me coloco contra ele".
Uma noção absolutamente nova aparece: a de
infração. A infração não é um dano causado por um
31 indivíduo contra outro; é uma ofensa ou lesão de um
indivíduo à ordem, ao Estado, à lei, à sociedade, à
soberania, ao soberano. Há ainda uma última invenção tão
34 diabólica quanto a do procurador e a da infração: o Estado
– ou melhor, o soberano – é não somente a parte lesada,
mas também a que exige reparação. Quando um indivíduo
37 perde o processo, é declarado culpado e deve ainda
reparação a sua vítima. Entretanto, vai-se exigir do culpado
não só a reparação do dano feito, mas também a reparação
40 da ofensa que cometeu contra o soberano, o Estado, a lei.

Michel Foucault. A verdade e as formas jurídicas. 3ª ed. Rio de Janeiro: Nau Editora, 2002 (com adaptações).

(Papiloscopista – PCDF – Universa – 2016) No texto, o vocábulo

(A) "dublar" (linha 22) foi empregado em sentido conotativo.

(B) "perde" (linha 36) é sinônimo de **ficar sem a posse**.

(C) "constituição" (linha 8) foi empregado no sentido de **ordenação, estatuto, regra**.

(D) "personagem" (linha 18) é sinônimo de **protagonista**.

(E) "procurador" (linha 19) foi empregado no sentido de **aquele que procura algo**.

A: correta. Sentido conotativo é o sentido figurado, metafórico. Com efeito, o procurador não dubla realmente a vítima, ato que ocorreria se essa estivesse fisicamente no local com o outro emitindo as palavras em seu lugar; **B:** incorreta. "Perder o processo" remete à derrota em uma competição; **C:** incorreta. É sinônimo de "criação", "composição"; **D:** incorreta. Os termos não são sinônimos: "protagonista" é espécie do gênero "personagem"; **E:** incorreta. "Procurador", aqui, é sinônimo de "representante". HS

Gabarito "A".

1 Leio que a ciência deu agora mais um passo definitivo.
E claro que o definitivo da ciência e transitório, e não por
deficiência da ciência (e ciência demais), que se supera a si
4 mesma a cada dia... Não indaguemos para que, ja que a própria
ciência não o faz — o que, alias, e a mais moderna forma de
objetividade de que dispomos.

7 Mas vamos ao definitivo transitório. Os cientistas
afirmam que podem realmente construir agora a bomba limpa.
Sabemos todos que as bombas atômicas fabricadas ate hoje são
10 sujas (alias, imundas) porque, depois que explodem, deixam
vagando pela atmosfera o ja famoso e temido estrôncio 90.
Ora, isso e desagradável: pode mesmo acontecer que o próprio
13 pais que lançou a bomba venha a sofrer, a longo prazo, as
conseqüências mortíferas da proeza. O que e, sem duvida, uma
sujeira.
16 Pois bem, essas bombas indisciplinadas,
mal-educadas, serão em breve substituídas pelas bombas n, que
cumprirão sua missão com lisura: destruirão o inimigo,
19 sem riscos para o atacante. Trata-se, portanto, de uma fabulosa
conquista, não?

Ferreira Gullar. *Maravilha. In: A estranha vida banal.* Rio de Janeiro: José Olympio, 1989, p. 109.

(Polícia Rodoviária Federal – 2013 – CESPE) No que se refere aos sentidos e as estruturas linguísticas do texto acima, julgue os itens a seguir.

(1) A forma verbal "podem" (L.8) está empregada no sentido de *têm autorização*.

(2) O emprego do acento nas palavras "ciência" e "transitório" justifica-se com base na mesma regra de acentuação.

1: incorreta. O verbo conjugado "podem" foi usado no sentido de "conseguem", "têm aptidão"; **2:** correta. Ambas são paroxítonas terminadas em ditongo crescente.

Gabarito 1E, 2C.

Os produtos ecológicos estão dominando as prateleiras do comércio. Mesmo com tantas opções, ainda há resistência na hora da compra. **Isso** acontece porque o custo de tais itens é sempre mais elevado, em comparação com o das mercadorias tradicionais. Com os temas ambientais cada vez mais em pauta, é normal que a consciência ecológica tenha aumentado entre os brasileiros. Se por um lado o consumidor deseja investir em produtos menos agressivos ao meio ambiente, por outro ele não está disposto a pagar mais de cinco por cento acima do valor normal. É o que mostra uma pesquisa realizada pela Proteste – Associação de Consumidores.

A análise foi feita a partir de um levantamento realizado em 2012. De acordo com a Proteste, quase metade dos entrevistados afirmaram que deixaram de comprar produtos devido às más condutas ambientais da companhia.

Dos entrevistados, 72% disseram que, na última compra, levaram em consideração o comportamento da empresa, em especial, sua atitude em relação ao meio ambiente. Ainda assim, 60% afirmam que raramente ou nunca têm informações sobre o impacto ambiental do produto ou do comportamento da empresa. Já 81% das pessoas acreditam que o rótulo de sustentabilidade e responsabilidade social é apenas uma estratégia de *marketing* das empresas.

(*Ciclo vivo*, 16.05.2013, http://zip.net/brl0k1. Adaptado)

(Escrivão/SP – 2014 – VUNESP) O termo destacado na passagem do primeiro parágrafo –

Mesmo com tantas opções, ainda há resistência na hora da compra. – tem sentido equivalente a

(A) impetuosidade.

(B) empatia.

(C) relutância.

(D) consentimento.

(E) segurança.

"Resistência" é sinônimo de "relutância", "objeção", "renitência", "oposição".

Gabarito "C".

(Folha de S.Paulo, 03.01.2014, http://zip.net/bblZ7P)

(Escrivão/SP – 2014 – VUNESP) Dois termos que descrevem o estado de espírito demonstrado pelo protagonista no primeiro e no segundo quadrinho, respectivamente, são

(A) empolgação e enlevo.
(B) hesitação e desânimo.
(C) exaltação e regozijo.
(D) alegria e exultação.
(E) entusiasmo e frustração.

A: incorreta. "Enlevo" é sinônimo de "alegria", "êxtase", que não é o sentimento do personagem no segundo quadrinho; **B:** incorreta. "Hesitação" é o ato de não conseguir se decidir sobre algo, o que não é o sentimento do personagem no primeiro quadrinho; **C:** incorreta. "Regozijo" é sinônimo de "prazer", "deleite", que não é o sentimento do personagem no segundo quadrinho; **D:** incorreta. "Exultação" também é sinônimo de "alegria", que não é o sentimento do personagem no segundo quadrinho; **E:** correta. No primeiro quadrinho o personagem está entusiasmado, animado, com o feriado e no segundo quadrinho ele está frustrado, triste, com o engarrafamento.
Gabarito "E".

(Escrivão/SP – 2014 – VUNESP) Em ambas as falas do personagem, o termo **para** apresenta a noção de

(A) conformidade.
(B) proporção.
(C) alternância.
(D) finalidade.
(E) quantidade.

Nas duas falas a preposição "para" tem noção de finalidade, ela explica qual o objetivo do "feriadão" (que é escapar do estresse do trabalho) e da ausência de invenções contra o estresse do "feriadão".
Gabarito "D".

Segundo Dino, é preciso receber bem o turista estrangeiro e, para isso, é necessário ampliar investimentos em infraestrutura (como aeroportos) e ensinar línguas estrangeiras a profissionais que têm contato com esses turistas. "Tenho muita confiança na necessidade de haver investimentos e competitividade, ou seja, haver políticas públicas e ações privadas que garantam preços justos, para que esses turistas possam ser bem acolhidos e também economicamente **estimulados** a voltar ao Brasil", disse.

(Escrivão/SP – 2014 – VUNESP) Um antônimo para o termo **estimulados**, em destaque, é

(A) persuadidos.
(B) desmotivados.
(C) compelidos.
(D) incitados.
(E) coagidos.

"Estimulados" é **sinônimo** de "animados", "motivados". Portanto, é **antônimo** de "desmotivados", "desanimados". Para bem esclarecer, "persuadidos" e "incitados" equivalem a "convencido a fazer algo" e "compelidos" e "coagidos" são sinônimos de "obrigados", "forçados a fazer algo".
Gabarito "B".

Sob ordens da chefia

Ah, os chefes! Chefões, chefinhos, mestres, gerentes, diretores, quantos ao longo da vida, não? Muitos passam em brancas nuvens, perdem-se em suas próprias e pequenas histórias. Mas há outros cujas marcas acabam ficando bem nítidas na memória: são aqueles donos de qualidades incomuns.

Por exemplo, o meu primeiro chefe, lá no finalzinho dos anos 50: cinco para as oito da noite, e eu começava a ficar aflito, pois o locutor do horário ainda não havia aparecido. A rádio da pequena cidade do interior, que funcionava em três horários, precisava abrir às oito e como fazer? Bem, o fato é que eu era o técnico de som do horário, precisava "passar" a transmissão lá para a câmara, e o locutor não chegava para os textos de abertura, publicidade, chamadas. Meu chefe, de lá, tomou a iniciativa:

– Ei rapaz, deixe ligado o microfone, largue isso aí, vá pro estúdio e ponha a rádio no ar. Vamos lá, firme, coragem! – foi a minha primeira experiência: fiz tudo como mandava e ele pôde, assim, transmitir tudo sem problemas.

No dia seguinte, muita apreensão logo de manhã, aguardando o homem. Será que tinha alguma crítica? Mas eis que ele chega, simpático e sorridente como sempre, e me abraça.

– Muito bem! Você está aprovado. Quer começar amanhã na locução?

Alguns meses antes do seu falecimento, reencontrei-o num lançamento de livro: era o mesmo de cinquenta e tantos anos atrás: magrinho, calva luzidia, falante, sempre cheio de planos para o futuro.

E o chefe das pestanas brancas, anos depois: estremecíamos quando ele nos chamava para qualquer coisa, fazendo-nos entrar na sua sala imensa, já suando frio e atentos às suas finas e cortantes palavras. Olhar frio, imperturbável, postura ereta, ágil, sempre trajando ternos impecáveis. Suas atitudes? Dinâmicas, surpreendentes.

Uma vez, precisando de algumas instruções, perguntei a sua secretária se poderia "entrar".

– Não vai dar. – Respondeu-me ela. – Está ocupadíssimo, em reunião. Mas volte aqui um pouco mais tarde. Vamos ver!

Voltei uns cinquenta minutos depois, cauteloso, e quase não acreditei no que ouvi: – Sinto muito, o chefe está viajando para a Alemanha.

Era bem diferente daquele outro da mesma empresa, descontraído, amigão de todos: não era somente um chefe, era um líder, bem conhecido entre os revendedores. Todos sentíamos prazer em trabalhar com ele, e para ele. Até quando o serviço resultava numa sonora bronca – sempre justificada, é claro. Jeitão simples, de fino humor, tratava tudo com o tempero da sua criatividade nata. "Punha para frente" até quem precisava demitir: intercedia lá fora em seu favor, o que víamos com nossos próprios olhos.

Não chamava ninguém do seu pessoal a toda hora, a não ser que o assunto fosse sério mesmo: se tinha algo a tratar no dia a dia, chegava pessoalmente, numa boa, às vezes até sentava numa de nossas mesas para expor o assunto. Aliás, era o único chefe que se lembrava de me dar um abraço e dizer "parabéns" no dia do meu aniversário.

(Gustavo Mazzola, *Correio Popular*, 04.09.2013, http://zip.net/brl0k3. Adaptado)

(Escrivão/SP – 2014 – VUNESP) De acordo com o autor, as atitudes do segundo chefe eram

(A) apáticas.
(B) inesperadas.
(C) previsíveis.
(D) regradas.
(E) vagarosas.

Ao afirmar que as atitudes do segundo chefe eram "dinâmicas", "surpreendentes", o autor quer dizer que eram inesperadas, imprevisíveis, não se podia imaginar o que ele iria fazer em seguida.
Gabarito "B".

(Escrivão/SP – 2014 – VUNESP) Considere o termo destacado nas seguintes passagens do texto:

• Por exemplo, o meu primeiro chefe, **lá** no finalzinho dos anos 50... (segundo parágrafo)

594 HENRIQUE SUBI

- ... precisava "passar" a transmissão **lá** para a câmara... (segundo parágrafo)
- ... intercedia **lá** fora em seu favor... (penúltimo parágrafo)

O termo **lá** expressa, respectivamente, noção de

(A) tempo, lugar e modo.
(B) causa, modo e lugar.
(C) lugar, lugar e modo.
(D) causa, modo e tempo.
(E) tempo, lugar e lugar.

Na primeira passagem, "lá" expressa a noção de tempo, porque remete a um momento do passado; na segunda e na terceira passagens, transmite a noção de lugar, porque aponta para locais nos quais a ação se passa (a "câmara" e "fora do ambiente de trabalho").
Gabarito "E".

(Escrivão/SP – 2014 – VUNESP) O termo destacado na passagem do último parágrafo – Não chamava ninguém do seu pessoal a toda hora, a não ser que o assunto fosse sério **mesmo**... – tem sentido equivalente a

(A) igualmente.
(B) realmente.
(C) tampouco.
(D) talvez.
(E) dificilmente.

O termo "mesmo", no trecho, foi usado com valor de advérbio equivalente a "realmente", "de verdade".
Gabarito "B".

O trânsito brasileiro, há muito tempo, tem sido responsável por verdadeira carnificina. São cerca de 40 mil mortes a cada ano; quase metade delas, segundo especialistas, está associada ao consumo de bebidas alcoólicas.

Não é preciso mais do que esses dados para justificar a necessidade de combater a embriaguez ao volante. Promulgada em 2008, a chamada lei seca buscava alcançar precisamente esse objetivo. Sua aplicação, porém, vinha sendo limitada pelos tribunais brasileiros.

O problema estava na própria legislação, segundo a qual era preciso comprovar "concentração de álcool por litro de sangue igual ou superior a seis decigramas" a fim de punir o motorista bêbado.

Tal índice, contudo, só pode ser aferido com testes como bafômetro ou exame de sangue. Como ninguém é obrigado a produzir provas contra si mesmo, o condutor que recusasse os procedimentos dificilmente seria condenado.

Desde dezembro de 2012, isso mudou. Com nova redação, a lei seca passou a aceitar diversos outros meios de prova – como testes clínicos, vídeos e depoimentos. Além disso, a multa para motoristas embriagados passou de R$ 957,70 para R$ 1.915,40.

(Folha de S .Paulo, 03.01.2014)

(Investigador/SP – 2014 – VUNESP) Na primeira frase do texto, o termo **carnificina** significa

(A) conflito.
(B) imposição.
(C) confusão.
(D) matança.
(E) tortura.

"Carnificina" é sinônimo de "matança", "massacre", "morticínio".
Gabarito "D".

Um problema básico – descentralizar a Justiça

Hélio Bicudo, vice-prefeito de São Paulo, destacou-se pela sua participação, durante longos anos, como um dos membros da Pontifícia Comissão de Justiça e Paz, defendendo aqueles que eram perseguidos pelo regime militar. Nessa atividade, sua preocupação principal era a de encontrar soluções práticas e concretas para as questões que afligiam os brasileiros que enfrentavam dificuldades em recorrer à Justiça, a fim de postularem seus direitos. É bem conhecida, por exemplo, sua luta – como membro do Ministério Público e como jornalista – contra o Esquadrão da Morte.

O depoimento de Hélio Bicudo foi colhido por *estudos avançados* no dia 12 de maio. Cabe destacar ainda a participação, nesta entrevista, do advogado Luís Francisco Carvalho Filho, que milita na imprensa e se dedica especialmente a questões relacionadas à Justiça.

Luís Francisco Carvalho Filho – *Hélio Bicudo, em sua opinião, como devem ser resolvidos os problemas do acesso à Justiça brasileira e de sua eficiência?*

Hélio Bicudo – *O problema do acesso à Justiça é uma questão fundamental quando se deseja promover uma reforma do Poder Judiciário. É importante salientar que essa é uma reforma que não necessita de alterações no texto constitucional. Acredito que os próprios Poderes Judiciários dos Estados poderiam adotar determinadas medidas, até mesmo administrativas, para diminuir a distância entre o cidadão e o juiz. Penso nisso há muito tempo. Quando trabalhei com o governador Carvalho Pinto, de 1959 a 1962, conseguimos sensibilizar o Tribunal de Justiça de São Paulo para a realização de uma reforma mais ou menos desse tipo. O que acontece hoje – e que acontecia naquela época – é que o Poder Judiciário está localizado na região central da cidade. É o caso, por exemplo, do Fórum Criminal, que tem cerca de sessenta Varas Criminais. Para se ouvir uma testemunha que, por exemplo, mora em Parelheiros, temos de trazê-la até o Centro, o que é um problema complicado.*

Além disso, temos a maneira pela qual se desenvolve o processo. Por exemplo, o juiz que recebe a denúncia não é o mesmo que interroga, não é o mesmo que ouve as testemunhas, não é o que examina a prova. No final, é um quarto ou um quinto juiz que decide, a partir de um documento inserido no papelório. Sempre acreditei que, para diminuir a distância entre o juiz e o cidadão, é preciso descentralizar o Poder Judiciário. Ora, se em São Paulo há cerca de cem delegacias policiais distritais, por que não se pode ter também 250 ou trezentos juizados?

(Escrivão de Polícia/MA – 2013 – FGV) *"Além disso, temos a maneira pela qual se desenvolve o processo. Por exemplo, o juiz que recebe a denúncia não é o mesmo que interroga, não é o mesmo que ouve as testemunhas, não é o que examina a prova. No final, é um quarto ou um quinto juiz que decide, a partir de um documento inserido no papelório.*

Sempre acreditei que, para diminuir a distância entre o juiz e o cidadão, é preciso descentralizar o Poder Judiciário. Ora, se em São Paulo há cerca de cem delegacias policiais distritais, por que não se pode ter também 250 ou trezentos juizados?"

Assinale a alternativa em que o significado do elemento textual sublinhado tem seu valor semântico corretamente indicado.

(A) além disso – lugar
(B) pela qual – modo
(C) a partir de – tempo
(D) sempre – intensidade
(E) para – finalidade

A: incorreta. "Além disso" tem valor de adição, somatória; **B**: incorreta. "Pela qual" expressa uma causa, uma razão; **C**: incorreta. No texto, "a partir de" remete a origem, fundamento; **D**: incorreta. "Sempre" refere-se a tempo; **E**: correta. A preposição "para", no trecho, tem valor semântico de "finalidade", porque pode ser substituída por "com o fim de", "com vistas a", sem qualquer prejuízo para o sentido da oração.
Gabarito "E".

(Folha de S.Paulo, 30.09.2012)

(Investigador de Polícia/SP – 2013 – VUNESP) Segundo a esposa de Hagar, na juventude ele era

(A) introspectivo.
(B) calmo.
(C) sensível.
(D) entusiasmado.
(E) carinhoso.

Impetuoso é sinônimo de "entusiasmado", "agitado", "intenso".
Gabarito "D".

Vovó cortesã

RIO DE JANEIRO – Parece uma queda travada pelos dois braços de uma só pessoa. De um lado da mesa, a Constituição, que garante a liberdade de expressão, de imprensa e de acesso à informação. Do outro, o Código Civil, que garante ao cidadão o direito à privacidade e o protege de agressões à sua honra e intimidade. Dito assim, parece perfeito – mas os copos e garrafas afastados para os lados, abrindo espaço para a luta, não param em cima da mesa.

A Constituição provê que os historiadores e biógrafos se voltem para a história do país e reconstituam seu passado ou presente em narrativas urdidas ao redor de protagonistas e coadjuvantes. Já o Código Civil, em seu artigo 20, faz com que não apenas o protagonista tenha amparo na lei para se insurgir contra um livro e exigir sua retirada do mercado, como estende essa possibilidade a coadjuvantes de quarta grandeza ou a seus herdeiros.

Significa que um livro sobre D. Pedro 1.º pode ser embargado por algum contraparente da família real que discorde de um possível tratamento menos nobre do imperador. Ou que uma tetra-tetra-tetraneta de qualquer amante secundária de D. Pedro não goste de ver sua remota avó sendo chamada de cortesã – mesmo que, na época, isso fosse de domínio público –, e parta para tentar proibir o livro.

Quando se comenta com estrangeiros sobre essa permanente ameaça às biografias no Brasil, a reação é: "Sério? Que ridículo!". E somos obrigados a ouvir. Nos EUA e na Europa, se alguém se sente ofendido por uma biografia, processa o autor se quiser, mas o livro segue em frente, à espera de outro que o desminta. A liberdade de expressão é soberana.

É a que se propõe a Associação Nacional dos Editores de Livros: arguir no Supremo Tribunal Federal a inconstitucionalidade do artigo 20 do Código Civil.

(Folha de S.Paulo, 17.08.2012. Adaptado)

(Investigador de Polícia/SP – 2013 – VUNESP) Considere as frases:

– A Constituição **provê** que os historiadores e biógrafos se voltem para a história do país e reconstituam seu passado ou presente em narrativas **urdidas** ao redor de protagonistas e coadjuvantes.
– ... **arguir** no Supremo Tribunal Federal a inconstitucionalidade do artigo 20 do Código Civil.

Os termos em destaque têm como sinônimos, respectivamente,

(A) sugere, pensadas e invalidar.
(B) obriga, tecidas e acusar.
(C) dispõe, fechadas e contestar.
(D) antecipa, concluídas e impugnar.
(E) regulamenta, tramadas e argumentar.

"Prover" é sinônimo de "regulamentar", "dispor", "ordenar"; "urdir" é sinônimo de "tramar", "criar", "tecer"; "arguir" é sinônimo de "argumentar", "demonstrar", "alegar".
Gabarito "E".

Para responder à questão abaixo, considere a seguinte passagem do segundo parágrafo do texto: Já o Código Civil, em seu artigo 20, faz com que **não apenas** o protagonista tenha amparo na lei para se insurgir contra um livro e exigir sua retirada do mercado, como estende essa possibilidade a coadjuvantes de quarta grandeza ou a seus herdeiros.

(Investigador de Polícia/SP – 2013 – VUNESP) Mantendo o sentido do texto, o início do trecho está corretamente reescrito em:

(A) O Código Civil, inclusive, em seu artigo 20...
(B) Nos tempos de hoje, o Código Civil em seu artigo 20...
(C) O Código Civil, por sua vez, em seu artigo 20...
(D) Neste momento, o Código Civil, em seu artigo 20...
(E) O Código Civil, no entanto, em seu artigo 20...

O advérbio "já" foi utilizado com sentido de contraposição, de comparação disjuntiva. A única locução adverbial que está empregada no mesmo sentido é "por sua vez". "Inclusive" transmite a ideia de similaridade; "nos tempos de hoje" e "neste momento" transmitem ideia de tempo; "no entanto" é conjunção adversativa, que expõe ideias opostas, onde uma exclui a outra.
Gabarito "C".

Madrugada

Duas horas da manhã. Às sete, devia estar no aeroporto. Foi quando me lembrei de que, na pressa daquela manhã, ao sair do hotel, deixara no banheiro o meu creme dental. Examinei a rua. Nenhuma farmácia aberta. Dei meia volta, rumei por uma avenida qualquer, o passo mole e sem pressa, no silêncio da noite. Alguma farmácia haveria de plantão... Rua deserta. Dois ou três quarteirões mais além, um guarda. Ele me daria indicação. Deu. Farmácia Metrópole, em rua cujo nome não guardei.

– O senhor vai por aqui, quebra ali, segue em frente.

Dez ou doze quarteirões. A noite era minha. Lá fui. Pouco além, dois tipos cambaleavam. Palavras vazias no espaço cansado. Atravessei, cauteloso, para a calçada fronteira. E já me esquecera dos companheiros eventuais da noite sem importância, quando estremeci, ao perceber, pelas pisadinhas leves, um cachorro atrás de mim. Tenho velho horror a cães desconhecidos. Quase igual ao horror pelos cães conhecidos, ou de conhecidos, cuja lambida fria, na intimidade que lhes tenho sido obrigado a conceder, tantas vezes, me provoca uma incontrolável repugnância.

Senti um frio no estômago. Confesso que me bambeou a perna. Que desejava de mim aquele cão ainda não visto, evidentemente à minha procura? Os meus bêbados haviam dobrado uma esquina. Estávamos na rua apenas eu e aqueles passos cada vez mais próximos. Minha primeira reação foi apressar a marcha. Mas desde criança me ensinaram que correr é pior. Cachorro é como gente: cresce para quem se revela o mais fraco. Dominei-me, portanto, só eu sei com que medo. O bicho estava perto. Ia atacar-me a barriga da perna? Passou-me pela cabeça o grave da situação. Que seria de mim, atacado por um cão feroz numa via deserta, em plena madrugada, na cidade estranha? Como me arranjaria?

Como reagiria? Como lutar contra o monstro, sem pedra nem pau, duas coisas tão úteis banidas pela vida urbana?

Nunca me senti tão pequeno. Eu estava só, na rua e no mundo. Ou melhor, a rua e o mundo estavam cheios, cheios daqueles passos cada vez mais vizinhos. Sim, vinham chegando. Não fui atacado, porém. O animal já estava ao meu lado, teque-teque, os passinhos sutis. Bem... Era um desconhecido inofensivo. Nada queria comigo. Era um cão notívago, alma boêmia como tantos homens, cão sem teto que despertara numa soleira de porta e sentira fome. Com certeza, saindo em busca de latas de lixo e comida ao relento.

Um doce alívio me tomou. Logo ele estaria dois, três, dez, muitos passinhos miúdos e leves cada vez mais à frente, cada vez mais longe... Não se prolongou, porém, a repousante sensação.

O animal continuava a meu lado, acertando o passo com o meu – teque-teque, nós dois sozinhos, cada vez mais sós... Apressei a marcha.

Lá foi ele comigo. Diminuí. O bichinho também. Não o olhara ainda. Sabia que ele estava a meu lado. Os passos o diziam. O vulto. Pelo canto do olho senti que ele não me olhava também, o focinho para a frente, o caminhar tranquilo, muito suave, na calçada larga.

(Orígenes Lessa. *Balbino, Homem do Mar.* Fragmento adaptado)

(Investigador de Polícia/SP – 2013 – VUNESP) Na passagem – Ou melhor, a rua e o mundo estavam cheios, cheios daqueles passos cada vez mais **vizinhos**. –, o termo **vizinhos** significa que o narrador considerava que os passos

(A) eram de alguma pessoa conhecida.

(B) assemelhavam-se a de um turista.

(C) estavam a uma pequena distância.

(D) indicavam um morador do local.

(E) se faziam ouvir bem além no quarteirão.

"Vizinho" é sinônimo de –"próximo", "ao lado de". A palavra expressa a ideia de que os passos do cachorro estavam cada vez mais pertos, a uma distância cada vez menor.
Gabarito "C".

(Investigador de Polícia/SP – 2013 – VUNESP) Na frase – Atravessei, **cauteloso**, para a calçada **fronteira**. –, são antônimo de **cauteloso** e sinônimo de **fronteira**, respectivamente:

(A) petulante e divisa.

(B) presumido e adjacente.

(C) prevenido e limiar.

(D) incauto e anterior.

(E) imprudente e frontal.

Antônimo de "cauteloso" é "imprudente", "negligente" (ter cautela é ter cuidado, ter atenção). Quanto ao sinônimo de "fronteira", é preciso ter cuidado. No trecho em destaque, a palavra foi usada como adjetiva – significa "que está na frente". Não queremos, portanto, um substantivo (como "divisa", que é sinônimo de "fronteira" quando usada para definir os limites entre dois lugares). Aqui, seu sinônimo é "frontal", "da frente".
Gabarito "E".

3. MORFOLOGIA
O Dia da Consciência Negra

[...]

O assunto é delicado; em questão de raça, deve-se tocar nela com dedos de veludo. Pode ser que eu esteja errada, mas parece que no tema de raça, racismo, negritude, branquitude, nós caímos em preconceito igual ao dos racistas. O europeu colonizador tem – ou tinha – uma lei: teve uma parte de sangue negro – é negro. Por pequena que seja a gota de sangue negro no indivíduo, polui-se a nobre linfa ariana, e o portador da mistura é "declarado negro". E os mestiços aceitam a definição e – meiões, quarteirões, octorões

– se dizem altivamente "negros", quando isso não é verdade. Ao se afirmar "negro" o mestiço faz bonito, pois assume no total a cor que o branco despreza. Mas ao mesmo tempo está assumindo também o preconceito do branco contra o mestiço. Vira racista, porque, dizendo-se negro, renega a sua condição de mulato, mestiço, half-breed, meia casta, marabá, desprezados pela branquidade. Aliás, é geral no mundo a noção exacerbada de raça, que não afeta só os brancos, mas os amarelos, vermelhos, negros; todos desprezam o meia casta, exemplo vivo da infração à lei tribal.

Eu acho que um povo mestiço, como nós, deveria assumir tranquilamente essa sua condição de mestiço; em vez de se dizer negro por bravata, por desafio – o que é bonito, sinal de orgulho, mas sinal de preconceito também. Os campeões nossos da negritude, todos eles, se dizem simplesmente negros. Acham feio, quem sabe até humilhante, se declararem mestiços, ou meio brancos, como na verdade o são. "Black is beautiful" eu também acho. Mas mulato é lindo também, seja qual for a dose da sua mistura de raça. Houve um tempo, antes de se desenvolver no mundo a reação antirracista, em que até se fazia aqui no Rio o concurso "rainha das mulatas". Mas distinção só valia para a mulata jovem e bela. Preconceito também e dos péssimos, pois a mulata só era valorizada como objeto sexual, capaz de satisfazer a consciência dos homens.

A gente não pode se deixar cair nessa armadilha dos brancos. A gente tem de assumir a nossa mulataria. Qual brasileiro pode jurar que tem sangue "puro" nas veias, – branco, negro, árabe, japonês?

Vejam a lição de Gilberto Freyre, tão bonita. Nós todos somos mestiços, mulatos, morenos, em dosagens várias. Os casos de branco puro são exceção (como os de índios puros – tais os remanescentes de tribos que certos antropólogos querem manter isolados, geneticamente puros – fósseis vivos – para eles estudarem...). Não vale indagar se a nossa avó chegou aqui de caravela ou de navio negreiro, se nasceu em taba de índio ou na casa-grande. Todas elas somos nós, qualquer procedência Tudo é brasileiro. Quando uma amiga minha, doutora, participante ilustre de um congresso médico, me declarou orgulhosa "eu sou negra" – não resisti e perguntei: "Por que você tem vergonha de ser mulata?" Ela quase se zangou. Mas quem tinha razão era eu. Na paixão da luta contra a estupidez dos brancos, os mestiços caem justamente na posição que o branco prega: negro de um lado, branco do outro. Teve uma gota de sangue africano é negro – mas tendo uma gota de sangue branco será declarado branco? Não é.

Ah, meus irmãos, pensem bem. Mulata, mulato também são bonitos e quanto! E nós todos somos mesmo mestiços, com muita honra, ou morenos, como o queria o grande Freyre. Raça morena, estamos apurando. Daqui a 500 anos será reconhecida como "zootecnicamente pura" tal como se diz de bois e de cavalos. Se é assim que eles gostam!

QUEIROZ, Rachel. O Dia da Consciência Negra. O Estado de S. Paulo, São Paulo, 23 nov. 20Brasil, caderno 2, p. D16.

(Agente-Escrivão – Acre – IBADE – 2017) As palavras destacadas em "se dizem ALTIVAMENTE 'negros', quando isso não é verdade" e "GENETICAMENTE puros – fósseis vivos – para eles estudarem...)", acrescentam um determinado valor aos elementos a que se referem.

Nos dois casos, esse valor pode ser classificado como:

(A) modo.

(B) intensidade.

(C) afirmação.

(D) tempo.

(E) instrumento.

Ambos são advérbios de modo, porque denotam uma forma de se fazer/entender alguma coisa: "de modo ativo", "de modo genético, do ponto de vista da genética". HS
Gabarito "A".

12. LÍNGUA PORTUGUESA

Calvin e Haroldo

Bill Watterson

(http://blogdoxandro.blogspot.com.br. Acesso em 20.05.20Adaptado)

(Escrivão – AESP/CE – VUNESP – 2017) Considere as frases do texto.

As pessoas são tão egocêntricas.

O mundo seria bem melhor se elas parassem de pensar nelas mesmas...

É correto afirmar que os advérbios destacados nas frases expressam circunstância de:

(A) afirmação.
(B) dúvida.
(C) modo.
(D) intensidade.
(E) negação.

Ambos são advérbios de intensidade, porque alteram o sentido dos adjetivos ao dar mais destaque às qualidades que eles identificam. HS
Gabarito "D".

Texto CG1A01BBB

1	Não são muitas as experiências exitosas de políticas públicas de redução de homicídios no Brasil nos últimos vinte anos, e poucas são aquelas que tiveram continuidade. O Pacto
4	pela Vida, política de segurança pública implantada no estado de Pernambuco em 2007, é identificado como uma política pública exitosa.
7	O Pacto Pela Vida é um programa do governo do estado de Pernambuco que visa à redução da criminalidade e ao controle da violência. A decisão ou vontade política de
10	eleger a segurança pública como prioridade é o primeiro marco que se deve destacar quando se pensa em recuperar a memória dessa política, sobretudo quando se considera o fato de que o
13	tema da segurança pública, no Brasil, tem sido historicamente negligenciado. Muitas autoridades públicas não só evitam associar-se ao assunto como também o tratam de modo
16	simplista, como uma questão que diz respeito apenas à polícia. O Pacto pela Vida, entendido como um grande concerto de ações com o objetivo de reduzir a violência e, em
19	especial, os crimes contra a vida, foi apresentado à sociedade no início do mês de maio de 2007. Em seu bojo, foram estabelecidos os principais valores que orientaram a construção
22	da política de segurança, a prioridade do combate aos crimes violentos letais intencionais e a meta de reduzir em 12% ao ano, em Pernambuco, a taxa desses crimes.
25	Desse modo, definiu-se, no estado, um novo paradigma de segurança pública, que se baseou na consolidação dos valores descritos acima (que estavam em
28	disputa tanto do ponto de vista institucional quanto da sociedade), no estabelecimento de prioridades básicas (como o foco na redução dos crimes contra a vida) e no intenso debate
31	com a sociedade civil. A implementação do Pacto Pela Vida foi responsável pela diminuição de quase 40% dos homicídios no estado entre janeiro de 2007 e junho de 2013.

José Luiz Ratton et al. O Pacto Pela Vida e a redução de homicídios em Pernambuco. Rio de Janeiro: Instituto Igarapé, 2014. Internet: <https://igarape.org.br> (com adaptações).

(Agente-Escrivão – Pernambuco – CESPE – 2016) Assinale a opção na qual a palavra apresentada no texto **CG1A01BBB** classifica-se, do ponto de vista morfossintático, como advérbio.

(A) "historicamente" (l. 13).
(B) "modo" (l. 15).
(C) "intenso" (l. 30).
(D) "muitas" (l. 1).
(E) "quando" (l. 11).

A: correta. "Historicamente" é advérbio de modo; **B:** incorreta. "Modo" é substantivo; **C:** incorreta. "Intenso" é adjetivo; **D:** incorreta. "Muitas" é predicativo do sujeito, tem valor de adjetivo; **E:** incorreta. "Quando" é pronome. HS
Gabarito "A".

(Agente Penitenciário/MA – 2013 – FGV) *"Outra solução criativa foi pensada e realizada na Austrália, onde um centro de detenção foi elaborado a partir de containers de transporte de mercadorias em navios modificados para servir como celas temporárias. Outra prisão na Nova Zelândia também passou a usar a mesma solução para resolver problemas de superlotação".*

Assinale a alternativa que mostra três substantivos derivados de verbos.

(A) solução / centro / detenção
(B) detenção / mercadorias / navios
(C) detenção / transporte / superlotação
(D) solução / mercadorias / prisão
(E) custos / prisão / celas

A: incorreta. "Centro" não é derivado de verbo (o substantivo derivado do verbo "centralizar" é "centralização"); **B:** incorreta. "Mercadoria" não é derivada de verbo; **C:** correta. "Detenção" é derivado de "deter", "transporte" é derivado de "transportar" e "superlotação" é derivado de "superlotar"; **D:** incorreta. Novamente, "mercadoria" não é derivado de verbo; **E:** incorreta. "Celas" não é derivado de verbo.
Gabarito "C".

(Agente de Polícia Civil/RO – 2014 – FUNCAB) O substantivo OBRA-PRIMA é formado pelo processo de:

(A) composição por justaposição
(B) derivação parassintética.
(C) derivação sufixal.
(D) derivação prefixal.
(E) composição por aglutinação.

A: correta. Palavras compostas por justaposição são aquelas formadas por duas ou mais palavras primitivas que se unem sem perder nenhum elemento. No caso, as palavras "obra" e "prima" (sinônima de "primeira") se "encostam" para formar uma nova palavra: "obra-prima". Vale lembrar que a justaposição pode ou não ser feita pelo hífen, como ocorre em "pontapé"; **B:** incorreta. Derivação parassintética é a formação da palavra pelo uso simultâneo de prefixo e sufixo, como ocorre em "**en**triste**cer**"; **C:** incorreta. Derivação sufixal é a formação da palavra pela colocação de um sufixo, como ocorre em "flor**al**"; **D:** incorreta. Derivação prefixal é a formação da palavra pelo uso de um prefixo, como ocorre em "**sub**solo"; **E:** incorreta. Na composição por aglutinação, as palavras primitivas se unem para formar uma nova, mas uma delas perde em elemento. É o que se vê quando unimos "plano" e "alto" para formar "planalto" – perceba que a palavra "plano" perdeu a letra "o".

Gabarito "A".

(Folha de S.Paulo, 03.01.2014. Adaptado)

(Investigador/SP – 2014 – VUNESP) De acordo com a norma-padrão da língua portuguesa, a lacuna na fala da mulher de Hagar, no último quadrinho, deve ser preenchida com:

(A) Onde
(B) Qual lugar
(C) De que lugar
(D) Que lugar
(E) Aonde

A lacuna deve ser preenchida com advérbio ou locução adverbial de lugar. Dentre os advérbios, o único aceitável pela norma culta é "onde". Devemos ter cuidado com o advérbio "aonde", que transmite a ideia de movimento ("aonde você está indo?") e não exclusivamente de lugar. Dentre as locuções adverbiais, somente seria correta aquela formada pela preposição "em" ("em que lugar" ou "em qual lugar"). Como não temos essas opções, a única alternativa correta é a letra "A".

Gabarito "A".

O trânsito brasileiro, há muito tempo, tem sido responsável por verdadeira carnificina. São cerca de 40 mil mortes a cada ano; quase metade delas, segundo especialistas, está associada ao consumo de bebidas alcoólicas.

Não é preciso mais do que esses dados para justificar a necessidade de combater a embriaguez ao volante. Promulgada em 2008, a chamada lei seca buscava alcançar precisamente esse objetivo. Sua aplicação, porém, vinha sendo limitada pelos tribunais brasileiros.

O problema estava na própria legislação, segundo a qual era preciso comprovar "concentração de álcool por litro de sangue igual ou superior a seis decigramas" a fim de punir o motorista bêbado.

Tal índice, contudo, só pode ser aferido com testes como bafômetro ou exame de sangue. Como ninguém é obrigado a produzir provas contra si mesmo, o condutor que recusasse os procedimentos dificilmente seria condenado.

Desde dezembro de 2012, isso mudou. Com nova redação, a lei seca passou a aceitar diversos outros meios de prova – como testes clínicos, vídeos e depoimentos. Além disso, a multa para motoristas embriagados passou de R$ 957,70 para R$ 1.915,40.

(Folha de S.Paulo, 03.01.2014)

(Investigador/SP – 2014 – VUNESP) Sem prejuízo de sentido ao texto, na oração – *... a chamada lei seca buscava alcançar precisamente esse objetivo.* –, o advérbio "precisamente" pode ser substituído por

(A) exatamente.
(B) provavelmente.
(C) definidamente.
(D) raramente.
(E) possivelmente.

O advérbio "precisamente" indica o modo como algo é feito: de modo preciso, certeiro, exato. Portanto, pode ser substituído por advérbio de modo de igual sentido. Dentre os propostos, temos apenas "exatamente".

Gabarito "A".

Madrugada

Duas horas da manhã. Às sete, devia estar no aeroporto. Foi quando me lembrei de que, na pressa daquela manhã, ao sair do hotel, deixara no banheiro o meu creme dental. Examinei a rua. Nenhuma farmácia aberta. Dei meia volta, rumei por uma avenida qualquer, o passo mole e sem pressa, no silêncio da noite. Alguma farmácia haveria de plantão... Rua deserta. Dois ou três quarteirões mais além, um guarda. Ele me daria indicação. Deu. Farmácia Metrópole, em rua cujo nome não guardei.

– O senhor vai por aqui, quebra ali, segue em frente.

Dez ou doze quarteirões. A noite era minha. Lá fui. Pouco além, dois tipos cambaleavam. Palavras vazias no espaço cansado. Atravessei, cauteloso, para a calçada fronteira. E já me esquecera dos companheiros eventuais da noite sem importância, quando estremeci, ao perceber, pelas pisadinhas leves, um cachorro atrás de mim. Tenho velho horror a cães desconhecidos. Quase igual ao horror pelos cães conhecidos, ou de conhecidos, cuja lambida fria, na intimidade que lhes tenho sido obrigado a conceder, tantas vezes, me provoca uma incontrolável repugnância.

Senti um frio no estômago. Confesso que me bambeou a perna. Que desejava de mim aquele cão ainda não visto, evidentemente à minha procura? Os meus bêbados haviam dobrado uma esquina. Estávamos na rua apenas eu e aqueles passos cada vez mais próximos. Minha primeira reação foi apressar a marcha. Mas desde criança me ensinaram que correr é pior. Cachorro é como gente: cresce para quem se revela o mais fraco. Dominei-me, portanto, só eu sei com que medo. O bicho estava perto. Ia atacar-me a barriga da perna? Passou-me pela cabeça o grave da situação. Que seria de mim, atacado por um cão feroz numa via deserta, em plena madrugada, na cidade estranha? Como me arranjaria? Como reagiria? Como lutar contra o monstro, sem pedra nem pau, duas coisas tão úteis banidas pela vida urbana?

Nunca me senti tão pequeno. Eu estava só, na rua e no mundo. Ou melhor, a rua e o mundo estavam cheios, cheios daqueles passos cada vez mais vizinhos. Sim, vinham chegando. Não fui atacado, porém. O animal já estava ao meu lado, teque-teque, os passinhos sutis. Bem... Era um desconhecido inofensivo. Nada queria comigo. Era um cão notívago, alma boêmia como tantos homens, cão sem teto que despertara numa soleira de porta e sentira fome. Com certeza, saindo em busca de latas de lixo e comida ao relento.

Um doce alívio me tomou. Logo ele estaria dois, três, dez, muitos passinhos miúdos e leves cada vez mais à frente, cada vez mais longe... Não se prolongou, porém, a repousante sensação.

O animal continuava a meu lado, acertando o passo com o meu – teque-teque, nós dois sozinhos, cada vez mais sós... Apressei a marcha.

Lá foi ele comigo. Diminuí. O bichinho também. Não o olhara ainda. Sabia que ele estava a meu lado. Os passos o diziam. O vulto. Pelo canto do olho senti que ele não me olhava também, o focinho para a frente, o caminhar tranquilo, muito suave, na calçada larga.

(Orígenes Lessa. *Balbino, Homem do Mar*. Fragmento adaptado)

(Investigador de Polícia/SP – 2013 – VUNESP) No período – Quase igual ao horror pelos cães **conhecidos**, ou de **conhecidos**, cuja lambida fria, na intimidade que lhes tenho sido obrigado a conceder, tantas vezes, me provoca uma incontrolável **repugnância**. –, os termos em destaque, conforme o contexto que determina seus usos, classificam-se, respectivamente, como

(A) adjetivo, adjetivo e substantivo.
(B) substantivo, adjetivo e substantivo.
(C) adjetivo, substantivo e substantivo.
(D) adjetivo, adjetivo e adjetivo.
(E) substantivo, substantivo e adjetivo.

"Conhecidos", na primeira hipótese, é adjetivo, pois está conferindo uma qualidade aos cães; na segunda hipótese, "conhecidos" é substantivo, usado para nominar genericamente "pessoas que eu conheço"; "repugnância" é substantivo, nomina o sentimento de "nojo", "asco" por alguma coisa.

Gabarito "C".

4. PRONOME E COLOCAÇÃO PRONOMINAL
Ficção universitária

Os dados do Ranking Universitário publicados em setembro de 2013 trazem elementos para que tentemos desfazer o mito, que consta da Constituição, de que pesquisa e ensino são indissociáveis.

É claro que universidades que fazem pesquisa tendem a reunir a nata dos especialistas, produzir mais inovação e atrair os alunos mais qualificados, tornando-se assim instituições que se destacam também no ensino. O Ranking Universitário mostra essa correlação de forma cristalina: das 20 universidades mais bem avaliadas em termos de ensino, 15 lideram no quesito pesquisa (e as demais estão relativa-mente bem posicionadas). Das 20 que saem à frente em inovação, 15 encabeçam também a pesquisa.

Daí não decorre que só quem pesquisa, atividade estupidamente cara, seja capaz de ensinar. O gasto médio anual por aluno numa das três universidades estaduais paulistas, aí embutidas todas as despesas que contribuem direta e indiretamente para a boa pesquisa, incluindo inativos e aportes de Fapesp, CNPq e Capes, é de R$ 46 mil (dados de 2008). Ora, um aluno do ProUni custa ao governo algo em torno de R$ 1.000 por ano em renúncias fiscais.

Não é preciso ser um gênio da aritmética para perceber que o país não dispõe de recursos para colocar os quase sete milhões de universitários em instituições com o padrão de investimento das estaduais paulistas.

E o Brasil precisa aumentar rapidamente sua população universitária. Nossa taxa bruta de escolarização no nível superior beira os 30%, contra 59% do Chile e 63% do Uruguai. Isso para não mencionar países desenvolvidos como EUA (89%) e Finlândia (92%).

Em vez de insistir na ficção constitucional de que todas as univer-sidades do país precisam dedicar-se à pesquisa, faria mais sentido aceitar o mundo como ele é e distinguir entre instituições de elite voltadas para a produção de conhecimento e as que se destinam a difundi-lo. O Brasil tem necessidade de ambas.

(Hélio Schwartsman. Disponível em: http://www1.folha.uol.com.br, 10.09.20Adaptado)

(Escrivão – AESP/CE – VUNESP – 2017) Considere o seguinte trecho do texto.

Os dados do Ranking Universitário publicados em setembro de 2013 trazem elementos para que tentemos desfazer o mito...

Assinale a alternativa em que os pronomes que substituem as expres-sões em destaque estão corretamente empregados, de acordo com a norma-padrão da língua portuguesa.

(A) Os dados do Ranking Universitário publicados em setembro de 2013 trazem-lhes para que tentemos desfazê-lo...

(B) Os dados do Ranking Universitário publicados em setembro de 2013 trazem-nos para que tentemos desfazê-lo...

(C) Os dados do Ranking Universitário publicados em setembro de 2013 trazem-nos para que tentemos desfazer-lhe...

(D) Os dados do Ranking Universitário publicados em setembro de 2013 trazem-os para que tentemos desfazer-no...

(E) Os dados do Ranking Universitário publicados em setembro de 2013 trazem-lhes para que tentemos desfazer-lhe...

O termo "elementos" é objeto direto do verbo "trazer", de forma que deve ser substituído pelo pronome oblíquo "os". Como a conjugação do verbo termina em "m", por razões fonéticas o pronome vem antecedido de "n" – "nos". O mesmo ocorre com "mito", com a diferença de que a conjugação do verbo é reduzida, suprimindo-se o "r", acentuando-se a forma final e antecedendo o pronome com "l" - "lo". HS

Gabarito "B".

Dificilmente, em uma ciência-arte como a Psicologia-Psiquiatria, há algo que se possa asseverar com 100% de certeza. Isso porque há áreas bastante interpretativas, sujeitas a leituras diversas, a depender do observador e do observado. Porém, existe um fato na

Psicologia-Psiquiatria forense que é 100% de certeza e não está sujeito a interpretação ou a dissimulação por parte de quem está a ser examinado. E revela, objetivamente, dados do psiquismo da pessoa ou, em outras palavras, mostra características comportamentais indissimuláveis, claras e objetivas. O que pode ser tão exato, em matéria de Psicologia-Psiquiatria, que não admite variáveis? Resposta: todos os crimes, sem exceção, são como fotografias exatas e em cores do comportamento do indivíduo. E como o psiquismo é responsável pelo modo de agir, por conseguinte, temos em todos os crimes, obrigatoriamente e sempre, elementos objetivos da mente de quem os praticou.

Por exemplo, o delito foi cometido com multiplicidade de golpes, com ferocidade na execução, não houve ocultação de cadáver, não se verifica cúmplice, premeditação etc. Registre-se que esses dados já aconteceram. Portanto, são insimuláveis, 100% objetivos. Basta juntar essas características comportamentais que teremos algo do psiquismo de quem o praticou. Nesse caso específico, infere-se que a pessoa é explosiva, impulsiva e sem freios, provável portadora de algum transtorno ligado à disritmia psicocerebral, algum estreitamento de consciência, no qual o sentimento invadiu o pensamento e determinou a conduta.

Em outro exemplo, temos homicídio praticado com um só golpe, premeditado, com ocultação de cadáver, concurso de cúmplice etc. Nesse caso, os dados apontam para o lado do criminoso comum, que entendia o que fazia.

Claro que não é possível, apenas pela morfologia do crime, saber-se tudo do diagnóstico do criminoso. Mas, por outro lado, é na maneira como o delito foi praticado que se encontram características 100% seguras da mente de quem o praticou, a evidenciar fatos, tal qual a imagem fotográfica revela-nos exatamente algo, seja muito ou pouco, do momento em que foi registrada. Em suma, a forma como as coisas foram feitas revela muito da pessoa que as fez.

PALOMBA, Guido Arturo. Rev. Psique: nº 100 (ed. comemorativa), p. 82.

(Investigador-Escrivão-Papiloscopista – Pará – Funcab – 2016) O pronome (em destaque) empregado para fazer referência a elemento que se encontra, não no texto, mas fora dele é:

(A) entendia o QUE fazia.

(B) revela-NOS exatamente algo.

(C) de quem O praticou.

(D) ISSO porque há áreas.

(E) ESSES dados.

A: incorreta. O pronome se refere a "homicídio"; **B:** correta. O pronome oblíquo "nos" se refere ao autor e ao leitor, convidado a participar do raciocínio. São elementos externos ao texto; **C:** incorreta. O pronome se refere a "delito"; **D** e **E:** incorreta. Os pronomes se referem ao período anterior respectivo. HS

Gabarito "B".

1	A existência do poder executivo, legislativo e
	judiciário é uma ideia aparentemente bastante velha no
	direito constitucional. Na verdade, trata-se de uma ideia
4	recente que data mais ou menos de Montesquieu. Na alta
	Idade Média não havia poder judiciário. Não havia poder
	judiciário autônomo, nem mesmo poder judiciário nas mãos
7	de quem detinha o poder das armas, o poder político.
	A acumulação da riqueza e do poder e a constituição
	do poder judiciário nas mãos de alguns é um mesmo
10	processo que vigorou na alta Idade Média e alcançou seu
	amadurecimento no momento da formação da primeira
	grande monarquia medieval. Nesse momento, apareceram
13	coisas totalmente novas. Aparece uma justiça que não é
	mais contestação entre indivíduos e livre aceitação por esses
	indivíduos de um certo número de regras de liquidação, mas
16	que, ao contrário, vai-se impor do alto aos indivíduos, aos
	oponentes, aos partidos.
	Aparece, ainda, um personagem totalmente novo: o
19	procurador, que se vai apresentar como o representante do
	soberano, do rei ou do senhor, como representante de um
	poder lesado pelo único fato de ter havido um delito ou um

22	crime. O procurador vai dublar a vítima, vai estar por trás
	daquele que deveria dar a queixa, dizendo: "Se é verdade
	que este homem lesou um outro, eu, representante do
25	soberano, posso afirmar que o soberano, seu poder, a ordem
	que ele faz reinar, a lei que ele estabeleceu foram
	igualmente lesados por esse indivíduo. Assim, eu também
28	me coloco contra ele".
	Uma noção absolutamente nova aparece: a de
	infração. A infração não é um dano causado por um
31	indivíduo contra outro; é uma ofensa ou lesão de um
	indivíduo à ordem, ao Estado, à lei, à sociedade, à
	soberania, ao soberano. Há ainda uma última invenção tão
34	diabólica quanto a do procurador e a da infração: o Estado
	– ou melhor, o soberano – é não somente a parte lesada,
	mas também a que exige reparação. Quando um indivíduo
37	perde o processo, é declarado culpado e deve ainda
	reparação a sua vítima. Entretanto, vai-se exigir do culpado
	não só a reparação do dano feito, mas também a reparação
40	da ofensa que cometeu contra o soberano, o Estado, a lei.

Michel Foucault. A verdade e as formas jurídicas. 3º ed. Rio de Janeiro: Nau Editora, 2002 (com adaptações).

(Papiloscopista – PCDF – Universa – 2016) No texto, o pronome

(A) "este", em "este homem" (linha 24), indica alguém presente no momento da fala do procurador.

(B) "sua" (linha 38) foi empregado no sentido de posse, significando que o indivíduo que perde o processo é dono da vítima.

(C) "se" (linha 19) exerce a função de complemento da forma verbal "vai" (linha 19).

(D) **aquele**, em "daquele" (linha 23), retoma "a vítima" (linha 22).

(E) "ele", em suas três ocorrências, às linhas 26 e 28, possui o mesmo referente.

A: correta. O pronome demonstrativo "este" pressupõe a proximidade do objeto do discurso com seu orador; **B:** incorreta. O pronome foi usado como elemento de coesão e retoma o termo "processo" – a vítima "pertence" ao processo; **C:** incorreta. O pronome está relacionado ao verbo "apresentar"; **D:** incorreta. Se retomasse "vítima", deveria estar no feminino. Retoma, na verdade, um elemento oculto não especificado, provavelmente "homem"; **E:** incorreta. O último "ele" se refere ao criminoso, ao passo que os outros dois se referem ao monarca. HS

Gabarito "A".

1	O processo penal moderno, tal como praticado
	atualmente nos países ocidentais, deixa de centrar-se na
	finalidade meramente punitiva para centrar-se, antes, na
4	finalidade investigativa. O que se quer dizer é que, abandonado
	o sistema inquisitório, em que o órgão julgador cuidava
	também de obter a prova da responsabilidade do acusado (que
7	consistia, a maior parte das vezes, na sua confissão), o que se
	pretende no sistema acusatório é submeter ao órgão julgador
	provas suficientes ao esclarecimento da verdade.
10	Evidentemente, no primeiro sistema, a complexidade
	do ato decisório haveria de ser bem menor, uma vez que a
	condenação está atrelada à confissão do acusado. Problemas de
13	consciência não os haveria de ter o julgador pela decisão em si,
	porque o seu veredito era baseado na contundência probatória
	do meio de prova "mais importante" — a confissão. Um dos
16	motivos pelos quais se pôs em causa esse sistema foi
	justamente a questão do controle da obtenção da prova: a
	confissão, exigida como prova plena para a condenação, era o
19	mais das vezes obtida por meio de coações morais e físicas.
	Esse fato revelou a necessidade, para que haja
	condenação, de se proceder à reconstituição histórica dos fatos,
22	de modo que se investigue o que se passou na verdade e se a
	prática do ato ilícito pode ser atribuída ao arguido, ou seja, a
	necessidade de se restabelecer, tanto quanto possível, a verdade
25	dos fatos, para a solução justa do litígio. Sendo esse o fim a
	que se destina o processo, é mediante a instrução que se busca
	a mais perfeita representação possível dessa verdade.

Getúlio Marcos Pereira Neves. **Valoração da prova e livre convicção do juiz**. *In*: **Jus Navigandi**, Teresina, ano 9, n.º 401, ago./2004 (com adaptações).

(Escrivão de Polícia Federal - 2013 – CESPE) No que se refere às ideias e aos aspectos linguísticos do texto acima, julgue o item que se segue.

(1) Seriam mantidas a correção gramatical e a coesão do texto, caso o pronome "os", em "não os haveria de ter" (L.13), fosse deslocado para imediatamente depois da forma verbal "ter", escrevendo-se **tê-los**.

1: correta. Como há o verbo auxiliar "haver" na construção oracional, a próclise não é obrigatória apesar da presença do advérbio de negação. É possível, portanto, deslocar o pronome oblíquo para depois do verbo principal sem prejuízo à correção ou coesão textuais.

Gabarito 1C.

1	Todos nos, homens e mulheres, adultos e jovens,
	passamos boa parte da vida tendo de optar entre o certo e o
	errado, entre o bem e o mal. Na realidade, entre o que
4	consideramos bem e o que consideramos mal. Apesar da longa
	permanência da questão, o que se considera certo e o que se
	considera errado muda ao longo da historia e ao redor do globo
7	terrestre.
	Ainda hoje, em certos lugares, a previsão da pena de
	morte autoriza o Estado a matar em nome da justiça. Em outras
10	sociedades, o direito a vida e inviolável e nem o Estado nem
	ninguém tem o direito de tirar a vida alheia. Tempos atrás era
	tido como legitimo espancarem-se mulheres e crianças,
13	escravizarem-se povos. Hoje em dia, embora ainda se saiba de
	casos de espancamento de mulheres e crianças, de trabalho
	escravo, esses comportamentos são publicamente condenados
16	na maior parte do mundo.
	Mas a opção entre o certo e o errado não se coloca
	apenas na esfera de temas polêmicos que atraem os holofotes
19	da mídia. Muitas e muitas vezes e na solidão da consciência de
	cada um de nos, homens e mulheres, pequenos e grandes, que
	certo e errado se enfrentam.
22	E a ética e o domínio desse enfrentamento.

Marisa Lajolo. *Entre o bem e o mal*. In: *Histórias sobre a ética*. 5.ª ed. São Paulo: Ática, 2008 (com adaptações).

(Polícia Rodoviária Federal – 2013 – CESPE) A partir das ideias e das estruturas linguísticas do texto acima, julgue os itens que se seguem.

(1) Devido a presença do advérbio "apenas" (L.18), o pronome "se" (L.17) poderia ser deslocado para imediatamente após a forma verbal "coloca" (L.17), da seguinte forma: coloca-se.

(2) No trecho "o que consideramos bem" (L.3-4), o vocábulo "que" classifica-se como pronome e exerce a função de complemento da forma verbal "consideramos".

1: incorreta. A próclise é obrigatória no caso por força da presença do advérbio de negação "não"; **2:** correta. É pronome relativo e objeto direto do verbo "considerar".

Gabarito 1E, 2C.

Leia o texto abaixo e responda às questões propostas.

Perícia de campo

Os novos Sherlock Holmes trocaram as lupas por luzes forenses. São lanternas portáteis ou lâmpadas de maior porte que emitem luzes de diferentes comprimentos de onda, ajudando a revelar coisas que normalmente passariam despercebidas. As fibras sintéticas ficam fluorescentes na maioria dos comprimentos de onda, especialmente nos 300 nanômetros da luz ultravioleta. Já materiais orgânicos, como fibras de algodão, saliva, urina, sêmen e ossos, ficam opacos e esbranquiçados sob a luz negra. "Investigando um caso de estupro, analisei o banco de um carro que não tinha sinais evidentes. Com a luz, pude ver e coletar uma amostra de sêmen e identificar o material genético que incriminou um suspeito", diz Rosângela Monteiro, da Polícia Científica de São Paulo.

Mas isso não é nada perto do que já é possível fazer com impressões digitais. Sim, porque a coleta dessas provas essenciais não é tão simples quanto parece. A maioria delas não é visível a olho nu e, dependendo do suporte, era impossível identificá-las.

Superfícies molhadas, por exemplo, sempre foram uma barreira para os peritos. Problema resolvido com o desenvolvimento de nanopartículas de óxidos de zinco, usadas em um pó que reage com a gordura deixada pelas digitais mesmo na presença de água. Depois, é só iluminar a região desejada com luz ultravioleta e a digital, brilhante, está pronta para ser registrada numa foto.

O próximo desafio é tirar impressões digitais de pele humana, tarefa que está sendo pesquisada por cientistas do Oak Ridge National Laboratory, nos EUA. Eles desenvolveram um equipamento portátil que realiza uma técnica conhecida por espectroscopia de superfície aumentada. O método já mostrou que funciona, mas o instrumento é feito com nanofios revestidos de prata que ainda não dão resultados muito nítidos. O grupo trabalha para melhorar esse revestimento e chegar a uma impressão digital mais evidente, que possa ser revelada com uma fotografia na própria cena do crime.

Mas é melhor apressarem os estudos. Se demorarem, os cientistas do Oak Ridge ficarão ultrapassados antes mesmo de concluírem sua obra-prima. É que, segundo a revista Science, impressões digitais em superfícies molhadas e em pele humana estão prestes a ser reveladas por um único equipamento, que vaporiza uma mistura de moléculas de metanol e água carregadas eletricamente sobre a área investigada. Em contato com a mistura, cada superfície emite íons específicos. Captados por um aparelho, esses sinais são transformados em unidades de imagem, como se fossem pixels. O resultado é uma versão digital da marca dos dedos, produzida em poucos segundos. E o mais incrível é que o aparelho também distingue substâncias em que o autor da marca tocou antes, como drogas, pólvora, metais e substâncias químicas em geral. O kit básico de trabalho de campo de trabalho de campo de um perito criminal ainda vai ganhar mais um forte aliado nos próximos anos, com a chegada ao mercado de um gravador portátil de imagens em 3 dimensões, apresentado em abril por cientistas do centro de pesquisas alemão Fraunhofer IOF. Com eles, os peritos não precisam mais esperar o gesso secar para conseguir um molde de uma pegada ou marca de pneu. Basta tirar uma foto com o equipamento e a imagem em 3D pode ser passada para um computador para comparações. O gravador também pode ser útil para filmar cenas de crime em locais públicos, onde não se tem chance de preservar a cena por muito tempo: bastará reconstruir o ambiente virtualmente e estudá-lo com mais calma no laboratório.

(Tarso Araújo, in Revista Superinteressante, outubro de 2008).

(Agente de Polícia Civil/RO – 2014 – FUNCAB) Em: "O gravador também pode ser útil para filmar cenas de crime em locais públicos, onde não se tem chance de preservar a cena por muito tempo: bastará reconstruir o ambiente virtualmente e estudá-LO com mais calma no laboratório.", o pronome oblíquo destacado funciona como elemento de coesão que retoma:

(A) laboratório
(B) locais públicos.
(C) gravador.
(D) cenas de crime.
(E) ambiente.

O que poderá ser estudado com mais calma no laboratório é o **ambiente** previamente fotografado, termo substituído no trecho pelo pronome oblíquo "o".
Gabarito "E".

(Agente de Polícia Civil/RO – 2014 – FUNCAB) De acordo com a norma culta da língua, assinale a única opção correta quanto à colocação pronominal

(A) Muitos indignariam-se com esse resultado.
(B) Espero que faça-se um trabalho bem feito.
(C) Não impacientem-se com a demora.
(D) Calem-se e trabalhem.
(E) Nada pode-se dizer ainda.

A: incorreta. O advérbio de intensidade "muitos" provoca próclise: muitos **se** indignariam...; **B:** incorreta. A conjunção integrante "que" provoca próclise: que **se** faça...; **C:** incorreta. O advérbio de negação "não" provoca próclise: não **se** impacientem...; **D:** correta. A norma culta veda a próclise em início de período; **E:** incorreta. O pronome indefinido "nada" provoca próclise: nada **se** pode dizer...".
Gabarito "D".

Os produtos ecológicos estão dominando as prateleiras do comércio. Mesmo com tantas opções, ainda há resistência na hora da compra. **Isso** acontece porque o custo de tais itens é sempre mais elevado, em comparação com o das mercadorias tradicionais. Com os temas ambientais cada vez mais em pauta, é normal que a consciência ecológica tenha aumentado entre os brasileiros. Se por um lado o consumidor deseja investir em produtos menos agressivos ao meio ambiente, por outro ele não está disposto a pagar mais de cinco por cento acima do valor normal. É o que mostra uma pesquisa realizada pela Proteste – Associação de Consumidores.

A análise foi feita a partir de um levantamento realizado em 2012. De acordo com a Proteste, quase metade dos entrevistados afirmaram que deixaram de comprar produtos devido às más condutas ambientais da companhia.

Dos entrevistados, 72% disseram que, na última compra, levaram em consideração o comportamento da empresa, em especial, sua atitude em relação ao meio ambiente. Ainda assim, 60% afirmam que raramente ou nunca têm informações sobre o impacto ambiental do produto ou do comportamento da empresa. Já 81% das pessoas acreditam que o rótulo de sustentabilidade e responsabilidade social é apenas uma estratégia de *marketing* das empresas.

(Ciclo vivo, 16.05.2013, http://zip.net/brl0k1. Adaptado)

(Escrivão/SP – 2014 – VUNESP) O termo **Isso**, em destaque no primeiro parágrafo, refere-se ao fato de

(A) o consumidor demonstrar resistência na hora de comprar produtos ecológicos.
(B) os consumidores ficarem confusos com tantas opções de produtos ecológicos.
(C) os produtos ecológicos estarem dominando as prateleiras do comércio brasileiro.
(D) o custo dos produtos ecológicos ser sempre excessivamente elevado no Brasil.
(E) a oferta de produtos ecológicos ser maior em comparação com a de mercadorias tradicionais.

O pronome indefinido "isso" foi usado como elemento de coesão no texto para se referir à resistência dos consumidores na hora de adquirir produtos que respeitem o meio ambiente.
Gabarito "A".

(Folha de S.Paulo, 10.11.2013)

(Investigador/SP – 2014 – VUNESP) No contexto em que está empregada, a frase – *Pode experimentar...*
–, em conformidade com a norma-padrão da língua portuguesa, pode ser substituída por

(A) Pode experimentar eles...
(B) Pode experimentar-nos...
(C) Pode experimentá-los...
(D) Pode-lhes experimentar...
(E) Pode experimentar-lhes...

A questão trata da utilização de pronomes como elementos de coesão, com o fim de evitar a repetição desnecessárias dos termos na redação e manter a ligação entre suas diversas passagens. No quadrinho, o personagem oferece os sonhos para seu interlocutor experimentar. "Sonhos" é substantivo masculino plural exercendo a função de objeto direto do verbo "experimentar". Nessa situação, o pronome que corretamente o substitui é "os", o qual, ao ser colocado após o verbo (ênclise) fica: experimentá-**los**.
Gabarito "C".

602 HENRIQUE SUBI

Compras de Natal

A cidade deseja ser diferente, escapar às suas fatalidades.

_____ de brilhos e cores; sinos que não tocam, balões que não sobem, anjos e santos que não _____, estrelas que jamais estiveram no céu.

As lojas querem ser diferentes, fugir à realidade do ano inteiro: enfeitam-se com fitas e flores, neve de algodão de vidro, fios de ouro e prata, cetins, luzes, todas as coisas que possam representar beleza e excelência.

Tudo isso para celebrar um Meninozinho envolto em pobres panos, deitado numas palhas, há cerca de dois mil anos, num abrigo de animais, em Belém.

(Cecília Meireles, *Quatro Vozes*. Adaptado)

(Investigador/SP – 2014 – VUNESP) De acordo com a norma-padrão da língua portuguesa, as lacunas do texto devem ser preenchidas, correta e respectivamente, com:

(A) Se enche ... movem-se

(B) Se enchem ... se movem

(C) Enchem-se ... se move

(D) Enche-se ... move-se

(E) Enche-se ... se movem

Na primeira lacuna, a construção da voz passiva sintética deve ser feita no singular para concordar com "cidade", seu sujeito oculto, e o pronome deve ser colocado após o verbo (enclítico) porque estamos no início do período: "Enche-se (a cidade) de brilhos e cores...". Na segunda lacuna, é caso de conjugação do verbo no plural para concordar com "anjos e santos" e de próclise por força do advérbio de negação "não": "... que não se movem...".

Gabarito "E".

5. VERBO

Dificilmente, em uma ciência-arte como a Psicologia-Psiquiatria, há algo que se possa asseverar com 100% de certeza. Isso porque há áreas bastante interpretativas, sujeitas a leituras diversas, a depender do observador e do observado. Porém, existe um fato na Psicologia-Psiquiatria forense que é 100% de certeza e não está sujeito a interpretação ou a dissimulação por parte de quem está a ser examinado. E revela, objetivamente, dados do psiquismo da pessoa ou, em outras palavras, mostra características comportamentais indissimuláveis, claras e objetivas. O que pode ser tão exato, em matéria de Psicologia-Psiquiatria, que não admite variáveis? Resposta: todos os crimes, sem exceção, são como fotografias exatas e em cores do comportamento do indivíduo. E como o psiquismo é responsável pelo modo de agir, por conseguinte, temos em todos os crimes, obrigatoriamente e sempre, elementos objetivos da mente de quem os praticou.

Por exemplo, o delito foi cometido com multiplicidade de golpes, com ferocidade na execução, não houve ocultação de cadáver, não se verifica cúmplice, premeditação etc. Registre-se que esses dados já aconteceram. Portanto, são insimuláveis, 100% objetivos. Basta juntar essas características comportamentais que teremos algo do psiquismo de quem o praticou. Nesse caso específico, infere-se que a pessoa é explosiva, impulsiva e sem freios, provável portadora de algum transtorno ligado à disritmia psicocerebral, algum estreitamento de consciência, no qual o sentimento invadiu o pensamento e determinou a conduta.

Em outro exemplo, temos homicídio praticado com um só golpe, premeditado, com ocultação de cadáver, concurso de cúmplice etc. Nesse caso, os dados apontam para o lado do criminoso comum, que entendia o que fazia.

Claro que não é possível, apenas pela morfologia do crime, saber-se tudo do diagnóstico do criminoso. Mas, por outro lado, é na maneira como o delito foi praticado que se encontram características 100% seguras da mente de quem o praticou, a evidenciar fatos, tal qual a imagem fotográfica revela-nos exatamente algo, seja muito ou pouco, do momento em que foi registrada. Em suma, a forma como as coisas foram feitas revela muito da pessoa que as fez.

PALOMBA, Guido Arturo. Rev. Psique: nº 100 (ed. comemorativa), p. 82.

(Investigador-Escrivão-Papiloscopista – Pará – Funcab – 2016) Considere-se o seguinte período:

Mas, por outro lado, é na maneira como o delito FOI PRATICADO que SE ENCONTRAM características 100% seguras da mente de quem o praticou, A EVIDENCIAR fatos, tal qual a imagem fotográfica REVELA-nos exatamente algo, seja muito ou pouco, do momento em que FOI REGISTRADA.

Feitos eventuais ajustes indispensáveis, a substituição da forma verbal (em destaque) que altera fundamentalmente o sentido do enunciado está registrada em:

(A) a evidenciar / evidenciando.

(B) foi praticado / praticou-se.

(C) revela / tem revelado.

(D) foi registrada / se registrou.

(E) se encontram / são encontradas.

A: incorreta. "A evidenciar" é a forma de se grafar o gerúndio no Português europeu; **B, D e E:** incorretas. A substituição apenas altera a voz passiva analítica para a voz passiva sintética; **C:** correta. A alteração atinge o sentido original do texto, vez que o verbo no presente do indicativo denota um fato que ocorreu no momento em que se fala, ao passo que a locução verbal "tem revelado" indica um fato que se iniciou no passado e continua a surtir efeitos. **HS**

Gabarito "C".

1 A fim de solucionar o litígio, atos sucessivos e concatenados são praticados pelo escrivão. Entre eles, estão os atos de comunicação, os quais são indispensáveis para que os
4 sujeitos do processo tomem conhecimento dos atos acontecidos no correr do procedimento e se habilitem a exercer os direitos que lhes cabem e a suportar os ônus que a lei lhes impõe.

Internet: <http://jus.com.br> (com adaptações).

(Escrivão de Polícia Federal - 2013 – CESPE) No que se refere ao texto acima, julgue o item seguinte.

(1) O trecho "os sujeitos (...) lhes impõe" (L.3-6) poderia ser corretamente reescrito da seguinte forma: cada um dos sujeitos do processo tome conhecimento dos atos acontecidos no correr do procedimento e se habilite a exercer os direitos que lhes cabe e a suportar os ônus que a lei lhes impõe.

1: incorreta. Há erro de concordância na conjugação do verbo "caber". O correto seria: "exercer os direitos que lhes cabem".

Gabarito 1E

Pavio do destino

Sérgio Sampaio

1   O bandido e o mocinho
    São os dois do mesmo ninho
    Correm nos estreitos trilhos
4   Lá no morro dos aflitos
    Na Favela do Esqueleto
    São filhos do primo pobre
7   A parcela do silêncio
    Que encobre todos os gritos
    E vão caminhando juntos
10 O mocinho e o bandido
    De revólver de brinquedo
    Porque ainda são meninos
13 Quem viu o pavio aceso do destino?
    Com um pouco mais de idade
    E já não são como antes
16 Depois que uma autoridade
    Inventou-lhes um flagrante
    Quanto mais escapa o tempo
19 Dos falsos educandários
    Mais a dor é o documento
    Que os agride e os separa
22 Não são mais dois inocentes
    Não se falam cara a cara
    Quem pode escapar ileso

12. LÍNGUA PORTUGUESA — 603

25   Do medo e do desatino

      Quem viu o pavio aceso do destino?

      O tempo é pai de tudo

28   E surpresa não tem dia

      Pode ser que haja no mundo

      Outra maior ironia

31   O bandido veste a farda

      Da suprema segurança

      O mocinho agora amarga

34   Um bando, uma quadrilha

      São os dois da mesma safra

      Os dois são da mesma ilha

37   Dois meninos pelo avesso

      Dois perdidos Valentinos

      Quem viu o pavio aceso do destino?

(Agente de Polícia/DF – 2013 – CESPE) A respeito dos sentidos do texto de Sérgio Sampaio, que constitui a letra de uma música, julgue os itens seguintes.

(1) O trecho "Quanto mais escapa o tempo / Dos falsos educandários / Mais a dor é o documento / Que os agride e os separa" (*v.*18-21) poderia, sem prejuízo para a correção gramatical, ser reescrito da seguinte forma: À medida que escapa o tempo dos falsos educandários, a dor vai se tornando o documento que os agride e os separa.

(2) O termo "ileso" (*v.*24) está empregado como sinônimo de incólume.

(3) Infere-se da leitura dos versos "O bandido veste a farda / Da suprema segurança / O mocinho agora amarga / Um bando, uma quadrilha" (*v.*31-34) que houve uma inversão: o menino que fazia o papel de mocinho na brincadeira virou bandido quando adulto, e o que fazia o papel de bandido se tornou policial. Na mesma estrofe, os termos "surpresa" (*v.*28), "ironia" (*v.*30) e "avesso" (*v.*37) ratificam essa interpretação.

(4) O texto, pertencente a um gênero poético, faz um relato biográfico sobre duas crianças em uma localidade periférica, contrastando a inocência e o ludismo da infância com a aspereza e a ironia do destino na vida adulta.

(5) Os termos "ninho" (*v.*2) e "safra" (*v.*35) foram empregados em sentido denotativo e correspondem, respectivamente, ao local e à época de nascimento dos meninos.

1: incorreta. Para mantermos a correção e o sentido original do texto deveria constar "a dor se torna o documento..."; **2:** correta. São também sinônimos de indene, intacto, inteiro; **3:** correta. A história dos dois meninos teve um desfecho inesperado em relação às brincadeiras da infância; **4:** correta. Essa é justamente a mensagem que o eu-lírico quer transmitir: que o destino nos reserva muitas vezes um futuro que não decorre das nossas atitudes; **5:** incorreta. Ao utilizar as palavras "ninho" e "safra" para indicar o local e a época de nascimento dos personagens, o autor se valeu do sentido conotativo das palavras, seu sentido figurado.

Gabarito 1E, 2C, 3C, 4C, 5E

(Agente de Polícia/DF – 2013 – CESPE) Acerca de aspectos linguísticos do texto, julgue o item a seguir.

(1) O sentido original do texto seria alterado, mas a sua correção gramatical seria preservada caso o trecho "Pode ser que haja no mundo / Outra maior ironia" (*v.*29-30) fosse assim reescrito no plural: Podem ser que hajam no mundo / Outras maiores ironias.

1: incorreta. No trecho, o verbo "haver" foi usado no sentido de "existir", portanto é impessoal, não se flexiona para o plural. O correto seria: "Pode ser que haja no mundo outras maiores ironias".

Gabarito 1E

Sob ordens da chefia

Ah, os chefes! Chefões, chefinhos, mestres, gerentes, diretores, quantos ao longo da vida, não? Muitos passam em brancas nuvens, perdem-se em suas próprias e pequenas histórias. Mas há outros cujas marcas acabam ficando bem nítidas na memória: são aqueles donos de qualidades incomuns.

Por exemplo, o meu primeiro chefe, lá no finalzinho dos anos 50: cinco para as oito da noite, e eu começava a ficar aflito, pois o locutor do horário ainda não havia aparecido. A rádio da pequena cidade do interior, que funcionava em três horários, precisava abrir às oito e como fazer? Bem, o fato é que eu era o técnico de som do horário, precisava "passar" a transmissão lá para a câmara, e o locutor não chegava para os textos de abertura, publicidade, chamadas. Meu chefe, de lá, tomou a iniciativa:

– Ei rapaz, deixe ligado o microfone, largue isso aí, vá pro estúdio e ponha a rádio no ar. Vamos lá, firme, coragem! – foi a minha primeira experiência: fiz tudo como mandava e ele pôde, assim, transmitir tudo sem problemas.

No dia seguinte, muita apreensão logo de manhã, aguardando o homem. Será que tinha alguma crítica? Mas eis que ele chega, simpático e sorridente como sempre, e me abraça.

– Muito bem! Você está aprovado. Quer começar amanhã na locução?

Alguns meses antes do seu falecimento, reencontrei-o num lançamento de livro: era o mesmo de cinquenta e tantos anos atrás: magrinho, calva luzidia, falante, sempre cheio de planos para o futuro.

E o chefe das pestanas brancas, anos depois: estremecíamos quando ele nos chamava para qualquer coisa, fazendo-nos entrar na sua sala imensa, já suando frio e atentos às suas finas e cortantes palavras. Olhar frio, imperturbável, postura ereta, ágil, sempre trajando ternos impecáveis. Suas atitudes? Dinâmicas, surpreendentes.

Uma vez, precisando de algumas instruções, perguntei a sua secretária se poderia "entrar".

– Não vai dar. – Respondeu-me ela. – Está ocupadíssimo, em reunião. Mas volte aqui um pouco mais tarde. Vamos ver!

Voltei uns cinquenta minutos depois, cauteloso, e quase não acreditei no que ouvi: – Sinto muito, o chefe está viajando para a Alemanha.

Era bem diferente daquele outro da mesma empresa, descontraído, amigão de todos: não era somente um chefe, era um líder, bem conhecido entre os revendedores. Todos sentíamos prazer em trabalhar com ele, e para ele. Até quando o serviço resultava numa sonora bronca – sempre justificada, é claro. Jeitão simples, de fino humor, tratava tudo com o tempero da sua criatividade nata. "Punha para frente" até quem precisava demitir: intercedia lá fora em seu favor, o que víamos com nossos próprios olhos.

Não chamava ninguém do seu pessoal a toda hora, a não ser que o assunto fosse sério mesmo: se tinha algo a tratar no dia a dia, chegava pessoalmente, numa boa, às vezes até sentava numa de nossas mesas para expor o assunto. Aliás, era o único chefe que se lembrava de me dar um abraço e dizer "parabéns" no dia do meu aniversário.

(Gustavo Mazzola, *Correio Popular*, 04.09.2013, http://zip.net/brl0k3. Adaptado)

(Escrivão/SP – 2014 – VUNESP) As formas verbais conjugadas no modo imperativo, expressando ordem, instrução ou comando, estão destacadas em

(A) Mas **há** outros cujas marcas **acabam** ficando bem nítidas na memória: **são** aqueles donos de qualidades incomuns. (primeiro parágrafo)

(B) **Voltei** uns cinquenta minutos depois, cauteloso, e quase não **acreditei** no que ouvi... (nono parágrafo)

(C) – Ei rapaz, **deixe** ligado o microfone, **largue** isso aí, **vá** pro estúdio e **ponha** a rádio no ar. (segundo parágrafo)

(D) Bem, o fato é que eu **era** o técnico de som do horário, **precisava** "passar" a transmissão lá para a câmara, e o locutor não **chegava** para os textos de abertura, publicidade, chamadas. (segundo parágrafo)

(E) ... estremecíamos quando ele nos chamava para qualquer coisa, **fazendo**-nos entrar na sua sala imensa, já **suando** frio e atentos às suas finas e cortantes palavras. (sexto parágrafo)

A: incorreta. Os verbos "haver" e "ser" estão conjugados na terceira pessoa do plural do presente do indicativo; **B:** incorreta. Os verbos "voltar" e "acreditar" estão conjugados na primeira pessoa do singular do pretérito perfeito do indicativo; **C:** correta. Os verbos "deixar", "largar" e "por" estão conjugados na terceira pessoa do singular do imperativo afirmativo; **D:** incorreta. Os verbos "ser", "precisar" e "chegar" estão conjugados, respectivamente, na primeira e terceira pessoas do singular do pretérito imperfeito do indicativo; **E:** incorreta. Os verbos "fazer" e "suar" estão no modo gerúndio.

Gabarito "C".

O trânsito brasileiro, há muito tempo, tem sido responsável por verdadeira carnificina. São cerca de 40 mil mortes a cada ano; quase metade delas, segundo especialistas, está associada ao consumo de bebidas alcoólicas.

Não é preciso mais do que esses dados para justificar a necessidade de combater a embriaguez ao volante. Promulgada em 2008, a chamada lei seca buscava alcançar precisamente esse objetivo. Sua aplicação, porém, vinha sendo limitada pelos tribunais brasileiros.

O problema estava na própria legislação, segundo a qual era preciso comprovar "concentração de álcool por litro de sangue igual ou superior a seis decigramas" a fim de punir o motorista bêbado.

Tal índice, contudo, só pode ser aferido com testes como bafômetro ou exame de sangue. Como ninguém é obrigado a produzir provas contra si mesmo, o condutor que recusasse os procedimentos dificilmente seria condenado.

Desde dezembro de 2012, isso mudou. Com nova redação, a lei seca passou a aceitar diversos outros meios de prova – como testes clínicos, vídeos e depoimentos. Além disso, a multa para motoristas embriagados passou de R$ 957,70 para R$ 1.915,40.

(*Folha de S. Paulo*, 03.01.2014)

(Investigador/SP – 2014 – VUNESP) Na oração – ... *dificilmente seria condenado.* –, a forma verbal "seria" expressa uma ação

(A) concluída.
(B) repetitiva.
(C) incerta.
(D) imprevista.
(E) presente.

O futuro do pretérito do indicativo em sua forma composta (verbo auxiliar + verbo principal) indica ação que poderia ter ocorrido posteriormente a um fato passado. Logo, essa ação é incerta, não há convicção de que tenha efetivamente ocorrido.

Gabarito "C".

Um problema básico – descentralizar a Justiça

Hélio Bicudo, vice-prefeito de São Paulo, destacou-se pela sua participação, durante longos anos, como um dos membros da Pontifícia Comissão de Justiça e Paz, defendendo aqueles que eram perseguidos pelo regime militar. Nessa atividade, sua preocupação principal era a de encontrar soluções práticas e concretas para as questões que afligiam os brasileiros que enfrentavam dificuldades em recorrer à Justiça, a fim de postularem seus direitos. É bem conhecida, por exemplo, sua luta – como membro do Ministério Público e como jornalista – contra o Esquadrão da Morte.

O depoimento de Hélio Bicudo foi colhido por *estudos avançados* no dia 12 de maio. Cabe destacar ainda a participação, nesta entrevista, do advogado Luís Francisco Carvalho Filho, que milita na imprensa e se dedica especialmente a questões relacionadas à Justiça.

Luís Francisco Carvalho Filho – *Hélio Bicudo, em sua opinião, como devem ser resolvidos os problemas do acesso à Justiça brasileira e de sua eficiência?*

Hélio Bicudo – *O problema do acesso à Justiça é uma questão fundamental quando se deseja promover uma reforma do Poder Judiciário. É importante salientar que essa é uma reforma que não necessita de alterações no texto constitucional. Acredito que os próprios Poderes Judiciários dos Estados poderiam adotar de-*

terminadas medidas, até mesmo administrativas, para diminuir a distância entre o cidadão e o juiz. Penso nisso há muito tempo. Quando trabalhei com o governador Carvalho Pinto, de 1959 a 1962, conseguimos sensibilizar o Tribunal de Justiça de São Paulo para a realização de uma reforma mais ou menos desse tipo. O que acontece hoje – e que acontecia naquela época – é que o Poder Judiciário está localizado na região central da cidade. É o caso, por exemplo, do Fórum Criminal, que tem cerca de sessenta Varas Criminais. Para se ouvir uma testemunha que, por exemplo, mora em Parelheiros, temos de trazê-la até o Centro, o que é um problema complicado.

Além disso, temos a maneira pela qual se desenvolve o processo. Por exemplo, o juiz que recebe a denúncia não é o mesmo que interroga, não é o mesmo que ouve as testemunhas, não é o que examina a prova. No final, é um quarto ou um quinto juiz que decide, a partir de um documento inserido no papelório. Sempre acreditei que, para diminuir a distância entre o juiz e o cidadão, é preciso descentralizar o Poder Judiciário. Ora, se em São Paulo há cerca de cem delegacias policiais distritais, por que não se pode ter também 250 ou trezentos juizados?

(Escrivão de Polícia/MA – 2013 – FGV) "É importante salientar que essa é uma reforma que não necessita de alterações no texto constitucional". Se desenvolvermos a forma sublinhada nesse segmento do texto, a forma verbal adequada será:

(A) que se saliente.
(B) que salientemos.
(C) salientarmos.
(D) que se salientasse.
(E) que salientássemos.

O desenvolvimento correto da forma verbal, para que não haja alteração de sentido, é colocá-la na terceira pessoa do singular do presente do indicativo acompanhada do índice de indeterminação do sujeito "se". Assim, temos "que se saliente".

Gabarito "A".

(Investigador de Polícia/SP – 2013 – VUNESP) Assinale a alternativa em que o período – Nos EUA e na Europa, se alguém se sente ofendido por uma biografia, processa o autor se quiser... – está corretamente redigido em conformidade com a norma-padrão da língua portuguesa

(A) Nos EUA e na Europa, caso as pessoas se sintam ofendidas por uma biografia, processam o autor caso queiram...
(B) Nos EUA e na Europa, caso as pessoas se sentirem ofendidos por uma biografia, processa-se o autor caso quererem...
(C) Nos EUA e na Europa, caso as pessoas se sente ofendidas por uma biografia, processa o autor caso se quer...
(D) Nos EUA e na Europa, caso as pessoas se sintam ofendido por uma biografia, processam-se o autor caso se quer...
(E) Nos EUA e na Europa, caso as pessoas se sentem ofendido por uma biografia, processam o autor caso querem...

A questão circunscreve-se à transposição para a terceira pessoa do plural (de "alguém" para "as pessoas") do presente do subjuntivo (marcado pela preposição "caso"). Correta a alternativa "A", que conjuga fielmente os verbos "sentir" ("sintam"), "processar" ("processam") e "querer" ("queiram"). Vale anotar, ainda, que "as pessoas" é substantivo feminino plural, portanto o adjetivo "ofendidas" deve concordar com ele em gênero e número.

Gabarito "A".

6. REGÊNCIA

(Escrivão – AESP/CE – VUNESP – 2017) Leia o texto.

Mesmo estando apta _____ desenvolver atividades na área de ensino, a maioria dos profissionais que conclui o ensino superior sente-se impelida _____ buscar outras áreas _____ que possa trabalhar, geralmente atraída _____ salários mais expressivos e melhores condições de trabalho.

Considerando-se as regras de regência, verbal e nominal, de acordo com a norma-padrão da língua portuguesa, as lacunas do texto devem ser preenchidas, correta e respectivamente, com:

(A) por ... a ... em ... com
(B) a ... de ... de ... por

(C) a . com . por . com
(D) em ... por ... a ... de
(E) a ... a ... em ... por

"Apta" rege a preposição "a". "Impelir" também rege a preposição "a". A locução pronominal relativa que traduz ideia de lugar é "em que". O particípio "atraído" rege a preposição "por". HS
Gabarito "E".

Os turistas que visitarão o Brasil neste ano, atraídos, especialmente, pela Copa do Mundo, devem injetar US$ 9,2 bilhões na economia do País, estima o Instituto Brasileiro de Turismo (Embratur). Em todo o ano de 2014, são esperados sete milhões de turistas estrangeiros no país, o que seria um recorde. Se for confirmada a previsão, esse valor representará um crescimento de 38,5% sobre os US$ 6,64 bilhões que ingressaram no País, trazidos pelos turistas, em 2013.

"A presença de sete milhões de turistas significa, provavelmente, a geração de recursos superiores aos da indústria automobilística e aos da indústria de papel e celulose no Brasil, mostrando a importância econômica do turismo e, portanto, a necessidade de haver investimentos públicos e privados, como vem ocorrendo na expansão da rede hoteleira", disse o presidente da Embratur, Flávio Dino.

Segundo Dino, é preciso receber bem o turista estrangeiro e, para isso, é necessário ampliar investimentos em infraestrutura (como aeroportos) e ensinar línguas estrangeiras a profissionais que têm contato com esses turistas. "Tenho muita confiança na necessidade de haver investimentos e competitividade, ou seja, haver políticas públicas e ações privadas que garantam preços justos, para que esses turistas possam ser bem acolhidos e também economicamente estimulados a voltar ao Brasil", disse.

(Francisco Carlos de Assis, O Estado de S.Paulo,
01.01.2014, http://zip.net/bmlZTY. Adaptado)

(Escrivão/SP – 2014 – VUNESP) Considere a seguinte passagem do primeiro parágrafo, à qual foi acrescida uma lacuna.

Em todo o ano de 2014, são esperados sete milhões de turistas estrangeiros no país, o que seria um recorde. Se for confirmada a **previsão** _____, esse valor representará um crescimento de 38,5% sobre os US$ 6,64 bilhões que ingressaram no País, trazidos pelos turistas, em 2013.

A expressão que completa a lacuna corretamente, atendendo às regras de regência do termo **previsão**, conforme a norma-padrão da língua portuguesa, está em

(A) ante o número de turistas.
(B) sobre o número de turistas.
(C) no número de turistas.
(D) perante o número de turistas.
(E) entre o número de turistas.

O substantivo "previsão" rege as preposições "sobre", "de" ou "quanto a" nos termos da gramática normativa. Correta, portanto, a alternativa "B", que deve ser assinalada.
Gabarito "B".

Um problema básico – descentralizar a Justiça

Hélio Bicudo, vice-prefeito de São Paulo, destacou-se pela sua participação, durante longos anos, como um dos membros da Pontifícia Comissão de Justiça e Paz, defendendo aqueles que eram perseguidos pelo regime militar. Nessa atividade, sua preocupação principal era a de encontrar soluções práticas e concretas para as questões que afligiam os brasileiros que enfrentavam dificuldades em recorrer à Justiça, a fim de postularem seus direitos. É bem conhecida, por exemplo, sua luta – como membro do Ministério Público e como jornalista – contra o Esquadrão da Morte.

O depoimento de Hélio Bicudo foi colhido por *estudos avançados* no dia 12 de maio. Cabe destacar ainda a participação, nesta entrevista, do advogado Luís Francisco Carvalho Filho, que milita na imprensa e se dedica especialmente a questões relacionadas à Justiça.

Luís Francisco Carvalho Filho – *Hélio Bicudo, em sua opinião, como devem ser resolvidos os problemas do acesso à Justiça brasileira e de sua eficiência?*

Hélio Bicudo – *O problema do acesso à Justiça é uma questão fundamental quando se deseja promover uma reforma do Poder Judiciário. É importante salientar que essa é uma reforma que não necessita de alterações no texto constitucional. Acredito que os próprios Poderes Judiciários dos Estados poderiam adotar determinadas medidas, até mesmo administrativas, para diminuir a distância entre o cidadão e o juiz. Penso nisso há muito tempo. Quando trabalhei com o governador Carvalho Pinto, de 1959 a 1962, conseguimos sensibilizar o Tribunal de Justiça de São Paulo para a realização de uma reforma mais ou menos desse tipo. O que acontece hoje – e que acontecia naquela época – é que o Poder Judiciário está localizado na região central da cidade. É o caso, por exemplo, do Fórum Criminal, que tem cerca de sessenta Varas Criminais. Para se ouvir uma testemunha que, por exemplo, mora em Parelheiros, temos de trazê-la até o Centro, o que é um problema complicado.*

Além disso, temos a maneira pela qual se desenvolve o processo. Por exemplo, o juiz que recebe a denúncia não é o mesmo que interroga, não é o mesmo que ouve as testemunhas, não é o que examina a prova. No final, é um quarto ou um quinto juiz que decide, a partir de um documento inserido no papelório. Sempre acreditei que, para diminuir a distância entre o juiz e o cidadão, é preciso descentralizar o Poder Judiciário. Ora, se em São Paulo há cerca de cem delegacias policiais distritais, por que não se pode ter também 250 ou trezentos juizados?

(Escrivão de Polícia/MA – 2013 – FGV) "É importante salientar que essa é uma reforma que não necessita de alterações no texto constitucional".

A preposição sublinhada é de presença obrigatória no texto, porque assim o exige o verbo "necessitar"; assinale a alternativa em que a preposição sublinhada **não** é solicitada por qualquer termo anterior.

(A) Os juízes não gostam de atrasos nos depoimentos.
(B) A justiça precisa de mais descentralização.
(C) Os processos que vêm de longe tardam mais a ser julgados.
(D) Alguns advogados se esquecem de partes importantes do processo.
(E) Certos policiais não se lembram de todos os detalhes das ocorrências.

A, B e D: corretas. Os verbos "gostar", "precisar" e "esquecer" são transitivos indiretos e regem a preposição "de"; **C:** incorreta, devendo ser assinalada. "Vir" é verbo intransitivo. A preposição "de" não é obrigatória, porque não é complemento do verbo. Ela integra o adjunto adverbial "de longe", o qual, se for retirado, não altera o sentido da oração; **E:** correta. "Lembrar-se", forma pronominal do verbo "lembrar", é transitivo indireto, exigindo a preposição "de". Diferente de "lembrar", puro e simples, que é transitivo direto. Ou se**ja:** "lembro alguma coisa" ou "lembro-me de alguma coisa".
Gabarito "C".

(Investigador de Polícia/SP – 2013 – VUNESP) Leia a charge.

(Gazeta do Povo, 01.11.2012. Adaptado)

(Gazeta do Povo, 01.11.2012. Adaptado)

Em norma-padrão da língua portuguesa, a fala do funcionário demitido é completada com:

(A) ... prefiro ser demitido a ser demetido.
(B) ... prefiro antes ser demitido que ser demetido.

(C) ... prefiro mais ser demitido do que ser demetido.

(D) ... prefiro ser demitido do que ser demetido.

(E) ... prefiro mais ser demitido a ser demetido.

Essa questão é uma *pegadinha* clássica de concursos. Ela exige um conhecimento específico do verbo "preferir". Primeiro: ninguém prefere mais ou antes. Isso é pleonasmo (como "subir para cima"). Se você prefere, é óbvio que gosta mais de uma coisa do que outra. Segundo: prefere-se uma coisa **a** outra, não "do que" outra. O verbo "preferir" rege a preposição "a", não a preposição "de".

Gabarito "A".

7. OCORRÊNCIA DA CRASE

Dificilmente, em uma ciência-arte como a Psicologia-Psiquiatria, há algo que se possa asseverar com 100% de certeza. Isso porque há áreas bastante interpretativas, sujeitas a leituras diversas, a depender do observador e do observado. Porém, existe um fato na Psicologia-Psiquiatria forense que é 100% de certeza e não está sujeito a interpretação ou a dissimulação por parte de quem está a ser examinado. E revela, objetivamente, dados do psiquismo da pessoa ou, em outras palavras, mostra características comportamentais indissimuláveis, claras e objetivas. O que pode ser tão exato, em matéria de Psicologia-Psiquiatria, que não admite variáveis? Resposta: todos os crimes, sem exceção, são como fotografias exatas e em cores do comportamento do indivíduo. E como o psiquismo é responsável pelo modo de agir, por conseguinte, temos em todos os crimes, obrigatoriamente e sempre, elementos objetivos da mente de quem os praticou.

Por exemplo, o delito foi cometido com multiplicidade de golpes, com ferocidade na execução, não houve ocultação de cadáver, não se verifica cúmplice, premeditação etc. Registre-se que esses dados já aconteceram. Portanto, são insimuláveis, 100% objetivos. Basta juntar essas características comportamentais que teremos algo do psiquismo de quem o praticou. Nesse caso específico, infere-se que a pessoa é explosiva, impulsiva e sem freios, provável portadora de algum transtorno ligado à disritmia psicocerebral, algum estreitamento de consciência, no qual o sentimento invadiu o pensamento e determinou a conduta.

Em outro exemplo, temos homicídio praticado com um só golpe, premeditado, com ocultação de cadáver, concurso de cúmplice etc. Nesse caso, os dados apontam para o lado do criminoso comum, que entendia o que fazia.

Claro que não é possível, apenas pela morfologia do crime, saber-se tudo do diagnóstico do criminoso. Mas, por outro lado, é na maneira como o delito foi praticado que se encontram características 100% seguras da mente de quem o praticou, a evidenciar fatos, tal qual a imagem fotográfica revela-nos exatamente algo, seja muito ou pouco, do momento em que foi registrada. Em suma, a forma como as coisas foram feitas revela muito da pessoa que as fez.

PALOMBA, Guido Arturo. Rev. Psique: nº 100 (ed. comemorativa), p. 82.

(Investigador-Escrivão-Papiloscopista – Pará – Funcab – 2016) Mantém-se o acento grave no "a" que se lê em: "portadora de algum transtorno ligado à disritmia psicocerebral" com a substituição do complemento de "ligado" por:

(A) a possíveis disritmias psicocerebrais.

(B) a tal ou qual disritmia psicocerebral.

(C) a quaisquer disritmias psicocerebrais.

(D) a uma disritmia psicocerebral.

(E) a disritmia psicocerebral em pauta.

A: incorreta. Se o termo seguinte está no plural e não há o "s" indicativo da flexão de número junto à preposição "a", isso demonstra que ela é preposição "pura", sem artigo aglutinado, logo não ocorre crase; **B:** incorreta. Não ocorre crase antes da expressão "tal ou qual", "tal e qual"; **C** e **D:** incorretas. Não ocorre crase antes de pronome indefinido; **E:** correta. A especificação do termo, adicionando "em pauta" após ele, não desnatura a ocorrência da crase anterior. HS

Gabarito "E".

---

1 O respeito às diferentes manifestações culturais é fundamental, ainda mais em um país como o Brasil, que apresenta tradições e costumes muito variados em todo o seu

4 território. Essa diversidade é valorizada e preservada por ações da Secretaria da Identidade e da Diversidade Cultural (SID), criada em 2003 e ligada ao Ministério da Cultura.

7 Cidadãos de áreas rurais que estejam ligados a atividades culturais e estudantes universitários de todas as regiões do Brasil, por exemplo, são beneficiados por um dos

10 projetos da SID: as Redes Culturais. Essas redes abrangem associações e grupos culturais para divulgar e preservar suas manifestações de cunho artístico. O projeto é guiado por

13 parcerias entre órgãos representativos do Estado brasileiro e as entidades culturais.
A Rede Cultural da Terra realiza oficinas de

16 capacitação, cultura digital e atividades ligadas às artes plásticas, cênicas e visuais, à literatura, à música e ao artesanato. Além disso, mapeia a memória cultural dos

19 trabalhadores do campo. A Rede Cultural dos Estudantes promove eventos e mostras culturais e artísticas e apoia a criação de Centros Universitários de Cultura e Arte.

22 Culturas populares e indígenas são outro foco de atenção das políticas de diversidade, havendo editais públicos de premiação de atividades realizadas ou em andamento, o que

25 democratiza o acesso a recursos públicos.
O papel da cultura na humanização do tratamento psiquiátrico no Brasil é discutido em seminários da SID. Além

28 disso, iniciativas artísticas inovadoras nesse segmento são premiadas com recursos do Edital Loucos pela Diversidade. Tais ações contribuem para a inclusão e socializam o direito à

31 criação e à produção cultural.
A participação de toda a sociedade civil na discussão de qualquer política cultural se dá em reuniões da SID com

34 grupos de trabalho e em seminários, oficinas e fóruns, nos quais são apresentadas as demandas da população. Com base nesses encontros é que podem ser planejadas e desenvolvidas

37 ações que permitam o acesso dos cidadãos à cultura e a promoção de suas manifestações, independentemente de cor, sexo, idade, etnia e orientação sexual.

Identidade e diversidade.
Internet: <www.brasil.gov.br/sobre/cultura/> (com adaptações).

(Escrivão de Polícia/BA – 2013 – CESPE) Considerando as ideias e aspectos linguísticos do texto apresentado, julgue o item a seguir.

(1) O emprego do sinal indicativo de crase é obrigatório em "às diferentes manifestações" (L.1) e facultativo em "às artes plásticas" (L.16-17), "à literatura" (L.17) e "à música" (L.17).

1: incorreta. Todos são casos de crase obrigatória.

Gabarito 1E.

(Agente de Polícia Civil/RO – 2014 – FUNCAB) Assinale a única opção correta quanto ao emprego do acento indicado a crase.

(A) As provas foram analisadas uma à uma.

(B) O suspeito respondeu à todas as perguntas.

(C) À partir dessas análises, teremos uma resposta.

(D) O policial se dirigia à cena do crime.

(E) À noite estava escura e prejudicava a visão.

A: incorreta. Não ocorre crase em expressões formadas por palavras repetidas (uma a uma, cara a cara); **B:** incorreta. Não ocorre crase antes de pronome indefinido (todos, algum, nenhum); **C:** incorreta. Não ocorre crase em locução adverbial formada por verbo; **D:** correta. O verbo pronominal "dirigir-se" rege a preposição "a" (dirigir-se **a** algum lugar). A palavra "cena", feminina, deve ser antecedida pelo artigo definido feminino singular "a". Portanto, ocorre crase; **E:** incorreta. Devemos ter cuidado com essa alternativa, porque ocorre crase em locuções adverbiais formadas por palavra feminina (à noite, às claras). Mas aqui "a noite" não é locução adverbial, é sujeito da oração (quem estava escura? A noite estava escura). Logo, não há preposição para implicar crase.

Gabarito "D".

Sob ordens da chefia

Ah, os chefes! Chefões, chefinhos, mestres, gerentes, diretores, quantos ao longo da vida, não? Muitos passam em brancas nuvens, perdem-se em suas próprias e pequenas histórias. Mas há outros cujas marcas acabam ficando bem nítidas na memória: são aqueles donos de qualidades incomuns.

Por exemplo, o meu primeiro chefe, lá no finalzinho dos anos 50: cinco para as oito da noite, e eu começava a ficar aflito, pois o locutor do horário ainda não havia aparecido. A rádio da pequena cidade do interior, que funcionava em três horários, precisava abrir às oito e como fazer? Bem, o fato é que eu era o técnico de som do horário, precisava "passar" a transmissão lá para a câmara, e o locutor não chegava para os textos de abertura, publicidade, chamadas. Meu chefe, de lá, tomou a iniciativa:

– Ei rapaz, deixe ligado o microfone, largue isso aí, vá pro estúdio e ponha a rádio no ar. Vamos lá, firme, coragem! – foi a minha primeira experiência: fiz tudo como mandava e ele pôde, assim, transmitir tudo sem problemas.

No dia seguinte, muita apreensão logo de manhã, aguardando o homem. Será que tinha alguma crítica? Mas eis que ele chega, simpático e sorridente como sempre, e me abraça.

– Muito bem! Você está aprovado. Quer começar amanhã na locução?

Alguns meses antes do seu falecimento, reencontrei-o num lançamento de livro: era o mesmo de cinquenta e tantos anos atrás: magrinho, calva luzidia, falante, sempre cheio de planos para o futuro.

E o chefe das pestanas brancas, anos depois: estremecíamos quando ele nos chamava para qualquer coisa, fazendo-nos entrar na sua sala imensa, já suando frio e atentos às suas finas e cortantes palavras. Olhar frio, imperturbável, postura ereta, ágil, sempre trajando ternos impecáveis. Suas atitudes? Dinâmicas, surpreendentes.

Uma vez, precisando de algumas instruções, perguntei a sua secretária se poderia "entrar".

– Não vai dar. – Respondeu-me ela. – Está ocupadíssimo, em reunião. Mas volte aqui um pouco mais tarde. Vamos ver!

Voltei uns cinquenta minutos depois, cauteloso, e quase não acreditei no que ouvi: – Sinto muito, o chefe está viajando para a Alemanha.

Era bem diferente daquele outro da mesma empresa, descontraído, amigão de todos: não era somente um chefe, era um líder, bem conhecido entre os revendedores. Todos sentíamos prazer em trabalhar com ele, e para ele. Até quando o serviço resultava numa sonora bronca – sempre justificada, é claro. Jeitão simples, de fino humor, tratava tudo com o tempero da sua criatividade nata. "Punha para frente" até quem precisava demitir: intercedia lá fora em seu favor, o que víamos com nossos próprios olhos.

Não chamava ninguém do seu pessoal a toda hora, a não ser que o assunto fosse sério mesmo: se tinha algo a tratar no dia a dia, chegava pessoalmente, numa boa, às vezes até sentava numa de nossas mesas para expor o assunto. Aliás, era o único chefe que se lembrava de me dar um abraço e dizer "parabéns" no dia do meu aniversário.

(Gustavo Mazzola, *Correio Popular*, 04.09.2013, http://zip.net/brl0k3. Adaptado)

(Escrivão/SP – 2014 – VUNESP) A passagem que permanece correta após o acréscimo do acento indicativo de crase, por seu uso ser facultativo no contexto, é:

(A) ... o chefe está viajando para **à** Alemanha. (nono parágrafo)

(B) ... se tinha algo **à** tratar... (último parágrafo)

(C) ... perguntei **à** sua secretária... (sétimo parágrafo)

(D) ... ponha **à** rádio no ar. (segundo parágrafo)

(E) Não chamava ninguém do seu pessoal **à** toda hora... (último parágrafo)

A: incorreta. A preposição utilizada na passagem é "para", de forma que o "a" que segue é somente artigo definido feminino. Não há como ocorrer crase sem a preposição "a"; **B:** incorreta. Não ocorre crase antes de verbo; **C:** correta. Antes de pronomes possessivos, o uso do acento grave indicativo da crase é facultativo; **D:** incorreta. O verbo "por" é transitivo direto, não rege preposição. Como já dissemos, não há como ocorrer crase sem a preposição "a"; **E:** incorreta. Não ocorre crase antes de pronomes indefinidos.

Gabarito "C"

(Investigador/SP – 2014 – VUNESP) A cada ano, ocorrem cerca de 40 mil mortes; segundo especialistas, quase metade delas está associada ___ bebidas alcoólicas. Isso revela a necessidade de um combate efetivo ____ embriaguez ao volante.

As lacunas do trecho devem ser preenchidas, correta e respectivamente, com:

(A) às ... a

(B) as ... à

(C) à ... à

(D) às ... à

(E) à ... a

O verbo "associar" rege a preposição "a", portanto ocorre crase ao ser sucedido por palavra feminina ("bebidas"). Como o objeto está no plural, teremos "às". O substantivo "combate" também rege a preposição "a". Seguido de palavra feminina ("embriaguez"), ocorre crase: "à".

Gabarito "D"

(Investigador de Polícia/SP – 2013 – VUNESP) Depois da Constituição, o Código Penal é a mais importante peça jurídica. É ele que define os limites de fato _____ liberdade individual e estabelece quando o Estado está autorizado _____ exercer violência contra o cidadão, encarcerando-_____.

(Folha de S.Paulo, 17.06.2012. Adaptado)

De acordo com a norma-padrão, as lacunas do texto são preenchidas, correta e respectivamente, com:

(A) à ... à ... o

(B) a ... a ... lhe

(C) a ... à ... o

(D) à ... à ... lhe

(E) à ... a ... o

O verbo "definir" exige complemento preposicionado após o objeto direto e rege a preposição "a". Portanto, ocorre crase em "à liberdade individual". Não ocorre crase antes de verbo, porque esse nunca é precedido de artigo, logo temos "está autorizado a exercer". Por fim, a última lacuna pede o pronome pessoal do caso oblíquo que corretamente substitui o termo "cidadão". No caso, como o verbo "encarcerar" é transitivo direto, deve ser usado o pronome "o" – encarcerando-o".

Gabarito "E"

8. CONJUNÇÃO

Texto CG1A01BBB

1 Não são muitas as experiências exitosas de políticas públicas de redução de homicídios no Brasil nos últimos vinte anos, e poucas são aquelas que tiveram continuidade. O Pacto
4 pela Vida, política de segurança pública implantada no estado de Pernambuco em 2007, é identificado como uma política pública exitosa.
7 O Pacto Pela Vida é um programa do governo do estado de Pernambuco que visa à redução da criminalidade e ao controle da violência. A decisão ou vontade política de
10 eleger a segurança pública como prioridade é o primeiro marco que se deve destacar quando se pensa em recuperar a memória dessa política, sobretudo quando se considera o fato de que o
13 tema da segurança pública, no Brasil, tem sido historicamente negligenciado. Muitas autoridades públicas não só evitam associar-se ao assunto como também o tratam de modo
16 simplista, como uma questão que diz respeito apenas à polícia. O Pacto pela Vida, entendido como um grande concerto de ações com o objetivo de reduzir a violência e, em
19 especial, os crimes contra a vida, foi apresentado à sociedade no início do mês de maio de 2007. Em seu bojo, foram estabelecidos os principais valores que orientaram a construção

22 da política de segurança, a prioridade do combate aos crimes violentos letais intencionais e a meta de reduzir em 12% ao ano, em Pernambuco, a taxa desses crimes.
25 Desse modo, definiu-se, no estado, um novo paradigma de segurança pública, que se baseou na consolidação dos valores descritos acima (que estavam em
28 disputa tanto do ponto de vista institucional quanto da sociedade), no estabelecimento de prioridades básicas (como o foco na redução dos crimes contra a vida) e no intenso debate
31 com a sociedade civil. A implementação do Pacto Pela Vida foi responsável pela diminuição de quase 40% dos homicídios no estado entre janeiro de 2007 e junho de 2013.

José Luiz Ratton et al. O Pacto Pela Vida e a redução de homicídios em Pernambuco. Rio de Janeiro: Instituto Igarapé, 2014. Internet: <https://igarape.org.br> (com adaptações).

(Agente-Escrivão – Pernambuco – CESPE – 2016) No trecho "Muitas autoridades públicas não só evitam associar-se ao assunto como também o tratam de modo simplista" (l. 14 a 16), do texto **CG1A01BBB**, o vocábulo "como" integra uma expressão que introduz no período uma ideia de:

(A) proporcionalidade.
(B) adição.
(C) comparação.
(D) explicação.
(E) oposição.

"Como também" é locução conjuntiva aditiva. Tem valor de adição e é sinônima de "e", "mais ainda", "mas também". HS

Gabarito "B".

(Escrivão – AESP/CE – VUNESP – 2017) Leia o texto para responder à questão.

Os amigos haviam nos alertado: "A gravidez dura nove meses mais um século" – só esqueceram de nos avisar que esse século demorava tanto. A espera é angustiante, mas compreensível: produzir um ser humano inteirinho, do zero, com braços, pernas, neurônios, vesícula, cílios, um coração e, muito em breve, infinitas opiniões sobre o mundo, é um troço tão complexo que não seria despropositado se toda a existência do universo fosse consumida na formação de um único bebê.

(Antonio Prata. Sobe o pano. Disponível em: folha.uol.com.br. 07.07.20Adaptado)

Ao se substituir o termo em destaque na frase – A espera é angustiante, mas compreensível... –, sua reescrita estará correta, de acordo com a norma-padrão da língua portuguesa, e conservando o sentido inalterado, em:

(A) A espera é angustiante, entretanto compreensível...

(B) A espera é angustiante, por isso compreensível...

(C) A espera é angustiante, desde que compreensível...

(D) A espera é angustiante, por conseguinte compreensível...

(E) A espera é angustiante, logo compreensível...

"Mas" é conjunção adversativa, sinônimo de "entretanto", "porém", "contudo", "todavia". Todas as demais opções apresentadas têm valor diferente, de sorte que alteram o sentido original do trecho. HS

Gabarito "A".

Dificilmente, em uma ciência-arte como a Psicologia-Psiquiatria, há algo que se possa asseverar com 100% de certeza. Isso porque há áreas bastante interpretativas, sujeitas a leituras diversas, a depender do observador e do observado. Porém, existe um fato na Psicologia-Psiquiatria forense que é 100% de certeza e não está sujeito a interpretação ou a dissimulação por parte de quem está a ser examinado. E revela, objetivamente, dados do psiquismo da pessoa ou, em outras palavras, mostra características comportamentais indissimuláveis, claras e objetivas. O que pode ser tão exato, em matéria de Psicologia-Psiquiatria, que não admite variáveis? Resposta: todos os crimes, sem exceção, são como fotografias exatas

e em cores do comportamento do indivíduo. E como o psiquismo é responsável pelo modo de agir, por conseguinte, temos em todos os crimes, obrigatoriamente e sempre, elementos objetivos da mente de quem os praticou.

Por exemplo, o delito foi cometido com multiplicidade de golpes, com ferocidade na execução, não houve ocultação de cadáver, não se verifica cúmplice, premeditação etc. Registre-se que esses dados já aconteceram. Portanto, são insimuláveis, 100% objetivos. Basta juntar essas características comportamentais que teremos algo do psiquismo de quem o praticou. Nesse caso específico, infere-se que a pessoa é explosiva, impulsiva e sem freios, provável portadora de algum transtorno ligado à disritmia psicocerebral, algum estreitamento de consciência, no qual o sentimento invadiu o pensamento e determinou a conduta.

Em outro exemplo, temos homicídio praticado com um só golpe, premeditado, com ocultação de cadáver, concurso de cúmplice etc. Nesse caso, os dados apontam para o lado do criminoso comum, que entendia o que fazia.

Claro que não é possível, apenas pela morfologia do crime, saber-se tudo do diagnóstico do criminoso. Mas, por outro lado, é na maneira como o delito foi praticado que se encontram características 100% seguras da mente de quem o praticou, a evidenciar fatos, tal qual a imagem fotográfica revela-nos exatamente algo, seja muito ou pouco, do momento em que foi registrada. Em suma, a forma como as coisas foram feitas revela muito da pessoa que as fez.

PALOMBA, Guido Arturo. Rev. Psique: nº 100 (ed. comemorativa), p. 82.

(Investigador-Escrivão-Papiloscopista – Pará – Funcab – 2016) Na argumentação desenvolvida, a expressão "Claro que..." (§ 4) tem como fim introduzir:

(A) argumento em favor da tese que está sendo defendida.
(B) concessão a ponto de vista divergente da tese defendida.
(C) ponto de vista alternativo orientado para a mesma conclusão do texto.
(D) justificativa ou explicação de ponto de vista anterior.
(E) conclusão relativa a argumentos apresentados anteriormente.

A expressão destacada tem valor concessivo, assim como "embora", "posto que", "conquanto". Ela anuncia algo que contrapõe o que foi dito antes, mas que pode ser superado. HS

Gabarito "B".

(Investigador-Escrivão-Papiloscopista – Pará – Funcab – 2016) No período: "E como o psiquismo é responsável pelo modo de agir, por conseguinte, temos em todos os crimes, obrigatoriamente e sempre, elementos objetivos da mente de quem os praticou", a conjunção "como" está empregada com o mesmo valor relacionai que em:

(A) Procedia sempre COMO manda a lei.
(B) Era m psiquiatra tão bom COMO o pai.
(C) COMO estava ferido, pediu socorro.
(D) COMO um cão, vivia farejando pistas.
(E) Eis o modo COMO o delito foi praticado.

No trecho destacado no enunciado, a conjunção "como" foi empregada com valor **causal**, ou seja, expõe a causa de um determinado fato que se enunciará na sequência. Em todas as alternativas, o conectivo tem valor comparativo – compara uma coisa com outra – com exceção da letra "C", que deve ser assinalada. Nela, "estar ferido" é a **causa** de ter pedido socorro (consequência). HS

Gabarito "C".

1   A prisão, em vez de devolver à liberdade indivíduos
    corrigidos, espalha na população delinquentes perigosos. A
    prisão não pode deixar de fabricar delinquentes. Fabrica-os
4   pelo tipo de existência que faz os detentos levarem: que fiquem
    isolados nas celas, ou que lhes seja imposto um trabalho para
    o qual não encontrarão utilidade, é de qualquer maneira não
7   "pensar no homem em sociedade; é criar uma existência contra
    a natureza inútil e perigosa"; queremos que a prisão eduque os
    detentos, mas um sistema de educação que se dirige ao homem
10 pode ter razoavelmente como objetivo agir contra o desejo da
    natureza? A prisão fabrica também delinquentes impondo aos
    detentos limitações violentas; ela se destina a aplicar as leis, e

12. LÍNGUA PORTUGUESA — 609

13   a ensinar o respeito por elas; ora, todo o seu funcionamento se
desenrola no sentido do abuso de poder. A prisão torna
possível, ou melhor, favorece a organização de um meio de
16   delinquentes, solidários entre si, hierarquizados, prontos para
todas as cumplicidades futuras.

Michel Foucault. **Ilegalidade e delinquência**. *In:* Michel Foucault. **Vigiar e
punir: nascimento da prisão**. 33.a ed. Petrópolis: Vozes, 1987, p. 221-2
(com adaptações).

(Agente de Polícia/DF – 2013 – CESPE) O item seguinte apresenta proposta
de reescritura de trechos do texto acima. Julgue-o quanto à correção
gramatical e à manutenção do sentido original do texto.

(1) "A prisão (...) delinquentes perigosos" (L.1-2): Conquanto devolva
indivíduos corrigidos à liberdade, a prisão dissemina delinquentes
perigosos na população.

1: incorreta. "Conquanto" é conjunção concessiva, sinônimo de "embora". No
caso, a paráfrase deveria ser: "A prisão, porque não retorna à sociedade indivíduos
corrigidos, espalha pela sociedade delinquentes perigosos.
Gabarito 1E

1   O problema intercultural não se resolve, como
pretendem os multiculturalistas, pelo simples reconhecimento
da isonomia axiológica entre culturas distintas, mas,
4   fundamentalmente, pelo diálogo interpessoal entre indivíduos
de culturas diferentes e, mais ainda, pelo acesso individual à
própria diversidade cultural, como condição para o exercício
7   da liberdade de pertencer a uma cultura, de assimilar novos
valores culturais ou, simplesmente, de se reinventar
culturalmente. Aliás, o reconhecimento da isonomia axiológica
10   entre culturas é importante não porque limita a individualidade
a uma estrita visão antropológica que projeta a condição
humana ao círculo concêntrico da cultura do agrupamento
13   familiar e social a que pertence o indivíduo, mas porque o
liberta, ao lhe dar amplitude de opção cultural, que,
transcendendo a esfera da identidade individual como simples
16   parte de uma cultura, dimensiona a individualidade no campo
da liberdade — da liberdade de criar a si mesmo. Por fim, a
passagem para a democracia não totalitária, ou seja,
19   democracia na e para a diversidade, decorre, justamente, da
sensibilização do político e da democratização do espaço
pessoal, antes preso à teia indizível do monismo cultural
22   ocidental, tornando-se papel do Estado o oferecimento das
condições de acessibilidade à diversidade cultural, ambiente
imprescindível à autogestão da identidade pessoal.

Miguel Batista de Siqueira Filho. **Democracia, direito e liberdade**.
Goiânia: Editora da PUC Goiás, 2011, p. 95-6 (com adaptações).

(Escrivão de Polícia/DF – 2013 – CESPE) Em relação ao texto acima, julgue
o seguinte item.

(1) O segmento "Aliás, o reconhecimento (...) limita a individualidade"
(L.9-10) poderia ser reescrito, sem prejuízo do sentido e da correção gramatical do texto, da seguinte forma: Contudo, reconhecer
a isonomia axiológica entre culturas não é importante, vez que
limita a individualidade.

1: incorreta. "Contudo" tem valor adversativo, indica que aquilo que se expressará
em seguida não concorda com o antecedente. No texto original, a ideia transmitida é de explicação: porque a isonomia axiológica entre culturas **é** importante.
Gabarito 1E

(Agente Penitenciário/MA – 2013 – FGV) *"Embora um presídio nesse estilo
tenha sido construído em Cuba, ele nunca chegou a entrar em funcionamento".*

As alternativas a seguir apresentam formas de reescrever esse
período do texto mantendo seu significado original, à exceção de
uma. Assinale-a.

(A) Ainda que um presídio nesse estilo tenha sido construído em
Cuba, ele nunca chegou a entrar em funcionamento.

(B) Em virtude de um presídio nesse estilo ter sido construído em
Cuba, ele nunca chegou a entrar em funcionamento.

(C) A despeito de um presídio nesse estilo ter sido construído em
Cuba, ele nunca chegou a entrar em funcionamento.

(D) Apesar de um presídio nesse estilo ter sido construído em Cuba,
ele nunca chegou a entrar em funcionamento.

(E) Não obstante um presídio nesse estilo ter sido construído em
Cuba, ele nunca chegou a entrar em funcionamento.

O texto original utiliza a conjunção "embora", de valor concessivo. "Ainda que", "a
despeito", "apesar de" e "não obstante" são todas locuções conjuntivas de valor
concessivo, portanto mantêm o sentido original do período. A alternativa "B", por
outro lado, usa a locução conjuntiva causal "em virtude de", que altera o sentido
da primeira oração do período. Está incorreta, portanto, e deve ser assinalada.
Gabarito "B".

Leia o texto abaixo e responda às questões propostas.

Perícia de campo

Os novos Sherlock Holmes trocaram as lupas por luzes forenses. São lanternas portáteis ou lâmpadas de maior porte que
emitem luzes de diferentes comprimentos de onda, ajudando a
revelar coisas que normalmente passariam despercebidas. As
fibras sintéticas ficam fluorescentes na maioria dos comprimentos de onda, especialmente nos 300 nanômetros da luz ultravioleta. Já materiais orgânicos, como fibras de algodão, saliva,
urina, sêmen e ossos, ficam opacos e esbranquiçados sob a luz
negra. "Investigando um caso de estupro, analisei o banco de
um carro que não tinha sinais evidentes. Com a luz, pude ver e
coletar uma amostra de sêmen e identificar o material genético
que incriminou um suspeito", diz Rosângela Monteiro, da Polícia
Científica de São Paulo.

Mas isso não é nada perto do que já é possível fazer com impressões digitais. Sim, porque a coleta dessas provas essenciais
não é tão simples quanto parece. A maioria delas não é visível a
olho nu e, dependendo do suporte, era impossível identificá-las.

Superfícies molhadas, por exemplo, sempre foram uma barreira para os peritos. Problema resolvido com o desenvolvimento
de nanopartículas de óxidos de zinco, usadas em um pó que reage com a gordura deixada pelas digitais mesmo na presença de
água. Depois, é só iluminar a região desejada com luz ultravioleta e a digital, brilhante, está pronta para ser registrada numa foto.

O próximo desafio é tirar impressões digitais de pele humana,
tarefa que está sendo pesquisada por cientistas do Oak Ridge
National Laboratory, nos EUA. Eles desenvolveram um equipamento portátil que realiza uma técnica conhecida por espectroscopia de superfície aumentada. O método já mostrou que
funciona, mas o instrumento é feito com nanofios revestidos de
prata que ainda não dão resultados muito nítidos. O grupo trabalha para melhorar esse revestimento e chegar a uma impressão
digital mais evidente, que possa ser revelada com uma fotografia
na própria cena do crime.

Mas é melhor apressarem os estudos. Se demorarem, os
cientistas do Oak Ridge ficarão ultrapassados antes mesmo de
concluírem sua obra-prima. É que, segundo a revista Science,
impressões digitais em superfícies molhadas e em pele humana
estão prestes a ser reveladas por um único equipamento, que vaporiza uma mistura de moléculas de metanol e água carregadas
eletricamente sobre a área investigada. Em contato com a mistura,
cada superfície emite íons específicos. Captados por um aparelho,
esses sinais são transformados em unidades de imagem, como
se fossem pixels. O resultado é uma versão digital da marca dos
dedos, produzida em poucos segundos. E o mais incrível é que o
aparelho também distingue substâncias em que o autor da marca
tocou antes, como drogas, pólvora, metais e substâncias químicas
em geral. O kit básico de trabalho de campo de trabalho de campo
de um perito criminal ainda vai ganhar mais um forte aliado nos
próximos anos, com a chegada ao mercado de um gravador portá-

12. Língua Portuguesa

til de imagens em 3 dimensões, apresentado em abril por cientistas do centro de pesquisas alemão Fraunhofer IOF. Com eles, os peritos não precisam mais esperar o gesso secar para conseguir um molde de uma pegada ou marca de pneu. Basta tirar uma foto com o equipamento e a imagem em 3D pode ser passada para um computador para comparações. O gravador também pode ser útil para filmar cenas de crime em locais públicos, onde não se tem chance de preservar a cena por muito tempo: bastará reconstruir o ambiente virtualmente e estudá-lo com mais calma no laboratório.

(Tarso Araújo, in Revista Superinteressante, outubro de 2008).

(Agente de Polícia Civil/RO – 2014 – FUNCAB) No contexto, que ideia expressa a conjunção destacada em: "SE demorarem, os cientistas do Oak Ridge ficarão ultrapassados antes mesmo de concluírem sua obra prima."?

(A) concessão
(B) consequência
(C) conformidade
(D) condição
(E) causa

A palavra "se" pode exercer diversas funções no texto. No caso, ela está indicando a possibilidade dos cientistas de Oak Ridge serem ultrapassados por seus colegas caso não terminem logo seu trabalho. É um evento futuro que pode acontecer ou não, normalmente conhecido como **condição**. Logo, no trecho, "se" é conjunção condicional.

Gabarito "D".

Os produtos ecológicos estão dominando as prateleiras do comércio. Mesmo com tantas opções, ainda há resistência na hora da compra. **Isso** acontece porque o custo de tais itens é sempre mais elevado, em comparação com o das mercadorias tradicionais. Com os temas ambientais cada vez mais em pauta, é normal que a consciência ecológica tenha aumentado entre os brasileiros. Se por um lado o consumidor deseja investir em produtos menos agressivos ao meio ambiente, por outro ele não está disposto a pagar mais de cinco por cento acima do valor normal. É o que mostra uma pesquisa realizada pela Proteste – Associação de Consumidores.

A análise foi feita a partir de um levantamento realizado em 2012. De acordo com a Proteste, quase metade dos entrevistados afirmaram que deixaram de comprar produtos devido às más condutas ambientais da companhia.

Dos entrevistados, 72% disseram que, na última compra, levaram em consideração o comportamento da empresa, em especial, sua atitude em relação ao meio ambiente. Ainda assim, 60% afirmam que raramente ou nunca têm informações sobre o impacto ambiental do produto ou do comportamento da empresa. Já 81% das pessoas acreditam que o rótulo de sustentabilidade e responsabilidade social é apenas uma estratégia de *marketing* das empresas.

(Ciclo vivo, 16.05.2013, http://zip.net/brl0k1. Adaptado)

(Escrivão/SP – 2014 – VUNESP) O texto – Se por um lado o consumidor deseja investir em produtos menos agressivos ao meio ambiente, por outro ele não está disposto a pagar mais de cinco por cento acima do valor normal. – está corretamente reescrito, sem alteração da informação, em:

O consumidor deseja investir em produtos menos agressivos ao meio ambiente, ...

(A) porque ele não está disposto a pagar mais de cinco por cento acima do valor normal.
(B) portanto, ele não está disposto a pagar mais de cinco por cento acima do valor normal.
(C) depois que ele não estiver disposto a pagar mais de cinco por cento acima do valor normal.
(D) tanto que ele não está disposto a pagar mais de cinco por cento acima do valor normal.
(E) embora ele não esteja disposto a pagar mais de cinco por cento acima do valor normal.

O trecho original usa as locuções conjuntivas "por um lado... por outro lado", que têm valor adversativo. Portanto, na paráfrase, devemos encontrar uma conjunção que transmita a mesma ideia. A única com essa característica é "embora", na letra "E", que deve ser assinalada. "Porque" tem valor causal; "portanto" e "tanto que" têm valor conclusivo; e "depois que" tem valor temporal. Todas elas alteram, pois, o sentido da oração original.

Gabarito "E".

(Escrivão/SP – 2014 – VUNESP) O trecho destacado em – De acordo com a Proteste, quase metade dos entrevistados afirmaram que deixaram de comprar produtos **devido às más condutas ambientais da companhia**. – expressa, com respeito à informação de que "deixaram de comprar produtos", uma

(A) concessão.
(B) causa.
(C) contradição.
(D) dúvida.
(E) comparação.

A conjunção "devido" tem valor causal, ou seja, introduz um trecho no qual se explicará as causas, as razões, dos entrevistados terem deixado de comprar os produtos.

Gabarito "B".

(Folha de S.Paulo, 03.01.2014. Adaptado)

(Investigador/SP – 2014 – VUNESP) De acordo com a norma-padrão, no primeiro quadrinho, na fala de Hagar, deve ser utilizada uma vírgula, obrigatoriamente,

(A) antes da palavra "olho".
(B) antes da palavra "e".
(C) depois da palavra "evitar".
(D) antes da palavra "evitar".
(E) depois da palavra "e".

Na fala de Hagar, o único local onde a norma culta da Língua Portuguesa exige vírgula (e também o único lugar onde a colocação do sinal de pontuação seria considerada correta) é após a palavra "evitar", para separar o vocativo "doutor".

Gabarito "C".

O trânsito brasileiro, há muito tempo, tem sido responsável por verdadeira carnificina. São cerca de 40 mil mortes a cada ano; quase metade delas, segundo especialistas, está associada ao consumo de bebidas alcoólicas.

Não é preciso mais do que esses dados para justificar a necessidade de combater a embriaguez ao volante. Promulgada em 2008, a chamada lei seca buscava alcançar precisamente esse objetivo. Sua aplicação, porém, vinha sendo limitada pelos tribunais brasileiros.

O problema estava na própria legislação, segundo a qual era preciso comprovar "concentração de álcool por litro de sangue igual ou superior a seis decigramas" a fim de punir o motorista bêbado.

Tal índice, contudo, só pode ser aferido com testes como bafômetro ou exame de sangue. Como ninguém é obrigado a produzir provas contra si mesmo, o condutor que recusasse os procedimentos dificilmente seria condenado.

Desde dezembro de 2012, isso mudou. Com nova redação, a lei seca passou a aceitar diversos outros meios de prova – como testes clínicos, vídeos e depoimentos. Além disso, a multa para motoristas embriagados passou de R$ 957,70 para R$ 1.915,40.

(Folha de S.Paulo, 03.01.2014)

(Investigador/SP – 2014 – VUNESP) A conjunção "Como" (4º parágrafo), no contexto em que está empregada, estabelece relação de sentido de

(A) comparação.
(B) causa.
(C) conclusão.
(D) explicação.
(E) conformidade.

A conjunção "como", no trecho, tem valor causal, ou seja, indica que o que se enunciará depois é a causa, a razão de algo ter acontecido. Qual a causa, qual a razão do condutor dificilmente ser condenado? A causa é ele não ser obrigado a produzir provas contra si mesmo.
Gabarito "B".

(Folha de S.Paulo, 10.11.2013)

(Investigador/SP – 2014 – VUNESP) Na frase – ... *que os sonhos estão uma delícia...* –, a palavra "que" pode ser substituída por

(A) mas.
(B) pois.
(C) portanto.
(D) se.
(E) quando.

No trecho, a conjunção "que" transmite a ideia de explicação ao atribuir qualidade aos sonhos. Deve, então, ser substituída por outra conjunção coordenada explicativa. Dentre as alternativas, a única que expressa a mesma ideia é "pois": "Pode experimentar, pois os sonhos estão uma delícia...".
Gabarito "B".

Vovó cortesã

RIO DE JANEIRO – Parece uma queda travada pelos dois braços de uma só pessoa. De um lado da mesa, a Constituição, que garante a liberdade de expressão, de imprensa e de acesso à informação. Do outro, o Código Civil, que garante ao cidadão o direito à privacidade e o protege de agressões à sua honra e intimidade. Dito assim, parece perfeito – mas os copos e garrafas afastados para os lados, abrindo espaço para a luta, não param em cima da mesa.

A Constituição provê que os historiadores e biógrafos se voltem para a história do país e reconstituam seu passado ou presente em narrativas urdidas ao redor de protagonistas e coadjuvantes. Já o Código Civil, em seu artigo 20, faz com que não apenas o protagonista tenha amparo na lei para se insurgir contra um livro e exigir sua retirada do mercado, como estende essa possibilidade a coadjuvantes de quarta grandeza ou a seus herdeiros.

Significa que um livro sobre D. Pedro 1.º pode ser embargado por algum contraparente da família real que discorde de um possível tratamento menos nobre do imperador. Ou que uma tetra-tetra-tetraneta de qualquer amante secundária de D. Pedro não goste de ver sua remota avó sendo chamada de cortesã – mesmo que, na época, isso fosse de domínio público –, e parta para tentar proibir o livro.

Quando se comenta com estrangeiros sobre essa permanente ameaça às biografias no Brasil, a reação é: "Sério? Que ridículo!". E somos obrigados a ouvir. Nos EUA e na Europa, se alguém se sente ofendido por uma biografia, processa o autor se quiser, mas o livro segue em frente, à espera de outro que o desminta. A liberdade de expressão é soberana.

É a que se propõe a Associação Nacional dos Editores de Livros: arguir no Supremo Tribunal Federal a inconstitucionalidade do artigo 20 do Código Civil.

(Folha de S.Paulo, 17.08.2012. Adaptado)

Para responder à questão abaixo, considere a seguinte passagem do segundo parágrafo do texto: Já o Código Civil, em seu artigo 20, faz com que **não apenas** o protagonista tenha amparo na lei para se insurgir contra um livro e exigir sua retirada do mercado, **como** estende essa possibilidade a coadjuvantes de quarta grandeza ou a seus herdeiros.

(Investigador de Polícia/SP – 2013 – VUNESP) O par correlato "não apenas... como", em destaque na passagem do texto, estabelece entre as orações relação de

(A) adversidade.
(B) alternância.
(C) conclusão.
(D) adição.
(E) explicação.

O par correlato foi usado com função de conjunção aditiva, indicando que os termos a que se referem devem ser somados. Note que o trecho pode ser reescrito da seguinte forma: "faz com que o protagonista tenha amparo na lei para se insurgir contra um livro e exigir sua retirada do mercado **e** estende essa possibilidade a coadjuvantes de quarta grandeza ou a seus herdeiros".
Gabarito "D".

9. ORAÇÃO SUBORDINADA

(Inspetor de Polícia/RJ – 2008 – FGV) "Conduzo tua lisa mão / Por uma escada espiral / E no alto da torre exibo-te o varal / Onde balança ao léu minh'alma"

Tomando o trecho acima como um período composto, há:

(A) três orações, sendo duas subordinadas.
(B) três orações, sendo uma subordinada.
(C) quatro orações, sendo duas coordenadas.
(D) quatro orações, sendo uma coordenada.
(E) duas orações, sendo uma subordinada.

"Conduzo tua lisa mão por uma escada espiral" – oração coordenada inicial; "E no alto da torre exibo-te o varal" – oração coordenada aditiva sindética; "Onde balança ao léu minh'alma" – oração subordinada adverbial de lugar.
Gabarito "B".

10. CONCORDÂNCIA VERBAL E CONCORDÂNCIA NOMINAL

O Dia da Consciência Negra

[...]

O assunto é delicado; em questão de raça, deve-se tocar nela com dedos de veludo. Pode ser que eu esteja errada, mas parece que no tema de raça, racismo, negritude, branquitude, nós caímos em preconceito igual ao dos racistas. O europeu colonizador tem – ou tinha – uma lei: teve uma parte de sangue negro – é negro. Por pequena que seja a gota de sangue negro no indivíduo, polui-se a nobre linfa ariana, e o portador da mistura é "declarado negro". E os mestiços aceitam a definição e – meiões, quarteirões, octorões – se dizem altivamente "negros", quando isso não é verdade. Ao se afirmar "negro" o mestiço faz bonito, pois assume no total a cor que o branco despreza. Mas ao mesmo tempo está assumindo também o preconceito do branco contra o mestiço. Vira racista, porque, dizendo-se negro, renega a sua condição de mulato, mestiço, half-breed, meia casta, marabá, desprezados pela branquidade. Aliás, é geral no mundo a noção exacerbada de raça, que não afeta só os brancos, mas os amarelos, vermelhos, negros; todos desprezam o meia casta, exemplo vivo da infração à lei tribal.

Eu acho que um povo mestiço, como nós, deveria assumir tranquilamente essa sua condição de mestiço; em vez de se dizer negro por bravata, por desafio – o que é bonito, sinal de orgulho, mas sinal de preconceito também. Os campeões nossos da negritude, todos eles, se dizem simplesmente negros. Acham feio, quem sabe até humilhante, se declararem mestiços, ou meio brancos, como na verdade o são. "Black is beautiful" eu também acho. Mas mulato é lindo também, seja qual for a dose da sua mistura de raça. Houve um tempo, antes de se desenvolver no mundo a reação antirracista, em que até se fazia aqui no Rio o concurso "rainha das mulatas". Mas a distinção só valia para a mulata jovem e bela. Preconceito também e dos péssimos, pois a mulata só era valorizada como objeto sexual, capaz de satisfazer a consciência dos homens.

A gente não pode se deixar cair nessa armadilha dos brancos. A gente tem de assumir a nossa mulataria. Qual brasileiro pode jurar que tem sangue "puro" nas veias, – branco, negro, árabe, japonês?

Vejam a lição de Gilberto Freyre, tão bonita. Nós todos somos mestiços, mulatos, morenos, em dosagens várias. Os casos de branco puro são exceção (como os de índios puros – tais os remanescentes de tribos que certos antropólogos querem manter isolados, geneticamente puros – fósseis vivos – para eles estudarem...). Não vale indagar se a nossa avó chegou aqui de caravela ou de navio negreiro, se nasceu em taba de índio ou na casa-grande. Todas elas somos nós, qualquer procedência Tudo é brasileiro. Quando uma amiga minha, doutora, participante ilustre de um congresso médico, me declarou orgulhosa "eu sou negra" – não resisti e perguntei: "Por que você tem vergonha de ser mulata?" Ela quase se zangou. Mas quem tinha razão era eu. Na paixão da luta contra a estupidez dos brancos, os mestiços caem justamente na posição que o branco prega: negro de um lado, branco do outro. Teve uma gota de sangue africano é negro – mas tendo uma gota de sangue branco será declarado branco? Não é.

Ah, meus irmãos, pensem bem. Mulata, mulato também são bonitos e quanto! E nós todos somos mesmo mestiços, com muita honra, ou morenos, como o queria o grande Freyre. Raça morena, estamos apurando. Daqui a 500 anos será reconhecido como "zootecnicamente pura" tal como se diz de bois e de cavalos. Se é assim que eles gostam!

QUEIROZ, Rachel. O Dia da Consciência Negra. O Estado de S. Paulo, São Paulo, 23 nov. 20Brasil, caderno 2, p. D16.

(Agente-Escrivão – Acre – IBADE – 2017) Observe os verbos destacados nos fragmentos a seguir.

1. "HOUVE um tempo, antes de se desenvolver no mundo a reação antirracista, em que até se fazia aqui no Rio o concurso 'rainha das mulatas'"

2. "Por pequena que seja a gota de sangue negro no indivíduo, POLUI-SE a nobre linfa ariana, e o portador da mistura é 'declarado negro'".

Com base nas regras de concordância da norma- padrão, sobre os verbos destacados, é possível afirmar corretamente que:

(A) mesmo que o fragmento 1 fosse flexionado no plural, o verbo permaneceria no singular.

(B) a concordância, no fragmento 2, foi realizada à vista de A GOTA DE SANGUE NEGRO NO INDIVÍDUO.

(C) no fragmento 1, o verbo indica tempo transcorrido, por isso permanece no singular.

(D) em ambos fragmentos os verbos destacados, por serem defectivos devem permanecer no singular.

(E) no fragmento 2, o verbo não concorda com o sujeito ao qual se refere.

A: correta. O verbo "haver", como sinônimo de "existir", é impessoal, ou seja, não sofre flexão de número: "Houve uns tempos (...)"; **B:** incorreta. O verbo concorda com "a nobre linfa ariana", o sujeito paciente na voz passiva sintética; **C:** incorreta. O verbo "haver" é sempre impessoal quando é sinônimo de "existir"; **D:** incorreta. Apenas o verbo "poluir" é defectivo (não possui todas as conjugações). Estão no singular por conta das regras de concordância, até porque o fato do verbo ser defectivo não implica seu uso exclusivamente no singular; **E:** incorreta, pelas razões expostas no comentário à alternativa "B". HS

Gabarito "A".

Dificilmente, em uma ciência-arte como a Psicologia-Psiquiatria, há algo que se possa asseverar com 100% de certeza. Isso porque há áreas bastante interpretativas, sujeitas a leituras diversas, a depender do observador e do observado. Porém, existe um fato na Psicologia-Psiquiatria forense que é 100% de certeza e não está sujeito a interpretação ou a dissimulação por parte de quem está a ser examinado. E revela, objetivamente, dados do psiquismo da pessoa ou, em outras palavras, mostra características comportamentais indissimuláveis, claras e objetivas. O que pode ser tão exato, em

matéria de Psicologia-Psiquiatria, que não admite variáveis? Resposta: todos os crimes, sem exceção, são como fotografias exatas e em cores do comportamento do indivíduo. E como o psiquismo é responsável pelo modo de agir, por conseguinte, temos em todos os crimes, obrigatoriamente e sempre, elementos objetivos da mente de quem os praticou.

Por exemplo, o delito foi cometido com multiplicidade de golpes, com ferocidade na execução, não houve ocultação de cadáver, não se verifica cúmplice, premeditação etc. Registre-se que esses dados já aconteceram. Portanto, são insimuláveis, 100% objetivos. Basta juntar essas características comportamentais que teremos algo do psiquismo de quem o praticou. Nesse caso específico, infere-se que a pessoa é explosiva, impulsiva e sem freios, provável portadora de algum transtorno ligado à disritmia psicocerebral, algum estreitamento de consciência, no qual o sentimento invadiu o pensamento e determinou a conduta.

Em outro exemplo, temos homicídio praticado com um só golpe, premeditado, com ocultação de cadáver, concurso de cúmplice etc. Nesse caso, os dados apontam para o lado do criminoso comum, que entendia o que fazia.

Claro que não é possível, apenas pela morfologia do crime, saber-se tudo do diagnóstico do criminoso. Mas, por outro lado, é na maneira como o delito foi praticado que se encontram características 100% seguras da mente de quem o praticou, a evidenciar fatos, tal qual a imagem fotográfica revela-nos exatamente algo, seja muito ou pouco, do momento em que foi registrada. Em suma, a forma como as coisas foram feitas revela muito da pessoa que as fez.

PALOMBA, Guido Arturo. Rev. Psique: nº 100 (ed. comemorativa), p. 82.

(Investigador-Escrivão-Papiloscopista – Pará – Funcab – 2016) Ao substituir-se "um fato" por "fatos", em: "existe um fato na Psicologia-Psiquiatria forense que é 100% de certeza", preserva-se a norma de concordância verbal com a seguinte construção modalizadora:

(A) devem haver fatos.

(B) deve haver fatos.

(C) deve existir fatos.

(D) deve haverem fatos.

(E) devem existirem fatos.

O verbo "haver", como sinônimo de "existir", é impessoal, ou seja, não se flexiona em número. Logo, mesmo substituindo o termo destacado, ele permanece no singular, inclusive quando componente de locução verbal: "deve haver fatos". HS

Gabarito "B".

Os turistas que visitarão o Brasil neste ano, atraídos, especialmente, pela Copa do Mundo, devem injetar US$ 9,2 bilhões na economia do País, estima o Instituto Brasileiro de Turismo (Embratur). Em todo o ano de 2014, são esperados sete milhões de turistas estrangeiros no país, o que seria um recorde. Se for confirmada a previsão, esse valor representará um crescimento de 38,5% sobre os US$ 6,64 bilhões que ingressaram no País, trazidos pelos turistas, em 2013.

"A presença de sete milhões de turistas significa, provavelmente, a geração de recursos superiores aos da indústria automobilística e aos da indústria de papel e celulose no Brasil, mostrando a importância econômica do turismo e, portanto, a necessidade de haver investimentos públicos e privados, como vem ocorrendo na expansão da rede hoteleira", disse o presidente da Embratur, Flávio Dino.

Segundo Dino, é preciso receber bem o turista estrangeiro e, para isso, é necessário ampliar investimentos em infraestrutura (como aeroportos) e ensinar línguas estrangeiras a profissionais que têm contato com esses turistas. "Tenho muita confiança na necessidade de haver investimentos e competitividade, ou seja, haver políticas públicas e ações privadas que garantam preços justos, para que esses turistas possam ser bem acolhidos e também economicamente estimulados a voltar ao Brasil", disse.

(Francisco Carlos de Assis, O Estado de S. Paulo,

01.01.2014, http://zip.net/bmlZTY. Adaptado)

12. LÍNGUA PORTUGUESA   613

(Escrivão/SP – 2014 – VUNESP) Atendendo às regras de concordância da norma-padrão da língua portuguesa, o trecho do segundo parágrafo – ... a necessidade de haver investimentos públicos e privados, como vem ocorrendo na expansão da rede hoteleira... – está reescrito corretamente em

(A) ... a necessidade de **que existam** investimentos públicos e privados, como **os que estão sendo aplicados** na expansão da rede hoteleira...

(B) ... a necessidade de **que existam** investimentos públicos e privados, como **os que está sendo aplicado** na expansão da rede hoteleira...

(C) ... a necessidade de **que exista** investimentos públicos e privados, como **os que estão sendo aplicados** na expansão da rede hoteleira...

(D) ... a necessidade de **que exista** investimentos públicos e privados, como **os que estão sendo aplicado** na expansão da rede hoteleira...

(E) ... a necessidade de **que existam** investimentos públicos e privados, como **os que estão sendo aplicado** na expansão da rede hoteleira...

O verbo "existir" concorda com "investimentos", seu sujeito, portanto deve estar no plural ("que existam"); o termo "investimentos" também determina a concordância da locução verbal "estar sendo aplicado", logo ela também vai para o plural. Lembre-se que o plural das locuções verbais é feito conjugando todos os verbos no plural: "que estão sendo aplicados".
Gabarito "A".

(Investigador/SP – 2014 – VUNESP) Assinale a alternativa correta quanto à concordância.

(A) Como as pessoas não são obrigado a produzir provas contra si mesmo, aquelas que recusasse os procedimentos dificilmente seria condenada.

(B) Como as pessoas não são obrigadas a produzir provas contra si mesmo, aquelas que recusasse os procedimentos dificilmente seriam condenadas.

(C) Como as pessoas não é obrigada a produzir provas contra si mesmos, aquelas que recusasse os procedimentos dificilmente seria condenada.

(D) Como as pessoas não são obrigadas a produzir provas contra si mesmas, aquelas que recusassem os procedimentos dificilmente seriam condenadas.

(E) Como as pessoas não são obrigada a produzir provas contra si mesma, aquelas que recusassem os procedimentos dificilmente seriam condenada.

O termo "pessoas" está no plural e determina a concordância de todos os demais termos do período: "como as pessoas não **são** obrigad**as** a produzir provas contra si mesm**as**, aquelas que recusass**em** os procedimentos dificilmente seri**am** condenad**as**."
Gabarito "D".

11. ANÁLISE SINTÁTICA

O Dia da Consciência Negra

[...]

O assunto é delicado; em questão de raça, deve-se tocar nela com dedos de veludo. Pode ser que eu esteja errada, mas parece que no tema de raça, racismo, negritude, branquitude, nós caímos em preconceito igual ao dos racistas. O europeu colonizador tem – ou tinha – uma lei: teve uma parte de sangue negro – é negro. Por pequena que seja a gota de sangue negro no indivíduo, polui-se a nobre linfa ariana, e o portador da mistura é "declarado negro". E os mestiços aceitam a definição e – meiões, quarteirões, octorões – se dizem altivamente "negros", quando isso não é verdade. Ao se afirmar "negro" o mestiço faz bonito, pois assume no total a cor que o branco despreza. Mas ao mesmo tempo está assumindo também o preconceito do branco contra o mestiço. Vira racista, porque, dizendo-se negro, renega a sua condição de mulato, mestiço, half-breed, meia casta, marabá, desprezados pela branquidade. Aliás, é geral no mundo a noção exacerbada de raça, que não afeta só os brancos, mas os amarelos, vermelhos, negros; todos desprezam o meia casta, exemplo vivo da infração à lei tribal.

Eu acho que um povo mestiço, como nós, deveria assumir tranquilamente essa sua condição de mestiço; em vez de se dizer negro por bravata, por desafio – o que é bonito, sinal de orgulho, mas sinal de preconceito também. Os campeões nossos da negritude, todos eles, se dizem simplesmente negros. Acham feio, quem sabe até humilhante, se declararem mestiços, ou meio brancos, como na verdade o são. "Black is beautiful" eu também acho. Mas mulato é lindo também, seja qual for a dose da sua mistura de raça. Houve um tempo, antes de se desenvolver no mundo a reação antirracista, em que até se fazia aqui no Rio o concurso "rainha das mulatas". Mas a distinção só valia para a mulata jovem e bela. Preconceito também e dos péssimos, pois a mulata só era valorizada como objeto sexual, capaz de satisfazer a consciência dos homens.

A gente não pode se deixar cair nessa armadilha dos brancos. A gente tem de assumir a nossa mulataria. Qual brasileiro pode jurar que tem sangue "puro" nas veias, – branco, negro, árabe, japonês?

Vejam a lição de Gilberto Freyre, tão bonita. Nós todos somos mestiços, mulatos, morenos, em dosagens várias. Os casos de branco puro são exceção (como os de índios puros – tais os remanescentes de tribos que certos antropólogos querem manter isolados, geneticamente puros – fósseis vivos – para eles estudarem...). Não vale indagar se a nossa avó chegou aqui de caravela ou de navio negreiro, se nasceu em taba de índio ou na casa-grande. Todas elas somos nós, qualquer procedência Tudo é brasileiro. Quando uma amiga minha, doutora, participante ilustre de um congresso médico, me declarou orgulhosa "eu sou negra" – não resisti e perguntei: "Por que você tem vergonha de ser mulata?" Ela quase se zangou. Mas quem tinha razão era eu. Na paixão da luta contra a estupidez dos brancos, os mestiços caem justamente na posição que o branco prega: negro de um lado, branco do outro. Teve uma gota de sangue africano é negro – mas tendo uma gota de sangue branco será declarado branco? Não é.

Ah, meus irmãos, pensem bem. Mulata, mulato também são bonitos e quanto! E nós todos somos mesmo mestiços, com muita honra, ou morenos, como o queria o grande Freyre. Raça morena, estamos apurando. Daqui a 500 anos será reconhecida como "zootecnicamente pura" tal como se diz de bois e de cavalos. Se é assim que eles gostam!

QUEIROZ, Rachel. O Dia da Consciência Negra. O Estado de S. Paulo, São Paulo, 23 nov. 20Brasil, caderno 2, p. D16.

(Agente-Escrivão – Acre – IBADE – 2017) Sobre o elemento destacado em "Não vale indagar SE a nossa avó chegou aqui de caravela ou de navio negreiro" é correto afirmar que:

(A) atribui ideia reflexiva a oração a que pertence.

(B) inicia uma oração cuja função sintática e objeto direto.

(C) é uma conjunção condicional que enuncia uma dúvida.

(D) é uma conjunção adverbial que introduz um adjunto adverbial.

(E) introduz uma oração que é complemento nominal da primeira oração.

O verbo "indagar" é transitivo direto (quem indaga, indaga alguma coisa). Logo, ele demanda um complemento que se chama objeto direto. Note que a oração "se a nossa avó chegou aqui (...)" faz justamente esse papel – complementa o verbo "indagar", representa aquilo que se está indagando. Por isso é classificada como oração subordinada substantiva objetiva direta. **HS**
Gabarito "B".

Texto CB1A2AAA

1   Em linhas gerais, há na literatura econômica duas
explicações para a educação ser tida como um fator de redução
da criminalidade. A primeira é que a educação muda as
4   preferências intertemporais, levando o indivíduo a ter menos
preferência pelo presente e a valorizar mais o futuro, isto é,
a ter aversão a riscos e a ter mais paciência. A segunda
7   explicação é que a educação contribui para o combate à
criminalidade porque ensina valores morais, tais como
disciplina e cooperação, tornando o indivíduo menos suscetível
10   a praticar atos violentos e crimes.
Há outras razões pelas quais se podem associar
educação e redução da criminalidade. Quanto maior o nível de

HENRIQUE SUBI

13 escolaridade do indivíduo, maior será para ele o retorno do
trabalho lícito (isto é, o salário), e isso eleva o custo de
oportunidade de se cometer crime. Além disso, há uma questão
16 relacionada à possibilidade do estado de dependência do crime:
a probabilidade de se cometerem crimes no presente está
relacionada à quantidade de crimes que já se cometeram. Dessa
19 forma, manter as crianças na escola, ocupadas durante o dia,
contribuiria a longo prazo para a redução da criminalidade.
Acredita-se, por essa razão, que haja uma relação entre maior
22 nível de escolaridade e redução da criminalidade. A
criminalidade é uma externalidade negativa com enormes
custos sociais e, se a educação consegue diminuir a violência,
25 o retorno social pode ser ainda maior que o retorno privado.

R. A. Duenhas, F. O. Gonçalves e E. Gelinski Jr. Educação, segurança
pública e violência nos municípios brasileiros: uma análise de painel
dinâmico de dados. UEPG Ci. Soc. Apl., Ponta Grossa, 22 (2):179-91, jul.-
-dez./2014. Internet: <www.revistas2.uepg.br> (com adaptações).

(Agente-Escrivão – PC/GO – CESPE – 2016) A oração "que já se cometeram"
(l. 18):

(A) equivale, sintática e semanticamente, a que foi cometida.
(B) está coordenada à expressão "quantidade de crimes" (l. 18).
(C) explica o termo "crimes" (l. 18).
(D) complementa o substantivo "quantidade" (l. 18).
(E) restringe o sentido do termo "crimes" (l. 18).

A: incorreta. A substituição proposta alteraria o sentido original do texto; **B:**
incorreta. É oração coordenada ao termo "crimes"; **C:** incorreta. Trata-se de oração
subordinada adjetiva restritiva – ela não explica o que é crime, mas restringe
seu alcance a apenas alguns crimes (apenas "aqueles que já se cometeram");
D: incorreta, conforme comentário anterior; **E:** correta, pelas razões expostas no
comentário à alternativa "C". HS

Gabarito "E".

Texto CG1A01AAA

1 O crime organizado não é um fenômeno recente.
Encontramos indícios dele nos grandes grupos contrabandistas
do antigo regime na Europa, nas atividades dos piratas e
4 corsários e nas grandes redes de receptação da Inglaterra do
século XVIII. A diferença dos nossos dias é que as
organizações criminosas se tornaram mais precisas, mais
7 profissionais.
Um erro na análise do fenômeno é a suposição de que
tudo é crime organizado. Mesmo quando se trata de uma
10 pequena apreensão de crack em um local remoto, alguns
órgãos da imprensa falam em crime organizado. Em muitos
casos, o varejo do tráfico é um dos crimes mais desorganizados
13 que existe. É praticado por um usuário que compra de alguém
umas poucas pedras de crack e fuma a metade. Ele não tem
chefe, parceiros, nem capital de giro. Possui apenas a
16 necessidade de suprir o vício. No outro extremo, fica o grande
traficante, muitas vezes um indivíduo que nem mesmo vê a
droga. Só utiliza seu dinheiro para financiar o tráfico ou seus
19 contatos para facilitar as transações. A organização criminosa
envolvida com o tráfico de drogas fica, na maior parte das
vezes, entre esses dois extremos. É constituída de pequenos e
22 médios traficantes e uns poucos traficantes de grande porte.
Nas outras atividades criminosas, a situação é a
mesma. O crime pode ser praticado por um indivíduo, uma
25 quadrilha ou uma organização. Portanto, não é a modalidade do
crime que identifica a existência de crime organizado.

Guaracy Mingardi. Inteligência policial e crime organizado. In: Renato
Sérgio de Lima e Liana de Paula (Orgs.). Segurança pública e violência: o
Estado está cumprindo seu papel? São Paulo: Contexto, 2006, p. 42 (com
adaptações).

(Agente-Escrivão – Pernambuco – CESPE – 2016) No texto **CG1A01AAA**,
funciona como complemento nominal a oração:

(A) "que identifica a existência de crime organizado" (R. 26).
(B) "que as organizações criminosas se tornaram mais precisas, mais
profissionais" (l. 5 a 7).
(C) "de que tudo é crime organizado" (l. 8 e 9).
(D) "para facilitar as transações" (l. 19).
(E) "que compra de alguém umas poucas pedras de *crack*" (l. 13 e 14).

Complemento nominal é o elemento sintático cuja função é completar o sentido de
outro termo com valor de nome (daí se diferencia do objeto indireto, porque este
completa o sentido de um verbo). Uma dica para identificá-lo é que está **sempre**
precedido de preposição. Logo, de pronto já eliminamos as alternativas "A", "B"
e "E". A alternativa "C" é a correta, porque a oração complementa o sentido de
"suposição". A letra "D" é oração subordinada adverbial final: ela não completa
o sentido de "contatos" (porque a palavra já faz sentido sozinha), mas enuncia
a finalidade dos contatos ("facilitar as transações). HS

Gabarito "C".

Texto CG1A01BBB

1 Não são muitas as experiências exitosas de políticas
públicas de redução de homicídios no Brasil nos últimos vinte
anos, e poucas são aquelas que tiveram continuidade. O Pacto
4 pela Vida, política de segurança pública implantada no estado
de Pernambuco em 2007, é identificado como uma política
pública exitosa.
7 O Pacto Pela Vida é um programa do governo do
estado de Pernambuco que visa à redução da criminalidade e
ao controle da violência. A decisão ou vontade política de
10 eleger a segurança pública como prioridade é o primeiro marco
que se deve destacar quando se pensa em recuperar a memória
dessa política, sobretudo quando se considera o fato de que o
13 tema da segurança pública, no Brasil, tem sido historicamente
negligenciado. Muitas autoridades públicas não só evitam
associar-se ao assunto como também o tratam de modo
16 simplista, como uma questão que diz respeito apenas à polícia.
O Pacto pela Vida, entendido como um grande
concerto de ações com o objetivo de reduzir a violência e, em
19 especial, os crimes contra a vida, foi apresentado à sociedade
no início do mês de maio de 2007. Em seu bojo, foram
estabelecidos os principais valores que orientaram a construção
22 da política de segurança, a prioridade do combate aos crimes
violentos letais intencionais e a meta de reduzir em 12% ao
ano, em Pernambuco, a taxa desses crimes.
25 Desse modo, definiu-se, no estado, um novo
paradigma de segurança pública, que se baseou na
consolidação dos valores descritos acima (que estavam em
28 disputa tanto do ponto de vista institucional quanto da
sociedade), no estabelecimento de prioridades básicas (como
o foco na redução dos crimes contra a vida) e no intenso debate
31 com a sociedade civil. A implementação do Pacto Pela Vida foi
responsável pela diminuição de quase 40% dos homicídios no
estado entre janeiro de 2007 e junho de 2013.

José Luiz Ratton et al. O Pacto Pela Vida e a redução de homicídios em Pernambuco. Rio de Janeiro: Instituto Igarapé, 2014. Internet: <https://igarape.
org.br> (com adaptações).

(Agente-Escrivão – Pernambuco – CESPE – 2016) No texto **CG1A01BBB**, a
partícula "se" foi empregada para indeterminar o sujeito em:

(A) "se pensa" (l. 11).
(B) "se considera" (l. 12).
(C) "associar-se" (l. 15).
(D) "definiu-se" (l. 25).
(E) "se deve destacar" (l. 11).

A: correta. O pronome "se" exerce função de índice de indeterminação do sujeito
quando estiver associado a um verbo transitivo indireto ("pensar") conjugado
na terceira pessoa do singular; **B, D** e **E:** incorretas. Quando o verbo é transitivo
direto, o pronome "se" é classificado como pronome apassivador – a oração
está na voz passiva sintética; **C:** incorreta. Aqui, o pronome "se" é classificado
como pronome reflexivo. HS

Gabarito "A".

12. LÍNGUA PORTUGUESA · 615

1 A existência do poder executivo, legislativo e
judiciário é uma ideia aparentemente bastante velha no
direito constitucional. Na verdade, trata-se de uma ideia
4 recente que data mais ou menos de Montesquieu. Na alta
Idade Média não havia poder judiciário. Não havia poder
judiciário autônomo, nem mesmo poder judiciário nas mãos
7 de quem detinha o poder das armas, o poder político.
A acumulação da riqueza e do poder e a constituição
do poder judiciário nas mãos de alguns é um mesmo
10 processo que vigorou na alta Idade Média e alcançou seu
amadurecimento no momento da formação da primeira
grande monarquia medieval. Nesse momento, apareceram
13 coisas totalmente novas. Aparece uma justiça que não é
mais contestação entre indivíduos e livre aceitação por esses
indivíduos de um certo número de regras de liquidação, mas
16 que, ao contrário, vai-se impor do alto aos indivíduos, aos
oponentes, aos partidos.
Aparece, ainda, um personagem totalmente novo: o
19 procurador, que se vai apresentar como o representante do
soberano, do rei ou do senhor, como representante de um
poder lesado pelo único fato de ter havido um delito ou um
22 crime. O procurador vai dublar a vítima, vai estar por trás
daquele que deveria dar a queixa, dizendo: "Se é verdade
que este homem lesou um outro, eu, representante do
25 soberano, posso afirmar que o soberano, seu poder, a ordem
que ele faz reinar, a lei que ele estabeleceu foram
igualmente lesados por esse indivíduo. Assim, eu também
28 me coloco contra ele".
Uma noção absolutamente nova aparece: a de
infração. A infração não é um dano causado por um
31 indivíduo contra outro; é uma ofensa ou lesão de um
indivíduo à ordem, ao Estado, à lei, à sociedade, à
soberania, ao soberano. Há ainda uma última invenção tão
34 diabólica quanto a do procurador e a da infração: o Estado
– ou melhor, o soberano – é não somente a parte lesada,
mas também a que exige reparação. Quando um indivíduo
37 perde o processo, é declarado culpado e deve ainda
reparação a sua vítima. Entretanto, vai-se exigir do culpado
não só a reparação do dano feito, mas também a reparação
40 da ofensa que cometeu contra o soberano, o Estado, a lei.

Michel Foucault. A verdade e as formas jurídicas. 3ª ed. Rio de Janeiro: Nau Editora, 2002 (com adaptações).

(Papiloscopista – PCDF – Universa – 2016) No que se refere à realização e à interpretação do sujeito das orações que compõem o texto, assinale a alternativa correta.

(A) Seria mantida a correção gramatical do período caso o pronome "eu", em ambas as ocorrências, às linhas 24 e 27, fosse suprimido.

(B) O sujeito da oração iniciada por "é declarado" (linha 37), que está elíptico, refere-se a "um indivíduo" (linha 36).

(C) O sujeito da oração que inicia o segundo período do primeiro parágrafo está elíptico e se refere à ideia expressa no período anterior.

(D) O referente do sujeito da oração iniciada por "alcançou" (linha 10) é "A acumulação da riqueza e do poder e a constituição do poder judiciário nas mãos de alguns" (linhas 8 e 9).

(E) A oração iniciada por "Se é verdade" (linha 23) não tem sujeito.

A: incorreta. Suprimir o primeiro "eu" alteraria o sentido, porque o "outro" passaria a ser o "representante do soberano"; **B:** correta. Sujeito elíptico é o mesmo que sujeito oculto; **C:** incorreta. A construção "trata-se de" indica sujeito indeterminado; **D:** incorreta. O referente é "um mesmo processo"; **E:** incorreta. O pronome "se" exerce a função de sujeito da oração. **HS**

Gabarito "B".

Leia o texto abaixo e responda às questões propostas.

Perícia de campo

Os novos Sherlock Holmes trocaram as lupas por luzes forenses. São lanternas portáteis ou lâmpadas de maior porte que emitem luzes de diferentes comprimentos de onda, ajudando a revelar coisas que normalmente passariam despercebidas. As fi-

bras sintéticas ficam fluorescentes na maioria dos comprimentos de onda, especialmente nos 300 nanômetros da luz ultravioleta. Já materiais orgânicos, como fibras de algodão, saliva, urina, sêmen e ossos, ficam opacos e esbranquiçados sob a luz negra. "Investigando um caso de estupro, analisei o banco de um carro que não tinha sinais evidentes. Com a luz, pude ver e coletar uma amostra de sêmen e identificar o material genético que incriminou um suspeito", diz Rosângela Monteiro, da Polícia Científica de São Paulo.

Mas isso não é nada perto do que já é possível fazer com impressões digitais. Sim, porque a coleta dessas provas essenciais não é tão simples quanto parece. A maioria delas não é visível a olho nu e, dependendo do suporte, era impossível identificá-las.

Superfícies molhadas, por exemplo, sempre foram uma barreira para os peritos. Problema resolvido com o desenvolvimento de nanopartículas de óxidos de zinco, usadas em um pó que reage com a gordura deixada pelas digitais mesmo na presença de água. Depois, é só iluminar a região desejada com luz ultravioleta e a digital, brilhante, está pronta para ser registrada numa foto.

O próximo desafio é tirar impressões digitais de pele humana, tarefa que está sendo pesquisada por cientistas do Oak Ridge National Laboratory, nos EUA. Eles desenvolveram um equipamento portátil que realiza uma técnica conhecida por espectroscopia de superfície aumentada. O método já mostrou que funciona, mas o instrumento é feito com nanofios revestidos de prata que ainda não dão resultados muito nítidos. O grupo trabalha para melhorar esse revestimento e chegar a uma impressão digital mais evidente, que possa ser revelada com uma fotografia na própria cena do crime.

Mas é melhor apressarem os estudos. Se demorarem, os cientistas do Oak Ridge ficarão ultrapassados antes mesmo de concluírem sua obra-prima. É que, segundo a revista Science, impressões digitais em superfícies molhadas e em pele humana estão prestes a ser reveladas por um único equipamento, que vaporiza uma mistura de moléculas de metanol e água carregadas eletricamente sobre a área investigada. Em contato com a mistura, cada superfície emite íons específicos. Captados por um aparelho, esses sinais são transformados em unidades de imagem, como se fossem pixels. O resultado é uma versão digital da marca dos dedos, produzida em poucos segundos. E o mais incrível é que o aparelho também distingue substâncias em que o autor da marca tocou antes, como drogas, pólvora, metais e substâncias químicas em geral. O kit básico de trabalho de campo de trabalho de campo de um perito criminal ainda vai ganhar mais um forte aliado nos próximos anos, com a chegada ao mercado de um gravador portátil de imagens em 3 dimensões, apresentado em abril por cientistas do centro de pesquisas alemão Fraunhofer IOF. Com eles, os peritos não precisam mais esperar o gesso secar para conseguir um molde de uma pegada ou marca de pneu. Basta tirar uma foto com o equipamento e a imagem em 3D pode ser passada para um computador para comparações. O gravador também pode ser útil para filmar cenas de crime em locais públicos, onde não se tem chance de preservar a cena por muito tempo: bastará reconstruir o ambiente virtualmente e estudá-lo com mais calma no laboratório.

(Tarso Araújo, in Revista Superinteressante, outubro de 2008).

(Agente de Polícia Civil/RO – 2014 – FUNCAB) Assinale a opção que preserva o sentido do trecho destacado em:

"INVESTIGANDO UM CASO DE ESTUPRO, analisei o banco de um carro que não tinha sinais evidentes.

(A) Ainda que investigasse um caso de estupro...

(B) Conforme investigava um caso de estupro...

(C) Embora investigasse um caso de estupro...

(D) Contanto que investigasse um caso de estupro...

(E) Quando investigava um caso de estupro...

O trecho destacado é uma oração subordinada adverbial temporal reduzida de gerúndio, que indica o momento no qual o fato aconteceu. Portanto, a paráfrase deve ser também uma oração adverbial temporal. A única com essa característica é a letra "E", que deve ser assinalada, pelo uso do termo "quando" como advérbio de tempo.

Gabarito "E".

(Agente de Polícia Civil/RO – 2014 – FUNCAB) Em: "...ajudando a revelar coisas QUE NORMALMENTE PASSARIAM DESPERCEBIDAS.", a oração destacada classifica-se como:

(A) subordinada substantiva predicativa.
(B) subordinada adjetiva explicativa.
(C) subordinada adjetiva restritiva.
(D) subordinada substantiva subjetiva.
(E) coordenada sindética aditiva.

A oração destacada tem valor de adjetivo, porque qualifica, dá uma característica do termo "coisas". Portanto, é oração subordinada adjetiva. As subordinadas adjetivas se dividem em explicativas, quando esclarecem o alcance do termo referente, ou restritivas, quando isolam, individualizam o termo referente. No caso, há diversas "coisas", sendo que **algumas delas** "passariam despercebidas". Note que a oração se refere somente a algumas "coisas", aquelas que "passariam despercebidas". Logo, é oração subordinada adjetiva restritiva. Há uma dica para identificar as orações adjetivas: se vierem separadas por vírgula, são explicativas; se não vierem, são restritivas.

Gabarito "C".

(Agente de Polícia Civil/RO – 2014 – FUNCAB) O termo destacado em: "...'e identificar o material genético que incriminou UM SUSPEITO'..." exerce a seguinte função sintática:

(A) complemento nominal.
(B) objeto indireto.
(C) objeto direto.
(D) adjunto adnominal.
(E) adjunto adverbial.

"Um suspeito" é complemento do verbo "incriminar" (quem incrimina, incrimina alguém), que não exige preposição. Portanto, é o complemento conhecido como objeto direto.

Gabarito "C".

(Folha de S.Paulo, 03.01.2014. Adaptado)

(Investigador/SP – 2014 – VUNESP) Na fala de Hagar, a oração "... e já ganho peso!" deve ser entendida como

(A) causa de olhar para a comida.
(B) finalidade de olhar para a comida.
(C) modo de olhar para a comida.
(D) consequência de olhar para a comida.
(E) oposição para olhar para a comida.

A conjunção "e", usualmente com valor aditivo, no texto foi usada para introduzir oração subordinada adverbial consecutiva, ou seja, exprime a consequência de Hagar olhar para a comida.

Gabarito "D".

12. PONTUAÇÃO

Texto CB1A2AAA

1 Em linhas gerais, há na literatura econômica duas explicações para a educação ser tida como um fator de redução da criminalidade. A primeira é que a educação muda as
4 preferências intertemporais, levando o indivíduo a ter menos preferência pelo presente e a valorizar mais o futuro, isto é, a ter aversão a riscos e a ter mais paciência. A segunda
7 explicação é que a educação contribui para o combate à criminalidade porque ensina valores morais, tais como disciplina e cooperação, tornando o indivíduo menos suscetível
10 a praticar atos violentos e crimes.
 Há outras razões pelas quais se podem associar educação e redução da criminalidade. Quanto maior o nível de
13 escolaridade do indivíduo, maior será para ele o retorno do trabalho lícito (isto é, o salário), e isso eleva o custo de oportunidade de se cometer crime. Além disso, há uma questão
16 relacionada à possibilidade do estado de dependência do crime: a probabilidade de se cometerem crimes no presente está relacionada à quantidade de crimes que já se cometeram. Dessa
19 forma, manter as crianças na escola, ocupadas durante o dia, contribuiria a longo prazo para a redução da criminalidade. Acredita-se, por essa razão, que haja uma relação entre maior
22 nível de escolaridade e redução da criminalidade. A criminalidade é uma externalidade negativa com enormes custos sociais e, se a educação consegue diminuir a violência,
25 o retorno social pode ser ainda maior que o retorno privado.

R. A. Duenhas, F. O. Gonçalves e E. Gelinski Jr. Educação, segurança pública e violência nos municípios brasileiros: uma análise de painel dinâmico de dados. UEPG Ci. Soc. Apl., Ponta Grossa, 22 (2):179-91, jul.--dez./2014. Internet: <www.revistas2.uepg.br> (com adaptações).

(Agente-Escrivão – PC/GO – CESPE – 2016) As opções subsequentes apresentam propostas de reescrita do seguinte período do texto CB1A2AAA: "Acredita-se, por essa razão, que haja uma relação entre maior nível de escolaridade e redução da criminalidade" (l. 21 e 22). Assinale a opção que apresenta proposta de reescrita que preserva a correção gramatical e o sentido original do texto.

(A) Acredita-se que haja, por essa razão, uma relação, entre maior nível de escolaridade e redução da criminalidade.
(B) Acredita-se por essa razão, que haja uma relação entre maior nível de escolaridade e redução da criminalidade.
(C) Por essa razão, acredita-se, que haja uma relação entre maior nível de escolaridade e redução da criminalidade.
(D) Acredita-se que haja por essa razão, uma relação, entre maior nível de escolaridade e redução da criminalidade.
(E) Por essa razão, acredita-se que haja uma relação entre maior nível de escolaridade e redução da criminalidade.

A única alternativa que coloca as vírgulas nos lugares corretos conforme a norma padrão é a letra "E", que deve ser assinalada. O único sinal de pontuação necessário é aquele após "razão", para separar o adjunto adverbial deslocado da ordem direta da oração. **HS**

Gabarito "E".

Texto CG1A01AAA

1 O crime organizado não é um fenômeno recente.
 Encontramos indícios dele nos grandes grupos contrabandistas do antigo regime na Europa, nas atividades dos piratas e
4 corsários e nas grandes redes de receptação da Inglaterra do século XVIII. A diferença dos nossos dias é que as organizações criminosas se tornaram mais precisas, mais
7 profissionais.
 Um erro na análise do fenômeno é a suposição de que tudo é crime organizado. Mesmo quando se trata de uma
10 pequena apreensão de crack em um local remoto, alguns órgãos da imprensa falam em crime organizado. Em muitos casos, o varejo do tráfico é um dos crimes mais desorganizados
13 que existe. É praticado por um usuário que compra de alguém umas poucas pedras de crack e fuma a metade. Ele não tem chefe, parceiros, nem capital de giro. Possui apenas a
16 necessidade de suprir o vício. No outro extremo, fica o grande traficante, muitas vezes um indivíduo que nem mesmo vê a droga. Só utiliza seu dinheiro para financiar o tráfico ou seus
19 contatos para facilitar as transações. A organização criminosa envolvida com o tráfico de drogas fica, na maior parte das vezes, entre esses dois extremos. É constituída de pequenos e
22 médios traficantes e uns poucos traficantes de grande porte. Nas outras atividades criminosas, a situação é a mesma. O crime pode ser praticado por um indivíduo, uma
25 quadrilha ou uma organização. Portanto, não é a modalidade do crime que identifica a existência de crime organizado.

Guaracy Mingardi. Inteligência policial e crime organizado. In: Renato Sérgio de Lima e Liana de Paula (Orgs.). Segurança pública e violência: o Estado está cumprindo seu papel? São Paulo: Contexto, 2006, p. 42 (com adaptações).

12. LÍNGUA PORTUGUESA — 617

(Agente-Escrivão – Pernambuco – CESPE – 2016) No texto **CG1A01AAA**, isola um trecho de natureza explicativa a vírgula empregada logo após

(A) "traficante" (l. 17).
(B) "vezes" (l. 21).
(C) "indivíduo" (l. 24).
(D) "remoto" (l. 10).
(E) "casos" (l. 12).

A: correta. A vírgula separa a oração subordinada adverbial explicativa; **B:** incorreta. "Na maior parte das vezes" é adjunto adverbial de tempo; **C:** incorreta. Esta vírgula apenas separa os termos de uma enumeração; **D:** incorreta. A oração adverbial separada pela vírgula tem natureza concessiva; **E:** incorreta. "Em muitos casos" é adjunto adverbial de intensidade. **HS**

Gabarito "A".

(Escrivão – AESP/CE – VUNESP – 2017) Assinale a alternativa correta quanto ao uso da vírgula, considerando-se a norma-padrão da língua portuguesa.

(A) Os amigos, apesar de terem esquecido, de nos avisar que demoraria tanto, informaram-nos de que a gravidez era algo demorado.
(B) Os amigos, apesar de, terem esquecido de nos avisar que demoraria tanto, informaram-nos de que a gravidez, era algo demorado.
(C) Os amigos, apesar de terem esquecido de nos avisar que demoraria tanto, informaram-nos de que a gravidez era algo demorado.
(D) Os amigos, apesar de terem esquecido de nos avisar, que demoraria tanto, informaram-nos de que a gravidez era algo demorado.
(E) Os amigos apesar de terem esquecido de nos avisar que, demoraria tanto, informaram-nos, de que a gravidez era algo demorado.

O trecho "apesar de terem esquecido de nos avisar que demoraria tanto" deve estar entre vírgulas, por ser período que se liga à ideia principal por coordenação e está deslocado da ordem direta. No mais, nenhuma outra vírgula deve ser usada segundo as regras da língua padrão. **HS**

Gabarito "C".

1   A existência do poder executivo, legislativo e
    judiciário é uma ideia aparentemente bastante velha no
    direito constitucional. Na verdade, trata-se de uma ideia
4   recente que data mais ou menos de Montesquieu. Na alta
    Idade Média não havia poder judiciário. Não havia poder
    judiciário autônomo, nem mesmo poder judiciário nas mãos
7   de quem detinha o poder das armas, o poder político.
    A acumulação da riqueza e do poder e a constituição
    do poder judiciário nas mãos de alguns é um mesmo
10 processo que vigorou na alta Idade Média e alcançou seu
    amadurecimento no momento da formação da primeira
    grande monarquia medieval. Nesse momento, apareceram
13 coisas totalmente novas. Aparece uma justiça que não é
    mais contestação entre indivíduos e livre aceitação por esses
    indivíduos de um certo número de regras de liquidação, mas
16 que, ao contrário, vai-se impor do alto aos indivíduos, aos
    oponentes, aos partidos.
    Aparece, ainda, um personagem totalmente novo: o
19 procurador, que se vai apresentar como o representante do
    soberano, do rei ou do senhor, como representante de um
    poder lesado pelo único fato de ter havido um delito ou um
22 crime. O procurador vai dublar a vítima, vai estar por trás
    daquele que deveria dar a queixa, dizendo: "Se é verdade
    que este homem lesou um outro, eu, representante do
25 soberano, posso afirmar que o soberano, seu poder, a ordem
    que ele faz reinar, a lei que ele estabeleceu foram
    igualmente lesados por esse indivíduo. Assim, eu também
28 me coloco contra ele".
    Uma noção absolutamente nova aparece: a de
    infração. A infração não é um dano causado por um
31 indivíduo contra outro; é uma ofensa ou lesão de um
    indivíduo à ordem, ao Estado, à lei, à sociedade, à
    soberania, ao soberano. Há ainda uma última invenção tão
34 diabólica quanto a do procurador e a da infração: o Estado
    – ou melhor, o soberano – é não somente a parte lesada,

    mas também a que exige reparação. Quando um indivíduo
37 perde o processo, é declarado culpado e deve ainda
    reparação a sua vítima. Entretanto, vai-se exigir do culpado
    não só a reparação do dano feito, mas também a reparação
40 da ofensa que cometeu contra o soberano, o Estado, a lei.

> Michel Foucault. A verdade e as formas jurídicas. 3ª ed. Rio de Janeiro: Nau Editora, 2002 (com adaptações).

(Papiloscopista – PCDF – Universa – 2016) Acerca dos sinais de pontuação empregados no texto, assinale a alternativa correta.

(A) As aspas foram empregadas para realçar a importância do trecho por elas isolado, dando-lhe destaque.
(B) Os dois pontos foram empregados no texto com a mesma função em todas as ocorrências, às linhas 18, 23, 29 e 34.
(C) A inserção de uma vírgula logo após "recente" (linha 4) prejudicaria a correção gramatical e a coerência do texto.
(D) A supressão da vírgula empregada logo após "queixa" (linha 23) alteraria o sentido original do texto, deixando-o, ainda, menos claro.
(E) As vírgulas, no trecho "o soberano, o Estado, a lei" (linha 40) foram empregadas para separar palavras sinônimas.

A: incorreta. Elas foram utilizadas para indicar que se trata da replicação de um discurso proferido por outra pessoa; **B:** incorreta. Os dois-pontos da linha 23 introduzem o discurso direto, ao passo que os demais inauguram o aposto dos períodos; **C:** incorreta. A separação da oração explicativa colocada na ordem direta (ao fim do período) é facultativa; **D:** correta. A vírgula separa a oração explicativa deslocada da ordem direta, de forma que é obrigatória; **E:** incorreta. As vírgulas separam os elementos de uma lista. **HS**

Gabarito "D".

1   O que tanta gente foi fazer do lado de fora do tribunal
    onde foi julgado um dos mais famosos casais acusados de
    assassinato no país? Torcer pela justiça, sim: as evidências
4   permitiam uma forte convicção sobre os culpados, muito antes
    do encerramento das investigações. Contudo, para torcer pela
    justiça, não era necessário acampar na porta do tribunal, de
7   onde ninguém podia pressionar os jurados. Bastava fazer
    abaixo-assinados via Internet pela condenação do pai e da
    madrasta da vítima. O que foram fazer lá, ao vivo? Penso que
10 as pessoas não torceram apenas pela condenação dos principais
    suspeitos. Torceram também para que a versão que inculpou
    o pai e a madrasta fosse verdadeira.
13 O relativo alívio que se sente ao saber que um
    assassinato se explica a partir do círculo de relações pessoais
    da vítima talvez tenha duas explicações. Primeiro, a fantasia de
16 que em nossas famílias isso nunca há de acontecer. Em geral
    temos mais controle sobre nossas relações íntimas que sobre o
    acaso dos maus encontros que podem nos vitimar em uma
19 cidade grande. Segundo, porque o crime familiar permite o
    lenitivo da construção de uma narrativa. Se toda morte
    violenta, ou súbita, nos deixa frente a frente com o real
22 traumático, busca-se a possibilidade de inscrever o acontecido
    em uma narrativa, ainda que terrível, capaz de produzir sentido
    para o que não tem tamanho nem nunca terá, o que não tem
25 conserto nem nunca terá, o que não faz sentido.

> Maria Rita Khel. A morte do sentido. Internet: <www.mariaritakehl.psc.br> (com adaptações).

(Escrivão de Polícia Federal - 2013 – CESPE) Com base no texto acima, julgue os itens abaixo.

(1) Sem prejuízo do sentido original do texto, os dois-pontos empregados logo após "sim" (L.3) poderiam ser substituídos por vírgula, seguida de **dado que** ou **uma vez que**.
(2) Sem prejuízo da correção gramatical e do sentido do texto, a oração "que inculpou o pai e a madrasta" (L.11-12) poderia ser isolada por vírgulas, sendo a opção pelo emprego desse sinal de pontuação uma questão de estilo apenas.

1: correta. Os dois-pontos marcam a entrada do aposto. Sua substituição por vírgula, seguida das locuções conjuntivas sugeridas, ambas com valor explicativo, mantém o mesmo sentido da formatação original; **2:** incorreta. A separação da oração por vírgulas transformá-la-ia em oração subordinada adjetiva explicativa. Sem os sinais de pontuação, entendemos do texto que existem várias versões para o crime e estamos falando daquela que culpa o pai e a madrasta (oração subordinada adjetiva restritiva). Se a transformarmos em explicativa, o sentido mu**da**: só existe a versão que culpa o pai e a madrasta. Logo, não se trata de mera questão de estilo, e sim de transmitir a mensagem correta ao leitor.

Gabarito 1C, 2E

Segundo Dino, é preciso receber bem o turista estrangeiro e, para isso, é necessário ampliar investimentos em infraestrutura (como aeroportos) e ensinar línguas estrangeiras a profissionais que têm contato com esses turistas. "Tenho muita confiança na necessidade de haver investimentos e competitividade, ou seja, haver políticas públicas e ações privadas que garantam preços justos, para que esses turistas possam ser bem acolhidos e também economicamente **estimulados** a voltar ao Brasil", disse.

(Escrivão/SP – 2014 – VUNESP) Na passagem – Segundo Dino, é preciso receber bem o turista estrangeiro e, para isso, é necessário ampliar investimentos em infraestrutura (como aeroportos) e ensinar línguas estrangeiras a profissionais que têm contato com esses turistas. –, os parênteses são usados para

(A) isolar um comentário que contradiz a informação anterior.

(B) mostrar que o termo **aeroportos** equivale à informação central da passagem.

(C) intercalar uma expressão acessória, que tem o valor de uma exemplificação.

(D) indicar que a expressão **como aeroportos** é usada com sentido pejorativo.

(E) introduzir o primeiro elemento de uma sequência enumerativa apesentada.

No caso, os parênteses foram utilizados para dar um exemplo daquilo que o entrevistado classificou como "investimentos em infraestrutura". O sinal gráfico indica que a exemplificação foi intercalada na oração, situação na qual poderíamos também usar as vírgulas.

Gabarito "C".

O trânsito brasileiro, há muito tempo, tem sido responsável por verdadeira carnificina. São cerca de 40 mil mortes a cada ano; quase metade delas, segundo especialistas, está associada ao consumo de bebidas alcoólicas.

Não é preciso mais do que esses dados para justificar a necessidade de combater a embriaguez ao volante. Promulgada em 2008, a chamada lei seca buscava alcançar precisamente esse objetivo. Sua aplicação, porém, vinha sendo limitada pelos tribunais brasileiros.

O problema estava na própria legislação, segundo a qual era preciso comprovar "concentração de álcool por litro de sangue igual ou superior a seis decigramas" a fim de punir o motorista bêbado.

Tal índice, contudo, só pode ser aferido com testes como bafômetro ou exame de sangue. Como ninguém é obrigado a produzir provas contra si mesmo, o condutor que recusasse os procedimentos dificilmente seria condenado.

Desde dezembro de 2012, isso mudou. Com nova redação, a lei seca passou a aceitar diversos outros meios de prova – como testes clínicos, vídeos e depoimentos. Além disso, a multa para motoristas embriagados passou de R$ 957,70 para R$ 1.915,40.

(*Folha de S. Paulo*, 03.01.2014)

(Investigador/SP – 2014 – VUNESP) No texto, a passagem "*concentração de álcool por litro de sangue igual ou superior a seis decigramas*" está entre aspas porque se trata

(A) da fala de um especialista em trânsito brasileiro.

(B) de informação cuja verdade pode ser questionada.

(C) de transcrição de trecho da chamada lei seca.

(D) de informação essencial da nova lei seca.

(E) de fala comum da maior parte da população.

As aspas foram utilizadas para indicar que essa parte do texto é uma transcrição literal, uma cópia, de outro texto, no caso a própria lei seca.

Gabarito "C".

Sofrimento psíquico em policiais civis: uma questão de gênero

Apesar de concebida pelo senso comum como uma instituição predominantemente masculina, a Polícia Civil do Estado do Rio de Janeiro admite também mulheres entre seus servidores. Em suas atividades diárias, elas relatam enfrentar dificuldades, frustrações e cobranças. Um estudo realizado pelo Centro Latino-americano de Estudos de Violência e Saúde (Claves), vinculado à Escola Nacional de Saúde Pública Sergio Arouca (Ensp), uma unidade da Fiocruz, questionou 2.746 policiais, dos quais cerca de 19% eram mulheres, e descobriu que elas apresentam mais sofrimento psíquico que seus colegas de trabalho.

"Sofrimento psíquico é um conjunto de condições psicológicas que, apesar de não caracterizar uma doença, gera determinados sinais e sintomas que indicam sofrimento" explica a psicóloga Edinilsa Ramos de Souza, coordenadora do projeto. O problema pode ser causado por diversos fatores, inclusive as condições de trabalho, como falta de instalações adequadas, estresse e falta de preparo para a função. "No dia-a-dia, o policial precisa continuar com o seu trabalho e não pode demonstrar fragilidade", acrescenta. "Isso aumenta o sofrimento e, muitas vezes, faz com que o profissional somatize as questões psicológicas em problemas de saúde, como pressão alta, insônia e dores de cabeça".

(Catarina Chagas)

(Escrivão de Polícia/MA – 2013 – FGV) As aspas nos segmentos do segundo parágrafo indicam

(A) palavras de pessoa que não a autora do texto.

(B) pensamentos que são muito importantes para a mensagem do texto.

(C) conclusões retiradas de documentos importantes.

(D) informações ligadas ao discurso oral e não ao escrito.

(E) expressões que causam algum tipo de estranheza.

Um dos muitos usos das aspas é a indicação de que o trecho é uma citação, ou seja, a transcrição de palavras de uma pessoa que não o autor do texto. Elas podem ser usadas também para indicar o uso de palavras típicas da coloquialidade ou de neologismos (alternativas "D" e "E"), mas essas não são sua função no texto.

Gabarito "A".

13. LITERATURA E FIGURAS

Ficção universitária

Os dados do Ranking Universitário publicados em setembro de 2013 trazem elementos para que tentemos desfazer o mito, que consta da Constituição, de que pesquisa e ensino são indissociáveis.

É claro que universidades que fazem pesquisa tendem a reunir a nata dos especialistas, produzir mais inovação e atrair os alunos mais qualificados, tornando-se assim instituições que se destacam também no ensino. O Ranking Universitário mostra essa correlação de forma cristalina: das 20 universidades mais bem avaliadas em termos de ensino, 15 lideram no quesito pesquisa (e as demais estão relativamente bem posicionadas). Das 20 que saem à frente em inovação, 15 encabeçam também a pesquisa.

Daí não decorre que só quem pesquisa, atividade estupidamente cara, seja capaz de ensinar. O gasto médio anual por aluno numa das três universidades estaduais paulistas, aí embutidas todas as despesas que contribuem direta e indiretamente para a boa pesquisa, incluindo inativos e aportes de Fapesp, CNPq e Capes, é de R$ 46 mil (dados de 2008). Ora, um aluno do ProUni custa ao governo algo em torno de R$ 1.000 por ano em renúncias fiscais.

Não é preciso ser um gênio da aritmética para perceber que o país não dispõe de recursos para colocar os quase sete milhões de universitários em instituições com o padrão de investimento das estaduais paulistas.

E o Brasil precisa aumentar rapidamente sua população universitária. Nossa taxa bruta de escolarização no nível superior beira os 30%, contra 59% do Chile e 63% do Uruguai. Isso para não mencionar países desenvolvidos como EUA (89%) e Finlândia (92%).

Em vez de insistir na ficção constitucional de que todas as universidades do país precisam dedicar-se à pesquisa, faria mais sentido aceitar o mundo como ele é e distinguir entre instituições de elite voltadas para a produção de conhecimento e as que se destinam a difundi-lo. O Brasil tem necessidade de ambas.

(Hélio Schwartsman. Disponível em: http://www1.folha.uol.com.br, 10.09.20Adaptado)

(Escrivão – AESP/CE – VUNESP – 2017) Assinale a alternativa em que a expressão destacada é empregada em sentido figurado.

(A) Não é preciso ser um gênio da aritmética para perceber que o país não dispõe de recursos...

(B) ... das 20 universidades mais bem avaliadas em termos de ensino...

(C) ... todas as despesas que contribuem direta e indiretamente para a boa pesquisa...

(D) ... universidades que fazem pesquisa tendem a reunir a nata dos especialistas...

(E) Os dados do Ranking Universitário publicados em setembro de 2013...

A: incorreta. Cuidado para não confundir uma palavra com sentido mitológico com sentido figurado. O gênio é justamente aquilo cujo sentido se emprega no texto: um ser de inteligência superior que atende a pedidos com facilidade. Logo, o termo foi usado em sentido próprio; **B, C** e **E:** incorretas. Todos os termos aparecem em sentido próprio; **D:** correta. "Nata" é derivado do leite. Ao dizermos "a nata dos especialistas" estamos criando uma metáfora: um grupo pequeno de especialistas, bastante seleto, porque assim é a nata do leite: com muito líquido, fazemos pouca nata. **HS**

Gabarito "D".

Leia o texto abaixo e responda às questões propostas.

Perícia de campo

Os novos Sherlock Holmes trocaram as lupas por luzes forenses. São lanternas portáteis ou lâmpadas de maior porte que emitem luzes de diferentes comprimentos de onda, ajudando a revelar coisas que normalmente passariam despercebidas. As fibras sintéticas ficam fluorescentes na maioria dos comprimentos de onda, especialmente nos 300 nanômetros da luz ultravioleta. Já materiais orgânicos, como fibras de algodão, saliva, urina, sêmen e ossos, ficam opacos e esbranquiçados sob a luz negra. "Investigando um caso de estupro, analisei o banco de um carro que não tinha sinais evidentes. Com a luz, pude ver e coletar uma amostra de sêmen e identificar o material genético que incriminou um suspeito", diz Rosângela Monteiro, da Polícia Científica de São Paulo.

Mas isso não é nada perto do que já é possível fazer com impressões digitais. Sim, porque a coleta dessas provas essenciais não é tão simples quanto parece. A maioria delas não é visível a olho nu e, dependendo do suporte, era impossível identificá-las.

Superfícies molhadas, por exemplo, sempre foram uma barreira para os peritos. Problema resolvido com o desenvolvimento de nanopartículas de óxidos de zinco, usadas em um pó que reage com a gordura deixada pelas digitais mesmo na presença de água. Depois, é só iluminar a região desejada com luz ultravioleta e a digital, brilhante, está pronta para ser registrada numa foto.

O próximo desafio é tirar impressões digitais de pele humana, tarefa que está sendo pesquisada por cientistas do Oak Ridge National Laboratory, nos EUA. Eles desenvolveram um equipamento portátil que realiza uma técnica conhecida por espectroscopia de superfície aumentada. O método já mostrou que funciona, mas o instrumento é feito com nanofios revestidos de prata que ainda não dão resultados muito nítidos. O grupo trabalha para melhorar esse revestimento e chegar a uma impressão digital mais evidente, que possa ser revelada com uma fotografia na própria cena do crime.

Mas é melhor apressarem os estudos. Se demorarem, os cientistas do Oak Ridge ficarão ultrapassados antes mesmo de concluírem sua obra-prima. É que, segundo a revista Science, impressões digitais em superfícies molhadas e em pele humana estão prestes a ser reveladas por um único equipamento, que vaporiza uma mistura de moléculas de metanol e água carregadas eletricamente sobre a área investigada. Em contato com a mistura, cada superfície emite íons específicos. Captados por um aparelho, esses sinais são transformados em unidades de imagem, como se fossem pixels. O resultado é uma versão digital da marca dos dedos, produzida em poucos segundos. E o mais incrível é que o aparelho também distingue substâncias em que o autor da marca tocou antes, como drogas, pólvora, metais e substâncias químicas em geral. O kit básico de trabalho de campo de trabalho de campo de um perito criminal ainda vai ganhar mais um forte aliado nos próximos anos, com a chegada ao mercado de um gravador portátil de imagens em 3 dimensões, apresentado em abril por cientistas do centro de pesquisas alemão Fraunhofer IOF. Com eles, os peritos não precisam mais esperar o gesso secar para conseguir um molde de uma pegada ou marca de pneu. Basta tirar uma foto com o equipamento e a imagem em 3D pode ser passada para um computador para comparações. O gravador também pode ser útil para filmar cenas de crime em locais públicos, onde não se tem chance de preservar a cena por muito tempo: bastará reconstruir o ambiente virtualmente e estudá-lo com mais calma no laboratório.

(Tarso Araújo, in Revista Superinteressante, outubro de 2008).

(Agente de Polícia Civil/RO – 2014 – FUNCAB) Assinale a opção em que se identifica a figura de linguagem conhecida como metonímia.

(A) "Com eles, os peritos não precisam mais esperar o gesso secar para conseguir um molde de uma pegada ou marca de pneu."

(B) "Os novos Sherlock Holmes trocaram as lupas por luzes forenses."

(C) "Eles desenvolveram um equipamento portátil que realiza uma técnica conhecida por espectroscopia de superfície aumentada."

(D) "O resultado é uma versão digital da marca dos dedos, produzida em poucos segundos."

(E) "Mas isso não é nada perto do que já é possível fazer com impressões digitais."

Chama-se metonímia a figura de linguagem na qual se utiliza um termo pelo outro. Dentre as alternativas, a única que apresenta metonímia (na verdade, a única que apresenta figura de linguagem), é a letra "B", que deve ser assinalada. O termo literário "Sherlock Holmes" foi utilizado no lugar de "peritos" ou "investigadores".

Gabarito "B".

14. QUESTÕES COMBINADAS E OUTROS TEMAS

O Dia da Consciência Negra

[...]

O assunto é delicado; em questão de raça, deve-se tocar nela com dedos de veludo. Pode ser que eu esteja errada, mas parece que no tema de raça, racismo, negritude, branquitude, nós caímos em preconceito igual ao dos racistas. O europeu colonizador tem – ou tinha – uma lei: teve uma parte de sangue negro – é negro. Por pequena que seja a gota de sangue negro no indivíduo, polui-se a nobre linfa ariana, e o portador da mistura é "declarado negro". E os mestiços aceitam a definição – meiões, quarterões, octorões – se dizem altivamente "negros", quando isso não é verdade. Ao se afirmar "negro" o mestiço faz bonito, pois assume no total a cor que o branco despreza. Mas ao mesmo tempo está assumindo também o preconceito do branco contra o mestiço. Vira racista, porque, dizendo-se negro, renega a sua condição de mulato, mestiço, half-breed, meia casta, marabá, desprezados pela branquidade. Aliás, é geral no mundo a noção exacerbada de raça, que não afeta só os brancos, mas os amarelos, vermelhos, negros; todos desprezam o meia casta, exemplo vivo da infração à lei tribal.

Eu acho que um povo mestiço, como nós, deveria assumir tranquilamente essa sua condição de mestiço; em vez de se dizer negro por bravata, por desafio – o que é bonito, sinal de orgulho, mas sinal de preconceito também. Os campeões nossos da negritude, todos eles, se dizem simplesmente negros. Acham feio, quem sabe até

620 HENRIQUE SUBI

humilhante, se declararem mestiços, ou meio brancos, como na verdade o são. "Black is beautiful" eu também acho. Mas mulato é lindo também, seja qual for a dose da sua mistura de raça. Houve um tempo, antes de se desenvolver no mundo a reação antirracista, em que até se fazia aqui no Rio o concurso "rainha das mulatas". Mas a distinção só valia para a mulata jovem e bela. Preconceito também e dos péssimos, pois a mulata só era valorizada como objeto sexual, capaz de satisfazer a consciência dos homens.

A gente não pode se deixar cair nessa armadilha dos brancos. A gente tem de assumir a nossa mulataria. Qual brasileiro pode jurar que tem sangue "puro" nas veias, – branco, negro, árabe, japonês?

Vejam a lição de Gilberto Freyre, tão bonita. Nós todos somos mestiços, mulatos, morenos, em dosagens várias. Os casos de branco puro são exceção (como os de índios puros – tais os remanescentes de tribos que certos antropólogos querem manter isolados, geneticamente puros – fósseis vivos – para eles estudarem...). Não vale indagar se a nossa avó chegou aqui de caravela ou de navio negreiro, se nasceu em taba de índio ou na casa-grande. Todas elas somos nós, qualquer procedência Tudo é brasileiro. Quando uma amiga minha, doutora, participante ilustre de um congresso médico, me declarou orgulhosa "eu sou negra" – não resisti e perguntei: "Por que você tem vergonha de ser mulata?" Ela quase se zangou. Mas quem tinha razão era eu. Na paixão da luta contra a estupidez dos brancos, os mestiços caem justamente na posição que o branco prega: negro de um lado, branco do outro. Teve uma gota de sangue africano é negro – mas tendo uma gota de sangue branco será declarado branco? Não é.

Ah, meus irmãos, pensem bem. Mulata, mulato também são bonitos e quanto! E nós todos somos mesmo mestiços, com muita honra, ou morenos, como o queria o grande Freyre. Raça morena, estamos apurando. Daqui a 500 anos será reconhecida como "zootecnicamente pura" tal como se diz de bois e de cavalos. Se é assim que eles gostam!

QUEIROZ, Rachel. O Dia da Consciência Negra. O Estado de S. Paulo, São Paulo, 23 nov. 20Brasil, caderno 2, p. D16.

(Agente-Escrivão – Acre – IBADE – 2017) Considere as seguintes afirmações sobre aspectos da construção do texto:

I. Em "mas parece que no tema de raça, racismo, negritude, branquitude, nós CAÍMOS em preconceito... Por pequena que seja a gota de sangue negro do INDIVÍDUO", as palavras destacadas recebem acento pela mesma regra de acentuação.

II. Passando-se para o plural o trecho destacado em "todos desprezam o meia casta, EXEMPLO VIVO DA INFRAÇÃO À LEI TRIBAL", mantendo-se o A no singular, o sinal indicativo de crase, obrigatoriamente, não poderia ser usado.

III. Em "E os mestiços aceitam a definição e – meiões, quarteirões, octorões – se dizem altivamente 'negros', quando ISSO não é verdade", o elemento destacado se refere a uma ideia anteriormente expressa.

Está correto apenas o que se afirma em:

(A) I e II.
(B) II e III.
(C) I.
(D) I e III.
(E) II.

I: incorreta. "Caímos" – acentua-se e o "i" e o "u" que ficam sozinhos no hiato, com poucas exceções (como, por exemplo, se forem seguidos de "nh" - "rainha"). "Indivíduo" – acentuam-se as paroxítonas terminadas em ditongo crescente; II: correta, porque se não há o "s" indicativo do plural, significa que o "A" é preposição "pura", sem aglutinação – logo, não ocorreu crase; III: correta. É pronome com função catafórica, que se refere a algo anterior a ele no texto. Vale lembrar que os pronomes demonstrativos com função catafórica se escrevem com dois "s" (esse, essa, isso), enquanto os de função anafórica – que se referem a uma passagem futura do texto – grafam-se com "t" (este, esta, isto). HS

Gabarito "B".

---

1 A existência do poder executivo, legislativo e judiciário é uma ideia aparentemente bastante velha no direito constitucional. Na verdade, trata-se de uma ideia
4 recente que data mais ou menos de Montesquieu. Na alta Idade Média não havia poder judiciário. Não havia poder judiciário autônomo, nem mesmo poder judiciário nas mãos
7 de quem detinha o poder das armas, o poder político. A acumulação da riqueza e do poder e a constituição do poder judiciário nas mãos de alguns é um mesmo
10 processo que vigorou na alta Idade Média e alcançou seu amadurecimento no momento da formação da primeira grande monarquia medieval. Nesse momento, apareceram
13 coisas totalmente novas. Aparece uma justiça que não é mais contestação entre indivíduos e livre aceitação por esses indivíduos de um certo número de regras de liquidação, mas
16 que, ao contrário, vai-se impor do alto aos indivíduos, aos oponentes, aos partidos. Aparece, ainda, um personagem totalmente novo: o
19 procurador, que se vai apresentar como o representante do soberano, do rei ou do senhor, como representante de um poder lesado pelo único fato de ter havido um delito ou um
22 crime. O procurador vai dublar a vítima, vai estar por trás daquele que deveria dar a queixa, dizendo: "Se é verdade que este homem lesou um outro, eu, representante do
25 soberano, posso afirmar que o soberano, seu poder, a ordem que ele faz reinar, a lei que ele estabeleceu foram igualmente lesados por esse indivíduo. Assim, eu também
28 me coloco contra ele". Uma noção absolutamente nova aparece: a de infração. A infração não é um dano causado por um
31 indivíduo contra outro; é uma ofensa ou lesão de um indivíduo à ordem, ao Estado, à lei, à sociedade, à soberania, ao soberano. Há ainda uma última invenção tão
34 diabólica quanto a do procurador e a da infração: o Estado – ou melhor, o soberano – é não somente a parte lesada, mas também a que exige reparação. Quando um indivíduo
37 perde o processo, é declarado culpado e deve então reparação a sua vítima. Entretanto, vai-se exigir do culpado não só a reparação do dano feito, mas também a reparação
40 da ofensa que cometeu contra o soberano, o Estado, a lei.

Michel Foucault. A verdade e as formas jurídicas. 3ª ed. Rio de Janeiro: Nau Editora, 2002 (com adaptações).

(Papiloscopista – PCDF – Universa – 2016) No que se refere aos sentidos e aos aspectos linguísticos do texto, assinale a alternativa correta.

(A) É facultativo o emprego do acento indicativo de crase em "a sua vítima" (linhas 37 e 38).
(B) O deslocamento da partícula "se", em "vai-se exigir" (linha 38), para imediatamente após "exigir" - escrevendo-se **vai exigir-se** - prejudicaria a correção gramatical do período.
(C) Em "A acumulação da riqueza e do poder e a constituição do poder judiciário nas mãos de alguns" (linhas 8 e 9), a conjunção *"e"* liga, em ambas as ocorrências, termos que exercem a função sintática de complemento nominal.
(D) Na linha 13, o vocábulo "justiça" constitui o núcleo do complemento da forma verbal "Apareceu".
(E) O vocábulo "culpado", pertence em ambas as ocorrências, à linha 37 e à linha 38, à mesma classe de palavras.

A: correta. Antes de pronomes possessivos, a crase é facultativa; **B:** incorreta. O pronome pode estar enclítico ao verbo auxiliar ou ao verbo principal. As duas formas são aceitas pela norma padrão; **C:** incorreta. Na segunda ocorrência, a conjunção "e" liga os núcleos do sujeito; **D:** incorreta. "Justiça" é o núcleo do sujeito do verbo "aparecer"; **E:** incorreta. Na primeira passagem, é adjetivo; na segunda, substantivo. HS

Gabarito "A".

13. Matemática e Raciocínio Lógico

Enildo Garcia e Elson Garcia

Dos 5.000 candidatos inscritos para determinado cargo, 800 foram eliminados pelos procedimentos de investigação social; 4.500 foram desclassificados na primeira etapa; 50 foram reprovados no curso de formação (segunda etapa), apesar de não serem eliminados na investigação social; 350 foram nomeados; todos os classificados na primeira etapa e não eliminados na investigação social até o momento da matrícula no curso de formação foram convocados para a segunda etapa; todos os aprovados no curso de formação e não eliminados na investigação social foram nomeados.

(Escrivão de Polícia Federal – 2013 – CESPE) Tendo como referência esses dados hipotéticos, julgue os itens a seguir.

(1) Infere-se das informações apresentadas que 50 candidatos foram reprovados no curso de formação e também eliminados no processo de investigação social.

(2) Se um candidato inscrito para o referido cargo for selecionado ao acaso, então a probabilidade de ele ter sido eliminado no processo de investigação social será inferior a 20%.

(3) Menos de 130 candidatos foram classificados na primeira etapa e eliminados na investigação social.

Como o total de candidatos foi de 5.000 e 4.500 foram eliminados na 1ª etapa, conclui-se que 500 passaram para a 2ª etapa. Na 2ª etapa, restaram 450 candidatos, pois 50 foram reprovados no curso de formação. Dos 450 restante, foram nomeados 350 candidatos. Portanto, 100 candidatos foram eliminados na investigação social.

Como foram eliminados na investigação social, no total, 800 candidatos e 100 deles foram eliminados na 2ª etapa, podemos concluir que, na 1ª etapa foram eliminados 700 candidatos.

Analisando as afirmativas:

(1) Errada, pois não há informações para deduzir quantos candidatos dos 100 reprovados na 2ª etapa foram eliminados nesta etapa pela investigação social.

(2) Correta, pois se os candidatos inscritos forem selecionados ao acaso, a probabilidade de serem eliminados no processo de investigação social é de (800) (100)/(5.000) = 16%, ou seja, inferior a 20%.

(3) Correta, pois dos 500 classificados na 1ª etapa e que, portanto, passaram para a segunda etapa, apenas 100 foram eliminados na investigação social, ou seja, menos de 130 candidatos.

Gabarito 1E, 2C, 3C

Suspeita-se de que um chefe de organização criminosa tenha assumido as despesas de determinado candidato em curso de preparação para concurso para provimento de vagas do órgão X.

P1: Existe a convicção por parte dos servidores do órgão X de que, se um chefe de organização criminosa pagou para determinado candidato curso de preparação para concurso, ou o chefe é amigo de infância do candidato ou então esse candidato foi recrutado pela organização criminosa para ser aprovado no concurso;

P2: Há, ainda, entre os servidores do órgão X, a certeza de que, se o candidato foi recrutado pela organização criminosa para ser aprovado no concurso, então essa organização deseja obter informações sigilosas ou influenciar as decisões do órgão X.

Diante dessa situação, o candidato, inquirido a respeito, disse o seguinte:

P3: Ele é meu amigo de infância, e eu não sabia que ele é chefe de organização criminosa;

P4: Pedi a ele que pagasse meu curso de preparação, mas ele não pagou.

(Escrivão de Polícia Federal – 2013 – CESPE) Considerando essa situação hipotética, julgue os itens subsecutivos.

(1) Com fundamento nas proposições P1, P2, P3 e P4, confirma-se a suspeita de que o chefe de organização criminosa tenha custeado para o candidato curso de preparação para o concurso.

(2) A negação da proposição P4 é equivalente a "Não pedi a ele que

pagasse meu curso, mas ele pagou".

(3) Com base nas proposições P1, P2, P3 e P4, é correto concluir que "A organização deseja obter informações sigilosas ou influenciar as decisões do órgão X".

Inicialmente faremos uma análise das proposições P1, P2, P3 e P4.

A premissa P1 é uma proposição composta do tipo se P, então (Q ou R), onde
– P: um chefe de organização criminosa pagou para determinado candidato curso de preparação para concurso;
– Q: o chefe é amigo de infância do candidato;
– R: esse candidato foi recrutado pela organização criminosa para ser aprovado no concurso

A premissa P2 é uma proposição composta do tipo (se S então (T ou U), onde
– S: o candidato foi recrutado pela organização criminosa para ser aprovado no concurso
– T: essa organização deseja obter informações sigilosas
– U: influenciar as decisões do órgão X.

A premissa P3 é uma proposição composta do tipo (V e X), onde:
– V: Ele é meu amigo de infância
– X: eu não sabia que ele é chefe de organização criminosa

A premissa P4 é uma proposição composta do tipo (Y e Z), onde:
– Y: Pedi a ele que pagasse meu curso de preparação
– Z: ele não pagou

As tabelas verdade citadas na resolução dos itens são:

CONDICIONAL:

P	Q	se P então Q
V	V	V
V	F	F
F	V	V
F	F	V

(Se P então Q) só é valorada como "F" quando P for valorada como "V" e Q for valorada como "F". Nos demais casos, o resultado é sempre "V".

CONJUNÇÃO:

P	Q	P e Q
V	V	V
V	F	F
F	V	F
F	F	F

(P e Q) só é valorada como "V" quando P for valorada como "V" e Q for valorada como "V". Nos demais casos, o resultado é sempre "F".

(1) Errado, conforme abaixo:
Observaremos se a conclusão é consequência das premissas, supondo que essas premissas sejam simultaneamente verdadeiras, independente dos respectivos conteúdos.

Desta forma, para que se confirme a suspeita de que o chefe de uma organização criminosa tenha custeado para o candidato curso de preparação para o concurso, seria necessário que, na premissa P1, a proposição P fosse valorada como "V". No entanto, não se pode afirmar que a proposição P é "V" uma vez que, para que a premissa P1 seja valorada como "V", tanto faz necessário que a proposição P for "V" ou "F" (veja a tabela verdade do se P então Q).

Além disso, para que premissa P4 seja valorada como "V", tanto Y quanto Z devem ser valoradas como "V" (veja a tabela verdade de conjunção) e a proposição Z afirma o seguinte: "ele não pagou"

(2) Errado, pois já sabemos que, a premissa P4 é do tipo (Y e Z) e que a negação de (Y e Z) é equivalente a (não Y) ou (não Z) e que a proposição P4 é equivalente a não pedi a ele que pagasse meu curso de preparação ou ele pagou.

(3) Errado, pois assim como no item (1) devemos observar se a conclusão é consequência das premissas, supondo que essas premissas sejam simultaneamente verdadeiras, independente dos respectivos conteúdos.

Então, para concluir-se que "A organização deseja obter informações sigilosas ou influenciar as decisões do órgão X" é necessário que, na premissa P2, a proposição composta (T ou U) seja valorada como "V".

Para isso, na mesma premissa P2, a proposição S tem que ser valorada como "V" (o que obrigaria que a proposição (T ou U) também fosse valorada como "V").

No entanto, não se pode concluir na premissa P1 que "o candidato foi recrutado pela organização criminosa para ser aprovado no concurso". Logo, na premissa P2, a proposição S pode ser tanto "V" quanto "F".

Nota: Este item (3) foi anulado.

Gabarito 1E, 2E, 3Anulada

(Polícia Rodoviária Federal – 2013 – CESPE) Considerando que uma equipe de 30 operários, igualmente produtivos, construa uma estrada de 10 km de extensão em 30 dias, julgue os próximos itens.

(1) Se a tarefa estiver sendo realizada pela equipe inicial de 30 operários e, no inicio do quinto dia, 2 operários abandonarem a equipe, e não forem substituídos, então essa perda ocasionara atraso de 10 dias no prazo de conclusão da obra.

(2) Se, ao iniciar a obra, a equipe designada para a empreitada receber reforço de uma segunda equipe, com 90 operários igualmente produtivos e desempenho igual ao dos operários da equipe inicial, então a estrada será concluída em menos de $\dfrac{1}{5}$ do tempo inicialmente previsto.

Analisando as afirmativas:
(1) Errada, pois o atraso será de 1,89 dias:

Item	Número operários	Número dias	km construídos	Cálculos	Total km/dias
1	30	30	10	-	10 km
2	1	1	-	[10]/[(30)(30)]	1/90=0,0111 km
3	30	4	-	(30)(4)(0,0111)	1,33 km
4	28	26	-	(28)(26)(0,0111)	8,08 km
5	km faltantes	-	-	10– 1,33 - 8,08	0,59 km
6	28	X	0,59	0,59 = (X)(28)(0,0111)	X = 1,89 dias

(2) Errada, pois serão necessários 7,5 dias, que é maior que 1/5 de 30 = 6 dias.

Item	Número operários	Número dias	k m construídos	Cálculos	Total km/dias
1	30	30	10	-	10 km
2	120	Y	-	Y =(1/4)(30)	Y = 7,5 dias

Gabarito 1E, 2E

Gráfico para os itens de 1 a 5

(Polícia Rodoviária Federal – 2013 – CESPE) Considerando os dados apresentados no gráfico, julgue os itens seguintes.

(1) A média do número de acidentes ocorridos no período de 2007 a 2010 e inferior a mediana da sequência de dados apresentada no gráfico.
(2) Os valores associados aos anos de 2008, 2009 e 2010 estão em progressão aritmética.
(3) O número de acidentes ocorridos em 2008 foi, pelo menos, 26% maior que o número de acidentes ocorridos em 2005. Considere que, em 2009, tenha sido construído um modelo linear para a previsão de valores futuros do número de acidentes ocorridos nas estradas brasileiras. Nesse sentido, suponha que o número de acidentes no ano t seja representado pela função $F(t) = At + B$, tal que $F(2007) = 129.000$ e $F(2009) =159.000$. Com base nessas informações e no gráfico apresentado, julgue os itens a seguir.
(4) A diferença entre a previsão para o número de acidentes em 2011 feita pelo referido modelo linear e o número de acidentes ocorridos em 2011 dado no gráfico e superior a 8.000.
(5) O valor da constante A em $F(t)$ e superior a 14.500.

Analisando as afirmativas:
(1) Incorreta, pois a média de acidentes de 2007 a 2010 = 153 é superior à mediana da sequência = 141.
(2) Incorreta, pois 141, 159 e 183 não estão em progressão aritmética. 159-141=18, diferente de 183-159=24.
(3) Correta, pois como o número de acidentes em 2.008 foi de 141 e o número de acidentes em 2.005 foi de 110, a relação entre 2.008 e 2.005 foi 141/110 ~ 1,28, portanto maior que 26%.

Para analisar as afirmativas (4) e (5), vamos construir um gráfico a partir dos dados fornecidos:
F(2.007) = 129.000 acidentes; F(2.009) = 159.000 acidentes.

Consideraremos como eixo das abcissas os anos e como eixo das ordenadas os números de acidentes.
Em seguida traçaremos uma linha reta, conforme abaixo, representando a equação F(t) = B + At, que é equação de uma reta.

Examinando a figura, notamos que o triângulo CDE é semelhante ao triângulo BDF, e portanto:
DE/CE = DF/BF, onde DE = 159.000 – 129.000 = 30.000; CE = 2.009 – 2.007 = 2 e BF = 2.009 – 2.000 = 9.

Então: DF = (9)(30.000/2) = 135.000 e B - 0 = 159.000 – 135.000 = 24.000 e B = 24.000.
Como DE/CE= tangente á = 15.000 = A e a equação da reta é F(t) = B + At = 24.000 + 15.000t.

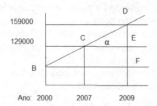

(4) Incorreta, pois a previsão para o número de acidentes pelo modelo linear, que é igual a 24.000 + 15.000t = 189.000, onde t = 11 anos. Esta previsão é igual ao número de acidentes realmente ocorridos em 2.011.

(5) Correto, pois o valor da constante A em F(t), que é de 15.000 acidentes, é superior a 14.500.

Gabarito 1E, 2E, 3C, 4E, 5C

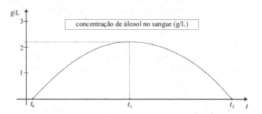

Considere que o nível de concentração de álcool na corrente sanguínea, em g/L, de uma pessoa, em função do tempo t, em horas, seja expresso por $N = -0,008\ (t^2 - 35t + 34)$. Considere, ainda, que essa pessoa tenha começado a ingerir bebida alcoólica a partir de $t = t0$ ($N(t0) = 0$), partindo de um estado de sobriedade, e que tenha parado de ingerir bebida alcoólica em $t = t1$, voltando a ficar sóbria em $t = t2$. Considere, por fim, a figura acima, que apresenta o gráfico da função $N(t)$ para t 0 [$t0$, $t2$]. Com base nessas informações e tomando 24,3 como valor aproximado de $\sqrt{589}$, julgue os itens que se seguem.

(1) O nível de concentração mais alto de álcool na corrente sanguínea da referida pessoa ocorreu em $t = t1$ com $t1 > 18$ horas.
(2) O nível de concentração de álcool na corrente sanguínea da pessoa em questão foi superior a 1 g/L por pelo menos 23 horas.
(3) O valor de $t2$ e inferior a 36.

Analisando as afirmativas:
(1) Incorreta, pois o nível de concentração mais alto de álcool na corrente sanguínea ocorre no ponto situado bem no meio das raízes da equação, ou seja: t1 = (to + t2)/2
N = 0 = -0,008(t^2– 35t+ 34) ou t^2– 35t + 34 = 0.
Portanto: t = [+35 +/- √(35² - 4x34)]/[2] t = [+35 +/- √ 1.225 – 136]/2
t = [35 +/- 33]/2 e to = 1 h e t2 = 34h e, portanto t1 = (1 + 34)/(2) = 17,5horas, inferior a 18 horas.
(2) Correto, pois N = 1 g/l = -0,008(t^2– 35t+ 34) ou (1)/(-0,008) = -125 = (t^2– 35t

13. MATEMÁTICA E RACIOCÍNIO LÓGICO — 623

+ 34) ou t^2 – 35t + 159 = 0 t = [+35 +/- √(35² - 4x159)]/[2] t = [+35 +/- √ 589]/2
t = [+35 +/- 24,3]/2 t' = 5,35 h t" = 29,65 h
t" – t' = 24,3 h, superior a 23 horas.
(3) Correto, pois t2 = 34 h, inferior a 36 horas.
Gabarito 1E, 2C, 3C.

(Agente de Polícia/DF – 2013 – CESPE) O Instituto de Pesquisa Econômica Aplicada (IPEA) divulgou, em 2013, dados a respeito da violência contra a mulher no país. Com base em dados do Sistema de Informações sobre Mortalidade, do Ministério da Saúde, o instituto apresentou uma estimativa de mulheres mortas em razão de violência doméstica.

Alguns dos dados apresentados nesse estudo são os seguintes:

• mais da metade das vítimas eram mulheres jovens, ou seja, mulheres com idade entre 20 e 39 anos: 31% estavam na faixa etária de 20 a 29 anos e 23% na faixa etária de 30 a 39 anos;

• 61% das vítimas eram mulheres negras;

• grande parte das vítimas tinha baixa escolaridade: 48% cursaram até o 8.º ano.

Com base nessas informações e considerando que V seja o conjunto formado por todas as mulheres incluídas no estudo do IPEA; A ⊂ V, o conjunto das vítimas jovens; B ⊂ V, o conjunto das vítimas negras; e C ⊂ V, o conjunto das vítimas de baixa escolaridade — vítimas que cursaram até o 8.o ano —, julgue os itens que se seguem.

(1) Se V\C for o conjunto complementar de C em V, então (V\C) ∩ A será um conjunto não vazio
(2) Se 15% das vítimas forem mulheres negras e com baixa escolaridade, então V = B ∩ C.
(3) Se V\A for o conjunto complementar de A em V, então 46% das vítimas pertencerão a V\A.

Seja:
A: jovens no total de 54%, sendo 31% entre 20 a 29 anos e 23% entre 30 e 39 anos.
B: negras, 61%
C: baixa escolaridade, 48%
Analisando as afirmativas:
(1) Correta, pois:
Se V\C for o conjunto complementar de C em V, então (V\C) A será um conjunto não vazio.
Complementar de C em V é o que complementa C para totalizar V, ou seja, V – C
100% – 48% = 52%
Temos agora que verificar se há intersecção entre este conjunto e o conjunto A, que totaliza 54%.
Basta somar. Se o resultado for maior de 100%, deve haver intersecção.
52% + 54% = 106%. Ocorre intersecção entre eles e, portanto, não é conjunto vazio.
(2) Incorreta, pois:
Se 15% das vítimas forem mulheres negras e com baixa escolaridade, então V= B ∩ C.
B união com C = B + C – (B intersecção com C)
B união com C = 61% + 48% – 15% - B união com C = 94% e V = 100%.
(3) Correto, pois se V\A for o conjunto complementar de A em V, então 46% das vítimas pertencerão a V\A.
Complementar de A em V é o que complementa A para totalizar V, ou seja, é V – A.
100% – 54% = 46%.
Gabarito 1C, 2E, 3C.

(Agente de Polícia/DF – 2013 – CESPE) Considere que a empresa X tenha disponibilizado um aparelho celular a um empregado que viajou em missão de 30 dias corridos.

O custo do minuto de cada ligação, para qualquer telefone, é de R$ 0,15. Nessa situação, considerando que a empresa tenha estabelecido limite de R$ 200,00 e que, após ultrapassado esse limite, o empregado arcará com as despesas, julgue os itens a seguir.

(1) Se, ao final da missão, o tempo total de suas ligações for de 20 h, o empregado não pagará excedente.
(2) Se, nos primeiros 10 dias, o tempo total das ligações do empregado tiver sido de 15 h, então, sem pagar adicional, ele disporá de mais de um terço do limite estabelecido pela empresa.
(3) Se, ao final da missão, o empregado pagar R$ 70,00 pelas ligações excedentes, então, em média, suas ligações terão sido de uma hora por dia.

Analisando as afirmativas:
(1) Correto, pois cada hora de ligação custa (0,15)(60) = R$ 9,00 e como o empregado utilizou 20 horas em suas ligações o valor destas ligações é de R$ 180,00, inferior ao limite de R$ 200,00 pago pela empresa X.

(2) Incorreto, pois o tempo limite dado pela empresa será de: (R$200)/(R$ 9/h) = 200/9 =22,22 horas. Se em 10 dias ele gastou 15 h e sobraram (22,22 -15,00) = 7,22 horas, que corresponde à 7,22/22,22 = 0,325 do limite estabelecido pela empresa. Como 0,325 é menor que 1/3 do tempo, a afirmativa está incorreta.
(3) Correto, pois se o empregado pagou R$ 70,00 de ligações excedentes, então o total de gastos nesse mês foi de: R$ 200,00 + R$ 70,00 = R$ 270,00. Como 1 hora custa: (0,15)(60) = R$9,00, o número total de horas desse empregado foi de: (270)/(9) = 30 horas /mês ou de 1 hora por dia.
Gabarito 1C, 2E, 3C.

(Agente de Polícia/DF – 2013 – CESPE)

	celular	fixo	rádio
mesma cidade	6	3	1
cidade distinta	7	1	3

Tabela I: número de ligações realizadas por tipo de telefone

	mesma cidade	cidade distinta
celular	0,20	0,50
fixo	0,15	0,30
rádio	0,20	0,20

Tabela II: preço de cada ligação, em reais

Nessas condições, se A $= \begin{bmatrix} 6 & 3 & 1 \\ 7 & 1 & 3 \end{bmatrix}$ for a matriz formada pelos dados da tabela I, e B $= \begin{bmatrix} 0,20 & 0,50 \\ 0,15 & 0,30 \\ 0,20 & 0,20 \end{bmatrix}$ for a matriz formada pelos dados da tabela II, então a soma de todas as entradas da matriz

A × B será igual ao valor total das ligações efetuadas.

Resolução:

O valor total das ligações será dado pela seguinte relação entre os valores das tabelas acima:

Mesma cidade: Celular: 6x0,20 = R$ 1,20

Fixo: 3x0,15 = R$ 0,45

Rádio: 1x0,20 = R$ 0,20

Total = R$ 1,20 + R$ 0,45 + R$ 0,20 = R$ 1,85

Cidade distinta: Celular: 7x0,50 = R$ 3,50

Fixo: 1x0,30 = R$ 0,30

Rádio: 3x0,20 = R$ 0,60

Total = R$ 3,50 + R$ 0,30 + R$ 0,60 = R$ 4,40

Total entre as cidades: R$ 1,85 + R$ 4,40 = R$ 6,25

Fazendo o produto A × B, entre as matrizes, teremos:

$$\begin{bmatrix} 6 & 3 & 1 \\ 7 & 1 & 3 \end{bmatrix}_{2\times3} \times \begin{bmatrix} 0,20 & 0,50 \\ 0,15 & 0,30 \\ 0,20 & 0,20 \end{bmatrix}_{3\times2} = \begin{bmatrix} 6\times0,20+3\times0,15+1\times0,20 & 6\times0,50+3\times0,30+1\times0,20 \\ 7\times0,20+1\times0,15+3\times0,2 & 7\times0,50+1\times0,30+3\times0,20 \end{bmatrix}_{2\times2}$$
$$= \begin{bmatrix} 1,85 & 4,40 \\ 2,15 & 4,40 \end{bmatrix}_{2\times2}$$

Portanto, o total a ser pago corresponde somente à soma dos valores encontrados na 1ª linha (R$ 1,85 + R$ 4,40) da matriz resultante da matriz produto de A × B, e não de todas as entradas da matriz A × B.

Logo, esse item está errado.

Considerando que P e Q representem proposições conhecidas e que V e F representem, respectivamente, os valores verdadeiro e falso, julgue os próximos itens.

(1) As proposições Q e P → (¬ Q) são, simultaneamente, V se, e somente se, P for F.
(2) A proposição [P∨Q] → Q é uma tautologia.
(3) Se P for F e P∨Q for V, então Q é V.

Analisando as afirmativas:
(1) Observando a tabela-verdade da proposição composta "P -> (¬ Q)", em função dos valores lógicos de "P" e "Q", temos:

624 ENILDO GARCIA E ELSON GARCIA

P	Q	¬ Q	P → (¬ Q)	P → (¬ Q)
V	V	F	V → F	F
V	F	V	V → V	V
F	V	F	F → F	V
F	F	V	F → V	V

Observando-se a 3ª linha da tabela-verdade acima, "Q" e "P -> (¬ Q) são, simultaneamente, V se, e somente se, "P" for falso. Portanto, esse item está correto. No entanto, o gabarito oficial indicou o item como incorreto.

(2) Construindo a tabela-verdade da proposição composta: [P v Q] -> Q, teremos como solução:

P	Q	P ∨ Q	[P∨Q] → Q	$(p \wedge \sim q) \leftrightarrow (\sim p \vee q)$
V	V	V	V → V	V
V	F	V	V → F	F
F	V	V	V → V	V
F	F	F	F → F	V

P(P;Q) = VFVV (solução verificada na última coluna)

Portanto, essa proposição composta é uma contingência ou indeterminação lógica.

Logo, esse item está errado.

(3) Lembramos que uma disjunção simples, na forma: "P v Q", será verdadeira (V) se, pelo menos, uma de suas partes for verdadeira (V). Nesse caso, se "P" for falsa e "P v Q" for verdadeira, então "Q" será, necessariamente, verdadeira.

$$\underset{F}{P} \vee \underset{V}{Q} : V$$

Logo, esse item está certo.

Gabarito 1E, 2E, 3C

(Agente de Polícia/DF – 2013 – CESPE) Considerando que 300 pessoas tenham sido selecionadas para trabalhar em locais de apoio na próxima copa do mundo e que 175 dessas pessoas sejam do sexo masculino, julgue os seguintes itens.

(1) Se, em um dia de jogo, funcionarem 24 postos de apoio e se cada posto necessitar de 6 mulheres e 6 homens, então a quantidade de pessoas selecionadas será suficiente.

(2) É impossível dividir as 300 pessoas em grupos de modo que todos os grupos tenham a mesma quantidade de mulheres e a mesma quantidade de homens.

(3) Considere que 50 locais de apoio sejam espalhados pela cidade. Considere ainda que cada um deles necessite, para funcionar corretamente, de 3 pessoas trabalhando por dia, independentemente do sexo. Nessa situação, se todas as pessoas selecionadas forem designadas para esses locais de apoio e se cada uma delas intercalar um dia de trabalho com um dia de folga ou vice-versa, então os postos funcionarão da forma desejada.

Analisando as afirmativas:

(1) Incorreto, pois das 300 pessoas, 175 são homens e 125 são mulheres, portanto faltarão mulheres conforme abaixo:

Em dia de jogo, funcionarem 24 postos de apoio e se cada posto necessitar de 6 mulheres e 6 homens, então teremos que ter, no mínimo: 6 homens por posto x 24 postos = 144 homens disponíveis, e 6 mulheres por posto x 24 postos = 144 mulheres disponíveis.

A quantidade total de homens (175 homens disponíveis) atende a necessidade para esses 24 postos, porém a quantidade de mulheres disponíveis (125 mulheres) não é suficiente para preencher as 144 vagas para os 24 postos.

(2) Incorreto, pois é possível dividir as 300 pessoas em grupos de modo que todos os grupos tenham a mesma quantidade de mulheres e a mesma quantidade de homens, conforme abaixo:

O MDC (Máximo Divisor Comum) entre 125 e 175 é:

125 e 175 (Divisor comum:5)

25 35 (Divisor comum:5)

5 7 MDC (125; 175) = 5 x 5 = 25 Portanto, podemos formar: 5 grupos de 25 mulheres e 7 grupos de 25 homens.

(3) Correto, pois se em cada posto são necessários 3 funcionários por dia, então teremos que ter, por dia, 50 x 3 = 150 pessoas. Se cada pessoa trabalhar um dia e folgar 1 dia, poderemos ter o possível arranjo:

No 1º dia de trabalho, teremos as 150 primeiras pessoas trabalhando e, se todas folgarem no 2º dia de trabalho as outras 150 pessoas ocuparão suas respectivas vagas.

Para o 3º dia, as 150 primeiras pessoas voltarão ao trabalho, possibilitando que o segundo grupo folgue1.

Gabarito 1E, 2E, 3C

(Escrivão de Polícia/DF – 2013 – CESPE)

Em uma pescaria, os pescadores Alberto, Bruno e Carlos colocavam os peixes que pescavam em um mesmo recipiente. Ao final da pescaria, o recipiente continha 16 piaus e 32 piaparas. Na divisão dos peixes, cada um deles afirmou que teria pescado mais peixes que os outros dois.

Julgue os itens a seguir, a respeito dessa situação.

(1) Considere que, a um amigo comum, cada um dos pescadores afirmou ter pescado mais peixes que os outros dois e que, além disso, eles fizeram as seguintes afirmações: Alberto: — Bruno ou Carlos está mentindo. Bruno: — Carlos está mentindo. Carlos: — Alberto está mentindo. Nessa situação, é correto afirmar que apenas Carlos está mentindo.

(2) Na situação dada, se 2 peixes fossem retirados do recipiente, aleatoriamente, a probabilidade de que pelo menos um fosse um piau seria maior que $\frac{1}{2}$

(3) Considere que, a um amigo comum, além de afirmar que pescou mais peixes que os outros dois, cada um dos pescadores afirmou que os outros dois estariam mentindo. Nessa situação, é correto afirmar que dois deles estão mentindo.

(4) Na situação dada, se, mediante um acordo, cada pescador ficasse com a mesma quantidade de peixes — 16 peixes — e, do total de peixes de Alberto, 3 fossem piaus, então a quantidade de maneiras de se dividir os peixes entre Bruno e Carlos, de modo que cada maneira resultasse em uma quantidade diferente de piaparas para Carlos, seria menor que 15.

(5) Considere que a discussão tenha sido assistida por 9 amigos de Alberto; 8 amigos de Bruno; e 8 amigos de Carlos; dos quais 3 eram amigos apenas de Alberto; 1 era amigo apenas de Bruno; 2 eram amigos apenas de Carlos; 2 eram amigos apenas de Alberto e Carlos. Nessa situação, é correto afirmar que, entre os que assistiram à discussão, a quantidade de amigos de Bruno e Carlos era superior à quantidade de amigos de Alberto ou Bruno.

Analisando as afirmativas:

(1) Incorreto, pois:

Alberto disse: Bruno ou Carlos está mentindo.

Bruno disse: Carlos está mentindo.

Carlos disse: Alberto está mentindo.

Se Bruno está mentindo, então Carlos está dizendo a verdade e, portanto, Alberto também. Analogamente, é incorreto afirmar que apenas Carlos está mentindo, pois é impossível que duas pessoas diferentes dentre os três tenham pescado mais que os outros dois:

Hipótese	Alberto	Bruno	Carlos	Total
01	22	14	12	48
02	15	24	9	48
03	11	10	27	48
04	15	15	18	48

Percebam que podemos tentar várias outras hipóteses. Porém, em todas elas somente um indivíduo poderá ter pescado mais que os outros dois. Sendo assim, apenas um fala a verdade e os outros mentem..

(2) Correto, pois a probabilidade: Evento /Espaço amostral é maior do 1/2.

Espaço amostral: Todas as possibilidades de escolher aleatoriamente dois peixes dois a dois em meio aos 48. Ou seja, a combinação 48 peixes dois a dois.

Cn,p = [n!]/[(n-p)!(p!)] = C48,2 = [48!]/[(48-2)!(2)!]= [(48x47x46!)/[(46!x2!] = 48x47/2 = 1.128.

Logo, o tamanho do nosso espaço amostral é 1.128. Para sabermos o evento onde temos, pelo menos, um Piau, retiramos do espaço amostral todas as possibilidades em que estão presentes apenas os Piaparas, ou seja, combinação de 32 peixes 2 a dois: C32,2 = (32!)/(30!.2!) = 496

Assim, o evento desejado será o espaço amostral 1.128 subtraído do evento 496. O resultado é 632. E este é o evento no qual pelo menos 1 Piau encontra-se presente. Assim: Espaço amostral: 1.128. Evento desejado: 632 e Probabilidade: 632/1128 = 0,56 > ½.

(3) Correto, pois nunca teremos mais de um pescador pescando mais que os outros dois. Como todos afirmaram isto, temos que, dos três pescadores, dois estão mentindo.

(4) Correto, pois:

– A quantidade de cada peixe de Alberto já está definida:

13. MATEMÁTICA E RACIOCÍNIO LÓGICO — 625

	Piaus	Piaparas	Total
Alberto	3	13	16

– Verificando de quantas maneiras podemos distribuir os 13 Piaus e 19 Piaparas que sobraram entre Bruno e Carlos, de modo que a quantidade de Piapara seja sempre menor do que 15.

Hipótese	Bruno Piaus	Bruno Piaparas	Bruno Total	Carlos Piaus	Carlos Piaparas	Carlos Total
01	13	3	16	0	16	16
02	12	4	16	1	15	16
03	11	5	16	2	14	16
04	10	6	16	3	13	16
05	9	7	16	4	12	16
06	8	8	16	5	11	16
07	7	9	16	6	10	16
08	6	10	16	7	9	16
09	5	11	16	8	8	16
10	4	12	16	9	7	16
11	4	13	16	10	6	16
12	2	14	16	11	5	16
13	1	15	16	12	4	16
14	0	16	16	13	3	16

Portanto, respeitando as condições imposta pelo problema, teremos 14 formas diferentes de distribuir os peixes. Como a quantidade é menor que 15 o item está correto.

(5) Errado, pois nessa situação, não é correto afirmar que, entre os que assistiram à discussão, a quantidade de amigos de Bruno e Carlos era superior à quantidade de amigos de Alberto ou Bruno.

Utilizando os conhecimentos de conjuntos numéricos no Diagrama de Venn conforme distribuímos abaixo, temos:

A: Amigo de Carlos e apenas de Alberto.
B: Amigo Carlos e apenas de Bruno.
C: Amigo somente de Carlos

Gabarito 1E, 2C, 3C, 4C, 5E

(Escrivão de Polícia/DF – 2013 – CESPE) Julgue o item a seguir, acerca de estatística descritiva.

(1) Em uma amostra com assimetria positiva, observa-se que a média é igual à moda e que a mediana está deslocada à direita da média.

(1) Errado, pois uma amostra com assimetria positiva apresenta a média maior do que a mediana e a mediana maior do que a moda.

Gabarito 1E

(Escrivão de Polícia/DF – 2013 – CESPE) Com base nos conceitos de probabilidade, julgue os itens seguintes.

(1) Considere três eventos (A, B e C), de modo que A depende de B, mas não de C, e B depende de C. Nessa situação, se $P(A \cap B \cap C) = \frac{1}{4}$ $P(B) = \frac{3}{5}$ e $P(C) = \frac{5}{8}$ então $P(A \mid B) = \frac{2}{3}$

(2) Considerando que a probabilidade de um investigador de crimes desvendar um delito seja igual a $\frac{2}{3}$ e que, nas duas últimas investigações, ele tenha conseguido desvendar ambos os delitos relacionados a essas investigações, é correto afirmar que a probabilidade de ele não desvendar o próximo delito será igual a 1.

(3) Se três eventos (A, B e C) formam uma partição do espaço amostral com $P(A) = P(B) = \frac{1}{4}$ então $P(C) > \frac{1}{3}$

Analisando as alternativas:
(1) Correto, pois:
– Evento A depende do Evento B e não depende do Evento C.
– Evento B depende do Evento C.
A dependência ou independência entre eventos pode ser ilustrada a partir do experimento envolvendo um conjunto de bolas numeradas no interior de uma urna. Este experimento aleatório pode ser feito com ou sem reposição das bolas. Quando existe dependência entre dois eventos, é porque, neste contexto, não há reposição. Quanto os eventos são independentes, é porque existe reposição evento após evento.
A intersecção entre eventos dependentes é dada por:
$P(A \ e \ B) = P(A \cap B) = P(A)P(B \mid A) \ ou \ P(A \cap B) = P(B)P(A \mid B)$
Então:

$$P(A \cap B \cap C) = P(A \cap B) \cap P(C)$$
$$P(A \cap B \cap C) = P(B)P(A \mid B)P(C)$$
$$\frac{1}{4} = \frac{3}{5} P(A \mid B) \frac{5}{8}$$
$$\frac{1}{4} = \frac{15 P(A \mid B)}{40}$$
$$\frac{40}{4} = 15 P(A \mid B)$$
$$\frac{10}{15} = P(A \mid B)$$
$$P(A \mid B) = \frac{2}{3}$$

(2) Errado, pois estamos tratando de eventos independentes. A cada investigação a probabilidade É a mesma (2/3). O fato de ter desvendado dois delitos em sequência não tem implicações sobre a probabilidade de desvendar ou não a próxima investigação.

(3) Correto, pois:

$P(A) = P(B) = \frac{1}{4}, \ então \ P(C) > \frac{1}{3}.$

Se os três eventos formam o espaço amostral, com certeza a soma dos três deve ser igual a 1
Assim temos:
$P(A) + P(B) + P(C) = 1$
$$\frac{1}{4} + \frac{1}{4} + P(C) = 1$$
$$P(C) = 1 - \frac{2}{4}$$
$$P(C) = \frac{1}{2} = 0,5$$

Afirma-se que P(C)>1/3, como 1/3~0,3 portanto 0,5>0,3.

Gabarito 1C, 2E, 3C

(Escrivão de Polícia/DF – 2013 – CESPE) Julgue o item abaixo, a respeito de técnicas de amostragem.

(1) Em uma amostragem sistemática cuja fração de seleção seja igual a 3 e o tamanho resultante da amostra seja igual a 125.000 observações, o tamanho da população será superior a 300.000 elementos.

(1) Correto, pois a amostragem sistemática é aquela na qual, através de um sistema, se escolhe uma determinada parcela de indivíduos entre subgrupos. Esta estratégia é empregada devido à inviabilidade de amostrar toda população.
Exemplo: A cada 7 indivíduos escolhe-se três.
Este intervalo é definido pela quantidade total que se deseja consultar.
Intervalo = População/Consulta pretendida.
Neste caso, a consulta pretendida era de 125.000.
Intervalo = População/125.000 e (Intervalo)(125.000) = População
Note que a quantidade de elementos do intervalo deve ser no mínimo igual à quantidade de elementos a serem escolhidos nos intervalos. Assim o intervalo pode ser composto por 3,4,5, n elementos. Pois o item deixou claro que se escolherá 3 elementos por intervalo.
Sendo assim, pegando o menor intervalo, que é 3, a população já seria maior que 300.000 elementos, como afirma o item. Para um intervalo igual a 3 temos:
3 x 125.00 = 375.000

Gabarito 1C

(Agente Penitenciário/MA – 2013 – FGV) Os agentes penitenciários Carlos, Jorge, Fabio, Antonio e Guilherme fizeram exame médico e verificaram que possuem pesos diferentes. Carlos disse que é mais leve que Fábio, mas é mais pesado que Antônio. Guilherme afirma que só um dos outros agentes é mais pesado que ele. Antônio disse que ele não é o mais leve dos cinco.

Suponhamos que todos disseram a verdade.

Fazendo uma fila com esses cinco agentes, ordenando do mais leve para o mais pesado, é verdade que

(A) Jorge é o segundo da fila.
(B) Guilherme está na frente de Carlos.
(C) Carlos tem três pessoas à sua frente.
(D) Antonio é o terceiro da fila.
(E) Fabio é o quinto da fila.

A afirmativa correta é a E, pois:
(I) Carlos disse que é mais leve que Fábio e é mais pesado que Antônio: A<C<F.
(II) Guilherme afirma que só um dos outros agentes é mais pesado que ele, portanto é o penúltimo da fila.
(III) Antônio disse que ele não é o mais leve dos cinco: alguém é mais leve do que ele. Como nada foi dito sobre Jorge, só pode ser ele o mais leve.
De acordo com (I) e (II), podemos escrever: J < A < C < G < F.

Gabarito "E".

(Agente Penitenciário/MA – 2013 – FGV) Manoel e Francisco trabalham juntos em uma empresa. Toda semana, há uma reunião social de confraternização entre os funcionários da empresa à qual nem sempre um dos dois comparece. Entretanto, é sempre verdade que:

"Se Manoel comparece à reunião então Francisco não comparece."
Esta afirmação é equivalente a

(A) Se Francisco comparece à reunião então Manoel não comparece.
(B) Manoel não comparece à reunião ou Francisco comparece.
(C) Se Manoel não comparece à reunião então Francisco comparece.
(D) Manoel comparece à reunião e Francisco não comparece.
(E) Se Francisco não comparece à reunião então Manoel comparece.

A afirmativa correta é a A, pois o condicional p → q é equivalente a ~ p → ~ q, ou seja a afirmação é equivalente a: Se Francisco comparece à reunião, então Manoel não vai.
Gabarito "A".

(Agente Penitenciário/MA – 2013 – FGV) Cinco agentes penitenciários estão sentados em cinco cadeiras numeradas de 1 a 5 como no desenho abaixo.

Dois deles serão sorteados para gozar a folga da Semana Santa. Para realizar o sorteio, o comandante escreveu os números de 1 a 5 em cinco fichas iguais, colocou-as em uma caixa e retirou duas delas ao acaso.
A probabilidade de que os agentes sorteados estejam sentados lado a lado é de

(A) 20%.
(B) 24%.
(C) 30%.
(D) 40%.
(E) 50%.

A afirmativa correta é a D, pois:
Probabilidade de não estarem ao lado:
1 e 3 - 1 e 4 - 1 e 5 – 2 e 4 - 2 e 5 - 3 e 5
6 possibilidades de um total de C5,2 = 10, ou seja 6/10 = 3/5
A probabilidade de estarem sentados lado a lado: 1 - 3/5 = 2/5 = 40%
Gabarito "D".

(Agente Penitenciário/MA – 2013 – FGV) Considere a afirmação: *"Hoje faço prova e amanhã não vou trabalha".*

A negação dessa afirmação é:

(A) Hoje não faço prova e amanhã vou trabalhar.
(B) Hoje não faço prova ou amanhã vou trabalhar.
(C) Hoje não faço prova então amanhã vou trabalhar.
(D) Hoje faço prova e amanhã vou trabalhar.
(E) Hoje faço prova ou amanhã não vou trabalhar.

A afirmativa correta é a B, pois a negação da conjunção p e q é ~ p ou ~ q.
Gabarito "B".

(Agente Penitenciário/MA – 2013 – FGV) Os números naturais a partir do 1 (um) são escritos em um quadro de sete colunas na forma mostrada abaixo:

1	2	3	4	5	6	7
14	13	12	11	10	9	8
15	16	17	18	19	20	21
28	27	26	25	24	23	22
29	30	31	32	33	34	35
...	...	...	...	...	37	36
...	...	...	...	...	...	...

A coluna onde está o número 2013 é a:

(A) segunda.
(B) terceira.
(C) quarta.
(D) quinta.
(E) sexta.

Continuando a tabela:

Coluna:	1ª	2ª	3ª	4ª	5ª	6ª	7ª
Linha 1	1	2	3	4	5	6	7
Linha 2	14	13	12	11	10	9	8
Linha 3	15	16	17	18	19	20	21
Linha 4	28	27	26	25	24	23	22
Linha 5	29	30	31	32	33	34	35
Linha 6	42	41	40	39	38	37	36
Linha 7	43	44	45	46	47	48	49

Até chegarmos ao número 2.013 teremos: 2.013/49 sequências de números naturais, similares à ilustrada acima.
Dividindo 2.013 por 49 = 41 e sobra 4.

Coluna:	1ª	2ª	3ª	4ª	5ª	6ª	7ª
Linha 7x41=287	2.003	2.004	2.005	2.006	2.007	2.008	2.009
Linha 288				2.013	2.012	2.011	2.010

Ou seja, 2.013 está na 4ª coluna.
Gabarito "C".

(Agente Penitenciário/MA – 2013 – FGV) O pátio interno de um presídio tinha uma forma retangular. Devido a uma reforma para aumentar o número de células carcerárias do presídio, esse pátio sofreu uma redução de 25% em cada uma de suas dimensões, mantendo a forma retangular.
A área desse pátio sofreu uma redução de aproximadamente:

(A) 25%.
(B) 32%.
(C) 44%.
(D) 50%.
(E) 52%.

Sendo a e b as dimensões iniciais dos lados do retângulo, sua área era S = ab. Com a redução de 25% em cada um de seus lados, a área passou a valer s=0,75a x 0,75b = 0,56ab = 0,56S.
Ou seja, houve uma redução de 0,44 ou 44% da área do pátio.
Gabarito "C".

(Agente Penitenciário/MA – 2013 – FGV) Considere a sentença:

"Todo agente penitenciário é do sexo masculino".

Um contraexemplo para essa sentença é:

(A) João, que é do sexo masculino e não é agente penitenciário.
(B) Maria, que é do sexo feminino e não é agente penitenciário.
(C) Miguel, que é do sexo masculino e é agente penitenciário.
(D) Amanda, que é do sexo feminino e é agente penitenciário.
(E) Débora, que não é do sexo masculino e não é agente penitenciário.

Um contraexemplo é uma exceção a uma hipótese geral. Portanto D é um contraexemplo, pois tira a certeza da sentença.
Gabarito "D".

(Agente Penitenciário/MA – 2013 – FGV) Observe a sequência de números naturais a seguir:

1, 3, 5, 2, 4, 7, 9, 11, 6, 8, 13, 15, 17, 10, 12, 19, ...

O 87º termo dessa sequência é o número:

(A) 87.
(B) 99.
(C) 101.
(D) 103.
(E) 105.

Essa sequência é especial, pois não é nenhuma sequência conhecida. Se observarmos vamos encontrar 5 progressões aritméticas:
I – os termos da forma 5n-4 formam uma PA de razão 6 com primeiro termo 1;

II – os termos da forma 5n-3 formam uma PA de razão 6 com primeiro termo 3;
III – os termos da forma 5n-2 formam uma PA de razão 6 com primeiro termo 5;
IV – os termos da forma 5n-1 formam uma PA de razão 4 com primeiro termo 2;
V – os termos da forma 5n formam uma PA de razão 4 com primeiro termo 4,
Reescrevendo a sequência:

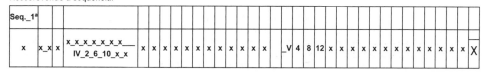

O 87º termo desta sequência será 87/5 = 17,4. Multiplicando 0,4 por 5 teremos 2 ou seja 87º será o segundo termo da 18ª coluna. Portanto pertencerá à sequência II e será o termo n = 18.
an = a1 + (n-1)r = 3 + (18-1)(6) = 105.
Gabarito "E".

(Agente Penitenciário/MA – 2013 – FGV) Em um presídio misto há 600 presidiários no total, sendo que para cada quatro homens há uma mulher.
Entre as mulheres, 80 cumprem pena de até dez anos.
Entre os homens, em cada quatro, um cumpre pena de mais de dez anos.
Nesse presídio, o número total de presidiários cumprindo pena de mais de dez anos é:

(A) .440.
(B) .360.
(C) .220.
(D) .160.
(E) .80.

Seja x o número de mulheres e 4x o número de homens. Como x + 4x = 600 x = 120 e 4x = 480.
Entre as mulheres 80 cumprem pena até 10 anos, portanto 40 cumprem mais de 10 anos.
Entre os homens ¼ (480/4=120) cumprem pena de mais de 10 anos e 360 cumprem pena até 10 anos.
O número de presidiários cumprindo pena de mais de 10 anos é de 40 + 120 = 160.
Gabarito "D".

(Agente Penitenciário/MA – 2013 – FGV) Em um colégio, cinco alunos da turma A e três alunos da turma B tiveram comportamento exemplar nos últimos dois meses e o diretor do colégio resolveu fazer um sorteio entre eles de três entradas iguais para uma peça teatral em cartaz na cidade. O diretor irá sortear dois dos cinco alunos da turma A e um dos três alunos da turma B.

Assinale a alternativa que indica o número de resultados diferentes que esse sorteio pode apresentar.

(A) .13.
(B) .15.
(C) .30.
(D) .45.
(E) .60.

Como são sorteados 2 de 5 alunos da turma A e 1 de 3 alunos da turma B, teremos:
Turma A (Alunos C, D, E, F e G):

CD CE CF CG
DE DF DG
EF EG
FG
Total: 10

Neste caso temos uma combinação de 5 elementos, 2 a 2, cuja fórmula de cálculo é

$$C_s^m = \frac{n!}{s! \cdot (n-s)!}$$

= [5!]/[(5-3)!(3!)] = 10

Acrescentando os alunos sorteados da turma B (entre os alunos: H, I, e J):

CDH CEH CFH CGH	CDI CEI CFI CGI	CDJ CEJ CFJ CGJ
DEH DFH DGH	DEI DFI DGI	DEJ DFJ DGJ
EFH EGH	EFI EGI	EFJ EGJ
FGH	FGI	FGJ
Total: 10	Total: 10	Total: 10

O número de resultados diferentes será 10+ 10 + 10 = 30.
Gabarito "C".

(Escrivão/SP – 2014 – VUNESP) Segundo a lógica aristotélica, as proposições têm como uma de suas propriedades básicas poderem ser **verdadeiras** ou **falsas**, isto é, terem um **valor de verdade**. Assim sendo, a oração "A Terra é um planeta do sistema solar", por exemplo, é uma proposição verdadeira e a oração "O Sol gira em torno da Terra", por sua vez, é uma proposição comprovadamente falsa. Mas nem todas as orações são proposições, pois algumas orações não podem ser consideradas nem verdadeiras e nem falsas, como é o caso da oração:

(A) O trigo é um cereal cultivável de cuja farinha se produz pão.
(B) Metais são elementos que não transmitem eletricidade.
(C) Rogai aos céus para que a humanidade seja mais compassiva.
(D) O continente euroasiático é o maior continente do planeta.
(E) Ursos polares são répteis ovíparos que vivem nos trópicos.

Não são proposições: as sentenças interrogativas, exclamativas, imperativas, afirmativas (sem verbo) e sentenças abertas (aquelas cujo resultado V ou F é desconhecido).
Portanto a proposição é: Rogai aos céus para que a humanidade seja mais compassiva (Imperativa)
Gabarito "C".

(Escrivão/SP – 2014 – VUNESP) Um dos princípios fundamentais da lógica é o da **não contradição**.

Segundo este princípio, nenhuma proposição pode ser simultaneamente verdadeira e falsa sob o mesmo aspecto. Uma das razões da importância desse princípio é que ele permite realizar inferências e confrontar descrições diferentes do mesmo acontecimento sem o risco de se chegar a conclusões contraditórias. Assim sendo, o princípio da não contradição

(A) fornece pouco auxílio lógico para investigar a legitimidade de descrições.
(B) permite conciliar descrições contraditórias entre si e relativizar conclusões.
(C) exibe propriedades lógicas inapropriadas para produzir inferências válidas.
(D) oferece suporte lógico para realizar inferências adequadas sobre descrições.
(E) propicia a produção de argumentos inválidos e mutuamente contraditórios.

Por exclusão de alternativas que contrariam o enunciado ou que contenham palavras-chaves:
(A) pouco auxílio
(B) descrições contraditórias
(C) propriedades lógicas inapropriadas
(E) produção de argumentos inválidos
Gabarito "D".

(Escrivão/SP – 2014 – VUNESP) Um argumento é considerado válido quando sua conclusão se segue logicamente das premissas. Mas um argumento pode ser logicamente **válido** e, mesmo assim, dar origem a uma **conclusão comprovadamente falsa**. Isso ocorre porque

(A) a conclusão do argumento não decorre das premissas.
(B) a premissa maior do argumento é sempre verdadeira.
(C) todas as premissas do argumento são verdadeiras.
(D) a premissa menor do argumento é sempre falsa.
(E) pelo menos uma premissa do argumento é falsa.

Quando a conclusão é completamente derivada das premissas, temos as seguintes possibilidades:
– Premissas verdadeiras e conclusão verdadeira;
– Algumas ou todas as premissas falsas e uma conclusão verdadeira;
– Algumas ou todas as premissas falsas e uma conclusão falsa.
Gabarito "E".

(Escrivão/SP – 2014 – VUNESP) As proposições que compõem as premissas e a conclusão dos silogismos podem ser (I) universais ou particulares e (II) afirmativas ou negativas. Considerando estas possibilidades, é correto afirmar que a proposição

(A) "Nenhum ser humano é imortal" é universal e negativa.
(B) "Todos os seres vivos não são organismos" é particular e negativa.
(C) "Algum ser vivo é mortal" é universal e afirmativa.
(D) "Sócrates é imortal" é universal e afirmativa.
(E) "Nenhum organismo é mortal" é particular e afirmativa.

| Universal | Totalidade do conjunto |
| Particular | Parte do conjunto. |

UNIVERSAL AFIRMATIVA	Todo S é P.
UNIVERSAL NEGATIVA	Nenhum S é P.
PARTICULAR AFIRMATIVA	Alguns S são P.
PARTICULAR NEGATIVA	Alguns S não são P.

(A) "Nenhum ser humano é imortal" é universal e negativa
(B) "Todos os seres vivos não são organismos" é universal e afirmativa.
(C) "Algum ser vivo é mortal" é particular e afirmativa.
(D) "Sócrates é imortal" é particular e afirmativa.
(E) "Nenhum organismo é mortal" é particular e negativa.
Gabarito "A".

(Escrivão/SP – 2014 – VUNESP) Os silogismos são formas lógicas compostas por premissas e uma conclusão que se segue delas. Um exemplo de silogismo válido é:

(A) Curitiba é capital de Estado. São Paulo é capital de Estado. Belém é capital de Estado.
(B) Alguns gatos não têm pelo. Todos os gatos são mamíferos. Alguns mamíferos não têm pelo.
(C) Todas as aves têm pernas. Os mamíferos têm pernas. Logo, todas as mesas têm pernas.
(D) Antes de ontem choveu. Ontem também choveu. Logo, amanhã certamente choverá.
(E) Todas as plantas são verdes. Todas as árvores são plantas. Todas as árvores são mortais.

Do item B:
Com base nas duas premissas, obtemos o seguinte diagrama:
– Todos os gatos são mamíferos.
– Alguns gatos não têm pelo

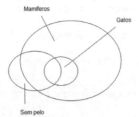

Sobre as demais alternativas:
(A) 3 premissas e nenhuma conclusão;
(C) Conclusão não deriva das premissas;
(D) Conclusão não deriva das premissas (Argumento Indutivo);
(E) Conclusão não deriva das premissas;
Gabarito "B".

(Escrivão/SP – 2014 – VUNESP) Considerando a premissa maior "Nenhum inseto tem coluna vertebral" e a premissa menor "Todas as moscas são insetos", a conclusão correta do silogismo válido é:

(A) "Nenhum inseto é mosca".
(B) "Alguns insetos não são moscas".
(C) "Nenhuma mosca tem coluna vertebral".
(D) "Alguns insetos têm coluna vertebral".
(E) "Algumas moscas são insetos".

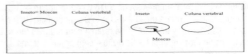

Alternativa (C)
Sobre as demais alternativas:
(A) Algum inseto é mosca;
(B) Conclusão inválida, pois pelo 1º diagrama é possível que todos os insetos sejam moscas;
(D) Nenhum inseto tem coluna vertebral;
(E) Toda mosca é inseto.
Gabarito "C".

(Escrivão/SP – 2014 – VUNESP) Considere as seguintes premissas: "Todos os generais são oficiais do exército". "Todos os oficiais do exército são militares".

Para obter um silogismo válido, a conclusão que logicamente se segue de tais premissas é:

(A) "Alguns oficiais do exército são militares".
(B) "Nenhum general é oficial do exército".
(C) "Alguns militares não são oficiais do exército".
(D) "Todos os militares são oficiais do exército".
(E) "Todos os generais são militares".

A conclusão lógica que se segue as premissas é todos os generais são militares: Alternativa E.

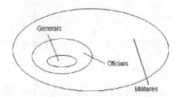

Para as demais alternativas, as conclusões corretas seriam:
(A) Todos os oficiais do exército são militares;
(B) Todos os generais são oficiais do exército;
(C) e (D) Conclusões inválidas.
Gabarito "E".

(Escrivão/SP – 2014 – VUNESP) A implicação é um tipo de relação condicional que pode ocorrer entre duas proposições e desempenha um importante papel nas inferências em geral. Esta relação é adequadamente descrita por meio da expressão

(A) "Isto ou aquilo".
(B) "Isto e aquilo".
(C) "Não isto ou não aquilo".
(D) "Se isto então aquilo".
(E) "Nem isto e nem aquilo".

A implicação se refere justamente à condicional e então "Se isto então aquilo".
Gabarito "D".

(Escrivão/SP – 2014 – VUNESP) Detectar narrativas mentirosas é uma tarefa cognitiva muito árdua que envolve o raciocínio lógico e informação sobre os acontecimentos em questão. Mas quando se tem informações limitadas sobre os acontecimentos, o raciocínio lógico desempenha um importante papel para a detecção de narrativas mentirosas. Isto ocorre porque

(A) os acontecimentos aparecem em sua sequência temporal ao observador atento.
(B) o uso do raciocínio lógico permite frequentemente detectar inconsistências.
(C) o raciocínio lógico em nada contribui para reconhecer narrativas mentirosas.
(D) a detecção de narrativas mentirosas é uma tarefa cognitiva muito fácil.
(E) a falsidade da narrativa é sempre evidente sem necessidade de raciocinar.

Por exclusão de alternativas que contrariam o enunciado ou que contenham palavras-chaves:
(A) "em sequência temporal" e "observador atento";
(C) "em nada contribui"

13. MATEMÁTICA E RACIOCÍNIO LÓGICO — 629

(D) "muito fácil"
(E) "sem necessidade"

Gabarito "B".

(Escrivão/SP – 2014 – VUNESP) Três amigas – Cláudia, Luiza e Ângela – gostam de ler livros, jornais e revistas, não necessariamente nessa ordem, e cada uma delas aprecia apenas um desses tipos de leitura.

Uma delas tem 20 anos, outra tem 30 e a outra tem 40. Sabendo que Cláudia tem 20 anos, que Ângela gosta de ler revistas e que Luiza não tem 30 anos e não gosta de ler jornais, assinale a alternativa correta.

(A) Luiza tem 40 anos e Cláudia gosta de ler jornais.
(B) Ângela tem 40 anos e Luiza gosta de ler livros.
(C) Luiza gosta de ler revistas e Ângela tem 30 anos.
(D) Cláudia gosta de ler livros e Ângela tem 40 anos.
(E) Ângela tem 40 anos e Luiza gosta de ler livros.

Construamos uma tabela com as informações iniciais:

Nome:	Leitura	Idade
Cláudia	Livro	20
Luiza	Jornal	30
Ângela	Revista	40

1) Cláudia tem 20 anos e Ângela gosta de revistas:

Nome:	Leitura	Idade
Cláudia		20
Luiza		
Ângela	Revistas	

2) Luiza não tem 30 anos e também não tem 20 anos que é a idade da Cláudia. Portanto Luíza tem 40 anos e Ângela tem 30 anos.

Nome:	Leitura	Idade
Cláudia		20
Luiza		40
Ângela	Revistas	30

3) Luiza não gosta de ler jornais. Como Ângela gosta de ler Revistas, Luiza gosta de Livros e Cláudia gosta de ler jornais.

Nome:	Leitura	Idade
Cláudia	Jornais	20
Luiza	Livros	40
Ângela	Revistas	30

A alternativa correta é a (A): Luiza tem 40 anos e Cláudia gosta de ler jornais.

Gabarito "A".

(Investigador/SP – 2014 – VUNESP) Um antropólogo estadunidense chega ao Brasil para aperfeiçoar seu conhecimento da língua portuguesa. Durante sua estadia em nosso país, ele fica muito intrigado com a frase "não vou fazer coisa nenhuma", bastante utilizada em nossa linguagem coloquial. A dúvida dele surge porque

(A) a conjunção presente na frase evidencia seu significado.
(B) o significado da frase não leva em conta a dupla negação.
(C) a implicação presente na frase altera seu significado.
(D) o significado da frase não leva em conta a disjunção.
(E) a negação presente na frase evidencia seu significado.

A negação de "Não" seguida da palavra "nenhuma" é equivalente a "Sim", ou seja "fazer alguma coisa": (N(~P) é equivalente a P)

Gabarito "B".

(Investigador/SP – 2014 – VUNESP) João e Maria são professores da rede pública de ensino e gostam muito de conhecer novos lugares. Considerando a proposição "João e Maria viajam sempre durante as férias escolares", assinale a negação dessa proposição.

(A) "João e Maria não viajam sempre durante as férias escolares".
(B) "João e Maria viajam sempre durante o período letivo".
(C) "João e Maria viajam algumas vezes durante as férias escolares".
(D) "João e Maria viajam algumas vezes durante o período letivo".
(E) "João e Maria não viajam sempre durante o período letivo".

"João e Maria não viajam sempre durante as férias escolares" (A) (apenas uma negação em relação à proposição original).

Gabarito "A".

(Investigador/SP – 2014 – VUNESP) O princípio da não contradição, inicialmente formulado por Aristóteles (384-322 a.C.), permanece como um dos sustentáculos da lógica clássica. Uma proposição composta é contraditória quando

(A) seu valor lógico é falso e todas as proposições simples que a constituem são falsas.
(B) uma ou mais das proposições que a constituem decorre/ decorrem de premissas sempre falsas.
(C) seu valor lógico é sempre falso, não importando o valor de suas proposições constituintes.
(D) suas proposições constituintes não permitem inferir uma conclusão sempre verdadeira.
(E) uma ou mais das proposições que a constituem possui/ possuem valor lógico indeterminável.

Uma proposição é contraditória quando ela é sempre falsa. Letra C.

Gabarito "C".

Para a resolução das questões seguintes, considere a seguinte notação dos conectivos lógicos:

Λ para conjunção, v para disjunção e $\neg$ para negação.

(Investigador/SP – 2014 – VUNESP) Uma proposição composta é tautológica quando ela é verdadeira em todas as suas possíveis interpretações.

Considerando essa definição, assinale a alternativa que apresenta uma tautologia.

(A) $p \, v \, \neg q$
(B) $p \, \Lambda \, \neg p$
(C) $\neg p \, \Lambda \, q$
(D) $p \, v \, \neg p$
(E) $p \, \Lambda \, \neg q$

$p \, v \, \neg p$ é tautologia (letra D)

Gabarito "D".

(Investigador/SP – 2014 – VUNESP) Considerando a proposição $\neg(p \, v \, q)$, assinale a alternativa que apresenta uma proposição que lhe seja equivalente.

(A) $\neg p \, \Lambda \, \neg q$
(B) $p \, v \, q$
(C) $\neg p \, v \, q$
(D) $\neg p$
(E) $\neg q$

Para haver equivalência, as tabelas verdade devem ser iguais. Temos:

			A	B	C	D	E
p	q	$\neg(p \, v \, q)$	$(\neg p \, e \, \neg q)$	$p \, v \, q$	$\neg p \, v \, q$	$\neg p$	$\neg q$
V	V	F	F	V	V	F	F
V	F	F	F	V	V	F	F
F	V	F	F	V	V	F	F
F	F	V	V	V	V	F	F

Portanto, a alternativa correta é o item "A"

Gabarito "A".

(Investigador/SP – 2014 – VUNESP) Argumentos são compostos por uma ou mais premissas e conclusões e podem ser classificados como categóricos ou hipotéticos.

Assinale a alternativa que apresenta um argumento hipotético bicondicional.

(A) Ninguém pode ser são-paulino e corintiano. Como João é corintiano, ele não é são-paulino.
(B) Todos os seres humanos são mortais. Sócrates é um ser humano, logo Sócrates é mortal.
(C) Jantarei hoje se, e somente se, for ainda cedo. Como são apenas 19h00, sairei para jantar.
(D) Uma pessoa é bondosa ou não é bondosa. Bruno é bondoso. Logo, Bruno não é malvado.
(E) Se hoje for quarta-feira, irei ao cinema com João. Como hoje é terça, então não poderei ir.

Conectivo se, e somente se (bicondicional)

Gabarito "C".

(Investigador/SP – 2014 – VUNESP) Um jovem casal está planejando a construção de sua casa.

Para isso, o casal precisa decidir se a casa terá 2 ou 3 dormitórios; se pedirão um empréstimo habitacional à Caixa Econômica, ao Banco do Brasil ou a um banco privado específico e, por fim, se construirão

ENILDO GARCIA E ELSON GARCIA

a casa no terreno que compraram a prazo ou se venderão esse terreno e comprarão outro.

Quantas possibilidades de escolha o casal tem no total?

(A) 12.
(B) 26.
(C) 7.
(D) 10.
(E) 20.

Temos 3 conjuntos: C1: Número de quartos da casa, com 2 opções, C2: Número de bancos que podem financiar a casa, com 3 opções, C3: Número de terrenos onde podem construir a casa, com 2 opções.
Pelo princípio fundamental da contagem, o número de possibilidades de escolha que o casal tem é calculado multiplicando-se o número de elementos do primeiro conjunto pelo número de elementos do segundo do conjunto e pelo número de elementos do terceiro conjunto.
Ou seja: (2)(3)(2) = 12.
Gabarito "A".

(Investigador/SP – 2014 – VUNESP) Para enfeitar uma parede de seu novo escritório de advocacia, Maria foi comprando quadros com diferentes cenários: uma praia catarinense, as luzes da Avenida Paulista, flores tropicais, crianças brincando num parque e uma cachoeira na montanha. Na hora de pendurar os quadros, porém, ficou em dúvida sobre a ordem em que os colocaria. De quantas maneiras diferentes os quadros podem ser pendurados sequencialmente na parede?

(A) 80.
(B) 120.
(C) 10.
(D) 140.
(E) 25.

Temos 5 tipos de quadros com cenários diferentes. As sequências que podemos formar com os quadros, tal que a diferença entre uma e outra seja dada apenas pela mudança de suas posições são calculadas por meio de permutação simples, cuja fórmula Pn = n!, ou seja, como n = 5:
P5 = 5! = 5x4x3x2x1 = 120.
Gabarito "B".

(Investigador/SP – 2014 – VUNESP) Uma empresa de computadores tem, ao todo, 240 funcionários, estando assim distribuídos: 60 funcionários montam os aparelhos, 80 fazem a instalação dos programas, 45 se dedicam a tarefas de manutenção, 40 são vendedores e 15 são responsáveis pelo trabalho administrativo. Se escolhermos aleatoriamente um dos funcionários da empresa, qual será a probabilidade de ele dedicar-se à montagem dos aparelhos?

(A) 35%.
(B) 25%.
(C) 30%.
(D) 60%.
(E) 40%.

Dos 240 funcionários, 60 montam os aparelhos. Se escolhermos aleatoriamente um dos funcionários da empresa, a probabilidade de ele dedicar-se à montagem dos aparelhos será de (60)(100)/(240) = 25%.
Gabarito "B".

Uma proposição é uma declaração que pode ser julgada como verdadeira — V —, ou falsa — F —, mas não como V e F simultaneamente. As proposições são, frequentemente, simbolizadas por letras maiúsculas: A, B, C, D etc.

As proposições compostas são expressões construídas a partir de outras proposições, usando-se símbolos lógicos, como nos casos a seguir.

A → B, lida como "se A, então B", tem valor lógico F quando A for V e B for F; nos demais casos, será V;

A ∨ B, lida como "A ou B", tem valor lógico F quando A e B forem F; nos demais casos, será V;

A ∧ B, lida como "A e B", tem valor lógico V quando A e B forem V; nos demais casos, será F;

¬A é a negação de A: tem valor lógico F quando A for V, e V, quando A for F.

Uma sequência de proposições A1, A2, ..., Ak, é uma dedução correta se a última proposição, Ak, denominada conclusão, é uma consequência das anteriores, consideradas V e denominadas premissas.

Duas proposições são equivalentes quando têm os mesmos valores lógicos para todos os possíveis valores lógicos das proposições que as compõem.

A regra da contradição estabelece que, se, ao supor verdadeira uma proposição P, for obtido que a proposição

Pv (¬P) é verdadeira, então P não pode ser verdadeira; P tem de ser falsa.

(Escrivão de Polícia/SP – 2010) No que tange ao estudo do raciocínio lógico, é correto afirmar que contradição é uma proposição composta, na qual todos os valores lógicos da última coluna de sua tabela verdade são

(A) "V".
(B) "F" e "V" alternadamente.
(C) "F".
(D) "V" e "F" alternadamente.
(E) sempre verdadeiros, independentemente dos valores lógicos das proposições que as constituem.

Solução
Temos, por exemplo, P Verdadeiro e ¬P Falso => (P e ¬P) será Falso. Letra C.
Gabarito "C".

(Escrivão de Polícia/SP – 2010) É correto afirmar que uma proposição é a negação de outra quando:

(A) se uma for verdadeira, então a outra obrigatoriamente não poderá ser falsa.
(B) se uma for falsa, então a outra obrigatoriamente não poderá ser verdadeira.
(C) se uma for verdadeira, então a outra é obrigatoriamente falsa.
(D) a soma das proposições resultar obrigatoriamente em números negativos.
(E) a soma das proposições resultar obrigatoriamente em números positivos.

A Tabela Verdade da Negação é
p ¬p
V F
F V => se uma for verdadeira, então a outra é obrigatoriamente falsa. Letra C.
Gabarito "C".

(Escrivão de Polícia/SP – 2010) De quantas maneiras distintas eu posso acomodar cinco policiais em uma viatura com capacidade para cinco pessoas?

(A) 60.
(B) 120.
(C) 75.
(D) 25.
(E) 125.

Solução
Trata-se do número de permutações de 5 elementos
P5 = 5!
P5 = 5.4.3.2.1
P5 = 120.
Gabarito "B".

(Escrivão de Polícia/SP – 2010) Qual das alternativas abaixo não pode ser considerada uma proposição?

(A) 7 < 9
(B) Pelé é o nome de um planeta.
(C) A lua é um satélite da terra.
(D) X > 2
(E) A capital de Sergipe é Teresina.

(A), (B), (C) e (E) são sentenças fechadas mas (D) é aberta, ou seja, uma proposição onde X pode ter infinitos valores positivos. Letra D.
Gabarito "D".

(Escrivão de Polícia/SP – 2010) Dois carregadores de um determinado mercado municipal mantêm o seguinte diálogo:

"se eu transferir um dos sacos de açúcar do meu carrinho para o seu, ficaremos com cargas iguais; se você transferir um dos sacos de seu carrinho para o meu, ficarei com o dobro de sua carga". Quantos sacos de açúcar carregava cada um dos carregadores?

(A) 7 e 5.

13. MATEMÁTICA E RACIOCÍNIO LÓGICO

(B) 10 e 9.
(C) 11 e 9.
(D) 4 e 7.
(E) 3 e 5.

Carregador   A   B
Sacos de açúcar   x   y
Então
i) x – 1 = y + 1
ii) x + 1 = 2(y – 1) => x + 1 = 2y – 2
Subtraindo a equação ii) da i) obtemos
2 = y – 3 => y = 5
E x = y + 2 => x = 7 Resposta Letra A

Gabarito "A".

(Escrivão de Polícia/SP – 2010) Um curso de fotografia tem dez alunos matriculados. Sendo quatro rapazes e seis moças. O professor realiza um sorteio a fim de que três dos alunos possam visitar um renomado estúdio. A probabilidade dos três alunos sorteados serem do mesmo sexo é de

(A) 30%
(B) 10%
(C) 33,3%
(D) 20%
(E) 50%

Solução
Total de escolhas de 3 alunos = C10,3 = 10.9.8/3.2.1 = 120.

	moças	rapazes
probab. 1ª escolha	6/10	4/10
probab. 2ª escolha	5/9	3/9
probab. 3ª escolha	4/8	2/8
produto M =	5/30	R = 1/30

A probabilidade total será M + R = 5/30 + 1/30 = 6/30 = 1/5 = 20%

Comentários
1) Na 1ª escolha temos, para moças, 6 possibilidades em 10; para a 2ª, 5/9 pois já escolhêramos uma na 1a Escolha e para a 3ª temos 4/8 porque já tínhamos 2 escolhidas.
2) Para a probabilidade total temos, para eventos independentes M e R, a soma das probabilidades de cada evento.

Gabarito "D".

(Escrivão de Polícia/PR – 2010) Um determinado líquido deve ser entregue em doses exatas em três salas de um laboratório. Na sala A são necessários 8 ml, na sala B 10 ml e na sala C 7 ml. O encarregado da distribuição de medicamentos possui um único tubo graduado em 4 ml, 5 ml e 6 ml. O medicamento pode ser transferido de seu recipiente original para o tubo graduado e para o recipiente final e vice-versa. Nessas condições,

(A) as salas A e C podem ser atendidas mas a sala B não pode.
(B) as salas B e C podem ser atendidas mas a sala A não pode.
(C) as salas A e B podem ser atendidas mas a sala C não pode.
(D) a sala A pode ser atendida mas as salas B e C não podem.
(E) todas as três salas podem ser atendidas.

Sala dose(ml)
A 8
B 10
C 7
Então
para atender a sala A utilizar 2 medidas de 4ml.
para atender a sala B utilizar 2 medidas de 5ml.
para atender a sala C utilizar 2 medidas de 4ml colocar 6 ml no recipiente final e retirar 5ml desse recipiente; Fica então 1ml no recipiente final. Agora basta uma medida de 6ml para atender a sala. E todas as salas podem ser atendidas.

Gabarito "E".

(Agente-Escrivão – Acre – IBADE – 2017) O agrônomo Pedro, muito cuidadoso com sua plantação de pimentas malaguetas, observa diariamente, junto com uma equipe de funcionários, o desenvolvimento dos frutos produzidos por suas pimenteiras. Em um determinado dia, verificou que uma praga havia destruído 1 de suas pimenteiras. No dia seguinte, mais 2 pimenteiras estavam totalmente destruídas. No terceiro dia, havia mais 4 pimenteiras destruídas pela praga. Pedro iniciou um processo de dedetização urgente, mas as pragas continuaram a destruir suas pimenteiras de acordo com a sequência até o décimo segundo dia, não destruindo mais nenhuma pimenteira do 13° dia em diante. Após a atuação desta forte praga, Pedro ficou com apenas 5 pimenteiras que não foram destruídas pela praga. Dessa forma, determine o número total de pimenteiras que Pedro tinha antes do aparecimento das pragas.

(A) 4096.
(B) 2048.
(C) 8196.
(D) 2053.
(E) 4100.

1ª Solução
Seja a sequência

Dia	pimenteiras destruídas
1	1
2	1 + 2 = 3
3	3 + 4 = 7
4	7 + 8 = 15
5	15 + 16 = 31
6	31 + 32= 63
7	63 + 64= 127
8	127 + 128 = 255
9	255 + 256 = 511
10	511 + 512 = 1023
11	1023 + 1024 = 2047
12	2047 + 2048 = 4095

(observe que temos um número somado a um termo de uma progressão geométrica de razão 2)

Houve um total de 4.095 pimenteiras destruídas que, juntamente com as 5 não destruídas, perfazem o total de 4100 pimenteiras que Pedro tinha antes do aparecimento das pragas. => Letra E.

2ª Solução
Caso a sequência fosse mais extensa, achemos uma fórmula para o elemento geral an = 2n -1; n > 0 (progressão geométrica de razão q = 2) e termo inicial a= 2 :
an = a1.q^{n-1} =>an = 2.2^{n-1} = 2^n.
Então, para n = 12, a12 = 212 - 1 = 4096 – 1 = 2095 pimenteiras destruídas. => Letra E **ENG**

Gabarito "E".

(Agente-Escrivão – Acre – IBADE – 2017) A Delegacia Especializada de Proteção à Criança e ao Adolescente (DEPCA) investiga 550 inquéritos de crimes cometidos contra crianças e adolescentes. Conforme a delegada de Polícia Civil, Elenice Frez Carvalho, as investigações são de crimes sexuais, homicídios, maus-tratos e abandono de capaz.

Disponível em: <https://goo.gl/MwtGl6>. Acesso em: 24 mar. 2017

Supondo que nesta delegacia trabalham 11 agentes policiais, sendo 7 policiais do sexo masculino e 4 policiais do sexo feminino e ainda que a equipe de investigação que será montada, deverá ser composta por 6 agentes policiais, sendo pelo menos 2 destes agentes do sexo feminino, determine o número de possibilidades distintas que a delegada terá para montar a equipe de investigação.

(A) 468.
(B) 102.
(C) 371.
(D) 343.
(E) 434.

Há as seguintes possibilidades de montar a equipe com no mínimo dois agentes do sexo feminino:
1) Escolha de 2 mulheres e 4 homens
Mulheres: C4,2 = 4x32x1 = 6 maneiras de escolher.
Homens: C7,4 = 7x6x5x44x3x2x1 = 35 maneiras de escolher.
Então, pelo Princípio de Contagem, deve-se multiplicar as duas, e há 6x35= 210 maneiras distintas de se escolher essas 2 mulheres e 4 homens;
ou
2) Escolha de 3 mulheres e 3 homens
Mulheres: C4,3 = 4x3x2x13x2x1 = 4 maneiras de escolher e
Homens: C7,3= 7x6x53x2x1 = 35 maneiras de escolher.
Então, pelo Princípio de Contagem, deve-se multiplicar as duas, e há 4x35= 140 maneiras distintas de se escolher essas 3 mulheres e 3 homens;
ou
3) Escolha de 4 mulheres e 2 homens
Mulheres: C4,4 = 1 maneira de escolher e
Homens: C7,2 = 7x62x1 = 21 maneiras de escolher.
Então, pelo Princípio de Contagem, deve-se multiplicar as duas, e há 1x21= 21 maneiras distintas de se escolher essas 4 mulheres e 2 homens
Agora, pelo Princípio de Contagem, deve-se somar as três:
Há 210 + 140 + 21 = 371 possibilidades distintas para a delegada montar a equipe de investigação. **ENG**

Gabarito "C".

(Agente-Escrivão – Acre – IBADE – 2017) Um sorteio será realizado para selecionar o vencedor de uma viagem de fim de ano. Este sorteio será realizado com o auxílio de um globo, que contém 9 bolas idênticas, mas numeradas de 1 a 9, cada uma contendo apenas um único algarismo. Se o sorteio será aleatório e sem reposição para o preenchimento de um número de 3 algarismos, qual a probabilidade de ser sorteado um número composto por três algarismos consecutivos e em ordem crescente?

(A) $\dfrac{392}{9^2}$

(B) $\dfrac{7}{3^6}$

(C) $\dfrac{1}{3^{18}}$

(D) $\dfrac{7}{9^9}$

(E) $\dfrac{1}{72}$

Há o total 9x8x7 = 504 possibilidades para os três números.
Os números consecutivos de três algarismos são
123
234
345
456
567
789
em um total de 7 números.
Daí, a probabilidade de ser sorteado um número composto por três algarismos consecutivos e em ordem crescente é de
7504 = 172 ENG

Gabarito "E".

(Agente-Escrivão – Acre – IBADE – 2017) Sabe-se que se Zeca comprou um apontador de lápis azul, então João gosta de suco de laranja. Se João gosta de suco de laranja, então Emílio vai ao cinema. Considerando que Emílio não foi ao cinema, pode-se afirmar que:

(A) Zeca não comprou um apontador de lápis azul.
(B) Emílio não comprou um apontador de lápis azul.
(C) Zeca não gosta de suco de laranja.
(D) João não comprou um apontador de lápis azul.
(E) Zeca não foi ao cinema.

Sejam as proposições
p: Zeca comprou um apontador de lápis azul
q: João gosta de suco de laranja
r: Emílio vai ao cinema
A condicional p →q e sua contrapositiva ~q →~p são equivalentes, ou seja
p →q⇔~q →~p. (i)
Tem-se, igualmente,
q→r⇔~r →~q. (ii)
O enunciado afirma que Emílio não foi ao cinema, isto é, houve ~r.
De (ii), sabe-se, então, que aconteceu ~q.
E, de (i), conclui-se ~p, ou seja, que Zeca não comprou um apontador de lápis azul. ENG

Gabarito "A".

(Agente-Escrivão – Acre – IBADE – 2017) Falar que é verdade que "para todo policial, se o policial é civil e se o policial é investigador, então o policial está em ação" é logicamente equivalente a falar que não é verdade que:

(A) alguém que não é um civil investigador está em ação.
(B) existe um civil investigador que não está em ação.
(C) alguns civis investigadores estão em ação.
(D) alguns civis que não são investigadores estão em ação.
(E) nenhum civil investigador não está em ação.

Tem-se a proposição conjunta
p: ∀(policialse o policial é civil ∧o policial é investigador→o policial está em ação.
A negação de p, ~p, é equivalente à afirmação de que, para pelo menos um

policial, não é verdade que
se o policial é civil ∧o policial é investigador→o policial está em ação,
ou seja, a negação da condicional é false se o antecedente é verdadeiro e o consequente é falso, isto é,
Existe um policial não está em ação (consequente falso).
E esse policial é civil e é investigador (antecedente verdadeiro).
Logo, existe um civil investigador que não está em ação. ENG

Gabarito "B".

(Investigador-Escrivão-Papiloscopista – Pará – Funcab – 2016) Se Felipe é nadador, então Aline não é maratonista. Ou Aline é maratonista, ou Gustavo é tenista. Se Paulo não é jogador de futebol, então Felipe é nadador. Ora nem Gustavo é tenista nem Inácio é judoca. Logo:

(A) Se Aline e maratonista, Felipe e nadador.
(B) Paulo não é jogador de futebol e Aline é maratonista.
(C) Paulo é jogador de futebol e Aline é maratonista.
(D) Gustavo é tenista ou Felipe é nadador.
(E) Paulo é jogador de futebol e Felipe é nadador.

Sejam as proposições:
p: Felipe é nadador
q: Aline é maratonista
r: Gustavo é tenista
s: Paulo é jogador de futebol
t: Inácio é judoca
O enunciado afirma que
(i) p →~q
(ii) qr
(iii) ~s →p
(iv) nem Gustavo é tenista nem Inácio é judoca, ou seja, (~r ∧ ~t).
A conjunção (iv) é verdadeira quando ~r é verdadeiro e ~t é verdadeiro, ou seja, sabe-se ~r: Gustavo não é tenista.
Sendo verdadeira a disjunção (ii) – ver tabela abaixo –, nota-se, então, que a afirmação q é verdade: Aline é maratonista.
Tabela-verdade:

q	r	q ∨ r
V	V	V
V	F	V
F	V	V
F	F	F

A proposição contrapositiva de (i) é
q →~p
e a contrapositiva de (iii) é
~p →s: Paulo é jogador de futebol.
Logo,
A resposta é a da letra C. ENG

Gabarito "C".

(Investigador-Escrivão-Papiloscopista – Pará – Funcab – 2016) Sabe-se que Juvenal estar de folga é condição necessária para Matheus trabalhar e condição suficiente para Danilo treinar com Carlos. Sabe-se, também, que Danilo treinar com Carlos é condição necessária e suficiente para Leonardo treinar com Leandro. Assim, quando Leonardo não treina com Leandro:

(A) Juvenal não está de folga, e Matheus trabalha, e Danilo treina com Carlos.
(B) Juvenal está de folga, e Matheus não trabalha, e Danilo treina com Carlos.
(C) Juvenal não está de folga, e Matheus trabalha, e Danilo não treina com Carlos.
(D) Juvenal está de folga, e Matheus trabalha, e Danilo não treina com Carlos.
(E) Juvenal não está de folga, e Matheus não trabalha, e Danilo não treina com Carlos.

Sejam as proposições:
p: Juvenal está de folga
q: Matheus trabalha
r: Danilo treina com Carlos
s: Leonardo treina com Leandro
Afirma-se que:
(i) p→ q (q é condição necessária para p)
(ii) q → r (q é condição suficiente para r)
(iii) r ⇔ s (condição necessária e suficiente)

A bicondicional (iii) é verdadeira somente quando também o são as duas condicionais: r → s e s → r.
E tem-se as respectivas contrapositivas
(iv) ~s → ~r e ~r → ~s.
Quando Leonardo não treina com Leandro, isto é, ~s, temos, da primeira proposição de iv,
~s → ~r : Danilo não treina com Carlos.
Daí e da proposição contrapositiva de (ii), tem-se
(iv) ~r →~q : **Matheus não trabalha**.
Com esse resultado e a proposição contrapositiva de (i),
(iii) ~q →~p, observa-se que **Juvenal não está de folga**.
Logo, a resposta é a da letra E.

Gabarito "E".

(Investigador-Escrivão-Papiloscopista – Pará – Funcab – 2016) A afirmação "não é verdade que, se Fátima é paraense, então Robson é carioca" é logicamente equivalente à afirmação:

(A) não é verdade que "Fátima é paraense ou Robson não é carioca".
(B) é verdade que "Fátima é paraense e Robson é carioca".
(C) não é verdade que "Fátima não é paraense ou Robson não é carioca".
(D) não é verdade que "Fátima não é paraense ou Robson é carioca".
(E) é verdade que "Fátima é paraense ou Robson é carioca".

Sejam as proposições:
p: Fátima é paraense
q: Robson é carioca
A negação da condicional é
~(p →q) ⇔ p ~q, ou seja, Fátima é paraense **e** Robson não é carioca.
Note que com isso já é possível responder à questão => Letra D
Monta-se a Tabela-verdade para encontrar a equivalência:

p	q	p →q	~(p →q)	~p	~p ∨ q	~(~p ∨ q)
V	V	V	F	F	V	F
V	F	F	V	F	F	V
F	V	V	F	V	V	F
F	F	V	F	V	V	F

Observa-se que ~(p →q) é equivalente a ~(~p ∨ q), ou seja, não é verdade que não é paraense, ou Robson é carioca.

Gabarito "D".

(Investigador-Escrivão-Papiloscopista – Pará – Funcab – 2016) Durante uma operação policial, 15 homens foram detidos e transportados para a delegacia em três transportes, o primeiro com seis lugares, o segundo com cinco lugares e o terceiro com quatro lugares.
O número de maneiras, que os detidos podem ser transportados para delegacia, é:

(A) C15,6 . C15,5 . C15,4
(B) P6 . P5 . P4
(C) A15,6 . A15,5 . A15,4
(D) (P15):(P6 + P5 + P4)
(E) C15,6 . C9,5 . C4,4

Para o primeiro transporte há C15,6 maneiras de transportar os detidos.
Uma vez que 6 detidos já foram transportados, restam 9 para o segundo transporte, num total de C9,5 maneiras para esse transporte.
Subtraindo esses 5 detidos ficam 4 ainda para serem transportados.
Para o terceiro transporte há, então, C4,4 maneiras de transportar os detidos.

Gabarito "E".

(Investigador-Escrivão-Papiloscopista – Pará – Funcab – 2016) Uma investigadora e um escrivão às vezes viajam durante suas férias. Estando de férias, a probabilidade dela viajar para o Rio de Janeiro é de 0,54; de viajar para a Bahia é de 0,32; a probabilidade viajar para o Rio de Janeiro e para a Bahia é 0,18. Estando ele de férias, a probabilidade dele viajar para São Paulo é de 0,51; de viajar para Minas Gerais é de 0,38; a probabilidade de viajar para São Paulo e para Minas Gerais é de 0,16. Portanto, a probabilidade de, durante as férias deles, a investigadora não viajar (nem para o Rio de Janeiro e nem para a Bahia) e do escrivão viajar (para São Paulo ou viajar para Minas Gerais), é igual a:

(A) 85,32%.
(B) 49,64%.
(C) 34,68%.
(D) 23,36%.

(E) 80,85%.

Colocamos os dados em diagramas de Venn:
1) Ela

Rio   Bahia

Sabe-se que
#(Q∪ F) = #Q + #F - #(Q∩F)
Então,
P(ela viajar para o Rio ou Bahia) = 0,54 + 0,32 – 0,18 = 0,68 e
P(não viajar nem para o Rio de Janeiro e nem para a Bahia) = 1 – 0,68 = 0,32.
2) Ele
P(para São Paulo ou viajar para Minas Gerais) = 0,51 + 0,38 – 0,16 = 0,73.
Logo,

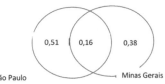

São Paulo   Minas Gerais

A probabilidade conjunta de ela não viajar nem para o Rio de Janeiro e nem para a Bahia **e** de ele viajar para São Paulo ou viajar para Minas Gerais é o produto das duas probabilidades obtidas:
0,32 x 0,73 = 0,2336 = 23,36%

Gabarito "D".

(Papiloscopista – PCDF – Universa – 2016) O triângulo ABC é retângulo isósceles, isto é, o ângulo no vértice A é reto e as medidas dos catetos AB e AC são iguais. Considerando que AB = AC = 16 cm, que nesse triângulo haja um quadrado inscrito e que a base desse quadrado esteja sobre a hipotenusa, a área desse quadrado, em cm², é:

(A) inferior a 46.
(B) superior a 49 e inferior 52.
(C) superior a 52 e inferior a 55.
(D) superior a 55 e inferior a 58.
(E) superior a 58.

Esboço do triângulo

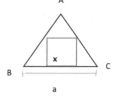

Pelo Teorema de Pitágoras, a hipotenusa a vale
a2 = b2 + b2 = 2b2
a2 =2x162
a = 162
Daí,
3x = 162
x = 1623
Então, a área do quadrado vale
x 2 = 16232
x 2 = 256x29
x 2 = 5129
x 2 = 56,89

Gabarito "D".

(Papiloscopista – PCDF – Universa – 2016) Em um semicírculo de raio igual a 15 cm inscreve-se um quadrado, com a base sobre o diâmetro. A área desse quadrado, em cm², é:

(A) superior a 195 e inferior a 205.
(B) superior a 205.
(C) inferior a 175.
(D) superior a 175 e inferior a 185.
(E) superior a 185 e inferior a 195.

Esboço da figura

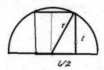

Temos, pelo teorema de Pitágoras,
r2 = l2 + (l2)2
r2 = l2 + l24
152 = 5l24
225 = 5l24
l2 = 180 ENG
Gabarito "D".

(Papiloscopista – PCDF – Universa – 2016) Em um sistema de coordenadas cartesianas ortogonais xOy, a equação $x^2 + y^2 - 6x + 4y = 3$ representa:

(A) uma hipérbole simétrica em relação ao eixo Oy.
(B) o conjunto vazio.
(C) uma circunferência de raio igual a 4 e centro em algum ponto do 4º quadrante.
(D) uma elipse alongada em relação ao eixo Ox.
(E) uma parábola com concavidade voltada para baixo.

Comparando a equação com a forma geral da equação do segundo grau
Ax2 + Bxy + Cy2 +Dx + Ey + F = 0, temos:
A = C = 1; B = 0; D = -6; E = 4 e F = -3.
Como B2 - 4AC = - 4 < 0, trata-se de uma circunferência ou de uma elipse.
Para uma circunferência de raio r com centro em (xc, yc) tem-se a equação:
(x-xc)² + (y – yc)² = r²
No enunciado temos:
x2 + y2 - 6x + 4y = 3 que pode rearranjada
(x2 - 6x) + (y² + 4y) = 3
Completando-se os quadrados, obtém-se:
(x2 - 6x + 9) - 9 + (y² + 4y + 4) – 4 = 3
ou
(x – 3) ² + (y + 2)² = 3 + 9 + 4
ou seja
(x – 3) ² + [y – (-2)]² = 16 = 4²
Logo,
xc = 3
yc = -2
r = 4
Ou seja, uma circunferência de raio igual a 4 e centro no ponto (3, -2) do 4º quadrante. ENG
Gabarito "C".

(Papiloscopista – PCDF – Universa – 2016) Em um cubo de aresta igual a 6 cm, há uma pirâmide cuja base coincide com uma base do cubo e cujo vértice coincide com um dos quatro vértices do cubo localizados na face oposta. Nesse caso, o volume da pirâmide, em cm³, e a área total da pirâmide, em cm², são respectivamente iguais a:

(A) 70 e 36($\sqrt{2}$ + 2).
(B) 70 e 37($\sqrt{2}$ + 2).
(C) 72 e 35($\sqrt{2}$ + 2).
(D) 72 e 36($\sqrt{2}$ + 2).
(E) 72 e 38($\sqrt{2}$ + 2).

Esboço da pirâmide inscrita

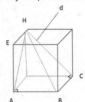

1) Volume
V = área da base x altura 3
V = 6x6 x 6 3
V = 72 cm3
2) Superfície S da pirâmide
Devemos calcular a área de cada face e somá-las.
S1 = S2 = 6x6 2 (triângulos HAD e HCD)
S1 = S2 = 18
d: diagonal da face
Pelo Teorema de Pitágoras:
d2 = 2.62
d = 62
S3 = S4 = 6x622 (triângulos HAB: S3 = HAxAB/2 e HBC: S4= HCxBC/2)
S3 = S4 = 182
S5 = 6x6 = 36 (área da base: quadrado de lado 6)
Logo,
S = S1 + S2 + S3 + S4 + S5
S = 18 + 18 + 182 + 182 + 36
S = 72 + 362
S = 36(2 + 2) ENG
Gabarito "D".

(Papiloscopista – PCDF – Universa – 2016) A distribuição normal é uma das mais importantes distribuições de probabilidade da estatística. Também conhecida como distribuição *gaussiana,* apresenta propriedades importantes para a realização de modelagens e inferências estatísticas sobre diversas variáveis estudadas. Em relação à distribuição normal e a suas propriedades, assinale a alternativa correta.

(A) A distribuição normal é específica para variáveis aleatórias quantitativas discretas.
(B) Para uma variável que possui distribuição normal, a média e a mediana são iguais, mas a moda é diferente.
(C) A média, a mediana e a moda para uma variável que possui esta distribuição são iguais.
(D) A distribuição normal é assimétrica à direita.
(E) A distribuição normal é assimétrica à esquerda.

A distribuição normal é simétrica, o que implica que a média, a moda e a mediana são coincidentes.
Resposta: letra C. ENG
Gabarito "C".

(Papiloscopista – PCDF – Universa – 2016) Alguns papiloscopistas foram selecionados ao acaso e suas alturas (em cm) foram anotadas, gerando a seguinte sequência: 153, 148, 170, 182, 165, 154, 176 e 190. Em seguida, algumas medidas estatísticas referentes a essas alturas foram calculadas, entre elas a mediana.

Considerando esse caso hipotético, assinale a alternativa que apresenta o valor da mediana a ser encontrado nesta amostra.

(A) 165 cm.
(B) 167,5 cm.
(C) 170 cm.
(D) 173,5 cm.
(E) 182 cm.

Para o cálculo da mediana, primeiramente, colocamos as alturas em ordem crescente:
148
153
154
165
170
176
182
190
Uma vez que há oito alturas – um número par –, a mediada está entre o 4º valor e o 5º valor.
E
Mediana = (165 + 170)/ 2
Mediana = 167,5 cm ENG
Gabarito "B".

(Papiloscopista – PCDF – Universa – 2016) A variância amostral é uma medida de dispersão que mostra o quão dispersos são os dados da amostra em relação à sua média. Com base nessa informação, a variância amostral para a amostra 3, 6, 8, 7, 6 e 12 é igual a:

(A) 10.
(B) 9,5.
(C) 8,8.

(D) 7,8.
(E) 7,3.

N = 6
Cálculo da média
x = 3 + 6 + 8 + 7 + 6 + 12 = 42/6
x = 7

xi	xi - x	(xi - x)²
3	-4	16
6	-1	1
8	1	1
7	0	0
6	-1	1
12	5	25
soma		44

Cálculo da variância
s² = ((xi- x)2N-1

s² = 44/5
s² = 8,8 ENG
Gabarito "C".

(Papiloscopista – PCDF – Universa – 2016) Considerando que X e Y sejam variáveis aleatórias contínuas, com variâncias iguais a 25 e 9, respectivamente, e que a covariância entre X e Y seja igual a 12, a correlação linear de Pearson entre X e Y é igual a:

(A) 1.
(B) 0,8.
(C) 0,5.
(D) 0,05.
(E) –0,2.

Tem-se:
cov(X,Y) = 12
sX2 = 25 => sX = 5
sY2 = 9 => sY = 3
Logo, a correlação linear de Pearson vale
r = cov(X,Y)sX.sY
Daí,
r = 12/5.3 = 12/15
r = 0,8 ENG
Gabarito "B".

(Papiloscopista – PCDF – Universa – 2016) Dos 200 papiloscopistas aprovados no concurso, 120 são homens e 80 são mulheres. Dos 200, sabe-se que 130 são bacharéis em química, 100 são bacharéis em física e 60 têm as duas formações. Das mulheres, 40 são bacharéis em química, 30 são bacharéis em física e 15 têm as duas formações. Nesse caso, é correto afirmar que a quantidade de papiloscopistas homens que não têm nenhuma dessas duas formações é igual a:

(A) 1.
(B) 2.
(C) 3.
(D) 4.
(E) 5.

Sejam os diagramas para o concurso:

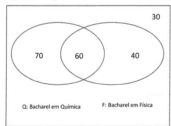

Cálculo:
Sendo # a cardinalidade de um conjunto, isto é, o número de seus elementos, temos

#(QU F) = #Q + #F - #(Q∩F)
200 = #Q + 100 - 60
Daí,
#Q = 200 – 160
#Q = 40, como está na figura.
Sabe-se, agora, que 200 – (70 + 60 + 40) = 30 é o total de papiloscopistas que não têm nenhuma dessas duas formações.
2) mulheres

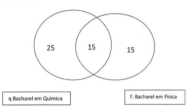

Tem-se:
#(qU f) = #q + #f - #(q∩f)
#(qU f) = 40 + 30 - **15**
#(qU f) = 55
Então,
80 – 55 = 25 mulheres não têm nenhuma dessas duas formações.
Uma vez que há um total de 30 homens e mulheres que não têm nenhuma dessas duas formações, conclui-se que
30 – 25 = 5 homens não têm nenhuma dessas duas formações. ENG
Gabarito "E".

(Papiloscopista – PCDF – Universa – 2016) Entre 15 papiloscopistas da Polícia Civil do Distrito Federal (PCDF) previamente selecionados, 8 homens e 7 mulheres, serão escolhidos 5, 3 homens e 2 mulheres, para proceder a estudo visando ao aprimoramento do sistema de identificação de pessoas. Nesse caso, a quantidade de maneiras distintas de se escolher esses 5 papiloscopistas é:

(A) inferior a 800.
(B) superior a 800 e inferior a 1.000.
(C) superior a 1.000 e inferior a 1.200.
(D) superior a 1.200 e inferior a 1.400.
(E) superior a 1.400.

Temos
C8,3 = 8x7x6/3x2x1 = 56 maneiras de escolher os homens e
C7,2 = 7x6/2x1 = 21 maneiras de escolher as mulheres.
Então, pelo Princípio de Contagem, deve-se multiplicar as duas, e há
56x21 = 1.176 maneiras distintas de se escolher esses 5 papiloscopistas. ENG
Gabarito "C".

(Papiloscopista – PCDF – Universa – 2016) Considerando os conceitos básicos de lógica, assinale a alternativa correta.

(A) Se A e B forem proposições falsas, então A∨B↔(¬A)∧(-B) é verdadeira.
(B) Se R é o conjunto dos números reais, então a proposição (∀x)(x∈R)(∃y)(y∈R)(x + y = 0) é valorada como falsa.
(C) Se A, B, C e D forem proposições simples e distintas, então a tabela verdade da proposição (A∧ B)↔ (C∨D) é inferior a 15.
(D) A proposição "Se 3 + 2 = 6, então o mosquito da dengue é inofensivo" é valorada como verdadeira.
(E) Se A, B e C forem proposições valoradas como verdadeiras, então (¬A)→[(¬B)∨C] é falsa.

Analisando as opções:

A:
A bicondicional é verdadeira somente quando também o são as duas condicionais:
(i) A∨B → (¬A)∧(-B) e
(ii) (¬A)∧(-B) → A∨B.
No entanto, em (ii), se A e B são falsas, então a conjunção (¬A)∧(-B) é verdadeira e a disjunção A∧B é falsa.
Daí, o antecedente da implicação (ii) é verdadeiro e o consequente, falso, o que a torna falsa. => Opção errada.
B:
y é o oposto de x(∀x)(x∈R) e sempre existe nos números reais. Logo, a proposição é verdadeira. => Opção errada.
C:
A bicondicional é verdadeira somente quando também o são as duas condicionais:

(i) $(A \wedge B) \rightarrow (C \vee D)$ e

(ii) $C \vee D) \rightarrow (A \wedge B)$

A implicação (i) vai gerar 2^4 linhas na tabela-verdade e a (ii), da mesma maneira, gera 2^4 linhas.

Teremos, portanto 2x24 linhas, ou seja, 16. => Opção incorreta

Ou

(i) $(A \wedge B) \rightarrow (C \vee D)$ é equivalente a $(A \wedge B) ((C \vee D) \ v \ (\sim[(A \wedge B) \wedge (\ \sim(C \ v \ D)]$ com 2^4 linhas.

O mesmo acontece para (ii): 8 linhas na tabela-verdade. Tem-se o total de 16 linhas.

D:

Sejam as proposições:

p: 3 + 2 = 6

q: o mosquito da dengue é inofensivo

Monta-se a Tabela-verdade da condicional:

p	q	p → q
V	V	V
V	F	F
F	V	V
F	F	V

As afirmações p e q são falsas mas a condicional é valorada como verdadeira. => Opção correta

E:

Temos que o antecedente ($\neg$A) da condicional é falso e o consequente ($\neg$B)$\vee$C] é verdadeiro, o que torna a condicional verdadeira, => Opção errada. ENG

Gabarito "D".

14. INFORMÁTICA
Helder Satin

1. APRESENTAÇÕES

(Agente de Polícia/PI – 2012) Acerca das funcionalidades do *Microsoft PowerPoint* 2007, analise as proposições abaixo.

1) Executando-se uma apresentação, pode-se circular, sublinhar, desenhar setas ou fazer outras marcações nos slides, a fim de enfatizar um ponto ou mostrar uma conexão.
2) Se quisermos alterar a ordem de vários slides em uma apresentação, devemos selecionar Organizar na guia Início e reorganizar os slides na ordem desejada.
3) É possível executar uma apresentação em dois monitores, usando o modo de exibição do Apresentador, permitindo, por exemplo, que o público não veja as anotações do orador e você as utilize como um script para sua apresentação.
4) Em sua configuração padrão, o recurso *SmartArt* é utilizado para inserir elementos gráficos para comunicar informações visualmente.

Estão corretas:

(A) 1, 2, 3 e 4.
(B) 2, 3 e 4, apenas.
(C) 1, 3 e 4, apenas.
(D) 1, 2 e 4, apenas.
(E) 1, 2 e 3, apenas.

As afirmativas 1, 3 e 4 estão corretas, quanto a afirmativa 2, o item Organizar na guia Início apenas organiza objetos dentro do slide. Portanto apenas a alternativa C está correta.
Gabarito "C".

(Escrivão de Polícia/SP – 2010) Sobre o *PowerPoint* é correto dizer:

(A) o trabalho com o *PowerPoint* se inicia com uma das opções: Autoconteúdo, Modelo, Apresentação em Branco ou abrir um *slide* existente;
(B) o *PowerPoint* permite criar arquivos que poderão ser lidos e apresentados no *Word*;
(C) o assistente de autoconteúdo permite a criação automática de apenas um slide. A criação de *slides* subsequentes se dá pelo Modo de classificação de *slides*;
(D) o trabalho com o *PowerPoint* se inicia com uma das opções: Assistente de Autoconteúdo, Modelo, Apresentação em Branco ou abrir uma apresentação existente;
(E) O *PowerPoint* não permite alterar arquivos lidos

A: Incorreta, a opção correta é denominada Assistente de Autoconteúdo. **B:** Incorreta, os arquivos criados no PowerPoint são lidos e apresentados no próprio programa e não no Word. **C:** Incorreta, é possível criar mais de um slide com o Assistente de Autoconteúdo. **D:** Correta, para iniciar o uso do PowerPoint pode-se escolher entre usar o Assistente de Autoconteúdo, abrir uma apresentação existente, iniciar uma apresentação em branco ou usar um modelo existente. **E:** Incorreta, é possível editar arquivos lidos ou salvos anteriormente.
Gabarito "D".

(Investigador de Polícia/SP – 2013 – VUNESP) Para mostrar um apontador laser durante uma apresentação de *slide* do MS-PowerPoint 2010, na sua configuração padrão, mantenha pressionada a tecla _____ e pressione o botão _____ do *mouse*.

Assinale a alternativa que preenche, correta e respectivamente, as lacunas do enunciado.

(A) CTRL ... principal (esquerdo).
(B) ALT ... secundário (direito).
(C) CTRL ... secundário (direito).
(D) ALT ... principal (esquerdo).
(E) ENTER ... secundário (direito).

Manter pressionado o botão Ctrl e o botão esquerdo do mouse faz com que um apontador laser seja exibido na tela, as demais combinações não produzem nenhum efeito.
Gabarito "A".

(Investigador de Polícia/SP – 2013 – VUNESP) Observe as opções disponíveis no grupo Texto do *menu* Inserir do MS-PowerPoint 2010, em sua configuração original

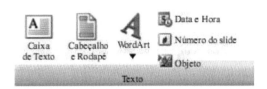

Clicando em [ícone] Número do *slide* e marcando a opção Número do *slide*, a informação será inserida no (a):

(A) região central do rodapé;
(B) canto direito do rodapé do slide;
(C) canto esquerdo do cabeçalho do slide;
(D) canto direito do cabeçalho do slide;
(E) região central do cabeçalho.

A numeração de slide é inserida no canto direito dentro do rodapé do slide, portanto apenas a alternativa B está correta.
Gabarito "B".

(Escrivão – AESP/CE – VUNESP – 2017) Observe as figuras a seguir, que apresentam o mesmo slide em duas exibições distintas da área de trabalho do Apache OpenOffice Impress 4.0.1, em sua configuração padrão.

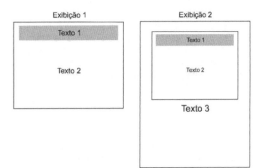

Considerando que a Exibição 1 do slide é a Normal, assinale a alternativa que contém o nome da Exibição 2.

(A) Folheto.
(B) Rascunhos.
(C) Notas.
(D) Estrutura de tópicos.
(E) Classificador de slides.

A: incorreta. O modo de exibição Folheto apenas permite determinar o número de slides em uma página impressa; **B:** incorreta. Rascunho não é um modo de exibição do Impress; **C:** correta. No modo de exibição Notas é possível adicionar notas em um slide e durante uma apresentação, o público não poderá ver tais notas; **D:** incorreta. O modo de exibição Estrutura de tópicos é um sumário da apresentação, exibindo os títulos e os textos principais de cada slide; **E:** incorreta. O modo de apresentação Classificador de Slides exibe miniaturas dos slides, permitido movê-los e organizar a sequência de apresentação.
Gabarito "C".

2. BANCOS DE DADOS

(Escrivão de Polícia/SC – 2008 – ACAFE) Sobre o Banco de Dados, marque V para verdadeiro ou F para falso.

( ) *Banco de Dados pode ser definido como um conjunto de informações inter-relacionadas e organizadas de forma estruturada.*

638 HELDER SATIN

( ) *O Sistema Gerenciador de Banco de Dados, conhecido também como SGBD, fornece uma interface entre o usuário e o banco de dados permitindo que tarefas como consultas ou alterações de dados sejam realizadas.*

( ) *Microsoft SQL Server e Oracle são exemplos de Sistemas Gerenciadores de Banco de Dados amplamente utilizados por empresas de grande porte.*

( ) *Pode-se citar como exemplo de Modelos de Dados o Modelo Relacional e o Modelo Orientado a Objetos.*

A sequência correta, de cima para baixo, é:

(A) V, V, V, V
(B) F, V, V, F
(C) V, V, V, F
(D) F, F, V, V.

Todas as afirmativas estão corretas, portanto apenas a alternativa A está correta.
Gabarito "A".

(Escrevente Policial/SC – 2008 – ACAFE) Em relação a Banco de Dados, marque V ou F, conforme as afirmações a seguir sejam verdadeiras ou falsas.

( ) *Banco de Dados é um conjunto de informações organizadas de forma estruturada, como por exemplo, uma lista telefônica.*

( ) *O Sistema Gerenciador de Banco de Dados, conhecido também como SGBD, é um sistema informatizado que gerencia um banco de dados.*

( ) *Empresas de grande porte mantêm suas informações organizadas em Bancos de Dados de forma que todos os seus empregados tenham acesso a elas.*

( ) *O Windows Server e o Linux são Gerenciadores de Banco de Dados que utilizam a linguagem de manipulação de dados SQL.*

A sequência correta, de cima para baixo, é:

(A) F, F, V, V.
(B) V, F, V, F.
(C) F, V, F, F.
(D) V, V, F, F.

Correta, Bancos de Dados são conjuntos de informações estruturadas e organizadas, os SGBDs são sistemas capazes de gerenciar bancos de dados, em grandes empresas o acesso ao banco de dados é restrito a um pequeno grupo responsável por seu gerenciamento e Linux é um sistema operacional e não um SGBD. Portanto a sequencia correta é V, V, F, F.
Gabarito "D".

3. EDITORES DE TEXTO

(Escrivão de Polícia/GO – 2013 – UEG) O *LibreOffice Writer* é um editor de textos de código livre. A edição de documentos de textos pode ser agilizada com a utilização de teclas de atalho. Dentre esses recursos do *Writer*, versão 3.6.3.2, configuração padrão em português, tem-se que:

(A) ao pressionar simultaneamente as teclas Ctrl e S (Ctrl + S) o sistema salva o documento em edição;
(B) é possível ao usuário inserir novos atalhos a partir do *menu* Ferramentas, escolhendo na guia Avançado o item Teclado;
(C) para abrir um novo documento devem-se pressionar simultaneamente as teclas Ctrl e A (Ctrl + A);
(D) para se localizar uma palavra ou frase em um documento de texto utiliza-se o atalho Ctrl e L (Ctrl + L).

O atalho Ctrl + S irá salvar o documento atual. **B:** Incorreta, a aba correta a ser usada é a aba Personalizar e então escolher a opção Teclado. **C:** Incorreta, o atalho para abrir um documento é Ctrl + O, Ctrl + A seleciona todo o texto. **D:** Incorreta, o atalho para pesquisar uma palavra ou frase é Ctrl + F.
Gabarito "A".

(Escrivão de Polícia/GO – 2013 – UEG) No *LibreOffice Writer*, versão 3.6.3.2, configuração padrão em português, o usuário pode adicionar com rapidez marcadores ou números às linhas de texto existentes, ou o editor pode automaticamente criar listas à medida que o usuário digita. Sobre esse recurso, nota-se o seguinte:

(A) em listas com vários níveis de endentação deve-se respeitar o padrão adotado para o maior nível, ou seja, os subitens de um item numerado, também deverá ser do tipo numérico;

(B) para ativar ou desativar o recurso de marcadores o usuário pode fazer uso do ícone ▶≣ disponível na barra de ferramentas ou mesmo utilizar a tecla de atalho F11;
(C) para se criar mais de uma lista enumerada em um mesmo documento e reiniciar a numeração automaticamente é necessário inserir uma quebra de seção;
(D) para ativar ou desativar o recurso de numeração automática o usuário pode fazer uso do ícone [1 2] disponível na barra de ferramentas ou mesmo utilizar a tecla de atalho F12.

A: Incorreta, é possível misturar tipos de marcadores diferentes em níveis diferentes. **B:** Incorreta, o atalho F11 ativa ou desativa a janela Estilos e formatação. **C:** Incorreta, a cada nova lista a numeração é reiniciada. **D:** Correta, o ícone mencionado ativa o recurso de numeração automática ou pode-se utilizar o atalho F12.
Gabarito "D".

(Escrivão de Polícia/MA – 2013 – FGV) O botão que deve ser usado no *Microsoft Word* 2010 para sublinhar o texto selecionado é:

(A) N
(B) I
(C) S ·
(D) abc
(E) A ·

A: Incorreta, este botão ativa o efeito Negrito. **B:** Incorreta, este botão ativa o efeito Itálico. **C:** Correta, este botão ativa o efeito Sublinhado. **D:** Incorreta, este botão ativa o efeito Tachado. **E:** Incorreta, este botão tem por função alterar a cor do texto.
Gabarito "C".

(Escrivão de Polícia/MA – 2013 – FGV) Um usuário do Microsoft *Word* 2010 ligou para o suporte da empresa em que trabalha com a seguinte pergunta: - *"Estou escrevendo uma carta em húngaro para mandar para nosso cliente na Hungria. Já defini o idioma de revisão de texto como húngaro, mas o verificador ortográfico se recusa a funcionar. O que estou fazendo de errado?".*

Assinale a afirmativa que indica a resposta correta para essa pergunta.

(A) É preciso instalar o dicionário de húngaro para o verificador ortográfico funcionar.
(B) É preciso adquirir o *Word* 2010 em húngaro para o corretor ortográfico funcionar.
(C) É preciso instalar o *Service Pack* mais recente do *Word* para o corretor ortográfico funcionar.
(D) É preciso instalar o Windows 7 em húngaro para o corretor ortográfico funcionar.
(E) O corretor ortográfico do *Word* 2010 não funciona para o idioma húngaro.

A: Correta, para que o revisor funcione o dicionário de húngaro deve estar instalado corretamente. **B:** Incorreta, o idioma do Word não afeta o idioma selecionado para a revisão de textos. **C:** Incorreta, o Service Pack nem sempre conterá o dicionário do idioma que se está tentando instalar. **D:** Incorreta, o idioma do Windows não afeta o idioma selecionado para o revisor de textos. **E:** Incorreta, o Word 2010 possui suporte para o idioma húngaro.
Gabarito "A".

(Escrivão de Polícia/MA – 2013 – FGV) Um usuário do *Microsoft Word* 2010 ligou para o suporte da empresa em que trabalha com a seguinte pergunta: - *"Como eu insiro uma nota de rodapé no meu documento?".*

Assinale a afirmativa que indica a resposta correta.

(A) Insira um separador no final da página e então digite a nota de rodapé logo em seguida ao separador.
(B) Use um *template* com notas de rodapé em todas as páginas.
(C) Coloque o cursor onde você deseja inserir a nota de rodapé e então escolha *Rodapé* no *menu Formatar*.

(D) Coloque o cursor onde você deseja inserir a nota de rodapé e então escolha *Rodapé* no *menu Inserir*.

(E) Coloque o cursor onde você deseja inserir a nota de rodapé e então escolha *Rodapé* no *menu Layout da Página*.

A inserção de notas de rodapé é feita a partir do item Rodapé localizada na aba Inserir, nela é possível definir posicionamento e outras configurações pertinentes, portanto apenas a alternativa D está correta.
Gabarito "D".

(Escrivão de Polícia/MA – 2013 – FGV) O comando *Converter Texto em Tabela...* foi aplicado ao texto a seguir no *Microsoft Word* 2010, usando o ponto e vírgula como separador de texto.

CLASSIFICAÇÃO;P;J;V;E;D;GP;GC;SG;%

1;Fluminense;69;32;20;9;3;53;24;29;71.9

2;Atlético-MG;63;32;18;9;5;54;28;26;65.6

3;Grêmio;59;32;17;8;7;46;27;19;61.5

4;São Paulo;55;32;17;4;11;48;30;18;57.3

5;Vasco;50;31;14;8;9;38;34;4;53.8

O número de linhas e o de colunas da tabela resultante são, respectivamente:

(A) 5, 10.

(B) 5, 12.

(C) 6, 11.

(D) 5, 11.

(E) 6, 10.

A função Converter Texto em Tabela transforma cada linha em uma linha de tabela e cada intervalo separado por ponto e vírgula (;) em uma coluna, portanto o texto apresentado resultaria em uma tabela de 6 linhas e 11 colunas, logo apenas a alternativa C está correta.
Gabarito "C".

(Inspetor de Polícia/MT – 2010 – UNEMAT) O *MS-Word* é um editor de textos pertencente ao pacote *Microsoft Office*, que traz diversos outros componentes a ele associados. Com seu uso, é possível editar textos, salvá-los e imprimi-los.

Sobre o enunciado, analise as afirmativas.

I. Através do *MS-Word*, é possível incluir figuras e criar animações dinâmicas.

II. No *MS-Word* é possível gerar tabelas e vincular as mesmas a aplicativos como o MS-Excel.

III. Com o *MS-Word*, é possível gerar fórmulas matemáticas e obter soluções numéricas exatas.

Com base nessas afirmativas, assinale a alternativa correta.

(A) Apenas I e II estão corretas.

(B) Apenas I e III estão corretas.

(C) Apenas II e III estão corretas.

(D) Apenas III está correta.

(E) Todas estão corretas.

A: Incorreta, a afirmativa II está incorreta, é possível gerar tabelas no MS-Word, porém elas não são vinculadas ao MS-Excel; **B:** Correta, apenas as afirmativas I e III estão corretas; **C:** Incorreta, a afirmativa II está incorreta, é possível gerar tabelas no MS-Word, porém elas não são vinculadas ao MS-Excel; **D:** Incorreta, a afirmativa I também está correta; **E:** Incorreta, a afirmativa II está incorreta, é possível gerar tabelas no MS-Word, porém elas não são vinculadas ao MS-Excel.
Gabarito "B".

(Agente de Polícia/PI – 2012) A nova interface de usuário, que substitui os *menus* e barras de ferramentas, no *MS Office Word* 2007, é a Faixa de Opções ou Friso (*The Ribbon*), que consiste de guias organizadas ao redor de situações ou objetos específicos e pode hospedar um conteúdo mais rico incluindo botões, galerias e caixas de diálogo.

Analise as seguintes proposições sobre o conteúdo do Friso.

1) O Botão do *Office* – Agrupa muitas funcionalidades que antes se encontravam no *menu* Arquivo das versões anteriores do *Word*: Novo, Abrir, Salvar, Salvar como, Imprimir etc.

2) Guia Correspondências – Traz diversos modos de compatibilidade, correspondendo a cada versão antiga do *Word*, bem como processadores de textos de outros fabricantes, tais como o *OpenOffice*.

3) Guia Desenvolvedor – Pode ser ativado a partir do *menu* de Personalização do *Word*. Agrupa funcionalidades relacionadas com a criação e gestão de macros.

4) Guia Revisão: Agrupa os comandos de correção ortográfica e gestão de alterações.

Estão corretas:

(A) 1, 2 e 3, apenas.

(B) 1, 2 e 4, apenas.

(C) 1, 3 e 4, apenas.

(D) 2, 3 e 4, apenas.

(E) 1, 2, 3 e 4.

As afirmativas 1, 3 e 4 estão corretas, a Guia de Correspondências agrupa funções relacionadas à mala direta, impressão de envelopes e etiquetas e envio do documento por mensagem eletrônica. Portanto, apenas a alternativa C está correta.
Gabarito "C".

(Escrivão de Polícia/SP – 2010) As teclas de atalho padronizadas no *Word* – Microsoft, utilizadas para criar novo documento, desfazer a operação e abrir documento, respectivamente, são:

(A) Ctrl+ N, Ctrl+P , Ctrl+B.

(B) Ctrl+C, Ctrl+Z, Ctrl+S.

(C) Ctrl+O, Ctrl+Z, Ctrl+A.

(D) Ctrl+N, Ctrl+D, Ctrl+A.

(E) Ctrl+O, Ctrl+Z, Ctrl+P.

A: Incorreta, as teclas Ctrl + N ativam o efeito negrito e não a opção de novo documento; **B:** Incorreta, as teclas Ctrl + S ativam o efeito sublinhado e não a opção de abrir documento; **C:** Correta, as teclas Ctrl + O criam um documento em branco, Ctrl + Z desfaz a última alteração feita e Ctrl + A abrem um documento já existente; **D:** Incorreta, as teclas Ctrl + N ativam o efeito negrito e não a opção de novo documento; **E:** Incorreta, as teclas Ctrl + P ativam a função de impressão e não a de abrir documento.
Gabarito "C".

Utilize as afirmações seguintes para responder às próximas duas questões.

O texto a seguir será convertido em tabela pelo *MS-Word* 2010, na sua configuração padrão, sem que o usuário altere as opções apresentadas na janela Converter Texto em Tabela encontrada em Tabela no *menu* Inserir.

ITEM; QTDE; VALOR; Livros 1 R$25 Revistas 3 R$30

(Investigador de Polícia/SP – 2013 – VUNESP) Assinale a alternativa com a quantidade de colunas e linhas que serão sugeridas, respectivamente.

(A) 4 e 1.

(B) 9 e 1.

(C) 3 e 3.

(D) 9 e 3.

(E) 4 e 3.

A opção mencionada converte o texto dividindo cada linha em uma linha da tabela e cada intervalo entre os separadores em uma coluna, neste caso, portanto será gerada uma tabela de 1 linha e 4 colunas, logo apenas a alternativa A está correta.
Gabarito "A".

(Investigador de Polícia/SP – 2013 – VUNESP) O comportamento de ajuste automático padrão será:

(A) Altura de linha fixa.

(B) Ajustar-se automaticamente ao conteúdo.

(C) Ajustar-se automaticamente à janela.

(D) Largura de coluna fixa.

(E) Texto separado em espaços.

Quando um texto é convertido em tabela usando a função Converter Texto em Tabela, nas configurações padrões do Word, o comportamento de ajuste automático padrão é de Largura de coluna fixa com valor Automático. Portanto apenas a alternativa D está correta.
Gabarito "D".

(Escrivão de Polícia/PR – 2010) Considere as afirmativas a seguir, com relação ao aplicativo *Writer* do *BrOffice* 3.1:

I. A combinação de teclas de atalho CTRL+B salva o documento aberto.

II. Um arquivo de texto do *Writer* possui extensão padrão .odt.

III. O ícone [ABC] tem a função de sublinhar o texto selecionado.

IV. O ícone [≡] serve para justificar o alinhamento do parágrafo.

Assinale a alternativa correta.

(A) Somente as afirmativas I e II são corretas.
(B) Somente as afirmativas II e IV são corretas.
(C) Somente as afirmativas III e IV são corretas.
(D) Somente as afirmativas I, II e III são corretas.
(E) Somente as afirmativas I, III e IV são corretas.

A: Incorreta, a afirmativa I está incorreta, as teclas Ctrl + B ativam o efeito Negrito; **B:** Correta, apenas as afirmativas II e IV estão corretas; **C:** Incorreta, a afirmativa III está incorreta, o ícone [ABC] ativa a autocorreção ortográfica; **D:** Incorreta, as afirmativas I e III estão incorretas, as teclas Ctrl + B ativam o efeito Negrito e o ícone [ABC] ativa a autocorreção ortográfica; **E:** Incorreta, as afirmativas I e III estão incorretas, as teclas Ctrl + B ativam o efeito Negrito e o ícone [ABC] ativa a autocorreção ortográfica.
Gabarito "B".

(Agente-Escrivão – PC/GO – CESPE – 2016) Acerca da inserção de seções em planilhas e textos criados no Microsoft Office, assinale a opção correta.

(A) Em um documento Word, as seções podem ser utilizadas para que, em uma mesma página, parte do texto esteja em uma coluna e outra parte, em duas colunas.
(B) No Word, as seções são utilizadas como meio padrão para se inserir rodapé e cabeçalho no documento.
(C) No Excel, as seções são utilizadas para separar figuras de um texto que estejam em quadros.
(D) A inserção de índices analíticos no Word implica a inserção de seções entre as páginas, em todo o documento.
(E) No Excel, as seções são utilizadas para separar gráficos e valores em uma mesma planilha.

No Microsoft Office, as seções são utilizadas para permitir a aplicação de formatações diferentes em um determinado trecho do texto, mesmo que estes estejam em uma mesma página, portanto apenas a alternativa A está correta.
Gabarito "A".

(Agente-Escrivão – Pernambuco – CESPE – 2016) Assinale a opção que apresenta corretamente os passos que devem ser executados no BrOffice Writer para que os parágrafos de um texto selecionado sejam formatados com avanço de 2 cm na primeira linha e espaçamento 12 entre eles.

(A) Acessar o menu Editar, selecionar a opção Texto e inserir os valores desejados no campo Recuos e Espaçamento.
(B) Acessar o menu Formatar, selecionar a opção Parágrafo e inserir os valores desejados no campo Recuos e Espaçamento.
(C) Acessar o menu Formatar, selecionar a opção Texto e inserir os valores desejados no campo Espaçamento.
(D) Acessar o menu Editar, selecionar a opção Recuos e inserir os valores desejados no campo Recuos e Espaçamento.
(E) Pressionar, no início da primeira linha, a tecla Tab e, em seguida, a tecla Enter duas vezes após o primeiro parágrafo do texto selecionado. Assim, o Writer repetirá essa ação para os demais parágrafos selecionados.

Para alterar a configuração de avanço de parágrafo e espaçamento entre linhas deve-se utilizar o item "Recuos e Espaçamento" presente na opção "Parágrafo" localizada no menu "Formatar", que concentra as opções relativas à formatação do texto. Portanto, apenas a alternativa B está correta.
Gabarito "B".

(Escrivão – AESP/CE – VUNESP – 2017) Observe as figuras a seguir, extraídas da aba Recuos e Espaçamentos da caixa de diálogo Parágrafo, que pode ser acessada a partir do menu Formatar do Apache OpenOffice Writer 4.0.1, em sua configuração padrão. As figuras apresentam dois momentos (antes e depois) do recurso gráfico que permite visualizar as configurações aplicadas na aba.

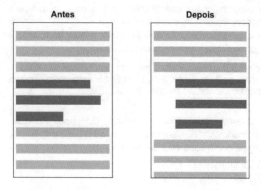

Assinale a alternativa que contém os nomes das opções de configuração aplicadas entre os dois momentos da figura.

(A) Recuo Depois do texto de 5,00 cm e Recuo Primeira linha de 5,00 cm.
(B) Recuo Primeira linha de 5,00 cm e Espaçamento de linhas de 1,5 linhas.
(C) Espaçamento de linhas de 1,5 linhas e Recuo Depois do texto de 5,00 cm.
(D) Espaçamento de linhas de 1,5 linhas e Recuo Antes do texto de 5,00 cm.
(E) Recuo Antes do texto de 5,00 cm e Recuo Primeira linha de 5,00 cm.

Nos trechos destacados em escuro na segundo imagem é possível identificar que o espaçamento entre as linhas está maior que na situação inicial e também foi adicionado um recuo antes do início do texto, fazendo com que haja maior espaço entre o texto e a margem à esquerda. Logo podemos concluir que foram alteradas as configurações de "Espaçamento de linhas" e "Recuo Antes do texto", portanto apenas a alternativa D está correta.
Gabarito "D".

(Papiloscopista – PCDF – Universa – 2016) Em relação ao editor de texto BrOffice Writer, assinale a alternativa correta.

(A) Em um documento, podem ser inseridos *links,* por meio de ícones, relacionados a diversos tipos de arquivos. Entretanto não é permitido inserir um ícone contendo um *link* para um arquivo de mídia.
(B) O Quadro Flutuante é um recurso de visualização, mas não de edição, de um documento dentro de outro documento por meio da inserção de uma "janela" no documento atual.
(C) É possível inserir uma figura como plano de fundo de um parágrafo específico de um determinado documento.
(D) Por ser incompatível com o ambiente Windows, não pode ser instalado neste sistema operacional, uma vez que ele é um produto específico do ambiente Linux.
(E) Para mudar a orientação de uma página de Retrato para Paisagem, o usuário deve acessar o *menu* Arquivo e, em seguida, escolher a opção Configurar Página.

A: incorreta. Não há restrição no BrOffice quanto ao tipo de arquivo que pode ser linkado em um texto; **B:** incorreta. Os Quadros Flutuantes são utilizados em documentos HTML para exibir conteúdo de outro arquivo; **C:** correta. É possível utilizar uma imagem como plano de fundo de um parágrafo específico por meio da guia Plano de Fundo do item Parágrafo do menu Formatar, após ter selecionado o parágrafo desejado; **D:** incorreta. As ferramentas do pacote BrOffice, também conhecido como LibreOffice, são compatíveis com ambiente Windows; **E:** incorreta. Para alterar a orientação de uma página deve-se fazer a alteração na seção "Formato do papel" da guia Página do item Página do menu Formatar.
Gabarito "C".

4. FERRAMENTAS DE CORREIO ELETRÔNICO

(Escrivão – AESP/CE – VUNESP – 2017) A imagem a seguir foi extraída do Thunderbird 24.4.0 em sua configuração padrão. Ela apresenta os botões de ação do formulário de edição de uma mensagem. Parte dos nomes dos botões foi mascarada e marcada de 1 a 3.

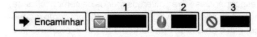

Assinale a alternativa que contém o nome correto dos botões, na ordem de 1 a 3.

(A) Arquivar, Spam e Excluir.
(B) Lixeira, Spam e Excluir.
(C) Arquivar, Excluir e Spam.
(D) Spam, Excluir e Lixeira.
(E) Rascunho, Spam e Lixeira.

A, B, C, D e E: O ícone representa o botão Arquivar, que permite mover uma mensagem para outra pasta, facilitando a organização das mensagens do usuário; o ícone representa o botão Spam que permite marcar a mensagem selecionada como Spam; e o ícone representa o botão Excluir, que permite eliminar uma mensagem. Portanto apenas a alternativa A está correta.

Gabarito "A".

5. HARDWARE

(Agente de Polícia Federal – 2012 – CESPE) Para proferir uma palestra acerca de crime organizado, um agente conectou dispositivo USB do tipo *bluetooth* no computador que lhe estava disponível. A respeito desse cenário, julgue o item abaixo.

(1) O uso de dispositivos *bluetooth* em portas USB necessita de *driver* especial do sistema operacional. Em termos de funcionalidade, esse *driver* equivale ao de uma interface de rede sem fio (*wireless LAN*), pois ambas as tecnologias trabalham com o mesmo tipo de endereço físico.

1: Incorreta, muitas vezes podem ser usados drivers genéricos para utilização de dispositivos do tipo bluetooth e as redes de dispositivos desta tecnologia foram PANs (personal area network) e não LANs (local area network).

Gabarito 1E

Figura 1

Figura 2

(Agente de Polícia Federal – 2012 – CESPE) Com base nas figuras apresentadas acima, julgue o item.

(1) A figura 2 ilustra um conector do tipo S-Vídeo, utilizado para ligar dispositivos de vídeo em computadores ou em outros equipamentos de vídeo.

1: Correta, a figura 2 representa um conector do tipo S-Video utilizado para conectar um dispositivo de vídeo a um computador ou outro equipamento eletrônico, como TVs e videogames.

Gabarito 1C

(Escrivão de Polícia/MA – 2013 – FGV) Um usuário ligou para o suporte da empresa em que trabalha com a seguinte pergunta: — *Como posso saber se um CD que comprei é regravável?*

Assinale a alternativa que indica a resposta apropriada a essa pergunta.

(A) *"Procure no rótulo do CD pelas letras que vêm depois de CD. Se forem RW, então ele é regravável"*
(B) *"Grave alguma coisa qualquer nele e depois tente apaga-lo. Se você conseguir, o CD é regravável."*
(C) *"Procure no rótulo do CD pelas letras que vêm depois de CD. Se for apenas um R, então ele é regravável"*
(D) *"Todos os CDs são regraváveis"*
(E) *"Se a cor da mídia for azul, então ele é regravável"*

A: Correta, as letras RW após as letras CD no rótulo de uma mídia indicam que ele é rewriteable ou regravável. **B:** Incorreta, desta forma, caso ele não seja regravável, você perderá a mídia por não poder reutilizá-la. **C:** Incorreta, a letra R após as letras CD indicam que ele é apenas recordable ou gravável. **D:** Incorreta, apenas os CDs do tipo RW são regraváveis. **E:** Incorreta, a cor da mídia não indica sua característica.

Gabarito "A".

(Inspetor de Polícia/MT – 2010 – UNEMAT) Um sistema operacional é um programa que faz a ligação entre o *hardware* e os *softwares* inseridos no computador.

Assinale a alternativa correta a respeito de periféricos que fazem parte do hardware presente no computador.

(A) Processador, *Mouse* e *Scanner*.
(B) *Light Pen*, antivírus e Impressora.
(C) Memória RAM, Windows XP e teclado.
(D) *Leds*, *bytes* e *mouse óptico*.
(E) Analisadores léxicos, *W*ebcam e gabinete.

A: Correta, todos os itens apresentados são peças de hardware que compõem um computador; **B:** Incorreta, antivírus é um software e não uma peça de hardware; **C:** Incorreta, o Windows XP é um sistema operacional e não uma peça de hardware; **D:** Incorreta, bytes são unidades de tamanho e não peças de hardware; **E:** Incorreta, analisadores léxicos são softwares e não peças de hardware.

Gabarito "A".

(Escrivão de Polícia/SP – 2010) Memória interposta entre RAM e microprocessador, ou já incorporada aos microprocessadores, destinada a aumentar a taxa de transferência entre RAM e o processador. Esta descrição define qual memória?

(A) ROM.
(B) Virtual.
(C) *Cache*.
(D) Principal.
(E) Secundária.

A: Incorreta, a memória ROM é uma memória de leitura usada na inicialização do computador; **B:** Incorreta, a memória Virtual é mais lenta que a memória RAM; **C:** Correta, a memória cache é uma memória auxiliar de acesso muito rápido usado pela CPU durante o processamento; **D:** Incorreta, a memória principal é um grupo de memórias que podem ser endereçadas diretamente pela CPU, do qual fazem parte as memórias RAM, ROM, os registradores e a memória cache; **E:** Incorreta, a memória secundária, ou de armazenamento, não é usada pela CPU para melhorar taxas de transferência.

Gabarito "C".

(Escrivão de Polícia/PR – 2010) Considere as afirmativas a seguir, com relação à arquitetura e à organização de computadores:

I. O USB é um barramento serial para comunicação do computador com dispositivos de baixa velocidade, como teclados, *mouses*, câmeras digitais, entre outros.
II. O disco rígido é uma memória volátil, ou seja, perde suas informações na ausência de energia elétrica.
III. A *cache* é uma memória pequena e de alta velocidade utilizada para melhorar o desempenho do computador.
IV. Processadores *dual core* possuem dois núcleos completos de execução em um único processador físico.

Assinale a alternativa correta.

(A) Somente as afirmativas I e II são corretas.
(B) Somente as afirmativas II e IV são corretas.
(C) Somente as afirmativas III e IV são corretas.
(D) Somente as afirmativas I, II e III são corretas.
(E) Somente as afirmativas I, III e IV são corretas.

A: Incorreta, a afirmativa II está incorreta, o disco rígido mantém seu conteúdo mesmo com o computador desligado, portanto não é uma memória volátil; **B:** Incorreta, a afirmativa II está incorreta, o disco rígido mantém seu conteúdo mesmo com o computador desligado, portanto não é uma memória volátil; **C:** Incorreta, a afirmativa I também está correta; **D:** Incorreta, a afirmativa II está incorreta, o disco rígido mantém seu conteúdo mesmo com o computador desligado, portanto não é uma memória volátil; **E:** Correta, apenas as afirmativas I, III e IV estão corretas.

Gabarito "E".

6. PLANILHAS ELETRÔNICAS

(Agente de Polícia Federal – 2012 – CESPE) Acerca do *Excel* 2010, julgue os itens seguintes.

(1) Um usuário que deseje que todos os valores contidos nas células de B2 até B16 de uma planilha *Excel* sejam automaticamente formatados para o tipo número e o formato moeda (R$) pode fazê-lo mediante a seguinte sequência de ações: selecionar as células desejadas; clicar, na barra de ferramentas do Excel, a opção Formato de Número de Contabilização; e, por fim, selecionar a unidade monetária desejada.

(2) Em uma planilha *Excel*, para somar os valores contidos nas células de B2 até B16 e colocar o resultado na célula B17, é suficiente que o usuário digite, na célula B17, a fórmula =SOMA(B2:B16) e tecle Enter.

1: Correta, a opção Formato de Número de Contabilização permite formatar uma ou mais células como moeda; **2:** Correta, a fórmula =SOMA(B2:B16) realiza a soma dos valores das células do intervalo que vai de B2 até B16.
Gabarito 1C, 2C

(Escrivão de Polícia/GO – 2013 – UEG) A planilha eletrônica *LibreOffice Calc*, versão 3.6.3.2, configuração padrão em português, permite a edição de planilhas, geração de gráficos e cálculos matemáticos e estatísticos. Sobre recursos desse *software* constata-se o seguinte:

(A) a fórmula =SOMA(C1;C5) inserida na célula C5 apresentará o mesmo resultado da fórmula =C1+C2+C3+C4+C5 inserida na célula C6;
(B) ao inserir na célula C6 a fórmula =SOMA(C1:C4) a planilha apresentará na célula em que a fórmula foi inserida a soma dos valores contidos nas células C1, C2, C3 e C4;
(C) ao inserir na célula C6 a fórmula =MED(C1;C5) a planilha apresentará na célula em que a fórmula foi inserida a média dos valores contidos nas células C1 e C5;
(D) ao inserir na célula C9 a fórmula =MAX(D7:E8) a planilha apresentará na célula em que a fórmula foi inserida o maior valor entre os valores contidos nas células D7 e E8.

A: Incorreta, a fórmula =SOMA(C1:C5) digitada na célula C5 irá gerar um erro de recursividade, onde a célula atual é usada dentro do cálculo nela inserida. **B:** Correta, a fórmula mencionada irá realizar a soma dos valores do intervalo de C1 até C4. **C:** Incorreta, como dentro da fórmula =MED fui usado o símbolo de dois pontos (:) a média irá considerar todo o intervalo de C1 até C5. **D:** Incorreta, será exibido o maior valor entre os valores contidos no intervalo de D7 até E8, que incluem essas e as células E7 e D8.
Gabarito "B".

(Agente de Polícia/PI – 2012) Acerca das funcionalidades do *Microsoft Excel* 2007, analise as proposições abaixo.

1) O *Microsoft Office Excel* 2007 apresenta um excelente recurso para a criação de gráficos com uma guia Gráficos cheia de recursos e um assistente orienta o usuário a construir um gráfico.
2) A Alça de Preenchimento está localizada no canto inferior da célula ativa. Arrastando-a, podemos preencher rapidamente o conteúdo das células vizinhas com: o mesmo valor, valores sequenciais (usando o Ctrl), padrões sequenciais (mês, ano etc., selecionando-se mais de uma célula) e fórmulas.
3) Para inserir um gráfico, selecione a área com os dados que deseja apresentar nele. Selecione, inclusive, os dados que serão apresentados como legenda e como gráfico.
4) O atalho para transformar um número em forma percentual é Ctrl + Shift + %.

Estão corretas:

(A) 1, 2, 3 e 4.
(B) 2, 3 e 4, apenas.
(C) 1, 3 e 4, apenas.
(D) 1, 2 e 4, apenas.
(E) 1, 2 e 3, apenas.

Todas as afirmações estão corretas, portanto apenas a alternativa A está correta e deve ser assinalada.
Gabarito "A".

(Escrivão de Polícia/PR – 2010) Considere as afirmativas a seguir, com relação ao aplicativo *Calc do BrOffice* 3.1:

I. O ícone mostra as funções de desenho.

II. O ícone aplica a fórmula SOMA às células selecionadas.

III. O ícone mescla as células selecionadas.

IV. O ícone classifica, em ordem crescente, as células selecionadas.

Assinale a alternativa correta.

(A) Somente as afirmativas I e II são corretas.
(B) Somente as afirmativas I e III são corretas.
(C) Somente as afirmativas III e IV são corretas.
(D) Somente as afirmativas I, II e IV são corretas.
(E) Somente as afirmativas II, III e IV são corretas.

A: Incorreta, as afirmativas I e II estão incorretas, o ícone permite a inserção de gráficos e o ícone adiciona uma casa decimal ao número; **B:** Incorreta, a afirmativa I está incorreta, o ícone permite a inserção de gráficos; **C:** Correta, apenas as afirmativas III e IV estão corretas; **D:** Incorreta, as afirmativas I e II estão incorretas, o ícone permite a inserção de gráficos e o ícone adiciona uma casa decimal ao número; **E:** Incorreta, a afirmação II está incorreta, o ícone adiciona uma casa decimal ao número.
Gabarito "C".

(Investigador de Polícia/SP – 2013 – VUNESP) O botão Área de Impressão encontrado no *menu Layout da Página do MS-Excel* 2010, na sua configuração padrão, permite definir a área de impressão de intervalo(s) de células previamente selecionado(s) de

(A) várias planilhas de um grupo adjacente de células;
(B) várias pastas de trabalho de uma planilha;
(C) uma pasta de trabalho da planilha;
(D) uma planilha da pasta de trabalho;
(E) várias planilhas de uma célula.

O botão Área de Impressão permite que uma área selecionada na planilha seja impressa, isso só é possível em uma planilha da pasta de trabalho (uma pasta de trabalho pode conter várias planilhas que são acessíveis pela barra inferior), portanto apenas a alternativa D está correta.
Gabarito "D".

(Agente-Escrivão – Pernambuco – CESPE – 2016) Utilizando o Excel 2010, um analista desenvolveu e compartilhou com os demais servidores de sua seção de trabalho uma planilha eletrônica que pode ser editada por todos os servidores e que, ainda, permite a identificação do usuário responsável por realizar a última modificação. Para compartilhar suas atualizações individuais na planilha, o analista tem de selecionar a opção correspondente em Compartilhar Pasta de Trabalho, do menu Revisão, do Excel 2010.

Com relação a essa situação hipotética, assinale a opção correta.

(A) Caso dois servidores editem a mesma célula, será impossível resolver conflitos de edição.
(B) Dois ou mais servidores não poderão editar o mesmo arquivo simultaneamente.
(C) Se um servidor acessar a planilha para edição, este procedimento causará o bloqueio do arquivo, de modo que outro servidor não poderá abri-lo, ainda que seja somente para consulta.
(D) O Word é o único programa do Microsoft Office que permite que mais de um usuário edite, simultaneamente, arquivos de texto.
(E) A planilha poderá ser editada por mais de um servidor simultaneamente.

A função Compartilhar Pasta de Trabalho permite que mais de uma pessoa possa editar o mesmo arquivo de forma simultânea, sem que o acesso ao arquivo seja bloqueado, e por meio do controle de alterações é possível identificar quem foi o responsável por cada alteração bem como é possível resolver conflitos caso mais de uma pessoa edite a mesma parte da planilha. Esse tipo de funcionalidade existe tanto no MS Excel como no MS Word, na função de coautoria, portanto apenas a alternativa E está correta.

(Agente-Escrivão – Acre – IBADE – 2017) No Microsoft Excel, qual dos operadores a seguir deve preceder a digitação de uma fórmula em uma célula?

(A) #
(B) @
(C) =
(D) +
(E) $

No Microsoft Excel, assim como em outros softwares de edição de planilhas eletrônicas como o BROffice, as fórmulas que podem ser inseridas em uma célula devem ser precedidas pelo símbolo de igual (=), portanto apenas a alternativa C está correta.

(Investigador-Escrivão-Papiloscopista – Pará – Funcab – 2016) O valor 0,0019 foi inserido na célula E2 de uma planilha MS Excel 2010, em português. Parte dessa planilha é mostrada na figura a seguir.

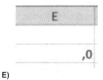

Após a digitação do valor, a célula foi formatada com o código de formatação #.###,## . Esse código foi inserido na caixa de texto Tipo, da categoria Personalizado, presente no diálogo Formatar Células.

Qual figura exibe o conteúdo da célula E2 após essa formatação ter sido aplicada?

A) E ,02

B) E 0,02

C) E 0,0019

D) E ,

E) E ,0

A, B, C, D e E: O formato escolhido (#.###,##) faz com que a célula exiba os números utilizando o ponto como separador da unidade de milhar e a vírgula como separador das casas decimais tendo apenas dois dígitos de precisão. Neste caso, como os primeiros dois dígitos das casas decimais são zero e o único número antes da vírgula também o zero, a célula irá apresentar apenas o símbolo da vírgula, logo apenas a alternativa D está correta.

7. REDE E INTERNET

(Agente de Polícia Federal – 2012 – CESPE) Considerando que, para acessar uma página da *Internet* via conexão segura (HTTPS), um usuário tenha ficado em dúvida sobre qual *software* de navegação escolher, julgue os itens que se seguem.

(1) Se o certificado digital na conexão HTTPS for maior que 1.024 *bits*, o usuário deverá escolher o *Mozilla Firefox* ou o *Internet Explorer*, que suportariam a conexão, pois o *Google Chrome* trabalha somente com certificados de até 796 *bits*.

(2) O *Google Chrome*, o *Mozilla Firefox* e o *Internet Explorer* suportam o uso do protocolo HTTPS, que possibilita ao usuário uma conexão segura, mediante certificados digitais.

1: Incorreta, o Chrome, assim como os outros navegadores mencionados, não possui esta limitação e funciona com certificados de 1024 bits e superiores; **2:** Correta, todos os três navegadores permitem a navegação utilizando o protocolo HTTPS, atualmente todos os navegadores permitem tal função.

(Agente de Polícia Federal – 2012 – CESPE) Aplicativos do tipo *firewall* são úteis para proteger de acessos indesejados computadores conectados à Internet. A respeito do funcionamento básico de um *firewall* do tipo pessoal em sistemas Windows 7 configurados e em funcionamento normal, julgue os próximos itens.

(1) Quando a solicitação de conexão do tipo UDP na porta 21 for recebida por estação com *firewall* desligado, caberá ao sistema operacional habilitar o *firewall*, receber a conexão, processar a requisição e desligar o *firewall*. Esse procedimento é realizado porque a função do UDP na porta 21 é testar a conexão do *firewall* com a *Internet*.

(2) Se uma estação com *firewall* habilitado receber solicitação de conexão do tipo TCP, a conexão será automaticamente negada, porque, comumente, o protocolo TCP transporta vírus.

1: Incorreta, a porta 21 é utilizada para transferência de dados (FTP) e não está relacionada a testes de firewall; **2:** Incorreta, o protocolo TCP transporta quase toda a comunicação em rede e por isso não é bloqueado pelo Firewall.

(Escrivão de Polícia/GO – 2013 – UEG) Os principais navegadores disponíveis, como o *Internet Explorer* e *Firefox*, possibilitam escolher o tipo de informações de formulários da *Web* que eles poderão armazenar e preencher automaticamente para agilizar o processo de navegação. Sobre esse recurso no *Internet Explorer* 7, constata-se que

(A) o recurso de Preenchimento Automático poderá ser habilitado na Guia Segurança, do *Menu* Favoritos;
(B) por questão de segurança, sites confiáveis e serviços de *Webmails* não permitem a utilização dos dados retidos pelo recurso de Preenchimento Automático;
(C) uma vez armazenadas as informações de Preenchimento Automático o procedimento de exclusão desses dados dependerá de autorização do provedor do site relacionado ao conteúdo;
(D) o recurso de Preenchimento Automático poderá lembrar-se de endereços da *Web* e de informações inseridas em formulários da *Web* ou senhas.

A: Incorreta, o recurso de Preenchimento Automático se encontra na aba Conteúdo da opção Opções da Internet no menu Ferramentas. **B:** Incorreta, os sites não possuem controle sobre a atuação do recurso de Preenchimento Automático. **C:** Incorreta, a exclusão dos dados depende apenas da confirmação da ação pelo pró-

644 HELDER SATIN

prio usuário. **D:** Correta, o Preenchimento Automático permite guardar endereços e dados digitados em formulários para agilizar a digitação destas informações.
Gabarito "D".

(Escrivão de Polícia/GO – 2013 – UEG) Os mecanismos de busca disponíveis na Internet (*Google, Yahoo,* entre outros) são sistemas que auxiliam no processo de navegação, consulta e seleção de conteúdos. Consultas mais refinadas auxiliam na diminuição das páginas apresentadas como resultado. Em relação aos recursos do *Google,* constata-se que:

(A) a falta de recursos que permitam particularizar os resultados em um idioma específico dificulta o processo de análise;.

(B) o sistema de busca não identifica erros ortográficos em português, por exemplo, o que exige mais atenção dos usuários de países com idioma diferente do inglês;

(C) a utilização do sinal de menos (-) precedendo um termo informado no campo de consulta indica que o resultado deverá excluir todos os documentos que possuam este termo;

(D) a utilização de termos entre aspas possibilita que o resultado da consulta apresente todos os documentos que contenham qualquer uma das palavras contidas no texto de consulta indicado entre as aspas.

A: Incorreta, nas opções de pesquisa avançada é possível limitar os resultados para um idioma específico. **B:** Incorreta, a pesquisa consegue detectar erros de ortografia e sugere a correção apropriada. **C:** Correta, o sinal de menos antes de uma palavra irá excluir os resultados que a contém. **D:** Incorreta, a utilização de aspas limita a consulta apenas aos itens que contém as palavras exatamente como foi digitado (porém sem as aspas).
Gabarito "C".

(Inspetor de Polícia/MT – 2010 – UNEMAT) A *Internet* é um conjunto de redes interligadas ao redor do mundo, que fornecem as mais diversas informações e os mais variados serviços. O correio eletrônico é um desses serviços.

Sobre correio eletrônico, é correto afirmar.

I. O correio eletrônico serve também para a editoração e processamento de documentos.

II. Através do correio eletrônico é possível enviar diferentes tipos de arquivos com diferentes extensões.

III. Com o uso do correio eletrônico, é possível ter acesso a outros serviços da *Internet,* bastando apenas a digitação do endereço de *e-mail* e uma senha.

IV. O correio eletrônico é um dos serviços mais antigos, disponibilizados desde a criação da *Internet.*

Assinale a alternativa cujas afirmações estão corretas.

(A) Apenas I e II estão corretas.

(B) Apenas II e III estão corretas.

(C) Apenas I, II e III estão corretas.

(D) Apenas II, III e IV estão corretas.

(E) Apenas I, II e IV estão corretas.

A: Incorreta, a afirmativa I está incorreta, o correio eletrônico tem como função a comunicação entre indivíduos e não o processamento de documentos; **B:** Incorreta, a afirmativa IV também está correta; **C:** Incorreta, a afirmativa I está incorreta, o correio eletrônico tem como função a comunicação entre indivíduos e não o processamento de documentos; **D:** Correta, apenas as afirmativas II, III e IV estão corretas; **E:** Incorreta, a afirmativa I está incorreta, o correio eletrônico tem como função a comunicação entre indivíduos e não o processamento de documentos.
Gabarito "D".

(Agente de Polícia/PI – 2012) Sobre o navegador *Microsoft Internet Explorer* 8, analise as proposições abaixo:

1) No *Explorer* 8 você pode clicar no botão do Modo de Exibição de Compatibilidade para exibir *sites* que ainda não foram atualizados.

2) A barra de Favoritos permite adicionar *feeds, Web Slices* e favoritos à barra de Favoritos para que você possa ver quando o conteúdo atualizado no *site* favorito foi alterado.

3) No Explorer 8 ainda não é possível a utilização de múltiplas abas para serem utilizadas como páginas iniciais.

4) A Navegação *InPrivate* permite que você navegue na *Web* sem deixar vestígios no *Internet Explorer.* Isso ajuda a impedir que qualquer outra pessoa que possa estar usando seu computador veja quais páginas você visitou e o que você procurou na *Web.*

Estão corretas:

(A) 1, 2 e 3, apenas.

(B) 1, 2 e 4, apenas.

(C) 1, 3 e 4, apenas.

(D) 2, 3 e 4, apenas.

(E) 1, 2, 3 e 4.

Apenas as afirmativas 1, 2 e 4 estão corretas, o Internet Explorer 8 possui o recurso de navegação em abas e é possível definir várias páginas iniciais por meio da Opções da Internet. Portanto apenas a alternativa B está correta.
Gabarito "B".

(Agente de Polícia/PI – 2012) Acerca dos procedimentos de segurança na navegação pela *Web* com o *Microsoft Internet Explorer 8,* analise as proposições abaixo.

1) O Filtro do *SmartScreen* é um recurso no Internet Explorer que ajuda a detectar sites de *phishing.* O Filtro do *SmartScreen* também pode ajudar a protegê-lo da instalação de *softwares* mal intencionados ou *malwares.*

2) O Filtro do *SmartScreen* é executado em segundo plano enquanto você navega pela *Web,* analisando sites e determinando se eles têm alguma característica que possa ser considerada suspeita.

3) O Filtro do *SmartScreen* verifica os sites visitados e compara com uma lista dinâmica e atualizada de sites de *phishing* e sites de softwares mal intencionados relatados.

4) O Filtro do *SmartScreen* também verifica arquivos e pastas designados pelo usuário, tal como um antivírus, e compara com a mesma lista dinâmica de sites de *softwares* mal-intencionados relatados.

Estão corretas:

(A) 1, 2 e 3, apenas.

(B) 1, 2 e 4, apenas.

(C) 1, 3 e 4, apenas.

(D) 2, 3 e 4, apenas.

(E) 1, 2, 3 e 4.

Apenas as afirmativas 1, 2 e 3 estão corretas, o SmartScreen não analisa arquivos e pastas do computador, apenas os sites visitados são analisados. Portanto apenas a alternativa A está correta.
Gabarito "A".

(Agente de Polícia/PI – 2012) Considerando os conceitos básicos de *Internet,* assinale a alternativa correta.

(A) Um *firewall* é um antivírus atualizado que limpa e protege contra vírus tipo *worm.*

(B) Os tipos de firewall mais usados são os *AdWare* e o *Spyware.*

(C) *Firewall* não protege o seu computador contra um programa "espião" conhecido como "Cavalo de Troia (*trojan horse*).

(D) O sistema Windows XP, em nenhuma versão, vem com *firewall,* e é preciso instalar algum *firewall* como o *ZoneAlarm.*

(E) Uma função do *firewall* é gerenciar os programas que usam a Internet e as portas de conexão com esta.

A: Incorreta, um firewall é uma ferramenta que monitora toda a comunicação de rede e protege contra ataques externos e acessos não autorizados. **B:** Incorreta, Spyware e AdWare são tipos de vírus de computador. **C:** Incorreta, proteger contra este tipo de vírus é justamente um dos papeis dos firewalls. **D:** Incorreta, o Windows XP possui um firewall básico em sua instalação padrão. **E:** Correta, o firewall gerencia os acessos às portas do computador.
Gabarito "E".

(Escrivão de Polícia/SP – 2010) O protocolo mais comum utilizado para dar suporte ao correio eletrônico é:

(A) HTTP.

(B) NTFS.

(C) FTP.

(D) TELNET.

(E) SMTP.

A: Incorreta, o protocolo HTTP é utilizado para páginas Web; **B:** Incorreta, o protocolo NTFS é um sistema de arquivos e não um protocolo de Internet; **C:** Incorreta, o FTP é um protocolo utilizado na troca de arquivos em rede; **D:** Incorreta, o Telnet é um protocolo de acesso remoto; **E:** Correta, o protocolo SMTP cuida do envio de mensagens de correio eletrônico.
Gabarito "E".

14. Informática

14. INFORMÁTICA — 645

(Escrivão de Polícia/SP – 2010) A configuração de rede mais adequada para conectar computadores de um edifício, uma cidade, um país, respectivamente, é:

(A) LAN, LAN, WAN.
(B) LAN, LAN, LAN.
(C) WAN, WAN, LAN.
(D) LAN, WAN, LAN.
(E) LAN, WAN,WAN.

A: Incorreta, LANs têm alcance limitado e não podem cobrir uma cidade inteira; **B:** Incorreta, LANs têm alcance limitado e não podem cobrir cidades ou países; **C:** Incorreta, um edifício é um ambiente de rede pequeno e é coberto facilmente por uma LAN; **D:** Incorreta, países não podem ser cobertos por LANs por possuírem alcance limitado; **E:** Correta, LANs têm um alcance pequeno mas podem cobrir com facilidade um edifício, cidades e países necessitam de WANs, rede com alcance muito maior e maior capacidade.
Gabarito "E".

(Escrivão de Polícia/SP – 2010) Ao configurar um *firewall* para proteger e permitir acesso a uma DMZ que hospeda apenas um servidor WWW deve(m)-se liberar:

(A) a porta de comunicação 20;
(B) a porta de comunicação 80;
(C) a porta de comunicação 25;
(D) as portas de comunicação 110 e 21;
(E) todas as portas de comunicação.

A: Incorreta, a porta de comunicação 20 é usada para troca de arquivos e não para servidores Web; **B:** Correta, a porta 80 é utilizada para acesso a páginas Web; **C:** Incorreta, a porta 25 é usada por servidores de e-mail e não servidores de sites; **D:** Incorreta, a porta 21 é usada para troca de arquivos e a 110 para recebimento de mensagens de correio eletrônico; **E:** Incorreta, deixar todas as portas de comunicação é um risco muito grande, devendo apenas as portas a serem utilizadas permanecerem abertas.
Gabarito "B".

(Escrivão de Polícia/SP – 2010) Em uma rede pode ser necessário que o mesmo endereço IP possa ser usado em diferentes placas de rede em momentos distintos. Isto pode ser feito pelo protocolo:

(A) DHCP.
(B) SMTP.
(C) SNMP.
(D) FTP anônimo.
(E) RIP.

A: Correta, o protocolo DHCP entrega um endereço de IP para o computador conforme os endereços em sua tabela de endereços estão livres ou ocupados; **B:** Incorreta, o protocolo SMTP controla o envio de mensagens de correio eletrônico; **C:** Incorreta, o protocolo SNMP é usado no monitoramento de redes; **D:** Incorreta, o FTP é usado apenas para transferência de dados entre computadores; **E:** Incorreta, o protocolo RIP é usado em redes para determinar o número máximo de saltos que um pacote pode fazer durante o roteamento.
Gabarito "A".

(Escrivão de Polícia/SP – 2010) A velocidade de transmissão de dados via *modem* é medida em:

(A) *bits* por segundo;
(B) *hertz* por *megahertz*;
(C) *bytes* por minuto;
(D) *bytes* por segundo;
(E) *megabyte* por segundo.

A: Correta, as transferências em rede são calculadas em bits por segundo; **B:** Incorreta, hertz por megahertz não é uma unidade de medida; **C:** Incorreta, são usadas as menores unidades para a medição, neste caso bytes são maiores que bits e minutos mais que segundos; **D:** Incorreta, são usadas as menores unidades para a medição, neste caso bytes são maiores que bits; **E:** Incorreta, são usadas as menores unidades para a medição, neste caso megabytes são muito maiores que bits.
Gabarito "A".

(Escrivão de Polícia/SP – 2010) Voz sobre IP, telefonia IP e telefonia *internet* é a tecnologia que nos permite a voz sobre banda larga e é denominada:

(A) Skype.
(B) VOIP.
(C) MSN.

(D) GSM.
(E) EDGE.

A: Incorreta, Skype é um programa que utiliza a telefonia IP para comunicação entre seus usuários; **B:** Correta, o protocolo VOIP permite a comunicação de voz por meio de redes de dados; **C:** Incorreta, o MSN é um programa de comunicação instantânea; **D:** Incorreta, GSM é uma tecnologia usada em redes móveis de telefonia convencional; **E:** Incorreta, EDGE é uma tecnologia usada em redes móveis de telefonia convencional.
Gabarito "B".

(Escrivão de Polícia/SP – 2010) O SMTP e o POP3 são protocolos de comunicação utilizados na troca de *e-mail*. No processo de configuração de um *firewall* os protocolos SMTP e POP3 estão relacionados, respectivamente, por padrão às portas:

(A) UDP 35 e TCP 80.
(B) UDP 25 e UDP 110.
(C) UDP 53 e UDP 80.
(D) TCP 25 e TCP 110.
(E) TCP 53 e TCP 80.

A: Incorreta, a porta UDP 35 é utilizada por impressoras e a porta 80 pelo protocolo HTTP; **B:** Incorreta, o protocolo SMTP usa a porta TCP 25 e não a UDP 25; **C:** Incorreta, a porta 53 é usada pelo protocolo DNS; **D:** Correta, o SMTP usa a porta TCP 25 (para garantir a entrega da mensagem) e o POP3 a porta TCP 110 (para garantir o recebimento da mensagem); **E:** Incorreta, a porta 53 é usada pelo protocolo DNS.
Gabarito "D".

(Investigador de Polícia/SP – 2013 – VUNESP) No Google, o *caracter* que deve ser adicionado imediatamente antes da palavra para procurar por essa palavra e também por seus sinônimos é:

(A) ".
(B) ~.
(C) %.
(D) #.
(E) &.

A: Incorreta, as aspas são usadas para buscar por termos estritamente iguais ao digitado. **B:** Correta, o til (~) faz com que a busca inclua o termo sucessor e seus sinônimos. **C:** Incorreta, o % não faz parte dos símbolos de busca do Google. **D:** Incorreta, o # não faz parte dos símbolos de busca do Google. **E:** Incorreta, o & não faz parte dos símbolos de busca do Google.
Gabarito "B".

(Escrivão de Polícia/PR – 2010) Considere as afirmativas a seguir:

I. Uma das funcionalidades presentes no *Internet Explorer 7.0* é a navegação em abas.

II. Cavalo de Troia é o nome dado a uma categoria de vírus que se apresenta sob a forma de um *software* útil, mas cuja real intenção é provocar algum tipo de dano ao computador do usuário.

III. O *Outlook Express 6.0* não possui o recurso de envio de mensagens com cópia oculta.

IV. O *Outlook Express 6.0* permite o gerenciamento de várias contas de *e-mail*.

Assinale a alternativa correta.

(A) Somente as afirmativas I e IV são corretas.
(B) Somente as afirmativas II e III são corretas.
(C) Somente as afirmativas III e IV são corretas.
(D) Somente as afirmativas I, II e III são corretas.
(E) Somente as afirmativas I, II e IV são corretas.

A: Incorreta, a afirmativa II também está correta; **B:** Incorreta, a afirmativa III está incorreta, é possível enviar cópias ocultas pelo Outlook Express 6 normalmente; **C:** Incorreta, a afirmativa III está incorreta, é possível enviar cópias ocultas pelo Outlook Express 6 normalmente; **D:** Incorreta, a afirmativa III está incorreta, é possível enviar cópias ocultas pelo Outlook Express 6 normalmente; **E:** Correta, apenas as afirmativas I, II e IV estão corretas.
Gabarito "E".

(Agente-Escrivão – Pernambuco – CESPE – 2016) Dois analistas, que compartilham a mesma estação de trabalho ao longo do dia – um no turno matutino e outro no turno vespertino –, utilizam a versão mais recente do Google Chrome e desejam que esse navegador memorize os dados de formulários dos sistemas *web* do órgão em que atuam, sem que as senhas desses formulários sejam memorizadas.

Considerando essa situação hipotética, assinale a opção correta.

(A) É possível configurar o *browser* para memorizar dados dos formulários, entretanto isso implica necessariamente o armazenamento das respectivas senhas, ainda que de modo independente para cada analista.
(B) Não é possível memorizar nomes de usuários e senhas para cada analista individualmente, visto que o navegador em questão armazena os dados de formulários no mesmo local, independentemente do perfil do usuário na estação de trabalho.
(C) Cada analista deve, ao fim de seu turno, limpar os dados de navegação e de privacidade para evitar sobreposição e compartilhamento de dados dos formulários no navegador, pois independentemente da configuração os dados do *browser* são únicos para todos os usuários que acessem a estação.
(D) Não é possível realizar quaisquer configurações adicionais no navegador, uma vez que este, necessariamente, armazena dados e senhas de formulários.
(E) É possível configurar o *browser* para memorizar dados dos formulários e não armazenar senhas de modo independente para cada analista.

A: incorreta. No Google Chrome há a possibilidade de salvar dados de formulários sem que senhas sejam necessariamente salvas; **B:** incorreta. O Google Chrome permite salvar os dados de cada usuário separadamente por meio da ligação da conta pessoal de cada um pela função Smart Lock; **C:** incorreta. No Google Chrome, quando se realiza o login com seu usuário pessoal, os dados de navegação não serão compartilhados com os outros usuários; **D:** incorreta. O navegador pode ou não armazenar os dados de usuário e senha em formulários, dependendo da configuração que o usuário desejar; **E:** correta, cada analista pode usar configurações diferentes, podendo o navegador armazenar ou não os dados de usuário e senha em formulários.
Gabarito "E".

(Agente-Escrivão – Pernambuco – CESPE – 2016) Assinale a opção que apresenta corretamente o texto que, ao ser digitado no sítio de buscas Google, permite localizar, na *web*, arquivos no formato pdf que contenham a frase "valorização do policial civil", mas não contenham o vocábulo "concurso".

(A) 'valorização do policial civil' without 'concurso' type(pdf).
(B) 'valorização do policial civil' no:concurso archive(pdf).
(C) "valorização do policial civil" not(concurso) in:pdf.
(D) "Valorização do Policial Civil." – concurso filetype:pdf.
(E) valorização and do and policial and civil exclude(concurso) in:pdf.

Em uma busca no Google é possível delimitar que os resultados contenham uma frase exatamente da forma como foi escrita colocando-a entre aspas. Também é possível excluir dos resultados determinado termo utilizando o sinal de menos antes do termo desejado. Por fim, é possível definir que a busca retorne apenas documentos de um certo tipo por meio da especificação filetype: extensão, portanto apenas a alternativa D está correta.
Gabarito "D".

(Agente-Escrivão – Pernambuco – CESPE – 2016) Um usuário instalou e configurou, em uma estação de trabalho do órgão onde atua, um aplicativo de disco virtual, que permite armazenamento de dados em nuvem (*Cloud storage*), e sincronizou uma pasta que continha apenas um arquivo nomeado como xyz.doc. Em seguida, ele inseriu três arquivos nessa pasta e modificou o conteúdo do arquivo xyz.doc. Posteriormente, esse usuário configurou, em um computador na sua residência, o mesmo aplicativo com a mesma conta utilizada no seu trabalho, mas não realizou quaisquer edições ou inserção de arquivos na referida pasta.

Com base nas informações apresentadas nessa situação hipotética, é correto afirmar que, no computador na residência do usuário, a pasta utilizada para sincronizar os dados conterá:

(A) quatro arquivos, porém o arquivo xyz.doc não conterá as modificações realizadas no órgão, uma vez que *cloud storage* sincroniza inserções, e não atualizações.
(B) somente o arquivo xyz.doc sem as modificações realizadas no órgão, uma vez que *cloud storage* sincroniza apenas arquivos que já existiam antes da instalação e da configuração do programa.
(C) somente o arquivo xyz.doc com as modificações realizadas no órgão, uma vez que *cloud storage* sincroniza apenas arquivos que já existiam antes da instalação e da configuração do programa com suas devidas atualizações.
(D) quatro arquivos, incluindo o arquivo xyz.doc com as modificações realizadas no órgão em que o usuário atua.
(E) três arquivos, uma vez que *cloud storage* sincroniza apenas arquivos inseridos após a instalação e a configuração do programa.

Serviços de armazenamento de arquivos em nuvem do tipo Cloud Storage funcionam como uma pasta que o usuário pode sincronizar por meio de vários computadores e dispositivos. Todo o conteúdo da pasta é sincronizado sempre que o dispositivo tem acesso à Internet e assim todas as modificações realizadas em seu conteúdo são atualizadas no dispositivo em questão, sejam elas adições, modificações ou exclusões. Portanto no computador da residência do usuário haverá quatro arquivos, sendo o arquivo xyz.doc com as alterações realizadas e também os outros arquivos adicionados posteriormente. Logo apenas a alternativa D está correta.
Gabarito "D".

(Agente-Escrivão – Acre – IBADE – 2017) Com relação à computação nas nuvens (cloud computing), analise as afirmativas a seguir.

I. Uma desvantagem é em relação ao custo.
II. Para sua utilização, é necessária uma conexão com a Internet.
III. A palavra "nuvem" se refere à Internet.
IV. Google, Amazon e Microsoft são exemplos de empresas líderes nesse serviço.

Estão corretas as afirmativas:

(A) I, II e IV, apenas.
(B) I, III e IV, apenas.
(C) II, III e IV, apenas.
(D) I, II, III e IV.
(E) I, II e III, apenas.

O termo cloud computing, ou computação em nuvem, se refere ao uso de recursos disponibilizados como um serviço pela Internet, portanto nuvem é uma referência direta à Internet e seu uso depende de uma conexão a ela. Uma das vantagens é o baixo custo para uso de diversos serviços, como, por exemplo, o armazenamento de arquivos. Os principais líderes neste mercado hoje são Amazon, Microsoft, Google e IBM. Portanto, as afirmativas II, III e IV são verdadeiras, logo apenas a alternativa C está correta.
Gabarito "C".

(Escrivão – AESP/CE – VUNESP – 2017) A imagem a seguir, extraída do Google Chrome 37.0, em sua configuração padrão, apresenta o site da Fundação Vunesp com o cursor do mouse posicionado sobre um link, sem clicar.

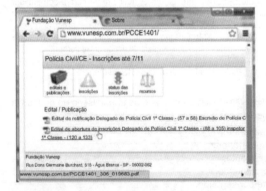

Assinale a alternativa que descreve o que acontecerá quando o usuário clicar no referido link. Considere que o usuário tem permissão e todos os aplicativos necessários para executar a ação.

(A) A página inicial da Vunesp será aberta em nova guia.
(B) Um arquivo será aberto ou baixado pelo navegador.
(C) A mesma página será aberta em uma nova janela.
(D) A página será salva na barra de favoritos.
(E) Um formulário para inclusão de dados pessoais será aberto em uma nova guia.

Quando o mouse é parado sobre um link que pode ser clicado pelo usuário, a página ou recurso de destino pode ser visualizada no canto inferior esquerdo da tela. Neste caso, temos como destino o link www.vunesp.com.br/PCCE1201_306_019683.pdf que leva até um arquivo do tipo PDF. Neste caso, se o usuário clicar neste link o arquivo será aberto pelo navegador ou o arquivo será baixado para a pasta de Downloads do sistema, portanto apenas a alternativa B está correta.

(Investigador-Escrivão-Papiloscopista – Pará – Funcab – 2016) O website dos Correios (www.correios.com.br) está instalado em uma máquina cujo endereço IP é 200.252.60.24 . Ele usa a porta padrão do protocolo http.

Qual URL permite acessar corretamente a página inicial desse website?

(A) http://200.252.60.24/80
(B) http://200.252.60.24:80
(C) http://200.252.60.24/10C
(D) http: 200.252.60.24 100.html
(E) http://200.252.60.24:100

A: incorreta. Desta forma o usuário irá acessar o diretório denominado 80 no IP de destino; **B:** correta. Utilizar o símbolo de dois pontos ao final do endereço indica a porta de comunicação a ser utilizada. Neste caso, o protocolo HTTP utiliza a porta 80 por padrão; **C:** incorreta. Desta forma o usuário irá acessar o diretório 10C no IP de destino; **D:** incorreta. Endereços de URL não podem possuir espaços em branco; **E:** incorreta. A porta padrão do protocolo HTTP é a porta 80 e não a porta 100.

(Investigador-Escrivão-Papiloscopista – Pará – Funcab – 2016) Alguns bancos comerciais obrigam que se instale módulos de segurança nos navegadores Web visando proteger as operações bancárias que seus clientes realizam cotidianamente.

No navegador Firefox, o diálogo que permite ativar e desativar esses plug-ins pode ser alcançado com exatos três cliques do mouse. O primeiro clique deve ser feito sobre o menu Ferramentas, o terceiro clique sobre a opção Plugins e o segundo clique sobre o item de menu:

(A) informações da página.
(B) downloads.
(C) opções.
(D) complementos.
(E) configurar página.

A: incorreta. O item informações da página apenas exibe informações detalhadas sobre a página, certificado SSL, e informações sobre mídia; **B:** incorreta. O item downloads exibe apenas a lista dos últimos downloads realizados pelo navegador; **C:** incorreta. O item opções permite acessar as opções de configuração do navegador, como questões de privacidade, segurança e conteúdo; **D:** correta. Pelo item complementos é possível gerenciar os plug-ins, extensões, serviços e a aparência do navegador; **E:** incorreta. Não há um item chamado configurar página no menu Ferramentas do Firefox.

(Papiloscopista – PCDF – Universa – 2016) Uma das características que podem ser observadas no programa de navegação Mozilla Firefox, em sua versão mais recente, é a navegação dentro de uma página sem a utilização do *mouse*. Esse recurso é conhecido como *Caret Browsing* (navegação por cursor) e utiliza as teclas de setas para percorrer a página e as demais teclas para selecionar um texto. Este recurso pode ser habilitado ou desabilitado utilizando a(s) tecla(s):

(A) Ctrl + D.
(B) Ctrl + T.
(C) Alt + D.
(D) F7.
(E) F10.

A: incorreta. No Firefox, o atalho Ctrl + D permite adicionar o site em exibição aos Favoritos; **B:** incorreta. No Firefox, assim como em outros navegadores que trabalham com abas, o atalho Ctrl + T abre uma nova aba; **C:** incorreta. O atalho Alt + D posiciona o cursor de texto na barra de endereços do navegador; **D:** correta. O atalho F7 ativa e desativa o cursor de teclado, que possibilita selecionar texto ou navegar pela página utilizando as teclas direcionais; **E:** incorreta. O atalho F10 seleciona o menu "Arquivo".

8. SISTEMAS OPERACIONAIS

(Agente de Polícia Federal – 2012 – CESPE) Considerando a figura acima, que representa as propriedades de um disco em um sistema operacional *Windows*, julgue os itens subsequentes.

(1) Se o usuário clicar o botão [Limpeza de Disco] todos os vírus de computador detectados no disco C serão removidos do sistema operacional.

(2) O sistema operacional em questão não pode ser o Windows 7 Professional, uma vez que o tipo do sistema de arquivo não é FAT32.

1: Incorreta, a Limpeza de Disco tem como função liberar espaço em disco removendo arquivo temporários; **2:** Incorreta, o Windows 7 necessita de um sistema de arquivos NTFS para poder funcionar e não de um sistema FAT32.

(Agente de Polícia Federal – 2012 – CESPE) A figura acima apresenta as propriedades básicas de um arquivo em disco, no sistema operacional *Windows*. A respeito da figura, julgue os itens a seguir.

648   HELDER SATIN

(1) Marcar a caixa da opção Oculto, em Atributos: tornará o arquivo em questão inacessível para *softwares* antivírus.

(2) Caso deseje alterar o nome do arquivo em questão, o usuário deverá selecionar o nome do arquivo na caixa de texto, alterá-lo conforme desejado e clicar o botão.

(3) Ao clicar na guia o usuário visualizará a data de criação do arquivo e a data de sua última modificação.

1: Incorreta, a opção apenas oculta a exibição do arquivo, softwares antivírus continuarão podendo acessar estes arquivos; **2:** Correta, alterar o nome na caixa de texto correspondente e clicar no botão OK irá mudar o nome do arquivo; **3:** Correta, data de criação e modificação são algumas das informações disponíveis na aba Detalhes, assim como tamanho, tipo, caminho, entre outros. Gabarito "1E, 2C, 3C"

(Escrivão de Polícia/MA – 2013 – FGV) "Desfragmentar um disco rígido" consiste em:

(A) escrever um novo sistema de arquivos no disco;

(B) limpar o histórico do Internet Explorer;

(C) limpar o registro do Windows;

(D) restaurar a mídia magnética do disco rígido de modo a eliminar imperfeições;

(E) reunir pedaços de arquivos espalhados pelo disco para aumentar a eficiência do computador.

A: Incorreta, essa ação é feita quando o disco é formatado. **B:** Incorreta, a limpeza de histórico é feita pela opção Opções da Internet. **C:** Incorreta, desfragmentar um disco é uma ação lógica no disco rígido e a limpeza de registro é uma ação lógica no registro do computador. **D:** Incorreta, não há nenhuma ação no computador que restaura fisicamente um disco rígido. **E:** Correta, na desfragmentação do disco o armazenamento dos dados é revisto de forma que as informações referentes a um mesmo arquivo sejam armazenadas de forma contígua. Gabarito "E".

(Escrivão de Polícia/MA – 2013 – FGV) Em uma máquina rodando o Windows XP, assinale a alternativa que **não** é uma opção padrão da função "Enviar para" no Windows Explorer.

(A) Área de trabalho (criar atalho).

(B) Destinatário de *e-mail*.

(C) Meus Documentos.

(D) Pasta compactada.

(E) Impressora.

Todas são opções que, por padrão, aparecem no item Enviar para, apenas o item E (impressora) não está presente por padrão, portanto está incorreta e deve ser assinalada. Gabarito "E".

(Escrivão de Polícia/MA – 2013 – FGV) Ao arrastar um arquivo para a lixeira, usando o *Windows Explorer*, você está efetivamente:

(A) apagando o arquivo;

(B) salvando o arquivo;

(C) copiando o arquivo;

(D) protegendo o arquivo;

(E) encaminhando o arquivo.

Ao se arrastar um arquivo para a Lixeira o usuário estará apagando este arquivo, sendo possível que ele seja restaurado posteriormente ou excluído permanentemente. Gabarito "A".

(Escrivão de Polícia/MA – 2013 – FGV) Com o *Desktop* visível e selecionado na tela do usuário de um computador rodando o *Windows 7*, assinale a alternativa que indica a tecla que abre a "Ajuda e Suporte do *Windows*".

(A) F1.

(B) F2.

(C) F3.

(D) F4.

(E) F5.

O único atalho que abre a opção "Ajuda e Suporte do Windows" é o F1, portanto a alternativa A deve ser marcada. Gabarito "A".

(Agente de Polícia/PI – 2012) Analise as seguintes proposições, acerca do sistema operacional *Windows XP*.

1) A barra de tarefas mostra quais as janelas estão abertas neste momento, mesmo que algumas estejam minimizadas ou ocultas sob outra janela, permitindo, assim, alternar entre essas janelas ou entre programas com rapidez e facilidade.

2) No *Windows Explorer*, você pode ver a hierarquia das pastas em seu computador e todos os arquivos e pastas localizados em cada pasta selecionada. Ele é composto de uma janela dividida em dois painéis: o painel da esquerda é uma árvore de pastas hierarquizada que mostra todas as unidades de disco, a Lixeira, a área de trabalho ou *Desktop*; o painel da direita exibe o conteúdo do item selecionado à esquerda e funciona de maneira idêntica às janelas do Meu Computador.

3) Em versões modernas do *Windows* é possível obter uma outra formatação que serve tanto para o Meu Computador quanto para o *Windows Explorer*, que é você poder escolher se deseja ou não exibir, do lado esquerdo da janela, um painel que mostra as tarefas mais comuns para as pastas e *links* que mostram outras partes do computador. Isto não é possível no *Windows XP*.

4) Você pode renomear vários arquivos de uma vez só no *Windows Explorer*, selecionando os arquivos que deseja renomear e clicando com o botão direito do *mouse* em um deles para renomeá-lo. Todos os outros serão renomeados automaticamente com o mesmo nome, mas numerados em mesmo sequência.

Estão corretas:

(A) 1, 2 e 3, apenas.

(B) 1, 2 e 4, apenas.

(C) 1, 3 e 4, apenas.

(D) 2, 3 e 4, apenas.

(E) 1, 2, 3 e 4.

As afirmativas 1, 2 e 4 estão corretas, a opção descrita na afirmativa 3 é possível no Windows XP. Portanto apenas a alternativa B está correta, devendo ser assinalada. Gabarito "B".

(Agente de Polícia/PI – 2012) Acerca do uso de arquivos e pastas no *Windows 7*, analise as seguintes afirmativas sobre o ato de se arrastar um arquivo com o mouse, de uma pasta para outra.

1) Se a operação ocorre com a tecla CTRL pressionada, o resultado é uma cópia (copiar e colar), independente da unidade de origem e de destino.

2) Se a operação ocorre com a tecla SHIFT pressionada, o resultado é uma movimentação (recortar e colar), independente da unidade de origem e de destino.

3) Se a operação ocorre com a tecla CTRL+SHIFT pressionadas simultaneamente ou ocorre apenas com a ALT pressionada, o resultado é a criação de um atalho para o item arrastado.

4) Se nenhuma tecla for pressionada, o resultado é uma movimentação (recortar e colar), se a unidade de origem e de destino forem distintas; ou uma cópia (copiar e colar), se origem e destino estiverem na mesma unidade.

Estão corretas:

(A) 1, 2 e 3, apenas.

(B) 1, 2 e 4, apenas.

(C) 1, 3 e 4, apenas.

(D) 2, 3 e 4, apenas.

(E) 1, 2, 3 e 4.

As afirmativas 1, 2 e 3 estão corretas, se nenhuma tecla for pressionada o arquivo será sempre movido, não importa qual seja o destino. Portanto apenas a alternativa A está correta. Gabarito "A".

(Investigador de Polícia/SP – 2013 – VUNESP) A área de transferência do *MS-Windows 7*, na sua configuração padrão,

(A) consegue armazenar arquivos inteiros, mas não pastas;

(B) trabalha com um bloco de informações por vez, ou seja, o conteúdo anterior será sempre substituído pelo novo conteúdo;

(C) é visualizada após a execução do comando *clipbrd.exe*;

(D) consegue armazenar apenas pastas que não contêm subpastas;

(E) armazena qualquer tipo de informação, exceto som; exemplos: arquivos com extensão MP3.

A: Incorreta, é possível armazenar pasta na área de transferência. **B:** Correta, há somente espaço para um tipo de informação por vez, sendo uma informação antiga sobrescrita por uma nova. **C:** Incorreta, não existe tal comando no Windows. **D:** Incorreta, ela pode armazenar qualquer tipo de pasta. **E:** Incorreta, qualquer tipo de arquivo pode ser armazenado na área de transferência.

Gabarito "B".

(Investigador de Polícia/SP – 2013 – VUNESP) Considere a figura que mostra parcialmente a janela propriedades do disco rígido de um computador com MS-Windows 7, em sua configuração original.

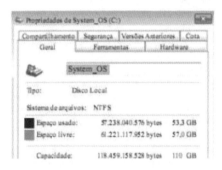

Assinale a alternativa que contém um dos aplicativos disponíveis na guia Ferramentas, visível na janela citada.

(A) *Backup.*
(B) *Windows Explorer.*
(C) *Painel de Controle.*
(D) *Windows Defender.*
(E) *Paint.*

A: Correta, na guia Ferramentas há a possibilidade de ativar o aplicativo de Backup. **B:** Incorreta, o Windows Explorer é o programa onde se pode navegar pelos arquivos e pastas do computador. **C:** Incorreta, o painel de controle está contido nas opções de configuração. **D:** Incorreta, o Windows Defender é um software localizado nas opções de segurança do Windows. **E:** Incorreta, o Paint é o editor de imagens do Windows localizável pelo menu Iniciar.

Gabarito "A".

(Investigador de Polícia/SP – 2013 – VUNESP) A figura seguinte apresenta parte da área de trabalho do *MS-Windows 7*:

Um dos aplicativos em execução é o:

(A) *Internet Explorer.*
(B) *Microsoft Outlook.*
(C) *Microsoft PowerPoint.*
(D) *Microsoft Excel.*
(E) *Microsoft Word.*

A: Incorreta, o Internet Explorer (primeiro ícone na barra de tarefas) não está ativo. **B:** Incorreta, o ícone referente ao Outlook não está presente na barra de tarefas. **C:** Incorreta, o ícone referente ao PowerPoint não está presente na barra de tarefas. **D:** Incorreta, o ícone referente ao Excel não está presente na barra de tarefas. **E:** Correta, o ícone do Word está presente na barra de tarefas e está ativo, como pode ser verificado pelo realce de seu ícone.

Gabarito "E".

(Agente-Escrivão – PC/GO – CESPE – 2016) Para o correto funcionamento de determinado ambiente computacional, é necessário que o programa xpto, gravado no diretório /home/fulano/, seja executado simultaneamente aos outros programas do sistema operacional Linux que estejam em execução.

A respeito dessa situação, é correto afirmar que a execução do programa xpto

(A) pode ser verificada por meio do comando ls xpto| /sys/proc.
(B) não ocorrerá, pois o programa se encontra no diretório /home, onde o Linux não permite gravação de arquivos binários.
(C) pode ser verificada por meio do comando ps –ef | grep xpto.
(D) pode ser verificada por meio do comando ls /home/fulano/xpto| proc.
(E) pode ser verificada por meio do comando ls process xpto| /sys/proc.

No sistema operacional Linux, para se consultar os processos em execução deve-se utilizar o comando "ps", que em conjunto com as opções –ef, exibe todos os processos em formato completo, e para filtrar o resultado do comando em busca de algo específico pode-se completar o comando grep seguido do termo buscado. O comando "ls" é usado para listar o conteúdo de um determinado diretório. Portanto, apenas a alternativa C está correta.

Gabarito "C".

(Agente-Escrivão – Pernambuco – CESPE – 2016) Considerando que diversos usuários compartilham uma estação de trabalho na qual está instalado o Windows 8.1 e que, para acessar a rede e o sistema, é necessário realizar a autenticação por meio de nome de usuário e senha, assinale a opção correta.

(A) Cada usuário pode utilizar seu nome de usuário e senha particular para acessar a rede, entretanto todos os usuários devem utilizar o mesmo nome de usuário e a mesma senha para acessar o sistema, uma vez que não é possível criar atalhos para o mesmo sistema em perfis distintos na estação.
(B) Cada usuário pode acessar a rede usando nome de usuário e senha distintos daqueles usados para acessar o sistema.
(C) Como não é possível criar perfis distintos para cada usuário, a estação de trabalho deve ser configurada para solicitar apenas senha no sistema, e não senha de rede.
(D) Para cada usuário, o nome da conta e a senha devem ser os mesmos para realizar a autenticação no sistema e na rede.
(E) Para que os usuários acessem o sistema instalado na estação de trabalho, deve haver usuário e senha únicos e iguais para todos.

No Microsoft Windows, na versão 98 e posteriores (incluindo, XP, 2000, ME, Vista, 7, 8, 8.1 e 10), é possível criar mais de um perfil de acesso ao sistema, com cada perfil possuindo usuário e senha distintos e podendo receber diversas configurações diferentes um do outro. O mesmo vale para o acesso aos ambientes de rede, sendo possível inclusive acessar o ambiente de rede com um perfil diferente do utilizado para acesso ao sistema. Portanto, apenas a alternativa B está correta.

Gabarito "B".

(Agente-Escrivão – Pernambuco – CESPE – 2016) Para aferir o uso da CPU e da memória de uma estação de trabalho instalada com Linux, deve(m) ser utilizado(s) o(s) comando(s):

(A) top.
(B) system.
(C) proc e mem.
(D) cpu e memory.
(E) fs e du.

A: correta. O comando "top" permite visualizar os dados de consumo de memória e uso de CPU de cada processo em execução no sistema; **B:** incorreta. O comando "system" executa um comando shell no sistema; **C:** incorreta. O "proc" é um pseudo sistema de arquivos que fornece uma interface para estruturas de informação do kernel e o mem é um arquivo que representa a memória principal do computador; **D:** incorreta. Não existe um comando chamado cpu no memory no Linux; **E:** incorreta. Não existe um comando chamado fs no Linux e o comando du é usado para estimar o uso de espaço por arquivos.

Gabarito "A".

(Agente-Escrivão – Pernambuco – CESPE – 2016) Um usuário deseja criar no Windows 10 as cinco pastas e subpastas, conforme apresentado a seguir.

C:\MeusDocumentos\Furto

C:\MeusDocumentos\BOs

C:\MeusDocumentos\BOs\Homicidios

C:\MeusDocumentos\BOs\Roubo

C:\MeusDocumentos\BOs\Furto

Considerando-se que todas as pastas sejam configuradas para guardar documentos e possuam permissão de escrita e leitura para todos os usuários da estação de trabalho, assinale a opção correta.

(A) A quinta estrutura apresentada não poderá ser criada, se as pastas forem criadas na ordem apresentada.
(B) A primeira estrutura apresentada será imune a pragas virtuais, devido ao fato de ser uma pasta-raiz.
(C) É possível criar todas as pastas e subpastas apresentadas, mas não será possível inserir nas pastas e nas subpastas arquivos do tipo imagem.
(D) É possível criar a estrutura apresentada, mas, caso não haja proteção adequada, os arquivos inseridos em todas pastas e subpastas estarão suscetíveis a infecção por pragas virtuais.
(E) Não é possível sincronizar essas pastas por meio de *cloud storage*, visto que armazenamentos na nuvem não suportam estrutura com subpastas.

A: incorreta. A ordem apresentada permite a criação da quinta pasta, uma vez que as pastas nas quais ela estaria contida já foram criadas nos passos anteriores; **B:** incorreta. O fato de ser uma pasta-raiz não torna um diretório imune a ameaças virtuais, sendo necessário para isso um software específico para este fim; **C:** incorreta. Uma pasta, seja ela um diretório-raiz ou uma subpasta, não possui restrição quanto ao tipo de arquivos que pode armazenar; **D:** correta. A estrutura apresentada é possível de ser criada na ordem em que se apresenta e, sem um software do tipo antivírus que proteja as pastas do sistema, os arquivos estarão suscetíveis de serem infectados por alguma ameaça virtual; **E:** incorreta. Os serviços de armazenamento em nuvem (Cloud Storage) têm total suporte para qualquer tipo de estrutura de pastas e subpastas.

Gabarito "D".

(Agente-Escrivão – Acre – IBADE – 2017) Suponha que se queira copiar as pastas "Documentos" e "Imagens" que estão no diretório raiz de um computador a fim de salvá-los em outro disco. Qual tecla deve ser usada juntamente com o mouse para selecionar apenas essas duas pastas?

(A) Tab.
(B) Fn.
(C) Shift.
(D) Alt.
(E) Ctrl.

A: incorreta. A tecla Tab não funciona como um modificar da ação de arrastar um arquivo ou pasta com o mouse; **B:** incorreta. A tecla Fn não funciona como modificador de ações de mouse, ela tem por função permitir acessar outra funcionalidade atrelada a uma determinada tecla, em geral encontrada em teclados de notebook; **C:** incorreta. A tecla Shift faz com o que arquivo seja movido para o destino; **D:** incorreta. A tecla Alt faz com que seja criado um atalho para o arquivo ou pasta no destino selecionado; **E:** correta. A tecla Ctrl faz com que o arquivo ou pasta selecionado seja copiado para o destino escolhido.

Gabarito "E".

(Agente-Escrivão – Acre – IBADE – 2017) Com relação aos sistemas operacionais, qual das afirmativas a seguir está correta?

(A) A função básica é proteger o computador contra o ataque de hackers.
(B) Windows XP é exemplo de um sistema operacional.
(C) Linux pertence e é vendido pela Microsoft.
(D) Windows é um software livre e de código aberto.
(E) São responsáveis apenas pelo gerenciamento da memória do computador.

A: incorreta. A função básica de um sistema operacional é de gerenciar recursos do sistema e fornecer uma interface entre o computador e o usuário; **B:** correta. O Windows XP é uma versão do sistema operacional Windows lançada em 2001 e cuja versão mais nova é denominada Windows 10; **C:** incorreta. O Linux é um sistema operacional baseado em UNIX de livre distribuição e não pertence à Microsoft; **D:** incorreta. O Windows é um sistema proprietário da empresa Microsoft e sua distribuição depende da compra de licenças de uso; **E:** incorreta. O sistema operacional é responsável pelo gerenciamento de todos os recursos do computador.

Gabarito "B".

(Escrivão – AESP/CE – VUNESP – 2017) Assinale a alternativa que descreve a função da Área de Transferência do MS-Windows 7, em sua configuração padrão.

(A) Ser um local de armazenamento temporário de informações copiadas, que o usuário pode usar em algum outro lugar.
(B) Fornecer informações detalhadas em tempo real sobre os recursos do computador.
(C) Abrir um terminal que permite ao usuário escrever e executar comandos do computador.
(D) Fornecer ferramentas para configurar as opções de Rede do Windows e outros aplicativos.
(E) Permitir criar uma lista de tarefas, anotar um número de telefone ou outras atividades de anotação.

No Microsoft Windows 7 e em outras versões deste sistema operacional, a área de transferência é um local temporário de armazenamento de informações, sejam elas arquivos, trechos de texto ou pasta, que guardam os elementos copiados (Ctrl + C) ou recortados (Ctrl + X) até que estes sejam colados pelo usuário (Ctrl + V), portanto apenas a alternativa A está correta.

Gabarito "A".

(Escrivão – AESP/CE – VUNESP – 2017) Observe os ícones a seguir, extraídos da Área de Trabalho do MS-Windows 7. Os ícones foram marcados de 1 a 5.

Assinale a alternativa que contém o número do ícone do Painel de Controle, que fornece um conjunto de ferramentas que podem ser usadas para configurar o Windows.

(A) 3.
(B) 2.
(C) 5.
(D) 1.
(E) 4.

A: incorreta. O ícone 3 se refere à Rede local; **B:** correta. O item 2 se refere ao painel de controle do Windows; **C:** incorreta. O item 5 se refere a um atalho para uma pasta do computador; **D:** incorreta. O item 1 se refere a lixeira do computador; **E:** incorreta. O item 4 se refere ao item Meu Computador, que leva o usuário a uma tela com detalhes do computador.

Gabarito "B".

(Investigador-Escrivão-Papiloscopista – Pará – Funcab – 2016) A figura a seguir exibe duas pastas distintas de uma instalação padrão do Windows 7, em português. O caminho completo da pasta da parte superior da figura é c:\x, e o da pasta da parte inferior é c:\y.

Um usuário selecionou com o mouse o arquivo saldo.docx da pasta c:\x (pasta de origem) e o arrastou para a pasta c:\y (pasta de destino), com o objetivo de movê-lo da 1ª pasta para a 2ª.

Sabendo-se que a pasta c:\y já possui um arquivo chamado saldo. docx e que ele é de leitura somente, qual será o resultado da operação descrita acima?

(A) Será criada, na pasta de destino, uma cópia do arquivo movido, cujo nome será saldo(2).docx.

(B) Será exibida uma mensagem de erro informando que já existe um arquivo na pasta de destino com o mesmo nome do arquivo que se quer mover.

(C) Será exibida uma mensagem de erro informando que o arquivo da pasta de destino a ser substituído é de leitura somente.

(D) Será criada, na pasta de destino, uma cópia do arquivo movido, cujo nome será saldo – Cópia.docx.

(E) Será aberto um diálogo a partir do qual o usuário poderá substituir o arquivo da pasta de destino pelo arquivo da pasta de origem.

Ao mover ou copiar um arquivo para uma pasta, caso haja outro arquivo com o mesmo nome e a mesma extensão na pasta de destino, o Windows apresentará uma tela informando do ocorrido e onde o usuário poderá escolher cancelar a operação, sobrescrever o arquivo ou manter o arquivo existente e renomear o novo arquivo. O fato de um arquivo ser somente leitura apenas impede que este seja editado, o que não ocorre caso ele seja sobrescrito. Portanto, apenas a alternativa E está correta. **HS**

Gabarito "E".

(Papiloscopista – PCDF – Universa – 2016) Acerca das noções básicas dos *softwares* de edição de imagem Corel Draw e Adobe Photoshop, assinale a alternativa correta.

(A) Embora o Photoshop seja um *software* poderoso de edição de imagens, ele não salva as imagens no formato TIFF por considerar que este formato não atende aos padrões de resolução exigidos.

(B) No Photoshop, caso se deseje adicionar um efeito de *spray* a uma imagem, o usuário poderá fazer uso da ferramenta Aerógrafo.

(C) Uma foto criada no Corel Draw não pode ser editada no Adobe Photoshop, em função de o Adobe Photoshop não reconhecer imagens vetoriais.

(D) As dimensões máximas, por figura, permitidas no Photoshop são de 25.000 por 25.000 *pixels*.

(E) A opção retangular, da ferramenta Marca de Seleção do Photoshop, permite selecionar e cortar regiões da figura em formatos ovais, circulares e retangulares.

A: incorreta. O Photoshop suporta e permite salvar imagens no formato TIFF, que é o formato padrão para imagens de alta definição de cores e inclusive é mantido pela Adobe, empresa mantenedora do software; **B:** correta. A ferramenta Aerógrafo funciona de forma semelhante a um spray para coloração da imagem; **C:** incorreta. É possível abrir imagens vetoriais no Photoshop embora não seja possível salvar imagens vetoriais, pois o Photoshop é um software que trabalha com imagens raster; **D:** incorreta. O Photoshop suporta imagens com dimensões de até 30.000 por 30.000 pixels; **E:** incorreta. A opção retangular permite a seleção e cortes de regiões em formatos retangulares apenas. **HS**

Gabarito "B".

9. SEGURANÇA DA INFORMAÇÃO

(Agente-Escrivão – PC/GO – CESPE – 2016) Assinale a opção que apresenta procedimento correto para se fazer becape do conteúdo da pasta Meus Documentos, localizada em uma estação de trabalho que possui o Windows 10 instalado e que esteja devidamente conectada à Internet.

(A) Deve-se instalar e configurar um programa para sincronizar os arquivos da referida pasta, bem como seus subdiretórios, em uma *cloud storage*.

(B) Deve-se permitir acesso compartilhado externo à pasta e configurar o Thunderbird para sincronizar, por meio da sua função becape externo, os arquivos da referida pasta com a nuvem da Mozilla.

(C) Depois de permitir acesso compartilhado externo à pasta, deve-se configurar o Facebook para que tenha seus arquivos e subpastas sincronizados com a *cloud storage* privada que cada conta do Facebook possui.

(D) Os arquivos devem ser copiados para a área de trabalho, pois nessa área o sistema operacional, por padrão, faz becapes diários e os envia para o OneDrive.

(E) O Outlook Express deve ser configurado para anexar diariamente todos os arquivos da referida pasta por meio da função becape, que automaticamente compacta e anexa todos os arquivos e os envia para uma conta de *email* previamente configurada.

A: correta. É necessário utilizar um programa específico para a realização de backups e configurá-lo para sincronizar os arquivos e pastas desejados em um serviço de armazenamento em nuvem ou externo; **B:** incorreta. O Thunderbird é um software de gerenciamento de correio eletrônico e não possui funções para realização de backup dos arquivos pessoais do usuário; **C:** incorreta. O Facebook não é um serviço de armazenamento em nuvem e não disponibiliza cloud storage ou outras formas de armazenamento de arquivos com a finalidade de realizar cópias de segurança dos dados particulares dos usuários; **D:** incorreta. A área de trabalho não recebe ações de backup diário de forma padrão, ela é apenas um diretório comum que armazena os arquivos salvos pelo usuário e exibidos na tela da área de trabalho; **E:** incorreta. Não há função backup no Outlook Express, além do mais, o envio de grandes quantidades de dados por email não é uma forma eficiente de realizar cópias de segurança. **HS**

Gabarito "A".

(Agente-Escrivão – PC/GO – CESPE – 2016) Os mecanismos de proteção aos ambientes computacionais destinados a garantir a segurança da informação incluem:

(A) controle de acesso físico, *token* e *keyloggers*.

(B) assinatura digital, política de chaves e senhas, e *honeypots*.

(C) política de segurança, criptografia e *rootkit*.

(D) *firewall*, *spyware* e antivírus.

(E) *adware*, bloqueador de *pop-ups* e bloqueador de cookies.

A: incorreta, keylogger é um tipo de ameaça que registra todas as ações feitas no teclado do usuário; **B:** correta, o uso de assinatura digital ajuda a garantir a autenticidade de informações recebidas pela rede, políticas de chaves e senhas auxiliam na manutenção da segurança de credenciais de acesso e os honeypots são ferramentas que simulam falhas de segurança para coletar informações sobre possíveis invasores, funcionando como um tipo de armadilha; **C:** incorreta, o rootkit é um tipo de ameaça usado para esconder certos programas ou processos de programas de detecção como antivírus; **D:** incorreta, o spyware é um tipo de ameaça que colhe informações do usuário, como, por exemplo, seus hábitos na internet e as envia para outra pessoa pela internet; **E:** incorreta, o adware é um tipo de ameaça que tem por objetivo a exibição de propagandas indesejadas. **HS**

Gabarito "B".

(Agente-Escrivão – Acre – IBADE – 2017) Com relação ao firewall, é possível afirmar que:

(A) trata-se do processo em que dados e arquivos são armazenados virtualmente.

(B) não segue regras específicas.

(C) é um protocolo de transferência de arquivos sigilosos.

(D) pode ser tanto um dispositivo de hardware quanto um software.

(E) bloqueia spam ou e-mail não solicitado.

O firewall é o elemento responsável por monitorar as portas de conexão do computador e liberar para acesso apenas aquelas que são seguras ou necessárias para determinadas aplicações. Ele pode ser implementado em forma de hardware ou software e segue as regras definidas pelo administrador da rede, portanto apenas a alternativa D está correta. **HS**

Gabarito "D".

15. Arquivologia

Elson Garcia

(Escrivão de Polícia Federal – 2013 – CESPE) Acerca de arquivologia, julgue os itens abaixo.

(1) O princípio arquivístico fundamental para a organização dos documentos é o princípio temático, também conhecido como princípio da pertinência.

(2) O arquivo do Departamento de Polícia Federal é constituído de todos os documentos produzidos e(ou) recebidos, no cumprimento da missão institucional. O tratamento desse arquivo deve ser feito de acordo com as orientações do Conselho Nacional de Arquivos.

(3) A gestão de documentos, reconhecida inclusive na legislação arquivística brasileira, visa garantir que os arquivos sejam instrumentos de apoio à administração, à cultura, ao desenvolvimento científico e elementos de prova e informação.

(4) Em algumas situações, os documentos de arquivo precisam passar por vários setores da instituição, onde são tomadas decisões com relação ao tema do documento. A trajetória realizada pelo documento desde sua produção até o cumprimento de sua função administrativa é conhecida como tramitação. A trajetória realizada pelo documento deverá ser registrada para futuro conhecimento.

1: errado, pois o princípio fundamental para organização dos documentos é o da proveniência. De acordo com este princípio, o arquivo que é produzido por uma entidade não deve ser misturado aos de outras entidades produtoras; **2:** correto, pois os arquivos da Polícia Federal, assim como os dos demais órgãos e entidades do governo federal, devem ser tratados de acordo com as Diretrizes do Conselho Nacional de Arquivos – Conarq. Este órgão é responsável pela definição da política nacional de arquivos públicos e privados e pela orientação normativa visando à gestão documental e à proteção especial aos documentos de arquivo; **3:** correto, pois a gestão de documentos é o conjunto de procedimentos e operações técnicas referentes à sua produção, tramitação, uso, avaliação e arquivamento em fase corrente e intermediária, visando a sua eliminação ou recolhimento para guarda permanente. Esta gestão visa garantir o apoio à administração (finalidade primária) e à cultura e desenvolvimento científico (finalidades secundárias); **4:** correto, pois a tramitação é a trajetória realizada pelo documento desde a sua produção ou recepção até o cumprimento de sua função administrativa. Este percurso deve ser registrado para permitir o seu controle e possibilitar seu conhecimento futuro.

Gabarito 1E, 2C, 3C, 4C

(Escrivão de Polícia Federal – 2013 – CESPE) Julgue os itens seguintes, no que se refere à classificação e à tabela de temporalidade de documentos.

(1) A organização de documentos de arquivo envolve a classificação, a ordenação e o arquivamento. A classificação e a ordenação são operações intelectuais e o arquivamento, uma operação física.

(2) Definir a destinação final de determinado documento de arquivo é estabelecer o seu prazo de guarda nos arquivos corrente e intermediário.

(3) O Departamento de Polícia Federal deve utilizar a tabela de temporalidade de documentos de arquivo elaborada pelo Conselho Nacional de Arquivos, para avaliar os documentos de arquivo produzidos e(ou) recebidos pela sua atividade-meio.

(4) Os documentos de arquivo, após cumprirem o prazo de guarda nos arquivos correntes, devem ser transferidos para o arquivo permanente.

(5) O instrumento elaborado para a classificação dos documentos de arquivo é o plano de destinação de documentos.

1: correto, pois a classificação de um arquivo é uma atividade de análise do conteúdo de documentos. Portanto, ela é uma atividade intelectual. A ordenação é o ato de dispor documentos ou informações segundo um determinado método, portanto, também é uma atividade intelectual. Já, o arquivamento é uma operação física que visa à guarda ordenada dos documentos; **2:** errado, pois definir a destinação final de determinado documento de arquivo é decidir a sua eliminação ou o seu recolhimento para a guarda permanente; **3:** correto, pois Polícia Federal assim como os dos demais órgãos e entidades do governo federal,

devem adotar a tabela de temporalidade elaborada pelo Conarq, para avaliação dos documentos acumulados em suas atividades; **4:** errado, pois não existe a obrigação de enviar, para a fase permanente, os documentos que cumpriram o prazo de guarda na fase corrente. Após o cumprimento de prazo de guarda nos arquivos correntes os documentos de arquivo podem ser eliminados, transferidos aos arquivos intermediários, ou recolhidos ao arquivo permanente; **5:** errado, pois o instrumento utilizado para a classificação dos documentos de arquivo é denominado plano ou código de classificação.

Gabarito 1C, 2E, 3C, 4E, 5E

(Escrivão de Polícia Federal – 2013 – CESPE) Com relação à preservação e conservação de documentos de arquivo, julgue os itens que se seguem.

(1) A principal medida para preservar documentos em suporte papel é a encapsulação.

(2) Para preservar e conservar documentos de arquivo é necessário desenvolver ações nos momentos de produção, de tramitação, de acondicionamento e de armazenamento físico, independentemente do suporte documental utilizado.

(3) Deve ser previsto espaço para o armazenamento separado dos diversos suportes documentais nas áreas de depósito de documentos de arquivo.

1: errado, pois a principal medida para preservar documentos em suporte papel é a laminação. Este processo de restauração consiste no reforço de documentos deteriorados ou frágeis, colocando-os entre folhas de papel de baixa gramatura, fixadas por adesivo natural, semissintético ou sintético, por meio de diferentes técnicas, manuais ou mecânicas; **2:** correto, pois a preservação e conservação dos documentos exige ações nas fases de produção, de tramitação, de acondicionamento e de armazenamento físico. Podem incluir o monitoramento e o controle ambiental, as restrições de acesso, os cuidados no manuseio direto e na obtenção de suportes e materiais mais duráveis; **3:** correto, pois suportes diferentes deverão ser armazenados em locais distintos, conforme suas características físicas, pois a temperatura e a umidade variarão de acordo com a necessidade do suporte dos documentos.

Gabarito 1E, 2C, 3C

(Escrivão de Polícia/DF – 2013 – CESPE) No que se refere à arquivologia, julgue os itens que se seguem.

(1) O protocolo visa, sobretudo, a identificação de metadados, com os quais são possíveis o controle e o acesso aos documentos de arquivo.

(2) A classificação de documentos de arquivo é realizada a partir de um instrumento específico para essa tarefa denominado tabela de temporalidade.

(3) De acordo com a legislação arquivística brasileira, o conceito das três idades documentais é um meio de dar sentido à massa documental acumulada pelas organizações.

(4) A gestão de documentos é uma condição necessária para a restauração de documentos de arquivo.

1: correto, pois os metadados são informações úteis para identificar, localizar, compreender e gerenciar os dados dos documentos. O protocolo visa, sobretudo, a identificação destes metadados, com os quais serão possíveis o controle e o acesso aos documentos de arquivo; **2:** errado, pois a tabela de temporalidade é um instrumento com o qual se determina o prazo de permanência de um documento em um arquivo e sua destinação após este prazo; **3:** Correto, pois o conceito das três idades documentais corresponde às sucessivas fases por que passam os documentos de um arquivo desde sua produção à guarda permanente ou eliminação. Os arquivos são considerados arquivos correntes, intermediários ou permanentes. Desta forma se dá um sentido à massa documental acumulada pelas organizações; **4:** Errado, pois o gestão de documentos corresponde a um conjunto de procedimentos e operações técnicas referentes à sua produção, tramitação, uso, avaliação e arquivamento em fase corrente e intermediária, visando a sua eliminação ou recolhimento para guarda permanente (art. 3º da Lei 8.159/1991).

Gabarito 1C, 2E, 3C, 4E

16. FÍSICA

Elson Garcia

(Papiloscopista – PCDF – Universa – 2016) Um rapaz fixou uma corda de nylon, estreita e flexível, entre duas árvores. Ao andar sobre a corda esticada, ele se desequilibrou e pulou. Nesse momento, uma onda se propagou nessa corda com a seguinte equação:

$$y = 0{,}4\,sen\left(\frac{\pi}{3}x - 3\pi t\right).$$

Com base nesse caso hipotético e considerando que as constantes numéricas da equação acima estão no Sistema Internacional (SI) de medidas, assinale a alternativa correta.

(A) A relação entre o período e a frequência angular da onda é de $\frac{2}{3}$ s.
(B) A frequência da onda é de $\frac{2}{3}$ s^{-1}.
(C) A amplitude da onda é de 0,2 m.
(D) O comprimento de onda da onda é de $\frac{\pi}{3}$ m.
(E) A velocidade da onda é de 0,9 m/s.

Na equação acima, que é a da função da onda, os coeficientes de X e t são respectivamente:
X → b = $2\pi/\lambda$ e t → $\omega = 2\pi/T$, onde: λ é o comprimento de onda, ω é a frequência angular e T é o período da onda.
Então: $2\pi/\lambda = \pi/3$ **(1)** e $2\pi/T = 3\pi$ **(2)**.
Com base em **(2)**: T = (2/3) segundos e f (frequência) = 1/T = 3/2 ciclos/s ou 3/2 Hz.
Como $\omega = 2\pi.f = 2\pi.(3/2) = 3\pi$ **(3)**.
Analisando as alternativas, concluímos que todas estão erradas, pois:
A: A relação entre o período (T) e a frequência angular (ω) da onda é:
(2/3)/(3π) = (2/3)(1/3π) = (2/9)(π) e não (2/3)(s).
B: A frequência de onda é 3/2 Hz e não 2/3 Hz.
C: A amplitude da onda é o fator multiplicativo da equação, ou seja, é igual a 0,4 e não 0,2 m.
D: O comprimento de onda (λ) é calculado pela equação **(1)**: $2\pi/\lambda = \pi/3$ ou λ = 6 m.
E: A velocidade da onda (V) é igual a λ.f = 6.3/2 = 9m/s.
Conclusão: A questão não tem alternativa correta e foi anulada. EG
Gabarito "ANULADA".

(Papiloscopista – PCDF – Universa – 2016) Para mostrar a função e a forma como resistores podem ser arranjados dentro de um circuito elétrico, um instrutor do laboratório de perícia papiloscópica montou o circuito ilustrado abaixo. Após uma análise desse circuito, o instrutor solicitou aos estudantes que determinassem a resistência equivalente da combinação mostrada.

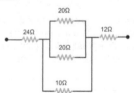

Com base nesse caso hipotético e no circuito ilustrado, assinale a alternativa que apresenta o valor da resistência equivalente.

(A) 41Ω
(B) 40Ω
(C) 36Ω
(D) 24Ω
(E) 18Ω

Vamos numerar as Resistências como R1 a R5:

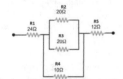

R2 e R3 estão em paralelo, portanto: 1/R23 = 1/R2 +1/R3 ou R23 = (R2xR3)/(R2+R3) =(20x20)/(20 +20) = 10Ω
R23 e R4 estão em paralelo, portanto: 1/R234 = 1/R23 +1/R4 ou R234 = (R23xR4)/(R23 +R4) =(10x10)/(10 +10) = 5Ω
R1, R234 e R5 estão em série, portanto: R = R1 + R234 + R5 = 24 + 5 + 12 = 41 Ω. EG
Gabarito "A".

(Papiloscopista – PCDF – Universa – 2016) Em um apartamento de Brasília houve um princípio de incêndio que começou na cozinha. Os donos do imóvel relataram a um policial civil que ligaram muitos aparelhos elétricos ao mesmo tempo nas tomadas da cozinha. Os aparelhos eram uma cafeteira elétrica com 1.300 W de potência, um forno micro-ondas com 1.000 W de potência e uma fritadeira elétrica com 5.500 W de potência. O policial civil constatou que a cozinha tinha apenas um circuito elétrico e, portanto, apenas um fusível de 25 A.

Com base nesse caso hipotético, considerando que a tensão elétrica doméstica em Brasília é igual a 220V e desprezando o fato de a tensão não pertencer a um sistema elétrico de correntes contínuas, assinale a alternativa correta.

(A) A soma das correntes elétricas de cada aparelho é menor que os 25 A do fusível.
(B) A soma das correntes elétricas de cada aparelho está acima dos 25 A do fusível, queimando esse fusível e sendo capaz de provocar o incêndio na cozinha.
(C) A corrente elétrica na cafeteira elétrica é maior que os 25 A do fusível.
(D) A corrente elétrica no forno micro-ondas é maior que os 25 A do fusível, podendo ser o aparelho responsável por um curto-circuito capaz de causar o incêndio.
(E) A corrente elétrica na fritadeira elétrica é maior que os 25 A do fusível, podendo ter causado um curto-circuito e, por consequência, o incêndio.

A potência P é igual ao produto da tensão elétrica U pela corrente i, ou seja, P = U.i . Como U = 220 V e chamando Cafeteira de (1), Micro-onda de (2) e Fritadeira de (3), teremos:
i1 = (1.300 W/ 220 V) = 5,9 A; i2 = (1.000 W/ 220 V) = 4,5A e i3 = (5.500 W/ 220 V) = 25 A.
Somando as correntes, teremos um total de 35,4 A, que é maior que a prevista de 25 A.
Portanto, a alternativa B está correta e isso pode ter provocado o incêndio.
As demais alternativas estão incorretas, pois:
A: a soma das correntes elétricas de cada aparelho é maior que os 25 A do fusível.
C: a corrente elétrica na cafeteira elétrica é menor que os 25 A do fusível.
D: a corrente elétrica no forno micro-ondas é menor que os 25 A do fusível.
E: a corrente elétrica na fritadeira elétrica é igual a 25 A do fusível. (EG)
Gabarito "B".

(Papiloscopista – PCDF – Universa – 2016) Com relação à polarização da luz, assinale a alternativa correta.

(A) Não é possível produzir uma onda linearmente polarizada a partir de um feixe de onda não polarizada.
(B) A luz do sol, ao ser refletida em placas de vidro, não é polarizada.
(C) A luz é uma onda do tipo longitudinal, por isso pode ser polarizada.
(D) Óculos de sol com lentes polaroides servem para eliminar a luz refletida de superfícies refletoras horizontais, tais como a superfície da água em um lago.
(E) Polarizar a luz significa conseguir obter orientações do vetor campo elétrico em duas ou mais direções.

As alternativas A, B, C e E estão incorretas, pois:
A: é possível, sim, produzir uma onda linearmente polarizada a partir de um feixe de onda não polarizada, desde que se use um polarizador.
B: se o ângulo de incidência da luz for o ângulo de polarização, ou ângulo de Brewster, a reflexão anulará completamente a componente paralela da onda em relação ao plano de incidência. Com isso, a onda refletida só terá uma compo-

nente, que é a perpendicular ao plano de incidência. Portanto, a luz do sol ao ser refletida em placas de vidro pode ser polarizada.
C: a luz não é uma onda do tipo longitudinal é sim é uma onda transversal, por isso pode ser polarizada.
E: polarizar a luz é orientá-la em um único plano, não tendo nada a ver com campo elétrico.
A alternativa D é correta, pois os polaroides têm a função de eliminar a luz refletida por uma superfície horizontal, como é a superfície da água em um lago. EG
Gabarito "D".

(Papiloscopista – PCDF – Universa – 2016) A figura abaixo mostra a oscilação ressonante de uma corda de 8,4 m fixa em duas extremidades. O módulo da velocidade das ondas é igual a 400 m/s.

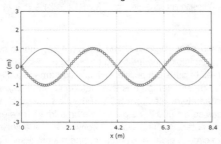

Com base na figura, assinale a alternativa que apresenta o valor da frequência (f) das ondas transversais e das oscilações dos elementos da corda.

(A) $f = \dfrac{2}{21} kHz$

(B) $f = \dfrac{10}{21} kHz$

(C) $f = \dfrac{21}{20} kHz$

(D) $f = \dfrac{42}{21} kHz$

(E) $f = \dfrac{21}{2} kHz$

Observando a figura, constamos que o comprimento de onda (λ) é igual a 4,2 m. A frequência (f) pode ser calculada pela fórmula: $f = V / \lambda$, onde V é a velocidade das ondas, igual a 400 m/s. Portanto, f = (400/4,2) ciclos/s ou Hertz, cujo símbolo é Hz. Como queremos a resposta em kHz, f = (400)/(4,2x1.000) = 4/42 = 2/21 kHz. Letra A. EG
Gabarito "A".

(Papiloscopista – PCDF – Universa – 2016) A respeito do índice de refração, assinale a alternativa correta, considerando a velocidade da luz no vácuo igual a 3.10^8 m/s.

(A) O índice de refração do diamante é de 2,40. Nesse caso, a velocidade da luz no interior do diamante é de 8.10^9 m/s.
(B) Como a velocidade e o comprimento de onda da luz são diferentes em um determinado meio e no vácuo, a frequência da luz também será diferente no meio e no vácuo.
(C) O índice de refração, para um dado meio, pode ser definido como sendo a razão entre a velocidade da luz no meio e a velocidade da luz no vácuo.
(D) O índice de refração absoluto do ar, supondo a velocidade da luz no ar igual a $3,10^8$ m/s, é igual a 3,00.
(E) O índice de refração da luz em uma esmeralda é de 1,56, ou seja, a velocidade da luz no vácuo é 1,56 vezes mais rápida que a velocidade da luz na esmeralda.

O índice de refração (n) é a relação entre a velocidade da luz no vácuo (c) e a velocidade da luz em um determinado meio (v). A relação pode ser descrita pela fórmula: n = c / v, ou v = c / n e c = n.v . Como (n) é sempre maior que 1, (v) somente pode ser menor que c.
Analisando as alternativas:
A: incorreta, pois a velocidade da luz não pode ser maior que a 3.10^8 m/s.
B: incorreta, pois a frequência só depende da fonte geradora.
C: incorreta, pois o índice de refração para um dado meio é definido como sendo a razão entre a velocidade da luz no vácuo e a velocidade da luz no meio.
D: incorreta, pois o índice de refração absoluto do ar, supondo a velocidade da luz no ar igual a $3,10^8$ m/s, é igual a 1,00.
E: correta, pois se o índice de refração da esmeralda é 1,56, pela fórmula c = n.v, a velocidade da luz no vácuo é 1,56 vezes mais rápida que a velocidade da luz na esmeralda. EG
Gabarito "E".

(Polícia Rodoviária Federal – 2013 – CESPE) Considerando que um veículo com massa igual a 1.000 kg se mova em linha reta com velocidade constante e igual a 72 km/h, e considerando, ainda, que a aceleração da gravidade seja igual a 10 m/s², julgue os itens a seguir.

(1) Quando o freio for acionado, para que o veiculo pare, a sua energia cinética e o trabalho da forca de atrito, em modulo, deverão ser iguais.
(2) Antes de iniciar o processo de frenagem, a energia mecânica do veiculo era igual a 200.000 J.

(1) O trabalho da força resultante que age sobre um objeto é igual a variação da energia cinética:
W = ΔEc = Ecf – Eci, onde W é o trabalho da força resultante e Ecf e Eci são as energias cinéticas inicial e final.
Quando o freio é acionado, a velocidade do veículo final é zero e a energia cinética final também é zero.
Assim: W = ΔEc = Ecf – Eci = 0 – Eci   e   W = – Eci
Como a força normal e a força peso são perpendiculares à trajetória, o trabalho resultante é o próprio trabalho da força de atrito e concluímos que o trabalho da força de atrito e a energia cinética inicial são iguais em módulo.
(2) Antes de iniciar a frenagem a energia mecânica do veículo era Eci = (1/2)(mv²) onde m = 1.000 kg,
v = 72 km/h = 72.000 m/3.600 s = 20 m/s . Portanto Eci = (1/2)(1.000)/(20²) = 200.000 kg.m²/s² = 200.000 J.
Gabarito 1C, 2C

(Polícia Rodoviária Federal – 2013 – CESPE)

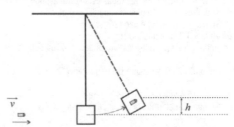

Uma bala de revolver de massa igual a 10 g foi disparada, com velocidade v, na direção de um bloco de massa igual a 4 kg, suspenso por um fio, conforme ilustrado na figura acima. A bala ficou encravada no bloco e o conjunto subiu ate uma altura h igual a 30 cm.
Considerando essas informações e assumindo que a aceleração da gravidade seja igual a 10 m/s², julgue o item abaixo.

(1) Se toda a energia cinética que o conjunto adquiriu imediatamente apos a colisão fosse transformada em energia potencial, a velocidade do conjunto apos a colisão e a velocidade com que a bala foi disparada seriam, respectivamente, superiores a 2,0 m/s e a 960 m/s.

(1) Inicialmente, vamos calcular a relação entre a velocidade do conjunto bloco-bala após a colisão (Vf) e a velocidade da bala antes da colisão (Vi), utilizando o Princípio da Conservação da Quantidade de Movimento.
Qf = Qi   Qf = (massa bala + bloco)(Vf)   e   Qi = (massa bala)(Vi).
Como a massa da bala = 0,01 kg e massa do bloco = 4 kg , teremos: (4,01)(Vf) = (0,01)(Vi)   e Vi =(401)(Vf).
Em seguida, com base no Princípio da Conservação da Energia Mecânica, calcularemos a velocidade do conjunto Bloco + Bala após a colisão (Vf):
Em1 = Energia mecânica cinética após a colisão = (½)(massa bala + bloco)(Vf)² = (2,005)(Vf)²
Em2 = Energia mecânica potencial gravitacional no ponto de altura máxima: (massa bala + bloco)(g)(h)
onde g = 10 m/s² e h = 0,3 m. Portanto   Em2 = (4,01)(10)(0,3) = 12,3 kg.m/s²
Como Em1 = Em2,   (2,005)(Vf)² = 12,3 kg.m/s²   e   Vf ~ 2,45 m/s.
como: Vi =(401)(Vf), Vi =(401)(2,45) ~ 982 m/s e, portanto, a afirmativa está correta.
Gabarito 1C

(Polícia Rodoviária Federal – 2013 – CESPE) Considerando que um corpo de massa igual a 1,0 kg oscile em movimento harmônico simples de acordo com a equação $x(t) = 6,0\cos\left[3\pi t + \dfrac{\pi}{3}\right]$, em que t e o tempo, em segundos, e $x(t)$ e dada em metros, julgue os itens que se seguem.

(1) A forca resultante que atua no corpo e expressa por $F(t) = -(3δ)2 x(t)$.
(2) O período do movimento e igual a 0,5 s.

Inicialmente vamos analisar a função da elongação no Movimento Harmônico Simples:

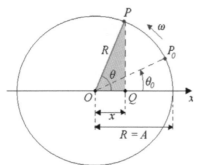

Projeção de um movimento harmônico simples circular uniforme

O movimento harmônico simples é um movimento oscilatório de grande importância na Física. É um movimento periódico em que ocorrem deslocamentos simétricos em torno de um ponto.
A fim de obter a função da elongação em relação ao tempo, utilizamos um artifício que consiste em analisar a projeção de um movimento circular uniforme sobre um dos seus diâmetros. O movimento dessa projeção é um MHS.
Vamos considerar o objeto móvel da figura acima descrevendo um MCU de período T, na circunferência de centro O e raio A. No instante inicial, $t0$, o móvel ocupa a posição $P0$ e sua posição angular inicial é è0. Em um instante posterior, t, o móvel passa a ocupar a posição P, associada à posição angular è.

Com base no estudo do MCU podemos dizer que: $\theta = \theta_0 + \omega.t$
Enquanto o móvel percorre a circunferência, sua projeção ortogonal Q, sobre o diâmetro orientado Ox, descreve um MHS de período T e amplitude A. No triângulo OPQ, destacado na figura acima, temos:

$\cos\theta = \dfrac{OQ}{OP} \Rightarrow \cos\theta = \dfrac{x}{R} \Rightarrow x = R.\cos\theta$

Como R = A e $\theta = \theta_0 + \omega.t$, então:

$x(t) = A.\cos(\theta_0 + \omega.t)$

(1) èo é denominado fase inicial do MHS e é medido em radianos. A grandeza ù é chamada de frequência angular do MHS e é expressa em radianos por segundo (rad/s). Observe que a frequência angular corresponde à velocidade angular do MCU e tem com o período a mesma relação já estudada no MCU:

$\omega = \dfrac{2\pi}{T}$

Vamos comparar a equação dada com a equação da elongação:
$x(t) = 6,0.cos(3{\Rightarrow}t + {\Rightarrow}/3)$ e $x(t) = A.cos(\theta o + \Box t)$ ou $x(t) = A.cos(\Box t + \theta o)$
Portanto: $A = 6,0$, ù $= 3{\Rightarrow}$ e $\theta o = {\Rightarrow}/3$
Com esses dados já podemos calcular a aceleração do MHS.
$aMHS = -\Box^2.x = -(3{\Rightarrow})^2.x$
Como x é da do em função de t teremos: $aMHS = -(3{\Rightarrow})^2.x(t)$
Como a força sobre o corpo é dada $F = m.a$ e $m = 1\,kg$ $F = 1.a = -(3{\Rightarrow})^2.x(t)$
Portanto o item (1) está correto.
(2) Como $\Rightarrow = 2{\Rightarrow}/T$ e $\Rightarrow = 3{\Rightarrow}$, $2{\Rightarrow} = 3{\Rightarrow}T$ Portanto: $T = 2/3$ e o item (2) está errado.
Gabarito 1C, 2E

(Polícia Rodoviária Federal – 2013 – CESPE) O fenômeno de redução na frequência do som emitido pela buzina de um veiculo em movimento, observado por um ouvinte, e denominado efeito Doppler. Essa diferença na frequência deve-se ao deslocamento no numero de oscilações por segundo que atinge o ouvido do ouvinte. Os instrumentos utilizados pela PRF para o controle de velocidade se baseiam nesse efeito. A respeito do efeito Doppler, julgue o item abaixo.

(1) Considere que um PRF, em uma viatura que se desloca com velocidade igual a 90 km/h, se aproxime do local de um acidente onde já se encontra uma ambulância parada, cuja sirene esteja emitindo som com frequência de 1.000 Hz. Nesse caso, se a velocidade do som no ar for igual a 340 m/s, a frequência do som da sirene ouvido pelo policial será superior a 1.025 Hz.

Podemos calcular a frequência aparente (fap) ouvida por um observador, a partir da frequência f emitida pela fonte, da velocidade vo do observador e da velocidade da fonte vf usando a expressão:
$fap = f.(v+/- vo)/(v +/- vf)$
Em que v é a velocidade da onda.
Para a correta manipulação da expressão, adotamos a convenção:
Se o observador se aproxima da fonte, $+vo$; se ele se afasta da fonte, $-vo$
Se a fonte se afasta do observador, $+vf$; se a fonte se aproxima dele, $-vf$.
Neste caso, a ambulância está parada e o observador se aproxima com velocidade de $90/3,6 = 25$ m/s.
$fap = (f)(v+ vo)/(v) = (1.000)(340+25)/340 = 1.073$ Hz
Gabarito 1C

17. REGIMENTO INTERNO E LEGISLAÇÃO LOCAL

Leni Mouzinho Soares

(Escrivão – AESP/CE – VUNESP – 2017) Sendo aplicada pelo Delegado Geral da Polícia Civil do Estado do Ceará, a sanção de demissão a um Escrivão de Polícia, nos termos do Estatuto da Polícia Civil de Carreira do Estado do Ceará, pode-se afirmar que tal ato:

(A) é passível de revogação, por deixar de atender a oportunidade e conveniência.

(B) deixou de observar o requisito da competência, porém esta não pode ser entendida como um elemento do ato administrativo, que será convalidado pelo tempo.

(C) poderá, por meio da autotutela, ser anulado administrativamente pelo próprio Delegado Geral da Polícia Civil.

(D) deverá ser anulado, porém somente o Governador do Estado poderá decretar a anulação.

(E) é legal, atendendo ao requisito da competência, portanto não deverá ser anulado, sendo necessária, apenas, a sua homologação pelo Secretário de Segurança Pública e Defesa Social.

A: incorreta. Trata-se de ato não discricionário (é ato vinculado), razão por que não cabe a sua revogação. Caberia, no caso, a sua anulação por ter sido proferida por autoridade incompetente; **B:** incorreta. A incompetência da autoridade invalida o ato, não podendo ser convalidada com o tempo; **C:** correta. Ao verificar que atuou com ilegalidade, deverá, com base na autotutela, reconhecer o vício, anulando administrativamente o ato de demissão; **D:** incorreta. Vide comentário anterior; **E:** incorreta. A demissão somente pode ser aplicada pelo Governador do Estado (art. 111, I, do Estatuto da Polícia Civil de Carreira – Lei Estadual 12.124/1993).
Gabarito "C".

(Escrivão – AESP/CE – VUNESP – 2017) Nos termos do Estatuto dos Funcionários Civis do Estado do Ceará, no que concerne à estabilidade e vitaliciedade, é correto afirmar que:

(A) o funcionário nomeado, em virtude de concurso público, adquire estabilidade depois de decorrido um ano de efetivo exercício.

(B) a estabilidade funcional é compatível com o cargo em comissão.

(C) o funcionário perderá o cargo vitalício somente em virtude de sentença judicial.

(D) a estabilidade é o direito que adquire o funcionário efetivo de não ser exonerado ou demitido, senão somente em virtude de sentença judicial.

(E) o cargo de Escrivão de Polícia é vitalício.

A: incorreta. A estabilidade é adquirida após dois anos (art. 75); **B:** incorreta. A estabilidade é incompatível com cargo em comissão (art. 75, parágrafo único); **C:** correta. Art. 76 do Estatuto; **D:** incorreta. Estabilidade é o direito que adquire o funcionário efetivo de não ser exonerado ou demitido, senão em virtude de sentença judicial ou inquérito administrativo, em que se lhe tenha sido assegurada ampla defesa (art. 73); **E:** incorreta. A nomeação será vitalícia apenas nos cargos expressamente previstos pela Constituição Federal (art. 17, I, do Estatuto), não se enquadrando nesta categoria o cargo de Escrivão de Polícia. Exemplo de nomeação vitalícia é a dos Ministros do Superior Tribunal Militar (art. 123 da CF).
Gabarito "C".

(Escrivão – AESP/CE – VUNESP – 2017) Nos termos do Estatuto da Polícia Civil de Carreira do Estado do Ceará, o ato que defere a Licença Gestante à Policial Civil, a partir do oitavo mês de gestação, é um ato administrativo:

(A) discricionário, pois aquele que defere a licença poderá apreciar a situação conforme a conveniência e oportunidade da Administração.

(B) vinculado, pois a legislação determina o único comportamento possível do agente.

(C) vinculado, pois aquele que defere a licença deverá apreciar a situação conforme a conveniência e oportunidade da Administração.

(D) discricionário, pois a lei permite que o agente conceda período menor que 120 (cento e vinte) dias de licença.

(E) discricionário, pois a lei disciplina a necessidade de inspeção médica, que verificará a oportunidade e conveniência de autorizar a licença.

A: incorreta. O ato de deferimento da licença gestante a partir do oitavo mês à policial civil é um ato vinculado (art. 66, parágrafo único, do Estatuto – Lei Est. 12.124/1993), sendo inadmissível seu indeferimento a partir do alcance desta data; **B:** correta. É, de fato, um ato vinculado; **C:** incorreta. Ao contrário, tratando-se de um ato vinculado, não cabe discussão sobre conveniência e oportunidade; **D:** incorreta. Trata-se de ato vinculado, pois o período de licença é fixado em lei, não podendo ser reduzido por qualquer autoridade; **E:** incorreta. Como já dito, o ato é vinculado, não necessitando de inspeção médica para seu deferimento, bastando apenas a comprovação de que a policial se encontra no oitavo mês de gravidez.
Gabarito "B".

(Escrivão – AESP/CE – VUNESP – 2017) Nos termos do seu Estatuto, a Polícia Civil do Estado do Ceará tem, com exclusividade, a seguinte atribuição básica:

(A) O exercício das funções de polícia judiciária estadual e da apuração das infrações penais e de sua autoria.

(B) Administração do policiamento ostensivo, coordenando a atuação da Polícia Militar no atendimento de ocorrência.

(C) Colaborar com a Justiça Criminal, fornecendo as informações necessárias à instrução e ao julgamento dos processos criminais.

(D) O cumprimento de mandados de prisão.

(E) A identificação civil e criminal.

A: correta. Art. 4º, I, do Estatuto da Polícia Civil e Carreiras – Lei 12.124/1993; **B:** incorreta. A Polícia Militar atua de forma independente; **C, D e E:** incorreta. A mencionada colaboração, o cumprimento dos mandados de prisão e identificação civil e criminal não se dão de forma exclusiva.
Gabarito "A".

(Agente – Pernambuco – CESPE – 2016) Com base nas disposições do Estatuto da Polícia Civil do Estado de Pernambuco, assinale a opção correta a respeito das normas aplicáveis aos policiais civis ocupantes de cargos de atividade policial do quadro de pessoal policial da Secretaria de Segurança Pública do Estado de Pernambuco.

(A) A gratificação de função policial não poderá ser acumulada com outra gratificação referente a risco de vida.

(B) Os deveres do policial civil incluem dedicação e fidelidade à Pátria, cuja honra, segurança e integridade devem ser defendidas a todo o custo, desde que isso não implique em risco à sua própria vida.

(C) As penalidades disciplinares a que estão sujeitos os policiais civis incluem remoção de ofício, repreensão e suspensão.

(D) O ato de demissão de policial civil indicará apenas o fundamento legal da demissão: não mencionará a causa da penalidade.

(E) O policial civil que efetivamente exerça função policial poderá atuar em atividades de segurança privada, nos dias de folga, se expressamente autorizado pelo titular da respectiva delegacia.

A: correta. O art. 25, § 3º, do Estatuto veda a cumulação da gratificação da função policial com qualquer outra referente ao risco de vida; **B:** incorreta. O Estatuto estabelece que "a dedicação e a fidelidade à Pátria, cuja honra, segurança e integridade deve defender mesmo com sacrifício da própria vida" (art. 30, I); **C:** incorreta. Entre as penas disciplinares não está elencada a de remoção de ofício. São elas: repreensão, multa, suspensão, detenção disciplinar, destituição de função, demissão e cassação de aposentadoria ou disponibilidade (art. 34); **D:** incorreta. O ato de demissão mencionará sempre a causa da penalidade (art. 50); **E:** incorreta. A função policial é incompatível com o desempenho de qualquer outra atividade, pública ou privada, ressalvados o magistério eventual em estabelecimento de ensino e a acumulação legal de cargos ou quando a Segurança Nacional assim o exigir (art. 4º, "caput").
Gabarito "A".

(Agente-Escrivão – PC/GO – CESPE – 2016) O estágio probatório de servidor nomeado para cargo de provimento efetivo do governo do estado de Goiás tem o objetivo de apurar os requisitos necessários à sua confirmação no cargo para o qual foi nomeado. Os requisitos básicos a serem apurados no referido estágio probatório, previstos na LEG n.º 10.460/1988 e suas alterações, incluem:

(A) idoneidade moral.

(B) disciplina.

(C) iniciativa.

(D) vigor físico.

(E) aptidão.

Os requisitos básicos apurados no estágio probatório são iniciativa, assiduidade e pontualidade, relacionamento interpessoal, eficiência e comprometimento com o trabalho (art. 39, § 1º).
Gabarito "C".

(Agente-Escrivão – PC/GO – CESPE – 2016) Juscelino, servidor público do estado de Goiás, praticou, no exercício da função, ato que resultará em sua responsabilização nas esferas civil, penal e administrativa. Entretanto, a sentença criminal o absolveu por falta de provas.

Nessa situação hipotética, de acordo com a LEG nº 10.460/1988 e suas alterações,

(A) a absolvição criminal afasta a responsabilidade administrativa, mas não a responsabilidade civil de Juscelino.

(B) as responsabilidades civil e administrativa não poderão acumular-se, pois são dependentes.

(C) seria necessário que o ato praticado por Juscelino tivesse sido doloso, para que ele fosse responsabilizado civilmente.

(D) a absolvição criminal não afasta as responsabilidades civil e administrativa de Juscelino.

(E) a absolvição criminal afasta a responsabilidade civil, mas não a responsabilidade administrativa de Juscelino.

A: incorreta. A absolvição criminal só afasta a responsabilidade civil ou administrativa se negar a existência do fato ou afastar do acusado a respectiva autoria (art. 310); **B:** incorreta. As sanções civis, penais e disciplinares poderão acumular-se, sendo umas e outras independentes entre si, bem assim as instâncias civil, penal e administrativa (art. 309); **C:** incorreta. A responsabilidade civil decorre de procedimento omissivo ou comissivo, doloso ou culposo, que importe em prejuízo para a Fazenda Pública Estadual ou de terceiros (art. 306); **D:** correta. Como já mencionado, a absolvição criminal pode afastar a responsabilidade civil ou administrativa quando julgar inexistente o fato imputado ou afastar a autoria do acusado (art. 310); **E:** incorreta. Vide comentários anteriores.
Gabarito "D".

(Agente-Escrivão – PC/GO – CESPE – 2016) Se os motivos determinantes da aposentadoria por invalidez de determinado funcionário do estado de Goiás forem considerados insubsistentes, o retorno desse funcionário às atividades no mesmo cargo será considerado, de acordo com a LEG nº 10.460/1988 e suas alterações,

(A) readaptação.

(B) reversão.

(C) aproveitamento.

(D) reintegração.

(E) recondução.

A: incorreta. Readaptação é a investidura do funcionário em outro cargo mais compatível com a sua capacidade física, intelectual ou quando, comprovadamente, revelar-se inapto para o exercício das atribuições, deveres e responsabilidades inerentes ao cargo que venha ocupando, sem causa que justifique a sua demissão ou exoneração, podendo efetivar-se de ofício ou a pedido (art. 129 da LEG 10.460/1988); **B:** correta. Reversão é o retorno à atividade do funcionário aposentado por invalidez, quando insubsistentes os motivos determinantes da aposentadoria, dependendo sempre da existência de vaga (art. 126 da LEG 10.460/1988); **C:** incorreta. Aproveitamento é o retorno ao serviço ativo do funcionário em disponibilidade (art. 120); **D:** incorreta. Reintegração é o reingresso, no serviço público, do funcionário demitido, com ressarcimento de vencimento e vantagens inerentes ao cargo, por força de decisão administrativa ou judiciária (art. 117); E: incorreta. Recondução é o retorno do servidor público estável ao cargo anteriormente ocupado (art. 67).
Gabarito "B".

(Agente-Escrivão – PC/GO – CESPE – 2016) De acordo com a LO-PC/GO, que dispõe sobre os princípios, a organização e o funcionamento da instituição bem como sobre as competências, as prerrogativas, as garantias e os deveres de seus servidores, assinale a opção correta.

(A) Não poderá concorrer a promoções o policial civil que, a juízo do Conselho Superior da Polícia Civil, estiver respondendo a processo administrativo disciplinar ou criminal.

(B) O quadro básico de pessoal efetivo da PC/GO é integrado pelos cargos de delegado de polícia, perito criminal, médico legista, escrivão de polícia, agente de polícia e papiloscopista policial.

(C) As remunerações dos servidores policiais civis do estado de Goiás compõem-se de uma parcela fixa e uma parte variável de acordo com os cargos da carreira e as condições especiais de prestação de serviço, compreendida por adicionais, gratificações e verbas indenizatórias.

(D) No conceito de atuação técnico-científica e imparcial na condução da atividade investigativa, está compreendido o exercício de perícia oficial como atribuição específica da PC/GO.

(E) O servidor policial civil, em qualquer situação, tem prioridade para requisitar e utilizar, quando necessário, serviços de transporte e comunicação públicos e privados, respeitadas as prerrogativas das demais carreiras.

A: correta. Art. 79, III, e § 1º, da Lei Estadual 16.901/2010 (LO-PC/GO); **B:** incorreta. O quadro básico de pessoal efetivo da Polícia Civil é integrado pelos seguintes cargos, como essenciais para o seu funcionamento: Delegado de Polícia; Escrivão de Polícia; Agente de Polícia e Papiloscopista Policial (art. 48 e seus incisos); **C:** incorreta. Os servidores policiais civis serão remunerados pelo regime de subsídio, fixado em parcela única, nos termos da lei específica (art. 68); **D:** incorreta. No conceito de atuação técnico-científica não se compreende o exercício de perícia oficial (art. 3º, parágrafo único); **E:** incorreta. A referida prioridade se dá nos casos em que o servidor policial civil estiver em missão de caráter urgente, conforme previsão constante do art. 61, II, da LO-PC.
Gabarito "A".

(Agente-Escrivão – PC/GO – CESPE – 2016) À luz da LO-PC/GO, assinale a opção correta no que diz respeito à estrutura, organização e competência da PC/GO.

(A) É atribuição exclusiva do secretário de segurança pública, mediante proposição do delegado-geral, autorizar o policial civil a afastar-se da respectiva unidade federativa, em serviço e dentro do país, bem como determinar a instauração de processo administrativo disciplinar e(ou) sindicância policial.

(B) A PC/GO é órgão autônomo dotado de autonomia financeira e administrativa, cabendo aos seus órgãos de instância superior o planejamento, a programação e a dotação de seus investimentos.

(C) Os policiais civis legalmente investidos nos cargos da carreira policial do estado de Goiás gozam de autonomia e independência funcional no exercício das suas respectivas atribuições.

(D) As unidades de Assessoramento Superior da PC/GO têm como atribuições a proposição, a deliberação e a definição das políticas de caráter institucional.

(E) As unidades de execução operativa da PC/GO, a exemplo das delegacias de polícia distritais e delegacias de polícia especializadas estaduais, têm por finalidade o exercício das funções de polícia judiciária e a investigação policial.

A: incorreta. A autorização para afastamento do policial civil da unidade federativa, em serviço e dentro do país, assim como a instauração de processo administrativo disciplinar e/ou sindicância policial são atribuições do Delegado-Geral da Polícia Civil; **B:** incorreta. A assistência administrativa e financeira, nos âmbitos estratégico, tático e operacional é atribuída à Gerência de Administração e Finanças, unidade de Assessoramento Superior (art. 35); **C:** incorreta. De acordo com a LO-PC, apenas o Delegado de Polícia goza de autonomia e independência no exercício das atribuições de seu cargo, observado o disposto na Lei (art. 6º, § 2º); **D:** incorreta. As unidades de Assessoramento Superior têm por finalidade a assistência administrativa, financeira, técnico-científica, doutrinária, jurídico-policial e de planejamento, nos âmbitos estratégico, tático e operacional (art. 12, parágrafo único), enquanto que a proposição, a deliberação e a definição das políticas de caráter institucional são atribuídas às unidades de Direção Superior (art. 11, parágrafo único); **E:** correta. Art. 15, parágrafo único, da LO-PC/GO.
Gabarito "E".

(Agente-Escrivão – PC/GO – CESPE – 2016) Ainda à luz da LO-PC/GO, assinale a opção correta em relação ao quadro de pessoal, às atribuições dos cargos e às garantias do servidor policial civil de Goiás.

(A) Aplicam-se aos policiais civis do estado de Goiás as mesmas regras de promoção fixadas para os demais servidores públicos estaduais.

17. REGIMENTO INTERNO E LEGISLAÇÃO LOCAL — 661

(B) Os cargos em comissão de gerente de administração e finanças e gerente da assessoria técnico-policial poderão ser ocupados por agentes ou escrivães da polícia.

(C) Para o cômputo de tempo de antiguidade na classe em que se encontra o servidor, não serão deduzidos o interregno ocorrido em razão do tempo de afastamento devido a licença por motivo de saúde.

(D) As chefias de cartório e de investigação de cada delegacia de polícia somente poderão ser ocupadas, respectivamente, por um agente de polícia e um escrivão de polícia de classe especial.

(E) São atribuições do chefe de cartório, entre outras, o gerenciamento do atendimento ao público e o registro de ocorrências criminais.

A: incorreta. A promoção dos policiais civis está regulada na Lei Orgânica da Polícia Civil, enquanto que a dos demais servidores públicos estaduais é regida pela Lei 10.460/1988; **B:** incorreta. O cargo de Gerente de Administração e Finanças somente poderá ser ocupado por delegados de polícia de carreira, que serão nomeados pelo Chefe do Poder Executivo, após indicação do Secretário da Segurança Pública (art. 53); **C:** correta. Art. 90, § 1°, I; **D:** incorreta. Cada Delegacia de Polícia terá 01 (um) Chefe de Cartório e 01 (um) Chefe de Investigação, indicados pela autoridade policial da referida delegacia, designados pelo Delegado Regional de Polícia, escolhidos entre os ocupantes dos cargos, respectivamente, de Escrivão de Polícia e de Agente de Polícia da Classe Especial. A incorreção da alternativa encontra-se na ordem dos cargos, pois a chefia de cartório caberá ao escrivão de polícia, enquanto que a chefia de investigação caberá a um agente. Além disso, no caso de inexistirem policiais de classe especial, a escolha será realizada pelo critério de antiguidade, sendo assim, a chefia poderá ser ocupada por policiais que não sejam de classe especial (art. 47); **E:** incorreta. Essas atribuições são do Chefe de Investigação (art. 47, §4°, III).
Gabarito "C"

(Papiloscopista – PCDF – Universa – 2016) De acordo com a legislação vigente a respeito da PCDF, assinale a alternativa correta.

(A) Entre os cargos existentes na Polícia Civil do Distrito Federal, somente o de delegado de polícia é considerado típico de Estado.

(B) Assim como para o ingresso no cargo de papiloscopista policial, o ingresso no cargo de perito criminal exige diploma de curso superior completo em qualquer área do conhecimento humano.

(C) Papiloscopista policial, perito criminal, perito médico-legista, agente de polícia, escrivão de polícia, agente policial de custódia e delegado de polícia compõem a carreira de Polícia Civil do Distrito Federal.

(D) As classes do cargo de papiloscopista policial são três, quais sejam, a terceira, a segunda e a especial, sendo a terceira classe a de ingresso no cargo.

(E) O cargo de Diretor-Geral da Polícia Civil do Distrito Federal é privativamente ocupado por delegado de polícia do Distrito Federal integrante da classe especial.

A: incorreta. Tanto a carreira de Delegado de Polícia do Distrito Federal como as de Perito Criminal, Perito Médico-Legista, Agente de Polícia, Escrivão de Polícia, Papiloscopista Policial e Agente Policial de Custódia são considerados como típicas de Estado (art. 12 da Lei 9.264/1996); **B:** incorreta. Para o ingresso no cargo de Perito Criminal será exigido diploma de Física, Química, Ciências Biológicas, Ciências Contábeis, Ciência da Computação, Informática, Geologia, Odontologia, Farmácia, Bioquímica, Mineralogia ou Engenharia (art. 5°, § 2°); **C:** incorreta. Na carreira de Polícia Civil do Distrito Federal não está incluída a de Delegado de Polícia, que tem categoria própria (art. 3°); **D:** incorreta. As atuais classes dos cargos de que trata esta Lei ficam transformadas nas seguintes: segunda classe, primeira classe e classe especial (art. 4°); **E:** correta. Art. 12-A da Lei 9.264/1996.
Gabarito "E"

(Papiloscopista – PCDF – Universa – 2016) O regime jurídico dos deveres, das transgressões e das penas disciplinares previsto na Lei n° 4.878/1965 rege o policial civil do Distrito Federal. Considerando essa informação, assinale a alternativa que apresenta transgressão disciplinar punida com pena de demissão prevista na mencionada lei.

(A) Praticar ato que importe em escândalo ou que concorra para comprometer a função policial e manter relações de amizade ou exibir-se em público com pessoas de notórios e desabonadores antecedentes criminais, sem razão de serviço.

(B) Simular doença para esquivar-se do cumprimento de obrigação.

(C) Deixar, habitualmente, de saldar dívidas legítimas.

(D) Promover manifestações contra atos da administração ou movimentos de apreço ou desapreço a quaisquer autoridades.

(E) Receber propinas, comissões, presentes ou auferir vantagens e proveitos pessoais de qualquer espécie e, sob qualquer pretexto, em razão das atribuições que exerce.

A: incorreta. Neste caso, será aplicada a pena de suspensão, que não poderá exceder noventa dias (art. 47, parágrafo único, c. c. o art. 43, VIII); **B:** incorreta. Será aplicável à hipótese a pena de suspensão, nos termos do art. 47, parágrafo único, c. c. o art. 43, XXVII; **C:** incorreta. A pena, também, será a de suspensão de, no máximo, noventa dias (art. 47, parágrafo único, c. c. art. 43, VI); **D:** incorreta. A sanção será de suspensão (art. 47, parágrafo único, c. c. o art. 43, III); **E:** correta. Art. 48, II, c. c. o art. 43, IX.
Gabarito "E"

(Papiloscopista – PCDF – Universa – 2016) Conforme o Regimento Interno da PCDF, aprovado pelo Decreto n° 30.490/2009 do Distrito Federal, assinale a alternativa que apresenta atribuição do papiloscopista policial.

(A) Investigar atos ou fatos que caracterizem ou possam caracterizar infrações penais.

(B) Certificar as atividades cartorárias realizadas.

(C) Efetuar exames documentoscópicos e grafotécnicos.

(D) Realizar pesquisas laboratoriais com reagentes para revelação de impressões e fragmentos.

(E) Realizar pesquisas e perícias microscópicas e identificação veicular.

A: incorreta. Esta atribuição é do Agente de Polícia (art. 99, I); **B:** incorreta. A expedição de certidão das atividades cartorárias realizadas é cabível ao Escrivão de Polícia (art. 100, III); **C:** incorreta. Trata-se de atribuição do Perito Criminal (art. 96, V); **D:** correta. Art. 98, IV; **E:** incorreta. A realização de pesquisas e perícias microscópicas e identificação veicular também é atribuída ao Perito Criminal (art. 96, VII).
Gabarito "D"

(Papiloscopista – PCDF – Universa – 2016) Com base no disposto na Lei Orgânica do Distrito Federal, é correto afirmar que:

(A) é garantida a independência funcional aos integrantes das categorias de delegado de polícia, perito criminal e médico-legista.

(B) o Palácio do Buriti é a sede do governo do Distrito Federal.

(C) são símbolos do Distrito Federal a bandeira, o hino, o mascote e o brasão.

(D) os Institutos de Criminalística, de Medicina Legal e de Identificação compõem a estrutura administrativa da PCDF e seus dirigentes são escolhidos *ad nutum* pelo Diretor da PCDF.

(E) as atividades desenvolvidas nos Institutos de Criminalística, de Medicina Legal e de Identificação são consideradas de natureza onírica.

A: correta. Art. 119, §§ 4° e 9° da LO-DF; **B:** incorreta. Brasília, Capital da República Federativa do Brasil, é a sede do governo do Distrito Federal (art. 6°); **C:** incorreta. São símbolos do Distrito Federal a bandeira, o hino e o brasão (art. 7°); **D:** incorreta. Os Institutos de Criminalística, de Medicina Legal e de Identificação compõem a estrutura administrativa da Polícia Civil, devendo seus dirigentes ser escolhidos entre os integrantes do quadro funcional do respectivo instituto (art. 119, § 5°); **E:** incorreta. As atividades desenvolvidas nos Institutos de Criminalística, de Medicina Legal e de Identificação são consideradas de natureza técnico-científica (art. 119, § 8°).
Gabarito "A"

18. BIOLOGIA
Enildo Garcia

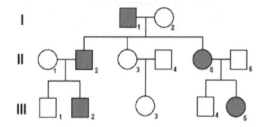

(Papiloscopista – PCDF – Universa – 2016) A figura acima ilustra um heredograma de uma família com indivíduos afetados (símbolos escuros) e não afetados (símbolos claros). O padrão de herança mendeliana apresentado nesse heredograma é característico de herança:

(A) autossômica recessiva.
(B) autossômica ligada ao y.
(C) dominante ligada ao x.
(D) autossômica dominante.
(E) recessiva ligada ao x.

1ª solução
Nota-se, no heredograma, que a herança mendeliana é dominante e não ligada ao sexo, ou seja, é autossômica.
Resposta correta na letra D.

2ª solução
Observa-se, no heredograma, que ambos os sexos são afetados (masculino: I-1, II-2 e II-3; feminino: II-5 e II-5). Logo as opções B, C e E estão erradas.
Trata-se de herança autossômica dominante pois se um cônjuge é afetado, um dos filhos também o será. **ENG**
Gabarito "D".

(Papiloscopista – PCDF – Universa – 2016) No que se refere aos componentes do citoesqueleto, uma complexa rede de proteínas que compõe o "esqueleto" celular, assinale a alternativa correta.

(A) Os microtúbulos encontram-se dispostos por todo o citoplasma, mas, em maior quantidade, na periferia da célula, especialmente na região apical.
(B) Os filamentos de miosina, presentes em células musculares, são denominados espessos, ao passo que os filamentos de actina são conhecidos como estruturas filamentosas finas.
(C) Os filamentos de actina são estruturas que permitem o transporte de vesículas na endocitose e na exocitose. Contudo, esses filamentos dificultam a fagocitose de algumas células do sistema imunológico, como os macrófagos.
(D) Os filamentos intermediários são formados pela polimerização da proteína actina G.
(E) Os filamentos de citoqueratina, presentes em todos os tipos celulares, são importantes para a migração da célula durante o desenvolvimento embrionário.

A: incorreta. Os microtúbulos não se encontram dispostos por todo o citoplasma; **C:** incorreta. Não dificultam a fagocitose de algumas células do sistema imunológico; **D:** incorreta. Trata-se da queratina; **E:** incorreta. Os filamentos de citoqueratina, não estão presentes em todos os tipos celulares, porém prioritariamente nas células epiteliais. **ENG**
Gabarito "B".

(Papiloscopista – PCDF – Universa – 2016) Com relação aos compostos químicos e às biomoléculas que fazem parte da composição química da célula, assinale a alternativa correta.

(A) Os carboidratos são compostos químicos orgânicos que contêm uma molécula de carbono, uma de hidrogênio e uma de nitrogênio.
(B) O cloreto de sódio (NaCl), um composto químico orgânico formado por moléculas grandes, deve sempre apresentar carbono em sua composição.
(C) Os glicídios são moléculas orgânicas constituídas fundamentalmente por átomos de nitrogênio.
(D) Lipídios, sais minerais e proteínas são exemplos de compostos inorgânicos.
(E) Quantidades reduzidas de sais minerais, como as de íons de cálcio (Ca^{2+}), no organismo podem comprometer as reações de coagulação e a contração muscular.

A: incorreta. Os compostos orgânicos não têm, necessariamente, moléculas de nitrogênio e a expressão molécula de carbono é incorreta; **B:** incorreta. O cloreto de sódio (NaCl), o sal de cozinha, não é um composto químico orgânico: não tem carbono; **C:** incorreta, pois os glicídios, ou carboidratos, têm, em sua estrutura, só CHO; **D:** incorreta. Os lipídios, ou gorduras, e as proteínas são compostos orgânicos; E: correta. Os íons de cálcio (Ca2+), no organismo podem comprometer as reações de coagulação e a contração muscular. **ENG**
Gabarito "E".

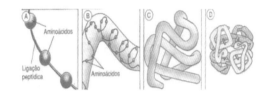

Tendo a figura acima, que ilustra os níveis de organização na estrutura das proteínas, como referência, assinale a alternativa correta.

(A) Interações hidrofóbicas e eletrostáticas, ligações covalentes, pontes de hidrogênio e forças de Van der Waals são exemplos de interações entre cadeias laterais que estabilizam proteínas que apresentem o tipo de estrutura ilustrado na letra C.
(B) Proteínas multiméricas, constituídas pela estrutura ilustrada na letra D, são formadas por multisubunidades que dificultam a abertura e o fechamento de cavidades na superfície da molécula proteica.
(C) Supondo que uma proteína seja constituída pela estrutura representada na letra A, é correto afirmar que o número de aminoácidos, pouco variável, deverá facilitar as trocas de um aminoácido por outro sem que a atividade proteica seja afetada.
(D) Uma proteína com a estrutura representada na letra B deverá ser constituída de ligações covalentes, que promovem a estabilização dessa proteína.
(E) Se a estrutura da proteína ilustrada na letra C for submetida à ação de um agente físico desnaturante, como calor, luz ou frio, haverá perda de aminoácidos e, consequentemente, de toda a estrutura primária que estava presente.

B: incorreta. As multisubunidades não estão em posições inflexíveis e/ou fixas; **C:** incorreta. A simples troca de um aminoácido pode alterar a atividade proteica; **D:** incorreta. A estabilização ocorre devido às interações intermoleculares, prioritariamente do tipo ponte de hidrogênio e não só elas; **E:** incorreta. Não há perda de aminoácidos. **ENG**
Gabarito "A".

(Papiloscopista – PCDF – Universa – 2016) As anomalias cromossômicas podem ser tanto numéricas quanto estruturais, afetando cromossomos sexuais, um ou mais autossomos ou, em alguns casos, os dois tipos de cromossomos. Acerca desse assunto, assinale a alternativa correta.

(A) No pseudo-hermafroditismo feminino, o cariótipo é 46, XY, enquanto, no pseudo-hermafroditismo masculino, a variante é 46, XX.
(B) A síndrome de Down é resultante da trissomia do cromossomo 18.
(C) A síndrome do Cri du Chat ou "miado de gato" é um exemplo de síndrome com deleção autossômica.
(D) Pessoas com síndrome de Klinefelter apresentam um único cariótipo, o 47, XXY.

664 ENILDO GARCIA

(E) A constituição cromossômica mais frequente em homens com síndrome de Turner é 45, X.

A: incorreta, porque no pseudo-hermafroditismo masculino, o cariótipo é XY; **B:** incorreta, pois é trissomia do cromossomo 18; **D:** incorreta, porque há outros cariótipos como como: 48 XXYY; 48, XXXY etc; **E:** incorreta, pois a Síndrome de Turner ocorre em também em mulheres. ENG

Gabarito "C".

(Papiloscopista – PCDF – Universa – 2016) Acerca das características que diferem células eucarióticas de células procarióticas, é correto afirmar que:

(A) fímbrias e flagelos são prolongamentos filamentosos que exercem a função de adesão e movimentação nas células eucarióticas.

(B) as moléculas de DNA lineares encontram-se, nas células eucarióticas, associadas a proteínas histônicas, que se condensam em cromossomos durante a divisão celular.

(C) as moléculas da cadeia respiratória, na célula eucariótica, estão localizadas na membrana interna da membrana plasmática, o que facilita a obtenção de energia por meio da respiração celular.

(D) a resistência de células eucarióticas às enzimas hidrolíticas decorre da grande quantidade de lipopolissacarídeos na membrana plasmática dessas células.

(E) a compartimentalização do citoplasma reduz a eficiência metabólica das células eucarióticas. Consequentemente, essas células não conseguem atingir maiores tamanhos em relação às células procarióticas.

Letra B
(A questão foi anulada por não haver menção a células procarióticas no edital). ENG

Gabarito "ANULADA".

19. QUÍMICA

Elson Garcia

(Papiloscopista – PCDF – Universa – 2016) Uma amostra de 1,0 g de benzeno cuja massa molecular é igual a 78 g.mol^{-1} foi queimada completamente em um calorímetro. Sabendo-se que os produtos são apenas CO2 e H2O e que NA é igual a 6 x 10^{23} mol^{-1}, foram consumidos nessa reação:

(A) 2 g de oxigênio.
(B) 3 g de oxigênio.
(C) 4 g de oxigênio.
(D) 5 g de oxigênio.
(E) 6 g de oxigênio.

Balanceamento da reação de queima do Benzeno:
aC6H6 + bO2 ----------□   cCO2 + dH2O
C: 6a = c,   H: 6a = 2d ou 3a = d;   O: 2b = 2c + d, ou b = (2c + d)/2
Supondo a = 1, teremos: c = 6; d = 3 e b= (2x6 + 3)/2 = 7,5
Reação: C6H6 + 7,5O2 ----------□   6CO2 + 3H2O
Massa molar: 78   (7,5x32) = 240
Massa, g   1   x
x = 240/78 = 3,077 g de Oxigênio.
Nenhuma resposta é plenamente satisfatória. A que mais se aproxima é a letra B. A questão é estranha, pois fala em coisas que não têm nada a ver com o assunto, como calorímetro e número de Avogrado. Provavelmente tudo isso contribuiu para a anulação da questão. EG
Gabarito "ANULADA".

(Papiloscopista – PCDF – Universa – 2016) Para o preparo de 1,0 L de uma solução de ácido nítrico 1,0 mol.L^{-1} a partir de ácido nítrico concentrado com massa molecular igual a 63 g.mol^{-1}, a 65 % e com densidade igual a 1,4 g.mL^{-1} são necessários, aproximadamente,

(A) 2 mL.
(B) 3 mL.
(C) 5 mL.
(D) 7 mL.
(E) 9 mL.

Pergunta-se a quantidade em mL de ácido impuro para se preparar um litro de uma solução com 1 mol por litro.
Uma solução com 1 mol/L de HNO3 contem 63 g.
Como o ácido tem 65% de pureza, precisaremos de uma quantidade maior, calculada por uma regra de três inversa:
63 g   ---- 65%   Portanto x = (63)(100)/(65) = 96,92 g.
x   ---- 100%
Para se ter esta massa, vamos calcular qual o volume necessário de ácido impuro, calculado por uma regra de três direta:
1,4 g   -------   1,0 mL   Portanto y = (96,92)(1,0)/(1,4) = 69,23 mL.
96,92 g -------   y
Nenhuma resposta é satisfatória. Questão anulada. (EG)
Gabarito "ANULADA".

(Papiloscopista – PCDF – Universa – 2016) A cisplatina (PtCl2N2H6) é um agente antineoplásico usado extensivamente no tratamento de diversos tipos de câncer. Em sua estrutura, os grupos cloreto e amino estão ligados diretamente à platina, pois:

(A) estabelecem uma ligação metálica.
(B) solvatam o metal em solução.
(C) estabelecem uma ligação covalente coordenada com o metal, visto que doam seus elétrons não ligados ao orbital d vazio do metal.
(D) estabelecem uma ligação iônica com o metal, uma vez que são mais eletronegativos e recebem elétrons do metal.
(E) estabelecem uma ligação covalente com o metal, visto que, assim como o metal, são deficientes em elétrons.

A Cisplatina (PtCl2N2H6) é um complexo metálico que possui a seguinte fórmula estrutural:

onde a Platina é um átomo metálico ou íon central rodeado por um conjunto de ligantes (íons). Um complexo é a combinação de um ácido de Lewis (o átomo metálico central) com várias bases de Lewis (os ligantes). Os átomos da base de Lewis que formam a ligação com o átomo central são chamados de átomos doadores, porque são eles que doam os elétrons usados para formar a ligação. O átomo ou íon metálico, o ácido de Lewis do complexo, é o átomo receptor. EG
Gabarito "C".

(Papiloscopista – PCDF – Universa – 2016) O plástico verde pode ser produzido com etileno obtido do álcool da cana-de-açúcar. Em particular, o etileno é obtido a partir do álcool via reação de:

(A) halogenação do álcool.
(B) oxidação do álcool.
(C) desidratação do álcool.
(D) hidrogenação do álcool.
(E) substituição do álcool.

Trata-se de uma reação de desidratação intramolecular do etanol, conforme abaixo, resultando na produção do eteno (ou etileno) e a liberação de água.

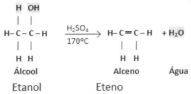

Portanto a resposta correta é a letra C. EG
Gabarito "C".

(Papiloscopista – PCDF – Universa – 2016) A fenolftaleína é um indicador de pH que pode ser usado no teste de Kastle-Meyer para detecção de vestígios de sangue. O teste só é possível, porque a fenolftaleína em contato com o sangue:

(A) torna-se incolor devido à natureza alcalina do sangue.
(B) torna-se azul devido à natureza ácida do sangue.
(C) propicia uma cor rosa devido à natureza levemente ácida do sangue.
(D) propicia uma cor rosa devido à natureza levemente alcalina do sangue.
(E) torna-se incolor devido à natureza ácida do sangue.

A faixa de pH do sangue humano está entre 7,36 a 7,42; portanto, levemente alcalino. A fenolftaleína apresenta coloração rósea neste pH. EG
Gabarito "D".

(Papiloscopista – PCDF – Universa – 2016) A espectroscopia de absorção UV-vis permite determinar a concentração de espécies que sofrem transições eletrônicas quando absorvem nessa faixa de energia. Com relação a esse assunto, assinale a alternativa correta.

(A) Uma amostra que seja azul absorve na região azul do espectro.
(B) Uma amostra que seja azul é transparente na região do vermelho.
(C) O decréscimo relativo de intensidade do feixe de luz é proporcional ao número de espécies absorventes na amostra.
(D) A cor de uma amostra dependerá do caminho óptico durante a medição.
(E) O acréscimo relativo de intensidade do feixe de luz é proporcional ao número de espécies absorventes na amostra.

Quanto maior a quantidade de moléculas que absorvem a luz do feixe, menor será a intensidade de luz a ser transmitida. EG
Gabarito "C".

ANOTAÇÕES GERAIS